ENCYCLOPÉDIE

MÉTHODIQUE,

OU .

PAR ORDRE DE MATIÈRES;

PAR UNE SOCIÉTÉ DE GENS DE LETTRES,
DE SAVANS ET D'ARTISTES;

Précédée d'un Vocabulaire univerſel *, ſervant de Table pour tou*
l'Ouvrage, ornée des Portraits de MM. Diderot & d'Alembert*,*
premiers Éditeurs de l'Encyclopédie.

ENCYCLOPÉDIE
MÉTHODIQUE.

JURISPRUDENCE.

TOME NEUVIEME.

CONTENANT

LA POLICE ET LES MUNICIPALITÉS.

(Par Peuchet)

A PARIS,

Chez PANCKOUCKE, Libraire, hôtel de Thou, rue des Poitevins.

A LIÈGE,

Chez PLOMTEUX, Imprimeur des États.

M. DCC. LXXXIX.

AVEC APPROBATION, & PRIVILEGE DU ROI.

DISCOURS PRÉLIMINAIRE.

Avant de développer les causes qui ont amené les changemens que nous appercevons aujourd'hui dans la police de l'Europe, nous allons établir quelques principes généraux sur l'origine & l'objet de cette partie du gouvernement civil, & faire connoître les moyens de civilisation qu'elle a fait naître ou introduits dans la société. Nous en prendrons occasion de parler de la morale publique des anciens & des modernes, & de faire voir l'avantage que nous avons sur les premiers à cet égard.

Ces connoissances paroissent d'autant mieux placées ici, qu'elles jetteront du jour sur ce que nous aurons à dire des progrès de la civilisation parmi nous. Elles rendront sensibles des vérités utiles, & serviront de principes pour juger de l'état des mœurs & de la société actuelle. On a tant répandu d'erreurs dans cette matière, on s'est tellement efforcé de déprimer les peuples modernes en faveur des anciens, on a tant prodigué le blâme à ceux-là & la louange à ceux-ci, qu'on doit, avant tout, chercher à donner des idées saines aux lecteurs sur ces objets, quand on a à leur parler de mœurs, de police & de législation. Les grands noms de Sparte & de Rome séduisent encore les esprits, & nuisent aux progrès de la raison. On se croit fort avec eux, & l'on repousse toute morale, toute maxime publique qui n'a point été autorisée de leur exemple. Il est donc important de réduire à sa juste mesure l'idée qu'on doit s'en former, si l'on veut éviter les erreurs où sont tombés ceux qui nous ont proposé, comme des modèles de police & de législation, les formes des républiques anciennes.

Dire que la civilisation fut l'objet que se proposèrent les hommes en se réunissant, seroit peut-être une erreur: il paroît que ce fut la guerre, soit de défense, soit de conquête; du moins l'histoire, que l'on doit prendre pour guide en pareil cas, ne nous offre rien qui ne confirme cette idée. Mais quels qu'aient été les motifs de cette union, la nécessité de l'ordre & de la subordination dut d'abord se faire sentir parmi les nouveaux associés. Ils se trouvèrent indispensablement obligés d'introduire une police au milieu d'eux, & de suivre un plan de discipline publique. Cette police fut sans doute très-grossière, & telle que des hommes qui se proposoient la guerre ou le brigandage pouvoient la comporter. Quelques règlemens, ou plutôt quelques conventions tacites & commandées par le besoin de l'ordre, en composèrent d'abord toute l'étendue. La guerre en formoit le principal objet; & tout ce qui pouvoit servir à en entretenir le goût & les inclinations parmi les citoyens, mérita sûrement une attention particulière. Toute autre forme de gouvernement eût été trop compliquée pour des hommes très-ignorans & à peine sortis de l'état sauvage. Le petit nombre d'idées générales qu'ils avoient, ne leur eût jamais permis de se donner un système de législation plus régulier. Ils devoient très-difficilement concevoir les droits de la propriété & ceux qui en dérivent. Le besoin du moment les entraînoit; & quoiqu'il ne les subjuguât pas aussi impérieusement que dans l'état absolument sauvage, il étoit le mobile de leur conduite journalière, & leur faisoit souvent négliger le soin de l'avenir.

Ce que quelques Auteurs ont dit de l'établissement des premières sociétés & des loix qui les réunirent sous un gouvernement régulier, ne s'accorde pas à la vérité avec cette police que nous leur donnons pour constitution primitive. Mais il est bien difficile que des peuples grossiers en aient pu d'abord, & même pendant long-temps, connoître d'autre. Comment des hommes isolés & répandus sur un grand espace de terrein auroient-ils pu avoir affez d'idées morales pour adopter & fuivre un code de loix, fans s'être rapprochés & avoir préalablement développé dans des petites fociétés les qualités fociales qui font la bafe de tout gouvernement? Les grandes adminiftrations n'ont donc point été les premières chez les hommes. Ils reflerent errans & vagabonds, ou fe réunirent par peuplades fous un chef ou en communauté; & dans ce dernier cas toutes leurs loix, tout leur gouvernement confiftèrent dans le maintien de l'ordre, de la tranquillité, en un mot dans l'exercice de la police néceffaire à la fubordination, fans laquelle il n'y a point de fociété.

Ainfi le gouvernement municipal, c'eft-à-dire celui qui a pour objet la difcipline publique des habitans d'une cité, a été la première forme d'adminiftration parmi les nations qui ont fait des progrès dans la civilifation; les autres font reftées dans l'état fauvage, ou n'ont formé que des peuples à demi-polices.

Les faits viennent ici à l'appui du raifonnement. Le mot de *police* qui fignifie *foin de la ville*, & qui pris d'une manière générale, défigne l'économie civile & l'adminiftration univerfelle d'une nation, annonce que fon étendue fut limitée à l'enceinte d'une ville & que tout état a commencé par une cité: l'hiftoire confirme cette idée. Les peuples errans d'une grande partie de l'Afie font reftés à demi-fauvages & tels qu'ils étoient à peu près autrefois, tandis que la Grèce, peuplée d'une foule de petites villes libres, fe civilifa promptement: c'eft que dans l'une les hommes réunis fe prêtèrent le fecours mutuel de leurs lumières, & que dans l'autre la vie errante les entretint dans l'ignorance & la ftupidité.

Quoique la police des premieres cités fe reffentît du caractère & des mœurs guerrières de leurs habitans, elle fe perfectionna néanmoins chez plufieurs, & fon influence fur le bonheur public devint plus fenfible de jour en jour. Son objet s'étendit, fa force s'accrut à mefure que les hommes dépofèrent une partie de leur férocité. Alors

elle commença à s'approcher d'avantage d'une légiflation régulière: mais elle n'avoit encore rien de fixe. Les règlemens varioient, s'altéroient fuivant les circonftances & l'utilité commune. Il n'y avoit de pofitif que ce qui avoit pour bafe le maintien indifpenfable de l'ordre public. Les cérémonies du culte, dont l'obfervation faifoit une des parties les plus importantes de cette police, n'avoient elles-mêmes pour règle que l'ufage & pour autorité que la tradition. Aucune loi écrite n'en prefcrivoit l'ordre, n'en déterminoit la durée. Voilà fans doute pourquoi elles fubirent de fi grands changemens parmi les premiers hommes; & fe multiplièrent fi prodigieufement avant d'avoir reçu de la légiflation une confiftance pofitive. Outre les foins que demandoit de la police l'obfervation des cérémonies religieufes, fon domaine s'étendoit encore à tout ce qui pouvoit être l'objet de la jouiffance commune des habitans de la cité. Places publiques, chemins, quais, marchés, fontaines, il fallut établir l'ordre dans la manière de participer à l'utilité que chacun avoit droit d'en retirer. La police s'en chargea, & affermit ainfi la force intérieure de la fociété.

Cette adminiftration fimple & groffière, en préparant les hommes à une plus grande civilifation, en faifant régner la paix au fein de la cité, facilita aux anciens légiflateurs l'établiffement de formes plus régulières de gouvernement. Ils purent dicter des loix, lorfque la puiffance & la fubordination néceffaires à leur obfervation étoient déjà établies. Cette révolution fit naître un changement dans la fociété & nuifit à la civilifation ou la favorifa, fuivant que les principes adoptés par les légiflateurs furent plus ou moins favorables à fes progrès. Quelques-uns en adoptèrent qui y étoient abfolument oppofés & qui retinrent les hommes dans un état demi-barbarie. Une légiflation pofitive a le grand défavantage d'éternifer les abus qu'elle autorife, & de mettre obftacle aux changemens qu'exigent les progrès des mœurs

& de la raison. Il faut de longs défordres, de grands maux pour qu'on fe détermine à en attaquer la fource & à réformer les loix. Tout eft variable : ce qu'on pouvoit prefcrire hier, on doit le défendre aujourd'hui; & telle rigueur motivée il y a un fiècle, pourroit être une vexation gratuite à préfent. Toute légiflation, pour être bonne, doit être tellement fubordonnée aux progrès de la civilifation, qu'à mefure que ceux-ci augmentent, celle-là fe réforme. Cela paroît d'autant plus raifonnable que *la force des chofes* feule y contraint les gouvernemens les plus abfolus, & que fi les loix veulent lutter contr'elle, on les élude ou on les brave; & c'eft en quoi la police a montré beaucoup de fageffe chez nous : on l'a vu plus d'une fois aller au-devant des maux que pouvoient caufer des loix devenues dangereufes ou cruelles par les effets de la civilifation & des lumières. Elle a fu tempérer une févérité qui n'a plus d'objet aujourd'hui, & tolérer des chofes qui pouvoient autrefois devenir une fource d'abus, & qui de nos jours ne portent aucun caractère répréhenfible; ce qui prouve, pour le dire en paffant, que fi la grande influence & le pouvoir étendu de la police ont fouvent donné lieu à des injuftices & des perfécutions cachées, comme nous aurons occafion de le remarquer, ils ont auffi utilement fervi à favorifer les progrès de la raifon & de la civilifation.

Après l'établiffement des loix pofitives chez les anciens, la police municipale fut reftreinte & fon pouvoir limité. Elle ceffa de former le gouvernement pour en devenir une partie. On s'en tint à la loi & l'on ne put plus prefcrire ce qu'elle défendoit, ou défendre ce qu'elle prefcrivoit. Les lumières du légiflateur décidèrent du bonheur & de la fécurité des citoyens. La police fut chargée du maintien de cette nouvelle adminiftration, & devint le plus ferme appui de la conftitution. Elle conferva l'infpection des mœurs & de la difcipline publique. Elle réformoit les abus qui, fans attaquer l'ordre public d'une ma-

nière éclatante, pouvoient donner lieu à des défordres fecrets & dangereux. La nourriture du peuple, la fourniture des marchés, l'exactitude & la fidélité dans la vente des denrées, l'expulfion des charlatans & des fanatiques, la pourfuite des brigands, le foin des femmes publiques, en un mot tous les détails d'une garde & d'une furveillance fans laquelle la fociété ne pourroit fubfifter, furent confervés à la police, & en compofèrent toujours le domaine.

Ces foins actifs & continuels, abandonnés à la police municipale, en confervant au fein des villes l'ordre, la fubordination, l'aifance & la paix, favorisèrent fingulièrement l'effor des talens & la civilifation. C'eft du fein des villes policées que font fortis & les chef-d'œuvres des arts & les maximes d'une morale douce & bienfaifante. C'eft-là que le génie médite, & que la raifon trouve des fujets de réflexions, tandis que le paifible citoyen peut fe livrer avec fécurité au foin de fa famille, fans craindre le brigandage & la violence. C'eft au milieu des grandes cités que les hommes dépofent la dureté de caractère & le goût de la fuperftition qu'ils confervent par-tout ailleurs. La douce chaleur de la bienfaifance, l'admiration pour la vertu s'y propagent & y fermentent. L'égoïfme même eft obligé d'y prendre le ton du patriotifme s'il veut fe fouftraire à la haine & au mépris public. Le fanatifme perfécuteur, l'intolérance qui l'accompagne n'ont pas de plus dangereux ennemis que l'efprit des grandes villes & les mœurs qui les habitent. Enfin, malgré les déclamations de quelques écrivains haineux & chagrins, la civilifation, les arts & la raifon leur doivent leurs progrès & leur empire.

C'eft encore un autre effet de l'introduction de la police dans la fociété, que l'exiftence de la *morale publique*. Elle nâquit au fein de l'ordre, du rapport que des hommes rapprochés apperçurent entre leurs devoirs & leurs intérêts, leur bonheur & celui de la communauté. Ils adoptèrent une façon de penser uniforme sur le vice & la vertu, le bien & le mal confidérés dans leur influence sur la tranquillité sociale & la paix entre les citoyens. On regarda comme injuste ou criminel un sentiment indifférent d'ailleurs par lui-même, toutes les fois qu'il pouvoit nuire à l'esprit de subordination ou aux intérêts de la société. Souvent même on en abusa; on la fit servir à des perfécutions injustes. Elle fit profcrire des opinions raifonnables, feulement parce qu'elles choquoient des préjugés accrédités, ou compromettoient l'intérêt de quelques particuliers. La paffion tint lieu de raifon, & la morale publique fervit à justifier des excès condamnables. De-là naquit l'intolérance, foit qu'on la confidère comme le réfultat de principes religieux & defpotiques, ou qu'on la regarde comme la fuite d'une police aveugle & mal entendue.

Mais fi la morale publique fut la caufe ou le prétexte de l'intolérance civile, comme l'abus de la religion le fut de l'intolérance religieufe, elle fit naître des vertus & donna naiffance aux plus utiles établiffemens. Elle civilifa les hommes, & leur fit voir dans l'eftime de leurs femblables, dans l'union fociale & dans la confervation des principes fondamentaux de la fociété, leur bien particulier & une raifon pour fe conduire avec juftice & avec humanité. Elle devint un nouveau lien pour les citoyens, & rendit plus étroit le commerce de fecours & de lumières qui s'établit entr'eux. En un mot la morale publique fut une des grandes caufes de civilifation que l'établiffement de la fociété fit connoître aux hommes. Les peuples errans & vagabonds en durent ignorer l'exiftence. L'influence des vertus ou des vices des individus les uns fur les autres eft très-foible dans cet état, & le befoin de principes communs & généralement reçus fur la juftice & l'équité, abfolument inconnu. Les hommes y vivent trop loin les uns des autres, pour craindre beaucoup leurs paffions particulières, ou attendre quelques fecours dans leurs détreffes réciproques. Une pitié

purement phyfique règle toute leur conduite, & jamais l'empire d'une morale réfléchie ne détermine la moindre de leurs actions. On chercheroit vainement chez les peuplades Afiatiques ou Africaines ces règles de conduite qui guident les démarches des peuples policés & leur font refpecter les droits de la raifon & de l'équité, dans le fort comme dans le foible. Et même, fi l'on en excepte les villes où l'afcendant des principes moraux a plus d'énergie qu'ailleurs, vous trouverez des nations à demi-policées en Europe, où la loi du plus fort eft la loi commune, & le principe de leur morale : c'eft que là on a moins cherché à réunir qu'à fubjuguer les hommes, à les éclairer qu'à les contenir, à les policer qu'à les enchaîner. Ici, ce font des citoyens qu'on veut changer en foldats & à qui on perfuade par le fait qu'il n'y a de refpectable que la force ; là ce font des efclaves fans courage, fans mœurs & fans vertus ; plus loin, des hommes fuperftitieux qui craignent de s'éclairer réciproquement, & déteftent pieufement ceux qui ne penfent pas comme eux ; dans un autre endroit, des ennemis de la liberté de la moitié du genre humain, qui voient tout dans les rêveries d'un impofteur, & veulent que fa doctrine ferve de règle de juftice & de raifon : enfin pour un peuple qui a fu rendre la morale publique un moyen de civilifation, une caufe de bonheur pour les hommes, dix en ont abufé, ou plutôt ont fubftitué à fa place des préjugés ou des fyftêmes dénués de vérité.

Quoi qu'il en foit, la morale publique ne doit pas moins être regardée comme utile à la félicité fociale : c'eft une voie préparée à la raifon pour fervir utilement l'humanité; elle peut réunir tous les hommes dans une même opinion, & établir folidement leur bonheur. Mais c'eft principalement dans fon rapport avec la police des peuples que la morale publique mérite que nous la confidérions ici. C'eft-là qu'étayée de la puiffance publique, elle peut nuire ou contribuer aux progrès de la fociété, fuivant l'efprit particulier que les circonstances des temps & de lieu lui ont fait contracter.

En général la police d'un état, & sur-tout la police civile, que nous avons principalement en vue ici, est plus ou moins parfaite, plus ou moins sage & tolérante, en proportion des principes de justice & d'humanité adoptés par les hommes qui président au maintien de l'ordre. Or ces principes sont toujours plus ou moins modelés sur ceux de la morale généralement adoptée. Aussi chez un peuple guerrier ou conquérant, dont les mœurs seront austères, les vertus farouches, attendez-vous à y trouver une police dure & inhumaine, des châtimens atroces & multipliés, l'esclavage, le mépris des hommes, des règlemens barbares, & tous les fléaux du rigorisme moral. Au contraire, chez une nation douce & civilisée, amie des jouissances paisibles & des actions vertueuses, sans faste & sans fanatisme, assurez-vous d'y rencontrer une police conforme à de tels principes & favorable au progrès des arts, de la civilisation & par conséquent du bonheur public.

Mais une réflexion qu'on ne doit pas manquer de faire, c'est que la morale publique, ainsi que le gouvernement & la police d'un peuple se ressentent toujours des circonstances où ce peuple se trouva au moment de son établissement. Voilà pourquoi les anciennes nations dont l'origine nous est connue, conservèrent une morale & des principes de police si durs & si peu favorables à la cause de l'humanité. C'étoient des hommes guerriers & conquérans par système, & vivant au milieu des combats. Ils durent donc regarder la guerre comme une partie de leur constitution, & l'esclavage comme un état naturel, puisqu'ils le supposoient une conséquence naturelle du droit de la guerre.

Aussi la guerre & l'esclavage furent-ils un sujet de tourment pour l'humanité, tant que dura le système de police des anciens peuples, si vous en exceptez peut-être un petit nombre, où la douceur du climat & des causes que nous ignorons avoient naturalisé des mœurs plus douces. Mais chez ceux dont la réputation est le plus généralement répandue, ces fléaux régnèrent aussi long-temps que leur empire. Tout homme y naissoit soldat, & l'éducation qu'il recevoit étoit analogue à cette destination. On ne voyoit que la gloire des guerriers; on ne connoissoit de distinction que celle des expéditions militaires. De-là cette morale publique, plus propre à changer les hommes en héros dévastateurs qu'en citoyens paisibles & heureux : de-là ces haines entre les peuples, qui rendant la force nationale plus nécessaire, à mesure que le nombre des ennemis croissoit, faisoit de l'amour de la patrie un véritable fanatisme : de-là enfin ce mépris pour les autres nations, & la dureté avec laquelle on traitoit les peuples vaincus.

De pareils hommes ne devoient porter dans la société que des vertus farouches, des mœurs dures, & leur police devoit nécessairement se ressentir de cette barbarie. On bannissoit tous les hommes qui professoient des arts paisibles; on flétrissoit quiconque marquoit dans sa conduite du goût pour les jouissances, de luxe ou de l'esprit. On traitoit avec inhumanité des débiteurs ou des hommes que des actions d'éclat ne rendoient pas respectables. L'humanité étoit méconnue par-tout. L'intérêt public, tant bien que mal entendu, étoit seul considéré. De-là encore cette autorité paternelle & dénaturée qui permettoit, à Rome, au père d'ôter la vie à son enfant, ou ce qui est aussi criminel, de le réduire en esclavage. De-là l'usage à Sparte de détruire les enfans mal conformés. De-là enfin tous ces excès si communs dans la morale publique & la police des anciens peuples guerriers. Le divorce devoit encore être un des usages de ces hommes belliqueux : non pas qu'ils crussent que l'homme ne peut, même volontairement, aliéner sa liberté pour toute la vie, mais parce qu'ils ne voyoient dans les enfans que des soldats pour l'armée, & dans le mariage qu'un moyen de s'en procurer. Les femmes étoient donc à leurs yeux de simples instrumens de population,

Denis Hali, liv 1, ch. 2.
Plut. vi Lycurg.

& tout ce que la nature a fait pour elles, étoit perdu pour des hommes qui les éloignoient de leur société ou les traitoient en esclaves. Cette conduite sauvage prolongea chez eux le règne de la barbarie, & tous les dérèglemens monstrueux qu'on a si justement reprochés aux anciens. C'est à l'empire des femmes que les nations policées doivent leur bonheur. L'atmosphère qui les entoure semble porter dans l'ame des hommes le goût du bien & quelque chose de plus parfait encore que l'amour de la vertu.

Aux malheurs attachés au génie conquérant, l'antiquité joignit tous les maux qu'a causés l'esclavage. Long-temps il tint là la moitié du genre humain à la chaîne, & divisa les hommes en tyrans & en esclaves. Chaque chef de famille, tout propriétaire un peu considérable étoit un despote dangereux qui pouvoit ôter la vie à cent innocens sans en rendre compte à personne. Sparte se distingua sur-tout par ce genre de crime. On sait qu'elle réduisit des peuples entiers en esclavage, & qu'elle exerça envers eux tous les excès d'une brutalité grossière. Les Ilotes, ce peuple malheureux, fut sur-tout l'objet de la férocité Lacédémonienne. La police permettoit que les jeunes Spartiates s'exerçassent à la chasse contre ces infortunés; ils pouvoient les tuer impunément dès qu'ils les trouvoient dans un lieu écarté; & comme on craignoit enfin que le désespoir n'armât ce peuple contre ses tyrans, on avoit grand soin de les massacrer, de crainte que leur nombre ne s'accrût trop considérablement.

Ces défauts de police & de morale dans un peuple qu'on a beaucoup préconisé ne doivent pas être oubliés; ils peuvent faire juger par approximation des autres. Quelques vertus austères, une sévérité de mœurs plus odieuse qu'utile, quelques qualités guerrieres, ne doivent pas justifier aux yeux des hommes raisonnables de pareils excès; & quand on nous cite l'exemple des anciens pour modèle de conduite politique, quand on loue leurs vertus, on

oublie les maux qu'ils ont causés, ou on montre un esprit de jalousie ou de rigorisme contre son siècle & contre sa nation.

Il est vrai que l'esclavage subsiste encore aujourd'hui, mais c'est chargé de l'anathême universel; c'est par la cupidité de quelques hommes plus avides de gains que touchés des droits de l'humanité, c'est loin de nous, loin de nos foyers, enfin c'est avec plus de douceur & plus de justice, si pourtant on peut prononcer le mot de justice à côté de celui d'esclavage. De plus, & nous devons le dire à l'honneur de notre siècle & des progrès de la raison, une voix générale vient de s'élever pour en obtenir l'abolition. L'Angleterre, ce pays où la civilisation est plus perfectionnée que par-tout ailleurs, où les mœurs publiques, quoique tachées encore de quelques vices, tiennent lieu de police & servent d'appui à la liberté; l'Angleterre va avoir la gloire d'offrir un exemple respectable de philantropie à tout l'univers. L'esclavage des nègres, le seul qui subsiste parmi les nations policées, vient d'y être universellement attaqué & sa destruction demandée. La nation entière s'est portée avec empressement à seconder cet acte de justice, & bientôt nous le verrons obtenir son plein effet. Ne doutons pas non plus que le même exemple ne soit suivi par tous les peuples qui osent encore trafiquer des hommes. Si des intérêts mercantiles & l'avantage prétexté mais faux des colons, pouvoient offrir quelques difficultés dans l'exécution de ce généreux dessein, ce ne seroit sûrement que pour un temps, & la destruction de la servitude est inévitable aujourd'hui.

Le système d'esclavage étoit tellement accrédité dans l'esprit des peuples anciens, qu'ils le regardoient comme un état naturel: *Toute société*, dit Aristote, *est essentiellement composée d'un homme, d'une femme & d'un esclave.* Avec de pareilles maximes, avec une semblable morale, que pouvoit donc être le bonheur des anciens peuples? Exposés eux-mêmes aux rigueurs qu'ils fai-

Pol. li.
I, ch. 2
& 3.

foient éprouver à leurs efclaves, ils entretenoient parmi eux un fujet éternel de
crainte & d'injuftice. Rome ; combien de
fois n'a t-elle pas employé contre fes propres efclaves les forces qui lui fervoient à
fubjuguer les nations ? Ces défordres faifoient couler le fang des citoyens, & fomentoient les guerres qui déchirèrent fi
fouvent le fein de la patrie. Des malheureux fur qui on exerçoit le droit odieux de
vie & de mort, qu'on livroit fans menage-
ment à tous les dangers, qui ne poffédoient
rien & à qui même la protection des loix étoit
refufée ; de pareils hommes devoient continuellement méditer la ruine de leurs tyrans,
& exciter des révoltes dans l'état.

Auffi peut-on regarder l'abus de l'efclavage comme une des caufes qui, joint à
l'empire du pouvoir militaire, ont troublé
la république dès fon origine & enfin précipité fa chûte. Ils s'opposèrent conftamment
aux progrès de la civilifation & de la puiffance civile. Ils donnèrent trop d'influence
aux qualités guerrières dans les affaires
d'état, & rendirent trop néceffaire la puiffance des foldats. Ils attirèrent fur elle la
haine de toutes les nations ; fon défaut de
police intérieure ne lui permit pas d'y réfifter, & des légions indifciplinées fe rendant maitreffes de l'empire, en achevèrent
la ruine, & prouvèrent par le fait que la
tyrannie n'a pas de plus redoutables ennemis que les inftrumens même de fon pouvoir.

Nous avons vu régner fouverainement
en Europe le pouvoir militaire, fon defpotifme n'eft pas même encore entièrement anéanti : nous avons vu long-temps
l'efclavage y montrer fon front hideux ;
mais ces calamités étoient balancées par
des moyens de civilifations interdits aux
anciens, & qui ont enfin ramené l'ordre &
le refpect des conventions fociales parmi
nous. Nos défordres ont été grands fans
doute, mais leurs excès, leur abfurdité,
leur incohérence en rendoient la deftruction inévitable. Ils portoient en eux un
principe de réforme qui donnoit efpérance
au retour des lumières & de la police. Nous

étions barbares, guerriers, fuperftitieux
par ignorance, par abrutiffement, par l'intérêt d'un petit nombre d'hommes puiffans,
mais nous ne l'étions pas par principes, &
nous n'avions pas tellement incorporé nos
vices politiques à notre fyftême de police,
qu'on ne pût les en féparer.

Parmi les caufes inconnues aux anciens,
& qui ont détruit le caractère guerrier &
le fyftême d'efclavage parmi les nations de
l'Europe aujourd'hui policées, on doit regarder la morale évangélique comme une
des principales. Les peuples de l'antiquité,
la Grèce, les Romains, avoient bien un
culte public, un ordre de cérémonies ordonnées par la loi. Mais cette religion
étoit fimplement un fyftême de police,
une occafion de rapprochement pour les
citoyens, un moyen de donner de la folemnité aux affaires publiques. Aucune morale
religieufe & publique ne l'accompagnoit,
& les Dieux préfens à leurs facrifices n'a-
voient aucune influence fur la conduite
particulière & les mœurs des citoyens.

Des facrifices fanglans étoient encore
une très-mauvaife école. On devoit s'y
former à une infenfibilité phyfique, ennemie des mœurs douces & des fentimens
d'humanité. La vue d'animaux égorgés,
de facrificateurs impaffibles qui fembloient
s'abreuver de leur fang, donnoit au culte
public un caractère de férocité qui entretenoit le peuple dans le goût du meurtre
& des fpectacles fanguinaires. Ces vérités
ne peuvent paroître douteufes qu'à quiconque n'a point réfléchi fur le prodigieux
afcendant que les fens ont fur la conduite
& les paffions des hommes. Habitués à
voir le fang couler des animaux, ils verfent
avec indifférence celui des hommes. Le
fyftême religieux des anciens habitans de
la Grèce & de l'Italie, ne pouvoit donc
apporter aucun tempérament, prefcrire
aucune règle d'humanité contre les cruautés ordonnées par la puiffance militaire.
Aucun prêtre ne pouvoit, au nom d'un
Dieu de paix & fuivant les maximes de fa
loi, ordonner aux peuples d'épargner le
fang des hommes ; la morale publique

fomentoit ces excès que fecondoit la religion.

Mais le chriftianifme auffi doux dans fa
morale, auffi favorable à l'humanité que
fes prêtres fe montrèrent intolérans & per-
fécuteurs, vint offrir aux foibles un fecours contre les puiffans. Il prêcha une
doctrine bienfaifante au nom d'un Dieu
jufte & compatiffant; il fit connoître un
pouvoir facré fupérieur à celui des armes
& refpecté d'une foldatefque infolente. Il
repouffa la violence fans effufion de fang,
& montra qu'enfin on pouvoit établir une
morale de paix parmi les hommes, quoique fes miniftres offriffent fouvent le fpectacle du défordre & de la perfécution.
Malgré l'intolérance du dogme, la morale
évangélique réunit les hommes fous le nom
de *frères*, & l'appui qu'elle empruntoit des
idées religieufes donnoit à fon influence
une force d'autant plus énergique, que fon
origine étoit facrée. Une pareille puiffance
devoit enfin détruire les paffions belliqueufes & féroces des hommes, les civi-
lifer à la longue, & établir parmi eux un
fyftême de paix & de douceur qu'ignorè-
rent les peuples anciens.

Mais fi la morale évangélique adoucit
les horreurs de la guerre parmi les nations
modernes, fi elle corrigea la férocité des
mœurs antiques, elle ne concourut pas
moins puiffamment à la deftruction de
l'efclavage. Peut-être même peut-on regarder cette révolution comme fon plus
bel ouvrage : car quoique cette calamité
fubfifte encore chez quelques nations de
l'Europe où elle femble faire partie de la
conftitution, on ne fauroit difconvenir
qu'une religion qui prêche la charité, l'a-
mour du prochain, l'égalité, ne doive
anéantir à la longue toute efpèce de fervitude parmi les hommes. Auffi la vit-on fouvent feconder les efforts de la politique
pour parvenir à cet heureux changement. Si
quelques corps eccléfiaftiques, fi quelques
prélats aveuglés par l'intérêt, oferent s'y
oppofer, ce fut l'effet de leur cupidité &
non celui du chriftianifme ; l'abus de leur
pouvoir & non l'efprit de l'évangile ; car
ici comme par-tout ailleurs on doit bien
diftinguer la religion de fes miniftres, la
morale chrétienne de la conduite du clergé
dans ces fiècles de ténèbres. Encore ces
exemples furent-ils rares, & bien plutôt
une fuite de l'ignorance & des préjugés
de temps barbares, qu'une doctrine, une
façon de penfer inhérente à des corps dont
l'emploi étoit de veiller au bonheur des
hommes & au gouvernement moral de
la fociété.

Peut-être que les efforts du chriftianifme, que fes bienfaifantes maximes, que
fes vœux en faveur de l'abolition de l'efclavage euffent été perdus pour l'humanité
fi d'autres caufes encore ne les euffent
fecondés, fi les progrès des lumières & de
la raifon n'euffent ajouté leur puiffance à
celle de la religion, & fi des hommes
pieux & philofophes n'euffent frappé d'a-
nathême un fyftême qui tenoit dans l'aviliffement & l'opprobre la moitié de leurs
frères. C'eft encore à eux qu'on doit les
idées faines que notre fiècle a vu naître fur
cette matière ; ils ont achevé ce que la
religion avoit commencé, & profcrit à
jamais le joug de l'efclavage de nos inftitutions modernes.

A ces grandes caufes de civilifation inconnues aux anciens peuples, on peut en
ajouter d'autres dont l'influence n'a pas
été moins puiffante, quoiqu'elles ne pa-
ruffent pas annoncer d'abord les effets qui
en réfultèrent. Les unes ont multiplié les
communications entre les hommes, ont
fait circuler les connoiffances, attaqué les
préjugés, étendu l'empire de la raifon ;
telles furent la découverte du papier, l'invention de l'imprimerie, celle de la bouf-
fole ; d'autres ont changé la face de la
guerre, l'ont rendue moins fanglante,
moins fréquente, en ont diminué l'influence, & rendu heureufement inutiles
pour la défenfe fociale ces vertus farouches, ces actions forcenées qui ont valu
tant de couronnes & d'admiration aux
héros de Rome & de la Grèce. De ce
nombre font l'ufage de la poudre, & l'art
de fortifier les villes, qui en fut une fuite
naturelle,

naturelle. Nous aurons occasion de remarquer dans ce discours ce qu'a produit sur l'état des peuples en Europe l'invention du papier, de la boussole & de l'imprimerie; nous observerons ici seulement les changemens qu'y ont apporté celle de la poudre & le nouveau système de fortifier & de défendre les villes.

Non seulement l'usage de la poudre en changeant entièrement la tactique ancienne, a rendu les guerres moins sanglantes, les guerriers moins féroces, la force de corps moins utile, les qualités martiales moins considérées, les vertus belliqueuses moins recherchées; mais encore il a éteint l'esprit de conquête & dégoûté des entreprises héroïques, qu'il a rendu plus rares & plus difficiles: elles sont devenues très-dispendieuses. Il n'y a que des souverains riches & puissans qui puissent monter des trains d'artillerie respectables. Les petits princes sont obligés de rester neutres par impuissance. De plus, cette même raison empêche les grands Potentats de faire la guerre aussi souvent que leur ambition le voudroit bien. Le trésor est bientôt épuisé par de si grandes dépenses; il faut avoir recours à des moyens longs & à des opérations de finances qui ralentissent l'héroïsme belliqueux: d'où il est résulté que la guerre étant devenue chez nous une affaire d'argent, est tombée dans le mépris ou du moins a perdu beaucoup de la considération qu'elle avoit usurpée autrefois; ce qui ne contribuera pas peu à la proscrire un jour entièrement de l'Europe.

L'art de fortifier les villes a encore diminué les horreurs de la guerre. Les invasions subites, les dévastations de provinces sont moins faciles. Une petite ville peut tenir toute une grande armée en échec, & pendant ce temps on *parlemente*, on capitule, & la vie des hommes est un peu moins prodiguée. Il est vrai que les sieges sont quelquefois sanglans; mais ils le sont encore moins que des combats qui ne décident rien. D'ailleurs la guerre de siege

Police & Municipalité.

coûte cher, & c'est un moyen de plus d'en dégoûter.

Nous faisons ces remarques sur l'état de la guerre parmi nous, parce qu'elle a été une grande cause de malheurs & de désordres chez les anciens; qu'il n'est pas indifférent d'observer que cette calamité perd de son activité, que nous avons encore beaucoup gagné sur l'antiquité à cet égard, & que si la nature veut bien être encore quelque temps avare de *héros*, nous pourrons bien la voir s'anéantir entièrement.

La réunion des hommes en société, l'établissement de l'ordre & le maintien d'une police vigilante au milieu d'eux, donnèrent encore naissance à un grand moyen de civilisation, dont l'empire surtout est devenu prodigieux depuis le règne de la raison en Europe: c'est l'opinion publique. Ce mot désigne d'une manière générale la somme de toutes les lumières sociales, ou plutôt le résultat de ces lumières, considéré comme motif des jugemens que porte une nation sur les choses soumises à son tribunal. Son influence est le plus puissant mobile des actions louables aujourd'hui. Elle a étendu la sphère des principes utiles & bienfaisans, réprimé une foule d'abus, déclaré une guerre implacable à tous les systêmes de persécution & d'intolérance; elle est devenue enfin parmi nous le plus ferme appui de l'ordre, le guide & le gardien de la police & des mœurs, « Elle règne » sur tous les esprits, dit un grand ministre » de notre siècle, & les princes eux- » mêmes la respectent s'ils ne sont pas en- » traînés par de trop grandes passions; les » uns la ménagent volontairement, par » l'ambition qu'ils ont de la faveur publi- » que; & les autres, moins dociles, y sont » encore soumis sans s'en appercevoir, » par l'ascendant de ceux qui les entou- » rent. »

M. Necker, *Adm. es Financ.* ch. 1.

L'opinion publique diffère & de l'esprit d'obéissance qui doit régner dans un état despotique, & des opinions populaires qui président aux délibérations républicâines. Elle se compose d'une foule d'idées que l'expérience des hommes & le progrès des lumières ont successivement introduites dans un état où le gouvernement ne permet pas à la liberté nationale l'énergie de son caractère, & où cependant la propriété, la sécurité des citoyens sont respectées ou ne sont violées que par des abus qui tiennent encore plus aux personnes qu'aux choses. C'est l'arme qu'un peuple éclairé oppose en masse aux opérations précipitées d'un ministre ambitieux ou d'une administration égarée. Son action lente conviendroit mal à un peuple libre, & des esclaves n'auroient pas la force de la diriger contre les entreprises d'un maître ombrageux & puissant.

Ces raisons portent naturellement à croire que la force de l'opinion publique, telle que nous la présentons ici, fut inconnue aux anciens gouvernemens. La morale publique qui chez eux eut une si grande influence, n'étoit point appuyée sur une semblable base. Elle fut, comme nous l'avons vu long-temps en Europe, un système de conduite, dicté par les préjugés, les besoins & sur-tout par les circonstances où ces peuples se trouvèrent au moment de leur établissement. Jamais la morale publique des anciens ne fut en contradiction avec leurs mœurs : au contraire, leurs mœurs plus ou moins dures & farouches, en furent l'expression & la pratique. Chez nous, au contraire, souvent & très-souvent l'opinion publique flétrit des usages, des loix ou des coutumes que l'on s'opiniâtre à conserver contre le sentiment national. L'opinion publique prend sa source dans l'opinion des hommes éclairés, d'où elle gagne ensuite des partisans & devient le vœu général. La morale publique, au contraire est le produit de toutes les circonstances politiques & locales qui peuvent influer sur les mœurs d'un peuple. L'opinion publique change, altère, modifie la morale d'une nation; & si l'antiquité l'avoit connue, sûrement qu'elle y auroit enfin détruit ce système de guerre & d'esclavage dont nous avons

fait connoître les excès & les désordres.

On peut donc regarder l'opinion publique comme une production sociale due à notre siècle; & comme les causes qui l'ont précédée en ont rendu l'empire plus solide & l'énergie plus certaine, on doit en attendre les plus heureux effets pour la perfection des mœurs & les progrès de la raison.

Maintenant si l'on considère l'opinion publique, par rapport à la police d'une nation, c'est-là sur-tout qu'on trouvera qu'elle agit directement pour le bonheur des peuples. En effet, par l'étendue de son influence, elle rend communes à tous les points d'une vaste monarchie les améliorations qui s'opèrent dans les mœurs & dans les idées de la capitale. Elle fait participer aux lumières générales la province isolée, où sans elle les peuples resteroient dans l'ignorance & l'abrutissement. Elle dicte au magistrat subalterne sa conduite particulière & ce qu'il doit conserver ou rejetter de loix, qu'un nouvel ordre de choses ont rendu dangereuses ou inutiles. Elle tempère en lui le rigorisme légal pour y substituer des sentimens plus adaptés au temps & au progrès de la société. Elle repousse ces châtimens rigoureux, ces abus de force, ces servitudes gênantes & oppressives, qui ne peuvent que tout au plus rappeller l'ignorance des siècles qui les ont fait naître, sans contribuer en rien au maintien de l'ordre & de l'économie civile.

On peut encore remarquer un autre rapport entre la police & l'opinion publique, qui ne contribue pas peu à en assurer la liaison & l'influence réciproque entr'elles & sur la société. C'est que la police n'est en quelque sorte que l'exécution des sentences de l'opinion générale. Tel est au moins l'exemple qu'offrent les villes les mieux policées. Là, on consulte l'état des lumières & de la raison dans la distribution des peines & des châtimens. Ce qui peut choquer les regards publics ou révolter la sensibilité, la délicatesse des mœurs, y est proscrit ou méprisé. Des rigueurs recherchées ou condamnées par l'opinion publique y font fouvent place à des condamnations plus humaines ou moins révoltantes. La décence publique y eſt conſultée, reſpectée comme de raiſon. Cette police eſt très-favorable aux progrès de la ſociété, que toute loi cruelle, toute coutume barbare détériore infailliblement, quel qu'en ſoit l'objet ou le motif.

De quelque côté que l'on conſidère l'état des hommes aujourd'hui & le ſyſtême de leur police, on trouvera l'un & l'autre bien ſupérieur à tout ce que nous offre la civiliſation des peuples anciens. Nous avons vu une partie des erreurs & des défauts de leur morale publique, les vices de leur légiſlation & les abus de leur gouvernement. La guerre, l'eſclavage, des mœurs féroces, la moitié des hommes à la chaîne, les autres formant autant de maîtres cruels, le deſpotiſme royal ou populaire érigeant ces fléaux en principes, & les uniſſant ſi intimément à la conſtitution politique qu'ils en cauſèrent la ruine & l'anéantiſſement. Si nous avons échappé à de ſemblables maux; ſi nous vivons aujourd'hui ſous des loix plus douces; ſi la police eſt plus ſage & mieux obſervée; ſi les fers de l'eſclavage ne retentiſſent plus à nos oreilles; ſi des ſoldats farouches ne ſont plus que des ſerviteurs gagés, & non des maîtres ſuperbes; en un mot ſi la civiliſation & l'état ſocial ſe ſont perfectionnés, ce n'a pas été ſans de longs égaremens, des erreurs, des crimes dont les veſtiges ſubſiſtent encore aujourd'hui.

Mais comme les cauſes qui ont ſucceſſivement préparé cette révolution, & le tableau de comparaiſon des mœurs anciennes & nouvelles de l'Europe, forment une des plus intéreſſantes parties de l'hiſtoire des nations modernes en général, & de la nôtre en particulier; que cette connoiſſance doit répandre de grandes lumieres ſur ce que nous avons à dire des loix de police, des moyens de les améliorer, & de leur influence ſur le bonheur des peuples, nous allons analyſer avec aſſez de détail pour être clairs, & aſſez de préciſion pour ne point ennuyer le lecteur, tous les principaux événemens & changemens ſurvenus dans l'état de ſociété, & la civiliſation des nations de l'Europe, depuis leur établiſſement ſur les ruines de l'empire Romain juſqu'à nos jours.

Nous avons déjà remarqué quelques-unes des cauſes qui ont perfectionné la morale publique, & hâté les progrès de la raiſon en Europe. Elles nous furent particulières, & il ne paroît pas que l'antiquité en ait connu les ſecours. Leur manière d'agir a été prompte & comme indépendante de la marche lente de la civiliſation, mais elles ne ſont venues que lorſque celle-ci étoit déjà fort avancée parmi nous; telles furent l'uſage du papier, la découverte de la bouſſole, de l'imprimerie & d'autres encore dont il n'eſt pas de notre objet de parler ici.

Mais, indépendamment d'elles, l'eſprit des peuples, la nature de leur inſtitution ſociale, l'enchaînement & l'influence néceſſaire des événemens, une puiſſance irréſiſtible qui tient aux circonſtances locales, aux idées religieuſes, à de nouveaux principes, paroiſſoient dirigées de manière à amener tous les moyens de civiliſation, toutes les cauſes d'ordre & de bonheur public que la ſuite du temps a ſucceſſivement préſentés ſur le théâtre du monde. C'eſt de ces dernieres que nous allons nous occuper. Nous obſerverons leur influence ſur l'état de la ſociété, de la police, des mœurs & des inſtitutions civiles qui ont changé entièrement la face de l'Europe, & l'ont portée à ce degré de politeſſe & de lumières où nous la voyons aujourd'hui (1).

(1) *L'introduction à l'hiſtoire de Charles-Quint,* par M. Robertſon, nous a fourni la majeure partie des choſes que nous allons dire ſur les progrès de la civiliſation & de la police en Europe. Nous en faiſons l'aveu avec d'autant plus de plaiſir, que cet ouvrage eſt un chef-d'œuvre d'érudition & de philoſophie dont la France doit la connoiſſance à l'excellente traduction qu'en a faite M. Suard.

b 2

Par-tout où les nations de l'Europe qui renversèrent l'empire Romain se fixèrent, elles y établirent la police féodale, & ce qu'il y a d'étonnant, c'est que, quoiqu'elles se fussent établies en différens temps dans les pays qu'elles avoient conquis ; quoiqu'elles fussent sorties de contrées différentes, qu'elles eussent des langages divers, & qu'elles n'eussent point les mêmes chefs, on remarque cependant que le système féodal s'introduisit avec peu de variations dans toute l'Europe. Cette étonnante uniformité a fait croire à quelques auteurs, que tous ces peuples ne composoient qu'une même nation sous des noms différens ; mais il est bien plus naturel d'en chercher la cause dans la ressemblance des circonstances où ils se trouvèrent lors de leur établissement : car, comme nous l'avons déjà remarqué, les circonstances où se trouve un peuple au moment de son établissement, en modifient tellement la constitution que tout autre qui se seroit trouvé dans la même position, auroit adopté les mêmes principes ; & cette influence est si puissante que les nations, quelque vieilles qu'elles soient, conservent toujours la teinte de leur caractère primitif ; ensorte que, lors même que la civilisation y a fait de grands progrès, on y reconnoît encore des traces de leur origine. Cette vérité sera confirmée par tout ce que nous aurons à dire des institutions féodales, comme elle l'a déjà été par tout ce que nous avons dit de l'esprit de conquête qui se soutint chez les anciens peuples jusqu'au moment de leur destruction.

Ces conquérans de l'Europe avoient leurs acquisitions à défendre, non-seulement contre ceux des anciens habitans à qui ils avoient laissé la vie ; mais encore contre les irruptions de nouveaux aventuriers qui pouvoient venir leur disputer leurs conquêtes : ils durent donc chercher d'abord à se défendre, & il paroît que ce fut le principal objet de leurs premières institutions civiles Tout homme libre à qui l'on assignoit, dans le partage des terres conquises, une certaine portion de terrein, étoit obligé de prendre les armes contre les ennemis de la nation. Ce service militaire étoit la condition à laquelle il recevoit & tenoit sa terre ; & comme on n'étoit soumis à aucune autre charge, cette espèce de possession chez un peuple encore guerrier, devoit être à la fois commode & honorable. Le roi ou le général qui avoit conduit la nation à la guerre devoit avoir pour sa part la portion la plus considérable, & cet arrangement le mettoit à portée de récompenser les services de ses officiers, & de se former de nouveaux partisans, en leur distribuant différentes portions de son domaine. Il les obligeoit par-là à le défendre & à le suivre au combat avec une quantité d'hommes proportionnée à l'étendue du terrein que chacun d'eux avoit reçu. Les principaux officiers imitoient cet exemple, & partageoient entre leurs suivans les terres aux mêmes conditions. Cette hiérarchie féodale ressembloit plutôt à un établissement militaire qu'à une institution civile. Tout homme étoit soldat, &, chaque propriétaire de terre, armé d'une épée, étoit toujours prêt à marcher, sur la requisition de son supérieur, & à se mettre en campagne contre l'ennemi commun.

Mais si le système féodal paroît avoir été merveilleusement combiné pour défendre la société contre toute puissance étrangère, il étoit extrêmement défectueux dans tout ce qui peut assurer l'ordre intérieur & la police civile. Aussi fut-il une des causes qui retardèrent en Europe les progrès de la civilisation par l'esprit guerrier qu'il y entretint. Il avoit des germes visibles de corruption & de désordre qui se développèrent bientôt, & qui passant dans toutes les parties du système politique, y causèrent de longs ravages. Il affoiblissoit les liens de l'union civile, & multiplioit les principes d'Anarchie. Les seigneurs feudataires qui n'avoient reçu leurs possessions territoriales que pour aussi long temps qu'il plairoit au prince, leur furent assurées pour la vie, & bientôt rendues héréditaires, par fuite de leur fyftême d'ufur-pation. Les honneurs, les titres eurent la même deftinée, & ce qui n'avoit été ac-cordé que pour récompenfer les fervices d'un individu, devint un droit dans fa famille.

Un autre effet de cette conftitution féo-dale & qui nuifit encore plus au maintien de l'ordre public, fut le pouvoir qu'ob-tinrent les vaffaux de juger fouveraine-ment dans leur territoire, toutes les caufes tant civiles que criminelles, de battre mon-noie & de faire tous les règlemens de po-lice intérieure qu'ils jugèrent convenables. Ce dernier droit, fi l'on peut donner ce nom à une ufurpation, s'eft confervé, même depuis la deftruction de la féodalité; & des Jurifconfultes ont decidé que la police étoit un droit appartenant à la juftice fei-gneuriale. D'autres défordres fe joignoient à ceux ci & en augmentoient les maux. Chaque feigneur pouvoit, en fon propre & privé nom, faire la guerre à fes ennemis particuliers; enforte que la fubordination féodale difparut même par les abus aux-quels elle donna lieu. Des nobles qui avoient un pouvoir exceffif, dédaignoient de fe regarder comme fujets. Ils afpirè-rent ouvertement à fe rendre indépen-dans, & brisèrent les nœuds qui uniffoient à la couronne les principaux membres de l'état. Un royaume confidérable par fa puiffance & fon étendue étoit démembré en autant de principautés particulières qu'il y avoit de barons puiffans; & mille caufes de difcorde & de jaloufie s'élevant de toutes parts, allumoient autant de guerres. Chaque contrée de l'Europe, que ces querelles fanglantes plongeoient dans la défolation, dans le trouble & dans des allarmes continuelles, étoit couverte de châteaux & de forterefles, conftruits pour défendre les habitans, non contre des forces étrangères, mais contre des hof-tilités domeftiques. Les défordres publics mettoient le trouble dans la fociété, & en banniffoient les douceurs & la fécurité que les hommes efpéroient y trouver.

Le peuple étoit réduit à un état de véri-

V. Loi-feau, *Traité des Offices de Police.*

table fervitude, ou traité comme s'il étoit effectivement efclave. L'on avoit établi une forte de police pour la vente & l'achat des efclaves, & une jurifprudence pour régler les prétentions refpectives entr'eux & leurs poffeffeurs. Nous regardons avec raifon aujourd'hui l'état d'efclavage com-me le dernier degré d'infortune : cepen-dant nous voyons dans ces temps malheu-reux, des hommes le rechercher comme un moyen de fe fouftraire aux calamités qu'entraînoit le brigandage féodal. Cette efpèce de renonciation volontaire à un droit qu'aucun homme ne peut perdre, étoit connu fous le nom d'*obnoxiation*, & avoit fes formes & fes règles particuliè-res. Au refte, les efclaves étoient affu-jettis à tous les caprices d'hommes grof-fiers & barbares qui comptoient pour rien tout ce qui ne portoit point le titre de noble. On exerçoit fur eux le droit de vie & de mort; & lorfque par la fuite cet ufage féroce fut un peu adouci on pouvoit encore les expofer aux plus horribles tor-tures pour le moindre foupçon. Leur ma-riage, quelque raifonnable qu'il fût, ne paffa long temps que pour une efpèce d'union naturelle, méconnue par la loi; & quand enfuite elle fut déclarée légale, ils ne purent même la contracter fans le confentement de leurs maîtres, qu'en s'ex-pofant à la peine de mort. Enfin, après avoir été vendus comme meubles tant que dura la fervitude domeftique, ils le furent comme ferfs attachés à la glèbe, *adfcripti glebæ*, lorfqu'on les regarda com-me formant une partie productive de la terre à laquelle ils appartenoient.

Telle étoit la condition déplorable d'une grande partie des peuples; & l'a-veuglement, l'ignorance & la cupidité étoient fi grands, que la majeure partie des ferfs appartenoient à des évêques ou à des corps eccléfiaftiques. On fe foumettoit de préférence à leur joug, parce qu'on efpéroit avoir part à la fûreté particulière dont jouiffoient les vaffaux & les efclaves des églifes & des monaftères, & qu'on devoit à la vénération fuperftitieufe qu'on

Marcu liv. 28.

avoit pour le faint fous la protection immédiate duquel on étoit cenfé fe mettre.

Le nombre des ferfs chez toutes les nations de l'Europe étoit prodigieux. En France, au commencement de la troifieme race, la plus grande partie de la claffe inférieure du peuple étoit efclave ainfi qu'en Angleterre. Il n'y avoit guères que dans les villes où la liberté fut connue, encore ne le fut-elle d'une manière fenfible qu'à l'époque de l'établiffement des municipalités, ainfi que nous aurons occafion de le faire plus fpécialement remarquer dans la fuite. Avant ce temps les bourgeois étoient également affujettis aux vexations des nobles, & tenus dans un état de mifère & d'aviliffement à peine audeffus de celui des habitans des campagnes. La fûreté perfonnelle, la tranquillité publique, le refpect des loix, en un mot aucune efpèce de police n'y étoit obfervée. La violence & la force y décidoient de toutes les conteftations, & toute juftice en étoit bannie.

On peut ajouter à ces triftes effets de l'anarchie féodale & du manque de police qui en étoit la fuite, la funefte influence qu'ils eurent fur les progrès de l'efprit humain. Tant que les hommes ne jouiffent pas d'un gouvernement réglé, & de la fûreté perfonnelle, il eft impoffible qu'ils cherchent à cultiver les fciences & les arts, à épurer leur goût, à polir leurs mœurs; ainfi le période de trouble, d'oppreffion & de rapine que nous venons de décrire ne pouvoit pas être favorable à la perfection des mœurs & de la fociabilité. Il n'y avoit encore un fiècle que les peuples barbares s'étoient établis dans les pays conquis, & les traces des connoiffances que les Romains y avoient répandues & de la Police qu'ils y avoient établie étoient effacées. Dans ce temps d'ignorance à peine connoiffoit-on les noms de littérature & de philofophie; ou fi l'on en faifoit quelquefois ufage, c'étoit pour les proftituer à des objets fi méprifables qu'il paroît qu'on n'en fentoit plus guères la véritable acception. Les perfonnes les plus

confidérables, ou chargées des emplois les plus importans, ne favoient ni lire, ni écrire; & cette habitude de l'ignorance dans les grands fe conferva fi long-temps qu'au quatorzième fiècle même, le célèbre Dugueflin, un des plus grands hommes de la France, ne favoit pas figner fon nom. Le clergé même, chargé par fon inftitution, finon de l'inftruction, du moins de l'édification des peuples, étoit fi barbare qu'il étoit d'ufage de demander à ceux qui fe préfentoient pour y être reçu s'ils favoient lire les livres faints, & s'ils étoient en état d'en expliquer le fens. Plufieurs n'entendoient pas leur bréviaire, ou n'étoient pas même en état de le lire. La tradition des événemens paffés étoit perdue, ou ne s'étoit confervée que dans des chroniques pleines de circonftances puériles & de contes abfurdes. Les codes de loix mêmes, publiés par les nations qui s'établirent dans les différentes parties de l'Europe cefsèrent d'avoir quelque autorité, & l'on y fubftitua des coutumes vagues & bizarres. L'efprit humain fans liberté, fans culture, fans émulation, tomba dans la plus profonde ignorance. Pendant quatre cens ans l'Europe entière ne produifit pas un feul auteur qui mérite d'être lu, foit pour l'élégance du ftyle, foit pour la juftesse ou la nouveauté des idées; & telle avoit été à cet égard la détérioration de l'efprit humain, que ce ne fut même que très-tard que nous eûmes quelques ouvrages raifonnables & utiles aux progrès de la raifon.

Ce ne fut pas d'ailleurs la feule influence de l'anarchie féodale & de l'efclavage des peuples qui amena ou entretint cette ignorance dans tous les états de l'Europe, fi on en excepte jufqu'à un certain point l'Italie. La rareté des livres, leur prix exceffif & l'extrême difficulté de fe procurer des copies du peu qu'on en avoit, y contribuèrent beaucoup. Tous les auteurs atteftent combien on avoit de peine à en trouver, & les frais qu'il en coûtoit pour les faire tranfcrire. Cette difette étoit augmentée par la cherté du parchemin fur lequel on étoit dans l'ufage d'écrire; car ce ne fut qu'au onzième fiècle qu'on trouva le moyen de fabriquer le papier, invention qui, avec celle de l'imprimerie qui l'a fuivie, fut une des caufes principales du progrès des lettres & de la raifon.

La religion chrétienne, dont la morale douce & bienfaifante étoit très-favorable à la civilifation & au maintien des bonnes loix, dégénéra pendant ces fiècles obfcurs en une groffière fuperftition. Les nations barbares, en embraffant le chriftianifme, ne firent que changer leur culte, fans en changer l'efprit. Ils cherchoient à fe concilier la faveur de Dieu, par des moyens peu différens de ceux qu'ils mettoient en ufage pour appaifer leurs divinités. C'étoient des puérilités qui outrageoient la majefté de l'être fuprême, ou des extravagances qui déshonoroient l'humanité & la raifon. Les préceptes de la morale évangélique qui feuls auroient pu adoucir leurs mœurs & leurs inftitutions barbares, étoient remplacées par une dévotion aveugle & fanatique. La religion étoit un dogme obfcur qui fervoit de prétexte à mille cruautés, au lieu d'être un lien d'union & de fraternité entre les hommes, fuivant l'efprit de fon inftitution. Le genre humain perdit d'autant plus alors à cet aveuglement, que tous les devoirs, indiqués & recommandés par le chriftianifme, font autant de routes qui conduifent au bonheur & à la tolérance. Mais le clergé, qui feul auroit pu en faire refpecter & fuivre les règles aux peuples confiés à fes foins, étoit lui-même ignorant & avili comme nous avons déjà eu occafion de le remarquer. Des fêtes abfurdes, des affociations bizarres, des pénitences ridicules, des actes d'une dévotion fauvage, tenoient lieu de morale & de vertu, & fervoient fouvent à expier les plus grands crimes. Charlemagne en France, & Alfred-le grand en Angleterre tâchèrent de diffiper ces ténèbres, & parvinrent à faire pénétrer au milieu de leurs peuples quelques rayons de lumières; mais leurs efforts & leurs inftitutions trouvèrent des obftacles invincibles dans

l'ignorance de leur fiècle, & la mort de ces deux princes replongea les nations dans une nuit plus épaiffe & plus profonde.

Les habitans de l'Europe, pendant ces temps malheureux ignoroient les arts qui embelliffent les fiècles policés, & n'avoient pas même les vertus que l'on rencontre dans les peuples fauvages. La force d'ame, le fentiment de fa dignité perfonnelle, la bravoure dans les entreprifes & l'opiniâtreté dans l'exécution, font des vertus qui caractérifent des nations qui ne font pas encore civilifées; mais elles font le produit de l'égalité & de l'indépendance, que les inftitutions féodales avoient anéantis par-tout. L'efprit de domination avoit corrompu la nobleffe, le poids de la fervitude aviliffoit le peuple; les fentimens généreux qu'infpire l'égalité étoient entièrement éteints, & il ne reftoit plus aucune barrière contre la férocité & la violence. L'état le plus corrompu de la fociété humaine eft celui où les hommes ont perdu leur indépendance & leur fimplicité primitive, fans être arrivé à ce degré de civilifation où un fentiment de juftice & d'honnêteté fert de frein aux paffions féroces & cruelles. C'eft auffi dans l'hiftoire des temps dont nous parlons, depuis le feptième fiècle jufqu'au onzième, période des horreurs féodales & fuperftitieufes, qu'on trouve un plus grand nombre de ces actions qui révoltent la raifon & l'humanité, qu'on n'en rencontre à aucune époque des annales de l'Europe.

Nous chercherions vainement dans toute l'Europe pendant cet intervalle, quelque inftitution d'une police régulière & favorable aux progrès des mœurs & de la civilifation. Depuis Rome jufqu'à la mer Baltique, & de Londres à Cadix, tout étoit foumis à la tyrannie des nobles, aux fottifes monacales ou à l'ambition des prêtres, & l'autorité fouveraine & légitime qui feule pouvoit avoir intérêt au maintien de l'ordre & de la police publique étoit foible ou défarmée. Le peuple d'ailleurs étoit tellement avili qu'il paroiffoit infenfible à fes maux, & jamais il ne fut mieux prouvé par le fait que l'homme perd avec la liberté le fentiment de la vertu & de l'honneur.

Mais il y a, dit Hume, un degré d'abaiffement comme d'élévation d'où les chofes humaines, lorfqu'elles y font arrivées, retournent en fens contraire, & qu'elles ne paffent prefque jamais ni dans leur progrès, ni dans leur déclin. Lorfque les défauts, foit dans la forme, foit dans l'adminiftration du gouvernement, produifent dans la fociété des défordres, exceffifs & intolérables, l'intérêt commun découvre & emploie bientôt les remèdes les plus propres à détruire le mal. Les hommes peuvent négliger ou fupporter long-temps de légers inconvéniens; mais lorfque les abus viennent à un certain terme, il faut que la fociété périffe ou qu'elle les réforme. Les abus du gouvernement féodal, joints à la corruption du goût & des mœurs, qui en étoit la fuite naturelle, n'avoient fait que s'accroître pendant une longue fuite d'années; & il paroît qu'ils étoient arrivés, vers la fin du onzième fiècle, au dernier terme de leur accroiffement. C'eft à cette époque que l'on voit commencer la progreffion du gouvernement & des mœurs en fens contraire, & que nous pouvons faire remonter cette fucceffion de caufes & d'événemens, dont l'influence plus ou moins forte, plus ou moins fenfible, a fervi à détruire la confufion, le défordre & la barbarie, & à y fubftituer la difcipline des mœurs & la régularité de la police. Dans cette recherche, nous ne croyons pas indifpenfablement utile de fuivre l'ordre chronologique, il nous paroît plus important de marquer la liaifon naturelle des événemens, & de faire voir comment ils fe font préparés & fortifiés les uns les autres.

Jufqu'à préfent nous n'avons préfenté que le tableau des défordres qui ont fucceffivement couvert la face de l'Europe. Nous avons remarqué jufqu'à quel point ils ont dégradé l'efpèce humaine & retardé les progrès de la civilifation en corrom-

pant les lumières de la raifon, les préceptes de la morale évangélique, & fubftituant les principes d'une police barbare à ceux qu'exige le maintien de l'ordre focial. Maintenant nous allons fuivre les accroiffemens fucceffifs des caufes qui ont préparé lentement & finalement amené le bonheur & la tranquillité dont nous jouiffons aujourd'hui.

Les croifades, ou ces expéditions des chrétiens pour aller arracher *la terre fainte* des mains des infidèles, paroiffent avoir été le premier événement qui ait tiré l'Europe de fa léthargie, & qui par des caufes indirectes ait contribué à amener quelque changement utile dans fon gouvernement & dans fes mœurs. Vers la fin du dixième fiècle & le commencement du onzième, il fe répandit tout-à-coup en Europe une opinion qui fit bientôt des progrès incroyables. On s'imagina que les mille ans dont parle S. Jean étoient accomplis, & que la fin du monde alloit arriver. Cette rêverie répandit une confternation générale parmi les chrétiens. Plufieurs renoncèrent à leurs biens, abandonnèrent leurs familles & leur amis, & fe hâtèrent de fe rendre dans la terre fainte où ils croyoient que Jéfus-Chrift devoit paroître bientôt pour juger les hommes. Tant que la Paleftine avoit été foumife à la domination des califes, ces princes éclairés avoient encouragé les pélerinages des chrétiens à Jérufalem: c'étoit une branche avantageufe de commerce, qui faifoit entrer dans leurs états beaucoup d'or & d'argent pour des reliques & des pieufes bagatelles; mais les Turcs ayant conquis la Syrie, vers le milieu du onzième fiècle, les pélerins fe virent expofés à toutes fortes d'outrages, de la part de ces peuples féroces. Cette révolution arriva précifément dans le temps où la terreur panique dont nous venons de parler, rendoit les pélerinages plus fréquens & plus nombreux; elle répandit l'alarme & excita l'indignation dans toute l'Europe chrétienne. Tous ceux qui revenoient de la Paleftine, racontoient les dangers qu'ils avoient cou-

rus

rus en vifitant la terre fainte , & ne manquoient pas d'exagérer la cruauté & les
mauvais traitemens des turcs.

Les efprits des hommes étoient ainfi
préparés , lorfqu'un moine fanatique conçut l'idée de réunir toutes les forces de la
chrétienté contre les turcs , pour les
chaffer à main armée de la terre fainte,
& c'eft à fon zèle que cette bizarre entreprife doit fon exécution. Pierre l'Hermite,
(c'étoit le nom de ce prêtre guerrier)
courut, un crucifix à la main, de province en province, excitant les princes &
les peuples à entreprendre la guerre fainte;
& fes déclamations allumèrent dans tous
les efprits le fanatifme qui l'animoit. Le
concile de Plaifance, auquel affiftèrent
plus de trente mille perfonnes, décida que
le projet de Pierre avoit été infpiré par
une révélation immédiate du ciel, & lorfqu'on en fit la propofition au concile de
Clermont, qui étoit encore plus nombreux que celui de Plaifance, toutes les
voix s'écrièrent : *Dieu le veut.* Cette fureur
épidémique gagna tous les ordres de l'état.
Ce n'étoit pas feulement les feigneurs &
les nobles, qui prirent les armes avec
leurs vaffaux; ils auroient pu être féduits
par l'audace même de cette expédition
romanefque: mais on vit encore des hommes d'une condition obfcure & pacifique,
des eccléfiaftiques de tous les rangs, des
femmes & des enfans s'engager à l'envi
dans une entreprife qu'on regardoit comme
pieufe & méritoire. Si nous pouvons en
croire les témoignages réunis des auteurs
contemporains, fix millions d'hommes
prirent *la croix*; c'eft la marque par laquelle fe diftinguoient ceux qui fe dé-
vouoient à cette fainte guerre, & qui lui
a donné le nom qu'elle a confervé. *L'Europe entière,* difoit la princeffe Comnène,
*paroiffoit comme arrachée de fes fondemens
& prête à fe précipiter de tout fon poids fur
l'Afie.* L'ivreffe de ce zèle fanatique, loin
de fe diffiper au bout de quelque temps,
eft auffi remarquable par fa durée que par
fon extravagance. Pendant deux fiècles
entiers, l'Europe fembla n'avoir eu d'autre

objet que de conquérir ou de garder la
terre fainte, & ne ceffa d'y faire paffer
fucceffivement des armées nombreufes.

Ces expéditions, tout extravagantes
qu'elles étoient, produifirent cependant
d'heureux effets qu'on n'avoit pu attendre ni prévoir. Les croifés, en marchant
vers la terre fainte, traversèrent des pays
mieux cultivés, & des états mieux policés
que les leurs. C'étoit en Italie qu'ils fe
raffembloient dans les commencemens ;
Venife, Gênes, Pife & d'autres villes
avoient commencé à cultiver le commerce & fe poliffoient en s'enrichiffant.
Les croifés alloient enfuite par mer en
Dalmatie, d'où ils continuoient leur route
par terre jufqu'à Conftantinople ; il eft
vrai qu'un defpotifme de l'efpèce la plus
dangereufe, y avoit prefque anéanti toute
vertu publique; mais Conftantinople, qui
n'avoit jamais été ravagée par les nations
barbares, étoit la plus grande ainfi que la
plus belle ville de l'Europe, & la feule où
il reftât encore quelque image de l'ancienne politeffe, dans les mœurs & dans
les arts. La puiffance maritime de l'empire
d'Orient étoit confidérable ; & des manufactures très-précieufes y fubfiftoient encore. Conftantinople étoit l'unique entrepôt de l'Europe pour les productions des
Indes orientales. Quoique les farrafins,
& les turcs euffent dépouillé l'empire de
fes plus riches provinces & l'euffent refferré dans des bornes fort étroites, cependant ces fources de richeffes entretenoient
à Conftantinople, non feulement l'amour
du fafte & de la magnificence, mais encore un refte de goût pour les fciences;
& à cet égard l'Europe entière étoit fort
au-deffous de cette ville fameufe. Les croifés trouvèrent dans l'Afie même les débris
des fciences & des arts, que l'exemple &
les encouragemens des califes avoient fait
naitre dans leur empire. Quoique les hiftoriens des croifades euffent porté toute
leur attention fur d'autres objets que fur
l'état de la fociété & des mœurs parmi les
nations de l'orient, quoique la plupart
d'entr'eux n'euffent même ni affez de

goût, ni assez de lumières pour observer & pour bien peindre ce qu'ils voyoient, cependant ils nous ont transmis des traits si frappans de l'humanité & de la générosité de Saladin & de quelques autres chefs des mahométans, qu'on ne peut s'empêcher de prendre de leurs mœurs l'idée la plus avantageuse. Il étoit impossible que les croisés parcourussent tant de pays, qu'ils vissent des loix &, des coutumes si diverses sans acquérir de l'instruction & des connoissances nouvelles. Leurs vues s'étendirent, leurs préjugés s'affoiblirent, de nouvelles idées germèrent dans leurs têtes, ils virent en mille occasions combien leurs mœurs étoient grossières en comparaison de celles des orientaux policés, & ces impressions étoient trop fortes pour s'effacer de leur mémoire lorsqu'ils étoient de retour dans leur pays natal. D'ailleurs il y eut pendant deux siècles entiers un commerce assez suivi entre l'orient & l'occident, de nouvelles armées marchoient continuellement d'Europe en Asie, tandis que les premiers aventuriers revenoient chez eux, & y rapportoient quelques-unes des coutumes avec lesquelles ils s'étoient familiarisés pendant un long séjour dans ces terres étrangères. Aussi l'on peut remarquer que, même peu de temps après le commencement des croisades, il y eut plus de magnificence à la cour des princes, plus de pompe dans les cérémonies publiques, plus d'élégance dans les plaisirs & dans les fêtes, plus de police & d'ordre dans la société, moins de préjugés & de grossière superstition. Les croisades produisirent encor un effet prodigieux sur l'état de la propriété qui réagit sur celui des mœurs & de la civilisation. De vastes domaines furent partagés, vendus, affermés à des mains industrieuses qui en tirèrent un meilleur parti que des barons orgueilleux & stupides. Le clergé, les moines en acquirent une grande partie, & leur avarice ne leur permit pas de laisser sans culture des terres susceptibles d'un grand produit. Leur cupidité servit en cela le bien public, & multiplia les subsistances

en Europe. Les souverains profitèrent des mêmes circonstances pour réunir à leur couronne d'anciens domaines; ils y établirent l'exercice de la justice & une forme de police favorable à la tranquillité de tous les ordres de l'état. D'un autre côté l'on prononça des anathêmes contre quiconque profiteroit de l'absence des croisés pour s'emparer injustement de leurs biens ou dépouiller leurs familles ou leurs héritiers en cas de mort. Cette conduite du clergé produisit de bons effets & accoutuma les peuples à respecter les loix & les conventions sociales. L'administration de la justice commença à prendre une forme plus solide & plus constante, & l'on fit enfin quelques pas vers l'établissement d'un système plus régulier d'administration & de police dans les différens royaumes de l'Europe.

D'autres causes contribuèrent encore plus directement à accélérer les progrès de la civilisation en Europe. Telles furent les municipalités, les appels des jurisdictions seigneuriales aux juges royaux, l'abolition des combats judiciaires, & même le goût de la chevalerie, qui en polissant l'esprit militaire, lui ôta cette teinte de férocité qui en fait le fléau de la société. Nous allons successivement entrer dans le développement de toutes ces causes, de manière à en faire saisir l'influence & les effets.

Remarquons avant, que tandis que l'édifice de la société sembloit sortir de ses ruines de tous côtés, & que les lumières de la raison commençoient à dissiper les erreurs de la superstition & les ténèbres de l'ignorance, l'Europe fut menacée de nouvelles chaînes & exposée à retomber dans un abrutissement semblable à celui qui l'avoit si long-temps déshonorée.

L'esprit d'ambition profitant adroitement de l'aveuglement & du fanatisme des peuples, introduisit tout-à-coup au onzième siècle, un tribunal odieux & tyrannique, tendant à dominer les consciences & à interdire aux hommes l'exercice de leur raison. Il jeta de profondes racines, & fit couler des flots de fang. Une nouvelle procédure injuste & ténébreuse effraya les esprits, & présenta le tableau du plus dangereux de tous les despotismes. L'héréfie, ce mot de ralliement pour les ennemis de la tolérance & de l'humanité, en fut le prétexte. On arma la fureur superstitieuse du glaive qui ne doit être remis qu'aux mains de la justice. L'inquisition s'établit sur les ruines de la liberté des peuples, & menaça l'Europe d'une tyrannie éternelle. Les provinces méridionales de la France en furent d'abord infestées; bientôt elle se répandit en Italie, en Espagne, en Portugal, dans les Pays-Bas, & par-tout faisant marcher devant elle la terreur & l'effroi.

Toutes les idées de justice & d'équité furent proscrites de la jurisprudence inquisitoriale. On y dirigea la procédure de manière à trouver des coupables dans ceux qu'on soupçonnoit de l'être; système monstrueux, qui, quatre cens ans après, s'est reproduit dans celui de notre jurisprudence criminelle. On y admit les dépositions d'un fils contre son père, d'une femme contre son mari, d'un domestique contre son maître & réciproquement, ou plutôt on encouragea de pareils crimes. On y reçut les témoignages de toutes sortes de personnes, même de celles flétries par la loi; enfin les délateurs eux-mêmes furent admis comme témoins; autre excès d'injustice, que des législateurs, imprudens ou aveugles, ont encore malheureusement imité depuis.

Direct. Inquisitor. Comment &c.

Ces horreurs d'un théocratisme barbare n'ont rien de commun avec une religion bienfaisante qui ne prêche que douceur & indulgence. Cependant on a osé la profaner au point de prétendre que l'inquisition a conservé la pureté de la foi dans les lieux où elle s'est affermie & conservée. Dites plutôt qu'elle y a entretenu l'ignorance, qu'elle y a fomenté l'esprit de persécution, qu'elle en a chassé les arts & les agrémens de la vie, ou si ces tristes effets n'ont pas été également sensibles par-tout, c'est que des causes plus puissan-

tes les ont ou détruits ou balancés. Au reste disons, pour la consolation de la raison & de l'humanité, que cette démence a beaucoup perdu de son intensité. On brûle moins d'humains à Lisbonne, quoiqu'on en ait toujours la permission. Les lumières ont tellement changé l'esprit des hommes, & tellement avancé la civilisation dans une partie de l'Europe, qu'il étoit presque impossible que les autres ne s'en ressentissent pas.

Où en serions-nous aujourd'hui si la France, l'Angleterre, les Pays-Bas, l'Allemagne eussent conservé ce tribunal de sang chez elles? Tant de chef-d'œuvres des arts & de la raison seroient remplacés par d'insipides romans, de superstitieuses légendes. Le génie fuit la contrainte, & la violence l'irrite. L'industrie, le commerce, la civilisation quittent les lieux où préside la tyrannie. L'Espagne est encore au quinzième siècle; ce pays, peuplé par des Anglois, seroit le plus riche & le plus civilisé de la terre. Peut-être l'humanité a-t-elle perdu dans les événemens où la politique croit avoir gagné.

Comme toute cause favorable aux progrès de la raison amène nécessairement un changement dans les mœurs, qui contribue à les rendre douces & amies de l'ordre; de même tout ce qui peut enchaîner les esprits, corrompt l'ame, trouble la société & y répand un germe d'atrocités & d'injustices capables d'y introduire tous les désordres. Il résulte de là que chez un peuple où l'inquisition seroit établie, jamais la tranquillité publique, la sécurité personnelle n'y seroient aussi entières, & le maintien de la police aussi facile, aussi constant que dans une nation où l'habitude de la liberté rendroit les hommes heureux & bienfaisans. Les esclaves, de quelque espèce que soit la tyrannie qui les opprime, sont malheureux & méchans; & de toutes les tyrannies celle des consciences est infailliblement la plus injuste & la plus dépravante: il seroit facile de confirmer ces vérités par des exemples nombreux, tirés de l'état des peuples soumis au joug de l'in-

c 2

quisition; mais cette discussion, d'ailleurs superflue, nous mèneroit trop loin & seroit déplacée ici. Revenons aux autres causes de la civilisation en Europe.

Dans le même temps que les croisades introduisoient des changemens utiles dans l'état de l'Europe, les villes se formoient en communautés ou corporations politiques & obtenoient le privilège d'avoir une jurisdiction municipale & d'exercer elles-mêmes la police dans leur enceinte. Ce changement contribua plus qu'aucun autre à introduire les principes d'un gouvernement régulier, de la police & des arts.

Le gouvernement féodal avoit dégénéré en un système d'oppression. Les nobles, dont les usurpations étoient devenues excessives & intolérables, avoient réduit le corps entier du peuple à un état de véritable servitude, & la condition de ce qu'on appelloit *les hommes libres*, n'étoit guère meilleure que celle du peuple. Cette oppression n'étoit pas seulement le partage de ceux qui habitoient à la campagne, comme nous l'avons remarqué. Les villes & les villages relevoient de quelque grand baron, dont ils étoient obligés d'acheter la protection, & qui exerçoient sur eux une jurisdiction arbitraire. Les habitans étoient privés des droits naturels & inaliénables de l'espèce humaine. Ils ne pouvoient disposer des fruits de leur industrie, ni par un testament, ni par aucun acte passé pendant leur vie. Ils n'avoient pas même le droit de donner des tuteurs à leurs enfans dans l'âge de minorité, & ils étoient obligés d'acheter de leurs seigneurs la permission de se marier. S'il avoient commencé un procès en justice, il ne leur étoit pas permis de le terminer à l'amiable, parce que cet accommodement auroit privé le seigneur, au tribunal duquel l'affaire se plaidoit, des droits qui lui revenoient lorsqu'il rendoit la sentence. On exigeoit d'eux, sans indulgence & sans pitié, des services de toute espèce, souvent aussi humilians qu'onéreux. L'esprit d'industrie étoit gêné dans quelques villes par des règlemens absurdes, & dans d'autres par d'injustes exactions. Les maximes étroites & tyranniques d'une aristocratie militaire, ne pouvoient manquer d'arrêter les progrès de toute industrie & de mettre obstacle à ceux de la police & de la civilisation.

Ce n'est pas que toutes les villes fussent sans exception soumises aux mêmes abus; quelques-unes, comme Lyon, Marseilles, Autun, conservèrent une partie du gouvernement & de la police municipale que les romains y avoient introduite. Les seigneurs de fiefs eurent moins d'autorité sur elles. Les bourgeois y choisissoient leurs magistrats & y faisoient observer une sorte de police qui en rendoit le séjour plus favorable aux mœurs & au maintien de la justice; les officiers municipaux y exerçoient toutes les fonctions attribuées au préfet & aux édiles de l'ancienne Rome. Des centeniers veilloient, sous la conduite de ceux-ci, sur un certain nombre de familles, & les rassembloient au besoin. Ils distribuoient entr'eux les impositions, & en faisoient la levée sur les habitans; enfin on y jouissoit d'un grand nombre de droits & de prérogatives très-propres à favoriser le progrès des richesses, de l'ordre & de la civilisation dans les villes.

Sous les rois de la seconde race en France, & pendant ce tems dans quelques parties de l'Europe les princes, envoyoient des officiers royaux rendre la justice au peuple, & réformer les abus qui pouvoient troubler la tranquillité publique. Ces officiers faisoient les règlemens de police nécessaires aux villes qui n'avoient point conservé l'administration municipale des romains; ils y établissoient des officiers chargés de tenir la main à leur exécution. Cette forme d'administration dura jusqu'aux désordres de l'anarchie féodale, qui commença dès le septième siècle, & fut à son comble sur la fin du dixième. Ce fut alors que presque toutes les villes subirent le joug de l'esclavage féodal, que la police y fut anéantie, les vexations des noelles autorisées ; tout principe d'ordre oublié & toute liberté proscrite.

Mais dès que les villes d'Italie eurent commencé à tourner leur attention vers le commerce, & à se former quelque idée des avantages qu'elles pouvoient en retirer, elles songèrent bientôt à secouer le joug des seigneurs insolens, & à établir un gouvernement libre & égal, qui assûrât parmi les habitans la propriété des biens, & encourageât les arts & l'industrie. Les empereurs d'Allemagne, sur-tout ceux des maisons de Franconie & de Souabe, dont la résidence étoit loin de l'Italie, ne possédoient dans ce pays qu'une jurisdiction foible & bornée. Leurs querelles éternelles, soit avec les peuples, soit avec leurs propres vassaux, occupoient sans cesse leurs armes, & ne leur permettoient pas de fixer leur attention sur l'intérieur de l'Italie. Ces circonstances encouragèrent, vers le commencement du onzième siècle, quelques-unes de ces villes à s'arroger de nouveaux privilèges, à s'unir ensemble par des liens plus étroits & à se former en corps politiques, qui se gouvernèrent d'après des loix établies, par le consentement général des habitans. Comme les désordres y étoient extrêmes, elles se choisirent des magistrats qui firent observer une police plus exacte, & réformèrent des abus qui altéroient la tranquillité publique. C'est à cette époque que l'on peut fixer le rétablissement de la police municipale en Italie, depuis les ravages que commirent les barbares qui s'en emparèrent.

Cette innovation n'eut pas plûtôt été établie en Italie qu'elle commença à s'introduire en France. Louis-le-Gros, jaloux d'établir une nouvelle puissance pour contrebalancer celle des grands vassaux, qui souvent donnoient la loi au monarque même, adopta le premier l'idée d'accorder de nouveaux privilèges aux villes situées dans ses domaines. Par ces privilèges, appellés *chartes de communautés*, il affranchit les habitans, abolit toutes marques de servitude, & les établit en corporations ou corps politiques, qui furent

gouvernés par un conseil & des magistrats de leur choix. Ces magistrats eurent le droit d'administrer la justice dans l'enceinte de leur territoire, de lever des taxes, d'incorporer & d'exercer la milice de la ville, qui, à la première réquisition du souverain, se mettoit en campagne sous les ordres d'officiers nommés par la communauté. Les grands barons suivirent l'exemple du monarque, & accordèrent de semblables immunités aux villes de leurs territoires. Epuisés par les sommes ruineuses que leur avoient coûté les expéditions de la terre sainte, ils adoptèrent avec empressement ce nouveau moyen de se procurer de l'argent, en vendant ces chartes de liberté ; & quoique l'établissement des communautés fût aussi contraire à leurs principes politiques que dangereux pour leur puissance, l'attrait d'un secours présent leur fit mépriser le danger éloigné. En moins de deux siècles la servitude fut abolie dans la plupart des bourgs de France, qui privés jusqu'alors de liberté, de police & de jurisdiction devinrent par-là des communautés indépendantes. C'est encore vers le même temps que les grandes villes d'Allemagne commencèrent à acquérir de semblables immunités, & à jetter les fondemens de leur liberté actuelle. Cet usage se répandit encore en Espagne, en Angleterre, en Ecosse, & dans tous les autres états de l'Europe soumis au gouvernement féodal.

On ne tarda pas à sentir les bons effets de cette nouvelle institution dont l'influence aussi puissante que salutaire, s'étendit sur le gouvernement & sur les mœurs. Un grand corps de peuple fût affranchi de la servitude, ainsi que de toutes les impositions arbitraires & onéreuses, auxquelles leur misérable état les assujettissoit auparavant. Les villes, en acquérant le droit de communauté, devinrent autant de petites républiques gouvernées par des loix connues de tous les citoyens & égales pour tous; la liberté étoit regardée comme une partie si essentielle de leur constitution, qu'un serf qui s'y réfugioit & qui dans l'intervalle d'une année n'étoit point réclamé, étoit aussitôt déclaré homme libre, & admis au nombre des membres de la communauté.

Comme l'augmentation de l'autorité légitime dans une nation y ramène nécessairement l'ordre & la prospérité publique, & que l'abolition de la servitude, par suite de l'érection des municipalités fut un des grands moyens dont se servirent les rois pour assurer leur puissance en Europe; nous allons continuer de suivre les différens changemens qui en résultèrent par rapport au gouvernement politique & au maintien de la police qui en fut le premier effet.

On a pu remarquer par ce que nous avons dit jusqu'ici des progrès de la civilisation en Europe, & des causes qui les y ont amenés, qu'ils sont toujours en raison de la liberté des peuples & du respect pour les conventions sociales. Que par-tout où règne l'esclave, ou le mépris des loix, là aussi règne l'abrutissement & la barbarie. Que les mœurs des hommes se perfectionnent à mesure que les lumières s'étendent & que l'empire de la raison acquiert du pouvoir. Que le luxe, les richesses, loin de dégrader les peuples, les civilisent, & que les arts de la paix, tout ce qui peut adoucir le caractère de l'homme barbare, tend directement au but que se propose toute société, celui de rendre la vie d'autant plus douce, & la propriété d'autant plus assurée qu'on est réuni en plus grand nombre, & que les loix & la police sont d'autant mieux observées.

Nous ne nous sommes pas astreints à désigner les changemens particuliers arrivés dans chacun des états de l'Europe; ils se font tous à peu près ressemblés, & la révolution fut universelle. Ainsi en développant d'une manière générale les progrès de la civilisation, ceux de la police & du pouvoir des loix, nous faisons l'histoire de chaque nation considérée dans son rapport avec ces mêmes objets. L'on conçoit aussi que nous n'avons pas dû spécifier les détails de police particuliers à tel ou tel pays. Outre que cette

connoissance n'auroit point eu de limites; elle n'auroit point offert un sujet d'instruction aussi grand, aussi vaste que celui que nous avons adopté; de n'envisager la police que comme l'ensemble des principes généraux de discipline & d'administration favorable au maintien de l'ordre social. Sous ce point de vue, nous l'avons fait marcher de front avec tous les autres objets que nous avons traités, & avec qui elle conserve un rapport immédiat. Chez un peuple barbare & ignorant peut-il régner une police régulière & constante? Là où la civilisation est perfectionnée, les hommes heureux & la société sûre, pouvez-vous douter qu'on n'y observe une police exacte? Et quand on connoît les moyens qui ont amené cet ordre de choses, n'a-t-on pas une idée grande & lumineuse de l'histoire de la police des peuples? Ce que nous avons eu occasion de dire, & ce que nous dirons encore des municipalités doit être vu de même. C'est dans leur rapport avec le bonheur social, & les progrès de la civilisation que nous les considérons. Elles ont opéré un grand bien, & fait une révolution dans l'existence civile des hommes. Sous une forme différente, nous les voyons contribuer également à la perfection du système social, en en rendant les charges plus douces, les avantages plus sensibles & les abus moins faciles. Mais n'anticipons pas sur ce que nous avons à dire dans la suite; nous reviendrons à ces établissemens lorsque nous serons parvenus à des temps plus modernes.

La jouissance de la liberté que l'établissement des municipalités introduisit dans les villes, ainsi que nous l'avons remarqué tout-à-l'heure, produisit un changement si heureux dans la condition de tous les membres des communautés qu'on les vit bientôt sortir de cet état de stupidité & d'inaction où les tenoient auparavant enchaînés l'oppression & la servitude. L'esprit d'industrie se ranima, le commerce devint un objet d'attention & commença à fleurir, la population augmenta sensiblement. Enfin l'indépendance & la richesse se montrèrent dans ces villes qui avoient été si long temps le siege de la pauvreté & de la tyrannie. La richesse amena le faste & le luxe qui marchent toujours à sa suite; & quoique ce fût un faste sans goût & du luxe sans délicatesse, il en résulta cependant plus de politesse dans les manières, & plus de douceur dans les mœurs. Ce changement en produisit d'autres dans le gouvernement; la police se perfectionna: à mesure que les villes devinrent plus peuplées, & que les objets de commerce-réciproque entre les hommes se multiplièrent, on sentit la nécessité de faire de nouveaux réglemens, & l'on comprit en même temps combien il étoit important pour la sûreté commune de faire observer ces réglemens avec la plus grande exactitude, & de punir avec autant de rigueur que de célérité ceux qui oseroient les enfreindre. C'est dans les villes que les loix & la subordination aussi bien que la politesse ont pris naissance, & c'est de-là qu'elles se sont répandues insensiblement dans les autres parties de la société.

Lorsque les habitans des villes eurent obtenu la franchise personnelle & la jurisdiction municipale, ils acquirent bientôt la liberté civile & quelqu'influence dans le gouvernement. C'étoit un principe fondamental dans le systême féodal qu'aucun homme libre ne pouvoit être taxé & gouverné que de son propre consentement; en conséquence chaque baron appelloit tous ses vassaux à la cour, pour y former d'un commun accord les réglemens qu'ils jugeroient les plus avantageux à leur petite société, & ils accordèrent en même temps à leurs seigneurs des subsides proportionnés à leurs moyens & à ses besoins.

Bientôt la considération que l'établissement des municipalités attira aux communes les fit admettre dans les grandes assemblées nationales. L'Angleterre fut un des premiers royaumes où les représentans des bourgs furent admis au grand conseil de la nation. Les barons qui prirent les armes contre Henri III, voulant attacher davantage le peuple à leur parti, & élever une plus forte barrière contre l'accroissement de la puissance royale, invitèrent ces représentans à venir au parlement. Philippe-le-Bel, au contraire, les admit aux états-généraux pour étendre la prérogative royale, diminuer le pouvoir des nobles, & imposer de nouvelles taxes sur la nation.

De quelque manière que les députés des villes eussent été admis dans les assemblées nationales, cette innovation influa beaucoup sur l'ordre public & le maintien de la police. Les loix commencèrent à prendre un caractère différent de celui qu'elles avoient eu jusqu'alors. L'égalité, le bien public, la réforme des abus devinrent des idées communes & familières dans la société, & s'introduisirent bientôt dans les réglemens & la jurisprudence des nations de l'Europe.

C'est à cette nouvelle puissance introduite dans le corps législatif qu'on doit, sur-tout en France, les changemens avantageux qui se sont faits dans la police de l'état & l'administration des villes. Les représentans du tiers-état y ont toujours montré beaucoup d'intelligence & de zèle dans tout ce qui avoit la tranquillité publique pour objet: leurs plaintes portoient en grande partie sur les désordres des gens de guerre, les dénis de justice, les violences faites au peuple, le défaut de police, l'abus du pouvoir & de la protection des grands, en un mot sur tout ce qui portoit un caractère de désordre public. Aux états-généraux, tenus à Paris en 1412, on les voit demander & soutenir les choses les plus justes & les plus utiles à la nation, telles que dans notre siècle on trouveroit à peine des vues plus sages & plus étendues. Ils requirent le renvoi des fêtes aux dimanches, l'exemption de droits pour les inhumations & l'administration des sacremens, la défense de ne recevoir aux vœux monastiques qu'à trente ans les hommes, & vingt-cinq les femmes; l'in-

En 1225

En 1302

terdiction de toute pourfuite criminelle en matière de foi, l'établiffement d'une chaire de morale & de politique dans chaque univerfité, l'abolition de la vénalité des charges, la liberté des élections eccléfiaftiques, & la réfidence des évèques dans leurs diocèfes. Ils demandoient encore que dans tout procès criminel, l'accufé connut toujours fon accufateur, que les habitans des villes aient le droit d'élire leur officiers municipaux, que l'on fit des réglemens concernant les femmes publiques, les jeux de hafard, & qu'on défendit ces derniers dans tout le royaume ; enfin ils proposèrent différens moyens de mettre plus d'ordre & d'économie dans l'emploi des deniers publics, & plus de juftice & d'humanité dans la manière dont ils étoient levés fur le peuple. Plufieurs ordonnances qui contiennent un grand nombre de difpofitions utiles fur le maintien de la police, de la juftice & de l'adminiftration des villes font dues aux remontrances des communes aux états tenus à différentes époques. Ainfi donc, de quelque manière qu'on l'envifage, ce que quelques écrivains ont dit des abus réfultans de l'introduction du tiers-état aux affemblées légiflatives, paroit abfolument dénué de fondement, & l'événement prouve qu'on doit au contraire la regarder comme une des caufes principales de l'abaiffement des nobles, du rétabliffement de l'autorité légitime & de la police nationale.

Les habitans des villes ayant été déclarés libres par les chartes de communautés, la portion du peuple qui habitoit dans la campagne & qui étoit occupée aux travaux de l'agriculture, commença à obtenir fa liberté par la voie de l'affranchiffement. Tant que le gouvernement féodal a fubfifté dans toute fa rigueur, la maffe entière du bas peuple étoit, comme on l'a déjà obfervé, réduite à l'état de fervitude. C'étoient des efclaves attachés à la terre qu'ils cultivoient, & qu'on pouvoit céder ou vendre avec la terre même à un nouveau propriétaire. L'efprit du fyftème féodal n'étoit pas favorable non plus à

V. l'Inf. de l'ouvrage de M. Saint-Peravy, fur les Admin. provinc.

l'affranchiffement de cette claffe d'hommes : fuivant une maxime généralement établie, il n'étoit pas permis à un vaffal de diminuer la valeur d'un fief, au préjudice du feigneur de qui il l'avoit reçu ; en conféquence, on ne regarda pas comme valides les affranchiffemens accordés par l'autorité du maître immédiat ; & fi l'acte n'étoit confirmé par le feigneur fuzerain de qui le maître même tenoit fa terre, l'efclave n'acquéroit point un droit légitime à fa liberté. Il étoit donc néceffaire de remonter par toutes les gradations de la tenance féodale, jufqu'au roi qui étoit feigneur paramont. Une forme de procédure fi longue & fi embarraffée ne pouvoit manquer de décourager la pratique des affranchiffemens. Les efclaves domeftiques ou perfonnels, durent fouvent leur liberté à l'humanité ou à la bienfaifance des maîtres à qui ils appartenoient en propriété abfolue ; mais la condition des ferfs attachés à la glèbe, étoit beaucoup plus difficile à changer.

Les rois de France voulant encourager les affranchiffemens, & cédant d'ailleurs à la néceffité autant qu'au defir d'abaiffer le pouvoir des nobles, s'occupèrent à en rendre la pratique univerfelle. Louis X & fon frère Philippe rendirent des ordonnances par lefquelles ils déclarèrent : « que la nature » avoit fait tous les hommes libres, & que » leur royaume étant appellé le royaume des » francs, ils vouloient qu'il le fût en réalité » comme de nom ; qu'en conféquence ils » ordonnoient que les affranchiffemens fuf- » fent accordés dans toute l'étendue de » leurs états, à des conditions juftes & mo- » dérées. » Ces édits furent exécutés fur le champ dans les domaines de la couronne. Un grand nombre de nobles, excités par l'exemple de leur fouverain, & fur-tout par l'appas des fommes confidérables qu'ils pouvoient fe procurer par les affranchiffemens, donnèrent la liberté à leurs ferfs, & l'efclavage s'abolit enfin infenfiblement dans prefque toutes les provinces de la France.

Le gouvernement républicain qui s'é- toit

Erabliff. de Saint-Louis, 2, c. 34.

1315, 1318.

Ordon. des Rois, p. 583 & 653.

toit établi dans les grandes villes d'Italie, y avoit répandu des principes de gouvernement fort différens de ceux du système féodal ; ces principes fortifiés par les idées d'égalité que les progrès du commerce y avoient rendu familières, concoururent à y introduire l'usage d'affranchir les anciens esclaves *prédiaux.* Dans quelques provinces d'Allemagne, les personnes qui avoient été soumises à cette espèce de servitude, furent mises en liberté, & dans d'autres provinces l'état de ces esclaves fut adouci. L'esprit de liberté avoit déjà fait tant de progrès en Angleterre que le nom & l'idée même de la servitude personnelle y furent anéantis, sans autre acte formel de la puissance législative.

On voit par les chartres d'affranchissemens accordées aux habitans des campagnes, qu'on cherchoit à remédier aux quatre principaux inconvéniens de l'état de servitude où ils se trouvoient, par quatre concessions correspondantes & opposées. 1°. On renonça au droit de disposer de leurs personnes, soit par vente ou par cession. 2°. On leur donna le pouvoir de transmettre leurs effets & leurs biens par testament ou par tout autre acte légal ; & s'ils venoient à mourir sans avoir fait de testament, il fut arrêté que leurs biens passeroient à leurs héritiers légitimes, comme le bien des autres citoyens. 3°. On fixa les taxes & les services qu'ils devoient à leur supérieur ou seigneur-lige, & qui étoient auparavant arbitraires & imposés à volonté. 4°. Ils eurent la liberté d'épouser qui ils vouloient, au lieu qu'auparavant ils ne pouvoient se marier qu'à des esclaves de leur seigneur, & avec son consentement.

Ces affranchissemens furent encore puissamment secondés par l'esprit de la morale chrétienne, comme nous l'avons déjà remarqué. Il luttoit contre les maximes & les usages de la barbarie, & le système d'esclavage. Le pape Grégoire-le-grand, au sixième siècle, en affranchissant des esclaves dit *que le législateur des chrétiens étant venu pour rétablir les hommes dans*

Police & Municipalité.

leur état de liberté primitive, c'étoit agir suivant l'esprit de la religion que de tirer d'esclavage ceux qui par leur naissance étoient libres & indépendans. Par une suite des mêmes idées plusieurs chartes d'affranchissement, antérieures au règne de Louis X, furent accordées pour *l'amour de Dieu & le salut de l'ame*; le même motif engageoit les propriétaires de serfs à les affranchir au lit de la mort ou par testament. Ces actes étoient le fruit de sentimens religieux, & se faisoient pour *la rédemption de l'ame & obtenir grace devant Dieu*; c'étoit sûrement le sacrifice le plus agréable qu'on pût lui offrir. La même raison rendoit à la liberté tout serf qui entroit dans les ordres sacrés ou qui faisoit des vœux dans un monastère. Tels furent les principaux moyens qu'offrit aux hommes l'esprit évangélique, pour secouer un joug honteux appesanti sur leurs têtes par toutes les institutions civiles & religieuses de l'antiquité.

Un changement si considérable dans la condition de la partie la plus nombreuse du peuple, ne pouvoit manquer d'avoir les suites les plus importantes. La liberté ouvrit une nouvelle carrière à l'industrie des affranchis & leur fournit de nouveaux moyens de l'exercer & de l'étendre ; l'espérance d'augmenter leur fortune, & de s'élever à un état plus honorable étoit un aiguillon puissant pour animer leur activité & leur génie. Ainsi cette classe nombreuse d'hommes qui n'avoient auparavant aucune existence politique & n'étoient employés que comme de simples instrumens de travail, devinrent d'utiles citoyens, & servirent à augmenter la force ou les richesses de la société qui les avoit admis au nombre de ses membres.

Une autre révolution arrivée en Europe, & qui contribua encore fortement à rétablir l'ordre & la police parmi les peuples, fut l'introduction d'une meilleure administration dans la justice. Il est difficile de déterminer avec certitude quelle étoit la manière particulière de dispenser la justice

d

Grégoi maj. ap Poigieff. 4, ch. 1.

Murat ant. Ital v. t, p 849.

en ufage chez les différentes nations barbares qui inondèrent l'empire Romain. Si nous en jugeons par la forme de gouvernement qu'elles avoient adopté, & par les idées qu'elles s'étoient faites de la nature de la fociété, nous avons lieu de croire que l'autorité du magiftrat y étoit fort limitée, & par conféquent que les individus y jouiffoient d'une indépendance fort étendue. La tradition & les monumens qui remontent vers ces temps obfcurs & éloignés juftifient cette conjecture ; on peut en conclure que les idées que l'on avoit alors de la juftice, & la manière dont on l'exerçoit dans toutes les parties de l'Europe, ne différoient guère de ce qu'on trouve à cet égard chez les fauvages qui font encore dans l'état de nature. Il fallut donc, pour que la fociété pût fe perfectionner & fortir de l'état de barbarie, que l'adminiftration de la juftice y fût établie d'une manière régulière & fur des fondemens folides ; il falloit que le droit du plus fort cefsât d'être la règle de la conduite des particuliers & que la police pût s'étayer de l'appui des loix contre des défordres auxquels elle avoit à s'oppofer. Les réglemens qu'on a fait pour remplir cet objet, peuvent fe réduire à trois moyens principaux, dont l'explication, le développement & l'influence forment des articles les plus intéreffans de la fociété politique parmi les nations de l'Europe.

I. La première opération importante qui contribua à établir l'égalité dans l'adminiftration de la juftice, fut l'abolition du droit barbare que les particuliers prétendoient avoir de fe faire la guerre les uns aux autres en leur propre nom & de leur propre autorité. Il eft auffi naturel à l'homme de chercher à repouffer les injures & à redreffer les torts qu'à cultiver l'amitié. Tant que la fociété refte dans fon état de fimplicité primitive, le premier fentiment eft regardé comme un droit auffi inaliénable que le dernier. Le fauvage ne croit pas même qu'il ait feulement le droit de venger fes propres injures ; il embraffe avec la même vivacité les que-

relles de fes parens, de fes amis, de fes compagnons, de ceux avec qui l'honneur, le fang ou l'intérêt l'a lié. Il n'a que des idées obfcures, & groffières fur les principes de l'union politique ; mais il eft vivement affecté de tous les fentimens d'affection fociale & des obligations qui dérivent des relations du fang. La feule apparence d'un dommage, ou d'un affront fait à fa famille ou à fa tribu, allume dans fon cœur une fureur fubite, & il en pourfuit les auteurs avec un reffentiment implacable. Il regarderoit comme une lâcheté de remettre ce foin à d'autres mains que les fiennes, & comme une infamie de laiffer à d'autres le droit de décider quelle eft la réparation qu'il doit exiger, ou la vengeance qu'il doit tirer.

Toutes les nations non civilifées, & particulièrement les anciens germains & les autres barbares qui ont détruit l'empire Romain, ont eu fur la recherche & la punition des crimes, des maximes & des coutumes abfolument conformes aux idées que nous venons d'établir. Tant qu'ils ont confervé leurs premières mœurs, & qu'ils ont été partagés en de petites fociétés ou tribus, les défauts de ce fyftême imparfait de jurifprudence criminelle (fi toutefois on peut lui donner le nom de fyftême) furent à peine fenfibles. Lorfque ces mêmes peuples vinrent à s'établir dans les vaftes provinces qu'ils avoient conquifes, & à former de grandes monarchies ; lorfque de nouveaux objets d'ambition fe préfentant à leur efprit, contribuèrent à rendre leurs diffenfions plus vives & plus fréquentes, ils auroient dû fans doute établir de nouvelles règles pour la réparation des torts, & foumettre à des loix générales & équitables ce qu'on avoit abandonné jufqu'alors au caprice du reffentiment perfonnel. Mais des chefs fiers & farouches, accoutumés à fe venger eux-mêmes de ceux qui les avoient offenfés, ne vouloient pas fe défifter d'un droit qu'ils regardoient comme un privilége de leur ordre, & une marque de leur indépendance. Des loix qui n'étoient foutenues que par l'autorité de prince fans puiſſance, de magiſtrats fans force, ne pouvoient pas inſpirer beaucoup de reſpect. Parmi un peuple ignorant & groſſier, l'adminiſtration de la juſtice n'étoit ni aſſez régulière ni aſſez uniforme pour impoſer aux individus une ſoumiſſion aveugle aux déciſions du magiſtrat. Chaque baron qui ſe croyoit inſulté ou attaqué dans ſes biens, endoſſoit ſon armure & alloit, à la tête de ſes vaſſaux, demander ou ſe faire juſtice; ſon adverſaire ſe mettoit comme lui en état de guerre pour ſe défendre: ni l'un ni l'autre ne ſongeoient à en appeler à des loix fans force, qui n'auroient pu les protéger; ni l'un ni l'autre ne vouloient ſoumettre les intérêts de leurs paſſions les plus fortes aux lentes déciſions d'une procédure judiciaire: c'étoit à la pointe de l'épée que devoit ſe décider l'affaire; les parens & les vaſſaux des deux rivaux ſe trouvoient enveloppés dans la querelle & n'avoient pas la liberté de reſter neutres. Ceux qui refuſoient de ſe joindre au parti à qui ils appartenoient, non ſeulement ſe vouoient à l'infâmie, mais encore s'expoſoient à encourir des peines légales.

Ainſi les différens royaumes de l'Europe furent en proie pendant pluſieurs ſiècles à des guerres inteſtines, allumées par des animoſités particulières, & ſoutenues avec toute la fureur naturelle à des hommes qui ont des mœurs féroces & des paſſions violentes. Le domaine de chaque baron étoit une eſpèce de territoire indépendant & ſéparé de ſes voiſins; & c'étoit un ſujet perpétuel de conteſtations entre les ſeigneurs différens. Le mal s'invétéra & jetta des racines ſi profondes qu'on en vint à fixer d'une manière authentique la forme & les loix de ces guerres particulières; ces réglemens firent une partie du ſyſtême de juriſprudence, comme ſi cet uſage barbare eût été fondé ſur quelque droit naturel de l'homme, ou ſur la conſtitution primitive de la ſociété.

Les calamités qu'entraînoient ces hoſtilités perpétuelles, rendirent le mal ſi général & ſi preſſant qu'on ſentit enfin la néceſſité d'y chercher du remède. Les princes tentèrent, par différens moyens, d'ôter aux nobles ce funeſte privilége qu'ils s'étoient arrogé. Il n'y avoit point de ſouverain qui ne fût intéreſſé à abolir une pratique qui rendoit preſque nulle ſon autorité. Charlemagne défendit, par une loi expreſſe, les guerres particulières, comme une *invention du diable pour détruire l'ordre & le bonheur de la ſociété;* mais un ſeul règne, quelque vigoureux & quelque actif qu'il fût, étoit trop court pour extirper un uſage ſi ſolidement établi. Au lieu de confirmer cette prohibition ſalutaire, les foibles ſucceſſeurs de Charlemagne oſèrent à peine appliquer des palliatifs au mal. Ils déclarèrent qu'il ne ſeroit permis à perſonne de commencer la guerre qu'après avoir envoyé un défi formel aux parens & aux vaſſaux de ſon adverſaire; ils ordonnèrent que lorſqu'un délit commis donneroit lieu à une guerre particulière, l'offenſé ſeroit obligé de laiſſer écouler quarante jours avant que d'attaquer les vaſſaux de l'agreſſeur; ils enjoignirent à tous les ſujets de ſuſpendre leur querelles perſonnelles, & de ceſſer les hoſtilités dès que le roi ſeroit engagé dans une guerre avec les ennemis de la nation. L'égliſe ſe joignit au magiſtrat civil, & interpoſa ſon autorité pour anéantir une coutume ſi oppoſée à la morale de l'évangile. Pluſieurs conciles publièrent des décrets pour défendre les guerres particulières, & lancèrent les anathèmes les plus ſévères contre quiconque oſeroit troubler la paix de la ſociété, en réclamant ou exerçant ce droit barbare. On fut obligé d'invoquer le ſecours de la religion pour combatre & pour adoucir la férocité des mœurs. On ſomma les hommes au nom de Dieu, de remettre l'épée dans le fourreau & de reſpecter les liens ſacrés qui les uniſſoient comme chrétiens & comme membres de la même ſociété. Mais cette réunion de la puiſſance civile & de l'autorité eccléſiaſtique, quoique fortifiée encore par tout ce qui pouvoit en impoſer à l'eſprit crédule de ces ſiècles ignorans, ne produiſit cependant

d 2

d'autre effet que des ceſſations momentanées d'hoſtilités , & des ſuſpenſions
d'armes pendant certains jours & certaines
ſaiſons conſacrées aux actes de piété les
plus ſolemnelles. Les nobles continuèrent
à ſoutenir leur dangereux privilège ; ils
refuſèrent d'obéir à quelques-unes des loix
qui avoient été faites pour l'abolir ou le
limiter, & en éludèrent d'autres; ils préſentèrent des requêtes, firent des repréſentations, enfin ils diſputèrent pour la
conſervation du croit de faire la guerre
comme pour la diſtinction la plus éclatante & la plus honorable de leur ordre.
On voit que juſques dans le quatorzième
ſiècle, des nobles de différentes provinces
de France réclamoient encore l'ancienne
méthode de terminer leurs différends par
l'épée, & refuſoient de ſe ſoumettre à la
déciſion juridique des tribunaux. Ce n'eſt
pas tant à l'empire des loix & des ſtatuts
qu'il faut attribuer l'extinction entière de
cet uſage, qu'à l'accroiſſement ſucceſſif de
l'autorité royale, & aux progrès inſenſibles de la raiſon & des lumières qui ont
donné des notions plus juſtes des principes du gouvernement, de l'ordre & de
la ſûreté publique.

II. La forme de procédure par le combat judiciaire étoit une autre coutume
abſurde, dont l'abolition contribua ſenſi-
blement à introduire une police régulière
qui pût aſſurer à la fois l'ordre public &
la tranquillité particulière. Suivant le droit
de la guerre privée, le ſort des armes décidoit pluſieurs des conteſtations qui s'é-
levoient entre les individus, comme les
querelles qui s'élèvent entre les nations ;
les procédures par le combat judiciaire qui
s'étoit enſuite introduit dans tous les pays
de l'Europe avoient banni toute équité des
tribunaux, & n'établiſſoient que la force
& le haſard pour ſeule règle des jugemens.
Chez les nations civiliſées, tous les engagemens ou contrats de quelqu'importance
ſe faiſoient par écrit, la repréſentation de
l'acte ſuffiſoit enſuite pour établir le
fait, & pour déterminer avec préciſion
ce qui avoit été ſtipulé par chacune des
parties contractantes. Mais chez un peuple
ignorant & groſſier où il étoit ſi rare de ſavoir lire & écrire, qu'il ſuffiſoit de poſſéder
ces deux talens pour mériter le nom de
clerc ou de ſavant, on n'écrivoit guère
que les traités que les princes faiſoient
entr'eux, les privilèges & les chartes qu'ils
accordoient à leurs ſujets, ou des actes
particuliers de la plus grande conſéquence
par leur nature & leurs effets. La plupart
des affaires de la vie commune ne ſe traitoient que par des promeſſes verbales.
Ainſi dans un grand nombre de procès
civils, non-ſeulement il étoit difficile de
trouver des preuves ſuffiſantes pour fixer
les prétentions réciproques des parties,
mais encore la fraude & le menſonge
étoient encouragés par l'eſpérance preſque
certaine de l'impunité. L'embarras n'étoit
pas moins grand dans les cauſes criminelles, où il s'agiſſoit de vérifier un fait,
ou de détruire une accuſation. Des nations barbares n'avoient guère d'idée de
la nature & des effets de la preuve légale.
Comment définir avec préciſion l'eſpèce
de témoignage qu'un juge doit chercher?
Comment déterminer quand il doit inſiſter
ſur des preuves poſitives, & quand il peut
ſe contenter de preuves tirées des circonſtances? Comment comparer le rapport de
pluſieurs témoins qui ſe contrediſent, &
fixer le degré de confiance que chacun
d'eux mérite? C'étoient là des diſcuſſions
trop ſubtiles & trop compliquées pour la
la juriſprudence de ces ſiècles de ténèbres.
Ce fut pour éluder ces difficultés qu'on in-
troduiſit dans les tribunaux une forme de
procédure plus ſimple, & pour les affaires
civiles & pour les cauſes criminelles.
Dans tous les cas où la notoriété du fait ne
préſentoit pas la preuve la plus claire & la
plus directe, l'accuſé ou celui contre qui
on intentoit l'action, étoit appellé légalement, on s'offroit de lui-même à ſe purger par ſerment de l'imputation formée
contre lui, & s'il déclaroit par ſerment
ſon innocence, il étoit abſous ſur le
champ. Cet abſurde uſage n'étoit propre
qu'à aſſurer à la fraude le ſecret & l'impu-

Leg. Bur
tit. # , Ale-
mand, tit-
89, Baïu-
tit. 1,

nité , en rendant la tentation du parjure si puissante qu'il n'étoit pas aisé d'y résister. On éprouva bientôt les dangereux effets qui résultoient nécessairement d'une semblable coutume , & pour les prévenir les loix ordonnèrent que les sermens seroient administrés avec la plus grande solemnité , & avec les circonstances les plus propres à inspirer aux hommes un saint respect , ou du moins une terreur superstitieuse. Ce moyen fut d'un foible secours : on se familiarisa bientôt avec ces cérémonies qui en imposèrent d'abord à l'imagination, mais dont l'effet s'affoiblit insensiblement par l'habitude. Ceux qui ne craignoient pas d'outrager la vérité, ne pouvoient être long-temps retenus par l'appareil d'un serment. Les législateurs ne tardèrent pas à s'en appercevoir, & ils cherchèrent un nouvel expédient, pour rendre plus certaine & plus satisfaisante la preuve par serment. Ils exigèrent que l'accusé comparût avec un certain nombre d'hommes libres ses voisins ou ses parens, qui donneroient plus de poids au serment, en jurant eux-mêmes qu'ils croyoient tout ce que l'accusé avoit affirmé. Ces espèces de témoins étoient appellés *compurgateurs* ; leur nombre varioit selon l'importance de l'objet qui étoit en litige, ou la nature du crime dont un homme étoit accusé. Dans certains cas, il ne falloit pas moins que le concours de trois cens de ces témoins auxiliaires pour faire acquitter l'accusé. Mais ce moyen ne produisit point l'effet qu'on en attendoit. Il a régné en Europe pendant plusieurs siècles un principe de point d'honneur qui ne permettoit pas à un homme d'abandonner dans aucun cas le chef auquel il s'étoit attaché, ou les personnes auxquelles il étoit uni par les liens du sang. Quiconque étoit alors assez hardi pour enfreindre les loix, étoit sûr de trouver des adhérens entièrement dévoués, tout prêts à le défendre & à le servir de la manière qui lui conviendroit le mieux. La formalité d'appeller des compurgateurs n'offrit donc qu'une sûreté apparente & non réelle, contre le

Turon.
Hist. l 8,
Spalman.
voc Assath.

mensonge & le parjure ; & tant que les tribunaux continuèrent de s'en rapporter sur chacun des faits contestés au serment du défendeur, ils rendirent des jugemens dont l'iniquité étoit si évidente, qu'ils soulevèrent l'indignation publique contre cette espèce de procédure.

Nos ancêtres sentoient tous ces inconvéniens ; mais ils ignoroient la manière d'y remédier & de former un systême plus régulier de jurisprudence. Ils crurent cependant avoir découvert une méthode infaillible de démêler la vérité & de prévenir toute espèce de fraude ; ils en appellèrent au ciel même, & imaginèrent de laisser la décision de tous les cas litigieux à l'auteur de toute sagesse & de toute justice. Dans certains cas, l'accusé, pour prouver son innocence, se soumettoit publiquement à différentes épreuves également périlleuses & effrayantes ; il plongeoit son bras dans l'eau bouillante, ou levoit un morceau de fer rouge, avec sa main toute nue, ou marchoit pieds nuds sur des barres de fer embrâsées ; en d'autres occasions, il défioit son accusateur au combat singulier, & se justifioit avec ses armes. Toutes ces épreuves diverses étoient consacrées par des cérémonies pieuses ; les ministres de la religion y jouoient le principal rôle, & l'on invoquoit le secours du tout - puissant pour qu'il manifestât le crime & protégeât l'innocence. Les accusés qui subissoient les épreuves sans se faire aucun mal, ou qui sortoient victorieux du combat, étoient déclarés absous par le *jugement de Dieu*.

Parmi toutes les institutions absurdes & bizarres, enfantées par la foiblesse de la raison humaine, il n'y en a pas de plus extravagante que celle qui laissoit au hasard ou à la force & à l'adresse du corps la décision de ces cas importans, où les biens, la réputation & la vie des hommes étoient intéressés. Il y avoit cependant des circonstances qui devoient faire regarder aux nations ignorantes de l'Europe, cette manière équivoque de décider toute espèce de contestation, comme

Murat
Diss. de
Judicii, D
v. 3. p. 612
Ant. Italiq

un appel direct au ciel, & un moyen sûr pour connoître sa volonté. Lorsque les hommes ne sont point en état de comprendre la manière dont Dieu peut gouverner l'univers par des loix fixes, constantes & générales, ils sont toujours portés à croire que dans tous les cas que leur intérêt ou leurs passions rendent importans à leur propres yeux, l'être suprême doit interposer d'une manière visible, sa puissance pour venger l'innocence & punir le vice. Il auroit fallu beaucoup de lumières & de philosophie pour réformer cette erreur populaire, & toutes les idées qui régnoient en Europe pendant les siècles d'ignorance, au lieu de la réformer, ne servoient qu'à lui donner une nouvelle force. Pendant plusieurs siècles, la religion consistoit particulièrement à croire l'histoire légendaire d'une foule de saints, dont les noms grossissoient le calendrier romain. Les fables qu'on débitoit sur les miracles, avoient été déclarées authentiques par des bulles de papes & des décrets de conciles ; elles faisoient le sujet principal des instructions que le clergé donnoit au peuple, & le peuple les adoptoit avec une admiration stupide & une aveugle crédulité. Les hommes s'accoutumèrent à croire que les loix de la nature pouvoient être suspendues ou altérées pour les causes les moins importantes, & ils s'occupèrent à chercher dans l'ordre de l'univers des actes particuliers & extraordinaires de la puissance divine, plutôt qu'à y observer une marche régulière & l'exécution d'un plan général. Une superstition en produisit une autre. Celui qui croyoit que l'être suprême avoit bien voulu interposer miraculeusement sa puissance dans les frivoles occasions que rapportoient les légendes, étoit autorisé à croire que Dieu ne refuseroit pas de manifester sa volonté dans les matières de plus grande importance, lorsqu'on s'en rapporteroit solemnellement à sa décision.

L'esprit militaire qui régnoit en Europe pendant les siècles dont nous parlons, concourut aussi avec les opinions superstitieuses, à établir la forme de procédure par le combat judiciaire. Tout gentilhomme étoit toujours prêt à soutenir à la pointe de l'épée ce que sa bouche avoit prononcé ; c'étoit son premier principe d'honneur. Les nobles les plus distingués mettoient leur orgueil & leur gloire à défendre leurs droits par la force des armes, & à se venger par leurs mains de ceux qui les avoient offensés. Les jugemens par le combat favorisoient ces principes & flattoient les dispositions de la noblesse. Tout homme étoit chargé du soin de défendre son honneur & sa vie ; & c'étoit à sa valeur à décider de la justice de sa cause & de sa réputation future. Cette étrange procédure devoit donc en conséquence être regardée comme un des efforts les plus heureux d'une sage politique, & dès qu'elle se fut introduite dans les gouvernemens, tous les jugemens par l'eau ou le feu, & par les autres épreuves superstitieuses, tombèrent en désuétude ou furent réservées pour les contestations qui s'élevoient entre les personnes d'un rang inférieur. Le combat judiciaire fut autorisé dans toute l'Europe, & adopté dans tous les pays avec un égal empressement. Ce n'étoit point seulement les points de faits incertains ou contestés ; mais encore des questions de droit, générales & abstraites qu'on soumettoit à la décision du combat, & cette méthode étoit regardée comme un moyen de découvrir la vérité, plus noble & en même temps moins incertain que la voie de la discussion & du raisonnement. Les parties intéressées dont les esprits pouvoient être animés & aigris par la chaleur de la contradiction, n'étoient pas seules autorisées à défier leur antagoniste, & à le sommer de soutenir son accusation ou de prouver son innocence l'épée à la main ; les témoins qui n'avoient aucun intérêt au fond de l'affaire & qui étoient appellés pour déclarer la vérité, en vertu même des loix qui auroient dû les protéger, les témoins étoient également exposés au danger d'un défi, & également obligés de soutenir par la voie des armes la vérité de leurs dépositions. Mais ce qui mettoit le comble à l'absurdité de cette jurisprudence militaire, c'est que le caractère du juge ne mettoit pas à l'abri de cette violence. Lorsqu'un juge étoit sur le point d'exposer son opinion chacune des parties pouvoit l'interrompre, l'accuser de corruption & d'iniquité dans les termes les plus injurieux, lui jetter le gantelet, & le défier de défendre en champ clos son intégrité; il ne pouvoit pas sans se déshonorer, refuser d'accepter le défi & de paroître dans la lice avec son adversaire.

Ainsi le combat judiciaire s'étendant par degré comme les autres, cet abus fut bientôt mis en usage par des personnes de tous les rangs & presque dans tous les cas litigieux. Les ecclésiastiques, les femmes, les enfans mineurs, les vieillards & les infirmes qu'on ne pouvoit, ni avec justice, ni avec décence forcer à prendre les armes & à soutenir eux-mêmes leur propre cause, étoient obligés de produire des champions, qui par affection ou par intérêt, s'engageoient à combattre à leur place. Il étoit naturel qu'on revêtît de beaucoup de cérémonies une action qui étoit considérée & comme un appel direct à Dieu, & comme une décision en dernier ressort des contestations de la plus grande importance. Toutes les circonstances relatives au combat judiciaire, étoient réglées par les édits des princes & expliquées dans les commentaires des jurisconsultes, avec l'exactitude la plus détaillée & même la plus superstitieuse. La connoissance approfondie de ces loix & de ces cérémonies étoit l'unique science dont se vantoit alors une noblesse guerrière, ou qu'elle ambitionnoit d'acquérir.

Cette coutume barbare corrompit bientôt entièrement l'ordre naturel de la justice dans les causes civiles, ainsi que dans les affaires criminelles. La force prit la place de l'équité dans tous les tribunaux de judicature, & la justice fut bannie de son temple. Le discernement, les lumières, l'intégrité devinrent des qualités beaucoup moins nécessaires à un juge que la force

du corps & la dextérité à manier les armes. Le courage & l'audace; l'adresse & la vigueur servirent bien plus à assurer le gain d'un procès, que la bonté de la cause & l'évidence des preuves. Il étoit donc impossible que les hommes ne s'appliquassent pas à cultiver des talens qui leur étoient d'une si grande utilité.

Comme la force & l'adresse n'étoient pas moins nécessaires dans les combats où l'on étoit obligé de s'engager, pour soutenir ses prétentions particulières, que dans le champ de bataille où l'on combattoit contre l'ennemi, l'acquisition ou la perfection de ces qualités guerrières durent être le grand objet de l'éducation & la principale occupation de la vie. Ainsi l'administration de la justice au lieu d'accoutumer les hommes à obéir à la voix de l'équité & à respecter les décisions de la loi, concourut à augmenter la férocité des mœurs, & leur apprit à regarder la force comme l'arbitre souverain du juste & de l'injuste.

Les conséquences pernicieuses de ces jugemens par la voie du combat étoient si sensibles qu'elles ne purent échapper, même aux yeux peu attentifs des hommes barbares & guerriers qui en avoient introduit & adopté l'usage. Dès les commencemens le clergé s'éleva contre cette pratique, & la représenta comme aussi contraire à l'esprit du christianisme, qu'incompatible avec l'ordre & la justice. Mais les principes & les passions qui l'avoient établie, avoient pris tant d'empire sur les esprits, que les admonitions & les censures de l'église, qui en d'autres occasions auroient frappé de terreur ces mêmes hommes, ne firent alors aucune impression sur eux. Le mal étoit trop profond & trop invétéré pour céder à un semblable remède; il continua de faire des progrès, & la puissance législative sentit à la fin la nécessité de s'armer pour le détruire. Mais les loix, qui connoissoient combien leur autorité étoit limitée, procédèrent d'abord avec ménagement; leurs premiers efforts pour réprimer ou restreindre les combats judiciaires furent très-foibles. Un des plus anciens réglemens qu'on ait faits en Europe pour cet objet, fut l'ouvrage de Henri I, roi d'Angleterre, qui défendit l'usage des combats dans les affaires civiles dont l'objet ne passoit pas une certaine somme. Louis VII, roi de France, suivit cet exemple, & rendit un édit dont les dispositions étoient les mêmes. Saint Louis, qui avoit sur la législation des idées supérieures à celles de son siècle, s'occupa des moyens d'établir une jurisprudence plus parfaite, & de substituer la procédure par la voie des preuves à celle du combat; mais ses réglemens à cet égard n'eurent d'effet que dans l'étendue de son domaine; car les grands vassaux de la couronne jouissoient d'une autorité si indépendante, & étoient si fortement attachés à l'ancienne pratique des combats, que ce monarque n'osa pas étendre cette innovation à tout le royaume. Cependant quelques barons adoptèrent volontairement ses ordonnances. Les tribunaux de justice se déclarèrent contre cette forme barbare de jugement, & s'occupèrent en toute occasion à en décréditer la pratique. Mais les nobles attachoient tant d'honneur à ne se reposer que sur leur courage de la sûreté de leurs personnes & de leurs biens; ils s'élevèrent avec tant de chaleur contre la révocation de ce privilége particulier de leurs corps, que les successeurs de Saint Louis ne pouvant pas soumettre par l'autorité des sujets trop puissans, & craignant même de les offenser, furent obligés, non-seulement de tolérer, mais encore d'autoriser le même usage que ce roi avoit projetté d'abolir. En d'autres pays de l'Europe, les nobles ne montrèrent pas moins de vigueur & d'opiniâtreté à défendre la coutume établie, & arrachèrent à leurs souverains de semblables concessions sur cet objet. Cependant tous les princes qui montrèrent de la fermeté & des talens ne perdirent jamais de vue cet objet de politique, & rendirent successivement plusieurs édits pour supprimer le combat judiciaire; mais l'observation qu'on a faite plus haut sur le prétendu droit des guerres particu-

Ordonn. des Rois, com. I.

Ordonn. Royale. t. I, p. 348, 350.

lières, est également applicable à la pratique de ce combat. Jamais une simple promulgation de loix & de réglemens ne suffit pour détruire un usage, quelqu'absurde qu'il soit; s'il est établi depuis long-temps & s'il tire sa force des mœurs & des préjugés du siècle même où il est établi. Il faut que les opinions du peuple changent, & qu'il s'introduise dans l'état quelque nouvelle force capable de balancer & de vaincre la force qui soutient cet usage. Ce fut aussi un changement semblable qui se fit en Europe, lorsque les lumières commencèrent à pénétrer par degrés dans les esprits, & que la société se perfectionna. A mesure que les princes étendirent leur autorité & leurs droits, il se forma une nouvelle puissance intéressée à détruire tous les usages favorables à l'indépendance des nobles. Le choc de ces forces opposées subsista pendant plusieurs siècles; quelquefois les nouveaux principes & les nouvelles loix paroissoient faire des progrès; mais les anciennes coutumes reprenoient ensuite de la vigueur; & quoique l'usage du combat judiciaire devint en général moins fréquent de jour en jour, cependant on en trouve encore des exemples jusqu'au seizième siècle, dans les histoires de France & d'Angleterre. A mesure qu'il s'affoiblissoit, l'administration de la justice prenoit une forme plus régulière; les procédures des tribunaux étoient réglées par des loix fixes & connues, dont l'étude fit un objet essentiel de l'attention des juges; & lorsque cette cause principale de la férocité des mœurs fut entièrement anéantie, on vit les peuples d'Europe marcher à grands pas vers la civilisation & la politesse qui les distinguent aujourd'hui.

Une autre opération non moins importante que celle dont nous venons de parler contribua beaucoup aussi à établir plus de règle, d'accord & de vigueur dans l'administration de la justice & l'exercice de la police; ce fut la permission d'appeller aux tribunaux du roi des sentences rendues par les tribunaux des barons. De toutes les entreprises que les nobles, dans les gouvernemens

gouvernemens féodaux osèrent tenter sur les droits des souverains, la plus extraordinaire fut de s'arroger le droit de rendre la justice dans toute l'étendue de leurs domaines, & de les juger en dernier ressort toutes les causes civiles & criminelles. Dans d'autres nations, on a vu des sujets lutter contre leur prince, & chercher à étendre leur pouvoir & leurs droits ; mais on ne trouve rien dans l'histoire de ces débats, de semblable au droit que prétendirent les barons féodaux & qu'ils parvinrent à obtenir. Il faut qu'il y ait eu dans leur esprit & dans leurs mœurs quelque singularité remarquable qui leur ait inspiré cette idée, & les ait excité à soutenir une prétention si extraordinaire. Chez les peuples barbares qui conquirent les différentes provinces de l'empire Romain & y fondèrent de nouveaux états, le sentiment de la vengeance étoit une passion trop violente pour souffrir aucun frein ; elle n'auroit pu être réprimée que foiblement par l'autorité des loix. Nous avons déjà observé qu'une personne offensée se réservoit le droit de poursuivre son ennemi, de le punir elle-même, d'en tirer à son gré la vengeance la plus cruelle, ou d'accepter une compensation pour l'injure ou le dommage qu'elle avoit souffert. Mais tant que ces peuples farouches continuèrent d'être les seuls juges dans leur propre cause, leurs haines furent éternelles & implacables ; ils ne mirent des bornes ni à la violence, ni à la durée de leur ressentiment. Les excès qui en résultèrent étoient si incompatibles avec la tranquillité & le bon ordre de la société, qu'on fut enfin obligé d'y chercher quelque remède. D'abord il intervint dans les querelles des médiateurs, qui par des raisons ou par des prières déterminoient l'offensé à recevoir de l'agresseur un dédommagement, & à renoncer à toute poursuite ultérieure. Mais ces médiateurs qui n'avoient ni autorité légale, ni supériorité de rang, ne pouvoient obtenir qu'une soumission purement volontaire. On sentit bien-tôt la nécessité de nommer des juges & de leur donner une

Police & Municipalité.

force suffisante pour faire exécuter leurs décisions. Des peuples guerriers devoient naturellement confier cet important emploi au chef auquel ils étoient accoutumés à obéir, dont ils estimoient le courage & respectoient l'intégrité. Ainsi chaque chef dut être le commandant de sa tribu en temps de guerre & son juge en temps de paix. Chaque baron conduisit ses vassaux au champ de bataille & leur administra la justice dans son château. La fierté de ces vassaux n'auroit pas voulu reconnoître une autre autorité, ni se soumettre à une autre jurisdiction. Mais dans des temps de trouble & de désordre, on ne pouvoit exercer la fonction de juge sans se soumettre à beaucoup d'embarras, & sans courir même du danger ; personne n'osoit se charger de cet emploi, à moins qu'il n'eût assez de pouvoir pour protéger une des parties contre la violence du ressentiment personnel, & pour forcer l'autre à se contenter de la réparation qui seroit fixée selon la nature de l'offense. Ce fut par cette considération que les juges, indépendamment de la somme qu'ils assignoient en dédommagement pour la personne ou la famille offensée, imposoient encore une certaine somme comme un salaire de leurs propres peines ; & dans tous les gouvernemens féodaux, cette dernière taxe pécuniaire n'a pas été fixée avec moins de précision que la première, ni exigée avec moins de sévérité.

Ainsi par l'effet naturel d'un concours de circonstances particulières aux mœurs & à l'état politique des nations soumises au gouvernement féodal, les jurisdictions territoriales, non-seulement s'établirent dans chaque royaume, mais encore les barons trouvèrent dans leur propre intérêt autant que dans leur ambition, un puissant motif pour chercher à maintenir & à étendre l'influence de cet établissement. Ce n'étoit point par un simple point d'honneur que les nobles feudataires se réservèrent le droit de rendre la justice à leurs vassaux ; l'exercice de ce droit formoit une branche considérable de leur revenu ; souvent même dans les émolumens qu'ils en retiroient ils n'auroient pas été en état de soutenir leur dignité. Il n'est donc pas étonnant qu'ils aient toujours mis beaucoup de chaleur & de fermeté à défendre un privilége si important.

Il résulta cependant de cette institution que chaque royaume d'Europe fut divisé en autant de principautés distinctes qu'il y avoit de barons puissans. Leurs vassaux, soit dans la paix, soit dans la guerre, ne connoissoient guère d'autre autorité que celle de leur seigneur suzerain; ils ne recevoient d'ordre que de lui, & ne pouvoient être cités qu'à ses tribunaux de justice. Les liens qui unissoient ensemble ces associations particulières, se resserroient & se fortifioient de jour en jour; ceux qui formoient l'union générale se relâchèrent dans la même proportion, ou même se rompirent. Les nobles s'occupèrent à combiner des réglemens qui tendoient à confirmer & à perpétuer leurs priviléges. Afin de détruire jusqu'à la moindre apparence de subordination de la part de leurs tribunaux. A l'égard de ceux de la couronne, ils forcèrent les souverains à défendre à tous les juges royaux d'entrer sur le territoire des seigneurs, & d'y exercer aucun acte de jurisdiction: si par méprise, ou par esprit d'usurpation, quelque juge royal s'avisoit d'étendre son autorité sur les vassaux d'un baron, ces vassaux n'avoient qu'à alléguer leur privilége d'exemption, le seigneur de qui ils relevoient étoit, non-seulement autorisé à les réclamer, mais avoit encore droit d'exiger une réparation solemnelle de l'affront qui lui avoit été fait. La jurisdiction des juges royaux ne s'étendoit guère au-delà des bornes étroites du domaine de la couronne. Ainsi au lieu de la subordination régulière qui auroit dû régner entre différens tribunaux, soumis à l'autorité des mêmes loix générales, qui devoient faire la règle de leurs décisions, on vit dans chaque royaume féodal, mille tribunaux indépendans, dont les pratiques étoient réglées par des coutumes locales & des

formes contradictoires. Les conflits de jurisdiction qui s'élevoient souvent entre eux, retardoient l'exécution des loix. Une jurisprudence si arbitraire, si contradictoire, si capricieuse, ne permettoit de porter dans l'administration de la justice, ni exactitude ni uniformité.

Tous les souverains avoient bien senti les atteintes portées à leur jurisdiction; mais ils voyoient avec peine combien il étoit difficile d'y remédier. Les nobles étoient si puissans qu'on ne pouvoit sans témérité essayer de les dépouiller à force ouverte des droits qu'ils avoient usurpés. Ce n'étoit que par des voies lentes & détournées que les rois pouvoient parvenir à recouvrer ce qu'ils avoient perdu. Les moyens différens qu'ils employèrent pour cet effet, mérite d'être remarqués, parce qu'ils font voir les progrès de la jurisprudence dans les divers états de l'Europe. Les princes s'occupèrent d'abord à limiter la jurisdiction des barons, en ne leur permettant de connoître que des affaires de peu d'importance, & en réservant au jugement des jurisdictions royales, celles qui seroient plus considérables, & qui furent désignées par les noms de *plaids de la couronne*, ou de *causes royales*. Ce nouveau réglement ne tomba que sur les barons d'un rang inférieur; les plus puissans d'entre les nobles n'eurent garde de souscrire à cette distinction, & non-seulement ils prétendirent avoir une jurisdiction illimitée, mais encore ils obligèrent leurs souverains à leur accorder des chartes par lesquelles ce privilége étoit reconnu & confirmé dans la forme la plus expresse & la plus solemnelle.

Cependant cette première tentative des rois produisit quelques bons effets & en prépara de plus importans; elle fixa l'attention du public sur une jurisdiction distincte de celle des barons. On s'accoutuma à voir les prétentions de supériorité que la couronne s'attribua sur les justices territoriales, & les vassaux opprimés par leur seigneur apprirent à regarder leur souverain comme leur protecteur. Cette disposition des esprits facilita l'usage des appels, par lesquels les princes soumirent à la revision des juges royaux, les sentences des tribunaux des barons. Tant que le combat judiciaire subsista dans toute sa force, toute affaire décidée par cette forme de procédure ne pouvoit plus être évoquée à un autre tribunal. On en avoit appellé au jugement de Dieu même, & sa volonté étoit manifestée par l'issue du combat; il y auroit eu de l'impiété à révoquer en doute l'équité de cette sentence divine. Mais dès que cette coutume barbare devint moins universelle & moins fréquente, les princes encouragèrent les vassaux des barons à appeller aux justices royales lorsqu'ils auroient à se plaindre de leurs justices particulières. Ce moyen ne s'établit cependant que lentement & par degrés; les premiers exemples d'appel furent fondés sur des refus ou des délais de justice de la part des tribunaux des barons; & comme ces appels étoient autorisés par les principes mêmes de la subordination qu'établissoit le système féodal, les nobles ne purent s'opposer que foiblement à l'introduction de cet usage. Mais quand à ces appels on en vit succéder d'autres, motivés sur l'injustice de la première sentence, les nobles commencèrent alors à sentir que si cette innovation devenoit générale, il ne leur resteroit plus que l'ombre seul du pouvoir, & que toute l'autorité de juridiction résideroit réellement dans les tribunaux qui avoient le droit de revision. Aussitôt l'alarme se répandit parmi les barons; ils firent des représentations contre cette prétendue usurpation, & défendirent avec autant d'ardeur que de fierté leurs anciens privilèges; mais dans plusieurs royaumes d'Europe, les souverains poursuivirent leur plan avec sagesse & avec fermeté. Il est vrai qu'en certaines circonstances, ils ont été forcés de suspendre leurs opérations & de paroître même se désister de leurs prétentions, lorsqu'ils voyoient se former contre eux une ligue trop puissante, à laquelle ils n'étoient pas en état de résister; mais on les a vus ensuite re-

prendre l'exécution de ce système & la presser avec vigueur, dès que la résistance des nobles se relâchoit ou devenoit moins redoutable. Les justices royales dans le commencement n'avoient point de résidence constante, ni de temps fixe pour la tenue de leurs assemblées; les princes fixèrent à chacune un lieu & un temps de l'année pour exercer leur juridiction; ils s'attachèrent à choisir des juges plus éclairés & plus habiles que ceux qui présidoient aux tribunaux des barons, à donner plus de dignité à leur emploi & plus d'éclat à leurs assemblées. Ils cherchèrent les moyens de mettre plus de régularité dans la forme des procédures, plus d'accord & de suite dans les jugemens. Toutes ces attentions ne pouvoient manquer de procurer aux tribunaux de la couronne la confiance & la vénération publiques. Le peuple abandonnant les juridictions partiales des barons, s'empressoit de porter ces objets de contestations sous les yeux plus pénétrans & moins corrompus des juges que le souverain avoit choisis pour administrer la justice en son nom. Les Rois devinrent donc encore une fois les chefs de la communauté & reprirent le droit de rendre la justice à leurs sujets. Dans quelques royaumes, les barons abandonnèrent l'exercice de leur juridiction, parce qu'elle étoit tombée dans le mépris; en d'autres états, les juridictions territoriales furent restreintes par des réglemens qui en prévenoient les abus, ou furent entièrement abolies par des ordonnances expresses. Ainsi l'administration de la justice découlant alors d'une source unique, & n'ayant qu'une seule direction, prit dans les différens pays un cours plus réglé, plus uniforme & en même temps plus rapide.

Les formes & les principes du droit canonique, qui étoient devenus respectables par leur influence dans les tribunaux ecclésiastiques, ne contribuèrent pas peu à avancer les progrès de la jurisprudence. Si l'on considère le droit canonique sous un point de vue purement politique, soit comme un système combiné pour faciliter

e 2

au clergé l'ufurpation d'une puiſſance & d'une jurifdiction auſſi oppoſées à la nature de ſes fonctions qu'incompatibles avec la police du gouvernement, ſoit comme le principal inſtrument de l'ambition des papes ; on doit le regarder comme un des plans les plus formidables qu'on ait jamais formé contre le bonheur de la ſociété civile. Mais ſi nous ne l'envifageons que comme un code de loix relatives aux droits & aux propriétés des individus, & ſi nous ne faifons attention qu'aux effets civils qui en réfultent, nous en jugerons bien différemment & d'une manière bien plus favorable. Dans les ſiècles d'ignorance & de crédulité, les miniſtres de la religion ſont les objets d'une vénération ſuperſtitieuſe. Lorſque les barbares qui incendièrent l'empire Romain commencèrent à embraſſer la religion chrétienne, ils virent que les eccléfiaſtiques jouiſſoient d'un pouvoir fort étendu ; & ils furent naturellement difpofés à rendre à ces nouveaux guides le reſpect & la profonde foumiſſion qu'ils avoient accoutumé d'avoir pour la religion qu'ils avoient abandonnée. Ils regardèrent leurs perfonnes comme auſſi ſacrées que leurs fonctions, & ils auroient trouvé de l'impiété à prétendre les foumettre à la profane jurifdiction des laïcs. Les eccléfiaſtiques ne négligèrent pas de profiter des avantages que leur préfentoit la ſtupidité des peuples. Ils établirent des tribunaux auxquels ils firent reſſortir toutes les difcuſſions qui concernoient leur caractère, leurs fonctions & leurs biens. Ils entreprirent & vinrent à bout de s'affranchir preſque entièrement de l'autorité des juges civils. Bientôt, ſous différens prétextes & par des artifices multipliés, ils communiquèrent ce privilège à tant de perfonnes, & étendirent leur jurifdiction ſur un ſi grand nombre de cas, que la plus grande partie des objets de litige furent réfervés à la connoiſſance des tribunaux eccléfiaſtiques.

Pour difpofer les laïcs à ſouffrir ſans murmures & ſans réfiſtance ces ufurpations, il étoit néceſſaire de leur perfuader que la jurifdiction eccléfiaſtique rendroit plus parfaite l'adminiſtration de la juſtice, & cela n'étoit pas difficile dans un temps où le clergé ofoit tout tenter ſans danger & preſque ſans obſtacles. Le peu de lumière qui ſervoit à guider les hommes dans ces ſiècles de ténèbres, étoit en dépôt chez les eccléfiaſtiques ; eux ſeuls étoient accoutumés à lire, à raifonner, à réfléchir, à faire des recherches ; ils poſſédoient ſeuls les reſtes de la jurifprudence ancienne qui s'étoient confervés, ſoit par la tradition, ſoit dans les livres échappés aux ravages des barbares. Ce fut ſur les maximes de cet ancien ſyſtême qu'ils formèrent un code de loix, conforme aux grands principes de l'équité. Guidés par des règles conſtantes & connues, ils fixèrent les formes de leurs tribunaux, & mirent dans leurs jugemens de l'accord & de l'unité ; ils avoient d'ailleurs toute l'autorité qui eût été néceſſaire pour faire reſpecter leurs décrets ; l'excommunication & les autres cenfures eccléfiaſtiques étoient des châtimens plus redoutables qu'aucun de ceux que les juges civils pouvoient infliger en exécution de leurs ſentences.

Il n'eſt donc pas ſurprenant que la jurifprudence eccléfiaſtique fût devenue l'objet de l'admiration & du reſpect des peuples, & que l'exemption de la jurifdiction civile fût ſollicitée comme un privilège, & accordée comme une faveur. Il n'eſt pas ſurprenant qu'aux yeux même d'un peuple ignorant & groſſier, les principes du droit canonique aient paru plus équitables que cette jurifprudence informe qui régloit toutes les procédures dans les tribunaux civils. Suivant celle-ci, tous les différends qui s'élevoient entre les barons ſe terminoient, comme dans l'état de nature, par la violence ; ſuivant la loi canonique, toutes les conteſtations étoient foumifes à la décifion de loix fixes. L'une en permettant le combat judiciaire, établiſſoit le hafard & la force pour arbitres du vrai & du faux, du juſte & de l'injuſte ; l'autre en décidoit par les principes de l'équité & les rapports des témoins. Une erreur ou une injuſtice dans une ſentence pronon-cée par un baron à qui appartenoit la juriſdiction féodale, ne pouvoit plus alors ſe réparer, parce qu'on ne pouvoit pas en appeller à un tribunal ſupérieur. La loi eccléſiaſtique établit une gradation régu-lière de tribunaux différens, auxquels une cauſe pouvoit être ſucceſſivement portée au moyen des appels, juſqu'à ce qu'elle fût jugée définitivement par celui auquel l'é-gliſe avoit attribué l'autorité ſuprême pour cet objet. Ainſi le génie & les principes du droit canonique diſposèrent les eſprits à approuver les trois grands changemens, dans la juriſprudence féodale que je viens d'expoſer. Mais ce ne ſont pas les ſeuls changemens avantageux à la ſociété dont on eſt redevable à ce ſyſtème de loix. Plu-ſieurs des réglemens qu'on regarde aujour-d'hui comme les barrières de la ſûreté per-ſonnelle, ou comme la ſauve-garde des propriétés particulières, ſont contraires à l'eſprit & aux principes de la juriſpru-dence civile qui régna en Europe pendant pluſieurs ſiècles, & ils ont été empruntés des règles & de la pratique des tribunaux eccléſiaſtiques. Ce fut en obſervant la ſa-geſſe & l'équité des jugemens rendus par ces tribunaux, que les peuples commen-cèrent à ſentir la néceſſité d'abandonner les juriſdictions militaires des barons, ou de travailler à les réformer.

Une autre cauſe concourut avec celle que nous avons déjà expoſée, pour donner aux hommes des idées plus juſtes & plus étendues ſur la nature du gouvernement & ſur l'adminiſtration de la juſtice, c'eſt l'étude & la connoiſſance du droit Ro-main. Parmi toutes les calamités qui ſui-virent les inondations & les ravages des barbares, une des plus déplorables fut le renverſement du ſyſtème de la juriſpru-dence Romaine. Les loix & les réglemens d'un état civil étoient abſolument oppoſés aux idées & aux mœurs des guerriers fa-rouches du nord. Ces réglemens étoient fondés ſur des objets abſolument étran-gers à un peuple groſſier, & appropriés à un état de ſociété qu'il ne pouvoit pas

connoître. Auſſi par-tout où les barbares s'établirent, la juriſprudence Romaine tomba bientôt dans l'oubli, & reſta pen-dant pluſieurs ſiècles enſevelie ſous le poids de ces inſtitutions bizarres que les peuples de l'Europe ont honorées du nom de loix. Vers le milieu du dou-zième ſiècle on découvrit par haſard en Italie un exemplaire des *Pandectes de Juſ-tinien.* L'état politique de la ſociété avoit déjà fait de grands progrès, & l'expérience de pluſieurs ſiècles avoit étendu & rectifié les idées des hommes ſur cet objet; ils fu-rent frappés d'admiration en examinant ce ſyſtème de juriſprudence que leurs ancê-tres n'auroient pu comprendre. Quoiqu'ils ne fuſſent pas encore aſſez inſtruits, pour emprunter des anciens le goût de la phi-loſophie & des ſciences ſpéculatives, & quoiqu'ils ne fuſſent pas en état de ſentir les beautés & l'élégance de leurs compoſi-tions littéraires, ils étoient cependant aſſez éclairés pour juger d'un ſyſtème de loix où tout ce qui intéreſſe eſſentiellement le genre humain dans tous les âges étoit fixé avec autant de ſagacité que de préciſion. Les hommes de lettres ſe livrèrent avec ardeur à l'étude de cette nouvelle ſcience; & peu d'années après la découverte des Pandectes, on nomma, dans la plupart des états de l'Europe, des profeſſeurs chargés d'en donner des leçons publiques.

L'étude & l'imitation d'un modèle ſu-périeur à tout ce qu'on connoiſſoit, ne put manquer de produire les plus heureux effets. Les hommes n'avoient beſoin que de connoître des loix conſtantes & géné-rales pour en ſentir toute l'utilité; ils s'em-preſsèrent de fixer les principes & les formes, ſur leſquels les tribunaux devoient régler leurs procédures & leurs jugemens. Cette entrepriſe, ſi importante pour le bien de la ſociété, fut pouſſée avec tant de zèle & d'ardeur, qu'avant la fin du douzième ſiècle, la loi féodale fut réduite en un ſyſ-tème régulier; le code du droit canon fut étendu & diſpoſé dans une forme métho-dique & les coutumes vagues & incer-taines des différentes provinces ou des royaumes divers furent recueillies & arrangées avec un ordre & une exactitude qu'on ne devoit qu'à la connoissance de la jurisprudence romaine. Dans quelques pays de l'Europe, on adopta le droit romain pour servir de supplément aux loix municipales; & tous les cas sur lesquels celles-ci n'avoient pas prononcé, étoient jugés suivant les principes du premier. Chez d'autres peuples, les maximes, aussi bien que les formes de la jurisprudence romaine, se mêlèrent & se confondirent avec les loix du pays, & contribuèrent aussi, quoique d'une manière moins sensible, à y perfectionner la législation.

Ces divers perfectionnemens, dans le systême de jurisprudence & l'administration de la justice occasionnèrent, dans les mœurs des changemens d'une grande importance, & dont les effets s'étendirent fort loin. Il en résulta une distinction marquée dans les professions. Les hommes furent obligés de cultiver des talens divers, & de s'exercer à des occupations différentes, afin de se mettre en état de remplir les divers emplois qu'exigeoient les besoins multipliés de la société. Chez les peuples non civilisés, il n'y a qu'une profession honorable, celle des armes. Toute l'activité de l'esprit humain, se borne à acquérir la force & l'adresse qu'exigent les exercices militaires. Les occupations en temps de paix sont simples & en petit nombre, & l'on n'a pas besoin pour se mettre en état de les remplir de suivre un plan d'éducation ou d'étude: tel fut l'état de l'Europe pendant plusieurs siècles. Tout gentilhomme naissoit soldat & méprisoit toute autre occupation; il n'apprenoit d'autre science que celle de la guerre; ses exercices & ses amusemens étoient des faits de prouesse militaire. Le caractère même de juge qui appartenoit aux nobles seuls, ne demandoit pas des connoissances plus étendues que celles que des soldats sans éducation pouvoient acquérir. Tout ce qu'un baron regardoit comme nécessaire, pour rendre la justice se réduisoit à recueillir quelques coutumes de tradition,

que le temps avoit confirmées & rendues respectables, à fixer par les formalités requises les préparatifs d'un combat, à en observer l'issue & à prononcer si tout s'étoit passé conformément à la loi des armes.

Mais lorsqu'on eut fixé les formes des procédures légales; lorsqu'on eut rédigé par écrit, & recueilli en un corps les règles qui devoient guider les jugemens, la jurisprudence devint alors une science qu'on ne put acquérir que par un cours régulier d'étude & par une longue expérience de la pratique des différens tribunaux. Les nobles qui ne respiroient que la guerre, & savoient à peine écrire, n'avoient ni le loisir, ni le désir d'entreprendre un travail si pénible & en même temps si étranger aux seules occupations qu'ils regardoient comme intéressantes ou comme convenables à leur rang. Ils abandonnèrent par degrés les places qu'il avoient dans les cours de justice, où leur ignorance les exposoit au mépris. Ils se lassèrent d'entendre des discussions d'affaires, qui devenoient trop compliquées pour qu'ils pussent en embrasser tous les détails. Il fallut donc s'en rapporter à des personnes exercées par des études préliminaires & par la connoissance des loix, non-seulement pour la décision judiciaire des points qui formoient le sujet de la contestation, mais encore pour la conduite des opérations & des procédures qu'exigeoit l'instruction du procès. Une classe d'hommes à qui tous les citoyens étoient obligés d'avoir sans cesse recours pour avoir leur avis sur les objets les plus intéressans, & dont les opinions décidoient de la fortune, de l'honneur & de la vie, ne pouvoit manquer d'acquérir bientôt de la considération & de l'influence dans la société. Ils obtinrent les honneurs qui avoient été regardés jusque-là comme les récompenses propres des talens & des services militaires. On leur confia des emplois distingués par la dignité & la puissance qui y étoient attachées. Il s'éleva ainsi parmi les laïcs, une nouvelle profession honorable, qui n'étoit pas celle des armes. Les fonctions de la vie civile méritèrent l'attention du public, & l'on cultiva les talens nécessaires pour les bien remplir. Une nouvelle route s'ouvrit à l'émulation des citoyens, & les conduisit à la richesse & aux honneurs. Les arts & les vertus de la paix furent mis à leur place, & reçurent les récompenses qui leur étoient dues.

Tandis que ces changemens, si importans pour l'état de la société & pour l'administration de la justice, s'établissoient en Europe, la noblesse commençoit à prendre des sentimens plus généreux, des idées plus grandes; ce fut un effet de l'esprit de chevalerie, qu'on ne regarde ordinairement que comme une institution bizarre, née du caprice & comme une source d'extravagances; mais qui étoit le produit naturel des circonstances où se trouvoit la société, & qui contribua puissamment à polir les mœurs des nations de l'Europe. Le gouvernement féodal étoit un état perpétuel de guerre, de rapine & d'anarchie, dans lequel les hommes foibles & désarmés étoient sans cesse exposés aux insultes de l'insolence & de la force. Le même esprit guerrier qui avoit engagé tant de gentilshommes à prendre les armes pour la défense des pélerins opprimés dans la Palestine, en excita d'autres à se déclarer les protecteurs & les vengeurs de l'innocence opprimée en Europe. Ce fut le seul objet digne d'exercer le courage & l'activité de ces nobles aventuriers, lorsque l'entière réduction de la *terre sainte*, sous la domination des infidèles, eut mis fin aux expéditions des croisades. Réprimer l'insolence des oppresseurs puissans, secourir les malheureux, délivrer les captifs, protéger ou venger les femmes, les orphelins, les ecclésiastiques, & tous ceux qui ne pouvoient pas prendre les armes pour se défendre eux-mêmes; enfin redresser les torts & réformer les abus; telles étoient les occupations les plus dignes d'exercer leur valeur & leur vertu. L'humanité, la bravoure, la justice & l'honneur étoient les qualités distinctives de la chevalerie; qualités que la religion qui se mêloit à toutes les institutions & à toutes

les passions de ce temps-là, exaltoit encore par un mélange d'enthousiasme, & qu'elle portoit jusqu'à cet excès romanesque qui nous étonne aujourd'hui. On se préparoit alors à la chevalerie par des exercices longs & pénibles, & l'on y étoit admis avec des solemnités où il entroit autant de pompe que de dévotion. Il n'y avoit point de noble qui ne sollicitât l'honneur d'être fait chevalier. C'étoit une distinction qui paroissoit en quelque sorte supérieure à la royauté; & les souverains se faisoient gloire de la recevoir des mains d'un simple gentilhomme.

Cette singulière institution où la valeur, la galanterie & la religion se confondirent d'une manière si étrange, étoit merveilleusement appropriée au goût & au génie d'une noblesse guerrière, & ses effets sur les mœurs se manifestèrent bientôt de la manière la plus sensible. La guerre se fit avec moins de férocité, lorsque l'humanité devint autant que le courage, l'ornement de la chevalerie. Les mœurs se polirent & s'adoucirent, lorsque la courtoisie fut regardée comme la vertu la plus aimable d'un chevalier. La violence & l'oppression produisirent moins d'excès, lorsqu'on se fit un mérite & un devoir de les prévenir ou de les punir. Le respect le plus scrupuleux pour la vérité & l'exactitude la plus religieuse à remplir tous ses engagemens, formèrent le caractère distinctif d'un gentilhomme, parce que la chevalerie étoit regardée comme l'école de l'honneur, & qu'elle exigeoit à cet égard la plus grande délicatesse.

L'admiration que méritoient ces qualités brillantes, jointes aux distinctions & aux prérogatives que la chevalerie obtint dans toutes les parties de l'Europe, put inspirer quelquefois à des esprits ardens une sorte de fanatisme militaire, qui les porta à des entreprises extravagantes; mais elle contribua toujours à graver profondément dans les ames les principes de l'honneur & de la générosité. Ces principes étoient fortifiés d'ailleurs par tout ce qui peut affecter les sens & toucher le cœur. Les romanesques exploits de ces chevaliers errans qui couroient le monde à la quête des avântures, sont assez connus, & ont été justement l'objet de la satyre & du ridicule; mais on n'a pas assez observé les effets de la chevalerie sur la morale publique & l'état de la société. C'est peut être à cette singulière institution, en apparence si peu utile au bonheur du genre humain qu'on doit en grande partie, & les égards qu'on a pour les femmes en Europe, & la délicatesse du point d'honneur, & cette humanité qui vient quelquefois se mêler aux horreurs de la guerre; ce sont là les traits les plus frappans qui distinguent les mœurs modernes des mœurs anciennes. Pendant le douzième, le treizième, le quatorzième & le quinzième siècles, les sentimens que la chevalerie inspira eurent une influence bien sensible sur les mœurs & sur la conduite des hommes; & ils avoient jeté des racines si profondes, que leurs effets durèrent encore après que l'institution même qui en étoit le principe, eut perdu sa vigueur & son crédit sur l'opinion des peuples. Des rois ambitionnoient la gloire d'être faits chevaliers, & l'on sait que François premier sur-tout se distingua par cette ambition, qu'il vouloit avoir l'audace & la bravoure d'un chevalier dans la guerre, la magnificence & la courtoisie dans le paix. La réputation qu'il se fit par ses qualités brillantes éblouit son rival plus flegmatique, au point de le faire sortir de sa prudence & de sa modération naturelles, & de lui inspirer le desir d'égaler François par quelques actions de prouesse & de galanterie.

Les progrès de la raison & la culture des lettres contribuèrent beaucoup aussi à changer les mœurs & la morale publique des nations de l'Europe & à y introduire la politesse & le goût qui les distinguent aujourd'hui. Les romains, après la destruction de leur empire, n'avoient plus à la vérité ce goût pur qui rendoit les productions de leurs ancêtres des modèles de perfection, & des objets d'imitation pour les peuples & les siècles qui dévoient

leur succéder; mais ils avoient conservé l'amour de la littérature, & ils cultivoient encore les arts avec beaucoup d'ardeur. Des peuples barbares ou grossiers étoient bien éloignés d'admirer ces perfections rafinées qu'ils ne connoissoient pas ou qu'ils méprisoient; ils n'étoient pas encore arrivés à cet état de la société où l'esprit humain commence à exercer ses facultés sur les objets de l'imagination & du goût. Ils étoient étrangers aux besoins & aux desirs qui donnent naissance aux inventions de l'esprit; & comme ils ne sentoient ni le mérite, ni l'utilité des arts, ils s'occupèrent à en détruire les monumens, avec autant de zèle que leur postérité en a mis à les découvrir & à les conserver. Les secousses violentes occasionnées par l'établissement des barbares dans l'empire romain, les révolutions nombreuses qu'ils excitèrent dans tous les royaumes qu'ils formèrent, & les vices essentiels qui se trouvoient dans la forme de gouvernement qu'ils ont introduite, étoient autant de causes qui avoient suspendu la naissance du goût & la culture des lettres, & qui pendant plusieurs siècles avoient tenu l'Europe dans l'état d'ignorance dont on a déjà vu la peinture. Mais les événemens & les institutions diverses, dont nous avons tracé l'histoire, ont produit successivement dans la société les changemens les plus essentiels. Dès qu'on eut commencé à éprouver les bons effets de la révolution qui rendit à une grande partie de la nation la liberté & l'indépendance; dès que tous les membres de la société eurent commencé à sentir le prix des avantages qui résultoient du commerce, de l'ordre public, de la sûreté personnelle; alors l'esprit humain commença à sentir ses forces & prit un nouvel essor; les hommes se livrèrent à des occupations & à des recherches dont auparavant ils n'avoient pas même l'idée. C'est vers la fin du onzième siècle qu'on observe ce premier réveil des esprits, qui sortant de la profonde léthargie où ils avoient été long-temps plongés, portoient leur

attention

attention & leur curiofité fur des objets nouveaux.

Cependant les premiers efforts des peuples d'Europe vers les objets de littérature & de philofophie furent très - mal dirigés. Il en eft des nations comme des individus ; les facultés de l'imagination ont déjà acquis de la vigueur avant que celles de l'efprit fe foient exercées fur les matieres abftraites & fpéculatives. Les hommes font poëtes avant que d'être philofophes. Ils fentent vivement & favent peindre avec force, lors même qu'ils n'ont fait que peu de progrès dans le raifonnement. Le fiècle d'Homere & d'Héfiode précéda de beaucoup celui de Thalès & de Socrate ; mais malheureufement pour la littérature, nos ancêtres s'écartant de cette marche des efprits, indiquée par la nature même, fe jettèrent dans les profondeurs de la Métaphyfique & des études les plus abftraites. A peine étoient-ils établis dans les pays qu'ils avoient conquis, qu'ils furent convertis à la religion chrétienne ; mais ils ne la reçurent pas avec toute fa pureté. Des hommes préfomptueux avoient mêlé à la doctrine inftructive & fimple du chriftianifme, les fubtilités d'une vaine philofophie, qui ofoit entreprendre de préfenter des myftères & de décider des queftions inacceffibles aux facultés trop bornées de l'efprit humain. Ces téméraires fpéculations s'étoient incorporées dans le fyftème même de la religion, & en avoient été enfin regardées comme la partie la plus effentielle. Dès que la curiofité eut porté les hommes à réfléchir & à raifonner, ces objets dûrent être les premiers qui fe préfentèrent à eux & attirèrent leur attention. La théologie fcholaftique avec fon cortège immenfe de difcuffions hardies & de diftinctions fubtiles, fur des points qui ne font pas à la portée de la raifon humaine, fut la première production de l'efprit philofophique lorfqu'il reprit quelque activité en Europe.

Cette circonftance ne fut pas la feule qui fervit à donner une fauffe direction aux efprits, lorfqu'ils recommencèrent à s'exercer fur des objets qu'ils avoient négligés fi long - temps. La plupart de ceux qui concoururent à la renaiffance des lettres dans le douzième & le treizième fiècle, avoient reçu leurs connoiffances ou leurs principes de Philofophie, ou des grecs dans l'empire d'Orient, ou des arabes en Efpagne & en Afrique ; mais ces deux peuples avoient corrompu, par un excès de rafinement, les fciences qu'ils avoient cultivées. Les grecs avoient fait de la théologie un fyftème de futilités fpéculatives & de controverfes interminables ; les arabes avoient dégradé la Philofophie par les vaines fubtilités dont ils l'enveloppèrent ; de femblables guides n'étoient propres qu'à égarer. Ceux qui les premiers étudièrent la Philofophie errèrent fans but dans un labyrinthe de recherches embarraffées ; au lieu d'abandonner leur imagination à fon effor naturel, & de l'appliquer à des ouvrages d'invention qui auroient épuré leur goût & étendu leurs idées ; au lieu de cultiver les beaux arts qui embelliffent la vie & en adouciffent les peines, ils fe laiffèrent enchaîner par l'autorité & égarer par l'exemple ; ils épuisèrent la force & l'ardeur de leur génie dans des fpéculations auffi frivoles que pénibles.

Mais ces fpéculations, quoiqu'inutiles & mal dirigées excitoient les efprits par leur nouveauté & les intéreffoient par leur hardieffe. L'ardeur avec laquelle les hommes fe livrèrent à des études fi peu attrayantes eft extraordinaire. Jamais dans les fiècles les plus éclairés, on ne cultiva avec plus de zèle la bonne Philofophie. On ouvrit dans toutes les cathédrales & dans prefque tous les monaftères un peu confidérables, des écoles fur le modèle de celles qu'avoit établies Charlemagne. On fonda des collèges & des univerfités qui formèrent des communautés ou corporations, avec le droit de fe gouverner par leurs propres loix, & d'exercer fur leurs membres une jurifdiction particulière & fort étendue. On accorda aux maîtres & aux étudians des priviléges confidérables ;

& pour récompenser les uns & les autres, on inventa des titres & des distinctions académiques de toute espèce. Ce n'étoit pas dans les écoles seules que la supériorité de connoissance conduisoit aux honneurs & à l'autorité; la science devint un objet respectable dans la société & un moyen de fortune & d'avancement. Tous ces avantages réunis attirèrent dans les collèges & les universités une foule incroyable d'étudians; on s'empressa d'entrer dans une carrière nouvelle qui conduisoit aux honneurs & aux distinctions.

Il n'est pas inutile de connoître quelques-unes des principales circonstances qui accompagnèrent & suivirent ce renouvellement des études. Dans les écoles des cathédrales & des monastères, on se contentoit d'enseigner la Grammaire, & il n'y avoit qu'un ou deux maîtres employés à cet office. Mais dans les collèges, les professeurs étoient destinés à instruire dans toutes les différentes parties des sciences. Le temps destiné pour l'étude de chacune étoit fixé. Il y avoit des épreuves réglées pour juger des progrès des étudians, & ceux qui méritoient l'approbation étoient récompensés par des titres & des honneurs académiques. On institua différens grades pour correspondre aux connoissances acquises par les étudians. On trouve, en 1215, quelque détail imparfait de ces degrés académiques dans l'université de Paris, de laquelle la plupart des universités de l'Europe ont emprunté la plus grande partie de leurs coutumes & de leurs institutions. Nous ne ferons pas l'énumeration de plusieurs priviléges qu'on accorda aux bacheliers, aux maîtres & aux docteurs. Un exemple suffit pour prouver la considération dont ils jouissoient dans les diverses facultés. Les docteurs disputoient pour la préséance avec les chevaliers, & la dispute finissoit en plusieurs occasions par l'élévation des premiers à la dignité de la chevalerie; dignité dont nous avons déjà parlé : il fut même décidé qu'un docteur auroit droit à ce titre sans être élu. Bartole a écrit qu'un docteur qui avoit ensei-

Crevier, Hist. de l'Universf. de Paris, t. ij p. 296.

gné le droit civil pendant dix ans, étoit chevalier sans autre condition. On appella cette dignité *chevalerie de lectures*, & ceux qui y parvenoient, *chevaliers clercs*. Les établissemens nouveaux pour l'éducation, & les honneurs extraordinaires accordés aux savans, multiplièrent beaucoup le nombre des écoliers. Dans l'année 1262, il y en avoit dix mille à l'université de Bologne; & il paroît, par l'histoire de cette université, que le droit étoit la seule science qu'on y enseignât alors. L'université d'Oxford, en 1340, comptoit trente mille étudians. Dans le même siècle, dix mille personnes eurent voix pour décider une question agitée dans l'université de Paris; & comme les seuls gradués avoient droit de suffrage, il falloit que le nombre des écoliers fût très-grand. A la vérité, il n'y avoit alors que peu d'universités en Europe; mais ce grand nombre d'étudians dans ces temps-là, suffit pour prouver l'ardeur extraordinaire avec laquelle les hommes s'étoient livrés à l'étude des sciences; il montre en même temps que les peuples commençoient à regarder plusieurs professions comme aussi honorables & aussi utiles que celle de la guerre.

Cependant quelque ardeur qu'on remarque dans ces premiers efforts de l'esprit humain, il n'en résulta pas d'aussi grands avantages qu'on avoit lieu de l'attendre, une circonstance particulière en arrêta les effets. Toutes les langues d'Europe, pendant le siècle dont nous parlons, étoient barbares, dénuées d'élégance, de force & même de clarté; & l'on n'avoit fait jusqu'alors aucune tentative pour les perfectionner ou les polir. L'église avoit consacré à la religion la langue latine, & la coutume, dont l'autorité n'étoit guère moins respectée, avoit approprié cette même langue à la littérature. Toutes les sciences qu'on cultivoit dans le douzième & le treizième siècles, n'étoient enseignées qu'en latin. Tous les livres où l'on en traitoit étoit écrits dans le même idiome. On auroit cru dégrader un sujet important que d'y employer la langue

Honoré de Sainte-Marie, p. 165.

Velly; Hist. de France, n

vulgaire, ce préjugé refferroit les connoiffances dans un cercle fort étroit. Il n'y
avoit que les favans qui puffent être admis
dans le temple de la Philofophie ; les
portes en étoient fermées au commun
des hommes, qui étoient forcés de refter enfevelis dans leur première ignorance.

Quoique cet obftacle, en bornant l'influence, des lumières eût empêché qu'elles
ne fe répandiffent dans la fociété, cependant les progrès des connoiffances doivent
être comptés parmi les caufes qui introduifirent un changement dans les mœurs
& la police des peuples de l'Europe. Cette
ardeur de recherche que nous avons dé-
crite, quoique dirigée par un faux principe, mit en mouvement & excita l'induftrie & l'activité des efprits; elle apprit
aux hommes à faire de leurs facultés un
ufage qu'ils trouvèrent auffi agréable qu'intéreffant : elle les accoutuma à des occupations & à des exercices propres à adoucir leurs mœurs & à leur donner ce goût des
vertus douces & aimables qui diftinguent
la nation chez qui les fciences font cultivées avec fuccès. L'étude introduifit dans
la fociété l'habitude de la réflexion ; elle
fit connoître de nouveaux principes, des
faits qui fervirent d'objets de comparaifon,
& contribuèrent à rectifier ce que la mo
rale publique avoit de défectueux. Les
travaux des anciens leurs connoiffances
politiques & ce qu'avoient produit les
beaux fiècles de Rome & de la Grèce furent quelquefois heureufement imités. Le
goût de la liberté civile, répandu dans tous
leurs ouvrages, donna lieu à des réflexions
qui fouvent tournèrent à l'avantage des
peuples ; & les funeftes fuites qu'eurent
les antiques erreurs fervirent de leçons
aux nations modernes.

Le commerce, qui faifoit chaque jour
des progrès fenfibles, concourut auffi à
polir les mœurs des peuples d'Europe, &
à y introduire une bonne jurifprudence,
une police régulière, & des principes
d'humanité. Dans la naiffance & l'état pri-

mitif de la fociété, les befoins des hommes
font en fi petit nombre, & leurs defirs fi
limités, qu'ils fe contentent aifément des
productions naturelles de leur climat &
de leur fol, & de ce qu'ils peuvent y
ajouter par leur fimple & groffière induftrie. Ils n'ont rien de fuperflu à donner,
rien de néceffaire à demander. Chaque
petite communauté fubfifte du fonds qui
lui appartient ; & fatisfaite de ce qu'elle
poffède, ou elle ne connoît point les états
qui l'environnent, ou elle eft en querelle
avec eux. Il faut, pour qu'il s'établiffe une
communication libre entre des peuples
différens, que la fociété & les mœurs aient
acquis certain degré de perfection, & qu'il
y ait déjà des réglemens pour affermir
l'ordre public & la fûreté perfonnelle.
Nous voyons auffi que le premier effet
de l'établiffement des barbares dans l'empire, fut de divifer les nations que la puiffance romaine avoit unies. L'Europe fut
morcelée en plufieurs états diftincts, &
pendant plufieurs fiècles toute communication entre ces états divifés fut prefque
entièrement interrompue. Les pirates couvroient les mers, & rendoient la navigation dangereufe ; & en arrivant dans les
ports étrangers il y avoit peu de fecours
& même de fûreté à attendre de la part de
ces peuples féroces. Des ufages barbares
autorifoient les riverains à s'emparer des
vaiffeaux qui échouoient fur les côtes ; &
les navigateurs avoient autant à redouter de ces hommes avides & inhumains,
que des vents & des pirates. Un voyage
par terre un peu long étoit une expédition dangereufe, dans laquelle on avoit à
craindre & la violence des bandits qui in-
feftoient les chemins & les exactions info-
lentes des nobles, prefque auffi redoutables que les brigands ; abus auxquels,
pour le dire en paffant, les fouverains
cherchèrent à remédier par l'inftitution des
foires franches & la protection qu'ils leur
accordèrent. La plupart des habitans de
l'Europe étoient donc enchaînés, par toutes ces circonftances réunies, au lieu où
le fort les avoit fixés. Ils ignoroient juf-

qu'aux noms, à la fituation, au climat & aux productions ces pays éloignés d'eux.

Différentes caufes fe réunirent pour ranimer l'efprit de commerce & pour rouvrir en partie la communication entre les nations diverfes. Les italiens, par leurs relations avec Conftantinople & les autres villes de l'empire grec, avoient confervé quelque goût pour les arts & les précieufes productions de l'Orient. Ils en communiquèrent la connoiffance à d'autres peuples voifins de l'Italie. Ainfi ce pays qui donna le premier exemple de la liberté municipale en Europe fut auffi celui qui y maintint le goût & l'habitude du commerce. Cependant il ne fe faifoit encore qu'un commerce médiocre qui n'établiffoit entre les différens états que des liaifons très-bornées. Les croifades, conduifant en Afie des armées nombreufes, tirées de toutes les parties de l'Europe, ouvrirent entre l'Orient & l'Occident une communication plus étendue qui fubfifta pendant plufieurs fiècles; & quoique les conquêtes & non le commerce fuffent l'objet de ces expéditions; quoique l'iffue en eût été auffi malheureufe que le motif en avoit été bizarre & déraifonnable, il en réfulta cependant, comme on l'a déja vu, de très-heureux effets, & très-durables pour les progrès du commerce. Tant que dura la manie des croifades, les grandes villes d'Italie & des autres pays de l'Europe, acquirent la liberté, & avec elle des privilèges qui les rendirent autant de communautés indépendantes & refpectables. Ainfi l'on vit fe former dans chaque royaume un nouvel ordre de citoyens qui fe vouèrent au commerce, & s'ouvrirent par là une route aux honneurs & à la richeffe.

Mais cette révolution devint bien plus fenfible, & s'étendit encore plus univerfellement par la découverte de l'Amérique & les expéditions maritimes qui la précédèrent & la fuivirent. Alors de nouvelles fources de richeffes furent ouvertes à l'Europe, l'or devint plus commun & avec lui les moyens d'échange; le luxe

fit des progrès rapides & gagna tous les états de la fociété. Il en réfulta donc de nouveaux changemens dans l'état des mœurs qui influèrent & fur la morale publique, & fur la police des peuples; c'eft ce qui nous engage à développer ici les effets de cette révolution, & fon influence fur les nations de l'Europe & le bonheur des hommes en général.

Si nous rejettons toutes les traditions fabuleufes & obfcures, fi nous nous attachons uniquement à la lumière & aux faits authentiques de l'hiftoire, fans y fubftituer les conjectures de l'imagination, ni les rêves des étymologiftes, nous concluerons que les anciens n'avoient qu'une connoiffance très-bornée du monde habitable. En Europe, ils avoient à peine quelque idée des vaftes provinces fituées à l'eft de l'Allemagne; ils connoiffoient encore moins les pays immenfes qui compofent aujourd'hui les royaumes de Danemarck, de Suède, de Pruffe, de Pologne & l'empire de Ruffie. Les régions plus ftériles fituées fous le cercle arctique, n'avoient jamais été vifitées. En Afrique, leur recherches ne s'étendoient guère au delà des provinces qui bornent la Méditerranée & de celles qui font fituées fur la côte orientale du golfe arabique. En Afie, ils n'avoient, aucune connoiffance des riches & fertiles contrées qui font au-delà du Gange, & d'où viennent les denrées précieufes qui, dans les temps modernes, ont été le grand objet de commerce des Européens dans l'Inde. Il ne paroît pas non plus qu'ils aient jamais pénétré dans ces régions étendues, occupées alors par ces tribus errantes, connues fous le nom général de *Sarmates* ou de *Scythes*, & poffédées aujourd'hui par différentes nations tartares & par les fujets afiatiques de la Ruffie, ils connoiffoient encore moins le vafte continent de l'Amérique, ou du moins ils n'en ont point parlé.

Mais quelqu'imparfaites que fuffent les connoiffances des anciens en Géographie, quelque obfcures qu'aient été les idées qu'ils avoient de la difposition du globe, le peu de lumières qu'ils avoient acquifes, & que Ptolomée, dans le deuxième fiècle de l'ère chrétienne, réunit dans un corps d'ouvrage, difparurent abfolument lorfque l'invafion des barbares eut morcelé l'empire romain, & plongé l'Europe dans la barbarie & dans l'anarchie. Tout commerce, tout lien entre les nations étant alors rompus, les connoiffances géographiques eurent le fort de toutes les autres. Les traditions que les auteurs grecs & romains avoient laiffées fur les travaux & les découvertes des anciens furent négligées ou mal entendues. La connoiffance des pays lointains fe perdit; leur fituation, leurs productions & prefque leurs noms furent oubliés.

Cependant les croifades, le commerce, quelques voyages faits aux Indes par terre, dans le douzième, treizième & quatorzième fiècles, excitèrent chez les nations européennes le goût des recherches. Une découverte heureufe contribua, plus que les efforts & l'induftrie des fiècles précédens, à étendre les voyages fur mer, & perfectionner la navigation. On obferva cette merveilleufe propriété de l'aimant, par laquelle il communique à une légère verge de fer ou à une aiguille la vertu de fe diriger conftamment vers les pôles de la terre. On ne tarda pas à fentir l'ufage qu'on pouvoit en faire pour régler la navigation, & l'on conftruifit cet inftrument fi utile, quoique devenu fi commun, qu'on a appellé *compas de marine* ou *bouffolle.* Un citoyen d'Almafi, au royaume de Naples, nommé *Flavio Gioïa*, fit cette grande & utile découverte, la fource de tant d'autres, vers l'an 1302.

A l'aide de cette nouvelle invention, les navigateurs s'exposèrent hardiment aux hafards de l'océan. Des découvertes heureufes foutinrent les premières efpérances & multiplièrent les tentatives. Enfin, dans le quinzième fiècle, les Portugais qui vouloient partager le commerce des vénitiens, s'ouvrirent un paffage aux Indes par la pointe d'Afrique, à qui l'on donna le nom de *cap de Bonne - Efpérance.* Pendant ce temps on prenoit des mefures en Caftille pour découvrir l'Amérique, que Chriftophe Colomb fit connoître au monde en 1498. Il n'eft point de notre objet d'infifter fur les événemens qui accompagnèrent cette grande découverte, mais feulement d'indiquer l'influence qu'elle eut fur les mœurs, & les progrès des lumières & de l'induftrie des peuples de l'Europe.

A l'inftant où l'exiftence d'un nouveau monde fut annoncée, les nations de l'Europe avoient déjà fait des progrès dans la civilifation, & l'efprit étoit porté à la recherche des objets qui pouvoient l'éclairer. Un pareil événement ne pouvoit donc pas manquer de feconder ces heureufes difpofitions en offrant de nouveaux fujets de réflexions & multipliant la fomme des connoiffances pofitives. L'effet de cette nouveauté fut d'abord de dégoûter les hommes des vaines difputes théologiques & de leur infpirer du goût pour l'étude des chofes utiles. Par cela feul la découverte de l'Amérique étoit déjà favorable aux progrès de la fociété; mais ce en quoi elle lui fût principalement avantageufe, ce fut en étendant le commerce & faifant circuler des richeffes qui devinrent l'aliment d'une nouvelle induftrie & le foutien d'un vafte trafic.

Une des caufes qui avoient fi long-temps tenu le peuple dans l'abjection, étoit le défaut de moyens d'acquérir des propriétés. Les nobles & le clergé poffédoient les terres, & toutes les autres claffes en étoient falariées & ne pouvoient vivre qu'autant qu'elles parvenoient à faire refluer chez elles une partie du fuperflu des premières Auffi tant que la nobleffe habita fes châteaux & vécut d'une manière patriarchale, fi on peut donner ce nom à une vie fauvage & ignorante, les communes reftèrent dans un grand état de mifère. La confommation des maîtres du territoire étant foible, les bénéfices de l'induftrie devoient être dans la même proportion. Les travaux des arts reftoient fans encouragemens , parce qu'il ne fe trouvoit perfonne qui voulût les payer ; les artifans , les induftrieux habitans des villes n'avoient aucune voie ouverte à la richeffe , à l'aifance & à la puiffance qu'elle donne , & les nobles dominoient encore par là.

Mais l'or que la découverte de l'Amérique fit refluer en Europe , donna lieu à une révolution qui changea cet ordre à l'avantage des peuples & de la fociété. Il multiplia les moyens d'échange , infpira le goût des jouiffances de luxe & les rendit plus faciles à acquérir. Toutes les claffes de citoyens connurent une aifance réfervée à un petit nombre auparavant. Les grands propriétaires firent plus de dépenfe & communiquèrent plus de leurs richeffes au peuple, qu'ils n'avoient fait autrefois. Les débouchés que l'on trouva pour la vente de certaines denrées, par l'accroiffement du commerce, facilita encore cette circulation. L'inégalité réelle, que la différence des fortunes femble mettre entre les hommes, diminua confidérablement. Les conditions fe rapprochèrent à mefure que les richeffes de toutes les claffes fe mirent de niveau. La morgue & la hauteur infultante des grands furent par là également affoiblies. Le peuple , en s'enrichiffant s'élevoit réellement : heureux s'il eût pu en même temps fe montrer jaloux de partager l'empire des lumières qu'il abandonna trop facilement aux premiers ordres de l'état.

Le luxe qui augmenta à la fuite de cette révolution , fut encore un des heureux effets de la découverte du nouveau monde fur l'état de la fociété. Que l'on déclame tant que l'on voudra contre cette paffion pour les plaifirs brillans, les jouiffances recherchées & les commodités de la vie, il n'en eft pas moins vrai que le luxe eft le premier & le plus puiffant obftacle à l'extrême inégalité des fortunes que des caufes inévitables produifent dans la fociété ; qu'il adoucit les mœurs & rend les hommes plus attachés aux loix confervatrices de la paix ; qu'auffi long-temps

qu'il a été inconnu en Europe à tous les ordres de l'état, l'oppreffion du peuple a toujours été la fuite de la barbarie des grands propriétaires ; qu'il encourage les arts confolateurs, & donne des falaires au pauvre ; qu'une auftérité de mœurs déplacée chez les riches , réduiroit au défefpoir ; enfin que s'il eft fuivi de quelques abus , c'eft que rien n'en eft exempt , & que les meilleures inftitutions même, donnent fouvent lieu aux plus grands & aux plus injuftes.

Il n'en eft pas des tréfors mobiliers comme des propriétés territoriales ; on peut encore jouir de celles-ci de cent manières différentes , fans y intéreffer perfonne , fans qu'elles deviennent une fource de travail & de falaires pour les peuples ; mais les autres n'ont de valeur , ne procurent de jouiffance , qu'autant qu'on les fait circuler , qu'on les échange. Auffi dès que le numéraire augmenta par l'importation de l'or de l'Amérique en Europe, les grands propriétaires qui acquirent de nouvelles richeffes, voulurent-ils partager la magnificence que le luxe introduifoit dans la fociété. Le peuple y gagna , & fon induftrie attira dans fes mains une partie des tréfors du nouveau monde , répandus dans tous les états policés de l'Europe par l'ambition de l'Efpagne & les befoins du Portugal. Ce fut alors que l'induftrie fit de rapides progrès ; que les arts , les travaux utiles, les manufactures, trouvèrent des encouragemens & de la confidération.

Mais ce mouvement donné par l'or de l'Amérique, ne fut par le feul effet qu'il produifit. Il arriva que les propriétaires des terres, pour acquérir des richeffes mobilières & partager les jouiffances qu'un nouveau luxe introduifoit, furent obligés de multiplier les denrées & les productions territoriales, de défricher, d'améliorer la culture & de faire naître ainfi un plus grand nombre de fubfiftances. Leurs mines étoient leurs terres, & l'or qui brilloit à leurs yeux ne pouvoit paffer dans leurs mains que par la voie de l'agriculture &

de l'échange des fruits qu'ils recueilloient. On sentit donc le besoin des communications, on se livra à des projets de canaux, on connut la nécessité de rendre les chemins praticables, & de mettre les voyageurs à l'abri des violences & du brigandage : nouveau motif pour perfectionner la police intérieure & s'occuper de l'ordre public. Les mœurs & la morale publique reçurent également une amélioration à cette révolution. Les hommes, en se fréquentant, en se rendant leurs travaux & leurs lumières réciproquement utiles & agréables, s'adoucirent & adoptèrent des principes plus favorables aux progrès & à la civilisation de la société. En un mot la découverte de l'Amérique produisit sur l'état de l'Europe un effet analogue à celui des croisades, mais beaucoup plus sensible, soit par les lumières qu'elle répandit, soit par les richesses qu'elle fit connoître, soit enfin par le nombre de jouissances auxquelles elle donna lieu par la suite. En effet, si l'on peut mettre au rang des choses qui peuvent contribuer au bonheur de l'homme, de nouveaux plaisirs, de plus nombreux objets de consommation, l'usage d'une foule de productions qui ajoutent aux douceurs & aux agrémens de la vie, on ne sauroit douter que les établissemens européens en Amérique ne doivent être regardés comme un des plus heureux événemens & des plus favorables aux progrès de l'aisance & de la félicité publique.

Cependant la marche de la civilisation & les progrès de la raison auroient été très lents; & peut-être qu'aujourd'hui nous serions encore dans l'état d'ignorance du quinzième siècle, si l'imprimerie ne fût venu au secours de l'esprit humain. Nous l'avons déjà considérée comme un des moyens généraux de civilisation que notre Europe moderne a connus, & qui ont absolument été refusés aux anciens. Nous allons maintenant nous arrêter un moment sur les suites qu'elle eut dans la société par rapport aux changemens survenus dans la morale & la police des peuples.

Nous avons vu l'ignorance où l'Europe resta plongée depuis le septième siècle jusqu'à la fin du douzième; elle fut la cause de bien des crimes & l'origine de la plus affreuse tyrannie. Ces ténèbres étoient entretenus par le défaut de lumières ou de de moyens d'en acquérir. Nous avons vu combien les livres étoient rares, & la grande difficulté qu'on avoit de s'en procurer jusqu'à ce qu'au onzième siècle l'invention du papier permit de multiplier les manuscrits & les rendit plus communs. Mais cette invention seule ne suffisoit pas pour mettre les livres à la portée de tout le monde. Les copistes étoient rares & les copies très-chères. Les moines s'occupoient assez généralement de ce travail; le loisir de leur état le leur permettoit. Aussi étoient-ils les seuls chez qui l'on trouvât quelque teinture des lettres; jusqu'à ce qu'enfin l'imprimerie vint opérer une révolution universelle, dont les effets rapides & prodigieux sur l'état des peuples méritent que nous nous en occupions ici.

Sitôt qu'on put multiplier les exemplaires des ouvrages, & les répandre ainsi en peu de temps d'un bout de l'Europe à l'autre, la communication des idées, des opinions, des systèmes, des erreurs, & des vérités devint plus facile & plus prompte. Les principes hardis, les découvertes utiles pénétrèrent par-tout. L'on discuta les opérations, les loix & les usages des différens états devant le tribunal des nations. On prit pour juge & pour arbitre, dans les grandes questions de morale & de politique, l'opinion publique & la raison générale. Des souverains montrèrent l'exemple de cette conduite. Ils plaidèrent, dans des écrits rendus publics par l'impression, leurs droits & leurs prétentions. Cette manière d'intéresser les gens éclairés dans ses propres querelles, cette facilité de se faire entendre de tous les hommes instruits, & de se créer des partisans dans tous les pays policés, fut la cause de plus d'une révolution soit dans l'église, soit dans l'état. Un autre effet ;

1440.

non moins favorable aux progrès de la raison, fut la grande commodité qu'on eut alors pour se procurer les ouvrages à meilleur marché qu'autrefois. Il en résulta une nouvelle ardeur pour l'étude, & une augmentation de connoissances. Celle du droit sur-tout se répandit, & ne contribua pas peu à rectifier les erreurs anciennes, & à répandre les bons principes. Nous avons déjà remarqué combien l'étude de la Jurisprudence avoit eu de succès en Europe, depuis que le droit romain y fut connu : on conçoit que l'imprimerie dut encore accroître ce goût général. Les ouvrages des anciens & des modernes sur cette partie des connoissances utiles à la société devenant plus communs, on les étudia avec plus de soin, on les commenta, & la théorie des loix, quoiqu'encore très-imparfaite, commença à recevoir quelque développement. Comme un plus grand nombre d'esprits s'occupoient des mêmes objets, on les approfondit avec plus de justesse & de précision.

D'un autre côté, le desir de rendre publiques ses productions, la facilité qu'offroit pour cela l'imprimerie, devint un aiguillon qui porta les hommes à se livrer avec plus de chaleur à la recherche & à l'étude des connoissances littéraires & philosophiques. On analysa les principes des loix de la société, de la morale publique : on discuta publiquement ; on attaqua même des opinions que la difficulté de publier les ouvrages par la voie des copistes, auroit sûrement fait négliger auparavant. Ce conflit des esprits sous les yeux du public, accoutuma le peuple à fixer avec plus d'assurance des maximes que jusqu'alors il n'avoit envisagé qu'avec crainte.

L'imprimerie devint aussi, dans les mains des souverains, un moyen de répandre parmi les peuples les sentimens ou la doctrine conformes à leurs idées ou à leur conduite ; & s'ils ne s'en servirent pas toujours pour le bonheur des individus en particulier, du moins la société s'éclaira-t-elle sur les moyens qu'on employoit

pour y introduire des changemens & des innovations. Mais ce furent sur-tout les réformateurs qui tirèrent un puissant secours des presses établies en Europe. Luther, qui attaqua tous les abus du clergé romain & ne respecta pas même les dogmes catholiques, qui occasionna une révolution par la hardiesse de ses maximes & l'impétuosité de son caractère ; Luther n'eût tenté qu'une réforme imparfaite sans la publicité qu'il sut donner à ses opinions par le moyen de l'imprimerie. En un mot tel fut l'effet de cette utile invention depuis son origine, qu'elle a constamment accru la somme des lumières & détruit beaucoup d'erreurs nuisibles aux progrès du bonheur & de la raison parmi les hommes, en même temps qu'elle a assuré l'immortalité aux chef d'œuvres du génie, aux découvertes & aux principes utiles au maintien de la société : car, à moins d'un bouleversement général dans la nature, les ouvrages que l'imprimerie a répandus sur la terre, doivent durer aussi long-temps qu'elle, par la facilité qu'on a de les renouveller & d'en multiplier les exemplaires à l'infini.

Dans le même temps que l'art typographique multiplioit les livres en Europe, la réforme de Luther, & de Calvin ensuite, y préparoit de nouveaux changemens. Comme cette révolution a eu une influence directe sur l'état des peuples & celui de la morale publique, nous croyons devoir en remarquer ici les principaux traits. Nous avons vu qu'une des causes qui entretinrent encore long-temps les peuples dans l'ignorance après le renouvellement des lettres, fut l'usage qu'adoptèrent les savans de n'écrire qu'en latin. Si un pareil usage eût toujours subsisté, il n'est pas douteux que le progrès des lumières n'eût point été aussi rapide, & le nombre des découvertes utiles aussi considérable qu'il été. La plupart des hommes fussent restés dans les ténèbres de la superstition & de l'erreur. Ainsi la révolution qui introduisit tout-à-coup la coutume d'écrire dans sa propre langue, qui en fit même une maxime religieuse en certain cas, qui facilita par ce moyen au peuple la connoissance des objets qu'il doit respecter ; une semblable révolution devoit être considérée comme un heureux événement dans l'ordre des moyens politiques qui peuvent tourner au bonheur de la société. C'est ce que produisit la réforme en Europe. Les docteurs protestans traduisirent les livres saints en langue vulgaire, écrivirent eux-mêmes & écrivirent très-bien pour leur temps, dans l'idiôme de leur pays. Insensiblement on s'accoutuma à lire des discussions savantes dans une langue où l'on ne faisoit que quelques chansons ou de mauvais romans avant. Cette habitude en amena une autre : on abandonna le latin, qui ne fut plus conservé que dans les collèges, où l'on discute & soutient encore, dans cet idiôme, toutes les questions scientifiques. Il résulta de ce changement que toutes les classes de la société pouvant participer aux lumières, la civilisation fut plus prompte & ses effets plus sensible. Aussi peut-on remarquer que dans les états où la réforme n'eut pas lieu au moins pendant quelque temps, les peuples sont restés dans une espèce d'ignorance qui ne se rencontre pas dans les lieux où elle a régné ; on doit cependant en excepter une partie de l'Italie qui semble dans tous les temps avoir eu l'avantage du côté des arts, sur les autres peuples de l'Europe. D'autres causes encore ont amené des changemens heureux dans l'état de société & les mœurs des nations vers cette même époque.

Le système politique adopté au commencement du dix-septième siècle, & la nouvelle manière de faire la guerre, n'ont pas peu contribué à changer l'état de l'Europe. Quoiqu'en général les opinions des princes, leurs querelles & leur ambition aient été à peu près les mêmes qu'autrefois, cependant les hostilités sont devenues plus rares & moins cruelles qu'auparavant. Il n'a plus été aussi facile de faire la guerre, parce que la jalousie des souverains, attentive à toutes

les démarches de leurs voisins s'y est opposée dans la vue d'empêcher que trop de puissance ne se trouvât réunie dans les mêmes mains. La paix est donc devenue l'état habituel, sur-tout des petits états ; & si l'on remarque que c'est principalement chez eux que les peuples souffrent plus des horreurs de la guerre, on sera convaincu que le *système d'équilibre* a tourné à l'avantage de la société. Dans les grands royaumes, la guerre n'est vraiment un fléau pour le peuple que par les impôts ; il n'y a guère que les provinces frontières qui en sentent les malheurs directement. Mais cette nécessité même de ne pouvoir mettre de grandes armées en campagne qu'avec des sommes immenses, a retenu la fougue des rois, qui ne peuvent pas faire sortir l'argent de terre d'un coup de pied, comme ils peuvent le faire d'une armée. On peut donc regarder l'usage que les souverains & sur-tout Louis XIV, ont introduit en Europe, d'avoir sur pied des troupes nombreuses & des trains d'artillerie considérables, comme un obstacle même au progrès de la guerre. On ne peut plus attaquer avec des forces ordinaires, il faut des trésors & des milliers d'hommes bien payés ; il faut des généraux prudens & éclairés ; il faut l'amitié, l'alliance ou du moins le consentement des peuples voisins ; & lorsqu'on a fait bien des préparatifs, il n'y a souvent que quelques batailles de livrées, où les soldats seuls sont exposés, tandis que le tranquille citoyen cultive sa terre & vend ses denrées à ses défenseurs ou à ses ennemis indifféremment. Ce que l'on appelle le *droit des gens* est devenu plus humain s'il n'est pas devenu plus délicat, par suite de ces circonstances. Cette tranquillité, cette impuissance de faire la guerre, la paix qui règne & dans les petits états, & dans le sein des grands empires, ont donc aussi contribué à adoucir les mœurs, à favoriser la civilisation & à maintenir la police parmi les peuples. Voilà comme tout se tient dans le système politique, & que depuis le trône jusqu'à la cabane du pauvre, depuis le palais du pontife jufqu'à l'humble chaumière, tout eft fujet à l'empire des événemens & foumis à la marche des chofes.

On a déjà vu au commencement de ce difcours combien l'ufage de la poudre a changé la tactique moderne. Nous y avons obfervé que c'eft elle qui a rendu les guerres moins meurtrières, & par conféquent moins funeftes à l'humanité. Nous avons dit auffi que l'art de fortifier les places, en rendant les invafions & les dévaftations moins faciles & la marche des armées plus lente, n'avoit pas peu adouci la pofition des malheureux habitans des campagnes, expofés à toute l'infolence d'un foldat barbare & indifcipliné: car, remarquons-le ici, il femble que l'homme revêtu de l'épée guerrière ait rompu tous les liens qui l'attachent à fes femblables; il paroît retombé dans l'état fauvage, il en a toute l'aveugle fureur, & tous les emportemens de la vengeance. Il ne connoît que la voix de fon chef, celle de la raifon & de l'humanité lui devient étrangère. Tout ce qui peut donc établir un mur entre ces hommes égarés & les paifibles citoyens, tout ce qui peut s'oppofer à leur barbarie, diminuer les défordres qui l'accompagnent ou les éloigner des foyers de la fociété, mérite l'attention du philofophe & de l'homme qui aime fa patrie & le genre humain; & c'eft à quoi n'a pas peu contribué l'art de fortifier les villes.

Nous ne voyons pas qu'il fe foit fait de révolution importante dans l'état des peuples de l'Europe, depuis la découverte de l'Amérique & les changemens dans le fyftême politique dont nous venons de parler, que celle qui a eu lieu dans notre fiècle. Comme fes effets ont été fenfibles fur toutes les parties de la fociété; qu'elle a fingulièrement avancé les hommes vers la perfection & accru tous les moyens de civilifation; qu'elle a éclairé la morale publique & porté le flambeau de la raifon & de la philofophie dans toutes les branches de la police des peuples; qu'elle a généralement infpiré, affermi & comme

naturalifé parmi nous l'efprit de tolérance; que d'ailleurs des écrivains fuperficiels ou chagrins l'ont accufée d'avoir corrompu les mœurs & dégradé le fentiment de la vertu; nous allons en fuivre le développement, les caufes & les effets avec autant d'exactitude que d'impartialité.

Au commencement du dix-huitième fiècle, l'Europe étoit fatiguée des guerres où l'ambition de Louis XIV & la haine de fes voifins l'avoient plongée. Cette difpofition éloigna plus que jamais le goût des peuples des entreprifes belliqueufes; elle leur fit regarder avec mépris les principes qui autorifoient ou fomentoient la caufe de tant de maux, & les difpofa à chercher dans la morale & la philofophie une fource de bonheur & de raifon capable de balancer l'empire des préjugés militaires & des idées guerrières. Le fanatifme qui fervit long-temps de prétexte & d'aliment à la tyrannie, qui alluma des bûchers & conduifit des armées contre des femmes & des enfans innocens, le fanatifme dut encore être un des objets que les hommes fe proposèrent d'attaquer alors. Tout concouroit à cela, tout facilitoit cette entreprife. Les lumières étoient très-répandues, & fortes de tous les progrès qu'elles avoient faits depuis la fin du onzième fiècle. Le commerce civilifoit les hommes & les réuniffoit plus que jamais dans un même objet par l'intérêt; le goût du luxe & des jouiffances paifibles encourageoit les arts & faifoit naître les chef-d'œuvres du génie; enfin la difpofition des efprits étoit telle qu'un grand changement dans la manière de penfer, dans la morale & la conduite des hommes paroiffoit inévitable.

L'Angleterre & la France furent les premières qui par des ouvrages pleins de raifon & de philofophie, inftruifirent les hommes des droits de la fociété, & des véritables principes de la morale publique: car on doit bien remarquer que depuis l'ufage de l'imprimerie, c'eft par des écrits publics, des livres plus ou moins dogmatiques, que les plus importantes révolutions se sont faites. Les écrivains sont devenus les véritables législateurs des peuples. A force de donner des leçons aux hommes en particulier, ils se sont emparés de l'opinion publique, & en ont fait l'instrument universel, la cause déterminante de tous les mouvemens qui se font dans l'état des peuples. C'est en la dirigeant contre les anciens préjugés en se servant de l'exemple des malheurs passés, que les écrivains philosophes du dix-huitième siècle ont servi les hommes & la société; ils ont été les mobiles & les auteurs de toutes les heureuses innovations qui se sont faites; & quelques défauts, quelques travers qu'on puisse leur reprocher, on n'en doit pas moins reconnoître les services qu'ils ont rendus à la raison & à la société.

Cependant, si l'on en excepte l'Angleterre, où la nature du gouvernement a de tout temps donné lieu à des discussions dont l'objet étoit plus immédiatement applicable à la police des peuples & aux intérêts de la société, la révolution qu'opéra le progrès des lumières au dix-huitième siècle en Europe, porta d'abord principalement sur les sciences & les connoissances naturelles. On s'appliqua avec une ardeur singulière à l'étude de la nature & des loix physiques des corps. On secoua le joug de tous les systèmes anciens, & l'on prit la voie de l'expérience pour parvenir à la vérité. De-là ce goût si généralement répandu pour la géométrie & les sciences exactes qui en dépendent ou qui la prennent pour guide & pour appui; goût qui donna naissance à tant d'ouvrages sur les mathématiques, & qui accoutuma les hommes à penser juste, & à ne reconnoître que l'évidence pour règle de leurs jugemens. Mais ces objets n'avoient qu'un rapport éloigné avec les principes de la législation & de la morale publique. On ne s'occupa de ceux-ci qu'après qu'on eut long-temps étudié les premiers. Ce fut par une suite de cette résolution dans les études qu'on introduisit l'esprit & la méthode géométriques dans des sciences qui en

étoient peu susceptibles; & lors même qu'on se porta à des travaux qui avoient pour but l'ordre des sociétés, on voulut encore y procéder mathématiquement. On crut avoir une politique & une morale plus évidentes en y appliquant le calcul, & l'on traita arithmétiquement ces deux sciences. Mais comme ce ne sont point les conséquences qui peuvent égarer en morale, mais les principes d'où elles sont déduites, on reconnut enfin que si l'esprit d'exactitude & philosophique étoit applicable à toutes nos connoissances la méthode géométrique devoit être réservée pour un certain nombre d'elles. Par la même pente des esprits vers les sciences mathématiques, l'érudition fut négligée: on décria même cette connoissance comme inutile & contraire à la recherche de la vérité. Peut-être avoit-on raison jusqu'à un certain point; il vaut mieux ignorer les antiques erreurs, que de les prendre pour modèles & les ériger en principes certains, parce qu'elles ont été long-temps reconnues pour telles; mais on se privoit en même-temps des objets de comparaison qu'on pouvoit en tirer; & de la connoissance des causes qui avoient amené & dissipé les préjugés des nations. L'esprit philosophique joint à l'érudition est sûrement le vrai moyen de parvenir à la connoissance des vérités morales & politiques utiles à la société. On revint donc encore sur ses pas. C'est le propre de l'esprit humain de passer la limite qui sépare l'erreur de la vérité, dans les réformes qu'il apporte dans ses idées; mais c'est aussi sa marche ordinaire de rectifier cet excès lorsqu'on le laisse libre & qu'on ne lui donne pas d'entraves. On se livra de nouveau à l'étude des connoissances morales, à celle de l'antiquité, de la politique & des loix. Ce fut dans ce moment qu'on sentit les progrès réels que l'Europe avoit fait dans la civilisation. On s'étonna comment les peuples n'avoient pas été plus cruels & plus malheureux avec des principes de police & de mœurs aussi absurdes, aussi dépravés que ceux qu'on retrouva dans leurs archives. De tous côtés les écrivains s'efforcèrent de ramener les hommes à des maximes plus justes & plus raisonnables. On remarqua toutes les causes qui avoient pu flétrir pendant si long-temps la raison & outrager l'humanité. On rectifia les idées publiques sur les notions du juste & de l'injuste moral; on distingua la cause de Dieu de celle des hommes, & l'on fit voir que pour les avoir confondues, on avoit éprouvé la plus honteuse servitude, la plus injuste persécution. Les devoirs de la vie sociale, les règles de conduite, la discipline des mœurs furent présentés sous leur véritable point de vue. On cessa de blâmer tout ce qui n'étoit dangereux que par ses abus, & la société devint plus douce, plus humaine & plus policée.

Le milieu du siècle sur-tout se distingua par les efforts qu'il fit pour hâter la révolution dans les mœurs & dans les esprits. Toutes les parties de la police des peuples furent alors analysées. Depuis Pétersbourg, jusqu'à Naples on conçut le bien qu'on pouvoit; qu'on devoit faire si l'on ne le fit pas toujours. Les lumières que les hommes de lettres répandirent dans la société pénétrèrent dans les cours, & y introduisirent un respect pour l'opinion publique & la morale universelle, qui ne se ralentit point, & ne fut que rarement violé. L'esprit de tolérance de bienfaisance devint dominant & se confondit avec l'esprit philosophique, quoiqu'il n'en soit qu'une partie, la plus utile & la plus respectable à la vérité.

L'établissement des académies qui se multiplièrent, & dont l'origine remontoit au commencement du dix-septième siècle, accrut encore l'influence des lumières & de la raison sur les mœurs. Ces corps sont ordinairement composés d'hommes tolérans & civilisés. Les magistrats y vont déposer le rigorisme légal & l'impassibilité d'ame avec les causes qui peuvent les alimenter. Le financier, le marchand à qui elles ne sont pas fermées, sont obligés de changer leurs petites idées contre celles du bien public, pour ne pas avoir à rougir d'être seuls de leur opinion dans ces assemblées littéraires. Je sais que quelques écrivains ont pensé que les académies nuisoient aux progrès de la raison, parce que, dit-on, elles sont obligées de respecter les préjugés du pouvoir qui les protège, ou de la richesse qui les soudoie. Mais quoiqu'il ne soit pas de notre objet de traiter ici cette question, nous remarquerons que les hommes instruits qui entrent dans ces corps, y arrivent avec des idées à eux & qu'ils ont acquises par l'étude & le travail; il n'est pas en leur pouvoir d'en changer après leur réception; ensorte que chaque membre y représentant une portion des lumières du siècle, l'assemblée forme véritablement une masse de connoissances, on ne peut pas plus favorable à la raison, & ennemie des préjugés; & cette assertion est vraie sous tous les points de vue. Depuis que les esprits se sont portés vers les connoissances utiles, les corps littéraires ont proposé dans toute l'Europe des questions à résoudre aux gens de lettres, qui ont éclairé le monde, & encouragé les sciences. Les ouvrages couronnés sont en général des excellens traités de morale publique & de législation. Nous en avons vu qui sont des chef-d'œuvres, & dont l'effet est de détruire à la longue les plus injustes préjugés. D'autres ont pour objet les arts, les manufactures, la culture & le commerce; tous sont dirigés vers l'utilité de la société.

« Dans ce même temps, dit un de nos plus grands écrivains, » on vit paroître » l'*Encyclopédie*. C'est une gloire pour la » nation françoise que des officiers de » guerre, sur terre & sur mer, d'anciens » magistrats, des médecins qui connoissoient la nature, de vrais doctes quoique » docteurs, des hommes de lettres dont le » goût a rafiné les connoissances, des » géomètres, des physiciens aient tous » concouru à ce travail sans aucune vue » d'intérêt, sans même chercher la gloire, » puisque plusieurs cachoient leurs noms; » enfin sans être ensemble d'intelligence,

Voltaire; siècle de Louis XV.

» & par conséquent exemts de l'esprit de » parti. » Cet ouvrage célèbre fut un de ceux qui concoururent le plus efficacement à éclairer les peuples par les nombreuses connoissances qu'il rassembla sur tout ce qui pouvoit être utile aux hommes, par les lumières qu'il répandit dans la société & le goût de l'étude qu'il y entretint. Si l'on a pu lui reprocher quelques erreurs, on doit convenir que le grand nombre de vérités utiles, de principes courageux qu'il contient, doivent balancer cet inconvénient inévitable dans une si grande entreprise. Les accroissemens qu'il a reçus, les corrections qu'on y a faites diminueront sans doute les unes & augmenteront les autres, & l'Europe entière qui puise dans cette superbe collection, des connoissances, des idées & des principes sur tous les objets soumis à l'esprit & à l'industrie des hommes, y trouvera en même temps réuni tout ce qui peut contribuer au progrès de sa raison & de sa civilisation. Si à mesure que les lumières croîtront, que les découvertes se multiplieront, on a soin de les y consigner, ce sera alors le plus beau monument qu'on ait élevé à l'intelligence humaine & à l'instruction des peuples.

Pendant que la philosophie opéroit tous les changemens dont nous venons de parler, une nouvelle doctrine qui se donna le nom d'*économique*, multiplia les écrits sur toutes les questions qui ont rapport à la propriété, à la culture & au commerce. Au milieu d'une foule d'exagérations, de projets de réforme & d'administration, quelques vérités utiles se distinguèrent & surnagèrent ce déluge de systêmes économiques aussi fantastiques que nouveaux. Les partisans de cette science, qu'ils appelloient *nouvelle*, quoique ce qu'elle avoit de bon fût très-ancien, s'élevèrent avec force contre des abus jusqu'alors peu remarqués; ils fixèrent l'attention publique sur la source des richesses & de la propriété nationale. Ils présentèrent de nouveaux points de vue sur plusieurs branches de l'industrie. Les

finances de l'état, le commerce, les arts, tout devint l'objet de leur méditation comme de leurs déclamations. Mais ils avoient un grand défaut, & ce défaut ne contribua pas peu à les décréditer par les erreurs où il les fit tomber, c'est qu'en raisonnant ils sembloient être dans un monde idéal; ils séparèrent les choses des hommes, & raisonnant toujours abstractivement, tous leurs projets devenoient impossibles dans la pratique. Une autre source d'erreurs pour eux, c'est qu'ils manquoient *de données*, méprisoient l'expérience & donnoient trop au raisonnement. Les faits sembloient perdre leur mérite instructif à leurs yeux. Joignez à cela un langage affecté, obscur & mystérieux qui fut cause qu'on leur donna le nom de *sectaires*, épithète qui leur fit tort dans l'esprit de l'Europe, parce qu'elle annonce l'opiniâtreté & le fanatisme.

Cependant la secte économique peut être mise au rang des utiles révolutions de notre siècle. Elle a donné lieu à des recherches précieuses, & a tiré le gouvernement de son indifférence pour des objets dont l'influence est très-près du bonheur & de la puissance des peuples. Mais cet effet n'est dû seulement qu'à quelques écrivains qui sans être économistes, s'occupoient de l'économie publique, & profitoient des écarts de ceux-ci pour ne pas s'éloigner des bornes de la modération & des règles d'une saine logique, dans les ouvrages qu'ils destinoient à l'instruction publique. C'est à eux qu'on doit les heureuses innovations arrivées dans le gouvernement économique des provinces en France, & dans celui de quelques autres états de l'Europe.

Mais c'est du côté de la morale publique & de la police des peuples que la révolution du dix-huitième siècle nous intéresse spécialement ici. A cet égard on peut dire que nous avons beaucoup gagné. Les loix réformées dans un grand nombre d'états, la peine de mort abolie chez quelques-uns, la torture proscrite dans les plus policés, la tolérance admise ou prêchée par-tout, la tranquillité, l'ordre, la sécurité, la bienfaisance établis & fixés dans les villes. La police fur-tout a été perfectionnée. On peut jouir des avantages de la société fans craindre les attaques du vice ou du brigandage. Tout ce qui peut concourir à rendre la vie douce & tranquille a été multiplié. Depuis un petit nombre d'années principalement, l'Europe a adopté un fyftême de police très-favorable aux progrès des mœurs & de la raifon. Quelques états dominés par l'efprit du rigorifme ou de la fuperftition, les provinces de France même offrent encore, à la vérité, quelques abus, des préjugés & une teinte de férocité qui nuifent au bonheur focial. Mais tout annonce qu'ils tirent à leur fin, & que les principes de douceur & de juftice prévaudront enfin à toute confidération de coutume & d'ancienneté.

Une des preuves frappantes des progrès de la morale publique, & dont nous avons déjà parlé, eft l'abolition de la fervitude des nègres, propofée d'abord & reçue dans les Etats-Unis, & enfuite chez les anglois en Europe. Cette réforme eût été impracticable il y a feulement cinquante ans. Les clameurs de l'intérêt mal entendu, les préjugés de l'orgueil, l'entêtement des vieilles habitudes, euffent mis des obftacles infurmontables à fon fuccès. Quelques hommes inftruits l'avoient prêchée dans leurs ouvrages; mais ceux qui trafiquent de leurs femblables ne lifent guère. Il a fallu que des hommes philofophes & fouverains fiffent fructifier ces idées & délivraffent le monde de ce joug honteux : ce fera l'ouvrage de notre fiècle, qui joint à l'établiffement de la tolérance univerfelle, le vengera bien du reproche de corruption dont quelques auteurs chagrins fe font plu à le charger.

Qu'eft-ce, en effet, que cette prétendue corruption que l'on veut reprocher à notre fiècle ? Si l'on prétend que les hommes doivent être parfaits & généralement vertueux, parce qu'ils font plus éclairés que jamais, c'eft vouloir l'impoffible. L'homme

a fes foibleffes, fes vices & fes vertus. Il eft compofé de raifon & de paffions. C'eft du mélange de leurs actions que naît tout le bien ou le mal qu'il fait. On ne peut pas plus détruire l'un que l'autre. Mais l'expérience peut apprendre & la philofophie enfeigner ce qu'il faut faire pour rendre le mal moins puiffant & le bien plus fenfible. Sans doute les états policés de l'Europe offrent des vices, mais ils préfentent auffi des vertus, & il faut que celles-ci foient en plus grand nombre que les premiers, fans quoi la fociété s'anéantiroit. On dit que les mœurs font plus corrompues que jamais. Mais qu'entend-t-on par-là ? On donne ce nom a des mœurs qu'on appelle *amollies*. Veut-on leur préférer ceux de nos fanatiques aïeux ? Qu'on relife donc ce que nous venons d'écrire, & qu'on juge fi l'on a beaucoup perdu à ne plus trouver dans la fociété des mœurs féroces, dures & intolérantes, fi nous n'avons pas gagné du côté de la politeffe & des égards fociaux, & s'il n'eft pas plus doux de vivre à Paris au dix-huitième fiècle, qu'il ne le fut du temps de Charles IX ou de Louis-le-Gros. Ce qu'on appelle *molleffe* n'eft point un vice focial, un défaut de morale publique; c'eft un effet du caractère perfonnel & des paffions de chaque individu. Ce font les jouiffances paifibles, le goût des arts & du luxe qui attirent cette épithète aux mœurs de notre fiècle; mais cette inculpation eft injufte. Quoique nos guerriers ne reffemblent ni aux foldats d'Attila, ni aux farouches habitans de l'ancienne Sparte, quoiqu'ils cultivent les talens agréables & portent des vêtemens précieux, ils n'en font ni moins courageux, ni moins foumis à l'ordre de leur maître; la bravoure & la difcipline n'y perdent rien. On regrette la fimplicité de nos pères; mais ces expreffions vagues ne préfentent aucune idée. Nos pères n'étoient point fimples; ils avoient un luxe groffier, une volupté brutale, des plaifirs fcandaleux & tyranniques. Le *bon vieux temps* eft une chimère & le mot de ralliement de l'ignorance & de l'imbécillité.

C'est la jaloufie baffe qui l'inventa, & le defir de méprifer fes contemporains, pour ne louer que ceux dont la réputation ne peut plus bleffer, qui le maintient & le fait refpecter ; mais il n'en eft pas moins un préjugé puéril. Nous valons mieux que nos ancêtres, & nos enfans vaudront mieux que nous.

Quand on veut déprimer fon fiècle, on a grand foin d'en raffembler tous les vices & de les oppofer aux vertus que nous offrent les anciens temps. Mais pour être jufte on devroit également comparer nos lumières & nos progrès dans la civilifation à l'ignorance & à la ftupide brutalité de nos ancêtres ; alors on verroit de quel côté pencheroit la balance. Il faudroit encore favoir apprécier les défauts de la fociété, & ne point attribuer à la morale publique, à la police d'une nation, à fes mœurs ce qui n'eft l'effet que de quelques cir- conftances particulières. Il faudroit fur- tout fe faire une idée bien claire du mot Voye le not Cor- ruption des mœurs. de *corruption*, & ne point lui donner vingt fignifications différentes. Il faudroit femblablement ne point regarder comme blâmable ce qui ne l'eft qu'à raifon des temps & des lieux, & ne pas circonfcrire la vertu par l'étendue d'un état ou d'une province. On devroit auffi faire attention qu'une perfection idéale & métaphyfique ne doit pas être le but de la fociété, & qu'à mefure que les hommes s'éclairent, ils fe rapprochent de plus en plus, & avec raifon, de tout ce qui peut embellir la vie & rendre l'exiftence plus douce & plus heureufe. Avec ces principes, on pourroit s'entendre & reconnoître enfin que nous ne fommes pas plus corrom- pus qu'autrefois, & que nous fommes plus civilifés.

D'autres regardent le goût du luxe & les progrès qu'il a fait, comme une caufe de corruption, ou plutôt comme la preuve & l'effet de la corruption même. Mais ce luxe tient à la multiplicité des richeffes, & nullement à la dépravation des mœurs. Il eft d'ailleurs le plus fûr re- mède à l'inégalité des fortunes & des propriétés, que des caufes inévitables amènent néceffairement dans les états policés ; & cette vérité, pour avoir été fouvent répétée, n'en eft pas moins im- portante à remarquer. Le luxe eft l'em- ploi des matières précieufes aux ufages de la vie, ou l'abondance de celles qui font communes ; c'eft une recherche dans les jouiffances & le goût de la perfection & de la magnificence dans tout ce qui peut frapper les fens ; c'eft un fuperflu qui ceffe de l'être dès qu'il devient néceffaire & qu'on s'y eft habitué ; enfin le luxe eft l'enfemble de toutes les commodités, de tous les befoins de conventions, l'ufage des arts & de tout ce qui peut jetter des fleurs fur le chemin de la vie, & je ne vois rien en cela qui mérite l'animadver- fion de l'homme vertueux & raifonnable. Mais les richeffes employées au luxe pour- roient être employées au bien des pauvres : elles y vont ; elles donnent des falaires à l'homme fans propriété ; peut-être pour- roient-elles lui parvenir plus prompte- ment ; mais on ne doit pas trop exiger des hommes, & fûrement la bienfaifance n'eft Voyez Aumône Bienfaifan- ce. pas moins pratiquée de notre temps qu'elle l'étoit jadis.

Qu'eft-ce donc que cette corruption tant reprochée ? La fureur de tous les plai- firs, l'avidité de toutes les jouiffances ? Mais quand les hommes n'ont-ils pas aimé à jouir ? Le mal là-dedans n'eft que dans la manière. A Sparte, par exemple, l'on jouiffoit en rendant les hommes efclaves, en les détruifant à la chaffe, en aviliffant & outrageant la beauté. Nos ancêtres ont eu long-temps des amufemens à peu près femblables ; ils faifoient brûler les hom- mes & les tenoient dans la fervitude. Vou- lons-nous les imiter ? Il eft vrai qu'ils n'a- voient point de glaces & buvoient dans des vafes de terre. Mais tous n'étoient pas des chrétiens généreux ; & tel paroît avoir été un chevalier courtois qui exigeoit de fes vaffaux la plus injufte proftitution.

Ceffons donc de blâmer notre fiècle en faveur des temps obfcurs & barbares. Cher- chons au contraire à feconder la marche que femble fuivre l'efprit de notre temps. Il refte encore une foule d'abus nuifibles, tâchons de les détruire. Portons dans tous les détails de la morale publique, de la police & des loix, ces principes de tolérance & de paix que femblent avoir méconnus nos aïeux ; ramenons & les magiftrats & les peuples au vœu de la nature ; accoutumons-les à entendre fa voix, à la fuivre, à la prendre pour guide dans leur conduite refpective. Tel eft, nous le répétons, l'efprit dans lequel nous traiterons tous les objets de la police, de l'adminiftration municipale, & de la morale publique qui y ont rapport, & celui qui doit infpirer tout homme qui fe propofe le bien de la fociété en général & celui de fa patrie en particulier, pour objet de fes veilles & de fes travaux.

Quoique notre intention ait été de ne préfenter ici que d'une manière générale, les changemens qui fe font faits dans l'état civil des peuples de l'Europe, & que nous devions fpécialement développer tout ce qui peut faire connoître la nature, les formes & les fonctions des nouvelles municipalités établies en France ; cependant, comme la révolution qu'elles doivent opérer & qu'elles ont déjà commencée, tient aux progrès des lumières & aux événemens qui les ont précédés ; que d'ailleurs ces établiffemens peuvent un jour être imités dans les autres états de l'Europe, & qu'ils ne s'y rencontrent aujourd'hui dans aucun, nous avons cru devoir ajouter ici de fuite ce qui les concerne, ainfi que quelques réflexions fur l'influence qu'ils doivent avoir fur la police & la profpérité des provinces du Royaume ; & comme depuis les progrès qu'a fait l'imprimerie, il s'eft paffé peu d'événemens remarquables dans la police des états, qui n'aient été précédés, accompagnés, ou même fecondés par des écrits publics, & que la connoiffance de ces productions littéraires jette du jour fur ces révolutions politiques, nous avons regardé comme un fujet d'inftruction, de joindre à ce que nous allons dire de ces établiffemens une notice des ouvrages qui

ont été publiés fur cette matière, pour en développer les principes & la théorie.

Depuis le Cardinal de Richelieu, les provinces en France étoient foumifes uniquement au pouvoir des intendans, dans prefque tout ce qui tient à la police générale & à l'adminiftration économique. Ces magiftrats avoient réuni en leur perfonne plufieurs droits des corps prépofés à l'adminiftration provinciale & municipale. Les tréforiers de France, les officiers municipaux, les juges royaux fe font vu fucceffivement dépouillés de leurs principales fonctions dans toutes les branches de la police confiées à leur foins. Quelquefois ces ufurpations ont produit d'utiles changemens, plus fouvent ils ont donné lieu à des abus d'autorité, à des vexations, à des perfécutions qui étoient plutôt dus à l'embarras d'une trop grande adminiftration, aux erreurs d'un vafte département qu'aux défauts perfonnels ou aux qualités ambitieufes de ceux qui en étoient revêtus. Des adminiftrateurs fouvent peu au fait des matières fur lefquelles ils avoient à prononcer, furchargés d'une multitude de travaux, de plaintes, de demandes, étoient facilement féduits ou trompés par leurs fubalternes ou leurs agens, fur tout fi l'on fait attention qu'aucun pouvoir n'étoit prépofé pour s'oppofer à l'exécution de leurs volontés, & qu'appeller de leurs jugemens étoit s'expofer à de nouvelles difgraces. Amovibles d'ailleurs d'un moment à l'autre, & ne devant regarder leur place que comme un lieu de paffage pour parvenir à de plus grands emplois, ils ne pouvoient ni acquérir les connoiffances de détail & des lieux, fi importantes dans toute adminiftration, ni préparer des améliorations, ni tenter de réformer, ni mettre dans leurs opérations cette mefure de lumières & de zèle indifpenfable pour en affurer le fuccès & l'utilité.

Sous une pareille adminiftration, les habitans des provinces devoient être expofés à des abus, des injuftices, des erreurs,

erreurs. Faute d'un point central où puſſent ſe réunir leurs vœux & leurs plaintes, leurs lumières & leurs beſoins, ils devoient manquer d'encouragement, de ſecours & de protection. Ils ne pouvoient ni réparer leurs pertes anciennes, ni ſe livrer à des projets d'améliorations. Ce n'eſt point par un régime fugitif & général qu'on peut connoître tout le bien qu'on peut faire dans une province, ou réformer les abus qui y ont lieu. Il faut la réunion de toutes les connoiſſances locales, l'avis de tous les intéreſſés, l'opinion de tous les membres. Le fardeau des impoſitions, les charges de l'état, la multiplicité des taxes levées ſur le peuple, rendent encore ce concert de vœux & de protection plus néceſſaire. La propriété eſt devenue la baſe du bonheur ſocial & la ſource de toutes les jouiſſances; c'eſt à la conſerver, c'eſt à la ſouſtraire aux efforts de la cupidité ou au déſordre de la prodigalité, que doit donc tendre tout propriétaire, tout citoyen éclairé. Or il n'y a guère que des aſſemblées compoſées de propriétaires mêmes, d'habitans actifs & induſtrieux qui puiſſent connoître & les maux, & les remèdes; & les reſſources que l'état des choſes offre en pareil cas. Les adminiſtrations provinciales paroiſſoient donc indiquées & comme amenées par le beſoin des peuples, & l'utilité nationale.

Cette révolution fut encore aidée par la ſituation où ſe trouva la France, à l'inſtant qui détermina le gouvernement à établir cet ordre, ſi long-temps attendu & ſi deſiré par la nation. Les grandes dépenſes qu'entraînèrent les établiſſemens civils, & ſurtout les guerres de Louis XIV; les ſommes qu'il fallut lever ſur la nation pour ſoutenir, aux yeux de l'Europe, le rôle de conquérant & de héros qu'il avoit adopté, les déſordres que le beſoin d'argent fit naître dans l'état, en vendant tout ce qu'il y avoit de reſpectable & ſacrifiant à un fiſc barbare le bien du peuple & la dignité nationale; enfin l'obligation de ſoutenir un état militaire égal à celui que l'ambition fit établir dans l'Europe, & tous les excès qui dûrent accompagner un ordre politique auſſi peu naturel, rendirent le fardeau de la dette publique énorme, & les déſordres de l'adminiſtration économique ſans exemple. En vain des miniſtres éclairés, habiles, patriotes même, voulurent-ils introduire l'économie, l'égalité, la juſtice diſtributive dans la répartition & la levée des impôts; en vain tentèrent-ils les moyens de rendre au peuple ſa miſère ſupportable; les maux alloient en augmentant, la nation ſouffroit & le tréſor public étoit expoſé à ſe voir dénué, à la première guerre, des moyens de pourvoir aux beſoins publics & à la défenſe de l'état.

Le règne de Louis XV vit s'accroître tous les déſordres, dont nous venons de tracer l'eſquiſſe, pendant ſoixante ans. Toutes les ſources du revenu public furent épuiſées; tous les ſyſtêmes fiſcaux réduits en pratique, l'art de travailler les *peuples en finance*, porté à ſa plus grande perfection. La mobilité dans le miniſtère ajoutoit à ces calamités, ſous leſquelles le pauvre peuple anéanti, pouvoit à peine ſe faire entendre; une guerre malheureuſe, une adminiſtration prodigue & toute fiſcale mirent le comble à cette triſte ſituation. Ce n'eſt pas qu'il n'y eût de l'induſtrie, de la richeſſe, des reſſources grandes & multipliées dans le royaume. Les provinces montroient toujours que leurs tréſors annuellement renaiſſans, pouvoient guérir les maux de l'état: on fit même quelque choſe en leur faveur; mais beaucoup d'autres à leur déſavantage. Cette alternative caractériſa ce règne, où le peuple, quoique fatigué par les opérations fiſcales, ne vit pas au moins les maux attachés au ſyſtême militaire & faſtueux qui fatigua l'Europe entière ſous le roi précédent.

Avec Louis XVI, l'eſprit d'ordre, de paix & de modération parut monter ſur le trône. L'intérêt du peuple ne fut plus un mot vuide de ſens. Des miniſtres vraiment éclairés, ſe diſputèrent ſucceſſivement la gloire de rendre heureuſe & puiſſante la nation. Ils virent les reſſources immenses qui restoient encore. Une guerre utile, quoique dispendieuse, ne changea rien à cette manière de voir. Mais les plaies étoient profondes : ce grand corps étoit attaqué dans tous ses membres, & quoiqu'il eût encore une santé robuste, il paroissoit accablé sous ses maux. Il fallut inviter la nation à en chercher les remèdes. Bientôt ils furent connus, discutés, analy-sés, & le système des *assemblées provinciales* fut alors perfectionné & mis au nombre des plus importans, des plus sûrs & des plus prompts moyens de parvenir au but qu'on se proposoit.

Le duc de Bourgogne, père de Louis XV, en avoit conçu le projet sur un plan différent, à la vérité, mais qui auroit rempli les mêmes vues, & peut-être de plus grandes encore. Cet excellent prince se proposoit d'établir dans toutes les provinces du royaume des espèces d'états, à peu près sur le modèle de ceux qui ont lieu en Languedoc & dans un petit nombre de généralités; mais la mort l'enleva trop tôt à la nation, & l'exécution de ces établissemens fut retardée de près d'un siècle. Peut-être eût-il trouvé des diffi-cultés à le faire adopter alors. On crai-gnoit encore d'associer la nation aux tra-vaux du gouvernement. On élevoit des doutes sur la nécessité d'une pareille ré-forme. La jalousie du pouvoir arbitraire, dans les agens subalternes de l'autorité, multiplioit les difficultés, & leurs adver-saires n'étoient pas toujours là pour y ré-pondre.

Mais cette façon de penser n'étoit pas l'esprit général de la nation ; des écrivains distingués, des ministres, des magistrats en prirent la défense & rendirent publics leurs sentimens à cet égard. Ce sont eux qui ont enfin éclairé l'opinion publique, & l'on peut dire en quelque sorte déter-miné l'irrésolution du gouvernement, dans l'établissement des nouvelles municipa-lités.

Un des premiers qui en ait parlé avec quelqu'étendue, & qui en ait proposé l'organisation, est le célèbre M. d'Argen-son, ministre des affaires étrangères. Il regardoit comme également utile au bien du royaume & au soutien du trône de mettre à la tête de chaque commu-nauté, ville, bourg, ou village *des magis-trats populaires*, c'est-à-dire, tirés du corps des communautés & choisis par elles-mêmes.

Chaque corps de magistrature auroit eu dans son district mêmes pouvoirs & mêmes fonctions que l'assemblée des états d'une province. En conséquence il auroit représenté la communauté dans tous ses droits & donné au Roi sous la forme de *don gratuit*, les sommes demandées à titre de taille & d'impositions accessoires.

Ces magistrats auroient de plus été chargés de la police & finance dans toute l'étendue de leur communauté, mais ils ne l'auroient été d'aucune justice conten-tieuse, provisoire ou féodale, haute ou basse.

M. d'Argenson vouloit que ces magis-trats populaires fussent nés & domiciliés dans la communauté qui les auroit choi-sis. Ils auroient été annuels & élus par scrutin. Pour instruire les nouveaux ma-gistrats, chaque tribunal populaire au-roit eu un pensionnaire à l'instar de celui de Hollande, homme instruit des loix & affaires publiques, & qui d'ailleurs auroit pu être chargé de la rédaction des procès-verbaux & des mémoires publics des tri-bunaux. C'est une heureuse idée que celle de ces pensionnaires. Tirés de la classe des gens de lettres, ils porteroient dans les affaires cet esprit de tolérance, de raison & d'urbanité qui ne s'y trouve pas tou-jours. Les mémoires, les procès-verbaux, rédigés par eux, pourroient offrir des mo-dèles de clarté, de précision & d'élo-quence. Ils seroient lus des étrangers & entendus de tout le monde. Des vérités utiles exprimées purement n'en seroient que mieux senties, que plutôt répandues. J'ajouterai que cette institution, en met-tant à profit des talens inconnus, en fai-sant servir plus immédiatement les con-

Considé-ration sur le gouver-nement de la France, 2ᵉ partie,

noissances littéraires aux progrès des lumières, en répandant le goût dans les provinces, en multipliant les bons ouvrages, laveroit, jusqu'à un certain point, la France du reproche que lui font les nations voisines, d'éloigner trop légèrement de l'administration, des hommes à qui il ne manque pour y parvenir, que la seule condition qui devroit en éloigner, c'est-à-dire l'intrigue.

Voilà quelles étoient les idées d'un ministre estimé, sur la forme qu'il croyoit la plus convenable à des assemblées municipales. On voit qu'il attribue plus de pouvoirs à ces tribunaux populaires qu'en ont les nouvelles municipalités. Ces pouvoirs mêmes sont d'une autre nature, & tiennent plus à une constitution politique; les nouveaux ne sont guère qu'économiques jusqu'à présent.

Mais il avoit raison de remettre l'exercice de la police aux mains des magistrats populaires : c'est de toutes les parties de l'administration celle qui peut causer le plus de bien ou de mal, suivant la manière dont elle est conduite, & les personnes qui en sont chargées. Elle agit continuellement & immédiatement sur le peuple : sa tranquillité, sa liberté, sa sécurité en dépendent. On ne sauroit donc mieux en choisir les administrateurs que parmi le peuple même, & d'après son propre suffrage.

Le marquis de Mirabeau, si connu parmi les économistes, publia, plusieurs années après, un mémoire sur l'utilité *des états provinciaux.* Il en étoit beaucoup question alors dans le public. Les uns les soutenoient utiles, d'autres les disoient dangereux; c'est à réfuter cette dernière façon de penser qu'est destiné l'ouvrage de M. de Mirabeau. Il fit sentir d'une manière victorieuse que les états provinciaux ne pouvoient point apporter de diminution à l'autorité légitime du souverain; il montra fort bien qu'un pouvoir, fondé sur l'ordre politique & non sur la force, ne pouvoit que recevoir de l'augmentation de tout ce qui concouroit au soutien de

cet ordre. Enfin il fit voir que l'intérêt du souverain, celui de l'état & du bien public demandoient également la création de ces états.

Au reste, son projet étoit de les organiser à l'instar de ceux de Languedoc; d'y proportionner les députés des ordres de manière que le tiers-état eût autant de représentans que la noblesse & le clergé réunis; de les rendre annuels; d'y donner entrées aux commissaires du Roi; de donner aux présidens de chaque ordre le droit de proposer indistinctement; d'accorder à ces états le droit de nommer un ou plusieurs *syndics* à la cour, pour y protéger les droits de la province.

Ce projet, analogue à celui du duc de Bourgogne, étoit plus étendu que le plan de M. d'Argenson. C'est lui qu'on vient de réaliser, avec quelques modifications, sous le nom d'*assemblées provinciales,* dont nous allons parler, puisque la connoissance des nouvelles municipalités est liée à celles de ces même assemblées.

L'on se souviendra toujours de M. Turgot. Ce ministre éclairé aimoit trop la nation, & connoissoit trop bien les moyens économiques d'assurer sa prospérité, pour ne pas avoir vu dans les assemblés provinciales tout le bien qu'on pouvoit en attendre. Aussi se réservoit-il de les établir lorsque les orages de son ministère se seroient appaisés. Il avoit à cet égard des vues que nous ne saurions mieux faire connoître qu'en rapportant les propres paroles de l'éloquent écrivain de sa vie.

« Il eût commencé par réunir différens villages en une seule communauté. L'assemblé générale des membres de cette communauté eût été composée des seuls propriétaires. Ceux dont la propriété eût égalé un revenu déterminé, auroient eu une voix; les autres propriétaires réunis en petites assemblées, dont chacune auroit possédé collectivement environ le revenu exigé pour une voix, auroient élu un représentant à l'assemblée générale.

» Ces assemblées générales auroient été

Vie de M. Turgot par M. de Condorcet

h 2

bornées à une feule fonction, celle d'élire le repréfentant de la communauté à l'affemblée du canton, & un certain nombre d'officiers chargés de gérer les affaires communes & de veiller fur les petites adminiftrations qu'on auroit été obligé de conferver dans chaque village, mais en leur donnant une forme nouvelle. Les mêmes affemblées auroient été formées dans les villes par les propriétaires des maifons, & fur le même plan qui auroit été adopté pour les communautés.

» Les affemblées municipales d'un canton tel, à peu près, que ce qu'on appelle une élection, auroient nommé chacune des députés qui, à des temps marqués, y auroient tenu une affemblée.

» Chaque élection eût envoyé des repréfentans à une affemblée provinciale, & enfin un député de chaque province eût formé dans la capitale une affemblée générale.

» Aucun député n'eût fiégé dans ces affemblées ni comme revêtu d'une charge, ni comme appartenant à une certaine claffe; mais aucune claffe, mais aucune profeffion de celles qui n'exigent pas réfidence n'euffent été exclues du droit de repréfenter une communauté, une province. »

M. Turgot vouloit fupprimer toute diftinction d'ordres dans ces affemblés. Tous y auroient été comme propriétaires & nullement comme membres du clergé, de la nobleffe ou des communes.

Si l'on en excepte l'affemblée nationale & la fuppreffion des diftinctions d'ordres, on voit que ce plan fe rapproche, à bien des égards auffi, de celui qu'on a adopté dans la formation des nouvelles affemblées. On peut même dire que dans la loi qui les établit rien n'exclut la poffibilité de voir un jour des députés de chaque province former dans la capitale, fuivant l'intention de M. Turgot, une affemblée générale repréfentant le corps des propriétaires du royaume. Quant à la diftinction des ordres, on l'a confervée, mais feulement dans le droit, car au fait, tous

les députés, de quelqu'ordre qu'ils foient, ont pour objet l'adminiftration économique des provinces, & fous ce point de vue, les intérêts doivent être les mêmes.

M. Necker ne fuivit pas tout-à-fait ce modèle dans les établiffemens qui eurent lieu fous fon miniftère. Ce n'eft peut être pas qu'il ne fentît tous les avantages d'une repréfentation avouée des communautés dans la compofition de ces affemblés. Sans doute il favoit comme un autre que le dépôt du bonheur comme de la richeffe publique ne peut être mieux confié qu'aux mains du peuple; il n'ignoroit fûrement pas que fi les habitans des campagnes n'avoient pas la fomme de lumières néceffaires pour fe conduire d'abord avec fageffe & prudence, dans le choix de leurs repréfentans, bientôt l'expérience & leur intérêt perfonnel leur enfeigneroient tout ce qu'ils doivent favoir à cet égard. En un mot le bien d'une adminiftration populaire ne lui étoit pas inconnu. Mais en cherchant à donner une forme aux adminiftrations provinciales, & fur-tout à la réalifer, il avoit à vaincre des préjugés & des craintes. C'étoit une nouveauté qui, difoit-on, devoit paroître fufpecte dans un homme né au fein d'une république. On craignoit d'admettre le peuple au partage des fonctions miniftérielles, où l'on le croyoit incapable d'y rien entendre. Des idées extrêmes fur les écarts des affemblées populaires, ne manquoient pas de fe mêler à fes rêves, & de tenir lieu de raifons auprès des efprits intéreffés à maintenir l'ufage ancien.

Avec tant de gênes, & au milieu de tant d'obftacles, M. Necker mit cependant dans la formation des adminiftrations provinciales, affez de condefcendance pour ne point choquer les idées reçues, affez de modération pour ne point alarmer les partis ennemis des nouveautés, affez de fageffe pour en tirer tout le bien qu'on auroit pu attendre d'adminiftrations plus populaires. Peut-être devons-nous à cette conduite le parti qu'a pris le gouvernement d'établir des affemblées provinciales telles que nous les voyons aujourd'hui. Sans la modération de M. Necker, l'autorité souveraine, fatiguée de clameurs & de plaintes, tant bonnes que mauvaises, eût sans doute remis à un autre temps l'essai qui a définitivement amené, par fes heureux effets, l'exécution entière du projet des assemblées provinciales.

Quoiqu'il y ait peu de perfonnes qui ignorent la forme des administrations établies d'après le plan de M. Necker, on ne sera peut-être pas fâché de la retrouver ici: elle pourra servir d'objet de comparaifon, en attendant que nous la faffions connoître avec plus d'étendue dans le corps de l'ouvrage.

Le clergé, la nobleffe & le tiers-état ont féance à ces affemblées. Les membres, car ce ne font point des députés, des deux premiers ordres réunis font égaux en nombre à ceux du tiers-états. Ces membres font compofés des députés de quelques villes & de propriétaires habitans des campagnes. Le nombre en est déterminé pour chaque province, ainfi que celui des deux autres ordres.

Les affemblées ont lieu tous les deux ans, & durent un mois. Elles ont une *commiffion intermédiaire*, compofée du préfident de l'affemblée provinciale, de deux procureurs-fyndics & d'un fecretaire. Cette commiffion fuit tous les détails relatifs à la répartition des impôts, aux travaux publics, à tout ce qui intéreffe la province, fous l'autorité & l'infpection de l'affemblée provinciale à qui elle rend compte de fa geftion.

Tandis que le miniftère effayoit dans le Berry ce qu'on avoit à efpérer d'une affemblée de propriétaires chargés de l'administration économique de la province, un écrivain diftingué par des ouvrages où l'efprit de fyftème règne fouvent, mais où l'on trouve plus fouvent encore des vérités utiles, M. *le Trofne* communiquoit au public fes idées fur la forme & les objets de l'adminiftration municipale.

Son plan étoit en grande partie celui de M. Turgot. Chaque province étoit divisée en diftricts, & chaque diftrict en arrondiffemens. Chacune de ces divifions devoit avoir un confeil particulier, foumis à celui de la province. Les communautés auroient femblablement eu chacune de leur, & auroient ainfi offert dans leur enceinte l'image d'un gouvernement municipal & patriotique. Enfin deux députés de chaque province auroient compofé à la cour un confeil national occupé de la police & de l'adminiftration économique de tout le royaume.

Cette idée d'un confeil national eft fi belle, elle préfente un fi grand objet d'utilité, elle eft tellement liée à celle d'une adminiftration régulière, qu'on ne doit pas s'étonner qu'elle foit adoptée par tous les partifans de l'ordre & du bien public. Ce ne feroit pas des états généraux perpétuels, comme quelques-uns l'ont voulu mal-à-propos infinuer, parce que les affemblées provinciales ne font point des corps politiques; ce ne feroit point non plus un tribunal fuprême, à l'inftar du premier parlement du royaume, parce qu'il repréfenteroit, non la puiffance civile, le droit de juftice de chaque province, mais feulement le pouvoir économique, fi l'on peut parler ainfi. Il veilleroit à ce que l'ordre, l'impartialité & l'économie foient maintenus dans la répartition des charges & la diftribution des fecours. Organe de la volonté ou plutôt de l'autorité publique, il ne pourroit ni en accélérer, ni en retarder la marche, ni en accroître, ni en diminuer l'influence; ce feroit un être paffif par rapport au pouvoir légiflatif, & qui ne conferveroit de l'activité & une très-grande activité, que quand il faudroit exécuter. Un pareil établiffement ne peut porter ombrage à aucun pouvoir, & peut être utile à tous.

Il n'eft pas étonnant que d'auffi grands intérêts aient multiplié les ouvrages d'économie politique. Il eft difficile d'être indifférent à la chofe publique quand on voit un grand bien à faire, une grande erreur à détruire, un grand abus à réformer: auffi vit-on bien-tôt paroître un nouvel

Par M. de Saint-Peravy.

écrit sur cете importante matière, sous le titre *de l'ordre des administrations provinciales*. L'auteur y établit à peu près la forme qu'avoient adoptée M. Turgot & M. le Trofne. Il insiste sur l'utilité du conseil national; développe tous les avantages des *tribunaux des propriétés communes*, c'est ainsi qu'il nomme les assemblées provinciales; s'élève contre des abus dangereux quoiqu'anciens, propose des réformes importantes dans l'économie des propriétés, les revenus publics, l'administration des chemins, les biens du clergé, les soins des pauvres, & l'ordre dans la comptabilité des finances. Tous ces objets il les présente avec la chaleur d'un homme qui veut le bien, & qui propose des choses qu'il regarde comme propres à le produire.

Tous ces ouvrages qui parurent à différentes époques, sur un objet qui fixoit l'attention de la partie la plus éclairée de la nation, répandirent des idées utiles, des vérités importantes sur cette matière. Les principes se généralisèrent, s'affermirent par la discussion, & il en résulta de nouvelles lumières, de nouveaux moyens qui hâtèrent la révolution & applanirent les difficultés qui paroissoient s'opposer encore à l'établissement des assemblés provinciales. La voie de la discussion publique est la plus sûre pour connoître & les défauts & les avantages des institutions civiles; l'interdire c'est se priver de la plus précieuse des ressources, celle qu'on doit attendre du progrès des lumières & de la civilisation. Leur influence fut si grande à l'époque dont nous parlons, les esprits étoient tellement préparés par l'instruction, la nation étoit si instruite de ses véritables intérêts, qu'au moment où les municipalités furent proposées à la dernière assemblée convoquée pour remédier aux desordres de l'état, toutes les voix furent pour elles, & que le peuple conçut dès-lors l'idée de quelqu'adoucissement à sa position, de quelqu'amélioration dans le partage des charges nationales Non-seulement l'opinion publique s'étoit éclairée par le concours des lumières, mais des corps entiers parurent suivre son impulsion. L'esprit de jalousie, l'attachement aux vieilles formes, l'opiniâtreté qui avoit soutenu le système des corvées, & combattu contre l'innovation des administrations provinciales sous un ministère très-récent, firent place alors à des principes plus éclairés, à des maximes moins timorées ou plus équitables. Quelques clameurs étouffées en naissant, reste de préjugés expirans, parurent un moment jetter de l'incertitude sur le changement qu'on proposoit, mais les essais heureusement tentés, la raison de l'intérêt public, le bien de l'état, le salut du peuple l'emportèrent, & la loi qui établit les municipalités sur des bases populaires, fut rendue constitutionnelle, aux applaudissemens de toute la nation. Nous faisons remarquer toutes ces circonstances, parce qu'elles caractérisent notre siècle, & font connoître les progrès que nous avons faits dans la science du gouvernement & de l'administration.

L'esprit de la loi dont nous parlons, est conforme à ces principes. On y voit l'ascendant de l'opinion publique & des lumières nationales sur les délibérations du gouvernement. Nous allons en présenter les principales dispositions ici; car quoique nous devions revenir dessus encore par la suite, leur connoissance rentre absolument dans le plan de cette introduction préliminaire, & complete, en quelque sorte, ce que nous avons à dire maintenant sur les municipalités.

Après avoir reconnu les heureux effets des administrations de haute Guienne & de Berry, & ceux qu'on a lieu d'attendre de semblables établissemens dans les autres provinces, la loi fixe ainsi la constitution, la hiérarchie & les fonctions des nouvelles assemblées.

I. Dans toutes les provinces où il n'y a pas d'états provinciaux, il sera établi une ou plusieurs assemblées provinciales, des assemblées de districts & de communauté. II. Pendant les intervalles de la tenue de ces assemblées, il y aura des commissions intermédiaires, chargées d'exécuter les ordres des assemblées qu'elles suppléeront. III. Les assemblées, tant provinciales, de districts & municipales, qu'intermédiaires, seront composées de sujets des trois ordres payant les impositions foncières ou personnelles dans les lieux soumis aux assemblées. IV. Le nombre des membres choisis dans les deux premiers ordres, ne pourra surpasser celui des membres du tiers-état. V. Les voix seront recueillies par tête alternativement entre les membres des différens ordres. VI. Les assemblées provinciales ou leurs commissions intermédiaires seront chargées, sous l'autorité du roi & du conseil, de la répartition de toutes les impositions foncières ou personnelles, & de toutes celles qui ont pour objet les chemins, les ouvrages publics, indemnités, encouragemens, réparations & autres dépenses propres auxdites provinces. VII. Il sera établi des procureurs-syndics auprès de ces assemblées, qui seront autorisés à poursuivre, au nom des assemblées, toutes demandes par elles autorisées, de présenter toutes requêtes, & introduire toutes instances auprès des juges qui doivent en connoître. VIII. La présidence des assemblées provinciales & commissions intermédiaires sera toujours confiée à un membre du clergé ou de la noblesse, & elle ne pourra jamais être perpétuelle. IX. Les assemblées provinciales sont autorisées à faire toutes représentations, & présenter tous projets qu'elles jugeront convenables au bien des peuples & à l'utilité des provinces.

Des trois sortes d'assemblées établies par la loi, celles de communauté, désignées sous le nom de *municipalités*, forment la base & l'élément des deux autres. C'est dans leur constitution qu'existe la démocratie économique des nouveaux établissemens. Les assemblées de paroisses destinées à élire les membres de ces municipalités sont de véritables *comices populaires*, & en même tems le fondement le plus solide & le plus raisonnable de toute la hiérarchie provinciale. Il étoit juste que le peuple fût le maître de choisir ses représentans, & que supportant tout le poids des charges publiques, il nommât ceux qui devoient en faire la répartition & en surveiller la levée.

Nous verrons par la suite que ces *comices populaires* à qui l'on a, par des réglemens particuliers, donné une forme constitutionnelle & une organisation régulière, doivent influer prodigieusement sur le sort du peuple, & diminuer l'ignorance où celui des campagnes est encore enseveli de nos jours. Un autre effet de cette démocratie, c'est qu'elle peut devenir la source d'un patriotisme éclairé, sage & constant; qu'elle doit fixer les idées du peuple sur ses véritables intérêts, le tirer de l'abrutissement où les débris du système féodal le tiennent encore aujourd'hui, & anéantir ce mot de *vassal* qui est presque encore le seul nom de tout habitant des campagnes; il est permis au moins de se livrer à ces espérances. Si des événemens imprévus, quoique possibles, ne contredisent pas la marche des choses, elles doivent se réaliser, ou il seroit politiquement prouvé que nous ne sommes pas faits pour nous élever au degré de civilisation auquel nous avons cependant droit de prétendre.

Nous avons vu le peuple en France long temps esclave de fait & de nom, ne soupçonner pas même qu'il y eût une liberté commune à tous les hommes, & dont rien ne peut les déposséder; éveillé de sa stupeur par des événemens imprévus, secouru par nos rois, enhardi à briser ses chaînes, rester long temps encore courbé sous leur poids; bien-tôt à force de courage, de patience & d'industrie, former un pouvoir dans la nation & prêter un secours redoutable au souverain contre des tyrans subalternes. Puis satisfait de ces heureux commencemens, on le voit acquérir des richesses sans accroître ses lumières dans la même proportion, perdre ses droits politiques ou les mal soutenir dans les assemblées nationales, pour ne s'occuper que d'intérêts mercantiles, & laisser ainsi aux premiers ordres de l'état, avec l'éclat des titres, les qualités refpectables, l'autorité des lumières qu'il eût pu partager avec eux, & dont l'afcendant l'eût mis au niveau de fes maîtres. Ne craignons pas de le dire, le peuple, celui des provinces fur-tout, n'eft point de pair avec les autres ordres pour le progrès des lumières & de la civilifation. Il femble que fes pas vers la liberté ne doivent le conduire qu'à la richeffe, qui ne la donne pas toujours. Tout ce qui tient aux qualités de l'ame, à la générofité, lui femble étrange, les petites vertus lui plaifent. Il abandonne trop volontiers les grandes qui donnent le pouvoir & la confidération à ceux qu'un rang diftingué place au-deffus de lui. Cette foibleffe eft encore la fource de bien des maux pour lui, & la caufe qui prolonge fon ignorance & fon abjection.

Croyons que les affemblées paroiffiales, fi multipliées dans le royaume, lui feront faire un pas de plus vers la civilifation, quelque peu confidérables & confidérées qu'elles foient d'abord ; qu'ayant à diftribuer des emploi, à donner des fuffrages, à difcuter des intérêts de bien public, fes idées s'agrandiront, fes vues s'élèveront, & que la confidération que donnent les lumières, le refpect qu'infpirent les grandes qualités feront à fes yeux des objets capables de balancer les vues étroites d'intérêt, de bénéfice & de gains obfcurs. Peut-être apprendra-t-il à goûter les jouiffances de l'efprit, à ne voir dans la richeffe qu'un moyen de plus d'étendre fon exiftence & d'exercer la bienfaifance; peut-être aux vertus domeftiques dont on retrouve chez lui des modèles, lui verrons-nous joindre des vertus publiques, la haine des préjugés, l'efprit de tolérance, toutes chofes qui ne nous préfentent aucune des qualités inhérentes au peuple, aucun des caractères auxquels on peut le reconnoître. Qu'on nous pardonne cette digreffion fur l'état du peuple en France; elle tient à l'intérêt que nous y prenons & fur-tout au defir & à l'efpoir que nous avons de le voir s'améliorer.

Nous n'entrerons pas dans de plus grands détails ici fur les affemblées provinciales & celles qui leur fervent d'élémens. Nous remarquerons feulement que les municipalités établies par la loi, diffèrent prodigieufement de celles appellées *hôtels de ville*, & dont nous avons parlé plus haut. Ceux-ci, comme nous l'avons remarqué, originairement puiffans, & tenant de nos rois une exiftence confidérable dans l'état, ont été une des grandes caufes de la civilifation & des progrès de la police nationale. Ils ont plus d'une fois fauvé les provinces du joug de la tyrannie, & maintenu l'autorité légitime contre les entreprifes d'une nobleffe puiffante & indifciplinée. C'étoient de véritables forces politiques: aujourd'hui ils ne font plus rien. Les élections des officiers municipaux font des formes illufoires, qui ne repréfentent point le vœu du peuple, & ne contribuent guères qu'au maintien d'une efpèce d'ariftocratie bourgeoife, dans les villes qui jouiffent encore de ce droit.

Les nouvelles municipalités avec une origine différente, ont un objet auffi utile, plus proportionné aux lumières de ceux qui le compofent, & plus immédiatement applicable au foulagement du peuple & à fa tranquillité actuelle. Ce n'eft plus contre la tyrannie féodale qu'il faut le défendre, lui feul peut en anéantir jufqu'au dernier veftige; c'eft contre l'avidité fifcale & les entreprifes de la cupidité puiffante. A cet égard les affemblées municipales produiront le plus grand bien, fi les paroiffes favent en profiter. Non-feulement elles oppoferont une force toujours fubfiftante aux entreprifes de la fifcalité; mais encore elles deviendront l'organe qui fera parvenir jufqu'au trône les plaintes légitimes, les demandes raifonnables, les projets utiles de chaque communauté. Elles infpireront à tous les habitans une noble émulation, un defir louable de fe diftinguer, d'être utiles à leurs concitoyens; & ces vertus feront d'autant plus précieufes, & leur influence plus efficace, qu'elles fe développeront

dans

dans la classe du peuple à qui elles paroissent avoir été plus étrangères jusqu'à ce jour.

Les assemblées de départemens & des provinces ajouteront encore à tous ces avantages. Elles multiplieront les secours pour les peuples & porteront leurs regards sur tous les objets qui peuvent accroître le bonheur public; elles deviendront un grand moyen de civilisation & le plus ferme obstacle au retour de l'ignorance & de la tyrannie, si jamais ces deux fléaux pouvoient reprendre l'empire absolu qu'ils ont si long-temps usurpé. Mais ce n'est qu'en s'occupant avec une infatigable assiduité du bien public que les assemblées provinciales peuvent parvenir à ce but; ce n'est qu'en facilitant le progrès des lumières, qu'en détruisant les préjugés, qu'en adoucissant les mœurs des provinces, qu'en introduisant une police douce & régulière dans les villes, qu'elles peuvent espérer des succès. Enrichir les hommes est beaucoup; les policer, les civiliser, les rendre bienfaisans, est encore davantage. Mais l'un amène ordinairement l'autre, quand on soutient le patriotisme par des récompenses flatteuses, quand le prix du mérite n'est point toujours donné à des vertus de convention, quand la raison & l'humanité sont, avant tout, les guides de toutes les démarches & de tous les procédés. Il est bien important que les peuples aient sur leur état les plus justes notions, qu'ils ne confondent point la morale avec le rigorisme des mœurs, qui en est l'abus; qu'ils sachent distinguer ce qu'ils doivent aux personnes de ce qu'ils doivent aux choses; qu'ils apprennent à connoître les limites du pouvoir domestique, à éviter les désordres du despotisme paternel, à secouer le joug de préjugés qui causent le malheur d'un grand nombre par la faute d'un seul; enfin à remplir leurs devoirs & à défendre leurs droits en hommes vertueux & en citoyens éclairés. Tous ces objets & d'autres encore imposent aux assemblées l'obligation de s'occuper de l'instruction publique & d'en faire un de leurs soins & de leurs premiers devoirs. C'étoit aussi l'idée que s'en étoit faite un des plus sages mi-

niftres & des meilleurs philosophes de notre siècle. Il vouloit que les administrations provinciales s'occupassent de l'instruction nationale; si ce but étoit en effet bien rempli, ce seroit un pas de plus de fait vers la perfection sociale.

M. *Turgot*, voyez sa *Vie*.

Telles sont les connoissances préliminaires que nous avons jugé à propos de placer à la tête d'un ouvrage destiné à faire connoître toutes les parties de la police des peuples, & les moyens qu'on peut employer pour les perfectionner. Il nous reste à rendre compte de l'ordre que nous avons adopté pour l'exécuter, & des écrivains qui ont traité la même matière avant nous. Mais nous croyons utile auparavant de résumer les principaux objets contenus dans le discours qu'on vient de lire.

Nous y avons considéré la police dans son rapport avec l'ordre social, la civilisation & la morale publique. Nous avons vu qu'elle avoit été la première & pendant long-temps la seule forme de gouvernement parmi les hommes. Que son objet fut d'établir la subordination & la sécurité parmi les citoyens, que l'étymologie de son nom, qui signifie *soin de la ville*, annonce qu'elle fut bornée d'abord à l'étendue d'une ville, & que tout état a commencé par une cité. Ce qui nous a conduit à conclure que les grandes administrations agricoles n'ont point été les premières constitutions politiques.

Nous avons remarqué que la morale publique naquit au sein des villes, des rapports entre l'intérêt social & celui des individus; qu'elle conserva le caractère primitif, que lui fit contracter l'état des peuples au moment où ils s'établirent. Ainsi la morale publique des anciens se ressentit toujours du génie belliqueux & du système d'esclavage qui régnoient à l'origine des premières cités. De-là naquit chez eux l'ascendant du pouvoir militaire, & la nécessité de lui céder pour conserver à la constitution sa force & son énergie. Mais cette disposition même fut la cause qui hâta la chûte des empires, fondés sur la force des armes, lorsque des soldats indisciplinés jugèrent

Voyez *instruction publique*,

Voyez encore le *Traité de la félicité publique*, par M. de Chatellux, t. I.

à propos de difpofer du trône & des honneurs à leur gré. Le fyftême d'efclavage ne leur fut pas moins funefte, & ce vice de leur morale leur fufcita des guerres & des divifions qui troublèrent la tranquillité publique & le bonheur des citoyens.

Nous avons remarqué que fi les mêmes principes ne fe foutinrent pas en Europe, c'eft que ceux qui en firent l'invafion n'étoient point conquérans par fyftême, mais feulement par néceffité, & que d'un autre côté la morale évangélique fut favorable à la caufe de l'humanité, & feconda fes efforts pour abolir la fervitude. Nous avons pris occafion de cette différence entre nos mœurs & celles des anciens, de faire remarquer l'avantage que nous avons fur eux à cet égard; & paffant aux caufes qui avoient enfin porté la civilifation au point où elle eft aujourd'hui, nous avons fucceffivement analyfé celles dont l'influence a été plus fenfible & plus efficace fur l'état des hommes & de la fociété.

La deftruction du fyftême féodal, fi oppofé aux principes d'une bonne police & de la civilifation, a été la première qui s'eft préfentée, finon dans l'ordre des temps, du moins dans celui des idées: plufieurs événemens y contribuèrent. Les croifades, qui, en occafionnant des changemens dans la propriété, en donnant quelqu'activité au commerce & aux hommes, portèrent les premières atteintes à la puiffance des grands vaffaux & au pouvoir des nobles; l'établiffement des communautés, dont l'Italie offrit l'exemple d'abord, & qui fut bientôt fuivi en France & dans d'autres états de l'Europe. De tous les moyens employés pour détruire l'anarchie féodale, ce dernier fut le plus puiffant, & celui dont les effets ont été les plus prompts & les plus fenfibles. On vit alors renaître la police dans les villes avec l'ordre & la tranquillité. C'eft à cette époque que commence notre civilifation; avant, tout eft barbare & fans difcipline. L'affranchiffement des ferfs produifit, à la campagne, ce que les municipalités avoient fait dans les villes; c'eft-à-dire,

qu'il y ramena le refpect pour les loix & la juftice, autant au moins qu'on s'en pouvoit faire d'idée dans ces temps d'ignorance. Le peuple fut quelque chofe, & bientôt après on le vit fiéger dans les affemblées nationales, parmi les légiflateurs de l'état.

Nous avons encore vu qu'un des premiers foins des fouverains, pour rétablir l'ordre & la police dans la fociété, fut d'y faire adminiftrer la juftice d'une manière régulière, & d'en bannir tout ce que l'ignorance & la fuperftition y avoient introduit pour en tenir lieu. Les combats judiciaires qui expofoient l'innocence & la vérité à devenir le prix du crime & du menfonge, furent donc profcrits, & la procédure juridique fubftituée à leur place. Mais ce ne fut qu'après bien des efforts qu'on parvint à détruire cet ufage d'un peuple féroce, qui croyoit intéreffer l'être fuprême à fes difputes & à fes prétentions. Les puiffances civiles & eccléfiaftiques fe réunirent pour cela; & fans le progrès des lumières qui éclairèrent les efprits, peut-être n'en feroient-elles jamais venu à bout. Les épreuves par les élémens, qui n'étoient ni moins barbares, ni moins abfurdes, avoient été détruites plus facilement parce qu'elles ne tenoient qu'à l'efprit d'ignorance, au lieu que le combat judiciaire tenoit à l'ignorance & au caractère guerrier des feigneurs féodaux. Un autre moyen employé pour ramener l'équité dans l'adminiftration de la juftice, & diminuer le pouvoir tyrannique des nobles, fut l'introduction de l'appel des jurifdictions feigneuriales aux tribunaux du roi, & l'établiffement des *caufes royales* ou *plaids de la couronne.* Le droit canonique, ce fyftême d'ufurpation, fut lui-même une des caufes qui accoutumèrent les hommes à fuivre une procédure régulière, & à reconnoître le pouvoir des loix. L'étude du droit romain, que nous avons vu fe répandre en Europe au douzième fiècle, produifit encore de très-heureux effets fur l'état des peuples, & fit connoître une jurifprudence plus régulière & plus équitable que tout ce qui avoit été mis en uſage juſqu'alors pour adminiſtrer la juſtice. Enfin d'autres événemens, le renouvellement du commerce, la chevalerie même, la culture des lettres, l'invention de l'imprimerie, la découverte du nouveau monde, la réforme, & ſur-tout la révolution opérée dans les eſprits, aux dix-ſeptième & dix-huitième ſiècle ont enfin amené l'état de politeſſe & de lumières où ſe trouve l'Europe, & ſur-tout la France aujourd'hui.

On peut maintenant ſe faire une idée générale de ce qu'a dû être la police, ſoit en France, ſoit dans les autres états de l'Europe, aux différentes époques que nous venons de parcourir. Elle a dû ſuivre la marche de la raiſon, & le développement des qualités ſociales parmi les hommes. Sous l'anarchie féodale, pendant les troubles des guerres particulières, ſous le règne des combats judiciaires & des épreuves par l'eau & par le feu: tant qu'a duré l'eſclavage, que pouvoit être la police, tant dans les villes que dans les campagnes? Comment la voix de la raiſon & de la juſtice ſe ſeroit-elle fait entendre à des hommes qui ne connoiſſoient d'autre droit que celui de leur épée? Avant l'époque des municipalités & de l'affranchiſſement des ſerfs, on trouveroit difficilement en Europe quelque veſtige de police & de reſpect pour les conventions civiles. La force & la violence décidoient de tout. Mais à meſure que les hommes ſe policèrent, nous avons vu l'ordre, la ſubordination, l'obéiſſance aux loix, la morale publique faire des progrès rapides & aſſurer le bonheur des peuples.

Si la police étoit bannie des villes, pendant le règne de l'ignorance, la tranquillité ne fut pas plus grande dans les campagnes. Les chemins étoient infeſtés de brigands, les ſeigneurs rançonnoient les marchands; les laboureurs étoient inquiétés, livrés à l'inſolente brutalité des gens de guerre. Ces déſordres cauſèrent les malheurs du peuple, que les guerres particulières & civiles augmentèrent encore. A meſure que les préjugés ſe ſont diſſi-

pés, que l'adminiſtration de la juſtice s'eſt perfectionnée, les provinces ſont devenues plus heureuſes, plus peuplées. Les richeſſes mobiliaires des villes y ont reflué, & l'on y a connu les commodités de la vie. Enfin chaque état s'eſt occupé de la police économique des campagnes & nous avons vu tout récemment la France en admettre une qui n'a de modèle dans aucune partie de l'Europe, mais qui n'en eſt pas moins avantageuſe & recommandable pour cela.

Par tout ce qui précède on a pu ſe former une idée des objets que doit renfermer un traité de la *police des peuples*. On a pu voir qu'elle offre une diviſion naturelle en *police civile* & *police économique*. La première a pour but principal d'aſſurer l'exécution des loix & le maintien de l'obéiſſance civile; l'autre s'occupe ſur-tout des moyens de richeſſe & de proſpérité publique, & préſide à tout ce qui peut les accroître ou les multiplier: C'eſt cette dernière qu'on a quelquefois déſigné ſous le nom d'*adminiſtration municipale*, & qui forme le ſujet des aſſemblées provinciales nouvellement établies en France.

On a pu remarquer encore l'influence de la *morale publique* des peuples ſur leur police & les progrès de leur civiliſation. C'eſt elle qui rend les hommes heureux en raiſon des lumières & des connoiſſances répandues dans la ſociété. Son action ſur les mœurs & ſur les opérations du gouvernement n'a point dû échapper à quiconque a lu attentivement ce qui précède. On a vu combien la police lui eſt ſoumiſe, & même qu'elle ne peut choiſir un guide plus ſûr & plus impartial.

Nous aurions donc manqué notre objet ſi ayant à parler de la police, nous avions négligé d'y joindre les notions de morale publique qui y ſont intimement unies. Mais une conſidération plus importante encore nous a déterminé à cela. Pluſieurs écrivains ont traité avec ſoin de la police des peuples; mais généralement parlant ils ſe ſont contentés de rapporter les réglemens, les diſpoſitions, les formes qui

i 2

règlent fon exercice. Très-peu fe font occupés du foin d'indiquer & les abus qui s'y font gliffés, & les réformes qu'on peut y faire, & les amélioraions qu'on peut efpérer d'y introduire. Cet objet eft pourtant important, & nous nous le fommes principalement propofé.

C'étoit la police civile fur-tout qui méritoit cette attention de notre part. Elle avoit befoin qu'on la traitât avec cette impartialité, cette juftice philofophique qui n'eft pas toujours celle des ordonnances. De toutes les parties de l'adminiftration, c'eft celle où le magiftrat peut faire le plus de bien ou de mal fuivant l'humanité de fes maximes ou la tolérance de fes principes. C'eft celle où l'influence des préjugés & des vieilles routines eft généralement dangereufe, & celle de la raifon & de la philofophie plus fenfible & plus utile. Il étoit donc bien important de développer avec la police les grands fujets de morale publique qui y ont rapport, & qui peuvent guider les magiftrats dans l'exercice de leurs fonctions.

Voyez Morale publique.

Notre plan embraffera donc *la police civile, la police économique & la morale publique.* Ces trois objets feront développés d'après *les principes de la théorie* & d'après *les faits hiftoriques.* La première manière fera proprement *la partie philofophique* de notre ouvrage; la feconde en fera *la partie pofitive* ou *pratique*: mais nous réunirons, autant qu'il nous fera poffible, ces deux méthodes enfemble; les faits fe gravent dans la mémoire lorfqu'ils font appuyés du raifonnement, & le raifonnement lui-même acquiert je ne fais quel nouveau degré de force, lorfqu'il vient à la fuite des faits.

Pour y parvenir, fous les mots *police civile, adminiftration municipale, morale publique*, nous réunirons les principes généraux qui fervent de bafe à ces connoiffances, nous les refferrerons le plus qu'il nous fera poffible, & nous éviterons d'entrer dans des difcuffions qui nous jetteroient dans des matières étrangères à notre fujet. Nous indiquerons par des renvois aux

articles de l'ouvrage les détails qui n'auront pu être développés dans ceux-ci.

Mais comme les ufages ne font pas partout les mêmes, qu'ils varient chez les différens peuples, que la police n'eft pas adminiftrée par-tout de la même manière, que fes progrès ont été plus lents dans quelques états que dans d'autres, qu'elle eft plus ou moins avancée vers la perfection chez les diverfes nations de l'Europe, nous aurons foin d'indiquer ces différences. Cependant pour ne point donner à notre travail une étendue exagérée, nous ferons ufage d'un principe que nous avons établi, c'eft que la police d'un état, fur-tout la police civile, que nous avons pour objet en ce moment, eft toujours modelée fur celle de la capitale de cet état. Ainfi au mot *Londres*, on trouvera une notice hiftorique des formes, des progrès & des objets de la police en Angleterre, & nous ferons remarquer au même endroit quelles font les perfonnes ou les tribunaux qui en font chargés. Au mot *Amfterdam*, mêmes détails, & ainfi des autres.

Et pour mieux remplir cet objet, nous ferons, à chaque article géographique autant de divifions que la police de l'état politique que nous y traiterons l'exigera. Par exemple, au mot *Paris*, après une notice raifonnée des progrès de la police dans cette ville, nous détaillerons tout ce qui en fait le corps de la manière fuivante. 1°. Magiftrats & officiers de police de Paris. 2°. Police du culte. 3°. Police des mœurs. 4°. Police des arts. 5°. Police des vivres. 6°. Police de la fûreté publique. 7°. Police des pauvres & femmes publiques. 8°. Police des brigands & vagabonds, &c.

Tous ces objets feront traités d'une manière pofitive; & la théorie, les améliorations dont chaque objet eft fufceptible en général, fe trouveront au mot même qui l'indique. On voit donc qu'il y aura deux parties diftinctes pour la police civile, favoir, la partie théorique & la partie géographique, celle qui n'en confidère le fujet que d'une façon générale & philofophique & celle qui la fait connoître avec les différences & les modifications que lui ont apportées les temps & les peuples. Ces deux méthodes réunies préfenteront donc au lecteur des idées diftinctes de l'objet que doit fe propofer le légiflateur dans l'établiffement de la police, de fon influence fur la tranquillité publique & l'obéiffance civile, des changemens qu'elle a éprouvés à différentes époques, & de fes effets fur l'état des peuples; enfin elles feront connoître l'origine des officiers & des inftitutions de police connus chez les différentes nations, l'efprit des ordonnances, & les principaux objets fur lefquelles elles ont prefcrit des règles & des formalités.

Quant à la morale publique, nous la traiterons toujours d'une manière philofophique & générale; & quand nous y prendrons pour exemples ou pour objets de comparaifon les mœurs particulières de quelque nation, ce ne fera jamais fous un titre particulier à cette nation, mais fous celui de la matière que nous traiterons. Ainfi au mot *corruption des mœurs*, par exemple, nous n'aurons point pour objet d'y parler de l'état des mœurs des différens peuples, mais feulement de ce qu'on doit entendre par ces mots, des moyens de mettre un terme à la corruption des mœurs & de fes rapports avec la police & l'adminiftration publique. Si quelquefois nous citons un ufage particulier à une nation, fi nous rapprochons la manière de penfer de celle d'une autre, ce ne fera jamais qu'acceffoirement, comme preuve, ou pour fervir d'éclairciffement.

En traitant de la *police économique*, nous aurons principalement en vue de faire connoître les nouveaux établiffemens deftinés à l'adminiftration économique de nos provinces. Ce font en effet des modèles de police en ce genre, dont on ne voit d'exemple nulle part; nous devons donc nous occuper à en donner une connoiffance fpéciale & détaillée. Nous convenons que cette partie de notre travail a un grand rapport avec l'économie po-

litique qui n'eft pas de notre objet, mais les raifons fuivantes nous ont paru propres à nous engager à les placer ici.

Quoique la police économique & l'économie politique aient des rapports communs entr'elles, cependant elle diffèrent effentiellement dans leur objet, & cette différence eft importante à connoître, non-feulement afin de ne point mettre de confufion dans les idées, mais encore afin de ne point chercher dans un endroit ce qui ne doit fe trouver que dans un autre. La *police économique* a pour but le maintien de l'ordre, l'exécution des loix dans tout ce qui a rapport à la richeffe nationale, à la culture, à l'induftrie, au commerce, aux impôts, à l'adminiftration des finances, à la population. L'*économie politique* analyfe, approfondit les principes fuivant lefquels tous ces objets fe tiennent, fe développent réciproquement; ceux qui ont befoin d'être améliorés, réformés; leur origine, leurs effets, les caufes qui peuvent agir deffus en bien ou en mal; en un mot l'économie politique embraffe la théorie de tout ce qui tient à la fortune publique, de tout ce qui peut l'accroître ou la diminuer; & la police économique s'occupe de la connoiffance & de l'exécution des moyens de l'appliquer au bien de la fociété, & d'y maintenir l'ordre & la ftabilité. Ainfi c'eft à l'économie politique à dire comment l'agriculture devient la fource de toutes les autres richeffes, fur quelle bafe & dans quelle proportion elle doit être affujettie aux contributions fociales; comment le commerce eft un moyen univerfel d'échange, & par quelles routes on doit le diriger pour ne pas l'éloigner de fon véritable but; comment l'induftrie peut devenir une caufe de profpérité par l'activité qu'elle donne aux confommations & à la circulation du numéraire. Mais la police économique s'empare des réglemens & de l'obfervation des formes qui peuvent affurer l'effet des principes développés par l'économie politique. C'eft elle qui va préfider en France à la difcipline des affemblées provinc'ales, & tenir la balance au milieu des divers intérêts que l'efprit de propriété y peut faire naître. C'eft encore la police économique qui difpenfe avec choix & d'une manière utile les revenus des villes & des communautés. Enfin elle eft à l'économie politique ce que la police civile eft à la légiflation; c'eft-à-dire, une des parties adminiftrantes & actives de l'autorité fouveraine.

Malgré cette différence réelle entre ces deux connoiffances, il eft facile de les confondre enfemble, parce qu'il n'eft pas poffible de traiter l'une avec utilité fans y joindre le fecours de l'autre. Auffi tous les ouvrages d'économie politique renferment-ils plus ou moins de détails fur la police économique. Toutes les fois donc que pareille chofe aura lieu par rapport aux articles de l'*économie politique* de l'*Ency-clopédie*, nous y renverrons afin d'éviter les répétitions, & d'ifoler les chofes qui doivent naturellement marcher enfemble. En général, on ne trouvera de police économique ici que ce qui a pour objet la connoiffance de l'organifation des adminiftrations municipales, le plus important que l'on puiffe offrir en ce genre.

Ainfi donc la *police civile*, la *police économique*, ou, fi l'on veut, la fcience des adminiftrations économiques & municipales, la *morale publique, comme fyftême & bafe des deux premières*, formeront l'objet de notre ouvrage. Nous répétons que nous nous attacherons fur-tout à faire

voir les rapports qui exiftent entre ces inftitutions civiles & le bonheur des peuples, entre la profpérité publique & le maintien d'une police douce & bienfaifante, entre la pureté, la tolérance, la douceur de la morale publique & la félicité des citoyens d'un état policé. C'eft en conféquence de ces principes que nous nous permettrons quelques réflexions fur la dureté, l'inutilité & les dangers des châtimens en certains cas, fur les moyens de les mitiger fans rien ôter à l'obéiffance civile, & fur l'abus qu'on en a fait quelquefois. Nous dirons impartialement notre façon de penfer. On eft trop éclairé aujourd'hui pour interdire aux écrivains la jufte mefure de liberté qui leur eft néceffaire pour donner à leur ouvrage le mérite de l'utilité. Nous tâcherons de porter le flambeau de la Philofophie dans des détails qui en ont paru peu fufceptibles aux yeux de bien des écrivains : enfin, pour répéter ce que nous avons déjà dit dans notre profpectus, on pourra regarder notre ouvrage comme un traité philofophique des formes, de l'état, & des principes de la police & de l'adminiftration municipale. Nous n'en avons trouvé le plan nulle part ainfi conçu; s'il eft défectueux, c'eft à nous feul qu'en appartient l'erreur; s'il peut s'y trouver quelques nouveaux apperçus, quelques vérités utiles, nous aurons atteint notre but, & rempli l'intention que nous nous étions propofée en le commençant.

DE L'ÉTUDE DE-LA MORALE PUBLIQUE.

On a pu voir, par ce qui précède, que la morale publique eft la bafe de toute adminiftration éclairée, le fondement de toute police régulière. Elle préfente une foule d'objets intéreffans, qui ont tous un rapport plus ou moins direct avec la fociété, & qui fafis fous leur véritable point de vue, doivent beaucoup éclairer la fcience des loix & de la civilifation. Mais il eft une méthode d'envifager, de comparer & d'analyfer ces objets; c'eft à

la faire connoître que nous deftinons ces réflexions, qu'on peut regarder comme une étude préliminaire, propre à étendre l'utilité des matières que nous aurons à traiter.

On fe tromperoit cependant fi l'on croyoit trouver ici un traité fyftématique de morale publique; notre objet n'eft point de fuivre une marche févèrement méthodique, mais feulement de raffembler quelques vérités utiles fur la connoiffance des moeurs & les rapports qu'elles ont avec

PRÉLIMINAIRE.

l'étude de la police & du gouvernement. Ainsi, donnant carrière à nos idées, nous nous permettrons quelquefois des digressions, qui sans être absolument essentielles à l'intelligence de la matière, pourront néanmoins en faciliter le développement, & y faire découvrir de nouveaux points de vue. Nous tâcherons, chemin faisant, d'indiquer les principales erreurs qui ont nui aux progrès de la législation & des établissemens utiles ; sur-tout nous nous attacherons à donner une mesure juste des vertus & des vices, des mœurs & des moyens de les favoriser; enfin joignant les connoissances générales aux maximes de la police des peuples, nous indiquerons la route qu'on doit suivre pour se former une idée nette de cette branche de l'administration & des différentes parties qui la composent.

Nous avons déjà remarqué que ce n'étoit point sans motif que nous réunissons ainsi l'étude de la police à celle de la morale publique. En effet, il existe des rapports si prononcés entr'elles, leur union est tellement étroite, & les progrès de la première sont si parfaitement attachés à ceux de la seconde, que les considérer individuellement, c'est ne point chercher à les connoître & perdre de vue un des objets principaux qu'on doit se proposer dans l'étude des moyens de civilisation que l'état de société a fait naître parmi les hommes.

En effet, si les mœurs d'une nation donnent à ses loix un caractère analogue à leur trempe, si les principes de douceur, d'humanité & de raison répandus dans la société, influent sur ceux de police qui y sont admis, si les sentimens des individus forment par leur réunion le vœu général, si l'opinion publique modifie la conduite des magistrats, & les gouverne à la longue, si les vertus publiques contribuent à la tranquillité nationale & au maintien de l'obéissance civile, on ne sauroit douter un moment du rapport qui existe entre la morale de la société, & la police dirigée vers le maintien de l'ordre & de la paix dans cette même société.

Cette idée paroît même si naturelle, que dans le langage ordinaire le mot de peuple policé, est pris par opposition à celui de peuple barbare, & qu'une nation sans police se présente avec les attributs du désordre & de la férocité des mœurs. Mais l'on sentira mieux encore la nécessité de réunir cette étude à celle de la police, si l'on se rappelle ce que nous en avons dit plus haut, & l'idée que nous avons tâché d'en donner. En prenant le mot de police dans son acception originaire, nous avons remarqué qu'il indiquoit tout ce qui peut contribuer à policer, civiliser, humaniser une nation, soit en établissant l'ordre dans la société, soit en y protégeant les vertus & les talens utiles, soit en y maintenant le respect pour les loix, soit enfin en éloignant des regards publics les exemples dépravés qui pourroient devenir des germes dangereux de corruption & de désordre. Peut-il exister un rapport plus sensible & plus incontestable entre la police & la science des mœurs?

Mais pour se former une idée claire de la morale publique, pour l'étudier avec fruit & se mettre à portée d'en saisir encore mieux les rapports avec les différentes parties de la police, on doit bien la distinguer de tout ce qui n'est pas elle. Et d'abord on ne doit pas la confondre avec la morale politique ou celle du gouvernement ; elle en diffère essentiellement, & quoique les effets de l'une & de l'autre se ressemblent souvent, ils ne partent jamais ou que très-rarement du même principe.

L'on peut regarder la morale du gouvernement ou la morale politique d'une nation, comme le résultat du rapport qui se trouve entre les intérêts de la puissance souveraine & les moyens d'en soutenir l'éclat & la durée; car suivant que ces intérêts varieront au gré des événemens, vous verrez la morale du prince ou du gouvernement subir des formes & des modifications différentes. Cette vacillation de principes, cette inconstance de maximes, est également sensible dans les états polycratiques comme dans les états mono-

cratiques, & il n'y a guère que les républiques populaires, où la morale publique
étant celle du gouvernement, les progrès
& les améliorations qui s'y opèrent par le
temps, ne font point tout-à-coup anéantis
par les paffions ou les intérêts d'un petit
nombre d'hommes puiffans & ambitieux.

Ce n'eft pas que dans les états monarchiques la morale du prince foit toujours
oppofée à l'opinion publique & aux
mœurs nationales; au contraire, elle les
favorife, les foutient, les épure & les
dirige quelquefois utilement; nous en
avons vu plus d'un exemple; mais nous
voulons feulement dire que l'on doit toujours diftinguer, lorfqu'on étudie la morale
d'une nation, les principes univerfellement
adoptés, de ceux qui ne le font qu'à la
cour, ou par les courtifans qui partagent
exclufivement les bienfaits du monarque.

Et cette confidération eft autant en fa
veur de la morale du prince qu'à fon défavantage: car fouvent les mœurs & les principes de la cour, font très-perfectionnés,
que la morale publique eft encore groffière. On jugeroit mal des ufages, de la
politeffe & de la civilifation des provinces du royaume par la douceur, le bon
goût, les graces & l'urbanité qui régnoient
à celle de Louis XIV, dans les beaux jours
des ducheffes de la Vallière & de Montef-
pan, Ces noms feuls peignent à l'efprit on
ne fait quoi de gracieux, de civilifé, de
grand & de délicat. Mais tous les rois n'ont
point été des Louis XIV, & ce prince lui-
même ne s'eft pas toujours reffemblé dans
le cours de fon long règne.

L'Angleterre, au contraire, offroit,
fous Cromwel, un fanatifme fombre,
une morale farouche qui régnoit également dans le parlement & dans les provinces, Les mœurs étoient par-tout dépravées & barbares. Dans ce moment on
chercheroit inutilement à diftinguer la
morale de la nation de celle du protecteur. Ce prodigieux & admirable tyran avoit abforbé dans fa perfonne les
facultés & la volonté de tous les anglois.
Il étoit l'ame d'un corps immenfe, qui ne

fe mouvoit que par les refforts de fon
efprit. Il penfoit, vouloit, agiffoit dans
cent lieux différens, & les mouvemens de
fa penfée fembloient animer l'ame de tous
les citoyens. Tranquille au centre de toutes les paffions, de tous les troubles qui
agitoient l'Angleterre, d'un regard il les
apprécioit, d'un regard il les dirigeoit;
& fuivant les intérêts de fon autorité
fuprême, il modifioit ou changeoit, à
fon gré, la morale & les principes religieux ou politiques de fes égaux devenus fes efclaves. Tout s'anéantiffoit devant lui, & fon nom imprimoit encore le
refpect ou l'effroi, que fa puiffance ne
gouverneroit plus. Cromwell eût pu être
un Mahomet; le théocratifme qu'il fut
très-habilement joindre à fa morale & à fa
politique, lui ouvroit le chemin à l'adoration des hommes. Plus grand guerrier
que le prophète de l'Afie, il eût pu comme
lui établir fon règne fur la fuperftition, la
force & les loix, fi les progrès des lumières & la conftitution politique de l'Europe
n'euffent, dès ce temps même, été un obftacle infurmontable à un pareil deffein.

L'on doit, dans ces temps de fanatifme,
où la morale & l'efprit national femblent
difparoître du milieu d'un peuple, chercher dans les intérêts de ceux qui gouvernent, les caufes de ce changement, & l'on
trouvera toujours que ces convulfions de
la fociété font dues aux efforts de l'ambition, & non point à la marche des chofes,
toujours lente, continuelle & uniforme.

Car c'eft encore un des caractères de la
morale politique ou des Rois, d'agir
avec impétuofité; & après des preuves
extérieures d'une grande perfection, comme
chez nous fous Louis XIV, ou d'une
grande barbarie, comme en Angleterre
fous Cromwel, de rétrograder ou s'améliorer tout à coup, A la révocation de l'é-
dit de Nantes, qui auroit pu reconnoître
l'amant de la Vallière? Et quand Charles II
fit régner les plaifirs & l'urbanité à fa cour,
qui auroit penfé que quelques années auparavant le fanatifme y exerçoit fon empire & fes excès?

Au

Au contraire, la morale publique, celle qui tient au progrès des lumières & de la civilisation ne retourne jamais en arrière. Lorsque l'ascendant d'une tyrannie heureuse, ou une dépravation puissante dans ceux qui gouvernent, la force un moment de se détourner de sa marche ou de la suspendre; sitôt que l'orage est passé elle la reprend au point où elle l'avoit laissée. Ainsi, après les guerres civiles qui confondirent pour quelque temps en France tous les principes d'ordre & de morale, on vit renaître dans la capitale & quelques grandes villes, la douceur, la police & le goût des mœurs généreuses, parce qu'avant ces désordres malheureux, notre nation avoit déjà fait des progrès dans la civilisation; & avoit tout ce qu'il falloit pour en faire de plus grands encore.

Une nation chez qui les mœurs ne seroient pas préparées à se civiliser, & qui éprouveroit les troubles que nous avons éprouvés, retomberoit dans un véritable état de barbarie; parce que les désordres des guerres civiles, les abus du pouvoir & les excès de la superstition y détruiroient les germes non encore éclos des bonnes mœurs & de la civilisation.

Ainsi quelques états de l'Europe, les côtes d'Afrique, l'Espagne, les pays soumis aux turcs sont restés dans un état de demi-civilisation, parce qu'après les troubles & les désordres de la conquête; des établissemens absurdes, des loix sauvages ont entretenu les peuples dans l'erreur & dans l'abrutissement. Telle est encore l'Amérique espagnole, plus éloignée peut-être de l'état d'une société policée, qu'elle ne l'étoit sous la puissance des souverains du Mexique & du Pérou. Ce malheureux pays pouvoit-il tomber en des mains plus indignes de gouverner des hommes, que celles qui se plaisent aux chaînes de l'esclavage & à l'effusion du sang humain?

Si la morale publique d'une nation diffère de la morale politique, elle n'est pas moins distinguée de la morale religieuse: car quoique celle-ci ait la plus grande influence sur l'esprit des peuples, quoiqu'elle dicte dans bien des momens les règles de leur conduite & de leurs devoirs, quoique l'opinion publique en reçoive une modification particulière, on ne sauroit sans erreur la confondre avec les maximes, ou plutôt les principes généraux de morale, que le temps & les événemens introduisent & naturalisent en quelque sorte chez un peuple policé.

La morale religieuse ne change point. Si le législateur qui l'a enseignée aux hommes lui a donné un caractère d'erreur & de dureté, elle le conserve; si au contraire il lui a donné pour base la charité, la douceur, l'indulgence, vous le verrez au milieu des fureurs de l'ambition & de l'orgueil des hommes, se distinguer par des maximes de clémence, de justice & de sagesse qui la feront reconnoître pour l'ouvrage d'une raison supérieure. Telle fut la morale chrétienne dans tous les temps, telle on la retrouve encore aujourd'hui.

La morale publique ne paroît pas si inaltérable; le temps la perfectionne comme il peut la détériorer. Après l'avoir vue souillée de tous les crimes de la superstition & des folies humaines; après que dix siècles d'erreurs en ont fait le plus grand de tous les fléaux; après avoir été défigurée par tout ce que l'orgueil en délire peut imaginer de plus monstrueux, nous l'avons vu s'épurer, s'adoucir en s'éclairant, & quoiqu'encore mêlée de la lie des siècles barbares, elle est enfin devenue la sauve-garde des mœurs, & le plus bel ouvrage des nations policées de l'Europe.

C'est quelquefois un mal que la morale religieuse prête, non pas ses maximes bienfaisantes, mais son esprit ardent à la morale publique. Il en résulte un théocratisme moral qui prolonge le règne de l'erreur & nuit souvent aux progrès de la civilisation. Bien loin donc de confondre la morale religieuse d'un peuple avec sa morale publique, comme quelques écrivains l'ont fait, on aura soin de distinguer ce que celle-ci peut avoir emprunté de l'autre, afin de reconnoître l'utilité de leurs principes refpectifs, par rapport aux différens moyens de bonheur dont les hommes peuvent faire ufage dans l'état focial.

La morale publique peut encore être facilement confondue avec les ufages d'un pays. Cependant il eft de ces ufages que la morale & l'opinion publique condamnent; & s'ils fubfiftent contre leur gré, c'eft par une fuite d'anciens préjugés qui tiennent à des idées religieufes, à des principes politiques ou à des circonftances locales. Ce préjugé barbare qui étend fur une famille la flétriffure d'un de fes membres, eft un exemple frappant de cette vérité. En France, l'efprit public a reconnu toute l'injuftice, toute l'abfurdité d'un pareil ufage; cependant à peine les efforts de la plus faine raifon, de la philofophie & les intérêts réunis de la fociété & des individus qui la compofent, ont-ils pu le déraciner; le peuple ignorant & aveugle femble en prendre d'autant plus ouvertement la défenfe, qu'il exerce plus de ravages chez lui que dans aucune des autres claffes de citoyens.

Pour déterminer d'une manière précife la morale publique d'une nation, on ne doit s'arrêter à aucune des idées qui la circonfcrivent dans une manière de voir particulière ou momentanée. On doit la confidérer dans fes réfultats généraux, que font ordinairement connoître les écrits eftimés, la conduite publique de l'adminiftration & de la police, les établiffemens univerfellement refpectés; les règlemens fanctionnés par l'opinion publique, fouvent les modes & la création de nouveaux ufages, en un mot tout ce qui porte le caractère de l'opinion nationale.

C'eft fur-tout aux bons ouvrages que l'on reconnoît les progrès de la raifon & de la morale. Difficilement un fiècle barbare produira-t-il un livre digne de l'attention de la poftérité, fi ce n'eft peut-être pour fervir d'exemple de l'imbécillité & de la folie humaine. Quand de grandes vérités morales, des principes bienfaifans fe retrouvent généralement dans tous les écrits d'un fiècle, lorfque la philofophie & le bon fens y prévalent fur la fuperftition & l'erreur, alors on peut affurer qu'une nation a fait des progrès dans la morale, & que la légiflation s'y éclaire & s'y perfectionne, quelques foient d'ailleurs les préjugés & les ufages barbares qui peuvent y régner encore.

A voir le nombre d'ouvrages où la vente des hommes eft traitée avec une jufte horreur; aux efforts que fait, depuis cinquante ans, la Philofophie, pour faire à jamais profcrire cet infâme trafic, qui ne reconnoîtra le progrès qu'ont fait la raifon & la morale des peuples? Néanmoins cette barbarie fubfifte encore chez prefque tous les états puiffans de l'Europe. Leurs avides négocians, hommes difficiles à éclairer, quoique leurs courfes & leurs entreprifes aient fouvent fervi l'humanité, fe précipitent encore aux côtes d'Afrique, pour y mettre à l'enchère la liberté de fes triftes habitans, & étendre les atrocités de l'efclavage auffi loin qu'elles peuvent aller. Quelques ufages barbares ne dépofent donc pas contre les mœurs en général, ni contre les progrès qu'un peuple peut avoir fait dans fa morale publique.

Nous ne répéterons point ici ce qui a été dit il y a long-temps, & avec tant de force contre ce honteux commerce des nègres. Nous avons déjà remarqué qu'il avoit été attaqué en Angleterre, au milieu de la nation affemblée; nous dirons feulement que ce peuple, qui n'attend point la volonté de fes maîtres pour en avoir une, & chez qui les grands écrivains font de véritables légiflateurs, s'eft empreffé de feconder les efforts de la philofophie, pour brifer ces dernières chaînes de l'humanité, & que la France vient enfin d'imiter, quoique foiblement, fon exemple. Mais le peu d'efficacité, d'activité que celle-ci femble avoir mis dans cette caufe fi victorieufement foutenue par les anglois, tient, non au défaut de notre morale, mais à la différence de conftitution entre les deux peuples. Nous aurons plus d'une fois occafion de remarquer, que si l'énergie de la liberté ne donne pas toujours aux mœurs publiques cette douceur qu'on y retrouve dans les états gouvernés par une cour riche & voluptueuse, elle lui communique en récompense, on ne sait quoi de grand & de généreux, qui la fait consulter, délibérer, agir à la fois. Les peuples sont doux & timides sous le pouvoir d'un roi; ils sont bons & audacieux sous celui des loix. Au reste, n'oublions pas que l'Amérique, qui a la première fait connoître la liberté civile au nouveau monde, depuis que les Européens s'y sont établis, est aussi celle qui a donné le premier exemple du respect qu'on doit aux droits naturels des hommes, en proscrivant le commerce des nègres, & cherchant tous les moyens de les rendre solidement à la liberté.

Nous citons cet exemple de l'abolition de l'esclavage des nègres, ou plutôt des moyens tentés pour y parvenir, parce qu'il est vraiment un des effets immédiats de l'esprit philantropique de nos jours; & que si cet affreux commerce est enfin proscrit, ce sera à la philosophie, à la morale publique que nous en serons redevables; ce qui n'est pas peu remarquable, si l'on fait attention que tant d'hommes avides & puissans, se croient intéressés à en prolonger la durée.

On peut observer encore une révolution à peu près semblable dans les esprits, par rapport au goût de la guerre. Depuis que le bon abbé de Saint-Pierre l'a attaqué par la raison, comme l'auteur de l'histoire philosophique & politique a diffamé le trafic des noirs par son éloquence, on a vu la fureur belliqueuse décriée, l'enthousiasme martial flétri, & les vertus de la paix universellement préférées au courage & aux qualités guerrières. On ne doit pas douter que tôt ou tard ce changement dans la morale publique, n'en apporte d'utiles dans le système politique des nations policées.

Après avoir montré que la morale publique d'un peuple est distinguée de celle de son gouvernement, qu'elle n'est point non plus uniquement fondée sur ses idées religieuses ou les usages qui peuvent y être établis, on ne doit point méconnoître les modifications prodigieuses qu'elle en reçoit, & qui lui donnent un caractère plus ou moins remarquable; c'est ce qu'il est important de connoître, & que nous allons tâcher d'expliquer clairement.

L'exemple de toutes les nations prouve que les mœurs publiques sont singulièrement modifiées par celles de la cour. Dans les états monarchiques sur-tout, & lorsque le pouvoir souverain est tempéré par les loix ou des formes publiques; la conduite du prince devient un des grands modèles des mœurs nationales. Il semble communiquer avec l'activité de son pouvoir, les mouvemens de ses passions à tous les membres de l'état. Alors la morale publique paroît n'être plus que celle du monarque multipliée dans tous les cœurs. Mais l'on se tromperoit cependant si l'on croyoit qu'il n'en existât plus d'autre; l'adultère n'étoit pas moins odieux chez nous, lorsqu'un grand roi en donnoit l'exemple sur le trône.

La morale publique d'une grande nation est bien plutôt un sentiment universel, fondé sur les droits de la nature & de l'humanité, qu'une opinion factice ou d'imitation. Un désordre passager ne peut donc point en causer la subversion totale, quoiqu'il puisse bien en altérer pour quelque temps la pureté.

Sous le despotisme, la morale publique est lâche, tortueuse, sanguinaire, ou plutôt elle n'existe pas. Comme cet état est vraiment la mort de la constitution sociale, une dégradation honteuse de l'espèce humaine, on y chercheroit vainement quelques traits qui annonçassent les progrès de la civilisation & la générosité des mœurs nationales. Les individus capables de quelques vertus se cachent, ou fuient un pays souillé par les désordres du tyran qui le gouverne, ou plutôt qui l'opprime.

Sous un tel esclavage, quand un prince annonce quelque respect pour l'ordre

& la foi publique, alors on voit renaître dans les citoyens cet amour de la patrie, cette chaleur qui nous attache au pays qui nous a vu naître, au ciel qui a fixé nos premiers regards. Mais ces sentimens sont incertains ; l'habitude du joug a tellement abruti les esprits, qu'au moindre signal de la tyrannie, à la première révolution dans l'empire du despote, tout tremble, tout se soumet, c'est à qui trahira le plutôt sa conscience, les mœurs & la raison.

Dans les républiques, nous l'avons dit, le juste orgueil qu'éprouvent les citoyens de n'avoir de maîtres chez eux, qu'eux-mêmes, soutient leur courage, donne de l'élévation à leurs vertus ; affermit dans leurs cœurs le goût de tous les sentimens nobles & généreux. La morale publique rapporte tout au patriotisme, à l'amour des loix ; elle sacrifie tout au maintien de la constitution, elle oublie même quelquefois ce qu'elle doit à l'homme pour ne voir que ce qui appartient au citoyen ; & l'on ne doit pas dissimuler que souvent ce patriotisme porté à l'excès, a fait commettre à des peuples libres des injustices très-grandes envers des nations étrangères ; mais ce malheur est encore préférable à celui que ne manque jamais de causer le despotisme sur le trône, qui se joue de la vie des hommes comme de la sainteté des loix. Nous ne pousserons pas plus loin cet examen ; nous aurons occasion d'y revenir, & nous ne voulons traiter dans ce moment cette matière, que d'une manière générale.

Indépendamment des rapports de la politique avec les mœurs nationales, & de l'influence de celle-là sur ces dernières, il existe dans la société une foule d'autres causes qui peuvent modifier en bien ou en mal, retarder, hâter, égarer les principes de la morale publique & les rendre plus ou moins favorables au bonheur des hommes en particulier, & de la société en général. On ne doit point en négliger la connoissance ; on doit sur-tout s'attacher à en connoître les effets lorsque l'on veut étudier avec utilité les mœurs & la police des peuples.

Les causes principales qui peuvent influer sur l'opinion publique & les principes de morale d'une nation policée, sont, 1°. la constitution, à laquelle on peut joindre la morale du prince. 2°. La religion, que nous aurions dû nommer la première, à cause de son importance & de la grande influence qu'elle a sur l'esprit des peuples. 3°. L'éducation publique ou privée. 4°. Les relations avec les étrangers. 5°. Les usages de la société. 6°. La manière dont la police & la justice sont administrées. 7°. L'état du gouvernement économique.

I. Nous venons déjà de faire quelques réflexions sur l'influence de la morale de la cour & du souverain sur les mœurs nationales. Nous avons remarqué que, quoique la morale publique ne soit point de nature à être confondue avec celle qui règle la conduite du souverain, que les maximes de la première ne soient pas toujours celles de la seconde, cependant elles réagissent puissamment l'une sur l'autre. Mais une chose qu'on doit sur-tout remarquer, c'est que là où le peuple s'assujettit le plus, par goût ou par foiblesse, aux mœurs de la cour, là aussi on trouve une morale publique douce, mais capricieuse, tolérante, mais sans énergie, bienfaisante, mais timide, humaine, mais sans activité ; & que gâte encore un sentiment d'imitation bizarre & mal-entendue. On conçoit néanmoins, qu'à ne considérer cette morale publique que par rapport à ses effets directs sur le bonheur des individus, elle est peut-être de toutes, celle qui peut le plus y contribuer ; mais que vue sous son rapport avec la liberté publique & la dignité nationale, elle perd une partie de ses avantages. Le patriotisme ne peut se trouver au milieu de vertus forcées ; & pour ainsi dire concentrés dans des limites d'actions qui ne peuvent qu'affermir la puissance d'un maître, en contribuant à la prospérité publique. Voilà pourquoi, quoi qu'on en puisse dire, on ne fera naître de véritable patriotisme dans un gouvernement monarchique, qu'autant qu'on accordera au citoyen le droit légitime de partager une partie de l'autorité souveraine. Sans cette condition, la vertu publique sera une philantropie universelle, également prête à se sacrifier pour les intérêts du genre humain comme pour celui de son pays. L'Angleterre, peut-être, nous offre seule l'exemple d'un peuple patriote & philantrope à la fois.

II. En ne considérant la morale publique que sous son rapport avec le bonheur des peuples, on voit que dans tous les temps elle a reçu des modifications plus ou moins utiles aux hommes, de la religion & de la discipline du culte public. La doctrine évangélique, si douce, si sublime, si tolérante dans sa morale, a singulièrement influé sur les principes de la conduite des nations chrétiennes. On peut dire que, sous plusieurs rapports, elle les a améliorés, adoucis & rendus favorables aux progrès de la civilisation. Nous avons remarqué quelques-uns de ses effets, & l'on a pu voir, par ce que nous en avons dit, les obligations que nous lui avons.

Mais, en même-temps qu'elle a rendu des services signalés à la société, elle a répandu sur les motifs des actions morales & de la conduite des hommes l'influence d'un théocratisme dont on a quelquefois abusé. On connoît les querelles des jurisdictions civiles & ecclésiastiques, les conflits de leur police & les désordres qui en sont nés. En détériorant des principes vrais dans leur source, on a abusé de l'esprit des hommes, & établi une morale religieuse, presque opposée à la morale naturelle, qui est vraiment celle de l'évangile.

On distinguera donc bien dans l'application qu'on pourra faire des exemples de la conduite morale de quelques peuples, ce qu'on doit attribuer à l'abus de l'esprit

religieux de ce qui n'est véritablement que le résultat des mœurs publiques & du génie national. Le fanatisme qui régna en Angleterre sous Cromwel, les meurtres religieux, les bûchers allumés, les persécutions dirigées en Europe pendant si long-temps contre les hommes de croyances différentes, n'étoient pas entièrement dus aux principes de la morale publique de ces temps, mais encore à un mélange de superstitions & de faux zèle de la part des peuples & des magistrats. La religion s'étoit mêlée de querelles qui ne la regardoient pas, & l'enthousiasme qu'elle inspire toujours, avoit fermé les yeux aux hommes sur les désordres de leur conduite & de leurs mœurs. La morale publique parut souillée des plus horribles crimes, & son alliance avec des opinions qui doivent lui être étrangères, fut en partie la cause des crimes qu'on lui fit commettre, & de la férocité dont elle se rendit véritablement coupable.

La raison de ces désordres, est que des hommes puissans & corrompus, ont fait servir la force religieuse à l'exécution de leurs desseins ambitieux. Ils ont altéré les principes de la morale évangélique pour les faire cadrer avec leurs maximes meurtrières. Les peuples, encore ignorans & dominés par des préjugés absurdes, se sont précipités dans ces pieges qu'on tendoit à leur foiblesse & à leur ignorance; & de cette manière la religion a corrompu la morale publique, ou plutôt l'abus qu'on en a fait est devenu une source de malheurs & de crimes.

En lisant l'histoire, on reconnoît partout des preuves de ce que nous avançons ici; cependant on y voit aussi que les mœurs & la police des peuples ont reçu de grandes améliorations de leur rapport avec la morale chrétienne. C'est que dans ce dernier cas, les hommes ont pris du système religieux ce qu'ils ont cru véritablement utile à leur bonheur, ou plutôt ce que l'expérience leur avoit prouvé être tel; c'est que par-tout où les droits naturels de l'homme ont pu s'étayer du fuffrage de la religion, ils en ont retiré plus de force; c'eft que la douceur & la charité chrétienne ont paru & fe font effective-ment montrées favorables à la caufe de l'humanité & aux progrès de la civilifa-tion. Mais cette correfpondance de la religion avec la morale a dû être libre & naturelle, elle a dû être produite par le cours des chofes, & non forcée par les paffions des hommes; elle a dû fe faire fentir par fes heureux effets, & non par des convulfions dans l'organifation du fyftême focial. C'eft ainfi que nous avons vu la morale évangélique porter les pre-miers coups à l'efclavage domeftique, s'é-lever contre les entreprifes de la tyrannie & prêcher l'égalité parmi les hommes. Elle a jetté les premiers fondemens de cette charité philofophique fi développée de nos jours, que les anciens ne connu-rent pas, & qui femble réunir tous les hommes dans les principes d'une morale philantropique & univerfelle. Par un effet contraire, elle a produit tous les maux du defpotifme religieux, lorfque les hommes en ont abufé & l'ont détournée vers des objets qui n'étoient point de fon reffort.

III. De toutes les caufes qui peuvent apporter quelques modifications à la mo-rale publique, l'éducation eft encore une des principales. Dans l'étude qu'on vou-dra faire des mœurs & des ufages d'un état policé, on ne devra donc jamais per-dre de vue les principes qu'on y fuit dans la manière d'élever les jeunes gens, fi l'on veut fe rendre raifon des contradictions apparentes ou réelles, des maximes & des bizarreries qu'on remarquera, foit dans la conduite des hommes, foit même dans celle du gouvernement.

Les Spartiates qui connoiffoient par expérience combien l'éducation influe fur les mœurs des citoyens, n'avoient rien négligé de ce qui pouvoit la faire tourner à leurs vues politiques. Chez eux, tous les hommes étoient foldats; la jeuneffe étoit élevée dans des exercices durs, &

des habitudes analogues au génie mili-taire, qui faifoit la bafe du gouvernement établi par Licurgue. Auffi doit-on regar-der cet ufage comme une des chofes qui foutinrent pendant long-temps la confti-tution Lacédémonienne, & lui confer-vèrent fa vigueur & fon impaffible dureté. Les mœurs publiques s'y reffentoient de la roideur & de la févérité de l'éducation nationale. Les femmes mêmes, par l'effet de cette inftitution, parvenoient à fe dé-pouiller de cette fenfibilité douce & com-pâtiffante qui fait le plus bel ornement de leur fexe. Si elles n'avoient point les foi-bleffes qu'on attribue aux autres femmes, elles manquoient en récompenfe des ver-tus aimables qui les caractérifent. Elles étoient autant de héros féminins, qui, fi nous en croyons les hiftoriens, préfé-roient la mort de leurs enfans au moindre reproche de timidité, qu'on auroit pu leur faire: fentiment louable dans un chef de foldats, mais qu'on trouvera, fans doute, étrange dans une femme, dont l'ame fen-fible doit refter fermée à ces paffions vio-lentes, pour ne s'ouvrir qu'aux émotions de la nature & de la maternité. Nous avons choifi, entre plufieurs peuples, l'exemple de celui de Sparte, parce que c'eft de tous ceux de l'antiquité celui où l'éducation eut le plus d'influence fur les mœurs, & les mœurs fur la conduite nationale & la police de l'état.

Notre objet n'eft point de rechercher ici la meilleure forme d'éducation natio-nale, celle qui doit conferver plus long-temps la pureté ou la bonté des mœurs publiques, ni comment les loix peuvent l'encourager, la protéger & en recevoir du fecours & de l'appui. Ces objets très-importans au bonheur de la fociété, & qui demandent une grande impartialité, pour être utilement traités, trouveront leur place dans la fuite de cet ouvrage. Il n'eft queftion ici que de l'influence de l'éducation fur la morale publique, & nous ne voulons que préfenter quelques idées propres à guider l'efprit du lecteur dans l'étude de ces objets, ou du moins à le faire douter de l'importance & du mérite de quelques opinions affez généralement admifes fur cette matière.

C'eft principalement chez les peuples, où la morale religieufe fait partie des études, que les mœurs ont le plus de rapport avec l'éducation & en font plus fenfiblement modifiées. C'eft une vérité facile à reconnoître, pour peu qu'on veuille faire attention à ce qui fe paffe en Europe aujourd'hui, & à la forme d'adminiftration établie dans les états Mahométans. Vous y reconnoîtrez dans les inftitutions fociales & dans la conduite publique des hommes, les fuites des impreffions que les exercices religieux de l'enfance ont laiffées dans leur efprit. Haine, averfion pour tout ce qui porte le nom de communions différentes, préjugés fur les droits refpectifs des pères & des enfans, des maris & des femmes, erreurs fur les motifs des jugemens de Dieu & les raifons de fa prédilection en faveur d'un peuple, à l'exclufion de tous autres; entêtement fur les principes de théocratifme en crédit chez eux; habitudes fingulières & coutumes bizarres auxquelles l'éducation les a dreffés, & que tous les efforts de la raifon ne peuvent que difficilement ébranler. On connoît ce qu'ont produit les fiècles d'ignorance à cet égard, & combien l'inftruction monacale a éloigné long-temps les hommes du véritable but qu'ils doivent fe propofer dans la fociété. Encore aujourd'hui que les lumières font répandues fur toutes les parties des connoiffances humaines, que la deftination fociale de l'homme eft mieux connue, les enfans font élevés parmi nous comme s'ils étoient deftinés à n'être uniquement que des profeffeurs de Théologie. Ils connoiffent beaucoup mieux les dogmes religieux que les droits & les devoirs de l'homme & du citoyen; ils ont des idées profondes fur les péchés & les facremens, & n'entendent rien à la diftinction des actions vertueufes ou blâmables. En un mot, la feule éducation pofitive qu'ils reçoivent, eft beaucoup plus celle d'un théologien que d'un

homme & même d'un chrétien. Il en réfulte que leur conduite morale eft dirigée par un mélange de motifs mal prononcés & de terreurs vaguement conçues; ils ne retiennent des principes fublimes qu'on leur a inculqués, que ce qui cadre avec leurs paffions ou leurs intérêts, & ne cherchent point à faire l'application des maximes chrétiennes à la morale humaine, dont on a trop négligé de leur faire fentir l'importance, & le rapport avec celle de l'évangile.

Cette négligence eft la caufe de la fuperftition & du fanatifme de quelques peuples; parce que, plus exercés dans les connoiffances théologiques que dans la pratique des vertus fociales, ils ne favent que joindre à l'ignorance des droits de l'homme, tout l'entêtement & la fureur de l'efprit de fecte. Et remarquez que c'eft principalement dans les derniers rangs de la fociété que ces abus ont lieu. En Italie, on trouve autant de lumières & de raifon parmi les perfonnes d'un ordre diftingué, que de pratiques dévotes & de vices dans les moyennes & dernières claffes des citoyens. La morale de celles-ci eft un mélange de bigotifme & de petites idées, fruits de leur éducation monacale & rétrécie. En Efpagne, mêmes abus, peut-être de plus grands encore.

En général, l'on a prefque borné l'éducation, ou plutôt l'inftruction morale des enfans, à la connoiffance des devoirs religieux dans notre Europe moderne. C'eft beaucoup fi l'on compare la pureté de quelques maximes & la fainteté de quelques préceptes qu'on leur donne, à la barbarie de la morale militaire des Spartiates ou des Romains, & à celle des peuples encore dans l'état à demi-fauvage; mais ce n'eft pas affez fi l'on fait attention à la multitude de devoirs que l'homme a à remplir & qu'il doit connoître, à la quantité de droits qu'il faut qu'il refpecte, même dans ceux qui ne penfent pas comme lui; enfin à la néceffité de faire céder les principes les plus refpectables, mais quelquefois trop févères, à ce qu'exigent nos foiblesses, nos misères & le maintien de la paix publique. Voilà quel doit être le but de l'instruction de l'homme destiné à vivre avec ses égaux & ses semblables.

Une éducation purement militaire, seroit l'extrême opposé de celle dont nous venons de parler, & son influence sur la morale publique, seroit plus dangereuse & moins favorable encore aux progrès des mœurs & de la félicité publique. C'est celle que nos gothiques aïeux donnoient exclusivement à leur enfans, la seule qu'ils connussent, la seule qu'ils regardassent comme digne de l'homme, c'est-à dire du gentilhomme ; car dans ces temps d'erreurs, tout ce qui n'avoit pas ce titre, étoit à peine mis au rang des citoyens, & toujours exclu des distinctions honorifiques, réservées à ceux qui portoient les armes. Cette estime exclusive pour la profession militaire & le soin que tout homme libre avoit d'y faire élever ses enfans, tenoient, comme nous l'avons vu, aux circonstances où se trouvèrent les nations de l'Europe au moment de leur établissement, circonstances qui influèrent long-temps sur le génie des peuples, & qui leur conservèrent le goût des armes & des exercices qui y sont analogues.

C'est cette même éducation militaire qui entretient encore en Europe, & singulièrement en France, quelques préjugés du faux honneur & de la gloriole chevaleresque : la noblesse s'y croit encore destinée uniquement aux armes ; & à la honte de la raison, on y voit les enfans des premières familles, prendre des leçons d'escrime pendant plusieurs années, & s'y rendre habiles, avant de savoir même s'il existe des loix qu'il faut respecter, & à la vigilance desquelles ils doivent leur bonheur & leur tranquillité. A voir l'ardeur que cette jeunesse met à manier un fer, vous croiriez que nous sommes encore au temps de Raoul ou de Philippe-Auguste. Cependant l'éducation civile est négligée.

L'Angleterre paroît avoir senti l'avantage d'une éducation différente. Les enfans y sont, en général, élevés de manière à se pouvoir distinguer un jour, dans quelqu'état qu'ils prennent. En donnant un précepteur à un jeune homme, on ne lui dit pas : *mon fils est destiné à servir le roi, apprenez-lui ce que doit savoir un gentilhomme*. On lui recommande de l'instruire dans les loix de son pays & dans la connoissance des droits de l'homme & du citoyen. Du moins tel est l'esprit général de la nation, comme celui des François est de faire de leurs enfans d'*aimables cavaliers*. Mais ces aimables cavaliers sont ensuite des citoyens lâches & ignorans. Le défaut d'instruction sur les parties de la constitution politique & les droits des différens ordres du royaume, les rend d'une indifférence & d'une bêtise révoltantes, dans tout ce qui a rapport à la liberté civile & l'administration des affaires publiques. Il est commun de les entendre parler de leurs mœurs, de leurs loix, de leur gouvernement avec plus d'ignorance & d'impéritie qu'un habitant de la Castille ou du Canada, pour le peu que l'un ou l'autre eût lu un livre de Géographie élémentaire. De cette mauvaise éducation, de ce manque de connoissances dans les choses les plus essentielles à connoître, pour tout homme qui vit en société, il résulte dans les François une étonnante apathie pour la défense de leur priviléges & de leurs libertés. Ne connoissant rien, ils ne prennent parti dans rien ; ils voient avec un stupide étonnement les révolutions qui arrivent dans le gouvernement. Tout est changé, détruit, bouleversé, qu'à peine savent-ils de quoi il est question. De-là les nombreux changemens dans la magistrature, de-là l'impunité des administrateurs qui ont abusé de leurs places, de-là les progrès de l'autorité arbitraire, ou plutôt les abus de la faveur, de-là enfin l'espèce de dégradation politique, dans laquelle vit un peuple qui par ses richesses & sa position devroit être un des plus respectables de l'Europe. L'opinion publique, très-longue à se former, peut seule opposer une digue au torrent

des

désordres; mais l'opinion publique est le fruit des bons ouvrages, & non celui de l'éducation nationale.

Cette imbécillité d'instruction chez les françois, en fait un peuple d'imitateurs. Le peu de préceptes utiles & généreux que quelques-uns puisent dans la lecture des livres anciens, pendant le cours de leur études, font bien-tôt place à des maximes & des sentimens inspirés par l'exemple. Tel courtisan rit à trente ans des vertus républicaines ou bienfaisantes qui l'échauffoient à quinze. C'est que son caractère n'ayant point reçu de ses maîtres les modifications fières & généreuses que donne une bonne éducation civile, il reste indécis sur tout ce qui tient aux principes de la société & du bonheur public. De cette incertitude naît l'indifférence, & de l'indifférence la soumission à l'exemple, c'est-à-dire le goût de l'imitation & des vertus sans caractère comme des actions sans grandeur & sans dignité.

Aussi l'influence de la mode est-elle prodigieuse sur le françois, parce que n'ayant point été habitué de bonne heure à avoir une opinion à lui, les impressions qui lui viennent du dehors l'entraînent & le subjuguent facilement. De-là ces grands mouvemens pour les petites choses, auxquelles l'usage a mis de l'importance, & cette inertie dans les grandes choses, sur lesquelles la mode n'a point prononcé. Il résulte encore de ce principe, que ce qu'on nomme l'*opinion publique* doit avoir un plus grand empire sur les esprits en France, que par-tout ailleurs; son pouvoir s'y étend jusqu'aux ministres & au souverain lui-même. Par une conséquence analogue, la douceur des mœurs la politesse des manières, les petites libertés de la vie sociale, la bienfaisance & l'humanité ont dû faire des progrès chez un pareil peuple, plus que chez un autre. En effet, il faut un aliment à l'activité publique, il faut un objet d'occupation à de grands enfans, qui n'ont rien à démêler avec leurs maîtres, & qui d'ailleurs les aiment trop pour cela. Leur tempérament est doux, leur enfance les porte aux actions bienfaisantes; ils s'y adonnent donc, & de-là naissent ces accès de générosité, ces monumens charitables, ces sociétés patriotiques, c'est-à-dire bienfaisantes, cette générosité dans un grand nombre de particuliers, & par suite cette bonté de cœur & cette facilité de mœurs qui caractérisent une nation soumise & policée.

Mais comme ces heureux effets de la morale publique tiennent bien plus aux événemens, aux circonstances, aux temps, aux lieux, qu'à la profondeur de pensée & à l'énergie de cœurs sûrs d'eux & de leur volonté, à côté d'un hôpital bien doté, vous voyez en France une prison d'état; & tandis qu'on s'empresse de porter son argent à une caisse de bienfaisance, souvent on voit aussi indifféremment conduire un innocent à la roue, qu'on verroit jouer un opéra comique ou changer un contrôleur général. C'est un contraste perpétuel de bienfaisance & de rigueur, d'injustice & de bonté, de petitesse & de générosité. Il n'y a d'esprit public que pour des choses où le sentiment de la dignité, de la liberté, de la sécurité personnelle ne doit entrer pour rien. Cette trempe de caractère national est encore entretenue & en quelque sorte assurée par les écrivains. Ceux-ci ont du crédit dans la nation, ils modifient l'opinion publique, & la changent à la longue; leurs idées s'amalgament avec les idées populaires, elles les purifient, les améliorent, les civilisent. Mais comme, à l'exception d'un petit nombre ils ne s'occupent que de sujets qui ne peuvent porter ombrage à aucune puissance dans l'état, que leur plume est enchaînée par cent entraves différentes, les esprits manquent d'énergie, & se portent vers des vertus de détail, qui soutiennent la douceur & la facilité des habitudes nationales, mais qui ne portent aucun caractère de grandeur & de liberté publique.

Ces considérations expliquent comment

on peut trouver dans un peuple des choses qui semblent s'exclure : l'attachement à son pays & le manque d'intérêt pour tout ce qui tient à sa constitution, à son régime politique ; les qualités domestiques & privées en honneur, la bienfaisance pratiquée, & le patriotisme sans recommandation, sans énergie ; le goût des arts & des sciences utiles répandu, la morale du monde indulgente, généreuse, tolérante ; & des loix rigoureuses, des peines révoltantes, des abus honteux ; des écrivains éloquens sans liberté, patriotes sans courage ; un peuple soumis & content ; des hommes riches & sans pouvoir ; une morale publique perfectionnée & la plus grande négligence dans les principes de l'éducation des citoyens. Peut-être ce phénomène n'est-il que passager, du moins a-t-il acquis un degré d'intensité singulièrement remarquable.

Si donc on veut étudier avec utilité le génie moral d'un peuple, on ne doit point négliger de considérer l'influence que peut avoir sur l'esprit national l'éducation qu'il reçoit. Peut-être que si l'on vouloit en rechercher l'effet chez toutes les nations policées, on trouveroit qu'on doit lui attribuer en partie les caractères particuliers qui les distinguent après ceux qu'elles tiennent de leur constitution politique, de leurs loix & de leurs cérémonies religieuses ; qui pourtant elles-mêmes n'ont de puissance qu'autant que l'éducation accoutume les hommes à les respecter. Nous dirons encore un mot de l'éducation, afin d'en faire mieux sentir l'influence sur le caractère & la morale des nations civilisées.

L'on peut distinguer deux sortes d'éducation, l'une *directe*, & l'autre *indirecte*. La première est celle que les hommes reçoivent de leurs maîtres, de leurs parens, par des leçons de morale & des instructions sur les connoissances utiles. La seconde est dans l'usage du monde & singulièrement dans l'inclination que nous avons d'imiter tout ce que nous voyons, tout ce qui nous frappe & nous étonne.

Celle-ci est bien plus puissante & bien plus active que l'autre. C'est elle qui forme notre caractère & efface souvent dans notre esprit les foibles traces de l'éducation positive. Ainsi donc, quelques soient les maximes de sagesse, de raison & de morale que nous avons étudiées étant jeunes, si les hommes que nous fréquentons ensuite sont lâches, timides, petits, doux, bons, faciles, esclaves, minutieux, nous prendrons insensiblement toutes ces qualités & ces vices qui ont entr'eux quelqu'espèce d'analogie. Voilà pourquoi, dans un état despotique la nation reste soumise, quoique l'on ait offert aux premières réflexions de la jeunesse des exemples d'une vertu rare & d'un patriotisme républicain. Voilà pourquoi l'habitant de la Castille ne sera ni moins dévot, ni moins fanatique, quoiqu'il ait appris par cœur *Horace* & *Lucrèce* ; & il le sera tant que des événemens difficiles à prévoir, n'auront pas réformé le génie de la nation, & n'auront pas changé les élémens de l'éducation indirecte, qu'il reçoit dans ce pays superstitieux. Ce sont donc les habitudes nationales qui forment les hommes, ce sont les préjugés, les maximes publiques, les idées populaires qui effacent ou affermissent dans les ames les principes & les traces de la première éducation, & sur-tout chez les peuples naturellement imitateurs. Peut-être devroit-on borner l'enfance aux études élémentaires, & dans l'âge de la raison, donner à l'homme des leçons de morale & de politique, c'est-à dire l'instruire de ce qu'il doit à la société comme citoyen, & de ce que la société, le souverain & les autres hommes lui doivent, comme membres d'une même communauté ?

On demande si l'éducation publique est préférable à l'éducation privée ? Pour former les hommes à l'égalité, à la subordination, à l'obéissance, l'éducation publique est préférable ; mais pour leur inspirer la haine des ordres arbitraires, l'attachement à la liberté personnelle, le goût des mœurs domestiques, la sensibilité de caractère , l'éducation privée l'emporte. Un college reffemble à un gouvernement defpotique ; tout s'y décide par la volonté d'un feul , & fouvent d'un imbécille. Les écoliers , pour fuir la tyrannie , pour fe fouftraire à des châtimens fouvent déplacés , mentent , fe cachent , fe profternent , font des fermens auffi ridicules que dangereux pour leurs mœurs. Rien de fi mauvais que la police de nos colleges , rien de fi oppofé aux inftitutions civiles des peuples libres , dont les actions font le fujet commun des leçons qu'on y donne à la jeuneffe. Il femble qu'on ait voulu , par le defpotifme fcholaftique , étouffer dans le cœur des jeunes gens , la première émotion des fentimens généreux , que l'exemple d'un *Ariftide* ou d'un *Publica* y eût pu faire naître. Ainfi confidérée du côté des mœurs nationales, l'éducation publique , c'eft-à-dire monacale & académique , telle qu'on la donne dans nos colleges, nos couvens & nos penfions, eft très-mauvaife. Il eft vrai qu'on prétend qu'elle éloigne les jeunes gens du goût pour les commodités , les douceurs de la vie, du luxe & de la volupté qui règnent chez leurs parens. Mais d'abord , le luxe & la volupté ne règnent pas chez tous les citoyens qui envoient leurs enfans au college. Quelques-uns au contraire ne s'y déterminent que par une économie affez mal entendue en pareil cas. Mais quand il en feroit ainfi, quand les jeunes gens s'habitueroient aux jouiffances douces , de bonne heure, qu'en réfulteroit-il ? Que bientôt l'ufage les leur rendroit indifférentes , & qu'ils ne les rechercheroient pas enfuite avec la fureur de ceux qui, détenus dans les colleges un tiers de leur vie, en ont été privés & n'ont connu que l'efclavage, des défordres honteux, & tous les tourmens d'une exiftence captive. Au refte, nous n'en dirons pas davantage fur ce fujet, nous aurons occafion d'en parler ailleurs, & cette digreffion n'eft peut-être déjà que trop longue.

Remarquons feulement que les abus de l'éducation françoife ont été prouvés & mis au grand jour depuis long-temps que plufieurs écrivains fe font empreffés d'en propofer les remèdes , & que fi tous ceux qu'ils ont annoncés ne paroiffent pas devoir produire tout le bien qu'ils promettent, du moins font-ils autant de preuves de la néceffité d'une réforme générale & réfléchie, dans cette partie de nos inftitutions fociales. On paroît vouloir la tenter aujourd'hui cette réforme ; mais on femble manquer de plan. On n'a point d'idées fixes encore fur ce qu'on croit devoir enfeigner aux jeunes gens : l'efprit de corps , les préjugés nationaux , les entraves que le pouvoir tend toujours à mettre au génie , le défaut de grands motifs dans notre conftitution, l'engoument militaire, qui règne encore dans une certaine claffe de citoyens , l'incapacité de ceux qui font chargés de l'éducation , font autant d'obftacles qu'on fera long-temps encore à furmonter , avant d'avoir effectué quelque chofe d'utile dans la théorie des études nationales. On paroît trop négliger les connoiffances pofitives, les vertus fociales, les qualités naturelles, tout ce qui peut donner à l'homme une heureufe conftitution phyfique & un beau caractère moral. Ce n'eft qu'en fe rapprochant de la nature, qu'en fuivant fon inftinct, cet inftinct fublime qui eft toujours fi jufte, fi fûr ; ce n'eft qu'en développant les principes de fenfibilité, de juftice & de liberté inférés dans nos cœurs, qu'on pourra vraiment faire de l'homme un citoyen paifible & généreux un père , un époux, un ami fenfé, raifonnable & fidèle.

IV. Une autre caufe d'altération ou plutôt d'amélioration dans les principes moraux des peuples, c'eft la communication qu'ils ont avec les étrangers, foit que cette communication ait pour motif des relations de commerce, foit qu'elle tienne au goût des voyages & des découvertes, ou à tout autre confidération politique ou religieufe.

Nous avons une preuve bien frappante

de cette vérité dans l'influence qu'ont eu les croisades sur les mœurs & la civilisation de l'Europe. Ces excursions de peuples aveugles & fanatiques eurent les plus heureuses suites pour les progrès de la raison. La vue de terres autrement cultivées, de peuples mieux quoiqu'autrement gouvernés, de religions différentes, d'usages & de loix sous lesquelles des villes riches & & policées étoient heureuses & florissantes, fit naître de nouvelles idées dans la tête de ces conquérans grossiers. Ils entrevirent qu'on pouvoit être heureux de plus d'une manière, & que les opinions qu'ils regardoient comme essentielles au bonheur des hommes & à la tranquillité sociale pouvoient bien n'être que l'effet de l'ignorance & des préjugés nationaux. Ces utiles comparaisons donnèrent lieu à des réflexions plus importantes. Elles excitèrent la curiosité des hommes & nourrirent leurs idées d'exemples inconnus auparavant. Les relations des voyageurs éclairèrent leurs compatriotes, & les traits de bonté & de sagesse qu'ils remarquèrent dans des hommes d'une religion différente, ne contribuèrent pas peu à diminuer l'horreur superstitieuse qu'on avoit alors pour tout ce qui ne portoit pas le nom de chrétien. Enfin telle fut la conséquence des croisades, qu'elles éclairèrent l'Europe après l'avoir dépeuplée, & donnèrent une leçon à l'Europe, en répandant de nouvelles connoissances parmi les peuples.

Si, au lieu de chercher à conquérir un pays qu'ils ne pouvoient conserver, les chrétiens eussent établi des relations entre eux & les peuples de l'Asie; si au lieu de se faire battre par les soldats féroces & courageux d'un Saladin, ils eussent cultivé l'amitié de ce grand prince; si nos ancêtres eussent formé des communications paisibles, des rapports de commerce avec ces riches contrées, quels avantages la raison & l'humanité n'en eussent-elles pas retirés, puisque les courses extravagantes & belliqueuses des croisés produisirent même un bien réel pour le progrès des lumières & de la philosophie en Europe?

Nous voyons que les nations chez qui des rapports de commerce ou des alliances motivées par la politique ont entretenu une communication constante & suivie avec les peuples du dehors, ont toujours eu plus de tolérance, de bon sens & de civilisation que celles où le despotisme & des circonstances particulières ont fomenté le mépris & la haine pour les étrangers. Si l'on consulte attentivement l'histoire, on verra que les grandes capitales, les états commerçans, les peuples navigateurs ont toujours devancé leur siècle en civilisation & en lumières. Pendant les temps de l'anarchie féodale en Europe, lorsque tout étoit plongé dans l'épaisse nuit de l'ignorance, que chaque peuplade confinée dans une province ignoroit qu'il y eût des hommes & des loix à vingt lieues de sa frontière; quand une noblesse orgueilleuse par stupidité, tenoit les hommes dans l'esclavage, & vivoit au milieu des guerres domestiques, dans des prisons qu'elle appelloit châteaux; pendant tout ce désordre, Rome offroit l'image d'un peuple encore épris des arts & des jouissances d'une nation policée. Il s'y trouvoit plus de lumières & de raison que par-tout ailleurs, quoique l'intérêt & la politique les rendissent souvent inutiles, & y fomentassent tous les abus du théocratisme pontifical. C'est que Rome conserva toujours un grand nombre de relations avec les étrangers, qu'elle étoit la capitale d'un monde, dont elle disposoit alors avec des bulles, comme elle le fit sous les Césars avec des legions; c'est qu'on y trouvoit des hommes de tous les pays qui par le contraste de leurs systêmes religieux, de leurs usages & de leurs mœurs y entretenoient une liberté de principes, une incrédulité réfléchie, une morale publique, tantôt tolérante & tantôt cruelle, au gré des circonstances & des intérêts politiques, mais qui tenoit les esprits éveillés & leur donnoit du caractère & de l'expression. Au milieu de son plus grand délire, elle n'offrit jamais le spectacle d'abrutissement où se trouva plongée l'Europe pendant dix siècles, entiers. Ses relations continuelles avec tout l'empire chrétien la sauvèrent de l'ignorance & de la barbarie des autres peuples, qui n'avoient pas le même avantage.

Mais si l'exemple de Rome nous prouve qu'un peuple sans cesse à portée de juger les hommes, & toujors frappé par les contrastes qui régnent entr'eux, conserve un degré d'activité, une étendue de connoissance, & des idées que n'ont point les nations isolées & sans rapport avec les étrangers, celui des petites républiques commerçantes qui se sont successivement établies en Europe, le démontre encore plus complettement. Si l'on jette les yeux sur leur origine, on les verra fortes de toutes les lumières acquises dans leur commerce, braver la puissance de leurs maîtres, en secouer le joug & établir chez elles une forme de police, des loix & des principes supérieurs à ceux de leur siècle. Leurs idées semblent s'agrandir avec leurs entreprises & les succès de leur commerce. Non-seulement les richesses des autres peuples leur deviennent communes, mais avec elles encore leurs lumières & leurs bons établissemens; & la grande connoissance qu'elles en acquièrent, les mettent en état de profiter de leurs erreurs & de leurs fautes, comme de leur sagesse & de leur prospérité. L'exemple & la comparaison forment les nations encore plus utilement que les individus.

Voyez, au contraire, les peuples qui par préjugés ou par foiblesse font retenus dans l'isolement, sans communication avec les autres hommes, sans moyen de participer à leurs lumières, à leurs découvertes, à leur civilisation, ils restent dans une enfance éternelle, ou dans une barbarie qui ajoute encore à leur esclavage & à leur ignorance. A-t-on vu la Russie suivre les progrès de la raison & des arts en Europe? Ce peuple est encore esclave, pauvre & barbare. Long-temps les loix y punirent des plus rigoureuses peines quiconque voyageoit chez les autres nations;

ce despotisme tourné en habitude, devoit produire les plus malheureux effets dans ce vaste empire, dont l'existence colossale ressemble à celle des Ottomans, où d'autres préjugés entretiennent les hommes dans la même erreur.

Ce font les grands rapports qui existent entre les peuples policés de l'Europe moderne, ce font les visites continuelles qu'ils se font, ce font les habitudes communes qu'ils contractent dans leurs relations, qui y soutiennent l'état des arts, de la politesse, & y répandent ces principes de morale & de raison qui les rendent aujourd'hui plus humains & tolérans que jamais.

On a blâmé l'habitude de voyager; l'on a dit qu'elle répandoit plus de vices que de vertus, qu'elle faisoit circuler la corruption d'un peuple chez tous les autres, qu'elle pervertissoit les usages nationaux, & détruisoit à la longue les caractères distinctifs des hommes. Mais ces inculpations disparoissent devant la raison & l'équité. C'est l'amour-propre d'un peuple, qui regarde ses habitudes & sa morale comme supérieures à celles des autres; c'est l'abus de quelques hommes vicieux, qui n'ont rapporté dans leur patrie que les sottises ou les préjugés des étrangers; c'est l'ignorance amie des vieilles erreurs, c'est le despotisme, en un mot, ce font les ennemis de la raison qui ont crié contre les voyages, & fait ces objections. Aujourd'hui tout le monde est d'accord sur les avantages qu'en retirent la Philosophie, les arts & la morale publique.

En effet, si la morale publique d'une nation est en raison de ses lumières, & si le concours des connoissances étrangères peut accroître la somme de nos idées & en multiplier les rapports, peut-on douter que des voyages, des relations, des communications avec nos voisins ne nous soient de la plus grande utilité? Que d'erreurs, que de préjugés dissipés! Que de bons établissemens, que de réformes introduites chez nous, depuis que nous avons connoissance de ce qui se passe

ailleurs ! Nous aurons plus d'une fois occafion d'en parler dans le cours de cet
ouvrage ; c'eft ce qui nous oblige à n'en
point dire davantage ici, & à ne confidérer cette matière que relativement à fon
influence fur les mœurs & l'efprit des nations.

On peut diftinguer plufieurs efpèces de
communications entre les peuples éloignés ou voifins. Les unes font dues aux
voyages des particuliers, les autres aux
relations de commerce, quelques-unes
s'entretiennent par les miniftres publics
ou députés nationaux établis dans les pays
étrangers, les dernières enfin s'opèrent par
la circulation des écrits, foit qu'on les
confidère comme production habituelle
des écrivains du pays, ou comme fimples
ouvrages périodiques deftinés à faire connoître les événemens politiques & à répandre les nouvelles découvertes.

Cette dernière efpèce de communication a fait de rapides progrès depuis un
fiècle & demi en Europe. Avant, les
hommes vivoient dans une ignorance ab
folue les uns des autres; il falloit voyager
néceffairement pour connoître les mœurs
& les loix d'un peuple voifin ; on ne pouvoit profiter ni de fes découvertes dans les
arts, ni de fes progrès dans la civilifation,
ni de fes fautes, ni de fes erreurs. Ces matériaux manquoient à la philofophie, &
la légiflation elle-même, qui a tant befoin
de s'éclairer des lumières des autres nations, étoit privée d'un des plus fûrs
moyens de fe perfectionner & de fe polir.
Le peu de relations qu'on entretenoit avec
les étrangers, fe faifoient par les ambaffa-
deurs ou miniftres publics. Mais ces hommes d'état, uniquement occupés d'intrigues
de cabinet, ne voyoient rien qu'à travers
les préjugés de leur cour ou les intérêts
de leur politique. Tout ce qui tient à la
légiflation, à la police, aux mœurs, aux
arts leur échappoit; & fi vous lifez la plupart des *relations d'ambaffade*, vous n'y
verrez que de faftidieufes defcriptions
d'étiquettes; de cérémonies; des difeours

fur les prétentions & les droits des couronnes; des raifonnemens faux pour juftifier des ufurpations injuftes ; l'efprit d'hoftilité, la morgue, la petiteffe de la grandeur, & pas un mot des connoiffances
utiles. Il a fallu que les gens de lettres fiffent circuler celles-ci dans des écrits publics, qu'ils les répandiffent parmi les nations, & leur préfentaffent ainfi des objets
de comparaifon, infiniment préférables à
toutes les notions d'une politique tortueufe
& bizarre. Depuis ce moment de bons ouvrages ont paru fur toutes les branches de
la légiflation, de l'économie publique ; nos
arts fe font fortifiés des progrès qu'avoient
faits nos voifins, & nos voifins mêmes
ont profité de nos découvertes & de nos
tentatives. L'adminiftration s'eft éclairée,
l'opinion publique s'eft formée, elle a pris
de la force, de l'afcendant; & les lumières
de tous les peuples venant à l'appui de fes
jugemens, elle eft parvenue à fe faire
refpecter de ceux mêmes qui jufqu'alors
n'avoient vu de refpectable que leurs paffions & leur volonté. Les ouvrages périodiques, les papiers publics, ces moyens
de communication univerfelle font devenus dans le même temps l'aliment, le
foutien & l'arme de la philofophie. Ce
font eux qui lui préfentent tout ce qu'il
faut pour donner de la force & de l'influence à fon pouvoir. Elle y configne fes
décifions en même-temps qu'elle y trouve
des motifs d'encouragement & des efpérances. Toute une fecte, toute une nation,
l'Europe entière eft appellée à juger, à
prononcer fur une foule d'objets fur lefquels, auparavant, le défpotifme ou l'intérêt feul de quelques particuliers avoit
droit de fe faire entendre. De cette réunion d'idées, de ce faifceau de lumières,
il fe forme une nouvelle puiffance qui,
dans les mains de l'opinion publique,
gouverne le monde & donne des loix aux
nations policées.

En effet, fi l'on jette les yeux fur les états
de l'Europe, on verra que ceux où la multitude & la liberté des papiers publics font
plus étendues, font auffi ceux où la civi-

lifation, la police, l'adminiftration ont fait le plus de progrès. L'Angleterre, que l'on citera long-temps encore en fait de gouvernement, en eft une preuve. Il n'eft point de pays où l'on trouve une plus grande quantité de feuilles périodiques; elles font écrites avec une liberté remarquable, il y a de la chaleur, du zèle, quelquefois de l'efprit de parti, mais toujours de la vérité dans leurs récits. Auffi l'anglois eft il très-inftruit de ce qui fe paffe chez lui & au dehors; il fait ce qu'on penfe à la cour & à la ville; il compare, il raifonne, il met à profit les idées, les connoiffances, les erreurs mêmes des autres nàtions. Les mœurs acquièrent, par cette circulation de lumières, de la tolérance, de la générofité, & ne confervent d'énergie & de rudeffe que ce qu'il en faut pour ne point leur donner la phyfionomie de celles d'un peuple efclave. Si quelquefois cette liberté de dénoncer à la face de l'univers, de calomnier même des hommes puiffans & qui fe rendent odieux à la multitude, peut faire commettre quelqu'injuftice au peuple anglois, il n'en eft pas moins vrai que cet abus eft bien moins nuifible, bien moins dangereux pour les mœurs & la liberté publique, que la fervitude de ne pouvoir parler publiquement que fous l'approbation d'un officier de police.

En Fance, depuis que l'on voyage chez l'étranger fans fortir de fes foyers, qu'on fait ce qui fe paffe à Londres, à Berlin, par le moyen des papiers publics, les connoiffances politiques fe font perfectionnées, la morale éclairée, la philofophie accrue. Les gens du monde, les hommes de lettres ont pu s'enrichir des idées étrangères & les faire fervir aux progrès de leur raifon. L'homme trop pauvre pour voyager, le père de famille, celui que fes affaires attachent au fol, ont pu s'inftruire, & même plus folidement par la lecture des papiers publics, que par des courfes précipitées & fatigantes. Il eft réfulté de-là une inquiétude dans les efprits, une curiofité, un goût pour la difcuffion des intérêts politiques, qui fuppléent en quelque forte, quoique bien foiblement, au défaut d'une bonne éducation civile, que l'on devroit donner aux enfans des principaux ordres de la fociété. L'exemple journalier qu'offre l'Angleterre, d'un peuple difcutant fes droits, & fe gouvernant par fes repréfentans, laiffe de fortes impreffions dans toutes les têtes. L'on ceffe de croire qu'il n'y ait qu'une feule efpèce de gouvernement folide, quand on voit une nation riche & puiffante établir fon pouvoir fur les droits du peuple & de la raifon. Les abus mêmes qu'on remarque dans cette conftitution tournent au profit de ceux qui en ont connoiffance. Les affaires particulières, les bons établiffemens, les entreprifes utiles de ce peuple induftrieux font devenus pour les François un fujet d'inftruction vraiment recommandable, & l'on ne fauroit douter que tôt ou tard cet exemple ne produife d'heureux effets fur nos mœurs, nos loix & fur-tout, ne nous faffe fortir de cette indifférence infenfée pour tout ce qui regarde nos intérêts politiques.

L'Efpagne eft privée d'un tel fecours (a): auffi voyez fon état. Quelques tentatives avortées, quelques établiffemens commencés plutôt par les foins de particuliers puiffans, que par le concours de l'efprit public; quelques entreprifes économiques dictées au gouvernement par des vues d'intérêt; une police groffière, des juges ignorans, un tribunal encore odieux & defpotique, s'il n'eft plus fanguinaire & tyran; point d'opinion publique, point de liberté civile, nulle liberté naturelle; voilà l'état de l'Efpagne, qui fous la main des Anglois ou d'un peuple bien gouverné, feroit le plus beau pays de l'Europe. Tout ce qui entre en Efpagne eft

---

(a) On trouve en Efpagne une ou deux feuilles publiques, écrites avec autant de féchereffe que de partialité. Il y a loin de-là aux bons ouvrages périodiques qui circulent en France, & fur-tout en Angleterre.

DISCOURS

rigoureufement foumis à l'infpection des prépofés de l'adminiftration , & le faint office ne permettra jamais qu'une feuille angloife , aille circuler dans la vieille Caftille ou l'Andaloufie. Les efprits pourroient s'éclairer, les hommes réfléchir, & c'eft ce qu'on ne veut pas. Cet efclavage eft fomenté même par la ftupide indolence des peuples. Sans ralliement, fans moyens de communication, fans aucunes relations entr'eux , que celles peut - être d'un commerce incertain & borné, les habitans de l'Efpagne ne voient rien au-deffus de leur police monacale & de leur morale théocratique. Leurs mœurs & leurs ufages répondent à cette façon de penfer; fi vous en exceptez un petit nombre d'hommes éclairés & haïs, humains & perfécutés, le refte eft un peuple d'efclaves, également fatisfaits de la tyrannie des moines, de fon ignorance & de l'indifférence du gouvernement pour fa pauvreté, fa baffeffe & fa fuperftition. Voilà l'effet que produira toujours fur une nation le manque de lumière, on de moyen de s'en procurer. Ce n'eft donc pas fans raifon que nous regardons les papiers publics comme très-propres à perfectionner la morale publique & à hâter les progrès de la civilifation , puifqu'ils offrent une inftruction de tous les jours; inftruction d'autant plus pofitive, qu'elle réfulte de faits & d'événemens arrivés dans toutes les parties du monde & foumis à la connoiffance de tous les hommes.

Les relations de voyages, quand elles font bien faites , peuvent rendre le même fervice. Quoique le voyageur n'apperçoive , pour ainfi dire, qu'en fuperficie l'état des nations chez lefquelles il paffe, cependant, s'il eft vrai, il peut dire des chofes utiles. Et de fait, depuis que l'ufage de l'imprimerie a facilité la publicité des idées , l'hiftoire des voyages eft devenue un véritable fujet d'inftruction pour ceux qui n'ont jamais quitté leur patrie. On s'eft éclairé par la connoiffance des mœurs , des loix & des coutumes des autres peuples. On a rougi d'être plus

barbare que des nations à qui on donnoit ce nom. Les préjugés fe font diffipés à la vue de coutumes que l'on regardoit avant, comme incompatibles avec de bonnes mœurs ou un état de fociété policée.

Mais ces effets ont été plus ou moins fenfibles en raifon du jugement & de l'exactitude des voyageurs. Un peuple crédule ou fuperftitieux , n'aura pas les mêmes avantages , ne retirera pas autant de fruit de la communication qui s'opère par cette voie, qu'une nation philofophe & éclairée. Sûrement les efpagnols ont beaucoup voyagé, il y a longtemps qu'ils ont des hiftoires de l'état des autres nations; mais la plupart font faites dans un efprit monacal & peu propre à répandre des connoiffances utiles. On eft auffi ignorant, auffi fuperftitieux à Salamanque ou à Cordoue, on y tient auffi fuperftitieufement à des petites pratiques , on y eft auffi en arrière de la civilifation des Anglois & des François , que s'il n'y avoit aucun moyen de profiter des connoiffances & des lumières de ceux-ci. Le Portugal , une partie de l'Italie , de l'Allemagne & du Nord font à peu près de même. La France, l'Angleterre, au contraire , ont tiré les plus grands avantages des connoiffances étrangères. Ils ont fu, avec une merveilleufe adreffe, faire fervir aux progrès des arts, de la raifon & de la fociété les exemples de mœurs & d'ufages finguliers puifés dans les voyages. Buffon , Voltaire , Montefquieu , Raynal, Robertfon, Fergufon, les meilleurs écrivains anglois & françois ont tiré le plus grand parti des voyages.—Leurs écrits ont acquis par ce moyen une force de conviction , une jufteffe de jugement, une variété & une étendue d'idées , qu'ils n'auroient peut-être que foiblement eues, fans fon fecours.

Mais c'eft principalement de la connoiffance que nous avons acquife des mœurs & des loix angloifes , que nous devons le plus nous louer. Par une heureufe difpofition des chofes , les anglois ont reçu jadis une forme de légiflaton très-favorable

aux

aux progrès de la société & à la liberté civile. Malgré les tentatives du despotisme & la corruption de quelques ambitieux; malgré l'absurdité de leur régime fiscal, presqu'aussi mauvais que le nôtre, le grand édifice de leur constitution subsiste toujours dans l'essentiel. La nation représentée par un corps puissant, que le peuple, ou à peu près le peuple, à le droit d'élire; une procédure publique & toute en faveur des innocens; la liberté de la presse assurée, sinon par le droit positif, au moins par l'esprit national & l'opinion publique; le droit de résistance incontestablement acquis au peuple par des loix positives, & la jouissance la plus solide & la moins contestée; voilà ce qu'on ne peut méconnoître de bon dans la nation angloise, & voilà ce qu'il est utile de remettre souvent sous les yeux des autres peuples, pour leur apprendre qu'ils peuvent être libres sans être séditieux, puissans sans être sujets d'un despote, & riches sans être gouvernés par des courtisans. Depuis qu'en France ces notions sont devenues familières, depuis que *Montesquieu*, & tout récemment *de Lolme*, les ont fait connoître & mises dans leur plus grand jour, l'intérêt public s'est développé dans les esprits, & y a pris une sorte de consistance qu'il n'avoit jamais eue. Les relations bien faites de quelques voyages en Angleterre, ont encore donné de la popularité à ces idées précieuses. On a cessé d'être étonné que le peuple y fût respecté, le bourgeois considéré, l'homme de lettres, les gens de loix, les magistrats, les représentans du peuple, instruits de leurs droits & des intérêts de la nation; qu'aucun usage, aucune loi n'autorisât les violations de la liberté publique, & que le monarque puissant, tant qu'il respecte les droits des hommes, s'exposât aux plus violens orages, aux plus terribles chûtes lorsqu'il vient à les violer ou à les mépriser.

On ne sauroit donc douter des bons effets de la publication des voyages. Ils ont été utiles en France; ils doivent l'être par tout, lorsqu'ils seront écrits avec sa-

Constitution de l'Angleterre, ouvrage d'un François, & très estimée des Anglois mêmes.

gesse, raison & impartialité. Nous avons plusieurs modèles en ce genre: nous en pourrions citer un grand nombre, mais comme ce n'est point de notre objet, nous nous contenterons d'indiquer avec éloge un petit ouvrage intitulé: *Londres*, par M. *Grosley*; les voyages de M. *de Châtelux* en *Amérique*; ceux de M. *Volney*, en *Egypte* & en *Syrie*; ceux de M. *Cox*, dans le *Nord*; ceux de M. *Swinburn*, en *Italie* & en *Espagne*; ceux de M. *Mayer*, en *Suisse*; ceux du Baron *de Riesbeck*, en *Allemagne*; enfin les excellens voyages du généreux & infortuné capitaine *Cook*, qui ont tant répandu de jour sur la connoissance du globe, & des peuples qui l'habitent.

Au reste, nous ne parlerons point ici de l'utilité des voyages par rapport aux jeunes gens à qui on en fait faire; nous dirons seulement qu'il y a autant d'abus que de raison dans cet usage. Il n'est pas rare de voir des gentilshommes, à peine sortis de l'enfance, courir l'Europe en chaise de poste, y commettre des folies & donner par-tout le spectacle de leur mauvaise conduite & de leur fatuité. Les parens disent que leurs enfans se forment ainsi: mais on devroit les former auparavant. On ne voit pas qu'il soit moins honteux pour un homme mal élevé, d'aller faire du scandale ou se charger de ridicule dans les pays étrangers, que s'il le faisoit chez lui. Il résulte encore un inconvénient bien grand de cet abus de faire voyager les jeunes gens pour les former, dans un âge où ils n'ont d'idées de rien; c'est qu'ils perdent ainsi l'occasion d'une instruction positive, qu'ils ne retrouvent plus ensuite; car, à moins que l'état qu'on a embrassé ne l'exige, il est rare que l'on puisse deux fois en sa vie, faire des voyages d'une étendue un peu importante. Pour qu'un jeune homme pût voyager utilement, il faudroit qu'il eût au moins vingt-cinq à trente ans, qu'il eût des idées nettes, ou du moins quelques connoissances des peuples chez lesquels il se propose d'aller; qu'il connût l'art d'interroger les hommes & la nature, qu'il eût des notions de droit

public, de morale & de physique ; qu'il
fût mettre de la valeur aux remarques,
qui, indifférentes en apparence, peuvent
avoir des rapports utiles avec toutes les
parties des connoissances humaines. Mais
ceux qu'on fait voyager n'ont pas habituellement la plus légère teinture de ces
objets, ensorte que leurs voyages font de
véritables courses, dont ils ne rapportent
que de l'ignorance & de la grossièreté. Si
les parens employoient à l'éducation de
leurs enfans les sommes qu'ils leur font
mal-à-propos semer dans les auberges &
sur les routes, il en résulteroit plus de
bien pour ceux-ci & plus de satisfaction
pour les parens. Ce n'est donc point à cette
mode d'envoyer des enfans assister aux
opéras étrangers, ou se ruiner avec des
filles d'un autre pays, qu'on peut attacher
quelqu'utilité publique, quelqu'influence
sur les progrès de la civilisation nationale ;
il n'en résulte qu'une exportation d'argent
au dehors, & une démonstration complette de nos travers à des peuples qui
ne les auroient pas connus. De tous
ces merveilleux que l'Angleterre & la
France envoient se former dans les cours
étrangères, il n'y en a pas deux qui pussent vous dire le prix du bled, ou la valeur des terres des lieux d'où ils viennent,
le génie du peuple, ses mœurs, ses succès dans les arts, la police de l'état & les
usages qui se rencontrent ailleurs qu'à la
cour. A les entendre parler, vous croiriez qu'il n'y a dans une nation que des
seigneurs, des gens riches & des femmes
de condition, ou que le peuple ne mérite pas qu'on s'occupe de lui. Quelques
ques voyageurs estimables ont même donné
dans ce travers que je dois remarquer ici.
Ils vous disent : *les appartemens font très-*
beaux dans ce pays ; les femmes ne vont guère
qu'en voiture ; les hommes portent tous des
habits galonnés. Comme si l'on devoit
compter pour rien les maisons des pauvres
qui ne font sûrement pas de beaux appar
temens ; comme si les femmes du peuple,
qui font ordinairement plus douces & plus
sensibles que celles des grands, ne méri-

toient pas qu'on décrivit leurs mœurs paisibles & obscures ; comme si les ouvriers,
les laboureurs portoient des habits galonnés, & que ce soit faire connoître une
nation que de décrire le luxe ou les plaisirs qui règnent à la cour & chez les grands.
Nous l'avons remarqué, rien, en bien
comme en mal, ne ressemble moins aux
mœurs des courtisans & des valets du
prince, que les habitudes & les coutumes
générales d'une nation.

Mais un des genres de rapports qui ont
le plus influé sur les mœurs modernes, &
augmenté la somme des lumières sociales,
est sans contredit le commerce, qui depuis
trois siècles, s'est développé avec une
grande énergie chez presque toutes les nations de l'Europe. On ne sauroit douter
en effet que l'habitude de traiter avec des
peuples différens en culte, en usages, en
principes, ne détruise les préjugés nationaux, n'étende les lumières & n'adoucisse
les mœurs. Tout le monde a reconnu les
avantages du commerce à cet égard. Ceux
mêmes qui ont voulu le bannir comme
une source de luxe & de richesses superflues, ont avoué que les rapports & les
moyens de communication qu'il établit
entre les hommes, doivent produire les
plus heureux effets sur la civilisation &
les idées d'ordre public. Car on peut observer que par les rapports de commerce,
les préjugés nationaux, les préventions
réciproques s'éteignent, & que cette voie
semble répandre les habitudes utiles, en
même-temps qu'elle reste fermée aux usages nuisibles ou seulement embarrassans.
Des hommes occupés d'un commerce
étendu, des moyens d'accroître l'industrie
de leur pays par la vente des denrées, de
profiter des besoins de leur voisins pour
offrir un débouché aux marchandises nationales ; de pareils hommes font peu propres à propager les préjugés, les ridicules,
les frivolités des peuples avec qui leurs
relations s'étendent. L'esprit de leur état
les préserve de la corruption, & les porte
à se saisir des connoissances utiles. Leur
tolérance, leur connoissance des hommes,

leur bon fens fervent de contrepoids aux haines nationales, aux idées intolérantes, toujours prêtes à dominer dans les états defpotiques. Auffi les lieux où fe raffem-blent les marchands font-ils des afyles de tolérance & de liberté; l'intérêt même les forceroit & les habitueroit à vivre ainfi en frères, quand la raifon & la juftice ne les y porteroient pas. Les nations les plus commerçantes feront donc celles où la ci-vilifation, la morale publique & la police feront les plus perfectionnées, toutes cho-fes égales d'ailleurs.

Si nous jettons les yeux fur la Hollande, nous la verrons depuis long-temps fouf-traite à cet efprit intolérant & dur, qui a caufé tant de malheurs en France & dans le refte de l'Europe. Ces braves républi-cains, après avoir répandu leur fang pour fecouer le joug d'un tyran qui vouloit les opprimer du double defpotifme des armes & de la religion, ne crurent pas devoir trai-ter les autres hommes comme ils avoient été traités fi long-temps par l'Efpagne. Ils admirent tous les cultes; leur commerce leur en faifoit une loi, & cette heureufe néceffité prouve l'incompatibilité de cette profeffion avec l'efclavage & l'intolérance. Bien-tôt l'induftrie & tous les arts de la paix fe développèrent chez eux, & en peu d'années leurs richeffes & leur civilifation firent des progrès rapides. Il eft vrai qu'ils confervèrent une rudeffe de mœurs & quel-que chofe d'agrefte dans le caractère; mais ces défauts tiennent bien plus à leurs occu-pations maritimes qu'à leur morale publi-que & à l'influence du commerce.

Londres eft un autre exemple à jamais célèbre de l'action du commerce fur les mœurs. Depuis long-temps, peut-être, le génie extrême & l'humeur altière des an-glois, les euffent rendu le peuple le plus intraitable & le plus incivil de l'Europe, fi la fréquentation des étrangers, fi l'habitude des hommes & un grand concours d'opi-nions & d'ufages différens, n'euffent cor-rigé ces difpofitions en eux. Il eft impof-fible, en effet, que tant de caufes puiffan-tes & toujours en activité, ne modifient,

ne poliffent les manières & les coutumes d'un peuple, à la longue. Il y a de plus ceci de remarquable dans l'influence du commerce fur les mœurs, & dont l'An-gleterre & la Hollande nous offrent un exemple frappant, c'eft qu'elle détruit les petites manières, les folles prétentions & donne à l'efprit ce caractère folide de bon fens qui paroît être l'appanage des peuples commerçans; & cet effet fe fait fentir jufque dans les ports de mer des états les plus fuperftitieux; il y règne une morale fenfée, dont l'exiftence eft due au con-cours des hommes réunis pour négocier & à l'activité du commerce dans ces lieux.

Un autre effet du pouvoir du com-merce, c'eft qu'il développe dans les ames un amour vrai & réfléchi pour la liberté civile. Ce n'eft point un efprit de mutine-rie, de fédition, un goût paffager pour l'in-dépendance qu'il fait naître dans les cœurs, c'eft un fentiment combiné des droits na-turels de l'homme & de la fociété, un defir d'en foutenir l'exiftence contre les attein-tes du defpotifme & de la barbarie. D'ail-leurs les defpotes qui fentent de quelle utilité, de quelle importance font de tels hommes, craignent de les perdre ou de les aigrir; parce qu'ils font en quelque forte les premiers agens de la richeffe nationale, qu'ils tiennent dans leurs mains le nerf de toutes les opérations politiques, & qu'une injuftice trop éclatante peut les pouffer à porter à l'étranger les tréfors amaffés par leurs foins & les forces qui accompagnent toujours un commerce en activité.

Mais fi l'habitude du commerce eft mer-veilleufement difpofée pour entretenir dans une nation le goût de la liberté & la haine des entraves defpotiques, trop ordinairement elle l'expofe à une con-quête facile. Il eft rare que des hommes foient tout-à-la-fois marchands & foldats, qu'ils s'occupent des relations extérieures de commerce & de l'ambition ou des in-térêts des princes qui les environnent; qu'aux ménagemens qu'exige leur confti-tution mercantile ils joignent cette vigueur politique & cet orgueil qui en impofent aux puiffances ambitieufes. Auffi de deux peuples en guerre, dont l'un ne fera que guerrier & l'autre que marchand, à forces égales, le premier fubjuguera l'autre. Carthage, la Hollande en font la preuve. Cette dernière, déjà vaincue par Louis XIV, en trois mois, vient de l'être tout récemment par trente mille Pruffiens en quinze jours. Mais ces effets dangereux pour la liberté politique, ne font à craindre que dans les états exclufivement livrés au commerce, & qui reftent trop indifférens fur les moyens d'affurer leur exiftence au milieu des paffions ambitieufes, & des intérêts qui agitent leurs voifins. Au refte ces confidérations font d'un autre ordre que les chofes que nous avons à traiter ici; revenons aux effets de l'influence du commerce extérieur fur la morale publique & l'état d'une nation policée.

On doit bien remarquer que ce n'eft que comme moyen de communication avec les étrangers, que nous confidérons ici l'influence du commerce fur les mœurs & l'opinion publique, & non pas comme caufe de luxe, de richeffes & d'aifance. Ainfi nous ne devons point nous attacher à fuivre toutes les révolutions qu'il peut opérer dans la fociété; fous ce dernier point de vue, nous en avons déjà dit quelque chofe; nous pourrons y revenir ailleurs.

Il y a cette différence entre les effets du commerce & des voyages particuliers fur les mœurs publiques; que le premier tend toujours à introduire dans une nation le goût des arts utiles, la tolérance, l'égalité, les richeffes étrangères, & que fouvent les derniers n'y apportent que des ridicules analogues aux nôtres, des préjugés au lieu de raifon, fouvent de mauvaifes mœurs & caufent toujours une exportation de numéraire affez confidérable. Les connoiffances, les lumières acquifes par les relations de commerce nous viennent après avoir été long-temps réfléchies, difcutées, calculées par une efpèce d'homme affez propres, en général, à diftinguer une vérité utile d'un

préjugé barbare ou dangereux; elles ont été foumifes à une forte de difcuffion, d'analyfe avant de fe naturalifer chez nous, & leurs bons effets, ont été en quelque forte vérifiés par l'ufage & l'habitude. Un voyageur particulier, au contraire, qui n'a vu que par fes yeux, qui n'a pu être contredit, ni éclairé par perfonne, hafarde des opinions fauffes, répand des erreurs, ou du moins ne peut donner à fes lumières ce caractère de maturité qu'ont celles qui circulent & fe communiquent lentement par la voie des relations de commerce. Remarquons néanmoins que ces défauts des voyages particuliers, ne doivent pas s'entendre de ceux qui ont été entrepris, exécutés, & écrits par des hommes fages & éclairés. Ceux-ci font des foyers de lumières, des fources abondantes de connoiffances précieufes; & ceux qui en font les auteurs méritent notre eftime & notre reconnoiffance. Nous voulons feulement parler des courfes irrégulières & inconfidérées de tant de gens, qui, au retour de leurs prétendus voyages, ne rapportent que des connoiffances, non pas feulement incomplètes, mais fauffes, de ce qu'ils ont vu, & de ce qu'ils n'ont pas vu.

V. Nous avons regardé les *ufages* établis dans la fociété, comme une autre caufe des différences que l'on remarque dans la morale publique des divers peuples policés. C'eft qu'en effet l'afcendant de l'habitude & la routine des vieux ufages, plient plus ou moins les mœurs nationales & les forcent à prendre une teinte particulière. Telle eft même la puiffance de cette caufe, que fouvent elle fufpend la marche de la civilifation & les progrès de la raifon. Combien long-temps l'ufage des combats judiciaires, des épreuves par les élémens n'a-t-il pas repouffé toute idée d'ordre & de police en Europe? l'ufage du duel, qui en eft une fuite, ne s'oppofe-t-il pas encore au progrès des mœurs douces & ne donne-t-il pas à notre morale un caractère de férocité qui la déshonore? C'eft une chofe étonnante que parmi les ufages nationaux il s'en trouve tant qui foient défavorables à la fociété. Un grand nombre font fondés fur des anciens abus, fur de fauffes idées, ou de folles préten- tions. Les uns ont leur fource dans un théocratifme obfcur, les autres dans une Jurifprudence barbare, quelques-uns dans l'abus du pouvoir, d'autres enfin dans l'i- gnorance des hommes.

Mais, en négligeant cette multitude d'ufages, occupons-nous de celui qui a le plus d'influence fur les mœurs & la civilifation, nous voulons dire la fré- quentation des fexes. Le plaifir eft tel- lement inné dans l'homme, il le remue fi puiffamment, le dirige, l'excite avec une fi grande énergie, qu'on ne fauroit douter qu'un ufage qui favorife ce pen- chant n'ait dû fingulièrement influer fur les idées & les habitudes morales de la fo- ciété. Le defir de plaire, l'efpoir de réuf- fir, ont dû y répandre plus de douceur & d'égards, plus de décence & de goût. Par une autre conféquence, cet ufage a dimi- nué l'intenfité du pouvoir de l'amour. Cette paffion s'irrite par les obftacles; la privation d'un fexe qui en fait l'objet lui donne une teinte fombre & atroce, capable de tous les excès. C'eft un feu concentré qui s'ac- croît par le temps & les difficultés. Chez les peuples où les femmes font fequeftrées de la fociété, l'amour eft une affaire, je ne dirai pas férieufe, mais terrible; il eft toujours accompagné de poignards, de fureurs & de poifons. Les hommes n'en connoiffent que les horribles tourmens ou la plus infipide fatiété. Les mœurs fe ref- fentent de cette malheureufe habitude; elles ont un caractère de trifteffe & d'uni- formité continuelle. Les paffions fans ceffe exaltées, fans ceffe irritées par la priva- tion, ne permettent ni à l'efprit de raifon- ner, ni à la volonté de vouloir. Des hom- mes dont l'ame annonce quelqu'énergie, paffent leur temps à furveiller leurs femmes, ou des années entières à la pourfuite d'un objet qu'ils ne verront jamais. Cependant leur caractère s'abrutit, leurs idées prennent la teinte du foupçon, de l'inquiétude, ou

du défefpoir. L'homme a des befoins, il faut qu'ils foient fatisfaits; ces befoins ne font pas tous pofitifs, un grand nombre réfident dans l'imagination, & n'en font pas moins réels pour cela. De ce nombre eft celui de voir des femmes, de vivre en fociété avec elles. Nos arts, notre luxe, nos loix mêmes ont fait naître dans notre cœur je ne fais quelle exubérance de defirs impérieux, qu'il fe- roit dur de contrarier, & qu'on peut favo- rifer fans crime & fans défordres. C'eft ainfi que le plus magnifique fpectacle, le plus brillant coup - d'œil nous paroîtra trifte & infipide, fi nous n'en partageons point la vue avec des femmes, & que jamais la fcène théâtrale n'eft plus animée que lorf- qu'elles y font en grand nombre. Eloignez- les, tout rentre dans l'engourdiffement. Ce n'eft fûrement pas pourtant, quoi qu'en difent les rigoriftes, une dépravation de mœurs pofitive, qui produit cet effet, puif- que, quand partageant un pareil fentiment avec les autres affiftans, on s'ennuie ou l'on fe plaît au théâtre, on n'a certainement formé aucun deffein fur les femmes dont la vue fait néanmoins un des agrémens de la fcène pour la plupart des hommes.

L'on fe tromperoit bien, fi pour per- fectionner ou conferver les mœurs, on vouloit éloigner les femmes de la fociété. Ce feroit le moyen d'y rappeller tous les défordres, pour en bannir quelques ridi- cules ou quelques foibleffes. Ce feroit re- donner à la fuperftition fon antique pou- voir; à la morale, fa dûreté; aux préjugés, tout leur empire, & ôter aux hommes une fource de bonheur paifible & inno- cent. Voyez l'abrutiffement du Turc, fon imperturbable fanatifme, fon impaffible rigueur, la fombre circonfpection de fa conduite, fon incroyable patience à fup- porter toute l'infolence d'un defpotifme théocratique; fa vie eft une contrainte continuelle, une gêne de tous les mo- mens, un infipide voyage fans objet & fans agrément. Forcé de vivre au milieu de fes femmes, il craint dans les autres hommes cette atrocité de caractère, ces excès que des paffions exaltées ne manquent jamais de faire naître dans son propre cœur. Tout est dans la crainte ou dans la stupeur chez lui comme dans sa nation. Mais rendez les femmes à la société, qu'elles puissent faire naître des espérances, exciter des desirs, qu'elles imposent des devoirs aux hommes, qu'elles en exigent des égards : bientôt tout va changer, & les mœurs prendre une teinte plus douce, plus riante, plus humaine, & par conséquent plus favorable au bonheur de la société.

La femme est bien plus ennemie des préjugés que l'homme. Elle est plus près de la nature, elle y tient davantage & s'intéresse moins aux conventions sociales, dont d'ailleurs elles ne partagent point les honneurs avec nous. Son caractère doit donc incessamment la porter aux vertus naturelles, aux arts de la paix, aux jouissances réelles & moins dépendantes des idées de conventions. Par une semblable raison, elle répandra dans la société plus de ces qualités d'instinct, de ces sentimens doux qui sont la vraie source du bonheur. Si elle est superstitieuse, elle le sera sans atrocité ; si elle adopte une opinion exclusive, elle n'en fera point un système de persécution constante. La femme est tolérante par elle-même, & l'heureuse enfance dans laquelle la nature a voulu qu'elle restât toute sa vie, lui conserve un degré de sensibilité qui la préserve des excès auxquels l'homme fanatique se livre souvent. La femme met peu d'importance aux disputes religieuses, aux prétentions politiques ; il n'y a que lorsqu'elle est gâtée par le fanatisme, le pouvoir ou la royauté, qu'elle s'éloigne de ces dispositions naturelles ; mais encore est-ce avec moins d'égarement & de délire que l'homme entraîné par ses passions.

On a prétendu que le commerce des femmes & leur admission dans la société, donnoient aux mœurs nationales une légèreté, une mollesse, un caractère voluptueux qui nuisoient aux sentimens libres & fiers, qui sont l'appui des loix & de la liberté. Mais, je le demande, qui des

espagnols, des portugais, des turcs & des italiens, ou des françois, des hollandois, des américains & des anglois, sont plus libres, plus jaloux de leurs loix & de leurs priviléges politiques ? sûrement chez ces derniers l'usage n'est point d'y voiler & emprisonner les femmes, elles voient les amis de leurs maris, elles vont dans la société, elles y donnent l'exemple de la douceur, du luxe, de la paix & des vertus aimables ; cependant les hommes y sont-ils des lâches & des amis de l'esclavage plus que les autres ? Non sans doute, & si jamais le despotisme s'établit sur les ruines de la liberté chez eux, sûrement les femmes n'en seront pas la cause. Cette objection m'avoit frappé moi-même ; mais je me suis bien convaincu du contraire, & j'ai remarqué même dans les femmes je ne sais quelle haine de la tyrannie, qu'il est d'autant plus difficile de détruire en elles, que les despotes n'ont pas toujours pour les corrompre, les mêmes moyens qu'ils peuvent employer auprès des hommes.

Mais la liberté des femmes détruit les vertus domestiques....... cela n'est pas vrai. Il suffit de jetter les yeux sur les peuples que nous venons de nommer. Rien n'est si corrompu, dit M. de Volney, que les femmes du Caire, de Constantinople & des principales villes de la Turquie. Elles haïssent leurs maris & s'enrichissent autant qu'elles le peuvent avec eux, afin de pouvoir trouver d'autres hommes lorsqu'elles viennent à être répudiées. Leur conduite est celle de courtisannes esclaves & malheureuses ; aussi les hommes ont-ils peu d'estime pour elles en général, obstacle insurmontable à l'essor des vertus conjugales & domestiques. Les femmes ne jouissent cependant pas de leur liberté dans ces pays. Et peut-il y avoir quelques vertus dans l'esclavage ? Ne pourroit-on pas faire ici l'application du vers d'Homère. *Le jour qui met quelqu'un aux fers, lui ravit la moitié de sa vertu première.*

C'est donc une des plus importantes remarques à faire dans l'étude des *usages des*

Voyage en Syrie T. II.

peuples, que celle qui regarde la fréquentation des sexes ou l'isolement des femmes. On trouvera, si l'on y fait bien attention, la solution d'un grand nombre de problêmes moraux dans l'une, & dans l'autre la source de bien des désordres, qui paroîtroit tenir à d'autres causes si on n'y regardoit pas de près.

Cet exemple du pouvoir des *usages* doit suffire pour remplir l'objet que nous nous proposons ici. Il seroit inutile d'entrer dans de plus grands détails, & les bornes que nous nous sommes prescrites nous le défendent. D'ailleurs nous en dirons encore quelque chose, en parlant de leur rapport avec l'administration de la police. Et comme cette matière est d'une grande importance pour la connoissance des loix & des habitudes de la société, nous la traiterons avec étendue dans le corps de notre ouvrage, & nous distinguerons les usages qui peuvent nuire à la morale & à la police, de ceux qui peuvent leur être utiles. Nous diviserons les uns & les autres, par égard à leur origine, en *usages religieux*, *usages civils*, *usages moraux*, *usages politiques*. Au reste, on conçoit qu'il n'est pas question ici des usages autorisés par les loix & qu'on regarde comme des principes de droit & des maximes de procédure ou de discipline des tribunaux. Ceux-ci appartiennent a la Jurisprudence, & servent quelquefois de supplément aux loix écrites, & de motifs de décision dans l'administration contentieuse de la propriété.

V I. C'est principalement dans l'histoire qu'on doit chercher à connoître la morale publique des peuples, & c'est dans leurs institutions sociales qu'il faut puiser la différence des principes & des dispositions qu'on y remarque. De toutes ces institutions, le gouvernement est celle qui a le plus d'influence sur les mœurs; & de toutes ses parties, la police est celle qui agit avec le plus d'empire sur la conduite des particuliers, les habitudes nationales & la félicité publique.

Les hommes sont ennemis de la contrainte, l'esclavage les détériore, & tout ce qui peut l'amener ou le fomenter doit être regardé comme opposé au premier but de la société. La liberté, au contraire, & la sécurité élèvent leur ame, reposent leurs passions, & développent en eux le germe des vertus. Le besoin de penser est un des élémens de notre être; il contribue au perfectionement de l'espèce, & donne le mouvement à toutes les actions de la vie. Le contraindre, l'entraver, c'est abâtardir le génie & protéger l'ignorance. Nous sommes foibles, nos jouissances sont le prix de nos travaux & la récompense de nos bonnes actions; nous ne sommes point assez parfaits pour faire le bien, sans lui donner le plaisir pour objet; il faut donc seconder ces dispositions si l'on veut conserver à l'homme la franchise de son caractère & l'élévation de son être. Faire autrement, ce seroit le dégrader & rendre la société un état de misère pour lui.

Nous avons une propriété, elle nous est acquise par nos soins, & nous en avons fait la base de nos droits sociaux; c'est d'elle que nous attendons le bonheur & les douceurs de la paix; sans son influence & l'amour que nous lui portons, nous sentirions mal le droit des autres, & y porterions peut-être atteinte. On doit donc nous la conserver, la protéger contre la violence ou la surprise, sans quoi nous retomberions dans l'état de guerre, & nous en renouvellerions toutes les scènes meurtrières & les crimes qui les accompagnent.

C'est pour établir l'ordre dans ces droits & maintenir la paix parmi ces passions, ces intérêts, qui se croisent & se heurtent, que la puissance publique a imaginé cent ressorts différens, & qu'elle en a confié le principal aux magistrats chargés d'administrer la police. De-là l'influence de celle-ci sur les mœurs, & la nécessité de son exactitude & de sa sagesse, pour conserver à l'homme ce mélange de douceur & de courage, de liberté & de soumission, de privation & de plaisirs qui en font un sujet paisible & un citoyen heureux.

Mais ce n'eſt pas ſeulement par l'eſſor des vertus que les mœurs s'adouciſſent, c'eſt encore par celui des talens. Ce ſont eux qui rendent les premières aimables, & qui leur aſſurent un empire inaltérable. Ils développent dans l'homme le ſentiment du beau & du noble, & par-là, le diſpoſent à tous les genres de perfection ; ſur-tout ils font naître dans ſon cœur l'amour de la ſolide gloire, celle qu'on acquiert en faiſant le bien des hommes ; & c'eſt alors qu'ils paroiſſent tenir vraiment au bonheur ſocial. Mais ces effets n'ont lieu qu'au ſein de la paix, de l'aiſance & de la liberté ; que ſous une police attentive & ſans préjugés, dont le théocratiſme, des uſages inſenſés ou de vieilles erreurs n'altèrent ni la pureté, ni la tolérance, ni l'humanité.

Chez les peuples, au contraire, où la police ſe reſſent de ces vices, la morale publique eſt dépouillée de cette douceur, de cette urbanité, fruit des arts & des habitudes bienfaiſantes. D'abord ce font des préjugés religieux qu'une police aveugle fomente & protège contre les efforts de la raiſon ; c'eſt un intolérantiſme moral qui mène à tous les excès ; ce ſont des abus qu'on commet au nom des loix & de la vertu ; c'eſt un rigoriſme qui ſe rend odieux par la morgue ſuprême qu'il affecte ; ce ſont enfin des rigueurs contre des foibleſſes qui ne méritent ſouvent que des corrections paternelles.

Tous ces défauts de la police rendent les hommes fourbes & impitoyables. On a vu dans des villes de provinces interdire les jeux les plus innocens, & affectant un zèle outré pour la conſervation des mœurs, rendre le peuple dur & vindicatif, par l'exemple de rigueurs injuſtes & déplacées. Des nations entières de l'Europe ont fait du rigoriſme la baſe de leur police : cet état violent ne peut durer. Il nuit à la morale publique & au perfectionnement des talens utiles à la vie.

Le plus grand défaut de la police eſt de ne ſe pas conformer aux mœurs régnantes & aux beſoins des peuples, & de vouloir maintenir des uſages qu'un nouvel ordre de choſes proſcrit ou rend inutiles. Sa plus grande perfection, au contraire, eſt lorſque ſe proportionnant aux temps & aux lieux, elle favoriſe tous les arts de la paix, toutes les inſtitutions bienfaiſantes & ſacrifie la morgue des préjugés antiques aux convenances & à l'utilité actuelle.

Mais le plus odieux de tous les défauts de la police, c'eſt lorſqu'elle eſt toute militaire, comme en Turquie, & dans quelques villes d'Europe. Je n'entends point par ce nom, celle qui fait uſage de la force des armes pour veiller à la garde des citoyens ; mais celle dont la conduite & les principes ſont modelés ſur ceux d'un camp ; qui tient une nation ſous l'ordre d'un ſergent ou d'un tambour ; qui diſpoſe de la vie d'un citoyen comme de celle d'un ſoldat, & ne reſpecte que la volonté d'un commandant militaire, dans la diſtribution des châtimens.

De tous les ordres de la ſociété, le militaire eſt par-tout le plus ignorant & le plus généralement dévoué aux caprices du pouvoir arbitraire. Ces deux vices le rendent ennemi des mœurs & des loix, & par conſéquent ennemi de la ſociété, par-tout où le peuple n'eſt pas le maître. Si par une erreur de conſtitution politique, l'armée ſe mêle de l'adminiſtration civile ; ſi la police lui eſt confiée, tout eſt perdu, il faut rentrer dans l'ignorance & l'abrutiſſement. Avec le pouvoir des légions, vingt tyrans ont anéanti l'édifice de la puiſſance romaine, & ſe ſont anéantis eux-mêmes.

L'aſpect militaire deſſèche tout. Voyez la différence qui règne entre une ville de commerce & un lieu de garniſon. Ici les citoyens ſemblent atterrés ſous l'aſpect des bayonnettes & des épées ; la puiſſance municipale diſparoît devant l'ordre inſolent d'un major de troupes : il faut obéir. Quelle morale dans de pareilles villes ! Si un petit nombre d'hommes vertueux y conſervent quelques principes courageux, les autres anéantis ſous l'arme qui les commande, n'ont

pas

pas même la force de croire à la vertu publique, & de haïr leurs tyrans. La livrée du maître, ses ordres, & sur-tout ceux de ses serviteurs dictent les loix & règlent la conduite publique des citoyens. Jamais rien n'a mieux prouvé que l'état militaire est la manufacture des tyrans. N'y cherchez point, dans ces lieux infestés de soldats ignorans, ni les arts, ni les artistes; les uns & les autres fuient ces asyles du pouvoir arbitraire, où le magistrat même ne pourroit que foiblement s'opposer aux violences qu'une milice insolente voudroit tenter contre eux. Voyez au contraire les villes de commerce, l'abondance, la richesse, une sorte de liberté publique y règnent; la police n'y est pas celle d'un *Pacha* ou d'un *Ouâli*; le magistrat y maintient la force des loix, & le pouvoir déguisé sous cent formes, ne choque point vos regards d'une troupe de vagabonds, armés autant contre la patrie que contre les ennemis de l'état. *Ibi patria ubi libertas.*

Les Anglois font sagement de ne point permettre l'existence d'une armée subsistante au milieu d'eux, *a standing army.* A Rome, les faisceaux étoient baissés devant l'assemblée du peuple, & l'on n'a vu que dans des états mal gouvernés, un soldat insolent s'emparer, pendant la paix, du lit d'un citoyen, pour y reposer sa tête criminelle.

La police militaire est donc la plus mauvaise de toutes; c'est elle qui dans la Turquie multiplie les abus & les désordres des mœurs; elle entretient le peuple dans une bassesse avilissante; elle détruit le lien de la société & la confiance dans les loix; elle renverse tous les principes de morale publique; elle est une source toujours renaissante de malheurs & de crimes; elle ôte aux hommes les qualités du cœur & les vertus de l'ame, qui peuvent seules les rendre bons & utiles les uns aux autres.

M. Volney, voyage de Syrie. T. II.

Voilà comme on doit suivre, en étudiant la morale des peuples, toutes les causes qui peuvent en corrompre la source ou en améliorer les principes. Ces points de vue ainsi développés, présentent une foule d'idées qui reviennent au besoin, & facilitent la connoissance des élémens de la police sociale. Il nous reste encore à examiner rapidement, quelle influence peut avoir sur la morale publique d'une nation, l'état de son gouvernement économique; c'est la sixième & dernière division des principales causes que nous nous proposons de parcourir dans cet essai.

VII. La nature a donné à l'homme tous les biens qui l'entourent, ou du moins son intelligence a su les approprier à ses besoins, les parer de nouvelles formes, & ajouter à leur immense variété celle qu'ils tiennent encore de l'art & du génie. « Qu'elle est belle cette nature cul-
» tivée! a dit M. *de Buffon*, que par les
» soins de l'homme elle est brillante &
» pompeusement parée! Il en fait lui-
» même le principal ornement, il en est
» la production la plus noble; en se mul-
» tipliant, il en multiplie le germe le
» plus précieux, elle-même aussi semble
» se multiplier avec lui; il met au jour
» par son art tout ce qu'elle receloit
» dans son sein; que de trésors igno-
» rés! que de richesses nouvelles! les
» fleurs, les fruits, les grains perfection-
» nés, multipliés à l'infini; les espèces
» utiles d'animaux transportées, propa-
» gées, augmentées sans nombre; les es-
» pèces nuisibles réduites, confinées, re-
» léguées. L'or & le fer plus nécessaire
» que l'or, tirés des entrailles de la terre;
» les torrens contenus, les fleuves diri-
» gés, resserrés, la mer même soumise. La
» terre accessible, rendue aussi vivante
» que féconde; dans les vallées de riantes
» prairies, dans les plaines de riches pâtu-
» rages ou des moissons encore plus riches;
» les collines chargées de vignes & de
» fruits; leurs sommets couronnés d'arbres
» utiles & de jeunes forêts; les deserts de-
» venus des cités habitées par un peuple im-
» mense; des routes ouvertes, fréquentées;
» des communications établies par tout
» comme autant de témoins de l'union &
» de la force de la société. »

Telle eft la propriété commune de l'homme civilifé, tel eft fon domaine, & l'immenfe étendue d'objets dont doit s'occuper le gouvernement économique des peuples. C'eft à en conferver à chacun la jouiffance de la partie qui lui convient ; c'eft à multiplier les tréfors des arts & de la culture ; c'eft à faire circuler dans la fociété, c'eft à diftribuer tant de richeffes, avec mefure & proportion, que doivent fe porter fes vues. Non feulement il doit mettre au milieu de cet édifice de l'induftrie humaine, l'ordre qui en affure la durée & la police qui en règle les mouvemens, mais encore il faut qu'il vivifie, qu'il encourage les travaux des hommes qui font naître ces prodiges, qu'il leur donne toute l'activité dont ils font fufceptibles, & diftribue avec une telle proportion la part des contributions communes, que chacun reçoive de la fociété l'équivalent des travaux qu'il y met, & des jouiffances qu'il y fait naître.

Eft-il étonnant après cela, que le gouvernement économique ait la plus grande influence fur l'état moral des peuples ? Les injuftices ou les erreurs qu'il peut commettre, doivent néceffairement y jetter le trouble & la méfiance, la haine & la divifion. Après fa liberté, l'homme n'a rien de plus cher que la propriété & les droits qu'elle lui donne. Les lui ravir, c'eft le mettre dans l'état de guerre, c'eft le revêtir du droit de défenfe qu'il a dépofé entre les mains de la fociété, c'eft le replonger dans l'état de barbarie ; c'eft le corrompre & détruire en lui tous les germes de la civilifation & des mœurs.

Les peuples expofés à ces maux, à ces abus d'une adminiftration vicieufe, font timides, lâches & méchans. Le defpotifme, quel qu'en foit l'objet, eft dans les fociétés la caufe de la depravation des hommes & le paffage à l'efclavage. Il n'eft pas naturel que l'homme dépouillé par une force fupérieure, réduit aux privations de l'état fauvage, conferve cette vigueur de caractère, & cette morale fen-fée des peuples où la propriété paroît inviolable.

L'abus du pouvoir dans le gouvernement économique produit donc de grands défordres, parce qu'il peut donner lieu, non-feulement à des malheurs involontaires, mais à des injuftices réelles ; il peut dépouiller l'un au profit de l'autre, & renverfer ainfi le fondement de toute équité fociale. Il devient pour les peuples un exemple de corruption funefte, qui fubftitue l'aftuce & la mauvaife foi à la fidélité & à la franchife. Un peuple qu'on cherche à dépouiller injuftement, en impofe fur la réalité de fes richeffes ; il devient faux & petit. La générofité, cette vertu de l'homme civilifé, difparoît des lieux où les défordre économiques fe font remarquer, non-feulement parce que la volonté s'y oppofe, mais encore parce que la pauvreté y met un obftacle invincible.

C'eft donc une vérité inconteftable, qu'une adminiftration économique bien entendue & fondée fur des bafes équitables entretient dans la fociété la bienfaifance & l'habitude des fentimens généreux. La richeffe & l'aifance qu'elle y fait naître, en donne les moyens, & l'exemple de la modération qu'elle offre, en foutient le goût & l'efprit parmi les hommes.

La culture de la terre eft une occupation de paix, une école de mœurs, une fource de fanté, de bonnes habitudes, & le premier des objets dont doit s'occuper un gouvernement économique. On a toujours regardé la vie des champs comme favorable aux fentimens humains & pacifiques. La morale de ces hommes qui refpirent toujours un air libre, qui vivent près de la nature, & pour ainfi dire fous fes regards, à qui l'ordre conftant & fage de la reproduction & du mouvement des êtres, laiffe des tableaux vrais & profondément deffinés dans l'ame ; chez qui la fageffe de l'inftinct eft fortifié par l'habitude des inclinations douces & des plaifirs faciles ; qui ne voient fous leurs yeux que les merveilles de la providence &

d'une création qui se renouvelle tous les jours ; la morale de pareils hommes, dis-je, peut être quelquefois minutieuse & timorée, mais elle sera toujours pure, & la base des mœurs d'une nation policée. C'est donc un des devoirs de l'autorité souveraine, d'attacher ces utiles & respectables colons à leurs travaux, de les leur rendre doux & productifs ; sur-tout de ne point exiger d'eux plus que le devoir & la justice ne demandent, quelle que soit la raison d'état ou de faste qui pourroit y forcer.

Quand on pense aux sentimens généreux que l'administration économique d'un Sully fit éclore dans nos campagnes, après les scènes de sang & de barbarie qui y régnèrent pendant quarante ans ; quand on réfléchit sur les vertus bienfaisantes qui honorent ces bons anabaptistes habitans de nos vallées d'Alsace ; quand on compare la sage modération d'un cultivateur Américain au caractère féroce d'un visir ou à l'avidité d'un courtisan ambitieux ; quand sur-tout on se rappelle la vie de quelques-uns des premiers romains & celle encore de quelques peuplades de l'Europe, on éprouve une émotion de reconnoissance & d'attendrissement pour l'art bienfaisant & consolateur à qui nous devons tant de vertus & de bonheur.

C'est à l'administration économique que sont confiés de si grands intérêts ; c'est elle qui peut, par de fausses opérations, des erreurs ou des injustices, détruire tous ces effets de la civilisation & des mœurs agricoles. Une expérience de plusieurs siècles, de vingt nations différentes vient à l'appui de cette considération. C'est un fisc barbare qui a détruit en Espagne, en Portugal, une partie des vertus que nous venons d'admirer ; c'est la double vexation du despotisme militaire & économique qui a réduit l'Egypte, la Syrie, l'une & l'autre Turquie, dans l'état d'opprobre & de misère où elles sont aujourd'hui. Chez tous ces peuples l'agriculture est méprisée, l'agriculteur dépouillé, la propriété champêtre livrée sans ménagement à la rapacité des despotes de tous les ordres. Par suite de cette

décadence, il y règne un engourdissement universel, une indifférence pour les vertus sociales, un oubli de la morale naturelle, qu'on cherche à remplacer par des pratiques superstitieuses, où un système de théocratisme, qui ne peuvent qu'ajouter encore à l'abrutissement des esprits & à l'anarchie des mœurs.

L'on a quelquefois reproché à nos agriculteurs une ignorance volontaire, un entêtement déplacé, une grossièreté méchante, une méfiance & une avarice enracinées ; mais ces défauts, qui existent plus ou moins, suivant l'état des provinces, sont dus aux injustices qu'on leur a faites, aux vexations qu'ils ont éprouvées, au peu d'égards qu'on a eus pour eux depuis long-temps, à l'excès des impôts arbitraires dont on les a accablés ; au manque d'instruction, enfin à la haine que tous ces abus leur ont inspirée pour tout ce qui porte le caractère du pouvoir public, & qui a trait à l'administration fiscale.

Au reste, distinguons bien les mœurs de l'agriculteur habitant des campagnes, des mœurs de celui qui fait sa résidence dans les villes. Les préjugés de celui-ci, sa misère & sa dégradation sont, toutes choses égales d'ailleurs, plus grands & plus invincibles. Les petites villes de province n'ont des capitales, en France principalement, qu'un goût erroné pour le luxe, & une mauvaise imitation des travers qui s'y trouvent. Elles n'en ont ni les lumières, ni la tolérance ni la délicatesse. C'est-là où le peu d'agriculteurs qu'on y rencontre, acquièrent cet entêtement, cette obstination qu'on leur reproche, & y perdent ce peu de vertus publiques dont on reconnoît des traces encore dans quelques-uns de ceux qui habitent les champs. Le peuple de ces petites villes a grand besoin d'adoucir sa morale & de perfectionner son état de société ; sur-tout d'en proscrire cette éternelle fausseté de goût & de jugement, cette habitude des vieilles erreurs, cette morgue municipale qu'on retrouve jusques dans leurs magistrats, & qui leur fait quelque-

n 2

fois commettre des injuſtices & des duretés.

Dans le tableau que l'on pourroit faire
des nations policées, on y verroit que
chez celles où l'agriculture eſt protégée,
il règne une morale douce & bienfaiſante,
un attachement à la patrie qui n'exiſtent
point ailleurs. Rien n'inſpire un goût vif,
un amour invincible pour le lieu qui nous
a vu naître, comme le bonheur & la tranquillité des campagnes. C'eſt qu'en effet il
eſt douloureux de quitter ces objets attachans ; c'eſt qu'il eſt difficile de trouver
ailleurs une félicité plus poſitive & des
biens plus réels. Rarement l'habitant des
villes éprouve-t-il ces déchiremens qu'un
agriculteur reſſent, lorſqu'il quitte ſon
pays. Ce n'eſt pas qu'il n'y ait du *patriotiſme* dans le citadin ; mais il y a plus d'*a-
mour de la patrie* dans l'homme des champs.
Le premier ſentiment eſt une vertu active;
le ſecond l'effet d'une douce habitude de
vivre près des mêmes objets : habitude
qui n'en eſt pas moins le fondement du
vrai patriotiſme, de celui qui eſt établi ſur
l'attachement aux choſes qui ont long-
temps fait notre bonheur & qui feront
celui de nos enfans. C'eſt donc encore
entre les mains du gouvernement économique que repoſe, en partie, cette première de toutes les vertus ſociales.

Le commerce eſt également un des
premiers objets du gouvernement économique. La manière dont il eſt adminiſtré
contribue toujours à le rendre plus ou
moins utile à la ſociété, plus ou moins
propre à en adoucir les mœurs & avancer
la civiliſation. Pour mieux ſentir ces vérités, arrêtons-nous un moment à conſidérer l'effet du commerce ſur l'état ſocial
& le caractère moral des nations de l'Europe. Ces réflexions, quoiqu'éloignées de
notre objet, ne lui ſont point étrangères;
le luxe, l'aiſance & la police que le commerce introduit parmi les hommes, doivent néceſſairement influer ſur leurs idées,
& par conſéquent ſur leurs habitudes &
leurs mœurs. Ainſi, quoique nous ayons
déjà offert un apperçu très-rapide des effes

du commerce ſur la police de l'Europe,
en traitant des cauſes qui l'ont perfectionnée, nous pouvons encore le conſidérer
ici dans ſon rapport avec la morale publique, & la manière dont on doit l'étudier, pour en acquérir une connoiſſance
plus complette & plus poſitive : examinons d'abord l'état moral d'un peuple ſans
commerce extérieur.

Dans une nation ainſi conſtituée, un
propriétaire ne trouvant rien avec quoi il
puiſſe échanger la plus grande partie du
produit de ſa terre qui lui reſte, l'entretien
des cultivateurs prélevé, il s'en ſert pour
exercer chez lui une ſorte d'hoſpitalité
ruſtique. Ainſi dans un état ſans débouché
pour la vente des denrées, ſans débit à
l'extérieur, les grands terriens doivent
être entourés d'une multitude de gens qui
tiennent d'eux la ſubſiſtance, & qui par
conſéquent en dépendent immédiatement.
Avant l'extenſion du commerce en Europe, l'hoſpitalité des grands, depuis le
ſouverain juſqu'au plus petit baron,
étoit telle qu'on a peine à s'en former
une idée aujourd'hui. On remarque
qu'en Angleterre, la ſalle de Weſt-
minſter étoit la ſalle à manger de *Guillaume le Roux.* Les hiſtoriens citent
comme un trait de magnificence dans
Thomas Becquet, d'avoir fait joncher le
plancher de la ſalle, de paille fraîche ou
de joncs, dans la ſaiſon, pour que les
chevaliers & les écuyers, qui ne pouvoient avoir de ſieges, ne gâtaſſent point
leurs habits lorſqu'ils s'aſſeyoient pour
dîner. On dit que le grand comte de
Warwick nourriſſoit tous les jours, dans
ſes différens manoirs, trente mille ames ;
& quoique ce nombre ſoit ſans doute exagéré, il n'en eſt pas moins une preuve
qu'il étoit très-conſidérable. La même
choſe eut lieu long-temps en France &
dans les principaux états d'Allemagne &
d'Italie. Les grands d'Eſpagne ont encore
l'habitude d'avoir à leur ſuite une foule de
domeſtiques très-inutiles au ſervice de leurs
maîtres, mais que l'uſage ancien a fait en
partie conſerver. Chez les Arabes, l'hoſ-

Voyez
Smith, tr.
de la R.-
cheſſe des
Nations,
t. III.

Voyez
M. Volney, voyage en Syrie,
T. I.

pitalité est en singulière recommandation, & tous les voyageurs sont d'accord sur l'exactitude avec laquelle on l'observe chez eux.

Les grands propriétaires n'étoient pas moins les maîtres de ceux qui tenoient leurs terres, que de ceux qui vivoient ainsi chez eux à leurs dépens. Si les cultivateurs n'étoient pas toujours des *vilains*, c'étoient des tenanciers à volonté, qui payoient une rente légère & nullement équivalente à la subsistance qu'ils tiroient de la terre. Un écu ou demi-écu d'Angleterre, une brebis, un agneau, étoient, il y a quelques années dans les montagnes d'Ecosse, la rente ordinaire, pour des terres qui nourrissoient toute une famille. Celui qui tient donc ainsi une terre, pour un modique cens, n'est pas plus indépendant des propriétaires que ses domestiques ou ses pensionnaires, & il ne peut pas mettre plus de réserve à l'obéissance qu'il lui doit. Comme un pareil terrien nourrit ses pensionnaires & ses valets chez lui, de même il entretient ses tenanciers chez eux. La subsistance des uns & des autres vient de sa bonté, & il peut la leur continuer ou la leur retirer suivant sa volonté.

C'étoit sur cette autorité des propriétaires sur leurs tenanciers, que dans cet état des choses, étoit fondé le pouvoir des anciens barons. Le manque de commerce accumulant une grande quantité de subsistances entre leurs mains, ils s'en servoient pour s'attacher une foule de vassaux, de valets & de pensionnaires. Leur pouvoir & les abus qui en résultoient croissoient en proportion de cet engorgement de productions; & le défaut de circulation réagissant sur la police & les mœurs publiques, rendoient un petit nombre d'hommes maîtres de la vie & souvent de l'honneur d'une nation entière. De-là l'établissement de ces droits honteux qui choquoient également la raison, la décence & la morale publique, & ces abus de pouvoir, & ce despotisme, & ces désordres moraux & politiques qui, avant & pendant la féodalité, firent de la société en Europe, une anarchie tyrannique pour les peuples, & pour les grands une espèce de pays de conquête, où eux seuls jouissoient du droit de l'homme & de la liberté. Leur hospitalité avoit bien plus pour but d'étendre leur pouvoir & de s'acheter des hommes, que d'exercer une vertu publique, une bienfaisance gratuite.

Mais lorsque le commerce extérieur vint, après les croisades & ensuite après la découverte de l'Amérique, offrir aux propriétaires de quoi changer les produits de la terre, il se fit un grand changement, qui prouva que le défaut de circulation seul avoit ainsi enchaîné de nombreuses familles aux loix & au pouvoir d'un homme riche & puissant. En effet, dès que les tenanciers trouvèrent le moyen de consommer eux-mêmes la valeur de leurs revenus, ils ne voulurent plus en faire part à personne. Pour une paire de boucles de diamans, par exemple, ou pour quelque chose d'aussi inutile & d'aussi frivole, ils échangeoient peut être la subsistance annuelle d'un millier d'hommes, & en même-temps tout le poids de l'autorité qu'ils en tiroient. Cependant les boucles devoient être à eux seuls, & personne qu'eux ne devoient en avoir la moindre part; au-lieu que dans l'ancienne manière de dépenser, il falloit partager leurs jouissances avec mille personnes au moins; & c'est ainsi qu'ils troquèrent leur pouvoir & leur autorité contre la plus insensée de toutes les vanités.

Dans un pays qui n'a point de commerce étranger, ni de belles manufactures, un propriétaire de deux cens mille livres de rente, ne peut guère employer son revenu autrement qu'à faire subsister peut-être mille familles, qui toutes sont nécessairement à ses ordres. Dans l'état actuel de l'Europe, il peut dépenser & généralement il dépense son revenu de manière qu'il n'entretient & ne nourrit pas directement vingt personnes, & qu'il ne peut pas commander à plus de dix valets qui n'en méritent guère la peine. Peut-être qu'indirectement il fait subsister autant ou même plus de monde qu'il n'auroit pu le faire avec l'ancienne manière de dépenser : car quoique la quantité de productions précieuses pour lesquelles il échange son revenu soit fort petite, le nombre des ouvriers employés à les recueillir & à les préparer, doit nécessairement avoir été fort grand. Mais en général il ne contribue que pour une très-petite partie à la nourriture de chacun d'eux ; à celle de quelques-uns peut-être pour un dixième, à celle d'autres pour un centième, un millième, un dix millième & moins encore ; ensorte que tous sont plus ou moins indépendans de lui, parce que généralement ils peuvent subsister sans lui.

La dépense personnelle des grands propriétaires s'étant ainsi accrue par degrés, il étoit impossible que le nombre des gens attachés à leur suite ne diminuât pas de même jusqu'à ce qu'ils fussent tous renvoyés. Mais les pensionnaires & ceux qu'ils nourrissoient à titre d'hospitalité disparurent les premiers. Ils se défirent aussi de la partie de leurs anciens tenanciers qui ne leur étoit point nécessaires. Les fermes furent agrandies, & il y eut une réduction dans le nombre de ceux qu'il falloit pour cultiver la terre, selon la méthode imparfaite de culture & d'amendement usitée dans ces temps là. Il voulurent ensuite augmenter le revenu de leurs terres pour accroître leurs dépenses personnelles & suivre les progrès du luxe. Ils exigèrent donc un plus grand prix du fermage de leurs tenanciers. Ceux-ci, de leur côté, exigèrent que, pour dédommagement des améliorations de culture qu'ils feroient, dans l'intention d'accroître le revenu, on leur assurât le fermage pour un grand nombre d'années, d'où naquirent les baux à long terme, espèce de contrat rural qui délivra l'agriculteur de la dépendance journalière du propriétaire, & influa sur les mœurs des habitans de la campagne : car si un tenancier même amovible, & qui paie la pleine valeur de la terre,

n'est ni assez dépendant du propriétaire, ni assez obligé & reconnoissant envers lui, pour exposer sa vie ou sa fortune en sa faveur, bien moins encore un fermier à long bail sera-t-il dans ce cas ; & pendant tout le temps stipulé par le contrat de fermage, il n'aura d'autres relations, d'autres devoirs à remplir avec le propriétaire, que le paiement des sommes dues, & rien au-delà.

Les tenanciers ayant ainsi leur indépendance individuelle & civile, & les gens pensionnés par les grands propriétaires, leur congé, les barons ne purent plus troubler l'ordre de la société, interrompre le cours de la justice & légitimer leurs vices & leurs passions par la force & la violence. Il se fit un changement remarquable dans les habitudes sociales, qui tourna au profit de la morale publique & des loix. L'homme, auparavant aumôné par son semblable, en obtint un salaire légitime, & subsista des travaux de son génie ou des ouvrages de son industrie. Ce système de devoirs & de droits réciproques rétablit une sorte d'égalité civile & de générosité dans les mœurs, qui suit toujours même l'ombre de la liberté.

Voilà comme une révolution d'une grande importance pour le bonheur public, s'est faite par deux sortes d'hommes, qui n'avoient pas la moindre intention de rendre ce service à la société. Le seul motif des propriétaires étoit de satisfaire leur luxe & leur vanité ; les marchands & les artisans agirent par des motifs d'intérêt, & ni les uns ni les autres ne prévoyoient sûrement pas la suite qu'auroit ce nouvel ordre de choses introduit parmi eux.

Si maintenant on porte ses regards sur les différens états de l'Europe, on verra qu'où cette révolution eut le plus d'étendue & d'activité, là aussi la morale publique fut généralement plus favorable au développement des facultés sociales des hommes, parce qu'il y eut moins d'esclavage, une plus grande réciprocité de devoirs & de droits entre les citoyens, plus d'égards pour les hommes de tous les rangs, un plus grand luxe, & par conféquent une inégalité de fortune moins choquante, source ordinaire de vices & de dépravation, bien moins pour ceux qui en jouiffent, que pour ceux qui en font privés. Il eft vrai que cette difpofition des efprits ne conduit point à une morale monaftique, mais elle mène à l'eftime de foi-même & à ce fentiment de dignité perfonnelle, qui fait qu'on aime mieux chercher dans fon induftrie, fon activité & la force de fon caractère, de quoi pourvoir à fes befoins, que de l'attendre ou l'obtenir d'un riche charitable mais dédaigneux, patriarche dans fes mœurs, mais intolérant dans fes principes, libéral par ambition & généreux avec mépris. L'homme s'avilit lorfqu'il ne veut vivre qu'aux dépens même des vertus de fes égaux; & par une autre conféquence facile à fentir, l'indépendance fociale eft le lien le plus ferme & en même-temps le nerf de la bienfaifance publique. Comparez Londres & la Caftille, Paris & Mofcou, & vous verrez fi la philantropie, la vertu publique confifte à trainer à fa fuite une foule d'efclaves enchaînés par leur fubfiftance aux caprices orgueilleux d'un defpote terrien.

Un gouvernement économique, qui regarde la dignité nationale comme une fource du bonheur public, doit maintenir cet état de chofes, & multiplier les voies qui conduifent à la liberté refpective, & rendent la fubfiftance totale des citoyens indépendante du caprice & de la volonté des autres. Le commerce eft merveilleufement propre à cela. Auffi verra-t-on des états où l'adminiftration publique le gêne affez pour l'anéantir, le méprife affez pour l'avilir, le confidère trop peu pour l'encourager, éprouver plus ou moins les abus attachés à l'avilifement du peuple & à la corruption de la morale publique. Les grecs, autrefois fi célèbres, font aujourd'hui un peuple d'efclaves fuperftitieux, dont l'exiftence précaire eft achetée aux dépens des plus durs facrifices. L'Andaloufie, la Caftille, la

Grenade & tant d'autres lieux autrefois enrichis par le commerce & le luxe brillant des Maures, n'offrent prefque par-tout à préfent que de malheureux & pauvres fermiers, de fauvages penfionnaires de quelques grands, ou des infenfés qui baifent les chaînes dont on fe fert pour les attacher à un joug, devant lequel leur imbécille ftupidité les proflerne encore. L'Allemagne offre des nations entières où dix propriétaires terriens nourriffent à leur fuite deux cens mille ames & difpofent de leurs perfonnes comme de celles de valets à leurs gages. En Pologne, la nobleffe pofsède les hommes & les hommes n'ont rien à eux. La Ruffie nous préfente des défordres du même genre, & quinze boyards y ont autant d'efclaves qu'il y a d'individus répandus dans leurs immenfes poffeffions. Voilà l'efclavage dont l'efprit de commerce a encore délivré le monde, ou du moins celui dont il a été, & fera toujours un des plus irréconciliables ennemis. Les bons princes doivent donc le favorifer, & la connoiffance des moyens qu'ils emploient pour cela, ne doit point être négligée par celui qui veut connoître à fond toutes les caufes qui peuvent influer fur le bonheur & la morale des nations.

Par un effet, qui femblera fans doute extraordinaire, fi l'on confidère attentivement l'influence des manufactures, cet autre objet des foins économiques d'un peuple policé, on trouvera qu'elles ne font ni auffi favorables aux mœurs, ni auffi avantageufes aux progrès de la morale publique & des loix, que l'agriculture & le commerce. Quoique les manufactures foient deftinées au foutien du luxe & des échanges, qu'elles mettent en valeur les produits de la culture & contribuent par-là au bien public, néanmoins une nation agricole & commerçante, qui pourroit fe paffer de manufactures, conferveroit aux citoyens une énergie, une fanté, une activité morale qu'ils perdront néceffairement en s'adonnant aux fabriques exclufivement. A cet égard, nous fommes de l'avis d'un écrivain moderne qui, dans un ouvrage deſtiné à faire connoître l'état du commerce des Etats-Unis, exhorte les Américains libres à ſe livrer à la culture auſſi long-temps qu'ils le pourront, ſans trop s'embarraſſer d'établir des manufactures chez eux. « Il y a bien des raiſons, dit-il, pour » leſquelles, dans un pays neuf, les » hommes ſe livrent plutôt à l'agricul» ture qu'aux manufactures. Là où deux » individus peuvent vivre enſemble, a » dit Monteſquieu, il ſe fait un mariage. » Or le travail de la campagne offre plus » de moyens à deux individus, de vivre » enſemble, d'augmenter, de ſoutenir » leur famille, que le travail des manu» factures : car dans celles-ci la dépendance » de l'ouvrier, ſon prix incertain des den» rées des villes, où ſont établies preſque » toutes les manufactures, le mettent hors » d'état de ſonger à avoir une campagne, » & s'il en a une, la perſpective de la » miſère qui doit la ſuivre après ſa mort, » lui fait faire une loi de la rendre ſtérile, » pour n'être point barbare envers les » malheureux à qui ils donneroient le » jour. On remarque que les garçons ma» nufacturiers, & en général les hommes » dépendans, dont la ſubſiſtance eſt pré» caire, & qui ont des enfans, les aiment » certainement moins que l'habitant des » campagnes qui a une petite propriété. » La paternité eſt à charge & ſouvent » odieuſe aux premiers; leurs enfans ne » connoiſſent point les douces careſſes de » l'amour paternel : quelle génération » peut-il en réſulter? Ajoutez que les fa» bricans ſont condamnés à végéter dans » de triſtes priſons, à y reſpirer l'infection, » à y rétrécir leur ame & abréger leurs » jours. »

C'eſt encore dans les villes manufacturières qu'on trouve le plus de proſtituées. Ces malheureuſes ſont les victimes des changemens de mode & des mauvaiſes ſaiſons; il faut vivre, & dans l'impoſſibilité de trouver des ſecours dans leur travail, elles en cherchent dans la débauche. Voilà comme les cauſes les plus éloignées, en

apparence, tiennent de près aux mœurs & à l'humanité. Ce n'eſt point le luxe par lui-même qui produit cet effet, mais une ſuſpenſion de dépenſes de la part des gens riches, ou le trop grand nombre d'ouvrières qui ſe deſtinent à une même branche de manufacture, qui en ſont la cauſe. On voit, pour le dire en paſſant, ſi c'eſt par des peines rigoureuſes, ou flétriſſantes qu'on doit chercher à remédier à la proſtitution dans un ſemblable cas. Ce déſordre moral des villes manufacturières, peut encore être ſecondé par le grand nombre d'ouvriers qu'elles renferment, preſque tous célibataires par néceſſité, comme vient de le remarquer M. *Briſſot de Warville*.

On objectera que l'Angleterre eſt un pays très-manufacturier, & que tous les maux que nous attribuons à l'état ſédentaire & dégradant des ouvriers ne s'y rencontrent pas. Mais on doit remarquer que l'Angleterre eſt en même-temps un pays très-commerçant & très-agricole, & que ces deux qualités tempèrent prodigieuſement les inconvéniens attachés à la multitude inombrable des manufactures qui s'y trouvent. La vérité eſt que ſi l'Angleterre pouvoit être moins manufacturière, les vertus publiques, les actions grandes & généreuſes y ſeroient ſûrement plus communes, puiſque malgré un monde d'ouvriers eſclaves & ſoumis aux caprices des modes & de la vente des marchandiſes, c'eſt un des états de l'Europe, où il règne encore plus de liberté, de morale & de raiſon.

C'eſt encore la nation où l'adminiſtration économique a été, ſinon la meilleure, du moins la plus ſoignée, la plus attentive à favoriſer tous les genres de commerce & d'induſtrie. L'agriculture y eſt floriſſante, & la circulation prompte & rapide. Auſſi le peuple, en général, y eſtil riche; & loin que cette diſpoſition puiſſe nuire à ſon caractère, elle ne peut que contribuer à lui donner du nerf & de la ſolidité, ſoit en rendant la mendicité moins commune & moins dégradante,

ſoit

soit en rendant les citoyens moins attachés aux grands & à la cour dont les prodigalités ou la dédaigneuse générosité ne leur font point nécessaires pour vivre, soit par l'amour que leur inspire un pays où l'existence est douce & les commodités plus communes qu'ailleurs, soit enfin par les facilités qu'on trouve chez un peuple riche, pour élever ses enfans & faire naître au sein des familles le germe des vertus publiques & particulières.

Je voudrois donc, en cherchant à connoître le caractère moral d'un peuple, scruter ainsi dans toutes les causes qui peuvent influer sur son génie. Par ce moyen je me préserverois de l'erreur où sont tombés quelques écrivains, d'attribuer tout à un seul principe ou à une seule habitude : il y a cent choses qui composent l'existence morale d'une nation & donnent à leurs mœurs une physionomie particulière. Et telle est la nécessité de les considérer & comparer toutes, que si on ne s'occupe que d'une seule, on lui attribuera tout le pouvoir qu'elle n'a pas. D'ailleurs une même objet peut être considéré sous différens points de vue, & compenser par le bien qu'il fait sous l'un, le mal qu'il produit sous l'autre. Ainsi le commerce dont nous venons de parler, en même-temps qu'il fait circuler les richesses dans un état, & lui ouvre des relations avec l'étranger, donne à la nation un esprit intéressé qui lui fait commettre des injustices, & entretient le peuple dans une habitude de gagner qui tient beaucoup de l'avarice & qui en a tous les défauts & les petitesses. Mais ces vices sont compensés par tant d'autres qualités essentielles & utiles, que l'activité du commerce doit être regardée comme un des signes du bonheur public, une cause du progrès des lumières & des arts utiles.

L'ouvrage de l'agriculture, du commerce & des arts lorsqu'ils sont développés dans un état policé, est d'y attirer le luxe & le goût des jouissances recherchées; est-ce un bien? est-ce un mal? On pourroit facilement résoudre cette question par tout ce que nous venons de dire; mais comme en général on attribue au luxe des effets qu'il ne produit pas, qu'on le regarde comme le corrupteur des mœurs & des loix, qu'on a vu des peuples publier des réglemens contre lui, & qu'il paroît contre les principes d'une saine morale d'attribuer au gouvernement économique le soin de le conserver & de l'entretenir, nous ajouterons ici, à tout ce que nous en avons dit, les réflexions suivantes.

On peut considérer le luxe par rapport à la prospérité d'un état, ou par rapport à son influence sur les mœurs, & quoique ces deux manières de voir se réunissent au même but, & que la prospérité nationale ait le plus grand ascendant sur la morale publique : néanmoins, comme dans les discussions sur le luxe, cette division facilite l'intelligence de la matière, il n'est pas indifférent de la retenir & de s'en servir comme d'un moyen d'analyse.

Nous n'entrerons point dans le développement des raisons qui prouvent que le luxe est utile à la prospérité des états; nous remarquerons seulement que ce n'est qu'autant que la constitution du gouvernement n'en altère pas l'influence, que cet effet a lieu. Avec une mauvaise constitution, une police vicieuse, il n'y a rien qui ne se détériore dans la société. Il faut donc bien se garder, en raisonnant d'après des faits sur un principe politique, de lui attribuer des vices qui découlent uniquement de la forme du gouvernement établie dans le pays où l'on observe ces faits.

On commet cette faute lorsque l'on impute au luxe de rendre les hommes venaux, de leur ôter par-là tout esprit public, & de les disposer à la servitude. Les hommes ne se vendent que quand on peut les acheter. Supprimez les facultés du corrupteur, ils resteront incorrompus au milieu du plus grand luxe. Au contraire, quiconque aura beaucoup de graces à répandre & un grand pouvoir dans la main, se les asservira, soit qu'ils s'adonnent au luxe , foit qu'ils ne s'y adonnent pas. Ce n'eft pas le luxe qui les rend corruptibles , ils le font par leur propre caractère. Les hommes fe donnent pour du pain comme pour de grandes fommes d'argent. *Sp. Mælius* afpire dans Rome , à la royauté ; il gagne la moitié du peuple avec les bleds qu'il diftribue ; & fans l'activité du fénat qui découvrit le projet de Mælius , les romains, fi jaloux de leur liberté, l'auroient peut-être perdue dès-lors.

Pareillement l'efprit public ne s'affoiblit généralement dans les membres d'un état , que quand cet efprit ne leur apporte aucun avantage , & l'on ne renonce à la liberté que quand l'on défefpère de la conferver. Le luxe n'opère point ces malheureufes difpofitions de l'ame ; elles proviennent d'une conftitution de gouvernement où les droits du peuple & du prince font mal combinés pour l'intérêt commun.

C'eft encore par méprife, que l'on reproche au luxe de prendre par degré un tel empire fur les efprits, qu'enfin ceux mêmes qui s'y fentent le moins de penchant font contraints par bienféance, par raifon d'affaires, de s'y livrer au-delà de leurs moyens, & de facrifier pour cela ; non-feulement le repos de l'efprit, mais encore les befoins réels, ou du moins les fatisfactions les plus douces & les plus raifonnables. Ce défordre dont les fuites, au refte , intéreffent plus les particuliers que l'état, ne vient pas de la nature du luxe ; c'eft encore à la conftitution du gouvernement qu'il faut attribuer cet effet. On ne fe jette avec ardeur dans les dépenfes outrées de pure oftentation, cette conduite ne devient générale que dans les pays où la loi fléchit fous le puiffant , & n'eft forte que contre le foible : où la faveur décide de tout ; où l'on ne peut fe flatter de rien obtenir, avec l'aide feule de l'équité, du mérite & de la raifon ; & principalement où l'argent ouvre prefque toutes les portes qui conduifent aux honneurs, aux dignités & aux emplois diftingués. On fent qu'alors ce n'eft point le goût du luxe qui domine , lors même que l'on paroît s'y

abandonner entièrement. On eft entraîné par des motifs tout-à-fait étrangers à ce goût , par des vues de vanité , d'ambition, de fortune , & même , en bien des cas , par la vue fimple de fe maintenir dans l'état où l'on eft.

M. Durront, ch. VIII, part. III.

« On reproche au luxe , dit l'auteur de la *théorie du luxe* , de corrompre les mœurs, de dégrader l'ame , d'étouffer la vertu , d'introduire mille fortes de vices & par ce moyen d'opérer la ruine des états. On dit auffi que nous ne valons pas nos pères, & que le genre humain va toujours en dégénérant. Il y a deux mille ans que l'on tient de pareils difcours, fans que l'expérience de vingt fiècles, qui les démentent, ait fait changer de langage.

» L'hiftoire ne confirme par aucun fait cette manière de penfer fur le luxe. Pour nous-en tenir à des temps & à des lieux connus, portons nos regards autour de nous , & parcourons rapidement les cinq derniers fiècles. Depuis St. Louis, jufqu'à préfent, le luxe n'a ceffé de régner en France , & dans certaines époques de cet intervalle de temps , avec plus de profufion qu'aujourd'hui. Cependant depuis ce roi, la monarchie françoife n'a fûrement pas diminué de grandeur. Il n'eft arrivé depuis cinq cens ans, dans la partie du monde que nous habitons , aucune révolution que l'on puiffe , avec quelqu'ombre de vraifemblance, attribuer à une dépravation de mœurs occafionnée par le luxe. Si l'on en excepte la prife de Conftantinople par les Turcs, & l'expulfion des Maures d'Efpagne, événemens dont les caufes réelles , ainfi que celles de tous les événemens politiques qu'on voudroit attribuer au luxe, n'ont nul rapport à l'influence du luxe fur les mœurs ; fi l'on fait , dis-je, ces deux exceptions ; les principaux états qui partageoient l'Europe il y a cinq cens ans , la partagent encore avec bien peu de différence dans leurs limites ; quoique l'ufage d'un très-grand luxe fe foit introduit dans quelques uns de de ces états avant cette époque, & n'ait point ceffé d'y continuer. Où font donc les ruines politiques caufées par le luxe (1)? & puifque malgré ces effets, durant un fi longue efpace d'années, les grandes dominations fe font à peu près maintenues dans les mêmes bornes, comment pourroit-on foutenir que le luxe altère les mœurs au point de caufer la ruine des états? Obfervez que les plus puiffans de ces empires, font ceux où le luxe éclate davantage.

» Sur le fondement que l'attrait des jouiffances, ouvre l'ame au defir, difpofe les hommes à s'écarter de leurs devoirs & fait taire la voie de la confcience, on fe perfuade que dans un pays dont les habitans ne font point élevés à fe priver des fuperfluités, on doit trouver moins de vertu que dans un pays dont les habitans fe réduifent à une vie plus fimple. Cette opinion fuppofe que dans une nation qui vit d'une manière fimple, il y a moins d'objets capables d'allumer la cupidité, & par conféquent moins d'occafions où l'envie de fe contenter emporte au-delà des principes qu'on doit refpecter; mais la réalité n'eft pas conforme à cette fuppofition.

» Qu'une nation vive fplendidement ou pauvrement, elle eft également expofée aux défordres qu'entraine après foi la cupidité. Il n'y avoit rien de précieux à Lacédémone, on y voloit des bagatelles. *Tarpeïa*, dans les premiers temps de Rome, c'eft-à-dire dans un temps où Rome étoit pauvre, livra le capitole aux ennemis de fa patrie, pour un objet, qui ne tenteroit en France la fidélité d'aucune perfonne de fon rang. Tant il eft vrai que les paffions tirent leur force de la manière dont le cœur de l'homme eft formé, bien plus que du nombre & de la valeur des chofes qui les allument.

» On cite les fuccès que quelques na-

tions pauvres ont eu dans la guerre; mais ces fuccès font dus à leur courage, à leurs mœurs guerrières, & non point à leur pauvreté, qui n'étoit qu'un obftacle de plus à furmonter. On n'obferve pas que leurs rivaux avoient bien peu de puiffance, qu'ils vivoient, pour la plupart, auffi durement qu'eux, & que fi les vainqueurs & les vaincus avoient la même manière de vivre, ce n'eft pas dans cette même manière de vivre qu'il faut chercher la caufe de la victoire. D'ailleurs on ne prouve pas l'excellence de la morale d'un peuple par fes fuccès dans la guerre. Les flibuftiers, les Tartares, les Pizarres & leurs compagnons vainquirent des peuples entiers, & cependant quelle morale que la leur! quelles mœurs atroces & dénaturées! Athènes étoit une ville de luxe & de plaifir; il y avoit des courtifannes & des théâtres; à Lacédémone on vivoit dans la privation des douceurs de la vie, dans une très-grande févérité de conduite: cependant le nombre des grands hommes qu'a produit la première furpaffe de plus du double ceux de la feconde. »

Nous employons ici ces réflexions, parce qu'elles prouvent qu'en général le luxe eft très-propre à adoucir les mœurs, fans les détériorer, qu'il influe néceffairement fur la morale publique, & qu'on doit regarder la conduite que l'adminiftration tient à fon égard comme une des chofes qui méritent une grande attention. La connoiffance des principes qui dirigent chaque gouvernement, en matière de luxe, entre donc dans le plan que nous nous fommes formé pour l'étude de la morale & de la police; on doit donc en faire un examen, une analyfe réfléchie, fi l'on veut ne négliger aucune des idées acceffoires propres à jetter du jour fur cette matière. L'on voit encore, par ce que nous venons de dire,

---

(1) On prétend que l'empire romain n'a été détruit que par le luxe. On fe trompe. La liberté républicaine a d'abord cédé la place au defpotifme des légions; enfuite les empereurs font venus, qui, à leur tour, ont été le jouet de la puiffance militaire, dont les défordres ont anéanti l'empire, après y avoir, long-temps avant, étouffé toute liberté & tout refpect pour les loix.

que l'agriculture, le commerce & les arts de luxe, se portent un mutuel secours, loin de se nuire, & que s'opposer à l'un ou à l'autre, c'est arrêter les progrès de la civilisation & de la prospérité publique.

Il est encore une qualité morale des peuples, qu'on doit bien approfondir, si l'on veut se rendre compte de leur mœurs & de leurs usages, c'est le *caractère national*, espèce de disposition des esprits qui les porte à agir & à penser toujours d'après une manière particulière d'envisager les choses. C'est par ce côté, sur tout, que les nations semblent avoir leur physionomie propre, à peu près comme les individus qui ont chacun des traits qui les distinguent de tous les autres hommes.

Voyez *Caractère national*.

De même que le caractère de chaque homme est indestructible & paroît fondé sur les élémens de son être, ainsi chaque peuple retient de son origine je ne sais quelle teinte qui ne s'efface jamais. Il est bien vrai que toutes les causes qui peuvent altérer les mœurs publiques modifient aussi son caractère; mais elles ne le détruisent point. Le gouvernement, la religion, la police, les lumières, en le dirigeant, peuvent bien le rendre plus ou moins favorable aux progrès de la civilisation, sans néanmoins faire disparoître entièrement son influence : vous la retrouverez par-tout.

En France, le goût du changement, la politesse, l'esprit & la légèreté semblent avoir été de tout temps le caractère radical de la nation, comme le bon sens, la profondeur & la morosité ont toujours distingué les peuples de la Grande-Bretagne. Parcourez l'histoire de l'une & l'autre monarchie; examinez les mœurs particulières, suivez les événemens qui se sont succédés de part & d'autre; par-tout vous appercevrez des marques de ces dispositions premières des deux peuples. Cette différence caractéristique explique tous les *contrastes* qui règnent entr'eux, & qui font qu'ils rivalisent & se cherchent en paroissant se mépriser & se fuir. Peut-être pourroit-on appliquer au caractère

moral des nations ce qu'un écrivain de nos jours, a dit des inclinations des hommes, & trouver dans les rapports nationaux la loi des *contrastes* qu'il a cru remarquer entre les individus. Quoi qu'il en soit, c'est au caractère des peuples qu'on doit attribuer une partie des défauts & des avantages de leur législation & de leur morale. La légèreté, le goût pour l'imitation donnent à tout une consistance mobile & soumise à l'action momentanée des événemens; le bon sens, la profondeur, au contraire, s'attachent plus à bâtir sur la nature même des choses que sur leur apparence ou leurs qualités passagères. Mais par une suite de ces dispositions mêmes, les peuples d'un caractère froid & réfléchi seront capables d'excès que n'auront pas ceux d'un naturel inconstant & superficiel. Ceux-ci feront le mal par imitation & le bien par sensibilité, comme ceux-là, par haine & par raison. Les défauts, d'une part, seront plus communs mais plus aisés à corriger; de l'autre, plus rares, mais à l'épreuve des avis & quelquefois des lumières. De chaque côté la nature a placé des avantages & des inconvéniens, qui se compensent, jusqu'à un certain point, & qui laissent aux peuples ce qu'il faut pour travailler à leur bonheur, quand le despotisme n'y interpose pas l'influence de son souffle empoisonné.

De toutes les institutions civiles qui ont le plus de pouvoir sur le caractère des nations, qui en peuvent plus facilement améliorer ou gâter l'espèce, la religion & le gouvernement sont les plus puissantes, comme la morale publique est celle qui est la plus immédiatement soumise à leurs effets. Aussi ces trois causes agissant presque toujours de concert, on ne doit jamais les séparer dans l'étude des mœurs, de la police & des loix. C'est de leur combinaison & de leurs rapports que naissent tous les phénomènes de la société & tous les abus qu'on y remarque. Ils méritent donc une attention particulière, & l'on doit les mettre au rang des plus utiles connoiffances qu'on peut acquérir fur la nature & les fondemens du bonheur public.

Nous bornerons à ces réflexions générales, ce que nous avions à dire fur l'étude de la morale publique. On fent bien que ce n'eft qu'une légère introduction, & que nous n'avons pu approfondir ici des objets qui feront détaillés dans le cours de l'ouvrage. Mais quelle que foit la briéveté de cet effai, nous l'avons cru propre à faciliter la connoiffance des matières que nous avons à traiter, & à multi-plier les points de vue fous lefquels on peut confidérer chaque objet. Nous n'ajouterons plus qu'une réflexion, c'eft que l'hiftoire paroît être la véritable fource où l'on doit puifer la connoiffance de la morale, fur-tout de la morale publique ; c'eft en joignant les faits au raifonnement qu'on parvient à fe former une folide fa-çon de penfer; les uns rectifient les écarts de l'autre, & apprennent ce qu'on doit faire dans des circonftances à peu près femblables. « C'eft parce qu'on dédaigne » par indifférence, par pareffe ou par pré-» fomption de profiter de l'expérience des » fiècles paffés, dit l'abbé *de Condillac*, » que chaque fiècle ramène le fpectacle » des mêmes erreurs & des mêmes cala-» mités. L'imbécile ignorance va échouer » contre des écueils, autour defquels on » voit encore flotter mille débris, reftes » malheureux de mille naufrages. Elle eft » obligée d'inventer & peut à peine ébau-» cher des établiffemens dont on trouve » le modèle parfait dans un autre temps » ou chez une autre nation. De-là ces vi-» ciffitudes, ces révolutions capricieufes & » éternelles, auxquelles les états femblent » être condamnés. Nous faifons ridicule-» ment & laborieufement des expériences » malheureufes, quand nous devrions pro-» fiter de celles de nos pères. »

Mais c'eft principalement pour con-noître l'état moral des peuples & les rai-fons de leur conduite, que l'hiftoire eft utile. Si l'homme public peut y apprendre les devoirs de fa place & les écueils qui

De l'E-tude de l'Hiftoire, part. I, ch. I.

l'entourent, le philofophe doit y chercher la connoiffance des hommes & celle des progrès qu'ils ont fait dans la civilifation & les mœurs. Pour cela, le premier plan qu'il doit fe faire eft de claffer tous les grands objets qui compofent l'état focial fur une même ligne, gouvernement, reli-gion, loix, police, mœurs; & de fuivre du même pas les révolutions qu'ils ont éprou-vées; diftinguer les effets qui doivent être attribués aux hommes de ceux qui doivent l'être aux événemens ou feulement à la nature des inftitutions civiles. C'eft un apperçu de ce genre que nous avons voulu préfenter dans le difcours qui précède.

On conçoit encore que pour remplir cet objet, c'eft principalement à la lec-ture des hiftoires particulières qu'on doit s'attacher. L'hiftoire univerfelle ne pré-fente que de grands réfultats & néglige prefque toujours les caufes qui les ont produits. C'eft cependant la connoiffance de ces caufes qu'il importe d'acquérir. Ce font elles qui peuvent feules nous inftruire & nous guider : car quoiqu'il foit géné-ralement vrai qu'il ne fe rencontre pas deux circonftances tellement pareilles, qu'il faille fe conduire parfaitement dans l'une comme dans l'autre, cependant l'on eft bien plus fûr de fes pas lorfque l'on eft inftruit des chûtes des autres, & des caufes qui les ont amenées.

Enfin c'eft bien plutôt une connoiffance purement théorique que l'on cherche à acquérir en lifant l'hiftoire, qu'une con-noiffance pratique de la manière de fe con-duire. Celle-ci réfulte de notre caractère, de nos paffions & de nos habitudes. Elle peut néanmoins s'éclairer par la lecture de l'hiftoire, fans que celle-ci fuffife pour la former; c'eft à la morale qu'eft réfervé ce foin. Le but principal de nos recherches hiftoriques doit donc être la connoiffance des hommes en général, des moyens qu'ils ont employés pour perfectionner la fo-ciété, des reffoures que le gouvernement, la religion, les lumières, les richeffes leur ont offertes pour cela, fur-tout des avantages qu'ils ont retiré du maintien de l'ordre & de la subordination parmi les membres de la société; avantage qu'ils dûrent à l'établissement de la police sociale & aux moyens de civilisation qu'elle a successivement développés & encouragés. Mais, comme l'étude de cette partie du gouvernement civil est elle-même susceptible de réflexions propres à la rendre plus facile, nous allons en développer les principales avec toute la brièveté qu'exige la nature d'une introduction comme celle-ci.

DE L'ÉTUDE DE LA POLICE.

L'on ne paroît pas, en général, s'être fait de la police l'idée que son importance exige & que l'étendue de ses fonctions suppose. Accoutumé à donner ce nom à un ordre d'administration minutieuse & en apparence peu recommandable, on n'a point vu qu'elle s'étendoit à des objets de la plus grande utilité pour le bonheur public & qu'elle entretenoit l'harmonie de la société. On n'a point fait attention que cette partie du gouvernement étoit liée à toutes les autres branches de l'économie civile, à tous les rapports qui existent entre les hommes dans l'état social. On auroit cependant dû remarquer, qu'image du pouvoir souverain, la police exerce une sorte d'autorité publique & peut faire d'autant plus de bien ou de mal, que les principes qui doivent diriger ceux qui en sont chargés, sont plus ou moins fondés sur la raison & l'équité. Cette négligence de la part des écrivains jurisconsultes a été la cause des abus qui se sont glissés dans l'administration municipale & la police des villes, ainsi que du peu de ressources que l'on trouve dans leurs ouvrages pour s'instruire, non pas des règlemens & ordonnances qui y ont rapport, mais des connoissances qui doivent composer cette partie du droit public & éclairer les magistrats dans la dispensation des peines, des châtimens, & dans la manutention de la discipline des arts, du commerce, des artisans & du peuple des villes confiées à leurs soins.

La police est une administration de tous les momens; c'est sur elle que repose en quelque sorte l'édifice de la société. Elle veille à ce que les citoyens observent entr'eux la paix & l'union sans lesquelles il ne peut y avoir de repos public. Pour cela, elle étend son attention sur toutes les actions, les démarches, les paroles mêmes qui peuvent jetter du trouble ou de l'inquiétude parmi eux. Une commission aussi délicate exige, comme on voit, sur-tout dans les grandes cités, beaucoup de sagesse, de lumières, & je dirai même de philosophie dans ceux qui en sont revêtus, pour ne pas passer les limites de leur pouvoir dans l'exercice de leurs fonctions. C'est donc une grande foiblesse, une grande indifférence pour le bien public, qui a retenu tant d'écrivains, dont le pinceau mâle & généreux auroit tracé les limites invariables de la police, & peint tracé les désordres auxquels l'abus du pouvoir peut donner lieu dans cette partie. Il est vrai qu'on trouve dans des mémoires particuliers, dans des ouvrages philosophiques, quelques vérités utiles, quelques principes courageux sur cette matière; mais en général ils ont bien plus l'air d'être placés là pour l'instruction des particuliers que pour celle des magistrats & des officiers de police. C'est dans un ouvrage élémentaire & dogmatique qu'il convient de leur dire la vérité & de poser les bornes de leur pouvoir & de leurs droits, afin que le prétexte de l'ignorance publique ne devienne pas la sauve-garde d'abus dangereux & volontaires. C'est ce que nous avons eu intention de faire; & quand, avec le courage & l'impartialité qui nous guident, nous tomberions dans quelques erreurs, il seroit impossible qu'étayés des lumières de notre siècle & des progrès de la raison universelle, nous n'établissions quelques faits certains, quelques vérités utiles, propres à amener la lumière & les bons principes dans cette partie de l'administration.

Le pouvoir du magiſtrat de police, a dit un juriſconſulte françois, approche & participe beaucoup plus de celui du prince que de celui du juge, qui ne doit que prononcer entre le demandeur & le défendeur; car il fait des réglemens par le ſeul intérêt du bien public, perſonne ne le poſtulant. Ce pouvoir peut donc devenir quelquefois dangereux, & ne peut jamais être utile, ſi ceux qui en jouiſſent ne ſont point éclairés ſur leurs fonctions & les droits reſpectifs des hommes & de la ſociété. La liberté individuelle, le bonheur civil, la félicité municipale, ſi on peut dire ainſi, dépendront donc des principes moraux de ce petit deſpote, qui ſouvent à l'autorité de ſa place joint encore d'autres prérogatives qui lui donnent de l'aſcendant ſur l'eſprit du peuple. Comment donc des écrivains qui ont ſenti toute l'importance de cette obſervation, ſe ſont-ils bornés, en traitant de la police, à compiler une foule d'ordonnances, de réglemens, de loix abſurdes, & d'en compoſer le code ſuivant lequel un magiſtrat de police doit gouverner ſa cité? Quelle étude peut-on faire du droit de police & de ſes différentes branches, dans ces informes recueils? Peut-on raiſonnablement conſeiller aujourd'hui ce qui ne pouvoit tout au plus être utile que dans des ſiecles moins éclairés que le nôtre?

Mais c'eſt ſur-tout dans les provinces où il eſt dangereux de porter aux anciens réglemens de police ce reſpect ſuperſtitieux que l'on veut encore lui conſerver. Dans ces lieux éloignés du centre des lumieres, il règne encore des préjugés affreux, des routines meurtrieres, des maximes intolérantes. Au milieu de pareils écarts de la raiſon, un juge de police peut commettre une foule de déſordres obſcurs, en ſuivant même les loix qu'il trouve dictées dans les répertoires de ſon état. Cette ignorance digne du douzieme ſiecle, a fait long-temps de nos provinces un ſéjour intolérable; elle a rendu la morgue & la barbarie pédanteſque de nos petits magiſtrats autant de fléaux inſoute-

nables & perſécuteurs. L'opinion publique, la morale des grandes villes, ne pénètrent que très-tard dans ces tribunaux dévoués à l'erreur & au rigoriſme. Et quand les livres qui doivent ſervir à leur inſtruction fomentent encore ces diſpoſitions, quand le ſtyle inquiſiteur & l'intolérantiſme moral reſpirent dans les ouvrages de juriſprudence qui tombent entre leurs mains, peut-on douter qu'il n'en réſulte des effets très-fâcheux pour les triſtes habitans des villes de provinces? Il eſt donc bien important, bien inſtant d'appeller la philoſophie à leur ſecours, & de porter dans l'étude de la police toutes les lumieres qu'elle préſente & les améliorations qu'elle ſeule a le pouvoir d'opérer utilement. Il exiſte encore un autre avantage de la réunion de la philoſophie à l'étude de la police & de la légiſlation, c'eſt que quand on fait de nouvelles loix & des changemens dans l'adminiſtration civile, les recherches tournent alors au profit de l'humanité, de la juſtice & de la raiſon, effet qui n'auroit ſûrement pas lieu ſi l'on ſe contentoit uniquement de compiler & de commenter les réglemens, comme ont fait tant d'écrivains plagiaires ou peu philoſophes.

La police des grandes villes, des capitales, n'eſt pas moins que celle des provinces, expoſée à des écarts, qu'il faut prévenir & ſur leſquels il eſt du devoir d'un écrivain national de dire courageuſement ſon avis. Ils ſe bornent en général à un nombre aſſez circonſcrit; mais l'intenſité de leur pouvoir eſt d'autant plus inquiétante qu'elle frappe un plus grand nombre d'individus & de plus reſpectables têtes. Ici, comme dans bien d'autres circonſtances, on peut tirer de grands avantages de l'opinion publique, & c'eſt à l'éclairer, à la diriger, qu'on doit principalement diriger ſes efforts. Il y a une différence eſſentielle entre les abus de la police des grandes villes & celle des villes de province, c'eſt que dans celles-ci ce ſont les magiſtrats ou officiers principaux eux-mêmes qui cauſent ces abus, au lieu que dans les autres ce sont les mauvais réglemens, les maximes despotiques, & sur-tout les agens de l'administration qui y donnent lieu, & qui font de ce département une burocratie odieuse & un système ténébreux de désordres & de persécutions. Il est difficile, dans ce dernier cas, de changer le mal en bien, & de conserver à la police son énergie sans gêner la liberté civile; mais dans les premières, on peut tout attendre des bons livres, parce que les magistrats de provinces, les chefs des municipalités, peuvent s'instruire, s'éclairer & faire tourner à l'avantage de leurs communautés des projets de bien public, dont l'exécution n'est pas toujours aussi facile dans les grandes villes.

On ne sait pas trop bien ce qu'a voulu dire un écrivain d'économie publique, lorsqu'il a écrit, *que plus un état est peuplé, plus il est aisé d'y établir une bonne police, & qu'il y a plus de sûreté dans Paris que dans une forêt.* Il auroit dû dire que plus un état est peuplé, plus il est difficile & important d'y établir une bonne police; que l'importance naît du grand nombre de passions & d'intérêts opposés & réunis dans un même endroit, & qu'il faut contenir; que la difficulté provient du grand nombre d'agens subalternes qu'on est obligé d'employer; espèce d'hommes qui abusent de tout, ne respectent rien, & qu'il faut surveiller avec plus de soin encore que les brigands qu'ils sont chargés d'arrêter. L'auteur auroit dû dire que si on est plus en sûreté dans Paris que dans une forêt, on y est aussi moins libre, & que ce n'est pas parce qu'il y a beaucoup de peuple que la police y a l'air d'aller toute seule, mais parce qu'on y donne beaucoup de soin, & que s'il y avoit moins de monde, elle seroit encore plus facile & moins dispendieuse. Sûrement chez un peuple où il n'y auroit ni filoux, ni marchands trompeurs, ni recruteurs indisciplinables, ni femmes publiques, ni prêtres oisifs & scandaleux, ni militaires insolens & tapageurs, la police seroit très-aisée & la plus grande population n'y se-

Mirabeau, traité de la population, tom. I, p. 206.

roit qu'un accroissement de facilité pour y maintenir la discipline des arts & des mœurs publiques; mais à Paris, mais à Londres, on peut bien lui assurer que cent mille habitans de plus, exigent une augmentation, je ne dis pas de rigueur & de despotisme, mais de soins, d'attention, en un mot de police de plus.

De toutes ces réflexions, on est donc en droit de conclure que si de toutes les connoissances humaines, la jurisprudence est celle qui a fait le moins de progrès depuis le renouvellement de la philosophie en Europe, la police est de toutes les parties de la jurisprudence & du droit public, celle qu'on a le moins approfondie ou le plus négligée. En effet, on verra par la notice des principaux écrivains qui ont traité de la police, combien ils ont apporté peu de raison & de choix dans cette matière. Ils ont tous suivi la routine des ordonnances & des vieux usages; ils ont préconisé d'anciens abus, ou les ont cités comme des objets respectables; ils ont perpétué des erreurs & favorisé le progrès des préjugés dans les diverses branches de la police; enfin ils n'ont établi aucuns principes, aucunes bases solides, rien qui puisse préparer des améliorations dans cette partie du gouvernement; sur-tout ils ont affiché une rigueur de châtimens aussi injuste que déplacée.

Ce sont principalement ceux qui ont voulu proposer des plans contre la prostitution, la mendicité, les désordres domestiques des pauvres citoyens, qui se sont distingués par l'inhumanité, l'ineptie, l'imprudence de leurs prétentions. On riroit de pareils excès s'ils n'avoient point été la source d'une foule de maux qu'ont éprouvé & qu'éprouvent encore les classes indigentes des peuples. N'avons-nous pas vu des écrivains à projets mettre à la mode le système des dépôts de mendicité, & parler avec la plus grande assurance, de l'utilité, de la justice même de ces prisons meurtrières, où l'on entasse sans humanité, & où l'on dévoue à la mort des pères, des mères arrachés à leurs familles
&

& à leurs enfans ? Il n'eſt perſonne qui n'ait été témoin des déſordres qu'ont produit ces malheureux établiſſemens ; violation de la liberté civile, traitemens atroces prodigués aux pauvres, enlevemens nocturnes effectués ſur des plaintes vagues, des ſoupçons injuſtes : le prétexte de détruire la mendicité couvroit toutes ces horreurs. Paris, ſur-tout, a été dix ans livré à cette guerre inteſtine. Les dépôts de mendicité ſeuls, ſi aveuglément adoptés, prouvent le peu de progrès qu'a fait la ſcience de la police.

Le commiſſaire *Lamarre* eſt le premier qui ait parlé de la police avec quelqu'étendue ; pluſieurs écrivains l'ont copié depuis ; nous aurons occaſion d'en parler plus bas. Mais l'on ne voit pas qu'il ait par ſon ouvrage cherché à perfectionner la ſcience, il en a fait l'hiſtoire, & l'a laiſſée telle qu'il l'avoit trouvée, auſſi compliquée, auſſi peu philoſophique, auſſi mêlée de deſpotiſme & de préjugés qu'avant lui. Ceux qui ſont venus enſuite n'y ont rien ajouté, & perſonne n'a paru même penſer qu'on pût perfectionner cette partie de l'adminiſtration autrement que par la multiplicité & la ſévérité des ordonnances (1). Aucun auteur au moins n'a préſenté ſes idées ſur les moyens de l'étudier & de la perfectionner, en ſe fondant ſur les principes d'une morale douce & bienfaiſante.

Il eſt cependant une manière d'enviſager la police, qui non-ſeulement peut en faciliter l'intelligence, mais encore en avancer les progrès, & la faire marcher de front avec les autres parties des connoiſſances ſociales : car toute doctrine dont les principes peuvent être aſſujettis au raiſonnement & à l'analyſe, toute ſcience qui a pour objet les hommes & la ſociété, tout ſyſtème d'idées & de faits, eſt ſuſceptible de réformes & de perfectionnement. C'eſt donc une abſurdité de dire que la police ayant pour objet des défauts du moment, des règlemens fugitifs, une tâche journalière, ne peut préſenter aucun côté aux améliorations, aux changemens utiles ; que c'eſt aux loix à perfectionner les mœurs, & que là où il y aura des mœurs, la police ſera inutile.

Quand tout ce que nous avons dit des rapports de la police & de ſon étendue, ne réfuteroit pas cette opinion, le fait ſeul en feroit ſentir l'erreur. La police de Paris a ſûrement fait des progrès depuis cent ans, même en dépit des auteurs aveugles & partiaux qui l'ont traitée dans leurs ouvrages avec trop peu de philoſophie & de bon ſens ; & l'on peut dire que ſes abus ne viennent que de ce qu'on l'a trop négligée ou de ce qu'un deſpotiſme étranger à ſon adminiſtration, l'a employée à des objets qui n'étoient pas de ſa compétence. Cependant il n'y a pas dix ans qu'on a fait des réformes dans les loix ; la police peut donc ſe perfectionner & ſon département faire d'utiles progrès, ſans que pour cela l'on doive changer les loix, dont un gouvernement ſage & raiſonnable ſait toujours tempérer le rigoriſme & la dureté. Quant aux mœurs, il eſt vrai qu'elles forment une des importantes occupations de la police, & que leur amélioration en doit beaucoup ſimplifier la diſcipline. Mais il ne s'enſuit pas que là, où il y a des mœurs, la police ſoit inutile, puiſqu'il lui reſte encore un grand nombre d'objets dont elle peut s'occuper utilement. Ces vérités ſont ſi ſimples, qu'on doit même craindre qu'on ne regarde comme une choſe ſuperflue de s'être attaché à les développer & à les appuyer du raiſonnement & de la diſcuſſion.

Mais elles nous font ſentir au moins la néceſſité de tracer quelques idées préliminaires ſur la manière dont on doit enviſager la police pour l'étudier avec fruit, & ſur la méthode qu'on doit employer pour

---

(1) L'on doit en excepter Mrs. *Lacroix* & *la Crételle*, dont les ouvrages ſont pleins de raiſon & de philoſophie, & dont nous avons fait le plus grand uſage.

cela. Ces connoiffances, d'ailleurs, paroîtront d'autant mieux à leur place ici, qu'elles jetteront du jour fur ce qui fuivra, qu'elles faciliteront l'intelligence de notre ouvrage, & nous épargnerons des répétitions où nous ferions néceffairement entraînés par la fuite.

L'on peut diftinguer deux parties dans la police, lorfqu'on veut l'étudier avec utilité; la *partie fpéculative* ou *philofophique* & la *partie pofitive* ou *pratique.*

Dans la première, on doit rechercher *l'origine*, *l'objet* de la police en général, la *variété de formes* qu'elle a reçues chez les différens peuples policés & *les caufes* de ces variétés; cette dernière confidération eft de la plus grande importance, la plus utile, comme la plus agréable de toutes celles qu'on peut faire dans l'étude de la police en général. C'eft en quelque forte le tableau du gouvernement des hommes, l'hiftoire de leurs moyens de civilifation, celle de leur erreur politique, & de l'abus comme du bon emploi de la force fociale.

L'étude de la *police pofitive* n'eft fûrement pas auffi agréable que la première; outre qu'elle exige beaucoup de mémoire pour retenir un grand nombre de réglemens, elle ne préfente point à l'efprit cette combinaifon fyftématique d'idées enchaînées dans laquelle il fe plaît; c'eft prefque une répétition monotone d'ordres & de défenfes, de peines & de châtimens, tous objets qui fatiguent l'attention de ceux qui n'y ont pas un intérêt direct & prochain, comme peuvent être les magiftrats & les principaux officiers de police. Néanmoins elle a fon degré d'utilité & même d'agrément, pour quiconque veut fe former une idée des chofes, & un tableau pofitif des inftitutions de la fociété où il vit & aux loix de laquelle il obéit.

La première partie convient davantage aux philofophes, aux hommes de lettres, aux gens du monde; ils peuvent fe borner là, & ne pas négliger des occupations ou des connoiffances plus importantes pour

eux, en faveur d'une fcience dont ils n'ont guère befoin. Mais pour les magiftrats de police, il eft abfolument effentiel qu'ils joignent les deux parties enfemble; parce qu'elles leur indiqueront les moyens de réformer les abus plus fûrement; parce qu'elles leur feront connoître les établiffemens utiles dans tous les genres, en bien plus grande connoiffance de caufe; parce qu'elles les éclaireront bien plus pofitivement fur les règlemens vraiment néceffaires au maintien d'une police fage, & les préferveront des écarts où font tombés ceux qui n'ont eu que des notions fpéculatives fans connoiffances pratiques, ou, ce qui eft pis, qui ont négligé les premières pour ne faire ufage que de celles-ci.

L'on peut établir quatre divifions générales de la police confidérée d'une manière pofitive, *police militaire*, *police civile*, *police eccléfiaftique*, *police économique.* Nous reviendrons tout-à-l'heure fur ces divifions, & ce que nous en dirons fervira de fuite au peu qui en a été dit à la fin de la première partie du difcours préliminaire. Remarquons feulement ici, que nous fuivons dans l'ordre de ces quatre divifions, celui que nous penfons avoir eu lieu dans l'origine de la fociété, quoiqu'aujourd'hui on dût mettre la police civile au premier rang, par fon importance & fon étendue. Nous avons vu, en effet, que l'état de guerre fut le premier où fe trouvèrent les peuples au moment où ils fe formèrent en corps de cité; leurs premiers foins fe portèrent donc vers une *police militaire*, groffière à la vérité, mais abfolument néceffaire pour fe conduire & mettre quelque accord dans leurs entreprifes. L'établiffement fixe du domicile des femmes, des enfans, des vieillards, en un mot la ville exigea une police civile ou municipale, quelle qu'ait été d'abord fon imperfection; le temps amena les autres, & l'on peut penfer qu'on régla le culte des dieux avant d'établir une régie pour la levée & l'emploi des deniers publics.

Une des plus utiles manières d'étudier l'origine & les motifs de la police en général est de consulter l'histoire. Nous avons indiqué cette façon de penser au commencement de ce discours. C'est en consultant l'histoire, c'est en la prenant pour guide que nous avons vu que la police a dû être la première forme de gouvernement parmi les nations qui se font policées, comme l'indique l'étimologie du mot *police* & l'histoire des peuples de la Grèce & du monde connu. Ce n'est qu'en joignant ainsi l'étude des faits à la réflexion & à l'analyse qu'on parviendra à se faire des idées saines sur toutes les parties du gouvernement. Autrement & en ne consultant que le raisonnement, on s'égare, on donne dans des écarts de génie qui nuisent beaucoup aux progrès de la science. C'est un défaut commun à un grand nombre d'écrivains, & où sont tombés principalement les *économistes*, même les plus sensés, lorsqu'ils ont écrit sur l'origine de la société. Ils ont voulu que les peuples aient d'abord été *chasseurs*, puis *pêcheurs*, puis *agriculteurs*, & que dans ce dernier état des nations entières répandues sur une très-grande étendue de pays se soient donné des loix, aient combiné & adopté un système de gouvernement favorable au droit de propriété. Mais l'histoire dément cet échafaudage philosophique. Tous les peuples civilisés qui existent se sont formés de la réunion de peuplades vivant chacune sous une discipline de cité, une police municipale particulière & devant son origine à des brigands rassemblés pour faire la guerre, & civilisés ensuite par le besoin d'ordre & de subordination, même au milieu de leurs mœurs agrestes & barbares.

Si l'étude de l'histoire est nécessaire pour se former des idées nettes de l'*origine* & de l'*objet de la police* dans le berceau de la société; elle est absolument indispensable pour connoître les variétés, que cette partie de l'administration a éprouvées chez les différens peuples, & les causes qui y ont donné lieu. C'est dans l'histoire de chaque nation, dans celle de son gouvernement politique, de ses mœurs, de ses usages, de son culte, de ses productions territoriales, de son industrie, de sa richesse, que vous trouverez la cause des différences qui existent dans la police des peuples. C'est d'après ces connoissances que vous pourrez établir des comparaisons, & juger si un réglement, bon à Rome ou à Londres, ne seroit pas nuisible à Séville ou à Paris. Cette considération est importante sur-tout dans l'exercice de la police : car, comme dit l'*Esprit des loix*, *dans l'administration de la police, c'est plutôt le magistrat qui punit que la loi :* si donc, faute de connoître ce qu'on doit aux lieux ou aux choses, le magistrat se laissoit entraîner par un esprit généralisateur, & concluoit qu'il faut punir une chose à Paris parce qu'on la punit à Lisbonne, ou qu'il faut user des mêmes châtimens, seroit dans l'erreur & commettroit une injustice. Son jugement étant exécuté sans délai, il pourroit causer ainsi bien des maux de détail, & faire de son administration une véritable tyrannie, avant qu'on ait pu y porter remède.

La première des distinctions qu'on remarque dans la nature & l'objet des réglemens de police, & dans la conduite du magistrat, vient de la nature & du principe du gouvernement. Sous la verge du despotisme, la police n'est point administrée comme dans des états libres ou dans une monarchie tempérée.

« Dans les villes de Syrie, dit M. *Volney*, le pacha exerce la police d'une manière atroce, & comme image du sultan ; dans les visites qu'il fait des quartiers, il est toujours accompagné de bourreaux. Trouve-t-il quelqu'un en faute, sur le champ il est mis à mort, & le corps est emporté dans un sac de cuir. Trois jours avant mon arrivée à *Sour*, ajoute-t-il, il avoit publiquement & en plein jour, éventré un maçon d'un coup de hache. Si le pacha ne veut point exercer ces horribles fonctions lui-même, il en commet le soin à un officier de police nommé *Ouali*, qui

[Voyage en Syrie en 1783.

remplit fa place avec autant de férocité que fon maître, & plus de partialité encore. »

Comme le gouvernement defpotique n'eft fondé que fur le pouvoir militaire, & ne fe foutient que par lui, les tyrans qui l'ont établi, font adminiftrer la police chez eux comme dans un camp. L'ordre du chef fait la loi, fa volonté eft exécutée fur le champ, & fans aucune efpèce de ménagement. Dans une adminiftration, où l'intérêt du propriétaire feul eft confulté, où les caprices du maître font mis avant la vie des hommes, la police doit être une difcipline capricieufe, farouche & tyrannique; & plus ceux qui l'exercent feront bas & éloignés de l'œil du defpote, plus elle fera cruelle & injufte, parce qu'il y aura un plus grand nombre de paffions à fatisfaire & plus de préjugés barbares en activité. Ajoutez que c'eft une des marques diftinctives du caractère odieux des miniftres de la tyrannie, que plus leur emploi eft vil & leur rang abaiffé, plus leur conduite eft oppreffive & leur zèle dangereux. Ces fatellites du defpotifme penfent, avec une forte de raifon, que plus ils feront durs & cruels, plus ils mériteront les regards du maître & contribueront à leur fortune, en affermiffant fon pouvoir.

Dans les monarchies tempérées, la police a une forme plus humaine, & moins directement oppofée à la liberté naturelle de l'homme. Comme l'opinion publique y joue un grand rôle, on la refpecte lorfqu'il n'eft pas d'un intérêt majeur de la choquer; parce qu'on fait qu'on ne le peut jamais impunément, & qu'on eft obligé tôt où tard d'écouter fa voix. C'eft par une fuite de ce refpect pour l'opinion publique que les abus que fe permet la police ont principalement lieu pendant la nuit. C'eft à la vérité une précaution de defpote, mais c'eft un defpote qui craint, ou du moins qui ne veut point choquer les regards de la nation. C'eft un foible aveu de l'injuftice du procédé, puifque la droiture & l'équité ne veulent que le grand

jour. A Paris, la police nous offre un mélange bizarre d'autorité arbitraire & de refpect pour l'opinion publique. Au milieu des plus dangereux écarts, d'une burocratie ténébreufe, vous entendez fouvent répéter : il ne faut point agir ainfi, parce qu'on choquerait trop évidemment l'opinion publique. C'eft de ces égards pour le public, que naiffent toutes les commodités, la fûreté, la tranquillité qu'on y trouve. Il eft vrai qu'on les paie quelquefois cher, mais c'eft par l'effet d'un abus. La police ne doit point être l'inftrument arbitraire du pouvoir fouverain, il n'en doit point connoître d'autre que la loi. Vouloir faire une alliance entre deux chofes qui, par une forte de reffemblance entre elles, peuvent fe confondre, c'eft ouvrir la porte à des abus que l'autorité fouveraine elle-même a grand intérêt d'empêcher.

On doit encore remarquer cette différence, dans la manière dont la police eft tenue, fous les deux formes de gouvernemens que nous venons de nommer. Sous le régime defpotique, on punit avec dureté, on affecte un excès de rigueur pour maintenir en apparence l'ordre & la fûreté publique, mais dans le fait pour conferver le pouvoir du maître, & l'on néglige tout ce qui peut tourner au profit & à l'agrément des citoyens. « En Turquie, dit l'auteur » que nous venons de citer, la police » n'atteint point à ces objets utiles ou » agréables qui en font le mérite parmi nous. Elle n'a aucun foin ni de la » propreté, ni de la falubrité des villes; » elles ne font, en Syrie comme en » Egypte, ni pavées, ni balayées, ni » éclairées; les rues font tortueufes, » étroites & prefque toujours embarraffées » de décombres. » Qu'importe à un defpote la fanté, la commodité de fes efclaves; c'eft la fienne qu'il cherche.

Dans les gouvernemens tempérés on remarque une douceur dans les châtimens, qui tient aux mœurs nationales. La police y tolère bien des foibleffes fociales, qu'il feroit gênant & rigoureux de violenter fans ceffe. C'eft à l'empire des femmes qu'on y doit fur-tout cette efpèce de tolérance. Ce font ces habitudes douces & bienféantes qu'elles entretiennent dans la fociété, qui agiffent ainfi jufque fur la difcipline publique. Elles tempèrent ainfi le rigorifme de certains principes, qu'il feroit peut être blâmable de chercher à détruire d'une manière pofitive. On ne brûleroit plus à Paris un profanateur prétendu, à moins qu'il n'y eût un crime volontairement public & fcandaleux ; l'adultère eft profcrit, mais on ne le punit pas de mort ; les loix défendent la polygamie ; mais je doute qu'un polygame circonfpect y éprouvât d'autre mortification que celle de fe tenir caché. Un prêtre marié ne feroit pas même rigoureufement pourfuivi à préfent ; je crois du moins qu'il pourroit fe défendre, dans un moment où des ouvrages publics propofent à la nation le mariage des prêtres, & où le gouvernement ne paroît pas trop s'oppofer à cette doctrine. Ce n'eft pas que les loix aient changé fur tous ces points ; mais l'opinion publique a changé, & la police fe conforme en général à l'efprit du temps & aux mœurs régnantes ; ce qui, fuivant nous, eft parfaitement raifonnable. C'eft une gouvernante fage qui fe conforme aux volontés de fon maître.

Dans les états libres, dans les républiques, la police étant adminiftrée par des magiftrats choifis par le peuple, elle a prefque toujours le jufte mélange de douceur & de févérité, fur-tout l'impartialité qui convient qu'elle ait pour être véritablement utile. Là, plus qu'ailleurs, elle eft foumife à l'empire des mœurs publiques & aux befoins de la fociété. Purement paffive, elle ne peut porter aucune efpèce d'atteinte à la liberté publique : elle laiffe aux citoyens l'entier & plein exercice de leurs droits ; des vexations obfcures s'accorderoient mal avec l'énergie d'un peuple libre : pour l'afervir, il faut d'autres forces que celles d'un efpionage habituel, ou d'une compagnie de brigands. Auffi voyons-nous les villes libres remplies d'hommes fiers de la protection des loix,

& en même-temps prêts à fe facrifier pour elles. La police chargée d'arrêter les brigands & de pourvoir aux agrémens de la fociété, à la propreté, à la décence publique, y refpecte le citoyen qui la foudoie, pour le fervir, & non pour l'opprimer.

Quelques écrivains pleins de partialité ont prétendu que la police étoit mal obfervée, chez de pareils hommes, & qu'on n'y étoit point en fûreté ; mais une femblable allégation eft démentie par le fait. Londres, cette ville peuplée de tant de nations, ce féjour de tant d'efprits indomptables, ce rendez vous de tant d'hommes fiers & de toutes les conditions, eft en même-temps le lieu le plus fûr, & où vous avez le moins à craindre le brigandage & l'affaffinat.

. . . . *Non iftis vivitur illîc*
Queis tu rere modis : urbs hac nec purior ulla eft
Nec magis his aliena malis.

« La police de Londres, dit M. *Grofley,* Voyez fon ouvrage intitulé Londres.
» qui y a féjourné long-temps, refpecte
» infiniment les citoyens qui ne fe laiffe-
» roient pas molefter aifément ; & l'on ne
» voit point que cet excès d'indépendance
» de la part du peuple, y produife les dé-
» fordres qu'on pourroit en craindre. Les
» chofes font montées fur ce pied là, &
» elles s'y foutiennent bien. »

Nous avons vu, il y a quelques années, le corps municipal & les principaux habitans de Londres, s'oppofer à des innovations que quelques membres du parlement avoient confeillé de faire dans la police. On craignit avec raifon que, fous prétexte de corriger quelques légers défordres, on n'en introduisît de véritablement dangereux. Le defpotifme eft fi attentif à étendre fon autorité, il eft fi avide de pouvoir, que la plus petite parcelle qui s'en préfente, il la faifit avec empreffement & s'en fait un moyen d'en acquérir davantage, jufqu'à ce qu'il ait tout englouti.

D'après cette différence qui règne en général dans la police des peuples, fuivant l'efpèce de pouvoir qui les régit, on conçoit que les mêmes réglemens ne pourroient pas produire ces effets semblables par-tout, & que ce qui maintient l'ordre ici, pourroit ailleurs être la source de grands abus & de grands désordres. Cette considération est importante non-seulement dans l'exercice, mais encore dans l'étude de la police, & l'on ne doit jamais la perdre de vue, quand on se propose de tirer quelque fruit de écrits que nous ont laissés les auteurs, qui ont traité du gouvernement des peuples.

Mais ce n'est point seulement le gouvernement qui influe sur la police, & en modifie la nature; les *mœurs* d'une nation y contribuent beaucoup aussi. En effet, si l'on consulte l'histoire, on verra que la police des peuples a suivi par-tout le type de leur morale publique. Nous avons déjà fait cette remarque au commencement de ce discours préliminaire. Nous avons vu par l'exemple de Rome & de Sparte, les excès auxquels la morale publique des anciens a donné lieu. Nous avons fait observer les principales difformités de leur police toute guerrière, & par conséquent toute défavorable aux progrès de la civilisation & de la paix sociale. Les mêmes rapports existent chez les peuples modernes, & l'on peut constamment y remarquer que la police y est plus ou moins douce, en raison de leurs mœurs & de leurs lumières.

Mais pour mieux faire sentir l'analogie dont nous parlons, je crois qu'il ne sera pas inutile de caractériser cette relation de la police à la morale publique, & de dire ce qu'on doit entendre par l'état de perfection de l'une & de l'autre.

La morale publique d'un peuple sera d'autant plus sage que ses principes seront plus conformes au vœu de la nature, & à la destination de l'homme dans tous les états. Ainsi les vertus paisibles, les arts, le goût pour les jouissances domestiques, l'éloignement, l'aversion pour les actions cruelles & sanguinaires, l'amour de l'ordre & de la paix sont des qualités, qui dans une nation annoncent

de grands progrès dans la morale publique. Et par une raison semblable, on pourra regarder comme une perfection de la police, si elle sait favoriser & protéger ces heureuses dispositions; si elle sait entretenir l'ordre, la tranquillité, l'abondance dans les villes; si elle sait en éloigner les oppressions particulières, le brigandage public; si elle porte une attention suivie à tout ce qui peut encourager les arts de la paix, l'essor du génie & des talens; enfin si elle seconde les progrès de la morale publique. Celle-ci, de son côté, n'est jamais plus parfaite que lorsqu'à une grande étendue de lumières, elle joint les principes d'une tolérance & d'une bienfaisance universelle; lorsqu'elle préfère les droits de l'humanité à ceux de l'opinion, une généreuse condescendance pour nos foiblesses, à un rigorisme qui nous persécute sans nous convertir; lorsqu'elle regarde les plaisirs comme un des présens de la nature, & qu'elle ne cherche point à en corrompre la douceur par des principes outrés ou faux; lorsqu'en un mot elle tend à rendre l'homme meilleur en le rendant plus heureux, & en développant chez lui tous les mouvemens de la douce sensibilité. C'est en se conformant encore à ce modèle, que la police doit mériter nos suffrages; c'est en respectant la décence, la délicatesse des mœurs, en protégeant tous les moyens de bonheur, en donnant des secours aux pauvres, de la protection aux foibles, en punissant pour corriger & non pour se venger, en refusant son bras au despotisme & à la superstition, en le prêtant à l'innocence qui le demande & à la vertu qui en a besoin; sur-tout c'est en soutenant les principes & les institutions de la tolérance morale & religieuse, que la police peut être regardée comme un moyen de civilisation & le plus ferme appui des mœurs & de la félicité publique.

Les *usages* ne sont point les mœurs; ils influent dessus, mais ne les forment pas. Les mœurs se composent de l'habitude des mêmes actions; elles se perfectionnent ou se détériorent. Les usages, au contraire, fubfiftent plus ou moins long-temps, & s'anéantiffent tout-à-coup. Les mœurs font dues au génie des peuples, à leurs principes moraux ; les ufages tiennent aux befoins & à l'occafion, enforte que la caufe qui les a établis étant détruite, il ne refte plus d'eux qu'un fimulacre qui n'a plus d'objet. Les mœurs confervent toujours une forte d'activité & d'uniformité nationale, que n'ont point les ufages, dont quelquefois l'origine eft auffi obfcure que la forme eft abfurde.

Mais quelque foit la nature ou le motif des ufages d'un peuple, on les voit quelquefois influer d'une façon dangereufe fur les réglemens de police, empêcher l'établiffement de quelque nouveauté utile, & combattre en faveur des préjugés antiques ; car comme la plupart des ufages datent d'anciens temps, il eft rare qu'ils foient complettement utiles ; ils nuifent fouvent, parce qu'ils intervertiffent l'ordre des chofes en voulant fubftituer de vieilles habitudes aux progrès de la raifon & des mœurs.

Quand les ufages ne font que rappeller d'anciennes formalités ou des privilèges politiques, en pareil cas, on ne fauroit les regarder comme nuifibles, & leur influence fur la police ne doit point avoir d'inconvénient. Alors il n'eft pas toujours bon de fe hâter de les abolir, puifqu'ils peuvent être utiles à la confervation des droits des citoyens. Mais ce n'eft point de ceux-là que l'on doit s'occuper dans la réforme des abus de police, c'eft de ceux qui peuvent entretenir quelque caufe de barbarie ou de défordre dans la fociété. L'on pourroit mettre de ce nombre l'ufage où font en France les parens de faire enfermer leurs enfans pour défobéiffance, l'ufage du mari de faire renfermer leurs femmes lorfqu'il leur plaît, celui d'élever les jeunes filles au couvent, l'ufage des lettres de cachet, celui de vendre les charges de juges, celui de regarder la profeffion des armes comme la première, l'ufage des duels, celui de ne permettre l'entrée de certains emplois qu'aux nobles, celui de ne pouvoir exercer un métier qu'avec la permiffion du

prince ; & tant d'autres encore qui comme ceux-ci né font que des abus ou des préjugés.

Souvent par l'embarras qu'ils mettent dans l'adminiftration de la police, ils en gênent l'exercice, donnent lieu à des exceptions, à des défordres odieux. C'eft ainfi que l'ufage des duels, ce refte de l'imbécille & meurtrière jurifprudence de nos aïeux, caufe tous les jours des affaffinats, & force la police à des condefcendances blâmables, en même-temps qu'il donne l'exemple d'une impunité continuelle dans la plus révoltante & la plus dangereufe infraction des loix. Mais Louis XIV figna les lettres-patentes, qui autorifoient un académie ou *falle d'armes* à Paris, dans le même temps qu'il fit publier un édit contre les duels. Les japonnois, au rapport de *Kempfer*, font plus courageux ou plus fous que nous encore. Celui qui, chez eux, fe croit offenfé s'ouvre le ventre avec un couteau devant l'agreffeur, & fi celui-ci n'en fait point autant, il paffe pour un lâche aux yeux des braves de fon pays. Voilà les hommes & leurs ufages.

On diftingue les coutumes des ufages. Elles font, en général, des formes civiles ou fociales confervées par tradition ou dans les chartes. Leur objet eft ordinairement de prefcrire fur les droits refpectifs des citoyens certaines règles qu'on s'eft accordé d'obferver. Il y en a beaucoup en France. Ces coutumes plus ou moins refpectées ont quelqu'influence fur l'exercice de la police & l'on ne doit point en négliger la connoiffance. Mais, parce qu'elles ont moins de rapport à fon adminiftration qu'au droit de l'exercer & à la jurifprudence de la propriété, il importe davantage de porter fon attention fur les habitudes nationales qui touchent de plus près à l'exercice de la police.

L'on remarque que c'eft principalement dans les états peu éclairés que les petits ufages, foit civils ou religieux, font le plus fcrupuleufement obfervés & que l'autorité publique même fe porte à les faire respecter. Qui oseroit en Espagne ne pas céder sa voiture au prêtre qui porte le viatique ? Le corrégidor ou l'alcade forceroit l'homme assez hardi pour s'y refuser, à respecter cet usage, qui pour avoir quelque mérite, doit au moins être volontaire. Il est vrai que *Lucius Albinus* donna jadis à Rome l'exemple d'une piété semblable, en cédant son char aux vierges vestales, qui fuyoient à pied de Rome, alors envahie par les Gaulois. Mais le Romain ne craignoit pas la haine du saint-office, & cette action louable n'étoit point le fruit d'un esprit superstitieux. En Angleterre, nous trouvons également un usage établi par *Cromwel*, qui porte tous les caractères de la contrainte religieuse. Les dimanches y sont fêtés avec une rigueur inflexible. Tous travaux sont alors rigoureusement suspendus, & la police, si indulgente sur le reste, est de la plus grande sévérité à cet égard. L'on peut mettre au même rang l'usage de s'abstenir du maigre, ordonné par l'église dans presque tous les états catholiques, celui de napisser les rues à certaines fêtes de l'année, enfin d'autres encore qui forment un département étendu de la police.

Mais de tous les usages qui reconnoissent l'empire de la police, il n'y en a point de plus singulièrement remarquable, que le carnaval. On ignore l'ancienneté de son institution ; mais on le retrouve presque par toute la terre sous des formes différentes. Celui de Venise est le plus célèbre : l'état en maintient l'existence avec raison. Les fêtes joyeuses auquel le carnaval donne lieu, méritent l'attention d'un gouvernement indulgent & d'une police douce. C'est un moment de liberté pour le peuple, un amusement qui fait circuler le numéraire dans le corps politique & les esprits dans celui du peuple. Il suffit d'y contenir les écarts de l'insolence grossière & les désordres du brigandage auxquels il peut donner lieu. Mais je ne vois pas pourquoi on l'interdiroit. Quelques petits magistrats de province ont eu cette idée ; mais l'on doit s'y

opposer, & conserver un usage qui ne peut produire aucun mal réel. On a pris le prétexte des mœurs ; mais cette raison est futile ; quelle corruption de mœurs y a-t-il à courir une soirée, avec un morceau de carton sur le nez, & un vêtement fait autrement que celui qu'on porte habituellement ? C'est aux parens à prendre garde à leurs enfans, & à ne leur accorder de ces divertissemens, que ce que le bon sens leur indique. Quant aux accidens du feu & des rixes, c'est à la police à y prendre garde ; elle est établie pour cela, pour mettre de la sûreté dans les fêtes, & non pour les supprimer.

Il n'en est cependant pas de même de quelques usages qu'on retrouve dans nos provinces, à l'occasion de certaines cérémonies. Elles donnent souvent lieu à de véritables désordres, ne procurent aucun amusement raisonnable, & gênent la liberté des citoyens.

Par exemple, dans quelques villes, les jeunes garçons vont dans une forêt, coupent du bois, en chargent une voiture & forcent tous les hommes mariés depuis un an, à la traîner par les rues pendant les jours gras ; & si quelqu'un s'absentoit, pour ne point s'exposer à ce ridicule, à son retour il seroit plongé dans l'eau, dépouillé & obligé de faire la débauche avec ceux qui le traitent ainsi. Dans la sénéchaussée de Lyon & de Villefranche, on retrouve encore un usage très-ancien & très-gênant. Les jeunes gens s'attroupent à la porte de l'église où se célèbre un mariage, offrent aux nouveaux époux un régal à leur sortie ; & soit qu'on l'accepte ou qu'on le refuse, ils en exigent le prix, & le soir vont au logis des mariés se faire servir & vivre à discrétion : cet abus a été attaqué sans être détruit. Ailleurs, la jeunesse court à l'église, prend les cierges allumés, va chez les futurs époux, les cherche, les amène à la paroisse, & là, tandis qu'on célèbre la messe, quelques-uns prennent une quenouille qu'ils apportent ensuite aux nouveaux mariés, avec

des

des bouquets & du vin qu'ils se font payer. Mais ces vexations bisarres, en partie anéanties, ne font rien en comparaison des accidens que causent souvent les feux allumés à leur occasion : on en a vu des effets funestes ; & c'est simplifier la police que de défendre tout ce qui peut y avoir de dangereux dans ces habitudes, d'ailleurs inutiles & vexatoires.

Ces usages étoient de véritables abus, qu'on a fort bien fait de proscrire ; on en devroit faire autant de plusieurs désordres du pouvoir militaire, soit dans les garnisons, soit dans les marches des troupes. Sous prétexte de coutume ou d'usage, les bourgeois sont assujettis à des obligations très gênantes, & les officiers municipaux souvent molestés. La route ordinaire des troupes devroit être invariablement fixée, & l'établissement de corps-de-logis aux portes des villes, ordonné pour les recevoir & les loger. Pourquoi, quand on a payé pour le soutien de la puissance militaire, est-on encore obligé de recevoir chez soi les gens de guerre en temps de paix ? Ne connoît-on pas leurs désordres ? & s'il falloit encore supporter cette nouvelle charge, ne vaudroit-il pas mieux payer, que d'avoir à mettre le trouble dans une ville, lorsqu'il arrive des troupes ? Mais la coutume est en France, que les citoyens doivent loger les soldats. Il n'en est point ainsi en Angleterre.

Cette coutume suspend & interrompt souvent l'ordre de la police dans les villes de province. Les Officiers militaires se permettent des excès que la police n'ose ou ne peut réprimer ; les soldats imitent leurs chefs, & de proche en proche il s'établit un désordre qui doit d'autant plus déplaire aux bons citoyens, que la puissance destinée à le réprimer demeure muette & sans pouvoir devant des hommes qui ne respectent que la force dont ils font dépositaires : le mal étoit plus grand encore autrefois. Depuis que l'on a établi une police parmi les troupes, les abus ne sont plus si désordonnés ; mais ils le sont encore assez pour mériter l'attention nationale, & la tourner vers les moyens d'y remédier. Plus l'homme est redoutable, plus il doit être soumis, & personne ne mérite d'être plus sévèrement puni de ses désordres, que celui qui a la force en main, lorsqu'il la fait servir à ses passions particulières, & qu'il la tourne contre ceux qui la lui ont commise. Au reste il vient de se faire un changement utile à cet égard en France. La dernière ordonnance militaire fixe les troupes dans les garnisons à perpétuité, & elles n'en sortiront que dans des cas extraordinaires seulement. Ainsi les provinces seront délivrées du fléau du passage des troupes ; car le petit avantage qu'elles en retiroient, par la consommation de quelques denrées, ne compensoit point les désordres qu'elles y occasionnoient. Il seroit encore mieux qu'elles fussent irrévocablement fixées à la frontière ; c'est là leur place : qu'ont-elles besoin dans l'intérieur du royaume ? *Ordon. Mai 1788*

Après avoir remarqué les différences qu'apportent dans l'établissement de la police, le gouvernement, les mœurs, les usages & les coutumes, on ne doit point négliger l'analyse de l'influence du *culte public*. C'est un des premiers mobiles des hommes, & de toutes les institutions civiles celle qui a le plus grand rapport avec la discipline & la police de la société. La religion se présente sous trois points de vue différens, à qui la considère avec attention. Premièrement elle offre un système d'idées théologiques qui en composent proprement le dogme ; & cette partie tient moins directement au bonheur social, & à l'avancement de la civilisation que la seconde. Celle-ci contient les maximes morales & les préceptes de conduite qui peuvent servir de guide aux hommes, & leur prescrire les règles de leurs devoirs réciproques. Elle compose le code moral de la religion, & ses effets sur les progrès des mœurs ont été plus ou moins utiles en proportion du progrès des lumières & de la raison parmi nous. Enfin le culte extérieur, les cérémonies religieuses, certaines pratiques, la discipline des prêtres, les obliga-

tions publiques impofées pour l'obfervation du fervice des autels & la police des
églifes, forment la dernière partie du fyftême religieux, celle dont le rapport avec
l'ordre public eft marquée de la plus
grande évidence.

Si nous jettons un moment les yeux fur
la police des hébreux, nous la verrons
réfulter entièrement des réglemens théocratiques, prefcrits par leur légiflateur.
les ablutions, les abftinences étoient des
règles de fanté, comme les jubilés, les
affemblées, des moyens de concorde & d'u-
nion parmi ce peuple fuperftitieux & aveugle. Le pouvoir de la religion paroiffoit
d'autant mieux employé dans ce cas, qu'il
pouvoit feul faire obferver des préceptes
utiles, dont l'exécution eût échappé à une
police purement humaine. Moïfe fit ainfi
fervir les maximes de la loi divine au bien
temporel des hommes, & forma une police religieufe, fufceptible à la vérité
d'une foule d'abus, mais qui paroiffoit
être la feule propre à contenir le peuple
qu'il avoit à conduire.

C'eft de l'Inde que nous viennent les
formes de difcipline théocratique. Moïfe
lui-même, ne puifa chez les Egyptiens que
les idées que ceux-ci tenoient de leur
communication avec les philofophes Indiens. De tous temps les peuples de l'Afie
eurent des préceptes de conduite fondés
fur leur fyftême théologique. D'âge en
âge, cet ordre s'eft confervé, & toutes
les religions forties de cette fouche commune, forment aujourd'hui chez les peuples modernes, une forte d'adminiftration
religieufe, qui eft devenue un des élémens
de la police générale, fans être cependant
une des parties effentielles du contrat politique. Le polythéifme, cette religion de
peuples doux & fpirituels, animoit la nature, peuploit les forêts & les eaux d'une
foule de divinités, charmoit l'imagination par fes peintures brillantes & fouvent
voluptueufes, mais ne gouvernoit point
les confciences & ne maîtrifoit point les
efprits. C'étoit un bel édifice au milieu de
la fociété, mais qui ne feryoit qu'à l'em-

bellir. Il femble qu'il ait eu pour auteurs
des nations heureufes, ou du moins encore près de la nature, & chez qui l'ordre
& la paix fubfiftoient par la force des
chofes, & le pouvoir des premières conventions. Le théocratifme, au contraire,
propre à des imaginations exaltées par
la chaleur du climat, tourmentées par
des terreurs & des paffions violentes, s'annonce comme l'ouvrage d'une ancienne
civilifation & de peuples déjà loin de la
nature.

Le polythéifme diffère encore du théocratifme en ce que ce dernier fut par-
tout l'œuvre d'un légiflateur, & fouvent
plus ou moins abfurde de domination.
L'autre, au contraire, enfant de mœurs
fauvages, guerrières ou voluptueufes,
n'eut pour but qu'un culte groffier, &
pour foutien que les erreurs fugitives
de l'imagination. Il eft réfulté de cette
différence, que le polythéifme n'a dû produire aucun trouble dans la fociété, tandis que le théocratifme a dû fouvent en
être l'origine, lorfqu'une nouvelle puiffance eut des droits d'un ordre différent à
maintenir, & qu'il s'éleva entr'eux un
combat de pouvoir & de jurifdiction.

C'eft de cette forme politique que la religion reçoit de fon mélange avec les autres
parties de la police temporelle, que réfulte
fon influence fur l'ordre public & la néceffité de lui conferver le jufte pouvoir
qui lui convient. Elle eft aujourd'hui un
moyen effentiel de gouvernement, & en
fimplifie fenfiblement les refforts. Il eft au
moins indubitable que par-tout où l'on
détruiroit cette police de confcience, ce
pouvoir religieux, on feroit forcé d'y
fubftituer une autre puiffance, & de multiplier ainfi les moyens de contrainte &
de force au milieu des familles & de la
fociété. L'empire de la religion eft doux
lorfque fes miniftres favent l'employer à
propos; & lorfqu'ils s'écartent de leur devoir, c'eft au fouverain à les y ramener
par les voies de la raifon & de la juftice;
mais c'eft une erreur de voter pour la deftruction de l'adminiftration religieufe, &

d'en vouloir accroître le pouvoir excessif de l'autorité arbitraire.

La religion qui, comme le dit *Montesquieu*, ne gouverne que par *conseil*, non-seulement prête un secours utile à l'administration de la police civile, mais en exerce elle-même une très-réelle & très-détaillée. Elle prévient ou punit des délits sur lesquels une autorité temporelle ne pourroit s'étendre sans une sorte de tyrannie : ce qu'un ministre de l'autel nous conseille avec douceur, entre plus profondément dans notre esprit, que ce qui est impérieusement ordonné par le magistrat. Ajoutez qu'une religion, même fausse, est le meilleur garant que les hommes puissent avoir de la probité des hommes, comme le remarque encore *l'esprit des loix*. Qu'ainsi par-tout où l'influence religieuse sera tellement tempérée qu'elle puisse exercer son pouvoir sans entraîner au fanatisme, là les soins de la police seront réduits à un plus petit nombre d'objets, parce que la religion retiendra les hommes, préviendra les fautes & conseillera des voies de douceur & de conciliation dans des cas, où sans elle on eût employé la rigueur & les peines.

Ce n'est point seulement par ses dogmes & par son empire que la religion peut être considérée comme une institution nécessaire à l'harmonie civile; c'est aussi par les fêtes auxquelles elle donne lieu, par les abstinences de certains alimens qu'elle prescrit, par l'instruction qu'elle répand dans les chaires & dans les écoles, par les secours qu'elle distribue aux pauvres, enfin par l'attention qu'elle donne aux mœurs sociales. Tout ce qu'a ordonné la religion sur ces objets est presque généralement estimable; il n'y a que l'abus qu'en ont fait quelques prêtres ambitieux ou fanatiques, qui en ait pu faire soupçonner l'importance & l'utilité.

Pourroit-on méconnoître le bien que font les pasteurs? la nécessité de leur ministère? les consolations qu'ils répandent parmi les peuples, la paix, l'union qu'ils y entretiennent? Si ces utiles citoyens étoient en général plus éclairés, si l'on ne distribuoit les paroisses qu'à des hommes de mœurs douces & tolérantes, à des hommes pieux sans rigorisme, à des hommes religieux sans fanatisme, à des hommes bons & instruits, quels avantages la société, l'état & l'humanité ne retireroient-ils pas de cette espèce de ministère public? Par l'habitude de voir & d'écouter un curé, par le respect qu'on lui porte, par la sainteté de ses soins paternels, il est devenu, dans les paroisses des campagnes, le lien des familles & le magistrat né de tous les habitans. Il peut donc faire beaucoup de mal ou beaucoup de bien selon son caractère & ses passions; mais la vérité est qu'en général le bien que font les curés est de tout au-dessus du petit nombre d'abus qu'on pourroit citer à la charge de quelques uns. Cette remarque est principalement vraie dans les campagnes. C'est là sur-tout que les ministres des autels sont moins tourmentés de cette ambition religieuse qui gâte les meilleures choses, & change la bienfaisance d'un pasteur en un zèle de prosélytisme; c'est là que l'extérieur de la charité est rarement mis à la place de l'habitude ou du désir réel de l'exercer. Là, vous ne voyez ni la morgue presbytérale faire sécher le pauvre dans une antichambre, ni l'engouement des sociétés de charité remplacer l'habitude de faire le bien, ni ce luxe de bonnes œuvres qui ne tournent qu'au profit de quelques dévots favorisés, ni ces refus insultans qu'on attendroit à peine d'un valet de la fiscalité, ni cet appareil épiscopal qui ne soutient sa bouffissure qu'aux dépens du domaine de la pauvreté; ces abus qui se retrouvent très-fréquemment dans l'administration des paroisses des grandes villes, & sur-tout de Paris, n'existent point dans les campagnes. Respectons-en la simplicité, conservons-la, imitons-la, si nous pouvons.

Mais si la religion peut, par l'action lente, uniforme & continue de son influence, être considérée comme un grand moyen de gouvernement, & une magistrature toute puissante pour le maintien de la police fociale, il n'en eft pas moins vrai, qu'elle peut par des dogmes erronés, fruit d'une imagination fauffe, jetter du trouble & de la défunion parmi les hommes. Je n'entends pas feulement défigner par-là, les guerres d'intolérance & les perfécutions religieufes, qui ont fi malheureufement enfanglanté la terre; j'entends ces fyftêmes métaphyfiques plus ou moins probables, qui dans la tête ou le cabinet d'un philofophe n'ont rien de dangereux, mais qui réduits en principes de foi, & animés de la chaleur religieufe, peuvent donner lieu à des défordres, & devenir un obftacle aux progrès de la civilifation. Je mets dans ce nombre la doctrine des expiations & celle du fatalifme. Que *Pafcal* & *Vincent-de-Paule* foient perfuadés qu'il n'eft point de péché dont nous ne puiffions obtenir le pardon, nous n'avo s rien à craindre de pareils hommes; leurs vertus, leur grande ame nous raffurent à leur égard contre cette fauffe doctrine. Mais qu'un *Balthazar Gérad*, un *Jacques Clément*, un *Ravaillac* aient la même penfée, qu'ils efpèrent dans la miféricorde de Dieu le pardon de leurs crimes, je ne vois rien de fi dangereux. C'eft par ce côté qu'ayant envifagé la religion, *Bayle*, fi mal réfuté par Montefquieu, a foutenu, non fans raifon, que l'athéïfme étoit préférable à une fauffe idée du pouvoir & de la juftice de Dieu. Et en effet, il faut que le coupable n'ait de refuge nulle part, & qu'en commettant le crime volontairement, aucun efpoir de pardon ne vienne étouffer dans fon cœur le remords cruel qui vient s'y établir. Si l'on ne doit pas réduire l'homme au défefpoir, on ne doit pas non plus anéantir en lui le frein le plus puiffant qui exifte contre les paffions violentes, celui d'une confcience agitée & cruellement déchirée par le repentir. C'eft cependant l'effet que trop fouvent produit la doctrine des expiations.

Efprit des Loix, liv. 24, ch 2.

Le fatalifme, envifagé comme fyftême philofophique, n'eft ni plus dangereux, ni plus abfurde qu'un autre. Il a même un grand air de vraifemblance pour quiconque réfléchit fur l'enchaînement des événemens humains. Par-tout on croit voir des traces d'une deftinée à laquelle on ne peut fe fouftraire. L'afcendant des caufes phyfiques fur notre être, l'empire des fens fur nôtre raifon, la force des chofes & l'ignorance des motifs qui nous pouffent & nous entraînent malgré nous, femblent encore venir à l'appui de cette opinion; mais elle n'eft jufques là qu'une vaine fpéculation, un fyftême d'abftraction philofophique, qui ne peut produire aucun abus dans la fociété, aucun défordre dans la morale. Au contraire, lorfqu'elle devient un dogme religieux, alors fon effet paroit fenfible fur les mœurs & la police des peuples. Les hommes perfuadés que rien ne peut arracher au fort qui les attend, & que leurs bonnes ou mauvaifes actions font indépendantes de leur volonté, fe livrent à une infenfibilité morale, à une dépravation de principes qui peuvent les conduire aux plus grands défordres ou à la plus ftupide indifférence pour les vertus fociales. Par une fuite de cette difpofition des efprits, la police exige plus de foins, & le maintien de l'ordre plus de vigilance & d'attention. Alors, dit *Montefquieu*, les peines des loix doivent être plus févères, & la police plus vigilante, pour que les hommes, qui fans cela s'abandonneroient eux-mêmes, foient déterminés par ces motifs.

Liv. 24, ch. 4.

On conçoit donc comment les opinions religieufes influent fur la police; comment les miniftres des autels exercent une magiftrature bien pofitive dans la fociété, & comment les cérémonies du culte, les fêtes, les devoirs religieux forment une branche d'adminiftration confidérable, confiée en partie au miniftère eccléfiaftique & en partie à celui du magiftrat civil. On conçoit encore que la connoiffance de tous ces objets doit entrer dans l'étude de la police d'une nation, & que ce n'eft qu'après s'en être formé une idée nette qu'on peut fe flatter d'avoir fur cette partie du gouvernement une fomme de principes judicieux & folidement établis. Parcourons rapidement les autres caufes qui peuvent apporter quelques différences dans le régime de la police des nations civilifées.

Nous pouvons mettre au nombre de ces caufes l'induftrie, la richeffe & les productions d'un état. Un peuple agricole exigera moins de foins qu'un peuple manufacturier; & chez une nation pauvre & nombreufe il faudra plus d'attention de la part de la police pour remédier aux malheurs qu'entraîne ordinairement l'indigence populaire, que chez une nation riche, & où l'aifance met l'homme au-deffus des tentations & des défordres de la pauvreté. Un état agricole n'a befoin que d'un petit nombre de réglemens; la police s'y réduit à une fimple protection, que la douceur des mœurs & l'uniformité de la vie rendent facile à exercer. Chez un peuple manufacturier, il faut au contraire pourvoir aux befoins d'une foule d'ouvriers, maintenir la difcipline parmi eux, réprimer les vexations & les injuftices de ceux qui les foudoient, les nourrir dans les *mortes faifons*, empêcher l'émigration, encourager les artiftes diftingués, protéger tous les talens. Il faut encore prévenir les émeutes, les féditions, les brigandages d'un peuple irrité par les plus dures privations, à la vue d'un luxe féducteur. La proftitution eft encore un des maux plus ordinairement attachés aux peuples fabricans. Les femmes que le défaut de travail réduit dans l'indigence, malheur qui arrive fouvent, vont chercher dans la proftitution un falaire indigne. Et quand même le travail ne leur manqueroit pas, le prix de la main-d'œuvre eft ordinairement dans les villes manufacturières, fi difproportionné avec celui des denrées néceffaires à la vie, qu'il eft prefque impoffible que le vice ne profite pas de cette fâcheufe circonftance, pour féduire, par l'efpoir d'un gain illicite, une foule de malheureufes que le befoin tourmente & que la féduction entoure. Nouveaux foins, nouvelle follicitude pour une police attentive & compâtiffante.

Une nation riche n'a pas befoin de loix fomptuaires; une nation pauvre, au contraire peut utilement les employer quelquefois, & cette différence dans les befoins de l'état en met une auffi dans l'exercice de la police. C'eft une tâche difficile & odieufe, que celle d'épier continuellement la conduite des hommes pour les punir d'une tranfgreffion qui mérite à peine le nom de foibleffe. Quoi! parce qu'un homme mangera dans la porcelaine, ou fera porter à fa femme des dentelles & de la foie, un magiftrat s'armera de rigueur contre lui & punira fouvent une complaifance domeftique comme il pourroit faire un fcandale public? Cette févérité donne à la police un air de rigorifme & de dureté morale qui nuit bien plus aux progrès de la fociété civile, qu'elle ne fert au foutien des mœurs. Les loix fomptuaires énervent l'induftrie, nuifent à la confommation, gênent la liberté, détruifent les talens & rendent la police defpotique. Si les états abfolument pauvres peuvent quelquefois les employer, c'eft lorfque, bornés dans leur fortune, ils craignent de tranfporter à l'étranger un numéraire qu'ils ne pourroient plus recouvrer. Car l'on conçoit que jamais un luxe qui ne confommeroit que des ouvrages précieux du pays, ne porteroit aucun préjudice à la nation.

Tout fe tient dans l'ordre politique; on l'a dit cent fois. Voilà pourquoi l'abondance des productions de la terre en faifant circuler des richeffes dans la fociété, en multipliant les jouiffances & foutenant le commerce, donnent à un peuple une phyfionomie particulière, des habitudes & des ufages qui follicitent de nouvelles attentions & une protection particulière de la part de la police. Le commerce foutient l'agriculture, & l'agriculture alimente le commerce. Le commerce a été une des principales caufes du progrès de la culture & de la police en Europe. C'eft lui qui a échangé les denrées d'une province contre celles d'un aurre , & en a ainfi multiplié la quantité. C'eft lui qui pour faciliter les tranfports a fixé l'attention publique fur la nécefiité de rendre les communications des villes & des provinces fûres , d'en éloigner les brigands, de multiplier les auberges & tout ce qui peut faciliter les voyages. Le commerce eft devenu lui-même un objet de police, qui en a augmenté l'étendue & accru le pouvoir. Chez les nations où l'on le protège, la police eft attentive à tout ce qui peut le favorifer ; enforte que l'on met au nombre des premiers devoirs des officiers qui font chargés de l'exercer, de ne porter aucune atteinte à fa liberté. Et c'eft ainfi que par un concours d'effets & de caufes fubordonnées, les loix & le gouvernement fe forment fur le caractère particulier & les befoins de la fociété.

On a remarqué qu'indépendamment des effets que les productions territoriales opèrent dans un état policé, par la multiplication des richeffes & l'activité qu'elles donnent au commerce, elles en produifent encore fur le caractère des individus, & donnent à leurs facultés morales une teinte particulière, une énergie plus ou moins forte, une pente vers certains ufages ou certaines habitudes. Qui ne connoit les effets du vin fur l'efprit des peuples, & les nuances d'inclinations qu'on y remarque? Par-tout où il croît en abondance, les hommes femblent avoir une légèreté, une tournure d'efprit, une impétuofité de conduite qu'on ne retrouve pas ailleurs.

M. Grofley, Londres, tom. I & II.

La privation du vin, dit un écrivain très-judicieux, contribue beaucoup à conferver aux Anglois cette melancolie qui les porte à la méditation. Ils n'ont plus cette docilité qu'ils avoient au temps des Edouard & des Henri. Mais fous ces princes la vigne étoit cultivée en Angleterre, & peut-être alors que le vin qu'elle y donnoit étoit paffable, puifque nos rois même n'en avoient point d'autre que celui de

Surène. Les ports d'Angleterre étoient d'ailleurs ouverts aux vins, de France, d'Efpagne & d'Italie; les monaftères & les chapitres anglois avoient des celliers : enfin l'ufage du vin étoit fi généralement répandu, & le peuple en abufoit à tel point, que par une loi formelle le roi Henri V défendit à tout Anglois de boire le vin fans eau. Les révolutions d'Angleterre étoient alors conduites par une aveugle impétuofité, & non par cet efprit de fuite, de combinaifon, qui après avoir examiné la conftitution nationale & les droits des citoyens, les a établis fur des fondemens pofitifs & inébranlables.

Conft. Capituli Salisburgenfis, apud Du-cange.

Elmham; vitâ Henrici V.

Nous voyons, en France même, ce que peut fur une nation l'ufage du vin plus ou moins étendu. Entre *les verres & les pots* nos ancêtres régloient l'état, mais en fe réglant fi peu eux mêmes, que tous leurs projets difparoiffoient avec les pots d'où ils étoient fortis : il n'en reftoit que quelques chanfons peu alarmantes pour le gouvernement. Depuis que les excès de la table n'ont plus lieu dans la capitale & quelques villes de provinces, depuis que l'ufage du café a pris la place de ces éternelles libations à Bacchus, fi communes autrefois, le françois inftruit eft devenu plus effentiel, plus politique, plus généralement patriote. La raifon, la méditation, fe font emparés d'une petite partie du vafte domaine que la folie, la galanterie, la légèreté avoient totalement ufurpé autrefois, & dont ils confervent encore la plus forte portion aujourd'hui. On chante moins fon roi & les belles, mais on aime davantage la patrie & les femmes. Ces fentimens ont acquis quelque chofe de plus pofitif & une tenue qu'on ne retrouve pas même dans les inftitutions de la chevalerie, qui n'étoient vraiment qu'un amufement de fous honnêtes plutôt que d'hommes raifonnables. Quelques auteurs regrettent, mais trop légèrement, fans doute, cette raillerie fine, ces chanfons bachiques, ces joyeufes orgies, cette gaîté que le vin infpiroit à nos ancêtres, & dont notre fobriété moderne & d'autres habitudes nous ont privés. Mais penſent ils bien qu'un pareil caractère national peut difficilement s'accorder avec le goût du bien public & le moyen de l'effectuer dans un état riche, puiſſant, étendu & très-peuplé? Oublient ils que tandis que des joyeux convives célébroient le dieu du vin & ſubiſſoient toutes les formes qu'il lui plaiſoit de leur faire prendre, le peuple gémiſſoit ſous la tyrannie des nobles, des gens de guerre, de robe & de finance? Le vin rend indifférent aux affaires publiques; il attache l'homme aux jouiſſances perſonnelles, & en exaltant chez lui les forces de l'imagination, il ſemble étouffer ce bon ſens, cette raiſon paiſible, ce patriotiſme profond, que l'on retrouve plus communément chez les peuples ſobres que par-tout ailleurs. Les grecs avoient toute la légèreté, la gaîté, l'impétuoſité de leurs vins, voilà peut-être pourquoi ils furent ſi facilement ſubjugués, & ſi inconſtans dans leur gouvernement.

Peut-être que ſi l'on pouſſoit cet examen plus loin, & ſi l'on cherchoit à connoître l'influence des productions territoriales, ou plutôt de l'uſage qu'on en fait, ſur le caractère moral des peuples, on trouveroit que c'eſt à elles, beaucoup plus qu'aux climats, qu'on doit attribuer les diverſités qu'on remarque dans les mœurs & la police des différens états. Mais ces recherches nous mèneroient trop loin; l'exemple que nous avons cité ſuffit pour faire connoître le rapport de certaines productions territoriales avec le caractère des peuples, & l'importance qu'on doit mettre dans l'étude de la police, à la connoiſſance de tout ce qui peut modifier les habitudes & les mœurs des nations policées.

Enfin, ſi l'on porte une attention de détail ſur le régime de la police dans les différens états de l'Europe, on verra que la vigilance publique, la garde & les ſoins d'adminiſtration civile, ſont toujours en raiſon des inclinations morales, & des habitudes du peuple; que par-tout où l'intempérance le porte à la diſpute, à la violence, il a fallu plus de ſoins, plus de précautions pour remédier aux petits déſordres

qui, journellement renaiſſans, ſeroient de la ſociété un état de guerre ou de troubles; que dans les lieux où les richeſſes peuvent tenter les déſirs & exciter la cupidité, on a dû multiplier les châtimens & les moyens de prévenir le vol; que dans ceux où la débauche & la miſère ſont des cauſes de ſcandales & de corruption, on a porté une attention particulière aux mœurs, & cherché à oppoſer une barrière à leur dépravation; que chez les peuples négocians & riches on s'eſt occupé de la ſûreté des chemins & des établiſſemens propres à mettre le commerce à l'abri du brigandage; que les nations libres & naturellement amies de l'indépendance & des vertus républicaines ont adopté un genre de police analogue à leur caractère, c'eſt-à-dire, dépouillée de tout eſprit inquiſiteur; que les états deſpotiques, où les hommes n'ont que des ſentimens d'eſclaves & des inclinations vicieuſes, en ont, au contraire, adopté une tyrannique & odieuſe; qu'enfin les peuples barbares ou fanatiques, chez qui les idées de juſtice & les mœurs publiques ſont également obſcures & corrompues, n'ont pour police qu'un ſyſtême de préjugés & de maximes féroces qui accroît encore leur ignorance & leur miſère.

Mais de toutes les habitudes morales d'une nation qui peuvent en altérer ou modifier la police, *l'orgueil national* eſt ſans doute la plus puiſſante & la plus univerſelle. Ce ſentiment rend un peuple ſingulièrement délicat ſur tout ce qu'on lui doit, & ſur le manque d'égards pour ſes droits & ſa dignité. Lorſqu'il eſt fondé ſur des motifs légitimes, c'eſt-à-dire raiſonnables, on doit le regarder comme un des remparts de la morale & la ſauve-garde de la liberté publique. Mais il faut qu'il ſoit établi ſur la raiſon pour produire cet effet; car ſi l'orgueil national n'eſt qu'un ſot orgueil, s'il n'eſt alimenté que par des idées d'une fauſſe gloire & non par des ſentimens élevés; s'il conſiſte à exiger des reſpects de convention & d'étiquette, s'il n'a pour objet que la vanité, alors il devient une cauſe de petiteſſe & d'eſclavage, au-lieu d'en être une de grandeur & de liberté.

Deux peuples ſont aujourd'hui ſingulièrement remarquables par le ſentiment de l'orgueil national, les eſpagnols & les anglois. Mais quelle différence dans l'objet & les motifs de ce caractère national ! L'eſpagnol ſemble n'être orgueilleux que de ſes titres, de ſa nobleſſe & d'une fauſſe gloire ; c'eſt ſon roi qu'il ſe plaît à humilier, en même temps qu'il en eſt l'eſclave ; c'eſt parce qu'il eſt eſpagnol qu'il s'enorgueillit, & non parce qu'il vit ſous un gouvernement ſage & paternel. Son orgueil eſt celui du préjugé ; & n'étant fondé ſur aucun motif ſolide, on ne voit point qu'il produiſe rien de véritablement grand & d'eſtimable. Par une ſuite de cette diſpoſition, le caſtillan fier & orgueilleux vit ſous le deſpotiſme de l'inquiſition & du roi réunis ; il n'a aucune liberté politique, point de patriotiſme ; ſa vie ſe paſſe entre les vaines prétentions de la vanité & les actions d'un courtiſan ſoumis, d'un ſujet eſclave. Il s'enorgueillit, & de quoi ? Sa Patrie eſt ſans culture, ſans commerce, ſans activité, dans les chaînes & l'ignorance. Il s'enorgueillit ; la foibleſſe nationale, la pauvreté de ſes compatriotes, leur ſtupide indolence fomentée par l'indifférence du gouvernement, font de ſa nation un peuple de dévots & d'indigens, lorſqu'elle devroit être la première de l'Europe par ſes richeſſes & ſa puiſſance. Il s'enorgueillit, & les pauvres inondent les villes & les campagnes ; aſſiegent les voyageurs & forment des compagnies de filoux & de brigands. Il s'enorgueillit, & le gouvernement ſemble prendre toutes les meſures poſſibles pour que les jeunes gens reſtent dans l'ignorance & ne prennent aucuns ſentimens courageux. L'éducation eſt affreuſement mauvaiſe en Eſpagne, & tout-à-fait indigne d'une nation jadis ſi puiſſante ſous l'empire & l'induſtrie des Maures. Les champs attendent des bras, les villes des habitans, les eſprits manquent de lumières, le peuple eſt malheureux, &, ce qui eſt pis, ne ſent point

ſa miſère & s'enorgueillit d'être eſpagnol. Auſſi, comme cet orgueil n'eſt qu'une chimère & ne repoſe ſur rien, les miniſtres du Roi & de la religion ne reſpectent-ils guère la majeſté du peuple caſtillan. Il n'y a point de loi qui puiſſe mettre à l'abri un homme du peuple du reſſentiment d'un moine, & malgré ſa grandeſſe, un courtiſan eſt auſſi bien le jouet des ordres arbitraires de ſon maître que le plus ſimple particulier. Ce deſpotiſme eſt ſans doute un abus, un déſordre ; mais quand on porte des fers, on ne doit point s'enorgueillir, & ce n'eſt pas l'air d'un pays qui doit nous flatter, mais les loix qui le gouvernent & le bonheur qu'on y trouve.

Que l'orgueil de l'anglois eſt différent ! Né dans un pays immortaliſé par les chef-d'œuvres du génie, de la richeſſe & des arts, compatriote d'hommes à jamais célèbres par leurs actions & leurs ouvrages, vivant ſous des loix ſages & protectrices de ſa liberté, de ſa fortune & de ſa vie ; reſpectant ſon roi ſans le craindre, & ſe couvrant de ſa gloire ſans ambitionner ſes graces, l'anglois doit avoir de juſtes raiſons de ſe préférer à d'autres peuples moins libres ou moins heureux que lui. *La majeſté du peuple anglois*, ce mot tout exagérateur qu'il eſt, n'eſt point abſurde & ne contraſte point trop avec l'idée que nous avons de la gloire britannique. Qu'un peuple éclairé ſe croie libre, & c'eſt aſſez. Il produira des chef-d'œuvres dans tous les genres, il aimera ſa patrie, travaillera pour ſa gloire, & le marchand dans ſon comptoir, l'artiſan dans ſon attelier, l'écrivain dans ſon cabinet chercheront tous également à conſerver par leurs productions reſpectives l'idée avantageuſe que les étrangers ſe forment de leur nation. Ils aiment leur pays d'un amour de propriété, de parenté & de reconnoiſſance, parce qu'ils y trouvent tout ce qui peut rendre la vie heureuſe ſans la rendre captive, & policée ſans gêner l'exercice de la liberté naturelle. Auſſi quelle différence entre le peuple de Londres & celui de Madrid ! Comme la police veille bien plus

attentivement

attentivement aux intérêts publics dans la première que la seconde ! En Espagne, le peuple est méprisé ; & sur la moindre plainte, un artisan, un marchand est maltraité, emprisonné impitoyablement, sans que cette vexation de la part de la police soit rachetée par des soins pour la propreté & la sûreté des villes. A Londres, au contraire, où l'orgueil populaire ne souffriroit pas de semblables traitemens, l'on prend une attention particulière aux commodités & aux agrémens des citoyens. Différence qui prouve la supériorité des loix angloises sur celles d'Espagne, la bonté de sa police & les raisons de l'orgueil que doit avoir un anglois.

Cet orgueil est, en Angleterre, la cause première d'une foule d'établissemens utiles, d'institutions patriotiques, d'entreprises grandes & périlleuses, enfin du respect que l'administration de la police porte aux citoyens. On ne doit jamais le perdre de vue, cet orgueil, quand l'on veut se former une idée juste de l'état de société de ce peuple recommandable, & qui, malgré ses nombreux abus, nous présente le seul tableau dans notre Europe, digne de l'attention du législateur, & le seul modèle que les peuples esclaves puissent prendre pour s'avancer vers la liberté. L'Amérique libre, elle-même, ne vaut point à cet égard l'Angleterre ; ce pays n'offre encore qu'une étude stérile & fâcheuse aux philosophes. Les peuples n'y montrent pas un caractère à eux ; & quoiqu'une conduite décidée soit difficile dans un moment où les droits ne sont point encore énoncés d'une manière bien positive, néanmoins on retrouve chez les Américains libres, on ne sait quoi d'inconséquent & d'irraisonnable qui fait peine & qu'on voudroit ne pas y appercevoir. Mais puisque nous avons cité ce peuple nouveau, nous allons dire librement de lui ce que sa conduite présente nous inspire. Sa révolution fait une époque si marquée dans nos annales, il en est tant question, & son sort nous intéresse tellement, que ces considérations paroîtront sans doute suffisantes, pour excuser une digression qui pourroit sans cela paroître déplacée dans cette introduction.

Les écrivains politiques se sont peut-être trop pressés d'annoncer les avantages que l'humanité entière doit retirer de la révolution américaine. Le docteur *Price* surtout, qui a porté l'exagération au plus haut période à cet égard, s'est sans doute laissé séduire par l'exercice des vertus particulières qu'on retrouve en Amérique. Il n'a point assez vu que les vertus publiques y sont rares & manquent d'uniformité. Ce sont les individus qui en général soutiennent la réputation américaine ; mais l'état politique n'offre, jusqu'à présent, qu'un système incohérent d'intérêts opposés & de passions aveugles. La tolérance établie dans plusieurs états, les sages principes de liberté qu'on y trouve, la procédure par jurés, le droit de députation, tout cela est dû au génie anglois qui gouverne encore ce pays & qui l'a tiré de la barbarie. Mais depuis la révolution, nous ne voyons pas que la civilisation ait fait un pas de plus. Ici ce sont des mœurs austères, qui par leur rigueur inutile se détruiront elles-mêmes. Là, un luxe difficile & que contrarie la pauvreté publique ; ailleurs des coutumes encore sauvages & peu favorables aux progrès de la raison. La morale publique y est mal prononcée les qualités nationales convulsives & sans union. D'un côté, le congrès & les anciens militaires voudroient établir une sorte d'aristocratie suprême à laquelle tous les états fussent soumis ; d'un autre, le peuple, qui a si bien soutenu sa cause, voit avec haine & mépris ces dispositions despotiques & semble menacer de tout plonger dans l'anarchie. Les magistrats semblent joindre, dans leur conduite publique, à un système de domination positive un sentiment équivoque de popularité. Ces dispositions nationales se manifestent de temps à autres par des mouvemens violens, qui annoncent un peuple mal content de son gouvernement & en garde contre les démarches qu'on veut lui faire faire. Un trait seul entre

Consi dérations on révol. of Amer- in-8, Londres, 1784.

mille autres, achevera de rendre ces vérités fenfibles. En avril 1788, des profeffeurs d'anatomie à New-Yorck, crurent
pouvoir enlever, pendant la nuit, plufieurs
cadavres récemment enterrés, pour les
diffequer. Cette conduite déplut au peuple. Il s'affembla au nombre de quinze
cens, vifita les maifons des médecins, em-
prifonna ceux des élèves qui avoient affecté plus de mépris & de hauteur pour la
vile populace. Les magiftrats, d'anciens
officiers, les premiers de l'état qui fe trouvèrent là, quelques *Cincinnati* tirèrent fur
le peuple qui vouloit fe faire juftice de ce
manque d'égards aux loix de la police,
de la part des chirurgiens. On affembla
quelques milices; plufieurs citoyens perdirent la vie, & le calme ne fe rétablit
qu'après qu'on eut promis de punir les
coupables qui avoient violé le droit de
fépulture; attentat (1) qui ne peut paroître
indifférent qu'à ceux qui ne fentent pas
l'importance de faire obferver les loix de
la police, dans tout ce qui tient au repos & à la tranquillité fociale.

Eh bien! voilà donc les magiftrats char-
geant le peuple, à la tête des défenfeurs
de la patrie! Voilà donc quinze cens citoyens traités de vile populace, & comme
telle maltraités pour plaire à quelques
chirurgiens indifciplinés! Quelle police!
quelles mœurs! Où eft la dignité nationale? & cela dans un temps de lumières,
dans un moment où les droits des hommes
font connus, où les principes de morale
publique ont été développés par-tout. Sera-ce là le nouveau *populum laté regem* que
les politiques nous annoncent? L'on fait,
il eft vrai, que ces émeutes font des mouvemens néceffaires dans un état jeune &
peu affermi; l'on fait qu'ils annoncent une
vigoureufe fanté dans le corps politique;
mais c'eft quand ils tiennent à l'exercice
de quelques vertus publiques, quand de

grandes caufes les alimentent, & non
quand ils procèdent du manque de police,
de la haine du peuple contre fes chefs, &
du mépris de ceux-ci pour la nation. Dans
une pareille difpofition d'efprits, après une
longue anarchie, le pouvoir doit paffer
effentiellement d'un côté, & l'apparence
refter de l'autre: car il ne faut pas comparer Rome à l'Amérique, & croire que
celle-ci aura comme l'autre un motif d'u-
nion dans le goût des conquêtes, & le
defir de fubjuguer fes voifins. Une longue
paix eft à-peu-près l'état que doivent attendre les américains, & cet état doit les
conduire à la fervitude ariftocratique, s'ils
n'y prennent garde. Ils ont des craintes à
avoir que nous, vieilles nations, nous ne
devons pas connoître. Nous fommes inftruits par l'expérience. L'opinion publique gouverne chez nous; & après avoir
éprouvé toutes les aftuces, toutes les
vexations du pouvoir arbitraire, nous favons le chemin qu'on doit tenir pour les
rendre impuiffantes ou moins funeftes.
Mais l'Amérique a toujours été libre en
comparaifon de l'Europe moderne. Sous
la dureté britannique même, un anglo-
américain étoit cent fois plus libre qu'un
Caftillan ou un habitant de la Pruffe. Ce
peuple a donc befoin de fe former. Après
avoir été demi-fujet, il lui faut des talens
pour être fouverain. Ces talens font le
fruit des lumières, des arts, des études
pofitives, toutes chofes que l'Amérique
ne poffède que foiblement; on pourra
donc la tromper. On le cherchera peut-
être, & de ce conflit d'événemens il en
réfultera qu'après un temps de troubles,
elle fera divifée en un nombre d'états plus
ou moins policés, plus ou moins démocratique ou efclaves; mais on fe tromperoit fi l'on croyoit que jamais l'Amérique
dût contribuer aux progrès de la raifon &
de la liberté autant que quelques écrivains

---

(1) On chercheroit vainement à difculper les chirurgiens fous le prétexte de l'utilité des diffections anatomiques; il y a plus de curiofité de la part des jeunes élèves, que de folidité dans cette efpèce d'inftruction,
fi ridiculement prodiguée dans nos écoles publiques.

Te le font perfuadé. Déjà une nouvelle conftitution rejettée, il eft vrai, par quelques états, mais admife par plufieurs, vient d'effayer l'établiffement d'une forme de gouvernement très-propre à réunir à la longue, je ne dirai pas une feule province, mais toute la république américaine, fous le pouvoir militaire du congrès, ou plutôt de fon préfident (1). Et cette conftitution eft l'ouvrage d'américains mêmes! de Washington & des plus éminentes têtes de l'état! Au refte il n'eft pas étonnant qu'elle foit défectueufe dans l'effentiel, & tende à concentrer dans les mains d'un feul la force militaire, la plus dangereufe comme la plus injufte des tyrannies, puifque à peine a-t-on confulté les lumières de l'Europe & les difpofitions particulières des peuples qui doivent la reconnoître, avant de lui avoir donné la forme infidieufe fous laquelle on la préfente aujourd'hui à la nation? S'il en eft encore temps on doit la rejetter, ou la modifier confidérablement. Sur-tout on ne doit point forcer aucun état particulier à reconnoître d'autre puiffance politique que la fienne propre, & l'union ne doit être que fimplement fédérale, pour être utile à tous.

Nous faifons ces remarques ici, toutes déplacées qu'elles peuvent y paroître, afin de mettre en garde quelques efprits trop ardens pour le bien général, contre cette perfuafion, que le bonheur du genre humain, le fort de la liberté européenne, dépend de celui de l'indépendance américaine. Ces nouveaux peuples ont montré fûrement beaucoup de courage & de perfévérance à défendre leur liberté; mais, nous le difons hardiment, la Hollande, la Suiffe en ont montré davantage. Sans fecours, fans protection bien décidée, ces deux républiques fe font établies au milieu des troubles & de la barbarie. A peine fouftraites au joug, elles ont fait

paroître une fageffe de principes, une profondeur de vues & de raifon dont l'Amérique n'approche pas. La Hollande fur-tout, a donné l'exemple à l'Europe d'une intrépidité politique & morale, d'une prudence fage & éclairée, enfin d'une conduite qui étonnent lorfqu'on réfléchit à l'époque où cette république a fondé fa puiffance. Le monde étoit encore plongé dans la ftupide ignorance: cependant quelle tolérance! quel refpect pour les droits du peuple! que de mefures prifes contre la tyrannie! Il eft vrai que ces efforts ont été en partie impuiffans; mais l'Amérique, forte de toutes les lumières de notre fiècle & de l'expérience des temps paffés, femble courir au-devant des erreurs qui ont caufé la perte de la liberté batave, & fans doute pour long-temps. Tels font au moins les fentimens que fa conduite actuelle fait naître. C'eft avec regret que je les exprime & par le feul intérêt que l'Europe prend au maintien de la liberté américaine. Peut-être auffi ces craintes & ces reproches font-ils exagérés; mais on ne doit pas plus flatter les peuples que les Rois, & l'Amérique fait des fautes qu'un homme impartial doit blâmer.

Après avoir parcouru les caufes morales, religieufes & naturelles qui peuvent apporter quelques différences dans la nature, l'objet & les formes de la police des peuples, ce qui forme la partie philofophique de cette étude, on doit porter fon attention fur fa partie pofitive ou pratique; c'eft elle qui a pour but la connoiffance des réglemens faits fur les différentes branches de l'adminiftration générale de l'état. Nous avons remarqué que la police pouvoit, fous ce point de vue, être divifée en police militaire, police civile, police eccléfiaftique, police économique. Affez communément on comprend, fous le nom de *police civile*, les

---

(1) Cela paroît d'autant plus probable que le congrès, propriétaire d'immenfes territoires, aura une puiffance très-forte, indépendante de celle des états, lorfque fes poffeffions feront cultivées & peuplées.

trois premières, parce qu'elles concourent, chacune de leur côté, au maintien de la paix & de la sécurité publique, & forment en quelque forte la partie protectrice de la société. La police économique, au contraire, formant un département hors des limites des trois autres, & se proposant plus particulièrement la discipline de la propriété publique, doit être désignée sous un nom particulier.

En regardant donc la police militaire comme un des élémens de l'administration publique, & comme celle qui doit présider à la garde des citoyens, elle rentre dans l'ordre des études qu'on doit embrasser ici, & forme une des connoissances essentielles au magistrat civil. Pour mettre de la méthode dans cette étude, on doit d'abord se proposer la recherche des rapports de la puissance militaire avec les autres parties du gouvernement civil ; ensuite la connoissance des ordonnances & réglemens établis pour contenir les gens de guerre dans les bornes d'une sage discipline, & prévenir les désordres qu'ils se sont permis dans des temps d'anarchie. On trouvera pour cela de grands secours dans les délibérations & les plaintes du tiers-état en France aux états-généraux & dans les différens recueils de loix faites sur cette matière.

Il est très-important au magistrat de police d'avoir les connoissances les plus sûres & les plus positives sur la discipline des gens de guerre, non-seulement pour tenir la main à l'exécution des réglemens, mais encore pour prévenir les désordres auxquels se livrent trop communément les officiers & soldats sur les routes & dans les garnisons. Nous avons déjà dit quelque chose de ces abus. C'est en général un grand inconvénient qu'il y ait des troupes dans l'intérieur du royaume ; elles sont aussi dangereuses à la liberté civile qu'à charge aux citoyens, & l'on doit voir avec peine qu'il faille souvent user de sévérité envers elles, pour les empêcher de commettre des excès qu'elles devroient être les premières à réprimer.

Au reste, il est peu nécessaire pour acquérir les connoissances utiles de la police militaire, d'entrer dans les détails de l'organisation, des divisions, privileges & rang des différens corps qui composent l'armée. Mais on doit particulièrement s'instruire des ordonnances militaires qui concernent les obligations, les devoirs auxquels tout homme de guerre est tenu envers les citoyens : car depuis qu'un chef heureux ou puissant, quelqu'ait été son nom, a pu soudoyer une armée subsistante en temps de paix, il semble avoir existé une différence politique entre le soldat & le citoyen, & l'on a été obligé de multiplier les ordonnances pour contenir l'insolence des troupes. Ce sont presque toujours les officiers municipaux qui ont eu le département de la police militaire dans les villes de province. Cette foible autorité est importante à conserver, & l'on doit s'appliquer à la recherche des loix qui l'établissent, & des principes d'ordre qui exigent qu'on la maintienne & qu'on l'augmente.

L'on doit distinguer l'armée des corps destinés à la défense purement civile des citoyens, à la garde des villes & au maintien de la police. Ceux-ci sont très-utiles, & leur institution est une des plus avantageuses à la société. On ne peut trop les multiplier pour l'utilité publique ; & comme ils sont incessamment sous l'œil du magistrat, on ne doit craindre aucun désordre d'eux. Il suffit qu'on punisse les abus du pouvoir & les véxations sourdes auxquels des intérêts personnels pourroient les porter, pour en retirer tout l'avantage qu'on doit en attendre. Il faut donc étudier principalement les différentes formes qu'on leur a données, les réglemens qui les concernent, leurs fonctions & les moyens d'en perfectionner la discipline & les services. Quelques villes ont le droit d'une milice bourgeoise ; ce droit est précieux si les magistrats de police en savoient tirer parti : nous engageons les assemblées provinciales à solliciter auprès des états-généraux & des parle-

PRÉLIMINAIRE.

mens, de semblables institutions pour toutes les villes de leur département au-dessus de six mille habitans. Nous donnerons dans notre ouvrage quelques éclaircissemens sur cet objet intéressant de notre droit municipal.

Voici donc l'ordre dans lequel on doit classer les connoissances sur la police militaire, & les chefs auxquels on peut les réduire. 1°. Objet du pouvoir militaire, origine, histoire & police des troupes & des milices. 2°. Abus des gens de guerre, & désordres auxquels ils donnent lieu par le manque de discipline, & le mauvais emploi qu'on en a fait quelquefois. 3°. Réglemens, loix & précautions contre ces abus; celles qui sont prises, celles qu'on devroit prendre. 4°. Autorité des magistrats dans le département civil de la police militaire. 5°. Troupes civiles, officiers d'épée, guet, maréchaussées, &c. 6°. Fonctions, obligations, droits & priviléges de ces corps. 7°. Milice bourgeoise, son origine; ses droits, son utilité.

Quant à la police civile proprement dite, on doit en faire une étude toute particulière, & y rapporter les autres branches de l'administration, pour s'en former une idée positive & claire. En effet, comme l'objet de la police considérée sous son vrai point de vue, n'est ni le pouvoir d'un seul ou de plusieurs, ni l'intérêt de quelques particuliers, mais la paix publique & le bonheur des citoyens; on voit que les autres parties de l'administration, ne pouvant tendre qu'à ce même but que par des voies différentes, doivent ainsi rentrer dans l'étude de la police civile. On doit s'y proposer trois objets principaux; 1°. de connoître l'origine & l'état des loix, réglemens & institutions de police civile; 2°. les réformes qu'on peut y faire; 3°. les améliorations qu'on peut y introduire.

C'est dans l'histoire d'une nation, dans les annales de son gouvernement & de sa législation qu'on trouvera le plus de connoissances positives & de faits importans sur le premier objet. On verra qu'à

mesure que la civilisation, la richesse publique & la puissance souveraine se sont accrues, les établissemens de police se sont multipliés, mais qu'ils n'ont pas toujours reçu la juste mesure de douceur & de sévérité, de justice & d'impartialité qui en étend la puissance & l'utilité. C'est toujours par la connoissance des temps, des lieux & des circonstances qu'il faut tâcher d'expliquer les contradictions réelles ou apparentes, les fausses démarches & les mauvais établissemens de l'administration publique.

Dans la multitude de faits que cette recherche doit présenter, on peut se former quelques points de ralliement auxquels on rapporte ses idées & ses raisonnemens. Cette méthode soulage la mémoire & facilite la connoissance des matières, en les présentant dans leur ordre positif & systématique. On pourra donc rapporter les connoissances positives de la police civile aux loix & établissement de de grande police qui concernent toute une nation, & à ceux qui n'ont pour objet qu'une ville ou une province en particulier. Dans la première classe se trouvera, 1°. ce qui regarde les mœurs en général, le commerce, la police des grands chemins, la mendicité; 2°. l'établissement des magistrats, officiers & agens nécessaires à l'exercice de ce département. Dans la seconde classe, on placera tout ce qui tient, 1°. à la discipline des arts & métiers, aux réglemens locaux sur la vente des denrées nécessaires à la vie, sur la police des fêtes publiques, sur le commerce de certaines productions particulières à quelques pays, enfin tout ce qui peut faire exception à la police générale, & caractériser la discipline & l'économie civile d'une ville & d'une province en particulier. C'est pour compléter cette partie qu'on réunira à cette connoissance celle des officiers municipaux, des priviléges, droits & prérogatives de chaque corps de ville & assemblée municipale. On aura ainsi un plan propre à diriger dans l'étude de la police & dans l'exercice des

fonctions qu'elle exige ; & cette connoiſſance poſitive mettra à portée de mieux
juger des imperfections dont cette partie
du gouvernement eſt ſuſceptible : ce qui
conduira au développement des deux autres objets qu'on doit ſe propoſer ; c'eſt-
à-dire , la réforme des abus & les améliorations dans l'exercice de la police.

L'utilité des réformes en matière d'adminiſtration & ſur-tout en matière de police , eſt fondée , non-ſeulement ſur le
caractère d'imperfection que porte tout ce
qui ſort de la main des hommes, mais encore ſur le progrès des lumières & l'in-
conſtance des événemens : ce qui donne
la méthode de claſſer les reformes ſuivant
que l'une ou l'autre de ces cauſes en déterminera la néceſſité. Ainſi on les diſtinguera,
1°. en réformes que ſollicite l'imperfection originale des inſtitutions de police ;
2°. en réformes qu'exigent le progrès des
lumières & le changement des mœurs &
d'habitude nationale ; 3°. en réformes motivées par les révolutions ſurvenues dans la
conſtitution politique & le gouvernement
de l'état. Sous la première diviſion , l'on
pourra ranger tous les abus qui naiſſent
des mauvais réglemens , des écarts de pouvoir dans les agens de l'adminiſtration
civile , de la dureté & de la partialité de
certaines loix , enfin du deſpotiſme de la
police ; l'on pourra encore y joindre les
établiſſemens tyranniques pour détruire la
proſtitution , la mendicité , le vagabonage ; tous les moyens employés juſqu'à
préſent pour prévenir les maux & les déſordres qui naiſſent de la miſère & de l'abjection du peuple.

Dans les réformes ſollicitées par les progrès des lumières & la politeſſe des mœurs,
on doit placer toutes celles qui ont pour
objet les excès de rigueur , les peines dures
& féroces, les pourſuites outrageantes, les
châtimens révoltans , l'intolérance civile &
religieuſe, le rigoriſme moral & quelques
autres défauts de police que l'on retrouve
dans les provinces & les villes privées des
lumières & des connoiſſances de la capitale.

Enfin l'accroiſſement de la liberté , le
changement de ſouverain , l'élévation du
peuple , doivent encore donner lieu à
des réformes dans l'adminiſtration de la
police. A meſure qu'une nation devient
puiſſante , & prend un caractère d'indépendance politique, la police doit lui remettre une partie de ſa vigilance & de ſes
ſoins. Elle doit reſpecter des hommes
libres , comme elle ſemble autoriſée à
mépriſer des eſclaves. Ce ſeroit une grande
maladreſſe de vouloir aſſujettir à des formes deſpotiques un peuple courageux &
fier ; ce ſeroit rappeller l'anarchie & vouloir le mal pour le mal. Nous en avons eues
& nous en avons encore ſous nos yeux aujourd'hui des preuves frappantes. Les hommes marchent lentement à la liberté ; mais
lorſqu'une fois ils ont pris la route qui y
mène, il faut, dans ceux qui ont intérêt à
les tenir dans l'eſclavage, une grande ſupériorité de lumières & de ſoupleſſe pour
pouvoir les en détourner , encore ne le
pourront-ils point ſi la force des choſes s'y
oppoſe. Le monde moral comme le monde
phyſique ſemble éprouver de temps à autre
des révolutions qu'il n'eſt pas au pouvoir
humain d'arrêter. La violence ſur-tout eſt le
moyen de leur donner de l'intenſité, & d'en
rendre l'effet dangereux. Le deſpotiſme
s'eſt percé mainte fois de l'arme qui devoit
le défendre , & ſon pouvoir s'eſt diſſipé au
moment même qu'il ſembloit déployer
toute l'étendue de ſa puiſſance. Dans ces
inſtans de fermentation & de criſe , la
police, qui de nos jours eſt devenue trop
ſouvent l'inſtrument d'un pouvoir aveugle, doit régler ſa conduite ſur les événemens ; &, pour remplir dignement ſon
objet , montrer une grande déférence ,
beaucoup d'égards pour les droits & les
privileges des différens membres de l'état.
Il ſeroit trop long , au reſte , de rapporter
ici les réformes que ſollicite dans la police , un changement conſidérable dans la
conſtitution politique d'un peuple ; on
entrevoit aiſément juſqu'où elles peuvent
s'étendre , & il ſuffit d'en avoir indiqué
l'objet pour faire ſentir l'importance d'une
étude approfondie de cette matière. Ces

détails trouveront d'ailleurs leur place dans l'ouvrage, & le mot *abus* seul en réunira les principaux & les plus utiles.

Les améliorations, dont toutes les différentes parties de la police sont susceptibles, méritent encore une étude particulière. Elles doivent être subordonnées aux circonstances de temps & de lieu, comme les réformes dont nous venons de parler. Il est rare que les meilleurs établissemens mêmes aient en naissant toutes les perfections dont ils sont susceptibles ; le temps seul peut faire connoître ce qui y manque, & les changemens utiles qu'on peut y faire. L'abbé *de St. Pierre*, pénétré de cette vérité, desiroit qu'il y eût en France un bureau perpétuel chargé de faire dans la législation, les améliorations & réformes que l'expérience auroit indiquées. Ce moyen auroit facilité le progrès des lumières, & hâté le perfectionnement des loix. Il auroit été le supplément de ce qui nous manque de connoissances, attaché l'attention sur toutes les parties de l'économie civile, & fait jouir invariablement la société des avantages qu'elle peut retirer de ses loix & de sa police.

Quoique les améliorations & les réformes soient deux manières différentes de perfectionner la police, cependant on peut en rapporter les différentes espèces aux mêmes divisions & aux mêmes objets ; & ce que nous avons dit des unes, peut également se rapporter aux autres. Il y a néanmoins cette différence entre la manière d'introduire la réforme des abus, & celle d'effectuer des améliorations, que la première exige plus de circonspection, de fermeté, de connoissance des détails que la dernière. Il y a toujours moins de résistance à éprouver, moins d'intérêts à choquer dans l'une que dans l'autre ; c'est pourquoi la prudence & la modération ne doivent jamais être méprisées quand il est question de réformer des abus, quelque grands, quelque funestes qu'ils soient. L'on se roidit contre les innovations quand elles portent un caractère de contrainte & de force ; tout doit se faire par la douceur &

la persuasion ; & c'est une marque d'ignorance ou de mépris d'employer dans les affaires publiques les voies de rigueur ou de fait. Les hommes sont, en général, susceptibles de raison ; il suffit de les éclairer pour qu'ils s'y rendent, & l'on ne peut guère y parvenir que par la force de l'instruction & de la discussion publique, moyen que le gouvernement paroît avoir trop légèrement méprisé dans tous les temps.

Après s'être ainsi fait un plan d'étude raisonnée de la police civile, & s'être proposé son avancement & le progrès de ses différentes branches par le rapprochement qu'on en peut faire avec les principes & les lumières de la philosophie, on doit porter son attention sur la discipline du culte & les loix de police qui en dérivent. Cette partie n'est guère moins intéressante que les deux autres. La religion fait partie de la police universelle, c'est un moyen d'union entre les hommes & un grand instrument d'administration paternelle dans un état. C'est sur-tout par sa morale & ses institutions charitables, & pacifiques qu'elle intéresse la société & rentre dans l'ordre des élémens qui en font le bonheur ; c'est donc bien moins pour la subordonner au pouvoir temporel que pour la rendre de plus en plus inséparable de la félicité publique qu'on doit la regarder comme une des premières & des plus importantes parties de la police générale. Ce que nous en avons déjà dit, suffit pour assurer cette idée, & nous ne devons parler ici que des moyens de l'étudier avec méthode & facilité.

D'abord, on ne doit envisager la police religieuse que dans son rapport avec la société, & nullement dans celui qu'elle a avec les membres du corps sacerdotal & la discipline intérieure du culte, à peu près comme nous n'avons pris de la police militaire que ce qui touche la tranquillité publique & le besoin de subordination dans l'état. Les questions théologiques, le dogme, la solidité des principes religieux, la vérité, la fausseté des sectes & des

opinions, ne doivent donc pas nous occuper; ces connoiſſances appartiennent à
la Théologie ſpéculative ou morale; mais
ce qui mérite toute notre attention, c'eſt
1°. de conſidérer comment la religion
peut contribuer au maintien de la ſociété;
2°. quels ſont les moyens qu'elle offre ou
emploie pour cela; 3°. comment ſes membres exercent une ſorte de magiſtrature
journalière ſur le peuple; 4°. les abus &
les avantages de cette inſtitution, conſidérés, ſoit dans leur rapport avec les
mœurs, ſoit dans leur rapport avec l'exercice du pouvoir ſouverain; 5°. l'établiſſement des fêtes, abſtinences, cérémonies
publiques conſidérées comme moyen de
ſanté, d'union, de délaſſement & d'inſtruction pour les citoyens; 6°. Enfin ce
que la police civile a de commun avec la
police religieuſe & les raiſons qui peuvent
engager celle-ci à demander ou à rejetter
le ſecours & la protection de l'autre, ainſi
que ceux où la première doit accorder ou
refuſer ſa force aux ſollicitations des miniſtres des autels. Toutes ces conſidérations
ſont très-importantes, très-utiles à développer pour les progrès de la ſcience, & nous
tâcherons, au mot *religion*, de ſuppléer au
ſilence des écrivains ſur cette matière.

C'eſt encore dans l'étude de l'hiſtoire
qu'il faut chercher des connoiſſances poſitives ſur ces objets; c'eſt-là qu'on verra
les abus du pouvoir ſacerdotal & le bien
que la morale religieuſe & la police de
l'égliſe a produit dans la ſociété. Mais
qu'on ne s'y trompe pas, c'eſt l'abus des
choſes les plus ſaintes employées par le
deſpotiſme & l'ambition qui a cauſé les
déſordres religieux, tandis que le bien a
toujours été une production ſpontanée des
maximes de l'évangile & des principes de
la religion. Ces réflexions générales ſuffiſent, ſans doute, après tout ce que nous
avons dit des effets du chriſtianiſme pour
faire ſentir au lecteur l'importance de cette
étude; & les objets que nous venons d'indiquer peuvent lui ſervir de point de ralliement pour donner à ſes idées de l'ordre
& de la ſuite.

La police économique moins compliquée, n'en préſente pas moins une des
principales branches de l'adminiſtration
générale d'un état policé. Nous avons
déjà fait connoître l'idée qu'on devoit y
attacher: nous allons décrire ici les nom-
breuſes parties qu'elle renferme, & l'ordre qu'on doit tenir pour ſe rendre compte
d'une ſi grande diverſité de réglemens généraux & de détails particuliers.

La police économique des villes a preſque généralement été réunie à l'adminiſtration municipale, lors du rappel des communes à la liberté; celle des provinces a
éprouvé différentes fortunes en France.
Les tréſoriers des finances & les intendans
l'ont pendant long temps partagée, juſqu'à
ce qu'enfin ces derniers s'en étant preſque
totalement emparés depuis long-temps,
au moment où l'on forma les aſſemblés provinciales, celles-ci en revendiquèrent une
partie, qui vraiſemblablement s'accroîtra
chaque jour, juſqu'à ce que définitivement
ces corps en ſoient excluſivement & entièrement chargés. Le premier objet qu'on
doit ſe propoſer dans l'étude de la police
économique paroît donc être la connoiſſance des établiſſemens deſtinés à ſon adminiſtration. On la trouvera dans l'hiſtoire
de la fiſcalité & dans celle des différentes
méthodes adoptées pour la perception &
l'emploi des revenus publics. Si l'accroiſſement des revenus du prince a été le premier motif des diſpoſitions économiques
adoptées dans l'état, les moyens d'y parvenir ont été nombreux en proportion, &
plus ou moins bien choiſis. Il a fallu porter
ſa vue ſur tout ce qui étoit cauſe de richeſſe
dans la nation; l'agriculture, les arts, le
commerce ſont donc devenus des branches
du département économique. Les vues plus
ou moins étendues des adminiſtrateurs,
leurs principes, plus ou moins ſûrs, ont
donné lieu à une foule de diſpoſitions ſur
ces ſources de la fortune publique. De ces
nombreux ſyſtêmes, de cette multitude
d'établiſſemens dirigés vers l'agriculture,
les arts & le commerce, eſt réſulté un
corps de police économique qui a plus
ſouvent

souvent nui aux progrès de la richeſſe nationale, qu'il ne leur a été favorable ;
cependant on doit le connoître, ne fût-ce,
que pour éviter les erreurs qu'il préſente.
Voici la marche qui doit à peu près y
conduire, & celle qui paroit en même-
temps la plus courte & la plus fûre.

Le but de la police économique eſt de
mettre de la ſtabilité, de l'ordre & de la
fidélité, dans l'exécution des loix relatives
à l'accroiſſement & la diſpoſition de la fortune publique. La première ſource de
toute richeſſe eſt le travail des hommes ; il
eſt le repréſentant comme la cauſe efficiente
de tout bien. C'eſt donc vers lui que les premières loix économiques doivent ſe porter ; c'eſt à le protéger qu'elles doivent
tendre ; c'eſt en ſa faveur que doivent
être formés les premiers établiſſemens. Par
conſéquent, étude des loix de police qui
ont pour but les travaux de la ſociété, ſoit
que ces travaux tirent les productions du
ſein de la terre, ſoit qu'ils façonnent les
produits de la culture, des mines & de la
pêche. Donc police économique de l'agriculture, des mines & de la pêche.

C'eſt le travail qui donne le droit de
propriété, ou plutôt le droit de propriété
n'eſt que le repréſentant du droit acquis
par le travail. C'eſt encore la propriété
qui eſt le terme de nos entrepriſes & le but
de nos travaux. Pour ſoutenir le travail, il
faut donc aſſurer la propriété & la mettre
à l'abri de l'invaſion étrangère. Il faut
donc établir une force ſociale & pourvoir
à ſon entretien. Cette force ne peut être
elle-même entretenue que par le bénéfice
du travail : il faut donc qu'il y contribue.
Cette contribution doit être réglée, levée,
diſtribuée avec ordre & ſtabilité. Il faut
des loix & une police pour cela. Donc
police & établiſſemens deſtinés à la répartition, levée & emploi des impôts ; adminiſtrations provinciales, fermes, régies,
adminiſtrateurs & ordonnateurs de toute
eſpèce. Cette partie eſt la plus étendue &
la plus compliquée de toutes celles qui
conſtituent la police économique.

Les hommes ont des beſoins qui néceſ-
ſitent des échanges : le nombre & la variété
des jouiſſances conviennent à leur nature ;
ils s'y portent ſpontanément. C'eſt le travail qui leur donne les moyens de ſe les
procurer, & ce ſeroit en tarir la ſource
que de les leur interdire. Le commerce
devient donc un moyen de richeſſe publique, non-ſeulement parce qu'il donne
de la valeur aux choſes, mais parce qu'il
ſoutient & alimente le travail. La police
économique s'en occupera & avec lui de
tout ce qui peut le faciliter : canaux, chemins, ports, manufactures, entrepôts,
chambres de commerce, privileges, jurandes, diſcipline des arts & de l'induſtrie.

Le travail ſoutenu, encouragé, perfectionné par le commerce, multipliera les
jouiſſances, perfectionnera le goût des
arts, & amènera le luxe, ce produit naturel de la richeſſe, & où elle ſemble
dépoſer une ſurabondance gênante qu'elle
retrouve au beſoin, eſt un des effets réſul-
tans des réſerves du travail annuel ; on ne
peut donc s'empêcher de le protéger, c'eſt-
à-dire, de ne pas le contraindre par des
loix ſomptuaires ; & c'eſt encore un des
objets de la police économique de tempérer tellement ſon action ſur l'induſtrie
publique, qu'il lui ſerve d'aiguillon de
récompenſe & de terme.

Par cette énumération raiſonnée des objets ſoumis à l'empire de la police économique, on voit quelle eſt ſon étendue
& les motifs de bien public qui en ſont
le fondement & l'appui. De tous les
pays de l'Europe, l'Angleterre eſt celui qui offre une plus abondante moiſſon dans cette matière. Cette nation
s'eſt ſingulièrement occupée de ſon commerce, de ſon induſtrie, de ſa pêche, de
ſa culture, & de tout ce qui peut ſoutenir & étendre les progrès & la diverſité
des travaux. On doit donc ſur-tout étudier les diſpoſitions de la police économique des anglois, pour ſe former une
idée grande & ſolide de cette partie. Mais
il faut bien prendre garde cependant à ne
s'en point laiſſer impoſer. Leurs réglemens

économiques font pleins de défauts & d'erreurs groſſières : on ſe tromperoit ſi l'on penſoit qu'ils fuſſent des modèles en ce genre; mais on peut les parcourir, les comparer, & ſonger que ce qui cauſeroit ſouvent du déſordre chez nous, par l'effet de la contrainte, peut au contraire produire du bien chez un peuple libre.

Nos adminiſtrations provinciales, nous le répétons, ſont une des plus ſenſées, des plus utiles, & des plus impoſantes inſtitutions de police économique que l'on connoiſſe. Elles ſont proprement la partie active & vigilante du gouvernement de la propriété en France; & cette deſtination de pouvoirs & de droits ne doit point néanmoins leur interdire l'exercice des fonctions qui tiennent à quelques autres parties de l'économie civile, ainſi que nous aurons occaſion de le remarquer.

Il ne reſte plus qu'à ſe former une idée des auteurs qui ont traité de la police, pour avoir ſur cette partie des connoiſſances ſociales, les notions préliminaires qui peuvent en faire entreprendre l'étude avec ſuccès. Mais comme la multitude d'auteurs qui en ont écrit, ne pourroit qu'étendre infructueuſement ce que nous avons à en dire, ſi nous voulions donner une connoiſſance même ſuperficielle de chacun; nous nous attacherons principalement à ceux qui ſont le plus généralement connus en France; notre intention n'étant pas d'ailleurs de parler dans ce moment des écrivains étrangers qui s'en ſont occupés. Nous pourrons en faire connoître quelques-uns, en parlant de la police étrangère, aux articles de notre ouvrage qui l'auront pour objet.

Nicolas de la Mare, commiſſaire au châtelet de Paris, né à Noiſy-le-grand, en 1641, mort à Paris en 1723; eſt le premier qui ait traité de la police avec étendue, méthode & clarté. Son livre n'eſt point une compilation ſèche des ordonnances qui ont été faites ſur la police; c'eſt un recueil orné de tout ce que la religion, l'hiſtoire, la politique fourniſſent

de maximes ou d'exemples propres à ſervir au maintien de l'ordre dans les ſociétés civiles. L'auteur a parfaitement ſaiſi les rapports de la police avec toutes les parties de l'économie ſociale; il en a ſenti toute l'importance & connu toute l'utilité. Il a donné à cette partie de l'adminiſtration civile, l'étendue qu'elle comporte, & a le premier fait connoître que ſon objet ne devoit pas ſe borner au miniſtère obſcur d'une ſurveillance éphémère & minutieuſe, mais embraſſer tout ce qui peut faire jouir l'homme civiliſé du bonheur & de la paix que lui promettent les loix & la religion.

L'ouvrage de *la Mare* eſt une ſource d'érudition & de ſavoir, où une foule d'auteurs, de légiſtes & d'écrivains politiques ont puiſé, ſans le dire, les connoiſſances les plus importantes qui ſe trouvent dans leurs écrits. C'eſt, comme le *dictionnaire de Bayle*, une compilation, mais une compilation éclairée, ſavante & méthodique; avec cette différence cependant, que le philoſophe a mis plus de raiſon, de courage & de philoſophie dans ſes écrits que le commiſſaire au châtelet dans les ſiens. Ceux-ci ſont l'ouvrage du ſavoir & de la méthode; ceux-là, celui du génie & de la liberté; mais les uns comme les autres ſont de véritables originaux dans leur genre reſpectif, & où l'on peut faire d'abondantes récoltes de connoiſſances poſitives & de recherches importantes. Ce qui manque au *Traité de police*, c'eſt cet eſprit philoſophique qu'on ne connoiſſoit point encore, ou qu'on n'oſoit point avouer du temps de *la Mare*, & qui a répandu de nos jours de ſi grandes lumières ſur toutes les parties de l'adminiſtration civile & du gouvernement des hommes. *Montesquieu*, *Rouſſeau*, *Voltaire*, ont tellement amélioré, perfectionné, rectifié les idées morales que l'on avoit jadis ſur les droits, les devoirs, les loix & les préjugés de la ſociété, que la légiſlation demande par-tout les changemens qui ſe ſont déjà fait ſentir dans les mœurs & l'exercice de la police en France. C'eſt ce qui a fait vieillir le traité de *la Mare*, qui a même rendu odieux l'esprit de rigueur & de dureté qui y règne, & que la douceur de nos usages semble plus que jamais proscrire : car on ne doit point perdre de vue, que de tous les départemens, celui de la police a le moins besoin de ce rigorisme farouche, si re commandé par des écrivains enthousiastes ou intolérans.

D'ailleurs la liberté sociale, naturelle & religieuse est un peu plus étendue de nos jours que du temps de *la Mare*; ensorte que les réglemens qui pouvoient être utiles alors & dont l'exécution faisoit une partie des devoirs d'un officier de police, seroient injustes & odieux à présent. Mais cela n'empêche pas, comme nous le disions tout-à-l'heure, que son livre ne soit un monument utile & respectable de la sagesse & du savoir de son auteur. Le traité historique des progrès & des accroissemens de la ville de Paris est un excellent ouvrage, & j'ose dire un chef-d'œuvre dans son genre; on le lit avec plaisir, & l'on y apprend toujours quelque chose en le consultant.

On trouve dans le reste de l'ouvrage l'établissement des différentes branches de la police des villes du royaume, mais principalement de Paris, ainsi que les changemens qui y sont survenus, les fonctions & les droits des magistrats de police, avec les loix & les réglemens qui y ont rapport : tout y est approfondi. L'auteur remonte à ce que l'antiquité nous a laissé de plus certain sur cette matière. Il cite avec une exactitude vraiment recommandable ses autorités & ses titres. On a de cette sorte, une histoire authentique des loix de police des anciennes républiques jusqu'à nous.

Le commissaire *de la Mare* a lui-même tracé le plan de son ouvrage dans sa préface : comme l'idée qu'il en donne est très lumineuse, & peut faire connoître d'une manière satisfaisante l'ordre & la méthode qu'il a suivis en traitant la police, nous allons nous servir de son texte même

pour rendre compte de son travail. Ce sera un abrégé de l'ouvrage dont la lecture ne pourra que fournir un sujet d'instruction au lecteur, en lui présentant une sorte de résumé de la police universelle.

« J'ai, dit-il, commencé d'abord par montrer l'utilité de la police, la dignité de ses magistrats & la soumission que l'on doit à ses loix; j'ai ensuite fait voir que son unique objet consiste à conduire l'homme à la plus parfaite félicité dont il puisse jouir en cette vie. Après avoir ainsi considéré la police en elle-même, je remonte à sa source; j'explique les motifs qui lui ont donné naissance; je la fais connoître par ses définitions, par sa division & par toutes les descriptions que les anciens & les modernes en ont faites, & les éloges qu'ils lui ont donnés.

» Je passe ensuite à l'histoire de ses magistrats; j'y ajoute celle des officiers qui leur sont subordonnés, & qui en partagent avec eux les premiers soins; l'on y voit leurs établissemens, leurs dignités, leurs prérogatives & leurs fonctions. Je conclus enfin ce premier livre par l'obéissance qui est due aux magistrats, & la soumission que l'on doit à l'exacte observation des loix.

» Le second livre contient toutes les matières qui concernent la religion. J'y prouve que de tout temps les soins de maintenir la religion & le culte extérieur ont été abandonnés aux deux puissances, la temporelle & la spirituelle, chacune dans l'étendue de son pouvoir. Je cherche avec application en quoi consistent ces soins & ce pouvoir à l'égard du magistrat politique, & combien les empereurs chrétiens & nos princes ont recommandé cette importante partie de la police à leurs officiers. Ensuite je passe au détail de ce qui s'est fait pour maintenir ce bon ordre & cette discipline chez les payens, les juifs & les chrétiens; sur-tout je me suis attaché à la recherche de ce qui s'est passé à l'égard de la religion en France.

» Enfin j'ai trouvé, sur cette matière,

que les loix & les ordonnances de police viennent au secours des usages & des décisions de l'église en ces sept points. I. Faire rendre aux lieux saints le respect qui leur est dû. II. Observer exactement les dimanches & les fêtes. III. S'abstenir, pendant le carême, des viandes défendues. IV. Conserver, dans les processions publiques, l'ordre & la décence convenables. V. Empêcher les abus qui se peuvent commettre sous le titre de pélerinages. VI. Prendre les mêmes précautions à l'égard des confreries. VII. Et veiller à ce qu'il ne se fasse aucuns nouveaux établissemens, sans y avoir observé les formalités nécessaires.

» Toutes les loix qui ont pour objet la discipline des mœurs forment le troisième livre. On y trouve donc celles qui ont condamné le luxe, l'intempérance, certains jeux & certains spectacles, les débauches & prostitutions des femmes, les juremens, les blasphêmes, l'astrologie judiciaire, la magie & les sorciers.

» La santé, qui est le premier & le plus désirable des biens corporels, sert de matière au quatrième livre. A l'exemple des anciens, j'ai réduit tous les soins que l'on doit prendre pour entretenir cette heureuse constitution, ou pour la rétablir quand la maladie lui donne quelqu'atteinte, à ces cinq points principaux; la salubrité de l'air, la pureté de l'eau, la bonté des alimens, le choix des remèdes, la capacité des médecins & des chirurgiens que l'on emploie. J'ai rapporté toutes les autorités qui prouvent l'importance de chacun de ces points, & les loix & ordonnances qui ont établi des précautions, pour ne rien négliger dans une matière qui nous touche de si près.

» Le cinquième livre est destiné à la police des vivres; elle y est traitée & divisée dans toute son étendue, en ces neuf principaux points qui comprennent tout ce qui peut être désiré à cet égard. I. Le pain. II. La viande. III. Le poisson de mer frais, sec & salé. IV. Le poisson d'eau douce. V. Les œufs, le beurre & le fromage. VI. Les

fruits & les légumes. VII. Le vin & la bierre. VIII. Le bois & le charbon qui servent à préparer les alimens pour la cuisson. IX. Le foin & les grains dont on nourrit les bestiaux qui sont employés à la culture de la terre, à voiturer les vivres ou à d'autres services pour nos commodités particulières.

» A l'égard du pain & de la police des grains l'on y a pour objet: » I. Les laboureurs qui emploient leurs travaux pour faire venir les grains, & desquels on les tire de la première main. II. Les marchands qui en font le commerce. III. Les voituriers qui les conduisent. IV. Les ports ou marchés où ils doivent être exposés en vente. V. Les officiers préposés pour les mesurer. VI. Les porteurs établis pour faciliter les décharges des vaisseaux ou des harnois, & le transport des grains dans les greniers.

» Ce qui m'engage à parler de l'agriculture, & à rapporter les loix & les ordonnances qui ont été faites: I. Pour favoriser la culture & les engrais des terres. II. Pour la conservation de celles qui sont ensemencées. III. Pour les moissons. IV. Pour la garde, la vente & le débit des grains par les laboureurs.

» Je n'oublie pas ensuite de décrire les précautions que l'on prend dans les temps de disette, & je fais différentes recherches sur ce qui a été fait à cet égard en différens temps.

» J'ai observé la même économie sur tout ce qui concerne le poisson de mer frais, sec & salé, & celui d'eau douce: Ainsi pour y suivre, comme dans les autres matières précédentes l'ordre le plus naturel, j'y traite d'abord: I. de la pêche à l'égard de la mer; II. des lieux où elle se fait & des instrumens dont on peut se servir à cet usage; III. des précautions que l'on prend pour la sûreté des pêcheurs & de leurs vaisseaux; IV. comment les provisions pour la ville de Paris se doivent faire sur les lieux; V. des marchands forains ou chasse-marées; VI. des jurés vendeurs & des autres officiers établis pour ce

commerce; VII. ce qui concerne les falines en particulier ; VI.I. des poiſſonniè-
res & harangères qui vendent en détail;
IX. des tribunaux qui connoiſſent de cette
police & de la juriſprudence qui s'y obſerve. L'on y traite également des réglemens qui concernent le poiſſon d'eau
douce, le beurre, les œufs, le fromage,
les fruits, les herbes vertes & les légumes.
L'on y rapporte ce qui regarde les marchands forains de ces provisions. I. La
diſcipline qu'ils doivent obſerver dans leurs
achats & leurs ventes. II. Ce qui leur eſt
permis ou défendu. III. Les places & marchés qui leur ſont deſtinés. IV. L'élection
des jurés & les viſites qu'ils doivent faire.
V. La diſcipline des lotiſſemens. VI. Les
profeſſions auxquelles ce commerce eſt
défendu pas incompatibilité ; & enfin tous
les réglemens qui ont été faits pour y entretenir l'abondance & la bonne foi.

» Je parle enſuite des boiſſons, de l'eau,
du vin & à l'occaſion de ce dernier je rapporte : I. tout ce que les auteurs ſacrés &
profanes en ont dit de bien & de mal;
II. les préceptes qu'ils nous ont donnés
pour en uſer utilement ; III. les ſophiſ-
tications, mélanges qui ſe peuvent commettre en le préparant & qu'on doit éviter; IV. les réglemens & ordonnances
qui ont prononcé des peines contre ces
prévarications.

» Je rapporte après ; I. tout ce qui concerne le plan & la façon des vignes ;
II. les vendanges; III. les preſſoirs ban-
naux ; IV. les tonneliers; V. les marchands
forains; VI. les voituriers par eau & par
terre; VII. les étapes, les ports, les places ou halles deſtinées au commerce du
vin ; VIII. Les officiers établis ſur cette
marchandiſe, leurs devoirs, leurs fonctions & leurs droits ; IX. les marchands de
vin en gros ; X. les cabaretiers, XI. les
meſures de vins.

» Je parle enſuite de la bierre & des
braſſeurs ; & je conclus enfin cette matière des liqueurs par tous les réglemens
qui concernent : I. les diſtillateurs ; II. les
eaux-de-vie ; III. les limonadiers ; IV. le

commerce ou débit, en gros & en détail,
du thé, du café & du chocolat ; V. la
vente & le débit de la glace.

» La préparation des alimens eſt encore
l'un des ſoins de cette police des vivres ;
& comme le bois & le charbon y ſont néceſſaires, j'ai cru devoir rapporter dans
ce même livre; I. les façons & les achats
dans les forêts; II. les marchands forains;
III. les voitures par eau & par terre ;
IV. les ports, les places & les chantiers
deſtinés à la vente qui s'en doit faire dans
les villes ; V. les fixations du prix; VI. les
jurés-mouleurs & les autres officiers qui
ont été établis pour ce commerce; VII. l'on
conclud enfin par faire remarquer ce qui
a été mis en uſage pour approviſionner
Paris, & ſur-tout de l'origine & de la méthode du bois flotté.

» Les animaux ſont utiles pour la culture de la terre & pour le transport des
denrées ; leur nourriture entre donc naturellement dans l'objet de ce livre. Ainſi
j'y traite de l'avoine, & je renvoie pour
de plus grands détails au commerce des
bleds, où le ſien eſt en même-temps
traité. Quant au foin, je rapporte tout ce
qui concerne cette marchandiſe. I. Le
ſoin qu'on doit prendre d'avoir des prairies en chaque territoire, & de veiller à
leur conſervation. II. Les abus & malverſations qui ſe peuvent commettre dans ce
commerce & qui ſont défendus. III. Les
marchands forains qui trafiquent pour
Paris ; ce qu'ils doivent obſerver en faiſant leurs achats ſur les lieux. IV. L'obligation dans laquelle ils ſont d'amener à
Paris, d'en garnir les ports, & ce qui leur
eſt défendu ſur la route. V. Comment les
propriétaires des terres peuvent faire venir
leurs foins & ſous quelles conditions.
VI. Ce qui doit être obſervé par les
écuyers, les argentiers, les pourvoyeurs
& les maîtres d'hôtel dans les achats du
foin pour les maiſons dont ils ont la charge. VII. Les voituriers, tant par eau que
par terre, & ce qui doit être obſervé de
leur part. VIII. Les ports de Paris pour la
marchandiſe de foin, & de l'ordre qui s'y

obferve pour y placer les bateaux & les en retirer. IX. Ce qui doit être obfervé par les marchands à l'arrivée de leurs bateaux, & dans la vente & débit de leurs marchandifes. X. Les réglemens pour le poids & le prix du foin, felon l'abondance ou la ftérilité de l'année, & felon les faifons. XI. Les jurés-vendeurs & contrôleurs, & les autres officiers établis fur cette marchandife.

» Quant aux habits, qui font une chofe utile à la fanté, il y a trois chofes qui y ont rapport & dont la police s'occupe. I. Les étoffes dont elle règle le commerce. II. Les ouvriers qu'elle contient dans l'ordre & la difcipline établie par les réglemens. III. Et l'excès du luxe qu'elle doit retrancher.

» Je paffe enfuite de la police des vivres, à celle du logement & de fes dépendances, c'eft à-dire à cette portion que l'on nomme police de la voierie. Comme ce n'eft pas un point moins capital à l'utilité publique, je rapporte avec le même foin dans le fixième livre tout ce qui le concerne. Ainfi j'y traite: I. des bâtimens, de leur origine, des matériaux différens qu'on y emploie, & des ouvrier qui les mettent en œuvre; II. des rues & des voies publiques; leur pavé, leur nettoyement, des dangers & des obftacles qui les rendent moins fûres ou moins commodes; III. les grands chemins fuivent cet ordre & je n'ai rien oublié de ce qui les regarde; IV. on y trouvera auffi à cette occafion l'origine des poftes & des voitures publiques, & tous les réglemens qui ont été faits pour y établir l'ordre & la difcipline.

» Le feptième livre a pour objet la tranquillité publique. On y trouvera d'abord ce que les cas fortuits & ce que les purs accidens nous donnent lieu de craindre. Cet article comprend toutes les loix, les ordonnances & les réglemens contre les périls imminens des édifices; ce qui doit être obfervé pas les couvreurs & autres ouvriers qui travaillent en bâtimens; par les cochers, les charetiers, les marchands de chevaux, pour la conduite de leurs caroffes, harnois, chevaux & plufieurs autres femblables cas.

» Je viens en fecond lieu aux actions qui ne fe commettent pas, non plus que les précédentes, dans l'efprit de nuire; mais qui font néanmoins accompagnées d'une grande négligence & qui renferment même en certaines occafions quelques degrés de malice. Comme d'abandonner des animaux dangereux, tirer des armes à feu, jouer au mail dans les rues, dans les chemins ou paffages publics, &c.

» Le troifième article traite des filoux & voleurs, & rapporte les ordonnances qui enjoignent aux bourgeois, chacun en particulier, de veiller à la garde de leurs maifons. Les défenfes aux marchands d'acheter de gens inconnus; tout ce qui a été ftatué contre les brigands, vagabonds, Bohémiens & gens fans aveu.

» Je range dans la quatrième claffe les violences, les homicides & autres crimes de cette nature, ainfi que les loix, arrêts & réglemens qui y ont rapport.

» Le cinquième contient toutes les loix & tous les réglemens qui ont en vue la tranquillité publique en général, & de prévenir toutes les entreprifes fecrettes & clandeftines qui la peuvent troubler. L'on y trouve donc les défenfes des affemblées illicites, des placards & libelles diffamatoires, de répandre & faire courir de faux bruits, de compofer ou diftribuer des gazettes à la main; & enfin la police des auberges des hôtelleries & des chambres garnies.

» La fûreté de la nuit remplit le fixième livre de notre diftribution. Il y eft queftion de la retraite des foldats, des heures où les cabaretiers & marchands d'eau-de-vie doivent ceffer leur commerce; les lanternes publiques, l'ordre & la difcipline de la garde de nuit.

La fûreté des grands chemins n'eft pas moins importante au bien public que celle des villes; ainfi l'on a rangé en cet endroit tout ce qui la concerne.

» Je traite enfuite de tous les foins de la police & des devoirs des magiftrats en temps de guerre, foit pour la fûreté des villes, foit pour celle générale de tout le royaume, & je rapporte à cette occafion les foins qu'on a pris dans les temps de guerres civiles pour la fûreté de la ville de Paris, les traités de paix, les déclarations de guerre, la convocation du ban & de l'arrière-ban, & généralement ce qui a rapport à la milice.

» Le huitième livre traite des fciences & des arts libéraux. C'eft encore & ç'a été de tout temps une partie confidérable des foins du magiftrat de police d'y veiller & d'en régler la difcipline. J'ai raffemblé dans ce livre, en fuivant mon fyftême, tout ce que l'hiftoire nous apprend touchant l'origine & les progrès des fciences, l'établiffement des différentes écoles & des plus fameufes univerfités ; mais je n'ai touché cela qu'autant qu'il a été néceffaire pour la parfaite intelligence des loix & des ordonnances qui ont été faites à leur égard. Je parle dans le même endroit de la Médécine, de la Pharmacie & de la Chirurgie, & de tout ce qui n'a pas été traité dans l'article de la fanté. Les Mathématiques, les académies pour les exercices de la jeuneffe, l'imprimerie, la Géographie, l'écriture, la peinture, la fculpture, la gravure & tout ce qui en dépend compofent le refte de ce livre. J'y rapporte tout ce que les ftatuts, les ordonnances ont établi à leur égard, ainfi que par rapport aux communautés & profeffeurs de ces différens arts.

» Le neuvième livre eft deftiné à traiter du commerce & de ce qui en dépend. On y trouvera fon origine, fes progrès & fon état préfent, l'origine des monnoies, poids & mefures. Je paffe enfuite au commerce de France en particulier, & je le divife en commerce des villes, commerce des provinces, & commerce étranger ou de long cours.

» Entre le commerce des villes, celui de Paris eft remarquable : en conféquence j'en fais l'hiftoire & je rapporte les réglemens, arrêts & ordonnances qui le concernent.

» Je parle enfuite du commerce réciproque de chaque province, des productions qu'on y trouve, des foires & marchés, & de tous les capitulaires & réglemens qui les concernent.

» Le commerce étranger a fes avantages particuliers, fes loix, fes privileges, fes prérogatives ; je les rapporte & je parle du commerce aux Indes, en Efpagne, en Angleterre, dans le nord, & de tous les établiffemens de juftice & de police qui ont été faits pour le protéger & l'encourager.

» Le dixième livre traite des arts méchaniques & des manufactures, y parle de de leur ancien état en France, & je rapporte toutes les loix qui ont rapport à l'établiffement des corps & communautés, aux privileges & prérogatives des ouvriers, & à la difcipline & police qu'on leur fait obferver.

» Le onzième livre traite des ferviteurs, domeftiques & manouvriers. Je remonte à l'origine de l'efclavage en France ; je parle de fa durée & des caufes qui l'ont aboli ; enfin des réglemens qui ont été faits pour les domeftiques & manouvriers.

» Le douzième & dernier livre traite de la pauvreté. Je la divife en deux claffes ; la *pauvreté proprement dite* & la *mendicité*. Je diftingue encore les pauvres en fains & malades ; les fains en valides & invalides ; & enfin les invalides en enfans, en caducs par vieilleffe & en eftropiés ou infirmes. Il y a des loix, des ordonnances, des établiffemens pour pourvoir aux befoins de ces différentes efpeces de pauvres, je les ai rapportés & j'ai fait mon poffible pour qu'il ne refte rien à defirer fur cette importante partie de la police. »

Tel eft le plan vafte que le commiffaire *de la Mare* s'étoit fait de la police, & qu'il fe propofoit d'exécuter ; mais nous n'avons de lui que les cinq premiers livres & le fixième traitant de la *voierie*, par M. le *Cler-du Brillet*. On peut voir, dans cet apperçu général l'étendue de la police &

l'importance des objets qu'elle embraſſe ; tout ce qui a rapport au bonheur & à la tranquillité ſociale, tout ce qui peut aſſurer le pouvoir des loix & réprimer les abus ; tout ce qui concerne les droits & les privileges des différens ordres de l'état, ou plutôt la jouiſſance de ces droits, eſt de ſon diſtrict. C'eſt l'idée que nous nous en ſommes formée en compoſant notre ouvrage & que tout homme qui en connoîtra la nature & l'objet s'en formera de même,

C'eſt une perte pour les lettres que le commiſſaire *de la Mare* n'ait pas achevé ce grand ouvrage ; c'eût été le traité le plus complet que nous ayons de connoiſſances poſitives ſur toutes les parties de l'économie civile & politique de la France ; car ſon livre n'a guère pour objet que l'intérieur du royaume, & la police étrangère n'entre pas dans ſon plan,

Un travail auſſi conſidérable a dû coûter des peines & des recherches infinies au commiſſaire *de la Mare*, & peut-être l'eût-il abandonné s'il n'y eût pas été engagé par M. *de Lamoignon*, premier préſident, qui lui fit ſentir combien un pareil ouvrage ſeroit utile pour l'adminiſtration civile, & qui l'engagea à s'en occuper. La mort de ce grand magiſtrat n'empêcha pas notre auteur de raſſembler les matériaux néceſſaires à ſon ouvrage, & lorſqu'il en parla, vers 1693, à M. *de la Reynie*, lieutenant de police, il en reçut les mêmes encouragemens que de M. *de Lamoignon*. Il en donna donc le premier volume en 1705, le ſecond en 1710, & le dernier en 1719.

Le commiſſaire *de la Mare* fut chargé des affaires de la religion réformée, avant & depuis la révocation de l'édit de Nantes, de l'inſpection de l'imprimerie & de la librairie, & de la recherche des perturbateurs du repos public. Il a été commis par le roi pour découvrir les malverſations dans les finances, dans la conduite des bâtimens de Verſailles & pour le recouvrement des meubles & effets de la couronne. Il fut auſſi employé dans les diſettes

de 1693 & 1700, par ordre du parlement, & envoyé commiſſaire du roi pour le même objet dans les provinces de Hurepoix, Brie, Bourgogne & Champagne, en 1709 & 1710.

Il s'acquit la réputation d'un homme intègre & déſintéreſſé ; & Louis XIV ſatisfait de ſa conduite, lui dit un jour : *Je n'ai jamais été ſervi avec plus d'exactitude, de zèle & de diligence, je m'en ſouviendrai ; je ſai bien que par votre déſintéreſſement vous n'en êtes pas mieux avec la fortune, mais j'aurai ſoin de vous.* En effet, il lui fit donner en 1684 une penſion de mille livres, qui fut enſuite portée à deux. Mais ce qui ajouta davantage à ſa fortune, ce fut l'augmentation d'un neuvième ſur les entrées aux ſpectacles, établi en ſa faveur par le régent, & abandonné à l'hôtel-dieu qui convint de lui donner trois cens mille livres en échange. Le commiſſaire *de la Mare* eſt mort en 1723. C'étoit un homme vraiment obſervateur des loix & ami de l'ordre établi ; ayant tous les défauts & toutes les qualités des partiſans de l'autorité arbitraire ; auſſi ardent à punir avec rigueur & ſuivant l'ordonnance, qu'attaché aux formes & aux privileges reſpectifs des corps. Quoique très-inſtruit, il manquoit de cette philoſophie profonde & de cette énergie dont le ſeizième ſiècle avoit donné quelques modèles dans *Montaigne, Charon* & quelques autres, & que le pouvoir & le faſte de Louis XIV firent diſparoître de la nation, pour les voir renaître avec plus d'éclat & d'utilité de nos jours.

L'ouvrage de M. *le Cler-du-Brillet*, continuateur de la Mare, eſt recommandable par l'ordre & la clarté qui y règnent. C'eſt un excellent traité de *la police*, de *la voierie* ; & ſi l'auteur eût achevé le travail du commiſſaire ſur le même plan, nous n'aurions peut-être rien à regretter. Au reſte, ce ne ſeroit pas une entrepriſe inutile, que celle de revoir *la Mare*, d'y ajouter les changemens, les augmentations qui ont eu lieu dans la police juſqu'à nos jours, & de le completter d'après le projet de l'auteur même. Malgré notre

travail

travail nous croyons que celui-là feroit encore utile, parce qu'il préfenteroit des développemens que nous ne pouvons pas réunir ici, & qui fe trouvent répandus dans les volumes de l'Encyclopédie. Nous ofons croire que celui qui l'entreprendroit n'auroit qu'à mettre à leur place les différens articles de police qui font difcutés dans cette grande collection, & fur-tout dans *la Jurifprudence, l'économie politique, les finances* & la partie que nous traitons, & il auroit un traité complet de *police univerfelle.*

M. *le Clerc-du-Brillet* promettoit, dans l'avertiffement mis en tête de fon ouvrage, un fecond tome contenant les arts libéraux & mécaniques. Il n'a point été imprimé; celui qui éxifte eft de 1738.

Nous avons encore plufieurs ouvrages fur la police de la *voierie;* entr'autres le *code de la voierie,* par M. *Mellier,* tréforier de France, en deux volumes *in-12,* imprimé à Paris en 1757. Mais ce recueil n'eft qu'une compilation imparfaite de réglemens intervenus jufqu'alors; & comme il y en a un grand nombre rendus depuis, & que les anciens ont été rectifiés & changés en bien des chofes, on ne peut pas tirer grande utilité de cet ouvrage. Ajoutez que l'auteur ne fait aucune application des ordonnances, & n'entre dans aucune explication fur leurs difpofitions, ce qui rend fon travail encore plus aride & infructueux.

En 1759, il parut un petit ouvrage *in-12,* qui contient plufieurs détails fur la police de la voierie; c'eft pourquoi nous en parlons ici. Il eft intitulé : *effais fur les ponts & chauffées, la voierie & les corvées.* L'auteur n'a pas toujours des principes bien fains fur les corvées ; mais cette queftion étant décidée, on n'a plus befoin de comparer & pefer les opinions des écrivains fur ce qui la touche. Au refte, je remarquerai, avec cet auteur, que c'eft un grand abus que d'employer les troupes aux travaux publics dans les campagnes. Il en naît mille défordres & mille maux : violences, enlèvemens, féductions, vols, meurtres,

dégâts, querelles, débauches de toutes efpèces. Le tableau qu'il en fait eft très-vrai & très-touchant Eh ! qui ne connoît point les infolences, les brutalités, l'immoralité de la conduite des foldats ? L'état célibataire dans lequel ils font forcés de vivre, & l'impunité des délits qu'ils commettent, font la fource de ces défordres. C'eft aux affemblées provinciales, qui ont aujourd'hui ce département, à préferver les paroiffes de ces malheurs. Les bonnes mœurs ne font pas fi indifférentes qu'on doive les livrer aux troupes, comme on leur a déjà livré tant d'autres objets refpectables dans la fociété.

M. *Perrot,* garde-fcel du bureau des finances, a donné en 1782, un volume *in-4°.* fur la police de la voierie. C'eft un bon ouvrage de droit & de pratique en cette matière. Il eft en forme de dictionnaire, & l'on trouve à la fin un recueil des arrêts & réglemens fur la voierie, très-bon à confulter. Il y a du foin, du travail & de l'envie d'inftruire dans le dictionnaire de M. *Perrot.* Il n'a fait aucunes recherches hiftoriques ; il s'eft contenté de rapporter les difpofitions des ordonnances qui ont pour objet cette partie de la police. Plufieurs articles font très-inftructifs ; tels que ceux *appel des ordonnances & jugemens en matière de voierie, amendes en matière de voirie, limites, &c.* Enfin il y a des connoiffances qu'on ne trouveroit que difficilement ailleurs ; & c'eft une des bonnes compilations fur la police de la voierie.

Il parut, en 1758, un ouvrage fous le titre de *Dictionnaire, ou traité de la police générale des villes, bourgs & paroiffes,* par M. *de la Poix de Freminville,* bailli de ville & marquifat de la Paliffe, en un fort volume *in-4°.* C'eft un recueil d'édits, ordonnances & réglemens fur la police. L'auteur ne donne aucune efpèce d'éclairciffemens fur les différens articles de fon ouvrage. Après l'énoncé d'un mot, vous trouvez, fans autre préliminaire, l'ordonnance ou le réglement qui y a rapport.

Si quelquefois M. *de Fremenville* entre

en explication fur quelque loi, coutume, ufage ou fonction de police, il le fait avec une féchereffe étonnante. Souvent même il eft inintelligible, enforte qu'on ne peut rien conclure de pofitif de la lecture de fon difcours.

Par exemple, au mot *groffeffes cachées*, vous trouverez ces paroles : « les femmes » & les filles qui celent leur groffeffe & » leurs accouchemens commettent un ho- » micide volontaire en la perfonne de » leurs enfans, foit en les faifant périr » pendant leur groffeffe, par breuvage, » d'où s'enfuit l'avortement, ou autrement, » en les faifant mourir après leurs accou- » chemens : dans l'un & l'autre cas elles » font puniffables de mort : c'eft la loi » établie par Henri II, en 1556. »

Il eft abfolument impoffible de tirer aucune notion pofitive de cet énoncé. Il fembleroit d'abord que l'auteur veut dire que *les filles qui celent leur groffeffe, fe rendent coupables d'un homicide volontaire en la perfonne de leurs enfans*; ce qui n'eft pas, même aux yeux de la loi; & par ce qui fuit, on diroit que c'eft un fait qu'il avance, & que les filles mères font dans l'ufage de fe faire avorter, ou de fe rendre coupables d'infanticide, ce qui eft faux. De quelque manière qu'on interprète les paroles de l'auteur, il n'en réfulte rien, finon une notion vague & confufe que les filles enceintes qui fe font avorter ou qui détruifent leur fruit, font coupables, mais on auroit pu dire cela en termes plus clairs, & ajouter enfuite de bonnes réflexions fur ce chapitre, fur lequel, en général, les procureurs fifcaux, pour qui M. de Freminville dit qu'il a écrit, manquent fouvent de lumières, de raifon & d'humanité.

Au refte, cet ouvrage peut fervir pour retrouver les ordonnances fur les différens objets de la police; elles y font rapportées tout au long, & il n'y a pas jufqu'aux arrêts d'enregiftrement & aux noms, qualités & acceffoires de ceux qui les ont fignés, qu'on n'y trouve, fuivant l'ufage des compilateurs de dictionnaires.

Nous pouvons indiquer comme ouvrage de police religieufe, le *Code de la religion & des mœurs*, en deux volumes in-12, imprimé en 1782. C'eft un recueil utile de réglemens, de loix & de remarques fur ces deux objets. L'auteur les a claffés dans un ordre méthodique qui en rend l'ufage plus facile, & la lecture moins faftidieufe. Ce livre eft en général eftimable, & contient une foule d'objets qui peut épargner bien des recherches & des peines à quiconque veut étudier la police avec foin.

Le *code municipal* peut être également mis au nombre des livres utiles à confulter. Il contient les loix pofitives & les réglemens qui ont pour objet la police municipale & économique des villes. C'eft un in-12 imprimé en 1760, & dont on trouve un fupplément dans un autre ouvrage imprimé en 1784, fous le titre de *recueil concernant la municipalité*. Le code municipal eft divifé en fix parties : la première traite *de l'origine & de l'établiffement des officiers municipaux*; la feconde *de l'adminiftration des revenus des communautés*; la troifième, *des ouvrages publics*; la quatrième, *des impofitions*; la cinquième, *de l'exécution des réglemens relatifs au fervice militaire*; & la fixième enfin, *du rétabliffement & de la finance des offices municipaux*.

Pour avoir une connoiffance plus détaillée de la municipalité, on peut joindre aux ouvrages que nous avons cités, les *recueils de loix & réglemens concernant les privileges, franchifes & immunités des villes*. Il eft peu de villes un peu confidérables qui n'aient leurs réglemens particuliers, qu'on peut confulter utilement; c'eft-là qu'on pourra puifer la connoiffance de notre droit municipal, fi peu refpecté, fi mal confervé jufqu'aujourd'hui dans le royaume. Mais ce que l'on trouvera dans notre travail, & dans l'Encyclopédie en général fur cet objet, peut tenir lieu d'autres recherches & d'autres livres; & fi nous en citons ici, c'eft qu'il eft dans notre objet de les faire connoître, foit parce que nous les avons confultés, foit parce que nous croyons agréable au lecteur de les lui indiquer.

En 1757, M. *Duchesne*, lieutenant-général de police à Vitry-le-François en Champagne, donna au public un bon ouvrage sous le titre de *code de la police*, en un volume *in-*12. On ne doit pas confondre celui-ci avec les compilations informes de tant d'auteurs sur la Jurisprudence & la législation. Quoique le rédacteur ait tiré le sujet & la matière de son ouvrage en partie de celui de *la Mare* & des ordonnances; l'ordre, la clarté, la précision qu'il y a mis, en font un travail vraiment à lui. On voit qu'il a eu dessein d'instruire & d'être utile.

Son plan est celui du commissaire *de la Mare*; il est bon. Il le divise en douze titres. Le premier traite *des magistrats & officiers de police*; le second, *de la religion*; le troisième, *des mœurs*; le quatrième, *de la santé*; le cinquième, *des vivres*; le sixième, *de la voierie*; le septième, *de la sûreté publique*; le huitième, *des sciences & arts libéraux*; le neuvième, *du commerce*; le dixième, *des manufactures & arts méchaniques*; le onzième, *des serviteurs, domestiques & manouvriers*, le douzième, *de la police des pauvres*.

L'auteur donne une notice assez claire de son opinion & de celle adoptée par les ordonnances sur les différens articles de la police. Il cite ensuite le texte de la loi qui convient à son sujet, & ne s'écarte point de sa matière. Mais pas une réflexion utile sur l'esprit des réglemens, sur les abus qu'on en peut faire, sur les adoucissemens qu'on peut y apporter, il semble qu'il n'y ait que depuis une trentaine d'années que les auteurs aient osé enseigner aux hommes ce qu'on doit penser en matière de législation. Avant, leur esprit subjugué par les habitudes de l'obéissance aveugle, ne pensoit qu'avec la loi, ne voyoit que par la loi. Lisez le paragraphe de *la prohibition des fausses religions* de nôtre auteur, vous n'y trouverez pas le moindre vestige de tolérance, pas une idée qui y conduise. Ce n'est pas que M. *Duchesne* ne dise quel-

quefois sa façon de penser; mais c'est ordinairement pour ajouter une rigueur à la loi, ou pour étendre celle qu'elle ordonne.

Si tous les écrivains, & même les législateurs & les magistrats, eussent toujours agi de cette sorte, la question & ses supplices, le fanatisme & ses bûchers, l'esclavage & ses fers, l'intolérance & ses horreurs présideroient encore aux jugemens des hommes & au gouvernement des peuples. Jamais un écrivain ne doit laisser échapper l'occasion de répandre des vérités utiles; elles fructifieront quand elles pourront. Ce n'est que sous ce point de vue qu'on peut regarder les bons auteurs comme les législateurs des peuples policés & les arbitraires nés de l'opinion publique.

Le baron de *Bielfeld* donna, en 1762, un petit *traité de police*, dans un ouvrage intitulé: *institutions politiques*. L'auteur y considère la police comme un des départemens généraux de l'administration publique. Il la divise en deux sortes, *police des villes & police des campagnes*. Cette division, juste à plusieurs égards, montre que l'auteur ne s'est formé de la police qu'une idée incomplette; & c'est ce qu'il donne assez à connoître par l'application qu'il fait à son travail de l'obligation qu'imposa le premier président du Harlay à M. d'Argenson, en le recevant à la charge de lieutenant-général de police de Paris. Ce premier magistrat lui dit: *le roi, monsieur, vous demande sûreté, netteté, bon marché.* M. de *Bielfeld* renferme la police dans ces trois objets: il est vrai que ce sont à peu près les devoirs d'un magistrat qui en est chargé; mais ce ne sont point les seuls auxquels on doive se borner, lorsqu'il est question de donner une connoissance utile des différentes parties de la police.

Au reste, ce que l'auteur dit de la police des villes n'est que le résumé de celle de Paris, réduite en système avec tous ses abus, toutes ses imperfections, sans aucunes réflexions sur les moyens de les dé-

truire, & de rendre la fûreté parfaite fans
porter atteinte aux droits des citoyens,
la tranquillité conftante fans employer des
rigueurs déplacées, & le maintien de
l'ordre invariable fans tout foumettre aux
délibérations d'une burocratie arbitraire.
C'eft le moyen de ne jamais avancer l'é-
difice de la fociété que d'en louer exclufivement toutes les inftitutions, fans faire
connoître les défauts qui les déparent
& les voies qui peuvent conduire à d'u-
tiles réformes. Si toutes les perfonnes qui
ont écrit fur l'adminiftration publique, fe
fuffent tenues dans cette circonfpection
ridicule & timorée, qui ne fert le plus
fouvent qu'à couvrir l'ignorance des écrivains, nous n'aurions encore que des lumières imparfaites & des connoiffances
avortées fur toutes les parties de la conftitution fociale. Les adminiftrateurs éclairés font les premiers à encourager les bons
écrivains à dire leur avis fur les établiffemens publics; & comme ils ne peuvent
le faire qu'avec un degré de liberté raifonnable, loin de défapprouver leur hardieffe, ils la favorifent, lorfqu'elle n'a
pour objet que l'utilité nationale & le bien
de chaque membre de la fociété. C'eft ce
motif qui règle ici la tolérance du miniftre,
comme il légitime les difcours de l'é-
crivain.

D'après cette idée qu'il n'y a plus rien à
changer dans l'adminiftration de la police
de Paris, l'auteur parle comme un homme
fûr de fon opinion : fon ftyle eft tranchant
& impératif; *on doit faire ceci, il faut faire
cela.* Mais de tant de chofes qu'il prétend
qu'on doit ainfi ordonner, il y en a plufieurs qui font changées & qu'on ne commande plus, quoique M. *de Bielfeld* les ait
crues indifpenfables. C'eft le défaut où
tombent prefque tous les écrivains qui
prennent le fait pour le droit, & qui
ofent affurer qu'une chofe doit être telle
parce qu'elle l'eft effectivement; pendant
que s'ils examinoient attentivement de
quoi il s'agit, ils verroient des défauts
qu'ils n'apperçoivent pas, & qui demandent des changemens que les temps amè-

nent à la longue, & qui démontrent la
mauvaife foi ou l'incapacité de l'écrivain
admirateur.

M. *de Bielfeld* a encore le défaut de
traiter avec une légèreté impardonnable
les fujets les plus graves, & qui méritent
la plus profonde réflexion de la part de
l'homme qui fe charge d'inftruire les fouverains, les magiftrats & les peuples fur
leurs devoirs, leurs obligations & leurs
droits.

Par exemple, en parlant des moyens
de remédier à la proftitution, voici ce
qu'il confeille & comme il s'exprime : « on
» fait de temps en temps des vifites noc-
» turnes & imprévues, de tous les endroits
» fufpects, & on y ramaffe tout ce qu'on
» trouve, pour les mettre dans des maifons
» de correction, où leurs mains font em-
» ployées à filer, à broder, à coudre......
» Que dirons-nous de ces maifons plus
» hupées, comme il s'en trouve en Angle-
» terre, en Hollande, en France, en
» Italie, où le penchant au libertinage
» s'exerce d'une manière moins crapuleufe
» & avec moins de danger...... Cepen-
» dant la police ne ferme pas entièrement
» les yeux fur ces maifons, elle n'en per-
» met point la multiplication, elle en pré-
» vient le fcandale public; mais n'en par-
» lons plus..... Entrer dans de plus grands
» détails fur cette matière, feroit contre la
» dignité de cet ouvrage. »

On voit, par ces dernières paroles,
combien cet auteur s'étoit peu pénétré de
l'importance des objets qu'il traitoit. Comment peut-on dire qu'il foit indigne d'un
homme qui écrit fur l'adminiftration, de
rechercher les moyens de détruire, par
des voies convenables, ce fléau qui n'eft
pas feulement un fcandale public, mais
une caufe de dépopulation, une calamité
qui dévoue à l'opprobre & à la mifère une
foule de jeunes femmes, qui feroient fans
elle des mères fécondes & laborieufes?
Eft-ce avec des maifons de force & des
châtimens qu'on remédie à de pareils
maux? Comment M. le baron *de Bielfeld*
n'a-t-il pas vu, que c'eft par d'autres

moyens que ceux qu'il conseille, qu'on peut parvenir à diminuer l'intensité de ce désordre public? D'ailleurs on s'apperçoit dans le discours de cet auteur, qu'il n'a vu la prostitution qu'en officier de police, & non en philosophe, aux yeux de qui les peines de l'humanité, la captivité, les châtimens ne paroissent des moyens à employer, pour réprimer les vices, qu'après que tous les autres ont été tentés infructueusement. Il semble méconnoître des êtres humains dans les prostituées, & leur refuser tout sentiment de pitié; comme si ces malheureuses, quelque soit leur avilissement, n'avoient plus de droits à notre charité, à notre bienfaisance, & comme si les désordres qu'elles produisent & les maux auxquels elles sont livrées, n'étoient pas le fruit de notre libertinage & de nos déréglemens. La plupart sont de malheureuses filles séduites par des hommes adroits & corrompus; la société les repousse, & ce n'est que dans le dernier degré de la dépravation sociale qu'elles peuvent trouver un pain de douleur & de larmes. Ce ne sont point, encore une fois, les moyens dogmatiquement prescrits par M. de Bielfeld qui pourront couper la racine à ce mal; il faut d'autres soins, d'autres attentions, non-seulement de la part de la police, mais encore de la part de la société; & l'on peut croire que de pareilles considérations ne sont point indignes d'un traité de police. La prostitution est, dit-on, un mal nécessaire dans des villes riches & corrompues; cela peut-être; mais est-il nécessaire que ce soit le plus grand des fléaux, que celles qui en sont les victimes aient perdu tout droit à notre pitié, à notre humanité; que nous soyons obligés de les précipiter dans l'abyme, d'où quelques secours, quelques bons réglemens pourroient retirer un grand nombre? Je ne le crois pas.

Écoutons le même auteur parler d'un autre objet non moins important, & admirons la logique & la prudente politique qu'il y fait paroître.

« Dans les émeutes populaires, dit-il, une police attentive découvre bientôt s'il y a de l'agitation dans les esprits, & une fermentation dans le peuple. Rien ne peut échapper à sa pénétration : elle doit éteindre les premières étincelles de la révolte, pour prévenir l'embrâsement. Sentinelles redoublées, tout le guet mis en activité, patrouilles continuelles, visites de tous les quartiers suspects, affiches séditieuses arrachées, libelles répandus parmi le peuple supprimés; voilà à peu près les moyens dont elle se sert aussi-tôt qu'elle s'apperçoit de la moindre fermentation. Comme elle redouble sa vigilance, elle augmente aussi sa sévérité. Tout lui devient suspect; elle arrête, elle emprisonne tout ce qui mérite d'être soupçonné, les prisons se remplissent, & si les auteurs de ces attentats se découvrent, ils subissent promptement les peines prescrites par les loix, ils sont traînés aux supplices ou envoyés aux galères. »

Si tout l'ouvrage du baron de Bielfeld ressembloit à ces dernières phrases, ou même à tout ce texte, nous pourrions croire qu'il a voulu faire la satyre du despotisme, ou enseigner aux hommes l'art de la tyrannie, pour leur apprendre à s'en garantir, comme on dit qu'a fait le célèbre Machiavel; mais la vérité est que l'auteur parle sérieusement. Cela est d'autant plus extraordinaire que son livre, imprimé avec permission, contient d'ailleurs quelques principes courageux & des maximes de gouvernement très-saines & très-lumineuses.

Ce qu'il dit de la police des campagnes est plus raisonnable, & semble annoncer que moins séduit par des abus accrédités, il a donné plus de liberté aux développemens des idées de justice & de raison qui doivent servir de guides dans toutes les parties de l'administration publique. Ce qu'il dit des précautions à prendre pour prévenir les incendies dans les villages est judicieux; mais il s'égare encore sur les moyens de détruire la mendicité. Les réglemens échouent là, parce que la misère

du peuple ne fe guérit pas par des règlemens, des défenfes & des châtimens.

Cet ouvrage a eu quelques fuccès : il
eft en trois volumes in-12, & la partie
de la police forme la moitié du premier
tome.

Jean-Pierre Wilebrand, directeur de la
police à Altona, publia, en 1765 un
abrégé de la police, accompagné _de réflexions
fur l'accroiffement des villes_, en un volume
in-4°. L'Auteur a très-bien faifi l'importance & les rapports des objets foumis à
la police; mais ce qu'il en dit n'eft abfolument qu'un fommaire & plutôt l'é-
noncé de fa façon de penfer particulière,
qu'une difcuffion raifonnée de chaque matière. Ce font des préceptes & des confeils généraux qui peuvent également
convenir à tous les états policés. Il y a
des principes d'humanité & de tolérance
recommandables & en affez grand nombre
quoiqu'exprimés affez fingulièrement. Par
exemple, l'auteur en confeillant de ne
point livrer aux flammes les livres qu'on
appelle _blafphémateires_, dit : « Je ne fais
« pas fi le zèle dévot de faire brûler publi-
» quement ces écrits n'entraineroit pas un
» effet oppofé à l'intention. Je fuppofe
» que la curiofité publique s'irrite par ces
» flammes, & l'on fait d'ailleurs que le
» diable ne craint guère le feu. » Il dit
une chofe très remarquable par rapport à
la tolérance religieufe, & qui dément ce
qu'avancent quelques perfonnes, que la
multitude des religions donne lieu à des
troubles, des rixes & des défordres de la
part des fectaires entr'eux. « Pendant fix
» années, dit il, que j'ai eu la direction
» de la police à _Altona_, je ne me rappelle
» aucun événement qui ait donné lieu à
» des émeutes entre les fectaires. Cepen-
» dant il eft généralement connu qu'un
» grand nombre y eft toléré, & que l'on
» n'y voit pas peu fouvent, un juif & un
» chrétien, un catholique & un protef-
» tant, un memnonite & un luthérien
» habiter fous le même toit. » Au refte,
cet auteur qui ne manque pas de bon fens
à l'imbécille foibleffe de dire, que dans
les endroits où règne la liberté de la preffe
on ne peut guère fe louer de la protection de la police. S'il a voulu défigner par
là, Londres & quelques autres villes, il
s'eft groffièrement trompé. C'eft la liberté
de pouvoir réclamer publiquement contre
des abus & des attentats, quelles que
foient les perfonnes qui les ont commis,
qui eft la meilleure garde des citoyens.
Cette arme dont perfonne ne peut abufer,
parce que tout le monde a le droit de
s'en fervir, ne tue point, mais contient
dans le refpect & la foumiffion, ceux qui
fe croient tout permis par les places ou
le rang qu'ils occupent dans la fociété. La
police eft meilleure à Londres qu'à Séville
& à Madrid, quoique dans ces dernières
villes on n'ait certainement pas la liberté de
tout dire. Quant à Paris, où on ne parle
qu'à moitié, c'eft l'opinion publique qui
gouverne, & la police a toujours grand
foin de dérober fes coups aux regards
publics, quand elle y commet quelque
injuftice, ou favorife quelque abus; & le
moyen d'y remédier feroit de permettre
à tout homme domicilié de rendre fes
plaintes publiques, en les garantiffant
vraies par fa fignature. Loin que cette
innovation pût porter préjudice à la tranquillité publique, elle préviendroit les
écarts des agens fubalternes de l'autorité,
qui oublient fouvent ce qu'ils doivent à
la juftice & à la liberté des citoyens. C'eft
même ce qu'on peut faire par le miniftère
des avocats. Il n'eft perfonne qui puiffe
par leur organe dénoncer à la nation les
plus fecrètes manœuvres du defpotifme
de la police; on en a plus d'une fois fait
ufage, & cette liberté n'a point compromis la tranquillité & la fûreté publique,
comme paroît le craindre _Jean Pierre Wi-
lebrand_, _directeur de la police d'Altona._

A peu près à l'époque où parut l'ouvrage précédent, un M. _de la Morandière_,
auteur du _traité théologico-politique, fur le
rappel des proteftans_, donna au public
un livre fous le titre de _police fur les mendians, vagabonds, joueurs, femmes proftituées
& domeftiques._ Ce petit ouvrage eft remar-

quable par le ton déclamateur, le rigorifme & le ſtyle inquifiteur qui y règnent;
défauts communs à prefque tous les auteurs qui n'ont écrit de la police que d'a-
près leurs préjugés , & fans aucun refpect
pour le droit des hommes & des citoyens.

L'objet de M. *de la Morandière* eft de
détruire par les voies de rigueur la mendicité, la proſtitution & le vagabonage. Il
veut qu'on prononce les peines les plus
févères contre ceux qui n'obéiront point
aux ordonnances à cet égard , & qui ne
fe rendront pas au plus tard, deux mois
après qu'il leur aura été fignifié , dans le
lieu de dépôt indiqué. Il n'excepte perfonne de la févérité des châtimens, ni
femmes , ni enfans, & il y aſſujettit tout
domeſtique hors de condition depuis un
mois. « Ceux, dit-il , qui négligeant de fe
» rendre à leur domicile ou au lieu qu'on
» leur aura défigné , feront trouvés dans
» Paris ou dans les autres villes , bourgs,
» villages ou fur les chemins de traverſes
» fans paſſeport , ou avec un paſſeport
» périmé , même avec un paſſeport non
» périmé , s'ils font trouvés fur une autre
» route , que celle qui leur aura été or-
» donnée , & dont le paſſeport fera men-
» tion, feront arrêtés & conduits pieds &
» mains liés , dans la prifon la plus pro-
» chaine , ou dans l'hôpital ou maifon de
» force des environs, foit qu'ils foient
» valides, foit qu'il foient invalides , jeu-
» nes ou vieux indiftinctement de l'un ou
» de l'autre fexe. Auſſi-tôt leur arrivée
» dans l'un de ces lieux de force, ils fe-
» ront marqués d'un fer chaud fur la joue
» ou fur le front, & attachés à la chaîne
» pour y travailler en qualité de forçats
» pour le compte du roi ou de la maifon
» qui fera chargée de les loger , nourrir &
» entretenir , tant fains que malades ou
» infirmes. Leur jugement fera rendu fans
» information & fans aucune des forma-
» lités prefcrites par l'ordonnance de
» 1670; & s'ils fe fauvent des prifons ou
» maifons de force, ou des endroits où
» ils feront employés à travailler , ils fe-
» ront pendus auſſitôt qu'ils auront été
» réintégrés dans telle prifon que ce
» foit. »

Voilà une étrange manière de détruire
la mendicité. On a, vraiment peine à
croire que de pareilles horreurs aient été
conſeillées dans le dix-huitième fiècle. Il
eft des genres de punition qui révoltent &
qui font regarder comme barbares ceux
qui veulent les faire adopter. Imprimer
un fer rouge fur la joue d'une femme publique , d'un mendiant, d'un enfant, parce
qu'ils ne fe feront pas rendus aſſez tôt au
dépôt prefcrit par la police ! Il faut avoir
l'ame d'un cannibale, d'un *Procuſte*, pour
conſeiller de pareils crimes. Croit-on que
ce fera par de femblables moyens , qu'on
guérira les maux de la fociété & qu'on en
chaſſera les abus que les paſſions y font
naître? N'eft-ce pas plutôt une voie fûre
pour y établir une férocité , un état de
guerre capable de tous les excès ? Voilà
néanmoins comme bien des gens ont parlé
des loix & de la police, & n'eft-il pas
temps que la philofophie vienne mettre
un terme à de pareilles folies , à de femblables égaremens ?

Il n'eft pas étonnant qu'avec une femblable morale, l'auteur blâme le projet que
Chenevrier prête à M. *le Maréchal de Belle-
iſle*, dans fon prétendu *teſtament politique*,
d'établir à Paris comme à Berlin des maifons décentes, où les filles-mères puſſent
être reçues avec fecret & attention pour
faire leurs couches; d'obliger les adminiftrateurs des hôpitaux à recevoir avec
plus de douceur celles qui s'y préfentent
pour le même fujet, & de leur donner
cinquante écus en fortant pour les aider à
vivre jufqu'à ce qu'elles foient bien rétablies. Il n'eft pas , dis-je, étonnant qu'il
blâme avec fa morale, un établiſſement
plein de juftice & d'humanité ; mais il eft
de l'entendre dire qu'il craindroit qu'une
pareille inſtitution ne contribuât à la corruption des mœurs & aux progrès du libertinage. Obſervez que tels furent les
hommes que le philantrope *Vincent de-
Paul* eut à combattre, en 1668, lorfqu'il
fonda l'*hoſpice des Enfans-Trouvés*. On

conseilloit des châtimens contre les filles-
mères, il prêcha la douceur ; on croit au
scandale, à la dépravation morale, au
renversement des mœurs, & lui réclama
les droits de l'humanité, de la justice &
de la raison. Méfiez - vous donc de ces
fanatiques partisans d'une fausse vertu
qui ne parlent que de fers & de corde,
au nom des loix & de la justice qu'ils
méprisent auffi parfaitement dans leur
cœur, qu'ils l'outragent par leurs absurdes & meurtrières maximes.

Mais une chose remarquable, c'est que
cet auteur, très-partisan du pouvoir arbitraire, & qui dit par-tout _le roi mon maître_,
ait pu conseiller des rigueurs, même contre les militaires c'est un oubli des principes ou une contradiction manifeste. Des
gens qui, comme lui, ne voient dans la
nation que des hommes faits pour obéir,
qui se figurent le royaume comme une
grande _habitation_ dont le propriétaire confie la régie à qui bon lui semble & dif-
pose de tout à son gré, qui prétendent
que le premier devoir d'un citoyen est la
soumission absolue : de pareils hommes
doivent sentir de quelle importance il est
de ménager ceux qui font la force du
maître, & de ne point révolter par des
rigueurs trop prononcées le caractère des
soldats & des officiers de l'armée. Cependant M. _de la Morandière_, confiant dans son
projet de punir à tort & à travers, & d'enchérir sur tous les châtimens établis, dit
« que lorsque les ministres de la guerre
» font expédier ces _lettres de casse_ contre
» un officier, ils devroient le faire con-
» duire pieds & mains liés par la maré-
» chaussée dans la ville ou le lieu où se
» trouve le régiment auquel il avoit l'hon-
» neur d'être attaché, & là le dégrader à la
» tête de son régiment, lui arracher sa croix
» ou son cordon s'il est commandeur ou
» chevalier, & même son uniforme, afin
» que, d'un côté, tous les officiers & les
» soldats qui seroient à cette fin assemblés,
» pussent en avoir connoissance, &c. »
Observez que cette rigueur, pratiquée
quelquefois dans des cas graves, mais

avec moins de dureté, l'auteur l'étend à
toutes les fautes qui peuvent faire casser
un officier ; absurdité atroce & gratuite
comme l'on voit.

Au reste on trouve une idée qui ne paroît pas à méprifer dans cet ouvrage, &
qui prouve ce qu'a dit _Pline_ le naturaliste,
_qu'il n'y a point de si mauvais livre dont on
ne puisse retirer quelque utilité._ L'auteur propose quelques réglemens & quelques réformes dans la société, tendans à diminuer le nombre des domestiques mâles, &
à multiplier celui des domestiques femelles ;
il regarde avec raison ce projet comme
très-propre à diminuer la prostitution & à
tarir une des sources qui l'entretiennent.
Mais il faudroit pour cela que les maîtres
n'eussent pas la lâcheté de séduire, de
corrompre, de rendre mères leurs fervantes & de les mettre ensuite à la porte
ou les faire enfermer à _l'hôpital_ ; chose
qui n'est pas facile, malgré la douceur de
nos mœurs & les lumières de notre siècle.

Il paroît un ouvrage considérable sur la
police depuis quelques années, & sur lequel nous ferons quelques remarques, c'est
le nouveau _dictionnaire de police_ que publie
M. _des Essarts_, en 1788, & dont les derniers
volumes ne sont pas encore imprimés.

L'ouvrage de M. _des Essarts_ a pour
principal but les détails de la police en
France & la connoissance de la manière
dont elle est administrée dans les pays
étrangers. _La Mare_ lui a fourni tout ce qui
a rapport à la police françoise, à ses magistrats, officiers & à l'histoire de ses établissemens. C'est sur-tout Paris que M. _des
Essarts_, ainsi que son modèle, a en vue ;
& ce n'est pas sans raison : car la police de
Paris, séparée de ses abus, & des difformités qu'on y trouve, est sans doute
une des plus parfaites qui existent,
& celle que l'on peut plus raisonnablement proposer pour exemple. Cette ville
est devenue en quelque sorte la capitale
de l'Europe, & les établissemens, les arts,
les mœurs, les habitudes qui s'y rencontrent, font d'elle un abrégé du monde, &
de sa police, une forme d'administration
journalière,

journalière, qui a des parties propres à tous les pays & à tous les temps.

Il y a des articles très-bien traités dans l'ouvrage de M. *des Essarts*, & il eût été à souhaiter qu'il ne se fût pas contenté de copier simplement *la Mare* dans quelques-uns, mais qu'il y eût encore ajouté les réflexions que le sujet indiquoit & que le progrès des lumières demandoit. On doit le regarder comme un code très-étendu de police & dont l'usage sera très-commode, si l'auteur a soin de présenter, dans un article exprès, l'ensemble de la police & un apperçu de sa disposition méthodique : car quoique la police soit une science de détails & que la forme de dictionnaire lui convienne merveilleusement pour les faire tous connoître, cependant on peut encore la rendre plus claire & d'une utilité plus générale en la résumant dans un ordre systématique ; cette manière même de la présenter en raccourci & sous un point de vue unique, en fait plus facilement retenir les différentes parties, montre les rapports qui sont entr'elles, & peut contribuer en même-temps à leurs progrès.

Il auroit encore été à souhaiter que M. *des Essarts* eût, ou supprimé, ou concilié, ou au moins comparé entr'elles les nombreuses ordonnances dont il a fait usage. On ne sait souvent, après une longue lecture, de quoi il est question ; parce que le style ministériel des réglemens ne permet pas à tous les lecteurs de saisir le fil des idées & la suite des faits. Il est bon de les résumer ou d'en tirer une conclusion positive qui fixe les idées & les attache à un objet déterminé.

Mais quoiqu'il soit utile, sans doute, de supprimer les ordonnances superflues, il est cependant très-important de conserver le texte même des articles de celles dont on fait usage ; parce qu'on épargne alors au lecteur la peine de recourir aux originaux, lorsqu'il est obligé d'en faire usage & de les citer. Nous avons tâché, nous, d'éviter la prolixité de M. *des Essarts*, & la négligence de ceux qui suppriment les textes entièrement, pour ne citer que des extraits faits d'après la lecture ou l'esprit de l'ordonnance. Cette dernière méthode n'est bonne que dans des mémoires où l'on ajoute à la fin les pièces justificatives.

L'on trouve en tête de chaque volume de l'ouvrage de M. *des Essarts*, une *notice historique des établissemens utiles & des réformes faits dans la police de Paris, depuis Louis XVI.* Cette partie peut devenir intéressante, si l'auteur lui donne plus d'étendue & ne déguise point les abus, dans la crainte de déplaire à ceux qui en sont les auteurs. En général c'est une tâche difficile de parler avec impartialité d'une partie d'administration si délicate aujourd'hui à Paris, & qui a tant de rapport avec tout ce qu'on craint ou qu'on révère dans la société. Il faut pour cela un grand fond de courage & de patriotisme ; & quand ce sont de semblables raisons qui poussent un écrivain, ceux mêmes qui se trouvent offensés dans ses discours doivent lui pardonner en faveur des motifs qui l'ont fait agir.

L'ouvrage de M. *des Essarts* est pratique. Il peut être très-utile aux magistrats & officiers de police ; mais on trouvera peut-être qu'il n'y a point assez de philosophie dans quelques articles qui ont rapport à la morale publique, & que l'auteur s'est aussi laissé trop facilement entraîner au courant des vieilles opinions. Au reste nous ne citerons aucun passage de cet ouvrage ici. On en trouvera plusieurs dans le cours du nôtre ; nous avons eu soin de les faire connoître, & d'en prendre occasion de rendre toute la justice qui est due au travail de M. *des Essarts*.

Dans le nombre des ouvrages que nous aurions pu nommer & que nous avons passés sous silence, comme n'ayant que quelques rapports avec l'objet de notre travail, il en est plusieurs qui méritent cependant un attention particulière, & qu'on peut regarder comme propres à faciliter l'étude de la police en en développant différentes parties ; tels sont, par exemple, les *traités des seigneuries & des offices*, de *Loyseau* ; celui *du domaine*, par *Choppin* ; les *œuvres de l'abbé de St. Pierre*, la *république de Bodin* : nous allons en dire deux mots.

Loyseau est un de ceux qui ont le mieux étudié notre droit public, & qui en ont présenté les détails avec le plus de soin & de solidité. Sa manière & son érudition approchent beaucoup de celles de *Montaigne* son contemporain. Nous lui devons une foule de connoissances sur le droit de police, sur les privileges des trois ordres & l'administration de la justice que l'on ne trouve pas ailleurs. Nous allons en faire connoître quelques-unes de celles qui ont trait à notre ouvrage, après que nous aurons dit quelque chose de lui.

Charles Loyseau, avocat au parlement de Paris sa patrie, naquit en 1564. Il fut Lieutenant particulier à Sens, puis bailli de Châteaudun, & enfin avocat consultant à Paris où il mourut le 27 octobre 1627, à soixante-trois ans. La meilleure & la plus ample édition de ses œuvres, est celle de Lyon, en 1701, *in-folio*. On regarde son *traité du déguerpissement* comme son chef-d'œuvre. Ses *traités des offices & des seigneuries & des trois ordres*, sont ceux qui nous intéressent le plus généralement. Celui de l'*abus des justices de village*, est très-important par la manière dont ce sujet est traité.

Il définit l'office comme le jurisconsulte *Callistrate*, en la loi 14, *de mun. & honor. Honor est dignitatis gradus cum administratione reipublicæ* ; l'office est une dignité avec fonction publique. « Ce qui, dit-il, comprend en trois mots la nature de l'office, qui consiste en trois points, à savoir ; 1°. en la fonction & administration, à cause de laquelle il est appellé office ; 2°. en la puissance & autorité publique à cause de laquelle il est appellé δύναμις & potestas ; 3°. & finalement au titre d'honneur, à cause duquel il est appellé τιμή honor & dignitas. »

Ce qu'il dit des offices des villes, donne lieu à différentes recherches sur la muni-cipalité, les privileges des villes, utiles à consulter, & il remarque fort judicieusement, en commençant, que les villes s'accroissent, s'enrichissent, se peuplent par les droits qu'on leur accorde. Il rapporte à cette occasion l'histoire de l'architecte *Demochares*, qui ayant proposé à *Alexandre* de lui construire une ville magnifique sur le mont Athos, sur ce que le prince lui demanda comment on pourroit la peupler quand elle seroit bâtie, il lui répondit, en lui accordant des privileges. C'est en effet un moyen de rendre les villes florissantes, que de leur donner des franchises & privileges, tels que de se gouverner en forme de république, de choisir leurs propres magistrats, de se garder elles-mêmes, &c.

Il divise les seigneuries en *publiques*, c'est-à-dire souveraines, & *privées*, c'est-à-dire seigneuries de terres possédées sous un souverain. Selon lui, la seigneurie publique est ainsi appellée parce qu'elle donne la puissance publique & emporte le commandement sur les personnes & sur les biens. C'est en vertu de cette seigneurie qu'on contraint quelquefois les personnes de faire la guerre, qu'on les emprisonne, qu'on les punit corporellement & même de mort, enfin qu'on lève les subsides pour le bien de l'état.

Les François victorieux confisquèrent toutes les terres des Gaules ; ils formèrent de quelques-unes le domaine du roi, & distribuèrent les autres à leurs chefs, donnant à tel capitaine une province à titre de duché ; à tel, un pays situé sur la frontière, à titre de marquisat, à l'un, une ville avec son territoire, à titre de comté ; à l'autre, des châteaux ou villages avec les terres d'alentour, à titre de châtelenie ou simple seigneurie, & à tous selon leur mérite particulier & le nombre de soldats qu'ils avoient sous eux : car les soldats eurent part à cette distribution ; mais les terres ne leur étoient pas données pour en jouir en parfaite seigneurie ; les capitaines se réservèrent un droit sur la seigneurie privée. Les terres furent données aux capitaines à titre de fiefs, c'est-à-dire à la charge d'affister toujours le fouverain en guerre. Ce qui a formé l'origine des cenfives, c'eft que les capitaines ou les foldats vendirent aux naturels du pays quelques petites portions de leurs terres, pour ne pas en exterminer les vaincus, & pour les employer au labourage, non à titre de fief, car ils leur ôtèrent l'ufage des armes, mais à titre de *cens*, c'eft-à-dire, de leur en payer une rente annuelle. De-là deux degrés de feigneuries privés; la directe, qui eft celle des feigneurs féodaux ou cenfiers; l'utile, qui eft celle des vaffaux & fujets cenfiers. Notre Auteur trouve auffi deux fortes de feigneuries publiques, la fouveraine & la fuzeraine: il penfe que la fouveraine eft la propre feigneurie de l'état, & en eft infeparable. La fuzeraine eft cette feigneurie publique que les vaffaux ufurpèrent aux dépens de l'autorité légitime ou naturelle.

Quant au droit de police, il le fait confifter « à faire des réglemens particuliers, » que les romains appelloient proprement » *édits*, à la diftinction foit des loix du » du peuple ou des conftitutions des em- » pereurs: car comme le feigneur fouve- » rain peut faire des loix générales, auffi » le fubalterne ayant l'entier commande- » ment, peut faire des réglemens particu- » liers pour fes jufticiables. Mais au pareil, » comme le feigneur fubalterne doit lui » même obéir aux loix de fon fouverain, » auffi en premier lieu fes réglemens par- » ticuliers doivent être, quoi que ce foit, » non répugnans aux loix du prince. Se- » condement, ils doivent être fondés, fur » quelque confidération qui foit particu- » lière au lieu où ils fe font; pource qu'au- » trement c'eft au prince fouverain de » pourvoir par loix générales aux nécef- » fités communes de fon eftat, tant à l'oc- » cafion que cela depend de fon autorité » qu'à caufe que ce feroit un défordre, » & difcordance en un royaume, fi cha- » cune ville avoit diverfes obfervances. » C'eft-à-dire en ce qui regarde la police générale.

Il remarque fagement que le droit de

police n'appartient pas feulement aux châtelains parce qu'ils l'ont ufurpé fur les barons, mais encore parce que la police n'eft pas le réglement d'une ville τᾶ ασεως mais d'une cité τᾶ πολεως; c'eft-à-dire d'une communauté d'habitans, vivans fous les mêmes magiftrats, quoiqu'ils ne foient pas enclos de murs; *non enim eft in parietibus civitas.* Opinion confirmée par *Bodin*, liv. I, ch. VI.

Les réglemens de police, dit-il, font des édits, c'eft-à-dire, des proclamations: car *édit* vient *ab edicendo; edicere autem eft extra dicere,* proclamer; auffi comme en France il n'y a que les châtelains, ou autres grands feigneurs qui puiffent faire des réglemens de police; il n'y a qu'eux auffi qui puiffent faire des proclamations.

Il foutient enfuite que le droit de police n'eft pas purement royal, & il fe fonde, 1°. fur ce que les juges royaux n'exercent la police qu'au même titre que l'exercèrent les ducs & comtes qui étoient les premiers magiftrats des villes, & que ceux qui les repréfentent aujourd'hui, peuvent l'exercer par la même raifon. 2°. Que les juges royaux peuvent être prévenus en leur office, ou même qu'on peut leur ôter le droit de police, comme a fait l'édit de Cremieu, qui l'a donnée aux prévôts, mais que les barons de France l'ayant par droit de feigneurie, le roi ne peut la leur ôter. 3°. Sur ce qu'il n'y a point d'apparence qu'un juge royal, éloigné de huit ou dix lieues d'une ville ducale, y pût mettre la police qui doit être réglée promptement & fommairement, lorfqu'il ignore, pour la plupart du temps, les particularités du lieu qui peuvent modifier les réglemens. Et cela eft conforme à l'ordonnance de Charles IX.

Le traité des ordres de *Loyfeau* eft une fuite à ceux des offices & feigneuries. C'eft un ouvrage curieux & plein d'érudition. Il définit un *ordre* dans le fens que nous entendons ici, *une efpèce de dignité ou qualité honorable, qui d'une même forte & d'un même nom, appartient à plufieurs perfonnes; ne leur* attribuant de foi aucune puissance publique ou particulière ; mais outre le rang qu'elle leur donne, elle leur apporte une aptitude ou capacité particulière, pour parvenir ou aux offices ou aux seigneuries : & est appellée ordre, soit parce qu'elle n'attribue par effet à la personne que le rang & l'honneur, soit parce qu'elle met celui qui l'a en ordre & en rang de parvenir à la puissance publique. L'auteur traite des ordres romains, des trois ordres de France, & ce qu'il dit du tiers est plein de recherches curieuses. En général, les idées qu'il donne sur le droit public sont très-saines. Il confirme quelquefois ce qu'a dit *Bodin* & souvent le réfute ; enfin quoiqu'on ait écrit depuis *Loyseau* sur les mêmes objets que lui, cependant la lecture de ses ouvrages est très-instructive, & fournit beaucoup de connoissances utiles.

Un autre auteur qui, sans avoir écrit expressément de la police, a fait néanmoins plusieurs traités qui en font partie, est le célèbre abbé de *St. Pierre*. Nous avons dix-huit volumes *in* 12 de ses œuvres, dans lesquels on trouve plusieurs projets & mémoires d'une grande utilité. Il y en a sur *les mendians*, sur *les écoles*, sur *les maisons d'éducation*, sur *les académies*, sur *l'agrandissement de la capitale*, sur *les chemins*, sur *différens objets de bienfaisance publique*. La bienfaisance étoit tellement l'ame de ses projets, qu'il est regardé généralement comme l'inventeur de son nom. *Du moins*, remarque M. d'Alembert, *si d'autres écrivains s'en sont servi avant lui, il étoit resté enseveli chez eux, & notre auteur en est le véritable créateur puisqu'il l'a ressuscité.*

Charles Irénée Castel de St. Pierre, abbé de *Tiron*, naquit au château de St. Pierre en basse-Normandie, en 1658. Il fut reçu à l'académie françoise le 3 mars 1695, & mourut le 29 avril 1749, âgé de quatrevingt-cinq ans. Il étoit aumônier de Madame la duchesse d'Orléans, mère du régent ; & il disoit en parlant de cette place, que c'étoit un *bénéfice simple*, appa-

remment parce qu'il n'en faisoit guère les fonctions. Il avoit une aversion naturelle pour les violences & les désordres des guerres. Aussi son projet favori étoit-il celui d'établir une paix perpétuelle entre tous les princes chrétiens, afin de tarir la source de tous les maux qui naissent à la suite des hostilités. Il regardoit ces fléaux avec horreur, & blâmoit hautement & ceux qui en avoient inspiré le goût à Louis XIV, & Louis XIV lui-même de s'y être livré avec tant d'aveuglement. *L'amour de la guerre*, disoit-il, *ne trouve que trop d'encouragement & d'appât dans le cœur des princes ambitieux, par cette cruelle mais puissante raison que s'ils font la guerre avec succès l'avantage & la gloire seront pour eux, & que si leurs armes sont malheureuses, le dommage ne sera guère que pour leurs peuples ; & qu'est-ce que les peuples, ajoute-t-il, pour la plupart de ceux qui gouvernent ? Il est vrai que l'imbécile multitude favorise elle-même stupidement l'orgueil barbare des princes guerriers en les encourageant par des éloges à cueillir des lauriers teints de sang & de larmes, tandis qu'elle fait à peine distinguer les princes bienfaisans & justes.* L'abbé de St. Pierre en donnoit ainsi la raison, c'est que les peuples partageant avec leurs rois les dangers de la guerre, & souvent même s'y exposant tout seuls, croient en partager la gloire ; au lieu que la gloire d'un prince juste n'étant guère que pour lui seul, n'intéresse pas autant la vanité de la nation, quoiqu'elle intéresse bien plus son bonheur.

Les ouvrages de l'abbé de *St. Pierre* sont pleins de semblables idées ; tout y respire le savoir & le bon sens, en morale comme en politique. Le mariage des prêtres étoit encore une de ses opinions ; il croyoit le célibat forcé, injuste & contraire aux bonnes mœurs, *par la nécessité où se trouvoient les ministres des autels d'y désobéir avec scandale.* L'agrandissement de la capitale ne lui paroissoit point un désordre ; il le croyoit favorable aux arts & à la civilisation, pourvu qu'on y augmentât la police en proportion. Cet excellent philofophe fut chaffé de l'académie francoife pour avoir dit des vérités courageufes, & l'on délibéra à fa mort fi on lui accorderoit le fervice dû aux membres défunts. Un pareil fcandale n'auroit pas lieu aujourd'hui.

Jean Bodin, naquit à Angers en 1529; il fut profeffeur en droit, avocat au parlement de Paris, fecretaire des commandemens du duc d'Alençon, frère de Henri III, avec qui il prit toujours parti tant bien que mal contre le roi : enfin il fut lieutenant-général du préfidial de Laon, & mourut en 1596. Il entra dans la ligue, & défendit de tout fon pouvoir les projets de la ville de Paris, révoltée en 1589. Nous avons de lui plufieurs ouvrages, entr'autres *fix livres de la république*, dont la meilleure édition eft celle de Paris, de 1578, que l'auteur corrigea fur les obfervations du célèbre jurifconfulte *Cujas*. *Bodin* a fait d'autres écrits, & fi nous en croyons M. *de Thou* (lib. 117, ad an. 1596), il en publia même contre Henri IV, comme partifan de la ligue. L'on s'eft élevé contre les mœurs & l'ouvrage de *Bodin*; mais ces plaintes & les critiques font oubliées, & la *république* eft reftée. Ce n'eft pas qu'il n'y foutienne de fauffes & dangereufes opinions, telles que celle-ci, *que pour le bien des états, les peres devroient avoir droit de vie & de mort fur leurs enfans.* (lib. I, cap. 4.) Idée monftrueufe & auffi injufte que le prétendu droit d'efclavage que quelques auteurs ont foutenu. Au refte, dans les chapitres I, II, III, IV, V, VI & VII du fecond livre, on trouve d'excellentes idées fur la grande police de l'état, la puiffance des magiftrats, fur les corps, colleges & communautés de citoyens. Dans le dernier chapitre du fixieme livre, il traite *de la juftice diftributive, commutative & harmonique, & laquelle des trois eft propre à chacune république.* Par juftice harmonique, il entend celle qui maintient l'accord & les convenances, qui doivent exifter dans

un gouvernement. L'Idée qu'il veut en donner eft très-faine & très-lumineufe; mais il emploie pour y parvenir des raifons de nombres à la manière de Platon, ce qui le rend obfcur & diffus.

René Choppin eft né en Anjou en 1537; il fut avocat en parlement & mourut à Paris en 1578. Il a publié un excellent traité du *domaine de la couronne*, en latin, pour lequel il obtint des lettres de nobleffe de Henri III. Ce livre eft plein d'idées raifonnables & profondes fur différentes parties de la fouveraineté du roi de France, de la police générale & du droit municipal : il avoit fort bien étudié cette matière. Etant entré dans la ligue, il publia, en 1591, un livre contre le roi, dont l'objet eft de prouver que la couronne de France eft elective, fentiment adopté & modifié par d'autres écrivains. Jean Hotman répondit à *Choppin*, mais les forces n'étoient pas égales. *De Thou* nous apprend que lorfqu'après la réduction de Paris, on fit fortir les ligueurs, *Choppin*, quoiqu'un des plus dangereux, ne fut point banni, par la confidération qu'infpiroit fon grand favoir. Son livre contre le roi fut brûlé; & fa femme, auffi bonne ligueufe que fon mari étoit grand écrivain, perdit l'efprit, dit-on, le jour que Henri IV rentra dans Paris. Le livre *du domaine de Choppin* eft un des meilleurs faits fur cette matière, & d'où prefque tous les écrivains, qui en ont parlé depuis, ont tiré ce qu'ils ont dit de bon.

Jufqu'à préfent *l'Efprit des loix* n'a été confidéré que comme un ouvrage de droit public & de philofophie légiflative. Nous pouvons, nous, le confidérer ici comme un des meilleurs traités qui aient été faits fur la police générale des peuples; c'eft même un des titres fous lefquels il paroît le plus univerfellement utile. La manière dont *Montefquieu* confidère le rapport des hommes & des loix, avec la religion, les mœurs & le climat, eft tout-à-fait lumineufe ; & le grand art de ce philofophe, c'eft que , même lorf-qu'il fe trompe, il fait penfer le lecteur, & lui montre le chemin qui conduit à la vérité.

L'on a relevé, il eft vrai, dans *l'Ef-prit des loix* , quelques inexactitudes , quelques erreurs de fait , trop de faci-lité à mettre en preuve des ufages locaux, qui font ou incertains ou abfolument accidentels ; mais ces taches dans un fi grand tableau font infenfibles , & n'ôtent rien ni au mérite de l'enfemble, ni même à celui des détails.

Parmi les chapitres de cet ouvrage , qui jettent de grandes lumières fur le fyf-tême de la police des peuples, comme nous la confidérons, on peut compter les VIIe, VIIIe, IXe, X^e, XIe, XVe, XVIe , XIXe , XXe & XXIVe du livre 26e. L'auteur y fait connoître fuivant quels principes les fouverains & les ma-giftrats doivent fe conduire , foit dans l'adminiftration de la juftice, foit dans le maintien de l'ordre public. Ce qu'il dit dans le XXIVe. chapitre , fur-tout, mérite d'être rapporté ici.

« Il y a, dit il , des criminels que le » magiftrat punit , il y en a d'autres qu'il » corrige ; les premiers font foumis à la » puiffance de la loi , les autres à fon au-» torité ; ceux-là font retranchés de la » fociété, on oblige ceux-ci de vivre fe-» lon les règles de la fociété.

» Dans l'exercice de la police, c'eft » plutôt le magiftrat qui punit que la loi ; » dans les jugemens des crimes, c'eft plu-» tôt la loi que le magiftrat. Les matières » de police font des chofes de chaque » inftant, & où il ne s'agit ordinairement » que de peu, il ne faut donc guère de » formalités. Les actions de la police font » promptes , & elles s'exercent fur des » chofes qui reviennent tous les jours ; » les grandes punitions n'y font donc pas » propres. Elle s'occupe perpétuellement » de détails ; les grands exemples ne font » donc pas faits pour elle. Elle a plutôt » des réglemens que des loix ; les gens

» qui relèvent d'elle font néceffairement » fous les yeux du magiftrat ; c'eft donc » la faute du magiftrat s'ils tombent dans » les excès. Ainfi il ne faut pas confondre » les grandes violations des loix avec la » violation de la fimple police ; ces cho-» fes font d'un ordre différent.

» De-là il fuit qu'on ne s'eft point con-» formé à la nature des chofes dans la ré-» publique de Venife, où le port des » armes à feu eft puni comme un crime » capital , & où il n'eft pas plus fatal d'en » faire ufage que de les porter.

» Il fuit encore que l'action tant louée » de cet empereur qui fit empaler un » boulanger qu'il avoit furpris en fraude , » eft une action de fultan qui ne fait être » jufte qu'en outrant la juftice même. »

D'où *Montefquieu* conclut avec raifon, *que les réglemens de police font d'un autre ordre que les autres loix.* Nous remarque-rons cependant que cette conclufion ne fignifie pas que les loix de police ne doi-vent point avoir pour bafe une juftice impartiale comme les autres loix, mais feulement que l'application qu'elles font de la juftice aux actions qui font de leur reffort, ne doit point être invariablement la même, mais fubir des modifications fuivant les lieux & les circonftances : car c'eft bien plutôt en confidération du dé-fordre public qui réfulte d'une action, que la police doit être févère, qu'en confi-dération de l'intention de celui qui l'a commife ; au-lieu que la juftice confulte toujours l'intention de l'auteur du délit, lequel délit eft plus ou moins grave en raifon des motifs qui l'ont fait com-mettre.

Remarquons encore que *Montefquieu* eft le premier qui ait fait fentir & appro-fondir les abus d'un gouvernement mili-taire. (*Voyez les pages* 153 & 177 *du pre-mier volume de l'Efprit des loix*) Cependant il les a plutôt confidérés, ces abus, par rap-port à la puiffance fouveraine que par rap-port au malheur & à l'efclavage des peu-ples. Mais ces deux inconvéniens font iné-vitables & fimultanés. Si *Frédéric*, qui réuffit à détruire le gouvernement civil dans fes états, a rendu fa puiſſance formidable au dehors, & accru ſon pouvoir au dedans, c'eſt, non ſeulement aux dépens de la liberté de ſes ſujets, mais aux riſques de la ſubverſion du trône même. *Les ſoldats*, dit notre auteur, *qui avoient vendu l'empire romain parce qu'ils s'en étoient rendus maîtres, aſſaſſinèrent les empereurs lorſqu'ils crurent de leur intérêt de le faire.* (*Conſidé- rations ſur la grandeur des Romains, ch.* 16.) Mais la puiſſance militaire eſt encore plus dangereuſe pour les citoyens ; elle fait taire les loix au gré des caprices du maî- tre & des paſſions des ſoldats. Par-tout où l'armée eſt mercenaire, elle eſt ennemie née de la liberté publique, à moins que le peuple ne la gouverne & n'en nomme les chefs. Qu'on nous permette de de- mander comment, après de pareilles con- ſidérations ſur les dangers du pouvoir mili- taire, tant d'écrivains ont pu s'aveugler au point de garder le ſilence ſur ce ſujet, tandis qu'ils ont fait des volumes de dé- clamations contre de légers abus, de fra- giles privileges, qui ne pouvoient que momentanément gêner la liberté de quel- ques individus ?

Nous ne croyons pas devoir entrer dans aucuns détails biographiques ſur le *préſident de Monteſquieu.* Tout le monde fait ſa vie, tout le monde connoît ſes ouvrages. Mais tout le monde les lit-il, ſur-tout l'*Eſprit des loix* ?

Ce n'eſt pas ſans ſujet que nous fai- ſons cette queſtion. Elle nous eſt inſpirée par le débordement d'écrits ſuperficiels, que nous voyons journellement paroître, dans ce moment de trouble, ſur les affai- res publiques. Il y règne en général un oubli de principes, une foibleſſe d'idées, une ignorance de faits ſingulièrement frappans. Les maximes les plus fauſſes, les plus deſpotiques, ſont débitées avec une légèreté, une impétuoſité, une ſtu- pidité déplorable. Les écrivains proſti- tuent leur plume à défendre d'obſcurs

ſyſtêmes de tyrannie, avec la ſuffiſance, la confiance d'hommes ſurs d'eux & de leur ſcience. Mais la vérité eſt, que s'ils liſoient, ils verroient leur doctrine hon- teuſement proſcrite depuis long-temps, par les grands écrivains qui ont traité la même matière, par *Monteſquieu.* Et, ſur-tout d'un autre côté, ceux de nos écrivains ac- tuels, qui, pleins de bonnes intentions, prennent en main la défenſe de la vérité, le font avec ſi peu de force, & munis de ſi peu de connoiſſances grandes & profondes, qu'ils donnent des armes à leurs ennemis dans les combats qu'ils en- gagent avec eux. Dans leurs diſputes ardentes & ſuperficielles, on ne retrouve ni logique, ni érudition, ni connoiſ- ſances poſitives ; ils déclament, ils invo- quent des principes abſtraits, & qui peu- vent également ſervir d'appui au men- ſonge comme à la vérité. C'eſt qu'ils ne liſent plus ; c'eſt qu'ils mépriſent trop les connoiſſances poſitives, les faits, les grands développemens puiſés dans la na- ture de l'homme, dont l'*Eſprit des loix*, offre ſi infructueuſement de grands mo- dèles.

Indépendamment des auteurs que nous avons cités dans cette notice, il a paru, de nos jours, quelques ouvrages qui ont trait à l'adminiſtration de la police ; entre autres le *Tableau de Paris*, par M. *Mercier*, ouvrage vraiment original, & quelques au- tres qui ne ſont que des répétitions de ce qui a déjà été dit, & même mieux autrefois. L'on peut encore regarder les *procès-ver- baux des aſſemblées provinciales*, comme pro- pres à faire connoître l'état actuel de la po- lice économique du royaume. Nous en par- lerons dans le corps de notre ouvrage.

Enfin, quoique les ouvrages que M. *la Croix*, avocat au parlement, a publiés *ſur la civiliſation*, ne ſoient pas, à pro- prement parler, des traités de police : ce- pendant, comme preſque tous les objets qui s'y trouvent ont un rapport ſenſible avec cette partie de l'adminiſtration, que quelques-uns même lui ſont abſolument propres, nous en conſeillons la lecture, comme un moyen d'acquérir des idées neuves & philoſophiques dans cette matière. La modération, l'humanité, l'éloquence & une grande ſenſibilité ſemblent ſur-tout caractériſer celui qui a été couronné par l'académie Françoiſe. Quelques articles de cet ouvrage ſe retrouvent dans la juriſprudence de l'Encyclopédie, & peut-être en verra-t-on d'autres dans celui-ci. Quand un ſujet a été bien développé & préſenté ſous ſon vrai jour par un écrivain, pourquoi ne feroit-on pas uſage de ſon travail en le nommant, ſur-tout quand on n'a pour but que l'inſtruction du lecteur & le progrès de la ſcience? Finiſſons en nous appliquant ces paroles de *Bacon.*

Nos autem ſi quâ in re vel malè credidimus vel obdormivimus & minùs attendimus, vel defecimus in viâ & inquiſitionem abrupimus, nihilominùs iis modis res nudas & apertas exhibemus, ut errores noſtri notari & ſeparari poſſint, atque etiam ut facilis & expedita ſit laborum noſtrorum continuatio. Bacon. *Novum organum, in præf.*

Fin du diſcours préliminaire.

A

ABANDON, f. m. C'est l'état d'une chose ou d'une personne privée de la surveillance ou de la protection qui lui est nécessaire ou qui lui convient. On emploie le mot *d'abandonnement* pour désigner l'action même *d'abandonner*.

Les jurisconsultes distinguent plusieurs espèces *d'abandon ;* celui des choses, celui des bêtes & celui des hommes. On peut voir, au mot *abandon*, dans la Jurisprudence, les règles de droit sur chacune de ces espèces. Nous ne considérons ici l'*abandon* que par rapport aux abus qui peuvent en résulter pour l'ordre public & le maintien de la police.

Ce n'est pas tant l'*abandon* en lui-même que l'on considère en police, que les suites qui peuvent en résulter. L'on y remarque aussi l'intention de ceux qui ont laissé quelque chose à l'*abandon*, parce que l'intention, non-seulement donne un caractère d'injustice, ou de justice aux actions, mais encore indique les moyens qu'on doit employer pour y remédier. Ainsi, pour donner un exemple frappant de ce principe, quand une mère abandonne son enfant, dans l'espérance que quelqu'un plus riche qu'elle en prendra soin, sans doute elle est coupable, mais son intention n'a rien de criminel, & indique en même temps les moyens qu'on doit employer pour éviter de pareils malheurs.

Dans l'*abandon* des choses, on doit principalement considérer l'abus qu'on peut en faire, les moyens de désordre qu'elles peuvent faire naître, & les plaintes auxquelles elles peuvent donner lieu. Il y auroit du danger pour la société d'abandonner des armes à feu, des drogues pernicieuses à la disposition de gens imprudens ou mal intentionnés. On conçoit qu'une pareille négligence pourroit devenir funeste, & la police doit veiller à ce que les artisans, marchands ou débitans de semblables objets prennent garde qu'il n'en résulte aucun abus.

C'est dans le même esprit que des réglemens de police ont défendu de laisser, pendant la nuit, des coutres ou autres instrumens de fer, dans les rues des villages & sur les chemins, parce que les brigands pourroient s'en servir pour forcer les portes, ou s'en armer dans des instans où l'on voudroit les arrêter. Ces réglemens ont lieu, non-seulement dans les provinces de France, mais même chez les étrangers, parce qu'on a senti qu'ils étoient d'une utilité générale. C'est ce qui fait qu'on ne peut trop exhorter les officiers de police à tenir la main à leur exécution.

L'*abandon* des bêtes, animaux domestiques ou autres, peut encore porter préjudice aux propriétés particulières, ou troubler la tranquillité publique, par les dangers auxquels se trouvent exposés ceux

qui se rencontrent sur leurs pas. On a vu des animaux échappés des chaînes & des cages où des bâteleurs les tenoient attachés, causer des ravages dans les campagnes & dans les villes. On trouve des réglemens qui prescrivent de très-grosses amendes, & même des peines plus considérables, lorsque par leur négligence, ces gens ont donné lieu à de semblables malheurs. C'est la même raison qui doit engager un officier de police attentif, à recommander aux fermiers, bouchers & autres personnes qui ont de gros dogues, de ne point les *abandonner* à leur liberté, ni les laisser errer dans les rues. Plus d'une fois des femmes & des enfans en ont été dangereusement blessés. Tous ces petits détails d'une police atentive, sont ce qui rend là vie sûre & agréable dans les lieux où l'on y tient la main. C'est encore dans la même vue qu'on doit défendre de conduire des gros chiens dans les jardins publics, parce qu'il y a dans ces endroits ordinairement de jeunes enfans qui jouent & se promènent loin des yeux de leurs parens & dans la plus grande sécurité : il seroit d'une police négligente que des animaux y vinssent les mutiler par des morsures ou des chûtes dangereuses. Aussi a-t-on fait des réglemens pour obvier à cela.

Il n'est point de notre objet de parler des choses ou des animaux *abandonnés*, comme soustraits à la propriété de leurs anciens maîtres & passant à ceux qui les ont trouvés, sous le nom *d'épaves*. Cette matière est de la Jurisprudence, & l'on peut y avoir recours au mot *épave*.

Mais de toutes les espèces *d'abandon*, celui des personnes doit nous occuper particulièrement ici. Il influe par ses conséquences sur l'harmonie de la société, dont il peut troubler l'ordre ; il tient, par les causes qui peuvent y donner lieu, à la morale publique & à l'état des hommes dont il fait connoître les vices ou la dépravation ; enfin par les châtimens qu'on a employés pour le réprimer, il mérite toute l'attention de l'homme sensible & raisonnable.

Tous les hommes doivent, de droit naturel, la nourriture aux enfans qui tiennent d'eux l'existence, & lorsque quelque loi atroce, quelque préjugé absurde les détourne de ce devoir, c'est d'abord la société qui est coupable, & ensuite le parent malheureux qui perd ainsi ce qu'il a de plus cher au monde. Qu'on ne pense pas que jamais volontairement un père, & sur-tout une mère, ait *abandonné* son enfant ; c'est toujours à quelque cause puissante, à quelque vice de morale publique, à quelque erreur sociale qu'on doit un pareil malheur, lorsqu'il a lieu : expliquons-nous.

A Sparte, par une suite de la police absurde & cruelle qui y régnoit, il étoit permis aux parens de détruire les enfans foibles ou contrefaits. A Rome, un père pouvoit *expofer* fon enfant, & cette coutume barbare fubfifta jufqu'à ce que Valentinien & Gratien la défendirent fous peine de mort. Ce fut pour imiter ces Empereurs, & dans le même efprit qu'eux, fans doute, que Henri II prononça la même peine contre une mère qui *abandonneroit* fon enfant, avec danger évident pour fa vie.

Mais quand quelque préjugé accrédité, refpecté, étayé de la morale publique, devient une caufe perpétuelle de crimes, lorfque des inftitutions civiles fecondent encore cette malheureufe difpofition des efprits, que peuvent des loix févères, finon ajouter de nouveaux malheurs à ceux qu'elles cherchent à prévenir par les châtimens? C'eft ce qui a lieu à l'égard de l'*abandon* des enfans. La femme eft naturellement pudique, & l'état de fociété a encore exalté & modifié cet inftinct de la nature en elle. Cependant lorfqu'avant d'avoir contracté un mariage civil, elle devient mère, la loi veut, chez nous, qu'elle aille le déclarer au magiftrat; quelle attire fur fa tête tous les anathèmes du préjugé, qu'elle fe proftitue ainfi aux yeux de l'opinion publique, qui n'eft point encore affez éclairée dans bien des lieux, pour diftinguer ce qu'on doit à la nature de ce qu'on doit aux conventions fociales. Par un contrafte bizarre & cruel, pendant qu'on exige qu'une mère naturelle fe foumette à cette obligation, on déclare bâtard l'enfant qu'elle porte dans fon fein; c'eft-à-dire qu'on le prive des droits de l'homme civil, & qu'on jette ainfi un caractère infamant fur fa mère & fur lui. Si au moins, pour prix de cette obligation, le légiflateur avoit légitimé l'enfant; fi la fille rentroit dans les droits qu'un moment de foibleffe, peut-être la féduction, peut-être la violence lui ont fait perdre aux yeux de fes parens & du public; fi le magiftrat, en recevant fa *déclaration de groffeffe*, mettoit cette mère à l'abri des injuftices de famille, des perfécutions, du mépris, de l'abjection, fûrement elle n'auroit aucune raifon fuffifante de fe fouftraire au joug de la loi. Elle s'y foumettroit même avec plaifir, elle la regarderoit comme fon refuge & fon appui; mais rien de cela n'a lieu. Les loix ont voulu conferver les mœurs, & elles les ont rendu féroces; elles ont entretenu les erreurs du peuple, & la méprife du légiflateur a caufé la perte de plufieurs générations. Qu'arrive-t-il donc de nos difpofitions par rapport à l'*abandon des enfans*? Ce qu'on doit en attendre. Que la jeune mère cache avec grand foin fa groffeffe, que tandis qu'elle auroit befoin, pour conferver fa vie & celle de fon enfant, des égards & des foins qu'exige fa foibleffe, elle fe ménage moins pour mieux faire illufion fur fon état. Il arrive encore que, pour ne point fe diffamer éternellement, pour conferver ce fantôme qu'on nomme honneur, pour cacher fa honte, fi l'on peut en trouver dans une pareille fituation, elle *abandonne* l'enfant qu'elle vient de mettre au monde, lui qu'elle eût aimé, qu'elle eût élevé avec délices, qu'elle eût chéri

comme le premier gage du plus doux de tous les fentimens, fi un préjugé barbare, des maximes injuftes ne l'euffent précipitée dans le crime.

Quels moyens faudroit-il donc employer pour éloigner de la fociété un auffi grand fléau que celui de l'*abandon* des enfans? Il faudroit anéantir à jamais toutes les caufes qui peuvent y donner lieu, détruire le préjugé qui flétrit, qui perfécute une mère, parce qu'elle a eu le malheur de le devenir fans avoir contracté un mariage civil; & confervant aux loix le refpect & l'obéiffance qu'elles méritent, en adoucir la rigueur & n'en plus faire un inftrument de perfécution dirigée contre la plus douce & la plus malheureufe partie du genre humain. On pourroit donc établir, 1°. Que toute fille qui viendroit déclarer fa maternité, feroit, dès l'inftant même, mife fous la protection immédiate de la loi, pour tous les effets qui pourroient réfulter de fon état. 2°. Que fon enfant jouiroit, en vertu de cette déclaration, des droits de citoyen, & pourroit hériter de fa mère, en partage avec fes autres frères, s'il en avoit par la fuite. 3°. Que fous le prétexte de la foibleffe de leur fille, les parens ne pourroient exercer aucun acte de rigueur envers elle, & que ce malheur ne feroit pas non plus une raifon fuffifante pour la déshériter, ni la faire renfermer. 4°. Enfin on pourroit mettre en vigueur un ufage reçu, dit-on, à Strasbourg, qui permet au magiftrat de réintégrer dans fon honneur & dans fes droits, aux yeux du public & de fes parens, une jeune fille qui a commis une faute du genre de celle dont nous parlons. 5°. Enfin il conviendroit d'encourager les mères naturelles à préférer l'exercice de leurs devoirs à toutes autres confidérations, & à élever elles-mêmes leurs enfans. Il faudroit pour cela que le gouvernement les protégeât, les diftinguât par des marques d'égards & de bienveillance. Cette conduite pourroit influer fur l'opinion publique dans les provinces, où l'on eft encore tellement aveuglé à ce fujet, qu'on y regarde avec horreur, & qu'on y traite avec mépris la fille courageufe & eftimable qui nourrit elle-même fon enfant, & s'expofe ainfi aux traits empoifonnés du rigorifme & des préjugés. On ne confidère pas fi la malheureufe mère a été féduite, trompée, abufée; on ne veut rien donner à l'âge, aux fens, à la jeuneffe, à un célibat prefque toujours forcé; on la flétrit, on l'outrage, & l'on a vu des magiftrats fubalternes affez peu éclairés pour feconder ce fanatifme de mœurs, la caufe de tant de maux. Il n'eft donc point étonnant que le crime d'*abandon* des enfans nouveaux-nés, ait été commis, & que les châtimens qui y font attachés n'en aient pas même détourné des mères d'ailleurs, tendres & généreufes, mais trop fenfibles, trop foumifes à l'empire des préjugés & de l'opinion.

Peut-être trouvera-t-on fujets à quelques inconvéniens les moyens que nous venons de propofer pour détruire chez nous, jufques dans leurs racines, les caufes de l'*abandon* des enfans; peut-être leur nouveauté leur ôtera-t-il une partie de l'utilité qu'ils pourroient avoir. Mais que l'on confidère qu'il s'agit ici du bonheur, de la vie des hommes & de la tranquillité fociale. Près de fi grandes confidérations, que peuvent être quelques idées conventionnelles, quelques principes généraux dont la théorie même n'eft pas bien affurée ?

En Pruffe, les mères naturelles élèvent publiquement leurs enfans, fans que ce devoir facré puiffe jamais devenir pour elles un titre d'humiliation ; la loi les protège elles & leurs enfans, & cela eft jufte. Comment pouvoir joindre l'idée de fcandale & de deshonneur à celle d'une mère qui préfère la vie de fon enfant à tous les égards, à toutes les jouiffances qu'elle auroit pu encore fe procurer fi elle l'eût envoyé dans un hôpital ? Comment une pareille conduite, au contraire, ne produiroit-elle pas dans l'ame de tout homme raifonnable un fentiment bien propre à y effacer jufqu'au dernier veftige de mépris, s'il étoit poffible qu'il en pût conferver pour un être auffi eftimable ?

Lorfqu'on établit l'hôpital des Enfans-Trouvés, la clameur fut générale ; on cria au fcandale, à la corruption des mœurs ; mais la religion & l'humanité, fourdes à ces difcours de l'erreur & du fanatifme, foutinrent courageufement leur projet & firent de cet hofpice un des plus beaux monumens élevés à la nature & à la fociété. Ce ne feroit donc point en vain, ni témérairement qu'on propoferoit quelque heureufe innovation dans la morale publique & la police des peuples, qui tendroit à rectifier les idées reçues ; & à détruire jufqu'aux caufes les plus éloignées de l'abandon des enfans. Et cela paroîtroit fur-tout néceffaire dans quelques provinces où les hôpitaux manquent, où les préjugés ont beaucoup de pouvoir, & où la loi contre l'abandon exerce principalement fa rigueur inflexible.

Un écrivain célèbre, connu par fon intrépidité à défendre la caufe des hommes, & que pour cette raifon nous aurons occafion de citer plus d'une fois, avoit fenti tous ces abus. L'exemple qu'il en cite eft fi frappant & fi propre à confirmer tout ce que nous venons de dire, que nous ne pouvons nous difpenfer de le rapporter pour l'inftruction du lecteur ; il nous donnera d'ailleurs occafion de faire quelques réflexions fur la néceffité de multiplier les hofpices deftinés à recevoir les enfans abandonnés.

« J'étois plein de la lecture du petit livre des délits & des peines, dit M. de Voltaire, je me flatois que cet ouvrage adouciroit ce qui refte de barbarie dans la jurifprudence de tant de nations ; j'efpérois quelque réforme dans le genre humain, lorfqu'on m'apprit qu'on venoit de pendre, dans une province, une fille de dix-huit ans, belle & bienfaite, pour avoir abandonné fon enfant. Cette fille infortunée, fuyant la maifon paternelle, eft délivrée feule & fans fecours auprès d'une fontaine. La honte qui eft dans le fexe, une paffion violente, lui donne affez de force pour revenir à la maifon de fon père, & pour y cacher fon état. Elle laiffe fon enfant expofé, on

le trouve mort le lendemain, la mère eft découverte, condamnée à la potence & exécutée. »

« La première faute de cette fille, ou doit être renfermée dans le fecret de fa famille, ou ne mérite que la protection des loix, parce que c'eft au féducteur à réparer le mal qu'il a fait, parce que la foibleffe a droit à l'indulgence, parce que tout parle en faveur d'une fille dont la groffeffe cachée la met fouvent en danger de mort, que cette groffeffe flétrit fa réputation, & que la difficulté d'élever fon enfant eft encore un grand malheur de plus. »

« La feconde faute eft plus criminelle. Elle abandonne le fruit de fa foibleffe, & l'expofe à périr. »

» Mais parce qu'un enfant eft mort faut-il abfolument faire mourir la mère ? Elle ne l'avoit pas tué ; elle fe flattoit que quelqu'un paffant, prendroit pitié de cette créature innocente, elle pouvoit même être dans le deffein d'aller recouvrer fon enfant, & de lui faire donner les fecours néceffaires. Ce fentiment eft fi naturel, qu'on doit le préfumer dans le cœur d'une mère. (M. de Voltaire auroit dû dire qu'il exifte dans le cœur de toutes, & qu'il n'y a que d'abfurdes préjugés ou des erreurs accréditées, qui puiffent en fufpendre les effets ou en affoiblir l'énergie.) »

« La loi eft pofitive, continue le même écrivain, contre la fille. Mais cette loi n'eft-elle pas injufte, inhumaine & pernicieufe ? Injufte, parce qu'elle n'a pas diftingué entre celle qui tue fon enfant & celle qui l'abandonne ; inhumaine, en ce quelle fait périr cruellement une infortunée à qui on ne peut reprocher que fa foibleffe & fon empreffement à cacher fon malheur ; pernicieufe, en ce qu'elle ravit à la fociété une citoyenne qui devoit donner des fujets à l'état. »

« La charité n'a pas encore établi, dans le pays où ce malheur a eu lieu, des maifons fecourables où les enfans abandonnés foient nourris. Il valoit bien mieux prévenir ces malheurs, que de fe borner à les punir ? La véritable jurifprudence eft d'empêcher les délits, & non de donner la mort à un fexe foible ; quand il eft évident que fa faute n'a pas été accompagnée de malice, & qu'elle a coûté à fon cœur. » Commentaire fur le livre des délits & des peines du Marquis de Beccaria.

Le préjugé contre les filles devenues mères, le défaut d'afyles pour recevoir leurs enfans, font donc enfemble ou féparément les caufes de l'abandon de ces jeunes innocens. Nous venons d'indiquer quelques moyens généraux qui, s'ils étoient employés, pourroient déjà y porter remède, difons encore quelque chofe des hofpices : un pareil fujet mérite bien qu'on s'en occupe avec quelque détail.

Plufieurs écrivains, frappés des fuites terribles qu'entraîne l'abandon des enfans, ont propofé de multiplier les maifons propres à les recevoir. Ils ont confeillé auffi de rendre plus communes & plus commodes celles où les filles enceintes peuvent être reçues pour y faire leurs couches. Ils ont fur-tout recommandé qu'on les y traitât avec ces égards, cette humanité qui font dûs à leur foibleffe & à leur malheur ; que les loix les protégeaffent contre le defpotifme paterne. & la mifère qui fouvent les précipitent dans la proftitution. S'il y eût eu un hofpice dans la province citée dans l'exemple rapporté par M. de Voltaire, fûrement il y auroit eu deux malheurs de moins, celui de la mort d'un enfant, & celui de la mort d'une jeune femme. C'eft, en effet, principalement dans les provinces qu'il importe de multiplier les fecours en pareil cas, parce que c'eft-là où les préjugés deftructeurs de l'humanité agiffent avec le plus d'énergie fur des ames groffières, & qui croient aveuglément ce que leur ont dit des hommes durs & impitoyables. C'eft une chofe étonnante qu'on ait trouvé des fonds pour des inftitutions frivoles ou inutiles, & qu'il y en ait fi peu pour le grand objet dont nous parlons.

Cependant fon importance eft prouvée. Tous les états ont établi des hôpitaux pour les enfans *abandonnés*. Mofcow eft célèbre, fur-tout par les foins, la propreté qui règne dans fon hofpice. Les enfans y font élevés avec plus d'humanité qu'on ne paroîtroit en attendre d'un peuple encore peu-civilifé. Ils y trouvent tout ce qui peut remplacer la tendreffe maternelle, fi pourtant quelque chofe peut jamais en tenir lieu. Ceux de Paris, de Londres, de Madrid, ne méritent pas moins la reconnoiffance des hommes. Ce dernier, fondé par Anne d'Autriche, eft accompagné d'un autre hofpice où les filles enceintes font reçues, avec la liberté d'élever leurs enfans, fi elles le défirent ; liberté qu'en d'autres pays, quelques adminiftrateurs fubalternes fe font enhardis à refuser, fous le vain prétexte que la mauvaife conduite des mères deviendroit un exemple dangereux pour les enfans. Voy. ENFANS-TROUVÉS, *dans l'Economie politique*.

Les affemblées provinciales, les nouvelles municipalités peuvent, en France, rendre le plus grand fervice à l'humanité, en prévenant les maux dont nous venons de parler. Le foin des enfans, celui des mères qui leur donnent le jour, forment un des plus importans objets foumis à leur furveillance. Comment pourroient-elles n'en pas fentir toute l'importance ? Quelles que foient les charges des communautés, quels que foient les impôts que fupportent les provinces, lorfqu'une fage économie préfidera à leur emploi & à leur répartition, croit-on qu'il ne fe trouvera pas des fonds fuffifans pour multiplier les fecours offerts à l'indigence fouffrante ou *abandonnée*. Il deviendra facile à ces affemblées bienfaifantes de multiplier les hofpices deftinés à recevoir les enfans expofés ; il conviendroit qu'il y en eût un dans chaque ville ou bourg un peu confidérable. On verroit par-là s'anéantir pour jamais le crime d'*abandon* des enfans. Et fi l'on parvenoit à éclairer le peuple ; fi par les égards, la confidération que l'on auroit pour les mères qui voudroient fe charger de nourrir leurs enfans elles-mêmes, les adminiftrations provinciales opéroient quelque heureux changement dans la morale des peuples & leur

civilifation : bien-tôt les hofpices mêmes deviendroient fuperflus, & la tendreffe maternelle tiendroit fouvent-lieu de tout aux enfans qu'elle abandonne volontairement aujourd'hui.

Les magiftrats & officiers de police peuvent beaucoup auffi dans les provinces à cet égard. Ici la caufe de l'humanité leur eft fpécialement confiée. Leurs opinions particulières, leurs lumières, leurs principes d'humanité, ont la plus grande influence dans les lieux foumis à leurs foins. Il dépend d'eux de rapprocher la civilifation des provinces du niveau des grandes capitales, où l'on eft parvenu à marquer autant de confidération & d'eftime pour une mère naturelle qui remplit les devoirs de la maternité, que pour celle à qui des formes exigées par la loi donnent un caractère plus refpectable & plus religieux. Ils doivent, autant qu'il eft en eux, mettre un frein à cette erreur brutale qui perfécute impitoyablement une fille-devenue mère, & la force à s'expatrier, pour aller loin de fes foyers chercher la mifère & la mort ; ils doivent éclairer l'opinion publique par leurs procédés, & lui faire comprendre que l'excès des vertus, même les plus refpectables, eft dangereux, & mène à l'inhumanité ; qu'une fille peut être foible & blâmable fans ceffer d'être précieufe aux yeux de la fociété, fur-tout lorfqu'elle y tient par le titre de mère, & que c'eft agir contre cette même fociété que de forcer une femme au crime par l'empire de la honte & des préjugés. C'eft encore à eux à fe rendre arbitres & conciliateurs entre les familles dans ces momens où d'un côté le rigorifme moral, de l'autre la féverité ces loix font également prêtes à précipiter dans la honte & le malheur des enfans qui fe font manqués à eux & à leurs parens. Il eft en un mot une foule de circonftances, dans le cas préfent, où un magiftrat éclairé, doux & humain peut prévenir les maux & les châtimens attachés à *l'abandon des enfans*.

L'on pourra confulter le mot *proftitution*, dans cet ouvrage. Il fervira d'éclairciffement à plufieurs chofes que nous venons de dire. Nous y prouverons que le mépris qu'on témoigne pour les mères naturelles, & l'abjection où le rigorifme affecte de les tenir dans un grand nombre d'endroits, font les caufes les moins équivoques de la proftitution vénale qui déshonore & détruit la plus belle partie des femmes fenfibles & fécondes.

Il eft une autre forte d'*abandon* fur lequel les loix n'ont pas prononcé, c'eft celui des parens vieux ou infirmes, par leurs enfans, & celui des femmes par leurs maris. Voyez la *jurifprudence*, au mot ABANDON. La jurifprudence des tribunaux a quelquefois autorifé une femme à fe remarier, après une longue abfence volontaire de la part de fon mari. Cette difpofition eft jufte, & tout homme qui ceffe de protéger la foible compagne qu'il s'eft affociée eft véritablement répréhenfible & coupable. Les femmes font de grands enfans ; & cette qualité que je regarde comme leur éloge, rend ceux qui les *aban-*

donnent après les avoir enlevées à leur famille, par une alliance civile ou une convention quelconque, auffi criminels que s'ils avoient enlevé un enfant, pour le laiffer enfuite expofé aux horreurs de la faim & de la mifère. L'*abandon* des femmes eft encore une caufe de proftitution ; & par cela feul, tout homme qui, fans de trop puiffantes raifons, commet ce délit, mérite l'animadverfion des loix & la haine de la fociété.

Il n'eft pas de notre objet de rechercher pourquoi l'*abandon* des parens n'a-point été repris par la loi, en France & dans la jurifprudence moderne, & par quel motif elle n'a point prononcé de peines en pareil cas. Peut-être a-t-elle regardé l'éducation phyfique & morale qu'ont reçue les enfans comme une fimple dette que leurs parens avoient contractée envers eux, & dont ils n'ont fait que s'acquitter par les foins qu'ils leur ont donnés. Peut-être n'a-t-elle pas cru qu'il fût poffible de trouver un enfant affez dénaturé pour refufer à fon père des fecours qu'il pourroit lui donner. Cette dernière idée pourroit avoir quelque chofe de vrai, fi en même-temps la loi n'avoit pas laiffé au père le moyen de ruiner fes enfans par une exhérédation fouvent injufte, ou fondée fur des motifs paffionnés. Encore une fois cela n'eft point de notre objet. Nous obferverons feulement qu'il eft très-rare de trouver des enfans qui manquent à ce devoir, fur-tout parmi ceux qui n'ont point éprouvé dans leur jeuneffe les rigueurs du defpotifme paternel. *Voyez la jurifprudence*, au mot ABANDON.

Remarquons encore, avant de finir cet article, un autre *abandon* des enfans, qui, fans être puni par les loix, n'en eft pas moins criminel & injufte de la part des parens ; nous pouvons en parler ici avec d'autant plus de convenance que l'autorité d'une police fage & éclairée peut fouvent en prévenir les dangereufes fuites.

C'eft une chofe étonnante que les parens à qui les conventions fociales donnent tant de moyens de fe faire refpecter, fervir & obéir par leurs enfans tant qu'ils font fous leur autorité, puiffent refufer à ceux-ci les foins, la furveillance, la garde dont ils ont befoin, fans qu'aucune loi pofitive puiffe les y contraindre. Tout eft en faveur des pères & rien en faveur des enfans à cet égard. Auffi voyons-nous fouvent des parens abufer de la malheureufe impoffibilité où font les enfans de fe pourvoir contre leurs rigueurs ou leur négligence. En conféquence, par une injuftice vraiment criminelle, ils laiffent dans un état d'abandon ces jeunes malheureux dès qu'ils peuvent le faire fans s'expofer aux châtimens ordonnés contre l'*abandon des enfans*. De-là tant de malheurs qui naiffent de l'imprudence ou de l'impéritie des jeunes gens ainfi négligés de leurs parens. Ceux du peuple, que des paffions orgueilleufes & un nom refpecté ne tiennent pas à une certaine diftance de la crapule & du brigandage, vont mourir ou fe perdre dans des prifons infames. Les jeunes filles font encore plus

à plaindre. *Abandonnées* de leur famille dans un âge où la beauté devient un écueil pour leur fageffe, une fource de malheur pour elles, un dangereux préfent qui devroit faire leur bonheur & qui tourne à leur perte, leur jeuneffe, leur imprudence, la corruption qui les entoure, les mènent à la proftitution, elles qui auroient été des mères refpectées & fécondes, fi leurs parens euffent veillé fur elles avec plus de douceur, de fuite & d'attention. Il eft vrai que le peuple eft fi pauvre que fes malheurs font le crime des riches & prefque jamais le fien ; il néglige de bonne heure fes enfans, dans l'efpérance qu'ils trouveront plus vîte à fe pourvoir, & à gagner leur vie. Mais il ne voit pas que cet *abandon* où il les laiffe, loin d'atteindre ce but, les en éloigne, & fouvent irréparablement.

Nous avons en France une ordonnance de police, de 1726, qui ordonne aux pères & mères d'avoir foin de leurs enfans, & de les empêcher d'infulter le monde & de caufer du défordre. Mais ce réglement, quoique fage, ne remplit pas l'objet dont nous parlons, il n'empêche pas le peuple d'abandonner trop facilement fes enfans, & de les livrer ainfi de bonne heure aux ravages du libertinage & de la proftitution. Ce n'eft pas feulement de moyens que le peuple manque pour cela, il manque fur-tout de lumières. Il faut l'éclairer fur fes véritables intérêts. C'eft aux magiftrats de police à le faire, dans ce cas-ci, avec fageffe, avec humanité. Ils doivent, fur-tout engager les familles de province à ne pas laiffer trop légèrement partir leurs enfans pour *chercher fortune*. Cette fortune eft prefque toujours la mifère, la honte & les prifons. Ce n'eft pas feulement en France que ces fuites de l'*abandon* des jeunes garçons & des jeunes filles ont lieu. Nous en avons vu fur-tout des exemples plus grands & plus frappans en Efpagne. Les filles de campagne, fous l'efpoir de faire fortune, font *abandonnées* de leurs parens qui les laiffent venir dans les grandes villes, où la proftitution & la mifère les détruifent fucceffivement, ce qui n'eft pas une foible caufe de dépopulation de ce beau pays. Enfin, pour revenir à l'objet principal de cet article, c'eft encore bien moins quand un enfant a eu quelque foibleffe, quand une fille eft devenue mère, que fes parens doivent l'*abandonner*, c'eft alors un crime qui en amène un autre ; celui de l'*abandon* & de la mort de l'enfant qui vient de naître, & fouvent la perte de la femme qui l'a conçu.

ABATTIS, f. m. C'eft le lieu où les bouchers tuent leurs beftiaux. *Voy.* ce mot dans la partie de la *jurifprudence*, & le mot BOUCHERIES, & nous ferons connoître les nouvelles difpofitions qu'on eft prêt à adopter à Paris, pour éloigner les tueries ou *abattis* de la ville ; opération qui auroit dû être effectuée il y a long-temps, & qui ne mérite pas moins d'attention & de célérité que celle qui a été faite pour la tranfpofition des cimetières.

On appelle encore *abattis* les pieds, la tête, les entrailles de bœufs & de moutons que les bouchers

vendent crus & en gros à des *cuifeurs* qui les net-
toient, les font cuire & les revendent à des détailleurs.

Il y a à Paris une compagnie établie par lettres-
patentes, en 1763, qui a le privilége exclufif de
faire cuire les *abattis*. Elle eft établie dans un lieu
nommé *l'ifle des Cygnes*. Au refte, le prix des
abattis eft réglé par la police. La raifon en eft naturelle, & annonce la pauvreté du peuple de Paris.
Un grand nombre de petits ménages ne fe nourriffent, dans cette ville fi opulente, que de ces rebuts
de viande qui ne pourroient être préfentées fur la
table des riches. Ils n'offrent qu'un aliment mal fain
& peu nourriffant. Cependant fi l'on laiffoit agir la
cupidité des bouchers de la capitale, le pauvre
peuple fe verroit encore privé de cette foible fubfiftance, ou feroit obligé d'en conner un prix au-
deffus de fes modiques facultés.

Nous obferverons ici, fuivant l'intention où nous
fommes de joindre toujours quelques réflexions
utiles aux faits particuliers, que ce n'eft vraiment
pas toujours à tort que la police a été autorifée à
régler le prix de la fubfiftance du peuple dans les
grandes villes, quoique quelques auteurs aient voulu
foutenir le contraire. Sans cette précaution, il y
auroit des momens où le peuple plongé dans la plus
grande indigence, fembleroit être en droit de demander aux riches une partie des biens qu'ils pof-
sèdent. Les variations de prix amèneroient des mouvemens violens parmi une multitude affamée, qui
n'a pour fubfifter que de modiques falaires, encore
fouvent incertains. Si les prohibitions, dans les
grandes opérations de commerce peuvent être nuifibles à l'induftrie, de fages réglemens de police
locale, pour tenir la nourriture du pauvre peuple à
bas prix, ne peuvent être que louables, fur-tout
quand ils portent fur une denrée auffi vile que les
abattis, dont l'augmentation de prix ne pourroit
qu'ajouter à la fortune de quelques particuliers déjà
aifés, fans tourner aucunement au profit de la
chofe publique.

ABAT-JOUR, f. m. C'eft ainfi qu'on appelle
une fenêtre qui fert à procurer un faux jour.

« Ces fortes de fenêtres ne fe trouvent que dans
les magafins des marchands. Ils ont eu recours à ce
moyen pour féduire les acheteurs & les tromper :
cette efpèce de fraude eft tolérée. Il feroit cependant
à defirer qu'on prît des précautions pour détruire les
abus qui peuvent réfulter de cette adreffe mercantile. On rendroit un fervice important au public
dont les yeux & la bonne foi font à chaque inftant trompés par la rufe & la cupidité.. Pour y parvenir, il faudroit qu'on exécutât les difpofitions
d'un ancien réglement, fait le 22 feptembre 1600,
par le prévôt de Paris. Ce réglement porte : que
toutes fauffes vues qui fe trouveront faites dans les
auvents, defquelles s'aident les marchands de foie &
autres marchands, & dont ils tirent des faux jours
pour déguifer leurs marchandifes en la montre & en

la vente d'icelles, feront ôtés & abattus dans la
huitaine, à peine de dix écus d'amende contre les
contrevenans. »

« Toute perfonne qui conftruit un *abat-jour*, eft
obligée de payer un droit de 4 livres, fuivant l'article IX de la déclaration du roi, du 16 Juin
1693, & le tableau annexé à l'arrêt du 13 janvier
1782. » M. des *Effarts*.

ABEILLES, f. f. Comme tout ce qui peut,
non-feulement troubler l'ordre public, mais même
apporter quelque incommodité gratuite, quelque
gêne continuelle aux habitans des villes, mérite
l'attention de la police, on peut demander fi l'on
doit indifféremment permettre d'entretenir des ruches
d'abeilles dans les villes ? Cette queftion ne peut
paroître minutieufe qu'à quiconque n'a point réfié-
chi fur l'importance qu'on doit mettre en police à
éloigner de la fociété tout ce qui peut y rendre
la vie défagréable, ou y entretenir des fources de
divifions entre les citoyens. Or c'eft ce qui peut
avoir lieu par l'admiffion des ruches dans les grandes
villes. Non-feulement ces petits animaux peuvent nuire & importuner par eux-mêmes, mais
encore ils peuvent devenir une occafion de difpute
& quelquefois de rixes entre des voifins. Il peut fe
trouver des perfonnes qui, fatiguées du murmure &
des piquûres des abeilles, s'étudieroient à les détruire,
& qui donneroient par-là fujet aux propriétaires des
mouches de fe plaindre & d'occafionner du trouble ;
& fi pareilles chofes arrivent quelquefois dans les
campagnes où les maifons font éloignées les unes-
des autres, que fera-ce dans les villes, & fur-tout
dans les grandes villes où les habitans font réunis
dans un petit efpace ? Il eft d'une fage police d'en
éloigner jufqu'aux moindres gênes, lorfqu'elles ne
peuvent être bonnes à rien : car ce ne feroit guère
que la curiofité qui pourroit engager quelques particuliers à élever des mouches à miel dans les villes,
& une pareille confidération ne vaut pas la peine
qu'on s'expofe à des plaintes, à des haines qui pourroient réfulter d'une trop grande indulgence à ce
fujet.

C'eft, au refte, l'efprit du réglement de police de
1577, qui autorife les officiers de police à mettre
hors des villes certains métiers, *pour éviter les inconvéniens qui peuvent en réfulter.*

Nous fommes donc de l'avis de M. des Effarts,
qui, dans fon dictionnaire de police, ne craint point
de dire : « qu'on peut réclamer l'autorité de la police pour faire détruire les ruches, toutes les fois
qu'elles font placées à une diftance capable d'expofer
les voifins aux piquures des effaims de mouches qui
en fortent pour aller fe répandre fur les fleurs qui
font à leur portée.

ABJURATION, f. f. C'eft l'acte par lequel
un homme renonce à une opinion religieufe ou politique, ou à une autorité qu'il reconnoiffoit avant fon
abjuration.

L'on peut voir, dans la *jurifprudence*, la partie

canonique de l'*abjuration*, nous ne confidérons ici cette formalité que dans fon rapport avec l'économie civile.

On peut confidérer, en général, deux fortes d'*abjurations*; l'*abjuration civile ou politique* & l'*abjuration religieuse*.

L'Angleterre nous offre un exemple de la première efpèce. La révolution qui plaça Guillaume, Prince d'Orange fur le trône, y donna lieu. Comme il reftoit encore un grand nombre de partifans du roi détrôné, ou après fa mort, du prétendant fon fils, on exigea de toute perfonne propofée pour remplir un emploi civil, militaire ou eccléfiaftique, d'*abjurer* publiquement l'autorité du prétendant, & de n'en reconnoître de légitime dans les trois royaumes, que celle du roi de la Grande-Bretagne.

Cette *abjuration* fut regardée comme néceffaire au maintien de la tranquillité publique & de la puiffance de la maifon régnante en Angleterre. Par-là, aucun officier public ne peut agir pour les intérêts de la famille des Stuarts, fans fe parjurer; ce qui doit néceffairement rendre plus rare le crime appellé *de haute trahifon*. Voilà donc bien une *abjuration* purement politique.

L'*abjuration* religieufe eft celle où l'on reconnoît fauffe une religion dans laquelle on a vécu. Telle eft celle qu'on exige en Angleterre de tout homme ayant un caractère public; elle eft regardée comme auffi effentielle, par quelques membres de la conftitution, que l'*abjuration* civile dont nous venons de parler; mais c'eft une erreur: elle vient même d'être attaquée tout récemment dans le parlement. On y a propofé de détruire ce refte d'intolérance religieufe & de ne plus demander une profeffion de foi à des hommes qui ne font fouvent d'aucune communion.

En France, avant le dernier édit de tolérance, tout homme qui n'étoit point catholique ne pouvoit y avoir aucune exiftence fociale qu'il n'eût fait *abjuration* entre les mains d'un évêque ou d'un archevêque qui en retenoit l'acte en bonne forme. Cette rigueur n'a plus heureufement lieu aujourd'hui; l'*abjuration* religieufe, la feule qu'on y connoiffe, n'y eft plus exigée pour une infinité de circonftances où on l'avoit rendue civilement néceffaire autrefois. Ainfi tout religionnaire fugitif peut rentrer dans le royaume, s'y marier, exercer un commerce, hériter d'une fucceffion, &c. fans avoir befoin d'*abjurer* la croyance de fa fecte qu'on y tolère. *Voy.* le mot *tolérance*, où nous ferons connoître les principales difpofitions de l'édit de novembre 1787, qui ont trait à notre ouvrage.

Comme il eft dit dans la loi que nous venons de citer, que les non-catholiques ne pourront exercer aucun emploi, aucune charge qui donne pouvoir de juger ou d'enfeigner, l'*abjuration* devient encore néceffaire pour partager ces droits de citoyens. Ainfi, pour citer un exemple relatif à notre objet, aucun officier municipal ou de police, d'une communion

étrangère, ne peut être reçu fans avoir *abjuré* la religion dans laquelle il a été élevé.

Nous ne ferons aucunes réflexions fur les abus de l'*abjuration* religieufe. On voit d'abord qu'elle tire fon origine de l'intolérance; que la violence qu'elle fait à la confcience peut être dangereufe pour la tranquillité fociale & le maintien des mœurs publiques. Elle accoutume ceux de qui on l'exige trop légèrement, à abufer de la foi du ferment & à croire qu'il eft des cas où un homme peut, fans bleffer l'Etre fuprême qu'il attefte, parler contre fa penfée & employer le menfonge. Elle peut auffi détruire l'influence de la morale religieufe, ce guide & ce foutien de la conduite du peuple. Enfin l'*abjuration* ne remplit jamais l'objet qu'on s'y propofe, puifqu'elle ne convertit pas, & que fouvent ceux qui ont abjuré avec le plus de folemnité font ceux qui retournent le plus fouvent à leurs anciennes erreurs.

L'*abjuration* peut également ébranler la foi des peuples; car, comme fon objet eft d'ouvrir la porte aux emplois civils, aux biens temporels, elle peut compromettre l'efprit de la religion dont le domaine n'eft pas de ce monde. Pour que l'*abjuration* eût quelqu'utilité, il faudroit qu'elle fût demandée plufieurs fois, par ceux-là mêmes qui la veulent faire, & jamais ordonnée ou exigée de la puiffance politique. Alors, & feulement alors, elle deviendroit une inftitution utile, & dont les heureux effets ne feroient pas long-temps fans fe faire fentir. L'*abjuration* religieufe peut encore être regardée comme une des fources du *zèle convertiffeur*; on fait qu'il n'y a rien de fi dangereux que ce zèle pour la gloire de la religion & la pureté de la morale évangélique, cette doctrine d'humanité & de douceur; il eft un des grands promoteurs du fanatifme, & le fanatifme donna naiffance à l'inquifition & porta une main facrilège fur le plus grand comme le meilleur des rois.

Il eft donc bien effentiel de ne point entretenir les caufes qui peuvent donner lieu à un fi grand fléau; de ne point alimenter, par des inftitutions dont les bons effets ne font pas toujours certains, un feu qui peut faire naître l'incendie qui a fi long-temps dévafté l'Europe; de ne point défunir les hommes par des moyens tyranniques & qui contraftent fi vifiblement avec les progrès des lumières & de la raifon. Ces remarques portent auffi bien fur l'*abjuration* religieufe qui a eu lieu en Angleterre, que fur celle qu'on exige encore chez nous pour ne pas être dépouillé des droits de l'homme citoyen. *Voy.* TOLÉRANCE. Nous y regardons tout ce qui peut contraindre les fentimens religieux comme une caufe de défunion publique, & l'*abjuration* comme une véritable contrainte.

ABONDANCE, f. f. Nous entendons ici par ce mot l'affluence des chofes néceffaires dans une ville, à la nourriture des citoyens: car, quoique l'*abondance* des autres commodités de la vie foit à defirer & à rechercher, nous ne voyons pas que la police fe foit occupée de la procurer aux habitans, d'une manière auffi fpéciale, qu'elle l'a fait pour les vivres, & fur-tout pour les grains.

Les économiftes, qui outrent tout, ont blâmé jufqu'aux plus fimples précautions que les officiers municipaux & de police ont quelquefois pris pour affurer au peuple fa fubfiftance, & pour entretenir l'*abondance* qui amène le bon marché dans les lieux foumis à leurs foins. Ils voulo-ent toujours qu'on s'en rapportât à la concurrence, à l'intérêt perfonnel des marchands. Il eft bien vrai que ces grands moyens agiffent toujours avec plus d'efficacité à la longue que tous les autres. Mais dans un moment preffant, il y auroit une forte d'entêtement à vouloir s'aftreindre trop fcrupuleufement à des principes généraux qui doivent toujours être modifiés par les temps, les lieux & les perfonnes. On cite les abus de l'autorité civile dans le commerce des vivres; on prouve qu'ils ont quelquefois éloigné le négociant, & fait manquer l'approvifionnement : cela vient être; mais cette même autorité a plus d'une fois foutenu la pauvreté plébéienne contre l'avidité des propriétaires ; & quand l'uniformité n'eft point dans l'enfemble des loix de commerce, lorfque de grands exemples n'ont point affuré l'efficacité d'une méthode, qu'elle n'eft encore fondée que fur des raifonnemens problématiques, nous ne confeillerons jamais à un adminiftrateur, dans des temps difficiles fur-tout, d'expofer vingt ou trente mille hommes à fouffrir la faim, pour tenter le fuccès d'un fyftème : car il faut bien faire attention qu'il n'en eft pas toujours de la police d'une ville, qui ne produit rien comme de celle d'un grand royaume, puifque dans celui-ci, quand une province eft ftérile, une autre a fouvent plus qu'il ne lui faut de fubfiftance. Ces raifons peuvent être obfcurcies, mais elles ne doi-point perdre de leur force aux yeux de quiconque a connu que les hommes ne fe gouvernent pas d'une manière vague & abftraite, mais par des réglemens adaptés aux circonftances, aux temps, aux lieux & aux perfonnes.

Qu'on nous permette, dans un fujet fi grave, une anecdote qui pourra jetter du jour fur l'opinion où nous fommes, que l'intervention des réglemens de de police eft fouvent utile, & qu'elle produit des effets qu'on attendroit vainement de la concurrence. Un des plus grands adverfaires des foins que l'on prend dans les villes pour y entretenir l'*abondance*, par des réglemens quelquefois oppofés à la cupidité mercantile, s'indigna de voir que dans une hôtellerie où il avoit logé, lui, un fimple domeftique & deux chevaux, on lui demandât deux louis pour une nuit, & cela dans une des plus fertiles provinces du royaume. *Une autre fois*, dit-il, *j'irai à une autre hôtellerie. Vous paie'rez encore davantage*, dit le maître du logis ; *nous fommes douze aubergiftes ici, & pas un ne vous eût traité plus économiquement que moi. Il n'y a donc pas de police ici*, ajouta le maltraité ? *Si, monfieur*, répondit l'autre, *mais elle ne s'occupe que de la voierie, & n'a que faire*

à nous. Pareille chofe arriva à M. le duc de Nivernois, qui alloit à Londres pour conclure la paix : On lui fit payer, à Cantorbéry, douze cens francs pour lui & fa fuite, qui n'étoit pas nombreufe, pour une feule nuit. Ces abus de la cupidité particulière qui ne cherche qu'à rançonner le public, ne reffemblent pas mal à ceux des marchands de denrées qui abufent des circonftances pour gagner fur le pauvre peuple des villes beaucoup plus qu'ils n'ofoient l'efpérer ; & de fages magiftrats doivent y prendre garde, fans violence & fans rigueur.

Mais, dit-on, au facre de Louis XVI, à Rheims, on fupprima les approvifionnemens d'ordonnance, on ne fit *aucune injonction* d'apporter des vivres, & tout alla bien dans un moment de grande confommation. Cela devoit être, 1°. parce que l'on fupprima les droits fur les denrées. 2°. Parce que les marchands qui favoient qu'ils auroient affaire à des confommateurs riches & dans un moment d'éclat, n'héfitèrent pas à approvifionner les marchés. Le temps, le lieu, la circonftance indiquoient à M. Turgot ce qu'il avoit à faire en pareil cas. Par là même raifon, lorfque les vivres manqueront dans une ville, que cependant le peuple y fera pauvre & nombreux, que les droits y feront confidérables, il eft vraiment du devoir des magiftrats & d'une police éclairée, d'aller au-devant de la mifère publique, & par des *injonctions momentanées*, s'il le faut, forcer les approvifionnemens, fauf enfuite à pourvoir, pour l'avenir, aux moyens de ne plus être obligé d'avoir recours à ces voies précaires. Au refte, ces matières ne font pas fpécialement de notre objet dans ce moment : on peut voir le mot ABONDANCE dans l'*économie politique*, & GRENIERS D'ABONDANCE dans le cours de cet ouvrage, où nous développerons mieux quelques principes que nous venons d'indiquer.

Il n'eft pas non plus de notre objet ici de dire par quels moyens on peut faire naître l'*abondance* dans un grand état : tout le monde fait que tout fe réduit à encourager l'agriculture, à modifier l'exportation illimitée, fuivant les temps & les circonftances ; c'eft-à-dire, que lorfque les grains, par exemple, font rares dans un état, on doit mettre un impôt à leur fortie, qui en ralentiffe l'écoulement au dehors, comme font les anglois ; enfin à diminuer les droits qui peuvent gêner la reproduction ou la circulation des denrées. Mais ce qui doit nous occuper ici, c'eft de faire quelques réflexions fur les moyens qu'une police fage peut employer pour affurer aux habitans des grandes villes l'*abondance* néceffaire à la fubfiftance du peuple. Nous difons *du peuple*, car ce n'eft véritablement que cette partie des citoyens qui exige l'attention des magiftrats à cet égard ; les riches fauront toujours bien, par les reffources qui font en leur pouvoir, faire naître l'aifance & la fuperfluité même dans les lieux les plus arides, quoiqu'il y ait encore quelque exception à cette règle.

Dans les villes manufacturières où le changement de

de mode peut diminuer prodigieusement les salaires, où en tout temps même les ouvriers ont à peine de quoi soutenir leurs familles dans la plus étroite médiocrité, il est fort important que les magistrats ne perdent point de vue les moyens qui peuvent y entretenir l'*abondance*. Malgré l'embarras & quelques inconvéniens attachés aux *greniers d'abondance*, ce seroit ignorer les bons effets qu'on en a souvent retirés, que de n'en pas conseiller l'usage modéré en pareil cas. Mais alors les gros manufacturiers doivent seconder les efforts de l'administration municipale, & partager les frais de magasinage ; ce qui revient à dire qu'ils doivent, dans des momens de cherté, ne point abandonner les bras qui les ont enrichis. Voy. CHERTÉ.

Dans les villes exposées à de fréquens abords de troupes, d'étrangers, de négocians, soit que la guerre, quelqu'événement public ou des foires les y attirent, la police doit veiller avec le plus grand soin à ce que l'*abondance* des choses nécessaires à la vie du pauvre peuple soit maintenue. Pour cela il faut, à l'approche de ces temps, engager les marchands à approvisionner la ville de grains, de poissons salés & d'autres denrées qui peuvent se garder long-temps. Tous ces moyens de détail seroient déplacés dans une loi générale, ils pourroient donner lieu à des abus, à des persécutions, à des vexations ; mais, abandonnés à la police municipale de chaque lieu, ils peuvent produire les meilleurs effets.

On doit engager les officiers municipaux à ne pas négliger le peuple, à ne point se trop laisser aller à l'abstraction de principes généraux, qui, en fait d'administration, doivent toujours être modifiés suivant les circonstances. Il seroit dangereux pour le commerce & sa liberté, d'obliger le marchand à faire *abonder* une denrée dont il ne trouvera pas le débit, mais il seroit aussi dur & d'une police négligente de livrer le peuple à la cupidité des négocians. Le commerce n'est pas un si grand mystère, qu'on ne sache à peu près ce que doit gagner un honnête négociant en général. On peut donc, pour empêcher les écarts de l'intérêt personnel, lui prescrire quelquefois & après mûre délibération, le bénéfice dont il doit se contenter. Nous ne voyons pas que cet usage ait fait tort au commerce & à la culture des environs de Londres & de Paris. Au contraire, la grande population que la vigilance municipale y attire, est une des grandes causes de la fertilité des provinces qui les avoisinent.

Les Romains avoient le plus grand soin de la subsistance du peuple ; & cette coutume, dont on abusa, tenoit aux idées de justice civile dont ce peuple n'étoit pas entièrement dépourvu, malgré les torts de son ambition & de sa politique. Les flottes de Sicile, d'Alexandrie, étoient uniquement destinées à l'approvisionnement de la ville ; & chaque municipalité établie dans les provinces conquises, suivoit l'exemple de Rome. Si, comme l'a remarqué un bon abbé de Saint-Pierre, l'agrandissement

des capitales civilise les peuples, développe le génie & fait naître les inventions utiles, c'est parce que la police y entretient une heureuse *abondance* qui permet au pauvre comme au riche d'y vivre avec quelque facilité. Paris est un modèle digne de tous éloges à cet égard ; Londres offre aussi beaucoup de sagesse dans la police municipale qui y règne ; si le peuple y paie les vivres plus cher que le Parisien chez lui, c'est que les pauvres y sont plus rares & la nation plus opulente que nous. *Voy.* LONDRES.

Nous ne terminerons point cet article sans faire remarquer une augmentation de subsistance que l'usage des pommes de terre vient de faire connoître. Le pauvre peuple de Paris en a su tirer un heureux parti. Non-seulement les ménages indigens en font leur principal aliment, mais encore des petits marchands ou marchandes en vendent à la livre dans les rues, toutes cuites, à un prix très-modiques ; ensorte que c'est un spectacle satisfaisant pour les amis de l'humanité de voir les secours nouveaux que cette utile denrée offre à la misère populaire. Il est bien important que les magistrats de police de cette grande ville empêchent qu'il ne soit mis aucune gêne au débit de cette subsistance, qui puisse en faire hausser le prix. On en a ensemencé des champs entiers près de Paris ; les gens de campagne la donnent à leurs bestiaux ; ceux de Paris en nourrissent leurs familles.

Voyez dans l'*économie politique*, les principes de *Montesquieu*, sur les progrès de la population en raison de l'*abondance* des vivres ; nouvelle raison pour engager la police à tenir la main à tout ce qui peut la faire naître ou l'entretenir.

A B R E U V O I R S, s. m. Ce sont des abords sur les rivières, en forme de pente douce, qui servent à faire boire les chevaux, bœufs ou autres bestiaux.

« Il est essentiel que les *abreuvoirs* soient conservés & maintenus en bon état, que l'on en écarte avec soin tout ce qui est étranger à leur destination. La sûreté & la commodité doivent y régner, sur-tout dans les grandes villes, où chaque jour on y mène un grand nombre de bestiaux. Aussi les *abreuvoirs* sont-ils très-commodes à Paris ; les chemins qui y conduisent sont larges & d'une pente douce, qui en rend l'abord facile ; ils sont pavés : cette précaution prévient une foule d'accidens ; il seroit seulement à désirer que le nombre en fût plus grand, & qu'il y en eût un dans chaque quartier de la ville. »

« La police des *abreuvoirs* n'a point échappé à la sagesse des législateurs. Ils ont rendu plusieurs ordonnances, soit pour empêcher les désordres qui pourroient y arriver, soit pour déterminer les peines qu'on doit infliger à ceux qui les commettent ; & si, dans un usage aussi fréquent, les accidens sont aussi rares, c'est le fruit de la vigilance que l'on apporte sur cette matière. Le soin de les faire observer à Paris est partagé entre les officiers de police & les

B

magiftrats du corps municipal. Les premiers font obligés de veiller à ce que les voies qui conduifent aux *abreuvoirs* foient toûjours libres , d'empêcher qu'aucun particulier n'y mène à la fois un trop grand nombre de beftiaux , & n'entreprenne rien contre l'ordre , la fureté & la tranquillité publique. Les feconds , à qui notre légiflation a attribué la police de la rivière , veillent à ce que les *abreuvoirs* ne foient pas dégradés , & à ce que les limites qui en forment l'enceinte foient refpectées. »

« Suivant une orconnance du Bureau de la ville , rendue en 1662 , tous propriétaires de bateaux naviguant fur la Seine , & qui veulent les placer dans le voifinage de quelque *abreuvoir* , font tenus de fe ranger de manière cu'ils ne gênent point , & ils ne peuvent approcher du bord de l'eau qu'à une diftance de cinq toifes. Par cette fage précaution , dans les temps de féchereffe , où la rivière fe refferre dans fon lit , les beftiaux ont toujours un efpace libre à parcourir fans danger , ni pour eux , ni pour ceux qui les conduifent. Lorfque , contre cette difpofition de l'ordonnance , un particulier franchit les bornes marquées , le procureur du roi du bureau de la ville , fur l'avis qu'il reçoit de la contravention , en pourfuit l'auteur , fait retirer à fes frais les bateaux trop avancés , & fur fes conclufions le bureau de la ville , condamne le coupable en une amende de 60 livres parifis (1) , dont un tiers eft délivré au dénonciateur & les deux autres à l'Hôtel-Dieu. »

» Louis XIV a également publié une ordonnance fur cet objet. L'article II du chapitre XXXII de cette ordonnance , rendue en 1672 , porte : » que les quais » de la ville feront foigneufement rétablis à l'inftant » où il y aura des réparations à faire , & les ports & » *abreuvoirs* , entretenus en bon état ; le pavé d'iceux » refait chaque année , & le fond defdits *abreuvoirs* » affermis par des recoupes & cailloutages ; afin » que lefdits ports & *abreuvoirs* foient laiffés libres ; » & afin que perfonne ne puiffe prétendre caufe d'i- » gnorance de l'étendue d'iceux ; fera à cet effet » planté bornes , & l'étendue de dits ports & *abreu-* » *voirs* marquée fur des tables de marbre ou de » cuivre , qui feront pofées aux lieux les plus éminens » des quais , vis-à-vis defdits ports & *abreuvoirs*. »

» L'article II , prefcrit aux magiftrats du corps municipal la vifite des ports & *abreuvoirs*. » La pré- » fence des magiftrats fur les ports , y eft-il dit , » étant le moyen le plus affuré d'y faire obferver la » police , les prévôt des marchands & échevins s'y » tranfporteront , tous les jours de lundi de chaque » femaine pour y recevoir les plaintes de contraven- » tion aux réglemens , y pourvoir fur le champ & » faire exécuter les ordonnances par les huiffiers » & archers dont ils feront affiftés ; & par cha- » cun des autres jours de la femaine , l'un des » échevins à ce député , fera la vifite à même fin

» fur lefdits ports , avant dix heures du matin , pour » venir enfuite faire fon rapport au bureau , de ce » qu'il aura obfervé , & y être ftatué ainfi qu'il » appartiendra. »

» L'un des échevins à ce commis , aura l'infpec- tion fur les fontaines , quais , ports , *abreuvoirs* , & ne feront expédiés aucuns mandemens , pour dépenfes faites aufdites fontaines , quais , *abreuvoirs* , que fur des mémoires vifés par ledit échevin. » C'eft la difpofition de l'art. XVII de la même ordonnance.

« Il s'étoit élevé autrefois des conflits de jurifdic- tions entre les lieutenans du prévôt de Paris & les prévôts des marchands & échevins de cette même ville : ceux-ci prétendoient connoître , à l'exclufion des lieutenans-criminel & de police , des vols & au- tres délits qui fe commettoient fur la rivière ou fur les bords , autour des *abreuvoirs* & des fontaines publiques. Chargés de l'infpection de ces endroits , tout ce qui peut s'y paffer , leur paroiffoit devoir être de leur compétence. Ces fortes de conflits en- traînoient néceffairement des abus. Ils altéroient , entre les chefs des deux tribunaux , cette correfpon- dance avec laquelle ils doivent concourir au bien public , il en réfultoit auffi que les particuliers qui avoient des plaintes à rendre , ne favoient à quel tribunal les adreffer. Mais par un édit du mois de juin 1700 , Louis XIV voulant faire ceffer ces in- convéniens , a fixé d'une manière invariable la com- pétence refpective des jurifdictions du châtelet & de l'hôtel-de-ville. Suivant cet édit , les prévôt des marchands & échevins connoiffent de tout ce qui regarde l'entretien des fontaines , quais & *abreu- voirs* , & doivent punir ceux qui les dégradent ; mais au furplus , le magiftrat de police a le droit d'y exercer la même jurifdiction que dans le refte de la ville. »

» Si l'on a pourvu à ce que les beftiaux trouvent toujours dans la capitale des *abreuvoirs* commodes & fûrs ; l'on a pris des précautions auffi pour qu'ils ne foient point menés ailleurs ; l'eau qui coule des fontaines publiques étant deftinée pour les hommes , eft interdit aux animaux. Deux ordonnances , rendues en 1379 , pour la fontaine des Saints-Innocens & celles des halles , inférées fur les regiftres du châte- let , veulent que nul marchand de chevaux ne » puiffe , par lui ni par autre , venir querir eau èf- » dites fontaines , fi ce n'eft pour fon boire & man- » ger , & que nul ne puiffe abreuver chevaux ou » autres bêtes èfdites fontaines , à peine de confif- » cation & amende. » Cet article eft de M. *des Effarts*.

Ces difpofitions de police peuvent également avoir lieu pour toutes les autres villes du royaume , où il y a une nombreufe population. Il eft en effet utile , dans ces endroits , de tenir la main à ce que cha- cun puiffe retirer l'utilité qu'il a lieu d'attendre des

---

(1) La livre parifis étoit d'un quart plus forte que la livre tournois , & valoit 25 fols tournois : 60 livres parifis font donc 75 livres tournois.

chofes dont l'ufage eft commun. Auffi Lyon & Bordeaux ont-elles adopté des principes femblables à
ceux qu'on fuit à Paris, où la police eft d'autant
plus perfectionnée, que les lumières y font plus communes que dans tout autre endroit du royaume.

Nous aurons foin de faire remarquer les principales difpofitions de police des capitales de l'Europe, lorfquelles offriront quelques détails inftructifs ; mais lorfqu'elles feront femblables à celles
qu'on obferve en France, ou qu'elles n'auront rien
qui puiffe en rendre la connoiffance utile, nous ne
nous appefantirons point fur des objets peu importans, quand nous en avons tant d'autres qui follicitent notre attention. Voilà pourquoi nous ne nous
livrons pas ici à la recherche des connoiffances locales relatives au mot *abreuvoirs ;* on fent combien
une pareille érudition feroit fuperflue, & ce que
nous difons ici peut s'appliquer à un grand nombre
d'articles femblables. Au refte, ce fera aux mots indica-
tifs des grandes capitales de l'Europe qu'on trouvera
le plus de détails de police & d'adminiftration étrangère.

ABSTINENCE, f. f. On entend par ce mot
la privation de certains alimens & de certaines occupations, ordonnée par la loi, principalement par la
loi eccléfiaftique.

Plufieurs légiflateurs ont ordonné l'*abftinence* de
certaines viandes, quelques philofophes même en
ont interdit l'ufage à leurs difciples. Cette doctrine
fe foutient encore chez quelques peuples de l'Inde ;
& comme la plus grande partie des inftitutions religieufes, dont nous ne connoiffons pas l'origine,
nous viennent de cette partie du monde, on peut
penfer que l'ufage de s'*abftenir* de certains alimens
en vient également.

Le motif qui a dû déterminer les premiers légiflateurs à prefcrire l'*abftinence* aux peuples à qui ils
donnèrent des loix, a fans doute été une raifon
phyfique. Il eft des temps & des lieux où la chair
de certains animaux eft mal faine, & c'eft, dit-on,
ce qui engagea Moïfe à interdire celle de porc aux
Hébreux. C'eft la même raifon qui oblige encore
aujourd'hui la police des grandes villes à défendre la
vente de certaines denrées dans des temps où elles
peuvent nuire à la fanté.

Le Ramazan des mahométans, notre carême ont
pu être dirigés dans les mêmes vues. Il eft un temps
dans l'année où l'homme a befoin d'une nourriture
plus légère, d'une forte d'*abftinence,* qui redonne
à fes humeurs l'équilibre qu'elles ont perdu. Voilà
pourquoi, fans doute, la loi mahométane interdit
l'ufage des femmes pendant le temps du ramazan
qui dure à la vérité un mois, mais qui n'a pas de
raifon déterminée pour commencer. La religion dont
le véritable efprit eft de faire fervir fon influence au
bien des hommes, eft venu à l'appui de ces inftitutions ; mais fouvent un zèle fuperftitieux & mal
entendu a rendu méconnoiffables des ufages établis
par la raifon & l'utilité. On a vu punir de mort l'infraction des jours d'*abftinence.* Voyez le mot *abftinence* dans la Jurifprudence.

Mais la morale publique eft aujourd'hui moins en
contradiction avec les loix de la raifon. L'*abftinence*
eft ordonnée & l'on ne la violeroit pas publiquement
& avec éclat, impunément ; mais ce que le tempérament, l'âge, les lieux, les temps exigent, font
paffer par-deffus une foule de réglemens rigoureux ;
& la peine de mort qui ne devroit peut-être jamais être infligée, n'eft plus prodiguée pour une
action fouvent dictée par la néceffité. Cette fageffe de conduite n'eft pas feulement particulière à
l'Europe : les voyageurs nous atteftent que l'ufage
du vin, fi généralement défendu chez les mahométans, eft cependant toléré publiquement à Conftantinople. A Paris, à Madrid, à Rome même, la
févérité antique eft bien diminuée, & la police
n'arme plus la loi contre des délits qui ne peuvent
apporter aucun trouble dans la fociété.

On a cru que des raifons économiques avoient auffi
quelquefois été la règle des *abftinences* ordonnées par
les légiflateurs ; s'il n'en eft point ainfi, du moins
eft-il vrai qu'une pareille conduite peut être fondée
en raifon. Elle peut donner lieu à des efforts d'induftrie pour fuppléer, par de nouveaux objets de
confommation, à ceux interdits par l'*abftinence ;* &
le carême a peut-être été le plus grand promoteur
des fuccès de la pêche européenne, & la caufe des
richeffes qui en ont été la fuite.

Les idées théocratiques fe mêlent quelquefois aux
inftitutions civiles, plus fouvent encore celles-ci
acquièrent de l'autorité par l'afcendant des premières,
& les unes & les autres tournent également au foutien de la fociété, lorfqu'elles font fagement & prudemment combinées. Cette réflexion nous mène à
confidérer l'inftitution des fêtes, & l'*abftinence* des
œuvres ferviles ces jours-là, comme un relâche,
un repos néceffaire aux travaux de l'induftrie & des
occupations journalières. L'abus qu'on en a fait eft
furement blâmable ; mais l'objet de leur établiffement eft louable. Le corps a befoin de repos ; les
hommes, que l'or des riches force à un travail continuel, font bien aifes d'avoir quelques jours dans
l'année pour jouir du fpectacle de leurs familles, &
cultiver l'amitié de leurs égaux. Les fêtes, de plus,
rapprochent les citoyens, donnent lieu à des amufemens innocens & paifibles. Mais c'eft fur-tout
dans les grandes villes que l'*abftinence* des œuvres
ferviles, certains jours de l'année, eft vraiment précieufe pour un peuple d'ouvriers de toutes les efpèces
qu'un affujettiffement non interrompu à l'ouvrage,
acheveroit de rendre tout-à-fait ftupides & infirmes.
Ce n'eft pas que le grand nombre de fêtes n'ait auffi
fon inconvénient ; mais c'eft entre ces deux extrêmes
qu'une fage police doit choifir, en ne perdant pas de
vue le véritable objet qu'on doit fe propofer en pareil
cas.

Jufqu'ici nous n'avons regardé l'*abftinence,* foit
des alimens, foit des œuvres ferviles, que du côté
de fes effets temporels ; on peut encore les envifager

B 2

fous un point de vue plus grand & plus important;
mais cet objet regarde la théologie. Voyez-y le mot
abſtinence. C'eſt cependant pour remplir les intentions de la religion à cet égard que les officiers de
police font obligés de tenir la main à faire obſerver ce qu'exige la décence publique dans l'obſervation de l'*abſtinence*, & ce qu'on preſcrit les ordonnances ſur cette matière. Pour en mieux faire connoître les diſpoſitions, nous allons ajouter quelques
détails à ceux que l'on trouve déjà dans la *juriſprudence*.

Dans tous les pays catholiques, il eſt défendu
aux bouchers, rotiſſeurs, charcutiers & autres,
d'expoſer en vente, pendant le temps du carême,
aucune viande, volaille, ou gibier, ſous différentes peines, & l'on n'y permet l'uſage de la viande
pendant ce temps, qu'aux malades & aux perſonnes affoiblies de vieilleſſe, ou faiſant apparoître de
leur indiſpoſition.

En conſéquence, le débit de la viande ne ſe fait
qu'en des endroits déſignés, comme les hôtels-dieu,
où le juge de police commet le nombre de bouchers
néceſſaires pour aſſortir les malades; cette commiſſion ſe donne, ſoit par une adjudication au rabais,
ſoit après avoir fait tirer les bouchers au ſort.

Si l'uſage des œufs n'eſt pas permis dans le dio-
cèſe, le juge de police rend ſon ordonnance pour
en empêcher le débit ailleurs que dans un lieu privilégié, pour les infirmes. Voyez la déclaration du
roi, du premier Avril 1726, regiſtrée au parlement, portant défenſes de vendre de la viande de
boucherie, volailles & gibier dans Paris, depuis le
mercredi des cendres, juſqu'à la veille de pâques,
ailleurs qu'à l'hôtel-dieu, ou ſans le conſentement
par écrit des adminiſtrateurs; la même prohibition
a lieu à l'égard des œufs, lorſque l'uſage n'en a pas
été accordé; le tout ſous différentes peines, d'a-
mende, de confiſcation & de priſon, qui ont lieu
également contre ceux qui auroient achetés, ou qui
auroient donné retraite ou protection aux contrevenans.

Mais, nous le répétons, ces loix ne ſont exécutées que très-rarement, & ſeulement dans le cas
d'un ſcandale public de deſſein prémédité; ce qui
n'arrive jamais. Au reſte, on doit bien faire attention que la douceur & la ſageſſe de la police à cet
égard, tiennent à l'eſprit des mœurs & à l'état des
choſes. Ce n'eſt pas pour braver la religion qu'on
ſe permet de ne pas toujours garder l'*abſtinence* des
viandes, c'eſt parce que les autres denrées ſont très-
chères & ſouvent mauvaiſes, ſur-tout pour la claſſe
moyenne de la ſociété; car pour le peuple l'on n'a
pas beſoin de réglemens à cet égard, ſa vie eſt une
perpétuelle *abſtinence*.

Lorſque le jubilé eſt accordé dans un temps où
le peuple ſe porte à des divertiſſemens, il eſt auſſi
d'uſage d'y pourvoir, en défendant les déguiſemens,
les bals publics, les repréſentations & les ſpectacles.

L'on ſait qu'à Londres & par toute l'Angleterre,

on obſerve avec la plus rigoureuſe police l'*abſtinence*
des travaux les jours de dimanches & des grandes
fêtes, depuis que Cromwell ſur-tout y a introduit
cette rigide diſcipline. Voyez OBSERVATION DES
FÊTES.

ABUS. ſ. m. C'eſt l'uſage que l'on fait de quelque choſe, d'une manière oppoſée à ſa deſtination;
comme lorſque l'on ſe ſert de la force publique
pour opprimer la liberté civile; lorſqu'on ſe ſert
du crédit pour éluder les loix; lorſque l'on emploie
les revenus d'un état en faſte & dépenſes inutiles.
On dit encore qu'un magiſtrat *abuſe* de ſa charge,
lorſqu'il la fait ſervir à ſa fortune aux dépens du
public, lorſqu'il interprète les loix au gré de ſes
intérêts, ou ordonne des peines conformément à ſes
caprices & à ſes paſſions. Un officier de police *abuſe*
de ſa place lorſqu'il paſſe les ordres qu'on lui a donnés ou qu'il les oublie, ou plus communément encore lorſqu'il exerce une tyrannie ſourde ſur la partie pauvre & obſcure du peuple, comme cela eſt
commun.

Ces exemples nous font connoître qu'il y a des
abus de plus d'une eſpèce. Il doit y en avoir autant
que de choſes dont on peut *abuſer*. Cependant nous
tâcherons de mettre quelque ordre & quelque choix
dans le nombre d'*abus* dont nous allons parler, tant
pour éviter la confuſion que pour ne dire rien qui
n'ait un objet d'utilité direct & prochain.

D'abord, la plus grande diviſion des *abus* doit
être en *abus des choſes phyſiques*, des *choſes morales*
& des *choſes divines*, pour nous ſervir d'un genre
de diviſion, ſi utilement employée par les anciens
philoſophes & juriſconſultes, & ſi mal-à-propos négligée de nos jours.

L'*abus* que l'on fait des choſes phyſiques s'étend à
tout ce qui peut en pervertir l'uſage, les rendre nuiſibles aux êtres ſenſibles, & troubler l'ordre établi
par la nature. C'eſt un *abus* de ce genre qui a introduit la pédéraſtie parmi les hommes, & qui même
a ſoumis la femme à cet odieux excès de brutalité
luxurieuſe. C'eſt encore un pareil *abus* qui a fait de
la force un moyen général de violence & de barbarie. La force eſt une puiſſance phyſique qui a été
donnée à l'homme pour ſa propre conſervation &
non pour travailler la ruine des autres : lorſqu'il
l'a tournée contre ſes ſemblables & s'en eſt ſervi
pour ſoumettre à ſa volonté celui qui ne lui étoit
point redevable, il a *abuſé* de ſa force, il l'a employée à un uſage différent de celui pour lequel la
nature la lui avoit donnée; d'où l'on voit que le
droit du plus fort a ſa ſource dans un *abus*. C'eſt
ce même *abus* de la force qui a fait de l'homme,
non le frère, le compagnon, le ſoutien de la femme,
mais ſon maître, ſon propriétaire; enfin l'*abus* de
la force phyſique eſt la première & la plus générale
de toutes les cauſes de déſordres introduits dans la
ſociété : il méritoit donc bien que l'on commençât
par lui. Un autre *abus des choſes phyſiques*, non
moins dangereux, eſt celui que l'homme a fait des

productions de la nature. Non-seulement il a tourné contre lui & ses frères, les poisons les plus violens, mais des substances les plus saines il a su tirer des corps destructeurs qui ont porté les langueurs & la mort dans son sein. Les alimens donnés par la nature sont devenus entre ses mains des présens meurtriers dont il a *abusé* avec le plus étrange égarement. L'état social, loin de l'éclairer sur ses erreurs & son imprudence, semble avoir légitimé tous les *abus* qu'il s'est à cet égard permis. Si l'on porte, en effet, un regard attentif sur l'état de la société actuelle, on verra que tous les *abus* que nous venons de nommer y ont jeté de si profondes racines, qu'on ne pourroit peut-être entre les détruire qu'en subvertissant l'ordre établi. Il faudroit d'abord dissiper les illusions de l'habitude, les préjugés de l'amour-propre, de la paresse & de la vanité. Quel est l'homme qui voudra jamais se persuader que c'est *abuser* de sa force que d'égorger des animaux paisibles pour repaître la voracité ou amuser son désœuvrement ? Bien loin de cela, tous les savans vous diront, que depuis le ciron jusqu'à l'éléphant, tout est fait pour l'homme, & que, quel que soit l'usage qu'il s'en permet, il ne peut jamais y avoir d'*abus*. Mais ces réflexions sont si loin de nos idées ordinaires, qu'y insister davantage, c'est nous exposer au reproche d'aimer le paradoxe, & de soutenir des choses inintelligibles. Revenons à l'*abus* que l'on peut faire des choses physiques dans l'ordre de la police ordinaire.

Tout mauvais usage que l'on peut faire publiquement d'une chose, devient du ressort de la police civile, parce que c'est un *abus* qui peut causer quelque désordre dans la société. J'observe qu'il faut que l'*abus* soit public, pour être soumis à l'inspection de la police ; il est, en effet, contre notre droit positif qu'un officier de police exerce son office dans les maisons des particuliers ; cependant, par un autre genre d'*abus*, dont nous nous occuperons tout-à-l'heure, il n'arrive que trop souvent que cette infraction des loix a lieu.

Les *abus* les plus généraux qui peuvent se commettre publiquement dans l'usage des choses physiques, & que la police doit empêcher, comme pouvant porter préjudice à la tranquillité publique, consistent, 1°. dans la vente de certains remèdes ou spécifiques qui, dit-on, guérissent de tous maux, ce qui arrive quelquefois, mais contre l'intention de de l'acheteur ; 2°. dans la distribution des médicamens chez les pharmaciens, qui quelquefois, par des vues d'intérêt, vendent des médicamens qui, vieux, peuvent faire autant de mal qu'ils auroient pu faire de bien étant nouvellement faits ; 3°. dans la composition du pain & la vente des petites denrées. Il peut se commettre des *abus* dangereux dans cette partie ; on en a vu des exemples. La police est autorisée à prendre toutes les mesures sages & raisonnables qui peuvent obvier à ces inconvéniens. Il y a eu une foule d'ordonnances sur ces objets ; nous en parlerons lorsque nous en traiterons à leurs articles respectifs.

Il peut encore se commettre des *abus* dans l'usage des choses physiques, lorsqu'elles peuvent occasionner des accidens considérables ; comme étoit cette magnifique invention d'élever en l'air un ballon de papier, avec un réchaud d'esprit-de-vin enflammé au-dessous. Une pareille découverte pouvoit incendier un village, ou réduire en cendres une plaine de bled au moment de la récolte. Aussi la police de Paris réprima-t-elle cet *abus* d'une invention qui, toute critique à part, peut avoir un jour quelqu'utilité, mais qui jusqu'à présent n'en a eue aucune, & a même causé la mort de deux malheureux aéronautes ; car c'est ainsi qu'on appelle ceux qui s'élèvent en l'air avec ces vastes machines nommées *aérostatiques*. Nous en parlerons au mot INCENDIE ; c'est le lieu qui paroît leur convenir le plus généralement.

Un autre *abus* dans l'usage des choses physiques, & dont nous parlons ici par anticipation & seulement pour réunir sous un même point de vue plusieurs idées, qui ont du rapport entr'elles, c'est celui que se permettent tous les marchands de vin d'ailleurs des grandes villes, comme Londres & Paris. Il est surprenant, dans cette dernière sur-tout, qu'étant la capitale d'un royaume riche en vins, le peuple ne puisse y boire, même pour un très-haut prix, qu'une mauvaise liqueur frelatée, sous le nom de vin. Cet *abus* est vraiment plus dangereux que l'on ne croit. Il abâtardit le peuple parisien ; & lui donne cet air rabougri, que n'a ni celui des provinces, ni les gens aisés de la capitale. Les ouvriers, les journaliers ont la foiblesse dangereuse de s'enivrer de ces mauvais mélanges, que des détailleurs coupables fabriquent dans leurs caves. Il en résulte des maladies mortelles, une langueur, une pâleur, une dégénérescence dans toutes les humeurs, qui opèrent une consommation prodigieuse d'homme à Paris. La police devroit absolument détruire cet *abus*. Nous prouverons par des calculs, à l'article *de la police des vivres de Paris*, qu'en exigeant que les cabaretiers vendissent de la bonne marchandise ; ils gagneroient encore suffisamment, malgré les droits énormes qui sont imposés sur les vins. Le commerce de détailleur de vin est un des meilleurs dans les grandes villes ; les fortunes que font les cabaretiers qui ont de la conduite le prouvent ; ainsi, quand on les forceroit à plus de probité, on ne feroit que diminuer foiblement leurs bénéfices sans les réduire à quitter leur état. D'ailleurs, s'il étoit vrai qu'ils ne s'enrichissent que parce qu'ils trompent le peuple, ce n'en seroit pas moins une raison pour les assujettir à la plus sévère police. Les boulangers y sont bien assujettis ; on les punit bien lorsqu'ils vendent le pain un liard ou deux plus cher que ne le porte la taxe ; ils sont bien forcés à délivrer du bon pain aux citoyens : pourquoi les cabaretiers pourroient-ils vendre librement très-cher du très-mauvais vin ? J'insiste sur cet *abus*, qui paroît de peu de conséquence ; mais qui cependant, examiné attentivement, est la cause d'une partie de la misérable santé du pauvre peuple. On dira qu'il n'a qu'à n'en pas boire : fort bien ; mais n'eſt-il pas plus raiſonnable d'aſſujettir les cabaretiers à être honnêtes & à ne pas vendre au public une liqueur déteſtable, ſous le nom de vin ?

Il eſt des moyens faciles de reconnoître quand un vin eſt compoſé de ſubſtances, je ne dirai pas ſeulement malfaiſantes ; mais même de ſubſtances qui ne ſont point vineuſes, & qui n'ont point le caractère balſamique & nourriſſant de cette boiſſon naturelle. On pourroit donc punir très-ſévèrement les cabaretiers qui manqueroient ; & c'eſt là vraiment qu'une ſévérité inflexible ſeroit utile ; elle tourneroit au bien de tous, des cabaretiers même, chez qui les gens aiſés s'habitueroient à prendre du vin, lorſqu'ils ſauroient qu'il eſt naturel, ou qu'il n'y a que de l'eau dedans.

C'eſt encore un abus bien grand que les courſes en voitures ou à cheval, que ſe permettent des gens de tous états, au ſein des grandes villes, & ſur-tout de Paris. Il ne ſe paſſe pas un jour que l'on ne ſe plaigne de quelques accidens graves, cauſés par l'impétuoſité & le peu d'attention avec leſquelles les cochers pouſſent leurs chevaux ſur le malheureux piéton. Cet abus eſt vraiment un fléau à Paris. On peut fort bien jouir de ſes chevaux & de ſes voitures ſans en abuſer ainſi publiquement. C'eſt un déſordre extravagant que de culbuter, renverſer tout ce qui ſe trouve ſur ſon paſſage pour aller ſe promener aux Tuileries, ou bâiller toute une ſoirée dans une ſociété. Si la ville étoit garnie de trottoirs, comme Londres, au moins le peuple fantaſſin ſeroit à l'abri des inſultes, des coups, des meurtriſſures ; qu'on éprouve journellement des roues & des timons des carroſſes & des chars de toutes eſpèces qui voltigent dans la capitale. Mais il paroît que cet abus ſubſiſtera longtemps encore, car il n'eſt pas aiſé d'y remédier, à moins de défendre d'aller plus vîte que le pas dans les rues de Paris ; reſpect que l'on n'aura jamais pour une populace mépriſée, ou des bourgeois imbéciles qui n'ont point le moyen d'avoir des cabriolets.

C'eſt au mot Accident qu'il faut voir tout le mal que produiſent les abus des choſes phyſiques. Il n'en eſt point qui ne ſoit ſuivi de quelque malheur ou de quelque trouble public. De ce nombre ſont ceux qui ont lieu par le peu de précaution que l'on prend lorſque l'on brûle de la paille dans des rues étroites ; ou qu'on y fait des feux d'artifice. Ce n'eſt pas qu'on doive, je crois, défendre abſolument les premiers, puiſqu'ils peuvent contribuer au renouvellement & à la pureté de l'air ; mais on devroit faire plus d'attention aux incendies qui pourroient en réſulter, & qui en réſultent ſouvent. D'autres viennent de la négligence des perſonnes prépoſées à la garde des rivières, & de l'abus d'envoyer des enfans mener boire des bêtes ou conduire des bateaux. Il en arrive très-communément des accidens fâcheux. Un autre eſpèce d'accident non moins remarquable, eſt cauſé par le zèle mal-entendu de quelques officiers de police, pour ce qu'ils appellent la décence dans l'uſage des bains ſur la rivière. J'ai vu un malheur bien fait

pour ſervir de leçon à cet égard. Deux jeunes filles, qui prenoient les bains dans des bateaux couverts près du pont-neuf à Paris, ſortirent de la petite enceinte deſtinée à cet uſage ; elles furent apperçues par la garde qui tout auſſi-tôt deſcend au bord de la rivière, les effraie par des menaces, & leur fait précipiter leurs pas pour regagner le bateau. Une d'elles, paſſant près d'un piquet, y embarraſſe ſa chemiſe, car elles n'étoient pas entièrement nues, tombe, ſe noie, ſans qu'il y ait eu du ſecours à temps pour la ſauver. Voilà les accidens qui réſultent journellement de l'abus des meilleures choſes, faute de prudence & de précaution, pour parer aux malheurs qui peuvent arriver. Paſſons à d'autres abus.

C'en étoit un grand que celui de ſonner les cloches pendant les orages. Il vient d'être proſcrit par un arrêt du parlement. Croiroit-on qu'il a fallu preſque employer la violence pour le faire exécuter ; tant le peuple des campagnes eſt encore ignorant, & tant les préjugés ſuperſtitieux ont de peine à ſe diſſiper. Grand nombre de curés ont été les plus obſtinés, les plus difficiles à éclairer, & ceux qui ont fait les plus ſottes objections.

Nous ne pouſſerons pas plus loin l'examen qu'on peut faire de l'abus des choſes phyſiques. Ce que nous en avons dit ſuffit pour montrer combien il eſt important que la police veille ſur cette partie. C'eſt un de ſes ſoins particuliers & dont le développement ſe trouvera dans l'expoſé de la police des vivres & de la ſureté publique. Paſſons maintenant à nos lecteurs plus de détails ſur les abus moraux, qui ſont en bien plus grand nombre, & dont l'influence eſt très-active ſur le bonheur public & la tranquillité ſociale.

Sous le nom d'abus moraux, ou qui ſe commettent dans l'uſage des choſes morales, nous comprenons généralement, 1°. les uſages abuſifs autoriſés, ſoit dans la diſcipline des mœurs, ſoit dans la conduite publique des citoyens ; 2°. tous ceux qui ont lieu dans l'adminiſtration de la police & la ſubordination des perſonnes qui en ſont chargées.

Les premiers peuvent ſe réduire aux abus des maîtres envers leurs domeſtiques, des maris envers leurs femmes, des pères envers leurs enfans, des chefs envers leurs ſubalternes, des gens riches envers les pauvres, enfin des hommes publics envers les particuliers. Ces abus donnent lieu à des actions plus ou moins blâmables, à des déſordres dans la ſociété, à des perſécutions ſecrètes, dont il eſt important qu'un magiſtrat de police ait connoiſſance, parce qu'il lui eſt ſouvent permis, toujours convenable & même utile d'y remédier.

Les abus de la ſeconde eſpèce, c'eſt-à-dire, dans l'adminiſtration de la police & la diſcipline des perſonnes qui en ſont chargées, ſont encore en très-grand nombre & d'une influence dangereuſe ſur le bien de la ſociété. Ils méritent une attention particulière, & nous mettrons quelque ſoin à les carac-

térifer. On peut les claffer de la manière fuivante.
Abus qui naiffent des loix de la police.

1°. Trop de févérité en certains cas.
2°. Trop d'indulgence en d'autres.
3°. Partialités & exceptions injuftes & dangereufes.

Abus qui naiffent de la part de ceux qui font chargés de l'exécution des loix ou réglemens de police.

1°. Rigueur arbitraire défavouée par la loi.
2°. Condefcendance intéreffée ou gratuite, mais défavouée ou défendue par la loi.
3°. Oubli des égards qu'on doit à la différence des rangs, des perfonnes & des fexes.

Sous ces titres, nous renfermerons à peu près les principaux *abus* qui ont lieu dans l'ufage des chofes morales de la fociété. Commençons par ceux que nous avons nommés *abus moraux* proprement dits.

Abus dans la conduite des maîtres envers leurs ferviteurs, & de ceux-ci envers leurs maîtres.

La domefticité eft une forte d'efclavage, volontaire en apparence, mais réel en effet, & commandé par le befoin de vivre. Les maîtres doivent donc, dans les principes d'une morale jufte & bienfaifante, adoucir la rigueur & l'humiliation d'un pareil état, par une conduite humaine & généreufe, & fur-tout par les égards que l'on doit à la pauvreté, à la foibleffe & à l'indigence; mais l'on n'en agit point généralement ainfi. Sous prétexte que les gages donnés à un domeftique font le prix de fes fervices, il eft des maîtres qui fe croient délivrés de toute reconnoiffance envers eux. Cette façon de penfer donne lieu à des *abus* communs, & fur lefquels la morale publique ne paroît pas avoir affez jeté de honte & de blâme. Il arrive fouvent qu'à la moindre faute, à la plus petite négligence, un domeftique eft mis à la porte, fans aucun égard pour fon âge, fes fervices & fa fidélité. Qu'en réfulte-t-il? que le valet, frappé de l'injuftice de fes maîtres, conçoit de la haine contre la fociété, regarde les principes de juftice & de religion comme des chimères, puifqu'on ne les a point obfervées à fon égard, & finit quelquefois par devenir un vagabond, un brigand, d'honnête & fage ferviteur qu'il étoit.

C'eft bien pis lorfque les domeftiques, ainfi congédiés, font des pères de famille, qui foutenoient leurs femmes & leurs enfans en partie des gages & des profits qu'ils gagnoient chez leurs maîtres. Une boutade, un caprice de la part d'un riche fantafque & dur, les plonge dans la plus grande indigence; s'il en a, un père devient frippon, la mère intrigante & la fille, s'il en a, un fuppôt malheureux de la proftitution. Voilà comme les *abus* dans la conduite des maîtres envers leurs domeftiques occafionnent des maux dans la fociété, qui en altèrent la paix & le bonheur.

Mais un autre *abus* que fe permettent encore bien des maîtres, c'eft la rigueur extrème & la dureté avec lefquelles ils traitent leurs domeftiques. Ces malheureux aiment fouvent mieux encore fupporter ces maux que de fe plaindre & s'expofer à perdre

leur place; mais cela ne juftifie point ceux qui les traitent ainfi. Ce font fur-tout les fervantes fur qui pèfe cet *abus* moral. On eft étonné, au milieu d'une fociété fenfible & policée, de voir des hommes en apparence humains, des femmes qui affectent de la générofité, exiger d'une malheureufe fille, pour cinquante écus par an, les plus durs travaux, les plus accablantes occupations. Il n'eft point d'égards pour elles, & l'on affujettit fouvent une fervante enceinte à des devoirs qu'on pourroit à peine exiger d'un matelot ou d'un charretier. Que de pareils *abus* règnent chez des fermiers, des cultivateurs impaffibles & brutaux, c'eft ce qui eft concevable; mais qu'on en trouve des exemples à Paris, à Londres, dans les villes les plus policées, c'eft ce qui ne l'eft pas. Je ne peux jamais revenir de mon indignation à la vue d'une bourgeoife altière, qui regarde avec la plus froide indifférence une malheureufe fervante gémir fous les plus lourds fardeaux, fupporter la plus grande ardeur du foleil ou la rigueur des plus fortes gelées, fans lui témoigner le moindre intérêt, fans chercher à lui épargner ces peines, fouvent auffi injuftement qu'inutilement exigées.

On doit s'étonner comment au milieu de pareils *abus* de la part de leurs maîtres, les domeftiques, & fur-tout les domeftiques femelles, qui font les plus maltraitées, confervent autant de fidélité, & commettent fi peu de défordres chez les citoyens. Et cela eft d'autant plus remarquable, que dès qu'un domeftique eft entré dans une maifon, il femble qu'il s'établit un état de guerre entre le maître & lui, & que la rigueur des loix prononcées contre ce dernier, paroît encore un moyen de défunion à jamais propre à les entretenir dans un efprit de haine & de crainte réciproques.

Car quelle doit être la penfée d'un domeftique quand il fait qu'une fimple rufe de la part de fon maître peut le conduire à la potence? que fon averfion ou le defir de fe venger de quelque faute, ou peut-être d'avoir défobéi à fes caprices, à fa brutalité, à fa luxure, peut le perdre irrévocablement? que fon ennemi femble être juge & partie dans une pareille circonftance? N'eft-on pas étonné qu'avec de pareils *abus* fubfiftans, les domeftiques fe contiennent auffi généralement dans les bornes de la fidélité & de la modération? Prétendra-t-on ici que ce font les peines rigoureufes attachées à la moindre infidélité, qui les contient ainfi? Mais d'abord, une peine extrème & trop au-deffus de la mefure du délit, loin de rendre les hommes plus attachés & plus jaloux de leurs devoirs, ne fait que les aigrir, les effaroucher & les affermir dans l'art de ne point commettre le crime à demi. L'exemple d'une injuftice légale dans la diftribution des châtimens, eft un mauvais moyen de ramener des hommes fimples & ignorans, à l'amour de l'ordre & de la juftice. Et que dirons-nous des maîtres qui ont abufé de ce pouvoir terrible qu'ils ont entre les mains, de faire pendre une malheureufe fille fur leurs dépofitions, pour parvenir à la féduire, à en abufer? Nous en avons ou des exemples. On a vu plus encore ; on a vu un maître, après avoir placé des effets dans les coffres de sa servante, la déclarer voleuse, la faire arrêter, conduire à la potence, pour se délivrer de cette victime enceinte de sa coupable lubricité.

Mais il y a une autre considération à faire ici, c'est que la rigueur des loix pénales nuit aux bons maîtres, les empêche de faire punir raisonnablement un domestique pour des infidélités certaines, & leur fait ainsi perdre des deniers ou des effets précieux, qu'ils auroient pu recouvrer. Ajoutez que les domestiques souffraits par la rigueur même des loix aux châtimens qu'ils méritent, commettent de nouveaux désordres, corrompent leurs camarades & font tort à ceux qui ont des mœurs & de la fidélité. Il n'est donc point vrai que ce soit la sévérité de notre législation qui contienne les serviteurs dans le devoir ; elle ne peut être tout au plus qu'un moyen d'oppression, & jamais de police & de discipline.

Nous remarquerons encore un grand abus dans la conduite des maîtres envers leurs domestiques, c'est la séduction que quelques-uns emploient pour les faire servir à leurs plaisirs, & les abandonner ensuite à toutes les calamités d'une existence coupable ou corrompue. C'est une chose vraiment incroyable qu'il y ait des hommes assez lâches & assez criminellement organisés, pour abuser de l'ascendant du pouvoir qu'ils ont sur de jeunes malheureuses, pour les séduire & en abuser le plus honteusement du monde. C'est en quelque sorte le droit d'hospitalité violé. On ferme les yeux sur de pareils abus, l'on a tort, & ces désordres de quelques cœurs corrompus rejaillissent sur la morale publique, & donnent lieu à crier contre la corruption des mœurs. Cependant ce ne sont que les crimes de quelques particuliers & non ceux de la nation, c'est pourquoi l'on doit les dénoncer & les punir si l'on peut.

Nos rues sont peuplées de jeunes courtisannes, couvertes d'opprobre & de maux, que des maîtres insolens & brutaux ont séduites, & qu'ils ont ensuite mises à la porte, pour exercer le même désordre & commettre le même crime envers d'autres- & qu'on ne croie pas que ces abus soient particuliers à la capitale, ils sont communs aux villes de provinces, aux villes de commerce & à tous les lieux où se trouvent réunis un grand luxe & une grande population.

On doit regarder à bon droit ce dernier abus comme un des plus nuisibles à la société, celui qui entraîne les plus funestes conséquences, & qui doit intéresser spécialement une police humaine & vigilante.

Les officiers de police sont, en général, trop prévenus contre les domestiques. Les maîtres ont toujours raison. Il faudroit qu'il y eût à cet égard la plus grande impartialité, & qu'il fût expressément recommandé aux commissaires à Paris & aux juges de police dans les provinces, de porter la plus sérieuse attention aux plaintes que les domestiques, principalement les pauvres servantes, ont à allé-

guer contre leurs maîtres ; sur-tout il faudroit qu'on ne pût mettre une servante à la porte que pour de bonnes raisons, & jamais lorsqu'elle seroit enceinte de huit mois, à moins qu'on ne voulût pourvoir à lui procurer des secours, soit en nature, soit en argent, à titre de prêt ou autrement. Cette espèce de sévérité envers les maîtres tourneroit au moins au profit de l'humanité, diminueroit la prostitution, celle sur-tout qui est la plus misérable, & adouciroit un peu les peines & les maux attachés à l'esclavage domestique. Au reste, il y a des réglemens faits sur quelques objets ; nous en parlerons au mot DOMESTIQUE.

Les abus que les domestiques peuvent se permettre dans leur conduite envers leurs maîtres, sont en bien plus petit nombre, & intéressent bien moins & la morale publique, & la police générale de l'état. Cependant on paroît avoir pris beaucoup de précaution pour les prévenir ; on a même multiplié les rigueurs & les formalités gênantes & humiliantes ; mais toutes ces entraves ne pourroient ni retenir un caractère méchant, ni corriger un homme vicieux ; ainsi ce n'est pas à leur influence qu'on doit attribuer la moralité douce, la soumission, la patience & la fidélité que l'on retrouve en général dans les domestiques, lorsque leurs maîtres ne passent pas, dans ce qu'ils exigent d'eux, les bornes de la justice & de l'honnêteté.

Il se rencontre néanmoins des sujets qui, sans être précisément vicieux & infidèles, ont des défauts qui peuvent donner lieu à des abus ; tels sont l'esprit de curiosité, le manque de retenue dans les rapports qu'ils font de leurs maîtres, & sur-tout l'espionage qu'un petit nombre ose se permettre. Ce dernier abus est très-dangereux pour la tranquillité des familles & le soutien du peu de liberté civile qui reste en France. On a vu quelquefois des domestiques se prêter aux sollicitations d'officiers de police, pour dévoiler la conduite des maisons où ils servoient. C'est une grande erreur de ne pas voir qu'en employant ainsi la police, faite pour maintenir la paix, on établit un véritable état de guerre dans le sein même de la société. Cet horrible abus a eu long-temps lieu à Paris, & y subsiste encore. C'est une raison de plus pour engager les maîtres à traiter avec bonté, sagesse & générosité les serviteurs fidèles qui leur sont attachés. Au reste, nous reviendrons encore sur cet article au mot ESPIO-NAGE.

Abus dans la conduite des maris envers leurs femmes, qui peuvent intéresser la police & la morale publique.

Notre objet n'est point de rechercher ici comment, chez presque tous les peuples civilisés ou à demi-sauvages, la femme est une espèce d'esclave, faite pour donner des enfans à l'homme, le servir & endormir ses passions. Cette recherche nous conduiroit au droit du plus fort pour cause de cet assujettissement, ou à des réflexions sur les principes de la société, qu'il n'est point nécessaire de développer ici pour l'intelligence de ce que nous avons à y dire.

dire. Nous remarquerons feulement une différence. effentielle entre la manière dont le mariage fut d'abord contracté, & celle que nous fuivons aujourd'hui. Cette obfervation jettera du jour fur ce que nous allons dire de quelques *abus* trop communs de notre temps, & faire fentir la juftefle de nos réclamations & de nos critiques.

Dès que les hommes fortis de l'état fauvage, eurent établi des loix de police, & fixé les droits. la de propriété, le mariage ceffa d'être une union. naturelle & paffagère. Chaque homme fentit le befoin d'une compagne de plaifirs & de travaux, qui, non-feulement partageât les foins du ménage, mais encore lui donnât des enfans fur qui il voulut avoir les droits les plus pofitifs & les plus étendus. Cette manière de fentir & de penfer le conduifit à exiger de la femme une grande foumiffion, une grande affiduité, beaucoup de dévouement & aucun moyen de fe fouftraire à fon empire. Il fallut donc qu'elle devînt en quelque forte fa propriété, qu'aucun autre homme n'eût le droit de la lui difputer & qu'il pût en difpofer à fon gré; auffi l'acheta-t-il, & les mœurs de prefque tous les peuples nous préfentent le mariage comme l'achat, l'acquifition vénale qu'un homme faifoit d'une femme.

Quand l'intendant d'*Abraham* alla demander *Rébecca* en mariage pour *Ifaac*, il partit avec dix chameaux chargés de toutes les efpèces de richeffes qu'avoit fon maître. *Ex omnibus bonis ejus portans fecum.* Arrivé au pays de *Bathuel*, il eft introduit par *Rebecca* elle-même dans la famille qu'il cherche; il fait des préfens à tout le monde & n'en reçoit de perfonne. Il donne des habits, des vafes d'or & d'argent aux frères, à la mère, à la jeune fille. Alors on lui dit: *la voilà devant vous, emportez-là & partez. En Rebecca coram te eft, tolle cam & proficifcere.* Le mariage ainfi conclu, elle monte fur un chameau & part fous la conduite du vieux *Eliezer*, comme une marchandife dont on a confommé la vente & qu'on envoie à fa deftination. L'Ecriture ne dit pas qu'en fortant de la maifon paternelle, elle emmène autre chofe que fa nourriture pour la route, & quelques fervantes.

Cet ufage s'eft confervé chez prefque tous les peuples à demi-policés, & fe retrouve dans les premiers temps de la république romaine. Par-tout on acheta fa femme ou fes femmes, & on les regarda comme une propriété acquife à prix d'argent. Le douaire eft encore chez nous l'image de ce qu'on donnoit pour l'achat d'une femme. Mais les progrès de la fociété & la diftinction des rangs ont amené un ordre de chofe bien différent chez nous. Loin de payer l'acquifition d'une femme aujourd'hui, on vent de l'argent, une dot avec elle, fans quoi elle refte fille, & privée du droit de devenir mère légitimement. Cependant ce changement dans la manière de contracter le mariage n'en a point apporté dans l'état de la femme. On a continué de la regarder comme une propriété mobilière en quelque forte; quoiqu'on ne l'ait plus achetée, quoiqu'on

fe foit même enrichi en l'époufant, qu'on en ait reçu une grande dot, des biens, des alliances diftinguées, les hommes ont confervé les droits de véritables propriétaires, & ont exigé de leurs époufes la même fujétion qu'autrefois; les femmes font demeurées vraiment efclaves, quoique les nouveaux arrangemens & les avantages qu'elles font à leurs maris duffent leur donner une forte de liberté indépendante du caprice des hommes.

Mais il n'en eft rien: les femmes, & principalement les femmes riches, qui ont apporté de grands biens à leurs époux, font expofées à perdre leur liberté à la moindre boutade férieufe de la part de leurs maîtres. Nos prifons, nos maifons de correction, nos couvens font pleins de femmes belles & innocentes que l'on y a renfermées, fur la demande d'un mari ftupide & libertin, qui fouvent ne follicite ces ordres arbitraires, que pour fe livrer avec plus de liberté à des goûts dépravés. Ce feroit un acte de juftice d'entendre ces infortunées avant de les féparer ainfi de la fociété, de leurs amis & de leurs parens, pour condefcendre aux vœux d'un homme aveuglé par la paffion & l'intérêt.

On conçoit qu'un homme qui a acheté fa femme peut, dans les principes du droit barbare qu'il s'eft fait, difpofer d'elle & la faire renfermer, s'il lui plaît. Mais dans nos mœurs, où, en général, les femmes ont plutôt des foibleffes que des vices, des égaremens que des penchans condamnables, il en a un excès de brutalité injufte à priver l'état, la fociété, d'une femme jeune & féconde, parce qu'il en a été ainfi ordonné par un mari paffionné. On crie au défordre, on dit qu'il faut affurer l'honneur des familles. Mais ne voyez-vous pas que vous commettez un grand défordre, en arrachant fubitement une mère à fes enfans qui la demandent; à fa famille qui la réclame? Ne voyez-vous pas que c'eft bien autrement compromettre l'honneur des familles, fur-tout des familles bourgeoifes & du peuple, que de permettre que les maris confinent arbitrairement leurs femmes dans fes maifons de correction, où le défefpoir & les fociétés corrompues qu'elles y trouvent, les pervertiffent & les perdent à jamais.

Il eft commun de voir un petit bourgeois faire mettre fa femme, prétendue dérangée, à *l'hôpital*, par la protection d'un valet de commis de la police. Rien ne peut légitimer un pareil *abus*, rien même ne peut l'excufer: le remède, aux yeux du légiflateur & du philofophe doit paroître pire que le mal; quand ce mal feroit auffi grand, auffi réel, qu'il eft fouvent faux & exagéré. Ces emprifonnemens fe font arbitrairement; moyen odieux, moyen blâmable fous toutes les faces. Pourquoi ne point entendre une femme dans fes défenfes? elle eft fouvent innocente, & vous la condamnez! Vous n'écoutez que les plaintes du mari, vous ignorez les fiennes. On abufe ainfi de fa foibleffe, de fon impuiffance pour l'opprimer fans l'entendre.

Mais on ne fait pas attention à tous les défordres

que cause cet *abus*. C'est lui qui a établi cette froideur, ce relâchement dans l'union conjugale, qui en a fait une sorte d'esclavage pour bien des femmes. Comment, en effet, peut-on avoir cette douce confiance, cette généreuse sensibilité, cet amour vif & parfait pour un homme qui, sur un soupçon de jalousie, une fausse nouvelle, un caprice ou le desir d'une nouvelle jouissance, peut vous faire renfermer sans être entendue, vous plonger dans la honte & l'ignominie, vous priver au moins des agrémens de la société, dont votre fortune devoit vous assurer le partage? Quelque chose que l'on dise, il est difficile de ne pas être frappé de cette raison. De-là naissent tant de précautions qui amènent les intrigues, les cabales, les infidélités, qui surement n'auroient pas lieu si l'homme se jouissoit pas aussi despotiquement de ce pouvoir redoutable.

Et remarquez encore que ce ne sont que les femmes timides & honnêtes qui sont les victimes de cet odieux *abus*. Celles qui sont adroites, intrigantes, soutenues, perdues de mœurs & de pudeur, savent parer le coup qu'on veut leur porter, ou du moins s'en servir pour accabler celui qui les a voulu perdre. Il ne se passe pas d'années qu'on n'ait des exemples de ces scandales à Paris & dans les grandes villes.

Rien ne paroît donc si contraire aux principes de la morale publique que ces scènes injurieuses à la société. Elles servent d'aliment à la malignité des hommes corrompus, & empêchent les gens honnêtes de défendre la raison. Elles troublent l'harmonie sociale & y jettent des sémences de corruption & de haines: elles offrent des exemples dangereux aux enfans, & les empêchent d'avoir cet attachement si vrai, si doux, si légitime pour leurs mères, auxquelles la nature les a particulièrement liés.

Le magistrat de police trop souvent sollicité pour faire séquestrer des femmes, doit bien réfléchir à ce qu'il va faire; & ce sujet, pour prêter quelquefois matière aux sarcasmes des mauvais plaisans, ne doit pas moins attirer toute son attention. Quoique son ministère ne l'oblige point à des devoirs moraux, il doit cependant, comme citoyen, comme homme, se rendre médiateur, dissiper les soupçons & se prêter à cet examen de choses, qui offre à un homme éclairé les moyens de concilier souvent les partis les plus opposés. Son devoir l'oblige surtout à opposer toute l'autorité de sa place à l'*abus* qui règne parmi une certaine classe de citoyens. Souvent on ne sait comment une mère de famille, une femme douce vient tout-à-coup d'être mise à l'*hôpital*. C'est que des valets de grands & de commis font agir des ressorts inconnus, & font parler leurs maîtres, dont la considération fait quelquefois oublier au magistrat ce qu'il doit à la justice, & l'engage à délivrer des ordres d'emprisonnement sans réflexions & sur des accusations ridicules ou controuvées.

Nous ne nous arrêterons que sur cet *abus* de la conduite des maris envers leurs femmes, parce qu'il

est le seul sur qui le magistrat de police a une influence directe, & qu'il nuit au progrès des mœurs dont il tend à altérer les principes & la douceur.

On doit avouer néanmoins que depuis quelques années en France, la rigueur n'est plus si positive à cet égard. Mais il faut bien prendre garde qu'elle est la cause de ce changement: car si c'étoit le mépris des mœurs, ce seroit un malheur; mais si c'étoit par suite des progrès des lumières & de la raison, on n'auroit qu'à s'en louer. C'est peut-être en partie l'un & l'autre; c'est aussi parce que les magistrats ont un peu reconnu l'injustice de cet *abus*, & que des désordres éclatans en ont fait sentir tous les inconvéniens & les malheurs. Passons à un autre *abus* analogue à celui-ci sous plusieurs aspects.

Abus des parens dans leur conduite envers leurs enfans, qui peuvent blesser la morale publique, & intéresser l'administration de la police.

Si l'*abus* du pouvoir que les maris ont su se donner sur leurs femmes, est la source d'un grand nombre de désordres dans la société, celui de l'autorité paternelle n'est ni moins actif ni moins fâcheux par les suites & les malheurs qui lui sont attachés. Des parens aveugles & impitoyables exercent sur leurs enfans une autorité despotique, qui précipite souvent ces jeunes malheureux dans une foule de démarches honteuses & désespérées. Les violences les plus injustes, les traitemens les plus durs, sont quelquefois aussi imprudemment que légèrement prodigués. Cette conduite blâmable des parens aigrit le caractère des jeunes gens, fait naître dans leur cœur des sentimens de haine contre l'autorité paternelle, & détruit ou détériore le peu de bons principes qu'ils peuvent avoir reçus dans la mauvaise éducation qu'on donne généralement à la jeunesse en France.

Les parens semblent ignorer, en général, les limites & la nature de leur pouvoir. Ils veulent l'étendre au-delà du terme prescrit par la nature, ou le faire servir à satisfaire leurs passions & leur goût pour le commandement & la domination; mais ils ne l'ont point reçu pour cela. Cette autorité, dont ils sont si jaloux, n'est point un droit acquis sur leurs enfans d'en disposer à leur gré, c'est une charge très-onéreuse à celui qui veut bien la remplir, & dont le dédommagement ne peut se trouver que dans l'espoir de faire le bonheur de ceux qui tiennent de nous l'existence. Cette autorité a un terme; & ne dure qu'autant qu'elle est nécessaire aux enfans; elle est purement tutélaire, & ne doit point ressembler au pouvoir politique du prince ou à la puissance du magistrat. « Il est si certain que le père » n'est que le gardien & le tuteur de ses enfans, dit » *Locke* (*Gouvernement civil*, chap. V.) que lors-» qu'ils vient à n'avoir plus soin d'eux, à les aban-» donner dans le moment où il se dépouille de son » affection pour eux, il perd à leur égard tout le » pouvoir, toute la juridiction qui étoit insépara-» blement annexés au devoir de les nourrir & de

» les élever. » C'est donc bien faussement que quelques pères regardent leurs enfans comme leur propriété, & comme un bien dont ils peuvent disposer à leur gré. Cette prétention ridicule & sans motif est absolument opposée à la destination du pouvoir paternel. La naissance d'un enfant ne donne aucun nouveau droit ; elle impose seulement de nombreux devoirs, & lorsque ses parens l'ont élevé, l'ont conduit à l'âge de force & de raison, il ne leur doit légitimement rien ; c'est une dette qu'ils ont acquittée & non une créance quils ont acquise sur lui. « Sitôt que les enfans n'ont plus besoin de » secours, dit *Rousseau*, exempts de l'obéissance » qu'ils devoient au père, le père exempt des soins » qu'il devoit aux enfans, rentrent tous également » dans l'indépendance. S'ils continuent de rester unis, » c'est naturellement, & la famille elle-même ne » se soutient que par convention. » (*Contrat social*, chap. II.)

Sur quel motif donc voudroit-on fonder le despotisme que tant de parens exercent envers leurs enfans ? Comment peut-on invoquer pour justifier de pareils *abus*, une autorité qu'on dénature pour l'adapter à des démarches tyranniques ? Les désordres du pouvoir paternel éclatent tous les jours de cent manières scandaleuses, & l'on voudroit les tolérer, les légitimer ? N'est-ce pas assez que la loi ait interdit aux enfans toute espèce de récrimination légale contre les extravagances, les mauvais traitemens, les dispositions iniques des parens, sans qu'il soit nécessaire d'attribuer à ceux-ci un pouvoir imaginaire, une jurisdiction qui n'est pas de leur compétence ? Cet oubli des principes du droit naturel produit, non-seulement des malheurs dans les familles, y répand la désunion, la haine & le mépris des égards domestiques, mais il est encore une source de désordres publics, & devient, par ses suites, une cause de prostitution, de brigandage & de troubles dans la société : c'est ce qui nous est très-aisé de faire sentir, & que nous allons expliquer briévement.

La vanité, la sotte gloire, les folles prétentions des parens ont rendus l'état des filles très-malheureux dans la société. Ces jeunes victimes sont ordinairement le jouet de toutes les passions de leurs familles. Presque par-tout leur goût, leurs plus doux sentimens doivent céder à l'intérêt de quelque héritier favorisé, ou au caprice de quelque vieillard imbécile, qui du fond de sa tombe veut encore tyranniser les vivans. Souvent un célibat long & difficile est le partage de leurs jeunes années. Exposées à toutes les séductions, ou ensevelies dans une obscure solitude, à la moindre faute, à la plus légère inconduite, on ne leur parle que de chaînes ; on sollicite des ordres arbitraires, on les condamne à une éternelle captivité, avec aussi peu de remords que si elles avoient mérité de pareils châtimens. Ces *abus* sont véritablement honteux, & jamais un sage magistrat de police ne doit, en considération de quelques préjugés de famille, donner

les mains à de semblables désordres. La justice & l'humanité doivent le tenir en garde contre les sollicitations, les importunités de parens qu'aveuglent l'emportement & la passion, & qui, dans le délire de leur barbare conduite, abusent des plus utiles institutions pour satisfaire leur vengeance absurde & condamnable. Mais d'autres désordres naissent encore du même *abus*.

Tous les esprits ne sont point également soumis, & dans un sexe timide il s'en trouve même que la tyrannie révolte & qui cherchent à s'y soustraire par la fuite. Ce malheur est commun ; il disperse dans la société, loin des yeux de leurs parens des jeunes filles, que tous les maux menacent & poursuivent à la fois. Mais qu'arrive-t-il alors ? de nouveaux *abus* de la part des parens & des officiers de police. Plutôt de rappeller par de bons procédés, ces pauvres égarées au sein de leur famille, on les fait ordinairement arrêter & constituer dans des *maisons de force*. A ce mot il n'est point de cœur honnête & sensible qui ne frémisse. C'est-là, c'est dans ces asyles du vice malheureux, que s'achève la perte de ces victimes de la folie & de la déraison de leurs parens, ou elles y restent & passent une vie honteuse dans tous les désordres des plus sales passions irritées par la contrainte, ou elles en sortent & vont accroître le nombre des prostituées. Que ces considérations doivent paroître sérieuses à un magistrat de police humain & éclairé ! comme elles appellent & captivent l'attention de l'ami des hommes & de la société ! Que de maux naissent du défaut de réflexion à cet égard, & que d'*abus* tolérés qui ne le seroient plus si on vouloit attaquer le mal dans la racine !

Voilà donc comme l'*abus* du pouvoir paternel devient une cause d'un des plus grands scandales, des plus grands désordres de la société. Mais c'est dans la classe du peuple ou plutôt dans la bourgeoisie que ces malheurs ont principalement lieu. Cette classe de citoyens est moins éclairée, moins civilisée que les autres. Sans être positivement vertueuse, elle veut affecter un rigorisme moral, qui est un vice, parce qu'il n'a pour objet que de fausses idées, & pour fondement que des erreurs. Le peuple est encore plus à plaindre. Les enfans chez lui vivent plus durement, & le despotisme grossier auquel ils sont soumis, les rend malheureux dès le premier âge. Les armes, la servitude, la plus déplorable prostitution, le brigandage, voilà la ressource de ceux que les violences domestiques, la dureté des parens forcent à quitter la maison paternelle. Heureux les bons pères qui, connoissant les devoirs que la nature exige d'eux, préservent les enfans de ces malheurs, & les enchaînent par la douceur & les bons traitemens ! ils trouveront en eux le bonheur & l'appui de leurs vieux jours.

Si l'on considère également la conduite des jeunes garçons que la dureté, le manque d'égards ou d'autres *abus* du pouvoir paternel éloignent de leurs foyers, on verra qu'elle n'est pas moins funeste pour leurs mœurs, & que les moyens qu'on emploie pour y remédier ne font qu'en accroître l'intenſité. Quelle eſt, en effet, la voie qu'on ſuit pour les corriger ? Les faire renfermer ; on ne connoît que ce moyen : mais où ? dans des maiſons où des malheureux qui ont déjà parcouru tous les périodes du vice, les infectent de leurs funeſtes paſſions, de leurs dépravantes habitudes : & l'on ſe ſert du miniſtère de la police pour cela ! On perd donc ainſi ſans ſcrupule une foule de jeunes citoyens par l'aveuglement de leurs parens, l'abus de leur pouvoir & l'inconſéquence de la police. En effet, cette partie de l'adminiſtration, faire pour maintenir l'ordre & le bonheur dans la ſociété par tous les moyens qui ſont en ſon pouvoir, ſe prête trop communément & trop facilement aux déſirs des hommes vindicatifs, des parens emportés qui ſe font un plaiſir de ſacrifier à leurs paſſions la liberté & le bonheur de ceux qui ont encouru leur diſgrace. L'extrême facilité que la police trouve à maintenir cette dépravation de conduite, dans l'abus des lettres de cachet, eſt une des cauſes de ces déſordres : ils n'ont point échappé aux magiſtrats, & nous nous honorons de rapporter ici les plaintes qu'ils adreſſent au roi ſur ce ſujet.

« On ſait que dans cette ville, où tant de parti-
» culiers, réputés vagabonds, ſont arrêtés ſur des
» ſoupçons, & enfermés, on eſt obligé de leur ren-
» dre, après quelques mois, leur liberté, ſans quoi
» les maiſons de force n'y pourroient ſuffire. Or,
» en avouant tant qu'on voudra que ces ordres ſont
» décernés avec la plus grande juſtice & la plus
» grande impartialité, ils eſt certain qu'ils tombent
» ou ſur des criminels contre leſquels on n'a pu
» acquérir des preuves juridiques, ou ſur ceux qu'on
» a voulu ménager par égard pour leur famille, ou
» ſur des libertins qui n'étoient pas encore crimi-
» nels, mais très-diſpoſés à le devenir. De tels gens
» paſſent le temps de leur captivité enſemble ; c'eſt-
» à-dire, dans la plus funeſte de toutes les ſociétés,
» & dans une oiſiveté qui ne leur laiſſe d'autre occu-
» pation que de ſe préparer à de nouveaux crimes.
» Peut-on douter que le ſimple libertin n'y de-
» vienne criminel, & que celui qui avoit commis
» ſeul quelques délits, & qui, par cette raiſon, étoit
» peu dangereux, ne ſort de la priſon enrôlé dans
» une bande de ſcélérats ? Ainſi, en procurant au
» public le bienfait momentané de ſéqueſtrer quel-
» ques mauvais ſujets, on relâche tous les ans
» des troupes entières de malfaiteurs devenus bien
» plus redoutables qu'avant leur détention. » Remontrances de la cour des Aides, 1770.

Voilà les hommes dont trop ſouvent une erreur ſociale, un abus du plus beau de tous les titres, du plus doux de tous les noms infecte la ſociété. Qu'elle reconnoiſſance peut-on avoir pour ceux qui donnent à l'état de pareils ſujets ? Ce n'eſt pas-là ce que les anciens attendoient de l'éducation paternelle.

Gratum eſt quod patriæ civem, populoque dediſti,

Si facis ut patriæ ſit idoneus, utilis agris,
Utilis & bellorum & pacis rebus agendis.
         JUVENAL, ſatyr. XIV.

Nous nous ſommes attachés à faire connoître les *abus* du pouvoir paternel ; nous avons ſpécialement blâmé l'uſage barbare de faire enfermer les enfans pour la plus légère faute ou l'inconduite d'un moment, parce que ces deux déſordres, non-ſeulement altèrent ou détruiſent le bonheur des familles, mais encore troublent la ſociété & y multiplient les vices & les malheurs. Nous n'avons rien dit de la déſobéiſſance ou de l'indiſcipline des enfans, parce qu'elle n'a point des ſuites auſſi fâcheuſes que l'abus de l'autorité paternelle, & que c'eſt toujours l'ignorance ou la folie des parens qui ſont la cauſe des défauts & des mauvaiſes habitudes des enfans, ceux-ci ſortant des mains de la nature, ſuſceptibles de toutes les vertus, de toutes les belles qualités de l'ame & du cœur.

Abus *dans la conduite des ſupérieurs envers leurs inférieurs, qui peuvent intéreſſer l'ordre public & les mœurs nationales.*

Nous ne parlerons dans cet article que des *abus* qui ont lieu de la part des maîtres dans les arts & métiers envers les apprentifs & ouvriers ; de la part des maîtres d'école & profeſſeurs dans les collèges envers leurs élèves ; enfin de la part des chefs militaires envers les ſoldats & autres perſonnes chargées de leur obéir.

C'eſt un grand *abus* que celui que ſe permettent les maîtres dans les communautés d'arts & métiers, de fixer le ſalaire de leurs ouvriers d'une manière irrévocable, & de ne le point augmenter malgré la cherté des vivres. Il en réſulte ſouvent des troubles, des attroupemens, des déſordres qui excitent la rigueur de la police & donnent lieu à des châtimens toujours pénibles aux yeux du magiſtrat ſenſible & humain. Il ſeroit bien plus ſimple de permettre aux ouvriers de traiter avec leurs maîtres avant d'entrer chez eux, & de régler le taux du ſalaire qu'ils prétendent demander. Il en réſulteroit que les pauvres ouvriers ſeroient moins à plaindre, & les maîtres & le public mieux ſervis. Il faudroit ſur-tout que la police mît beaucoup d'impartialité dans l'intervention que les maîtres ſollicitent d'elle, lorſque les ouvriers refuſent de travailler parce qu'on ne les paie pas aſſez. Il arrive trop ſouvent que le magiſtrat n'écoute qu'une des parties, & punit en conféquence ceux qui ne l'ont point mérité. Nous avons eu plus d'un exemple de ces *abus* : nous avons vu à Paris, à Lyon, les ouvriers maltraités par les maîtres, ſe plaindre, s'aſſembler, demander une augmentation de ſalaire, s'adreſſer au magiſtrat de police, qui la leur refuſe & qui en fait mettre pluſieurs en priſon. Eſt-ce ainſi qu'on doit gouverner d'utiles citoyens ? dans tout ne faut-il pas de la juſtice & de l'humanité ? Il n'y a point d'uſage qui doive tenir contre une pareille raison. Il est vrai que la force des choses qui conduit les hommes, les a amenés à plus de raison & & d'équité à cet égard, & que l'administration plus éclairée a senti qu'il étoit injuste de donner toujours numérairement la même somme de deniers, pour la journée d'un ouvrier, lorsque tout étoit augmenté de prix intrinsèquement. Un autre *abus* dont les maîtres se rendent encore coupables envers leurs ouvriers, & par suite envers le public, c'est l'indifférence & la légèreté avec lesquelles on les renvoie dans les *mortes saisons* ou au moindre mécontentement. Je conçois qu'on ne doit pas obliger un manufacturier, fût-il riche comme un *Samuel Bernard*, un *Vanrobais*, à garder chez lui des bras inutiles, ou des hommes dont il est mécontent; mais,

Est modus in rebus, sunt certi denique fines,
Quos ultra citraque nequit consistere rectum.
                    HOR.

l'humanité, le bien public ont aussi leur droit. Il est dur, il est même injuste de pauvres ouvriers dès l'instant qu'ils ne peuvent plus être les instrumens de notre fortune. On doit quelque ménagement pour leur position, sur-tout pour ceux qui ont de la famille, & l'intérêt du riche fabricant ne doit pas toujours être la mesure du bien public. Enfin ce qui doit sur-tout fixer l'attention des magistrats de police, c'est que cet usage donne lieu au brigandage, à la prostitution & à une foule de désordres publics & privés.

L'on peut encore reprocher aux personnes qui employent des ouvriers le peu de soin qu'elles prennent d'eux, lorsque l'âge ou les infirmités les ont privés des ressources du travail. L'hôpital ou la mendicité, voilà leur refuge. C'est un malheur que les loix morales ne soient pas obligatoires; car l'utilité de leur pouvoir se feroit sentir principalement ici. Qu'y auroit-il de si extraordinaire qu'un fabricant, enrichi par le travail & l'industrie de ses ouvriers, fût obligé de donner une pension alimentaire au vieillard infirme ou malheureux, dont les bras ne peuvent plus fournir à sa subsistance? Mais nous paierions les étoffes & les bijoux plus cher, dira quelqu'économiste: & bien, soit, je consens à cette taxe sur le luxe public, pour secourir mes concitoyens malheureux.

Nous ne dirons qu'un mot sur les *abus* que les *maîtres* se permettent dans leur conduite envers les apprentifs qu'ils ont chez eux, & nous n'en parlerons que pour solliciter l'attention du magistrat de police en faveur de cette partie de la discipline des arts. Il est juste que les jeunes gens qui destinent les plus belles années de leur vie à apprendre un métier, voient leurs vues remplies par les soins, l'exactitude & le zèle de leurs maîtres; il est important que le public ait de bons artisans, & l'état des hommes capables de perfectionner les arts & accroître l'industrie nationale. Ces motifs de bien public suffiroient seuls pour engager tout administrateur à porter la

plus sérieuse attention sur la police des apprentifs, quand l'intérêt de ces jeunes citoyens ne les y engageroit point. On doit donc leur rendre une prompte justice, s'opposer aux mauvais traitemens, aux duretés, aux rigueurs déplacées que les maîtres exercent trop souvent contr'eux. Ces *abus* les découragent, les dégoûtent, leur font abandonner leur profession & perdre ainsi le moyen & le temps de devenir des citoyens utiles & laborieux.

La discipline des colleges & des écoles publiques offrent aussi des *abus* qui intéressent la société, & dont un magistrat, chargé d'y maintenir la tranquillité, doit avoir connoissance. Nous ne les analyserons pas tous ici, nous ne ferons mention que des plus remarquables; les autres trouveront leurs places aux mots COLLEGES, ECOLES PUBLIQUES. L'on peut remarquer deux espèces d'*abus* dans les établissemens dont nous parlons; les uns tiennent aux personnes qui sont chargées de l'instruction, & les autres aux établissemens mêmes.

Les premiers *abus* prennent leur source dans l'ignorance, le pédantisme & la dureté des maîtres & professeurs, quelquefois même dans leurs mauvaises mœurs; mais ce dernier cas est très-rare, & les défauts de caractère sont bien plus communs que les vices du cœur, ou de conduite parmi eux. Les châtimens déplacés, les rigueurs & l'appesantissement de l'esclavage scholastique sont extrêmement nuisibles au but des études & à l'ordre public. Non-seulement ces *abus* de l'autorité dégoûtent les jeunes gens, ou leur font passer un temps pénible, mais encore leur inspirent la haine de l'instruction, les forcent à quitter le college, & à errer dans les villes où souvent ils finissent par devenir de mauvais sujets, ou tout au moins d'inutiles citoyens. On en rencontre par-tout qui, pour une rigueur déplacée de la part d'un régent, se sont enrôlés dans des troupes de comédiens ou d'aventuriers, ont passé dans les isles, chez l'étranger en qualité de valet, & ont donné à nos voisins la preuve de notre peu de soin dans l'éducation de la jeunesse. Il est donc bien important que les administrateurs des colleges empêchent de pareils *abus*, & qu'on rende tolérable aux enfans un genre d'occupation si éloignée de celle que la nature leur commande à cet âge. De plus cette crainte continuelle, ces peines multipliées qu'on leur fait éprouver, nuisent à leur santé & à leur caractère; à leur santé, en empêchant la libre circulation des esprits, en troublant le sommeil & la digestion par des inquiétudes d'autant plus actives, que le genre nerveux est irritable chez de pareils sujets. On reconnoît cette disposition physique à leur air sérieux, abattus, à leurs regards occupés, à leurs yeux fatigués de travail & de pleurs. La gêne, l'esclavage & les duretés scholastiques nuisent encore au caractère des enfans en le formant à la servitude, en l'habituant à obéir à des ordres arbitraires, en le formant de bonne heure à porter le joug du despotisme. Rarement ces pauvres enfans conservent-ils cet esprit noble & fier qui annonce l'homme libre & qui ne craint rien que la honte de manquer à ses devoirs. Ils ont à redouter les caprices, la mauvaise humeur, les dangereuses mœurs, la dureté, je dirai presque la férocité de leurs maîtres.

Mais pourquoi donc ces *abus* incroyables dans le plan de notre éducation ? Est-ce donc que *Rousseau* n'a pas écrit ? Avant lui, que des hommes ignorans s'érigeassent en persécuteurs de l'enfance, que l'on *travaillât* les jeunes gens par la férule & le fouet, ces sottises barbares pouvoient au moins avoir l'erreur pour excuse ; mais aujourd'hui que l'auteur d'*Emile* a éclairé notre raison, que nous connoissons nos fautes, comment peut-on continuer dans ces vieilles & destructives habitudes ? On peut, je crois, mettre au rang des causes de la dépopulation & des obstacles au perfectionnement de l'espèce humaine, la manière dont on élève la jeunesse dans notre Europe civilisée.

Mais, indépendamment de ces *abus*, on peut encore en trouver de très-grands dans les établissemens mêmes, ou plutôt dans la manière dont nous en faisons usage. « Les collèges & les écoles gratuites de dessin, dit M. *Mercier* dans son *Tableau de Paris*, propagent l'*abus* d'un reflux éternel de jeunes gens sur les arts de pur agrément, pour lesquels souvent ils ne sont pas nés. Cette pernicieuse routine des petits bourgeois de Paris, dépeuplent les atteliers des arts méchaniques bien plus utiles à la société. Ces écoles de dessin ne font que des barbouilleurs, & ces collèges de plein exercice pour ceux qui n'ont point de fortune, répandent dans le monde une foule de scribes qui n'ont que leur plume pour toute ressource, & qui portent par-tout leur indigence & leur inaptitude à des travaux fructueux. » (L'auteur auroit pu ajouter que ces deux établissemens peuplent éternellement nos colonies, & recrutent les troupes aux dépens des arts & du commerce bien plus utiles.)

« Le plan actuel des études est très-vicieux, & le meilleur écolier remporte, au bout de dix années, bien peu de connoissances en tout genre. On doit être vraiment étonné de voir des gens de lettres ; mais ils se forment d'eux-mêmes. Il y a dix collèges de plein exercice. On y emploie sept ou huit ans pour apprendre le latin, un peu de rhétorique & de philosophie ; & sur cent écoliers, quatrevingt-dix en sortent sans rien savoir. »

» Le nom de Rome est le premier qui ait frappé mon oreille dans les collèges, continue le même auteur. Dès que j'ai pu tenir un rudiment, on m'a entretenu de Romulus & de sa louve ; on m'a parlé du Capitole & du Tybre. Les noms de Brutus, de Caton & de Scipion me poursuivoient dans mon sommeil. On entassoit dans ma mémoire les épîtres familières de Cicéron, tandis que d'un autre côté, le catéchiste venoit le dimanche & me parloit encore de Rome comme de la capitale du monde où résidoit le trône pontifical, sur les

» débris du trône impérial ; de sorte que j'étois loin de Paris, étranger à ses murailles, & que je voiois à Rome, que je n'ai jamais vue & que probablement je ne verrai jamais.

» Les décades de Tite-Live ont tellement occupé mon cerveau pendant mes études, qu'il m'a fallu dans la suite beaucoup de temps pour redevenir citoyen de mon pays, tant j'avois épousé les fortunes des anciens romains. J'étois républicain avec tous les défenseurs de la république ; je faisois la guerre avec le sénat contre le redoutable Annibal ; je rasois Carthage la superbe ; je suivois la marche des généraux romains, & le vol triomphant de leur aigle dans les Gaules ; je les voyois sans terreur conquérir le pays où je suis né ; je voulois faire des tragédies de toutes les stations de César, & ce n'est que depuis quelques années que je ne sais quelle lueur de bon sens m'a rendu françois & habitant de Paris.

» Il est sûr qu'on rapporte de l'étude de la langue latine un certain goût pour les républiques, & qu'on voudroit pouvoir ressusciter celle dont on lit la grandeur & la vaste histoire. Il est sûr qu'en entendant parler du sénat, de la liberté, de la majesté du peuple romain, de ses victoires, de la juste mort de César, du poignard de Caton, qui ne put survivre à la destruction des loix, il en coûte pour sortir de Rome & pour se retrouver bourgeois de la rue *des Noyers*.

» C'est cependant dans une monarchie que l'on entretient perpétuellement les jeunes gens de ces idées étrangères, qu'ils doivent perdre, & oublier bien vîte pour leur sûreté, pour leur avancement & pour leur bonheur, & c'est un roi absolu qui paie les professeurs pour vous expliquer gravement toutes les éloquentes déclamations lancées contre le pouvoir des rois ; de sorte qu'un élève de l'université, quand il se trouve à Versailles & qu'il a un peu de bon sens, songe malgré lui à Tarquin, à Brutus, à tous les fiers ennemis de la royauté. Alors à pauvre tête ne fait plus où elle en est ; il est un sot, un esclave né, ou il lui faut du temps pour se familiariser avec un pays qui n'a ni tribuns, ni décemvirs, ni sénateurs, ni consuls. »

Remarquez que l'auteur ne regarde point comme un *abus* de notre éducation, qu'on y entretienne l'esprit des jeunes gens d'exemples républicains, de vertus ennemies de la tyrannie. C'est un fait qu'il raconte, fait qui confirme la contradiction que nous avons si souvent fait remarquer entre nos principes & notre conduite, fait qui prouve que la légèreté, l'inconstance françoise & la morale publique de notre nation, nous rendent également incapables d'une tenue de principes & d'une façon de penser énergique. Une tête angloise est différente. D'ailleurs l'éducation indirecte que nous recevons dans le monde a bientôt amené notre caractère à la soumission, à la douceur nationale, & la vertu romaine n'est point à craindre à Paris.

Mais enfin doit-on regarder comme un *abus*, qu'on énerve ainsi les plus énergiques pensées, en proposant comme des modèles de vertu, les qualités républicaines que la constitution politique obligera bientôt d'abjurer ? Croit-on que les ames seroient plus fortes, si, étrangères dès l'enfance à ces grandes idées, on ne les leur communiquoit qu'à mesure que l'âge & les injustices des hommes publics les mettroient à portée d'en sentir le prix & d'en faire d'heureuses applications. Ou bien, pour le bonheur de tous ne devroit-on enseigner que les principes du monarchisme, c'est-à-dire, d'un gouvernement établi en partie sur l'autorité arbitraire & en partie sur un droit qui n'a presque aucun rapport avec la liberté civile de Rome & de la Grèce ? Ces questions que nous proposons ici trouveront leur réponse ailleurs. Poursuivons les *abus* réels qui se rencontrent dans d'autres sortes d'instructions publiques.

D'abord j'en apperçois d'une espèce qui mérite toute l'attention du magistrat de police, dans les écoles d'anatomie ; c'est l'*abus* qu'on fait de la dissection des cadavres. Quelques peuples regardoient les morts comme des choses sacrées, & il étoit défendu d'y toucher. Ce respect superstitieux étoit sans doute peu favorable aux progrès de la médecine, mais il empêchoit des désordres, sur-tout ceux que nous avons ne naître de nos jours dans l'usage des dissections anatomiques. Des jeunes gens inconsidérés violent impunément le droit de sépulture, enlèvent les cadavres, les dispersent par parties dans les rues, dans les puits & dans les latrines, lorsqu'ils n'en ont plus besoin. C'est vraiment un scandale révoltant & qu'on ne doit point tolérer. Le prétexte de la science est tout-à-fait frivole ici. Il y a plus d'impertinence & de curiosité dans cette mutilation des restes malheureux de notre être, que de solidité & de desir de s'instruire. Il est des sentimens délicats qu'on ne peut détruire sans préjudicier aux mœurs & à l'ordre social. Je mets dans ce nombre l'émotion que nous fait éprouver la vue de la triste dépouille de l'humanité. Cette horreur salutaire est un des fondemens de la sensibilité de l'homme : la détruire, permettre qu'une foule de jeunes gens indisciplinés la bravent en s'abreuvant, pour ainsi dire, de sang humain, sous le prétexte de l'étude : c'est un vrai désordre, un grand *abus* de police. De tous ces apprentifs chirurgiens, occupés un tiers de leur vie à hacher, couper, semer à droite & à gauche des parties de cadavres, il n'y en a pas deux qui chaque année acquièrent une connoissance utile aux progrès de leur art, dans ces dégoûtantes & horribles boucheries. On sent bien que je n'entends point parler ici des démonstrations utiles & décentes, faites par les maîtres de l'art. Celles-ci sont recommandables & suffisent pour l'instruction de quiconque cherche plus à s'instruire qu'à faire parade de zèle & de courage dans cette rebutante étude. Mais, indépendamment de ces considérations générales, il en est encore de particulières

qui, dans une ville comme Paris sur-tout, exigent la vigilance de la police. « Les élèves chirurgiens, dit » le *Tableau de Paris*, escaladent la nuit les murs » d'un cimetière, volent le corps déposé & enseveli » la veille, & le dépouillent de son linceul. Après » qu'on a brisé la bière & violé la sépulture des » morts, on plie le cadavre en deux, on le porte » dans une hotte chez l'anatomiste. Ensuite, quand » le corps a été haché, disséqué, l'anatomiste ne » ne sait plus comment le replacer au lieu où il l'a » pris : il en jette & en disperse les morceaux où il » peut, soit dans la rivière, soit dans les égoûts, » soit dans les latrines. Des os humains se trouvent » mêlés avec les os des animaux qu'on a dévorés, » & il n'est pas rare de trouver dans des tas de fu- » mier des débris de l'espèce humaine. »

On sent combien de pareils *abus* peuvent donner lieu à des méprises funestes, dans la police & les recherches de la procédure criminelle. Ils peuvent aussi servir à cacher des meurtres, puisque rien ne constate l'apport du cadavre chez l'anatomiste ; enfin, sous tous les points de vue, la licence qui s'est introduite dans cette partie mérite d'être réprimée, puisqu'elle ne peut être utile à rien, & que loin de concourir aux progrès de l'art de guérir, elle ne sert qu'à dresser les jeunes élèves au sang, & à se jouer de la vie des hommes. Nous engageons les magistrats à s'opposer à cette épidémie anatomique, avec autant de zèle que nous leur conseillons d'en avoir pour l'avancement & les progrès de l'anatomie, science qui, de l'aveu même des maîtres de l'art, n'a point fait un pas en France depuis cinquante ans, malgré la quantité de cadavres qui ont été, en pure perte, prodigués à la gente chirurgicale pendant ce temps. Les motifs d'une augmentation de sévérité dans la police à cet égard sont donc fondés, d'après ce que nous venons de dire ; 1°. sur l'inconvénient qu'il y a d'émousser la sensibilité des citoyens pour des objets qui doivent leur inspirer une horreur salutaire ; 2°. sur la violation du droit de sépulture, violation que l'on ne doit jamais tolérer, parce que la sépulture est une des choses dont la société répond aux parens de la personne enterrée ; 3°. sur l'indécence que se permettent les jeunes chirurgiens de jetter des parties de cadavres dans les fumiers & les latrines, indécence que les hommes les moins délicats ne peuvent s'empêcher de blâmer ; 4°. sur les malheurs & les méprises dangereuses qui peuvent en résulter dans l'administration de la justice criminelle ; 5°. sur les obstacles que ces désordres ne peuvent manquer de mettre aux progrès même de l'anatomie ; 6°. sur le mauvais air que répandent ces restes malheureux de notre existence ; 7°. sur le commerce criminel auquel cet *abus* donne lieu entre les gardiens des cimetières & les élèves en chirurgie ; 8°. enfin, sur les désagrémens, les incommodités & la peine que fait éprouver aux citoyens le voisinage de ces scènes par trop multipliées, & renouvellées tous les jours.

Nous finirons ces observations sur les *abus* les plus

généraux qu'on remarque dans la difcipline des écoles, & qui peuvent intéreffer l'ordre public, par cette dernière réflexion de l'auteur du *Tableau de Paris*. « J'ai toujours été révolté de voir dans les » collèges un profeffeur qui, à la fin d'une année de » phyfique, la couronne par une barbarie expéri- » mentale. On cloue un chien vivant par les quatre » pattes; on lui enfonce un fcalpel dans les chairs, » malgré fes hurlemens douloureux; on lui ouvre » les entrailles, & le profeffeur manie un cœur » palpitant. La cruauté doit-elle accompagner la » fcience? & les écoliers ne fauroient-ils apprendre » un peu d'anatomie fans être préalablement des » bourreaux? » A quoi bon, en effet, cette cu- riofité cruelle? La douce fenfibilité n'eft-elle pas préférable à une légère teinture de connoiffances qui ne peuvent jamais être véritablement utiles? Pourquoi montre-t-on, en général, tant de zèle, quand il eft queftion d'*abus* qui peuvent porter atteinte à la décence & à la pudeur, tandis qu'on prend fi peu de foin des chofes qui émouffent la fenfibilité & rendent les mœurs féroces? L'univer- fité s'eft quelquefois plaint que ces maîtres de pen- fion donnaffent chez eux des pièces de théâtre, où des jeunes gens des deux fexes jouoient enfemble; elle a blâmé cette coutume comme contraire aux bonnes mœurs, & elle autorife un *abus* auffi dan- gereux que celui dont nous parlons, *abus* qui ne tend à rien moins qu'à anéantir dans l'ame des éco- liers la pitié, les fentimens de miféricorde, de fen- fibilité, à leur infpirer une impaffible dureté, le le goût du fang, & à les accoutumer à voir fans émotion un être vivant périr au milieu des dou- leurs & des hurlemens. Voilà, je crois une habi- tude dangereufe & bien plus nuifible au bonheur & au repos de la fociété qu'aucune autre en appa- rence plus contraire aux mœurs & à la religion. *Tollite barbaram morem, fodales.* Horace.

Des abus que les gens riches peuvent commettre en- vers les pauvres, & qui peuvent intéreffer l'ordre & la morale publique.

L'inégalité des fortunes eft une chofe inévitable dans l'état de fociété; elle naît du talent, de l'a- dreffe, de l'économie des uns & de la prodigalité, de l'ignorance & du befoin des autres. Il n'eft pas au pouvoir du magiftrat, ni du fouverain même de l'empêcher, mais il l'eft de mettre un terme aux *abus* qui peuvent en réfulter, & fur-tout de cher- cher à y remédier.

On dit que la richeffe & le luxe endurciffent le cœur & donnent des fentimens impaffibles : cela n'eft pas exactement vrai. On peut dire, au con- traire, qu'en général, les gens riches, fur-tout ceux

qui habitent les grandes villes, ont plus de fenfibilité, de facilité, toutes chofes égales d'ailleurs, que les autres hommes, parce que les jouiffances paifibles, le goût des arts, la lecture & la fociété exaltent en eux les fentimens doux & bienfaifans. Voyez Paris, malgré les déclamations ridicules contre fa molleffe, fes plaifirs, malgré les noms de *vam- pire politique*, de *gouffre dévorant* qu'on lui donne, n'eft-il pas un foyer perpétuel de bienfaifance? N'eft-ce pas à lui qu'on a recours pour obtenir des fecours dans les temps de calamités (1)? Difperfez- en les riches habitans, confinez-les dans leurs ter- res, vous allez en faire des propriétaires impaffibles, qui n'iront point, à la vérité, à l'opéra, qui n'auront point de maîtreffes entretenues, mais qui, infatia- bles de biens, fe réjouiront de la mifère publique, pour vendre plus cher leurs denrées, & ne donneront aux pauvres qu'un morceau de pain qu'ils leur fe- ront payer au prix du plus dur travail. Le riche pro- priétaire vivant au milieu de fes poffeffions eft donc beaucoup plus perfonnel que le citadin. Il a tous les défauts de l'efprit de propriété à un degré inconnu aux habitans des grandes villes, & quels que foient les préjugés à cet égard, qu'on y réfléchiffe, on s'affurera de la vérité de cette affertion. L'homme opulent de la capitale n'eft pas à l'abri de tous reproches à cet égard; fi le riche campagnard eft endurci au fein des vrais biens, s'il *abufe* de la propriété, celui de la ville *abufe* de fes richeffes d'une manière qui, quoique moins nuifible, n'en eft ni moins réelle, ni moins remarquable. Voyons donc en peu de mots en quoi confifte ces *abus*, ne fût-ce que pour les connoître, quand bien même le droit du magiftrat ne s'étendroit point toujours jufqu'à pou- voir en arrêter le cours.

Dans l'état focial, le plus dangereux *abus* de la richeffe eft celui qui naît de l'efprit de propriété. Les économiftes ont cherché par des principes ou- trés à donner tout pouvoir au propriétaire de dif- pofer & d'acquérir des biens à fon gré. Ils n'ont pas vu que le droit d'acquérir eft mefure fur les befoins réels de l'acquéreur, & que quiconque fe donne un fuperflu aux dépens du néceffaire des autres, viole les claufes du contrat focial. Il eft vrai que cette violation a lieu dans prefque tous les états policés, mas elle eft primitivement l'effet de la conquête & non du droit politique. Les économiftes ne devoient donc point l'ériger en principes, & fuppofer comme une verité ce qui n'eft qu'une conféquence du droit du plus fort. C'eft donc un grand *abus* d'acquérir tous les jours de nouvelles poffeffions, & d'englober dans fa propriété toutes les terres d'une paroiffe, de profiter des mauvaifes faifons, des calamités publiques, pour acheter à vil prix les héritages des pauvres & les réduire ainfi de propriétaires à l'état de falariés. Il

_____

(1) Nous avons un exemple de cela dans les fecours que les habitans des campagnes, ruinés par l'orage du 13 juillet 1788, ont trouvés à Paris : toutes les bourfes fe font déliées, & les bons parifiens, fi enviés, fi jaloufés, fe font empreffés de fecourir les grêlés avec une charité vraiment fraternelle.

n'y

n'y a point de raifon économique qu'on puiffe donner pour juftifier ces excès. Mille maux en naiffent, la pauvreté du peuple, l'orgueil, l'égoïfme du grand propriétaire, l'accaparement des biens, l'indifférence des citoyens pour une patrie où l'on les dépouille de l'héritage de leurs pères. Telle eft la conféquence néceffaire de cet *abus*, que fi les changemens que le féjour & le luxe des grandes villes occafionnent dans les fortunes des riches, qui viennent y réfider, ne redivifoient pas les propriétés territoriales, par vente, faifie, engagement, &c. & ne morceloient pas de temps à autre, toute la richeffe foncière d'un état fe trouveroit entre les mains d'un petit nombre de familles, & le peuple gémiroit, non plus comme autrefois fous le joug de la nobleffe, mais fous celui plus odieux des propriétaires terriens. On fait les malheurs qu'ont produit à Rome ces mêmes défordres, malheurs que la loi de reftitution, qui chez les hébreux rendoit, au bout de cinquante ans, tout héritage à fon ancien propriétaire, quelle qu'ait été la caufe de l'aliénation, eût infailliblement prévenus. Peut-être qu'il feroit utile d'en faire quelquefois ufage chez nous, ne fût-ce que *par voie d'adminiftration*. Du moins les magiftrats municipaux, les affemblées provinciales, les états particuliers devroient-ils chercher à s'oppofer aux *abus* des gros propriétaires, par différens moyens, foit en acquérant eux-mêmes les biens que les pauvres citoyens font forcés de vendre pour les revendre enfuite, au prix de l'achat, aux petits particuliers, avec des facilités pour le paiement; foit en allant au-devant des befoins qui peuvent engager les villageois à fe défaire de leurs biens; foit enfin en réglant que, vu la pauvreté du vendeur, il lui fera permis de rentrer dans fon héritage jufqu'à telle époque, s'il peut rembourfer. Peut-être feroit-il utile de faire des loix particulières à chaque ville & à chaque province, pour régler la quantité d'arpens de terre que peut pofféder un feul homme, en proportion de l'étendue de la communauté ou du pays? Tout cela n'eft pas fans inconvénient, je le crois, mais s'il peut fervir à prévenir de plus grands, ne doit-on pas le prendre en confidération? L'ufage du parlement d'Angleterre de délivrer les débiteurs infolvables prifonniers, ne prouve-t-il pas que dans un grand état policé il eft néceffaire, quoiqu'on en dife, d'aller quelquefois au fecours du pauvre écrafé par le riche, & de rappeller au milieu de la fociété ce principe du contrat focial, que tout ce qu'un particulier a de trop aux dépens de la communauté, peut lui être ôté fi le befoin public le demande? La propriété n'eft-elle pas foumife aux loix de la liberté, de la tranquillité, de l'ordre focial? C'eft une erreur de croire que nous ne nous foyons réunis que pour conferver notre avoir ou le fruit de notre travail; cette claufe, une des principales, à la vérité, a dû être fubordonnée à celle de la défenfe nationale & de l'exiftence politique; d'ailleurs c'eft conferver aux citoyens leur propriété primitive, que de mettre un

terme à l'efprit même de propriété, & du même principe on pourroit tirer des conféquences diamétralement oppofées à celles qu'en ont tirées les économiftes.

Après avoir parlé des *abus* de la richeffe, confidérés du côté des défordres qu'ils font naître dans la propriété même, examinons-les fous leur rapport avec les mœurs & le bonheur des hommes foumis à leur influence. C'eft principalement dans les villes qu'on doit confidérer la richeffe fous ce dernier point de vue; c'eft-là que le pauvre dénué de tout, eft plus fenfiblement le jouet des caprices, des paffions & de la brutalité de ceux qui poffèdent & diftribuent l'or. Et les *abus* que fe permettent ces rois de la terre, dans leur conduite envers les pauvres étant très-nombreux, & portant le trouble & la divifion dans les familles & dans la fociété, ils doivent fixer l'attention du magiftrat chargé d'y maintenir l'ordre & la police.

Le plus grand de tous les *abus* que fe permettent les hommes opulens, eft d'employer leur fortune à féduire l'innocence & corrompre la jeuneffe. C'eft quelque chofe d'étonnant que l'impudence avec laquelle un riche marchande les faveurs de la beauté indigente, & c'eft un fpectacle vraiment douloureux que celui de la facilité avec laquelle le peuple fe prête à ces honteufes manœuvres. C'eft le comble de la dégradation, fans doute, dans celui-ci; mais c'eft le comble de l'infamie dans les autres. Ces défordres font, dans les grandes villes, une fource intariffable de malheurs & de proftitution. Comment fe peut-il faire que de tous temps la fortune n'ait été entre les mains des riches qu'un moyen de perfécution pour le peuple? car je regarde comme une perfécution fourde & continuelle ces filets d'or tendus à la fimplicité, à la bonne foi, à la vertu du peuple. Cette corruption de mœurs, ces *abus* bleffent l'ordre public & portent la divifion dans la fociété; c'eft au magiftrat intègre à les prévenir, à les détruire, & à ne point permettre que les gens riches deviennent les corrupteurs du peuple & les artifans de la proftitution.

Un autre *abus* de la richeffe, c'eft l'ufure, monftre affreux que quelques écrivains économiftes ont encore eu la foibleffe d'excufer, fur ce principe faux que chacun eft maître de faire de fa propriété tout ce qui lui plaît & d'en tirer tout l'avantage poffible: comme fi tout ufage de la propriété qui peut apporter du trouble dans la fociété, y éteindre les vertus publiques, fapper l'édifice moral de la civilifation, ne devoit pas en être profcrit, & comme s'il étoit jamais permis, par le contrat focial, de tirer tout l'avantage poffible de fa fortune aux dépens de la communauté & de la fubfiftance des pauvres citoyens? Les légiflateurs éclairés n'ont point penfé comme cela: *fi vous prêtez de l'argent au pauvre peuple*, dit Moïfe, *vous ne le prefferez point comme un créancier rigoureux, & vous ne le chargerez point d'ufures.* exode, c. 22, ⱱ. 25. Quels malheurs, quels défordres l'ufure dévorante ne fit-elle point naître à Rome! Pourquoi n'avoir point flétri ce vice de la honte, de l'infamie attachée à la défertion ou à la trahifon de la patrie ? N'eft-ce pas, en effet, trahir la patrie que d'employer fa propriété à foutenir une guerre fourde & continuelle, contre le peuple, à le ruiner par des voies injuftes, à le dépcuiller du fruit de fes travaux, à le priver même de fa liberté pour le forcer à acquitter des dettes que réprouvent la juftice & l'humanité ? Il n'eft qu'un moyen de détruire cet horrible *abus* des richeffes, c'eft d'y attacher l'infamie du fauffaire, de ne point recevoir en juftice le témoignage de l'ufurier, & , comme à un homme flétri par la loi, lui refufer l'entrée dans toutes les charges civiles ou municipales..

Au refte, on conçoit que l'on n'entend parler ici que de l'ufure réelle, qui confifte à exiger, pour le prêt d'une fomme d'argent ou ce fon équivalent, un intérêt au-deffus de celui prefcrit par l'ufage & la loi en pareilles circonftances. Il eft très-difficile, je le crois, d'extirper ce fléau ; il fuit le jour & cherche les ténèbres. L'avarice eft fi adroite, elle fait fi habilement profiter des malheurs de l'indigence, qu'il n'eft pas étonnant que l'ufurier échappe aux châtimens. Mais cela n'exempte pas le magiftrat de police de veiller avec le plus grand foin fur cette partie des défordres publics. Il ne doit aucun ménagement à l'odieux artifan de la ruine des familles, & jamais on ne le taxera de rigueur lorfqu'il chaffera de fon reffort de pareilles fangfues, ou les dénoncera à la juftice pour en obtenir la reftitution de leurs vols.

Il eft un genre d'ufure qu'on ne connoît peut-être qu'à Paris : voici comme parle de cet *abus* méprifable, M. *Mercier*, tome III, p. 50, de fon *Tableau de Paris*. « Les *prêteurs à la petite femaine* font une » efpèce d'ufurier qu'on ne rencontre qu'ici, & qui » jugent leur métier extrêmement honteux, puif- » qu'ils ont perpétuellement le front voilé. Leurs » courtiers habitent autour des halles. Les femmes » qui vendent des fruits & des légumes fur l'*éven-* » *taire*, les détailleurs en tous genres, ont befoin » le plus fouvent de la modique avance d'un écu de » 6 livres, pour acheter des macquereaux, des pois, » des poires, des cerifes. Le prêteur le confie à » condition qu'on lui rapportera au bout de la fe- » maine 7 livres 4 fols. Ainfi fon écu, quand il » travaille, lui rapporte de 60 livres par an ; » c'eft-à-dire, dix fois fa valeur : voilà le taux mo- » déré des prêteurs à la petite femaine. Si je difois » que des hommes opulens font ainfi manœuvrer » leurs fonds, & qu'ils exercent cette ufure énorme » fans remords, quelle idée ne fe formeroit-on pas » de la dureté de certaines ames, & de leur foif » cruelle pour les richeffes. O ! qui ne recule pas » épouvanté, quand il vient à contempler de près » la lutte éternelle de la mifère & de l'opulence ! »

Nous parlerons ailleurs des moyens fages qu'on pourroit employer à Paris pour détruire ce dernier *abus*, moyens qui ont déjà été utilement employés autrefois & qu'on pourroit renouveller aujourd'hui.

Voyez USURE & PRÊTEURS A LA PETITE SEMAINE. Nous ne finirions pas ici, fi nous voulions dénombrer tous les *abus* des riches, comme tels, envers les pauvres ; nous avons indiqués les deux plus nuifibles à l'ordre public, la corruption & l'ufure, parce qu'ils font en même-temps ceux fur lefquels le magiftrat de police peut avoir le plus de prife : paffons à d'autres *abus*.

Des abus des perfonnes publiques dans leur conduite envers les particuliers.

Tout homme public eft le dépofitaire d'un pouvoir où le repréfentant d'un droit. La loi doit être fa règle, & lui interdire toute acception particulière ; il doit être fans haine, fans amour, lorfqu'il eft queftion de faire ufage de fon pouvoir, & l'équité feule doit diriger fa conduite. Tel eft l'objet du ferment tacite ou pofitif qu'il fait à la fociété en fe revêtiffant du caractère public. Il ne peut donc l'oublier fans s'expofer à un parjure également honteux pour lui, & funefte à fes concitoyens. Sur-tout il ne doit jamais employer l'autorité qui lui eft confiée à fatisfaire fes paffions particulières ou à légitimer fes défordres. Ces principes vrais & fondés fur les principes de la raifon, ont cependant été violés de tout temps par les hommes puiffans, & depuis le crime du décemvir *Appius*, juf-qu'aux emprifonnemens ordonnés de nos jours, fur la requifition d'un valet des fermes, combien en a-t-on vu honteufement *abufer* du pouvoir confié à leur foins ?

C'eft principalement chez les peuples efclaves, dans les états defpotiques ou les monarchies mal gouvernées, que les *abus* de ce genre font plus communs. Là, toute réclamation eft interdite à l'homme privé qui, avili à fes propres yeux, craint fes maîtres avec d'autant plus de raifon, que la juftice eft méconnue & la force érigée en droit. Quand la violence militaire fe joint à ces défordres & prête fon appui à la prévarication & à l'iniquité, alors l'efclavage ou l'oppreffion des particuliers entraîne à la fois la ruine de l'état ou du gouvernement qui les a fomentés. Mais, lors même que l'*abus* du pouvoir confié aux officiers publics n'entraîne pas ces malheurs, il ne laiffe pas de jetter le trouble & la divifion dans la fociété, foit en trahiffant la confiance, foit en violant le droit de propriété, foit en détruifant la liberté des citoyens & leur refpect pour les loix.

En parcourant la hiérarchie des hommes publics, on voit que le nombre de ces *abus* doit être immenfe. Au premier rang, je mets ceux des miniftres des autels ; & pour rentrer dans un ordre de chofes analogues à notre fujet, je regarde comme un *abus* condamnable celui dont fe rendent coupables quelque pafteurs, en portant le trouble dans les familles par l'influence de leur defpotifme facerdotal. Les petites familles bourgeoifes principalement font le théâtre où s'exerce leur tyrannie religieufe. Ils y fomentent des haines, provoquent des châtimens, arment la rigueur paternelle, rompent des unions, s'érigent en juges des inclinations que doivent avoir les jeunes filles qu'on destine à entrer dans le monde ; sur-tout par un esprit de profélitisme, bien affoibli à la vérité de nos jours, ils emploient souvent l'autorité de leur ministère respectable à faire prendre l'état monastique à des personnes, qui n'ont aucune des qualités qu'il exige. Enfin on a vu, sous le prétexte de religion, des chefs même de l'église persécuter ce qu'il appellent des hérétiques, & se rendre odieux par un zèle absurde & intolérant. Je range encore dans la même classe d'*abus* le rigorisme moral, qui porte quelques curés à interdire, dans les paroisses de campagne, les jeux innocens, les danses, les amusemens où les deux sexes se fréquentent & s'animent réciproquement. Ils ne voient pas, ces hommes aveuglés d'un saint zèle, que le plus bel encens qu'on puisse offrir à l'éternel, est celui de ces jeunes cœurs que l'amour & la vertu rassemblent, & qui viennent, après de long travaux, s'épancher au milieu d'une joie douce & pure comme la nature qui la fait naître. Les danses villageoises doivent être encouragées ; elles entretiennent la santé, la gaîté, l'union, les bonnes mœurs parmi les habitans, & donnent lieu à des unions paisibles & assorties. Ce ne seroit point une chose très-déplacée, que l'institution d'une danse dans chaque paroisse, & les seigneurs des terres, ou mieux encore les municipalités, pourroient y consacrer utilement un petit fonds.

Les autres ordres de personnes publiques offrent encore des *abus* de plus d'une espèce. Qui ne connoît ceux des petits despotes de provinces, à commencer par l'intendant, & à finir par un procureur-fiscal & au receveur des aides d'un village ? Leurs désordres dans l'administration économique sont connus ; ils ont été une des principales raisons de l'établissement des assemblées provinciales, qui probablement y remédieront. Mais c'est dans leur conduite envers les simples particuliers qu'on doit reconnoître principalement l'*abus* qu'ils ont fait du pouvoir remis entre leurs mains. Combien de fois des intendans n'ont-ils point obtenu des ordres rigoureux contre des particuliers, uniquement par haine & par vengeance ? Combien de plaintes l'exercice de la grande police qu'on leur a attribué, n'a-t-il pas excitées ! Les petits magistrats de province ne sont point non plus exempts de reproches à cet égard, & on les a vus souvent, par esprit de jalousie, *abuser* de leur crédit & de celui de leur place, pour accabler des citoyens obscurs & foibles. C'est toujours le peuple qui est l'objet de ces tyrannies sourdes, de ces vexations inconnues, & qui échappent à l'attention du souverain même, par l'espèce de nullité où se trouvent réduits les malheureux qui les supportent.

A ces *abus* joignons ceux des officiers militaires : car, quoique de pareils hommes ne dussent avoir aucune influence sur la police civile par le droit de leur place, cependant telle est la mauvaise administration des villes de garnison, que les majors de place, les commandans font la loi, & n'en connoissent d'autre que celle de leur caprice, & de leurs désordres. Cette espèce d'autorité municipale confiée à des mains armées, est une des fâcheuses dispositions politiques de l'état ; elle ôte la considération & le pouvoir aux véritables officiers des villes, qui sont les officiers municipaux ; elle donne lieu à des meurtres, des séductions, des violences que le foible magistrat ne peut réprimer ; elle tient la bourgeoisie & tous les habitans dans l'abrutissement qu'engendre une police militaire ; enfin elle fomente les mauvaises mœurs au-delà de ce que l'on peut croire. C'est à une assemblée législative de la nation qu'on doit dénoncer ces *abus* ; c'est à elle à pourvoir, par des loix invariables, à ce que la garde, la police, le commandement des villes soient confiés en entier à ceux à qui ils appartiennent de droit, & qu'aucun homme militaire ne soit en temps de paix revêtu d'un caractère public dans les murs d'une cité.

Nous n'entrerons pas dans de plus grands détails sur la première division des *abus* moraux de la société ; ce que nous venons d'en dire suffit, nonseulement pour s'en former une idée, mais encore pour mettre une espèce d'ordre dans une matière qui en paroît peu susceptible. On trouvera d'ailleurs presque tous les articles dont nous avons parlé à leur place respective, & les *abus* qui s'y rapportent y seront développés & présentés sous un point de vue plus positif & plus détaillé.

Nous avons observé que les *abus* qu'on remarque dans l'administration de la police naissent, ou des loix & réglemens de police, ou des personnes chargées de les exécuter. Dans le premier cas, ils consistent, 1°. dans un excès de sévérité ou d'indulgence dangereuses ; 2°. dans une partialité contraire à l'ordre & au maintien de la justice. Dans le second cas, c'est-à-dire, lorsque les *abus* naissent de la conduite des agens de la police : on les retrouve, 1°. dans la dureté arbitraire des officiers de police ; 2°. dans une condescendance intéressée qui équivaut à une sorte de prévarication ; 3°. enfin dans le manque des égards qu'exige le rang, la personne ou le sexe. Parcourons rapidement quelques-uns de ces *abus*, renvoyant à leur place ceux qui ne peuvent, ni ne doivent être détaillés ici.

Ce fut autant pour empêcher l'émigration des protestans & gêner la liberté civile, que pour établir un ordre utile de police, qu'en 1686, une déclaration défendit, sous peine de galères à perpétuité pour les hommes, & d'autres peines afflictives pour les femmes, d'aller en pélerinage hors du royaume sans une permission expresse du roi, signée par l'un des secretaires d'état, sur l'approbation de l'évêque diocésain. Cette loi qui s'est conservée, ne peut que faire des coupables, sans que les châtimens exemplaires puissent tourner au profit du repos public : car quels désordres peuvent commettre des pélerins & des pélerines ? Dans la crainte qu'ils n'en commettent, multipliez la maréchaussée, mais n'envoyez pas les gens aux galères par provision : car une telle manière d'administrer la grande police est tyrannique. A côté de cette loi despotique, placez celle-ci de François Ier., de 1536, qui par son absurdité même ne put être exécutée. » Quiconque » sera trouvé ivre, soit incontinent constitué prisonnier au pain & à l'eau, pour la première fois ; » & si secondement il est pris, sera, outre ce que » devant, battu de verges ou fouet par la prison. » C'est le moyen d'avilir les loix & d'autoriser les abus, que de donner dans une sévérité ridicule ou exagérée. Mais en parlant de rigueur injuste & déplacée, qui peut supporter l'idée des peines infligées contre ceux qui ont commis quelque délit sur le fait des chasses ? L'ordonnance de 1601, sous le bon Henri IV même, ordonnoit la peine de mort en pareil cas ; tant les bons principes législatifs sont longs à s'établir ! Aujourd'hui l'honnête citoyen, qu'une imprudence ou tout autre motif a fait tuer une perdrix, est envoyé aux galères, s'il ne veut pas se ruiner pour satisfaire l'avidité despotique des agens du gouvernement dans la police des chasses. Voy. CHASSE.

Mais, sans nous arrêter à ces abus de la grande police du royaume, venons à ceux du même genre qui s'offrent de toutes parts dans l'administration municipale & la police des villes. Si l'on observe avec attention tous les détails de discipline, les réglemens & la manière dont ils sont exécutés, on sera étonné de la foiblesse de l'administration dans de certaines parties & de sa rigueur dans d'autres, sans que pourtant elle soit plus nécessaire, cette rigueur, dans le cas où l'on en fait usage, que dans celui où l'on ne fait paroître qu'une indifférence absolue.

Paris sur-tout est remarquable par cette irrégularité de conduite dans l'administration de la police ; on y tolère des choses vraiment blâmables, & on sévit avec zèle & impétuosité contre des délits qu'on pourroit prévenir par de sages réglemens, sans être toujours obligé de recourir à la rigueur. Mais les abus en ce genre sont tellement enracinés qu'il est difficile d'en espérer la destruction, du moins jusqu'à présent rien ne le fait espérer. Tels sont, par exemple, ceux qui ont lieu dans les enlèvemens. Ils se sont multipliés à un point extrême, jusques-là qu'on est parvenu à les faire regarder, aux stupides & bons parisiens, comme une institution utile & dont on ne sauroit se passer. « Je marche » tranquillement dans la rue, dit M. Mercier, qui observoit les abus de la police en philosophe, » un » jeune homme me précède. Tout-à-coup quatre » estafiers sautent sur lui, le tiennent à la gorge, » le pressent contre la muraille : l'instinct naturel » m'ordonne d'aller à son secours ; un tranquille » témoin me dit froidement : laissez, monsieur, ce » n'est rien ; c'est un enlèvement de police. On met » les menottes au jeune homme, & il disparoît.

» Le lendemain, un voisin qui a entendu du bruit » dans la maison, demande ce que ce pouvoit être : » rien ; c'est un homme que la police a fait enlever. » — Qu'avoit-il fait ? — On n'en sait rien ; il a » peut-être assassiné, ou vendu un livre suspect. —

» Mais, monsieur, il y a quelque différence entre ces » deux délits. — Cela se peut, mais il est enlevé. » Je veux entrer dans une petite rue, un homme » du guet est en sentinelle. J'apperçois un ramas de » populace qui regarde aux fenêtres. Qu'est-ce cela, » monsieur ? Rien, répond-il : c'est une trentaine de » filles publiques qu'on enlève d'un coup de filet. »

Je remarquerai que dans ces enlèvemens nocturnes, sur-tout dans ceux des prostituées, les agens subalternes de la police se permettent des voies de fait, des mauvais traitemens qu'une police équitable ne doit point tolérer. On a vu de ces malheureuses enceintes, mourir des suites de chûtes qu'on leur avoit fait faire, ou des coups qu'elles avoient reçus. On doit respecter l'humanité, & la foiblesse d'un sexe, même dans les plus grands châtimens, & principalement lorsqu'il est question de punir un délit dont la cause & l'origine sont bien plus dans nos désordres que dans les vices de celles qui le commettent.

Observez ce qui rend la rigueur des enlèvemens arbitraires plus odieuse encore, c'est le motif qui souvent y donne lieu. Nous avons, en effet, vu que des pères despotes, des maris passionnés, des parens avides se servent de ces moyens sourds pour satisfaire leur vanité, leur haine, leur ambition, & que par un abus, dont la France seule offre l'exemple, des hommes innocens ou foiblement dérangés, sont traités avec toute la rigueur de brigands dangereux ou de coquins décidés. Sous le prétexte de prodigalité on fait renfermer, sous le prétexte de débauche on fait renfermer, sous le prétexte de prostitution on fait renfermer, & très-souvent des gens qui n'ont contr'eux que la haine ou l'envie d'hommes puissans ou seulement riches. Et remarquez encore que tandis qu'on affecte un zèle de bien public dans l'usage de ces exécutions arbitraires, on traite avec la plus grande légéreté des délits qui méritent la plus impartiale sévérité, on néglige des petits soins dont l'inobservation coûte souvent la vie ou la fortune aux citoyens. Qui ne connoît les désordres, les malheurs qu'occasionnent tous les jours ces impitoyables voitures nommées cabriolets ? Les interdit-on ? Un père de famille écrasé n'est-il pas un désordre aussi grand dans la société qu'un joueur ruiné, un libertin souffleté, ou tout autre évènement, pour lequel on emprisonne à droite, à gauche, sur la réquisition d'une courtisanne protégée ou d'un commis intrigant ? A Londres, les filles publiques & les joueurs s'arrangent comme ils l'entendent, la police ne les enlève pas ; mais les meurtres publics exécutés avec des roues dorées, ne seroient pas tolérés comme chez nous ; & si l'on n'emprisonnoit point M. le chevalier, du moins seroit-il condamné à une amende qui seroit autre chose qu'une simple formalité. Par-tout la vie des hommes est menacée à Paris : il n'y a pas jusqu'aux batelets qui servent à passer l'eau, qui ne deviennent une cause de malheurs, par l'incurie de ceux qui en ont la police. Il n'y a point d'années que quelques personnes ne périssent par leur chavirement. Il y a quelquefois vingt-cinq personnes dedans, ils n'en doivent contenir que quinze ou seize.

Qui pourra connoître les meurtres que commet dans la capitale cette troupe de recruteurs indisciplinés, hommes auffi corrompus que les derniers agens du vice ? Rarement font-ils punis, parce que leurs excès n'ont lieu que contre la claffe des pauvres citoyens. On ferme d'ailleurs les yeux fur leurs déréglemens, *ils font foutenus*. Voici un fait. On a vû un de ces fatellites du pouvoir militaire, décharger un énorme coup de plat de fabre fur le fein découvert d'une courtifanne qui lui tenoit quelques propos durs. Un pareil défordre fut impuni, & la fille, trois jours après mife à l'hôpital, mourut des fuites de fa bleffure.

Je mettrai au rang des *abus* que tolère la police, les excès auxquels les bouchers de Paris fe livrent, dans la conduite des malheureux animaux dévoués à notre voracité. Il n'eft perfonne qui n'ait été témoin des actes de barbarie que ces hommes dénaturés exercent fur ces déplorables créatures. N'étoit-ce pas affez que notre cruauté les dévouât à nous fervir de pâture, fans qu'il fût befoin de leur faire éprouver des tourmens gratuits & affreux avant, de leur arracher la vie ? J'ai frémi d'horreur en voyant un féroce boucher frapper à grand coups redoublés fur les nafeaux d'une malheureufe vache, à qui fa foibleffe ne permettoit plus de gagner le lieu de fa mort. Le fcélérat fembloit infulter à l'indignation de quelques hommes fenfibles qui blâmoient une pareille cruauté. On punit févèrement des délits beaucoup moins criminels & beaucoup moins dangereux que celui-là. Il feroit fûrement bien temps que les hommes, & fur-tout les officiers de police épargnaffent de pareils tourmens à de foibles créatures, qui après avoir été les compagnons affidus de nos travaux agricoles, nous avoir nourris de leur lait, vêtus de leur laine, fervent encore à nous fournir un aliment facile & nourriffant. Tant de bienfaits méritent bien quelque reconnoiffance. Voici un tableau touchant, de M. *Mercier*. « Un » mouton meurtri de coups fuccomboit, au milieu » de la rue *Dauphine*, à la fatigue ; le fang lui » ruiffeloit par les yeux : tout-à-coup une jeune » fille en pleurs fe précipite fur lui, foutient fa tête » qu'elle effuie d'une main avec fon tablier, & de » l'autre, un genou en terre, fupplie le boucher, » dont le bras étoit déjà levé pour frapper en- » core.

Il eft étonnant que des citoyens fenfibles & délicats, qui ne voudroient pas fouffrir la plus légère incommodité, voient avec tant d'indifférence ces fcènes déchirantes. Mais fi la pitié ne touche point leur cœur, du moins qu'ils écoutent la voix de la raifon & de leur intérêt. Ces cruautés deshonorantes pour un peuple éclairé, ont plus d'une fois caufé des accidens graves. J'ai vu une femme vaporeufe & prête d'accoucher, tomber dans un état affreux à la vue de pareils excès. Un malheureux accouchement, la mort de fon enfant en furent les fuites,

Tout Paris a vu ces triftes animaux, effrayés, irrités, enragés par l'effet de la douleur & des coups que leur donnoient leurs féroces conducteurs, fe jetter fur les paffans, les bleffer, caffer, brifer des marchandifes de prix, foible vengeance pour les maux qu'on leur fait inutilement éprouver. Voici encore un trait fublime rapporté par l'auteur que nous venons de citer, & qui peint l'énormité de l'*abus* que nous attaquons ici. Un garçon boucher, armé de fon bâton noueux, vouloit accélérer la marche tardive d'un veau qui, arraché à la mammelle de fa mère, foible, ne pouvoit avancer ; une femme du peuple lui crie : *tue-le, barbare, mais ne le frappe pas*.

Une ame, plus dangereufe cent fois que celle de *Cartouche*, devoit animer un pareil homme. Je voudrois qu'à la clameur publique, il fût chaffé de la ville, déclaré incapable d'y exercer jamais aucune profeffion, & condamné à une amende très-forte, pour punition de fon action barbare. Les magiftrats de police, qui ont grand intérêt à entretenir la douceur & la facilité des mœurs, doivent être fans foibleffe & fans ménagement pour de pareils bourreaux, dont les cruautés atroces ne font qu'un jeu pour eux, une école de barbarie pour les jeunes gens, & un furcroît de tourmens inutiles pour les pauvres animaux, qui, moins maltraités, fe laifferoient conduire avec plus de douceur & de facilité à la tuerie. Au refte, ce que nous difons ici de Paris doit également s'entendre des autres villes du royaume, où de pareils *abus*, accompagnés d'une égale infouciance, font également communs.

Je devrois ajouter ici que la police tolère un plus grand *abus*, du même genre encore, dans cet atroce & dangereux fpectacle, connu fous le nom de *combat du taureau*. Tous ceux qui connoiffent l'empire que les fens ont fur nos paffions, la liaifon qui exifte entre nos actions & les objets qui nous frappent, l'effet de l'exemple & du méchanifme des organes, fentiront combien il eft périlleux d'offrir à une jeuneffe bouillante & inconfidérée, des fcènes de meurtres, un fpectacle de fang & de carnage. L'ame s'y endurcit aux cris de la douleur & de la mort, la fenfibilité s'y émouffe, la pitié, ce caractère diftinctif de l'homme & la bafe de toutes les vertus bienfaifantes, y difparoît pour faire place à une férocité qui fe manifefte fouvent par les plus tragiques événemens. A quoi bon un amufement fi dangereux ? En eft-il qui mérite une plus févère interdiction ? Ne peut-il être remplacé par un autre plus analogue aux qualités paifibles & à la douceur de nos mœurs ? *Le combat du taureau*, a dit quelqu'un, a été l'origine de plus d'un affaffinat. En effet, pour commettre le crime il faut y être pouffé par une paffion violente, & avoir les organes difpofés de manière à ne point fe laiffer ébranler par le fpectacle de la douleur. L'habitude de voir couler le fang donne fingulièrement cette dernière qualité, fur-tout quand on s'y eft accoutumé dès l'enfance. Il ne fera donc pas étonnant que celui qu'une horreur naturelle pour le sang eût retenu, au milieu de l'emportement, se laisse aller à l'assassinat par la seule habitude de voir avec indifférence des scènes de carnage. Voyez le féroce soldat, dressé au meurtre, il enfonce, avec la même indifférence, le fer dans le sein d'une mère éplorée & dans celui d'un brigand contre lequel il a à défendre sa vie : c'est que le sang ne l'effraie plus, & que, subjugué par la violence de ses desirs, l'organisation viciée ne lui permet plus de consulter les sentimens de la pitié naturelle.

Le célèbre *Pope*, le premier poëte qui ait fait servir, dans notre Europe moderne, la plus sublime poésie aux progrès de la philosophie, a parfaitement senti & développé les suites malheureuses qu'eut pour les hommes la société cette cruelle & barbare que nous faisons aux animaux. Nous rapporterons la traduction de M. l'abbé *du Resnel*.

> O ! combien différent & de vie & de mœurs,
> L'homme dégénéra de ses premiers auteurs !
> Il remplit de terreur l'air, les mers & la terre,
> Aux foibles animaux il déclara la guerre;
> Tantôt leur meurtrier & tantôt leur tombeau,
> Il se couvrit les yeux d'un coupable bandeau;
> Aux cris de la nature il devint insensible,
> Le sang n'effraya plus son courage inflexible;
> Cruel aux animaux, injuste pour les siens,
> Avec son innocence il perdit tous ses biens.
> De ce luxe effréné l'affreuse tyrannie
> Par un juste retour fut aussi-tôt punie;
> La fièvre, la douleur, une foule de maux,
> Sortirent à l'envi du sang des animaux;
> De ce sang étranger la fougue impétueuse,
> Mit dans les passions une ardeur furieuse,
> Et malgré ses remords, dans le crime affermi,
> L'homme trouva dans l'homme un farouche ennemi.
>
> *Pope*, *Essai sur l'homme*. Epit. III.

Comme nous aurons plus d'une fois occasion de revenir sur les *abus* qui se commettent par le défaut des réglemens de police, nous n'étendrons pas plus loin l'apperçu que nous venons d'en tracer. Donnons quelques exemples de ceux qui ont lieu de la part des agens mêmes de la police.

Quand, par un oubli des véritables loix de la société & par un *abus* des meilleures institutions, on a élevé une sorte d'administration opposée à toutes les formes sociales, qu'on veut substituer des volontés particulières à celles de la loi, des punitions arbitraires aux châtimens avoués par la justice; quand enfin, pour soutenir une pareille machine, il faut lutter continuellement contre les efforts de la liberté, alors on doit avoir recours à des moyens honteux, à des agens méprisables; on doit s'étayer du vice, de la misère & de la corruption pour conserver le corps monstrueux qu'on a fait naître dans l'état. Tel est, je ne dirai pas en totalité, mais à plusieurs égards, l'état de la police de Paris. Nous ferons voir qu'on en auroit pu en obtenir les mêmes services qu'on en retire, sans employer des moyens aussi compliqués & aussi dangereux. *Voyez* ESPIONNAGE. D'un côté, les bureaux de son administration

forment une espèce de burocratie despotique, où tout se règle, se décide sans la participation des intéressés; d'un autre, la liberté des citoyens, la sécurité du peuple sont continuellement exposées aux haines, à la tyrannie des agens de la police; & ce qu'il y a d'extraordinaire, de vraiment inintelligible, c'est que tout se fait au nom du souverain, & qu'on voudroit persuader que sa gloire & sa puissance, le bonheur public & celui des particuliers sont intéressés à conserver ce foyer d'*abus* & de désordres.

Il faudroit faire l'énumération de tous les objets dont s'occupent les bureaux de la police, pour faire connoître le nombre d'*abus* auxquels ils donnent lieu; mais outre que ces détails nous mèneroient trop loin, il faut convenir qu'il en est qui sont inévitables dans un aussi grand département. J'ajouterai qu'il y en a plusieurs qui tiennent bien plus à la nature même des choses, qu'aux personnes chargées de faire exécuter les règlemens. La véritable source des grands *abus* de la police est l'usage qu'on en a fait pour violer la liberté civile & le respect qu'on doit à la sécurité des personnes domiciliées. Ce désordre est d'autant plus odieux, qu'il sert très-souvent les passions des agens de la police, & devient entre leurs mains une arme funeste & dangereuse; mais c'est sur-tout ceux que leur état ou leur misère expose à leur inspection, qui en sont le plus arbitrairement frappés. Ecoutons encore M. *Mercier*.

« Les inspecteurs de police déterminent pour leur part beaucoup d'enlèvemens subalternes, en ce qu'ils sont crus ordinairement sur parole, & que ne frappant d'ailleurs que la dernière classe du peuple, on leur concède facilement les détails de cette autorité. Quelques-uns obéissent à leur humeur, à leurs caprices; mais qui sait si la cupidité n'entre pas aussi dans leurs démarches, & s'ils ne favorisent pas souvent celui qui paie aux dépens de celui qui ne paie pas? Ainsi la liberté des misérables & derniers citoyens auroit un tarif, & l'on greveroit cette étrange imposition, la portion nombreuse des prostituées, des joueurs de profession, des empyriques, des escrocs, des chevaliers d'industrie, &c. tous gens qui font le mal & qu'il faut punir, mais qui en font encore davantage quand ils sont obligés de payer & d'acheter pendant un certain temps le privilège de leurs désordres.

» Pourquoi telle malheureuse se vante-t-elle hautement d'avoir la protection de l'*inspecteur*? pourquoi marche-t-elle tête levée au-dessus de ses compagnes, en les menaçant de son crédit? n'est-ce pas un nouveau désordre dans le désordre même? Elle se tairoit si l'expérience ne lui avoit pas appris, ainsi qu'au joueur, à l'escroc, que la balance de l'agent de la police a plusieurs poids & plusieurs mesures, & qu'on faisoit adroitement tomber l'*exemple nécessaire* sur son voisin, quand on avoit su le détourner de dessus sa tête, en faisant à l'inspecteur un petit présent, ou une petite délation particulière : car il se contente de cette dernière monnoie quand il ne peut tirer autre chofe; & comme c'eſt la lime qui ronge le fer, de même c'eſt la canaille qui ſert à dévoiler les turpitudes, les excès, les violences ſourdes de la canaille. » *Tableau de Paris*, tom. V, p. 162.

Les déſordres des derniers agens de la police, des eſpions, mouchards & autre vermine ſemblable, ſont encore plus crians, plus accablans pour le pauvre peuple & la petite bourgeoiſie. Chaque jour eſt marqué par quelque *abus* commis ſur la dénon-ciation de ces honteux ſatellites, qui ſacrifient l'in-nocence, la juſtice, à l'appât du gain & aux viles paſſions qui les tourmentent. Leur nombre prodi-gieux les rend encore plus redoutables: ſemblables à ces inſectes qu'on peut écraſer en marchant, mais qui, renaiſſant ſans ceſſe & ſe ſoutenant réciproque-ment, forment un véritable fléau public. Comme nous ſommes bien perſuadés qu'on pourroit di-minuer tout d'*abus*, ſans ébranler l'édifice de la police à ce qu'elle a de bon, comme nous penſons qu'un déſordre ne peut jamais être preſcrit, qu'un changement ſeroit facile & ſalutaire dans ce dépar-tement, nous oſons croire que les états généraux, ſi jamais la nation peut les voir renaître, s'occupe-ront de ces matières beaucoup plus importantes que l'on ne croit, au bonheur & à la liberté publique. Le très-foible apperçu que nous venons d'en tracer pourra, ſinon donner tous les renſeignemens poſi-tifs, du moins ſervir de point de ralliement, & réveiller l'attention ſur la foule d'*abus* qu'on peut reprendre dans le vaſte département de la police.

Nous proteſtons en même temps ici contre ces eſprits ſoupçonneux & amis du deſpotiſme, qui vou-droient interdire la liberté de parler, ſous le pré-texte qu'on ne peut dire certaines vérités que par des motifs criminels; qu'il y a des *abus* qu'on doit reſpecter, où du moins ſur leſquels on doit garder le ſilence, & qu'enfin tout écrivain doit s'interdire toute eſpèce de réflexion ſur les affaires publiques; nous proteſtons, diſons-nous, contre les mau-vaiſes intentions, la haine ou l'eſprit de blâme que voudroient nous attribuer de pareils gens. C'eſt le motif du bien public qui nous fait parler. En atta-quant les *abus*, nous n'attaquons perſonne; loin de cela, nous reconnoiſſons avec plaiſir qu'il faut, dans les chefs actuels de la police une grande pureté de principes, beaucoup de déſintéreſſement & d'hon-neur, pour que, malgré les pouvoirs dont ils jouiſ-ſent, & les éternelles ſollicitations dont ils ſont accablés, les *abus*, ne ſoient pas infiniment plus grands & plus dangereux qu'ils ne le ſont. Aucun corps n'eſt d'ailleurs aſſez ſûr de lui-même, pour croire que tous ſes membres ſeront également & dans tous les temps à l'abri de la ſéduction & de la cupidité. Les *abus* qui ne ſont qu'en petit nombre aujourd-'hui peuvent donc être en très-grand nombre de-main. Et puis, notre principale réflexion porte ſur ce qu'on a revêtu la police d'un pouvoir qui ne doit pas lui appartenir: cela ne bleſſe perſonne, & mérite l'attention de tout le monde. *Voyez* BURO-

CRATIE, POLICE DE PARIS, & tous les mots qui ont rapport aux *abus* dont nous avons parlé.

Nous ne croyons pas devoir inſiſter ſur les *abus* qui naiſſent de l'uſage des choſes divines; peu ont un rapport direct avec l'adminiſtration de la police. Les temps ne ſont plus où le deſpotiſme ſacerdotal abuſoit des choſes les plus ſaintes pour troubler la ſociété & ſervir les paſſions des miniſtres des au-tels. Le clergé eſt aujourd'hui l'ordre le plus ſage & le plus éclairé de la ſociété. La puiſſance ſouveraine a reſſerré ſes privilèges dans des limites fort étroi-tes. Peut-être même eſt-on allé trop loin: on n'a point aſſez réfléchi ſur ce que nous devons à ce corps auguſte & ſacré; on a confondu les fautes de quelques-uns de ſes membres avec l'eſprit de l'or-dre; on a oublié les lumières, la morale & les qua-lités pacifiques qu'il a répandues dans le monde chré-tien. Des fanatiques, partiſans d'une doctrine exa-gérée, ont cru que nous gagnerions beaucoup à ſon entière deſtruction; mais ils ne voient point que c'eſt le ſeul contrepoids que nous ayons à oppoſer à la puiſſance militaire, la plus dangereuſe comme la plus meurtrière dans l'état. Le clergé tire ſon luſtre de lui-même, & ce corps antique doit mériter la reconnoiſſance des philoſophes raiſonnables. Je m'éleverai toujours contre les *abus* du deſpotiſme ſacerdotal; mais je reſpecterai toujours auſſi cette grande & ſublime inſtitution ſociale, qui eſt de droit divin pour nous, puiſqu'elle tient à ce que nous avons de plus précieux & de plus ſacré. C'eſt une ſainte & grande magiſtrature qui veille bien plus à conſoler les hommes qu'à les effrayer, à prévenir les crimes, qu'à punir les coupables, à entretenir les vertus douces dans la ſociété, qu'à y fomenter les diſpoſitions violentes de l'orgueil & de la tyrannie.

Nous engageons le grand nombre d'écrivains qui ſe ſont déchaînés contre la religion, à réfléchir ſur la grande utilité dont elle eſt pour s'oppoſer au pouvoir indéfini, pour rompre la lance des tyrans & la chaîne de l'eſclavage; & ſi quelques *abus* ſe font remar-quer au milieu de cette foule de biens réels que nous lui devons, c'eſt à les attaquer directement & & particulièrement qu'ils doivent employer leur élo-quence, & non à détruire la conſidération qu'on doit au clergé, lorſqu'il ſe conduit avec la ſageſſe, le courage & la dignité qu'il fait paroître depuis nombre d'années. *Voyez* RELIGION.

S'il falloit cependant citer quelques exemples d'a-*bus* des choſes divines, qui peuvent avoir rapport avec les ſoins de la police, nous nommerions tant de faux miracles dont on s'eſt ſervi pour tromper le peuple & cauſer du trouble dans la ſociété. Qui n'a pas entendu parler des guériſons opérées par le diacre *Páris*, & des folies incroyables qui eurent lieu ſur ſon tombeau dans le cimetière d'une petite paroiſſe de Paris, nommée *St. Médard*? la vertu de ce diacre étoit non-ſeulement de guérir toutes ſortes de maux, mais encore de donner des convul-ſions à ſes dévots, à peu près comme nous avons vu de nos jours *Mesmer* & ses *compères*, faire tomber le monde en crise pour vingt-cinq louis : ces messieurs gagnèrent plus que le bienheureux *Pâris*, mais n'eurent pas plus de célébrité. Tout le peuple se portoit au tombeau de celui-ci, & les miracles s'y multiplièrent tellement, que la police de Paris fut obligée d'interdire l'entrée du cimetière à la foule des croyans qui augmentoit chaque jour : ce qui fit qu'un plaisant mit sur la porte ces deux vers :

> De par le roi, défense à Dieu
> D'opérer miracle en ce lieu.

J'ai dit que ces folies étoient un véritable *abus* de la religion, parce qu'effectivement tous ces prétendus miracles n'avoient pour objet que de tromper le peuple, & d'accréditer la doctrine de je ne sais quelle secte, qu'on désignoit vaguement sous le nom de *jansénisme*.

Mais voici un autre *abus* des choses sacrés auquel la police a sagement mis fin depuis quelques années. Écoutons M. *Mercier*.

« La nuit du jeudi au vendredi-saint, on expose publiquement, à la *sainte-Chapelle*, un morceau du bois de la vraie croix. Tous les épileptiques, sous le nom de possédés, accourent en foule, & font mille contorsions en passant devant la relique : on les tient à quatre, ils grimacent, poussent des hurlemens, & gagnent ainsi l'argent qu'on leur a distribué. On tolère ce spectacle ridicule, pour entretenir parmi la populace l'espérance de la guérison miraculeuse de ces maux réputés incurables, ou pour maintenir la croyance qui lui reste. Plusieurs de ces prétendus possédés, qui ne hurlent qu'à minuit précis, au moment que l'on tire du coffre l'instrument du supplice du sauveur du monde, ont le privilège, ce jour-là, de se répandre en imprécations publiques ; elles sont censées la pure inspiration du diable.

» J'ai entendu, continue le même auteur, en 1777, le plus hardi, le plus incroyable des blasphémateurs. Imaginez tous les adversaires de Jésus-Christ & de sa divine mère ; imaginez tous les impies, incrédules mêlés ensemble & ne formant qu'une seule voix : eh bien ! ils n'ont jamais approché de son audace sacrilège, injurieuse & dérisoire. Ce fut pour moi & pour toute l'assemblée un spectacle bien nouveau & bien étrange, que d'entendre un homme défier publiquement, d'une voix de tonnerre le Dieu du temple, insulter à son culte, provoquer sa foudre, vomir les invectives les plus atroces, tandis que tous ces blasphèmes énergiques étoient mis sur le compte du diable.

» La populace se signoit en tremblant, & disoit, le front prosterné contre terre : *c'est le démon qui parle*. Après qu'on l'eut fait passer trois fois de force devant la croix (& huit hommes le contenoient à peine) ; ces blasphèmes devinrent si outrés, si épouvantables, qu'on le mit à la porte de l'église comme abandonné à jamais à l'empire de satan, & ne

méritant pas d'être guéri par la croix miraculeuse. Imaginez une garde publique qui préside cette nuit-là à cette inconcevable force, dans un siècle tel que le nôtre.

» Insensé ou maniaque, ou seulement acteur soudoyé, je n'ai jamais conçu le rôle de ce personnage. Ceux qui auront été présens & qui se rappelleront les licencieuses paroles, doivent confesser qu'il poussa ce rôle bien avant, & que le lendemain, à leur réveil, rien ne dut leur paroître plus extraordinaire que ce qu'ils avoient entendu la nuit. L'année suivante, le beau monde se rendit en foule pour voir la seconde représentation de cette curieuse comédie, devenue fameuse par le récit fidèle des assistans. On attendoit le *grand acteur*, mais il ne parut pas ; la police lui avoit fermé la bouche : le diable se tut conséquemment. Il n'y eut que des convulsionnaires subalternes, qui ne méritoient pas la peine d'être examinés ni entendus. A peine vomirent-ils un *petit blasphême* : le diable avoit épuisé l'année précédente toute sa rhétorique ; mais il faut convenir qu'elle fut bien. Croiroit-on, je le répète, que tout cela se passe à Paris, dans le dix-huitième siècle ? pourquoi ? comment ? à quel but ? je n'en sais rien, & bien d'autres seroient embarrassés de répondre. »

Voilà, sans doute, un des plus scandaleux *abus* des choses sacrés. De pareils manèges sont très-dangereux, en ce que loin d'affermir la religion dans l'esprit des peuples, ils ne peuvent que la détruire, parce qu'attachant à ces prestiges un pouvoir divin, les hommes tombent dans le libertinage & les desordres d'une impiété grossière, quand ils viennent à être détrompés. Le chapitre des fraudes pieuses est très-long, mais tous les *abus* qu'elles ont occasionnés, n'ont pas toujours été de nature à à troubler l'ordre public. Lorsqu'ils le sont, le magistrat de police doit s'empresser d'aller au-devant, parce que tenant à ce qu'il y a de plus respectable dans la société, il en ébranle les fondemens & y causent des desordres longs & malheureux.

Toutes les superstitions, la magie, la négromancie, la divination même se rapportent à ce chapitre : nous en parlerons dans leurs articles respectifs ; nous remarquerons seulement ici que lorsqu'elles ne produisent aucun *abus* éclatant & capable de troubler la société, on doit les mépriser, c'est le moyen de les anéantir : ordonner des peines contre ces maladies de l'esprit, c'est leur donner de l'importance, & les rendre quelquefois dangereuses, ou tout au moins rebelles.

Finissons cet article en remarquant que, quelque minutieux & fugitifs que paroissent certains *abus* que nous avons désignés dans cet article, on ne doit pas les croire tellement indifférens, qu'on en puisse regarder la suppression comme une chose au-dessous des soins d'un sage administrateur. En effet, les *abus* dans un état sont, comme dans une famille ; les plus petits deviennent considérables par la tolérance, & insensiblement entraînent des desordres

qu'il

qu'il n'eſt plus poſſible de détruire , ou qui ont déjà fait bien des maux avant qu'on s'en ſoit occupé ; & cette réflexion eſt ſur-tout vraie quand ces *abus* ſont obſcurs, cachés , n'agiſſent que ſur le peuple , & ſont de nature à gêner la liberté ſociale, l'exercice du droit de propriété, & à troubler le repos des citoyens. D'ailleurs de petits maux ſans ceſſe agiſſans & toujours renaiſſans , ſont plus nuiſibles à la ſociété qu'une calamité très-active , mais paſſagère. Les premiers peuvent être comparés à une fièvre lente qui mine le corps ſocial, en détruit les reſſorts & l'affoiblit continuel ement : celle-ci n'eſt ſouvent au contraire , qu'une grande criſe, dont les ravages même tournent au profit du corps politique, quand elle n'a pas été juſqu'à en détruire entièrement les fondemens. Les petits *abus* ſe maintiennent par leur obſcurité même, ſe ſouſtraient aux réformes, & ſe retranchent contre les bonnes loix. Par-là ils ſe perpétuent & cauſent tous les déſordres d'une anarchie morale & politique.

On ne doit donc pas les abandonner à leur nullité apparente ; il faut les détruire : on peut le faire avec d'autant plus de facilité, qu'iſolés & comme étrangers aux grands reſſorts de l'adminiſtration, ils préſentent un côté acceſſible à la réforme. Nous en avons cités pluſieurs de cette eſpèce, qui , quoiqu'inſupportables par leurs ſuites, ne demandent qu'une vigilance, une attention de plus de la part du magiſtrat, pour diſparoître à jamais du milieu de la ſociété. Il eſt cependant des ménagemens à garder quelquefois, non pas préciſément par égard pour l'*abus* qui par lui-même eſt toujours nuiſible, mais par ce que l'on doit, même à l'homme coupable, une ſorte de modération dans les châtimens qu'on lui inflige , ou les privations auxquelles on le ſoumet. Au reſte, nous nous ſommes contenus preſque toujours dans le ſimple récit des faits ; nous avons évité la déclamation, ſi commune aux écrivains lorſqu'il eſt queſtion d'*abus*, & par les exemples grands & petits de ceux que nous avons rapportés, nous croyons avoir donné matière à réflexion au lecteur attentif. *Voyez encore* DÉSORDRE.

ACADÉMIE, ſ. f. Ce nom eſt devenu équivoque ; il déſigne, en général, un établiſſement deſtiné à l'étude & aux progrès des ſciences, des arts & des lettres. *Voyez* dans la *juriſprudence*, l'étymologie ce mot, les époques des *académies*, l'hiſtoire des établiſſemens de celles qui ſont en France, & les principaux réglemens de celles de Paris. *Voyez* auſſi ce même mot dans la *littérature*.

» Le titre d'*académie*, dit Voltaire, (*Queſtions encyclopédiques*) a tellement été prodigué en France qu'on l'a donné, pendant quelques années, à des aſſemblées de joueurs; qu'on appelloit autrefois *tripots*. On diſoit *académie* des jeux. On appella les jeunes gens qui apprenoient l'équitation & l'eſcrime dans des écoles deſtinées à ces arts, *académiſtes*, & non pas *académiciens*. »

Au reſte , le mot *académie* eſt encore quelque-

fois employé pour déſigner les aſſemblées de joueurs, & toujours pour des écoles d'équitation & d'eſcrime. Il y a à Paris des penſions académiques , & différens établiſſemens qui portent le titre d'*académie*.

Les penſions *académiques* , dont nous parlerons plus amplement aux mots PENSIONS & INSTRUCTION PUBLIQUE, ſont ainſi nommées parce qu'on y enſeigne les connoiſſances qu'on n'acquiert pas dans l'univerſité , telles que la danſe , la muſique , l'eſcrime , la natation , &c. Elles ne ſont pas non-plus immédiatement ſoumiſes au régime de l'univerſité.

Les *académies* ou ſociétés littéraires ſe ſont conſidérablement multipliées en Europe depuis un demi-ſiècle. Il faut bien qu'elles ſoient véritablement utiles, puiſque des nations différentes en génie, en habitudes & en gouvernement les ont adoptées indifféremment ; mais c'eſt ſur-tout pour l'avancement des ſciences exactes que les *académies* ſont recommandables : nous dirons tout-à-l'heure pourquoi & comment, ſans trop nous embarraſſer de le prouver ; car ce ſeroit une diſcuſſion parfaitement inutile; toutes les perſonnes raiſonnables conviennent aſſez généralement des avantages réels qu'en retirent les ſciences.

Les *académies* ont des réglemens de diſcipline, tant pour la tenue des aſſemblées, que pour les travaux dont elles s'occupent; leurs membres jouiſſent auſſi de différens privilèges, & ſont aſſujettis à certaines obligations, comme académiciens. On peut voir les uns & les autres dans la *juriſprudence*, au mot ACADÉMIE ; on y trouvera auſſi l'origine de toutes les ſociétés littéraires qui ont lieu en France aujourd'hui. Nous n'entrerons donc dans aucun de ces détails ici ; mais nous diſcuterons différens points relatifs aux moyens de perfectionner les académies, à leur influence ſur le progrès des mœurs & de la civiliſation, après avoir jetté un coup d'œil ſur l'hiſtoire des ſciences exactes & de la philoſophie en Europe, & particulièrement en France.

Dans cet apperçu rapide que nous allons tracer, nous ne prétendons pas prouver que de proche en proche nos connoiſſances actuelles nous aient tellement été tranſmiſes , que leur état préſent ſoit une ſuite néceſſaire du précédent, & que nous ayons acquis les ſciences étrangères comme par héritage & imitation. Ce ſont les beſoins de l'eſprit & de la ſociété , ce ſont les circonſtances, qui donnent lieu aux inventions des arts, aux progrès des ſciences. Les diſpoſitions ſucceſſives d'un peuple ſont les véritables ſources, la véritable origine des découvertes. En vain l'exemple des ſiècles paſſés , ou celui de nations plus policées lui offriroit-il des modèles de perfection dans les ſciences, il ne les eſtimera pas, ne cherchera point à les imiter, ne les tranſportera pas chez lui ſi quelques circonſtances favorables, & tenant à ſes beſoins, ne l'y engagent ; & ſouvent même il arrive que la néceſſité nous fait faire des découvertes qui depuis long-temps étoient connues ailleurs , enſorte qu'on ſe tromperoit dans l'hiſtoire des connoiſſances humaines, ſi l'on attribuoit toujours à un peuple étranger les vérités où les arts répandus chez un autre. La source commune à l'un à l'autre est la nature, le besoin, l'occasion, la curiosité, les mêmes positions de part & d'autre.

Ainsi donc lorsqu'en étudiant l'histoire des sciences nous en apercevons les traces dans l'antiquité, ou même les développemens & les principes, & que portant nos regards sur les siècles présens, nous les retrouverons parmi nous, nous ne devons pas en conclure qu'elles se soient conservées en total par tradition ou par une successive communication d'âge en âge, le même principe qui les fit naître alors leur donna naissance de nos jours, c'est-à-dire, la curiosité & le besoin ; ainsi nous ne devons seulement considérer le tableau de leurs divers états, & de leurs variations dans les différentes époques connues de l'histoire de l'esprit humain, que comme un moyen de comparer les degrés de perfection de nos connoissances, ou d'apprécier les avantages & les inconvéniens qu'on leur attribue.

Penser est un besoin de l'homme, c'est un élément de son être, une des facultés qui secondent l'instinct, & le perfectionnent. La pensée n'est que le résultat des sensations, &, comme elles, son action est indépendante de notre volonté. C'est un des moyens que la nature nous a donnés pour veiller à notre conservation & prévoir l'avenir, en se rappellant le passé. La pensée amène la réflexion & semble être mises en activité par elle. C'est de l'effort continuel de l'un & de l'autre que naît la curiosité, ce besoin de connoître qui prouve que la science est aussi naturellement dans l'ordre de nos facultés que l'instinct & la pensée. C'est donc à la curiosité, au désir d'apprendre, au besoin de penser que l'homme doit tout l'édifice de ses connoissances, & qu'on doit attribuer l'origine des sciences.

Ces dispositions naturelles en nous furent encore secondées par l'établissement de la société ; elle développa dans l'homme les germes du génie, & lui apprit à connoître la force de la pensée, à y soumettre en quelque sorte la nature, & à triompher par son moyen des élémens & des autres animaux, faits comme lui pour partager l'empire du globe. Né foible & désarmé, il appela à son secours les sciences & les arts ; il substitua l'adresse à la force, la réflexion à l'instinct souvent borné, la pensée à l'impétuosité aveugle des sens. Son domaine s'étendit, son orgueil s'accrut avec lui, & bientôt il regarda la terre comme un pays de conquête, sur lequel il prétendit seul le droit de régner. Il fit la guerre aux animaux, & ses triomphes furent rapides & constans ; il partagea la terre avec ses semblables & créa un nouvel ordre de choses, émule de celui de la nature, & quelquefois son égal. Les sciences, enfans du génie & de la réflexion, firent naître tous ces prodiges, que l'habitude d'en jouir étendit encore, & qui s'accroissent chaque jour par les progrès du luxe & de la civilisation.

Car l'homme n'eut pas plutôt senti l'empire de sa raison, l'excellence de sa pensée, qu'une révolution universelle s'opéra dans son être. Il vit doubler ses facultés, & ses jouissances s'étendre par la mémoire & le raisonnement. Il combina ses besoins avec les moyens d'y pourvoir ; le sentiment de l'amour lui parut sous des formes plus touchantes, l'être qui l'inspiroit lui devint cher, & ses yeux se fixèrent avec l'étonnement du réveil sur l'enfant qu'il vit naître. Il connut le besoin de l'union, d'une paix au moins momentanée, & la première idée de la société se présenta à son esprit. Les arts grossiers accompagnèrent cette première aurore de la raison ; il eut connoissance de la propriété, & avec elle, du besoin de la conserver. Il s'associa, & le premier élément d'un état naquit. Alors sa curiosité devint plus active, son ignorance fut moins profonde, & les travaux que les besoins de sa petite communauté exigèrent, développèrent sa réflexion & accoutumèrent son esprit aux recherches, à la spéculation, aux combinaisons qui font naître les sciences & les arts.

Mais l'homme devint jaloux de l'homme, la propriété d'autrui excita sa cupidité, il voulut s'en emparer, les guerres naquirent bientôt entre les hommes ; on sentit le besoin d'opposer la force à la force, & tandis qu'une horde se formoit pour attaquer, une autre prenoit des mesures pour se défendre. Cette position resserra les liens de la société, & fit naître une sorte de gouvernement positif dans chaque peuplade. Alors on connut le prix du génie, & l'ascendant que donnent les sciences à ceux qui les possèdent, sur ceux qui en sont dépourvus. *Tunc demum*, dit Salluste, *periculo atque negotiis compertum est ; in bello plurimum ingenium posse. Bellum Catil.* cap. 11. Telle au moins l'histoire la plus reculée, nous peint l'origine des premières cités.

Cependant les peuples errans & dispersés par des circonstances qui nous sont inconnues, ne furent pas totalement dépourvus des connoissances spéculatives que l'on retrouve plus particulièrement chez les nations rapprochées. Il paroît même, par l'histoire des hommes, que les peuples pasteurs furent les premiers qui se livrèrent à l'étude des sciences exactes, de l'astronomie, de la physique générale & des rapports des nombres. On croit même voir que ces peuples étoient déjà avancés dans ces connoissances, que les peuples plus civilisés les ignoroient encore : cela peut être. Chaque état de société offrant différens objets de réflexion à l'homme, il n'est pas étonnant qu'une vie errante & presque oisive l'attachât à des recherches abstraites, & qui demandent beaucoup de loisir. Mais l'homme, dans un état de société plus avancé, a dû faire des progrès d'un autre genre, également favorable au développement de l'esprit humain. Ses idées se portèrent sur lui, sur la société, sur le culte, sur la police sociale ; & l'origine des connoissances politiques est due aux peuples réunis de bonne heure en société, comme celle des sciences spéculatives peut l'être aux peuples errans mais sortis du premier état d'ignorance naturelle.

Nous devons cependant remarquer que la vie

activé des premiers ne leur permit pas toujours de donner à leurs connoissances le degré de perfection que les derniers donnèrent aux leurs, & qu'ils négligèrent même long-temps de cultiver assez les sciences, pour les appliquer au bien de la société, ensorte qu'ils furent obligés d'emprunter quelquefois le secours des peuples étrangers, pour remédier aux abus de leurs institutions, ou perfectionner leurs établissemens. Tels les philosophes grecs, Pythagore, Empedocle, Platon & tant d'autres, voyagèrent en Egypte pour y puiser des connoissances, quoiqu'imparfaites, dont l'origine se perd d'ailleurs chez les plus anciens peuples de l'Inde.

Ainsi donc, indépendamment du besoin qui fait naître les sciences chez un peuple, du climat qui les favorise, de l'esprit qui y est propre, on trouve encore chez les grecs cette importation de connoissances étrangères qui augmenta leurs richesses naturelles en ce genre, & facilita le développement de leur génie & de leur goût; fait qui prouve aussi qu'avant eux l'Egypte, l'Inde & des peuples sans doute inconnus, avoient déjà fait des progrès dans les sciences & les arts qui tiennent à la réflexion.

En effet, tous les peuples ont besoin, pour se livrer à l'étude des sciences & aux recherches qu'elles exigent, de la paix & d'une température de climat douce & favorable aux productions d'où l'homme tire sa subsistance. L'Asie semble avoir réuni ces avantages. Suivant quelques écrivains, à la tête desquels on peut mettre l'auteur de l'*histoire de l'astronomie*, ce fut le nord de cette vaste partie du monde qui eut la gloire d'être le berceau des sciences, dans la période actuelle des immenses révolutions qu'a éprouvées notre globe. Cette opinion semble être confirmée par une considération bien frappante, c'est qu'à la Chine, dans l'Inde, en Egypte, on retrouve des connoissances profondes qui supposent un peuple très-éclairé, tandis que ces nations offrent en même temps des marques d'une ignorance grossière dans toutes les sciences qui ont dû conduire à ces connoissances. On apperçoit les débris d'un système combiné, de principes & d'expériences qui annoncent qu'un grand peuple savant & policé est la source commune d'où tant de nations diverses en mœurs & en gouvernement ont puisé ces idées, beaucoup au-dessus de leurs progrès actuels dans la civilisation. L'invention de la sphère, la connoissance du mouvement du soleil, de la mesure de la terre, &c. répandues chez des peuples dont rien ne prouve les antiques connoissances, disent que des précepteurs étrangers, & des philosophes sortis d'une nation plus savante, leur ont apporté ces élémens, avec les autres données qu'ils supposent & d'où ils découlent. Des inductions très-fortes & qui seroient hors de place ici, portent à croire que ce peuple primitif a pu exister vers le cinquantième degré au nord de l'Asie. (Voyez les *Lettres sur l'origine des sciences*, par M. Bailly.)

Quoi qu'il en soit, c'est dans l'Asie que nous trouvons la plus ancienne existence des sciences.

L'histoire nous offre l'Europe sauvage & inculte, tandis que l'Inde, la Chine & successivement l'Egypte, présentent déjà des progrès dans les arts & les connoissances philosophiques.

Les Chinois paroissent les plus reculés de ces peuples. Leur goût pour les sciences est très-ancien & remonte à *Fohi* leur fondateur, qui vivoit il y a quatre mille ans. Les connoissances astronomiques leurs sont communes avec les indiens & les autres peuples de l'Asie; mais ce qui les distingue dans l'antiquité, c'est l'invention de la poudre à canon & d'une espèce d'imprimerie. Les sciences y furent toujours estimées beaucoup plus même que perfectionnées, ce qui semble contradictoire. Cependant cette contradiction apparente, cessera si l'on fait attention au gouvernement de la Chine. Rien ne prouve mieux l'influence de l'administration politique sur les connnoissances que l'ordre établi dans l'empire à cet égard. « Si les » chinois, dit le *pere Perennin*, des temps reculés » n'ont pas fait faire plus de progrès aux sciences, » c'est qu'ils étoient à peu près de même caractère » & de même génie que ceux d'aujourd'hui; gens » superficiels, indolens, ennemis de toute applica- » tion, qui préferent un intérêt présent, & solide » selon eux, au vain & stérile honneur d'avoir dé- » couvert quelque chose de nouveau. » Le gouvernement y entretient, y favorise en quelque sorte cette indolence, par le respect superstitieux qu'il commande pour les usages & les cérémonies antiques. Car, comme dit M. *Bailly*, « le cérémonial est » écrit dans un livre fait il y a plus de trois mille » ans, & les loix de la politesse chinoise sont plus » anciennes que celle de la justice en Europe. »

Cependant les sciences y sont honorées, & les tribunaux composés de savans & de lettrés. Mais le despotisme détruit toutes ces heureuses dispositions favorables aux lettres. Le génie ne se commande pas, & fuit la contrainte. Voilà pourquoi, malgré leur antiquité, & grand nombre de connoissances ébauchées, les chinois ne feront de véritables progrès dans les sciences que lorsque le peuple y sera plus élevé, l'autorité moins despotique, & le respect pour les anciens usages moins superstitieux. Voyez, au reste, dans l'*économie politique*, l'état présent des sciences chez les chinois; nous y renvoyons pour ne point nous répéter ici.

Les sciences eurent à-peu-près le même sort dans l'Inde; elles y restèrent dans une sorte d'enfance, & nous ne voyons pas que les peuples s'y livrassent généralement. La connoissance en étoit réservée à différentes sectes de philosophes connus sous le nom de *Germanes* & de *Brachmanes*. (*Megasthène*, dans *Strabon*, liv. 15.) Eux seuls avoient le droit d'étudier, & ils ne communiquoient point avec le vulgaire, & faisoient un secret de leur savoir. Cette foiblesse de tenir la science dans le mystère, est ce qui a le plus nui & qui nuit encore aux progrès de l'esprit humain dans cette partie de l'Asie. *St. François-Xavier* observe, dans une de ses lettres, qu'ayant obtenu d'un brachmane ou d'un brame

E 2

l'aveu de ses connoiffances, celui-ci lui recommanda de *ne point divulguer ses idées parmi le peuple*, *comme étant hors de sa portée*. Nous retrouverons la même conduite en Egypte. Mais qu'elles pouvoient être ces connoiffances si fublimes des anciens brachmanes ? Ils n'avoient que des notions fauffes fur la phyfique ; & ce qu'ils favoient d'aftronomie étoit mélangé d'une multitude d'erreurs fur le pouvoir des aftres. Ainfi ce qu'on nous dit de *Pythagore*, de *Platon* & d'autres philofophes qui allèrent s'inftruire chez eux, ne peut que s'entendre des idées métaphyfiques qu'ils y puifèrent fur la divinité, les anges, les génies & tous les myftères ; auffi vuides d'objet qu'inintelligibles, de la théologie platonicienne.

Le lieu qui fut le plus célèbre dans l'antiquité par le féjour des brames, eft Benarès. C'eft-là qu'étoit leur principal école, & l'on y retrouve encore quelques veftiges de leur ancienne exiftence. Ils y confervent encore feuls le droit de cultiver les fciences, & ils font fi jaloux de ce droit, qu'ils ne laiffent échapper au dehors que quelques foibles rayons de la lumière dont ils fe croient pleins, dit M. *Deflandes*. Leur tribu eft la plus noble & la plus confidérable de toutes, & même on la regarde autant au-deffus de celle d'où l'on tire les rois, que la fageffe & les connoiffances utiles font au-deffus des grandeurs & du pouvoir dont les rois abufent fi facilement. Les fciences qu'ils cultivent principalement fe réduifent à une efpèce de grammaire ; c'eft la langue privilégiée dont ils fe fervent pour écrire, à quelques connoiffances aftronomiques & de la médecine affez imparfaites ; enfin à une efpèce de théologie très-abftraite & telle que peuvent la comporter des hommes livrés à l'enthoufiafme de l'imagination & aux plus bizarres idées de la nature.

Ce que les brachmanes étoient dans l'Inde, les *mages* l'étoient dans la Perfe. Ce peuple, jadis célèbre par l'adoration des feux dont le foleil lui préfentoit l'immenfe & éternel réceptacle, fut, comme toutes les nations de l'Afie, infecté d'une métaphyfique inintelligible. Les mages penfoient ou du moins enfeignoient que les ames humaines alloient fucceffivement de planète en planète, avant de parvenir au foleil qui étoit à leurs yeux le féjour immortel des bienheureux. C'étoit l'inverfe de la métempfycofe de *Pythagore*. On retrouve en Perfe les mêmes connoiffances que dans le refte de l'Afie ; & ce n'eft que par la communication avec les autres peuples que les fciences firent quelques progrès chez eux. Aujourd'hui, l'aftrologie, l'aftronomie & la médecine y font cultivées, mais fans aucune forte de diftinction. Ce font *Avicenne* & *Ariftote*, que les arabes leur ont fait connoître, qu'ils étudient encore fans fe donner la peine d'étudier la nature & de tenter de nouvelles découvertes.

Un des peuples, jadis célèbres, par leur application aux fciences, font les habitans de la Chaldée & de la Babylonie. « Occupés à faire la guerre, dit M. *Deflandes*, & à étendre leurs conquêtes dans

» cette enfance du monde, où la force décidoit de tout & étouffoit la voix de la raifon, ils ne laiffèrent point de cultiver les arts & les fciences, du moins autant qu'ils pouvoient les cultiver. Ils établirent même des écoles publiques à Babylone, qui étoit la capitale de leur empire, le centre de toutes les affaires ; & ces écoles, où l'on fe rendoit des régions les plus éloignées, durèrent jufqu'au temps de Nabuchodonofor & du prophète Daniel. On fait encore que lorfque l'empire des Affyriens ou Chaldéens, affoibli & prefque ruiné, paffa aux mèdes & enfuite aux perfes, Babylone fut toujours remplie de favans. »

On prétend même que *Pythagore* & d'autres grecs, y allèrent étudier l'aftronomie & la phyfique. Du moins eft-il certain qu'aucun peuple n'avoit des obfervations fi anciennes, ni fi exactes que ces affyriens, foit qu'ils en duffent la connoiffance à un peuple ancien & détruit, foit que fous un ciel toujours clair, ils fe fuffent livrés de bonne heure & par goût à l'étude des aftres. Il y avoit même un obfervatoire dans le temple de Belus ; auffi regarda-t-on le prince qui portoit ce nom, comme l'inventeur de l'aftronomie.

Cicéron regardoit ces philofophes comme les plus anciens du monde (*de Divinat.* lib. 1.) ; & *Jofephe* affure, qu'ils communiquèrent aux Egyptiens les premiers élémens des fciences, & fur-tout de l'aftronomie. Ils étoient divifés en quatre claffes, qui, malgré leurs occupations différentes, obéiffoient à un chef commun, qu'ils regardoient comme une efpèce de préfident.

La première claffe étoit compofée d'une forte de curieux qui fe mêloient d'annoncer l'avenir, foit par la phyfionomie ou les allures de ceux qui venoient les confulter. Cette foibleffe fe retrouve chez tous les peuples anciens ; c'eft une des principales maladies de l'efprit humain, & un des obftacles qui s'oppofèrent conftamment aux progrès de la raifon en Afie. La feconde claffe étoit celle des phyficiens & des naturaliftes ; leurs travaux avoient pour but l'utilité de la fociété. Ils fe nommoit *Afaph* ou *Afcaph*, d'où l'on croit qu'eft venu les noms σοφός & σοφιστής ; ce qui ne doit point paroître étrange quand on fait que les grecs voyagèrent dans l'orient, comme nous l'avons remarqué. La troifième claffe renfermoit les médecins, les botaniftes, efpèce de favans équivoques & charlatans, puifqu'ils fe vantoient de pouvoir faire des chofes furprenantes par les forces d'une magie furnaturelle. Enfin la dernière claffe étoit celle des aftronomes. « Ils gouvernoient, dit M. *Deflandes*, ceux qui avoient le fol orgueil de penfer que leur fort étoit écrit dans le ciel. Cette efpèce d'erreur que le fuccès favorifoit quelquefois, & qui devenoit, par ce fuccès même plus dangereufe, plus générale, attiroit un grand nombre d'étrangers à Babylone ; & ces étrangers donnoient unanimement le nom de *chaldéen* à tous les fages & à tous les favans de cette grande ville, nom qui fut

» enfuite affecté à ceux qui faifoient profeffion
» d'une théologie occulte & fuperftitieufe. L'hif-
» toire romaine en fournit des preuves inconteſ-
» table, & les empereurs proſcrivirent toutes ces
» doctrine qui gâtoient les jeunes eſprits, & trou-
» bloient l'ordre des familles. » Voyez Divi-
Nation.

Cette diviſion de claſſes de ſavans ſous un chef-
préſident, ſemble offrir une légère image de nos
academies des ſciences actuelles. Mais quelle différence ! Autant l'eſprit philoſophique, la raiſon, le
doute éclairé, rendent celles-ci propres à étendre
& perfectionner les ſciences, autant la ſuperſtition,
les erreurs métaphyſiques & l'aſtrologie de l'académie Chaldéenne devoient en reſſerrer la ſphère,
& en vicier les principes. Auſſi ne voyons-nous pas
que dans une étendue de ſiècles aſſez conſidérable,
les ſciences aient acquis cette clarté, cette vérité
de principes que nous leur trouvons depuis deux
cents ans en Europe. Il eſt vrai que l'imprimerie
nous a beaucoup ſervi. Mais pourquoi ne l'inven-
toient-ils pas ? & les chinois, qui la poſſèdent depuis
tant d'années, pourquoi l'ont-ils, pour ainſi-dire,
laiſſée dans une eſpèce d'enfance ?

Si des chaldéens nous paſſons aux egyptiens, nous
verrons l'eſprit humain toujours égaré par les mêmes
erreurs, les ſciences groſſièrement imparfaites, & les
établiſſemens deſtinés à les protéger, oppoſer des
obſtacles inſurmontables à leurs progrès utiles. En
effet, dans l'Egypte comme dans les autres pays
que nous avons parcourus, les prêtres étoient les
ſeuls qui les cultivaſſent excluſivement. Eux ſeuls
étoient en poſſeſſion du langage énigmatique qui
contenoir les myſtères de la religion, & les principes des ſciences. Leurs collèges étoient des eſpèces
d'académies ſecrètes, aſſez réſſemblans à nos anciennes aſſemblées de francs-maçons. La cabale,
la magie formoient une grande partie de leur ſavoir.
Ils réduiſoient en maximes théologiques quelques
préceptes que le bon ſens ſeul eût ſuffi pour faire
pratiquer & reſpecter. De-là ces hiéroglyphes, ces
figures énigmatiques, ces obéliſques chargées de
caractères myſtérieux, qui, au reſte, n'étoient
peut-être qu'une preuve de l'incapacité de ces peuples d'exprimer autrement certaines idées, ou l'effet
d'un reſpect ſuperſtitieux pour des anciens uſages.

Quoi qu'il en ſoit, les colonnes de Mercure,
ſurnommé Triſmégiſte, y étoient très-fameuſes. Jam-
blique en parle avec beaucoup d'éloges, & il ajoute
qu'elles attirèrent du fond de la Grèce Pythagore &
Platon. Celui-ci même, au rapport de Proclus de
Lycie, en avoit emprunté tout ce qu'il raconte de
l'iſle Atlantide, ſi conſidérable autrefois par ſa
grandeur & par ſes richeſſes; mais aujourd'hui entièrement inconnue. D'habiles géographes croient
cependant, ſur des connoiſſances qui paroiſſent aſſez
légères, que ce pourroit être l'Amérique; & Guillaume Sanſon a dreſſé une carte très-ingénieuſe, où il
diviſe, d'après Platon, cette partie du monde entre

les dix enfans de Neptune, & où il leur aſſigne à chacun ſon domaine.

Démocrite s'attacha de même à la colonne d'Aci-
carius, & embellit ſes ouvrages de ce qu'il y trouva
de plus ſublime & de plus intéreſſant. Evhmer, auteur très-ancien, avoit long-temps conſulté les inſcriptions ſacrées, & les figures hiéroglyphiques
qu'on voyoit dans les temples des dieux pour compoſer leur hiſtoire. Il y avoit ſur-tout dans celui de
Jupiter Triphylien, ſi connu par ſa belle architecture, une colonne d'or, que Jupiter lui-même
avoit fait élever, & où étoient décrites ſes principales actions.

» Si l'on s'informe maintenant quels ſecrets,
quelles connoiſſances renfermoient ces divers monumens de l'antiquité, c'eſt à quoi il eſt impoſſible
de répondre avec quelque juſteſſe. Suivant Sancho-
niaton, on y voyoit les deviſes & les armoiries des
dieux, leur eſprit, leur caractère, les maladies
auxquelles ils préſidoient. Suivant Martianus Ca-
pella, on y trouvoit un précis de toute la religion,
avec le calendrier de l'année ſacrée, qui différoit
en pluſieurs points de l'année civile. Suivant le chevalier Jean Mersham, on y liſoit ſur-tout un grand
nombre de préceptes relatifs à l'éducation des enfans
& au bonheur des mariages, préceptes qui étoient
ordinairement attribués à Iſis & à ſon fils Hórus-
Apollo. » (Deſlandes, Hiſtoire critique de la philoſophie, tom. I, pag. 11.)

Quelques modernes conjecturent que les colonnes
d'Egypte renfermoient le ſecret de faire de l'or.
Jean-Michel Vanſleb, qui a deux fois parcouru
l'Egypte en voyageur curieux, aſſure qu'on y eſt
encore perſuadé que le ſecret de faire de l'or ſe
trouve en lettres hiéroglyphiques ſur les obéliſques.
Le même voyageur aſſure qu'on lui montra un ancien château, où, ſuivant la tradition du pays, il y
avoit des gens entretenus avec beaucoup de ſoins
pour travailler au grand œuvre. Mais ce prétendu
ſecret de faire de l'or, ſi chaudement ſoutenu encore
de nos jours par dom Pernety, dans ſes fables expliquées, eſt une véritable chimère qui n'a jamais
exiſté que dans les cerveaux exaltés des prétendus
philoſophes hermétiques. Nous en parlerons ailleurs, Voy. Alchymie.

Tout ce qu'on ſait de plus poſitif ſur les colonnes
d'Egypte, c'eſt que les rois, dans la crainte que le
temps ne les détruiſît & avec elles les connoiſſances qui y étoient enſeignées, ordonnèrent aux
prêtres d'en retirer ce qu'il y avoit de plus utile,
ce travail fut exécuté & il produiſit les livres ſacrés
qu'on cacha dans les archives publiques. Peu de
gens avoient la permiſſion de les lire & on leur faiſoit promettre auparavant qu'ils ne parleroient jamais des choſes qui y étoient renfermées; on
puniſſoit de mort ceux qui violoient leur ſerment, &
dévoiloient au peuple les connoiſſances qu'on leur
avoit confiées.

Cette coutume de tenir les connoiſſances ſecrètes

n'étoit sûrement pas favorable au progrès des lumières; elle éloignoit le peuple de l'étude, & concentroit les sciences dans un petit nombre de personnes qui avoient le droit de s'y livrer. Telle fut sans doute encore une des causes du peu de progrès que firent les sciences chez les égyptiens. Tout y étoit dans une sorte de stupeur, & l'ignorance répandue dans la nation y entretenoit toutes les erreurs de la superstition & des vieilles habitudes. Ajoutez que plus il y a de personnes qui s'occupent d'un objet, & plus il peut faire des progrès rapides en même temps. Voilà pourquoi, comme nous le remarquerons plus bas, les sciences & les arts qui les accompagnent, attirent en peu de temps un grand degré de perfection dans la Grèce, parce que les philosophes les avoient mises à la portée de tout le monde, & que dans l'Inde, à la Chine & en Egypte, elles restèrent imparfaites, parce qu'on en faisoit un mystère aux hommes, & que les initiés seuls pouvoient en prendre connoissances. Tout ce qui peut réunir exclusivement les lumières dans un corps est toujours nuisible à leurs progrès & à ceux de la civilisation. Les égyptiens avoient quelques notions de la physique générale; mais elle étoit chargée d'un galimathias sublime qui la rendoit inintelligible, à en rapport de Plutarque, (in Isid. & Osiride) la physique particulière n'étoit pas moins sublime, c'est-à-dire, moins obscure, que la générale. On fait honneur aux Egyptiens de l'invention de la géométrie: l'on suppose que la nécessité de retrouver les limites des héritages, que le Nil couvre d'un limon fertile tous les ans, les obligea de recourir à l'arpentage, & de créer ainsi les premiers élémens de cette science. Il est fort possible que les Egyptiens aient ainsi donné naissance chez eux aux premiers principes de la géométrie pratique, mais cela ne prouve pas que d'autres peuples n'en eussent pas fait usage avant eux. Tout au plus on en pourroit conclure ce que nous avons remarqué, que souvent une nation doit aux circonstances & à ses besoins ces découvertes qui, depuis long-temps, sont connues ailleurs; c'est ainsi que la connoissance de la poudre à canon & de l'imprimerie, par exemple, ne nous vient point de la Chine, quoique depuis long-temps elle y fût commune.

On regarde encore les Egyptiens comme les premiers chymistes qui aient existé; mais l'on n'a que des preuves vagues de cette opinion, ou plutôt on la fonde sur des rêveries tout-à-fait absurdes. On suppose que les anges, qui, suivant l'écriture trouvèrent les femmes propres à leur faire goûter des plaisirs qu'ils ne pouvoient pas connoître en paradis, découvrirent à leurs maîtresses les secrets de l'alchymie pour prix de leurs faveurs, & qu'ensuite celles-ci enseignèrent à leurs maris les moyens de s'enrichir, par la voie que les anges leur avoient indiquée. Ainsi les premiers auteurs de la prostitution sont les anges. Aussi Dieu irrité les chassa-t-il de la demeure céleste. Cependant Cham, un des fils de Noé, se trouva, après le déluge, seul possesseur des

secrets alchymiques; & comme dans le partage que firent les citoyens de l'arche, l'Egypte lui échut, il la nomma de son nom, chamia ou chemia, d'où est venu chymie; & , par la même raison il sit fleurir les sciences metallurgiques. C'est ainsi que raisonnent *Kircher & Scaliger*, au moins ils traitent ces matières avec autant de gravité que si elles avoient quelque vraisemblance. En parlant de l'alchymie, nous reviendrons sur cet objet, & nous ferons connoître les autres prétentions folles des *philosophes hermétiques*, qui regardent l'Egypte comme le berceau de leur science & de leur doctrine.

Si des égyptiens nous passons aux hébreux, nous ne trouverons pas que les sciences aient fait de grands progrès chez eux, ni qu'on y ait, en leur faveur, formé des établissemens qui soient venus à notre connoissance. D'ailleurs, la vie errante que la nation juive mena pendant long-temps, ne lui permit pas de s'appliquer à l'étude des sciences abstraites, telles que l'astronomie, les mathématiques & la physique. Ils n'avoient point d'écoles publiques, dit l'abbé *de Fleury*, (*Mœurs des israélites*, ch. 15.) les jeunes gens ne sortoient point de chez leurs parens pour aller étudier. Leur vie laborieuse ne le permettoit pas. Seulement leurs prêtres avoient pour principale fonction d'enseigner leur loi dans les assemblées qui se tenoient en chaque ville le jour du sabbat, & que les grecs nommèrent *synagogues* ou *églises*, car l'une & l'autre signifient à-peu-près la même chose. On y faisoit aussi parler d'autres hommes doctes, particulièrement ceux qui étoient inspirés ou reconnus pour tels; c'étoit-là les écoles publiques des hébreux.

Si nous en croyons le rabin *Léon de Modène*, dans son livre *des Coutumes des juifs*, cette forme d'instruction s'est conservée avec peu de différence. « Les » juifs, dit-il, se rassemblent encore dans les lieux » qu'ils nomment *jesivod*, pour disputer sur le tal- » mud & la théologie. » Ce sont leurs Académies.

Une des choses qui durent aussi mettre obstacle aux progrès des sciences chez les hébreux, fut le mépris qu'ils faisoient des langues étrangères. (*Fleury*, *Mœurs des israélites*, p. 65.) Ils étoient ainsi privés d'un des plus grands moyens de profiter des connoissances de leurs voisins; outre que, comme dit le savant abbé que nous venons de citer, il n'y a pas d'apparence qu'ils étudiassent les livres étrangers, puisqu'ils avoient en horreur la doctrine qui y étoit enseignée.

De plus, un très-petit nombre d'entr'eux savoit écrire, & l'agriculture, à laquelle ils se livroient principalement, n'étant point une occupation qui exige des connoissances savantes, ils pouvoient facilement s'en passer. Aussi les savans sont-ils nommés dans l'écriture *sopherim*, c'est-à-dire, *scribes* (*Fleury*). Mais il est à croire que la plupart savoient lire, puisqu'il étoit recommandé à tous d'apprendre la loi de Dieu, & que cette étude étoit leur unique occupation,

Mais si les juifs n'étoient point versé dans les sciences exactes, comme l'a prouvé *dom Calmet*; si leurs usages & l'esprit hostile qui les caractérisa long-temps, ne leur permit pas de cultiver les connoissances spéculatives autant que les autres peuples, ils se distinguèrent par leur adresse & leur habileté dans les arts méchaniques & la musique. *Voy.* ARTS.

Un peuple célèbre dans l'antiquité, par ses richesses, son commerce & la culture des sciences qui en est la suite : ce sont les phéniciens. Ils inventèrent chez eux, ou du moins perfectionnèrent l'arithmétique, l'astronomie nautique, le commerce & les arts de luxe. Au rapport de *Lucain*, on leur doit aussi la découverte des caractères alphabétiques.

> *Phœnices primi, famâ si credimus, ausi*
> *Mansuram rudibus vocem signare figuris.*

Ils étoient d'ailleurs communicatifs comme sont les nations commerçantes ; enfin de tous les peuples que nous présente l'histoire ancienne, il fut le plus éclairé, le plus actif & par conséquent le plus philosophe. Ce furent les phéniciens qui se répandant dans la Grèce ; à la suite de Cadmus, la tirèrent de l'affreuse barbarie où elle languissoit, & qui lui inspirèrent ce goût des sciences & de la philosophie qui produisit ensuite tant de chef-d'œuvres. Cette nation estimable se distingua sur-tout par les progrès des arts utiles & des connoissances propres à la navigation. *Voyez* ARTS.

Nous avons tracé l'esquisse de l'état des connoissances chez les différens peuples de l'orient. Nous avons presque toujours vu des peuples ignorans, superstitieux ou barbares ; les sciences au berceau ; les hommes égarés par les fausses idées de Dieu & de la nature, presque nul établissement en faveur des connoissances utiles ; par-tout une théologie fantastique ou le goût de la guerre, fléaux également contraires à la raison & à la philosophie. Si nous n'avons point porté un regard détaillé sur tous les peuples qui ont brillé un moment sur la scène du monde autrefois, si nous n'avons fait que parcourir légèrement cette immense étendue de siècles ; c'est que le monde montre par-tout la même physionomie dans ces temps obscurs, & que rien n'y présente de réflexions immédiatement applicables aux progrès de nos connoissances. Hâtons-nous donc de nous rapprocher des temps modernes, & commençons par la Grèce, à tracer ce que l'histoire nous offre de plus positif dans les progrès des sciences, & de la civilisation qui les accompagne ou les précède toujours.

Au nom de la Grèce l'enthousiasme se réveille ; les idées du beau, du grand, viennent naturellement se présenter à l'imagination ; la mémoire des chef-d'œuvres qu'elle a produits, des grands hommes qu'elle a vu naître, des arts qui l'ont embellie, des sciences qui l'ont illustrée, forme un brillant tableau qui échauffe & transporte l'esprit vers les idées de perfection & de grandeur. Tout y respire la délicatesse, la grace, la volupté ; la nature semble s'être plu à immortaliser ce petit coin du globe, en y rassemblant tout ce que peut produire le génie joint au courage & à la raison. Le monde est encore plein de la Grèce ; & si nous ne lui devons pas tout ce que nous savons, c'est elle au moins qui nous a montré le chemin qu'on doit suivre pour parvenir au bonheur & à la vérité. Ses artistes paroissent avoir épuisé les ressources du génie, & leurs noms, ceux de ses législateurs, de ses philosophes, de ses généraux, sont encore prononcés avec admiration & étonnement. Enfin, il n'est pas jusqu'à ses défauts qui n'aient quelque chose de séduisant, & qui n'annoncent un peuple fait pour perfectionner les arts & éclairer le monde.

On doit attribuer ces étonnans progrès de la Grèce dans les sciences & les arts du génie, à deux causes principales ; d'abord, au rapprochement d'une foule de petites villes dans une étendue de pays très-bornée ; en second lieu, à la liberté qui s'y établit d'assez bonne heure & qui développa dans toutes les ames les sentimens du vrai & du sublime. On peut ajouter à cela l'influence du climat, qui paroît naturellement favorable aux talens & à la culture de l'esprit. Enfin ce phénomène, à jamais remarquable dans les fastes du monde, tient peut-être encore à un ordre de causes qui nous échappent : car pouvons-nous bien nous flatter de connoître l'harmonie du monde moral & du monde physique, & les rapports secrets qui existent entr'eux ?

Il falloit que les grecs eussent un caractère bien à eux, & un génie surprenant, pour s'être ainsi civilisés en peu de temps, avoir fait de grands progrès dans les sciences, & atteint la perfection dans les beaux arts, malgré l'influence du goût bizarre des égyptiens chez qui ils voyagèrent, malgré les absurdités de la théologie orientale, dont ils adoptèrent à la vérité une partie. Mais voyez de combien de charmes ils l'ont embellie ! comme leur mythologie est douce, est variée, est aimable ! tous ses dieux, ses déesses, ses divinités, semblent animer la nature & doubler l'étendue du monde réel. Comme leur philosophie est supérieure à celle de ces indiens, toujours perdus dans des idées abstraites de Dieu & de la création !

Aucun peuple n'a autant fait pour la science que les grecs, & entr'eux les athéniens mériteront toujours la reconnoissance des hommes délicats & des philosophes. C'étoit la patrie des grands hommes, des grands génies & des grands artistes : on aime à se rappeller jusqu'aux moindres détails du gouvernement, de la police & des mœurs de cette ville, si célèbre & si digne de l'être. Comme on lit avec empressement tout ce qui peut nous la faire connoître ! & comme on s'enorgueillit de partager, en quelque forte, fa gloire par l'intérêt que l'on prend à fes fuccès & à fes triomphes! Les grecs font honneur à l'homme & prouvent l'excellence de fa nature.

Mais notre objet n'eft point de faire l'hiftoire de ce peuple aimable, fenfible & inconftant; nous ne voulons pas même entrer dans aucun détail fur fes ufages & fes mœurs; quoique ces connoiffances tiennent à celles des fciences & des arts dans une nation. D'autres ont développé avec intérêt fes objets, véritablement attachans, & nous citerons ici deux excellens ouvrages fur cette matière, favoir; celui de M. Gellies anglois, intitulé *hiftoire de la Grèce & de fes colonies*, & dont nous avons une bonne traduction françoife. L'autre, de M. Paw, fous le titre de *recherches philofophiques fur la Grèce*. Nous ne nous appliquerons donc ici qu'à faire voir rapidement l'état des fciences chez ces peuples, fans plus nous attacher à des objets etrangers à notre fujet.

L'on commence à voir clair dans l'hiftoire des fciences dès qu'on les confidère dans la Grèce. Elles étoient affez féparées les unes des autres pour que chacune offrît un fujet à part à confidérer. Des hommes de génie les étudioient avec foin pour les enfeigner enfuite avec méthode à tous ceux qui vouloient les entendre; en cela bien différens de ces prêtres égyptiens, indiens, perfans, qui en faifoient un myftère dont ils croyoient le vulgaire indigne. Il a fallu un grand fond de philofophie dans les grecs, pour ne point avoir imité cette coutume qui flatte tant la vanité des hommes au-deffus du peuple. Mais chez des nations où le peuple eft fouverain, on ne le méprife point, & l'on met fa gloire à l'éclairer & à en être eftimé; c'est qui a produit les premiers germes de l'héroïfme des grecs.

Toutes les fciences & les arts furent cultivés chez eux avec plus ou moins de fuccès. Nous ne parlerons que des premières ici, & nous ferons quelque mention de l'hiftoire des autres dans la même nation, à l'article qui les concerne: ainfi *voyez* ARTS.

Sous le nom de philofophie, les Grecs comprenoient plufieurs fciences réunies, telle que la phyfique, la morale, la métaphyfique, la logique; les mathématiques, l'aftronomie, la médecine.

On regarde *Thalès* comme le premier qui apporta en Grèce, les premiers élémens de la philofophie & des fciences qu'il avoit puifés en Phénicie, lieu de fa naiffance. Il s'établit à Milet dans l'Ionie, & y enfeigna la phyfique, la géométrie & l'aftronomie, qu'il dégagea des abfurdités théurgiques, qu'y mêloient les prêtres égyptiens, chez lefquels il avoit voyagé, & où il s'étoit inftruit dans leurs myftères. Il vivoit du temps de Cyrus & Cambyfe, rois de Perfe & fut le fondateur de la fecte nommée *ionique*. Il eut plufieurs difciples qui s'appliquèrent à l'étude de la phyfique générale & de la géométrie, & en répandirent le goût dans la Grèce. *Thalès* démontra, dit-on, le premier que l'angle, pris

dans la circonférence du cercle & dont les deux côtés font appuyés fur les extrémités du diamètre, eft égal à un droit. Cette propofition, connue & démontrée le mena à la mefure des triangles, & à la connoiffance de la trigonométrie & des hauteurs, inacceffibles. Il fit encore connoître aux Grecs les points des folftices & des équinoxes, foit qu'il en ait fait la découverte, ce qui eft poffible, foit qu'il en ait eu quelques notions chez les égyptiens qui paroiffent les avoir connus. Il décrivit auffi le cours de la petite ourfe autour du pole boréal, connoiffance, qu'il tenoit peut-être des phéniciens, ce peuple célèbre, & intelligent dans la navigation. *Anaximandre*, fon difciple, connut la grandeur du foleil & de la lune; il mefura la diftance qu'il y a de la terre à ces deux aftres, & découvrit aux grecs l'obliquité du zodiaque, c'eft-à-dire, cet angle de 23 degrés & demi, compris entre l'écliptique & l'équateur, & que l'on nomme quelquefois la plus grande déclinaifon du foleil. Mais *Anaximandre* s'éloigna de l'opinion de fon maître, en fuppofant l'immobilité de la terre & la révolution du foleil autour de cette planète.

Pendant que la fecte ionique cultivoit les fciences en Grèce, *Pythagore* de Samos, qui avoit étudié fous *Phérécyde*, le fyrien, établiffoit aux environs de Naples, la fecte italique. Pythagore fe livra principalement à la morale théologique, & à la connoiffance chimérique des êtres furnaturels. La fcience des égyptiens faifoit la bafe de fa doctrine fondée fur je ne fais quelle fauffe philofophie orientale. Il attribuoit beaucoup de vertus aux nombres & enfeignoit la métempfycofe indienne. Néanmoins on lui attribue l'invention du quarré de l'hypothénufe, c'eft-à-dire, la découverte de cette propofition; qu'un quarré fait fur le côté oppofé à l'angle droit d'un triangle eft égale aux deux quarrés, conftruits fur chacun des deux côtés de l'angle droit; découverte importante dans les mathématiques & qui eft une des propofitions fondamentales de la trigonométrie rectiligne. Il eft encore regardé comme l'auteur de la *table de multiplication*, qui fert à trouver fur le champ les deux facteurs des produits qui s'y trouvent contenus; elle a retenu le nom de *table de Pythagore*. *Diophante* ajouta beaucoup aux travaux de Pythagore, & fit faire des progrès à la fcience des nombres, par la réfolution d'un grand nombre de problèmes, arithmétiques très-compliqués.

L'on voit par les ouvrages de *Démocrite*, dont *Diogène Laërce* nous a donné une lifte, que les fciences étoient déjà parvenues de fon temps à un grand degré de perfection. En effet, dans le nombre, qui eft confidérable, on en trouve plufieurs fur la géométrie, fur l'aftronomie; un intitulé: *la grande année*; contenant le méchanifme du ciel, & l'explication du mouvement des planètes & de la révolution qui doit les ramener toutes au même point d'où elles font parties; c'eft ce qu'on appelle l'année *platonique*, & que *Cicéron*, dans le *fonge de Scipion*,

Scipion, nomme *annum vertentem* : un autre nommé *Parapegma* ; c'étoit une description de la sphère armillaire, que *Démocrite* perfectionna : un traité sur la *clepsydre*, où son mouvement étoit rapproché de celui des corps célestes : une description de la terre & des poles : un traité des lignes incommensurables : enfin différens écrits sur la médecine, l'agriculture, l'art militaire, l'architecture, les langues, la navigation, l'histoire, la poésie, &c. sur quoi l'on peut voir *Diogène Laërce*.

Si tant de livres annoncent le progrès des sciences & des lettres, voici une anecdote qui prouve que parmi les plus grands philosophes de la Grèce, il y avoit, comme chez nous, de la haine & de la jalousie. *Aristoxènes* rapporte, dans ses commentaires sur *Diogène Laërce*, que *Platon*, jaloux de la gloire & de la grande réputation de *Démocrite*, voulut faire périr tous les ouvrages de ce philosophe, mais qu'il en fut détourné par le conseil de quelques amis, par la raison qu'il ne le pourroit pas, puisqu'il y en avoit un grand nombre d'exemplaires répandus dans la Grèce. Mais ce que *Platon* ne put faire, *Aristote* l'exécuta par le pouvoir d'*Alexandre*, qui, dit-on, pour conserver à son précepteur un empire plus considérable dans la philosophie, fit brûler un grand nombre de livres, dans le nombre desquels se trouvèrent ceux de *Démocrite*.

La médecine ne fit pas moins de progrès alors que les autres sciences. Tout le monde connoît les ouvrages d'*Hyppocrate*, & ce que ce grand homme fit pour délivrer Athènes de la peste qui ravageoit alors, non-seulement la Grèce, mais la Perse & une partie de l'Asie. *Hyppocrate* nous a laissé la description de ce fléau. Là, comme dans le reste de ses écrits, on reconnoît l'attention de cet habile homme à observer la marche de la nature, les qualités de l'air, celles des alimens, le tempérament des malades, & toutes les circonstances qui peuvent rendre l'effet des remèdes plu ou moins sûr, plus ou moins efficace. Avant *Hyppocrate*, la médecine grecque consistoit dans l'application de topiques ou remèdes extérieurs, comme il nous l'apprend lui-même, & c'est à son génie que l'on doit les grands progrès qu'elle fit en peu de temps. Une chose qui rend les ouvrages d'*Hyppocrate* précieux, c'est qu'ils ne sont point infectés de cette physique mystérieuse & magique, dont les prêtres égyptiens se vantoient d'être possesseurs ; la nature seule s'y montre à nue, & la nature ne connoît ni génies, ni caractères, ni enchantemens.

Nous ne voyons pas qu'à cette époque l'anatomie fût fort cultivée ou perfectionnée dans la Grèce. Ce n'est pas que la structure humaine fut entièrement méconnue, mais cette connoissance se bornoit à l'essentiel, & l'on ne faisoit point une étude particulière d'une science qui, repoussante par elle-même, ne portoit pas un caractère d'utilité bien indispensable. *Hyppocrate* connoissoit la circulation

du sang, sans doute, mais il n'avoit pas eu besoin de disséquer un grand nombre de cadavres pour cela ; une réflexion profonde & l'observation du corps vivant nu peuvent en donner autant de connoissance qu'il en faut pour traiter avec succès les maladies. L'anatomie n'est donc pas d'une si grande utilité qu'on se plaît à le croire, puisque ce grand homme qui sûrement possédoit son art avec une supériorité bien décidée sur nos anatomistes modernes, n'en avoit fait qu'une étude momentannée & superficielle, en comparaison de l'éternelle & infructueuse *dissectomanie* à laquelle se livrent de nos jours les élèves d'Esculape.

Quelque temps après la mort d'*Hyppocrate*, les grecs réformèrent le calendrier ; & *Meton*, célèbre astronome, inventa le cycle de dix-neuf ans, c'est-à-dire, détermina l'espace de temps qui s'écoule entre deux conjonctions de la lune & du soleil, faites au même mois & au même moment ; ce qui arrive à-peu-près tous les dix-neuf ans ; c'est ce que nous nommons le *nombre d'or*, parce qu'autrefois les années de cette révolution se marquoient en lettres d'or. *Eudoxe*, contemporain de *Meton*, ajouta encore de nouvelles connoissances astronomiques à celles découvertes par cet astronome.

Cependant la philosophie morale fit aussi de rapides progrès dans la Grèce, & elle n'y fut pas moins bien cultivée que les autres sciences ; ensorte que si l'on ne peut pas dire que les grecs en soient les inventeurs, toujours est-il vrai qu'ils lui donnèrent une forme bien plus appropriée aux lumières & aux mœurs des hommes, que celle qui la tenoit des orientaux, qui ne l'enseignoient que sous des emblèmes souvent aussi obscurs qu'insignifians. *Socrate*, sur-tout, dirigea la morale vers la pratique. Ce philosophe, si justement célèbre, & si injustement traité par ses concitoyens, eut un grand nombre d'élèves qui répandirent sa doctrine, & donnèrent à la morale grecque cette universalité & ce développement qui l'ont rendue propre à tous les hommes & à tous les gouvernemens. Elle cessa d'être une métaphysique morale, fondée sur la théologie & sur les écarts de l'imagination. Les grecs l'appliquèrent, en la discutant, à la politique, à la religion, à la police, à la vie commune, & la regardèrent comme une des bases de l'état social. Ils s'en servirent pour civiliser & éclairer les hommes. La morale, forma dès-lors la plus noble & la plus utile partie de la philosophie, & ceux qui la professoient s'acquéroient une grande réputation de sagesse & de prudence.

Le goût pour la morale distingua toujours les philosophes grecs. Un mathématicien, un physicien n'étoit pas exclusivement tel, mais encore bon moraliste, c'est-à-dire, instruit dans la science des hommes & des loix. Cette urbanité grecque, cette liaison de la morale avec les sciences exactes & les beaux-arts, a développé chez eux ce goût sûr, cette convenance des choses, ce sentiment du beau, qui

F

naît sur-tout de la connoissance de l'homme & de ses passions. Quelle précision d'idées ! quelle justesse d'instinct & de raison dans leurs monumens, leurs figures, leurs tableaux ! à la grace, à la légèreté des proportions vous distinguiez un temple de Vénus : la noblesse, la majesté des ensembles vous annonçoient la demeure du premier des dieux, & l'architecture seule excitoit d'abord dans l'ame le sentiment qui accompagne toujours une si grande idée. Ils répandoient ainsi sur tout ce qui sortoit de leurs mains cette indéfinissable empreinte du génie ; & c'est à l'étude de la morale qu'ils dûrent ces prodiges. Elle ne fut pas moins chez eux la base du gouvernement. Les vertus publiques, l'amour de la liberté, le sentiment de l'honneur national y formoient un systême de principes politiques digne de notre admiration. Mais l'esclavage & l'esprit hostile dépareront toujours les anciennes républiques, & nous avons gagné sur eux à cet égard.

Si les grecs perfectionnèrent les sciences exactes, les épurèrent, les embellirent au point de pouvoir être regardés comme les inventeurs du plus grand nombre, l'on peut dire que dans les arts ils dûrent tout à leur génie brillant & créateur. Aussi le point de vue est-il celui sous lequel l'esprit se plaira toujours à les considérer ; ils y offrent le spectacle le plus frappant, le plus honorant pour l'humanité. Nous en parlerons ailleurs avec quelqu'étendue. *Voyez* ARTS. Mais une science dans laquelle ils ne se sont pas moins distingués, qu'ils ont réduite en arts, & qui les caractérise particulièrement, c'est la connoissance de nos facultés naturelles pour la pensée, la mémoire & le raisonnement, dont les résultats-pratiques forment ce qu'ils ont nommé *dialectique & logique*.

On croit que les disciples de Pythagore en formèrent les principes. *Ocellus* employa le premier la méthode des définitions. *Architas* réduisit à diverses classes les objets de nos pensées. Zenon d'Elée distingua les opérations de l'esprit. (*Rapin*, comp. de *Platon & d'Aristote*.) Cicéron, néanmoins, reconnoît Socrate pour l'auteur de la logique. (*Quæst. acad. lib. I, n. 4*.) En effet, ce philosophe fit un corps de tous les préceptes de cette science, & par le discours familier, il en démontra la pratique réelle, ce qui est le propre de la dialectique. Socrate n'avoit rien écrit, mais Platon nous a conservé la doctrine de son maître dans le *théètète*, dans le *sophiste*, dans le *politique*, où il enseigne à diviser & à définir ; dans le *cratile*, où il examine la nature des mots simples ; dans le *Menon*, où il établit la manière de chercher la vérité, en faisant produire à celui avec qui il s'entretient, tout ce qu'il peut trouver de lui-même, ce que *Socrate* appelloit *faire accoucher les esprits*.

Enfin *Aristote* vint, qui donna à la logique cette force qu'on lui connoît, la réduisit en pratique, & fit usage pour cela de la méthode des géomètres, qui consiste à n'admettre aucun terme qui ne soit défini, ni aucun axiome qui ne soit accordé,

& à ne raisonner qu'en forme concluante. Il inventa le syllogisme, ou du moins il donna la démonstration de toutes ses figures dans ses livres analytiques. *Cleanthe* & *Chrysippe* ajoutèrent quelque chose à la logique, & son état demeura ainsi fixé chez les grecs.

La métaphysique n'y fut jamais bien solide ; cette science par elle-même est peu susceptible d'une grande certitude ; & si vous en exceptez les notions abstraites & stériles de l'onthologie, le reste est à-peu-près douteux sous tous les rapports, ensorte que le pour & le contre en peuvent également être soutenus de part & d'autre. Voilà pourquoi elle devint chez les grecs un sujet interminable de disputes. *Pythagore* & *Platon* adoptèrent les rêveries des égyptiens, & firent de la métaphysique la plus inintelligible de toutes les sciences. Ils parlèrent de Dieu, de l'ame, du temps, de l'espace, de la volonté divine, de la providence, de la création & durée du monde, avec une incroyable obscurité, où il étoit bien impossible que les autres entendissent quelque chose, puisque eux-mêmes ne s'entendoient pas.

De tous les philosophes grecs, *Aristote* est celui qui a le plus perfectionné les sciences de raisonnement. Nous avons de lui un grand nombre d'ouvrages, où l'on trouve beaucoup d'idées positives & fort saines sur presque toutes les parties de nos connoissances. L'abus que l'on a fait de ce philosophe dans les écoles de l'Europe, l'a trop fait négliger. Il seroit vraiment temps que l'on revînt sur la prévention où nos nouveaux philosophes se sont laissé aller à son égard. On ne doit jamais espérer d'y trouver des principes & des idées bien étendus ; *Aristote* néglige trop la nature & l'observation, pour donner tout au raisonnement : mais, au milieu de ces défauts, on y découvre un fond de doctrine précieuse, & un systême de philosophie qui n'est point à mépriser. L'histoire naturelle doit aussi beaucoup à ce philosophe, & les livres qu'il nous en a laissés, contiennent des faits curieux & des remarques très-sensées. Enfin, *Aristote* est de tous les grecs le moins enthousiaste & le moins exagérateur. S'il se trompa sur le droit naturel, sur l'esclavage & l'état de société, du moins il sut apprécier avec beaucoup de justesse les différens devoirs des souverains & des peuples, dans tout ce qui tient à la police universelle & le gouvernement de l'état.

Le siècle d'*Aristote* fut le dernier terme du progrès des sciences chez les grecs. Les savans, les orateurs & les philosophes qui vinrent ensuite, ne firent qu'expliquer ou présenter méthodiquement les découvertes de leurs prédécesseurs. La Grèce ne jouit plus que de la gloire de ses premiers maîtres ; mais cette gloire en imposoit encore au monde, & fut la seule défense qu'elle opposa au débordement de la puissance romaine, qui s'empara du théâtre du monde, pour y jouer pendant dix siècles le plus grand de tous les rôles.

Rome, livrée à la guerre dès le berceau, ne

cultiva point les sciences comme les grecs. Déja son empire s'étendoit sur les deux mondes, qu'à peine étoit-elle hors de la barbarie. Une ame de fer, un corps endurci aux travaux, le mépris des dangers, l'esprit des combats, voilà ce qu'on rencontroit chez les romains. Mais lorsque les jouissances de la vie, le luxe & les plaisirs eurent pénétré chez ce peuple guerrier, un nouvel ordre de choses se fit connoître. On dépouilla les rois & les peuples pour enrichir la capitale du monde; on asservit les nations pour triompher avec éclat & rendre le luxe romain proportionné au colosse de la république; on étendit & appesantit l'esclavage pour multiplier les objets & les satellites de l'orgueil & des plaisirs des *Marius*, des *Sylla* & des *Lucullus*. Ce peuple devint le fléau de la terre, & paya enfin de sa liberté les crimes dont il s'étoit si long-temps rendu coupable.

Rome adopta les arts des grecs, imita ou transporta chez elles les chef-d'œuvres d'Athènes & de Corinthe; mais elle n'eut jamais ce fonds inépuisable d'artistes célèbres, de génies créateurs qui établirent la gloire de la Grèce sur un fondement qui durera aussi long-temps qu'il y aura des nations policées. Les sciences ne furent pas plus perfectionnées, elles ne firent aucuns progrès, & la philosophie qui les embrasse toutes, ne s'enrichit d'aucune découverte importante, d'aucun système qui mérite d'être rapporté.

Cependant depuis *César*, & sous les empereurs, la philosophie morale fut fort cultivée. *Cicéron* mit à la mode celle des académiciens; *César* celle d'Epicure, & *Caton*, *Sénèque* & le reste des républicains, celle de *Zenon*. Mais dans la suite presque tous les philosophes furent grecs, tels qu'*Epictète*, *Plutarque*, *Taurus*, *Appollonius*, *Numène*; enfin la saine philosophie, resuscitée un moment par les *Antonins*, disparut entièrement ou ne fut plus qu'un système bizarre de platonisme corrompu, de christianisme & de judaïsme, & de magie mêlés d'astrologie judiciaire.

On doit remarquer néanmoins que la médecine, l'astronomie & l'histoire naturelle occupèrent quelques momens les romains. Les encouragemens que reçut la première, durent favoriser les découvertes & lui faire faire quelques progrès; car c'est toujours une conséquence de la protection accordée aux sciences, de les voir s'avancer vers la perfection, ou du moins se tourner à l'utilité publique. *Jules-César*, qui eût été un homme estimable, s'il n'eût pas mis sa patrie aux fers, accorda le droit de bourgeoisie à ceux qui professoient la médecine; *Auguste* les exempta de paiement des impôts. L'habileté ou le bonheur d'*Antoine Musa* qui avoit guéri ce prince, mit cet art en grande considération & lui attira ce privilège. Vers le même temps, *Celse* composa huit livres sur cette science, qui prouvent plûtôt son éloquence que son savoir en médecine. *Andromacus* de Crète, adressa à Néron un poëme grec sur la thériaque. *Marcel* de Pamphilie, écrivit

aussi en vers, du temps de *Marc-Aurèle*, quarante-deux livres sur la médecine; car il y avoit alors une espèce d'alliance entre cet art & la poésie; & les médecins cultivoient avec soin les belles-lettres. *Galien* de Pergame, contemporain de Marcel, se fit un grand nom par la pratique de son art & par ses divers ouvrages; il a commenté & expliqué *Hyppocrate* avec beaucoup de soin; mais il manque de de connoissances physiologiques. Tous ces auteurs, à l'exception de *Celse*, ont écrit en grec. *Serenus Sammonicus*, qui éprouva la cruauté de Caracalla, nous a laissé quelques vers latins sur la médecine. *Zenon* de Cypre professa cette science à Alexandrie, dont l'école étoit fort célèbre, il fleurit sous l'empire de *Julien*, & eut pour disciple le fameux *Oribaze*, qui réduisit en abrégé la doctrine de *Galien*; enfin *Paul Eginète*, qui vivoit du temps de Saint-Jérôme, composa un épitome des écrits de *Galien* & d'*Oribaze*. Nous devons aux arabes différens autres ouvrages sur la médecine; mais nous en parlerons lorsque nous reprendrons la notice de l'histoire de nos connoissances dans des temps plus modernes.

Il ne paroît pas que les romains se soient occupés essentiellement de l'astronomie, jusqu'au temps de *Jules-César*, qui réforma leur calendrier, & composa l'année de 365 jours six heures, au-lieu de 355 jours, comme Romulus l'avoit établi. L'on connoît à ce sujet le bon mot de *Cicéron*, qui entendant dire qu'un tel astre se levoit tel jour à telle heure, ajouta: oui, & par l'ordre de César. Les romains connurent & cultivèrent l'astrologie judiciaire; c'est la maladie générale de l'esprit humain. Nous avons dans les ouvrages de *Ptolomée*, astronome du temps de *Marc-Aurèle*, des preuves de l'état de l'astronomie sous les empereurs romains, à l'époque de la naissance & des progrès du christianisme. Le système qui place la terre au centre de notre monde planétaire, étoit celui qu'on suivoit alors le plus généralement; & ce n'est que depuis senti l'absurdité; & *Copernic* l'a entièrement réfuté, comme nous le verrons bientôt.

L'histoire naturelle de *Pline* seroit mieux intitulée *l'histoire du monde*, comme l'a fait le premier traducteur françois *Pinet*. C'est un recueil qui prouve que les romains ont cultivé avec quelqu'attention cette partie de nos connoissances. Leur luxe leur en faisoit une loi, & l'immense étendue de leur empire leur en donnoit la facilité. Mais leurs richesses à cet égard n'approchent pas des nôtres, comme nous allons avoir occasion de le remarquer lorsque nous parlerons de l'état de cette science chez les modernes, & des établissemens qu'on a fait pour la favoriser.

A la chûte de l'empire romain, tout sembla rentrer dans le cahos depuis Rome jusqu'au Tage, & depuis l'océan jusqu'au détroit de Bysance. L'Europe se trouva tout-à-coup sans loix, sans mœurs & sans lettres. Constantinople & quelques villes grecques conservèrent encore quelqu'ombre de politesse & de goût pour les sciences; mais une théologie fauſſe & ridicule énervoit les eſprits & corrompoit la raiſon. On n'oſoit penſer & écrire que ſuivant l'opinion particulière de l'empereur ou de ſes courtiſans ; tout ſentiment contraire étoit expoſé à une perſécution plus ou moins ouverte. Ce n'eſt pas que l'on ne vît, de temps à autre, quelques hommes inſtruits pendant cet intervalle de temps que l'on appelle *le moyen âge*, c'eſt-à-dire, depuis le ſeptième ſiècle juſqu'au commencement du ſeizième ; mais la plupart ne s'occupoient que de platoniſme, n'étudioient qu'une philoſophie ſèche & inintelligible : les ſciences étoient négligées.

Les arabes, cependant montrèrent un goût particulier & aſſez conſtant pour elles. Ce peuple ſpirituel, quoique guerrier, débuta, il eſt vrai, par un trait qui n'annonce point l'amour des lettres. Leur calife *Omar* fit brûler la belle bibliothèque d'Alexandrie ; mais bientôt leur civiliſation fit des progrès, & dès que la victoire leur eut aſſuré l'empire, ils ſe livrèrent à l'étude de la philoſophie, des ſciences & des beaux-arts. Ils cultivèrent ſur-tout la médecine & l'aſtronomie, & nous avons d'eux différens ouvrages ſur ces deux ſciences, dans leſquels on trouve de l'eſprit, du ſavoir, mais trop de reſpect pour la doctrine de leur maître *Ariſtote*. Les arabes firent long-temps la gloire de l'Eſpagne & d'une partie de l'orient. Mais depuis que les tartares & les turcs les ont chaſſés d'un côté, & les deſcendans des anciens eſpagnols de l'autre, le reſte de cette nation dégénéra bientôt en Afrique ; & enfin, au commencement du ſiècle préſent, ſous *Muley-Iſmaël*, ils tombèrent dans un état d'ignorance, de barbarie & de ſervitude abjecte, dont il ſeroit difficile de trouver un autre exemple dans l'hiſtoire ancienne ou moderne.

Le mouvement qui s'étoit fait appercevoir dans l'empire des ſciences dès le douzième ſiècle, reçut tout-à-coup un accroiſſement prodigieux vers le milieu du quinzième. La chûte de l'empire grec en fut plûtôt l'occaſion que la cauſe, mais elle y contribua puiſſamment. En effet, après la priſe de Conſtantinople par les turcs, arrivée en 1453, les grecs qui avoient quelques connoiſſances, ſe réfugièrent en Italie, où le goût qu'on avoit pour leur langue, leur ouvroit un aſyle & leur aſſuroit des ſecours. Ils trouvèrent de puiſſans protecteurs dans Côme, Pierre & Laurent de Médicis. D'autres princes Italiens, des cardinaux, des villes les reçurent & les protégèrent. Enfin le ſeizième ſiècle ayant fait naître le pontificat de Léon X, l'impulſion donnée à l'eſprit humain fut accrue de toute l'influence de ce grand prince. Elevé ſur la chaire de Saint-Pierre à l'âge de trente-ſix ans, il ſe partagea entre la politique, les ſciences, les arts & les plaiſirs. Sa cour riche & voluptueuſe, étoit l'aſyle du génie, des ſavans, des grands artiſtes. On vit donc paroître des chef-d'œuvres d'architecture, de peinture, de ſculpture ; la géométrie, l'aſtronomie, la philoſophie furent cultivées & les ſciences ſe préſentèrent ſous un point de vue plus net & moins aride. Cette heureuſe fermentation s'étendoit par toute l'Europe ; en

Allemagne, ſous Maximilien Ier, par les ſoins d'Eraſme, de *Mélanchton*, de *Camérarius* & d'autres ſavans ; en Angleterre, par ceux de Henri VIII, d'Eliſabeth, de *Bacon* ; en Eſpagne, en Portugal, par *Louis Vivès*, *André Govea*, *G. Buchanan* ; en France, par la protection de François Ier. Ce prince établit, en 1529, un collège magnifique & bien doté : c'eſt le collège royal. Il y inſtitua des profeſſeurs, pour y enſeigner les lettres & les ſciences ; le célèbre & malheureux *Ramus* en fut un des premiers. La reine de Navarre ſeconda les intentions du monarque françois, & contribua pour ſa part aux progrès des études ; le goût des ſciences devint alors univerſel & gagna tous les eſprits.

« Il y a dans chaque ſiècle, dit M. *Thomas*, un eſprit général qui influe, ſans qu'on s'en apperçoive, ſur tous ceux qui vivent dans le même temps. Il eſt très-ſûr que le ſeizième & le dix-ſeptième ſiècles furent marqués par de grands changemens & de grandes découvertes. Navigation, commerce, politique, belles-lettres, tout éprouva des révolutions. Jamais on ne vit plus de ces hommes entreprenans & actifs, qui font des choſes extraordinaires, qui veulent ouvrir des routes & changer en bien ou en mal, ce qui eſt établi. Découverte de l'Amérique, par *Chriſtophe Colomb*, en 1492 ; découverte des Indes, par *Vaſco de Gama*, en 1497 ; conquête du Mexique, par *Cortès*, en 1518 ; du Pérou, par *Pizarre*, en 1525 ; expédition de Magellan vers les terres auſtrales, en 1519 ; voyage autour du monde, par *Drack*, en 1577 ; établiſſement du proteſtantiſme dans la moitié de l'Europe, vers 1525. *Copernic*, né à Thorn en 1473, publia le vrai ſyſtème du monde, en 1543, mort la même année. *Tycho-Brahé*, gentilhomme danois, dépenſa plus de cent mille écus à l'aſtronomie, mort à Prague, en 1601. *Kepler*, aſtronome allemand, auteur des fameuſes loix ſur le cours des planètes, né en 1571, mort à Ratisbonne en 1630. Les verres concaves & convexes, inventés en Italie, vers 1295, par *Alexandre Spina*, religieux. Le premier téleſcope formé par *Jacques Métius*, hollandois, en 1609. La circulation du ſang découverte par *Harvey*, en 1615. *Galiley*, auteur de pluſieurs belles découvertes en aſtronomie, & de la théorie du mouvement dans la chûte des corps, mort à Florence en 1642. Le fameux *Bacon*, né à Londres en 1560, mort en 1626 : on ſait tout ce que les ſciences lui doivent, & quelles vues il avoit principalement ſur la phyſique expérimentale. »

Mais un des hommes qui eurent le plus d'influence ſur les progrès des ſciences vers cette époque, fut le célèbre *Deſcartes*. Il leur fit faire un pas immenſe & ſur-tout leur appris à ſe prêter des ſecours qu'elles ne ſe prêtoient point avant. « Deſcartes, dit M. *Thomas*, eſt le premier qui ait conçu la grande idée de réunir toutes les ſciences, & de les faire ſervir à la perfection l'une de l'autre. Il tranſporta dans ſa logique la méthode des géomètres ; il ſe ſervit de l'analyſe logique pour

» perfectionner l'algèbre ; il appliqua enfuite l'al-
» gèbre à la géométrie , la géométrie & l'algèbre
» à la méchanique , & ces trois fciences combinées
» enfemble à l'aftronomie & à la phyfique. » Ce
rapprochement de connoiffances ifolées , lui fit faire
les plus grands-progrès dans toutes les fciences ; lui
donna lieu de les enrichir de nouvelles idées, & prépara dans les efprits la grande révolution qui s'y
eft faite depuis.

Dans toutes les connoiffances dépendantes des
faits & de l'obfervation , *Defcartes* commençoit
par douter. C'eft le moyen d'éviter l'erreur & de
trouver quelquefois la vérité. La réunion de plufieurs fciences , & l'étude fimultannée qu'il en fit,
lui ouvrirent le chemin qui le conduifit à ce doute
éclairé. L'obfervation anatomique lui montra les
erreurs de la phyfique ; & le calcul appliqué aux
loix des corps lui prouva les erreurs de l'aftronomie. Il ne lui fallut pas même d'abord , des connoiffances trés-profondes dans chaque partie de nos fciences , pour s'appercevoir des difficultés , des
obftacles que l'efprit rencontroit pour s'y affurer de
la vérité. Une légère teinture de chymie, peut fuffire pour détruire en un moment, le plus abftrait fyftême de phyfique. Les fciences ont donc prodigieufement gagné par le rapprochement que *Defcartes*
en a fait , & par l'art avec lequel il a fu lier les
rapports & les principes des unes avec ceux des
autres.

Il en eft réfulté que , quoique tout le monde
n'ait point eu le génie de *Defcartes* , pour faifir les
grands principes des chofes , & analyfer profondément les élémens de nos connoiffances , cependant
l'habitude qu'il avoit introduite de les réunir fous
un même point de vue , de les prouver l'une par
l'autre, fi l'on peut dire ainfi, a donné lieu à toutes
les grandes découvertes, & aux progrès rapides que
les fciences ont fait depuis lui en Europe ; la chymie , l'anatomie , la botanique , les mathématiques,
la phyfique, l'aftronomie , la morale , l'économie
publique , la théologie , la politique , ont marché
fur une même ligne; & fi toutes n'ont pas fait les
mêmes progrès , c'eft que des caufes d'un ordre
différentes ; la fuperftition , le defpotifme , l'intérêt du plus fort ; s'y font violemment oppofé ;
mais l'ouvrage du génie n'a pas été moins fenfible
aux yeux clair-voyans.

Nous allons brièvement fuivre ces progrès modernes des connoiffances humaines, nous en prendrons occafion d'apprécier les établiffemens que l'on
a faits pour elles, & l'on fentira mieux l'utilité de
ces mêmes établiffemens, lorfqu'on appercevra la
liaifon que les fciences ont avec eux, & les fecours
qu'elles en retirent. Ce développement nous fa-
cilitera la réfolution de la queftion fi fouvent agitée ;
*les académies font-elles favorables ou nuifibles aux
progrès des connoiffances.*

Depuis qu'on avoit quitté l'étude des fubtilités
fcolaftiques, pour fe livrer à celle de la nature, &
qu'on avoit fubftitué la fcience du calcul & d'une
logique rigoureufe, aux raifonnemens vagues de l'ancienne école , la philofophie n'étoit plus une fcience
vaine & ftérile ; ce mot défignoit l'enfemble des connoiffances aftronomiques , phyfiques , anatomiques
& mathématiques, la recherche de la vérité par
la voie des expériences & de l'analogie, enfin l'é-
tude des bons principes & la culture de la raifon.
C'eft auffi fous ce point de vue que nous l'envifageons ici, & qu'en conféquence nous rappellerons
l'époque & le fujet des principales découvertes qui
ont étendu l'empire des fciences, & multiplié leur
utilité.

L'aftronomie moderne eft née en Allemagne dans
le quinzième fiècle. Elle dut fes premiers progrès
à *Purbach*, & à *Régiomontanus*, qui fentirent l'un
& l'autre la néceffité d'obferver pour s'affurer d'une
hypothèfe. Quelques autres aftronomes fe bornè-
tent auffi à l'obfervation, mais *Copernic* , comme
nous l'avons dit, les fit oublier & démontra le véritable fyftême du monde, vers 1543.

Dès le treizième fiècle , on avoit découvert l'u-
fage des verres concaves & convexes, & imaginé
les lunettes fimples ; mais ce ne fut que près de
trois cens ans après , vers 1509, qu'on les employa
pour conftruire les télefcopes. *Galilée* fe fervit
heureufement de cet inftrument en 1690, & fit
plufieurs découvertes dans le ciel; telles que diverfes
inégalités dans la lune, plus de 500 nouvelles étoiles,
& enfin les fatellites de jupiter vers 1613 ; il leur
donna le nom d'*aftres de Médicis* , mais celui de
fatellites leur eft refté. Il remarqua encore , au
moyen du telefcope, les phafes de vénus, deux
globes près de faturne , & des taches dans le foleil.
Il étoit parvenu à perfectionner cet inftrument au
point de lui faire augmenter les objets de trente-
trois fois leur diametre.

Tycho-Brahé , gentilhomme danois , contribua
auffi aux progrès de l'aftronomie , quoique le fyftême planétaire qu'il propofa fut invraifemblable.
Mais il découvrit la réfraction des rayons du foleil
dans l'athmofphère , & calcula des tables propres à
la rectifier dans les obfervations aftronomiques. Il
perfectionna la théorie de la lune, détermina le
lieu d'un grand nombre d'étoiles fixes, affigna la
place des comètes au-deffus de la lune, & enfin laiffa
un grand élève dans le célèbre *Kepler*.

Kepler, né en 1571, fut un génie créateur en
aftronomie ; il propofa la découverte de *Newton* ,
& détermina avec une précifion admirable la loi
fuivant laquelle les planètes circulent autour de
leur centre, c'eft-à-dire, du foleil. Cette loi com-
prife en deux règles qu'on nomme les *analogies
de Kepler*, date de 1618, & depuis ce moment
l'aftronomie phyfique a été une fcience lumineufe
& fufceptible des plus rigoureux calculs. Ce philofophe a entrevu la raifon que donne Newton
des mouvemens de la lune, & la attribué à l'action
combinée de la terre & du foleil.

Pour parvenir à une connoiffance plus parfaite
de la théorie des planètes , il falloit déterminer les

nœuds & l'inclinaison de l'orbite de chacune à l'écliptique. Or, on y parvient pour les planètes inférieures, en observant leur passage sur le soleil. La première observation de ce genre fut donc faite pour mercure par Gassendi, en 1631 ; pour vénus, par *Horoxès*, astronome anglois, en 1639 ; la seconde observation de cette dernière planète n'a pu être faite qu'en 1761.

Halley, grand astronome anglois, profita de ces observations pour démontrer, en 1691, la parallaxe du soleil, & donner, à un cinquantième près, la distance où nous sommes de cet astre. En 1655, on fit de nouvelles découvertes dans le ciel. *Huyghens*, qui avoit fort perfectionné les verres des télescopes, apperçut que les deux globes que *Galilée* avoit cru voir des deux côtés de saturne, sont un anneau, & il s'en assura en suivant ce phénomène dans tous ses aspects. Il découvrit aussi le quatrième satellite de cet astre cette même année 1655.

Cassini, est célèbre pour avoir fait connoître quelques années après, les quatres-autres satellites de cette planète, pour avoir découvert la rotation de jupiter & de mars sur leur axe, & surtout pour avoir donné la théorie des satellites de jupiter. Il trouva aussi, en observant les éclipses du premier de ces satellites, que le mouvement de la lumière est progressif, & qu'elle met seize minutes à traverser le diamètre de l'orbite. Cette vérité fut ensuite combattue par *Maraldi*, & *Cassini* lui-même, qui ne la croyoit pas bien prouvée, mais enfin *Pound* l'a rigoureusement démontrée.

Ces progrès en astronomie furent secondés puissamment en 1667, par l'établissement de l'observatoire de Paris. Louis XIV le fit construire & l'enrichit, à la sollicitation de Colbert, de plusieurs instrumens astronomiques. Il y attacha des savans & entr'autres le célèbre *Cassini*. Voyez dans *l'astronomie* le mot OBSERVATOIRE. Un autre moyen employé pour perfectionner l'astronomie, fut les fameuses méridiennes de Sainte-Pétrone, à Bologne, & de l'observatoire à Paris. Celle de Sainte-Pétrone fut tracée en 1575, par *Egnazio Dante*, religieux dominicain ; mais M. *Cassini*, la trouvant défectueuse, en tira une nouvelle en 1655. La méridienne de l'observatoire, commencée en 1669, par M. *Picard*, qui a tant perfectionné l'art du nivellement, continuée en 1683, par MM. *Cassini* & *de la Hire* ; poussée en 1700, jusqu'aux Pyrenées, fut sous le règne de Louis XV, portée du sud au nord, de de Collioure jusqu'à Dunkerque ; enfin *Jacques Cassini*, fils de *Dominique Cassini*, éleva une perpendiculaire à cette méridienne, qui traverse la la France de Saint-Malo à Strasbourg en passant par Paris.

L'astronomie reçut encore plusieurs accroissement sous le règne de Louis XV, ces travaux des savans, & sur-tout de ceux de *l'académie des sciences*, qui firent servir à l'envi, l'optique, la géomé-

trie, la physique à ses progrès ; mais ce qu'on fit principalement pour elle, ce furent les voyages entrepris, soit pour faire des observations, soit pour vérifier des théories. Nous n'en parlerons pas ici en détail, nous dirons seulement, qu'on entreprit au pole & à l'équateur, pour déterminer la figure de la terre. *L'académie des sciences*, voulut faire mesurer un degré du méridien sous le pole, & envoya en 1736, plusieurs académiciens à Torno en Suède, sur les confins de la Laponie. MM. *Maupertuis*, *Clairaut*, *Camus*, & *le Monier*, furent choisis pour cette opération, ainsi que MM. *Bouguer*, *Godin*, *la Condamine*, & *Jussieu*, pour celle qui eut lieu au Pérou deux ans après. Dans ces deux voyages, non-seulement on détermina la longueur d'un degré du méridien, mais encore on fit différentes observations relatives à la réfraction de la lumière, aux variations de l'atmosphère, aux changemens de pesanteur, à différentes latitudes, à l'élévation des plus hautes montagnes du globe. Ces voyages utiles & faits par des savans, munis de tous les instrumens, & de toutes les instructions nécessaires, ont beaucoup contribué à l'avancement des sciences. Il n'y a que des corps comme les *académies*, qui puissent les entreprendre, les diriger & obtenir du gouvernement la protection, & les secours indispensables pour les exécuter. Des savans isolés n'ont pas toujours la volonté, le pouvoir & l'intelligence nécessaires pour cela. On ne sauroit donc méconnoître les avantages des sociétés savantes pour de telles entreprises.

Avant que MM. *Godin* & *Jussieu* quittassent l'Amérique, l'académie envoya M. l'abbé *de la Caille* au cap de Bonne-Espérance, afin d'y mesurer de tous les degrés du méridien, le plus austral dans notre continent, & afin d'y observer la parallaxe de la lune. Mais M. l'abbé *de la Caille* fit plus encore ; il observa & détermina la position du cap si nécessaire pour les navigateurs, & celle de 9,800 étoiles australes, qu'on ne voit point de notre hémisphère septentrionale. Il en forma des constellation-& il les dessina ; mais il ne leur donna pas, comme on dit, que firent les bouviers de Chaldée, des noms d'animaux & de princes ; il leur imposa ceux des arts, des sciences & des instrumens qui leur servent. Il les appella la *pompe pneumatique*, l'*attelier du sculpteur*, la *boussole*, le *chevalet*, l'*horloge* ; nous rapporta un planisphère austral, peut-être plus complet que ne le fut jamais notre planisphère septentrional.

Pendant que M. *de la Caille* observoit la parallaxe au cap de Bonne-espérance, M. de *Lalande* l'observoit aussi à Berlin ; & par le rapport de ces deux astronomes l'erreur ancienne dans la distance de la lune à la terre fut réduite de plus de deux mille lieues à cinquante, ensorte qu'on sait aujourd'hui que cette même distance est, à peu de chose près, de 91,400 lieues.

Cependant un nouveau voyage fut encore entrepris en faveur de l'astronomie. On savoit que vénus passeroit sur le soleil le 6 juin 1761. Cette observation devoit donner la véritable distance du soleil à la terre. *L'académie* des sciences envoya en conséquence le père *Pingré*, de la congrégation de Ste. Geneviève, à l'isle Rodrigue, au milieu de la mer des Indes ; M. *le Gentil* à Pondichéry, & M. l'abbé *Chappe* à Tobolsk, au fond de la Sibérie. Ces Messieurs partirent de France en 1760, & malgré la guerre & différens événemens fâcheux qu'ils éprouvèrent, ils firent leur observation, & il en est résulté que la distance du soleil à la terre fut connue autant peut-être qu'il est possible à l'homme de la connoître : avant ces voyages, on la savoit à 8 ou 10 millions de lieues près, aujourd'hui on n'a guère que 300 mille lieues d'incertitude, & cette distance est de 34 millions 357 mille 480 lieues de 2283 toises de 6 pieds de roi chacune.

On demandera peut-être à quoi bon ces connoissances qui nous touchent si peu, & quelle nécessité d'entreprendre des voyages longs & périlleux, pour des objets dont on peut se passer. Mais, répondrois-je, toutes les sciences se tiennent, & la certitude dans les calculs astronomiques a contribué aux progrès de la navigation ; de la géographie, celles-ci ont rendu, à leur tour, le même service à à d'autres ; & en dernière analyse, la société en retire le double fruit de voir croître ses lumières & augmenter le pouvoir des hommes.

Enfin, de nos jours, l'astronomie a fait encore des découvertes importantes. M. *Herschell*, célèbre astronome d'Edimbourg, a observé & découvert, en 1781, un grand nombre d'étoiles dans le nord inconnues avant lui, & un astre ou planète auquel on a donné le nom même de celui qui l'a découvert.

Mais l'astronomie n'est pas la seule science qui ait fait des progrès depuis le retour de la saine philosophie en Europe ; ceux de la physique proprement dire, sont peut-être plus grands, & les secours qu'elle a retirés des *académies* & des sociétés savantes établies en Europe, plus sensibles & plus positifs encore. Cinq choses principales y contribuèrent.

1°. La raison oubliée depuis tant d'années, & en quelque sorte foulée aux pieds, reprit ses droits eu Europe vers la fin du seizième siècle, & *Ramus*, *Baton*, *Descartes* vinrent ensuite & successivement, qui lui firent reprendre l'empire qu'elle avoit perdu depuis si long-temps.

2°. On apprit à penser & à ne se servir que d'idées claires & nettes, qui, à leur tour, enfantèrent l'esprit d'examen & de discussion, si nécessaire à l'avancement des sciences. Ces idées claires & nettes donnèrent à la philosophie une force & un ordre qui ne consistoit point dans l'agrément des paroles ; mais dans la profondeur du sens & la recherche de la vérité.

3°. L'ancienne physique parloit beaucoup de la matière, & du mouvement, de l'infini, du temps,

du lieu, des substances pensantes ; le tout sans rien éclaircir & sans entrer dans la connoissance de la nature. On prit le parti de moins raisonner & de se livrer davantage à l'observation & aux calculs mathématiques, qui servoient à en généraliser l'utilité.

4°. Ce qui a de plus ajouté un nouveau mérite & de grandes facilités à l'étude de la philosophie moderne, c'est l'invention & l'application d'une foule de machines ingénieuses & savantes, qui ont fait connoître l'état du ciel & un nouveau monde d'atômes animés, inconnu aux anciens.

5°. Avant le temps dont nous parlons, toutes les sciences étoient comme isolées. Les mathématiques ne se mêloient point avec la physique, l'anatomie, l'histoire naturelle n'entroient point dans les études philosophiques ordinaires. Cet inconvénient étoit un obstacle insurmontable à leurs progrès. La nouvelle philosophie rassembla les sciences, les fit marcher de front, fit réagir les unes sur les autres, & parvint à les mettre dans le chemin de la perfection où nous les voyons aujourd'hui. *Bacon* fut un des promoteurs de cette grande révolution ; aussi dit-il *qu'un philosophe doit renfermer dans l'objet de ses études, toutes les sciences exactes & utiles, & s'en former une espèce d'encyclopédie, non par vanité, mais pour être en état d'instruire les autres, après s'être instruit soi-même.*

Cette réforme dans la manière de penser, & dans celle de chercher la vérité, fit successivement naître toutes les grandes découvertes en physique, qui, depuis que *Descartes* avoit enseigné à douter, sembloient se multiplier sous les regards des philosophes. Nous ne pouvons pas les suivre toutes avec une exactitude scrupuleuse ; ce n'est point notre objet ; d'ailleurs on peut en voir l'histoire, en partie au moins, dans le discours préliminaire *des mathématiques*, par MM. *d'Alembert*, *Condorcet*, & l'abbé *Bossut*. Nous dirons seulement ce qui peut avoir un plus grand rapport avec l'établissement des *académies* qui secondèrent si positivement ces dispositions de l'esprit humain dans le dernier siècle.

L'astronomie avoit eu besoin du secours de l'optique pour se perfectionner, & celle-ci vit, par une réaction simultanée, ses succès devenir de plus en plus brillans. *Jean-Baptiste Porta*, napolitain, fut le premier qui, dans le seizième siècle, découvrit les phénomènes de la *chambre obscure*, à laquelle il compara l'œil ; mais il ne put pas complètement expliquer le méchanisme de la vision. Plusieurs années après, *Maurolicus* de Messine rendit raison de l'usage du cristallin dans l'œil. Il reconnut que son objet étoit de réunir les rayons lumineux sur la rétine ; il explique même sur ce principe pourquoi les presbites ont la vue longue & voient mal de près, & pourquoi les myopes ont la vue courte, & voient mal de loin ; & il fait voir comment le défaut des premiers se corrige avec un verre convexe ; & celui des seconds avec un verre concave. Bien-tôt après, *Marc-Antoine de Dominis*, Archevêque de Spolatro, expliqua les phénomènes de l'arc inférieur de l'arc-en-ciel ; & *Defcartes* parvint à expliquer ceux de l'arc extérieur & du renversement des couleurs. La théorie de l'œil acheva enfin d'être expliquée dans le même temps par *Kepler*, qui perfectionna auffi le télescope, comme nous l'avons déjà remarqué.

Le microscope ne fut pas moins utile aux observations des petits objets que le télescope pour celles des astres. Le hafard en fit faire la découverte, plusieurs physiciens enfuite le perfectionnèrent : *Homberg*, fur-tout, & *Hartfoesker* y firent d'heureux changemens. Pour bien expliquer l'effet de cet instrument, il falloit pouvoir se rendre raison de la réflexion de la lumière, dans les différens milieux, & connoître l'égalité de l'angle de réflexion à celui d'incidence. *Galilée*, *Kepler* & enfin *Defcartes* s'occupèrent de cette folution & le dernier en donna une très - fatisfaifante & très - complète. Ces découvertes conduifirent à des connoiffances plus étendues dans la dioptrique & la catoptrique. Ces deux fciences furent fort cultivées au milieu du dix-feptième fiècle. On s'appliqua fur-tout à perfectionner les télescopes, les microscopes, la théorie de la lumière. Le père *Grimaldi* s'apperçut, en 1666, de l'inflexion des rayons folaires, découverte dont *Newton* a fait enfuite le plus grand usage. La fcience des miroirs ardens fut auffi perfectionnée. M. de *Tfchirnhaus*, fur la fin du fiècle dernier, fit faire dans les verreries de la Saxe des miroirs ardens, qui produifirent des effets étonnans fur le corps, & enrichirent la physique d'une foule de belles connoiffances ; mais ces miroirs n'approchoient point de celui de M. de *Buffon*, qui par fes effets & fa grandeur rappelle celui d'*Archimède*, qui brûla la flotte de *Marcellus*, dans le port de Syracufe.

Toutes les parties de la physique faifoient des progrès; déjà, depuis long-temps, le célèbre *Galilée*, qui, dès le commencement du dix-feptième fiècle, avoit fait voir que des corps de pefanteur inégale, tombent avec la même vîteffe, que le mouvement de leur chûte eft accéléré dans la progreffion un, deux, trois, quatre, &c. ; que les efpaces parcourus fucceffivement font comme un, deux, trois, cinq, fept, &c. ; & que tous pris enfemble, depuis le commencement de la chûte, font comme les quarrés des temps; qui découvrit les loix du pendule dans fes vibrations, le rapport de fa longueur avec le nombre de ces mêmes vibrations ; la courbe que décrit un corps projetté obliquement : *Galilée* foupçonna auffi la pefanteur de l'air. Mais *Torricelli* fon difciple, remarqua, en en 1643, que lorfqu'on plongeoit dans un vafe plein de mercure un tuyau fermé par l'orifice fupérieur, le mercure s'écuroit fufpendu à une certaine hauteur, & qu'il tomboit dans le vafe dès que ce tuyau étoit ouvert. *Torricelli* communiqua fon expérience, fans la rapporter toutefois à

fa caufe véritable ; mais à force de la réitérer, il conjectura que ce pouvoit être l'effet de la pefanteur de l'air. *Pafcal* faifit cette idée après s'être affuré du fait par les expériences qu'il fit lui-même, & qu'il publia en 1647 ; enfin par fon expérience du *Puy-de-Dome*, il rendit tout-à-fait fenfible la la pefanteur de l'air; grande & importante découverte, qui peut être mife au rang des plus utiles & des plus heureufes.

Quelques années après, *Othon de Guerick*, Bourguemeftre de Magdebourg, inventa la *machine pneumatique*, qui non-feulement prouva invinciblement la pefanteur de l'air, mais encore donna la facilité de faire un grand nombre d'expériences qui ont prodigieufement enrichi la physique expérimentale. Bientôt après le *baromètre* parut, & on le dut principalement à MM. *Huyghens* & *Amontons*. Après l'invention d'un instrument fi utile pour connoître la pefanteur & la légèreté de l'air, il fut aifé de trouver le *thermomètre*, pour marquer les différens degrés de chaud & de froid. Il parut dès l'année 1673. Long-temps après vint celui de M. *Amontons*, « invention, dit M. de *Fontenelle* (éloge hiftor. de M. *Amontons*) qui n'eft » pas feulement utile pour la pratique, mais qui a » donné de nouvelles vues pour la fpéculation. » Le même académicien avoit préfenté à l'académie, en 1687, un *hydromètre* qui en fut fort approuvé : c'eft, comme chacun fait, un instrument à mesurer l'humidité de l'atmosphère.

Les expériences qu'on avoit faites pour connoître les propriétés des fluides & des liquides portèrent M. *Mariotte*, académicien, à faire plusieurs obfervations qui avoient échappé aux premiers : ces obfervations le menèrent infenfiblement plus loin qu'il n'avoit penfé ; il enrichit l'hydraulique d'une infinité de découvertes fur la mesure & la dépenfe des eaux, fuivant les différentes hauteurs des réfervoirs & des ajutages ; il examina enfuite ce qui regarde la conduite des eaux, & la force que doivent avoir les tuyaux pour réfifter aux différentes charges.

Cependant ces progrès dans les fciences & ce goût général qu'ils faifoient naître pour la recherche de la vérité, engagèrent des favans à fe raffembler pour difcuter entr'eux des matières de physique, de médecine, & de mathématiques. Dès 1657, il y eut une femblable affemblée à Paris, chez M. *Montmor*, qui fut l'origine de l'*académie* des fciences, établie par Colbert en 1666. Semblablement en Angleterre, la fociété royale de Londres, établie en 1660, pour l'encouragement & l'étude des fciences devint un point de réunion où les connoiffances exactes fe trouvèrent raffemblées, & où elles fe fortifièrent réciproquement l'une par l'autre. Ces deux célèbres fociétés favantes, dont nous aurons occafion de parler encore ailleurs, facilitèrent fingulièrement au fiècle fuivant, les fuccès en tous genres qui l'illuftrèrent.

Le célèbre *Newton*, membre de la fociété royale de Londres, créa, en quelque forte, une nouvelle fcience

fcience, par fa découverte de la gravitation univerfelle, dont *Galilée*, *Kepler*, *Huyghens* & *Picard* lui avoient préparé les élémens. L'aftronomie phyfique devint plus lumineufe que jamais, & la théorie de *Defcartes* difparut pour toujours. La phyfique s'enrichit des plus intéreffantes, des plus riches expériences; on s'attacha plus que jamais à l'étude des mathématiques, qu'on appliqua à la phyfique, comme celle-ci prêta des reffources infinies aux arts utiles à la vie.

Le fiècle de Louis XV vit en France fe multiplier les découvertes & les machines propres à démontrer les phénomènes du mouvement, ou à rendre fenfibles les effets de l'*électricité*. Cette propriété des corps, déjà connue fous le dernier fiècle, devint dans celui-ci la fource d'une foule de grandes & merveilleufes connoiffances.

Gilbert, *Othon de Guericke*, *Boyle* en avoient parlé dans leurs écrits; mais ce ne fut guère qu'en 1720 que M. *Gray* en parla avec plus de détail, dans les tranfactions philofophiques. Quelques années après, M. *du Fay*, de l'*académie des fciences*, donna différens mémoires fur l'électricité; enfin *Mufchembroek* & l'abbé *Nollet* achevèrent de lui donner une grande publicité, & d'en faire un objet d'étude particulière.

L'abbé *Nollet*, fur-tout, fut celui qui répandit le plus cette fcience en France, comme M. *Prieftley* le fit en Angleterre. Il cultiva avec un foin, un goût particulier toutes les parties de la *phyfique expérimentale*; il la réduifit en corps de doctrine, & fit établir une chaire au collège de Navarre, à Paris, tout exprès pour l'y enfeigner. L'abbé *Nollet* peut être regardé comme un de ces hommes, qui, fans avoir le mérite d'un grand génie, ont contribué cependant beaucoup à l'avancement des connoiffances. fans lui peut-être la phyfique expérimentale ne feroit-elle encore entendue que d'un petit nombre de favans; il la fit connoître aux gens du monde, & la mit à portée des artiftes de tous les rangs.

Mais une des plus étonnantes applications de l'électricité nous eft venue de l'étranger. Le célèbre *Franklin* faifit le rapport qui exifte entre le fluide électrique & la matière de la foudre. Il s'en fervit pour éclaircir les effets de ce terrible météore, & fut l'auteur du *pare-à-tonnerre* comme de la révolution américaine: de-là ce vers de M. *Turgot*,

Eripuit cœlo fulmen, *fceptramque tyrannis*.

que j'ai tâché de rendre ainfi:

Ce n'étoit point affez, pour défoler la terre,
Que des cieux embrafés la foudre s'échappât,
Que des airs fil'onnés par les feux du tonnerre
La mort fur les cieux à grand bruit s'élançât:
Ceft tyran conjurés ont partagé le monde;
Cet afyle de l'homme eft devenu leur bien;
Et fous des noms divers cette cohorte immonde,
Regne en paix, fait le mal & ne redoute rien.
Des Hommes, pour jamais, eft-ce là le partage?
Non, non, rompant fes fefs & forçant les deftins,

Jurifprudence, Tome IX, *Police & Municipalité*.

Le génie, en fecret, peut conjurer l'orage,
Se montrer en vainqueur & venger les humains.
C'eft ainfi qu'on le vit, aux champs de l'Amérique;
O généreux *Franklin!* braver les élémens,
Te rendre le foutien de la vertu publique,
Ravir la foudre aux cieux & le fceptre aux tyrans.

Les phénomènes de l'électricité mieux comparés ont fait découvrir la véritable caufe d'une foule d'effets qui nous paroiffoient furprenans. Sur-tout l'on a expliqué avec plus de vraifemblance l'aurore boréale, que M. *de Mairan* attribuoit au mélange de l'atmofphère folaire avec celle de la terre. La fingularité, le merveilleux des prodiges électriques contribuèrent à mettre la phyfique expérimentale à la mode en Angleterre & en France. Les profeffeurs & les cours fe multiplièrent à Paris. Les gens riches avoient des cabinets de phyfique, comme ils en ont aujourd'hui d'hiftoire naturelle. Il ne réfulta rien de bien utile pour les progrès de la fcience que cette efpèce de goût paffager du public. Mais il facilita l'acquifition des inftrumens en les rendant plus communs & à meilleur marché, il les fit auffi perfectionner & leur donna plus de grace & de fini. Les *machines électriques*, fur-tout, ont éprouvé de très-heureux changemens. Ce n'étoit d'abord, comme on fait, qu'une efpèce de boule de foufre, montée fur un tour, enfuite une de verre. Enfin, vers 1778, on y fubftitua le plateau de cryftal qui produit beaucoup plus d'effet. On a fait enfuite des machines compofées d'une fimple pièce de taffetas qui, dans un mouvement de rotation, éprouvoit un frottement qui l'électrifoit.

On crut auffi voir dans cette découverte un remède contre la plupart des maladies nerveufes. M. *Ledru* ouvrit à Paris une falle publique, pour traiter fuivant cette méthode. La police & le gouvernement l'autorifèrent, & l'on prétend qu'il a guéri du monde; du moins les certificats le difent. Nous reviendrons fur cette matière ailleurs.

Une grande découverte de notre fiècle en phyfique eft celle des différens airs que l'on a fu tirer des corps par la diffolution ou d'autres moyens. Quoique cette partie appartienne nommément à la chymie, la phyfique s'en eft emparée: & en effet, c'eft l'ufage qu'elle en a fu faire qui en a fur-tout fait fentir l'utilité. Une des chofes auxquelles a fervi cette connoiffance des fubftances ou fluides aériformes, a été l'ufage des ballons aéroftatiques. Le premier qui fut élevé à Paris, en 1782, étoit rempli d'air inflammable extrait du fer par la diffolution de l'acide vitriolique. On en fit enfuite de plufieurs fortes: l'enthoufiafme fut général. Des hommes s'enlevèrent en l'air; les peuples, les miniftres & les rois crurent la face de la guerre & du monde changée par cette découverte: elle ne produifit que la mort de deux hommes; & nous en parlerons aux mots BALLONS & INCENDIE.

La phyfique ne put pas faire de progrès, fans que les autres fciences, & fur-tout la chymie, l'anatomie, la médecine, ne fe perfectionnaffent en

G

même-temps : car depuis que *Bacon* & *Descartes* avoient fait connoître la liaison qui existe entre toutes les sciences, on sentoit qu'il n'étoit pas possible de cultiver l'une sans l'autre.

Aussi, dès le dix-septième siècle & quelque temps après la découverte de la circulation du sang, faite en 1615, par *Harvey*, médecin anglois, la médecine cessa d'être un composé absurde de raisonnemens galéniques & de subtilité de l'école. Les médecins se livrèrent à l'étude de la botanique, de la chymie, de l'anatomie. On fit plusieurs découvertes, on consulta la nature & l'on perdit le goût de cette multitude de remedes qui avoient cours encore du temps de *Fernel*, un des plus grands médecins de France & celui de Henri II. Mais ces progrès furent peu sensibles jusques sous le règne de Louis XIV, & même sous une partie de celui de Louis XV. Alors on étoit encore entêté de vieilles idées, & la médecine pratique, sur-tout, étoit presque aussi meurtrière qu'autrefois.

Mais depuis que quelques grands écrivains, sans être médecins, ont écrit sur la médecine, depuis que *Buffon*, *Rousseau*, ont parlé de l'homme en physiologistes éclairés, que l'*académie* des sciences & la société de médecine en ont soutenu les bons principes, & l'ont fondé sur l'observation, elle est devenue plus simple, & par conséquent plus sûre. Aujourd'hui, un physiologiste de bon sens, avec une légère teinture de l'effet des remèdes ordinaires, c'est-à-dire, de la diète, de l'exercice, de l'eau & de l'air, peut exercer la médecine d'habitude. Autrefois il n'y avoit que des prêtres & des moines qui la pratiquassent, parce qu'il n'y avoit qu'eux de lettrés. Ainsi on comptoit parmi les médecins, *Fulbert*, Evêque de Chartres, *Pierre Lombard*, Evêque de Paris, *Obizo*, religieux de Saint-Victor, & *Rigord*, abbé de Saint-Denis. C'est à ce temps que l'on peut rapporter la distinction des médecins d'avec les apothicaires & chirurgiens ; car il n'étoit pas permis aux clercs de répandre le sang, ni de tenir boutique ; cette distinction fit que les médecins s'arrêtèrent à la spéculation, & négligèrent les expériences. Les universités se formèrent, & la faculté de médecine fut une des principales. *Voyez* MÉDECINS, CHIRURGIENS, APOTHICAIRES.

L'inoculation, que nous devons à notre siècle, est une véritable conquête faite sur la mort. C'est en Angleterre que les médecins en firent le premier essai ; elle fut apportée de Constantinople par my-ladi Montaigu, & l'on commença à la pratiquer en France vers 1750. *Voyez* INOCULATION. Le traitement du mal vénérien est devenu plus simple & plus sûr aussi ; l'on a même trouvé le moyen de traiter jusqu'aux enfans à la mammelle, de cette triste & dangereuse maladie. On peut croire aussi que ses symptômes ne sont plus si terribles qu'autrefois, & que ce fléau a diminué d'intensité. La médecine-pratique a fait encore d'autres découvertes très-utiles à la société. De ce nombre sont le moyen de guérir de la morsure de la vipère, par l'alkali volatil fluor,

qu'on fait prendre au malade ; l'art de rappeller les noyés à la vie, par la fumigation, par la saignée & d'autres moyens que nous indiquerons ailleurs *Voy.* NOYÉS.

Nous avons déjà remarqué que l'on a voulu & prétendu guérir les maladies épileptiques, par l'application du fluide électrique ; mais nous n'avons point encore parlé de la médecine-magnétique, ou du magnétisme animal. Nous n'en dirons seulement que deux mots ici, parce que cet objet se trouve dans la *médecine*, & que nous ne voulons que présenter rapidement une notice du progrès des sciences, comme une introduction nécessaire, & un supplément au peu que nous dirons des *académies*.

Dès 1775, un médecin allemand, ou charlatan allemand se vanta, dans les papiers publics, à Paris, de guérir un très-grand nombre de maladies par le moyen du magnétisme animal. On lui fit différentes questions sur la nature de son remède, il répondit par des extravagances, des raisons dignes des *clavicules de Salomon* ou du *petit Albert*, & par des *tours de passe-passe*, qu'il appelloit *des expériences*. C'étoit fort adroit ; il se fit des disciples, ils prirent le nom d'*adeptes* : c'est celui que se donnent les bohémiens, les alchymistes, les francs-maçons, les économistes, en un mot, les charlatans de toutes espèces. Les premiers adèptes ne payèrent rien pour être reçus aux mystères ; ceux qui vinrent après donnèrent cent louis. Cent louis ! Oui. Et qu'apprenoit-on pour cent louis ? le magnétisme animal. Et qu'est-ce que le magnétisme animal ? ... *L'action qu'un homme exerce sur un autre homme, soit par le contact immédiat, soit à une certaine distance, par la simple direction du doigt ou d'un conducteur quelconque.* (rapport de la société de médecine, sur le magnétisme animal. 1784, p. 2). Il y eut grand nombre de dupes qui achetèrent cette merveille, & qui, à force de diriger le doigt sur des femmes vaporeuses ou non vaporeuses, parvinrent à les faire tomber en crises. Elles se disoient par-là guéries de leurs vapeurs. Cette nouveauté fit fortune ; on établit des salles publiques de crises où pour 3 livres, 6 francs, un louis ou plus, on étoit magnétisé. Cette démence fit tourner la tête à la moitié de Paris. On se battoit, on se disputoit pour le magnétisme, tandis que le chef des magnétiseurs se voyoit publiquement traité de grand homme, & s'enrichissoit plus publiquement encore, aux dépens des parisiens & des provinciaux, singes de la capitale.

Ces folies éveillèrent l'attention de la police de Paris & du gouvernement. On traita d'abord la chose sérieusement. On nomma, en 1784, des commissaires de l'*académie* des sciences, de la société & de la faculté de médecine, qui rendirent un compte public de leur examen. Il fut tel, ce compte, qu'on devoit s'attendre. On prouva que le magnétisme étoit un vieux reste de la philosophie occulte, réchauffé par le désir du gain, l'ignorance & l'impudence. On le joua sur le théatre de l'opéra comique , & tout Paris retint ce bout de couplet :

> Crois au magnétisme, animal,
> Crois au magnétisme.

C'est ainsi que se termina une des plus singulières révolutions dans l'empire de l'art de guérir, qui soient jamais arrivé en France. Aujourd'hui , en 1788, ce fanatisme ne subsiste plus que dans quelques maisons du marais, à prendre l'expression à la lettre. On sait que c'est là où vont se retirer les vieilles erreurs & les vieilles modes. *Voy.* CHARLATANS.

Un des établissemens qui ont le plus contribué à épurer la médecine & à ramener la pratique à de bons principes, est la société royale de médecine établie en 1776, & dont nous parlerons plus amplement ailleurs. Cet établissement n'est pas seulement occupé de la médecine humaine, mais encore des maladies des animaux qu'elle a désignées sous le nom d'*épizootie*. *Voyez* ce mot : nous y dirons les moyens que la police emploie pour empêcher les progrès du mal, lorsque quelque contagion occasionne la mortalité parmi les bestiaux.

La médecine vétérinaire est encore une création de notre siècle. Son objet est de connoître les incommodités ordinaires des chevaux, & celles de tous les animaux domestiques. Elle s'occupe aussi de l'anatomie comparée & de tous les moyens de conserver la vie & la santé aux compagnons de nos travaux & de nos dangers, *Voy.* ECOLE VÉTÉRINAIRE.

Je rapporterai, comme la plus récente des vérités de médecine-pratique, découvertes de notre temps, ce principe lumineux & incontestable, démontré par l'*académie des sciences* dans son *rapport sur le magnétisme animal*. C'est qu'en fait de remède, une cure opérée sur un sujet, ne prouve rien en faveur d'un autre sujet ou du même dans un autre moment. Ensorte que, de ce que vous avez guéri quelqu'un avec tel remède, vous ne pouvez pas en conclure que vous en guérirez sûrement un autre avec le même remède. Cette règle me paroît à la médecine-pratique, ce qu'est la méthode de *Descartes* à la physique.

L'anatomie, la chymie, la botanique & l'histoire naturelle, toutes sciences d'observations, ont aussi fait des progrès étonnans depuis un siècle, surtout ces trois dernières ; car ceux de la première ont été d'abord plus rapides, & datent de la fin du seizième siècle. En effet, dès 1551, *Gabriel Fallope* démontra les *trompes* qui portent son nom, parties intérieures de la génération dans les femmes. *Barthelemy Eustache* fit aussi connoître les parties de l'oreille, & sur-tout le conduit nommé *aqueduc d'Eustache*. *Fabricius ab Aquapendente*, vers 1565, découvrit les valvules des veines. *Guillaume Rondelet*, trouva les vésicules séminales vers la même époque; *Gaspard Assellius*, les veines lactées, quelques années après ; *Georgius Wirsungus*, le canal pancréatique, *Willis* fit connoître la structure du

cerveau & la nature des nerfs, vers 1640. *Thomas Bartholin*, danois, & *Olaus Rudbeck*, suédois, les vases lymphatiques, en 1650 & 1651, *Pecquet* le canal chylifère, nommé *canal de Pecquet*; *Graaf* démontra avec une adresse & une sagacité étonnante les parties de la génération de l'un & l'autre sexe. *Thomas Warthon*, anglois, mit au jour, en 1660, les grands conduits salivaires inférieurs, & *Gaspard Bartholin*, les petits; *Stenon* & *Antoine Nuck*, les conduits supérieurs grands & petits, en 1667. *Duvernay*, dans le même temps, & *Marcellus Malpighi*, firent l'anatomie, le premier de l'ouïe, & l'autre des organes du cerveau, de la langue & du poumon ; ils en firent connoître la structure intérieure. *Jean Conrad Peyer* trouva les glandes répandues dans les intestins qu'on nomme *glandes de Peyer*. Qui ne connoît pas les injections de *Ruisch*, médecin hollandois, qui, dans le même siècle, en perfectionna l'art au point de rendre sensibles des parties imperceptibles ? Sous le règne de Louis XV, les grandes découvertes étoient faites : on rechercha l'usage des parties avec plus de soin. *Winslow* donna quelques lumières sur celui des muscles; *Hérissant* voulut expliquer la formation des os, en l'attribuant à une matière crétacée : ou croit avoir prouvé depuis, par le secours de la chymie, que leur base est une matière phosphorique. Le célèbre *Disdier*, de Montpellier, les regarde comme un amas de vaisseaux extrêmement serrés & remplis d'un fluide qui y circule à l'instar de la sève dans les plantes, c'est-à-dire, par la force attractive des tuyaux. *Ferrein* a développé avec clarté le méchanisme & l'usage des organes de la voix. Avant le milieu de notre siècle, on n'avoit que des notions fausses sur cela. *Ferrein* fit servir les connoissances méchaniques & les principes de la musique instrumentale, ou plutôt de la vibration des cordes, à cette explication, & il réussit. Nous lui devons aussi la connoissance des vaisseaux lymphatiques, dont *Boerhawe* avoit soupçonné l'existence.

La génération, ce phénomène sublime & qui ne nous étonne pas assez, parce que nous en voyons tous les jours des exemples, fut étudiée avec soin, avec opiniâtreté. On voulut en percer le mystère, & il paroît que le système qui attribue la formation du fœtus à des corps organisés subsistans dans le corps de la femelle, ou plutôt qui suppose que l'embrion est tout formé dans le sein de sa mère, & que la substance masculine n'est destinée qu'à exciter le mouvement de la vie ; il paroît, dis-je, que ce système est celui qui a eu & qui a encore le plus de partisans : il est le mien. L'exemple des des végétaux, d'un chêne immense, sorti d'un petit fruit, semble venir à l'appui de cette opinion. La manière de penser de M. *de Buffon* a trouvé des défenseurs aussi. Il prétend que des molécules organiques partent de toutes les parties du corps de l'homme & de la femme, & que chacune dans son espèce forme la partie du fœtus correspondante à celle d'où elle procède. Le mélange de couleur dans les enfans qui naissent d'un blanc & d'une noire, milite beaucoup en faveur de ce système.

D'autres ont cru voir dans la substance séminale, des animaux qu'ils ont nommés *spermatiques*, & auxquels ils attribuent le pouvoir de se charger en enfant étant reçus dans le sein maternel. Mais cette opinion pèche par le côté essentiel ; ces prétendus animaux ne sont que les parties élastiques de la semence, & n'ont qu'un mouvement de vibration : ainsi l'on ne peut pas leur attribuer la puissance génératrice, ou pour mieux dire, on ne peut pas les regarder comme des fœtus en petit & tout formés.

Une des plus heureuses opinions physiologiques de notre siècle, & qui date de trois ou quatre ans, est celle que M. *Fabre* a développée dans un ouvrage sur la sensibilité, qu'il a publié à Paris. Il place le siège de la pensée dans le cerveau, & celui du sentiment dans le plexus nerveux du diaphragme. Il n'y a rien de plus juste que cette distinction, & tout le monde peut la vérifier sur soi-même. Si mon objet me permettoit de traiter ici ces matières, je tirerois de ce principe une foule de conséquences de morale physique que M. *Fabre* lui-même n'a peut-être pas prévues. Mais passons à d'autres considérations sur le progrès des sciences.

La chymie, dont on fait honneur aux égyptiens par habitude, comme on attribue à Caïn l'invention des métiers, étoit très-peu de chose chez ce peuple fameux. On dit que Mercure, roi de Thèbes, leur apprit à réduire les corps par sa décomposition à trois principes, le sel, le soufre, le mercure. Ce prince sut tirer du cinabre ce métal liquide qui porte son nom, & qui se trouve le même que l'argent-vif dont on commença à découvrir les mines vers le milieu du seizième siècle, en 1566, & 1567, suivant *Acosta*, (*hist. des Indes*, liv. IV, ch. 11).

Les rois d'Egypte, successeurs de Mercure, cultivèrent, dit-on, la chymie. L'un d'eux, si l'on en croit *Théophraste*, inventa l'azur artificiel. *Sénèque* (épit. 90) prétend que *Démocrite* apprit des égyptiens l'art d'amollir l'ivoire, & de donner au caillou la couleur & l'éclat de l'émeraude. Dans les derniers temps de cette monarchie, ne dit-on pas que Cléopâtre fit dissoudre en un instant, dans du vinaigre préparé, la perle qu'elle fit avaler à Marc-Antoine ? Mais quelles que soient les connoissances chymiques que les anciens historiens attribuent aux prêtres égyptiens, il ne paroît pas qu'elles fussent autre chose que quelque secret que le hasard leur fit connoître, ou qu'ils tenoient par tradition des indiens ou autres nations, comme nos ouvriers en possèdent aujourd'hui, sans connoissance de la partie théorique ou philosophique de la science, sans vues, sans idées sur les causes & les loix des opérations chymiques. *Voyez* M. Paw, (*réflexions sur les égyptiens*).

Les arabes se sont occupés de la chymie, on n'en sauroit douter. Mais ils ne lui firent faire aucun progrès considérable. Il paroît même qu'ils croyoient

à l'alchymie, & que leurs travaux avoient bien plus pour objet la recherche de la pierre philosophale, du grand œuvre, que les connoissances utiles & la théorie censée de cette science. Par ce qui nous reste de leurs ouvrages à ce sujet, on reconnoît leurs égaremens & leurs folles prétentions ; il y a cependant quelques notions positives de chymie, qui ne sont pas toujours à mépriser.

Sur la fin du treizième siècle, on vit le goût de la chymie & sur-tout de l'alchymie renaître en Europe, *Raimond Lulle* porta en Espagne & en Italie ce qu'il en avoit appris des arabes, c'est-à-dire, beaucoup d'erreurs & bien peu de vérités utiles. Longtemps après vint *Paracelse* qui la fit goûter aux allemands vers 1530, & un nommé *Gohori* aux françois. La chymie étoit alors très-imparfaite, cependant elle commençoit à faire espérer des améliorations pour la suite. On s'égaroit dans la théorie, mais les faits, les expériences se multiplioient. Les *souffleurs*, cependant, ne voyoient par-tout que le sel, le soufre & le mercure ; tout devoit, comme chez les égyptiens, se résoudre en ces trois élémens imaginaires. On donnoit des propriétés chimériques aux substances, aux métaux sur-tout. On mêloit à la chymie la cabale, la théurgie, c'étoit une science occulte. Les planètes sympathisoient avec les pierres, les métaux ; de-là les noms donnés à ceux-ci. Saturne est encore le plomb, jupiter l'étain ; mars le fer, vénus le cuivre, le soleil l'or, la lune l'argent, & le vif-argent mercure. Ils imaginèrent aussi un *asoth*, *alkaest*, *archée*, qui étoit l'agent, le dissolvant universel, ils ne s'entendoient pas ; & ce qui causoit tout ce désordre dans l'empire de la chymie, c'étoit toujours la recherche de la pierre philosophale, de l'art de faire de l'or. Virgile n'auroit peut-être jamais pensé qu'on dût appliquer à une pareille manie le vers tant répété :

. . . . *Quid non mortalia pectora cogis*
Auri sacra fames . . . .

mais les adeptes regardoient *Virgile* même, comme un possesseur du secret, dont il avoit voilé & enseigné la connoissance sous la fable du *rameau d'or*.

Telle étoit la chymie lorsque *Glaser*, *Bourdelin*, *Lemery*, françois ; *Becker*, *Hombert*, allemands ; *Boyle*, anglois ; la société de Londres & l'*académie* des sciences de Paris, vinrent successivement dissiper les ténèbres de cette science. Ils multiplièrent les opérations, les simplifièrent, éloignèrent le galimathias hermétique, & préparèrent au siècle suivant les rapides progrès qu'elle a faits.

C'est en effet depuis ce temps, à peu près, qu'on peut dire que la chymie a opéré des prodiges ; découvertes dans les arts, théorie perfectionnée, travaux utiles entrepris, cours & instructions publics pour en faciliter les progrès. L'éther est une découverte de notre siècle ; la combustion du diamant opérée d'abord au foyer d'un verre ardent, par le grand duc de

Toscane, depuis François Ier. empereur, & répétée dans des boules de pâte de porcelaine, par M. d'Arcet; les parties constituantes des substances farineuses connues & démontrées, les affinités chymiques étendues, & leur nature beaucoup mieux connue; l'eau décomposée & réduite en deux substances, qui, réunies, redonnent le même élément; le feu analysé, son essence & son action déterminée; enfin, les principes des corps séparés, pour ainsi dire, les uns des autres & soumis à un examen particulier. Ces progrès de la chymie ont influé sur la médecine, sur les arts, & la physique. La teinture, la verrerie, la poterie, la métallurgie se sont perfectionnées par son secours, & de toutes les sciences aucune n'a rendu plus de service au commerce & à l'industrie.

Le goût de l'observation a nécessairement donné plus d'activité à l'étude de la botanique. Cette science s'est prodigieusement enrichie depuis un siècle. On sait que ce que nous ont laissé les anciens à ce sujet se réduit à peu de chose. Nous devons au philosophe, Théophraste, disciple d'Aristote, neuf livres de l'histoire des plantes, & six livres de leurs causes. Cette histoire est un beau traité de physique de l'antiquité, mais rempli d'erreurs à bien des égards. Théodore de Gaza l'a traduite en latin, & Jules Scaliger l'a commentée. Nous avons encore le grand ouvrage de Dioscoride sur les simples; c'étoit un médecin fort estimé de Marc-Antoine & de Cléopâtre. Mais nous avons perdu les six livres de Ruphus d'Ephèse, qui vivoit, selon Vossius, du temps de Trajan, & dont les écrits sont cités par Galien & par quelques autres.

Nous avons obligation aux allemands du renouvellement de l'étude de la botanique. Léonard Fuchsius s'y rendit si célèbre, que les plus grands princes de l'Europe l'honorèrent de leur estime. L'empereur Charles-quint l'ennoblit, & Cosme, duc de Toscane, pour l'attirer dans ses états, lui offrit six cents écus d'appointement. L'exemple de Fuchsius excita les italiens & les françois à s'attacher à cette partie de la médecine; car alors on regardoit encore la botanique comme n'étant qu'une partie de la médecine. Mathiole de Sienne, fit des commentaires sur Dioscoride; Dodonée de Malines, mit plus d'ordre dans son histoire des plantes que tous ceux qui avoient écrit avant lui sur cette matière.

Les fréquens voyages que l'on fit en Amérique & dans d'autres pays peu connus avant la fin du quinzième siècle enrichirent la botanique des nouvelles plantes que l'on en apporta & que l'on distribua en différentes classes. Pison apporta du Brésil une connoissance exacte des simples de cette contrée. Jean Fernandès donna une notice des plantes du Mexique. Les indiens du Pérou enseignèrent aux européens les propriétés de l'écorce du quinquina qui croit dans leur pays. Ceux de Cayenne nous ont montré l'usage du simarouba contre la dyssenterie. Les habitans des Moluques nous ont fait connoître

leur mangoustan contre la même maladie. Tournefort, qui avoit entrepris exprès, par ordre du gouvernement & par les soins de l'académie des sciences, un voyage au Levant, pour perfectionner la botanique, en rapporta plus de douze cents nouvelles plantes, en 1701.

Une des causes des progrès de la botanique, de nos jours, & sur-tout depuis le célèbre Linnée, c'est qu'on a cessé de regarder les champs émaillés de fleurs comme des boutiques de pharmacie, où une telle plante rappelloit l'idée d'un remède, & telle autre celle d'une tisanne. On a vu dans ces productions de la nature des substances organisées, animées de la vie, & présentant un systeme régulier de génération, de développement & de multiplication inhérentes à leur espèce. On a considéré les plantes en elles-mêmes, & non plus sous le rapport chimérique de froides, chaudes, sèches & humides, idée bizarre qui étoit née de ce principe, que Dieu avoit créé les simples uniquement pour guérir nos infirmités, comme les animaux pour nous nourrir.

En conséquence on a cultivé les plantes dans notre siècle pour en connoître la nature. On y a vu des organes propres à la nutrition, à la respiration, à la génération, & il a été prouvé que leur manière de se reproduire étoit absolument semblable à celle des animaux. On a fait différentes expériences sur les fleurs, sur les plantes. On a trouvé, avec les secours des principes de la chymie, que les plantes exhalent au soleil un air pur & salutaire, & qu'à l'ombre c'est une substance méphytique. On a reconnu que le concours de la lumière étoit nécessaire à la végétation, & que l'air & l'eau ne leur suffisoient pas. Bref, la botanique, étayée & accompagnée des autres sciences, a fait plus de progrès en cinquante ans, que lorsqu'on l'étudioit comme une science isolée, & uniquement destinée à servir la médecine.

Un établissement public qui a infiniment contribué aux succès de la botanique, est le jardin du roi à Paris. Il a reçu des accroissemens considérables sous les célèbres botanistes & naturalistes qui en ont eu la direction; aujourd'hui est un des plus beaux de l'Europe, & bien supérieur à ceux de Londres & de Montpellier.

L'histoire naturelle tient de près aux sciences dont nous venons de parler. C'est elle qui fait, en quelque sorte, l'inventaire des richesses de l'homme, & lui développe l'immense tableau des merveilles de la nature. Elle raconte les choses sans en rechercher les causes; elle classe chaque être dans le rang qui semble lui convenir par ses rapports extérieurs ou ses qualités particulières. On conçoit que la base de cette connoissance est l'observation, l'expérience, l'analyse physique, dont l'objet n'est pas de connoître les élémens des corps, mais les parties qui composent principalement les êtres organisés.

On avoit cultivé autrefois quelques parties de l'histoire naturelle, telle que la minéralogie, l'histoire des poissons; mais l'ensemble de cette science étoit négligé. Les ouvrages de *Pline* servoient de guide & de documens; on le croit, on le commentoit, mais on n'étudoit pas la nature. La mode des voyages & les progrès de la philosophie apportèrent du changement dans cette façon d'étudier. On forma des collections d'animaux, de minéraux & de végétaux; les cabinets d'histoire naturelle fournirent un sujet d'étude aux savans, & la véritable connoissance de la nature prit la place de l'erreur & des préjugés.

Le siècle de Louis XIV avoit déjà fait faire de grands progrès à l'esprit humain dans cette science, il avoit préparé une partie des matériaux de l'histoire de la nature, enfin son historien parut, & tout changea de face. M. *de Buffon* a su donner à cette étude toute la splendeur & la magnificence propres à la faire rechercher & à en inspirer l'enthousiasme. Son éloquence & ses travaux semblent avoir tiré l'histoire naturelle de l'espèce d'obscurité où elle étoit plongée. Les soins qu'il a donnés à enrichir le *cabinet du roi*, n'ont pas peu contribué à seconder la disposition des esprits, par la facilité que les savans ont trouvé, dans cette superbe collection, à s'instruire & à distinguer les différentes productions de la nature.

Enfin la géographie a fait des progrès aussi, & trois choses y ont contribué; 1°. les voyages entrepris, soit par les savans, soit par les marchands; 2°. les observations astronomiques; 3°. les travaux académiques pour déterminer la position ou l'étendue de différentes régions. On sait que ce que les anciens nous ont laissé à cet égard, se réduit à des connoissances vagues & incertaines sur la géographie générale & particulière. Les grecs plaçoient à Delphes le milieu de la terre: cette opinion avoit pour base une ancienne fable qui, bien entendue, signifioit seulement que Delphes étoit au milieu de la Grèce. (Voyez *Dacier*, remarque sur l'intermède du troisième acte de l'*Œdipe*.) Ptolomée confond les isles Fortenées ou Canaries avec les Gorgades ou isles du Cap-Verd. Les anciens ne comptent que 378 de ces petites isles que l'on nomme Maldives: quelques modernes en comptent jusqu'à 1200. *Damastès* assure dans *Strabon*, que le détroit de Babe-Mandel est fermé: l'erreur sur ce point est d'autant plus étrange que c'étoit par ce détroit que les anciens faisoient leur commerce.

Après les géographes grecs viennent les arabes. Le plus célèbre est *Abulfeda*, de la maison de *Jobides*, & issu d'*Alafil*, frère du sultan *Saladin*. *Abulfeda* fut aussi revêtu de la dignité de sultan, & il mourut âgé de soixante ans, l'an de l'hégire 733. De vingt-huit tables qui composent son canon géographique, nous n'en avons encore que trois. La première a été publiée par M. *Hudson*. La vingt-cinquième & la vingt-sixième ont vu le jour par les soins de Jean *Gravius*. *Albufeda* ne suit pas toujours les géographes grecs; il fait passer son méridien par le cap le plus avancé de la côte occidentale

de l'Afrique; différence de dix degrés par rapport au premier méridien de *Ptolomée*: de plus, pour mesurer la distance des lieux, il se sert de journées de vingt-quatre milles, peu d'accord en cela avec le géographe de Nubie, qui fait ses journées de trente milles.

Nos premiers progrès en géographie remontent à l'époque de la découverte du nouveau monde. *Christophe Colomb*, génois, faisant attention aux vents d'ouest qui souffloient avec assez d'égalité pendant plusieurs jours, crut que ces vents ne pouvoient être causés que par des terres: sur cette pensée il partit du port de Palos en Estramadoure, le 3 août 1492, avec trois navires de Ferdinand & d'Isabelle: après une navigation de deux mois treize jours il découvrit l'isle de Guanahani, l'une des Lucayes, puis celles de Cuba & de Saint-Domingue. Dans trois voyages qu'il fit en 1493, 1498 & 1504, il reconnut une partie des petites isles des Antilles, les isles de la *Trinité*, de *Sainte-Marguerite*, &c. D'autres navigateurs pénétrèrent dans la terre ferme; & l'Amérique fut mieux connue au bout d'un siècle, que ne l'avoit été l'ancien monde au bout de dix. Mais cette découverte de Colomb ne fut pas la seule qui perfectionna la science du globe dans ce temps-là. *Vasco de Gama* avoit doublé, quelques années avant, le cap de Bonne-Espérance, & ouvert le chemin aux Indes par la pointe d'Afrique. Les ports, les pays qui bordent cette partie du monde furent bientôt reconnus, & leur position déterminée de manière à ne pas s'égarer dans la pratique de la navigation.

Les observations astronomiques devenues faciles par l'invention des lunettes & des télescopes, rendirent les plus grands services à la géographie. Avec ce secours, les savans que les *académies* de Paris & de Londres envoyèrent en différens endroits de la terre, prirent les principaux points de longitude, d'une manière aussi aisée, aussi sûre qu'on prenoit autrefois les points de latitude. Sur ces observations, MM. *Cassini* & de *Chazelles* dressèrent, en 1671 & 1672, le planisphère de l'observatoire, de 27 pieds de diamètre; & ce fut à l'aide de cette carte géographique, la plus détaillée, la plus grande & la plus exacte qui ait paru, que M. *de Lisle* fit sa mappemonde, qui servira toujours de modèle aux géographes. Ils firent aussi une nouvelle carte de France. Les anciennes étoient si fautives qu'elles avançoient la Bretagne de plus de trente lieues dans la mer. Depuis, les géographes & *Danville*, la science s'est encore perfectionnée & se perfectionne tous les jours.

Les travaux des académiciens, leurs recherches sur la géographie physique ont eu les plus grands succès. La connoissance des volcans, des chaînes de montagnes, des courans, des marées a été mise à la portée de tout le monde. Les anglois ont donné des cartes de toutes les contrées connues de l'Inde; nous en avons une excellente de la côte de Madagascar, que fit en 1769 M. *Gentil*. M. *Buache* nous a fait voir que les chaînes de montagnes se suivent sous l'océan comme sur la terre, & que les isles ne sont que les sommets de cette longue chaîne de montagnes qui embrasse tout le globe. M. *Peyssonel*, médecin, a démontré que les coraux & les madrepores ne sont point des plantes comme on le croyoit, mais des habitations construites par des insectes, comme les ruches par des abeilles.

Joignons à ces découvertes sur l'histoire du globe, les grandes théories de M. *de Saint-Pierre*. Cet écrivain profond & éloquent croit avoir trouvé la cause des marées dans la fonte périodique des glaces qui couvrent les mers du nord. Il a pensé aussi que la terre, loin d'être applatie vers ses poles, devoit être allongée, puisque les degrés du méridien s'y trouvent plus grands que près de l'équateur. Enfin les prix proposés par les *académies*, les relations des voyageurs ont achevé de jetter des lumières inconnues jusqu'aujourd'hui, sur les différentes parties de la géographie.

On a pu voir par cette notice rapide des progrès de l'esprit humain dans les sciences exactes, qu'ils sont dus presque exclusivement à l'union, à la correspondance qui s'est établie entre toutes nos connoissances, depuis l'époque de *Descartes* & de *Bacon*. C'est à cette disposition des esprits, à ce goût encyclopédique, que doivent être attribués ses succès. Les *académies* sont venues en même-temps, qui ont secondé cette manière d'étudier. Elles ont réuni plusieurs connoissances dans leur enceinte; elles ont offert aux savans les moyens de les embrasser, pour ainsi dire, toutes à la fois, & de perfectionner les différentes parties de celle qu'ils étudioient particulièrement. Tels sont, en raccourci, les services que les *académies* ont rendus aux sciences: elles n'en ont pas toujours perfectionné les détails, mais elles les ont protégées en masse; elles ont favorisé, secondé les travaux qui pouvoient amener de grandes découvertes; elles ont donné aux savans un caractère d'autorité publique; & si quelquefois la vanité a gâté des hommes qui auroient été, sans le titre d'académicien, des savans laborieux, il faut convenir aussi qu'elles en ont conservé d'autres, & qu'elles ont dirigé les travaux de leurs membres vers des objets d'utilité publique. En un mot, s'il n'est pas vrai que les sociétés académiques puissent faire naître le génie & l'éloquence, il est très-vrai qu'elles peuvent, par de sages tempéramens encourager les sciences, les appuyer, leur donner secours & en hâter les progrès.

Ces vérités sont tellement simples, qu'il suffit de jetter un moment les yeux sur les différens établissemens de ce genre, pour voir que chez tous les peuples policés, les *académies* ont eu le mérite réel de protéger & multiplier les connoissances philosophiques & utiles. Athènes se glorifioit de ses écoles de philosophes. C'étoit des espèces de corps littéraires qui donnèrent à cette ville célèbre une réputation de savoir & de goût qu'aucune autre ne lui

a jamais enlevée. Ecoutons M. *Paw* nous rendre compte de la nature & de l'utilité de ces assemblées de philosophes. Elles étoient connues sous le nom de *jardin des philosophes*, parce qu'effectivement elles avoient lieu dans des jardins qui occupoient à peu-près une demi-lieue quarrée aux environs d'Athènes, depuis les rives de l'Ilisse jusqu'à celles du Céphise. « Les épicuriens étoient établis au centre, » les disciples de *Platon* vers le nord, & ceux » d'*Aristote* vers le sud. Jamais on ne vit de voisins » moins turbulens, ni moins jaloux; une allée » d'oliviers ou un bosquet de myrthe y séparoit les » systême & y servoit de limites au règne de l'o- » pinion.

» Cependant chaque secte se distinguoit par un » caractère particulier & par des mœurs qui lui » étoient propres: les épicuriens ne furent jamais » ni riches, ni pauvres; on observoit parmi eux » beaucoup de simplicité & beaucoup d'économie; » ils se voulurent point se donner le moindre » peine pour augmenter le patrimoine que leur fon- » dateur leur avoit légué par son testament: mais » aussi quand on voulut les en dépouiller, ils mirent » en mouvement tous les épicuriens de l'Europe » pour les engager à les protéger.

» Les successeurs de *Platon* furent fort malheu- » reux durant les guerres de Philippe, fils de Dé- » métrius, qui saccagea toutes leurs possessions; & » le même désordre leur arriva encore durant les » guerres de Sylla. Mais comme les grecs aimoient » beaucoup la métaphysique, ils avoient une singu- » lière prédilection pour les Platoniciens: & réta- » blissoient leurs jardins, à mesure que des chefs de » brigands les dévastoient. Enfin l'usage s'intro- » duisit parmi les personnes les plus distinguées de » la Grèce, qui n'avoient plus ni famille, ni posté- » rité, d'instituer les *platoniciens* au nombre de » leurs héritiers: de sorte que la communauté de » ces philosophes-là parvint à acquérir un revenu » annuel de plus de mille pièces d'or.

» Les successeurs d'*Aristote*, qui occupoient le » Lycée, vers les rives de l'Ilisse, étoient enne- » mis déclarés de la vie humiliante des cyniques, » & ils se distinguèrent par autant de splendeur » que leur fortune put en comporter. *Lycon*, qui » gouverna long-temps leur république, fut même » accusé d'y avoir introduit une profusion inconnue » jusqu'alors, en faisant des dépenses telles que » n'en firent jamais les épicuriens. »

Ces détails, sur lesquels nous reviendrons en parlant de l'instruction publique, prouvent que les grecs sentoient, comme toutes les autres nations policées, que les savans ont besoin d'être protégés & réunis, pour pouvoir étudier ou enseigner les sciences de manière à en avancer les progrès. C'est dans cette idée que se trouve le fondement de toutes les *académies*: les plus grands princes, comme les peuples les plus éclairés, ont pensé de même à cet égard.

Indépendamment de ces sociétés de philosophes, la Grèce avoit ses jeux où l'on couronnoit les vainqueurs, & que l'on regardoit comme propres à encourager les talens. Ces jeux étoient une représentation en grand de nos triomphes *académiques*. Rien n'étoit si pompeux ni si propre à inspirer l'enthousiasme de la gloire. Il y en avoit de quatre sortes ; les jeux olympiques, les isthmiques, les pythiens ou pythiques & les néméaques.

Les jeux olympiques établis en l'honneur de Jupiter, furent institués d'abord par Hercule, & renouvellés 442 ans après par *Iphitus*, 884 avant l'ère chrétienne : on les célébroit pendant cinq jours de quatre ans en quatre ans, proche de la ville d'Olympie en Elide. L'olivier étoit destiné pour couronner le vainqueur. Ce fut aux jeux olympiques qu'*Hérodote* lut avec tant d'applaudissemens l'histoire qu'il avoit composée des victoires des grecs sur les perses & sur les peuples barbares, qu'on faisoit retentir de tous côtés son nom & sa gloire, & que par-tout où il passoit, on disoit à haute voix : *Voilà celui qui a écrit si dignement les victoires & les avantages que nous avons remportés sur nos ennemis*. Il fut même arrêté que chacun des neuf livres porteroit le nom d'une muse, pour en marquer toute la beauté & tous les charmes. *Thucidide* fut si transporté des honneurs que recevoit *Hérodote*, qu'il travailla à en acquérir de pareils, en quoi il réussit en donnant son histoire de la guerre du Péloponèse.

Les jeux isthmiques ou isthméens, consacrés à Neptune par Thésée, étoient représentés dans l'isthme de Corinthe. Les branches de pin y formoient les couronnes.

Le laurier couronnoit le victorieux dans les jeux pithiques ou pithiens, dédiés à Apollon, en mémoire de ce qu'il tua le serpent Python, que la terre avoit produit après le deluge de Deucalion.

Les jeux néméaques ou néméens se donnoient dans la forêt de Némée, pour honorer Hercule qui avoit tué un lion furieux dans cette forêt, & dont il portoit sur son dos la peau pour marque de son triomphe ; on y distribuoit à ceux qui remportoient le prix, des couronnes & des guirlandes faites avec l'ache ou le persil (1). On distribuoit dans ces jeux des prix pour l'éloquence, pour la poésie, pour la musique. *Homère, Hésiode, Archiloque, Simonide, Euripide, Sophocle, Pindare, Aristophane, Ménandre, Appollodore* le tragique, les plus illustres poëtes de la Grèce, récitoient leurs ouvrages dans ces jeux, & y remportoient le prix & la palme de la victoire, de même que les plus célèbres musiciens par leur chant, par la manière élégante & par la grace avec lesquels ils touchoient la lyre & les autres instrumens.

La plupart des villes de la Grèce envoyoient à ces jeux, & sur-tout aux olympiques, des députés qu'on appelloit les *architéores* : ils représentoient les états de la Grèce, & offroient ensuite en leur nom un sacrifice sur le grand autel de Jupiter Olympien. Comme ils vouloient tous inspirer aux spectateurs une haute idée de la puissance & de la richesse de leur pays, ils finirent par exposer à l'envi sous des pavillons superbes, le long du fleuve Alphée, des vases d'or & d'argent sortis de la main des plus fameux artistes ; ce qui dégénéra, comme le remarque M. *de Paw* en un luxe ruineux pour les petites villes de la Grèce.

Outre ces jeux communs à la Grèce, Athènes en avoit de particuliers. C'étoient des fêtes nommées *Panathénées*. Les poëtes, les orateurs & les musiciens y disputoient les prix proposés. Mais le sujet de ces prix étoit presque toujours déterminé. C'étoit la gloire des grands hommes qu'il falloit célébrer ; de ceux qui avoient fidèlement servi la république, tels qu'*Harmodius, Aristogiton*, ces illustres libérateurs de leur patrie ; & *Thrasibule* qui chassa les trente tyrans ; ainsi la poésie & la musique loin d'amollir les cœurs, rendoient la vertu aimable, & portoient les citoyens aux actions louables.

Mais, par un égarement extraordinaire, ces mêmes athéniens, si passionnés pour les sciences & la liberté, avoient une institution presque tyrannique & très-propre à arrêter les progrès du génie. « Chez eux, » dit M. de *Paw*, ni la nation en corps, ni les » spectateurs, en général, ne pouvoient décider du » mérite d'une pièce de théatre ; ce droit compétoit » uniquement à un tribunal souverain qu'on for- » moit tous les ans d'un certain nombre de juges » qui s'engageoient par les nœuds d'un grand ser- » ment, & attestoient les dieux mêmes, qu'ils » vouloient rendre une justice très-exacte & très- » sévère : ensuite ils prononçoient sans appel, & » distribuoient arbitrairement les palmes théatrales » parmi les poëtes qui se présentoient au con- » cours ».

» Jamais on ne vit des décisions comparables » aux décisions de ce tribunal : souvent il rejettoit » avec mépris les plus grands chefs-d'œuvres d'Eu- » ripide & de Ménandre, & couronnoit les pièces » les plus absurdes & les plus ridicules. Il faut, dit » *Elien*, que de deux choses il en soit nécessai- » rement arrivé une : ou les juges du théatre d'A- » thènes se laissoient aveugler par une grande par- » tialité, ou ils se laissoient corrompre par une » grande somme de drachmes attiques ».

C'est le reproche que quelques personnes ont voulu faire à nos *académies* modernes ; mais dans la Grèce on s'irrita contre les obstacles & l'on entreprit de vaincre l'injustice même par une supériorité

---

(1) Sur ces jeux, on peut consulter *Noël Lecomte*, dans les cinq premiers chapitres du cinquième livre de sa *mythologie*, & le père *Montfaucon*, dans son *antiquité dévoilée*, tome III, liv. 3.

de talens décidée ; peut-être chez nous pareille chose eût-elle lieu, & le desir de vaincre la faveur & la recommandation peut avoir plus d'une fois fait faire des efforts à des hommes, qui sans ces difficultés, n'eussent point fait usage de tout leur génie. Ainsi *Pindare*, *Euripide* & *Menandre*, tant de fois repoussés par la partialité des juges athéniens, reparoissoient dans la carrière armés de nouveaux chef-d'œuvres, si l'on peut parler ainsi, sans jamais se décourager du triomphe de leurs faibles rivaux.

Tels étoient chez les grecs les établissemens favorables aux progrès des lettres ou du moins formés en leur faveur. On n'en trouve nulle part dans l'antiquité d'aussi magnifiques, d'aussi célèbres. Mais il s'en rencontre de plus utiles peut-être quoique moins brillans; telle fut cette *académie* fondée à Alexandrie, 284 avant l'ere chretienne, par *Ptolomée Soter*, roi d'Egypte, l'un de ceux qui ont le plus cultivé les sciences, dans ce pays jadis infecté du théocratisme & de la superstition. Une société de savans s'assembloit régulièrement au musée, lieu public dans le quartier de la ville, qu'on nommoit *Bruchion*, près du palais-royal, pour faire des recherches de physique & perfectionner toutes les autres sciences. Cette compagnie avoit un président ou un directeur que le roi nommoit, & *Démétrius de Phalère* fut le premier qui remplit cette place. Ce savant dressa la bibliothèque que *Ptolomée* donna aux académiciens & où l'on compta dans la suite jusqu'à quatre cents mille volumes. Il est vraisemblable que dans les tems postérieurs on joignit des professeurs aux académiciens; car le musée devint une des plus grandes écoles du monde, & forma un nombre infini d'excellens hommes en tout genre de littérature. (*Plutarq. in moral. Strabon. lib. 17.*).

Les romains se mirent fort tard à cultiver les belles-lettres; mais à peine eurent-ils goûté les charmes de la poésie qu'ils voulurent tous être poëtes; & le changement alla si loin à cet égard sous l'empire d'Auguste, que les pères & les enfans, si l'on en croit Horace, ne soupoient qu'avec une couronne de lierre sur la tête, dictant leurs vers à des copistes (*Lib. 2. Epist. I.*) Dans la suite il se forma à Rome des assemblées nombreuses, où les auteurs récitoient les pièces qu'ils vouloient donner au public.

Et Augusto recitantes mense poetas.
JUV. Sat. I.

C'étoit dans le mois d'avril selon Pline; *toto ferè mense aprili non erat dies quo non recitaret aliquis.* (*Libr. I. Epist. 13.*). Les personnes les plus qualifiées tenoient à grand honneur la réputation de poète; témoin ce *Sentius Augurinus* qui lut trois jours de suite ses petites poésies, (*Pline lib. 4. Epist. 17.*) & qui probablement est le même qui fut consul la quinzième & seizième année d'Adrien; témoin *Pline* le jeune que Trajan éleva au consulat, à la charge de trésorier de l'épargne, & à la

dignité d'augure, & qui lisoit ses poëmes dramatiques & ses poésies lyriques. (*Idem lib. 5. epist. 5.*)

Toute espèce de littérature étoit du ressort de ces assemblées académiques; leurs suffrages répondoient de ceux du public & leurs avis éclairoient les écrivains sur les défauts que l'amour-propre leur avoit cachés. Ainsi ce même *Pline*, qui, pour satisfaire à la coutume avoit prononcé dans le sénat le panégyrique de Trajan, ne voulut laisser à la postérité l'éloge de ce prince qu'après avoir pressenti le goût de ses amis & profité de leurs critiques. Telle étoit la conduite non-seulement des orateurs, mais des historiens. Le célèbre *Nonianus* en est un bon garant; il lisoit publiquement ses ouvrages, & l'empereur *Claude*, comme chacun sait, étoit souvent du nombre des auditeurs. (*Pline lib. I. epist. 13.*)

Dans le siècle précédent & sur la fin de la république les philosophes faisoient entr'eux des conférences sur les matières de leur profession. *Cicéron* avoit dans sa maison de *Tusculum*, aujourd'hui *Frescati*, deux endroits destinés à ces entretiens philosophiques, qu'il nommoit, l'un le lycée, où étoit sa bibliothèque, l'autre *académie*, espèce de gymnase situé au bas de ses jardins; où il est à remarquer, que ces lieux n'avoient rien de commun avec ceux que *Platon* & *Aristote* ont rendu si célèbres & dont nous avons parlé plus haut; ceux-ci étoient des espèces d'écoles publiques pour l'instruction de la jeunesse, dans ceux-là un certain nombre de savans s'assembloient pour agiter des questions de philosophie.

Les romains s'étants rendus maîtres des Gaules y firent fleurir les lettres. Ils y trouvèrent quelques dispositions dans les établissemens mêmes de la nation; car les *bardes* y avoient cultivé la poésie & les *eubages* la philosophie. *Viguere*, dit Ammien Marcellin, *studia laudabilia doctrinarumque inchoata per bardos, eubages & druidas.* Lib. XV. Les romains joignirent à ces connoissances celles qui étoient cultivées à Rome. *Caius Caligula* établit à Lyon des combats où les vaincus étoient obligés de faire l'éloge des vainqueurs. Ces disputes se faisoient devant l'autel d'Auguste pendant les jeux qui s'y tenoient.

Aut Lugdunensem rhetor dicturus ad aram.
JUVEN. Sat. I.

Cet établissement portoit le nom d'*Athénée*, parce qu'on y enseignoit aussi les sciences & les beaux arts, dans un lieu qui leur étoit destiné. Marseille cultivoit également les lettres; cette ville entretenoit des professeurs qui enseignoient les sciences des grecs, & son *académie* étoit le siège des études. *Sedem & magistram studiorum Massiliam*, dit *Tacite*, dans la vie d'*Agricola*.

Aux sciences les barbares détruisirent les établissemens qui leur étoient destinés, & l'Europe resta dans l'abrutissement, jusqu'à ce qu'enfin

Charlemagne chercha de l'en retirer dans le septième siècle. Le regne de ce prince sera toujours célèbre, non-seulement par les grands événemens qui s'y passèrent, mais encore par les soins qu'il donna à l'agriculture, aux arts, & aux sciences. Ce fut dans ses voyages d'Italie que Charlemagne prit du goût pour celles-ci ; les conférences qu'il y eût avec le célèbre *Alcuin* anglois, n'y contribuèrent pas peu. Le roi attira ce savant en France & l'y fixa par ses libéralités.

Ce fut par son conseil que Charles établit dans son palais une *académie* qui devint le modèle de plusieurs autres ; elle avoit pour objet l'étude des belles-lettres, & pour fin de les faire fleurir dans toute l'étendue de l'empire françois. Ce grand prince se faisoit honneur d'être membre de cette société. Il assistoit aux assemblées & donnoit son avis sur les matières qu'on y traitoit. Le sujet le plus ordinaire de leurs dissertations étoit la dialectique, la rhétorique, l'astronomie. Le monarque sur-tout se livroit à l'étude de cette dernière. On trouve dans ses annales des observations astronomiques fort curieuses. Tous les savans & les beaux-esprits de la cour furent admis dans cette société, & ce qu'il y a de particulier, c'est que chacun des membres prit un nom particulier qui caractérisoit ou ses inclinations ou ses mœurs. Charlemagne prit celui de David, apparemment parce qu'il avoit le goût des femmes comme ce prince hébreux, qui comme l'on sait,

Pouvoit, sans offenser la décence & les mœurs,
Flatter de vingt beautés la tendresse importune.
VOLTAIRE.

La France retira de grands avantages de ces conférences. Elle leur doit la renaissance des arts & des sciences. La tyrannie des maires du palais, les avoit reléguées dans une honteuse obscurité ; Charles les rappella par ses bienfaits, fit venir d'Italie des maîtres d'arithmétique & établit des écoles dans toutes les provinces. *Voyez* INSTRUCTION PUBLIQUE & UNIVERSITÉ.

Mais les fréquentes irruptions des normands, l'anarchie du système féodal, les guerres particulières, les vexations des nobles, l'esclavage du peuple & les excès de la tyrannie replongèrent bientôt la France dans l'état où elle étoit avant le règne de Charlemagne. Les sciences y restèrent dans un état d'abandon général jusqu'au commencement du douzième siècle, époque où la révolution dans le système moral des peuples commença, & où l'on apperçoit quelque lueur de raison dans l'étude des sciences. La poésie fut la première qui dissipa en Italie les ténèbres de l'ignorance. On rétablit donc l'ancien usage, de couronner les poëtes, qui avoit été aboli par l'empereur Théodose, parce qu'il faisoit partie des jeux capitolins. *Albertino Mussati* reçut la couronne de laurier en 1329 & *Petrarque* en 1341. Les autres nations imitèrent cet exemple des italiens. Les allemands donnèrent le titre de poëte *laureat*

à *Conradus Celtes Protuccius* sous l'empereur Frédéric III, & les espagnols à *Arias Montanus*, & à *Ausias-March* qui vivoit quatre-vingt ans avant Petrarque. (*Mémoire de l'académie des belles-lettres. Tome 10 article 17.*)

Ce fut vers le même tems & par les mêmes motifs, que *Clemence d'Isaure*, de la maison des comtes de Toulouse, fonda un prix pour être distribué à la meilleure pièce de vers ; ce prix étoit une violette d'or : & c'est l'origine des *jeux floraux*, étendus, amplifiés depuis. *Voyez* le dernier article du mot *académie* dans la *jurisprudence.*

L'*académie* de Florence parut avec éclat : elle fut fondée dans le treizième siècle, tems de barbarie pour les lettres, par *Brunetto Latini*, qui réveilla le goût des beaux-arts. Cette école forma d'abord *Cavalcanti* & le fameux *Dante* ; mais bientôt elle perdit de sa célébrité & ne se releva que dans le seizième siècle. *Jean-Baptiste Gelli*, qui avoit été simple cordonnier, en fut le second fondateur & un des plus grands ornemens de cette compagnie savante. L'*académie* de Florence a beaucoup contribué à perfectionner la langue italienne, & l'on lui doit un célèbre & fameux dictionnaire.

L'*académie* de Rome étoit florissante dans le quinzième siècle, puisqu'elle donna la couronne poétique vers l'an 1453 à un *Andrelini*, qui prit le nom de *Publius Faustus*. Car en ce tems-là les savans changeoient leurs noms, peut-être à l'exemple de Sannasar qui voulut s'appeller *Actius Sincerus*. Alors les *academies* se multiplièrent en Italie. On vit en 1543 s'élever celles de Verone. Perouse en eut bientôt aussi. Nous parlerons de toutes ces *académies* au mot ROME, où nous décrirons la police, les mœurs & les établissemens littéraires de l'Italie. Il en sera de même de tous les autres états de l'Europe ; nous dirons sous l'article de leur ville capitale, tout ce qui peut faire connoître l'état de la société & des arts chez eux. Ici nous ne citons l'établissement successif des *académies*, que d'une manière générale, afin de former un ensemble & de montrer qu'à mesure que les sciences ont fait des progrès, les sociétés littéraires se sont multipliées comme un moyen de les favoriser. Ce fut en effet l'objet de toutes, & sur-tout de celles qui s'occupent des connoissances utiles. Ainsi du tems de *Galilée* s'établit encore à Florence, l'*académie del cimento* : elle s'occupoit d'expériences & des sciences mathématiques ; elle a été remplacée depuis par l'*académie* d'agriculture. Madrid eut son *académie* des belles-lettres en 1614, de l'histoire en 1736, de peinture & de médecine en 1774, Lisbonne, en 1722. Londres vit s'élever la société des antiquaires sous Elisabeth ; celle des sciences sous Charles II en 1660 ; celle d'émulation en 1754 ; Pétersbourg son *académie* des sciences par les soins de Pierre Ier. en 1724. Stockolm la sienne en 1741 ; Berlin en 1700. La France compte depuis 1635 l'établissement de l'*académie* françoise, depuis 1663 celui de l'*académie* des inscriptions & belles-lettres & par les foins de Colbert celui de l'*académie* des sciences en 1666 ; de peinture & de fculpture en 1748, d'agriculture en 1671, rétablie en 1704, de chirurgie en 1731. Enfin, il n'eft plus aujourd'hui de ville confidérable dans l'Europe policée, & même en Amérique, qui n'ait chez elle une fociété de littérateurs & de favans. *Voyez* le mot *académie* dans la *jurifprudence*. Vous y trouverez les réglemens & ftatuts concernant la difcipline des trois grandes *académies* de France, & les obligations de leurs membres. Au mot PARIS, nous entrerons dans de plus grands détails hiftoriques fur les *académies* qui s'y trouvent. Il ne nous refte plus ici qu'à faire quelques réflexions fur l'objet & l'utilité des *académies* : nous répondrons en même-temps aux objections que l'on a faites contre ces établiffemens.

L'on peut confidérer les *académies* fous deux points de vue, qui, quoique différens en apparence, n'en forment cependant qu'un dans le fond ; c'eft-à-dire, 1°. comme pouvant contribuer aux progrès des connoiffances utiles ; 2°. comme propres à adoucir-les mœurs & l'état civil d'un peuple policé.

Par tout ce que nous avons dit ci-deffus, & nous ne l'avons dit que pour appuyer cette remarque, on a pu voir que c'eft par le fecours mutuel que fe prêtent les fciences & les connoiffances profondes, qu'elles profpèrent & font des progrès. Tant qu'elles ont été cultivées d'une manière ifolée, que le phyficien n'avoit aucune connoiffance de la géométrie, l'aftronome de l'optique, le médecin de la chymie, le philofophe des hommes & de la politique, l'efprit manquoit d'inftrument pour découvrir la vérité ; les pas dans la carrière des fciences étoient incertains & il n'y avoit que des génies fupérieurs qui puffent efpérer de leur faire faire quelques progrès. Il en eft de la fcience comme de l'homme moral, qui a befoin du commerce de fes femblables pour fe former aux travaux & aux devoirs de la vie civile. La fcience ifolée refte en quelque forte ftérile ; mais fitôt que l'efprit peut voir les rapports qui lient tous les principes, faifir l'enfemble des différentes connoiffances, bientôt une foule de nouvelles idées, des moyens de perfection fe préfente à lui, & c'eft alors qu'il fait des progrès furs & rapides. Mais c'eft furtout quand il eft queftion de la rendre la fcience utile au bonheur public, à l'avantage des individus, qu'on doit chercher à lui donner plus d'étendue que de profondeur, fi l'on peut parler ainfi : car remarquez que c'eft bien plutôt par le nombre de fes connoiffances, pourvu qu'elles foient fûres, que par la profondeur d'une feule, que l'homme inftruit fait fe rendre utile à la fociété. Il eft même vrai de dire qu'on ne peut guère fe rendre profond dans une fcience qu'en y joignant une connoiffance au moins générale de toutes celles qui y ont rapport. Ainfi L. Médecin fera bien autrement habile dans fon art, lorfqu'il poffédera les connoiffances chymiques, phyfiques & anatomiques qui peuvent jetter du jour fur l'état de l'homme malade ou en fanté. Sans le télefcope, jamais *Galilée*

& fes fucceffeurs n'euffent fait faire à l'aftronomie phyfique les progrès qu'elle a faits depuis un fiècle. la morale a éclairé la politique & la fcience du gouvernement, perfectionnée à fon tour, a influé fur la jurifprudence & la théorie des loix.

Ces idées n'ont échappé à aucun des états ou des princes qui ont établi des *académies*. Ils ont penfé que ces établiffemens, en réuniffant les favans, & encourageant toutes les fciences à la fois, les feroient marcher de front, & corrigeroient les erreurs de l'une par les découvertes de l'autre. Charlemagne, François Ier., Colbert ont agi en conformité de ce principe. Ce dernier, qui avoit befoin de mettre en mouvement toutes les forces de l'intelligence humaine, pour ramener en France le règne des arts, du luxe éclairé, des fciences & des lettres, organifa l'*académie* des fciences fur ce modèle. Il la compofa d'aftronomes, de géomètres, de méchaniciens, d'anatomiftes, de chymiftes, de botaniftes ; il multiplia le nombre des membres afin d'exciter davantage l'émulation. Colbert a parfaitement réuffi dans fon entreprife : les fciences d'obfervation & de raifonnement ont eu des fuccès prodigieux en France, & l'Angleterre feule en Europe, & peut-être dans tout le monde connu, peut difputer à Paris l'empire des lettres & des connoiffances utiles à la fociété. Il eft vrai qu'avant l'établiffement des *académies*, des génie du premier ordre, *Galilée*, *Kepler*, *Défcartes*, avoient marché à pas de géant dans la carrière des fciences ; mais l'humanité ne doit pas toujours efpérer de tels hommes. Les *académies* femblent les fuppléer en faifant en plufieurs années ce que ces efprits fupérieurs achèvent dans la durée de quelques méditations. Les *académies*, en réuniffant les idées ordinaires, en excitant l'ambition littéraire, en préfentant des titres & des couronnes, qui ne peuvent s'obtenir qu'au prix du favoir & de l'utilité, fomentent & entretiennent l'efprit créateur & le goût des découvertes dans la fociété. Elles font moins importantes ces découvertes, mais elles font plus nombreufes ; d'ailleurs les grandes maffes de l'édifice des connoiffances humaines font pofées, les principes univerfels font connus, c'eft à les conferver, c'eft à les défendre contre l'ignorance & la barbarie qu'on doit fur-tout s'occuper, & c'eft à quoi les *académies* font merveilleufement propres.

Mais ces établiffemens contribuent encore d'une autre manière aux progrès des fciences utiles. C'eft prefque toujours à leurs foins que font dus ces longs & difpendieux voyages pour vérifier un calcul, enrichir une partie de l'hiftoire naturelle, ou perfectionner la fcience du globe. Nous en avons cités plufieurs de cette efpèce. Il ne fe paffe point de temps un peu confidérable, qu'il ne s'en faffe dans les différentes parties du monde ; & l'on voit ces corps profiter, avec une intelligence & un zèle eftimables des entreprifes, de la politique même, pour avancer l'édifice des fciences & des lettres.

Les *académies* ont encore utilement fervi la

société par les prix qu'elles ont proposés sur presque toutes les parties de nos connoissances. Ce sont des aiguillons qui, en même temps qu'ils offrent aux jeunes savans des moyens de se faire connoître & de se rendre utiles leurs travaux, font circuler des idées qui tournent tôt ou tard au profit des hommes & de l'état. La navigation, les manufactures, la métallurgie, la verrerie, &c. ont retiré des avantages positifs de ces couronnes distribuées aux mémoires les plus instructifs sur ces différens objets.

On a dit que la justice n'étoit point toujours observée dans ces récompenses académiques; que la faveur, l'intrigue donnoient souvent le prix au mérite médiocre ou à l'ignorance audacieuse. Cela peut avoir lieu quelquefois; mais ce n'est ni l'esprit, ni l'objet de l'institution. Les meilleurs établissemens sont sujets à ces abus; & depuis l'élection des représentans d'un peuple libre, qui est sans doute le plus saint & le plus précieux des devoirs d'un citoyen, jusqu'au partage ces faveurs d'un despote, qui est le dernier degré de corruption sociale, dans cette latitude immense, je défie qu'on me cite un choix sur qui la faveur de le crédit ne puisse avoir aucune influence. D'ailleurs, qu'on se rappelle ce que nous avons dit de la Grèce où la partialité des juges du talent étoit un motif de plus pour les gens de lettres, de forcer l'opinion publique en leur faveur, par la supériorité décidée de leurs ouvrages sur ceux de leurs concurrens couronnés. Il n'y a qu'un courage ou un génie médiocre qui se laisse attérer par l'injustice d'un jugement.

Mais, en favorisant le progrès des lettres, en multipliant les sociétés littéraires, on n'a point seulement éclairé la société, on l'a rendue meilleure, effets toujours simultanées. L'illustre & immortel *Rousseau* de Genève, cet homme si sublimement extraordinaire, a cru voir dans les sciences un principe de corruption qui, loin de contribuer au bonheur des hommes, ne peut que les rendre plus pervers & plus malheureux. Il a donc banni les sciences de sa république, comme *Platon* les poëtes de la sienne. Mais cette proscription du philosophe genevois étoit trop universelle, & l'erreur de *Rousseau*, s'il est permis à moi d'user d'une telle expression, vient de n'avoir, 1°. envisagé que l'abus des sciences, 2°. considéré que les sciences dangereuses ou inutiles. Mais s'il avoit mis l'art de gouverner les hommes au rang des sciences, & des plus sublimes sciences, comme elle y est effectivement, peut-être auroit-il pensé que c'est contribuer au bonheur des hommes que de les éclairer, puisqu'alors on apprend aux peuples leurs droits, & aux rois leurs devoirs, qu'il n'est pas toujours inutile qu'ils connoissent. Les sciences ont un rapport si étroit

entr'elles, qu'il est presqu'impossible qu'elles puissent se perfectionner les unes sans les autres, & que plusieurs se perfectionnent sans que toutes fassent des progrès. Aussi les lumières répandues sur la médecine, la chirurgie, la botanique, les mathématiques, la géographie, ont réagi sur la morale & la politique, ne fût-ce que parce que les hommes ont porté dans celles-ci le même esprit de doute, de combinaison, de calcul auquel il s'étoient habitués dans les autres. Ainsi, éclairer les hommes dans une science, c'est les servir dans toutes; & depuis que nous ne respectons plus *Aristote* & *saint Thomas* comme des dieux, nous ne croyons plus aux sophismes du pouvoir & aux maximes de la tyrannie? Notre esprit est devenu libre en s'éclairant; & si les despotes avoient cru enchaîner les esprits, & se rendre les arbitres de l'opinion des hommes, en s'érigeant en protecteurs des sciences, & leur donnant des asyles, ils se seroient trompés, comme ils l'ont toujours fait toutes les fois qu'ils ont voulu soutenir le droit du plus fort, par une autre voie que celle de la force.

Il est donc incontestable que les sciences proprement dites, à commencer par l'astronomie & la politique, & à finir par la botanique & la géographie, ont reçu des services de l'établissement des académies, & que par une conséquence toute naturelle, les hommes en s'éclairant se sont adoucis, ce qui est l'équivalent d'améliorés dans l'état social. Les rois sont moins cruels, les peuples moins sanguinaires, les guerres moins sauvages, les guerriers moins barbares, & leur pouvoir dans la société moins redoutable. Je mets au rang des effets du progrès des sciences & de la raison ce dernier bienfait. C'est un si grand fléau, dans un état monarchique, & par-tout où le peuple n'est pas roi, qu'une armée fière & menaçante, qu'on doit mettre la subordination militaire au nombre des grands avantages de la civilisation. « Or, que l'on compare la discipline de nos troupes, dit un écri-» vain moderne (1), à celle de ces temps où *la* » *Hire* disoit que *si Dieu descendoit sur la terre &* » *se faisoit guerrier, il deviendroit pillard*; où la » plaisanterie à la mode parmi les soldats qui cou-» roient la campagne, étoit d'enfermer le mari dans » la huche, tandis qu'ils violoient la femme sur le » couvercle, en insultant aux cris de l'un & de l'autre; » & l'on verra la différence. » La jeunesse militaire, encore très-audacieuse, très-insolente dans les villes de garnison, est mieux contenue dans la capitale, qu'elle ne l'étoit sous Louis XIV, qui a livré le royaume & les loix aux soldats, de manière que si ceux-ci ne culbutent & ne renversent pas la monarchie, c'est qu'ils ne le veulent pas, puisqu'ils ont la force en main, & que pareil événement s'est vu cent fois dans l'empire romain. Les militaires sont aussi

---

(a) M. *Gudin de la Brenelerie*, auteur du livre intitulé : *Aux mânes de Louis XV*, ou *Essai sur les progrès des arts & des sciences sous ce prince*, 1776.

un peu moins ignorans & moins féroces qu'ils ne l'étoient, même au commencement du siècle.

Les sciences contribuent encore aux progrès des mœurs, en travaillant continuellement à détruire cette inégalité de convention qui règne entre les hommes, en les ramenant à s'estimer réciproquement les uns les autres, & substituant les égards & le respect à la morgue & à l'orgueil. Les sciences font de tous les états autant de républiques, parce que le savoir rend tous les hommes égaux. cette disposition des esprits est très-propre à tirer le peuple proprement dit, de l'abjection où le tiennent la vanité des nobles & le luxe des riches : elle est l'ennemi de l'esclavage domestique, de l'esclavage civile, source de tous les vices comme de tous les genres de dégradation. Or les *académies* multipliées dans toutes les provinces, font comme des espèces d'*états* de la république littéraire ; là le grand seigneur, le magistrat, le savant pauvre, le marchand éclairé, le noble, le roturier, siègent à la même place, & toute distinction de fortune est bannie.

Si les sciences pouvoient nuire aux mœurs, ce seroit parce que perfectionnant les arts de goût ; de luxe, & les recherches de la volupté, elles ôtent à l'homme ce caractère impérieux, ce physique de l'ame qui le porte dans l'état social à vouloir, pour se faire admirer, plutôt de grandes choses que de bonnes choses. Mais la première qualité d'un peuple policé est d'être bon, & un peuple voluptueux, quoiqu'on en dise, est le plus près de cet état ; à moins que des vices de législation, la superstition, le despotisme ne le portent aux crimes secrets, aux désordres politiques. Mais alors quels meilleurs remèdes à de pareils maux que les sciences qui éclairent l'homme, & que les établissemens qui favorisent les sciences. Il paroît donc certain, 1°. que les *académies* font utiles aux progrès & à la propagation des lumières ; qu'elles les tournent à l'avantage de la société & au perfectionnement des arts nécessaires & des arts de luxe : 2°. que les sciences ne sont point opposées aux mœurs généreuses, & que les *académies*, en contribuant à leur développement, contribuent en même-temps au bien public, à l'avancement de la civilisation & au maintien de l'égalité parmi les hommes. *Voyez* encore SCIENCES. Nous les considérons dans leur rapport avec les mœurs, la civilisation & le maintien de la liberté civile.

Plaçons ici une réflexion en faveur de l'académie des sciences de Paris : il n'en est point en Europe, je n'excepte pas même celle de Londres, où il se trouve plus de lumières, une plus grande aversion pour les préjugés & moins de ménagement pour le charlatanisme. Elle se distingue encore par un caractère précieux, c'est qu'elle encourage les artistes vraiment éclairés, & que, pour peu qu'une invention ait le mérite de l'utilité, elle y donne son attention ; mais elle se refuse assez constamment à tout ce qui a tant soit peu l'air du merveilleux. Les hommes les plus éclairés ont tant de fois été induits

en erreur par des charlatans, qu'on ne sauroit reprocher à l'*académie* des sciences la retenue qu'elle met à donner son approbation à de prétendues découvertes imaginaires : elle-même a été trompée.

On peut citer deux excellentes productions de l'*académie* des sciences qui ont vu le jour depuis quelques années ; c'est *son rapport sur le magnétisme animal* & *sur l'hôtel-dieu*. Dans le premier de ces ouvrages, l'*académie* a souvent généralisé la question, & a discuté la métaphysique de la médecine avec une sagacité, une dialectique digne de *Bacon* & de *Bayle* ; de l'un, à cause du génie observateur qui y règne ; de l'autre, à cause de l'excellente logique dont l'*académie* y fait usage. Le mémoire sur l'*hôtel-dieu* est un monument qui honore l'humanité, la science & le patriotisme de cette compagnie. C'est un modèle d'éloquence en ce genre ; il attendrit, pénètre, sans tirailler, sans forcer la sensibilité ; il persuade sans effort, sans tyranniser l'entendement. Nous en ferons part à nos lecteurs, au mot HÔPITAUX.

L'on peut regarder l'*académie* de chirurgie, dans le système encyclopédique, comme une branche de l'*académie* des sciences. Cependant elle en est séparée dans son établissement. C'est une compagnie de savans anatomistes qui sont tout-à-la-fois chargés des progrès de la science & de l'instruction des élèves. Elle doit sa renaissance à Louis XV, qui regardoit la chirurgie comme le premier des arts. Il avoit raison lorsqu'elle est administrée par des hommes éclairés, des mains habiles ; mais elle peut devenir aussi, entre celles de jeunes gens incapables, un instrument meurtrier, une cause de désordre public, comme on l'a vu quelquefois. Nous dirons au mot CHIRURGIE, notre façon de penser sur le peu de police & de discipline qui règne parmi les élèves en chirurgie, tant par rapport à l'enlèvement & la dissection des cadavres, que par rapport aux autres abus que se permet cette jeunesse, en général ignorante & dérangée.

Dans tout ce que nous avons dit jusqu'ici par rapport aux *académies*, on a pu remarquer que nous ne les avons considérées que du côté des sciences exactes, & de leur application immédiate aux progrès des arts utiles & des agrémens de la vie. Nous ne les avons point annoncées comme pouvant réellement former des génies créateurs, des hommes comme *Bacon*, *Descartes*, *Bayle*, *Newton*, *Montesquieu*, *J. Jacques Rousseau*, *Buffon*. La nature seule peut former & forme rarement de pareils génies. Mais les *académies* peuvent, comme des séminaires de prêtres, entretenir le feu sacré qu'ils ont répandu sur la terre. Alors elles méritent bien de la patrie, bien loin qu'on puisse les regarder comme inutiles. C'est cependant le reproche que quelques écrivains leur ont fait, & sur-tout à l'*académie* françoise. Ils ont prétendu que, non-seulement elle donnoit des entraves au génie par sa propre forme, nuisoit aux progrès des lettres par son despotisme, mais encore qu'elle tendoit à ne créer dans la nation que des écrivains lâches, amis de l'esclavage, & toujours prêts à louer les caprices du monarque qui les soudoie & les protège. Tel, disent-ils, a été le motif secret de son instituteur.

Mais est-il bien vrai que Richelieu, en établissant l'*académie* françoise, ait eu intention de servir le pouvoir absolu du monarque? *Il ne pouvoit, même par instinct*, dit M. Mercier, *former un établissement qui ne tendît au despotisme. On a fait venir dans la capitale les gens de lettres comme on y a fait venir les grands seigneurs, & par les mêmes moyens, pour les avoir sous la main. On les tient plus en respect de près que de loin.* Mais n'est-ce pas prêter des motifs à ce ministre, qu'il ne connoissoit point? De son temps les gens de lettres ne s'occupoient guère que de poésie, de romans, de bagatelles; ou si quelques-uns écrivoient sur des matières d'administration, ils n'étoient sûrement pas du nombre de ceux qui pouvoient prétendre à l'*académie*. Elle étoit exclusivement ouverte aux beaux-esprits, aux hommes tels que *Voiture, Balsac, Pelisson*, hommes royalistes, & qui n'ont jamais pensé à troubler le pouvoir souverain par des opinions hardies. Aucun philosophe ne fut de l'*académie* dans son origine, & nous ne voyons pas qu'elle ait empêché depuis, que des écrivains qui en étoient, se soient exprimés librement sur les abus ministériels ou les préjugés respectés, tels que l'abbé *de Saint-Pierre, Mirabeau, Voltaire*, &c. L'esprit de son institution & de ses règlemens n'a donc jamais été d'enchaîner la plume des grands écrivains. L'objet de l'*académie* est de conserver la pureté de la langue françoise & de maintenir le bon goût. Or je ne vois rien en cela de bien propre à favoriser le despotisme. J'y remarque seulement l'esprit vaniteux de *Richelieu*, qui avoit la foiblesse de vouloir passer pour un bel esprit & qui crut en donner une grande preuve en établissant une *académie* françoise.

Que *Richelieu* eût établi une *académie politique*, où, par de fortes pensions, on eût attiré les grands écrivains, les génies puissans, les hommes hardis, je crois qu'on eût pu lui attribuer des vues de despotisme, l'intention de couper tous les chemins qui mènent à la liberté publique par la liberté de penser; mais il n'en a rien fait; les politiques, les publicistes, les philosophes étoient à-peu-près exclus de l'*académie*, comme nous venons de le dire, & son entrée ne s'ouvroit & ne s'est long-temps ouverte qu'aux poëtes, aux grammairiens, aux romanciers, aux beaux-esprits; si aujourd'hui on y reçoit des écrivains plus solides, c'est par un oubli des statuts antiques, & parce que les hommes les plus raisonnables n'ont pas dédaigné d'en rechercher les honneurs.

Ce n'est pas qu'aujourd'hui l'espoir d'entrer à l'*académie* ne mollisse la plume de quelques écrivains; que la crainte de passer pour esprits turbulens & de se voir refuser le fauteuil n'appauvrisse

l'ame de quelques-uns, qui sans cette gêne eussent parlé avec toute l'énergie d'un caractère franc & au-dessus des ménagemens; mais ce nombre est petit. L'homme de génie que la vanité, les convenances, des sollicitations d'amis forcent à briguer le siège académique, conserve toujours ses opinions; seulement il les exprime avec plus de ménagement & d'adresse, sans cependant rien y retrancher de ce qui peut en assurer le mérite & la vérité. Croiroit-on que l'*Esprit des loix* eût été mieux fait, ou plus profondément écrit, quand son auteur n'eût point été de l'*académie*?

Si l'honneur académique nuit aux lettres, c'est en inspirant à ceux qui s'en laissent enivrer, je ne sais quelle suffisance, quelle estime de soi-même & quelle morgue qui les font haïr des hommes de bon sens; mais ces défauts ne tiennent point aux *académies* en elles-mêmes. Doit-on, par exemple, détruire les corps municipaux, les cours souveraines, parce que quelques-uns de leurs membres sont souvent infectés d'une vanité puérile qui les rend méprisables? Les gens du monde peu éclairés, les hommes de lettres violens confondent l'*académie* avec les académiciens, & parce que tel ou tel ne descend jamais de son piedestal pour se familiariser avec les humains, ils en concluent que l'*académie* ressemble à la cour du grand roi, où tout ce qui n'en étoit point étoit regardé comme d'une nature basse & commune.

On doit néanmoins avouer que les académiciens sont, en général, plus portés à excuser les erreurs du gouvernement & à défendre les prétentions de l'autorité, que les écrivains libres & indépendans. Mais on peut dire la même chose de toutes les personnes qui tiennent ou qui espèrent des emplois, des pensions ou des graces de la cour. Leur intérêt est le motif de leur conduite dans ce cas. Mais cette considération même me paroît n'avoir d'application qu'à un petit nombre d'hommes de lettres pauvres & rongés d'une impuissante ambition. La faim, le manque d'esprit solide, de caractère & de vertu publique, leur font jouer tous les personnages qu'il plaît aux grands & aux ministres de leur commander. Mais, semblable aux espions que l'on emploie pour trahir les honnêtes gens, ils sont méprisés de ceux-là mêmes qui les ont payés pour seconder leurs entreprises ou leurs désordres.

On dit encore que l'*académie* établit une différence presque injurieuse entre les gens de lettres; ils paroissent, pour ainsi dire, n'avoir pas de rang s'il ne juge du fauteuil. Je ne vois pas que le public pense ainsi en général. Un académicien sans mérite n'en reste pas moins dans la profonde obscurité, malgré ses prétentions à l'immortalité. Les gens sensés qui ont vu cent fois un sot siéger à l'*académie*, ne regardent pas l'honneur d'y être admis, comme un signe auquel on puisse juger infailliblement le mérite d'un auteur. Combien de bons écrivains, *Bayle, Pascal, Diderot, Jean-Jacques Rousseau, Thomas Raynal*, d'autres encore, qui n'étoient d'aucune *académie*.

Bien loin que les gens de lettres véritablement philosophes, regardent comme une récompense leur admission à l'académie, tout le monde sait que ce corps littéraire, ainsi que tous les autres, s'efforce de les attirer ; à moins qu'ils n'aient un mérite trop éminemment incommensurable, tel que celui de Jean-Jacques Rousseau, qui est bien le plus étonnant orateur, le plus prodigieux écrivain que la nation ait jamais produit ; ce qui ne veut pas dire pourtant qu'il ne s'est jamais trompé, car qui peut s'en vanter ?

Il n'est donc pas vrai que les gens de lettres paroissent ne pas avoir de rang, parce qu'ils ne sont pas de l'académie. La nation, les parisiens surtout, quelqu'aveugles que vous les supposiez, n'en sont point venus à ce degré de méprise étrange. Le titre d'académicien est devenu un titre civil, il ne prouve pas plus par lui-même en faveur du mérite littéraire, que celui d'avocat-général ou de recteur de l'université. On obtient les uns & les autres à titre d'avocat, d'homme riche, de professeur, de bel-esprit, de grand seigneur. Tout le monde sait cela. Il est bien vrai que dans les familles & dans les cotteries, le mot d'académicien produit un effet étonnant ; le public en masse pense différemment.

Mais dites, que lorsque le gouvernement a quelque commission à donner, où il faut des connoissances littéraires, il s'adresse de préférence à des académiciens, & que cela peut souvent porter préjudice à la fortune des gens de lettres, qui par leurs lumières & leur médiocrité, ont des droits à ces emplois. Voilà ce qui effectivement arrive souvent, quoique pas toujours ; mais c'est un reste de foiblesse dans le gouvernement. Quand l'empire de l'opinion publique sera plus solidement établi ; alors elle indiquera seule les hommes dignes de la confiance du ministère : en attendant, je crois qu'il vaut encore mieux choisir, en pareil cas, des membres d'académie, que des moines ou des commis subalternes, comme on faisoit autrefois.

Au reste nous dirons en faveur de l'académie françoise, qu'elle a senti le vuide de son institution primitive. Son goût est devenu plus essentiel. Elle s'est occupée de travaux utiles, elle a renoncé à cet éternel néologisme que l'on retrouve dans presque tous les ouvrages qu'elle a couronnés jusqu'à ces derniers tems ; enfin les hommes mêmes ont perdu une partie de la morgue qui les caractérisoit autrefois. Il ne lui manque plus qu'un pas pour donner un grand degré de perfection à son établissement, ce seroit de ne donner les prix qu'à des ouvrages couronnés d'avance par l'opinion publique, ou plutôt ne les donner qu'aux ouvrages seuls couronnés par cette opinion.

Il n'en est point des découvertes scientifiques comme des productions littéraires. Celles-ci, pour être bonnes, devant être entendues du public, on ne sauroit prendre un meilleur juge que lui, quand il est question de donner un prix. Son jugement est sans appel & le seul compétent en pareille matière.

On ne peut pas prescrire à une nation ce qu'elle doit trouver bon ou mauvais. C'est affaire de goût. Dans les inventions des arts, dans les découvertes dont la vérité ou l'utilité est difficile à reconnoître, le cas est différent. Alors les académiciens deviennent les avoués, les commissaires du public. Il s'en rapporte à eux sur des objets qui ne peuvent être appréciés que par une société très-instruite & qui examine long-tems. Telle est l'académie des sciences. Le jugement national seroit trop long à se former en pareil cas, & il est des découvertes qui ont besoin de célérité, de soins attentifs pour être senties ; un retard pourroit nuire & à l'inventeur & à l'invention ; de plus, dans certaines occasions, il est quelquefois important que le concurrent démontre lui-même son idée & ses moyens devant ceux qui doivent le juger, ce qui seroit impraticable devant le public en général.

L'académie françoise pourroit donc, quand il est question de donner un prix, inviter les auteurs à écrire sur le sujet proposé, à publier leurs ouvrages, & au bout d'un certain temps couronner celui qui auroit été le plus estimé du public, le plus lu & jugé par lui le mieux fait. Mais comment connoître l'opinion générale à cet égard ? 1°. par le nombre des éditions, si l'on mettoit trois an entre la publication du programme & la distribution du prix : 2°. par ce qu'en auroient dit les journaux nationaux & étrangers : 3°. par la révolution qu'il auroit opérée dans le goût, la conduite ou les idées de la nation, suivant l'espèce de sujet mis au concours : 4°. par le récit qu'en feroient & les gens de lettres eux-mêmes & les différentes académies, qui seroient priées de consigner leur façon de penser à cet égard, dans le papier public qu'ils voudroient choisir. Je ne sais où j'ai vu ainsi les suffrages donnés dans un journal, sur une matière littéraire. On compta les voix, & la couronne fut donnée à l'auteur qui en avoit davantage. J'ajouterai, que ce désir de donner sa voix publiquement, engageroit les gens du monde à lire, & multiplieroit ainsi l'influence des lettres sur les mœurs.

L'abbé de Saint-Pierre a proposé un autre projet pour rendre, comme il disoit, l'académie françoise plus utile à l'état. Il vouloit d'abord qu'on en changeât le nom & qu'on la nommât l'académie des bons écrivains ; & comme cela n'étoit pas rigoureusement vrai, il conseilloit différens moyens, qu'il croyoit propres à la rendre telle. De plus, il remarquoit que ce nom d'académie françoise paroissoit équivoque aux étrangers, & qu'y ayant plusieurs compagnies savantes qui portent le titre d'académie en France, on ne pouvoit sans erreur conserver un nom qui ne lui a été donné, que parce qu'au moment de son établissement, elle étoit la seule dans le royaume. Quoi qu'il en soit, le titre d'académie françoise lui est resté, & celui d'académie des bons écrivains n'a pas pris, soit parce qu'il auroit été par trop injurieux au reste de la nation qui s'obstine à croire qu'elle a plus de quarante bons écrivains, soit parce que le nom d'*académie françoise* eſt plus court, plus coulant, plus vague, & laiſſe par conſéquent plus de priſe a l'imagination, qui y attache l'idée qui lui plaît davantage.

Mais comme on ne ſauroit mieux faire connoître le plan, l'ordre & ſur-tout l'eſprit d'un projet qu'en le rapportant à-peu-près tel que l'auteur l'a conçu, & qu'on ne peut guère réuſſir à cela qu'en citant ſon propre texte, nous allons donner l'extrait du mémoire de l'abbé *de Saint-Pierre*, & rapporter ſes propres paroles. Nous y ajouterons les réflexions que le ſujet fera naître & qui pourront en déve- lopper le ſens, non pas que nous croyons qu'on réaliſe jamais le projet par rapport à l'*académie françoiſe*, mais parce que les vues de l'auteur ſont ſaines & qu'elles peuvent trouver une utile application ailleurs.

Il paroît que *l'abbé de Saint-Pierre* vouloit augmen- ter de dix le nombre des académiciens, car il parle de dix honoraires, qui n'auroient pas joui du droit de *committimus* & de quarante *académiciens travail- leurs*, dont vingt auroient eu deux mille livres & vingt autres mille livres de traitement. *Voy.* ACA- DÉMIE, dans la *littérature*.

Le gouvernement leur auroit preſcrit les travaux dont ils ſe ſeroient occupés. » Les gens de lettres, » dit *l'abbé de Saint-Pierre*. qui ne ſont d'aucune » académie, auront toujours liberté entière de choi- » ſir les ſujets de leurs travaux; mais il eſt juſte » que ceux auxquels l'état fournit des penſions » ſoient toujours dirigés par le conſeil dans leurs » travaux académiques vers la plus grande utilité » de l'état ».

Il vouloit qu'entre tous les ouvrages que pou- voient entreprendre ces *académiciens travailleurs*, ils s'occupaſſent ſur-tout à écrire la vie des grands hommes, telles que ſont les vies des hommes il- luſtres de Plutarque; il avoit raiſon. » Car, comme » il le dit, c'eſt dans ces vies que la jeuneſſe peut » apprendre à juger ſainement de la véritable valeur » des actions des grands hommes, à mépriſer toutes » les petites glorioles des enfans & des femmes, & » à eſtimer la véritable gloire des grands hommes. » Il n'y a point de traité de morale qui ſe liſe » avec tant de plaiſir, & par conſéquent tant d'utilité, » que la vie d'un grand homme, & nous ſommes » d'autant plus portés à acquérir ſes talens & ſes » vertus, que nous les voyons mieux récompenſés » par les applaudiſſemens publics, par l'eſtime des » princes & par l'admiration des plus honnêtes » gens.

L'auteur du projet réuniſſoit l'*académie* des inſ- criptions & belles-lettres, à l académie françoiſe, ou plutôt en formoit un des bureaux de celle-ci; car il faut ſavoir que ce que nous nommons co- *mité*, *aſſemblée*, l'abbé de Saint-Pierre lui donnoit le nom de *bureau*. Il vouloit donc que tous les tra- vaux *académiques* fuſſent diſtribués à trois bureaux différens, & que chacun travaillât en particulier à un ſujet, pour en conférer enſuite avec toute l'aca-

démie & le communiquer après au miniſtre. Voici, comme il entend cela.

» Dans la diſpoſition générale, dit-il, de l aca- démie des bons écrivains, je propoſe trois bureaux, qui ſe tiendront trois fois la ſemaine en même-tems, dans trois pièces du vieux louvre.

» Dans le premier bureau on parlera du dic- tionnaire, de la grammaire, de la poétique, & des pièces de théâtre qu'il faut corriger. J'ai montré dans un autre mémoire imprimé la grande utilité du théâtre, quand il ſera dirigé par l'*académie* po- litique vers l'augmentation du bonheur des citoyens.

» Dans le ſecond bureau on parlera des jetons, des médailles, des inſcriptions & autres monumens antiques & modernes. On lira ce qui aura été fait d'hiſtorique ſur chaque règne de nos anciens rois, & des obſervations critiques ſur les fautes des principaux compilateurs & ſur les monumens des anciens françois. On y lira auſſi des remarques pour perfectionner le dictionnaire étymologique de la langue françoiſe. On y lira des obſervations pour perfectionner le dictionnaire des vieux mots fran- çois, & des mots latins qui s'employoient en France, ſous les trois races de nos rois, dans le langage vulgaire, ſur quoi *du Gange* & autres ont tra- vaillé.

» Dans le troiſième bureau on y lira ce qui ſera fait ſur la vie des hommes & des femmes illuſtres, avant & depuis Plutarque parmi toutes les nations, & ce ſera particulièrement dans ces vies que l'on mettra en œuvre l'art d'écrire agréa- blement & ſenſément. Nous ſavons aſſez ce que c'eſt qu'écrire agréablement, mais il y a beaucoup d'auteurs agréables qui n'écrivent pas ſenſément; ils eſtiment trop ce qui n'eſt que peu eſtimable; ils n'ont pas aſſez d'horreur pour les injuſtices; ils eſtiment trop peu la vertu; ils prennent pour grande vertu ce qui n'eſt que peu vertueux. Il faudroit être un peu jeune pour écrire agréablement & un peu vieux pour écrire ſenſément.

» Ce bureau pourra un jour donner au public l'hiſtoire du monde & de chaque ſiècle par les perſonnes illuſtres qui y auront vécu. Il n'y aura qu'à remplir en abrégé les vides par des récits chronologiques des principaux événemens & des principales révolutions des états. On y lira les vies de Plutarque qui auront été écrites pour notre ſiècle. Ainſi on en ôtera ce qui nous intéreſſe peu; on y ajoutera ce qui peut y manquer & que nous tenons d'autres auteurs; on tâchera par des ré- flexions ſenſées, & par des peintures vives & gra- cieuſes de rendre ces vies encore plus utiles, & plus agréables qu'elles ne le ſont. Voilà où l'élo- quence ſera très-utilement employée.

» On y lira des obſervations ſur les fautes des beaux endroits de nos bons écrivains en proſe; on y fera des réflexions ſur ce qui en cauſe la beauté, & l'on donnera au ſecrétaire ces beaux endroits corrigés & perfectionnés.

» Le ſecrétaire de ce bureau donnera tous les
ans

ans au public un recueil de ces différentes obfervations ; & les autres fécretaires, des autres bureaux,
donneront tous les ans de femblables recueils d'obfervations ».

On peut douter que tous ces réglémens & cette
diftribution, pour ainfi dire méchanique du génie,
puiffent faire naître des ouvrages véritablement éloquens & tels que l'abbé *de Saint-Pierre* paroît les
defirer. Il eft étonnant que cet auteur n'ait point
fenti que cet efclavage littéraire n'eft point propre au
développement des talens, & ne peut tout au plus
fervir qu'au perfectionnement des fciences exactes &
de la grammaire, mais jamais à celui de l'éloquence
& de la poéfie, qui ne peuvent véritablement reconnoître aucune efpèce d'affujettiffement. Quoi
qu'il en foit, voici ce qu'il ajoute enfuite :

» Je fuppofe, que le premier bureau fera de
quatorze académiciens penfionnaires, & les deux
autres chacun de treize ; ils pourront par le confentement du directeur convenir de changer de bureau.

» Ces bureaux feront toujous de même nombre,
à moins qu'il n'y ait des raifons d'utilité publique
pour en ufer autrement.

» Les places de penfionnaires qui vaqueront
feront remplies par le roi, de l'un des trois qui
feront choifis par le fcrutin, en préfence des trois
commiffaires deftinés à le garantir de toute efpèce
de cabale.

» A la fin de chaque féance le préfident conviendra, avec ceux qui feront chargés du travail
de la féance fuivante, des obfervations qu'on y
lira, & chaque travailleur aura fon tour pour
lire.

» Le directeur fera toujours penfionnaire, il fera
élu pour trois ans, il fera préfident du premier
bureau, & pourra être continué. Il pourra préfider,
quand il voudra, aux autres bureaux, le fecrétaire-
général fera perpétuel.

» On choifira dans tous les bureaux un préfident
& un fecrétaire particulier pour trois ans, & ils
pourront être continués ; le fecrétaire-général aura
foin de conferver tous les regiftres & papiers des
fecrétaires particuliers, quand leur tems fera fini.
Le tréforier des trois bureaux fera perpétuel &
choifi au fcrutin ; il fera chargé des frais de bureaux & pourra être auffi fecrétaire-général. »

L'auteur diftribue enfuite le travail de chaque
bureau pour les trois jours de la femaine, auxquels
ils fe tiennent ; mais nous ne croyons pas devoir
le fuivre dans ces détails. Ce que nous venons
de dire, fuffit pour donner une idée de ce projet
& mettre à portée de juger de fon utilité. L'abbé
de Saint-Pierre avoit un caractère effentiel, & fe
propofoit toujours quelque chofe d'utile dans fes
méditations ; il aimoit vraiment fon pays, & parmi
les nombreux projets que nous avons de lui, il s'en
trouve qu'on pourroit utilement réalifer. Quant à
celui pour l'*académie françoife*, on conçoit que l'auteur, choqué de l'efpèce d'inertie dans laquelle
reftoient fes confrères, qui, occupés de fades éloges,

de difcours menteurs & vuides d'objet, ne rendoient aucun fervice réel à l'état, a dû chercher les
moyens de les rendre bons à quelque chofe ; & fi
fon plan n'a point été adopté, du moins fes idées
ont-elles été réalifées en quelque forte, puifqu'enfin
cette *académie* eft fortie de fa léthargie, s'occupe
de travaux utiles, & encourage des écrivains qui
ont pour but le bien public & l'inftruction nationale,
comme nous l'avons remarqué plus haut.

D'autres perfonnes ont penfé que, pour perfectionner les *académies*, l'on pourroit abandonner
au public, ou plutôt à une certaine portion du
public, le choix de leurs membres. Ils regardent
cette méthode comme jufte & favorable aux progrès
des fciences & des lettres.

1°. Jufte, en ce que les *académies* étant devenues des corps publics, & les témoignages de
leurs membres ayant force en jugement (*voyez
académie* dans la *jurifprudence*), il feroit naturel
que les citoyens euffent le droit de choifir ces efpèces d'officiers lettrés. Et que l'on ne dife pas,
que le public feroit incapable d'un pareil choix,
car il a tout ce qu'il faut pour cela, lumières,
goût & impartialité. Tel homme ou tel corps en
particulier, peut être partial ou ignorant, mais le
public en général eft jufte, a le goût fûr & la
fomme de lumières qui caractérife fon fiècle.

Quant à la manière de donner fa voix, elle feroit fort
fimple & fort paifible. Chaque *académie* adopteroit
la feuille publique qu'elle jugeroit convenable ; &
depuis telle époque jufqu'à telle époque, il feroit
permis à toute perfonne de donner fa voix pour
tel lettré qu'elle voudroit, en faifant infcrire dans
cette feuille le nom du candidat, envoyé d'avance
au fecrétaire de l'*académie*. On feroit donc tenir à
celui-ci un billet, dans lequel on mettroit *un tel donne
fa voix pour M. tel*. Et il feroit facile de connoître fi
l'on ne trompe pas fur le nombre des voix, car chacun pourroit voir fi la fienne eft donnée à celui qu'il
avoit adopté. Il eft vrai qu'on pourroit en mettre
de fauffes ; mais comme, en général, on ne recevroit
que celles de gens connus, on pourroit aifément
reconnoître des noms fuppofés. D'ailleurs on cour-
roit rifque de faire parler des perfonnes qui n'auroient rien dit & qui pourroient s'en plaindre dans
les papiers publics.

Et pour que, fous le prétexte de ne recevoir
que des voix de gens connus, on ne refufât pas les
noms d'hommes qui auroient droit de le donner,
on engageroit tous ceux, qui auroient éprouvé un
pareil refus, de le faire connoître brièvement par
la voix des papiers publics.

2°. Cette méthode, perfectionnée bien entendu,
feroit favorable aux progrès des lettres : 1°. en ce
qu'elle diminueroit l'afcendant de la récommanda-
tion en faveur de la médiocrité préfomptueufe :
2°. en ce qu'elle tireroit le mérite de l'obfcurité
pour le mettre à fa place : 3°. en ce qu'elle atta-
cheroit plus pofitivement les yeux du public fur

I

les gens de lettres ; ce qui tourneroit nécessairement à leur avantage : 4°. en ce qu'elle répandroit dans le monde le goût des connoissances utiles, puisqu'il auroit à prononcer sur le mérite de ceux qui s'en occupent par choix ou par état.

L'on pourroit déterminer au reste, les qualités nécessaires à un électeur. Par exemple, les villes de provinces considérables pourroient n'accorder ce droit qu'à ceux qui sont domiciliés chez elles, qui jouissent de quelqu'emploi public, ou qui sont connus pour cultiver les lettres. Mais comme on a souvent à choisir un membre d'*académie* correspondant, soit chez l'étranger, soit dans une province éloignée, il vaudroit mieux laisser au public, en général, le droit d'élection, parce que les gens de lettres appartiennent à tous les pays.

Au reste, voilà l'essentiel & le fond de cette idée, qui n'est pas sans quelqu'apparence d'utilité. La forme constante adoptée dans toutes les *académies* de l'Europe, est, à la vérité, une forte objection contre elle. Mais ce n'est point un principe de réfutation insurmontable : nous laissons au public à en juger, comme arbitre souverain en cette matière, ainsi que dans bien d'autres, dont il s'est gauchement laissé ôter le droit de connoître.

Voyez, comme faisant suite à cet article, les mots SCIENCE, INSTRUCTION PUBLIQUE, ÉCOLES, UNIVERSITÉS, ARTS, MÉDECINS, CHIRURGIENS, PROFESSEURS, &c.

Il existe à Paris & dans quelques autres villes des espèces de sociétés *académiques* sous le nom de *musée*, *club*, *salon des arts*, *lycée* ; nous en parlerons aux mots COTTERIES, SOCIÉTÉS & sous leurs noms propres. Ainsi voyez tous ces articles.

ACCAPAREMENT, s. m. On appelle ainsi un achat considérable de marchandises & sur-tout de comestibles fait dans l'intention d'en augmenter le prix.

Ce n'est guère que de l'*accaparement* des choses nécessaires à la vie, telles que les farines, les grains, les bestiaux, ou de seconde nécessité, telles que le bois, le charbon &c. que la police s'occupe & sur lequel s'étend le pouvoir de ses fonctions.

Comme il est très-important pour les magistrats & officiers de police de connoître les dispositions des loix & des réglemens relatives aux *accaparemens*, que cet objet mérite toute leur attention, puisqu'il influe directement sur la nourriture & le bonheur du peuple, nous allons rapporter celles qui y sont relatives, d'après M. des Essarts, & nous y joindrons quelques réflexions sur les motifs des loix & l'abus des *accaparemens*.

» L'*accaparement* n'est pas ce qu'on appelle monopole, mais le monopole en est souvent la suite.

» Tant que Rome fut vertueuse & qu'elle eut des mœurs, sa législation garda le silence sur un délit qu'elle ne connoissoit pas ; mais en perdant

sa liberté ses maîtres furent obligés de promulguer & de prononcer des peines contre les *accaparemens*.

» Plusieurs loix renferment des défenses de faire des spéculations, des associations pour retarder ou empêcher l'approvisionnement des vivres. Celle *de annona* condamnoit les coupables à une amende de vingt écus d'or. La loi 6. *de extra. crim.* prononçoit des peines arbitraires suivant les circonstances. Il paroît que ces peines consistoient, pour les négocians, dans l'interdiction de tout commerce, & quelquefois au bannissement, pour les personnes d'un état inférieur.

» La loi 6. *c. de monopolis & conventu negociatorum illicito* est encore plus sévère. Elle défend toute espèce d'associations qui tendent à augmenter le prix des denrées, sous peine de confiscation de tous les biens & d'un exil perpétuel.

» Les capitulaires de Charlemagne sont la première & la plus ancienne loi que nous ayons en France contre les *accaparemens*.

» Si, pendant la moisson (dit cet empereur) ou la vendange, quelqu'un accapare sans nécessité & par avidité le bled ou le vin ; s'il achète à vil prix pour conserver jusqu'à ce qu'il puisse vendre très-cher, nous regardons ce profit comme un gain illicite & honteux ; mais s'il accapare par besoin pour lui & pour vendre aux autres, nous disons qu'il fait le commerce.

» On voit par ce capitulaire que Charlemagne fut obligé de faire une loi pour empêcher les *accaparemens* ; mais on n'y trouve pas le genre de peines que l'on devoit infliger aux coupables. Il paroîtroit que ce législateur s'étoit borné à flétrir dans l'opinion publique, un trafic qui tendoit à enrichir la cupidité aux dépens de la misère du peuple. Mais nous trouvons dans les coutumes anglo-normandes, qui ont été recueillies par un savant jurisconsulte, M. Houard, sous le titre de *Statuta gildæ*, d'anciennes coutumes, qui paroissent avoir servi de modèle à notre législation sur les *accaparemens*. Nous allons les transcrire.

» Cap. XX. *Nullus emat lanam, coria aut pelles ad revendendum, aut pannos scindat, nisi fuerit confrater gildæ nostræ, nisi sit extraneus mercator ad sustentationem sui officii. Neque lot, neque cavil habeat, cum aliquo confratre nostro.*

» Cap. XXI. *Si quis confratum gildæ exhibeat denarios nostros alicui mercatori alienigenæ ad negotiandum, & de his per forum certum lucrum capiat, de sacco lanæ, de lasta coriorum, de pellibus & aliis mercimoniis, condemnetur in quadraginta solidis, semel, secundo, & tertio. Et sit quarto super hoc convictus fuerit, amittat gildam. Simili & eodem modo, puniatur confrater gildæ, si acceperit denarios ulterius mercatoris alienigenæ ; ad negotiandum modo prædicto.*

» Cap. XXII. *Nullus emat haleces, vel pisces aliquos, qui per navem deferuntur ad villam, antequam navis jaceat super siccam terram, & remus ponatur foras. Nec alia mercimonia, scilicet de blado, fabis aut sale. Si quis in hoc convictus fuerit, dabit dolium vini gildæ pro foris facto, aut per unum annum & diem à villâ ejiciatur. Item si aliquis emerit haleces, sal, bladum, fabas aut pisces, vel aliquid de consimilibus mercimoniis; non negabit vicino suo partem, quamtum voluerit emere ad cibum suum, scilicet ad domûs suæ sustentationem, pro foro quo ille emit. Sin autem, condemnabitur in foris facto unius dolii vini. Similiter qui plus emerit quàm ad cibum suum, & vendiderit, eâdem pænâ puniatur. Quia dixit se tantùm ad cibum emere, & super hoc petiit partem & obtinuit.*

» Cap. XXVIII. *De regratariis. Nullus regratarius, emat pisces, fænum, avenas, caseum, butyrum, vel aliquid quod ad burgum defertur ad vendendum ante pulsationem campanæ in berefrido (in campanili); & si quis contra hanc prohibitionem nostram venire præsumpserit, res empta capiantur & pauperibus erigentur per considerationem ballivorum.*

» Chap. XXIX. *De anticipatoribus fori. Statuimus quod nullus emat mercimonia quæ ad burgum deferuntur ad vendendum, antequàm ad commune forum burgi perveniant. Si quis super hoc convictus fuerit, rem emptam amittet & commodum illius ad gildam nostram vertetur.*

» Chap. XX. Que personne n'achète de la laine, des cuirs ou des peaux pour les revendre, s'ils n'est associé à notre communauté; à moins que ce ne soit un marchand forain, pour soutenir son état.

» Si quelqu'un des associés de notre communauté donne de nos deniers à quelque marchand étranger pour commercer, & qu'il en retire du bénéfice, soit que ce soit des laines, des cuirs ou autres marchandises; qu'il soit condamné à quarante sols d'amende, la première, la seconde & la troisième fois; & s'il en est convaincu une quatrième fois, qu'il perde le droit de communauté. Il sera également puni & de la même manière s'il reçoit des deniers d'un marchand étranger, pour commercer ainsi que l'on vient de le dire.

» Cha. XXII. Que personne n'achète des harengs ou autres poissons des pêcheurs, avant que le navire ne soit sur la grève & les rames mises dehors. Il en est de même des autres marchandises, telles que le bled, les fèves, le sel. Si quelqu'un y manque, il sera condamné à l'amende d'un tonneau de vin envers la communauté, ou chassé pendant un an & un jour de la ville où il aura commis le délit. De même, si quelqu'un achète des harengs, du sel, du bled, des fèves, des poissons, ou de semblables marchandises, il n'en refusera pas à

son voisin, autant qu'il en voudra acheter pour la subsistance de sa maison. Sinon, il sera condamné à l'amende d'un tonneau de vin. Semblablement celui qui en aura acheté plus qu'il n'en aura fallu pour sa nourriture & qu'il l'aura revendu ensuite, sera puni de la même peine.

» Chap. XXVIII. *Des regratiers.* Aucun revendeur ne doit acheter des poissons, du foin, de l'avoine, du beurre, du fromage, ou ce qui est apporté à la ville pour être vendu, avant le son de la cloche. Si quelqu'un n'observe pas cette défense, les choses achetées seront prises & données aux pauvres par les baillifs.

» Chap. XXIX. *Des enharreurs du marché.* Nous ordonnons que personne n'achète les marchandises qui viennent à la ville pour être vendues, avant quelles ne soient parvenues au marché commun. Si quelqu'un est convaincu du contraire, il perdra ce qu'il a acheté & le profit en sera appliqué à notre communauté.

» Après avoir rappellé ces anciennes coutumes, nous devons rapporter suivant l'ordre chronologique les monumens de notre jurisprudence sur le fait des *accaparemens.*

» Le premier arrêt que nous ayons trouvé sur cette matière, est celui que le parlement de Paris rendit en 1306, avant la Saint-André. Par cet arrêt, des particuliers chargés de l'approvisionnement de Paris, furent condamnés à des amendes considérables, & les blés qu'ils conduisoient à Rouen furent confisqués.

» Une ordonnance du 12 septembre 1343, fit défense aux marchands de faire des magasins de bled & de s'assembler sous prétexte de confrérie pour faire des monopoles.

» Une autre ordonnance du mois de mars 1356 porte : Nous avons entendu que plusieurs des conseillers & officiers de notredit seigneur & de nous, tant du grand conseil comme autres, ont accoutumé, par personnes interposées, *de faire & exercer très-grandes marchandises, dont les denrées sont aucunes fois par leurs grandes mauvestiez grandement enchéries; & qui pis est, pour leur hautesse & puissance, ce petit peu de personnes qui osent mettre prix aux denrées, qu'eux ou leurs facteurs pour eux, veulent avoir & acheter, à quoi les bons marchands sont grandement dommagés & grevés,* dont il nous déplaît, & pour ce, nous avons défendu & défendons à tous les conseillers & officiers, tant de notre chèr seigneur, comme de nous, que par eux ne par interposées personnes dorénavant ne exercent le fait de marchandises ou de change; ne soient compagnons avec d'autres; sur peine de perdre la marchandise & autrement être punis grièvement, & avons ordonné que aucunes graces ne seront faites au contraire; & si aucunes en étoient faites, nous les répétons nulles & de nulle value; & si aucuns s'éfforcent de faire ou

de ufer au contraire, ils en feront punis grièvement.

» Une ordonnance du mois de juillet 1482,
défend aux marchands de faire achat des blés par
amas & provifions, finon en plein marché.

» Une ordonnance de Louis XII du 15 novembre
1508 article 42 porte : Défendons à tous nos officiers des aides & tailles de fe mêler ou entremettre par eux ou par autres, de faire aucuns faits
de marchandifes en quelque manière que ce foit,
fur peine de privation de leurs offices & de reftitution des gages qu'ils auront pris durant le tems
qu'ils auront exercé le fait de marchandifes. François I., par fon ordonnance du dernier juin 1517;
conformément aux anciennes ordonnances, défendit aux grénetiers & contrôleurs d'exercer par eux
ou par autres aucun fait de marchandife, & d'avoir
part ni fociété avec aucun autre marchand & mê-
mement en marchandife de fel et leurs greniers ni
ailleurs, en quelque manière que ce foit, fur peine
de privation d'offices & d'amende arbitraire.

» Le même prince, par une autre ordonnance
du 29 février 1531, défendit que nul, de quelque
qualité & condition qu'il fût, pût vendre blés,
ni auffi les acheter ailleurs ni autre part qu'auxdits
marchés.

» Une autre ordonnance du même monarque du
20 juin 1539 porte : Défendons à tous les marchands & autres de commettre au fait de vivres
& marchandifes aucuns *monopoles*, conventicules
ou fraudes au préjudice de nous & de la chofe publique.

» Enfin ce prince, par une dernière ordonnance
du premier août 1539 art. 191, défendit à tous
les maîtres ensemble, aux compagnons & ferviteurs
de tous métiers de faire aucune congrégation ou
affemblées, grandes ou petites, ni pour quelque
caufe ou occafion que ce foit, ni faire aucuns
monopoles & n'avoir ou prendre aucune intelligence
les uns avec les autres du fait de leurs métiers,
fur peine de confifcation de corps & de biens.

» Ces loix furent obfervées jufqu'au règne de
Henri IV ; mais ce monarque crut devoir brifer
les chaînes dont il trouva le commerce chargé,
& Sulli fuivir un nouveau plan d'adminiftration qui
eut le plus grand fuccès ; ainfi il n'eft pas étonnant
que fous le règne de ce prince on ne trouve aucune loi contre les *accaparemens*.

» Sous les règnes de Louis XIII & de Louis XIV,
les loix contre la liberté du commerce, dont l'effet
avoit été fufpendu, furent de nouveau exécutées.
Cette vérité eft atteftée par un arrêt du parlement
de Paris, qui fut rendu le premier juin 1611, c'eft-à-
dire, peu de tems après la mort de Henri IV & la
difgrace de fon miniftre.

» Un autre arrêt du même parlement, du 16
décembre 1660, ordonna que, par le lieutenant-général de police, le procès feroit fait à tous les marchands qui feroient ou auroient fait des approvifionnemens de bled.

» Un arrêt du parlement de Dijon, du 19 juillet
1694, au fujet des monopoles & *amas* de grains
faits aux environs d'Autun, défendit ces monopoles, & ordonna qu'il en feroit informé pardevant
le lieutenant criminel d'Autun.

» Par une fentence du bureau de la ville de
Paris, du 14 août 1694, un marchand de grains
fur les ports de Paris, convaincu *d'avoir par monopole & mauvaifes* voies caufé & entretenu la cherté
des grains, fut condamné à être mandé audit bureau pour y être admonefé, on lui fit défenfe de
faire aucun commerce fur les ports de la ville, à
peine du carcan, & on le condamna à 10,000 liv.
d'amende au profit de l'hopital-général.

« En 1699 le 26 octobre, Louis XIV publia
une déclaration, dont le préambule eft conçu en
ces termes. Les foins que nous avons pris depuis
ces dernières années, pour faire fournir les blés &
les autres fecours néceffaires à nos peuples dans
quelques provinces où ils manquoient, nous ont
fait connoître, que ce qui avoit le plus contribué
à augmenter leurs befoins, n'avoit pas tant été la
difette des récoltes que l'avidité de certains particuliers, qui, bien qu'ils ne fuffent point marchands
de blé par leur profeffion, fe font neanmoins in-
géré à en faire le commerce ; l'unique but de ces
fortes de gens étant de profiter de la néceffité publique, ils ont tous concouru, par un intérêt commun, à faire des amas cachés, qui, en produifant
la rareté & la cherté des grains, leur ont donné
lieu de vendre à beaucoup plus haut prix qu'ils ne
les avoient achetés...... Nous avons cru qu'il
étoit tems de prendre les précautions néceffaires
pour faire ceffer un défordre fi contraire aux bonnes
mœurs & à l'ordre de la police & fi préjudiciable
à nos fujets ; & nous avons penfé, qu'il n'y en
avoit point de meilleur, que de fuivre la voie
que nos prédéceffeurs nous ont tracée par leurs ordonnances, en obligeant ceux qui veulent faire le
trafic & la marchandife des grains, d'en faire leur
déclaration devant les officiers de nos juftices &
de prendre leurs permiffions ; avec défenfes à toutes
autres perfonnes d'en faire le commerce, & en y
ajoutant de nouvelles précautions pour en affurer
l'exécution, également dans tous les tems, foit d'a-
bondance, foit de difette. Nous ne doutons pas
que cet ordre une fois établi & rendu perpétuel
& ordinaire, le public n'en reçoive un avantage
confidérable, auffi bien que les bons & véritables
marchands de bleds & autres grains, par l'engagement où ils fe trouveront de veiller, pour leurs
propres intérêts, à empêcher que d'autres perfonnes
n'en faffent des *amas*, & par la facilité qu'ils auront
de faire leurs achats fans y être troublés, & de fe
mettre par-là à portée de fournir abondamment &
& à meilleur marché, tant notre bonne ville de
Paris que les autres.

» Les quatre premiers articles enjoignent aux
marchands de bleds d'obtenir permiffion, de fe faire
enregiftrer & de prêter ferment. Par l'article V, il

est défendu à tous officiers, gentilshommes, juges, laboureurs, receveurs & autres de s'immiscer dans le commerce des grains, à peine de confiscation; 1000 d'amende, & punition corporelle. L'article VII porte : n'entendons assujetir aux permissions & enregistrement portés par ces présentes, les négocians de notre royaume, & autres qui voudront y faire venir des grains des pays étrangers, ni ceux qui voudront en temps d'abondance en faire sortir, en vertu de permissions générales & particulières que nous en aurons données. L'article VIII fait défenses à tous marchands de grains, de faire ni contracter aucune société avec d'autres marchands de grains, à peine de confiscation & de 2000 livres d'amende, & d'être déclarés incapables de faire à l'avenir le trafic & marchandise de grains. Par l'article IX, ceux qui voudront en contracter, seront obligés de passer des actes par écrit, & de les faire enregistrer. L'article X défend d'enharrer ni acheter les bleds & autres grains en verd sur le pied & avant la récolte, à peine de nullité, de perte des deniers fournis d'avance, d'être privé de la faculté de faire le commerce des grains, de 3000 livres d'amende, & de punition corporelle s'il y échet, &c.

» Louis XV, par une déclaration du 9 Avril 1723, ajouta à cette loi les dispositions suivantes : Le roi, y est-il dit, étant informé que la plupart des grains, au-lieu d'être portés aux halles & marchés, étoient vendus dans les greniers & magasins des particuliers, ce qui donnant occasion aux monopoles, causoit souvent la disette de cette marchandise au milieu même des récoltes les plus abondantes; sa majesté, pour remédier à cet abus, ordonne que les bleds, farines & grains ne pourront être vendus, achetés, ni mesurés ailleurs que dans les halles & marchés, ou sur les ports.

» Après la déclaration de 1723, nous ne trouvons aucune loi sur les *accaparemens*, jusqu'à l'arrêt du conseil du 17 septembre 1743, qui annonça d'autres principes & d'autres vues : en effet, cet arrêt permit le transport des grains de province à province & de port à port, à la charge d'en faire déclaration aux intendans. Le préambule porte que la rareté des grains & la nécessité de faire assurer la subsistance des habitans, avoit fait suspendre, pendant plusieurs années, la liberté du transport d'une province à l'autre, que l'abondance des grains rendoit la liberté nécessaire pour pouvoir en procurer un débit avantageux aux propriétaires.

En 1747, un arrêt du conseil, du 7 novembre expliqua les intentions du roi sur le commerce des grains. Le roi, y est-il dit, instruit qu'en abusant de l'arrêt de 1743, quelques particuliers, par les marchés & enharremens considérables qu'ils ont faits sur les grains, dans les provinces les plus abondantes & les plus en état de secourir celles qui ont été moins favorisées par la récolte, cherchoient à se rendre maîtres du commerce & du prix des grains, en occasionnant une rareté qu'ils soutiendroient à leur gré, s'il n'étoit pas pris des mesures pour

détruire cette espèce de *monopole*, le roi veut que que ceux qui auroient fait des marchés, enharremens ou conventions, en justifient aux intendans, ainsi que des commissions & de la destination, à peine de nullité.

» Un arrêt du conseil, du 17 Septembre 1754, contient entr'autres dispositions, celles qui suivent : art. premier. Le commerce de toute espèce de grains, sera libre entièrement par terre, & par les rivières, de province à province, dans l'intérieur du royaume, sans qu'il soit besoin d'obtenir pour cet effet des passeports, ni des permissions particulières. L'article II, permet à toutes personnes, de quelque qualité & condition qu'elles soient, nationaux ou étrangers, de faire sortir de la province du Languedoc & des généralités d'Auch & de Pau, telle quantité de toutes espèces de grains qu'ils jugeront à propos pour être transportés à l'étranger.

» Une déclaration du 25 mai 1764, porte: la culture & le commerce des denrées nécessaires à la vie ayant toujours été regardée comme l'objet le plus important pour le bien des peuples, les rois nos prédécesseurs ont toujours donné une attention particulière aux moyens d'en procurer l'abondance, en ménageant également l'intérêt des cultivateurs & ceux des consommateurs. Ils ont regardé la liberté de la circulation dans l'intérieur, comme nécessaire à maintenir. Mais les précautions qu'ils ont cru devoir prendre pour empêcher les abus, ont souvent donné quelque atteinte à cette liberté. Animé du même esprit & persuadé que rien n'est plus propre à arrêter les inconvéniens du monopole qu'une concurrence libre & entière, dans le commerce des denrées, nous avons cru devoir restreindre la rigueur des réglemens précédemment rendus, pour encourager les cultivateurs dans leurs travaux & donner à cette portion précieuse de nos sujets des marques particulières du soin que nous prenons de ses intérêts. — L'article premier permet à tous les sujets, de quelque qualité & condition qu'ils soient, même les nobles & privilégiés, de faire ainsi que bon leur semblera, dans l'intérieur du royaume, le commerce des grains, d'en vendre & d'en acheter, même d'en faire des magasins; sans que, pour raison de ce commerce, ils puissent être inquiétés ni astreints à aucune formalité. L'article II permet pareillement à tous les sujets de transporter librement d'une province du royaume dans une autre, toutes espèces de grains & de denrées, sans être obligés de faire aucunes déclarations, ni prendre aucuns congés ou permissions, &c.

» En 1764, il parut, au mois de juillet, un édit dont le préambule est conçu en ces termes : l'attention que nous devons à tout ce qui peut contribuer au bonheur de nos sujets, nous a porté à écouter favorablement les vœux qui nous ont été adressés de toutes parts, pour établir la plus grande liberté dans le commerce des grains, & révoquer les loix & les réglemens qui auroient été faits précédemment; après avoir pris l'avis des personnes les plus éclairées en ce genre, & en avoir mûrement délibéré dans notre conſeil, nous avons cru devoir déférer aux inſtances qui nous ont été faites pour la libre importation & exportation des grains & farines, comme propres à animer & à étendre la culture des terres, dont le produit eſt la ſource la plus réelle & la plus ſûre des richeſſes d'un état; à entretenir l'abondance par les magaſins & l'entrée des bleds étrangers, & empêcher que les grains ne ſoient à un prix qui décourage le cultivateur; à écarter le monopole par l'excluſion ſans retour de toutes permiſſions particulières, & par la libre & entière concurrence de ce commerce; à entretenir enfin entre les différentes nations cette communication d'échanges du ſuperflu avec le néceſſaire, ſi conforme à l'ordre établi par la divine providence, & aux vues d'humanité qui doivent animer tous les ſouverains. Nous avons reconnu qu'il étoit digne de nos ſoins continuels, pour le bonheur de nos peuples, & de notre juſtice pour les propriétaires des terres & pour les fermiers, de leur accorder une liberté qu'ils deſirent avec tant d'empreſſement, & nous avons cru devoir mettre, par une loi ſolemnelle & perpétuelle, les marchands & les négocians à l'abri de toutes loix prohibitives. »

Pluſieurs arrêts du conſeil ordonnèrent l'exécution dans les provinces & confirmèrent cet édit concernant la liberté du commerce des grains; juſqu'à ce que quelques abus excitèrent l'attention des parlemens ſur les dangers des *accaparemens*, & donnèrent lieu à de nouveaux changemens dans notre juriſprudence à cet égard.

» En effet, au mois de janvier 1769, le parlement de Paris ordonna l'exécution des anciens règlemens ſur l'enharrement, l'*accaparement*, le monopole, la police des marchés, &c.

» Par un autre arrêt, du 31 janvier 1769, il ordonna l'exécution du précédent avec injonction aux juges du reſſort de prendre les précautions qui ſeroient néceſſaires, pour connoître, découvrir, conſtater, réprimer les manœuvres odieuſes qui tendent à procurer ou maintenir la cherté des grains ou du pain.

» Par un autre arrêt, du 29 août 1770, le parlement de Paris conſidérant — que la cherté, ſuite des monopoles & des *accaparemens*, continue au milieu de la moiſſon la plus favorable, de ſorte qu'il devient indiſpenſable & inſtant d'y pourvoir, pour empêcher que la récolte actuelle ne ſoit enlevée au peuple, par des manœuvres qui le réduiſent aux plus dures extrémités en le privant de ſa ſubſiſtance, la cour, par proviſion, ordonne, 1°. que toute perſonne qui voudra faire le commerce des grains & farines, ſera tenue de faire inſcrire au greffe des juriſdictions ordinaires des lieux où il exercera ſon commerce, ſon nom, ſes qualités, demeure & domicile de ſes aſſociés ou commettans; enſemble le lieu dans lequel il tiendra ſes *magaſins*; & de tenir en bonne & due forme un regiſtre d'achat & de vente des grains & farines dont il fera le

commerce. 2°. Enjoint auxdites perſonnes faiſant le commerce & trafic des grains & farines, d'en apporter une ſuffiſante quantité dans les marchés, à l'effet de les garnir : en conſéquence autoriſe les officiers de police à obliger, dans le cas de néceſſité, leſdits marchands & trafiquans, tenant des magaſins dans leur territoire, de faire apporter une quantité ſuffiſante de grains au marché; le tout ſous les peines portées par les ordonnances. 3°. Fait défenſes à toutes peſonnes faiſant ledit commerce & trafic de grains & farines, d'acheter leſdits grains & de les enharrer; comme auſſi à tous laboureurs & fermiers de les vendre, ſoit en verd, ſoit ſur pied, avant qu'ils ſoient conduits dans les granges, ſous peine d'être pourſuivis extraordinairement; déclare dès-à-préſent nuls tous les marchés de ce genre qui pourroient avoir été faits, en contravention de la préſente diſpoſition. 4°. Enjoint aux officiers de police du reſſort, chacun en droit ſoi, de tenir la main à l'exécution du préſent arrêt, & de procéder contre les contrevenans avec autant de vigilance que de circonſpection, comme auſſi de maintenir avec la plus grande attention la libre circulation des grains dans le royaume.

» Un arrêt du conſeil, du 23 décembre 1770, renouvella les anciennes prohibitions, comme celui du parlement de Paris.

» Tels ſont les principaux monumens de notre légiſlation & de notre juriſprudence ſur les *accaparemens* de grains, juſqu'au règne de Louis XVI. Le 13 ſeptembre 1774, un arrêt du conſeil, revêtu le 2 novembre, de lettres-patentes regiſtrées au parlement de Paris, développa de nouveaux principes. Nous allons tranſcrire le préambule, ouvrage de M. Turgot, où l'on découvre les motifs qui ont dicté ce changement; nous rapporterons enſuite les principales diſpoſitions de la loi, puiſqu'elles forment la juriſprudence actuelle ſur le commerce des grains dans l'intérieur du royaume.

» Le roi, y eſt-il dit, s'étant fait rendre compte du prix des grains dans les différentes parties de ſon royaume, des loix rendues ſucceſſivement ſur le commerce de cette denrée, & des meſures qui ont été priſes pour aſſurer la ſubſiſtance des peuples & prévenir la cherté, ſa majeſté a reconnu que ces meſures n'ont point eu le ſuccès qu'on s'en étoit promis.

» Perſuadée que rien ne mérite de ſa part une attention plus prompte, elle a ordonné que cette matière fût de nouveau diſcutée en ſa préſence, afin de ne ſe décider qu'après l'examen le plus mûr & le plus réfléchi.

» Elle a vu avec la plus grande ſatisfaction, que les plans les plus propres à rendre la ſubſiſtance de ſes peuples moins dépendantes des viciſſitudes des ſaiſons, ſe réduiſent à obſerver l'exacte juſtice, à maintenir les droits de la propriété & la liberté légitime de ſes ſujets.

» En conſéquence elle s'eſt réſolue à rendre au

commerce des grains dans l'intérieur du royaume, la liberté qu'elle regarde comme l'unique moyen de prévenir, autant qu'il est possible, les inégalités excessives dans les prix, & d'empêcher que rien n'altère le prix juste & naturel que doivent avoir les subsistances, suivant la variation des saisons & l'étendue des besoins.

» En annonçant les principes qu'elle a cru devoir adopter, & les motifs qui ont fixé sa décision, elle veut développer ces motifs, non-seulement par un effet de sa bonté, & pour témoigner à ses sujets qu'elle se propose de les gouverner toujours comme un père conduit ses enfans, en mettant sous leurs yeux ses véritables intérêts ; mais encore pour prévenir ou calmer les inquiétudes que le peuple conçoit si aisément sur cette matière, & que la seule instruction peut dissiper ; sur-tout pour assurer davantage la subsistance des peuples, en augmentant la confiance des négocians, dans des dispositions auxquelles elle ne donne la sanction de son autorité qu'après avoir vu qu'elles ont pour base immuable la raison & l'utilité reconnues.

» Sa majesté s'est donc convaincu que la variété des saisons & la diversité des terreins, occasionnant une très-grande inégalité dans la quantité des productions d'un canton à l'autre, & d'une année à l'autre dans le même canton, la récolte de chaque canton se trouvant par conséquent quelquefois au-dessus & quelquefois au-dessous du nécessaire pour la subsistance des habitans, le peuple ne peut vivre dans les lieux & dans les tems où les moissons ont manqué, qu'avec des grains ou apportés des lieux favorisés par l'abondance, ou conservés des années antérieures.

» Qu'ainsi le transport & la garde des grains sont, après la production, les seuls moyens de prévenir la disette des subsistances parce que ce sont les seuls moyens de communication qui fassent du superflu la ressource du besoin.

» La liberté de cette communication est nécessaire à ceux qui manquent de la denrée, puisque si elle cessoit un moment, ils seroient réduits à périr.

» Elle est nécessaire à ceux qui possèdent le superflu, puisque sans elle ce superflu n'auroit aucune valeur, & que les propriétaires ainsi que les laboureurs, avec plus de grains qu'il ne leur en faut pour se nourrir, seroient dans l'impossibilité de subvenir à leurs autres besoins, à leurs dépenses de toute espèce, & aux avances de la culture, indispensable pour assurer la production de l'année qui doit suivre.

» Elle est salutaire pour tous, puisque ceux qui dans un moment se refuseroient à partager ce qu'ils ont avec ceux qui n'en ont pas, se priveroient du droit d'exiger les mêmes secours, lorsqu'à leur tour ils éprouveront les mêmes besoins, & que dans les alternatives de l'abondance & de la disette tous seroient exposés tour-à-tour aux derniers degrés de la misère, qu'ils seroient assurés d'éviter tous en s'aidant mutuellement.

» Enfin elle est juste, puisqu'elle est & doit être réciproque, puisque le droit de se procurer par son travail & par l'usage légitime de ses propriétés les moyens de subsistance préparés par la providence à tous les hommes ne peut être, sans injustice ôté à personne.

» Cette communication qui se fait par le transport & la garde des grains, & sans laquelle toutes les provinces souffriroient alternativement ou la disette ou la non-valeur, ne peut être établie que de deux manières, ou par l'entremise du commerce laissé à lui-même ou par l'intervention du gouvernement.

» Les réflexions & l'expérience prouvent également que la voie du commerce libre est pour fournir aux besoins du peuple, la plus sûre, la plus prompte, la moins dispendieuse & la moins sujette à inconvéniens.

» Les négocians, par la multitude des capitaux dont ils disposent, par l'étendue de leurs correspondances, par la promptitude & l'exactitude des avis qu'ils reçoivent, par l'économie qu'ils savent mettre dans leurs opérations, par l'usage & l'habitude de traiter les affaires de commerce, ont des moyens & des ressources qui manquent aux administrateurs les plus éclairés & les plus actifs.

» Leur vigilance, excitée par l'intérêt, prévient les déchets & les pertes, leur concurrence rend impossible tout monopole ; & le besoin continuel où ils sont de faire rentrer leurs fonds promptement, pour entretenir leur commerce, les engage à se contenter de profits médiocres ; d'où il arrive que le prix des grains, dans les années de disette, ne reçoit guère que l'augmentation inévitable qui résulte des frais & risques du transport ou de la garde.

» Ainsi, plus le commerce est libre, animé, étendu, plus le peuple est promptement, efficacement & abondamment pourvu : les prix sont d'autant plus uniformes, ils s'éloignent d'autant moins du prix moyen & habituel sur lequel les salaires se règlent nécessairement.

» Les approvisionnemens faits par les soins du gouvernement ne peuvent avoir les mêmes succès.

» Son attention, partagée entre trop d'objets, ne peut être aussi active que celle des négocians occupés de leur seul commerce.

» Il connoît plus tard, il connoît moins exactement & les besoins & les ressources.

» Ses opérations, presque toujours précipitées, se font d'une manière plus dispendieuse.

» Les agens qu'il emploie n'ayant aucun intérêt à l'économie, achètent plus chèrement, transportent à plus grands frais, conservent avec moins de précaution ; il se perd, il se gâte beaucoup de grains.

» Ces agens peuvent, par défaut d'habileté, ou même par infidélité, grossir à l'excès la dépense de leurs opérations.

» Ils peuvent se permettre des manœuvres coupables à l'insu du gouvernement.

» Lors même qu'ils en font le plus innocens, ils ne peuvent éviter d'en être foupçonnés ; & le foupçon rejaillit toujours fur l'adminiftration qui les emploie, & qui devient odieufe au peuple par les foins mêmes qu'elle prend pour le fecourir.

» De plus, quand le gouvernement fe charge de pourvoir à la fubfiftance des peuples, en faifant le commerce des grains, il fait feul ce commerce, parce que, pouvant vendre à perte, aucun négociant ne peut fans témérité s'expofer à fa concurrence.

» Dès-lors l'adminiftration eft feule chargée de remplir le vuide des récoltes.

» Elle ne le peut qu'en y confacrant des fommes immenfes, fur lefquelles elle fait des pertes inévitables.

» L'intérêt de fon avance, le montant de fes pertes forment une augmentation de charge pour l'état & par conféquent pour les peuples, & deviennent un obftacle aux fecours bien plus juftes & plus efficaces, que le roi, dans les temps de difette, pourroit répandre fur la claffe indigente de fes fujets.

» Enfin, fi les opérations du gouvernement font mal combinées & manquent leur effet, fi elles font trop lentes & que les fecours n'arrivent point à temps ; fi le vuide des récoltes eft tel que les fommes deftinées à cet objet par l'adminiftration foient infuffifantes, le peuple, dénué des reffources que le commerce réduit à l'inaction ne peut lui apporter, refte abandonné aux horreurs de la famine & à tous les excès du défefpoir.

» Le feul motif qui ait pu déterminer les adminiftrateurs à préférer ces mefures dangereufes aux reffources naturelles du commerce libre, a fans doute été la perfuafion que le gouvernement fe rendroit par-là maître du prix des fubfiftances, & pourroit, en tenant les grains à bon marché, foulager le peuple & prévenir fes murmures.

» L'illufion de ce fyftême eft cependant aifée à reconnoître.

» Se charger de tenir les grains à bon marché, lorfqu'une mauvaife récolte les a rendus rares, c'eft promettre au peuple une chofe impoffible, & fe rendre refponfable à fes yeux d'un mauvais fuccès inévitable.

» Il eft impoffible que la récolte d'une année, dans un lieu déterminé, ne foit pas quelquefois au-deffous du befoin des habitans, puifqu'il n'eft que trop notoire qu'il y a des récoltes fort inférieures à la production de l'année commune, comme il y en a de fort fupérieures.

» Or l'année commune des productions ne fauroit être au-deffus de la confommation habituelle.

» Car le bled ne vient qu'autant qu'il eft femé : le laboureur ne peut femer qu'autant qu'il eft affuré de retrouver, par la vente de fes récoltes, le dédommagement de fes peines & de fes frais, & la rentrée de toutes fes avances, avec l'intérêt & le profit qu'elle lui auroient rapportés dans toute autre profeffion que celle de laboureur.

» Or, fi la production des mauvaifes années étoit égale à la confommation ; que celle des années moyennes fût, par conféquent, au-deffus & celle des années abondantes incomparablement plus forte, le prix des grains feroit tellement bas, que le laboureur retireroit moins de fes ventes qu'il ne dépenferoit en frais.

» Il eft évident qu'il ne pourroit continuer un métier ruineux, & qu'il n'auroit de reffource que de femer moins de grains, en diminuant fa culture d'année en année, jufqu'à ce que la production moyenne, compenfation faite des années abondantes & des années ftériles, fe trouve correfpondre exactement à la confommation habituelle.

» La production d'une mauvaife année eft donc néceffairement au-deffous des befoins.

» Dès-lors, le befoin étant auffi univerfel qu'impérieux, chacun s'empreffe d'offrir à l'envi un prix plus haut de la denrée, pour s'en affurer la préférence.

» Non-feulement ce renchériffement eft inévitable, mais il eft l'unique remède poffible de la rareté, en attirant les denrées par l'appât du gain.

» Car, puifqu'il y a un vuide, & que ce vuide ne peut être rempli que par les grains réfervés des années précédentes, ou apportés d'ailleurs, il faut bien que le prix ordinaire de la denrée foit augmenté du prix de la garde ou de celui du tranfport ; fans l'affurance de cette augmentation l'on n'auroit point gardé la denrée, on ne l'apporteroit point ; il faudroit donc qu'une partie du peuple manquât du néceffaire & pérît.

» Quelques moyens que le gouvernement emploie, quelques fommes qu'il prodigue, jamais, & l'expérience l'a prouvé dans toutes les occafions, il ne peut empêcher que le bled ne foit cher quand les récoltes font mauvaifes.

» Si, par des moyens forcés, il réuffit à retarder cet effet néceffaire, ce ne peut être que dans quelque lieu particulier pour un tems très-court, & en croyant foulager le peuple, il ne fait qu'affurer & aggraver fes malheurs.

» Les facrifices faits par l'adminiftration, pour procurer ce bas prix momentané, font une aumône faite aux riches au moins autant qu'aux pauvres, puifque les perfonnes aifées confomment, foit par elles-mêmes, foit par la dépenfe de leurs maifons, une très-grande quantité de grains.

» La cupidité fait s'approprier ce que le gouvernement a voulu perdre, en achetant, au-deffous de fon véritable prix, une denrée fur laquelle le renchériffement, qu'elle prévoit avec une certitude infaillible, lui promet des profits confidérables.

» Un grand nombre de perfonnes, par la crainte de manquer, achètent beaucoup au-delà de leurs befoins, & forment ainfi une multitude d'amas particuliers de grains, qu'elles n'ofent confommer, qui font entièrement perdus pour la fubfiftance des peuples, & qu'on retrouve quelquefois gâtés après le retour de l'abondance.

» Pendant

» Pendant ce tems les grains du dehors, qui ne peuvent venir qu'autant qu'il y a du profit à les apporter, ne viennent point. Le vuide augmente par la consommation journalière : les approvisionnemens, par lesquels on avoit cru soutenir le bas prix, s'épuisent ; le besoin se montre tout-à-coup dans toute son étendue, & lorsque le tems & les moyens manquent pour y rémédier.

» C'est alors que les administrateurs, égarés par une inquiétude qui augmente encore celle des peuples, se livrent à des recherches effrayantes dans les maisons des citoyens, se permettent d'attenter à la liberté, à la propriété, à l'honneur des commerçans, des laboureurs, de tous ceux qu'ils soupçonnent de posséder des grains. Le commerce vexé, outragé, dénoncé à la haine du peuple fuit de plus en plus ; la terreur monte à son comble ; le renchérissement n'a plus de bornes, & toutes les mesures de l'administration sont rompues.

» Le gouvernement ne peut donc se réserver le transport & la garde des grains sans compromettre la subsistance & la tranquillité des peuples. C'est par le commerce & par un commerce libre, que l'inégalité des récoltes peut être corrigée.

» Le roi doit donc à ses peuples d'honorer, de protéger, d'encourager d'une manière spéciale le commerce des grains, comme le plus nécessaire de tous.

» Sa Majesté ayant examiné sous ce point de vue les réglemens auxquels ce commerce a été assujetti, & qui, après avoir été abrogés par la déclaration du 25 mai 1763, ont été renouvellés par l'arrêt du 23 décembre 1770, elle a reconnu que ces réglemens renferment des dispositions directement contraires au but qu'on auroit dû se proposer.

» Que l'obligation à ceux qui veulent entreprendre le commerce des grains, de faire inscrire sur les registres de la police leurs noms, sur-noms, qualités & demeures, le lieu de leurs magasins & les actes relatifs à leurs entreprises, flétrit & décourage ce commerce, par la défiance qu'une telle précaution suppose de la part du gouvernement ; par l'appui qu'elle donne aux soupçons injustes du peuple, & sur-tout parce qu'elle tend à mettre continuellement la matière de ce commerce, & par-conséquent la fortune de ceux qui s'y livrent, sous la main d'une autorité qui semble s'être réservé le droit de les ruiner & de les déshonorer arbitrairement.

» Que ces formalités avilissantes écartent nécessairement de ce commerce tous ceux des négocians, qui, par leur fortune, par l'étendue de leurs combinaisons, par la multiplicité de leurs correspondances, par leurs lumières & l'honnêteté de leur caractère, seroient les seuls propres à procurer une véritable abondance.

» Que la défense de vendre ailleurs que dans les marchés surcharge, sans aucune utilité, les achats & les ventes des frais de voiture au marché, des droits de hallage, magasinage, & autre également

nuisible au laboureur qui produit, & au peuple qui consomme.

» Que cette défense, en forçant les vendeurs & les acheteurs à choisir, pour leurs opérations, les jours & les heures des marchés, peut les rendre tardives, au grand préjudice de ceux qui attendent, avec toute l'impatience du besoin, qu'on leur porte la denrée.

» Qu'enfin, n'étant pas possible de faire, dans les marchés, aucun achat considérable, sans y faire hausser extraordinairement les prix, & sans y produire un vuide subit, qui, répandant l'alarme, soulève les esprits du peuple ; défendre d'acheter hors des marchés, c'est mettre tout négociant dans l'impossibilité d'acheter une quantité de grains suffisante pour secourir d'une manière efficace, les provinces qui sont dans le besoin ; d'où il résulte, que cette défense équivaut à une interdiction absolue du transport & de la circulation des grains d'une province à l'autre.

» Qu'ainsi, tandis que l'arrêt du 23 décembre 1770 assuroit expressément la liberté du transport de province à province, il y mettoit, par ses autres dispositions, un obstacle tellement invincible, que, depuis cette époque le commerce a perdu toute activité & qu'on a été forcé de recourir, pour y suppléer, à des moyens extraordinaires, onéreux à l'état, qui n'ont point rempli leur objet, & qui ne peuvent, ni ne doivent être continués.

» Ces considérations mûrement pesées ont déterminé Sa Majesté à remettre en vigueur les principes établis par la déclaration du 25 mai 1763, à délivrer le commerce des grains des formalités & des gènes, auxquelles on l'avoit depuis assujetti par le renouvellement de quelques anciens réglemens ; à rassurer les négocians contre la crainte de voir leurs opérations traversées, par des achats faits pour le compte du gouvernement.

» En conséquence, il est déclaré 1°. qu'il sera libre à toutes personnes de faire, ainsi que bon leur semblera, le commerce des grains & farines, & de les vendre & acheter en quelques lieux que ce soit, même hors des halles & marchés, sans qu'elles puissent être astreintes à aucunes formalités d'enregistrement ou autres : 2°. que les juges de police & autres officiers ne pourront mettre aucun obstacle à la libre circulation des grains & farines de province à province ; comme aussi, de contraindre aucun marchand, fermier, laboureur ou autres de porter des grains ou farines aux marchés ; ou de les empêcher de vendre par-tout où bon leur semblera : 3°. que le roi ne voulant plus faire aucun achat de farines ou grains pour son compte, elle défend à toutes personnes de se dire chargées de pareils achats pour lui : 4°. qu'il est permis à toutes personnes de faire venir des blés de l'étranger & de les réexporter ensuite, en justifiant, que les grains sortans ont été apportés de l'étranger.

» Au reste, on a depuis peu établi la liberté illimitée du commerce des grains, & l'exportation

K

à l'étranger vient d'être permise, par la déclaration du 17 juin 1787. Cette nouvelle loi a été follicitée par les notables, affemblés cette même année, & fanctionnée par l'enregiftrement dans les cours fouveraines ; nous aurons occafion d'en parler ailleurs.

Quant aux *accaparemens* de vins, comme ils influent moins effentiellement fur la fubfiftance des peuples, nous n'en parlerons qu'accessoirement, & feulement pour dire, que tous les obftacles, qui en gênoient le commerce & la circulation, ont été levés, en grande partie, par l'édit d'avril 1776, regiftré aux parlemens de Touloufe, de Dauphiné, & au confeil fouverain de Rouffillon.

Par cette loi il a été permis de faire circuler librement les vins dans toute l'étendue du royaume, des les emmagafiner, de les vendre en tous lieux, en tous tems, & de les exporter en toute faifon, par tous les ports, nonobftant tous privilèges particuliers & locaux à ce contraires.

Nous ne faurions nous refufer à rapporter encore ici le préambule de cet édit. C'eft un ouvrage de M. Turgot, qui fait connoître les principes que miniftre, juftement célèbre, avoit fur le commerce des denrées. Quand on a des pièces auffi inftructives à préfenter à fes lecteurs, on ne doit point craindre de les ennuyer, & quoiqu'elles ne foient pas indifpenfablement liées à l'objet de notre travail, elles y ont tant de rapport, qu'on ne fauroit les en féparer fans le rendre imparfait. Ce font des réfultats généraux de principes applicables à une foule de circonftances particulières, & l'on doit de la reconnoiffance à M. Turgot de s'être fervi, pour répandre des lumières fur l'adminiftration d'une voie dont on ne faifoit ufage, avant lui, que pour féduire la nation, ou donner des ordres au peuple. Il a voulu que la perfuafion précédât & produifît l'obéiffance. C'eft ce qu'on a pu voir dans le préambule de l'édit fur la liberté du commerce des grains que nous avons rapporté, ce qu'on peut remarquer dans ceux des loix fur les corvées, les jurandes & dans celui que nous transcrivons ici fur le commerce des vins.

» Chargé par la providence, fait-il dire au roi, de veiller fans ceffe au bonheur des peuples qu'elle nous a confiés, nous devons porter notre attention fur tout ce qui concourt à la félicité publique. Elle a pour premier fondement la culture des terres, l'abondance des denrées & leur débit avantageux, feul encouragement de la culture, feul gage de l'abondance. Ce débit avantageux ne peut naître que de la plus entière liberté des ventes & des achats. C'eft cette liberté feule qui affure aux cultivateurs la jufte récompenfe de leurs travaux, aux propriétaires des terres un revenu fixe, aux hommes induftrieux des falaires certains, aux confommateurs les objets de leurs befoins, aux citoyens de tous les ordres la jouiffance de leurs véritables droits ∞.

M. Turgot fait ici le réfumé des gênes & pro-

hibitions introduites dans le commerce des vins de France, dans l'intérieur même du royaume ; il montre qu'elles ne font fondées la plupart que fur des abus ou des erreurs, & continue ainfi :

» L'étendue des pays où règne l'interdiction du commerce des vins de canton à canton, de ville à ville ; le nombre des lieux qui font en poffeffion de repouffer ainfi les productions des territoires voifins, prouvent qu'il ne faut point chercher l'origine de ces ufages dans des conceffions obtenues de l'autorité de nos prédéceffeurs, à titre de faveur & de grace, ou accordées fur de faux expofés de juftice ou d'utilité publique. Ils font nés & n'ont pu naître que dans des tems d'anarchie, où le fouverain, les vaffaux des diverfes ordres & les peuples, ne tiennent les uns aux autres que par les liens de la féodalité ; ni le monarque, ni même les grands vaffaux n'avoient affez de pouvoir pour établir & maintenir un fyftême de police qui embraffât toutes les parties de l'état, & réprimât les ufurpations de la force ; chacun fe faifoit alors fes droits à lui-même.

» Les feigneurs moleftoient le commerce dans leurs terres ; les habitans des villes, réunis en commune, cherchoient à le concentrer dans l'enceinte de leurs murailles ou de leurs territoires. Les riches propriétaires, toujours dominans dans les affemblées, s'occupoient du foin de vendre feuls, à leurs concitoyens, les denrées que produifoient leurs champs, & d'écarter toute concurrence, fans fonger que ce genre de monopole devenant général, & toutes les bourgades d'un même royaume fe traitant ainfi réciproquement comme étrangères & comme ennemies, chacun perdoit, au moins, autant à ne pouvoir vendre à ces prétendus étrangers, qu'il gagnoit à pouvoir feul vendre à ces concitoyens, & que par conféquent, cet état de guerre nuifoit à tous, fans pouvoir être utile à perfonne.

» Si dans l'examen des queftions qui fe font élevées, nous devions les difcuter comme des procès fur le vu des titres, nous pourrions être arrêtés par la multiplicité des lettres-patentes & des jugemens rendus en faveur des villes intéreffées. Mais ces queftions nous paroiffent d'un ordre plus élevé ; elles font liées aux premiers principes du droit naturel & du droit public entre les diverfes provinces. C'eft l'intérêt du royaume entier que nous avons à pefer ; ce font les intérêts & les droits de tous nos fujets, qui, comme vendeurs & comme acheteurs, ont un droit égal à débiter leurs denrées & à fe procurer les objets de leurs befoins, à leur plus grand avantage. C'eft l'intérêt du corps de l'état, dont la richeffe dépend du débit le plus étendu, du produit de la terre & de l'induftrie, & de l'augmentation de revenu qui en eft la fuite. Il n'a jamais exifté de tems, & il ne peut en exifter, où de fi grandes & de fi juftes confidérations aient pu être mifes en parallèle avec l'intérêt de quelques villes, ou, pour mieux dire, de quelques particuliers riches de ces villes. Si jamais l'autorité a pu balancer deux chofes auffi difproportionnées, ce n'a pu être que par une furprife manifefte, contre laquelle les provinces, le peuple, l'état entier léfé, peuvent réclamer en tout tems, & qu'én tout état de caufe, nous pouvons réparer, en rendant par une acte de notre puiffance législative, à tous nos fujets, une liberté dont ils n'auroient jamais dû être privés ».

Si tous ceux qui fe font mêlés d'écrire fur l'économie publique, euffent parlé avec autant de fageffe & de lumières que M. Turgot, fi leurs ouvrages euffent refpiré la modération & le bon efprit qu'on retrouve dans les préambules qu'on vient de lire, fi les fyftêmes puériles & abfurdes, auxquels les économiftes fe font livrés, euffent fait place à des principes auffi raifonnables, fûrement ils ne fe feroient jamais attiré les reproches qu'on leur a faits; ils auroient joui de la confiance univerfelle, & leurs extravagances économiques n'auroient pas rendu douteufes des notions que l'opinion publique, fortifiée du progrès des lumières, auroit fu d'elle-même adopter & appliquer efficacement & avantageufement aux différentes branches de la police & de l'économie politique; mais les économiftes, en outrant ou plutôt en défigurant les meilleurs principes, fe rendirent ridicules & ne produifirent pas le bien qu'on devoit attendre d'eux.

Au refte, quoique nous ayons rapporté toutes ces loix différentes, qui fe trouvent recueillies dans l'ouvrage de M. des-Effarts, au mot *accaparement*, pour faire connoître l'efprit & les vacillations de la légiflation françoife fur le commerce des grains & des fubfiftances; on doit pourtant remarquer, que tant de réglemens, que les principes d'une bonne adminiftration économique femblent exclure & rendre inutiles, n'ont pu avoir été propofés & publiés, fans quelqu'utilité réelle ou du moins apparente dans les circonftances. Car, quelque chofe que l'on puiffe dire en faveur de la liberté illimitée du commerce des denrées, quelqu'évidens que foient les argumens qui en démontrent la néceffité pour le foutien de la culture, du commerce & de la fubfiftance nationale, on ne peut révoquer en doute qu'une jurifprudence auffi conftamment fevère que celle de l'*accaparement* des denrées, jurifprudence dont on ne s'eft départi pleinement que de nos jours, n'ait été foutenue & peut-être même néceffitée par quelque caufe qui échappe d'abord, mais qu'on peut retrouver en réfléchiffant fur les abus & les écarts de la police & de l'adminiftration françoife.

Dans un état libre où les droits du peuple font refpectés, où fa voix peut fe faire entendre & armer les loix contre l'oppreffion, on conçoit que des réglemens, qui auroient pour objet de mettre obftacle aux entreprifes des grands & aux manœuvres de la cupidité, feroient auffi déplacés qu'inutiles. Là, le peuple n'auroit befoin que de lui-même pour s'oppofer à la violence, au monopole, aux moyens dirigés contre fa profpérité, fon bonheur

& fa vie. Un riche appuyé d'un courtifan, dont il paie la protection, ne feroit pas un être redoutable pour une communauté de dix à douze mille hommes, comme il l'eft dans un gouvernement arbitraire. On ne craindroit pas qu'un ordre imprévu & arbitraire interdit de leurs fonctions les magiftrats patriotes qui prendroient les intérêts du peuple. Des officiers municipaux n'auroient pas befoin d'y faire, en quelque forte, des capitulations avec le prince, ou plutôt d'acheter, par des impôts, le droit de repouffer avec liberté les atteintes que le pouvoir voudroit porter à leurs privilèges.

Mais fous un gouvernement très-compliqué, où la cupidité & la prodigalité avare de quelques courtifans peuvent difpofer des moyens de fubfiftance de deux ou trois villes, où les privilèges exclufifs, les droits & les exceptions en faveur de quelques ordres de citoyens font autant de charges impofées fur le peuple; où la nation ne peut faire entendre fes plaintes qu'avec de très-grandes difficultés, où une province jouit de privilèges dont celle qui l'avoifine eft privée, où enfin rien n'eft établi d'une manière permanente fur le droit des hommes & des citoyens; fous un pareil gouvernement, il n'eft pas étonnant qu'il y ait eu fouvent des abus dans le commerce des denrées de première néceffité, & que des réglemens nuifibles dans un état libre, n'y ayent produit quelquefois de très-bons effets, & n'ayent épargné de nouveaux malheurs au peuple.

Sans doute ce ne fera pas fous une adminiftration comme celle de Sully, où de pareils moyens feront inutiles. On fait que ce grand homme avoit fur-tout l'intérêt du peuple à cœur. Il favoit, comme fon maître, que fans le commerce & la profpérité du peuple, la nation ne pouvoit s'enrichir & les fujets être heureux. Il avoit grand foin d'empêcher que les habitans des campagnes & les pauvres citoyens des villes ne fuffent livrés à la rapacité, à l'avarice des grands & des courtifans. Sous une pareille adminiftration, celui qui, par des manœuvres adroites & cachées, par l'abus de fon crédit ou de fa charge, auroit trouvé moyen d'*accaparer* des denrées, pour en faire monter le prix à fon avantage, n'eût pas trouvé de protecteur à la cour, & eût été perdu dans l'efprit du prince. Le peuple étoit donc à couvert des défordres du monopole; & fans qu'il fût befoin de gêner le commerce des denrées par des réglemens, dont les hommes en crédit favent toujours éluder l'effet, l'abondance régnoit par le pouvoir de la concurrence. Il eft donc bien vrai, que toutes les fois que l'adminiftration fera attentive, impartiale, éclairée, les loix contre les *accaparemens* feront inutiles & peut-être dangereufes; mais que toutes les fois que la faveur & la protection tiendront lieu de juftice, qu'on pourra abufer de fon pouvoir pour faire acheter au peuple fa fubfiftance au poids de l'or, qu'il n'y aura rien de fixe dans

K 2

les principes du gouvernement, rien de certain dans les opérations des ministres; que des exceptions, des exemptions favoriferont quelques hommes aux dépens du public, alors je ne vois rien d'injuste, ni d'abfurde à ce que des officiers municipaux, des magiftrats, des villes & provinces follicitent des loix qui leur permettent de pourfuivre ceux qui profitant des défordres publics, font dépendre la fubfiftance d'un peuple des avantages particuliers d'un petit nombre d'hommes avides.

Ainfi, dans un état où le peuple eft pauvre & afservi, un riche *accapareur* peut caufer beaucoup de mal dans une province ifolée & éloignée de tous fecours. Ce mal ne fera que momentané à la vérité, parce que la concurrence y amenera l'abondance. Mais un délit momentané contre la fociété n'eft pas moins un crime qui mérite punition. On a beau dire, qu'aucune loi ne peut empêcher un homme de difpofer de fon bien, & qu'il eft le maître de l'employer à acheter toutes les denrées d'une province, pour les revendre enfuite le double s'il peut, fans qu'on ait rien à lui reprocher. Je dis que cette opinion, non-feulement anéantit toute vertu publique & fait dépendre l'état des nations policées des calculs de l'avarice, mais encore qu'elle eft oppofée aux premières notions du droit naturel. L'homme ne peut difpofer de fes forces & de fes facultés morales, que pour acquérir les chofes fuffifantes à fa confervation & à fon bonheur; il ne peut, fans injuftice & fans s'expofer aux pourfuites de fes femblables, s'emparer de ce qui ne lui eft point néceffaire, & qui l'eft aux autres. *Locke*, beaucoup plus inftruit & éclairé que les écono-miftes, ces calculateurs éternels du produit net & de l'ufure, nous enfeigne, qu'on ne peut prendre des fruits & des productions de la terre au-delà de nos befoins, fans violence & fans nuire aux droits des autres. *Voyez* le chapitre IV *de fon effai fur le gouvernement civil.* Cette doctrine eft celle de tous les écrivains qui ont approfondi les principes du droit naturel. Ainfi quiconque abu-feroit des moyens de richeffe, qu'il auroit entre les mains, pour s'emparer de la fubfiftance des autres hommes, fe rendroit coupable envers la fociété; & il n'y a point de raifon qui puiffe l'excufer aux yeux de la juftice. Que penferoit-on d'un homme qui, affez riche pour acheter toutes les denrées qui feroient dans un marché, les jetteroit enfuite à la rivière, fûrement l'emploi que cet homme feroit de fa propriété feroit très-condamnable. Celui qui *accapare* les fubfif-tances, pour en priver les hommes ou les leur faire payer un prix exceffif, commet une injuftice auffi grande, une action auffi deftructive de la fociété, quoique moins abfurde en apparence. Il eft donc bien clair que l'accaparement eft punifsable & que le droit de propriété ne l'autorife point, pas plus que celui de défenfe, qu'ont tous les hommes, ne les autorife à fe fervir de leurs armes pour troubler la paix & l'union de la fociété.

Ce n'eft donc point parce que l'*accaparement* a été regardé comme l'ufage légitime de fes richeffes & de fon induftrie, que l'on a établi la liberté du commerce des fubfiftances dans des états policés, c'eft parce qu'on l'a regardée comme le véritable remède aux monopoles & aux *accaparemens*, comme le feul moyen de les détruire dans leur fource. Mais cependant, fi dans un moment de cherté, de de troubles, de guerre, ou de calamités publiques, d'habiles intrigans fomentoient la difette & s'em-paroient de la vente des denrées, avec le deffein prouvé de les furvendre, il ne mériteroient pas moins d'être punis; & le légiflateur n'a pas cru les exempter des châtimens dont leur cupidité les rendroit dignes en pareil cas.

Il n'y a point de raifon qui puiffe tenir contre la jufte horreur qu'infpirent des hommes avides, qui, pour faire des bénéfices odieux & exceffifs, ofent profiter des fâcheufes circonftances où fe trouvent une petite province, une ville pauvre, un peuple affamé. On a beau dire que c'eft l'efpoir de faire de bonnes fpéculations qui foutient le com-merce, on ne fauroit trop s'indigner contre un pareil commerce & de femblables fpéculations. Les écono-miftes qui ont voulu juftifier jufqu'aux excès de l'ufure, n'ont pas vu que l'état de fociété prefcrivoit des limites au droit de propriété comme à celui de liberté, & qu'en rendant l'intérêt perfonnel, l'avide cupidité, le défir des richeffes, les arbitres de la fociété, ils y ont éteint la vertu publique, le fen-timent du patriotifme & l'oubli de foi-même en faveur de fon pays, qui eft la première comme la plus belle des qualités de l'homme focial.

L'amour de foi, l'intérêt perfonnel font des paf-fions violentes & injuftes, prêtes à tout envahir; elles font exclufives & ardentes. Si vous en favorifez les écarts, fi vous en préconifez les abus, fi vous leur attribuez un mérite qu'elles n'ont pas, vous détruifez toute vertu publique, tout lien focial. De tous les vices de l'homme, l'avarice, le goût exalté de la propriété eft celui qui peut être le moins utile, & tout-à-la-fois le plus nuifible à la fociété.

Concluons par dire que les loix contre les *accaparemens* ont pu être falutaires fous des adminiftrations vicieufes, que fous un bon prince & dans une na-tion libre, elles font inutiles; que l'*accaparement* en lui-même eft une injuftice contre la fociété; que le moyen de le détruire eft prefque toujours d'affu-rer une liberté générale au commerce des denrées, & que ceux qui s'en rendent coupables méritent le mépris des hommes & l'animadverfion des loix.

ACCIDENT, f. m. C'eft en général un évé-nement imprévu dont il réfulte quelque malheur ou quelque trouble public.

L'attention à prévenir les *accidens*, & à réparer les malheurs qu'ils ont occafionnés, lorfqu'on n'a pas pu les prévenir, forme un des plus importans

& des plus essentiels devoirs des magistrats & officiers de police. C'est, en effet, sur leur vigilance à à cet égard que reposent la tranquillité & la sécurité publiques.

. Il étoit, en effet, impossible que des hommes occupés journellement de leurs affaires personnelles, du soin de leur famille ou de leur commerce, pussent prévoir les *accidens* & les éviter. Il falloit qu'une police attentive s'en chargeât & veillât perpétuellement sur le repos public & la sûreté des citoyens. C'est à elle à les mettre à l'abri des *accidens* sans nombre auxquels l'homme est exposé dans l'état de société ; elle ne peut y manquer sans se rendre coupable d'un délit positif, & dont on a droit de la punir. C'est ainsi qu'en 1499 le parlement de Paris cassa les officiers municipaux de cette ville, & les déclara incapables de remplir aucune charge publique, pour ne pas avoir prévenu l'*accident* de la chûte du pont Notre-Dame, chûte annoncée en quelque sorte par l'état de vétusté & de délabrement où étoit ce pont.

Mais tous les *accidens* ne peuvent pas être prévus ; il en est qui dépendent des intempéries des saisons & de l'action des élémens ; d'autres des entreprises & des travaux qui ont lieu dans la société ; d'autres enfin de la malice & de la méchanceté des hommes. On conçoit qu'il n'est pas toujours au pouvoir de la police de prévoir ni d'empêcher ceux de la première & de la dernière espèce ; mais il l'est au moins de tenir en état tout ce qui est nécessaire pour diminuer les malheurs qui en sont la suite, ou qui les accompagnent. C'est ainsi qu'on ne peut pas prévoir une inondation, une grande chûte de neige, les incendies produits par la foudre, &c. mais dans une ville bien administrée, on doit avoir des moyens toujours près d'arrêter le cours ou la multitude des malheurs qui suivent ces désastres, suivant la nature des lieux & les facultés des habitans. On ne peut pas non plus connoître ce qui se passe dans le cœur des hommes pervers ; & les soins les plus exacts d'une police vigilante n'empêcheront que foiblement des brigands, des ennemis du repos public, de causer de très-grands *accidens*, s'ils en ont fixement la volonté. Heureusement que ces manœuvres les exposant à des dangers, à la vindicte publique, & ne leur étant ordinairement d'aucune utilité réelle, ils ne s'y livrent que rarement, & la société se voit peu souvent alarmée par les *accidens* de cette espèce. Ils sont plus ordinairement l'effet d'une vengeance particulière qui fait naître sous les pas de la personne haïe, des dangers qu'elle ne pouvoit pas prévoir.

Quant aux *accidens* qui naissent des travaux, établissemens, entreprises, événemens publics qui ont lieu dans la société ; c'est-là qu'excelle la prévoyance de la police. Comme tout peut être prévu en pareil cas, il dépend d'elle de prendre de si sages mesures que les *accidens* ne puissent point naître. C'est donc de cette dernière espèce que nous devons parler ici. Nous traiterons d'abord des *accidens* les plus

communs, qui ont lieu dans les villes, soit de la part des hommes, soit de la part des choses, ensuite des moyens de prévenir pour toujours certains *accidens*, qui ne renaissent que par le défaut d'attention de la part de la police, à employer les voies propres à y couper court.

Quant aux deux autres espèces d'*accidens*, nous remarquerons, 1°. que lorsque ceux qui naissent de l'action des élémens & de l'intempérie des saisons, sont considérables, ils portent principalement le nom de *désastres* : 2°. que ceux qui naissent de la malice & de la perversité des hommes, sont de véritables délits que la police dénonce aux tribunaux, & dont les auteurs doivent être, indépendamment de la peine afflictive, forcés à payer des dédommagemens aux personnes qui en ont souffert. *Voyez* sur cela l'article *accident*, dans la *jurisprudence*.

On doit encore observer que les mots *accident* & *malheur*, quoique quelquefois employés comme synonymes ne le sont point. L'*accident* est ordinairement la cause du malheur, & c'est de la nature de celui-ci que dépend celle de l'autre, où plutôt l'idée qu'on s'en forme. Ensorte qu'un *accident*, quoiqu'accompagné de beaucoup de fracas, qui ne produiroit point de malheur, de perte de biens ou de personnes, seroit à peine regardé comme tel. C'est ainsi qu'une inondation subite qui ne s'étendroit que sur une campagne de prés & qui s'en retiroit sans avoir causé la mort de personne, ne seroit appellée *accident*, que parce qu'elle seroit inopinément survenue. Aussi les désastres ne sont-ils que des grands malheurs produits par des *accidens* naturels. On distingue encore l'*accident* du *cas fortuit*. Celui-ci est proprement une espèce de l'autre. Le cas fortuit est un *accident* auquel nulle personne n'a évidemment donné lieu volontairement, & que personne n'a pu prévoir. Ensorte qu'on ne peut ni en rechercher les auteurs, ni soupçonner qui que ce soit de l'avoir fait naître, ni même se plaindre des magistrats ou officiers de police de ne point l'avoir prévu. Mais pour qu'un *accident* soit réputé cas fortuit à l'égard de la police, il faut qu'il ne soit jamais arrivé auparavant dans une circonstance semblable ; car lorsqu'un événement accidentel se présente deux fois de suite, il doit cesser d'être imprévoyable aux yeux d'une administration chargée de le prévenir. *Voyez*, dans la *jurisprudence*, les règles de droit sur ce qui caractérise les différentes espèces d'*accidens*, & distingue ceux qui ont été produits *fortuitement* de ceux qui l'ont été *méchamment*, ou par une *négligence condamnable*.

Nous avons dit que nous allions parler ici des *accidens* qui naissent dans la société, & sur-tout dans les villes, des différens genres de travaux, ou d'usages qui y ont lieu ; ceux-ci viennent proprement des hommes, ceux-là des choses.

Les travaux entrepris pour le service de la société peuvent exposer deux sortes de personnes à des *accidens* plus ou moins graves ; les unes sont les manouvriers ou directeurs qui y sont employés, les autres font le public & tous ceux qui peuvent s'y trouver expofés. Ces deux fortes d'*accidens* doivent attirer l'attention de la police, de forte cependant que la fûreté publique foit préférée d'abord à celle des individus occupés de travaux dangereux : car le danger auquel s'expofent les ouvriers ou toutes autres perfonnes occupés dans ces travaux, forme fouvent une des conditions d'après lefquelles ils paffent leur marché d'entreprife ; & d'ailleurs les connoiffances qu'ils doivent avoir des reffources de leur art, doivent les mettre à l'abri d'un grand nombre d'*accidens*, dont le public feroit infailliblement la victime, fi la police ne prénoit pas fur elle, comme elle le doit, le foin de pourvoir à fa fûreté. Il ne s'enfuit cependant pas de là qu'on doive refufer les fecours qui peuvent ou rappeller à la vie, ou épargner des dangers à ceux qui par état ou par événement fe trouvent frappés de quelqu'*accident* inattendu, ou même qu'ils auroient pu prévoir C'eft ainfi que la police procure de l'aide & des fecours à ceux qui dans une conftruction, une excavation, une vuidange, le tranfport de quelque grande maffe, &c. fe trouvent accablés fous des décombres, fuffoqués par des vapeurs mortelles, ou bleffés par des chûtes dangereufes, &c. quoique les entrepreneurs ou directeurs de ces travaux euffent dû eux-mêmes empêcher ces *accidens* par des moyens de prévoyance. Mais lorfque cette négligence de leur part s'étend trop loin on peut les condamner à des dédommagemens, fuivant la nature des perfonnes & des chofes.

Les conftructions, les démolitions, les excavations, les vuidanges, les tranfports de matériaux, les courfes rapides des voitures de toutes efpèces, les expériences incendiaires font les caufes les plus générales d'*accidens* de la part des chofes, qui ont lieu dans l'enceinte des villes, fur-tout dans l'enceinte de Paris. Difons-en un mot par ordre ici, en renvoyant pour de plus grands détails aux articles de chaque efpèce particulière.

Les conftructions, de maifons, par exemple, donnent lieu à plufieurs *accidens* que la police doit prévoir. D'abord l'apport des pierres, du plâtre, des bois & autres matériaux, engorge la voie publique, & dans leur déchargement peuvent bleffer ou tuer les paffans ; enfuite les pierres, les charpentes élevées & fufpendues en l'air, peuvent, par la rupture des cordes ou la négligence des ouvriers, donner lieu à des *accidens* terribles. C'eft pourquoi on doit, en pareil cas, obliger les entrepreneurs à enceindre ou faire garder les abords de leurs travaux. La couverture des maifons n'eft pas moins une caufe d'*accidens*, par là chûte des tuiles & plâtras à laquelle elle donne lieu. La police fait fagement à Paris, d'obliger les entrepreneurs à mettre deux hommes dans la rue, pour avertir les paffans du danger. Néanmoins cette précaution eft fouvent infructueufe, foit qu'on la néglige, foit que les gardiens fe relâchent dans l'attention de prévenir le public.

Il y auroit un moyen fort fimple d'empêcher les *accidens* qui ont lieu par la chûte des tuiles, & de garantir en même-temps les couvreurs eux-mêmes des malheurs qui leur arrivent lorfqu'ils viennent à tomber des toits dans la rue. Ce moyen même pourroit également fervir à préferver les *pofeurs* & charpentiers, en certains cas, des mêmes dangers. Voici ce qu'on pourroit pratiquer. Ce feroit d'attacher, foit à des perches, foit à des crochets de fer, au-deffous du toit, un filet dont les mailles n'auroient qu'un pouce de diamettre. On pourroit auffi en attacher une extrémité à la maifon que l'on couvre, & un autre à la maifon vis-à-vis, dans les rues étroites ; alors on éviteroit l'embarras de maçonner de longues perches pour foutenir le filet dans fa longueur, puifque ces deux extrémités feroient folidement attachées.

On conçoit que ce moyen fort fimple remplit parfaitement fon objet, & que de plus il épargne l'emploi de deux hommes chargés dans la rue d'avertir les paffans de prendre garde à eux ; ce qu'ils ne peuvent pas toujours faire, puifqu'au moment où on s'y attend le moins, & tandis qu'on cherche où fe ranger, la tuile vient & vous frappe. Il n'y a peut-être perfonne qui ne l'ait éprouvé auffi.

Il eft vrai que ce filet coûteroit affez cher pour qu'il fût bon & folide ; mais la municipalité dans les villes de province, & la police à Paris, pourroient en tenir de tout fait, & les louer aux maîtres couvreurs, lorfqu'ils feroient travailler, fauf à ceux-ci à le faire payer cette augmentation de dépenfes par les propriétaires des maifons.

Si les conftructions d'édifices ou de maifons peuvent donner lieu à des *accidens*, les démolitions y font encore plus fujettes. La chûte des pierres, des platras, des décombres qui fe précipitent avec fracas forment autant de dangers qui femblent menacer la vie de ceux qui paffent auprès. Ajoutez l'épouvantable pouffière que ne manquent pas de produire, dans le temps de féchereffe, ces montagnes de plâtre, que la pioche & le marteau du maçon réduifent en poudre. Heureux ceux qui, demeurant près de femblable lieu, peuvent les quitter, fur-tout pendant les chaleurs, pour aller refpirer l'air frais & végétal des champs ! car ce plâtre, porté dans les poumons par la refpiration, y produit des maux plus dangereux cent fois que ne feroit la meurtriffure d'une pierre tombée fur quelque membre.

On a pu remarquer qu'on prit au palais de la juftice à Paris, dans les dernières démolitions qu'on y fit, une précaution affez fage pour arrêter cette explofion mortelle de plâtre pulvérifé, que produifoit la chûte accélérée des décombres qui fe précipitoient du fommet du palais en bas. On y pratiqua une efpèce de grand tuyau quarré, compofé de planches jointes enfemble, dont un bout répondoit au haut des échafauds, & l'autre à deux ou trois pieds de terre. Je ne vois pas pourquoi on n'obligeroit pas, les autres maîtres maçons à fe fervir d'une machine auffi fimple, & qui eft également propre à empêcher les *accidens* caufés par les platras & la pouffière vraiment intolérable qu'ils produifent en été. *Voy.* BATIMENS.

Les excavations peuvent produire plufieurs *accidens*. Les principaux font l'écroulement des terres fur ceux qui y travaillent, l'éruption foudaine de vapeurs dangereufes, enfin les chûtes & les malheurs qu'elles peuvent occafionner par leur rencontre dans la voie publique ou dans des lieux qui ne font point -éclairés de nuit. Ce font ces derniers *accidens*, furtout qui intéreffent la police ; les premiers étant plus directement du reffort des entrepreneurs. Pour donc empêcher que le public ne foit la victime de femblables *accidens*, la police a toujours obligé les particuliers à éclairer, pendant la nuit, les atteliers, lorfqu'ils fe trouvent fur la voie publique, dans les rues & aux abords des grandes villes. On devroit même étendre ces précautions jufques fur les grands chemins paffagers ; car on a fouvent vu des malheurs arrivés par des excavations mal-à-propos abandonnées près des routes. Quelquefois on les fait enclore de planches, & l'on fait fort bien ; mais, en général, on ne voit point que les officiers de police de province fe rendent affez févères fur le maintien de cette partie de la police de la fûreté publique : auffi que d'*accidens* !

Les environs de Paris font excavés ; les immenfes quantités de pierres qu'on en a retirées y ont formé des efpèces de cavernes qui fe prolongent & dans les campagnes, & fous une partie de la ville : nous en parlerons au mot CARRIERES. Nous dirons feulement ici que pour éviter les *accidens* en pareil cas, la police fait arcbouter, avec des colonnes & des maffifs de pierres, le ciel des carrières, & que l'on ne permet pas d'en ouvrir qu'à une certaine diftance de la voie publique. Il n'y a pas d'années à Paris que le bureau de la voierie ou la chambre de la police ne faffe fermer des carrières ou autres excavations ouvertes dans des endroits où il y auroit quelque danger pour le public.

Les vuidanges des foffes d'aifance & des puifarts donnent femblablement lieu a de terribles *accidens* par les vapeurs méphytiques qui s'y développent toujours ; & quelques précautions que l'on ait prifes, il eft bien rare que l'on les prévienne tous. Cependant la police a très-multiplié les fecours & les inftructions fur cette matière. On fait que le meilleur préfervatif contre ces accidens eft le vinaigre verfé en grande quantité dans les foffes, & répandu fur les habits des travailleurs. *Voyez* MÉPHYTISME. Les officiers municipaux des villes de province qui ont la police dans leur département, doivent fingulièrement s'attacher à prendre des mefures pour éviter les malheurs qui ont lieu fouvent par les caufes que nous venons de dire. Ils doivent encore mettre beaucoup de prudence dans l'inhumation des perfonnes crues mortes par les fuites de ces *accidens*. L'expérience a prouvé que des hommes qui ne donnoient aucune marque de fenfibilité à toutes les épreuves qu'on leur faifoit fubir, n'étoient cependant pas privés de la vie, &

que fi on les eût enterrés dans cet état, l'on eût commis un horrible malheur. Combien de fois n'a-t-il pas eu lieu, par l'ignorance & la précipitation ! *Voyez* MORTS SUBITES.

Les tranfports des matériaux à bâtir, des poutres & autres objets lourds & d'un grand encombrement, font naître tous les jours mille *accidens*, dans les grandes villes, & fur-tout à Paris. Les voitures employées à ce charroi marchent pefamment, & fufpendant la courfe des chars dorés qui parcourent la ville, donnent lieu à des embarras où le citoyen piéton rifque d'être roué. Cet inconvénient feroit moins grand fi les charretiers faifoient deux voyages au-lieu d'un, & n'attelloient pas à leur voiture une file de chevaux, qui par leur nombre & les efforts qu'ils font, femblent accufer l'avidité des entrepreneurs qui voudroient en une feule fois tranfporter des maffes qui ont befoin d'être divifées pour pouvoir parcourir la ville fans danger & fans faire naître des malheurs. Mais la mode de conftruire des maifons en pierres, aujourd'hui adoptée à Paris, celle d'employer les pierres les plus groffes, rendent ces avis inutiles pour cette ville. On y verra toujours le pavé écrafé, & la foule circulante menacée par des monftrueufes charrettes, attelées d'énormes chevaux qui traînent lentement & convulfivement des pierres d'une groffeur effroyable, pour conftruire la maifon d'un petit bourgeois. On y verra toujours ces pefantes machines pouffées par le cahotement du pavé faire craindre pour la fûreté publique, pour la vie des piétons, comme pour celle de ceux qui font en voiture. Car on a vu plus d'une fois un carroffe renverfé & fracaffé par la rencontre impétueufe d'une de ces énormes maffes. Et quand l'effieu fur lequel elles fe meuvent vient à rompre, quels *accidens*, quels malheurs n'a-t-on pas à redouter !

Mais ce ne font pas feulement les charrettes qui tranfportent ce qu'on appelle *des pierres de taille*, qui caufent les *accidens* que nous venons d'indiquer, celles qui tranfportent du moëlon font encore plus dangereufes, & les conducteurs plus coupables. On en voit journellement attelées de quatre, & même quelquefois de cinq robuftes chevaux, tranfporter des charges amoncelées d'un pied & demi au-deffus des rideles de la voiture. Enforte que la vie des paffans eft évidemment en danger, puifque du haut de ces charrettes tombe, à tout moment, des moëlons de cinquante à cent livres pefant. C'eft pour remédier à ce défordre, auquel on n'a cependant pas remédié, puifqu'il faut le dire, que l'ordonnance de police, du 11 décembre 1787, porte, article III :

» Enjoignons aux voituriers qui conduifent du moëlon, des pierres à plâtre & de meulières, foit que lefdits matériaux entrent par les barrières, ou qu'ayant été déchargés fur les ports, ils en foient enlevés pour être conduits dans les différens atteliers, de garnir leurs voitures de rideles, devant, derrière & des côtés, de manière qu'il ne puiffe rien tomber au rifque des paffans & de ne charger fur lefdites voitures plus de quarante-trois à qua-rante-quatre pieds cubes, enforte que cinq defdites voies ne puiffe former qu'une toife de deux cens feize pieds cubes. . . . . . Et les gravatiers & voitu-riers de fable, ceux qui enlèvent & voiturent les démolitions & décombres des bâtimens, feront éga-lement obligés d'avoir des tombereaux de grandeur convenable, folides & bien clos, de les charger quarrément & de manière qu'il ne puiffe tomber au-cun gravats, ni fe faire d'épanchemens dans les rues; le tout conformément à l'ordonnance de la jurifdiction royale des bâtimens ponts & chauffées de France, du 5 décembre 1738, & l'arrêt du con-feil, du 29 feptembre 1747, à peine de 100 livres d'amende, &c. » *Voyez* VOITURIERS.

Mais un éternel fujet de plaintes & une caufe perpétuelle d'*accidens* graves, qu'on ne voit pas que la police ait cherché efficacement à détruire, c'eft l'ufage de pouffer impétueufement un carroffe ou un cabriolet au milieu d'une foule immenfe, de femmes, d'enfans, de renverfer les boutiques ou étalages des petits marchands de fruits ou autres, d'éclabouffer infolemment & fouvent de deffein pré-médité les pauvres piétons qui ne peuvent pas fe ranger à tems. On a voulu faire de ce défordre un fujet de plaifanterie, fondé fur ce mot de Louis XV, qui difoit, que *s'il étoit lieutenant de police, il défendroit les cabriolets*; mais ce défordre produit tous les jours des malheurs réels, & la po-lice fe donne bien des foins, fe fert de beaucoup de rigueur pour empêcher des abus bien moins dangereux que celui-ci. Je ne vois rien de plus contraire à la paix & à la fûreté publique, que la légéreté avec laquelle on voit à Paris un homme roué par un carroffe ou foulé aux pieds des che-vaux. L'on dit qu'il étoit ivre, & avec quelqu'ar-gent tout eft fini. C'eft, au moins, ce qui fe paffe communément quand le coupable eft puif-fant, & qu'il n'eft point fenfible & généreux. Un commiffaire vous dit alors, *c'eft un malheur, que voulez-vous y faire?* Qu'y faire? ordonner, que dorénavant, tout homme qui jugera à propos de fe faire tranfporter en carroffe ou en cabriolet, dans l'intérieur des barrières de Paris, fera obligé d'aller au pas ordinaire d'un cheval les jours de fêtes, de cérémonies, de beaux dimanches où le peuple eft dans les rues, & que les autres jours il ne pourra aller, tout au plus, qu'au très-petit trot. Et pour que cette loi ne fût pas feulement comminatoire, il faudroit que, fur la dépofition de quatre témoins, celui qui y auroit manqué, même fans caufer d'*accident*, fût condamné à une amende exigible fur le champ, fans quoi la voiture feroit faifie; & pas de faveur pour qui que ce foit, au-trement la défenfe ne feroit qu'illufoire ou plutôt dérifoire, comme tant d'autres.

Je conçois qu'il y a un peu de rigueur dans cette police que je voudrois établir, je conçois qu'il feroit gênant de ne aller qu'au pas quand on

feroit preffé; mais je conçois encore mieux, que c'eft une chofe affreufe de voir un père de fa-mille, une femme enceinte, roués par le carroffe d'un imbécille, qui va montrer rapidement fa va-nité, une foirée entière au palais-royal ou au cours. Dans une ville comme Paris, où il n'y a pas de trotoir, le peuple eft livré à la bru-talité des cochers, des conducteurs des chevaux, & ce qu'il fouffre à cet égard paffe tout ce que peuvent imaginer ceux qui ne fe font pas fait une étude de l'obferver.

Nous avons déjà parlé, au mot ABUS, des in-cendies que pouvoient occafionner la mode d'en-lever des balons avec des réchauds d'efprit de vin enflammés; nous avons dit que, pour prévenir ces *accidens*, la police avoit interdit cet amufement dangereux; il eft d'autres objets encore fur lefquels elle doit porter fon attention, pour éviter les *accidens* mêmes. Tels font les amas de foin, de tourbes, &c. qui, par le développement des parties inflammables, qui fe trouvent dedans, cau-fent fouvent des *accidens* auxquels on ne s'attendoit pas. C'eft ainfi que, cette année, nous avons vu à Paris un magafin de tourbes s'embrafer & expofer à une incendie inévitable les chantiers voifins, fans les fecours qu'on y a apportés.

Les travaux des chimiftes, les fonderies de fuif, les magafins à poudre, peuvent auffi donner lieu à des *accidens* terribles, tels qu'on en a vus fou-vent; c'eft pourquoi les officiers de police doivent toujours veiller fur eux, & mettre en pratique tout ce qui peut les prévenir & en diminuer le dan-ger, lorfque, par malheur, ils ont eu lieu. *Voy.* INCENDIE.

Il naît encore des *accidens* funeftes de l'ufage de certains inftrumens de cuifine, tels que les caf-feroles de cuivre mal étamées. Lorfque pareil malheur arrive, le magiftrat de police a droit de condamner à l'amende, & à de plus grandes peines, les traiteurs, reftaurateurs, aubergiftes, qui y ont donné lieu. C'eft ce que prouvent plu-fieurs fentences de police de Paris, qui ont con-damné à de fortes amendes, & même à interdic-tion de leur état, des traiteurs qui, par leur négli-gence ou celles de leurs domeftiques, avoient caufé des *accidens* graves & même la mort de quelques perfonnes, par le vert-de-gris qui s'étoit développé dans les cafferoles, dont ils avoient fait ufage pour fervir le public.

Remarquons auffi, que c'eft pour éviter de fem-blables *accidens* qu'il eft défendu aux laitières de fe fervir de vafes de cuivre, pour tranfporter & mefurer leur lait. Cette défenfe devroit s'étendre à d'autres efpèces de marchandifes, telles que le fel, le beurre, la viande, pour lefquelles on fe fert encore, dans quelques endroits, de balances de cuivre. *Voyez* AUBERGISTES, LAITIÈRES.

Nous avons dit qu'indépendamment des *accidens* produits par les travaux ou l'ufage public, de cer-tains de certains inftrumens, il en naiffoit de la part même des hommes & de l'abus qu'ils fe permet-toient de plufieurs chofes. C'eft ainfi que le port d'armes eft devenu une fource d'*accidens* graves & de meurtres dans la fociété. Les ordonnances de police l'interdifent d'une manière générale à tous ceux qui n'en ont pas le droit, mais comme il n'eft pas facile de diftinguer au vêtement & à l'air extérieur, fi un homme doit ou ne doit pas porter des armes, il en réfulte qu'à l'ombre de cette in-certitude, beaucoup de perfonnes en portent qui ne le devroient pas.

Mais pourquoi, je vous prie, cette mode barbare de marcher armé, en tems de paix, dans des villes où la police & le bon ordre mettent votre vie en fûreté? C'eft un véritable refte de notre antique groffiéreté& du goût hoftile & batailleur de nos pères, goût qu'une foule d'énergumènes vou-droient encore reffufciter aujourd'hui. *Voy.* PORT-D'ARMES.

Au refte, ce n'eft pas tant de la part de ce qu'on appelle les *bourgeois*, par oppofition aux *militaires*, que de la part des militaires mêmes, que naiffent les *accidens* dus au port d'armes. On n'a point oublié les défordres qu'a fi long-tems com-mis à Paris le régiment des gardes, avant d'être mis fous la difcipline où le tient le colonel ac-tuel. Et encore aujourd'hui, il ne fe paffe pas d'année, qu'il n'y ait des *accidens* meurtriers, produits, fur-tout dans les provinces, par l'abus du port d'armes des troupes, dans les villes, en tems de paix. Tel foldat qui fe fert, dans des inftans d'ivreffe, de fon fabre ou de fon épée, pour vuider un différend n'eût point commis de meurtre fi le port lui en eût été interdit; tel autre qui en fait ufage pour exiger des contributions ou favorifer le brigandage de quelques camarades, eût refpecté la vie des hommes, fi on lui eût fait pareille défenfe; enfin, il n'eft que trop commun de voir des citoyens paifibles ex-pofés à des *accidens*, par la mauvaife difcipline de laiffer la troupe fortir du corps-de-garde, & fe promener, hors de fervice, avec des armes. Je voudrois qu'une ordonnance du roi obligeât tous les militaires, excepté peut-être les officiers, à n'avoir ni épée, ni fabre, ni bayonnette, ni fufil avec eux, lorfqu'ils ne feroient point actuellement de garde, ou faifant un fervice commandé. Cela préviendroit les défordres, & fur-tout les *accidens*, chaque jour renouvellés, qui ont lieu entre les foldats ivres, les bourgeois & les cabaretiers. Et qu'ont befoin, en effet, ces hommes brutaux & tapageurs de traîner à leur côté une arme menaçante, toujours prêts à s'en fervir? ils n'en ont befoin qu'au mo-ment d'une bataille, ni qu'ils réfervent pour cet inf-tant & pour ceux du fervice militaire; mais que dans la fociété ils foient auffi défarmés que les bourgeois, puifque, hors du fervice, le foldat doit rentrer dans l'ordre des autres citoyens. Que d'abus, que de défordres, que d'*accidens* naiffent encore de notre police ou plutôt de notre gouver-

nement militaire! *hinc mali labes. Voyez* ARMÉE & PORT D'ARMES.

Dans les fêtes publiques, qui réuniffent un grand nombre de fpectateurs, il eft très-important auffi de prendre des précautions pour qu'il n'arrive aucun *accident*, foit par les machines, feux, canons ou autres inftrumens qui fervent aux rejouiffances publi-ques, foit par l'écroulement des échafauds & loges def-tinées à contenir le monde. *Voyez* FÊTES PUBLIQUES. C'eft pour remplir cette intention, que les of-ciers municipaux de la ville de Paris rendoient tous les ans une ordonnance concernant la police qu'on devoit obferver pour la fûreté publique, le jour du feu d'artifice qu'on tiroit devant l'hôtel de ville, la veille de la St. Jean. Il y étoit défendu de conftruire aucun échafaud, fans en avoir ob-tenu la permiffion du bureau de la ville, qui en prefcrivoit la hauteur, longueur & folidité; aux charretiers de s'arrêter dans la place; au public de s'approcher des canons, boëtes & feu d'artifice, de monter fur les bateaux de la Seine, & à tous les bateliers de tenir aucun bateau fur la rivière pour y recevoir du monde.

Toutes ces précautions étoient néceffaires pour empêcher un peuple immenfe de s'expofer à des *ac-cidens* malheureux; encore en arrivoit-il quelquefois qu'on n'avoit pu prévoir ou empêcher, & peut-être eft-ce une des raifons qui ont fait fupprimer le feu, & fubftituer à fa place un tas de fagots; ce que je n'approuve pas du tout. Pour parer bien com-plettement aux accidens, on pouvoit le tirer dans la plaine de Grenelle, de Vaugirard ou ailleurs, mais ne pas le fupprimer. Nous verrons que les fêtes font utiles au peuple, & qu'elles donnent à une nation une phyfionomie de bonheur & de joie qu'il ne faut pas méprifer. Les chefs de l'adminiftration ne de-vroient pas regretter quelques fommes deftinées à ces amufemens nationaux; d'ailleurs l'argent qui en provient n'eft ni enfeveli ni exporté à l'étranger, il circule dans la claffe induftrieufe & commerçante. Mais en voilà affez fur cet objet.

Les fêtes peuvent encore donner lieu à d'autres *accidens*, lorfqu'une grande quantité de monde fe porte dans un même lieu, ou plutôt en revient & a quelque rivière à paffer. L'événement fuivant, qui a été configné dans tous les papiers publics, & que nous tirons du Mercure de France, 1788, fait con-noître d'une manière fenfible les fuites malheureufes de pareils *accidens*.

» Le 6 mai 1788, il y eut une grande affluence de peuple & beaucoup d'étrangers à la foire de Vars, gros bourg fur la Charente, à deux lieues d'Angou-lème, à quatre heures du foir plufieurs perfonnes prirent le parti de s'en retourner, & entrèrent au nombre de foixante & plus, hommes & femmes, avec des chevaux, bœufs, vaches, dans la barque de paffage, elle fe trouva tellement furchargée, qu'à quelque diftance du rivage, elle fe engloutit; cinq perfonnes feulement, dans le nombre defquelles eft un batelier, fe font fauvées; tout le refte a

L

péri. Ce défaftre a plongé dans le deuil toutes les familles des environs. Il y a peu de villages, à cinq ou fix lieues à l'entour, dont les habitans n'aient a gémir fur le trifte fort de quelqu'un des leurs. Le même foir vingt-cinq cadavres furent tirés de l'eau ; on en a depuis découvert quelques autres, mais il en eft qu'on n'a pu encore pêcher. Cet événement doit fervir à éclairer la juftice des magiftrats & les engagera à mettre un frein à l'imprudente cupidité des bateliers, qui furchargent leurs barques de fardeaux énormes, & qui expofent les paffagers aux *accidens* que doit naturellement occafionner le mélange de beftiaux. »

Cette dernière remarque du rédacteur de cet article eft jufte. Les beftiaux marchent prefque continuellement dans les bateaux & leur font faire des mouvemens irréguliers qui peuvent en occafionner le chavirement & la fubmerfion. C'eft donc un foin de plus pour les officiers de police ; ils doivent être très-févères fur les règlemens ufités en pareils cas. *Voyez* BATELIERS, PASSEURS D'EAU.

Les affemblées nombreufes peuvent être également la caufe d'autres efpèces d'*accidens*, que les officiers de police doivent prévenir par tous les moyens qui font en leur pouvoir. D'abord en modérant l'impétuofité de la foule qui fe porte, foit en allant ou en revenant, dans des lieux étranglés & de difficile iffue ; enfuite en ménageant deux courant de monde, fi on peut parler ainfi, c'eft-à-dire, en confervant une partie de la largeur de la rue à ceux qui vont en un fens, & une autre à ceux qui vont d'un autre. On doit auffi éloigner les voitures & les carroffes de toutes efpèce de ces lieux, ou fi l'on ne le peut pas abfolument, il faut les faire aller au très-petit pas fur deux files, l'une allant en un fens & l'autre en un autre, à-peu-près comme le monde, & dans les mêmes directions. Enfin il eft important de multiplier la garde, pour contenir l'infolence des cochers, en lui ordonnant d'avoir pour le public le plus d'égards & d'honnêteté qu'il eft poffible ; cela d'ailleurs eft un des devoirs de tout homme qui fe trouve devant fes maîtres.

Et qu'on ne croie pas que cette dernière précaution foit iuntile. Nous avons vu fouvent des mécontentemens, des émeutes éclater par les mauvais propos & les voies de fait que des foldats groffier & indifciplinés fe font permis contre le public. Nous en pourrions citer des exemples très-récens, & qui ont donné lieu à des *accidens* vraiment déplorables, tels que des meurtres & des défordres publics. On ne fauroit trop le répéter, la troupe, en général, doit devant le public qui la foudoie, avoir la contenance d'hommes qui font là pour fervir les citoyens, & non pour les commander & les infulter. Nos foldats, foit de troupes réglées, foit de maréchauffée, ne font que des valets à nos gages. Le nom de défenfeurs de la patrie eft vuide de fens pour eux ; ils incendieroient une ville françoife, fur l'ordre arbitraire d'un miniftre defpote, avec autant de zèle ou plutôt d'inftinct féroce, qu'ils en mettroient à monter

à une tranchée ennemie. On n'oubliera jamais les excès auxquels s'eft porté la brutalité militaire dans l'affaire des malheureux proteftans de nos provinces méridionales ; tout ce que l'infolence jointe aux voies de fait les plus odieufes, pouvoit trouver de plus révoltant, étoit devenue auffi familier à nos troupes que la veille & le fommeil ; les proteftans n'étoient plus des françois ; ils n'étoient pas même des hommes. « De tant de gueux, dit Rouffeau, » qui brillent dans nos armées d'Europe, il n'y en a pas quatre qui n'euffent, peut-être, été chaffés d'une légion romaine. » Mais les légions romaines fe fouillèrent elles-mêmes du fang des citoyens ; elles vendirent leur patrie aux tyrans, & finirent par les facrifier à leur ambition & à leur avarice. Revenons à notre objet.

Une autre caufe d'*accidens*, fouvent très-fâcheux dans les provinces principalement, c'eft l'évafion des bêtes féroces, loup, hyène, lion, &c. que des bateleurs mènent dans les foires. Il eft prouvé que la plupart de ces bêtes, dont l'origine eft inconnue, & qui tout-à-coup caufent des dégats affreux dans les campagnes, viennent de là. Nous en avons eu des preuves tout récemment dans nos cantons méridionaux. Une efpèce d'hyène échappée de la cage de fer où elle étoit contenue, courut les campagnes, bleffa & tua nombre de perfonnes & de bêtes domeftiques, & ce ne fut qu'après bien des malheurs qu'on parvint à la mettre à mort. On pourroit en citer des exemples femblables, pris chez nos voifins, mais l'évidence de la chofe n'a pas befoin de plus de preuves.

Les officiers de police ne fauroient donc prendre trop de précautions pour empêcher ces *accidens*. La meilleure feroit d'empêcher le tranfport de pareils animaux ; mais, outre que ce feroit priver des malheureux du moyen de vivre, que la police n'a pas le droit d'interdire indéfiniment tout ce qui peut produire des *accidens*, qu'elle n'a que celui de veiller à ce qu'ils n'aient pas lieu, & qu'enfin elle doit diriger, éclairer, protéger, fecourir, & non contraindre arbitrairement : tout cela, dis-je, ces tranfports auroient leur cours ordinaire mais en fecret, & par une efpèce de contrebande, & les lieux de paffage feroient encore plus expofés aux *accidens* dont nous parlons, qu'en accordant comme l'on fait des permiffions ; mais on devroit en même-temps prendre des précautions contre tout danger, & ne pas s'en rapporter toujours, à cet égard, aux foins des bateleurs ou marchands qui montrent ces animaux, fur-tout lorfqu'ils font très-féroces, comme lion, tigres, &c.

Finiffons ces réflexions fur la nature, les efpèces & les caufes des *accidens* qui peuvent troubler la fociété, par cette remarque, que la police étant faite pour affurer la tranquillité publique & la fûreté perfonnelle des citoyens, elle ne doit rien négliger des moyens grands & petits, phyfiques & moraux, qui peuvent nous mettre à l'abri des *accidens* de tous genres ; mais qu'elle ne doit pas toujours croire qu'il suffit de défendre pour tout prévenir ; il faut encore veiller. Quand un coupable est puni pour avoir commis un *accident* grave en méprisant l'ordonnance, le mal n'est pas moins fait, & ce mal est souvent irréparable. *Voyez* encore DÉSORDRE, DÉSASTRE, INONDATION, INCENDIE.

ACCLAMATION, s. f. C'est, en général, un cri de joie ou d'espérance ; il est opposé à la clameur qui n'en est qu'une de plainte. *Voyez* ce mot dans la *jurisprudence*.

Nous remarquerons ici que l'*acclamation* peut être employée ou à témoigner un sentiment de joie, d'espérance, ou à donner son suffrage pour l'élection d'un roi, d'un magistrat ou d'un homme public quelconque. Mais elle est quelquefois aussi l'expression de la bassesse & de la flatterie.

Un peuple qui a oublié jusqu'aux plus élémentaires notions de la justice naturelle, qui a perdu tout sentiment de liberté, d'égalité individuelle, chez qui l'esclavage est devenu habitude & la crainte un mobile universel ; un pareil peuple, atterré sous l'orgueil de ses maîtres, s'épuisera en *acclamations* aux moindres marques de bonté ou même de justice que ceux-ci donneront, parce que, vile à ses propres yeux, incapable de s'estimer lui-même, il regarde toujours comme une faveur qui le transporte, le coup-d'œil que le despote veut bien jetter sur lui.

Il me semble voir un tyran d'Asie, traversant une ville immense, peuplée d'une multitude d'esclaves de toutes figures, de toutes qualités. Sa suite orgueilleuse & couverte des tributs des peuples, éloigne, repousse insolemment la foule qui court encenser son idole, cette idole dévorante, qui ne vit que de larmes & de sang. Cependant le cortège fastueux s'avance, le despote est superbement porté au milieu de ses satellites, le peuple tremble, baise la poussière, & reste prosterné, tandis que des *acclamations* se répètent au loin & portent aux pieds du tyran l'hommage de la bassesse & de la servitude. Voilà, peuples répandus sur la terre, votre partage ; obéir, ramper, adorer vos maîtres superbes, telle est votre destinée.

Mais non plutôt, qu'au lieu de ces avilissantes *acclamations*, un silence dédaigneux annonce les dispositions effrayantes qu'inspirent les mauvais princes ; qu'au lieu de remplir les places, les chemins, une affreuse solitude dise au maître farouche ou barbare, qu'au milieu de son peuple il est seul, & livré tout entier à la haine des hommes & à ses propres remords. Cette arme est la seule qui vous reste, mais arme terrible, qui fait la sûreté des bons rois comme l'effroi des tyrans.

C'est sur-tout dans les états où l'opinion publique gouverne, que les *acclamations* populaires ont une force, un pouvoir qu'on ne leur connoît pas ailleurs. En effet, dans de tels gouvernemens les mœurs ont ordinairement acquis un grand degré de douceur, la civilisation est avancée & les lumières répandues dans toute la nation, semblent rendre

égaux tous les hommes, où ne mettre entr'eux de différence que celle des talens & des connoissances. Le souverain lui-même se trouve assujetti à cette disposition générale, & l'opinion publique est un fantôme qui le commande au milieu même de ses plus secrètes délibérations. Or cette opinion publique est toujours plus ou moins manifestée par les *acclamations*, & l'oreille des grands ne s'y trompe pas ; elle sait distinguer une *acclamation* payée ou commandée, de ce cri général, de cette effusion de cœurs touchés & reconnoissans.

Ainsi donc, chez les nations civilisées, éclairées, & dont un despotisme farouche n'a point encore étouffé la voix, l'*acclamation* publique est, non-seulement le thermomètre auquel on peut mesurer la sagesse ministérielle, mais encore une sorte de rempart qui s'oppose naturellement aux écarts de la puissance arbitraire. *Voyez* OPINION PUBLIQUE.

Le peuple, même dans les états libres, a trop multiplié ses *acclamations*, il les a trop prodiguées. Il en est résulté qu'elles ont perdu une partie de leur effet, & que peut-être elles ne flattent plus autant les souverains, que lorsqu'elles étoient plus rares. Mais l'effet opposé, je veux dire le silence de la multitude, en a acquis plus d'expression : car plus une nation est portée à applaudir aux actions de ceux qui la président, plus elle se livre à la joie & aux *acclamations* devant ses souverains, plus son silence est énergique & annonce de mécontentement lorsqu'elle reste muette ; & tous les grands princes savent que ces dispositions ont toujours des motifs réels, & ne sont que rarement imaginaires. Jamais le murmure du peuple n'a été sans sujet, & lorsqu'il est libre, ses *acclamations* comme ses plaintes ont toujours la justice & l'équité pour mesure. En morale, comme en affaire de goût, le jugement public est sans appel.

Il est donc faux que les grands princes aient pu mépriser les *acclamations* populaires ; ils savent trop bien le prix qu'on doit y mettre, & le monarque qui fuiroit ou dédaigneroit ces marques de tendresse & de reconnoissance de la part d'une nation sensible, ne ressembleroit pas mal à un père de famille qui croiroit l'hommage de ses enfans indignes de son attention, ou trop au-dessous de sa dignité. La faveur du peuple est l'appui comme la consolation des bons rois. Inutilement voudroit-on infirmer cette vérité par quelques actes d'imprudence & d'adulation auxquels on a vu quelquefois le peuple aveuglement se livrer ; je répondrois par cent autres, qui prouvent sa justice, son impartialité, sa fermeté.

On a fait mille folles comparaisons du peuple ; on lui a donné des noms odieux pour le faire haïr, des noms de séditieux pour le faire craindre, des noms ridicules pour le faire mépriser. Mais cette nomenclature, puisée dans les archives du despotisme, ne prouve que l'imbécile ignorance de ceux qui l'ont adoptée sans examen, ou plutôt l'esprit de brigandage de quelques tyrans subalternes, qui ont été bien aifes de fuppofer des vices au peuple, afin de l'enchaîner, pour le mieux dépouiller enfuite.

Le peuple n'eft point une hydre à cent têtes, ce n'eft point une mer agitée fans règle & fans modération, ce n'eft point une multitude féroce & aveugle qu'il faut contenir par la crainte & les fupplices. C'eft l'affemblée des bienfaiteurs de la patrie, de ceux qui la foutiennent, la défendent, la nourriffent ; c'eft la réunion des fujets laborieux, des hommes foumis aux loix & fidèles à leur fouverain ; c'eft la pépinière de l'état, la fource de toutes fes richeffes. Soyez jufte envers ce peuple, il fera bon & tranquille ; pour prix de fes durs & longs travaux, il ne demande qu'un peu de liberté, la paix & les égards qu'on doit à fes mœurs, à fa pauvreté. Mais fi vous le dépouillez injuftement, fi vous le foulez, l'injuriez & flétriffez en lui la plus refpectable comme la plus nombreufe partie de la nation, n'a-t-il pas droit de fe plaindre, de repouffer fes tyrans & de demander l'appui de la juftice contre l'oppreffion & le brigandage ? Ses cris font-ils alors des cris de révolte ? fes affemblées font-elles de condamnables attroupemens de canaille, contre lefquels vous ayez le droit d'employer la force qu'ils foudoie de fes fueurs & de fes travaux ? Ceffons, ceffons d'outrager des hommes qui nous nourriffent & nous défendent ; qui fourniffent des bras à la terre & des foldats à l'armée ; qui préviennent le foleil pour faire naître l'abondance dans nos marchés, & le luxe fur nos tables ; qui contens de peu, vivent au milieu de nos jouiffances, avec la réfignation des fages & la pauvreté des fpartiates.

Rois, qui ne voyez jamais de pareils hommes que de loin, n'oubliez pas qu'ils font votre force & votre appui ; leur liberté doit vous être chère, parce que fans elle il n'y a point de vertu ; leur grandeur doit être l'objet de vos foins, parce que vous en avez fait le ferment ; & quand vous vous offrirez à leurs yeux, ne méprifez point leurs acclamations ; c'eft la récompenfe de vos peines, l'hommage d'un peuple, la gloire de votre règne, c'eft la voix de Dieu.

Les peuples font naturellement portés à applaudir, à prodiguer leurs acclamations ; mais il eft aifé de diftinguer celles qui font dues à l'habitude de celles que dicte le cœur. C'eft ordinairement après une abfence ou une maladie confidérable, & au retour d'un bon prince que le peuple fait éclater fa joie. Alors les acclamations font franches & univerfelles ; elles fe prolongent long-temps, & on les entend encore, que celui qui les excite eft déjà paffé.

Mais ce ne font pas feulement les princes qui ont droit à fes hommages & qui les partagent. Jamais acclamations ne font plus impétueufes, plus cordiales que lorfqu'on rend à une nation des corps ou des magiftrats qu'on lui avoit ôtés. Les loix font le bonheur public, elles ont beaucoup d'empire fur le peuple, qui a une confiance d'autant plus grande en elles, qu'il croit tous les hommes auffi incapables que lui de les violer. Il réfulte de là que les magif-

trats, organes & dépofitaires des loix, font à fes yeux, les arc-boutans de la félicité publique, qu'il gémit en leur abfence & les reçoit avec des acclamations, des cris d'une joie vive & fincère. Puiffent les magiftrats fentir tout ce qu'a de glorieux, de véritablement honorant pour eux cette effufion publique, ces témoignages de confiance & d'attachement !

Nous applaudiffions tumultuairement autrefois à nos théatres. On a mis une forte de police dans ces acclamations répétées, & fouvent très-déplacées. L'homme n'aime point la contrainte, & tout ce qui peut le gêner, tend à fauffer fon jugement & à vicier fa raifon. Ainfi je ferois très-prêt à trouver mauvais la réforme théatrale qu'on a en partie effectuée dans nos falles de fpectacle, fi l'abus des cris, des bravo, des fifflets n'avoit point été portés à l'excès ; fi notre jeuneffe avoit moins d'impétuofité, nos auteurs moins de prétentions jaloufes, & fi les fpectateurs n'avoient pas cent fois maudit l'ufage de crier où il faut fe taire, & de fiffler quand il faut écouter. Mais comme toutes ces gênes pour le public avoient lieu, & qu'il n'y a pas grand mal que dans un amufement, on partage prefque exclufivement la partie paifible de la nation, on obferve les règles de la tranquillité & de la paix, je crois qu'au total on a bien fait le peu qu'on a fait. Je conviens qu'il n'eft pas toujours agréable de recevoir des ordres d'un foldat, même au théatre, & qu'à Londres on ne fouffriroit pas cela ; mais quand nous aurons les autres bons défauts des anglois, nous pourrons imiter celui-ci.

La police n'a rien à faire dans les acclamations populaires ; c'eft un privilège public fur lequel ne doit point s'étendre fa jurifdiction. Je ne crois pas qu'il y ait de prince affez morofe pour trouver mauvais que fon peuple lui rompe les oreilles de fes acclamations ; & des magiftrats de police qui croiroient faire leur cour en empêchant ces criailleries, feroient je crois écondruits auprès des bons fouverains. Il y a mieux, perfuadés que le bonheur public fait honneur à ceux qui font chargés de veiller deffus, & que rien ne le prouve à l'égal des acclamations populaires, on a vu fouvent les membres de la police & des corps municipaux, foudoyer une partie du peuple, pour entraîner l'autre à faire éclater une joie factice par des cris & des acclamations ; mais que ces acclamations diffèrent de celles qui font dictées par l'amour & la reconnoiffance ! Elles font sèches, interrompues, foibles & clair femées dans la multitude. Remarquons, au refte, que jamais un magiftrat ou chef de la police ne doit fe livrer à cette manœuvre. C'eft tromper le fouverain, c'eft abufer & corrompre le peuple, c'eft dégrader l'honneur public & le proftituer au menfonge. Quand le peuple fouffre & qu'il eft mécontent ; qu'il refte muet, c'eft le moyen de fe faire entendre ; un magiftrat patriote doit apprécier tout l'avantage de cette reffource dans des momens d'erreurs miniftérielles, & en profiter habilement.

ACCOTEMENT, f. m. En terme de voierie, c'est le nom qu'on donne à l'espace qui se trouve dans un chemin, entre l'encaissement, c'est-à-dire, le pavé, par exemple, & le fossé qui borde ce même chemin.

L'*accotement* est ordinairement de terre, quelquefois mêlée de cailloux & pierrailles qui lui donnent de la solidité. Il a différentes largeurs, suivant les espèces de chemins. Autrefois les grands chemins royaux ayant soixante pieds de large, suivant l'ordonnance de Blois, de 1579, celle des eaux & forêts, de 1669, & celle 1720, les *accotemens* avoient au moins dix-huit à vingt pieds ; dans les chemins du second ordre ils n'étoient que de quatorze à quinze, & dans ceux du troisième ils ne portoient que dix à douze pieds.

Depuis l'arrêt du conseil, du 6 février 1776, cette largeur a été diminuée, & n'a été conservée qu'aux abords de la capitale & des grandes villes de commerce, afin d'y prévenir les embarras des voitures qui y arrivent de tous côtés. Ainsi l'*accotement* dans les chemins du premier rang, a de douze à quinze pieds, dans ceux du second de dix à douze, & dans les derniers de huit à dix ou à-peu-près. *Voyez* CHEMINS & VOIERIE.

Quelques personnes ont blâmé l'usage de faire des *accotemens* aux chemins, entr'autres le marquis de Mirabeau dans son *Traité de la population*, première partie. « La moindre communication, dit-il, » entre chaque petite ville, est tracée sur le plan, » ou peu s'en faut de la grande allée de Vincennes » au Trône. » Sans relever l'exagération de ces paroles, nous allons faire quelques observations propres à faire sentir l'utilité des *accotemens*, lorsque sur-tout ils sont contenus dans les limites d'une étendue raisonnable & telle que le prescrit l'ordonnance.

Un chemin n'est praticable en tout temps & en toute saison que par deux circonstances. 1°. Quand le terrein est assez ferme, assez sûr & assez élevé pour se soutenir par lui-même & sans aucun secours de l'art. Or ceux-là sont si rares qu'en mille lieues de cours on n'en trouve pas communément vingt dans cette heureuse disposition. 2°. Par le revêtement d'une chaussée qu'on construit dans son milieu. Ce dernier cas est l'ordinaire, & sur la nécessité duquel il faut absolument compter pour les grandes routes, à peine de s'en repentir. Mais il n'y a point de chaussées, sans excepter celles des romains, si magnifiquement décrites par *Bergier*, qui résistât au rouage continuel de voitures immensément chargées comme celle de nos rouliers, si elles rouloient sans interruption sur la chaussée. L'exemple en est palpable, à l'égard de nos pavés de grès, matières la plus dure après le marbre, & dont néanmoins la vingtième partie se consomme pour les anciens temps ; elle dureroit moins si elle n'étoit exactement entretenue. Il a donc fallu imaginer un moyen de parer à cet inconvénient : où pouvoit-il être, si ce n'est dans une largeur qui laissât assez d'espace entre la bordure de la chaussée & le fossé, pour y ménager un passage aux voitures dans les saisons où l'*accotement* seroit praticable ?

Il ne faut pas inviter les conducteurs à le suivre, parce qu'ils le préfèrent pour ménager les pieds de leurs chevaux, & pour descendre à leur avantage les rampes un peu roides, à plus forte raison les montagnes où ils seroient obligés d'enrayer. Mais cet expédient seroit encore insuffisant à cause des arbres, si les chemins n'étoient assez larges, pour être bientôt desséchés par les impressions de l'air, lorsque les pluies les ont imbibés ; d'autant que l'eau tombant rapidement des feuilles sur un terrein déjà pénétré par celle qu'il reçoit directement du ciel, l'ombre y entretiendroit l'humidité si les arbres n'étoient pas séparés par un grand espace. Elle rendroit l'*accotement* impraticable pour les gens de pied, à qui elle sert de rafraîchissement pendant les chaleurs. La largeur des chemins est donc utile, & celle de l'*accotement* un moyen de conservation pour la chaussée & de commodité pour les voyageurs.

Ce sont des considérations qui ont fixé l'attention des différens corps ou jurisdictions chargés de la conservation des routes, de veiller à ce que les *accotemens* des chemins ne soient ni dégradés, ni embarrassés par les riverains ou autres particuliers. C'est ainsi que le bureau des finances condamna, par son ordonnance du 25 mai 1762, plusieurs particuliers à l'amende pour avoir mis des platras sur l'*accotement* de la route de Saint-Germain-en-Laye, & les obligea à les retirer. Une autre ordonnance du même bureau, de 1772, ordonne aux propriétaires des maisons de réparer & entretenir les *accotemens* qui se trouvent devant leur porte sur la route.

Il est défendu de faire aucune cabane, hutte ou autre construction semblable sur les *accotemens* des routes, ainsi que de les creuser & d'en enlever les terres, sous peine d'amende pour la première fois, & de prison en cas de récidive dans le premier cas, & de 50 livres d'amende dans le second. *Ordonnance du bureau des finances*, août 1774, *& de M. l'intendant de Paris*, décembre 1780. *Voyez* encore VOIERIE.

ACCOUCHEMENT, f. m. C'est l'action naturelle qu'emploie la nature pour faire sortir un être vivant du sein maternel où il étoit renfermé. Cette définition distingue, comme l'on voit, la naissance de l'être animé de toute autre fonction analogue qui, dans les ovipares, ne produit qu'un germe privé de mouvement, & dans qui la vie ne se développe que par l'action lente & continue de la chaleur ; elle distingue encore l'*accouchement* de l'avortement qui n'est qu'un accident volontaire ou imprévu, & dont le résultat est un corps inanimé ; ce dernier porte encore le nom de *fausse-couche*. *Voyez* AVORTEMENT.

Nulle part la nature ne s'est montrée plus grande que dans l'acte de la génération. Elle y tire du néant un être doué des plus brillantes facultés, susceptible des plus grandes perfections, & sur-tout capable de se reproduire un jour. Ce prodigieux phénomène ne frappe point assez; il est pourtant aux yeux du sage plus admirable encore que la course rapide & mesurée de l'astre qui nous donne la vie. Il égale l'homme au créateur, par le pouvoir surprenant de se perpétuer & d'opposer ainsi une résistance victorieuse aux coups redoublés que la mort frappe éternellement sur nos têtes. Mais qu'est-ce donc que cette fécondité merveilleuse? quelle est donc cette puissance donnée à l'homme? Ces mystères, comme tant d'autres, sont inaccessibles à nos recherches, & celui que la nature semble avoir admis à ses conseils ne nous a présenté sur ces grands objets que des doutes, des abîmes encore plus impénétrables.

Quoi qu'il en soit de notre profonde ignorance sur l'artifice admirable de la conception, nous savons que son terme est l'*accouchement*. Jusqu'à ce que cette importante opération de la nature soit effectuée, la vie de l'enfant & même celle de la mère sont en danger, l'œuvre de la génération reste incertain, & la fécondité n'est encore qu'en espérance. La femme reste donc long-temps dépositaire & tutrice de la vie de son enfant, avant même qu'elle puisse se flatter de jouir de sa présence. Un devoir rigoureux lui est donc imposé avant d'être sûre d'en être récompensée. Telles sont les grandes obligations qu'elle contracte au moment où elle s'expose à devenir mère; elle cesse de vivre en quelque sorte pour elle, afin d'être toute entière à son fruit. Ce fardeau sacré lui sera redemandé, elle doit précieusement veiller dessus, & en supporter les fatigues avec une longue & douce résignation.

Aussi la nature a-t-elle fait tout ce qu'il falloit pour rendre la femme propre à ces pénibles & douloureuses fonctions. La douceur de caractère, la flexibilité des fibres, la délicatesse des organes, le penchant à la paix, à la soumission, l'habitude de souffrir avec patience, sont des qualités essentielles aux fonctions de la maternité, & qu'on retrouve chez toutes les mères qui n'ont point été gâtées par les préjugés ou les faux plaisirs de la société; & quand on considère ces heureuses dispositions dans les femmes, combien alors elles paroissent chères & respectables! Nos plus grands intérêts leur sont confiés; elles ne sont point seulement le sexe créateur, elles sont encore, le sexe protecteur, conservateur de nos premiers instans, des frêles élémens de notre être.

Peut-on, après de si grandes considérations, chercher, pour honorer les femmes, d'autres motifs que ceux qu'offre leur fécondité, leur beauté? Que sont auprès de ces charmes de la vie, des talens superflus, des efforts de pensée qui flétrissent leur jeunesse, décolorent leurs traits, & moissonnent infructueusement les plus beaux momens de leur vie? Ah! que leurs titres à nos hommages sont bien plus solidement fondés sur la douceur & les graces que

sur une prétendue capacité de tout savoir dont quelques écrivains ont voulu leur faire le malheureux honneur. Femmes, votre empire n'est jamais plus puissant que lorsque vous vous présentez telles que la nature vous a faites; votre foiblesse est plus dangereuse pour nous que la force, & vous n'avez besoin, pour être obéies que de laisser au prestige qui vous accompagne exercer son irrésistible puissance.

Mais si les femmes ont, en général, le droit de nous séduire par leur beauté, leur douceur, elles méritent toutes notre attention, tous nos respects par le titre de mère qu'elles tiennent de nous à la vérité, mais dont elles courent seules les dangers. Aussi chez toutes les nations policées, la maternité a-t-elle imprimé à celles qui en ont été honorées, un caractère sacré & au-dessus de tous les titres. On regardoit chez les hébreux comme une chose honorable d'avoir un grand nombre d'enfans, & la stérilité passoit pour un vice honteux. Les poëtes grecs ont beaucoup célébré les cinquante enfans de Priam. Et la virginité n'étoit point à leurs yeux une vertu recommandable. L'on estimoit malheureuses les filles qui mouroient sans être mariées. Electre s'en plaint expressément dans *Sophocle*, & ce fut le regret de la fille de *Jephté*.

La virginité ou le goût pour le célibat procède d'un vice d'organisation, ou d'un grand délire de cerveau; c'est ordinairement le produit de l'erreur ou de la folie. Aussi les peuples les plus sensés ont-ils regardé ce désordre comme une cause de scandale, de dépopulation & de dépravation publique. Les romains, sages en cela, se sont sur-tout distingués par leur haine contre les célibataires, & les loix qu'ils firent à cet égard subsistent encore aujourd'hui. *Voy. célibat* dans la *jurisprudence*.

On observe, chez presque toutes les nations, des cérémonies plus ou moins bizarres, plus ou moins raisonnables, soit avant, soit pendant, soit après l'*accouchement*. Le détail, sans être d'une utilité indispensable, jette du jour sur la connoissance des hommes & l'histoire des mœurs; c'est donc une raison pour nous d'en donner quelque teinture ici. Nous parlerons également de celles qui ont lieu chez les peuples encore sauvages, ou du moins peu policés, & de celles qu'on retrouve parmi les nations civilisées ou qui passent pour l'être.

Quelques voyageurs rapportent qu'en Guinée, dès qu'une femme est reconnue enceinte, on fait des sacrifices aux dieux du pays; qu'on la mène au bord de la mer, & qu'on lui jette des ordures en chemin. Ensuite on la lave avec soin, & l'on prétend que cette ablution ôte à la mère & à l'enfant la souillure qu'ils ont contractée dans l'acte de la génération. C'est ainsi qu'on retrouve par-tout cette absurde idée qu'une action naturelle, innocente par elle-même, & suivie du plus étonnant phénomène qu'on puisse concevoir, celui de la création d'un être sensible & raisonnable, c'est ainsi, dis-je, qu'on retrouve par-tout cette idée jointe à celle de souillure & de crime. Cette doctrine tient sûrement à quelque fyftême théocratique très-ancien & dont on voit cent veftiges fur la furface de la terre, quoiqu'il n'exifte point dans la nature.

L'accouchement eft un fpectacle touchant ; c'eft un phénomène propre à exciter les plus fortes émotions, les plus profondes réflexions. Auffi les peuples qui ne font point enchaînés par les liens de la décence, c'eft-à-dire, qui n'ont fur la nature & fes œuvres que des idées fimples, ne manquent point d'y affifter. Tous les habitans de l'Oftrog, fans diftinction d'âge ni de fexe, vont voir les femmes du Kamtchatka qui font en travail. C'eft un acte public. La même chofe s'obferve chez les nègres. Lorfqu'une femme eft dans les derniers jours de fa groffeffe, ils rempliffent en foule fa chambre, & les jeunes & les vieux fe hâtent d'arriver pour être mieux placés. (Bofman, *Defcription de la Guinée.*)

En Europe, les reines accouchent en public, c'eft-à-dire, qu'un certain nombre de perfonnes ont droit de fe trouver dans leur appartement alors. Il y a même de grands officiers qui font obligés d'y être, pour certifier la naiffance du prince ; tels font en France, par exemple, le chancelier ou garde-des-fceaux, les vidames de Chartres, &c. Cette cérémonie, dont nous parlerons ailleurs plus au long, deftinée à empêcher des fubftitutions dangereufes, ou plutôt à en prévenir même le foupçon, eft néceffaire dans les états héréditaires, afin d'affurer la nation que l'héritier de la couronne eft bien le fils du prince régnant.

On a remarqué que lorfque les indiennes de l'Amérique éprouvent de grandes difficultés dans l'accouchement, ce qui eft très-rare, on avertit les jeunes gens de la bourgade, qui viennent crier à la porte de la malade lorfqu'elle y penfe le moins. La peur opère fouvent une heureufe délivrance. (Le père Charlevoix, *Hift. de la nouvelle France.* Mais le remède pourroit quelquefois être plus dangereux que le mal, & je ne confeillerois pas d'y avoir légèrement recours. Les tartares nogais font à peu près la même chofe : ils viennent crier à la porte de la femme, & y font un grand bruit de chaudrons, de marmites & de fonnailles. Mais ils prétendent par-là, difent-ils, mettre en fuite le diable pour qu'il n'ait aucun pouvoir fur l'efprit de l'enfant, & ne nuife point à la femme dans le travail de l'accouchement.

Ces peuples ne font pas les feuls qui aient cherché à fecourir les femmes dans cet état, à éloigner d'elles les mauvais génies, ou à appeller à leur fecour les divinités protectrices de l'accouchement. Des nations civilifées nous en offrent des exemples. Chez les grecs & les romains, on faifoit des facrifices, des prières & des vœux pour l'heureufe délivrance de la femme enceinte. On fait que ces peuples avoient multiplié les dieux, autant qu'ils l'avoient cru utile pour calmer les inquiétudes des hommes & adoucir leurs mifères par la confiance & l'efpoir. On intéreffoit une foule de divinités en faveur de la femme féconde, pour qui le nom de mère étoit un titre d'honneur.

Junon, fur-tout, étoit principalement invoquée en pareille circonftance. De là ces vers de *Properce* (*lib. II, élég. 2.*)

Idem ego cùm cinarae traheret Lucina dolores,
Et jacerent uteri pondera lenta moram
Junoni votum facite impetrabile, dixi,
Illa parit.

Et *Térence* fait dire à la courtifanne Glicère, dans les douleurs de l'accouchement : *Juno lucina, fer opem, ferva me, obfecro.* (*in Andr. act. 3, fect. 1.*) Mais cette déeffe prenoit différens noms fuivant les différentes fonctions auxquelles elle préfidoit ; on l'appelloit *Fluonia*, en tant qu'elle pouvoit empêcher les pertes ; *Februa*, en tant qu'elle préfidoit à la purification des accouchées. D'autres divinités encore étoient particulièrement chargées du foin des femmes dans cet état, & veilloient à la confervation des enfans nouveaux nés. On peut les voir dans un ouvrage de *Laurentius* qu'on trouve dans la collection de *Gronovius*, ainfi que dans un autre de *Bartholin* fils, intitulé : *de puerperio veterum.* *Voyez* auffi *Aul. Gellius*, lib. XVI, cap. 16.

Enfin il eft peu de peuples qui n'aient regardé avec refpect & attendriffement l'état d'une femme enceinte, & qui n'aient par conféquent cherché à la tranquillifer fur fon fort, foit par des cérémonies, foit par des invocations religieufes. & certes ce n'eft pas fans raifon ; l'accouchement eft une des plus dangereufes fonctions auxquelles la nature a affujetti la femme. Il y va de fa vie ; & lorfqu'elle la conferve, elle eft toujours fûre d'y perdre une partie de fa fraîcheur & fa beauté. Il falloit donc ménager fon imagination, cette puiffance invifible, mais fouveraine fur l'être fenfible, & fur-tout fur la femme ; il falloit par des idées fortes foutenir fa foibleffe contre les craintes & les inquiétudes de fon état. Cette feule confidération doit faire fentir, pour le dire en paffant, l'importance d'un culte public, d'une religion quelconque, quand d'autres motifs ne l'exigeroient point encore. Toutes les femmes ne peuvent pas être mues par la grande confidération de donner l'exiftence à un être raifonnable. Le plaifir, l'inftinct invincible & impérieux de la nature les féduit. Devenues mères, l'inquiétude, les alarmes, s'emparent de leur ame, & c'eft pour elles alors une grande confolation de pouvoir compter fur une puiffance au-deffus de la nature qui les protège & les furveille.

Mais fi l'on peut trouver de la fageffe & de la raifon dans l'inftitution de quelques cérémonies religieufes qui précèdent l'accouchement, chez un grand nombre de peuples, on rencontre fouvent auffi un grand fond de folie & de fuperftition dans d'autres ufages qui l'accompagnent ou le fuivent.

On peut d'abord mettre de ce nombre l'extravagante inftitution qu'on a trouvée établie aux Indes occidentales, où le mari fe met au lit, ou dans fon hamac, quand fa femme a accouché d'un enfant mâle ou femelle. Dans cette pofture, il contrefait le malade, gémit, se fait soigner & reçoit les visites de ses amis. *Maritus tempore puerperii*, dit Pison, *uxoris loco decumbit primis à partu diebus, & puerpera insta bellariis & epulis fruitur.* (*Hist. natur. Prasilia.* p. 14.)

» Quand pour la première fois, dit M. de Paw, on entendit parler de cette extravagance en France, on demanda à l'ordinaire, comment on pouvoit être si fou en Amérique : mais on ignoroit sans doute alors que cette coutume a été & est encore en vogue en France même, & que c'est ce qu'on nomme dans le Béarn *faire la couvade*. Il est vrai-semblable que les anciens Béarrois ont puisé cette étiquette en Espagne, où elle régnoit principale-ment du tems de *Strabon ; mulieres cum peperunt, suo loco viros decumbere jubent, eisque ministrant.* (*Lib.* III. p. 174.) ; ce qui revient à ce qu'on a observé parmi les bresiliens, & parmi tant de peu-plades du nord de l'Amérique, où la femme, dès qu'elle est délivrée, n'a rien de plus pressé que d'aller servir son époux alité pour plusieurs jours. *Marc Paul* assure qu'il a vu pratiquer la même chose chez plusieurs tribus de la grande famille des tartares indépendans. D'où l'on peut conclure que cette cérémonie a fait le tour du monde, ayant été généralement adoptée depuis le fleuve Saint-Laurent jusqu'au-delà des pyrennées.

Mais cette coutume bizarre n'est pas seulement parti-culière aux tems modernes, on la retrouve dans l'anti-quité, ce qui donne lieu de croire qu'elle tient, peut-être, à un reste d'usage, de cérémonie, soit religieuse, soit civile, dont il ne subsiste plus que ce lambeau. Plusieurs auteurs racontent en effet la même chose des tibareniens, peuple d'Asie sur le Pont-Euxin. Voici la traduction latine des vers d'Appollonius de Rhodes qui en font mention.

> . . . . . *Eruperint ad tibarenorum terram,*
> *Ibi cum è viris gravidæ mulieres redderent fœtum,*
> *Ipsi versantur in gemitu, & puerperæ cubant ;*
> *Capitibus circumvincti : illæ rursus molliter curant escis,*
> *Præbitis viros, & puerpera ipsis lavacra calefaciant.*

La même chose avoit lieu chez les celtiberiens, suivant *Strabon*, & en Corse, suivant *Diodore de Sicile* (*lib.* V. cap. 14.).

On s'est exercé à expliquer cette singularité. *Bayle* au mot *Tibareniens*, fait remarquer que ce peuple étoit naturellement moqueur & aimoit beau-coup à rire ; il mettoit à cela, dit-il, le souverain bien ; voilà pourquoi, continue-t-il, dès qu'une femme étoit délivrée du travail d'enfant, l'homme s'alloit mettre dans le lit, y faisoit le malade & se faisoit traiter comme tel ; car il est visible qu'il n'en usoit de la sorte que par cet esprit moqueur, qui portoit les tibareniens à se divertir de tout.

Mais je doute que cette explication de *Bayle* satisfasse tout le monde. Tous les peuples chez qui l'on a observé cette coutume ne sont point moqueurs, & il est presque impossible qu'un usage fondé sur un pareil motif se puisse répandre si

généralement sur la terre ; pour moi je ne le crois pas.

M. *Boulanger* a adopté un autre système dans son *antiquité dévoilée par ses usages*. Ce savant homme qui prétend trouver chez toutes les an-ciennes nations des preuves de la crainte qu'elles avoient de la fin du monde & de l'attente où elles étoient du *grand juge*, attribue à cette même cause l'institution dont nous parlons. Des hommes frappés de l'anéantissement universel & des puni-tions qui les attendoient, voyoient avec peine naître des enfans dévoués à la mort & aux châti-mens de leurs prétendus crimes. Peut-être aussi trouvoient-ils honteux & criminel, & regardoient-ils comme un péché d'avoir donné naissance à des enfans par des voies impures ; car on sait que ces idées d'une théomanie abstruse ont été de tout tems en crédit chez les peuples orientaux. On sait que, par je ne sais quel égarement de l'esprit humain, toutes les nations qui ont eu quelque rapport avec ces fous de l'Inde, que l'on a nommés *brachmanes*, *gymnosophistes*, *mages*, &c. ont regardé comme immondes, & la femme dans le tems de ses règles, & l'homme qui s'en approche, & l'acte de la génération, & les organes qui y servent. Elles ont jetté sur-tout ce qui tient à la première des fonctions animales, une idée de crime & d'infamie aussi monstrueuse que nuisible aux mœurs & au bonheur des hommes.

Or il n'est pas étonnant que ces erreurs dans des têtes orientales aient donné lieu à une sorte de repentir, au moment de la naissance des en-fans ; aient porté le père à gémir de son crime & de la preuve publique qu'il en donnoit, qu'il en ait fait pénitence, & pris les marques extérieures d'un véritable coupable. « Cette conjecture paroît » d'autant plus fondée, dit M. *Boulanger*, que » suivant les lettres édifiantes, le mari pendant sa » retraite observe un jeûne très-rigoureux, & » s'abstient même de boire, ensorte qu'il maigrit » considérablement ». (*antiq. dévoilée.* lib. II. chap. 3.).

Cette opinion, qui paroît étrange d'abord, est peut-être celle qui approche le plus de la vérité, ou qui entre davantage dans l'esprit de cette bizarre coutume. On objecte que le mari aujourd'hui, loin de faire pénitence, se fait servir des mets succu-lens, & *puerpera instar bellariis & epulis fruitur.* Mais on répond que les coutumes, sur-tout les coutumes religieuses s'altèrent insensiblement, & qu'elles dégénèrent souvent au point de devenir méconnoissables, quand elles n'ont pour fondement qu'une erreur ou une folie, comme celle dont nous parlons. Il ne seroit donc pas extraordinaire que le pénitent qui jeûnoit d'abord, ait fini par se bien nourrir pour réparer ses forces & non ses fautes.

C'est aussi l'opinion de M. *de Paw.* » n'est-il » pas raisonnable, dit-il, de croire que les maris » ont, dans de certains pays, voulu donner à

» connoître

» connoître qu'ils avoient eu autant de part à l'ou-
» vrage de la génération que leurs femmes, & que
» la fatigue avoit été la même de part & d'autre ?
» C'est à cette prétention singulière qu'on doit
» attribuer leur retraite. Ils se sont mis au lit pour
» se refaire dè leur lassitude & se préparer à de
» nouveaux travaux pour la propagation de l'es-
» pèce, comme si le prémier produit de leur
» amour les eût énervés & abattus..... Quand
» on a questionné ces barbares sur les motifs de
» leur conduite, ils ont répondu qu'ils voûloient
» rétablir leurs forces, qui s'épuisoient toutes les
» fois qu'ils devenoient pères ». (*Recherches sur les
amér.* tome II, p. 233.)

On ne peut rien conclure de bien positif de cette
réponse des sauvages, car ils doivent être aussi
ignorans que nous sur l'origine & les motifs de cet
usage. C'est ainsi qu'on ne seroit pas plus instruit
de l'objet & des causes qui ont donné lieu chez
nous au carnaval, par exemple, quand on demanderoit au peuple de Paris ou de Londres, pour
quelle raison il court ainsi les rues pendant sept
ou huit jours un masque sur le nez. Quoi qu'il en
soit de cette coutume, en voilà sûrement assez
de dit, pour en donner une idée au lecteur, &
le mettre à même d'en prendre l'opinion qu'il voudra.

Observons cependant encore que quelques écrivains, & singuliérement M. l'abbé *Roubaud*, ont
prétendu que les maris ne se mettoient au lit,
qu'afin de réchauffer le nouveau-né qu'on plaçoit
à côté d'eux, la mère ne pouvant pas toujours le
faire commodément, à cause de la fièvre de lait
& des autres incommodités qu'elle éprouve alors.
D'autres enfin croient que cet usage est établi afin
de faire faire du mouvement à la femme qui en
a besoin, pour l'écoulement des liqueurs & corps
étrangers. « De plus, lorsqu'elle est débarrassée de
» l'enfant qu'elle portoit dans son sein, dit M. *Dé-
» meunier*, la surabondance de nourriture est dan-
» gereuse pour l'économie animale, & immédiatement
» après ses couches elle fait un violent exercice
» pour en prévenir les effets. Le mari se couche,
» afin que la femme pourvoie aux besoins du mé-
» nage, qui en Amérique exigent de longues
» courses ». (*Esprit des usages.* tome I. p. 259.)

L'on remarque que presque tous les peuples
bien ou mal policés, ont regardé les femmes
nouvellement accouchées, comme souillées &
impures. La loi défend aux bukariennes jusqu'aux prières de la religion pendant les quarante
jours qui suivent l'*accouchement*. Elles ont chez les
ostiaques un logement à l'écart, & il n'est permis
au mari ni à personne de les approcher. Une vieille
femme leur sert de garde & de compagne pendant
quatre ou cinq semaines. On allume ensuite un
grand feu; elles se purifient en sautant par-dessus,
& elles vont ensuite avec leurs enfans retrouver
leur père, qui est le maître de les recevoir où de
les renvoyer. A Siam elles ont une autre manière

de se purifier. On les place un mois entier devant
un grand feu, que l'on entretient au même degré;
on les y tourne, tantôt d'un côté, tantôt d'un
autre; elles sont très-incommodées par la fumée &
par la chaleur. Les habitans du Pegu les mettent
sur un gril de bambou assez élevé & l'on fait du
feu dessous. La purification s'y réitère cinq jours
de suite.

La loi des juives, ordonnoit aux femmes après
leur *accouchement*, une sorte de purification, ainsi
qu'après l'époque de leurs règles. *Voyez* le ch. 12
du Lévitique; cette coutume est encore religieusement observée chez les juifs aujourd'hui, ainsi que
les *relevailles* chez nous.

« Lorsqu'une femme juive est *accouchée*, dit le
Rabin *Léon de Modène*, elle demeure séparée de
son mari, pendant sept semaines si elle a mis au
monde un garçon, & pendant trois mois si c'est
une fille. Sept jours avant que ce terme soit accompli, elle change de linge & va au bain. Là elle se
met toute nue, se plonge dans l'eau de manière
que toutes les parties de son corps en soient
touchées sans en excepter aucune; jusque là, que
si elle avoit une bague au doigt, & que l'eau ne
pût passer entre deux, le bain seroit inutile, il
faudroit ôter l'anneau & se baigner une seconde
fois. Lors donc qu'une femme prend ce bain-là, il
y en a une autre qui observe si elle est bien couverte d'eau, après quoi étant de retour chez elle,
elle peut demeurer avec son mari tant qu'elle n'aura
pas ses règles; car si-tôt qu'elles paroissent, elle
doit l'en avertir : alors il se retire & ne touche plus
à sa femme. Il ne peut même, suivant la loi, lui
rien donner, ni rien recevoir de sa main, non pas
même s'asseoir auprès d'elle, ni manger au même
plat, ni boire au même verre ». (*Des coûtumes
des juifs.* chap. V.)

Toutes ces coutumes, plus ou moins mêlées de
superstitions, ont eu sans doute pour origine des
raisons de santé, de délassement & de propreté;
l'esprit de rigorisme & d'erreur en aura ensuite
exigé l'observation avec autant de scrupule dans
les régions tempérées de l'Europe, où elles sont
moins utiles, que dans le climat brûlant de l'Asie,
où la chaleur les rendoit nécessaires. Voilà ce qui
fait que nous cherchons avec étonnement le motif
d'une foule d'usages civils ou religieux, dont il
nous est impossible de deviner la raison. Pour le
trouver, il faut remonter à l'origine de la loi &
au tems du législateur. C'est ainsi que la propreté,
par exemple, étant une chose absolument essentielle au bonheur & à la conservation du peuple
hébreu, elle leur fut ordonnée & devint un article
de leur loi qu'ils ont ensuite religieusement observé
par toute la terre.

« Les purifications ordonnées aux juifs, dit l'abbé
de Fleury, avoient les mêmes fondemens que la
distinction des viandes. Elles étoient nécessaires pour
entretenir la santé & prévenir les maladies, sur-
tout dans des pays chauds. Il est certain que la

faleté où vivent parmi nous la plupart des petites gens, fur-tout les plus pauvres & dans les villes, cause ou entretient plusieurs maladies : que seroit-ce dans les pays chauds, où l'air se corrompt plus aisément, & où les eaux font plus rares ? De plus, les anciens se fervoient peu de linge, & la laine n'est pas si facile à nétoyer. Il étoit donc important que les préceptes de propreté fissent partie de la religion : parce que regardant le dedans des maisons & les actions les plus secretres de la vie, il n'y avoit que la crainte de Dieu, qui pût les faire observer ». (*Mœurs des israélites* ch. XIII.)

Mais la propreté & la santé des citoyens ne furent pas toujours les feules raisons qui engagèrent les législateurs à prescrire un intervalle considérable entre l'*accouchement* & le tems où le mari pouvoit habiter avec fa femme. La conservation de celle-ci, le foin & la nourriture des enfans devoient être des motifs également preffans. Ce ne peut être même à cette cause qu'est dû l'usage des negres de Burré, de n'avoir de commerce avec leurs femmes que quatre ans après leurs couches (*Voyage de Labat.*) ; ainsi que celui des negresses du pays d'Anta, de fe repoler deux ans après qu'elles ont eu dix enfans. *Bosman, descript. de la Guinée* ; enfin c'étoit par une femblable raison, ainsi que le remarque le judicieux abbé *de Fleury*, que les juifs s'abstenoient de leurs femmes, non-seulement pendant qu'elles étoient grosses, mais pendant tout le tems qu'elles étoient nourrices, c'est-à-dire pendant deux ou trois ans.

Mais on peut observer qu'une coutume femblable pourroit être nuisible aux progrès de la population dans un état où la polygamie feroit défendue ; aussi les juifs, pour éviter cet inconvénient, admirent-ils la pluralité des femmes. « Comme leur but étoit d'avoir un grand nombre » d'enfans, dit encore le même écrivain, ils pre- » noient plusieurs femmes, & ils s'en faisoient un » honneur & une marque de grandeur. C'est ainsi » qu'*Isaïe*, pour marquer combien feroient estimés » ceux que Dieu conserveroit entre son peuple, » dit que sept femmes s'attacheront à un feul » homme, offrant de vivre à fes dépens, pourvu » qu'elles aient l'honneur de porter fon nom. Ainsi » il est dit que *Roboam* avoit dix-huit femmes & » soixante concubines ; & qu'il donna plusieurs » femmes à fon fils *Abia* qu'il avoit choisi pour » fon successeur ». (*Mœurs des israël.* ch. XIV.)

Après ces considérations générales sur les idées que les hommes fe font faites de l'*accouchement*, des cérémonies qu'ils ont établies à fon sujet, des effets chimériques ou réels qu'ils lui ont attribués, enfin des règles qu'ils ont voulu que la femme observât pendant ou après cet acte le plus important de fa vie, examinons fon rapport avec l'ordre public, voyons ce que les loix civiles ont prescrit à fon égard, & considérons-le dans fon rapport avec la police des peuples & la conservation des individus auxquels il donne le jour.

Ces réflexions, comme on voit, nous préfentent un vaste champ à parcourir, & une abondante moisson d'idées à faire. Le peu de faits que nous venons de rapporter nous ferviront dans cet examen, & nous offriront comme autant de points de ralliement au milieu de l'analyse dans laquelle nous allons entrer. Nous avons donc suivi l'ordre naturel des conceptions & la marche qu'on doit adopter pour instruire, quand nous avons commencé par établir quelques données que l'expérience & l'observation ont fait connoître. Les faits font les véritables élémens de nos connoissances ; & en physique même en morale, rien n'est certain que ce qu'ils prouvent, & les conséquences qu'on en tire.

La fociété ne peut subsister que par les membres qui la composent ; c'est d'eux qu'elle tire fa force & fa gloire. Les terres, l'armée, les arts ont besoin d'hommes. Aussi leur conservation & leur augmentation ont-elles fait chez tous les peuples policés, l'objet des foins du magistrat public & du gouvernement de l'état. De-là les loix en faveur des femmes mères & les moyens de police indiqués pour prévenir les suites & les malheurs qui accompagnent l'*accouchement*, lorsqu'il est dirigé par des personnes ignorantes ou criminelles. Ces vues de bien public ne font point feulement dans les principes d'une fage politique, ils font aussi conformes au vœu de la nature & au cri de l'humanité. De tous les êtres qui peuvent fixer les regards de l'homme & folliciter des foins & des fecours de lui, la femme, dans les douleurs de l'enfantement, est fans doute celui qui y a le plus de droit. Que de titres en effet n'a-t-elle pas dans ce moment à nos égards & à la protection de la fociété ! comme une femme qui risque fes jours pour donner un fils à fon époux, un citoyen à l'état, un homme à l'univers, est un être intéressant ! Ah ! fi le préfent qu'elle nous fait est souvent un triste fardeau à fupporter, une carrière de douleurs à parcourir, les peines qu'il lui a coûté, les maux qu'il lui a fait éprouver, n'en doivent pas moins mériter notre reconnoissance, & la rendre respectable à nos yeux.

Aussi la fociété, à mesure qu'elle s'est policée, a-t-elle cherché à multiplier les fecours en faveur des femmes enceintes, & à prévenir les abus du charlatanisme dans les *accouchemens* ; l'ordre public & le bonheur des individus demandoient que la police s'occupât de ces deux grands objets. Ainsi l'on prescrivit des réglemens pour s'assurer de la capacité des personnes occupées de l'art des *accouchemens*, & l'on multiplia les moyens d'instruction, afin de rendre leurs fecours plus positivement utiles aux mères, dans le moment de l'enfantement.

Mais, & on doit l'avouer, long-tems dans notre Europe moderne le peuple fut privé des avantages qu'il a depuis retirés du progrès des arts & de la police à cet égard. Nous ne voyons pas que nos ancêtres aient porté fur cette importante partie des soins publics, toute l'attention qu'elle mérite. Une routine meurtrière composoit tout le savoir des sages-femmes, sur-tout de celles à qui on pouvoit donner ce titre dans les campagnes ; & l'on ne doit pas douter que des générations entières n'aient péri par leur impéritie & leurs méthodes dangereuses. C'est ce qu'un médecin estimable déplore en ces termes, dans un bon ouvrage qu'il a publié sur la médecine légale.

« C'est une chose vraiment déplorable que de voir l'abandon où se trouvent les femmes de la campagne dans l'*accouchement*. Quels tristes spectacles n'offre-t-il pas chaque jour à nos yeux ! L'on voit des hommes estropiés, infirmes, impotens dès leur naissance ; d'autres dont les organes & les proportions de la tête ont été dérangés & viciés, & cela par l'impéritie de la sage-femme qui a tiraillé ou pressé trop fortement les os encore membraneux & mal assurés dans leurs articulations ; d'où il résulte qu'un grand nombre d'enfans périssent ou restent contrefaits ou imbécilles tout le tems de leur vie. Combien ne voit-on pas aussi de pauvres mères dont les organes générateurs ont été misérablement déchirés & rendus incapables de leurs fonctions naturelles ? sans compter toutes celles qui ne pouvant supporter toutes les douleurs qu'on leur fait éprouver, périssent par la maladresse & l'ignorance de ceux qui se chargent de les accoucher «. (*Hebenstreit, medicina forensis ; de partu.*)

C'est pour remédier à ces déplorables effets de la présomption, du charlatanisme & de l'ignorance que l'on a fait différens règlemens sur l'art des *accouchemens* ; ou plûtot sur les qualités nécessaires à ceux qui l'exercent ; c'est encore dans la même intention qu'on a multiplié les instructions publiques sur cette matière, depuis un demi-siècle en Europe. Bornons-nous à faire connoître ce qui a lieu à cet égard en France, en nous réservant de parler des établissemens étrangers aux articles des capitales de chaque état, dont nous croirons devoir traiter. On peut aussi voir le mot *sage-femme* pour les détails que l'on ne trouvera pas ici, ainsi que le mot *accoucheur*, qui suit.

Jusqu'en 1736 nous ne voyons pas que l'on se soit occupé des personnes qui exercent l'art des *accouchemens* dans les villes & villages des provinces, ensorte que les pauvres femmes étoient sans restriction livrées au charlatanisme & à l'impéritie de ceux qui voulioent s'en mêler ; ce qui fait voir, pour le remarquer en passant, l'erreur du gouvernement françois, qui s'est en général si scrupuleusement occupé des plus petits détails de police, & qui a négligé pendant si long-tems un des plus importans objets qui pouvoient. mériter son attention. Enfin, à l'époque que nous venons de citer, il fut ordonné que ceux qui entreprendroient d'exercer l'art des *accouchemens* dans les bourgs & villages, se feroient recevoir par la communauté des chirurgiens, établie dans le chef-

lieu de la justice où ils voudroient fixer. (*Déclaration* du 5 septemb. 1736.)

Dans les grandes villes, & sur-tout à Paris, les soins de la police pour la vie & la santé des citoyens avoient été de meilleure heure mis en activité. Nous trouvons une sentence du châtelet de 1679, qui fait défenses à toutes personnes de s'immiscer dans l'art des *accouchemens* & prendre enseigne, sans avoir été examinées aux écoles de Saint-Côme & prêté serment. Déjà la réception des sages-femmes à Saint-Côme avoit été réglée dès 1664, par déclaration enregistrée le 3 août 1666. *Voyez* SAGES-FEMMES. Enfin depuis que l'on s'est éclairé, & que le bien du peuple a été mieux apprécié & mieux senti, les réglemens en faveur des soins qu'on doit aux femmes dans le tems de l'*accouchement*, se sont multipliés, & plusieurs tribunaux dans les provinces on ont rendu de véritablement utiles. Telle est l'ordonnance de la police de Poitiers, du mois d'août 1779, « qui défend, sous peine de vingt livres d'amende, dont les maris seront & demeureront responsables, à toutes les femmes des paroisses y dénommées, qui n'ayant pas de lettres de maîtrise, délivrées par le lieutenant du premier chirurgien du roi, se mêlent d'exercer l'art des *accouchemens*, d'y continuer ledit exercice : & aux habitans desdites paroisses de s'adresser à d'autres qu'à celles qui, après avoir fait leur apprentissage, ont suivi le cours d'*accouchemens* requis pour être reçu, & se sont rendues dignes d'être admises à la maîtrise ». Tel est encore l'arrêt de règlement du parlement de Rouen, du 24 Février 1728, qui enjoint à toutes les sages-femmes de la province, lorsqu'elles se trouveront dans des *accouchemens* laborieux & contre nature, d'appeler promptement du secours, sous les peines qu'il conviendra : moyen sage pour prévenir les accidens trop communs que l'ignorance des sages-femmes fait souvent naître.

Quelques personnes ont cru que ce pouvoit être une police aussi nuisible qu'avantageuse à la société, d'interdire l'exercice de l'art des *accouchemens* à quiconque n'auroit point été reçu exprès dans cette profession. Elles ont pensé qu'il pouvoit se trouver des hommes ou des femmes doués d'une adresse, d'une patience & d'une intelligence particulières dans cette partie ; que priver les mères de leurs secours, c'étoit aller contre l'intention du législateur & les principes de l'humanité ; & qu'enfin l'on devoit au moins laisser les malades libres de choisir qui bon leur sembleroit pour les traiter & les soigner.

Mais ce raisonnement, qui pourroit à la vérité être poussé plus loin, & à l'appui duquel on cite des cures merveilleuses, des *accouchemens* difficiles effectués par des gens qui n'étoient point de la profession, ce raisonnement, dis-je, prouveroit trop si on l'admettoit ; car il en résulteroit qu'on pourroit sans inconvénient, sans abus, sans impolice, livrer la foiblesse souffrante à l'audace & au char-

M i

latanifme : puifque pour un homme qui fera le médecin ou l'accoucheur avec connoiffance de caufe, pour une femme qui fe mêlera d'*accouchemens*, avec quelque teinture des talens qu'ils exigent, il y en aura mille qui n'écouteront que leur préfomption, leur zèle, leur intérêt, leurs faufes lumières, & qui rendront ainfi la femme, qui aura eu confiance en eux, victime de leur ignorance & de l'incurie de la police. Or le légiflateur doit toujours compter fur le plus grand nombre des cas, & ne point établir de règlemens fur des exceptions particulières, qui font toujours accidentelles & momentannées.

Ajoutez de plus, & ceci eft décifif, que les perfonnes qui fe livrent à exercer l'art des *accouchemens* par zèle charitable ou par vanité, le faifant ordinairement fans aucune rétribution pécuniaire, ne fe croient pas auffi pofitivement engagées à fuivre leurs malades & à les veiller, que celui qui fait de cet état la bafe de fon exiftence & de fon bien-être. Il n'eft pas rare de voir de ces *guériffeurs gratuits*, entreprendre de traiter un malade, l'abandonner enfuite par légèreté, par incurie, par mauvaife humeur, ou parce que la conduite & les mœurs du malade lui ont paru fufpectes ; car ces hommes charitables font fouvent intolérans. Cependant le pauvre fouffrant, ou la pauvre accouchée refte au lit, attend le médecin généreux, l'accoucheur bienfaifant, qui n'arrive point, ou qui envoie dire qu'il a des affaires qui ne lui permettent point de venir.

Et quand, par un hafard très-commun, ces accoucheurs charitables ont eftropié une femme, bleffé l'enfant dont elle eft accouchée, quand pour faire des effais, des expériences, ils expofent leurs malades à des dangers terribles, quelle protection pourrez-vous trouver dans les loix contr'eux, fi l'on ne leur interdit pas l'exercice d'un art qu'ils n'ont étudié que vaguement, & fans cet efprit de fuite qui caractérife ceux qui profeffent un état dont ils doivent vivre ? Ajoutez encore que ceux qui fe livrent ainfi à traiter les malades charitablement, & fingulièrement les femmes en couches, fans en avoir les conditions requifes par la loi, font ordinairement étrangers aux progrès de l'art, & ne fuivent dans leur pratique que des recueils de recettes auffi dangereufement compofées que maladroitement appliquées.

Ceci, au refte, ne fait point l'apologie univerfelle des accoucheurs & fages-femmes ordinaires. Il en eft d'effroyablement ignorans, de téméraires & de barbares au-delà de ce que l'on peut imaginer. Il en eft même qui portent ces mœurs féroces jufqu'au crime ; voyez-en un exemple révoltant au mot SAGE-FEMMES. J'avoue auffi qu'il y a parmi les charlatàns de bonne ou de mauvaife foi, qui fe livrent fans titre légal à exercer l'art des *accouchemens*, fur-tout parmi les femmes, des perfonnes inftruites, expérimentées, judicieufes & adroites, à qui la fociété a les plus grandes obligations. Mais

le nombre en eft très-petit, & je crois qu'il vaut mieux en général n'avoir recours qu'aux gens de l'art, ne fût-ce qu'afin d'avoir le droit de les faire punir lorfqu'ils donnent lieu à quelque malheur, qu'ils auroient pu prévenir.

A mefure que les fciences ont fait des progrès, que la police s'eft perfectionnée, on a fenti par-tout qu'il ne fuffifoit pas toujours, pour empêcher les malheurs qui ont lieu dans les *accouchemens*, de punir ceux qui y avoient donné lieu. On a plus raifonnablement fuppofé qu'il falloit rendre l'inftruction publique plus commune, & faciliter aux jeunes élèves les moyens de s'inftruire dans l'art. C'eft ce qui a été tenté & très-heureufement effectué dans plufieurs provinces du royaume ; car c'eft principalement là que les accidens des femmes accouchées font plus déplorables & plus évidemment dûs à l'ignorance des accoucheurs ou accoucheufes.

Un des hommes qui fe font le plus pofitivement occupés de cet objet eft M. *Turgot*. Lorfqu'il n'étoit encore qu'intendant de Limoges, il donna, dans les provinces, l'exemple des cours publics d'*accouchemens*, que les autres intendans & les adminiftrations provinciales ont imité depuis, comme nous le dirons tout-à-l'heure. Il fit venir de Paris à Limoges une fage-femme vraiment inftruite & expérimentée (nommée *du Coudray*), lui affura un traitement & lui fournit les fantômes néceffaires pour faire fucceffivement plufieurs cours de l'art des *accouchemens* à Limoges, à Tulles & à Angoulême ; il donna des encouragemens aux femmes qui fuivirent ces cours, & favorifa en différens endroits de la province l'établiffement de celles qui avoient le mieux réuffi. Il parvint à former ainfi une pépinière de fage-femmes fuffifamment éclairées, & les accidens font devenus plus rares.

Mais M. *Turgot*, pour remplir plus efficacement fes vues, de fecourir l'humanité fouffrante, auroit dû, préférablement à ce qu'il fit, établir dans différens diftricts de la province, des accoucheurs tirés de la capitale ou des autres villes où l'art de guérir eft perfectionné, les appointer exprès pour qu'ils puffent fe livrer gratuitement à accoucher & foigner les pauvres femmes de la campagne, faire ces élèves & préferver les malades des remèdes incendiaires que l'ignorance & le charlatanifme ne font que trop ardens à leur adminiftrer. Nous fuppofons qu'un fonds, même confidérable, eût été bien placé en pareil cas ; c'eft au moins l'idée que s'en eft formée l'affemblée provinciale de l'Ifle-de-France, de 1788, qui préfente le même plan de fecours que nous propofons ici.

Mais de tous les foins donnés à cette partie de la police bienfaifante de l'état, aucuns n'ont été plus conftamment fuivis que ceux qu'y ont apportés les membres de l'adminiftration provinciale de haute-Guyenne. Voici comme s'exprime le bureau du bien public, dans le procès-verbal d'affemblée de 1782 : nous rapporterons en entier le difcours prononcé ;

parce que c'est une véritable instruction sur cette matière, qu'on lira avec d'autant plus de plaisir, que l'esprit public & le desir d'être utile aux hommes s'y montrent dans tout leur jour.

« Il n'est sans doute personne qui, dans quelque circonstance, n'ait été témoin des malheurs qu'occasionnent si souvent dans nos campagnes, & quelquefois même dans nos villes, l'ignorance & l'impéritie des sages-femmes. Vous n'ignorez pas que cette profession si intéressante pour l'humanité, & qui dès-lors ne devroit être exercée que par des personnes qui joignissent à beaucoup d'honnêteté, toutes les connoissances nécessaires, est trop souvent usurpée par des femmes également avilies par leur brutale stupidité & par la dégradation de leurs mœurs; aussi combien ne voit-on pas de tristes victimes périr sous ces mains ignorantes & cruelles, & que des secours sagement administrés auroient facilement conservées à la vie? Combien de femmes blessées dès leurs premières couches, & qui ne peuvent plus devenir mères? Combien de malheureux enfans estropiés dès leur naissance, & qui après avoir eu une enfance pénible & douloureuse, sont, dans un âge plus avancé, à charge à leurs tristes parens & à eux-mêmes? Combien de malheureux époux qui, croyant toucher au moment d'être pères, & se reposant avec sécurité sur des femmes ignorantes du soin de procurer à leurs épouses une heureuse délivrance, ont vu périr tout-à-la-fois & par les même causes, l'objet de leur tendresse & le gage de leur amour? De funestes événemens, si dignes d'intéresser les ames sensibles, se reproduisent trop souvent pour que vous ne deviez pas desirer de les prévenir. On fait tous les jours de grandes dépenses, pour former des établissemens qui n'ont pour objet que l'agrément où les commodités de la vie : n'est-il pas plus conforme à la raison & à l'humanité de consacrer des fonds pour conserver des citoyens à l'état, des enfans à leurs pères, & des mères à leurs familles? De toutes les destinations qu'on peut donner aux fonds publics, il n'en est pas de plus respectable; il n'en est pas même qui, considérée politiquement, puisse être d'un plus grand intérêt pour la société; elle ne se maintient & ne se renouvelle que par la succession des générations. Préparons donc à celles qui n'existent pas encore, les secours qu'elles ont droit d'attendre de celles qui les ont précédées. Le moyen le plus efficace pour y parvenir, est de répandre l'instruction & les lumières parmi les personnes chargées de présider à la naissance des enfans. Le sort de ces êtres foibles & délicats est entre leurs mains : assurons leur fragile existence, en procurant à celles qui doivent la garantir de tous les dangers qui la menacent au moment où ils vont appartenir à la société, les connoissances dont elles ont besoin, pour que les secours qu'elles leur administreront ne leur deviennent jamais funestes, & puissent le plus souvent leur être salutaires.

» Vous y réussirez en établissant dans les principales villes de la province, des cours publics d'ac-couchemens, auxquels pourront assister toutes les personnes qui desireront embrasser la profession de sage-femme; mais comme c'est sur-tout aux campagnes que vous desirez procurer des sages-femmes instruites & intelligentes, & que les frais qu'il y auroit à faire pour que celles qui se destinent à cet état, allassent résider pendant un certain temps dans les villes où seront établis les cours d'accouchement, pourroient être un obstacle à leur émulation, il est indispensable d'aller au devant de cette difficulté; & voici quelles sont les vues du bureau, tant pour les frais qu'exigeront ces établissemens, que pour les lieux où ils devront être formés. Nous croyons d'abord qu'il convient de les placer dans les villes chef-lieux des élections, de préférence à tous les autres, parce qu'il est à présumer qu'on y trouvera plus facilement des démonstrateurs instruits & éclairés; on pourroit ensuite choisir dans chaque élection cinq élèves-sages-femmes, auxquelles on donneroit 20 sols par jour, tant pour leur logement que pour leur nourriture, pendant les deux mois que durera le cours auquel elles devront assister. Le nombre des élèves que nous vous proposons est peu considérable; mais la médiocrité de vos ressources ne nous a pas permis de l'accroître davantage; la nourriture & le logement de ces élèves, sur le pied de 20 sols par jour, reviendroit à 300 livres par élection; cette somme multipliée par six, à raison de six villes chef-lieux d'élection, donnera 1800 l.

» Quant aux honoraires des six démonstrateurs, nous desirerions pouvoir les proportionner à l'importance de leurs services; mais les circonstances nous forcent encore d'user d'économie à cet égard, & ne nous permettent d'assigner à chacun d'eux que 150 livres par forme de gratification; cet article se portera à 900 livres. . . . . . . En supposant qu'il faille ajouter quelque chose pour le voyage & le retour des élèves, à qui 20 sous seroient insuffisans pour les jours où elles seroient en route, nous sommes persuadés que 3000 livres rempliront tous les articles de dépense.

» Par rapport à la manière de faire le choix de cinq femmes par élection, il nous a paru :

» 1°. Qu'il convenoit de diviser chaque élection en cinq arrondissemens, ensorte qu'il y ait, pour chacun desdits arrondissemens, une femme qui assiste à l'école des démonstrations. Par cet arrangement, vous aurez, Messieurs, la satisfaction de voir que, dans l'espace de quelques années, toutes les paroisses de la Haute-Guyenne auront joui du bienfait que nous sollicitons pour elles.

» 2°. Les membres & correspondans de l'administration proposeront à la commission intermédiaire une ou plusieurs femmes pour chaque arrondissement, d'après l'avis & les renseignemens qu'ils auront pris des curés, consuls & notables dudit arrondissement.

» 3°. Sur la présentation des membres & correspondans, & sur les notes qu'ils voudront bien

envoyer, la commiffion intermédiaire choifira l'é-
lève-fage-femme qu'elle jugera la plus digne d'être
admife au cours d'accouchement, par fon intelligence, par fa dextérité & par les bonnes mœurs.

» La matière mife en délibération, les vues propofées par le bureau du bien public ont été adoptées. » (Procès - verbal de l'affemblée de 1786,
p. 120.)

Nous avons rapporté en entier ce difcours, parce
qu'il préfente un modèle de prudence & de fageffe à
imiter par les autres affemblées provinciales dans
une femblable matière. Il n'y a guères qu'elles qui
puiffent répandre efficacement les lumières dans les
provinces, & veiller à l'inftruction publique de tous
les genres. Leurs délibérations & les moyens qu'elles
adoptent pour les effectuer, doivent donc être foigneufement recueillis. C'eft d'ailleurs un fpectacle
honorant pour la nation, & confolant pour l'humanité, de voir l'efprit de bienfaifance, ne plus refter inactif dans l'ame de quelques citoyens ; mais
mouvoir de grandes affemblées, & diriger leurs travaux vers le bonheur de la claffe la plus obfcure &
la plus intéreffante de la fociété.

Les foins de l'affemblée provinciale de Haute-
Guienne ont eu d'heureux fuccès, & nous ne faurions encore mieux les faire connoître qu'en rapportant les propres termes dans lefquels la commiffion
en rendit compte en 1786.

« Ayant prévu, Meffieurs, que la mifère des habitans pourroit bien ne pas leur permettre de profiter
des avantages des cours publics d'accouchement, à
caufe de la dépenfe que leur occafionneroit néceffairement la réfidence dans une ville, vous avez prévenu cette difficulté en deftinant des fonds pour cinq
élèves dans chaque élection ; vous avez encore confidéré qu'il étoit convenable d'accorder une gratification au démonftrateur de chaque ville ; vous l'avez
fixée à 150 livres, & vous avez chargé votre commiffion intermédiaire de mettre votre délibération
fous les yeux du miniftre pour en obtenir l'autorifation. . . . . . Les cours publics d'accouchement
fe font ouverts le premier jour de carème dernier, &
les cinq élèves-fage-femmes de chaque élection, choifies par meffieurs les membres & correfpondans fe
font rendues & ont affifté affiduement aux démonftrations. . . . La province entière a applaudi
avec tranfport à cette inftitution fi utile à l'humanité. Dans chaque ville, les médecins & chirurgiens
fe font difputé l'honneur d'être choifis pour démontrer le cours public. . . . Le compte que les démonftrateurs ont rendu à la commiffion intermédiaire, des progrès des élèves, eft très-fatisfaifant,
& doit nous faire efpérer que dans quelques années,
la province jouira des avantages que vous avez défiré de lui procurer.

» Mais, meffieurs, il exifte malheureufement
dans les campagnes un préjugé qu'il feroit important de détruire. La profeffion de fage-femme eft

regardée dans quelques cantons comme aviliffante.
Les femmes qui ont quelque aifance, cédant à l'o-
pinion, ne fe déterminent que très-difficilement à
embraffer cet état. Ne pourroit-on pas, en donnant des encouragemens aux femmes, ou en donnant quelques privilèges à leurs maris ou à leurs
enfans, parvenir à déraciner un préjugé qui peut
s'oppofer au bien que vous vous propofez ?

» Si vous trouvez que notre obfervation mérite
quelqu'attention, nous vous prions de la prendre en
confidération. Il nous paroîtroit toujours effentiel
que les élèves fortant de l'école, qui auroient été
jugées capables d'exercer la profeffion de fage-
femmes, fuffent reçues fage-femmes-jurées par le
lieutenant du premier chirurgien du roi dans chaque
département. Les frais qu'il y auroit à faire, ce-
vroient être à la charge de la province ; mais la dépenfe ne feroit pas confidérable : les lieutenans du
premier chirurgien du roi, font trop pénétrés du
motif qui vous anime, pour ne pas chercher à donner dans cette occafion à la province des preuves de
leur défintéreffement. (Procès - verbal de l'affemblée
provinciale de Haute-Guyenne, 1786.)

L'adminiftration provinciale de Berry n'a pas
fait paroître moins de zèle & d'humanité ; & l'on
ne doit pas douter que les efforts réunis de toutes
les affemblées nouvellement établies, ne rendent
enfin les plus grands fervices à l'humanité, dans
cette partie comme dans tant d'autres, confiées
aujourd'hui à leurs foins. Mais nous ne cefferons de
répéter que tous ces fecours ne produiront qu'un
effet infiniment difproportionné avec les befoins du
pauvre peuple, fi l'on ne prend pas la réfolution
définitive d'établir dans chaque paroiffe un peu
forte, un bon chirurgien - accoucheur, ou une excellente fage-femme, capables de remédier à tous
les accidens qui peuvent furvenir, foit dans les accouchemens faciles, foit dans ceux où l'enfant fe préfente contre les loix ordinaires de la nature.

C'eft autant pour la confervation des enfans que
pour celle des mères, qu'on a multiplié les règlemens, les foins, les inftructions fur l'art des accouchemens ; les loix paroiffent même avoir préféré
dans certains cas la vie des premiers à celle des fecondes. On connoît la rigueur de l'édit de Henri II :
nous en avons déjà parlé, nous en parlerons encore
parce que fon extrême dureté choque nos mœurs,
jette la terreur dans la fociété & fait commettre aux
loix des atrocités dont rien ne peut réparer les fuites
malheureufes. On a cru, par cet édit, pouvoir
affurer à jamais la vie des enfans contre l'imprudence ou la barbarie des mères, en puniffant celles-
ci du dernier fupplice, lorfqu'elles auroient donné
le jour à un enfant mort, fans avoir préalablement
dénoncé leur groffeffe au magiftrat public. Mais
le légiflateur, auteur de cette loi, y fait également voir une ignorance abfolue du cœur des femmes, de la force de la pudeur, de l'empire & de
la nature des préjugés qui gouvernent la fociété,

En effet, nous avons fait voir, au mot ABANDON, que l'infamie dont on couvre les filles mères, est en général la cause qui les porte à cacher leur *accouchement*, à abandonner l'enfant qu'elles viennent de mettre au monde, à en causer ainsi quelquefois la mort, & à s'exposer, par cet enchaînement de malheurs, à subir le supplice prononcé contre elle par la loi. Or, qui ne frémit à la vue d'une pareille anarchie de principes, d'un pareil système de morale, qui pour retenir un sexe fragile dans les limites de la vertu, l'expose au plus malheureux de tous les crimes, au plus rigoureux de tous les supplices : quelle contradiction ! quelle barbarie ! Commencez par offrir des secours à la beauté foible & indigente ; secouez le préjugé féroce qui couvre d'infamie la fille-mère qui produit au grand jour son enfant & l'élève, & vous n'aurez plus de soin d'armer les loix contre la nature & de punir des crimes dont vous êtes les auteurs. Nous avons remarqué tous les désordres, & indiqué quelques moyens d'y remédier.

La loi seroit donc inutile si les filles-mères n'avoient point un intérêt violent à cacher leur état aux yeux d'un public superstitieux & barbare. L'enfanticide n'est donc, lorsqu'il a lieu, que le crime du peuple imbécile, qui aime mieux voir les malheurs & les désordres naître au milieu de lui, que de renoncer à des erreurs de jugement, à des principes d'une morale monstrueuse. Vous craignez de voir les mœurs se corrompre, & vous ne craignez pas de multiplier les crimes & les châtimens qui les accompagnent ! Vous voulez conserver la pudeur & la vertu du sexe, & vous le sacrifiez à des opinions tyranniques que la nature & l'humanité désavouent !

Mais le préjugé ne pouvant pas se détruire, les hommes s'obstinent à entretenir ce foyer de malheurs au sein de la société, par l'infamie, le déshonneur dont ils se plaisent à couvrir la malheureuse fille ; qu'une foiblesse, la séduction, peut-être même la violence, a rendue mère ; leurs absurdes & monstrueuses maximes l'emportant sur le cri de la nature & la voix de la raison, doit-on conserver à la loi toute sa dureté, toute son inflexible rigueur ? Non ; il est vraiment contre tout principe d'ordre, contre le droit sens & la justice, qu'une fille-mère soit condamnée à mort par cela seul qu'elle a caché une grossesse, dont la découverte l'eût déshonorée, & qu'il en est résulté un enfant privé de la vie. La loi suppose que la mère qui ne s'est pas déclarée, avoir l'intention criminelle, & que la mort de son fruit en est la preuve & l'effet. Mais la loi est aveugle & se méprend. La femme aime naturellement l'enfant qui vient de naître. Avec quels regards attendrissans elle parcourt cette jeune créature ! comme son cœur bat ! comme ses yeux sont animés ! & quel désespoir les obscurcit tout-à-coup, quelle pâleur couvre son visage, quelle sensation douloureuse agite tous ses organes, au moment où elle réfléchit qu'un

préjugé cruel, un fantôme d'honneur, la force à quitter, à abandonner pour jamais ce cher fruit qu'elle eût chéri, qu'elle eût élevé avec délices, si les hommes le lui eussent permis ! Sans doute une mère d'un courage inébralable peut surmonter ces obstacles & préférer la vie, la liberté, la santé de son enfant à toute autre considération. Mais on a rendu ce sacrifice si grand, si difficile à effectuer par la honte qu'on a attachée à l'état de mère naturelle, comme si cet état étoit toujours volontaire, qu'il est rare d'en trouver aujourd'hui, sur-tout dans les provinces, qui osent le faire, & se charger ainsi de l'anathême public.

C'est donc bien injustement que la loi suppose que la mère qui n'a pas dit sa grossesse, qui a célé son *accouchement*, avoit l'intention criminelle d'ôter la vie à son enfant ; ne devroit donc punir que lorsque des témoins irréprochables assureroient l'avoir vu elle-même commettre ce crime abominable. Ah ! cet opprobre de l'humanité n'est jamais arrivé ; Non ; jamais la mère foible & physiquement attendrie par l'action même qu'elle vient de faire, n'a pu trouver en elle cette force criminelle, cette tension forcenée des organes nécessaires pour effectuer un pareil forfait. Le crime coûte, même au scélérat ; il exige un effort, dont la femme n'est point capable dans ce moment de douleurs & de sensibilité maternelle.

Mais l'on me cite des exemples, l'on me prouve qu'on a vu des mères dénaturées porter une main homicide sur l'enfant qu'elles venoient de mettre au monde..... J'ai besoin de quelque violence pour le croire ; je frissonne en y pensant ; mais enfin c'est vrai. Eh ! oui ; des mœurs barbares, des préjugés atroces, des vanités malheureuses, le respect des hommes à conserver, la honte à fuir, le mépris à éviter, l'infamie à prévenir, ont pu pousser à ces crimes vraiment monstrueux, des êtres faits pour protéger notre enfance & les premiers instans de notre vie. Qu'en conclure ? que la société est elle-même la source des maux auxquels elle s'efforce de remédier, & que la sévérité, la rigueur des loix annonce toujours un vice de morale, un désordre dans les idées qui s'oppose aux droits de la nature & aux maximes de la raison ; & certes jamais cette vérité ne trouva une application plus juste que dans le cas présent.

L'on n'a donc point autant assuré la vie des enfans, par la peine infligée contre le soupçon même d'infanticide, qu'on l'auroit pu faire en détruisant le préjugé par une loi bien simple, c'est-à-dire, celle qui assureroit à toute fille mère qui éleveroit son enfant, 1°. protection contre la violence, l'injustice des parens ; 2°. partage dans la succession patrimoniale, suivant la coutume, sans que sa faute soit une raison pour la déshériter ; 3°. en accordant à son enfant les droits civils, c'est-à-dire, la capacité à hériter de sa mère naturelle, &c. 4°. en lui donnant des secours phyfiques, fi elle en avoit befoin, ainfi qu'à fon enfant.

Mais l'on n'a point fait cela. L'on a multiplié les hofpices pour les enfans expofés ou trouvés ; c'eft un très grand bien, un bien ineftimable très-fûrement ; mais ces innocentes créatures portées dans ces maifons éloignées du fein maternel, des careffes & des douceurs qu'une mère feule peut prodiguer, meurent en très-grand nombre, ou vivent dans une efpèce d'oubli, malgré les foins vraiment paternels que l'on leur donne affez généralement dans tous les états policés & chrétiens.

Je réfume : 1°. la loi contre les filles-mères, qui ne déclarent pas leur groffeffe, & dont l'enfant eft mort en venant au monde, eft injufte, parce qu'il fuppofe ce qu'il faudroit prouver ; favoir, que la mère a eu l'intention de tuer fon enfant, & qu'elle l'a tué ; 2°. cette loi eft abfurde & fait violence à la pudeur, puifqu'elle exige qu'une fille aille déclarer une faute qui doit fe couvrir de honte & d'infamie ; 3°. elle n'empêche pas les mères véritablement criminelles de donner impunément la mort à leurs enfans, puifqu'il fuffit pour cela qu'après avoir déclaré leur état, elles emploient des moyens violens propres à faire périr leur fruit ; 4°. le feul moyen de bannir à jamais ces défordres, ces fléaux & ces crimes de la fociété, feroit d'attacher moins de honte & d'infamie à l'état de mère naturelle, de mettre fous la protection d'une loi fpéciale toutes celles qui voudroient élever leurs enfans, & enfin d'adoucir, par toutes les voies imaginables, ce rigorifme dénaturé de notre morale publique, qui dévoue à l'opprobre l'enfant qui reçoit le jour de toute autre mère, que de celle que les loix ont publiquement reconnue.

C'eft encore pour protéger la vie des enfans, fans doute, que quelques cours fouveraines, ont fait des réglemens pour obliger les fage-femmes ou accoucheurs à déclarer les accouchemens qui peuvent avoir eu lieu chez eux (1) ; mais on doit bien prendre garde à ne pas donner lieu à de nouveaux malheurs, par l'abus qu'on pourroit faire de femblables règlemens. Lorfqu'une fille-mère, pleine de confiance dans celui ou celle qui la reçoit, lui confie fes peines & le fecret de fon état, ne doit-on pas refpecter cette démarche ? n'eft-il pas à craindre que cette confiance dans la difcrétion & la fageffe d'un accoucheur, une fois altérée par le règlement, ne donne lieu à des abandons qui ne feroient point arrivés, fans la crainte d'être découverte directement ou indirectement par la déclaration exigée ? Cela ne fignifie pas cependant que ce règlement ne puiffe avoir

des applications utiles ; mais comme le préjugé contre les mères naturelles eft deméfurément flétriffant, il ne faut jamais oublier que tout ce qui peut tendre à les y foumettre, doit leur infpirer de l'effroi & leur faire commettre des erreurs & des crimes, peut-être, par la crainte de s'y trouver expofées

Il ne fuffit pas de punir ; les châtimens coûtent à l'humanité : ils coûtent au légiflateur fenfible, & par-tout où un préjugé atroce peut en renouveller fouvent le trifte fpectacle, on doit éviter foigneufement de multiplier les occafions qui peuvent y donner lieu.

La chirurgie & la médecine ont auffi très-fouvent protégé & confervé la vie des enfans aux dépens de celle de la mère. L'opération céfarienne, celle de la fymphife font connues. Au moyen de la première, fi la mère périt, l'enfant eft fauvé ; & ce parti eft fouvent celui auquel on a cru devoir fe tenir dans l'alternative de conferver l'un ou l'autre. Mais eft-il bien permis de facrifier la vie d'une femme qui peut encore donner des citoyens à l'état, pour conferver celle d'un enfant qui a tous les dangers & les maux du jeune âge contre lui, auxquels il fuccombera peut-être, & dont l'exiftence eft par conféquent une chofe incertaine ? n'eft-ce point une injuftice affreufe de ne confulter en pareil cas que la volonté du mari ou de la famille, comme fi celle de la mère ne devoit point être la prépondérante, & la première prife en confidération ? En un mot dans tous les cas, il ne paroît pas dans l'ordre de la nature & de la juftice de condamner à la mort une femme jeune, faine, en âge d'avoir des autres enfans, pour fauver un être dont la vie eft à peine commencée, qui n'a encore aucune faculté morale, & qui fent moins que fa malheureufe mère le dur fupplice d'une fin lente & prolongée dans les tourmens. (Voyez dans la médecine opération céfarienne.

L'opération de la fymphife a-t-elle rendu de véritables fervices aux mères ? n'en eft-il point réfulté un motif trop facile, pour des accoucheurs ignorans, de tenter une opération douloureufe & incertaine ? Cette demi-opération céfarienne, fi on peut lui donner ce nom, ne peut-elle pas devenir la fource de bien des maux pour les femmes, qu'elles n'auroient pas connus fans elle ? ou bien enfin eft-ce une véritable découverte précieufe à l'humanité ? c'eft ce qui ne nous eft pas donné de décider. On cite des exemples en fa faveur, & fon inventeur, M. Sigaud, doit mériter la reconnoiffance des hommes fenfibles, fi effectivement elle produit le bien qu'on lui attribue. Voyez dans la médecine le mot SYMPHISE.

---

(1) Un règlement du parlement de Befançon, du mois de mai 1774, ordonne aux accoucheurs & accoucheufes, chez qui fe préfenteront des filles & veuves, & même des femmes venues de provinces étrangères pour accoucher, d'en faire la déclaration dans les vingt-quatre heures ; de déclarer également, dans ce délai, le fexe des enfans nouvellement nés, les marques auxquelles on pourra les reconnoître, & l'endroit où ces enfans auront été placés en nourrice.

Quand on confidère la variété d'idées, d'habitude & de mœurs, qui fe rencontrent chez les différentes nations qui peuplent la terre, quel contrafte ! quelle oppofition de conduite ! quelle bizarrerie ! Tandis qu'ici on multiplie les loix en faveur des enfans, que tout femble veiller à leur confervation, que les parens n'en peuvent jamais moins difpofer que lorfqu'ils font plus foibles & plus incapables de réfiftance, ailleurs on les leur abandonne, & leur vie & leur mort dépendent du caprice ou du goût de ceux dont ils tiennent l'être. Ces défordres dus à l'oubli, je ne dirai pas des loix de la fociété, mais des loix de la nature, éprouvent des différences fuivant les peuples & les pays.

Les voyageurs nous ont confervé quelques-uns de ces actes de barbarie. Les femmes, dit le jéfuite *Gumilla*, étoient fi malheureufes fur les bords de l'Orenoque, qu'elles faifoient mourir les filles, en leur coupant de très-près le cordon ombilical, & le chriftianifme n'a que foiblement détruit cet ufage invétéré. Les femmes de Madagafcar expofoient dans les bois, ceux qui viennent au monde le mardi, le jeudi & le vendredi ; elles les laiffent périr de faim ou en proie aux bêtes fauvages. (*Relation d'un voyage à Madagafcar*, par Rennefort.)

Diodore de Sicile nous apprend que les habitans de la Tapobrane, qu'on croit être l'île de Ceylan, condamnoient à la mort tous ceux qui naiffoient ou devenoient eftropiés. L'on fait que cette coutume avoit également lieu chez les lacédémoniens, ce peuple de brigands dont les mœurs atroces firent long-temps le malheur de la Grèce & des peuples foumis à leur defpotifme (1). L'on voit, par le récit de Denis d'Halicarnaffe (*Antiq. Rom. lib.* II) que les romains jouiffoient du même droit de tuer leurs enfans, s'ils le jugeoient à propos : *romanorum legiflator dedit patri poteftatem necare filium, fi id libeat :* &, ce qui paroîtra extraordinaire à bien des gens, c'eft que cet auteur a l'air de louer cette barbare législation & de blâmer quelques républiques grecques où l'autorité paternelle étoit contenue dans les bornes qui lui conviennent. Mais nous avons vu des auteurs modernes, entr'autres le célèbre *Hobbes*, avoir la même opinion. Celui-ci foutient qu'une mère, qu'il regarde comme feule propriétaire de l'enfant (2), a le droit de l'expofer, de le tuer ou

de l'élever à fa volonté. *De Cive*, cap. IX ; & *Léviathan*, cap. XX.

Ariftote en regardant comme un crime de détruire l'enfant vivant & bien conftitué, prétend cependant qu'on peut faire périr le germe qui doit lui donner l'être, pour éviter une trop nombreufe population. *Si mores*, dit-il, *inftitutioque civitatis prohibeant natos exponere, ac multitudo tanta prolis alicui contigerit, ut duplicatus fit filiorum numerus (nam is definitus effe debet) ad multitudinem nimiam evitandam, antevenire opportet ut non concipiantur.* Politic. lib. VII, c. XVI.

Enfin, fi nous en croyons quelques relations, cette affreufe coutume de tuer les enfans, fans encourir les châtimens de la loi, fubfifte à la Chine. On les expofe fur les chemins ou dans le rues, morts ou en vie, & un tombereau paffe tous les matins, qui les emporte & les jette dans un foffé. Les auteurs des nouveaux mémoires fur la Chine, qui ont pris à tâche de juftifier tous les abus de fon gouvernement, cherchent à diminuer l'horreur que doit infpirer un pareil crime en prétendant qu'il y eft rare, mais il n'en eft pas moins vrai que l'infanticide y eft toléré. (3)

Au refte, on doit bien diftinguer l'infanticide dont nous parlons ici, d'une autre efpèce qui, quoique très-criminelle fans doute, n'a point cependant un caractère d'atrocité fi révoltant ; la néceffité femble le commander chez les peuples pauvres & où la fubfiftance eft difficile. C'eft ainfi qu'une femme kourile, qui accouche de deux enfans, en immole un. Elle ne pourroit les élever tous les deux, elle facrifie celui qui paroît le plus infirme & montre moins de difpofition pour vivre. Tel eft le trifte fort de la nature humaine, que les plus grands crimes même femblent inféparables de fa déplorable deftinée. Tout lui retrace fon néant & l'abandon affreux où elle femble livrée fur ce globe de mifères & d'ennuis. La folie, l'erreur, la douleur, voilà fes élémens, voilà fon partage le plus univerfel.

Les hommes ont toujours voulu trouver quelque chofe de furnaturel & de prophétique dans la manière dont naiffoient les enfans. L'*accouchement* eft devenu pour eux une efpèce de moyen de connoître l'avenir. De-là tant de fauffes idées fur les malheurs que la naiffance des monftres ou des enfans contrefaits préfage. Les prêtres du polythéifme les expioient par des facrifices, comme des marques de la

---

(1) On a mal-à-propos attribué cette coutume barbare à Licurgue, elle étoit originairement chez les fpartiates, peuplé forti de la petite Doride, qui l'ont confervée, comme analogue à leur caractère & à leur conftitution militaire.

(2) *Hobbes* a raifon de regarder la mère, non pas comme propriétaire, mais comme feule chargée par la nature de gouverner & de commander fon enfant, 1°. parce qu'elle feule expofe fa vie pour lui donner le jour après l'avoir long-temps porté dans fon fein ; 2°. parce qu'elle eft dépofitaire de la nourriture naturelle de l'enfant, du lait ; 3°. parce qu'elle feule connoît en dernière analyfe le père de l'enfant ; 4°. enfin parce que la nature a proportionné la douceur, la délicateffe de fon organifation phyfique, à la fragilité des membres de l'enfant.

(3) Je ne doute pas que les chinois ne jettent leurs enfans dans l'eau, depuis que j'en ai vu flotter plufieurs fur la rivière ; mais je ne faurois dire fi cela fe fait avec la permiffion du gouvernemens dit Olof Torée *Voyage aux Indes*, en 1752, p. 69.

colère des dieux ou des signes des maux qu'ils vouloient envoyer aux hommes : & cette superstition est
encore aujourd'hui poussée si loin chez quelques peuples à demi-sauvages, qu'une naissance un peu extraordinaire, sans être monstrueuse, donne lieu à des craintes ou à des réjouissances publiques. Chez les hotten-
tots, lorsqu'une femme *accouche* d'un enfant mort, la
terreur se répand dans la horde, l'alarme est universelle, il n'est plus possible de rester au même lieu, &
le village est transporté ailleurs. Si, au contraire, ce
sont deux jumeaux mâles qui soient nés, alors on se
livre à la joie ; mais si ce sont deux filles, ils tuent
celle qu'ils croient la plus laide ; & quand une fille &
un garçon naissent ensemble, la fille est abandonnée
ou enterrée toute vive, du consentement de la communauté. La naissance de deux jumeaux est également un sujet de joie publique au royaume de Benin :
le roi en est informé, & ordonne des fêtes & des
réjouissances. Cependant par un genre de barbarie
qu'on ne pourroit croire si on ne connoissoit point
l'empire de la superstition, les habitans d'une
ville appartenant à ce même prince, égorgent la
mère & les deux jumeaux en l'honneur d'un démon
qui habite, dit-on, un bois voisin. *Artus* assure,
dans sa relation, avoir vu un père qui fut obligé
d'égorger ses enfans de sa propre main.

En Europe, si les préjugés sont moins atroces &
les coutumes moins meurtrières, il n'en est pas
moins vrai qu'il existe parmi le peuple cent erreurs
sur la naissance des enfans. Les jours heureux ou
malheureux fixent l'attention des parens, les mois,
les fêtes sont à leurs yeux des causes qui doivent influer sur leur bonheur ou leur santé. Mais les loix
qui, en général, veillent à la sûreté des enfans,
empêchent que ces superstitions ne les exposent à
des dangers, & ne causent ainsi la perte des citoyens, qui appartiennent encore bien plus au gouvernement qui les protège, qu'aux parens qui leur
donnent le jour, ou plutôt qui n'appartiennent ni à
l'un ni à l'autre ; car, pour finir par cette réflexion,
c'est une erreur de croire qu'un homme puisse, de
droit, être la propriété de qui que ce soit.

Telles sont les connoissances & les différens objets
que nous avons cru devoir réunir sous le mot Ac-
COUCHEMENT. Les uns & les autres tendent à montrer les erreurs & les fautes des hommes, sur-tout
les causes qui les produisent & les abus qui les entretiennent. Ce n'est que de cette manière qu'on
peut se former une idée de l'histoire de la société,
& des moyens d'y établir solidement le bonheur & la
paix. La vue des malheurs d'autrui doit nous rendre
prudens à les prévenir : c'est l'instruction de l'exemple. Il est peu de sujets, dans le grand département
de la police, qui présentés ainsi sous différens aspects, n'offrent des moyens d'y faire d'utiles changemens, parce que l'homme ayant les mêmes foiblesses & les mêmes passions par-tout, on juge des
institutions propres à le civiliser par l'état des peuples
qui sont privés de ces institutions, par les essais

imparfaits qu'on a tentés pour y réussir, & par la
nature même des crimes auxquels l'ignorance & la
barbarie ont donné lieu. C'est ainsi que le très-peu
d'idées que nous venons de présenter sur l'*accouchement*, ses suites, les cérémonies qui le précèdent
ou l'accompagnent, le manque d'instruction pour
le pratiquer avec sécurité, même dans nos provinces, le préjugé contre les filles mères, contre les
enfans naturels, la rigoureuse législation établie
pour prévenir l'infanticide, les maux qui en naissent,
les coutumes des autres peuples à la naissance des
enfans, leur superstition, leurs barbares erreurs
forment un faisceau de connoissances positives,
également propres à servir de matériaux, grossiers
à la vérité, au législateur, & de règle de conduite,
quoiqu'imparfaite encore, au magistrat chargé du
dépôt des loix & du bonheur public. *Voy.* FEMME,
ENFANT, ACCOUCHEUR, SAGE-FEMME, AVOR-
TEMENT, INFANTICIDE, BATARD, PROSTITU-
TION : tous ces articles ont des rapports avec celui-ci.

ACCOUCHEUR, s. m. C'est un homme
publiquement autorisé à exercer l'art des accouchemens, parce qu'il en a été reconnu capable par ceux
qui ont droit d'en juger. Ainsi tout homme, quelle
que soit son habileté, qui s'immisce dans la pratique
des accouchemens, n'est point un *accoucheur* aux yeux
du magistrat public ; c'est un charlatan ou un homme
charitable, mais presque toujours plutôt le premier
que le second. Son témoignage n'est point reçu en
justice, & l'on ne pourroit point procéder juridiquement contre lui, s'il avoit commis quelque faute qui
donnât lieu à des dommages & intérêts envers la partie lésée. L'on doit donc, en général, toujours placer
sa confiance dans les hommes reconnus pour suffisamment instruits dans leur art, & peut-être le public
court-il moins de risque de leur ignorance & de leur
impéritie, que de tout le savoir de tant de charlatans
audacieux qui trompent le peuple & le volent, sous
le titre de médecins ou de chirurgiens *accoucheurs*,
gratuits ou charitables. *Voyez* ACCOUCHEMENT.

Nous parlerons des *accoucheuses* ou sages-femmes
à l'article qui les regarde ; nous ne devons nous
occuper ici que des hommes qui professent cet état :
non pas que les uns & les autres ne soient soumis
aux mêmes règlemens généraux de police, mais parce
que cette distinction nous donnera lieu d'examiner en
peu de mots la question sérieusement proposée par
quelques personnes, s'il convient que les hommes
exercent l'art des accouchemens.

Des écrivains trop prévenus en faveur des principes d'une morale sévère, ont cru voir dans cet
usage une source de mauvaises mœurs, un scandale
public, une indécence capable d'alarmer & d'éteindre la pudeur dans le cœur des femmes. C'est, à leurs
yeux, une sorte de prostitution d'autant plus dangereuse, qu'elle est motivée par le besoin de
secours & la nécessité. Ils ont cru qu'on devoit

donc interdire l'état d'*accoucheur* aux hommes, & le réserver exclusivement aux femmes, qui, certaines de n'avoir plus à craindre la concurrence des chirurgiens dans l'exercice de leurs professions, se livreroient avec plus de zèle & d'ambition à l'étude de l'anatomie, s'instruiroient davantage, & n'auroient plus besoin du secours d'une main savante, étant elles-mêmes en état de connoître & de prévenir tous les accidens des accouchemens naturels ou contre nature.

Mais ces raisons, toutes spécieuses qu'elles peuvent paroître, manquent de solidité, & pèchent dans le principal motif: car l'art d'accoucher ayant été très-sûrement inventé pour conserver la vie des femmes & des enfans, il est clair que plus il y aura de personnes qui s'en occuperont, plus il se perfectionnera, & les mères auront de secours à en attendre. Ainsi, vouloir en exclure les hommes, c'est commettre une sorte de délit public, puisque c'est ôter aux femmes tous les moyens de salut, les consolations, les remèdes, les ressources qu'elles peuvent avec raison, plus sûrement attendre des *accoucheurs* que des sages-femmes: car, sans rappeler ici l'inutile & fastidieuse question de la prééminence des hommes sur les femmes en fait de science, il est certain que les chirurgiens *accoucheurs* ont des connoissances physiques, anatomiques, physiologiques, une étude, une réflexion, un génie observateur que n'ont pas & ne peuvent pas avoir des femmes, à qui la foiblesse du sexe, le manque d'étude, les incommodités de la maternité, les convenances sociales ne permettent ni un aussi grand travail, ni des recherches & une facilité de tout voir & de tout entendre, aussi libres qu'aux hommes. Si l'on m'objecte que tous les *accoucheurs* n'ont pas cet amour de leur art, cette ambition éclairée que je suppose ici, je répondrai qu'il est également difficile de rencontrer l'un & l'autre parmi les sages-femmes; ensorte que, toutes choses égales, il y a plus de lumières chez les premiers que chez celles-ci. Pourquoi donc en vouloir priver les mères?

Ce n'est pas seulement en exerçant l'art des accouchemens que le travail des hommes le perfectionne; c'est encore en l'enrichissant de toutes les connoissances puisées dans les autres sciences qui ont rapport à l'art de guérir; telles sont la chymie, la botanique, l'anatomie, la méchanique, la morale ou la science des passions, &c. Cependant si on leur en interdisoit l'exercice, il seroit presque impossible qu'ils le perfectionnassent, parce que l'art d'accoucher exige, pour faire de véritables progrès, que l'on joigne la théorie à la pratique. Ainsi donc, le permettre aux femmes seules, c'est vouloir le concentrer à jamais dans les ténèbres de l'incertitude, de l'impéritie, & dans l'usage des méthodes meurtrières qui ont tant causé de maux aux mères & à leurs enfans.

Il y a plus, c'est que la concurrence des *accoucheurs* a été cause, indépendamment des lumières qui se sont répandues sur l'art, que les sages-femmes se sont

piquées d'être plus instruites, 1°. par amour-propre; 2°. par intérêt, pour ne pas perdre toutes leurs pratiques; 3°. par la crainte d'être jugées & condamnées par des hommes éclairés & capables de connoître les meurtres qu'elles auroient pu commettre par imprudence ou par manque d'attention. Voilà bien qu'on ne sauroit méconnoître, & c'est le cas d'avouer, ainsi que dans tous les arts susceptibles de perfection, les avantages inestimables de la concurrence, quand elle a pour objet une chose d'aussi grand intérêt que celui de la vie des hommes. Mais prenez bien garde cependant que cette concurrence même ne doit être accordée qu'à ceux qui en sont infailliblement jugés dignes: car il n'y a point de loix générales, dans l'état de société, qui ne doivent subir des modifications, des exceptions aussi essentielles à leur utilité que la police même chargée de les faire observer.

Quant à ce qu'on dit de l'indécence qu'il y a à un homme d'accoucher, on voit que c'est une mauvaise raison; car il en résulteroit, si on l'admettoit, qu'il faudroit que les femmes seules exerçassent la chirurgie des femmes, puisque très-souvent un chirurgien traite une femme de blessure ou autre incommodité dans des parties aussi secrettes que l'organe de la génération; & c'est même l'espèce de soins que leur état exige des gens de l'art. Or je crois qu'il n'est pas besoin de faire sentir tout ce qu'il y a de complettement impossible, à vouloir que des femmes seules exercent une profession, où souvent la force du corps est aussi nécessaire que celle d'esprit, ou plutôt où il faut que l'un & l'autre soient réunis; une profession qui demande, pour mériter la confiance publique, des études longues & pénibles à celui qui s'y livre, sans quoi ce n'est qu'un assassin, comme nous en avons malheureusement un si grand nombre. *Voyez* CHIRURGIENS, MÉDECINS.

Mais, indépendamment de cette considération, quelle indécence trouvez-vous à accoucher une femme? L'indécence est un défaut de convention; elle réside, non pas dans l'action, mais seulement dans l'intention. Tous les jours une jeune femme sage & attachée à ses devoirs, se découvre le sein devant les hommes, pour le donner à son enfant. Soupçonne-t-elle de l'indécence? Cependant si elle découvroit seulement à moitié sa gorge, pour exciter des desirs, ou en faire voir les mouvemens & la blancheur, il y auroit de l'indécence, & quelque chose de plus. Un ouvrier voit une femme à demi-nue, en lui prenant mesure d'un corps ou autre vêtement, & il n'y a d'indécence que pour celui qui veut en trouver, parce que, de part & d'autre on s'occupe d'un objet différent de celui qui fait naître des scrupules dans l'ame, souvent brûlante, du rigoriste. C'est donc bien mal-à-propos qu'on va trouver de l'indécence dans une fonction aussi pénible, aussi douloureuse, que celle d'accoucher une femme & de là voir souffrir. Il faudroit avoir une bonne dofe d'infenfibilité luxurieufe pour penfer à autre chofe dans ce moment, qu'à plaindre & fecourir la malheureufe qui s'agite fous l'action de la douleur.

Je penfe que les défirs concentrés d'un jeune cœur pourroient fermenter à l'idée des objets qu'offre à parcourir librement une belle femme dans cet état. Mais bientôt la vue même de ce qui faifoit battre fon cœur, y rappelleroit la triftefle & le fentiment d'une inquiétude génante & douloureufe. Un profonde réflexion fur l'état fragile & malheureux de ce qu'il admire le plus au monde, feroit le dernier des mouvemens de fon ame; & bien loin que ce fpectacle pût y allumer des feux tourmentans, il feroit très-propre, au contraire, à lui infpirer je ne fais quelle crainte d'une paffion qui mène à de fi triftes momens.

Mais quand il feroit vrai que l'incendie de l'amour pût naître de l'afpect d'une femme tourmentée par les douleurs de l'enfantement, quand il feroit vrai que cette vue pût caufer de l'émotion dans une ame brûlante, font-ce de pareils fujets qui s'approchent du lit d'une malade? Un accoucheur, plein de l'important objet qui l'appelle, occupé des préparatifs & des fuites de l'accouchement, ne voit qu'une femme fouffrante, n'eft fenfible qu'à fes cris, ne connoît que le fentiment de la pitié, de la douce commifération. Il partage avec la mère fes inquiétudes, fes alarmes, pour la vie de l'enfant; lui-même tremble pour les jours de la femme, & dans cette agitation intérieure de la crainte & de l'efpoir, il faut qu'il conferve un maintien fûr, une phyfionomie confolante. La femme femble y chercher en effet l'arrêt de fon fort; les moindres mouvemens de l'accoucheur font faifis, analyfés, appréciés, quelquefois même exagérés. Il a donc befoin d'une grande circonfpection pour le falut même de la malade, & je demande fi fon ame préoccupée d'un fi grand foin peut éprouver alors quelque fentiment qui puiffe rappeller l'idée d'indécence?

Sera-ce l'état de la femme qui la fera naître cette idée? Mais comment une malade tourmentée par la douleur, attendant du fecours de l'homme qui fe préfente à elle, s'agitant pour ainfi dire dans les bras de la mort, peut-elle produire fur l'imagination d'autre impreffion que celle des fouffrances, & exciter dans l'ame d'autre fenfation que celle de la pitié, de la crainte? Or ces émotions font triftes, pénibles; elles ne mènent point à des idées indécentes, c'eft-à-dire, à des idées qui excitent des defirs interdits à celui qui les éprouve, qui rappellent l'image des voluptés ou des goûts dépravés, qui corrompent le cœur ou révoltent la délicateffe; car telle eft, en général, la notion la moins vague qu'on puiffe fe faire de l'indécence, en pareille circonftance. Par elle-même, une mère dans les douleurs de l'enfantement, ne peut avoir aucune intention indécente, ni d'autre objet que d'affurer la vie de fon enfant & la fienne: ces affections l'occupent toute entière.

comment pourroit-elle donc encore conferver quelque fentiment qui pût donner lieu à l'indécence de fa part? Car, encore une fois, ce ne font point les objets qui font indécens par eux-mêmes, mais l'idée qu'y attache celui qui les regarde, ou celui qui les offre à la vue. A peu près comme les mots ne font indécens auffi que par le fens acceffoire qu'on y cherche & qu'on y met.

Qu'eft-ce donc que cette indécence contre laquelle on veut crier? en quoi confifte-t-elle? qu'on s'explique. Il eft dans la fociété une foule de préjugés vagues auxquels on s'arrête par habitude fans pouvoir en donner de raifon. C'eft là l'effet de l'ignorance, qui eft de tous les vices le plus tenace & le plus intolérant. Les gens qui prétendent à la pureté de mœurs extérieures, s'y attachent toutes les fois qu'ils les croient favorables à leur fauffe modeftie: ils crient au fcandale, à l'anathême, quand on les méprife; ils voudroient qu'on facrifiât le genre humain à leurs petites idées, à leurs fottifes. Tel eft le portrait des partifans de la doctrine que nous réfutons ici, doctrine également abfurde & dangereufe dans la fociété, en ce qu'elle ne tend à rien moins qu'à priver les femmes des fecours qu'elles peuvent retirer du progrès des fciences anatomiques & de l'art de guérir, & cela dans l'inftant de leur vie où elles en ont évidemment befoin, & où la moindre faute peut occafionner leur mort & celle de leur enfant.

Mais, en même-temps que nous foutenons que l'on ne doit point interdire la pratique des accouchemens aux hommes, nous fommes convaincus qu'il eft également à propos que les femmes l'exercent, parce que c'eft multiplier les fecours, & faciliter aux pauvres mères les moyens de fe faire foigner à moins de frais; cependant cet avantage feroit un malheur fi l'ignorance & l'impéritie des fages-femmes pouvoient impunément & inévitablement occafionner des accidens dans la fociété. Mais, au moyen des règlemens de police dont nous parlerons, & des fecours que les accoucheurs-chirurgiens peuvent leur donner, les malheurs ne font point inévitables; ni par conféquent impunis.

C'eft donc un bien qu'il y ait auffi des fages-femmes concurremment avec les accoucheurs; on peut même dire qu'il feroit à fouhaiter que les femmes euffent, avec la douceur & la fenfibilité de leur caractère, la force & le favoir particuliers aux hommes; car alors il feroit plus agréable aux mères de n'employer que des accoucheufes, non pas à caufe de l'indécence qu'il y a à fe fervir d'hommes, mais à caufe de la brutalité, de la dureté, j'allois prefque dire de la férocité de quelques-uns de ceux qui exercent l'art des accouchemens: car on ne doit pas le diffimuler, foit que la pratique chirurgicale émouffe la fenfibilité, ou qu'il n'y ait que ceux qui ne font pas doués de cette délicieufe faculté qui embraffent cette profeffion, il eft certain qu'on rencontre fouvent des accoucheurs odieux par leur ton dur & dédaigneux, par l'appareil effrayant, l'air cruellement empressé qu'ils font paroître aux yeux des malheureuses femmes. Ces abus gothiques, ce pédantisme barbare nuit à la réputation des *accoucheurs*, & empêchent bien des mères d'y recourir, lors même qu'elles sentent que leurs secours leur seroient utiles. Ces reproches, au reste, ne s'adressent point aux hommes civilisés de la capitale, ni même aux provinces; mais ils regardent cette foule de chirurgiens ou médecins *accoucheurs*, qui semblent oublier la foiblesse, la crainte & les effets prodigieux de l'imagination d'un sexe naturellement timide, pour se livrer à des brusqueries, des manques d'égards & de condescendance souvent funestes à celles qui en sont les tristes objets.

Les femmes, au contraire, mettent en général plus de douceur, de patience dans les soins qu'elles donnent à leurs malades. Si leurs yeux sont animés, c'est d'un mouvement de sensibilité vrai ou factice; mais qu'on apperçoit plus rarement dans les autres, dont l'air empressé inspire quelquefois de l'inquiétude, de la crainte. Tout ce qui porte le caractère de la commisération, de la douce pitié, est plus naturellement propre à calmer une ame souffrante & agitée. Or les femmes ont plus que les hommes les dispositions physiques qui produisent & annoncent aux dehors ces qualités précieuses. Voilà peut-être pourquoi les femmes, du peuple sur-tout, qui ne sont pas si familiarisées avec l'habitude de se livrer à des hommes, voient avec peine un *accoucheur* se présenter à elles. La figure nécessairement sévère & triste d'un homme livré à l'étude & à la réflexion, doit leur faire éprouver un sentiment pénible, & une sorte de crainte vague.

De plus, cette façon de penser de leur part est encore fondée sur une autre idée, qui tient à l'usage de n'appeller un *accoucheur* que dans les cas embarassans & qui menacent la vie de l'enfant ou celle de la mère. Ainsi, dès qu'elles l'apperçoivent, elles supposent tout ce qu'il y a de plus affligeant pour elles, & cette émotion peut leur être funeste, en contrariant les mouvemens ordinaires de la nature. C'est donc une coutume à-peu-près dangereuse que d'appeller en certains cas un *accoucheur*, puisqu'on peut ainsi exposer les jours de la mère. Mais cette coutume est motivée par l'impéritie & l'ignorance où l'on suppose que peut être une sage-femme, & par l'espoir qu'on a de trouver des secours plus certains dans un *accoucheur*. Enforte que les accidens qui peuvent en naître, & qui en naissent quelquefois n'auroient pas lieu, s'il n'y avoit que des *accoucheurs*; je dis que des *accoucheurs*, parce qu'on ne peut pas dire *que des sages-femmes*, attendu que, comme nous venons de le voir, celles-ci auront toujours moins de force de corps, moins de connoissances positives, toutes choses égales, que les hommes; ainsi l'a fait, ainsi l'a voulu la nature; ce n'est point à nous à le changer, & nous n'y gagnerions rien.

Mais ce même inconvénient dont nous venons de parler, n'a pas empêché les loix d'enjoindre, sous des peines graves, aux sages-femmes, d'appeller un *accoucheur*, lorsqu'elles se trouveroient très-embarrassées. On a mieux aimé exposer quelques mères à l'émotion que produit nécessairement en pareil cas la présence du chirurgien *accoucheur*, que d'en laisser périr un plus grand nombre, faute de secours; & cette loi doit paroître sage à quiconque l'examinera bien attentivement, quoique d'abord elle puisse paroître le fruit de l'amour-propre & de l'intérêt des chirurgiens-*accoucheurs*. Mais la vérité est qu'elle est motivée par l'intérêt public, la conservation des mères & des enfans. Ce n'est pas qu'elle soit sans inconvéniens, nous venons de lui en trouver un notable; mais quelle est la loi qui n'en a pas? c'est le sort de toutes les institutions sociales, de la société elle-même, d'être marquée au coin de l'imperfection, & ce que nous pouvons faire de mieux, c'est de multiplier les loix & les réglemens à mesure que les circonstances y donnent lieu; car il ne faut pas croire qu'on puisse mener un grand peuple par une loi simple & uniforme: cette chimère n'a existé que dans la tête des économistes qui créoient un état de choses à leur gré, le gouvernoient à leur fantaisie, & trouvoient ensuite mauvais qu'on se conduisît différemment dans le monde réel. *Voyez* au mot SAGES-FEMMES, les règlemens qui les concernent.

Mais si l'on exige que les sages-femmes demandent du secours aux chirurgiens lorsqu'elles sont embarrassées ou manquent de lumières suffisantes, ceux-ci sont eux-mêmes soumis à des règlemens, dont l'exécution ne sauroit être trop rigoureuse, & sur laquelle cependant les magistrats ou les officiers de police manquent très-souvent de fermeté, sur-tout lorsque les accidens ont eu lieu dans la classe du peuple, cette partie de la nation si estimable & si injustement méprisée. *Voyez* CHIRURGIENS.

Citons, à l'appui de cette remarque, un jugement rapporté dans les causes célèbres, & qu'on retrouve dans le dictionnaire de M. *des Essarts*, d'où nous le tirons. « En 1775, un chirurgien des environs de Sédan, se trouvant par hasard dans cette » ville, est conduit auprès d'une femme qui étoit » depuis vingt-quatre heures dans les douleurs de » l'enfantement, malgré les efforts de trois sages-» femmes qui avoient inutilement tenté de la déli-» vrer. Le chirurgien trouve que l'enfant étoit mort, » & présentoit un bras; il essaya de le tordre, & » ne réussissant pas, il en fait l'amputation; il vent » ensuite extraire l'enfant par partie, mais comme il » n'a pas les instrumens nécessaires, il se sert d'un » crochet de lampe. Après cette opération, aussi » cruelle qu'inutile, il ne voit plus d'autre ressource » que dans l'opération césarienne qu'il entreprend » avec un mauvais rasoir qu'il se procure. La » femme meurt au bout de vingt-quatre heures.

>> Les chirurgiens attaquent. *l'accoucheur* campa-
>> gnard, le premier juge lui fait défense d'exer-
>> cer à l'avenir sa profession de chirurgien dans
>> la jurisdiction de Sédan, & le condamne en
>> outre en une amende de 500 livres, applicable
>> aux pauvres. Sur l'appel, les chirurgiens de Sé-
>> dan, soutenoient que *l'accoucheur* étoit repré-
>> hensible d'avoir voulu faire une opération aussi
>> délicate, & de l'avoir faite avec une témérité,
>> une impéritie sans exemple. L'appellant répondoit
>> qu'on ne pouvoit l'accuser d'impéritie, qu'en
>> prouvant qu'aucune cause étrangère n'avoit donné
>> la mort à la femme, & il prétendoit prouver que
>> l'inflammation avoit détruit les effets salutaires de
>> l'opération césarienne. On lui répliquoit par un
>> raisonnement très-frappant & qui paroît décisif,
>> & on lui disoit : l'inflammation occasionnée par le
>> travail des sages-femmes étoit telle que l'accou-
>> chement étoit devenu impossible ; dans ce cas,
>> pourquoi avez-vous essayé de le consommer avec
>> des crochets de lampe, & à deux reprises diffé-
>> rentes ? ou bien cette inflammation ne demandoit
>> que plus d'adresse & plus de prudence, pourquoi
>> donc avez-vous risqué l'opération césarienne qui
>> étoit dans ce moment aussi inutile que dange-
>> reuse & terrible ? Malgré ces raisonnemens qui
>> n'étoient point soutenus par l'intervention des vé-
>> ritables parties, le parlement de Nanci a regardé
>> les chirurgiens de Sédan comme n'ayant aucun
>> droit de poursuivre *l'accoucheur*, & en consé-
>> quence les a déboutés de leurs demandes. »

On peut observer sur cette triste affaire, 1°. que
le jugement du premier juge est trop modéré, puisqu'il auroit évidemment condamné à la mort une
servante qui auroit volé un écu à son maître, &
qu'il ne prononce que l'amende de 700 livres & une
interdiction locale de sa profession, à un homme qui
a physiquement & volontairement causé la mort
d'une femme ; ce qui est un assassinat réel. Je dis qu'il
l'a commis volontairement, parce que le meurtre a
pu être autant causé par les mauvais outils dont il
s'est servi que par tout autre accident, & qu'il pouvoit en envoyer chercher chez d'autres chirurgiens
de la ville, ou même les engager à venir sauver la
vie à cette malheureuse mère conjointement avec lui.
Mais il ne l'a pas fait, rien ne l'en empêchoit, il a
donc volontairement exposé cette femme à la mort,
il est donc son assassin aux yeux de la justice. 2°. Le
jugement du parlement de Nanci annonce une légèreté, une inconséquence de principes monstrueuse.
Comment une cour souveraine ne s'apperçoit-elle pas
qu'il est bien plus important de punir les imprudences,
les témérités, l'audace & l'abus de confiance en pareil
cas que dans bien d'autres circonstances où l'on emploie souvent une sévérité injuste ? Ce n'est point
ici un délit privé, c'en est un qui intéresse la société, la sécurité publique, & l'on doit en poursuivre la punition avec rigueur, parce qu'il est
toujours dangereux d'en diminuer l'horreur aux yeux
des hommes, en le laissant impuni. C'est enhardir

les charlatans, c'est favoriser l'audacieuse barbarie
de ces ignorans féroces qui, sous le nom de chirurgiens ou médecins, se font un affreux plaisir de
multiplier le nombre des victimes qu'ils ont dévouées à la mort. Une incendie, un accident public
causé par l'imprudence de celui qui auroit dû le
prévenir, donne lieu à l'amende, à des dommages
& intérêts, & vous laissez impuni un furieux qui,
au milieu de la société, peut causer des malheurs
d'autant plus déplorables qu'ils paroissent couverts du
voile de la nécessité, de la fatalité ? Mais ne comp-
tera-t-on donc jamais pour quelque chose la vie des
hommes ? Le défaut de véritable partie ne devoit
pas influer sur le jugement du parlement de Nanci ;
parce que la véritable partie est morte, & qu'un
mari, un héritier, une famille, barbares & intéressés peuvent trouver quelqu'avantage, quelque satisfaction dans la mort de cette malheureuse, qui
les mettent dans le cas de n'avoir aucun ressentiment
contre l'assassin *accoucheur*, & de ne point le poursuivre. Leur conduite à cet égard ne doit point motiver celle du ministère public, leur jugement est
nul. De plus, je le répète, cet accident intéresse la
sûreté publique ; il n'a besoin que des malheureuses
suites qui l'accompagnent pour exciter toute la vigilance du magistrat..... Il faut contenir, par des punitions réelles, ces hommes téméraires qui se jouent
de la vie des autres. La vie ! que rien ne peut réparer ; qui, semblable au temps qui s'abyme dans
l'éternité, ne peut plus revenir à nous sitôt qu'elle
nous est échappée.

La société seroit un foyer de destruction, de
maux sans cesse renaissans, si les loix toujours actives & impartiales contre tout ce qui peut y semer
le désordre & la crainte, ne s'armoient pas, sur-
tout contre la férocité qui en est l'ennemi le plus
implacable comme le plus puissant. La cupidité fait
la guerre à mon bien, à ma propriété ; je peux frustrer son attente ou réparer les pertes qu'elle me fait
éprouver ; mais la férocité qui vient m'ôter la vie,
ce bien que nous tenons de Dieu seul ; la férocité qui se déguise sous cent formes, qui
abuse de toutes les institutions sociales pour porter
la mort dans les familles, & satisfaire son goût sanguinaire, produit des maux que rien ne peut réparer. Il faut donc en prévenir le développement, les
progrès ; & comment ? en punissant rigoureusement
ceux qui en ont commis des actes tant soit peu volontaires, en instruisant ceux chez qui des événemens obscurs peuvent la rendre impunie, que les
loix, toujours éclairées, prononceront sur leur
conduite même au moment qu'ils se croiront le
plus à l'abri de leur influence.

Que d'abus, que de délits se commettent parmi
les hommes attachés à l'art de guérir, que l'on re-
jette sur l'ignorance, & qui souvent n'ont pour
cause que la précipitation, l'entêtement, l'imprudence ! Ah ! si ceux-là échappent aux loix, que du
moins ceux qui portent le caractère évident du
charlatanisme, de l'audace, du mépris de la vie des

hommes, subissent la peine qu'ils méritent, & servent à effrayer l'*accoucheur* dépravé, qui ne s'est point pénétré de l'importance & de la difficulté de son art, qui, sourd aux remords, ne suit, en administrant à ses malades des secours dangereux, qu'une folle présomption & la morgue d'un pédantisme cruel.

Les chirurgiens-*accoucheurs* sont quelquefois chargés de prononcer sur des accouchemens secrets, réels ou supposés. Ces fonctions, ces rapports exigent dans l'homme de l'art, 1°. beaucoup de savoir & de connoissance de la physiologie; 2°. un esprit toujours porté à douter, & ne se lassant point de vérifier; 3°. une grande sensibilité, beaucoup de délicatesse, & sur-tout point de prévention. Il a à prononcer sur la vie, ou tout au moins sur la liberté de son semblable; le moindre préjugé, une méprise, une erreur de physiologie pourroit donner lieu à un jugement injuste, à un assassinat légal.

C'est sur-tout dans les provinces, dans les petites villes, dans les campagnes, que la prévention règne, & qu'un *accoucheur* aveuglé par le préjugé, par la clameur, par le fanatisme, peut voir des choses qui n'existent pas, & faire périr une femme innocente. Mais lorsqu'il montre assez de courage, de savoir & de fermeté pour s'opposer à l'opinion publique, ou plutôt au préjugé, il peut soustraire souvent l'innocence aux traits malfaisans de la calomnie: nous en avons un exemple dans l'arrêt suivant, rendu par le parlement de Paris en 1687. « Une fille de vingt-sept à vingt-huit ans fut » accusée par le procureur-fiscal de Montreuil, » sous le bois de Vincennes, d'être accouchée en » secret, & d'avoir jetté son enfant dans un puits, » où l'on avoit trouvé un enfant nouveau-né. La » fille soutient qu'elle est innocente, & qu'elle n'a » jamais été grosse. Le juge ordonne qu'elle sera » visitée par une matrône & un chirurgien-*accoucheur*; elle est visitée dans la prison, & trouvée » vierge par leur rapport. Sur l'appel au parlement, » il est fait défenses aux juges d'ordonner de semblables visites, & pour réparation à la fille, il » fut ordonné que l'arrêt, qui la renvoyoit absoute, seroit lu au prône de la messe paroissiale » de Montreuil ».

Quel scandale qu'une pareille procédure! & combien elle annonce d'ignorance dans le juge qui l'a ordonnée! Comment est-il possible qu'il n'ait pas vu que la fille qu'on soupçonnoit, auroit pu être très-innocente du crime dont on l'accusoit, quoiqu'on eût trouvé en elle des marques qui pussent faire croire qu'elle étoit accouchée? Tous les physiologistes vous diront qu'il suffisoit pour cela qu'elle ait été adonnée au plaisir vénérien avec un homme robuste & très-puissant; qu'elle eût eu quelque blessure ou quelque reste de maladie vérolique bien ou mal traitée; car les signes d'un accouchement sont si équivoques, qu'un chirurgien même très-instruit peut s'y méprendre. Si donc cette fille se fût trouvée dans quelqu'une des circonstances que nous venons de citer, elle eût donc été condamnée comme criminelle du délit dont on la soupçonnoit. Voilà comme les mauvaises loix exposent la vie des hommes qu'elles devroient protéger.

Les juges devroient être très-difficiles à se déterminer à des informations, des procédures sur de pareilles accusations: car, dans les campagnes surtout, c'est une tache éternelle pour la fille, contre qui elles ont été dirigées. On a beau lire les jugemens d'absolution, les afficher, les publier; la sottise publique, la calomnie, les petites passions ne veulent pas se soumettre, ni se taire. Il se dit d'abord tout bas que la fille a eu des protections, que si on n'a pas pu lui prouver son crime, ce n'est pas une raison pour croire qu'elle ne l'a pas commis; ensuite on l'insulte publiquement. Elle craint de nouveaux malheurs, une nouvelle prison, de nouvelles persécutions; elle s'expatrie. Le premier devoir d'un juge de police est donc de se méfier beaucoup des soupçons vagues que l'on veut faire naître sur une fille en pareil cas; cent indices ne font point une preuve; & parmi ces indices, la plupart sont souvent des mensonges ou des exagérations. Au reste, nous traiterons cette matière avec quelque étendue au mot INFANTICIDE; ce que nous en disons ici n'est que pour faire sentir le rapport qu'ont alors les fonctions de l'*accoucheur* consulté, avec l'ordre & le bonheur de la société, qu'il peut troubler ou détruire, par méprise, ignorance ou précipitation. *Voyez* aussi dans la *médecine* cet article & le mot *avortement*.

Nous ne nous sommes point arrêtés à développer les règlemens relatifs aux *accoucheurs*, parce que ce sont, en général, des chirurgiens qui en font l'état; ainsi les loix qui ont été faites pour ceux-ci ont également lieu pour ceux-là. En conséquence on trouvera à l'article *chirurgien*, tout ce qui peut faire connoître les dispositions de police, les devoirs des magistrats, & les obligations des *accoucheurs*, dans ce qui a rapport à l'ordre & à la tranquillité publique. Sous le mot de *sage-femme*, nous réunirons semblablement tout ce qui peut faire connoître l'importance de leur profession, les talens qu'on exige des élèves, & les moyens de police qu'on a cru devoir adopter pour assurer la vie & l'état des enfans, ainsi que pour prévenir quelques abus, auxquels l'imprudence ou la cupidité pourroient donner lieu.

Remarquons en finissant, que si l'on prisoit les professions, en raison de leur utilité, celle d'*accoucheur* & de sage-femme mériteroit la première distinction & les plus grands encouragemens dans la société. C'est elle en effet qui est chargée du plus précieux de tous les ministères, celui de secourir l'homme & celle qui lui donne le jour, dans un moment où l'un & l'autre sont presque également hors d'état de s'en passer; de ménager les frêles élémens de notre être, & de nous mettre dans le chemin de la vie, enfin de conferver à la fociété, au monde, à la relig.on une foule d'êtres qui, fans le fecours de cet art bienfaifant, périroient infailliblement.

ACHALANDER, v. act. C'eft attirer par des égards, par le bon marché, par un affortiment complet, & fur-tout par la qualité des marchandifes, les acheteurs, à venir dans une boutique ou un magafin, de préférence à tous autres. On dit une boutique achalandée, un magafin achalandé, pour dire qu'ils ont l'un & l'autre la réputation de bien fervir le public, & qu'il s'y fait un grand débit; & c'eft fous ce rapport qu'on donne aux acheteurs le nom de chalands; ainfi achalander fignifie attirer les chalands. Chalands & pratiques different donc, comme l'on voit; car un marchand a les premiers, & les médecins, les chirurgiens, les ouvriers ont les fecondes. On dit les pratiques d'un chirurgien, d'un tailleur, d'un perruquier, &c.

Mais comme les médecins & chirurgiens cherchent fouvent & defirent toujours d'attirer les pratiques de leurs confrères, de même les marchands cherchent à attirer les chalans de leurs voifins. Ils le font en dénigrant la marchandife étrangère, en déprifant la valeur, en offrant des crédits, des facilités pour payer la leur; mais ce qui doit leur affurer la vogue en pareille circonftance, c'eft le bon marché à qualité egale de marchandifes.

Ce defir de vendre, d'achalander fa boutique tourne donc au profit du public. Il établit une concurrence au rabais qui fixe le prix des chofes à leur jufte valeur; il eft le plus fûr moyen de commerce qu'on connoiffe, & vaut mieux à lui feul que tous les règlemens, en ce qui concerne fur-tout le débit des marchandifes de luxe ou de commodité, & dont on peut fe paffer au moins pour quelque tems. Car, & l'on doit bien remarquer ceci, l'effet de la concurrence, du defir de s'achalander, n'eft plus tout-à-fait le même, quand il eft queftion des objets indifpenfables à la vie; on auroit donc tort de trop s'y fier dans des momens de befoin. Il n'eft pas ordinaire de voir un boucher, un boulanger, un marchand de bois donner, en commençant fon établiffement, fa marchandife à meilleur compte que ceux qui font le commerce depuis long-temps; ils ne la donnent pas même meilleure. Tandis qu'un marchand de draps, de bijoux, de meubles, s'efforcera de reftreindre fes bénéfices, de donner des ouvrages bien conditionnés, d'avoir des égards, d'infpirer de la confiance, pour achalander fa boutique ou fon magafin. C'eft que le premier eft fûr de trouver du débit, fon commerce eft fondé fur la néceffité, il faut vivre avant tout. Le fecond, au contraire, ne vend que des objets d'agrément ou tout au plus de commodité; on peut s'en paffer ou du moins attendre. Auffi n'a-t-on jamais fait de loix

pour empêcher les accaparemens de draps, de bijoux, &c. au moins je n'en connois point, & l'on a multiplié celles qui défendent les accaparemens de vivres. En fait de denrées néceffaires à la vie, on ne doit donc pas trop légèrement compter fur le defir d'attirer les pratiques, fur la concurrence & l'achalandement des marchands, car loin de chercher à fe nuire en baiffant le prix des vivres, ils font plus naturellement portés à s'entendre pour en tenir le marché peu fourni, ne point baiffer le prix de la boutique ou du magafin, & conferver ainfi aux denrées la valeur qu'ils veulent en obtenir.

Comme c'eft uniquement pour achalander leurs boutiques ou leurs magafins, que les marchands donnent à meilleur compte, il arrive ordinairement qu'auffi-tôt qu'ils ont obtenu ce qu'ils defirent, c'eft-à-dire, un bon nombre d'acheteurs habituels ou de chalands, ils fe négligent, ne donnent plus à fi bon marché, donnent du médiocre, que l'on prend pour du meilleur, trompé par les premières emplettes que l'on a faites. Cependant la réputation du marchand eft faite, il a des comptes ouverts avec des maifons, qui fe fourniffent chez lui; la confiance eft établie, elle fe foutient long-tems; & s'il eft affez adroit, pour ne pas faire monter trop vîte le prix de fes marchandifes, ou baiffer trop promptement leur qualité, il pourra par le grand nombre de débouchés qu'il fe fera ouvert, de chalands qu'il fe fera attirés, regagner ce qu'il aura perdu, & foutenir avantageufement fon commerce. Il aura fu perdre pour gagner, comme difent les marchands.

Mais cette conduite eft délicate, elle exige une foule de ménagemens, une grande adreffe & par-deffus cela un certain bonheur que les circonftances ne favorifent pas toujours. Heureux le marchand qui peut s'en paffer, & qui, en s'établiffant, peut attendre ou vendre fes marchandifes au prix néceffaire, pour lui affurer un honnête bénéfice & l'intérêt de fes fonds.

On conçoit qu'aucuns de ces détails ne regardent directement la police. Les moyens qu'emploie un marchand, pour attirer des acheteurs, dépend abfolument de fa bonne foi, de fes lumières, de fa morale. Sa fortune lui fert de thermomètre, & comme rien dans fa conduite ne peut troubler le repos public, rien auffi n'y doit fixer l'attention du magiftrat.

Un marchand qui viendroit donc fe plaindre qu'un autre cherche à lui enlever fes chalands, en donnant les mêmes étoffes ou les mêmes bijoux à beaucoup meilleur marché, ne feroit fûrement point écouté, 1°. parce que le marchand peut avoir des moyens & des raifons de vendre à bas prix; 2°. parce qu'il eft le maître de faire de fon bien ce qui lui plaît; principe qu'on ne peut pas cependant toujours généralifer; 3°. parce que fes créanciers feuls doivent en prendre de l'inquiétude, & fe pourvoir en conféquence pour affurer leur créance.

Mais

Mais le magiſtrat de police n'érend pas & ne doit pas étendre juſques-là ſon pouvoir.

Mais ſi la police n'a aucune inſpection, aucune puiſſance poſitive ſur la conduite du marchand, qui tâche par des moyens libres d'*achalander* ſon magaſin, les abus auxquels ont donné lieu l'avide cupidité & les manèges de certains boutiquiers en ont excité la vigilance, & fait naître l'ordonnance de police, rendue le 3 ſeptembre 1776 : « elle » fait très-expreſſes défenſes à tous marchands » de courir les uns ſur les autres pour le débit » de leurs marchandiſes, ni d'uſer d'aucun artifice » pour ſurprendre les acheteurs, & ſe les ménager » au préjudice de la liberté du commerce, à peine » de trois cents livres d'amende, pour la première » contravention, & de fermeture de leur bouti-» que, en cas de récidive ».

Pour bien entendre le ſens de cette ordonnance, il faudroit avoir vu les ſcènes ridicules, bruyantes, les querelles, & quelquefois les rixes auxquelles donnent lieu les petits boutiquiers de Paris, & ſur-tout les fripiers, car c'eſt principalement eux que l'on a en vue dans ces défenſes. Rien n'égale l'audace, l'importunité, la volubilité de paroles, le tiraillement qu'éprouve un acheteur, ſur-tout un étranger, lorſque ſon temps ou ſa bourſe le force d'aller à la friperie faire une emplette quelconque. A peine eſt-il hors de la boutique du marchand, où il n'a pas trouvé ce qui lui convenoit, ou bien où il n'eſt pas convenu de prix, que le fripier voiſin s'empare de lui, le tire, l'entraîne dans ſon magaſin obſcur, pour le tromper s'il peut, & le pauvre acheteur n'en eſt quitte, que lorſqu'il a enfin acheté, ſans quoi il faut qu'il ſubiſſe la même torture devant toutes les boutiques de fripiers qui ſe trouvent dans la rue.

Or, pour entendre en quoi, & comment cette manœuvre entre ces boutiquiers peut donner lieu à des querelles, à des rixes, qui excitent des plaintes, il faut ſavoir que ces infidèles vendeurs ſont dans le déteſtable uſage de faire une marchandiſe le double de ce qu'ils veulent la vendre. L'acheteur en offre alors un prix, qui eſt bien celui qu'ils déſirent, mais qui étant trop inférieur à celui qu'on a d'abord demandé, établit un petit débat entr'eux. Cependant le chaland, qui voit qu'on ne la lui donne pas, & qui croit qu'on ne veut pas la lui donner pour le prix, gagne la porte de la boutique, & ſi dans ce moment le voiſin vient l'arracher, l'entraîner, on conçoit que le premier fripier a perdu ſa proie, car l'eſpèce de refus qu'il faiſoit de vendre, n'étoit que ſimulé ; l'offre de l'acquéreur étoit ſuffiſante, & peut-être au-deſſus de la valeur de l'objet.

C'eſt une choſe véritablement honteuſe que la manière dont la plûpart des petits marchands de Paris font le commerce. La mauvaiſe foi qu'un grand nombre y font paroître, le peu de délicateſſe qu'ils mettent à ſurfaire les marchandiſes,

l'effronterie avec laquelle ils vous vendent du rebut pour du bon, enfin leur bavardage étourdiſſant, les rendent véritablement odieux. Il n'eſt perſonne qui ne puiſſe citer des exemples de duperies, de tromperies vraiment criminelles. Ces procédés font tort au commerce de détail, & jettent ſur ceux qui le font, je ne ſais quel vernis de baſſeſſe qui doit en éloigner tout homme qui tient à l'opinion publique & aux idées de juſtice. Ce qu'il y a de plus malheureux en cela, c'eſt qu'il n'eſt pas rare de voir des marchands en gros, autrefois petits boutiquiers, porter dans leur commerce cet eſprit de ſupercherie, de fauſſe adreſſe qu'ils ont pratiqué jadis. Qu'en réſulte-t-il ? que les hommes témoins de ces baſſeſſes, rejettent ſur la profeſſion le mépris qui n'eſt dû qu'à l'individu, & que l'on écrira long-temps encore en France, avant de perſuader qu'il eſt auſſi noble de tenir un magaſin, que de commander une compagnie de ſoldats, quoique le premier ſoit ſûrement auſſi utile que l'autre à la ſociété. *Voyez* COMMERCE.

Pour ſe donner la vogue, pour s'*achalander*, car ils font une ſorte de trafic auſſi, les médecins & les chirurgiens ont leurs fineſſes, leurs coups de maître, dont il eſt au moins plaiſant de s'inſtruire : les uns font des cours publics, qu'à peine ils ſavent l'anatomie ; d'autres s'aſſocient avec des charlatans, dont l'opulence atteſte l'audace & la vogue meurtrière ; quelques-uns s'intriguent dans les ſociétés des femmes, cabalent, écrivent, barbouillent, font du bruit : celui-ci avec ſon carroſſe, celui-là avec ſa langue ; & le très-petit nombre s'avance vers la renommée par la voie du mérite & de la ſcience. Mais écoutons un maître de l'art donner des leçons à ſes élèves ſur les moyens de s'*achalander* & d'enlever les malades à ſes confrères.

Le premier point de notre catéchiſme
Eſt d'embraſſer, ſans pitié, l'égoïſme ;
Faire ſa règle & ſa ſuprême loi,
Dans tous les cas, de ne ſonger qu'à ſoi.
De ſe vanter, quoique jeune novice,
De ſavoir tout par un long exercice ;
D'avoir de l'art épuiſé les moyens
De s'offrir même à ſes concitoyens.
Ainſi l'on vit, épris d'un ſi beau zèle,
A leurs devoirs portant un cœur fidèle,
De fins docteurs, à peine hors du berceau ;
Sur les ſantés chercher un droit nouveau ;
Et pour capter d'abord la confiance,
Vanter par-tout leur longue expérience,
Leurs grands talens qu'eux-mêmes commentoient ;
Eux ſeuls pourtant ignoroient qu'ils mentoient.
De bons moyens craignez-vous la diſette !
Voici pour vous la meilleure trompette.
Faites des cours. Voyez ces noms écrits
Envelopper tous les murs de Paris,
De nos badauts, arrêtés dans la rue,
Par leur format défier la berlue ;
Et figurer, pour l'honneur de notre art ;
Dans la gazette, en un article à part.
Si ce moyen déçoit votre attente,
Je vous conſeille une affiche roulante,
Qui promené en mille endroits divers,
Vous ſauvera de malheureux revers ;

Q

C'est un carroffe. Ayez un équipage,
Mais fi du fort l'inflexibilité,
De ce haut rang vous avez écarté,
Imaginez quelque trait remarquable,
De tout Paris foyez plutôt la fable ;
Que votre hiftoire occupe encor la cour ;
Mais produifez votre nom au grand jour.
Sur cet article, il eft des docteurs même,
Qui hautement foutiennent le fyftême,
Qu'au prix de tout il faut faire du bruit.
Oui, fût-ce en mal, jamais cela ne nuit,
Si vos efprits etoient peu difpofés
A mettre en jeu les moyens propofés,
Pour vous produire & briller dans le monde,
Il eft encore une fource féconde,
Où vous pouvez puifer à pleines mains,
Et vers le but vous frayer les chemins :
De vos travaux faites gémir la preffe.
Que votre verve à créer ne s'empreffe,
Un vieux fyftême, oublié, rebattu,
D'habits nouveaux par vos foins revêtu,
Développé du ton de l'importance,
Suffira bien en cette circonftance.
Il eft toujours de ces infortunés,
Déjà vieillis avant que d'être nés,
Qu'on peut changer avec une préface ;
Ou rajeunir par une dédicace.
L'effentiel confifte à s'annoncer.
Donnez un livre & laiffer prononcer.
Tout eft égal pourvu qu'on vous affiche ;
Et moquez-vous d'être un auteur poftiche.

Art Iatrique, chant II.

Il eft vraiment déplorable qu'une pareille ironie foit réalifée tous les jours aux dépens du public & de la fanté des hommes. C'eft l'opprobre de la médecine que des charlatans ofert fe couvrir du titre de médecin, pour fe jouer de la vie des citoyens, c'eft une honte que des hommes qui ne devroient connoître d'autres moyens d'établir leur réputation que la fcience, l'étude & la décence, emploient pour y parvenir des voies dignes d'un faltimbanque ; c'eft un défordre que l'on ait porté le ton de légéreté & de futilité dans un art qui, fagement adminiftré, peut apporter quelques adouciffemens aux maux dont nous fommes fans ceffe tourmentés. Pour un médecin qui dans la fociété cherche à gagner la confiance publique par fon favoir, fa méthode, fon refpect pour la vie des hommes, il eft une foule de petit-maîtres inconfidérés, fans ceffe entraînés au tourbillon des intrigues & des modes, qui font de leur état un trafic & un commerce, & emploient, pour s'attirer des pratiques, les vils moyens que les fripers mettent en ufage pour s'achalander, le bruit, le bavardage, l'importunité, l'intrigue & la médifance.

Revenons aux marchands dont ces réflexions nous ont éloignés ; leur honneur, leur devoir, leur fortune doivent les engager à n'employer, pour achalander leur magafin, que des voies honnêtes & fûres. En s'éloignant de ces deux principes, il s'expofent à des malheurs, à des pertes dont perfonne ne les plaindra, parce qu'ils les auront mérités, par leur imprudence ou leur mauvaife foi. Il faut encore qu'un marchand qui a de gros fonds, & qui peut perdre pendant quelque temps, pour *accaparer* enfuite les pratiques d'un quartier, & ruiner ainfi de

petits commerçans qui n'ont que de foibles moyens, & foutiennent difficilement leur famille, il faut, dis-je, qu'un pareil marchand fe garde d'abufer de cette facilité. Il doit mettre de la délicateffe dans fes procédés, & refpecter la morale publique, quoique ce foit un mot à-peu-près impuiffant fur des efprits adonnés au trafic. Il peut porter fes fpéculations ailleurs, & ménager une induftrie naiffante chez fes confrères, fur-tout fi fes facultés lui permettent de faire d'autres entreprifes. *Voyez* MARCHANDS.

A CHAT, f. m. C'eft l'acquifition que l'on fait d'une chofe, au moyen d'un prix convenu. Ainfi l'*achat* différe de l'échange, dans l'ufage ordinaire, en ce que dans celui-ci on ne fait point ufage d'une fomme repréfentant la valeur de l'objet acheté, mais que l'on donne pour l'acquérir une chofe en nature. *Voyez* le mot *achat* dans la *jurifprudence* : vous y trouverez les principes & les régles de droit fur cette matière ; nous ne devons les confidérer ici que dans fon rapport avec les inconvéniens qui peuvent en réfulter pour l'ordre public & qui follicitent l'attention du magiftrat de police.

Mais pour mieux faire connoître la nature de cette tranfaction qui nous rend propriétaires de la chofe d'autrui, nous allons développer quelquesuns des principes fur lefquels elle eft fondée, & approfondir les motifs & les caufes qui peuvent y donner lieu dans la fociété.

L'*achat*, confidéré dans lui-même, peut être envifagé comme un véritable échange, malgré qu'il n'en foit pas un dans l'acception commune ; car, quoiqu'on ne donne ce nom qu'à la permutation d'objets en nature contre d'autres, on doit néanmoins confidérer l'argent lui-même, dans ce cas, comme une marchandife qui, paffant dans les mains du vendeur, devient le titre de la propriété de l'*achéteur*, & le repréfentant de l'objet vendu. C'eft l'utilité qu'on attend d'une chofe qui détermine à l'acquérir foit par échange, foit par *achat*. Cette utilité fait la valeur réelle de la chofe, ou plutôt la valeur que lui trouve celui qui veut s'en rendre maître. Auffi l'on peut dire que toutes les fois qu'une marchandife vendue n'a point les qualités qu'on a droit d'en attendre, il n'y a pas *achat*, ni échange ; mais dol, fourberie de la part du vendeur, & la tranfaction n'eft qu'illufoire.

Long-temps avant l'ufage de la monnoie, l'on fe fervoit pour exprimer cette valeur, des objets mêmes des échanges, où plutôt ces objets formoient la monnoie & tout *achat* étoit échange alors. Et lorfqu'on eut quitté cet ufage & qu'on y eut fubftitué celui du numéraire métallique, les dénominations primitives fe confervèrent encore. Les romains donnèrent à leur argent le nom de *pecunia*, du mot *pecus*, parce-que les troupeaux furent naturellement les premiers objets d'échange, & la monnoie naturelle des peuples agricoles. C'eft encore ainfi que, chez les négres de la côte d'Afrique, tout s'évalue en *makkute*, qui signifie une sorte de natte, parce que ces peuples auront sans doute primitivement apprécié la valeur de chaque chose par son rapport avec cet objet. On pourroit citer d'autres exemples à l'appui de ce principe (1). Il est donc prouvé qu'avant l'usage des métaux, on se servoit des objets même de commerce pour évaluer les *achats*, & que ce nom étoit absolument synonime d'échange.

Mais aujourd'hui leur différence est sensible, elle est positive ; & quoique le numéraire soit le représentant & le gage de tous les échanges, on ne pourroit point le substituer, dans une transaction, à une marchandise qu'on auroit exigée pour paiement, & réciproquement on ne pourroit point substituer des choses en nature à la valeur d'une somme de numéraire due, sans rendre illusoire & rompre le marché.

C'est par une semblable raison qu'on doit, dans un *achat* quelconque, payer en monnoie courante du pays, & non en celle d'un autre, quoique la valeur de cette dernière pût être égale à celle de l'autre ; parce qu'alors on feroit une échange & non un *achat* ; le numéraire étranger ayant besoin, pour devenir entre les mains de son propriétaire un signe & gage de toutes les valeurs, d'être encore une fois échangé contre de l'argent national.

L'objet de l'*achat* est de donner un nouveau propriétaire à la chose achetée, ainsi cet acte doit être libre dans le moment où l'acheteur & le vendeur transigent, & cela tant d'un côté que de l'autre, autrement l'*achat* changeroit de nature, & deviendroit un dol ou une usurpation, suivant les circonstances.

Cette propriété de l'*achat* de faire changer de maître à une chose ou d'en transmettre la possession d'une personne à une autre, l'a rendu un des actes les plus importans & les plus fréquens de la société. On a donc dû chercher les moyens d'empêcher qu'il ne dépouillât les véritables propriétaires au profit de ceux qui ne le sont pas, & on a dû faire des réglemens pour parer aux désordres qui pourroient en naître tous les jours.

Sous le prétexte de l'*achat*, on pourroit favoriser l'usurpation, le vol, & couvrir de son nom toutes les infractions faites aux droits des véritables propriétaires.

Ce soin ne pouvoit être confié qu'à la police, chargée de veiller à l'ordre public & de dénoncer les délits aux tribunaux pour en poursuivre la vengeance

exemplaire. En conséquence on a établi qu'il y auroit de certains objets qui ne pourroient être mis dans le commerce d'aucune manière, tels que les vases sacrés, les choses publiques, les personnes, les titres de familles, les chartes, &c. On a encore établi que l'*achat* des choses qui peuvent entrer dans le commerce seroit soumis à de certaines formes, & que dans le cas où le vendeur n'auroit pas été le légitime propriétaire de la chose achetée, l'acheteur en répondroit, s'il négligeoit les précautions prescrites par la loi, pour la sûreté des propriétés. C'est ainsi, qu'au rapport de M. *Houart*, « une loi » Anglo-Normande défendoit à tout particulier » d'*acheter* un animal en vie, ou même de vieilles » hardes d'un inconnu qui ne pouvoit pas présenter » un bon répondant. Les ouvrages d'or & d'argent » ne pouvoient être achetés sans consulter un orfèvre, & alors on s'informoit quel étoit le ven- » deur & d'où provenoit la chose vendue. Ce n'é- » toit qu'après avoir rempli les formalités qu'on » pouvoit *acheter* en sûreté ; l'acheteur qui avoit » négligé d'y avoir recours, outre la perte de son » argent se voyoit exposé à un examen de vie & » de mœurs. »

Ces rigueurs étoient destinées à prévenir l'*achat* des choses volées. Et certes, ce ne fut pas sans raison que l'on s'y attacha ; car le vol devient inutile à celui qui le commet ; dès qu'il ne peut pas trouver à vendre les objets dérobés. Ainsi, en multipliant les gênes, & punissant les acheteurs, on met le voleur presque dans l'impossibilité d'en trouver, & par-là seul on le détourne du crime. Et voilà pourquoi les romains, qui prirent chez les athéniens ce qu'ils trouvèrent de loix favorables à la sûreté publique, défendirent très-sévèrement l'*achat* des choses volées. Le propriétaire de la chose dérobée eut le droit de la revendiquer par-tout où il la trouvoit, & de la reprendre sans être obligé de rendre à l'acheteur le prix qu'elle lui avoit coûtée, quand même il auroit ignoré le vol.

Cette loi, toute sévère qu'elle soit, a cependant été adoptée dans notre législation. On la retrouve dans un capitulaire. Celui qui avoit acheté, même de bonne foi, une chose volée étoit obligé d'en trouver le vendeur dans un temps fixé. S'il ne pouvoit pas y parvenir, il devoit se purger par serment de n'avoir pas participé au vol, faire attester son innocence par des témoins, & rendre au vrai propriétaire l'effet volé.

Aujourd'hui les choses sont à-peu-près de même.

(1) M. *Horrows*, dans son Histoire d'Islande, en offre un très-sensible. « Toutes les acquisitions, ventes & généralement toutes les affaires s'y font en une certaine quantité de poissons, & les livres de compte se tiennent de même. Deux » schellings de Lubeck valent un poisson, & ainsi quarante-huit poissons font un écu d'Empire, argent de banque. Une cou- » ronne de Danemarck vaut, suivant l'évaluation du pays, trente poissons, & une demi couronne quinze poissons ; un de- » mi-écu d'Empire vingt-quatre poissons, & un quart d'écu douze poissons, c'est la moindre monnoie reçue en Islande. Sur » ce calcul, se règlent tous les comptes, de même que chez nous on calcule par marc, & par schelling jusqu'à la concurrence » de l'écu de banque. Ce qui vaut moins de deux poissons ne peut pas être payé avec de l'argent ; mais dans ce cas-là on » se sert de poissons en nature, ou de tabac dont une once vaut un poisson. Ainsi l'on peut regarder les poissons & le tabac » comme la monnoie d'Islande. » *Description de l'Islande*, p. 92.

Cependant on diftingue deux fortes d'objets, fuivant l'efpèce defquels, la reftitution a lieu fans dédommagement ou avec dédommagement. Lorfque l'acheteur n'a pas pu foupçonner que la chofe ait été volée, à caufe du caractère, de l'âge ou de la fortune du vendeur, il n'eft pas tenu à une reftitution fimple ; mais lorfqu'il l'a pu, comme s'il a acheté des bijoux de prix, ou de la vaiffelle d'argent de perfonnes fufpectes, on fuit dans ce cas les loix romaines ; l'*acheteur* eft tenu de rendre au propriétaire l'objet par lui réclamé, fans pouvoir en exiger le prix. Le parlement de Dijon a jugé conformément à ce principe, par un arrêt du 19 février 1616. Cet arrêt a obligé un orfevre à rendre un diamant qui avoit été volé, à fon propriétaire, fans que le prix ait été reftitué, quoique l'orfevre eût acheté le diamant à fa valeur. Un arrêt du parlement de Paris, du 9 décembre 1648, contrarie il eft vrai cette jurifprudence ; il a mis les parties hors de cour, fur l'appel d'une fentence rendue par le châtelet, qui condamnoit le propriétaire d'un diamant volé à en rendre le prix à l'orfevre qui l'avoit acheté.

Mais fi l'on fuivoit conftamment l'efprit de ce dernier arrêt, l'on multiplieroit les vols, & furtout les vols d'argenterie & de bijoux dans la fociété. L'on ouvriroit la porte à des filouteries multipliées en affurant l'impunité à l'orfevre acheteur, qui en feroit quitte pour rendre l'effet ou un pareil, fans courir le danger d'aucune perte, puifqu'on lui reftitueroit fon débourfé. Les vols d'argenterie, quoique faciles, attendu le peu de volume des objets, ne font plus rares que les autres, que par cette difficulté de trouver des acheteurs. Cette gêne falutaire tourne également au profit du public & des mœurs. Il y auroit plus de fripons, plus de voleurs, fi la facilité de vendre des objets précieux étoit plus grande, & il y auroit encore moins fi la févérité des règlemens à cet égard n'étoit point éludée.

Il eft de fait aujourd'hui que fi un malheureux à quelque chofe à prendre, ce ne fera ni de l'argenterie, ni des bijoux, à moins qu'il ne foit enrôlé dans une troupe de brigands, qui ont des débouchés & des moyens toujours fûrs de fe défaire de leurs larcins. Ainfi l'on ne fauroit donc trop infifter fur l'ufage ancien, de ne point rendre à un marchand, de quelque genre que foit fon trafic, les fonds qu'il auroit débourfés pour l'*achat* d'un effet volé, réclamé par fon légitime propriétaire, lorfqu'il en a fait l'acquifition en contravention aux loix établies fur cette matière ; c'eft-à-dire, lorfque le vendeur a pu paroître fufpect, ou que l'acheteur a négligé de prendre fon nom & fa demeure, & de s'en affurer pofitivement.

C'eft en conformité de ces principes que le parlement de Paris, par un arrêt du mois de février 1718, en confirmant une fentence de mort contre une fervante qui avoit volé des couverts d'argent, a fait défenfes à toutes perfonnes d'acheter aucunes

» chofes, finon de perfonnes connues, & qui » donneront caution & répondant de qualité non » fufpecte. »

En effet, la malheureufe fervante condamnée au fupplice exagéré de la potence, pour un femblable vol, n'eût pas fubi ce trifte fort, fi elle n'eût trouvé ou efpéré de trouver des gens affez imprudens ou affez criminels pour *acheter* l'argenterie qu'elle avoit volée. Ainfi l'on peut regarder les marchands fripons qui fe livrent à ces démarches perfides, comme les complices ou du moins les fauteurs indirects des vols qui fe font dans la fociété, & des malheurs irréparables qui en font la fuite.

On peut ajouter que c'eft couper cours à un autre défordre que d'être févère à cet égard. Les marchands qui achètent des effets volés, fur-tout des bijoux d'or & d'argent, les ont prefque toujours à un prix au-deffous de leur valeur. Cet abus alimente en eux le goût de la friponnerie, & d'un gain illicite qu'il eft utile pour le bien public de réprimer inflexiblement.

Auffi un autre arrêt du même parlement, du 11 Août 1721, « condamne la veuve d'un orfevre à » rendre une taffe d'argent ou fa valeur à celui à » qui on l'avoit dérobée, & fait en outre défenfe » à tous orfevres *d'acheter* de gens inconnus & fans » répondans, & leur enjoint de tenir des regiftres » fur lefquels ils infcrivent les marchandifes qu'ils » achètent. »

« Un troifième arrêt, rendu en janvier 1770, » condamne un horloger à payer la valeur d'une » montre qu'il avoit achetée, dans un temps de » foire & la vérité, mais dans fa boutique & d'un » juif. Elle avoit été volée à un négociant de Dun- » kerque, qui avoit fait tout de fuite les perquifi- » tions néceffaires : l'horloger offrit de la remettre » en lui rendant neuf louis qu'elle lui avoit, difoit- » il, coûtés ; mais, pour avoir acheté d'un juif un » tel meuble, on jugea qu'il n'avoit rien à répé- » ter contre le propriétaire de la montre. »

Si l'on vouloit objecter que cette rigueur exercée envers les acheteurs d'effets volés, pourroit enfin gêner le commerce & donner lieu à un découragement nuifible à fon activité, on répondroit que les marchands ont un moyen fort fimple d'y remédier ; c'eft tout uniment de *n'acheter* que des perfonnes domiciliées, connues ou qui offrent des répondans de leur honnêteté, domiciliés, fur-tout quand il eft queftion de bijoux & d'effets précieux. C'eft encore de fuivre les règlemens de police à cet égard, & d'avoir un livre où tous les *achats* qu'ils font foient régulièrement enrôlés.

Ces principes font fi conformes à l'ordre public & à la fûreté mobiliaire, que différentes ordonnances de police les ont pris pour bafe de leurs défenfes, & ont fpécifié les perfonnes de qui les marchands, brocanteurs & autres ne peuvent pas *acheter*, qu'avec certaines précautions, à peine d'amende, d'interdiction & autres punitions fuivant les cas.

Une ordonnance de police, du 18 juin 1698, « fait défenses à tous marchands & artifans d'*acheter* » aucunes hardes, meubles, linges, bijoux, livres, » plomb, vaiffelle & autres chofes des enfans de » famille, & des domeftiques, fans un confente- » ment exprès & par écrit de leurs pères & mères, » ou tuteurs, & de leurs maîtres & maîtreffes : » leur fait également défenfes d'en acheter d'au- » cune perfonne, dont le nom & la demeure ne » leur foient connus, ou qui ne leur donnent cau- » tion & répondant de qualité & connoiffance non » fufpecte, le tout à peine de quatre cents livres » d'amende, & de répondre en leur propre & privé » nom, des chofes volées, même en cas de réci- » dive, d'être punis comme receleurs ».

Mais, pour affurer davantage encore l'exercice de la police en cette partie, & prévenir tous les abus poffibles dans les *achats* & ventes d'effets volés, l'ordonnance du 4 novembre 1778 entre dans les plus grands détails, & fpécifie les formalités à rem- plir par les marchands, tant envers les vendeurs, qu'envers les différens officiers de police. En voici les difpofitions :

« Art. I. Faifons très - exprefles inhibitions & défenfes à tous marchands & artifans de cette ville & fauxbourgs, même à ceux qui demeurent dans l'étendue des lieux privilégiés ou prétendus privi- légiés, d'acheter aucunes hardes, meubles, linges, livres, bijoux, plomb, vaiffelle & autres chofes, des enfans de famille, ou des domeftiques, fans un confentement exprès & par écrit de leurs pères, mères, tuteurs & curateurs, ou de leurs maîtres & maîtreffes ; leur faifons femblables défenfes d'en acheter d'aucune perfonne, dont le nom & la de- meure ne leur foient connus, ou qu'ils ne leur donnent caution & répondant d'une qualité non fufpecte, & de toute perfonne fans qualité ; de s'entremettre dans lefdites ventes & reventes, le tout à peine de quatre cents livres d'amende ; de répondre en leur propre & privé nom des chofes volées, & même d'être pourfuivis extraordinaire- ment, fi le cas y échet.

« Art. II. Enjoignons aux marchands, merciers, quincailliers, orfèvres, jouailliers, bijoutiers, hor- logers, fripiers, tapiffiers, fourbiffeurs, potiers d'étain, fondeurs, plombiers, chaudronniers, vendeurs de vieux fers, & à tous marchands & artifans, qui achètent & revendent, changent & trafiquent de vieux meubles, linges, hardes, bi- joux, vaiffelle, tableaux, armes, plomb, étain, cuivre, ferraille & autres effets & marchandifes de hafard, ou qui achètent les mêmes chofes neuves d'autres perfonnes que des artifans qui les fabri- quent, ou des marchands qui en font commerce ; d'avoir & tenir chacun deux regiftres, fur lefquels ils infcriront, jour par jour, de fuite & fans aucun blanc ni rature, les noms, furnoms, qualités & demeures de ceux de qui ils achèteront, & avec lefquels ils trafiqueront ou échangeront des effets

& marchandifes de hafard, enfemble la nature, qualité & le prix defdites marchandifes, conformé- ment à l'ordonnance du commiffaire ancien, pré- pofé pour la police de leur quartier ; qui fera mife en tête de chacun defdits regiftres, lefquels feront de lui cotés & paraphés par premier & dernier feuillers, & feront tenus lefdits marchands de repréfenter lef- dits regiftres, au moins une fois le mois ; favoir, l'un audit commiffaire ancien, & l'autre à l'infpecteur de police de leur quartier, à l'effet d'être chaque fois paraphés par le commiffaire & vifés par l'inf- pecteur, le tout à peine, contre chacun des contre- venans ou refufans, de quatre cents livres d'amen- de, & même de plus grande peine ».

» Art. III. Toutes perfonnes dont le commerce confifte à acheter de vieux paffemens ou galons d'or & d'argent, brocanteurs, crieurs de vieux cha- peaux, colporteurs de merceries ou jouailleries, re- vendeurs & revendeufes, feront également tenus d'avoir un regiftre coté & paraphé par le commiffaire de leur quartier, de porter journellement fur eux ledit regiftre, d'y inférer les hardes, linges, nip- pes & autres chofes qu'ils achèteront, & les noms & demeures des vendeurs, & de faire vifer ledit re- giftre, au moins une fois la femaine par un inf- pecteur du quartier : en tête duquel regiftre, fe- ront les noms, demeures & fignalement defdits revendeurs & revendeufes, lefquels, en cas de chan- gement de demeure, en feront la déclaration, tant au commiffaire ancien & à l'infpecteur de police du quartier qu'ils quitteront, qu'à ceux du quartier où ils iront demeurer ; le tout à peine de cent livres d'amende, même de prifon.

» Art. IV. Seront auffi tenus lefdits revendeurs & revendeufes de repréfenter leurs regiftres, même les effets, hardes & autres chofes, qu'ils auront achetés, aux commiffaires, infpecteurs & autres officiers de police, toutes les fois qu'ils en feront requis ; à peine de faifie & confifcation des hardes & effets qu'ils auront reçus, & de cinquante livres d'amende.

L'on conçoit qu'il eft très-difficile, dans une grande ville comme Paris, de faire obferver fcru- puleufement une pareille ordonnance ; l'immenfité, l'activité du trafic qui s'y fait, l'adreffe des filoux à éluder les règlemens, la négligence des brocan- teurs & leur peu de fidélité à obferver les règle- mens de police, font autant de caufes qui fomen- tent les défordres & entretiennent le brigandage fecret. Il n'en eft pas cependant moins vrai que l'obligation impofée aux marchands, fripiers, bijoutiers, d'infcrire les noms des vendeurs, & de s'informer de leurs qualités & demeures, ne gênent beaucoup le filoutage, le vol & l'excroque- rie. Ajoutez que la peine prononcée contre les rece- leurs, & la crainte d'être traités comme tels, lorf- qu'ils manquent aux précautions ordonnées par la loi dans leurs *achats*, retiennent encore les marchands & font un nouvel obftacle mis au débit des effets volés. *Voyez* RECELEUR.

Mais fi la fûreté publique exige que la police prenne des précautions pour mettre la propriété mobiliaire à l'abri du vol, en en rendant la vente difficile, & en puniffant ceux qui s'en trouvent poffeffeurs par *achat* repréhenfible, le bonheur des familles, l'état des hommes, la confervation de la propriété foncière n'exigent pas moins que l'on faffe des règlemens fur l'*achat* des papiers écrits, manufcrits, titres, livres, &c. qui, par leur perte ou leur deftruction, peuvent caufer plus de dommages encore, que le vol d'un bijoux ou d'un meuble.

C'eft pour prévenir ces accidens, très-nuifibles à la fociété, qu'un arrêt du parlement, du 8 mars 1618, « défend, fous peine de punition » exemplaire, à tous marchands, apothicaires, » papetiers, cartiers, épiciers, charcutiers, beur- » riers, &c., d'acheter, foit directement, foit par » perfonnes interpofées, aucuns parchemins, ni pa- » piers écrits, minutes ou groffes, ni d'en employer » aucuns à leurs paquets & métiers, fi aucuns leurs » étoient offerts; leur enjoint de les retenir, & » d'en faire leur déclaration à la juftice. »

C'eft fur-tout chez les notaires, procureurs, avocats, financiers, officiers publics, que le vol des papiers eft très-dangereux. Auffi le parlement de Paris par un arrêt de 1661, en réitérant les défenfes que nous venons de rapporter, a-t-il condamné au fouet & au banniffement pour trois ans, un particulier autrefois clerc de procureur, pour avoir détourné de l'étude de fon procureur plufieurs regiftres pour les vendre.

On a fait les mêmes règlemens pour prévenir le vol & la défertion dans les troupes du roi. Je dis auffi *la défertion*, parce que l'on conçoit que ce feroit un grand moyen de la faciliter, que de ne mettre aucun obftacle à la vente des habits, armes, chevaux & uftenfiles de guerre, en laiffant impunis ceux qui les acheteroient fans précaution. En effet, cette négligence, non-feulement procureroit de l'argent au déferteur, mais encore le moyen de fe déguifer, en achetant des habits bourgeois avec l'argent qu'il fe feroit procuré par la vente des fiens.

Auffi eft-il défendu d'*acheter* des foldats, fantaffins, cavaliers, artilleurs ou de marine, leurs habits, armes, chevaux, munitions & autres effets, que l'on doit favoir appartenir au roi. Les règlemens rendus les 15 mars 1704, 6 décembre 1710, font très-pofitifs fur cela. Ils défendent à tous particuliers, de quelque qualité qu'ils foient d'*acheter* de tous cavalier, dragons, ou foldats, leurs habits,

armes & chevaux, à peine de confifcation, & de 200 livres d'amende. (1)

L'Arrêt de 1716 défend à tous armateurs, marchands & autres perfonnes d'*acheter* aucune poudre, ni plomb, foit en balles ou faumons, ou de quelque nature que ce puiffe être, cuivre, fers coulés, ou non coulés, outils à pionniers ou tranchans, outils d'ouvriers, charrons, charpentiers, forgerons, tonneliers, chauderonniers, menuifiers, & autres fervant à l'ufage de l'artillerie, fufils, carabines, moufquetons, piftolets, armes de remparts, & demi-remparts, efpontons, pertuifannes, piques, fléaux, faux à revers, & toutes fortes d'armes, poids à pefer, bois & toutes autres munitions généralement quelconques, qui proviennent des magafins du roi; à peine, pour la première fois, d'amende applicable, moitié au dénonciateur, & moitié à l'hôpital du lieu ou du plus prochain; & en cas de récidive, de punition corporelle, outre l'amende qui demeurera encourue.

Tels font les loix & les règlemens qui ont été faits fur l'*achat*, ou plutôt fur les moyens d'empêcher que cet acte utile au maintien de la fociété, ne devienne un inftrument de deftruction & de trouble pour elle. On a vu que ces précautions fe bornoient, 1°. à condamner à la reftitution de l'objet volé, le marchand qui l'avoit imprudemment acheté, fans en recevoir le débourfé. 2°. A exiger des brocanteurs, orfèvre, fripiers, &c. qui trafiquent des effets de hafard, à n'en point acheter des enfans fans l'autorité de père & mère, des domeftiques, fans une permiffion fignée de leurs maîtres, &c. ou fans une recommandation équivalente, &c. 3°. A exiger des mêmes trafiquans d'avoir un livre figné & vifé par les officiers de police, fur lequel ils doivent infcrire, article par article & jour par jour, tous les *achats* qu'ils font, en fpécifiant les marchandifes & le prix qu'ils en ont donné. Ces formes ont même été exigées de la part des marchands domiciliés; à peine d'amende, d'interdiction, & en certains cas d'être punis corporellement.

Cette légiflation ne fauroit être regardée comme rigoureufe, puifqu'il eft toujours facile nous le répétons de fe mettre à l'abri des peines qu'elle prononce, & que ces peines ne font ordinairement que pécuniaires & proportionnées à l'importance du délit. Et en effet, un bijoutier qui achete un effet, qui peut avoir été volé même à un ouvrier dont il faifoit la fortune, fans s'être informé fi celui qui le vend peut être propriétaire d'un objet de ce prix, fans s'être foumis aux précautions que les loix, l'honnêteté & la fûreté publique exigent; fûrement eft puniffable, & ne fauroit l'être plus équitablement qu'en reftituant l'objet qu'il a fi frauduleufement acquis.

lui-même eft d'ailleurs intéreffé à maintenir cet ordre, puifqu'on peut, fous un petit volume lui-enlever des objets d'une grande valeur & le ruiner ainfi lui & fa famille.

Mais le commerce eft gêné, mais cette police peut donner lieu à des erreurs, à des amendes injuftes..... quant aux erreurs, aux amendes injuftes, cela n'eft guère poffible, la raifon en eft dans la chofe même ; pour les gênes de commerce, elles ne font que des gênes de commerçans, c'eft-à-dire, un affujettiffement à des règles peu multipliées, & dont il réfulte un grand bien pour la fociété.

Refte donc prouvé que les précautions de la police à cet égard font fages, qu'elle ne fauroit trop veiller à l'exécution des ordonnances fur les *achats*, & que loin de crier à la rigueur, on doit au contraire en reconnoître la modération & l'utilité. Cela ne veut pourtant pas dire que les vexations que les petits officiers de police peuvent commettre, fous prétexte de maintenir ces règlemens, foient excufables ; on doit toujours faire cette exception, & ne jamais oublier qu'il y a des abus par-tout, & qu'il y en a principalement dans l'adminiftration de la police.

ACTEUR, f. m. C'eft le nom qu'on donne généralement à tout homme qui joue fur un théatre public. Le féminin d'*acteur* eft actrice. On dit auffi comédien, mais ce dernier nom eft moins général, & femble faire allufion plutôt à la profeffion de l'homme qu'à fon caractère public. Nous traiterons donc ici, plutôt qu'au mot COMÉDIEN, du rapport que les perfonnes de théatre peuvent avoir, 1°. avec la morale publique ; 2°. avec la police chargée de les protéger & de les gouverner.

L'on peut diftinguer deux fortes d'acteurs : ceux qui font attachés aux grands fpectacles, comme les *acteurs* françois, les *acteurs* italiens, ceux de l'opéra ; & les *acteurs* des fpectacles forains ou petits fpectacles. Cette diftinction eft d'autant plus utile à faire, que ces différens *acteurs* ne font pas tous également foumis à la même police, & ne reconnoiffent pas immédiatement la même autorité en France.

Notre objet n'eft point d'entrer ici dans aucun détail fur l'hiftoire & la police des théatres en général, & de ceux de France en particulier. Ces connoiffances trouveront naturellement leur place, les unes au mot PARIS, les autres à celui de THÉATRE. C'eft là que nous difcuterons les avantages & les inconvéniens des fpectacles, par rapport à la fociété, à la morale publique, aux loix & à la police. Nous y ferons en même-temps connoître ce qu'en ont penfé les plus fages légiflateurs & les philofophes les plus éclairés. Cet objet a, prefque de tout temps, fait un des principaux départemens de la police des peuples & offert une abondante moiffon de réflexions & de remarques utiles à l'hiftoire des hommes & de la civilifation.

Ici, comme le titre de cet article le fait affez connoître, nous n'avons à envifager que ce qui concerne la perfonne même de l'*acteur* dans fon rapport avec la chofe publique, c'eft-à-dire, avec les mœurs & la police nationales. Sous ce point de vue, il devient la matière d'une analyfe philofophique & d'un examen politique. On conçoit, en effet, qu'une profeffion qui donne le privilège à celui qui l'exerce, de s'offrir en public pour y profeffer, en quelque forte, une morale particulière, & y débiter des maximes de conduite fous le voile de la fiction & des fables, qu'une profeffion qui femble donner naiffance à des mœurs entièrement voluptueufes ou du moins compagnes du luxe & de la molleffe, qui, préfentant fans ceffe aux defirs enflammés de la jeuneffe une perfpective de plaifirs inconfidérés, de paffions mal gouvernées, peut rompre l'équilibre qui doit exifter entre les règles de la morale & la conduite des citoyens ; on conçoit, dis-je, qu'une pareille profeffion, ainfi que les acceffoires qui l'entourent, doivent influer fur le bonheur public, l'état de la fociété, & par conféquent, fixer l'attention du philofophe & du légiflateur éclairé.

C'eft ainfi que deux des plus grands écrivains de notre fiècle, *Rouffeau* & *d'Alembert*, ont traité cette queftion avec l'éloquence & la folidité qui leur étoient propre. Le premier, fur-tout, y a développé une profondeur d'idée, un luxe de réflexions qui font de fon ouvrage un des plus beaux traité de morale publique que nous connoiffons fur cette matière.

Après avoir combattu avec toutes les forces de la raifon & du favoir l'utilité d'un théatre ; après avoir examiné tous les maux qui peuvent réfulter d'un femblable établiffement, & le peu de bien qui en doit naître ; après avoir conclu qu'un fpectacle public peut être bon pour un peuple corrompu & n'être que mauvais pour un peuple bon, le philofophe genevois examine l'influence des mœurs & de la conduite des comédiens fur celles de la nation, l'impoffibilité de remédier par des loix aux dangereux effets de cette influence, & les fuites qu'ils doivent naturellement avoir dans l'ordre du bonheur & de la tranquillité des hommes.

L'académicien françois, au contraire, avoit foutenu les avantages des théatres pour les progrès du goût, des arts & de la civilifation ; il avoit cru pouvoir en confeiller l'établiffement à Genève, & l'annonçoit à l'Europe comme une chofe indifpenfable au bien & à la richeffe de cette petite république (1).

« Il regardoit d'ailleurs le préjugé barbare contre la profeffion de comédien, l'efpèce d'aviliffement où nous avons mis ces hommes fi néceffaires aux progrès & au foutien des arts, comme une des principales caufes qui contribuent au

(1) Dans l'article *Genève* de l'Encyclopédie *in-fol.*

au dérèglement que nous leur reprochons : ils cherchent à se dédommager par les plaisirs, de l'estime que leur état ne peut obtenir. Parmi nous, un comédien qui a des mœurs est doublement respectable ; mais à peine lui en fait-on quelque gré. Si les comédiens étoient non-seulement soufferts à Genève, mais contenus d'abord par des règlemens sages, protégés ensuite, & même confidérés dès qu'ils en seroient dignes, enfin absolument placés sur la même ligne que les autres citoyens, cette ville auroit bientôt l'avantage de posséder ce qu'on croit si rare & qui ne l'est que par notre faute, une troupe de comédiens estimables. »

Tels font les principes de M. *d'Alembert*; surquoi *Rousseau* reprend : « des spectacles & des mœurs ! » voilà qui formeroit vraiment un spectacle à voir, » d'autant plus que ce seroit la première fois. » Et donnant ensuite un grand développement à ses idées, il entre dans la preuve de son opinion, & fait passer en revue les désordres moraux que les mœurs d'une troupe de comédiens peuvent faire naître dans la société, & sur-tout dans une petite ville comme Genève (1).

Mais comme cette discussion mérite la plus sérieuse attention, qu'elle intéresse la morale publique & l'art de gouverner les hommes, de maintenir l'ordre & le bonheur au milieu d'eux, nous allons mettre sous les yeux du lecteur les pièces mêmes du procès, il jugera lui-même & prendra l'opinion qui lui paroîtra la mieux prouvée. *Non nostrum est tantas componere lites.*

D'ailleurs, quand nous nous efforcerions de traiter cette matière de nous-mêmes, nous ne lui donnerions jamais ce degré de perfection qu'y ont mis ces deux célèbres écrivains, qui s'en font particulièrement occupés. Ce que nous pourrons faire de moins mal, ce sera d'y ajouter des notes, soit pour éclaircir le texte, soit pour énoncer quelques idées qui nous seroient particulières.

Et comme notre objet n'est point seulement de présenter des principes généraux de philosophie politique & de législation, mais encore de faire connoître la partie positive de la police ; nous joindrons à ces connoissances préliminaires, celles des règlemens qui ont pour objet les personnes & les fonctions publiques des *acteurs* de nos différens spectacles.

« Je vois, en général, dit *Rousseau* (2), que l'état de comédien est un état de licence & de mauvaises mœurs, que les hommes y font livrés au désordre, que les femmes y mènent une vie scandaleuse ; que les uns & les autres, avares & prodigues tout-à-la-fois, toujours accablés de dettes &

toujours versant l'argent à pleines mains, font aussi peu retenus sur leurs dissipations que peu scrupuleux sur les moyens d'y pourvoir. Je vois encore que par-tout pays leur profession est déshonorante, que ceux qui l'exercent, excommuniés ou non, font par-tout méprisés, & qu'à Paris même, où ils ont plus de considération & une meilleure conduite que par-tout ailleurs, un bourgeois craindroit de fréquenter ces mêmes comédiens qu'on voit tous les jours à la table des grands. Une troisième observation non moins importante, est que ce dédain est plus fort par-tout où les mœurs font plus pures, & qu'il y a des pays d'innocence & de simplicité, où le métier de comédien est presque en horreur. Voilà des faits incontestables. Vous me direz qu'il n'en résulte que des préjugés. J'en conviens ; mais ces préjugés étant universels, il faut leur chercher une cause universelle, & je ne vois pas qu'on la puisse trouver ailleurs que dans la profession même à laquelle ils se rapportent. A cela vous répondez que les comédiens ne se rendent méprisables que parce qu'on les méprise ; mais pourquoi les eût-on méprisés s'ils n'eussent été méprisables ? Pourquoi penseroit-on plus mal de leur état que des autres, s'il n'avoit rien qui l'en distinguât ? Voilà ce qu'il faudroit examiner, peut-être, avant de les justifier aux dépens du public.

» Je pourrois imputer ces préjugés aux déclamations des prêtres, si je ne les trouvois établis chez les romains avant la naissance du christianisme, & non-seulement courans vaguement dans l'esprit du peuple, mais autorisés par des loix expresses qui déclaroient les *acteurs* infames, leur ôtoient le titre & les droits de citoyens romains, & mettoient les *actrices* au rang des prostituées. Si toute autre raison manque, hors celle qui se tire de la nature de la chose, Les prêtres païens & les dévots, plus favorables que contraires à des spectacles qui faisoient partie des jeux consacrés à la religion, n'avoient aucun intérêt à les décrier, & ne les décrioient pas en effet. Cependant on pouvoit se récrier dès-lors, comme vous faites sur l'inconséquence de déshonorer des gens qu'on protège, qu'on paie, qu'on pensionne, ce qui, à vrai dire, me paroit pas si étrange qu'à vous : car il est à propos quelquefois que l'état encourage & protège des professions déshonorantes mais utiles, sans que ceux qui les exercent en doivent être plus considérés pour cela.

» J'ai lu quelque part que ces flétrissures étoient moins imposées à de vrais comédiens qu'à des histrions & farceurs qui souilloient leurs jeux d'indécence & d'obscénités ; mais cette distinction est insoutenable ; car les mots de comédien & d'histrion

---

(1) Je vois qu'assez généralement les écrivains se font attachés à développer les abus des différentes professions, des établissemens civils, de ceux sur-tout qui ont pour objet le luxe & les arts d'agrément, tels que les troupes de comédiens, par exemple; mais à peine ont-ils pensé aux désordres moraux, à la licence, au libertinage & à la corruption des mœurs qui marchent à la suite des troupes militaires; ils font pourtant bien autrement actifs & dangereux.

(2) Lettre de J. J. *Rousseau* à M. *d'Alembert.*

étoient

étoient parfaitement fynonimes, & n'avoient d'autre différence, finon que l'un étoit grec & l'autre étrufque. *Ciceron*, dans le livre de l'orateur, appelle hiftrions les deux plus grands acteurs qu'ait jamais eu Rome, *Efope* & *Rofcius*; dans fon plaidoyer pour ce dernier, il plaint un fi honnête homme d'exercer un métier fi peu honnête. Loin de diftinguer entre les comédiens, hiftrions & farceurs, ni entre les *acteurs* des tragédies & ceux des comédies, la loi couvre indiftinctement du même opprobre tous ceux qui montent fur le théâtre. *Quifquis in fcenam prodierit, ait prætor, infamis eft.* Il eft vrai feulement que cet opprobre tomboit moins fur la repréfentation même que fur l'état où l'on en faifoit métier, puifque la jeuneffe de Rome repréfentoit publiquement, à la fin des grandes pièces, les attellanes ou exodes, fans déshonneur. A cela près, on voit dans mille endroits que tous les comédiens indifféremment étoient efclaves, & traités comme tels, quand le public n'étoit pas content d'eux.

»Je ne fache qu'un feul peuple qui n'ait pas eu là-deffus les maximes de tous les autres, ce font les grecs. Il eft certain que chez eux la profeffion du théâtre étoit fi peu déshonnête que la Grèce fournit des exemples d'*acteurs* chargés de certaines fonctions publiques, foit dans l'état, foit en ambaffades. Mais on pourroit trouver aifément les raifons de cette exception. 1°. La tragédie ayant été inventée chez les grecs, auffi-bien que la comédie, ils ne pouvoient jetter d'avance une impreffion de mépris fur un état dont on ne connoiffoit pas encore les effets; &, quand on commença de les connoître, l'opinion publique avoit déjà pris fon pli. 2°. Comme la tragédie avoit quelque chofe de facré dans fon origine, d'abord fes *acteurs* furent plutôt regardés comme des prêtres que comme des baladins. 3°. Tous les fujets de pièces n'étant tirés que des antiquités nationales dont les grecs étoient idolâtres, ils voyoient dans ces mêmes *acteurs*, moins des gens qui jouoient des fables que des citoyens inftruits qui repréfentoient aux yeux de leurs compatriotes l'hiftoire de leur pays. 4°. Ce peuple, enthoufiafte de fa liberté jufqu'à croire que les grecs étoient les feuls hommes libres par nature, fe rappelloit avec un vif fentiment de plaifir fes anciens malheurs & les crimes de fes maîtres. Ces grands tableaux l'inftruifoient fans ceffe; & il ne pouvoit fe défendre d'un peu de refpect pour les organes de cette inftruction. 5°. La tragédie n'étant d'abord jouée que par des hommes, on ne voyoit point fur leur théâtre ce mélange fcandaleux d'hommes & de femmes qui fait des nôtres autant d'écoles de mauvaifes mœurs. 6°. Enfin, leurs fpectacles n'avoient rien de la mefquinerie de ceux d'aujourd'hui. Leurs théâtres n'étoient point élevés par l'intérêt & par l'avarice; ils n'étoient point renfermés dans d'obfcures prifons; leurs *acteurs* n'avoient pas befoin de mettre à contribution les fpectateurs, ni de compter du coin de l'œil les gens

qu'ils voyoient paffer la porte, pour être fûrs de leur foupé.

»Ces grands & fuperbes fpectacles donnés fous le ciel, à la face de toute une nation, n'offroient de toutes parts que des combats, des victoires, des prix, des objets capables d'infpirer aux grecs une ardente émulation, & d'échauffer leurs cœurs de fentimens d'honneur & de gloire. C'eft au milieu de cet impofant appareil, fi propre à élever & remuer l'ame, que les *acteurs*, animés du même zèle, partageoient, felon leurs talens, les honneurs rendus aux vainqueurs des jeux, fouvent aux premiers hommes de la nation. Je ne fuis pas furpris que, loin de les avilir, leur métier, exercé de cette manière, leur donnât cette fierté de courage & ce noble défintéreffement qui fembloit quelquefois élever l'*acteur* à fon perfonnage. Avec tout cela, jamais la Grèce, excepté Sparte, ne fut citée en exemple de bonnes mœurs; & Sparte, qui ne fouffroit point de théâtre, n'avoit garde d'honorer ceux qui s'y montroient.

»Revenons aux Romains qui, loin de fuivre à cet égard l'exemple des grecs, en donnèrent un tout contraire. Quand leurs loix déclaroient les comédiens infames, étoit-ce dans le deffein d'en déshonorer la profeffion? quelle eût été l'utilité d'une difpofition fi cruelle? Elles ne la déshonoroient point, elles rendoient feulement authentique le déshonneur qui en eft inféparable: car jamais les bonnes loix ne changent la nature des chofes, elles ne font que la fuivre, & celles-là feules font obfervées. Il ne s'agit donc pas de crier d'abord contre les préjugés, mais de favoir premièrement fi ce ne font que des préjugés; fi la profeffion de comédien n'eft point, en effet, déshonorante en elle-même: car, fi par malheur elle l'eft, nous aurons beau ftatuer qu'elle ne l'eft pas, au lieu de la réhabiliter, nous ne ferons que nous avilir nous-mêmes.

»Qu'eft-ce que le talent du comédien? l'art de fe contrefaire, de revêtir un autre caractère que le fien, de paroître différent de ce qu'on eft, de fe paffionner de fang-froid, de dire autre chofe que ce qu'on penfe auffi naturellement que fi on le penfoit réellement, & d'oublier enfin fa propre place à force de prendre celle d'autrui. Qu'eft-ce que la profeffion du comédien? Un métier par lequel il fe donne en repréfentation pour de l'argent, fe foumet à l'ignominie & aux affronts qu'on achète le droit de lui faire, & met publiquement fa perfonne en vente. J'adjure tout homme fincère de dire s'il ne fent pas au fond de fon ame qu'il y a dans ce trafic de foi-même quelque chofe de fervile & de bas. Vous autres philofophes, qui vous prétendez fi fort au-deffus des préjugés, ne mourriez-vous pas tous de honte fi, lâchement traveftis en rois, il vous falloit aller faire aux yeux du public un rôle différent du vôtre, & expofer vos majeftés aux huées de la populace? Quel eft donc, au fond, l'efprit que le comédien reçoit de fon état? Un mélange de baffeffe, de fauffeté, de ridicule orgueil, &

P

d'indigne aviliffement, qui le rend propre à toutes fortes de perfonnages, hors le plus noble de tous, celui d'homme qu'il abandonne.

» Je fais que le jeu du comédien n'eft pas celui d'un fourbe qui veut en impofer, qu'il ne prétend pas qu'on le prenne en effet pour la perfonne qu'il repréfente, ni qu'on le croie affecté des paffions qu'il imite, & qu'en donnant cette imitation pour ce qu'elle eft, il la rend tout-à-fait innocente. Auffi ne l'accufé-je pas d'être précifément un trompeur, mais de cultiver pour tout métier le talent de tromper les hommes, & de s'exercer à des habitudes qui, ne pouvant être innocentes qu'au théâtre, ne fervent par-tout ailleurs qu'à mal faire. Ces hommes fi bien parés, fi bien exercés au ton de la galanterie & aux accens de la paffion, n'abuferont-ils jamais de cet art pour féduire de jeunes perfonnes ? Ces valets filoux, fi fubtils de la langue & de la main fur la fcène, dans les befoins d'un métier plus difpendieux que lucratif, n'auront-ils jamais de diftractions utiles ? Ne prendront-ils jamais la bourfe d'un fils prodigue ou d'un père avare pour celle de *Léandre* ou d'*Argan* ? Par-tout la tentation de mal faire augmente avec la facilité ; & il faut que les comédiens foient plus vertueux que les autres hommes, s'ils ne font pas plus corrompus.

» L'orateur, le prédicateur, pourra-t-on me dire encore, paient de leur perfonne ainfi que le comédien. La différence eft très-grande. Quand l'orateur fe montre, c'eft pour parler & non pour fe donner en fpectacle : il ne repréfente que lui-même, il ne fait que fon propre rôle, ne parle qu'en fon propre nom, ne dit ou ne doit dire que ce qu'il penfe ; l'homme & la perfonnage étant le même être, il eft à fa place ; il eft dans le cas de tout autre citoyen qui remplit les fonctions de fon état. Mais un comédien fi bien fcène étalant d'autres fentimens que les fiens, ne difant que ce qu'on lui fait dire, repréfentant fouvent un être chimérique, s'anéantit, pour ainfi dire, s'annule avec fon héros ; & dans cet oubli de l'homme, s'il en refte quelque chofe, c'eft pour être le jouet des fpectateurs. Que dirai-je de ceux qui femblent avoir peur de valoir trop par eux-mêmes, & fe dégradent jufqu'à repréfenter des perfonnages auxquels ils feroient bien fâchés de reffembler ? C'eft un grand mal, fans doute, de voir tant de fcélérats dans le monde faire des rôles d'honnêtes gens, mais y a-t-il rien de plus odieux, de plus choquant, de plus lâche, qu'un honnête homme à la comédie, faifant le rôle d'un fcélérat, & déployant tout fon talent pour faire valoir de criminelles maximes, dont lui-même eft pénétré d'horreur ?

» Si l'on ne voit en tout ceci qu'une profeffion peu honnête, on doit voir encore fa fource de mauvaifes mœurs dans le défordre des *actrices*, qui force & entraîne celui des *acteurs*. Mais pourquoi ce défordre eft-il inévitable ? Ah, pourquoi ! Dans tout autre tems on n'auroit pas befoin de le demander ; mais dans ce fiècle où règnent fi fière-

ment les préjugés & l'erreur fous le nom de philofophie, les hommes, abrutis par leur vain favoir, ont fermé leur efprit à la voix de la raifon, & leur cœur à celle de la nature.

» Dans tout état, dans tout pays, dans toute condition, les deux fexes ont entr'eux une liaifon fi forte & fi naturelle que les mœurs de l'un décident toujours de celles de l'autre ; non que ces mœurs foient toujours les mêmes, mais elles ont toujours le même dégré de bonté, modifié dans chaque fexe par les penchans qui lui font propres. Les angloifes font douces & timides. Les anglois font durs & féroces. D'où vient cette apparente oppofition ? De ce que le caractère de chaque fexe eft ainfi renforcé, & que c'eft auffi le caractère national de porter tout à l'extrême. A cela près tout eft femblable. Les deux fexes aiment à vivre à part ; tous deux font cas des plaifirs de la table ; tous deux fe raffemblent pour boire après le repas, les hommes du vin, les femmes du thé : tous deux fe livrent au jeu fans fureur & s'en font un métier plutôt qu'une paffion ; tous deux ont un grand refpect pour les chofes honnêtes ; tous deux aiment la patrie & les loix ; tous deux honorent la foi conjugale, &, s'ils la violent, ils ne fe font point un honneur de la violer ; la paix domeftique plaît à tous deux ; tous deux font filencieux & taciturnes ; tous deux difficiles à émouvoir ; tous deux emportés dans leurs paffions ; pour tous deux l'amour eft terrible & tragique, il décide du fort de leurs jours, il ne s'agit pas de moins, dit *Muralt*, que d'y laiffer la raifon ou la vie ; enfin tous deux fe plaifent à la campagne, & les dames angloifes errent auffi volontiers dans leurs parcs folitaires, qu'elles vont fe montrer à Vauxhall. De ce goût commun pour la folitude, naît auffi celui des lectures contemplatives & des romans dont l'Angleterre eft inondée. Ainfi tous deux, plus recueillis avec eux-mêmes, fe livrent moins à des imitations frivoles, prennent mieux le goût des vrais plaifirs de la vie, & fongent moins à paroître heureux qu'à l'être.

» J'ai cité les anglois par préférence, parce qu'ils font, de toutes les nations du monde, celle où les mœurs des deux fexes paroiffent d'abord le plus contraires. De leur rapport dans ce pays-là nous pouvons conclure pour les autres. Toute différence confifte en ce que la vie des femmes eft un développement continuel de leurs mœurs, au lieu que celle des hommes s'effaçant davantage dans l'uniformité des affaires, il faut attendre, pour en juger, de les voir dans les plaifirs. Voulez-vous donc connoître les hommes ? étudiez les femmes. Cette maxime eft générale, & jufques-là tout le monde fera d'accord avec moi. Mais fi j'ajoute qu'il n'y a point de bonnes mœurs des femmes hors d'une vie retirée & domeftique ; fi je dis que les paifibles foins de la famille & du ménage font leur partage, que la dignité de leur fexe eft dans fa modeftie, que la honte & la pudeur font en elles inféparables de l'honnêteté, que rechercher les regards des hommes c'eſt déjà s'en laiſſer corrompre, & que toute femme qui ſe montre ſe déshonore, à l'inſtant va s'élever contre moi cette philoſophie d'un jour, qui naît & meurt dans le coin d'une grande ville, & veut étouffer de-là le cri de la nature & la voix unanime du genre humain.

» Préjugés populaires! me crie-t-on, petites erreurs de l'enfance! tromperie des loix & de l'éducation! la pudeur n'eſt rien; elle n'eſt qu'une invention des loix ſociales pour mettre à couvert les droits des pères & des époux, & maintenir quelque ordre dans les familles. Pourquoi rougirions - nous des beſoins que nous donna la nature? Pourquoi trou-verions-nous un motif de honte dans un acte auſſi indifférent en ſoi, & auſſi utile dans ſes effets que celui qui concourt à perpétuer l'eſpèce? Pourquoi, les deſirs étant égaux des deux parts, les démonſ-trations en ſeroient-elles différentes? Pourquoi l'un des ſexes ſe refuſeroit-il plus que l'autre aux pen-chans qui leur ſont communs? Pourquoi l'homme auroit-il, ſur ce point, d'autres loix que les ani-maux?

Tes pourquoi, dit le Dieu, ne finiroient jamais.

Mais ce n'eſt pas à l'homme, c'eſt à ſon auteur qu'il les faut adreſſer. N'eſt - il pas plaiſant qu'il faille dire pourquoi j'ai honte d'un ſentiment natu-rel, ſi cette honte ne m'eſt pas moins naturelle que ce ſentiment même? Autant vaudroit me demander auſſi pourquoi j'ai ce ſentiment. Eſt-ce à moi de rendre compte de ce qu'a fait la nature? Par cette manière de raiſonner, ceux qui ne voient pas pour-quoi l'homme eſt exiſtant, devroient nier qu'il exiſte.

» J'ai peur que ces grands ſcrutateurs des conſeils de Dieu n'aient un peu légèrement peſé ſes raiſons. Moi qui ne me pique pas de les connoître, j'en crois voir qui leur ont échappé. Quoi qu'ils en diſent, la honte qui voile aux yeux d'autrui les plaiſirs de l'amour, eſt quelque choſe. Elle eſt la ſauve-garde commune que la nature a donnée aux deux ſexes, dans un état de foibleſſe & d'oubli d'eux-mêmes qui les livre à la merci du premier venu; c'eſt ainſi qu'elle couvre leur ſommeil des ombres la nuit, afin que durant ce temps de té-nèbres ils ſoient moins expoſés aux attaques les uns des autres; c'eſt ainſi qu'elle fait chercher à tout animal ſouffrant la retraite & les lieux déſerts, afin qu'il ſouffre & meure en paix, hors des atteintes qu'il ne peut plus repouſſer.

» A l'égard de la pudeur du ſexe en particulier, quelle arme plus douce eût pu donner cette même nature à celui qu'elle deſtinoit à ſe défendre? Les deſirs ſont égaux! Qu'eſt-ce à dire? y a-t-il de part & d'autre mêmes facultés de les ſatisfaire? Que deviendroit l'eſpèce humaine, ſi l'ordre de l'attaque & de la défenſe étoit changé? L'aſſaillant choiſiroit au haſard des temps où la victoire ſeroit impoſſible; l'aſſailli ſeroit laiſſé en paix, quand il auroit beſoin de ſe rendre, & pourſuivi ſans relâ-

che, quand il ſeroit trop foible pour ſuccomber; enfin le pouvoir & la volonté toujours en diſcorde ne laiſſant jamais partager les deſirs, l'amour ne ſeroit plus le ſoutien de la nature, il en ſeroit le deſtructeur & le fléau.

» Si les deux ſexes avoient également fait & reçu les avances, la vaine importunité n'eût point été ſauvée; des feux toujours languiſſans dans une ennuyeuſe liberté ne ſe fuſſent jamais irrités, le plus doux de tous les ſentimens eût à peine effleuré le cœur humain, & ſon objet eût été mal rempli. L'obſtacle apparent, qui ſemble éloigner cet objet, eſt au fond ce qui le rapproche. Les deſirs voilés par la honte n'en deviennent que plus ſéduiſans; en les gênant la pudeur les enflamme: ſes craintes, ſes détours, ſes réſerves, ſes timides aveux, ſa tendre & naïve fineſſe, diſent mieux ce qu'elle croit taire que la paſſion ne l'eût dit ſans elle: c'eſt elle qui donne du prix aux faveurs & de la douceur aux refus. Le véritable amour poſſède en effet ce que la ſeule pudeur lui diſpute; ce mélange de foibleſſe & de modeſtie le rendent plus touchant & plus tendre; moins il obtient, plus la valeur de ce qu'il obtient en augmente, & c'eſt ainſi qu'il jouit à la fois de ſes privations & de ſes plaiſirs.

» Pourquoi, diſent-ils, ce qui n'eſt pas honteux à l'homme, le ſeroit-il à la femme? Pourquoi l'un des deux ſexes ſe feroit-il un crime de ce que l'autre ſe croit permis? comme ſi les conſéquences étoient les mêmes des deux côtés! comme ſi tous les auſtères devoirs de la femme ne dérivoient pas de cela ſeul qu'un enfant doit avoir un père! Quand ces importantes conſidérations nous manqueroient, nous aurions toujours la même réponſe à faire, & toujours elle ſeroit ſans replique. Ainſi l'a voulu la nature, c'eſt un crime d'étouffer ſa voix. L'homme peut être audacieux, telle eſt ſa deſtination: il faut bien que quelqu'un ſe déclare. Mais toute femme ſans pudeur eſt coupable & dépravée, parce qu'elle foule aux pieds un ſentiment naturel à ſon ſexe.

» Comment peut-on diſputer la vérité de ce ſen-timent? Toute la terre n'en rendit-elle pas l'éclat-tant témoignage? la ſeule comparaiſon des ſexes ſuffiroit pour la conſtater. N'eſt-ce pas la nature qui pare les jeunes perſonnes de traits ſi doux qu'un peu de honte rend plus touchant encore? N'eſt-ce pas elle qui met dans leurs yeux ce regard timide & tendre auquel on réſiſte avec tant de peine? N'eſt-ce pas elle qui donne à leur teint plus d'éclat, & à leur peau plus de fineſſe, afin qu'une modeſte rougeur s'y laiſſe mieux appercevoir? N'eſt-ce pas elle qui les rend craintives afin qu'elles fuient, & foibles afin qu'elles cèdent? A quoi bon leur donner un cœur plus ſenſible à la pitié, moins de viteſſe à la courſe, un corps moins ro-buſte, une ſtature moins haute, des muſcles plus délicats, ſi elle ne les eût deſtinées à ſe laiſſer vaincre? Aſſujetties aux incommodités de la groſ-ſeſſe & aux douleurs de l'enfantement, ce ſurcroît

de travail exigeoit-il une diminution de forces ?
Mais pour les réduire à cet état pénible, il lui
falloit assez fortes pour ne succomber qu'à leur
volonté, & assez foibles pour avoir toujours un
prétexte de se rendre. Voilà précisément le point
où les a placées la nature.

» Passons du raisonnement à l'expérience. Si la
pudeur étoit un préjugé de la société & de l'éducation, ce sentiment devroit augmenter dans les
lieux où l'éducation est plus soignée, & où l'on
rafine incessamment sur les loix sociales ; il devroit
être plus foible par-tout où l'on est resté plus près
de l'état primitif. C'est tout le contraire. Dans nos
montagnes les femmes sont timides & modestes,
un mot les fait rougir, elles n'osent lever les yeux
sur les hommes, & gardent le silence devant eux.
Dans les grandes villes la pudeur est ignoble &
basse : c'est la seule chose dont une femme bien
élevée auroit honte ; & l'honneur d'avoir fait rougir
un honnête homme n'appartient qu'aux femmes du
meilleur air.

» L'argument tiré de l'exemple des bêtes ne conclut
point, & n'est pas vrai. L'homme n'est point un
chien ni un loup. Il ne faut qu'établir dans son
espèce les premiers rapports de la société pour
donner à ses sentimens une moralité toujours
inconnue aux bêtes. Les animaux ont un cœur &
des passions ; mais la sainte image de l'honnête &
du beau n'entra jamais que dans le cœur de l'homme.

» Malgré cela, où a-t-on pris que l'instinct ne produit jamais dans les animaux des effets semblables
à ceux que la honte produit parmi les hommes ?
Je vois tous les jours des preuves du contraire. J'en
vois se cacher, dans certains besoins, pour dérober
aux sens un objet de dégoût ; je les vois ensuite,
au lieu de fuir, s'empresser d'en couvrir les vestiges.
Que manque-t-il à ces soins pour un air de
décence & d'honnêteté, sinon d'être pris par des
hommes ? Dans leurs amours, je vois des caprices,
des choix, des refus concertés, qui tiennent de
bien près à la maxime d'irriter la passion par des
obstacles. A l'instant même où j'écris ceci, j'ai sous
les yeux un exemple qui le confirme. Deux jeunes
pigeons, dans l'heureux temps de leurs premiers
amours, m'offrent un tableau bien différent de la
sotte brutalité que leur attribuent nos prétendus sages.
La blanche colombe va suivant pas à pas son bien-
aimé, & prend chasse elle-même aussi-tôt qu'il se
retourne. Reste-t-il dans l'inaction ? de légers coups
de bec le réveillent ; s'il se retire on le poursuit ;
s'il se défend, un petit vol de six pas l'attire encore ; l'innocence de la nature ménage les agaceries
& la molle résistance, avec un art qu'auroit à peine
la plus habile coquette. Non, la folâtre *Galatée* ne
faisoit pas mieux, & *Virgile* eût pû tirer d'un co-
lombier l'une de ses plus charmantes images.

» Quand on pourroit nier qu'un sentiment particulier de pudeur fût naturel aux femmes, en seroit-
il moins vrai que, dans la société, leur partage
doit être une vie domestique & retirée, & qu'on doit

les élever dans des principes qui s'y rapportent ?
Si la timidité, la pudeur, la modestie, qui leur
sont propres, sont des inventions sociales, il importe à la société que les femmes acquièrent ces
qualités ; il importe de les cultiver en elles, & toute
femme qui les dédaigne, offense les bonnes mœurs.
Y a-t-il au monde un spectacle aussi touchant,
aussi respectable que celui d'une mère de famille
entourée de ses enfans, réglant les travaux de ses
domestiques, procurant à son mari une vie heureuse, & gouvernant sagement la maison ? C'est-là
qu'elle se montre dans toute la dignité d'une honnête femme ; c'est-là qu'elle impose vraiment du
respect, & que la beauté partage avec honneur les
hommages rendus à la vertu. Une maison dont la
maîtresse est absente est un corps sans ame qui
bientôt tombe en corruption ; une femme hors de
sa maison perd son plus grand lustre, & dépouillée
de ses vrais ornemens, elle se montre avec indécence. Si elle a un mari, que cherche-t-elle parmi les
hommes ? Si elle n'en a pas, comment s'expose-
t-elle à rebuter par un maintien peu modeste celui
qui seroit tenté de le devenir ! Quoi qu'elle puisse
faire, on sent qu'elle n'est pas à la place en public,
& sa beauté même, qui plaît sans intéresser, n'est
qu'un tort de plus que le cœur lui reproche. Que
cette impression nous vienne de la nature ou de
l'éducation, elle est commune à tous les peuples
du monde ; par-tout on considère les femmes à
proportion de leur modestie ; par-tout on est convaincu qu'en négligeant les manières de leur sexe,
elles en négligent les devoirs ; par-tout on voit
qu'alors tournant en effronterie la mâle & ferme assurance de l'homme, elle s'avilissent par cette odieuse
imitation, & déshonorent à la fois leur sexe & le nôtre.

» Je sais qu'il règne en quelque pays des coutumes contraires ; mais voyez aussi quelles mœurs elles
ont fait naître ! Je ne voudrois pas d'autre exemple
pour confirmer mes maximes. Appliquons aux mœurs
des femmes ce que j'ai dit ci-devant de l'honneur
qu'on leur porte. Chez tous les anciens peuples
policés elles vivoient très-renfermées ; elles se montroient rarement en public ; jamais avec des hommes ;
elles ne se promenoient point avec eux ; elles n'a-
voient point la meilleure place au spectacle, elles
ne s'y mettoient point en montre ; il ne leur étoit
pas même permis d'assister à tous, & l'on sait qu'il
y avoit peine de mort contre celles qui s'oseroient
montrer aux jeux olympiques.

» Dans la maison, elles avoient un appartement
particulier où les hommes n'entroient point. Quand
leurs maris donnoient à manger, elles se présentoient rarement à table ; les honnêtes femmes en
sortoient avant la fin du repas, & les autres n'y
paroissoient qu'au commencement. Il n'y avoit
aucune assemblée commune pour les deux sexes, ils
ne passoient point la journée ensemble. Ce soin de
ne pas se rassasier les uns des autres faisoit qu'on
s'en revoyoit avec plus de plaisir ; il est sûr qu'en
général la paix domestique étoit mieux affermie, &

qu'il régnoit plus d'union entre les époux qu'il n'en règne aujourd'hui.

» Tels étoient les usages des perses, des grecs, des romains, & même des égyptiens, malgré les mauvaises plaisanteries d'*Hérodote* qui se réfutent d'elles-mêmes. Si quelquefois les femmes sortoient des bornes de cette modestie, le cri public montroit que c'étoit une exception. Que n'a-t-on pas dit de la liberté du sexe à Sparte ? On peut comprendre aussi par la *Lisistrata* d'*Aristophane*, combien l'impudence des athéniennes étoit choquante aux yeux des grecs ; & dans Rome déjà corrompue, avec quel scandale ne vit-on point encore les dames romaines se présenter au tribunal des triumvirs ?

» Tout est changé. Depuis que des foules de barbares, traînant avec eux leurs femmes dans leurs armées, eurent inondé l'Europe, la licence des camps, jointe à la froideur naturelle des climats septentrionaux, qui rend la réserve moins nécessaire, introduisit une autre manière de vivre que favorisoient les livres de chevalerie, où les belles dames passoient leur vie à se faire enlever par des hommes, en tout bien & en tout honneur. Comme ces livres étoient les écoles de galanterie du temps, les idées de liberté qu'ils inspirent s'introduisirent, sur-tout dans les cours & les grandes villes, où l'on se pique davantage de politesse : par le progrès même de cette politesse, elle dut enfin dégénérer en grossièreté. C'est ainsi que la modestie naturelle au sexe est peu-à-peu disparue, & que les mœurs des vivandières se sont transmises aux femmes de qualité.

» Mais voulez-vous savoir combien ces usages, contraires aux idées naturelles, sont choquans pour qui n'en a pas l'habitude ? Jugez-en par la surprise & l'embarras des étrangers & provinciaux à l'aspect de ces manières si nouvelles pour eux. Cet embarras fait l'éloge des femmes de leur pays, & il est à croire que celles qui le causent en seroient moins fières, si la source leur en étoit mieux connue. Ce n'est point qu'elles en imposent, c'est plutôt qu'elles font rougir, & que la pudeur chassée par la femme de ses discours & de son maintien, se refugie dans le cœur de l'homme.

» Revenant maintenant à nos comédiennes, je demande comment un état dont l'unique objet est de se montrer au public, & qui pis est, de se montrer pour de l'argent, conviendroit à d'honnêtes femmes, & pourroit compatir en elles avec la modestie & les bonnes mœurs ? A-t-on besoin même de disputer sur les différences morales des sexes, pour sentir combien il est difficile que celle qui se met à prix en représentation ne s'y mette bientôt en personne, & ne se laisse jamais tenter de satisfaire des désirs qu'elle prend tant de soin d'exciter ? Quoi ! malgré mille timides précautions, une femme honnête & sage, exposée au moindre danger, a bien de la peine encore à se conserver un cœur à l'épreuve ; & ces jeunes personnes audacieuses, sans autre éducation qu'un système de coquetterie & des

rôles amoureux, dans une parure très-peu modeste, sans cesse entourées d'une jeunesse ardente téméraire, au milieu des douces voix de l'amour & du plaisir, résisteront, à leur âge, à leur cœur, aux objets qui les environnent, aux discours qu'on leur tient, aux occasions toujours renaissantes, & à l'or auquel elles sont d'avance à demi-vendues ! Il faudroit nous croire une simplicité d'enfant pour vouloir nous en imposer à ce point. Le vice a beau se cacher dans l'obscurité, son empreinte est sur les fronts coupables : l'audace d'une femme est le signe assuré de sa honte ; c'est pour avoir trop à rougir qu'elle ne rougit plus ; & si quelquefois la pudeur survit à la chasteté ; que doit-on penser de la chasteté, quand la pudeur même est éteinte ?

» Supposons, si l'on veut, qu'il y ait eu quelques exceptions ; supposons

Qu'il en soit jusqu'à trois que l'on pourroit nommer.

» Je veux bien croire là-dessus ce que je n'ai vu ni ouï dire. Appellerons-nous un métier honnête celui qui fait d'une honnête femme, un prodige, & qui nous porte à mépriser celles qui l'exercent, à moins de compter sur un miracle continuel ? L'immodestie tient si bien à leur état, & elles le sentent si bien elles-mêmes, qu'il n'y en a pas une qui ne se crût ridicule de feindre, au moins de prendre pour elle les discours de sagesse & d'honneur qu'elle débite au public. De peur que ces maximes sévères ne fissent un progrès nuisible à son intérêt, l'actrice est toujours la première à parodier son rôle & à détruire son propre ouvrage. Elle quitte, en atteignant la coulisse, la morale du théâtre aussi-bien que sa dignité, & si l'on prend des leçons de vertu sur la scène, on les va bien vîte oublier dans les foyers.

» Après ce que j'ai dit ci-devant, je n'ai pas besoin, je crois, d'expliquer encore comment le désordre des *actrices* entraîne celui des *acteurs*, surtout dans un métier qui les force à vivre entr'eux dans la plus grande familiarité. Je n'ai pas besoin de montrer comment d'un état déshonorant naissent des sentimens déshonnêtes, ni comment les vices divisent ceux que l'intérêt commun devroient réunir. Je ne m'étendrai pas sur mille sujets de discorde & de querelles que la distribution des rôles, le partage de la recette, le choix des pièces, la jalousie des applaudissemens doivent exciter sans cesse, principalement entre les *actrices*, sans parler des intrigues de galanterie. Il est plus inutile encore que j'expose les effets que l'association du luxe & de la misère, inévitable entre ces gens-là, doit naturellement produire. J'en ai déjà trop dit pour vous & pour les hommes raisonnables ; je n'en dirois jamais assez pour les gens prévenus qui ne veulent pas voir ce que la raison leur montre, mais seulement ce qui convient à leurs passions ou à leurs préjugés.

» Si tout cela tient à la profession du comédien, que ferons-nous, pour prévenir des effets inévitables ? Pour moi je ne vois qu'un seul moyen ;

c'eft d'ôter la caufe. Quand les maux de l'homme lui viennent de fa nature ou d'une manière de vivre qu'il ne peut changer , les médecins les préviennent-ils ? Défendre au comédien d'être vicieux, c'eft défendre à l'homme d'être malade.

» S'enfuit-il de-là qu'il faille méprifer tous les comédiens ? il s'enfuit, au contraire, qu'un comédien qui a de la modeftie, des mœurs, de l'honnêteté, eft, comme vous l'avez très-bien dit, doublement eftimable, puifqu'il montre par-là que l'amour de la vertu l'emporte en lui fur les paffions de l'homme, & fur l'afcendant de fa profeffion. Le feul tort qu'on lui peut imputer eft de l'avoir embraffée ; mais trop fouvent un écart de jeuneffe décide du fort de la vie, & quand on fe fent un vrai talent, qui peut réfifter à fon attrait ? Les grands *acteurs* portent avec eux leur excufe ; ce font les mauvais qu'il faut méprifer. »

Telles font les raifons qui, aux yeux du philofophe genevois, prouvent l'incompatibilité de la pureté de mœurs, de la décence & de l'honnêteté avec la profeffion de comédien. Il bannit donc de fa république tout *acteur*, comme Platon en chaffoit les poëtes. Il croit la morale des théatres, les habitudes de ceux qui y montent propres à pervertir la fimplicité, la bonhomie & les goûts naturels des hommes & plus encore des femmes.

Il faut convenir que fi cette opinion n'eft point invinciblement prouvée par *Rouffeau*, au moins il eft difficile de ne point être ébranlé par les raifonnemens & l'éloquence qui dominent dans fa lettre. C'eft bien le plus violent fermon qui ait été fait contre l'immoralité qui accompagne prefque toujours cette profeffion, beaucoup plus préconifée que recherchée ou enviée.

Quoi qu'il en foit, voici comme M. *d'Alembert* y répond. Il ne falloit pas moins qu'un auffi puiffant athlète, pour tenir tête au philofophe, & le lecteur pourra juger qui des deux eft le plus preffant, le plus pofitif dans fes raifons. (1).

« Après avoir dit tant de mal des fpectacles, dit M. *d'Alembert* dans fa réponfe, il ne vous reftoit plus qu'à vous déclarer contre les perfonnes qui les repréfentent, & contre celles qui, felon vous, nous y attirent ; & c'eft de quoi vous vous êtes pleinement acquitté par la manière dont vous traitez les comédiens & les femmes. Votre philofophie n'épargne perfonne, & on pourroit lui appliquer ce paffage de l'écriture ; & manus ejus contra omnes.

» Selon vous l'habitude où font les comédiens de revêtir un caractère qui n'eft pas le leur, les accoutume à la fauffeté. Je ne faurois croire que ce reproche foit férieux. Vous feriez le procès fur le même principe à tous les auteurs de pièces de théatre, bien plus obligés encore que les comédiens de fe

transformer dans les perfonnages qu'ils ont à faire parler fur la fcène. Vous ajoutez qu'il eft vil de s'expofer aux fifflets pour de l'argent ; qu'en faut-il conclure ? Que l'état de comédien eft celui de tous où il eft le moins permis d'être médiocre. Mais en récompenfe, quels applaudiffemens plus flatteurs que ceux du théatre ? C'eft là où l'amour-propre ne peut fe faire illufion, ni fur les fuccès, ni fur les chûtes ; & pourquoi refuferions-nous à un *acteur* accueilli & defiré du public le droit fi jufte & fi noble de tirer de fon talent fa fubfiftance. Je ne dis rien de ce que vous ajoutez (pour plaifanter fans doute) que les valets en s'exerçant à voler adroitement fur le théatre, s'inftruifent à voler dans les maifons & dans les rues.

» Supérieur comme vous l'êtes par votre caractère & par vos réflexions, à toute efpèce ce préjugés, étoit-ce là celui que vous deviez préférer pour vous y foumettre & pour le défendre ? Comment n'avez-vous fenti, que fi ceux qui repréfentent nos pièces méritent d'être déshonorés, ceux qui les compofent mériteroient auffi de l'être ; & qu'ainfi en élevant les uns & en aviliffant les autres, nous avons été tout-à-la-fois bien inconféquens & bien barbares ? Les grecs l'ont été moins que nous, & il ne faut pas chercher d'autre caufe de l'eftime où les bons comédiens ont été parmi eux. Ils confideroient *Efopus*, par la même raifon qu'ils admiroient *Euripide* & *Sophocle*. Les romains, il eft vrai, ont penfé différemment, mais chez eux la comédie étoit jouée par des efclaves ; occupés de grands objets, ils ne vouloient employer que des efclaves à leurs plaifirs.

» La chafteté des comédiennes, j'en conviens avec vous, eft plus expofée que celle des femmes du monde ; mais auffi la gloire de vaincre en doit être plus grande : il n'eft pas rare d'en voir qui réfiftent long-temps, & il feroit plus commun d'en trouver qui réfiftaffent toujours, fi elles n'étoient comme découragées de la continence que le peu de confidération réelle qu'elles en retirent. Le plus fûr moyen de vaincre les paffions, eft de les combattre par la vanité : qu'on accorde des diftinctions aux comédiennes fages, & ce fera, j'ofe le prédire, l'ordre de l'état le plus févère dans fes mœurs. Mais quand elles voient, que d'un côté, on ne leur fait aucun gré de fe priver d'amans, & que de l'autre, il eft permis aux femmes du monde d'en avoir, fans être moins confidérées ; comment ne chercheroient-elles pas leur confolation dans des plaifirs qu'elles s'interdiroient en pure perte ?

» Vous êtes du moins plus jufte & plus conféquent que le public ; votre fortie fur nos *actrices* en a valu une très-violente aux autres femmes. Je ne fais fi vous êtes du petit nombre des fages, qu'elles ont fu quelquefois rendre malheureux, & fi

(1) On doit fe rappeller que nous n'avons pour objet ici que les *acteurs* perfonnellement ; nous parlerons ailleurs des abus ou avantages des théatres par rapport à la morale publique.

par le mal que vous en dites , vous avez voulu leur reſtituer celui qu'elles vous ont fait. Cependant je doute que votre éloquente cenſure vous faſſe parmi elles beaucoup d'ennemis ; on voit percer à travers vos reproches le goût très-pardonnable que vous avez conſervé pour elles , & peut-être même quelque choſe de plus vif ; ce mélange de ſévérité & de foibleſſe vous fera aiſément obtenir grace ; elles ſentiront du moins , & elles vous en ſauront gré, qu'il vous en a moins coûté pour déclamer contr'elles avec chaleur , que pour les voir & les juger avec une indifférence philoſophique. Mais comment allier cette indifférence avec le ſentiment ſi ſéduiſant qu'elles inſpirent ? Qui peut avoir le bonheur ou le malheur d'en parler ſans intérêt ? Eſſayons néanmoins , pour les apprécier avec juſtice , ſans adulation comme ſans humeur , d'oublier en ce moment combien leur ſociété eſt aimable & dangereuſe ; reliſons *Epictete* avant que d'écrire , & tenons-nous fermes pour être auſtères & graves.

» Je n'examinerai point ſi vous avez raiſon de vous écrier : *où trouvera-t-on une femme aimable & vertueuſe ?* comme le ſage s'écrioit autrefois : *où trouvera-t-on une femme forte ?* Le genre humain ſeroit bien à plaindre ſi l'objet le plus doux de nos hommages étoit en effet auſſi rare que vous le dites. Mais ſi par malheur vous aviez raiſon , qu'elle en ſeroit la triſte cauſe ? L'eſclavage & l'eſpèce d'aviliſſement où nous avons mis les femmes ; les entraves que nous donnons à leur eſprit & à leur ame ; le jargon futile & humiliant pour elles & pour nous , auquel nous avons réduit notre commerce avec elles , comme ſi elles n'avoient pas une raiſon à cultiver , ou n'en étoient pas dignes : enfin l'éducation funeſte , je dirai preſque meurtrière , que nous leur preſcrivons ſans leur permettre d'en avoir d'autre ; éducation où elles apprennent preſque uniquement à ſe contrefaire ſans ceſſe , à n'avoir pas un ſentiment qu'elles n'étouffent , une opinion qu'elles ne cachent , une penſée qu'elles ne déguiſent. Nous traitons la nature en elles comme nous la traitons dans nos jardins , nous cherchons à l'orner en l'étouffant. Si la plupart des nations ont agi comme nous à leur égard , c'eſt que par-tout l'homme a été le plus fort,

& que par-tout le plus fort eſt le tyran & l'oppreſſeur du plus foible. Je ne ſais ſi je me trompe , mais je ſais que l'éloignement où nous tenons les femmes de tout ce qui peut les éclairer & leur élever l'ame , eſt bien capable , en mettant leur vanité à la gêne , de flatter leur amour-propre. (1). On diroit que nous ſentons leurs avantages & que nous voulons les empêcher d'en profiter. Nous ne pouvons nous diſſimuler que dans les ouvrages de goût & d'agrément elles réuſſiroient mieux que nous , ſur-tout dans ceux dont le ſentiment de la tendreſſe doivent être l'ame ; car quand vous dites qu'elles ne *ſavent ni décrire , ni ſentir l'amour même* , il faut que vous n'ayez jamais lu les lettres d'*Héloïſe* , ou que vous ne les ayez lues dans quelque poëte qui les aura gâtées. J'avoue que le talent de peindre l'amour au naturel , talent propre à un temps d'ignorance , où la nature ſeule donnoit des leçons , peut s'être affoibli dans notre ſiècle , & que les femmes devenues à notre exemple , plus coquettes que paſſionnées , ſauront bien aimer auſſi peu que nous , & le dire auſſi mal ; mais ſera-ce la faute de la nature ? A l'exemple des ouvrages de génie & de ſagacité , mille exemples nous prouvent que la foibleſſe du corps n'y eſt pas un obſtacle dans les hommes ; pourquoi donc une éducation plus ſolide & plus mâle ne mettroit-elle pas les femmes à portée d'y réuſſir ? Deſcartes les jugeoit plus propres que nous à la philoſophie , & une princeſſe malheureuſe a été ſon plus illuſtre diſciple (2). Plus inexorable pour elles , vous les traiterez comme ces peuples vaincus , mais redoutables , que leurs conquérans déſarment ; & après avoir ſoutenu que la culture de l'eſprit eſt pernicieuſe à la vertu des hommes , vous en concluez qu'elle le ſeroit encore plus à celle des femmes. Il me ſemble au contraire , que les hommes devant être plus vertueux à proportion qu'ils connoîtront mieux les véritables ſources de leur bonheur, le genre humain doit gagner à s'inſtruire. Si les ſiècles éclairés ne ſont pas moins corrompus que les autres , c'eſt que la lumière y eſt trop inégalement répandu ; qu'elle eſt reſſerrée & concentrée dans un trop petit nombre d'eſprits ; que les rayons qui s'en échappent dans le peuple ont aſſez de force

(1) Je ne vois pas comment nous éloignons les femmes de tout ce qui peut *leur élever l'ame*. La nature ne les a pas faites pour cette élévation ; elles ſont deſtinées à quelque choſe de plus poſitivement utile & agréable , la fécondité , la douceur , la beauté , l'innocence & le goût des vertus paiſibles ; toutes choſes qui s'accorderoient mal avec l'impétueuſe énergie d'ame qui mène à l'élévation des idées & à la hauteur des actions étonnantes. Ont-elles beſoin de cet attirail héroïque pour nous rendre heureux , pour l'être elles-mêmes ? M. d'*Alembert* voit ici les femmes en ſavant , *Rouſſeau* les voit en homme.

(2) *Deſcartes* eut une fille naturelle , nommée *Francine* , dont il pleura long-temps la mort. *Deſcartes* eut donc une maîtreſſe , & ſans doute qu'il l'aimoit. Or le philoſophe ne fit ſûrement pas de ſa maîtreſſe , une ſavante & un bel eſprit ; car nous ne la connoiſſons point ſous ce titre , nous n'avons aucun livre d'elle ; ce qui n'eût pas manqué d'avoir lieu ſi *Deſcartes* lui eût appris les hautes ſciences. Quant à *Chriſtine* , c'eſt différent. *Deſcartes* fit ce qu'il voulut , & ne lui conſeilla pas d'abjurer ſon ſexe & le trône pour des études dont elle pouvoit ſe paſſer comme femme & comme reine. Pour la *princeſſe Palatine* , à qui le philoſophe donna des leçons , on doit remarquer que cette femme , une des plus belles de ſon ſiècle , s'y livroit bien plus par amuſement , & pour ſe conſoler des malheurs de ſa famille , que par un deſir réel d'être ſavante & de paſſer pour telle. On voyoit chez elle des hommes de génie & de ſavoir ; mais jamais ſûrement elle ne ſe propoſa de les imiter , de commenter Tite-Live , ou de réſoudre des problèmes d'algèbre. Si l'on ſavoit à quoi ſe réduit la ſcience de tant de belles dames . . . . . heureuſement elles n'en ont pas beſoin.

pour découvrir aux ames communes l'attrait & les avantages du vice & non pour leur en faire voir les dangers & l'horreur ; le grand défaut de ce siècle philosophe est de ne l'être pas assez. Mais quand la lumière sera plus libre de se répandre, plus étendue & plus égale, nous en sentirons alors les effets bienfaisans, nous cesserons alors de tenir les femmes sous le joug & dans l'ignorance, & elles de tromper, de séduire & de gouverner leurs maîtres (1). L'amour sera pour lors, entre les deux sexes, ce que l'amitié la plus douce & la plus vraie est entre les hommes vertueux ; ou plutôt ce sera un sentiment plus délicieux encore, le complément & la perfection de l'amitié ; sentiment qui dans l'intention de la nature devroit nous rendre heureux, & que pour notre malheur nous avons su altérer & corrompre.

» Enfin ne nous arrêtons pas seulement, aux avantages que la société pourroit retirer de l'éducation des femmes, ayons de plus l'humanité & la justice de ne pas leur refuser ce qui peut leur adoucir la vie comme à nous. Nous avons éprouvé tant de fois combien la culture de l'esprit & l'exercice des talens sont propres à nous distraire de nos maux ; & à nous consoler dans nos peines : pourquoi refuser à la plus aimable moitié du genre humain, destinée à partager avec nous le malheur d'être, le soulagement le plus propre à le lui faire supporter ? Philosophes de la nature répandus sur la terre, c'est à vous à détruire, s'il vous est possible, un préjugé si funeste ; c'est à ceux d'entre vous qui éprouvent la douceur & le chagrin d'être pères, d'oser les premiers secouer le joug d'un barbare usage, en donnant à leurs filles la même éducation qu'à leurs autres enfans. Qu'elles apprennent seulement de vous, en recevant cette éducation précieuse, à la regarder comme un préservatif contre l'oisiveté, un rempart contre les malheurs, & non comme l'aliment d'une curiosité vaine, & le sujet d'une ostentation frivole. »

Nous avons conservé cette digression sur le caractère & l'éducation des femmes, parce que nos deux philosophes l'ont liée à la discussion sur les mœurs théatrales, & sur celles que les actrices & les femmes qui les fréquentent peuvent contracter. Et en effet, on conçoit, pour peu qu'on examine la matière, qu'elle y est intimement unie, & que si l'on croit les femmes utiles au bonheur des hommes, l'innocence de conduite, un des élémens de leur mérite, l'exemple contagieux & la liaison des comédiennes & des acteurs, peuvent être nuisibles à la société, & y répandre des nuages & des désagrémens amers. Passons maintenant à d'autres réflexions.

L'on se souviendra toujours en France que la sépulture fut refusée à *Adrienne le Couvreur*, cette actrice célèbre, qui pendant sa vie avoit captivé l'estime & l'admiration de son pays. Mais *Molière* lui-même, le premier des poëtes moraux françois, & celui dont les écrits ont le plus contribué à détruire les sots préjugés & les maximes hypocrites des fripons, *Molière* eut à peine un coin de terre pour reposer sa cendre.

Cette barbarie puérile doit paroître d'autant plus extraordinaire aux yeux des personnes éclairées, que nos voisins semblent en cela faire la critique de nos mœurs & blâmer notre pédantisme par les égards qu'ils ont pour leurs grands *acteurs*. Tout le monde sait que les anglois ont placé la célèbre *Osfields* dans Westminster, au milieu des rois & des grands hommes qui ont honoré l'Angleterre ; & l'on connoît les honneurs rendus au fameux *Garric*, l'*acteur* le plus accompli qu'ait eu le théâtre britannique.

Au reste, on n'a point toujours, même en France, tenu à la rigueur qui exclut les *acteurs* & *actrices* de la sépulture chrétienne. *Bayle* nous a conservé l'épitaphe d'*Isabelle Andreini*, morte à Lyon en 1604, & enterrée avec les cérémonies ordinaires. Il y a mieux, c'est que cette même épitaphe lui donne toutes les vertus que *Rousseau* refuse aux femmes de cette profession, & c'est son mari qui l'a composée ; la voici :

D. O. M.

Isabella Andreina patavina, mulier magnâ virtute prædita, honestatis ornamentum, maritalisque pudicitiæ decus, ore facundâ, mente fecundâ, religiosa, pia, musis amica, & artis scenicæ caput, hîc resurrectionem expectat.
Ob abortum obiit 4 idus junii 1604,
annum agens 42.
Franciscus Andreinus mœstissimus posuit.

L'on avoit quelque temps cru en France que les *acteurs* italiens n'étoient point dans le même cas que les *acteurs* françois, & que les rigueurs canoniques n'étoient point les mêmes à leur égard. Mais, dit l'auteur du *Dictionnaire patriotique*, cette opinion publique est sans fondement. 1°. Les comédiens italiens établis en France, sont aussi comédiens que les autres. 2°. Comme tels ils doivent être soumis aux mêmes loix, tant civiles que

(1) On ne peut pas trop concevoir ce que veut dire M. d'Alembert par là. Les femmes doivent nous gouverner & nous gouverneront toujours ; dans tout ce qui est de leur compétence ; c'est le plus grand bien qui puisse nous arriver ; c'est le vœu de la nature. Le mal est qu'elles veulent se mêler de ce qui ne les regarde pas, de ce que leur bonheur & le notre exigent qu'elles ignorent ou méprisent. Alors, en effet, elles sont les premières victimes de leurs prétentions ; elles marchent dans un pays inconnu, elles se perdent & les hommes avec elles, c'est-à-dire, que les uns & les autres se rendent malheureux. Au reste, nous ne sommes les maîtres des femmes que dans ce sens, que nous les possédons quand elles nous aiment ; & non que nous ayons le droit de propriété & de commandement absolu sur elles ; tout au plus c'est un droit de conseil & de secours nécessaires.

quelconques

canoniques (1). 3°. Ils le font réellement, & c'est une pratique adoptée & constamment suivie par ceux spécialement préposés pour y tenir la main. 4°. Les *acteurs* italiens & les autres *acteurs*, principalement les françois, n'ont qu'un seul moyen pour rentrer dans l'ordre commun, c'est de renoncer à l'état qui les en fait sortir. 5°. Tous les faits qu'on pourroit alléguer, au contraire, doivent être regardés comme des cas particuliers, qui sont moins des exceptions, que des confirmations de la règle générale.

» On ne manque pas de citer, continue le même auteur, l'exemple de *Romagnesi*, enterré à sa paroisse, & de l'autre celui de la célèbre *Lecouvreur*, inhumée sur les bords de la Seine. Mais on ignore quelques anecdotes concernant la mort de l'*acteur* & de l'*actrice*. *Romagnesi* termina ses jours à Fontainebleau, sans avoir eu le temps de songer à ses affaires, soit spirituelles, soit temporelles. Pour garder certains ménagemens convenables, on prit le parti de le transporter secrettement à Paris. On y éprouva d'abord les mêmes difficultés qu'on avoit craint d'essuyer ailleurs, & qui ne purent être levées que par des ordres supérieurs (2). La fin de mademoiselle *Lecouvreur* fut semblable à celle de *Romagnesi*, mais les suites en furent différentes. Tout ce qu'on peut dire à ce sujet, c'est qu'on se conforma rigoureusement à la loi, à l'égard de l'une, & qu'on y dérogea à l'égard de l'autre ». Ajoutez, dirois-je, que *Romagnesi* n'avoit point la célébrité de mad. *Lecouvreur*, & n'avoit point par conséquent autant d'envieux & d'ennemis.

Nous n'insisterons pas davantage sur cet objet. Chacun à cet égard peut adopter l'opinion qui lui paroîtra la plus raisonnable ; mais l'on peut croire que les idées qu'on peut se former là-dessus, dépendent de la manière d'envisager la matière. Ceux qui tiennent par-dessus tout à la pureté des mœurs, à la bonhommie, au goût de la simplicité, de la décence morale, craindront toujours qu'une troupe d'*acteurs*, peu accoutumés à respecter le lien conjugal, les engagemens domestiques, habitués à une vie errante & indisciplinée, ne hâte par son exemple, dans l'esprit de la jeunesse, des femmes sur-tout, le développement des idées fausses, des principes immoraux, qui font la honte des familles & le scandale de la société. Ils banniront donc les *acteurs* & les spectacles. Ceux, au contraire, qui mettent un grand prix au progrès des arts, & les croient essentiellement utiles à l'homme civilisé pour supporter l'ennui de la vie, qui pensent que l'art du théâtre & le talent de l'*acteur* sont des moyens donnés à la société pour parvenir à ce but, qui n'attachent pas la même importance aux idées morales que les premiers, & qui regardent les mœurs douces & faciles comme plus propres au bonheur que les mœurs sévères, ceux-là n'hésiteront pas à attirer les jeux & les scènes théâtrales chez eux, & ne craindront, ni la corruption, ni les abus, qui peuvent en résulter, sur-tout dans les petites villes, où la fermentation est d'autant plus active, que le lieu de son action est plus resserré.

Il nous reste à parler maintenant des principaux règlemens donnés, soit pour établir la discipline & l'ordre entre les *acteurs*, soit pour fixer leurs salaires, leurs droits & leurs devoirs ; & comme il y a quatre espèces principales d'*acteurs* chez nous, savoir : ceux des françois, des italiens, de l'opéra, & les forains, nous allons, sous chacun de ces titres, rassembler les choses les plus utiles à connoître sur l'état & les privilèges des *acteurs* françois, renvoyant au mot THÉÂTRE tout ce qui ne doit point trouver place ici.

Acteurs du théâtre françois.

C'est de 1629 que l'existence légale des *acteurs* françois date en France. On sait qu'auparavant ils étoient à peine distingués des bateleurs & farceurs publics. Les *confrères* dominoient à Paris, & la comédie étoit dans l'enfance. Mais bientôt elle sortit de cet état, la scène fut mieux choisie, le théâtre plus fréquenté des grands & des personnes instruites de la nation, & les *acteurs* plus considérés. Louis XIII, qui les protégeoit, donna en leur faveur une déclaration honorable, & leur fit défenses en même temps « de représenter aucunes actions » malhonnêtes, ni d'user d'aucunes paroles lascives » ou à double entente, qui puissent blesser l'hon- » nêteté publique, sous peine d'être déclarés in- » fames : il enjoignit aux juges de tenir la main » à ce que sa volonté fût religieusement exécutée ; » & en cas de contravention, que les théâtres » fussent interdits, & qu'il fût procédé contre les » coupables, selon la qualité de l'action, par » telles voies qu'ils jugeront à propos, sans néan- » moins pouvoir ordonner plus grande peine que » l'amende ou le bannissement ; & en cas que lesdits » comédiens règlent tellement les actions du théâtre, » qu'elles soient du tout exemptes d'impuretés ; » nous voulons que leur exercice, qui peut inno- » cemment divertir nos peuples, ne puisse leur » être imputé à blâme, ni préjudicier à leur répu- » tation dans le commerce public : ce que nous » faisons afin que le desir qu'ils auront d'éviter le re- » proche qu'on leur a fait jusqu'ici, leur donne autant » de sujet de se contenir dans la tenue de leur devoir, » que la crainte des peines qui leurs étoient inévitables, » s'ils contrevenoient à la présente déclaration ».

---

(1) On connoît ce que les progrès des mœurs douces & de la civilisation ont apporté de changement aux anciennes dispositions canoniques prononcées contre les *acteurs*.

(2) Pourquoi ? ou la loi est conforme à la raison & à l'intérêt public, & alors point d'ordres supérieurs à cette loi, ou elle choque le bon sens & l'ordre social, & alors il faut la détruire & non pas la braver ; car c'est le pis de tout.

Mais la véritable époque de l'union des *acteurs* françois & de la formation de la compagnie des *comédiens* est de 1680. Louis XIV fit tenir alors une lettre-de-cachet à M. de la Reinie, lieutenant de police de Paris, pour lui orconner d'empêcher l'établissement d'aucune autre troupe, sans une permission expresse, & lui annoncer qu'ayant réuni les deux théâtres en un seul, il vouloit qu'il fût protégé, & que toutes les facilités lui fussent accordées pour s'établir convenablement. Ce fut encore dans ce moment que les comédiens firent un règlement conventionnel entr'eux pour régler la part de chacun à l'établissement du théâtre, les droits & les bénéfices qu'ils en obtiendroient & les pensions dues aux *acteurs* qui seroient retirés, soit par vétérance ou par maladie.

Enfin, un arrêt du conseil, du 18 juin 1757, & des lettres-patentes de 1761, ont complettement assuré l'état des *acteurs* françois. Comme ces deux pièces contiennent des dispositions qui font connoître absolument les droits & les fonctions de chaque sujet jouant sur le théâtre, nous allons les analyser & rapporter les articles qui les concernent. Cette connoissance est d'autant plus nécessaire, que ce n'est que depuis cet instant que les comédiens ont une existence vraiment légale dans la capitale. Avant l'obtention des lettres-patentes, en effet, ils n'existoient qu'en vertu d'ordre du roi & de traités particuliers; aujourd'hui ils sont appuyés sur les titres exigés par les loix pour donner à un corps ou communauté un état avoué & protégé publiquement.

L'arrêt du 18 juin 1757 règle 1°, que le fonds pour l'achat du local & décorations, & les autres frais nécessaires à l'établissement du théâtre, sera fixé à la somme de deux cents mille huit cents sept livres.

2°. Que cette somme sera divisée en vingt-trois parts égales dont chacune sera de huit mille sept cents trente livres, fournie par les *acteurs* membres de la compagnie, indépendamment de quatre mille quatre cents livres, sous le nom de *récompense aux acteurs ou actrices*, qui ne peuvent plus être repétées.

3°. Que chaque part fournie par les comédiens sera susceptible de division en demi-part ou autre portion.

4°. Que le fonds dudit établissement ne pourra être aliéné ni engagé sous quelque prétexte que ce puisse être, pour le besoin d'un ou de plusieurs particuliers, mais seulement pour le bien de la troupe en général.

5°. Qu'aucun des *acteurs* ou *actrices* ne pourra prétendre le remboursement du fonds de sa part, si ce n'est dans le cas de retraite, & ledit remboursement sera fait à leurs héritiers ou ayant droit dans le cas de mort.

6°. Qu'aucun des *acteurs* ou *actrices* ne pourra pareillement engager ni aliéner les fonds de sa part ou portion de part dans ledit établissement, ni aucun de leurs créanciers particuliers poursuivre le paiement de leurs créances par saisie réelle, mais seulement par saisie mobiliaire desdites parts ou portions de part, dont les fonds seront, s'il y échet, contribués entre lesdits créanciers, lesquels ne pourront procéder par ladite voie de saisie mobiliaire desdits fonds de parts, que dans le cas de retraite ou de décès des *acteurs* ou *actrices* leurs débiteurs.

7°. Que les *acteurs* ou *actrices* qui seront admis dans la troupe, seront tenus de payer, la somme ci-dessus de huit mille sept cents trente livres pour une part, & ainsi à proportion pour une demi-part ou autre portion de part, entre les mains du caissier de la troupe.

8°. Que pour faciliter aux nouveaux *acteurs* ou *actrices* le paiement de la somme exigée ci-dessus, il leur sera retenu, à moins que de leurs deniers ils ne veuillent faire ledit paiement, par chaque année & jusqu'à concurrence, la somme de mille livres par part, & ainsi par proportion, & par privilège & préférence à tous les autres créanciers particuliers, de laquelle retenue les intérêts leur seront payés par la troupe, à la clôture du théâtre de chaque année.

9°. Que tous les *acteurs* ou *actrices* qui seront renvoyés après quinze années de service accomplies, jouiront de mille livres de pension viagère, laquelle leur sera payée annuellement par la troupe, sans aucune retenue ni diminution des impositions présentes & à venir quelconque, de six mois en six mois, à compter du jour & date des ordres du premier gentilhomme de la chambre lors en exercice, sur lesquels seront expédiés les contrats de constitutions desdites rentes auxdits *acteurs* ou *actrices* ainsi retirés.

10°. Il sera libre auxdits *acteurs* ou *actrices* de se retirer après vingt années de service, & audit cas ils jouiront de la pension de mille livres, laquelle sera constituée à leur profit, conformément au précédent article; sauf néanmoins que ceux desdits *acteurs* ou *actrices* qui seront jugés nécessaires, après les vingt années de service, ne pourront se retirer; mais auront quinze cents livres de pension, en continuant leurs services pendant dix autres années.

11°. Néanmoins s'il survenoit à quelques *acteurs* ou *actrices*, avant ledit terme de quinze années, des accidents ou infirmités habituelles, qui les missent hors d'état de continuer leurs services, lesdites pensions de mille livres seront constituées à leur profit, en conséquence d'une délibération signée de tous ceux qui composeront alors ladite troupe, pour leur être payée, ainsi qu'il est porté ci-dessus, à compte des jour & date des ordres du premier gentilhomme de la chambre alors en exercice.

12°. A la fin de chaque mois, les registres de recette & de dépense, ainsi que ceux du contrôle, seront représentés à l'un des sieurs intendans des menus, pour les viser & arrêter.

13°. Sur le produit de la totalité de la recette seront prélevés,

1°. Les trois cinquièmes du quart, ou la neuvième au total, pour l'hôpital-général, sans déduction quelconque.

2°. Le dixième en faveur de l'hôtel-dieu, déduction faite de trois cents livres, dont la retenue a été ordonnée par sa majesté, pour les frais journaliers de représentation.

3°. La rente annuelle des deux cents cinquante livres, due à la mense abbatiale de Saint-Germaindes-Prés, par transaction du 24 août 1695.

4°. Les pensions viagères dont la troupe sera chargée.

5°. Les intérêts des fonds ou portions de fonds, ainsi qu'il est porté par les articles ci-dessus.

6°. Les sommes payées pour fonds ou portions de fonds, ainsi qu'il est également spécifié cidessus.

7°. Les appointemens du caissier, des receveurs particuliers & des gagistes, & autres employés au service de la troupe, & finalement seront payés & acquittés tous les frais ordinaires & extraordinaires à la charge commune de la troupe.

Et quant au surplus du produit des représentations journalières, il sera divisé & partagé en vingt-trois portions égales, & distribué aux *acteurs* ou *actrices*, à proportion des parts ou portions de parts appartenantes à chacun d'eux dans le fonds dudit établissement.

Entendant sa majesté que les deniers provenans des paiemens qui seront faits par les nouveaux *acteurs* ou *actrices*, pour leurs fonds, ou portions de fonds, ne puissent être employés qu'au paiement des créanciers de la troupe.

14°. A l'égard de la pension de douze mille livres pour chaque année, accordée à ladite troupe par brevet du 24 août 1682, elle sera pareillement partagée en vingt-trois portions égales, conformément à l'article précédent, & chacune desdites portions sera & demeurera, comme par le passé, non saisissable par aucuns créanciers desdits *acteurs* ou *actrices*.

15°. La part de chacun des *acteurs* ou *actrices*, dans le produit des représentations journalières, sera divisé en trois portions égales; savoir, deux tiers libres & non saisissables par les créanciers, pour être appliqués l'un aux alimens, l'autre à l'habillement de chacun d'eux; & quant à l'autre tiers il sera affecté aux créanciers des *acteurs* ou *actrices*, sur lesquels il surviendra saisie : en sorte qu'après le remboursement & entier paiement du fonds de la part ou portion de part de chaque *acteur* ou *actrice*, lesdites saisies vaudront & auront leur effet, sans qu'il soit besoin de les renouveler, sur le tiers de la portion entière à lui appartenante dans le produit desdites représentations ordinaires.

16°. Veut & ordonne sa majesté que lesdits comédiens ordinaires soient tenus de représenter chaque jour, sans que sous aucun prétexte ils puissent s'en dispenser.

Après avoir rapporté ces dispositions de l'arrêt du conseil de 1757, qui font connoître les émolumens & honoraires dont les *acteurs* françois jouissent en vertu de leur titre de comédiens; pour rendre plus complet ce que nous avons à dire d'eux, nous devons joindre ici les autres règlemens, ou au moins les articles des autres règlemens qui concernent spécialement leur personne, réservant, comme nous l'avons déjà dit, pour le mot THÉATRE, les autres détails relatifs à l'établissement de la comédie françoise. Ainsi, pour cet objet, *voyez* THÉATRE.

Les comédiens françois, ainsi que les italiens, sont soumis, pour leur administration & leur discipline intérieure, à une commission du conseil, composée de messieurs les premiers gentilshommes de la chambre du roi. Sa majesté a autorisé par l'arrêt du conseil de 1757 à donner des règlemens aux comédiens, & c'est en vertu d'une des dispositions de cet arrêt revêtu de lettres-patentes enregistrées au parlement, qu'ils ont fait celui dont nous allons extraire ce qui regarde la personne des *acteurs* & *actrices*.

1°. A la lecture des pièces, chaque *acteur* ou chaque *actrice* a, pour droit de présence, un jeton de la valeur de trois livres, qui lui est donné par le caissier.

2°. Les *acteurs* & *actrices* sont obligés de garder un secret inviolable, sur tout ce qui s'est passé dans les assemblées relatives aux pièces nouvelles, sous peine d'être privés de leur voix délibérative & de leur droit de présence.

3°. Si une pièce n'étoit pas jouée au jour désigné, par la faute personnelle d'un *acteur* ou *actrice*, il supporteroit une amende de trois cents livres, & il est enjoint, sous la même peine, aux semainiers (1) de dénoncer à messieurs les premiers gentilshommes les *acteurs* ou *actrices* qui contreviendront à cette règle.

4°. Tous les *acteurs* & toutes les *actrices* de la comédie françoise doivent se trouver à l'assemblée générale, qui se tient tous les lundis de chaque semaine, à onze heures du matin à l'hôtel de la comédie; aucune personne étrangère ne peut assister à ces assemblées, sous quelque prétexte que ce soit.

5°. Chaque *acteur* & chaque *actrice* a un droit de présence de six livres pour assister à ces assemblées, les *acteurs* reçus à la pension jouissent du même droit que ceux reçus à la part. Ceux des *acteurs* ou *actrices* qui ne se trouvent pas à l'assemblée, ou qui arrivent après onze heures, perdent leur droit de présence, & les six livres qui leur

(1) Il y a deux semainiers qui sont comédiens, ainsi nommés par ce qu'il en sort un chaque semaine, qui est remplacé par un autre. Les fonctions des semainiers consistent dans l'administration, police intérieure & discipline de la troupe. *Réglement* de 1776.

Q 2

appartenoient, font dépofées par le caiffier dans la caiffe des amendes.

6°. Les *acteurs* ou *actrices* qui fortent de l'affemblée auparavant que l'on ait déclaré qu'il n'y a plus d'affaires à y traiter, perdent leur droit de préfence, & le premier femainier eft autorifé à le retenir, à moins qu'il ne leur ait été permis de fe retirer.

7°. Dans les délibérations des affemblées de comédiens, chaque *acteur* ou chaque *actrice* dit fon avis par rang d'ancienneté.

8°. Lorfqu'un *acteur* ou une *actrice* interrompt l'affemblée dans le temps où elle délibère fur une affaire, pour en propofer une autre, ou fous quelque prétexte que ce foit, le règlement veut qu'il foit condamné à l'amende de fix livres. La même peine eft prononcée contre ceux qui fe fervent de paroles piquantes & peu mefurées, & dans l'un ou l'autre cas les contrevenans font privés de leur droit de préfence, & leurs noms font rayés de la feuille.

9°. Tout *acteur* ou *actrice* qui ne fait pas fon rôle, eft condamné à une amende de douze livres pour la première fois, & en cas de récidive, à garder les arrêts jufqu'à nouvel ordre.

10°. Ceux qui manquent leurs entrées ou qui ne font pas prêts à l'heure indiquée pour commencer, font condamnés à trois livres d'amende. La même peine eft prononcée contre ceux qui ayant joué dans la grande pièce, fe font attendre pour la petite.

11°. Les *acteurs* & les *actrices* font obligés de fe rendre exactement aux répétitions, dont les jours & les heures font indiqués par le premier femainier, fous peine de trois livres d'amende, s'il arrive trop tard, & de dix livres s'ils ne s'y rendent pas. Le femainier eft chargé de ce détail; & s'il fait grace à quelqu'un, le règlement veut qu'il porte la peine lui-même.

12°. Les *acteurs* ou les *actrices* qui refufent de jouer des rôles médiocres, font privés du droit de jouer les bons.

13°. Tout *acteur* ou toute *actrice* qui, par humeur ou par mauvaife volonté, fait manquer une repréfentation, doit être condamné en une amende de trois cents livres.

14°. Toute perfonne qui fe préfente pour débuter à la comédie françoife, ne peut être employée qu'à jouer des rôles de caractère, & avant de débuter elle doit avoir été entendue par le comité. Les comédiens de province qu'on fait venir fur leur réputation font feuls affranchis de cette règle.

15°. On ne peut être reçu à débuter, qu'en vertu d'une permiffion de meffieurs les premiers gentilshommes de la chambre, & cette permiffion doit être montrée à l'affemblée des comédiens. Le débutant peut demander trois pièces, pourvu qu'elles foient fur le courant du répertoire, & le premier femainier eft tenu de les employer fur le répertoire prochain.

16°. Les *acteurs* ou *actrices* qui ont des rôles dans les pièces choifies pour le débutant, ne peuvent fe difpenfer de jouer fous peine d'une amende de cent livres. Les *acteurs* de chaque pièce où le débutant doit jouer, font obligés de faire une répétition générale fur le théâtre, fous peine pour ceux qui y manquent, d'une amende de dix livres.

17°. Outre les repréfentations de trois pièces que les débutans peuvent choifir, MM. les gentilshommes de la chambre en approuvent trois autres, dans lefquels les débutans font tenus de jouer le rôle qui leur eft donné dans le genre auquel ils fe deftinent. Il doit être fait deux répétitions de chacune de ces pièces, en préfence des intendans des menus. Les *acteurs* qui jouent dans ces pièces doivent fe trouver aux répétitions fous peine de cent livres d'amende.

18°. Tout *acteur* & toute *actrice* qui n'a point joué fur les théâtres de province, ne peut obtenir un ordre de début qu'après avoir joué devant le comité. Ceux ou celles qui débutent avec fuccès, font reçus à l'effai pendant un an, avec dix-huit cents livres d'appointemens. Si leurs difpofitions ne fe font point démenties pendant ce temps, on les admet alors dans la fociété avec deux mille livres d'appointemens. Ils ont en outre les droits de préfence & de jetons, & leur penfion court du jour de leur début. A la fin de la feconde année, fi les *acteurs* ou les *actrices* font trouvés en état d'être reçus, on les admet ou on les congédie comme inutiles à la fociété : mais avant d'admettre ou de congédier un *acteur* ou une *actrice*, chaque membre de la fociété doit remettre fon avis motivé & cacheté aux intendans des menus, pour être communiqué à MM. les premiers gentilshommes de la chambre.

Toutes ces difpofitions concernant les *acteurs* & *actrices*, font tirées de différens règlemens & furtout de celui de 1757; nous nous fommes fervi, pour les extraire, de la compilation qu'en a faite M. *des Effarts*, au mot *acteur*. On trouvera à l'article THÉATRE les détails du comité, des affemblées, des délibérations & autres qui peuvent faire connoître la difcipline & la police intérieure des *acteurs* françois. Paffons aux *acteurs* italiens.

Acteurs de la comédie italienne.

Les comédiens italiens, dont l'exiftence date en France de 1577, ne prirent le titre de comédiens italiens ordinaires du roi qu'en 1723, & n'eurent la forme actuelle qu'après la réunion de leur théâtre à celui de l'opéra-comique en 1762, qu'ils obtinrent cette conceffion de l'opéra, & enfuite de la ville même en 1780, pour en jouir jufqu'en 1810, c'eft-à-dire pendant trente ans. *Voyez* THÉATRE.

Différens traités entre les *acteurs* italiens, homologués au parlement, entr'autres ceux de 1719, 1741 & 1754, règlent leur état fur le même pied à-peu-près que celui des *acteurs* françois, pour la mise en commun, les bénéfices, la sûreté des appointemens & les réserves en cas de saisie pour dettes. Voici en abrégé en quoi ces dispositions consistent.

1°. Chaque *acteur* ou *actrice* est obligé de laisser le quart de sa part ou portion de part du produit des représentations, les frais prélevés, pour fournir à former un fonds qui est destiné à payer les dettes de la société.

2°. La part que chaque *acteur* ou *actrice* est obligé de fournir étoit autrefois de huit mille livres; elle est, depuis 1754, de quinze mille livres.

3°. Cette somme de quinze mille livres est rendue ensuite à l'*acteur* ou *actrice*, à sa retraite, ou à ses héritiers, en cas de mort.

4°. L'*acteur* ou l'*actrice* reçu à demi-part, en paie la moitié, & à proportion pour les autres parts.

5°. L'*acteur* qui n'auroit pas cette somme, seroit tenu de l'emprunter sous le cautionnement de la société, & de la remettre dans la caisse.

6°. Il est libre à l'*acteur*, lorsqu'il se retire, ou à ses héritiers, en cas de mort, de laisser ou de retirer la somme, & dans le premier cas l'intérêt en seroit payé à cinq pour cent, solidairement par tous les comédiens.

7°. Sur les trois quarts de la part ou portion de part de chaque *acteur*, qui restent après qu'on en a prélevé le quart du fonds ci-dessus, il sera pris un quart pour être employé au paiement des créanciers personnels, de ceux des *acteurs* sur lesquels il y aura des saisies, & le restant desdits trois quarts sera touché par les *acteurs* pour leur subsistance & entretien.

8°. Aucun des comédiens ou comédiennes ne peut faire des transports au-dessus du quart ci-dessus destiné pour leurs créanciers personnels, & s'il en étoit fait aucun, les cessionnaires ne pourroient toucher que par contribution avec les créanciers saisissans, la somme à laquelle se montera ledit quart (1).

9°. Lorsqu'un *acteur* ou *actrice* vient à quitter après quinze ans de service, il doit lui être payé, même retiré du royaume, la somme de mille livres de pension viagère, pour ceux qui ont part entière ou trois quarts de part, & celle de cinq cents livres pour ceux qui n'auront que demi-part ou quart de part; laquelle pension appartient également à ceux qui avant lesdits quinze années, se trouvent hors d'état par leurs infirmités de servir.

Les *acteurs* italiens sont, comme nous l'avons dit, soumis pour la discipline & la police intérieure du théâtre, à une commission composée de MM. les gentilshommes de la chambre du roi; & le reste des règlemens qui ont lieu pour les *acteurs* françois s'observent également pour eux.

Acteurs des spectacles à la suite de la cour.

Les *acteurs* des spectacles à la suite de la cour ont une discipline différente de celle des théâtres françois & italien, quoique semblable dans plusieurs cas.

Les *acteurs* & *actrices* de ces spectacles sont assujettis à la jurisdiction de l'hôtel du roi, qui a le droit de police & de règlement dans tout ce qui tient à l'administration civile des maisons, jardins & autres lieux dépendans de la cour. Le droit de juger les matières contentieuses pour dettes entre les *acteurs* & leurs créanciers, & autres objets de discipline analogues, leur est spécialement attribué par la déclaration du roi, du 18 août 1779, qui contient aussi différens règlemens concernant les droits & l'état de ces *acteurs*, & que nous allons faire connoître.

1°. Les gages & appointemens des régisseurs, receveurs, inspecteurs, *acteurs* ou comédiens, & & autres personnes attachées aux spectacles suivant la cour, sont exempts de saisies, arrêts ou oppositions, jusqu'à concurrence des deux tiers seulement desdits gages & appointemens, qui doivent leur être réservés pour subvenir à leurs nourriture & logement.

2°. Les saisies & oppositions qui pourroient être faites pour raison de nourriture & de logement, ne sont point comprises dans cette exception, au contraire elles doivent être effectuées, sans que pour cela les créanciers, pour autres choses que pour nourriture & logement, puissent se croire en droit de jouir du même avantage.

3°. Le dernier tiers des gages & appointemens reste saisissable pour quelque cause & nature de créance que ce puisse être.

4°. Les directeurs & receveurs sont tenus de retenir entre leurs mains ledit tiers saisissable, du moment qu'il y aura opposition, & même de retenir les deux autres tiers, lorsque la saisie, opposition ou empêchement, auront pour cause le paiement de nourriture ou logement; c'est pourquoi les saisies & oppositions doivent contenir la nature, les causes & le montant de la dette; à faute de quoi les directeurs, receveurs, n'y auront aucun égard, & ne retiendront que le tiers saisissable, sur lequel les créanciers seront payés, chacun en proportion de ce qui leur sera dû.

6°. Les receveurs, directeurs, sont obligés de

<hr/>

(1) Plusieurs arrêts du parlement des 9 août, 6 & 7 Septembre & 17 octobre 1742, assurent la force de ces règlemens & autres relatifs aux dettes des *acteurs* ou de la société. Ils obligèrent plusieurs créanciers à s'y conformer, sur la réclamation de la compagnie qui produisit ces traités homologués au parlement, comme nous l'avons remarqué. *Voyez* le mot THÉATRE, où nous détaillerons plus au long cette partie de l'économie des théâtres.

dénoncer aux créanciers faisissans les nouvelles saisies & oppositions, s'il en survient de nouvelles.

7°. Les receveurs, directeurs de la troupe, font obligés de représenter, quand ils en font requis, aux lieutenans généraux de la prévôté de l'hôtel, l'état des gages & appointemens payés à chaque acteur; ainsi que les traités & arrangemens faits entr'eux, pour éviter les abus ou y mettre ordre.

8°. A défaut de cette représentation des registres & engagemens; les directeurs, receveurs, seront obligés de payer aux créanciers saisissans jusqu'à concurrence des causes de leurs saisies & oppositions.

Une nouvelle déclaration du roi, du 28 février 1782, règle en détail les formes de procédures, les moyens dont les créanciers doivent se servir pour obtenir leur dû, & les droits des officiers de la prévôté de l'hôtel, où s'instruisent & se jugent les matières contentieuses de cette espèce, dont l'appel est porté au grand conseil.

C'est une chose a remarquer que tous les règlemens émanés de l'autorité souveraine, en faveur des acteurs & autres personnes de théâtre, commencent par les dispositions relatives aux dettes qu'ils peuvent contracter, au moyen de les payer, & aux poursuites que les créanciers peuvent faire contr'eux. Il semble que l'état de dissipation ait été regardé par le législateur comme l'élément des enfans de Thalie. Il est vrai que les gages & appointemens des commis aux aides, employés dans les fermes & les armées du roi, sous toutes sortes de titres, sont également hors de la portée des créanciers, mais ce cas me semble différent. Ceux-ci sont assujettis à une fonction nécessaire & pressante, tant pour la perception des deniers publics, que pour la régularité du service militaire; ils sont vraiment occupés à la chose publique, & l'on peut sans irrégularité soustraire leur revenu à la rigueur des loix contre les débiteurs, pour leur conserver le loisir & les moyens de ne se point départir de leurs fonctions.

Les comédiens, au contraire, sont des citoyens libres, dont la réputation & la fortune dépendent de leurs talens & de leur mérite particuliers. Ils restent dans la classe des autres sujets de l'état à cet égard. Leurs fonctions ne sont point absolument nécessaires, quoiqu'agréables; ce n'est donc point pour leur conserver la tranquillité requise à un service indispensable, qu'on a pris tant de soins pour les mettre à l'abri des poursuites des créanciers, & assurer leur subsistance & leur habillement contre le droit de ceux qui leur ont fait des avances & des crédits.

Mais l'on prévoyait que, naturellement dissipés & professant un état entièrement fondé sur le luxe, ils feroient des dépenses forcées & souvent au-delà de leurs moyens de fortune; que cette manière de vivre les constitueroient dans des dettes qui absorberoient leurs revenus en entier, si la loi permettoit aux créanciers de les poursuivre indéfini-

ment; que ces troubles apportés à leurs affaires domestiques, leur feroient négliger leur profession, & priveroient enfin le public d'acteurs exercés, exacts & distingués.

Voilà les considérations qui sans doute ont déterminé le législateur, considérations qui, comme l'on voit, tirent leur force de l'état de dépense, de luxe & de dissipation, dans lequel vivent les acteurs, & qui ne leur permet pas de mettre dans leurs affaires l'ordre & l'économie nécessaires pour les conserver toujours franches de dettes & d'embarras.

Mais cette condescendance en faveur des acteurs n'a-t-elle pas été elle-même une cause, ou plutôt un encouragement aux dépenses ruineuses, auxquelles ils se livrent trop facilement peut-être? Leur subsistance, leurs habillemens, (& les habillemens d'un comédien vont loin) sont à l'abri de tout événement. Que peuvent les créanciers? Ainsi l'on pourroit donc mettre en question si c'est un bien ou un mal que la plus forte partie du revenu des acteurs soit à couvert des saisies, & s'il ne vaudroit pas mieux qu'ils fussent comme les autres citoyens assujettis aux rigueurs de la loi contre les débiteurs négligens ou infidèles.

Il est vrai, car il faut tout dire, qu'on a traité à cet égard les comédiens en jeunes gens dérangés, c'est-à-dire, en jeunes gens à qui les marchands, bijoutiers, fournisseurs, font payer les choses, & jusqu'à l'argent même, le double de leur valeur ordinaire. Un faiseur d'affaires pourroit à lui seul faire saisir douze fois par an les revenus d'une troupe, jouir avec impunité de sa friponnerie & insulter à l'indignation publique, si l'on n'avoit dérogé en faveur des gens de théâtre à la loi générale. La vie voluptueuse, & occupée d'objets rien moins qu'économiques, livrée entièrement aux arts d'agrémens, ne leur permet ni de calculer les dépenses ni d'estimer la recette; c'est le besoin, le désir, la commodité, qui règlent tout cela. L'ouvrier, le fabricant qui le sait, vend aussi cher & aussi mauvais qu'il peut. Et voilà pourquoi les acteurs, si vous en exceptez un certain nombre des villes capitales, ne sont jamais riches. Ils ressemblent à cet égard aux courtisannes, qui, ne sachant ni le prix des choses, ni mettre un terme à leurs goûts variables, ni se précautionner contre l'adresse des marchands & fournisseurs fripons, finissent par languir dans la misère, après avoir fait la fortune de leurs couturières & de leurs bijoutiers. C'est donc par une sorte de justice, qu'on a soustrait les acteurs aux efforts de l'infidelle cupidité, qu'on a empêché que leur inconduite ne devînt l'aliment de l'usure & de la friponnerie & qu'on a assuré leur existence contre leur manque de précaution, en dérogeant à leur faveur aux règlemens généraux, auxquels sont tenus tous ceux qui ont l'âge requis pour contracter des engagemens.

Acteurs de l'opéra.

L'opéra ou l'académie royale de musique remonte à 1645, que le cardinal Mazarin fit jouer à Paris des opéras italiens ; mais sa véritable existence date de 1668. A cette époque, l'abbé *Perrin* obtint des lettres-patentes pour l'établissement de ce spectacle, sous le nom d'*académie de musique*. Ces lettres-patentes furent suivies d'autres en 1669, qui confirmoient les premières, & attribuoient différens privilèges aux *acteurs* de ce spectacle, entr'autres de ne pas déroger. Depuis ce temps l'opéra a éprouvé différens changemens, sur-tout différentes formes d'administrations, dont nous parlerons au mot THÉATRE (1).

L'opéra n'est point régi comme les deux autres spectacles dont nous venons de parler, & les *acteurs* n'y sont pas non plus soumis aux mêmes engagemens, ils ont cependant des devoirs & des obligations à remplir, tant envers l'administration même de l'académie, qu'envers le public ; nous allons faire connoître les uns & les autres.

Les règlemens concernant l'académie royale de musique ont été très-multipliées ; la grande quantité de personnes employées à ce spectacle, la variété des objets qu'il embrasse, & les nombreux détails de son administration en ont été le motif. Il est difficile en effet qu'il puisse se passer un laps de temps un peu considérable sans apporter quelque changement dans cette variété de personnes & de choses. Mais enfin un règlement du 13 mars 1784 & un autre de la même année contiennent les formes de discipline, police & administration auxquelles est soumise la régie actuelle de l'opéra. Nous allons en extraire ce qui concerne les *acteurs*, en renvoyant à l'article THÉATRE ce qui ne peut trouver sa place ici.

» 1°. Les *acteurs*, *actrices* & autres sujets de l'académie royale de musique ne pourront se dispenser d'exécuter les ordres donnés par le comité de ladite académie, sous peine d'une amende de vingt-quatre livres pour la première fois, laquelle sera retenue par le caissier, de plus forte somme en cas de récidive, & de renvoi absolu, s'ils multiplioient ces actes de désobéissance, dont le comité sera tenu de rendre compte à la personne qui sera chargée de représenter le secrétaire d'état, conformément à l'article IV de l'arrêt du conseil, du 30 mars 1776, sauf à ceux qui se trouveroient lésés par ces ordres, auxquels rien ne peut jamais les dispenser d'obéir, de faire leurs représentations par écrit.

» 2°. Si aucun des employés ou préposés de l'académie étoit reconnu inutile, & s'il manquoit aux devoirs de son emploi par mauvaise conduite ou autrement, le comité seroit tenu d'en rendre compte par un mémoire circonstancié, pour que, d'après les ordres du secrétaire d'état, le comité puisse le congédier ; voulant sa majesté que dans ce cas, les brevets, commission & pensions, qui auroient pu lui avoir été donnés, demeurent annullés & révoqués, en vertu du présent arrêt, sans qu'il soit besoin d'une révocation spéciale.

» 3°. Tous les sujets seront tenus d'être arrivés avant cinq heures, les jours de spectacles & de répétitions, sous peine d'une amende de six livres, selon l'article XVIII de l'arrêt du conseil du 27 février 1777.

» 4°. Le nombre total des sujets sera divisé en deux classes : la première sera celle des sujets appointés, & la seconde celle des surnuméraires, qui ne pourront prétendre aux appointemens, qu'autant qu'il y aura des places vacantes, sans observer le rang d'ancienneté, mais d'après leurs talens & leurs services.

» 5°. S'il arrive que quelqu'un des *acteurs*, *actrices*, sujets des chœurs, de la danse, ou symphonistes, trouble par quelques rumeurs le bon ordre ou la tranquillité nécessaire au spectacle, il sera imposé à l'amende de vingt-quatre livres pour la première fois, de quarante-huit pour la seconde, & il sera congédié en cas de récidive, conformément aux règlemens de 1713, 1714 & 1718.

» 6°. Aucuns des *acteurs* ou *actrices*, danseurs ou danseuses, ne pourront être reçus à l'opéra, conformément à l'article XVIII du règlement de 1714, qu'après avoir fait preuve de leurs talens dans quelques représentations, & y avoir mérité les suffrages du public : de même nul *acteur* ou *actrice*, ou sujets des chœurs, ne seront admis à l'opéra, qu'il ne soit assez musiciens pour étudier seuls leurs rôles, & ni les parties qui leur auront été confiées, à moins que ce ne soient des sujets de grande espérance, alors l'académie se chargera de les faire recevoir dans l'école à cet effet établie.

» 7°. Les sujets de l'académie chantans ou dansans, soit premiers remplacemens ou doubles,

---

(1) L'académie royale de musique, conformément à l'article V de l'arrêt du conseil, du 17 mars 1780, est régie par un directeur général, avec pleine & entière liberté, sous les ordres du secrétaire d'état ayant le département de Paris. Il y a de plus, un comité nommé par le roi, chargé de l'administration, dont les assemblées se tiennent régulièrement les lundis, à l'hôtel de l'académie, pour les affaires des membres ; & tous les premier & troisième vendredis de chaque mois, pour traiter avec les auteurs.
Le privilège de l'opéra n'appartient pas collectivement au corps des principaux *acteurs*, comme ceux des théâtres françois & italiens, mais à un donataire qui a été depuis 1749 jusqu'à 1776, le corps municipal de Paris : & voilà pourquoi J. J. *Rousseau* ayant été frustré d'une partie du produit de son *Devin de village*, ne voulut point payer sa capitation, disant que le corps de ville lui devoit trente mille francs pour la représentation de son opéra, qui eut le plus grand succès. On fit grace à l'auteur d'*Emile* de sa capitation ; elle étoit de six livres dix sols. (*On sait que c'est le prévôt des marchands qui connoît des plaintes des parisiens sur le fait de cette taxe.*).

feront tenus, conformément aux anciens règlemens, & notamment à l'article X de l'arrêt du conseil du 27 février 1778 ; d'accepter les rôles ou les entrées qui leur feront distribués, sans pouvoir s'en dispenser, sous aucun prétexte, sous peine de privation d'un mois de leurs appointemens, ou autres émolumens ou d'être congédiés en cas de récidive.

» 8°. Veut sa majesté, conformément à l'article XVII de l'arrêt du 27 février 1778, que lorsqu'on distribuera les rôles aux premiers sujets, on les donne en même tems aux remplacemens & aux doubles de chaque genre, & qu'il en soit de même pour la danse, afin qu'en cas d'accident, les seconds sujets puissent remplacer les premiers, & les troisièmes remplacer les seconds ; & pour assurer le service, il sera fait une ou deux répétitions générales avec les sujets dits remplacemens ou doubles.

» 9°. Ordonne sa majesté que, conformément aux règlemens de 1714 & 1776, & notamment a l'article IX de l'arrêt du conseil, du 27 février 1778, les chanteurs & danseurs, chanteuses & danseuses en premiers, se trouvent aux répétitions aux heures indiquées, de même que les remplacemens & les doubles, à peine de douze livres d'amende pour la première fois, de privation d'un mois d'appointemens pour la seconde, & d'être congédiés pour la troisième ; à moins que ce ne soit pour cause de maladie bien constatée, dont chacun dans son genre aura soin de prévenir son chef, qui en rendra compte au comité.

» 10°. Tout sujet chargé de rôle, qui manquera une représentation sans cause légitime, & dont le comité s'assurera, après en avoir été prévenu par écrit, sera imposé à une amende de trois cents livres ; sa majesté ne voulant pas que dans aucun cas, le spectacle puisse manquer par l'absence d'un sujet sur lequel on avoit compté.

» 11°. Les premiers sujets ne pourront quitter les rôles qui leur auront été distribués par le comité, d'accord avec les auteurs ; de même les premiers danseurs ne pourront quitter leurs entrées que dans le cas de maladie bien avérée. Nul ne pourra se faire doubler, sans une permission expresse du comité. Sa majesté voulant néanmoins qu'on emploie tous les moyens pour former des sujets utiles & agréables au public, & rien ne pouvant y contribuer davantage que d'exercer les sujets tant du chant que de la danse, destinés à remplacer un jour les premiers sujets, elle ordonne que chacun ces sujets chargés en premier des rôles ou entrées, ne puissent les quitter qu'après la dixième représentation ; alors les remplacemens ou doubles seront employés, suivant la distribution qui en sera faite par le comité, en observant de ne pas livrer l'ouvrage entièrement aux doubles ; mais de faire jouer alternativement un premier sujet avec un remplacement, & de donner alternativement du repos aux premiers sujets par cette distribution, sa majesté voulant cependant que les

premiers sujets reprennent leurs rôles ou leurs entrées, quand ils en seront requis par le comité, pour le bien du service, ou si ceux qui les auront remplacés tomboient malades, sous peine, en cas de refus, d'une amende de cent livres pour la première fois, de trois cents livres pour la seconde, & de privation d'un mois d'appointemens, gratifications & autres émolumens pour la troisième fois, & même de plus grande peine si le cas le requiert.

» 12°. Tout premier sujet du chant ou de la danse qui refusera de chanter ou de danser avec un remplacement ou un double, sera imposé aux amendes portées dans l'article précédent : la volonté de sa majesté étant qu'il y ait toujours au moins la moitié des premiers sujets, pour soutenir le spectacle à la satisfaction du public & des auteurs.

» 13°. Ceux qui manqueront leurs entrées, soit du chant, soit de la danse, ou qui ne seront pas prêts à l'heure indiquée pour commencer les répétitions ou représentations, paieront une amende de douze livres pour la première fois, une de vingt-quatre livres pour la seconde, & ce sur le rapport de l'inspecteur général, à qui il est enjoint d'y tenir sévèrement la main.

» 14°. Conformément aux anciens règlemens, & notamment à l'article XXXIII de 1714, sa majesté veut & entend que les acteurs & actrices, danseurs & danseuses, chargés des rôles & entrées en premiers, non-seulement n'exigent point, sous quelque prétexte que ce soit, d'autres habits que ceux qui leur sont destinés pour les rôles ou entrées où ils sont employés, mais encore qu'aucun d'eux ne se mêle en aucune manière du genre de dessin, & de faire rien changer aux habits qui leur sont donnés, sous prétexte même d'en faire les frais ; à peine de perdre un mois d'appointemens, & de plus forte punition en cas de récidive : le tout conformément à l'article XVI du règlement de 1778.

» 15°. Les sujets chargés en premiers des rôles ou entrées, venant à les quitter, pour raison de maladie ou autre cause légitime, leurs habits seront donnés à ceux qui les remplaceront, soit en second, soit en troisième, sans que pour cela les acteurs & actrices de la musique ou de la danse, venant à reprendre les rôles ou entrées qu'ils avoient en premier, puissent prétendre à d'autres habits que ceux qu'ils auront eus d'abord ; à peine de deux cents livres contre les contrevenans.

» 16°. Ne pourront les sujets du chant & de la danse, & autres employés, conformément aux règlemens de 1776 & 1778, se retirer, ni demander leur congé absolu, qu'en le sollicitant une année d'avance ; à peine de punition, & seront contraints de servir pendant ladite année.

» 17°. Fait défense sa majesté, aux sujets susdits de signifier leur congé par huissiers ; leur enjoint de déduire leurs motifs dans des mémoires qu'ils remettront à la personne chargée de représenter le secrétaire d'état, pour qu'il puisse les mettre sous ses yeux & avoir sa décision.

se 18°.

» 18°. Nul *acteur* ou *actrice*, danseur ou danseuse, symphoniste ou autre, ne pourra, conformément aux règlemens de 1713, 1714 & suivans, obtenir la pension qu'après quinze ans de service non interrompu, & ne pourra même en jouir, quoique les quinze années soient révolues, si ses services sont encore jugés utiles à l'académie ; & alors, dans le cas où un sujet continueroit ses services d'une manière satisfaisante pour le public, pendant cinq années ; entend sa majesté, conformément à l'article IV de l'arrêt du conseil de la présente année, que la pension des premiers sujets augmente de cinq cents livres au bout de cinq années ; de cinq cents autres livres après vingt-cinq années de service non interrompu ; ainsi des autres sujets du chant & de la danse dans la proportion de leurs appointemens. Si cependant il arrive que quelqu'un vienne à être estropié ou blessé grièvement au service de l'opéra, il sera sur le champ admis à la pension, & dispensé d'attendre l'expiration des quinze ans. Veut d'ailleurs sa majesté que, suivant l'ancien usage, la première pension ne soit jamais, avant vingt ans expirés, que de la moitié des appointemens, au moment où un sujet se retirera. Seront lesdites pensions payées par quartier, de trois mois en trois mois.

» 19°. Si quelque sujet avoit obtenu sa pension pour cause de maladie, il ne pourroit cependant la conserver, s'il étoit prouvé que sa santé lui permît de reprendre le service ; mais elle lui seroit rendue à sa retraite, après avoir rempli le temps nécessaire fixé pour les pensions.

» 20°. Les sujets qui, étant encore en état de servir, quitteront par humeur ou sous des prétextes frivoles, & ceux à qui une mauvaise conduite & des faits graves obligeront l'administration de donner congé, seront exclus de la pension de retraite, & perdront tous les avantages qui leur auront été accordés par l'arrêt du conseil du 3 janvier de la présente année, conformément aux articles IV & X dudit arrêt. Ils perdront en outre toutes les pensions qu'ils auront pu obtenir de sa majesté, sur quelque partie qu'elles puissent être assignées, & seront au même instant rayés des états de la musique & de la danse, établies pour le service de sa majesté, conformément à l'article XXVI de l'arrêt du conseil du 30 mars 1776, & à l'article XXIII de celui du 27 février 1778 : sa majesté, en accordant des graces aux talens, ayant en vue principalement d'exciter leur émulation pour le service public.

» 21°. Tout sujet qui, volontairement & sans cause légitime, auroit quitté l'académie, ou qui pour des faits graves se feroient mis dans le cas d'être renvoyé, ne pourra jamais y rentrer, sous quelque prétexte que ce puisse être.

» 22°. Sa majesté renouvelle les très-expresses inhibitions & défenses déjà faites par les arrêts de son conseil, des 30 mars 1776 & 27 février 1778,

aux comédiens françois & italiens, à tous directeurs de comédies ou spectacles dans les provinces, de recevoir aucun sujet sortant de l'académie royale de musique, s'il ne présente un congé en forme, signé de l'administration ; à peine de six mille livres de dommages & intérêts pour l'académie royale de musique.

» 23°. Tout sujet qui se présentera pour entrer à l'opéra, soit pour le chant, soit pour la danse, s'adressera au comité qui s'informera du nom des parens du sujet & jugera ses talens ; le rapport en sera fait par écrit & remis, signés du comité, afin que si le rapport est favorable, il soit donné l'ordre nécessaire pour le début, sans lequel ordre aucun sujet ne pourra paroître sur le théatre.

» 24°. Aucun sujet ne devant être reçu à l'académie royale de musique qu'en contractant avec elle des engagemens, le comité aura soin d'en faire signer d'uniformes à chacun des sujets qui seront reçus, avec soumission de se conformer en tout aux règlemens de l'académie royale de musique. *Règlement de 1784.*

» 25°. S'il arrive qu'aucun des *acteurs* ou *actrices* du chant ou de la danse, ou des symphonistes de l'orchestre, troublent, par quelque rumeur, le bon ordre & la tranquillité nécessaires pour le service du spectacle, il sera imposé à une amende de douze livres pour la première fois, de vingt-quatre livres pour la seconde, & pour la troisième il sera congédié sur le champ.

» 26°. Aucun *acteur* ou *actrice* ne peut demeurer sur le théatre, avec d'autres habits que ceux du théatre, & seulement quand il faut être à portée de paroître en scène.

» 27°. Des sujets du chant il sera formé trois classes sous la dénomination de *premiers sujets, premiers remplacemens & premiers doubles.* Chaque sujet de la première classe qui chantera un rôle ou un grand coriphée, gagnera une rétribution sous le nom de *feux,* laquelle sera de cinq cents livres après dix représentations ; & pareille somme consécutivement de dix en dix ; ceux du premier remplacement gagneront de même, & en pareil cas, un feu de quatre cents livres ; & celui des premiers doubles sera de deux cents livres aux mêmes conditions (1).

» 28°. Les sujets de la danse seront aussi divisés en trois classes, pareilles à celle du chant ; mais comme ils peuvent être employés ensemble dans les différens ouvrages qu'on met au théatre, & qu'ils ont par conséquent plus de facilité d'atteindre à un grand nombre de représentations, qu'ils sont aussi moins exposés que les sujets du chant à éprouver des accidens qui suspendent l'usage de leurs talens ; voulant d'ailleurs conserver entre les feux la proportion qui existe continuellement entre les gratifications du chant & celles de la danse, dont ils forment la représentation, sa majesté a fixé le feu de la première classe de la danse, à deux cents livres

---

(1) Cet arrangement n'a plus lieu depuis le règlement de 1784. Voyez-le plus bas.

pour dix représentations, à cent vingt livres pour celui de la seconde, & à soixante livres, celui de la troisième classe, suivant les progressions exprimées pour le chant par l'article précédent. *Règlement de 1776.*

» 29°. Les places de premiers sujets du chant font irrévocablement fixées à sept ; savoir, deux premières basses-tailles, deux premières hautes-contres, trois premières actrices, l'une chargée des rôles à baguettes, l'autre de ceux de princesses, & la troisième de ceux d'amoureuses dans le pastoral. Les places de remplacement feront également fixées à sept, deux basses-tailles, deux hautes-contres, trois actrices. Les places de doubles feront fixées à trois ; savoir, une haute-contre & deux rôles de princesses ou amoureuses, ce qui composera en tout dix-sept sujets, tant hommes que femmes, sans qu'ils puissent jamais excéder ce nombre, sous quelque prétexte que ce soit.

» 30°. Le roi voyant que toutes les difficultés qui pourroient naître des prétentions des *acteurs* & *actrices* en remplacemens, ou des *acteurs* & *actrices* en double, ainsi que des danseurs ou danseuses, dans le cas où une place supérieure deviendroit vacante, elle entend que ladite place ne puisse jamais être accordée à un sujet, qu'autant qu'il l'aura remplie pendant une année à la satisfaction du public & de l'administration, avec les mêmes appointemens dont il jouissoit auparavant.

» 31°. Dans le cas où un *acteur* de remplacement deviendra premier sujet, ou qu'un double parviendra à la place de remplacement, l'un ou l'autre ne pourra prétendre à la pension attachée aux places supérieures qu'autant qu'il l'aura rempli au moins pendant un an ; c'est-à-dire, que si un remplacement succédoit à un premier sujet après douze années de service, il ne pourroit obtenir la pension de premier qu'au bout de dix-sept années, ainsi que des autres dans la même proportion.

» 32°. Dans le cas où le roi voudroit bien, pour quelques raisons particulières, accorder un congé à un sujet pour aller jouer en province, alors son traitement sera retenu en entier au profit de l'académie, pendant tout le temps de son absence, n'étant pas juste qu'il touche ses appointemens, en même temps qu'il profite des avantages qu'il trouve ailleurs. N'entend au surplus sa majesté qu'aucun congé ne soit accordé, même pendant la clôture du théatre, sans l'assurance positive que le sujet sera en état de reprendre son service dans les ouvrages nouveaux mis à l'étude pendant la vacance, pour l'ouverture du théatre.

» 33°. Les appointemens des premiers *acteurs* & *actrices*, feront fixés pour toujours à neuf mille livres ; savoir, trois mille livres d'appointemens sur le premier état, afin de ne point déranger l'ordre établi pour les pensions ; trois mille livres sur le second état, comme cela se pratiquoit anciennement, ce qui fait six mille livres, qui feront payés auxdits premiers sujets à raison de cinq cents livres

par mois ; & trois mille livres en outre sur un troisième état de gratifications, dont quinze cents livres payables chaque année à la clôture du théatre ; à l'égard des autres quinze cents livres, elles feront retenues & mises en séquestre, pour fournir à chaque sujet un fonds de vingt-deux mille cinq cents livres, qui leur sera remis après quinze années expirées, si au terme des règlemens ils se trouvent alors hors d'état de continuer leur service. Il leur sera payé annuellement soixante-quinze mille d'intérêts pour chacune desdites sommes de quinze cents livres retenues, & ainsi d'année en année progressivement jusqu'au complément des vingt-deux mille cinq cents livres. Dans le cas où un *acteur* ou *actrice*, après quinze années de service non interrompu, sera jugé en état de continuer ses services, les fonds provenans des gratifications mises en séquestre leur feront alors remboursés pour en faire alors le placement qu'ils jugeront à propos ; & s'il continue ses services encore pendant cinq ans, il aura droit à une pension de deux mille livres après vingt ans. Il sera de même accordé une augmentation de cinq cents livres pour les années suivantes ; ainsi l'*acteur* ou l'*actrice* en état de servir vingt-cinq ans, jouira de deux mille cinq cents livres de pension, indépendamment du fonds de vingt-deux mille cinq cents livres qui lui aura été remboursé.

» 34°. Les appointemens des *acteurs* ou *actrices* remplaçant les premiers, feront de sept mille livres ; savoir deux mille cinq cents livres sur le premier état, deux mille cinq cents livres sur le second état, & deux mille livres sur le troisième état, dit de gratification, dont mille livres payables à la clôture du théatre, & mille livres de retenues, mise en séquestre pour en former à chaque sujet, un fonds de quinze mille livres, qui leur sera remis après quinze années de service, aux mêmes clauses & conditions énoncées en l'article précédent.

» 35°. Les appointemens des doubles feront fixés à trois mille livres ; savoir, quinze cents livres sur le premier état, & quinze cents livres sur le second, sans retenue.

» 36°. Le corps des principaux sujets de la danse sera composé d'un maître de ballets, d'un aide, de trois premiers danseurs, trois premières danseuses, pour les trois genres sérieux, demi-caractère & comique, trois remplacemens en danseurs, & danseuses, & six doubles, dont trois hommes & trois femmes.

» 37°. Les appointemens du maître des ballets, ainsi que ceux des premiers danseurs feront fixés pour toujours à sept mille livres, dont trois mille livres sur le premier état, & trois mille livres sur le second, ainsi que mille livres de gratification, pour former à chacun d'eux un fonds de quinze mille livres, dont il leur sera payé l'intérêt au fur. & à mesure des fonds qu'ils se trouveront avoir faits, & ce conformément à ce qui est dit aux articles XXXIII & XXXIV.

» 38°. Les appointemens des danseurs & danseuses en remplacement, seront de cinq mille livres, dont deux mille livres sur le premier état, deux mille sur le second, & mille livres de gratification sur le troisième état, pour leur former à chacun d'eux un fonds de quinze mille livres, dont il leur sera payé l'intérêt aux mêmes clauses & conditions déjà énoncées. Les appointemens des danseurs & danseuses en double, seront de deux mille quatre cents livres; savoir, quinze cents livres sur le premier état, & neuf cents livres sur celui des gratifications, sans retenue. Ceux de l'aide du maître des ballets, seront de même de deux mille quatre cents livres. » *Arrêt du conseil d'état, portant règlement pour l'opéra,* 3 *Janvier* 1784.

On s'est plaint souvent de la vie libertine & scandaleuse des *actrices* de notre opéra, on les a mises même dans la classe des courtisannes, parce que toutes ou du moins presque toutes, sont ce qu'on appelle entretenues. Mais à qui doit-on reprocher la cause de ce désordre? à ceux-là même qui sont chargés du soin & de la surveillance de l'académie de musique. C'est à eux à apprécier les dépenses de toutes espèces que le luxe, les habits, la parure, le logement d'une *actrice* doivent entraîner, dans une ville comme Paris, où les gens de théâtre donnent & veulent donner le ton. Comment suffire à cela, avec huit à neuf mille livres d'appointemens prescrits par le règlement qu'on vient de lire? Sûrement une femme économe & sensée vivroit avec ce revenu; mais une femme de ce genre ne seroit & ne pourroit point être *actrice*. Il faudroit donc nécessairement doubler les appointemens des femmes de l'opéra, en proportion de leurs grades, si l'on vouloit nous épargner d'abord auprès des étrangers, le reproche de ne faire les choses que mesquinement, ensuite le désagrément de voir nos *actrices* en lambeaux, sitôt qu'elles manquent d'hommes qui les soutiennent aux dépens de leur famille, troisièmement enfin le scandale que cause nécessairement ce genre de vie, qui, pour être brillant & à la mode, n'en est pas moins une cause de prostitution publique. Car, sans être rigoriste, sans exiger d'une fille de théâtre les mœurs d'une femme sage & raisonnable, je voudrois que le besoin, le manque des objets nécessaires à son état & les créanciers, ne la forçassent pas au libertinage, à des amours que son cœur désavoue, & qui sont une des raisons qui ont fait de nos jeunes gens de famille, de nos financiers, autant de sybarites blasés, qui achètent des faveurs avec de l'or & marchandent le lit d'une *actrice*, comme ils pourroient faire un meuble de fantaisie, dont ils se dégoûteront le lendemain. Ce désordre plonge les sujets du théâtre dans une sorte d'abrutissement qui, s'il n'est pas sensible dans les *actrices* des premiers grades, l'est beaucoup dans une foule de malheureuses subalternes qui gagnent à peine de quoi fournir à leur loyer.

Mais, dira-t-on, cette générosité ne choqueroit-elle pas les mœurs publiques? n'auroit-on pas à rougir de donner vingt à trente mille livres d'appointemens à une première *actrice*, & autant aux autres proportionnellement, tandis que des professions plus utiles, plus honorantes, ne produisent pas à ceux qui les exercent, le dixième d'un pareil revenu? L'on n'auroit point à rougir, & ce revenu ne seroit point exagéré, 1°. si les *actrices* étoient, comme elles le sont, forcées à le dépenser; 2°. si cet argent provenoit d'une contribution volontaire, comme est la recette de l'opéra; 3°. si ces sommes n'alloient pas s'endormir dans un coffre économique, mais circuloient dans le commerce & faisoient subsister, depuis le marchand de fil jusqu'au fabricant de galons & de dentelles, comme le font les appointemens des *acteurs*, qui n'ont pas le temps de s'accumuler; 4°. si cette dépense disculpoit la nation aux yeux des étrangers, de cette lésine publique, qui nous porte à donner à nos établissemens l'empreinte de l'avarice ou de la pauvreté, quoique nous soyons prodigues & que nous puissions être riches; 5°. enfin, si cette prodigalité pouvoit détruire une partie du désordre qui a jetté sur l'état d'*actrice* de l'opéra ce blâme universel, cette espèce de honte que la prostitution vénale, qui l'accompagne presque toujours, lui a nécessairement communiquée.

Ces réflexions nous sont dictées par la justice. L'état de société est très-compliqué: les plaisirs qu'on s'y procure sont mêlés d'amertumes; ils entraînent des abus, & ce n'est qu'à force de soins, de sacrifices, qu'on peut parvenir à les rendre innocens. Les personnes destinées à nos amusemens, dépouillées en quelque sorte de toute considération personnelle, doivent être dédommagées, s'il est possible de l'être en pareil cas, par des récompenses pécuniaires, des biens de la fortune, des avantages dont jouissent les autres citoyens par leurs places, ou les dignités auxquelles ils peuvent prétendre. Si l'on néglige ces soins, si l'on refuse à des hommes de plaisirs les moyens de répondre au luxe, à la dépense que nos usages exigent d'eux, alors ils chercheront à se dédommager autrement, & la société deviendra en quelque sorte comptable, & des maux qu'ils se feront à eux-mêmes, & des désordres dont ils offriront l'exemple journalier; & ces considérations sont principalement vraies, relativement aux femmes. Ce sexe dont l'homme honnête & sensible ne peut jamais parler sans une émotion de plaisir & de reconnoissance, est susceptible par sa foiblesse, sa douceur même, des plus grands écarts. Livré à l'homme corrompu, il devient la victime de ses erreurs, de ses passions, & se creuse à lui-même son abyme, pour peu que la société néglige de lui porter aide, & de lui donner de l'appui. Or, à l'égard de nos *actrices* de tous les rangs à l'opéra, il n'y a pas d'autre moyen de les soustraire à la brutale luxure des sybarites de nos jours, & aux malheurs qui suivent la prostitution vénale, que d'augmenter leurs appointemens. Ce conseil est encore étayé d'une réflexion; c'est que d'année en année le luxe augmente progressivement, & que les modes deviennent de plus en plus mobiles, ce qui doit entraîner une augmentation de dépenses, & rendre les revenus des années précédentes insuffisans. Donc, si l'on veut que les filles de l'opéra cessent de mériter ce blâme, qui retombe en partie sur la nation, qui fait honte à la raison & détériore les bons sujets, il faut nécessairement augmenter leurs appointemens considérablement. On ne le fera sûrement pas; eh bien, l'abus subsistera & le blâme dont il nous charge avec lui.

Tandis qu'on regarde l'état d'acteur, & sur-tout d'actrice de l'opéra, comme un état sans mœurs & livré de la part des femmes aux désordres de la prostitution publique, on est dans l'habitude de le croire compatible avec la noblesse, il ne déroge pas, & l'on prétend que celui de comédien ne convient qu'aux roturiers, & dégrade le gentilhomme (1). Cette bizarrerie est étonnante, mais elle n'est point contradictoire avec nos mœurs, on en pourroit citer de plus absurdes ou de plus injustes encore; l'on a seulement excepté les comédiens françois ordinaires du roi, ainsi qu'on peut le voir par les lettres-patentes du mois d'avril 1641, qui déclarent leur état compatible avec la noblesse; ce qui fut confirmé par un arrêt du conseil de septembre 1668, en faveur d'un comédien françois nommé *Floridor*, à qui on accorda, au pour produire les titres de noblesse qu'on lui demandoit.

On conçoit que cette distinction n'est pas susceptible de discussion, & qu'elle est uniquement fondée sur des préjugés & des idées vagues, car il n'y a sûrement rien de plus roturier dans le jeu d'un *acteur* du théâtre italien, ou d'une troupe de *Bordeaux*, que dans celui d'une *actrice* de l'opéra de Paris. Quoi qu'il en soit, ne pourroit-on pas trouver l'origine de cette manière publique de penser dans l'ancienneté même du métier de comédien en France, & dans la différence de mœurs des temps où l'opéra s'est établi chez nous, & de celles des temps anciens où la comédie n'étoit qu'une jonglerie, une folle représentation de platitudes indécentes ou de farces grossières?

Il est en effet vraisemblable que les tréteaux n'étoient alors montés que par des gens méprisés d'une noblesse fière & dédaigneuse, en s'accoutuma à regarder le métier de comédien comme la profession de gens sans état, de misérables roturiers, & qu'on ne crut pas un pareil genre de vie compatible avec la dignité de gentilhomme; ce qui pouvoit n'être

pas trop absurde, si l'on réfléchit à ce qu'étoient dans le quinzième & seizième siècle les troupes d'*acteurs*, & si l'on suppose qu'un gentilhomme ne mérite la considération & les privilèges dont il jouit, qu'autant qu'il se rend utile à la patrie & recommandable par ses mœurs & par son honnêteté publique & privée.

Les opinions nationales ne se détruisent pas aisément, quand elles ont une fois pris racine, & se conservent lors même que ce qui jadis y donnoit lieu n'existe plus dans la société. C'est ainsi qu'après avoir regardé l'état de comédien comme indigne d'un homme bien né, dans le temps où l'ignorance, la grossiéreté, le libertinage scandaleux des hommes de cette profession, pouvoient rendre équitable ce jugement; on s'y sera tenu encore, lorsque le bon goût, la décence, l'esprit de société seront devenus l'appanage des gens de théâtre.

Si la même chose n'eut pas lieu par rapport aux *acteurs* de l'opéra, c'est parce que 1°. cet établissement date de temps modernes, où la noblesse étoit moins ignorante, plus amie des arts & méprisant moins les professions qui ne sont point militaires; 2°. parce que les personnes choisies pour chanter d'abord à l'opéra étoient des italiens chez qui cette profession n'avilit point, & qui n'avoient d'ailleurs rien de cette grossiéreté de nos anciens bateleurs; 3°. que ces personnes & les nationaux qui se joignirent à elles, furent dirigés & employés par le roi, son ministre & la cour; 4°. qu'enfin, dès 1669, on leur donna des lettres-patentes portant expressément que l'opéra, étant fait sur le modèle des académies de musique d'Italie, les personnes qui seroient attachées à ce spectacle ne dérogeroient point.

Sans ces circonstances favorables à ce dernier établissement, on eût sans doute confondu les *acteurs* de l'*opéra* avec ceux des autres théâtres; & la roture, ce mot si fatal à la vanité françoise, & si nuisible quelquefois à la fortune des particuliers, eût été le partage de ceux qui chantent & dansent à l'opéra, comme de ceux qui parlent & déclament des vers, ailleurs que sur le théâtre des comédiens ordinaires du roi.

Finissons ces détails sur les *acteurs* de notre académie de musique, par quelques observations de M. *Mercier*, & passons ensuite à ceux des petits spectacles. Quoique ces matières pussent également trouver leur place au mot THÉÂTRE, nous croyons devoir les donner ici, parce qu'elles ont bien plus pour objet les mœurs & la personne des *acteurs*, que la discipline des théâtres même.

(1) Voyez ci-dessus les lettres-patentes de 1669 & 1769; il y est dit formellement que les *acteurs* & *actrices* de l'opéra ne dérogent point, & que les gentils-hommes & demoiselles peuvent jouer sur le théâtre; ce que ne porte aucune des loix données en faveur des comédiens, excepté les *françois*.

Le gouvernement chinois a aussi flétri cette profession sur la représentation d'un censeur, jusqu'à demander trois générations pour effacer la tache, & pouvoir obtenir les grades littéraires. La déclaration de l'empereur est de 1777; elle a été enregistrée sans aucune difficulté, & mise à exécution. (*Mém. sur les chinois*, t. IV, p. 160.)

» L'opéra , dit M. *Mercier* , est entretenu à grands frais , pour efféminer les courages , fondre les têtes fortes de la nation dans le creuset de la volupté , & les couler en mollesse (1).

» On n'a rien épargné. L'art des enchanteresses prodigue ces molles postures , qui jettent l'étincelle des desirs dans de jeunes organes. La hardiesse de leurs regards , qui devroit révolter , invite une folle jeunesse. On oublie que ces beautés sont à prix d'or , & qu'elles ont des rivales qui ne sont point vénales. On leur prête mille graces piquantes , parce qu'elles semblent pleines du dieu qu'elles célèbrent & qu'elles chantent ; ce n'est que dans leurs bras qu'on se désabuse de leurs charmes. Toute victime de la débauche est toujours une froide prêtresse de l'amour.

» Une fille est enlevée au pouvoir paternel , dès que son pied a touché les planches du théâtre. Une loi particulière rend vaines les loix les plus antiques & les plus solemnelles (2). Cette fille d'opéra se montre aux foyers toute resplendissante de diamans : elle est respectée de ses compagnes à raison de sa robe éclatante , de sa voiture légère , de ses chevaux superbes. Il s'établit même un intervalle entr'elles selon le degré d'opulence , & l'on ne diroit plus que la plus riche fait le même métier. Elle traite avec hauteur celle qui débute : elle reçoit avec les airs d'une femme de qualité , le bijoutier séduisant & l'industrieuse marchande de modes. Le magistrat déride son front en sa présence , le courtisan lui sourit , le militaire n'ose la brusquer. Sa toilette est tous les matins surchargée de nouveaux présens : le pactole semble rouler éternellement chez elle.

» Mais la mode qui l'éleva , vient à changer. Une petite rivale qu'elle n'appercevoir pas , qu'elle dédaignoit , se met insolemment sur les rangs , brille , l'éclipse & fait déserter son sallon. La cour-

tisanne superbe , quoiqu'ayant encore de la beauté , se trouve l'année suivante avec des dettes immenses. Tous les amans se sont enfuis ; & quand ses affaires seront liquidées , à peine aura-t-elle de quoi payer sa chaussure & son rouge ».

Remarquons que si quelque chose peut diminuer aux yeux des personnes , qui blâment l'établissement des théâtres , l'abus des mœurs licencieuses , & du luxe dont les *acteurs* offrent l'exemple ; c'est l'empressement avec lequel ceux de nos différens théâtres , sans en excepter aucun , se sont portés à donner en différens temps , soit au profit des pauvres , soit pour soulager les malheureux , des représentations où l'on les a constamment vus choisir les meilleures pièces , & faire tous leurs efforts pour rendre la recette abondante (3).

Nous devrions peut-être , avant de terminer ce que nous avons à dire sur les *acteurs* des grands spectacles , ajouter ici quelques détails sur le concert spirituel , qui est une sorte de dépendance du théâtre lyrique : mais cet établissement trouvera sa place ailleurs ; notre objet ne devant être ici que de parler des personnes beaucoup plus que des choses auxquelles elles sont employées. Ainsi *voyez* CONCERT SPIRITUEL.

Mais une fondation en faveur des théâtres françois , & dont nous devons parler ici , puisqu'elle regarde absolument la perfection des *acteurs* & les moyens d'en multiplier le nombre des bons , c'est l'*école royale de chant & de déclamation* établie le premier avril 1784 ; on la doit à M. le baron de *Breteuil* qui , comme l'on sait , a donné pendant tout le temps de son ministère , des soins particuliers à l'embellissement de Paris & aux moyens d'y favoriser les arts.

L'objet de cet établissement est de faire le choix des meilleurs maîtres , d'y former les élèves qui y sont reçus au chant , à la danse , à la déclama-

---

(1) On me permettra de douter de cette intention ; personne n'est moins que moi indulgent sur les manœuvres du despotisme ; par-tout où je les rencontre, je les démasque & les dénonce aux lecteurs éclairés. Mais il y a une sorte d'exagération & d'abus de pénétration , à vouloir prêter au gouvernement les idées que lui suppose là M. *Mercier*. Ce moyen seroit ridicule & ne rempliroit pas même son objet ; les peuples amollis ne sont pas toujours aussi éloignés qu'on le croit de la résistance , lorsque leur mollesse ne vient pas après la liberté.

(2) La même chose a lieu à l'égard du jeune garçon qui s'engage au service militaire à seize ans ; il peut aliéner sa liberté sans consulter son père , & ne peut vendre son chapeau. Est-ce un abus ? Est-ce à un aveu tacite des limites que l'on devroit donner à la minorité des enfans & à l'autorité des parens ? *Voyez* AUTORITÉ PATERNELLE.

(3) L'on a eu des preuves du zèle bienfaisant des *acteurs* de tous les théâtres de Paris , notamment dans le grand hiver de 1788 , lors de la souscription pour la construction des nouveaux hôpitaux , en 1787 , & tout récemment à l'occasion de l'orage qui a ruiné tant de cultivateurs. Nous rapporterons à ce sujet un article du Mercure de France , du 19 Juillet 1788 , qui rendra très-bien notre idée & vérifiera ce que nous venons d'avancer sur les qualités généreuses de nos *acteurs*. « On a invité , dans le Journal de Paris , dit le rédacteur du Mercure , les comédiens de nos grands théâtres à ouvrir *deux fois* leur spectacle en faveur des cultivateurs malheureux qu'a ruinés l'orage du 13 juillet. L'auteur pseudonime de cette invitation l'a terminée en disant : *ainsi nos plaisirs auront servi une fois à essuyer les pleurs des malheureux.* Nous croyons devoir relever cette phrase. Plus d'une fois les comédiens se sont empressés à soulager les pauvres & les infortunés , en donnant des représentations à leur profit , & en sollicitant pour eux la bienveillance publique ; & chaque jour les spectacles contribuent à adoucir le destin des misérables , puisque chaque jour ils paient une rétribution aux hôpitaux. On ne devroit pas ignorer non plus que les comédiens ne tiennent presque jamais leurs assemblées générales , sans avoir fait quelque acte de bienfaisance , & que plus d'une famille leur doit son existence & son bonheur. Leurs libéralités sont le fruit des plaisirs publics ; ainsi les plaisirs n'ont pas contribué une fois , mais ils contribuent journellement à essuyer les pleurs des malheureux. La recette pour les grêlés fut de 5800 liv. au théâtre françois ; c'est plus qu'aucun particulier , qu'aucun corps même ait donné : les autres spectacles ont fourni en proportion.

tion & aux arts du théâtre dont l'*acteur* a besoin. On y admet des jeunes gens de l'un & de l'autre sexe, lorsqu'ils ont une belle voix, d'heureuses dispositions pour le chant & la déclamation. Il règne un ordre assez constant dans cette école & une décence vraiment recommandable.

L'on avoit douté quelque temps de l'utilité de cette école, & la crainte de former une entreprise infructueuse en avoit toujours éloigné l'administration. Aujourd'hui les avantages en paroissent prouvés. Il n'y a point d'année qu'il n'en sorte des sujets distingués. Ainsi tous ceux qu'elle produit, ne pouvant point trouver place sur les théâtres de la capitale, il est nécessaire qu'il en reflue dans les troupes de provinces, ce qui ne contribuera pas peu à perfectionner celles-ci, & à y répandre le goût de la capitale & des grands maîtres.

Les élèves de l'école de déclamation, principalement destinés au théâtre françois, sont instruits dans les principes de l'art qu'on leur développe, dans la tradition raisonnée des rôles; & l'on a soin de cultiver leurs talens naturels, de les former à la décence, au bon ordre, à l'observation des bienséances.

Ce seroit donc une entreprise heureuse que celle d'établir une correspondance entre l'école royale & les comédies de province. Le but de cette correspondance seroit de faire connoître les différens genres de talens qui, formés dans cette école, seroient susceptibles d'être placés avec avantage sur les principaux théâtres du royaume (1).

Des acteurs des petits théâtres

L'on n'a point fait de règlemens exprès pour les petits théâtres, ils sont soumis à l'inspection de la police ordinaire, & c'est elle qui prescrit les règles de discipline que leurs *acteurs* & *actrices* doivent suivre. Les arrangemens particuliers qui se font entre les chefs de troupe ou directeurs, ne sont fondées que sur les conventions réciproques des parties, ou plutôt les *acteurs* ne sont que de simples mercenaires à gages, assez mal menés par ceux qui les emploient. Les appointemens des sujets de ces spectacles, ne sont point non plus privilégiés comme le sont ceux des *acteurs* des grands spectacles, ainsi que nous l'avons vu; & il n'est pas rare de voir une jeune *actrice* des boulevards dans la plus grande misère, parce que ses honoraires ont été arrêtés par un créancier fripon, un faiseur d'affaires, un ouvrier infidèle (2). Peut-être ne seroit-ce pas un mal que les revenus des *acteurs* fussent saisissables en entier, s'ils étoient suffisans & proportionnés aux dépenses de cet état; mais en général ils sont beaucoup au-dessous de ce qu'exige le train de vie d'un homme, & sur-tout d'une femme de théâtre. Nous ne cesserons de répéter cette vérité, parce que, faute d'y avoir donné toute l'attention qu'elle mérite, on a réduit les *actrices* des grands spectacles à l'état de courtisannes, & celles des petits à celui de prostituées.

Je crois qu'il seroit même de la justice & d'une prudence utile de n'accorder de permission à un directeur de troupes de s'établir ou demeurer dans une ville, sur-tout à Paris, qu'à condition qu'il donnera à ses *acteurs*, & sur-tout à ses *actrices*, des appointemens suffisans pour mettre les uns & les autres à l'abri de la misère, des dettes, de l'excroquerie, des intrigues & de la prostitution. Alors une grande partie des inconvéniens qu'on reproche avec tant d'amertume & d'exagération aux petits théâtres, comme si les grands n'en avoient pas d'aussi contagieux, disparoîtroit infailliblement.

Car, on ne doit se dissimuler, c'est le besoin d'argent, la nécessité de fournir à un luxe difficile, l'impossibilité d'en trouver des moyens courts & certains, qui plongent tant de jeunes *acteurs* & *actrices* des boulevards dans le désordre & la prostitution. Mais ce n'est pas parce qu'ils montent sur des tréteaux, ce n'est pas parce qu'ils jouent le rôle d'un filou plutôt que d'un brigand, d'un tapageur plutôt que d'un assassin, d'un grossier personnage plutôt que d'un corrupteur adroit, que leurs mœurs sont plus pauvrement & plus crapuleusement libertines ou dépravées que celles des grands *acteurs*. Si l'on faisoit toutes ces réflexions & d'autres encore plus naturelles, peut-être, reviendroit-on de la prévention où l'on est, sur le désordre, l'impolice, les abus que l'on attribue aux petits spectacles (3).

Mais loin de cela, on s'obstine à les blâmer; on les accuse non-seulement d'accélérer la chûte du théâtre françois, mais encore de corrompre les mœurs parmi le peuple, & d'y semer le goût du luxe & de la dissipation, enfin l'on a publié qu'ils ne pouvoient qu'être nuisibles à la société, & que

---

(1) Un ancien comédien vient de former un établissement de ce genre, sous la protection & avec le consentement de MM. les gentils-hommes de la chambre du roi.

Il en existoit un autre antérieurement à celui-là, qu'un arrêt du conseil, de 1788, autorise à former à Paris un bureau de correspondance avec les directeurs des spectacles des provinces, pour leur fournir des sujets nécessaires à la formation & au renouvellement de leurs troupes.

(2) Il n'est que trop commun d'entendre les fournisseurs & marchands dire qu'avec des comédiens il n'y a point de délicatesse à avoir, & qu'on ne sauroit leur vendre trop cher. C'est donc point au hasard que nous servons des épithètes de fripons, d'infidèles.

(3) Ce préjugé règne à Londres aussi; les *acteurs* des grands théâtres le fomentent, on en sent la raison. Ils ont proposé la proscription des petits, mais les directeurs de troupes se sont servi d'un moyen infaillible pour ne pas être sacrifiés à l'intérêt de leurs adversaires. Ils ont donné plus qu'eux; car dans de semblables affaires, comme l'argent est le but de tout, il est aussi le maître de tout.

par conséquent il étoit de la sagesse & de la prudence des magistrats de les interdire (1).

» De quelle utilité sont-ils donc aujourd'hui ces petits théâtres si nombreux, s'écrie un écrivain moderne ? Nous en cherchons la nécessité, nous ne la trouvons pas : quant aux inconvéniens désastreux qu'ils entraînent, nous les trouvons sans les chercher. Il faut, dit-on, des spectacles au peuple. Oui, puisqu'on l'y a accoutumé ; mais pourquoi lui en a-t-on fait une habitude ? Y a-t-il gagné du côté des mœurs ? Non : au contraire, il y a appris beaucoup de choses qu'il ignoroit, qu'il n'avoit pas besoin de savoir, & il s'y est familiarisé avec la honte. Comment ? le voici. Il a vu les *acteurs* les *actrices* jouir d'une certaine aisance ; il a vu que ces dernières, quand elles étoient jolies, y étoient entourées d'adorateurs, d'amis comme celle des grands théâtres, & la pente qui entraîne tout homme à quitter des travaux pénibles, la facilité évidente d'y pouvoir briller sans talent, lui a fait imaginer d'arracher ses enfans à l'état utile, mais honnête quoique servile, auquel ils étoient destinés dès leur naissance, pour en faire des baladins, des *actrices*, des danseurs ou des danseuses. Les théâtres des boulevards sont couverts de petits libertins, de filles prostituées avant l'âge, qui doivent le jour à des artisans, dont peut-être la grossière probité seroit demeurée intacte, s'ils n'avoient pas trouvé dans ces cloaques du vice & du mauvais goût, des causes de séduction qui la leur ont fait perdre ».

» C'est réellement un tableau affligeant, continue le même auteur, que celui de tous ces enfans, de tous ces jeunes gens de l'un & de l'autre sexe ; flétris, décolorés, pâles, foibles, décharnés, portant sur leur physionomie le certificat de leur inconduite & le signe des maladies qui les rongent. Si tous ces petits malheureux n'eussent pas été dévoués à l'infamie par des parens avides, ils auroient vécu tranquilles dans leur sphère, ils seroient devenus des époux, des pères, ils auroient donné à la patrie des citoyens (2) ; & non-seulement ils sont perdus pour elle, mais ils laisseront après eux leur exemple à suivre à d'autres enfans qui enchériront peut-être encore sur leurs vices & sur leurs excès. Nous pourrions étendre ce tableau, mais nous n'avons voulu qu'indiquer les dangers qui sont attachés aux petits théâtres. Ce sont eux qui ont commencé la ruine du goût & la dépravation des

mœurs du peuple ; ils l'achèveront si l'on n'y met pas promptement ordre.

Voilà sans doute qui est parfaitement bien dit, & nous convenons d'une grande partie des tristes vérités que l'auteur fait connoître ici. Mais qu'en résulte-t-il ? qu'il faille supprimer ces amusemens dangereux ? C'est le vœu de l'auteur, mais supprimez donc aussi les autres spectacles, parce qu'il n'est ni juste, ni convenable, ni décent que le peuple soit privé d'objets qui sont le délassement, je dirai même l'occupation continuelle des riches ; ou donnez-lui à ce peuple, si méprisé & si utile cependant, des moyens suffisans de partager avec vous ces théâtres dont votre fortune, vos loisirs, votre éducation vous font une jouissance exclusive ; changez sa manière de vivre, élevez-le, instruisez-le, & il ne courra plus admirer des fades plaisanteries, des indécentes maximes, des licencieuses intrigues. Avec sa bassesse, vous verrez disparoître ses inclinations crapuleuses, sa grossiéreté, sa brutalité. Mais vous le dédaignez, vous le voulez pauvre & soumis, étranger à vos plaisirs, & uniquement occupé du soin de faire naître l'abondance sur vos tables, & le luxe dans vos maisons.

C'est la pauvreté du peuple, la misère nationale, la mesquinerie de tous nos établissemens publics qui ont élevé au milieu de nous ces théâtres dont vous vous plaignez. On a cru que c'étoit assez faire que d'offrir des asyles aux plébéiens malheureux pour y terminer en paix leurs tristes jours, & où tout au plus ils trouvent une difficile & laborieuse guérison. L'on n'a pas cru que l'on dût s'occuper de leurs plaisirs, qu'il fût dans l'ordre de construire des spectacles pour eux, comme on leur a destiné des hôpitaux ; & l'esprit religieux qui se refuse à ce dernier objet, n'a pas été une des foibles causes qui a maintenu cette indifférence. Athènes & Rome ne pensoient point ainsi : le citoyen obscur siégeoit aux jeux publics à côté des conquérans du monde, & ne craignoit ni le mépris, ni la honte au milieu des siens. Chez nous c'est différent ; aussi la pente de nos mœurs & notre caractère particulier ne ressemble-t-il à rien de ce qui se voyoit parmi ces peuples si justement admirés. Car, ne vous y trompez pas, ce sont les inclinations, les habitudes populaires qui forment à la longue le goût public & le génie national.

Ainsi donc, si les petits théâtres produisent un mal aussi grand, aussi réel que le paroît croire

(1) Voyez *Mercure de France*, 29 Mars 1728.
(2) Faisons ici une triste réflexion. En général les écrivains s'efforcent d'indiquer les moyens d'accroître la population, ou de lever les obstacles qui s'y opposent. Est-ce donc un si grand bien que la vie ? Et le malheureux journalier qui gagne à peine de quoi vivre, doit-il regarder comme un vrai bonheur le nombre de ses enfans ? Ceux-ci eux-mêmes, dépourvus de tout ce qui rend l'existence douce, exposés à toutes les tentations du luxe & des plaisirs, sans pouvoir les satisfaire, doivent-ils se réjouir de la vie ? Un huitième de l'état vit de mauvais pain, étranger à toutes les jouissances & privé des droits naturels de l'homme. Qu'est-il besoin d'accroître le nombre des malheureux ! Mais il faut des bras à la terre, des soldats à l'armée... Oui, l'on sait qu'il faut des instrumens pour satisfaire le goût des riches, & servir le despotisme des états. Ah ! le bonheur du peuple nous est indifférent, c'est notre bien propre que nous cherchons dans son augmentation. Ce sont des esclaves, dont le nombre ne peut être trop grand ; ils sont la richesse du propriétaire.

l'auteur que nous venons de citer, c'est à l'indifférence même qu'on a pour le peuple, c'est au mépris qu'on fait de lui, qu'on doit d'abord en attribuer l'origine ; & c'est à détruire cette indifférence, ce mépris injuste, qu'on doit diriger l'attention publique, c'est à offrir gratuitement des amusemens nobles & décens à la nation, qu'on doit consacrer des fonds si mal-à-propos employés à soudoyer des corps militaires dans presque toutes les villes du royaume (1), & non pas à solliciter la destruction d'établissemens qui, en donnant au peuple les défauts & les vices des gens riches, l'a au moins retiré de cette ivrognerie, de cette habitude des vieilles erreurs, de cette férocité de mœurs qu'on lui retrouve encore dans quelques provinces.

Mais est-il bien vrai que les petits théâtres produisent tous les désordres dont on les accuse ? N'ont-ils pas compensé par quelques avantages pour le peuple, le mal qu'ils peuvent avoir fait à ses mœurs ? quels peuvent être ces avantages & ce mal ? enfin est-il vrai que leur existence nuise aux progrès de la scène françoise, ou en ait hâté la décadence ? cette décadence est-elle même bien sensible ? peut-elle être évitée ? ne tient-elle pas à la tournure des esprits & au goût public, qui depuis un demi-siècle se porte vers des objets de calcul ou de philosophie politique ? Voilà des questions qu'il ne sera peut-être pas inutile de traiter succinctement ici, puisqu'elles tiennent de près à la connoissance des hommes, des loix de la société, des moyens d'y conserver le bonheur (2), & que d'ailleurs ces objets trouvent plus naturellement leur place au mot ACTEUR qu'à celui de THÉATRE, puisque c'est principalement aux mœurs des *acteurs* & *actrices* que sont attribués tous les abus dont nous venons de parler.

Comment les petits théâtres pourroient-ils être la cause de tous ces désordres articulés par l'écrivain.

D'abord, pour examiner la première de ces questions, établissons les désordres que l'on attribue à ces spectacles. Les voici d'après l'écrivain cité tout-à-l'heure : 1°. d'habituer le peuple à la dissipation ; 2°. de corrompre ses mœurs par les pièces scandaleuses qu'il voit jouer ; 3°. d'être une école de libertinage & de prostitution pour les jeunes gens qui en deviennent *acteurs*.

Mais l'on peut répondre en peu de mots à cela, car la dissipation est aussi utile, & même plus, au peuple qu'aux riches. Le premier travaille, il a besoin de relâche & d'amusement, les seconds n'ont rien à faire & trouvent dans la lecture & les agrémens de la société de quoi occuper leur loisir. Ce n'est d'ailleurs qu'aux jours de fête que le peuple va au spectacle, ou lorsqu'il manque d'ouvrage, & dans ce dernier cas je suppose qu'il vaut mieux qu'il entende une mauvaise pièce pour douze sols, que d'aller dépenser trois livres au cabaret. Et si quelque chose peut être une occasion de perte de temps pour les hommes de travail, ce sont bien moins les spectacles, que les farces grossières qui se donnent à la porte sur les espèces d'échafauds qui s'y trouvent. C'est vraiment là, comme l'a fort bien remarqué l'auteur du *Tableau de Paris*, qu'une foule d'ouvriers, de domestiques, s'arrêtent des heures entières, & laissent passer le moment du travail & de leurs devoirs. Mais qui empêche d'interdire ces fades amusemens aux petits théâtres ? Plusieurs même ne demanderoient pas mieux ; & j'entends dire que ces abus leur sont en quelque sorte prescrits. Quant aux mœurs, il y a bien de la mauvaise foi dans cette accusation dont on les charge ; car, 1°. la police est la maîtresse d'interdire une pièce si elle est trop scandaleuse ; 2°. on peut leur permettre de jouer de bonnes pièces ; ce qui, dit-on, ne plairoit point aux grands spectacles. 3°. Plusieurs donnent les meilleures pièces du théâtre ; ils en défigurent le jeu à la vérité, mais un mauvais jeu ne corrompt point les mœurs (3). 4°. Il n'est pas vrai que les pièces qu'on donne sur les grands théâtres soient à l'abri de tout reproche à cet égard, & l'on pourroit en nommer de très-licencieuses & pleines d'équivoques indécentes ; ce qui mèneroit à dire que les spectacles sont nuisibles aux mœurs innocentes en général, mais non pas que les petits théâtres sont seuls dans ce cas.

Si les *acteurs* des petits spectacles, les jeunes filles-sur-tout, sont les suppôts & les victimes d'un libertinage scandaleux, ce n'est pas précisément parce qu'ils y sont employés. Le plus grand nombre de ces petites *actrices* auroient également été entraînées dans le libertinage, par le goût qui les y portoit, quand elles n'auroient pas pris parti sur ces théâtres. La jeune fille, timide, sage & bien élevée n'en aura jamais le desir ; celle, au contraire, qui de bonne heure a été sensible au plaisir, que les hommes ont séduite, qui s'est senti de l'inclination pour la vie libre & dissipée, celle-là, recherchera avidement tout ce qui pourra la mettre au niveau de ses desirs, & le métier d'*actrice* la sauvera d'un plus grand désordre.

---

(1) Quelques villes, comme Péronne, St. Quentin & Abbeville sur-tout, ont le privilège de ne reconnoître chez elles d'autres commandans militaires que leurs Maire & échevins. La municipalité tient lieu de l'état major. Que n'imite-t-on cette forme, si précieuse à la liberté bourgeoise, dans les autres villes & l'on aura de nouveaux fonds libres, qui maintenant servent à payer les majors de place, lieutenans-de roi, &c. Je ne vois qu'une objection à faire à cela. Mais cette objection ne regarde que la nation.

(2) Remarquez que nous raisonnons toujours ici dans l'hypothèse que les spectacles existent dans la société : car nous ne prétendons pas décider si véritablement ils leur sont utiles ou nuisibles. Nous reviendrons sur cette question au mot THÉATRE : ce sera la suite de celui ci.

(1) Ce sont les très-petits théâtres, tel que celui qu'on nomme *des associés*, on ne le permettroit point aux autres.

Et

Et d'ailleurs ce font, en général, bien moins les *acteurs* & *actrices* des boulevards qui fe corrompent les uns les autres, qu'une troupe de libertins publics, qui profitent de la pauvreté, du befoin où fe trouvent ces jeunes enfans, pour les faire fervir à leurs plaifirs criminels. Ils fauroient les trouver également par-tout, & il vaut peut-être encore mieux que ces théâtres offrent à leur luxure un aliment facile, que d'expofer les familles aux malheureufes fuites de leur or corrupteur.

Mais un moyen d'épargner aux petits *acteurs* & *actrices* la néceffité de fe proftituer, pour gagner de quoi fuffire à leur luxe, c'eft d'obliger les directeurs de falles à leur donner de bons appointemens; alors le befoin ne les preffant plus, leur vie licencieufe n'auroit plus ce caractère de malheur & d'infortune, qui le diftingue aujourd'hui. Au refte, je remarque qu'il n'eft pas vrai que le défordre & le libertinage des *acteurs* des boulevards foient auffi grands, auffi réels qu'on voudroit bien le faire accroire. Il y a par-tout des fujets qui font la honte de leur profeffion, & ce font ordinairement ceux-là qui attirent aux autres une flétriffure qu'ils ne méritent pas.

Mais quand il feroit vrai que les fpectacles forains produififfent quelques abus, des défordres licencieux, n'ont-ils pas quelques avantages pour le peuple, qui peuvent les balancer? car enfin il n'y a pas d'inftitution qui n'ait fon mérite comme fon côté nuifible.

Si l'on peut defirer quelque chofe du peuple, c'eft qu'il s'éclaire un peu, qu'il s'éloigne de fon abrutiffement, qu'il prenne goût aux jouiffances de fentiment, & qu'il fe dépouille du caractère féroce qu'on lui reproche fi fouvent, & dont il donne des preuves plus fouvent encore. Or, c'eft à quoi font principalement propres les petits fpectacles. Un maçon, un tailleur ne peut aller ni aux françois, ni à l'opéra; il ira donc *aux variétés*, *aux affociés*, &c. Qu'en réfultera-t-il? que fes mœurs s'adouciront, que le goût du vin, des rixes, des difputes, difparoîtra infenfiblement chez lui, & qu'enfin il fe donnera un fujet de converfation paifible dans fa famille, ou entre fes camarades. Croit-on que ce feroit un grand mal pour les mœurs populaires, qu'il y eût dix petits fpectacles de plus à Paris, & qu'on ceffât de voir ces-ci fales cabarets qui peuplent la capitale & les environs, pleins d'hommes & de femmes en lambeaux, s'empoifonnant de mauvais vin, & payant très-cher des alimens à moitié corrompus? Je conçois qu'il faut du mouvement au peuple. Mais croit-on que c'eft s'en donner beaucoup, que de refter une journée entière fur un banc, dans une taverne infecte, à boire une déteftable liqueur, que l'on

prend pour du vin, parce qu'elle enivre plus mortellement encore que lui? Or, l'habitude du fpectacle va directement à détruire ces mœurs fauvages: on ne peut donc pas dire qu'elle nuife au peuple; il feroit à fouhaiter, au contraire, qu'elle devînt plus générale & plus goûtée parmi lui.

Mais c'eft fur-tout pour diminuer le goût féroce du petit peuple que les fpectacles font utiles. De tous les défauts, de tous les vices que le peuple tient de fon ignorance, la férocité eft le plus dangereux & le plus directement oppofé à fon bonheur. C'eft la férocité qui donne lieu à ces fcènes de violence, de meurtre, que l'on voit fi fouvent arriver dans les petits ménages; colère, emportement, dureté, cruautés exercées par les pères & maris envers leurs enfans & leurs femmes. Ces malheureux, toujours plongés dans l'ivreffe & l'abrutiffement, fe déchirent eux-mêmes de leurs propres mains, & entretiennent un état de guerre domeftique au milieu de leurs familles. Je ne fais fi nous avons intérêt à entretenir un pareil état de chofes; mais s'il étoit vrai que les fpectacles corrompiffent les mœurs & les amolliffent, il eft fûr que je préférerois encore des mœurs molles, lafcives, en un mot, corrompues (1), à cet état de violence & de barbarie, dans lequel nous affectons de vouloir tenir une partie de la nation. Point de fpectacles, ou que le peuple en ait à portée de fes foibles moyens.

Enfin ces théâtres que vous demandez, me dira-t-on, font la ruine de la fcène françoife; donc il faut les détruire. Je ne vois pas la jufteffe de cette conféquence, & même ni comment les petits théâtres pourroient produire cette ruine.

Et, en effet, ce ne font pas ceux qui fréquentent la fcène françoife, qui vont rire aux farces de *Nicolet*, ou s'amufer à voir danfer des enfans au *Palais-Royal*. Le nombre de ceux-ci s'accroît par la modicité du prix des entrées, fans que celui des premiers diminue fenfiblement. Tous les théâtres font pleins. Il eft pourtant vrai que quelques petits fpectacles ayant mis du foin à repréfenter leurs pièces, s'étant efforcés de plaire au public, comme cela doit être, ont enlevé aux grands quelques amateurs, & diminué par-là la recette, mais le nombre en eft petit. C'eft d'ailleurs une raifon pour les *acteurs* du théâtre françois de s'exercer à mériter la préférence du public. L'effet de la concurrence eft de contribuer aux progrès du talent. Elle devient un motif d'émulation, & quand rien ne vient la troubler, elle fert également l'intérêt de tout le monde, fur-tout en pareil cas. Le bien qu'elle produit fi fouvent dans les arts de première utilité, pourquoi n'auroit-il pas également lieu dans ceux du plus grand luxe? Loin de favorifer les progrès

---

(1) Je fais ufage ici de l'expreffion ordinaire, car je fuis perfuadé que les mœurs voluptueufes ne font pas des mœurs plus corrompues que des mœurs féroces, violentes, portées au brigandage, au meurtre, & à tous les excès du caractère phyfique de l'homme exaltés par les arts de la fociété.

de la fcène françoife , ce feroit donc y nuire , que de lui ôter toute concurrence , & de s'accommoder par néceffité de ce qu'elle voudroit bien nous offrir. Les privilèges excluſifs prolongés en fait d'induftrie, font de mauvais encouragemens , ils font beaucoup de mal pour un petit bien momentané.

Ce n'eft donc point la fuppreffion des petits théâtres qui peut relever le théâtre françois , fi tant il y a pourtant que fa décadence foit fi fenfible & fa chûte fi prochaine qu'on nous le dit , c'eft l'émulation entre les *acteurs* , un grand defir de plaire au public , le choix des pièces , une grande attention à les bien repréſenter , en un mot, le travail, la fcience, le mérite , l'exercice affidu dans tous ceux qui courent la même carrière , qui peuvent remplir cet objet.

D'ailleurs on ne doit pas efpérer tous les jours des *Baron* , des *Lekain* , des *Clairon* ; des *Lecouvreur* , &c. parmi les *acteurs* & *actrices* , comme on ne rencontre que rarement des *Molière* , des *Racine* , des *Voltaire* , &c. parmi les auteurs dramatiques. On doit, au refte , un peu fe défier de ces déclamations outrées contre les vices & les défauts de fon fiècle. Il y a des gens qui ne voient de bien que ce qui n'exifte plus : ils ne font pas attention que ce qui étoit un chef-d'œuvre ou un fuccès il y a cent ans, n'eft aujourd'hui regardé que comme un mérite ordinaire. On s'eft accoutumé aux efforts du génie , & on a regardé comme peu eftimable tout ce qui n'en portoit point l'empreinte.

Ainfi il n'eft donc pas vrai, ou du moins pas certain, 1°. que les petits théâtres faffent tort aux grands ; 2°. qu'ils nuifent au peuple ; 3°. qu'ils corrompent les mœurs plus que les autres. Donc on doit les conferver pour ce qu'ils valent , & c'eft par où nous finirons ce long article

Nous nous fommes peut-être trop écartés du plan que nous nous étions fait de ne parler que des *acteurs* , mais la liaifon des objets nous a entraînés, & d'ailleurs ce que nous avons dit peut , en généralifant la queftion , s'applique également aux fpectacles de toute autre nation , ce qui nous épargnera des répétitions au mot THÉATRE que l'on doit confulter comme faifant la fuite de celui-ci.

ACTION, ſ. f. Ce mot a plufieurs fignifications. En termes de jurifprudence, il fignifie le droit de pourfuivre en jugement ce qui nous eft dû ; les financiers & les commerçans s'en fervent pour défigner une portion d'intérêt dans une entreprife quelconque ; enfin nous le prenons ici comme fignifiant l'exercice actuel d'une ou de plufieurs de nos facultés.

Sous ce dernier rapport , les *actions* peuvent être utiles , indifférentes ou nuifibles à la fociété. Les *actions* utiles à la fociété , annoncent un efprit public, un patriotifme plus ou moins fenfible dans celui qui les exercent , moins encore en raifon de leur importance que du facrifice qu'elles exigent.

A proprement parler , il n'exifte point d'*actions* indifférentes à la fociété fi celui qui les commet eft dans la fociété ; car l'oifiveté même deviendroit funefte à l'état focial, fi le nombre des oififs l'emportoit fur celui des hommes laborieux. Néanmoins il eft quelques *actions* à qui l'on peut donner ce nom, comme font prefque toutes celles qui regardent la conduite individuelle de chaque particulier. C'eft la morale qui doit en prendre connoiffance , les diriger au bonheur de l'individu , & lui faire connoître en quoi elles font conformes ou oppofées à la raifon. Mais elles ne doivent point faire l'objet de notre méditation , puifque nous n'envifageons ici que les habitudes qui peuvent influer directement fur la tranquillité publique , ou la félicité particulière des familles.

Il n'en eft pas de même de celle de la dernière claffe, c'eft-à-dire , qui nuifent à la fociété. Celles-ci rentrent tout-à-fait dans notre objet, & méritent la plus grande attention de notre part. La connoiffance de leurs caufes & de leurs effets forment une partie importante de la morale publique & de l'art de gouverner les hommes.

De ces *actions* nuifibles à la fociété , les unes ont été défignées & punies par les loix, telles que le vol, l'affaffinat, l'empoifonnement, l'incendie volontaire, le viol, le blafphême, le facrilège , la haute trahifon, &c. On les a défignées fous le nom de crimes, de délits publics. Les autres , quoique moins affreufes en apparence , moins odieufes , moins criminellement éclatantes , n'en font pas moins l'origine d'une foule de maux & comme autant de fources de défordres publics & privés. Telles font la trahifon entre amis , la mauvaife foi dans le commerce de la vie , l'ingratitude, l'égoïfme exalté, l'avarice fordide , la perfidie, &c. Ce font autant de délits moraux que les loix ont épargnés , & qui ne laiffent pas que d'être les plus grands ennemis du bonheur public & de la tranquillité des citoyens. C'eft en partant d'eux que l'auteur des *Obfervations fur la fociété* a dit : « Un des plus vifibles fignes de l'imper-
» fection des réglemens fous lefquels nous vivons ,
» eft l'impunité attachée à certaines *actions* qui ex-
» citent un foulèvement général , fans que ceux
» qui s'en font rendus coupables paroiffent néan-
» moins avoir perdu dans la fociété rien de leur
» exiftence perfonnelle. »

On peut être fans doute étonné de cette indulgence, ou plutôt de cette foibleffe des loix , pour des *actions* qui portent tous les caractères d'un défordre moral & du mépris des principes fondamentaux de la fociété. Cependant la raifon qu'on en peut donner femble être dans la crainte qu'a eu le légiflateur de punir l'imprudence, l'étourderie, l'égarement d'efprit comme des crimes, lorfqu'ils n'étoient que des actes de foibleffe ou d'ignorance. Il aura craint également de multiplier les châtimens , les peines flétriffantes & tous ces fignes extérieurs de l'infamie, que les loix attachent éternellement à ceux qui en ont été publiquement repris.

Mais ces confidérations, grandes & humaines fans doute, ont laiffé fubfifter au milieu de la fociété un foyer de vices & d'actions dépravantes, d'autant plus actif, que rien n'oppofe de digue à fon pouvoir mal-faifant. Ainfi le père barbare qui abufe de fon pouvoir, le féroce fupérieur qui vexe & maltraite de pauvres fubalternes, le riche égoïfte qui emploie fon or à féduire & tromper l'innocente beauté, le marchand qui calomnie fon voifin pour le ruiner, le tyran domeftique qui fait le malheur de fes valets, la mère infenfible qui éloigne de fes yeux & cônfine dans une retraite longue & pénible la fille qu'elle devroit élever, l'ami bas & trompeur qui viole l'hofpitalité pour féduire une époufe, ou rendre publics les fecrets des familles, l'indécent & audacieux charlatan qui trompe les hommes, & profite de leur ignorance pour ruiner leur bourfe & leur fanté; le prêtre fcandaleux qui, oubliant les loix de fon miniftère facré, remplit le rôle d'intrigant, fait & défait les alliances, & met le trouble dans les maifons; le militaire infolent, bas & corrupteur qui marque tous les jours de fa vie par des *actions* d'une conduite également contraire aux mœurs, à la décence & au refpect dû à la religion; toutes ces peftes de la fociété font à l'abri des pourfuites & de la rigueur des loix. On punit de mort pour un léger vol, & l'on tolère ce bourbier de vices, on lui affure une éternelle impunité.

Il eft cependant des perfidies, des *actions* tellement honteufes, qu'elles révoltent les hommes les plus infenfibles, & femblent reprocher à la fociété fon indifférence à les prévenir par des moyens proportionnés à leur nature. Citons-en une de cette efpèce: elle prouvera jufqu'à quel point la fcélérateffe peut s'étendre en confervant les dehors de l'honneur & de la confidération publique.

» Il y a quelques années qu'un gentilhomme, qui depuis a acquis une fâcheufe célébrité, s'arrêta, dans un voyage, chez l'ami de fon frère: celui-ci n'épargna rien pour lui rendre fon féjour agréable & en prolonger la durée. Veuf depuis plufieurs mois, il venoit de rappeler fous fes yeux une fille unique, qui avoit à peine dix-fept ans, & toute la candeur & l'ingénuité de fon âge. Cet homme, qui depuis longtemps vivoit à Paris, & s'y étoit exercé dans l'art de la féduction, n'eut pas de peine à employer fes artifices fur le cœur d'une jeune perfonne à peine fortie du couvent. Sous le prétexte de faire de la mufique avec elle, & de perfectionner fon chant, il avoit trouvé le moyen de faire paroître fes affiduités indifférentes & fes avis très utiles; cependant quinze jours lui avoit fuffi pour fubjuguer l'innocence & la flétrir; mais ce n'étoit pas affez pour fuborneur; il conçut le projet de faire payer au père le déshonneur de fa fille. Les billets qu'il avoit remis à la jeune perfonne n'étoient pas reftés fans réponfes; d'abord elles ne refpiroient qu'un fentiment timide, bientôt les expreffions d'un amour plus vif les animèrent, & enfin les images du plaifir & de la volupté s'y

retracèrent. C'étoit-là ce que defiroit le criminel perfonnage. N'ayant plus rien à obtenir, preffé d'ailleurs de retourner à Paris, pour exercer fes talens fur ce grand théatre, il entre un matin dans le cabinet du père, qui le reçoit avec la férénité de la confiance & de l'attachement. Monfieur, lui dit-il, je n'ai qu'à me louer de votre réception; vous m'avez rendu votre maifon fi agréable que je ne m'en éloignerai qu'avec peine. Malheureufement je ne puis plus différer mon retour à Paris; & ce qui me contrarie encore davantage, c'eft que je n'ai point deux mille écus pour y terminer une affaire importante. Celui auquel s'adreffe ce difcours lui témoigne tout fon regret de ne pouvoir lui prêter la fomme qui lui eft néceffaire. Je ne ferois pas embarraffé de la trouver, répond l'infâme corrupteur; mais il faudroit ufer du moyen qui m'a fouvent réuffi, & auquel je n'aurai recours dans la circonftance préfente qu'à la plus fâcheufe extrémité. Pourroit-on favoir, demanda le père, du ton de l'intérêt, quel eft ce moyen? C'eft lui repliqua l'effronté perfonnage, d'accepter l'offre que l'on me fait d'acheter la correfpondance d'une jeune perfonne qui a beaucoup d'efprit, de fenfibilité, mais qui peut-être met trop d'indifcrétion dans fes épitres. . . . Je préférerois, ajouta-t-il, prix pour prix, de les remettre au père, ce ne feroit pas pour lui une lecture indifférente. A ces mots il tire de fa poche un paquet de lettres. Le père reconnoît l'écriture de fa fille. . . . . Ah! monfieur, s'écria-t-il, fes lettres font. . . . Il ne peut achever: & que vous écrit-elle? Le miférable détache une lettre, la laiffe tomber fur le bureau de fon père, qui s'en faifit, qui la parcourt d'un œil inquiet: bien-tôt la feuille échappe à fa main tremblante, il a lu le déshonneur de fon enfant.... Abforbé, anéanti, il ne peut proférer une parole; mais paffant bientôt de l'accablement à la fureur, il fe lève, jette fur le perfide des yeux étincelans de colère. Homme odieux, lui dit-il, voilà donc la récompenfe de l'hofpitalité que tu as reçu de moi? Point d'emportement, repliqua cet homme, accoutumé fans doute à de femblables fcènes, fi ces lettres vous intéreffent, vous favez à quel prix vous pouvez les avoir. . . . . Trouvez bon que je m'éloigne, j'attendrai à la pofte jufqu'à demain votre réponfe.

» Le père, ne prenant confeil que de fa prudence, & n'ayant rien de plus cher que l'honneur de fa fille, fe reprocha fa tendreffe aveugle, dévora fon outrage dans le filence, alla puifer dans la bourfe de fes amis l'argent néceffaire pour arracher des mains du crime & de la perfidie la preuve de fon malheur. » *Effais fur la fociété*, p. 175, première partie.

Voilà une *action*, fans doute, qui fans être pofitivement affujettie à des peines par les loix, eft néanmoins un crime de lèze-fociété; elle annonce dans fon auteur une fcélérateffe auffi dangereufe, & plus méprifable encore que celle du filou adroit

S 2

ou du voleur audacieux. Qu'il s'en vante cependant, qu'elle vienne à être sue, il ne perdra aucun droit, il conservera les avantages de son état, & n'éprouvera aucune flétrissure dans la société. C'est une contradiction monstrueuse, & dont il seroit aussi inutile qu'impossible peut-être d'assigner la raison. A-t-on cru que le respect pour la pudeur, l'innocence fût un vain nom ? Pense-t-on que l'hospitalité foulée aux pieds, la vertu publique outragée ne soient pas des torts aussi grands, aussi réels, qu'une infidélité dans la garde d'un dépôt, ou l'abus de confiance dans la disposition d'une somme d'argent ? Cependant ces derniers délits sont punis, & les *actions* honteuses, lâches, outrageantes avec adresse, restent impunies & fomentent la hardiesse des ennemis de l'ordre & du bonheur public.

C'est, dira-t-on, que la propriété est le fondement de la société, & que la vertu, le respect pour l'innocence n'en sont que l'ornement & l'effet de la civilisation. Il est vrai que c'est précisément là la doctrine des brigands qui ont conquis l'Europe. Leur esprit s'est conservé fidèlement dans la classe d'hommes qui les représentent aujourd'hui dans la société, c'est-à-dire, parmi les militaires. Une bataille, un siege, une campagne est bien moins à leurs yeux un moyen d'assurer les droits & la tranquillité de leur pays contre des attaques étrangères, qu'une facilité d'exercer leur férocité meurtrière & les violences gratuites qu'ils ne cesseroient de commettre contre l'innocence & la foiblesse, même après la victoire, si les loix d'une discipline sévère, ne prévenoient une partie des horreurs avilissantes. Hélas ! que dis-je, n'a-t-on pas vu les princes autoriser ces excès ? & *Turenne* n'a-t-il pas présidé au massacre, à l'incendie du Palatinat ; aux outrages qu'une scélérate soldatesque fit éprouver à des femmes, à des enfans, à des vieillards malheureux, aussi étrangers aux querelles des rois, qu'inconnus au monarque égaré qui osa prononcer ou approuver ce honteux désastre ? Est-il donc étonnant que des hommes ainsi accoutumés à mépriser les droits de l'humanité à la guerre, portent dans la société un cœur féroce & corrompu ; & se fassent un jeu de fouler aux pieds ce que les loix ont de plus saint, ce que la société a de plus sacré ?

Si l'on réfléchit attentivement, on verra en effet que les mœurs corrompues, libertines des militaires, & sur-tout l'espèce d'approbation que l'on donne à cette conduite scandaleuse, deviennent successivement l'origine des lâchetés, des perfidies que les autres ordres de la société se permettent. L'état militaire est un état indépendant : un homme de guerre croit ne tenir qu'à son épée dans tout ce qui regarde sa conduite personnelle ; il s'étonne, il s'indigne qu'il y ait des conditions, des loix à observer pour

un homme qui a la force en main, & qui va répandre son sang pour la patrie. . . . . Eh ! malheureux ! la patrie que tu outrages, à qui tu fais un mal plus grand par l'exemple du vice que tu y donnes, que tu ne lui rendras de service en versant un sang mercenaire & vendu. L'ami de la patrie, son véritable défenseur, c'est l'ami des loix & des mœurs, sur-tout des mœurs douces & compatissantes.

L'homme enchaîné dans l'exercice d'une profession, autre que celle des armes, élevé au milieu d'une société accoutumée à respecter les convenances, les loix sociales, l'opinion publique, les vertus paisibles ; cet homme-là, quelle que soit la trempe de son ame, se déterminera difficilement à se couvrir de honte, en commettant une perfidie morale, parce qu'il sera retenu par cent considérations & par l'effet de l'habitude, qui est très-puissant sur notre esprit. Mais si une fois la société d'hommes libres des entraves que nous venons de nommer, vient à lui offrir des exemples de violence, du mépris des égards & des loix, il s'endurcira dans le vice, & son funeste talent parviendra à porter des coups mortels aux mœurs, à la bonne foi, à la religion, à l'hospitalité, sans que la puissance publique puisse frapper sa tête coupable, par l'imperfection de notre police morale, si l'on peut parler ainsi.

Mais ce ne sont pas toujours des hommes de l'espèce que nous désignons ici, qui commettent des *actions* dont l'influence semble se concentrer dans le cercle de leur existence personnelle, & qui cependant blesse la société ; il en est d'autres encore également audacieux & vils, qui profitent de l'impuissance des loix pour satisfaire leur cupidité, leurs passions ou leur intérêt, & qui, abusant des choses les plus respectables, troublent l'ordre public par une conduite qui, quoique condamnable, a été malheureusement regardée comme permise ou indifférente.

On voit bien que nous voulons principalement désigner par ces derniers mots tous les abus de l'autorité paternelle & maritale. Les *actions* tyranniques & souvent féroces, dont elle est l'inépuisable source, forment un des grands fléaux de la société ; des pères barbares se croient tout permis envers leurs enfans, sous le prétexte que ces jeunes malheureux ne peuvent, sans une espèce de blâme, invoquer contre leurs persécuteurs des loix souvent insensibles à leurs plaintes. La folle idée répandue dans le monde, que les enfans sont la propriété de leurs parens (1), ajoute encore à ce désordre, & de foibles créatures sont long-temps les victimes d'un despotisme odieux, d'une tyrannie sourde, qu'à peine a-t-on conçu quelque indignation contre les pères qui se rendent coupables de ces *actions* lâches & barbares.

---

(1) Quand on reproche à un père la dureté avec laquelle il traite son enfant ; il vous répond : est-ce que je n'en suis pas le père ? Eh ! barbare, c'est parce que tu en es le père que tu n'as pas le droit de le maltraiter.

Nous avons fait connoître au mot ABUS, combien ces excès du pouvoir des parens, causoient de maux dans la société & produisoient d'*actions* contraires à la morale publique & à la tranquillité des familles. Ils sont la cause la plus générale de l'évasion des enfans, de leur fuite de la maison paternelle, de la dépravation de leur caractère, des maux qu'ils éprouvent, & de tous les inconvéniens qui en résulent pour l'ordre & la police de la nation. Ces abus seront encore l'objet de notre méditation quand nous traiterons de l'autorité paternelle : remarquons seulement ici que les *actions* auxquelles ils donnent lieu, doivent être rangées dans le nombre de celles qui, sans avoir précisément de peines prononcées par la loi, ne couvrent pas moins de blâme & d'infamie, aux yeux de l'humanité, les hommes qui s'en rendent coupables.

Si les parens donnent lieu, par leur conduire, à des *actions* condamnables qui deviennent la source de grands désordres, l'abus du pouvoir marital n'est pas à l'abri non plus d'un semblable reproche. Le bonheur des familles, la félicité domestique sont tous les jours troublés par les brutalités, les rigueurs, les *actions* cruelles qu'un époux féroce exerce contre ce qu'il devroit le plus respecter, chérir, aimer. Il faut des délits graves, des souffrances longues & pénibles, pour qu'une malheureuse femme puisse obtenir des loix quelque remède à ces maux ; & quelquefois sa santé est perdue, sa beauté flétrie, sa fécondité passée, lorsqu'elle a pu se soustraire à cette tyrannie. Mais il est d'autres crimes encore du même genre qui restent impunis, & qui mériteroient cependant la plus sévère attention de la part de la société.

N'est-ce pas avec raison, par exemple, que M. *de la Croix* regarde comme une *action* condamnable aux yeux de la justice & de l'humanité, celle que commet l'homme pervers & libertin, qui porte dans le sein d'une jeune épouse les germes d'un mal contagieux, qu'il a peut-être puisé dans la plus honteuse débauche ?

» Dans le moment où j'écris, dit ce Jurisconsulte, j'ai le cœur serré & l'imagination obscurcie du plus triste souvenir. Je me rappelle une femme qui sembloit destinée à être long-temps l'ornement de son sexe, devenue triste, foible, languissante & menacée de la destruction ; comme la rose dont les feuilles tendres & vermeilles se sont détachées, parce qu'un insecte caché dans son sein, en dévore la substance.

» Des parens, plus occupés de répandre sur leur fille l'éclat d'un beau nom (1), & de lui procurer les avantages d'une grande fortune, que d'assurer

son bonheur par le choix d'un époux délicat, livrèrent sa destinée à un jeune homme de qualité, habitué à vivre parmi ces êtres qui n'existent que par les attraits de la volupté, qui ne sont occupés qu'à en rappeller le souvenir. Incapable de sentir tout le prix de sa possession, il ne renonça pas à ses premières fantaisies. Plût à Dieu du moins que par une suite de son indifférence pour une compagne fidelle, il ne lui eût pas fait partager la peine de son inconstance. La pureté, la candeur de cette chaste épouse, ne serviront qu'à l'entretenir dans une erreur fatale à ses jours. Les progrès de la contagion étoient à leur comble, avant que le mari eût osé révéler son infidélité meurtrière, & en sauver la victime.

» Je le demande, continue M. *de la Croix*, cet homme qui, sous le voile du plus doux des devoirs, porte indifféremment la destruction dans le sein de sa compagne, n'opère-t-il pas un mal aussi cruel, n'est-il pas aussi punissable que l'assassin qui abuse de la sécurité du voyageur pour lui donner la mort ? »

À toutes ces *actions* condamnables & cependant impunies, joignons l'égoïsme des maîtres, qui sans égard pour l'état de malheur & de servitude où se trouvent leurs domestiques, les traitent impitoyablement ; joignons-y celles des fabricans, qui après s'être long-temps enrichis du travail d'un ouvrier actif & laborieux, le renvoie, sur ses vieux jours, lorsqu'il ne peut plus servir à satisfaire leur cupidité ; joignons-y ces *actions* d'un rigorisme moral absurde, qui fait persécuter, sous le prétexte de la décence, une fille-mère qui a le courage d'élever son enfant ; joignons-y encore la barbarie froide & gratuite que l'on exerce si cruellement envers les animaux. Nous avons déjà parlé, au mot ABUS, de ce dernier désordre, & nous en parlerons souvent, 1°. parce qu'il paroît que les écrivains ont regardé ce sujet comme au-dessous de leur dignité d'homme & de leur gravité d'auteur ; 2°. parce qu'il n'est point juste de faire souffrir des douleurs préalables & gratuites à de tristes animaux compagnons de nos peines & de nos travaux, & qui nous ont toujours servi fidellement. 3°. parce que cette conduite n'est que nuisible à la société ; elle y entretient un levain de férocité, un aliment perpétuel à la cruauté des hommes. Or, de tous les malheurs qu'on doit chercher à éviter, de tous les vices dangereux, de tous les désordres publics, il n'y en a point de plus à craindre, de plus véritablement destructeurs, que ceux qui peuvent dresser le citoyen au crime & l'endurcir au meurtre ; & tel est cependant l'effet inévitable que doit produire sur des cerveaux jeunes & flexibles, le spectacle des tourmens inutiles & barbares que ces

---

(1) Si l'autorité particulière d'un écrivain pouvoit être de quelque poids, nous ajouterions notre témoignage à celui de M. *de la Croix*, en produisant plus d'un exemple de parens aveugles, qui ont sacrifié la plus aimable jeunesse, la candeur & la beauté à la vanité d'un titre, & au chimérique honneur d'un nom porté souvent par des hommes également indignes des épouses qu'ils perdent par la contagion de leurs honteuses infirmités, & des familles auxquelles on les associe.

hommes de fang, nommés *bouchers*, font journellement éprouver dans les rues des villes aux bons & foibles animaux. Ces *actions* monftrueuſes ſont de véritables crimes de lèze-nature.

L'avarice, la cupidité, la dureté, le libertinage, font donc de tous les vices ceux qui produiſent des *actions* plus généralement affreuſes, quoiqu'impunies. On eſt tous les jours révolté du refus d'alimens & des choſes néceſſaires à la vie, ou un père, un maître laiſſe ceux qui lui ſont ſoumis; on n'eſt pas moins outragé à la vue du ſervice forcé, de l'excès de travail que l'avare cupidité d'un fabricant, d'un laboureur exige du triſte journalier qu'il tient à ſes gages. . . . . C'eſt un marché fait, direz-vous; oui, mais doit-on abuſer de l'état de miſère où ſe trouve un malheureux, pour exiger de lui un travail qui vous enrichira ſans doute, mais qui ruinera ſa ſanté, & l'arrachera à ſa famille? L'avarice ne ſe contente pas d'exiger avec rigueur ce qu'elle a obtenue par ſurpriſe, elle voudroit encore avoir, à un prix vil, la peine ou les talens qui ont ſouvent coûtés de grands riſques à ceux qui les lui offrent. N'eſt-ce donc point une *action* répréhenſible, un délit moral, que de profiter des circonſtances pour priver de ſon juſte ſalaire celui qui vient offrir ſes ſervices dans un moment de détreſſe & de beſoin?

Nous faiſons ces réflexions, non ſans motif; elles tendent à captiver l'attention des magiſtrats de police ſur des *actions* qui ſemblent loin de leur ſphère d'abord, & indifférentes par elles-mêmes, mais qui deviennent à la longue des cauſes de déſordres publics, & qui par cette raiſon ne doivent point être perdues de vue. Il n'eſt que trop commun, dans les campagnes ſur-tout, de voir l'avare & riche laboureur, deux mots preſque ſynonimes, demander, à un prix vraiment inſuffiſant, de longues & dures journées aux manouvriers indigens. Aucune loi ne prononce des peines contre une *action* auſſi lâche; cependant elle produit plus de mal par les principes immoraux & l'égoïſme qu'elle fait naître & fortifier, qu'un vol, un délit paſſager que l'on punit ſévèrement. Ne pourroit-on pas punir tous les deux dans une proportion & un genre de peine appropriés à leur nature?

On tolère trop généralement, nous le répétons, les *actions* lâches dont l'immoralité des hommes corrompus offre ſouvent l'exemple dans la ſociété. Tel eſt celui que nous venons de citer, d'après M. *de la Croix*. Tel eſt encore ce libertinage cruel, ce goût dépravé, cet art de cauſer des peines à un ſexe fait pour ne

connoître que la douceur. Mais un trait fera mieux ſentir notre idée.

Dans un âge où la vanité prend ordinairement la place des ſentimens naturels, lorſqu'après avoir vécu dans ce qu'on appelle *la grande ſociété*, on a perdu de vue tout ce qui rappelle l'homme à la raiſon & aux émotions généreuſes, enfin à trente ans, un officier, gâté par les femmes de la capitale & des petites villes, ſinges de la capitale, prit la coupable réſolution de tirer parti des dons que la nature lui avoit prodigués, pour perſécuter un ſexe, dont il n'avoit jamais éprouvé que des bienfaits. Il s'étoit apprécié; différentes conquêtes qu'il avoir faites mieux encore que ſon miroir, ſa qualité de militaire enfin (1), & ſon adreſſe, lui donnoient la certitude de plaire & d'inſpirer des paſſions vives à ces ames douces & aimantes, qui penſent toujours qu'on met autant de bonne foi dans les proteſtations qu'on leur fait, qu'elles mettent de généroſité dans leurs ſentimens.

D'après ces idées & la réſolution priſe de s'amuſer aux dépens des femmes, il s'inſinue facilement dans une maiſon, où depuis deux ans une jeune veuve vivoit dans ce calme de l'ame & de la mélancolie ſi propre à recevoir l'impreſſion des paſſions tendres, & ſur-tout de l'amour. L'homme adroit n'eut point deſſein à ſe faire aimer, & comme ſon intention n'étoit point d'abuſer de la foibleſſe phyſique de ſon amante, elle conçut pour lui une eſtime qui accrut encore le feu brûlant qui circuloit dans ſes veines. Elle crut pouvoir s'abandonner entièrement aux doux ſentimens de l'amour & de l'attachement : mais c'étoit-là où l'attendoit le traître. Quand il vit ſon ouvrage parfait & l'ivreſſe de la paſſion à ſon comble, il livra cette victime aux fureurs de la jalouſie & à l'horrible tourment de perdre ce qu'on aime. Un noir chagrin s'empara de cette infortunée, & ſix mois qu'elle ſurvécut à cette perfidie, ne furent pour elle qu'un temps de douleurs & de maux, dont la mort ſeule put la délivrer.

Un pareil trait de noirceur n'eſt-il pas une *action* vraiment coupable; & ſi l'on ne peut pas dire qu'elle trouble poſitivement & ouvertement la ſociété, ne fait-elle pas pis, puiſqu'elle mine ſourdement le bonheur des individus qui la compoſent? Ceux qui dans leurs mœurs barbares traitent de puériles & de frivoles de ſemblables procédés, ne ſont-ils pas plus à craindre & plus condamnables, que les plus grands promoteurs du crime & de la débauche, puiſqu'enfin on peut ſe méfier de ceux-ci, & que l'apparence trompeuſe des autres reſſemble au ſommeil perfide du ſerpent.

---

(1) Il n'eſt pas trop aiſé d'expliquer le goût général que les femmes ont pour les militaires. Ce qu'il y a de certain c'eſt qu'il eſt réel, & qu'on a vu ſouvent un maintru en uniforme triompher de toutes les qualités aimables d'un homme dépourvu de cet habit magique. Ne pourroit-on pas en trouver la cauſe; 1°. dans l'idée, ſi fauſſe cependant, que les femmes ont de la ſanté & des qualités virilies des militaires en général; car le phyſique en amour eſt le premier conſeiller; 2°. dans l'air de propreté qui règne ſur eux; 3°. dans l'état célibataire & indépendant de preſque tous ceux qui portent le mouſquet en France; 4°. Dans l'idée qui s'eſt conſervée de la chevalerie, que tout homme galant & *valeureux* doit être chevalier, c'eſt à-dire, porter les armes; 5°. dans la défenſe amoureuſe des militaires; 6°. diroit M. *de Saint-Pierre*, dans la loi des contraſtes, qui porte un être déſarmé à s'attacher à un être plus fort & armé : ce qui peut être vrai.

Il faudroit donc établir de nouvelles peines, un code & des tribunaux moraux destinés à prévenir & châtier de pareilles *actions*. Chez les romains, la censure, dans la Grèce, le tribunal de l'aréopage; & à Athènes, les gyneconomes, qui avoient l'inspection des mœurs, eussent sans doute puni sévèrement un semblable exemple de lâcheté. Mais ces établissemens étoient très-imparfaits, & nous pourrions, aujourd'hui que les lumières sont plus répandues & les passions mieux connues, en établir de plus appropriées aux divers besoins de la société.

Telle seroit, en effet, l'idée de plusieurs écrivains qui se sont occupés du bien public. M. *de la Croix*, dans ses *Essais sur la société*, desireroit que l'on formât un tribunal à l'instar de celui des maréchaux-de-France, où les délits moraux seroient jugés & punis. Nous développerons, au mot AUTORITÉ PATERNELLE, quelques idées qui nous sont propres sur les moyens d'empêcher les *actions* coupables & les abus du pouvoir des parens; enfin la censure publique des vices & des *actions* sur lesquelles la loi n'a point prononcé seroit encore un moyen que l'on pourroit employer. *Voyez* donc CENSURE & AUTORITÉ PATERNELLE.

Il résulte des notions détaillées dans cet article, 1°. qu'il y a des *actions* qui, quoiqu'indifférentes en apparence, portent le trouble dans la société & méritent l'attention du législateur. 2°. Que les *actions* naissent ou de la férocité naturelle de l'homme, qu'il faut contenir, ou de la perversité des facultés morales qu'il faut réprimer. 3°. Que l'autorité paternelle, le pouvoir marital, la cupidité, le libertinage, l'impudence militaire, sont les principales sources de ces lâchetés. 4°. Que le magistrat de police doit toujours prendre connoissance de ces délits, & les punir lorsqu'il le peut, ou du moins en tarir la source par les moyens qui sont en son pouvoir; & sur cela on peut voir le mot ABUS. 5°. Enfin que peut-être des tribunaux de supplément seroient nécessaires pour purger la société de ces délits, de ces *actions* lâches qui se multiplient prodigieusement, parce qu'elles restent ordinairement impunies.

ADJOINT, s. m. Ce mot est devenu substantif; il désigne une personne destinée à en aider une autre dans l'exercice d'une place ou d'une fonction quelconque. Il signifie, dans le sens que nous lui donnons ici, un agent élu par les députés d'une communauté de marchands ou d'artisans, pour faire exécuter les statuts, & maintenir la police parmi leurs mem-

bres. Ce sont, comme l'on voit, des espèces d'officiers; on donne aussi le nom d'*adjoints* à des agens de la librairie, tels sont les quatre *adjoints* de la chambre syndicale de Paris. *Voyez* pour ces derniers la *jurisprudence*, au mot ADJOINT.

Les *adjoints* ont été créés pour aider les syndics dans tout ce qui regarde les affaires de la communauté dont ils sont; aussi jouissent-ils à-peuprès des mêmes prérogatives, & dans les foix concernant les jurandes; ils sont toujours nommés ensemble. L'*adjoint* sert encore, comme on va le voir, à remplacer le syndic, quand celui-ci vient à se retirer, ce qui procure des hommes plus au fait de la police & des droits des maîtres, que si le syndic étoit immédiatement tiré du nombre des autres membres.

On sait que M. *Turgot* supprima les jurandes, & avec elles les officiers, députés, membres & autres personnes chargées de leur discipline, par un édit de février 1776. Mais lorsqu'un long usage a établi un ordre qui, sans violer le droit naturel positivement, en modifie l'application suivant les lieux & les temps, lorsque cet ordre s'est identifié avec la chose publique, il est difficile de le détruire sans donner une commotion violente à la police sociale, & sacrifier ainsi le bien des générations présentes à l'avantage éventuel & incertain de celles qui sont à naître. Aussi vit-on six mois après une nouvelle loi rétablir la police des arts sur le pied où elle étoit avant, avec quelques modifications qui, sans nuire essentiellement aux droits des communautés, leur ôta cependant le peu de représentation politique qu'elles avoient acquise & conservée depuis long-temps (1).

Ce fut cette dernière loi qui régla les droits, la forme d'élection & les fonctions des *adjoints*; & c'est d'elle aussi que nous allons extraire les réglemens qui concernent ces espèces d'officiers électifs.

» Art. XXI. Il y aura dans chacun des six corps trois gardes & trois *adjoints*; & dans chaque communauté deux syndics & deux *adjoints*, lesquels auront la régie & administration des affaires, & la manutention des revenus des corps & communautés des marchands & artisans, & seront chargés de veiller à la discipline des membres & à l'exécution des réglemens; ils exerceront conjointement leurs fonctions pendant deux années consécutives; la première en qualité d'*adjoints*, la seconde en qualité de gardes ou syndics (2). Lesdits gardes & syndics seront nommés, pour la première fois seulement,

_____

(1) Les économistes crièrent beaucoup contre le rétablissement des jurandes. Ils crurent y voir la liberté naturelle, qu'a tout homme d'exercer son industrie, méprisée; ils raisonnèrent à perte de vue, & confondirent l'état de société avec celui de nature, oubliant que dans l'un l'homme a des droits dont il ne peut pas conserver l'exercice dans l'autre. Ils ne voyoient pas non plus qu'en détruisant ministériellement toutes les petites corporations, ils ouvroient la porte à tous les écarts du despotisme, qui n'aime que l'uniformité.

(2) Les gardes sont, dans les six corps des marchands, ce que sont les syndics dans les communautés. *Voyez* ces deux mots.

par le lieutenant-général de police, & leur exercice ne durera qu'une année, après laquelle ils seront remplacés par les *adjoints*, qui seront pareillement nommés, pour la première fois seulement, par le lieutenant-général de police.

» Art. XXII. Dans les trois jours qui suivront la nomination des députés, ils seront tenus à s'assembler; savoir, ceux des six corps au bureau de leur corps, & ceux des communautés à l'hôtel de notre procureur au châtelet, pour y procéder par la voie du scrutin, & en sa présence, à l'élection des *adjoints* qui remplaceront ceux qui, ayant géré en ladite qualité l'année précédente, passeront en leur seconde année aux places de gardes ou syndics; lesquels *adjoints* ne pourront être choisis que parmi les membres qui auront été députés les années précédentes.

» Art. XXIII. Les gardes, syndics & *adjoints* ne pourront procéder à l'admission d'un maître ou d'une maîtresse, qu'après qu'il aura prêté le serment accoutumé devant notre procureur au châtelet; à l'effet de quoi deux desdits gardes, syndics ou *adjoints*, seront tenus de se rendre avec l'aspirant en son hôtel, & il sera fait mention de ladite prestation de serment, dans l'acte de l'enregistrement de la réception sur le livre de la communauté.

» Art. XXIV. Les gardes, syndics & *adjoints*, procéderont seuls à l'admission des maîtres & à l'enregistrement de leur réception sur le livre de la communauté; & les honoraires qui leur seront attribués pour leur réception, seront partagés également entr'eux; leur défendons d'exiger ou recevoir des récipiendaires, sous quelque prétexte que ce puisse être, aucune autre somme que celles qui leur seront attribuées, ainsi qu'à la communauté, même d'exiger ou recevoir desdits récipiendaires, à titre d'honoraire ou de droit de présence, aucun repas, jetons ou autres présens, sous peine d'être procédé contr'eux extraordinairement comme concussionnaires, sauf aux récipiendaires à acquitter par eux-mêmes le coût de leurs lettres de maîtrise & le droit de l'hôpital, duquel droit ils seront tenus de représenter la quittance avant d'être admis à la maîtrise.

» Art. XXV. Les droits dus aux officiers de notre châtelet pour l'élection desdits *adjoints* sont fixés; savoir, à notre procureur au châtelet pour l'élection des trois *adjoints* dans chacun des corps, y compris son transport à leur bureau, la somme de quarante-huit livres; pour l'élection des deux *adjoints* dans les communautés, à celle de vingt-quatre livres; aux substituts de notre procureur au châtelet la somme de quatre livres, & au greffier de cinq livres pour l'élection de chaque *adjoint*; en ce non compris les droits de sceau & de signature,

» Art. XXVI. Le cinquième du quart, ou le vingtième des droits de réception à la maîtrise dans lesdites communautés, sera perçu, employé aux honoraires des syndics & *adjoints*, qui seront aussi chargés de percevoir les quatre autres vingtièmes, pour être employés aux dépenses des corps & communautés.

» Art. XXVIII. Les gardes, syndics ou *adjoints*, ne pourront former aucune demande en justice, autre que celle en validité des saisies faites de l'autorité du lieutenant-général de police, appeller d'une sentence; ni intervenir en aucune cause, soit principal, soit d'appel, qu'après avoir été spécialement autorisés par une délibération des députés du corps ou de la communauté, & ce, sous peine de répondre en leur propre & privé nom de l'événement des contestations, si mieux ils n'aiment cependant poursuivre lesdites affaires pour leur compte personnel, & ce à leurs risques, périls & fortunes.

» Art. XXIX. Les gardes, syndics & *adjoints*, ne pourront faire aucun accommodement sur des saisies qui seront causées par des contraventions à leurs statuts & réglemens, qu'après y avoir été autorisés par le lieutenant-général de police, & aux conditions par lui réglées, sous peine de destitution de leurs charges & de trois cents livres d'amende; & lorsque le fonds des droits du corps ou de la communauté sera contesté, ils ne pourront transiger qu'après une délibération des députés du corps ou de la communauté, revêtue de l'autorisation du lieutenant-général de police, sous peine de nullité de la transaction & de pareille amende.

» Art. XXX. Ils ne pourront faire aucunes dépenses extraordinaires, autres que celles qui seront fixées par les réglemens particuliers, ni obliger le corps ou la communauté; pour quelque chose ou en quelque manière que ce puisse être, qu'après y avoir été autorisés par une délibération duement homologuée, ou une ordonnance spéciale du lieutenant-général de police, & ce, sous peine de radiation desdites dépenses dans leurs comptes, & d'être tenus personnellement des obligations qu'ils auroient contractées pour le corps ou la communauté,

» Art. XXXI. Les gardes, syndics & *adjoints*, seront tenus, deux mois après la fin de chaque année de leur exercice, de rendre compte de leur gestion & administration aux *adjoints* qui auront été élus pour leur succéder, & aux députés du corps ou de la communauté qui auront élu lesdits nouveaux *adjoints*; lequel compte sera par eux examiné, contredit, si le cas y échet, & arrêté, & le reliquat sera remis provisoirement aux gardes, syndics & *adjoints* en charge: défendons expressément de porter dans ledit compte aucune dépense pour préfent, à titre d'étrennes, ou fous quelque prétexte que ce puiffe être, fous peine de radiation defdites dépenfes, dont lefdits gardes, fyndics ou *adjoints* demeureront refponfables en leur propre & privé nom (1).

On ne jugea point à propos, en rétabliffant les jurandes, d'y joindre une foule de petites proffeffions, dont l'état peu confidérable n'exige, de la part de ceux qui les exercent, ni des avances ni des talens auffi confidérables que les autres. On les laiffa donc libres ; mais la néceffité d'établir la difcipline néceffaire parmi les membres de ces différentes proffeffions, & d'autres foins de police, ont déterminé le gouvernement à leur accorder des fyndics & *adjoints*, par la déclaration du 19 décembre 1776 ; avec cette différence que ces officiers font élus dans les autres communautés par les députés, & que dans celles-ci, ils font nommés par le lieutenant-général de police de Paris.

» Art. I. Il fera inceffamment fait choix, & nomination par le lieutenant-général de police, dans chacune des proffeffions déclarées libres, d'un fyndic & d'un *adjoint*, lefquels exerceront les charges ; favoir, le fyndic pendant une année, & l'*adjoint* pendant deux; la première, en ladite qualité d'*adjoint*, la feconde en celle de fyndic ; laquelle nomination fera renouvellée tous les ans pour le remplacement de l'*adjoint*, qui prendra la place du fyndic fortant.

» Art. IV. Lefdits fyndic & *adjoint* feront tenus de faire annuellement deux vifites, accompagnés d'un huiffier ; l'une au mois d'avril & l'autre au mois d'octobre, chez tous les particuliers de leur proffeffion qui fe feront fait enregiftrer, pour connoître s'ils emploient de bonnes marchandifes, & fi elles font bien & fidèlement fabriquées, lors defquelles vifites ordinaires il leur fera payé par chaque particulier enregiftré, cinq fols, pour les dédommager de leurs frais & dépens (2).

» Art. V. Ils feront auffi tenus de faire des vifites extraordinaires ou contre-vifites, lorfqu'ils le jugeront néceffaires, ou qu'elles feront ordonnées par le lieutenant-général de police, tant pour s'affurer de la manière dont les particuliers enregiftrés fe comporteront dans l'exercice de leurs proffeffions, que pour veiller à ce qu'aucun particulier ne les exerce qu'après avoir rempli les forma-

lités prefcrites par les édits, lefquelles vifites extraordinaires feront faites fans frais.

» Art. VI. Dans le cas où ils découvriroient quelque contravention, lefdits fyndic & *adjoint* les feront conftater par un procès-verbal, lequel fera remis & dépofé, dans les vingt-quatre heures, à l'un des commiffaires du châtelet, qui en fera fon rapport à l'audience du lieutenant-général de police, pour être par lui ftatué fommairement & fans frais (3), & prononcé telle amende qu'il appartiendra, applicable moitié à notre profit, & l'autre moitié aux fyndic & *adjoint*. «

Tels font en fubftance les règlemens concernant les *adjoints* des communautés d'ats & métiers. On fentira mieux leur utilité & leur rapport avec la police des arts, lorfqu'on aura lu l'article qui concerne fes deniers : ainfi *voyez* ARTS ET MÉTIERS.

Remarquons, avant de finir ce qui regarde les *adjoints*, & nos réflexions pourront également s'appliquer aux fyndics & gardes des corps, qu'en général ces officiers ne jouiffent pas d'une affez grande confidération. *Colbert*, qui avoit voulu donner aux arts tous les encouragemens compatibles avec l'ordre & le bien public, s'étoit attaché à attribuer aux artifans une forte d'exiftence politique, par la forme, les prérogatives, les privilèges attachés à leurs corporations. Ils avoient certains droits, la police de leurs membres, une manutention de fonds, le moyens de faire des charités, des confrairies ; toutes chofes, qui quoique minutieufes, lient les hommes à leur état, & les accoutument à ne pas regarder le lucre comme la feule jouiffance qu'on puiffe efpérer dans la proffeffion des arts & du commerce. C'eft dans la même intention auffi que l'on a accordé l'aptitude à l'échevinage de Paris, aux membres des fix corps, & différens privilèges aux fabricans de Lyon & des autres villes. Ces diftinctions donnoient aux officiers des jurandes un certain luftre, & de la confidération dans leur corps.

Mais depuis qu'une fecte d'homme a dit que tout cela étoit mauvais, que celui qui l'avoit imaginé n'avoit pas le fens commun, que *Colbert* n'y voyoit goutte, & que rien n'eft bien que ce qui eft adminiftré d'après les principes de la fcience économique, depuis ce temps, dis-je, on eft parvenu à rendre ridicule des inftitutions utiles, des ufages qui oppofoient une barrière aux écarts de la volonté arbitraire, ou du moins gênoient l'action du

(1) Ces règlemens ont également lieu pour les communautés des villes qui ont droit de jurande.
(2) Ces vifites devroient ou être fupprimées ou rendues plus fréquentes : car fi le motif qui les fait faire eft d'empêcher la fraude & la mauvaife foi des petits marchands, on conçoit que ce n'eft pas une infpection qui fe fait deux fois par an, qui peut les en détourner ; fi c'eft pour faire un fonds d'honoraires aux fyndic & adjoint, on peut exiger une légère contribution fans compromettre & rendre dérifoire un moyen de police fage & très-propre, s'il étoit bien exécuté, à contenir les débitans & petits artifans dans les devoirs de leur proffeffion.
(3) Il n'eft pas toujours bon d'exiger que les vacations, vifites, délibérations, affemblées, &c. fe faffent fans frais ; 1°. parce que toute peine mérite falaire ; 2°. parce que cette gratuité-là nuit fouvent au fuccès des affaires ou au maintien de l'ordre ; ainfi l'on perd beaucoup pour avoir voulu ménager peu. Je voudrois donc que toutes les vifites des adjoints & fyndics, toutes les vacations fuffent payées ; elles en iroient mieux.

despotisme ministériel, on n'a plus vu par-tout que de l'argent, de l'argent, de l'argent. Les économistes ont ainsi porté atteinte à des principes sociaux, sans avoir rien mis à la place que des faits incertains, des maximes douteuses, une doctrine contestée, le système de la loi uniforme, système absurde & digne d'un conseiller d'état d'Alger ou de l'empereur du Japon. Par l'influence de leur doctrine, les deniers des communautés ont été saisis, leurs bureaux détruits, leurs assemblées mises sous la férule de la police, leurs officiers réduits à moins que des bedeaux de paroisse, & l'ouvrage de *Colbert* à-peu-près anéanti. Londres a conservé ses corporations sans y rien changer; ce sont des corps considérés, & Londres s'en trouve bien. *Voyez* LONDRES, ARTS.

ADMINISTRATEUR, f. m. C'est le nom qu'on donne généralement à une personne chargée de la tenue d'un revenu quelconque, ou d'un établissement public. C'est au moins sous ce point de vue que nous devons le considérer ici; car nous n'avons point pour objet de traiter des droits, fonctions & obligations des *administrateurs* ou *administratrices* chargés de régir la fortune d'un particulier. Ces objets ont été développés dans la *jurisprudence* avec une étendue suffisante, pour qu'il ne soit pas nécessaire de revenir dessus maintenant.

Ce que nous avons à dire sur les *administrateurs* ici doit bien plutôt être un résumé de maximes & de réflexions de morale publique, qu'une discussion de droit ou de police générale. Sans donc nous arrêter aux divisions des différentes espèces d'*administrateurs*, nous allons présenter à nos lecteurs les principes généraux de conduite qu'ils doivent tous indifféremment respecter dans l'exercice des fonctions qui leur sont attribuées.

Et pour qu'on ne regarde pas ce que nous pouvons dire à cet égard, comme une stérile spéculation, une insipide instruction, que désavoueroient les hommes publics à laquelle elle s'adresse, nous nous étaierons des suffrages d'un de nos plus grands *administrateurs*, & nous opposerons sa doctrine & les préceptes de morale publique qu'il a lui même établis, au doute ou au dédain de ceux qui regardent avec mépris les conseils dictés par la prudence & le devoir.

C'est après avoir connu les dégoûts & les obligations des grandes places, c'est après en avoir apprécié les travaux, & en conservant peut-être l'espérance de se revoir encore au centre du tourbillon qui les entoure, que M. *Necker* a tracé, & ce que doit être un *administrateur*, & ce que le public doit attendre de lui, & ce qu'en exigent les soins multipliés & les devoirs sacrés de sa place; l'on reconnoît dans le tableau qu'il en fait, le caractère de l'homme public, de l'*administrateur* profond & éclairé (1).

» Quelqu'imposant que soit, dit M. *Necker*, le spectacle des devoirs d'un *administrateur*, il ne doit cependant pas, en l'appercevant, se livrer au découragement : la carrière qui s'offre à ses yeux est vaste sans doute; mais les routes n'en sont point détournées, mais les sentiers qu'il faut suivre sont faciles à reconnoître; & déjà, pour assurer ses premiers pas, il suffit d'un cœur droit & d'un esprit juste; il suffit peut-être, en commençant, d'adopter cette marche simple, la même qui sied à tout, aux finances, a la politique & à toute morale, aux diverses transactions entre les hommes, celle enfin, qu'indiquent sans peine à une ame honnête les principes d'une généreuse éducation.

» Mais il faut que ces principes se soutiennent, contre le temps, & s'affermissent au milieu des obstacles; car la vertu nécessaire à un *administrateur* n'est pas une vertu commune; la moindre foiblesse, la moindre exception, deviennent souvent une tache qu'on efface en vain d'effacer : les hommes sont susceptibles d'enthousiasme; mais ils le sont aussi de préventions défavorables, qui naissent rapidement & ne se dissipent point de même; car dans le tourbillon du monde, où les distinctions, les nuances & les applications doivent nécessairement échapper, on obéit long-temps aux premières impressions; d'ailleurs, on ne peut se le dissimuler, dans cette suite de sacrifices que la vertu commande; on a besoin pour se soutenir d'être encouragé par une idée de perfection qui vous attache & vous lie comme par une sorte de culte; & la première atteinte donnée à cette espèce de beau moral, qui attiroit votre hommage, rend bien plus facile une seconde erreur.

» Cependant à mesure qu'un homme se fait une réputation de grande honnêteté, on devient plus rigoureux avec lui, on le suit dans toutes ses actions, on le compare à lui-même, on exige qu'il soit fidèle au modèle qu'il a donné; & de la moindre faute dont on le croit coupable, on est prêt à le ranger dans la classe commune, & à s'affranchir des tributs d'estime, dont la continuité devient, pour la plupart de ceux qui s'y soumettent, une fatigue & un ennui.

Il faut aussi, pour faire impression, que les vertus d'un administrateur soient parfaitement vraies; il faut qu'elles se développent sans effort, & qu'elles paroissent comme l'épanchement naturel d'une grande ame. Ce n'est qu'à ce prix qu'elles ont en tout temps

---

(1) Quoique les réflexions de M. *Necker* portent principalement sur les *administrateurs des finances*, on s'appercevra aisément qu'elles peuvent également convenir à tous autres, & que sans rien changer aux idées de l'auteur, nous avons pu les appliquer aux *administrateurs* publics de tous les ordres. Pour ce qui regarde ceux des finances en particulier, *voyez* l'article dans les *finances*.

cette mesure & cette convenance qui leur est propre; ce n'est qu'alors sur-tout qu'elles ont cette suite & cette universalité que le plus laborieuse attention ne sauroit imiter; & il règne parmi les hommes rassemblés une sorte d'instinct qui ne s'y méprend jamais. Aussi quand la politique veut prendre le langage de l'honneur & de la franchise, on s'en apperçoit à l'instant, & à une sorte de discordance & de maladresse, & à ce caractère de fatigue qui accompagne un rôle, & à cette exagération qui est le signe certain d'un sentiment composé, mais les véritables vertus, les vertus soutenues, seront toujours l'un des premiers secours & l'un des plus sûrs appuis d'un *administrateur*.

» La puissance de la raison, l'ascendant des qualités morales, ont une force invincible qui s'accroît chaque jour : la confiance une fois établie, tout devient facile & semble s'applanir. L'*administrateur*, dont une sage circonspection avoit retardé la marche, s'avance plus hardiment lorsqu'il a fixé l'incertitude des premiers jugemens, & qu'il s'est comme étayé lui-même par ses actions.

» Les nations ressemblent aux vieillards qu'une longue expérience, les erreurs & les injustices des hommes ont rendus soupçonneux & défians, & qui accordent lentement leur estime & leur approbation; mais lorsqu'un *administrateur* a triomphé de ces dispositions, les difficultés disparoissent : on croit alors à ses intentions; l'imagination, l'espérance, ces précieux avant-coureurs de l'opinion des hommes viennent le servir & le seconder; & par-tout encouragé sur sa route, il jouit à chaque instant du fruit de ses vertus.

» Si c'est par la vertu qu'on jette les premiers fondemens d'une heureuse administration; c'est par elle aussi qu'on tient à ses devoirs sans efforts, qu'on se plaît dans ses sacrifices qu'on trouve comme une espèce de délice au bien qu'on peut faire. C'est encore par cette vertu qu'on lutte avec tranquillité contre les passions des hommes, & qu'on connoît le contentement au milieu de leur injustice; c'est par elle enfin qu'on voit venir la défaite sans abattement, & qu'on se relève encore après la disgrace.

» Sans doute les grandes places offrent d'autres plaisirs; mais ce sont des jouissances de particuliers, semblables à-peu-près à toutes celles que les différentes vanités recueillent dans le monde. L'accroissement de la fortune, l'avancement de la famille, les bienfaits répandus parmi ses amis, les faveurs accordées à ses connoissances, les prévenances de tous ceux qui espèrent, les politesses des grands, les mots obligeans des princes, le charme indéfini du pouvoir, en voilà plus qu'il n'en faut pour attacher au ministère les hommes qui se bornent à l'envisager comme un nouveau grade dans la société, ou comme un heureux coup du sort qui vient embellir leur destinée.

» Mais celui qui conçoit ses devoirs, qui veut les remplir, mépriseroit toutes ses jouissances; elles troublent l'imagination de l'homme privé, mais elles sont un objet d'indifférence pour le véritable homme public. Ce sont les pommes d'or du jardin des hespérides, qu'il ne faut pas ramasser au milieu de sa course; & le sage *administrateur* ne se laissera point séduire par ces trompeuses amorces. Il renoncera donc à la reconnoissance particulière, parce qu'il n'en méritera point s'il est toujours juste (1); mais il se pénétrera de l'idée de cette bienfaisance universelle, qu'il étend les devoirs & les sentimens, & qui avertit de défendre l'intérêt général contre les usurpations de l'intérêt personnel. Un tel *administrateur* appuiera le mérite isolé contre les efforts de la protection : il rendra au rang & à la naissance ce qui leur est dû; mais il ne se laissera point subjuguer par leur ascendant, & il saura respecter leur droit sans en adorer le prestige. Sur-tout il ne délaissera jamais l'estime pour la faveur; & il aimera mieux que la louange, ces bénédictions secretes du peuple qu'il n'entendra point, & cette opinion publique qui est lente à se former, & dont il faut attendre les jugemens avec patience.

» Si sa fortune ou la simplicité de sa vie, lui permettent de renoncer aux émolumens de sa place, ou de les fixer lui-même avec modération, il devra le faire, ne fût-ce que pour rendre sa tâche plus facile. J'ai tiré un grand parti pour le service du roi du désintéressement entier dont j'ai pu donner la preuve : il m'eût été pénible de jouir de deux ou trois cents mille livres d'appointemens, & d'avoir à parler sans cesse de la modération que les circonstances & les principes d'un nouveau système rendoient indispensables. Enfin l'*administrateur* sensible renoncera sans doute avec plus de regret au plaisir de servir ses amis; mais il conservera également ceux qui ne s'attachent que par l'estime ou par l'inclination; il perdra l'empressement tumultueux des indifférens, & ces faux intérêts qui prennent l'apparence du sentiment; mais il se trouvera dans sa retraite tel qu'il étoit auparavant, & il n'aura pas la douleur de voir disparoître à son réveil les fictions qui avoient occupé ses songes. Enfin au bout d'un temps il jouira de l'amour public, qui environne comme une atmosphère bienfaisant le ministre uniquement occupé de ses devoirs. » *Introduction au traité de l'administration des finances.*

C'est donc une grande vérité que les *administrateurs* publics sont tenus à des devoirs rigoureux, à des privations, & que l'exercice de leurs fonctions,

____

(1) C'est-à-dire qu'il n'en méritera que lorsqu'ayant agi pour le bien général, le bien du particulier se trouvera en même-temps fait; car il est impossible que le sage *administrateur* n'éprouve la reconnoissance de chaque citoyen individuellement, son but devant être le bonheur de tous.

fi facile aux yeux vulgaires, exige l'habitude de fentimens généreux, de grandes vertus & d'un caractère moral propre à applanir les difficultés de leur place, & à balancer l'effort des paffions en eux. Leur réputation tient à l'opinion publique, & il ne leur fuffit pas même toujours d'être irréprochables dans leurs mœurs, il faut encore qu'ils le paroiffent, & qu'ils ne donnent point prife à la calomnie. On exige beaucoup d'eux, parce qu'ils jouiffent d'un grand pouvoir, & fi leurs vices font regardés comme des titres de haine & de réprobation, la juftice, l'égalité, l'impartiale vérité, l'humanité deviennent en eux des motifs d'amour public & de reconnoiffance, qui leur attachent les peuples & leur méritent l'hommage de leurs concitoyens. Tels *Suger*, *d'Amboife*, *Sully*, *Colbert*, ont fixé fur eux les yeux de leur fiècle, & les regards fatisfaits de la poftérité.

Mais lorfque, méprifant les devoirs de fa place & les obligations de fon miniftère, l'*adminiftrateur* a trompé la confiance publique, abufé des moyens de pouvoir qu'on lui avoit confiés; lorfque foulant aux pieds le refpect pour la liberté du peuple & le maintien de leur propriété, il a envahi le domaine du pauvre, & trafiqué de la fortune nationale; lorfque, par un criminel & barbare ufage de fon pouvoir, il a fait fervir les loix mêmes au foutien de fa coupable conduite, qu'il a bravé le cri de la haine des hommes & les remords de fa confcience; lorfque, fe couvrant de la majefté fuprême, il a infulté à la bonne foi, à l'honneur des citoyens; lorfqu'un *adminiftrateur* s'eft rendu coupable de ces délits multipliés, la nation n'a-t-elle pas le droit d'en demander juftice? Eft-il une confidération politique qui puiffe fouftraire fa tête coupable au glaive des loix qu'il a méprifées, & dont il a abufé (1)?

Comment? le brigand malheureux qui a porté atteinte à la propriété, à la fûreté de quelques individus, repris de la loi, en fera févèrement puni; le filou moins redoutable fera flétri & banni de la fociété, le débiteur infidèle, le marchand, l'ouvrier, légèrement fautifs, feront irrémiffiblement affujettis aux peines prefcrites contr'eux, & l'*adminiftrateur* perfide, tyran & concuffionnaire pourra fe fouftraire à tout châtiment! Il trouvera un abri contre l'orage, un refuge où la juftice n'ofera le faifir? Vraiment cette idée eft le renverfement de tout ordre, la fubverfion de la fociété & la violation du contrat public.

Quelle que foit la forme d'un gouvernement, à moins que les peuples ne foient des efclaves falariés par le prince, tout *adminiftrateur* public n'eft pas feulement le miniftre du fouverain, il eft encore, & fur-tout, le difpenfateur, le premier intendant de la fortune nationale, l'homme du peuple autant que l'homme du roi, vérité que les formes exigées en certain cas, démontrent aux yeux de tout homme inftruit. L'*adminiftrateur* ne peut donc violer la confiance publique, il ne peut donc rendre dérifoire le ferment qu'il a fait, foit ouvertement, foit tacitement, fans encourir les peines prononcées contre les parjures & les brigands.

Les brigands! oui, je ne crains point de le dire; le plus dangereux de tous les brigandages eft celui qui fappe la fociété dans fes fondemens, qui n'attaque point les citoyens individuellement & un à un, mais tous à la fois; qui offre aux yeux d'un peuple le criminel exemple du mépris des loix & des conventions fociales, dans ceux qui font chargés de les faire refpecter; qui, fe jouant de la liberté, de la propriété publique, donnent la leçon aux brigands fubalternes, & femblent leur dire que la juftice eft une chimère, & que la crainte du fupplice doit feule les retenir; enfin le brigandage des *adminiftrateurs* publics proftitue également aux yeux de la nation & des étrangers, la dignité publique & l'honneur du fouverain.

Mais, direz-vous, c'eft au prince lui-même à juger fon miniftre; lui feul en a fait le choix, lui feul doit le punir; le fouverain répond au peuple de la fidélité, de la loyauté de fes agens; & s'ils trompent, à lui feul appartient le pouvoir de les flétrir & de les dégrader. La juftice ordinaire ceffe en pareil cas, & la nation doit refter dans un refpectueux filence....

Mais fi le prince eft aveuglé, fi l'adreffe perfide d'un miniftre parvient à l'éblouir, à le tromper; fi les intérêts des courtifans, qui ne font prefque jamais ceux du public, fe joignent à ceux de l'*adminiftrateur*, pour laiffer impunis des défordres qui demandent une punition éclatante; fi les idées de defpotifme & de volonté indéfinie dominent autour du trône, fi l'enfemble d'une adminiftration corrompue & corruptrice épaiffit le nuage qui dérobe la nation au fouverain, quelle reffource, quels moyens de falut, emploiera donc ce peuple qui fouffre, qu'on maltraite, qu'on dépouille, qu'on opprime, fi on interdit aux tribunaux faits pour lui rendre juftice, le droit imprefcriptible de pourfuivre les auteurs de fa mifère & de fon oppreffion?

Les citoyens font-ils donc des êtres fi vils qu'il faille les facrifier à la perfidie, au defpotifme d'un *adminiftrateur* corrompu, adroit, tyran, ennemi des loix & de la patrie? Qui mieux que le peuple peut apprécier les crimes de ce monftre, les dénoncer, en pourfuivre la punition devant les tribunaux publics, & faire craindre à fes fucceffeurs fa voix terrible & fainte? *Vox populi, vox Dei.*

---

(1) On ne doit faire ici aucune application particulière; je parle en général, & quiconque voudroit particularifer mes affertions, feroit peut-être bien loin de ma penfée.

Les rois ont mal connu leurs intérêts, lorfqu'ils ont voulu fouftraire le jugement des *adminiftrateurs* publics à la procédure ordinaire, ils fe font, en quelque forte, rendus complices de leurs erreurs ou de leurs fautes. Ils ont attiré fur eux la haine des peuples, établi deux intérêts différens dans l'état, mis la défiance, la crainte, l'efprit de précaution à la place de la confiance, de la fécurité, de la douce vénération. Mais ce font les mauvais princes qui ont donné l'exemple d'une pareille foibleffe, exemple que l'intérêt des coupables a érigé enfuite en coutume, en loi. Les hommes pervers ont cru voir dans cette corruption l'impunité de leurs défordres, & ils ne fe font pas toujours trompés. Combien de temps encore cette fource de déprédations, de fcandale & d'abus-publics fubfiftera-t-elle ? jufqu'à quand la juftice reftera-t-elle muette devant une évocation qui ôte également au peuple fes droits, aux tribunaux leur pouvoir, aux loix leur puiffance fuprême ?

On craint les écarts de la part des hommes, on redoute l'animofité populaire, l'on prétexte qu'une erreur, une faute involontaire pourroit dans un *adminiftrateur* malheureux, être puni comme un délit prémédité.

Mais ces terreurs font des chimères, des aveux de mauvaife foi, des fubterfuges adroits pour dépouiller les peuples & facrifier la liberté publique & la fortune nationale aux intérêts de quelques familles, à qui l'ufage & les formes ordinaires donnent des efpérances aux grandes places..... Et quand il feroit vrai que quelques fautes involontaires, quelques imprudences fuffent févérement punies, doit-on mettre en balance le bien public, fi long-temps méprifé, avec l'intérêt de quelques hommes puiffans ? où a-t-on jamais vu le petit nombre l'emporter ainfi dans le calcul des probabilités fur le plus grand, & maintenir un défordre actuel, de peur de donner lieu à un autre, qui n'eft tout au plus qu'éventuel ?

Ces raifons paroiffent vraies, & tout homme impartial & défintéreffé doit les reconnoître. Il y a plus, c'eft qu'on ne peut leur oppofer aucune de ces confidérations qui forcent à refpecter des gênes publiques, des abus d'adminiftration & de grande police, parce qu'ils tiennent les uns & les autres à des formes antiques, à de grands motifs d'utilité, à une forte de refpect pour le maintien des libertés & privilèges des corps & des ordres nationaux. Mais ici tout, au contraire, s'élève, fe dirige contre l'impunité des *adminiftrateurs* infidèles, des miniftres pervers ; tout dit qu'ils doivent être foumis au pouvoir indéclinable de la loi ; que citoyens, & fujets du prince, ils doivent, comme les autres, compte de leur conduite, lorfque la clameur univerfelle le demande, que revêtu d'un grand pouvoir momentané, leurs paffions & leur cupidité doivent être contenues par la crainte falutaire de la rigueur des tribunaux ; & qu'enfin fi la bonté du fouverain peut bien leur faire grace, par la prérogative attachée à fon titre, il ne peut jamais les fouftraire à la condamnation légitime qu'ils peuvent avoir encourue par leur inconduite ou leur adminiftration tyrannique.

Jettons un moment les yeux fur l'Angleterre : Londres nous offre aujourd'hui un grand modèle à fuivre ; un *adminiftrateur* forcé de fe juftifier devant la nation ou de fubir la peine que la loi prefcrit contre les oppreffeurs & les déprédateurs publics ; les témoins librement entendus & enhardis fous la fauve-garde de la liberté publique, à dépofer à charge & à décharge ce qu'ils favent de cet illuftre accufé ; enfin tous les ordres de l'état attentifs à la décifion de ce grand procès, plaidé devant eux avec toutes les formes & les folemnités de la jurifprudence ordinaire. Si l'*adminiftrateur* de l'Inde eft innocent, qui peut mieux le réintégrer dans l'opinion publique, que l'appareil & la rigueur même de la procédure intentée contre lui ? S'il eft coupable, pourquoi la nation qu'il a offenfé, dont il a méprifé les ftatuts, n'auroit-elle pas le pouvoir légal de le condamner fuivant la nature & l'efpèce du crime ? Et l'Angleterre n'eft pas la feule qui nous offre des exemples de cette juftice éclatante. La France en a donné qui auroient dû contenir les *adminiftrateurs* audacieux (1).

---

(1) Nous ne rapporterons point les motifs qui ont déterminé les jugemens de condamnation de plufieurs *adminiftrateurs*; nous citerons feulement les noms & l'époque des plus célèbres.

Marigni, pendu en 1315, mais jugé par commiffion, ou plutôt par une brigue abfurde & illégale.

Remi, furintendant, comme le précédent, condamné par une commiffion à être pendu, le 25 avril 1328.

Trente-deux miniftres deftitués en 1356, à la requifition des états-généraux affemblés, pour avoir flaté le roi, & lui avoir caché la vérité.

Aubriot, prévôt des marchands de Paris, iniquement condamné à périr de faim, en 1381 ; vengé par le peuple, & rendu à la liberté.

Defmarets, avocat-général, décapité en 1382, jugé par des commiffaires & pleuré du peuple.

Betizac, miniftre déprédateur, brûlé en 1389.

Montagu, furintendant, pendu en 1409, mais jugé par des commiffaires.

Deffarts, furintendant, décapité en 1413, pour avoir mal gouverné les finances.

Le maréchal de Gamache, banni en 1476.

Le *Daim*, pendu en 1484. Le maréchal de Gié, dégradé en 1505. Le chancelier *Du Prat*, décrété en 1525. *Samblançay*, furintendant, pendu en 1527. Le préfident *Gentil*, pendu en 1542. L'amiral *Chabot*, banni en 1541. Le chancelier *Poyet*, dégradé en 1545. Le maréchal d'*Ancre* & fa femme, en 1617. Le maréchal de *Marillac*, décapité en 1632, *Mazarin*,

Des esprits superficiels, des ames qui ont besoin de l'indulgence de la corruption pour se soustraire à l'infamie, des *Séjans* en espoir, insultent à cette jurisprudence des peuples, & traitent de fanatisme ce zèle pour le maintien de la cause publique; mais les hommes éclairés, les amis de la liberté, doivent y voir une rigueur salutaire, une des clauses du contrat politique, qu'on ne peut violer sans plonger la société dans un état de guerre sourde, plus funeste, peut-être, que celui de barbarie & d'insubordination sauvage. Mais passons à d'autres objets, & poursuivons les qualités qu'exige le titre d'*administrateur*.

» L'on a quelquefois agité, dit M. *Necker*, que nous ne pouvons nous lasser de citer dans cette matière, si un homme sans principes, mais qui réuniroit à de grandes lumières un esprit supérieur, n'étoit pas plus convenable à l'administration, qu'un homme vertueux, mais dépourvu de talens. C'est une question du nombre de celles qui ne peuvent jamais être soumises à une décision simple & absolue. Le défaut de morale peut être moins dangereux que le défaut d'esprit, dans les places où l'intérêt particulier de ceux qui les occupent, est uni nécessairement à l'intérêt public.

» La conduite d'une flotte ou d'une armée, un plan de bataille ou de campagne exigent du talent par-dessus tout. Car à moins de supposer le dernier degré de l'avilissement, la gloire & la fortune des généraux en chef sont tellement dépendantes de leurs succès, que toutes les combinaisons de leur ambition les dirigent vers leurs devoirs. Un négociateur aura bien des désavantages, s'il n'a que de l'esprit; mais comme cet esprit même le conduiroit à feindre les vertus qu'il n'auroit pas, il pourroit quelques instans être plus utile à son prince qu'un ministre sans intelligence & sans dextérité. Enfin, un homme en sous ordre dans une administration circonscrite, & sous l'inspection d'un supérieur honnête & vigilant, rend quelquefois ses talens précieux, lors même que la délicatesse de ses principes n'y répond pas, parce qu'il est possible de le contenir, ou d'accorder son intérêt avec ses devoirs.

» Mais dans une administration telle que celle des finances d'un grand roi, dans toute autre à la fois étendue, continuelle & diversifiée; dans une administration, sur-tout, où la confiance publique est nécessaire, je n'hésite point à prononcer qu'il n'est aucun talent qui puisse dédommager du manque de délicatesse & de vertu. Les connoissances, les lumières des autres, peuvent secourir un *administrateur* médiocre; mais quel ressort portera vers le bien public, celui qui ne se croit lié à la société par aucune obligation? quelle flamme échauffera les cœurs indifférens pour tout ce qui est étranger à leur intérêt? quel autre mobile que celui de la vertu, pourra soutenir l'attention du ministre dans cette suite d'actions obscures, qu'aucun éclat, qu'aucune gloire ne récompensent? comment sur-tout un homme public pourra-t-il inspirer l'amour du devoir à cette multitude de personnes qui doivent le seconder, s'il perd le droit de lui en imposer par son exemple? comment cette chaîne de morale & d'honnêteté qui, dans une vaste administration, doit s'étendre d'un bout du royaume à l'autre, ne sera-t-elle pas de toutes parts relâchée, si le chef même de cette administration ne la tient pas dans sa main, & si l'estime qu'on a pour lui n'en resserre pas les nœuds?

» Que deviendroit la société, si le bien public dépendoit de l'union qu'un ministre appercevroit entre l'avantage de l'état & son propre intérêt? qui répondroit de la justesse des calculs d'un homme si personnel & si dégagé de toute autre inquiétude? alors même qu'on lui supposeroit le coup-d'œil le plus lumineux, à quels risques encore ne seroit-on pas exposé? Celui qui ne voit que lui dans les affaires, ne sème jamais que pour recueillir le lendemain, & le bien public est le plus souvent l'ouvrage du temps: il faut quelquefois se borner à poser, pendant sa vie, la première pierre de l'angle, & laisser à ses successeurs tout l'honneur de l'édifice: il faut à chaque instant savoir se passer des hommages des hommes, & chercher au fond de son cœur une récompense qui suffise, un sentiment dont on se contente. Non, rien ne peut prendre la place de ces principes de morale, ni dans les gouvernemens, ni dans la vie privée: ces principes sont les résultats d'une grande idée religieuse pour les uns, respectable pour tous: l'homme est trop foible & trop peu clairvoyant, & trop environné d'écueils, pour qu'on puisse détruire les barrières qui l'arrêtent, & rompre les liens qui le contiennent. Ainsi la défense du bien public ne doit jamais être remise qu'à ceux qui en ont le zèle & qui s'en font un devoir.

» Les principes de vertu sont plus étendus encore que les lumières du génie: la morale est

---

dénoncé & décrété par les parlemens en 1649. *Fouquet*, surintendant, condamné en 1684. *Lally*, décapité en 1766, D'autres enfin, plus modernes, dénoncés aux cours souveraines, & condamnés par la voix publique & la haine nationale.

Nous sommes, au reste, éloignés d'approuver tous les jugemens rapportés ci-dessus; nous en faisons seulement mention pour confirmer notre assertion: plusieurs même auroient été contradictoires à ceux qui eurent lieu, si les procédures eussent été dans la forme ordinaire, & non par commission, moyen illégal & aussi dangereux à l'innocence que souvent favorable au crime.

l'esprit des siècles : les talens sont celui d'un homme en particulier.

  » Qu'on ne détourne point cependant, ces observations de leur véritable sens, en tirant des conséquences exagérées. Je le dirai sans doute aussi, il faut une grande intelligence pour appercevoir toute la circonférence de la vertu publique, vertu si différente de celle d'un simple particulier. En réhaussant donc, comme je viens de le faire, les qualités d'un *administrateur* ; je ne sens pas moins l'importance de ces dons heureux de la nature, qui préparent aux qualités morales les moyens de s'exercer : ce sont eux qui étendent, pour ainsi dire, l'horison de la bienfaisance publique : c'est le génie sur-tout qui, découvrant seul l'immensité de la carrière que l'*administrateur* doit parcourir, l'éclaire de son flambeau & nourrit son courage. Mais rien n'est plus rare que l'esprit ou le génie d'aministration, non pas comme on l'explique dans la langue classique des bureaux, où ce nom est quelquefois témérairement accordé à la simple connoissance des formes ; mais l'esprit d'administration, tel qu'il s'entend dans la langue générale des nations. Un tel esprit n'est pas seulement la faculté d'approfondir un objet, ni la capacité d'en bien comparer deux ensemble : ce n'est pas non plus cette attention vigoureuse qui mène d'une première proposition à toutes celles qui s'y enchaînent ; ni cette facilité de pénétration qui aide à juger sur les apperçus. L'esprit d'administration, dans sa perfection, est un composé de tous ces talens : un immense tableau doit se déployer devant lui, & ce tableau doit être l'œuvre de sa réflexion & de sa pensée ; il faut qu'il en découvre à la fois tous les rapports, & qu'il en distingue les nuances ; il faut qu'il apperçoive les abus avec l'utilité, les risques avec les avantages, les conséquences avec les principes ; il faut qu'une idée nouvelle réveille en lui toutes celles qui s'y lient par quelque rapport, ainsi que la plus légère pression sur un point de la surface des eaux, produit rapidement un nombre infini d'ondulations.

  » Enfin ce seroit au génie d'administration à se décrire lui-même, & peut-être encore cette entreprise seroit-elle au-dessus de ses forces : car il se mêle à son essence une sorte d'instinct, dont lui-même n'a pas la conception précise, ou dont les effets sont tellement rapides & multipliés, que la chaîne qui se lie à l'une des facultés de son esprit échappe peut-être à sa propre observation.

  » En même temps qu'un *administrateur* guidé par son génie, doit s'élever aux plus hautes pensées & y puiser de nouvelles forces ; il faut par un contraste souvent pénible qu'il se livre au travail le plus laborieux ; il faut qu'il scrute les détails, qu'il en connoisse l'importance & qu'il la respecte. Il faut qu'il triomphe par son courage des dégoûts attachés à ce genre d'application ; car je sais bien

que pour s'y complaire il faudroit se trouver comme à cette mesure, & n'être jamais distrait par le charme des idées générales ; mais on ne tarde pas à reconnoître que ces idées générales ne seroient elles-mêmes que des abstractions inutiles sans la certitude des détails. Cette dernière science est tellement indispensable, & pour projetter, & pour agir, qu'on ne paroît qu'un enfant précoce, lorsqu'avec l'esprit seul on prétend diriger des affaires compliquées ; & l'homme de génie qui s'estimoit capable de gouverner le monde, & qui croyoit n'avoir à déployer que ses aîles, est arrêté dès son premier effor, par les difficultés d'exécution qu'il n'a pas su connoître ; il avoit développé le plus beau système, on oppose des faits à sa théorie, & elle plie comme un arbrisseau sans appui : les subalternes qui épient les talens & les facultés d'un ministre, & qui en ont bien tracé le circuit, ne tardent pas à devenir ses maîtres, s'ils apperçoivent qu'il ignore les détails ou qu'il les prend en haine ; car il dépend d'eux alors de lui présenter, & les objections véritables, & toutes celles encore qu'on le croit incapable de résoudre. (*Idem.* p. 34.)

Comme ces réflexions sont justes ! & comme il seroit facile de trouver dans la dernière que nous venons de rapporter, & les négligences des *administrateurs*, & les écarts des subalternes, & les injustices faites à ceux qui reconnoissent leur pouvoir & sont soumis à leurs soins ! car pour particulariser le sujet & prendre un exemple d'administration publique, quoique plus circonscrite que celle des hommes d'état, que d'abus, que de désordres, quelle multitude de maux n'engendre pas, dans la tenue des hôpitaux, l'ignorance des détails, des convenances journalières & des besoins que le moment, les personnes & les lieux exigent des *administrateurs* qui les gouvernent !

Mais de tous les défauts de caractère, de toutes les imperfections morales, l'insensibilité, ce vice des ames qui se disent courageuses, parce qu'elles sont dures, & raisonnables parce qu'elles manquent d'humanité, l'insensibilité qui nous éloigne des maux des autres ou nous les fait oublier, est, dans l'*administrateur* chargé de soins paternels, la plus odieuse comme la plus injuste de toutes les dispositions du cœur. Je dis la plus injuste, parce que comme l'enfant a droit à l'indulgence, aux égards, aux attentions, aux témoignages d'intérêt & d'amour de la part de son père, de même le malheureux, le pauvre citoyen, la mère féconde & sans appui, l'étranger sans moyens de subsistance & sans protection, ont des droits non-seulement à une vigilance froide & méchanique de la part des *administrateurs* des établissemens bienfaisans, mais encore à des marques de bienveillance, d'estime, de commisérations, à des consolations, à des attentions paternelles. La douce philantropie, cette vertu active & profonde à la fois, courageuse, quoiqu'occupant une grande surface dans l'ensemble de nos affections, impartiale & ardente, doit être en général la règle de leurs mœurs, le principe de leur conduite.

Il est trop commun de voir donner les places d'*administrateurs* des hôpitaux, des prisons, des provinces, d'*administrateurs* de tous les ordres, dont les fonctions portent directement sur le peuple & peuvent opérer son bonheur ou son malheur, suivant la teinte particulière du caractère de l'homme choisi, il est, dis-je, trop commun de voir donner ces places par les suffrages de gens à qui le bien public & la cause du pauvre sont indifférens, pour attendre quelque amélioration dans cette partie de la police nationale.

Par-tout on répète le *salus populi suprema lex esto*, mais c'est lorsque personne ne se croit en particulier tenu d'observer cette sainte maxime; c'est lorsqu'envisageant les devoirs publics d'une manière générale, on espère donner la loi aux autres bien plus qu'à soi; enfin c'est lorsque l'intérêt individuel se joignant à l'intérêt de tous, on réclame le précepte qui devroit toujours en faire le plus ferme appui.

Suivez ces déclamateurs politiques, qui ont cent fois répété les mots d'humanité, d'amour du peuple & du bien général, suivez-les dans les détails d'une administration laborieuse, où la satisfaction d'avoir rempli ses devoirs & offert son tribut à la vertu, est la seule récompense des soins & des peines, où l'éclatante renommée ne publie pas les actes d'une probité commune comme l'exercice d'une générosité héroïque, où le secret couvre le bien, & la plainte dénonce le mal; vous les verrez tièdes, insensibles, ne voyant que vaguement le tableau de leur devoir & livrant à des mains qui en abusent, le pouvoir & le dépôt qu'on leur avoit confiés. Qu'en résulte-t-il? que ce peuple pour qui on s'honore d'acquérir des talens, de repousser l'ennemi, de protéger les loix & faire naître l'abondance & les arts, que ce peuple est livré, dans ses instans de malheur & de peine, à des *administrateurs* indignes de la confiance publique, non pas précisément par la dissipation ou le mauvais usage qu'ils peuvent faire des deniers du pauvre, mais par la hauteur, l'insouciance, le dédain, le mépris, l'insolent regard du despotisme avec lesquels ils administrent les secours aux membres sacrés de la patrie confiés à leurs soins, abandonnés à une foule d'infectes, dont chacun s'est arrogé le scandaleux pouvoir d'imiter l'insolence des supérieurs, dévore & persécute l'honnête & malheureuse indigence, forcée d'avoir recours à cette déplorable ressource; & si ces désordres ne sont pas également généraux; si l'on

peut nommer des *administrateurs* publics, soit d'hôpitaux, soit d'autres établissemens nationaux, à l'abri des reproches que nous venons de rapporter, il n'en est cependant pas moins vrai que partout le peuple manque, sinon de secours positifs, de charité proprement dite, du moins d'égards, de consolations. On lui refuse ces marques de bonté, d'estime, qu'on doit toujours avoir pour la misère & la souffrance, sans en excepter même le criminel qui mérite de la commisération & de la douceur, ne fût-ce que parce qu'il est malheureux.

Nous dirons en parlant des hôpitaux que ce seroit peut-être une chose utile que les *administrateurs* en fussent nommés par le peuple même. Rarement le peuple se méprend-il sur la vertu des hommes, & leurs qualités bienfaisantes, & ce sont elles qu'on exige, & qui sont les plus nécessaires dans l'administration des hôpitaux. Cette forme est indiquée en Flandres où les officiers de la municipalité sont *administrateurs* nés des hôpitaux, & les nouvelles administrations paroissiales ou municipalités de paroisse pourroient, si elles étoient solidement en activité, remplir cet objet. Les habitans pourroient choisir dans le nombre des hommes qui la composent, ceux qu'ils croiroient les plus dignes de remplir ces respectables fonctions. Mais notre peuple, sur-tout celui des campagnes, est si abruti, si dégradé, si courbé vers la fange, qu'il n'a presque ni les talens, ni la volonté propres à cela; il ne fait que souffrir, & supporter avec une patience qui dégénère en lâcheté, les insultes des grands, le despotisme des *administrateurs* & sa propre misère *Voy.* HOPITAUX, PAROISSE, PRISON. Nous y parlerons encore des devoirs, des *administrateurs*, de ces établissemens.

ADMINISTRATION, s. f. C'est un ensemble de moyens & d'agens destinés à maintenir un certain ordre de choses de droits ou de propriétés, soit publiques, soit particulières dans la société; ainsi on dit l'*administration* des finances, des biens d'une communauté, de la justice, de la police, d'une province, d'un hôpital, d'un état. Ce n'est que de l'*administration* publique qu'il est ici question: *voyez* la *jurisprudence* pour ce qui regarde celle des biens des particuliers mineurs. L'*administration* diffère essentiellement du gouvernement, quoique les écrivains s'obstinent à se servir indifféremment de ces deux mots pour désigner la même chose; il en résulte une confusion d'idées, d'où naissent ensuite un désordre & un abus de principes aussi absurdes que dangereux (1).

---

(1) Il est si vrai que l'*administration* & gouvernement ne sont point synonimes, qu'on ne dit point le gouvernement de Sully, de Colbert, de M. Necker; on dit l'*administration* de Sully, de Colbert, de M. Necker, parce que ces administrateurs, quoiqu'auteurs de changemens considérables dans l'état, n'ont fait qu'exécuter les ordres du gouvernement, mais ils n'ont point gouverné. A la rigueur même le roi n'est qu'administrateur, puisqu'il ne fait que surveiller l'exécution des loix nationales, & l'emploi de la fortune publique. Un administrateur public, au contraire, ne peut & ne doit, comme

– L'*administration*

L'*administration* doit compte au gouvernement qui l'emploie, & le gouvernement n'en doit qu'au souverain ; l'*administration* peut recevoir différentes formes sans changer la constitution d'un état, & le gouvernement, au contraire, entraîne avec lui des changemens dans les droits d'un peuple, lorsqu'il en éprouve lui-même. L'*administration* n'a pas de loix constitutionnelles qui l'établissent telle ou telle, c'est le besoin, le moment, la convenance qui la prescrivent. Le gouvernement ne doit avoir pour guide que les statuts nationaux, le code public. Le gouvernement est le souverain, en tant qu'il s'occupe des moyens de se conserver ou de s'étendre, & l'*administration* consiste dans les personnes & les choses qu'il emploie pour cela. En France, le souverain est la nation & le roi, le gouvernement est le roi faisant des règlemens, des loix, du consentement tacite ou exprès des trois ordres françois réunis aux états-généraux ; & l'*administration*, c'est l'ordre établi parmi certains agens, l'ensemble non de mandataires, mais de préposés du gouvernement pour faire jouir la nation du bénéfice de ces mêmes loix ; ce sont les différens départemens de la justice, des finances, de la police, de la guerre.

Le pouvoir indépendant dont peut jouir l'*administration* est conditionnelle ; il est censé dirigé au bien de tous & à la plus exacte observation des statuts publics. C'est pour cela qu'on lui laisse une certaine latitude d'opérations arbitraires ; mais elle en doit compte ensuite à la nation, & comme souverain, & comme sujets administrés, qu'on n'a pu volontairement tromper, sans violer les loix naturelles & le droit des hommes.

Le premier devoir de toute *administration* est de se conformer à la volonté générale, c'est la principale règle de conduite qui lui est imposée par l'obligation même de son ministère. Or la volonté générale est énoncée par la loi qui est censée la représenter : d'où l'on peut légitimement conclure, qu'une *administration* se rend coupable toutes les fois qu'elle s'éloigne du sens ou de l'esprit des loix.

Le pouvoir de les interpréter ne lui appartient pas plus que celui de les faire, parce qu'il n'y a que le législateur qui ait seul ce droit, & l'*administration* ne l'est point & ne le peut être. L'*administration* ne pourra donc jamais excuser sa conduite sur le sens accessoire ou sous-entendu des loix ; elle devra se conformer à la lettre même,

à peine de subvertir l'ordre & de passer ses pouvoirs.

Ces règles fort simples, & qui paroissent tenir à l'ordre social, n'ont cependant pas toujours été respectées, & l'histoire des abus comme des erreurs en *administration*, est longue & fertile en événemens. Mais ce n'est pas le lieu de les faire connoître, & l'ensemble en seroit trop considérable pour pouvoir espérer d'en donner ici même une foible idée.

Le chef-d'œuvre de l'*administration*, ou plutôt sa véritable perfection consiste à respecter la liberté publique en même temps qu'elle assure l'autorité souveraine. Sans la première de ces conditions, elle n'est qu'une odieuse tyrannie, comme sans la seconde, elle n'offre qu'un assemblage de moyens plus propres à troubler la société, qu'à y maintenir le bonheur & l'égalité civile.

Quand les administrateurs, oubliant les limites de leur pouvoir & les obligations de leur place, se permettent des actes arbitraires, des procédés désavoués par la loi, alors l'*administration* dégénère en une espèce de burocratie despotique, parce que tout se règle au gré des subalternes, & que le bien public est souvent la proie d'un commis ambitieux ou corrompu.

Et ces abus ont principalement lieu dans les monarchies pures, c'est-à-dire, où le pouvoir souverain est passé des mains de la nation dans celle du prince qui, à son tour, en abandonne une partie aux agens de son autorité. *Voyez* BUROCRATIE.

Ce désordre est d'autant plus nuisible à la paix intérieure, au maintien de la société, qu'il ne tend à rien moins qu'à détruire le pouvoir de la loi qui doit enchaîner tous les ordres de citoyens. Car le peuple s'appercevant que ceux, dont le premier devoir est de faire observer les loix, en sont les infracteurs publics, perd la confiance qu'il a en elles, substitue la soumission contrainte à l'obéissance volontaire, & l'état de guerre s'établit au milieu de la société.

Il faut donc, comme l'a remarqué *Rousseau* (1), » que, comme le premier devoir du législateur est » de conformer les loix à la volonté générale, » l'*administration* soit en tout conforme aux loix ». C'est une maxime fondamentale dont toute nation qui n'est point réduite au dernier degré d'esclavage, ne doit jamais permettre que ses administrateurs s'éloignent.

un administrateur, ne peut qu'énoncer le vœu de la loi, l'appliquer, & jamais la modifier, ou transférer sur son exécution ; c'est prévarication, infidélité ou trahison lorsqu'il le fait. Tel le ministre de la justice est forcé de punir suivant le code, & l'administrateur des finances ou des affaires d'une communauté ne peut jamais demander, refuser, prétendre, ni plus ni moins que ce que la commission dont il est chargé porte.
L'erreur vient de ce qu'on a pris les personnes administrantes pour l'*administration*, & les gouverneurs pour le gouvernement ; & de ce qu'ayant distingué l'*administration* de la propriété de celle des personnes, le nom de gouvernement a été donné à cette dernière, & celui d'*administration* est resté à la première.
(1) De l'économie politique.

C'eſt le mépris qu'on en a ſi ſouvent fait, qui a cauſé la ſubverſion de tant d'empires, bien plus que tout ce qu'on a dit du luxe & de la corruption des mœurs populaires. Car lorſque les gardiens, les miniſtres mêmes de la loi en tranſgreſſent le commandement, il n'y a plus qu'une violente criſe, la conquête ou l'anéantiſſement même de la conſtitution, qui puiſſent redonner la vie à l'état.

Mais ce n'eſt point aſſez à une *adminiſtration* de porter un reſpect inaltérable aux conventions ſociales & aux droits naturels, pour aſſurer l'ordre public & le maintien de l'autorité ſuprème, il faut encore qu'elle ſache faire aimer les loix. « C'étoit » le grand art, dit encore le philoſophe de Genève, » c'étoit le grand art des gouvernemens anciens; » dans ces temps reculés, où les philoſophes donnoient » les loix aux peuples, & n'employoient » leur autorité qu'à les rendre ſages & heureux. » De là tant de loix ſomptuaires, tant de règlemens » ſur les mœurs, tant de maximes publiques admiſes » ou rejettées avec le plus grand ſoin. Les tyrans » mêmes n'oublioient pas cette importante partie de » l'*adminiſtration*: & on les voyoit attentifs à » corrompre les mœurs de leurs eſclaves avec autant » de ſoin, qu'en avoient les magiſtrats à » corriger celles de leurs concitoyens. Mais nos » gouvernemens modernes qui croient avoir tout » fait quand ils ont tiré de l'argent, n'imaginent » pas même qu'il ſoit néceſſaire ou poſſible d'aller » juſques-là ». *De l'Economie politique.*

Si quelque choſe pouvoit offrir à l'*adminiſtration* publique, le moyen de faire aimer les loix, ce ſeroit ſans doute l'attention continuelle à épier leur effet ſur l'eſprit & la conduite des peuples, & ſur-tout à reconnoître celles qui ſont devenues cruelles ou impraticables par le progrès des mœurs & de la raiſon. Car on ne doit pas oublier que les hommes ſont naturellement portés à rejetter ſur le ſyſtème entier de la légiſlation, l'abus ou le déſordre que produiſent des règlemens dont la rigueur ou l'inutilité ſemblent demander l'abrogation. Telles les loix ſur la nature des délits & de peines, ſur quelques parties de la diſcipline civile, ſur les bâtards, les mariages, le droit des parens, la police fiſcale & politique, ont attiré dans la majeure partie de l'Europe la haine des peuples ſur les ſtatuts qui les gouvernent, & les tribunaux qui les jugent. Les hommes ont cherché à ſe ſouſtraire à un joug odieux, & la ſociété ſe trouve diviſée en deux partis oppoſés, dont l'un veut maintenir l'ancienne rigueur, & l'autre en demande la deſtruction.

Les agens d'une *adminiſtration* paternelle auroient pu cependant prévenir cette anarchie; ils auroient pu développer aux yeux du légiſlateur les changemens que l'état des choſes lui auroit indiqués comme indiſpenſables, pour conſerver aux loix le reſpect & l'autorité qui leur ſont néceſſaires; ils auroient pu ſervir d'organe au peuple, pour faire parvenir au ſouverain ſes plaintes & ſes réclamations ſur la dureté ou l'inſuffiſance de certains règlemens.

L'*adminiſtration* de la police ſeule, malgré les abus dont on l'a rendue coupable par ſon alliance avec un pouvoir monſtrueux dans la ſociété civile, l'*adminiſtration* de la police ſeule a rendu des ſervices ſignalés aux nations, ſur-tout en France, par une ſorte d'attention à paſſer à côté de la loi, lorſqu'elle n'y porte plus dans ſon caractère de rigueur l'utilité qu'elle avoit à ſon origine, conduite qui ne peut point être taxée de prévarication, puiſqu'elle ne s'appuie point du titre de la loi pour l'éluder, & que c'eſt plutôt une condeſcendance morale qu'un procédé juridique. Il eſt réſulté de là qu'ayant moins à punir, & ſur-tout des délits dont la méchanceté eſt ſouvent incertaine, les loix ont paru moins odieuſes aux yeux d'hommes à qui on a ravi depuis long-temps le droit de les faire ou de les modifier, ſuivant la règle de leurs beſoins ou de leurs vues. La police eſt donc devenue par-là le ſupplément de la légiſlation, le correctif de la négligence de l'*adminiſtration* générale, &, en quelque ſorte, une loi vivante adaptée aux mœurs, au tems & aux progrès des lumières. Plût à Dieu qu'elle ſe fût toujours contenue dans ce cercle vraiment utile de pouvoir, & qu'elle ne ſe fût jamais permis des écarts, qui l'ont diffamée aux yeux des peuples libres & des nations éclairées!

Au défaut d'amour pour les loix, on a cherché à faire entendre aux hommes que leur intérêt étoit de les obſerver religieuſement. On a eu raiſon lorſque ces loix portoient le caractère évident du bien public & ſe trouvoient en tout conformes à l'intérêt général; mais lorſqu'elles ne tendoient qu'à aſſurer un pouvoir uſurpé, à légitimer un abus, un déſordre, il fallut employer l'adreſſe & la violence pour les faire exécuter. L'*adminiſtration* devint alors complice de l'uſurpation, & loin d'être la gardienne de la loi, elle fut l'inſtrument du deſpotiſme & le ciment de l'eſclavage public.

Il fallut alors ſubſtituer l'eſpionnage, la délation, les rigueurs déplacées, les empriſonnemens arbitraires aux procédés juridiques, à la loyauté, à la franchiſe, au reſpect dû au caractère de citoyens. Ces actes d'un gouvernement odieux cauſèrent l'erreur publique ſur les limites de l'*adminiſtration*, on la confondit avec le pouvoir même qui la commande; mais malheureuſement ce fut preſque toujours par des écarts qu'elle s'attira cette aſſimilation.

En même temps elle devint plus compliquée, il fallut faire jouer des reſſorts également oppoſés aux principes de l'ordre ſocial & au maintien du pouvoir ſouverain. Dans cette confuſion de pouvoirs on attribua à celui-ci les fautes des adminiſtrateurs publics, leſquels, à leur tour, ne manquèrent pas de profiter de cette mépriſe pour couvrir leurs déſordres du nom de ce même pouvoir ſouverain. La gêne, l'embarras, les ſoins forcés, naquirent de ce renverſement politique, tout fut contraint, & l'amour des loix devint un mot à peine uſité dans la langue, où du moins à-peu-près vuide de sens.

Tandis que, lorsqu'on est parvenu à faire aimer les loix aux citoyens & à leur en rendre les organes respectables, toutes les difficultés s'évanouissent, l'*administration* prend une facilité qui la dispense de cet art ténébreux dont la noirceur fait tout le mystère. Ces esprits vastes, si dangereux & si admirés, tous ces grands ministres dont la gloire se confond avec les malheurs du peuple ne sont plus regrettés : les mœurs publiques suppléent au génie des chefs ; & plus la vertu règne, moins les talens sont nécessaires. L'ambition même est mieux servie par le devoir que par la violence : le peuple convaincu que ses administrateurs ne travaillent qu'à faire son bonheur, les dispensent par sa déférence de travailler à affermir leur pouvoir ; & l'histoire nous montre en mille endroits que l'autorité qu'il accorde à ceux qu'il aime & dont il est aimé, est cent fois plus absolue que la tyrannie des usurpateurs.

Enfin, un autre devoir de l'*administration* générale, c'est d'être aussi sévère, aussi exacte à faire jouir le plus petit citoyen du bénéfice protecteur de la loi & des conventions sociales, je ne dirai pas que tout autre individu considérable, mais même que toute association, tout corps existant dans l'état. « Car, dit le philosophe de Genève, la sûreté particulière est tellement liée avec la confédération publique, que sans les égards, que l'on doit à la foiblesse humaine, cette convention seroit dissoute par le droit, s'il périssoit dans l'état un seul citoyen qu'on eût pu secourir ; si l'on en retenoit à tort un seul en prison, & s'il se perdoit un seul procès avec injustice évidente : car les conventions fondamentales étant enfreintes, on ne voit plus quel droit, ni quel intérêt pourroit maintenir le peuple dans l'union sociale, à moins qu'il ne fût retenu par la seule force qui fait la dissolution civile.

» En effet, l'engagement du corps de la nation n'est-il pas de pourvoir à la conservation du dernier de ses membres, avec autant de soin qu'à celle de tous autres ? & le salut d'un citoyen est-il moins la cause commune que celle de tout l'état ? Qu'on nous dise qu'il est bon qu'un seul périsse pour tous, j'admirerai cette sentence dans la bouche d'un digne & vertueux patriote, qui se consacre volontairement & par devoir à la mort pour le bien de son pays ; mais si l'on entend qu'il soit permis au gouvernement de sacrifier un innocent au salut de la multitude, je tiens cette maxime pour une des plus exécrables que jamais la tyrannie ait inventées, la plus fausse qu'on puisse avancer, la plus dangereuse qu'on puisse admettre, & la plus directement opposée aux loix fondamentales de la société. Loin qu'un seul doive périr pour tous, tous ont engagé leurs biens & leurs vies à la défense de chacun d'eux, afin que la foiblesse particulière fût toujours protégée par la force publique, &

chaque membre par tout l'état. Après avoir, par supposition, retranché du peuple un individu après l'autre, pressez les partisans de cette maxime à mieux expliquer ce qu'ils entendent par le corps de l'état, & vous verrez qu'ils le réduiront à la fin à un petit nombre d'hommes qui ne sont pas le peuple, mais les officiers du peuple ; & qui s'étant obligés par un serment particulier à périr eux-mêmes pour son salut, prétendent prouver par-là que c'est à lui de périr pour le leur ».

Cette dernière observation du philosophe explique la juste horreur que tant de peuples ont conçue contre leur *administration*, & sur-tout contre leurs administrateurs. Ceux-ci ne ressemblent souvent pas mal à des valets perfides & fripons qui se sont emparés de la maison dont ils n'avoient seulement que la régie, d'où ils sont parvenus à chasser les véritables maîtres, ou du moins où ils se sont rendus maîtres eux-mêmes, & n'ont plus employé le nom des véritables, que pour en toucher les revenus & soutenir l'honneur de la maison.

C'est encore cette odieuse conduite des chefs de l'*administration* qui a donné lieu à ces absurdes & malheureuses dénominations de *populace*, de *canaille*. A l'abri de ces noms inventés par l'orgueil & le mensonge, les administrateurs publics de tous les rangs, de tous les départemens, se sont permis des excès de vengeance, de despotisme, de tyrannie souvent infernale. Ils se sont justifiés aux yeux de leurs pareils, en prétextant les excès d'une vile populace qu'il faut réprimer, & qu'on ne doit jamais balancer à sacrifier au bien public & à la tranquillité des citoyens. C'est ainsi qu'au milieu des troubles, que l'injustice des ministres ne manque jamais d'exciter, l'ordre est souvent donné d'employer la violence contre ce qu'on appelle la populace, parce qu'on sait qu'il n'y a guère qu'elle qu'un procédé inique révolte, & sur-tout parce qu'on sait qu'il n'y a qu'elle qui, voyant les statuts publics violés, a le courage d'opposer la force à la force & d'appeller par un instinct admirable, les loix naturelles au secours des loix sociales. C'est ainsi que pour *faire un exemple* en 1775, on pendit à Paris deux misérables *de la lie du peuple*, à de hautes potences, pour contenir une *canaille* qui ne vouloit pas, mais absolument pas, qu'on disposât de sa subsistance au gré des caprices d'une *administration* systématique. C'est ainsi qu'on trouva fort commode de soustraire aux yeux des *honnêtes gens* le spectacle de la mendicité, en faisant renfermer indistinctement tout homme du peuple qui en seroit soupçonné, & livrant aux fureurs des agens de la police, la *canaille*, qui n'est bonne qu'à pourrir dans les prisons infectes décorées du nom de *dépôts*. C'est ainsi que pour avoir isolé le peuple proprement dit, l'avoir dépouillé de ces droits, & pris sa pauvreté, son ignorance & son abrutissement, pour des titres de réprobation, on a fait naître réellement dans la

V. 2

société un ordre d'hommes tour-à-tour opprimés & oppresseurs, & qui semble reprocher tous les jours aux *administrations* leur partialité, leur injustice, leur cupidité & l'oubli de leurs véritables devoirs. Les noms de *canaille*, de *populace*, qu'on leur a donnés, ne prouvent que l'adresse de la tyrannie à légitimer ses attentats ; & ces épithètes odieuses n'empêchent point que le dernier individu n'ait d'autant plus de droit a réclamer auprès de l'*administration* de le faire jouir du bénéfice des loix, que sa pauvreté, sa foiblesse & sa misère l'exposent à plus de maux & d'injustices de la part des autres hommes.

Après ces considérations rapides, que la nature de notre ouvrage ne nous permet pas de pousser plus loin, sur le rapport de l'*administration* en général avec l'ordre public, & sur les désordres qui accompagnent l'oubli des limites & des devoirs qui lui sont prescrits, examinons le méchanisme de chaque espèce d'*administration*, considérons-la en elle-même, & traçons ensuite le tableau positif des formes qu'elle a reçues chez les peuples les plus célèbres, & singulièrement en France.

Un écrivain moderne (1) distingue quatre sortes d'*administrations* par rapport à leur régime intérieur. 1°. L'*administration* mobile, 2°. l'*administration* perpétuelle ; 3°. l'*administration* tournante, 4°. l'*administration* mixte. Voici comme il s'explique, & sa distinction est d'autant plus utile à faire, qu'elle jette beaucoup de jour sur la nature & l'étendue des pouvoirs qui doivent être attribués à chaque espèce d'hommes publics.

« L'*administration* mobile est celle dans laquelle l'autorité qui la commande, place, maintient & déplace à son gré. Tel fut dans tous les lieux & dans tous les temps ce qu'on appelle *ministère*, excepté néanmoins ce premier ministre du Tunquin, appellé *Chova*, qui, semblable aux maires du palais sous nos rois-fainéans, règne véritablement sous le nom du monarque qu'il cache, renferme & endort sans cesse dans le sein de la volupté.

» Nous avons vu en 1781 le parlement britannique, par des motions & des menaces d'enquête, & par la nécessité de se concilier, amener son roi à changer entièrement le ministère, & indiquer par le vœu public celui qu'il devoit substituer.

» En France les ministres, les sous-ministres, les gouverneurs, les commandans, les généraux, les intendans & leurs subdélégués, tous ceux qui n'existent que par commission, sont sujets à être révoqués sans que l'autorité royale soit tenue à motiver son jugement (2).

» Plus le pouvoir est grand, & plus il faut qu'il puisse être ravi aussi promptement qu'il a été donné, sans aucune forme, & par la seule volonté souveraine (3).

» Mais tout est perdu lorsque la confiance de l'administrateur dépend du caprice, de l'intrigue, de la délation, de l'injustice. Alors on emploie à se soutenir un temps qui appartient à la chose publique. L'inquiétude personnelle énerve les facultés du génie. La crainte de n'être plus, absorbe, corrompt ; anéantit ; & souvent on a des ministres sans *administration*.

» Le grand art est de conserver tant que le bien se fait, de changer aussi-tôt qu'il cesse par incapacité ou par mauvaise volonté ; & ce système bien connu, établissant une confiance générale, rend l'*administration* mobile, la meilleure de toutes. Cet art fut celui d'Henri IV, dont le mot précieux étoit *à la vie & à la mort*.

» L'*administration* perpétuelle est celle à laquelle une ou plusieurs personnes sont attachées légalement toute leur vie & dont elles ne peuvent être déplacées que par un jugement rendu sur de justes causes & par des juges compétens.

» Telle est en France l'*administration* de la justice. Notre droit public sur cette matière, se trouve renfermé dans les mots, *magistrat*, *parlement*, *tribunal*, dans la *jurisprudence*, ainsi voyez chacune de ces articles.

(1) C'est M. Prost de *Royer*, ancien Lieutenant-général de Police de Lyon, auteur de l'excellent ouvrage intitulé : *Dictionnaire universel de jurisprudence & des arrêts*, dont les cinq premiers volumes sont publics. C'est un répertoire qui n'est pas une froide compilation ; l'écrivain attache, fait penser & instruit tout-à-la-fois. Une foule d'excellentes idées sont semées parmi des détails qui en paroissent peu susceptibles. C'est l'ouvrage d'un Philosophe courageux : lisez la préface. Nous ferons usage souvent du travail de M. *de Royer*, & nous nous ferons un devoir de le citer. Puissions-nous disculper par là ceux de nos confrères qui ont pu oublier de rendre cette justice à un auteur aussi laborieux, aussi éclairé, aussi bien citoyen. *Voy.* la préface du troisième volume.

(2) Il ne seroit peut-être pas inutile, pour l'intérêt du pouvoir suprême même, que le prince ne pût déplacer un ministre pour en remettre un autre à sa place, sans motiver ce changement : car, quoique les ministres ne fassent pas les fonctions de juges, il est des cas où comme ceux-ci l'on doit les maintenir contre les attaques de la corruption, pour conserver la force & la sécurité au bon droit. Un administrateur intègre est un être cher à la nation. Lorsqu'il est parvenu à bien mériter du public, pourquoi une intrigue de cour l'en priveroit-elle ? S'il est à-peu-près impossible qu'un administrateur dont la nation est mécontente, tienne contre la clameur générale, il devroit l'être aussi que celui dont elle est satisfaite ne pût être déplacé sans qu'elle connût & approuvât les motifs de sa disgrace. Une pareille connoissance pourroit être attribuée à une commission intermédiaire des états-généraux ou aux parlemens : cela paroitroit d'autant plus juste, que la mobilité arbitraire dans l'administration a été une des choses les plus nuisibles à la France.

(3) Cette opinion de M. de *Royer*, qui est vraie, ne change rien à la note précédente : car, 1°. nous n'exigeons d'alléguer le motif que lorsque le ministre est remplacé. 2°. L'administrateur remercié pourroit entrer en charge provisoirement, jusqu'à ce que la retraite du précédent fût jugée. 3°. On pourroit ne pas confier de si grands pouvoirs aux ministres. 4°. Enfin la nation est au moins co-souveraine, assemblée en états.

» La perpétuité produit l'attachement, le savoir ou la routine : mais l'habitude amène l'ennui, le dégoût, l'insouciance. À force de voir les mêmes choses, on devient nécessairement froid, indifférent, apathique. Tel est le caractère de l'homme qui met moins d'intérêt à ce qu'il fait tous les jours, qu'à ce qui est rare ou extraordinaire : telle est sa foiblesse, qu'il mettra toujours plus de zèle à ce qu'il ne fera qu'un certain temps, qu'à ce qu'il doit faire toujours (1).

» La perpétuité peut donc convenir à tout ce qui n'exige que l'assiduité, l'exactitude & une opinion saine, comme dans l'*administration* de la justice.

» La perpétuité ne va point à ces *administrations* qui exigent de la vigueur dans le génie, de la fraîcheur dans les idées ; de la hardiesse dans l'imagination & du courage dans l'exécution. Le bonheur est un foyer qui s'éteint quand on ne remplace pas les ames qu'il consume.

» L'*administration* tournante est celle qui est confiée pour un certain temps à quelques personnes, remplacées successivement & déterminément par d'autres.

» Telle fut celle de Rome, & l'on ne considère pas sans étonnement les grandes choses exécutées par des hommes dont le service changeoit toutes les années. C'étoit ou la vertu ou l'amour de la gloire ; ils préparoient avant d'être en place ; ils se hâtoient lorsqu'ils pouvoient exécuter ; ils étoient chargés de finir, lorsqu'ils passoient à d'autres places ; & jamais comme parmi nous, ils ne rentroient dans cette foule à qui il est interdit de se mêler de la chose publique (2).

» Vous trouverez ce régime dans l'*administration* de nos provinces, de nos villes, de nos paroisses, de nos hôpitaux & de la plupart des corps municipaux.

» Vous le trouverez même en plusieurs provinces, pour l'*administration* de la police, & là il a des désavantages bien connus. Quand vous ne voyez dans le magistrat de police que le *jugeur* de quelques affaires minutieuses, le dernier homme est bon ; mais quand vous considérez tout ce que la police exige de lumières, de savoir, d'activité, d'expérience, de constance, pour maintenir l'ordre, la paix, l'approvisionnement & la sûreté, vous convenez aisément que cette *administration* ne sauroit être bien exercée par des hommes nouveaux & se renouvellant sans cesse ; elle ne peut l'être par le nombre, & il faut un seul homme, qui veille, agisse & ordonne comme dans la capitale. *Voyez* POLICE.

» L'édit de janvier 1780 concernant la vente des immeubles des hôpitaux, pourvoit à un des désavantages de cette *administration collective & changeante*, dont jamais *les soins ne peuvent égaler l'activité de l'intérêt personnel* ; & s'il n'ordonne pas, il indique, il prescrit la vente des immeubles.

» Corneille a fait de ces *administrations* tournantes un portrait, dont la méchanceté de ses contemporains ne manqua pas de faire l'application.

Ces petits souverains, qu'on fait pour une année,
Voyant d'un temps si court leur puissance bornée,
Des plus heureux desseins font avorter le fruit,
De peur de le laisser à celui qui les suit.
Comme ils ont peu de part au bien dont ils ordonnent,
Dans le champ du public largement ils moissonnent ;
Assurés que chacun leur pardonne aisément,
Espérant à son tour un pareil traitement.

» C'est Cinna qui parle à Auguste ; & l'on ne peut sans injustice supposer ces vices comme essentiels aux *administrations* tournantes : mais il en est d'autres dont il est difficile de les garantir.

En général on ne sait rien quand on arrive, & l'on quitte quand on est instruit. On est tout de feu en entrant, on s'attiédit bientôt par les difficultés, par la concurrence même, & l'on dit comme Benoît XIV : *Sara l'affare del papa che viene.* Cependant le mal se fait, se voit, se publie, & deviendra éternel, à moins que l'autorité, la nécessité, ou quelque génie puissant, courageux & opiniâtre ne force ses collègues & les sous-ordres à une réforme salutaire.

» Voilà le désavantage de ces *administrations* ; voici leurs avantages.

» Elles doivent avoir plus de zèle, parce qu'il n'a pas le temps de s'user ; elles conviennent mieux par conséquent aux hôpitaux, où l'habitude de voir l'humanité souffrante rend insensible. L'homme se fait à tout, même au mal qu'il éprouve.

» On peut leur supposer plus d'honneur, parce qu'on ne présumera pas que des hommes qui n'ont qu'une, deux ou quatre années à régir, osent se compromettre pour l'intérêt d'un moment.

» Elles devroient être moins infectées de ce funeste esprit de corps qui concentre en lui l'intérêt public. Quelquefois il sembleroit qu'on tient d'autant plus à son autorité, à ses prétentions, à sa vanité même, que la jouissance n'est pas durable. On se regarde comme dépositaire, & l'on refuse de justes sacrifices qu'on feroit plus aisément, si l'on étoit perpétuel.

» Enfin, outre la propension naturelle à ne pas présumer le mal, il est évident que des hommes

---

(1) Ce principe, vrai à bien des égards, éprouve cependant un grand nombre d'exceptions, comme on peut s'en convaincre par l'ancienne *administration* des intendans.

(1) Les choses étonnantes que firent les romains sont dues à l'esprit républicain, dont le propre est de voir tout en grand. Athènes, Corinthe, Carthage offrirent le même spectacle ; & lorsque sous les empereurs on vit encore à Rome quelques-uns des prodiges que nous admirons, c'étoit ce même esprit qui soutenoit encore l'effet de la grande impulsion républicaine, & qui se prolongeoit en quelque sorte sous le règne de la tyrannie. *Voyez* GOUVERNEMENT.

qui, guidés par l'honneur, débutent avec zèle, s'ils se corrompent dans la suite, n'ont pas le temps & les moyens de préparer, combiner & exécuter, ces manœuvres secretes qui amènent la ruine des administrations. Ils s'inspectent réciproquement, & ils seront inspectés à leur tour par leurs successeurs.

» Cette opinion sur les administrations tournantes établies en France avec les communes, les a fait maintenir. Le roi ne pouvant suffire à tout, semble ne pouvoir faire mieux, que d'appeller tour-à-tour les citoyens à s'occuper du bien public. Si le mal se fait, c'est la faute du public représenté par ses délégués ; ce n'est plus celle du souverain ; il a confié à ses sujets le soin de leur bonheur ; s'ils le négligent, ils ne peuvent s'en prendre qu'à eux-mêmes.

» L'administration mixte est celle qui est exercée en partie par des administrateurs tournans ou amovibles, & en partie par des administrateurs perpétuels.

Ainsi dans la Hollande, la Flandre autrichienne & la Flandre françoise, les bourguemestres & les échevins sont changés périodiquement ; mais les conseillers pensionnaires, les fiscaux & les greffiers sont perpétuels, sont stipendiés convenablement, & n'ont qu'un avis qui ne se compte pas. C'est dans nos tribunaux la voix du ministère public : c'est encore dans les affaires criminelles la confiance accordée pour les formes au greffier, qui en a la routine ; c'est un flambeau qui éclaire tous les pas de l'administration, & sans lequel souvent elle erreroit au milieu des ténèbres.

» Vous trouvez un autre mélange de perpétuité dans l'administration de nos états provinciaux, où les trésoriers ou greffiers se regardent comme perpétuels ; vous le trouvez enfin dans les municipalités où le maire, le procureur du roi, le receveur & le greffier sont à vie.

» Cette administration mixte qui réunit les avantages des trois autres, n'a pas leurs désavantages quand les perpétuels sont éclairés & vertueux, & sous cet aspect sans doute c'est le meilleur des régimes connus. Un seul homme, éloquent & instruit, honnête & courageux, maniant à son gré les volontés, inspire des miracles & les fait exécuter ; comme le cocher habile qui, tranquille sur son siège, anime & guide les coursiers dociles à sa voix.

» Mais si le perpétuel est incapable ou corrompu, il entraînera tout par le crédit qu'acquiert sur des hommes inhabiles & passagers, l'opinion du savoir, la crainte d'errer, la complaisance, la foiblesse le désir de ne pas déplaire à celui que l'on craint de rencontrer en son chemin, lorsque rentré dans la foule on pourra avoir à traiter avec l'administration qu'il dirige ; que s'il trouvoit quelque résistance, il attendroit pour remplir son projet, le moment où l'administration se renouvellant, il

pourroit, par toutes sortes de moyens, faire adopter son plan, par des hommes nouveaux. Ainsi dans plusieurs administrations se sont introduits des abus utiles aux perpétuels, & auxquels tous les administrateurs passagers se défendent d'avoir eu part.

» Dans ces administrations mixtes, si vous ne pouvez pas remplacer le perpétuel sans lui faire son procès ; comme les moyens d'accusation sont très-difficiles à saisir & à prouver ; comme les passagers ne veulent pas se compromettre, & soupirent bientôt après la retraite ; il peut se faire insensiblement beaucoup de mal, qui ne peut se réparer que par une grande révolution.

» Cette perpétuité est donc dangereuse ; & il semble qu'il conviendroit mieux au bien de l'administration de rendre ces places amovibles ; en sorte néanmoins que le pourvu soit assuré de les conserver tant qu'il fera le bien, & menacé de les perdre aussi-tôt qu'il en sera incapable par son âge, ses qualités, sa conduite, ses crimes, ses torts, ses erreurs & sa négligence même. Car là, s'il se fait un mal réel, c'est incontestablement au perpétuel qu'il faut s'en prendre ; il doit avoir tout ce qu'il faut pour le prévenir ; & dans un gouvernement tel que la France, il faut s'empêcher par le recours à la grande administration, dont les particuliers ne sont que des branches, & aux cours souveraines, qui en ont la grande police ».

Ces considérations générales sur le régime intérieur de l'administration, & les formes particulières dont il est susceptible, nous conduisent naturellement à faire quelques réflexions sur l'art de l'administration, & les connoissances qu'il suppose.

On peut considérer l'administration, relativement à ceux qui l'exercent, ou qui veulent en acquérir la connoissance, 1°. comme une science formée de différentes règles de conduite publique ou particulière, 2°. comme une habitude acquise par l'exercice & la connoissance des hommes & des affaires.

Sous le premier rapport, avec de l'étude & du bon sens on peut se former une idée assez nette de l'administration, considérée dans ses divers départemens. Mais cette connoissance est stérile ; elle est toujours insuffisante pour opérer le bien public, lorsqu'elle est seule. Il ne faut pourtant pas croire qu'elle soit à mépriser, c'est pour l'avoir négligée que tant d'administrateurs ont si souvent donné des marques de bêtise, d'ignorance & de stupidité ; & si elle ne peut former qu'un spéculateur politique, elle peut aussi prévenir les écarts & les abus de la routine aveugle.

La science de l'administration, ou plutôt les maximes publiques qui en forment l'ensemble, offrent un vaste champ de connoissances & composent la plus intéressante partie du droit public. Chercher même à l'esquisser ici, ce seroit en méconnoître l'étendue, ce feroit auffi paffer les limites de notre travail ; portons feulement nos regards fur quelques-uns des objets qu'elle embraffe, & qui forment comme une partie de fes élémens.

D'abord fe préfentent à confidérer, dans l'étude de l'*adminiftration*, les règlemens. Toutes doivent en avoir, à peine de voir fes fuppots, fes agens & fes chefs tomber dans l'anarchie, & les affaires s'échapper de leurs claffes refpectives, fe croifer, fe brouiller & la fociété privée des fecours & des foins qu'elle a droit d'en attendre.

Ces règlemens doivent contenir, 1°. le régime ; 2°. le fujet ; 3°. l'objet de l'*adminiftration* ; 4°. la nomination ; 5°. les qualités ; 6°. les devoirs des adminiftrateurs ; 7°. les obligations & les engagemens des perfonnes adminiftrées. L'on doit encore y comprendre, 1°. la forme des délibérations ; 2°. l'ordre à établir dans la recette, la dépenfe & les comptes ; 3°. les procédés dans les cas imprévus & extraordinaires & tout ce qui tient à la matière de l'*adminiftration*.

Après les règlemens qui déterminent l'organifation de l'*adminiftration*, on doit s'occuper des délibérations. Elle doivent, pour être utiles, être libres, franches, claires & précifes. Les deux premières qualités ; font de droit, & tiennent au pouvoir même des adminiftrateurs ; les deux autres dépendent de leurs talens, de leurs lumières.

Lorfque dans une *adminiftration* compliquée il faut délibérer fur des objets dont l'examen eft long & fujet à conteftation, alors on forme un comité chargé de prendre en confidération, la matière en délibération, de l'approfondir, d'en rechercher les avantages & les inconvéniens, & d'en faire enfuite fon rapport à l'affemblée des adminiftrateurs.

Il eft encore d'un ufage commode de divifer les fujets de difcuffion, & d'en confier à différens bureaux l'examen, qui, chacun en particulier, donnent leur avis, après avoir envifagé le fujet fous toutes fes faces. Ces bureaux doivent toujours être compofés de membres mêmes de l'affemblée ; car quoiqu'ils n'aient point le droit de fuffrage, l'*adminiftration* a grand intérêt à n'être éclairée que par des gens liés d'un intérêt commun avec elle.

C'eft ainfi que les *adminiftrations* provinciales ont établi différens comités & bureaux pour entendre le rapport des raifons & des objections propofés fur les plans, les améliorations, les réformes utiles aux provinces.

Les comités différent des bureaux ; les premiers durent, feulement pendant le temps de la tenue & féances de l'affemblée, les autres fe prolongent encore fouvent que les membres ne font plus réunis ; les premiers n'ont ordinairement qu'un objet à examiner ; les feconds des travaux plus ou moins confidérables qui exigent un grand détail de commis & de fubalternes que n'ont pas les autres ; enfin les comités ne font compofés que d'un très-petit nombre de perfonnes, & les bureaux abforbent ordinaire-

ment tous les membres, qui ne fe réuniffent que pour fe communiquer leurs réfultats, au lieu que le devoir de ceux du comité eft plus particulièrement de rendre compte d'un objet, fans qu'on exige d'eux un avis motivé.

On a beaucoup crié contre le tumulte, le bruit, la confufion, & fur-tout contre les altercations, les difputes, les divifions qui s'élèvent entre les membres des *adminiftrations* aux affemblées, lorfqu'elles font nombreufes ; mais ces petits défordres font l'effet naturel de la liberté & du développement du caractère de l'homme : y oppofer des règlemens afferviffans, une police trop févère, ce feroit nuire aux intérêts même de l'adminiftration, & fubftituer la crainte & la diffimulation, à la franchife & à la loyauté qui doivent règner dans les délibérations. Le plus grand mal feroit que les membres craigniffent de fe déplaire les uns aux autres & employaffent à fe ménager une attention qui doit être entièrement tendue vers la recherche du bien public. Paffons à d'autres objets qui entrent dans le plan de l'*adminiftration*, & hâtons-nous de nous rapprocher des détails pofitifs fur ce qui a lieu en France à cet égard.

Le réfultat de toutes délibérations doit être affuré par la fignature de ceux qui y ont affifté, & c'eft alors que les réfolutions prifes engagent tous & chacun des adminiftrateurs & les affujettis au même vœu.

Mais eft-ce un principe d'adminiftration falutaire, que ceux qui font d'un avis contraire à la majorité foient obligés de figner conformément à l'avis du plus grand nombre ? Chez les romains, le *veto* d'un tribun, & en Pologne celui d'un noble, empêchoit l'effet de toute délibération, & cette proteftation enchaînoit les bras de l'*adminiftration*. Quelques arrêts dans des affaires particulières, & la jurifprudence du commerce reçoivent l'oppofition de la minorité & le regarde comme une raifon fuffifante d'empêcher les autres votans d'obtenir les fins de leur délibération. Cette façon de penfer étoit également celle de *Montefquieu* qui dit même dans fa vingt-quatrième lettre perfanne, *qu'il vaudroit mieux recueillir les voix à la minorité, parce qu'il y a très-peu d'efprits juftes, & qu'il y en a un grand nombre de faux ;* & au rapport de M. *de Royer*, ce fut auffi quelquefois l'idée de Louis XIV, qui néanmoins fe rangeant toujours vers la majorité quoiqu'il pût ordonner, ne manquoit pas de dire enfuite que c'avoit été contre fon avis ; & en effet il vérifia fouvent qu'il auroit dû préférer la minorité.

Malgré ces confidérations, on a cru devoir conferver la fupériorité à la majorité ; & pour éviter les fchifmes, les divifions interminables, il a été décidé que dans les affaires d'*adminiftrations*, furtout de celles qui ne peuvent que difficilement être différées, elle prévaudroit, & feroit tenue pour auffi obligatoire que l'unanimité d'opinions. *Quod major curia efficit, pro eo habetur ac si omnes egerint L. 19, c. ad muni. & de incolis.* Et cette loi a été portée au point qu'on a vu dans le parlement britannique la différence d'une voix emporter la balance & faire passer une motion ma gré la prodigieuse opposition de cent quatre-vingt-quatorze voix contre cent quatre-vingt-quinze.

Mais si c'est un motif d'ordre, de paix & d'expédition qui a cimenté le pouvoir de la majorité dans les assemblées administrantes, si la minorité, quelle que soit son importance & son étendue, n'a point dû empêcher l'exécution des délibérations passées sous l'avis du plus grand nombre; il paroît contre les loix de la justice & le droit de la conscience que les opposans signent contre leur opinion & mentent pour maintenir une forme dérisoire. Ce seroit assez que le nombre des votans présens à l'assemblée étant connu, la majorité seule signât & laissât aux autres la liberté de se retirer.

Mais peut-être a-t-on craint que cette méthode ne donnât lieu à des prétentions turbulentes, à une sorte d'anarchie dans la police des *administrations*, & ne facilitât aux esprits ardens, inquiets & agités, le moyen d'éluder les règlemens ou les décisions, en argumentant du nombre de voix opposées à leur exécution, lors de la sanction qui leur a été donnée dans l'assemblée: au lieu que tous les membres souscrivant la délibération, les difficultés sont levées, les schismes s'oblitèrent & tout retient la forme constante de l'ordre & de l'uniformité.

Remarquons ici, d'après M. Post de Royer, une contradiction singulière dans notre jurisdiction, dont nous laisserons à notre lecteur le soin de tirer telle conséquence qui lui plaira.

» Quand il est question de juger, quoique nous soyons d'un avis contraire, il est certain que nous devons signer, fussions-nous convaincus que c'est la condamnation de l'innocence. L'art. XIV du tit. 25 de l'ordonn. de 1670, veut que tous jugemens, soit qu'ils soient rendus à la charge de l'appel, ou en dernier ressort, soient signés par tous les juges qui y auront assisté, à peine d'interdiction, des dommages & intérêts des parties, & de 500 livres d'amende.

» Et tandis que la loi prononce ainsi, quand il s'agit de l'honneur & de la vie, comme si par là elle vouloit persuader au peuple que la condamnation de l'accusé a été unanime, elle voit bien autrement quand il s'agit de créanciers assemblés pour délibérer sur une banqueroute. L'ordonnance de 1673, tit. I, art. *VI*, statue que les voix prévaudront non par le nombre des personnes, mais eu égard à ce qu'il leur sera dû, s'il monte aux trois quarts du total des dettes. De plus, les déclarations de 1716 & 1739, autorisent un seul créancier à donner plainte, à contredire ainsi la très-grande majorité, & à tout bouleverser. »

Mais c'est sur-tout quand il est question des affaires publiques qu'il est essentie d'avoir quelque-

fois égard aux protestations de la minorité; car elles sont d'un ordre bien plus intéressant pour la société, que les suites d'une banqueroute particulière.

» Lorsqu'un administrateur prononce sur de grands intérêts, lorsque voyant la pluralité s'égarer, il croit devoir consigner son aveu salutaire, pourquoi le forcerez-vous au contraire à mentir, dit M. *de Royer*, en signant sans restriction ni protestation l'avis de la pluralité? Qu'y gagnerez-vous? Si la délibération doit être déférée à un pouvoir supérieur, il est important qu'il sache qu'il n'y a point eu unanimité, & qu'il connoisse les deux avis principaux & les motifs divers, parce qu'il pourra adopter l'avis de la minorité. . . . Si la délibération est souveraine, lorsque les inconvéniens qu'elle entraînera commenceront à se faire sentir, alors remontant à la source du mal, on aura moins de respect en découvrant qu'il n'y a pas eu unanimité, plus de moyens en trouvant les motifs de la minorité, & à tous égards le mal sera plus aisé à réparer.

Voilà pour l'intérêt public; & ces considérations qui pourroient être appuyées de mille exemples, me paroissent supérieures à toutes celles qui en quelques lieux ont dicté la nécessité de signer. Voici encore pour l'intérêt, l'honneur & la sûreté même des administrateurs, & ceci mérite la plus sérieuse attention.

» En examinant la question si l'on peut accuser les villes, corps & communautés. J'ai, continue M. *de Royer*, cité un arrêt du grand-conseil qui casse une procédure contre la ville d'Évreux: on y trouve, dans les moyens respectifs, cette distinction. *On ne peut faire le procès à une communauté, que lorsque les habitans se sont assemblés, lorsqu'ils ont délibéré & fait une société & un pacte de joindre toutes leurs forces & de s'unir pour faire rebellion.* Cette opinion, que j'ai tâché de combattre, est appuyée par une infinité de jurisconsultes & de jugemens. J'ai dit, entr'autres: pour pouvoir condamner justement une communauté sur une délibération prise dans une assemblée, il faut savoir ce que c'est qu'une assemblée, du moins populaire, & ce que sont les délibérations qui en émanent. . . . Parmi nous, qu'est-ce que ces assemblées? un ramassis formé par le hazard, le rang où l'intrigue; des hommes, sans instruction, sans énergie & sans vues; vrai troupeau que fait mouvoir à son gré le scélérat ou l'ambitieux qui peut être agitateur ou chef d'émeute.

» Or, si la pluralité s'aveugle au point d'adopter une délibération punissable, ce qui peut arriver de mille manières, forcerez-vous la minorité à signer pour l'injustice, le crime & le malheur public, & l'empêcherez-vous de consigner son avis pur & salutaire? le pouvez-vous? Non certes: ce seroit l'exposer à être accusée, jugée & condamnée pour un délit qu'elle n'auroit pas commis. Cette violence s'exerce entre des conjurés, des assassins &

des

des voleurs , qui redoutant la trahifon , puniffent entr'eux la réfiftance , l'opinion , la foibleffe , le foupçon , le doute même.

Tous les règlemens particuliers où l'on s'eft crû autorifé à forcer la minorité à figner, fuppofent donc tacitement cette reftriction : *toutes les fois néanmoins que la délibération paffée à la pluralité ne contiendra rien de contraire au roi , à la religion , à la juftice & au bien public*. Mais voyez combien ces grands intérêts toujours facrés, toujours & par-tout en réferve , donnent de moyens à l'adminiftrateur pour ne pas figner, ou pour motiver fon avis contraire.

» En infiftant fur cette liberté , que je regarde comme tenant , par fon origine , au droit naturel , & , par les conféquences , au bien public , je n'entends point que la minorité en abufe pour entretenir la divifion dans le corps adminiftrant ; je n'entends point qu'il faille en ufer dans la plupart des affaires qui n'ont qu'un intérêt modique ; mais dans ces grandes délibérations qui tiennent vraiment à la fûreté & à la félicité publique ; mais toutes les fois que par fa fignature fans réferve l'adminiftrateur pourroit être compromis en fon honneur , fon état , fa fûreté , je perfifte à croire qu'il peut & doit motiver fon avis contraire , & à refus par la majorité de l'admettre , protefter dans l'affemblée ou chez un officier public , ou , par une adreffe particulière au pouvoir fupérieur. »

Le bon ordre & la fidélité , qui font l'ame & le foutien de toute *adminiftration* , grande ou petite , exigent encore un autre foin de la part des adminiftrateurs ; c'eft la tenue des livres-regiftres des délibérations & comptes & dépenfes , événemens particuliers , changemens furvenus dans le régime intérieur & la police de l'*adminiftration*.

De plus , ces regiftres font autant de dépôts où les nouveaux adminiftrateurs vont puifer des lumières & des connoiffances pofitives fur tous les détails foumis à leurs foins. Auffi depuis le retour de la civilifation & des arts en Europe , voyons-nous toutes les *adminiftrations* publiques mettre en ufage cette méthode & en retirer les plus grands avantages.

L'établiffement de corps politiques , comme les parlemens , ou eccléfiaftiques , comme les chapitres , les hôpitaux , font les premiers qui en aient répandu l'exemple ; & ce ne fut que plus tard , en France fur-tout , comme nous le verrons plus bas , que l'*adminiftration* générale eut une forme de regiftre , tels que ceux des différens-confeils-du-roi.

L'Angleterre s'eft toujours diftinguée par l'ordre & l'exactitude dans la tenue de fes regiftres publics. Son parlement en poffeffion non-feulement de la plus forte partie du pouvoir légiflatif , mais encore de la grande *adminiftration* de l'état , fon parlement , par fa forme , l'ordre de fes délibérations , l'importance des objets qui s'y traitent , exigeoit un grand foin , une attention fcrupuleufe à tenir état de fes débats & de fes décifions. Auffi les regiftres des communes & des lords font-ils des recueils précieux à la nation , & indifpenfables pour ceux qui en font les adminiftrateurs.

Il y a plus , cet exemple du premier corps de l'état , ou plutôt du fouverain , a non-feulement habitué les autres adminiftrateurs , tels que ceux des tréforeries , des amirautés , à tenir d'exacts regiftres ; mais encore , & fur-tout la néceffité de rendre un compte public à la nation , eft devenu un des plus puiffans motifs de cette utile coutume. En effet , la vérité d'un compte rendu ne peut être affurée qu'autant qu'on peut le comparer avec l'état tenu des différentes dépenfes , recettes , entreprifes , changemens , améliorations , &c. furvenus dans l'*adminiftration* , fuivant la nature de fon objet.

Le compte rendu eft donc lui-même une effentielle partie de l'*adminiftration*. C'eft lui qui forme la fûreté du public contre la cupidité , le defpotifme & le défordre des adminiftrateurs & de leurs agens. C'eft fur-tout dans les finances qu'il eft d'une utilité majeure , parce que c'eft la partie dans laquelle l'avarice & toutes les paffions qui tiennent à l'intérêt perfonnel , ont plus de moyens d'abufer de la chofe publique & de la confiance des citoyens.

Mais l'on fe tromperoit fi l'on croyoit qu'il n'y eût que l'*adminiftration* des finances où la reddition de compte fût de droit & d'une utilité réelle. Tous les autres départemens font dans le même cas ; & je ne vois pas pourquoi on voudroit fouftraire à cette obligation , un adminiftrateur de la marine , de la guerre , de la police d'une grande ville & ceux des grands hôpitaux. Ces hommes peuvent jetter le défordre , la confufion dans les affaires confiées à leurs foins , & le peuple a droit d'en connoître , parce qu'en dernière analyfe , c'eft lui qui fupporte le poids des charges & des malheurs publics ; parce que fi un miniftre de la guerre difpofe mal des moyens qui lui font confiés ; fi , faute d'attention à maintenir l'ordre & la police militaire , les troupes fe livrent aux excès qui leur font familiers ; fi des garnifons mal faines font périr le foldat ; fi des caferries trop petites obligent de loger les militaires chez les citoyens , tous ces fléaux retombent fur le peuple ; & que la néceffité de rendre compte au public de fon miniftère conftiendroit , par l'empire de l'opinion publique , l'adminiftrateur orgueilleux qui fe confond avec le fouverain , parce qu'il approche fouvent de celui qui en réunit les pouvoirs. J'en dis autant de tous les autres départemens.

Quel bien ne réfulteroit-il pas , par exemple , d'un compte de conduite , rendu annuellement par un adminiftrateur chargé de la police d'une grande ville , même dans le cas où on lui ôteroit les pouvoirs dangereux , contre qui l'honneur , la décence , la liberté publique réclament avec une égale raifon ? Quand l'adminiftrateur eft cenfé fuivre littéralement une loi écrite , que fon devoir & l'intérêt de fa fortune l'y engagent , on peut , je crois , l'exempter d'un compte d'*adminiftration* régulier , parce qu'en s'oubliant, il devient prévaricateur, & s'expose à un châtiment prononcé. Mais celui qui exerce une autorité en partie arbitraire, comme est un chef de la police, entre les mains de qui se trouvent réunies, & la tranquillité particulière, & l'honnêteté publique, qui peut commettre une foule d'abus, soit par lui-même, soit par la perversité de ses agens, un tel homme doit être tenu de rendre à la nation qui le soudoie & l'honore de sa confiance, une preuve authentique, sûre & publique de son *administration* (1); & cette obligation ne seroit pas seulement une précaution contre l'égarement & les écarts de l'administrateur en chef de la police, mais ce seroit encore une sûreté contre les vexations, les abus, les violences, & je dirai même avec tout le public, contre les meurtres des honteux satellites de cette espèce de gouvernement monstrueux dans le corps de l'état (2).

» Mais le secret . . . . le secret? Ecoutons un homme qui a long-temps été à la tête de la police d'une grande ville, de Lyon. « On a loué les romains de ce que, pendant plusieurs siècles, personne ne révéla le secret des conseils. (*Valer.* *Maxim.* liv. II, ch. 21.) les *imbécilles* ont en conséquence imaginé que toutes les affaires publiques devoient être traitées avec le même secret; & les *fripons* n'ont pas manqué d'accréditer ce préjugé; il est clair cependant, que c'étoit confondre des objets qui n'ont point de rapport.

» Le secret est nécessaire pour les affaires politiques du dehors; mais pour les affaires d'une ville, d'une province, il est absurde, dangereux; il choque la nature des choses. Des fondés de procuration ne doivent avoir ni mystère, ni secret pour ceux qui les ont commis. On s'en défie comme des négocians qui cachent soigneusement leur inventaire & leur livre, & l'on n'a pas tort. Lorsque les administrateurs en viennent là, le désordre, la ruine & le despotisme ne sont pas loin.

» En Angleterre, le conseil privé du roi exige & observe le plus grand secret; mais les opérations de la chambre des communes, les discours pour ou contre les bills, le bilan de l'état, tout est imprimé, publié chaque année aux frais du gouvernement; & cette dépense montoit, en 1764, à plus de trois mille livres sterling (3).

» Que l'on publie ainsi chaque année, les séances tenues pour les affaires du premier ordre, l'appui-

» rement des comptes généraux, le bilan général, » les changemens, suppressions, établissemens, » avec les noms & les discours de ceux qui les ont » proposés : alors vous verrez la lumière se répandre, l'ordre s'établir, & les loix particulières » se former d'elles-mêmes; alors soumis, sans cesse » aux regards du public, & livré à la censure, il » faudra ou faire le bien, ou se perdre pour toujours. Alors la crainte du blâme, la vanité, l'amour de la gloire, toutes les passions qui précèdent la vertu, & que l'on prend pour elle, se joindront à l'honneur, à l'amour de la patrie, pour » élever, soutenir & orner l'édifice du bien public. » Eh! lorsque les lettres, les sciences & les arts » ont tant de journaux, pourquoi l'*administration* » publique n'en auroit-elle pas? » (*Tome II,* *page* 838.)

Nous verrons, en parlant de l'*administration* générale du royaume & de celle des provinces, jusqu'à quel point ces vues ont été réalisées. Mais suivons encore pour le moment les détails généraux d'une *administration* publique quelconque.

Ce n'est point assez, pour le bien public, que toutes les parties de l'*administration* soient habilement combinées, prudemment disposées, il faut encore des talens & le goût du devoir dans ceux qui en sont chargés.

Nous avons traité une partie de cette matière, au mot ADMINISTRATEUR, nous en dirons encore quelque chose ici, parce qu'elle tient directement à la morale publique & aux principes de civilisation, que nous voulons sur-tout faire connoître.

Si la vérité n'étoit jamais couverte de nuages, si la vertu n'étoit jamais chancelante, si l'homme étoit toujours sûr de lui, de ses pensées, de sa volonté, la droite intention, l'amour du bien, l'exposé des besoins, suffiroient aux administrateurs, pour s'acquitter envers le public des obligations qu'ils ont contractées. Mais il n'en est point ainsi: l'intérêt des subalternes, la mauvaise foi des supérieurs, la tiédeur des égaux, l'ignorance du grand nombre, l'irrésolution, le doute ont besoin qu'une éloquence ferme & courageuse, anime les esprits, réchauffe le patriotisme, triomphe des obstacles & soumette les hommes au joug de la justice & de la raison. Il faut encore le don de la parole, fortifié de l'analyse philosophique, de l'étude des droits & des faits, présente les délibérations sous toutes les faces, mette en opposition & détruisent

---

(1). Si pareille institution eût eu lieu, peut-être n'auroit-on pas vu à Paris, les malheurs qui ont fait gémir les bons citoyens dans le courant de l'été & le commencement de l'automne de 1788.

(2). On ne doit jamais oublier que plus une chose est utile lorsqu'elle est bonne, plus elle devient dangereuse lorsqu'elle se corrompt, & que quand nous traitons la police de corps monstrueux nous faisons allusions à ses abus, à ses désordres; car par elle-même la police est essentielle aux états & forme une des plus précieuses parties du gouvernement. *Voyez* POLICE.

(3). Les Anglois savent très-bien qu'une dépense faite dans la nation n'est pas une somme perdue; qu'elle va vivifier le commerce, l'industrie, & par conséquent l'agriculture. C'est donc un très-grand bien que l'on fasse des dépenses, il n'y a que la manière d'y procéder; les dettes mêmes ne font point un obstacle insurmontable. La mesquinerie d'une grande administration, seroit un grand moyen d'appauvrissement public.

les unes par les autres, les petites paffions que l'a-
mour-propre & la cupidité font naître dans le cœur
des oppofans.

L'éloquence démafque l'artifice, encourage la
vertu, fortifie le devoir, récompenfe le mérite en
diftribuant la louange avec adreffe, avec impartialité; elle réunit les hommes, éclaire leur raifon,
facilite leur conception, les embrâfe, les pénètre de
l'objet qui les occupe. C'eft elle qui fait, dans une
grande *adminiftration*, prendre ces réfolutions vi-
goureufes, patriotiques, qui enfantent ces deffeins
majeftueux, immortels, dont l'idée faifit l'ame
& y laiffe une émotion indéfiniffable d'admiration
& de refpect. L'orateur eft l'efprit qui agite, fait
penfer, mouvoir un corps immenfe. *Mens agitat
molem.* Ses paroles, femblables à l'étincelle électrique, vont diftribuant par-tout le feu qui l'a-
nime : il accélère, retient, modère les paffions,
les idées, les affections de la multitude, & fi fon
ame eft bienfaifante, il fait de fes auditeurs autant
d'amis du bien public ou du moins d'agens de fes
intentions généreufes.

Mais, dira-t-on peut-être, fi la perverfité, la
corruption, la haine de la liberté publique, font
les principes qui meuvent cet homme fi puiffant;
fi des intérêts de parti, un efprit de révolte, le
défir du changement font l'ame de fes projets; fi
un nouvel *Alcibiade* cherche à engager fes concitoyens dans une guerre défaftrueufe; fi un *Périclès*
confeille des dépenfes ruineufes; enfin fi le fanatifme allumant fon flambeau, & foufflant la difcorde,
la haine & la perfécution, s'empare du génie ardent de l'adminiftrateur, n'en a-t-on pas tout à
craindre? & ce talent fublime qui pouvoit changer l'affemblée en une fociété de frères & d'amis de
la patrie, n'en peut-il pas faire une affociation de
tyrans, de déprédateurs, de fanatiques?

Tels font, en effet, les dangers de l'éloquence
dans la bouche de l'homme public. Mais on doit
le dire, pour l'honneur du génie & la confolation
de l'humanité; rarement ce don merveilleux fut-il
le partage de la baffeffe, de la corruption réelle,
des véritables ennemis du bien public. D'abord l'é-
loquence eft amie de la liberté; c'eft la fille aînée du
génie; & le génie fut toujours l'ennemi de la contrainte & le dénonciateur de la tyrannie publique.
Il meurt dans l'efclavage, & cherche les pays où
l'air n'eft point infecté du fouffle du defpotifme.
Par-tout où vous verrez de grands orateurs, affu-
rez-vous que là l'homme eft libre fous l'empire de
la loi. Rome, Athènes, ces noms à jamais chers à
l'éloquence, ne nous rappellent-ils pas en même-
temps la plus parfaite image d'un peuple ennemi des
tyrans.

Craignez donc difficilement des confeils defpotiques, des motions contraires à la liberté publique, des avis deftructeurs, de la part de l'adminiftrateur éloquent. Son génie peut l'égarer, mais
fes vues font grandes, & jamais les élans d'une

grande ame ne fe font ravalés jufqu'au manège des
tyrans fubalternes.

Si l'homme vraiment éloquent eft ami de la liberté, il eft également fenfible. C'eft l'éloquence
du cœur qui fait le fuccès de l'orateur; il doit être
ému pour émouvoir, & jamais l'homme foiblement
attendri des maux de fa patrie ne parviendra à fubjuguer l'ame des auditeurs, & à les entraîner à des
réfolutions généreufes. Et telle eft la certitude de
ce principe, que par-tout on s'attend à des marques
de fenfibilité, à des témoignages de bienveillance,
d'amour des loix & de l'humanité, lorfqu'on voit
l'homme éloquent s'emparer du fiège de la parole. Ne craignez donc pas plus les confeils fanguinaires de la part du grand orateur, que les avis
defpotiques. Attendez-en plutôt des confolations,
des fecours, l'intérêt pour le pauvre & la charité
pour les malheureux. Peignez-vous *Démofthène*, *Cicéron* défendant leur patrie, *Chrifoftôme*, *Auguftin*
combattant pour notre foi, *Fénélon*, *Boffuet*, l'un
fymbole de l'humanité, de la tolérance, l'autre fublime apôtre de la religion; voyez de nos jours les
Chatam, les *Fox*, en Angleterre; voyez en France
un *Turgot*, un *Necker*, différens peu-être en opinions, mais réunis dans le grand motif du bien public, tant d'autres encore diftingués par le talent
de la parole, ont-ils favorifé des vues contraires au
bonheur public, à la tranquillité nationale, aux
intérêts de la patrie, à l'honneur de leur pays?

Je veux donc qu'un adminiftrateur foit éloquent,
& je mets, avec *Plutarque*, cette qualité au rang
des premières qui lui conviennent. Mais cela ne fuffit
pas; bien dire eft beaucoup, bien faire eft auffi
précieux; & comme très-fouvent le fecond ne peut
avoir lieu fi le premier ne précède, auffi celui-
ci n'eft-il qu'un vain bruit, lorfqu'une conduite
fage, ferme & éclairée ne l'accompagne pas. C'eft
même cette dernière qui fert de règle de jugement
au public, & difficilement tiendra-t-il compte de fes
grands deffeins à un miniftre, s'ils ne font qu'une
ftérile fpéculation, de vains & inutiles projets. Il fe
croit en droit alors de lui demander raifon de fon
indolence, & ne paroît pas moins autant irrité de fon
incapacité, que d'une véritable perverfité de conduite.

On ne fauroit douter que le fuccès d'un adminiftrateur ne foit la preuve de fes talens, de fa fageffe, de fon favoir dans l'art difficile de concilier
les intérêts des hommes & de leur faire obferver
les loix; mais lorfque des événemens malheureux,
l'anarchie des principes, la confufion des idées, les
troubles domeftiques, les hoftilités étrangères, ont
dérangé fes plans, fait avorter fes deffeins, doit-on
méconnoître le grand homme, le miniftre citoyen,
dans les fages difpofitions qu'ils avoient faites? Le
malheur, la brigue, les obftacles fufcités par les
paffions fubalternes, doivent-elles tourner à la
charge de celui qui n'a pu ni les éviter ni les prévoir? Toutes ces confidérations & d'autres encore,
doivent être mûrement pefées, lorfqu'il eft queftion

de citer une administrateur au tribunal de l'opinion publique, des loix & de la postérité.

Nous n'étendrons pas plus loin ces réflexions sur les talens & les qualités morales qu'on peut exiger dans un administrateur, nous en avons déjà parlé ; nous ajouterons seulement ici quelques remarques sur les abus en *administration*, moins pour présenter des connoissances positives, que pour faire connoître l'abus même que l'on fait de ce mot.

Sans doute il y a de grands, de très-grands abus dans toutes les *administrations*, nous en avons indiqués quelques-uns dans un article à part ; mais combien de fois n'a-t-on pas vu la calomnie, le rigorisme, la morgue réformatrice, crier aux abus, pour avoir le plaisir de tout bouleverser, de tout changer. L'adresse, l'artifice se servent aussi de ce mot pour supplanter des administrateurs souvent attachés à leurs devoirs, mais trop peu clairvoyans ou trop foibles dans leur conduite.

Ce sont sur-tout ces éternels réformateurs, ces hommes à projets, ces enthousiastes atrabilaires, qui déclament le plus communément contre les abus. A les en croire, eux seuls possèdent l'art du gouvernement par excellence. Oh ! que depuis quelques années, le nombre s'en est accru en France. Leur secte remonte aux économistes. Ce sont eux qui ont vu des abus par-tout, & qui n'ont voulu y voir que des abus ; leur langage en est devenu celui de l'amertume & de la déclamation.

Cependant de tous ces frondeurs, de tous ces dénonciateurs d'abus, il n'y en a pas un, peut-être, qui pût couper racine à un désordre, sans donner lieu à de plus nombreux encore. Ils n'ont souvent pas la plus légère idée des choses sur lesquelles ils s'épuisent en projets, en réforme, en suppression d'abus. Quelquefois l'amour-propre, souvent l'intérêt, & toujours un esprit de système, les fait parler. Ils ne veulent pas entendre qu'il est quelques abus qui ne sont tolérés que pour en éviter de plus grands. L'esprit chagrin, exagérateur, abstrait, le ton dur, l'incohérence de leurs idées, la pénurie de connoissances exactes qu'ils ont fait paroître, ont fait tort ensuite aux projets vraiment utiles, aux plans raisonnables, aux réformes sensées ; & le ridicule que l'on conduite a jetté sur le génie réformateur a été, peut-être, dans une nation qui y est très-sensible, le plus ferme soutien de certains abus & le plus inflexible obstacle aux innovations utiles.

Ce n'est pas tout. « Le mot d'abus, dit M. de » Royer, est dans la bouche de tous les adminis- » trateurs qui, voulant se faire un nom, ne parlent » que des désordres qu'ils ont découverts, & des » peines qu'ils se donnent pour les détruire. Sans » avoir le génie & les vertus de *Caton* ; ils en ont » l'inquiétude & l'aspérité : réformateurs éternels, » en remontant la maison d'un côté, ils la font » choir de l'autre, & la laissent crouler plus souvent. » Ils ont plus de zèle que de lumière : ils voient » plus leur petite gloire que le grand intérêt public,

» & souvent c'est l'infâme *Vatinius*, qui, couvert » de l'opprobre de la magistrature, accuse les gens » de bien qu'il veut éloigner de l'*administration*. « Voyez le *plaidoyer de Cicéron*, pour *Publius-Sextius*. » C'est bien de ceux-là qu'on peut dire *que le mot d'abus est dans leur bouche, & l'intérêt personnel dans leur cœur.*

Ces déclamations, ces dénonciations ampoulées d'abus, sont d'autant plus déplacées qu'elles ne remédient à rien. C'est par d'autres moyens que des plaintes vagues, des projets alambiqués, que l'on doit chercher à remédier aux abus publics d'*administration*.

Le premier moyen seroit de rendre à la nation, aux villes, aux communautés, le droit de poursuivre les administrateurs convaincus d'abus dangereux & bien positifs, devant les tribunaux & les juges compétens. *Voyez* ADMINISTRATEUR.

Le second, de ne donner les places subalternes de l'*administration* qu'au scrutin, & d'après le suffrage des personnes qui auroient le plus d'intérêt à ce qu'il ne se commît point d'abus dans l'*administration* dont elles auroient à éprouver l'influence, les soins & le pouvoir. Au reste, nous ne parlons ici de cette méthode que proposoit aussi l'abbé de *Saint-Pierre*, que pour rendre d'autant plus complet ce que nous avons à dire sur l'*administration* en général ; nous en traiterons plus au long aux mots ÉLECTION, SUFFRAGE, SCRUTIN.

Nous pourrions ajouter beaucoup de choses encore ici sur la science de l'*administration*, tels que les emprunts, l'économie, le droit de députation, la corruption, l'opposition & les divers avantages qu'elle peut produire pour maintenir les administrateurs suprêmes dans les bornes du devoir ; mais ces objets trouveront leur place ailleurs, soit sous leur titre même, soit dans les articles qui peuvent y avoir rapport : ainsi *voyez* EMPRUNT, DÉPUTATION, OPPOSITION.

Ce qui nous reste à dire maintenant sur l'*administration* se réduit, 1°. aux connoissances positives que nous pouvons puiser chez les anciens à cet égard. 2°. Au tableau rapide des changemens survenus dans notre *administration* publique. 3°. A son état actuel & aux formes qu'elle a reçues de nos jours.

Ces trois objets réunis formeront une suite de connoissances qui, jointes aux idées que nous venons d'établir, présenteront une sorte de traité d'*administration* aussi complet qu'il est possible de le desirer dans un ouvrage dont l'objet n'est pas précisément de s'occuper des grands principes du gouvernement & de la théorie du droit public.

Cet article servira en même-temps de supplément au peu d'instruction qu'on a réunie sur cette matière dans l'*économie politique* & la *jurisprudence*, sous le même mot. Peut-être aurions-nous dû traiter en même-temps de l'*administration* de la police chez les différens peuples civilisés. Mais nous réservons cet objet pour le mot POLICE, où nous entrerons dans de grands détails à cet égard, soit pour faire connoître les tribunaux & les magiftrats chargés de l'exercice de cette partie du gouvernement, foit Pour en développer l'efprit & les maximes.

Nous fommes tellement familiarifés avec les principes religieux de la nation juive, nous nous fommes tellement habitués à chercher dans les livres de leur loi l'origine ou le modèle de nos inftitutions fociales, notre religion, dont l'influence eft fi prodigieufe fur notre état de civilifation, tient de fi près à la fienne, ce peuple eft d'ailleurs fi ancien, qu'il n'eft pas étonnant que nous commencions par lui à confidérer l'hiftoire de l'*adminiftration*. Cette méthode eft d'autant plus utile pour nous, qu'ayant confervé plufieurs maximes du gouvernement théocratique & pontifical des juifs, on fera plus à portée d'apprécier les formes de la grande *adminiftration*, les ufages politiques & les cérémonies publiques qui s'obfervent chez les peuples chrétiens, lorfqu'on aura quelque idée de ce qui avoit lieu chez les hébreux à cet égard.

De *l'*adminiftration *chez les hébreux.*

» Jehova fut lui-même le légiflateur des hébreux, dit M. *Paftoret*, l'expreffion de fa volonté fouveraine fortit de fa propre bouche. L'amour qu'il exige eft la bafe des devoirs qu'il prefcrit. On reftera immédiatement foumis à fes ordres & à fes regards. Il défend aux ifraélites d'ajouter ou retrancher jamais aux maximes qu'il daigne leur publier. Ne voit-on pas dans tous ces traits les caractères d'un gouvernement théocratique (1)? »

Mais le gouvernement des hébreux n'étoit point feulement théocratique, c'eft-à-dire, que leurs loix n'émanoient pas feulement de Dieu, leur *adminiftration* fût d'abord abfolument du même caractère. Jehova étoit roi, légiflateur & juge. C'eft au milieu même du peuple juif qu'il donne fes commandemens; il affifte à l'exécution des arrêts, & dicte aux magiftrats leur décifion. Ainfi donc les hébreux, au contraire des autres peuples qui firent de leur roi un Dieu, firent de leur Dieu un roi. Le grand-prêtre fut fon premier miniftre & l'adminiftrateur fuprême de la nation.

Tant que les juifs reftèrent dans le défert, l'*adminiftration*, fur-tout celle de la juftice, y fut aifée; leur tribunal fut mobile comme eux, & le peuple raffemblé n'eût pas befoin d'une nombreufe magiftrature. Mais fi-tôt que du défert on paffa dans la terre promife, il fallut multiplier les magiftrats & les agens de l'*adminiftration* : chaque cité eut fes juges. Le Deuteronome prefcrivit d'en

établir aux portes des villes abandonnées aux tribus Précaution fage pour un peuple agriculteur, & chez qui l'ufage étoit établi de faire, dans ces endroits, les ventes & les conventions devant témoins. C'étoit encore aux portes des villes que l'on affembloit le peuple; les tribunaux s'y trouvoient donc bien placés.

Comme toutes les loix civiles, criminelles & de police émanoient du principe théocratique qui gouvernoit la nation, elle ne connoiffoit point de tribunaux d'attribution, qui, en multipliant les rivalités de compétence & les formes de la jurifprudence, donnent lieu peut-être à plus d'abus encore qu'ils ne rendent de fervice réels aux jufticiables foumis à leur jurifdiction particulière.

L'*adminiftration* théocratique fe conferva fous les *juges*. Ces chefs n'avoient pas le pouvoir de donner des loix, & ils ne faifoient rien que par le confeil des anciens & du fanhedrin; ce n'étoit que lorfqu'il falloit combattre qu'on leur laiffoit une grande autorité; de confuls ils devenoient dictateurs, & il paroît que les qualités guerrières étoient les principales que l'on eftimât en eux.

Les rois qui vinrent enfuite eurent des pouvoirs plus étendus. L'*adminiftration* prit alors une forme plus régulière ou du moins plus expéditive; elle s'éloigna même un peu du caractère théocratique qu'on lui remarquoit d'abord en tout. Les monarques firent des réglemens, infligèrent des peines, voulurent quelquefois établir des magiftrats & réformer leurs décifions. Mais l'*adminiftration* n'appartenoit pas exclufivement au roi : chaque tribu avoit fon chef dans la branche aînée des defcendans directs du patriarche qui lui avoit donné fon nom. On a défigné enfuite ces chefs par phylarques. Les phylarques n'avoient pas feulement une grande confidération; ils affiftèrent le roi dans les affaires importantes, comme ils avoient auparavant affifté le juge, & ils juroient tous avec lui s'il falloit garantir un ferment public. Ils avoient d'ailleurs, chacun dans leurs tribus, quelques-uns des droits que le monarque avoit fur la nation entière. Celui, par exemple, d'en ordonner l'affemblée pour délibérer fur un objet important. Ces affemblées, foit générales, foit particulières avoient ordinairement trois buts principaux; écouter, prier, agir : écouter, quand on avoit à communiquer les ordres de Jehova ou ceux du fouverain; prier, comme on en voit des exemples dans le livre des juges, dans celui des rois, dans celui des Machabées; agir comme pour nommer un chef, applaudir à l'élection d'un roi; concourir à la décifion de la guerre & de la paix.

Un grand nombre d'officiers s'élevèrent auffi bientôt dans le palais du fouverain. Complaifans pour fes goûts, ils devinrent, par intérêt, les

---

(1) *Moïfe confidéré comme légiflateur & comme moralifte*, chap. II. Nous tirons de cet ouvrage favant les principales connoiffances répandues dans cette courte notice de l'*adminiftration* juive.

agens de son despotisme, & étendirent son autorité pour accroître leur puissance. Ces dignités portoient différens noms. L'une étoit la fonction d'administrateur général ou du premier ministre du royaume. C'étoit un vice-roi, si l'on peut nommer ainsi le sujet qui gouverne directement auprès du monarque & sous ses yeux. L'autre celle de surintendant de la maison du roi & de ses finances, car ces deux places paroissent avoir été réunies. La troisième celle de mazechir, que plusieurs écrivains désignent, assez improprement par le nom de *chancelier*, du moins tel que nous l'entendons aujourd'hui, puisque loin d'être le chef de la magistrature, son devoir fut de conserver les événemens politiques & les actions des rois. Nous ignorons si les mazechirs osoient juger ces actions, ou si la crainte & la flatterie les dégradoient au point de n'en faire que les panégyristes du monarque. Dans le second cas, regrettons peu la perte d'une si honteuse institution. Dans le premier, observons combien elle a quelquefois peu d'influence, puisque les rois des juifs furent presque toujours ignorans & féroces.

De tous les peuples qui se sont donné des rois, les hébreux en furent peut-être les plus maltraités : du moins voit-on le peuple juif tenu dans le plus dur esclavage & la plus stupide servitude. Le théocratisme de leur politique ne leur permettoit point de réflexions sur leur triste état, ou du moins ces réflexions ne produisoient rien de bien décisif en faveur de la liberté publique.

Aussi les souverains hébreux regardoient-ils leurs sujets comme des serfs & des esclaves. Ils les accabloient de tributs en fruits, en argent, en bestiaux; & par une ironie cruelle de la loi on les nommoit des présens, comme s'ils eussent été volontaires. Quelquefois ils furent si excessifs, que les peuples opprimés se révoltèrent, comme sous Roboam, où une partie de la nation, fatiguée de ce prince & des impôts qu'il exigeoit, lapida l'homme envoyé pour les recueillir. Avant lui, Salomon ayant fait des dépenses immenses, pour élever son temple, mit un tribut considérable ; mais ce tribut porta moins sur les israélites que sur les étrangers qui habitoient dans leur contrée.

Outre cela, quelques endroits de l'écriture prouvent qu'il y avoit une servitude personnelle. « Par » quelle fatalité voyons-nous donc, dit M. *Pas*- » *toret*, en parcourant l'histoire de l'univers, l'o- » rient presque toujours privé de sa liberté civile ? » Ces terres, si favorisées par la nature, n'ont » souvent nourris que des tyrans & des esclaves. » Le climat seroit-il la cause de cette longue & » éternelle servitude? Celui des environs de la mer » Egée & des rivages du tybre est peu différent ; & » c'est à Rome & dans la Grèce que parurent, avec » toute leur énergie, les prodiges & l'enthousiasme » de la liberté. »

Le désordre se mit quelque temps dans le gouvernement ; & la police générale & le régime de l'*administration* ordinaires ne reparurent que sous

Josaphat. Les Magistrats y redevinrent les dépositaires de la volonté de Jéhova, & si des deux tribunaux institués, l'un eut pour chef Zabadias, prince de la maison royale, l'autre composé de prêtres & de lévites, fut présidé par le pontife suprême. Il en avoit auparavant envoyé plusieurs dans toutes les villes de son royaume, accompagnés des principaux seigneurs de sa cour, pour instruire le peuple de la loi ; institution sage & digne d'être célébrée.

L'influence sacerdotale, toujours liée au respect du peuple & des princes pour le culte de Moïse, n'éprouva, sous les règnes suivans, aucune variation. Si les soldats & une foule de citoyens armés reconnoissent Joas pour leur souverain, l'élèvent à la royauté & lui en donnent les marques augustes, c'est dans le temple que se fait la cérémonie ; c'est le grand-prêtre qui pose le diadème ; c'est par ses ordres ou par les conseils qu'une grande partie de la nation est rassemblée pour venger &couronner le juste héritier du trône ; c'est lui qui fait prononcer au peuple le serment d'être fidèle à son nouveau roi, & au roi le serment d'aimer son peuple, & d'obéir à la législation de Moïse. Il va plus loin, il ordonne qu'on se saisisse de la reine, qu'on la transporte hors du temple & de la ville, menace de la mort ceux qui oseront la défendre, & lui fait arracher la vie : action barbare qui prouve à la fois la puissance pontificale & l'aveugle soumission des juifs au joug sacerdotal.

Il semble néanmoins, par une loi de Joas, que la conduite des ministres des autels étoit alors peu conforme au caractère sacré dont ils sont revêtus. Les réparations du temple qui devoient toujours se faire à leurs frais, & pour lesquelles, outre les dons volontaires, ils recevoient la capitation des israélites au-dessus de vingt ans, étoient négligés. Joas ordonna qu'ils n'en fussent plus chargés désormais, & par conséquent qu'ils ne recevroient plus les sommes qu'on y avoit destinées. Tout cet argent fût placé dans un endroit particulier, d'où on le tiroit à mesure que les besoins du sanctuaire l'exigeoient. Le roi, cependant, laissa aux prêtres le produit pécuniaire de la peine des fautes ordinaires & du péché.

Sous Josias, le livre de la loi fut retrouvé dans le temple après un long intervalle de temps. Les autels des dieux étrangers furent détruits, l'ordre judiciaire affermi, des censeurs & des magistrats établi pour assurer l'exécution des vertus civiles, & la tranquillité publique.

Les juifs étant devenus tributaires des égyptiens, ils s'adonnèrent au polithéisme, & les prêtres eurent part d'empire parmi eux. En vain ils condamnèrent Jérémie pour avoir fait des prédictions désastreuses : le sénat de la nation & les princes de Juda réformèrent leur sentence. Cependant ils avoient toujours un rang distingué, quelques pouvoirs & une grande considération. Le prophete fut emprisonné sur l'ordre seul de *Phassar*, qui étoit le second prêtre du temple, ou le vicaire du pontife, celui qu'on appelloit prince dans la maison du seigneur; & dans une lettre écrite à Sephonias qui remplissoit le même emploi sous un des règnes suivant, il est très-à remarquer qu'on lui observe que si Dieu l'a élevé à cette fonction auguste c'est pour faire arrêter & mettre dans les fers ceux qui se disant inspirés, troublent, par leurs prédictions, le repos des citoyens.

Les juifs, après leur captivité, étant retournés en judée, sous Darius, l'*administration* sacerdotale prévalut, & les prêtres eurent la plus grande influence sous ce régime. Les prêtres se soutinrent dans leur primatie aristocratique. Pendant près de trois cents ans, ils furent seuls les chefs de la nation. Mais après un gouvernement de soixant-sept ans, sous ce qu'ils nommoient *princes des juifs*, ils eurent des rois de race asmonéene, qui commencèrent en la personne d'Aristobule fils d'Hircan.

Sous cette nouvelle forme d'*administration*, on exigea de ceux qui se vouoient au ministère des autels, qu'ils produisissent leurs preuves généalogiques de leur descendance d'Aaron.

Jusqu'alors le pontificat suprême avoit été héréditaire; il ne continua pas à l'être long-temps. Les asmonéens parvenus au trône, affoiblirent, en rétablissant le gouvernement monarchique, la prépondérance des grands sacrificateurs. Hérode en rendit la dignité élective. Le grand-prêtre conserva, au reste, une jurisdiction fort étendue, quoique la judée fut devenue province romaine sous Pompée & que Gabinius y eut ensuite établi cinq tribunaux supérieurs, pour le jugement de tous les procès qui naîtroient dans un certain ressort qu'on leur donna.

La forme de l'*administration* & la règle du gouvernement étoient encore changés. L'aristocratie avoient de nouveau remplacé la monarchie. Les principaux citoyens composoient les tribunaux supérieurs qui régissoient la nation, régloient tout, administroient tout, chacun dans le département qui lui étoit confié.

Mais César changea encore cette forme politique, rétablit la royauté qui fut encore détruite par Auguste en la personne d'Archélaüs, fils d'Hérode, que l'empereur exila à Vienne. Un gouverneur subordonné à celui de Syrie le remplaça, &, sous le nom d'Auguste, changea les coutumes & la jurisprudence des hébreux, qui furent dès-lors soumis à la jurisprudence & aux loix romaines, sous l'*administration* d'un procurateur & de ses officiers.

Tels furent les changemens qu'éprouva le gouvernement chez les hébreux, changement qui fit

varier leur *administration* au point qu'on ne connoît pas de peuple qui ait été plus inconstant à cet égard. Mais les malheurs qu'ils éprouvèrent en furent aussi quelquefois la cause, jusqu'à ce qu'incorporés au système de la législation romaine, ils ne conservèrent plus que des coutumes particulières, des usages domestiques, dont nous parlerons au mot JUIF.

A ce que nous venons de dire, nous ajouterons:
1°. que les israélites furent divisés en douze tribus, comme le peuple d'Athènes le fut d'abord en quatre, & celui de Rome en trois.

2°. Que la différence principale qui régnoit entre elles, étoit celle des lévites & des sacrificateurs. Toute la tribu de Lévi étoit consacrée à Dieu, & n'avoit point d'autre partage que les dixmes & les prémices qu'elle recevoit des autres tribus. Entre tous les lévites, il n'y avoit que les descendans d'Aaron qui fussent sacrificateurs; les simples lévites étoient occupés au reste des fonctions de la religion, au chant des pseaumes, à la garde du tabernacle & à l'instruction du peuple.

3°. Qu'il y avoit des esclaves chez eux. Il est dit qu'Abraham en arma jusqu'à 318 de ceux qui étoient nés chez lui. Il y avoit deux causes qui pouvoient les réduire à cet état la pauvreté qui les contraignoit de se vendre, (*Lévit.* 25, 29.) ou le délit du larron qui n'avoit point de quoi payer. (*Exod.* 22, 3.) Cette dernière cause s'étendoit aux autres dettes, comme on le voit par l'exemple de la veuve, dont Elysée multiplia l'huile afin qu'elle eût de quoi payer ses créanciers, & garantir les enfans de l'esclavage. Il est vrai que les esclaves hébreux pouvoient devenir libres au bout de six ans, qui étoit l'année sabbatique, ou au bout de cinquante ans, qui étoit celui du jubilé. Ils avoient droit de vie & de mort sur les esclaves, mêmes sur les esclaves nationaux.

4°. Que les hébreux étoient parfaitement libres, principalement avant qu'ils eussent des rois. Il n'y avoit chez eux ni hommages, ni censives, ni contraintes pour la chasse ou pour la pêche, ni toutes ces espèces de sujétions qui parmi nous sont si ordinaires, que les plus grands seigneurs n'en sont point exempts.

5°. Qu'ils avoient le plus grand pouvoir sur leurs enfans. Ils pouvoient les vendre. Nous voyons par un passage d'Isaïe que les pères vendoient leurs filles à leurs créanciers, & du temps de Nehemias les pauvres proposoient de vendre leurs enfans pour vivre. De plus, ils avoient le droit de vie & de mort sur eux (1).

6°. Que l'autorité des vieillards étoit très-grande parmi eux, qu'ils étoient les conseillers de l'état & des espèces de juges politiques. Jehova dit à Moïse: *choisissez soixante-dix hommes que vous connoissez*

---

(1) Cette tyrannie absurde qu'on retrouve chez presque toutes les anciennes peuplades, vient de l'idée que se sont faites les hommes que leurs enfans sont leur propriété, & qu'ils peuvent en disposer telle à leur fantaisie: principe contre lequel la nature se révolte, & dont nous rendrons sensible la fausseté à l'article de l'AUTORITÉ PATERNELLE.

pour être les anciens & les intendans du peuple.
Dans toute la suite de l'écriture , toutes les fois
qu'il eſt queſtion , d'affaires publiques , les anciens
ſont toujours nommés au premier rang , quelquefois ils ſont nommés ſeuls (1).

7°. Qu'il y avoit deux conſeils d'adminiſtration,
l'aſſemblée du peuple , que les grecs ont nommée
ecclesia , & les latins concio ; & le ſénat compoſé
des vieillards & des anciens , dont le nom eſt paſſé
enſuite en titre de dignité.

8°. Que la juſtice étoit adminiſtrée par deux ſortes d'officiers, Sopherim & Soterim, établis en chaque ville par Moïſe. Les premiers étoient les juges,
& il paroît que les ſeconds n'étoient que les agens
de la juſtice que nous nommons officiers de robe-
courte , comme huiſſiers , ſergens , archers. Ces
charges étoient données à des lévites , & il y en
avoit juſqu'à ſix mille du temps de David. Joſaphat
rétablit à Jéruſalem le conſeil des ſoixante-dix anciens pour juger les grandes cauſes , & où préſidoit
le grand pontife. On y décidoit les affaires trop difficiles pour être terminées par les juges des villes.
Ces juges de villes étoient , dans chacune, au nombre
de vingt-trois ; & devoient être tous réunis pour les
jugemens de mort ; mais trois ſuffiſoient pour les
cauſes péuniaires & les affaires de moindre conſéquence.

9°. Que les juges tenoient leur audience à la porte
des villes : car comme les iſraélites étoient tous laboureurs , ils ſortoient le matin pour aller au travail , & ne rentroient que le ſoir ; ce qui faiſoit
qu'ils ſe trouvoient réunis à la porte de la ville.
C'étoit-là que ſe traitoient toutes les affaires publiques , & que ſe tenoit le marché.

10°. Qu'il n'y avoit point de diſtinction de tribunaux , les mêmes juges décidoient les cas de conſ-
ciences & terminoient les procès-civils & criminels.
Ainſi il falloit peu de charges différentes , & peu
d'officiers en comparaiſon de ce que nous en voyons
aujourd'hui.

11°. Que ſous Joſué , on ne voit que quatre
noms de fonction publique. Zekenim , les ſénateurs, Raſim, les chefs, Sopherim, les juges, Soterim , les exécuteurs. « Du temps de David , dit
» l'abbé de Fleury , lorſque le royaume étoit le plus
» floriſſant , voici les officiers dont il eſt parlé : les
» ſix mille lévites , juges & exécuteurs ; les chefs des
» tribus ; les chefs des familles ; les chefs des douze

» corps de vingt-quatre mille hommes ; les chefs de
» mille hommes & de cent hommes : les chefs de
» ceux qui faiſoient valoir les domaines du roi ,
» c'eſt-à-dire , ſes terres & ſes beſtiaux. » Mœurs
des iſraélites , p. 118.

12°. Qu'il n'y avoit point d'iſraélite qui ne portât
les armes, juſques aux lévites & aux prêtres. C'étoit
comme les milices de certains pays, toujours prêtes
à s'aſſembler au premier ordre. On habituoit de
bonne heure le peuple à manier les armes.

13°. Que les hébreux n'eurent que de l'infanterie dans les premiers temps , & de la cavalerie ſous
les rois.

14°. Depuis Joſué juſqu'aux rois , le commandement des armées appartint à ceux que le peuple
choiſiſſoit ; mais ils n'étoient obéis que de la partie
du peuple qui les avoit choiſis. Le reſte du peuple
abuſant de ſa liberté s'expoſoit ſouvent aux inſultes
de ſes ennemis.

15°. Les rois avoient droit de vie & de mort , &
pouvoient faire mourir les criminels , ſans formalités de juſtice. La puiſſance des rois étoit d'ailleurs
fort bornée , & ils étoient obligés d'obſerver la loi
comme les particuliers.

Telles ſont les connoiſſances les plus générales que
nous avons cru devoir raſſembler ſur l'adminiſtration des juifs. Ce que nous venons d'en dire doit
ſuffire pour s'en former une idée ; & quant à
leur police & leur état politique actuels , nous y
reviendrons au mot JUIF. Examinons maintenant
quelles étoient les formes d'adminiſtration générale ,
les plus connues dans la Grèce, & ſur-tout à Athènes.

Et comme l'adminiſtration a changé dans cette
ancienne patrie des arts auſſi ſouvent que le gouvernement politique , nous dirons quelque choſe de
l'un pour mieux faire connoître la nature de l'autre.
Cependant nous ne perdrons pas de vue notre objet ,
& nous nous tiendrons dans les limites d'un ſimple
apperçu ; de plus grands détails appartiennent à l'é-
conomie politique.

Adminiſtration chez les Grecs.

La plupart des états de la Grèce furent d'abord
gouvernés par des chefs élus par le peuple, & auxquels on donna le nom de roi (1). Ils jugeoient les
querelles particulières, exerçoient leur pouvoir ſuivant

___

(1) Quelques écrivains ont agité cette queſtion. Qu'ont de ſupérieur les vieillards aux autres hommes pour le conſeil & la
délibération ? Ils ont cru pouvoir ſuppoſer que la débilité des organes, ſur-tout à un grand âge, devoir ôter à leur cerveau cette
force de tenſion qui ſaiſit rapidement les principes & les conſéquences ; que l'habitude des mêmes penſées & l'attachement
aux vieux uſages devoient les porter à s'oppoſer à toute innovation , ſans en examiner l'utilité ; que ſi la prudence
pouvoit être en eux l'effet de l'expérience, elle pouvoit auſſi n'être que le produit d'une puſillanimité déplacée , & qu'enfin
ſi les vieillards ſont bons à conſulter ſur le réſultat de ce qu'ils ont vu , ils le ſont rarement quand il eſt queſtion d'effectuer une entrepriſe utile , une réforme ſalutaire ; ſur-tout ils ne le ſont jamais lorſqu'il faut régler les mœurs actuelles
& la police morale d'un peuple. Leurs paſſions amorties, leurs déſirs éteints, les rendent en quelque ſorte étrangers
au reſte des hommes : ce ſont des archives qu'il faut conſulter, & non des oracles qu'il faille ſuivre.

(1) Ariſt. polit. liv. III. Thucyd. 1 , 5 , dit qu'Atrée monta ſur le trône de Mycènes du conſentement du peuple, Βουλομενων
τον Μυκηναιων

certaines

certaines conventions & préfidoient à l'*adminiftra-tion* des différentes parties de l'état. Ils alloient aussi à la tête des armées en temps de guerre, & préfidoient au culte des dieux. Cette royauté étoit héréditaire. (*Ariftote, polit.* liv. III, 14.) *Thucidide,* liv. I, ch. 1 3, appelle la royauté *Bafileïan patrikè* c'eft-à-dire, paffant des pères aux enfans, felon l'ordre de la naiffance.

Cependant le fils ne fuccédoit pas toujours à fon père, par exemple, lorfque les crimes de ce fils, l'avoient rendu odieux au peuple, ou lorfqu'un oracle ordonnoit de créer un autre roi. On en a une preuve dans les fils de Temenus, qui furent exclus de la fucceffion du trône, à caufe du parricide dont ils s'étoient fouillés. (*Appollod.* liv. II, 8.)

La principale marque de la majefté royale étoit le fceptre ; c'étoit originairement une branche d'arbre à laquelle on attachoit quelquefois des clous d'or. Au haut du fceptre étoit repréfenté un aigle, à l'exemple de Jupiter à qui cet oifeau eft confacré. Quelquefois on y repréfentoit d'autres figures.

La forme de la république d'Athènes, ainfi que de la plupart de celles de la Grèce, a beaucoup varié. La royauté, la tyrannie, l'ariftocratie & la démocratie s'y font fuccédées alternativement. Théfée, le dernier de fes rois, fut regardé comme le fecond fondateur de la ville ; il raffembla, dans une même enceinte, le peuple difperfé auparavant dans les bourgs & dans les villages. Il divifa le peuple en trois claffes, les nobles, les laboureurs & les artifans. (*Plutarq.* Vie de *Théfée.*) Il paroît que Théfée fuivit dans cette diftribution l'exemple de l'Egypte où le peuple étoit pareillement divifé en trois claffes.

Le dernier roi d'Athènes fut Cedrus. Les Athéniens, au lieu d'un roi, choifirent des Archontes perpétuels. Ils n'avoient point le pouvoir abfolu ; mais ils étoient affujettis aux loix. *Paufanias,* Meffen. V. Il y eut treize de ces archontes perpétuels, & cette forme fubfifta pendant l'efpace de trois cents quinze ans. Enfuite ils furent bornés à la durée de dix ans. Il y eut fept archontes de cette dernière efpèce.

Le dernier des archontes de cette efpèce, ayant été banni, la forme du gouvernement fut encore changée, & l'*adminiftration* des affaires confiée à neuf archontes dont la dignité ne fut plus perpétuelle, ni de dix ans, mais feulement d'une année. Ils étoient élus par le fuffrage des citoyens, & devoient être recommandables par l'ancienneté de leur naiffance, par leurs richeffes & leur crédit. Ces archontes étoient diftingués les uns des autres & par leurs noms & par leurs fonctions. Le premier étoit le chef & le préfident du collège. C'étoit par lui qu'on

comptoit les années pour les marquer dans les faftes. Il fe nommoit *Eponumos*, le fecond *Bafileus*, le troifième, *Polemarkos*, les fix autres *Tefmotetaï.*

Les fonctions de l'archonte éponime étoient, 1°. d'avoir foin de quelques facrifices, des Bacchanales, &c. 2°. de connoître des procès entre parens ; 3°. de veiller à la défenfe des pupilles, & de leur donner des tuteurs. Celles du roi Archonte étoient, 1°. d'avoir l'infpection de quelques cérémonies religieufes, comme des fêtes d'Eleufis ; 2°. de connoître de quelques caufes, concernant la religion, comme des accufations d'impiétés, ou des concurrences au facerdoce. Les fonctions du polémarque étoient, 1°. l'infpection de quelques facrifices, comme de ceux de Diane & de Mars ; 2°. la conduite des guerres, fonction que lui a donné particulièrement fon nom ; 3°. la jurifdiction des étrangers comme l'archonte avoit celle des citoyens. Enfin les fonctions du thefmothètes étoient, 1°. de faire obferver la juftice, & de maintenir les loix, fonction de laquelle ils tirent leur nom ; 2°. de connoître de quelques caufes, comme des calomnies, de la vénalité des magiftrats, de l'adultère, des infultes, &c. Ils rapportoient les caufes plus graves à des tribunaux fupérieurs. Chacun de ces novemvirs avoit fa jurifdiction féparée ; mais il falloit qu'ils fuffent réunis pour avoir droit de convoquer le peuple. Les trois premiers, favoir, l'archonte éponyme, le roi & le polémarque, avoient chacun deux affeffeurs, de forte que fur chaque tribunal il y avoit trois juges affis.

Ces neufs archontes étoient élus, dans les premiers temps, par les fuffrages du peuple, d'entre les citoyens diftingués par leur naiffance & par leurs richeffes ; mais ils le furent enfuite comme les prytanes dont nous allons parler, par le fort (1). Alors les magiftratures furent ouvertes à tous les ordres de citoyens, ce qui arriva quelque temps après la bataille de Platée, époque à laquelle on doit placer le commencement de la véritable démocratie à Athènes.

Ces novemvirs, avant d'entrer en charge, fubiffoient dans le fénat, un examen févère fur leur naiffance, leur âge, leurs biens & leur conduite, & juroient folemnellement d'obferver les loix & de refufer les préfens.

Mais les archontes ayant abufé de leur pouvoir, la forme du gouvernement & de l'*adminiftration* changea cinquante-trois ans après leur établiffement, & *Dracon* fut chargé du foin d'écrire un code de loix. Mais ces loix dures & cruelles déplurent au peuple, qui, comme fouverain, chargea *Solon* de lui compofer un nouveau code adapté à fa conftitution politique & morale.

---

(1) On diftinguoit à Athènes les magiftrats élus par la voie des fuffrages de ceux qui l'étoient par le fort. *Potter. Arch. greca,* liv. I. Le même héraut qui publioit devant le peuple le nom du candidat élu par le fort, demandoit auffi à haute voix : qui veut l'accufer ?

Solon, ayant été élu archonte, cassa les loix de *Dracon*, changea l'*administration* & restreignit le pouvoir des archontes. Tous les citoyens furent admis en jugement & aux assemblées du peuple ; mais il réserva les magistratures & les dignités pour les nobles & les riches ; il abolit les dettes ; il donna à tout athénien le droit d'interjetter appel, & soumit au peuple les causes les plus importantes.

Il laissa le peuple divisé comme auparavant en quatre tribus, subdivisées chacune en trois curies, qui chacune comprenoit trente familles. Mais il introduisit une nouvelle division du peuple ; car il le distribua en quatre classes ; 1°. *Ceux qui recueilloient cinquante mesures* ; 2°. *les chevaliers* 3°. *les Zeugites* ; 4°. *les esclaves*, & ces derniers furent comme les autres admis en jugement, & aux assemblées. *Plutarq. vit. Sol. Meur. Solon, c.* 14.

Il établit un conseil de quatre cents hommes, cent de chaque tribu, chargés d'examiner les affaires avant que de les proposer à l'assemblée du peuple. Ces juges dévoient être âgés de trente ans & choisis au sort. On s'informoit auparavant de leurs mœurs, on leur faisoit prêter serment, & ils avoient des honoraires réglés. Ils avoient un président que chaque tribu fournissoit selon son rang. Les sénateurs avant que de s'assembler, offroient un sacrifice à Jupiter & à Mercure. L'affaire dont il s'agissoit étoit proposée par le président ; chacun opinoit en son rang & toujours debout. Après qu'on avoit formé un avis, il étoit mis par écrit & lu à haute voix ; pour lors chacun donnoit son suffrage par scrutin. Si le nombre des fèves blanches l'emportoit, l'avis passoit, autrement il étoit rejetté. On le portoit ensuite à l'assemblée du peuple ; s'il y étoit reçu & approuvé, il avoit force de loi, sinon il n'avoit d'autorité que pour un. Ce conseil décidoit des matières les plus importantes, telles que celles de la guerre, de la paix, des finances, de la marine & de tout ce qui avoit rapport à l'*administration*. Il distribua en trois classes les charges & les magistratures, selon la différence des biens de chaque particulier. Mais ceux qui n'y furent pas admis, eurent droit d'opiner dans les assemblées & pouvoient appeller devant le peuple de tous les jugemens des magistrats.

Parmi les sénateurs, on élisoit au sort, tous les ans, les *prytanes*, qui présidoient le sénat à leur tour.

La république d'Athènes ayant subsisté sous cette forme d'*administration* pendant environ vingt-quatre ans, *Pisistrate* s'empara du gouvernement, & *Solon* mourut l'année suivante. Ce tyran anéantit l'autorité ou plutôt le pouvoir du peuple. Il perdit & recouvra deux fois la tyrannie pendant l'espace de seize ans. Après la mort de *Pisistrate*, ses fils *Hippias* & *Hypparque* lui succédèrent. *Hipparque* fut tué par *Harmodius* & *Aristogiton*, & *Hippias* fut chassé par le peuple. Ainsi finit la tyrannie.

Les *Pisistratides* ayant été chassés quatre-vingt-

six ans après l'établissement des loix de *Solon*, la forme de l'*administration* fut encore changée par *Clisthène*, qui commença par gagner le peuple, afin de l'emporter sur *Isagne*, fils de *T. Jamène*, qui avoit pour lui la noblesse.

Il divisa le peuple en dix tribus (division qui subsista toujours dans la suite) & donna à la démocratie plus de force encore que n'avoit fait *Solon*. Il composa de cinq cents sénateurs le sénat qui n'étoit auparavant que de quatre cents ; ce qu'il fit en tirant au sort cinquante sénateurs de chacune ces dix tribus auxquelles il avoit donné de nouveaux noms.

A la tête du sénat étoit cinquante prytanes au lieu de quarante qu'il y avoit auparavant ; & ce fut de leur nom qu'on appella *prytanie*, le temps pendant lequel présidoit chaque tribu.

Outre les prytanes, le sénat avoit encore neuf chefs nommés *Proedroi*. Les fonctions des Prytanes étoient d'indiquer, de convoquer ou de renvoyer le sénat & les assemblées, & de rapporter les affaires au sénat. Le chef des prytanes étoit nommé *épistates*. Il avoit une autorité absolue dans le sénat, mais pour un jour seulement.

Si quelque sénateur commettoit un crime, le sénat l'interdisoit de ses fonctions & le chassoit de son corps, la sentence étoit écrite sur des feuilles.

Cette forme de gouverner fut légèrement troublée par le démagogue Périclès. Cet homme dont le génie & le goût pour les arts, donnèrent lieu à l'exécution de tant de chef-d'œuvres qui ont illustré Athènes, mérite que nous fassions connoître son *administration*, après que nous aurons dit quelque chose du pouvoir & du crédit du *démagogue*.

C'est au peu d'influence des neuf archontes annuels qu'est dû la puissance de cet homme qui n'étoit ni magistrat, ni dictateur, ni juge, mais simple citoyen, que le peuple honoroit tellement de sa confiance, qu'il lui remettoit un anneau avec un cachet qu'on doit envisager comme le grand sceau de la république. On sait que cet anneau fut pendant quelques années de la guerre du Péloponèse entre les mains du fameux *Cléon*, comme on le voit par un passage de la comédie des *chevaliers* d'Aristophane.

Au reste, les démagogues d'Athènes étoient, dans la réalité, les ministres des finances & les premiers secrétaires de la trésorerie : aussi est-ce en cette qualité que *Périclès* disposa constamment de l'argent public, fit élever tant de bâtimens, entama tant de négociations, & acquit la renommée d'être le plus grand politique de la Grèce.

Périclès avoit toutes les qualités qui peuvent concilier à un homme, dans une république, le suffrage de la multitude. Il parloit avec éloquence, avoit un génie grand, impétueux, porté aux choses étonnantes. Son caractère, son intérêt, son ambition, le portoient à flatter le peuple, & ses qualités étoient encore étayées des grandes leçons de philosophie politique qu'il reçut d'*Anaxagoras*. Il lui fut donc facile de s'élever à ce degré de puissance que donne l'appui de la multitude. Aussi après l'exil de *Cimon*, son rival de gloire & de pouvoir, il s'empara tout-à-fait de l'*administration*, & de démagogue devint presque souverain. Il ôta à l'aréopage la connoissance des plus grandes affaires qui étoient de son ressort, & se rendit maître des tribunaux.

» Comme il avoit successivement commandé les » armées de terre & les flottes de la république, » dit M. *de Paw*, il eut occasion d'approfondir les » principes de la guerre ; & à force de la faire, il » s'étoit convaincu que le meilleur des systêmes est » celui de ces tacticiens qui croyoient alors qu'il » faut éviter autant qu'il est possible, les batailles » ou le hasard a une influence qu'on ne sauroit sou- » mettre à aucun calcul. Et quand un peuple, di- » soit-on, ne veut point faire de conquête, il peut » aisément décliner les actions décisives, & arrêter » l'ennemi par des places ou des camps retranchés, » & en le harcelant sans cesse avec de la cavalerie » légère, telle que celle des thessaliens, que Po- » lybe regardoit en de tels cas comme une arme » invincible. » Mais ce systême de défense ne put jamais se concilier avec un gouvernement républi- cain, où la hardiesse des entreprises est nécessaire pour soutenir le courage & l'enthousiasme belli- queux.

Mais par où l'*administration* de *Périclès* sera tou- jours célèbre, c'est par le soin qu'il donna à orner la ville de chef-d'œuvre & à l'enrichir des produc- tions des arts. C'est par-là qu'Athènes a triomphé des temps & vivra éternellement dans la mémoire des hommes. La gloire des combats, les conquêtes s'oublient, mais la réputation que donne le génie est immortelle, comme celle de la vertu.

Périclès étant mort la quatre-vingt-huitième olym- piade, *Alcibiade* ayant été ensuite chassé de la ville, & Nicias tué, & son armée taillée en pièces dans la Sicile, l'*administration* fut remise entre les mains de quatre cents des principaux citoyens. Mais ces nou- veaux magistrats s'étant comportés tyranniquement, furent déposés au bout de quatre mois, & on leur substitua cinq mille citoyens entre les mains de qui l'*administration* publique fut encore remise.

Enfin, dans la quatre-vingt-treizième olympiade, *Lysandre* se rendit maître d'Athènes, & y établit trente tyrans qui tenoient la ville opprimée ; mais trois ans après, ils furent chassés par *Trasybule*. Après l'expulsion de ces trente tyrans, sans aucun interrègne, la seconde année de la quatre- vingt-quatorzième olimpiade, dix magistrats qui furent chargés de l'*administration* publique, on les

appella, par excellence *les dix*, & chacun d'eux *décadouques*. Ces magistrats ayant encore abusé de leur pouvoir, le peuple, usant du droit de souve- raineté, les chassa & se conserva la grande *admi- nistration* de l'état.

Cette *administration*, toute populaire, se con- serva jusqu'à la mort d'*Alexandre-le-grand* : alors la ville fut prise par Antipater ; & la forme du gou- vernement fut une oligarchie, composée des neuf mille plus riches citoyens, qui s'attribuèrent le droit de nommer aux emplois, de disposer des fonds publics, faire des loix & veiller à la grande police de l'état.

Antipater étant mort, au bout de quatre ans, la ville fut soumise au pouvoir de *Cassandre*, qui donna aux Athéniens pour gouverneur, *Demetrius de Phalère*, homme savant, & qui, malgré les services importans qu'il avoit rendus aux Athéniens, & dont il avoit été récompensé par des honneurs dis- tingués, fut néanmoins chassé dans la suite pour s'être montré trop peu favorable à leur liberté. Mais *Demetrius Poliocertes* rendit à la ville ses anciens droits & au peuple son pouvoir ; en mémoire de ce bienfait, on lui rendit les honneurs divins ainsi qu'à Antigone.

Les Athéniens conservèrent cet état d'indépen- dance, presque jusqu'au temps de *Sylla*, à l'excep- tion de quelques échecs momentans qu'essuya quel- quefois leur démocratie. Mais ayant favorisé *Mithri- date*, dans la guerre que ce prince fit aux romains, *Sylla*, pour s'en venger, prit la ville d'assaut & la livra au pillage, y exerça toutes sortes de ravages & la réduisit à un état déplorable.

Mais Athènes se releva dans la suite par les bien- faits du peuple romain qui, après la mort de *Sylla*, lui rendit sa liberté. Entr'autres, Adrien accorda toutes sortes de graces aux Athéniens, leur donna des loix équitables & des privilèges flatteurs, sans parler des ornemens dont il embellit leur ville. Les Athéniens reçurent encore plusieurs avantages de ces successeurs ; M. *Antoine le pieux*, & M. *Antoine le philosophe*. Ils furent aussi protégés de *Valérien*, qui leur permit de rétablir leurs murs. Enfin l'an de J. C. 1455, elle a été tellement dé- vastée par les turcs, que ce n'est plus aujourd'hui une ville, mais un bourg dont ils sont encore les maîtres, & qui porte le nom de *Setines* (1). Mais revenons aux formes de l'*administration* athé- nienne.

Les Athéniens avoient grand nombre d'assemblées parce qu'ils jouissoient du droit de souveraineté, ce- lui de juger ensemble les principales causes dont on appelloit devant eux, & de traiter des grandes affaires,

---

(1) Quand on réfléchit à l'ignorance barbare des turcs, à leur insolent mépris pour les lettres, au systême d'esclavage domestique qui règne chez eux, à leur brutale conduite envers les peuples vaincus, au despotisme des princes, à la super- stition des peuples, on ne doit plus être étonné du zèle qui dicta les croisades, on est irrésistiblement entraîné à souhaiter & à effectuer, si on le pouvoit, la destruction de ce peuple odieux dont l'empire vient d'être affermi par la légéreté avec laquelle deux puissances l'ont attaqué, & la lâcheté avec laquelle d'autres lui ont fourni des armes & des officiers instruits.

Y 2

L'affemblée, en latin *concio*, en grec *Ecclefia*, étoit la réunion de tout le peuple, qui, convoqué légitimement avoit l'*adminiftration* générale des affaires, felon le règlement de *Solon*, ou plutôt la nature & le principe de la démocratie. Elle avoit le droit de juger les actes du fénat, de porter des loix, de créer les magiftrats, de déclarer la guerre, de régler les finances, &c.

Le lieu où s'affembloit le peuple étoit ou la place publique, ou la place à côté de la citadelle, ou le théatre. Ces affemblées étoient ou ordinaires qu'on nommoit *ecclefiaï*, ou extraordinaires, qu'on nommoit *catecclefiaï*. Les affemblées ordinaires fe tenoient à des jours marqués trois fois par mois & étoient indiquées par les prytanes en vertu de la loi, & par le fénat.

Les affemblées extraordinaires étoient convoquées par les prytanes lorfqu'il furvenoit quelqu'accident grave, & avec l'agrément du fénat. Quelquefois elles étoient convoquées par les *ftrategoi*, lorfqu'il étoit queftion d'une guerre.

Comme il y avoit un grand nombre de citoyens qui fe rendoient malgré eux à l'affemblée, & qui tardoient le plus qu'ils pouvoient, à caufe des affaires défagréables qui s'y traitoient quelquefois, ils étoient forcés d'y aller par des miniftres publics, qui étendoient dans la place de l'affemblée, quand l'heure étoit paffée, une corde teinte de rouge, & ceux qui s'en trouvoient marqués, étoient condamnés à l'amende.(1) Tous les citoyens avoient droit de fuffrage.

Les préfidens de l'affemblée étoient les *affeffeurs*, l'*epiftrate*, & les *prytanes*.

On commençoit par immoler un jeune porc pour expier le peuple. Alors un crieur public adreffoit aux dieux les vœux du peuple & faifoit faire filence. Alors les prytanes & les affeffeurs expofoient l'objet de la délibération, & s'il y avoit déja quelque décret exiftant fur cet objet, après en avoir fait la lecture, le crieur faifoit entendre que ceux qui avoient quelque chofe à dire pouvoient parler. Alors on pouvoit monter dans la tribune aux harangues, & faire entendre fes raifons au fouverain naturel.(2)

Pour avoir le droit de parler, il falloit être au-deffus de cinquante ans. (Petit ad leges, Atticas, p. 209.) Si ce règlement étoit rigoureufement fuivi, les athéniens devoient fe priver des talens & des confeils de prefque tous les hommes, dans le moment de la force des idées & de la netteté de conception. On excluoit auffi les gens notés & ceux, qui

menoient une vie malhonnête. Le peuple donnoit fon fuffrage en étendant la main, ce qui fe nommoit *Keirotonia*.

Lorfqu'on vouloit faire recevoir une loi, il falloit qu'elle fût d'abord examinée par le fénat: on la propofoit enfuite au peuple, & le fenatus-confulte, ainfi ratifié par l'affemblée, avoit force de loi pour toujours, tant qu'elle n'étoit pas abrogée par une autre; mais fi le fénat feulement avoit approuvé la loi & que le peuple l'eût rejettée, elle n'avoit alors de force que pour un an (3). On écrivoit fur les loix perpétuelles, c'eft-à-dire, paffées dans l'affemblée, le nom de l'orateur & du fénateur qui avoit opiné, & celui de la tribu de laquelle étoit le prytane. *Voy.* dans l'*économie politique*, ATHÈNES.

Pour achever de donner une notice, finon étendue, du moins exacte & fûre de l'*adminiftration* publique de cette ville, nous ajouterons quelques détails concis fur fes tribunaux.

L'aréopage étoit une cour de juftice criminelle, nommée *colline de Mars*. Ce tribunal tire fon nom de Mars, parce qu'on prétend qu'il fut le premier qui y comparut pour y plaider fa caufe. Vis-à-vis le tribunal étoient deux pierres, fur l'une defquelles fe tenoit l'accufé, & fur l'autre l'accufateur.

A côté du tribunal étoient deux colonnes, fur lefquelles étoient gravées les loix fuivant lefquelles les aréopagites devoient juger.

On admettoit à ce tribunal, dans les premiers temps, tous les citoyens indifféremment, pourvu qu'ils fuffent vertueux, juftes & religieux. Mais enfuite, par un règlement de *Solon*, il falloit avoir été archonte pour être reçu à l'aréopage. Tous les grands crimes étoient du reffort de l'aréopage, tels que les vols, les embûches, les bleffures volontaires, les empoifonnemens, les incendies & les homicides. Sa jurifdiction s'étendoit jufques fur la religion même. Quiconque méprifoit les dieux, ou en introduifoit dans la ville de nouveaux & de nouvelles cérémonies religieufes, étoit févèrement punis à ce tribunal. Les crimes les plus graves étoient punis de mort, & les plus légers par une amende au profit du tréfor public.

Dans les commencemens, ces juges ne tenoient leurs féances que les premiers jours de chaque mois, mais dans la fuite, elles devinrent plus fréquentes & plus journalières. Quand les magiftrats s'étoient affemblés, un crieur faifoit éloigner le peuple & impofoit filence. Alors celui des archontes qui avoit le titre de roi, prenoit place parmi les juges; mais avant tout on faifoit des facrifices folemnels.

(1) Schol. *Arifteph.* ad *Acharn.* v. 22. Pollux VIII, c. 9, §. 104. Sigon. l. c. p. 498. Mais on peut bien croire que cette police n'étoit point févèrement exercée.

(2) Je dis le fouverain naturel; car on conçoit que tout ce qui porte ce nom dans un état & qui n'eft pas la nation, ne peut être fouverain que par commiffion, mandat, convention; mais le peuple l'eft naturellement, 1°. par le droit, lui feul fe donnant l'exiftence; 2°. par la force, aucune force ne pouvant être fupérieure dans la conftitution, à celle des citoyens réunis.

(3) Cette difpofition fent l'ariftocratie, mais on ne doit pas oublier que le peuple élifoit les magiftrats.

L'accusateur & l'accusé, aux pieds du tribunal, juroient l'un & l'autre sur la chair des victimes immolées. Alors l'accusé montant sur sa pierre & l'accusateur sur la sienne, plaidoient l'un après l'autre ou par eux-mêmes, ou par leurs patrons. Dans les commencemens chacun parloit soi-même, mais dans la suite, on tira au sort dix citoyens pour être les avocats à ce tribunal. Les juges, après avoir entendu les deux parties donnoient secrettement leurs voix (1). On se servoit, pour les donner, de cailloux blancs & noirs, qu'on mettoit dans des urnes qui étoient au nombre de deux. L'une étoit d'airain, & étoit nommée d'absolution; l'autre de bois, & s'appelloit de mort. On mettoit les cailloux blancs dans la première, & les noirs dans la seconde.

Si le nombre des blancs étoit le plus fort, on traçoit de l'ongle, sur des tablettes de cire, une ligne plus courte, & plus longue si c'étoit le nombre des noirs qui l'emportoit. Si le nombre des cailloux étoit égal dans les deux urnes, le crieur en jettoit dans l'urne de l'absolution un surnuméraire, qu'on appelloit le caillou de Minerve (2). Le coupable, aussi-tôt après sa condamnation, étoit chargé de chaines & conduit au supplice; mais avant la sentence n'étoit pas dans les fers, & avoit la liberté, s'il désespéroit de sa cause, d'éviter le supplice par l'exil: il étoit alors puni par la vente de ses biens. (Démosthen. in aristoc. Pollux, VIII, §. 117, & IX, §. 99.)

C'étoit le plus ancien tribunal de toute la Grèce. Les savans ne sont pas d'accord sur le temps où il commença: il y en a qui en attribuent l'institution à Solon, mais ils ont tort: ce tribunal existoit avant Solon; il ne fit que lui donner une plus grande autorité. Mais Péricles l'a diminué beaucoup: cependant ce tribunal ne fut pas anéanti pour cela, & il se soutint encore long-temps après.

Il y avoit à Athènes un autre tribunal assez sévère aussi, auquel on donnoit le nom de tribunal des éphites. On en attribue l'institution à Démophon. Dans les premiers temps, il n'étoit pas nécessaire d'être de l'Attique pour avoir séance à ce tribunal,

les argiens y étoient aussi admis. Mais dans la suite, Dracon en bannit les argiens & n'y admit que les athéniens. Ces juges, au nombre de cinquante-un, âgés de cinquante ans au moins, connoissoient des meurtres commis sans dessein prémédité. Solon laissa subsister ce tribunal dans le même état, si ce n'est qu'il lui ôta quelques causes importantes dont il chargea l'aréopage, pour augmenter son autorité. les juges s'appelloient Ephetai du verbe Ephienai, appeller; parce qu'on en appelloit des moindres tribunaux à celui-là. Ces juges étoient l'élite des dix tribus, dans chacune desquelles on choisissoit dix citoyens d'une vie irréprochable, auxquels on en ajoutoit un, tiré au sort.

Il y avoit encore le tribunal des héliastes, qu'on nommoit ainsi parce que les jugemens se rendoient en plein air, aux rayons du soleil. Le nombre des juges n'étoit pas toujours le même: il étoit plus ou ou moins considérable, suivant que les fautes étoient plus ou moins graves. C'étoit le sort qui les nommoit, & avant d'entrer en fonction, ils se lioient par un serment solemnel.

Quant à l'ordre qui s'observoit dans le jugement, en voici le précis: le demandeur qui vouloit traduire quelqu'un en justice, en demandoit la permission aux thesmothètes, après l'avoir obtenu, il faisoit assigner sa partie par une espèce d'huissier; alors il présentoit sa demande sur un placet. Quand les juges étoient assemblés, les magistrats s'y rendoient avec les requêtes des demandeurs, & donnoient aux juges le pouvoir de juger, ce qui s'appelloit lites inducere in forum, d'où a été formé l'expression lis importata, c'est-à-dire, introducta in forum.

Quand la cause étoit portée devant les juges, l'accusé avoit quatre moyens de se soustraire au jugement ou de le déférer à un autre temps; savoir:

1°. Paragraphi, c'est-à-dire, une opposition fondée sur ce que l'affaire avoit été déjà jugée, ou sur ce qu'il n'y avoit point de magistrats pour la porter aux juges, ou sur ce qu'il n'y avoit point de loi sur l'objet contesté (3). (Voyez Suidas, à ce mot ulpian. in midian. p. 170. C. Pollux VIII, 6. Segm. 57.)

---

(1) « Les écrivains qui ont parlé de l'aréopage, dit M. de Paw, paroissent avoir été mal instruits. Ils prétendent, par exemple, qu'on n'y jugeoit que pendant la nuit, ce qui n'est certainement pas vrai; car à Athènes comme à Rome, il ne pouvoit y avoir aucune espèce de jugement après le coucher du soleil.

» Il est faux encore qu'on eût défendu, suivant M. de Paw, aux orateurs qui plaidoient devant les aréopagistes, d'employer les exordes, les péroraisons & tous les grands ressorts d'une éloquence propre à émouvoir la terreur ou la pitié, puisqu'Antiphon qui a plaidé devant ce tribunal, touchant le meurtre d'Hérode, y fait usage, non-seulement de l'exorde, mais encore de la péroraison la plus longue qu'on connoisse; & après avoir épuisé tous les secrets de son art, il dit aux aréopagistes: je vous supplie de ne pas vous laisser induire en erreur par la magie d'une rhétorique captieuse & illusoire, comme cela est souvent arrivé lorsqu'on a vu de grands criminels échapper à la sévérité des loix par le prestige de la parole. »

Cependant Pollux, VIII, 10, §. 117; Lucien de gymnas, p. 281; Quintilien, liv. V, 1, §. 7 & 11; 17; Thémist. orat. 16; Apul. Miles, X, p. 21; sont d'un avis contraire; mais l'on se fera peut-être relâché de cette sévérité, & ces Auteurs ne font peut être qu'allusion à l'ancienne loi.

(2) Cet usage est très important à remarquer; voici les autorités, Aristid. orat in Minervam; Julien, orat. III, p. 114. C'est à quoi fait allusion Philostr. in vit. Sophist. 11, 3, p. 568. Voyez Lucien, in reviviscent, p. 401, & Lambin, ad Cic. orat. pro Milon. c. 3.

(3) Cette dernière forme a lieu en Angleterrre, jusques-là qu'on prétend qu'un trigame ne fut point repris de la loi parce qu'elle ne prononçoit que contre les bigames. Voyez ANGLETERRE.

2°. *Upomosia*, c'eſt-à-dire, un ſerment qu'on fai-ſoit pour obtenir un délai, en prétextant, ſoit une maladie, ſoit une mort domeſtique, ſoit quelque malheur. (*Voyez* Ulpian. *in median*. p. 170, C. Harpocrat. à ce mot, & les auteurs cités par *Valeſius*.)

3°. *Antigraphi*, c'eſt-à-dire, une récrimination par laquelle l'accuſé accuſoit lui-même ſon accuſateur. (Pollux VIII, 6, *Ségm*. 58, & les commentaires ſur Harpocration.)

4°. *Antilexis*, c'eſt-à-dire, quand l'accuſé abſent du barreau, & par conſéquent incapable d'entendre l'huiſſier qui lui enjoignoit de comparoître, échappoit ainſi au jugement, &, dans l'eſpace de deux mois, intentoit à ſon tour un procès à ſon accuſateur. (*Voyez* Sigonias *de repub. Athen*. III, 4, p. 524; Pollux VIII, 6, §. 61.)

L'accuſateur & l'accuſé étoient obligés de conſigner, l'un & l'autre, une certaine ſomme d'argent, qui ſe nommoit *prytanée*, ou *paraſtaſe*, ou *epobelic*. Après ces préliminaires, on permettoit de parler au demandeur & au défendeur, ou à ſon patron. Le temps pendant lequel chacun devoit parler étoit réglé par un horloge d'eau; on verſoit autant d'eau pour l'un que pour l'autre; & pour qu'il n'y eût point de tromperie, il y avoit un homme ſeul chargé de la verſer, & qui ſe nommoit *Ephudor*. Après avoir entendu les deux parties, les juges donnoient leur avis avec des petits cailloux, & rendoient leur jugement. Quand l'accuſé perdoit ſa cauſe, il étoit condamné à une amende ou à quelque punition. Si cette punition étoit la mort, on le livroit à onze exécuteurs; quand il n'étoit condamné qu'à une amende, à d'autres hommes nommés *exactores*; quand il ne pouvoit pas payer l'amende, on le mettoit en priſon; ſon fils même étoit déclaré infâme, & étoit mis dans la même priſon, quand ſon père mouroit dans les fers. (Corn. Nepos, *in Gimone*. Démoſthène ſe récrie contre cet uſage, (*epiſt*. III, p. 114.) Au reſte, la paie des héliaſtes, pour chaque cauſe, étoit de trois oboles.

Paſſons maintenant aux jugemens & accuſations. Les jugemens étoient *publics* ou *particuliers*; les premiers étoient nommés *Kategoriai*, & les ſeconds *dikai*. Il y avoit différentes eſpèces de jugemens publics. 1°. Le jugement nommé *graphé*, pour connoître de différens crimes publics, tels que le meurtre, les bleſſures préméditées, les incendies, les empoiſonnemens, les embûches, le ſacrilège, l'impiété, la trahiſon, la débauche, l'adultère, la calomnie, le célibat, & d'autres crimes relatifs à la diſcipline militaire, comme d'avoir négligé de s'enroler, d'avoir déſerté, d'avoir quitté ſon poſte, &c. &c. 2°. Le jugement appellé *Phaſis*, étoit la délation ou la manifeſtation des crimes cachés. 3°. Le jugement nommé *endeixis*, étoit intenté contre ceux qui ſans avoir ſatisfait au tréſor public, ſe préſentoient pour gérer les charges, & pour juger les citoyens. Il étoit permis à tout le monde de les

dénoncer. 4°. Le jugement nommé *apagogué*, intenté contre les voleurs & les brigands, que chacun pouvoit dénoncer abſens, ou traduire en juſtice, quand ils étoient ſurpris en flagrant délit 5°. Le jugement nommé *ephegueſis*, étoit la dénonciation d'un criminel qui ſe cachoit. 6°. Le jugement nommé *androlexion*, intenté contre ceux qui refuſoient de livrer un criminel caché chez eux. 7°. Le jugement nommé *eiſaguelia*, intenté contre ceux qui commettoient un délit, contre lequel il n'y avoit point de loi poſitive.

Il y avoit auſſi pluſieurs eſpèces de jugemens particuliers, ſelon les divers crimes qui peuvent ſe commettre; comme les injures, les coups, la violence, la folie, les mauvais traitemens, les faux témoignages & d'autres crimes de cette eſpèce relatifs, ſoit aux dépôts, ſoit au commerce, ſoit au loyer des maiſons, ſoit au patronage, &c.

Peut-être, pour completter cette notice de l'*adminiſtration* civile chez les athéniens, devrions-nous ajouter quelques détails ſur les différens genres de peines uſitées dans cette république; mais ces objets ſont trop éloignés du but que nous nous propoſons dans cet article, & d'ailleurs on peut avoir recours à l'*économie politique*, & au mot PEINE, dans cet ouvrage.

Nous n'offrirons point non plus de grands détails ſur l'*adminiſtration* civile & militaire des Lacédémoniens. Tout le monde ſait que la conſtitution de ce peuple, dirigée vers les armes, n'offre qu'une police de brigands, de barbares conjurés contre la liberté & le bonheur de la grèce. « Les Lacédémoniens, dit M. *de Paw*, ne cultivoient ni les » ſciences, ni les arts. Ils ne ſavoient qu'aiguiſer » des javelots & des poignards, pour dépouiller » tous ceux qui étoient plus foibles qu'eux; & ils » firent enfin de la ville de Lacédémone ce que » Platon appelle *l'antre du lion*, ou preſque tout » l'or & l'argent de la Grèce alla s'engloutir. Cette » déprédation ſoutenue pendant pluſieurs ſiècles » par des brigands vraiment inſatiables, ferme le » plus ſombre tableau de toute l'hiſtoire grecque: » on y voit ſans ceſſe la perfidie ſuppléer à la force » ouverte, & les notions les plus ſacrées de la juſ-» tice céder au moindre appât d'un intérêt ſordide. » *Recherches philoſ. ſur les grecs*, tom. II, p. 231.

Quelle utilité pourrions-nous retirer de nos recherches ſur l'*adminiſtration* d'un pareil peuple? Peut-être des vices à éviter, mais aucune inſtitution vraiment applicable à notre état actuel. On ne voyoit à Sparte que des ſoldats ou des eſclaves; un peuple libre à-peu-près comme l'étoient les flibuſtier; mais ennemi des vertus douces, des arts, du commerce & qui n'en fut pas moins le peuple le plus avare, le plus déprédateur de tous ceux que l'antique Grèce nous offre.

Quoi qu'il en ſoit, voici, d'une manière très-abrégée, en quoi conſiſtoient les différens établiſſemens qui régiſſoient la république dont le véritable souverain resta toujours le peuple, c'est-à-dire, les spartiates descendus de la petite Doride, & qui s'étant fixés dans la Laconie, y établirent leur empire.

C'est à *Licurgue* qu'on attribue généralement la forme de gouvernement ou plutôt d'*administration* de Lacédémone.

1°. Il établit un sénat de trente sénateurs, y compris les deux rois qui subsistèrent toujours à Sparte. Ces deux rois n'étoient que chefs du sénat, ils ne pouvoient rien entreprendre sans avoir la pluralité de voix & n'avoient un pouvoir réel qu'à la guerre, qu'ils faisoient en conséquence durer autant qu'ils pouvoient.

2°. Le sénat avoit le droit seul de convoquer les assemblées du peuple ou de les rompre; il proposoit son avis, le peuple l'admettoit ou le rejettoit, mais il n'avoit point le droit d'examen.

3°. Il partagea les terres en trente mille parties, en attribua neuf mille aux citoyens & le reste aux habitans du territoire du domaine.

4°. Il établit la monnoie de fer, bannit l'or & l'argent; croyant sans doute par-là rendre les spartiates moins adonnés à l'avarice; mais le législateur se trompa, & l'on peut voir dans M. *de Paw*, que nous venons de citer, les preuves de cette vérité.

5°. Il établit des repas communs, où tout le monde étoit obligé d'assister, & régla la manière dont les enfans seroient élevés. Dès qu'ils naissoient, ils étoient visités, & ceux qu'on jugeoit trop foibles pour supporter les travaux guerriers auxquels on les destinoit, étoient condamnés à périr. A sept ans, on tiroit les enfans d'entre les mains des parens, & on les distribuoit en différentes classes. On les accoutumoit à une vie dure, & à tous les exercices d'une véritable milice, lorsqu'ils avoient atteint plus d'âge. On les faisoit combattre les uns contre les autres, & avec tant d'opiniâtreté, que plusieurs y perdoient quelque membre & quelquefois la vie.

Cette dureté de mœurs, cet esprit militaire, cette discipline rigide, n'empêchèrent point que le despotisme des deux rois ne devînt enfin insupportable, par la raison que nous avons dit. Pour y remédier, on établit, cent quarante ans après l'institution de Licurgue, des magistrats sous le nom d'*ephores*. Ils étoient cinq. Ils servoient également de frein à la sauvage autorité du sénat. Ils faisoient rendre compte aux magistrats de leur *administration*; ils avoient inspection sur les rois mêmes, qu'ils pouvoient faire mettre en prison. Mais leur pouvoir ne duroit qu'un an, & dans la paix, il se réduisoit à peu de chose.

Cette connoissance superficielle doit suffire pour

se former une idée de ce que pouvoit être l'*administration* civile à Sparte; celle que nous avons principalement pour objet ici : car, pour le remarquer, nous éviterons, autant qu'il est en nous, d'entrer dans les détails d'*administration* économique & de finance, qui ne sont point aussi exactement de notre objet, & dont nous nous occuperons d'ailleurs en parlant de la police économique de quelques peuples, & sur-tout des anciens.

Et si l'on nous demande pourquoi nous attachons tant de prix à l'étude de la police & de l'*administration* des nations anciennes de ces empires, républiques, peuplades qui n'existent plus. Nous répondrons : 1°. que c'est d'abord pour inspirer à nos lecteurs le goût de ce qu'on appelle *les bonnes études*; goût qui consiste à s'attacher à l'histoire de l'homme & des faits; à substituer aux abstractions vagues du raisonnement & de l'opinion, la science des événemens & des causes qui les ont amenés; à chercher dans les archives du genre humain à connoître les vertus ou les écarts dont il est susceptible, plutôt que dans des systèmes incohérens & illusoires; enfin à donner à la morale, à la politique, cette utilité, cette vie qu'elles acquièrent par la force de l'exemple & de l'autorité universelle des peuples. Goût que l'étude des mathématiques, de la physique, des sciences exactes, avoit trop fait négliger en France, & dont les écrivains les plus éloquens, les plus philosophes ont senti qu'il falloit se rapprocher (1).

2°. Nous insistons sur les notions de police & de législation des anciens, parce qu'elles servent à rectifier nos idées sur les projets que nous pourrions concevoir, parce qu'elles nous découvrent le vice ou l'insuffisance de certains établissemens que l'enthousiasme & l'ignorance s'habituoient à exhausser sans examen, parce qu'elles nous offrent & les efforts de la tyrannie contre la liberté des peuples, & les entreprises légitimes des peuples pour conserver leur liberté; conflit dans lequel l'homme public & l'écrivain attentif peuvent puiser les plus justes renseignemens sur l'art de gouverner les hommes, & de conserver leurs droits; enfin nous croyons l'histoire de l'ancienne *administration* agréable, utile, & par cela même formant une partie indispensable des études véritablement profitables à l'administrateur & aux citoyens. Nous dirons donc encore quelque chose de l'*administration* civile en général chez les romains, avant d'entrer dans les détails de celle de la France.

De l'administration *chez les romains.*

Pour faire connoître l'état de l'*administration* des romains, nous n'entrerons point dans l'histoire détaillée des changemens & des révolutions survenues

---

(1) Nous pourrions citer en preuve le célèbre abbé *Raynal*, cet écrivain dont les ouvrages ont opéré, comme ceux de *Voltaire* ou de *Jean-Jacques*, une révolution dans le système des idées morales des peuples : cet écrivain a fondé un prix à l'académie des inscriptions & belles lettres, pour être donné chaque année au meilleur mémoire sur les différentes parties de l'histoire de l'ancienne civilisation.

dans leur gouvernement. Ces matières font connues, & d'ailleurs elles ne forment point l'objet principal de notre travail. Nous nous bornerons donc, 1°. à donner une notice de leurs magistratures & de leurs magistrats ; 2°. à présenter le tableau rapide des formes & des parties qui composent leur *administration* générale.

Romulus, regardé généralement comme le fondateur & le législateur des romains, fut aussi celui qui fit les premières dispositions de police & d'*administration* de ce peuple fameux. Nous rapporterons, au mot POLICE, les détails qui ont rapport au premier de ces objets : essayons de tracer ici succinctement, mais avec ordre & netteté, les principaux caractères du second.

La plus ancienne division du peuple romain fut en tribus, c'est-à-dire, en trois parties dont chacune étoit subdivisée en dix curies. A la tête de chaque tribu étoit un magistrat, ou plutôt un officier nommé *tribun*.

Cette division étoit fort commode pour lever les troupes ; car dans ces premiers temps, où tout se rapportoit à la discipline militaire, l'on tiroit mille fantassins de chaque tribu, avec cent cavaliers, ce qui composa la première légion romaine. Sous Tarquin l'ancien, cinquième roi de Rome, le nombre des tribus fut doublé, & il fut porté dans la suite à trente-cinq. Le roi Servius fit une loi qui défendoit aux sujets d'une tribu de passer dans une autre. (*Tite-Live*, liv. XLV, c. 15.)

Quant aux curies dans lesquels chaque tribu avoit été divisée, on pourroit les comparer à nos paroisses ; elles avoient un curion chacune à leur tête, & par-dessus tous les curions, un grand curion qui en étoit le président. Ce nom de *curie* vient peut-être de ce qu'elles prenoient des affaires publiques ; car dans les premiers temps, elles se mêloient de l'*administration* de l'état ; de-là les *comitia curiata*, dont nous parlerons dans la suite : de-là aussi le nom de *curia* qui étoit le lieu où le sénat s'assembloit. Peut-être aussi ce mot vient-il de *Curia*, qui signifie *puissance*, *domination*, parce que c'étoit dans les assemblées par curies, à Rome comme à Athènes, que l'on statuoit en dernier ressort sur les affaires qui regardoient la république. Tous les citoyens, soit de la ville, soit de la campagne étoient inscrits dans les curies, & les villes municipales avoient leurs curies particulières. Malgré l'augmentation du nombre des tribus, celui des curies ne passa jamais celui de trente.

Outre cette distinction numérique, ou plutôt cette division du peuple romain en tribus & en curies, on en attribue encore une autre à Romulus, en patriciens & plébéiens. Les patriciens composèrent seuls le sénat pendant long-temps, qui étoit la partie de la nation chargée de toute l'*administration* exclusivement.

Le sénat fut d'abord composé de quatre-vingt-dix patriciens, choisis par les curies, & de neuf par les tribuns ; ce qui faisoit trois par chacune des unes

& des autres ; & quatre-vingt-dix-neuf en tout ; auxquels Romulus en ajouta un pour le représenter en son absence, & ces cent patriciens composèrent le premier sénat. Ce nombre de sénateurs augmenta beaucoup par la suite, & l'on sait que du temps de *Sylla* ils se trouvoient au nombre de plus de quatre cens. (Lettres de *Ciceron* à *Atticus*, liv. 13.) Dans les commencemens, les sénateurs étoient nommés par le roi, ensuite par le peuple sur la présentation des consuls, enfin par les censeurs, lorsque leur charge fut établie dans la république. Le premier des sénateurs portoit le nom de *prince du sénat*.

Dans le choix d'un sénateur, on faisoit attention à cinq choses ; 1°. on examinoit de quelle famille étoit le sénateur ; 2°. de quel ordre il étoit ; 3°. quel étoit son revenu, 4°. quel âge il avoit ; 5°. enfin, de quelle charge il avoit été jusqu'alors revêtu. Il n'y eut long-temps que les patriciens qui purent entrer au sénat ; mais l'an 302 de la fondation de Rome, les plébéiens y furent admis ; cependant on continua de les tirer de l'ordre des chevaliers qui étoit mitoyen, entre la noblesse & le peuple. Nous en parlerons tout-à-l'heure.

D'abord, on n'eut aucun égard à la richesse pour le choix des sénateurs ; mais ensuite on en exigea du candidat quatre-vingt mille sesterces, c'est-à-dire, environ quarante mille livres de notre monnoie. Auguste ordonna, selon *Suetone*, (*August. vit. c. 41.*) que le revenu d'un sénateur seroit de soixante mille livres ; & selon *Dion*, *Cassius*, de cinquante mille livres.

Les rois avoient d'abord le droit de convoquer le sénat ; après l'expulsion des rois, les consuls l'eurent, ainsi que les dictateurs, les généraux de la cavalerie, les préteurs, les tribuns du peuple, les gouverneurs de la ville, & ceux qui étoient revêtus de magistrature extraordinaire, tels que les décemvirs, les tribuns des soldats, les triumvirs. De ces magistrats qui avoient droit de convoquer le sénat, un inférieur ne pouvoit le faire qu'en l'absence de celui qui lui étoit supérieur.

Le sénat s'assembloit ordinairement aux kalendes, aux ides, ou aux nones du mois ; cependant s'il y avoit quelque chose de pressant, il se tenoit tous les jours, excepté pourtant les jours de comices. Selon la loi de *Cornelius*, tribun du peuple, au rapport de *Gravius*, il falloit que les sénateurs fussent réunis au nombre de deux cents pour composer le sénat. *Auguste*, en ordonnant qu'un plus petit nombre pourroit former un sénatus-consulte, chercha à diminuer l'autorité & l'influence du sénat dans les affaires d'*administration* publique. C'est de ce nombre exigé par la loi, que venoit l'usage de demander que l'on comptât le nombre des sénateurs lorsqu'on vouloit s'opposer à un décret du sénat : car il falloit être cent au moins pour pouvoir en porter un légalement ; du temps d'Auguste même, on en exigeoit quatre cents ; mais ce prince qui vouloit s'emparer du pouvoir général, en diminua le nombre, espérant en pouvoir plus facilement gagner un petit qu'un grand.

Le magistrat qui convoquoit le sénat avoit coutume de faire un acte de religion, tel que de prendre les auspices, faire un sacrifice avant d'y prendre place. Dans les délibérations, l'usage ancien étoit de demander d'abord l'avis du prince du sénat, & ; si après les comices consulaires, on tenoit le sénat, c'étoit au consul désigné qu'on s'adressoit pour savoir son sentiment. Autrefois les consuls choisissoient à leur gré celui qui devoit le premier opiner, en lui demandant son avis, & du temps de Jules-César cette liberté subsistoit encore. On suivoit après cela le rang & la dignité de chaque sénateur, en commençant par ceux qui avoient été consuls, & continuant par ceux qui avoient été préteurs, suivant l'ordre de leur dignité.

Le magistrat qui avoit assemblé le sénat, devoit faire son rapport en commençant par les affaires de la religion, puis celles de l'état, puis celles de la guerre, ensuite des alliés, &c. suivant le nombre de choses dont il avoit à parler. Ce n'étoit pas seulement le magistrat qui avoit convoqué le sénat, qui pouvoit faire son rapport, tous ceux qui jouissoient du droit de convoquer le sénat, les tribuns du peuple pouvoient même, malgré le consul, proposer ce qu'ils vouloient au sénat, & s'opposer à ce qu'il proposoit s'il ne vouloit pas recevoir son rapport. (*Tacite*, ann. I, c. 13 ; *Cic. de legib.* 3, c. 3.) Lorsque, par la suite, les loix & la liberté furent détruites, les empereurs s'arrogèrent le droit de faire plusieurs rapports à leur volonté, de suite, dans le sénat.

L'on ne pouvoit faire aucun sénatus-consulte après le coucher du soleil. (*Seneq. de tranquill. c. ult.*) On donnoit son avis debout. On donnoit son suffrage en quittant sa place ; c'est-à-dire, que celui qui opinoit le premier, passoit d'un côté, & tous ceux qui étoient du même avis, y passoient ensuite. Si quelqu'un s'opposoit au décret du sénat, il ne portoit point le nom de *sénatus-consulte*, mais de délibération du sénat, *sénatus-auctoritas*. On en usoit de même lorsque la convocation n'étoit pas légitime, ou que le nombre n'étoit point complet, alors on faisoit le rapport à l'assemblée du peuple. (*Dion.* liv. 55, initio *Cic. epist. famil.* liv. 8.) Lorsque le sénatus-consulte étoit formé, ceux qui avoient proposé les objets qu'il contenoit, mettoient leur nom au bas, & il étoit ensuite mis dans les archives publics sous la garde des édiles.

Au reste, les affaires dont on faisoit le rapport au sénat, étoient toutes celles qui concernoient l'*administration* de la république. Il n'y avoit que la création des magistrats, la publication des loix & les délibérations de la guerre & de la paix qui devoient absolument être portés devant l'assemblée du peuple, parce que le peuple, *populus*, étoit le souverain, & que tous ces actes sont des actes de souveraineté, tandis que les autres n'en sont que de

grande police, ou d'*administration*. Le sénat étoit donc le conseil perpétuel de la république. Tout citoyen pouvoit être élevé à ce rang ; la vertu & la capacité en ouvroient le chemin.

C'étoit aussi du sénat qu'on tiroit les juges pour les particuliers. Mais dans l'an de Rome 631, le tribun *Sempronius Gracchus* publia une loi qui ôtoit aux sénateurs le pouvoir de juger, & le transportoit à l'ordre des chevaliers. Cependant, quelque temps après, ce droit fut commun aux uns & aux autres. C'étoit encore le sénat qui avoit la garde du trésor public. (*Polyb.* 6, c. 11:)

N'ayant point à traiter de la politique de Rome, ni des formes de son gouvernement, mais seulement de ce qui a trait à son *administration*, nous ne dirons rien des droits du peuple, de ceux de l'état & des divers ordres respectivement les uns aux autres, & si nous faisons mention des chevaleries ici, ce n'est que pour les considérer sous deux points de vue qui rentrent dans notre objet, c'est-à-dire, comme officiers de justice & agens ou fermier du fisc.

Les chevaliers étoient originairement trois cents jeunes gens choisis dans les trois tribus établies par Romulus. C'étoit d'abord une compagnie, ce fut ensuite un ordre. La république leur fournissoit un cheval, & l'on fixa le bien qu'il falloit avoir pour y être reçu.

Le devoir des chevaliers étoit non-seulement de défendre l'état, mais, comme nous venons de le voir, la loi *Sempronia* leur attribua les fonctions de juges, d'abord exclusivement, mais ensuite ils les exercèrent en concurrence avec les sénateurs.

Ils étoient aussi les fermiers des revenus de la république, divisés en plusieurs sociétés ou compagnies, ainsi qu'on le voit dans Cicéron, *familiar. lib.* 13, c. 9. Celui qui étoit à la tête de chaque société, s'appelloit le chef ou le directeur de la compagnie. Ils étoient fort distingués à Rome, comme on peut le voir par les éloges qu'en fait Cicéron. Nous n'entrerons ici dans aucuns détails sur l'*administration* des finances des romains ; on peut avoir recours pour cela au *discours préliminaire du traité des finances* ; par M. de Surgy, dans l'Encyclopédie.

Nous parlerons ici, 1°. des magistrats de tous les départemens ; 2°. des formes de l'*administration* civile, religieuse & militaire.

Magistrat vient de *Magister*, maître. Il y avoit plusieurs sortes de magistrats chez les romains. 1°. des magistrats ordinaires & des magistrats extraordinaires. Les ordinaires étoient les consuls, les préteurs, les édiles, les tribuns du peuple, les questeurs, &c. Les extraordinaires étoient le dictateur avec son maître de la cavalerie, le censeur, l'inter-roi & autres dont nous parlerons dans la suite.

II°. Il y avoit des magistrats patriciens, d'autres plébéiens & d'autres mixtes. Au commencement de la république tous les magistrats étoient patriciens ;

mais dans la suite le peuple eut part à toutes les dignités excepté à celle de l'inter-roi. Les magistrats plébéien étoient les tribuns & les édiles plébéiens, tous les autres étoient mixtes.

III°. On distinguoit encore les grands & les petits magistrats. Les grands magistrats étoient ainsi appellés, parce qu'ils avoient les grands auspices, comme les consuls, les préteurs, les censeurs, &c. Les petits magistrats n'avoient que les petits auspices. (*Aul. Gel.* liv. XIII, c. 15.) De plus, les grands magistrats étoient ainsi nommés parce qu'ils avoient des licteurs & des messagers, & que les édiles & les questeurs n'en avoient point.

Enfin, il y avoit des magistrats des villes & des magistrats de province ; ceux-ci étoient les proconsuls, les proprêteurs & les proquesteurs : c'est comme qui diroit, les vice-consuls, &c.

On observoit la naissance & l'âge dans l'élection ou le choix des magistrats. Mais la première condition fut abolie par la suite & les magistratures furent également remplies de citoyens de tous les ordres. Quant à l'âge requis, il fut réglé par la *loi annaire.* Il paroît qu'on exigeoit que celui qui se présentoit pour la questure eût vingt-trois ans, pour le tribunat & l'édilité vingt-sept ou vingt-huit ans. On pouvoit être préteur deux ans après avoir exercé la charge d'édile. Pour le consulat, il falloit quarante-trois ans. (*Cicer. phil.* 5, c. 17.) Mais toutes ces règles furent violées sous les empereurs.

Il y avoit certaines loix qui étoient communes pour toutes les magistratures. Par exemple la loi de Romulus qui défendoit d'entrer en charge sans avoir consulté le vol des oiseaux ; la loi *Cornélia*, sur l'ordre qu'il falloit observer dans la promotion aux charges, ensorte, par exemple, qu'on ne pût être préteur avant d'avoir été questeur, ni consul avant d'avoir été préteur. Il étoit pareillement défendu à celui qui avoit été édile, de demander le consulat sans avoir passé par la préture. Il y avoit une ancienne loi touchant l'intervalle qu'on devoit observer entre la gestion d'une magistrature & celle d'une autre, par laquelle il étoit défendu de demander une charge dont on avoit déjà été revêtu, s'il n'y avoit un intervalle de dix années (*Tite-Live.* X, c. 13 ; *Plut. Coriolan.*) Il étoit défendu aussi d'avoir deux charges ensemble, au moins deux charges ordinaires & du premier rang. Mais lorsque la république eut perdu sa liberté, ces loix, comme plusieurs ordres, furent entièrement négligées.

Après ces notions générales, faisons connoître les principales magistratures, celles au moins qui avoient la grande *administration* de l'état ; c'est-à-dire, 1°. le consulat ; 2°. la préture ; 3°. l'édilité, 4°. le tribunat ; 5°. la questure ; 6°. la dictature ; 7°. la censure ; 8°. l'interrègne. Nous ne dirons qu'un

mot de chacune, & seulement pour ne pas détacher des objets qui doivent être réunis, & dont quelques-uns se trouvent développés dans la *jurisprudence* & les *antiquités.*

1°. Les consuls portèrent aussi les noms de préteur & de juge : & comme dit *Cicéron*, ils furent ainsi nommés *à præcundo*, *judicando*, *consulendo.* C'est pourquoi on trouve dans Festus, *que ceux qui sont aujourd'hui les consuls étoient les préteurs autrefois ;* & dans les novelles 24 & 25 de Justinien, *le nom de préteur est particulier à l'empire romain ;* & *avant l'établissement des consuls, il étoit usité dans la république.* Vers le temps des décemvirs, ils reçurent le nom de juges, qui leur resta jusqu'à ce que l'on eût créé les préteurs propres, c'est-à-dire les juges, & alors ils furent désignés sous la dénomination de consul qui leur resta : mot dérivé de *consulere*, qui, suivant Quintilien, signifioit aussi autrefois *judicare*, juger ; mais qu'on peut plus raisonnablement regarder comme exprimant plus particulièrement les soins du consul, qui étoit de pourvoir à l'*administration*, civibus consulere. Car, comme dit Tite-Live, constat partem ejus magis exquirenda, quam dandæ sententiæ esse.

Quoi qu'il en soit de l'étymologie de leur nom, les consuls furent institués après l'expulsion des rois, l'an de rome 244. On en créa deux afin de ne point exposer de nouveau la liberté au caprice d'un seul homme ; & afin, comme dit *Eutrope*, que si l'un vouloit abuser de son pouvoir l'autre pût s'y opposer : car ils avoient chacun un égal pouvoir. C'est encore pour cette raison que le temps de leur puissance fut réglé à une année, & afin aussi qu'ils n'oubliassent pas qu'ils n'étoient que de simples citoyens, qui, au bout d'un court espace de temps devoient se trouver au niveau des autres (1). Cicéron (3 *liv. de legibus*) donne au consulat le titre de puissance royale, *imperium regium*, ainsi que Tite-Live & d'autres.

Cependant cette grande autorité des consuls éprouva quelque diminution & cela de deux manières, c'est-à-dire, par *provocation* & par *intercession.* La provocation eut lieu sitôt après l'expulsion des rois par la loi *Valeria*, qui ôtoit aux consuls le droit de vie & de mort sur les citoyens, c'est-à-dire, y appeller de leur sentence. L'*intercessio*, qui naquit avec le tribunat, ôta au consulat la décision des affaires majeures & d'un intérêt général, comme la paix, la guerre, les alliances, avec les étrangers, la distribution des terres, &c. Tous ces objets furent discutés devant le peuple & rien ne pouvoit être décidé à leur égard sans son aveu. Cependant il resta encore une grande étendue de pouvoir d'*administration* & même de souveraineté aux consuls.

(1) Florus a très-bien exprimé ce double motif. Ex perpetuo imperio, unum placuit, ex singulari duplex : ne potestas solicitudine, vel more corrumperetur. Il seroit difficile de rendre un sens aussi précis en françois.

I°. Ils étoient les chefs de la république & tous les autres magistrats leur étoient soumis excepté les tribuns (1). Ainsi ils pouvoient intercéder dans toutes sortes d'affaires.

II°. Ils avoient à leur disposition l'armée & la police souveraine des milices : pouvoir terrible entre les mains d'un seul, & qui finit par noyer la liberté civile dans le sang des citoyens. Malheur que les américains viennent de se préparer aussi, pour l'avenir, en donnant au président du congrès la direction générale & le commandement des forces militaires de l'union. Il n'est point de restrictions, de conditions qui puissent balancer une semblable puissance : faites des loix, & donnez-moi seulement vingt-quatre heures la disposition entière d'une force capable de les faire taire, & je me rends le tyran de l'état ; parce que si quelques citoyens montrent assez de courage pour s'opposer à mon usurpation, d'autres y trouveront leur intérêt, & la frayeur, le goût de la paix en tiendront la moitié dans le silence. Ajoutez qu'un chef d'union obligatoire, commandant une puissante armée, va en quelque sorte de pair avec les princes étrangers, méprise ses concitoyens, sacrifie à sa vanité, à ses alliances avec des couronnes, le salut de la patrie, qui n'est plus à ses yeux qu'une proie dont il seroit glorieux de s'emparer. C'est ainsi qu'en 1787, Guillaume de Nassau s'est étayé de l'alliance, des armes, du crédit de deux rois pour donner des chaînes à la Hollande, malgré les traités, les sermens, les loix sur lesquels cette république a trop aveuglément compté. Les citoyens n'ont souvent qu'un siècle de courage, d'énergie : la paix, le commerce, les liaisons de familles énervent les grandes passions. Les bataves se soumirent sans résistance, quoiqu'ils eussent des hommes & des trésors : Ils avoient pourtant combattu jadis jusqu'à la dernière extrémité. Ils avoient étonné l'Europe dans le seizième & dix-septième siècle, pour établir cette liberté qu'ils viennent de perdre, & pour long-temps ; ils avoient enfin montré à Louis XIV ce que peut l'amour de la patrie contre les efforts de l'oppression, en 1672 ; mais la puissance du stathoudérat & la force militaire qui lui fut confiée détruisirent tant de grands moyens. La Hollande vient d'être soumise par les mêmes voies que Rome le fut & que l'amérique le sera, c'est-à-dire, par l'ambition du général, souverain des armées. Revenons aux consuls.

III°. Ils créoient les tribuns des soldats, les centurions, les préfets. Ils avoient le commandement absolu des provinces : ils pouvoient mander les sujets, les arrêter, les punir.

IV°. Ils jouissoient du pouvoir de convoquer le peuple, de le haranguer, de traiter avec lui, de lui proposer des loix, & de donner à ces loix leur propre nom.

V°. C'étoit à eux que s'adressoient les lettres de tous les gouverneurs & magistrats des provinces, & de toutes les nations étrangères : ils donnoient audience aux ambassadeurs, & c'étoit à eux de faire exécuter les décrets du sénat & du peuple.

VI°. Ils assembloient le sénat, ils recueilloient les avis des sénateurs, comptoit les voix, & faisoient finir la séance à leur gré.

VII°. Enfin, ils donnoient à l'année sa dénomination, comme l'archonte chez les athéniens, qui étoit pour cela nommé éponime.

Ces fonctions des consuls subsistèrent tant que dura la liberté civile à Rome. Mais lorsqu'elle eût été opprimée par *Jules-César* & ses successeurs, les consuls eurent pour toutes fonctions celles de prendre les avis du sénat, & de lui faire le rapport des volontés du prince, de nommer des tuteurs aux pupilles, & d'affranchir publiquement les esclaves. Ils affermoient les revenus de l'état, ce qui appartenoit autrefois aux censeurs ; enfin ils donnoient certains jeux publics au peuple romain. Mais sous les empereurs, comme on faisoit souvent plusieurs consuls dans la même année, afin d'avilir peu à peu cette dignité en la rendant commune, il n'y avoit que les premiers consuls, les consuls ordinaires, dont le nom fut donné à l'année. Les autres consuls se nommoient *suffecti* ; c'est-à-dire, ajoutés & surnuméraires. Il y eut encore d'autres consuls sous les empereurs appellés *honoraires*, parce qu'ils étoient consuls par lettres particulières du prince, c'étoient des consuls à brevet.

2°. Le nom de préteur, propre aux consuls dans le commencement de la république, fut attribué à un magistrat particulier, l'an de Rome 388. Deux raisons donnèrent lieu à cette magistrature : premièrement, *l'absence* des consuls, qui, souvent occupés du commandement de l'armée au dehors, ne pouvoient pas rendre la justice au peuple, & régler la police de l'état : secondement *l'émulation* entre les magistrats qui furent bien-aise de pouvoir remplir cette grande place, après le temps fini de leur consulat.

D'abord, il n'y eut qu'un préteur ; ensuite, vers l'an de Rome 501, on en créa un second, également destiné à rendre la justice, mais avec une étendue de jurisdiction différente ; celle du premier ne s'étendant que sur les citoyens, & celle du second sur les citoyens & les étrangers : l'un fut appellé *prætor urbanus*, l'autre *prætor peregrinus*. Lorsque la Sicile & la Sardaigne furent réduites en provinces romaines, on fit deux nouveaux préteurs

___

(1) Il y a dans cette exception un grand sens : car les tribuns étant les magistrats du peuple, & le peuple étant souverain à Rome de droit naturel & de droit positif, par la loi *Valeria*, c'eût été une monstruosité que les magistrats du souverain eussent reconnu d'autre pouvoir que celui de leurs commettans.

destinés à administrer la justice dans ces deux conquêtes ; ainsi qu'en 557, lorsque Rome s'empara de l'Espagne. Il y eut donc alors six préteurs, dont deux seulement demeurèrent dans la ville, les autres se rendoient dans leurs départemens respectifs, qui leur étoient donnés par le sort.

Les choses demeurèrent en cet état jusqu'à l'an de Rome 606. Alors il fut réglé que tous les préteurs rendroient la justice à Rome, soit en public, soit en particulier, dans l'année de leur magistrature, & qu'à la fin de cette année, ils partiroient pour les provinces qui leur seroient échues. L. C. Sylla ajouta en 672 deux nouveaux préteurs à ceux qui existoient déjà. Enfin Jules-César porta leur nombre jusqu'à seize pour récompenser les coopérateurs de sa criminelle ambition. Ce nombre varia plusieurs fois ; sous l'empereur Valentinien il étoit réduit à trois, & enfin, vers le temps de Justinien, la préture fut entièrement abolie.

Les fonctions du préteur étoient, 1°. de donner des jeux, sur-tout les jeux du cirque & autres, Voyez, sur cette partie des fonctions du préteur, le mot POLICE. 2°. Durant la vacance de la censure, il avoit droit d'ordonner la réparation des édifices publics ; mais il falloit y joindre un décret du sénat. 3°. Dans l'absence des consuls, ils faisoit leurs fonctions ; il assembloit le sénat : il falloit cependant que ce fût pour quelqu'affaire nouvelle : il demandoit les avis des sénateurs, tenoit les comices & haranguoit le peuple. Enfin il pouvoit empêcher tout magistrat, excepté les consuls, de tenir les comices, & de haranguer. (Cicer. philip. 2, c. 13.)

Cependant il paroît que quelques-unes de ces prérogatives ne regardoient que le préteur de la ville. La quatrième & principale fonction du préteur étoit ce qui regardoit sa jurisdiction, comme s'exprime Ciceron (de legibus, l. 3, c. 3.) Cette jurisdiction étoit si étendue & l'occupoit tellement, qu'il lui étoit impossible d'être hors de Rome plus de dix jours.

3°. Les édiles furent ainsi nommés, soit parce qu'ils avoient soin des édifices publics & particuliers, soit parce qu'on leur confia la garde des plébiscites ou ordonnances du peuple, déposées dans le temple de Cérès. Il y avoit trois sortes d'édiles, des édiles plébéiens, des curules, & d'autres qu'on nommoit cereales ; ils furent institués à Rome, avec les tribuns du peuple, l'an de la ville 261 : car le peuple ayant obtenu des tribuns, il voulut de plus, comme le rapporte Denis d'Halicarnasse, litt. 6, avoir deux magistrats qui aidassent les tribuns dans l'exercice de leurs fonctions, & qui pussent connoître de certaines affaires qui leur furent attribuées. Ces premiers édiles furent nommés plébéiens. On en créa ensuite deux autres tirés

de l'ordre des patriciens, en 368, dont l'occupation étoit sur-tout de présider aux jeux publics ; on les appella édiles curules. Il n'y en eut pas davantage jusqu'au temps de Jules-César, qui, aux précédens, en ajouta deux, en 710 de la fondation de Rome : ils furent tirés de l'ordre des patriciens, & nommés cereales, parce qu'ils étoient préposés à l'administration & la police des vivres. Voyez le mot POLICE. Il y eut donc six édiles qui durèrent jusqu'à Constantin, qui, dit-on, les supprima à Rome.

Cicéron a renfermé dans sa loi les fonctions des édiles en peu de mots. Sunto ædiles, dit-il, curatores urbis, annonæ, ludorum solemnium. Les devoirs des édiles doivent être de prendre soin de la ville, des vivres & des jeux solemnels.

Et en effet, 1°. ils avoient l'inspection des édifices publics & des temples des dieux ; 2°. ils étoient chargés de remédier aux incendies : devoir qui paroît ne leur avoir été imposé que par Auguste, au rapport de Denis d'Hal. liv. 54 ; 3°. le soin des funérailles leur étoit aussi attribué. C'est pourquoi Ovide dit, 6 fast.

Adde quod ædiles, pompâ qui funeris irent,
Artifices tantum jusserat esse decem.

Ils étoient aussi chargés de différens détails de police, comme les bains, les femmes publiques, les marchés, les vivres, dont nous parlerons ailleurs ; c'est pourquoi nous n'en dirons pas davantage sur les fonctions de ces magistrats. Voyez POLICE.

4°. Le quatrième ordre de magistrature, dont nous nous proposons de parler ici, c'est le tribunat. Le mot de tribun signifioit en général chez les romains, un homme qui avoit une inspection (1). Il y avoit des tribuns des soldats, & des tribuns du fisc, parce qu'ils comptoient aux questeurs l'argent nécessaire pour la paie des soldats. Sous les empereurs il y en eut des plaisirs, des mariages, des écoles, comme on le voit dans Cassiodore ; mais il n'est ici question que des tribuns du peuple.

Leur origine est due à l'amour du pouvoir, inné chez tous les hommes, & à la tyrannie des patriciens. Ces deux causes réunies excitèrent des troubles dans Rome, vers l'an 260, qui se terminèrent par la retraite du peuple, cette même année, sur le mont sacré, près de la ville. Là on délibéra sur ce qu'on avoit à faire, & ces braves citoyens qui ne vouloient ni abandonner leur patrie, ni être les esclaves des nobles, résolurent de ne rentrer dans Rome, qu'à condition qu'on leur accorderoit une magistrature protectrice de leurs droits, & remplie par des hommes tirés de leur ordre. On créa donc d'abord deux tribuns du peuple : bien-tôt on leur

_____
(1) Vossius lexicon etymolog. verbo tribunus.

en ajouta trois, & enfin, vers l'an 297, on les augmenta de cinq ; ce qui les porta à dix, nombre qui a toujours subsisté tant qu'a duré la république.

Ces tribuns étoient toujours choisis d'entre le peuple., & dans les commencemens il furent même tirés de la plus pauvre classe des citoyens ; *plebs*. On ne voit pas néanmoins qu'il en soit résulté aucun inconvénient ; ce qui prouve que la dernière classe du peuple n'est pas moins propre à discuter & défendre ses droits de citoyen que les premiers ordres de l'état. Aucun patricien ne pouvoit être revêtu du tribunat, à moins que l'adoption ne l'eût fait passer dans l'ordre des plébéiens. Un plébéien qui étoit sénateur, ne pouvoit pas même être tribun. Dans la suite, il fut ordonné qu'aucun ne pourroit être élu tribun, s'il n'étoit sénateur plébéien.

Les tribuns du peuple n'avoient point entrée au sénat ; ils demeuroient seulement assis sur des bancs vis-à-vis la porte du lieu où il étoit assemblé, d'où ils entendoient tout ce qui s'y disoit. Ils pouvoient cependant assembler le sénat quand il leur plaisoit, ainsi que les comices populaires.

Au commencement, l'unique devoir des tribuns fut de protéger le peuple contre les patriciens & les magistrats : ils avoient le droit de délivrer un prisonnier & de le soustraire à un jugement prêt à être prononcé contre lui, Aussi pour désigner le droit de protection indéfinie dont ils jouissoient, leur maison devoit être ouverte jour & nuit, pour recevoir les plaintes des citoyens. (*Aul. Gel.* lib. 7, c. 19 ; *Appian. Alex.* lib. 2, civil.) On prétend même que, pour cette raison, ils ne pouvoient même s'absenter un jour de la ville, ni même en sortir.

Leur principal pouvoir consistoit à s'opposer aux arrêts du sénat, & à tous les actes des autres magistrats, par cette formule si célèbre : *veto*, *intercedo*, je m'oppose, j'interviens. La force de cette opposition étoit si grande, que quiconque n'y obéissoit pas, soit qu'il fût magistrat, soit qu'il fût particulier, étoit conduit en prison par l'officier nommé *viator*, conducteur (1), ou bien on le citoit devant le peuple, comme rebelle à sa puissance sacrée ; car les tribuns du peuple étoient sacrés, & si quelqu'un les offensoit, de parole ou d'action, il étoit regardé comme un impie & un sacrilège, & ses biens étoient confisqués. Lorsqu'ils ne s'opposoient point aux décrets du sénat, on mettoit au bas de l'acte la lettre T, pour marquer l'approbation des tribuns. S'ils s'opposoient, le décret n'étoit point appelé *senatus-con-*

sultum, mais seulement *senatus auctoritas*, opinion du sénat. Un seul tribun pouvoit s'opposer à ce que faisoient les autres, & il l'annulloit par cette disposition.

Quoiqu'ils eussent déjà une très-grande autorité, elle devint dans la suite bien plus considérable. En vertu de la puissance sacrée dont ils étoient revêtus, non-seulement ils s'opposoient à tout ce qui leur déplaisoit, comme aux assemblées par tribus, & à la levée des soldats, mais encore ils assembloient le sénat & le peuple quand ils vouloient, & ils rompoient les assemblées de même. Tous les plébiscites ou décrets du peuple, qu'ils publioient, n'obligeoient au commencement que le peuple seul. Dans la suite, ils obligèrent tous les trois ordres ; c'est-à-dire, vers 466 de la fondation de la ville. Ils donnoient & ôtoient le maniement des deniers publics, la recette des impositions, les départemens, les magistratures, le commandement de l'armée & toutes les places de l'*administration* romaine. Enfin cette magistrature après avoir été réduite à presque rien par *Sylla*, qui employa la force des armes à détruire les loix, après avoir été rétablie en partie par *Cotta*, fut réunie au pouvoir d'Auguste, & disparut enfin de nom & de fait sous Constantin, n'étant déjà plus qu'un vain titre, depuis le règne de *Nerva* (2).

5°. Les questeurs, chez les romains, étoient des officiers de finances. Leur ministère étoit de veiller sur le recouvrement des deniers publics, & sur les malversations que les triumvirs, nommés *capitaux*, furent chargés d'examiner dans la suite. Il y avoit trois sortes de questeurs ; les premiers s'appelloient *questeurs de la ville*, urbani, ou intendans des deniers publics ; *quæstores ærarii* : les seconds étoient les questeurs de province ou questeurs militaires ; les troisièmes, enfin, étoient les questeurs des parricides & des autres crimes capitaux. Il ne s'agit point ici de ces derniers qui n'avoient rien de commun avec les autres.

L'origine des questeurs paroît fort ancienne. Ils furent peut-être établis dès le temps de Romulus ou de Numa, ou au moins sous Tullus Hostilius. C'étoit les rois mêmes qui les choisissoient. *Tacite*, (*annal.* 11, c. 22) dit que les consuls se réservèrent le droit de créer des questeurs, jusqu'à l'an 307. D'autres prétendent qu'aussi-tôt après l'expulsion des rois, le peuple élut deux questeurs ou trésoriers, pour avoir l'intendance du trésor public : l'an de rome 333, il fut permis de les tirer de l'ordre plébéien, & on en ajouta deux autres pour suivre les

---

(1) Cette sévérité étoit juste, & elle étoit nécessaire ; 1°. pour contenir le pouvoir insolent des nobles ; 2°. pour conserver au peuple le respect dû à son caractère de souverain : 3°. pour assurer la puissance du tribun, & ne point rendre dérisoires ses jugemens. Le tribunat fut la sauve-garde de la liberté romaine, un modèle de magistrature qu'il est étonnant qu'aucun peuple moderne n'ait imité. C'est le seul qui convienne à la souveraineté populaire, la seule vraiment imprescriptible.

(2) L'on nous blâmera peut-être de rapporter ainsi les formes anciennes d'*administration* ; l'on croira ces détails superflus, & on les traitera d'érudition déplacée ; mais l'on doit remarquer qu'il en résulte des objets de comparaison qui fertilisent & étendent les idées, que les meilleurs écrivains en ont ainsi agi, & que depuis qu'on s'est départi de cette méthode les ouvrages de législation n'ont été que de vagues & inutiles abstractions.

confuls à la guerre ; c'étoit des *intendans d'armées*. Enfin le nombre en augmenta jufqu'à quarante fous les empereurs qui en nommoient une partie, & le peuple l'autre. De tous ces quefteurs, il n'y en avoit que deux pour la ville & la garde du tréfor public ; les autres étoient pour les provinces & les armées.

Le principal devoir des quefteurs étoit la régie du tréfor public, la garde des enfeignes militaires, la vente & la diftribution du butin. Par une loi d'Augufte, on leur confia auffi la garde des fénatus-confultes qui auparavant appartenoit aux édiles & aux tribuns.

Les Empereurs eurent auffi un quefteur qu'on nomma *candidat du prince*. Sa fonction étoit de lire les ordres de l'empereur dans le fénat. Après vinrent les quefteurs du palais, dont la charge fe rapporte à celle de chancelier parmi nous, & à celle de grand logothète fous les empereurs de Conftantinople.

Il y avoit encore, parmi les magiftrats ordinaires, d'autres officiers publics, comme les triumvirs capitaux, qui étoient des juges du petit peuple, & dont le miniftère étoit de faire punir ceux qui avoient été condamnés à une peine capitale. On avoit auffi établi des triumvirs monétaires, qui dirigeoient les fabriques d'or, d'argent & de cuivre : ils étoient diftingués de ceux qui examinoient & faifoient l'épreuve des pièces qu'on foupçonnoit, & qui pour cela étoient appellés *fpeculatores pecunia*. Il y avoit encore les quefteurs nocturnes, qui veilloient aux incendies, & d'autres dont nous parlerons au mot POLICE. Nous dirons feulement que le college des *viginitivirs* étoit] compofé de ces officiers ; favoir, des triumvirs monétaires, des triumvirs capitaux, des quatuorvirs nocturnes, & les décemvirs, dont la fonction étoit de juger les procès du bas peuple.

Tels font les magiftrats *ordinaires* qui préfidèrent à l'*adminiftration* des affaires publiques, de la juftice & de la ville, tant que dura la république, & même long-temps encore fous les empereurs, & dont l'élection forma toujours un des premiers droits de la fouveraineté que le peuple conferva affez conftamment.

Il nous refte encore à faire connoître les magiftratures extraordinaires, c'eft-à-dire, qu'on créoit, lorfque le befoin le demandoit, & dont le pouvoir ceffoit auffi-tôt que la caufe qui leur avoit donné naiffance. Ces magiftratures font ; 1°. la dictature : Elle fut ainfi nommée parce que, fuivant quelques auteurs, le citoyen qui en étoit revêtu, étoit nommé par le conful. D'autres prétendent que ce nom

vient de *dictare*, ordonner, faire des ordonnances, qui étoit, chez les romains, un pouvoir attaché à la fouveraine puiffance. On l'appelloit auffi *magifter populi romani*, *prætor maximus* : ce qui annonce l'importance & la dignité de cette grande charge.

Au refte, la première raifon qui fit choifir un dictateur à Rome, fut l'efprit de fédition & la crainte de l'ennemi : car les diffentions ne permettant pas toujours une décifion prompte, & de fuivre une conduite ferme & conftante, on eut recours à ce dangereux moyen, pour faire agir le peuple & repouffer l'ennemi (1). Dans la fuite, on le créa encore pour d'autres objets : par exemple, pour tenir les comices, pour élire les fénateurs, pour faire des informations, pour faire célébrer des jeux, fur-tout lorfque le préteur étoit malade, ou enfin pour enfoncer le clou, dans les temps de crainte ou de calamité. On ne le créoit pas, comme les autres magiftrats, par les fuffrages du peuple ; mais un des deux confuls, par un décret du fénat, nommoit ordinairement qui il vouloit d'entre les fénateurs confulaires, & cette nomination fe faifoit pendant la nuit, & après avoir pris les aufpices.

Le dictateur étoit auffi puiffant qu'un roi, dans l'acception ordinaire de ce terme ; car il étoit maître de faire la guerre ou la paix, & d'exécuter tout ce qu'il vouloit. (*Denis d'Halicarnaffe*, liv. 5, c. 74). Il pouvoit difpofer à fon gré de la vie & des biens d'un citoyen, fans confulter le peuple & fans qu'on pût appeller de fon décret. Cela dura jufqu'à l'an 304, qu'*Horatius* & *Valerius*, alors confuls, portèrent une loi qui défendoit qu'on créât aucun magiftrat dont on ne pût appeller. (*Tite-Live*, 3, c. 54.) Lorfque le dictateur étoit élu, tous les autres magiftrats abdiquoient leurs charges, excepté les tribuns du peuple (2) ; & pour marquer la grande puiffance dont il étoit revêtu, la nation voulut qu'il eût vingt-quatre licteurs, avec les faifceaux & les haches dans la ville, & toutes les marques de la fouveraineté.

Comme on craignit que tant de pouvoir confié à un feul homme ne détruisît la liberté publique, il fut réglé, 1°. que la dictature ne pourroit durer que fix mois, & que fi le befoin qui avoit fait nommer le dictateur duroit encore au bout de ce temps, il n'en feroit pas moins obligé d'abdiquer, pour qu'on le continuât ou qu'on en nommât un autre. 2°. Le dictateur ne pourroit faire aucun emploi des deniers publics fans la permiffion du fénat & du peuple. 3°. Il ne lui étoit pas permis de fortir d'Italie tant qu'il étoit revêtu de cette charge,

---

(1) Rien ne prouve mieux le refpect que les romains eurent fi long-temps pour les loix, que l'obéiffance aveugle avec laquelle ils fe foumettoient aux ordres du dictateur. Sylla fut le premier qui abufa honteufement de cette magiftrature ; c'eft que Sylla avoit des foldats qui n'étoient déja plus des citoyens comme les autres, mais des hommes vendus à leur chef comme le font toutes les troupes ftipendiées Le véritable défenfeur de la patrie eft le citoyens armé ; tout autre eft plus dangereux qu'utile, c'eft un traître qui tournera les armes contre l'état au premier ordre du defpote qui le commande.
(2) Remarquez l'inftinct des romains à conferver au peuple & à fes magiftrats, le caractère & le droit qui conviennent au fouverain naturel.

autrement il en perdoit les prérogatives, & il n'avoit plus d'autorité. 4°. Il lui étoit expressément défendu de monter à cheval, à moins que ce ne fut pour aller à la guerre, il falloit donc que le dictateur demandât la permission au peuple, pour monter à cheval, lorsque ce n'étoit pas pour aller à la guerre. Ces précautions n'empêchèrent pas que *Corn. Sylla*, n'abusât de la dictature, en 672, ne violât toutes les loix, ne commît cent désordres & n'établît une tyrannie affreuse dans la république. C'est qu'on eut l'imprudence de confier la force militaire, & le pouvoir souverain au même homme; c'est que les soldats payés aux dépens de l'état, & ne se regardant plus comme citoyens, s'attachèrent de préférence à leur général plutôt qu'au souverain naturel, au peuple. Si les citoyens eussent continué de faire les campagnes à leurs frais, pareil malheur ne fût point arrivé : je le répète, il n'y a de vrai défenseurs de la liberté, de l'état & de l'empire, que les citoyens armés ; les autres sont des hommes dangereux, des mercenaires prêts à trahir les loix & leurs devoirs lorsque leur chef le leur ordonnera, qu'il se nomme roi, dictateur ou général. Nous en avons une nouvelle preuve dans *Cromwel*. Cet admirable tyran n'eût été qu'un vrai protecteur, le premier & peut-être le meilleur des citoyens, au moins de fait, si la puissance militaire dont il disposoit, n'eût lâchement sacrifié la patrie, les loix & leur honneur au pouvoir de celui qui la commandoit ; mais revenons au dictateur romain.

Il avoit sous lui un officier qu'on nommoit *général de la cavalerie*, à-peu-près comme les rois avoient sous eux le tribun des *celères* ou des *chevaux-légers* (1). On lui donnoit aussi le nom de *maître de la cavalerie*, parce que comme le dictateur commandoit le peuple, de même cet officier commandoit la cavalerie. C'étoit le dictateur qui le nommoit, & il choisissoit ordinairement parmi les ex-consuls ou anciens préteurs. Le devoir de ce général de la cavalerie étoit de servir le dictateur dans tout ce qui pouvoit lui être utile, & de lui obéir.

6°. La seconde magistrature de la république romaine dont nous nous proposons de parler après celle du dictateur, c'est la censure : car, quoiqu'elle ne soit pas proprement une magistrature extraordinaire, cependant comme elle n'eut lieu pour la première fois que l'an de rome 311, nous avons cru pouvoir l'excepter du rang des anciennes & ordinaires magistratures ; & comme cette matière a été déjà traitée dans la *jurisprudence*, aux mots CENS & CENSEUR, que d'ailleurs nous reviendrons encore dessus ; nous n'en dirons que peu de chose ici, quoique ce soit un des objets les plus importans à connoître de l'*administration* & de la police des romains.

Il paroît que *Servius - Tullius*, sixième roi de Rome, fut le premier censeur ; car il en exerça la charge lui-même. Ainsi cette fonction fut regardée comme une des premières de l'état, & après l'expulsion des rois, on l'attribua aux consuls. Mais les affaires se multipliant tous les jours, il ne fut plus possible à ces magistrats de s'en occuper. Ainsi le *cens*, c'est-à-dire, le recensement du nombre, des biens, de l'état & de la profession des citoyens, ayant été suspendu pendant dix-sept ans par cette cause, l'on créa deux censeurs l'an de Rome 311, comme nous venons de le dire. Ils furent ainsi nommés, soit parce qu'ils faisoient le dénombrement du peuple à leur volonté, *ad censionem*, comme dit *Varron* ; soit parce que les facultés de chacun étoient estimées en raison de leur appréciation, *quanti censuissent*, comme dit *Festus*. Et certainement leur nom vint du pouvoir qu'ils avoient de faire l'estimation de la valeur des biens, auquel on ajouta dans la suite l'inspection des mœurs.

Ils furent d'abord créés au nombre de deux, autant que de consuls, & pour cinq ans, parce que les dénombremens du peuple ne se firent primitivement qu'à cet intervalle de temps les uns aux autres ; mais l'an de Rome 319, il fut réglé par la loi *Emilia*, qu'à la vérité on feroit des censeurs tous les cinq ans, mais de manière que deux de ces censeurs seroient en charge seulement durant une année ; parce qu'il étoit fâcheux d'être cinq années de suite soumis aux recherches des mêmes magistrats. Ils étoient tirés ordinairement d'entre les principaux personnages patriciens ; mais par la suite on les tira également des deux ordres : il y eut même une loi qui ordonnoit qu'il y en auroit toujours au moins un de plébéien.

Les deux principaux objets des censeurs étoient, comme nous venons de voir, 1°. l'estimation des facultés de chaque citoyen ; 2°. l'examen des mœurs.

Pour remplir le premier objet, ils s'asseyoient au champ de mars, dans leurs chaises curules, & là ils faisoient appeller, par un crieur public, chaque tribu, & dans chaque tribu successivement ceux qui la composoient (1). Lorsque ceux-ci étoient devant

---

(1) Il ne faut pas se laisser tromper par les noms. Les *celères* de Romulus, ne ressembloient pas plus à nos chevaux-légers qu'un flibustier à un acteur de l'opéra comique, où une fermière galloise à une marchande de modes de la rue saint-Honoré.

(2) Ce qui a rendu nos *administrations* modernes si compliquées, c'est qu'on a tout voulu faire dans le cabinet, dérober au peuple la connoissance d'objets qui lui appartiennent, & sur tout éviter de le réunir en comices, en assemblées publiques, où son pouvoir se fait sentir à la vérité, mais où aussi l'on parvient à connoître la vérité bien autrement que par le rapport de commis ou même de députés. Je voudrois voir les assemblées populaires établies dans les grandes &

le cenfeur, ils étoient obligés de rendre compte de leurs actions, de déclarer de quelle claffe ils étoient, de quelle centurie, de quel âge, quelle étoit leur femme, combien ils avoient d'enfans, de domeftiques, de revenus. (*Dion. Hal.* l. 4, c. 15.) Celui qui n'avoit point comparu devant le cenfeur, ou qui avoit fait une fauffe déclaration de fes biens, étoit fouetté & vendu comme efclave, & fes biens étoient vendus à l'encan, comme ceux d'un homme indigne de la liberté. Dans les colonies & dans les villes municipales, les cenfeurs du lieu faifoient auffi le dénombrement des citoyens. Ceux qui commandoient dans les provinces, faifoient pareillement le dénombrement des fujets de la république, fuivant une formule que les cenfeurs de Rome leur préfentoient, & ils en faifoient leur rapport à ces mêmes cenfeurs : enforte que le fénat pouvoit voir d'un coup-d'œil toutes les forces de la république ; car on tenoit régiftres exacts du cens.

Les cenfeurs affermoient toutes les impofitions faites fur les fujets de la république, & ceux qui prenoient ces fermes à bail étoient des perfonnes d'un état honnête, & la plupart de l'ordre des chevaliers. Ce n'étoit qu'à Rome que les baux de ces fermiers publics pouvoient fe faire. Les cenfeurs régloient la manière de lever les impôts dans les provinces, & ces réglemens ou tarifs fe nommoient *tabulæ cenforiæ.* C'étoit des efpèces de rôles où la contribution des villes & des particuliers étoient fixées. C'étoient encore eux qui concluoient des traités avec des entrepreneurs pour fournir les chevaux néceffaires aux jeux du cirque & nourrir les oies du capitole. Ils traitoient auffi avec des entrepreneurs, appellés *redemptores*, ainfi que tous les fermiers de la république, pour la conftruction ou la réparation des ouvrages publics.

La feconde fonction des cenfeurs étoient l'examen des mœurs : de là vient que nous appellons encore aujourd'hui cenfeurs ceux qui remarquent les défauts des autres, & en critiquent les mœurs & les actions. Ainfi le foin des cenfeurs portoit fur autre chofe que les crimes publics que les loix & les juges étoient chargés de punir. Leur objet étoit la conduite particulière des citoyens & certaines fautes perfonnelles, c'eft-à-dire, les délits moraux, qui, fans porter atteinte directe à la tranquillité publique, troublent la fociété & y établiffent un foyer de défordre & de dépravation d'autant plus redoutable, que fon action eft prefque infenfible de premier abord, & ne fe fait fentir que lorfqu'il n'eft plus temps d'y remédier. Mais nous parlerons de cette partie du devoir des cenfeurs romains, au mot CEN-SURE, où nous examinerons quelle utilité on pourroit retirer d'un femblable établiffement pour contenir une foule d'actions infames, dont les loix n'ont cependant pas dû déterminer la peine dans tous les cas, où il feroit néceffaire qu'elle fut prononcée. *Voyez* ACTION & DÉLIT MORAL.

On ne pouvoit être deux fois cenfeur. (*Val. Max.* 4, c. 17.) Lorfque l'un des deux mouroit, il n'étoit pas permis de lui en fubftituer un autre ; mais fon collègue devoit abdiquer. La mort même de ce magiftrat étoit une efpèce de mauvais préfage, parce que fa perfonne paffoit pour facrée. Ce qui étoit particulier à ce magiftrat, c'eft que dès qu'il étoit élu, il entroit en fonction. Mais avant d'exercer leur charge, les cenfeurs faifoient ferment qu'ils n'écouteroient ni l'amitié ni la haine ; & qu'ils fe comporteroient toujours fuivant leur confcience. En fortant de charge, ils juroient fur la loi, & de là, montant dans le lieu où étoit le tréfor public, il donnoient les noms de ceux qu'ils laiffoient pour commis à la garde de ce tréfor. Après cela, l'un des deux cenfeurs à qui le fort faifoit tomber cette fonction, avoit coutume de fermer le luftre dans le champ de mars. Il faifoit des vœux pour la république, après avoir conduit une truie, une brebis & un taureau autour de l'affemblée du peuple, il les facrifioit, & cette cérémonie s'appelloit *fuovetorilia* ou *folitorilia.*

7°. L'inter-roi défigne affez par fon nom la nature de fes fonctions. Sa charge fut créée immédiatement après la mort de Romulus. Les différens ordres de la république, ne pouvant alors s'accorder, & d'ailleurs les romains & les fabins prétendant également avoir un roi de leur nation, il fut décidé que durant cinq jours les droits & les marques de la royauté feroient donnés à un fénateur, & que lorfque les cinq jours feroient écoulés, l'inter-roi remettroit les marques de la royauté à celui qui lui plairoit de nommer pour remplir fa place, que celui-ci feroit la même chofe au bout de cinq jours, & que le fénateur qui lui fuccéderoit, continueroit de même jufqu'à ce qu'on eût éu un roi. Cette forme de gouvernement, c'eft-à-dire, cet interrègne dura alors une année entière.

Après l'extinction de la royauté, on fit des inter-rois, lorfque la république manquoit, foit de confuls, foit de dictateur. Ce qui pouvoit arriver, tantôt lorfque les tribuns du peuple, en s'oppofant tantôt par la mort inopinée de ces grands magiftrats, à l'élection des confuls, rompoient l'affemblée du peuple, ou pour de femblables raifons. On créoit un inter-roi principalement pour la tenue des comices, cependant ce n'étoit point le premier inter-roi qui avoit cet honneur. Du refte, ces magiftrats paffagers avoient la même autorité & les mêmes fonctions que les confuls. On ne fait point pourquoi le peuple ne partagea jamais cette magiftrature ; c'eft fans doute parce qu'ayant été rare & de peu de durée, le peuple ne crut pas qu'il fût néceffaire d'y faire entrer quelqu'un de fon ordre.

petites villes, avec pouvoir d'y tenir ces délibérations & de difcuter oratoirement les intérêts de la municipalité de la province, du royaume, de l'*adminiftration* locale & univerfelle de l'état.

ville,

4°. Il y eut différentes espèces de préfets de la ville, suivons les époques auxquelles ils se rapportent. Au commencement de la république, les rois & les consuls étant souvent obligés de sortir de Rome pour aller à la guerre, mirent un magistrat à leur place pour faire toutes les fonctions de roi & de consuls, &, comme dit *Tacite*, pour rendre la justice & remédier sur le champ aux accidens qui pourroient survenir; enforte que Rome *ne fût point sans magistrats*, comme dit encore le même auteur. (*Annal.* 6, c. 11.) On l'appella *préfet de la ville*, & le premier qui eut cette charge fut *Denter Romulus*, choisi par Romulus même.

Le préfet de la ville avoit droit d'assembler le sénat; de délibérer avec lui, de traiter avec le peuple & de tenir les comices par centuries. Cependant pour le tenir, lorsqu'il s'agissoit de l'élection des magistrats, on créoit plutôt un dictateur.

Lorsqu'on eut, en 387, créé la charge de préteur, pour remplacer les consuls dans l'exercice de leur fonctions civiles, l'usage fut alors de n'élire de préfet que lorsqu'il étoit question d'une fête ou d'une cérémonie particulière dont on leur abandonnoit la police & la direction. Au reste, celui à qui on donnoit cette charge étoit ordinairement un jeune homme qui n'avoit pas encore l'âge pour entrer au sénat; & qui cependant, dans un cas pressant, pouvoit l'assembler, mais il ne lui étoit pas permis de traiter avec le peuple.

L'Empereur Auguste, par le conseil de *Mecenas*, institua un autre préfet de la ville, dont le pouvoir ordinaire & continuel fut souvent prolongé plusieurs années. *Mecenas* fut lui-même le premier qui remplit cette charge. Ses fonctions étoient de rendre la justice principalement entre les maîtres & les esclaves, les affranchis & les patrons; de connoître des crimes des tuteurs & des curateurs; de réprimer les fraudes des banquiers, & enfin de procurer la tranquillité publique. *Voyez* dans la police, de plus grands détails sur cette charge. Passons au préfet du prétoire.

5°. L'on prétend que les préfets du prétoire succédèrent aux maîtres ou lieutenans-généraux de la cavalerie. Auguste, qui les tira d'abord de l'ordre des chevaliers, en fit deux, afin qu'ils pussent s'éclairer mutuellement, & s'opposer l'un à l'autre, en cas qu'ils eussent quelque mauvais dessein. Tibère n'en fit qu'un, qui fut l'hideux *Séjan*, digne ministre d'un pareil maître. Ce monstre fit beaucoup valoir sa charge, & prépara la puissance qui dans la suite mit l'empire à l'encan, & fit porter aux maîtres de Rome la peine de leur folle & cruelle tyrannie. Le moyen dont *Séjan* se servit pour cela, fut de

rassembler dans un champ les cohortes qui étoient dispersées dans Rome & d'en former un camp. Voilà l'origine du pouvoir de ces cohortes prétoriennes qui créèrent & massacrèrent successivement les empereurs; funeste & nécessaire effet d'un gouvernement militaire, le plus odieux comme le plus dangereux de tous, même pour les tyrans qui en font l'appui de leur pouvoir.

Lorsque la charge de préfet commença à être créée, elle étoit uniquement destinée au maintien de la police militaire; ceux qui en étoient revêtus n'avoient d'autres fonctions que celles qui concernoient la guerre. *Marc-Antonin* est le premier qui ait commencé à se servir des préfets du prétoire pour faire des loix & des ordonnances en leur nom. Enfin cette charge devint si considérable que toutes les appellations des tribunaux ressortissoient au préfet du prétoire, & il n'étoit pas permis d'appeler de son jugement, mais seulement de présenter à l'empereur une humble requête.

Jusqu'à Constantin, il n'y eut que deux préfets du prétoire. Cet empereur en diminua le pouvoir en divisant leur charge & en attribuant le gouvernement des troupes aux *maîtres de la milice*. Cependant les préfets conservèrent toujours un grand pouvoir, puisque du règne même de ce prince, ils publioient des édits qui faisoient loi, à moins que l'empereur ne les annullât spécialement. Ils étoient au-dessus des gouverneurs des provinces, qui étoient à leur ordre. Ils punissoient les prévarications des juges, & déposoient ceux qu'ils trouvoient coupables. Ils repartissoient dans les provinces les impôts ordonnés par le prince. Enfin ils avoient une intendance absolue sur les tributs, les péages, les salines, sur les denrées & sur les bateaux & voitures destinés à les transporter. On appelloit à leur jugemens rendus par les gouverneurs des provinces.

Chaque préfet du prétoire eut sous lui des *vicaires* qui étoient préposés sur tout un *diocèse*. Chaque diocèse contenoit plusieurs métropoles, & sous chaque métropole il y avoir plusieurs villes & pays qui en dépendoient. Mais cet ordre de choses n'eut lieu, comme on peut se l'imaginer, que sous les derniers empereurs de l'empire & sur-tout depuis *Constantin*.

Il y eut à Rome un préfet des vivres, qui étoit au rang des magistrats extraordinaires de la ville, on ne le créoit que dans un temps de disette & de besoins pressans. Ce fut ainsi que Pompée fut revêtu de cette charge. Auguste établit un magistrat ordinaire pour avoir l'intendance sur la distribution des bleds qui se faisoient au peuple (1). Cette charge devoit être importante, puisque Varus, pour se

(1) On a beaucoup crié contre ces distributions de bled faites au peuple; mais on n'a point toujours fait attention au bien qu'elles ont pu produire & à la justice d'un semblable procédé. 1°. Elles empêchoient la mendicité, l'extrême misère & les crimes multipliés que le besoin fait commettre tous les jours parmi nous aux indigens. 2°. Elles étoient un moyen naturel

Jurisprudence. Tome IX, Police & Municipalité.   A a

confoler de la perte de celle de préfet du prétoire, voulut bien l'accepter. Nous en parlerons encore au mot POLICE ; car les fonctions de ces deux magiftrats étoient vraiment des fonctions de grande police. Revenons aux magiftratures extraordinaires qui eurent lieu dans les temps de liberté à Rome.

6°. Rome fut d'abord régie par des rois, ils rendoient la juftice en leur nom & prefque arbitrairement ; c'eft-à-dire qu'il n'y avoit point de règle qu'ils duffent invariablement fuivre dans l'*adminiftration* de la juftice & le maintien de la police. Après leur expulfion, les confuls ayant fuccédé aux rois dans l'exercice de ces fonctions, le peuple fut également foumis aux décifions du fénat dans tout ce qui tenoit aux difcuffions, aux affaires domeftiques de Rome. Il en réfulta des abus, & le peuple demanda à avoir un code de loix écrites, & d'après lefquelles les procès fuffent jugés & les crimes punis. *Terentius Arfa*, tribun du peuple en 291, publia une loi qui ftatuoit que l'on choifiroit cinq hommes pour faire des loix, & auxquelles les confuls fe conformeroient dans l'exercice de leur charge. Mais la chofe traîna en longueur & ne fut effectuée qu'en 299. Alors on nomma des commiffaires qui allèrent en Grèce recueillir les loix de *Solon*, comme les plus fages & les plus conformes aux droits du peuple & à la démocratie. Les députés furent de retour à Rome, l'an 302 ; alors tous les magiftrats abdiquèrent leurs charges, & l'on choifit parmi les patriciens dix hommes appellés décemvirs, qu'on revêtit de l'autorité des confuls, & qu'on chargea de la rédaction des loix romaines d'après celles qui avoient été apportées de la Grèce. Au bout d'un an, ils produifirent dix tables de loix, qui furent approuvées dans l'affemblée du peuple ; mais ayant jugé à propos d'ajouter encore deux tables à celles-là, on élut de nouveaux décemvirs qui voulurent ufurper l'autorité qu'on leur avoit confiée, en fe la confervant au-delà du terme fixé. Mais le peuple irrité de cette tyrannie & d'autres actes de defpotifme infames de la part de ces magiftrats patriciens, les caffa, les pourfuivit, & rétablit les confuls.

7°. Nous ne dirons qu'un mot des tribuns militaires. Lorfque le peuple eut obtenu de partager le confulat avec les patriciens, ceux-ci, pour éluder cette loi, imaginèrent de propofer l'érection de tribuns militaires, qui jouiroient des mêmes pouvoirs que les confuls, & qui feroient tirés de l'ordre

plébéien & de celui des patriciens. Cet arrangement eut lieu jufqu'en 387 que fut nommé le premier conful plébéien. Ces tribuns militaires furent tantôt au nombre de trois, de quatre ou de fix, & leur durée à Rome fut interrompue par l'élection de plufieurs confuls, c'eft-à-dire, qu'après les tribuns militaires on eut recours aux confuls, & qu'enfuite on revint aux tribuns jufqu'à l'époque que nous venons de nommer, où fe termina cette guerre honteufe entre les prétentions du fénat & la fouveraineté du peuple.

Lorfque *Jules-Céfar* périt dans le fénat, par les fuites de la haine qu'infpiroit fon ufurpation (1), trois hommes s'emparèrent du gouvernement, & des rênes de l'*adminiftration* fous prétexte de réformer les abus ; mais en effet pour affervir leur patrie, ce font les triumvirs E. *Lepidus*, M. *Antoine* & *Jules-Céfar-Octavien*, le plus heureux tyran qu'on ait jamais vu, & qui joignit à toutes les baffeffes d'une ame fauffe, quelques talens & des qualités paifibles qui ont couvert une partie de l'infamie attachée à la mémoire de tout homme qui donne des chaînes à fon pays, fubftitue la force aux loix & le defpotifme à la liberté. Nous ne regarderons donc point ces trois prétendus réformateurs comme des magiftrats, mais comme des tyrans, & nous ne les nommons que pour faire voir qu'on peut déguifer, fous des noms refpectables, les plus odieux de tous les procédés, la plus injufte de toutes les puiffances.

Avant de paffer aux magiftrats provinciaux, dont la notice complettera ce que nous avons à dire fur les magiftratures romaines, ajoutons deux mots ici fur d'autres magiftrats extraordinaires appellés *minores*, fubalternes. D'abord, il y en avoit qu'on nommoit *quinquevirs*, qui avoient foin que chacun payât fes dettes. D'autres, fous le même nom, qui veilloient aux réparations des tours & des murailles de la ville. Les *décemvirs*, pour la navigation ; les *triumvirs* qui avoient foin de la réparation des édifices facrés ; les *triumvirs*, pour la conduite & fondation des colonies. Sous les empereurs, il y eut auffi des *intendans du calendrier*, qui étoient chargés de faire payer les intérêts des fommes que l'empereur prêtoit aux particuliers. Venons aux magiftrats provinciaux.

Les magiftrats provinciaux étoient les proconfuls & les propréteurs, qui avoient fous eux des quef-

---

de faire participer aux richeffes du petit nombre de propriétaires, le grand nombre de fujets fans propriété, & qui cependant ont le droit de vivre comme ceux à qui des circonftances heureufes ont réuni dans leurs mains la fubfiftance de vingt, trente, cent, mille individus qui mourroient de faim, s'il plaifoit aux riches de garder les productions naturelles qu'ils recueillent.

(1) Quand on réfléchit aux qualités de *Céfar*, à fes talens, à fon courage, à fa grandeur, on eft indigné, révolté contre les auteurs de fa mort, l'on fe croit en droit de les regarder comme de vils affaffins ; & le *tu quoque, mi Brut!*, femble ajouter encore à l'énergie de ce fentiment de haine ; mais quand on confidère que l'ambition de Céfar mettoit un peuple roi à la chaîne, qu'elle violoit tous les engagemens, toutes les loix de la république, qu'elle anéantiffoit en un moment l'ouvrage de plufieurs fiècles & le plus beau monument élevé à la liberté des hommes, alors l'indignation ceffe, & l'on redevient romain.

teurs & des lieutenans. Avant que la république se fût étendue, les magistrats *civils*, c'est-à-dire, ceux qui résidoient à Rome, suffisoient pour l'expédition des affaires ; mais dans la suite les états de la république s'étant augmentés, il fallut nommer des gouverneurs pour les pays éloignés : ce qui se faisoit en quatre manière. 1°. On donnoit quelquefois à des particuliers le gouvernement proconsulaire, c'est-à-dire, l'*administration* & le commandement d'une province à un particulier, comme il arriva à *P. Cornel. Scipion*, qui, l'an de Rome 542, obtint le proconsulat d'Espagne, n'ayant encore occupé aucune place publique. Ensuite on donna le gouvernement des provinces à ceux qui sortoient du consulat ou de la préture. 2°. On prorogeoit quelquefois à un proconsul le temps de sa magistrature. 3°. On appelloit plus communément proconsul, ceux qui, après avoir été consul à Rome, étoient envoyés dans les provinces pour en prendre soin. L'an de Rome 631, *C. Sempronius Gracchus* porta une loi qui fut observée dans la suite, savoir, que le sénat nommeroit avant les comices, décerneroit deux provinces consulaires & six prétoriennes pour les magistrats qui seroient nommés, dont les désignés feroient le partage entr'eux. Ce soin regardoit le sénat uniquement, quoique les tribuns du peuple s'en mêlassent assez souvent. Ces provinces n'étoient point déterminées : la même étoit, suivant les conjonctures & l'avis du sénat, tantôt consulaire ; tantôt prétorienne. Sur la fin de la république, on donna quelquefois, contre les loix, plusieurs provinces à un seul homme, & on en continua d'autres dans leur gouvernement durant plusieurs années, comme cela arriva à l'égard de *Pompée* & de *César*. Après cette loi *Sempronia*, dont je viens de parler, il ne fut plus nécessaire d'assembler les comices pour nommer & établir des proconsuls.

Les proconsuls & les prépreteurs, sur la fin de l'année de leur magistrature, présentoient au peuple assemblé par curies, une loi touchant le commandement des armées, *de imperio militari*, sans laquelle on ne pouvoit légitimement agir à la guerre. Car il faut bien distinguer ces deux choses, commandement & puissance, *imperium* & *potestas*. On appelloit *puissance*, lorsqu'on étoit nommé par le peuple, pour présider à quelque affaire & pour quelque département. Mais celui-là seul avoit le *commandement* & ce qu'on appelloit *imperium*, qui tenoit nommément du même peuple l'autorité sur les armées & le pouvoir de conduire la guerre. Ce commandement se donnoit ordinairement au dictateur, au consul, au préteur, & quelquefois, comme nous l'avons vu, à des particuliers qui n'avoient exercé aucune charge.

Les proconsuls n'étoient pas proprement des magistrats, mais seulement des hommes munis de pouvoir, *cum potestate*; & lorsque le peuple avoit donné sa voix & y avoit joint une loi, on disoit alors qu'il avoit le commandement, *cum imperio*.

Lorsque les provinces étoient échues à ceux qui devoient en avoir l'*administration*, on autorisoit la commission des proconsuls & prépreteurs d'un sénatus-consulte, par lequel on fixoit l'étendue de leur district, le nombre de leurs troupes, leur solde, leurs dépenses pour la route, leur suite, où étoient compris leurs lieutenans, leurs tribuns, leurs capitaines ou centurions, tous les officiers de leur maison, enfin ceux qu'on appelloit *contubernales*, c'est-à-dire, des jeunes gens des premières familles qui les accompagnoient, pour se former sur eux à la guerre & aux emplois.

Les proconsuls, comme nous avons dit, avoient dans les provinces le commandement & la puissance, *imperium* & *potestatem*. Le commandement concernoit les affaires de la guerre : la puissance donnoit la jurisdiction, & le droit de connoître de toutes les affaires civiles.

Tout ce qu'on vient de dire des proconsuls, doit s'entendre aussi des prépreteurs, entre lesquels il n'y avoit d'autre différence, si ce n'est que les premiers avoient douze licteurs, & les autres n'en avoient que six. Ajoutez que l'armée & la suite des consuls étoient ordinairement plus nombreuses. Ceux qui passoient de la préture au gouvernement d'une province, étoient quelquefois appellés *proconsuls*, & quelquefois ceux qui sortoient du consulat étoient appellés *prépreteurs*. Les questeurs mêmes qu'on laissoit dans une province étoient appellés *proconsuls*. Enfin on lit quelquefois qu'un questeur prépreteur a été envoyé dans une province, comme *Pison* & *Caton*. (*Sallust. Catil. c. 19. Jug. c. 13.*)

Il y eut une quatrième sorte de proconsuls institués par *Auguste*; c'étoient ceux qui avoient le commandement & l'*administration* civile des provinces laissées à la disposition du sénat & du peuple par cet empereur, qui retint pour lui celles qui étoient les plus éloignées du centre de l'empire. Il fit aussi un règlement que personne ne pourroit être nommé au gouvernement d'une province que cinq ans après avoir été revêtu de quelque magistrature à Rome.

L'on distinguoit encore dans l'*administration* des provinces, sous les empereurs, les *procuratores*, *curatores*, ou *rationales Cæsaris*, qui différoient des *présides*. Les premiers n'avoient l'intendance que du fisc.

Les proconsuls & les prépreteurs avoient sous eux des *lieutenans-légats* ; ou nommés par le sénat, ou choisis avec sa permission par les proconsuls mêmes, ou bien ils étoient établis par une loi particulière. Ces lieutenans étoient au moins trois, & on en augmentoit souvent le nombre, suivant la dignité du gouverneur & l'étendue de la province. Les fonctions de ces lieutenans étoient d'être les vicaires des gouverneurs, & de les aider en toutes choses. Ils avoient, par la jurisdiction qui leur étoit déléguée, la connoissance des procès des particuliers. Mais à l'égard des affaires qui concernoient

A a ɩ

le droit public, elles n'étoient portées qu'au tribunal du proconsul ou gouverneur de la province. Quelquefois ces lieutenans régiffoient fans dépendre d'aucun gouverneur, & au nom du peuple romain, certaines provinces où tout étoit tranquille.

Après cette inftruction fur les magiftratures romaines & le pouvoir qui étoit attaché à chacune d'elles, peut-être ne fera-t-il pas inutile de dire quelque chofe, 1°. de l'idée que les romains s'étoient faite de la puiffance royale; 2°. des officiers des magiftrats.

A juger du pouvoir royal par les fonctions qu'exercèrent les premiers monarques de Rome, on eft loin de croire que ce pouvoir fût auffi abfolu que quelques écrivains ont voulu le faire entendre. Voici quelles furent les principales fonctions qui leur étoient attribuées. 1°. De préfider à tout ce qui concernoit la religion & d'en être l'arbitre fouverain. 2°. D'être le confervateur des loix, des ufages & du droit de la patrie. 3°. De juger toutes les affaires où il s'agiffoit d'injures atroces faites à un citoyen. 4°. D'affembler le fénat & d'y préfider; de faire au peuple le rapport de fes décrets, & par-là de les rendre authentiques. 5°. D'affembler le peuple pour le haranguer. 6°. De faire exécuter les décrets du fénat (1). Voilà pour ce qui regardoit les affaires civiles & le temps de paix. A l'égard de la guerre, le roi avoit un très-grand pouvoir, parce que tout ce qui la concerne demande une prompte exécution & un grand fecret; étant fort dangereux de mettre en délibération dans un confeil public les projets d'un général d'armée. Malgré cela, le peuple romain étoit le fouverain arbitre de la guerre & de la paix, comme nous l'avons dit.

Romulus inftitua auffi un préfet ou tribun des chevaux-légers. Cet officier étoit proprement le commandant de la cavalerie, &, après le roi, il avoit la principale autorité dans les armées. Après l'expulfion des rois, cette charge fut abolie, & il n'y eut que le dictateur qui fe créa un général de la cavalerie, dont les fonctions approchoient de celle du préfet établi par Romulus. Paffons aux officiers des magiftrats.

Les premiers officiers des magiftrats étoient les greffiers, *fcribæ*, qui étoient à leur fuite pour enregiftrer toutes les loix & tous les actes. Les différens magiftrats auxquels ils étoient attachés leur faifoient donner des dénominations différentes: par exemple, on difoit: *fcriba quæftoris, fcriba ædilium*. Ils étoient divifés en décuries, & leur charge n'étoit pas fort honorable; cependant elle n'étoit ordinairement exercée que par des hommes libres, & les affranchis en étoient affez rarement revêtus.

On appelloit *accenfes* ceux qui avertiffoient le peuple de s'affembler, qui introduifoient devant le préteur ceux qui demandoient la juftice, qui faifoient faire filence. Leurs fonctions étoient à-peu-près celle de nos huiffiers. Ils marchoient devant le conful, dans le mois qu'ils n'avoient point les faifceaux. La plupart étoient des affranchis.

Les crieurs, *præcones*, étoient auffi divifés en décuries; leurs fonctions étoient en grand nombre. 1°. Ils faifoient faire filence dans les cérémonies de religion. 2°. Ils étoient employés dans les encans, pour proclamer ce qui étoit à vendre, & le prix qui en étoit offert. 4°. Dans les comices, ils appelloient le peuple pour venir donner fon fuffrage, & ils annonçoient les magiftrats qui étoient défignés. 5°. Lorfqu'on avoit porté les loix, ils les notifioient au peuple, telles que les fcribes les leur avoient communiquées. 6°. Dans les procès ils affignoient, les défendeurs, les demandeurs, les témoins, & ils lifoient les pièces. 7°. Enfin ils lifoient dans le fénat les lettres qui lui étoient écrites, & plufieurs autres chofes pareilles. Une autre charge, à-peu-près pareille à celle-ci, étoit celle des *coacteurs*, qui exigeoient le prix de ce qui avoit été acheté dans les ventes publiques; les financiers avoient auffi des coacteurs pour faire payer les impofitions.

Ce fut Romulus qui inftitua les *licteurs*, & il les établit à l'exemple des *étrufques*. Ils étoient attachés à tous les grands magiftrats, excepté aux cenfeurs. 1°. Ils marchoient devant avec des faifceaux de verges & des haches. 2°. Ils fervoient à faire ranger le peuple fur le paffage de ces magiftrats, en fe fervant de cette formule, *fi vobis videtur, difcedite quirites*; ce que ne pouvoit faire l'accenfe des tribuns du peuple. 3°. Ils avertiffoient le peuple de rendre à ces magiftrats l'honneur qui leur étoit dû. 4°. Lorfque les magiftrats prononçoient ces mots: *i, lictor, adde virgas reo, & in eum lege age*, ils frappoient de verges le coupable, & ils lui coupoient la tête.

Les meffagers, *viatores*, étoient proprement les officiers des édiles & des tribuns du peuple: on les appelloit ainfi parce qu'ils alloient fouvent de la ville à la campagne. Les anciens romains aimoient beaucoup l'agriculture, & les principaux paffoient ordinairement leur vie à la campagne, c'eft là que les meffagers les alloient trouver pour les faire venir à la ville.

Le miniftère de celui qu'on appelloit *carnifex*, bourreau, étoit d'exécuter les jugemens portés contre les efclaves ou les gens de la lie du peuple, condamnés à des fupplices ou à la mort: car les efclaves & les affranchis étoient ordinairement condamnés à des fupplices différens de ceux auxquels étoient condamnés les gens des villes. Celui qui exerçoit ce vil & odieux miniftère étoit fi méprifé qu'il étoit obligé de demeurer hors de la ville. (*Plaute, pfeud.* A. I, fc. 3; *Cic. pro. rab. c.* 5.) Cet ufage étoit

_____

(1) Le roi n'étoit, comme on voit, qu'un officier de la fouveraineté, un premier magiftrat, qui ne tiroit fa force que du confentement du peuple. Une nation libre ne pouvoit ni penfer, ni agir autrement.

aussi chez les grecs & chez les rhodiens. Le bourreau n'avoit pas la permission d'entrer dans la ville.

Après ces détails, dans lesquels nous avons cru devoir entrer sur les différentes magistratures du peuple romain, il nous sera facile de donner une idée de la forme de l'*administration* chez lui. En conséquence nous suivrons, pour remplir cet objet, la division que nous trouvons la plus commode, celle que nous adopterons également pour la France, ou les autres états dont nous pourrons faire connoître le régime, c'est-à-dire, que nous distinguerons cinq fortes d'*administrations* : 1°. l'*administration* religieuse ; 2°. l'*administration* civile ; 3°. l'*administration* économique, c'est-à-dire, qui a pour objet l'agriculture, le commerce, les finances ; 4°. l'*administration* militaire ; 5°. l'*administration* de la police. Cette dernière est, comme nous le ferons remarquer, le résumé, pour ainsi dire, de toutes les autres, le choix de tout ce qu'elles prescrivent d'immédiatement applicable au maintien de l'ordre & du bonheur public : elle n'en diffère point par l'objet, mais seulement par l'exercice.

1°. Sous le nom d'*administration* religieuse, nous comprenons, 1°. tout ce qui avoit rapport au maintien des droits & de la hiérarchie des ministres du culte public ; 2°. ce qui concernoit les soins que demandent de la part des magistrats la conservation, la magnificence & la pompe des cérémonies religieuses.

Les prêtres, chez les romains n'étoient point d'un ordre différent de ceux des autres citoyens. On les élisoit d'entre tous les ordres de citoyens. Ils étoient divisés en deux fortes ; les uns n'étoient attachés à aucun dieu particulier, & les servoient indifféremment tous les autres, au contraire, étoient destinés au culte d'une divinité particulière, dont ils étoient les ministres, dans la première classe étoient les pontifes, les *augures*, les *quindecemvirs*, dits *sacris faciundis*, les *auspices*, ceux qu'on appelloit *fratres arvales*, les *curions*, les *septemvirs*, nommés *epulanes*, les *feciaux* ; d'autres à qui on donnoit le nom de *sodales titienses*, & le roi des sacrifices, *rex sacrificulus*. Dans la seconde étoient les *flamines*, les *saliens*, ceux qui étoient appellés *luperci*, *pinarii*, *potitii*, pour Hercule ; d'autres aussi nommés *Galli*, pour la déesse Cybèle, & enfin les vestales.

Comme notre objet n'est point de faire un traité de la religion des romains, nous n'entrerons dans aucune explication de ces différens ministres du culte à Rome ; l'on peut les trouver sous leurs noms dans les *antiquités* : nous nous bornerons à les considérer ici en général, & dans leurs rapports avec l'*administration* publique des romains.

Et d'abord observons que les pontifes, les premiers ministres du culte, étoient élus par le peuple, tant que dura la république ; sous les empereurs, ils furent choisis par leur volonté. Ils formoient un college composé de quinze pontifes, qui avoient l'inspection générale de la religion ; ils jugeoient toutes les causes qui la concernoient, à l'égard de toutes fortes de personnes ; ils faisoient des loix touchant les sacrifices & la grande police du culte, contenoient dans le devoir les autres ministres, & mettoient à l'amende ceux qui faisoient quelque faute. Enfin, ils devoient répondre sur le culte qu'on devoit aux dieux, & sur les différentes religions. (*Tite-live*, liv. V, c. 27, & VI, c. 1.)

Mais comme le peuple s'étoit réservé de juger les magistrats civils, il voulut aussi se conserver la suprême intendance de la religion, en accordant à ses tribuns le pouvoir de les forcer à remplir leurs devoirs, & de les citer devant l'assemblée du peuple pour rendre compte de leur conduite, dans le cas où ils auroient commis quelque désordre. Mais aussi lorsque les pontifes avoient rendu un édit : il étoit exécuté fort religieusement.

Le grand nombre de prêtres qu'eurent les romains ne produisoit jamais de troubles civils, parce qu'ils n'étoient distingués des autres citoyens par aucune distinction que celle de leur exercice momentané. C'étoit des magistrats du culte, soumis comme les autres à l'empire des loix & de la raison du souverain.

Comme le polithéisme offre une grande flexibilité de principes, qu'on peut l'appliquer à tous les besoins de la société, qu'il est susceptible de modifications arbitraires, qu'il admet tous les cultes, tous les dieux, & s'accorde avec toutes les adorations, Rome ne dut point connoître de fanatisme religieux, en même-temps qu'elle tira le plus grand parti de la religion. Elle l'incorpora au système social & le soin des sacrifices, des augures & des vestales, étoit une aussi essentielle partie de l'*administration*, que le maintien de l'ordre, la distribution de la justice, la levée des impôts, la discipline des mœurs & l'entretien de l'armée.

Rome mêla donc la religion à toutes les affaires publiques d'un peu d'importance. Si l'on avoit un college de pontifes, pour régler la police des prêtres & du culte public ; l'on en avoit également un d'augures, dont l'emploi étoit d'instruire le peuple de la volonté des dieux protecteurs de l'état. Un pareil système pouvoit conduire à la superstition ; mais il ne conservoit aucun rapport avec l'esprit persécuteur qu'on a vu régner de nos jours.

Aussi les augures étoient-ils fort considérés à Rome ; & ils avoient cela de particulier, qu'on ne pouvoit leur ôter le sacerdoce, afin que les ministres du culte ne fussent point profanés & avilis dans la personne de leurs ministres. D'abord ils furent tirés, au nombre de trois, de l'ordre des patriciens ; les plébéiens y furent admis ensuite, & sous *Sylla* on les porta jusqu'à quinze. Ils prédisoient l'avenir par le vol & le chant des oiseaux, & cherchoient dans les événemens extraordinaires à interpréter la volonté du ciel (1). A ces prêtres, qu'on pourroit assimiler aux prophetes de tant d'autres peuples, se joignoient les aruspices, devins étrusques d'origine, & que les romains admirent au nombre des officiers du culte. Ceux-ci cherchoient l'avenir dans les entrailles des victimes, & les uns & les autres indiquoient encore les moyens expiatoires, ou propres à détourner les malheurs qui menaçoient l'état.

Les romains avoient encore un conseil religieux : c'étoit celui des *quindecimviri sacris faciendis*, chargés de la garde & du soin d'interpréter les oracles sybillins ; ils composoient un college présidé par un chef qui, comme les membres du corps, étoit élu par dix-sept tribus choisies par le sort & assemblées en comices, ainsi que les pontifes dont nous avons parlé.

Les livres des sybilles, furent un moyen puissant, entre les mains du sénat, d'*administration* & de puissance. Une circonstance fâcheuse, quelqu'événement extraordinaire troubloit-il la république, le sénat portoit aussi-tôt un arrêt qui obligeoit les quindecemvirs de consulter ces livres, de lui en faire leur rapport, d'avoir soin de faire exécuter les cérémonies, de faire les sacrifices, & de faire célébrer les jeux séculaires. (*Tite - Live*, l. III, c. 10, V, c. 13, VII, c.28 ; *Horat. Carm.* secul. v. 5, 70.)

Les quindecemvirs étoient exempts de la guerre & des autres charges de la ville (*Denis d'Hal.* l. 4, c. 62), ainsi que tous les autres prêtres. Les romains avoient fort bien conçu que le culte public exige des soins, des habitudes qui ne peuvent point s'accorder avec les travaux guerriers, les charges civiles, les discussions politiques, ils voulurent que les ministres des autels n'eussent d'autres devoirs à remplir que ceux de la religion & des divers cérémonies qu'elle exige nécessairement pour lui conserver cet extérieur imposant, cette magnificence qui en relève l'éclat & la dignité. Si la majesté d'un peuple peut se faire connoître, si sa grandeur, sa puissance peuvent s'annoncer par quelques signes frappans & respectables, c'est par l'appareil de la religion, l'ensemble & les détails des cérémonies qui l'accompagnent, par les immunités des prêtres, la richesse & la splendeur des temples.

Aussi les romains ne se montrèrent-ils pas moins dignes du titre de peuple-roi, par les attentions qu'ils donnèrent à ces objets, que par leur discipline militaire & leur amour pour les loix. Et c'est le second objet qui nous reste à examiner rapidement, ou plutôt à faire connoître sous le point de vue & dans l'esprit de l'ensemble de l'*administration* romaine.

Le premier soin des romains à conserver à la religion son caractère de grandeur paroît d'abord dans l'attention qu'ils donnoient à la construction des temples, comme ils vouloient que ces lieux consacrés au service des autels répondissent à la majesté des dieux, & qu'une dévotion puérile n'avilît point aux yeux du peuple la dignité du culte public, ils regardèrent comme une des parties essentielles de l'*administration* de l'état, de s'occuper de cette importante matière. C'est pourquoi l'on ne pouvoit faire la dédicace d'un temple sans l'ordre du sénat ou de la plus grande partie des tribuns du peuple. (*Tite-Live*, liv. IX, c. 36.) Un pontife prononçoit la formule ordinaire de la dédicace, pendant que celui qui dédioit le temple tenoit la porte. Après quoi les augures venoit en faire la consécration ; c'est ce qu'on appelloit *inauguration*. Il n'étoit d'abord pas permis de dédier un temple à plusieurs divinités ; mais cette défense fut abolie, & les dieux qu'on adora ensuite dans le même temple furent appelés *contubernales*.

Le culte sacré consistoit dans l'adoration des dieux, dans les prières publiques, & sur-tout dans les sacrifices. Ceux-ci étoient de plusieurs espèces. Notre objet n'est point d'en parler ; on peut voir ce qui le concerne dans les *antiquités*, au mot SACRIFICE.

Quant aux prières, celles qu'on nommoit *supplications* étoient les plus distinguées, elles furent instituées pour faire honneur aux généraux lorsque le sénat leur donnoit le titre d'*imperator*. Alors les temples étoient ouverts ; on y couroit remercier le ciel ordinairement pour le gain d'une bataille. Ces prières, qui duroient plusieurs jours, étoient une marque de joie, comme celle qu'on ordonnoit lorsque la république étoit menacée de quelques maux, s'appelloient *obsecrationes*. Ceux qui avoient soin de les faire exécuter étoient les décemvirs, qu'on avoit créés pour cela, & c'étoit sur-tout alors qu'on ordonnoit les *lectisternes*, qui se faisoient par l'ordre des magistrats nommés *quindecimviri sacris faciendis*, dont nous avons parlé. *Voyez* LECTISTERNE dans les *antiquités*.

Nous ne devons point entrer dans de plus grands détails sur les soins que les romains donnoient à la religion & aux personnes chargées de son *administration* ; ce que nous venons d'en dire peut en donner une idée suffisante, & propre à faire connoître l'importance que ce peuple fameux mettoit à tout ce qui pouvoit influer sur le culte, qu'il regardoit avec raison comme une partie élémentaire de l'organisation de la société. Passons maintenant à l'*administration* de la justice, en ne nous attachant qu'aux notions essentielles à retenir pour se faire un

(1) Un philosophe ne doit point s'étonner de cet aveuglement. Nous sommes tous foibles ; & lorsqu'une erreur innocente peut devenir un moyen d'ordre, de sécurité, d'union, d'encouragement, de patriotisme, de discipline dans la société, on doit le maintenir, le respecter. Et que sont toutes nos connoissances, sinon une heureuse & conséquente combinaison d'erreurs, de folies & d'illusions ?

tableau de son état chez les romains & des idées de comparaison de son rapport avec la nôtre.

Nous avons vu que l'usage de l'appel au peuple, chez les romains, formoit une des parties de la constitution, & le soutien de la liberté. Ce même usage, ou plutôt ce droit de juge souverain, reconnu dans le peuple, en même-temps qu'il lui conservoit l'exercice de la souveraineté, le constituoit encore chef & premier magistrat dans l'*administration* de la justice. Ainsi le peuple, dans les affaires civiles, dans les moyens d'ordre & de discipline, dans la conservation de la liberté, de l'honneur, de la propriété des citoyens étoit donc, en dernière analyse, l'arbitre légitime & l'administrateur suprême.

Mais son pouvoir n'intervenoit pas toujours dans les affaires. Il y avoit une forme établie pour les juger, & les jugemens eux-mêmes étoient de deux espèces ; les jugemens particuliers & les jugemens publics. Nous parlerons des uns & des autres avec toute la brièveté possible, mais cependant avec assez de détail pour donner de ces objets aux lecteurs une idée claire & positive.

Le jugement particulier étoit la discussion, l'examen & la décision des contestations qui naissoient au sujet des affaires des particuliers. Il y avoit un ordre fixé pour cela ; il consistoit, 1°. dans l'ajournement ; 2°. dans l'action ; 3°. dans la forme du jugement ; 4°. dans la décision ou fin de la discussion.

1°. Quand un romain avoit à se plaindre ou à répéter quelque chose d'un autre, il le faisoit assigner à comparoître un jour d'audience devant le préteur ; c'est ce qu'on nommoit *l'ajournement*. Si le défendeur refusoit de le suivre, les loix des douze tables permettoient au demandeur de le saisir & de le traîner par force devant le juge ; mais il falloit auparavant prendre à témoin de son refus quelqu'un de ceux qui se trouvoient présens. Dans la suite il fut ordonné, par un édit du préteur, que si l'ajourné ne vouloit pas se présenter sur le champ en justice, il donneroit caution de se représenter un autre jour. (*Tit. ff. si quis in jus non erit.*) S'il ne donnoit pas caution, ou s'il n'en donnoit pas une suffisante, on le menoit, après avoir pris des témoins, devant le tribunal du préteur, si c'étoit un jour d'audience ; sinon on le conduisoit en prison pour le retenir jusqu'au plus prochain jour d'audience, & le mettre ainsi dans la nécessité de comparoître. Lorsque quelqu'un restoit caché dans sa maison, il n'étoit pas, à la vérité, permis de l'en tirer, parce que l'asyle du citoyen doit être sacré, & qu'aucun ordre, de quelque nature qu'il soit, ne doit y être mis à exécution (1) ; mais il étoit assigné en vertu d'une ordonnance du préteur, qu'on affi-

choit à sa porte, en présence de témoins ; & si le défaillant n'obéissoit point à la troisième de ces assignations, qui se donnoient à dix jours l'une de l'autre, il étoit ordonné, par sentence du magistrat, que ses biens seroient possédés par ses créanciers, affichés & vendus à l'encan. (*Sigon. de judic.* I, c. 18.) Si le défendeur comparoissoit, le demandeur exposoit sa prétention, c'est-à-dire, qu'il déclaroit de quelle action il prétendoit se servir, & pour quelle cause il vouloit poursuivre ; car il arrivoit souvent que plusieurs actions concouroient pour la même cause. Par exemple, pour cause de larcin, quelqu'un pouvoit agir par *revendication* ou par *condiction* furtive, ou bien en condamnation de la peine du double, si le voleur n'avoit point été pris sur le fait, ou du quadruple, s'il avoit été pris sur le fait.

Deux actions étoient pareillement ouvertes à celui qui avoit empêché d'entrer dans sa maison, l'action en réparation d'injure & celle pour violence faite & ainsi dans les autres matières. Ensuite le demandeur demandoit l'action en jugement au préteur ; c'est-à-dire, qu'il le prioit de lui permettre de poursuivre sa partie, & le défendeur, de son côté, demandoit un avocat.

Après ces préliminaires, le demandeur exigeoit par une formule prescrite, que le défendeur s'engageât, sous caution, à se représenter en justice un certain jour, qui pour l'ordinaire étoit le surlendemain. Trois jours après, si les parties n'avoient point transigé, le préteur les faisoit appeler, & si l'une des deux ne comparoissoit pas, elle étoit condamnée, à moins qu'elle n'eût des raisons bien légitimes pour excuser son défaut de comparoir.

2°. Quand les deux parties se trouvoient à l'audience, le demandeur proposoit son action, conçue selon la formule qui lui convenoit : car les romains avoient un nombre prodigieux de formules judiciaires, qu'ils avoient soin de faire suivre à la lettre, à peine de nullité des actes & procédures. La formule de l'action étant réglée, le demandeur prioit le préteur de lui donner un tribunal ou un juge. S'il lui donnoit un juge, c'étoit un juge proprement dit, ou un arbitre. S'il lui donnoit un tribunal, c'étoit celui des commissaires, qu'on appelloit *recuperatores*, ou celui des *centumvirs*.

Le juge qui étoit donné de l'ordonnance du préteur, connoissoit de toutes sortes de matières, pourvu que l'objet fût peu important ; mais il ne lui étoit pas permis de s'écarter tant soit peu de la formule de l'action.

L'arbitre connoissoit des causes qu'on appelle *de bonne foi & arbitraires*. Quelquefois dans les arbitrages, on consignoit une somme d'argent qu'on

---

(1) Ce principe d'ordre & de liberté civile a plus d'une fois été violé avec une audace sacrilège. Les *administrations* modernes sur-tout, l'ont foulé aux pieds, & ont ainsi renversé toute idée de justice par là violence ouvertement faite à la demeure des citoyens. *Voyez* ABUS.

appelloit *compromiſſum* : c'étoit un accord fait entre les parties de s'en tenir à la décifion de l'arbitre, ſous peine de perdre l'argent dépoſé (1).

Les commiſſaires, *recuperateres*, connoiſſoient des cauſes dans leſquelles il s'agiſſoit du recouvrement & de la reſtitution des deniers & effets des particuliers : on ne donnoit ces juges que dans des conteſtations de fait, comme en matières d'injures, &c.

Les *centumvirs* étoient des magiſtrats tirés de toutes les tribus, trois de chacune, de forte qu'ils étoient vraiment au nombre de cent cinq. Ils rendoient la juſtice dans les cauſes les plus importantes. Leurs jugemens étoient ſans appel, parce qu'ils étoient comme le conſeil du peuple. (*Voy. Sicama, de jud. centum.* liv. I, c. 6.) Ils étoient diſtribués en quatre chambres ou tribunaux. C'étoient les décemvirs qui par l'ordre du préteur aſſembloient ces magiſtrats pour rendre la juſtice.

Ces décemvirs étoient du conſeil du préteur & avoient une ſorte de prééminence ſur les centumvirs. Cinq étoient ſénateurs & cinq chevaliers. Le préteur de la ville préſidoit le tribunal des centumvirs. Dans les délibérations, les voix étoient recueillies par les décemvirs.

3°. Pour qu'un jugement fût légal, il falloit que le juge ou l'arbitre fût approuvé par le défendeur. Il falloit auſſi que les deux parties ſouſcriviſſent le jugement des centumvirs, afin qu'il parût qu'elles y avoient conſenti. (*Pline, epiſt.* 5, n. 1.) Après que le juge étoit nommé on préſertoit les cautions de payer les jugemens & de ratifier ce qui feroit ordonné. Après les cautions données, venoit *la conteſtation en cauſe*, qui n'étoit que l'expoſition du différent faite par les deux parties devant le juge, en préſence de témoins. Ce n'étoit que de la conteſtation en cauſe que le jugement étoit cenſé commencer. Après la conteſtation, chaque plaideur aſſignoit ſa partie adverſe à trois jours ou au ſurlendemain. Si une des parties manquoit de comparoître ſans cauſe légitime, le préteur donnoit contre le défaillant un édit péremptoire, qui étoit précédé de deux autres édits. Quand les deux parties ſe trouvoient à l'audience, on leur faiſoit prêter ſerment ſur l'objet du procès & la valeur de la choſe réclamée, & cela avoit ſur-tout lieu dans les affaires de *bonne foi*. Le juge alors s'aſſocioit une ou deux perſonnes inſtruites dans la ſcience des loix, & l'on plaidoit devant lui : les diſcours étoient ou le ſimple expoſé de la queſtion, des faits & des preuves, ou un diſcours étudié & orné des agrémens de l'éloquence : telles ſont les oraiſons de *Cicéron* pour *Quintius* & pour *Roſcius* le comédien.

4°. Quant à la fin du jugement, c'étoit l'après-midi qu'elle avoit lieu. Alors le juge donnoit ſa déciſion, à moins que la diſcuſſion ne lui parût pas

aſſez éclaircie : car dans ce cas il juroit qu'il n'étoit pas ſuffiſamment inſtruit, *ſibi non liquere*, & par cet interlocutoire, il étoit diſpenſé de juger. (*Aul. Gell.* noſte XIV, c. 2) Souvent il prononçoit une plus ample information, mais ce n'étoit guère que dans les jugemens publics que cela avoit lieu.

Pour les arbitres, ils commençoient par déclarer leur avis. Si le défendeur ne s'y ſoumettoit pas, ils le condamnoient & lorſqu'il y avoit dol de ſa part, la condamnation ſe faiſoit conformément à l'eſtimation du procès, au lieu que le juge faiſoit quelquefois réduire cette eſtimation en ordonnant la priſée. Les arbitres étoient auſſi ſoumis à l'autorité du préteur, & c'étoit lui qui prononçoit & faiſoit exécuter leurs jugemens, auſſi bien que ceux des autres juges.

Si le défendeur, dans les premiers trente jours depuis ſa condamnation, n'exécutoit pas le jugement, on n'en interjettoit pas appel ; le préteur le livroit à ſon créancier, pour lui appartenir en propriété comme ſon eſclave, & celui-ci pouvoit le retenir priſonnier juſqu'à ce qu'il ſe fût acquitté ou en argent ou par ſon travail. Le demandeur, de ſon côté étoit expoſé au jugement de *calomnie*. On entendoit par *calomniateur* ceux qui ſans ſujet ſuſcitoient un procès.

Enfin, ſi le juge lui-même, ſciemment & par mauvaiſe foi, avoit rendu un jugement injuſte, il devenoit garant du procès : *litem faciebat ſuam* ; c'eſt-à-dire, qu'il étoit contraint d'en payer la juſte eſtimation. Quelquefois même on informoit de ce crime ſuivant la loi établie contre la concuſſion. Si le juge étoit convaincu d'avoir reçu de l'argent des plaideurs, il étoit condamné à mort ſuivant la loi des douze tables. (*Aul. Gell.* XX, c. 1.) Voilà ce qui regarde les jugemens particuliers, paſſons aux jugemens publics.

Les jugemens publics étoient ceux qui avoient lieu pour raiſon de crimes ; on les appelloit ainſi, parce que dans ces jugemens *l'action eſt ouverte à tout le monde*. Ils étoient ordinaires ou extraordinaires. Les premiers étoient exercés par des préteurs, & les ſeconds par des commiſſaires ou juges extraordinairement établis par le peuple.

Dans les premiers temps, tous les jugemens étoient extraordinaires ; mais environ l'an de Rome 605, on établit des commiſſions perpétuelles, *quaſtiones perpetuæ* ; c'eſt-à-dire, qu'on attribua à certains préteurs la connoiſſance de certains crimes ; de ſorte qu'il n'étoit plus beſoin de nouvelles loix à ce ſujet. On créoit cependant quelquefois des commiſſaires extraordinairement ; & cela à cauſe de la nouveauté ou de l'atrocité du crime dont la vengeance étoit pourſuivie, comme par exemple, dans l'affaire de *Milon*, qui étoit accuſé

(1) On a cherché à établir, de nos jours, des ſociétés d'arbitres, ſous le nom de *prud'hommes* ou *bureau de conciliation* : nous en parlerons au mot PRUD'OMME & PRUD'HOMMIE.

d'avoir

d'avoir tué *Clodius* ; & dans celle de *Clodius* lui-même accusé d'avoir violé les saints myſtères. Les premières *commiſſions perpétuelles* qu'on établit, furent pour la concuſſion, le péculat, la brigue & le crime de lèze-majeſté.

On ſuivoit un ordre déterminé dans les jugemens publics. Celui qui vouloit ſe porter accuſateur contre quelqu'un, le citoit en juſtice, à-peu-près de la même manière que dans les jugemens particuliers. Enſuite l'accuſateur demandoit au préteur la *per-miſſion* de dénoncer celui qu'il avoit envie d'accuſer, ce qu'il faut par conſéquent diſtinguer de l'accuſa-tion même. Mais cette permiſſion n'étoit accordée ni aux femmes, ni aux pupilles, non plus qu'aux ſoldats, ni aux infâmes. Il n'étoit pas permis non plus, d'accuſer les magiſtrats, ou ceux qui étoient abſens pour le ſervice de la république.

Au jour marqué, la dénonciation ſe faiſoit de-vant le préteur dans une certaine formule ; par exemple, je dis que vous avez dépouillé les ſici-liens, & je répète contre vous cent mille ſexterces, en vertu de la loi. (*Divin. in verr. c. 5.*) Mais il falloit auparavant que l'accuſateur prêtât le ſerment de calomnie, c'eſt-à-dire, qu'il affirmât que ce n'é-toit point dans la vue de noircir l'accuſé par une calomnie, qu'il alloit le dénoncer. Si l'accuſé ne répondoit point, ou s'il avouoit le fait, on eſtimoit le dommage dans les cauſes de concuſſion & de pé-culat, & dans les autres on demandoit que le cou-pable fût puni : mais s'il nioit le fait, on deman-doit que ſon nom fût reçu parmi les accuſés.

On laiſſoit la dénonciation entre les mains du préteur, ſur un acte ſigné de l'accuſateur, qui con-tenoit en détail toutes les circonſtances de l'accuſa-tion. Alors le préteur fixoit un jour auquel l'accuſa-teur & l'accuſé devoient ſe préſenter, & ce jour étoit quelquefois le dixième & quelquefois le tren-tième : ſouvent dans l'accuſation de concuſſion, ce délai étoit plus long, parce qu'on ne pouvoit faire venir des provinces les preuves qu'après beaucoup de recherches. On faiſoit appeller par un huiſſier l'accuſateur, l'accuſé & ſes défenſeurs. L'accuſé qui ne ſe préſentoit pas, étoit condamné, ou ſi l'accuſateur étoit défaillant, le nom de l'accuſé étoit rayé des registres.

Quand les deux parties comparoiſſoient, on tiroit au ſort le nombre des juges que la loi preſcrivoit. Ils étoient pris parmi ceux qui avoient été choiſis pour rendre la juſtice cette année-là : fonction qui étoit dévolue tantôt aux ſénateurs, tantôt aux che-valiers, auxquels furent enfin joints par une loi du préteur *Aurelius Cotta*, les tribuns du tréſor, qui furent ſupprimés par *Jules-Céſar*; mais Auguſte les ayant rétabli, il en ajouta deux cents autres, pour juger des cauſes qui n'avoient pour objet que des ſommes modiques. (*Suetone Aug. c. 32.*)

Les parties pouvoient récuſer ceux d'entre ces juges, qu'ils ne croyoient pas leur être favorables.

& le préteur ou le préſident de la commiſſion en tiroit d'autres au ſort pour les remplacer ; mais dans les procès de concuſſion, ſuivant la loi *ſer-vilia*, l'accuſateur, de quatre cents cinquante juges en préſentoit cent, deſquels l'accuſé en pouvoit récuſer cinquante. (*Sigon. de judic. 2, c. 27.*) Les juges nommés, à moins qu'ils ne ſe récuſaſſent eux-mêmes pour des cauſes légitimes, juroient qu'ils jugeroient ſuivant la loi. Alors on inſtruiſoit le pro-cès par voie d'accuſation & de défenſe. L'avocat de l'accuſé le défendoit publiquement, & employoit toutes les reſſources de l'art oratoire pour le ſouſ-traire à la rigueur des loix. On produiſoit auſſi des apologiſtes en faveur de l'accuſé, qui en faiſoit l'é-loge, & le nombre en étoit porté juſqu'à dix. (*Cic. Varr. 1, 27.*)

Enſuite les juges rendoient leur jugement, à moins que la loi n'ordonnât une remiſe, comme dans le jugement de concuſſion. La remiſe, *compe-rendinatio*, différoit de la plus ample information, *ab ampliatione*, ſur-tout en ce que celle-ci étoit pour un jour certain au gré du préteur, & celle-là toujours pour le ſurlendemain ; & en ce que dans la remiſe, l'accuſé parloit le premier, au lieu que le contraire arrivoit dans le plus ample informé.

Le jugement ſe rendoit de cette ſorte. Le pré-teur diſtribuoit aux juges des tablettes ou bulletins & leur ordonnoit de conférer entr'eux pour donner leur avis. Ces tablettes étoient de trois ſortes ; l'une d'abſolution, ſur laquelle étoit écrite la lettre A ; l'autre de condamnation, ſur laquelle étoit la lettre C ; & la troiſième de plus ample information, ſur laquelle on mettoit N L, *non liquet* ; & ce plus ample informé ſe prononçoit ordinairement lorſque les juges étoient incertains s'ils devoient abſoudre ou condamner.

Les juges jettoient ces tablettes dans une urne, & lorſqu'on les en avoit retirées, le préteur à qui elles avoient fait connoître quel devoit être le juge-ment, le prononçoit après avoir ôté ſa prétexte. Lorſque les voix étoient égales, l'accuſé étoit ren-voyé abſous (*Denis d'Hal. liv. IV ; c. 64.*)

Dans ce cas, il reſtoit deux actions à exercer contre l'accuſateur : celle de calomnie, s'il étoit conſtant qu'il eût imputé à quelqu'un un crime ſup-poſé ; la punition conſiſtoit à imprimer ſur le front du calomniateur la lettre K.

Outre le préteur, il y avoit encore pour préſider à ces ſortes de jugemens, un autre magiſtrat, qu'on nommoit *judex quæſtionis*. Cette magiſtrature ſui-vant *Sigonius, Noodt & Neuport*, fut créée après l'édilité, & le devoir de cette charge conſiſtoit à faire les fonctions du préteur en ſon abſence, à inſ-truire l'action donnée, à tirer les juges au ſort, à ouir les témoins, à examiner les regiſtres, à faire appliquer à la torture, & à accomplir les autres choſes que le préteur ne pouvoit pas faire par lui-même, tant à cauſe de la bienſéance, qu'à cauſe de la multitude de ſes occupations.

                           B b

Quant aux jugemens qui se rendoient dans les assemblées du peuple, c'étoient principalement ceux de trahison, de lèze-majesté, ou quelque action directement contraire aux loix qui favorisoient le droit des citoyens & la liberté du peuple. Voici dans quelle forme on les rendoit. Le magistrat qui avoit envie d'accuser quelqu'un, convoquoit l'assemblée du peuple par un héraut public, &, de la tribune, il assignoit un jour à l'accusé pour entendre son accusation. Dans les accusations qui alloient à peine de mort, le magistrat lui demandoit une caution, laquelle étoit personnellement obligée de se représenter. Dans celles qui ne s'étendoient qu'à l'amende il lui demandoit des cautions pécuniaires. Le jour marqué étant arrivé s'il n'y avoit point d'opposition de la part d'un magistrat égal ou supérieur, on faisoit appeller l'accusé de la tribune par un héraut; s'il ne comparoissoit pas & qu'on n'alléguât point d'excuses en sa faveur, il étoit condamné à l'amende. S'il se présentoit, l'accusateur établissoit son accusation par témoins & par raisonnemens, & la terminoit après trois jours d'intervalle. Dans toutes les accusations, l'accusateur concluoit à telle peine ou amende qu'il jugeoit à propos, & sa requisition s'appelloit *anquisitio*. Ensuite l'accusateur publioit, par trois jours de marché consécutifs, son accusation rédigée par écrit, qui contenoit le crime imputé & la punition demandée; le troisième jour de marché, il finissoit sa quatrième accusation, & alors on donnoit à l'accusé la liberté de se défendre. Après quoi, le magistrat qui s'étoit porté accusateur indiquoit un jour pour l'assemblée; ou, si c'étoit un tribun du peuple qui accusât quelqu'un de rebellion, il demandoit jour pour l'assemblée à un magistrat supérieur.

Dans ces circonstances, l'accusé, en habit de deuil, avec ses amis, sollicitoit le peuple, par des prières & des supplications; & le jugement se donnoit en rendant les suffrages de la même manière que dans les assemblées ordinaires, à moins qu'il n'intervînt quelqu'opposition, ou que le jugement n'eût été remis, à cause des auspices, pour cause de maladie, d'exil, ou par la nécessité de rendre à quelqu'un les derniers devoirs; ou bien que l'accusateur n'eût prorogé lui-même le délai en recevant l'excuse; ou qu'enfin s'étant laissé fléchir, il ne se fût entièrement désisté de l'accusation.

Pour suivre ce que nous nous sommes proposé de réunir ici sur l'*administration* générale des romains, nous devons parler maintenant de leur *administration* militaire, c'est-à-dire, des formes publiques adoptées pour déclarer la guerre, lever les armées, y entretenir la discipline & récompenser le courage de leurs guerriers. Nous serons courts sur ces objets, parce que nous ne les présentons ici que pour ne point interrompre la chaîne des idées sur cette matière, & pour rendre par-là l'instruction du lecteur plus positive & plus utile.

L'*administration* suprême des affaires de la guerre

& de l'armée appartenoit, ainsi que toute autre, au peuple; mais il en commettoit le pouvoir aux consuls, aux dictateurs, aux magistrats supérieurs dans leurs fonctions respectives. Cependant ces dépositaires de l'autorité publique étoient obligés; sur la fin de l'année de leur magistrature, de présenter au peuple assemblé par curie, une loi touchant le commandement des armées, *de imperio militari*, sans laquelle on ne pouvoit légitimement agir à la guerre. (*Tite-Live*, liv. V, c. 52.) Ensorte que celui-là seul avoit le commandement, & ce qu'on nommoit *imperium*, qui tenoit nommément du peuple l'autorité sur les armées, & le pouvoir de conduire la guerre.

Mais avant de l'entreprendre, les romains faisoient précéder des cérémonies religieuses, dont l'objet étoit de la légitimer aux yeux du peuple, & de justifier Rome dans la conduite qu'elle tenoit envers ses ennemis. Ainsi donc, lorsque quelque peuple avoit offensé la république, un des féciaux, espèce de prêtres institués au nombre de vingt, pour cet objet, partoit aussi-tôt vers ce peuple, pour lui demander réparation, soit en rendant ce qui avoit été enlevé, soit en livrant les coupables. Si la réparation n'étoit pas faite sur le champ, on laissoit à ce peuple trente jours pour délibérer, après lesquels on pouvoit légitimement lui déclarer la guerre. Alors le prêtre fécial retournoit à la frontière de l'ennemi, & y jettoit un javelot teint de sang, en déclarant la guerre par une certaine formule. (*Aul. Gell. noct.* XVI, c. 4; *Tite-Live*, liv. I, c. 32; *Dion. Hal.* liv. II, c. 72.)

Dans la suite, les bornes de l'empire romain s'étant fort étendue, on continua de faire cette cérémonie seulement pour la forme. Les féciaux étoient encore chargés de faire les traités de paix & les alliances, qu'ils rendoient plus respectables en y faisant intervenir la religion.

La manière d'entretenir ou de lever les armées étoit simple chez les romains, & les magistrats chargés de cette partie de la grande *administration*, n'avoient point à éprouver ces difficultés & ces reproches auxquels notre système de milice donne si souvent lieu. C'étoit à l'élection des consuls qu'on régloit la levée & la distribution des troupes. Lorsque ces magistrats étoient désignés, on faisoit vingt-quatre tribuns des soldats pour quatre légions. Quatorze étoient tirés de l'ordre des chevaliers, & ils devoient avoir cinq ans de service; on en tiroit dix d'entre le peuple, & ceux-ci devoient avoir servi dix ans. Les chevaliers n'étoient obligés qu'à dix ans de service; les autres vingt-neuf, à commencer depuis la dix-septième année jusqu'à la quarante-sixième; & l'on pouvoit obliger à servir jusqu'à cinquante ans ceux dont le service avoit été interrompu par quelque accident. Mais à l'âge de cinquante, soit que le terme de service fût accompli, soit qu'il ne fût pas, on étoit dispensé de porter les armes. Personne ne pouvoit posséder une charge dans la ville à moins qu'il n'eût dix ans de service.

Quand les confuls devoient lever des troupes, ils faisoient publier un édit par un hérault & planter un étendart fur la citadelle. Alors tous ceux qui étoient en âge de porter les armes, avoient ordre de s'affembler dans le capitole ou dans le champ de mars. Les tribuns militaires, fuivant leur ancienneté fe partageoient en quatre bandes; de manière que dans la première & dans la troifième, ils fuffent quatre des plus jeunes & deux des plus vieux; & dans la feconde & la quatrième trois des plus jeunes, & autant des anciens : car ordinairement on ne levoit que quatre légions, quoiqu'on en levât fouvent davantage.

Après cette divifion, les tribuns s'affeyoient dans le rang que le fort leur avoit donné, afin de prévenir toute jaloufie; & ils appelloient les tribus, dans lefquelles ils choififfoient quatre jeunes gens, à-peu-près de même âge, & de même taille, & ils en mettoient un dans chaque légion, ils continuoient de même jufqu'à ce que les légions fuffent remplies. On agiffoit ainfi pour rendre les légions à-peu-près égales en force; ils avoient foin de choifir des foldats qui euffent un nom heureux, comme *Valerius Salvius*, &c. Quelquefois auffi on les levoit à la hâte & fans choix, fur-tout quant on avoit une guerre dangereufe à foutenir. Ces manières de lever les foldats ceffèrent fous les empereurs; les levées dépendirent alors de l'avarice & du caprice de ceux qui les faifoient, à quoi on doit attribuer en partie la ruine de l'empire romain.

La levée de la cavalerie étoit plus facile, parce que les chevaliers étoient écrits fur les regiftres des cenfeurs. On en prenoit trois cents pour chaque légion.

La levée des foldats étant faite, on en prenoit un de chaque légion qui prononçoit les paroles du ferment avant tous les autres, qui les répétoient enfuite. Par ce ferment, ils promettoient d'obéir au général, de fuivre leur chef, & de ne jamais abandonner leurs enfeignes. On ne les obligea à faire ce ferment que le jour de la bataille de Cannes; on leur demandoit feulement auparavant, s'ils ne promettoient point d'obéir.

Les foldats alliés fe levoient, dans les villes d'Italie, par les capitaines romains; & les confuls leur indiquoient le jour & le lieu où ils devoient fe rendre. Ces alliés fervoient à leurs dépens, excepté le blé que les romains leur donnoient, c'eft pourquoi ils avoient un quefteur particulier. Il ne faut pas confondre avec les alliés les troupes auxiliaires qui étoient fournies par les étrangers.

Nous ne parlerons point ici des différens ordres de la milice romaine, des légions, des cohortes, de la manière dont les officiers montoient en grades, des armes, des exercices & de la difcipline des armées : ces objets font traités dans les *antiquités* & l'*art militaire* ; nous dirons feulement quelque chofe des triomphes, ce grand moyen employé par la politique romaine pour encourager & rendre victorieux les généraux,

Le triomphe étoit ordinairement décerné par le fénat; mais fi ce corps le refufoit & que le peuple voulût l'accorder, il pouvoit le faire malgré les fénateurs. (*Valer. Max.* II, c. 8.) Il falloit pour triompher que le général eût détruit plus de cinq mille ennemis dans une feule bataille. Il falloit que le général qui livroit le combat eût les aufpices, c'eft-à-dire, fût revêtu d'une charge qui donnoit droit d'aufpices. Il falloit auffi que la guerre fût légitime & étrangère; on ne pouvoit point triompher dans une guerre civile; ce qui étoit très-fage & très-politique. Les honneurs du triomphe étoient les plus grands qu'on pût obtenir dans la carrière des armes, & la pompe qui l'accompagnoit donnoit un luftre & de l'éclat encore à cette grande cérémonie. Nous ne la décrirons pas; elle fe trouve dans tous les écrivains qui ont traité des antiquités, & fur-tout dans les volumes de l'Encyclopédie qui en parlent particulièrement.

Avant de finir ce léger apperçu de l'*adminiftration* militaire des romains, remarquons que jufqu'à l'an 347 de Rome, les foldats avoient toujours combattu à leurs dépens, & qu'alors le fénat, pour tenir le peuple dans fa dépendance, plutôt que de lui accorder le partage des terres & l'abolition des dettes, dont il auroit cependant bien pu s'affranchir lui-même, aima mieux accorder une paie aux troupes, laquelle fut fucceffivement augmentée; ce qui caufa la perte de la liberté, parce qu'infenfiblement les foldats fe féparèrent du corps de l'état, & fe regardèrent bien plutôt comme les fujets du général que comme des membres de la république.

Les délits commis par les foldats étoient de la compétence des tribuns & des préfets, & du général même, duquel on ne pouvoit appeller avant la loi *Porcia*, portée l'an 556.

Enfin, pour achever de faire connoître le génie de l'*adminiftration* romaine dans fon enfemble, & dans chacune de fes parties; il nous refte à parler maintenant de l'*adminiftration* du commerce, de l'agriculture & des finances. Quant à cette dernière, nous avons déjà remarqué qu'on en trouvoit le développement dans le difcours préliminaire du *traité des finances* de l'Encyclopédie; ainfi ce que nous en pouvons dire ici ne doit être que très-bref & feulement par fupplément à ce qu'en a dit M. de Surgy.

L'*adminiftration* des finances chez les romains confiftoit dans celle du domaine de l'état, la perception & l'emploi des impôts qu'ils levoient, foit fur les citoyens, foit fur les peuples foumis.

Le domaine romain confiftoit en fonds de terre, prés, vignes, forêts, oliviers, étangs, mines, rivières, falines, & arbres fruitiers. Romulus diftribua le territoire de Rome en trois parties. Il partagea la première par portions égales aux trente curies; il deftina la feconde à l'entretien des temples, & la troisième aux besoins de l'état (*Dion. Hal. liv.* II, *c.* 2.)

Le domaine s'accrut ensuite par les conquêtes que firent les romains ; après la prise de Veies, on y incorpora une partie du territoire de cette ville ; la même chose eut lieu par rapport aux peuples voisins qui furent successivement soumis & dont la propriété territoriale augmenta celle de la république.

Une autre source de cette augmentation venoit des confiscations. C'est ainsi que le domaine de Tarquin fut confisqué au profit de la république, & un héritage qu'il possédoit fut changé en une place publique appellée *le champ de mars* ; les biens des décemvirs furent également confisqués, & un grand nombre d'autres dans la suite.

Le motif des confiscations portoit sur ce principe dans l'esprit des romains, qu'un homme qui est retranché de la société par le dernier supplice, ou de la république par la mort civile, est réputé anéanti & par conséquent incapable de laisser ses héritages à ses parens ou à ses amis comme ayant été retranché de la participation des loix ; de sorte que par événement les biens qu'il possédoit se trouvent sans propriétaires, & conséquemment appartenir au domaine public.

Mais cette jurisprudence étoit absurde & barbare ; absurde, en ce que l'état se rendoit juge & partie dans un semblable jugement, & qu'elle supposoit que le crime du père peut priver ses enfans des droits acquis par leur naissance ; barbare, en ce qu'elle réduisoit des innocens à la mendicité, les punissoit de fautes qu'ils n'avoient point commises, & les armoit en quelque sorte contre la société qui les dépouilloit injustement : aussi les derniers empereurs ont-ils tempéré cette dureté, & décidé que le sang étoit préférable au fisc. (*Novel.* 134.)

Le domaine comprenoit aussi plusieurs forêts, dont l'*administration* étoit fort honorable, & dont les rivières faisoient aussi une partie ; c'est au moins l'opinion d'*Angelus* sur la loi *fluminum*. (ff. *de damno infecto.*)

Le fisc n'avoit aucun droit sur les naufrages. (*Cod. l.* 1, *de naufragiis*) L'empereur Constantin prend sous sa protection quiconque a été maltraité par la mer, & accorde un asyle aux vaisseaux jettés sur le rivage.

Les empereurs donnoient quelquefois les terres de leur domaine à cens, & elles ne pouvoient être retirées des preneurs ou de leurs successeurs, pourvu qu'ils payassent la rente. *Ulpien* nomme cette nature de domaine champs tributaires, *agros vectigales.* C'est proprement ce que nous appellons *domaine fieffé* ou *immuable.*

Ils en affermoient d'autres à prix d'argent, dont les baux étoient de cinq ans, c'est le domaine muable, tantôt ils le laissoient à moitié, & les fermiers de cette espèce se nommoient *coloni partiarii.*

Les terres incultes se donnoient quelquefois à longues années ; cela dépendoit de la conduite & de l'économie des administrateurs. Mais les baux se faisoient ordinairement pour cinq ans, parce qu'au bout de ce temps, on faisoit une revue générale de tout ce qu'il y avoit de citoyens, & un dénombrement exact de leurs biens, comme nous avons vu plus haut.

Les romains ne connoissoient point cette distinction de terres nobles, roturières, franches ou allodiales, (Dumoulin, *préface sur le titre des fiefs.* Loiseau.) non plus que les droits de lods & ventes, de quint & requint, d'investiture & ensaisinement, saisie, ouverture de fiefs, ni enfin les droits de haute, moyenne & basse justice. (Pithou, *sur la coutume de Troyes.*) Les jurisconsultes italiens qui ont cru que Romulus avoit établi les fiefs, sur ce qu'il avoit partagé les citoyens romains en deux ordres, & nommé les uns *patrons*, qui est un nom qu'on donne aux seigneurs féodaux, & les autres *cliens*, qui est un nom de vassaux feudataires, ces jurisconsultes n'avoient pas consulté *Denis d'Halicarnasse* ; car il leur auroit appris que les patrons étoient les patriciens chargés du soin de la religion & de l'*administration*, & que les cliens étoient des citoyens de la classe des plébéiens qui s'attachoient aux premiers afin d'en être protégés & secourus, soit dans leurs affaires civiles, soit dans leurs besoins particuliers. Cette correspondance étoit uniquement relative aux personnes, & n'avoit aucun rapport aux héritages qui en dépendoient.

L'on distinguoit le trésor du prince de celui de l'état. Le premier, nommé *fisc*, étoit destiné à recevoir les revenus du domaine privé du prince, le second, nommé *ararium*, étoit pour ceux de l'état.

Les anciens fermiers des domaines avoient la préférence dans les adjudications ; mais il étoit défendu à tous les officiers de la maison de l'empereur, & sur-tout à ceux qui avoient quelque charge ou quelque emploi dans l'*administration* des finances, de s'en rendre adjudicataires. C'est l'ordonnance expresse d'Arcadius & d'Honorius : celles de 1541 & 1561, chez nous, y sont conformes, mais différentes circonstances y ont fait déroger, & la loi ne s'observe pas.

Les officiers faisoient quelquefois valoir & exploiter le domaine par des commis qui avoient des familles & esclaves sous eux.

Les terres domaniales étoient sujettes à la taille & autres charges réelles, comme aux réparations des chemins, ponts & chaussées. (*Liv.* I, *c. de collat. fund. patrim.*) De plus, le domaine impérial se vendoit à perpétuité comme celui des particuliers. *Je rougirois*, dit Alexandre Sévère, *que le fisc inquiétât un acquéreur du domaine, après que l'adjudication lui en a été faite de bonne foi & qu'il en a payé le prix.*

Indépendamment du revenu du domaine, les romains levoient encore les impôts suivans.

1°. La taille réelle : elle se levoit sur tous les sujets de l'empire romain, & consistoit ; 1°. dans le dixième des terres labourables qui avoient accoutumé d'être en friche ; 2°. en un cens ou redevance annuelle pour celles qui étoient cultivées ; 3°. dans la cinquième partie du produit des arbres fruitiers ; 4°. en un droit de pâturage que payoient les propriétaires de troupeaux. Nulle terre n'étoit exempte de la taille réelle, ni le domaine, ni les terres ecclésiastiques sous les empereurs chrétiens. (Liv. II, c. tit. de quibus munerib. nemini liceat se excusare.)

La solidité, en fait de taille, étoit défendue ; & l'Empereur Zenon dit que c'est choquer l'équité naturelle, qu'un homme soit poursuivi pour les dettes d'un autre. (L. un. cod.) Il y avoit des villes & des provinces où la taille réelle étoit abonnée. (cod. 12, de annon. & tributis.)

Les tailles étoient imposées par des officiers appellés censitores, peræquatores, inspectores. C'étoient proprement des asséeurs. Ils inscrivoient dans le censier ou papier terrier le nom du propriétaire & du fermier du territoire, le nombre des arpens, la qualité du terrein, & la nature de culture que s'y faisoit, ou l'espèce de production qu'elles portoient. (cod. de censibus & censit.) Ces officiers avoient l'autorité de faire des diminutions, quand les terres étoient détériorées ou endommagées : de plus, ils pouvoient donner à qui bon leur sembloit, les terres désertes & abandonnées, & faire leur assiette de telle sorte que les terres stériles fussent compensées par les champs fertiles, le fort portant le foible.

Cette taille se payoit ordinairement en trois termes, au premier septembre, au premier janvier & au premier de mai. (c. 1, de annon. & trib.) Il y avoit ordinairement deux receveurs dans chaque metrocomie ; c'est à-peu-près ce que nous nommons élection. Leurs quittances se faisoient chez des notaires nommés chartularii. Ils avoient d'autres officiers dépendans d'eux, comme des caissiers, appellés Arcarii, des contrôleurs, nommés tabularii, & des commis qui expédioient les quittances, & qu'on appelloit aussi chartularii. L'argent que les receveurs touchoient, étoit versé dans la caisse de la province qu'il nommoit recette ou métropole.

Il existoit encore un autre officier du fisc, nommé canonicarius : il alloit dans les provinces faire payer ceux qui étoient en retard. Il leur accordoit un mois, après lequel temps un autre officier nommé compulsor, venoit décerner & exécuter les contraintes.

2°. Outre la taille réelle, il y avoit encore un impôt en bled, dû par les propriétaires, sous le nom d'annona militaris. Personne n'en étoit exempt, & il étoit destiné à fournir les étapes, mansiones. On

avoit établi des officiers pour le lever ; mais les contribuables étoient obligés de le faire voiturer aux dépôts ou magasins désignés. Cet impôt, & surtout le charroi, occasionnèrent bien des vexations & des plaintes sous les derniers empereurs romains.

Outre cela, les peuples fournissoient encore d'autres subsides en nature, comme de lard, de viande, de beurre ; quelques provinces donnoient des habits aux troupes, & certaines villes étoient obligées de fournir des chevaux aux magistrats qui alloient prendre possession de leurs charges.

3°. La taille personnelle ou capitation étoit encore une imposition qui se levoit chez les romains. Elle s'imposoit ordinairement dans les pays conquis, comme il se voit par plusieurs passages de Tite-Live. Elle n'étoit pas uniforme dans toutes les provinces de l'empire. Autant il y avoit de têtes dans une maison, autant il y avoit de contribuables, sans exception de sexe ; savoir, les mâles depuis l'âge de quatorze ans, & les femelles depuis douze jusqu'à soixante-cinq. Néanmoins cette distinction d'âge ne s'observoit guères qu'en Syrie : car ailleurs on payoit la capitation depuis la naissance jusqu'à la mort. Les habitans des villes furent affranchis de ce tribut, pourvu néanmoins qu'ils fussent citoyens romains.

Cet impôt étoit, au reste, perçu par les mêmes officiers que la taille réelle dont nous venons de parler.

Nous n'entrerons pas dans le détail de tous les autres moyens de fournir à la dépense publique qui furent imaginés à Rome, & sur-tout sous les empereurs ; nous dirons seulement un mot des impôts sur les marchandises, & des emprunts publics.

Il y avoit des impôts sur les marchands & sur les marchandises, sans exception de celles de personne, même des soldats & ambassadeurs. Les maisons de ville pouvoient aussi en établir c'étoit le huitième de la marchandise, de là le nom d'octrois & d'octavarii, donné à ceux qui levoient cet impôt. Il y avoit aussi un droit d'entrée aux portes des villes, & un autre sur les marchandises étrangères, qui fut établi pour la première fois par Jules-César. Les denrées & autres fournitures destinées pour la maison de l'empereur, les munitions de bouche & l'entretien des troupes étoient franches ; mais elles devoient également être déclarées aux bureaux de la douane.

Nous avons déjà vu que ces droits, levés au profit de la république, étoient affermés aux chevaliers romains, qui furent ensuite, à cause de cela, désignés publicani, mancipes, conductores, redemptores vectigalium. Ils avoient un grand nombre de commis, & les uns & les autres se rendirent si odieux, que Néron, dans le commencement de son règne, proposa au sénat de supprimer les douanes & les traites-foraines ; mais les sénateurs l'en empêchèrent en disant que la république avoit befoin de revenu (1), au rapport de *Tacite*. On fe contenta donc, pour cette fois, d'ordonner que les baux & les droits des fermiers publics, qui auparavant étoient tenus fort fecrets, feroient publiés & affichés; qu'après l'année ils ne feroient plus reçus à demander ce qu'ils auroient réglé, & que le préteur à Rome, & les gouverneurs dans les provinces, connoîtroient de leurs malverfations.

Dans les extrêmes befoins de la république, il fe trouvoit des particuliers qui faifoient de grands prêts à l'état; mais fi les affaires ne permettoient pas qu'on pût les payer dans le temps convenu, on le faifoit à différens termes en divers paiemens; & à moins d'une impuiffance vifible, on gardoit toujours la foi publique qui étant bien ménagée, eft la plus riche reffource des fouverains. Nous avons un exemple éclatant de cette bonne foi dans *Tite-Live*. Plufieurs particuliers de Rome avoient avancé de l'argent pour foutenir la guerre contre Annibal; comme après la bataille de Cannes, il fut impoffible de fe libérer avec eux dans le temps convenu, on ordonna qu'il feroit rembourfés en trois paiemens. *decreverunt patres, ut tribus penfionibus ea pecunia folveretur*. Lib. 9, n. 16.

Après la guerre de Carthage, les romains ne pouvant fatisfaire leurs créanciers, il fut ordonné qu'ils feroient payés en fonds de terres. *Tite-Live*, l. 31, n. 13.

Remarquons auffi que les communautés qui fe trouvoient accablées de dettes pouvoient aliéner leurs biens, & rendre à leurs créanciers des terres & des fonds jufqu'à la concurrence de ce qui leur étoit dû.

Il feroit inutile de parler des impôts extraordinaires que les romains levoient, foit fur les hommes, foit fur les chofes; cela nous conduiroit à décrire les horribles exactions qu'ils commirent, tant envers les propres fujets de la république, qu'envers les peuples vaincus. A cet égard ils furpaffèrent tout ce qu'on peut reprocher aux nations modernes. Mais il n'eft point de notre objet de traiter toutes ces matières ici, venons aux agens de l'*adminiftration* des finances.

Les uns étoient des magiftrats de la république les autres de fimples officiers ou commis fubalternes. Dans les premiers fe trouvent les quefteurs, ou les furintendans des finances: nous en avons déja parlé. Il n'en reftoit ordinairement que deux à Rome, qui faifoient enregiftrer au greffe public la recette & la dépenfe. Les autres étoient ou dans les armées, ou dans les provinces, employés à la

régie des revenus publics, des impôts & de l'argent qui provenoit du butin fur les ennemis. Ils menoient avec eux un greffier ou efpèce de contrôleur. Le nom de quefteur leur refta jufqu'à Augufte. Leurs pouvoirs furent fucceffivement transférés aux préteurs & aux prétoriens; puis rendus, puis enfin ils furent fupprimés, & leur charge transférée au préfet. Ils étoient nommés *Præfecti ærarii*. Sous Conftantin, les furintendans des finances furent mis fur un autre pied; il créa deux charges pour en remplir les fonctions, & les titulaires furent nommés, l'un *comes facrarum largitionum*, & l'autre *comes rerum privatarum*. Le premier avoit l'*adminiftration* des deniers publics, le fecond du domaine du prince.

Le furintendant, *comes facrarum largitionum* (2), avoit, dans les provinces, des officiers pour recevoir & exécuter fes ordres, ils fe nommoient *Palatins*. Il y avoit encore fix officiers appellés auffi *comites largitionum*, départis dans l'Orient, en Egypte, en Thrace, en Macédoine, ils payoient les troupes, & leur jurifdiction reffembloit à celle qu'ont aujourd'hui parmi nous la cour des aides & la chambre du tréfor. (*L. ubi caufa fifcal. agi debeant* l. 13, c. *finium regundorum*.)

Les tréforiers ou receveurs généraux des finances dépendoient auffi du furintendant. Les recettes générales s'appelloient *metropoles* ou *ftationes*. Ces receveurs ou tréforiers fe nommoient *thefaurarii*.

Le furintendant des finances avoit, au moins fous les empereurs, onze bureaux appellés *feriniaria*, pour expédier les affaires de fon département.

Le premier étoit le bureau de la recette de l'or, appellé *ferinium canonum*. Canon ici fignifie tribut, c'eft la quantité d'or qui fe portoit à la recette ou épargne, & ce qu'on appelle parmi nous *la partie du tréfor royal*.

Le fecond bureau étoit compofé de greffiers, contrôleur ou gardes-rôles, appellés *tabularii*.

Le troifième bureau étoit compofé de commis prépofés aux comptes, appellés *numerarii*; ils dreffoient les états des finances; faifoient compter tous ceux qui étoient chargés de quelque recette, & exerçoient prefque toutes les fonctions des officiers de nos chambres des comptes.

Le quatrième bureau étoit celui des officiers de la maffe d'or, dans lequel on enregiftroit tout l'or qui étoit mis en maffe. Il y avoit quatre claffes de commis dans ce bureau & des fecrétaires pour écrire des lettres aux gouverneurs des provinces. On y tenoit auffi compte de l'or qu'on fabriquoit en

(1) La complication de l'adminiftration romaine ne permettoit peut-être pas au fénat de changer aifément la forme des impôts; mais ne pouvoit-on pas aller au plus près de l'avis de Néron & effectuer quelque changement utile? Voici les paffage de Tacite. *Eodem anno crebris populi flagitationibus publicanorum immodeftiam arguentis, dubitavit Nero an cuncta vectigalia omitti juberet, idque pulcherrimum donum mortalium generi daret, fed impetum ejus retinuere fenatores, diffolutione imperii dicendo fecuturum, fi fructus quibus refp. fuftineretur, diminuerentur.* Annal. l. XIII.
(2) Il étoit nommé *comes facrarum largitionum*, parce que depuis le changement de la république en monarchie, la plus grande dépenfe alloit à gagner & entretenir la faveur du peuple par des largeffes.

espèces, ainsi que de celui qui étoit employé aux étoffes & bijoux de la maison de l'empereur.

Le cinquième bureau étoit composé de ceux qui distribuoient & tenoient des états de l'or destiné pour les frais des couriers que l'empereur & les généraux envoyoient dans les provinces, & dans les armées.

Le sixième bureau étoit celui du vestiaire, chargé de l'état & du soin de l'habillement des troupes, & de la garde-robe de l'empereur & de l'impératrice.

Le septième bureau étoit celui de l'argenterie ou de la vaisselle de l'empereur, appellé *scrinium ab argento*.

Le huitième bureau étoit chargé du soin de la fabrique des anneaux d'or, & d'une sorte de monnoie d'argent, appellée *milliarensis*, qui valoit la dixième partie d'un écu ou d'un solide d'or. Elle servoit à payer les troupes.

Le neuvième étoit composé, 1°. de ceux qui tenoient des états du nombre des espèces d'or & d'argent qui se fabriquoient dans les monnoies : 2°. de ceux qu'on nommoit *vascularii* & qui faisoient la vaisselle du prince : 2°. des changeurs appellés *argentarii* : 4°. de ceux qui gravoient & ciseloient la vaisselle & qu'on nommoit *Barbaricarii*. Ce bureau avoient plusieurs officiers.

Le dixième étoit composé des greffiers qui écrivoient tous les actes du surintendant, & les jugemens qu'il rendoit. Il y avoit aussi plusieurs officiers.

Enfin le onzième étoit celui des officiers appellés *mittendarii*, qu'on envoyoit dans les provinces pour presser les gouverneurs de faire lever les tailles. Il y avoit un grand nombre de ces officiers, un entr'autres, qui avoit la direction des voitures ; qui ordonnoit les routes, & qui commandoient aux mariniers & aux conducteurs des bêtes de somme.

Après le surintendant nommé *comes sacrarum largitionum*, parlons de celui du domaine nommé *comes rerum privatarum*. Il fut établi, au rapport de *Spartien*, par l'empereur Sévère. (L. 4, c. *de fundis reipub*. l. XI, c. 1.) Il avoit l'*administration*, & la direction de tout le domaine & des droits fiscaux, particulièrement des lettres domaniales de l'Asie, de Cappadoce, &c. Sa jurisdiction s'étendoit sur tout ce qui dépendoit de sa charge, & en jugeoit les matières contentieuses, comme faisoit l'autre surintendant dans son département.

Le surintendant du domaine avoit plusieurs officiers sous lui dans les provinces, qu'on nommoit *comites rationales*, ou simplement *rationales & procuratores*.

Leurs fonctions consistoient à réunir & à incorporer au domaine les biens & les droits appartenans au fisc, particulièrement ceux qui lui étoient dévolus par confiscation. Ils étoient encore juges des causes où le domaine & tout ce qui y avoit rapport avoit

intérêt ; mais il falloit que l'avocat du fisc fût présent. A l'égard des affaires criminelles, où les fermiers du fisc étoient intéressés, c'étoit le gouverneur de la province qui en connoissoit. Ils avoient sous eux des huissiers & des greffiers ; ils étoient payés par l'épargne de leurs appointemens & de leurs gages. Ils avoient le soin & la direction des biens, terres & revenus affectés autrefois au culte des dieux, & depuis appliqués aux églises, avec une entière jurisdiction sur ces biens.

Les inspecteurs ou maîtres des forêts étoient aussi subordonnés au surintendant du domaine. Il avoit encore inspection sur le compte du sacré domaine créé par l'empereur Anastase, & le conétable ou grand écuyer étoient encore sous ses ordres.

Les huissiers ou sergens, appellés *palatini* dépendoient aussi du surintendant du domaine. Ils avoient soin du patrimoine de l'empereur & des biens appliqués au fisc. Ils étoient distribués en quatre bureaux. Le premier chargé de la régie des biens donnés aux églises. Le deuxième de la recette des rentes annuelles dues au domaine. Dans le troisième, on délivroit les quittances du département. Le quatrième étoit celui des largesses privées.

Outre tous ces officiers, il y en avoit encore d'autres dans l'*administration* des finances De ce nombre étoient les décurions des villes. Ils en étoient les conseillers, & répondoient à nos échevins ; ni eux ni leurs enfans, ne pouvoient changer de condition ou transférer ailleurs leur domicile. (Novel. 38, *de decurion*.) S'ils mouroient sans enfans, le quart de leur succession appartenoit à la communauté.

Ils affermoient les terres du domaine, & adjugeoient au rabais les ouvrages publics. Les dix premiers levoient les tailles, & étoient tenus de remplir les fonds en suppléant ce qui manquoit. Ils avoient l'*administration* des biens qu'on laissoit à la république. Ils faisoient les fournitures du bled, les assiettes & les réglemens des tailles, & ceux qui étoient chargées de l'assiette des impôts, étoient distingués sous les noms de *censitores*, *peræquatores*, avec eux, il y avoit encore les collecteurs de tailles, appellés *exactores*, ou *susceptores*, & tirés des décurions, ou du corps de ceux nommés *censitores*, ou d'entre le peuple. Ces collecteurs en présence des magistrats de la ville prenoient un état des terres que chaque particulier possédoit & de ce que chacun devoit payer : mais les décurions, en cas d'insolvabilité des collecteurs, en étoient responsables. Ils faisoient aussi la levée des tailles personnelles. Cette levée se faisoit, à quelque différence près, de la même manière que se fait chez nous la capitation, qui est un impôt semblable.

Quoique pour rendre plus complette notre notice de l'*administration* romaine nous dussions peut-être faire connoître ici quelles étoient ses fonctions relativement à l'agriculture & au commerce, nous croyons, comme nous l'avons déjà dit, devoir renvoyer ces deux objets à leurs articles respectifs. Tout ce que nous devons remarquer ici, c'est qu'on doit distinguer à quelle époque on considère ces deux sources des richesses publiques : car elles n'eurent pas le même sort dans tous les temps.

L'on sait que dans les commencemens de la république, l'agriculture étoit l'occupation des premiers citoyens, que c'étoit le seul art en honneur avec la guerre. C'est même à cette disposition des mœurs, & à ce goût pour les travaux champêtres qu'on attribue généralement le courage & la fierté des anciens romains. Mais cette idée semble exagérée ; car il n'est pas absolument vrai que les soins de la culture & la vie de la campagne rendent meilleur citoyen ou plus attaché à ses devoirs. Il paroît, au contraire, par la conduite des créanciers romains, par les duretés qu'ils exercèrent envers leurs malheureux débiteurs, par l'impassible avarice des propriétaires des terres, que les occupations de la campagne, les travaux rustiquess, l'agriculture en un mot, conduit à cet égoïsme & à cette insensibilité de caractère qui causèrent tant de troubles & de malheurs à Rome autrefois.

Quoi qu'il en soit de cette idée, il est certain que l'agriculture perdit de sa considération même avant les empereurs & que sous ceux-ci elle devint plus particulièrement un des objets de l'*administration*. Avant, elle se suffisoit à elle-même, & n'avoit point besoin de secours étrangers.

Quant au commerce, les romains en firent toujours peu de cas, soit qu'il sympathise mal avec le caractère d'un peuple guerrier, soit qu'ils y trouvassent quelque chose d'ignoble & d'indigne d'un homme libre. Il étoit, en effet, abandonné aux esclaves dans les commencemens, ainsi que l'exercice des arts méchaniques. Mais ces dispositions cessèrent & sous les empereurs, non-seulement il ne fût plus regardé comme une profession ignoble, mais encore il reçut des encouragemens & la protection de l'*administration*. Voyez AGRICULTURE & COMMERCE.

Telles sont les connoissances élémentaires sur l'*administration* grecque & romaine que nous avons cru utile de réunir ici : quelques-unes se rencontrent, il est vrai, dans l'encyclopédie ; mais il étoit nécessaire de les reprendre afin de ne point manquer le tableau, & rompre la chaîne des idées. D'ailleurs nous n'avons fait que les énoncer, & les considérer dans leur rapport avec l'*administration* générale de l'état, si pourtant on en excepte un petit nombre qui avoient besoin de quelque développement. On pourra donc comparer, jusqu'à un certain point, les principes de l'*administration*

romaine avec ceux de l'*administration* d'une des nations les plus éclairées de l'antiquité, je veux dire des athéniens, ce peuple qui porta les arts de la guerre & de la paix au plus haut degré où les pouvoir porter alors l'esprit humain. On pourra aussi la comparer avec les *administrations* modernes ; & c'est pour remplir cet objet que nous allons joindre à ce que nous venons de dire de Rome & d'Athènes, quelques notions positives sur l'*administration* de la France, en nous réservant de traiter, aux mots GOUVERNEMENT & POLICE, tout ce qui ne doit point trouver sa place ici.

Notre méthode ne doit point être de donner notre opinion à la place des faits & des événemens qui peuvent seuls instruire le lecteur & lui fournir des sujets utiles de réflexions. Cette foiblesse qu'ont eue & qu'ont encore tant d'écrivains d'économie politique (1), nous tâcherons soigneusement de l'éviter, & quand nous dirons notre sentiment sur les matières publiques, nous l'appuierons toujours du témoignage de l'histoire & de l'autorité du droit positif. Ainsi, au lieu de nous étendre en conjectures vagues, en déclamations, en reproches, en souhaits superflus sur l'*administration* & les abus qui lui ont assez constamment été attachés en France, nous ferons connoître son état sous les plus célèbres règnes de nos rois, à commencer par Charlemagne & à finir par Louis XVI. Et qu'on ne croie pas que le nombre des époques que nous parcourrons soit considérable, nous les réduirons à cinq. 1°. Charlemagne. 2°. Louis IX. 3°. Charles VII. 4°. Louis XIV. 5°. Louis XVI ; & cette dernière époque sera celle à laquelle nous nous attacherons spécialement comme la plus généralement utile à nos lecteurs.

Si les hommes & les choses étoient toujours les mêmes, l'*administration* des états seroit invariable. Dès qu'un peuple auroit des loix, leur rapport avec la chose publique ne changeant point, les moyens de les faire aimer & respecter seroient fixes, & le même besoin, le même ordre subsistant toujours, la conduite & les moyens des administrateurs publics se maintiendroient dans le même rapport avec les détails de la police & de la discipline des peuples. Mais tout change : les mœurs, les habitudes varient d'un demi-siècle à l'autre ; & lorsqu'il n'est pas encore nécessaire de changer les loix, il est déjà d'employer de nouvelles voies pour en maintenir le caractère & l'utilité. C'est une rigueur qui devient déplacée & qu'on doit rarement prononcer, ce sont des préjugés qui ne subsistant plus, demandant une sévérité de moins, une condescendance de plus dans la distribution des

_____

(1) Il seroit à souhaiter, qu'on rendît au nom d'économie politique, sa véritable signification, c'est-à-dire, qu'on l'employât pour désigner la *science de l'administration générale de l'état*, & non pas seulement celle qui a pour objet l'agriculture, le commerce & les impôts, comme ont dit les économistes. J. J. Rousseau a fait un excellent petit traité d'*économie politique*, dans l'acception que je voudrois qu'on lui conservât.

peines

peines & des récompenses ; ce sont de nouvelles richesses acquises, des découvertes dans les arts, les progrès de la raison, des sciences, de la puissance publique, de l'autorité souveraine, l'élévation d'un ordre, l'abaissement d'un autre, qui, en modifiant les idées, les droits, les rapports des citoyens, changent l'*administration*, en même-temps que le gouvernement conserve sa physionomie, sa nature & son principe.

Car, répétons-le, on doit bien distinguer l'*administration* du gouvernement. Celui-ci est fondé sur le caractère primitif d'un peuple ; sur les loix du contrat social, sur les principes du droit positif & naturel reçus dans une nation ; l'autre, au contraire, est arbitraire & momentanée, on peut la changer, la modifier, en étendre les fonctions, les diminuer, les partager sans rien changer à la forme constitutionnelle, à la nature de l'association politique, & à ce qu'on appelle constitution, c'est-à-dire, à la mesure de pouvoir & de liberté publique que chaque individu s'est conservée dans la convention ou transaction faite avec les autres membre de l'état. L'*administration* diffère tellement du gouvernement, que le peuple pourroit partager les fonctions d'administrateur public, sans que son pouvoir politique fût accru, c'est-à-dire, sans que l'essence ou même la forme du gouvernement fût changée. C'est ainsi qu'en France les assemblées ou *administrations* provinciales n'ont point rendu les provinces où elles existent plus puissantes politiquement qu'elles n'étoient auparavant, au moins par le droit & l'esprit de l'institution. Le gouvernement ne change donc point avec l'*administration*, & nous ferons mieux sentir encore cette vérité au mot GOUVERNEMENT.

Il ne faut donc pas croire que le gouvernement ait changé avec l'*administration* en France, que les variations survenues dans l'une, aient acccompagné celles de l'autre, qu'elles aient été simultanées & en proportion les unes des autres. Ainsi, quand on voit un grand changement survenu dans l'*administration*, il ne faut pas en conclure tout de suite un semblable dans le gouvernement, & l'extinction d'une branche d'*administration* corelative à l'exercice d'un pouvoir du gouvernement, ne suppose pas toujours la destruction de ce pouvoir. C'est ce que nous voyons aujourd'hui dans l'affaire des états-généraux qu'on peut regarder en France comme un grand moyen d'*administration*, en même-temps qu'ils exercent & représentent la souveraineté.

La forme naturelle de l'*administration* paroît avoir été démocratique sous Charlemagne, c'est-à-dire, que ce prince, fit partager au peuple (1) françois l'*administration* des provinces & de l'état. Nous en avons la preuve dans ce que les historiens nous rapportent de ce monarque.

En effet, tous nous disent que non-seulement Charlemagne convoqua deux fois par an les états de la nation, c'est-à-dire, au printemps & en automne, où toutes les affaires législatives se traitoient au vœu des trois ordres de l'état, mais encore qu'il introduisit l'*administration* populaire dans les provinces ; ainsi que nous le dirons en parlant des assemblées provinciales ; & ce qui achève de prouver l'esprit démocratique qui régnoit alors, c'est le capitulaire qui dit : « que lorsqu'il s'agira » d'établir une nouvelle loi, la proposition en sera » soumise à la délibération du peuple, & que s'il » y a donné son consentement, il le ratifiera par la » nature de ses représentans. » (*Capit.* v. 1, p. 194.)

Trois grands objets occupèrent Charlemagne, l'*administration* de la justice, de ses domaines & la guerre. Pour faciliter l'exécution du premier, il divisa tout le pays de sa domination en différens districts ou légations, dont chacun contenoit plusieurs comtés, & renonçant à l'usage ancien, il n'en confia pas l'*administration* à un Duc. Il sentit qu'un magistrat unique, à la tête de chaque province, négligeroit ses devoirs ou abuseroit de son autorité. Des officiers, au nombre de trois ou quatre, choisis d'entre les prélats ou la noblesse, & qu'on nomma *envoyés royaux*, *missi dominici*, furent chargés du gouvernement de chaque légation, & obligés de la visiter de trois en trois mois (2). Ils tenoient les assises dans les provinces pour l'*administration* de la justice, & les assemblées provinciales, où l'on traitoit de toutes les affaires de la province, & où l'on portoit les plaintes auxquelles avoient donné lieu des magistrats ou officiers prévaricateurs.

Mais ces moyens de paix & d'ordre devenoient infructueux par l'usage barbare des guerres privées. Nous avons parlé, dans notre *discours préliminaire*, des maux qu'elles firent naître dans la société. L'empereur les interdit, par une loi expresse, comme une invention du diable pour détruire le bonheur des hommes. Mais malheureusement cette défense ne fut point maintenue par les successeurs de Charlemagne, & les guerres particulières continuèrent leurs désordres avec plus de fureur que jamais.

---

(1) Le peuple veut dire la nation ; l'on conçoit que la classe des citoyens ignorans & pauvres ne peut partager l'*administration* dans aucun état ; mais il n'en est pas de même du gouvernement, à Rome à Athènes, en Suisse, en Hollande, en Amérique, tout homme a pu ou peut donner un suffrage.

(2) On a comparé ces *missi dominici* aux intendans actuels ; mais la différence me semble grande entr'eux ; car les intendans ont un pouvoir, une jurisdiction, une autorité que n'avoient point ces anciens officiers. L'influence du gouvernement populaire qui existoit alors, les états provinciaux qu'ils tenoient au nom du roi, l'autorité royale moins grande qu'aujourd'hui, tout cela limitoit prodigieusement leur pouvoir ; ils étoient ce que pourront être les intendans si les assemblées provinciales, sont changées en états-provinciaux, & si les états-généraux deviennent périodiques, &c.

Ses foins ne fe bornèrent pas là ; il voulut perfectionner tous les objets de *l'adminiftration*, accroître la population en attirant des étrangers, (*Voy.* Baluf. tit. I, capit. *aquis granenfe.*), étendre la culture en faifant arracher des forêts, deffécher des marais, enfin en faifant des règlemens utiles aux arts, à l'agriculture & au commerce. *Voyez* ces mots.

Il voulut que la défertion fût punie de mort ; & l'on trouve dans le fixième livre des capitulaires, ch. III, cette loi. *Si quis adeo contumax aut fuperbus extiterit, ut demiffo exercitu, abfque juffu, vel licentiâ regis domum revertatur, & quod nos theudifcâ linguâ dicimus herift. fecerit, ipfe & reus majeftatis vitæ incurrat periculum & res ejus in fifco noftro focientur.*

Ce monarque avoit un foin particulier de fes fermes, qui étoient des efpèces de hameaux où fe trouvoient des ouvriers, cultivateurs & artifans pour tous les objets relatifs à l'agriculture. Il recommande par-tout le foin des bénéfices, comme étant la fource de toutes les richeffes, ce qui eft vrai furtout dans un temps & chez un peuple où le commerce & les produits de l'induftrie étoient fort bornés.

Charlemagne rendit fon règne éclatant & fes peuples heureux par une *adminiftration* fort fimple, mais fort fage, celle de laiffer à la nation en partager une partie, tant pour éviter de multiplier les officiers du roi, que pour attacher le peuple au bien même de l'état par la part qu'il y prend comme fujet & comme adminiftrateur. J'ajouterai que Charlemagne témoigna un grand refpect pour la religion (1), & qu'il penfoit que lorfqu'on peut parvenir à infpirer aux hommes la confiance & la vénération dont ils doivent être pénétrés pour cette grande & fublime magiftrature, le gouvernement & la police de l'état deviennent infiniment plus faciles. Je remarque que tous les grands princes ont été pénétrés de cette vérité, ou moins leur conduite l'indique.

Charlemagne paroiffoit auffi porté à la polygamie, & quoique les femmes dont il partagea les plaifirs fuffent, fi l'on veut du fecond ordre, ce n'en étoient pas moins fes femmes, & ce prince ne fe fût point cru à l'abri des reproches, par une équivoque de mots s'il eût penfé qu'il y eût à reprendre dans fa conduite à cet égard (2).

Finiffons ce que nous avons à dire de *l'adminiftration* de ce grand prince par ces paroles de l'abbé *de Condillac* : « Sous lui, les françois connurent la » liberté ; eux qui jufqu'alors n'avoient connu que » la licence. Ils eurent une patrie, ils devinrent » citoyens, & parurent prefque dignes d'être gou- » vernés par un Charlemagne. Rien ne prouve » mieux l'étendue & la fageffe des vues de ce » prince que les changemens qui fe frent dans les » mœurs : car la nobleffe & le clergé ceffèrent de » fe haïr, le peuple ceffa d'être foulé, & tous les » ordres concoururent au bien général (3). » (*Hiftoire moderne, tome I.*)

Les capitulaires de Charlemagne contiennent une foule de règles d'*adminiftration* & de police remarquables, &, comme dit le préfident *Hénault*, plufieurs en ont été tirées pour rédiger les ordonnances de Louis XIV. Mais il y règne trop de confufion, les matières y font mal préfentées, & peu proportionnées : on y trouve plufieurs chofes fur la religion, la police, *l'adminiftration* & le droit criminel, mais d'une manière difproportionnée à leur importance ; & le droit privé, les principes généraux du jufte & de l'injufte, y font abfolument oubliés, il n'en eft pas queftion.

Cependant, fi les rois fuivans euffent continué l'ouvrage de la civilifation déjà fort avancée par Charlemagne, on ne peut pas douter qu'elle n'eût fait de rapides progrès. Mais après lui, tout tomba dans le défordre & l'anarchie. Les droits furent confondus, les loix violées, le peuple qui avoit eu part à *l'adminiftration* & à la légiflation en fut exclu, la féodalité s'établit fur les ruines de la liberté publique & l'autorité royale fut anéantie fous l'oppreffion de cent tyrans imbécilles.

La propriété changea de nature, & l'on vit, vers la fin de la dinaftie de Charlemagne, un nouveau genre de poffeffion, connu fous le nom de *fief* (4).

Ce fut alors que les ducs ou gouverneurs des provinces, les comtes ou gouverneurs des villes, les officiers d'un ordre inférieur, profitant de l'affoibliffement de l'autorité royale, rendoient héréditaires dans leur maifon des titres que, jufques-là, ils n'avoient poffédés qu'à vie, & ayant ufurpé également & les terres & la juftice, s'érigèrent eux-mêmes en propriétaires des lieux dont ils n'étoient que les magiftrats, foit militaires, foit civils, foit

---

(1) Il prenoit le titre de *devotus fanctæ ecclefiæ defenfor, humilifque adjutor. Capit. Baluzii.*

(2) « Il faut remarquer, dit le préfident Hénault, t. I, p. 66, que ce qui fe nommoit concubinage, & qui nous paroît » aujourd'hui contraire aux loix civiles & eccléfiaftiques, étoit alors une efpèce de mariage qui pour être moins folemnel, » n'en étoit pas moins légitime. »

(3) En même temps que nous rendons juftice au mérite de Charlemagne, comme adminiftrateur & chef de la nation, nous fommes bien loin de ne pas être indignes de la manière avec laquelle il traita les faxons & fit la guerre à ces peuples, fous le prétexte de les convertir. Son zèle le trompa, ou fon ambition s'en couvrit pour fe fatisfaire.

(4) Il n'eft point de notre objet d'expliquer comment ce changement put fe faire ; il fuffit de remarquer qu'il détruifit entièrement la forme d'*adminiftration* établie par Charlemagne, *adminiftration* fort fimple & vraiment monarchique, c'eft-à-dire, où le roi & le peuple, *populus*, gouvernent & adminiftrent enfemble.

tous les deux enfemble. Par là fut introduit un nouveau genre d'autorité dans l'état, auquel on donna le nom de *fuzeraineté*, mot, dit Loyfeau, qui eft auffi étrange que cette efpèce de feigneurie eft abfurde. (Hénault, *Remarques fur la fin de la feconde race.*)

C'eft encore à ce temps que le même auteur rapporte une autre origine. « La nobleffe, dit-il, ignorée jufqu'au temps des fiefs, commença avec cette nouvelle feigneurie, enforte que ce fut la poffeffion des terres qui fit les nobles, parce qu'elle leur donna des efpèces de fujets nommés *vaffaux*, qui s'en donnoient à leur tour par des fous-inféodations. »

Ces défordres & les maux qui dûrent en réfulter allèrent toujours en croiffant jufqu'au onzième fiècle où l'exemple des villes d'Italie, qui fecouèrent le joug de la tyrannie, introduifit en France une nouvelle *adminiftration*, ou plutôt fit renaître celle qui avoit eu lieu dans les principales du temps des romains.

Il y avoit des villes murées, que la féodalité n'avoit point encore détruites. Les hommes libres, les marchands, des nobles mêmes, opprimés par des nobles plus puiffans qu'eux, s'y retirèrent; ils mirent en *commun* la fûreté, l'ordre, la juftice qu'ils recherchoient, & cette affociation ils l'appellèrent *commune*, communauté. Elle donna lieu au titre de bourgeoifie & à l'*adminiftration* municipale, dont le droit fut nommé *municipalité*. *Voy.* BOURGEOIS, MUNICIPALITÉ.

De plus, ils fe donnèrent des loix comme les fociétés politiques naiffantes. L'on en trouve différens exemples dans le recueil des loix *anglo-normandes*, le titre d'une fuffit pour en indiquer l'efprit. *Statuta gilda per difpofitionem Burgenfium conftituta : ut multa corpora uno loco congregata, unio confequatur, & unica voluntas, & in relatione unius ad alterum, firma & fincera dilectio.*

Ces affociations fe multiplièrent & furent fingulièrement favorifées par les rois de France qui y voyoient un avantage pour eux; car, comme dit M. Dargenfon, *la royauté bien entendue eft amie de la démocratie.* (*Effai fur le gouvernement de la France.*) On en place le commencement affez généralement fous Louis-le-Gros, en 1109. Leurs droits & leur pouvoir s'accrurent par la fuite lorfque le règne de Saint-Louis eut, par l'effet des croifades & d'une *adminiftration* paternelle, rappellé les efprits vers l'ordre & la juftice. En effet, on trouve des lettres de Philippe-le-Hardi de 1178, qui autorifent les maires & les bourgeois de la commune de Rouen & leurs fucceffeurs à *adminiftrer*, comme par le paffé la haute juftice appartenant au roi, à l'exception de la mort, du mehaing & du gage de bataille. *Quòd dicti major & illi de communiâ & eorum fucceffores habeant & exerceant omnimodam jurifdictionem ad nos pertinentem, tam de placitis*

fpade quàm de aliis quæ accident & amodò accidere poterunt in civitate & banleucâ Rhotomagenfi in placitis jurifdictionibus & jufticiis quibufcumque, retentâ nobis juftitiâ mortis, mehagnii & vadiorum belli cùm fecuta fuerint. (Ordonn. du Louv. tom. I, p. 406.)

Cependant, comme nous l'avons dit, plufieurs chofes hâtèrent cette élévation des communes, & le gouvernement de faint Louis, fes fautes & fa fageffe y contribuèrent. On a pu voir, dans notre *difcours préliminaire*, la manière dont ce changement s'effectua, & fon influence fur la police & la civilifation de la France : ici nous ne devons confidérer le règne de ce prince que comme une des cinq époques auxquelles nous rapportons le tableau de l'*adminiftration* francoife.

Sous le règne de Louis IX, les parlemens confervoient la même forme qu'ils avoient fous Philippe-Augufte. Mais l'*adminiftration* de la juftice prit de nouvelles forces par l'abaiffement fucceffif du pouvoir des barons.

Déjà fous le règne de Louis VIII, l'ufage d'appeller à la cour féodale du roi acheva de s'établir & devint une loi que les grands vaffaux mêmes commençoient à reconnoître quoiqu'elle dégradât leurs juftices. Les *affuremens* s'introduifirent également alors; & devinrent un des plus grands moyens de pouvoir entre les mains du roi. *Voy.* ce mot. Saint Louis l'étendit & s'en fervit avantageufement pour réunir à lui toute l'*adminiftration* de la juftice & pour détruire les guerres privées. Il employa encore pour la même fin des *lettres de fauve-garde*, qui affuroient fa protection aux foibles contre les entreprifes des grands. Ces lettres les autorifoient à ne point reconnoître la jurifdiction de leur feigneur, & à s'adreffer au roi. « Il arriva bientôt, dit l'abbé de Condillac, que ceux qui vouloient décliner la juftice de leurs feigneurs, déclaroient être fous la fauve-garde du roi, & dès-lors, leurs juges naturels étoient obligés de fufpendre la procédure jufqu'à ce qu'ils euffent prouvé la fauffeté de cette allégation; c'étoit un abus, mais qui ne tomboit que fur les feigneurs, & qui, par conféquent tendoit à détruire l'anarchie féodale.

Il étoit impoffible que l'*adminiftration* de l'état fût affurée tant que les barons auroient le droit ou le pouvoir de la troubler par des guerres que leur facilitoit leur alliance avec l'étranger. Louis IX attaqua cette fource de défordres. Grand nombre de feigneurs avoient des fiefs en France & en Angleterre. Il leur offrit ou plutôt les força de choifir entre les deux fouverains, enforte qu'ils renonçaffent à leurs terres hors du royaume, pour y conferver celles qu'ils y poffédoient. Ils acceptèrent cette dernière voie, & l'autorité royale s'en accrut d'autant, parce que ces feigneurs n'eurent plus la facilité d'appuyer leur oppreffion des armes & de la protection étrangères.

A D M

Ce n'étoit point affez d'avoir rendu les guerres particulières plus difficiles & plus rares, il falloit encore détruire d'autres abus qui subvertiffoient tout ordre, & s'oppofoient aux progrès de la civilifation & au retour de la démocratie. Tels étoient les combats judiciaires. On y prenoit Dieu à témoin de la justice de fa caufe, & l'on prétendoit que la victoire feroit le moyen dont il fe serviroit pour manifefter le bon droit, suppofant, non fans quelqu'apparence de raifon, que cet être infiniment jufte & qui veille avec un égal foin fur le ciron, l'homme ou l'ange, ne permettroit pas que l'innocence fuccombât. Mais cette idée toute fimple & toute conféquente qu'elle foit, n'en étoit pas moins la fource d'une foule de défordres, & malgré les idées de justice & de bonté qu'on ne peut s'empêcher de reconnoître pour tout être créé dans Dieu, le bon droit avoit fouvent tort, & l'innocent étoit facrifié au coupable. Au défaut de philofophie, l'expérience apprit que les combats judiciaires étoient un obftacle éternel au retour de la police & des loix. Saint Louis les attaqua en aboliffant, par un édit de 1260, tout jugement rendu d'après eux; & quoique cette loi n'eût de force que dans les domaines du roi, plufieurs feigneurs l'imitèrent, ou en adoptèrent les difpofitions pour leurs vaffaux.

Les appels des juftices des barons aux juftices du roi, déjà établis fous les deux règnes précédens devinrent encore plus fréquens & plus efficaces ce qui produifit un changement notable dans l'adminiftration de la justice & dans la police du royaume. Pour en affurer encore mieux l'effet & le rendre durable, « il falloit que faint Louis, dit l'auteur » que nous avons déjà cité, en acquérant le droit » de réformer les jugemens des juftices des feigneurs » par l'appel, acquît en même-temps, celui de » leur prefcrire la manière dont elles devoient ju- » ger; il falloit, en un mot, qu'il devînt le feul » légiflateur. »

Quoique les feigneurs ne fuffent pas, en général, affez éclairés pour fentir cette conféquence, quelques-uns cependant s'y oppofèrent; mais le roi leva l'obftacle. Il fit un règlement qui condamnoit à l'amende envers le premier juge, les parties qui, fur l'appel aux juftices royales, feroient déboutées de leur demande. Les feigneurs donnèrent dans le piege & l'avarice leur laiffant efpérer de recueillir grand nombre d'amendes, ils fouhaitèrent & permirent les appels, qui devinrent ainfi d'un ufage fréquent, & paffèrent en droit ou coutume non contestée.

Le refpect du roi pour l'églife ne l'empêcha pas d'en réprimer les abus. Ce fut, comme on fait, un des défordres des fiècles d'ignorance que le clergé oubliant fon faint miniftère, s'aviût au point de rivalifer avec les laïcs fur des objets d'ambition ou d'intérêt. Les évêques s'arrogeoient la même autorité, dans leur diocèfe, que les papes ufurpoient fur

toute la chrétienté; fi on attaquoit leurs prétenfions les moins fondées, ils jettoient des interdits, des excommunications, & toujours armés de leurs cenfures, ils crioient contre l'irréligion des officiers du roi, qui s'oppofoient à leurs entreprifes. Ces moyens leur avoient fouvent réuffi; mais faint Louis, dès les premières années de fon règne, fut diftinguer dans les miniftres des autels, le caractère qu'il devoit refpecter, & les paffions qu'il devoit réprimer. Bien loin donc de tolérer l'abus des cenfures, il punit, par la faifie du temporel, les évêques qui les employoit pour conferver ce temporel même, de forte que, devenues dès-lors contraires à leurs vues intéreffées, elles devinrent auffi plus rares.

L'adminiftration éprouva d'autres changemens encore, fur-tout celle de la juftice, la partie des finances & du militaire n'ayant point alors de forme remarquable parce que les revenus du roi étoient peu confidérables, & l'état militaire encore informe.

Les Capétiens avoient établi dans les différentes parties de leurs domaines des prévôts qui percevoient leurs revenus, commandoient la milice & rendoient la juftice en leur nom. Philippe-Augufte créa des baillis pour avoir infpection fur eux; & comme les prévôts on appelloit aux baillis, on appelloit auffi des baillis au roi. Mais la jurifdiction de ces magistrats étoient renfermée dans les domaines de la couronne.

« Saint Louis ayant foumis aux appels toutes les juftices des feigneurs, étendit la jurifdiction de fes baillis fur toutes les provinces du royaume; & ce fut à leur tribunal qu'on appella des jugemens rendus dans les juftices feigneuriales. Ces magistrats, devenus par là plus puiffans, s'appliquèrent à fe faire tous les jours de nouveaux droits, en empiétant peu-à-peu fur les privilèges & fur les prétentions des vaffaux. Ils imaginèrent des cas royaux, des cas privilégiés, dont les juftices royales pouvoient feules prendre connoiffance. Mais comme ils fe gardoient bien de les déterminer, c'étoit un prétexte pour attirer infenfiblement toutes les affaires à leurs tribunaux. Le nombre des cas royaux augmentoit tous les jours. » Condillac, tom. II, p. 66.

Enfin différentes autres loix de ce prince prouvent fon attention à régler toutes les parties de l'adminiftration & font connoître en même-temps les changemens que celle-ci dut éprouver alors ou par fuite de ces mêmes loix.

Ordonnance de 1262, fur le fait des monnoies par laquelle il eft dit : 1°. que dans les terres où les barons n'avoient point de monnoie, il n'y aura que celle du roi qui aura cours; 2°. que dans les terres où les barons auroient une monnoie, celle du roi aura cours pour le même prix qu'elle aura dans fes domaines. Il y avoit alors plus de quatre-vingt feigneurs particuliers, dit le préfident Hénault, qui pouvoient battre monnoie; mais il n'y avoit que le roi feul qui eût droit d'en faire battre d'or & d'argent. D'un des côtés de fa monnoie étoit une croix, & de l'autre des piliers ; ce qui fait qu'encore aujourd'hui les différens côtés des monnoies se nomment croix & piles.

Ordonnance de 1262, au sujet de la chambre des comptes : il est dit, « que ceux qui auront reçu les » biens des villes pendant cette année, viendront à » Paris, aux gens du roi, qui sont les gens des » comptes aux octaves de la Saint-Martin, pour » rendre compte de la recette & dépense. »

Ordonnance du roi contre les blasphémateurs, ou, suivant le langage du temps, contre ceux qui *jurent le vilain serment* contre Dieu, la vierge & les saints. Il est à remarquer, dit l'auteur que nous venons de citer, que saint Louis avant cette ordonnance qui punissoit le blasphème par la mutilation de quelque membre, se radoucit dans celle-ci à l'exhortation du pape Clément IV, & restreint le châtiment à une peine pécuniaire, ainsi que l'avoient fait les rois ses prédécesseurs.

Observons, à l'occasion de cette loi de saint Louis, que quelques écrivains ont trop atténué ce que le blasphème a de criminel en lui. Souvent ce n'est que l'expression de la colère ou de la folie ; mais quelquefois aussi on y trouve un dessein marqué d'insulter à la divinité, au culte & au respect public pour les choses saintes. Or je crois qu'alors on-ne sauroit trop sévèrement exiger l'amende prescrite par saint Louis, elle est plus propre à détruire ce scandale, que les punitions corporelles ; 1°. parce qu'en général les hommes sont très-attachés à l'argent, & qu'on peut leur faire une peine infinie en les taxant à une somme très-forte, suivant leur fortune, moyen sûr de les tenir dans le respect ; 2°. parce qu'on hésite toujours à prononcer des peines dures & cruelles, & que leur rigueur même soutient l'impunité & par conséquent le désordre. Aussi parmi le peuple, dans les armées, sur les flottes, les hommes les moins délicats sont révoltés des paroles outrageantes qu'ils entendent prononcer. Condamnez-moi ces gens à une forte amende, exigez-là & ils se tairont. Mais il faut savoir distinguer le blasphème d'un jurement insignifiant. *Voy.* BLASPHÉMATEUR.

On prétend que sous ce prince notre marine fit de grands progrès ; mais si les soins de l'*administration* militaire ne l'occupèrent pas au moins utilement pour le royaume ; il est certain que ceux qu'il prit des autres affaires intérieures eurent d'heureuses suites, & furent favorables à la civilisation. Les coutumes générales, connues sous le nom d'*établissemens de saint Louis*, en sont une preuve. Le roi y réunit plusieurs loix de ses prédécesseurs & en fit une espèce de code. La pragmatique sanction qu'il avoit publiée en 1268, sur les affaires ecclésiastiques peut faire juger de son attention à maintenir la liberté de l'église gallicane.

Ce fut sous son règne que la police de Paris prit quelque forme, par les soins d'*Etienne Boileau*, prévôt de cette ville ; il s'appliqua d'abord à punir les crimes : les *prévôts-fermiers* avoient tout vendu, jusqu'à la liberté du commerce, & les impôts sur les denrées étoient excessifs ; il remédia à l'un & à l'autre. Il rangea tous les marchands & artisans en différens corps de communautés, sous le titre de confrairies : il dressa les premiers statuts, & forma plusieurs règlemens, ce qui fut fait avec tant de justice & une si sage prévoyance, dit le président *Hénault*, que ces mêmes statuts n'ont presque été que copiés ou imités depuis pour la discipline des mêmes communautés ou pour l'établissement des nouvelles.

Cependant cette sagesse que le président *Hénault* & d'autres écrivains voient dans les dispositions de *Boileau*, pour la discipline des arts, les économistes ne la voient pas, & s'obstinent à regarder ces établissemens comme autant de causes de désordre, d'anarchie, d'appauvrissement public. Leur verve s'enflamme au seul mot de jurande, & transportant l'état de nature dans celui de société, & l'état de société dans celui de nature, après avoir regardé les travaux industrieux comme des objets beaucoup au-dessous de la culture ; ils ne veulent la soumettre à aucune discipline, aucune règle, aucune police ; ils regardent *Etienne Boileau* comme un insensé, un mauvais économiste, & soutiennent que l'industrie françoise seroit bien plus perfectionnée s'il n'y avoit ni maître, ni apprentifs, ni bureaux de communautés, ni jurandes, & que tout allât de son propre mouvement. Mais comme il n'en est ainsi nulle part, que la plupart des législateurs ont pensé différemment, que les peuples, les villes, les artisans eux-mêmes ont demandé d'être formés en corporations, ils concluent savamment qu'eux seuls entendent quelque chose à l'*administration* des états. Revenons à saint Louis, & *voyez* CORPORATIONS.

Saint Louis suivit le système de ses prédécesseurs, & favorisa la démocratie autant qu'il étoit en son pouvoir, dans ce temps où l'esprit féodal faisoit regarder avec mépris tout ce qui n'étoit pas gentilhomme. Ses ordonnances en faveur de plusieurs villes font voir sa politique à cet égard. Les principales sont celles-ci. Lettres-patentes portant confirmation de certains privilèges accordés, tant aux habitans de la ville de Dun-le-Roi, que de celles de Bourges. A Paris, en Août 1229. Autres portant confirmation des privilèges de la ville de Bourges. A St. Satur, près Sancerre, en mars 1233. Autres, portant confirmation des coutumes & privilèges accordés aux habitans de Châtillon-sur-Cher. A Paris, en novembre 1265.

Les successeurs de ce prince adoptèrent les mêmes vues avec plus ou moins de modifications, selon les temps & les personnes. Mais notre objet n'étant point de suivre tous ces changemens progressifs dans l'*administration*, nous passerons tout de suite au règne de Charles VII, parce qu'il se fit alors une révolution importante dans la police de l'état, dont l'effet fut de suspendre tout-à-coup le développement de la démocratie, par la création d'une armée subsistante & payée par un impôt perpétuel. Cette innovation mit entre les mains du roi un pouvoir dangereux, & accoutuma les monarques suivans à lever des subsides sur les peuples, sans qu'ils aient été préalablement consentis par les états-généraux.

Les troupes, pour la paie desquelles cette taille perpétuelle fut établie en 1444, furent nommées *compagnies d'ordonnance*. Elles étoient au nombre de quinze compagnies; chaque compagnie de cent lances; chaque lance ou homme d'arme avoit sous lui trois archers, un coutilier, un écuyer & un page, tous montés à cheval, ce qui formoit un corps de neuf mille hommes. Au reste, la manière dont se levoit cette taille étoit à-peu-près la même que celle de nos jours. Les communautés choisissoient les collecteurs qui faisoient la répartition & la levée. (Villaret, *Histoire de France*. Charles VII.)

C'est cette création d'une armée qui prépara à Louis XI les moyens dont il se servit pour assurer sa puissance, sans avoir besoin de recourir aux communes; ensorte que ce fut bien plutôt Charles VII que son fils & ses successeurs, qui mit les rois *hors de pages*. Cet événement est un des plus remarquables, non-seulement de l'histoire politique de la France, mais encore de l'Europe, parce que c'est d'après cette innovation que toutes les puissances se font mises à tenir en tous temps des armées sur pied, & à lever de grosses contributions pour en soutenir la charge. Cette raison nous a particulièrement déterminés à fixer à cette époque une des grandes révolutions de la police générale de la nation.

L'*administration* de la justice éprouva aussi une grande révolution sous ce règne. Ce fut le fruit de l'*édit pour l'abréviation des procédures*, publié en 1453. D'abord, un des grands inconvéniens de notre droit, qu'il importoit de corriger, étoit la diversité des coutumes. Charles VII en ordonna la rédaction. Il faut donc dit que les *coutumiers & praticiens* du royaume rédigeroient par écrit les *usages, styles & coutumes* de chaque province; que ces usages, une fois transcrits dans des registres publics, & reconnus dans les différentes jurisdictions, serviroient de règle de droit sans qu'il fût besoin de recourir à d'autres autorités. Avant la rédaction de ces coutumes, il falloit, dans les matières contentieuses & civiles, aller aux informations, & s'en rapporter à la tradition orale : c'est ce qu'on appelloit *enquêtes par tourbes*.

L'édit prescrivoit ensuite différens règlemens relatifs à la procédure, aux avocats, procureurs, & sur-tout aux sénéchaux & baillis dans l'élection desquels il étoit défendu de recevoir aucun denier, *afin*, dit la loi, *que libéralement & sans exactions aucunes ils administrent la justice à nos peuples*.

Dans la crainte que les sollicitations, la faveur, l'intrigue n'abusassent de l'influence du pouvoir du monarque, pour violer les loix, & faire prévariquer les juges, Charles VII fit un règlement fort sage, & qui a été le plus ferme appui de la justice en France, depuis l'élévation de la prérogative royale, au-dessus de tous les pouvoirs nationaux. *Nos juges n'obéiront*, dit-il, *à nos lettres, sinon qu'elles soient civiles & raisonnables : voulons que les parties les puissent débattre, & que les juges les entendent; & s'ils trouvent lesdites lettres inciviles & subreptices, que par leurs sentences ils les déclarent telles qu'ils les trouveront en bonne justice; & si lesdits juges reconnoissent que par dol, fraude & malice des parties, lesdites lettres aient été impétrées dans la vue d'éloigner le jugement de la cause, qu'ils punissent & corrigent les impétrans, selon qu'ils verront au cas appartenir*.

Enfin cet édit s'étendoit à la jurisdiction du parlement sur laquelle il s'exprime ainsi. *Nous ordonnons que dorénavant ne feront introduites en notre parlement que les causes qui de leur nature & droit doivent y être introduites : savoir, les causes de notre domaine, nos droits & régales, les causes èsquelles notre procureur sera principale partie, les causes des pairs de France, & leurs causes touchant leurs terres tenues en pairies & aussi en appanage, & les droits d'icelles; celles des prélats, chapitres, comtes, barons, villes, communautés, échevins & autres, qui par privilèges & anciennes coutumes ont accoutumé d'être traités en la cour, & les causes d'appel qui ailleurs ne peuvent être déterminées*. Toutes les autres affaires furent renvoyées, par la même ordonnance, devant les juges ordinaires qui devoient en décider.

Quoique l'établissement d'un corps d'armée, payé par un impôt perpétuel, fût, de la part de Charles VII, un pas immense vers le monarchisme absolu, & un moyen de ralentir les progrès de démocratie, qui depuis l'érection des communes étoit devenue un des plus fermes appuis de la couronne, comme nous venons de le remarquer, cela n'empêcha pas ce prince de donner plusieurs ordonnances en faveur des villes & de leurs habitans (1),

(1) Ces privilèges n'étoient plus guère que des exemptions de taille & autres impôts, plutôt que des droits politiques & des pouvoirs administratifs concédés aux habitans. Or, de toutes les manières de favoriser une ville, la plus mauvaise est l'exemption des impôts : car, comme dit l'abbé de *saint Pierre*, « les villes comme les personnes doivent être récompensées » de leur services, par des pensions & des gratifications passagères, & non par des exemptions perpétuelles d'impôts, qui » tiennent lieu à des procès, & retombent d'ailleurs à la charge des autres citoyens. *Annal. politiq.* tom. I, p. 141. Les seules distinctions, les véritables privilèges, qui peuvent honorer une cité, font les droits, les pouvoirs d'administration, de police & de garde, confiés aux bourgeois ou à leurs représentans : c'est l'ancienne municipalité. *Voyez* ce mot.

principalement en faveur de la ville de Montargis, qui se distingua par sa fidélité & son courage dans la guerre contre les anglois.

Une grande réforme, ou plutôt un grand changement, qu'on dut aussi au règne de ce roi, dans l'*administration* ecclésiastique, fut la réception de la pragmatique sanction en France. C'étoit un résultat des délibérations du concile de Basle, & l'effet des divisions survenues entre les papes & ceux qui prétendoient l'être.

Par un des articles de cette pragmatique, les *expectatives*, privilege par lequel le pape nommoit aux bénéfices avant qu'ils fussent vacans ; les *réserves*, qui lui donnoient le pouvoir de déposséder un nouveau bénéficier, en disant qu'il en avoit depuis long-temps destiné le bénéfice à un autre, furent supprimées. Par un autre, les élections libres des évêques sont rendues au peuple & à l'église. Un troisième reconnoît la supériorité du concile général sur le pape ; & le quatrième ordonne la tenue périodique, de dix ans en dix ans, de l'assemblée générale de l'église en concile œcuménique.

Il faut avouer que si l'église eût eu la fermeté de maintenir cette dernière disposition, elle se fût rendue l'arbitre perpétuel de la chrétienté. Les peuples & les rois se seroient habitués à regarder ces états-généraux de l'église comme les juges de leurs différens ; l'union qui en seroit résultée eût donné du poids aux décisions qui en seroient émanées ; l'Europe eût été gouvernée par des prêtres, & la *diète européenne* eût été réalisée dans la diète ecclésiastique. Mais il eût fallu pour cela de la sagesse, de la modération, de la circonspection dans les pères du concile decemnal, un accord parfait entre tous les membres de ce vaste corps, & beaucoup de discrétion dans leurs discours. Aujourd'hui il n'est plus temps : on s'éloigne plus que jamais du théocratisme.

L'*administration* des finances éprouva quelques changemens aussi. « La *chambre des comptes*, » dit *Villaret*, les trésoriers de France, les » généraux des aides eurent ordre de veiller plus » que jamais sur les malversations des comptables. » On rappella les anciennes ordonnances auxquelles » on ajouta les mesures qu'exigeoit l'économie actuelle des revenus publics, augmentés avec l'étendue du royaume & l'accroissement des tributs. » On prescrivit à tous les receveurs, tant géné- » raux que particuliers, les loix les plus précises » pour justifier l'emploi des sommes dont ils étoient » responsables. La *chambre des comptes* fut confir- » mée dans la jurisdiction sans ressort, tant civile que » criminelle, sur-tout les gens chargés de la régie » des finances. Cependant quoique cette cour fût » en possession de juger *au souverain*, l'usage étoit, » lorsqu'il s'agissoit de prononcer une peine afflic- » tive, d'appeller des magistrats du parlement. » Cette jonction se faisoit à la requête des présidens » & maîtres de la chambre des comptes, compo-

» sée en grande partie de clercs qui, par leur » état, ne pouvoient condamner à mort. » *Vie de Charles VII.*

Louis XI ne fit que suivre l'impulsion donnée à l'*administration* par ses prédécesseurs, & y joindre l'effet de l'active ambition de son caractère. Ce fut plutôt comme homme jaloux de son pouvoir, que comme roi propre à l'accroître, qu'il abaissa les nobles & les grands vassaux de la couronne, puisqu'il le fit sans augmenter l'influence de la démocratie, qui est le seul moyen d'établir la royauté sur des fondemens légitimes & durables

La tenue des états-généraux, sous Charles VIII & Henri III, préparèrent & effectuèrent une partie des grands changemens survenus depuis dans tous les départemens de l'*administration* du royaume. Les ordonnances qui eurent lieu à l'occasion de ceux d'Orléans & de Blois, sont un monument & une preuve des progrès que l'on faisoit dans l'*administration*, quoiqu'il s'y trouva bien des choses également absurdes & dangereuses, sur-tout dans les détails de la procédure criminelle & les mariages des sujets de l'état.

Sous Henri IV, l'*administration* s'occupa du soin de rétablir la richesse nationale, & les divers établissemens de police ne firent aucun progrès. Sous Louis XIII, Richelieu donna un ensemble aux diverses parties du gouvernement, il éleva l'autorité du roi, affecta une sorte de grandeur dans les affaires publiques, & s'il eût eu le même soin à élever le peuple qu'il eut à abaisser les grands, son ministère seroit peut-être encore le plus glorieux & le plus utile de tous ceux qui ont eu lieu depuis. Mais en augmentant l'autorité du roi, il mit la nation dans les fers, & le peuple & les grands, tous devinrent les esclaves du prince. Alors la faveur, la recommandation à la cour tinrent lieu de mérite. On ambitionna plutôt les bonnes graces du ministre ou du roi, que la réputation d'homme intègre & éclairé. Les emplois de la guerre & de la paix, les magistratures, les gouvernemens furent le prix de l'intrigue & de la flatterie. La nation prit un caractère de petitesse qui, joint à une sorte de goût qu'elle conserva pour les armes, lui donna cet air romanesque & cette *braverie* militaire qui la distinguent en Europe.

L'amour pour le roi devint une affaire d'intérêt & une habitude à la mode. On plaça le nom du roi par-tout, & la science ministérielle étendit les effets de son influence jusqu'aux plus petits détails de la police & de la discipline de la propriété ; le peuple étonné d'ailleurs de voir tomber les premières têtes de l'état sous le fer du despotisme, regarda son roi comme un dieu, le royaume comme la propriété, & ses ministres comme des êtres sacrés. Dès-lors aussi on les crut à l'abri de toute responsabilité, & si vous en exceptez *Fouquet*, que des intrigues de cour perdirent, aucun ministre ne fut , depuis l'époque que nous citons , forcé de rendre compte de fa conduite à la nation ou à fes tribunaux , comme on l'avoit vu auparavant. *Voy.* ADMINISTRATEUR.

Mazarin , avec les mêmes principes que Richelieu, n'eut point la même grandeur & les mêmes moyens. Mais il trouva tout difpofé , la machine étoit montée , l'*adminiftration* réduite en méthode , ne lui offroit que de légers obftacles à furmonter. Les troubles parlementaires , les mouvemens qu'on fe donna à la cour n'eurent pas même l'air d'une affaire férieufe : la nation n'exiftoit déjà plus. Une forte d'ariftocratie miniftérielle prit la place de l'influence démocratique, qui avoit fait une des plus grandes reffources des anciens rois. Cinq ou fix hommes ambitieux s'emparèrent de l'autorité publique , & pour la rendre plus refpectables aux yeux d'une nation dont ils connoiffoient bien le caractère , ils en chargèrent la perfonne du roi, & crurent qu'à l'abri de fon pouvoir fouverain, ils pourroient gouverner l'état paifiblement. Ils réuffirent.

Louis XIV n'eut donc aucun embarras férieux à éprouver lorfqu'il monta fur le trône. Un heureux hafard fit naître à cette époque un grand nombre d'hommes habiles dans l'art des armes, & qui s'étoient d'ailleurs exercés fous les premiers capitaines de l'Europe. Cette facilité que le roi trouva à vaincre dans l'habileté de fes généraux , & peut-être un refte de levain belliqueux, qui s'eft confervé jufqu'à ces derniers temps , furent fans doute les motifs, ou du moins la caufe déterminante du fyftême guerrier & de l'efprit de conquête , qui furent fi fort à la mode fous fon règne.

De là, tant d'injuftes guerres , de fubfides levés fur la nation, de conquêtes inutiles, acquifes à un prix exceffif , d'établiffemens en faveur des gens de guerre, de la gloriole & du goût des armes, qui s'eft maintenu parmi nous. L'éclat des entreprifes guerrières de ce prince, l'activité de fes généraux, leurs fuccès, l'enthoufiafme qu'ils infpirèrent, tournèrent abfolument les vues de l'*adminiftration* vers les foins de l'armée & de l'entretien des milices, Tout fut fubordonné au militaire.

Un génie laborieux, haut, ambitieux, haineux, vint encore feconder ces difpofitions du fiècle & du monarque : c'eft Louvois. Il fufcita des ennemis à fon maître pour fe rendre utile , il multiplia les rapports d'*adminiftration* entre la guerre & les autres départemens , pour donner plus d'importance au fien , & réuffit tellement dans fon projet, que , fi vous en exceptez quelques légers détails fur la police , les arts & les lettres , qui aux foins de Colbert, l'hiftoire du règne de Louis XIV n'eft qu'une fuite de guerres injuftes, de victoires fanglantes, d'entreprifes militaires ; enfin vous croyez être dans ces temps reculés où la petiteffe du territoire , & le génie féroce des peuples les entraînoient

dans de continuelles hoftilités les uns contre les autres.

L'*adminiftration* militaire a donc dû fe perfectionner alors , & comme elle eft de toutes les formes de gouvernement la plus oppofée au fyftême de la liberté publique des peuples , on doit bien penfer que ce mot même ne fut point connu tant que ce pouvoir colloffal domina les françois. Il s'y font accoutumés, & ce n'eft que depuis un petit nombre d'années , depuis les progrès de la philofophie qu'on commence à fentir que l'objet de la fociété étant la paix , tout ce qui peut infpirer des fentimens oppofés à cette fin , doit être regardé comme un vrai défordre & un fléau public.

Il faut cependant avouer que malgré ces difpofitions peu favorables aux progrès de la civilifation & au perfectionnement des loix , on fit plufieurs ordonnances qui annonçoient des vues & des lumières dans ceux qui les rédigèrent ; mais elles ne portent point l'empreinte du génie légiflateur qui convient au bonheur des états. L'ordonnance criminelle furtout eft marquée au coin de l'ignorance & de la barbarie, on y établit une inftruction tout-à-fait partiale , & dirigée de manière à trouver toujours un coupable dans un accufé. En général , dans toutes, on y a plutôt cherché la forme de procédure , qu'on n'a cependant pas améliorée , que les grands principes de la légiflation fondée fur la morale, la civilifation & les droits naturels de l'homme & du citoyen.

Le roi, à qui l'on n'avoit donné que de fauffes idées fur l'art de régner , & qui croyoit bonnement que cet art ne confiftoit qu'à commander des fubfides & faire des conquêtes, ce prince qui n'avoit aucun principe des loix de la fociété , & qui, quoique d'un beau naturel, ne connoiffoit d'autre mérite que celui des armes dans un monarque , ne furveilla pas, & ne put pas furveiller la rédaction des ordonnances publiées fous fon nom comme il auroit dû le faire, s'il eût mieux été dreffé à la fcience des loix , des hommes & des chofes. On en fit cependant un grand nombre , & nous indiquerons ici la date & l'objet des principales, de celles fur-tout qui font loi aujourd'hui , ou du moins auxquelles on a peu dérogé dans l'*adminiftration* publique depuis qu'elles ont été publiées,

Ordonnance de 1667 , intitulée pour la réformation de la juftice ; mais bornée à la procédure civile. Edit de juillet 1669, portant règlement pour l'âge & la capacité des officiers de judicature, la manière d'en obtenir les provifions, &c. Ordonnance d'août 1669 , pour la réformation de la juftice & continuation de celle de 1667, évocation , règlement de juge , committimus, lettres d'état & de répits. Autre du même mois 1669, portant règlement pour les eaux & forêts , la chaffe, la pêche, &c. C'eft la dix-neuvième depuis le commencement de la monarchie ; & fi n'en eft

pas

pas moins une des parties les plus ténébreuses pour la jurisdiction de laquelle on a encore établi des siéges particuliers appellés *maîtrises*. Ordonnance de 1670, portant règlement général pour l'instruction & le jugement des affaires criminelles. C'est l'ouvrage de *Pussort*, c'est-à-dire, un code dirigé presqu'entièrement contre l'innocence des accusés, rigoureux dans ses formes, extrêmement favorable aux accusateurs, & qui n'a pas diminué pour cela le nombre des crimes en France. Ordonnance ou édit de 1673, portant règlement pour le commerce. Une partie des règlemens qui y sont n'a jamais été rigoureusement exécutée, & d'autres sont tombés en désuétude. Ordonnance de mai 1680, portant règlement sur *le fait des gabelles*. Loi fiscale, concernant la vente exclusive du sel, pour l'exécution de laquelle on a créé encore des juges particuliers, ressortissant à la cour des aides. Autre du mois de juin de la même année, portant règlement général pour les aides: malgré son étendue il y a environ dix volumes in-4°. d'arrêts du conseil ou de décisions qu'il faut savoir, si l'on veut connoître à fond cette partie. Édit de décembre 1680, pour l'interprétation de quelques articles de l'ordonnance criminelle de 1670; mais ce supplément, avec l'ordonnance principale, ne forment point un code criminel clair & impartial. Ordonnance de juillet 1681, pour servir de règlement sur plusieurs droits des fermes du roi, & sur tous en général. Ordonnance d'août 1681, portant règlement général pour la marine. Il s'y agit de la marine marchande, de l'amirauté, des contrats maritimes, de la police des ports & côtes & de la pêche en mer. Édit d'octobre 1685, portant révocation de celui de Nantes, & défense de faire aucun exercice public de la religion protestante dans le royaume. Cet édit, ouvrage de *Louvois*, de madame *de Maintenon* & des jésuites, fut un grand acte de despotisme & d'aveuglement ministériel. 1°. De despotisme, parce que le pouvoir légitime du souverain ne s'étend point jusqu'à prescrire les objets de foi, & n'a rien à démêler avec la conscience des hommes, qui reste libre. 2°. D'aveuglement ministériel, parce que cette violence déplacée fit passer chez l'étranger une partie de notre industrie, de nos capitaux & de nos citoyens. On a remédié en partie à ces abus, pour l'avenir, par l'édit en faveur des protestans, dont nous parlerons au mot PROTESTANS.

Édit d'août 1686, pour l'imprimerie & la librairie. Il y a eu des changemens faits depuis sur ces objets, & de nouveaux se préparent par le vœu de la nation, des cours & des ministres, en faveur de la liberté de la presse. Ordonnance de février 1687, portant règlement pour la perception des droits de sorties & d'entrées sur les marchandises. L'on a créé des juges pour l'exécution de cette loi, nommés *juges des traites*. Édit d'août 1695, portant règlement pour la *jurisdiction ecclésiastique*. C'est la loi vivante, suivie de quelques déclarations. Édit

d'octobre 1699, portant création de lieutenans-généraux de police dans chaque ville, pour en faire les fonctions ainsi que le lieutenant-général de police de Paris, créé par Édit de mars 1667.

Telles sont les principales loix & règlemens généraux d'*administration* qui émanèrent des conseils de Louis XIV. La nation ne fut point consultée pour leur rédaction, & si l'on en excepte les ordonnances qui ont rapport au commerce & aux manufactures, où quelques négocians & agens du commerce furent entendus, les autres furent le fruit des délibérations aristo-monarchiques qui dominoient à la cour de ce prince.

Le même esprit subsista sous Louis XV, jusqu'à ce que les économistes vinrent, qui se livrèrent à la discussion des principes d'*administration*. Leurs déclamations, leurs projets, leurs systèmes ne firent longtemps qu'amuser le loisir des écrivains ou des personnes désœuvrées. On regarda même avec une sorte de mépris leurs idées & leurs opinions; & ce qu'il y eut de mal, c'est que parmi le fatras d'extravagances qu'on blâmoit ou ridiculisoit en eux, on proscrivit également les principes salutaires d'*administration* & de liberté publique.

Mais lorsque des hommes, attachés par goût & par habitude à la secte économique, eurent pris pied dans les conseils du roi, lorsque l'opinion publique fut modifiée sur celle des nouveaux partisans de l'*économie politique*, alors le génie, l'esprit de l'*administration* prit une teinte différente, & quoiqu'on défendît, en 1764, d'écrire sur les objets de finances & d'*administration*, le goût de la nation parut néanmoins se fixer vers ces objets, & depuis, il n'a fait que se fortifier, à quelques intervalles d'inattention près.

C'est sous Louis XVI, dernière époque où nous nous proposons d'envisager l'*administration*, que les idées nationales ont tout-à-fait pris une nouvelle forme, & le régime public une autre marche, quoique son mécanisme soit resté le même, à quelques changemens près, qu'il importe peu de faire connoître.

Depuis que Richelieu, Mazarin, les ministres de Louis XIV & de Louis XV eurent trouvé les moyens d'assurer l'autorité royale, sans appeler à son aide les communes, comme avoient fait les rois avant François premier, le peuple, le tiers-état, fut absolument éloigné de toute *administration*, comme ordre, & si l'on tira de son sein la plus grande partie des administrateurs, il n'en fut pas moins vrai que le roi se conserva entièrement les détails, la surveillance, la police de tout le gouvernement, dont il confia l'exercice à ses officiers, sur-tout aux ministres de ses conseils & aux intendans des provinces.

Cette forme d'*administration* substitua une sorte

Dd

d'ariſtocratie à la place de l'ancienne démocratie. Le roi n'en fut réellement pas plus puiſſant, & ſurtout le royaume n'en fut pas mieux tenu. Cette vérité fut apperçue dès la fin du règne de Louis XIV; mais elle n'acquit de la maturité que ſous celui de Louis XVI. On ſentit alors qu'il étoit de l'intérêt public de rappeller le peuple à l'*adminiſtration* des affaires nationales & de celles des provinces. Les idées ſe rapprochèrent des principes démocratiques, quoique l'*adminiſtration* fût toujours ariſtocratique ſous le nom du roi (1). On ſe porta donc naturellement à penſer que pour rendre à l'*adminiſtration* ſa force de détail, pour en éloigner les abus, y rappeller l'ordre, entretenir la confiance nationale dans les opérations de finances, & ſurtout pour adoucir le poids des impoſitions, on devoit recourir à des *adminiſtrations* provinciales ou populaires, à qui on attribueroit des pouvoirs plus ou moins étendus ; c'eſt ce qu'on fit, & c'eſt ce qui diſtingue ce règne des deux ou trois précédens, où la nation fut comptée pour rien. *Voyez* Aſsem-blées provinciales.

Nous avons déjà parlé, même avec quelque étendue de cette révolution, dans notre *diſcours préliminaire*. Nous y avons remarqué tout le bien qu'on doit en attendre pour les progrès de la civiliſation & de la liberté publique ; & quoique ces établiſſemens ne paroiſſent pas auſſi parfaits qu'ils pourroient l'être, que la nation même ſemble deſirer de les voir organiſés ſur la forme, & avec les pouvoirs politiques des états provinciaux, il n'en eſt pas moins vrai que leur influence eſt certaine, & le bien qui doit en réſulter ſur, quelque régime qu'on leur attribue, quelque droit qu'on leur accorde.

L'*adminiſtration* françoiſe eſt donc eſſentiellement compoſée de deux parties aujourd'hui ; celle de l'état en général, qui comprend l'*adminiſtration* de la juſtice, des finances & des divers départemens, & dont le dernier terme ſe trouve dans les conſeils du roi ; & celle des provinces, autrefois attribuée aux intendans, & dont le principe actif, le pouvoir exécutif eſt confié aux aſſemblées provinciales & états provinciaux.

Nous n'entrerons pas dans les détails qui ont rapport aux diverſes branches de ces deux eſpèces *adminiſtrations* ; nous indiquerons ſeulement les titres des objets qui les concernent, & le lecteur pourra les aſſujettir à une forme méthodique & propre à les faire retenir, en les parcourant dans l'ordre que nous les lui préſentons.

Adminiſtration ſuprême : ſon eſſence, ſes pro-grès, ſon étendue, ſes limites. Voyez *roi*, *cou-ronne*, *majorité*, *ſacre*, *états généraux*, *officiers de la couronne*, *régence*, *conſeils d'état*, *des finan-ces & du commerce des dépêches*, *des parties* dans *l'économie politique* & la *juriſprudence*.

Départemens de l'*adminiſtration* & officiers qui en ſont chargés ; leurs objets, leur étendue, leurs limites, leur hiſtoire & leur état actuel.

Adminiſtration eccléſiaſtique. Voyez *juriſdiction eccléſiaſtique*, *nomination*, *régale*, *collation des bénéfices*, *commandes*, *libertés de l'égliſe gallicane*, *aſſemblées du clergé*, *bureaux diocéſains*, *chambres eccléſiaſtiques*, *décimes*, *cardinaux*, *moine*, *réforme des monaſtères*, dans la *Juriſprudence* & la *Théo-logie*.

Adminiſtration civile. Ses différentes parties, ſon hiſtoire, ſes progrès & ſes variations. Voyez *comte*, *vicomte*, *duc*, *vidame*, *baillif*, *ſénéchal*, *prévôt*, *juſtice royale & ſeigneuriales*, *parlemens*, *chancelle-rie*, *garde des ſceaux*, *avocats*, *procureurs*, *huiſ-ſiers*, dans la *Juriſprudence*.

Adminiſtration des finances. Ses différentes par-ties, ſon hiſtoire, ſes abus, ſes réformes. Voyez *domaine de la couronne*, *aides*, *gabelles*, *taille*, *capitation*, *vingtièmes*, *généralité*, *élection*, *cours des aides*, *chambre des comptes*, *tréſoriers*, *rece-veurs généraux des finances*, *contrôleur général*, *ferme générale*, *régie générale*, &c. dans les *finances* & la *Juriſprudence*. A ce département eſt joint celui du commerce & des manufactures : ainſi voyez *inſ-pecteurs généraux & intendans du commerce*, *inſpec-teurs des manufactures*, *douanes*, &c. dans les *ma-nufactures* & les *finances*.

Adminiſtration provinciale. *Voy*. ce mot, Aſsem-blées provinciales, États provinciaux, Syndics & Intendans.

Adminiſtration militaire. Voyez *nobleſſe*, *place*, *garniſon*, *gouvernement des places*, *milice*, *état-major*, *marine*, *matelot*, *ſoldat*, *conſeil d'admi-niſtration militaire*, dans l'*art militaire*, la *juriſ-prudence* & notre ouvrage.

Nous terminerons ici nos détails ſur l'*adminiſtra-tion* du royaume, quoique nous euſſions dû peut-être nous étendre davantage ſur ſon état actuel ; c'eût été bien notre intention ; malgré l'étendue déjà conſidérable de cet article ; mais il ſe prépare dans ce moment, une révolution ſi importante, ſi deſirée, ſi profonde dans l'état de la France, que nous avons dû en attendre la fin, pour ne point

(1) On ne doit point oublier que nous ne parlons ici que de l'*adminiſtration*, qui peut varier, ſans que le gouvernement change eſſentiellement ; ainſi la démocratie & l'ariſtocratie ont pu ſucceſſivement s'y ſuccéder, ſans que la conſtitution ait changé, parce qu'il n'eſt queſtion ici que de la manière dont on veille à l'exécution des loix, & non du pouvoir ou du droit de les faire.

avoir à revenir fur les changemens qui fe feroient dans toutes les parties de l'*adminiftration* actuelle.

Remarquons feulement que les principes de juftice, l'efprit démocratique, la tolérance politique, la force de l'opinion publique, ont fait des progrès rapides & étonnans en France fous cette dernière époque. Les conflits de l'autorité royale & des cours, ont enfin tourné à l'avantage de la nation : le peuple a été appellé à défendre fes droits ; il a trouvé d'ardens & impétueux partifans de fes prérogatives dans tous les ordres de l'état, & fur-tout parmi les miniftres du trône ; en forte que l'*adminiftration* populaire femble plus que jamais prendre le deffus.

L'approche des états généraux donne à la nation une énergie nouvelle, qu'il eft à fouhaiter qu'elle conferve ; les provinces, les municipalités, les corporations, les gens de loi & de lettres, appellés par le fouverain même, à donner leur avis fur l'organifation de cette grande affemblée, ont témoigné beaucoup de zèle, de courage, plus d'ordre & de profondeur qu'on ne s'y feroit attendu. Le fuffrage national a été reconnu pour arbitre fouverain dans le point le plus important de notre légiflation politique ; enfin l'on peut dire que la nation, c'eft-à-dire le peuple, a fait un grand pas vers la liberté, & l'on doit reconnoître en même-temps dans le monarque actuel une jufteffe d'intention, une droiture de cœur & d'efprit qui fe rencontrent rarement dans les grands rois ; & moi, qui ne les loue jamais, je me trouve forcé ici, par le témoignage public, les événemens & l'évidence des affaires, de reconnoître dans Louis XVI un prince ami de fon peuple, & que des infinuations fans cabales, des intrigues, le menfonge & l'aftuce dans ceux qui l'entourent peuvent feuls éloigner d'un fi noble but. *Voy.* GOUVERNEMENT : nous y entrerons dans des détails qui feroient déplacés ici.

En réfumant ce que nous venons de dire fur l'*adminiftration*, principalement de la France, on voit, 1°. qu'elle diffère du gouvernement, puifqu'elle n'eft, en quelque forte, que l'ordre établi pour affurer l'exécution des décifions du gouvernement, fans qu'elle puiffe jamais s'ingérer de gouverner elle-même, fi elle ne veut pas paffer les limites de fes pouvoirs & le but de fon inftitution ; 2°. qu'elle peut être envifagée de deux manières ; favoir, dans la hiérarchie des perfonnes qui font chargées, & dans la marche des affaires qui font de fon reffort, Sous le premier point de vue, l'*adminiftration* a fubi plufieurs formes en France, & varie également fuivant les lieux où on la confidère. En effet, les noms & les pouvoirs des officiers de la juftice, des finances, de l'armée, ont éprouvé des changemens

confidérables dans le même état, & différent à bien des égards dans ceux qui exiftent actuellement. Quant à la marche des affaires, elle a moins varié pour le fond, quoiqu'extérieurement elle ait fubi de grandes métamorphofes : car par-tout & en tout temps, après avoir fait des loix, il a fallu en confier l'exécution à des agens ; après avoir établi des impôts, il a fallu en faire faire la perception, la levée fur le peuple, & la marche a dû être à peu près la même, fur-tout pour ces objets qui tiennent à l'ordre public, fans lequel il n'exifte pas de fociété. Semblablement dans l'*adminiftration* militaire, par-tout il a fallu enrégimenter des hommes, foit par le fort, foit volontairement, les former, les difcipliner, & les noms des officiers & leurs pouvoirs ont feulement varié, les fonctions d'*adminiftration* ont été les mêmes.

Ainfi quand l'on dit que l'*adminiftration* eft changeante, mobile, cela veut feulement dire que les miniftres fe fuccèdent rapidement, que les méthodes pour affurer la marche des affaires changent fouvent, mais cela ne fignifie point & ne peut fignifier que l'ordre public eft interverti, que perfonne n'eft chargé d'adminiftrer la juftice, qu'il n'y a plus de répartiteurs ni de collecteurs d'impôts, qu'on a détruit toute police, & qu'à la place de cela on a fubftitué un forme effentiellement différente. Une pareille révolution feroit l'anéantiffement de la fociété. Ainfi les changemens confidérables dans l'*adminiftration* font plutôt dans les perfonnes que dans les chofes, jufques-là que les *adminiftrations* provinciales ne font qu'un partage des fonctions de l'intendant ; car, comme nous l'avons remarqué jufqu'ici, l'*adminiftration* des provinces, fi vous en exceptez celle d'état, la police religieufe & économique étoient entièrement confiées aux intendans ; aujourd'hui les affemblées les partagent (1). Nous avons beaucoup parlé de l'*adminiftration* démocratique, nous avons remarqué fes progrès, fa chûte & fon renouvellement en France, ce qui prouve que le peuple eft non-feulement le feul propre à maintenir la fouveraineté, mais encore à adminiftrer folidement l'état.

ADMINISTRATION PROVINCIALE, f. f. C'eft le nom qu'on donne en France à une forme particulière d'*adminiftration* économique exercée en partie par des propriétaires des provinces, qui font ou nommés par le roi, ou élus par les habitans des paroiffes, pour affifter aux affemblées chargées de cette *adminiftration*.

On doit donc diftinguer l'*adminiftration* provinciale des affemblées deftinées à la gérer, comme

---

(1) Le vœu public femble être dans ce moment (janvier 1789) de changer toutes les provinces en pays d'états. Le parlement de Normandie eft le premier qui fe foit exprimé pofitivement à cet égard ; & par le rapport de M. *Necker* au confeil, du 27 décembre 1788, il paroît que ce miniftre eft du même fentiment.

on distingue le conseil & les ministres de ce qu'on appelle le ministère. Voyez ASSEMBLÉES PROVINCIALES. Quelques écrivains, à l'imitation de M. Turgot, ont donné le nom de municipalités à ces assemblées, & ont désigné, sous l'attribut municipal, le régime de la propriété.

Nous n'emploierons le nom de municipalité, pris au singulier, que pour énoncer la puissance ou le droit accordé aux habitans des villes de se former en corps de cité, & d'avoir une administration civile, politique, & économique, indépendante des administrateurs royaux. Sous l'expression de municipalités ou hôtels-de-ville, nous entendrons les différens corps d'habitans jouissans du droit que nous venons d'énoncer. Si quelquefois nous employons le mot municipalités, pour désigner les assemblées nouvellement établies, nous aurons toujours le soin d'y joindre l'épithète de nouvelles, & de dire les nouvelles municipalités, ce qui désigne en général les assemblées & petites administrations de paroisses.

Il n'est point de notre objet d'entrer dans tous les détails économiques qui servent de base à l'administration provinciale; nous ne voulons point assigner non plus le rapport qui existe entre son existence & la richesse publique, ni rechercher comment, par son moyen, on peut diminuer le fardeau des impôts, soit par une égale répartition, soit par une juste économie; comment elle peut rendre la levée des impôts plus prompte & établir une juste balance entre les demandes du souverain & les facultés des peuples, ni enfin de quelle manière son influence sur la propriété peut favoriser l'agriculture, le commerce, les arts & la fortune publique. Ces objets tiennent de trop près à l'économie politique, & nous jetteroient dans des répétitions longues & embarrassantes. On peut donc avoir recours à l'économie politique & aux finances; on y trouvera ces objets traités avec étendue & solidité.

Nous voulons ici considérer l'administration provinciale comme police économique, comme corps administratif dans l'état, comme une hiérarchie de citoyens, qui, par leurs soins & leurs lumières, peuvent favoriser la civilisation & contenir les efforts du pouvoir arbitraire par la seule force de l'opinion publique & de la résistance qu'opposent toujours des corps respectables aux abus du despotisme ministériel. Nous voulons aussi considérer cette nouvelle forme d'administration, dans son rapport avec les pouvoirs des autres corps & de l'assemblée nationale; enfin c'est sous un point de vue politique & civile, que nous voulons l'envisager. Si nous parlons de ses rapports économiques, c'est par supplément à ce qu'on en a pu dire ailleurs, ou pour indiquer d'une manière générale le bien qu'elle peut opérer à cet égard.

La puissance de la loi ne peut parvenir des mains du législateur aux sujets d'un état que par des ca-

naux intermédiaires, qui la dirigent dans son cours, & en assurent l'effet. Ces canaux, ce sont les corps nationaux, les agens de la souveraineté, les membres de l'administration, les officiers de la justice. Ils sont absolument nécessaires dans la société: car si la nation peut se faire, ou par ses représentans, des loix & des règlemens salutaires, il faut essentiellement qu'elle ait des délégués, des élus, des magistrats chargés de leur exécution, soit que ces hommes soient tirés indistinctement du corps du peuple en général, soit qu'ils ne le soient que de quelques ordres ou de quelques classes particulières de citoyens.

Dans cette administration, dans cette garde des loix, de la chose publique, il y a, non-seulement plusieurs départemens séparés dans l'exercice, quoique réunis dans le principe & dans l'objet; mais encore plusieurs degrés de pouvoir & d'autorité dans le même département. C'est ainsi que dans l'administration de la justice, les appels font remonter un procès de la plus petite juridiction au conseil du roi, & qu'une communauté voit les demandes aller du syndic d'une paroisse jusqu'au tribunal du souverain; & cet ordre de choses a été déterminé pour éviter les méprises de l'ignorance & les abus de la mauvaise foi.

Mais cette forme ne seroit pas absolument indispensable au bien public, s'il étoit possible, sans s'exposer à des désordres, de rassembler dans le dernier terme du pouvoir administratif, une somme de lumières & d'autorités assez grande pour y assurer le maintien de l'ordre & l'exécution des loix. C'est ce que semblent présenter les administrations provinciales ou populaires: elles sont le moyen actif & perpétuel qui veille à la prospérité de la chose publique, dans la partie qui leur est confiée.

De plus, comme il existe un grand nombre de départemens dans le système de notre administration, on peut confier des pouvoirs étendus d'un côté, sans qu'ils gênent l'exercice de ceux qui sont nécessaires ailleurs, pourvu que les premiers soient clairement circonscrits dans les limites qu'on juge à propos de leur confier: car il vaut mieux donner en administration une autorité étendue, mais bien prononcée, à un corps, qu'une moindre, mais mal prononcée, parce que, dans ce dernier cas, les prétentions & les réclamations deviennent une source de désordre au moment où il faut agir.

Le rapport des administrations provinciales, telles qu'elles existent, ne dérangent donc point le développement & l'ordre des pouvoirs exécutifs, parce qu'elles ont un objet déterminé, l'administration économique des provinces. Sous ce point de vue, elles ne peuvent être que les yeux de l'administration suprême, & un obstacle opposé aux désordres des intendans; je dis aux désordres, car il n'est pas vrai que les administrations provinciales soient opposées à l'existence absolue de ces magistrats, &

rendent leurs fonctions de commiffaires du roi inutiles. Au contraire, fous ce dernier titre, l'intendant eft très-néceffaire aux provinces & aux affemblées même, mais feulement pour être un point communicatif entre le confeil & elles, c'eft-à-dire, pour être, en quelque forte, rapporteur dans les caufes qui peuvent s'élever entr'eux, & où l'un des deux doit être juge.

Si l'on confidère l'*adminiftration provinciale* par rapport au droit & à la police des cours de juftice, elle n'y eft pas effentiellement oppofée. Ces corps, plus utiles encore dans une monarchie que par-tout ailleurs, n'ont guère d'autre objet que de maintenir la force des loix, les droits de l'état & ceux du peuple ; or ces grandes vues n'entrent pas dans le plan d'une *adminiftration provinciale*, occupée de détails locaux, & tendante d'ailleurs à améliorer le fort des cultivateurs.

Si les cours pouvoient avoir quelque rapport avec ces *adminiftrations*, ce feroit fous le point de vue des impôts ; mais, 1°. les cours n'ont à cet égard rien qui puiffe les affujettir aux décifions d'une *adminiftration* circonfcrite : 2°. les impôts né peupoint être levés en vertu des pouvoirs confiés à ces corps, mais feulement en vertu du confentement national & des loix autorifées par l'enregiftrement libre dans les cours, qui auront toujours la grande police de l'état & la garde de la conftitution. Ainfi, bien loin que les *adminiftrations provinciales* puiffent croifer les juftes pouvoirs des grands corps de l'état, elles ne pourroient qu'éclairer leurs délibérations & guider leurs vues dans des momens où les lumières de détails peuvent feules offrir un moyen de conciliation efficace.

L'objet de l'*adminiftration provinciale* a été jufqu'a préfent fixé au régime de la propriété & c'eft d'après cette idée que nous en avons parlé. Si elle venoit à changer, fi on lui confioit des pouvoirs de police, de jurifdiction, des rapports politiques avec le fouverain & le gouvernement, alors fa puiffance réagiroit fur les autres corps, & il faudroit remonter les reffors de l'*adminiftration* de manière à ce qu'il n'y eût pas de frottement, fi l'on vouloit qu'il en réfultât du bien, & un grand bien. Mais en pareil changement pour être fûr, bon, avantageux, doit être l'ouvrage de la nation elle-même affemblée en états-généraux ; & c'eft dans ce moment l'opinion générale en France.

L'*adminiftration provinciale* tend naturellement à améliorer le pays confié à fes foins. C'eft fon but, c'eft fon objet. Elle eft donc perfonnelle, fi on peut fe fervir de cette expreffion ; elle tend donc à réunir les avantages publics en faveur de fa province,

elle s'ifole en quelque forte par fa nature ; c'eft un membre qui a une force de fuccion particulière, & qui demande à être dirigé par une tête puiffamment organifée, pour qu'il ne fe forme point d'excroiffance dangereufe ou inutile dans le corps politique.

Si la France croyoit donc utile d'affermir l'édifice de fon *adminiftration provinciale*, d'en accroître le pouvoir, il faudroit qu'elle prît toutes les mefures de la prudence & de fageffe pour faire converger toutes les forces particulières qui en réfulteroient vers un centre commun ; en rendant au peuple des campagnes une grande influence fur le fort de l'état, il faudroit qu'elle n'oubliât pas celui des villes, il faudroit qu'elle balançât tellement les avantages entre les propriétaires terriens & les citoyens induftrieux ; que ceux-ci, par l'égalité de pouvoir & de confidération, dont ils joüiroient dans ces *adminiftrations* puffent oppofer à la cupidité des premiers, un obftacle raifonnable & efficace.

Car il n'eft pas vrai que la nature de cette efpèce d'*adminiftration* ne comporte que le droit de propriétaire, & qu'à tout autre titre un citoyen ne puiffe y être admis. Cette erreur accréditée par les économiftes eft le comble de la déraifon fyftématique. leur méprife vient de ce qu'ils ont regardé la propriété feule comme le fondement de l'état focial, & la terre comme la fource de toute richeffe ; d'où ils ont conclu que les propriétaires de terres avoient feuls le droit conftitutionnel de partager les charges & les honneurs du gouvernement, & fur-tout de l'*adminiftration provinciale*, dont ils ont tâché de faire le fynonyme d'*adminiftration* de la propriété.

Mais il n'eft pas vrai que la propriété foit la bafe du pacte focial ; c'eft la fûreté réciproque, le defir de conferver fa vie & fa liberté contre les attaques des brigands (1). La propriété y a fans doute entré pour beaucoup ; mais fa confervation n'a pas été le feul objet de l'affociation civile. Il n'eft pas vrai non plus que la terre foit la fource primitive, l'origine de toute richeffe, & la caufe productrice de tout bien ; il eft clair que c'eft le travail ; que fans travail la terre feroit ftérile, la fociété dans la ftupeur, que l'homme qui travaille, foit à la terre, foit pour celui qui la cultive, a autant de droit au titre de citoyen que le propriétaire de la terre. Ce n'eft point le lieu où réfide une multitude d'hommes qui fait la fociété, ce font les hommes eux-mêmes, & fur-tout ceux qui contribuent fon bien-être d'une manière quelconque. Il n'y a ni plus ni moins dans ce droit, *in neceffariis non datur, nec plus, nec minus*. Un graveur, un charretier,

---

(1) Comme le defir de conferver fa vie & fa liberté eft évidemment le plus impétueux & le premier de tous nos defirs ; & qu'il paroît naturellement avoir été le motif de l'affociation politique, les économiftes ont dit que ce n'étoit autre chofe que le droit de la propriété perfonnelle que nous avions recherché à conferver en nous uniffant, & par ce moyen leur fyftême propriétaire a reçu d'eux une [extenfion abfurde & forcée.

font auffi bien citoyens qu'un riche laboureur, ou le propriétaire de mille arpens de terre.

Ce feroit une chofe très-dangereufe que la doctrine des économiftes fur le droit exlufif des propriétaires aux charges & aux honneurs civils, devînt dominantes ; il en naîtroit la fervitude politique du plus grand nombre ou les malheurs de l'anarchie la plus humiliante,

Tous les citoyens ont donc droit à l'*adminiftration provinciale* ; il n'eft point de la nature de cette *adminiftration* d'être gérée par des propriétaires, & le fuffrage des électeurs doit être la feule règle à fuivre en pareil cas. Il y a plus, c'eft que ces *adminiftrations* étant en partie dirigée vers la claffe fouffrante de la fociété, en éloigner les citoyens des villes, les hommes qui, fans être propriétaires, ont des lumières & de l'humanié ; ce feroit manquer leur principal objet, ce feroit les réduire à des *ariftocraties territoriales*, les plus dures, comme les plus injuftes de tous les régimes publics,

C'eft par la même raifon qu'une *adminiftration provinciale* légalement conftituée, ne doit pas être gérée par un nombre d'adminiftrateurs proportionné feulement à l'étendue de la province, mais encore à fa population & aux reffources plus ou moins grande de commerce & d'induftrie qui s'y trouvent. Peut-être devroit-on auffi prendre en confidération la fomme des contributions de la province, fans cependant s'arrêter à cette règle, car on retomberoit dans l'inconvénient des économiftes dont nous venons de parler, & l'on n'opéreroit qu'un demi-bien. D'ailleurs l'*adminiftration provinciale* étant principalement établie pour le bien de la province, le gouvernement doit moins envifager dans fon organifation, les charges qu'elle fupporte, que fes befoins, à moins que ces charges ne foient elles-mêmes une caufe de fa détreffe par leurs excès.

L'*adminiftration provinciale*, telle que nous la confidérons ici, & même telle qu'elle exifte en France aujourd'hui, eft un moyen vraiment fûr d'attacher les citoyens au bien public ; d'établir une chofe commune, une patrie, des rapports entre le corps politique & chaque individu. Mais, nous ne le diffimulerons pas, il y auroit plus d'un changement à faire dans la conftitution actuelle à cet égard ; car, quoique l'*adminiftration provinciale* en elle-même foit fimple, elle exige, à caufe des membres qui doivent en être chargés, de leurs droits refpectifs & de l'état des provinces, de grandes & profondes confidérations, qu'on ne pourra guère effectuer qu'en établiffant pour l'exercer des états-provinciaux.

De ce que nous venons de dire fur l'*adminiftration provinciale* en général, il réfulte, 1°. qu'elle n'eft oppofée à aucun corps politiques dans l'état & encore moins au droit du fouverain ; 2°. que tous les citoyens y doivent être appellés, qu'ils foient propriétaires ou non ; 3°. que fon organifation doit être appropriée à la population de la province plutôt qu'à fon étendue ou à fes contributions, mais mieux dans le rapport compofé de ces trois élémens ; 4°. qu'elle eft un excellent moyen d'intéreffer la nation à la chofe publique & aux intérêts de de l'état ; 5°. que la forme actuelle de l'*adminiftration provinciale* auroit befoin de quelques changemens, & fur-tout d'être confiée à des états provinciaux.

Mais il faut mettre le lecteur à portée de juger lui-même de cette *adminiftration*, en lui préfentant le règlement qui la regarde fpécialement, & qui, à quelques modifications près, eft fuivi dans les provinces où il y a des affemblées provinciales. Ce règlement, publié en août 1787, règle, d'une manière générale, 1°. les fonctions publiques des affemblées provinciales, fecondaires & municipales ; 2°. leur rapport avec l'*adminiftration* (1).

Fonctions des affemblées.

De ces fonctions, les unes font déterminées par des règlemens, les autres font abandonnées au caractère particulier, à la bienfaifance des membres de ces affemblées ; commençons par les premières.

1°. L'affemblée municipale fera chargée de la répartition de toutes les impofitions & levée de deniers, dont l'affiette devra être faite fur la communauté, d'après les mandemens qui lui feront adreffés à cet effet, en vertu des ordres du confeil, par l'affemblée d'élection ou la commiffion intermédiaire de ladite affemblée. La répartition entre les contribuables de ladite affemblée fera faite par les deux tiers au moins de tous les membres qui compoferont l'affemblée municipale, en obfervant néanmoins que la répartition de la taille & des impofitions acceffoires d'icelle, foit faite par les feuls membres taillables de l'affemblée municipale.

Et dans le cas où il ne fe trouveroit pas dans l'affemblée municipale les deux tiers des membres payans taille dans la paroiffe, ce nombre fera complette à la pluralité des voix de l'affemblée paroiffiale, par le choix d'un ou de plufieurs taillables de la paroiffe (2), pour tous lefdits députés taillables

---

(1) Pour mieux entendre ceci, il faut lire l'article ASSEMBLÉES PROVINCIALES : car ayant diftingué l'adminiftration provinciales des corps deftinés à l'exercer, nous avons dû renvoyer ceux-ci au mot qui les concerne.

(2) Voyez pour ce choix de deux fujets taillables, l'article ASSEMBLÉES PROVINCIALES : nous y faifons connoître les difpofitions de la déclaration du 28 octobre 1788, qui les concernent, & qui les affocient aux autres membres de la municipalité à l'affiette des impofitions, fous le nom d'adjoints.

réunis, procéder conjointement à l'affiette & à la répartition de la taille.

2°. La répartition des impofitions s'opérera dans chaque communauté, par cinq rôles diftincts & féparés, & conformes aux modèles qui doivent être envoyés à chaque affemblée municipale.

Ces cinq rôles font deftinés à contenir chacun en particulier la répartition d'une forte d'impofition, 1°. le premier eft deftiné à la répartition individuelle de la taille & des impofitions acceffoires ; 2°. Le fecond à la répartition individuelle de la capitation des domiciliés dans les paroiffes & des privilégiés, ainfi que la capitation roturière ; 3°. Le troifième à la fubvention territoriale (1) ; 4°. le quatrième à la contribution pour les chemins ; 5°. le cinquième doit être deftiné à la répartition individuelle des autres charges relatives aux conftructions, aux indemnités, propres à la paroiffe, au département ou à la communauté.

3°. Chaque rôle doit être fait triple & de trois expéditions, l'une fera confervée au greffe de l'affemblée municipale, les deux autres feront adreffés par le fyndic de l'affemblée municipale avant le premier novembre, aux fyndics de la commiffion intermédiaire de l'élection ou département, lefquelles feront remettre les deux expéditions du rôle de la taille & impofitions acceffoires d'icelle au greffe de l'élection, pour ledit rôle y être vérifié ; l'une des deux expéditions demeurera au greffe de l'élection, & l'autre expédition deftinée pour le recouvrement, fera rendue exécutoire dans le délai de trois jours, conformément aux règlemens. A l'égard des quatre autres rôles, le fyndic de l'affemblée d'élection en adreffera deux expéditions aux fyndics de l'affemblée provinciale, pour lefdites expéditions être par eux préfentées au fieur intendant & commiffaire départi, qui les vérifiera, confervera une defdites expéditions & remettra la feconde, en forme exécutoire aux fyndics de l'affemblée provinciale qui les renverront aux fyndics de l'affemblée d'élection avant le premier décembre ; & les fyndics des commiffions intermédiaires d'élection ou département feront repaffer tous les rôles, exécutoires au fyndic de chaque paroiffe avant la fin de décembre, pour qu'ils foient mis en recouvrement au premier janvier de l'année fuivante.

4°. Le fyndic, ou, en cas d'abfence ou légitime empêchement du fyndic, un autre membre à ce député par l'affemblée municipale, examinera, une fois par femaine, au jour qui fera fixé à cet effet par ladite affemblée, les différens rôles dont le collecteur fera porteur, à l'effet de vérifier, 1°. fi le recouvrement eft en retard, & qu'elles en font les caufes ; 2°. fi toutes les fommes recouvrées font émargées fur le rôle, & exiftent en entier

dans les mains du collecteur, en deniers ou quittances valables du receveur de l'élection, ou des adjudicataires d'ouvrages à la charge de la communauté. Ces quittances feront vifées par celui qui fera la vérification, & il fera tenu de remettre, dans le délai de trois jours, à l'affemblée municipale, l'état defdites quittances, certifié de lui & du collecteur, & le bordereau, pareillement figné de l'un & de l'autre, du montant du recouvrement, des paiemens faits dans la femaine par le collecteur, & des fommes reftantes à recouvrer dans la paroiffe.

5°. Les affemblées municipales veilleront à prévenir tous les abus auxquels pourroit donner lieu l'exécution des contraintes ou garnifons pour fait d'impofitions, notamment à ce que les huiffiers, chefs de garnifon ou garnifaires, ne féjournent dans les communautés que le temps néceffaire pour accélérer le recouvrement, & à ce que les frais portent principalement fur les redevables le plus en retard ; & afin que les frais foient équitablement réglés, & n'excèdent pas une quotité proportionelle, lefdits membres de l'affemblée municipale figneront la contrainte avec le collecteur, pour conftater ce qui fera dû au porteur de la contrainte, à raifon du nombre de journée réellement employées.

6°. Les membres de l'affemblée municipale feront en outre, chargés de tous les objets qui intéreffent la communauté. Ils veilleront à ce que tous les bâtimens & autres objets qui font ou peuvent retomber à la charge de la communauté ne foient pas dégradés, & ils prendront les mefures convenables pour qu'il foit promptement pourvu aux réparations qui, trop différées, en néceffiteroient de plus confidérables, ou ou même des conftructions neuves.

Ils prendront les délibérations néceffaires pour qu'il foit fait des baux d'entretien de tous les objets qui en font fufceptibles, fans cependant que leurs délibérations puiffent être exécutées avant qu'elles aient reçu l'approbation de l'affemblée provinciale ou de fa commiffion intermédiaire, fur l'avis de celle d'élection ou de département, ainfi que l'autorifation du commiffaire départi, fi la dépenfe n'excède pas 500 livres, & celle du confeil fi la dépenfe eft plus confidérable.

7°. Les requêtes préfentées au fieur intendant & commiffaire départi, pour obtenir la conftruction, reconftruction ou réparation d'une églife ou prefbytère, feront par lui communiquées à l'affemblée municipale, fi ces requêtes ne font préfentées par l'affemblée municipale elle-même.

Sur la réponfe de l'affemblée, le commiffaire départi jugera s'il convient ou non d'autorifer la demande ; s'il ne l'autorife pas, il rendra en conféquence fon ordonnance qui fera exécutée, fauf l'appel au confeil.

_____

(1) Cette impofition a été fupprimée, & peut-être fera-t-elle rétablie un jour.

Si le commiſſaire départi ne trouve pas l'affaire ſuffiſamment inſtruite, où ſi l'aſſemblée municipale ſoutient qu'une reconſtruction n'eſt pas indiſpenſable & que des réparations ſuffiroient, le commiſſaire départi nommera un expert pour conſtater l'état des lieux, en préſence des parties intéreſſées & des membres de l'aſſemblée municipale. Sur le rapport du procès-verbal de l'expert, le commiſſaire départi ſtatuera ainſi qu'il appartiendra.

Enfin, lorſque le commiſſaire départi aura autoriſé la reconſtruction ou réparation, il ordonnera qu'il ſoit procédé à un devis & détail eſtimatif par un expert que déſignera ſon ordonnance. L'expert ſe rendra ſur les lieux, & en préſence des députés de l'aſſemblée municipale & autres parties intéreſſées; il rédigera le devis dans lequel il diſtinguera, s'il eſt queſtion d'un presbytère, les réparations uſufruitières qui ſont à la charge des curés ou de leurs ſucceſſions, d'avec les groſſes réparations, & même celles de cette dernière eſpèce, qui, occaſionnées par défaut d'entretien, ſeroient, par cette raiſon, à la charge du curé. S'il s'agit des réparations d'une égliſe, l'expert aura également ſoin de ne pas confondre avec la réparation de la nef & autres qui ſont à la charge des paroiſſiens, les réparations du chœur, celles du clocher, ſuivant ſa poſition, ni celles des chapelles ſeigneuriales.

Le procès-verbal de l'expert, entièrement rédigé, ſera par lui affirmé véritable, & remis au ſieur commiſſaire départi, qui, après l'avoir homologué, s'il y a lieu, l'adreſſera, avec les autres pièces à la commiſſion intermédiaire d'élection ou de département, pour qu'elle faſſe procéder à l'adjudication, ainſi qu'il ſera dit ci-après.

8°. Les délibérations que prendront les communautés à l'effet d'être autoriſées à eſter en jugement, ſoit en demandant, ſoit en défendant, ne pourront être adreſſées qu'au ſieur commiſſaire départi, pour être par lui homologuées, s'il y a lieu, conformément aux règlemens.

Dans le cas où les habitans auroient demandé, en outre par la même délibération, à être autoriſés à faire, ſoit un emprunt, ſoit une impoſition pour ſubvenir aux frais du procès, & où le ſieur intendant jugeroit que l'autoriſation pour plaider doit être accordée, il donnera communication de la délibération à la commiſſion intermédiaire de l'aſſemblée provinciale, qui, après avoir entendu la commiſſion intermédiaire d'élection ou de département, propoſera ſur l'impoſition ou emprunt ſeulement, ce qui lui paroîtra plus convenable.

9°. L'aſſemblée municipale délibérera ſur la fixation, tant des traitemens de ſon ſyndic & de ſon greffier que des autres frais de l'adminiſtration municipale. Elle prendra auſſi toutes les délibérations qu'elle croira convenables, ſoit pour de nouvelles conſtructions, ſoit pour toute eſpèce d'établiſſemens utiles à la communauté; mais toutes délibérations quelconques pour dépenſes, ſoit de conſtruction, ſoit d'adminiſtration, n'auront d'effet qu'après que les formalités preſcrites par l'article 6 ci-deſſus auront été remplies.

10°. Toutes les dépenſes d'entretien à la charge des communautés ſeront ſupportées & acquittées par chaque paroiſſe, & celles relatives à des conſtructions neuves, qui, quoique ſollicitées par une ſeule paroiſſe, auroient cependant un caractère d'utilité générale, reconnue par l'aſſemblée provinciale, ne ſeront à la charge de la paroiſſe que juſqu'à la concurrence de la ſomme que le conſeil jugera proportionnée à la force de ladite paroiſſe.

Dans le cas où la dépenſe excéderoit cette ſomme, l'excédent ſera réparti, par l'aſſemblée ou département, ſur les paroiſſes qui la compoſent, juſqu'à la concurrence de la ſomme que le roi jugera convenable de lui faire ſupporter.

Dans le cas cependant où cet excédent, retombant à la charge de toute l'élection ou département, ſurpaſſeroit la ſomme qui ſera également déterminée pour la contribution des élections ou départemens dans ces ſortes de dépenſes, alors le ſurplus ſera réparti ſur toute la généralité, par l'aſſemblée provinciale, qui, paſſé une certaine ſomme, pourra pareillement demander à ſa majeſté de concourir à l'acquit de la dépenſe.

11°. L'aſſemblée municipale adreſſera directement à la commiſſion intermédiaire de département ou d'élection, toutes les propoſitions, délibérations & réclamations; & ladite commiſſion les fera paſſer, avec ſon avis, à l'aſſemblée provinciale ou à la commiſſion intermédiaire de ladite aſſemblée.

12. Toutes les dépenſes ordinaires ou extraordinaires de la communauté, autoriſées dans la forme preſcrite ci-deſſus, ſeront acquittées, ainſi qu'il ſera réglé, ſur les mandats ſignés par le ſyndic & deux membres de l'aſſemblée municipale, & viſés par la commiſſion intermédiaire de l'élection ou département.

13°. Au mois de Janvier de chaque année, l'aſſemblée municipale ſe fera rendre compte de toutes les recettes & dépenſes faites pendant l'année précédente en l'acquit de la communauté: ce compte certifié & ſigné, tant par le collecteur, que par les membres de l'aſſemblée municipale ſera adreſſé avec les pièces juſtificatives avant la fin du même mois de janvier, à la commiſſion intermédiaire de l'élection ou département, qui, après l'avoir vérifié, le fera paſſer, avec ſes obſervations, à la commiſſion intermédiaire provinciale, à l'effet d'être par elle examiné & arrêté définitivement.

Fonctions des aſſemblées d'élection ou de département.

1°. Les aſſemblées d'élection ou de département, ainſi

ainsi que leurs commissions intermédiaires, feront le lieu de la correspondance qui doit exister entre les assemblés municipales & l'assemblée provinciale : elles feront parvenir à celle-ci les délibérations des communautés, & transmettront aux assemblées municipales les décisions qui les concerneront.

2°. A l'ouverture des séances de chaque assemblée d'élection ou de département, les syndics seront tenus de faire à ladite assemblée un rapport divisé par matières, de tous les objets qui depuis la dernière tenue, auront été traités par la commission intermédiaire en vertu des délibérations de l'assemblée duement autorisée, ou des instructions qui lui auront été adressées, soit au nom de sa majesté, soit par l'assemblée provinciale.

3°. Les assemblées d'élection ou de département adresseront à l'assemblée provinciale l'état des frais de leur *administration*, ainsi que les propositions & représentations qu'elles jugeront devoir faire sur les objets qui intéresseront tout ce qui composera leur territoire.

4°. Les assemblées d'élection & de département ou leur commission intermédiaire, procèderont aux adjudications des ouvrages délibérés par elle dans l'étendue de ce qui composera leur territoire. Elles procèderont aussi à celles qui auront été délibérées par l'assemblée provinciale, lorsqu'elles auront été commises à cet effet par ladite assemblée provinciale ou sa commission intermédiaire.

5°. Les adjudications d'ouvrages particuliers à une communauté, duement autorisés, seront pareillement faites par la commission intermédiaire de l'assemblée d'élection ou de département, ou par un de ses membres par elle député à cet effet ; & il sera procédé à ladite adjudication en présence de l'assemblée municipale de ladite communauté, au chef-lieu de l'élection ou département, ou dans la paroisse intéressée, selon qu'il sera jugé plus utile par la commission intermédiaire de l'assemblée d'élection.

6°. En général, tout ce qui intéressera exclusivement ce qui composera le territoire des assemblées d'élection ou de département, sera d'abord délibéré, & ensuite exécuté par elles ou leurs commissions intermédiaires, lorsque sur l'avis de l'assemblée provinciale, l'exécution en aura été autorisée par sa majesté.

Mais tout ce qui regardera le général de la province ne sera point l'objet de leurs délibérations, & l'exécution ne leur en appartiendra, dans l'étendue de leur territoire, que lorsqu'elles auront été déléguées, elles ou leurs commissions intermédiaires, à cet effet par l'assemblée provinciale ou sa commission intermédiaire.

Fonctions de l'assemblée provinciale

1°. Toutes les sommes nécessaires pour faire le

fonds des indemnités ou décharges générales ou particulières, pour les frais d'*administration*, pour la construction & l'entretien des ouvrages d'art & canaux de navigation dans l'étendue de la province, & en général pour toutes les dépenses, à la charge, soit de la province entière, soit de quelqu'une de ses parties, ou qui auroit une utilité générale ou particulière pour objet, seront délibérées chaque année par l'assemblée provinciale qui en proposera au conseil l'état avec distinction des objets, par la voie du commissaire départi, en y joignant les plans & devis, à l'effet de recevoir l'autorisation du roi, s'il y a lieu.

2°. Lorsque les travaux auront été autorisés, & l'état approuvé, les sommes auxquelles cet état se trouvera fixé, seront réparties sans délai par la commission intermédiaire provinciale, entre toutes les assemblés d'élections ou de départemens ; & les mandemens qui détermineront la contribution respective de chacune d'elles avec distinction des objets, seront renvoyés à leurs commissions intermédiaires, à l'effet d'être par chacune d'elles procédé à la répartition entre les communautés.

3°. Toutes les demandes en décharge ou indemnités, formées par un particulier, seront portées à l'assemblée municipale, & pourront l'être ensuite à l'assemblée d'élection ou de département.

Celles du même genre qui seront formées par des paroisses, pourront, après avoir été portées aux assemblées d'élection ou de département, l'être une seconde fois à l'assemblée provinciale, à laquelle seront aussi portées les demandes formées par des élections ou départemens.

4°. L'assemblée provinciale, pendant la tenue de ses séances, ou dans les cas très-urgens, sa commission intermédiaire procèdera seule à l'adjudication & à la direction des travaux que l'assemblée aura proposés & qui s'exécuteront sur les fonds de la province : les dépenses relatives à ces travaux seront acquittées, sur les mandats donnés par la commission intermédiaire, d'après les certificats des ingénieurs.

5°. Les dépenses relatives à toutes les charges locales, communes & assises sur les fonds de la province seront également acquittées sur les seuls mandats de l'assemblée provinciale ou de sa commission intermédiaire.

6°. L'assemblée provinciale & sa commission intermédiaire pourront faire parvenir au conseil toutes les propositions & mémoires qu'elles jugeront utiles à la province.

7°. Tous les comptes des communautés, ainsi que ceux des dépenses qui se feront sous l'*administration*, tant des assemblées provinciales que des assemblées d'élection ou département, seront envoyés ou présentés à la commission intermédiaire provinciale, pour y être examinés & arrêtés dans la forme qui fera déterminée dans la section fuivante.

8°. A l'ouverture des féances de chaque affemblée provinciale, les fyndics feront tenus de faire à ladite affemblée, un rapport divifé par matières, de tous les objets qui depuis la dernière tenue, auront été traités par la commiffion intermédiaire, en vertu des délibérations de l'affemblée provinciale, duement autorifée, ou des inftructions qui lui auront été adreffées au nom de fa majefté.

9°. Les procès-verbaux des féances de l'affemblée provinciale, feront livrés à l'impreffion pendant la durée des féances, de manière qu'ils puiffent être rendus publics immédiatement après la clôture de l'affemblée.

Fonctions refpectives du commmiffaire départi & de l'affemblée provinciale.

1°. Le Commiffaire départi remplira, auprès de l'affemblée provinciale, les fonctions de commiffaire du roi : aucune délibération ne pourra être prife par l'affemblée avant qu'il en ait fait l'ouverture. Il fera connoître à l'affemblée les intentions de fa majefté, & en fera la clôture le trentième jour, ou même plutôt, fi les ordres du roi le lui prefcrivent, ou fi les affaires étant terminées, il en eft requis par l'affemblée.

2°. Les fyndics feront tenus d'informer chaque jour le commiffaire du roi, des objets qui auront été mis en délibération dans l'affemblée, & de ce qu'elle aura déterminé.

3°. L'affemblée provinciale correfpondra pendant la tenue de fes féances avec le fieur contrôleur général des finances, & les autres miniftres de fa majefté, par la voie de fon préfident, qui fera tenu d'envoyer au fieur contrôleur-général des finances, immédiatement après chaque délibération, une copie du procès-verbal de chaque féance, des mémoires qui y auront été adoptés, & des avis formés en conféquence. Pareille copie contrefignée par le fecrétaire de l'affemblée, fera remife en même temps au commiffaire départi.

4°. Auffi-tôt après la clôture de l'affemblée, le procès-verbal entier de fes féances fera adreffé, par le préfident, au fieur contrôleur général, & au fecrétaire d'état ayant le département de la province. Pareille copie du procès-verbal fera envoyée au fieur intendant commiffaire départi, pour y faire fes obfervations s'il le juge convenable.

5°. Chaque commiffion intermédiaire fera tenue de faire remettre ou adreffer par fes fyndics, dans la huitaine, au fieur intendant & commiffaire départi, une copie, des délibérations qu'elle aura pu prendre, contrefignée & certifiée par le fyndic de ladite commiffion.

6°. Ordonne expreffément fa majefté à tous

repréfentans & fecrétaire greffiers, foit de l'affemblée provinciale, foit des autres affemblées ou commiffions qui lui font fubordonnées, de donner fans aucun délai, à fon commiffaire départi, tous les éclairciffemens ou communications qui leur feront demandés par ledit fieur commiffaire départi, comme auffi à tous prépofés de fe foumettre aux vérifications qu'il pourra juger néceffaires.

7°. L'intention de fa majefté eft auffi que fon commiffaire départi procure à l'affemblée provinciale tous les éclairciffemens que ledit fieur commiffaire jugera lui être néceffaires pour fes opérations, fans que l'affemblée puiffe fous aucun prétexte, prendre aucune délibération contraire aux actes d'*adminiftration* antérieure à celle que fa majefté veut bien lui confier.

8°. L'intention de fa majefté étant qu'il ne foit ftatué en fon confeil fur aucune délibération, demande ou propofition des affemblées provinciales, fans qu'elles aient été communiquées aux fieurs commiffaires départis, & le bien du fervice étant intéreffé à la plus prompte expédition poffible, les fyndics de l'affemblée provinciale, remettront au nom de la commiffion intermédiaire au fieur intendant & commiffaire départi, les lettres, mémoires, états & projets d'arrêts qui devront être adreffés au fieur contrôleur général auquel ledit fieur commiffaire départi fera parvenir toutes ces pièces en original, en y joignant fes obfervations & avis. Il remettra de même en original ou par ampliation, fuivant la nature des objets, aux fyndics les réponfes, décifions ou arrêts qu'il recevra du fieur contrôleur général pour la commiffion intermédiaire. N'entend néamoins fa majefté interdire, par la préfente difpofition toute correfpondance directe entre fon confeil & les commiffions intermédiaires des affemblées provinciales, pour les objets étrangers à la correfpondance courante & habituelle.

9°. Le commiffaire départi connoîtra feul de tout le contentieux qui peut concerner l'*adminiftration*, fauf l'appel au confeil. En conféquence, toutes les difcuffions qui pourroient s'élever, foit entre des propriétaires qui auroient fuccombé dans des demandes en indemnités pour perte de terreins par des ouvrages publics, & les fyndics qui foutiendroient la décifion de l'affemblée provinciale ou de fa commiffion intermédiaire, foit entre les mêmes fyndics & des adjudicataires des travaux publics, foit entre les affemblées municipales & les contribuables qui fe pourvoieroient pour raifon de furtaxe contre leurs impofitions, à l'exception toutefois de celles qui font de la compétence des élections & cour des aides, & en général toutes les contestations & demandes de nature à être portées par appel au confeil, feront portées en première inftance devant le fieur intendant & commiffaire départi.

10°. Le commiffaire départi procédera feul & fans concours ni de l'affemblée provinciale, ni de sa commission intermédiaire, à l'adjudication, direction & réception des ouvrages qui s'exécuteront sur les seuls fonds du roi, & les dépenses en seront acquittées sur ses seules ordonnances.

11°. Lorsque les ouvrages se feront, partie sur les fonds du roi, partie sur les fonds de la communauté, toutes les opérations seront déterminées par la commission intermédiaire présidée par le commissaire départi, qui aura voix prépondérante, en cas de partage, & les ordonnances seront expédiées par le seul commissaire départi.

En cas de l'absence dudit sieur intendant, son subdélégué entrera à la commission intermédiaire, il y aura voix délibérative, mais il ne présidera pas, il n'aura que la seconde place ; & en cas de partage, la voix prépondérante appartiendra au président.

12°. Les états détaillés des diverses impositions faites sur chacune des villes & communautés de la province, seront tous rédigés sur le même modèle, & envoyés à la diligence des syndics des différentes commissions intermédiaires, dans le courant du mois de mars qui suivra celle de l'imposition, à la commission provinciale intermédiaire, ainsi que l'état justifié des dépenses faites par chaque collecteur pour la même année sur les fonds, des deniers imposés pour les charges de la province ou de la communauté.

13°. Les syndics feront à la commission intermédiaire, présidée par le commissaire départi, le rapport de ces comptes, à l'effet par elle de les vérifier, & d'ordonner que le montant des sommes qui n'auront point été valablement imposées, ou qui n'auront point été dépensées, sera appliqué en moins imposé au profit des communautés qui en auront supporté l'imposition.

14°. Les comptes de toutes les dépenses faites sur les fonds de la province, seront également rendus devant la commission intermédiaire présidée par le commissaire départi, qui aura toujours, en cas de partage la voix prépondérante.

15° Tous les arrêts & réglemens émanés de l'autorité de sa majesté seront imprimés, publiés & affichés, sur l'ordonnance d'attache du sieur intendant & commissaire départi.

Du rapport des assemblées provinciales avec l'administration.

Le roi permet à l'assemblée provinciale de lui faire en tous temps telles représentations qu'elle avisera. Il est cependant établi que sous prétexte de ces représentations ou de réglemens projettés, la répartition & le recouvrement des impositions établies ou qui pourroient l'être suivant les formes usitées dans le royaume, ne puissent éprouver le moindre obstacle ni délai.

L'assemblée provinciale a seule des rapports directs avec le conseil du roi, ses ministres & son commissaire départi dans la province. C'est par elle que leur parviennent, avec son avis, les demandes des assemblées municipales & de districts, ainsi que les comptes qu'il peut être utile de rendre de leurs délibérations & de leur *administration*. C'est également par l'assemblée provinciale que les assemblées intermédiaires reçoivent l'ordre du roi.

L'assemblée provinciale, pendant le temps de ses séances, correspond avec le contrôleur général & les ministres de sa majesté par la voie du président, qui envoie successivement & sans délai une copie du procès-verbal de chaque séance, des mémoires qui y ont été adoptés & des avis formés en conséquence.

Dans l'intervalle des assemblées, les ordres du roi, les arrêts du conseil, les lettres de consultations, d'instructions & de décisions sont adressées au commissaire départi. C'est lui qui fait parvenir au contrôleur général des finances, les lettres, mémoires, états & projets d'arrêts que la commission intermédiaire lui fait remettre par les syndics-généraux afin qu'il puisse y faire des observations. Le commissaire départi remet de même en original ou par ampliation, les réponses, décisions ou arrêts qu'il reçoit du contrôleur général, aux autres ministres du roi.

La commission intermédiaire peut néanmoins correspondre avec eux directement, dans les circonstances qu'elle croit mériter une exception particulière, ainsi que répondre aux lettres & autres ordres qu'elle en reçoit directement, sans que dans ce cas elle soit obligée d'en communiquer avec le commissaire départi.

Toutes les fois que le commissaire départi veut avoir par lui-même, ou par des personnes chargées de son ordre spécial, communication ou expédition d'une délibération, d'un acte ou d'une pièce quelconque se trouvant au greffe de l'assemblée provinciale ou d'une assemblée secondaire, il est réglé qu'on doit s'adresser au président, qui ordonnera la communication ou l'expédition sans délai, & sans pouvoir le refuser, en présence d'un commissaire de l'assemblée, suivant que le cas paroîtra le requérir.

Il est également réglé que lorsque l'assemblée provinciale ou sa commission intermédiaire, a pour elle ou pour quelques assemblées secondaires, besoin de la communication ou de l'expédition de quelques pièces étant dans les bureaux de l'intendant commissaire départi ou de ses subdélégués, les syndics généraux doivent en faire, en son nom, la demande par écrit, & si le sieur intendant juge ne pas devoir y déférer, il fera de même son refus par écrit.

Le roi fait connoître ses intentions à chaque assemblée provinciale par un ou par plusieurs commiffaires qui en font l'ouverture & la clôture, & qui peuvent s'y rendre durant la tenue, après l'en avoir prévenu toutes les fois que le bien du fervice paroît le requérir.

Il ne peut être pris aucune délibération dans l'af-femblée provinciale avant que les commiffaires du roi en aient fait l'ouverture. Il en fait la clôture le trentième jour, ou plutôt fi les affaires le permet-tent, & qu'il en foit requis par l'affemblée.

Les fyndics généraux doivent faire remettre cha-que jour au commiffaire du roi à la fin de chaque féance, une notice fuccinte & uniquement énon-ciative des objets difcutés ou délibérés dans l'affem-blée, & doivent également remettre dans la hui-taine, pendant le cours de l'année, une notice des délibérations que la commiffion intermédiaire aura pu prendre.

Indépendamment de ces fonctions des adminif-trations provinciales, il en eft beaucoup d'autres que les circonftances, les perfonnes & les chofes peuvent déterminer. Des temps de calamités publi-ques, de difette, de trouble, peuvent fuggérer aux membres qui y font attachés de vues de bienfai-fance & de patriotifme, que le règlement n'a dû, ni pu prévoir. C'eft un des effets de ces adminiftrations paternelles, qu'elle peuvent faire une foule de biens de détail, dont l'adminiftration fupérieure feroit in-capable par l'étendue des objets dont elle a à s'oc-cuper.

Déjà les affemblées ont donné des preuves de ce qu'on doit en attendre à cet égard; elles fe font oc-cupé de différens établiffemens utiles aux provinces: tels que font les cours d'accouchemens, les atteliers de charité, les moyens d'extirper la mendicité, les haras, les entreprifes favorables à l'agriculture; aux arts, aux manufactures, au commerce, aux tra-vaux littéraires. Tous ces objets rentrent dans la claffe du bien public: auffi chaque adminiftration a-t-elle établi un bureau du bien public, pour lui rendre compte de tous les projets qui tendent à ce but. Mais cette matière fe trouvera mieux difcutée au mot ASSEMBLÉE PROVINCIALE.

Il refte bien des chofes à faire encore pour rendre l'adminiftration provinciale d'une utilité fûre & conf-tante. Son état actuel paroît comme indéterminé; il lui faut néceffairement un accroiffement de pouvoir, & la nature des chofes feule l'amèneroit, quand l'intérêt de l'ordre & du bien public ne l'exigeroit pas. Ce fera à l'affemblée nationale à prononcer fur cette grande innovation, & à tellement organifer les af-femblées des provinces & déterminer la mefure de la puiffance de l'adminiftration confiée à leurs foins, qu'on n'en puiffe qu'éprouver de bons effets, pour le maintien de la fortune & de la liberté publique, deux objets qui mettent en fermentation la France depuis quelques années. Voyez ÉTATS GÉNÉRAUX, ÉTATS PROVINCIAUX, ASSEMBLÉES PROVIN-CIALES, GOUVERNEMENT; tous ces articles ont

un rapport plus ou moins direct avec ceux d'ad-miniftration publique & provinciale que nous ve-nons de traiter ici.

ADOLESCENCE, f. f. C'eft l'âge qui s'é-coule entre l'inftant de la puberté & celui de vingt-cinq ans. Voyez la jurifprudence.

L'adolefcence eft le plus beau moment de la vie; c'eft alors que tout rit, que tout paroît nouveau dans la nature. Une paffion, un befoin, des defirs jufqu'alors inconnus, excitent en nous cette brû-lante inquiétude, cette activité voluptueufe, qui eft peut-être un des plus grands tourmens, & tout-à-la-fois la fource des vrais plaifirs du jeune âge. alors l'imagination règne en fouveraine: elle règle nos actions, domine notre conduite & femble être l'ame de tous nos mouvemens. Sa force fe fait d'au-tant mieux fentir que les organes encore flexibles, les nerfs pleins d'efprits & de chaleur, permettent aux fens de renvoyer à l'ame tout l'effet, toute l'action des objets extérieurs fur eux. Tout la frappe, tout l'ébranle & y laiffe des impreffions, des traces profondes & multipliées. Une belle campagne, une fleur, le cours d'un fleuve, l'afpect romantique d'un bois fauvage, ces tableaux touchans, indiffé-rens à l'âge mûr, font pour l'adolefcent autant de fcènes délicieufes qui attirent fes regards, fixent fon attention, & le rempliffent du fentiment de l'exif-tence.

Mais la beauté fur-tout a des droits à fon hom-mage: c'eft elle qu'il femble chercher toujours & pour laquelle il fe fent né & s'eftime heureux de vivre. A fon afpect, voyez fes yeux, d'abord étin-celans, fe couvrir d'une légère vapeur, l'efpoir du plaifir animer fes regards, faire palpiter fon cœur, & le tiffu de fa peau fe couvrir de la plus fpiri-tueufe partie de fon fang, pour y marquer les mou-vemens & les tranfports que fon ame éprouve. Oh! heureux momens de la vie! les noirs foucis, la folle ambition, les remords cuifans n'ont jamais troublé le bonheur que vous faites goûter.

L'homme eft déjà au quart de fa vie, que la rai-fon eft encore un mot vuide de fens pour lui; la nature y fubftitue le fentiment: c'eft le guide de l'adolefcent, & le feul confeil qu'il puiffe écouter. C'eft une bafe fur laquelle s'établit tout le fyftème de la conduite de fa vie, & comme les impreffions des actions morales des hommes font auffi profondes alors que celles qu'il reçoit de la nature, elles peu-vent également dreffer fon cœur au vice ou à la vertu, felon qu'elles feront d'un exemple plus ou moins dangereux. Cette innocence, cette fran-chife, cette ardeur que nous venons de remarquer en lui, doivent donc être les élémens de fon bonheur ou de fon malheur, en raifon des circonftances où fon ame peut fe trouver dans cet inftant. Comme il eft indifférent à tout, il peut prendre toutes les formes, & fon caractère être ami du bien, ou adonné au crime en proportion des obstacles, des facilités, des avantages ou des peines qu'il aura trouvés à être bon ou pervers.

C'est donc dans l'*adolescence* sur-tout, qu'il importe de faire prendre d'heureuses dispositions à la jeunesse. Le premier moyen, & le seul peut-être pour y parvenir, est de ne point s'opposer trop despotiquement au vœu naturel du cœur de l'*adolescent*, de flatter ses desirs & d'assurer sa conduite morale, en l'appropriant aux qualités physiques de son être. Inutilement tenteroit-on de former tous les hommes sur le même modèle; & il n'y a tant d'éducations manquées que parce qu'on a voulu s'obstiner à détruire ce qu'il ne falloit que diriger.

On a voulu regarder comme mauvaises ou criminelles, toutes les dispositions du cœur des jeunes gens, qui n'avoient point une utilité évidente, un rapport marqué avec les vues qu'on a sur eux. Cette conduite est la source de bien des maux. Si c'étoit le lieu de dire ma pensée, comme je serois loin de compte avec le commun des hommes! sur-tout des pères, qui veulent tout faire à la fois, recueillir avant de semer, & sacrifier les dons naturels de leurs enfans, à quelques qualités acquises que la nature méconnoît, & souvent même, auxquelles elle répugne.

Deux grands besoins tourmentent & doivent tourmenter l'homme à cet âge, parce qu'ils sont l'un & l'autre les élémens de son bonheur, c'est l'amour & la liberté: sentimens vrais, sentimens grands, passions qu'il faut soutenir & alimenter, si ce n'est par une jouissance actuelle, du moins par l'espérance certaine, par l'espoir assuré de les voir bientôt embellir son existence.

La longue captivité où l'on tient les jeunes gens, aigrit le caractère de ceux qui sont fiers, les jette dans des désordres; elle rend fourbes ceux qui, avec un caractère ambitieux, ont pour but, plutôt de commander aux hommes, que de les aimer & de les rendre heureux. La liberté est tellement de l'essence de l'homme, que sa perte détériore même sa constitution physique. C'est à la société à se rapprocher de la nature, dans les choses où la nature ne peut pas déroger à ses loix.

Il n'y a peut-être d'autre règle générale d'éducation pour l'*adolescence* que celle-ci: qu'il faut conduire chaque caractère par une méthode & sous une discipline qui lui soient propres: il n'y en a point d'universelle; & comme dans une montre la disproportion du plus petit rouage arrête ou détruit le mouvement, de même dans l'éducation un manque sensible de convenance peut rendre inutiles tous les soins des meilleurs maîtres. Souvenez-vous aussi que l'éducation n'est point un établissement de la nature, mais de la société, & que l'enfant naît, croît, se développe, & les passions & les besoins d'un

homme, & non d'un habitant de telle ville, ou d'un sujet de tel prince.

L'on a trop & mal-à-propos crié contre l'*adolescence*: c'est l'âge de la vraie vertu, de la vertu sans vanité; c'est l'âge de la générosité, de la sensibilité, de toutes les belles qualités de l'ame; & voilà pourquoi, sans doute, nos anciens disoient qu'il falloit *respecter la jeunesse*.

Mais c'est l'âge des désordres, direz-vous, des passions déréglées, du libertinage. Du libertinage, voilà le mot. Et bien, je prétends moi que ce désordre que l'on fait sonner si haut, & sous le prétexte duquel ils abusent si souvent des loix & de la protection du pouvoir, je prétends que ce désordre est l'ouvrage de parens stupides, ambitieux, ou despotes; d'hommes qui foulant aux pieds tout respect pour la volonté de leurs enfans, pour leurs goûts innocens & conformes aux vœux de la nature, en font des libertins, à force d'en vouloir faire des riches, des fourbes, à force d'en vouloir faire des *hommes raisonnables* à leur manière; c'est-à-dire, des hommes qui ne voient par-tout que leurs intérêts, & substituent le plus dur égoïsme, la plus brutale insensibilité à toutes les vertus du jeune âge.

On ment quand on dit que le libertinage est l'effet du caractère de l'*adolescence*; le libertinage est une idée relative. L'homme naît avec des dispositions bonnes en elles; ce sont les conventions sociales qui les ont rendu mauvaises; & ce sont les stupides maximes des familles qui y multiplient ce qu'on appelle des *libertins*. Il m'est impossible de développer la turpitude de nos mœurs & encore plus celle des temps où la galanterie tenoit lieu, ou passoit pour tenir lieu de tout mérite viril. Parens insensés! permettez ce qui est convenable & licite, & vos enfans seront bons, vous vous épargnerez des remords, & des scandales à la société. Est-ce prudence, raison, sottise ou ambition, qui vous font tenir des enfans dans un célibat dur & forcé, pour attendre un riche mariage? Mais vous y avez bien resté dans ce célibat, direz-vous? Mais ignorez-vous qu'il n'y a point de règle générale d'éducation, & que comme en médecine, on ne peut pas conclure l'efficacité d'un remède par un essai particulier; de même dans l'art d'élever la jeunesse l'analogie est souvent trompeuse, & mène droit à l'erreur.

Si quelque chose pouvoit ajouter au tort qu'ont les parens dans la manière dont ils éduquent leurs enfans, & sur-tout dans l'âge de l'*adolescence*, ce seroit la barbarie froide & tenace avec laquelle plusieurs persécutent ces jeunes malheureux, & les précipitent dans des abymes de malheurs & de crimes. Nos prisons, nos maisons de force ou de correction, je le dirai en passant, regorgent d'*adolescens* que la sottise, l'injustice, le préjugé, toutes les honteuses manœuvres du despotisme de leurs parens, ont, ou plongés dans le bourbier de l'infamie, ou fait tyranniquement enfermer dans ces tristes demeures, sur les plus frivoles prétextes, ou seulement pour contenter leurs caprices. Les malheureux ! personne ne les entend, & leur demeure ignominieuse les fait confondre avec d'autres qui sont mérité une pareille captivité.

Il faut châtier la jeunesse ; . . . . . dites donc plutôt qu'il faut punir des parens qui ne savent que châtier, & qui se font exposés à donner des enfans à l'état sans savoir les élever. Je le répète, les jeunes gens seroient bons, toujours & par-tout, si on les élevoit dans des principes raisonnables & si l'on ne vouloit point faire un prêtre de celui qui veut être marchand, ou un homme de loi de celui qui se sent du goût pour les armes. C'est déjà une assez grande perte que les plus beaux & les plus doux instans de la vie soient consacrés à des études, des occupations, des travaux durs, singuliers, bizarres, pour avoir un état dans la société ; sans qu'il faille encore que cet état contrarie nos mœurs & inclinations. *Voyez* AUTORITÉ PATERNELLE, ABUS, ÉDUCATION, MARIAGES CLANDESTINS : tous ces articles ont du rapport avec ce que nous venons de dire.

L'*adolescence* est le moment où l'on fait choix d'un état ; c'est celui où le père bon, humain & vraiment père, épie les qualités d'ame, les dispositions physiques de ses enfans, pour voir la profession qu'il convient de leur faire embrasser. Il leur propose les agrémens & les dégoûts de chacune, il leur en montre les avantages, & les inconvéniens pour la fortune, la santé, la liberté. Il leur fait fréquenter des hommes de différens états ; les fait expliquer devant eux sur ce qu'ils en pensent ; enfin il prend toutes les mesures pour ne point engager ses enfans sur le chemin de la vie, sans des moyens capables de les y soutenir d'une manière conforme à leur goût & à leur caractère. Voilà comme agit le bon père ; & si tous agissoient de même, que deviendroient toutes ces rodomontades, toutes ces plaintes, ces injustices qu'on fait contre le libertinage & la mauvaise conduite des jeunes gens dans l'âge dont nous parlons ?

Comme l'*adolescence* est le temps où le corps prend beaucoup de croissance, ce développement ; que c'est l'instant où la force génératrice s'affermit, il est bien important de ne point ivrer le jeune *adolescent* à un travail forcé, à des occupations trop sédentaires, à des airs renfermés ou trop chauds, en un mot à tout ce qui peut empêcher le corps de prendre une forme proportionné & bien nourrie.

L'on remarque que dans les pays de manufactures les hommes sont plus petits, moins forts, plus laids que dans ceux où l'agriculture est l'occupation générale. C'est que dans les premiers, les hommes sont fixés à des *métiers* dès l'âge de douze ou treize ans, & que l'âge de la parfaite conformation se

passe dans des postures pénibles, & dans des airs viciés, ce qui n'a pas lieu dans les seconds. Après l'*adolescence*, cet inconvénient est moins sensible, & si dans les métiers qui demandent plus d'assiduité que d'habitude, & plus de momens sédentaires que d'exercice, on n'y admettoit les jeunes gens qu'à vingt ans, par exemple, je crois que l'on regagneroit en perfection dans l'ouvrage, & en bonne santé dans l'ouvrier, ce qu'on auroit perdu de temps à attendre. Cette idée pourroit être l'objet d'un règlement de police, dans le cas où il faudroit introduire un nouveau métier dans un état, & former les statuts des artisans destinés à l'exercer. Au reste, il-y-a des manufactures où ces suites ne sont point réelles du tout.

Après avoir parlé de l'*adolescence* dans son rapport avec l'éducation, disons-en un mot en la considérant sous le point de vue de l'ordre public.

Solon fit une loi qui interdisoit les magistratures aux *adolescens* : *ne quis magistratum gerat adolescens, neve ad consultationes admittatur, quamvis prudentissimus videatur.* (*Stobeus, serm.* 114, *p.* 587.) Plusieurs raisons, toutes fort bonnes, ont pu déterminer le législateur à ce règlement ; 1°. parce que dans les affaires publiques, le conseil du sentiment ne suffit-pas, & que le bon jeune homme qui n'écouteroit que sa sensibilité, seroit souvent dupe de sa vertu, & sauveroit le crime adroit aux dépens de la sûreté publique. 2°. Parce que le bon sens naturel ne suffit pas non plus dans une administration compliquée, & qu'il faut encore connoître les loix de son pays & les établissemens publics ; car *Solon* vouloit que les magistrats fussent instruits, & son intention n'étoit pas de conseiller aux athéniens de vendre les emplois & les charges de la république. 3°. Parce que l'*adolescence* est un temps de croissance & où il convient que l'homme jouisse de ses momens pour achever de former son être physique. 4°. Enfin c'étoit pour épargner à la jeunesse un piége dangereux, celui de l'exposer à juger sans connoissance de cause, & à trancher intrépidement le nœud d'une question sans l'entendre, comme M. d'*Aguesseau* le reproche aux jeunes sénateurs, qui ne sont pourtant pas toujours *adolescens*.

Mais si l'*adolescence* est peu propre à remplir les emplois publics, par la foiblesse & l'ignorance de cet âge, elle est en récompense peu susceptible de crimes, de trahison, de désordres publics & dangereux. Dans ces instans l'homme ne cherche qu'à jouir, & ses jouissances sont ordinairement innocentes. Son sommeil n'est point interrompu par l'émotion d'une résolution violente qu'il a prise, d'un complot qu'il a formé. Son ambition est dans les faveurs de sa maîtresse, & toutes les trahisons qu'il machine se bornent à tromper un rival, ou séduire un argus incommode.

Ou bien si l'imagination du jeune *adolescent* le

porte aux talens du génie, aux beaux-arts, à la poéſie ; le voilà plein de ſon objet : par-tout il trouve le ſujet d'un tableau ou d'un poëme. Bien-tôt il néglige tout ; la fortune, les honneurs lui ſont indiférens, & vous êtes étonné de trouver un vrai philoſophe dans celui que vous traitiez comme un enfant. J'aime l'adoleſcent, c'eſt le rè-gne des bons ſentimens, c'eſt le tems où l'injuſ-tice, la barbarie, la violence, nous paroiſſent plus odieuſes. Jamais complots funeſtes, jamais incen-dies, vols, ſcandales publics n'ont été les effets ſpontanées de cet âge. C'eſt toujours lorſque des conſeils ſiniſtres, des avis perfides l'ont dirigé, qu'il a quelquefois donné de l'inquiétude aux ma-giſtrats chargés de maintenir l'ordre & la ſûreté parmi les citoyens.

L'adoleſcent n'eſt point aſſez aveugle, aſſez foible pour cauſer les accidens qu'on auroit à redouter d'un enfant ; il n'eſt point aſſez vicieux pour con-cevoir & exécuter les crimes réfléchis de l'âge mûr : il eſt donc dans cet heureux équilibre qui laiſſe aux loix & à la paternité les moyens de le diriger au bien public & à la vertu.

Après ce que nous venons de dire ſur l'adoleſ-cence, que penſer de cette plainte d'un écrivain magiſtrat, de M. Proſt de Royer ? A quoi attribuer les véritables cauſes des malheurs qui y donnent lieu ? Le lecteur peut les trouver dans ce que nous avons dit de la ſtupide & aveugle manière d'éle-ver la jeuneſſe lorſqu'elle a atteint le moment de l'adoleſcence.

« Que voit-on dans les priſons, aux galères & au gibet ? ſur cent malfaiteurs (1), vous compterez quatre-vingt-dix jeunes gens, qui ne parviennent pas à leur majorité, qu'égarent une jeuneſſe bouil-lante, des beſoins impérieux, des paſſions ardentes, des liaiſons funeſtes, & le défaut abſolu d'inſtruc-tion. Ce ſont des brutes, des ſauvages, ou c'eſt un malheureux moment. Et l'état perd ainſi tous les ans une jeuneſſe vigoureuſe, qui, dirigée par de ſages inſtitutions, eût donné d'excellens ſoldats & de bons pères de famille ! Je n'oſe pas écrire com-bien, chaque année, il en périt ainſi : on ſeroit effrayé. Mais allez dans les priſons ; demandez-leur ce qu'ils ont fait, quel étoit leur but, quelle édu-cation ils ont reçue, quel ſyſtème ils ſe ſont formé ſur le bonheur & la vertu : vous ſerez encore plus effrayé. »

Il faut eſpérer que les nombreux établiſſemens

populaires qui ſont aujourd'hui formés dans les pro-vinces & les villes capitales, prendront en conſidé-ration les moyens réſpectifs d'améliorer l'éducation dans les lieux ſoumis à leurs ſoins, & répandront ſur cette partie des inſtitutions ſociales, des lu-mières & des inſtructions vraiment utiles. On peut, ſans faire perdre du tems à la jeuneſſe, ſans trop diminuer ce pouvoir paternel dont on eſt ſi jaloux, ſans favoriſer la licence, veiller à ſon bonheur & la rendre meilleur en dirigeant ſes premières années d'après des principes plus au niveau de ſa foibleſſe, & plus conformes au vœu de la nature.

ADOPTION, ſ. f. C'eſt un acte par lequel un particulier, une famille, une communauté, re-çoit quelqu'un au nombre des ſiens C'eſt de l'adop-tion paternelle dont on l'entend ordinairement. Voy. ce mot dans la juriſprudence.

Nous ne parlerons de l'adoption ici, que conſi-dérée dans ſon rapport avec les principes du droit naturel de la religion & des mœurs, & nous ne nous y arrêterons qu'autant qu'il ſera néceſſaire pour appuyer l'idée d'un écrivain moderne, qui a propoſé ce moyen pour aſſurer un état aux bâtards, ſi honteuſement & injuſtement traités par nos loix & nos uſages.

Sans recourir au témoignage de l'hiſtoire & des voyageurs, qui nous fait voir l'adoption reçue & miſe au nombre des droits naturels de l'homme libre, chez la plupart des peuples civiliſés, il ſuffit de rentrer en ſoi-même & de réfléchir ſur les mou-vemens de ſon propre cœur & de ſes affections, pour ſentir qu'il n'eſt pas plus contre les principes de la vertu, de la juſtice & de l'humanité d'aimer & ſurveiller comme ſon propre celui que ſes qualités, notre poſition & l'impulſion de nos inté-rêts nous engagent à adopter, que celui dont un acte aveugle nous a rendu père.

En effet, l'homme n'eſt pas ſeulement le père d'un enfant parce qu'il lui a donné le jour ; cette qualité lui eſt principalement acquiſe par les ſoins qu'il en a pris, par l'éducation, l'état qu'il a ſu lui donner, par tout ce qui peut lui faire regarder le préſent de la vie plutôt comme un bienfait que comme un fardeau lourd & pénible à porter. Tous les philoſophes conviennent que celui qui aban-donne ſon fils, au moment qu'il vient de naître, perd tous les droits de la paternité ſur lui ; pourquoi celui qui reçoit cet enfant, le ſoigne, l'élève, remplit les devoirs pénibles de père,

---

(1) Le mot de malfaiteur eſt très-impropre ici. M. de Royer n'auroit pas dû s'en ſervir. Doit-on nommer ainſi des mal-heureux enfans mis aux galères, pour avoir, par ordre de leur père, paſſé en contrebande une livre de ſel ? Doit-on appeller malfaiteur, celui qu'on a légèrement plongé dans une priſon honteuſe pour une faute d'un moment ? Donnerai-je même ce nom au braconnier impudent, ou peut-être au triſte agriculteur qu'on aura réduit à l'eſclavage & mis aux fers, pour avoir tranſgreſſé une loi injuſte, la ſource de cent déſordres ? Nos priſons, nos galères ſont cependant peuplées de ces malheureux. Sont-ce là des malfaiteurs ?

n'acquerreroit-il pas ces mêmes droits, qui ne font aux yeux de la raison que le prix des foins & de la tendreffe paternels ? Quel motif pourroit encore articuler un père affez barbare pour abandonner fon enfant, afin de rentrer dans des droits qui ne lui appartiennent plus ? aucun, fans doute : là où ceffe la furveillance paternelle, là finit l'autorité qui en eft le prix & la récompenfe. Donc par cela feul qu'un homme s'eft rendu père par l'*adoption*, qu'il s'eft engagé à remplir les devoirs facrés de la paternité, il peut acquérir les droits du père naturel ; & loin que le vœu de la nature foit violé par cette fiction morale, il eft, au contraire, parfaitement rempli, puifque ce vœu a pour but la confervation de l'enfant, & que l'*adoption* n'a point d'autre objet. Donc il n'eft point contre les droits naturels de l'homme que les pouvoirs de père foient tranfmis à celui qui en remplit les devoirs : donc l'*adoption* n'eft point contre nature.

L'acte de la génération eft un acte aveugle, il eft involontaire par l'impétuofité du befoin qui le commande, & comme il n'y a aucun mérite moral à le remplir, il ne peut conférer aucun droit réel. Or, puifqu'il ne peut conférer aucun droit, il ne peut donc pas être réclamé comme le principe conftitutif du pouvoir du père ; on peut donc avoir ce pouvoir fans lui, & le père adoptif, qui ne peut pas réclamer cet acte en fa faveur, n'a donc pas moins pour lui tout ce qu'il faut pour être aimé, eftimé, refpecté de fes enfans adoptifs, il n'en eft pas moins le père. Donc encore, à cet égard, l'*adoption* n'eft point contre le droit naturel.

Il feroit inutile d'accumuler les citations de jurifconfultes & de philofophes, pour appuyer cette vérité ; il fuffit de remarquer qu'elle eft parfaitement dans l'efprit de la légiflation vivante. Tous les jours la difpofition de la loi accorde à un homme les pouvoirs paternels, quoiqu'on pût être certain qu'il n'en eft pas le père naturel ; c'eft l'efprit de la maxime *pater eft is quem nuptiæ demonftrant*. Or le mariage, *nuptiæ*, eft d'inftitution civile, comme pourroit l'être l'*adoption* : donc il ne répugneroit point à l'efprit de la légiflation qu'on dît *pater eft is quem adoptio demonftrat*, puifque, de part & d'autre, on n'a d'autre certitude de la paternité qu'un acte civil ; acte dont l'objet eft d'affurer l'état, l'éducation, le bien-être de l'enfant autant que cela fe peut ; ce qui eft également poffible dans l'*adoption* comme dans le mariage.

Une chofe ne peut être regardée contre le droit naturel qu'autant qu'elle répugne au fens, à la raifon, aux idées de juftice & d'équité naturelle. Or, on ne peut point alléguer ce motif contre l'*adoption* ; car s'il étoit poffible qu'on pût craindre qu'elle donnât lieu à quelque paffe-droit, quelque partialité de la part des pères en faveur des enfans adoptifs, au détriment des enfans naturels, on pourroit dans

ce cas y pourvoir par des loix civiles, fans qu'on fût obligé pour cela de la profcrire, à-peu-près comme on a pourvu aux abus qui peuvent naître des fecondes noces, du mariage même & des meilleures inftitutions ; ce qui eft raifonnable & facile, puifque ces abus ne naiffent pas de la nature ces chofes, mais de la perverfité ou de l'ignorance feule de quelques hommes.

Si l'on avoit befoin d'exemples pour prouver que l'*adoption* peut tenir lieu de la paternité, & en remplir les devoirs envers les enfans qui en feroient l'objet, on pourroit citer ceux que nous offrent l'hiftoire romaine & celle des nations modernes ; mais ces détails nous convaincroient moins de la bonté réelle de l'*adoption*, & de fa conformité avec les principes de la raifon & du droit naturel, que ce que nous venons d'en dire & que ce que la réflexion peut fuggérer. Rapportons feulement un trait qui montre jufqu'à quel point l'habitude morale & les fentimens de bienveillance peuvent remplacer l'amour paternel ou plutôt s'identifier à lui, & en préfenter le caractère & les marques diftinctives. C'eft de M. *Proft de Royer* que nous l'empruntons ; nous n'en connoiffons point de plus propre à jetter du jour fur notre façon de penfer.

« Je ne me rappelle pas fans émotion, dit cet écrivain, une efpèce d'*adoption*, où, comme adminiftrateur de l'hôpital général de la Charité de Lyon, je jouois un rôle principal. Un enfant trouvé avoit été mis en nourrice chez un bon payfan, qui l'avoit rendu à l'âge de fept ans, & bientôt après avoir vu périr fes trois enfans, ce nourricier entre au bureau avec fa femme, fes voifins, & s'adreffant à moi, d'un air égaré & d'un ton fuppliant : *mon fils*, me dit-il, *mon pauvre Pierre ! rendez-le moi. Hélas ! tant qu'il a été avec nous, le ciel nous a béni, & depuis que vous l'avez repris, j'ai perdu tous mes enfans, & j'ai été grêlé. Nous fommes feuls, ma pauvre femme & moi : rendez-moi mon pauvre Pierre, ce fera notre enfant & il aura tout.* Pierre arrive, faute au cou de fa nourrice & de fon père, qui fondent en larmes en lui difant : *ne pleure pas, tu viendras avec nous, & nous ne te quitterons plus.* »

Voilà, fans doute, une *adoption* vraiment naturelle, & qui doit former une preuve de fentiment pour quiconque fait fentir & aimer ; elle prouve auffi que cette façon de fe donner un fils eft conforme au droit fens, & ne répugne point aux idées de juftice que l'homme a naturellement. On pourroit trouver, chez les nations les plus près de l'inftinct de la nature, des exemples d'*adoption* femblables. « En Amérique, dit l'*hiftoire générale des voyages*, » (tom. XV, l. VI, p. 26) l'ufage le plus commun eft de dédommager les parens de celui qui » a été tué à la guerre, par un prifonnier, qui, » adopté par eux, remplace le mort. Dès cet

inftant

» inftant fa condition ne diffère pas de celle des
» enfans de la nation ; & la connoiffance jointe à
» l'habitude lui fait prendre de fi bonne foi l'efprit
» national, qu'il ne feroit pas difficulté de porter la
» guerre jufques dans fon ancienne patrie. »

Mais fi l'*adoption* ne contredit point les principes
de droit naturel, qu'elle femble au contraire propre à feconder les difpofitions bienfaifantes que nous
pouvons avoir pour un autre en nous le faifant
regarder & favorifer comme ce que nous avons
de plus cher, elle n'eft pas moins dans les maximes de la religion, & les livres faints l'autorifent
particulièrement.

Ne voyons-nous pas, en effet, le divin légiflateur
des chrétiens la recommander expreffément lorfqu'il
dit à fa mère, en lui montrant fon difciple chéri :
*mulier, ecce filius tuus. Deinde dicit difcipulo : ecce
mater tua ; & ex illá horâ accepit eam difcipulus
in fuâ.* (Jean 19, ỳ. 26 & 27.) Et remarquez que
ce texte eft d'autant plus pofitif, que l'*adoption*
étoit, comme elle l'eft encore, en ufage chez les
juif, de manière qu'il n'eft pas une manière figurée
de parler, mais l'énoncé d'un vœu formel d'*adoption*.

Lorfque *Sara*, fâchée d'être ftérile, cherche les
moyens de remplir les vues de Dieu, en donnant
une poftérité à *Abraham*, elle lui dit : *prenez Agar,
ma fervante, & fes enfans feront les miens. Ex illá
fufcipiam filios.* (Gen. XVI, 2.) *Mardoché* avoit
adopté *Efther. Mardocheus fibi adoptavit eam in
filiam.* (Efther. 2, 7.) Enfin fi la religion profcrivoit l'*adoption*, elle feroit donc en contradiction
avec elle-même, puifqu'elle la favorife, l'autorife,
la fanctifie même dans l'établiffement des hôpitaux,
où elle s'empreffe de rendre à l'enfant trouvé, or-
phelin ou abandonné, un père qu'il tenoit de la
nature, & à la place duquel cette religion en fub-
titue un autre par l'*adoption*.

Cet ufage n'eft donc point contraire non plus à
l'efprit de la religion ; le feroit-il davantage aux
mœurs ? C'eft ce qu'il faut examiner.

Si quelque chofe pouvoit faire regarder l'*adoption* comme dangereufe pour les mœurs, ce feroit
parce qu'on fuppoferoit qu'en favorifant le célibat,
& permettant de fe donner des héritiers fans partager les foins, les embarras de l'éducation des enfans, elle fubftitueroit aux loix du mariage des
unions arbitraires, & priveroit fouvent des familles
pauvres & honnêtes en faveur d'hommes dont tout
le mérite auroit été de plaire à celui qui les auroit
adoptés.

Mais d'abord on répond à cela que les peuples
chez qui l'*adoption* a été univerfellement mife en
ufage, les hébreux, les romains, &c. ont confervé au mariage & aux unions légales, le plus
grand refpect, & au droit des familles le plus d'é-
gards. En fecond lieu, & nous le remarquons pour
la feconde fois, qui pourroit empêcher de faire

des loix pofitives fur l'*adoption*, & de régler
ce qu'un père ou une mère adoptifs, pourroit légitimement attribuer de leur bien à ceux qu'ils
éleveroient au rang de leurs enfans ? Ces moyens
feroient fuffifans pour tranquillifer les familles &
enchaîner la mauvaife volonté, fans bleffer la liberté naturelle de l'homme, & les principes d'une
fage légiflation.

Mais eft-il bien vrai que l'*adoption* dût encourager
le célibat ? & quand l'exemple des nations que
nous venons de citer ne démontreroit pas la fauffeté de cette affertion, ne refteroit-il pas encore
des preuves tirées de la nature même des mœurs
fociales, qui en feroient fentir l'abfurdité ?

Le mot de célibat eft équivoque. Nous regar-
dons-à-peu-près comme célibataire celui qui ne vit
point dans les liens du mariage, quoiqu'il pût avoir
un grand nombre d'enfans, parce que ceux-ci nés
d'une union naturelle, font réputés bâtards, & flétris en quelque forte dans la fociété. Or, fi l'*adoption* étoit admife, celui qui eft cenfé célibataire
deviendroit bientôt père par la facilité qu'il auroit
d'adopter fes enfans naturels ; ainfi, loin d'augmenter le célibat réel, l'*adoption* augmenteroit le
nombre des pères, & feroit un grand bien à la
fociété. Le fcandale de la bâtardife & la honte du
concubinage ne feroient plus des fléaux retombant
de tout leur poids fur les malheureux enfans qui en
font flétris. Les unions arbitraires cefferoient d'être
auffi odieufes ; elles ne rempliroient plus néceffai-
ment toutes les claffes de la fociété d'hommes méconnus par la loi, & par cela feul elles perdroient
ce caractère immoral que nous leur trouvons &
qu'elles n'avoient point autrefois. *Voyez* CONCU-
BINAGE. Déjà donc, à cet égard, l'*adoption* ne
détérioreroit point nos mœurs par l'extenfion du
célibat.

Mais il n'eft pas même vrai qu'elle étendît le célibat civil, celui qui confifte à vivre hors des
entraves du mariage dont la profcription du divorce fait une captivité douloureufe pour les perfonnes les plus fages mêmes, mais dont les caractères ne s'accordent pas.

En effet, combien de perfonnes, de femmes fur-
tout, renoncent au mariage, parce que l'âge d'avoir
des enfans eft paffé, qui fe marieroient cependant,
fi elles pouvoient croire qu'elles puffent par l'*adoption* remédier au vice de l'âge ? Et qu'on ne dife
pas qu'elles ne feroient pas tentées de fe marier
pour remplir cet objet ; car l'éducation des jeunes
enfans exigeant des foins & des peines, ce n'eft
pas trop d'un père & d'une mère pour élever deux
enfans, fur-tout s'ils étoient en bas âge.

Une autre confidération, c'eft que le défaut de
fortune ou de parens dont on puiffe en efpérer,
empêche bien des mariages, aujourd'hui que les
jouiffances, le befoin de s'inftruire, de partager

F f

les agrémens de la société forcent à de grandes dépenses. L'*adoption*, en faisant passer les fortunes ou partie des fortunes dans des familles, ou à des individus qui en seroient privés, multiplieroit les mariages, & les mariages féconds principalement : car, & c'est une remarque qu'on peut faire, il est naturel de croire que l'*adoption* tomberoit principalement sur les enfans bien faits, spirituels, sains & beaux, ce qui meneroit à des unions heureuses & fécondes, contractées par eux : Et cela seroit sur-tout sensible, si l'*adoption* étoit principalement dirigée vers les bâtards, ces enfans étant assez communément forts & bien proportionnés, sans doute parce qu'ils sont pour la plupart conçus dans la vigueur de l'âge de leurs parens, & par les suites d'un amour peut-être plus généralement vrai que celui qu'on trouve parmi les hommes mariés.

Mais, indépendamment de cet avantage qu'on retireroit de l'*adoption* dirigée de préférence vers les pauvres bâtards, quel bien ne feroit-on point à la société en détruisant les désordres qui naissent & se multiplient dans son sein tous les jours, par l'idée qu'on attache à l'état de ces malheureux. Je dis malheureux, parce qu'à moins d'une fortune considérable, d'un mérite rare, qui fait retrouver au bâtard, dans les mœurs, la tolérance & les vertus sociales, l'équivalent de ce que les loix lui refusent, c'est un homme véritablement malheureux, & cela particulièrement dans la classe ignorante des citoyens qui regardent comme un titre infamant ce qui ne devroit être qu'une légère nuance absolument indifférente dans l'état civil des hommes.

C'est donc principalement vers cet objet, l'*adoption* des bâtards, que nous devons diriger nos réflexions, & après avoir prouvé que cette fiction légale n'est contraire par elle-même, ni au droit naturel, ni à la religion, ni aux mœurs, il nous sera facile de montrer qu'en la faisant servir au bien de ceux qui ont perdu leurs parens naturels, elle contribue en même-temps à celui de la société, soit en y multipliant les mariages féconds, soit en y détruisant une cause de désordre & d'injustice sociale, soit enfin en adoucissant les mœurs, & leur conciliant un caractère de générosité publique, qu'elles n'ont encore que pour des actions d'éclat ou d'une bienfaisance passagère.

Le préjugé contre les bâtards est si singulier, si dépourvu de sens aux yeux de la raison, il sacrifie avec une telle intolérance l'homme naturel à l'homme civil, la nature à la loi, que de tous temps les hommes les plus sensés se sont récriés contre lui, & qu'il n'y a que des fanatiques ou ces sots qui aient pu le regarder comme une barrière opposée au li-

bertinage, un frein à la débauche, une punition au crime : comme si on devoit punir l'innocent pour le coupable ; comme si un enfant qui naît avoir pu rompre ou légitimer l'union de ses parens, & comme si la loi devoit créer les crimes & ne se pas borner à les punir. Or la loi a créé un crime, un crime imaginaire au bâtard, en le flétrissant avant qu'il ait pu commettre une faute, avant qu'il en ait pu avoir la volonté : tout cela est connu, tout cela est senti ; cependant le préjugé n'en existe pas moins ; comment cela se peut-il faire ? c'est ce qui n'est pas de notre objet d'examiner ici, l'on peut avoir recours au mot BATARD.

Mais ce qui est de notre objet, c'est d'indiquer comment, avec l'*adoption*, on pourroit détruire cette prétendue flétrissure des bâtards, & ce qui est plus positif, comment on pourroit, par son moyen leur rendre les parens que la honte, le malheur, la dureté ou la mort leur ont enlevés.

L'académie de Metz avoit proposé, en 1787, pour prix de concours cette question. *Quels seroient les moyens compatibles avec les bonnes mœurs, d'assurer la conservation des bâtards, & d'en tirer un plus grand avantage pour l'état ?*

Par l'énoncé de cette question, il paroît que l'académie ne s'est proposé que les enfans abandonnés ; & c'est, en effet, la classe de bâtards la plus intéressante & celle où le malheur de la pauvreté ajoute encore à celui de la bâtardise, mais cela n'empêche pas, que ce qui peut être dit de ceux-ci, ne puisse également s'appliquer à tous autres.

M. *Boufmard*, du corps du génie, qui a remporté la couronne, a sagement senti que pour rendre les enfans abandonnés utiles à l'état, il falloit d'abord les réintégrer dans leurs droits ; parce qu'il seroit injuste & ridicule de vouloir exiger des services d'hommes, à qui on en ravit le premier droit, celui de leur état civil ; que l'on dépouille, pour ainsi dire, du titre de citoyen & des prérogatives qui y sont attachées, pour ne leur laisser que les dégoûts & le partage commun des devoirs sociaux. Aussi n'a-t-il proposé ni ces plans bizarres, ni ces projets ridicules, qu'on retrouve par-tout, de prendre les enfant-trouvés, pour en faire des matelots, des soldats, peupler des colonies, comme si ces citoyens, parce qu'ils ont été abandonnés de leurs parens & qu'ils sont bâtards, étoient des espèces d'esclaves dont on pût disposer comme de troupeaux de moutons, ou de criminels à qui on inflige la peine d'*exportation* (1). M. *Boufmard* propose avec beaucoup de raison & de sagesse de rétablir

(1) Nous nous applaudissons d'avoir publiquement attaqué un projet semblable, publié, il y a quelques années, dans le *Mercure de France*. On vouloit prendre les enfans-trouvés pour en faire des matelots, des soldats, & sous prétexte qu'il

en leur faveur l'*adoption*, perfuadé que c'eſt le ſeul moyen d'aſſurer le bonheur des bâtards, & de les rendre vraiment utiles en les rendant citoyens, avantage qu'on ne peut d'ailleurs leur ôter ſans injuſtice & ſans abſurdité.

On ne ſauroit douter, en effet, que cette idée ne ſoit très-judicieuſe, & ne porte avec elle les caractères d'une utilité certaine & prompte. Je dis d'une utilité certaine & prompte, car :

1°. Dès que les bâtards, ſur-tout les pauvres, auroient recouvré les droits qu'on leur a ravis, ils trouveroient bien plus aiſément à ſe marier, ils ſe marieroient plus jeunes, ils ſeroient moins timides, moins humiliés devant le monde, ils s'eſtimeroient davantage. De là plus de mariages, moins de libertinage, plus de mœurs, moins d'hommes dégradés, plus de citoyens & par conſéquent plus de bonheur & de vertu : or tout cela doit être regardé comme une grande utilité, comme un grand bien pour la ſociété.

2°. L'abolition de la bâtardiſe par l'*adoption*, détruiroit l'exemple dangereux, d'un préjugé barbare protégé de la loi, d'une morale qui ſacrifie ſans ſcrupule l'innocent à une rigueur qui n'a point de motif, enfin d'une injuſtice qui conduit à penſer que les notions du droit naturel, les principes du juſte & de l'injuſte ne ſont que des chimères, puiſqu'on les méconnoît, qu'on les interprète arbitrairement, ou qu'on les viole tous les jours dans la conduite qu'on tient envers les bâtards, en les rendant coupables d'une faute dont ils ſont innocens, & qui pis eſt, en les puniſſant plus ſévèrement de la faute, que ceux-là mêmes qui l'ont commiſe ; puiſque tout citoyen peut avoir des enfans bâtards ſans perdre ſon état & ſes droits d'homme civil. Ce ſeroit donc encore une choſe d'une certaine & prompte utilité pour la ſociété, que celle qui anéantiroit ce déſordre ; & c'eſt ce que produiroit l'*adoption* des bâtards.

3°. Enfin cette *adoption* des bâtards ſeroit naître chez nous l'exercice d'une vertu que nous ignorons, d'une généroſité continuelle, complète & intime, généroſité qui tiendroit lieu d'une foule d'actes de bienfaiſance qui ſe répètent infructueuſement tous les jours, puiſque, quels que ſoit leur nombre & leur importance, ils ne peuvent donner ni des parens, ni un état, ni une bonne éducation aux pauvres bâtards, & par conſéquent ne peuvent attaquer dans leurs racines & détruire, ni la mendicité, ni la proſtitution, ni le vagabonage, ni la dégradation des membres de l'état. L'*adoption* des bâtards, ſur-tout des bâtards abandonnés, produiroit tous ces effets, qui ſans doute encore ſont de la plus grandes importance pour la ſociété.

Et il n'y a point à douter que ces heureuſes ſuites de l'*adoption* des bâtards ne fuſſent promptes : car une des raiſons qui empêchent grand nombre de célibataires, de gens mariés ſans enfans, d'en admettre dans leur maiſon, n'eſt pas toujours l'avarice ; c'eſt aux yeux des uns la tache de bâtardiſe ; aux yeux des autres la crainte de ne pouvoir conſerver un droit de ſurveillance aſſez poſitif ſur les enfans, pour pouvoir les conduire, les élever, les inſtruire ; enfin l'inquiétude morale qui nous détourne de regarder comme nôtre tout ce que la loi n'a pas déclaré tel, formellement ou tacitement. Mais l'*adoption* leveroit tous ces obſtacles, & en peu de temps on verroit dans tous les points du royaume grand nombre de citoyens retrouver un état, une famille, des parens, la mendicité diminuer, la proſtitution, par cent cauſes différentes, rallentir ſes progrès ; & les hôpitaux des enfans-trouvés s'alléger du fardeau immenſe qui les ſurcharge tous les jours (1).

Mais écoutons M. *Bouſmard* expliquer lui-même les avantages de l'*adoption* des bâtards, & les moyens de l'effectuer : nous allons tranſcrire de ſon diſcours ce qui nous reſte à dire ſur ce ſujet.

» Pour aſſurer aux bâtards, dit-il, tous les biens

---

auroient moyen de vivre ainſi, on appelloit cela *un projet patriotique & de bienfaiſance*. Voici ce que nous publiâmes à ce ſujet, dans une lettre au rédacteur du *Mercure*.

« Je viens de lire, monſieur, dans le Mercure du 12 mai, un projet auſſi ſurprenant que barbare : c'eſt celui de prendre les enfans-trouvés pour en faire des ſoldats & des matelots à vie. Quoi ! le bien qu'on leur fait en les recevant dans les hôpitaux, en les élevant, donne-t-il le droit de diſpoſer de leur liberté ? Eſt-il aucune convenance politique qui puiſſe autoriſer un pareil abus ? Ces malheureux enfans ne ſont-il point aſſez à plaindre, par la privation de leurs parens, ſans que vous en exigiez, pour prix des ſecours que vous leur avez accordés, qu'ils embraſſent un état pour lequel ils peuvent avoir la plus grande averſion ? Sont-ils votre propriété pour que vous ayez le droit d'en diſpoſer auſſi abſolument ? Il n'y auroit que les beaux hommes qui auroient la liberté de ſe marier, ajoute-t-on, vraiment cette manière de condamner ainſi des hommes à un éternel célibat, parce qu'ils ont eu le malheur d'être abandonnés de leurs parens, doit paroître révoltant à tout eſprit juſte, à tout cœur ſenſible.

« C'eſt ainſi que la manie des projets fait éclorre les plus injuſtes ſyſtèmes ; c'eſt ainſi qu'on oublie les plus impreſcriptibles droits de l'humanité pour donner un air d'importance & de facilité à de prétendus plans patriotiques. Je n'ai pu voir ſans horreur ce nouveau genre d'eſclavage ainſi propoſé de ſang-froid. Veuillez, je vous prie, inſérer cette légère réclamation contre une pareille innovation ; non-pas qu'on doive craindre de la voir s'effectuer, mais parce qu'il ſemble utile de rendre publique le peu de conſidération qu'elle mérite. J'ai l'honneur d'être, &c. » (*Mercure de France*, 9 juin 1787.)

(1) C'eſt une vérité inconteſtable qu'une foule de filles-mères, ou de mères naturelles, comme je les nomme, n'envoient leurs enfans aux hôpitaux, que par le déſeſpoir de ne leur pouvoir donner une famille, lorſqu'elles ne trouvent pas à ſe marier. Ce malheur ne peut être arrêté que par ces deux moyens, 1°. par l'*adoption* des bâtards que nous propoſons ici ; 2°. en détruiſant la flétriſſure de bâtardiſe en faveur des enfans que les mères éleveroient, comme cela paroît naturel ; car un enfant eſt encore plus l'enfant de ſa mère que l'enfant de ſon père. *Voyez* ABANDON, BATARD & ENFANT-TROUVÉS.

de l'éducation, tous ceux qui réfultent du bonheur d'avoir une famille, il fuffit de recourir pour eux à une inftitution appartenante à prefque toutes les légiflations anciennes, & qui doit les honorer à jamais ; cette loi bienfaifante qui créoit une paternité fictive, lui accordoit tous les droits, & lui impofoit tous les devoirs attachés à la paternité réelle, en un mot à l'*adoption*. Quelle inftitution plus fainte que celle par laquelle tant d'enfans dénués de famille, & par là même expofés a tant de dangers dans leur enfance, à tant d'opprobre pendant le cours de leur vie entière, fe trouveroient membres prefqu'en naiffant, de la famille qui les auroit choifis, & jouiroient toute leur vie de l'avantage d'en être avoués, & celui de ne pouvoir être difcernés des enfans légitimes par le barbare préjugé, qui frémiroit alors de ne pouvoir plus les immoler ? Quel inconvénient d'ailleurs pourroit réfulter, par l'ordre établi dans les fucceffions, de l'admiffion dans les familles pauvres, de ces bâtards qui, en échange des biens d'une éducation privée, & de tous les avantages réfultans de l'*adoption*, y apporteroient une modique aifance produite par la fomme qu'ils coûtent aujourd'hui dans les hôpitaux (1) ?

» Que coûtent donc aujourd'hui aux hôpitaux les enfans qui y trouvent un afyle ? Ouvrons le livre de M. *Necker* ; nous y trouvons (tome III, ch. 16) « qu'il évalue de 18 à 20 millions le revenu » annuel dont les hôpitaux ont la difpofition, qu'il » eftime de cent à cent dix mille, le nombre des mal- » heureux qui trouvent habituellement un afyle ; ou » des fecours dans les différentes maifons, & qu'il » divife ce nombre en trois principales claffes de » cette manière :

» Quarante mille infirmes ou pauvres, d'un âge » avancé, & préfumés hors d'état de gagner leur vie.
» Vingt-cinq mille malades.
» Quarante mille enfans-trouvés dont le plus » grand nombre, eft mis en penfion dans les cam- » pagnes.
» D'après toutes ces données, je ne ferai pas, j'e crois l'exagération fi j'évalue à 6 millions la part des quarante mille enfant-trouvés, dans les dépenfes des hôpitaux, y compris les frais de fervice & d'adminiftration qu'il entraîne. Chacun de ces enfans coûte donc 150 liv. annuellement (2). J'eftime que l'âge moyen qu'ils ont à leur fortie eft feize ans.

» J'ai donc 150 liv. à confacrer pendant feize ans à acquérir à chaque bâtard une famille adoptive, qui, par honneur comme par intérêt, travaillera à faire de lui un citoyen laborieux & honnête, en un mot un citoyen utile à l'état.

» Pour prévenir toute objection, tant fur la quotité de la fomme, fi l'on étoit tenté de la croire plus forte que celle que coûte annuellement un enfant-trouvé, que fur l'infuffifance de nos 6 millions à faire face à l'entretien d'un plus grand nombre d'enfans déformais confervés par ma méthode, je me réduis à obtenir pour chaque bâtard, jufqu'à l'âge de feize ans, une fomme annuelle de 120 livres ; voici comme je l'emploie :

» Je fuppofe que le légiflateur rende un édit par lequel il déclare qu'ému par la confidération des maux de toutes efpèces qui réfulent, pour l'humanité & pour la fociété, du malheur de n'appartenir à aucune famille, malheur qui afflige tant d'enfans abandonnés ; & reconnoiffant que leur extrême infortune eft à fes yeux un titre de plus pour recueillir les fruits de la follicitude paternelle qui veille dans fon cœur pour tous fes fujets, il a réfolu de rétablir l'*adoption*, avec tous fes devoirs & tous fes droits, telle & plus parfaite, s'il eft poffible, que celle qui a été en vigueur dans les gouvernemens anciens, les plus célèbres par la fageffe de leurs loix ; & que d'après ce principe, il a déterminé d'appliquer les fommes qui fe dépenfent annuellement dans les hôpitaux, pour la nourriture & l'entretien des enfans, à leur procurer les avantages d'une *adoption* faite par des citoyens honnêtes & laborieux, dont les foins & l'exemple puiffent les rendre à leur tour des citoyens heureux. A quoi voulant pourvoir, il a été ftatué & ordonné ce qui fuit :

» 1°. Il fera payé à quiconque aura adopté un enfant abandonné, pour le nourrir & entretenir à l'égal de fes enfans légitimes, avec droit de fuccéder concurremment avec eux, & par portions égales, à fes meubles & acquêts, & en outre de porter fon nom, la fomme de 100 livres par an, & ce jufqu'à ce que ledit enfant ait l'âge de feize ans accomplis.

» 2°. Ne feront admis à adopter un enfant, qu'un homme & une femme unis par mariage (3) & faifant, l'un & l'autre, profeffion de la religion

(1) On doit remarquer que M. *Boufmard* ayant eu pour objet de propofer un moyen fondé fur les idées, les convenances & les vues ordinaires de la fociété, afin d'effectuer plus fûrement un changement favorable aux bâtards par l'*adoption*, il a dû s'attacher à la voie la plus fimple, celle qui préfente un intérêt aux familles qui adoptent, & en même-temps diriger fes vues, de préférence fur les pauvres enfans abandonnés ; mais cela n'empêche pas que l'on n'apperçoive un égal avantage dans l'*adoption* pour toutes les claffes de citoyens.

(2) Cette eftimation de M. *Boufmard* eft peut être trop forte ; mais cela ne nuit point à la juftefle de fes vues.

(3) Cette condition eft propre à empêcher que l'*adoption* ne favorife le célibat, mais je crois qu'on ne devroit pas l'exiger, non plus que les autres qui rempliffent fe paragraphe, qui d'ailleurs ne font propofées que d'après cette fuppofition de l'auteur, qu'il n'y auroit que des familles d'un état bas qui adopteroient des enfans abandonnés ; fuppofition qui n'eft point vraifemblable, du moins j'eftime affez notre moderne philantropie pour le penfer ainfi.

dominante, de quoi ils juſtifieront par certificat de leur paſteur, en état, par leur travail ou autres moyens connus, de faire ſubſiſter ledit enfant, à l'aide de la rétribution ci-deſſus fixée, ſans diminuer la ſubſiſtance des enfans légitimes qu'ils auroient déjà, où qui pourroient leur ſubvenir, de quoi ils juſtifieront ainſi que de leurs bonne vie & mœurs, par certificat, tant de leur curé que de leur ſeigneur, ou au défaut de ce dernier, des maires & gens de juſtice du lieu.

» 3°. L'adoption d'un enfant devra, autant qu'il ſe pourra, être faite, dès les premiers jours de ſa naiſſance, & en conſéquence la mère adoptive devra être en état de l'allaiter, ce qui ſera conſtaté par une ſage-femme jurée.

» 4°. Lorſqu'un homme & une femme, ayant les qualités ci-deſſus, ſeront agréés pour adopter un enfant abandonné, il ſeront tenus de ſe préſenter devant le ſubſtitut de notre procureur-général & d'y ſouſcrire la déclaration ſuivante.

» Nous, ſouſſigné (le nom de l'homme) & de mon autorité, (le nom de la femme) mon épouſe, demeurans à (le nom du lieu de leur domicile) adoptons pour notre fils (ou fille) légitime, l'enfant ici préſent, qui nous eſt remis par M. N. procureur du roi au baillage de (le nom de la juriſdiction), promettons de le nourrir & entretenir à l'égal des enfans iſſus de notre mariage ; promets en particulier, moi (le nom de la femme) de le nourrir de mon lait (1) auſſi long-temps qu'en mon ame & conſcience, je le lui croirai profitable, le nom de la religion dominante) & de ne rien négliger à l'égard dudit enfant, de ce qu'elle nous preſcrit de faire pour ceux dont il a plu ou plaira à Dieu de bénir notre mariage, tant pour leur inſpirer des ſentimens de probité, que pour les former au travail, & les mettre en état de pourvoir un jour par eux-mêmes à leur ſubſiſtance : voulons en outre que ledit enfant porte, ainſi que ſa poſtérité, le nom (celui de la famille de l'homme), déclarons que nous l'admettons éventuellement & irrévocablement au partage par portions égales avec les enfans nés & à naître de notre mariage, de nos biens & acquêts, enfin de toute notre hoirie, hors les biens de ligne qui nous ſont échus ou à écheoir, promettons enfin de le traiter, pendant tout le cours de notre vie à l'égal de nos autres enfans, & de remplir à ſon égard, tous les devoirs de bons père & mère, ainſi Dieu nous ſoit en aide. A . . . . le . . . . . de l'année . . . . (ici les ſignatures de l'homme & de la femme.)

» 5°. En échange de l'acte d'adoption de l'article précédent le ſubſtitut de notre procureur-général remettra aux père & mere adoptifs une autoriſation d'emporter & garder chez eux, l'enfant qu'ils viennent d'adopter, en attendant que par nos lettres reverſales, nous ayons accepté & confirmé ladite adoption, & que nous leur ayons conféré ſur ledit enfant, tous & les mêmes droits de paternité qu'ils exercent en vertu des loix de notre état ſur les enfans nés de leur légitime mariage.

» 6°. Le ſubſtitut de notre procureur-général ſera tenu, après avoir fait enregiſtrer au greffe de ſa juriſdiction l'acte d'adoption, de nous l'adreſſer en original, pour, ſur le vu d'icelui, faire expédier les reverſales mentionnées en l'article précédent, leſquels après l'entérinement dont notre procureur-général les aura fait revêtir, ſeront remiſes ſans frais, par ſon ſubſtitut, auxdits père & mère adoptif.

» 7°. La rétribution annuelle de 100 liv. que recevront pendant les ſeize premières années de la vie de l'enfant ſes père & mère adoptifs, leur ſera payé ſans frais & par quartier, dans le lieu de leur domicile, par le collecteur des tailles, ſur le certificat de vie de l'enfant, donné par le curé, légaliſé ſans frais par le juge du lieu; la quittance des père & mère adoptifs, accompagnée dudit certificat de vie, ſera reçu & employé pour comptant dans nos recettes.

» 8°. Indépendamment des 100 livres ci-deſſus priſes des fonds des hôpitaux, ou s'ils ne ſont ſuffiſans, d'autres fonds de bienfaiſance & de charité que nous aurons ſoin d'y affecter, il ſera encore, des mêmes fonds, attribué annuellement à chaque enfant abandonné, à dater du jour de ſon adoption, juſqu'à ſa ſeizième année révolue, une ſomme de 20 liv. qui ſera placée dans nos fonds publics, pour y accroître au profit dudit enfant, juſqu'à ſon établiſſement, dans la raiſon du denier vingt-cinq, tant de ces ſommes annuelles de 20 livres que des intérêts produits chaque année par placemens faits dans les années antérieures.

» 9°. Lors de l'établiſſement de l'adopté il lui ſera remis, s'il eſt majeur, la ſomme réſultante du placement énoncé en l'article précédent, ſous l'obligation cependant d'en indiquer un emploi utile, tel qu'acquiſition de maiſon ou biens-fonds, ou achats de beſtiaux & inſtrumens de labourage, ou d'outils & matières premières de la profeſſion dont il ſera, de laquelle obligation l'effet ſera garanti par une bonne & ſuffiſante caution. S'il eſt mineur, la ſomme ſera remiſe aux père & mère adoptifs, ou au tuteur nommé après leur décès, pour, aſſiſté

_____

(1) On conçoit que cette condition ne pourroit avoir lieu que dans le cas où l'enfant ſeroit en très-bas âge, & qu'on ne devroit pas empêcher une adoption même d'un enfant très-jeune, quand la mère ſeroit obligée de le donner à une nourrice comme le ſien propre.

d'un curateur nommé d'office, faire, au profit dudit mineur, l'emploi utile de ladite somme, de laquelle ils lui rendront compte à sa majorité, suivant les loix observées pour les autres tutelles & curatelles (1).

» 10°. L'adopté parvenu à l'âge de majorité, sera toujours libre, soit qu'il s'établisse ou non, ou de retirer sa somme pour en faire un emploi utile, justifié suivant les dispositions de l'article précédent, ou d'en toucher la rente annuelle à son échéance, ou bien de la laisser pour accroître son fonds, tant de ladite rente que des intérêts d'icelle, ainsi qu'il lui conviendra mieux. A chaque échéance annuelle il lui sera delivré un bordereau, tant de la rente que du capital qui lui appartiennent, pour qu'il puisse, s'il le veut, toucher l'une & se préparer à l'emploi de l'autre.

» 11°. Si l'adopté meurt avant d'avoir retiré sa somme, elle sera dévolue à la caisse des enfans adoptifs. Si après l'avoir retiré, il vient à mourir sans enfans, elle sera dévolue par succession à sa famille adoptive, ainsi que tous les autres biens qu'il pourroit posséder, suivant les loix qui règlent les successions, à moins qu'il n'en ait spécialement disposé par testament.

» 12°. Ne pourront les père & mère priver leurs enfans adoptifs de la part & portion de leur hoirie, assurée par l'acte d'adoption contenu en l'article IV, que pour les causes légales d'exhérédation qu'ils seroient tenus d'alléguer, pour déshériter les enfans issus de leur légitime mariage.

» 13°. Dans aucun cas & dans aucun acte, autre que celui de partage de la succession de leurs pere & mere, les enfans adoptifs ne seront tenus d'en prendre ni d'en recevoir la qualité ; notre intention étant que hors l'héritage des biens de ligne, duquel ils seront exclus, rien ne distingue aucun d'eux des enfans de la famille qui l'aura adopté.

Telles sont les idées de M. *Bousmar* sur l'*adoption* des bâtards & les moyens de l'effectuer, *adoption* qu'il regarde, avec raison, comme un moyen efficace d'en assurer la conservation, ce qui est d'autant plus essentiel à obtenir, qu'il est prouvé que la mortalité est très-grande parmi les enfans abandonnés & élevés dans les hôpitaux (1). Nous ne le suivrons pas dans le développement des objets qui font la matière de l'édit qu'il propose, nous y reviendrons à l'article ENFANT-TROUVÉ, parce que c'est plus naturellement là qu'il doit être placés.

Résumons en peu de mots ce que nous venons de dire sur l'*adoption* en général & celle des pauvres bâtards abandonnés en particulier. Nous avons prouvé, 1°. que cette fiction, en usage chez les peuples les plus distingués, n'étoit point opposée au droit naturel, qu'au contraire elle sembloit fortifier cette doctrine si vraie, que c'est bien plus l'éducation, les soins que l'on donne à un enfant, qui font la base de l'autorité paternelle, que l'acte aveugle de la génération, dont la mere, après tout, est la seule instruite ; 2°. qu'elle n'est point en contradiction avec les principes sacrés de la religion, puisque les livres saints & les établissemens avoués par elle nous offrent des exemples & des modeles d'*adoption* ; 3°. que loin qu'elle pût porter de la corruption & du désordre dans les mœurs, elle ne contribueroit au contraire qu'à les rendre plus généreuses, à rapprocher les familles, à diminuer le nombre des bâtards & des célibataires, en facilitant les unions civiles ; 4°. enfin, nous avons vu que l'idée de la diriger principalement vers les pauvres enfans abandonnés produiroit deux grands biens, celui de rendre heureux ceux de ces enfans qui seroient adoptés, d'en conserver un plus grand nombre, & celui de faciliter aux hôpitaux le moyen de s'occuper plus efficacement du plus petit nombre qui leur resteroit à soigner. Mais il faudroit, nous le répétons, que l'*adoption* fût permise à l'homme marié, comme au célibataire, à la femme comme à l'homme, au prêtre comme au laïc, & généralement à tout majeur qui jouiroit des droits de citoyens. *Voy.* BATARD & ENFANT-TROUVÉ.

Nous devrions, peut-être, joindre ici quelques éclaircissemens sur l'*adoption* des villes & des hôpitaux, mais ces deux objets ont été traités dans la *jurisprudence* ; nous n'en dirons donc que deux mots, & seulement pour suppléer à ce qui manque dans cet endroit.

Quelques hôpitaux, celui de Lyon en particulier, jouissent du privilege d'adopter les enfans d'un certain nombre de pauvres, ou plutôt ils ont conservé l'ancien usage d'adopter si généralement en vogue autrefois. Ce droit a été assuré à celui de Lyon par

---

(1) Nous demandons pardon à l'auteur de ce projet utile, de n'être point de son avis sur la réserve qu'il propose de faire d'un fonds en faveur de l'enfant adopté. Dans les pauvres familles, cette petite fortune suffiroit pour mettre une sorte de distinction entre lui & les autres enfans ; distinction dont ceux-ci se vengeroient par le mépris, & qui ne pourroit par conséquent que nuire à l'adopté, en rappellant en quelque sorte son origine & les idées du préjugé. Il faudroit que tout fût consommé dans la famille, le bâtard y resteroit étranger tant qu'il ne seroit pas en tout & totalement traité comme les autres.

(1) Je prie que l'on remarque une chose ici relativement à la bâtardise dont on flétrit les enfant-trouvés. Il est certain que dans le nombre il y en a beaucoup de légitimes ; en sorte que sur une quantité donnée de ces enfans, on ne peut pas dire combien il y en a de légitimes & quels ils sont. Or le principe de loi qui veut que dans l'état douteux d'un homme on conclût toujours en sa faveur n'est point observé ici ; il eût été cependant bien plus utile, bien plus humain & bien plus conforme à l'esprit de la législation de déclarer tous les enfans abandonnés non bâtards, puisqu'il y en a un grand nombre qui ne le sont pas ; que de les priver tous de leur état, ce qui n'est pas juste.

différentes lettres-patentes, entr'autres par celles de 1729, qui confirment aux administrateurs de l'hôtel-dieu & de la charité de Lyon, l'ancien usage d'adopter, & donnent aux administrateurs tous les droits de la puissance paternelle, l'usufruit des biens des adoptifs, le droit de leur succéder par portion égale aux freres & aux sœurs, & à l'exclusion des collatéraux, de faire faire l'inventaire par les officiers de l'hôpital, de vendre leurs biens, meubles & immeubles & de n'être tenu à d'autre rendement de compte qu'à l'extrait du grand livre de raison de l'hôpital en recette & en dépense, lequel ne pourra être débattu. articles 14, 15, 16, 20, 21 & 22.

Voilà sans doute un établissement utile, mais on l'a gâté en le bornant aux seuls enfans légitimes. L'hôpital n'adopte point les bâtards, eux qui en auroient tant besoin, eux pour qui cette institution auroit tous les caractères d'une utilité complète. Cette contradiction, dans la manière d'exercer la charité, est vraiment étonnante chez un peuple civilisé ; mais elle tient aux idées extrèmes qu'on s'étoit faites autrefois de la flétrissure attachée à la condition de bâtard.

L'adoption de ville est fort ancienne. Une inscription grecque trouvée en Laconie, dit qu'entre les magistrats de Sparte, Caïus Pomponius Acastus, joignoit au titre de grand pontife & d'ami de César, celui de fils de la ville, & qu'il y avoit reçu tous les honneurs accordés par-là à ceux qui avoient bien mérité de la république.

C'étoit un titre de vertu ; & Apulée mettant dans la bouche d'une jeune fille l'éloge de son amant, lui fait dire : Speciosus adolescens, inter suos principalis, quem filium publicum omnis civitas sibi cooptavit (Apul. metam. 4.). C'étoit un titre d'honneur, & l'on s'en glorifioit toute la vie. Ainsi Rome le donnant à Romulus, fils de l'empereur Maxime, fit frapper une médaille qui avoit pour légende : Divo Romulo, nostro urbis filio : elle contrastoit avec le titre donné par Ovide au premier Romulus, quand il l'appelle Romule pater, ou urbis genitor.

» Cet usage, dit M. de Royer, est passé aux peuples modernes sans être troublé par la féodalité & sujet à la fiscalité. A-t-il été donné par un souverain ? les successeurs l'ont toujours confirmé ; a-t-il été délibéré par une province, une ville, un corps ? l'autorité supérieure ne l'a point contredit, quoiqu'il communique des privilèges, des exemptions & des droits de séance. Sous cet aspect, les corps politiques sont envisagés comme une famille, qui adopte l'homme qu'elle considère ou qui l'a bien servie. »

C'est par cette raison que nous avons vu le duc de Nivernois reçu au nombre des nobles vénitiens ; le maréchal de Richelieu adopté par la république de Gênes, & plus récemment M. du Belloy mériter le même honneur de là part de la ville de Calais, dont il a si dignement fait connoître le patriotisme dans son excellente pièce du siege de Calais. Voyez MUNICIPALITÉ & BOURGEOISIE.

Il y a une quatrième sorte d'adoption, nommée adoption d'honneur. C'est plutôt un choix libre que l'on fait de quelqu'un, pour en cultiver l'amitié & en recevoir des services ou de la satisfaction, qu'une véritable adoption. Elle n'auroit, je crois, aucun effet civil, & elle ne lie pas l'adopté à la famille de l'adoptant d'une manière légale & positive.

Telle fut celle de Louise-Marie de Gonzagues de Clèves, lors de son mariage avec Uladislas, roi de Pologne. Le contrat du 26 octobre 1645, reçu par MM. de Guénégaud & de Loménie, porte que sa majesté (Louis XIV) donne en mariage au roi de Pologne ladite dame princesse, comme si elle étoit sa propre fille. (Corps univers. dip. tom. VI, part. I, p. 326.) Telle fut encore l'adoption que fit Montagne de Mlle. de Gournay, qu'il appelloit sa fille.

Il existe encore une espèce d'adoption, qu'on appelle quasi-adoption, ou adoption de nom, & d'armes, qui consiste à donner par contrat de mariage, donation ou testament ses biens disponibles, à la charge de porter le nom & les armes du bienfaiteur. Cette forme n'a point non plus les effets de l'adoption. Nous en avons un exemple & une preuve dans l'héritier du nom & des biens du fameux cardinal Mazarin.

ADORATION, s. f. C'est un sentiment de vénération, mêlé d'humilité, de crainte, d'admiration & de confiance. Telle est au moins la manière dont nous adorons l'Être suprème. Voyez la Théologie.

Il y a deux sortes d'adoration, l'adoration religieuse & l'adoration civile.

La première est de droit positif divin. Non habebis Deos alienos coram me ; non facies tibi sculptile, neque omnem similitudinem non adorabis ea, neque coles ; ego sum dominus Deus tuus. (1) (Exod. c. 20.) Paroles sublimes ; & qui peignent la grandeur majestueuse de celui qui les prononce.

Le concile de Bourges, assemblé en 1584, définit ainsi les conditions essentielles de l'adoration religieuse : la véritable adoration doit être en esprit & en vérité. C'est adorer Dieu en esprit que de le servir affectueusement ; c'est l'adorer en vérité que de faire connoître extérieurement par des actions religieuses les dispositions de son cœur. (Bochellus, in

---

(1) Tu n'auras point d'autres dieux devant moi ; tu ne te feras point d'image taillée, ni aucune figure ; tu ne les adorera point, tu ne les serviras point ; je suis le seigneur ton Dieu.

decret. eccl. gall. liv. I , tit. 2 , cap. 2.) *Voyez* la *Théologie.*

La nature entière semble rendre un hommage éternel à la divinité ; au milieu des forêts & des mers silencieuses un frémissement universel exprime l'*adoration* des êtres prosternés devant l'auteur de leur existence. Les plus affreux déserts, les lacs glacés, les climats brûlés des feux de l'équateur, présentent également l'expression de ce grand sentiment: Tout annonce un être sublime & majestueux, tout est animé de sa présence, tout est plein de sa gloire. Chaque parcelle de la matière est un instrument de sa puissance, & le mouvement qui l'anime un acte d'obéissance aux ordres de sa volonté.

Qui a jamais contemplé le réveil de la nature, au printemps, sans partager l'enthousiasme dont tout être sensible paroît alors transporté ? Qui a jamais vu sans émotion ce mouvement universel de la végétation, de la génération qui se répète sur tous les points de la surface terrestre ; sans y appercevoir l'action d'une main puissante & invisible ? Peut-on méconnoître une sagesse, un pouvoir infini dans cette fermentation de l'univers ? & lorsqu'on voit ensuite cette agitation faire place à de nouveaux trésors, à des richesses nouvelles, peut-on ne pas éprouver un sentiment d'*adoration*, ou plutôt le partager avec toute la nature qui s'empresse de l'offrir alors à l'auteur de tant de biens? Oui c'est aux champs, c'est au milieu des campagnes, à la vue de tant de miracles que l'*adoration* est pure, qu'elle est vrai ; c'est l'expression de l'idée qu'on se fait de Dieu à l'aspect de ses ouvrages, & de la reconnoissance que ses bontés font naître. C'est là que le transport d'une sainte ivresse, & pénétré d'une religieuse reconnoissance, j'aimerois à m'écrier :

Grand Dieu c'est dans ces champs embellis par tes mains ;
Que ta main paternelle appelle les humains ;
Ta bonté s'y déploie avec magnificence,
C'est là que l'abondance amène l'abondance.
J'ai vécu, jeune encor, dans ces champs fortunés,
Là j'ai vu les vrais biens qui nous sont destinés ;
Et philosophe heureux, homme content de l'être,
Je viens de ces bienfaits rendre grace à mon maître.

L'*adoration* à la face du ciel, au milieu des êtres qui embellissent la terre, a quelque chose de grand, de sublime, de consolant, qu'elle n'a pas dans des temples clos & resserrés. J'aime à me pénétrer de la divinité au moment que je lui offre mon hommage ; à voir les ouvrages de ses mains, & ce soleil, symbole de sa gloire, & ministre de sa puissance. Mon esprit en est plus grand, mon cœur plus

satisfait, mon *adoration* plus profonde. Si j'étois législateur, la campagne seroit le temple où je voudrois qu'on adorât l'éternel, & la voûte des cieux la seule enceinte que je lui donnerois.

Ce ne sont pas seulement les plaines fécondes & couvertes de moissons qui rappellent l'homme à son auteur & l'invitent à l'*adoration*. L'aspect des forêts tranquilles ; des rochers immobiles, témoins éternels des changemens du globe, les hautes montagnes, les frimats qui les couvrent, les tempêtes & la foudre qui les tourmentent, la révolution constante & inaltérable des cieux, cette multitude d'êtres que notre raison, aidée de l'analogie, est forcée d'y placer, tant de grandes choses absorbent les facultés de l'homme, & le portent à en adorer l'auteur. Mais il existe une différence entre cette *adoration* & la première. Celle-ci naît de la reconnoissance & d'un sentiment d'admiration douce ; celle-là est mêlée de crainte : l'une s'adresse à Dieu bon & notre père généreux ; l'autre à Dieu grand & & notre maître tout puissant. Venons à l'*adoration* civile.

Les hébreux la connoissoient. « Les hommes » pieux de l'ancienne loi adoroient Dieu, mais » d'un culte religieux, *sed cultu religioso* ; ils ado- » roient aussi les rois, mais d'un culte civil, *cultu* » *civili*. A-peu-près comme les Anglois qui ne ser- » vent leur roi qu'un genou en terre, ce que per- » sonne ne regardera sans doute comme une ado- » ration divine (1). » (*Heineccius* , tom. III, part. I, p. 133.) C'est dans le même sens qu'il faut prendre les passages de l'écriture où le mot d'*adoration* est pris pour désigner le respect, les égards, la considération, la déférence qu'on avoit pour les rois, les magistrats, les vieillards, &c. *Voyez* Genef. c. 49, ℣. 8 ; Exod. c. 18, ℣. 7. Reg. 2, c. 18, ℣. 28 ; Paralip. 2, c. 24, ℣. 17, &c.

Nous trouvons plusieurs traits dans l'histoire qui ont rapport à l'*adoration civile*, que l'orgueil, le despotisme ont voulu souvent faire confondre, & que la bassesse & la flatterie ont en effet confondus quelque fois avec l'*adoration* religieuse. On sait que les empereurs romains, même les plus stupides & les plus féroces, obtinrent les honneurs divins, que les rois de Perse étoient dans l'usage de se faire adorer, & qu'ils trouvoient des hommes assez esclaves pour se prêter à cette folie. Sur cela *Hérodote* rapporte que *Spartiès* & *Bulis*, envoyés de Sparte auprès de *Xerxès*, refusèrent constamment d'adorer ce roi, quelques efforts que fissent les gardes pour les y contraindre. (*Liv. VII*, c. 136.) *Valère Maxime* dit que les Athéniens condamnèrent du

(1) Voici le sens dans lequel *Blackstone* présente cette espèce d'*adoration* ; c'est dit-il, afin que le peuple regarde le roi comme un être d'un rang supérieur, & lui rende un respect tel qu'il puisse s'en aider pour gouverner plus aisément. *By which he ntople are led to consider him in the light of e superior being, and to pay him that respect, which may enable him with greater ease ..carry on the business of government. Book, I, c. 7.*

derniers

dernier supplice *Timagoras*, pour avoir bassement fléchi le genou devant *Darius*. Finissons par un trait plus moderne.

Dom *Garcie de Sylva Figueroa*, ambassadeur du roi d'Espagne se montra plus fier que *Timagoras*. Le jour qu'il fit son entrée à *Ispaham*, les deux gouverneurs de la ville, qui l'accompagnoient, le firent passer par le *Maidan*, & le voulurent obliger à descendre de cheval pour aller baiser le pas de la porte du palais de *Schach*: ils disoient que c'étoit la coutume dont personne ne pouvoit se dispenser; mais *Figueroa* leur répondit qu'il ne les empêcheroit point de faire leurs cérémonies, mais pour lui qu'il n'avoit garde de faire au *Schach* un honneur qu'il ne feroit pas à son propre maître. Tellement que bien que les deux gouverneurs & ceux de leur suite missent pied-à-terre, l'ambassadeur défendit à ses gens de descendre de cheval; & étant proche du palais, il se contenta de tourner la tête de son cheval vers la porte, & de la saluer d'un coup de chapeau. (*Vicquefort*, liv. I, p. 306.)

Il faut espérer que la raison, aidée de la philosophie, détruira toutes ces sottises, qui n'ont été imaginées que pour donner au despotisme un caractère sacré & faire servir l'imbécillité des sots au pouvoir des hommes adroits. On ne doit adorer que Dieu, & l'*adoration* civile, lorsqu'elle passe les limites d'un respect ordinaire & proportionnée à l'état de la personne, est un sacrilège & une lâcheté impardonnable.

ADRESSE, s. f. C'est, dans le sens que nous l'entendons ici, une facilité de tromper ou d'induire en erreur, acquise par l'expérience & la réflexion. *Voyez* la *Jurisprudence* pour les autres acceptions de ce mot.

L'on peut en distinguer deux de cette sorte, l'une physique & l'autre morale; les charlatans, les escamoteurs, nous offrent des exemples de la première, dans ce qu'ils nomment les *tours d'adresse*. Les intrigans, les prétendus gens d'affaires, les escrocs, les fripons, nous en offrent de la seconde; & l'art de tromper consiste toujours dans l'*adresse* à séduire les hommes peu au fait de pareilles astuces.

Ce n'est pas un des moindres abus de la civilisation que cette seconde sorte d'*adresse*; c'est une guerre perpétuelle faite à l'honnêteté, un piège tendu à la bonne foi, & le premier des désordres qui mènent au filoutage & au larcin.

L'*adresse* morale est très-commune dans les grandes villes, parce que là elle trouve un théâtre plus spacieux, & grand nombre de gens qui, distraits par cent objets différens, permettent à l'homme adroit d'exercer son art avec fruit. La multitude d'affaires qui s'y font, la complication des droits & des prétentions, la diversité de caractères, de goûts ajoutent encore à la confusion des idées, des choses & des personnes, que demande celui qui cherche à tromper adroitement.

L'*adresse*, considérée sous ce point de vue, a quelque chose de plus odieux que le vol positif, parce que s'échappant à la rigueur des loix, & se jouant en quelque sorte de tous les liens de confiance établis dans la société, elle semble insulter à l'honnêteté publique, & jouir du fruit de ses ruses à la vue de ceux même qu'elle a dépouillés.

Il y a bien des sortes d'*adresses* morales; tantôt c'est celle d'un intrigant qui s'insinue dans votre maison, s'instruit de vos affaires, vous offre ses services, vous en rend même quelques-uns, le tout pour profiter de votre nom ou de votre crédit pour lui faire trouver de l'argent dont il a besoin, qu'il ne rend point & dont il vous laisse responsable. Un autre usera des mêmes moyens pour connoître votre fortune, les défauts de votre caractère, l'état de vos affaires, pour adroitement vous déposséder de votre place & se la faire donner. Celui-ci, c'est un mariage qu'il a promis de faire terminer, celui-là une charge dont il veut vous faire obtenir la restitution: tous enfin ont un prétexte séduisant, qui sert de motif à leurs démarches, & qui n'est qu'une *adresse* perfide dont il se servent pour vous tromper. Mais ce sont principalement les femmes, les mineurs les orphelins, qui deviennent la proie des hommes adroits; ils se trouvent, sans savoir comment, enlacés dans des procédures qui les ruinent & dont la fin est de les dépouiller de leur fortune au profit de ceux qui les ont précipités dans ces démarches. C'est par ces moyens que des hommes de néant, des fripons adroits, parviennent tout-à-coup au comble de l'opulence, sans qu'on puisse savoir comment; & quoique leurs succès ne soient pas toujours aussi considérables, il n'en est pas moins vrai que l'espèce d'*adresse* dont nous parlons ici, fait souvent la perte de ceux qui en sont les tristes objets; il seroit inutile d'en citer des exemples, il n'est personne qui n'en ait vu, & d'ailleurs il faudroit rappeller des faits trop étroitement liés à des noms connus, pour qu'on pût les rendre publics sans indiscrétion.

Cependant il est une *adresse* moins ambitieuse; elle se contente de petits larcins, de petits désordres & n'attaque que momentaném ent la propriété des citoyens, c'est celle qu'exerce un tas de malheureux qui, ayant eu d'abord quelques succès dans ce honteux manège, s'y habituent, ne peuvent plus en faire d'autre, & finissent par subir le châtiment que de plus grands crimes leur ont mérité; crimes auxquels ils n'auroient peut-être jamais été entraînés sans ce funeste talent qu'ils ont eu de tromper adroitement; mais ce genre d'*adresse* tenant de très-près à l'escroquerie, nous en parlerons sous ce dernier titre.

Comme l'*adreſſe* peut devenir la cauſe de beaucoup de déſordres dans la ſociété, c'eſt donc un devoir de l'arrêter, & ce devoir doit être particulièrement attribué aux officiers de police. Ce ſont eux qui, par l'habitude de voir les hommes pervers en lutte contre les loix, peuvent juger des moyens de tarir cet abus dans ſa ſource, & déſigner les individus qui en offrent l'exemple & en tiennent école dans la ſociété. Ils doivent ſurveiller ceux qui ſont adroits à tromper dans la marchandiſe, dans les affaires, dans la conduite de la vie, dans les poſtes qu'ils rempliſſent, ſoit comme hommes publics, ſoit comme ſimples particuliers.

Mais comment aſſigner le terme où l'*adreſſe* devient repréhenſible, & où elle ceſſe d'être un ſimple défaut de caractère ou un excès tolérable de précaution? le voici: c'eſt lorſqu'elle produit un mal réel, un mal dont elle eſt véritablement l'origine, & lorſqu'on voit qu'elle n'a pu être pratiquée que dans cette intention, un aſſez grand nombre d'autres moyens ayant pu ſuffire, aux ſûretés ou aux intérêts du trompeur. Alors celui qui a employé l'*adreſſe* doit être puni & contraint à réparer le mal. C'eſt le principe de juriſprudence le plus certain à cet égard, & comme nos loix n'ont rien preſcrit de poſitif à ce ſujet, c'eſt aux juges à en faire l'uſage qu'ils croiront le plus équitable, ſuivant la nature des choſes & des perſonnes.

Quant aux officiers de police, ils ne ſauroient trop conſtamment veiller à la deſtruction de l'*adreſſe* frauduleuſe; ils doivent la dénoncer, la pourſuivre, ne la point laiſſer en repos qu'ils ne l'aient anéantie comme une peſte; car c'eſt en détruiſant ainſi les vices publics de la ſociété qu'on peut dire que la police contribue à y entretenir l'eſprit d'ordre & de civiliſation.

M. *Proſt de Royer*, qui, dans ſa place de lieutenant de police de Lyon, avoit pu apprendre, ſur cet article, bien des choſes que d'autres ignorent, parlé ainſi des moyens propres à remplir cet objet.

« Le premier, ſi commun chez les peuples anciens, conſiſtoit à s'enquérir des facultés de l'habitant, à ſavoir de quoi il ſubſiſtoit; à le forcer au travail, où à le reléguer.

» Le ſecond, pratiqué en Angleterre, conſiſte à demander caution à celui qui n'ayant pu être condamné, laiſſe pourtant des ſoupçons, tels que l'on croit devoir s'aſſurer de ſa conduite, par une caution qui le veillera, à défaut de quoi il eſt tranſporté. Ce moyen fait partie de ce que les Anglois appellent *juſtice préventive*.

» Le troiſième moyen, inférieur aux deux autres, eſt celui que nous employons. Il conſiſte à avoir des eſpions, même parmi les malfaiteurs, comme à la guerre on en a parmi les ennemis; à harceler, à

envoyer comme vagabonds aux galères, où l'on achève de ſe perfectionner & de ſe corrompre; à raſſembler les preuves poſſibles; à ordonner un plus ample informé, durant lequel l'accuſé tiendra priſon; après ce délai, à renfermer encore; puis vuidant le repaire qui s'engorge, à mettre en liberté avec défenſes d'approcher de pluſieurs lieues de la capitale où de la cour. » Triſte reſſource contre un mal ſi grand! & qui montre combien l'art de gouverner les hommes, de les rendre bons & heureux, eſt difficile. Tant de maux, tant de déſordres ſeroient à jamais inconnus parmi nous ſi l'éducation étoit mieux ſoignée, ſi les parens étoient moins deſpotes & plus zélés pour le bonheur de leurs enfans; ſi l'état offroit à tous les citoyens un moyen facile de faire inſtruire leurs enfans, & ſi cette inſtruction portoit principalement, 1°. ſur la connoiſſance, au moins légère, des loix & des affaires; 2°. ſur la conduite qu'on doit tenir pour s'avancer dans le monde; 3°. ſur les obligations, les droits & le devoir des citoyens. Il faudroit encore que l'on n'accordât que difficilement aux parens, aux maîtres, aux ſupérieurs, &c. la permiſſion de faire renfermer ceux qui leur ſont ſoumis dans des maiſons de correction, des priſons, &c. Ces lieux ſont des écoles de tous vices; & quand un enfant y a croupi pendant pluſieurs années, doit-on être ſurpris ſi pour vivre il a recours à l'*adreſſe*, à la filouterie, au brigandage, qui ſont les ſeuls arts dont il a reçu des leçons dans ſa retraite. C'eſt encore pis ſi vous l'enfermez ſeul, il deviendra aſſaſſin ou empoiſonneur, à moins que la religion ne vienne à ſon ſecours, ou qu'il ne ſoit frappé d'une heureuſe maladie.

Enfin le grand moyen d'extirper tant de malheurs de la ſociété, ſeroit d'accoutumer de bonne heure le peuple à prendre part aux affaires publiques: rien n'élève autant l'ame, & ne l'éloigne davantage de la dégradation morale.

ADRESSE de corps, (dextérité) conſidérée comme une perfection de nos qualités phyſiques. C'eſt une des premières ſources de l'induſtrie, un moyen de conſervation, un agrément, une facilité de plus pour l'exécution de certains travaux, dont ſans elle nous ne jouirions pas.

L'on a vu des choſes ſurprenantes, exécutées par des hommes qui avoient perfectionné l'*adreſſe* en eux à un degré vraiment prodigieux. Notre objet ne doit point être de les faire connoître; on en peut voir des exemples dans le livre de *Cardan*, de *ſubtilitate*, & dans les anciens auteurs qui ont écrit ſur cette matière. Qui n'a pas vu les tours d'*adreſſe* de nos bateleurs? Qui n'a connu celle du ſieur *Pinetti*? & tous les *exercices* des ſauteurs de la foire? C'eſt autant & plus l'*adreſſe* que la force qui leur permet de faire des choſes auſſi prodigieuſes.

L'*adreſſe* eſt néceſſaire, dans le ſens naturel qu'on

lui donne ici ; elle doit faire partie de l'éducation des enfans ; & sans qu'il soit nécessaire d'apporter en preuve ce qu'en ont dit ou pensé les anciens & les modernes, tout le monde sent qu'un homme adroit a, toutes chofes égales d'ailleurs, un degré de perfection de plus que celui qui ne l'est pas.

C'est d'après cette idée que les loix qui défendent les jeux de hazard, permettent ceux où l'*adreffe* dans les mouvemens, la justeffe dans le coup-d'œil & la précifion dans l'action affurent le fuccès. *Senatus-confultum vetuit in pecuniam ludere, praterquam fi quis certet haftâ vel pilo jaciendo, vel currendo, faliendo, luctando, pugnando, quod virtutis causâ fiat.* (L. II, §. D. *de aleatoribus.*) Arrêt du parlement de Paris, du 6 mai 1603, qui ordonne le paiement de vingt écus d'or gagnés au jeu de paume, parce que, dit *Mornac*, ce jeu fert à former le corps. *Quoniam univerfo corporis vires ex equis, exercitatione laboriofa comparat.* (*Mornacius*, t. I, p. 740.)

Les auteurs des *inftructions pour l'éducation des jeunes gentilshommes de Ruffie*, étoient fi perfuadés de l'utilité de l'*adreffe* pour la perfection de l'homme, qu'ils y font dire à l'impératrice « que non-seule- » ment ils doivent être exercés à tout ce qui peut les » rendre forts, agiles & adroits, mais encore qu'on » doit les accoutumer à être bidextres autant qu'il » fe pourra, en exigeant qu'ils fe fervent également » des deux mains dans leurs jeux ordinaires, comme » en jouant aux quilles, &c. »

Ce feroit, en effet, doubler en quelque forte la puiffance de l'homme que de le rendre bidextre ou ambi-dextre ; ce feroit augmenter notre *adreffe* & accroître notre force, qui aujourd'hui eft en moins dans notre main gauche, fans être en plus dans la droite. Et combien d'ouvriers qui, ayant été bleffés de cette main, ne peuvent plus travailler, qui pourroient également continuer leur métier, s'ils pouvoient fe fervir de la gauche ? Les fcythes avoient une loi formelle qui les aftreignoit a tirer de l'arc également des deux mains. *Voyez* EXERCICES.

Difons quelque chofe d'une autre forte d'*adreffe*, qui n'a aucun rapport avec les deux précédentes, & qui tient beaucoup de la fageffe ; c'est celle dont quelques magistrats de police fe font fervi pour découvrir & faire reftituer des vols, fans avoir recours à aucun moyen violent. Voici deux faits qui feront connoître en quoi elle confifte.

En 1768, un particulier fe préfente à M. le lieutenant de police de Paris (c'étoit M. de Sartine), & lui dit : je fuis arrivé hier pour acheter une charge, & j'ai confié 30,000 liv. en or à un ami, qui aujourd'hui le nie effrontément. Ce dernier eft mandé fur le champ, foutient fon rôle, & continue à nier. Prenez cette plume, lui dit le magiftrat, qui apperçoit dans la phyfionomie de l'accufé une altération qui le décèloit, écrivez

à votre femme que vous êtes découvert & que vous n'avez d'autre moyen de vous fauver que de rendre la fomme. Si vous n'êtes pas coupable vous n'avez rien à craindre, & votre femme ne pourra point l'apporter. La lettre dictée eft envoyée, & la fomme eft rapportée.

En 1775, la connoiffance de ce fait guida un magiftrat de province, dans une conjoncture à-peu-près femblable. *Marc* vint le trouver & lui dit : hier, à fept heures du foir, j'ai laiffé entr'ouverte la porte de mon cabinet. A mon retour, il me manquoit trois facs de 1200 livres. Je ne faurois foupçonner mon commis fidèle, depuis vingt ans. Il n'eft entré dans mon comptoir que *Jean*, qui, après m'avoir attendu un quart d'heure, a dit qu'il alloit revenir, & n'eft point revenu. — Fort bien, mais qu'eft-ce que Jean ? — Il a pour 60,000 liv. de biens-fonds, & quelques affaires avec moi. — Fort bien, mais pas la moindre marque fur vos facs ? — L'un d'eux, venant de Clermont, doit être de toile grife, & avoir le cachet de mon correfpondant. — Allez chercher fa lettre. — La lettre apportée, le magiftrat ajoute : j'effaierai, mais fur-tout le plus grand fecret. — Jean arrive, & le magiftrat après lui avoir rendu un compte exact : voilà le cachet, lui dit-il ; fi l'on trouvoit chez vous le fac gris, & une empreinte pareille ! voyez. Je ne vous accufe pas, mais il y a de malheureux momens, & *Marc* a pu vous faire quelques torts. Si cela étoit il fuffiroit que vous fiffiez un billet payable dans fix mois ; alors je ferois cenfé avoir reçu l'argent de quelque confeffeur : tout feroit fecret & oublié. — Jean inquiet pendant le récit, raffuré par la conclufion, & ému par la confiance, qui le pénétroit fans le flétrir, demande une plume. — Non : à préfent ce pourroit être l'effet de la furprife ou de l'effroi ; retirez-vous quelque temps ; reprenez bien vos fens & rentrez. — Après un quart d'heure, Jean paroît ; remet le billet, puis avant les fix mois rapporte la fomme, prend la main du magiftrat, la couvre de larmes & lui dit feulement : vous avez bien raifon, monfieur ; il y a de malheureux momens, mais c'est vous qui êtes un honnête homme. (Cette anecdote eft tirée de M. *Proft de Royer.*)

Voilà de cette *adreffe* qu'on peut nommer prudence & humanité, & dont il eft très-important que les magiftrats & officiers de police connoiffent tout le prix & le mérite.

ADULTERE, f. m. C'eft en général le nom qu'on donne au commerce charnel d'une perfonne mariée, avec tout autre individu que celui qu'elle a pris pour époux. Ce mot ne vient point du grec ; dans cette langue il eft rendu par Μοιχος ; c'est un dérivé du latin *adulteratio ; altération, adultération, faux, chofe mife pour une autre.* D'autres en font une phrafe abrégée, & définiffent l'*adultère, quafi ad alterius thorum tranfitio, ou ad alterius uterum tranfitio.*

L'on peut voir dans la *jurifprudence* les maximes de droit, les peines & les formes de procédure en matiere d'*adultere* ; ici nous ne devons en parler qu'en le confidérant dans fon rapport avec l'ordre public, les mœurs & la morale naturelle : & fous ce point de vue, il nous offre une foule de réflexions grandes & importantes à connoître, dans un moment fur-tout où les efprits s'occupent de légiflation & de la réforme des loix. Mais avant, citons les réflexions de M. *Proft de Royer*, elles préfentent un grand fond de raifon & de philofophie.

» Les loix de prefque tous les peuples ont prononcé des peines capitales contre ce délit, & les ont variées avec une recherche cruelle, qui feroit penfer qu'elles ont été plutôt infpirées par une jaloufe paffion, que dictées par cette raifon fage & éclairée, qui mefure la peine des délits fur le trouble fait à la fociété & non fur le reffentiment des offenfes (1).

» Ces loix, comme toutes celles qui tendent à diriger les mœurs, ont fouvent manqué leur but; là où règnent la vertu & la fimplicité, elles font fuperflues ; là où les mœurs font corrompues, elles font infuffifantes.

» Par-tout où des intentions civiles ou religieufes, & plus encore les befoins créés par le luxe, ont condamné au célibat une partie nombreufe des citoyens ; où l'intérêt, calculant les mariages, n'affortit que les fortunes ; où les femmes reçoivent une éducation fi abfolument étrangère à l'état d'époufe & de mère, que loin d'appercevoir dans le mariage des devoirs importans & graves, elles ne l'efpèrent que comme l'époque de leur indépendance ; l'opinion générale a tellement prévalu fur les loix, que toutes nombreufes qu'y foient les infidélités dans le mariage, l'accufation d'*adultere* y eft très-rare : la preuve en devient d'autant plus difficile, qu'il y a comme une efpèce de ligue pour la faire échouer, & la raillerie qui pourfuit dans la fociété, fur nos théâtres & jufqu'aux pieds des tribunaux, le mari qui ofe fe plaindre, l'engage prefque toujours à dévorer en fecret une douleur que perfonne ne partage, & à garder un filence prudent fur un malheur dont il n'eft plus au pouvoir des loix de le venger entièrement. Chez les nations qui ont admis le divorce, que nous n'avons rejetté que depuis environ le dixième fiècle

de l'ère chrétienne, que la Pologne catholique tolère, que l'églife grecque autorife, l'accufation d'*adultere* rend au moins la liberté à celui qui n'eft que malheureux ; il peut encore redevenir époux & père, & oublier fa douleur & fa honte dans les bras d'une femme vertueufe : mais nos loix ayant prononcé l'indiffolubilité du mariage, quoique l'évangile eût autorifé le divorce dans le cas de l'*adultere* (1), il n'eft refté au mari outragé, que la perfpective de vivre avec une femme qui le déshonore, ou de fe livrer au ridicule pour obtenir une fatisfaction toujours incertaine, dont le fuccès même ne rétablit pas fon honneur, & le laiffe dans une privation abfolue, ou une débauche criminelle.

» Le philofophe fe fait fur l'*adultere* beaucoup de queftions que le jurifconfulte ne fauroit réfoudre, parce qu'il ne peut parler que le langage des loix.

» Qu'ont-elles voulu punir dans l'*adultere* ? eft-ce l'introduction d'un héritier étranger dans une famille ? Elles auroient donc diftingué les circonftances, où l'âge, la ftérilité, une groffeffe avancée mettent le mari à l'abri de ce danger. Elles paroiffent d'ailleurs avoir été peu touchées de cet inconvénient ; à leurs yeux le mari eft toujours le père, *pater eft is quem nuptiæ demonftrant*, & cela fuffit en effet à l'état de l'enfant.

» Ont-elles efpéré prévenir le trouble dans le mariage ? Mais auroient-elles laiffé impuni l'*adultere* du mari ? Celui qui diffipe avec une concubine une fortune deftinée pour fes enfans, qui ne veille plus à leur éducation, qui, par un divorce réel, ceffe de vivre avec une femme, dont l'état devoit efpérer encore des citoyens, qui fait chaque jour couler les larmes d'une époufe vertueufe & fenfible, à qui même il ne diffimule fouvent pas fes infidélités, trouble-t-il moins le mariage qu'une femme qui s'enveloppe du myftère ; & qui, par les égards & les foins domeftiques, cherche à éloigner des foupçons qu'elle a tant d'intérêt à ne pas laiffer naître.

» On fe demande auffi pourquoi les loix qui ont gradué, felon les circonftances, les peines des autres délits, n'ont admis aucunes diftinctions, lorfqu'elles ont eu à punir l'*adultere*, quoiqu'en ce genre les degrés de *coupabilité* puiffent varier infiniment ? Une femme outragée par un mari violent,

---

(1) Par une loi de *Zaleucus*, on crevoit les yeux aux *adultères*. Dans le Bas-Empire, on preftituoit à tous les paffans la femme *adultère*, & même on fonnoit une cloche pour rendre ce châtiment plus éclatant. (*Socrate*, hift. eccl. liv. V, c. 18.). les mogols fendent une femme infidelle en deux, & dans le royaume de Tunquin, elle eft proftituée d'abord à un cheval dreffé à cet infame exercice ; & qu'enfuite on l'égorge. *La Loubere* affure, dans fa relation, qu'elle eft proftituée d'abord à un cheval dreffé à cet infame exercice ; & qu'enfuite on l'égorge. Les bretons anciens la traînoient dans les rues, & la faifoient mourir fous les verges. Dans le Diarbeck, le mari, le frère & les plus proches parens exécutent la malheureufe dans leur maifon, & tous ceux qui entrent font obligés de lui porter un coup de poignard. (*Voyage de Herrera.*) L'on fait que chez les romains la femme *adultère* étoit punie de mort, fi le mari l'exigeoit, & que nous avons long-temps fuivie cette légiflation, également en vogue chez les juifs & d'autres peuples moins connus, &c. &c.

(a) *Quicumque dimiferit uxorem, nifi ad fornicationem, & aliam duxerit, mœchatur,* Math. c. 19. *y.* 9.

réduite au befoin par un mari avare, trompée par un mari infidèle, abandonnée par un mari abfent, livrée dans fa jeuneffe à un mari impuiffant & fâcheux, forcée par d'ambitieux parens de donner fa main quand elle retenoit fon cœur, livrée peut-être à de plus doux fentimens, conçus dans la liberté & l'innocence ; une telle femme fubira la même peine que celle qui, ayant trouvé dans un mari de fon choix tous les rapports d'âge, d'agrément, de fortune, de caractère, des foins complaifans, des procédés généreux, une rendreffe fidèle, auroit, par une indigne perfidie, trompé un époux qui devoit échapper à un outrage qu'il ne méritoit pas ! La loi ne diftingue pas non plus entre une Meffaline & une femme fenfible, qu'égare un penchant qu'on ne doit pas juftifier, mais qui du moins n'exclut pas toute vertu. Le public faifit à la vérité ces nuances, & blâme ou excufe en conféquence ; mais les juges ne peuvent fauffer une règle qui ne plie point, car la loi n'a rien diftingué.

» Le feul moyen d'expliquer fon filence, feroit d'adopter l'opinion de M. *Linguet*, qui penfe que les légiflateurs ont regardé la femme comme une efclave faifant partie des effets du maître. D'après ce fyftême qui fut celui des romains, du moins dans les premiers fiècles de la république, où toutes les loix fur l'état des femmes, & fur celui des enfans, refpirent la fervitude, rien n'eft plus conféquent que de ne faire aucune diftinction. On n'examine point fi l'efclave qui fuit a volontairement perdu fa liberté, s'il a pu la perdre, fi fon maître pouvoit en efpérer de longs & importans fervices, s'il étoit traité avec humanité ou avec rigueur : il a fui, il n'étoit plus à lui, il ne pouvoit difpofer de fa perfonne ; il eft puni. Nos mœurs n'adoptent plus ces idées ; mais nos loix n'ont point changé avec nos mœurs.

» Ne feroit-il point à defirer qu'au lieu de porter dans les tribunaux l'accufation d'*adultère* & d'y amufer la curiofité publique, fi ardente à recueillir des détails ciniques & des circonftances dont fe rit la malignité, le mari qui fe croit outragé, & la femme accufée, fuffent tenus de s'en remettre au jugement des deux familles affemblées, qui feroient obligées de prononcer ! Là feroient connus & pefés tous les procédés, les torts refpectifs feroient calculés avec équité, la liberté de fe défendre feroit entière ; mais l'art des procédures & des fubterfuges feroit écarté, & un jugement fans éclat, qui ne feroit point configné dans des greffes, ni annoncé dans des papiers publics, mais qui feroit ftrictement exécuté, abfoudroit ou puniroit, en modérant ou aggravant la peine felon les circonftances.

» Il n'eft pas fans vraifemblance que ce tribunal domeftique, incapable d'errer fur des faits dont il feroit difficile qu'il n'eût pas été en quelque forte le témoin néceffaire, feroit plus important pour une femme coupable, que nos formes judiciaires, à la faveur defquelles elle efpère toujours échapper, & qui, jufqu'au jugement, lui laiffent tant de moyens d'humilier, de calomnier, d'outrager encore fon mari. »

A ces confidérations qui font juftes, & qui peuvent guider les bons efprits dans la réforme des loix fur l'*adultère*, joignez-en une de la plus grande importance pour la connoiffance des mœurs & des caufes qui les détruifent ; c'eft que la févérité même de la peine d'*adultère* l'a fait tomber en défuétude, & que pour avoir voulu punir ce délit de la mort, on eft parvenu à le rendre impuni. C'eft ainfi que le vol domeftique eft devenu commun, par la raifon qu'on a mieux aimé laiffer le coupable dans l'impunité, que de le voir traîner à la potence. Le moyen de conferver les loix, de les faire refpecter, & furtout de ne pas rendre les peines illufoires, c'eft de proportionner celles-ci, non-feulement au reffentiment de l'offenfé, mais encore aux atteintes que le délit peut porter à l'ordre public & à la fûreté commune. L'*adultère* ne trouble point directement la république, il ne porte atteinte à aucune propriété, à la fûreté de perfonne par lui-même, il ne devoit donc pas être puni de mort ; & fi l'on eût eu cette fageffe, l'*adultère* eût été fûrement plus rare & fur-tout plus odieux qu'il ne l'eft.

Car remarquez que fitôt qu'on a vu la vie d'une femme en péril pour une foibleffe, qui eft blâmable fans doute, mais qui ne mérite pas la mort, chacun s'eft rangé de fon côté, & l'intérêt qu'infpiroit la belle accufée a rendu la faute moins odieufe, moins criminelle : d'où il en eft réfulté que l'*adultère* a été regardé dans les mœurs comme une inconduite purement morale, tandis que les loix lui ont confervé fon caractère de crime capital.

Cette façon de penfer s'eft fortifiée d'autant plus aifément que, comme nous venons de le remarquer, l'*adultère* n'attaque pas ouvertement la fûreté publique par lui-même, & qu'on eft à-peu-près porté à l'indulgence pour un délit qui n'expofe ni notre vie, ni notre propriété (1). Ajoutez qu'il n'y a guère d'*adultère* puni que parmi les femmes, & que cette forte de partialité porte encore à les plaindre, à cacher leurs déréglemens, & à regarder leur punition comme une injuftice qu'on auroit voulu leur épargner.

Une autre réflexion, c'eft qu'on ne doit pas conclure de cette tolérance morale, de cette indulgence

---

(1) Notre légiflation autorife cette manière de voir. L'*adultère* ne fe pourfuit point à la requifition du miniftère public ; ce n'eft que fur la demande de l'offenfé, du mari, qui peut remettre la peine, & fe défifter de la procédure.

qu'on a pour l'*adultère*, & que la rigueur exceffive de la peine prononcée contre lui a fait naître, on ne doit pas conclure, que ce vice focial foit plus commun aujourd'hui parmi nous qu'autrefois. Il ne peut y avoir qu'un homme prévenu contre fon fiècle qui puiffe s'aveugler à ce point. Les mœurs font plus libertines, peut-être, aujourd'hui qu'il y a deux cents ans; mais elles font moins diffolues, moins illégales & moins oppofées à la tranquillité des familles. Cette affertion paroîtra fans doute un paradoxe, parce qu'on eft habitué aux éternelles déclamations qu'on fait par routine contre fon temps, mais on la trouvera exacte fi l'on fe donne la peine de réfléchir & de comparer ce que nous ont laiffé les hiftoriens des feizième & dix-feptième fiècles avec ce que nous voyons aujourd'hui.

J'ouvre *Comines*, & je vois qu'à la cour du duc de Bourgogne la licence étoit extrême. Les femmes mariées étoient prefque toutes habituées dans des commerces d'amour avec des jeunes gens; commerce qui menoit à des duels, à des meurtres continuels. *Brantome* qui a peint les mœurs de fon temps, en homme libertin, en militaire, en débauché, fait bondir le cœur & frémir l'honnêteté dans fes récits. Les plus grands de l'état, les princes, les rois fe faifoient un paffe-temps de l'*adultère*, & cela s'appelloit *faire fa cour aux dames*, *galanterie*; c'étoit un mépris artificieux des loix du mariage, fous un air affecté de courtoifie. Ces braves chevaliers, ces nobles dont on nous vante fi mal-à-propos la bonhomie, la naïveté, n'entretenoient pas de filles, mais ils corrompoient les femmes mariées, & commettoient le double *adultère* avec auffi peu de ménagement que de remords.

L'extérieur des mœurs pouvoit être alors plus févère qu'aujourd'hui, mais la conduite morale ne valoit pas mieux; & fi nous la rapportons à l'*adultère*, elle étoit pire, parce que, je le répète, l'habitude des unions libres & le goût pour le concubinage, très-répandus de nos jours, ont prodigieufement diminué les atteintes portées au lien conjugal.

Il eft aifé de dire, fans doute, qu'il n'y a plus de mœurs, que la débauche eft à fon comble, que l'*adultère* eft plus que jamais à la mode; ce ne font que des déclamations; nos ancêtres avoient les mêmes vices, les mêmes paffions que nous, & ils avoient de plus une brutalité guerrière, une hypocrifie hautaine, une ignorance greffière, qui rendoient leurs défauts & leurs défordres plus odieux & plus conftans. *Voyez* CORRUPTION DES MŒURS.

Quant à l'ordre public, l'*adultère* n'offre aucun fujet de réflexions importantes. Nous avons vu tout-à-l'heure que le magiftrat n'en prenoit connoiffance que fur les plaintes du mari: on ne le confidère donc pas comme un délit propre à exciter la vigilance des

loix, & à févir publiquement contre lui. Les magiftrats de police n'ont donc rien à faire à cet égard. Leur miniftère ne leur donne aucun droit d'infpection fur les familles pour y entretenir l'ordre & prévenir les délits cachés : le remède feroit pis que le mal.

Ils doivent plus, ils doivent fe refufer aux éternelles follicitations de maris emportés, qui, fans preuves & fans raifon, perfécutent les magiftrats de police pour en obtenir des ordres d'enlèvement & d'emprifonnement de leurs malheureufes femmes; & leur refus doit être fondé fur trois motifs. 1°. Ces demandes font fouvent injuftes; & il ne feroit pas toujours raifonnable d'ôter une mère de famille à fes enfans parce qu'elle auroit eu une foibleffe, même conftatée aux yeux du magiftrat. 2°. Parce que ces femmes, il n'eft queftion ici que de celles des bourgeois, au fortir de leur retraite, font alors des mères, des époufes, des citoyennes abfolument perdues, & que c'eft encore la même chofe, fi elles y reftent toujours, ce qui paroît, de plus, monftrueufement injufte. 3°. Parce que, fous prétexte de ce pouvoir terrible, dont certains maris fe montrent très-jaloux, ils affujettiffent leurs femmes à toutes leurs fantaifies, dépenfent leur bien & les mettent dans l'impoffibilité de pourvoir à l'éducation de leurs enfans.

On fait bien qu'il a été quelquefois utile d'employer ce moyen; mais tout ce qui eft utile n'eft pas jufte, & d'ailleurs, il a fi fouvent fervi la paffion, la haine, l'inconduite des maris, qu'on doit bien fe tenir en garde contre ces prétendues plaintes, que leurs femmes les déshonorent, qu'elles font des libertines, qu'il faut les renfermer. Ce font les temps, les circonftances qui doivent déterminer le magiftrat, mais fi l'on doit être réfervé, fourd, lent, difficile, dans l'exécution d'un ordre ou dans fon expédition, ce doit être fur-tout quand il eft queftion d'*adultère*, car c'eft le grand prétexte de tous ceux qui veulent fe débarraffer de leur époufe; à-peu-près comme ont fait tant de rois, qui ont facrifié fous ce prétexte des femmes belles & fenfibles à leurs injuftes foupçons ou à leur fotte vanité.

Quand l'*adultère*, devenu trop commun, paroît une proftitution publique, qu'il l'eft vraiment, qu'il peut troubler la fociété, y porter du fcandale d'une manière éclatante, alors il devient du reffort du magiftrat de police; il doit employer les moyens qui font en fon pouvoir pour l'arrêter, & voir, 1°. fi c'eft la pauvreté de la femme qui le caufe, ou fon goût pour la débauche; 2°. s'il peut porter préjudice à fa famille, à fes enfans & donner lieu à des plaintes de leur part; 3°. s'il eft du confentement réel ou tacite du mari comme celui dont parle faint Auguftin, qui, pour fortir de prifon confentit à ce que fa femme fe proftituât pour avoir de quoi payer fa dette (1). Il doit modifier fa

(1) Voici comme Bayle, raconte ce fait au mot, *Acindymus*. « Un certain homme ne portant pas à l'épargne la livre d'or à

conduite, suivant la nature de chacun de ces cas. Il ne punira pas la misère, l'égarement, l'impulsion maritale, comme il pourroit faire l'impudence, l'effronterie & la débauche affichée, ou plutôt il ne punira rien, mais en magistrat paternel & éclairé, il secourra, consultera, rappellera au devoir & à la vertu celles qu'il verra s'en écarter (1).

Me sera-t-il permis de demander si l'idée attachée au crime d'*adultère* n'a pas produit plus de mal que de bien? Si, purement de convention comme elle est, la société n'eût pas été plus tranquille en la rejettant de son sein qu'en le conservant? Si elle n'a pas produit une foule de meurtres, d'empoisonnemens, & coûté la vie à des innocens, à des femmes qui n'étoient qu'égarées & non viciées, coupables d'une faute contre les mœurs, mais non d'un crime contre la société? Enfin seroit-ce un mal qu'on cessât d'attribuer à ce délit toute l'infamie qu'on y attache, & qu'on le regardât comme un objet de discipline domestique, plutôt qu'un sujet de peine capitale? Il est douloureux d'avoir à punir, à flétrir; peut-être même que la malignité, la perversité, qui n'auroient plus à cet égard le même aliment, auroient moins de victimes & feroient moins de malheureuses.

On auroit tort de regarder l'idée infamante attachée à l'*adultère* comme capable de le réprimer. Ce n'est pas là la morale du cœur humain; le vice trouve une certaine volupté aux plaisirs prohibés. Si donc l'infamie de l'*adultère* ne le retient pas, qu'au contraire il lui donne plus d'activité en le tenant sous le secret, seroit-ce perdre que de la réduire dans des limites plus resserrées? On sait assez, par ce qu'on nous dit de Lacédemone, que le crime d'*adultère* n'est qu'une fiction sociale, puisque dans cette république la loi l'abolit : ce qu'elle n'eût pu faire s'il eût été une conséquence nécessaire des principes du juste & de l'injuste, & du droit naturel : car si les Lacédémoniens violèrent ce droit envers leurs malheureux esclaves, ils le respectèrent dans ce qui les regardoit.

Mais, en même-temps que nous pensons que ce seroit peut-être un bien que l'opinion publique fût moins rigoureuse sur l'*adultère*, nous ne voudrions pas qu'un pareil effet fût dû à une corruption marquée, au mépris des loix du mariage, à un cinisme indécent, mais seulement à des idées philosophiques, à l'esprit de tolérance, au desir de diminuer le nombre des coupables parmi un sexe foible, & qu'il est dur d'être obligé de punir.

Avouons, cependant, que le plus sûr des moyens d'anéantir à jamais l'*adultère*, seroit la perfection de la morale publique, de bonnes mœurs, le respect pour les loix, une conduite sage & raisonnable de la part des maris, & une meilleure éducation donnée à la jeunesse; car c'est-là le dernier terme où se réduit l'édifice moral de la société. Mais que pourroit une éducation première sans celle d'imitation que nous recevons dans le monde au sortir des écoles? C'est cette dernière qui modifie l'autre, & la rend véritablement utile ou nuisible à nos mœurs & à celles des autres. *Voy.* ÉDUCATION.

AEROMANCIE, s. f. Divination par l'air, ou par ce qui se passe dans l'air.

De tout temps les hommes ont desiré savoir l'avenir; il n'est point de moyens qu'ils n'aient employés pour cela. Les uns ont cru pouvoir y parvenir en consultant les entrailles des animaux; les autres en tentant le sort & combinant des nombres,

---

» laquelle il avoit été taxé, fut mis en prison par *Acindymus*, qui lui jura qu'il le feroit pendre s'il ne lui donnoit cette somme
» aui ou qu'il lui marquoit. Le terme alloit expirer sans que ce pauvre homme se vît en état de satisfaire le gouverneur ;
» il avoit à la vérité une belle femme, mais qui n'avoit point d'argent; ce fut néanmoins de ce côté-là que l'espérance de
» la liberté lui apparut. Un homme fort riche brûlant d'amour pour cette femme, lui offrit la livre d'or, d'où dépendoit la
» vie de son mari, si elle vouloit lui accorder une nuit, ou, comme dit saint Augustin, *si ei misceri vellet*. Cette femme,
» instruite par l'écriture que son corps n'étoit point sous sa puissance, mais sous celle de son mari, communiqua au prison-
» nier les offres de ce galant, & lui déclara qu'elle étoit prête de les accepter, pourvu qu'il y consentît, lui qui étoit le
» véritable maitre du corps de sa femme, & s'il vouloit bien racheter sa vie aux dépens d'une chasteté qui lui appartenoit
» toute entière & dont il pouvoit disposer. Il l'en remercia & lui ordonna d'aller coucher avec cet homme. Elle le fit : on
» lui donna bien l'argent qu'on lui avoit promis, mais on le lui ôta adroitement & puis on lui donna une autre bourse où
» il n'y avoit que de la terre. La jeune femme, de retour à son logis n'eût pas plutôt apperçu cette tromperie, qu'elle s'en
« plaignit publiquement : elle en demanda justice au gouverneur & lui raconta le fait d'une manière fort ingénue. *Acindymus*
» commença par se déclarer coupable, puisque ses rigueurs & ses menaces avoit fait recourir ces bonnes gens à de tels remèdes ;
» Il se condamna à payer au fisc la livre d'or; ensuite il adjugea à la femme le domaine où avoit été prise la terre qu'elle
» avoit trouvée dans la bourse. Saint Augustin n'ose traiter cette conduite d'*adultère*, &.penche beaucoup plus à l'approuver,
» qu'à la condamner. *Nihil hic in alteram partem disputo; liceat cuique æstimare quod velit.* » lib. I, *de serm. dom. in monte*, c. 16.
Ce trait, joint à d'autres qu'on pourroit citer & qu'on peut voir dans le dictionnaire de M. Prost de Royer, au mot *adultère*,
semblent prouver que dans l'opinion des hommes sensés, ce délit n'est pas *crimen per se*, comme disent les scholastiques,
mais *secundùm quid*; ou, pour mieux dire, ce n'est un *adultère* que lorsqu'il blesse les droits du mari, *illo non permittente*.
Ecoutons encore saint Augustin. *Scrupulosius disputare potest, utrum illius mulieris pudicitia violaretur, etiamsi carni ejus quisquam
commixtus foret, cùm il in se fieri pro mariti vita, nec illo nesciente sed jubente, permitteret, nequaquam fidem deserens conjugalem,
& potestatem non abnuens maritalem.* Contrà Faust. Manich. lib. XXII, c. 37.
(1) C'est une chose vraiment étonnante que lorsqu'on punit quelqu'un pour des désordres, dont la cause est dans l'égarement des idées ou dans la dépravation du cœur, on ne lui donne point de conseils, des consolations, des avis salutaires,
qui puissent remettre son esprit, & le rappeller à la raison. Cet usage seroit principalement utile pour les femmes prostituées
qu'on renferme. On fait quelque chose d'à-peu-près semblable à la *Salpetrière* à Paris; elles y font des lectures & reçoivent
des instructions, mais cela n'est point assez suivi.

des figures ; quelques-uns l'ont cherché dans les mains de l'homme, fur fon front, dans fes fonges ; quelques autres en obfervant les phénomènes céleftes, les effets de la foudre, la pofition des planettes, le vol des oifeaux, leurs cris, leur chûte & leurs mouvemens, c'eft cette dernière fcience, ou plutôt cette dernière folie à qui l'on a donné le nom d'*aéromancie*.

Lorfque nous entrerons dans les détails des différentes branches de la divination, nous parlerons avec plus d'étendue de ces délires de notre efprit ; délires qui ont fait long-temps & qui font encore l'étude d'un certain nombre d'hommes, à qui la religion, la philofophie & la raifon n'ont pas encore ouvert les yeux.

Il y a des efprits qui femblent naturellement portés vers les arts magiques & la divination, ce ne font point toujours des efprits à méprifer, & cette foibleffe a plus d'une fois été celle d'un grand homme.

Si quelque chofe peut être plus abfurde encore que la magie, c'eft la cruauté diabolique avec laquelle nos pères ont condamné des hommes au feu pour une femblable folie. En Virginie on plonge le prétendu magicien dans l'eau : on eût mieux fait de ne lui rien dire.

Tant que la divination fe borne à des prédictions vagues, des prophéties à la manière de *Noftradamus*, on peut bien ne pas s'en embarraffer ; mais lorfque des hommes par leur prétendu favoir ont captivé la confiance du peuple, & fous prétexte de connoître ce qui doit ne doit pas lui arriver, le détournent de fes occupations, ou lui font entreprendre des chofes ruineufes, fément l'inquiétude dans les familles & découragent les meilleurs établiffemens, il eft fans doute alors du devoir du magiftrat de police de fe concerter avec des hommes inftruits, tels que les curés, les gens de lettres, pour éclairer le peuple fur fon erreur, fans trop s'empreffer de févir contre le prétendu prophète, ne fût-ce que pour ne pas entretenir la foi, par l'importance que cette conduite lui donneroit, & par l'obftination que ne manque pas de faire naître tout ce qui a l'air de perfécution en matière de croyance.

Je crois qu'on nous difpenfera de rapporter les loix qui prononcent des peines contre cette maladie de l'efprit, ainfi que les exemples de leur exécution. On peut au refte, pour les premières, voir les codes de Théodofien & de Juftinien. *de malef. & mathem.*

Les romains affectoient de croire à l'*aéromancie* ; ils avoient un collège de prêtres deftinés à cela feul. Rien d'important ne pouvoit fe faire, fans prendre les aufpices, & c'étoit une fonction réfervée à un corps de prêtres nommés *augures*, qui furent établis par *Romulus* au nombre de trois, autant qu'il y

avoit de tribus ; mais ils furent augmentés par la fuite, & leurs fonctions particulières aux patriciens, devinrent, vers 454 de la fondation de Rome, communes aux deux ordres. *Voy.* AUGURE dans les *Antiquités.*

AFFAIRE, f. f. c'eft le nom qu'on donne en général à un procédé, une entreprife, une fuite de tranfactions quelconques. En droit, il s'emploie pour fignifier toutes les chofes qui concernent la fortune & les intérêts, foit du public, foit des particuliers ; en terme de pratique, il fignifie les conteftations ou procès qu'on a avec quelqu'un, en quelque jurifdiction que ce foit, tant en matière civile, que criminelle & eccléfiaftique. *Voyez* la *jurifprudence.*

Nous ne parlerons ici des *affaires* que dans le rapport qu'elles ont avec la police & l'ordre public, & c'eft pour nous renfermer dans cet objet que nous traiterons 1°. des faifeurs d'*affaires* ; 2°. des *affaires* publiques ; 3°. de l'efprit des *affaires.*

1°. Le mot d'*affaires* eft devenu équivoque par le genre de tranfactions & de procédés qu'on a défignés fous ce nom ; mais celui de faifeur d'*affaires* eft toujours pris aujourd'hui dans un fens infâmant pour quiconque le porte, il eft prefque fynonime de fripon ou efcroc. C'eft un homme adroit, fouple, intrigant, de mauvaife foi, & qui joint à tous les traits de la plus fordide avarice le mépris de toutes les loix, de tous fentimens honnêtes. Tromper fans être découvert, tromper en paroiffant obliger, tromper en obfervant l'apparence des formes légales, tromper fans pitié pour l'indigence, la jeuneffe, la foibleffe ou l'ignorance, voilà fon mobile, fon but, fon métier.

L'infolence des faifeurs d'*affaires* égale leur baffe hypocrifie. Veulent-ils vous enlacer dans quelques démarches ruineufes, en paroiffant vous obliger ; ils font humbles, polis, ils affectent un air facile & gracieux ; parlent-ils de là peine qu'ils ont à élever leur famille, à foutenir leur état ; ne manquent à aucun des égards qui font dus au rang & à la naiffance ? Mais vous ont-ils une fois précipités dans leurs projets, fe font-ils affurés du befoin que vous avez d'eux, ont-ils obtenu des vous quelque titre qui affurent leurs avides efpérances, alors ils vous coudoient, prennent des airs de familiarité, marchent en égaux, fe font prier & ne vous écrivent plus que *monfieur* à la feconde ligne. Ces hommes font ordinairement vêtus médiocrement, ils ont une figure épaiffe, un œil faux, une parole lente, les mains toujours prêtes à prendre ; fur-tout ils font l'opprobre de leurs quartiers.

Les faifeurs d'*affaires* ne font pas précifément des ufuriers, ils font & plus odieux & plus criminels. L'ufurier s'expofe aux rigueurs qu'il ne peut guère éviter, parce que fon délit eft fouvent facile à conftater, mais le faifeur d'*affaires* poffède l'art ténébreux

ténébreux de voiler fa conduite fous des formes fi compliquées, fi détournées, qu'il n'eft pas aifé de le fuivre ; & d'ailleurs il fait que nos loix ne font point pofitives fur cette nature de dol, quoiqu'on l'ait puni plufieurs fois, & qu'il exifte cent moyens de fe fouftraire à la rigueur des tribunaux. L'ufurier ne peut guère excufer fon crime, le faifeur d'*affaires* fait faire illufion par la manière dont il préfente fa conduite ; enfin le caractère principal qui diftingue l'un de l'autre, c'eft que l'ufurier révolte tout de fuite, par l'évidence de l'énormité du gain qu'il veut faire ; à l'afpect de fon coquinifme, vous pouvez concevoir une falutaire horreur contre un pareil trafic, & tenter d'autres moyens de vous aider, en un mot, l'étendue de votre malheur eft connue ; mais avec le faifeur d'*affaires* vous ne favez pas quel fera le terme de votre ruine ; vous ne pouvez pas même apprécier à quoi fe montera le facrifice qu'on exige de vous, il faut que vous vous abandonniez entiérement aux plus corrompus de tous les hommes. Leur conduite infernale peut vous ruiner malgré vous en peu de temps & fondre une fortune immenfe dans une *affaire* de deux mille écus.

« Si un homme, qui doit douze cents livres, qu'il ne peut pas payer, ne s'arrange pas avec fon créancier, fi, pour le fatisfaire, il a recours à des faifeurs d'*affaires*, il fe trouvera devoir à la fin de l'année dix mille livres au moins ». Obfervat. françois. tom. VII. p. 27.

Une des rufes des faifeurs d'*affaires* eft de faire en forte que la première qu'ils font faire, ne foit pas ruineufe pour leurs commettans ; ils gagnent par-là leur confiance, & c'eft lorfqu'ils en font bien affurés qu'ils en profitent. D'ailleurs, en multipliant leurs embarras par le nombre des engagemens qu'ils leur ont fait prendre, ils les mettent dans le cas de ne pouvoir fe paffer d'eux ; ils les ont ruinés & fe font enrichis à leurs dépens.

C'eft fur-tout les jeunes gens, les fils de famille, les femmes, qui font la proie des faifeurs d'*affaires*. Il n'eft point de marchés abfurdes & ruineux qu'on ne leur faffe faire. Ont-ils befoin d'argent ? On ne peut pas leur en prêter parce qu'on n'en a pas, mais on peut leur procurer des bijoux, de la marchandife, des livres, des denrées, qu'on revendra enfuite. Ils reçoivent donc ces objets & font des billets à des époques déterminées pour en faire le paiement. Le faifeur d'*affaires* déjà payé de fa commiffion, eft encore néceffaire pour revendre ces effets. Il le favoit bien. Il s'offre de rendre ce fervice, on l'accepte ; il n'en trouve que le quart de ce qu'ils ont coûté ; il faut de l'argent, il les livre & revend à celui-là même qui les avoit vendus, de forte que nos deux fripons gagnent ainfi, fans bourfe délier, la valeur des marchandifes, & les confervent. Au terme de l'échéance des billets, nouvelles *affaires*, nouveaux défordres, nouvelles

Jurifprudence, Tome IX. Police & Municipalité.

friponneries. On a vu à Paris un marquis, ayant befoin d'argent, recevoir des bières d'un faifeur d'*affaires*, qui les revendit enfuite, & qui fe contenta de gagner 3,000 livres fur 12,000, dans l'efpace de quinze jours. Ce marché eft un des bons pour l'emprunteur. *Voyez* le *Tableau de Paris*, de M. *Mercier*, où écrivain philofophe fait une excellente peinture de cette vermine fociale.

Il y a une autre efpèce de faifeurs d'*affaires* moins odieux, peut-être, mais auffi dangereux, que ceux que nous venons de nommer. Ce font ceux qui vendent leur crédit, leur protection, leur faveur à la cour ; qui promettent des places & fe font payer d'avance les démarches qu'ils font, difent-ils, obligés de faire pour les obtenir. Ces gens étoient connus & déteftés à Rome, on les appelloient *vendeurs de fumée* ; & l'empereur *A.exandre Sévère* en fit périr un dans la fumée, portant écriteau, *que celui qui a vendu la fumée eft puni par la fumée*.

Tout récemment nous venons de voir un Arrêt du confeil du roi, réprimer un abus de ce genre. « Le roi, y eft-il dit, étant informé que des intri-
» gans & des impofteurs s'efforcent de faire ac-
» croire que par de prétendues protections, dont
» ils fuppofent être affurés, ils peuvent procurer
» à prix d'argent des bons de places de finances,
» & les faire réalifer ; qu'affectant de répandre qu'à
» l'expiration prochaine des baux & traités des
» fermes & régies générales, il y aura plufieurs
» changemens & nominations nouvelles, ils font
» parvenus, par des voies infidieufes, à négocier
» des promeffes chimériques, & à entraîner des
» perfonnes trop crédules dans des engagemens,
» des foumiffions & des actes de dépôt, que des
» notaires ou leurs clercs ont eu l'imprudence de
» rédiger & recevoir, &c. En conféquence, fa
» majefté enjoint au lieutenant de police du châ-
» telet & aux officiers y tenant la chambre du
» confeil, d'inftruire, à la diligence de fon pro-
» cureur au châtelet, le procès aux auteurs, com-
» plices & adhérens de traités, marchés & négo-
» ciations pour prétendus bons, affurances &
» promeffes de places de finances ». Cet arrêt eft
du 28 août 1785.

Si les faifeurs d'*affaires* ont quelquefois échappé à la rigueur des loix, parce qu'elles ne peuvent pas les fuivre dans leurs fentiers ténébreux ; elles n'en ont pas moins profcrit la funefte induftrie, & plus d'un exemple a prouvé qu'elles n'étoient point toujours impuiffantes contre eux.

L'ordonnance d'Orléans, de 1560, porte, art. 10 : « Enjoignons à tous juges, de nier toute action aux
» marchands qui auront vendu drap de foie à crédit, à
» quelque perfonne que ce foit, fors de marchand à
» marchand ; & avons, dès-à-préfent, caffé toutes
» cédules & obligations qui fe trouveront déguifées
» & faites en fraudes de cette ordonnance. Art 34,

I i h

» défendons auffi à tous marchands & autres, de
» quelque qualité qu'ils foient, de fuppofer aucun
» prêt de marchandife, appellé *perte de finance*,
» laquelle fe fait par revente des mêmes marchandifes
» à des perfonnes fuppofées ; & ce, à peine contre
» ceux qui en uferont en quelque forte qu'elle foit
» déguifée, de punition corporelle & de confifca-
» tion de biens, fans que nos juges puiffent mo-
» dérer la peine. »

C'eft en vertu de ces ordonnances & des loix
contre l'ufure, que le parlement de Paris a condamné, par arrêt du 10 janvier 1777, plufieurs
faifeurs d'*affaires* d'Orléans, au carcan & au banif-
fement. Par un autre arrêt du 29 mars 1779, il a
également condamné deux particuliers à être blâmés,
deux autres admoneftés ; il a enjoint à deux autres
d'être plus circonfpects ; onze accufés ont été mis
hors de cour, & deux notaires ont été déchargés
d'accufation dans la fameufe *affaire* de M. *de Bru-
noy*. Cet arrêt a déclaré nulles plufieurs déclarations
& reconnoiffances.

Malgré la honte attachée au métier de faifeurs
d'*affaires*, malgré la défenfe des loix & les rigueurs
de la police, Paris eft rempli de gens qui n'ont
point d'autre état. C'eft que l'appât du gain, la
certitude de réuffir, & l'impunité qu'affure la fortune font des motifs qui font tout braver. « Ajou-
» tez, comme dit M. *des Effarts*, qu'il exifte dans
» Paris des hommes connus pour être les confeils
» & les défenfeurs habituels des faifeurs d'*affaires*.
» Ces hommes dangereux ont fait une funefte
» étude de toutes les reffources que la chicane offre
» pour éluder les loix & pour en abufer ; ils font
» fur-tout très-inftruit dans l'art de diriger une
» procédure perfide. Les formes que le légiflateur a
» introduit pour être la fauve-garde des propriétés,
» deviennent dans leurs mains de pièges adroits
» qui font triompher la mauvaife foi. Si le magif-
» trat convaincu par les preuves les plus évidentes,
» veut employer fon autorité, pour punir les fai-
» feurs d'*affaires*, ces derniers ont fe préfenter
» devant lui avec impudence ; & aux juftes répri-
» mandes qu'il leur fait, ils répondent avec ironie
» qu'ils font en juftice réglée, que les loix feules
» doivent prononcer fur les plaintes qu'on a faites
» contre eux, & qu'ils n'ont aucun compte à rendre
» de leur conduite. Ils parviennent ainfi à mettre
» des bornes à une autorité bienfaifante, & fiers
» de ce fuccès, ils écrafent la victime qu'ils veulent
» dépouiller fous le poids des formes & des procé-
» dures. Ils n'ignorent pas que les magiftrats dépo-
» fitaires des loix, ne prononcent que fur les
» titres, les actes & les conventions ; & comme
» ils ont toujours l'adreffe d'envelopper leurs opé-
» rations du voile refpectable des formes, ils vont
» dans le temple même de la juftice infulter aux
» loix. Ils favent que leur morale peut infpirer le
» mépris aux magiftrats ; mais pourvu qu'ils réuf-
» fiffent à fe procurer de l'or, ils font infenfibles à

» la honte : que leurs titres s'exécutent, voilà leur
» objet : qu'on les regarde comme des gens vils,
» cela leur eft indifférent. Leurs confeils peu déli-
» cats, bravent avec la même indifférence l'opi-
» nion publique, & ne fe paffent que trop aifé-
» ment de l'eftime & de la confidération générales.
» Pourvu qu'ils recueillent les fruits d'une procé-
» dure lucrative, ils s'inquiètent peu des fentimens
» que l'abus de leur miniftère infpire à toutes les
» ames honnêtes. »

La vermine des faifeurs d'*affaires* a une influence
très-pernicieufe fur les mœurs & l'état de la fociété.
1°. Ils facilitent à une foule de jeunes gens qu'entraînent l'erreur & leurs paffions, les moyens de
multiplier leurs défordres, & de contracter ces habitudes funeftes. Celle du jeu fur-tout eft la principale de toutes, & pour laquelle il fe fait un plus
grand nombre d'*affaires* ruineufes. Il n'eft rien qu'un
joueur ne facrifie pour tenter une fortune qu'il
efpère toujours lui être favorable, & qui le repouffe
fans ceffe. Ce défordre entraîne après lui une
dépravation de mœurs déplorable. Ces malheureux ruinés, dépouillés par les faifeurs d'*affaires*,
deviennent eux-mêmes des efcrocs, des hommes
fans honneur & fans foi. C'eft pis encore quand
des femmes fuccombent à l'induftrie des faifeurs d'*affaires* ; leurs mœurs déjà altérées par le
choc des paffions violentes ; des habitudes & des
ufages corrupteurs, achèvent de fe pervertir lorfqu'elles ne trouvent de reffource que dans les moyens
qu'offre la proftitution. La plupart des femmes perdues d'un certain rang, doivent leur mifère & leur
opprobre à cette calamité.

2°. Les faifeurs d'*affaires* font d'un grand fecours
pour les marchands de mauvaife foi, qui ont projetté de s'enrichir en trompant la confiance de ceux
qui leur ont confié une partie de leur fortune. Dans
le deffein où ils font de faire une banqueroute frauduleufe fans paroître coupables, ces marchands s'a-
dreffent aux faifeurs d'*affaires*, leur demandent des
papiers tout-à-fait difcrédités, qu'ils obtiennent pour
de très-mauvaifes marchandifes, que celui qui a
fait le papier fe trouve encore fort heureux de recevoir en échange. Ces papiers, portés fur leur bilan, groffiffent la maffe de leur avoir, & de cette
façon ils écartent tout foupçon de mauvaife foi, &
fe mettent à couvert de la jufte punition que mériteroit leur friponnerie.

3°. Cette facilité de gagner par des moyens obfcurs, malhonnêtes & que les loix ne peuvent pas
toujours punir, par les raifons que nous avons dites,
dépeuplent les états utiles à la fociété, crée un
peuple de voleurs adroits, qui troublent la marche
des *affaires*, & répandent une méfiance, une inquiétude dans le commerce & les conventions réciproques qui ont lieu même entre les gens de bonne
foi.

C'en eft affez, je crois, pour exciter la vigilance

magiſtrats & officiers de police. C'eſt-là principalement qu'une rigueur ſalutaire eſt deſirable , c'eſt-là
qu il faut porter l'eſprit de recherche & de précaution , qu'il ſe tenir ſur ſes gardes pour
n'être point éconduit par l'aſtuce, le ſecret & l'a-
dreſſe. La ſociété ne pourroit que s'applaudir des
ſoins d'une police ſévère, ſi ſon attention ſe portoit de ce côté. Mais , il faut le dire, tandis qu'elle
appeſantit ſon bras ſur des hommes moins odieux &
ſur-tout moins coupables, elle ſemble ménager des
gens que leurs richeſſes & leurs liaiſons devroient
encore rendre plus ſuſpects. Tandis que je vois enlever, ſans reſpect des droits de l'homme, ſans
égard pour l'aſyle des citoyens, ici une femme publique , là un jeune homme égaré , plus loin un
prétendu libelliſte, dans un autre endroit un pauvre dont tout le crime eſt de l'être ; à côté, je vois
l'inſolent, l'impudent , mais le riche faiſeur d'affaires braver & les menaces & les archers de la police. Mais que dis-je, braver, …. il ſait bien qu'il
n'a rien à redouter, puiſqu'avec de l'or on peut
tout oſer & ne rien craindre.

L'inquiſition de la police eſt une choſe odieuſe,
la turpitude de ſes derniers agens eſt le comble de
la dégradation ſociale, ſes rubriques ſont la honte
de la ſociété ; mais ſi elle pouvoit au moins contenir les véritables peſtes de cette même ſociété, &
en reſpectant le citoyen , faire trembler le fripon
adroit, on auroit moins à ſe plaindre. Il n'en eſt
point ainſi , & l'aveuglement public ne ſert pas mal
à cet égard la négligence & la prévarication de plus
d'un officier ſubalterne.

II°. Les affaires publiques ſont de pluſieurs ſortes ; elles regardent ou toute une paroiſſe , ou toute
une province, ou l'état en général. On appelle donc
de ce nom tout ce qui peut intéreſſer un grand
nombre de perſonnes liées par des rapports plus ou
moins ſenſibles. Mais ce nom eſt principalement
donné aux affaires qui tiennent à l'adminiſtration ,
au gouvernement, à la politique de l'état; & dans
ce ſens, être inſtruit des affaires publiques, c'eſt
connoître les motifs, les raiſons, les cauſes des
événemens qui ſe paſſent , ou des établiſſemens
qui ſe font dans la république.

Dans un état bien gouverné, tout le monde doit
être inſtruit des affaires publiques, parce que dans
un état bien gouverné tout le monde doit y prendre
un tel intérêt , & le partager tellement que ſi une
perſonne ſur cent ceſſoit d'y prendre part, elles
iroient mal & tout en ſouffriroit , à peu près comme
dans un corps bien organiſé & en bonne ſanté , une
fibre ne peut ceſſer de faire ſes fonctions ſans que le
tout ne s'en reſſente. Mais on ne connoît point d'é-
tat, ſur-tout un peu conſidérable , où cette préciſion d'ordre exiſte , même à un très-gros à-peu-
près.

On peut conſidérer les affaires publiques ou par

rapport au gouvernement & à l'adminiſtration qui
en ſoutiennent & dirigent la marche, ou par rapport aux individus qu'elles peuvent intéreſſer.

Comme on ne peut pas croire, à moins d'une
grande erreur, que l'adminiſtration agiſſe toujours
pour ſes propres intérêts ſans avoir en vue ſimulta-
nément ceux des ſujets, puiſqu'elle ne peut guère
avoir conſtamment l'un ſans l'autre; il eſt clair qu'il eſt
de l'intérêt de l'adminiſtration que les citoyens ſoient
inſtruits des affaires publiques. Il y a plus : c'eſt
qu'elle doit chercher à les éclairer ſur ſes vues,
afin d'en pouvoir obtenir des ſecours de lumière &
de confiance.

Cette conduite de la part de l'adminiſtration & du
gouvernement eſt devenue plus indiſpenſable aujour-
d'hui que jamais en Europe , par la néceſſité de ſoutenir le crédit , & de trouver de l'argent ſoit par des
emprunts , ſoit par des impôts à temps. Le progrès
des lumières & la grande influence du ſyſtème de
liberté, qui s'eſt répandu depuis la guerre qu'a ſoutenue l'Amérique contre l'Angleterre, viennent encore à l'appui de ce motif. Il ne ſeroit guère poſſible
à préſent d'empêcher les raiſonnemens, les conjectures , qui concentrés , preſſés, refoulés par le poids
du deſpotiſme vers ceux qui en ſeroient les auteurs,
ne ſerviroient qu'à faire naître des inquiétudes , la
fermentation des idées & des convulſions politiques,
qu'il eſt toujours malheureux d'éprouver.

Auſſi le goût des affaires publiques s'eſt-il éton-
namment répandu depuis quelques années , ſingulièrement en France. L'époque la moins éloignée d'où
l'on peut commencer à compter ſes progrès, eſt l'inſtant où M. Necker a rendu public l'état des finances.
Dès-lors ce qu'on nommoit la politique n'a plus fait
l'objet des raiſonnemens particuliers & le ſujet des
converſations. Sous ce mot de politique , on
entendoit les affaires de la guerre, la correſpon-
dance avec les princes étrangers , les intérêts des
différentes cours de l'Europe, & tout ce qu'on pouvoit dire là-deſſus ne pouvoit être, comme il n'é-
toit en effet, qu'un bavardage puéril.

Mais , à meſure que les affaires publiques ont
ceſſé d'être un myſtère pour la nation, que les délibérations du conſeil, les états des finances, les vues
de l'adminiſtration ont été connus, que les diſcuſſions d'économie politique & de légiſlation , alors
on a pu y prendre part, en parler, en raiſonner ſans
s'expoſer au ridicule ſi bien mérité par ces hommes
qui veulent régler les affaires des potentats , avant de
connoître celles de leur province ou même de leur
paroiſſe. Parlons maintenant de l'eſprit des affaires
publiques , ſur-tout des affaires auxquelles ces conſidérations nous conduiſent naturellement.

III°. L'eſprit des affaires , quand il eſt droit,
s'applique également aux affaires publiques & privées. Il ſuffit dans les premières, d'étendre davantage

H h 2

ſes idées, d'y mettre plus de fermeté que de fineſſe, plus de bon ſens que d'eſprit, plus de juſteſſe que d'ardeur, & plus de vrais moyens que de détours. Dans les *affaires* publiques, la vérité eſt plus utile que bien des gens ne ſe ſont plus à la dire ; on réuſſit ſouvent parce qu'on ne croit pas que vous ſoyez ſincère. *Je les trompe tous en diſant la vérité*, diſoit un jour le fameux *Walpole*.

Dans les *affaires* privées, ſur-tout dans celles qui ont une partie contentieuſe, il faut cependant de la roideur, de l'opiniâtreté, une marche particulière, un je ne ſais quoi qui n'eſt pas facile à définir, & dont on peut très-bien ſe paſſer en traitant les *affaires* publiques.

« Dans le labyrinthe obſcur de notre juriſprudence européenne, dit M. *de Royer*, il faut une grande ſagacité pour traiter les *affaires* ; la juſteſſe de l'eſprit, la vivacité de l'imagination, la netteté dans les idées, l'énergie de l'expreſſion & une pénétration rapide ; ſi vous joignez à ce l'étude des loix, la routine de la procédure, la connoiſſance des hommes, une ame ſenſible & un cœur droit, vous devez être l'oracle des tribunaux & le Dieu tutélaire de ceux qui ont le malheur d'avoir des *affaires*. Cependant ces qualités ſi rares & ſi difficiles à réunir ne forment pas encore ce qu'on appelle aujourd'hui *un homme d'affaires* un *homme à reſſources*. Il y a donc pour les *affaires* une marche & un art extraordinaire, il y a donc un eſprit particulier: quel eſt-il ?

» Seroit-ce ce caractère que *la Bruyère* a voulu peindre quand il a dit, chap. 9 : *ces hommes fins & entendus qui tirent autant de vanité que de diſtinction d'avoir ſu, pendant toute leur vie, tromper les autres.*

» Ce n'eſt pas cela préciſément ; mais il y a dans les loix une effrayante obſcurité ; dans la juriſprudence une inſtabilité & une grande diverſité ; tant de formes, tant de détours, que l'homme d'*affaires* connoiſſant ſeul tous les ſentiers & les faux-fuyans, les prend avec adreſſe, ſe gliſſe & ſe courbe dans les taillis qui embarraſſent la route, a beaucoup d'avantage ſur celui qui, la loi à la main, allant droit devant lui, ſe heurte, s'égare & ſe perd. »

Si l'eſprit des *affaires* publiques exige moins d'adreſſe que celui des affaires privées, c'eſt que dans les premières on traite avec l'opinion générale, on met à contribution l'honneur, la vertu, les intérêts de la ſociété ; on s'étaie de tout ce qui eſt grand, noble, vrai ; & ſi la loi même preſcrit une injuſtice ou ceſſe d'avoir ſon caractère d'utilité publique, on peut réclamer & invoquer le droit du légiſlateur ; mais dans les *affaires* particulières, il faut aller le règlement à la main, & l'eſſor des grandes qualités devient un moyen à-peu-près infructueux pour l'avantage de celui qui en pourroit faire uſage.

Tous les hommes ne naiſſent pas également propres aux *affaires*, ſur-tout aux *affaires* publiques.

Voici les qualités qu'elles demandent. D'abord, un caractère ambitieux, la haine du pouvoir, une bonne doſe de ſenſibilité, le goût de la méditation, une grande facilité à pardonner, l'imagination prompte & le cœur doux : ces diſpoſitions naiſſent d'une organiſation mobile, d'une grande quantité de nerfs, d'une large fabrique des inſtrumens de la penſée, d'une grande abondance de ſang ; elles ſont encore fortement ſecondées par une éducation libre, le malheur, les injuſtices éprouvées dans l'enfance, la vue des beſoins des pauvres, les occaſions de faire le bien & l'exemple des hommes rares & des eſprits généreux. *Voyez* ÉDUCATION : c'eſt à elle qu'on doit rapporter tout ce que peut être l'homme, après ce que l'a fait d'abord la nature.

AFFICHE, ſ. f. C'eſt le nom qu'on donne à un placard imprimé ou manuſcrit, & qu'on attache ou colle en divers lieux, afin de rendre une choſe publique ou notoire.

On diſtingue l'*affiche* de l'écriteau : 1°. l'*affiche* eſt fixement attachée à l'endroit où elle ſe trouve, l'écriteau eſt mobile ; 2°. & c'eſt la diſtinction eſſentielle, l'écriteau indique ce choſe à laquelle il pend, au lieu que l'*affiche* indique une choſe générale, & qui peut n'avoir aucun rapport avec l'endroit où on l'a placée.

On appelle encore *affiches* des papiers qui circulent dans Paris & dans les provinces ; comme les *affiches* de Normandie, de Flandres, &c. Elles ſont principalement deſtinées à faire connoître les biens, charges & terres à vendre ; & c'eſt de-là ſans doute que le nom d'*affiches* leur eſt venu : cependant elles ne bornent point leur utilité à cet objet, elles font connoître le prix des grains, les événemens remarquables, les nouvelles littéraires, &c. Ce ſont en général des *feuilles* utiles, & où l'on trouve ſouvent plus de ſens que dans quelques-unes de la capitale. Nous en parlerons au mot JOURNAL.

On peut voir dans l'encyclopédie, au mot *affiche*, ce qui concerne leur publication, la manière de les placer ſuivant la nature des objets qu'elles annoncent, en un mot, les connoiſſances générales de droit & de pratique qui y ont rapport. Diſons un mot des *affiches* injurieuſes, parce que cet objet regarde principalement la police.

On connoît l'origine du mot *paſquinade* ; c'eſt une ombre de liberté dont on jouit à Rome. A-t-on quelque grief contre un grand, un prince, le pape même ? on attache à la ſtatue, connue ſous le nom de *Paſquin*, une *affiche*, une énigme, un calembourg ſatirique, qui, expoſé aux yeux du public, rend notoire la ſottiſe ou la turpitude qui ſeroit reſtée ſecrète. Cette liberté eſt une véritable puérilité, & ſi nous la plaçons dans la claſſe des *affiches* injurieuſes, c'eſt parce qu'elle a quelquefois ſervi à dire d'inutiles injures.

Les *affiches* injurieuses font prohibées, on les regarde comme des libelles diffamatoires, & plusieurs arrêts des cours ont prononcé des peines contre ceux qui s'en font rendus coupables. Un arrêt du parlement de Toulouse, du 23 décembre 1572, « défend, fous peine de confifcation de » biens & d'être févérement punis, d'ufer de paf-» quits & placards diffamatoires, permettant au » procureur-général de faire publier monitoire pour » en connoître les auteurs ». Un autre du même parlement, de 1761, juge que la diffamation par *affiches* qui bleffe la réputation, eft févérement punie; quelques déclarations que les accufés puiffent faire en jugement.

Un arrêt du confeil, du 4 mars 1669, défend à tous libraires, imprimeurs, colporteurs, d'imprimer, vendre, colporter ou afficher aucunes feuilles ou placards, fans la permiffion du lieutenant de police, à peine contre les imprimeurs d'interdiction de la maîtrife, & de punition corporelle contre ceux qui les auront affichés.

Arrêt du confeil, du 13 septembre 1722, fait défenfes à tout particulier de faire le métier de colporteur & afficheur, s'il ne fait lire, & qu'après avoir été préfenté par le fyndic des libraires, au lieutenant de police, pour être reçu fur les conclufions du procureur du roi, & fans frais.

L'article 4 du titre II du règlement de 1723, après avoir défendu à toutes perfonnes, autres que les libraires, de vendre des livres & de les faire *afficher* pour les vendre en leurs noms, à peine de cinq cents livres d'amende, de confifcation & de punition exemplaire, défend à tous imprimeurs & afficheurs d'imprimer & de pofer aucunes *affiches* portant indication de la vente des livres, ailleurs que chez les libraires & les imprimeurs, & ce, fous les mêmes peines. Depuis les derniers règlemens de la librairie, les auteurs ont obtenu le même droit que les libraires pour la vente de leurs ouvrages. Il y a cent vingt colporteurs & quarante afficheurs de la chambre fyndicale.

On a demandé fi ce n'étoit point un abus de pouvoir, une gêne, une contrainte injufte que celle de ne pouvoir rien afficher publiquement fans permiffion? Je ne le crois pas, & il eft impoffible d'affimiler cette police aux entraves que l'on a données à la liberté de la preffe; il fuffit, pour s'en convaincre, de faire quelques remarques fur l'objet d'une *affiche* & celui d'un livre.

Un livre a pour but ordinairement l'inftruction, ou une dénonciation, ou l'indication d'un fait. S'il contient des maximes fauffes, des principes pernicieux, des confeils dangereux; ils ne fe répandent pas fur le moment & à cent lieux. Les gens fenfés peuvent y répondre, les loix citer l'auteur & lui faire rendre compte de fes principes, les juftifier (1) ou les rétracter. Mais l'*affiche* donne tout-à-coup une grande publicité à ce qu'elle contient; & comme c'eft affez communément une chofe qui frappe fur les perfonnes, ou intéreffe l'état public, fi fon intention eft mauvaife, fes vues féditieufes & injuftes, alors il n'eft plus poffible d'en arrêter l'effet, & le mal eft commis avant qu'on en connoiffe l'origine.

Car il faut bien obferver que l'*affiche* parle toujours au peuple, & qu'un livre n'y parle guère, ou n'y parle que lentement, en forte que dans une ville où le nombre des mal intentionnés feroit confidérable, on pourroit le tromper, le féduire, l'entraîner dans des démarches précipitées, dont lui-même feroit le premier à fe repentir. L'*affiche* peut donc être foumife à des loix de police auxquelles la raifon ne permet pas que foit affujettie l'impreffion des ouvrages.

Vous direz que les *affiches* rendues libres comme la preffe, tiendroient lieu de l'appel au peuple, & que cet appel étant de droit naturel-focial, la liberté d'afficher ne peut être interdite qu'injuftement.

Il y a bien des chofes à dire à cela: mais en fe réfervant pour la principale, j'obferve que l'*affiche* ne remplit qu'imparfaitement & dangereufement l'objet de l'appel ou plainte au peuple, 1°. parce que, dans l'appel au peuple, le dénonciateur eft préfent, & qu'on peut l'arguer de faux ou de calomnie, s'il en impofe, ce qui n'eft pas poffible dans l'ufage de l'*affiche*, puifqu'il peut refter caché; 2°. parce que dans l'appel au peuple on parle collectivement à un grand nombre de perfonnes qui peuvent s'éclairer par leurs lumières réciproques, au lieu que l'*affiche* ne parle qu'à des petites divifions de citoyens ifolés; 3°. que l'*affiche* eft un moyen obfcur, & l'appel au peuple, public & éclatant. Au refte, *voyez* APPEL AU PEUPLE.

AFFICHEUR, f. m. C'eft le nom d'un homme autorifé à coller les affiches dans les lieux où il convient qu'elles foient, & de manière qu'elles foient vues & lues du plus grand nombre de perfonnes qui peuvent avoir intérêt à ce qu'elles contiennent; & c'eft en quoi confifte l'art de l'*afficheur*.

Un *afficheur* doit donc bien connoître les localités de l'endroit où il exerce; il doit favoir que dans tel lieu, ou telle place, il ne faut que des affiches

(1) Difons, par anticipation, que la liberté de la preffe ne confifte pas à dire *impunément* tout ce qu'on veut, mais à le dire, à l'imprimer librement, fauf à le prouver à celui qui fe trouve attaqué, ou à fubir la peine de la loi prononcée contre les calomniateurs, ou à paffer pour fou.

de fpectacle, ailleurs de finance, plus loin de police, ici des arrêts des cours fouveraines, là des annonces de vente, & il faut encore faire des foudivifions; car il n'affichera pas une vente de livres à la porte d'un médecin ou dans le quartier des halles, comme on ne verra pas des thèses de philofophie à la place du Palais-Royal.

C'eft vraiment un fpectacle curieux que cette multitude d'affiches qui tapiffent les murailles extérieures de nos maifons. Quelle quantité de papier confommé annuellement à Paris pour cet objet! Quelqu'un, qui n'auroit point de bibliothèque, pourroit faire un cours de jurifprudence & de police, à lire toutes les affiches journellement répandues fur ces objets, Il pourroit même, d'après ce que nous venons de dire, mettre un certain ordre dans cette étude. A la porte du notaire, il trouveroit tout ce qui regarde les rentes, les paiemens, la caiffe d'efcompte, les créations de charges, les emprunts; celle d'un commiffaire lui offriroit le prix du foin, de la volaille, du bois, la police de la propreté, qu'on n'obferve pas de l'obfervation des jours faints qu'on obferve moins, les défenfes d'allumer des feux, de tirer des fufées, dont on fe moque; une maifon de procureur feroit pour lui la plus fructueufe leçon de pratique. Il y verroit affichées la ruine, la condamnation de vingt familles, la faifie, la vente des biens de trois ou quatre gros feigneurs, dont les fortunes vont groffir celles de quelques faifeurs d'affaires; enfin il en verroit de toutes fortes.

Mais qu'il n'approche pas des hideux *afficheurs*. Ces malheureux font ordinairement d'une faleté vraiment parifienne. La boue, la colle, la graiffe, répandues fur leurs vêtemens, les rendent auffi fales que les triftes nétoyeurs & allumeurs de lanternes. Tous ces miférables gagnent à peine de quoi vivre. Eft-ce le moyen d'avoir des habits? Les *afficheurs* ont vingt-cinq fols au plus. Il faut encore fur cela qu'ils fourniffent une échelle & la colle pour leur fervice, On fait à Paris d'immenfes charités aux *pauvres des paroiffes* (1), & l'on néglige de foutenir par de bons falaires les hommes qui travaillent.

Les *afficheurs* font foumis à la chambre fyndicale, en certaines parties, & à la police en d'autres. On les affemble tous les ans avec les cent vingt colporteurs pour en faire la revue. Voyez pour ce qui regarde leur police & leurs règlemens, la *jurifprudence* au mot AFFICHEUR,

AFFORAGE, f. m, C'eft le droit dont jouiffent les officiers municipaux ou ceux du feigneur d'une ville, de mettre le prix aux denrées qui s'y vendent,

& fur-tout au vin. *Voyez* ce mot dans la *jurifprudence*.

AFFRANCHISSEMENT, f. m. C'eft un acte civil ou politique, qui rétablit un ou plufieurs hommes dans l'état de liberté fociale & individuelle. Il fignifie auffi en terme de jurifprudence féodale, une remife des obligations auxquelles fe trouve affujetti un bien envers un feigneur. Voyez ce mot dans la *jurifprudence*; vous trouverez auffi ce qui regarde l'*affranchiffement* des biens, des ferfs, des nègres, & les règles de droit qui y font relatives.

Nous avons parlé de l'*affranchiffement* des ferfs dans notre difcours préliminaire. Nous l'avons confidéré comme un des grands moyens de civilifation employé par nos rois, dans les onzième, douzième & treizième fiècles. Cette révolution changea la face du royaume, accrut l'autorité royale, & réintégra la nation dans une partie des droits dont elle avoit été dépouillée. Nous avons vu que depuis cet inftant jufqu'au miniftère de Richelieu, le peuple fut conftamment regardé comme un contrepoids néceffaire au pouvoir de la nobleffe; mais que furtout l'adminiftration démocratique, ouvrage de l'érection des communes & de l'*affranchiffement* des ferfs, eut la plus grande influence, depuis Louisle-Gros jufqu'à Charles VII, qui forma un corps de troupe, dont fes fucceffeurs fe fervirent pour élever leur pouvoir, fans accroître celui du peuple. Nous avons remarqué que les mœurs & l'état de fociété s'épurèrent & s'adoucirent par le même moyen; que les nobles n'offrirent plus l'exemple d'un brigandage impuni & d'un mépris des hommes, que fembloient autorifer le droit de main-morte & la fervitude qui régnoient alors. Les hommes, d'ailleurs, font malheureux & vils dans l'efclavage, il y a deux mille cinq cents ans que Homère l'a dit. Le peuple n'étoit donc qu'un miférable troupeau, fans vertu comme fans courage, & l'Europe ne reffembloit pas mal à une affemblée de brigands, qui tiendroient dans les chaînes les habitans d'un pays pour s'en difputer les dépouilles.

Qui croiroit que cette profonde barbarie, cette violation de tous les droits, avoit une jurifprudence, & que, trois ou quatre cents ans après, des auteurs diftingués ont voulu perfuader que la féodalité étoit un chef-d'œuvre de raifon.

Si quelque chofe peut être plus étonnante encore que cela, c'eft que des peuples nombreux & puiffans, qui fe font tant de fois égorgés pour une image, un léger fubfide, ou le caprice de leurs maîtres, ne fe foient jamais ligués pour recouvrer

(1) Je prends la liberté d'avertir mes lecteurs, & je leur en demande pardon, qu'il n'entendent pas ce que veut dire, *pauvres de paroiffe* à Paris, fur-tout dans quelques-unes.

leur liberté, fans laquelle il n'y a de bonheur, ni public ni privé.

L'on croit, peut-être, qu'il n'exifte plus de ferfs en ce moment, en France, & que, depuis l'édit de 1779, qui affranchit tous les fujets main-mortables des domaines du roi, la liberté civile eft univerfelle; cependant l'on fe trompe. La main-morte eft encore dans toute fa vigueur au Mont-Jura, que fes rochers, fes forêts, ni fes neiges, n'ont pu défendre des injures de la féodalité; la main-morte y eft telle, que le noble chapitre, le feigneur évêque y perçoit le dixième du bien, quand on le cultive, pour fes dixmes; la moitié du bien, quand on le vend, pour fes lods; & tout le bien, quand on meurt, pour fes droits.

Il faut croire que dans un moment où la nation va fe raffembler par fes repréfentans, cet abus fera pris en confidération; je ne fais même où j'ai déjà vu que le chapitre de Saint-Claude étoit de nouveau prêt à faire le facrifice de fes prétentions à cet égard.

Mais indépendamment de cet affranchiffement, qui a rendu à la nation, ou plutôt aux individus qui la compofent, l'exercice de leurs droits civils & la jouiffance indéterminée de leur liberté individuelle, il en eft un autre auquel on travaille, depuis quelques années, avec une conftance graduelle, quoique fouvent interrompue; c'eft l'affranchiffement de la fervitude politique; fervitude qui réduit le citoyen à l'état paffif de fujet, fans jamais lui laiffer partager la moindre portion de la fouveraineté, ce qui annulle le contrat public; fervitude qui détériore une nation au point de la rendre le jouet des volontés d'un miniftre, & de la précipiter dans des guerres injuftes ou des démarches honteufes dont elle ne fe feroit point rendue coupable fi elle eût été maîtreffe de fes droits; fervitude qui ne laiffe de perfpective que l'anarchie, le defpotifme & la nullité des pouvoirs politiques aux membres les plus utiles de l'état. Pour en effectuer l'affranchiffement, il faut; 1°. que la nation gouverne elle-même; 2°. qu'aucune affemblée ne foit fouveraine, & ne faffe que repréfenter la nation; 3°. Que les corps politiques foient très-multipliés, & qu'afin de ne fe point croifer, ils foient tous fubordonnés graduellement les uns aux autres; 4°. que chaque fujet étant, fous ce point de vue, une partie du fouverain, il ne connoiffe d'autorité que la loi & de juge que fes pairs; 5°. que l'appel au peuple foit permis à tous, dans toute matière qui regarde l'ordre public; 6°. que la force militaire foit fouverainement adminiftrée par les repréfentans de la nation, & fon exiftence dépende de la volonté nationale; 7°. que le prince foit revêtu du pouvoir exécutif, mais avec appel au peuple. Telles furent Rome & Athènes tant qu'elles furent libres.

AFFRONT, f. m. C'eft une forte de témoi-

gnage public qui avilit & dégrade, par l'opinion qu'il donne des torts, de la foibleffe, ou même de la baffeffe de celui qui le reçoit.

L'affront, contumelia, diffère de l'injure, injuria. Celle-ci eft toujours injufte & non mérité, l'autre peut être légitime, & celui qui le reçoit ne pas avoir le droit de récriminer contre le tort qu'il lui fait.

On pardonne plus facilement une injure qu'un affront, parce que dans l'une l'amour-propre eft beaucoup moins bleffé que dans l'autre. L'enfant, dès qu'il commence à diftinguer, eft fenfible à l'affront; l'homme fauvage en reçoit une bleffure qui excite en lui la haine la plus implacable; & de tous les fentimens dont l'homme groffier eft capable, c'eft la fenfibilité à l'affront qui paroît davantage l'émouvoir.

Mais on ne doit pas s'y méprendre; cette colère, ce defir de vengeance qu'excite l'affront, n'eft ni l'effet de la vertu, ni celui de la délicateffe, dans l'homme qui l'éprouve. Rien n'eft fûrement moins vertueux, moins délicat que les gens de guerre; cependant il n'y a point jufqu'au dernier racoleur qui ne vengeât avec beaucoup plus d'ardeur un affront que tout autre mal qu'il auroit pu éprouver. A quoi cela tient-il? peut-être à l'idée vague de l'honneur qu'on fait confifter à ne rien fouffrir qui puiffe choquer l'amour-propre & faire foupçonner le courage. Mais la femme qui n'a point la vanité de vouloir paffer pour brave, eft cependant fenfible à l'affront : c'eft fa pudeur qui fouffre, dit-on, à la bonne heure. Je penfe que la haine qu'infpire un affront, tient au defir qu'a tout homme de ne vouloir point paroître l'objet du mépris d'un autre & en recevoir la loi; plus l'homme eft indépendant & moins civilifé, & plus il eft dans ce cas.

C'eft encore par la même raifon que, moins un peuple eft civilifé, plus les individus qui le compofent partagent le fentiment de haine ou de honte qu'a fait éprouver un affront à quelqu'un de leurs parens, ou de leur nation. Les fauvages fe font une guerre terrible, & s'entre-détruifent pour venger une infulte faite à quelqu'un des leurs. De là l'origine première du préjugé qui flétrit une famille par la faute d'un feul. Comme on partage la vengeance du mal ou de l'affront fait aux fiens, on veut partager auffi le blâme qu'il a encouru.

Ce préjugé de l'état fauvage, ou plutôt de l'état barbare tranfporté dans celui de fociété, y a caufé des défordres effrayans. 1°. Il a défuni les familles & éteint la charité naturelle entre les hommes qui en font imbus. 2°. Il a multiplié les malheureux & les crimes, parce que l'homme flétri par un injufte préjugé eft très-difpofé à fe venger de la fociété, & qu'il ne lui refte plus qu'une exiftence dégradée dont le facrifice ne doit rien lui coûter. 3°. Il a corrompu la morale en offrant de faux prétextes, d'injuftes motifs de manquer de parole, de violer leurs promeffes, de commettre des délits moraux, à ceux qui ont voulu le prendre pour excuse de leur conduite. C'est la sauvegarde de la dureté, de l'intolérantisme, de tous les vices destructeurs de l'ordre social.

Il est difficile de le détruire, puisqu'il est, comme on voit, fondé sur ce principe naturel, que puisqu'on partage le desir de la vengeance d'un *affront* injuste fait à ses parens, on doit aussi partager la honte d'un juste châtiment. Pour que l'un soit absurde il faut que l'autre le soit aussi ; cependant on voudroit retenir le premier & proscrire le second, cela est impossible. Banissez-les tous les deux. Il est encore fondé sur ceci, dans l'état policé principalement, que puisqu'on se fait honneur des distinctions accumulées sur la tête des siens, on doit rougir de la peine qui peut les avoir flétris ; & cela paroît d'autant plus conséquent qu'il n'est pas rare de voir la société, la loi même compter au nombre des titres d'un homme la gloire ou le mérite de ses parens ; pourquoi ne les puniroit-elle donc pas de leurs crimes ? Il faut conserver l'un & l'autre, ou renoncer à tous les deux.

Il y auroit cependant quelqu'autres moyens d'épargner à toute une famille l'*affront* reçu par un de ses membres. 1°. La volonté du prince & sa conduite envers les parens de l'homme déclaré infâme ; il pourroit conserver sa faveur à ceux-ci, & leur donner des témoignages de considération, s'ils en méritoient. 2°. Détruire toutes les dispositions des loix qui exigent qu'aucun des parens de celui qu'on veut recevoir dans une place, ou élever à un grade n'ait été repris de justice. Il y a de semblables dispositions si bêtes, que quelques-unes demandent que le récipiendaire n'ait aucun de ses parens mort malade à l'Hôtel-Dieu. Je crois que cette condition est requise pour être reçu échevin à Paris. N'est-ce pas le moyen d'étendre le préjugé des peines infamantes à des choses qui n'ont rien de blâmables, bien loin de travailler à le détruire. Revenons à l'*affront* individuel.

Les loix ne paroissent pas avoir distingué l'*affront* de l'injure, ou plutôt elles ne se sont chargées de punir que l'injure, en négligeant l'*affront* qu'elles ont regardé comme un délit moral plutôt du ressort de la censure que de celui des tribunaux. Mais on doit avouer que dans une grande population, au milieu d'hommes qui joignent aux vices de la civilisation la brutalité de l'état sauvage, qui se croient permis ce que les loix n'ont pas positivement défendus, qui regardent la foiblesse de l'âge, du sexe, ou la timidité comme des motifs d'encouragement pour insulter publiquement, sans raison, sans sujet, quiconque ne fait pas leur plaire, on doit, dis-je, convenir que le silence des loix en pareille circonstance, est oubli dangereux ou ignorance blâmable.

Dans une ville comme Paris, rien ne seroit cependant si sage que de punir avec quelque exactitude & dans des proportions convenables, les *affronts* qu'une foule de vagabonds, gredins, recru-

teurs, soldats, ne cessent de faire éprouver à la partie du public la moins en état de se faire rendre justice & de se mettre à couvert de pareilles insultes. La police seule est chargée de ce soin ; mais tandis qu'elle se montre de l'effet d'une rigueur démesurée pour des délits bien moins odieux, bien moins désordonnés, on la voit se relâcher à cet égard, & refuser satisfaction au citoyen insulté, à moins que son rang & sa richesse ne la réclament trop fortement : en sorte que ce n'est jamais le sujet de l'état qu'on fait jouir du bénéfice de l'ordre public, mais le dignitaire, l'homme riche, l'homme décoré. Cette conduite d'ailleurs est l'effet du manque de loix positives sur l'*affront* ; comme la punition est arbitraire, que l'officier de police ne craint point qu'on le trouve en prévarication, il en résulte une grande négligence dans cette partie de ses devoirs ; & tandis que je vais armer toute la justice pour un mouchoir ou un écu qu'on m'aura pris, je ne pourrai point réprimer l'insolence brutale d'un gredin qui m'aura outragé publiquement, si je ne suis ni titré, ni décoré ?

Chez les romains, on trouve quelques passages de loix qui prouvent qu'on ne pouvoit pas toujours insulter impunément le citoyen d'une manière éclatante : *qui adversus bonos mores convicium cui fecisse cujusve opera factum esse dicetur, quo adversus bonos mores convicium fieret, in eum judicium dabo.* « De ces reproches publics, dit M. *de Royer*, » un des plus condamnables, des plus contraires » aux bonnes mœurs & des plus dangereux dans » une république qui se regardoit comme une fa- » mille, étoit celui qui outrageoit la maxime sa- » crée chez tous les peuples raisonnables, que les » fautes sont personnelles. »

Notre opinion est si différente de celle de ce peuple, nous avons une manière de voir si bizarre à cet égard, qu'il seroit ridicule d'intenter un procès à quelqu'un pour en obtenir justice d'un *affront*, & comme dit l'abbé *Girard*, ce n'est pas réparer son honneur chez nous, que de plaider pour un *affront* reçu.

Si les loix ont en grande partie abandonné l'*affront* à la classe des désordres moraux dont elles ne prononcent pas la peine, elles s'en sont servi en récompense comme d'un moyen de correction ou si l'on veut de punition ; elles l'ont employé pour rendre publique la faute d'un coupable, & lui faire éprouver le mépris ou la flétrissure que comporte le genre de son délit : telles sont les peines de blâme, d'admonition, &c. qui, sans frapper le coupable de mort civile, sont pour lui un *affront* d'autant plus éclatant qu'il est accompagné de tout l'appareil judiciaire.

Peut-être seroit-il utile qu'on pût faire subir une sorte d'*affront* à un coupable sans qu'il en résultât pour lui d'autre inconvénient que l'humiliation même qui y seroit attachée. Il faudroit que ce fût seulement une peine morale ; au lieu que celui que prononce

la

la loi, dans le blâme ou l'admonition, a un caractère de flétrissure plus prononcé. Il est des hommes
dont il importe de ménager la délicatesse, & cependant il importe de retenir l'audace, d'autres à qui le mécontentement public seul tient lieu des plus grandes
punitions ; toutes ces nuances doivent être saisies.
Mais il n'y auroit peut-être qu'un tribunal moral,
telle que la censure des romains, mais modifiée, perfectionnée, qui pût produire cet effet d'une manière
utile pour nos mœurs actuelles. *Voyez* CENSURE
dans cet ouvrage, & *injure, diffamation* dans la
Jurisprudence.

AFFRONTEUR, s. m. C'est un homme
qui en impose au public & le vole, en se donnant
pour ce qu'il n'est pas, & violant sans pudeur les
loix de la confiance & de la bonne foi, ou, comme
dit M. *des Essarts*, c'est celui qui, pour s'enrichir, abuse de la confiance publique & fait des
dupes.

L'*affronteur* n'est rien moins que celui qui fait
un affront, comme sembleroit l'indiquer le mot. Il
est sans doute ainsi nommé, parce que le front étant
regardé comme le siége de la dignité & de la pudeur, on regarde comme un homme sans front,
affronteur, celui qui, sans retenue & sans délicatesse,
dupe publiquement les hommes.

» L'*affronteur* a quelqu'analogie avec l'aigrefin &
l'escroc. Cependant il a un caractère particulier qui
le distingue, & qu'il faut remarquer par les manœuvres qu'il emploie pour réussir.

» L'affronterie est un délit aussi dangereux qu'il
est commun. Il est d'autant plus pernicieux que ses
malheureuses victimes rougissent d'avouer une crédulité aveugle, se gardent bien de divulguer leurs
disgraces, & laissent ainsi l'*affronteur* impudent
faire de nouvelles dupes, & s'enrichir de leurs dépouilles.

» Ces *affronteurs*, qui, après en avoir imposé
long-temps à un peuple crédule & avide de nouveautés, ont fini par tomber entre les mains de la
police, avoient, il faut l'avouer, un langage &
des manières séduisantes : leurs moyens, leurs
ruses se sont tellement multipliés selon les circonstance des temps & des lieux, qu'il étoit difficile
qu'une certaine classe d'hommes n'en fût la dupe :
chaque province, chaque ville même a été à son
tour le théâtre où un *affronteur* exerçoit son adresse
heureuse & par-tout de nouveaux procédés, de
nouvelles ruses.

» L'un attachant à un mauvais habit une *croix
de Saint-Louis* qu'il tient cachée, la laisse entrevoir
au besoin, s'annonce pour un gentilhomme, pour
un vieux militaire sans fortune, & obtient ainsi des
secours que chacun croit avoir bien placés.

» L'autre, plus intriguant, arrive avec grand
fracas dans une ville, y fait quelques connoissances :

bientôt il imagine de fabriquer une correspondance
entre lui & les plus fortes maisons de commerce ; il a
soin de laisser dans sa chambre, comme par négligence,
les preuves apparentes de cette correspondance factice;
par ce moyen il acquiert le plus grand crédit, en
profite amplement, & part à petit bruit, sans prendre congé, ni du marchand bijoutier, ni de ses
riches correspondans, & laisse à ses créanciers pour
sûreté de leur dû, ces fameuses lettres de crédit
dont la vue les avoit éblouis.

» Celui-ci, par une métamorphose heureuse,
d'une limonadière, sa maîtresse, fait une princesse
de l'empire : quelques enveloppes de lettres ministérielles lui servent à faire opérer le prestige : la princesse fait de riches emplettes, ne paie que de son
nom ; & disparoît emportant 30 ou 40,000 livres
avec sa principauté.

» Celui-là s'annonce chargé de l'habillement des
troupes, soutient cette fourberie par une figure
heureuse, un extérieur aisé & beaucoup d'esprit :
il achete, pour 2000 liv. d'échantillons, foible pré-
lude d'achats plus considérables qu'il promet de
faire sous peu ; mais le marchand crédule, perd
avec ses échantillons l'espoir d'habiller l'armée.

» Une autre, possesseur d'un secret, a le talent
de changer la substance des métaux : promettant à
la foule crédule un or imaginaire, il soutire à chaque amateur un or plus réel. Après avoir ruiné
ceux à qui il promettoit tant de richesses, il disparoît, & devient aussi difficile à découvrir que cette
pierre merveilleuse qu'il promettoit.

» Nous ne finirions pas si nous rapportions ici tous
les traits d'affronterie qui se renouvellent sans cesse
& sous nos yeux ; les exemples que nous venons de
citer suffisent pour qu'on s'en garantisse, les *affronteurs* ayant pour l'ordinaire le même langage, employant les mêmes artifices, à quelques nuances près :
mais si les particuliers doivent chercher à rendre
leurs fourberies inutiles, l'homme public, le magistrat doit faire plus ; il doit punir avec la plus grande
sévérité ces nouveaux Scapins, dont le grand art,
le véritable secret, est de ruiner des familles entières.

» Les peines infligées aux *affronteurs* ont presque
toujours été arbitraires & analogues aux circonstances ; elles ont été quelquefois célèbres par leur singularité : de ce nombre est celle d'un *affronteur* qui,
ayant vendu de faux diamans à une impératrice, fut
condamné à être jetté dans la fosse aux lions pour y
être dévoré. Descendu dans ce lieu terrible, il s'attendoit à voir sortir de la loge fatale un lion furieux, prêt
à le dévorer, lorsqu'il voit paroître un chapon aussi
tremblant que lui. Ainsi le trompeur fut trompé lui-
même, trop heureux d'en être quitte pour la peur.

» Parmi nous, les *affronteurs* sont punis d'une
manière plus réelle, & cela est indispensable. Le
fouet, la prison, le carcan, les galères, sont pour

l'ordinaire la récompenfe de leurs manœuvres ; la jurifprudence nous en offre divers exemples.

» Un Arrêt du parlement de Paris, du 29 janvier 1767, condamne Dumont de Montjolly, écuyer, au carcan pendant trois jours, au fouet, à la marque & aux galères pendant neuf ans, pour avoir *affronté* & ruiné plufieurs particuliers par fes excroqueries.

» Cet *affronteur* perfuadoit à des gens de la plus haute confidération qu'il étoit leur parent, fuppofoit des relations qu'il n'avoit point, & fous cet appareil pompeux, à l'aide de quelques intrigues, empruntoit ce qu'il ne devoit jamais rendre, faifoit ce qu'on appelle *des affaires*, & ruinoit des enfans de famille.

» Un fecond arrêt, du 17 mai 1776, rendu fur l'appel d'une fentence, du 11 feptembre 1775, condamne le nommé *Chambaut* à être attaché au carcan fur la place de Pithiviers, pendant trois jours, avec un écriteau portant ces mots : *affronteur par fauffe magie*. La fentence l'avoit déclaré atteint & convaincu d'avoir efcroqué 710 livres à Jarnicot, fous prétexte de lui vendre une poule noire qui devoit lui pondre de l'argent, & de l'avoir réduit à la dernière mifère ; pour réparation de quoi il avoit été condamné au fouet, au carcan, au flétriffement & au banniffement pour cinq ans ; il avoit eu quelques complices qui avoient encouru les mêmes condamnations, mais qui s'étoient évadés.

Il ne faut pas être furpris que Jarnicot, quoique ruiné par cet *affronteur*, n'ait pas obtenu la reftitution de la fomme que celui-ci lui avoit efcroquée : Jarnicot avoit donné volontairement ; il s'étoit déjà laiffé affronter par un autre ; on l'avoit averti de fe défier de celui-ci : enfin, ce qui tranche toute queftion, c'eft que le motif qui lui avoit fait donner fon argent étoit condamnable. Sans toutes ces confidérations, Chambaut auroit été certainement condamné à le lui reftituer. En effet, l'affront public, fait aux *affronteurs*, feroit un trop foible châtiment fi on ne les forçoit à la reftitution : infenfibles à la honte, ce n'eft qu'en leur arrachant le prix de leurs efcroqueries qu'on les punit véritablement, & c'eft le moyen de les faire découvrir par ceux qui ont été leurs dupes.

» Par un autre arrêt du même parlement, rendu le 8 octobre 1776, la cour déclare François du Theil, dit Minette, atteint & convaincu d'avoir été conftamment, depuis plufieurs années, *affronteur* public ; d'avoir couru le pays, s'annonçant fauffement comme chirurgien, pour avoir des fecrets capables de guérir toutes les maladies, pour être forcier, prédire l'avenir & faire découvrir les tréfors cachés ; d'avoir été porteur de livres de prétendue magie, notamment d'avoir employé toutes fortes de rufes & de moyens illicites, même fuperftitieux & attentatoires à la religion, pour abufer de la crédulité du nommé *Dumont*, lui avoir efcroqué

des fommes confidérables, & lui avoir fait vendre tout fon bien, fous la fauffe promeffe de lui faire trouver des tréfors ; d'avoir efcroqué feize louis au fieur Defnoyels, chirurgien, fous prétexte de lui faire avoir une charge auprès du roi, dont il fe difoit médecin ; pour réparation de quoi, flétri & envoyé aux galères perpétuelles.

» Paris eft rempli de ces *affronteurs* hardis, qui en impofent par des dehors brillans, & qui, fous des noms, empruntés s'infinuant dans les grandes maifons, les font contribuer à leurs dépenfes. Il n'y a pas bien des années qu'un *affronteur* de cette efpèce, nommé *Herfilz*, y a exercé fes talens, jufqu'au moment où, découvert par la police, il a été condamné par arrêt du 19 février 1779, à être mis au carcan, flétri & envoyé aux galères pour neuf ans. Il s'étoit annoncé comme baron étranger, avoit loué un appartement magnifique ; &, à l'aide d'un équipage fuperbe & d'un grand train de maifon, il faifoit un trafic de bijoux, dans lequel, comme on l'imagine bien, tout étoit gain pour lui.

» Des *affronteurs* d'un autre genre trouvent dans les campagnes des moiffons abondantes : de ce nombre étoit un journalier qui avoit le fecret d'excepter du fort ceux qui tiroient à la milice, au moyen d'un talifman qu'il leur faifoit porter en allant au tirage, & qu'il avoit foin de leur faire payer d'avance. Son talifman néanmoins n'étoit pas infaillible pour tous ; mais fi fur cent billets, il y en avoit cinq de noirs, il y avoit quatre-vingt-quinze tireurs de fauvés par la vertu du talifman vainqueur. Les habitans de la campagne, qui voient toujours du merveilleux où il n'y a rien que de très-naturel, étoient enchantés de pofféder ce homme admirable, & ne croyoient pas payer affez le fecret auffi heureux que le fien. Mais ce merveilleux fecret ne put garantir fon propriétaire des pourfuites de la juftice : un arrêt du parlement de Paris, rendu en 1780, le condamne à être mis au carcan, à Yenville, un jour de marché, avec écriteau portant : *efcroc public*.

» Un arrêt du parlement de Normandie, rendu le 14 octobre 1782, condamne quatre *affronteurs* aux galères pour neuf ans, & à faire amende honorable avec écriteau portant ces mots : *prétendus forciers, efcrocs & fabricateurs d'actes pour duper le public*, fous prétexte de faire trouver des tréfors. Ces impudens perfonnages montroient aux payfans crédules une prétendue bulle du pape, datée du 25 mai 1780, écrite en lettres rouges & portant que chez le nommé *Peccata*, au village de la Hurlière, il y avoit un poinçon d'or ; & quantité d'efpèces : chacun leur avoit porté fon argent pour courir après de chimériques richeffes ; étrange aveuglement qui prouve jufqu'à quel point peut aller l'aveuglement & la foibleffe de l'efprit humain !

» La religion a toujours été le mafque le plus fûr

des *affronteurs* publics. Nous en trouvons un exemple tout récent arrivé en Prusse. Un nommé *Rosenfalt* ayant quitté sa femme avec qui il étoit las de vivre ; avec une barbe longue & hérissée , un extérieur négligé , se montre au peuple , prêche la réforme, se déchaîne contre les prêtres (1) & les magistrats, se donne pour un nouveau messie, annonce avoir en sa possession le livre de vie , mais ne pouvoir l'ouvrir à moins qu'on ne lui amène une vierge : des parens imbécilles lui amènent une fille, qu'il viole en leur présence. Cette scène est suivie de plusieurs autres semblables , jusqu'à ce qu'enfin découvert , il est condamné, par le juge territorial , à être fouetté & enfermé dans la forteresse de Spendau. Le tribunal d'appel avoir un peu mitigé les dispositions de ce jugement ; mais le souverain , par un ordre du cabinet , en date du 12 janvier 1782, a confirmé la sentence du premier juge , & fait exécuter avec l'éclat que demandoient les circonstances.

Nous avons vu parmi nous beaucoup d'*affronteurs* prétendre aux miracles, & recevoir par ce moyen des présens ou aumônes de leurs stupides sectateurs. Quelques-uns , à l'adresse de tromper le vulgaire ignorant, ont joint celle de tromper l'œil vigilant de la justice ; mais ils ont été en petit nombre. La plupart ont été mis dans l'impossibilité de faire des dupes. Malgré les exemples, on voit cette espèce dangereuse se reproduire de toutes parts, & renaître pour ainsi dire, de sa cendre. Vainement les progrès des lumières ont reculé les bornes des connoissances humaines , & étendu l'empire de la philosophie, le peuple reste dans l'ignorance, & il semble devoir être éternellement livré à l'affronterie, & la victime de sa crédulité.

» La police, qui est la sauve-garde des mœurs & de la sûreté publique , doit prévenir, autant qu'il est en elle, toute espèce d'affronterie & éclairer, par le moyen de ses agens secrets, les démarches & les manœuvres de ces hommes artificiels & fourbes , qui ont pour maxime de vivre & de s'enrichir en affrontant le public. Lorsqu'elle les a découverts , c'est à elle à les punir selon la gravité des délits , si ce sont des aventuriers errans, sans domicile fixe & permanent , comme cela se rencontre presque toujours ; mais s'ils sont domiciliés, ils ne sont plus de la compétence de la police ; elle doit les renvoyer devant le juge criminel : hors ce cas, qui est extrêmement rare , c'est le magistrat de police qui connoît des affronteries , & inflige à leurs auteurs le châtiment qu'ils méritent.

» Quant aux peines que la jurisprudence inflige aux *affronteurs* , il nous semble qu'elles devroient être sévères, & qu'on ne peut en rendre les châtimens trop publics. Nous croyons que le bannissement est une peine dangereuse ; car c'est leur ouvrir la porte pour aller dans un autre canton renouveller leurs mêmes tours d'adresse. *Voyez* AIGREFIN, ESCROC ». Cet article est de M. *des Essarts*.

A ces espèces d'*affronteurs* , joignez ceux qui trompent indignement le public par des annonces d'ouvrages magnifiques dont le résultat n'est souvent qu'une indigeste compilation, un véritable plagiat; & où , sur dix volumes *in-4°*., l'on trouve à peine deux cents pages qui aient passé par la filière de l'auteur. Ces *affronteurs* sont d'autant plus odieux qu'ils ont discrédité les entreprises utiles , & attiré des disgraces aux véritables gens de lettres : ils sont absolument à l'abri de tous châtimens , & ils ont beau champ à duper le public.

AGENT DE CHANGE, s. m. Les *agens de change* sont, en France , des officiers qui s'entremettent pour le commerce des lettres & billets négociables, dans les villes où il y a bourse ; & dans celles où il n'y en a point , ce sont les courtiers qui en font les fonctions. Ils sont tenus d'avoir un registre-journal, contenant toutes les parties par eux négociées (2). *Voyez* agent de change dans la *jurisprudence*.

Le nombre des *agens de change* de Paris , après avoir beaucoup varié, a été fixé à soixante par la déclaration du 19 mars 1786, laquelle régloit leurs gages au denier vingt-cinq de leurs finances , mais une seconde, du 28 janvier 1787, a établi que ces gages seroient fixés au denier vingt , avec retenue du dixième.

Nous allons donner l'extrait de deux arrêts du conseil concernant ces officiers , l'un regarde leur

---

(1) Ce ne sont pas seulement des hommes fanatiques & ignorans qui ont cherché à se distinguer par des injures contre le clergé. Nous avons vu des hommes instruits renouveller toutes les criailleries tant de fois réfutées , contre cet ordre respectable. Ils ne voient pas, ces dénonciateurs de prétendus abus monstrueux , que l'excès de leurs exagérations n'ont fait que mieux affermir l'église dans ses droits , & que si quelques parties de cette grande & sublime institution demandent des réformes , c'est le moyen de les manquer que d'inculper à tort & à travers qui a droit & qui ne l'a pas. Les discussions sur les affaires de l'église demandent une extrême impartialité, beaucoup de lumières & d'honnêteté ; parce que la religion est la magistrature du peuple, & qu'il en confond ordinairement les intérêts avec ceux des ministres des autels : insulter l'un , c'est nuire à l'autre. Les écrivains qui disent qu'on peut gouverner les hommes & les consciences par des abstractions , des gibets & des fusils , sont des sots qui n'ont jamais vu la société , des petits despotes en singerie , qui n'aimeroient pas mal substituer la force à la persuasion, & la vacillité des intérêts fiscaux aux grands principes d'une législation sage & religieuse. On doit donc bien se défier de tant d'écrits soi-disans courageux qui ne sont qu'injurieux , & qui voudroient charger un ordre de crimes dont il n'est pas coupable, pour en légitimer la ruine & la nullité. Voulez-vous que tout le monde soit juste envers vous, soyez juste envers tout le monde.

(2) Les agens de change & de banque , tiendront un livre-journal dans lequel seront insérées toutes les parties par eux négociées, pour y avoir recours en cas de contestation. *Edit du commerce*, tit. III, art. 2.

état & l'autre, leur police ; & comme c'est au lieutenant de police qu'est attribuée la connoissance de
ces objets, nous en devons compte ici ; de plus grands
détails ne nous appartenant pas & se trouvant traités ailleurs.

L'arrêt du conseil, du 6 novembre 1781, veut
que tout *agent de change*, avant d'être reçu, produise un cautionnement de 60,000 liv. en immeubles, dont le lieutenant de police de Paris, examinera la solidité, ou bien de verser au trésor royal
40,000 liv. dont l'intérêt lui sera payé sans retenue,
au denier vingt. Le marc d'or est fixé à la somme de
500 liv. en principal. Nul ne peut être reçu *agent de
change* s'il n'a été cinq ans dans un comptoir de
banque ou de commerce, dans les bureaux des
finances ou chez un notaire. En cas de décès ou de
démission d'un *agent de change*, son cautionnement
en immeuble ne peut être actionné par aucun créancier, que six mois après le décès ou la démission ;
quant aux 40,000 liv. déposés au trésor royal, ils
seront remis, avec les intérêts, en justifiant qu'il
n'y a point d'oppositions au remboursement.

Il est défendu à toutes personnes autres que les
agens de change, de s'immiscer dans les négociations d'effets royaux & papiers commerçables,
comme aussi de prendre la qualité d'*agent* ou courtier de change, d'avoir ou tenir dans la bourse
aucun carnet pour y inscrire le cours des effets, &
de rester à la bourse, après le son de la cloche qui
en indique la sortie, à peine, pour l'une & l'autre
de ces contraventions, de nullité des négociations,
de 3000 liv. d'amende, & en cas de récidive, de
punition corporelle.

Il est néanmoins permis aux marchands, négocians, banquiers & autres qui sont dans l'usage
d'aller à la bourse, de négocier entr'eux les lettres
de change, billets au porteur à ordre, & de marchandises, sans l'entremise des *agens de change*,
en se conformant au surplus aux règlemens.

Un nouvel arrêt, du 5 septembre 1784, ajoute
différentes dispositions d'ordre & de police, à ce
que nous venons de voir. 1°. En cas de contestations,
les *agens de change* se retireront devant les syndic
& adjoints de leur corps, pour les contestations qui
naîtroient entr'eux, sauf à référer devant le lieutenant
de police. 2°. Lorsqu'il y aura un nouveau cours des
effets, les *agens de change*, vendeurs & acheteurs,
seront obligés, à la première réquisition de leurs
confrères, de se nommer. 3°. Ils ne pourront faire
aucune société entr'eux, ni avec aucun marchand ;
se servir de commis, facteur, entremetteur, faire
aucun commerce directement ni indirectement de
lettres, billets, marchandises, papiers commerçables & autres effets pour leur compte, suivant
& aux termes des articles XXXII, XXXIII &
XXXIV de l'arrêt du conseil, du 24 septembre
1724. 4°. Tous ceux qui voudront être admis à
suivre la bourse seront tenus de se faire inscrire ;

pour cet effet, ils présenteront un mémoire au lieutenant-général de police, concernant leurs services & travaux dans le notariat ou la banque ; ce
mémoire sera communiqué aux syndic & adjoints
de la compagnie des *agens de change*, pour avoir
leur avis : ils seront ensuite inscrits, s'il y a lieu,
sur un registre paraphé par le lieutenant-général de
police ; en cas de refus, il leur sera défendu de se
présenter à la bourse, & s'ils parvenoient à s'y introduire, ils en seront expulsés. 5°. Il sera donné
note aux syndic & adjoints de la compagnie, & aux
officiers chargés de la police de la bourse, des courtiers qui auront été admis. 6°. Le courtier qui aura
commis quelqu'infidélité, qui aura abusé de la confiance de ses commettans, & se sera écarté de l'u-
sage reçu dans les négociations, sera expulsé de la
bourse, sans espérance de pouvoir y rentrer, ni de
parvenir à une place d'*agent de change*. 7°. Tous
ceux qui auront obtenu l'inscription, & qui auront
rapporté le certificat des syndic & adjoints, *agens
de change*, pourront aspirer aux places d'*agent de
change* vacantes, & y être nommés par le contrôleur-général des finances, sur la présentation qui
en sera faite par le lieutenant-général de police,
sans qu'il soit besoin d'être précédemment compris
au nombre des dix aspirans élus par les *agens de
change*, pour remplacer ceux qui viennent à manquer, en vertu de l'article VII de l'arrêt du conseil,
du 6 novembre 1781. 8°. Il sera nommé tous les
ans, par le lieutenant-général de police, un comité de six *agens de change*, pour aider les syndic
& adjoints, lorsqu'ils en auront besoin, lequel comité pourra être continué, avec l'agrément du lieutenant-général de police. 9°. Lorsqu'il sera procédé
à la nomination annuelle d'un nouveau syndic, la
présente instruction sera lue par le syndic sortant, au
syndic entrant dans l'assemblée de la compagnie, &
il en sera fait mention expresse dans la délibération
qui contiendra sa nomination.

AGENS DE LA POLICE. Ce sont tous ceux qui
n'exercent aucune fonction publique, mais qui sont
autorisés & soutenus dans l'exercice de certaines
parties de la police. En général, on donne ce nom
aux espions & inspecteurs de police, parce qu'ils
agissent sans cesse, furetent, examinent la conduite
des particuliers & en rendent compte aux officiers
& magistrats qui doivent en connoître, ou plutôt
qui sont dans l'usage d'en connoître.

On a beaucoup crié contre les *agens de la police* ;
on a eu tort ou raison, suivant qu'on s'est plus ou
moins éloigné ou rapproché de la vérité. Dans une
ville comme Paris, où l'astuce, l'escroquerie, le
libertinage, la fourberie & la dégradation civile d'une
foule d'hommes perdus exposent l'honneur, la vie, la
propriété des citoyens à des dangers continuels, il
falloit une police active, vigilante, à qui rien n'é-
chappât & qui pût, tantôt soustraire les habitans
aux manœuvres du brigandage & de l'affronterie

par la connoiffance qu'elle fait s'en procurer, tantôt arrêter à tems l'adroit coquin ou le perturbateur du repos public, qui cherche dans la fuite l'impunité de fes délits ; il étoit important que la fûreté, la tranquillité de la ville fuffent affurées & continuellement furveillées pour en rendre la durée conftante ; la multitude d'étrangers qui arrivent dans cette immenfe capitale exigeoit qu'on prît des mefures fages, pour n'en pas faire un réceptacle de brigands & le lieu d'afile des malfaiteurs du royaume. Toutes ces vues ne pouvoient fe réalifer, tous les objets ne pouvoient s'effectuer qu'au moyen d'agens toujours en mouvement, toujours aux aguets, & qui, femblables aux gardiens du troupeau, obéiffent au moindre fignal du maître.

Mais il ne falloit pas que ces gardiens, faits pour éloigner les loups, vexaffent, maltraitaffent les plus foibles du troupeau, qu'ils exerçaffent une tyrannie fourde & odieufe fur tout ce qui ne peut pas fe faire refpecter par fon importance ou fa force.

Les *agens de la police* ont abufé du pouvoir qui leur a été confié ; la baffeffe, la turpitude morale de quelques-uns a ajouté à l'indignation que leur conduite a fait naître. Fideles à l'efprit inquifiteur, qui, par un monftrueux dérangement de l'ordre politique, eft devenu celui de la police, on les a vu violer tous les égards dus à la demeure des citoyens, pour exercer leur ténébreux office. Ce défordre s'eft accru à un point extrême ; & depuis quelques années, la ville la plus peuplée, la plus riche, la plus diftinguée du royaume, tremble fous la férule méprifable d'une foule d'agens également décriés, & par leur profeffion, & par leurs mœurs.

Ce défordre, étonnant fans doute, & incroyable pour quiconque n'en a pas été témoin, eft principalement entretenu par la nullité politique, l'indifférence des parifiens pour tout ce qui a trait au gouvernement. Il n'eft point de bourgade, point de village, point de paroiffe de campagne, où le particulier n'ait plus de droit de confidération civique, qu'un bourgeois n'en a à Paris. Il ne tient par rien à l'état ; & depuis la deftruction de l'ancienne forme des corporations par M. *Turgot*, l'habitant de cette ville n'a rien qui le lie à l'adminiftration, aucun rapport qui lui affure les diftinctions que mérite le titre de citoyen.

Dans cette dégradation, dans cet oubli de lui-même, le domicilié de Paris s'eft facilement accoutumé à regarder la police comme l'arbitre de la deftinée & la puiffance fouveraine par excellence. N'étant rien, il lui a été naturel de croire qu'elle étoit tout. De là, cette incroyable patience à fouffrir des enlèvemens, des vexations, des injuftices, des exactions, & tout ce qu'il plaît aux *agens de police*

d'exercer fur un peuple ftupide qui ne fent pas même le mal qu'on lui fait.

Auffi rien n'égale-t-il l'audace, l'infolence des *agens* de la police, fi ce n'eft peut-être l'impunité qui accompagne tous les délits dont ils peuvent fe rendre coupables. Quiconque a connu l'opprobre dont nous avons été couverts pendant long-temps, quiconque a vu nos citoyens égorgés fur l'ordre & par le commandement arbitraire d'*agens de la police* ; quiconque fait de quelle outrageante manière un citoyen eft arrêté, traîné, enchaîné par ce qu'on appelle *la garde*, ou par une forte de canaille nommée *mouchars*, dont la France feule offre le honteux cortège ; celui qui a vu cela ne doit trouver rien d'exagéré dans les plaintes que nous portons ici au public.

C'eft principalement fur la claffe pauvre, foible & malheureufe de la fociété que la cohorte des *agens de la police* exerce fon horrible miniftère. Croiroit-on que cette vermine porte fon audace impie jufqu'à violer les afiles que la religion offre à la pauvreté ? On a vu de ces hommes perdus porter leurs pas facrilèges dans un de ces lieux (1), fous le prétexte d'y demander des fervantes, & vendre enfuite ces malheureufes à d'autres fatellites pour les renfermer dans des prifons connues fous le nom de dépôts, lieux affreux, lieux de mifère, où tous les genres de maux attaquent à la fois l'infortuné citoyen qu'on y emprifonne.

L'autre efpèce de victime des *agens de la police* font les proftituées. Ces femmes, que tant de maux dégradent, que tant de douleurs tourmentent, que tant d'opprobres aviliffent, ont encore à effuyer l'impudente injuftice de ces vils perfonnages. Et ne croyez pas que les rigueurs brutales, les traitemens groffiers, les partialités, les vexations qu'on fait éprouver à ces malheureufes puiffent, ou les corriger, ou diminuer les progrès de la proftitution. Les honteufes manœuvres des *agens de la police* ne peuvent qu'ajouter à ce fléau public tous les défordres que ne manque jamais de produire une tyrannie fourde & corruptrice. N'allons pas chercher les courtifannes grecques qui devoient confidérées, parlons feulement de celles de Londres. Y font-elles, dans cette dernière ville, abruties au degré où elles le font chez nous ? Y font-elles auffi corrompues, auffi malheureufes ? tout furement. C'eft qu'elles n'ont à craindre ni l'incontinence brutale d'un mouchard, qui les livrera fi elles ne fe proftituent point à lui ; ni l'avarice d'un *agent* plus relevé, qui protégera l'infame proxénète, pour févir contre la malheureufe qui aura fouftrait un falaire modique à l'avare rapacité de ceux qui vivent de fa proftitution. Ne doutons pas, en un mot, que la turpitude des *agens*

---

(1) L'hofpice de Sainte-Catherine, à Paris, lieu où l'on reçoit les pauvres fervantes fans condition. On ne les y loge que trois jours ; par-tout notre charité eft mefquine ; il femble que nous craignions d'être grands.

subalternes de la police n'ajoute à celle de ce fléau & n'en augmente l'intensité. *Voyez* PROSTITUTION.

Mais tandis qu'ils exercent ce despotisme bas & avilissant sur tant de malheureux, ils laissent à une foule de gredins qui inondent Paris la plus entière liberté d'y commettre cent désordres ; & le même fripon qui, la veille, insultoit à la foiblesse, à la pauvreté de quelques misérables hommes ou femmes, qui les accabloit du pouvoir abusif dont une odieuse burocratie le revêt, ce même satellite se rendra complice des délits d'un recruteur, d'un intriguant ou d'autres pestes semblables.

C'est sur tout avec les racoleurs, (qu'on me pardonne la bassesse des termes, dont l'ignobilité de la matière me force de me servir), que les *agens de la police* ont des relations d'intérêts Il seroit difficile d'en dire toutes les raisons, mais en voici quelques-unes : d'abord, c'est afin que les racoleurs profitent des pertes au jeu, des écarts, des fautes de jeunes gens, pour les enrôler ou faire semblant de les enrôler. Les *agens de police* leur indiquent ceux qui sont dans ce cas. Le jeune homme n'est pas sitôt entre les mains du racoleur, qu'on fait adroitement savoir à la famille que l'enfant est engagé, qu'il va partir, que cependant on pourroit s'arranger. La famille capitule, on en tire de l'argent, & cet argent est partagé entre les fripons de part & d'autre. Cela ne mérite-t-il pas bien l'association de pareils hommes ? Souvent un père a du mécontentement contre son fils, l'imbécile veut le faire renfermer ; le mouchard le sait, en fait part au racoleur, on l'engage & l'on partage le bénéfice ; enfin, le commerce qui se fait entre les *agens de la police* & les proxénètes de la prostitution, a semblablement lieu entre eux & les recruteurs : de part & d'autre il s'agit de vendre & d'avilir la jeunesse.

Nous ne pouvons pas, nous ne voulons pas entrer ici dans tous les honteux manèges de ces *agens*, & les désordres qui en sont la suite, nous en avons dit quelque chose au mot ABUS, nous en parlerons encore ailleurs ; remarquons seulement que pour les faire cesser, il faudroit 1°. rétablir des assemblées de quartiers, composées de domiciliés librement élus, & conférer à ces assemblées l'exercice des principales parties de la police dans leur quartier respectif, &c. *Voyez* ASSEMBLÉES DE QUARTIERS. 2°. Interdire toute espèce d'enlevement sous quelque prétexte qu'il pût être, & envers qui que ce soit, même des gens non domiciliés. 3°. Défendre de constituer un homme prisonnier sans avoir été entendu, interrogé. 4°. Enfin, supprimer toute cette burocratie ténébreuse qu'on croit utile par habitude & qu'on respecte par préjugé, comme si les villes qui n'en ont pas n'étoient point aussi sûres, aussi tranquilles, plus propres & mieux éclairées que Paris. Ces objets méritent bien autant de fixer l'attention nationale que quelques réformes fiscales, bonnes, au plus, à priver nombre de citoyens de leur état.

AGIOTEUR, s. m. C'est celui qui fait le commerce des effets publics en spéculant sur la baisse & la hausse qu'ils peuvent éprouver. Mais comme ce négoce est presque toujours accompagné d'adresse, d'astuce, de manœuvres équivoques, le mot d'*agioteur* est presque toujours pris en mauvaise part.

Pour en entendre pleinement la signification, il faut se rappeller celle du mot *agio*, dont *agioteur* est dérivé. L'*agio* est un terme de banque, il désigne l'excédent qu'on prend sur une somme qu'on reçoit en payement d'une autre, afin de compenser les risques que l'on court de n'être pas ou mal payé de la première. Il signifie aussi la différence qu'il y a entre la monnoie de banque & la monnoie courante. Or, comme ces différences varient, & que les craintes de n'être pas payé varient aussi, montent, descendent, on a donné à ces mouvemens le nom d'*agio* & d'*agioteur* à celui qui profite en spéculant dessus dans la vente des papiers publics, attendu que toutes ces sommes sont ordinairement exprimées en papiers. *Voyez* ce mot dans le *commerce*.

Mais l'*agioteur* porte principalement ses vues sur les papiers royaux, qui plus que les autres sont sujets à des variations, qui lui donnent lieu de multiplier ses chances, ce qui, en commerce d'aventure, est toujours un avantage. Ces effets ou papiers royaux naissent des emprunts que les guerres, les prodigalités, l'accroissement forcé des dépenses en tems de paix, obligent les gouvernemens de faire. La valeur qu'on reçoit en papier, en échange de l'argent que le public porte à ces emprunts, est sujette à des révolutions plus nombreuses que les engagemens particuliers. Elles ont pour cause 1°. l'impossibilité de discuter & de contraindre le débiteur ; 2°. les événemens politiques qui augmentent ou diminuent la fortune de l'état ; 3°. l'espoir des profits annoncés pour attirer l'argent & la crainte des retards & des pertes ; 4°. les principes & le personnel des administrateurs.

Si le gouvernement paie exactement, son papier conserve sa valeur primitive. Quelquefois même il gagne, & c'est une preuve de la confiance publique dans la bonne foi du souverain & dans le caractère de son ministre. Ainsi, le 11 mai 1774, les papiers publics en France ont haussé, & le papier d'emprunt créé le 5 avril 1783, a gagné sur le champ. A la seconde élévation de M. *Necker* au ministère, en 1787, tous les effets ont également monté par l'effet de la confiance. Quand, au contraire, le gouvernement ne paie pas ou paie mal, ou donne des allarmes, le papier diminue suivant la perte actuelle, le risque présumé & l'opinion du moment. Quand le papier conserve dans le commerce sa valeur primitive, c'est le *pair*, quand il augmente, c'est la *hausse*, quand il diminue, c'est la *baisse*. Sa valeur du moment, c'est le *cours*. C'est sur cette échelle que l'*agioteur* dresse ses calculs, c'est d'après la connoissance du crédit actuel qu'il dirige toutes ses

ſpéculations. S'il ſe bornoit à cette manière de commercer, il n'y auroit rien ſans doute à reprendre
dans ſa conduite, il eſt de droit naturel de faire
fructifier ſes fonds & de les placer le plus avanta-
geuſement poſſible ; l'intérêt de perſonne n'eſt
bleſſé là dedans, & comme le vendeur ne force
point l'acheteur à prendre de ſes effets, chacun
reſte libre, & le marché, quelque lucratif qu'il
puiſſe être pour l'un des deux contractans, n'eſt
point frauduleux.

Mais l'art de l'agiotage a fait des progrès ſi rapides, ces progrès ont tellement été l'effet de l'aſtuce,
de la mauvaiſe foi & de l'intrigue, que loin de ſe
contenir dans les bornes de la franchiſe, de la juſtice & d'un gain honnête, les *agioteurs* ont fait
jouer les plus odieux reſſorts, ou employé les plus
vils manèges pour s'aſſurer des bénéfices exorbitans ; & ſans adopter toutes les exagérations débitées à cet égard, par vingt déclamateurs auſſi ſuſpects d'ignorance que de mauvaiſe foi, on peut
dire que l'agiotage eſt devenu, depuis quelques
années, en France, un véritable ſcandale, une
cauſe de déſordres dans les finances & de corruption dans la morale publique. Pour mieux faire
ſentir comment ces effets ont été la ſuite de ce
commerce frauduleux faiſons-en connoître la marche & les ruſes.

» On peut appeler généralement du nom d'agiotage les opérations d'un capitaliſte qui achète ou
vend des effets publics, d'après les variations qu'ils
éprouvent ou peuvent éprouver dans leur prix au marché, ſelon l'eſpérance ou les craintes qu'il a conçues ;
en ce ſens il y a eu de l'agiotage dès qu'il y a eu des
effets publics ; en ce ſens encore l'agiotage n'a rien
de répréhenſible, rien qui puiſſe mériter l'animad-
verſion du gouvernement : mais diverſes circonſtances ont donné à ce genre de commerce un tout
autre caractère, ou plutôt le caractère ſous lequel
il faut le voir lorſqu'on attache à ce mot le ſens
odieux qu'il a aujourd'hui dans notre langue, &
qu'il lui faut conſerver.

» La première a lieu lorſque l'*agioteur* n'eſt pas
ſimple obſervateur des variations que peuvent éprouver les effets publics dans leur valeur, mais qu'il
en eſt en même-temps la cauſe, lorſque par des
bruits artificieuſement ſemés ou accrédités, il dé-
crie un effet public pour l'acheter, ou le relever
dans l'opinion publique pour le revendre : la ſeconde circonſtance qui doit faire regarder l'*agioteur*
d'un mauvais œil, ſe rencontre, lorſque celui qui
négocie ainſi des effets publics, eſt d'avance le
confident des opérations politiques ou financières
qui doivent influer ſur le prix de ces mêmes effets ;
car il eſt évident qu'en achetant ou en vendant en
conſéquence de cette connoiſſance qu'il a à lui ſeul,
il combat à armes inégales avec les poſſeſſeurs actuels de ces effets ou de tous autres. Il abuſe de
leur ignorance ; le moindre reproche qu'on puiſſe

lui faire eſt de manquer, non pas ſeulement de
délicateſſe, mais même de cette équité naturelle,
qui interdit à la force de combattre la foibleſſe, &
à l'homme éclairé & habile de tromper l'ignorance
& la ſimplicité. La troiſième circonſtance eſt l'accaparement des effets publics, c'eſt-à-dire, que l'o-
pération de l'*agioteur* prend un caractère odieux, ſi
elle porte à la fois ſur une grande quantité du
même effet public ; car, quoique l'accaparement
en général ne ſoit pas contraire aux principes de la
juſtice rigoureuſe, parce que l'accapareur n'achète
après que ce que chaque propriétaire de la
choſe veut bien lui vendre, & ne vend enſuite
qu'au prix que ceux qui achètent veulent bien lui
payer ; il eſt cependant coupable d'une avidité véritable, d'une ſorte de ſurpriſe faite à l'ignorance
du public, d'un abus cruel des momens du beſoin ;
il mérite au moins d'être regardé du même œil que
le marchand qui, par des manœuvres du même genre,
ſe rend maître d'une ſeule eſpèce de marchandiſe,
& la vend enſuite à un prix extraordinaire, qui lui
donne des profits exorbitans.

Une quatrième circonſtance qui nous ſemble caractériſer l'agiotage répréhenſible & ſcandaleux eſt
l'achat & la vente d'effets fictifs & non réels. C'eſt
ſur-tout par là que l'agiotage dont nous avons été
les témoins a mérité l'indignation publique, & l'a-
nimadverſion du gouvernement. On ſait en quoi
conſiſte cette manœuvre, mais il eſt à propos de
l'expliquer ici en deux mots.

Deux perſonnes, n'ayant ni l'une, ni l'autre aucun effet public, s'engagent mutuellement l'une à
vendre, l'autre à acheter du premier une certaine
quantité de tel ou tel effet public, à tel prix ſtipulé & à telle époque éloignée, quelque ſoit à cette
époque, le prix qu'aura ſur la place l'effet qu'ils promettent de fournir & de recevoir ainſi. Si l'on ſuppoſe qu'ils ont fait un marché pareil ſur cent
actions de la compagnie des indes à 1100 liv. chacune, & qu'à l'époque fixée ces actions vaillent ſur
la place 1300 livres ; il eſt clair que celui qui les
doit fournir, ſera obligé de payer pour les avoir 130
mille livres, & que celui qui doit les recevoir ne
ſera tenu de donner que 110 mille livres ; & comme
ce dernier, après avoir reçu les actions, pourra
les vendre en totalité 130 mille livres, par la ſup-
poſition qu'elles valent au marché 1300 liv. chacune, le premier perdra donc dans l'exécution du
marché préciſément 10 mille livres, & cette même
ſomme ſera gagnée par le ſecond.

» Mais cela poſé, l'un & l'autre jugeront qu'il
eſt inutile que le premier achète & livre réellement
à ſon antagoniſte cent actions, & que celui-ci les
reçoive, puiſque tout ce que l'exécution littérale du
marché peut avoir d'avantageux à ce dernier, eſt
de lui faire gagner 10 mille francs, différence du
prix anciennement ſtipulé au prix actuel ; & cet
avantage, il en jouira en recevant directement

10 mille francs de celui qui s'est engagé à lui fournir les cent actions. Or, aussitôt que le marché dont il s'agit a pu s'exécuter, en payant seulement la différence du prix stipulé antérieurement au prix actuel & qu'on s'est dispensé d'exécuter littéralement la convention, on n'a plus acheté & vendu des effets réels : première conséquence.

» Dès qu'on n'a plus acheté & vendu d'effets réels, la négociation est devenue un simple pari sur la valeur future de l'effet public à une époque déterminée, un véritable jeu : seconde conséquence.

» Enfin cette négociation relative à l'effet public, devenue une fois un pari, un jeu, & n'emportant plus la livraison & le paiement d'un effet réel, n'a plus eu de limites ; car entre des gens qui ne doivent ni fournir, ni recevoir des actions réelles, un pari semblable peut porter sur dix fois, cent fois plus d'actions qu'il n'en existe réellement, & toute limite est ôtée : troisième conséquence.

» Il est visible que cette quatrième conséquence & les circonstances qui en découlent, donnent à l'agiotage un caractère répréhensible. Si les excès du jeu doivent être en horreur à tout homme raisonnable, & nous ne craindrons pas d'ajouter véritablement honnête, de quel œil peut-on voir un jeu capable d'engloutir en un moment & sans retour la fortune la mieux établie, de ruiner les familles, de faire manquer aux engagemens & aux devoirs les plus sacrés ; en un mot le plus dangereux & le plus désastreux de tous les jeux ; car le jeu est de ces actions dont le caractère moral change selon le plus ou le moins ; & quoiqu'il soit innocent lorsque le risque est léger & la perte possible modique ; si le risque est terrible & la perte immense, par cela seul il devient criminel ».

Un autre effet de cet agiotage, & que l'auteur de ces réflexions (M. l'abbé *Morellet* (1)) a oublié, c'est que pour favoriser la *hausse* des effets, l'agioteur qui y trouve son intérêt en achète un grand nombre, & que pour trouver l'argent nécessaire à cela, il emprunte à de très-gros intérêts, sûr d'en retirer de plus grands bénéfices encore ; ce qui produit deux maux remarquables : 1°. la hausse du taux de l'intérêt de l'argent ; 2°. son éloignement des entreprises utiles dans le commerce ou l'agriculture.

De plus, l'agioteur qui joue à la *baisse*, c'est-à-dire qui a intérêt que les effets qu'il doit livrer soient au plus bas prix possible sur la place, ne manque pas d'en faire vendre par des craintes semées adroitement sur leur valeur, & sur-tout en soudoyant quelque plume vénale & impérieuse, qui, ébranlant la confiance, & jettant de l'incertitude sur les intentions ou les projets des ministres, sappe le crédit, & ôte, au moins momentanément, aux papiers

leur juste valeur, par la vente subite & forcée qui s'en fait alors. C'est ainsi que des hommes d'un génie distingué & qu'on auroit cru nés pour une meilleure conduite, ont offert à nos concitoyens l'exemple de la plus honteuse vénalité du talent d'écrire, eux qui se font un devoir apparent de crier contre toute espèce de vénalité : pestes publiques qui ne voient dans l'erreur ou la foiblesse des hommes qu'un moyen de les tromper, fléaux de la société par la duplicité de leur conduite, ennemis des loix de la paix par leur effronterie, & charlatanisme & leur mauvaise foi. C'est bien à un de ces fourbes publics qu'on peut dire :

Nous te ferons, sans art & sans talent,
D'un métal faux un buste ressemblant.

On pense bien que l'agiotage a été réprimé par l'administration, ou plutôt que l'administration s'est efforcée d'en arrêter l'essor, & les abus ; mais comment porter une surveillance assez sûre, assez constante sur ces objets pour contenir dans les limites de la modération des joueurs acharnés ? Les précautions n'ont servi qu'à donner plus d'intensité à ce mal, en concentrant les causes qui l'ont fait naître, & liant par l'intérêt du secret & de la confiance tous ceux qui y sont intéressés. Et puis distinguer toujours sûrement l'innocent du coupable ; le bonheur de la friponnerie ? Quoi qu'il en soit, voici les règlemens publiés à cet égard depuis quatre ans.

L'arrêt du conseil, du 7 août 1785, après avoir rappellé dans son préambule ce qu'on vient de lire sur l'agiotage, & avoir dit : « que c'est un jeu désor-
» donné que tout sage négociant réprouve, qui
» met au hasard les fortunes de ceux qui ont l'im-
» prudence de s'y livrer, détourne les capitaux de
» placemens plus solides & plus favorables à l'in-
» dustrie nationale, excite la cupidité à poursuivre
» des gains immodérés, substitue un trafic illicite
» aux négociations permises, & pourroit compro-
» mettre le crédit dont la place de Paris jouit à si
» juste titre dans le reste de l'Europe ». Il défend ;
1°. de s'assembler dans aucun lieu public, notamment dans aucun café pour y tenir bureau & faire de semblables négociations ; 2°. toute vente ou achat d'effets royaux, sans l'entremise des agens de change ; 3°. à ceux-ci de coter à la bourse d'autres effets que les effets royaux & le cours du change, ni de faire aucun commerce de papiers pour leur propre compte ; 4°. déclare nuls les marchés & compromis d'effets royaux, & autres quelconques qui se feroient à termes & sans livraison desdits effets, ou sous le dépôt réel d'iceux, constaté par acte duement contrôlé, au moment même de la signature de l'engagement ; 5°. enjoint aux courtier, agens de change & syndic, d'avertir

(1) Mémoires relatifs au privilege de la nouvelle compagnie des Indes, 1787.

lieutenant

lieutenant de police des contraventions qui pourroient être faites au préfent arrêt, qui doit tenir la main à fon exécution.

Comme par cet arrêt on n'avoit point annullé les compromis qui avoient été faits, & qu'au contraire on en avoit affuré l'effet, fous la condition de les faire contrôler par les commis des finances prépofés à cela ; on établit une commiffion, par arrêt du 2 octobre 1785, pour effectuer la liquidation de ces mêmes compromis, mais par une autre du 14 juillet 1787, elle fut fupprimée, & il y eft dit « que fa » majefté étant informée que l'agiotage qu'elle avoit » voulu fupprimer, fe perpétue & s'étend tous les » jours, a cru devoir changer quelques difpofitions » aux règlemens concernant la bourfe ; en confé- » quence elle révoque la commiffion établie pour la » liquidation des compromis, renvoie devant les juges » ordinaires les inftances relatives aux marchés illici- » tes d'effets publics, & ordonne qu'à l'exception des » actions de la caiffe d'efcompte, aucun des papiers » & effets des compagnies & affociations particu- » lières ne pourront être négociés à la bourfe de » Paris, que comme des billets & lettres de change » entre particuliers ».

Il réfulte de ce que nous venons de dire fur l'agiotage ; 1°. qu'originairement c'eft un commerce utile ; 2°. que les abus qui en font réfultés font dus à la multitude prodigieufe de papiers qui circulent fur la place ; 3°. que ces abus ont amené des défordres : rareté & haut intérêt de l'argent, manque de fonds pour les entreprifes utiles, mauvaife foi & intrigue dans les agens de la bourfe & même de la finance ; 4°. que ces défordres ne peuvent être que difficilement anéantis, qu'il n'y auroit qu'un moyen, celui de détruire tous les papiers, effets royaux & papiers de commerce, ce qui eft impoffible & feroit nuifible, quoique je ne fais quel réformateur l'ait propofé.

AGITATEUR, f. m. C'eft un homme qui par ambition fait foulever un corps, une ville, en dicte les réfolutions, & la fait fervir à fes projets, à fes vues, à fes deffeins.

L'agitateur diffère du démagogue, celui-ci ne fe dirige pas toujours d'après des motifs perfonnels, le bien public eft fouvent le moteur des fentimens fiers & impérieux qu'il infpire à la multitude ; celui-là ne voit jamais que lui, que fon intérêt, que fa fortune. Le démagogue, peut-être ami des loix, n'envifage dans les moyens qu'il met en œuvre pour échauffer, entraîner le peuple, qu'une voie pour arriver à l'ordre, à la paix, au maintien du pouvoir légitime ; l'agitateur au contraire ne fe propofe jamais qu'une autorité privée, c'eft fa puiffance qu'il veut affermir, & non celle de la république. Le premier chef d'une faction populaire a prefque toujours pour but l'agrandiffement de la démocratie & de la liberté publique, le fecond membre & foutien

d'un parti dans l'état, veut attribuer à un petit nombre de particuliers des droits qui ne leur font pas dus. Voyez DÉMAGOGUE.

Le nom d'agitateur eft fameux dans l'hiftoire d'Angleterre. On fait qu'après que le parlement eut attaqué Charles I, qu'il l'eut forcé à chercher en Ecoffe un afyle & des fecours, que l'armée victorieufe & toute puiffante fous le commandement de Cromwell eut entrepris de partager un pouvoir qui ne lui appartenoit pas, il fut établi dans le camp anglois un confeil d'agitateurs, qui prépara la fubverfion de la puiffance fouveraine, & fraya le chemin au trône à celui qui l'avoit fi hardiment acquis, fi on peut pourtant acquérir un trône par une autre voie que l'élection libre des peuples. Ces agitateurs étoient les députés ou procureurs de chaque régiment, & leur nom feul infpiroit de la frayeur & de la haine à tous les citoyens.

Mais il n'étoit plus tems de s'oppofer à cette terrible innovation, le gouvernement militaire faifoit des progrès rapides à la faveur des deffeins de Cromwell, qui voyant le monarque profcrit & bientôt en fon pouvoir, crut qu'il n'y avoit de moyen de fe conferver l'autorité fuprême qu'en attribuant à l'armée la connoiffance & le jugement des matières les plus importantes de l'état. C'eft un malheur inévitable dans le tems de troubles, que lorfque deux partis puiffans fe font la guerre, c'eft l'armée du vainqueur qui devient arbitre des deftinées du peuple, & s'empare du gouvernement. Comme la force, toujours aveugle, n'en eft pas moins dans ces tems orageux, le juge fans appel de toutes les conteftations, c'eft elle en dernière analyfe qui gouverne tout & qui devient la règle générale des affaires publiques.

L'Angleterre en fit une funefte expérience à l'époque que nous venons d'indiquer. Ce ne fut pas affez qu'aux clameurs des agitateurs foutenus par Cromwell, le parlement concédât au confeil de guerre une jurifdiction fouveraine fur tous les membres de l'armée, bientôt il fallut tout céder à ces defpotes, qui, faifant taire les loix & les maximes de liberté publique, voulurent fe rendre arbitres de toutes les délibérations. Tout fut foumis à leur tribunal. Cette odieufe tyrannie changea la forme de l'adminiftration, & fortifia dans Cromwell l'idée de fe rendre fouverain de fes maîtres.

De tous les tirans que l'Angleterre pouvoit alors avoir, Cromwell étoit peut-être le feul qui pût remplir cette grande place ; parce qu'après la terrible crife que la nation venoit d'éprouver, il falloit un génie puiffant, adroit, un guerrier, un légiflateur, un grand politique pour foutenir le courage des anglois, & légitimer, par la gloire de fon règne aux yeux des nations étrangères, l'effroi que leur avoit infpiré l'effufion du fang de Charles I. Cromwell remplit tous ces objets. Sa domination fut une fuite non interrompue de fuccès dans la guerre, d'heureufes innovations dans fa paix ; fon nom, en rappellant des idées de pouvoir, de force, de pénétration, de bonheur & d'habileté, lui faifoit des amis & des alliés par-tout. Il s'établit une puiffance dans l'Europe, & l'on ne peut douter que fi fes jours n'euffent point été abrégés par l'inquiétude & le travail, il eût fuícité de nouveaux malheurs à la France, en réveillant d'anciennes prétentions depuis long-tems oubliées.

Si ce pût être un bien pour l'Angleterre qu'elle ait eu alors un maître inflexible, heureux & defpote, ce fut fans doute un mal pour elle & pour toutes les nations civilifées, qu'il ait obtenu ce pouvoir par le fuffrage & la volonté de l'armée. Cet exemple eft terrible; &dans l'état politique des hommes, le mieux ou plutôt le jufte, feroit que la force militaire fût nulle, qu'elle ne pût jamais fe montrer, car en l'employant on introduit l'état de nature dans l'état de fociété, ce qui eft un défordre malheureux aux yeux de la juftice & de la raifon.

L'armée, depuis qu'elle eft foudoyée, qu'eft-elle? un affemblage d'hommes vendus à leur commandant, qui, fous prétexte de refpecter les loix de leurs chefs, violent celles de l'humanité. C'eft un ramas de gens fans principes, de brigands ou de débauchés; voilà les hommes qu'on rend arbitres de nos deftinées; voilà ceux qui fe croient tout permis, parce que l'ordre d'un chef ambitieux ou fanatique femble légitimer leurs attentats. Voilà les agitateurs qui infultèrent à la majefté du peuple anglois, qui tournèrent en dérifion les ordres de leurs fouverains, des deux chambres du parlement.

Mais l'erreur & l'aveuglement fuivent la force & la férocité. Cromwell fut écrafer les mêmes hommes dont il s'étoit fervi pour élever fa puiffance. Dès que l'armée l'eut mis en poffeffion du monarque, de l'état, de l'autorité fouveraine, les agitateurs difparurent. Il étoit trop habile homme pour ne pas s'appercevoir qu'un confeil d'hommes victorieux & armés étoit à craindre; que le defpotifme lui-même a befoin d'établir fon pouvoir fur un autre ordre de chofes que celui des armes, & que les fatellites qui lui avoient fervi de marche-pied pour parvenir au trône l'en auroient pu faire defcendre, fi leur intérêt l'eût exigé; mais tout le monde ne peut paffe flatter d'être auffi heureux; & ce ne fut d'ailleurs qu'avec l'armée qu'il détruifit tout pouvoir, en forte qu'en dernier réfultat, alors comme aujourd'hui dans les états militaires, c'eft l'armée qui défait, dicte les dernières volontés du fouverain dans les tems de troubles & d'anarchie.

AGORANOME, f. m. Ce mot vient du grec, agoranomos, qui fignifie le magiftrat chargé de la police des vivres. C'étoit lui, chez les grecs, qui avoit foin de vérifier tout ce qui fe vendoit au marché, & d'y mettre le prix. Il faifoit jetter les mauvaifes denrées, brifer les faux poids & les fauffes mefures;

puniffoit les contraventions, foit en forçant le vendeur à reprendre les animaux & les efclaves qui avoient quelques défauts qu'il avoit cachés, & à rendre l'argent qu'il avoit reçu, foit en mettant à l'amende les marchands qui trompoient ainfi le public.

Les romains imitèrent cette inftitution des grecs; l'agoranomie fut une des parties de la police attribuées aux édiles, & c'eft une des fonctions de nos lieutenans & magiftrats de police. Il eft quelquefois parlé des agoranomes dans *Denis d'Halycarnaffe* & dans *Plaute*, qui les comparent effectivement aux édiles, ainfi que l'a remarqué un de nos anciens jurifconfultes: *eadem curabant apud græcos agoranomi quæ apud latinis ediles & pretia uterque imponebat vénalibus*, &c. (Pet. Gregorius, *in fyntag. iuris.* Lib. XXXVI, cap. 30, t. 1,)

Loyfeau partage ainfi les fonctions des magiftrats, qui parmi nous veillent à la vente des marchandifes & des comeftibles. Il appelle la jurifdiction des premiers agoranomie, & celle des feconds aftynomie.

» Ce docte chancelier de Lhôpital recueillit & fit » renouveller de fon tems, en France, deux fortes » de juftices, qui font encore exercées ès villes par » les habitans d'icelles, élus par le peuple. L'une » pour l'agoranomie qui eft la juftice des juges-con- » fuls des marchands, qui premièrement fur infti- » tuée à Paris, en l'an 1563, puis en d'autres » villes par conceffion particulière. Et finalement » par édit général de l'an 1566, cette juftice » fut établie en toutes les bonnes villes de ce » royaume où il y a marchands, pour vuider les » procès de marchand à marchand, & pour fait de » marchandife: ce que Bodin nous apprend être » pratiqué de long-temps en la plupart des villes » d'Italie. L'autre pour l'aftynomie & police des » villes, inftituée, tant par l'ordonnance de Mou- » lins, que par l'édit de 1572 ». (Loyfeau, *traité des feigneuries*, ch. 16.)

Nous parlerons plus au long de ces deux branches de la police, au mot COMMERCE, attendu que c'eft là que nous devons, après avoir fait connoître l'influence du commerce fur les mœurs, fon hiftoire en Europe & fur-tout en France, donner une idée nette & fuffifamment étendue de la police générale du commerce. L'on peut voir également, au mot DENRÉES, quelques détails relatifs à l'aftynomie, c'eft-à-dire, à la police des vivres; voyez auffi POLICE, où nous en indiquons les principales divifions, tant dans le fens qu'on lui donne aujourd'hui, que dans celui qu'elle avoit autrefois.

AGRANDISSEMENT, f. m. Dans le fens que nous le prenons ici, c'eft l'augmentation fucceffive & graduée d'une chofe, d'une ville, par exemple; & c'eft fous ce dernier rapport que nous voulons le confidérer.

C'eft un lieu commun de déclamation que

l'agrandissement des villes, & sur-tout des villes capitales. Il n'est point d'épithètes insensées qu'on ne lui ait données, il n'est point de noms bizarres & monstrueux qu'on ne lui ait prodigués. Paris sur-tout est devenu l'objet des plus extravagantes exa-gérations : l'un le qualifie de vampire politique, l'autre de gouffre dévorant ; celui-ci d'abyme où viennent se perdre les richesses & les hommes ; ce-lui-là de séjour du luxe & de la corruption. Cette manie dénigrante n'a point été le partage des écri-vains médiocres seulement, des hommes instruits, amis des mœurs & des arts, captivés par l'habitude & entraînés par des préjugés, ont répété sans exa-men, sans réflexion, ce qu'ils avoient entendu dire, à-peu-près comme on exalte tous les jours, aux dépens des lumières & des usages actuels, la grossière ignorance & le libertinage caché de nos aïeux, sans se donner la peine de voir si c'est à tort ou à raison.

C'est le comble de l'hypocrisie de blâmer sans cesse un lieu où l'on seroit bien fâché de ne pas être. C'est un abus de l'art d'écrire d'entasser des griefs sans preuves & sans mesure contre une ville où l'on trouve tout ce qui peut flatter les sens & éclairer l'esprit ; c'est une ingratitude ridicule de vouloir attribuer tous les torts, tous les défauts à une capitale où les provinces ne cessent de puiser des secours & des lumières ; c'est une injustice pu-blique de flétrir les mœurs d'un peuple doux, géné-reux, compatissant, & où l'on mesure, moins qu'ail-leurs, la bienfaisance sur le produit de la récolte ; c'est une erreur en politique que d'appeler Paris un chef monstrueux & inutile, qui absorbe à lui seul la moitié de la subsistance du royaume. Paris fertilise & anime toutes les provinces qui l'entourent ; c'est un centre d'activité où l'industrie trouve des en-couragemens, & les denrées une valeur. Dispersez-en les riches habitans, qu'ils aillent vivre patriar-chalement dans leurs châteaux, qu'ils cessent d'être échauffés par l'attrait des arts, le goût des jouis-sances, qu'ils ne soient plus émus de l'esprit de bienfaisance qu'on retrouve à Paris plus que par-tout ailleurs ; que réservant leurs trésors pour eux seuls, ils accumulent des biens dont l'appât du luxe les force ici de faire part aux agens de l'industrie, bientôt vous verrez la civilisation retourner en arrière, les mœurs devenir dures, les passions sanguinaires, & l'édifice de la société & de la liberté publique rentrer dans l'état où il étoit aux douzième & treizième siècles.

C'est au sein des villes, au milieu des grandes cités que se développe le génie créateur ; c'est parmi un peuple sensible & bon que les vertus publiques prennent cet ascendant, cette force qu'on ne lui connoît point dans les provinces & dans les asyles de la féodalité. L'opinion publique, qui gouverne aujourd'hui le monde, doit sa naissance à l'esprit qu'on retrouve dans les capitales, & sur-tout à Paris.

La sotte vanité, les préjugés de la naissance, les distinctions futiles, l'engouement militaire, la morgue provinciale disparoissent, s'anéantissent dans cette ville immense, où, après tout, le mérite vrai trouve des protecteurs, des secours qu'il cherche-roit vainement autre part. Les qualités sociables, les dons du cœur, les agrémens de l'esprit, y sont, quoi qu'on en dise, plus prisés & mieux sentis qu'ailleurs : on y trouve de l'aisance sans gros-siéreté, de la décence sans contrainte, de l'esprit sans prétention, du savoir sans pédantisme. La vie de Paris est une lime qui ôte à l'homme sa rouille sans rien diminuer de la trempe de son caractère & de l'originalité naturelle de ses idées. L'afféterie est aussi éloignée des usages parisiens que la férocité ou le fanatisme.

Cette ville n'est donc point tout ce qu'on dit ; & une des preuves qu'on en peut donner, c'est que ceux mêmes qui en parlent le plus amèrement, sont ceux qui y tiennent le plus opiniâtrement. Nous ne craignons pas de le dire, s'il est sur la terre un asyle agréable pour l'homme aisé, doux & spiri-tuel, c'est celui des grandes villes, & le plus grand malheur qui pourroit arriver à l'humanité, ce seroit qu'un système assez bizarre pour en préparer la ruine, vînt à s'exécuter : alors nous retomberions dans l'état sauvage, & les arts, sans lesquels il n'est point de douceur sur la terre, même pour la dernière classe de la société, les arts disparoîtroient, pour ne nous laisser que des mœurs grossières, des superstitions & des erreurs.

Ces raisons doivent paroître claires & péremp-toires à tout homme de sens, à quiconque n'est point aigri contre la société par des malheurs, à quiconque ne confond point les vices de l'homme naturel dans l'état social, avec les effets de la so-ciété même ; qui fait que dans le commerce de la vie on est souvent trompé, sans que tous les hom-mes soient trompeurs, & qui est persuadé que les crimes de la férocité sont changés en vices moins destructeurs par nos mœurs ; mais pour tous autres elles paroîtront peut-être superficielles ; pour les convaincre, nous emploierons la froide raison d'un écrivain qu'on ne soupçonnera sûrement pas d'être un partisan du luxe & de la corruption ; c'est l'abbé de *Saint-Pierre* : voici ce qu'il dit de l'*agrandisse-ment* des capitales, & sur-tout de Paris ; nous ne changeons rien à son texte, tout y est prévu.

» J'ai vu mettre en doute, à l'occasion de Paris, s'il étoit de l'intérêt de l'état que cette capitale s'a-grandît ou qu'elle diminuât ; c'est ce qui m'a fait examiner la question en général sur les capitales ; & après l'examen, je suis demeuré persuadé qu'il étoit de l'intérêt de l'état d'en favoriser l'*agrandissement* continuel, mais qu'il falloit de temps en temps en augmenter plusieurs parties qui n'avoient pas aug-menté en même proportion que les autres.

» Il faut, par exemple, augmenter le nombre

K k 2

des principaux magiftrats pour la police, pour le criminel, & par conféquent il faut augmenter le nombre de leurs tribunaux.

» Il faut divers lieutenans de police pour les divers quartiers d'environ cent mille habitans ; mais il faut un magiftrat général de police choifi parmi fes lieutenans ; ce magiftrat aura feul relation à la cour pour en recevoir les ordres importans ; & il y aura appel de fes lieutenans au parlement pour les chofes de moindre importance.

» Il faut de même augmenter en proportion le nombre des archers.

» Il faut augmenter en proportion la facilité de la navigation.

» Il faut augmenter la facilité des voitures & des chemins qui tendent à la capitale.

» Il faut élargir infenfiblement les rues du centre.

» Il faut multiplier & agrandir en même proportion les Halles & les places des marchés.

» Il faut, à proportion des habitans, augmenter les bâtimens & les revenus des hôpitaux, & des maifons de correction.

» Ce font ces agrandiffemens fubalternes & proportionnels que nos pères ne fe font pas avifés de faire depuis cinq cents ans, & que nous pouvons faire nous-mêmes peu à peu ; c'eft cette négligence de plufieurs de nos rois, qui fait juger à quelques efprits fuperficiels que Paris n'eft déja que trop grand & trop peuplé.

» Au lieu que fi toutes les parties de cette capitale étoient augmentées dans la même proportion les unes que les autres, ils penferoient tous comme moi que ni Paris, ni aucune capitale ne fauroit jamais être trop agrandie, & trop peuplée pour l'intérêt de l'état, pourvu que toutes les parties qui fervent à la police foient augmentées & perfectionnées à proportion du nombre des habitans.

Obfervations préliminaires.

» L'efprit d'un homme, quelque grand qu'il foit devenu par fon application, a eu fon enfance, c'eft-à-dire, fes ignorances, fes préjugés, fes erreurs ; on peut avoir vu, par exemple, *Defcartes* à dix ans, égal ou même inférieur à tel de fes camarades, qui eft refté un efprit commun.

» D'où eft venu cette grande différence qui s'eft trouvée entre les efprits de ces deux camarades de college quarante ans après leur première connoiffance ? c'eft que le grand génie a continué d'exercer fon efprit tantôt par la lecture, tantôt par la méditation, tantôt par la difpute dans la converfation de gens d'efprit, tantôt par des conférences réglées dans la capitale avec les meilleurs efprits

qui pour l'ordinaire y font en plus grand nombre qu'ailleurs, il a été ainfi forcé d'examiner la plupart des principes généraux des connoiffances humaines, & a furmonté, par ces divers moyens, les divers obftacles qui fe trouvent à fortir des ignorances & des erreurs vulgaires fur diverfes matières des arts & des fciences.

» Son camarade, au contraire, depuis le college a réfidé à la campagne ou dans quelque petite ville, & n'a exercé fon efprit que fur des chofes d'un ufage commun, & avec des efprits du commun ; il n'a point acquis l'habitude ni de lire, ni d'écrire, ni de méditer, ni de conférer avec politeffe ; il n'a parlé qu'à des gens de peu d'efprit, & parmi lefquels il y avoit peu d'émulation pour examiner les principes, pour approfondir les matières, & pour découvrir les erreurs des préjugés de notre enfance & de notre jeuneffe, fon efprit s'eft borné à paffer & repaffer par un petit cercle de connoiffances très-communes, & eft ainfi refté efprit du commun.

» C'eft donc de la lecture, de la méditation & de l'exercice de la difpute, foit dans la converfation des hommes, foit dans des conférences réglées que dépend l'accroiffement de l'efprit, plus ces exercices font continus, plus les efprits avec qui on s'exerce font éclairés, plus l'émulation entr'eux eft grande, plus auffi cet accroiffement de l'efprit devient grand, & fe fait en moins de temps & avec plus de facilité.

» *L'agrandiffement* du bonheur des états dépend de deux chofes ; d'un côté, de la grandeur de la vertu, & de l'autre, de l'étendue & de la jufteffe des connoiffances dans la fcience du gouvernement dans ceux qui les gouvernent.

» La vertu croît à proportion de l'émulation du grand nombre de gens vertueux qui vivent enfemble, & qui fe rencontrent fouvent ; & femblables aux acteurs, ils font plus d'efforts à proportion qu'ils ont plus de fpectateurs connoiffeurs, & plus de perfonnes eftimables à furmonter en vertus.

» Ainfi il eft vifible que le même homme qui eft vertueux à fix degrés dans une petite ville où il vit avec fix perfonnes raifonnables, le feroit à douze degrés dans une capitale où il vivroit avec un nombre double de gens de vertu.

» La chofe eft encore plus évidente du côté de l'efprit & des connoiffances, parce que l'homme d'efprit s'approprie bien plus facilement & bien plus promptement les connoiffances & les degrés d'intelligence de l'homme habile, que le vertueux ne s'approprie les degrés de vertu de l'homme le plus vertueux.

» C'eft que la grande vertu ne peut s'acquérir que par de longues habitudes des actes fouvent répétés, au lieu qu'un homme d'efprit s'approprie fouvent en moins d'une heure la démonftration qu'a trouvé, au bout d'un mois d'étude, un autre homme d'esprit.

» Il y a d'excellens esprits, qui, avec le simple secours de la méditation, sans résider dans la capitale, découvrent dans le calme de la solitude de la campagne des vérités très-sublimes, & quelquefois très-importantes ; mais ils ne sont jamais bien sûrs de ne s'être point égarés, si ce n'est par l'examen des objections de quelques personnes habiles, & par l'approbation des autres : or, par malheur, ils ne trouvent commodément en grand nombre les habiles contradicteurs & les bons approbateurs que dans les grandes villes, & sur-tout dans la capitale de leur pays.

» Il ne suffit pas que dans une nation un petit nombre d'esprits y prennent en peu de temps un grand accroissement ; ce qui importe le plus, c'est que le commun des esprits de la nation prenne en même temps un accroissement proportionné à celui que prennent tous les jours ces esprits du premier ordre : or il est évident que dans la capitale, les propositions démontrées passent bien plus promptement de main en main, d'esprit à esprit que d'une ville à l'autre, & que, de la capitale comme du centre, il y a beaucoup plus de facilité à communiquer les découvertes aux villes principales, que si la découverte s'étoit faite dans une petite ville, avec laquelle on a beaucoup moins de commerce qu'avec la capitale.

» Il y a plus, c'est que les opinions éprouvées par la dispute, en partant de la capitale lorsqu'elle est fort grande, & fort peuplée & sur-tout remplie d'académies où l'esprit est continuellement exercé, arrivent avec beaucoup plus d'autorité dans les provinces, & sont reçues avec beaucoup plus de soumission que si elles venoient de petites villes où l'esprit est bien moins exercé, & où les opinions sont moins épurées par la contradiction.

» Le préjugé est pour la capitale, & ce préjugé est fondé en raison ; car là où les opinions sont plus contestées & débattues par un plus grand nombre d'esprits supérieurs, là elles doivent être plus épurées & plus éloignées de l'erreur. Le monde se gouverne par opinion, & les trois quarts & demi de nos opinions sont fondés sur l'autorité & sur l'imitation, très-peu sont fondées sur l'évidence qu'apporte l'examen.

» Il n'est pas douteux que le séjour de la ville capitale pour ceux qui n'ont point une fortune ou un emploi qui attache dans les villes de province, ne soit préféré de presque tous les hommes. Il y a pour toutes les conditions différentes, plus d'amusemens, plus de promenades, plus de conversations, plus de commerce, plus de nouvelles, plus de nouveautés, en un mot plus de sortes de plaisirs.

» Ceux qui aiment les bons livres sur les sciences & les arts, soit les plus utiles, soit les plus agréables, ceux qui cherchent les beaux sermons, les meilleurs auteurs, les hommes illustres en savoir, en piété, en talens, trouvent dans la capitale plus de commodités de voir ces livres, ces savans, ces beaux ouvrages, ces personnes distinguées, soit par leurs talens, soit par leurs vertus.

» Ceux qui ont besoin de conseil ou pour leur santé ou pour leurs affaires, y trouvent les plus habiles médecins, les plus habiles chirurgiens, les plus savans jurisconsultes.

» Ceux qui ont des talens supérieurs & qui veulent augmenter leur fortune, y trouvent plus d'occasions qu'ailleurs ; il n'y a pas jusqu'aux artisans dans les métiers les plus communs qui n'y trouvent des facilités d'augmenter considérablement leur fortune quand ils ont trouvé le secret d'exceller sur leurs pareils.

» On y sait mieux élever ses enfans, & en meilleure compagnie dans les collèges ; ils y font des liaisons utiles à leur fortune, les parens sont plus à portée de les mieux placer dans les emplois, & de leur obtenir des bénéfices, ou d'autres graces, que dans les petites villes.

» On peut y vivre avec plus de liberté, soit dans une plus grande retraite, soit dans une plus grande dissipation ; on jouit plus facilement des commodités de l'incognito ; on peut, sans beaucoup de peine, y jouir le matin du calme & du repos de la campagne, & après dîner des amusemens de la ville ; on y est plus maître de son loisir qu'ailleurs, & même il est plus facile d'y régler sa dépense annuelle selon son revenu annuel.

» Il n'est donc pas étonnant que la pente générale de tous les sujets des provinces soit de venir demeurer dans la capitale, & de l'agrandir par leur séjour ; mais outre cette pente universelle, j'espère que l'on va voir qu'il est de l'intérêt du roi & de l'état de favoriser la multiplication des habitans & de faciliter l'agrandissement de la capitale.

» Les anglois attribuent la grande & subite prospérité de leur nation au subit agrandissement de la ville de Londres ; mais ce grand & subit accroissement de la ville vient, je crois, encore plus du grand & subit accroissement du commerce maritime des habitans de Londres, que d'aucun dessein que le gouvernement ait eu d'agrandir la capitale.

» Il n'y a dans la nation angloise, qu'environ treize millions d'habitans, & il y en a environ un million dans Londres, c'est la treizième partie de la nation : il y a en France environ vingt millions d'habitans ; la treizième partie de vingt millions est environ quinze cents mille, & cependant il n'y a qu'environ huit cents mille habitans dans Paris, de forte qu'il s'en faut au moins de sept cents mille habitans que la capitale de France ne soit à proportion aussi peuplée que la capitale d'Angleterre.

» Après ces observations préliminaires, voici la proposition que je prétens démontrer.

Il est de l'intérêt du roi & de l'état, de favoriser toujours l'agrandissement de la capitale, & de n'y mettre des bornes que celles qu'y peut mettre la difficulté d'y subsister aussi commodément & aussi agréablement, à tout prendre, que dans les autres lieux.

» Ces sortes de démonstrations politiques où il s'agit de montrer que le parti proposé est plus avantageux à l'état que le parti opposé, dépendent uniquement du plus grand nombre d'avantages plus importans & du plus petit nombre d'inconvéniens, & moins grands qui se trouvent dans le parti le plus avantageux, c'est une espèce de balancement d'avantages contre avantages, d'inconvéniens contre inconvéniens, qui doit se réduire à une démonstration arithmétique.

I°. *Plus de sûreté contre les guerres civiles.*

» 1°. Dans le systême présent de l'Europe, où l'on a à craindre les guerres civiles, plus la capitale sera grande & peuplée, plus il seroit aisé de l'affamer si elle se révoltoit; donc, ou bien il n'y naîtra point de révoltes, ou bien elles seront calmées en peu de jours par l'environnement des troupes qui en fermeroient les avenues.

» 2°. Plus la capitale sera grande, plus il sera difficile de l'envelopper d'ouvrages suffisans, de fortifications, & de remplir ses magasins: on ne la regardera donc jamais dans l'état comme une place de guerre, mais comme une place ouverte de tous côtés, qui doit être soumise dans le moment aux troupes qui l'environnent.

» 3°. Une ville où il n'y a ni armes défensives, ni armes offensives, ni magasins de vivres, ni munitions de guerre, ni garnison, ni officiers, ni habitans disciplinés, ni fortifications, ne sauroit prendre le parti de se révolter & de résister à de bonnes troupes, qui peuvent arriver de tous côtés pour l'envelopper.

» 4°. Pour plus grande sûreté contre les révoltes, il seroit facile au roi d'avoir, aux différentes avenues, deux lieues au-dessus & au-dessous de la rivière de la capitale, & sur les grandes routes, plusieurs petits camps fortifiés, avec des casernes & du canon.

» 5°. Si la plupart des magistrats, & le gros des bourgeois ont une grande partie de leur revenu sur le roi, si les principaux habitans ont des charges & des pensions qui dépendent de la cour, ils auront tous des motifs puissans pour suivre l'esprit de soumission.

» Donc plus la capitale sera grande, peuplée sans garnison, sans fortifications, sans munitions, sans armes, sans discipline militaire, sans officiers, plus il y aura de créanciers du roi, plus elle sera soumise, & facile à soumettre à son prince; or, de la soumission dépend la tranquillité de l'état qui est la base du bonheur des sujets.

II°. *Plus la capitale sera soumise, plus les provinces seront soumises.*

» Il est sûr que les villes des provinces se règlent presque toujours sur la conduite & sur l'exemple de la capitale, particulièrement lorsqu'elle sera très-grande, très-peuplée & très-bien policée.

» D'ailleurs les habitans de la capitale sont, la plupart, les seigneurs les plus riches des provinces mêmes: or, si elles étoient tentées de résister, les seigneurs serviroient à ramener plus facilement les révoltés à leur devoir: on peut donc soutenir que plus la capitale sera grande & peuplée de seigneurs; plus il sera facile au roi de contenir des provinces dans l'obéissance.

III°. *Plus de sûreté contre les guerres étrangères.*

» 1°. Dans une grande capitale comme Londres & comme Paris, on y trouve la moitié de ce qu'il y a de plus riches habitans dans l'état, dans toutes les professions & dans tous les ordres; ils ont & plus de la moitié des richesses en espèces & presque tout le crédit de l'état: or il n'y a personne qui ne voie que c'est un très-grand avantage que d'avoir, pour la défense & pour la conservation de l'état, la plus grande partie des moyens rassemblés en une seule ville, pour lever plus promptement des troupes dans les provinces; & on sait qu'à la guerre, le reste étant égal, c'est presque toujours la célérité à attaquer qui décide de la supériorité; celui qui attaque, marche en ordre & avec confiance, surprend l'ennemi, l'intimide, le met facilement en désordre & le bat.

» 2°. Les richesses mobiles étant tirées hors de la ville, dans des temps de craintes & d'alarmes il n'y restera presque rien à piller, & même le vainqueur n'a aucun intérêt, ni de piller, ni de brûler une capitale qui se soumet naturellement au plus fort comme un village sans défense; il n'en est pas de même des capitales qui sont fortifiées, & qui résistent long-temps aux victorieux, la plupart sont ou pillées ou brûlées; ainsi sa foiblesse devient son salut & la cause de sa longue durée.

IV°. *Le progrès de la raison & des connoissances utiles en sera beaucoup plus grand.*

» En général, le grand progrès de la raison, &

de fes dépendances eft un grand avantage pour un peuple, nous l'avons prouvé dans les obfervations préliminaires; ainfi il eft extrêmement de l'intérêt du roi de faire enforte que fon peuple devienne, en moins, de temps beaucoup moins ignorant ou beaucoup plus favant que les autres peuples, fur-tout du côté des matières les plus utiles à la fociété.

» On ne peut donc pas douter que ce ne foit un grand avantage pour un peuple, de poffeder & les perfonnes les plus habiles dans les fciences & les plus importantes, & d'en avoir en beaucoup plus grand nombre que les autres peuples de la terre; & plus de moyens de répandre dans les provinces les connoiffances les plus importantes au bonheur de la fociété.

» Or il n'eft pas difficile de voir que le grand & prompt progrès des connoiffances, & des meilleures méthodes de les enfeigner, dépend en partie du grand & prompt accroiffement de la capitale, & particulièrement du nombre des bons colleges, & de la bonne direction des différentes académies où les lumières fe communiquent, & où l'efprit fe fortifie par l'exercice de la contradiction.

V°. *Le progrès des arts les plus utiles en fera beaucoup plus prompt.*

» Perfonne n'ignore combien les arts font importans à la richeffe, à la commodité de la nation, & à l'augmentation du bonheur de la fociété. Avec le fecours de l'art de l'imprimerie, par exemple, dix hommes peuvent faire plus d'ouvrages & meilleurs que trois cents autres, & par conféquent donner leur ouvrage à trente fois meilleur marché.

» Il eft évident auffi que les arts vont naturellement en fe perfectionnant, c'eft-à-dire, que l'impreffion d'un livre qui coûtoit il y a cent ans onces d'argent, coûteroit aujourd'hui un quart moins; mais ce progrès eft d'autant plus prompt, que la capitale contient plus d'ouvriers de même métier, parce que les petites découvertes que chacun y peut faire, foit par hafard, foit par méditation, y font plus fréquentes, & s'y communiquent bien plus promptement à tous les ouvriers de la ville, & de cette ville capitale dans les autres villes, parce qu'il y a bien plus de commerce d'une petite ville à la capitale qu'à une autre petite ville du royaume: or, comme il y a un nombre prodigieux d'arts très-importans au bonheur de la fociété, il eft vifible que c'eft un très-grand avantage pour une nation d'avancer beaucoup plus vîte qu'une autre, dans le progrès des arts, & fur-tout de ceux qui font les plus utiles à la fociété.

VI°. *Réputation & prééminence de la nation.*

» C'eft proprement de l'idée que l'on prend de la capitale, que dépend la réputation de la nation;

s'il y a beaucoup de perfonnes très-favantes, d'autres très polies, d'autres d'une converfation agréable, enjouée, fi la manière de vivre y eft commode & pleine de liberté, & cependant de bienféance; s'il y a dans la ville fûreté entière pour les étrangers qui ne voyagent que pour s'inftruire; fi les étrangers y font plus protégés & même plus favorifés que les habitans, s'ils y trouvent plus facilement qu'ailleurs & commodités, & plaifirs, & amufemens, & occupations utiles, & converfations avec les plus habiles dans les arts & dans les fciences, une pareille capitale deviendra la capitale de l'Europe, & la ville de toutes les nations; la plupart des étrangers fouhaiteront d'en devenir habitans, & remporteront de la nation l'idée de prééminence qu'ils infpireront enfuite à leurs amis, à leurs parens, à leurs enfans, ce qui rendra la nation aimable, & la capitale très-fréquentée, & par conféquent très-riche.

» Nous avons rendu notre nation fufpecte aux étrangers durant trente ou quarante ans (1), parce que nous avons voulu agrandir notre territoire, ce qui ne fe pouvoit faire qu'à leurs dépens; heureufement nous commençons à quitter ces fauffes idées d'*agrandiffement* extérieur de territoire, pour fonger aux *agrandiffemens* intérieurs, qui font bien plus réels, bien plus faciles, beaucoup plus confidérables, plus durables, infiniment moins coûteux & tels fur-tout que nos voifins ne fauroient jamais nous les reprocher, & s'en plaindre lorfqu'il ne tient qu'à eux de nous imiter.

» Nous n'abandonnons pas pour cela une précaution raifonnable, qui eft de ne laiffer aucuns peuples de l'Europe dans l'exercice de la guerre fans nous y exercer nous-mêmes autant qu'eux: or, de notre conduite fage, fenfée & pacifique, il arrive que les étrangers nous agrandiffent eux-mêmes, attirés par la douceur de nos mœurs, & peu à peu ils nous donneront volontairement & infenfiblement une forte d'empire fur eux, par l'imitation de nos mœurs, & par l'inclination que nous leur infpirerons pour nos manières de vivre, & par l'eftime qu'ils concevront de notre équité, de notre facilité dans le commerce de la vie.

» Or, cette forte d'empire volontaire, qui vient de la fupériorité de la raifon, eft la feule manière defirable de dominer fur les nations civilifées, & la feule fupériorité que les nations aiment à reconnoître, parce qu'elles ne la reconnoiffent jamais fans plaifir & fans utilité.

VII°. *Augmentation dans le commerce & dans la circulation de l'argent & des billets.*

» 1°. Plus les villes font grandes, & plus le commerce y eft facile, & cette facilité multiplie le commerce: or, là où il y a plus de commerce, là

_____

(1) Ceci a été écrit après les guerres de Louis XIV.

une somme de 100 piftoles paffe par plus de mains en temps égal : or , plus elle paffe & repaffe par des mains différentes , plus elle rapporte de profit ; ainfi il eft à fouhaiter qu'il y ait plus d'argent dans la capitale à proportion que dans les parties éloignées , où le commerce eft plus difficile & moins fréquent à caufe du moindre nombre d'habitans.

» 2°. Plus le commerce de la ville du centre eft grand , plus il anime , plus il augmente , mieux il dirige le commerce dans toutes les villes de la circonférence.

» 3°. Plus la capitale eft grande , plus il eft facile d'y établir la monnoie de crédit. c'eft-à-dire , les billets qui équivalent à la monnoie d'argent , & ces billets ont la commodité d'être plus aifés à porter , à ferrer , plus faciles à compter, & ils peuvent augmenter confidérablement les effets de la monnoie d'argent; mais il faut que ces billets foient libres , & que perfonne ne foit jamais forcé de les prendre pour de l'argent.

» 4°. On peut y avoir un dépôt public de compte en banque, pour la fûreté de l'argent des particuliers dépofans : or , ces billets de banque , ces monnoies de crédit fervent auffi aux habitans des provinces , pour les paiemens ; ainfi , loin que la richeffe de la capitale appauvriffe les provinces , elle fert au contraire à augmenter leurs richeffes , à payer plus cher leurs denrées , à faciliter leurs différens commerces : ceux qui foutiennent le contraire, ou bâtiffent leurs raifonnemens fur des faits faux , ou n'ont pas affez approfondi la matière.

» 5°. Le féjour dans la capitale n'empêche pas les feigneurs qui y demeurent l'hiver , d'aller l'été paffer quatre ou cinq mois dans leurs terres, ils y empêchent plufieurs petites vexations , ils y accommodent plufieurs procès , ils font des augmentations à leurs fermes , ils y foulagent plufieurs pauvres familles : c'étoit là les vues de politique de feu M. le duc de Bourgogne de renvoyer , dans cette faifon , tous les courtifans à leurs terres , & de ne donner aucune grace à aucun courtifan qu'à leur retour.

» 6°. C'eft une maxime conftante que l'argent va communément là où il produit plus d'intérêt ou de profit , & par conféquent là où il eft le plus néceffaire qu'il aille pour le bien de l'état ; de forte que s'il vient en plus d'abondance à un port ou à une capitale , ce fera une preuve qu'il y apporte plus de profit au propriétaire qu'il ne lui en apporteroit ailleurs.

OBJECTIONS.

» Pour bien juger de l'utilité d'un parti , il faut confidérer les inconvéniens & les avantages du parti oppofé. Sans cette efpèce de balancement des avantages & des inconvéniens des deux partis oppofés,

on eft dans le même péril de fe tromper , que feroit un juge , qui dans un procès voudroit porter fon jugement lorfqu'il n'a entendu qu'une des parties. Je vais donc mettre les raifons du parti oppofé en forme d'objections , & prendre Paris pour exemple d'une ville capitale.

» *Première objection.* Je comprens bien que lorfque Paris n'avoit que cent mille habitans , le juge civil, le prévôt des marchands , le juge de police de Paris , avec leurs confeillers , fuffifoient pour contenir tous les habitans chacun dans leur devoir ; je comprens bien qu'étant commis pour extirper les voleurs , les vagabonds , ils pouvoient facilement les découvrir & les punir.

» Je comprends bien qu'un feul homme avec certain fecours pouvoit y faire la police dans tous les quartiers ; un feul magiftrat dans Rouen , dans Marfeille , dans Bordeaux , dans Touloufe , dans Lyon , n'ayant que cent mille habitans à gouverner , peut , par la peur qu'infpire fa vigilance , par fes efpions & par fes archers préferver la ville de voleurs ; mais à préfent que la ville s'eft fi fort accrue & par le nombre des maifons , & par le nombre des habitans , à préfent qu'il y a près de huit pareilles villes dans une feule , il eft impoffible qu'un feul magiftrat fuffife pour la fûreté d'une ville d'une fi grande étendue , & pour un fi grand nombre d'habitans , il faut donc plutôt fonger aux moyens de diminuer de la moitié le nombre des maifons & des habitans de Paris , que de laiffer augmenter tous les jours cette capitale en maifons & en nombre d'habitans.

» *Réponfe.* 1°. Il eft certain que le nombre des magiftrats doit augmenter à mefure que le nombre des hommes & des affaires augmente ; mais eft-ce un inconvénient où l'on ne puiffe pas remédier *en dédommageant fuffifamment* un juge à qui on ôte partie des affaires dont il eft accablé , pour en charger fept autres officiers de pareille autorité , qui peuvent faire pareil travail que le huitième ? n'eft -il pas évident que les officiers & les charges font faites pour les habitans , & que les habitans ne font pas faits pour les officiers & pour les charges ?

» 2°. Peut-on fe perfuader que Pékin qui a neuf ou dix lieues de long fur une riviere , & deux ou trois lieues de large , & qui contient dix ou douze fois autant d'habitans que Paris , n'ait qu'un tribunal pour les matieres civiles , un pour les matieres criminelles , & un pour les matieres de police en premiere inftance ? & cela parce qu'il n'y en avoit qu'un dans fa premiere origine , lorfqu'elle n'étoit qu'une ville de cent mille habitans ; mais de ce qu'un feul eft trop chargé de détail , s'enfuit-il qu'il n'y ait pas des moyens de partager fes fonctions en le dédommageant avantageufement ? Les inconvéniens où l'on peut facilement remédier par des dédommagemens avantageux font-ce de véritables inconvéniens ?

» Que

» Que l'on donne à un magiſtrat en rente le double de ce que lui rapporte ſa charge , & de ce qu'il
gagne avec beaucoup de travail , loin de s'oppoſer
au réglement qui diviſeroit Paris en huit quartiers
de cent mille habitans , & qui donneroit un tribunal
à chaque quartier , il aidera lui-même à trouver les
moyens d'en faire l'établiſſement & à remettre de la
proportion entre le nombre des juges principaux &
le nombre des juſticiables.

» Deuxième objection. Le nombre des habitans
de Paris a deux cauſes d'accroiſſement , la première
qui lui eſt commune à toutes les villes , c'eſt qu'il y
a tous les ans un vingtième plus d'hommes qui
naiſſent en France , ſur-tout dans la partie ſepten-
trionale , qu'il n'y en a qui meurent. La ſeconde
cauſe vient de ce qu'il s'y établit tous les ans plus
d'habitans qu'il n'y en a qui en ſortent , les habiles
ouvriers , les bourgeois qui vivent de leurs rentes ,
& qui , de Rouen ou de Lyon , viennent ſe tranſporter à Paris , ne font point de tort à l'état , puiſque les uns travaillent à Paris ou à Lyon , & les
autres ſont fainéans à Paris comme ils étoient à
Rouen & à Lyon ; mais le laboureur riche qui
quitte ſa profeſſion pour venir demeurer inutile à
Paris , fait tort à l'état. Le gentilhomme riche qui
quitte la campagne pour venir demeurer inutile à
Paris fait tort à l'état.

» Réponſe. 1°. Le laboureur riche qui quitte ſa
profeſſion pour demeurer inutile à Rouen fait le
même tort à l'état. Cherchez-vous les moyens de
l'en empêcher ? Et n'eſt-il pas raiſonnable de lui
laiſſer la liberté d'occuper ſes enfans utilement à
d'autres eſpèces de travaux utiles à la ſociété ? Le
laboureur moins riche & plus laborieux lui ſuccède ,
& travaille pour arriver un jour à ce degré de fortune , pour devenir bourgeois d'une grande ville ;
qu'importe à l'état pourvu qu'il y ait toûjours nombre
ſuffiſant de laboureurs ? Or , tant qu'il y aura ſuffiſamment à gagner au labourage , il n'y a pas à
craindre que la terre manque de laboureurs ; il y
en aura toûjours nombre ſuffiſant ; c'eſt le plus d'a-
grémens qui attire les plus riches dans les villes.
C'eſt le plus de commodités pour la ſubſiſtance qui
attire les moins riches à la campagne : il faut , pour
le bonheur de la ſociété , laiſſer aux ſujets toute
liberté de ſuivre leurs goûts lorſqu'il n'en réſulte
aucun dommage ni pour les particuliers ni pour
l'état.

» 2°. Il n'eſt défendu ni au laboureur , ni au commerçant riche de quitter , l'un ſon labour , & l'autre
ſon commerce , pour vivre de ſes rentes en homme
inutile , ſoit à Rouen , ſoit à Paris , ſoit ailleurs.
Je ſais bien que nos loix pourroient attacher du
mépris à la fainéantiſe des perſonnes riches qui ne
ſongent qu'à leurs amuſemens ; mais nos légiſlateurs
n'ont pas encore été ou aſſez ſages pour voir l'importance d'un pareil établiſſement , ou aſſez habiles pour

en découvrir les moyens , ou aſſez courageux pour
en ſurmonter les difficultés. C'eſt un malheur commun à toutes les villes ; ce n'eſt pas un inconvénient
qui ſoit particulier à la capitale.

» 3°. S'il ne reſtoit pas d'autres laboureurs , & d'autres commerçans qui remplacent ceux-ci , & qui
veulent bien , comme les autres , prendre la peine de
s'enrichir en travaillant au labourage ou au commerce , ce ſeroit une perte réelle pour l'état ; mais
le remplacement ſe fait naturellement auſſi-tôt , &
il arrive à ces riches des ſucceſſeurs , qui avec pareille ardeur de s'enrichir , mettent bientôt en œuvre
pareils talens.

» 4°. Ces nouveaux habitans de villes ne ſont
pas entièrement fainéans , ils procurent par leurs
ſoins des emplois à leurs enfans , dans leſquels ces
enfans travaillent utilement pour l'état : ainſi leur
famille devient laborieuſe.

» 5°. Les fainéans qui ont quitté leurs campagnes
pour demeurer dans une ville de province , ſont-ils plus
fainéans lorſqu'ils viennent demeurer dans la capitale ?

» 6°. Je conviens que c'eſt un mal pour l'état
que la fainéantiſe des riches ; mais qu'un chef de
famille ſoit fainéant dans une ville ou dans une autre , cela eſt indifférent à l'état ; & encore vaut-il
mieux qu'il dépenſe ſon revenu dans la ville où les
arts & les ſciences font le plus grand progrès , puiſque , par ſon ſéjour , il contribue à récompenſer
les inventeurs qui procurent ces progrès , par leur
émulation.

» Quatrième objection. A vous entendre parler ,
il ſemble que vous voudriez mettre tout votre
royaume dans une capitale , puiſque vous n'y mettez point de bornes.

» Réponſe. 1°. Quelques moyens que l'on emploie pour l'agrandiſſement d'une capitale , elle a ſes
bornes naturelles qui viennent de l'augmentation
de la dépenſe. Or l'augmentation de la dépenſe
vient de la cherté des denrées dont le prix augmente
à proportion des frais néceſſaires pour le tranſport
de ces denrées ; & la cherté des denrées cauſe la
cherté des matériaux , & des ouvriers néceſſaires
pour bâtir des maiſons , le loyer des maiſons en eſt
plus cher , il ne viendra donc s'établir à Paris que
ceux qui ſont ſuffiſamment riches pour y avoir le
néceſſaire & le commode , & qui pourront y vivre
du moins quelque temps en attendant de l'emploi.
Or ce nombre eſt borné dans un royaume borné.

» Il ne viendra point non plus d'ouvriers & de
domeſtiques qu'à proportion qu'il en faut aux riches ; le reſte y ſeroit plus mal qu'ailleurs ; c'eſt un
marché perpétuel , où il ne vient que ce qui peut
s'y vendre du mieux qu'ailleurs tous frais faits ; &
chacun fait ſur toutes ces choſes ſes ſupputations &
ſes comparaiſons. Ce calcul fait que tout eſt bien.

L l

balancé, & qu'il y a moins à craindre sur le trop d'habitans dans une capitale que sur le trop peu.

» 2°. Pourquoi Pékin est-il dix ou douze fois plus peuplé & plus grand que Paris ? Une des raisons c'est que le royaume de la Chine est dix ou douze fois plus peuplé que le royaume de France.

» 3°. Paris peut arriver, en deux ou trois règnes, à quinze cents mille habitans : ce sera, à l'égard de la France, la même proportion que Londres garde à l'égard de l'Angleterre ; n'ayez pas de peur que sa grandeur devienne jamais excessive, puisque l'augmentation de dépense & de cherté des denrées mettra toujours des bornes à cet *agrandissement* : ainsi la capitale ne contiendra jamais trop d'habitans, par rapport au reste du royaume.

» Les trois quarts & demi des hommes ne cherchent que les commodités de la vie. Or, dès qu'il faut transporter beaucoup de choses de cent lieues à la capitale, & que le transport enchérit les denrées du double & du triple, le commun des hommes aime mieux consommer, à cent lieues de là, le double de vin, de viande, de bois, & n'avoir pas les commodités & les agrémens de Paris. Or c'est au gros des habitans qu'il faut avoir égard, lorsque l'on craint qu'il n'en vienne trop à la capitale ; il n'y aura donc jamais rien à craindre de ce côté pour Paris, quand même il y auroit présentement le double des habitans qui y sont.

» *Cinquième objection.* Ce n'est pas un grand avantage pour un état que de perfectionner les arts, parce qu'en cinq ou six ans les étrangers nous ont bientôt dérobé nos secrets, comme nous leur dérobons les leurs.

» *Réponse.* 1°. Il y en a de tels qu'ils ne sauroient nous dérober ; par exemple, les Anglois ne sauroient nous dérober l'art de bien faire le vin.

» 2°. Une nation, faute de ministres assez vigilans & assez laborieux, garde long-temps un secret, sans que la nation voisine le lui dérobe. Les Anglois, par exemple, ont possédé cinquante ans le secret des manufactures du beau drap fait avec la laine d'Espagne, avant qu'il soit passé en France.

» 3°. Tandis que nos voisins nous déroberont nos secrets sur une matière, nous en inventerons d'autres sur d'autres matières, & nous conserverons ainsi toujours sur eux la supériorité dans les arts ; ce qui doit être notre objet principal.

» *Sixième objection.* La grande quantité d'argent qui des provinces se porte à Londres pour y entretenir la noblesse qui s'y retire l'hiver, appauvrit ces mêmes provinces, tant par le défaut de consommation des denrées que par le peu d'argent qui reste dans les provinces.

» *Réponse.* 1°. J'ai déjà répondu que le gentilhomme

en payant les voituriers des denrées qui s'apportent des provinces à Londres, & les ouvriers de Londres dont il a besoin, paie une partie de leur consommation. Ainsi il fait ou fait faire une égale consommation, soit qu'il demeure dans sa province, soit qu'il demeure à Londres.

» 2°. Nous avons déjà dit que dans la consommation de la province, il y a plus de dégât & d'excès qu'à Londres ; ce qui est un mal pour l'état ; car le bon ordre demande que tout soit employé utilement, & que rien ne soit perdu ou consommé inutilement.

» 3°. L'argent qui vient de la province au gentilhomme qui demeure à Londres, pour acheter les denrées qui lui sont nécessaires, ne s'en retourne-t-il pas, par voie de circulation, dans ces mêmes provinces ? car il ne croît rien à Londres, la laine, le lin, le chanvre, le bois, le bled, les autres vivres, les boissons, tout cela ne vient-il pas des provinces & toutes ces denrées peuvent-elles en venir qu'en échange de l'argent qui se paie à Londres, & qui se donne dans les provinces en échange des denrées qui en viennent ?

» *Septième objection.* Plus les villes sont grandes, plus il y a de débauche, & plus il est difficile d'y remédier ; les mœurs des jeunes gens s'y corrompent plus facilement loin de leurs parens, ils se rencontrent tous les jours aux promenades publiques, à la comédie & à l'opéra.

» *Réponse.* 1°. Quand vous anéantiriez tout d'un coup la moitié de Londres, les jeunes gens pourroient toujours se cacher facilement de leurs parens, & se trouver aux cafés, au cabaret & aux spectacles. Les parens ne peuvent donc empêcher la corruption des mœurs des jeunes gens, si ce n'est avec le secours des bons règlemens, en leur procurant de bonne heure de l'occupation, en les mariant, & en leur inspirant de l'émulation de surpasser leurs camarades en talens convenables à leur profession.

» 2°. Ces mêmes jeunes gens qui passent quatre ou cinq années dans la fainéantise, dans la débauche deviennent dans la suite des citoyens sages, sensés, réglés, c'est une espèce de maladie propre de la jeunesse pour laquelle il n'y a point encore de remèdes suffisans dans notre police. Je ne crois pas impossible de trouver des moyens pour diminuer des trois quarts cette oisiveté, mère des vices dans une éducation plus vertueuse, dans l'établissement du scrutin pour les emplois publics, dans l'établissement des académies politiques ; mais c'est le sujet d'un autre ouvrage.

» 3°. Il est vrai que la débauche du vin cause beaucoup de désordres ; mais ce n'est pas la grandeur de la ville qui en est la cause.

» 4°. Faites par de sages loix que la tempérance & l'assiduité au travail soient toujours récompensées par des diſtinctions honorables entre pareils, & que l'intempérance & la fénéantiſe exceſſives ſoient punies par des marques de mépris entre pareils, vous multiplierez les plaiſirs innocens, & vous ferez ceſſer les débauches.

» *Huitième objection.* Plus la ville s'agrandit & ſe peuple, plus il eſt difficile de pourvoir à ſa ſubſiſtance : nous en avons vu de fâcheuſes expériences dans Paris, ſur-tout quand la rivière manque d'eau pour la navigation, ou lorſque la glace empêche cette navigation. Or la ville peut devenir ſi grande que la difficulté de la faire ſubſiſter deviendra toujours plus grande.

» *Réponſe.* 1°. Il eſt certain qu'à meſure que le peuple augmente, il faut que la ſubſiſtance vienne de plus loin ; mais auſſi la choſe arrive ainſi, & le marchand porte volontiers, & ſans y manquer, là où il vend plus cher.

» 2°. Il ne faut pour cela que faire la dépenſe néceſſaire pour faciliter la navigation, faire des canaux, rétrécir le lit de la rivière, y faire des écluſes. Il faut, comme je l'ai dit, que cette dépenſe ſoit proportionnée au nombre des habitans ; il ne faut qu'un magiſtrat général de police, pour veiller à tout ce qui regarde la ſubſiſtance, & qu'il ait ſous lui divers bureaux pour le détail.

» 3°. Ne peut-on pas avoir, dans tous les fauxbourgs de la ville, des magaſins pour trois mois des choſes néceſſaires à la ſubſiſtance ? N'en a-t-on pas dans les villes de guerre ? Or, ce qui ſe pratique ailleurs, pourquoi, avec les richeſſes d'une grande ville, ne pourroit-on pas le pratiquer à Paris avec un peu d'application à la police ? Il ne faut donc pas oppoſer à l'*agrandiſſement* d'une capitale des inconvéniens où il eſt ſi facile de remédier ?

» 4°. Si juſqu'ici on a omis de multiplier les places des marchés, les magaſins de grains, de foin, de bois, & les maiſons des tribunaux de juſtice, les priſons, les hôpitaux, leurs revenus, &c. à proportion que les quartiers ſe ſont agrandis, & que les habitans ſe ſont multipliés ; ſont-ce des maux ſans remède ?

» *Neuvième objection.* La grandeur exceſſive de Paris peut devenir la cauſe de ſa ruine.

» *Réponſe.* 1°. Vous convenez que l'*agrandiſſement* de Londres eſt une des cauſes de l'accroiſſement des richeſſes & des forces du royaume d'Angleterre. Demandez aux anglois s'il croient utile à l'état d'en diminuer le nombre des maiſons & des habitans. Or, quand la capitale de France ſera auſſi grande à proportion de la grandeur du royaume d'Angleterre, où trouverez-vous une grandeur exceſſive ? Comment prouverez-vous que cette grandeur peut devenir la cauſe de ſa ruine ?

» 2°. Il eſt vrai qu'il y a plus de commerce extérieur à Londres ; mais il peut y avoir plus de commerce intérieur à Paris par la conſommation des denrées, & par le mouvement de l'argent.

» 3°. L'opinion que Paris eſt, dès à préſent, d'une grandeur exceſſive, pourroit bien n'être qu'une opinion mal fondée : l'accroiſſement d'une ville, qui ſe fait inſenſiblement & par degrés, ne ſe fait que parce que les habitans qui viennent s'y établir, y trouvent plus de profit, plus de ſûreté, plus de commodités qu'ailleurs ; il eſt même impoſſible que cette grandeur devienne exceſſive, puiſque lorſque l'on ſe trouvera mieux ailleurs pour le profit, pour la ſûreté & pour les commodités, l'*agrandiſſement* ceſſera. Ainſi les juſtes bornes, les véritables limites d'une capitale ſont dans l'expérience de ceux qui s'y établiſſent. C'eſt l'obſervation que les habitans peuvent faire que l'on y gagne trop peu, que l'on n'y a pas aſſez de ſûreté, que l'on y dépenſe trop, & que l'on y achète trop cher les mêmes commodités, les mêmes agrémens que l'on pourroit trouver ailleurs à meilleur marché. Voilà les vraies bornes que la raiſon & la nature mettent à une capitale & à toute autre ville, & voilà les ſeules bornes qu'y doit mettre le bon gouvernement.

» *Dixième objection.* Les vivres, les habits, les matériaux pour bâtir ſont déjà fort chers à Paris. Or, ſi en vingt ans le nombre des habitans augmentoit d'un vingtième, le prix en augmenteroit auſſi, parce qu'il faudroit aller chercher les vivres, les habits, les matériaux encore plus loin dans les provinces, les bâtimens publics en deviendroient plus chers, & les réparations plus chères.

» *Réponſe.* 1°. Il eſt certain que les vivres enchériront dans la capitale à proportion que le nombre de ſes habitans croîtra, parce qu'il faudra ou les tirer de plus loin, & par conſéquent payer les frais du tranſport, ou que les terres des environs de la capitale ſoient encore plus cultivées que les terres qui en ſont éloignées ; mais ce que l'état y perd d'un côté, il le regagne de l'autre par plus de culture des environs de la capitale.

» 2°. Il faut que les nouveaux habitans ſoient nourris, habillés & logés quelque part. Or, qu'importe à l'état qu'ils conſomment les vivres & les habillemens, les matériaux en un endroit plutôt qu'en un autre, le reſte étant égal ?

» 3°. Il importe fort à l'état, au contraire, que leur eſprit & leurs talens pour l'utilité publique ſe perfectionnent beaucoup par le commerce avec les plus habiles, ce qui ſe fera mieux & plus promptement à meſure que la capitale s'agrandira.

» 4°. Il n'y a pas plus de diſette à craindre pour les vivres & les matériaux, dans le cas de l'*agrandissement* que, dans le cas du non-*agrandissement*, puisqu'il faut que les habitans soient nourris, logés & habillés quelque part.

» 5°. Au contraire, il y a plus de consommation inutile de ces choses dans les campagnes qu'à Paris, à cause de l'abondance & du bon marché, & à cause que le terrein des bâtimens coûte fort cher à Paris.

» 6°. Si d'un côté les bâtimens publics coûtent plus cher, ou à faire, ou à réparer à proportion du nombre des habitans; il est visible que les droits que la ville tire des entrées pour les dépenses publiques sont plus grands, il se trouve toujours de la proportion entre les grandes dépenses qu'elle a à faire, & les revenus qu'elle tire de la grande consommation des habitans.

» L'inconvénient ne vient donc pas du nombre excessif des habitans à gouverner; mais de ce que nous n'avons pas eu l'attention au commencement de chaque siècle de commettre un nouveau magistrat principal, & de construire un nouveau tribunal à mesure que le nombre des habitans s'est trouvé augmenté de cent mille habitans à la fin de chaque siècle ».

Il est donc bien prouvé que l'*agrandissement* des capitales n'est point une cause de destruction pour un empire; qu'il n'en corrompt point les mœurs, n'y forme pas un corps monstrueux & disproportionné au reste. Pour cela, il faudroit que cet *agrandissement* fût forcé, & en quelque sorte commandé par la puissance souveraine; mais quand il se fait de lui-même & par la seule force des choses, il ne porte préjudice ni à l'ordre politique, ni à la richesse nationale, ni à la tranquillité, ni aux loix.

Si l'on dit que c'est forcer l'*agrandissement* de la capitale que d'y établir le centre de l'administration, d'en faire le séjour des premiers tribunaux & la résidence du prince; on peut répondre à cela qu'il faut bien que le gouvernement ait son siège quelque part & que les peuples ne sauroient desirer qu'il l'ait ailleurs qu'au centre de la civilisation, des lumières & des mœurs douces. La justice y est plus impartiale, les petites haines, les rivalités de prétentions disparoissent dans cette immense population, la difficulté, ou plutôt l'impossibilité de plaire à tout le monde fait qu'on ne cherche à plaire à personne aux dépens de la loi & de l'équité publique.

S'il existe une objection respectable contre l'étendue des grandes villes, c'est l'indifférence pour les droits politiques & la liberté civile, que les mœurs paisibles, les arts & les occupations font contracter aux habitans. Il est en effet indubitable que les citoyens de Paris sont, par exemple, de tous les françois les moins ardens à conserver leurs justes droits, à se défendre de la vexation des agens de l'autorité. Ils ont laissé établir dans leurs murs une inquisition perpétuelle, une tyrannie honteuse, & l'adminis-

tration qui devoit n'être employée qu'à expulser les brigands, & maintenir la sûreté publique, est devenue un odieux ministère dirigé contre les citoyens de tous les ordres. Les valets se sont rendus maîtres, & ceux qui devoient être obéis se sont vus forcés de recevoir la loi de leurs subordonnés. Mais ces désordres ne peuvent avoir qu'un temps; & quand on réduiroit la ville au tiers de ce qu'elle est, le despotisme & l'anarchie de la police ne seroient ni moins violens, ni moins méprisables.

De tous ceux qui ont déclamé sans raison contre l'*agrandissement* de Paris, il n'en est point de plus déraisonnable, de plus outrés que ceux qui affichent le rigorisme des mœurs. Ils ont choisi quelques traits de vice & de corruption de cette grande ville, pour en faire le sujet de leurs plaintes les erreurs, les passions qui tiennent à la nature de l'homme, ils les ont attribuées au séjour de la capitale, comme si, proportion gardée, les désordres moraux, les crimes de l'avarice, de la luxure, de de l'usure, les meurtres, les empoisonnemens n'étoient pas aussi & peut-être plus communs dans les provinces qu'à Paris.

Par exemple, on crie contre la prostitution de Paris, on la cite comme une preuve de ses mauvaises mœurs & de la corruption de ses habitans. Mais on ne dit pas que les quatre cinquièmes des malheureuses qui en vivent, sont des filles débauchées que la province nous envoie, on ne dit pas qu'un grand nombre devenues mères par l'incontinence des bourgeois ou habitans des petites villes & villages, sont chassées de leur domicile, sans aide, sans ressources, qu'elles viennent à Paris chercher un pain de larmes, & continuer la conduite égarée dans laquelle les a plongées la luxure provinciale. Si chaque généralité du royaume, si chaque bourgade nourrissoit ses prostituées, ou les malheureuses filles-mères qui s'y trouvent, on n'en verroit point tant à Paris; mais lorsqu'après les avoir séduites, corrompues, aviliés, on les chasse, il faut bien que nous les recevions, que nous oublions les vices de la société pour ne voir que les maux de l'humanité.

Il est vrai que les provinces, les frontières surtout, recèlent dans leur sein un principe terrible de dépravation & de corruption publiques; ce sont les troupes. Quiconque n'a vu que légèrement les torts qu'elles causent à la patrie, à la population, à la religion, aux mœurs par l'impunité de leur conduite scandaleuse, n'a pu sans doute en concevoir une juste horreur. Mais il suffit de dire que nos hôpitaux, nos prisons, nos maisons de correction, nos rues sont peuplées de filles & femmes de tous rangs, des provinces, séduites, enlevées, trompées par les soldats ou ceux qui les commandent; que ce désordre se renouvelle tous les ans, ou plutôt qu'il est constant qu'il forme une calamité publique, pour qu'on ne puisse s'empêcher d'être horriblement indigné, & de plaindre le sort des miférables villes frontières , où il n'y a de refpec-table que ce qu'il ne plaît pas à la troupe d'infulter. *hinc mali labes ; hæc funt irritamenta malorum.*

L'établiffement des états provinciaux doit nécef-fairement ralentir l'*agrandiffement* de la capitale, pour deux raifons ; 1°. parce que les proprié-taires feront moins jaloux d'y venir , ayant un objet d'occupation , & un aliment à leur ambition dans les provinces ; 2°. parce que ce changement ruinera , détruira une foule de marchands , d'ou-vriers , d'artiftes , que le défaut de confommation & de gens riches dans la capitale empêchera de fe reproduire. Ce que je dis de Paris , on peut le dire de Lyon , Rouen , &c. en forte que le bien des pro-vinces fe fera réellement aux dépens de la richeffe des villes , du progrès des arts & de la civilifa-tion ; mais la France y gagnera du côté de la liberté politique tout le pouvoir que le monarque doit y perdre.

AGRICULTURE, f. f. C'eft l'art de faire pro-duire à la terre les chofes néceffaires à la fubfiftance, aux vêtemens & autres befoins des hommes.

L'on peut confidérer l'*agriculture* fous trois points de vue principaux ; 1°. comme art méchanique , & dans ce fens l'écrivain doit préfenter fucceffivement les progrès qu'ont fait vers la perfection , les inf-trumens du labourage , les méthodes de culture & l'éducation des beftiaux ; 2°. comme fource des ri-cheffes d'une nation , & qui a des rapports étroits avec le commerce , l'induftrie & le gouvernement économique de l'état ; 3°. comme objet de police où le maintien de l'ordre , des loix , de la juftice , exige l'intervention du magiftrat , & dont l'influence eft plus ou moins fenfible fur les mœurs & les habi-tudes de la fociété.

C'eft fous ce dernier point de vue que nous nous propofons de la confidérer ; nous dirons donc en abrégé d'abord quelle eft l'influence de l'*agriculture* fur les mœurs & les habitudes publiques ; en fecond lieu , quel fut l'état chez les peuples connus & finguliérement en France , depuis l'origine de la mo-narchie jufqu'aujourd'hui ; enfin , les principaux ar-ticles de la police agricole.

Sans nous livrer à toutes les conjectures , que tant d'écrivains ont données comme des vérités fur les effets qu'a produits l'*agriculture* parmi les hommes , fur les caufes qui l'ont fait naître ou développée , fur les différens états par où elle a dû paffer avant de fe perfectionner ; nous obferverons feulement que fon influence fur les mœurs & l'état de fociété s'eft rendu fenfible principalement de deux manières dif-férentes , en affurant l'inégalité des fortunes , & ci-vilifant les peuples qui s'y adonnèrent.

C'eft moins dans les richeffes mobiliaires que dans les propriétés territoriales que réfide la véritable différence des fortunes. Les premières font fragiles,

& leur valeur eft accidentelle. La mode , le caprice, les circonftances en font fouvent tout le prix. Elles font expofées aux accidens du feu , au brigandage , au vol ; elles fe détériorent , s'ufent , fe perdent par le tems. Mais les fonds de terre offrent tou-jours une valeur intrinfèque , dont le produit peut bien éprouver un échec par l'intempérie des faifons, mais ne peut jamais difparoître entièrement. Ainfi celui que la force , le hafard , l'adreffe , ont rendu maître d'un champ plus grand ou plus fertile que celui de fon voifin ; celui qui par héritage , don , alliance , a acquis une propriété double ou triple de celle des autres citoyens ; a , dès cet inftant , en fon pouvoir , des moyens de dominer , de fe diftinguer , de jouir , en plus grand nombre qu'eux ; il a une fortune inégale , & cette inégalité eft d'autant plus affermie qu'elle eft fondée fur le fol.

Par la même raifon , celui que des malheurs , une nombreufe famille , les guerres , des inondations ou d'autres accidens ont privé d'une partie de fon champ, foit qu'il ait été obligé de la vendre , foit qu'elle ait été détruite ou envahie , celui-là fe trouve relative-ment aux riches , dans un état de pauvreté d'autant plus incurable , qu'il ne peut pas auffi facilement trouver à acquérir des fonds de terre que tout autre bien ; la raifon en eft fimple. Dans la fociété , un peu avancée fur-tout , les fonds ont une valeur plus forte que toute autre acquifition , il faut une forte d'aifance pour pouvoir y faire les avances & vivre en attendant que vous en retiriez de quoi vivre ; & ce qui rend ces difficultés d'acquérir des terres encore plus grandes , c'eft qu'on ne peut pas le faire par modique partie , comme un mobilier dont on achète aujourd'hui une quantité & demain une autre. Tel pauvre a pu accumuler en quelques années , pour cinq ou fix cens francs d'argenterie , qui n'eût pas pu ache-ter un demi-arpent de terre ; parce que cette pre-mière acquifition a été faite à très-petites fommes d'argent qui fe feroient dépenfées avant qu'il eût pu les réunir pour en faire une capable de payer une pièce de terre. Les fonds aliénés ne peuvent donc que très-difficilement rentrer dans les familles pau-vres ; de là , la multitude d'hommes fans propriété ; de là , leurs tentatives pour y rentrer ; de là , les loix agraires & tous les malheurs de l'avidité & des grandes fortunes des propriétaires à Rome.

Cette inégalité de fortune donna donc naiffance à des troubles inconnus avant elle ; elle fut la caufe confervatrice de l'efclavage , car l'homme ayant plus de terre qu'il ne pouvoit en labourer , employa des efclaves à fa culture ; elle multiplia les loix rela-tives à la propriété dont il falloit affurer la jouiffance contre la jaloufe fureur de l'homme pauvre ; elle arma les tribunaux & établit une forte d'état de guerre dans la fociété ; mais cette guerre ne fut que contre ceux qui , par imprudence , foibleffe ou malheur , fe trouvèrent dépouillés ; ceux-là dûrent feuls fe trouver à plaindre , mais les autres ga-gnèrent à cet ordre de chofes ; & réunirent tous les efforts pour le conferver & le cimenter de plus en plus.

Et ce ne fut pas fans raifon, fans doute ; car fi l'*agriculture* amena l'inégalité des fortunes ; fource de tant de maux & de crimes, elle adoucit les mœurs du plus grand nombre de membres de la fociété, elle attacha l'homme aux loix, à la paix, à l'ordre, & le força, par fon intérêt propre, à refpecter dans les autres ce qu'il vouloit qu'on refpectât en lui. Cette influence fut une des grandes caufes de civilifation parmi les hommes.

L'*agriculture* fit naître l'efprit de famille & la police domeftique. Le propriétaire vit dans la naiffance de fes enfans, autant de nouveaux moyens d'accroître fon domaine, & ce fut pour lui une raifon de les aimer davantage ; mais ce même attachement lui fit defirer d'en être le maître abfolu, d'avoir fur eux une jurifdiction fans appel, & de là l'autorité paternelle qu'on ne connoît pas dans l'état fauvage, & dont les terribles effets s'aquirent avec les progrès de l'*agriculture*.

Pour fe former une idée jufte de l'influence de l'*agriculture* fur les mœurs & l'état de fociété, il faut la confidérer dans des temps différens : lorfque les hommes fortirent de l'état fauvage, & lorfqu'ils furent déjà avancés dans la civilifation. Dans le premier cas, l'*agriculture* n'eut que des avantages, & tous les fentimens, les habitudes qu'elle fit naître tournèrent au profit de la fociété naiffante. L'autorité paternelle, dont nous venons de parler, toute injufte, toute déraifonnable qu'elle fût, dut fans doute avoir d'heureux effets ; l'efprit de févérité, d'économie ne put être alors ni avarice, ni dureté.

Mais lorfque d'autres objets occupèrent les hommes, lorfqu'ils connurent d'autres moyens de jouiffance, que les arts eurent répandu fur le chemin de la vie les fleurs fans laquelle elle n'eft qu'un infipide voyage, alors l'*agriculture* perdit de fon importance ; elle continua de nourrir les hommes, mais elle ne fut plus regardée comme le feul moyen de civilifation. Cependant ceux qui s'y livrèrent conférvèrent les habitudes primitives ; étrangers aux progrès de la fociété, ils voulurent en méconnoître les befoins, les convenances. Ils conférvèrent l'efprit de propriété dans toute fa plénitude, & cet efprit, enté fur celui d'économie, fit naître l'avarice & l'ufure, vices dont Rome nous offre des exemples déplorables dans ceux mêmes que nous fommes forcés d'admirer pour les grandes qualités.

De plus, la fimplicité des mœurs agricoles dégénéra en une forte de rufticité, lorfque l'habitant des campagnes affectant un excès d'auftérité, de rudeffe, s'aigrit par le contrafte des habitudes des villes, & fe jugea meilleur que le citadin, parce qu'il étoit ou plus groffier ou plus ignorant. Cette morgue agricole a été une fource de rivalité auffi

déplacée que ridicule. Tous les hommes font frères & citoyens, & celui qui, relativement au temps & au lieu, fe croit meilleur, fera dans un autre moment véritablement au-deffous des autres, par cela même qu'il fe croit des vertus & des principes.

Cependant, fi les effets de l'*agriculture* fur l'état des hommes n'ont été ni fi utiles, ni fi précieux, lorfque la fociété eut fait des progrès, ils confervèrent néanmoins un caractère refpectable, & l'on fit toujours cas des mœurs champêtres, comme plus près de la nature ; mais il faut favoir diftinguer ces mœurs champêtres, des hommes qui habitent les champs ; car ces derniers ne font rien moins fouvent qu'un tableau, vivant des premières. On doit fe tenir fur fes gardes vis-à-vis de ces hommes qui dénigrent les villes en faveur des campagnes, comme on parle mal de fon fiècle, pour avoir la fingularité de louer ce qui n'exifte plus.

Il eft fûr que l'homme bon qui habite les campagnes, qui ne connoît de travaux que l'*agriculture* (je ne parle pas du malheureux journalier qui ne penfe pas, qui ne fent pas), a plus de franchife, de loyauté, de religion, de mœurs auftères que l'honnête, le bon citadin. Mais celui-ci fera plus fenfible, plus généreux, plus ami des hommes, moins attaché à la propriété. Son économie ne fera point de l'avarice, fes bienfaits une ufure déguifée, fa vertu un intolérantifme fouvent barbare à force d'être févère. L'agriculteur méprife les arts, les arts confolateurs, les dons de l'efprit, tout ce qui peut embellir la vie ; il vit pour vivre : l'homme de ville vit pour jouir, pour perfectionner fon efpèce, pour étendre fon être, pour fcruter la nature, l'imiter, la vaincre quelquefois ; & s'il eft vrai que cet état mène avec foi quelque défordre, une inquiétude, des foins que n'éprouve pas l'homme des champs, il faut convenir en récompenfe qu'il eft bien difficile de n'en pas fentir le mérite & de l'aimer. Il eft malheureux, fans doute, que les nations, après être parvenues à ce degré de civilifation, s'écroulent, s'anéantiffent ; mais c'eft leur maturité, & lorfque la plus belle fleur y eft parvenue, elle fe flétrit & tombe également.

La meilleure combinaifon des mœurs feroit celle où les occupations champêtres feroient interruption aux travaux de la ville ; où l'homme, agriculteur à la campagne, feroit magiftrat, commandant, orateur dans la cité ; où les arts ne feroient point l'objet du mépris du riche laboureur, & où l'homme éclairé trouveroit fon égal, fon émule dans le ruftique cultivateur ; où le propriétaire ne feroit point citoyen par cela feul qu'il eft propriétaire, & l'artifte, le citadin rien, par cela feul qu'il n'eft pas propriétaire.

Aujourd'hui les mœurs paroiffent entièrement fouftraites à l'influence de l'*agriculture* dans nos villes : il eft important de les y ramener. La vie des champs eft fi belle pour l'homme civilifé ; pour l'artiste, le savant! Que d'objets de recherches & de méditations qui échapent à l'agriculteur, dont l'ame simple, à la vérité, mais étrangère à la science, ne voit, dans ce qui l'entoure qu'un moyen de s'enrichir. C'est aux champs que le philosophe peut méditer, connoître la nature, & l'homme même dans cette classe laborieuse, qui, respirant sous le ciel un air pur & libre, n'a ni la foiblesse d'organisation, ni les altérations morales que le séjour des villes nous fait éprouver.

Ce sont ces considérations, sans doute, & les trésors que fait naître l'*agriculture*, qui ont porté les peuples à en attribuer l'origine à des divinités. Les Egyptiens en faisoient l'honneur à Osiris, les grecs à Cérès & à Triptolème; les peuples d'Italie à Saturne ou à Janus, leur roi, qu'ils mirent au nombre des dieux, en reconnoissance de ce bienfait. Les hébreux firent de l'*agriculture* leur principale occupation & les plus grands patriaches étoient agriculteurs. On ne doit pas cependant comparer l'état & la vie de ces hommes à celle de nos laboureurs. c'étoient des princes, des hommes dont la richesse & la force consistoient dans le nombre de leurs troupeaux & la fécondité de leurs terres. La plupart des allusions de l'écriture sont tirées des travaux champêtres & des instrumens du labourage; cette méthode est la même chez tous les peuples agricoles, comme chez ceux qui ne connoissent que la guerre, les idées de sang & de vengeance forment toute leur éloquence figurée.

Cet art ne fut pas moins honoré dans la grèce, dès que la police & la sûreté publique eut acquis une sorte de consistance : si vous en exceptez pourtant les farouches Lacédémoniens, qui abandonnèrent cette occupation aux seuls esclaves, & ne jugèrent que celle des armes digne d'un homme libre & citoyen.

On trouve une loi des athéniens qui défend expressément de tuer le bœuf qui sert au labourage & à voiturer les grains; il n'étoit pas même permis de l'immoler en sacrifice : elle enjoint, au contraire, d'en prendre beaucoup de soin, parce qu'il est dans une espèce de société avec l'homme. Elle veut de plus que celui qui commet cette faute, ou vole les instrumens nécessaires aux champs, soit puni d'une peine capitale.

Mais c'est principalement chez les romains qu'il est utile d'examiner l'état & la police de l'*agriculture*, parce que cette nation ne s'étant adonnée que très-tard au commerce, & n'en ayant jamais fait beaucoup d'estime, les travaux agricoles ont attiré toute l'attention de son gouvernement. Ils la considéroient, non-seulement comme une source de subsistances, mais comme une pépinière de soldats,

d'autant plus attachés à la défense commune, qu'une propriété foncière les lioit encore à la patrie.

Aussi les premiers soins du fondateur de Rome s'étendirent-ils sur la culture des terres. Il divisa ses concitoyens en trois classes, sous le nom de *tribus*, & sous-divisant ces tribus en trente curies, il partagea les champs en autant de part qu'il y avoit de curies, & chaque individu par un autre partage eut une portion de terres à peu près égale à quatre arpens (1). Numa Pompilius, roi pacifique & administrateur, seconda ces premières dispositions, que négligea Tullus Hostilius en faveur de la guerre, & que ranima Ancus Martius. Servius Tullius suivit les traces de Romulus; il fit distribuer de nouvelles terres aux citoyens qui en manquoient, & fit construire des lieux fortifiés, où l'on pût mettre le produit de la récolte à couvert des invasions hostiles.

La tyrannie de Tarquin, l'injure de son fils, ayant mis fin au pouvoir royal, & leurs terres ayant été partagées entre les pauvres de la ville, l'*agriculture* acquit un nouveau lustre sous l'empire de la liberté; ce ne sera pas la dernière fois qu'on distribuera des terres aux citoyens, la nécessité y contraindra souvent; la grande inégalité de fortune étant un mal bien plus sensible dans un état libre, que sous un gouvernement monarchique.

Mais ce n'étoit point assez pour le succès de l'*agriculture* de donner des terres à cultiver, il falloit, chez un peuple sans commerce & entouré d'ennemis, qu'elle fût respectable & tînt à ce que l'homme a de plus sacré : on la lia à la religion; on fit entendre au peuple que les dieux s'intéressoient aux travaux de la campagne & présidoient aux productions de la terre. Les uns faisoient croître les plantes qu'on ne sème point, les autres répandoient la fécondité par des pluies douces, qui développent les semences; Pan veilloit à la sûreté des troupeaux & des bergers. Le peuplier consacré à Hercule, la vigne à Bacchus, l'olivier à Minerve, le laurier à Apollon. Les jardins étoient sous la protection de Priape; Diane étoit la souveraine des montagnes & des bois; toute la campagne, toute la nature étoit animée, peuplée d'une foule de dieux protecteurs.

De là, ces nombreuses fêtes où les campagnes formoient autant de temples élevés à la divinité bienfaisante, où les chants des jeunes filles & des jeunes garçons se mêloient aux offrandes d'un peuple reconnoissant. Oh! que la religion est grande & pompeuse dans de pareils instans; & périsse à jamais l'esprit froid & calculateur qui voudroit arracher aux hommes ces élans d'une ame reconnoissante, pour n'y substituer que les formes du génie fiscal ou de la politique sourcilleuse!

---

(1) *Quintum attinet ad antiquos nostros ante bellum punicum, pendebant bina jugera, quod à Romulo primùm divisa dicebantur viritim,* Varro, *de re rustica*, lib. I, cap. 10.

. Nous n'avons, nous, aucune de ces fêtes, le peuple cultive, récolte, consomme sans aucune marque de bienveillance, sans porter un œil de satisfaction & d'attendrissement sur ces biens dûs à la protection de la providence. S'il en existe quelques vestiges, une cohorte de déclamateurs crie à la superstition, à l'interruption de travail, ils calculent combien de productions ces jours de reconnoissance ôtent à la richesse publique, & ne savent pas apprécier l'encouragement, la douce joie, la confiance qu'ils font naître dans l'esprit du laboureur. *Voyez* ADORATION.

Les romains avoient des fêtes instituées par Numa, sous le nom de *rubigales*, pour demander aux dieux que les grains fussent préservés de la niele & de la grêle; les *floroles* afin d'obtenir pour les arbres une pousse vigoureuse & la maturité des fruits. Les *vinales*, désignées par le flamen ou prêtre de Jupiter, lequel ouvroit lui-même la vendange par le sacrifice d'un agneau; les *ambulales*, ou processions solemnelles autour des champs; les *terminales*, sacrifices annuels, qui se faisoient sur les bornes des possessions rurales; les *palides*, *à partu pecorum*, parce qu'on y rendoit graces à la déesse Palès de la fécondité des troupeaux; les *paganales*, instituées par Servius-Tullius, & solemnisées après les semailles; les *Forcanales* en faveur de la déesse des fours : les laboureurs la supplioient de sécher le bled au degré précis de chaleur qui fît évaporer le trop d'humidité sans le brûler. On faisoit encore des prières publiques, lorsqu'un excès de sécheresse faisoit tout craindre pour la récolte. Enfin sous cent formes différentes on rendoit l'*agriculture* respectable en la liant au premier sentiment de l'homme, celui de la confiance en la protection des dieux, sentiment précieux pour la société, & de ceux qui peuvent plus constamment y entretenir la paix & le bonheur.

Les loix vinrent encore à l'appui de la religion pour encourager la culture. On établit les *féries nundinales* ou *féries rustiques*, *feriæ rusticorum*. Ces féries, ainsi nommées parce qu'elles revenoient de neuf en neuf jours, furent instituées pour les gens de la campagne, qui ne pouvoient souvent interrompre leurs travaux. Il n'étoit pas permis ce jour-là de convoquer le peuple pour les affaires publiques; ce qui auroit troublé ou même arrêté les marchés.

La cessation du travail, les jours de fête, ne s'étendoit point aux opérations qui ne peuvent point éprouver de retard sans inconvénient ou perte pour le laboureur.

Quin etiam festis quædam exercere diebus
Fas & jura sinunt. Virg. Georg. lib. I.

Pour inspirer une frayeur religieuse à ceux qui, par l'enlèvement d'une borne, chercheroient à usurper le champ d'un voisin, on posoit les bornes avec le plus grand appareil. On faisoit des onctions sur les pierres qui servoient à cet usage, on les couvroit d'un voile & l'on plaçoit au-dessus une couronne de fleurs. Une victime étoit immolée sur la fosse qui devoit recevoir la borne, le sang couloit dans ce creux, où l'on jettoit en même tems des torches allumées, de l'encens, des fruits, des gâteaux de miel & du vin; ensorte que l'homme qui portoit atteinte à la propriété en détruisant ou changeant les limites, ne commettoit pas seulement un délit ordinaire, mais un sacrilège, dont l'idée seule le retenoit bien plus encore que la peine qui y étoit attachée.

L'établissement des communes ne parut pas absurde à ce peuple agriculteur. On lit dans une ancienne loi, *que ce champ serve de commune; que personne ne se l'approprie & n'empêche qui que ce soit d'y faire paître ses troupeaux* (1). C'est en effet une chose utile que, lorsque l'extrême inégalité des fortunes a accumulé les richesses & les terres dans un petit nombre de mains, il reste au moins à la pauvreté un champ commun où elle puisse trouver la subsistance de quelques animaux compagnons de sa peine & de sa misère. Les romains pensoient ainsi sans doute. Il étoit aussi défendu chez eux de prendre en gage une charrue pour sûreté d'un prêt ou d'une dette. (*Bolduinus*, lib. II, p. 217).

Enfin, car il n'est pas de notre objet d'entrer dans tous les détails de la police agraire des romains, pour assurer la tranquillité des laboureurs, la sûreté des bois & des chemins, dès le tems de l'ancienne république il existoit en Italie un département, *provincia*, qu'on appelloit *sylva & colles*, inspection des forêts & des sentiers; on le donnoit souvent aux consuls. Cette commission avoit pour objet de battre les bois & les routes peu fréquentées, & de protéger les colons contre les attaques des brigands & des vagabonds. Telle fut l'attention que les romains donnèrent à l'*agriculture*; tel fut l'honneur où ils la portèrent.

Mais le despotisme militaire ayant noyé la liberté publique dans le sang des citoyens, placé la férocité ou la bassesse tour à tour sur le trône, fait taire les loix, & enfin détruit l'édifice que tant d'années de travaux & de gloire avoient élevé, l'*agriculture* perdit son lustre, les agriculteurs furent dépouillés par des soldats insolens qui n'étoient plus des citoyens, & la police agraire du bas empire ne fut plus qu'un mélange de fiscalité, de rapines & de désordres. La comparaison seule des loix promulguées à ces diverses

(1) *Ager, Compascunt. Esto. Neive. Quæsi. In eo Agro: Agrum, Occupatum. Habeto Neive: Defendito: Quominus. Quei Velit. Compascere liceat,* Hyginus, p. 333, autres rei agrariæ.

époques.

époques fur l'*agriculture*, fait fentir la différence extrême de fon état.

En effet, dans les loix des douze tables & du digeste, l'*agriculture* n'a que des réglemens de police néceffaires pour maintenir la propriété du fol, la confervation des bornes facrées, la fûreté des beftiaux & des fruits, la circulation des denrées par des chemins, la diftribution des eaux & le bon voifinage. Dans le code & les novelles au contraire, il n'eft queftion que de déferts & de quelques moyens foibles pour ranimer l'*agriculture* ; la crainte perpétuelle de la difette, établiffant par-tout l'annonce, les terres foumifes à des impôts, à des gênes de toutes efpèces ; les agricoles réduits à l'emprunt, à l'ufure, aux faifies, aux procès, à la mifère & à une fervitude combinée. Ces malheurs s'accrurent encore avec l'irruption des barbares ; & fi l'on trouva des terres cultivées, ce fut moins au centre de l'empire que dans les provinces éloignées. Les gaules principalement confervèrent un goût pour les travaux champêtres, que fon commerce avec l'Angleterre & les nations voifines foutint préférablement aux autres.

La France fur-tout, dont il nous importe d'avantage de connoître l'état & la police, dut cette diftinction à fa pofition, à fes nombreufes rivières ; à la douceur de fon climat & à la nature de fes terres fertiles en bled, en vin, en bois & en fruits. Les romains qui en firent la conquête la trouvèrent peuplée d'un grand nombre d'habitans & couvertes d'immenfes forêts. On fe rappelle avec une forte de frémiffement ces antiques afyles des druides fi naturellement peintes par Jules-Céfar, & dont *Lucain* nous a tracé le tableau.

Lucus erat longo nunquam violatus ab ævo
Obfcurum cingens connexis aëra ramis,
Et gelidas altè fummotis folibus umbras.

Hunc non ruricolæ pânes, nemorumque potentes
Sylvani, nymphæque tenent ; fed barbara ritu
Sacra Deûm, ftruêtæ diris feralibus aræ,
Omnis & humanis luftrata cruoribus arbos.
Si qua fidem meruit fuperos mirata vetuftas,
Illis & volucres metuunt infiftere ramis,
Et luftris recubare feræ : nec ventus in illas
Incubuit fylvas, excuffaque nubibus atris
Fulgura : non ullis frondem præbentibus auris,
Arboribus fuus horror ineft. Tum plurima nigris
Fontibus unda cadit ; fimulacraque mæfta deorum
Arte carent, cæfifque extant informia truncis ;
Ipfe fitus, putrique facit jam robore pallor
Attonitos : non vulgatis facrata figuris,
Numina fic metuunt : tantum terroribus addit
Quos timeant, non noffe deos. jam fama ferebat
Sæpe cavas motu terræ mugire cavernas
Et procumbentes iterum confurgere taxos
Et non ardentis fulgere incendia fylvæ.

Jurifprudence, Tome IX. Police & Municipalité

Roboreque amplexos circumfulfiffe dracones :
Non illum cultu populi propiore frequentant.

Cette peinture eft magnifique & forme un tableau frappant de ces hommes fanatiques & cruels qui croyoient honorer l'Etre-fuprême en détruifant le plus bel ouvrage de fes mains. Dans un pareil pays, où l'empire de la religion étoit fi puiffant, il devoit s'y trouver une nourriture abondante, ou telle du moins qu'elle pût mettre l'homme à couvert des inquiétudes, que ne manquent pas de donner les foins d'une fubfiftance précaire. Car en général, un peuple tourmenté de la faim, obligé de parcourir de grandes étendues de pays pour fe procurer des vivres, tient peu aux idées religieufes. La fatigue, les courfes continuelles, l'épuifement phyfique, ne permettent point à l'homme cette furabondance d'idées & de paffions qui l'élancent vers les objets intellectuels. De plus, le changement de domicile, la chaffe, la pêche, offrent fans ceffe de nouveaux tableaux a fon efprit qui ne permettent point aux idées métaphyfiques d'y laiffer une impreffion durable. Cet état eft encore oppofé à celui de famille. La femme a befoin de repos pour nourrir, élever fes enfans, fe foigner elle-même pendant le temps de la groffeffe & de l'enfantement. Un peuple errant fera donc difperfé, défuni ; & les fentimens religieux, les cérémonies du culte n'auront point de prife chez lui ; il vivra dans une forte d'athéifme ou de matérialifme naturel. Mais que la nourriture devienne facile, que la terre fourniffe aux befoins de la vie, alors l'état de famille naîtra, la religion reprendra fon empire, & le fanatifme pourra tenir fous fon joug cent peuples que la fatigue, la faim ne tourmentent plus, & qui, rapprochés les uns des autres, fe communiqueront leurs erreurs & leurs fentimens. Les arabes errans & fans nourriture certaine, n'ont point de religion bien caractérifée, ou du moins elle manque de cette énergie triomphante qu'on lui trouve chez les peuples riches & rapprochés. L'américain fauvage eft de même, le fanatifme lui eft inconnu, il n'a pas le temps de s'y livrer ; un fentiment religieux mais vague fait toute fa religion.

Regarde l'Indien dont l'efprit fans culture,
N'a point l'art d'altérer les dons de la nature,
Il voit Dieu dans les airs, il l'entend dans les vents ;
Son favoir ne va point au-delà de fes fens ;
Il s'arrête avec eux aux feules apparences ;
Sa-raifon n'étend point fes foibles connoiffances,
Au-delà du foleil & des corps radieux
Que fon œil apperçoit dans la voûte des cieux.

POPE, *Effai fur l'homme.*

Puifque le fanatifme régnoit dans les gaules, ces pays devoient donc avoir des moyens de fubfiftance fixe. L'agriculture y étoit donc fûrement avancée, la nourriture des beftiaux, les travaux de la campagne connus & perfectionnés. La facilité que Céfar trouva pour nourrir fes armées vient encore à

M m

l'appui de cette idée, & la conformation que les légions romaines y occafionnoient, du: encourager la culture par le débouché qu'elle préfenta aux denrées. Auffi les Gaules furent bientôt regardées par les romains comme une de leurs plus riches & plus belles provinces. Le gouvernement en étoit brigué par tous les ambitieux qui efpéroient en tirer le même parti que César. Ils accordèrent aux villes gauloifes des privilèges étendus. Elles avoient chacune une efpèce de fénat, des magiftrats choifis par le peuple; des édiles, des décurions, une bourfe commune, enfin tous les droits de la municipalité. Cependant depuis que le farouche Domitien avoit céfendu aux gaulois de cultiver la vigne; ces belles provinces voyoient une parne de leur culture dépérir. Mais Probus, vers 265, la leur rendit; l'agriculture en profita par le foin qu'on prit de défricher les côteaux incultes pour les planter. Enfin pour peu qu'on réfléchiffe fur les événemens de l'hiftoire du bas empire romain, on voit par le commerce que faifoient les gaulois que l'agriculture devoit être floriffante, & ce que nous dit Aufonne de Bordeaux, fa patrie, fert encore à le confirmer.

Cependant, vers le commencement du cinquième fiècle les Gaules furent enlevées aux foibles empereurs romains. Les goths fe faifirent des parties méridionales qui compofoient l'Aquitaine; les bourguignons s'établirent dans la partie orientale, & les francs foumirent les provinces feptentrionales jufqu'à la Loire; ils réunirent dans la fuite les poffeffions des goths & des bourguignons, & formèrent la monarchie à laquelle on a donné le nom de France. Mais pendant ces temps de troubles & de confufion, tout fut dans la plus horrible confufion; les auteurs contemporains nous peignent les défordres des féroces guerriers avec les couleurs les plus effrayantes. Sans doute qu'au milieu de ces malheurs, l'agriculture dut fouffrir beaucoup. Les terres furent abandonnées & reftèrent long-temps incultes. Mais trois chofes contribuèrent bientôt à leur rendre les bras qui leur manquoient, & les foins dont elles avoient befoin pour produire leurs anciennes richeffes; la première, fut l'abandon que les vainqueurs firent d'une partie des terres aux vaincus, à titre de cens; la feconde fut la converfion de Clovis; & la troifième, qui eft une fuite de celle-ci, fut le progrès des ordres monaftiques, & les dons de terres faits aux églifes.

Les conquérans s'apperçurent bientôt que pour ne pas faire du pays conquis un défert, il falloit multiplier les colons, & encourager l'agriculture; leur intérêt les y portoit naturellement. Ils concédèrent donc des terres aux gaulois vaincus, à des conditions dures à la vérité, mais qui ne mettoient point un obftacle abfolu aux travaux champêtres. Ils établirent ainfi une efpèce de feigneurie utile, & qui les fit vivre à leur aife, fans partager les fatigues de la culture. Ces cultivateurs furent ferfs & attachés à la terre même qu'ils cultivoient; & leur

affranchiffement ne date que de la fin du onzième fiècle.

Clovis par fa converfion entraîna dans fa religion les principaux chefs de l'armée & les guerriers qui s'étoient partagé les terres. Cette reffemblance de culte & de croyance avec les vaincus adoucit le fort de ceux-ci. La morale chrétienne, d'ailleurs, douce & charitable, rendit le defpotifme militaire moins barbare & moins fanguinaire. Les cultivateurs durent éprouver un fort moins cruel & l'agriculture fe foutenir contre tant de fléaux conjurés contre elle. Mais ce qui rendit cette influence religieufe plus directement utile à l'agriculture, c'eft qu'elle donna infenfiblement naiffance à l'établiffement de plufieurs monaftères, de communautés & d'établiffemens religieux, dont les membres s'occupèrent de la culture & du défrichement des terres. C'eft la troifième & dernière des caufes que nous avons cru pouvoir affigner comme ayant fervi au foutien de l'agriculture.

Et en effet, nous voyons que fous la feconde race de nos rois, & même dès la fin de la première, les moines s'occupoient de travaux de ce genre. On voit, dans la vie de faint Germain d'Auxerre, de faint Samfon, & dans les actes de l'ordre de faint Benoît (fect. 1 & 2.) que les religieux s'occupoient de travaux utiles. Que les ouvrages pénibles & le foin de labourer la terre étoient confiés à leurs ferfs ou même exécutés par eux-mêmes; que d'autres avoient la direction de ces travaux, ou choififfoient d'autres occupations moins pénibles, comme de travailler à la cire, ou autres ouvrages utiles.

Dans un état monarchique, comme fut la France, à dater principalement de la feconde race de fes rois, la profpérité publique, & les habitudes nationales dépendent en partie des inclinations du fouverain. Comme dans un pareil gouvernement, l'honneur qui en eft le principe, dépend en partie des préjugés du monarque, il n'eft pas étonnant que lorfque celui-ci veut honorer un genre d'occupation, tous les fujets s'y portent au moins momentanément. Auffi, dès que Charlemagne fut monté fur le trône des francs, il fe fit un heureux changement dans l'état économique du royaume; toutes les branches d'induftrie, le commerce & par conféquent l'agriculture, firent des progrès. Charlemagne s'occupa principalement de cette dernière. On a de lui différens règlemens qui prouvent les foins qu'il y donnoit & l'eftime qu'il en faifoit.

Cette attention de la part du prince étoit d'autant plus naturelle; que les biens-fonds étoient les feuls d'où il pût alors tirer un revenu folide & conftant. Les peuples n'étoient pas encore impofés, & les revenus cafuels fe montoient à peu de chofe. Il entreprit donc des défrichemens & des améliorations; on a de lui plufieurs capitulaires qui s'y rapportent: nous croyons devoir en faire connoître quelques-uns ici : nous rapporterons la traduction du texte même.

Au capitulaire de *Villis*, Baluze, tit. I, on trouve, *cap.* 56 : « Nous voulons que nos forêts » soient gardées, que celles qu'il faudra planter le » soient, & que nos juges ne permettent pas que » les champs s'agrandissent aux dépens de nos » bois ».

Au capitulaire V, *idem*, chap. 22 : « Nous » ordonnons que nos juges s'informent de l'état de » nos forêts par-tout où elles sont, & comment » elles sont conservées & gardées, & défendent » aux comtes d'en laisser planter de nouvelles, » & que s'il y en a de telles sans notre ordre, » qu'ils les fassent arracher ».

On trouve, dans le même capitulaire, des règlemens plus positifs sur les différens objets de culture des domaines de ce prince.

« Nous voulons, dit-il, que nos fermes soient » bien tenues, & que nos juges n'exigent d'elles » aucune corvée, ni aucun présent, soit en che- » vaux, en bestiaux, en fruits, œufs ou légu- » mes » : *art.* 3.

« Nos juges auront également soin de nos vignes, » les feront entretenir, & auront soin que le vin » qui en proviendra soit enfermé dans de bons » vaisseaux, de crainte qu'il ne lui arrive quelque » accident : » *art.* 8.

« Que dans les fermes principales, il y ait au » moins cent poules, & trente canards : dans les plus » petites fermes, quarante poules, & douze oies » : *art.* 19.

« Que nos pressoirs soient en bon état, & que » nos juges aient soin qu'aucune personne ne foule » les raisins de ses pieds; mais que tout soit propre » & décent » : *art.* 48.

Au reste, ces lieux désignés sous le nom de *fermes*, & en latin, *villæ*, n'étoient pas de simples métairies ou châteaux de campagne : ils avoient un grand nombre de dépendances qui formoient un arrondissement considérable. Outre des jardins & des parcs, il y avoit des cantons entiers habités par des ouvriers en tous métaux, des haras, des troupeaux de gros & menu bétail qu'on menoit pâturer dans les bois, des forges, des fonderies, des tanneries, des viviers, des vignes, des pressoirs, des moulins, des boutiques d'orfevres, des ateliers de taillandiers, de fourbisseurs, de charpentiers, de charrons; d'autres où l'on façonnoit la cire, le suif, le miel, le beurre, &c. où l'on faisoit de la moutarde & des liqueurs de plusieurs sortes. On y voyoit aussi des ménageries d'oiseaux, où l'on conservoit des paons, des faisans, des tourterelles & autres volailles semblables.

Ces soins, ces détails annoncent dans le mo-

narque du goût pour l'agriculture & les travaux champêtres : mais Charlemagne encouragea la culture par une autre voie, qui, sans être aussi directement appropriée à l'*agriculture*, a dû néanmoins contribuer à ses succès. Ce prince, indépendamment des assises destinées à l'administration de la justice dans les provinces, y institua des assemblées où les intérêts de la province y étoient discutés à peu près comme dans celles qui viennent d'être établies dans le royaume. *Voyez* ASSEMBLÉES PROVINCIALES.

Les guerres particulières & les incursions des barbares, en plongeant la France dans le trouble & ravageant les campagnes, portèrent des coups funestes à la culture des terres. Les campagnes restèrent en friches & les plus belles provinces n'offrirent que des déserts. A ces fléaux se joignirent les désordres de l'anarchie féodale & l'esclavage du peuple. Les nobles seuls & les ecclésiastiques étoient libres : le reste de la nation vivoit dans l'ignorance & l'abrutissement. Les rois impuissans sur un trône dont on les dépossédoit au moindre mécontentement n'avoient aucun intérêt à soutenir la culture, & d'ailleurs ne pouvoient rien qu'avec le consentement des barons qui opprimoient le peuple, comme ils l'ont été depuis par le peuple & le roi conjointement.

Nous ne nous arrêterons donc pas à faire des recherches sur l'état de la culture dans ces temps, nous nous hâterons de parvenir à des époques plus modernes, & nous fixerons au douzième siècle le moment où la nation commença à sortir de sa léthargie dans tous les genres. Ce fut, en effet, vers ce temps qu'à l'exemple des villes d'Italie, celles de France se liguèrent contre la noblesse & obtinrent de nos rois des *chartres de communes*, sous différens titres, en donnant de l'argent ou prêtant un service militaire. Mais cette révolution ne se faisoit point sentir aux habitans des campagnes. Ils étoient toujours attachés à la glebe & gémissoient sous la tyrannie des seigneurs. *Voyez* MUNICIPALITÉ.

Il falloit donc que cette servitude honteuse fût anéantie pour que l'*agriculture* & les travaux champêtres reprissent l'activité qu'ils avoient eu sous Charlemagne. Nos rois de la troisième race s'y prirent assez adroitement. Ils commencèrent par porter atteinte au droit de faire la guerre qu'avoient les seigneurs, & leur rendirent par-là le nombre & la fidélité des vassaux moins utiles. S. Louis par son ordonnance de Pontoise de 1245, & Philippe-le-Bel par celle de 1311, mirent des restrictions à ce droit barbare qui insensiblement en opérèrent la ruine. Le roi Jean II renouvella les mêmes ordonnances, & diminua encore par-là les maux attachés aux troubles qui naissoient de ces guerres. Enfin, ce qui sur-tout amena la destruction de l'esclavage, ce fut l'exemple de l'affranchissement des serfs dans les domaines du roi donne pour la première fois d'une manière authentique par Louis X, en 1315. Nous rapporterons ailleurs les ordonnances qui concernent ces matières intéressantes ; il nous suffit pour le préfent d'en avoir indiqué un des effets.

Nous ne répondrons pas à ceux qui ont prétendu que cet affranchissement des serfs à la campagne ôta des bras à la terre, & que loin de contribuer aux progrès de l'*agriculture* il y nuisit beaucoup. On sent qu'une pareille raison n'est qu'un sophisme fondé sur l'ignorance affectée des bons effets de la liberté. En effet, les nobles ne pouvant plus employer les serfs forcément à la culture des terres, payèrent des hommes qui s'en chargèrent volontairement, & les uns & les autres y gagnèrent. Il falut toujours pourvoir à la consommation nationale, par conséquent il fallut toujours cultiver une même étendue de terrain. Les hommes libres qui travailloient pour eux, ou du moins pour un salaire, firent plus d'ouvrage & le firent mieux. Il y en eut à la vérité qui ne se livrèrent plus à la culture, mais ils y étoient devenus inutiles, parce que ceux qui en faisoient leur état pouvoient suffire pour un plus grand nombre. C'est toujours l'effet de la liberté & de la perfection des travaux d'exiger moins de mains. Aussi l'industrie fit des progrès qu'elle n'auroit jamais fait ; les villes se peuplèrent, les richesses s'accrurent, & les consommations, que le luxe introduit dans la société exigea, tournèrent au profit de la culture & des cultivateurs libres. Aussi voit-on par les efforts que firent les rois, par les nombreuses armées qu'ils levèrent, par les grandes entreprises qu'ils formèrent, que la puissance des nations, la population, & par conséquent la culture, s'étoient notablement accrues. Tels furent les effets de l'affranchissement des communes & des serfs à la campagne.

Aussi, sous les règnes suivans, vit-on plusieurs réglemens sur le fait de l'*agriculture*. L'idée de Charles IX, de 1571, sur-tout est remarquable par l'attention qu'on y donne pour soustraire la propriété des laboureurs aux rapines des gens de guerre, des courtisans & des financiers. Ces idées saines en supposent d'autres antérieures qui durent leur existence aux avantages que la culture de la terre procuroit au royaume. L'édit du bon roi Henri IV n'est pas moins remarquable, il peint l'amour de ce grand prince pour son peuple, la connoissance qu'il avoit des violences des gens de guerre, & la crainte qu'il avoit de voir la nation victime des désordres de ceux mêmes qui sont payés pour la défendre.

« Tous paysans, dit-il, laboureurs & autres gens des champs, non portant armes, sont mis en la protection & sauve-garde du roi, ensemble leurs vaches, moutons, brebis, & autre bétail, ne leur sera touché ne méfait à eux ni à leur troupeaux de bestial, en quelque sorte & manière que ce soit, sur peine de la vie ».

» Et afin que les terres ne demeurent sans culture & en friche, par faute de pourvoir à la sûreté du labourage, sadite majesté défend sur peine de la vie à toutes personnes, de quelque qualité, nation ou condition qu'elles soient, de son armée, de prendre prisonnier ou rançonner aucuns paysans, laboureurs ou autres gens des champs, ni leur méfaire ou médire en leurs personnes, en leurs chevaux, bœufs, mules ou mulets, ânes ou autres bestiaux, soit étant en leur labourage ou faisant leurs mestiers ou semences en la campagne, dans leurs maisons, ou faisant trafic ou négoce domestique, & ne les pourra-t-on prendre prisonniers sur la même de la vie.

Rapportons encore une ordonnance du même roi, donnée à Paris le 16 mars 1595.

» Ordonnons qu'il ne sera fait ci-après aucun arrêt, saisie, transport, décret, ou main mise sur les chevaux, bœufs & autres bêtes & ustensiles des laboureurs, vignerons & manœuvres servant à labourer & à cultiver les terres, soit labourables, vignobles, ou autres, non plus que pour nos deniers & affaires, & que pour autre cause quelle qu'elle soit. Et où il y en auroit dès à présent en dépôt ou prisons, saisis & arrêtés, nous entendons qu'il leur en soit fait prompte & entière main-levée & délivrance, &c. »

Nous trouvons encore un édit du même prince qui prouve les soins qu'il donnoit à la culture, & les encouragemens qu'il desiroit y donner. Il est du mois d'avril 1599, & accorde différentes facilités & privilèges à ceux qui entreprendront ou effectueront le dessechement des marais. L'expression de cette loi est singulièrement remarquable par le ton paternel & cordial qui y règne. On y reconnoît le maître & le ministre.

Sous Louis XIII, l'*agriculture* en France ne partagea que foiblement l'attention du ministère. Les loix de police & de protection, accordées à cette partie de l'état, furent à peu près les mêmes que sous le règne précédent, & la création des intendans n'y apporta pas un changement avantageux. Ces officiers furent principalement chargés de tout ce qui regardoit le soin & l'administration des provinces. Hommes de la cour, ils ne s'occupèrent pas toujours du bien du peuple, & leur régime a été mis par quelques écrivains, par des administrateurs même, au rang des obstacles mis aux progrès de la culture & des richesses territoriales.

L'on a remarqué qu'une des choses qui ont été le plus funestes aux provinces dans la personne des intendans, a été avec leur esprit despotique & hautain, leur peu d'expérience. Ce défaut leur a fait commettre une foule de fautes, & laissé prendre pied à un grand nombre d'abus. L'instabilité de leur place n'y contribuoit pas peu non plus. Il est en effet impossible que des hommes qui ne s'occupent que momentanément des soins d'une province, & qui ne regardent leur intendance que comme un lieu de paſſage, aient cet intérêt & cette ſuite néceſſaire à un ſi grand département.

Le manque d'expérience des intendans ſe fait ſentir dans une infinité de détails qui influent ſur le progrès de l'*agriculture*. Il faut de l'expérience pour connoître les abus qui ſe ſubdiviſent à l'infini, & ſe métamorphoſent même pour mieux ſéduire; il en faut pour faire un choix de prépoſés intermédiaires, dont l'emploi a fait ſouvent le malheur d'une province, & même de l'intendant; il en faut pour concilier les intérêts de l'état avec ceux des particuliers toujours enclins à demander; il en faut pour s'aſſurer ſi les ſubdélégués & les receveurs des tailles n'excédent pas les bornes de la confiance par leurs émiſſaires appellés *garniſaires*; il en faut pour vérifier ſi un premier commis n'abuſe pas de la confiance contre des cultivateurs qui réclament leurs droits.

Or, toute cette proviſion de connoiſſances pratiques peut-elle ſe trouver dans la tête d'un jeune homme, dont l'ancienne occupation n'a ſouvent été que d'opiner pour quelques ſentences, qui n'a eu que partiellement une adminiſtration très-facile à comprendre comme à exécuter? Combien d'abus n'y a-t-il pas à craindre de la part d'un pareil adminiſtrateur, dont le pouvoir attributif a tant d'influence directe ſur le ſort du laboureur & de l'*agriculture*, & qui, à l'âge de vingt-ſix ou vingt-ſept ans, a, comme les autres hommes, à ſe défendre des paſſions, des agrémens & de la diſſipation de la jenneſſe.

Enfin, une preuve du peu de bien que les intendans ont fait à la nation, & des maux qu'ils ont toujours fait craindre pour la proſpérité des provinces, c'eſt ſous la minorité de Louis XIV, la levée de quelques nouveaux impôts leur ayant été attribuée, les cours ſouveraines aſſemblées à Paris en 1648, arrêtèrent des remontrances au roi, pour en obtenir la révocation des commiſſions d'intendans. *Voyez* intendans *dans la* jurisprudence.

Mais en voilà aſſez ſans doute ſur ces adminiſtrateurs, pour faire ſentir le mal qu'ils ont pu faire & celui qu'ils ont fait; aujourd'hui leur pouvoir eſt diminué par l'influence de l'opinion publique, le progrès des lumières & l'établiſſement des aſſemblées provinciales. Revenons à l'hiſtoire de l'*agriculture* chez nous.

Si l'on ſuit attentivement l'ordre des faits & les conſéquences qui doivent en réſulter, on ne ſoupçonnera pas que l'*agriculture* ait dû beaucoup augmenter en France ſous le règne de Louis XIII. Les

troubles qui l'accompagnèrent, la fermentation qui régnoit alors, le peu de ſoin que Richelieu prenoit aux entrepriſes agricoles, le goût des vues de commerce abſorboient l'attention nationale. D'ailleurs les impôts alloient en augmentant, les tailles croiſſoient, la culture étoit écraſée ſous le poids des taxes, & ſon état empiroit. Il eſt ſûr que c'eſt à compter du commencement du règne de Louis XIII que l'état de pauvreté, où s'eſt trouvé depuis le payſan en France, a pris ſon origine.

Les troubles civils, les mauvais traitemens des gens de guerres, étoient bien des fléaux terribles, mais ils étoient momentanés; l'impôt au contraire agit & agit toujours. C'eſt un mal attaché à la racine de l'*agriculture* (1), qui la détruit à la longue. La gabelle ſur-tout a fait des torts immenſes au produit des terres, & les accroiſſemens ſucceſſifs qu'elle a réçus, peuvent être mis au nombre des grands maux faits à la nation.

On voit cependant ſous Louis XIII quelques réglemens pour encourager les deſſéchemens. La déclaration du 5 juillet 1613, porte : » la connoiſſance que » le feu roi, notre très-honoré ſeigneur & père que » Dieu abſolve, a eu du bien qui pouvoit revenir à » ſon état en général, & à ſes ſujets en particulier » de l'entrepriſe des deſſéchemens des marais, palus » & terres inondées qui étoient en ſon royaume, » lui auroit fait deſirer avec affection l'avancement » & le ſuccès de ladite entrepriſe & en cette con- » ſidération auroit fait ſon édit du mois d'avril » 1599, pour le deſſéchement deſdits marais, &c. »

Différentes déclarations ſuivirent celle-ci, ſoit pour en aſſurer l'exécution, ſoit pour y ajouter de nouvelles diſpoſitions, entr'autres celles du 15 octobre 1613, donnée à Fontainebleau; du 12 avril 1639, donnée à Saint-Germain-en-Laye; du 4 mai 1641, donnée à Eſcouan.

Les hiſtoriens plus curieux de nous conſerver des deſcriptions de batailles auxquelles on ne comprend rien, des harangues qui n'ont jamais été prononcées, & des lettres que jamais perſonne n'a écrites; plus curieux, dis-je, de cela, que de tracer l'hiſtoire de la ſociété & des arts qui contribuent à ſon bonheur, ne nous ont rien laiſſé de détaillé, de poſitif, de certain ſur l'état de la culture au commencement du règne de Louis XIV. L'on a recueilli juſqu'aux moindres anecdotes de la vie de ce prince; & pour connoître l'adminiſtration de ſon tems, ſes projets du bien public, & les entrepriſes des arts, il faut preſque ſe livrer à des conjectures, ou ne marcher qu'à l'aide des différens réglemens, arrêts & loix émanés du conſeil & des cours.

---

(1) Tout cela ne veut pas dire que les cultivateurs propriétaires ne doivent ſupporter aucun impôt. Qui donc les ſupporteroit ſi ce ne ſont ceux qui ſont les propriétaires des véritables richeſſes & de la ſource de toutes les autres? Mais cela veut dire qu'ils ne doivent être ni trop, ni inégalement taxés.

L'on peut, il est vrai, à l'aide de ces derniers, suivre jusqu'à un certain point l'état de l'*agriculture* en France, parce que cet art tenant au bien du royaume par les richesses qu'il fait naître & la subsistance des peuples qui en dépend, l'administration ne l'a jamais dû perdre de vue, & ses dispositions à cet égard peuvent nous servir de guide. Ajoutez que ces recherches & cette histoire de la législation & de la police agricole, sont des objets de méditation d'autant plus utiles qu'ils peuvent servir d'instruction aujourd'hui, & apprendre ce qu'on doit attendre d'un règlement dont on connoît l'effet antérieur; si toutefois il est bien vrai qu'on puisse toujours argumenter du passé au présent ou à l'avenir; les esprits, les mœurs, les goûts, les consommations, les alimens, tout variant, tout changeant, tout s'altérant d'un siècle à l'autre, assez peut-être pour influer sur l'ordre politique.

Les troubles de la minorité du roi, les inquiétudes des peuples, les persécutions suscitées aux cours souveraines, la liberté mourante & enfin morte de la nation, ne donnent pas lieu de croire qu'on dût beaucoup se porter à encourager la culture. Les provinces cependant se ressentoient encore de la bonne administration de Sully, dont le gouvernement de Louis XIII ne put détruire les effets. C'est un des précieux avantages du cultivateur, que lorsque l'on ne le surcharge pas d'impôts, il peut être moins fatigué des secousses de l'état & des intrigues des cours; sa propriété le rend nécessaire, on ne peut se passer de lui, il cultive son champ loin de l'ambition & du faste. Il est même légèrement incliné à la parcimonie, à l'avarice; & lorsque la guerre ou d'autres fléaux publics lui permettent d'augmenter le produit de son champ, il est peu sensible à la douleur populaire. C'est une espèce de financier dont les fonds sont en bled, & qui en hausse le prix en raison, non pas toujours de ses dépens & frais, mais en raison du besoin qu'il fait qu'on en a. Je ne fais ici ni l'apologie ni la satire de cette conduite; elle a trouvé des approbateurs; j'en fais seulement la remarque pour en tirer cette conséquence, que les maux publics n'agissent pas toujours avec autant de force sur le laboureur propriétaire que sur les autres citoyens, & que lorsque les impôts n'augmentent pas, sa prospérité peut se soutenir quel que soit l'état de la nation d'ailleurs. Il est bien sûr cependant que le débit de ses récoltes n'est pas également actif dans un tems d'agitation, de déprédation & d'esclavage public, que dans un tems calme & heureux, mais l'on ne peut point conclure de l'état national à celui du laboureur purement & simplement.

Aussi l'on ne voit pas que les provinces fissent des plaintes sur leur état, lors de la minorité. Leur commerce étoit considérable, & le débit des denrées assuré dans le royaume. Les guerres civiles avoient cessé & les champs n'étoient plus, comme avant, infestés de gens d'armes, peste plus cruelle que la grêle & la famine.

A ces considérations, ajoutez que l'édit de Nantes n'étant point révoqué, & la liberté de conscience permettant l'exercice du commerce & des arts à tous les sujets indistinctement, la population & la richesse publique devoient être plus considérables, les productions de la terre avoient un plus grand nombre de débouchés, & par conséquent plus de valeur. Ces heureuses dispositions étoient toutes en faveur de l'*agriculture*, & ajoutent une preuve de plus à ce que nous venons de dire de son état au commencement du règne de Louis XIV. Ce roi publia plusieurs loix qui avoient pour objet l'encouragement des travaux champêtres; le plus grand nombre date de l'administration de Colbert, qu'on a si mal-à-propos voulu priver de sa gloire; parce qu'il protégea les arts, fit refluer une partie des richesses dans les mains des agens de l'industrie; & força l'avide propriétaire à sacrifier au bonheur public une partie de son trésor.

La première loi de ce règne, en faveur de l'*agriculture*, est celle du 20 juillet 1643, en exécution de celle donnée en 1641. Edit du même roi, du mois de mars 1644, pour dessécher les marais & former un canal en Provence. Nous parlerons de cette entreprise au mot CANAL. Lettres-patentes, du 26 novembre 1646, portant permission à Amable Gitton de dessécher les marais de l'isle de Rez. Règlement, donné en décembre 1654, pour la vente des places inutiles des domaines du roi en faveur de l'*agriculture*. Déclaration pour le desséchement des marais du royaume, donnée à la Fère en 1656. Lettres-patentes, règlant les privilèges des propriétaires des marais desséchés dans la Saintonge, donné à Versailles en janvier 1692. Autre édit, en 1702, pour autoriser les entreprises de desséchement des étangs & marais dans le Bas-Languedoc.

Vers 1700, on s'apperçut qu'un grand nombre de terreins avoient été abandonnés par leurs propriétaires, & que faute d'être cultivés l'état se trouvoit privé des productions qu'on en auroit pu retirer. L'on crut que sans blesser les loix de la propriété on pouvoit autoriser des entrepreneurs actifs à les mettre en valeur. En conséquence on vit paroître la déclaration du 11 juin 1709, qui permet à toutes personnes de cultiver à leur profit les terres que les propriétaires auroient négligé d'ensemencer.

Art. III. « Tous propriétaires de terres labourables qui en jouissent par leurs mains, & pareillement tous fermiers conventionnels ou judiciaires, seront tenus dans la huitaine du jour de la publication de cette déclaration dans chaque bailliage ou sénéchaussée de notre royaume, de déclarer au greffe de la justice ordinaire du lieu, s'ils entendent faire cultiver & ensemencer leurs terres & de commencer à les faire labourer dans la huitaine suivante, sinon & à faute par eux de le faire dans ledit temps, permettons à toutes sortes de personnes de faire donner les façons nécessaires auxdites terres, pour les femer en bled dans la faifon convenable. »

Nous pouvons faire plufieurs obfervations générales fur cette loi, & en tirer différentes conféquences. D'abord, on ne doit pas croire qu'elle ait jamais été rigoureufement exécutée parce que cent obftacles ont dû en faire éluder l'effet, tant de la part des propriétaires actuels que de ceux qui pouvoient efpérer de l'être un jour. En fecond lieu, il auroit été difficile & injufte de dépouiller un laboureur, fous le prétexte que fa pauvreté ou différens malheurs l'auroient empêché de mettre en valeur des parties de terre. Ainfi c'étoit bien plutôt une menace faite aux cultivateurs négligens, à ceux qui poffédant de vaftes domaines, négligent, au détriment de la fubfiftance publique, des terreins utiles & féconds, qu'une peine infligée aux propriétaires ruinés ou privés des avances indifpenfables à la culture.

On peut croire auffi que le nombre de ces derniers dut être confidérable par les nombreux impôts, les milices, les défordres qui eurent lieu pendant la vie guerriere du roi. On aura voulu les porter à des efforts par la crainte de fe voir privés de la jouiffance de leur propriété territoriale. On aura peut-être penfé auffi que cette contrainte en détermineroit quelques-uns à vendre les biens qu'ils ne fe fentoient point en état de faire valoir. Enfin, quelque chofe qu'il en puiffe être, cette déclaration annonce un grand affoibliffement de culture & une difette de production dans le royaume.

Et ce n'eft pas fans raifon qu'on peut foupçonner cet état de délabrement de l'*agriculture*. Les difettes de 1693 & 1760, annoncent affez quelle devoit être alors la fituation du royaume à cet égard. Cependant Louis XIV ne s'étoit pas contenté de faire des loix pour favorifer la culture; différens établiffemens concouroient au même but. Les canaux qu'il fit entreprendre & exécuter, le commerce qui acquit de l'étendue, la confommation de la ville & de la cour, qui augmenta la confommation & le débit des denrées, la fourniture des troupes & de la marine durent offrir d'immenfes débouchés aux productions de l'agriculture.

Le foin des beftiaux, des bêtes à laine fur-tout, l'attention à en interdire la faifie aux créanciers des cultivateurs, font autant de difpofitions d'une police civile & économique, favorable aux travaux champêtres.

Edit de 1667, art. XIV. « Defirant pourvoir à la confervation des beftiaux, nous faifons très-expreffes inhibitions & défenfes à tous huiffiers & fergens de prendre, pendant le temps de quatre années, par voie de faifie, ni vendre aucuns beftiaux, foit pour dettes de communauté ou particulieres, à peine d'interdiction de leurs charges, 3000 livres d'amende, applicable moitié à nous,

moitié à la partie, & de tous dépens, dommages & intérêts ». Déclaration du même, prorogeant pour fix années la défenfe ci-deffus, de faifir les beftiaux, 25 avril 1671. Autre déclaration accordant un nouveau délai de bans aux laboureurs & communautés pour acquitter leurs dettes, avec défenfe de faifir leurs beftiaux pendant ce temps; Paris, janvier 1678. Autre, défendant de faifir les beftiaux de Languedoc pendant dix ans: 18 janvier 1682. Autre, du 10 janvier 1690, portant pareille défenfe dans tout le royaume, pour bans, commençant à l'expiration du dernier délai. Enfin cette défenfe a été renouvellée plufieurs fois, & eft paffée en loi, puifqu'il eft défendu de vendre les bœufs & inftrumens fervant au labourage.

Toutes ces facilités accordées à l'*agriculture* n'empêchèrent point qu'elle ne perdit de fa profpérité. Les longues guerres que Louis XIV foutint, le dégât qui en réfulta dans les provinces frontieres, les impôts qu'on fut obligé de mettre fur les terres & les marchandifes, la levée des hommes de guerre & les défordres fecrets & pénibles qu'ils commirent, la deftruction de toute liberté politique, dans les villes & dans les provinces lui portèrent des coups mortels. A la fuite de ces défordres on en ajouta un plus grand au mois d'Octobre 1685, celui de ravir à la partie la plus induftrieufe des fujets du royaume l'exercice de leur religion. Cet acte de rigueur fut précédé, fuivi & accompagné d'une foule de vexations qui troublèrent le commerce & réagirent fur la culture. Les terres tombèrent de prix, les denrées devinrent plus cheres & les difettes fe firent fentir les années fuivantes, autant par l'effet de ces erreurs politiques, que par l'intempérie des faifons. Il n'en fut pas moins néceffaire de faire des recherches & de donner aux officiers de police les ordres les plus précis pour faire des perquifitions fur les accaparemens; ordres qu'ils exécutent fouvent avec un zele déplacé dans ces momens de trouble & qu'ils négligent enfuite jufqu'à l'indifférence dans les tems de repos.

Les ordonnances fur le commerce des grains fe multiplièrent alors prodigieufement, mais ces actes d'une autorité arbitraire ne remédièrent pas toujours au mal & les peuples fouffrirent autant des fauffes mefures qu'on prit pour les foulager, que des fotifes qu'on avoit faites pour foutenir des guerres injuftes. Il eft cependant vrai de dire que les précautions du gouvernement ne furent pas entièrement inutiles & produifirent quelque bien particulier.

En général on peut conclure du règne de Louis XIV, par rapport à l'*agriculture*, qu'il n'en avança point les progrès, & qu'après l'avoir vue au commencement dans un état de profpérité notable, il la vit fur la fin dans une grande décadence, laiffant de nombreufes terres incultes &

les branches de l'industrie, du commerce & des arts, dans une crise nuisible à leur accroissement.

Au commencement du règne de Louis XV, les esprits se tournèrent vers l'étude des choses utiles, & l'administration rassasiée de projets & d'entreprises militaires, dirigea ses vues du côté de la culture & des entreprises utiles. L'*agriculture* fut donc alors l'objet des méditations générales & des soins particuliers du gouvernement ; & cette disposition nationale s'est propagée jusqu'à nos jours. Aussi vit-on naître depuis des réglemens destinés à encourager les travaux champêtres, plusieurs loix qui s'y rapportent & des établissemens propres à en étendre le goût & les connoissances.

Dès 1731 l'administration s'occupa des desséchemens des marais du Bas-Poitou, & le défrichement des terres incultes de cette province. Plusieurs arrêts du conseil développèrent les intentions du gouvernement à cet égard, & si elles n'ont pas été entièrement remplies, elles n'en annoncent pas moins le systême du ministère & son attention pour l'amélioration de la culture. Le privilège exclusif de la culture du riz avoit été accordé à une compagnie ; ce qui pouvoit nuire aux laboureurs, dont les terres auroient été propres à ce genre de culture, un arrêt du conseil du 5 Octobre 1747 le révoqua.

Mais ce qui dut étendre le goût & les progrès de l'*agriculture*, furent les encouragemens donnés à ceux qui défricheroient des terres incultes. Un grand nombre d'arrêts du conseil, déclarations, soit pour le royaume en général ou quelque province en particulier, furent rendus sur cette matière ; nous indiquerons les principaux & rapporterons les dispositions les plus remarquables.

Arrêt du conseil du 16 Août 1761, exempte les cultivateurs des généralités de Paris, Amiens, Soissons, Orléans, Bourges, Moulins, Lyon, Riom, Poitiers, Bordeaux, Tours, Auch, Champagne, Rouen, Caen & Alençon, des tailles & autres impositions pendant dix années, pour raison des terres incultes qu'ils auront défrichées & mises en valeur. Il statue aussi que toutes terres laissées sans culture depuis vingt ans seront réputées incultes. Une déclaration du 13 Août 1766 rend communs ces encouragemens à tout le royaume, étend à quinze ans le tems d'exemption, des charges, & règle qu'il faudra que les terrains aient été abandonnés pendant quarante ans pour être réputés incultes. Lettres-patentes sur le même sujet pour la province d'Artois du 30 Mai 1767. Déclaration du 7 Novembre 1775, qui fixe à six mois le tems pendant lequel les communautés d'habitans & les décimateurs pourront contredire les déclarations de défrichement *Voy.* DÉFRICHEMENT pour l'intelligence de ceci, soit dans la

Jurisprudence, soit dans l'*Economie politique*, soit dans cet ouvrage.

Mais si les défrichemens fixoient l'attention de l'administration, les desséchemens y avoient part aussi. Une déclaration, du 14 Juin 1764 sur cette matière, accorde des encouragemens à tous seigneurs & propriétaires de marais, palus & terres inondées, qui voudront en faire les desséchemens. Le préambule historique de cette déclaration est utile à connoître : il renferme des détails que nous avons omis & qui peuvent jetter du jour sur l'histoire de notre *agriculture*, & de son administration ; car ces deux objets doivent marcher ensemble pour atteindre le but que nous vous proposons ici.

« En l'an 1599, y est-il dit, Henri IV, de glorieuse mémoire, par son édit du 8 Avril de ladite année, enregistré au parlement de Paris le 15 Novembre suivant, avoit honoré le sieur Henri Humfrey Bradley, qui, le premier, avoit formé une compagnie à cet effet de la qualité de maître des digues de France, & lui avoit accordé & à ses associés, à titre de propriété incommutable, sous la redevance seulement d'un cens, la moitié de tous les palus & marais dépendans de notre domaine, & lui avoit attribué en outre une redevance de quarante sols par arpent, payable pour une fois seulement, par tous les propriétaires des marais inondés, qui voudroient les dessécher eux-mêmes sous sa direction.

« En l'an 1607, animé des mêmes vues du bien public & occupé du soin de faire convertir en bonnes terres des terrains incultes & submergés, le même roi a, par un nouvel édit de Janvier de la même année, enregistré au parlement le 23 Août suivant, détaillé plus particulièrement & spécifié les privilèges & exemptions dont il entendoit faire jouir ceux qui entreprendroient de défricher & mettre en valeur lesdits terrains, en conséquence par l'article XII de cet édit, il avoit déclaré exempts de la taille pendant vingt ans & de la traite foraine à perpétuité, ceux qui acquerroient des biens & possessions, esdits marais desséchés & réduits en culture & prairies, & par l'article XIII exempts de toutes charges personnelles, comme commission de justice, assiette & collecte des tailles, charges de villes & communautés, guet & garde, tutelle, curatelle & autres charges semblables : par l'article XIV, en ce qui touche les marais & terres roturières, il a été ordonné que la moitié seroit exempte à perpétuité, de toutes contributions, sans pouvoir être comprise au rôle des tailles & cadastres, & quant à l'autre moitié elle a été déclarée exempte pendant vingt ans : enfin par l'article XV, il a été ordonné que les marais qui auroient été défrichés & mis en valeur, seroient exempts de toutes dixmes ecclésiastiques ou seigneuriales qui pourroient

être

être prétendues, comme étant lesdits marais situés aux territoires, dans lesquels lesdits ecclésiastiques ou seigneurs ont droit de lever & percevoir dixmes, & ce, pendant l'espace de vingt ans, à compter du jour que lesdits marais auroient été mis en valeur; lequel passé, les possesseurs desdits héritages seroient seulement tenus de la payer, à raison de cinquante gerbes l'une, encore que les dixmes des paroisses où lesdits héritages seroient assis, ou bien des lieux circonvoisins, ayant accoutumées d'être payées à un plus haut compte; la plupart desquelles dispositions auroient été confirmées par deux déclarations postérieures des 5 juillet & 19 octobre 1616.

« Depuis en l'année 1641, en confirmant au sieur Fiette, ingénieur, & à ses associés, la direction générale des défrichemens & desséchemens qui avoit été d'abord attribuée au sieur Bradley, Louis XIII, par sa déclaration du 4 Mai de ladite année 1641, enregistrée au parlement de Paris, avoit de nouveau confirmé tous les priviléges & exemptions énoncés dans l'édit de 1607, notamment celle de l'exemption des tailles & autres impositions pendant vingt ans, & celle de l'exemption des dixmes pendant dix ans; passé lequel tems elles ne seroient qu'en raison de la cinquantième gerbe; enfin en 1643, sur les représentations qui furent faites à Louis XIV par les particuliers propriétaires des terres, marais & palus inondés qui restoient à dessécher dans les provinces de Saintonge, Poitou, pays d'Aunis, qu'ils ne pourroient espérer d'être dédommagés des travaux immenses & dépenses considérables qu'ils avoient faites pour parvenir au desséchement des marais qui leur appartenoient, tant que le privilége exclusif accordé en 1641 au sieur Fiette & à sa compagnie, subsisteroit, il intervint une déclaration de ladite année 1643, par laquelle en acceptant les offres de ces propriétaires particuliers de continuer à leurs frais & dépens le desséchement de leurs marais & palus, la permission expresse leur en fut accordée; en conséquence la faculté accordée précédemment au sieur Fiette ou ses représentans, a été restreinte à cet égard & limitée, & on lui a seulement laissé le droit de diriger les travaux de ces propriétaires particuliers qui ont été singulièrement maintenus dans l'exemption de taille & autres charges, soit ecclésiastiques, soit seigneuriales pendant vingt années, & au bout de ce tems assujettis à la dixme d'une gerbe sur cinquante ».

Ce sont ces dispositions que la déclaration du 14 juin 1764 renouvelle, & en conséquence elle donne droit » à tous seigneurs & propriétaires de marais, palus & terres inondées, & à ceux qui prendroient lesdits terreins à bail emphytéotique ou perpétuité, de faire le desséchement des terres inondées, &c! vérification préalablement faite de l'état & consistance desdits terreins par un procès-verbal qui en sera dressé par le plus prochain juge

des lieux, en présence de toutes les parties intéressées, moyennant quoi lesdits propriétaires ou les fermiers jouiront pendant vingt années de l'exemption ci-dessus expliquée, de toutes tailles & impositions pour lesdits terreins ainsi desséchés; ils seront en outre exempts de dixmes envers les ecclésiastiques ou autres seigneurs qui les pourroient prétendre, & ce, durant lesdits vingt années; passé lequel temps, lesdites dixmes ne seront payées qu'à raison de cinquante gerbes l'une, encore qu'elles se payent à un plus haut taux dans les lieux où sont situés les terreins défrichés ».

Sans entrer ici dans aucune discussion sur l'avantage ou l'inconvénient du partage des *communes*, nous observerons seulement qu'elle fut la cause de beaucoup d'écrits sous ce règne, & donna lieu à quelques loix directement contraires à l'ancienne législation sur cet objet. *Voy.* COMMUNES, dans la jurisprudence.

Nous trouvons un édit de juin 1769, registré au parlement de Metz le 6 juillet suivant, portant permission aux habitans de la province des trois Evêchés, de partager leurs communaux, par portions égales, entre tous les chefs de ménage, pour les mettre en telle sorte de produire que chacun avisera.

La plus forte objection qu'on faisoit contre le partage des communes étoit que les pauvres jouissant de la facilité d'envoyer leurs bestiaux paître dans ces endroits, c'étoit au moins un dédommagement pour eux de leur dénuement de toute propriété & une douceur d'un grand prix, dont ils seroient privés si-tôt que le partage seroit effectué.

Les partisans contraires soutenoient qu'il n'y avoit que les riches qui tirassent une véritable utilité du partage des communes. Ces pâturages, disoient-ils, ne peuvent servir qu'à ceux qui ont des bestiaux, or les seuls propriétaires & gros fermiers sont dans ce cas; eux seuls ont donc un avantage positif à ce que les communes restent comme elles sont. Ils citoient à l'appui de cela que les fermiers des seigneurs paroient de baisser leurs baux si le partage s'effectuoit; ils ajoutoient encore que les procès auxquels plusieurs communautés furent engagées avec les seigneurs à l'occasion de ces terres, le désordre qu'elles ont presque toujours eu, & les vexations qui en furent la suite, achevoient de rendre ces propriétés uniquement utiles aux riches & à charge aux pauvres.

On répondoit à cela, 1°. que ceux qui n'avoient pas de bestiaux aujourd'hui pouvoient en avoir demain, & qu'une seule vache étoit aussi utile pour un petit métayer qu'un plus grand nombre au riche laboureur; 2°. que les riches achetant toujours & ne vendant jamais, les communes partagées auroient paffé dans les mains des riches, ou qu'au moins fi ceux à qui on les auroit diftribuées en euffent conftamment gardé la propriété, les pauvres à venir auroient été fans reffource pour leurs beftiaux & privés du petit avantage qu'ils retirent aujourd'hui des communes. Il faut croire que cette dernière raifon a paru plaufible, car le partage a été fufpendu dans le royaume, & n'a été effectué que dans un très-petit nombre de lieux. Au refte, nous ne prétendons pas juger cette queftion, qui tient plutôt à l'économie politique, qu'à notre objet, & dont par conféquent nous ne devons pas nous occuper.

Le règne de Louis XV fut un de ceux où l'on fit plus de chofes en faveur de l'*agriculture*, & cependant les campagnes ne paroiffent point s'être améliorées ou enrichies. Le fort de leurs habitans, y femble moins fortuné qu'autrefois. C'eft que les impôts allèrent toujours en croiffant, & l'oppreffion avec eux, c'eft que l'on ne remédie point par des confeils au manque d'argent & au courage néceffaires pour foutenir la culture. Ce n'eft pas qu'il ne fe fît des entreprifes directement propres à produire cet effet. Des canaux furent entrepris, des marais defféchés, des chemins formés & embellis de tous côtés.

L'adminiftration de M. Turgot fur-tout fut une des plus utiles à l'*agriculture*. Il tourna fes vues principalement de ce côté, & s'occupa conftamment du foin des campagnes. Il n'étoit encore qu'intendant d'une des provinces les moins riches du royaume, qu'il répandoit les lumières fur cet objet par fa conduite, & par les écrits qu'il faifoit publier fur les matières agricoles. Il fit fupprimer un grand nombre de petits droits impofés fur les grains, & le tranfport des denrées, fit plufieurs difpofitions favorables en faveur des milices, cette partie de l'adminiftration militaire fi mal entendue. Il rédigea une loi pour faire détruire les lapins, dont les dégâts font véritablement horribles dans de certains cantons. Ce qu'il fit fur les chemins eft très-louable, & perfonne n'a peut-être jamais été plus jaloux que lui d'en avoir de beaux. Mais ce en quoi il penfoit avoir davantage travaillé au bien de l'*agriculture*, étoit la liberté du commerce des vins & des grains, dont nous avons parlé au mot ACCAPAREMENT, & dont il fera queftion derechef au mot GRAINS. L'on fait aujourd'hui ce qu'on doit penfer de cette liberté indéfinie de porter fa fubfiftance chez l'étranger pour en rapporter de l'argent qu'on ne mange pas. Tout doit être foumis à la règle des temps & des lieux. Voici ce qui vient d'arriver. La liberté du commerce des grains fut affurée par une loi enrégiftrée dans les cours, en 1737, d'après le vœu des notables. Nous venions de faire un traité de commerce avec les anglois, qui pourra bien enrichir nos arrières-neveux, mais qui a ôté le pain à cinq cents mille ouvriers, dans le royaume, & ruiné dix mille maifons de commerce. Ces calamités combinées entr'elles, on accrut la mifère publique. Cependant

le bled s'écoule, le pain hauffe de prix; un hiver affreux & tel qu'on n'en a point vu depuis longtemps accroît nos malheurs. Le peuple manque de vivre; la charité publique eft obligée d'acheter un pain cher pour le nourrir; enfin un miniftre éclairé reconnoît l'erreur, arrête l'écoulement des grains au dehors, & l'adminiftration eft obligée d'accorder des primes à l'étranger pour qu'il veuille bien nous revendre le bled qu'il nous a acheté. Il eft donc clair que la liberté des grains doit être, en bonne police, foumife à l'influence des temps & des lieux. L'anglois, que l'on cite fouvent dans ces matières, encourage l'exportation dans les années d'abondance, & l'arrête dès que le bled a atteint un certain prix.

Mais un défaut de l'adminiftration de M. Turgot & de la doctrine des économiftes en général, ce fut de ne voir les chofes que d'une manière générale, de ne tenir aucun compte des droits pofitifs, de l'état moral des hommes, pour donner tout à des fpéculations incertaines & vagues. On remarquoit encore un défordre d'idées dans les partifans de ce fyftème, & on le retrouve encore dans ceux qui s'en laiffent entêter, c'eft une forte prétention à l'infaillibilité & un grand mépris pour toutes repréfentations, toutes réflexions qui ne fympatifent pas avec leur doctrine; & cette manière d'agir les a jettés fouvent dans des contradictions de raifonnement & de conduite. C'eft ainfi qu'en même temps que M. Turgot, par exemple, regardoit la liberté d'écrire comme un des droits des citoyens, & la difcuffion comme un moyen de connoître la vérité, flétriffoit les mémoires dans lefquels les jurifconfultes de la capitale défendoient les droits des corporations que M. Turgot fupprimoit avec auffi peu de ménagement que d'égards pour l'ordre public, qui demandoit que cette opération fût lente & fucceffive. S'il étoit qu'elle fût utile, c'eft fans doute cette conduite peu réfléchie, qui empêcha que l'*agriculture* fît autant de progrès qu'elle auroit dû faire fous cette adminiftration.

Celle de M. Necker eut des fuites plus heureufes; il fut refpecter des préjugés peu dangereux pour en détruire de véritablement nuifibles; il ne s'enthoufiafma pas pour l'*agriculture*, & la protégea. Les adminiftrations provinciales font de véritables adminiftrations agricoles. L'extenfion qu'il donna aux travaux de la fociété d'*agriculture*, les foins qu'il prit des enfans trouvés, la modification de certains droits, l'abolition de quelques autres ont réagi fur les campagnes, & opéré un bien réel, fans avoir caufé dans l'état de ces tiraillemens, de ces craintes que les gens à fyftème abfolu ne manquent jamais de produire.

Cependant les loix n'ont point varié fur les grands objets de l'*agriculture*, la police a toujours été la même, & les changemens momentanés qui fe font faits à cet égard ne doivent pas nous intéresser. Nous allons dire un mot des sociétés d'*agriculture*, des comices agricoles, de l'administration de l'*agriculture*, & nous finirons par le tableau raisonné de la police des campagnes.

Les sociétés d'*agriculture*, moitié littéraires, moitié agricoles, ont beaucoup influé sur le goût public pour les travaux champêtres ; elles ont jetté des lumières sur certaines pratiques & proposé d'utiles améliorations dans la culture. Mais malgré les efforts qu'elles ont faits, malgré les soins qu'elles se sont donnés, on ne voit pas que, jusqu'à ces derniers temps, elles aient vraiment changé l'état de l'*agriculture* en France. La plupart des travaux des membres de ces sociétés ont toujours été renfermés dans le cercle étroit de tentatives dispendieuses, qui pouvoient difficilement être goûtées par des laboureurs avides & ignorans, beaucoup plus frappés d'un petit avantage actuel, que d'un plus grand à venir. De plus, les agriculteurs théoristes ont quelquefois donné des rêves pour des vérités, des essais imparfaits pour des découvertes, de laborieuses & difficiles méthodes pour des procédés expéditifs ; enfin ils ont trop facilement substitué l'abstraction du raisonnement aux épreuves de l'expérience, pour avoir pu seuls opérer des changemens & des réformes avantageux à l'*agriculture*.

Il falloit y associer des cultivateurs un peu moins grossiers que ceux qui tourmentent depuis si longtemps la terre, avec une inaltérable routine ; il falloit y faire concourir des propriétaires riches, raisonnables & éclairés ; toutes choses comme l'on voit assez difficiles. On y est cependant, enfin à peu près parvenu, & l'on peut, sans enthousiasme exagérateur, regarder aujourd'hui les sociétés d'agriculture comme des établissemens vraiment utiles à la richesse publique.

Elles rendent sur-tout des services essentiels à l'état lorsque dans des années de sécheresse, de pluies immodérées, dans des momens de désastres, de grêle, de gelée, elles indiquent & les moyens de substituer une production capable de supporter l'intempérie de la saison à une autre que la sécheresse ou le froid a fait périr, & le remplacement qu'on peut faire des denrées qui ont manqué par celles qui ont été abondantes, mais dont l'usage étoit inconnu ; & les méthodes qu'on peut employer pour tirer de la terre une récolte secondaire lorsque la première a été anéantie, comme nous l'avons vu dans le mois de juillet 1788. Les sociétés d'agriculture ont offert toutes ces ressources, tous ces secours de lumières aux cultivateurs dans ces derniers temps en France ; & si l'habitant des campagnes ne s'en est pas toujours aidé aussi positivement qu'on auroit dû l'espérer, il faut en attribuer la cause à son ignorance, à sa misère, ou à l'imbécillité de ceux qui le dirigent.

Les comices agricoles sont des assemblées de laboureurs, de propriétaires, de personnes distinguées par leur rang & leurs bienfaits. Leur objet est d'encourager l'*agriculture* en distribuant des prix à ceux qui se sont distingués par quelque découverte utile ou par une nouvelle méthode de culture. Ces comices n'offrent pas précisément des distinctions civiques à ceux qui ont le plus contribué aux progrès des arts agricoles ; le moyen seroit dangereux, & porteroit l'esprit de vanité dans un ordre dont la simplicité doit faire le mérite ; mais ils donnent des récompenses flatteuses, l'approbation publique, la considération morale entre pareils, la publicité des actions grandes ou généreuses, ce qui doit en être tout le prix.

Les comices peuvent être considérés comme un grand moyen de civilisation ; les campagnes en ont besoin. L'homme des champs, abruti depuis long-tems sous toutes les chaînes de la tyrannie fiscale, militaire & féodale, a besoin de quelque institution semblable qui lui inspire le goût des habitudes sentimentales, & lui apprenne à mettre un prix aux jouissances de l'esprit, à quelque chose qui n'ait pas pour objet l'argent.

Ils peuvent encore servir à l'instruction publique ; je suppose que dans ces assemblées on lise quelque mémoire, réflexions sur les matières de justice, de morale, de police, d'affaires publiques, tout le monde s'en pénétrera, & le goût s'en répandra dans toute la contrée. Les comices peuvent seconder les vues de l'administration à cet égard.

Ils peuvent aussi développer le sentiment de la bienfaisance dans les campagnes. On n'y est pas sensible, & ce défaut moral y cause bien des malheurs qui échappent aux yeux publics, par la nullité des personnes qui les éprouvent. Pourquoi dans ces comices ne récompenserois-je pas la fille courageuse qu'un séducteur ayant rendue mère, élève, nourrit son enfant elle-même ? Pourquoi ne donnerois-je pas des éloges à l'homme laborieux, qui se distingueroit par l'habitude des mœurs douces & bienfaisantes ? En vérité, je ne vois pas ce qu'on peut opposer de raisonnable à cela. Les vertus généreuses & bienfaisantes doivent marcher avant les mœurs austères, les principes intolérans.

Sous tous les aspects, les comices agricoles, ouvrage de notre siècle, ne peuvent que favoriser le bonheur des campagnes, & par cela même contribuer aux succès de l'*agriculture*. C'est une bonne institution, & l'on doit des éloges à l'administrateur patriote (M. *Berthier*) qui en a été le promoteur, & aux ministres sages qui les ont soutenus & autorisés. *Voyez* COMICES AGRICOLES.

L'administration de l'*agriculture* en France peut être considérée sous deux points de vue aujourd'hui.

Dans tout ce qui a besoin de la législation & de la jurisdiction, l'*agriculture* est administrée par le conseil du roi, les tribunaux & les magistrats de police ; dans ce qui n'a pour objet que des arrangemens locaux, des secours à distribuer, des réformes à solliciter, des améliorations à entreprendre ; &c. ce sont les états & assemblées provinciales qui en sont chargés. On peut même dire que ces derniers corps finiront par s'attribuer une grande partie des deux autres pouvoirs à mesure qu'ils deviendront plus considérables & plus utiles.

C'est la législation, qui depuis un demi siècle a fait tant de chose en faveur de l'*agriculture*, a établi les assemblées provinciales, encouragé le commerce des denrées, les défrichemens, les desséchemens, a fait des changemens dans les milices & gardes-côtes, quoiqu'il en reste davantage encore à faire ; a multiplié les chemins, les canaux, aboli les corvées, créé l'art vétérinaire, les sociétés, les comices agricoles.

Une partie de ces objets avoit été projettée par *Raoul Spifame*, avocat du seizième siècle ; entr'autres, il propose des *chambres rurales, agraires & arpentaires, pour gouverner & régenter la culture & fécondité des terres* . . . . . *composé des deux tiers de marchands & riches laboureurs, & l'autre tiers de gens de lettres, ayant pratiqué en cour souveraine, jugeant sans profit en dernier ressort, ès cas, & tout ainsi que les juges présidiaux, & le surplus des appellations à la chambre souveraine de la police rurale.*

Les juridictions de *Spifame* ressemblent en partie à nos sociétés d'*agriculture*, en partie à nos jurisdictions consulaires, & ont en même tems quelque rapport avec les assemblées d'arrondissemens nouvellement établies.

C'est la jurisdiction qui conserve aux campagnes 1°. leur police, 2°. l'ordre nécessaire dans le maintien de la propriété ; ce second objet regarde la jurisprudence ; voici comme on peut diviser le premier. 1°. Soin des semailles ; 2°. soin des biens sur pied, bled, fruits ; &c. 3°. police du glanage, pâturage ; 4°. réglemens concernant les éteules ou chaume.

1°. C'est avec raison que la police a porté un regard attentif sur la protection qu'on doit aux terres ensemencées ; ces soins sont nécessaires pour assurer la récolte & les justes bénéfices du laboureur ; ainsi ce n'est pas seulement une considération de justice particulière, mais encore un motif d'intérêt public, qui doit diriger l'autorité à cet égard.

L'infraction la plus odieuse journellement faite à cette loi, consiste dans les abus de la chasse ; il n'y a point d'excès que la stupidité féodale ne se permette à ce sujet. L'espoir des riches moissons est souvent anéanti par la turbulente férocité de trois ou quatre gentilshommes qui trouvent plai-

sant de persécuter un pauvre animal toute une journée pour avoir la satisfaction de le tuer à leur aise. Mais s'ils se plaisent tant à tuer, qui les empêche de faire une tuerie de leur basse-cour, cet exercice me semble aussi noble que l'autre.

Il y a des loix qui défendent ces désordres. Ordonnance d'Orléans, art. 108 : « Défendons aux » gentilshommes & à tous autres de chasser, soit » à pied ou à cheval, avec chiens & oiseaux, sur » les terres ensemencées, depuis que le bled est en » tuyau ; aux vignes, depuis le premier jour de » mars jusqu'après la dépouille, à peine de dom- » mage & intérêts, &c. » Cela n'empêche pas ces poliçons d'y aller. *Voyez* CHASSE & MESSIER.

Et comment pourroit-on respecter une loi que d'autres rendent dérisoire ? Pourquoi conserver exclusivement à ces messieurs le droit de tuer les animaux, même les animaux nuisibles ? N'est-ce pas leur dire que c'est un droit inhérent à leur titre ? N'a-t-on pas fait la défense suivante. Ordonnance de 1669 : « Faisons défenses aux marchands, bour- » geois, artisans, habitans des villes & villages, » paysans & roturiers, de quelqu'état & qualité » qu'ils soient, non possédant fief, de chasser en » quelque lieu, sorte & manière, & sur quelque » gibier de poil ou de plume que se puisse être, » à peine d'amende, de carcan & de bannissement », tit. 30, art. 28.

N'est-ce pas là un outrage ? N'est-ce pas dire que pour ménager le plaisir de quelques fats, un agriculteur devra souffrir tout le dégât que des bêtes féroces ou nuisibles pourront faire sur ses possessions ? N'est-ce pas dire aux gentilshommes que puisqu'on se donne tant de soin de leur assurer l'amusement de la chasse, ils n'ont pas tant de précautions à prendre lorsqu'ils en jouissent, & que les biens de la terre ne sont pas plus à respecter par eux qui sont des hommes, que par les bêtes qu'il est défendu de tuer lorsqu'elles les détruisent ? Telle étoit au moins la manière de penser de nos ancêtres, & telle est celle de leurs dignes héritiers. Le bien public souffre de ces sottises autant que la propriété particulière ; grande raison pour que les états provinciaux, & sur-tout les petites municipalités, maintiennent la justice & la décence dans ce bourbier de folies, & pressent auprès des officiers de police l'exécution sévère des réglemens utiles.

II°. La conservation des grains & fruits sur pied est encore un objet de police agricole important, parce qu'on n'a pas seulement à les garantir alors des dégâts des hommes chasseurs, mais encore des attaques des voleurs, &, il faut le dire, de la pauvreté. Les *messiers* ont été institués pour cet objet. Hommes plus sûrement utiles que tant d'insolens valets de prince, seigneurs ou gentilshommes, qui sous la livrée de la domesticité parcourent les campagnes, y caufent des meurtres & des brigandages en infultant les habitans des campagnes, & leur fufcitant des procès injuftes & ruineux. *Voyez* MESSIER.

C'eft pour conferver les fruits, prés & récoltes avancés, que des pétits réglemens de police défendent de cueillir des fleurs dans les bleds; & c'eft une privation pour la jeuneffe qui met un grand prix à ces productions de la nature, de voir le barbeau, la marguerite, la gueule de loup, le pied d'alouette périr fur leur tige fans en avoir pu former des bouquets ou des couronnes. Il n'eft pas indifférent pour l'homme fenfible de voir une jeune fille attendre l'inftant où le meffier ne la voit pas, arracher une fleur, s'échapper & la mettre à fon corfet, avec une inquiétude mêlée de fatisfaction. Revenons à la police agricole.

III°. Nous ne faifons qu'en parcourir les principaux titres; le glanage en eft un principal. Pour procurer à ceux qui s'y livrent la liberté de profiter des épis échappés aux moiffonneurs, il y a des coutumes qui défendent de mener des beftiaux fur les champs, fi ce n'eft vingt-quatre heures après l'enlèvement des gerbes; plufieurs arrêts des cours fouveraines confirment cette jurifprudence.

Dans les pays où la difette de bois oblige les habitans d'arracher les éteules ou chaume; il leur eft auffi défendu de le faire avant que le juge l'ait permis par une publication, ou du moins les règlemens veulent qu'il foit laiffé un tems fuffifant pour le glanage, comme de huit jours depuis l'enlèvement des bleds & autres dépouilles.

D'un autre part, il eft défendu aux glaneurs d'entrer dans les champs avant le foleil levé, d'y refter après le foleil couché, ni même d'y glaner avant l'enlèvement de toutes les gerbes & de la dîme, à moins que le laboureur ne le veuille bien. Il y a eu des arrêts confirmatifs de ces règlemens & plufieurs qui ont condamné au fouet & à la marque même des femmes pour avoir volé des grains pendant la moiffon, fous prétexte de glaner. Condamnation rigoureufe & barbare, & qui ne peut qu'affurer l'impunité des délits, tout le monde ne fe fouciant pas de livrer les coupables à un pareil châtiment. *Voyez* glanage *dans la* jurifprudence.

Si l'on a voulu fecourir la pauvreté publique en obligeant les laboureurs de permettre le glanage, on a travaillé d'un autre côté pour la propriété particulière dans la police du pâturage. Les prés font en *défenfes*, c'eft-à-dire, clos & fermés à toute

forte de beftiaux, pendant la faifon néceffaire, pour y laiffer croître l'herbe & enlever celle qui appartient au propriétaire, favoir: dès le mois de mars jufqu'à la fauchaifon, enforte que durant ce tems, les beftiaux ne peuvent être conduits que dans les vaines pâtures qui font les jachères, les friches & le long des chemins. Ces difpofitions qu'indiquent le bon fens, ont été confirmées par plufieurs arrêts des cours, & notamment par un édit de mars 1769 qui permet à tous propriétaires de clore leurs terres, prés, champs & héritages, à moins que la coutume n'y déroge. . . . . Croiroit-on que cette permiffion ne s'étend pas aux propriétaires des environs de Compiegne, par exemple? & imagineroit-on que c'eft afin de ménager de quoi chaffer à la grand'bête? *Voyez* pâturage & pacage *dans la* jurifprudence.

IV°. *Règlemens concernant les chaumes ou éteules.* Arrêt du parlement de Paris du 13 juillet 1750, qui ordonne de couper les bleds avec la faucille, & défend de les faucher.

On fait qu'en fauchant les bleds la paille fe trouve coupée très-près de terre, & qu'il ne refte aucun, ou très-peu de chaume alors.

Autre du 15 janvier 1780, confirmatif d'une fentence de Saint-Quentin, « qui condamne des fer-
» miers à l'amende, pour avoir fait faucher une
» partie de leurs bleds; défend aux habitans d'en-
» lever aucuns chaumes fur les bleds fciés; leur
» enjoint de les laiffer aux pauvres de la paroiffe;
» les condamne à reftituer la valeur des chaumes
» excédant le tiers au-delà duquel ils ont continué
» faire faucher les bleds ». . . . . Les fermiers difoient 1°. que cette manière de recueillir eft une fuite du droit de propriété; 2°. que l'ufage de la faux eft plus avantageux que la dépouille. . . . . M. l'avocat-général dit que de tous tems le chaume avoit été réfervé pour les pauvres; que la propriété particulière peut être reftreinte pour un motif d'utilité publique (1); que les propriétaires feuls feroient recevables à fe plaindre de cette reftriction; que des fermiers n'y font pas fondés, ayant affermé d'après l'ufage & l'arrêt de 1750.

Un autre arrêt du même parlement, de juillet 1782, confirme l'ufage où l'on eft dans quelques paroiffes du bailliage d'Amiens, de laiffer aux cultivateurs la difpofition de leurs chaumes.

V°. Il nous refte à parler des laboureurs & de leurs valets, tant moiffonneurs que charretiers &

---

(1) Ce principe, que les économiftes ne veulent point reconnoître, eft d'autant plus vrai, que nous faifons le facrifice de notre liberté naturelle en faveur de l'ordre public, laquelle liberté eft d'un bien plus grand prix que la propriété. Pourquoi donc ne voudrions-nous pas gêner l'exercice du droit de propriété, quand nous reftreignons bien celui de l'homme même? La contribution aux impôts n'en exempte pas.

autres. Dans le règlement fait au conseil du roi pour la police de la France, le 4 février 1567, revêtu de lettres-patentes regiſtrées au parlement, *titre de la police des grains, article* 2 ; il fut pourvu, à ce que les laboureurs, en reſſerrant leurs grains pendant pluſieurs années, n'occaſionnaſſent la cherté.

« Ceux qui prennent & tiennent terres à fermes, ſoit de l'égliſe ou autres perſonnes, ne pourront par eux ou perſonnes interpoſées, tenir & garder bleds en greniers & autres lieux ; plus de deux ans, ſinon pour la proviſion de leurs maiſons, ſur peine de confiſcation de leurs grains, & cent livres pariſis d'amende, de laquelle le tiers ſera adjugé au dénonciateur & à celui qui aura fait la priſe ou ſaiſie, & néanmoins en cas de néceſſité ſera permis aux officiers de la police des lieux, faire ouvrir les greniers en tout tems, quand beſoin ſera.

Le même règlement, ainſi que la déclaration du roi du 31 août 1699, interdiſent le commerce des grains aux laboureurs. *Voyez* ACCAPAREMENT. De ces deux règlemens, le premier que nous venons de citer n'a pas beſoin de commentaire pour rendre ſenſible ſon abſurdité ; le ſecond peut être un moyen de police très-utile dans des tems de cherté factice.

Les laboureurs ne ſauroient ſe paſſer d'aides, de valets, de domeſtiques, principalement dans le tems des labours & des moiſſons. Différentes ordonnances défendent aux journaliers de s'attrouper & former des cabales pour demander des ſalaires au-deſſus du prix ordinaire, ou refuſer de travailler. On les contraint dans ce cas de ſervir, parce que le bien public l'exige. *Voyez* DOMESTIQUE.

Mais d'un autre côté, le laboureur & l'officier de police doivent être équitables, & proportionner la journée du journalier aux prix des ſubſiſtances & à la difficulté du travail, c'eſt-à-dire, en la taxant, conſidérer 1°. la cherté locale & actuelle des vivres ; 2°. la nature du travail ; 3°. le perſonnel du ſalarié ; 4°. la concurrence, enfin ; car par-tout, s'il y a plus de travail que d'ouvriers, le prix de la main-d'œuvre hauſſera, & au contraire, il baiſſera s'il y a plus d'ouvriers que de travail.

AIGREFIN. ſ. m. C'eſt un homme qui vit d'induſtrie ; c'eſt un *chevalier d'induſtrie.*

Dans un ouvrage de la nature de celui-ci on doit faire connoître tous les vices qui peuvent troubler la ſociété & en corrompre les mœurs. Sous ce point de vue la morale acquiert une étendue qui ajoute à ſon utilité, puiſqu'on s'en ſert pour acquérir la connoiſſance des perverſités particulières qui peuvent influer ſur le bonheur public, que le philoſophe ne doit pas moins déſirer que celui de l'individu.

La morale de l'*aigrefin* eſt une morale non pas préciſément libertine, c'eſt un mélange de mauvaiſe foi, d'aſtuces & de mépris pour les droits de la juſtice. L'*aigrefin* s'occupe journellement à induire ceux qui traitent avec lui dans des démarches, dont l'objet eſt de ſe procurer la ſubſiſtance, ou quelque commodité à leurs dépens, c'eſt en quoi conſiſte ſon mépris pour les loix de la juſtice. Tantôt c'eſt de l'argent qu'il fait adroitement emprunter & dont il ne remet le montant qu'à des termes très-éloignés ou même point du tout. Souvent il ſe donne pour ce qu'il n'eſt pas, & promet ce qu'il ne peut pas tenir ; & en cela il reſſemble à l'affronteur. Mais ce qui différencie principalement l'*aigrefin* des autres fripons c'eſt que lui ne cherche ordinairement qu'à vivre plus ou moins aiſément par ſon induſtrie, au lieu que les autres veulent amaſſer du bien, faire des fortunes & ſe moquer publiquement & impunément enſuite du public qu'ils ont dupé.

C'eſt dans la première jeuneſſe qu'on eſt *aigrefin*, l'âge mûr amène l'affronterie, l'*art des affaires*, l'adreſſe à tromper & le courage de le faire ſans ſe démentir. Cela n'empêche pas qu'il n'y ait des *aigrefins* de tous les âges, parce qu'une habitude vicieuſe une fois contractée ſe détruit difficilement.

Les grandes villes ſont le théâtre où toutes ces peſtes exercent leurs talens dangereux. C'eſt là que l'*aigrefin* trouve des ouvriers qui lui font des avances ſous l'eſpoir d'un gros bénéfice & qui ne retirent qu'une partie de leurs fonds ; des prêteurs d'argent qui ne ſont jamais rembourſés. L'*aigrefin* eſt adroit, il affecte un grand air de droiture, & ſans trop ſe ſoucier s'il pourra remplir ſes engagemens, il en contracte toujours & donne enſuite de mauvaiſes défaites.

Paris recèle un grand nombre d'individus de cette ſorte, & la plupart provinciaux. Le pariſien eſt bon, doux, facile, les mœurs de la ville ajoutent encore à ces diſpoſitions, en ſorte qu'il n'eſt point difficile de leur en impoſer, & cette raiſon encourageante fait que tous les mauvais ſujets des provinces y accourent & trouvent des dupes. Mais cette claſſe d'hommes n'eſt pas tellement obſcure qu'il ne s'y trouve des gens diſtingués par leur nom, leur place, leur naiſſance. Accoutumés de bonne heure à un luxe difficile, ils trouvent plus plaiſant d'intriguer, de duper des marchands, le public & leurs amis que de ſe retrancher ſur leurs dépenſes habituelles, quoique ſuperflues.

L'*aigrefin* eſt inſinuant, complaiſant, adroit, fin. Il captive la confiance par des expreſſions flatteuſes, par un air ouvert, par l'art de faire naître des eſpérances & propoſer des choſes agréables à ceux à qui il s'adreſſe, ſans qu'il ſoit ſoupçonné de les avoir préparées à dessein. Il a toute l'adresse de l'escroc, du faiseur d'affaires, mais il n'a pas l'impudence de l'affronteur. *Voy.* ESCROC, AFFRONTEUR.

Proposer d'assujettir tout particulier à rendre compte au magistrat de la manière dont il vit, comme on dit que cela eut autrefois lieu à Athènes, pour détruire les *aigrefins* ou du moins mettre la police en état de les contenir; c'est proposer un projet en l'air, un projet impraticable, peut-être dangereux dans une grande ville & surtout odieux dans Paris où l'espionnage public & les abus de police sont déjà un des grands désordres auxquels il faudroit remédier.

L'*aigrefin*, comme escroc, comme voleur avec ménagement, est un homme répréhensible; lorsque sa mauvaise foi est connue, qu'il y a plainte portée contre lui, que sans pouvoir le punir sur des preuves légales, on démêle cependant dans sa conduite une perversité marquée, alors la police peut le faire observer & devenir dans ce cas l'œil de la loi & l'instrument de la justice. Mais il faut bien prendre garde encore dans la punition qu'on inflige à ces hommes à demi corrompus, à ne pas les envoyer dans des prisons infamantes, d'où ils sortent ensuite plus dangereux & mieux affermis dans la dépravation qu'avant. La plus convenable peine est de les forcer à se retirer dans des lieux où l'exercice de leur funeste talent soit impossible, & cette peine peut être commune à bien d'autres que l'on punit souvent au-delà des termes de la prudence & de la justice. C'est ce qui prouve qu'un magistrat de police doit être un homme éclairé, sage, humain, qui connoisse les torts, les foiblesses de l'humanité & les moyens d'y remédier par d'autres voies que des châtimens, & toujours des châtimens.

AIGUILLETIER, s. m. C'est un ouvrier qui fait & vend des lacets ou tresses qu'on nomme *aiguillettes*, parce qu'elles sont garnies d'un petit fer à chaque bout, fait en forme d'aiguille. Les aiguilletiers & les épingliers sont, depuis 1776, réunis ensemble sous le nom de ces derniers, à la communauté des férailleurs pour ce qui regarde la discipline de l'art, la réception des maîtres, les droits & frais de maîtrise. *Voyez* FÉRAILLEUR.

AIGUILLETTE, s. f. C'est comme l'on vient de voir le nom d'une espèce de lacet. On s'en servoit autrefois à lier les hauts de chausses à la place où l'on met des boutons aujourd'hui, & de la supposition qu'on pouvoit par des charmes empêcher les hommes de remplir, ou même de commencer l'acte de la génération, est venu le prétendu sortilège de nouer l'*aiguillette*.

Les noueurs d'*aiguillette* ont été fameux autrefois, ils se faisoient craindre des imbecilles, & les vieux maris n'étoient pas fâchés de trouver cette excuse auprès de leurs jeunes femmes quand ils ne pouvoient pas faire autrement. Ce préjugé règne encore aujourd'hui dans nos campagnes, où toutes les erreurs se conservent & où les lumières ont tant de peine à se faire jour. C'est surtout le peuple qui croit à cette folie; il met même je ne sais quelle prétention d'honnêteté, de bonnes mœurs, à conserver ce fatras de sottises antiques, uniquement parce que leurs bons ayeux y croyoient. Mais leurs bons ayeux étoient des brutaux & superstitieux libertins, dont les débauches vineuses, l'inconduite secrète, étoient les véritables causes de leur impuissance, qu'ils rejettoient sur les enchanteurs, dont le nombre par cette raison devoit être considérable alors. Aujourd'hui cette excuse n'a plus lieu, & celui qui s'est privé par ses excès de ses droits virils, est puni pour son compte; sa faute n'est pas à la charge du Diable. Les villes policées, Paris surtout, ont renoncé à ces vieux mensonges, & si l'on en retrouve quelques vestiges dans les provinces, parmi ces campagnards, dont on vante la vertu, par habitude; c'est en éclairant le peuple qu'on doit les attaquer: toute autre manière leur donneroit une importance qu'ils ne méritent pas.

Quelques jurisconsultes ont eu la foiblesse de croire à l'*aiguillette*. On lit dans le *traité de l'abus de Fevret*; « qu'il est aussi aisé, par art magi- » que, de rendre un homme impuissant à l'acte » du mariage, comme il est facile, par sortilège, » de nouer la langue, & ôter l'usage de la pa- » role, &c. » Voici l'origine d'une pareille croyance, & ce qui a causé la méprise. Un fripon aura, par des boissons, drogues, venins, rendu un homme impuissant ou muet; ce qui est possible au risque de la vie de celui qui en fait l'é- preuve, il se sera vanté ensuite d'avoir opéré cet effet par des paroles, signes, caractères & pacte avec les esprits infernaux. D'où je conclus que tout homme qui se vante d'être sorcier, & qui a effecti- vement fait éprouver une incommodité à quelqu'un est un empoisonneur ou bien près de l'être; si toutefois le prétendu maléficié n'est point instruit du maléfice, & si son imagination ne lui persuade pas qu'il est malade, comme elle persuade à tant de fois qu'ils sont de grands hommes.

Il n'est pas vrai que l'église ait contribué à conserver cette folie. Ses ministres ont pu y croire autrefois parce que tout le monde y croyoit; mais elle a été, au renouvellement des lumières, une des premières à reconnoître la vanité des enchantemens. Les ordonnances de l'église de Lyon, de 1557, (*tit. de matrimonio*) défendent de nouer les *aiguillettes*, comme un *tour superstitieux*; expression qui ne laisse aucun doute. Le concile de Bourges de 1584 est encore plus positif, & les paroles dont il se sert annoncent que c'est bien plus pour empêcher les profanations, les sacrilèges, qu'il sévit contre ces prétendus forciers , que comme méritant la moindre attention.

C'est comme empoisonneurs , perturbateurs du repos des familles & artisans d'erreurs , que la police doit les considérer ; & je ne crains pas de dire que le bien public exige qu'on les chasse de la société , lorsqu'ils ont acquis quelque confiance parmi le peuple. Mais l'on doit y mettre une sorte de prudence afin que l'éclat ne donne pas du poids à une sotise , & que la persécution ne fasse pas des partisans à un affronteur , un imposteur , un charlatan , un aventurier. Quand ce sont des gens trop misérables , des pauvres femmes qui font ce métier , il faut les faire bien manger , leur donner à travailler , & le lendemain ils rirent de leur folie , en bénissant celui qui les a traités ainsi.

Il est une autre application du mot *aiguillette*, qui est passée en proverbe , & dont nous allons rapporter l'histoire. Le lecteur pourra , après l'avoir lue , juger si nos mœurs anciennes valoient mieux que les modernes , & si l'on ne retrouve pas chez nos peres les vices d'aujourd'hui , avec une teinte d'ignorance qui les rendoient encore plus odieux. Voici ce qu'on lit dans Pasquier , (*Rech.* liv. VII, ch. 33.)

« Saint Louis voulut détruire tous les mauvais lieux de son royaume ; mais ses successeurs, encore qu'ils ne permissent par leurs loix & édits les bordeaux , si les souffrirent-ils par forme de connivence , estimant que de deux maux il falloit éviter le moindre , & qu'il étoit plus expédient de tolérer les femmes publiques , qu'en ce défaut donner occasion aux méchans de solliciter les femmes mariées, qui doivent faire profession expresse de chasteté : vrai qu'ils voulurent que telles femmes , qui en lieux publics s'abandonnent au premier venant , fussent non-seulement réputées infames de droit , mais aussi distinctes & séparées d'habillemens d'avec les sages matrônes ; qui est la cause pour laquelle on leur défendit anciennement en la France , de porter ceintures dorées ; & pour cette même occasion l'on voulut anciennement que telles bonnes dames eussent quelque signal sur elles pour les distinguer & reconnoître d'avec le reste des prudes femmes , qui fut de porter une *aiguillette* sur l'epaule : coutume que j'ai vu se pratiquer encore dedans Tholose , par celles qui avoient confiné leur vie au Castel-verd , qui est le bordeau de la ville ; qui me fait penser qu'anciennement en la France , lorsque les choses furent mieux réglées , cette même ordonnance s'observa ; dont est dérivé entre nous ce proverbe par lequel nous disons qu'une femme *court l'aiguillette*, lorsqu'elle prostitue son corps à l'abandon de chacun ».

Cet usage que les filles publiques faisoient des *aiguillettes* donna sans doute lieu à ce qui se passoit à Beaucaire , à la foire de la Magdeleine. On y faisoit courir nues en public les prostituées , & celles qui avoient le mieux couru avoient un paquet d'*aiguillettes* pour prix. Cette fête un peu indécente , devoit réveiller des idées lubriques dans l'esprit de tous ces marchands réunis pour leur commerce , & donner lieu sans doute à des débauches pour le moins égales à celles de nos jours. Dira-t-on après cela qu'il n'y ait plus de mœurs aujourd'hui , & que nos anciens ne se livroient à ces obscénités qu'en tout bien & tout honneur ? Du moins telle doit être la façon de penser de ceux qui soutiennent que tout est perverti , & qui font de notre siècle une peinture horrible , quand il est question sur-tout de mœurs libertines.

A I R , s. m. C'est le fluide qui nous entoure & dans lequel nous vivons.

Les propriétés physiques & chymiques de l'*air*, qui font plus ou moins de chaleur, de pureté , de pesanteur & de légèreté , influent sur la vie des hommes d'une manière sensible. Tout le monde est pénétré de cette vérité , & les expériences faites depuis plusieurs années sur cet élément , ont encore ajouté de nouvelles connoissances à celles que nous avions sur cette matière. Leur détail ne nous regarde pas & l'on peut avoir recours pour cet objet à la médecine.

Ce qui doit fixer notre attention ici , c'est le dénombrement des causes qui peuvent vicier les qualités salubres de l'*air* , & celui des moyens qu'une police sage & prévoyante doit employer pour les éloigner.

L'*air* peut être vicié ou par des matières infectes répandues dans les rues , places & lieux publics , ou par la malpropreté des maisons particulières. L'une & l'autre de ces causes sont également du ressort de la police , & l'on a fait plusieurs règlemens pour les prévenir.

Les rues & les places publiques peuvent altérer la salubrité de l'*air* par un excès de chaleur , lorsque dans les mois de juin , juillet & août , les rayons solaires sans cesse frappant sur la terre , le pavé ou le sable , y forment un foyer de particules ignées , qui fatiguent la poitrine , & développent tous les principes de putréfaction. Cet inconvénient est terrible dans les étés très-chauds , & l'on doit regarder comme un grand bien , la précaution que prennent les officiers de police , de faire rafaîchir les rues alors , sur-tout les plus grandes. C'est le motif des plus anciennes ordonnances pour la police de Paris , entr'autres des 11 juillet 1371 , 19 juillet 1392 , 27 juin 1397 ; il fut enjoint à tous les habitans de jetter plusieurs seaux d'eau devant leurs portes à la même heure , sous peine de 60 sous d'amende contre les contrevenans ; & il fut ordonné aux huissiers de les contraindre sur le champ au paiement de cette amende.

Cette coutume d'arroser dans les grandes chaleurs a cent avantages ; 1°. Elle tempère l'ardeur de l'*air*, rend la respiration plus libre & abat la pouffière; 2°. l'eau se décomposant & s'évaporant forme un nouvel *air* vital, qui est nécessaire à l'exercice de toutes les fonctions; 3°. elle empêche la calcination aérienne des bâtimens, des portes, & les crevasses de terre, qui ruinent le pavé & les fondemens des maisons; 4°. elle diminue le développement ou du moins l'horrible puanteur de la putridité des substances organisées, &c. Les officiers de police sont donc alors les agens de l'intérêt & de l'aisance publique, lorsqu'ils produisent tout ce bien; il seroit donc à souhaiter qu'on fût plus exact, à Paris, à tenir la main sévèrement à cette police: elle s'y fait avec assez de négligence. La raison en est qu'étant abandonnée aux commissaires, les soins multipliés de ces officiers les empêchent d'y porter une attention bien suivie.

Les eaux croupissantes peuvent nuire également à la santé publique en altérant les qualités de l'*air*, lorsqu'elles se ramassent sur les places, sur les quais, & forment des mares après de grandes pluies ou des inondations; on doit prendre tous les moyens possibles de les sécher & de rétablir la propreté après qu'elles ont été épuisées. Ce n'est pas seulement sur les places & dans les rues que ces précautions deviennent nécessaires, elle ont été mises en pratique pour les amas d'eau formés par les débordemens dans les maisons des particuliers. Ainsi nous trouvons deux ordonnances pour la police de Paris, l'une de 1671 & l'autre de 1701, qui obligent les habitans des maisons situées le long des ports & des quais, à faire dessécher l'eau introduite dans leurs caves par l'élévation de la rivière, & autorisent les commissaires à faire travailler à ce desséchement, dans le cas où les propriétaires n'auroient pas voulu le faire, & condamnent ceux-ci à l'amende; le tout afin d'empêcher l'infection de l'*air*, par les eaux croupissantes.

La saleté habituelle des rues est une autre source de l'impureté de l'*air*; & il faut croire qu'à Paris l'on s'y est habitué, car elle peut être citée comme un modèle de malpropreté, si vous en exceptez un très-petit nombre de rues habitées par de riches propriétaires qui occupent de grands hôtels. Ce défaut a toujours été celui de cette grande ville, & le méchant *air* qui en résulte est peut-être, avec le mauvais vin qu'y boit le peuple, la cause de l'air rabougri, pâle & décharné qu'y a le petit monde, qui ne passe pas, comme les gens riches, les beaux mois de l'été à la campagne.

Dès le temps de Philippe-Auguste, Paris étoit infecté d'immondices qui empoisonnoient l'*air* jusques dans le palais de ce prince. Ce fut la cause qui engagea le roi à faire paver la ville. Depuis cet instant, l'on a renouvellé différens règlemens de police pour la salubrité de l'*air*, & l'enlèvement des substances corrompues qui peuvent le gâter, sans que Paris soit beaucoup plus sain, jusques-là que l'on y

conserve encore les tueries, malgré tout ce qu'on a dit contre cet usage dangereux. Nous en parlerons ailleurs.

Mais ce qui ne doit pas moins mériter l'attention de l'administration, c'est la conservation de la pureté de l'*air* dans les campagnes, par le desséchement des marais, des étangs fangeux & des mares qui, dans quelques endroits, y sont nombreux. Des maladies épidémiques sont souvent produites par ces foyers de corruptions; les bestiaux, les hommes meurent sans qu'on en sache la cause; & c'est à la négligence des paysans, à leur manque de lumières, à leur avarice, qui les empêche de s'occuper de leur propre bien, qu'on doit l'attribuer. Des villages entiers semblent n'être souvent qu'une grande mare, un amas d'eaux bourbeuses; de là les fièvres, les maladies, la dépopulation. C'est aux magistrats chargés de la police des campagnes, aux municipalités, aux assemblées provinciales à s'en occuper. Le gouvernement en a offert l'exemple dans le desséchement des marais de Rochefort, de la Picardie & d'autres lieux. Cet objet de grande police est essentiel.

Les cadavres de chevaux, de bœufs morts, aux approches des grandes villes, y répandent l'été une odeur infecte, des miasmes putrides, qui gâtent l'*air* & peuvent produire des maladies. Malgré le bien public qui demande la suppression d'un pareil abus, & les ordonnances qui l'interdisent, il subsiste toujours, & sa continuité prouve & l'indifférence des particuliers pour l'intérêt général, & la négligence des officiers chargés de cette police. Non-seulement les champs, mais les chemins sont quelquefois jonchés de bestiaux tombant en pourriture: on devroit donc augmenter le nombre des personnes qui ont inspection sur ces objets, & ce soin en vaudroit bien un autre. Les intendans publient quelquefois des ordonnances à cet égard: elles enjoignent d'enterrer les bestiaux morts; mais ce n'est guère que dans les temps de contagion qu'on prend cette précaution. En tout autre temps, les chevaux, les ânes, les chiens morts forment un atmosphère empesté autour des grandes villes, & sur-tout de Paris. En général on s'est montré ici beaucoup plus jaloux de gêner, dans l'exercice de la police, la liberté, la conduite personnelle des individus, on a beaucoup plus pris de soin des vices indifférens ou légers en eux-mêmes, qu'on n'a mis de vigilance, d'activité dans tout ce qui tient à la propreté, à l'aisance, à la tranquillité, au bien général des citoyens: c'est que l'un fait craindre, rend plus puissant, produit quelque chose, & que l'autre n'est qu'un devoir pénible, obscur, & qui demande des lumières & du travail.

Indépendamment de ces causes communes ou publiques de l'altération de l'*air*, il en est d'autres qui naissent de certains travaux, de l'habitation ou de la malpropreté des particuliers. De là les règlemens

O o

qui prescrivent aux habitans , 1°. d'avoir des latrines ; 2°. de ne garder dans les maisons aucunes ordures ni eau croupie ; 3°. de n'y élever aucuns bestiaux qui causent putréfaction ; 4°. de n'y infécter l'*air* par aucune exhalaison maligne.

L'usage des latrines est ancien ; c'est un des plus utiles moyens d'empêcher l'infection de l'*air*. La plûpart des coutumes du royaume obligent chaque particulier d'en avoir dans sa maison. Celle de Paris, entr'autres , art 193 , dit : « tous propriétaires des » maisons de la ville & fauxbourgs de Paris sont » tenus avoir latrines & privés suffisans en leurs » maisons ». Cette coutume a été confirmée & assurée pour la ville de Paris par différens arrêts du parlement , du 13 septembre 1533 , du 14 juin 1538 , &c. & par l'édit de François premier, de novembre 1539 , lequel ordonne aux quarteniers dixainiers , cinquanteniers de la ville , de faire au prévôt de Paris ou son lieutenant criminel le rapport des maisons qui seroient dépourvues de latrines , à l'effet d'obliger les propriétaires à en faire construire ; enfin la même obligation est de nouveau prescrite par le règlement général , pour le nettoyement de la ville , du 30 avril 1663.

Quoique cette police soit particulière à Paris, on voit qu'elle peut également convenir par-tout , que la nécessité de tenir l'*air* dans un état de pureté l'exige, & qu'on ne doit rien négliger pour la maintenir. Aussi sert-elle de modèle aux autres villes du royaume, & même de l'étranger.

Non-seulement l'on a voulu , pour le maintien de la propreté & de la salubrité de l'*air*, que chaque maison eût des latrines , mais encore un arrêt du parlement , du 13 septembre 1533 , pour mieux mettre les citoyens à l'abri du méphytisme , « fait » défenses aux cureurs de retraits, de les curer & » nettoyer dorénavant sans permission de justice ».

Quant aux moyens propres à empêcher que les habitans n'entretiennent le mauvais *air*, par leur malpropreté , voici ce que prescrit le règlement du parlement, du 30 avril 1663.

« Il est défendu à toutes personnes de garder en leurs maisons aucunes eaux croupies , gâtées & corrompues ; leur enjoint de les vuider sur les pavés des rues, & d'y jetter à l'instant & au même endroit, un ou deux seaux d'eau claire : il est enjoint par les mêmes réglemens , à tous chefs d'hôtels , propriétaires ou locataires, de garder en leurs maisons leurs ordures dans des paniers ou manequins & de les vuider dans les tombereaux , lorsqu'ils passeront dans les rues pour les recevoir ».

Cette loi de police n'est point exécutée ; deux obstacles s'y opposent : la malpropreté innée des habitans de Paris, & le très-peu de zèle que mettent tous les employés de la police de la propreté , dans l'exercice de leurs devoirs. Il résulteroit cependant deux biens de son exécution ; 1°. les coins de rues & de

bornes ne seroient point inabordables par les immondices qui s'y accumulent ; 2°. le pavé ne seroit point couvert d'une boue liquide qui s'échappe de ces tas d'ordures dans les temps de pluie. Mais il est dans les destinées de Paris d'être éternellement malpropre.

Un excellent moyen , & dont nous parlerons au mot PROPRETÉ, pour entretenir continuellement la fraîcheur de l'*air*, & la netteté du pavé, qui en est une des causes , ce seroit de laver les rues par des bouches d'eau répandues le long des maisons , à l'instar du petit nombre qu'en ont établies MM. Perrier à Paris , & de celles que l'on voit à Londres. Mais il n'est guère probable que nous réalisions ce bon projet : encore une fois nous devons être malpropres à jamais.

Plusieurs réglemens défendent de nourrir & élever des animaux dans les villes , qui par leur multitude & leur entassement , peuvent produire un mauvais *air*. Tels sont les pigeons , les lapins , les poules , les chèvres , les moutons. Mais ces ordonnances ne sont point ou mal exécutées. Ce ne seroit guère que dans le cas où des voisins se plaindroient qu'on les pourroit faire suivre. L'officier de police ne peut ni ne doit scruter chez les domiciliés , pour y connoître des délits commis contre l'ordonnance dans ce cas. Cependant si le nombre d'animaux élevés & nourris étoit tellement considérable que l'*air* en fût sensiblement altéré aux environs , alors cet indice peut suffire pour forcer le locataire à rendre raison de cela , & à le condamner à l'amende. Mais tout cela est bien difficile à suivre.

Ce qui l'est moins , c'est l'exécution des réglemens qui demandent que l'exercice de certaines professions n'ait point lieu dans la ville. Celui du châtelet, du 10 juin 1701 , enjoint aux écorcheurs d'animaux de faire la fonte des graisses hors de la ville dans des lieux écartés , à telle distance que les citoyens n'en puissent être incommodés. C'est dans la même institution que les amidonniers ont été relégués loin du centre de la ville. *Voyez* AMIDONIER. Le même motif a enfin fait revivre depuis quelques années parmi nous cette maxime de la police romaine , *mortuos in urbe ne sepelito*, & a obligé de porter les cimetières hors de Paris. *Voyez* CIMETIÈRE.

Inutilement voudroit-on blâmer la sévérité de la police à éloigner des villes , ou du moins du centre de certaines villes , les professions qui , par l'emploi de certaines matières , répandent une infection dans l'*air* aux environs. S'il est vrai qu'on doive respecter la propriété particulière , ce n'est point lorsqu'elle est aux dépens de l'intérêt général. Sans cette maxime , la société ne pourroit subsister. Il est bien sûr qu'on fait à cela des objections très-spécieuses ; mais elles n'en sont pas moins sans force. Qu'un homme ait contribué aux charges publiques, ce n'est pas une raison pour être exempté de toute autre déférence à l'avantage commun. Le même motif qui fait qu'on arrête l'avidité du spéculateur dans les temps de cherté, fait aussi qu'on met empêchement à l'établissement d'une manufacture dans un lieu, commode pour elle à la vérité, mais qui pourroit nuire à la santé des citoyens par l'effet de certaines vapeurs qui vicieroient l'*air*. Dans l'un & l'autre cas on considère la vie, le bonheur du plus grand nombre. Règle générale en police, là où le bien public, la santé commune sont évidemment en danger, l'intérêt particulier doit céder.

Finissons ces observations par quelques remarques sur les travaux entrepris ou exécutés pour connoître la pureté de l'*air*. C'est principalement depuis quelques années qu'on y a donné une attention particulière. Les lumières de la chymie, les faits consignés dans les livres des médecins, de funestes événemens, ont prouvé combien la police devoit s'intéresser à ces objets.

Les savans ont décomposé & recomposé l'*air*; ils en ont apprécié la qualité suivant les différens quartiers; par exemple, on a trouvé que le meilleur de Paris, étoit celui de la rue Saint-Jacques, vers *Saint-Magloire* & le *Val-de-grace*. Ils ont fait connoître l'utilité de l'eau pour purifier l'*air*, & celle du vinaigre pour neutraliser, c'est-à-dire, ôter la qualité mortelle aux vapeurs méphitiques, telles que celles des latrines; ils ont appris ce qu'on doit penser de l'atmosphère de nos salles de spectacles & les maladies que doivent produire cent vapeurs mélangées dans un si petit espace, sur des poitrines échauffées, resserrées; enfin la science de l'*air* est en quelque sorte devenue à la mode, sans que les particuliers aient rien fait de plus pour s'assurer la jouissance d'un *air* plus pur que celui qu'on respire dans les rues de Paris.

Quant à la police, elle a fait des changemens, des abattis considérables pour cet objet. Les maisons sur les ponts ont été abattues, ce qui a permis à l'*air* de circuler & d'éprouver librement l'action de la rivière qui la purifie. Les cimetières ont été éloignés, comme nous avons dit, & quelques marchés rendus plus propres, ou, si vous voulez, moins surchargés de puanteur & d'ordures. Cela donne de l'espérance pour la suite, & nous le remarquons ici d'autant plus volontiers, que nous devons principalement faire connoître l'état de la police de cette grande ville, qui sert de modèle aux autres en tant de choses.

AISSIEU *ou* ESSIEU, s. m. C'est une pièce de bois ou de fer qui passe dans le moyeu des roues d'une voiture & en soutient le fardeau.

La sûreté publique exige que les *aissieux* soient solides, & la commodité de la voie publique, que leur longueur soit tellement proportionnée à la force de la voiture qu'ils ne prennent que le moins d'espace possible : à défaut de ces deux conditions, il peut arriver & il arrive souvent des accidens graves,

des voitures renversées, des hommes tués ou grièvement blessés dessous. Les officiers de police doivent donc, à cet égard, être d'autant plus vigilans, que ces minuties indifférentes en apparence, suient les regards, & ne sont pas moins importantes au bonheur public.

On trouve une ordonnance de Louis XIII, du 4 mai 1624, qui porte : « que dans tout le royaume » les *aissieux* des coches ordinaires, chariots & » charrettes de voituriers & autres personnes sans » exception, seront de semblable échantillon & de » même voie que celui du canon & artillerie, & » qu'ils auront pour toute longueur cinq pieds » dix pouces, dont il y aura cinq pieds & demi » entre les deux yeux de l'*aissieu* & le reste » pour servir de rebord, qui est deux pouces pour » chacun des deux bouts. Fait défenses à tous for- » gerons, maréchaux & charrons de faire lesdits » *aissieux*, tant de fer que de bois, de plus grande » longueur & distance, à peine de confiscation, de » 15 livres d'amende, & à tous voituriers de s'en » servir ».

Cette loi n'est point exécutée à la rigueur aujourd'hui, comme presque toutes celles qui ne donnent point à ceux qui les font exécuter, de l'importance, un pouvoir déplacé ou quelque produit frauduleux. Il en résulte deux inconvéniens; 1°. que les chemins de traverses sont sillonnés d'ornières de différentes largeurs, ce qui abîme les chevaux, les roues, les voitures & les *aissieux* mêmes. 2°. Que cette longueur démesurée que l'habitude fait donner dans certaines provinces aux *aissieux* sans nécessité, produit des accros, des rénversemens de voitures qui sont autant au désavantage des propriétaires de l'attelage, que dangereux pour les passans.

Mais il ne faut pas espérer qu'on puisse de sitôt réformer cet abus, il est étayé de l'entêtement, de l'habitude, de l'indifférence de la chose publique & de la négligence des officiers de police pour tout ce qui est d'une utilité incontestable, & qui ne porte point attteinte aux droits de citoyen : car remarquez que si l'exécution de la loi pouvoit vexer, opprimer, humilier, abrutir le peuple, on la suivroit rigoureusement; vous verriez tous les limiers de la police prêts à dénoncer les contrevenans; elle est utile, au contraire, personne ne s'en occupe & personne ne s'en occupera peut-être jamais à Paris, tant que les choses y seront sur le pied où elles sont par rapport à la police. *Voyez* PARIS.

ALAITEMENT ou ALLAITEMENT, s. m. C'est l'action naturelle d'une femme qui nourrit un enfant de son lait. Je dis une *action naturelle* parce que le lait est évidemment destiné à la nourriture de l'enfant dans les vues de la nature, & que l'*alaitement* est le seul moyen qu'elle indique pour remplir cet objet.

Rien n'est plus touchant qu'une femme qui donne le sein à son enfant ; ces deux êtres semblent attirer sur eux les regards satisfaits de la nature ; symboles de l'innocence & de la fécondité, leur groupe rappelle à la fois des idées voluptueuses & tendres, l'émotion de l'amour & de la sensibilité. Et des hommes ont pu agiter si l'on devoit donner la question avec des coins ou seulement avec des mèches ardentes à une mère dans cet état ! Ces horreurs font frémir.

Rousseau nous a appris tout ce que nous devons savoir & faire par rapport à l'*allaitement*. Ce grand homme dont le nom ne se prononce plus qu'avec un sentiment profond, d'estime & de reconnoissance, s'est montré le bienfaiteur de l'humanité à cet égard, & le monde lui doit de plus grandes obligations qu'aux législateurs qui ont bien plutôt cherché à multiplier les hommes qu'à les rendre heureux. *Rousseau* les a multipliés précisément en les rendant heureux.

Tacite, en parlant des mœurs des germains, dit, que par-tout les enfans y sont *alaités* par leurs mères, qui ne les confient ni à des nourrices ni à des servantes (1). Il falloit donc que toutes les femmes de ce pays eussent assez de santé, de force & de lait pour cela. Il est vrai que la vie sauvage, aggreste & laborieuse qu'elles menoient, devoient entretenir en elles ces dispositions ; & de plus, l'Allemagne est célèbre par la fécondité des femmes qui généralement ont toutes le sein formé de bonne heure & doué de toutes les qualités qui lui conviennent. Mais je ne vois pas qu'on puisse dire la même chose des jeunes femmes d'ici, de celles sur-tout qui vivent dans les villes. Il est sûr qu'un grand nombre n'ont ni gorge, ni rien qui en rappelle les forces. C'est quelquefois dans la jeunesse un petit amas de lymphe qui bientôt se dissipe & ne laisse qu'une place aride. Ce défaut peut être attribué à l'âcreté des humeurs qui ne permet pas aux glandes mammaires de se développer, ou au lait de se former ; tant il y a qu'un grand nombre qui peuvent être mères, ne peuvent pas être nourrices, & que c'est une déclamation ridicule de vouloir juger *in globo* les mœurs des femmes qui donnent leurs enfans à nourrir à d'autres. Ce qui justifie suffisamment les soins qu'a pris la police dans différentes villes, d'établir des bureaux de recommanderesses ; établissemens que des hommes chagrins ou exagérateurs ont regardé comme propres à entretenir la perverse habitude d'envoyer les enfans en nourrice.

Qu'on juge mieux de notre siècle & des femmes. Il n'y a que celles dont l'état demande tous les soins, il n'y a que celles qui sont dépourvues de lait, il n'y a que celles que le préjugé force à cacher

leurs enfans, qui les donnent à élever à d'autres. On n'est pas plus corrompu aujourd'hui qu'hier à cet égard, & l'empressement qu'ont montré tant de mères à adopter les principes du philosophe Genevois, la soumission qu'elles ont fait paroître à ses décisions, les peines que tant de pauvres femmes donnent à leurs enfans aux dépens de leur vie, prouvent mieux que tout ce qu'on pourroit dire, la douceur & la bonté des mœurs du très-grand nombre, & l'ignorance de nos graves déclamateurs. Disons plutôt que quelques hommes forcent leurs femmes à confier leurs enfans à d'autres, afin ce ne point être dérangés dans leurs jouissances, & de ne point voir flétrir des charmes dont ils sont idolâtres. Mais n'allons pas trop loin non plus, & n'attribuons pas à tous le défaut de quelques-uns.

Le chancelier de *Lhôpital* dit dans une lettre à son ami *Jean Morel*, « qu'un lait mercenaire déprave la nature & le cœur. Qu'une vierge sortie de parens généreux, prend les mœurs d'une suivante ; voluptueuse comme elle, sans pudeur, elle aimera la licence des repas, la danse & les liaisons qui corrompent. Un fils sera bas, sans ressort, libertin, avare, cruel, semblable enfin à celle dont il aura sucé le lait. »

Il est étonnant qu'un aussi grand homme que le chancelier de *Lhôpital* ait pu donner de semblables raisons. Le lait n'a point de qualités morales ; il ne peut pas rendre un homme avare, lui faire aimer le danse. Il est bien vrai que par ses qualités physiques il peut influer sur le caractère de l'homme ; mais à cet égard, le lait âcre d'une sainte, d'une princesse, le lait bilieux, séreux d'une présidente vaporeuse, d'une duchesse paresseuse, produira sûrement un plus mauvais effet sur les facultés de l'enfant, que celui d'une bonne & joyeuse servante, dont l'ame aussi calme que le teint est frais, ne trouble point son lait par des passions ardentes. Le lait d'une femme noble peut être un lait corrompu comme le sang d'un roi peut être un sang pourri. Cette folie de nos ancêtres qu'un sang noble étoit physiquement différent de celui d'un roturier est une platitude, & celui qui circule dans les veines d'un forçat vaut souvent mieux que celui du premier gentilhomme de l'empire.

Ainsi, ce ne doit pas être la crainte de faire contracter à son enfant des vices, ou des mauvaises habitudes, qui doit empêcher une mère de le donner à une autre femme, puisque cela est faux, & que s'il étoit vrai, tout compensé, les mœurs des nourrices & servantes ne sont ni plus dépravées, ni plus honteuses que celles des mères ; mais c'est qu'il est extrêmement difficile de trouver une nourrice dont le lait ne soit ni trop vieux, ni trop jeune ; que la mère se prive de la présence de son enfant & retien-

---

(1) *Sua quemque mater uberibus alit nec ancillis, ac nutricibus delegantur.* De morib. germ. 20.

dans son sein une liqueur superflue qui va y causer des ravages ; qu'on ne peut donner un nourrisson à une femme sans l'obliger à éloigner son propre enfant, ce qui est un malheur, à moins qu'elle n'en puisse élever deux ; & cette dernière considération est un des grands inconvéniens publics du nourrissage étranger.

Il seroit donc à souhaiter qu'on pût trouver moyen d'alaiter les enfans avec du lait d'animaux, de vache, de chèvre, par exemple ; & j'apprends que déjà l'on l'a tenté avec succès. L'on élève avec du lait de vache, aux enfans-trouvés à Paris, ceux de ces petits innocens qui se trouvent attaqués de mal vénérien. Malgré l'affoiblissement que cause en eux le virus de la maladie, malgré le défaut de soins, qui ne sont jamais si actifs dans un hôpital que chez une mère ou un particulier, ces pauvres petits ne meurent pas tous ; au contraire, le plus grand nombre échappe, ce qui prouve l'utilité qu'on peut tirer de cette méthode, & l'emploi qu'on en peut faire dans un cas de besoin, pour empêcher que les enfans ne soient envoyés *en nourrice*, & par-là privés des soins & de la tendresse de leurs mères, que rien ne peut remplacer.

Aux mots NOURRICES & ENFANS - TROUVÉS, nous parlerons plus au long de ces objets, mais ils sont assez intéressans pour que nous en ayons parlé ici, d'autant mieux qu'ils se rapportent principalement à l'*alaitement* des enfans.

ALARME, s. f. En matière de police on entend par ce mot tout ce qui tend à inspirer une grande frayeur au public.

» Il résulte de cette définition que l'*alarme* peut être salutaire ou dangereuse, & son auteur un citoyen utile ou dangereux, suivant les circonstances. Donner une fausse *alarme*, ou même en donner une véritable, de manière à troubler sans nécessité la tranquillité publique, & ne pas donner l'*alarme* lorsque le danger de l'état l'exige, sont des délits dignes de l'attention d'une police exacte & éclairée. Rien n'est en effet plus contraire à l'ordre public qu'une *alarme* donnée faussement ou sans précaution ; mais aussi rien de plus salutaire qu'une *alarme* donnée dans un péril pressant & imprévu.

» Des hommes imprudens, ou mal intentionnés peuvent causer les plus grands maux, en alarmant par des faux bruits, un peuple crédule & capable de se porter aux plus violens excès. (1) Ces sortes d'*alarmes*, si terribles dans leurs conséquences, sont bien moins souvent l'effet de l'imprudence que de la machination. Tantôt elles sont le ressort que font jouer dans l'ombre ces monopoleurs avides, qui cherchent à établir une grande cherté dans les denrées, pour tirer un prix exorbitant de celles qu'ils ont amassées ; tant elles ont pour objet de troubler l'état en soulevant les particuliers contre les abus imaginaires, & deviennent le germe des guerres intestines ; tantôt enfin, & ce dernier cas est malheureusement trop fréquent, elles tendent à occasionner des assemblées publiques & tumultueuses, à la faveur desquelles des malfaiteurs peuvent commettre facilement des vols.

» Dans ces différentes circonstances, plus les résultats sont terribles, & plus ceux qui donnent l'*alarme* sont punissables. Mais si la fausse *alarme* n'a point eu l'effet qu'elle pouvoit avoir, si elle n'a point été donnée dans une mauvaise intention, la police doit punir les coupables avec moins de sévérité.

» Le droit romain nous fournit à cet égard quelques principes, mais qui ne sont ni clairs ni précis ; on y confond avec la sédition tout ce qui peut apporter le trouble dans l'état, & tout attentat contre la tranquillité publique, étoit un crime de lèze-majesté : suivant quelques auteurs, c'en étoit un de répandre une nouvelle vraie, mais dangereuse ; & celui qui donnoit ainsi l'*alarme* étoit regardé comme l'auteur de la sédition ; mais aucune loi ne détermine les cas auxquels un citoyen peut être puni plus ou moins sévèrement pour l'avoir répandue.

» La jurisprudence angloise contient sur cette matière des règles sévères. *Blacstone*, dans son traité des offenses contre la paix publique, met au rang des délits publics toute prophétie, tout discours tendant à inspirer au peuple le fanatisme, la terreur & l'*alarme* ; les nouvelles répandues dans le public sans la permission du magistrat, & qui peuvent avoir des effets dangereux. Il cite un statut d'*Elizabeth* qui porte, que celui qui répand dans le public de fausses

(1) On conçoit bien que ce n'est pas le peuple de Paris que M. *des Essarts* désigne par là ; il n'en est point de plus doux, de plus tranquille, de plus patient ; jusques-là qu'il permit qu'on le condamnât tout à mort, sans remuer. Voici le fait ; il n'est pas inutile à connoître.

Sous le règne de Charles VI, Louis, duc d'Anjou, régent du royaume, ses deux freres, Jean, duc de Berri, le duc de Bourgogne & d'autres princes, se disputoient le pouvoir souverain. Le plus affreux brigandage accompagnoit leurs pas ; ayant fait entourer Paris de gens de guerre, (car les gens de guerre ont de tout temps été les fauteurs des tyrans) ils résolurent d'en condamner tous les habitans à mort, parce qu'ils avoient refusé des subsides, qui ne pouvoient qu'alimenter le désordre public ; & ils obtinrent cette infernale sentence du roi encore enfant. Mais voulant ensuite se donner un air de générosité auprès de ce même peuple, ils le firent assembler dans la cour du palais, en présence du roi ; & feignirent de demander sa grace & de la lui accorder, à condition qu'il donneroit plus de la moitié de son bien ; & malgré ce pillage infâme, on pend, on noie pendant la nuit plusieurs centaines de bourgeois. Cette horrible tyrannie n'excita que des murmures & par l'ombre d'une insurrection décidée. On s'étoit emporté par quelques impôts pour des tumultes ; & l'on ne remua pas pour le massacre d'une foule de citoyens. Et dites après cela qu'avec des troupes on ne vient pas à bout de tout, dites que les Parisiens sont séditieux.

prophéties doit être condamné à une amende de cent livres sterling, & à une année de prison. Celui qui répand des bruits faux, alarmans & dangereux, doit être puni par la confiscation de tous ses biens, & la prison perpétuelle.

» En France on considère plûtôt les effets de l'*alarme*, tels que les attroupemens, les émeutes, les séditions, que l'*alarme* même ; c'est cependant en remontant à la source du mal, en le détruisant dans sa racine qu'on parvient à l'extirper ; aussi notre jurisprudence a-t-elle rempli ce vuide de notre législation, en s'appliquant à prévenir les *alarmes* dangereuses, par l'exemple d'un châtiment plus ou moins sévère suivant les circonstances.

» Une sentence de police rendue à Paris, le 22 juillet 1740, condamna le nommé *Fossé*, laboureur, en deux mille livres d'amende pour avoir tenu dans le marché de Gonesse des discours tendans à alarmer le public & à faire augmenter le prix des grains.

» La police doit, par des règlemens sages, prévenir les *alarmes* ; mais lorsque le mal est fait, lorsqu'un peuple crédule est prêt à se livrer à sa fureur, c'est alors qu'un magistrat de police a besoin de toute son activité, de toute sa prudence pour arrêter les progrès de l'incendie ; c'est alors que son ministère est important & difficile à remplir : il doit bien distinguer ceux qui par imprudence ou avec une mauvaise intention ont les premiers semé l'*alarme*, d'avec ceux qui, échauffés par des discours indiscrets, ne franchissent les bornes du devoir que parce qu'on exalte leur imagination, & qu'on abuse de leur crédulité ; il doit mettre tout en œuvre pour découvrir les auteurs de l'*alarme*, & les punir avec la plus grande rigueur.

» En 1768, sur le bruit faussement répandu dans Lyon, que le collège de chirurgie enlevoit des enfans pour les disséquer vivans, le peuple avoit pris l'*alarme*, & s'étoit porté aux plus violens excès ; deux crocheteurs qui s'étoient fait remarquer dans l'émeute furent punis, mais l'on ne voit pas que ceux qui avoient ainsi alarmé le peuple mal-à-propos l'aient été, quoiqu'ils le méritassent réellement. Ceci est tiré de M. *des Essarts*.

Tout ce que nous venons de rapporter ne regarde que les fausses *alarmes*, il nous reste encore à établir quelques principes sur les *alarmes* fondées, & sur l'oubli ou la négligence de ceux qui ne s'empressent pas de les faire naître lorsqu'il est nécessaire. Nous les tirons de M. *Prost de Royer*.

» 1°. Tout habitant informé d'un événement qui menace le public & même le particulier, doit en donner avis. Les hommes ne se sont mis en société que pour se soutenir par la réunion des forces, s'avertir du péril commun & des dangers réciproques. Ce grand & salutaire engagement se renouvelle avec éclat dans plusieurs villes & républiques, comme Genève & Lyon, en prêtant le serment de bourgeoisie.

» 2°. L'on ne doit pas publier, inconsidérément une *alarme* funeste. On doit avertir le magistrat qui a le pouvoir exécutif, & dont le devoir est de prendre les précautions convenables.

» 3°. Si l'on s'écarte de cette double obligation, l'on est punissable suivant les circonstances, c'est-à-dire, la grandeur du péril & le mal que le silence ou l'*alarme* auroit fait. C'est d'après cette maxime qu'un notaire de Genève ayant, au commencement de 1782, donné de la confiance & une certaine publicité, à une lettre qu'il croyoit indiquer une conspiration ; s'étant ainsi conduit, tandis que suivant son serment de citoyen, il en avoit dû donner avis aux syndics, le petit conseil le punit de prison.

» 4°. Le magistrat ne doit dédaigner aucun avis. On peut lui en donner de faux, de ridicules, de méchans même. Il doit tout accueillir & examiner ; il doit feindre & ne point oublier que sur dix s'il en reçoit un utile c'est beaucoup.

5°. C'est à la sagacité du magistrat à bien voir. Mais il ne doit pas toujours supposer impossible, ce que la routine des événemens & de l'administration regarde comme incroyable.

» 6°. Quand il s'agit de sûreté & de tranquillité publique, le magistrat qui est à la tête du peuple doit comparer ces événemens à une piquûre légère dans le corps humain ; elle peut être sans conséquence, mais elle peut irriter le sang, occasionner une plaie, amener l'inflammation, la gangrène, la mort.

» 7°. En général, les *alarmes* ne sont jamais à négliger en matière de religion, de subsistance, d'enfans & de sûreté individuelle. Sur tout le reste le peuple est difficile à émouvoir.

» 8°. Pour empêcher l'émotion populaire, il ne faut pas attendre tous les éclaircissemens possibles. Pendant qu'on s'enquiert & qu'on délibère, l'incendie croît, & on ne pourra plus l'éteindre qu'en sacrifiant une partie.

» 9°. Les moyens de prévenir dépendent des circonstances & de la nature du péril ; c'est là que paroissent le génie, la sagesse & le mérite réels du magistrat ».

Mais indépendamment des *alarmes* que peuvent faire naître la méchanceté ou l'indiscrétion des particuliers, le gouvernement lui-même y donne souvent lieu par des opérations, des ordres mystérieux, des délibérations cachées, des mouvemens déplacés, sur-tout par des dispositions militaires & des déplacemens de troupes, qui, à bon droit, sont toujours suspects au peuple. Dans ces momens, la confiance s'altère, l'inquiétude naît, l'*alarme* se répand,

& les esprits mal-intentionnés en profitent pour abuser le peuple ou le précipiter dans des démarches
dont lui seul est ensuite indignement châtié.

C'est donc une règle de police très-générale &
très-sûre, de ne jamais employer la force militaire,
dans tout ce qui tient à la partie contentieuse du
gouvernement ; & quand l'esprit politique d'une
bonne administration ne proscriroit pas ce moyen
comme coupable, il l'excluroit comme dangereux ;
& en effet, le pouvoir militaire ne doit être montré qu'à l'ennemi de l'état, ou lorsqu'un peuple entier en requiert l'aide pour opposer la force à la
tyrannie de quelques despotes subalternes. Rien ne
fait naître des *alarmes* comme l'apparition d'un corps
de troupe, lorsque la bayonnette prend la place de
la voix du citoyen, & qu'on craint de voir dans
ses compatriotes, des lâches ou des traîtres vendus
à quelques chefs de complot, contre la liberté & la
fortune publiques.

ALCADE, s. m. Ce mot en arabe signifie magistrat ; on le retrouve en Espagne & en France,
comme une preuve & un monument de la domination des arabes.

Il y a des *alcades* employés dans l'administration
économique de la Bourgogne. Ce sont des officiers
nommés par les chambres de l'assemblée des états
de cette province, pour examiner l'administration
des élus généraux à la fin de la triennalité, & en
rendre compte aux prochains états. *Voyez* ce mot
dans la *jurisprudence*.

Nous ne parlerons ici des *alcades* que comme
magistrats de police étrangère. C'est en Espagne
qu'on les trouve. Autrefois ils y avoient plus d'importance & de considération. Aujourd'hui l'*alcade*
n'est que le lieutenant de police de l'endroit où il
est établi ; il veille à la sûreté publique, aux marchés ; il taxe le prix des denrées. Il n'y a point de
petit hameau qui n'ait son *alcade*, mais il n'est que
le premier officier du corrégidor ; car c'est lui qui
est chargé de faire les premières diligences contre
les coupables ; il doit se saisir de leurs biens & de
leur personne, & rendre compte de ses démarches au corrégidor, qui seul a droit d'en décider &
de juger. L'*alcade* des villes & des villages change
tous les ans. Dans Madrid, chaque quartier choisit
& nomme lui-même son *alcade* à la pluralité des
voix. Les notables s'assemblent en présence d'un
alcade de cour & de l'escrivano à ce délégué. Chacun
donne à son tour son suffrage ; & l'homme élu représente nos commissaires de quartiers. Il veille à
la police, à la propreté des rues & des maisons,
aux rixes publiques & particulières. Cet emploi est
très-recherché, & quelques jours avant l'élection,
les prétendans ont soin de se concilier les suffrages.

Il est étonnant qu'avec une aussi heureuse institution la police soit aussi mal administrée, aussi ridicule qu'elle l'est en Espagne ; car j'appelle une

bonne & heureuse institution celle d'élire soi-même
les magistrats destinés à veiller au soin de la ville,
la vénalité ou le caprice du souverain n'influant
point sur le choix des *alcades*. On peut n'en donner la place qu'à des hommes sages, éclairés, judicieux, actifs, tolérans & humains ; on peut les
prendre dans la classe des citoyens les plus instruits des abus & des moyens d'y remédier. Il
seroit bien à souhaiter que nous imitassions cet
usage, & que nos grandes villes rentrassent dans le
droit de nommer leurs officiers de police, cette réforme en vaudroit bien une autre.

ALCHIMISTE, s. m. C'est le nom qu'on donne
à un homme qui cherche la pierre philosophale,
la médecine universelle, ou simplement le moyen de
transformer un métal particulier en or ou en argent. Les prétentions de quelques *alchimistes*, l'abus
que plusieurs charlatans ont fait de prétendus remèdes spagiriques, les malheurs qui peuvent en
résulter pour la classe ignorante du peuple si facilement dupe des gens qui prétendent avoir des secrets
& des élixirs pour tous maux, doivent fixer l'attention de la police sur la conduite publique des fous
qui se croyent *alchimistes*, ou qui se disent capables de guérir toutes les maladies par des composi-
tions de leur art. Ce n'est même que sous ce dernier
point de vue que les magistrats de police peuvent
faire quelque attention aux prétendues découvertes
des *alchimistes*, car tous leurs grands travaux n'a-
boutissent ordinairement qu'à les ruiner eux-mêmes,
ce qu'il seroit néanmoins fort bon d'empêcher, si
le pouvoir des loix pouvoit, sans blesser le droit des
citoyens, s'étendre jusques-là.

Les *alchimistes* ont un langage à eux, des mystères,
des symboles, des maîtres, des initiés, une doctrine
à-peu-près comme quelques économistes ont voulu
faire accroire au public qu'ils possédoient une science
au-dessus de la politique ordinaire. « Aussi, dit
» M. de Voltaire, cet *alchimatique*, placé devant
» le mot *chimiste*, met autant l'*alchimiste* au-dessus
» du chimiste ordinaire, que l'or qu'il compose est
» au-dessus des autres métaux ».

» L'Allemagne, continue le même auteur, est pleine
de gens qui cherchent la pierre philosophale comme
on a cherché l'eau d'immortalité à la Chine, & la
fontaine de Jouvence en Europe. On a connu quelques personnes, en France, qui se sont ruinées dans
cette poursuite.

» Le nombre de ceux qui ont cru aux transmutations est prodigieux ; celui des fripons fut proportionné à celui des crédules. On a vu à Paris le
seigneur *Dammi*, marquis de Conventiglio, qui
tira quelques centaines de louis de plusieurs grands
seigneurs, pour leur faire la valeur de deux ou
trois écus d'or.

» Le meilleur tour qu'on ait jamais fait en *alchi-
mie* fut celui d'un *Rose-Croix*, qui alla trouver

Henri I, duc de Bouillon, de la maison de Turenne, prince souverain de Sedan, vers l'an 1610. » Vous n'avez pas, lui dit-il, une souveraineté proportionnée à votre grand courage ; je veux vous rendre plus riche que l'empereur ? Je ne puis rester que deux jours dans vos états ; il faut que j'aille à Venise tenir la grande assemblée des frères. Gardez seulement le secret ; envoyez chercher de la litharge chez le premier apothicaire de votre ville. Jettez-y un grain seul de la poudre rouge que je vous donne, mettez le tout dans un creuset, & en moins d'un quart d'heure vous aurez de l'or ».

» Le prince fit l'opération & la réitéra trois fois en présence du virtuose. Cet homme avoit fait acheter auparavant toute la litharge qui étoit chez les apothicaires de Sedan, & l'avoit ensuite revendue chargée de quelques onces d'or. L'adepte en partant fit présent de toute sa poudre transmutante au duc de Bouillon ».

» Le prince ne douta point en ayant fait trois onces d'or avec trois grains, il ne fît trois mille onces avec trois cents mille grains ; & que par conséquent il ne fût bientôt possesseur, dans la semaine, de trente-sept mille cinq marcs, sans compter ce qu'il feroit dans la suite. Il falloit trois mois au moins pour faire cette poudre. Le philosophe étoit pressé de partir ; il ne lui restoit plus rien, il avoit tout donné au prince ; il lui falloit de la monnoie courante pour tenir, à Venise, les états de la philosophie hermétique. C'étoit un homme très-modéré dans ses desirs & dans sa dépense ; il ne demanda que vingt mille écus pour son voyage. Le duc de Bouillon honteux du peu, lui en donna quarante mille. Quand il eut épuisé toute la litharge de Sedan, il ne fit plus d'or, il ne revit plus son philosophe, & en fut pour ses quarante mille écus ».

« Toutes les prétendues transmutations alchimiques ont été faites à peu près de cette manière. Changer une opération de la nature en une autre, est une opération un peu difficile, comme par exemple du fer en argent ; car elle demande deux choses qui ne sont guère en notre pouvoir, c'est d'anéantir le fer & de créer l'argent ».

« Il y a encore des philosophes qui croient aux transmutations parce qu'ils ont vû de l'eau devenir pierre. Ils n'ont pas voulu voir que l'eau s'étant évaporée, a déposé le sable dont elle étoit chargée, & que ce sable rapprochant ses parties, est devenu une petite pierre friable, qui n'est précisément que le sable qui étoit dans l'eau. »

« On doit se défier de l'expérience même. Nous ne pouvons en donner un exemple plus récent & plus frappant que l'aventure qui s'est passée de nos jours & qui est racontée par un témoin oculaire. Voici l'extrait du compte qu'il en a rendu ».

« Il faudroit avoir toujours devant les yeux ce proverbe espagnol : *De las cosas mas seguras, la mas segura es dudar*. Quand on a fait une expérience, le meilleur parti est de douter long-tems de ce qu'on a vu & de ce qu'on a fait ».

« En 1753, un chimiste allemand, d'une petite province voisine de l'Alsace, crut avec apparence de raison, avoir trouvé le secret de faire aisément du salpêtre avec lequel on composeroit la poudre à canon à vingt fois meilleur marché & beaucoup plus promptement qu'à l'ordinaire. Il fit en effet de cette poudre, il en donna au prince, son souverain, qui en fit usage à la chasse. Elle fut jugée plus fine & plus agissante que toute autre. Le prince, dans un voyage à Versailles, donna de la même poudre au roi, qui l'éprouva souvent & en fut toujours également satisfait. Le chimiste étoit si sûr de son secret, qu'il ne voulut point le donner à moins de dix-sept cent mille livres payées comptant, & le quart du profit pendant vingt années. Le marché fut signé ; le chef de la compagnie des poudres, depuis garde du trésor-royal, vint en Alsace, de la part du roi, accompagné d'un des plus savans chimistes de France. L'Allemand opéra devant eux à Colmar, & il opéra à ses propres dépens. C'étoit une nouvelle preuve de sa bonne foi. Je ne vis point les travaux, mais le garde du trésor-royal, étant venu chez moi avec le chimiste, je lui dis que s'il ne payoit les dix-sept cent mille livres qu'après avoir fait du salpêtre, il garderoit toujours son argent. Le chimiste m'assura que le salpêtre se feroit. Je lui répétai que je ne le croyois pas. Il me demanda pourquoi ? C'est que les hommes ne font rien, lui dis-je ; ils unissent, ils désunissent, mais il n'appartient qu'à la nature de faire ».

« L'Allemand travailla trois mois entiers ; au bout desquels il avoua son impuissance. Je ne peux changer la terre en salpêtre, dit-il ; je m'en retourne chez moi changer du cuivre en or. Il partit & fit de l'or comme il avoit fait du salpêtre ».

« Quelle fausse expérience avoit trompé ce pauvre Allemand, & le duc, son maître, & les gardes du trésor-royal, & le chimiste de Paris ? La voici ».

« Le transmutateur Allemand avoit vû un morceau de terre imprégnée de salpêtre, & il en avoit extrait d'excellent avec lequel il avoit composé la meilleure poudre à tirer, mais il n'apperçut pas que ce petit terrain, étoit mêlé des débris d'anciennes caves, d'anciennes écuries & des restes du mortier des murs. Il ne considéra que la terre, & il crut qu'il suffisoit de cuire une terre pareille, pour faire le salpêtre le meilleur ».

L'ON

L'on voit par ces deux anecdotes que nous tirons des questions encyclopédiques de M. de Voltaire, & auxquelles nous en pourrions ajouter beaucoup d'autre du même genre, que s'il y a des *alchymistes* de mauvaise foi, il peut s'en trouver aussi de très-bonne foi. Mais ceux-ci ne sont pas toujours les moins dangereux parce que leur enthousiasme & la certitude qu'ils ont de leur savoir, peut leur faire commettre des fautes ou des malheurs dangereux à la société. Le moins qu'ils puissent faire est de causer la ruine de quelques familles par des recherches chimériques ou infructueuses.

Mais on doit cependant mettre une distinction marquée entre la conduite qu'on peut tenir envers les uns & les autres. Les premiers doivent être vraiment traités comme des fripons & des escrocs ; les derniers méritent plus de compassion que de haine, & l'on doit bien plutôt chercher à les éclairer qu'à les mortifier, ce qui n'est pas facile. *Voyez* CHARLATANS.

Quelques auteurs ont prétendu prouver que ce seroit un grand malheur que les *alchymistes* trouvassent en effet le secret de changer en or les métaux communs. Ils ont cru voir dans cette découverte la subversion du commerce par l'impossibilité d'avoir un métal d'un prix assez haut sous un petit volume, pour pouvoir s'en servir aux ventes & aux achats ; enfin ils ont pensé que les fortunes se trouveroient ruinées par la révolution qui en résulteroit & par l'augmentation du prix des denrées.

Ils ont eu raison de dire que les fortunes dont tout le bien consiste en propriété mobiliaire, en métaux fins, seroient ruinées ; car avec le morceau d'or qui leur servoit à avoir un setier de bled, bientôt ils n'en pourroient avoir qu'un demi-boisseau ou moins encore ; & l'augmentation du prix des vivres se trouveroit par cela seul effectué, c'est-à-dire, si l'on continuoit de les évaluer & payer avec des métaux ; car si l'on employoit une autre matière, les particuliers qui n'auroient que de l'or seroient bien ruinés ; mais l'augmentation du prix des denrées, n'auroit point lieu dans le sens qu'on l'entend ordinairement.

Au reste, les propriétaires, ceux qui recueillent les denrées n'éprouveroient à cela aucun inconvénient, aucun mal ; tout resteroit dans le même état pour eux, parce que la fécondité de la terre ne dépend point de ces combinaisons : ce qui prouve que l'homme terrien ; celui dont la subsistance est établie sur le sol, est le plus heureux dans l'état social, puisqu'en même-temps qu'il en goûte les avantages, il est à l'abri des révolutions qui peuvent y naître, si vous en exceptez la guerre.

Quant au commerce, le secret de la transmutation n'y produiroit ni bien ni mal ; on auroit bientôt substitué à l'or une autre substance pour effectuer les échanges, & l'ordre seroit promptement rétabli. Pas si promptement pourtant qu'un grand nombre de commerçans, qui auroit beaucoup de numéraire, ne souffrissent de grandes pertes ; mais ceux dont la fortune seroit en marchandises n'éprouveroient qu'une grande gêne ; effet de cette révolution, trop chimérique, trop impossible, pour qu'on ne regarde pas comme oiseux, ce que nous venons d'en dire.

ALDERMAN, s. m. C'est, dans la Grande-Bretagne, un officier municipal, chargé de représenter le peuple d'une ville ou d'un bourg, de défendre ses droits & sa liberté, d'administrer la chose commune & de juger en certains cas.

Ce nom paroît pour la première fois dans les loix de Henri premier. Le dixième citoyen préside aux neuf autres, & un des plus respectables, à toute la centaine, lequel est nommé alderman, *dont l'emploi est de maintenir les loix de Dieu & les droits des hommes* (1). Henri accorda aux citoyens de Londres la fameuse chartre qui confirmoit les privilèges des quarteniers, *alderman of a ward*, leur donna le droit d'élire leurs shérifs & leurs *aldermans* & de tenir la cour des plaidoyers de la couronne.

Londres a trente-six quarteniers, vingt-six *aldermans*, & un maire. C'est parmi les *aldermans* que le maire est élu tous les ans.

On compare cette magistrature à celles de la France qui y sont analogues. Celle des capitouls de Toulouse, des échevins de Marseille & sur-tout des jurats de Bordeaux en approche plus que celle des échevins de Paris & de Lyon ; mais en général la différence est sensible.

1°. L'élection se fait à Londres, ainsi que dans les autres villes de l'Angleterre, par le peuple ; & pour voter, il suffit d'être citoyen de Londres & homme libre, ce qui exclut les mineurs, les apprentis & les domestiques. On y opine la main levée ou par écrits, & si quelquefois ces assemblées sont tumultuaires, elles ne le sont pas toujours ; ce prétendu trouble que ne cessent de rabacher les ennemis de la démocratie n'est pas d'ailleurs aussi affreux qu'ils le font.

2°. Il est défendu de refuser cette magistrature, à peine d'amende, tandis qu'il est permis de ne vouloir pas être officier de la couronne.

3°. Cette magistrature est à vie. On sent quelles doivent être en conséquence l'expérience &

---

l'habileté des *aldermans*, bien différens de ceux qui n'ayant que deux ou trois années à servir, acceptent par intérêt ou par honneur, & quittent toujours sans même connoître les droits qu'ils avoient à conserver, les loix & les fonctions de la municipalité.

Au reste, on doit remarquer que ces grandes places ne sont données à Londres qu'à des hommes encore plus distingués par leur fortune que par leur mérite réel, & l'on se tromperoit si l'on croyoit que le simple citoyen pût raisonnablement espérer d'y parvenir. Dans les grandes villes, même les mieux organisées, l'homme ordinaire doit se regarder comme dans une sorte d'aristocratie élective, dont il ne lui est guère permis de partager les honneurs. Il est vrai que le droit d'élection y est honorant ; mais il donne plus de considération que de pouvoir positif au peuple. Cet état vaut cependant infiniment mieux que celui d'obéir à des officiers nommés par la cour, ou qui héritent du droit de juger & d'administrer, comme de celui de porter le nom de leur père.

ALGUASIL, s. m. Ce mot qui dérive de l'arabe est donné en Espagne à un officier subalterne de la justice, qui a beaucoup de rapport à ce que nous comprenons en France sous les mots *huissier*, *sergent*, *appariteur* & même *archer* ; car l'*alguasil* remplit toutes ces fonctions. L'alcade de nuit marche avec ses *alguasils*, comme chez nous le commissaire de police avec ses archers ou soldats qui composent le guet.

Les *alguasils*, composés d'un ramassis d'hommes sans principes & sans courage, forment une troupe aussi lâche que méprisable en général. Ils n'ont aucune sorte de discipline qui puisse les accoutumer à un service réglé, qui leur fasse la police se faisse avec ordre & fermeté. Les brigands, les filoux, les aventuriers dont l'Espagne est pleine, se jouent des *alguasils*, les attaquent, les battent, ou plutôt les font enfuir. Cette troupe auroit besoin d'une réforme, mais il n'est pas probable qu'on la réfléctue de sitôt ; un royaume où l'on craint de s'instruire doit rester long-tems dans l'abrutissement. Il seroit cependant possible d'en tirer des espagnols. Ils ont naturellement de l'ame, de la religion, de la vertu, & ces grandes qualités qu'ils tiennent en partie des institutions des maures & de leur mélange avec ce peuple riche, galant & industrieux, pourroient rendre à la nation son ancien éclat, si elle vouloit s'instruire. Mais cette entreprise est aussi éloignée que jamais, & nous avons eu raison de dire que l'Espagne étoit encore au quinzième siècle. *Voyez* le mot ESPAGNE.

L'inquisition a ses *alguasils*. Ces êtres monstrueux dans un état ne font plus autant de mal qu'autrefois. Il n'est pas rare même de voir d'honnêtes gens

accepter ce titre afin de se mettre à l'abri des vexations du saint office ; & contenir le zèle fanatique des *familiares* de ce tribunal odieux ; espèce d'espions aussi méprisables que les nôtres, mais plus superstitieux, plus sanguinaires & plus dégradés, si pourtant on peut trouver quelque chose de plus dégradé qu'un espion de police. Cette peste se retrouve par-tout : c'est la gale du genre humain qui sans cesse le persécute & l'irrite. On pourroit peut-être dire d'eux, ce qu'on dit en Espagne des *alguasils*. Lorsqu'on veut faire entendre que chacun a son tourment, sa peine, on dit : *cada uno tiene su* alguasil, *chacun a son* alguasil.

ALIGNEMENT, s. m. En terme de voierie, c'est le plan qu'on donne à ceux qui construisent des bâtimens, qui font des murs ou fossés, sur le bord des rues ou chemins, afin de les obliger à se renfermer dans les limites qu'exigent la liberté & la commodité de la voie publique.

Les réglemens concernant les *alignemens* forment une partie principale de la police de la voierie. Elle est en effet chargée de veiller sur la régularité & la forme des bâtimens ; de prescrire l'*alignement*, & la hauteur des maisons, de conserver la largeur & la liberté de la voie publique, d'empêcher des entreprises qui pourroient nuire aux passans ou causer de la difformité, d'entretenir la propreté dans les rues, par le moyen du pavé & du nettoiement ; en un mot, les halles, les marchés, les places publiques, & tout ce qui intéresse ou la décoration de la ville ou la commodité des habitans, se trouvent du ressort de la police de la voierie.

On peut considérer les *alignemens* relativement aux rues & relativement aux chemins publics, on conçoit que ce sont deux choses différentes & qui intéressent également la commodité publique.

Si l'on porte un moment son attention sur la police des romains, on ne trouvera pas qu'ils se soient occupés dans les premiers tems de la république de l'*alignement* des rues de rome. Elles étoient irrégulières, étroites & tortueuses. Dans la suite, il fut statué que les rues droites seroient réglées à huit pieds de large, & les tortueuses à seize ; la difficulté de tourner exigeant plus de largeur dans celles-ci. On prit sous les empereurs un nouveau soin de la ville. Les édifices furent limités à une certaine hauteur. Le droit civil porte que ceux qui feront construire ou rétablir une maison, n'excéderont point l'ancienne forme de bâtir, n'offusqueront point les jours ni les vues des maisons voisines ; que les rues ou voies publiques seront entretenues dans leur largeur. Il est défendu à tous particuliers d'en rendre le passage plus difficile & plus étroit ; à peine, si c'est un esclave, d'être fustigé, & si c'est une personne libre, de faire démolir à ses dépens ce qu'elle aura fait construire, & d'être en outre condamnée à faire rétablir les lieux. Cette loi avoit également lieu à Athènes.

« En France, la largeur des rues n'est point déterminée par une loi générale, dit M. *Leclerc du Brillet*, continuateur de *La Marre* ; & de là vient que l'on distingue dans Paris trois sortes de rues, les grandes, les moyennes & les petites, & pour chacune de ces rues, il n'y a pas même de largeur fixée.

» Les grandes rues ont communément depuis sept jusqu'à dix toises de largeur ; les moyennes, que l'on appelle *rues de communication & de distribution*, sont de trois, de quatre ou de cinq toises de large ; les petites, considérées comme rues de dégagement, pour raccourcir le chemin, sont aussi différentes, il y en a de six de neuf & de dix-huit pieds de large.

» A considérer cette inégalité, il semble que la largeur des rues soit arbitraire ; cela est vrai aussi dans de certaines occasions : par exemple, lorsqu'il s'agit d'ouvrir ou de former de nouvelles rues sur des emplacemens qui ne sont point bâtis, en ce cas, l'on prend telle largeur que l'on juge à propos ; mais quand il faut élargir ou redresser des rues déjà bâties, pour rendre le passage plus aisé, alors la largeur n'en est point arbitraire : l'on a égard au dommage que souffriroient les particuliers, si des retranchemens trop considérables supprimoient leur maison en totalité ; d'ailleurs toutes les rues n'étant point également passantes, il n'est point nécessaire de les assujettir à une même largeur. Cependant celle qu'on leur donne ordinairement est de cinq toises ; elle a paru la plus convenable suivant la pratique.

» La largeur des rues étant déterminée, tout ce qui se rencontre dans l'étendue de l'*alignement* doit être démoli sans distinction de personnes, de quelque état & dignité qu'elles soient, sauf néanmoins le dédommagement qui est réglé sur l'avis des commissaires nommés par le roi, ayant égard à la valeur des fonds & à l'avantage ou à la perte que peuvent recevoir ou souffrir les propriétaires par ces changemens.

» Il y a différentes manières de pourvoir au dédommagement de cette nature. Le roi prend, dans certains cas, le fonds nécessaire sur son domaine & sur ses finances : quelquefois le domaine de la ville en est seul chargé ; mais il arrive bien souvent que l'on fait contribuer les propriétaires des maisons qui n'ont point été retranchées dans la même rue & dans les environs à proportion des avantages qu'ils en retirent. Les taxes qu'ils sont obligés de payer, suivant les rôles arrêtés au conseil, sont employées à dédommager ceux sur qui on a pris les emplacemens pour former ou élargir, redresser ou continuer les rues. »

C'est ainsi qu'en 1557, on donna aux religieux de Saint-Martin-des-champs une maison appartenant au roi, en échange d'une autre qu'ils avoient dans la rue de la *toilerie* ou *des lingères*, & qu'on abattit pour agrandir la rue. C'est ainsi que l'arrêt du conseil, du 7 décembre 1680, ordonne que les propriétaires des maisons abattues pour l'élargissement de la rue *des noyers*, seront remboursés ; & que ceux des maisons conservées contribueront en raison de l'avantage qu'ils retirent de l'embellissement de la rue, &c.

La déclaration du roi, du 10 avril 1783, prescrit ce qu'on doit suivre à Paris dans l'*alignement* des édifices, maisons, murs, &c. En voici les principales dispositions. 1°. Il ne peut être ouvert aucune nouvelle rue, sans lettres-patentes, & sans donner au moins trente pieds de large à celles qu'on ouvrira. Les rues qui ont moins de trente pieds seront élargies à fur & à mesure des reconstructions qui s'y feront. 2°. Il est défendu à tous maçons, architectes, entrepreneurs, d'entreprendre aucune construction sur la rue, qu'ils n'en aient déposé le plan au greffe du bureau des finances, & obtenu des officiers dudit bureau les *alignemens* & permissions nécessaires. 3°. La hauteur des maisons & bâtimens en la ville & fauxbourgs de Paris, autres que les édifices publics, sera & demeurera fixée, dans les rues de trente pieds de largeur & au-dessus, à soixante pieds, lorsque les constructions seront faites en pierres & en moëlons, & à quarante-huit pieds seulement lorsqu'elles seront faites en pan de bois ; dans les rues depuis vingt-quatre & jusques & compris vingt-neuf pieds de largeur, à quarante-huit pieds, & dans toutes les autres rues, à trente-six pieds seulement ; & ce, sous peine de 3,000 livres d'amende pour les propriétaires, & 1000 livres pour les ouvriers. Mais cette déclaration n'est point ponctuellement suivie ; on lui a donné des restrictions & explications. Il n'étoit guère possible, en effet, que dans les plus grandes rues, les maisons n'eussent que soixante pieds de haut. Cela n'eût pas fait plus de trois étages au-dessus de la boutique & retranchement fait du comble.

Quant aux *alignemens* pour les grands chemins, nous en parlerons au mot CHEMIN ; nous remarquerons seulement ici qu'il est défendu de construire ou faire travailler le long des routes pavées & entretenues au frais du roi, sans en avoir obtenu les *alignemens* des trésoriers de France ; dans les chemins non pavés, l'*alignement* & permission de construire peuvent être donnés par l'officier de justice du seigneur haut-justicier dans la seigneurie duquel se trouve le chemin. Ainsi décidé par arrêt du conseil, du 26 février 1778.

Dans les villes où il n'y a point de bureaux des finances, la police des *alignemens* est attribuée aux officiers de police des lieux les plus près d'y veiller.

Le châtelet de Paris étoit autrefois en possession de de donner les *alignemens*; il a perdu ce droit par l'acquisition faite par le bureau des finances, de l'office de voyer & la réunion des fonctions par édit de mai 1635, & la déclaration du 11 janvier 1638. Cependant l'*alignement* des encoignures appartient au lieutenant de police de Paris; mais dans les autres villes du royaume où il y a des trésoriers de France, ce sont eux qui donnent les *alignemens* des rues, à l'exclusion des officiers de police. On doit encore remarquer que les *alignemens* des remparts appartiennent au corps municipal, & que ceux des nouvelles rues lui sont ordinairement attribués par le conseil. *Voy.* CHEMIN, VOIERIE, BATIMENT & PERMISSION.

ALIMENT, s. m. On donne ce nom à toute substance qui peut servir à la nourriture de l'homme; ce qui semble renfermer les corps liquides & fluides, comme les corps solides qui servent à cet usage. En droit, le terme d'*alimens* emporte avec soi l'idée de vêtement, logement, éducation physique & même morale.

L'on peut envisager les *alimens* sous deux aspects différens, ou comme étant dûs par les parens à leurs enfans, soit naturels, soit légitimes; ou comme formant un des soins de la police, soit qu'elle cherche à en procurer l'abondance ou la bonne qualité. Sous le premier rapport ils forment une partie intéressante de la jurisprudence, puisqu'il est vrai de dire que le premier besoin de l'homme sont des *alimens* & la première obligation des parens d'en assurer à ceux qui naissent d'eux. Et cela ne souffre point d'exception. Car l'usage qui a établi les exceptions humiliantes d'enfans bâtards, d'enfans adultérins, &c. n'a pas cru devoir étendre son aveugle dureté jusqu'à autoriser le refus d'*alimens* à ces malheureux, il a leur a souvent fait accorder contre l'avarice, la mauvaise foi de collatéraux & d'héritiers avides. *Voyez* la *jurisprudence*.

Comme ces objets ne nous regardent pas, nous ne ferons ici qu'une remarque utile, qui s'est présentée sans doute, à d'autres avant nous. C'est que la sévérité à faire assurer des *alimens* ou une profession lucrative aux bâtards, est un moyen d'arrêter l'incontinence & la dépravation de mœurs. Car l'homme, souvent plus attaché à sa fortune qu'à la tranquillité & au bien de sa conscience, sera plus retenu par la crainte d'un sacrifice pécuniaire que par toute autre considération.

Mais je voudrois qu'on étendît cette loi même aux enfans nés de femmes livrées à la prostitution publique. Lorsqu'une d'elles pourroit prouver un commerce charnel avec un ou plusieurs hommes, ils seroient obligés de payer les frais de gésine, & de donner des *alimens* à l'enfant. Tant pis pour ceux qui s'y trouveroient pris. Ce danger, cette rigueur salutaire produiroit plusieurs biens publics; 1°. Il y auroit

moins de femmes publiques; 2°. Il en iroit moins faire leurs couches aux hôpitaux; 3°. il y auroit moins d'enfans abandonnés; 4°. il y auroit moins de libertins & plus d'unions honnêtes, puisqu'en fréquentant les prostitués on s'exposeroit aux charges de la paternité naturelle. Arrêt du parlement de Grenoble, favorable à cette doctrine, du 25 février 1661; il ordonne: « qu'un enfant sera nourri » jusqu'à l'âge de quatorze ans, aux frais communs » de plusieurs particuliers *convaincus d'avoir eu,* » *dans un même jour, la connoissance charnelle de* » *la mère de cet enfant, & ce, le solvable pour le* » *non solvable* ». (Basset, tom. I, liv. IV, tit. 9, ch. 3.)

Les soins de la police, relatifs aux *alimens*, sont très-nombreux, très-divisés, très-importans, parce qu'il importe sur-tout que le public ne soit pas trompé par une foule de marchands, dont l'avidité aveugle même l'esprit au point de ne pas voir qu'en trompant le public, ils se décréditent. Rien n'égale, par exemple, à Paris, l'infidélité, les friponneries des cabaretiers. C'est une chose étonnante qu'il y ait des inspecteurs de police pour des objets au moins indifférens, & que celui-là ait été négligé. C'est un abus qui ne pourra être détruit que quand des assemblées de bourgeois dans chaque quartier, seront chargées de la police. *Voyez* VIVRES: nous réservons pour cet endroit tout ce qui regarde les *alimens*; on y trouvera les détails & les réglemens de la police des vivres.

ALMANACH, s. m. L'académie françoise le définit ainsi: calendrier qui contient tous les jours de l'année, les fêtes, les lunaisons, les éclipses, les signes dans lesquels le soleil entre & quelquefois des pronostics du beau & du mauvais temps. *Voyez* ce mot dans la *jurisprudence*.

Ce genre d'ouvrage s'est prodigieusement multiplié; il a pris l'accroissement des journaux. Aujourd'hui les souverains, les provinces, les villes, les corporations ont leur *almanach*; & leur mérite ne se borne pas à indiquer le jour du mois ou les phases de la lune, on y trouve les naissances & morts des princes, les évêchés, les personnes publiques, les objets de l'administration, les forces & richesses des états, avec leur population & souvent un traité historique sur leur fondation.

Les *almanachs* ont reçu toutes sortes de noms; il n'y en a pas de bizarres & singuliers, qu'on ne leur ait donné. Chaque année on voit naître de nouveaux, & cette nomenclature intarissable semble attester le génie industrieux des libraires plus encore que celui des auteurs. Un *almanach* en vogue peut faire la fortune de celui au profit de qui il s'imprime.

Ce qui distingue les *almanachs* proprement dits, des éphémérides, calendriers, &c. ce sont les prophéties que le goût pour l'astrologie, & l'espérance de favoir l'avenir y ont fait inférer ; & de là le proverbe, *menteur comme un almanach.*

Les rois, les puiſſans qui n'aiment point qu'on annonce leur mort, ont défendu d'inférer des prophéties dans les *almanachs*, à commencer par Louis XI, en 1490, & les gens ſenſés ont deſiré que l'on n'y preſcrivît pas des règles de ſanté & des méthodes de guérir, aſſujerries aux influences aſtrales, parce que ces erreurs fomentent l'aveuglement & la bêtiſe du peuple.

Qui croiroit qu'en 1771, un bourgeois de Paris obtint le privilège excluſif de tous les *almanachs.* Il vendoit à des libraires la permiſſion d'imprimer tel ou tel, ſuivant leurs deſirs. Cette folie qui reſſemble à une autre du même genre, & dans une ſorte d'ouvrage à peu près ſemblable, fut abandonnée quelques années après.

Les *almanachs* ſont ſujets aux règlemens de la librairie. Les merciers & porte-balles peuvent en vendre, pourvu qu'ils n'excèdent pas deux feuilles de *petit cicéro.* Arrêt du parlement, du 13 mars 1730. Un autre arrêt du 10 ſeptembre 1735, veut que les paquets d'*almanachs* ſoient adreſſés à la chambre ſyndicale, & ouverts avant que d'être envoyés aux merciers. Une partie de ces gênes inventées par la morgue, l'entêtement, l'eſprit d'autorité, tombe en déſuétude, & l'on peut eſpérer que bientôt le commerce des livres & l'art d'écrire ſeront délivrées des entraves où l'on les a mis.

ALUN, ſ. m. C'eſt une ſubſtance minérale, ſaline & légèrement corroſive.

« Comme l'*alun* ſert à clarifier les liqueurs, les marchands de vin en font uſage, & il devient un poiſon lorſqu'il ſéjourne dans des vaiſſeaux d'étain allié avec du plomb. On a pris des précautions pour empêcher cet abus ; mais la routine & l'avidité continuent d'employer l'*alun.*

Les boulangers font quelquefois uſage de l'*alun* pour rendre leur pain plus blanc : on en a ſurpris qui s'étoient rendus coupables de ce délit, tant en France que dans les pays étrangers. Cette pratique eſt d'autant plus criminelle qu'elle peut avoir des ſuites funeſtes. Des médecins ont remarqué qu'elle étoit la ſource de maladies cruelles très-rebelles. La police ne ſauroit donc trop veiller ſur de pareils abus, & punir trop ſévèrement ceux qui oſent ſacrifier la ſanté des hommes pour s'enrichir.

Ce n'eſt pas aſſez d'infliger des peines pécuniaires à cette eſpèce de coupables ; il faut les dévouer à la honte, en les dénonçant au public comme des hommes indignes de ſa confiance. Plus les délits ſont cachés & obſcurs, en même temps qu'ils attaquent la ſociété, plus la punition doit avoir d'éclat, ſi l'on veut qu'elle produiſe ſon effet.

Ainſi toutes les fois qu'on parviendra à découvrir qu'on a abuſé de l'*alun*, nous croyons que le magiſtrat de police doit faire un exemple qui empêche le coupable d'avoir des imitateurs. (M. *des Eſſarts.*)

C'eſt avec ſens que M. *des Eſſarts* conſeille de rendre publique la honte qu'ont encouru les cabaretiers ou boulangers qui ont fait un uſage déplacé de l'*alun* dans le vin ou le pain. Car ces gens ſont toujours d'une avarice inſatiable, puiſqu'elle les porte à tromper, & c'eſt les punir par leur foible, que d'expoſer aux yeux de tout le monde une contravention, qui leur faiſant perdre la confiance, les privera de leurs pratiques & éloignera les acheteurs de chez eux. Ce remède eſt proportionné au mal, & n'a juſte que la meſure de rigueur qui lui convient.

Mais ces deſirs que nous faiſons paroître ſont ſuperflus. La police attentive à ſévir contre de moindres délits, laiſſe ceux-là impunis. Quand ils viennent à être connus, tout s'arrange & on n'en parle pas. Nous l'avons dit cent fois, il n'y a qu'un corps de citoyens, de bourgeois élus par les autres, & en très-grand nombre, qui étant chargé de la police, dans chaque quartier reſpectif, puiſſe remédier à ces abus & produire le bien réel des habitans, ſans les vexer, ſans les opprimer, ſans appeſantir le joug d'une part, pour tout laiſſer impuni de l'autre. Les délits qui attaquent la ſanté, la ſûreté, la tranquillité des citoyens d'une manière inévitable, ſont ceux qu'on néglige, & qui demandent pourtant d'autres punitions que de ſimples menaces.

AMBITION, ſ. m. deſir du pouvoir. Quelques auteurs ont mal-à-propos confondu l'*ambition* avec la brigue : ces deux choſes ſont cependant différentes. La brigue eſt un des moyens que l'ambitieux emploie quelquefois pour parvenir aux dignités, au commandement, ſur-tout lorſqu'on peut y parvenir en s'aſſurant les ſuffrages des électeurs qui ont droit d'y nommer. L'ambitieux peut également mettre en uſage la force, ſur-tout la force militaire, comme l'ont fait tant de tyrans ou d'imbécilles, qui n'ont eu pour mérite que beaucoup d'*ambition* & l'attachement des ſoldats. La bienfaiſance, l'amour de la juſtice, la ſcience peuvent auſſi élever l'homme aux honneurs qui donnent le pouvoir, ſur-tout dans les états où le peuple eſt légiſlateur, comme à Athènes, à Rome jadis, & maintenant dans quelques états de l'Europe & de l'Amérique.

Cette dernière *ambition* fut la ſource des vertus publiques que nous admirons, & la cauſe d'une foule d'actions grandes & généreuſes ; elle eſt dans l'ame de ceux qui l'éprouvent, l'équivalent de toutes les qualités nobles, parce qu'elle ſait les faire naître à propos, & les employer au bien public.

On auroit donc tort de confondre cette *ambition* avec cette paſſion aveugle, impétueuſe, qui ne voit dans les hommes que des eſclaves qu'il faut aſſervir,

AME

dans la force, qu'un moyen de les opprimer, dans les loix, qu'un prétexte pour éternifer leur servitude. Celle-ci, vile opprobre de l'homme, a dégradé la première de fes facultés, l'amour du pouvoir, celle qui affure fa liberté contre le defpotifme & fon courage contre les abus de la force. C'eft contre elle qu'à Rome on porta les loix *de ambitu*, & qu'on a cru dans des états moins libres, devoir en prévenir, par des réglemens, les dangereux complots. *Voyez* BRIGUE.

L'ambition peut donc être utile par-tout où le mérite, le favoir, l'amour des loix font de quelque poids; c'eft-à-dire, par-tout où l'opinion publique & le fuffrage du peuple élèvent les hommes aux charges & aux emplois publics : car là, pour un ambitieux maladroit & dépravé qui fubftituera l'aftuce à l'équité, l'hypocrifie aux vertus folides, vous trouverez vingt hommes profondément honnêtes qui ne marcheront vers l'autorité que par les voies de la juftice & de la modération : & même l'homme menteur qui voudra féduire le peuple pour en obtenir la véritable puiffance, que lui feul donne, ne le fera que par des moyens grands & tels que la nation ne puiffe qu'en être flattée, & y reconnoître l'expreffion du respect qu'elle infpire.

L'amour du pouvoir pourroit donc, en dernière analyfe, être regardé comme un des appuis de la conftitution, lorfque dans cette conftitution il eft permis à tout le monde de le partager avec l'efpoir de le voir fe réalifer ; l'ambition publique eft donc un moyen d'ordre, de grande fubordination, puifque pour fe montrer digne de commander, il faut avoir fu obéir ; enfin elle réunit aux vertus naturelles de l'homme l'exercice des qualités fociales.

AMENDE, f. f. C'eft une peine pécuniaire établie pour la punition, la fatisfaction, la réparation d'un délit ou d'un quafi-délit. Autrefois on difoit *emende*, du latin *emendare*, corriger.

Chez tous les peuples, on trouve la réparation de certains crimes ou de certaines fautes contre les loix, évaluée en argent, & le coupable abfout en payant une certaine fomme. Quoique les *amendes*, comme nous l'entendons ici, ne foient pas la même chofe que ces réparations pécuniaires, qui rempliffent prefqu'en entier le corps de la loi falique, on ne fauroit cependant méconnoître le rapport qui exifte entr'elles dans bien des cas.

Les *amendes* ont été diftinguées en légales, qui font déterminées par la loi ; en arbitraires, que le juge règle lui-même, & en mixtes, partie arbitraires & partie légales.

On peut encourir ces trois fortes d'amendes par différens genres de délits ou de quafi-délits qu'on peut claffer ainfi.

1°. Contraventions aux réglemens relatifs à l'ordre judiciaire, appels téméraires, appels comme d'abus, évocations, demandes en caffation, requêtes civiles, récufations des juges, infcriptions de faux, &c.

2°. Contraventions aux réglemens de police générale ou de la police particulière des différentes jurandes & communautés d'arts & métiers.

3°. Contraventions pour fait de chaffe ou de pêche, & autres entreprifes fur les forêts, bois, rivières, &c. contre les difpofitions des loix foreftières.

4°. Contraventions aux loix fifcales en matière de tailles, d'aides, gabelles, traites, domaines, &c.

5°. Délits ou quafi-délits maritimes & militaires, par exemple, en matière de leftage & déleftage, tempêtes, naufrages, gardes des côtes, mouillages, entrée & fortie des ports, placemens de bouées & hoirins, coupe de Varech, &c.

6°. Quafi-délits coutumiers & féodaux.

7°. Délits ordinaires, formant l'objet de toute efpèce de procédures criminelles, pourfuivies par le miniftère public feul ou affifté de parties civiles.

De toutes ces efpèces d'*amendes*, nous ne devons parler ici que de celles qui ont lieu en matière de police, & quand ce font des communautés qui les ont encourues ; l'on peut, pour les autres, avoir recours à la *jurifprudence*. Difons un mot auparavant des *amendes* chez les anciens.

On en trouve de cinq efpèces établies chez les hébreux en faveur de celui qui avoit été maltraité dans fa perfonne : une pour la mutilation, une pour les fouffrances que le bleffé avoit éprouvées, une pour les frais des panfemens & remèdes, une pour l'injure, une pour la perte du temps, la ceffation de travail. Moyen de police fage, fi les officiers de juftice avoient foin de le faire fuivre fcrupuleufement.

L'amende n'étoit pas moins en vogue chez les grecs, & elle étoit due du jour de la condamnation de l'accufé. De plus, le demandeur & le défendeur étoient obligés, à Athènes, avant de pouvoir faire entendre leur caufe, de configner l'un & l'autre une *amende* dite *prytanée*. S'ils y manquoient, leurs défenfeurs en répondoient. Celui qui fuccomboit fupportoit feul les deux confignations, qui tournoient au profit du juge (1). Enfin celui qui ne payoit point l'amende à laquelle il étoit condamné devenoit infâme. *Donec multam irrogatam folverit, ignominiofus efto* (2). Ce qui étoit fage, puifque rien ne doit rendre plus odieux que le mépris des loix & de ceux qui les prononcent.

(1) *Julius Pollux. lib. 8, onomaft. fect. 38.*
(2) *Petit, de legib. Atticis. lib. 14.*

En matière de police, les *amendes* étoient nombreuses à Athènes. Il y en avoit de singulières, & qui sans doute n'étoient pas observées telle que celle qui étoit prononcée contre les femmes qui se faisoient conduire aux fêtes d'Eleusis dans un char à deux chevaux. Il est clair qu'un peuple aussi voluptueux & ami des arts que l'étoient les athéniens, n'observoit point cette loi ; elle eût nui au progrès des agrémens, de la civilisation & du luxe nécessaires à un état policé.

Cette ordonnance de police étoit d'ailleurs directement opposée au système des magistrats d'Athènes, qui avoient exprès établi un tribunal de gynécocosmes, pour veiller sur la parure des femmes, pour l'encourager, & non pour les mettre à l'amende, lorsqu'elles se produisoient en public avec des ornemens recherchés. De là cette loi qui défend à une athénienne de sortir sans être vêtue avec grace. *Femina inornatius in publicum procedentes mille drachmis multantor.* (Petit, *de legib. atticis*, lib. VII, p. 39.) *Voyez* GYNÉCOCOSME.

Une loi de police bien sage à Athènes, étoit celle qui condamnoit à l'*amende* celui qui sans nécessité connue & publique, paroissoit en arme dans la ville. Qu'il seroit utile qu'on la renouvellât chez nous, qu'on y tînt la main, & qu'aucun homme, sur-tout aucun militaire, qui par état est fait pour obéir aux ordres de ceux qui le soudoient, ne portât d'arme, de quelque forme qu'elle fût.

L'*amende* eut également lieu à Rome : elle se payoit dans les premiers temps de la république en nature ; mais lorsque le numéraire devint plus commun, il fut ordonné qu'elle le seroit en argent. C'est ce que nous apprend *Aulu-gelle*, qui ajoute que ce changement eut lieu principalement afin d'éviter la fraude qui avoit lieu en donnant de mauvais-bestiaux pour le paiement de l'*amende*. (*Noct. att.* lib. II, cap. 1.) Les *amendes* étoient presque toutes arbitraires, & celles qui étoient prononcées en matière criminelle n'entraînoient pas peine d'infamie.

On punissoit divers délits par l'*amende*. Le père de famille qui soustrayoit son fils au service militaire (1), celui qui ne se présentoit point en jugement, le juge qui avoit volontairement fait durer un procès trois ans, les escrocs, les filoux, les célibataires valides, les femmes de condition qui se prostituoient publiquement, ceux qui faisoient commerce de marchandises prohibées, étoient punis d'*amende*.

Nous avons conservé une partie de ces loix, & nous leur en avons ajouté d'autres. Chaque article peut les faire connoître ; & sans nous arrêter à en

faire l'énumération, rapportons les principes de notre législation sur les *amendes*, en matière de police.

Les jugemens de police générale définitifs ou provisoires, devoient être exécutés par provision, & nonobstant opposition ou appellation ; & il étoit défendu aux cours de donner des défenses ou surséances, d'après les dispositions de l'ordonnance de 1667. La déclaration du 28 décembre 1770, avoit borné cette exécution provisoire & la défense des surséances, à l'égard des jugemens de la police qui ne porteroient condamnation d'*amende* que jusqu'à 3 livres ; mais l'exécution de l'ordonnance de 1667, sut prescrite de nouveau, par une déclaration du 27 décembre 1738. Elle porte que le recouvrement des *amendes* prononcées au profit du roi par des jugemens rendus en première instance, en fait de police, sera fait à la manière accoutumée, à la poursuite des fermiers du domaine, sans qu'ils soient tenus de donner d'autre caution que celle qu'ils ont fournie pour l'exécution de leurs baux, ni que l'on puisse exiger d'eux nouvel acte de présentation desdites cautions : elle veut qu'on ne puisse accorder des défenses que dans le cas où les *amendes* excéderont 100 livres, & prescrit encore que ceux qui seront condamnés ne peuvent pas être reçus appellans avant d'avoir consigné la somme de 100 livres, outre les *amendes* d'appel.

Quoiqu'il soit défendu, en général d'appliquer les *amendes* à des objets particuliers, cependant, en police, il est assez d'usage d'en adjuger une partie à des hôpitaux, & autres lieux de bienfaisance, même aux inspecteurs & autres officiers de police qui ont fait des avances pour l'exécution des ordres dont ils ont été chargés. L'article XIII, de l'ordonnance du bureau des finances de Paris, confirmée par arrêt du conseil, du 27 février 1765, attribue aux cavaliers de maréchaussée le tiers des *amendes* encourues par ceux qui auront été trouvés par eux à dégrader ou embarrasser les chemins.

Pour faciliter le recouvrement des *amendes* au profit du roi, les greffiers sont tenus de fournir au régisseur des extraits des jugemens qui en prononcent la condamnation, contenant les noms & qualités des parties, leurs domiciles & les noms de leurs procureurs, à peine de 500 liv. d'*amende*, & de demeurer garans des condamnations.

En fait d'*amende* pour la police de la grande voierie, dans la généralité de Paris, les trésoriers de France, commissaires du conseil au département des ponts & chaussées, doivent aussi, après leurs tournées, remettre au greffe de leur bureau, les ordonnances portant condamnation d'*amende* qu'ils rendent dans le cours de leurs tournées, contre les

---

(1) De là peut être nos *amendes* contre les fauteurs de désertion ; elle est de 60 liv. suivant l'ordonnance de Louis XIV, du 28 octobre 1666 & 20 novembre 1691 ; & de Louis XV, du 30 mars 1727.

particuliers trouvés en contravention , pour en être délivré dans la huitaine , par le greffier de leur bureau des extraits au receveur des *amendes*. *Arrêt au conseil du* 17 *juin* 1721.

C'est d'après ces extraits que les contraintes doivent être décernées , signifiées , & ensuite mises à exécution.

Il y a privilège en faveur du roi pour le recouvrement des *amendes* sur les biens mobiliers des condamnés , il doit à cet égard être payé de préférence à tous créanciers , à réserve des propriétaires de maisons pour loyers , des marchands qui révendiqueroient leurs marchandises non payées , & encore en nature ; des domestiques pour la dernière année de leurs gages , & des boulangers pour les six derniers mois de leur fourniture de pain ; mais à l'égard des biens immeubles , le roi n'a hypothèque que du jour de la condamnation.

La déclaration du 16 août 1707 , enregistrée au parlement de Paris , le 13 octobre suivant , porte , « que le payement des *amendes* sera fait nonobs- » tant toutes saisies , arrêts , oppositions , appel- » lations , & autres empêchemens quelconques , » après commandement fait au condamné , à per- » sonne ou domicile , sans que les receveurs , fer- » miers , commissaires aux saisies réelles & autres » débiteurs , soient obligés de le faire dire & or- » donner avec les créanciers , parties , saisies , sai- » sissans & opposans.

Les *amendes* ne se prescrivent que par trente ans du jour qu'elles sont acquises ou adjugées , ainsi que tous les autres droits domaniaux casuels.

La contrainte par corps n'a pas lieu pour les *amendes* arbitraires , telles que celles prononcées contre les contraventions aux réglemens de la police & de la voierie.

En fait de police particulière des communautés d'arts & métiers , les *amendes* portées par les statuts ne peuvent être exécutées contre les contrevenans sans une condamnation judiciaire. Mais ce n'est seulement que dans le cas où il faudroit savoir si l'on doit prononcer l'*amende* , car dans le cas où la loi l'a prononcée , comme par exemple , si un membre de la communauté manque à l'assemblée ; &c. alors il est clair que la communauté peut exiger l'*amende* sans avoir recours à la condamnation judiciaire. Il est cependant vrai de dire que depuis que par différens moyens on est parvenu à détruire le peu d'importance qu'avoient les jurandes , elles recourent à la voie ordinaire pour exiger les *amendes* ; ce qui est assez extraordinaire & d'un droit faux , puisque toute société , toute communauté doit avoir

la police intérieure de ses assemblées & de ses membres ; ceux-ci en reconnoissent la légitimité au moment où ils s'y associent.

Les communautés d'habitans , les paroisses peuvent encourir des *amendes* à la suite d'un procès , ou pour fait de grande police. *Bacquet* a traité la question de savoir comment on doit les contraindre au payement. D'une part , selon la loi romaine , un habitant ne peut , sans injustice , être contraint pour toute sa communauté (1). D'autre part , si le receveur des *amendes* étoit contraint de poursuivre chaque habitant pour sa portion individuelle , ces procédures seroient également difficiles , incommodes & dispendieuses. Il faut donc , suivant *Bacquet* , pour concilier tous les intérêts que le receveur , après un commandement préalable à la communauté , fait à haute voix à l'issue de la messe de paroisse , présente requête à la cour , dans laquelle , après avoir rendu compte du fait qui a déterminé la condamnation de l'*amende* & du commandement qu'il a fait donner pour s'en procurer le payement ; il demande que les assesseurs soient tenus d'en faire l'assiette sur tous les habitans dans le délai que la cour fixera , & que les collecteurs soient tenus d'en faire la levée , à faute des assesseurs & collecteurs d'en payer l'*amende* en leur propre & privé nom , sauf leur recours ; ainsi qu'ils aviseront.

Aujourd'hui il faudroit , pour le payement d'une *amende* prononcée contre une communauté , se pourvoir au conseil , ou par devant l'intendant de la généralité , pour faire ordonner qu'elle sera imposée avec la taille au marc la livre ; mais on ne pourroit se pourvoir en aucun cas contre un ou plusieurs habitans en particulier. Pour que l'*amende* forme régulièrement une dette de communauté , il faut que la communauté y ait été également condamnée , c'est-à-dire , que cette *amende* ait été prononcée dans une contestation que cette communauté avoit régulièrement poursuivie ensuite d'une assemblée & d'une autorisation ; sans cela les syndics ou particuliers qui auroient agi au nom de la communauté seroient seuls responsables de l'*amende*. Ce sont entr'autres les dispositions de l'art. 12 de la déclaration du 13 avril 1761. « Lorsque les ha- » bitans d'une communauté auront succombé dans » un procès , soit en demandant , soit en défendant » sur le fait de la taille , sans avoir été préala- » blement autorisés par les sieurs intendans & com- » missaires départis , voulons , en ce cas , que les con- » damnations de frais & dépens , dommages & in- » térêts , ne soient supportées que par ceux qui » auront signé & approuvé la délibération , entre » lesquels la réimposition sera faite au marc la livre » de leurs côtes , sans que les autres habitans qui » n'ont point adhéré à ladite délibération soient » tenus

(1) *Grave est non solum legibus , verum etiam aequitati naturali contrarium pro alienis debitis alios molestari. Idcirco hujus modi iniquitates circa omnes vicanos perpetrari omnibus modis prohibimus,* L. un. cod. *ut nullus ex vicanis , &c.*

» tenus de supporter aucune portion desdites con-
» damnations ou rejets »;

Les pâtres , gardes , bangards , &c. des
habitans des paroisses usagères , & ayant droit de
panage dans les forêts & bois du roi , des ecclésiastiques , communautés & particuliers , & qui y
conduiront , ainsi que dans les landes , bruyères ,
places vaines & vagues , & aux rives des bois &
forêts , des bêtes à laine , chèvres , brebis ou moutons , seront condamnés en l'*amende* de dix livres
pour la première fois , & demeureront les maîtres
& propriétaires des bestiaux & pères de familles ,
responsables des *amendes* prononcées contre ces
bergers.

Par tout ce que nous venons de dire , on
voit que l'*amende* est un grand moyen de police,
qu'elle peut s'appliquer à une foule de cas , & qu'on
peut d'autant mieux s'en servir que si elle a été
mal-à-propos prononcée, le tort qu'elle a fait peut
être facilement réparé , ce qui n'a pas toujours lieu
dans les autres peines. D'ailleurs , l'homme est en
général avare , & c'est en punir durement un grand
nombre que de les forcer à sacrifier même une légère portion de leur propriété ; & cela au point
qu'il en est qui préféreroient une punition physique, quoique douloureuse. *Voyez* la *jurisprudence*
pour tout ce qui ne se trouve pas ici sur cette
matière.

AMÉRIQUE , s. f. Dans l'histoire de la civilisation des hommes en général , & de l'Europe en
particulier , la découverte du Nouveau-Monde
tient un rang distingué , soit qu'on la considère
par rapport aux peuples qui l'habitent , soit qu'on
l'envisage dans ses rapports avec les nations de
l'ancien continent. Quand je dis pourtant qu'elle
tient un rang distingué dans l'histoire de la civilisation, je ne prétends pas dire qu'elle ait véritablement contribué à civiliser les habitans de l'A-
mérique, mais qu'elle fait époque dans l'histoire des
hommes de cette malheureuse contrée , ainsi que
dans celle que nous habitons , & que comme nous
en devons la connoissance aux progrès des arts en
Europe , c'est aussi sur nous que son influence a
été plus prompte , & ses effets plus sensibles.

La découverte de l'*Amérique* n'a d'abord été considérée par les auteurs que comme une conquête
ajoutée à l'empire espagnol ; les historiens n'y ont
rien vu de plus , les naturalistes y ont apperçu de
nouvelles productions, l'avarice de nouveaux trésors,
& deux siècles se sont presqu'écoulés avant que la
philosophie ait remarqué son influence sur les arts
& la civilisation de l'Europe. C'est en effet de nos
jours que , frappés des grands changemens survenus dans la police & l'état des peuples, les philosophes en ont cherché les causes, & ont assigné
une place parmi elles, aux entreprises des portugais
dans l'Inde , & sur-tout à la découverte de l'*Amérique*, par Colomb.

Jurisprudence, Tome IX. Police & Municipalité.

Mais c'est bien moins cette découverte elle-même
que la culture des colonies, les établissemens européens qui s'y font faits, l'or du Mexique , & les
denrées qu'on a transportés, qui ont opéré un changement dans les mœurs & le commerce de l'Europe. La découverte ne recula que les bornes des
connoissances humaines, elle agrandit la sphère de
nos idées, & donna plus de force à nos conceptions, elle détruisit des préjugés , mais les productions du Nouveau-Monde nous firent connoître
de nouvelles jouissances, sur-tout donna une nouvelle activité au commerce, & créa des arts inconnus jusqu'alors , non-seulement par la quantité
de numéraire qu'elle répandit , mais encore par les
objets d'échange, les marchandises de toutes espèces
qu'elle fit connoître, ou qu'elle mit en circulation.

D'un autre côté, la philosophie qui avoit remarqué ces effets salutaires, ne vit point sans horreur
les maux qui accompagnèrent cette découverte. Les
naturels égorgés , asservis, réduits à l'esclavage pour
servir leurs tyrans; des peuples entiers esclaves, transportés d'un monde à l'autre, pour alimenter notre
commerce & soutenir la culture, les guerres terribles que la jalousie des puissances a suscitées pour
se disputer quelques possessions dans ces lieux éloignés, l'accroissement des impôts, & peut-être de la
misère des peuples.

On a donc pu mettre en question si la découverte de l'*Amérique* a été plus nuisible qu'avantageuse au genre humain ; on a pu douter que les
progrès qu'elle a fait faire aux arts , à la civilisation de l'Europe, aient compensé dans la balance
des biens & des maux , les injustices , les atrocités , les fureurs dont elle a multiplié les exemples
& souillé l'histoire de la civilisation ; on a pu regarder comme un malheur cet opprobre de l'homme ,
& la cause qui l'a fait naître , comme un funeste présent fait à l'humanité.

Le bien qu'elle a produit ne pourra jamais couvrir
les maux dont elle est l'auteur , & quelles que soient
les espérances que la liberté, les sciences & le commerce conçoivent, peut-être encore , pour l'avenir
de cette grande révolution, comme les douleurs
& les injustices ne se compensent pas d'un individu
ou d'un peuple à l'autre, par une plus grande somme
de plaisirs ou de bien , dans un autre lieu ou dans
un autre tems , il en résulte que le crime de l'humanité ne sera jamais lavé, & que par conséquent
cette découverte sera toujours un reproche éternel,
un malheur que rien ne pourra balancer aux yeux
des hommes justes & éclairés.

Cet aveu n'est point une décision, nous n'avons
point cherché à résoudre une question dont la solution dépend d'une foule d'élémens sur lesquels
rien n'est encore ni positivement décidé, ni généralement consenti; nous avons seulement voulu
dire que la découverte de l'*Amérique* ayant été
accompagnée, suivie & soutenue de brigandages ,

Q q

de meurtres, de fureurs fupérieures à tout ce que l'antiquité nous offre de plus monftrueux, ce délit de l'humanité ne fauroit être expié par le bien que les générations actuelles ou futures peuvent en retirer, à-peu-près comme la profpérité d'une famille d'affaffins ne juftifie point les crimes dont elle s'eft rendue coupable (1).

Mais en reconnoiffant cette honte de notre âge, cet opprobre dont rien ne peut nous laver, & qui eft un véritable malheur ; j'avoue que nous en avons retiré de grands avantages, & je foutiens que l'état de fociété en Europe a fait de rapides progrès depuis & par la découverte de l'*Amérique*. Cette vérité a déjà trouvé fon application dans notre difcours préliminaire, & nous n'avons befoin que d'y ajouter quelques réflexions pour en faire mieux fentir l'importance & la réalité.

Trois chofes furent l'effet inconteftable de la découverte de Colomb ; 1°. de nouvelles connoiffances ; 2°. de nouvelles richeffes ; 3°. une nouvelle induftrie ; & toutes trois agirent avec une action fimultanée fur les mœurs, l'efprit & police de l'Europe.

A l'inftant où Colomb découvrit l'*Amérique*, le monde fortoit d'une léthargie qui avoit duré douze fiècles. L'ignorance, la fuperftition & tous les maux d'une anarchie militaire avoient été fur-tout le partage de l'Europe. La force & le brigandage concentroient la propriété dans les mains d'un petit nombre d'hommes qui fe croyoient feuls en droit de commander aux autres. Il n'y avoit point de richeffe publique. Le peuple étoit pauvre & dépendant des grands. L'inftruction réfervée pour quelques eccléfiaftiques ou des légiftes pleins de préjugés, étoit bien loin de donner à l'opinion publique, cette puiffance qu'elle a acquife de nos jours. Le fanatifme, de toutes les paffions de l'ame, étoit la feule que connût le commun des hommes ; c'étoit le moteur des grandes révolutions & des grands crimes. C'étoit lui qui avoit foulevé des provinces entières pour foutenir des fottifes, tandis qu'elles fupportoient avec la plus incroyable patience tous les maux de la fervitude, & la perte de leur liberté. Les peuples n'avoient d'énergie que pour fervir leurs tyrans ; c'étoient des efclaves qui fe battoient avec leurs chaînes pour rendre éternelle leur captivité. Cet abrutiffement avoit tellement détérioré l'efpèce humaine qu'on paffoit pour fou ou criminel de lèze-majefté, lorfqu'on mettoit en queftion le droit que s'arrogeoient les princes de difpofer arbitrairement de la vie ou du bien de leurs fujets. Au-

jourd'hui encore vous trouverez des efprits affez ftupidement organifés, pour croire qu'un homme peut appartenir à un autre, & qu'un maître couronné tient de Dieu le pouvoir d'opprimer ou gouverner à fa volonté, les peuples que le hafad de la naiffance a confiés à fes foins ; comme fi Dieu fe mêloit des fottifes des hommes, & que dans le cas où il y prendroit quelque part, ce ne feroit pas pour faire juftice, des horreurs que les nations ont de tous tems éprouvées, de la part des imbécilles furieux qui les ont commandées. *Propter iniquitates terræ principes ejus*, dit l'écriture, & l'écriture a raifon.

Si la folie, la violence, l'épée, faifoient le droit public pendant ces tems de malheur, les vices, la luxure, l'adultère, l'ufure & la mauvaife foi fouilloient les mœurs & régnoient fur le trône. L'Europe n'eut pas feulement des rois tyrans, des peuples efclaves, elle eut des rois faux monnoyeurs, affaffins, péderaftes, des princes adultères, des pontifes ufuriers, des officiers publics prévaricateurs, des armées infectées de tous les crimes que peuvent fe permettre des brigands fans pudeur & fans crainte. Le peuple, la bourgeoifie, effrayés de ces excès, s'y livroient en frémiffant, & partageoient fans goût une dépravation qui n'avoit pas même pour excufe l'amour du plaifir & l'attrait des fens. La volupté n'étoit alors qu'une groffière luxure, & les plaifirs délicats, les arts de luxe, l'amour libre des femmes, les jouiffances naturelles étant interdites, la proftitution virile fe multiplioit dans le fecret des cloîtres, au milieu des camps, dans les écoles, & lorfqu'on étoit parvenu à cacher ces défordres, on fe croyoit autorifé à déclamer contre l'homme fenfuel, qui vivoit dans les liens d'une union libre ; on eût brûlé un prétendu athée, & fauvé l'affaffin de fa mère ou le corrupteur de fes propres enfans. C'étoit la vie de nos bons ayeux ; oppofons-lui notre fiècle, & jugeons.

Ce défordre des mœurs & de l'ordre focial tenoit au defpotifme des grands, à l'affreux pouvoir des armes qui rend tout impuni, & fur-tout au défaut de richeffe parmi le peuple.

La richeffe donne le pouvoir à la longue, parce qu'elle offre des moyens pofitifs de repouffer la tyrannie, qu'elle entoure celui qui en jouit d'un grand nombre d'individus, tous intéreffés au maintien de l'ordre, & que l'ordre eft la véritable bafe de tout pouvoir légitime. Tant que les nobles furent les feuls qui en poffédaffent, eux feuls régnèrent,

---

(1) L'on fait que les efpagnols fur-tout fe font rendus coupables des plus lâches comme des plus révoltans excès dans leur conduite aux Indes américaines ; tout ce que la barbarie, la luxure, la pédéraftie, l'avarice, ont de féroce & de hideux fut employé pour dévafter le Nouveau-Monde. Ces brigands règnent fur des déferts. La haine qu'infpirent encore ces horreurs doit fe propager d'âge en âge, & l'anéantiffement des connoiffances feul pourra faire oublier la honte de ce peuple affaffin, que la partie du genre humain qui n'eft point complice de ces meurtres, a droit de faire rouer ! D'autres peuples les ont imités, mais avec moins de rage.

& malgré les loix & les conventions qui avoient
souftrait une partie des communes à leur joug ;
qui les avoient mifés fous la protection de la police municipale , leurs grands biens leur permirent
de violer les loix , & d'enfreindre les fermens les
plus facrés.

Le défaut de richeffe parmi le peuple tenoit à
l'état de propriété ; il n'y en avoit prefque point
de mobiliaire ; tout confiftoit en terres ; un foible
numéraire alimentoit à peine le commerce, & quelque
gros marchands le poffédoient , le refte ne vivoit
que d'un falaire modique, incapable de donner jamais un état d'aifance à ceux qui en jouiffoient.
Le luxe confiftoit dans le grand nombre de valets,
ce qui ajoutoit encore a l'efprit d'efclavage, &
augmentoit le pouvoir des propriétaires. La pauvreté
dans laquelle les nobles voyoient le peuple plongé,
l'impuiffance, la nullité publique à laquelle le ré-
duifoit cette mifère, accroiffoient leur orgueil, & affuroient leur tyrannie ; car la tyrannie de droit, fi
on peut fe fervir de cette expreffion contradictoire,
étoit déjà détruite, que celle de fait exiftoit encore.
On n'eft pas feulement l'efclave d'un grand, parce
qu'il eft puiffant, mais parce qu'il eft riche ; &
voilà pourquoi l'efclavage croît , à mefure que les
richeffes fe multiplient dans un état ; mais à
mefure que l'inégalité des richeffes s'y rend fenfible,
toutes chofes égales d'ailleurs cependant.

Or, de tous les moyens de répartir la propriété
dans une nation, de détruire l'inégalité prodigieufe
des fortunes, de rendre par conféquent l'état des
particuliers indépendant de celui des grands, l'a-
bondance du numéraire qui facilite & foutient le
commerce, fait naître & encourage les arts, eft le
plus prompt, le plus fécond. C'eft ce qu'on vit quelques temps après la découverte de l'*Amérique*. L'or
qu'elle fit refluer en Europe, les denrées nouvelles
dont elle répandit le goût, fit changer l'ordre de la
circulation des richeffes, qui ceffèrent de s'accumuler dans les châteaux, dans les cloîtres, dans les
coffres du roi. Le peuple devint refpectable parce
qu'il pofféda de l'or, & les feigneurs ayant mis en
vente leurs propriétés, pour foutenir le luxe qui prit
alors un grand effor, le peuple en acquit une partie
& dès cet inftant commença à jouer un rôle
national & de conftituer une fortune publique.
Cette révolution valut une conquête aux mœurs
& à la raifon. La tyrannie féodale ceffa prefqu'entièrement, non-feulement on n'exigea plus des
droits honteux abolis depuis long-temps ; mais les
grands terriens s'accoutumèrent à regarder leurs
vaffaux, non plus comme des hommes hors de
l'état, mais comme compofant un ordre dans
l'état. La propriété étant un grand motif de confidération dans la fociété, le monde y eut des
droits à mefure que le numéraire devint commun &
que l'*Amérique* en accrut la maffe.

C'eft donc une erreur manifefte de regarder le
luxe qu'introduifit l'or de l'*Amérique* comme un
malheur pour l'état & les mœurs ; c'eft une erreur
de penfer qu'il détruifit les liens de la fociété pour
y fubftituer la foif des richeffes ; c'en eft une plus
grande encore de le regarder comme l'auteur d'une
corruption jufqu'alors inconnue, puifque loin d'avoir
introduit des mœurs perverfes, il adoucit les anciennes & rendit l'état de l'homme en général plus
heureux & plus refpecté. Il caufa la ruine de quelques familles, à la vérité, par le goût des dépenfes
qui devint alors de mode ; mais les débris de leur
fortune paffèrent entre les mains de gens dépouillés peut-être par ces mêmes familles, & affervis
long-temps par elles. Des feigneurs de châteaux
vendirent le manoir de leurs ancêtres, lorfqu'ils
virent qu'un luxe jufqu'alors inconnu en faifoit un
objet de raillerie publique, lorfqu'ils s'apperçurent
que les arts, la civilifation, la richeffe numéraire
donnoient aux villes de la gloire, de la fplendeur,
& à leurs habitans des jouiffances qu'on ignoroit
dans les afyles de la féodalité.

Mais ce ne fut pas feulement le luxe, l'aifance,
la circulation des richeffes, introduits par l'or du
Nouveau-Monde, qui produifirent ces heureufes innovations ; les denrées de l'*Amérique* étendirent &
en accrurent l'effet tous les jours, jufques-là qu'elles
firent une des branches du commerce le plus lucratif comme le plus important de l'Europe. Le commerce eft ami de la paix, de la liberté, de l'ordre,
des loix. L'afcendant qu'il prit força donc les
hommes à refpecter ces objets, qu'ils auroient toujours dû refpecter ; on s'occupa des moyens d'en
faire jouir tout le monde, & bientôt la police, la
fûreté, la propreté des routes furent affurées. Les
provinces fe civilifèrent, on y trouva des fecours
contre les brigands, les nobles & les gens de guerre.
La nation parut fortir du néant & ce fut par la
fuite à cette exubérance de force qu'elle dut les
chofes étonnantes qu'on lui fit faire fous Louis XIV,
chofes qui ne font pas moins voir de quoi la circulation des richeffes, le progrès des arts, l'activité du commerce, peuvent rendre capable un
peuple, quoiqu'elles aient fait le malheur de
l'Europe par l'ambition du monarque qui en fut
l'arbitre.

On peut donc dire que la découverte de l'*Amérique* a fait faire un pas immenfe à la civilifation en
France, par fa feule influence fur l'état de la propriété, par l'or qu'elle rendit commun, par la
fortune publique qui prit alors une confiftance
qu'elle n'avoit point, par le progrès des arts & l'indépendance populaire, qui furent un effet de cette
révolution, enfin par le luxe & les jouiffances
douces qui fe répandirent dans tous les ordres, &
y firent germer le goût des mœurs paifibles, du refpect des loix, & la haine du pillage & de la vexation militaire.

Mais cette découverte rendit encore des fervices

Q q 2

à l'Europe par la maffe de lumieres qu'elle répandit ou dont elle fut tout-à-coup l'occafion. Un auffi grand objet frappant les efprits, les mit en mouvement, excita la curiofité & la foutint par des découvertes utiles, multiplia le goût des voyages & les rendit inftructifs. L'ignorance groffière & barbare qui commençoit à difparoître, s'anéantit en quelque forte tout-à-fait. Des idées philofophiques naquirent. On raifonna mieux fur l'homme & fur fes facultés ; les erreurs théologiques, qui font fi fouvent le prétexte de la perfécution perdirent de leur infoutenable abfurdité ; on n'agita plus de ces queftions oifeufes qui firent autrefois l'étude du monde, ou fi quelques-unes encore occupoient les écoles, elles n'infectoient point les gens de lettres & les favans.

Les fciences naturelles, le goût de l'obfervation firent auffi des progrès ; la chymie fut ramenée à fon véritable objet, l'hiftoire de la nature accrut fon domaine, ou plutôt fortit de cette barbarie qui l'avoit réduit à orner les difpenfaires de médecine, & cette lueur de fuccès lui annonçoit déjà ceux qu'elle devoit avoir dans un fiècle où plus de lumières & de philofophie éclairent le monde.

Sous tous les afpects, la découverte du Nouveau-Monde nous fut donc utile ; elle hâte, elle affure, elle affermit la révolution qui s'opéroit dans l'ordre moral en Europe ; elle ne fut pas la caufe premiere de ce changement, mais elle en rendit l'effet plus certain & la marche plus facile. Ce fut un fecours offert au peuple, & à la raifon contre la tyrannie & l'erreur, déjà attaquées par cent moyens divers. Enfin, fi nous jouiffons aujourd'hui de la paix, de l'aifance, des arts, c'eft en grande partie à l'*Amérique* que nous le devons. Dans l'ordre politique comme dans l'ordre naturel, l'action d'une caufe, en apparence ifolée, détermine fouvent la marche des plus grands événemens. Si l'on n'eût point découvert l'*Amérique*, fi l'abondance du numéraire n'eût point rendu la richeffe acceffible & commune à toutes les claffes de citoyen, peut-être long-temps encore le peuple fût-il refté dans l'abrutiffement qu'amène la mifère ; & la France, l'Angleterre, la Hollande n'euffent jamais connu qu'un fyftême de colonie militaire, propre aux peuples où l'argent eft concentré dans quelques mains, le commerce difficile & les arts inconnus.

Mais on demande comment il eft poffible que l'Efpagne, qui partagea d'abord immédiatement les tréfors de l'*Amérique*, ait fubi la dégradation, la décadence politique à laquelle elle eft réduite aujourd'hui & dont l'origine remonte à cette époque ? Si les richeffes mobiliaires, le luxe font utiles aux progrès de la force nationale, comment a-t-elle perdu la fienne depuis ce moment ? Qui a pu l'éloigner du point de civilifation où elle fe trouvoit alors ? Nous pourrions ne pas entrer dans ces détails qui ne font point de notre objet, mais nous remarque-

rons que les caufes de cette différence entre l'Efpagne & les autres états tiennent à plufieurs circonftances toute indépendantes de la découverte de l'*Amérique*.

1°. L'Efpagne n'étoit point auffi avancée que la France dans la civilifation, au moment où Colomb découvrit l'*Amérique*. L'inquifition y montroit fon front hideux & faifoit fuir la raifon : la réforme n'y avoit point pénétré, les efprits n'y étoient accoutumés qu'aux erreurs de la théurgie ; l'efprit brillant & les mœurs policées des maures avoient fait place à des fottifes, à des ufages de moines ou de foldats.

2°. Par un effet de cette difpofition, l'or du Nouveau-Monde, le numéraire, au lieu de fervir à alimenter un commerce actif, à perfectionner les arts, ne fit qu'accroître l'indolence des grands & la pauvreté du peuple, parce que les uns & les autres aimèrent mieux acheter des étrangers ce qui leur manquoit, que d'apprendre à le faire chez eux. Et puis, un peuple qui regarde tous les autres comme des hérétiques, eft fait pour refter barbare & ftupide.

3°. Les efpagnols fe firent exploiteurs de mines, ne jouirent pas de l'or, mais le firent naître en quelque forte. Les autres nations ne leur envièrent pas ce trifte avantage, & furent profiter plus habilement de la découverte de l'*Amérique*.

4°. L'Efpagne, au lieu de faire fervir fon abondant numéraire à la décharge des impôts, à encourager la culture, laiffa fubfifter les anciens impôts, en mit de nouveaux, & ne vit que l'or & non les biens qu'il repréfente ou qu'il peut faire naître.

Et comment, d'ailleurs, pourroit-on attribuer aux tréfors du Mexique & du Pérou la ruine du commerce, de la culture & de l'induftrie en Efpagne ? Ces tréfors furent des objets d'échange pour les Efpagnols, & une forte de production du fol qu'il troquèrent contre des ouvrages de l'art des autres nations. Or, comment peut-on fuppofer qu'une abondance de production quelconque puiffe nuire par foi-même à la profpérité d'une nation ? cela eft impoffible. Si l'Efpagne, depuis la découverte de Colomb, a dépéri ; il faut en chercher la caufe dans le mauvais gouvernement, dans les fureurs de Philippe II, & dans tous les excès d'une adminiftration monacale & militaire, qui ont, depuis ce moment, été en augmentant dans toutes les poffeffions efpagnoles aux Indes & en Europe.

A ces réflexions générales fur l'influence de la découverte de l'*Amérique*, joignons-en quelques autres qui pourront jetter de nouvelles lumières fur cet objet, & en faire fentir le rapport avec l'état des peuples.

On a dit que l'*Amérique*, en offrant un refuge aux peuples de l'Europe, contre l'oppreffion &

l'injuftice des rois, en devenant l'afyle de la liberté, méritoit par cela feul notre reconnoiffance. Mais un pareil fyftême eft une erreur. Ce feroit un véritable défordre qu'il fe trouvât des peuples affez lâches pour céder à des tyrans, affez imbécilles pour en accroître le pouvoir de leur propriété abandonnée, & aller loin de leur patrie chercher une terre qui ne leur appartient pas. Il eft bien plus raifonnable, bien plus conforme à la dignité, à la nature des nations civilifées, de forcer la tyrannie à refpecter la juftice, que d'émigrer pour fe fouftraire à fes fureurs. Auffi ne voyons-nous guère les peuples de l'Europe fe transplanter en *Amérique*. Les établiffemens qui s'y font formés, font la plupart dûs à des vues particulières, à des intérêts de commerce; ce font des colonies dépendantes ou alliées de la métropole, & non des réfuges d'hommes, irrités contre leur patrie. Où en feroit la France, par exemple, fi, laffés des maux que l'ambition des grands & des rois lui ont fait éprouver depuis François premier jufqu'à ces derniers temps, les meilleurs citoyens euffent été dans les déferts de l'*Amérique*, chercher la paix & la liberté? ils ont mieux fait, ils ont éclairé leur nation, combattu pour le droit des peuples, & tout annonce que nous marchons vers le repos que donne la liberté.

On doit convenir cependant que fi l'*Amérique* n'offre point ce dangereux avantage à l'Europe, l'exemple de la révolution des Etats-Unis a été une des grandes caufes des progrès qu'a fait la fcience des gouvernemens; elle a plus fait même, elle eft devenue une forte d'encouragement pour les autres peuples, & une preuve qu'une nation peut être libre, & que rien ne peut l'afferir lorfqu'elle a pris la ferme réfolution de brifer fes chaînes. Mais c'eft à l'efprit anglois, ou plutôt à cette forme de gouvernement municipal, au génie d'adminiftration populaire que ces états doivent leur révolution, & il eft bien à craindre que la nouvelle conftitution qu'ils fe font donnée, n'y faffe germer l'efprit monocratique fous les formes républicaines, comme l'efprit de liberté s'y étoit maintenu fous les dehors d'un gouvernement royal.

Il paroît que le fort de l'*Amérique*, en général, eft & fera long-temps de fuivre les impulfions & la civilifation de l'Europe; les liaifons de commerce, la dépendance où elle fe trouve de nous, pour les lumières, l'inftruction, la connoiffance des arts & des travaux de l'induftrie, font les liens qui l'attachent à la deftinée du vieux continent.

Cela n'empêche pas qu'on ne doive regarder comme une chofe affurée que les établiffemens du Nouveau-Monde, foit dans l'intérieur des terres, foit fur les côtes, foit dans les ifles, ne forment un jour des états plus ou moins grands, qui en confervant des rapports de civilifation & de commerce avec leurs anciennes métropoles, ne fecouent le joug qu'on a voulu leur impofer. Cette révolution doit commencer par les villes qui bordent la mer, & s'avancer dans l'intérieur, en raifon du progrès de la liberté & du fuccès de la victoire. Les ifles feront les dernières à fe rendre indépendantes, & peut-être ne le deviendront-elles jamais, fi les métropoles ne font ni efclaves ni defpotes.

Il eft étonnant que l'*Amérique* efpagnole n'ait montré jufqu'ici aucune réfolution de brifer fes chaînes, que de vaftes contrées dépouillées par quelques tyrans fubalternes, fuperftitieux & farouches, fouffrent avec une incroyable réfignation cette longue fervitude. L'Europe ne verroit-elle pas avec joie les anciens habitans d'un monde ravagé par des brigands, reprendre leur rang parmi les peuples de la terre, & ne traiter plus avec eux comme avec des maître fuperbes, mais comme avec des égaux & des frères?

Ce ne font pas feulement les naturels du pays qui vivent dans cette abjection, les efpagnols y font auffi abrutis, auffi efclaves. Quelle différence entre les habitans du Mexique, du Pérou, des côtes de la mer du fud, & ceux des régions feptentrionales de l'*Amérique*! Ici, la liberté, le commerce, l'activité, la tolérance; là, un luxe pauvre, la gêne, la fuperftition, une léthargie, un ftupeur aviliffante. L'*Amérique* angloife eft encore ruftique, à la vérité; les arts confolateurs, les agrémens de la fociété n'y ont pas encore adouci l'âpreté des caractères; la févérité particulière aux révolutions libres y entretient encore une intolérance, une rigidité morale, qui choque, qui déplaît; mais vous n'y voyez pas l'homme dégradé comme au Mexique, au Chili, à la Nouvelle-Efpagne.

Nous dirons, au mot COLONIE, quelque chofe de la police & de l'adminiftration des nôtres, par fupplément à ce qu'on en trouve dans la *jurifprudence* & l'*économie politique*. Sous le mot ETATS-UNIS, nous en ferons de même pour ce qui les regarde; & aux articles ANTROPOPHAGIE & SAUVAGE, nous rectifierons quelques erreurs affez généralement répandues fur ces deux états de l'homme.

AMEUTER, v. a. En terme de droit public & de police, c'eft réunir publiquement le peuple pour le porter à la fédition, à la révolte ou à quelque démarche illégale. L'*ameutement* (1) diffère de l'attroupement, en ce que le premier eft le réfultat d'un deffein particulier à celui qui ameute, c'eft-à-dire, qui excite à l'infubordination, au lieu que l'attroupement eft l'effet du mécontentement, de

_____

(1) Le mot d'*ameutement* n'eft guère ufité, cependant nous nous en fervons afin d'éviter l'obfcurité & les longueurs de phrafes.

l'animosité, du desir de la vengeance dans ceux mêmes qui s'attroupent. Au reste, on a souvent abusé de ces deux mots, ainsi que de ceux de sédition, de rébellion, pour opprimer ou dépouiller les peuples.

L'ameutement, aux yeux de l'homme sensé, doit paroître plus dangereux que l'attroupement, parce que celui-ci est plus aisé à appaiser, plus facile à dissiper; il suffit de satisfaire ou rendre justice au peuple réuni; la cause est détruite au moment même où les attroupés se séparent. Dans l'ameutement, au contraire, les esprits sont aigris, prévenus: comme les ameutés sont conduits aveuglément par l'intérêt secret de l'ameuteur, on ne fait rien de positif, ni sur les moyens de conciliation, ni sur l'auteur du désordre. Dans l'attroupement, il y a une demande déterminée, un point auquel tendent les démarches du peuple, qui, une fois connu, rend tout facile; & il n'y a presque jamais de plan concerté; au-lieu que l'ameutement porte tous les caractères d'une action impétueuse, & combinée dans ses vues; c'est le moyen de nuire qui en est l'ame, & la rigueur seule peut y mettre un terme.

Mais il faut bien prendre garde, en punissant, à ne point punir l'ameuté aveugle & peu coupable, en place de l'ameuteur adroit & criminel. Ce malheur n'est arrivé que trop souvent, par l'irascibilité du pouvoir exécutif, & le mépris qu'on fait, en général, du peuple. On en citeroit cent preuves; mais pour nous restreindre à une, nous dirons qu'en 1775, on vit un exemple de ce genre, lorsqu'on pendit deux pauvres hommes des dernières classes de la société, pour s'être trouvés dans le nombre de ceux qui pilloient les boulangers. Ces malheureux furent punis de mort, supplice affreux pour un semblable délit; & les ameuteurs, ceux qui avoient excité cette manière d'insurrection n'essuyèrent pas même un reproche public.

Il existe une maxime abominable parmi quelques magistrats de police à cet égard; il faut dans les momens de trouble & d'ameutement faire un exemple, disent-ils, sans trop s'embarrasser d'une équité scrupuleuse. C'est sans doute en vue d'un pareil systême que la justice prévôtale, bonne tout au plus pour maintenir la police dans un camp, s'est établie au milieu de nous, y a commis des horreurs prévôtalement; justice affreuse, qui livre le citoyen à l'arbitraire d'hommes ignorans, pour qui rien n'est respectable que l'or & la puissance; qui, sans forme & impétueusement, décide de la vie des hommes & sacrifie toute liberté civile. C'est elle qui fit périr les deux malheureux dont nous venons de parler; mais je ne sais pas si ce fut elle qui ordonna que les potences fussent beaucoup plus hautes que de coutume: insulte publique faite au peuple qu'on sacrifioit de part & d'autre à ses vues particulières.

Ce sont donc les *ameuteurs* qu'il faut punir, cela

est clair, & tout ce que les loix ont prononcé à cet égard doit s'entendre dans ce sens. Les ameutés sont des aveugles, des fous qu'il faut contenir, & s'ils emploient la violence, on peut employer la force pour s'en mettre à l'abri, mais après l'action cessée, la justice publique ne sévira pas contre des malheureux égarés, mais contre l'imposteur, l'ambitieux fripon qui les a séduits & ameutés, c'est-à-dire, disposés & réunis de manière à se servir d'eux pour parvenir à ses fins.

Cette conduite est d'autant plus sage qu'elle met les magistrats à portée de distinguer si ce qu'il faut punir est *ameutement* ou attroupement. Ce dernier exige beaucoup plus de ménagement, parce que souvent il n'est qu'une récrimination juste, un soulevement contre la tyrannie, l'acte public de citoyens qui agissent librement; & que sous ce rapport il mérite attention, ménagement, prudence & modération; l'ameutement au contraire étant l'acte d'un particulier qui trouble le repos public pour ses prétentions, qui séduit ses concitoyens, & les fait servir à ses passions, le délit est toujours punissable dans l'auteur du trouble, qu'il est absolument nécessaire de connoître avant de prononcer aucune peine.

Les romains qui savoient qu'un peuple ameuté n'est point un peuple exerçant ses droits, que c'est un amas d'hommes vendus ou livrés aux desseins de quelques particuliers, ne regardoient pas ses décisions alors comme l'expression de la volonté publique; & cela étoit juste, d'après ce que nous venons de dire; car dans un pareil cas l'on n'eût eu que le suffrage de quelques ambitieux à la place de celui du peuple, que leur intrigue faisoit mouvoir. Et l'on doit bien remarquer que ce n'est que sur ce principe qu'est fondé la justice du refus romain, car si le peuple avoit librement adopté l'opinion de quelques citoyens, & l'eût proposée comme la sienne, il n'y eût pas eu d'irrégularité, & c'eût été une oppression de regarder son acte comme l'effet de l'*ameutement*.

Jusqu'aujourd'hui cette police romaine n'a su que très-imparfaitement trouver son application en France. Le peuple n'y a été regardé pour rien; & sous ce nom de peuple, je désigne tout ce qui n'est ni ministre, ni prince, ni grand seigneur, ni hauts magistrats. Mais un nouvel ordre de choses semble devoir changer la face du royaume, la fermentation publique annonce que la nation va reprendre ses droits, & le peuple acquérir de l'importance. Son suffrage va donc devenir la loi publique, & ses assemblées les conseils de l'état. Il est donc utile d'établir quelque principe fixe sur la légitimité de ces assemblées, de savoir distinguer si elles sont des *ameutemens*, des attroupemens ou des comices libres, que des circonstances imprévues ont fait naître contre la forme de la police ordinaire.

Toute assemblée populaire est bonne, légale,

& respectable, lorsqu'elle se fait du consentement d'une corporation, d'une municipalité entière, lorsqu'un besoin évident de connoître l'opinion commune ou d'obtenir un secours public, engage les citoyens à se réunir, à délibérer, à voter. Ce n'est point alors un dérangement dans la machine politique, un mouvement irrégulier d'un rouage sorti de son centre, c'est l'action nécessaire d'une partie élémentaire de l'état, c'est un acte de pouvoir public, pouvoir qui, quoique concentré, quant à l'intensité de l'effet dans la réunion de tous les ordres, ne subsiste pas moins dans chaque communauté particulière, en raison de sa force & de son rapport politique avec le reste de l'état.

L'attroupement est lorsqu'un nombre de citoyens se réunissent, s'assemblent, non plus comme membres & parties intégrantes d'une corporation politique, mais comme individus, comme citoyens, non comme partie du souverain qui délibère, vote & agit, mais comme sujets mécontens qui demandent justice ou réclament la réforme de quelques abus publics. Dans ce cas, l'autorité exécutive a des mesures d'autant plus sages à prendre, que de peuple comme sujet, au peuple comme souverains, il y a très-peu de distance, lorsqu'il se trouve rassemblé, l'essentiel paroissant y être, & la forme seule restant à y ajouter. Il semble d'ailleurs qu'un grand nombre de citoyens réunis, quelle que soit leur erreur, a quelque chose de saint, & qu'il importe même au souverain de les mettre à l'abri des insultes des officiers de police, & des violences des gens de guerre. Ces deux moyens employés mal-à-propos ont souvent changé de simples attroupemens en séditions ouvertes, en insurrections légitimes. On doit retenir le zèle suspect des hommes ardens, qui, dans leur fanatisme, croient qu'on doit traiter un peuple immense comme un troupeau de bêtes féroces, lorsqu'il n'est souvent question que d'exécuter un acte de justice que le bien public demande. On doit donc bien prendre garde à ce que l'on fait en matière d'attroupement, quelquefois il est un délit, souvent il ne l'est pas, malgré le sens qu'on attache à ce mot d'une manière générale. Voyez ATTROUPEMENT.

L'ameutement est proprement lorsqu'un motif public ne peut donner lieu au mécontentement des citoyens, lorsque parmi les murmures, les plaintes, les voies de fait du peuple, on apperçoit une impétuosité aveugle, lorsqu'il demande la suppression ou la réforme de choses qui ne peuvent pas l'intéresser, ou lorsqu'il agit pour une cause tellement métaphysique ou au-dessus de ses vues ordinaires, qu'il est évident qu'elle lui a été recommandée par des esprits inquiets, turbulens, séditieux.

Trop souvent l'on a eu des exemples d'ameutement semblables. L'histoire de France nous en offre une foule parmi lesquels nous ne citerons que celui dont le *cardinal de Retz* étoit l'ame; car nous ne voulons rien dire de ceux qui ont eu lieu plus récemment en France.

La régence & le ministère de Mazarin avoient, par leur exaction & le haut mépris du peuple, souverainement irrité la nation. Paris sur-tout, encore plein d'esprits factieux & ardens, voyoit avec dépit, avec haine l'ascendant que prenoit la cour, l'avilissement où tomboit le parlement qu'on avoit toujours regardé, non sans quelque raison, comme une sorte de tribunal opposé à l'évasion du pouvoir arbitraire. Deux magistrats de la cour avoient été arbitrairement arrêtés; le peuple les voulut ravoir. Le refus produisit un attroupement qui dégénéra en révolte tumultueuse. Les parisiens menacèrent; on les méprisa, on leur fit peur, on leur promit la liberté des conseillers détenus, & ils s'appaisèrent. Cet leure de la cour n'étoit qu'un moyen adroit de surprendre la bourgeoisie, les membres des parlemens & les hommes les plus échauffés pour disposer ensuite des événemens à son gré. Paris s'étoit laissé prendre au piège. Un *ameutement* le réveilla, & l'auteur en fut le *cardinal de Retz*, homme d'esprit, plein de projets factieux. En Angleterre & dans des circonstances favorables, il eût joué le rôle du protecteur; en France aujourd'hui, peut-être causeroit-il une révolution indéfinie; de pareils hommes sont faits pour donner la loi aux autres; cependant de tous les projets du coadjuteur, il n'est résulté que des mémoires écrits en style de conjuré, & par cela même d'un intérêt toujours nouveau pour les lecteurs. Nous en extrairons ce qui concerne l'*ameutement* dont nous parlons, on le lira sans doute avec plaisir; c'est le cardinal lui-même qui rend compte de sa conduite.

» D'*Argenteuil* entra dans ma chambre avec un visage effaré, & me dit, vous êtes perdu, le maréchal de la *Meilleraye* m'a chargé de vous dire, que le diable possède le palais-royal, qu'il leur a mis dans l'esprit (à la reine & à *Mazarin*), que vous avez fait tout ce que vous avez pu pour exciter la sédition, que lui, maréchal de la *Meilleraye*, n'a rien oublié pour témoigner à la reine & au cardinal la vérité, mais que l'un & l'autre se sont moqués de lui, qu'il ne les peut excuser dans cette injustice; mais qu'aussi il ne les peut assez admirer du mépris qu'ils ont toujours eu pour le tumulte, qu'ils en ont vu la suite comme des prophètes, qu'ils ont toujours dit que la nuit feroit évanouir cette fumée, que lui, maréchal, ne l'avoit pas cru; mais que présentement il en étoit convaincu, parce qu'il s'étoit promené dans les rues, où il n'avoit pas seulement trouvé un homme; que ces feux ne se rallumoient plus quand ils s'étoient éteints aussi subitement que celui-là; qu'il me conjuroit de penser à ma sûreté, que l'autorité du roi paroîtroit le lendemain avec tout l'éclat imaginable; qu'il voyoit la cour très-disposée à ne pas perdre ce moment fatal; que je serois le premier sur qui l'on feroit un grand exemple; que l'on avoit même déjà parlé de m'envoyer à Quimpercorentin, que Broussel seroit mené au Havre de Grace, & que l'on avoit résolu d'envoyer à la pointe du jour le chancelier au palais, pour interdire le parlement, & pour lui commander de se retirer à Montargis. Argenteuil finit son discours par ces paroles : Voilà ce que le maréchal de la Meillerraye vous mande. Celui de Villeroy n'en dit pas tant, car il n'ose ; mais il m'a serré la main en passant, d'une manière qui me fait juger qu'il en sait peut-être encore davantage. Et moi je vous dis, ajouta Argenteuil, qu'ils ont tous deux raison, car il n'y a pas une ame dans les rues, tout est calme, & l'on prendra demain qui l'on voudra.

» Montresor qui est de ces gens qui veulent toujours tout deviner, s'écria qu'il n'en doutoit point, qu'il l'avoit bien prédit. Laigle se mit sur les lamentations de ma conduite qui faisoit pitié à mes amis. Je leur répondis que s'il leur plaisoit de me laisser en repos un petit quart d'heure, je leur ferois voir que nous n'étions pas réduits à la pitié, & il étoit vrai. Comme ils m'eurent laissé tout seul le quart d'heure que je leur avois demandé, je ne fis pas seulement réflexion sur ce que je pouvois, parce que j'en étois très-assuré, je pensai seulement à ce que je devois, & je fus embarrassé.

» Comme la manière dont j'étois poussé, & celle dont le public étoit menacé, eurent dissipé mon scrupule, & que je vis ce que je pouvois avec honneur, & sans être blâmé, je m'abandonnai à toutes mes pensées, je rappellai tout ce que mon imagination m'avoit jamais fourni de plus éclatant, & de plus proportionné aux vastes desseins ; je permis à mes sens de se laisser chatouiller par le titre de chef de parti, que j'avois toujours honoré dans les livres de Plutarque. Mais ce qui acheva d'étouffer tous mes scrupules fut l'avantage que je m'imaginai à me distinguer de ceux de ma profession. Le déréglement des mœurs très-peu convenable à la mienne me faisoit peur. J'appréhendois le ridicule de M. de Sens. Je me soutenois par la Sorbonne, par des sermons, par la faveur des peuples ; mais enfin, cet appui n'a qu'un tems, & ce tems même n'est pas fort long, par mille accidens qui peuvent arriver dans le désordre. Les affaires brouillent les espèces, elles honorent même ce qu'elles ne justifient pas, & les vices d'un archevêque peuvent être dans une infinité de rencontres les vertus d'un chef de parti. J'avois eu mille fois cette vue, mais elle avoit toujours cédé à ce que je croyois devoir à la reine.

» Le souper du palais-royal & la résolution de me perdre avec le public m'ayant purifié, je pris ma résolution avec joie, & j'abandonnai mon destin à tous les mouvemens de la gloire. Minuit sonnant je fis rentrer dans ma chambre Laigle & Montresor, & je leur dis : Vous savez que je crains les apologies, mais vous allez voir que je ne crains pas les manifestes ; toute la cour me sera témoin de la manière dont on m'a traité depuis plus d'un an au palais-royal. C'est au public à défendre mon honneur ; mais on veut perdre le public, & c'est à moi à le défendre de l'oppression. Nous ne sommes pas si mal que vous vous le persuadez, Messieurs, & je serai demain devant midi maître de Paris.

» Mes deux amis crurent que j'avois perdu l'esprit, & eux qui m'avoient, je crois, cinquante fois en leur vie persécuté pour entreprendre, me firent à cet instant des leçons de modération. Je ne les écoutai pas, & j'envoyai quérir à l'heure même Miton, maître des comptes, colonel du quartier de Saint-Germain-l'Auxerrois, homme de bien & de cœur, & qui avoit beaucoup de crédit parmi le peuple. Je lui exposai l'état des choses, il entra dans mes sentimens, il me promit d'exécuter tout ce que je desirois. Nous convînmes de ce qu'il y avoit à faire, & il sortit de chez moi en résolution de faire battre le tambour, & de faire prendre les armes au premier ordre qu'il recevroit de moi.

» Il trouva, en descendant mon degré, un frère de son cuisinier, qui ayant été condamné à être pendu, & n'osant marcher de jour par la ville, y rodoit assez souvent la nuit. Cet homme venoit de rencontrer par hasard auprès du logis de Miton deux espèces d'officiers, qui parloient ensemble, qui nommoient souvent le maître de son frère. Il les écouta, & s'étant caché derrière une porte, il ouit que ces gens-là (nous sûmes depuis que c'étoit Vennes, lieutenant-colonel des gardes, & Rabentel, lieutenant au même régiment) discouroient de la manière qu'il faudroit entrer chez Miton pour le surprendre, & des postes où il seroit bon de mettre les gardes, les suisses, les gendarmes, chevaux-légers, pour s'assurer de tout ce qui étoit depuis le Pont-neuf jusqu'au Palais-royal. Cet avis, joint avec celui que nous avions par le maréchal de la Meillerraye, nous obligea à prévenir le mal ; mais d'une façon toutefois qui ne parût point être offensive, n'y ayant rien de si grande conséquence auprès des peuples, que de leur faire paroître, même quand on attaque, que l'on ne songe qu'à se défendre. Nous exécutâmes notre projet en ne postant que des manteaux noirs sans armes, c'est-à-dire, des bourgeois considérables, dans les lieux où nous avions appris que l'on se disposoit de mettre des gens de guerre, parce qu'ainsi l'on se pouvoit assurer que l'on ne prendroit les armes que quand on l'ordonneroit.

» Miton s'acquitta si généreusement & si heureusement de cette commission, qu'il y eut plus de quatre cents gros bourgeois assemblés par pelotons, avec aussi peu de bruit & aussi peu d'émotion qu'il y en auroit pu avoir si les novices des chartreux y fussent venus pour y faire la méditation. Je donnai ordre à l'Epinay de se tenir prêt pour se saisir, au premier ordre, de la barrière des sergens, qui

est

eſt vis-à-vis Saint-Honoré , & pour y faire une barricade contre les gardes qui étoient au Palais-royal ; & comme Miton nous dit que le frère de ſon, cuiſinier avoit oui pluſieurs fois nommer la porte de Neſſe à ces deux Officiers dont je vous ai déja parlé , nous crûmes qu'il ne ſeroit pas mal-à-propos d'y prendre garde , dans la penſée que nous eûmes que l'on penſée peut-être à ſortir par cette porte. Argenteuil, brave & déterminé autant qu'homme qui fût au monde , en prit le ſoin , & il ſe mit chez un ſculpteur qui étoit tout proche, avec vingt bons ſoldats que le chevalier d'Hu-mières, qui faiſoit une recrue à Paris, lui prêta.

» Je m'endormis après avoir donné ces ordres , & je ne fus réveillé qu'à ſix heures par le ſecrétaire de Miton, qui me vint dire que les gens de guerre n'avoient point paru pendant la nuit , que l'on avoit ſeulement vu quelques cavaliers qui ſem-bloient être venus pour reconnoître ces pelotons de bourgeois, & qu'ils s'en étoient retournés au galop, après les avoir un peu conſidérés ; que le mouve-ment lui faiſoit juger que la précaution que nous avions priſe avoit été utile , pour prévenir l'inſulte que l'on pouvoit avoir projettée contre des particuliers ; mais que celui qui s'annonçoit à pa-roître chez M. le chancelier , marquoit que l'on méditoit quelque choſe contre le public : que l'on voyoit aller & venir des hoquetons , & qu'un d'eux y étoit allé quatre fois en deux heures. Quelque temps après , l'enſeigne de la colonelle de Miton vint m'avertir que le chancelier marchoit avec toute la pompe de la magiſtrature , droit au Palais, & Argenteuil m'envoya dire que deux compagnies des gardes ſuiſſes s'avançoient du côté du fauxbourg vers la porte de Neſſe.

» Voilà le moment fatal ; je donnai mes ordres en deux paroles , & ils furent exécutés en deux mómens. Miton fit prendre les armes. Argenteuil, habillé en maçon & une règle à la main, chargea les ſuiſſes en flanc , & en tua vingt ou trente , prit un drapeau, diſſipa le reſte. Le chancelier, pouſſé de tous côtés , ſe ſauva à toute peine dans l'hôtel d'O, qui étoit au bout du quai des Auguſtins, du côté du pont Saint-Michel. Le peuple rompit les portes, y entra avec fureur , & il n'y eut que Dieu qui ſauva le chancelier & l'évêque de Meaux ſon frère, à qui il ſe confeſſa , en empêchant que cette ca-naille (qui s'amuſa, de bonne fortune pour lui , à piller) ne s'aviſa pas de forcer une petite chambre dans laquelle il s'étoit caché.

» Ce mouvement fut comme un incendie ſubit & violent, qui ſe prit du Pont-neuf à toute la ville. Tout le monde , ſans exception , prit les armes ; l'on voyoit les enfans de cinq à ſix ans avec les poignards à la main : on voyoit les mères qui les leur apportoient elles-mêmes. Il y eut dans Paris plus de douze cents barricades en moins de deux heures, bordées de drapeaux & de toutes les armes

que la ligue avoit laiſſé entières. Comme je fus obligé de ſortir un moment pour appaiſer un tu-multe qui étoit arrivé par le mal-entendu de deux officiers du quartier , de la rue Neuve-Notre-Dame, je vis entr'autres une lance traînée plutôt que portée par un petit garçon de huit à dix ans , qui étoit aſſurément de l'ancienne guerre des anglois ; mais j'y vis encore quelque choſe de plus curieux. M. de Briſſac me fit remarquer un hauſſe-col de vermeil doré , ſur lequel le jacobin qui tua Henri III étoit gravé , avec cette inſcription : ſaint Jacques-Clé-ment. Je fis une réprimande à l'officier qui le por-toit , & je fis rompre le hauſſe-col à coups de mar-teaux publiquement, ſur l'enclume d'un maréchal. Tout le monde cria vive le roi ; mais l'écho répon-doit , point de Mazarin.

» Un moment après que je fus rentré chez moi , l'argentier de la reine y entra , qui me commanda & me conjura de ſa part, d'employer mon crédit pour empêcher la ſédition , que la cour comme vous voyez, ne traitoit pas de bagatelle. Je répondis froi-dement & reſpectueuſement que les efforts que j'avois faits la veille, pour cet effet, m'avoient rendu ſi odieux parmi le peuple, que j'avois même couru fortune, pour avoir ſeulement voulu me montrer un moment ; que j'avois été obligé de me retirer chez moi-même fort bruſquement. A quoi j'ajoutai ce que vous pou-vez imaginer de reſpect, de douleur, de regret & de ſoumiſſion. L'argentier qui étoit au bout de la rue quand on crioit vive le roi , & qui avoit oui que l'on y ajoutoit , preſqu'à toutes les repriſes, vive le coadjuteur, fit ce qu'il put pour me perſuader de mon pouvoir ; & quoique j'euſſe j'euſſe très-fâché qu'il l'eût été de mon impuiſſance, je ne laiſſai pas de feindre que je la lui voulois toujours perſuader.

» Les favoris des deux derniers ſiècles n'ont ſu ce qu'ils ont fait, quand ils ont réduit en ſtyle l'é-gard effectifs que les rois doivent avoir pour leurs ſujets. Il y a, comme vous voyez, des conjonc-tures dans leſquelles , par une conſéquence néceſ-ſaire , l'on réduit en ſtyle l'obéiſſance que l'on doit au roi.

» Le parlement s'étant aſſemblé ce jour-là de très-bon matin , & devant même qu'on eût pris les armes, apprit ce mouvement par les cris d'une multitude immenſe qui hurloit dans la ſalle du Palais : Brouſſel, Brouſſel ; & il donna arrêt par lequel il fut ordonné que l'on iroit en corps & en habits au Palais-royal, redemander les priſonniers ; qu'il ſe-roit décrété contre Comminge, lieutenant des gardes de la reine ; qu'il ſeroit défendu à tous gens de guerre, ſous peine de la vie, de prendre des com-miſſions pareilles, & qu'il feroit informé contre ceux qui avoient donné ce conſeil, comme contre des perturbateurs du repos public. L'arrêt fut exé-cuté à l'heure même. Le parlement ſortit au nombre de cent ſoixante-ſix officiers ; il fut reçu & accom-pagné dans toutes les rues avec des acclamations &

des applaudiſſemens incroyables , toutes les barricades tomboient devant lui.

» Le premier préſident parla à la reine avec toute
la liberté que l'état des choſes lui donnoit ; il lui
repréſenta au naturel le jeu que l'on avoit fait en
toute occaſion de la parole royale , les illuſions hon-
teuſes & même puériles , par leſquelles l'on avoit
éludé mille fois les réſolutions les plus utiles &
même les plus néceſſaires à l'état. Il exagéra avec
force le péril où le public ſe trouvoit par la priſe
tumultuaire & générale des armes. La reine qui ne
craignoit rien , parce qu'elle connoiſſoit peu le péril,
s'emporta , & elle lui répondit avec un ton de fureur , plutôt que de colère : je ſais bien qu'il y a
du bruit dans la ville, mais vous m'en répondrez ,
Meſſieurs du parlement, vous , vos femmes & vos
enfans. En prononçant cette dernière ſyllabe , elle
rentra dans ſa chambre griſe , & elle en ferma la
porte avec force.

» Le parlement s'en retournoit ; il étoit déjà ſur
les degrés quand le préſident de Mêmes, qui étoit
extrêmement timide , faiſant réflexion ſur le péril
auquel la compagnie s'alloit expoſer parmi le peuple,
l'exhorta à remonter & à faire encore un effort ſur
l'eſprit de la reine. M. le duc d'Orléans, qu'ils trouvèrent dans le grand cabinet, & qu'ils exhortèrent
pathétiquement, les fit entrer au nombre de vingt
dans la chambre griſe. Le premier préſident fit
voir à la reine toute l'horreur de Paris , armé &
enragé ; c'eſt-à-dire, il eſſaya de lui faire voir, car
elle ne vouloit rien écouter , & elle ſe jetta de colère dans la petite galerie. Le cardinal s'avança &
propoſa de rendre les priſonniers, pourvu que le
parlement promît de ne plus faire d'aſſemblées. Le
premier préſident répondit qu'il falloit délibérer ſur
la propoſition : on fut ſur le point de le faire ſur le
champ ; mais beaucoup de ceux de la compagnie
ayant repréſenté que les peuples croiroient qu'elle
auroit été violentée ſi l'on opinoit au Palais-royal,
l'on réſolut de s'aſſembler l'après-dîné au Palais, &
l'on pria M. le duc d'Orléans de s'y trouver.

» Le parlement étant ſorti du Palais-royal, & ne
diſant rien de la liberté de Brouſſel , ne trouva d'a-
bord qu'un morne ſilence , au lieu des acclamations
paſſées. Comme il fut à la barrière des ſergens, où
étoit la première baricade, il y rencontra du murmure qu'il appaiſa , en aſſurant que le reine lui
avoit promis ſatisfaction. Les menaces de la ſeconde
furent éludées par le même moyen. La troiſième qui
étoit à la Croix-du-tiroir, ſe ne voulut point payer
de cette monnoie ; & un garçon rôtiſſeur s'avançant
avec deux cents hommes , en mettant la hallebarde
dans le ventre du premier préſident, lui dit : tourne
traître , & ſi tu ne veux être maſſacré toi-même ,
ramène-nous Brouſſel , ou le Mazarin & le chancelier en ôtage.

» Vous ne doutez pas , à mon opinion, de la confuſion & de la terreur qui ſaiſit preſque tous les
aſſiſtans. Cinq préſidens à mortier & plus de vingt

conſeillers ſe jettèrent dans la foule pour s'échapper ;
le ſeul premier préſident , le plus intrépide homme ,
à mon ſens , qui ait jamais paru dans ſon ſiècle ,
demeura ferme & inébranlable ; il ſe donna le temps
de rallier ce qu'il put de la compagnie, il conſerva
toujours la dignité de la magiſtrature , & dans ſes
paroles , & dans les demandes , & il revint au Palais-royal à petit pas , dans le feu des injures , des
menaces , des exécrations & des blaſphèmes. Cet
homme avoit une ſorte d'éloquence qui lui étoit
particulière , il ne connoiſſoit point d'interjection,
il n'étoit point correct dans ſa langue ; mais il parloit avec une force qui ſuppléoit à tout cela. Il étoit
naturellement ſi hardi , qu'il ne parloit jamais ſi
bien que dans le péril. Il ſe ſurpaſſa lui-même , lorſqu'il revint au Palais-royal, & il eſt conſtant qu'il
toucha tout le monde , à la réſerve de la reine ,
qui demeura inflexible. M. le duc d'Orléans fit même
de ſe jetter à genoux devant elle ; quatre ou cinq
princeſſes , qui trembloient de peur , s'y jettèrent
effectivement. Le cardinal , à qui un jeune conſeiller des enquêtes avoit dit en raillant qu'il ſeroit aſſez
à propos qu'il allât lui-même dans les rues voir l'état
des choſes, le cardinal , dis-je , ſe joignit au gros
de la cour , & l'on tira enfin à toute peine cette
parole de la bouche de la reine : hé bien , Meſſieurs
du parlement , voyez donc ce qu'il eſt à propos
de faire.

» L'on s'aſſembla dans la grande galerie , l'on
délibéra , & l'on donna arrêt par lequel il fut ordonné que la reine ſeroit remerciée de la liberté
accordée aux priſonniers. Auſſitôt que l'arrêt fut
rendu, l'on expédia des lettres de cachet ; le premier préſident montra aux peuples les copies qu'il
avoit priſes en forme de l'un & de l'autre. L'on re-
voulut pas quitter les armes que l'effet n'en fût en-
ſuivi : le parlement même ne donna point d'arrêt
pour les faire poſer qu'il n'eût vu Brouſſel dans ſa
place. Il y revint le lendemain , ou plutôt il fut
porté ſur la tête des peuples, avec des acclamations
incroyables. L'on rompit les baricades , l'on ouvrit
les boutiques ; & en moins de deux heures Paris parut plus tranquille , que je ne l'ai jamais vu le ven-
dredi-ſaint ».

Voilà un *ameutement* conſidérable , l'auteur en
étoit poſitivement le *Cardinal de Retz* , mais l'origine
en étoit dans la mauvaiſe adminiſtration. De pareils
troubles ne s'appaiſent ni par des archers, ni par
des empriſonnemens arbitraires ; il n'en eſt point
de même lorſqu'ils ſont produits par des mécontentemens particuliers , ou l'ambition de quelques grands ;
alors on doit employer la force pour les faire ceſſer
d'abord , & diriger enſuite les rigueurs, non de l'autorité arbitraire , mais de la juſtice contre les perturbateurs du repos public qui en ſont les auteurs.

Ces hommes ſont doublement coupables ; 1°. de
ſacrifier la tranquillité , la ſûreté des citoyens à leurs
paſſions aveugles ; 2°. de forcer en quelque ſorte ,

l'autorité publique à employer la violence, & souvent même à facrifier la vie des fujets, dans le moment du tumulte, pour arrêter les progrès du défordre. Le premier de ces chef les conftitue traîtres à l'état, & le fecond, meurtriers publics. Et remarquons, par hors-d'œuvre, que le mauvais adminiftrateur, le magiftrat tyran ou prévaricateur, qui caufe par fa conduite une émeute, fe rend coupable des mêmes crimes que l'ameuteur, puifque l'émeute, l'infur-rection commencée, quoique fondée fur ce motif, produit des attroupemens où l'ufage de la force devient fouvent néceffaire, & où la vie des hommes eft quelquefois facrifiée.

La légiflation angloife a établi des peines contre les *ameuteurs*; la trente-fixième loi du code d'*Alfred* prononce différentes amendes contre eux, en raifon de l'importance des villes où ils ont ameuté le peuple. Le ftatut de Georges I déclare crime de félonie, tout attroupement au-deffus de douze perfonnes, & le treizième de Charles II indique des précau-tions contre les pétitions tumultueufes; mais cette légiflation eft modifié, en Angleterre, par l'efprit démocratique qui y règne fous les formes du gou-vernement royal; comme ailleurs l'ariftocratie militaire ou territoriale, règne fous des apparences républicaines. Les attroupemens à Londres, ainfi que dans toute la Grande-Bretagne, ne font point condamnés comme tels; ils ne le font que lorfque quelque caractère de révolte & de violence les conf-titue délits publics. *Voyez* ATTROUPEMENT, ÉMEUTE.

On dit quelquefois que le peuple s'*ameute*: cette manière de parler eft impropre; elle veut dire que le peuple s'échauffe, fe réunit, menace, crie; mais tout cela n'eft point *ameutement*, c'eft attrou-pement, émeute inftantanée, & l'on fait que le magiftrat de police doit s'y comporter d'une ma-nière différente que dans un *ameutement*, dont le caractère diftinctif eft d'être produit par un ou plu-fieurs particuliers qui fe tiennent cachés affez ordi-nairement, & qui ont féduit la multitude. Il eft auffi accompagné d'attroupemens, quelquefois d'é-meute, & dans cette dernière, la rumeur & les voies de fait font plus fenfibles.

La douceur, la modération, la juftice impar-tiale, le refpect pour la vie des hommes, l'éloi-gnement de la force militaire, voilà les moyens d'appaifer les attroupemens commencés; la vigi-lance, la recherche des auteurs des *ameutemens*, leur punition fuivant les formes, voilà les moyens de les anéantir, & d'en empêcher les fuites fu-neftes.

AMIDONIER, f. m. C'eft le nom du fa-bricant d'amidon. Cette fubftance fert à faire la poudre, & entre dans les dragées & autres petits ouvrages de fucreries: ce qui fait fentir la néceffité

de ne rien faire entrer dedans qui puiffe nuire à la fanté.

La fubftance muqueufe du grain ou de la farine étant mife en putréfaction par les *amidoniers* pour en pouvoir tirer l'amidon, il fe répand dans l'air, pendant cette opération, un gaz qui en cor-rompt la fubftance, & qui peut nuire à la fanté: ainfi le même principe qui a fait éloigner des lieux habités les cimetières, & qui follicite pour en éloi-gner les tueries, devroit auffi obliger les *amidoniers* à placer leurs manufactures hors des villes.

Un arrêt du confeil, du 10 décembre 1778, en commuant le droit qui fe percevoit fur la vente de l'amidon en un autre relatif à la contenance des vaiffeaux deftinés à la fabrique, a attribué la con-noiffance des fraudes du droit & de la fabrique de cette marchandife, au lieutenant-général de police à Paris, & aux intendans dans les provinces. *Voyez*, dans les *arts*, *amidonier*, & *amidon*, dans la *juri-fprudence* & les *finances*.

AMIENS, ville capitale de la Picardie. Comme un des objets de notre travail eft de faire connoître l'état de la municipalité en France, nous allons donner une notice de celle d'*Amiens*, en extrayant de l'arrêt du confeil, du 22 janvier 1774, ce qui peut la faire connoître.

« Art. I. Le corps de ville d'*Amiens* fera & de-meurera compofé d'un maire, d'un lieutenant-de-maire; de fix échevins, d'un procureur du roi, d'un fecrétaire-greffier, & d'un tréforier-receveur.

» Art. II. Les maire, lieutenans-de-maire & échevins feront élus par voie de fcrutin & par bil-lets, dans une affemblée des députés des corps & communautés, qui fe tiendra le 23 juin de chaque année.

» Art. III. Le procureur du roi, le fecrétaire-greffier, le tréforier-receveur feront élus auffi par billets & par voie de fcrutin, dans le confeil de ville qui fe tiendra ledit jour 23 juin, à l'iffue de l'affem-blée des députés, & où le lieutenant-général du bailliage préfidera.

» Art. IV. Il y aura quatre confeillers de ville qui ne feront pas partie du corps municipal, qui feront choifis par les officiers municipaux, parmi les anciens maires, & à défaut d'anciens maires, parmi les plus notables perfonnages de la ville, qui auront été lieutenans-de-maire ou échevins.

» Art. V. Les députés pour la nomination des maire & échevins, feront envoyés par les corps qui fuivent, favoir un par le chapitre de la cathédrale, un par les chapitres des collégiales de Saint-Firmin & de Saint-Nicolas; un par la congrégation des curés, un par l'univerfité des chapelains, un par l'ordre de la noblesse & les officiers militaires, un par le bailliage & siège présidial, un par le bureau des finances, un par l'élection, un par les officiers de la maîtrise des eaux & forêts, un par les officiers du grenier à sel, un par la jurisdiction consulaire, un par la jurisdiction de la maréchaussée, un par la jurisdiction des monnoies, un par les officiers des jurisdictions de l'évêché, du chapitre, du vidame, de l'abbaye de Saint-Jean, du collège & des jacobins; un par l'académie, un par la chambre du commerce, & les anciens syndics; un par les seize capitaines & les lieutenans de la milice bourgeoise, un par les avocats, un par les médecins, un par les notaires; un par les procureurs, un par les chirurgiens, un par les marchands des trois corps réunis, un par les marchands épiciers, un par les imprimeurs, les libraires & les apothicaires; un par les orfèvres, teinturiers, brasseurs, tanneurs, tapissiers, bonnetiers & fabricans de bas; un par les seize gardes des fabricans; un par les gardes en charge des maçons, charpentiers, menuisiers, couvreurs, serruriers-pailloteurs, vitriers, peintres & sculpteurs; un par les gardes des charrons, maréchaux, cloutiers, ferronnier, taillandiers, éperonniers, armuriers, fourbisseurs, chaudronniers, fondeurs & couteliers; un par les gardes des cuisiniers, traiteurs, pâtissiers, boulangers, meûniers, aubergistes, cabaretiers, bouchers, charcutiers, poissonniers, bateliers, potiers d'étain & fayanciers; un par les lieutenans & prévôts des perruquiers, les gardes des tailleurs & des boutonniers; un par les gardes des corroyeurs, gantiers, mégissiers, parcheminiers, relieurs, pelletiers, fourreurs, cordonniers, sueurs de viels, selliers & bourreliers; un par les gardes des tonneliers, tourneurs, ménestriers, vanniers, tondeurs, foulons, imprimeurs d'étoffes, calendreurs, lustreurs, & apprêteurs; un par tous les maîtres & les doyens des différens corps d'officiers dépendans de la ville & du vidame; un par les lieutenans des fauxbourgs & des villages de la banlieue.

» A ces trente-six députés seront réunis le maire, le lieutenant-de-maire, les six échevins, les quatre conseillers de ville & les anciens maires, lesquels donneront, chacun séparément, leur billet de scrutin.

» Art. VIII. Aucun habitant ne pourra voter dans deux ou plusieurs corps ....., & pour connoître les contrevenans, les procès-verbaux de chaque assemblée particulière contiendront les noms & surnoms de ceux qui se seront trouvés auxdites assemblées.

» Art. IX. Ladite assemblée générale se tiendra ledit jour 23 juin, trois heures de relevée, en la grande salle de l'hôtel-de-ville; sera présidée par le gouverneur de la ville, en son absence, par le bailli d'*Amiens*, ou le lieutenant-général, ou premier officier du bailliage; les députés justifieront

d'abord de leur acte de nomination, & prêteront serment devant le président de l'assemblée, que le scrutin qu'ils vont rapporter est tel qu'il leur a été confié.

» Art. XI. Les difficultés qui pourroient s'élever pendant la tenue de l'assemblée, seront jugées provisoirement, l'assemblée tenante, par le président d'icelle, sur les conclusions du procureur du roi de la ville, & les jugemens exécutés par provision.

» Art. XII. Le procès-verbal de ladite assemblée sera rédigé par le secrétaire-greffier, lequel y portera le plus nommé pour chaque place, & fera mention des plus nommés après lui.

» Art. XIX. Il n'y aura jamais plus de deux *gradués*, & plus de deux négocians parmi les échevins; il y aura toujours au moins un *noble*, ou officier militaire.

» Art. XX. Ne pourront être reçus en même temps dans le corps municipal le père & le fils, le beau-père & le gendre, les frères & les beaux-frères, l'oncle & le neveu, ni les cousins-germains; ne pourront même y être reçus les officiers comptables de la ville, qui n'auroient pas rendu compte, ni payé le reliquat d'icelui.

» Art. XXI. Les six échevins ne prendront point séance entr'eux selon l'ancienneté de leur nomination, ni selon le plus grand nombre de voix, mais les échevins, *nobles d'extraction*, auront le premier rang, ensuite les *échevins gradués*, en telle sorte cependant que si l'un des deux nobles est gradué, le *gradué* aura la *préférence*, à moins que le noble non gradué soit chevalier de S. Louis.

» Après les gradués viendront les officiers non-gradués des justices royales, ensuite les commensaux de la maison du roi; après eux, les gens vivant noblement, & finalement les négocians.

» A l'égard des échevins de chacune des classes ci-dessus, ils se régleront, pour la préséance entre eux, selon leur dignité, état ou qualité particulière, & *à toutes choses égales*, selon l'ancienneté de leur nomination.

» Art. XLIII. Toutes les affaires extraordinaires, comme emprunts, aliénations, acquisitions, établissemens, constructions ou reconstructions, grosses réparations, toutes dépenses extraordinaires excédant 500 livres, demandes de nouveaux octrois, & enfin toutes affaires qui pourront intéresser les droits, possessions, privilèges & exemptions de la ville & de ses habitans, ne seront délibérées que dans une assemblée convoquée exprès par billets signés des secrétaires-greffiers, où les conseillers de ville seront appellés, & où le lieutenant-général présidera avec voix délibérative; & les délibérations

prifes dans ces affemblées, feront envoyées au commiffaire départi, pour être vifées par lui s'il y a
lieu (1) ».

Le corps de ville d'*Amiens* eft chargé de la police
qui s'exerce par les maire & échevins. La ville eft
divifée en huit quartiers, chaque quartier a un officier municipal en tête. *Voyez* la *jurifprudence.*

La généralité d'*Amiens* eft adminiftrée par une
affemblée provinciale, des affemblées de départe-
temens & municipales, en vertu de l'édit de juin
1787, & du règlement particulier pour cette province, du 8 juillet de la même année.

L'affemblée provinciale eft fixée dans la ville d'*A-
miens*; elle eft compofée d'un préfident nommé par
le roi, & de trente-cinq autres députés élus parmi
les trois ordres du clergé, de la nobleffe & du tiers-
état.

Les membres de l'affemblée font choifis dans les
département qui compofent la province, c'eft-à-dire,
quatre dans chacun, qui font *Amiens*, Abbeville,
Montdidier, Péronne, Saint-Quentin, Dourlens,
le Boulonnois & les quatre gouvernemens de Calais,
Montreuil & Ardres. Chacun de ces hauts départemens a une affemblée particulière, compofée des
députés choifis dans les paroiffes qui compofent chaque département. *Voyez* ADMINISTRATION &
ASSEMBLÉES PROVINCIALES.

AMOUR, f. m. Au fens que nous l'entendons
ici, c'eft une paffion qui a pour objet la jouiffance
d'une perfonne dont la beauté ou les autres qualités
nous plaifent. On peut le confidérer dans l'ordre
moral ou dans l'ordre phyfique. Sous ce dernier rapport, il n'eft point dans notre plan d'en traiter; il
appartient à la phyfiologie. Nous parlerons donc
de l'amour moral.

Celui-ci doit fon origine à l'état focial, car avant
que l'homme eût une cabane & des fruits à offrir à
fa compagne, ce fentiment n'étoit qu'un befoin
aveugle, l'effet de l'inftinct irréfiftible de la nature.
Il voyoit la femme avec l'indifférence d'un cœur qui
ne fent rien, qu'une amé qui, dominée par l'organifation phyfique, obéit machinalement à l'impulfion de la matière. Mais fitôt que le repos & la propriété eurent donné du reffort à fa penfée, qu'il
eut réfléchi & apprécié l'inftant à venir par l'impreffion de l'inftant paffé; dès que fes membres ne furent
plus accablés des fatigues d'une chaffe pénible, qu'il
put refpirer mollement à l'ombre de l'arbre qu'il
avoit planté, & auprès du troupeau élevé par fes

foins, alors la femme lui parut fous des traits plus
féduifans. Il ne la pourfuivit plus avec l'ardeur brutale de l'inftinct, ne la força plus à fatisfaire des
defirs qu'elle ne partageoit peut-être pas. Il s'approcha d'elle paifiblement, lui parla avec douceur, lui
montra fa cabane & fes troupeaux, defira de lui
plaire, & dans la crainte de la perdre, il lui fit
une chaîne de fes bras pour la retenir. Déjà fes
mains fe plurent à la toucher, il trouva un nouveau
plaifir à la voir, tous fes fens devinrent alors autant de fources de volupté pour lui; il ne connoiffoit qu'une jouiffance imparfaite, il en vit naître
tout-à-coup cent qui lui étoient inconnues.

L'*amour* & les charmes que l'homme civilifé y
trouve doivent donc leur exiftence à l'état de fociété, plus ou moins avancée. Et comment l'homme
pourfuivant une proie incertaine fur la terre ou dans
les eaux auroit-il pu fe livrer aux plaifirs de l'amour
& en connoître toutes les douceurs? Cette paffion
femble exiger dans celui qui l'éprouve & la veut
faire partager à une autre, une furabondance de
vie, un luxe de fenfibilité, une délicateffe d'organes
dont n'approcha jamais le chaffeur décharné qu'ac-
cablent de longs travaux, & qu'épuife le manque
d'alimens & de repos. Comparez l'activité, l'émotion amoureufe de l'homme délicat, riche & paffionné, avec celle du trifte mercenaire, du colon
groffier, du ruftique habitant des campagnes, &
vous jugerez par analogie quel a dû être l'abrutiffement de l'*amour* chez les premiers hommes, &
de combien de charmes l'état de fociété l'a enrichi.

Il n'y a de bon que l'amour phyfique, a dit un
grand écrivain de nos jours : je crois cette façon de
penfer trop rigoureufe. L'amour phyfique eft fûrement le principal élément de la jouiffance, celui qui
en forme la nature & le principe; mais les acceffoires
moraux que l'état de fociété lui a donnés en ont
rendu le fentiment plus cher à l'homme, & plus propre à balancer en lui l'effet de cette idée terrible,
qu'aucune puiffance naturelle ne peut l'arracher à
l'anéantiffement éternel qui doit terminer fes triftes
jours. Tout ce qui peut adoucir dans l'homme l'a-
mertume de cette penfée, que la fociété a rendu
plus active encore, doit être précieux pour lui, &
tels font, felon moi, les peines, les inquiétudes, les
troubles & les plaifirs que l'*amour* moralement modifié fait naître.

Tout defire & jouit, l'homme feul fait aimer.
Il eft fouvent des fens l'efclave involontaire;
Mais à fon cœur fenfible un cœur eft néceffaire.

***

(1) Cette difpofition rend illufoire, comme on voit, toute la puiffance municipale, & elle n'eft pas néceffaire, car
l'affemblée étant préfidée par l'homme du roi, c'eft-à-dire, le gouverneur ou bailli d'*Amiens*, les deux pouvoirs publics
reconnus en France, c'eft-à-dire, le peuple & le roi s'y trouvent réunis. Pourquoi donc exiger le confentement du commiffaire départi? Voilà comme les intendans ont été fucceffivement faifis de toute la police municipale, & comme l'adminiftration des villes a été graduellement ôtée aux habitans pour paffer dans les mains des officiers royaux.

A M O

L'amour dans les oiseaux meurt avec le printemps ;
L'amour chez les humains revient dans tous les temps
Confoler les douleurs dont l'ame eſt pourſuivie,
Il embellit l'aurore & le ſoir de la vie.

Les Saiſons, chant I.

Mais ſi cette paſſion, telle que nous la peignons ici eſt la ſource de quelques douceurs, elle eſt comme la propriété, la liberté & tous les autres biens de l'homme, l'origine d'une foule de troubles & de maux dans l'état ſocial. C'eſt de ce côté ſurtout qu'il nous importe de la conſidérer ici.

Dans l'état de nature, où l'autorité paternelle n'exiſte que très-imparfaitement, où les loix n'ont point établi un ordre de rang & de conditions parmi les hommes, les déſordres que produira l'amour ne ſeront ni ſi grands, ni ſi multipliés que dans la ſociété. Il y fit naître la ſéduction, le rapt, l'adultère, & tous les crimes auxquels une paſſion furieuſe & contrariée peut donner naiſſance. L'homme s'eſt trouvé dépouillé de femme au ſein de l'ordre civil, à peu près comme de propriété ; & ſi ſa fortune & les convenances ne lui permettent pas de ſatisfaire des beſoins preſſans, il faut qu'il recoure à la violence, à la fraude, qu'il ſéduiſe la femme, la fille de ſon voiſin, comme le pauvre s'empare du bien qui ne lui appartient pas. La ſociété a commencé à tout ôter à l'homme, pour ne donner qu'au citoyen ; & cette partialité néceſſaire a inévitablement amené une multitude de déſordres. Pour y remédier on a élevé des échafauds, & les crimes n'en ont pas moins exiſté, parce que leur cauſe eſt permanente.

Ce n'eſt pas la ſeule privation qui a cauſé les malheurs de la paſſion de l'amour dans la ſociété. Un goût de préférence & la ſecrette influence des qualités naturelles, en attachant l'homme excluſivement à un objet, l'ont ſouvent porté au crime, lorſqu'on lui en a refuſé la poſſeſſion.

C'eſt ſur-tout parmi ceux qui ont contracté une douce habitude d'aimer, que ſe développent ces plus terribles effets de l'amour, quand par des obſtacles peu raiſonnables, on les force à ſacrifier ce qu'ils appellent *le bonheur*, à des conſidérations dont la nature n'a jamais tenu compte. Cette conduite eſt

l'origine de plus grands déſordres dans la ſociété, la cauſe de crimes qui font frémir, & la preuve la plus complette que les conventions ſociales ſont ſouvent la ſource des malheurs qu'elles cherchent à prévenir.

Cette vérité ſe trouve ſingulièrement appuyée par nos mœurs, & par la multitude d'événemens tragiques dont l'amour eſt ou l'auteur, ou le complice. citons-en un des moindres exemples.

Dans le courant de 1788, on vit à Rome un aſſaſſinat des plus révoltans, commis par une jeune fille envers ſon père qui s'oppoſoit à une inclination qu'elle avoit pour un jeune matelot. Cet homme marié en ſecondes noces, & reſté veuf avec ſa belle-fille, tâcha de l'élever dans les plus ſages maximes de la religion ; mais ſa paſſion l'empêcha d'en profiter. Elle fut pluſieurs fois repriſe & contrariée à ce ſujet par ſon beau-père, qui déſiroit de l'établir richement. Enfin, aveuglée par l'amour, avec l'aide & les conſeils de ſon amant, elle ſurprit de nuit ſon malheureux beau-père, & l'égorgea (1).

Voilà un crime affreux, ſans doute ; & quand on réfléchit qu'il a été médité, commis & parfait par une fille à peine agée de ſeize ans, il paroît encore plus épouvantable. Il faut que la paſſion de l'amour ſoit bien impérieuſe & bien puiſſante, puiſqu'elle peut à ce point étouffer le cri de la nature, dans le cœur des hommes. Il faut en même temps que l'aveuglement des parens ſoit extrême, de prétendre oppoſer aux déſordres de ce délire, les préceptes de la ſageſſe & le poids des convenances ſociales. C'eſt par la poſſeſſion ſeule de l'objet aimé, c'eſt par la certitude de ne point être lié à un autre, que l'emportement d'un jeune cœur peut être calmé, que ſes paſſions peuvent être enchaînées, les parens doivent donc y prêter les mains, & faire le ſacrifice de leur vanité ou de leurs vues particulieres au bonheur de leurs enfans, à leur propre tranquillité, à celle de la ſociété.

Car, en général, on peut dire que ſi l'intérêt des enfans eſt quelquefois conſulté par les parens, dans les mariages qu'ils leur font contracter, l'amour, cet idole du jeune âge, ne l'eſt jamais. Et quand

(1) Joignons à ce trait celui ci, moins criminel, mais auſſi effrayant, & bien propre à ſervir d'inſtruction. « Un jeune homme de Sezanne, petite ville de la Brie champenoiſe, cherchoit à épouſer une perſonne qu'il aimoit depuis long-temps. Cet établiſſement n'étoit point du goût des parens. La jeune fille, docile à leurs ordres, refuſe de le voir. Il inſiſte, pleure, gémit ; mais la fille perſiſte à ne pas vouloir l'écouter. Le 3 juin 1788, apprenant qu'elle eſt ſeule, armé d'un piſtolet, il ſe tranſporte, ſur les ſix heures du ſoir, au village de Charleville, où elle demeuroit ; il la rencontre occupée aux travaux de la campagne ; il l'aborde au milieu de la plaine, la conjure de s'expliquer, & de lui déclarer formellement ſi elle eſt diſpoſée à rejetter conſtamment ſa main : *mon père s'y oppoſe*, répond-elle, *& je ne ſerai jamais votre épouſe*. A ces mots, n'écoutant plus que ſon déſeſpoir, il lui préſente l'arme, & d'un coup de piſtolet lui fait ſauter la cervelle. Un tardif ſecours s'empare de cet infortuné ; il ſe précipite entre les bras de ſa maitreſſe, il l'embraſſe, ſe relève, charge ſon piſtolet, lève les yeux au ciel, le coup part & ne lui enlève qu'une partie de la figure ; il chancelle, ſe traîne & tombe à cinquante pas. Des payſans éloignés, témoins de ces différentes ſcènes, crient & accourent... Le malheureux moribond parvient à ſe relever, charge ſon piſtolet pour la ſeconde fois, & avant qu'on ait pu voler à ſon ſecours il ſe porte un coup mortel, auquel il n'a ſurvécu qu'un quart-d'heure. » *Mercure de France*, 9 Août 1788.

cependant on penſe que le nœud qui unit deux époux eſt éternel, que rien ne peut rendre la liberté à celui qui l'a perdue au pied des autels, on conçoit qu'il eſt très-important d'appeler l'*amour* au ſecours d'une action auſſi conſidérable dans la vie de l'homme. Il n'y a que le charme d'une paſſion ſi puiſſante, il n'y a que l'eſpoir de paſſer ſes jours avec une perſonne que l'on chérit, qui puiſſe nous déterminer à un ſacrifice ſi prodigieux. Que ſera-ce donc ſi l'on veut vous y contraindre, ſi l'on ne vous l'ordonne que pour vous unir à un être que vous haïſſez, ou pour vous ſéparer de celui qui ſeul vous eſt cher? Ces réflexions qui ne viennent pas aſſez à l'eſprit des parens, & dont cent malheurs font ſentir l'importance & la vérité, devroient cependant agir puiſſamment ſur eux, puiſque nous venons de le voir, faute d'en ſentir la conſéquence, ils ſont eux-mêmes les victimes de leur erreur ou de leur préjugé.

C'eſt quand on penſe aux ſuites funeſtes, aux écarts dangereux d'un *amour* contraint & enchaîné, qu'on ſent toute l'importance de la loi du divorce. Que de malheurs, que de crimes ont tiré leur origine de l'obligation de vivre toujours dans le même lien, & de ne pouvoir céder à un penchant dont on n'eſt pas toujours le maître de ſe guérir! Les moindres maux qui en réſultent, ſont des ſuicides, ſeul réfuge des malheureux qu'une paſſion tourmente ſans eſpoir de le ſoulager. Les deſirs nous aveuglent, les mouvemens de notre cœur nous dirigent, l'imagination nous ſubjugue, & dans ces momens de délire, l'homme eſt capable des plus grands crimes. C'eſt une machine mûe par des reſſorts dont la raiſon ne peut plus diriger l'enſemble; l'aveuglement de l'eſprit & l'ardeur des ſens achèvent encore de l'égarer, & lorſque le coupable eſt conduit au ſupplice, on regrette de n'avoir pas cherché à prévenir les maux, plûtôt que d'avoir à y ajouter des ſupplices. C'eſt ainſi que du ſein même de la ſociété, du milieu de l'ordre établi pour ſon bonheur, naiſſent des peines inconnues dans l'état de nature.

On doit faire ici une remarque importante, parce qu'elle a un rapport direct avec la paſſion, qui fait l'objet de cet article. C'eſt que la ſociété en irritant nos deſirs, en exaltant nos ſentimens, en échauffant nos paſſions, par tout ce que l'art a de plus adroit & de plus puiſſant, a créé au fond de notre cœur un foyer de douleurs auxquelles elle n'a pu remédier, de crimes qu'elle n'a pu que punir & de paſſions qu'il lui a été impoſſible de ſatisfaire.

Quoique nous ayons déjà parlé de l'adultère, c'eſt ici le lieu de faire ſentir comment ce malheur, la cauſe & l'origine de tant d'autres, a ſa ſource dans les inſtitutions même les plus reſpectables de la ſociété; comment la paſſion de l'*amour*, plus forte que les liens de l'union conjugale y a donné naiſſance, & comment le défaut d'une loi de divorce doit en perpétuer l'horreur au milieu des nations les plus policées. Le mariage établi pour aſſurer l'état des enfans, la félicité des époux, l'adouciſſement des paſſions, & l'accompliſſement de nos plus ardens deſirs, eſt donc devenu pour la ſociété, un moyen de trouble & de déſordre, par la violence qu'on a ſu faire aux enfans, pour le contracter, & par l'impoſſibilité de s'en dégager & de reprendre ſes droits, quand une fois l'on s'y eſt ſoumis. Si jamais la néceſſité d'un choix libre a été reconnue, ſi l'abus d'une autorité quelconque a pu être dangereux, ſi la contrainte a pu ſe montrer funeſte, c'eſt aſſurément dans les ſuites qui accompagnent un mariage fait contre le gré ou l'inclination d'un ou des deux époux.

Si donc la prudence, la ſageſſe, l'humanité ont jamais été exigés d'un magiſtrat de police, c'eſt principalement quand il eſt queſtion de punir ou d'empêcher les écarts, les déſordres, les fureurs de l'*amour*. Cette terrible maladie de l'ame, eſt dans quelques hommes une eſpèce de fanatiſme; les tourmens, la contrainte, la captivité, les menaces ne font que l'accroître. La mort ne paroît plus un châtiment aux yeux de l'amant malheureux, & il y auroit autant d'injuſtice ſouvent que de maladreſſe à la lui préſenter, comme le châtiment d'une conduite inſenſée. Les loix romaines le regardoient comme inſenſé, & la juriſprudence moderne confirme cette opinion. Pluſieurs arrêts renvoient abſous des hommes coupables par l'excès de l'*amour*, ou adouciſſent la peine prononcée contr'eux.

Le magiſtrat de police fera de même, il inclinera toujours pour la douceur, parce que cette voix ramene les hommes à la longue, & qu'elle eſt l'ame & le ſoutien de la ſociété. Sur-tout il ſe refuſera à l'aveugle vengeance des parens, des intéreſſés, des ambitieux, des hommes à préjugés. C'eſt à lui à ſaiſir toutes ces nuances. Quand l'*amour* n'eſt point accompagné de violence, de perfidie, de moyens bas & aviliſſans; qu'il regarde les accuſés comme des malades qui ont beſoin de conſolation, car la conſolation, & les conſeils ſont le remède à de pareils maux.

Il doit ſe montrer inflexible ſur les empriſonnemens, les enlèvemens arbitraires. Il n'y a point d'intérêt de famille qui puiſſe porter un magiſtrat à ſe ſouiller d'un pareil crime, l'opprobre de nos mœurs & de notre civiliſation. Il trouvera toujours dans la ſageſſe des avis, la fermeté des raiſons, la juſtice de ſa conduite, des moyens de remplir à cet égard les devoirs de ſa place. C'eſt la fourberie, le menſonge, un prétendu beſoin de ſecret, qui ont accrédité ces formes arbitraires. Ai-je beſoin d'un odieux enlèvement pour ſouſtraire un homme foible à des rigueurs outrées? Cette malheureuſe facilité a cauſé la ſubverſion du bonheur des familles, & fait depuis quatre cents ans l'opprobre public. *Voyez dans la jurifprudence, adultere, féduction, rapt,* ils ont rapport à cet article. *Voyez dans notre ouvrage,* AUTORITÉ PATERNELLE, ABUS, PROSTITUTION, FEMME.

Nos ancêtres joignoient à un caractère d'ignorance, des inftitutions fingulières, & dont l'efprit annonce un mélange bizarre de dévotion & de libertinage, de rigorifme & de morale corrompue Telles étoient les cours d'*amour*, tribunaux inftitués pour juger les fautes commifes contre les loix, non pas précifément de la galanterie, mais de la paffion de l'*amour*, & infliger des peines proportionnées à ce genre de délits. Ces établiffemens n'eurent qu'un temps, & les arrêts qui nous en reftent, s'ils ont été exécutés, n'annoncent rien moins qu'un vrai refpect des loix du mariage & de la pudeur publique.

Ces tribunaux avoient beaucoup d'officiers, au nombre defquels étoient les plus grands feigneurs, & même des magiftrats. Elles avoient des grands veneurs, des auditeurs, des chevaliers d'honneur, des confeillers, des maîtres des requêtes, des fecrétaires, des fubftituts du procureur général de la cour amoureufe, des concierges des *jardins & vergers amoureux,* & les femmes avoient fpécialement droit d'y affifter.

Ils datent, en France, du règne de Charles VI, vers 1410; & devoient être goûtés fous ce prince. Sa femme, Ifabeau de Bavière, qui avoit introduit le luxe & la magnificence à la cour, y avoit auffi donné naiffance à la galanterie qu'on y voit regner. On jugera par un des arrêts rendus par ce tribunal d'*amour* de l'efprit qui regnoit alors. Arrêt XII, rendu par les dames du confeil d'*amours*, rendu en la chambre de plaifance. C'eft un jeune homme & une jolie femme, qui s'étoient donnés l'un à l'autre, fe promettant de vivre & mourir enfemble, confirmant *l'alliante de plufieurs barfers, données de fi très-bon cœur, que les larmes en venoient de joie; d'où le jeune homme concluoit avoir droit à la poffeffoire & faifine, & que la dame ne devoit rire, ne faire le petit genouil.* Elle répondoit *que de raifon naturelle féminine, nulle dame n'eft tenue d'aimer, fi la perfonne qui la requiert ne lui plaît; que cet amant fe foit trop en fes penfées & folles imaginations,* A l'égard du poffeffoire, elle répondoit: *que tous les biens d'amours giffent en la grace des dames, qu'il faut que les biens voifent aux faints à qui ils font voués, & où amour les veut départir....* Arrêt *qui, maintient & garde l'amant en toutes fes poffeffion & faifines, en levant ôtant la main d'amour, & tout empêchement à fon profit.*

AMOUR SAPHIQUE. Nous nous fervons de ce mot, pour défigner une forte de dépravation d'inftinct, qui porte une femme à chercher dans des perfonnes de fon fexe, des jouiffances que la nature a placées pour elle dans celui de l'homme. Un ouvrage qui doit indiquer les défordres de la civilifation, pour en mieux faire connoître les remèdes, ne devoit pas paffer fous filence cette erreur des fens & de l'imagination, dont le goût trop répandu, pourroit pervertir les mœurs, & altérer le bonheur qui réfulte de l'accord & de l'*amour* des fexes.

Plutarque prétend que les femmes de Lacédémone, étoient quelquefois confumées du feu de cet amour, dont brûla *Sapho,* & qui a ellemême dépeint dans fes vers, les fymptômes de ce mal terrible. On peut l'envifager comme le comble de toutes les perturbations, dont l'ame du fexe fut fufceptible dans la Grèce: quant au principe de ce mal, il eft poffible qu'une organifation vicieufe en ait été la caufe première, mais on ne doit pas douter que l'ufage immodérée des vices de Laconie, encore plus violens que ceux de Lesbos, n'ait beaucoup contribué à l'aigrir dans des individus, qui s'y trouvoient déja naturellement difpofés. Ce qu'il y a d'étonnant, c'eft que cet *amour* illufoire, ne guériffoit point de l'*amour* réel, & que Sappho étoit tellement entraînée par ces deux chaînes à la fois, qu'elle dut avoir recours au faut de Leucade; mais on ne fait point pofitivement fi elle y termina fes jours, ou fi elle fut du nombre de ceux, qui fe faifoient appliquer, comme dit *Strabon,* des plumes & des aîles, dans l'efpérance de fe foutenir apres leur chûte, fur les eaux de la mer, où ils étoient enfuite fecourus par les prêtres d'Appollon, qui prétendoient que cette immerfion calmoit les fureurs érotiques. Ils traitoient les amoureux, comme les médecins traitoient de leur côtés, les hydrophobes; car, à de grands maux, il falloit, difoit-on, de grands remèdes.

Il ne paroît pas que l'*amour faphique*, ait été auffi en vogue chez les Romains, que dans la Grece. Cette partie du monde étoit faite pour offrir des modèles de vertus, de vices & d'excès en tous genres. La délicateffe des organes, l'influence du climat, les fruits, les liqueurs, l'air, tout portoit aux plaifirs des fens, & à ce qui peut la multiplier. Les femmes, quoique moins foumifes à ces effets que les hommes, n'en reffentoient pas moins de fortes atteintes; & le défaut que nous leur reprochons ici, en eft la preuve.

De nos jours l'*amour faphique*, vit dans le fecret & n'eft point un défordre public. Quelques femmes, en petit nombre à la vérité, en paroiffent atteintes, mais celles qui le font, portent cette dépravation à un excès qui n'eft pas croyable. C'eft parmi les proftituées qu'il faut s'inftruire des fureurs & des folies dont elles font capables. Qu'on fe rappelle ce que dit Lucien, dans le troifième dialogue des courtifanes, voilà le tableau de leurs étranges voluptés, qui, fi nous en croyons *Brantome,* étoient très à la mode de fon temps.

La police n'a aucun pouvoir fur ce vice. Il eft fecret, il eft obfcure, & c'eft plutôt une maladie

de

de l'imagination, produite par la contrainte, la captivité, l'effervefcence des fens, qu'un défordre pofitif. Il eft commun dans les cloîtres, & dans quelques fociétés de femmes. C'eft à la religion, à la bonne fociété, à l'amour naturel à détruire ce penchant, bien moins dénaturé que celui qui y eft analogue chez les hommes, quoiqu'auffi odieux. Ces femmes font appellées *tribades*, nous pourrons encore en parler fous ce mot.

AMPHITEATRE. f. m. C'eft le nom d'une falle grande & fpacieufe, garni le plus fouvent de gradins, où fe placent les perfonnes qui affiftent aux leçons & démonftrations qui fe font dans ces lieux.

Ce font fur-tout les anatomiftes, chirurgiens, phyficiens & mathématiciens qui ont befoin d'*amphiteâtre*, pour mieux faire appercevoir ce qu'ils démontrent à tous les affiftans.

Il faut une permiffion de la police, à Paris & dans les villes un peu confidérables, pour pouvoir établir un *amphiteâtre*. Quelquefois ces permiffions ne s'obtiennent que difficilement, malgré le droit que peut avoir le demandeur, d'enfeigner publiquement. La raifon en eft dans la jaloufie d'un concurrent qui intrigue, pour vous empêcher un établiffement rival du fien. Souvent les difficultés ne giffent que dans la petite vanité des burocrates de la police, qui font bien aife de faire voir qu'ils ont de l'autorité, qu'ils font tout ce que vous n'êtes pas & peuvent vous empêcher d'inftruire votre nation, fuffiez vous un *Newton*, fi votre air & vos manières ne leur plaifent pas. Car ces meffieurs, comme tous les petits defpotes, ont des fantaifies; ce qui eft affez naturel, car quand on commande à fept cent mille perfonnes, parmi lefquelles il fe trouve des princes & des magiftrats, des légiflateurs & des philofophes; quand on peut les vexer, les inquiéter; qu'on a quelquefois l'honneur de les faire enlever, de les conftituer prifonniers, parce qu'on le veut ainfi, il eft bien permis d'avoir un peu d'orgueil. On dit que le roi ne peut pas entrer à Londres, fans la permiffion du Lord-maire; à Paris perfonne ne peut s'y dire libre, s'il plaît au bureau de ces meffieurs.

Vous n'aurez donc point d'*amphiteâtre*, fans l'ordre de la police; mais quand vous en aurez, fi vous êtes chirurgiens, au nom de Dieu refpectez notre dépouille; que vos élèves ne trainent pas par les rues & ne jettent pas dans les latrines, les malheureux reftes de ce que nous avons eu de plus cher; que le pauvre qui va chercher une mort douloureufe dans nos hôpitaux, ne foit pas infulté encore après fa mort; que vos prétendus *Havrveis*, vos *Bertholins* en miniature, ceffent de croire qu'on eft anatomifte, parce-qu'on a fait quelque boucherie de chair humaine: cette antropophagie déguifée, fait frémir & ne méne à rien,

qu'à l'imbécille barbarie, dont nos efculapes de province, donnent de fi beaux exemples.

Si les officiers de police, avoient quelque zèle raifonnable de leur état, ce feroit à empêcher de pareilles fottifes; qu'ils devroient le mettre. Les maifons des particuliers font fouvent infectées de corruption, par cet abus doublement monftrueux. Mais, mon dieu! lorfque l'on eft fi zélé à tenir les citoyens dans la gène, quand il eft queftion de liberté individuelle, d'établiffemens utiles, pourquoi met-on tant de négligence à contenir des défordres qui ne peuvent qu'en amener d'autres, & dont la fuppreffion feroit un vrai bien? On refufe des permiffions pour dreffer des *amphiteâtres*, mais ce n'eft pas pour diminuer cette impolice chirurgicale, c'eft feulement pour gagner de l'importance, & quelque chofe avec.

Je n'ofe pas dire qu'on a vu des profeffeurs affez barbares, pour faire fouffrir des douleurs atroces, & prolongées à des malheureux qui faifoient le fujet de la féance, afin de mieux inftruire les auditeurs. Le public fe plaint même que cette atrocité, fe pratique dans le grand *amphiteâtre* de l'hôtel-dieu de Paris. Un pareil délit feroit d'autant plus criminel, qu'il s'exerceroit fur des malheureux, que la crainte, la mifère & le mal condamnent au filence. La punition en devroit être des plus rigoureufes.

Il n'y auroit que des citoyens, qui, connoiffant ces défordres, puffent, réunis enfemble, y remédier convenablement. L'on ne peut pas concevoir comment Paris ayant, plus qu'aucune autre ville, befoin d'être policé, adminiftré par fes propres habitans, on s'obftine à en abandonner l'entière, totale & fuprême direction, à un petit nombre de particuliers, auffi étrangers aux maux du peuple; qu'ignorans des abus qui fubfiftent, & des moyens de les réformer avec fûreté, douceur & fermeté. Ouvrez l'*almanach royal*, voyez le mot police, & vous ferez étonnés de la quantité d'objets abandonnés à l'arbitraire, à l'impétuofité, à l'avidité de quelques commis, & d'agens obfcurs, tandis que le citoyen n'eft rien, mais abfolument rien.

De là vient l'imperfection de la police de Paris, parce que la généralité des citoyens, ne pouvant pas dans chaque quartier refpectif, contribuer au bien public, en proportion de fes lumières & de fon zèle; mille chofes fe font fans vue, fans enfemble, avec fecret, avec hauteur, & par conféquent avec négligence.

Les abus dont nous parlons ici, tiennent à cet état de chofes. Comment des officiers de police, occupés de cent objets qui fe fuccèdent avec rapidité, pourront-ils prendre une attention affez fuivie, aux plaintes qu'on leur fait, pour y pourvoir efficacement? L'inftant fe paffe, le mal continue, & l'on fe dégoûte de fe plaindre à des gens qui ne peuvent pas écouter.

L'abus que les chirurgiens commettent, nous a conduit à ces réflexions, parce qu'il eſt comme tant d'autres facile à détruire, qu'il ne paroît rien aux officiers de police, qu'il influe cependant ſur le repos des citoyens, & que, plus qu'un autre, il montre l'utilité de remettre une partie de la police, à des aſſemblées de quartiers, chargées de remédier à tous les abus locaux, & d'en arrêter les ſuites.

ANGLETERRE, royaume gouverné par des loix que la nation ſeule a le droit de faire, & où la liberté civile & individuelle forme la baſe de la conſtitution. *Voyez l'économie-politique*: au mot *Londres*, nous entrerons dans des détails poſitif ſur la police & les mœurs angloiſes.

ANIMAL. ſ. m. C'eſt le nom de tout être vivant & ſenſible. L'hiſtoire naturelle traite de ce qui regarde la naiſſance, l'éducation & les mœurs des *animaux*, les arts les font ſervir à nos beſoins, ſoit pendant leur vie, ſoit après leur mort, la juriſprudence les conſidère dans leur rapport, avec le droit de propriété; & la police dans celui qu'ils ont avec la ſûreté publique, & les habitudes de la ſociété.

C'eſt ſous ce dernier point de vue, que nous devons parler des *animaux*, parce que c'eſt le ſeul qui offre un ſujet de réflexions analogues à notre objet.

Il paroît que la ſociété a tiré autant de ſecours des animaux, pour s'établir, que des hommes mêmes. Leur force, leur adreſſe, leur docilité, nous ont rendu de grands ſervices. Le bœuf, en fécondant la terre; la vache, en nous fourniſſant un aliment ſain; les chevaux, en multipliant la vîteſſe de notre marche; le chien, en faiſant une garde fidelle auprès de nos foyers; le mouton, en nous vêtiſſant de ſa laine, nous ont tiré de notre état d'imbécillité, de foibleſſe & de pauvreté naturelles; ils ont adouci notre exiſtence, & répandu des agrémens ſur le chemin de la vie.

Mais qu'avons-nous fait pour récompenſer ces ſervices? nous avons abandonné les animaux à la faim, à la douleur, dès que des maux ou la vieilleſſe nous les ont rendus inutiles, ou nous les avons aſſommés, égorgés, pour ſatisfaire notre appétit vorace & dénaturé. Je dis dénaturé, parce qu'il eſt contre l'ordre naturel, qu'un être vivant & ſenſible devienne l'aliment d'un autre de même eſpèce. Ce qu'il y a de plus étrange encore à cela, c'eſt qu'on ait pu regarder ce déſordre comme l'exercice d'un droit naturel, qu'on ait voulu en attribuer l'origine à l'auteur de tout être, qu'on ait prétendu qu'il n'ait créé des animaux carnaciers, & ſur-tout l'homme, qu'afin d'empêcher que les eſpèces ne ſe multipliaſſent trop, & que la terre ne ſe dépeuplât, par le moyen même deſtiné à y entretenir la vie; comme ſi une pareille ineptie,

pouvoit être dans les vues de l'être ſuprême, comme ſi l'horrible néceſſité où ſont réduits certains animaux, à ne pouvoir ſubſiſter que de chair, n'étoit point une ſorte d'objection, contre la providence; comme ſi l'homme ne pouvoit pas vivre de ſubſtances inſenſibles, comme ſi la défenſe opiniâtre, les efforts, les cris que font les animaux pour échapper à la mort, la douleur qu'ils éprouvent en perdant la vie, l'horreur qu'ils ſentent à la vue des lieux & des inſtrumens de leur deſtruction & des bourreaux qui en exercent l'affreux miniſtère, n'étoient point des preuves énergiques qu'on viole les loix phyſiques de la nature, en arrachant la vie aux êtres ſenſibles, pour en aſſouvir ſa voracité, ou plus criminellement encore, pour s'amuſer de leurs douleurs, & des hurlemens que la mort leur fait pouſſer.

Nous avons pouſſé l'aveuglement ſtupide à cet égard, juſqu'à regarder comme un reproche vuide de ſens, celui qu'on peut faire à l'homme barbare & féroce, qui fait inutilement ſouffrir & périr un foible & malheureux animal. On eſt parvenu même à étouffer le cri de la ſenſibilité, on s'eſt endurci au point de voir ſans frémir, le ſang ruiſſeler dans les villes, & d'entendre ſans horreur, les mugiſſemens plaintifs des animaux livrés à la hâche de leurs bourreaux. Mais cela peut-il étonner, quand on voit les hommes s'égorger réciproquement, & venger ſur eux-mêmes, en quelque ſorte, par ce barbariſme, les excès, dont il ſe rendent coupables envers les autres créatures?

Ou plutôt regardons cette ardeur du meurtre, ce caractère hoſtile, ce déſir, ce goût du ſang, comme l'effet terrible de l'habitude de tuer les animaux, comme la conſéquence néceſſaire du barbare uſage de jouir de leurs tourmens, & de prolonger leurs douleurs, pour rendre leur mort un ſujet d'amuſement & de plaiſir.

Que la néceſſité force l'homme à diſputer ſa vie contre le tigre, la féroce hyène, le loup affamé, j'excuſerai ſon audacieuſe témérité, & j'applaudirai au ſuccès d'un combat qui pourvu à ſon but, que le ſalut de ſa perſonne; mais qu'imbécille tyran, il s'arme d'un tonnere pour faire une guerre ſtupide aux paiſibles habitans des forêts, que pour fournir un objet continuel à cette occupation puérile, il ait ſoin de les faire multiplier, de les nourrir, & qu'il mette aux fers ſes égaux, pour les priver du droit d'interrompre ces plaiſirs monſtrueux; voilà une ſottiſe féroce & digne de ceux qui ont cru en faire l'éloge, en diſant que c'étoit une image de la guerre & l'amuſement des rois. Ainſi la chaſſe n'eſt pas ſeulement la honte de l'ordre civil, elle l'eſt auſſi de l'ordre naturel, qui ne veut la mort d'un individu, que pour ſauver la vie d'un autre, évidemment menacée.

Si une ſorte de néceſſité, un barbare uſage nous force à faire ſervir les *animaux* à notre nourriture, fi malgré tous les maux attachés à cette détérioration du caractère primitif de l'homme, qui sûrement n'étoit point né pour vivre de chair, nous sommes en quelque sorte forcés à faire des villes, autant de tueries & à révolter tous les jours la nature, pour satisfaire nos besoins précaires, du moins contentons nous de ces désordres, & ne lui en ajoutons pas de volontaires. A quoi bon ces combats sanglans, ces luttes mortelles, dont on alimente la férocité des peuples ? Si Rome autrefois en donna l'exemple, ce n'est point une raison pour le suivre. Le polytheisme au milieu du meurtre & des autels couvertes de sang, croyoit honorer l'auteur de la nature, en lui sacrifiant des victimes animées ; c'étoit une erreur funeste. Voulons-nous l'imiter ? Voulons-nous aussi adopter les sacrifices humains, auxquels ont succédé ceux des bêtes ? Ces absurdités de l'antique civilisation, ne sont point à citer ; le bon sens se révolte contre elles, & l'humanité doit à jamais les proscrire.

Que n'en fait-on autant de la chasse d'amusement, des combats de bêtes féroces, qui sont des écoles de crimes & de meurtres, pour un peuple grossier, qui, accoutumé à voir le sang des *animaux* couler, se fait ensuite un jeu de verser celui de ses frères. Quel motif peut militer contre une pareille vérité ? Que peut-on avancer en faveur de semblables désordres ? Je voudrois donc qu'on abolît à jamais ces scènes de sang, dont le combat du taureau à Paris, nous offre un exemple affreux. Que prétend-on, en conservant ce terrible amusement ? Sont-ce de semblables spectacles qui peuvent adoucir les mœurs, civiliser le peuple ? Ignore-t-on l'action méchanique des organes, & ne sait-on pas que tel qui n'eût été qu'un fripon, devient un assassin, par l'habitude qu'il a contractée dès l'enfance, d'être insensible à la vue de la douleur ? L'on pourroit développer cette vérité, en faire sentir toute l'importance pour la sûreté publique & le bonheur social, mais ces détails nous meneroient trop loin, & en voilà peut-être déjà trop sur un sujet que bien des gens ne goûteront pas.

Après avoir parlé des désordres que nous commettons dans l'usage des *animaux*, parlons de leur rapport avec la police ordinaire des villes.

La police des villes, chargée de veiller au bien des habitans, a fort sagement imaginé de leur défendre d'élever des *animaux*, dont le fumier & la puanteur qui s'en exhale, peuvent vicier l'air. Les *animaux* domestiques seuls en ont été exceptés, tels que chevaux, chiens, chats, mais les bœufs vaches &c, en sont exclus.

Paris, dont la nombreuse population, la diversité des habitans, la multitude des professions exigent des soins multipliés pour maintenir l'ordre & la propreté parmi tant de monde, a des loix de police, positives à cet égard. Déja du temps de saint Louis,

une ordonnance défend de nourrir aucun porc dans la ville ; Charles V. étendit la défense en 1368, aux pigeons, & le prévôt de Paris proscrivit également en 1502, les oies, les lapins, sous peine d'amende contre les contrevenans.

Cette défense d'élever des oies, fut sur-tout motivée par la consommation, & par conséquent la nourriture prodigieuse qui s'en faisoit alors. L'histoire rapporte même que quelques habitans des fauxbourgs furent autorisés à en élever chez eux pour les vendre à la ville ; mais la puanteur & l'infection de l'air qu'ils produisirent par la suite, lorsque les maisons se multiplièrent, firent supprimer la permission ; & François premier rendit un édit au mois de novembre 1539, qui renouvella les anciennes ordonnances, & les étendit à toutes espèces d'*animaux*. Ce réglement fut confirmé par différentes ordonnances de police, subséquentes, telles que celles du 4 juin 1667, du 22 Avril 1668, &c. Mais toutes ces prohibitions n'empêchent pas qu'il n'y ait un très-grand nombre d'*animaux* élevés en France au sein des villes, & sur-tout à Paris, où la cherté des entrées engage les habitans à cette contravention. D'ailleurs il est facile, en payant un certain droit, de s'affranchir de toutes craintes, ensorte que, sous tous ces aspects, la police de la propreté, qui devroit être de première obligation dans cette grande ville, y est absolument illusoire.

Il est juste encore de mettre les citoyens à l'abri des *animaux* féroces ou malfaisans, que des hommes imprudens pourroient laisser échapper. C'est pour cela qu'aux foires, où les bâteleurs en font voir, le magistrat de police, ou ses officiers ont soin d'obliger les propriétaires de ces *animaux* à les tenir grillés ou enchaînés ; ce qui forme un spectacle assez rebutant. Car on ne doit qu'éprouver de la peine à voir un pauvre animal resserré dans une niche où à peine il peut se remuer, s'effrayer, mugir ou trembler à la vue des spectateurs, & tourmenté par les coups que leur donnent ceux qui les montrent. Il arrive aussi quelquefois que les chiens deviennent enragés par la négligence ou la pauvreté de ceux qui les ont : la police doit y veiller. Il y a des ordonnances sur cet objet : nous en parlerons au mot CHIEN.

ANONYME, adj. C'est ce qui n'a pas de nom : on dit un livre *anonyme*, un mémoire *anonyme* : on dit aussi garder l'anonyme ; & alors ce mot devient substantif.

La nécessité de faire suivre les règles de la police sociale a obligé le législateur de forcer quiconque avance un fait, ou rend publiques quelques plaintes contre un citoyen, à signer son allégation, afin que si la fausseté en est reconnue, l'auteur puisse être puni & l'accusé dédommagé par lui. Ce principe a conduit à un autre : on a cru que celui qui gardoit l'*anonyme*, dont le nom ne devenoit pas le garant

S f 2

de ce qu'il affirmoit, étoit un fourbe, & sa dénonciation un libelle. De là les loix contre les ouvrages *anonymes*, & les réglemens qui astreignent les écrivains à se faire connoître.

Mais ce n'est pas seulement sous ce rapport qu'en police on considère l'*anonyme*, c'est principalement en vue de prévenir des craintes, des soupçons, que des billets, des lettres sans nom, pourroient faire naître, & qu'il est important d'empêcher. Le magistrat de police est ordinairement celui auquel on s'adresse pour cela. On suppose que les devoirs de sa place le mettent à portée de découvrir ceux qui veulent rester cachés pour jouir de l'embarras ou de la peine qu'il cause aux autres. Mais en général ces billets *anonymes* ne peuvent attirer de punition à leur auteur, que lorsqu'ils sont injurieux ou allarmans pour ceux qui les reçoivent, & l'on trouve un arrêt du parlement de Paris, du 11 août 1763, qui confirme cette façon de penser.

Souvent les magistrats reçoivent des lettres *anonymes*. Elles sont ordinairement la voie indirecte qu'emploie un peuple esclave & malheureux pour se plaindre d'hommes puissans, qu'il est important de ménager ; c'est en même temps la honte de la police.

Les ouvrages *anonymes* ne sont pas réprouvables par cela seul qu'ils n'ont point de nom d'auteur ; un homme de lettres peut avoir de grandes vérités à dire ; & craindre de s'attirer la haine des sots, souvent très-puissans & toujours ardens à se venger. Quant à la forme pour l'impression des livres, l'*anonyme* ne fait rien, parce que passant la censure, tout ce qu'ils contiennent est censé publié avec l'approbation publique, ce qui mène à regarder la nation comme garante & complice de toutes les sottises imprimées avec approbation & privilège. On fait mieux en Angleterre. Le libraire peut refuser l'impression d'un livre s'il est *anonyme*, parce qu'un ouvrage étant condamné, c'est à lui qu'on s'en prend, & qu'il ne peut avoir de recours que sur l'auteur. Ainsi la liberté de la presse consiste donc dans la Grande-Bretagne, en ce qu'un auteur peut faire imprimer tout ce qu'il veut, sans avoir besoin d'approbation, mais avec cette clause, que si son ouvrage est un libelle, il sera puni comme coupable d'un délit public ; ce qui est juste, parce qu'il ne doit pas être plus permis de nuire avec un livre qu'avec toute autre chose. Mais il est admis à se défendre, & les tribunaux ne sont point juges & partie : il peut, par une nouvelle production, défendre l'ancienne. Il en est de l'écrivain comme de l'homme libre, on ne l'empêche pas d'agir, mais s'il a mal agi, on le punit. *Voyez* LIBERTÉ DE LA PRESSE.

ANTROPOPHAGIE, s. f. C'est le nom qu'on donne à l'action de manger les hommes, & l'on appelle *antropophage* ceux qui mangent de la chair humaine, ou plutôt qui s'en nourrissent quelquefois.

Nous devons à nos lecteurs l'explication des motifs qui nous déterminent à traiter ici une matière qui paroît, au premier coup-d'œil, si éloignée de notre objet. Pour en sentir la raison, on doit remarquer que nous avons pour but, non-seulement de faire connoître les loix positives & les connoissances spéculatives qui peuvent concourir au maintien de la police & de l'harmonie sociale, mais encore d'examiner tous les moyens de civilisation que la nature a mis dans l'homme, toutes les causes, soit physiques, soit morales, qui s'y s'opposent, enfin toutes les observations qui peuvent jetter du jour sur cette importante partie de l'histoire des hommes & de la société. Considérée dans son rapport avec ces objets, on voit que la question de l'*antropophagie* n'est point déplacée dans un ouvrage de la nature de celui-ci. En effet, si cette affreuse disposition étoit inhérente dans le cœur de l'homme, si on pouvoit en craindre les excès au milieu de la société, ne devroit-on pas veiller aux moyens de les réprimer, & la police n'auroit-elle pas un crime de plus à prévenir ?

Voltaire, qui doutoit assez facilement des choses qui ne portoient pas un caractère marqué d'évidence historique, semble avoir cru avec une étrange facilité, tout ce qu'on a débité sur l'*antropophagie*. Il est étonnant qu'il n'ait pas fait usage de la critique dans une matière qui en paroît si susceptible, & qui intéresse si essentiellement le genre humain. Mais en cela il n'a été que l'écho de tous les écrivains qui l'ont précédé. Ainsi qu'eux, il a regardé l'*antropophagie* comme un vice dont tous les hommes ont été entichés. On jugera, par les preuves qu'il a rassemblées pour confirmer cette manière de penser, du plus ou moins de foi qu'elle mérite. Les voici, nous rapportons son texte.

» Herrera nous assure que les mexicains mangeoient les victimes humaines immolées. La plupart des premiers voyageurs & des missionnaires disent tous que les brasiliens, les caraïbes, les iroquois, les hurons & quelques autres peuplades mangeoient les captifs faits à la guerre ; & ils ne regardent pas ce fait comme un usage de quelques particuliers, mais comme un usage de nation. Tant d'auteurs anciens & modernes ont parlé d'antropophages, qu'il est difficile de les nier. Je vis, en 1725, quatre sauvages amenés du Mississipi à Fontainebleau ; il y avoit parmi eux une femme de couleur cendrée comme ses compagnons ; je lui demandai par l'interprète qui les conduisoit, si elle avoit mangé quelquefois de la chair humaine ? Elle me répondit qu'oui très-froidement & comme à une question ordinaire. Cette atrocité si révoltante pour notre nature est pourtant bien moins cruelle que le meurtre. La véritable barbarie est de donner la mort & non de disputer un mort aux corbeaux & aux vers.

Des peuples chasseurs, tels qu'étoient les brasiliens & les canadiens, des insulaires comme les caraïbes, n'ayant pas toujours une subsistance assurée, ont pu devenir quelquefois antropophages. La famine & la vengeance les ont accoutumés à cette nourriture ; & quand nous voyons, dans les siècles les plus civilisés, le peuple de Paris dévorer les restes sanglans du maréchal d'Ancre, & le peuple de la Haye manger le cœur du grand pensionnaire de Witt, nous ne devons pas être surpris, qu'une horreur chez nous passagère ait duré chez les sauvages.

» Les plus anciens livres que nous ayons ne nous permettent pas de douter que la faim n'ait poussé les hommes à cet excès. Le prophete Ezéchiel, suivant quelques commentateurs, promet aux hébreux de la part de Dieu, que s'ils se défendent bien contre le roi de Perse, ils auront à manger de la chair de cheval & de la chair de cavalier.

» Marco-Paolo ou Marc-Paul, dit que de son temps, dans une partie de la Tartarie, les magiciens ou les prêtres (c'étoit la même chose) avoient le droit de manger la chair des criminels condamnés à mort. Tout cela soulève le cœur ; mais le tableau du genre humain doit souvent produire cet effet.

» Comment des peuples toujours séparés les uns des autres, ont-ils pu se réunir dans une si horrible coutume ? Faut-il croire qu'elle n'est pas aussi opposée à la nature humaine qu'elle le paroît ? Il est sûr qu'elle est rare, mais il est sûr qu'elle a existé. On ne voit pas que ni les tartares, ni les juifs aient mangé souvent leurs semblables. La faim & le désespoir contraignirent, aux sièges de Sancerre & de Paris, pendant nos guerres de religion, des mères de se nourrir de la chair de leurs enfans. Le charitable las Casas, évêque de Chiapa, dit que cette horreur n'a été commise en Amérique que chez quelques peuples chez lesquels il n'a pas voyagé. Dampier assure qu'il n'a jamais rencontré d'antropophages, & il n'y a peut-être pas aujourd'hui deux peuplades où cette horrible coutume soit en usage.

» Americ Vespuce dit, dans une de ses lettres que les brasiliens furent fort étonnés quand il leur fit entendre que les européens ne mangeoient point leurs prisonniers de guerre depuis long-temps.

» Les gascons & les espagnols avoient commis autrefois cette barbarie, à ce que rapporte Juvénal, dans sa quinzième satyre. Lui-même fut témoin en Egypte d'une pareille abomination sous le consulat de Junius ; une querelle survint entre les habitans de Tintire & ceux d'Ombo ; on se battit ; & un ombien étant tombé entre les mains des tintiriens, ils le firent cuire & le mangèrent jusques aux os ; mais il ne dit pas que ce fut un usage reçu. Au contraire, il en parle comme d'une fureur peu commune.

» Le jésuite Charlevoix, que j'ai fort connu, & qui étoit un homme très-véridique, fait assez entendre, dans son histoire du Canada, pays où il a vécu trente années que tous les peuples de l'Amérique septentrionale étoient antropophages, puisqu'il remarque comme une chose fort extraordinaire que les acadiens ne mangeoient point d'homme en 1711.

» Le jésuite Brebœuf raconte qu'en 1640, le premier iroquois qui fut converti, étant malheureusement ivre d'eau de vie, fut pris par les hurons, ennemis alors des iroquois. Le prisonnier baptisé par le père Brebœuf, sous le nom de Joseph, fut condamné à mort. On lui fit souffrir mille tourmens, qu'il soutint toujours en chantant, selon la coutume du pays. On finit par lui couper un pied, une main & la tête, après quoi les hurons mirent tous ses membres dans la chaudière, chacun en mangea & on en offrit un morceau au père Brebœuf.

» Charlevoix, parle, dans un autre endroit de vingt-deux hurons mangés par les iroquois. On ne peut donc douter que la nature humaine ne soit parvenue, dans plus d'un pays, à ce dernier degré d'horreur, & il faut bien que cette exécrable coutume soit de la plus haute antiquité ; puisque nous voyons dans la sainte écriture, que les juifs sont menacés de manger leurs enfans s'ils n'obéissent pas à leurs loix. Il est dit aux juifs, (Deut. ch. XXVIII, ỳ. 53.) que non-seulement ils auront la galle, que leurs femmes s'abandonneront à d'autres, mais qu'ils mangeront leurs filles & leurs fils dans l'angoisse & la dévastation ; qu'ils se disputeront leurs enfans pour se nourrir ; que le mari ne voudra pas donner à sa femme un morceau de son fils, parce qu'il dira qu'il n'en a pas trop pour lui.

» Le livre attribué à Enoch, cité par Saint Jude, dit que les géans nés du commerce des anges avec les filles des hommes, furent les premiers antropophages.

» La relation des Indes & de la Chine, faite au huitième siècle, par deux arabes & traduite par l'abbé Renaudot, assure que dans la mer des Indes, il y a des isles peuplées de nègres qui mangent les hommes. Ils appellent ces isles Ramni. Le géographe de Nubie les nomme Rammi, ainsi que la bibliothèque orientale d'Herbelot.

» Marc-Paul, dit la même chose quatre cents ans après. L'archevêque Navarette, qui a voyagé depuis dans ces mers, confirme ce témoignage. Texeira prétend que les savans se nourrissent de chair humaine, & qu'ils n'avoient quitté cette abominable coutume que deux cents ans avant lui. Il ajoute qu'ils n'avoient connu des mœurs plus douces qu'en embrassant le mahométisme. On a dit la même chose de la nation du Pégu, des caffres, & de plusieurs peuples de l'Afrique. Marc-Paul, déja cité, dit que chez quelques hordes tartares, quand un criminel avoit été condamné à mort, on en faisoit un repas ; & le même voyageur ajoute , qu'en général les chinois mangent tous ceux qui ont été tués ».

Quoique Voltaire ne crût pas cette barbarie attribuée aux chinois par le vénitien Marc-Paul, il paroît cependant persuadé que l'*antropophagie* est un vice général de l'état sauvage , & toutes les autorités qu'il rapporte , sans les contredire , ne tendent qu'à donner du poids à cette façon de penser ; ce qui doit paroître étonnant après ce qu'il rapporte du discours de *las Casas*.

Plusieurs auteurs ne pensent pas de même , & prétendent que si les sauvages , d'Amérique sur-tout, ont quelquefois donné des apparences d'*antropophagie* momentanée , ils n'étoient point *antropophages* par leurs mœurs , mais seulement accidentellement. Voici comme raisonne à cet égard M. *Mazzei* dans un très-bon ouvrage qu'il a fait sur les *Etats-Unis* , pays où il a vécu , & dont il connoît les mœurs & les usages.

» Il n'y a aucun lieu de croire que les sauvages de l'Amérique soient *antropophages* ; aucun de nos écrivains (américains) n'en parle , & l'opinion contraire est reçue parmi nous. Comment , en effet, aurions-nous pu ignorer pendant si long-temps un fait aussi intéressant sur les mœurs des sauvages, un si grand nombre des nôtres s'étant trouvés fréquemment parmi eux comme missionnaires , ou comme prisonniers , ou comme commerçans ? Si leurs mœurs admettoient l'*antropophagie* , ils ne le cacheroient pas plus qu'ils ne cachent les tormens qu'ils font souffrir aux prisonniers , tourmens sans comparaison plus cruels , quoique moins révoltans que l'usage dont il est ici question. Toutes les nations sauvages que nous connoissons nient qu'il existe parmi eux. Quelques-uns de nos voisins ont entendu dire que les *flat-heads* (*têtes-plates*) , peuples très-éloignés de nous , mangent les prisonniers ; mais eux-mêmes ne le croient pas. Un sauvage que j'interrogeai ce sujet me répondit : *qu'il étoit plus probable que les blancs mangeassent de la chair humaine , parce que,* ajoutat-il , *nous trouvons plus aisément à vivre dans les bois , sans ce moyen.* Plusieurs autres m'ont fait des réponses dans le goût de celle que je viens de rapporter.

» Je doute beaucoup de la vérité de ce qui a été dit sur l'*antropophagie*. Il n'est pas improbable que les européens aient fait des descriptions exagérées des mœurs des sauvages , dans l'espoir de justifier leurs propres cruautés. Les choses nouvelles & singulières s'accréditent aisément , & on les répète volontiers , ne fût-ce que pour paroître plus instruit qu'un autre. Beaucoup de mensonges ont obtenu foi de cette manière, & il a été difficile ensuite de les détruire. Souvent des voyageurs , sur-tout lorsqu'ils sont jeunes , sont portés à dire qu'ils ont vu, dans les pays éloignés dont ils reviennent, les choses

qu'ils savent que l'on en raconte , & ils n'osent le dédire dans la suite , même lorsqu'ils se repentent d'avoir trahi la vérité. Il arrive même quelquefois de finir par croire eux-mêmes , à force de les avoir répétés , les contes qu'on leur a fait croire.

» Que l'on ait vu des sauvages tenant entre les mains les os de leurs ennemis , faire des gestes menaçans, agiter leurs dents , ce ne seroit pas une preuve qu'ils fussent *antropophages*. Il n'er. seroit pas une encore , quand bien même on auroit constaté qu'ils ont quelquefois porté à cette barbarie par besoin , par un transport de haine & de fureur. Si un sauvage avoit vu , dans un vaisseau européen , les passagers, pressés par la faim , tirer au sort celui qui seroit destiné à soutenir la vie de ses compagnons , le tuer & s'en nourrir , il auroit pu également rapporter à sa nation que les européens sont *antropophages* & se mangent les uns les autres. Les preuves négatives sont toujours difficiles, souvent impossibles ; mais il n'en faut point pour suspendre son opinion sur un fait. Il suffit qu'il n'y ait point de preuves positives. Je n'affirme point que l'*antropophagie* n'existe pas , mais j'en doute beaucoup, & je crois qu'on doit, avant de se décider, attendre des preuves plus convaincantes que celles que l'on a recueillies jusqu'à présent ».

Il n'est donc pas certain que l'*antropophagie* soit un attribut de l'état sauvage. Cette barbarie qui pourroit conduire les hommes à d'étranges atrocités & porter tout au plus dans l'état social, n'est donc tout au plus que l'effet momentané d'une vengeance aveugle ou d'un besoin impérieux On peut donc mettre cette erreur au rang de tant d'autres, & ne regarder l'*antropophagie* que comme un préjugé qu'aura fait naître l'exemple de quelque malheur ou de quelque crime particulier. L'imagination , le goût du merveilleux , le mensonge & le charlatanisme auront exagéré l'impression qu'il aura produite , & on aura attribué à des peuples entiers ce qui n'appartenoit qu'à la démence ou à la cruauté de quelques hommes. A peu près comme on trouve des empoisonneurs chez tous les peuples , sans que pour cela il y ait eu des nations empoisonneuses ou que l'usage du poison soit propre à l'homme dans l'état naturel.

Une autre considération fait encore soupçonner que dans l'état sauvage l'homme n'est point porté à l'*antropophagie* naturellement , & que cette dépravation n'est point du nombre de ses vices , c'est qu'aucune loi n'a été établie pour punir l'*antropophagie*. Sûrement on trouveroit quelque trace des loix pour réprimer cette fureur, si elle se fût rencontrée chez les hommes à l'établissement de la société ; à moins qu'on ne veuille supposer que les législateurs des peuples aient jugé à propos de conserver ce penchant , comme on dit que Minos ordonna l'amour des garçons , qui va directement à l'anéantissement de l'espèce , & par conséquent de la société. Supposez que la police introduite dans les premières sociétés détruisit insensiblement ce goût dépravé, & qu'ensuite les législateurs qui vinrent donner des loix positives aux peuples, n'en parlèrent pas parce qu'il n'existoit plus : c'est vraiment ne point connoître les idées d'ordre & de prudence qu'a dû se proposer tout homme pour civiliser ses concitoyens où ses sujets. L'antropophagie pouvoit renaître ; il étoit donc bien important de le prévoir, & d'ordonner des peines contre ceux qui s'en rendroient coupables : c'est ce qu'aucune loi positive ne nous a fait connoître jusqu'ici.

Ce seroit effectivement une chose affreuse & déplorable que l'introduction d'un pareil crime dans la société ; il y produiroit les plus grands désordres, & exigeroit la plus grande vigilance de la part de la police. Des parens mangeroient leurs enfans, des citoyens leurs frères ou leurs parens, & le meurtre qui ne peut avoir pour objet ou la possession pour objet ou la vengeance pour cause, deviendroit bientôt plus commun lorsqu'il pourroit en même temps fournir à la nourriture des hommes qui le commettroient, & ne laisser aucuns restes qui en puissent faire connoître les auteurs. Non jamais ce crime n'a été dans la nature. Lorsque la famine dévoroit les parisiens, au siège que le fanatisme leur faisoit soutenir contre le meilleur des hommes & le plus grand des rois, on essaya de faire de la farine, & du pain avec des os de morts, mais jamais on ne proposa de vendre la chair humaine aux citoyens affamés.

Nous avons cependant vu des antropophages, on n'en sauroit douter, & quelques arrêts que nous allons rapporter, en font foi. Mais ces exemples, comme nous le disons tout-à-l'heure, sont l'effet de la dépravation ou de l'horrible situation de quelques particuliers. Ce sont des crimes ou des malheurs, & ces deux états ne forment point l'habitude ordinaire des hommes. Il y a plus, c'est que loin de soupçonner que l'antropophagie ait existé dans l'état de la nature & soit propre à l'homme, on peut croire au contraire, qu'étant frugivore par goût, il n'a dû que très-long-temps après l'établissement de l'ordre social, s'habituer à répandre le sang, & à se nourrir de substance vivante. L'enfant, abandonné à lui-même, représente assez le type de l'homme sauvage. Eh bien, l'enfant préfere les fruits, les alimens innocens, à ceux qui ont coûté la vie à des êtres animés & sensibles.

Si quelque chose a pu accoutumer, localement & accidentellement, l'homme à manger de la chair humaine, indépendamment de l'esprit de vengeance, c'a dû être l'usage barbare des sacrifices humains, que la terreur & la superstition ont indiqués aux hommes, comme propres à appaiser les dieux, à qui ils attribuoient les vices & les passions dont ils étoient animés eux-mêmes. Mais ces désordres sont l'effet du fanatisme, de la barbarie & de l'erreur, & non un goût de la nature.

Tel est aussi l'exemple du féroce *Ferrage*, qui retiré dans les montagnes du Languedoc, se jettoit sur les femmes & filles qu'il trouvoit dans les chemins, les entraînoit, les violoit, les tuoit & les mangeoit, & qui fut roué par arrêt du parlement de Toulouse, en 1781. Tels encore ces pâtissier & barbier de Paris, qui tuoient le monde & les servoient à manger, condamnés prr un arrêt du parlement ; telle une femme de Vimen, fut brulée à Abeille en 1438, pour avoir mangé son enfant ; tels des scélérats alloient en 1301, à la chasse aux petits enfans. *Voyez* les histoires de France.

Tous ces exemples font frémir, mais elle ne portent pas plus atteinte au caractère de l'homme, que les meurtres & les excès qui se commettent tous les jours ; ouvrage de la scélératesse & du malheur, mais non de l'esprit doux & sensible que nous avons reçu de la nature, & qu'on doit prendre garde d'endurcir par des actes de cruautés déplacées ; lisez l'article *animal*.

APAISEUR. s. m. On donne ce nom à des officiers de police, chargés d'empêcher les rixes, disputes & mutineries qui pourroient s'élever entre les citoyens. *Voyez* ce mot dans la *jurisprudence*, & celui de PRUD'HOMME, dans cet ouvrage.

APOSTASIE. s. f. C'est le changement de religion, ou seulement l'infraction d'un vœu religieux. *Voyez* ce mot dans la jurisprudence.

Les loix contre les *apostats*, ont été généralement trop sévères, sur-tout celle de l'*apostasie* de rechûte, dont ceux qu'on nomme relaps, sont censés coupables. L'esprit persécuteur qui eût lieu en France, depuis la révocation de l'édit de Nantes, jusqu'au milieu du siècle de Louis XV, fit de ce délit un sujet de persécutions odieuses contre les protestans, jusques-là que la déclaration du 14 mai 1724, prononce la peine du bannissement & de la confiscation contre ceux qui auroient retourné à la religion réformée. Cette rigueur que le zèle déplacé des intendans & d'autres imbéciles, ne rendit pas seulement comminatoire, mais bien positive, n'existe plus aujourd'hui. Depuis l'édit de tolérance, un homme assez inconstant, pour donner des preuves de protestantisme, après s'être lié à l'église, seroit traité bien plus comme un étourdi, que comme un criminel, si l'on avoit des indices que cette conduite ne procédât ni d'un mépris formel de la religion, ni du désir de braver le respect qu'on lui doit.

L'on peut douter aussi qu'un *apostat* religieux fût puni rigoureusement, pour avoir rompu ses vœux, bien moins encore qu'il fût inquiété vingt ans après son *apostasie*, quoique *Lacombe* prétende que ce crime ne puisse point se prescrire. Enfin, enverrions nous aux galères perpétuelles un religieux marié, ainsi que le fit le parlement d'Aix, en 1765 ;

comme fi le mariage n'étoit point un facrement, qu'il pût rendre criminel celui qui le reçoit, qu'il dût attirer l'infamie fur la tête du malheureux à qui l'imprudence, la jeuneffe, l'autorité des parens, ont fait faire un vœu qu'il ne pouvoit fouvent pas concevoir. C'eft une contradiction dans l'ordre civil & religieux.

Adopteroit-on aujourd'hui la conftitution de Charles-Quint, donnée à Bruxelles en 1535, qui défend à toutes fortes de perfonnes de retirer les apoftats, & de leur prêter aucun fecours? Un officier de police dénonceroit-il aux ordinaires des lieux, l'homme imprudent ou malheureux, la religieufe timide & fenfible, que l'amour, la jeuneffe, le defir d'être mère, forcent à quitter un cloître d'où tout les repouffe? En vérité, je ne le crois pas. La première vertu de l'homme eft la douceur, la charité en tire fa fource, & la religion l'ordonne. Éclairons nos frères, confolons-les, & fi la providence, dont le fouffle gouverne l'univers change la vocation d'un d'eux, le rappelle aux embarras, aux foins du fiècle, pourquoi nous y oppoferions-nous? Un ferment éternel ne doit être permis qu'à un ange. Au refte, ces doutes ne doivent rien ôter au refpect infini qu'on doit à la religion, la feule confolation qu'un homme raifonnable puiffe avoir, pendant la courte durée de la vie.

APOTHICAIRE, f. m. C'eft le nom de celui qui prépare & conferve les remèdes, en fe conformant aux ftatuts de fon corps, & aux règlemens de police. Voyez dans la jurifprudence, ce qui concerne cet état, qui de nos jours a fait de rapides progrès, & n'eft plus ce qu'il étoit au fiècle précédent. Les apothicaires ou maîtres en pharmacie, font en général des hommes inftruits à préfent, & prefque tous de bons chymiftes.

De toutes les profeffions, celle d'apothicaire exige le plus de foin & de vigilance de la part des officiers de police & des membres du collège de pharmacie, lequel eft chargé d'une certaine partie de la difcipline de l'art. L'on conçoit, en effet, que la vie des citoyens dépend du plus ou moins de capacité, d'attention & de probité de la part des agens de la pharmacie; & que la plus petite négligence ou mauvaife intention, peut donner lieu à des fcènes terribles. Nous verrons au mot POISON & REMÈDE, quelques règlemens de police fort fages, pour prévenir tous accidens à cet égard: en général, ils font affez bien obfervés, mais plus par l'honnêteté, les foins des maîtres en pharmacie, que par ceux des officiers de police.

Les apothicaires du corps du roi ont le privilège de tenir boutique ouverte à Paris; ils prêtent ferment entre les mains du premier médecin de fa majefté, qui leur donne des certificats de fervice. Ils ne font pas feulement la fourniture des remèdes, ils font auffi celle de quelques confitures dans les coffres de la chambre, & jouiffent des droits de la commenfalité, ainfi qu'il eft porté par les lettres-patentes du mois de janvier 1642, enregistrées au grand-confeil, le 20 mai de la même année.

Les apothicaires en chef, employés dans les hôpitaux du roi font nommés par le fecrétaire d'état de la guerre, fur la préfentation de trois fujets par le confeil de fanté (1); à l'égard des places inférieures, elles font accordées au concours en préfence de l'adminiftration, fur le rapport des médecins & pharmaciens en chef, en vertu de la nouvelle ordonnance concernant les hôpitaux, du 20 juillet 1788.

APPEL, f. m. Recours au juge, action de foumettre à la décifion d'un nouveau juge ce qui a été prononcé par un autre. Voyez la jurifprudence, pour tout ce qui regarde la nature, la forme & les efpèces d'appels. Je ne parlerai ici que de l'appel au peuple.

L'appel au peuple, provocatio, après avoir fait la gloire & la puiffance des nations les plus éclairées de l'antiquité, eft difparue de notre légiflation moderne. L'efprit de defpotifme, de gouvernement arbitraire, l'habitude d'une foumiffion machinale, l'adreffe des fouverains & la lâcheté des hommes ont rendu ce droit inconnu parmi nous, le mot eft à peine entendu. Si quelques écrivains en ont parlé, ce n'a été que comme d'une chofe impraticable, illufoire ou dangereufe, comme d'un ufage incompatible avec l'ordre & la police des états; comme fi Rome & la Grèce n'avoient point eu de police, comme fi ces peuples ne s'étoient point élevés à un grand degré de civilifation, comme fi de fages, de courageufes, de juftes loix n'avoient point été le fruit de leur gouvernement, de leur politique. Que l'intérêt de ceux qui fe font partagé le monde, que l'ambition, la cupidité d'un petit nombre d'hommes, faffent regarder l'appel au peuple comme une inftitution dérifoire & abfurde à quelques efclaves des préjugés & de l'habitude, c'eft une chofe toute fimple. Mais que des peuples pleins d'ame & de raifon, & dont cependant l'honneur avili eft devenu le jouet des paffions de leurs maîtres, que des peuples qui ont intérêt à être libres & heureux, aient pu adopter une femblable façon de penfer; qu'ils en foient les imbécilles défenfeurs,

(1) Le confeil de fanté eft un établiffement formé par le roi, fur l'avis du confeil de guerre: il a pour objet toutes les parties de l'art de guérir, qui peuvent avoir rapport aux hôpitaux militaires. Douze membres le compofent, huit en activité & quatre honoraires, tous médecins ou chirurgiens. Ces officiers ont la partie confultative & le directoire des hôpitaux, la partie exécutive de cette nouvelle adminiftration. Règlement du 18 juillet 1788.

& qu'idolâtres de leur servitude, ils repoussent avec dédain & horreur tout homme qui cherche à leur rappeller leur antique gloire, leur première vertu, c'est ce qui est étonnant, & c'est ce qui est pourtant très-vrai.

Ce seroit une chose curieuse que de rechercher par quel enchaînement malheureux de foiblesses & d'erreurs, par quel aveuglement, quel dérangement dans l'ordre moral des idées, des nations entières sont parvenues à cette incroyable détérioration de principes & de sentimens. Que l'homme captif, qu'une chaîne pesante attache aux volontés d'un tyran, que le foible pour qui le secours des autres est un besoin journalier, que le pauvre dépouillé, que le riche soudoie, restent courbés sous le poids de l'esclavage & se croient heureux de vivre dans les fers, qu'ils se fassent un système de résignation de leur avilissement, que l'impuissance d'en sortir légitime leur insouciance & leur tienne lieu d'excuse, voilà qui est concevable. Mais que la terre soit abandonnée à deux ou trois cents maîtres qui en disposent, que les habitans qui la cultivent, qui la peuplent, qui l'animent, soient involontairement & forcément réduits à forger le métal dont leurs chaînes sont fabriquées, qu'ils ne soient rien, que leur vœu ne présente qu'un vain désir, leurs paroles de vains sons, leur existence une durée physique d'êtres toujours passifs, voilà ce qui est inconcevable & ce qui est pourtant encore vrai.

Si je jette mes regards dans l'antiquité & sur quelques parcelles de la terre où la liberté vit encore, je remarque que par-tout où les peuples se sont réservé le droit de se réunir indéfiniment en corps, où la nation s'assemble réellement & physiquement, où le citoyen peut personnellement agir comme membre de l'état & comme homme, sans avoir d'autre maître que la loi, là seulement je n'apperçois ni cette honte, ni cette dégradation qui avilissent les peuples esclaves.

C'est que dans ces états chacun pouvant dénoncer au peuple, c'est-à-dire, à la nation, les injustices, les vexations, les prévarications des magistrats, des officiers publics, les loix conservent leur force, leur autorité, & si quelquefois on y déroge en faveur de quelqu'un, comme la dérogation est notoire, qu'elle est faite par ceux-là même qui ont le plus d'intérêt à l'ordre, qu'elle ne leur est arrachée ni par l'adresse, ni par la violence, il n'y a point d'infraction du contrat public, & les loix ne perdent rien de leur pouvoir. Or, c'est dans l'impartiale & entière exécution des loix envers & contre tous, que consiste la véritable liberté civile, celle de savoir ce qu'on doit & ce qu'on ne peut pas faire, en vertu de l'accord politique.

Ajoutez que les loix sont bien plus soigneusement faites, bien plus appropriées à la constitution, au caractère populaire, lorsqu'après avoir été rédigées par des magistrats particuliers, elles sont lues & discutées devant l'assemblée, non des représentans, mais de la nation même; car ces représentans formant un corps isolé, n'offrent bien souvent qu'une autorité monocratique, répartie entre plusieurs agens, dont la conduite ne peut inspirer la sécurité, qu'autant que la crainte d'être désavoués par leurs constituans, peut les retenir.

Mais il est impossible, direz-vous, d'assembler physiquement une nation, de lui parler, d'en appeller à ses jugemens de ceux des magistrats; il faut nécessairement qu'un petit nombre se charge du gouvernement de tous, & que la totalité des peuples renonce au rôle de souverain, pour l'abandonner en entier à quelques particuliers.

D'abord, on ne prétend point qu'on assemble une nation, c'est à elle-même à s'assembler: en second lieu, s'il n'est pas possible de s'adresser à tous les individus de tous les lieux à la fois, & dans le même endroit, on peut le faire en divers lieux; & comme on parle à tout un royaume par une loi émanée d'un conseil, on peut dans chaque ville, dans chaque bourgade, s'adresser aux citoyens, & par une administration fort simple, résumer l'opinion commune.

Comment peut-il donc se faire que l'avantage constitutionnel, le bien public qu'un pareil ordre des choses peut produire, aient été mis en question par des écrivains éclairés? Comment se fait-il que des hommes, même de bonne foi, amis des loix, l'aient proscrit comme dangereux & chimérique? C'est que dans tout établissement politique les avantages & les inconvéniens marchent ensemble, & que dans un pays où la législation s'approche du système de liberté populaire, celui qui y vit ne verra que les heureux effets de cette forme, au lieu que dans les autres on ne s'attachera qu'aux abus qui peuvent en naître. Mais dans l'usage de consulter, d'assembler une nation, de regarder le peuple comme le souverain juge en tout ce qui touche le bien public & l'état social, l'homme impartial voit, à inconvéniens égaux, une somme de gloire, de liberté, de vertus qui n'existera jamais sous aucune autre forme politique.

Il est donc certain que l'appel au peuple est un des grands ressorts des gouvernemens, celui qui en tirant sa force de la source même du pouvoir, & présentant continuellement les loix au législateur, les magistrats au souverain, met la liberté sous la sauvegarde de l'état, & fait du bonheur public l'ouvrage de toute la nation. Et qu'on ne m'oppose pas les écarts du champ de Mars à Rome, & quelques fautes de la démocratie athénienne, car je répondrois par la liste des fureurs, des maux & des crimes que nous devons à l'abolition de cette coutume, & à l'indivisibilité du pouvoir ou sa concentration dans quelque corps. Mais ces réflexions trouveront mieux leur place dans le cours de cet article, où nous ne nous proposons cependant pas tant de considérer l'appel au peuple comme moyen de législation politique, que comme principe d'ordre, de police & de liberté publique.

J'examinerai donc, 1°. Si l'*appel* au peuple étant de droit naturel, une nation peut irrévocablement le perdre.

2°. Quels furent, chez les anciens, son état & son influence sur la morale publique & la police.

3°. Comment on pourroit rétablir l'*appel* au peuple aujourd'hui.

4°. Quels seroient, dans l'ordre actuel des institutions politiques, les objets dont on pourroit appeller au peuple.

5°. Quelles seroient les suites d'un pareil établissement sur l'obéissance civile, les mœurs & l'éducation nationale.

Sous tous ces chefs, je réunirai ce que la réflexion & l'autorité des faits m'encourageront à dire : je ne prétends donner de leçons à personne. J'écris autant pour l'avenir que pour le présent, & dans ce cas je ne dois pas m'attacher tellement au joug des idées présentes que je ne me permette quelque liberté de penser d'après moi, ou plutôt d'après l'histoire même de la civilisation. Ainsi je dirai librement mon opinion, heureux si je trouve quelques lecteurs qui pensent comme moi ! Et qui sait si ces idées ne germeront pas chez quelque peuple encore neuf & persuadé que ce qui fit d'Athènes & Rome, les premières villes de l'univers, & l'objet de notre admiration, ne doit pas être regardé comme digne des suffrages d'une nation qui veut se former ?

1°. Nous défendons, en général, notre liberté, comme les protestans défendoient leur état après la révocation de l'édit de Nantes, c'est-à-dire, lorsque tout ce qui les entouroit & les commandoit, s'intéressoit à leur perte. *Rousseau* combat l'esclavage avec une logique aussi éloquente qu'étoit profonde celle qu'employa *Bayle* pour démasquer l'hypocrisie fanatique de la cour de Louis XIV. Les protestans n'en furent pas moins chassés, persécutés, & quarante ans après, on n'en vit pas moins l'ordonnance de 1714 ; aujourd'hui, malgré le *contrat social*, les loix sont publiquement violées, & il n'existe de liberté que pour ceux qui peuvent assurer à leurs crimes l'impunité, fruit de l'or & du crédit.

Peut-être, cependant, que si les enfans de la réforme eussent pu faire entendre leurs plaintes au monarque, ils eussent été soustraits à l'inquisition des intendans & aux fureurs de nos troupes ; & peut-être aussi que si les peuples eussent pu prendre connoissance des injustices civiles & politiques dont nos annales sont souillées, que l'*appel* des sentences iniques, des condamnations absurdes, eût été porté à leur tribunal, les loix eussent été maintenues, & la liberté avec elles.

Et dans cette demande, je ne vois rien qui soit contraire au droit naturel des peuples. Il est des crimes de convention, il en est de naturels. La première espèce est de nature à changer de châtiment. Le peuple, dont l'opinion seule forme la règle en cette matière, s'est donc tacitement & implicitement réservé le droit de changer à son gré des peines qui n'ont plus d'objet. Il s'est donc réservé de prononcer en dernière analyse sur cette partie de la police publique ; celui qui appelleroit d'un jugement porté contre lui, en ce cas, ne feroit donc qu'appliquer à son bien particulier l'exercice d'un droit inhérent au peuple, & le peuple, en cassant ou confirmant la sentence, ne feroit qu'user d'un pouvoir qui lui appartient.

Il y a plus, lorsque les loix d'un état sont promulguées, soit qu'elles soient l'ouvrage du peuple, soit qu'elles ne le soient que d'un petit nombre de délégués, l'exécution en est confiée à des magistrats revêtus d'un pouvoir exécutif. Mais si ces magistrats refusent d'exécuter les loix, si en faveur de quelques membres de leur ordre, ils se rendent prévaricateurs, à qui le citoyen opprimé s'adressera-t-il pour obtenir la justice qu'on lui refuse ? Formera-t-il des partis dans l'état ? Troublera-t-il la tranquillité publique par des mouvemens hostiles ? Mais ces moyens ne sont pas à la portée de tous les membres de l'état, & ceux même qui pourroient en faire usage aimeront souvent mieux renoncer à leur droit que d'y recourir. Ainsi la puissance réelle, l'action du pouvoir seroient donc absolument passées des mains du souverain, aux magistrats chargés du pouvoir exécutif ; la liberté personnelle, source & base de la liberté publique seroit donc anéantie ; il a donc été nécessaire, & les peuples ont dû le sentir, que l'*appel* au peuple fût un des élémens de la constitution, qu'il fût respecté & ouvert à tous ceux qui en voudroient faire usage.

Bien loin donc que l'on puisse mettre en question si cette faculté est contre le droit naturel des peuples policés, on voit qu'elle en fait une partie tellement essentielle, que si on y fait attention, on verra que pour y suppléer, on a été obligé de recourir à des formes qui, en conservant aux souverains leur usurpation, continssent cependant assez les désordres particuliers, pour que l'état ne devienne pas la proie du crime & de la cupidité secrette.

C'est ainsi qu'une loi de *Constantin*, assujettissoit le magistrat à recevoir les applaudissemens ou le blâme du public, lorsqu'il sortoit de charge, comme une sorte d'*appel* au peuple, sur la justice de sa conduite ou la prévarication de ses démarches. *Justissimos judices. . . . . omnibus collaudandi damus potestatem, & è contrario injustos querellarum vocibus accusandi, ut censura nostra vigor eos absumat.* C'est ainsi que, dans nos gouvernemens modernes, les souverains, par des manifestes, les jurisconsultes & les particuliers par des écrits, en appellent au peuple, & cherchent à réunir en leur faveur le cri de l'opinion publique, qui, au fond, n'est que le jugement de la nation, exprimé confusément & indirectement.

Qu'un peuple libre ne se fût point réservé le droit d'appel, c'eût été renoncer à sa liberté, à sa qualité d'homme : or, aucun avantage particulier n'a dû balancer à ses yeux cet inconvénient ; & c'eût été une absurdité de stipuler, d'un côté, une autorité absolue, & de l'autre une obéissance sans bornes. L'autorité eût été absolue sans l'appel, puisque rien n'eût pu s'opposer alors à l'abus du pouvoir exécutif, &, par la même raison, l'obéissance eût été sans bornes. Le droit de législateur conservé au peuple eût été illusoire sans cette précaution, le souverain n'eût plus été souverain. Donc l'appel au peuple est de droit naturel constitutif de l'état de société libre, bien loin d'être une source de troubles & d'anarchie.

Et comment pourroit-il être une source d'anarchie ? Quel est l'audacieux assez intrépide, dans un état où l'appel au peuple a lieu, pour s'exposer à une accusation dont la nation même va devenir juge ? Quel sera l'homme assez téméraire pour en calomnier un autre, lorsque celui-ci pourra se défendre par la même voie, & que chacun peut s'instruire publiquement de sa cause ? Qu'on ne dise donc pas que cette forme démocratique a pu engendrer l'anarchie, ce malheur n'eut jamais lieu que lorsque des ambitieux soulevèrent l'état, employèrent la force des armées contre les citoyens, & détruisirent les loix qui faisoient le soutien de la constitution, mais par d'autres moyens sans doute que l'appel au peuple. Tant qu'il subsista dans toute sa force, la corruption secrette, les brigues furent moins puissantes ; parce qu'en s'exposant à se voir juger par la nation même au moindre soupçon de tyrannie, l'ambitieux que ne retenoit plus l'amour de la patrie, le fut par la crainte. C'est ce que nous verrons encore mieux tout-à-l'heure, & ce que prouve invinciblement l'exemple de Rome & d'Athènes.

II°. Ces états, dont les noms seuls rappellent des idées de gloire & de puissance, jouissoient, dans toute sa plénitude du droit d'appel au peuple. *Le législateur d'Athènes*, dit Plutarque, *permit d'appeller devant le peuple de toutes les choses dont connoissoient les officiers, à ceux qui penseroient être grevés par leurs sentences.* (*Vie de Solon.*) Si la liberté individuelle devient, quand elle est respectée, le fondement de la liberté publique, Athènes, d'après cette loi, devoit toujours être libre. Mais des fautes, & la jalousie de Lacédémone, la mirent quelquefois aux fers. Au reste, on ne sauroit douter, que tant de chef-d'œuvres, de si grands progrès dans les arts & la civilisation, le nombre prodigieux d'hommes célèbres dont Athènes fut le ber-

ceau, ne dussent leur naissance à la démocratie établie par Solon, & plus encore par ses successeurs. Dans une république, en effet, où la liberté de l'appel au peuple maintient les magistrats, les officiers publics dans leurs devoirs, & les assujettit à une justice impartiale, il est certain que la sûreté personnelle & de la propriété, mise à l'abri de l'astuce & de la rapacité, est un des plus grands encouragemens donnés à l'industrie publique, au génie, à la vertu civique. Qu'Athènes eût été irrévocablement & sans appel, soumise au jugement de ceux qui la gouvernoient ; quelque précises qu'eussent été ses loix, quelqu'attention qu'on eût donnée à l'élection des magistrats, la paix publique eût été moins assurée, la police moins juste, si jamais l'homme privé, le citoyen isolé, n'eût pu *appeller* ; dans une matière grave, d'un jugement quelconque à l'assemblée du peuple. Car la sentence populaire est toujours un acte légal, souvent d'équité naturelle, & plus souvent encore de sagesse & de raison : puisque comme dit Machiavel, *le peuple peut se tromper dans les choses générales, mais il juge toujours avec sagesse dans les cas particuliers* (1).

Lacédémone, où l'esprit militaire, la police guerrière sembloient devoir assujettir les citoyens à une obéissance absolument passive, Lacédémone reconnoissoit le droit du peuple juge souverain & sans *appel*. Lorsque, suivant *Plutarque*, les éphores eurent condamné le roi Agis, le peuple accourut à la prison où il étoit renfermé, demandant que son *procès* fût fait & parfait par ses concitoyens. Enfin Rome dut sa gloire & les merveilles de son gouvernement à l'*appel* au peuple, qui étoit chez elle l'effroi des tyrans, la sauvegarde des citoyens & l'arme dont ils se servirent pour repousser la violence, jusqu'à ce que les armées, vendues à d'imbécilles despotes noyèrent la liberté avec les loix dans le sang de la patrie.

Il n'est pas sûr qu'elle jouit, sous les rois, de ce droit. Guerriers & brigands, les romains ne connurent long-temps qu'une police militaire, police dont le propre est de n'éprouver aucun délai, aucun *appel*, & d'exclure toute obéissance raisonnée. Ainsi l'*appel* d'Horace, meurtrier de sa sœur, est plutôt un acte particulier du roi Tullus, une dérogation momentanée à son pouvoir souverain, qu'une preuve certaine de la supériorité légalement reconnue du peuple sur le roi ; c'est le sentiment de *Montesquieu*. *Le peuple n'avoir pas le pouvoir de juger*, dit-il, *quand Tullus Hostilius renvoya le jugement d'Horace au peuple, il eut des raisons particulières que l'on trouve dans Dénis d'Halicarnasse.* (*Esprit des loix*, liv. II, ch. 12.)

Mais lorsque la violence & le mépris du peuple,

(1) Discours sur Tite-Live, décad. 1, l. I, c. 48.

qui suivent toujours le pouvoir monocratique, eurent fait chasser les rois, lorsque les romains joignirent l'idée de cité à toutes celles qu'ils avoient sur la guerre, lorsqu'ils eurent reconnu que la force des armes peut bien faire la conquête d'un pays, agrandir le domaine public, mais jamais asseoir le repos & la félicité commune sur une base certaine, qu'il faut des loix & un ordre de jurisdiction établis ; que cet ordre devoit être tel que le peuple fût en derniere analyse le juge suprême, comme il est, en effet, le souverain réel ; alors de nouveaux principes s'établirent, de nouvelles vues se développerent. On reconnut la faute qu'on avoit faite d'abandonner tout le pouvoir au chef de l'état ; on craignit un nouvel esclavage ; & ces sentimens devenus communs, ne demandoient qu'une occasion favorable pour opérer une révolution.

La proscription de la royauté fut conduite, il faut en convenir par les patriciens à Rome, mais le peuple y avoir contribué de toute sa force ; c'étoit avec son aide que les Tarquins avoient été chassés. Il falloit reconnoître cette fermeté, en offrir la récompense, & sur-tout ménager un peuple fier, qui détestoit la tyrannie. Aussi le sénat, qui eût bien voulu s'emparer de tout le pouvoir, fut-il obligé de céder à l'influence de l'opinion générale, & de passer une loi, qui, en assurant le droit du peuple contre les passions des nobles, établissoit l'*appel* à ses assemblées d'une manière positive & incontestable. Cette loi, rapportée par *Tite-Live* & *Denis d'Halicarnasse*, porte : que tout citoyen romain qui aura été condamné par un magistrat, ou à perdre la vie, ou à être battu de verges, ou à payer quelque amende, aura droit d'en *appeller* au jugement du peuple, sans que le magistrat puisse passer outre avant que le peuple eût donné son avis. Les haches furent dèslors ôtées des faisceaux que les licteurs furent obligés de baisser en entrant dans l'assemblée du peuple, comme une marque du respect qu'on doit au souverain : coutume que tous les magistrats observerent ensuite & que les tyrans seuls, tels que les décemvirs, tenterent de détruire.

Ces derniers avoient dépouillé la nation de ses droits par le pouvoir des armes, *armorum potentia*, comme disoit *Virginius* à ses compagnons, & tenoient la ville dans l'oppression. Ce malheur devoit son origine à l'imprudence d'avoir donné aux décemvirs une puissance sans bornes : *placuit*, dit Tite-Live, *decemviros creari sine provocatione.*

Il fallut donc rétablir l'*appel* au peuple comme la sauvegarde de la liberté publique & particuliere. On fit une nouvelle loi pour le mettre à l'abri des atteintes qu'on lui avoit portées. Elle statuoit qu'on ne pourroit créer aucune magistrature, dont les jugemens ne seroient point sujets à l'*appel*, & l'on permit de tuer impunément quiconque oseroit proposer une pareille création (1). La rigueur de la peine attachée à l'infraction de la loi en prouve la nécessité, & fait voir en même temps l'importance qu'y mettoient les romains.

Le sénat & les patriciens, qui, ennemis des plébéiens par orgueil & par ambition, ne cherchoient qu'à les dépouiller de leurs droits, voyoient avec peine cette loi qui les assujettissoit au jugement du peuple. Pour en éluder l'effet, lorsque leur vengeance ou leurs prétentions blessées les portoient à prononcer quelque sentence dont on ne pût appeller, ils recourroient à l'élection d'un dictateur ; cette magistrature au-dessus des loix & du souverain même. Le plus léger prétexte leur suffisoit ; & de là les dissentions, les divisions, l'état de guerre qui subsista entre les deux ordres jusqu'aux loix liciniennes.

Mais, à cette époque, l'odieuse barriere mise entre les patriciens & les plébéiens étant tombée, ceux-ci étant parvenus aux premieres places de l'état, & toutes les magistratures comme toutes les charges publiques étant devenues communes, alors les loix en faveur du peuple, ou plutôt de la république, furent maintenues ; la police romaine se rétablit, la justice & l'honneur devinrent la sauvegarde de la constitution, jusques-là qu'une nouvelle loi ayant été portée en faveur de l'*appel* au peuple, on se contenta de la peine du blâme contre les infracteurs (2) ; tant le régime populaire est favorable aux progrès de la vertu, de la foi publique & des mœurs. Aussi *Hooch*, remarque-t-il, que c'est à cette époque qu'on doit rapporter tout ce que l'histoire nous dit de la gloire & de la puissance romaines.

Comment auroit-il pu se faire, en effet, qu'un sénat jaloux & tyran, maître de l'état & des hommes, se fût élevé à la même énergie de courage & de raison, qu'un peuple roi, protecteur des loix dont lui-même est l'auteur ? Réfléchissez sur les événemens de l'histoire des hommes ; remontez aux causes des grands mouvemens, de ces révolutions qui font honneur à l'humanité, & accélerent les progrès de l'esprit humain ; vous verrez qu'elles sont dues à la vertu du peuple, à son influence dans l'état politique, à l'aspect majestueux que son ensemble donne aux délibérations qu'il prend en commun, bien supérieures, sans doute, à ces conseils secrets, ces prétendus réglemens politiques sortis du cabinet

---

(1) *Legem de provocatione in posterum muniunt, sanciendo novam legem, ne quis, ullum magistratum sine provocatione crearet : qui creasset eum jus fasque esse occidi ; neve ea cædes capitalis noxæ haberetur.* Tite-Live, liv. III, ch. 55.

(2) *M. Valerius de provocatione legem tulit diligentius sanctam ; Valeria lex, cum eum qui provocasset, virgis cædi, secerique necari vetuisset, si quis adversus ea secisset ; nihil ultra quam improbè factum adjecit.* Liv. lib. X, cap. 9.

des princes. Athènes, tant que le peuple y fut libre, offrit au monde la réunion de ce que les vertus & les talens, la gloire & la puissance, ont de plus grand; de plus imposant. Un coin du monde fit l'étonnement du reste, tandis que les vastes royaumes de la Perse, régis par des tyrans imbécilles, n'ont pas même laissé de traces de leur existence dégradée.

Aujourd'hui, l'Europe possède une nation, qui, par son esprit, plus encore que par sa constitution, donne une idée de ce que peut la force du peuple. L'Angleterre, où les arts, la civilisation, le respect de la puissance publique, les mœurs saines, le commerce & la raison, sont plus qu'ailleurs cultivés, respectés, l'Angleterre agit, pour ainsi dire, en masse. C'est moins le sénat, le prince, que la nation qui propose, examine, délibère; un esprit public supérieur aux principes même de liberté qu'on y trouve, régit, anime ces vastes corps, & donne aux mouvemens qu'il produit, aux évènemens qu'il fait naître, cette forme régulière, cette consistance politique, cet ensemble qu'on ne trouve point dans les gouvernemens arbitraires, même où les loix sont respectées; où par conséquent il existe une liberté civile, mais dont le peuple n'est ni l'auteur ni le garant. Le peuple anglois jouit du droit de résistance positive: ce seroit un terrible *appel* pour ses maîtres, s'il en avoit jamais, comme on en a ailleurs.

Quelque juste, quelque modéré que soit le pouvoir absolu d'un seul, il dessèche à la longue la vertu publique, énerve l'ame, & rend le citoyen indifférent à la gloire nationale. C'est un cancer qui ronge le corps politique & le tue lentement; l'extirpation est le seul remède qui peut sauver l'état: mais ce remède est violent, & ne réussit pas toujours, quand le mal a jetté de profondes racines. La république affoiblie, ressemble à une jeune femme dont la beauté, la force & la fécondité, minées & corrompues par une plaie douloureuse, n'offrent à la place d'un ensemble régulier & séduisant, que des formes décharnées, un tout qui périt avant l'âge.

Ainsi Rome vit à peine le pouvoir absolu des empereurs envahir tous les droits, que le terme de sa grandeur parut: elle continua quelque temps encore à fixer les regards du monde, mais ce fut bien plus par ce qu'elle avoit été que par ce qu'elle étoit. Cette grande & sublime puissance, élevée par les vertus & l'héroïsme d'un peuple roi, se soutint par la force de la vie qu'elle avoit si long-temps puisée dans son sein. Le mouvement d'un grand peuple dure long-temps; il faut l'action lente & constamment soutenu de la tyrannie pour l'arrêter; c'est ce qu'éprouvèrent les romains. Les loix n'existoient déja plus, puisque des maîtres insolens pouvoient les violer impunément, le tribunat étoit avili, le droit d'*appel* passé à la personne du despote, & de

là à celle d'affranchis; ce degré d'avilissement avoit déjà souillé les fastes de la république, que Rome étoit encore la maîtresse du monde, invincible par ses légions, & recommandable par sa sagesse. De stupides empereurs s'honoroient de cette gloire, comme si elle leur appartenoit, comme si elle n'étoit point l'effet de l'esprit républicain qui animoit encore l'empire; & comme si leur insolent gouvernement ne tendoit point à l'anéantir à jamais.

C'est une chose étonnante que des rois aient quelquefois exposé leur vie pour un objet méprisable, par haine, par ambition déplacée, & qu'aucun n'ait eu encore le courage vraiment héroïque d'abandonner l'empire, de remettre le sceptre au peuple, d'employer une autorité dangereuse à l'affermissement de la puissance nationale. Quelques-uns ont abdiqué, mais ç'a été en disposant de leur état par contrat, par donation; comme on dispose d'une maison en faveur de qui l'on veut de ses enfans. Il faut que l'amour du pouvoir soit bien enraciné dans le cœur de l'homme; il faut en même temps que l'habitude du joug soit quelque chose de bien dégradant, puisque jamais aucun peuple n'a sérieusement pris sur lui d'empêcher un monarque de disposer de lui comme de serfs attachés à la glèbe & soumis aux volontés d'un maître.

Par tout ce que nous venons de dire de l'*appel* au peuple, à Rome, à Athènes, on peut juger de son influence sur les mœurs & la morale de ces peuples. La crainte d'un jugement public devoit contenir les juges prévaricateurs, la certitude de ne pouvoir recevoir de punition injustement, puisqu'on eût pu se soustraire à une sentence inique, en soumettant de nouveau sa cause à la décision de ses pairs; enfin, la majesté, la fierté que de pareilles loix donnent au caractère, devoient les tenir loin de cette turpitude, de cette petitesse qu'on retrouve dans les nations modernes, quoiqu'elles aient une religion & des principes de morale, à bien des égards, supérieurs à ceux des Grecs & des Romains.

Par la même raison, la police, l'ordre public devoient être respectés avec d'autant plus de scrupule, que chacun se voyant de supérieur que la loi, & tout homme pouvant forcer un autre à s'y soumettre, il eut été honteux & dangereux de vouloir la braver. Les citoyens sans espions, sans contrainte, sans oppression, étoient pour ainsi dire surveillés les uns par les autres: ils ne connoissoient ni enlèvement, ni violence, ni insulte de la part des officiers publics. Lorsque de grands malheurs arrivoient, lorsque la tyrannie armée s'emparoit du pouvoir souverain, que la république étoit asservie, c'étoit de grands crimes qui produisoient ces révolutions, elles tenoient aux fautes de tout un peuple; & non pas à la turpitude de quelques particuliers. Ces désordres soulevoient la nation, & le peuple secouoit le joug, ou du moins obéissoit à d'illustres chefs. Mais jamais un peuple libre, un peuple où l'on pouvoit appeller à lui de toutes les sentences, ne rampa sous la férule honteuse de quelques agens obscures, ne fut le jouet de ses valets & d'hommes destinés à des fonctions purement passives. Cet avilissement eut lieu enfin, mais ce ne fut que lorsque Rome, livrée à des empereurs soupçonneux, à des princes imbécilles, à des hommes que la crainte ou le remord agitoit, eut perdu la sensation même de ses maux, & marchoit vers sa destruction.

III°. Si *l'appel* au peuple honora, éleva, protégea si long-temps les nations les plus respectables de l'antiquité; si Rome, si Athènes lui dûrent leur police, leurs mœurs nobles & courageuses; si elles soutinrent long-tems la vertu publique par son moyen, pourquoi les peuples modernes n'en retireroient-ils pas les mêmes avantages? pourquoi ne chercheroit-on pas les moyens de l'y établir?

Il seroit je crois, très-faux de dire, qu'une des preuves que *l'appel* au peuple seroit inutile aujourd'hui, c'est qu'il n'existe plus sur la terre depuis la destruction de la liberté romaine & grecque; car avec un pareil argument on repousseroit toute institution utile que nous pourrions imiter de l'antiquité. Et d'ailleurs ne sait-on pas que tous les peuples policés d'aujourd'hui sont entés sur des nations de brigands qui ont dévasté la moitié du monde, & y ont établi un système de gouvernement, que les peuples que nous venons de nommer ne devoient point connoître.

Voici un principe: il y a cette différence entre la législation d'un peuple formé de vainqueurs & de vaincus, & celle d'un peuple qui s'est établi sur une terre inhabitée, que chez ceux-là, la civilisation s'y développe difficilement, & sans le secours de la liberté; les vaincus suivent en partie le droit des vainqueurs, les vainqueurs, une partie des mœurs des vaincus; & de cette mauvaise police il résulte une forme de gouvernement où l'esprit de servitude, d'imitation, forme le goût national, & où la force, la considération personnelle, les titres, composent le droit public; c'est le gouvernement féodal: nous y sommes tous plus ou moins soumis, mais cependant moins qu'autrefois.

Les peuples au contraire qui se sont établis sur une terre vierge, où chaque occupant est maître & souverain de la partie qui lui tombe en partage, ou tous donnent & reçoivent la loi, où tous forment une assemblée d'égaux; ces peuples ne se civilisent qu'à l'ombre de la liberté, leurs formes publiques visent à l'égalité; l'esprit qui règne parmi eux, est un esprit fier qui se ressent toujours de son origine, & qui ne connoissant de respectable que l'état, regarde toujours une décision particulière comme au-dessous

du jugement de tous. Ils auront donc *l'appel* au peuple en honneur; tels furent les romains.

Mais parce que nous, nations modernes, nous n'avons pas l'avantage d'être un peuple unique, que nous sommes composés de vainqueurs & de vaincus, que l'esprit de servitude & de domination a long-tems régné parmi nous, s'en suit-il que nous devions toujours rester dans notre état de peuple barbare? La distinction de maître & d'esclave qui subsista pendant tant de siècles, a disparu; celle de seigneur & de vassal ne sera bientôt plus qu'un mot, & quand il y auroit toujours parmi nous des nobles & des plébéiens, ce ne seroit pas une raison pour repousser toute forme de liberté nationale & privée, puisqu'à Rome, à Athènes même, ces deux ordres existoient.

Qui pourroit s'opposer à ce qu'on établît *l'appel* au peuple? quel danger y trouveroit-on? je n'en vois aucun; mais soumettre, dira-t-on, la fortune, la vie des particuliers, la cause nationale, à la décision d'une vile populace; voilà ce qui est impossible, voilà ce qui est dangereux.

D'abord je remarque que sous le nom de peuple, on entend ici l'ensemble de la population, noble, plébéien, marchand, agriculteur, tout ce qui compose l'ordre civil, tout ce qui n'est pas soudoyé par l'état, tout ce qui jouit du droit de cité. Or, je le demande, est-ce là une vile populace? Ajoutez qu'une nation appellée à délibérer sur ses propres intérêts, sur les affaires publiques, a bientôt acquis la force de caractère & d'idées, propre à jouer dignement son rôle. En second lieu, il faut bien entendre ce que c'est que *l'appel* au peuple. Cet acte public n'a lieu que par l'instruction, le développement de la question que l'on soumet à son jugement. L'orateur ou l'homme public fait entendre sa voix, il explique, il écoute la contradiction de son adversaire, & lorsque la matière est discutée, analysée, le peuple est encore maître de différer son jugement, & de remettre la décision à une autre séance. Tout se fait sans désordre, sans tumulte, sans abus, parce que chacun a intérêt d'entendre, de dire son avis, de prononcer un jugement juste; chacun a intérêt que les loix soient exécutées, le coupable puni, l'innocent absous.

Mais enfin, dira-t-on encore, comment en appeller au peuple dans un vaste état, comme la France par exemple? Il est vrai qu'un grand peuple est plus difficile à gouverner qu'un petit, mais un grand peuple ne doit pas avoir plus de peine à se gouverner qu'un petit, parce que les moyens se multiplient avec les soins que font naître la population & l'étendue du pays. L'erreur vient de ce qu'on suppose que cent ou deux cents hommes doivent seuls régler les autres qui par-là se trouvent réduits à jouer un rôle purement passif. Mais cette illusion disparoît, lorsque chaque membre de l'état remplit fa place , & contribue pour fa part au gouvernement comme à la défenfe de fon pays ; & ces arrangemens font faciles par-tout.

Rien au refte n'eft moins compliqué en fait d'adminiftration publique, que la voie de *l'appel* au peuple ; & rien ne me femble plus propre à refferrer le lien focial , qui fe relâche , comme dit l'auteur du *contrat focial*, à mefure que l'état s'étend.

A moins d'être réduit à l'état de ferf, tout peuple renferme dans fon fein une hiérarchie de corps publics, d'affemblées populaires, telles que font chez nous , & que furent fous la domination romaine , les municipalités. Il fuffit de cette forme pour établir l'*appel* au peuple, fans confufion , fans abus , & cela de deux manières.

1°. Ou en foumettant à jugement à *l'appel* au peuple dans toutes les affemblées qui ont ou auroient lieu dans toutes les villes du royaume , & où tout citoyen libre , de la ville & de la campagne, pourroit venir donner fa voix , & parler , même s'il le vouloit. Reprenant enfuite les décifions de chaque affemblée , il feroit facile , par un moyen d'adminiftration bien fimple , de prononcer un nouveau jugement d'après le fuffrage du plus grand nombre d'affemblées.

2°. Et ce moyen paroît plus fimple & plus impofant ; l'affemblée d'*appel* pourroit être fixée dans une ville unique, la capitale , par exemple , où tout citoyen auroit droit de refter ; mais comme l'éloignement des provinces pourroit empêcher d'y affifter , chaque affemblée de ville pourroit envoyer fon vote à celle de la capitale , & ce vote feroit compté pour autant de fuffrages , qu'il y auroit d'individus qui l'auroient figné, fans que cela empêchât les particuliers de venir voter à l'affemblée capitale , lorfqu'ils n'auroient pas voté à celle de province.

Au refte , il pourroit y avoir des objets uniquement deftinés aux délibérations particulières de chaque ville, fans qu'il fût néceffaire de les foumettre à celles de toute la nation , & c'eft ce que nous devons examiner.

IV°. Nous fuppofons l'utilité de *l'appel* au peuple reconnue, le moyen de l'établir fixé ; quels feroient les objets de fa compétence ? & en admettant des affemblées d'*appel* dans chaque ville & dans la capitale ; quels jugemens pourroient être foumis à la décifion d'une feule, & quels autres à la décifion de toutes , pour être définitifs ?

Nous croyons que tout ce qui pourroit intéreffer une ville ou le territoire qui en dépend, tous les objets de police , les jugemens en matière d'emprifonnement , les propofitions d'établiffemens, de réformes pourroient être propofés à l'affemblée du peuple , c'eft-à-dire de particuliers , ayant le droit de cité ; & que tous les objets qui intérefferoient

la généralité du royaume , toutes les fentences, qui en violant le droit en la perfonne d'un citoyen, portent atteinte à la fûreté publique , feroient de la compétence de *l'appel* au peuple dans toutes les affemblées de l'état, ou dans celle de la capitale munie des votes de celles des provinces , & groffie de tous ceux qui voudroient y venir , & qui n'auroient point voté chez eux.

Ces affemblées du peuple décerneroient-les récompenfes , les peines dans les matières publiques, avec un appareil & plus impofant & plus efficace, que tant d'affemblées où tout fe fait à huis-clos , & où l'homme refferré dans les liens d'une adminiftration afservie, ne peut donner à fes idées , à fes démarches , ce caractère de grandeur qu'infpirent la vue du peuple & le défir de captiver fon fuffrage.

C'eft une remarque qu'on a toujours faite , que fi le peuple peut être féduit, corrompu, ce ne peut être au moins par des moyens vils. Voilà pourquoi l'intrigue même a quelque chofe de grand dans les républiques qu'elle n'a pas dans les états arbitraires.

Ces idées paroîtront fans doute étonnantes , & peut-être fingulières à un certain ordre de lecteurs, nous l'avons déjà dit. Ils regarderont comme une chofe oifeufe & que rien n'indique dans l'état , cette forme d'*appel* ; mais ce fera faute de réflexion qu'on portera ce jugement. *L'appel* au fouverain , au prince dans l'ordre politique actuel , n'eft légitime & légal , que parce qu'il repréfente l'*appel* au peuple , que parce qu'il en eft le vice-gérent , & que fon autorité eft fondée fur celle de la nation. Charlemagne lui-même reconnoiffoit ces principes. Ce Prince reçut une requête où l'on demandoit que les eccléfiaftiques fuffent difpenfés de fervir en perfonne à la guerre. Il répondit, que ne poffédant pas feul l'autorité légiflative , il falloit que cette matière fût foumife au jugement de la nation. *Capitul. T. i. p. 405.* Déjà ce Monarque avoit reconnu que lorfqu'il falloit établir une loi, elle devoit être foumife à la délibération du peuple , & que ce n'étoit que d'après fa délibération, qu'il pouvoit prendre foin de la faire exécuter. *Cap. vol. p. 194.* Enfin les formes , altérées à la vérité , du pouvoir populaire, fe confervent , même fous les monarchies les plus abfolues.

Nous avons adopté des affemblées de députés, qui confervent à la nation fon pouvoir légiflatif; mais le pouvoir exécutif & la jurifdiction ont tellement été arrachés des mains du peuple , que malgré les nombreux repréfentans qu'on peut lui donner , il n'eft libre que conventionnellement. Les loix peuvent être violées , altérées en faveur de quelques particuliers ; on peut le fouler, l'avilir, le dégrader , fans qu'il puiffe prefque fe faire refpecter. De toutes les manières il eft gouverné &

jamais il ne gouverne comme peuple, mais seulement comme député, ce qu'n'est pas également favorable au développement des facultés sociales & de la vertu publique.

L'Angleterre en conservant, de fait beaucoup plus que de droit, une grande liberté à la presse, à éprouvé une partie des bons effets de *l'appel* au peuple. Lorsqu'on peut dénoncer à la nation une infraction faite aux loix, un abus d'autorité, c'est toujours un grand bien, quoiqu'on ne puisse parler au peuple, & que celui-ci ne puisse porter un jugement, que d'une manière indirecte, & seulement de façon à influer sur l'opinion de ses chefs.

V°. Quoiqu'il ne soit pas croyable que *l'appel* au peuple soit si-tôt établi en Europe sur le pied où il étoit à Rome, quoique la forme de gouvernement & de police adoptée parmi nous en rende l'exécution très difficile, qu'il n'y ait qu'une longue suite de guerres civiles, de troubles, soutenus de quelque vertu qui puisse élever le peuple jusqu'à vouloir rentrer dans une jouissance de droit aussi légitime, ce ne sera peût-être pas néanmoins sans quelque plaisir qu'on réfléchira à la révolution qu'il produiroit dans les mœurs & l'esprit des nations.

D'abord, qu'on se figure un grand peuple, qui, rassemblé sur un territoire contigu dans toutes ses parties; que le desir & la soif des conquêtes ne transporte pas au-delà des bornes de son empire; où les arts, les sciences, les productions du génie, les subsistances sont à portée de tout le monde, où un grand commerce fait circuler les richesses, qu'on se figure ce peuple jouissant du droit d'*appel*, & sous un chef respecté, protégeant ses loix par la force de la masse & l'influence de son pouvoir souverain. Dans une époque comme la nôtre, où les droits de l'homme sont mieux connus, où la paix devient nécessaire par la jalousie, la crainte réciproque des états, & où la guerre est difficile & dispendieuse par les nouveaux moyens de la faire, on ne sauroit douter des avantages qui résulteroient pour le bonheur public de l'établissement de *l'appel* au peuple.

S'il est vrai en effet que le bonheur dépende non-seulement des bonnes loix, mais sur-tout de leur exacte & impartiale exécution, quel moyen plus puissant de remplir cet objet que *l'appel* au peuple? Qui pourroit le réduire dans des affaires majeures pour le faire décider contre ses propres intérêts?

De ce principe il résulte que la police seroit mieux organisée, la religion plus respectée, l'honneur public plus considéré, le patriotisme plus commun ou plûtôt la base inébranlable de la constitution. On peut croire aussi sans exagération que les mœurs s'amélioreroient, quoiqu'il ne soit pas certain qu'elles en devinssent plus douces; mais elles

seroient plus pures, & cette pureté ne dégénéreroit pas en rigorisme, comme il arrive dans les états corrompus, où ceux qui veulent se donner pour vertueux ne se montrent que durs & fanatiques.

Les arts, chez un pareil peuple, sur-tout les arts de génie, s'avanceroient à grands pas vers la perfection; parce que les artistes, animés du desir d'illustrer leur patrie où la liberté ne seroit pas un mot vuide de sens, & les loix une bride, une leure pour les pauvres citoyens, se disputeroient le mérite à ses yeux de l'enrichir de leurs ouvrages: cette action réagiroit sur toutes les parties de l'état social, & chaque ville offriroit les chef-d'œuvres d'Athènes & les vertus de l'ancienne Rome.

Nous répétons ici ce que nous avons déjà dit, que la proposition seule d'un pareil projet paroîtra ridicule à plus d'un lecteur; l'habitude de regarder la démocratie comme un monstre, un certain penchant à la paresse politique, c'est-à-dire, au défaut d'abandonner à quelques personnes tout le soin des affaires publiques, le préjugé en faveur de l'ordre établi, quelques mauvais proverbes opposés aux intérêts du peuple, & par-dessus tout l'étonnement, la fatigue que produit dans l'esprit une grande nouveauté, doivent faire regarder *l'appel* au peuple comme inutile, chimérique & dangereux. Mais ce qui paroît monstrueux aujourd'hui, peut ne pas l'être dans cent ans; on peut revenir sur des institutions qui ont été utiles autrefois.

Nous n'avons pas cru nécessaire non plus d'entrer dans tous les détails qui auroient pu justifier notre opinion; ce n'est qu'un apperçu, une esquisse imparfaite d'un tableau, qui, tracé d'une autre main, auroit sans doute pu produire un grand effet. Si même nous en avons parlé, c'est que dans un ouvrage destiné à faire connoître les moyens anciens & moraux de police & de civilisation, il ne falloit pas taire ceux qui ont été le plus chers aux peuples qui nous ont précédés, & de qui nous tenons tant de choses.

APPLAUDISSEMENT, s. m. On désigne par ce mot, une manière bruyante de témoigner l'admiration & le contentement que quelque chose ou quelque action fait éprouver.

C'est en public que les *applaudissemens* flattent ceux qui les reçoivent; c'est là que chacun les brigue en paroissant les refuser; le barreau, le théâtre, les salles d'instruction publique en retentissent journellement, & cette habitude est devenue si triviale, qu'elle n'est bientôt plus qu'une vaine cérémonie, un bruit sans objet.

L'*applaudissement* diffère de l'acclamation. Celle-ci est quelquefois l'expression de la rumeur, du mécontentement, on peut désapprouver par acclamation, mais l'autre est toujours censé une marque

de

de satisfaction. L'acclamation est souvent enfant de l'espérance; elle est produite à la vue d'un libérateur, d'un magistrat intègre: l'applaudissement n'est l'effet que d'un plaisir actuel & toujours bien plus dépendant de l'action des objets extérieurs que de l'émotion de l'ame (1).

Soit qu'on attache une grande idée à la puissance du peuple, soit qu'on le regarde comme le meilleur juge, il est sûr que son approbation, ses applaudissemens ont été de tout temps l'objet de l'ambition de la plupart des hommes, même les plus puissans. Il n'y a pas jusqu'aux tyrans qui ne soient assujettis à cette loi qui prouve si victorieusement l'ascendant de l'opinion publique sur l'esprit des hommes. Néron n'avoit-il pas, au rapport de *Suetone*, une troupe de jeunes gens chargés de l'applaudir par-tout où il s'efforçoit de se distinguer par son chant. *Divisi in factiones plausuum genera condiscebant, operamque navabant cantanti sibi. (in Neron, cap. 20.).*

Il y a plus, on trouve une loi de Gratien qui veut qu'on paie par des applaudissemens le tribut de reconnoissances qu'on doit aux hommes publics qui ont bien rempli leurs places; & *Constantin*, dans une autre, en donnant au peuple le pouvoir de blâmer ou d'applaudir les juges, regarde cette dernière louange comme le moyen de les attacher au bien général, & comme une récompense de leurs vertus (2).

Aujourd'hui ce sont les orateurs qui reçoivent les plus grands applaudissemens; les voûtes des tribunaux en retentissent tous les jours, & cette joie bruyante est presque devenue un désordre, au moins est-ce quelquefois un abus. Je ne voudrois pas, au reste, qu'on les proscrivît; on doit convenir qu'il faut au moins que l'homme qui se dévoue au soutien de la justice, puisse publiquement recevoir un témoignage de la reconnoissance ou de l'admiration des hommes; & je pense, comme *Constantin*, que cette récompense étant vraiment celle du mérite, il importe de la lui conserver. Car, quoiqu'on puisse peut-être se plaindre avec *Pline le jeune* de la vénalité des applaudissemens prodigués au barreau, quoique plus d'un orateur ait sa cohorte applaudissante, on peut dire, en général, que cette approbation publique, bonne ou mauvaise, est ordinairement l'effet de la persuasion des auditeurs.

Les applaudissemens au théâtre ont été plus avilis; ils ont donné lieu à des cabales puérilement honteuses, à des petites brigues, à des vengeances, des sottises. C'est l'arène où chacun veut arracher le signe d'approbation du public, & les ambitieux

de ce genre, ont souvent trouvé qui leur a répondu.

L'applaudissement, au sens méchanique, ne signifie rien par lui-même dans nos salles de spectacle; il n'est souvent qu'un persifflage, une huée, une sanglante ironie dont l'auteur se passeroit bien. C'est la plupart du temps un tapage vuide d'objet, & qu'entretient l'instinct méchant d'une foule de rieurs & de jeunes gens indisciplinés. On les a fait asseoir pour les rendre plus posés; mais comme on n'a pu enchaîner leurs langues ni leurs mains, les applaudissemens à tort & à travers ont continué; & je crois que le meilleur est de ne s'y pas opposer, car un demi-tiers des désœuvrés de Paris, ou plutôt de provinciaux désœuvrés à Paris, n'y vont que pour jouir de cette petite liberté.

Comme aussi tant de héros, de grands hommes, d'illustres voyageurs ne vont au théâtre que pour s'offrir à ces applaudissemens tumultueux, & leurs têtes aux couronnes qui les précédent ou les accompagnent ordinairement, nous en avons vu accourir des extrémités de la France, des extrémités du monde, pour recevoir cet encens flatteur aux théâtres de la capitale. O athéniens! s'écrioit *Alexandre*, si vous saviez ce que j'ose pour mériter vos applaudissemens!

C'est au théâtre que règne l'opinion publique; c'est là que s'effectue, non l'appel au peuple, mais l'appel à la nation, ou à la partie de la nation qui a coutume d'y aller. Mais, qu'on y prenne garde, à force de multiplier les applaudissemens, les couronnes, les *bravo*, on les rendra aussi dégoûtans qu'ils sont déjà insupportables à ceux qui n'en sont pas les objets.

On établit une police très-sévère à Rome, pour mettre un frein à la pétulance de jeunes gens, qui s'étoient arrogé le droit exclusif d'applaudir & de disposer des réputations des auteurs & des acteurs. Leurs excès furent portés à un tel point qu'il fallut songer à les réprimer par la crainte des peines les plus dures. Une loi infligeoit à ces *tapageurs* la peine du fouet, ou la privation de l'entrée au spectacle, & la peine d'exil ou même la mort, en cas de récidive, (*L. 28, §. 3, c. de pœnis.*) La défense d'entrer au spectacle paroît, de toutes ces peines, la plus proportionnée au délit, les autres devenant cruelles pour un si mince objet. Une sentence des capitouls de Toulouse, du 23 janvier 1783, condamna à trois mois de prison & à un an d'absence de la salle des spectacles, un

(1) Cette distinction semble démentie par la conduite que tinrent les parisiens à la rentrée du parlement en 1789. Ils applaudirent les pairs & les magistrats: cette manière de s'unir à une grande cause, est au-dessous de la dignité nationale, c'étoit au milieu des acclamations qu'il falloit les recevoir: mais le peuple est timide à Paris jusqu'à la bêtise.

(2) L. 1. c. de quæsturibus & magistris officiorum. L. 3, c. de off. rectoris prov.

Jurisprudence, Tome IX. Police & Municipalité. V v

jeune homme, qui avoit occasionné du bruit & un tumulte considérable dans le parterre.

APPRENTISSAGE, f. m. C'est le temps qu'on passe à apprendre quelque chose, un métier, par exemple. *Voyez*, dans la *jurisprudence*, ce qui regarde les dispositions de droit pour rendre l'*apprentissage* légal & sûr.

Sans examiner si les statuts, qui exigent qu'un aspirant à la maîtrise dans une corporation, ait fait son temps d'*apprentissage* suivant les règlemens, gênent l'industrie, & portent atteinte à la liberté sociale; sans chercher à répondre aux objections que les économistes ont fait contre cette police des arts; sans prétendre justifier les abus, les frais, les exactions commises à la réception des apprentis, nous dirons seulement que puisqu'il y a des maîtres, il faut qu'il y ait des apprentis, que puisqu'on est convenu de donner sa confiance à un artisan quelconque, qu'il est censé expert en son art & reconnu pour tel par les corporations qui l'ont admis, il doit y avoir des *apprentissages*, & cela par plusieurs raisons indépendantes de ce que nous venons de dire.

1°. L'*apprentissage*, en diminuant la trop grande quantité d'ouvriers dans les arts délicats, en fait naitre dans les arts grossiers aussi nécessaires.

2°. Cette nécessité empêche l'engorgement & le découragement que ne manqueroit pas de faire naître une trop grande concurrence.

3°. Elle soutient par conséquent, le salaire des ouvriers à un plus haut taux, parce qu'étant moins nombreux, il s'en présente moins pour remplir les places chez les maîtres.

4°. L'*apprentissage* habitue les jeunes gens au travail, à l'assiduité, perfectionne les arts & met l'ouvrier à portée d'approfondir les règles de son art. En Angleterre, il est de sept ans; en Hollande, il n'y en a pas de droit; mais un fabricant ne prendroit point à son service un ouvrier dont il ne connoitroit pas la capacité par un certificat du maître chez qui il a appris: ce qui revient au même.

5°. L'*apprentissage* empêche un trop grand nombre d'hommes de quitter l'agriculture, le service militaire & de la marine, pour s'appliquer aux métiers dans lesquels ils ne feroient qu'accroître la pauvreté relative qui se multiplie tous les jours. Car il est sûr qu'un grossier matelot, un bouvier, un valet de charrue est relativement moins misérable qu'un ouvrier qui gagne plus qu'eux; mais qui étant forcé de vivre au sein des villes, dépense proportionnellement bien plus.

Ces raisons & d'autres encore que nous pourrions ajouter, n'obligent cependant pas, nous le répétons, à exiger de trop forts deniers pour les frais & les actes nécessaires à l'*apprentissage*. Elles ne

doivent pas non plus autoriser les maîtres à maltraiter les enfans qu'on leur confie, ou à leur faire faire des travaux qui n'ont aucun rapport avec l'instruction qu'ils doivent leur donner. Nous avons aussi remarqué au mot ABUS, les torts que les maîtres ont souvent envers leurs apprentis, & nous avons engagé les officiers de police à porter une attention sérieuse sur cette partie de la discipline des arts, presqu'entièrement abandonnée à leurs soins.

Le réglement annexé à la déclaration du premier mai 1782, établit quelques règles sur l'*apprentissage*, qu'il est important de rapporter ici.

1°. Les brevets d'*apprentissage* pourront être faits sous signature privée. Mais ils seront enregistrés par les syndics & adjoints des communautés, sur un registre à ce destiné. 2°. Le temps de l'*apprentissage* ne commencera à courir que du jour de l'enregistrement du brevet. 3°. Les syndic & adjoints ne pourront exiger, pour ledit enregistrement, plus de 6 liv. dans les villes de la première classe, & de 4 liv. dans celles de la seconde classe. *Voyez* arts & métiers. 4°. La moitié de ce droit sera versé dans la caisse de la communauté, l'autre moitié sera partagée entre le syndic & adjoints. 5°. Dans le cas où le brevet se trouveroit annullé, du consentement des parties, par le décès du maître, ou par jugement, les apprentis pourront achever leur *apprentissage* chez un nouveau maître, & le nouveau brevet sera inscrit sans frais sur le registre de la communauté. 6°. Les maîtres des communautés créés & établis par édits & lettres-patentes duement enregistrés, auront seuls le droit de faire des apprentis. 7°. Les pères ou mères, maîtres ou agrégés qui feront travailler avec eux leurs enfans, dans la vue de les faire recevoir maîtres de leur métier ou profession, seront tenus de les faire inscrire sur le registre de la communauté, & ladite inscription sera gratuite.

Au reste, ce réglement ne regarde point les orfèvres, lapidaires, horlogers, apothicaires, imprimeurs, libraires, perruquiers, non plus que les manufacturiers, & n'a lieu que dans le ressort du parlement de Paris, quoiqu'il en diffère peu dans les autres.

Voici encore quelques réglemens à remarquer sur l'*apprentissage*. Il est fait défense aux apprentis de quitter leurs maîtres, & aux maîtres de les congédier avant l'expiration du temps, sans causes légitimes, & jugées telles par le juge de police. (Arrêt du parlement, 14 Mars 1736.) L'apprenti qui s'engage au service du roi se trouve dégagé de son *apprentissage*, & le maître ne peut se faire payer le surplus du prix qui restoit à courir. (Arrêt du même parlement, 19 février 1746.) Ce qui a lieu dans tout le royaume. Les sujets qui justifieront d'un *apprentissage* & compagnonnage chez les maîtres d'une ville quelconque du royaume, où il y a

jurande feront admis à la maîtrife de leur profeffion dans les communautés d'arts & métiers de toute
autre ville du royaume qu'ils voudront choifir , à
l'exception toutefois de Paris , Lyon , Lille &
Rouen. (Arrêt du confeil d'état, du 25 mars 1755.)

Ce dernier Arrêt doit au furplus fe modifier par ce
qu'exprime le réglement de 1782 , lequel dit : que
ceux qui auront fait quatre ans d'*apprentiffage* pourront être reçus maîtres dès l'age de vingt ans accomplis.
Mais s'ils veulent être reçus maîtres dans une autre
ville, que celle où ils auront fait leur *apprentiffage*,
ils ne pourront y être admis qu'en juftifiant de leur
apprentiffage, par un extrait du regiftre de la communauté , & par un certificat des maîtres chez lefquels
ils ont appris ; le tout duement légalifé par le juge de
police , & après avoir travaillé un an chez un des
maîtres de ladite ville.

L'on trouvera fous le nom de chaque art ou métier en particulier les détails que nous n'avons pu
rapporter ici , & fingulièrement ceux des orfèvres ,
apothicaires , libraires , imprimeurs , perruquiers ,
qui font exceptés du règlement général.

APPROBATION , f. m. C'eſt , en terme de
police de la librairie, l'acte par lequel la perfonne
commife par le chancelier ou le garde des fceaux
pour examiner un livre , déclare l'avoir lu & n'y
avoir rien trouvé qui puiffe ou qui doive en empêcher l'impreffion.

Cette forme n'exifte que depuis l'ordonnance de
1629 qui , article 52 , défend à tous imprimeurs ,
libraires ou autres, de vendre & débiter aucuns livres
ou écrits qui ne portent le nom de l'auteur & de
l'imprimeur , & fans la permiffion du roi , par lettres
du grand fceau , lefquelles ne pourront être expédiées , qu'il n'ait été préfenté une copie du livre ma-
nufcrit au chancelier ou garde des fceaux , fur laquelle ils commettront telle perfonne qu'ils verront
être à faire , felon le fujet & la matière du livre ,
pour le voir & examiner , & bailler fur icelui leur
atteftation , fi faire fe doit , en la forme requife ,
fur laquelle fera expédié le privilège.

Avant ce réglement l'auteur d'un ouvrage , ou
l'imprimeur s'adreffoit au fyndic de la faculté de
théologie, ou au parlement , qui n'accordoit la
permiffion d'imprimer que d'après l'approbation de
cette faculté. Comme on craignoit les innovations
en matière de religion , la forbonne fe montroit
fouvent difficile à accorder des permiffions. *Voyez*
Cenfeur dans la *jurifprudence.*

Ce ne font pas feulement les livres qui ont befoin de permiffion pour être imprimés , les gravures
font fujettes à la même règle par l'arrêt du confeil
du 10 juillet 1745 ; mais fi jamais réglement fût
éludé c'eſt celui-là.

Je crois qu'on doit diftinguer l'*approbation* de la
permiffion. On peut permettre une chofe fans l'ap-

prouver ; cependant il paroît qu'on entend que la
permiffion ne doit être accordée qu'en conféquence
de l'*approbation* de la perfonne qui cenfure ; mais
en cela on fe trompe peut-être.

Au refte , on a de tout temps crié contre cette
néceffité de faire approuver fes penfées par un autre
avant de les rendre publiques. En même temps les
partifans de l'habitude & de l'ufage ont foutenu
qu'il n'y avoit rien de fi bien imaginé , & d'une
police plus fage ; & fur cela , de part & d'autre ,
il s'eft élevé des difcuffions où le véritable point de
la queftion a été perdu de vue. *Voyez* LIBERTÉ
DE LA PRESSE.

Difons ici feulement , & par anticipation , que
fans bleffer les principes d'une bonne police , on
pourroit permettre à tout homme domicilié de faire
imprimer ce qu'il voudroit , fauf aux tribunaux publics à lui faire fon procès à la réquifition de qui il
appartiendroit , en cas qu'il eût calomnié quelqu'un ,
ou attaqué pofitivement & malignement quelque
objet refpectable dans la fociété , & le libraire ou
imprimeur répondroit provifionnellement du délit
de l'auteur , fi l'auteur ne pouvoit être trouvé. Mais
il faudroit laiffer à celui-ci le droit de fe défendre
publiquement , & de ne pouvoir être jugé coupable
ou non coupable que par fes pairs. C'eſt à peu près
ce qui a lieu en Angleterre , où l'efprit public
& l'amour de la liberté adouciffent encore cette
rigueur légale , & où l'on s'en trouve bien. *Voyez*
LONDRES : nous y dirons , d'après des monumens
authentiques , en quoi confifte la police à cet
égard.

APPROVISIONNEMENT , f. m. Fourni-
ture des chofes néceffaires à la confommation ordinaire. On ne le dit guère qu'en parlant des chofes
néceffaires à la fubfiftance des armées & des villes :
c'eſt dans ce dernier fens que nous le prenons.

Avant d'entrer dans aucun détail , donnons une
idée de l'*approvifionnement* , ou plutôt des foins
qu'il exige de la part du gouvernement municipal
pour une ville , ou de l'adminiftration fuprême pour
l'état en général.

Une féchereffe dévorante a fait manquer la récolte ; la gelée , fufpendant le cours des rivières ,
tient le commerce dans l'inaction ; quelque calamité publique infpire de l'inquiétude aux riches propriétaires , & les vivres reftent dans les magafins ;
enfin le défir de foutenir de faux bruits , pour
vendre plus cher , engage le laboureur à laiffer les
marchés déferts , & le citoyen fans pain.

Ce malheur arrive quelquefois ; & lorfque , d'une
manière imprévue , il afflige la fociété , on fent
alors feulement combien il a été fage d'en prévenir
les fuites d'avance.

Et en effet , qu'on fe peigne l'état d'une ville ,

V v 2

d'une capitale comme Paris, par exemple, manquant des chofes néceflaires à la vie; fi le corps municipal, les magiftrats attendent que le commerce, avide de gain, vienne lentement au fecours du peuple qui crie, & qui, à fon befoin réel, ajoute tous ceux de l'inquiétude; fi, dans un temps où la difficulté des chemins & de la navigation multiplie les frais de tranfport, & tient le marchand dans une indifférente oifiveté par la crainte de ne pas affez gagner, l'adminiftration n'emploie pas une fage fermeté pour ramener l'abondance, & forcer la cupidité particulière à céder au malheur public; fi dans ce moment où le riche, fpéculant fur les befoins du peuple, l'autorité fouveraine ne rappelle pas l'avidité égarée aux loix de la juftice fociale, alors vous verrez des fcènes terribles ou des maux plus déplorables encore; les écarts de la multitude fomentée par l'orgueil & l'égoïfme de la propriété, & les malheurs d'une infurrection dictée par la faim. Une légère févérité, quelques facrifices exigés de l'opulent laboureur ou propriétaire, calment toute cette efferefcence & rappellent la paix avec l'abondance.

L'erreur de ceux qui foutiennent qu'on ne doit pas, dans ces temps calamiteux, forcer les *approvifionnemens*, vient de l'ignorance où ils feignent d'être de l'état des peuples, de fon oppreffion, de l'extrême inégalité des richeffes; toutes caufes qui dérangent les fyftêmes abftraits fur le droit de propriété.

Il y a plus: comme dans un incendie on force le particulier à abattre fa maifon, pour empêcher l'embrâfement d'un quartier, on doit auffi, dans un temps de difette, obliger le propriétaire à approvifionner le marché au prix courant, & cela uniquement afin d'arrêter les progrès de la famine qui ne manqueroit pas d'exercer fes horreurs à la fuite des gafpillages affreux, des pertes de fubfiftances qu'une infurrection populaire ne manqueroit pas de caufer, fi l'avidité du marchand continuoit à foutenir le prix de la denrée au-deffus de celui que la mifère publique comporte. Je dis même qu'alors, comme tout augmente de prix, & que les travaux ceffent, on doit forcer le marchand à donner à bon marché, comme on force le citoyen voifin de l'incendie à abattre fa maifon, quoiqu'il en puiffe réfulter fa ruine. *Salus publica, fuprema lex efto.*

Après ces réflexions, auxquelles nous en pourrions ajouter d'autres, pour prouver qu'il eft quelquefois indifpenfable de forcer les *approvifionnemens* dans les grandes villes, qu'il n'eft que ce moyen de prévenir des maux qui peuvent éclater du jour au lendemain; que c'eft à tort que des adminiftrateurs, entêtés de principes abftraits, ont voulu ôter ce pouvoir aux corps qui en ont toujours été revêtus, nous dirons hiftoriquement en quoi confifte la police des *approvifionnemens*, & ce qu'on a pratiqué plufieurs fois à cet égard, pour la capitale fur-tout.

Rome avoit un magiftrat deftiné à cet objet; on le nommoit *préfet de l'annone*. Sa charge fut créée lorfqu'après les loix frumentaires de *Sempronius Gracchus*, on eut fenti la néceffité de tenir le marché abondamment pourvu des chofes néceffaires à la vie. Ce tribun avoit fait recevoir une loi qui établiffoit pour les pauvres citoyens un prix inférieur à la valeur du bled. La rareté, foutenue par l'avarice, le rendoit cher. Pour éviter cet inconvénient, & ne point épuifer le tréfor par la vente à perte des grains, on établit le préfet des vivres, chargé de tenir les marchés pourvus. Cette magiftrature fut d'abord accordée à Pompée, qui pendant cinq ans la remplit avec le plus grand fuccès. Elle devint fi confidérable qu'Augufte n'en voulut pas, lorfqu'il fut fur le trône, en laiffer l'exercice à un autre qu'à lui. Il fe fit nommer préfet de l'annone & créa deux officiers chargés de diftribuer les bleds au peuple fous fes ordres, & de veiller à l'*approvifionnement* de Rome.

Mais dans la fuite cette place perdit de fon importance, elle ne fut plus qu'un des départemens de la police attribué au préfet de la ville. Elle conferva toujours cependant une grande importance; le préfet de la ville ne pouvoit rien ordonner fur le fait des *approvifionnemens*, fans l'aveu de celui de l'annone; & la jurifdiction de celui-ci fe prouve parce qu'il conferva toujours des huiffiers ou appariteurs chargés de faire exécuter fes ordres.

Dans les provinces, les proconfuls, du temps de la république, & les gouverneurs, fous les empereurs, étoient chargés de l'*approvifionnement*; & pour exercer cette fonction, ils étoient aidés d'officiers fubalternes, qu'on nommoit *defenfores civitatum*. C'étoient des échevins ou autres officiers municipaux, qui, parmi nous, ont encore confervé en grande partie, la police des *approvifionnemens*. Nous voyons auffi que dans le bas empire les évêques partagèrent ce foin. Ils faifoient diftribuer au peuple les grains renfermés dans les magafins, & *approvifionner* les marchés dans les temps de difette: c'eft ce qu'on peut voir dans *Caffiodore*, lib. 12. cap. 26. mais ces fonctions étoient purement chrétiennes, & il ne paroît pas qu'elles leur donnaffent aucune jurifdiction pofitive.

Rome, dans fa naiffance, & long-temps après l'inftitution des confuls ne vivoit que des produits de fon territoire, & de ce qu'elle pouvoit prendre aux ennemis. Mais lorfqu'elle fe fut accrue, lorfqu'elle eut foumis la moitié du monde connu, il fallut qu'elle fît venir de loin des fubfiftances & l'*approvifionnement* devint, comme nous l'avons dit, les fonctions d'un de fes magiftrats.

Quatre fortes de moyens furent mis en ufage pour cela. Comme c'étoit en faveur du peuple, & pour tenir les vivres à bas prix qu'on approvifionnoit les marchés, on remplit ce premier objet en diftribuant les grains au-deffous du prix ordinaire, en vertu de la loi frumentaire de *Gracchus*. C'étoit dans la même intention que les empereurs faifoient des diftributions gratuites au peuple, à certaines fêtes, comme Céfar pour honorer la mémoire de fa fille. Mais cette manière d'approvifionner le peuple étoit très-indirecte & quelquefois abufive. En fecond lieu, les dépôts de tributs en nature, auxquels étoient affujettis les peuples conquis, formoient un *approvifionnement* continuel que l'on tiroit des greniers publics où ces contributions étoient dépofées. Les loix contre les accaparemens étoient le troifième moyen d'*approvifionnement*; elles étoient fevères, & nous en avons parlé au mot ACCAPAREMENT. Enfin le quatrième moyen confiftoit dans le fecret qu'on avoit à Rome de conferver, même pendant un demi-fiècle, fous terre, les grains qu'on y dépofoit. *Varron* parle de ces greniers fouterrains, & les regarde comme d'un grand fecours contre la famine produite par la guerre ou l'intempérie des faifons.

Les flottes de Sicile & d'Alexandrie fourniffoient à ces *approvifionnemens* de Rome, & long-tems le commerce des Romains, ou plutôt les foins qu'ils donnèrent au commerce, n'eurent pour objet que ce département. On fait comme Pompée chaffa les Pirates qui empêchoient les flottes d'arriver; le Sénat & les Empereurs eurent toujours foin que la mer fût libre.

L'*approvifionnement* des armées romaines étoit fort fimple; le foldat portoit ce qu'il lui falloit de farine ou de grains pour quinze jours, il ne buvoit point de vin. Quelquefois les vaincus fourniffoient des vivres, & même des habits aux troupes, comme *Tite Live* le rapporte en parlant des Samnites. Ainfi les armées de la république n'étoient point fuivies d'un peuple de vivandiers, d'une multitude de chariots qui embarraffent, & font fouvent la caufe de la perte d'une bataille.

Mais cet ordre changea fous les empereurs. Les troupes perdirent de leur courage, il fallut les nourrir plus délicatement, & fur-tout les chefs. Faute de ces foins, les foldats pilloient & caufoient mille défordres. On établit donc des gens pour avoir foin des *approvifionnemens* de l'armée, & bientôt naquit une pépinière d'hommes fifcaux & avides, dont les noms forment feuls une lifte confidérable. Nous avons confervé cette partie de la police militaire du bas empire, & ceux qui l'ont vue, favent les abus qui en naiffent, mais ils font prefqu'inévitables, parce que depuis l'invention de la poudre, la guerre ne peut plus fe faire comme autrefois.

Les nations modernes n'ont pas pris moins de foin que les anciennes pour entretenir l'*approvifionnement* des villes. Celui de Paris fur-tout a de tout-tems, été un des foins de l'adminiftration,

mais nous ne voyons point qu'on ait jamais établi dans cette capitale, des greniers de réferve fous la protection du gouvernement, foit qu'on ait craint des pertes & des dépenfes exceffives, foit qu'on ait cru que le commerce feul étoit plus en état qu'aucune autre chofe d'entretenir l'abondance. On auroit eu raifon fans doute s'il n'eût pas été gêné par des inftitutions, des ufages, qui bons à certains égards & tant qu'ils font fous l'infpection immédiate du magiftrat, deviennent nuifibles au moment qu'ils font livrés à l'avidité & à l'efprit exclufif du négociant.

Telle fut cette fociété ou hanfe appellée des *marchands de l'eau*, érigée en confrairie avec le droit exclufif d'apporter à Paris les provifions recueillies fur les bords des rivières voifines. Le Pont de Mantes fermoit aux provinces de la baffefeine, la navigation pour le tranfport de leurs denrées à Paris. Mais bientôt la néceffité d'un *approvifionnement* plus confidérable, exigé par le befoin de la capitale, força à admettre les marchands étrangers. On ordonna qu'ils feroient payés, s'ils l'exigeoient, le jour même de la vente; que les formes de la juftice ordinaires feroient la règle des marchés, & qu'enfin on obferveroit à leur égard tout ce que dictent la bonne-foi & l'honneur. On fit enfuite différens règlemens concernant la vente des denrées dans la capitale, que l'on a toujours obfervés depuis, & qui regardent moins les *approvifionnemens* que la police des vivres & la défenfe des accaparemens.

Une des chofes qui dûrent nuire davantage à l'*approvifionnement* des grandes villes du royaume, & principalement de Paris, fut le défaut de circulation des grains dans l'intérieur du royaume. Les gênes, les droits, les défenfes ralentiffoient la marche du commerce, & l'adminiftration elle-même fe trouvoit enchaînée par une foule d'abus locaux, lorfqu'il étoit queftion de quelque *approvifionnement* confidérable. La circulation fut rétablie par l'édit de 1577, & confirmée par d'autres poftérieurs.

On enjoignit auffi aux magiftrats de faire dans des magafins publics des provifions pour trois mois. On défendit aux fermiers, fous peine de confifcation, de garder leurs bleds dans leurs greniers pendant plus de deux années. Le commerce de grains fut interdit aux magiftrats & à la nobleffe. Les marchands furent obligés de fe faire infcrire. Ils ne pouvoient faire leurs achats qu'à la diftance de plus de deux lieues des villes de province, & de fept de la capitale.

Je trouve encore dans les ordonnances royaux pour la ville de Paris, qu'Henri IV & Louis XIII défendirent aux troupes de demeurer dans les lieux circonvoifins de la capitale, afin de n'y point empêcher les travaux de la culture néceffaire à l'*approvifionnement*, car, dit le premier : *la licence des gens de guerre attire après foi en peu de temps la*

ruine totale des lieux ou ils font quelque séjour.
Ord. d'Henri IV, 28 Septembre 1594.

Mais il ne fuffifoit point que les provinces fuffent
libres de tranfporter leurs denrées où elles voudroient,
pour que la capitale jouît de l'abondance, il falloit
encore que les chemins qui y conduifent, & fur-
tout que le lit de la Seine & des rivières qui y
tombent, facilitaffent aux marchandifes, les moyens
d'arriver promptement. Le corps municipal, qui
réunit l'adminiftration & la jurifdiction de la rivière
de Seine, porta fes regards fur cet objet & vit bientôt
qu'une des grandes difficultés de l'*approvifionnement*
de Paris fe trouvoit dans la gêne, l'embarras que
mettoient au paffage des bateaux, les péages,
moulins & entreprifes des riverains de la Seine,
de la Marne, &c. Un édit du mois de décembre
1672 remédia à une partie de ces inconvéniens.

Tous les habitans des rivages de la Seine furent
obligés d'y laiffer un chemin libre & fûr pour les
traits des chevaux : les plantations trop voifines
des bords & mille autres obftacles difparurent. Les
ruiffeaux affluens à la Seine & à la Marne, cefsèrent d'être une propriété foumife aux caprices
de ceux dont ils arrofoient les champs. Le lit de
la Seine fut purgé des immondices qu'on y avoit
accumulées, & débarraffé de tous les débris qui
le ralentiffoient. Dans la confervation même des
moulins, on évita tous les ouvrages qui pouvoient
nuire à fa rapidité. Les périls étant ainfi diminués,
le voiturier devint garant des avaries, & la vente
de fon bateau, la punition de fon imprudence
& de fon impéritie. Les péages furent fupprimés,
& le prévôt des marchands fut autorifé à faire
conduire de force dans Paris, les vivres achetés
pour cette capitale, lorfqu'on les retenoit dans
les provinces, à deffein d'en faire hauffer le prix.

Un autre acte de légiflation relatif à l'*approvifionnement*, fut la déclaration du 31 Août 1699,
qui profcrivit les fociétés en fait de commerce
de grains. On conferva feulement les blatiers qui
approvifionnent Paris des bleds qu'ils tirent de la
Beauce, du Vexin, de la Picardie, & que les laboureurs n'apporteroient point.

L'*approvifionnement* de Paris par terre a toujours
été de la compétence du prévôt de Paris, c'eft en
vertu de fes ordonnances que les officiers de police
en prennent foin ; comme l'*approvifionnement* par
eau, qui eft le plus confidérable, eft du reffort
de MM. du corps municipal.

On trouve une ordonnance du prévôt de Paris
de 1396, où ce magiftrat défend aux marchands
qui approvifionnent Paris, de décharger leurs
marchandifes ailleurs que dans les ports & places
de la ville, police qui eft encore fuivie aujourd'hui,
ainfi que celle qui défend d'aller au devant des
vivres pour les enharrer. Un arrêt du parlement
du 23 décembre 1660, enjoint aux commiffaires

du châtelet de Paris, de tenir la main à ce que
les vivres & provifions arrivent à Paris, & des
lettres-patentes fur arrêt du 21 Avril 1667, ordonnent que les ordonnances du lieutenant de police
de Paris, concernant l'*approvifionnement* de Paris,
feront exécutées dans tout le royaume.

Paris jouit d'un privilège qu'il faut rapporter ici :
c'eft que les denrées deftinées à fon *approvifionnement*, ne peuvent être faifies pour quelque raifon
que ce foit, & fur cela il n'a point d'autre juge
que fon magiftrat. Dans tous les règlemens de juri-
prudence commerçante, on excepte toujours les
approvifionnemens de Paris, en ce qui pourroit
déroger à ce privilège. Un arrêt du confeil du
10 décembre 1660, défend auffi d'arrêter les bateaux
chargés de vivres pour l'*approvifionnement* de Paris,
fous prétexte de taxe ou de folidité.

Les vivres ne forment pas le feul objet de la
police de l'*approvifionnement* de Paris : le bois, le
charbon & le foin en font de très-importans.
ils font foumis auffi à la même loi, & nous en
parlerons plus en détail fous leurs noms particuliers.

L'on doit encore mettre au rang des foins pris
par le gouvernement pour l'*approvifionnement* de
Paris, la caiffe de Poiffy. Voici ce que c'eft que
cet établiffement.

La cherté de la viande s'étant fait fentir en 1742,
on propofa pour aider les bouchers à entretenir
facilement leurs boucheries de viande, d'établir
une bourfe qui leur fourniroit les fommes dont ils
auroient befoin pour l'achat des beftiaux, en donnant
un fol pour livre des bœufs, moutons, vaches, &c.
qui feroient vendus dans le marché. Cet établiffement formé d'abord pour quinze ans, fut prorogé
par différentes loix, jufqu'à ce qu'en 1776, M.
Turgot le fit fupprimer. Mais la viande n'ayant
point diminué de prix, les petits bouchers de Paris
ne trouvant plus les facilités qu'ils avoient avant
pour trouver du crédit, enfin l'activité que ce marché
donne à l'*approvifionnement* de Paris, le firent rétablir en 1779.

C'eft le lieutenant de police de Paris qui eft
chargé de la police de cette caiffe, il en règle
les crédits & les différentes difcuffions qui ne
fortent point des bornes d'une fimple adminiftration,
le parlement s'eft réfervé par l'enregiftrement de
la déclaration de 1755, la connoiffance de ce qui
peut y avoir rapport à l'*approvifionnement* de Paris.
Voyez ACCAPAREMENT.

AQUEDUC, f. m. Canal fait dans un terrain
inégal pour conferver le niveau de l'eau & la
conduire d'un lieu dans un autre.

C'eft dans l'*architecture* qu'il faut chercher tout
ce qui concerne l'art de la conftruction & de
l'embelliffement des *aqueducs*, nous ne devons ici

à nos lecteurs que quelques détails sur leur police & leur adminiſtration, puiſqu'étant des choſes d'un uſage public, ils doivent être ſoumis aux règles de l'ordre & de la ſubordination municipale.

C'eſt dans les pays chauds que ſe fait ſentir le prix de l'eau; non-ſeulement à cauſe des boiſſons rafraîchiſſantes dont elle eſt la baſe, mais encore parce qu'elle ſert à la propreté du corps & au nettoyement des villes. Rome ſentit de bonne heure ces avantages, & ne négligea rien pour en faire jouir les citoyens. Les aqueducs qu'elle fit conſtruire, étonnent encore dans les débris qui nous en reſtent. La grandeur & la ſolidité de leur conſtruction annoncent la puiſſance du peuple qui les éleva. Ils fourniſſoient, ſuivant les auteurs, cinq cent mille muids en vingt-quatre, par dix mille trois cent cinquante tuyaux d'un pouce de circonférence chacun. Ces eaux étoient reçues dans de grands baſſins clos & couverts de bâtimens magnifiques, & qui ſervoient à l'ornement & à l'utilité publique. Les unes étoient deſtinées pour les bains & la propreté des maiſons & des rues, les autres ſervoient aux boiſſons, & afin que les particuliers ne prodiguaſſentpas celles-ci au préjudice des pauvres citoyens, on établit une police, dont la direction étoit confiée à des officiers ſoumis au préfet de la ville. Chaque particulier recevoit une quantité d'eau en proportion des tributs qu'il payoit; mais on ne pouvoit point ſans la permiſſion du prince ou du magiſtrat, en divertir & détourner; ſous peine de punition & de confiſcation des héritages, ou on l'auroit dirigée. Ces conceſſions d'eau ne s'obtenoient qu'à un certain prix, & les revenus qu'on en tiroit, étoient employés à la conſtruction de nouveaux aqueducs, ou au rétabliſſement des anciens. Ce ſoin fut confié d'abord aux conſuls, enſuite aux cenſeurs, lors de leur création, qui l'abandonnèrent aux édiles curules. Mais Auguſte établit pour cet objet une ſorte d'adminiſtration. Après avoir fait réparer les aqueducs, il créa un maître des eaux, conſularis aquarum, & au-deſſous de lui, un certain nombre d'officiers, nommés commiſſaires des eaux, curatores aquarum. On y ajouta enſuite ſix cents ſubalternes, chargés de la police de détail pour la diſtribution de l'eau & le ſoin des aqueducs dans la ville, ils en rendoient compte aux commiſſaires & aux maîtres, enſorte que l'ordre étoit parfaitement obſervé dans cette partie du gouvernement municipal.

Remarquons encore deux choſes ſur les aqueducs des romains. Ils avoient ſoin de ne les point faire en ligne droite, mais ſerpenter en quelque ſorte de la ſource au lieu de l'arrivée, afin que le cours de l'eau n'étant pas ſi rapide, elle ne dégradât pas ſi promptement les bâtiſſes, & en même temps pour lui donner le temps de s'éclaircir & de dépoſer les parties terreuſes, ou le gravier qu'elle pouvoit contenir.

Ils obligeoient auſſi les propriétaires des héritages de campagne, par leſquels paſſoient les aqueducs, de les nétoyer & d'empêcher qu'on y jettât des immondices, lorſqu'ils étoient découverts. Pour les encourager à cela, ils étoient exempts de toutes autres charges publiques, mais auſſi ceux qui étoient trouvés en défaut, étoient privés de leur héritage, qu'on donnoit à d'autres plus ſoigneux.

Ce n'eſt que très-tard que nous nous ſommes occupés des moyens de propreté & de ſalubrité à Paris; les établiſſemens qui ont pour objet cette partie de la police, ſont très-récens, & les aqueducs qu'on y a conſtruits, ne remontent pas à un ſiècle, quoique celui d'Arcueil, conſtruit par les ordres de l'empereur Julien en offrit l'exemple & le modèle.

Aujourd'hui ils ſont plus nombreux, indépendamment de ceux qui conduiſent à Paris les eaux de Belleville, d'Arcueil, du Pré-Saint Gervais, de Rungis, nous avons la pompe à feu, établiſſement dont l'utilité n'eſt pas encore aſſez connue, & qui fournit une grande abondance d'eau à Paris, ſoit pour le ſervice du public, ſoit pour la commodité des particuliers. On nous fait eſpérer bientôt un nouvel aqueduc qui aménera les eaux de l'Yvette & de quelques autres rivières dans la partie la plus haute de la ville, pour de là ſe répandre dans les autres quartiers.

Le ſoin des aqueducs, ſoit pour la conſtruction, ſoit pour l'entretien, eſt attribué à Paris au corps municipal, qui ſur les deniers communs de la ville, fournit à la dépenſe néceſſaire en cette partie; les fontaines ſont auſſi de ſon département.

Mais la police des aqueducs & fontaines appartient au prévôt de Paris, ou aux officiers de police, chargés de cette partie. C'eſt ce qui réſulte d'une manière poſitive de l'édit de 1700. Il y eſt énoncé que les prévôts des marchands & échevins connoiſſent de tout ce qui regarde les conduites des eaux & entretien des fontaines publiques, & que le lieutenant-général de police connoît de tout ce qui doit être obſervé entre les porteurs d'eau pour l'y puiſer & pour la diſtribuer à ceux qui en ont beſoin, enſemble de toutes les contraventions qu'ils pourroient faire aux règlemens de police.

Une ordonnance du mois de Mars 1669, contient différens règlemens pour la conſervation des aqueducs de la Capitale. 1°. Le maître des œuvres, ſoit celui qui eſt chargé, ſous l'autorité de la ville, de l'inſpection des ouvrages publics, doit viſiter de temps en temps les aqueducs, pour en rendre compte à la ville, afin qu'ils ſoient curés & nétoyés? 2°. Il doit ſe tenir tous les mois une aſſemblée à l'hôtel-de-ville ſur le fait des eaux, & où l'on diſcute les devis & plans relatifs aux aqueducs. 3°. Les magiſtrats & officiers municipaux doivent ſe tranſporter au moins une fois l'an aux principales ſources qui fourniſſent l'eau, & y examiner l'état des conduits qui y aboutissent. 4°. On doit déposer au greffe de la ville, les plans des lieux par où passent les tuyaux & *aqueducs*, afin que la connoissance puisse s'en conserver & qu'on les retrouve au besoin.

Dans les provinces, le soin des *aqueducs*, fontaines & autres objets semblables, étoit attribué en très-grande partie, aux intendans, sans le consentement desquels, les officiers municipaux ne pouvoient rien faire d'un peu important. Mais aujourd'hui, quoique cet ordre subsiste encore à certains égards, ce sont principalement les assemblées provinciales, & sous elles, celles de districts & les municipalités, qui ont cette partie du bien public dans leur administration ; il est vrai que les villes & communautés ont besoin de l'attache de l'intendant pour les dépenses publiques qui excèdent une certaine somme, mais ce ne sera bientôt plus qu'une vaine formalité qui s'anéantira avec tant d'autres, attendu que les corps municipaux d'ancienne ou de nouvelle création, doivent être seuls juges compétens en pareilles matières

ARCHITECTE, f. m. c'est celui dont l'état est d'exercer l'art de la construction & de l'embellissement des édifices. Il y a des *architectes* experts, dont le jugement est reçu en justice dans les contestations qui s'élèvent entre les personnes qui font bâtir, & les ouvriers. *Voyez* ARCHITECTE expert dans la *jurisprudence*.

On a proposé d'assujettir tous les particuliers qui font bâtir, à suivre le plan qui leur seroit donné par des *architectes* nommés par le gouvernement, pour veiller à ce que l'inégalité de forme des maisons ne produise pas une irrégularité déplaisante dans l'ensemble des grandes villes, & surtout de Paris. Mais on conçoit qu'un pareil assujettissement deviendroit odieux, & peut-être abusif, s'il étoit commandé. Il vaut mieux qu'il soit le fruit des lumières & du goût des citoyens.

On a regardé aussi comme une chose utile, d'avoir des *architectes* instruits, largement pensionnés par l'état, pour guider gratuitement les propriétaires dans les constructions qu'on leur fait faire, & les mettre à l'abri des dépenses ruineuses & des sottises que leur font faire des entrepreneurs avides. Sûrement cet établissement seroit fort bon, mais il ne faut pas s'attendre qu'on pensionne en France, des hommes instruits pour un objet aussi utile. On pensionne de vieux courtisans bien inutiles, des gouverneurs, commandans, & autres officiers plus inutiles encore, dont tout le mérite est souvent d'avoir exercé pendant vingt ans, des ordres arbitraires lancés contre les citoyens. Nous ne parlerons ici ni de l'académie d'architecture, ni des parties de ce bel art, il y a une partie de l'encyclopédie destinée à le faire connoître.

ARDOISE, f. f. Espèce de schiste bleuâtre, dont on se sert pour couvrir les maisons. Il en vient beaucoup à Paris de l'Anjou, du Perche, du Maine. &c. *Voyez* la *jurisprudence* pour ce qui regarde la police de cette marchandise sur les ports de Paris.

ARÉOPAGE, f. m. Tribunal où se jugeoient les causes criminelles à Athènes. *Voyez* ce que nous en avons dit au mot ADMINISTRATION chez les grecs.

ARGENT, f. m. C'est en général le moyen d'échange des choses nécessaires à la vie, & la mesure commune de tous les biens, c'est-à-dire qu'on les évalue toujours en une somme d'*argent*, connue & déterminée pour en comparer la valeur avec une autre. Le numéraire diffère de l'*argent*, en ce que ce dernier suppose toujours des espèces métalliques, & que l'autre peut également exister en papier ou toute autre matière, le numéraire comprenant tout ce qui est représentant des valeurs.

Si l'*argent* sert de mesure de comparaison pour connoître la valeur des choses, il est lui-même évalué en travail, lorsqu'on veut connoître sa véritable valeur : c'est ainsi que pour donner une idée de la valeur de vingt sols d'aujourd'hui, on dit que c'est à Paris le prix de la journée d'un manouvrier, c'est-à-dire d'un homme qui n'emploie que ses forces corporelles, sans y ajouter l'exercice d'aucun talent acquis par l'étude ou la réflexion.

Cette manière d'évaluer l'*argent* en travail, est sûrement la meilleure & la plus claire, parce que le travail depend moins des circonstances, & est toujours à-peu-près de même valeur intrinsèquement, puisque la force de l'homme est une quantité constante, & qui peut toujours être connue. Mais ces réflexions ne sont point de notre objet, & regardent les discussions d'économie publique.

Ce qui doit nous occuper plus essentiellement, c'est de connoître l'influence de l'*argent* sur l'état de société. Nous en avons déjà parlé en faisant remarquer que la découverte de l'Amérique avoit augmenté le numéraire effectif en Europe, & avec lui tous les bons effets d'une plus grande industrie, des arts & du commerce encouragés, l'on peut voir encore à l'article numéraire quelques réflexions sur cette matière ; ici nous dirons seulement notre opinion sur ce qu'on dit de la nécessité de l'abondance de l'*argent* dans les campagnes pour le soutien de la culture.

L'erreur de ceux qui pensent ainsi, vient du peu de reflexion qu'ils ont fait sur l'emploi des richesses, & de l'usage de l'*argent*. Les richesses s'échangent naturellement dans les campagnes, & l'*argent* n'y est nécessaire que pour un petit-nombre d'objets contre lesquels on ne peut donner que de l'*argent*. Un laboureur donne du bled pour du vin, de la paille pour du foin. Les petits métayers s'arrangent de même ; & cette harmonie, loin de nuire aux

progrès

progrès & au foutien de la culture, lui eft très-utile. Que feroit de plus un grand numéraire ? rien. Tout au plus il finiroit par rendre les travaux champêtres, abfolument dépendans de lui, aulieu qu'ils ne dépendent que d'eux-mêmes & des effets du travail dans l'état naturel des chofes. Si l'agriculture eft languiffante quelque part, ce n'eft donc pas parce que l'*argent* y eft rare, mais parce que l'excès des impôts l'y rend néceffaire, ou bien encore parce que des caufes malfaifantes la gênent ou la détruifent.

Un autre inconvénient de l'abondance de l'*argent* dans les campagnes, c'eft d'ôter au travail fa valeur repréfentative, c'eft d'expofer à mourir de faim l'homme qui a des bras, mais qui n'a pas le fol, c'eft de rendre inutile la force corporelle, & de fubftituer par-tout, le figne à la chofe, c'eft-à-dire, le prix du travail en *argent* à la valeur en fubfiftances. Ce n'eft donc pas par lui-même que l'abondance de l'*argent* eft utile dans les campagnes, mais feulement par la nature des contributions qu'on exige, au point que s'il étoit poffible d'établir un impôt en nature, à l'abri de toutes vexations & de toutes erreurs d'adminiftration, l'*argent* y feroit prefqu'abfolument inutile pour le train ordinaire des travaux de la culture. Faites travailler des ouvriers, donnez-leur du pain, une maifon, un habit, ils n'auront plus befoin d'*argent*. S'il faut qu'ils payent un impôt, leurs richeffes font dans leurs forces, exigez-le en travail modéré.

A ces confidérations, j'en joindrai une qui paroîtra fans doute très-légère aux calculateurs économiques, mais qui me paroît importante à moi qui crois qu'au-delà du tien & du mien, il doit encore y avoir quelque chofe de refpectable dans la fociété. C'eft que l'abondance de l'*argent* dans les campagnes, ne pourroit qu'y étendre le goût des jouiffances paifibles qu'ont confervé leurs habitans, c'eft qu'elle ne pourroit qu'y attirer l'efprit de diftinction & de vanité, particulier à tous les propriétaires riches des campagnes. L'*argent*, pour celui qui le fait pour ainfi-dire naître de la terre, produit l'avarice, & deffèche les mœurs. Dans les villes, fon empire eft balancé par le goût des arts, le luxe, les opinions fociales, les bonnes & mauvaifes qualités qui s'y trouvent. Dans les campagnes au contraire, cet empire a tout pouvoir fur les cœurs, il engendre tous les vices, qui font pères ou enfans de la cupidité. Quand le cultivateur pourra entaffer l'or, il fera moins généreux, moins porté à fecourir fes concitoyens. On change plus difficilement un louis, qu'on ne partage un pain ; on donne avec plus de retenue un écu, qu'une mefure de bled ; enfin l'*argent* ne peut que nuire aux mœurs dans les campagnes, & cette raifon là feule devroit convertir les déclamateurs, quand les autres que nous avons rapportées, ne produiroient pas ce prodige.

Jurifprudence. Tome IX, Police & Municipalité.

Ce qui fait defirer l'abondance de l'*argent* aux cultivateurs, c'eft l'aifance apparente, le luxe, la décoration extérieure, qu'affectent les habitans des villes. L'homme des champs croit voir le bonheur dans ces babioles, & comme elles font toutes repréfentées où acquifes avec l'*argent*, il le defire en abondance, le cherche, le demande, & par un efprit d'illufion, n'imagine aucune félicité où il n'eft pas. Ce fentiment produit chez lui un découragement, un dégoût qui rejaillit fur la culture, & il vous dit que l'*argent* lui manque, mais cela n'eft pas vrai ; ce qui lui manque, c'eft d'être perfuadé qu'il eft le feul heureux, le feul pour qui la nature ouvre fon fein & prodigue fes tréfors, que fa fanté, fes forces, fa longue vie vallent mieux que la dorure & la foie du riche, & qu'enfin le malheureux villageois qui paffe fa vie fous la chaumière d'argile qu'il a faite, eft un roi de la terre, en comparaifon du pauvre citadin qui fouffre la faim, la honte & l'ignominie au milieu du luxe bruyant des villes.

Ainfi l'abondance d'*argent*, néceffaire dans les villes, paroît moins importante dans les campagnes quand le gouvernement eft jufte & l'adminiftration modérée. Ce n'eft donc pas une chofe prouvée que l'entaffement de l'*argent* dans les villes nuit aux travaux champêtres, quand l'excès des impôts, & fur-tout leur mauvaife répartition ne vexent point l'agriculteur.

ARGENT EN FEUILLE. C'eft celui que l'on emploie, ainfi que l'or, pour envelopper certains médicamens, que l'on prend fous la forme de bol ou de pilule.

Quelques charlatans fe font fervis de cuivre en place d'or, ou d'étain battu, au lieu de feuilles d'argent pour cela. L'on conçoit les maux qui peuvent en réfulter. Le célèbre *Rouelle* fe plaignoit de cet abus, & le regardoit comme la caufe d'une foule de fièvres & de maladies, prétendues épidémiques, qui paroiffent tout à coup dans les campagnes, & qui ne font produites que par le débit prompt & confidérable d'une grande quantité de pilules ainfi couvertes de métal corrofif.

Le magiftrat de police doit veiller à ce qu'un pareil défordre foit puni. On eft en général trop facile, trop indulgent pour une multitude de charlatans qui empoifonnent le peuple, par leurs remèdes. Mais peut-être n'eft-ce précifément que parce que cet abus n'agit que fur le peuple, qu'on ne croit pas devoir s'en occuper. Qu'un homme qualifié ait été empoifonné, ou feulement incommodé par les remèdes d'un charlatan, voilà toute la police en mouvement pour trouver le coupable ; mais qu'une ou plufieurs paroiffes éprouvent le même accident, à peine s'en mêlera-t-on, & fi le charlatan eft affez pour faire *rafraîchir* fes patentes, c'eft-à-dire donner de l'argent aux officiers de police, qui ont charge de dénoncer fes empoifonnemens aux magiftrats, non-feulement il ne lui fera rien fait , mais bientôt vous verrez fon nom diftribué dans le public , avec les vertus du remède que l'on auroit dû profcrire. *Voyez* CHARLATAN.

On doit obferver envers ceux qui emploient le cuivre ou l'étaim de la manière que nous l'avons dit, les règlemens de police fur la diftribution & vente des poifons ; les punir en conféquence , au moins comme y ayant manqué , la fanté des citoyens l'exige ; & fi en pareille circonftance on ne fuit pas les règlemens avec zèle & intelligence , il ne faut pas en faire, mais abandonner la fociété à fa propre garde, puifque fa fécurité ne fert qu'à la tromper.

ARME, f. f. C'eft tout ce qui peut aider la force naturelle à attaquer ou défendre. Voyez la *jurif-prudence* , vous y trouverez les différens règlemens faits fur le port d'*armes* , règlemens affez mal obfervés en général , & fur-tout dans les grandes villes , telles que Paris.

Il eft défolant qu'on ait toujours à fe plaindre de la police dans les chofes qui menacent la vie ou la fanté des citoyens , & qu'on la voye fi active dans des autres prefqu'indifférentes en elle-mêmes. Il n'eft rien de fi dangereux , de fi contraire au repos & à la fûreté publique dans une ville , que le port d'*armes* , il n'eft rien en même temps de plus inutile pour ceux qui en font ufage ; les *armes* ne leur fervent à rien , elles ne font qu'embarraffer , rendre les rixes fanglantes & meurtrières. Hé bien , il n'eft aucun département où la police montre plus d'indifférence que dans celui-ci.

Jour & nuit, vous rencontrez des gredins, armés d'énormes bâtons, des racoleurs, munis de fabres , d'épées, dont fouvent & très-fouvent ils abufent auffi publiquement qu'impunément. Tout ce qu'il y a de tapageurs, de bandis, portent aujourd'hui des cannes garnies d'une lame intérieurement, avec laquelle il fe commet des meurtres affreux. Tout ce défordre fubfifte, fans qu'on s'embarraffe trop d'y porter remède, & de faire exécuter les inutiles ordonnances publiées fur cet objet.

Enfin je demande à quoi bon permettre que les fuiffes & les gardes françoifes fortent de leurs cazernes avec leurs fabres ou leurs épées ? ont-ils befoin de ces *armes* pour aller au cabaret, chez les filles du monde ? Qui n'a été témoin des meurtres, des accidens qui en réfultent tous les jours ? Ils font à la vérité forcés de rentrer à huit heures en hyver, & à neuf en été. Mais fi c'eft la crainte des défordres qui a obligé de les affujettir à cette difcipline , ignore-t-on qu'avant cette heure il eft nuit, & que c'eft principalement dans les tavernes & les lieux publics, qu'ils font un mauvais ufage de leurs *armes* ? Il eft vrai que ces défordres ne font point connus, qu'on les cache, & qu'on ne fait point le nombre des perfonnes, hommes & femmes tués ou bleffés chaque année par les foldats : mais le défordre n'en exifte pas moins , & c'eft une indigne lâcheté que de la tolérer. Je voudrois donc qu'aucun foldat , hors de fonctions, , ne pût fortir de la caferne avec fes *armes* , ni de jour ni de nuit ; elles lui font inutiles , & la fûreté publique les lui interdit On objecte à cela, je le fais, des préjugés : mais des préjugés font des raifons dont on amufe les fots.

ARMÉE, f. f. L'on doit entendre ici par ce mot un corps armé vivant dans l'état , quoique féparé de l'état. En effet, dès que les peuples ont ceffé d'être leurs défenfeurs , leurs maîtres eux-mêmes, le corps de l'*armée* s'eft trouvé hors de l'état, ou plutôt le maître de l'état, finon de droit, du moins de fait : car qu'eft-ce que peut un peuple défarmé & éparpillé fur une immenfe étendue de pays, contre un corps aguerri, féroce & réuni ?

Je dis que l'*armée* eft le maître de l'état, & non le fouverain , parce qu'un maître peut être un ufurpateur , & que le fouverain ne l'eft jamais. Souverain & ufurpateur font deux idées oppofées, deux mots contradictoires qu'on ne pourroit rendre fynonymes qu'en pervertiffant tous les principes du droit naturel , toutes les notions du jufte & de l'injufte. Quand je dis que l'*armée* eft le maître de l'état, je n'entends point dire que ce foit un maître légitime & avoué , mais un maître réel & formidable que les peuples fe font donné fous le nom fpécieux de défenfeurs publics. Comme fi les peuples ne pouvoient pas fe défendre eux-mêmes & comme s'ils n'avoient pas dû prévoir que l'arme qu'ils confioient pour défendre leur liberté politique contre une hoftilité étrangère , deviendroit l'inftrument de leur efclavage , & la perte de leur liberté civile. Il n'y a de nation vraiment libre , qu'une nation armée , c'eft-à-dire , que fans être entierement fous la difcipline groffière d'une police purement militaire , comme à Sparte , elle voit les défenfeurs de la patrie , les vrais foldats dans des citoyens amis des loix , & protecteurs de leur pouvoir facré.

Mais lorfque dans une nation, quelque grande quelle foit, il s'élève, par les foins du defpote ou par l'erreur du peuple, un corps formidable, féroce pour défendre fes prétentions , fidèle au ferment qu'il a fait aux complices de fes défordres, gouverné par une police particulière , & jouiffant du droit infolent de méprifer le pouvoir civil, alors c'en eft fait de la liberté , de la dignité nationale , de la vertu publique ; ce qui refte de pouvoir aux loix n'eft que précaire , & fi les citoyens ne portent pas des chaînes aux pieds & aux mains, c'eft que cela ne plaît pas à la puiffance coloffale & ennemie qu'ils ont élevée au milieu d'eux.

Le pouvoir des loix eft le feul qui puiffe affurer

le bonheur des hommes réunis en société ; c'eſt à l'abri de ſon influence qu'on trouve le repos, la juſtice ; là où il n'exiſte pas, il n'y a pas de paix, l'homme eſt dans l'état de guerre, dans celui où il ſe trouvoit avant de connoître l'état civil & le lien de la communauté. L'*armée* rend ce pouvoir incertain & précaire. Incertain, parce qu'on n'eſt jamais politiquement ſûr que d'inſolens ſoldats ne viendront pas arracher les magiſtrats de deſſus leurs ſieges, qu'ils ne fouleront pas à leurs pieds le dépôt des loix, qu'il n'en changeront pas la forme & les principes au gré de leurs caprices & de leurs intérêts ; précaire, parce que c'eſt toujours du bon vouloir de l'*armée* menaçante que dépend l'exercice de la juſtice, l'exécution des loix & les plus équitables diſpoſitions de la police ſociale.

Mais les peuples, ſupérieurs en nombre, peuvent s'oppoſer aux deſſeins tyranniques de l'*armée* ; mais les chefs, les deſpotes mêmes ont intérêt à maintenir l'ordre & la juſtice pour la ſûreté de leur pouvoir, direz-vous. Cela peut être : mais les tyrans ont bien plus grand intérêt encore à ménager l'*armée*, en la puiſſance de laquelle eux-mêmes ils ſe trouvent, & ſans laquelle ils ne peuvent rien ; enſorte que le deſpotiſme s'eſt bleſſé lui-même de l'arme dont il s'eſt ſervi pour détruire la liberté, & qu'en dernière analyſe c'eſt l'*armée* qui gouverne le deſpote, même dans les états les plus deſpotiques, ou, ce qui revient au même, c'eſt l'intérêt de l'*armée*, le ſoin de la ménager, l'attention à la ſoudoyer & l'art de s'attacher ce corps, qui forment toute la politique intérieure des princes, & qui leur dictent les maximes de leur conduite d'une manière à ne pas pouvoir s'en éloigner, ſans perdre leur état & leur puiſſance. Ces déſordres, ſur-tout, deviennent frappans ; 1°. lorſque les états vieilliſſent; 2°. lorſqu'ils acquiérent de l'étendue en ſurface ; 3°. lorſque les deſpotes négligent de conſerver aux loix au moins un reſpect extérieur, (ſont-ils capables d'un autre ?) 4°. lorſqu'enfin les peuples ſans courage, ſans union, ſans exiſtence politique deviennent également indifférens pour la ſervitude ou la liberté.

Avant que ces malheurs aquièrent cette intenſité, une nation ne peut-elle pas enfin ſortir de ſon ſommeil, s'armer auſſi, repouſſer ſes tyrans, rentrer dans ſes droits, rendre au ſouverain légitime ſon pouvoir, aux loix leur autorité, & ne confier ſa défenſe qu'à elle ſeule ? cela eſt difficile, & voici en quoi conſiſte cette grande difficulté.

L'*armée* eſt diſciplinée, c'eſt-à-dire, que ſes mouvemens ſont réglés, ſes marches ſûres, ſes armes prêtes, ſa férocité ſans ménagement, ſa haine contre les loix à toute épreuve ; le ſoldat ne connoît ni patrie ni famille, ni reſpect divin ; c'eſt en quelque ſorte un eſprit de corps parmi les troupes d'inſulter aux autels, & à tout ce que les hommes ont de plus ſacré. Ces funeſtes diſpoſitions cauſe-

roient une horrible effuſion de ſang dans une révolution telle que celle où tout un peuple voudroit enfin reprendre l'univeſalité de ſes droits. Or ces calamités, en même temps qu'elles révoltent le ſage, épouvantent des hommes doux & accoutumés à reſpecter la vie des autres comme la leur, des hommes incapables, pour la plûpart, de ce développement de barbarie qui fait du ſoldat un deſtructeur impitoyable ; enfin des hommes qui ne ſont point remués par cet eſprit de corps, cet intérêt d'état & de fortune qui fait que l'*armée*, en combattant contre ſon payſ (je ne dis pas ſa patrie) agit comme pour ſa défenſe perſonnelle & celle de ſa ſubſiſtance.

Le peuple peut, à la vérité, oppoſer une *armée* réglée à la première : mais 1°. la première a pour elle l'influence du deſpote, qui, par de grandes uſurpations & la force de l'habitude, forme un grand poids dans la balance du pouvoir politique ; 2°. cette ſeconde armée deviendra peut-être auſſi dangereuſe pour la liberté nationale que la première, ſi le peuple n'y met pas une adreſſe, une prudence qu'il n'eſt guère poſſible d'avoir dans une grande révolution. C'eſt ainſi qu'après que l'*armée* républicaine eut détruit celle du roi Charles premier, elle ſe rendit, avec l'aide de Cromwell, à la vérité, maîtreſſe de l'état, & gouverna, ſous le nom du protecteur, l'Angleterre avec un ſceptre de fer. Il n'y eut de liberté que celle qu'elle voulut bien accorder : elle étoit vraiment maître.

Nous ne pouſſerons pas plus loin ces réflexions ſur le danger & les maux qui accompagnent l'établiſſement d'un corps de troupes, deſtiné par état à la défenſe de la république. Elles ſuffiſent pour tenir les peuples en garde contre les abus de ce pouvoir formidable, leur rappeller qu'il a été de tous temps la cauſe de l'anéantiſſement de l'autorité légitime, & leur faire entrevoir ce qu'on en doit toujours redouter tant qu'il ſera, ſur-tout, livré à l'arbitre d'un ſeul homme.

C'eſt ſans doute cette conſidération puiſſante qui vient de faire prendre aux états polonois la réſolution de ſoumettre les mouvemens & la diſpoſition des *armées* de la république aux délibérations de la diète. Cette précaution eſt ſage & grande ; elle annonce des principes lumineux ; car ſi la force militaire eſt encore dangereuſe ſous cette forme, elle l'eſt bien moins que quand, uniquement abandonnée aux mains d'un ſeul, elle donne au pouvoir exécutif une puiſſance capable de dépoſſéder le peuple de ſon droit légiſlatif.

Mais le ſeul moyen de mettre à jamais une nation à l'abri d'une pareille tyrannie, de conſerver aux loix leur force, au ſouverain ſon autorité, c'eſt d'armer le peuple, c'eſt de deſtiner une partie des citoyens à défendre l'état, non par état & pour un ſalaire, mais par devoir & par habitude. Il n'y a point de corps penſionné par le gouvernement pour cultiver la terre, pourquoi y en auroit-il pour la défendre ? L'un n'eſt-il poiɴt une charge ſociale auſſi poſitive que l'autre ?

Si donc on conſidère l'étab.iſſement d'une milice nationale comme pouvant avoir quelques inconvéniens, par rapport à l'exercice du pouvoir exécutif, & de la promptitude qu'exige le ſuccès de la guerre extérieure, inconvéniens au moins problémaᴋiques ; il eſt ſûr qu'elle peut ſeule aſſurer les droits du pouvoir légiſlatif, & rendɞ le retour de la tyrannie abſolument impoſſible ɕans l'état où elle ſeroit établie. Le premier pas vers l'eſclavage, à Rome comme en France, fut lorſqɴ la puiſſauce exécutrice, eut une armée ſalariée à ſa diſpoſition, qui bientôt ne ſe regarda plus comme membre de l'état, lorſqu'elle eut des chefs riches & ambitieux, capables de la corrompre & de la faire ſervir à leurs deſſeins. L'hiſtoire entière n'eſt que le récit des déſordres politiques dus au pouvoir militaire, ſéparé du corps de l'état, & formant une profeſſion à part.

Après avoir conſidéré l'*armée* dans ſon rapport avec l'état politique, diſons ᴄuelque choſe de ſon influence ſur les mœurs & l'état de ſociété parmi nous.

On a beau lire ce qui nɞus reſte de l'hiſtoire grecque, de l'hiſtoire de Rome, on ne voit point que l'*armée* ait été, en temᴘs de paix & lorſque l'état n'étoit point opprimé, un éternel ſujet de déſordres publics. Jamais ſûrement les légions romaines ne pillèrent les terres de la république, ne violèrent les filles, les femmes de leurs concitoyens, n'égorgèrent les habitans des villes pour voler les tréſors des temples ou les maiſons des particuliers. Jamais un chef penſionné de l'état ne regarda ce déſordre comme un mal néceſſaire, & jamais, ſur-tout, cette turpitude ne fut l'eſprit de corps des ſatellites même des *Sylla*, des *Marius* & d'autres tyrans. Lorſque les proſcriptions, les troubles publics ; la haine des factions donnoient lieu à des meurtres, à des brigandages, c'étoit l'effet du conflit momentané des paſſions & des intérêts ; mais ce n'étoit point une habitude en ᴄemps calme, ce n'étoit point un ton, un air de guerre, une conduite à peine blâmée. On n'auroit pas dit à Rome, même ſous *Caligula*, ce que diſoit *la Hire*, que ſi *Dieu* ſe faiſoit guerrier, *il ſeroit brigand* : expreſſion digne d'un des deſcendans des goths ou des vandales, mais qui fait connoître quelles furent l'indiſcipline & la fureur de nos anciennes troupes.

Et en effet, toute notre hiſtoire eſt pleine de traits d'une honteuſe & lâche barbarie, par-tout les défenſeurs de la patrie en font les tyrans, partout ils en égorgent les habitans pour en piller les tréſors. Ecoutons la nation ſe plaindre, nous la verrons confirmer cette triſte vérité. C'eſt dans les cahiers des états généraux qu'il faut en aller chercher les preuves.

Aux états de Tours, en 1483, ſous Charles VIII, le tiers-état ſe plaint amèrement *que l'homme de guerre ne ſe contente pas des biens qu'il trouve dans l'hôtel du laboureur, ains le contraint, à gros coups de bâton, à aller querir du vin en la ville, &c.* A ceux d'Orléans en 1560, il répète les mêmes plaintes, & ajoute, *que l'ennemi ne feroit pas plus de mal que les troupes.* A Blois, en 1576, on demande, *qu'il ſoit défendu aux gens de guerre de loger chez les particuliers ſans étape, & d'en exiger rien avec menaces & mauvais traitemens.* Comme auſſi de réprimer *l'inſolence des ſeigneurs & capitaines qui raviſſent les filles des bonnes maiſons & autres, pour en abuſer, ſans que père ni mère, oſent en faire complainte.* Enfin, aux états de 1588, tenus auſſi à Blois, l'orateur du tiers-état dit hautement & formellement : « nous nous plaignons avec » raiſon de l'inſolence de votre gendarmerie, & » de la violence de vos ſoldats, leſquels, comme » furieux & vrais parricides, ont pillé, déchiré, » meurtri, violé & ſaccagé cette France, notre » mère commune, ont égaré les villageois, avec une » hoſtilité ſi barbare, que la plupart des terres ſont » ſans culture, les lieux fertiles déſerts, les maiſons » vuides, le plat pays dépeuplé & toute choſe réduite à un déſordre épouvantable ».

Si vous liſez attentivement l'hiſtoire, vous verrez que ces malheurs furent la ſuite de la création de troupes ſalariées & de la deſtruction de celles que les communes compoſoient lorſqu'elles ſe furent affranchies du joug de l'anarchie féodale. Auſſi ces mêmes états qui dépeignent avec tant d'énergie les déſordres des gens de guerre, demandent-ils : « que, pour obvier aux incurſions, pilleries, » exactions, & autres mauvais déportemens des » compagnies, il ſoit permis aux officiers de juſtice » d'aſſembler les communes des villes & plat-pays, » pour leur courir ſus ». Cette demande eſt trèsremarquable en ce qu'elle prouve évidemment le beſoin où ſe trouve un peuple opprimé en temps de trouble, de pouvoir repouſſer la force par la force ; & l'avantage par conſéquent qui réſulteroit pour une nation, qu'il n'y eût d'autre *armée* chez elle, que la nation même *armée*.

Dans des temps plus modernes, les excès du militaire ont été d'une autre ſorte, mais non moins odieux, non moins infamans. L'on ne ſe rappelle pas, ſans horreur les excès de nos dragons envers nos frères égarés. Ces ſcélérats ſecondèrent avec une honteuſe barbarie le deſpotiſme de Louvois, & l'ignorance fanatique de ſon maître. Dans un temps de guerre civile, des citoyens peuvent s'égorger parce qu'ils croient combattre pour la liberté, & que cette erreur peut au moins diminuer l'horreur de leur conduite. Mais que, dans un temps de calme on ait pu trouver des hommes aſſez criminellement organiſés, aſſez féroces pour enchérir encore ſur l'excès des perſécutions qu'on leur avoit ordonnées, contre leurs frères, contre des hommes innocens,

& cela pour obéir aux volontés d'un maître trompé ; c'est ce qui ne peut se voir que parmi les satellites armés du pouvoir despotique.

De nos jours ces horreurs ne font plus gémir la justice & l'humanité ; mais des désordres moraux, des vices notoirement destructeurs régnent, s'alimentent dans les *armées*, marchent à la suite des camps, & traînent la corruption de ville en ville : fléau honteux, fléau persécuteur, source de débauche, de prostitution, du mépris des loix, de la religion, des arts, de la paix, des mœurs douces. L'*armée* est devenue le réceptacle de ce que la civilisation offre de corrompu & d'abruti. Elle entretient parmi les peuples le goût meurtrier, l'inconduite civile ; elle accoutume l'homme à regarder la force comme la loi première, comme le juge sans appel. Tant d'individus qui ne peuvent vivre ou se distinguer qu'à la guerre, y excitent, y engagent les gouvernemens, tant pour motiver l'utilité de leur entretien, que pour faire oublier leurs désordres. Si la guerre est un mal inévitable, ce qui n'est pas sûr, les peuples ne peuvent en diminuer les horreurs, mettre un frein à la licence de ceux qui la font, qu'en la regardant comme une charge sociale, & la faisant partager personnellement à tout citoyen d'un âge compétent, sans salaire & sans titre *ad hoc*.

ARQUEBUSIER, s. m. C'est l'ouvrier qui fabrique & vend les fusils, pistolets, arbalêtres, &c. & toute arme de trait.

La police des arts est une des plus importantes, des plus utiles & des plus curieuses à connoître. Nous ne pouvons cependant que l'effleurer dans cet ouvrage, pour chaque espèce d'arts en particulier, parce que nous parlerons de tous d'une manière générale au mot ART & qu'une partie de l'Encyclopédie est uniquement destinée à développer tout ce qui peut y avoir rapport. C'est pour cette dernière raison sur-tout que nous ne parlerons ici des *arquebusiers* que d'une manière succincte, en renvoyant pour le surplus à la partie que nous venons d'indiquer ainsi qu'à la *jurisprudence*.

Depuis 1776, la communauté des *arquebusiers* a été réunie à celles des coûteliers & fourbisseurs, & un arrêt du conseil, du 13 août 1783, règle ainsi quelques articles de leur discipline. 1°. Tout compagnon *arquebusier* est obligé, en arrivant à Paris, de se faire inscrire sur le registre de la communauté, & de dire le maître chez lequel il a travaillé, même obligation lorsqu'il sort de chez un maître pour entrer chez un autre. 2°. Il lui est délivré un certificat d'enregistrement & de déclaration d'entrées & de congés de chez les maîtres. 3°. Il ne peut sortir de chez le maître qu'il n'ait un certificat du maître, énonçant de la satisfaction qu'il a eue, & de l'assiduité de son travail. 4°. Dans le cas de contestation à cet égard, le maître & le compagnon se

retireront vers les syndic & adjoints de la communauté, qui tâcheront de les concilier, sinon ils s'adresseront au commissaire du quartier, lequel pourra en faire son rapport à l'audience de la police, s'il ne veut prendre sur lui de juger en définitif. 5°. Un maître ne peut recevoir un compagnon, que celui-ci ne lui montre le certificat d'enregistrement d'entrée dans la boutique précédente, ainsi que de sa sortie. 6°. Lorsqu'un compagnon a été plus d'un mois hors de boutique, il doit se faire inscrire de nouveau à la communauté ; défense aux maîtres de le recevoir sans cette condition. 7°. Tant que le compagnon sera chez le nouveau maître, son certificat, livret ou carte, comme ils l'appellent, restera entre les mains du maître pour le représenter aux syndics & adjoints, s'il en est besoin. 8°. Il est payé à la communauté, par chaque compagnon, 6 sols pour frais de premier enregistrement, & 3 sols pour chaque déclaration d'entrée en boutique, & dans ce est compris le prix du livret. 9°. Les maîtres qui auront besoin de compagnons, & les compagnons qui voudront se placer, pourront s'adresser au bureau de la communauté, sans y être astreints, leur étant permis de se pourvoir autrement. 10°. Les maîtres ne peuvent être forcés d'accepter qu'un seul congé de quinzaine en quinzaine, & cela afin que les cabales de compagnons ne les privent pas tout-à-coup d'ouvriers. 11°. Depuis le premier mai jusqu'au premier septembre, les garçons seront à l'ouvrage depuis cinq heures du matin jusqu'à la fin du jour, & le reste de l'année, depuis six heures du matin jusqu'à neuf heures du soir ; ils auront deux heures pour leur repas. 12°. Tous ces réglemens, tant pour les maîtres que pour les compagnons, doivent être observés, sous peine, pour les premiers, de 150 liv. d'amende ; & pour les seconds, de prison, laquelle peut être ordonnée sur le champ par le commissaire du quartier.

La profession d'*arquebusier* nous rappelle les compagnies d'arquebuse. On sait que ces associations eurent autrefois lieu dans les villes afin de dresser les bourgeois au maniement des armes. Ayant le droit de se garder eux-mêmes, il étoit naturel qu'ils se formassent à l'adresse, qui peut suppléer à la force & au nombre dans de certains momens.

Les compagnies d'arquebuse ont succédé en quelque sorte aux compagnies d'archers qui rendirent de si grands services autrefois à l'état. Ces compagnies d'archers, formées par les corps de ville, & composées de citoyens policés pour le temps, ne doivent pas être confondues avec celles que nos rois entretinrent. Les unes étoient formées, commandées, disciplinées par les représentans des communes, par les magistrats municipaux ; elles respectoient la vie, l'honneur, la liberté de leurs concitoyens, & ne s'armoient que contre la tyrannie. Les autres étoient l'instrument du despotisme, de la vengeance, exerçoient un brigandage horrible, & nuisoient plus à l'état par leur désordre, que par une défenfe que les premières auroient plus coura-geufement & plus fûrement effectuée. Ce fut encore une fuite de l'établiffement des troupes réglées que la deftruction des compagnies d'archers, & enfuite d'arquebufiers, foudoyées & employées par les communes.

Cette force militaire dont les villes étayèrent leurs droits, produifit un bon effet, & l'on ne doit pas douter que fi on l'eût confervée, elle n'eût foutenu les habitans contre les défordres des guerres civiles que fit naître l'ambition des princes; elle eut en quelque forte réalifé le projet d'une milice nationale, fi propre à diminuer les abus de celle qui exifte, & à réprimer les fureurs de la foldatefque, lorfque des pouvoirs exagérés en abufent pour opprimer le peuple.

Par la même raifon, l'on doit aujourd'hui regar-der les compagnies d'arquebufe comme une des moins inutiles de ces petites affociations formées pour l'amufement des citoyens. Elles diftribuent des armes parmi les bourgeois, ce qui devient utile quel-quefois; elles dreffent la jeuneffe aux armes, elles rappellent, d'une manière infiniment imparfaite à la vérité, l'image du véritable état de citoyen, où, après avoir travaillé aux arts, à la terre, &c. il prend fon épée & fon bouclier pour s'accoutumer à combattre pour fon pays. Qu'une pareille milice, perfectionnée dans fon enfemble & fes parties, fe-roit préférable à nos troupes mercenaires!

Les compagnies d'arquebufe font foumifes au ma-giftrat de police, cela doit être; mais, pour que tout fût dans l'ordre, il faudroit qu'un pareil ma-giftrat fût du choix du peuple, & élu par lui feul.

ARRÊT PERSONNEL, f. m. C'eft un privilège municipal accordé autrefois aux villes, au moyen duquel il étoit permis aux bourgeois de faire arrêter, pour dettes civiles, leurs débiteurs forains, c'eft-à-dire, qui n'étoient point domiciliés dans les communautés qui jouiffoient de cette prérogative. *Voyez* ce mot dans la *jurifprudence.*

Pendant les troubles de l'anarchie féodale, l'in-fubordination des nobles étoit telle, qu'ils violoient fouvent les droits de la fociété, & fouftrayoient au pouvoir de la juftice, ceux qui réclamoient leur protection. Cet abus mettoit les villes nouvellement érigées en commune, dans l'impuiffance de jouir des privilèges & des immunités qui leur avoient été accordées. Leurs débiteurs fur-tout pouvoient man-quer impunément à leurs engagemens, par la foibleffe de la police & le peu d'autorité de ceux qui étoient chargés d'adminiftrer la juftice, au nom du fouverain. Pour remédier à ces inconvéniens, nos rois crurent devoir ajouter aux autres droits, dont jouiffoient quelques communautés, celui d' *arrêt perfonnel.* Par fon moyen, les bourgeois fe rendoient juftice eux-mêmes, & conftituoient prifonnier le débiteur étranger, lorfqu'ils le pouvoient tenir dans leurs murs. Telle fut l'origine de ce privilège qu'on vient

de fupprimer de nos jours, comme nuifible au commerce, & fuperflu dans un temps où l'autorité fouveraine eft affermie, & où l'adminiftration de la police & de la juftice n'eft plus expofée à perdre de fon énergie par les menées d'une nobleffe or-gueilleufe & indifciplinée.

Au refte, on peut voir dans le difcours pré-liminaire de cet ouvrage, des détails hiftoriques qui pourront encore jetter du jour fur la néceffité originaire du *privilège de ville d'arrêt perfonnel*, & fur fon inutilité & fes abus actuels. C'eft auffi ce qui eft très-bien développé dans le préambule de l'édit d'août 1786, portant fuppreffion de ce privilège.

» Les rois de France, y eft-il dit, dans la vue d'affurer la tranquillité de tous leurs fujets, fous la protection de l'autorité royale, accordèrent aux bourgeois & habitans de la plûpart des villes qu'ils érigèrent en commune, le droit d'y arrêter & d'y retenir jufqu'au payement de leurs créances, leurs débiteurs forains; d'autres villes ont enfuite obtenu le droit d'arrêter les meubles & effets de ces débiteurs, & il y a des villes auxquelles l'un & l'autre privilège ont été expreffèment accordés. »

» De très-grands abus ont réfulté du privilège d'arrêt perfonnel, & ces abus augmentent tous les jours. Non feulement les nationaux obligés de parcourir le royaume pour leur commerce ou pour d'autres affaires, font arrêtés dans des villes dont ils ignorent le privilège pour des dettes purement civiles, contractées dans des provinces éloignées & payables dans ces provinces, mais des étrangers réfugiés en France, font emprifonnés à la requête de créanciers étrangers des bourgeois ceffionnaires pour de fimples billets foufcrits en pays étran-gers. »

» Ainfi ce privilège contraire à la fûreté des fujets & au bien du commerce national, donne encore lieu fous le voile d'une ceffion frauduleufe; & qui ne peut en aucun cas, couvrir le vice originaire de la créance, de contrevenir à la maxime du droit public, qui refufe toute exécution aux contrats paffés, & même aux jugemens rendus en pays étrangers, avant que cette exécution foit judiciai-rement ordonnée par les juges ou par les cours du royaume, & il fert de prétexte même pour violer le droit d'afyle, attribut de la fouveraineté & principe du droit des gens, qui ne permet pas qu'un étranger, réfugié dans un état, y foit pourfuivi, fi ce n'eft pour les actions qu'il y commet, & pour les en-gagemens qu'il y contracte. »

» La néceffité de la fuppreffion dérive d'ailleurs de l'efprit de fon inftitution, établi pour donner aux bourgeois des villes, alors confédérés contre les feigneurs voifins, le pouvoir de fe faire eux-mêmes, en arrêtant la perfonne de leurs débiteurs, la juftice que ces feigneurs leur refufoient; ce privilège auroit dû ceffer lorfque l'autorité royale, rentrée dans fes droits, a été en état d'affurer la juftice à tous les fujets ; & fi les ordonnances du royaume ont jufqu'à préfent toléré ce privilège, c'eft que les loix ne peuvent tout corriger à la fois, &qu'elles n'atteignent que par dégré à la perfection. »

» Mais en privant du privilège d'*arrêt perfonnel*, les villes qui font en poffeffion d'en jouir, elles feront confirmées dans le privilège d'arrêt réel, encore même qu'elles ne l'aient pas expreffèment obtenu, foit pour leur donner une forte de dédommagement de la perte de l'autre privilège, foit parce que la conceffion qui lui a été faite du droit d'arrêter la perfonne, paroît à plus forte raifon avoir compris & leur avoir attribué le droit d'arrêter les biens. Le privilège d'*arrêt réel* a auffi donné lieu à quelques abus ; il a reçu dans plufieurs coutumes, des extenfions contraires aux loix qui l'ont établi, & préjudiciables au droit de propriété. C'eft ce qui doit le faire rappeller au principe de fon établiffement, & dans cet efprit, régler la qualité de la perfonne du créancier, & la nature de la dette requife, pour donner le droit de procéder à l'*arrêt réel*, la qualité des effets qui peuvent y être compris, & la forme judiciaire qui doit y être fuivie. »

» Ainfi en révoquant le privilège de ville d'*arrêt perfonnel*, & en réglant celui de ville d'arrêt réel, on maintiendra la liberté civile & le droit de propriété des fujets, les maximes d'ordre public & d'ordre judiciaire, le droit d'afyle fera garanti de toute atteinte, & les étrangers jouiront de la protection qu'ils viennent chercher dans le royaume.»

C'eft en conféquence de ces réflexions que l'*arrêt perfonnel* a été ôté aux villes, & l'*arrêt réel* fubftitué à fa place dans les endroits où il n'avoit pas lieu conjointement avec l'autre. Il eft donc établi :

1°. Que les villes qui jouiffoient du *privilège d'arrêt perfonnel*, ne jouiront plus que de celui d'*arrêt réel*.

2°. Que ce privilège ne pourra en aucun cas, ni dans aucune ville, être exercé, fi ce n'eft par les bourgeois & habitans de la ville privilégiée.

3°. Le privilège ne peut avoir lieu que pour des dettes établies par écrit, & contractées dans la ville privilégiée ou le reffort de fon juge ordinaire.

4°. Une dette contractée envers un forain ne pourra, encore qu'elle foit tranfportée & cédée à un bourgeois, donner lieu au *privilège d'arrêt*.

5°. Semblablement une dette contractée dans une ville privilégiée envers un bourgeois d'une autre ville privilégiée, ne peut point donner lieu au *privilège d'arrêt* dans aucune des deux villes.

6° L'arrêt ne peut être fait qu'en vertu d'une ordonnance du juge, portant permiffion d'y procéder.

7°. Les meubles trouvés dans la ville ou les faux-bourgs, pourront feuls être arrêtés fans aucune fuite pour ceux qui en feroient fortis.

8°. Les marchandifes portées aux marchés des villes privilégiées, ne feront point fujettes au *privilège d'arrêt*, ainfi que les effets mentionnés dans l'ordonnance de 1667.

9°. Il fera libre au forain, dont les meubles & effets auront été arrêtés, de demander au pourfuivant l'arrêt, de donner caution pour les dépens, dommages & intérêts ; & faute par le pourfuivant de fournir ladite caution dans le délai qui fera fixé par le juge, main-levée de l'arrêt fera donnée.

10°. Tout bourgeois ou habitant qui aura fuccombé dans la pourfuite d'un *arrêt réel*, foit faute d'avoir donné caution ou autrement, fera déchu de fon privilège, & il ne pourra en ufer à l'avenir.

C'eft ce privilège d'*arrêt perfonnel* qu'on défigne à Lyon fous le titre de droit d'*amener pied-à-pied* le débiteur forain, dont jouiffoient les habitans de cette ville. Mais aujourd'hui la nouvelle loi les en dépouille, & l'on ne doit point trouver d'injures à cela ; d'abord par les motifs énoncés dans le préambule que nous venons de citer, enfuite parce qu'il y a une imprudence outrée de la part d'un marchand ou autre à avancer des effets ou de l'argent à un homme dont le mobilier ne paroît pas une caution des chofes qu'on lui confie à crédit. Cependant le droit, ou plutôt le privilège d'*arrêt perfonnel* exifte en Angleterre. Voici une anecdote rapportée au courier de l'Europe 20 juin 1783, qui le prouve. Un tailleur fournit à un baron Ruffe comme neuve, une vieille vefte rafraîchie avec art, qu'il porta avec l'habit de gala, au moment où l'étranger étoit preffé d'aller à la Cour. La friponnerie reconnue ; la vefte renvoyée le même jour, fût reprife par le tailleur qui n'ofa pas fe plaindre, d'autres fournitures, fut payé exactement & fe garda bien d'inférer cet article dans fes comptes. Mais la veille du départ il demanda dix-huit guinées & demi pour cette vefte, & fur le refus de payer, il fait arrêter le baron, qui ayant trouvé caution, ne perdit point fa liberté.

Les principales villes d'arrêt, font en France, Paris, Melun. Amiens, Etampes, Calais, Arras, St. Omer, Bethune, Aire, Bapaume, Reims, Sens, la Rochelle, St. Sever, Montpellier, Lyon, Rennes, Vaunes, Orléans, Montargis, Blois, Bourges, Iffoudun, Bourbourg, Bergues - St. - Vinox, Valenciennes, Cambray, Lille, Dunkerque, Metz, Verdun : mais toutes ces villes, comme nous venons de le dire, ne jouiffent plus que de l'*arrêt réel*, & non de l'*arrêt perfonnel*.

ARREMENT, ou ENHARREMENT. f. m. Somme donnée d'avance à un vendeur pour s'affurer l'achat d'une marchandife.

Dans fon acception en matière de police, **ce**

mot signifie l'achat que les marchands vont faire sur les lieux ou sur les routes, des marchandises qui doivent être apportées en un marché ; & cette manœuvre est défendue, parce qu'elle fait hausser le prix des denrées, en tenant le marché dégarni & empêché ceux qui n'ont point donné d'*arrhes*, de se pourvoir de ce qu'ils ont besoin.

C'est en conséquence de ce principe, qu'il est défendu aux regrattiers, d'aller au devant des laboureurs & marchands forains, pour *arrher* les grains & les denrées destinées pour les marchés, comme nous l'expliquerons plus au long au mot *grains*. Sur-tout il n'est point permis d'acheter les bleds en verd, ou qui sont sur pied.

Certaines communautés de Paris ont de semblables réglemens pour les matières premières de leur profession. C'est ainsi que les cordonniers, relieurs, &c. ne peuvent acheter les peaux dont ils ont besoin, qu'à la halle au marché aux cuirs. Les marchands bonnetiers ne peuvent acheter aucune marchandise de bonneterie, qu'elle n'ait été visitée par les maîtres & gardes du corps. L'*arrhement* a quelque rapport à l'accaparement ; du moins il peut y conduire, & c'est principalement à cet égard qu'il est défendu. Quant aux autres réglemens que nous venons de nommer, ils ont pour objet, les uns d'assurer la bonne qualité de la marchandise, les autres, de faciliter la perception d'un droit, & de mettre à portée tous les petits fabriquans, de se fournir des matières premières, nécessaires à leur commerce.

Il est vrai de dire que ces défenses, sur-tout à l'égard des communautés, donnent quelque fois lieu à des plaintes fondées, fruit de la gêne & de la contrainte, mais elles produisent aussi quelques bons effets ; si elles peuvent nuire dans quelques cas, elles sont utiles dans d'autres. *Est modus in rebus*.

ARTIFICIER. s. m. C'est l'ouvrier qui emploie la poudre à canon, & d'autres matières, pour faire des fusées, des pétards, & ce qu'on appelle des feux d'artifice.

La profession d'*artificier* est libre, & celui qui l'exerce n'est assujetti qu'aux loix de police, nécessaires pour prévenir les incendies & les malheurs que peut occasionner la poudre à canon. L'on conçoit en effet quel désastre causeroit l'explosion de la boutique d'un *artificier*, si resserrée entre plusieurs maisons, le feu venoit à y prendre. Il est donc important qu'elle soit isolée, & la police des ports qui empêche un vaisseau d'entrer avec son chargement de poudre, doit être également observée pour l'établissement des *artificiers* dans les villes. Ils doivent être éloignés des maisons, chantiers, & autres lieux habités. C'est l'objet du réglement du Parlement de Paris du 30 avril 1729, rendu sur l'avis du lieutenant de police, & procureur du roi au châtelet.

»La cour ordonne que toutes personnes, tant marchands merciers, quincailliers, qu'autres faisant trafic & débit de poudre à canon, fusées volantes, & autres artifices, même ceux qui ont des commissions du grand-maître & capitaine-général de l'artillerie de France, ou du commissaire-général sous son autorité, seront tenus de se loger & se retirer dans trois mois pour tout délai, hors des limites de la ville de Paris, & dans des maisons des fauxbourgs isolées, dont ils donneront auparavant avis au lieutenant-général de police, & au commissaire au châtelet, chacun en son quartier, pour être lesdites maisons, s'il y échet, visitées par le lieutenant-général de police, ou par un commissaire par lui commis, & ce sans frais, & y être pourvu, ainsi qu'il appartiendra, sans qu'ils puissent faire des établissemens en d'autres lieux que ceux qu'ils auront déclarés, sans en donner pareillement avis auxdits commissaires, pour être lesdites maisons pareillement visitées s'il y échet ; desquelles déclarations les commissaires tiendront registres, & sans frais : & cependant, fait défenses à ceux qui logent présentement en ladite ville, de tenir dans leurs maisons, boutiques & échoppes, de la poudre à canon fine, commune, ou de quelque nature ou de quelque petite quantité que ce puisse être, ni aucunes fusées volantes ou autres artifices, à peine de confiscation desdites marchandises, cinq cents livres d'amende ; dépens, dommages & intérêts, même de punition corporelle, s'il y échet. Fait pareilles défenses à tous propriétaires, engagistes ou principaux locataires de louer leursdites maisons ou échoppes dans les limites de la ville, à des marchands faisant trafic public & ordinaire desdites poudres à canon, fusées volantes & artifices, à peine contre chacun d'eux de trois mille livres d'amende, de résolution des baux, & d'être lesdites maisons, boutiques & échoppes, fermées pendant trois ans.

»Fait en outre défenses aux *artificiers*, d'essayer leur artifice dans les environs de la ville, ni dans les promenades publiques, mais seulement dans des lieux écartés, qui seront pareillement indiqués par le lieutenant-général de police. »

Cette dernière défense est assez bien observée, mais les autres ne le sont que médiocrement. Il y a des *artificiers* & vendeurs de poudre dans Paris, non-seulement dans l'intérieur de la ville, mais encore dans des lieux où les dangers de l'explosion & de l'incendie seroient terribles. La police n'y porte aucune attention, ainsi qu'à une foule d'autres objets qui intéressent la vie ou la santé des citoyens, & cela pour plusieurs raisons.

1°. Parce que dans l'exercice de cette police il n'y a pas un véritable désir du bien public, mais celui de se distinguer par des actions arbitraires, des procédés, qui loin d'être utiles aux citoyens, ne servent qu'à les inquiéter. 2°. Parce que cette même police a un trop vaste département, par l'accroissement l'accroiſſement étranger à ſes fonctions qu'on lui a donné. Cela l'empêche de s'occuper efficacement de ce qui eſt véritablement de ſon reſſort. 3°. Parce que cette extenſion forcée de ſoins, l'a obligée à employer une foule d'agens avides qui ſe laiſſent facilement corrompre, & qui trompent enſuite les magiſtrats ou officiers au-deſſus de la corruption, de ſorte qu'au milieu de tout cela, ſi Paris eſt auſſi tranquille & auſſi peu dévaſté par les accidens & les brigands, il faut l'attribuer aux caractères des habitans, à la nombreuſe population qui ſe ſurveille en quelque façon elle-même; & nullement aux prétendus ſoins, à la vigilance de la police, excepté dans un petit nombre d'objets.

ART, ſ. m. C'eſt la collection & la diſpoſition technique des règles, ſuivant leſquelles on exécute un objet. La diſcuſſion, l'examen de ces règles forme la théorie de l'art, leur application à l'exécution en eſt la pratique. Mais il eſt difficile de poſſéder l'une ſans l'autre : la théorie ſans la pratique, manque ſon but: & la pratique ſans la théorie eſt toujours imparfaite.

L'art, de la manière que nous venons de le définir, ſuppoſe dans l'homme la réflexion ſur l'emploi des productions naturelles dans leur rapport avec ſes beſoins, il ſuppoſe l'eſprit de combinaiſon & une induſtrie qui eſt elle-même l'inſtinct de l'art, ou l'art conſidéré comme une des facultés actives de l'ame.

Sous ce dernier rapport, l'art eſt inné dans l'homme, & l'habileté qu'il montre dans quelque genre de travaux induſtrieux que ce ſoit, après un apprentiſſage plus ou moins long, n'eſt que le développement, le perfectionnement d'un talent qu'il poſſédoit naturellement. Vitruve trouve tous les élémens de l'architecture dans la cabane d'un ſcythe. L'armurier n'a fait que perfectionner l'uſage de l'arc & de la fronde; & le canot d'un ſauvage a toutes les parties eſſentielles du meilleur navire. Les poëtes même & les hiſtoriens trouvent les originaux de leurs arts dans les récits & les chants des peuples agreſtes, qui les emploient à peindre leurs paſſions, & à célébrer la valeur & l'amour.

De cette faculté naturelle que les hommes ont à inventer, à trouver le moyen d'approprier à ſon uſage, ce qui l'entoure, ce que la nature lui préſente, on peut raiſonnablement conclure que l'origine des arts n'eſt pas toujours dûe à des peuples anciens; que les beſoins, les déſirs & cette faculté artiſte que nous remarquons dans l'homme, exiſtant aujourd'hui comme autrefois, avec la même énergie, la même intenſité, les nations modernes ont pu donner naiſſance à des inventions pareilles à celles qu'on retrouve dans l'antiquité, ſans que pour cela elles les y aient été chercher. Tel ouvrier, tel artiſte, tel peuple peut imaginer chez nous au-

jourd'hui ce que ſemblables circonſtances, mêmes goûts, mêmes déſirs ont fait naître à Babylone, par exemple, ſans qu'il en ait la moindre connoiſſance.

Ainſi donc un art, une invention, un objet quelconque, ne paſſera pas d'une nation chez une autre, tant que les circonſtances qui y ont donné lieu chez l'une ne ſe rencontreront pas chez l'autre. De là les plaintes que nous faiſons de la pareſſe du genre humain & de la lenteur que les arts éprouvent à ſe répandre. Parce qu'ils ſont en activité ici, on croit qu'ils doivent, par cette ſeule raiſon, l'être ailleurs; on ſuppoſe qu'ils ſe développent par imitation, tranſmiſſion, au lieu que ce n'eſt que par invention totale ou partielle; que lorſque les circonſtances locales & civiles ont permis au génie artiſte des hommes de ſe développer; que les moyens lui en ont été offerts; que l'utilité en a été ſentie. C'eſt parce que l'utilité des arts n'étoit point généralement ſentie, que tandis que Rome adoptoit ceux de la Grèce, la Thrace & l'Illyrie, plus voiſines, reſtoient dans la barbarie, ou ne les regardoient qu'avec indifférence. Parmi nous, la littérature romaine ne fut étudiée, que lorſque le génie des nations modernes eut acquis de la maturité, & lorſque les eſprits eurent fait les premiers pas, & que la néceſſité de comparer pour mieux s'inſtruire eut été apperçue avant même que la beauté des anciens fût connue. Les groſſiers eſſais des poëtes italiens & provençaux reſſembloient à ceux des premiers âges de Rome & de la Grèce : ainſi par-tout l'homme a trouvé en lui le germe des connoiſſances, & les nations n'ont uſé des inventions étrangères, que lorſqu'elles étoient en état elles-mêmes de les créer.

Sans cette faculté propre à l'homme, jamais l'état de ſociété n'eût pu ſubſiſter; les arts une fois détruits, rien n'en eût rappellé la jouiſſance, rien n'en eût offert de modèles. Les nations iſolées, ſéparées des autres peuples, & chez qui cependant la civiliſation n'a pas fait de moindre progrès qu'ailleurs, fuſſent reſtées dans une barbarie éternelle. L'avarice des nations policées qui les porte à cacher des ſecrets utiles, des manufactures précieuſes, eût à jamais privé le reſte du monde des mêmes avantages, ſi le génie créateur, l'eſprit des arts n'eût ſuppléé à tout, n'eût fait retrouver par-tout ce que le beſoin, l'inquiétude & le déſir de jouir auroient fait naître quelque part.

On doit cependant remarquer que lorſque des nations, déja avancées dans la civiliſation, ouvrent des rapports de commerce, d'induſtrie, de lumières entr'elles, les arts font de plus rapides progrès; parce que les idées ſe propagent, les déſirs ſe communiquent, les beſoins ſe multiplient; le luxe, les plaiſirs s'étendent, ſe perfectionnent, & tous les moyens d'induſtrie, de jouiſſance avec eux; de là l'activité dans les arts, qui naît & de la rivalité, & de plus de richeſſe, & de plus de liberté.

Y y

Mais encore faut-il que les peuples en relations ne différent pas trop en degrés de civilifation. Car vainement chercheroit-on à introduire tout-à-coup les *arts* & les loix d'un peuple policé, déjà vieux & mûr chez un autre où la raifon mal développée, l'efprit peu exercé, les defirs groffiers, les befoins imparfaits, n'offriroient aucun rapport d'utilité, aucun attrait aux hommes pour des jouiffances mal fenties, inconnues ou tout au moins au-deffus des befoins ordinaires de la multitude. C'eft ainfi que Pierre premier, en voulant élever fon peuple à demi-barbare au niveau de l'Angleterre ou de la France, a manqué l'objet de fa miffion: l'édifice eft refté imparfait: c'eft un terrein dont on a voulu exiger des récoltes avant les préparations lentes qu'amène le temps, il eft retombé dans fon état d'inertie, & il faut attendre l'œuvre de la nature. Il faut attendre qu'une partie des *arts* fe foit développée fur le fol de la Ruffie, qu'ils aient reçu l'être des hommes mêmes qui l'habitent, & alors, devenue rivale des autres nations, elle les imitera, le furpaffera peut-être, parce qu'elle fentira ce qu'il lui faut, & prendra les moyens qui peuvent y conduire.

Le génie d'un grand homme, quelque grand qu'il foit, n'eft jamais celui d'une nation; pour pouvoir en devenir utilement le légiflateur, il faut qu'il ait été formé par elle, ou du moins qu'elle foit en état de le former, de le juger. Revenons à nos confidérations fur l'hiftoire de l'*art*.

Sitôt que la fociété eut fait quelques progrès & connu la néceffité de cultiver les *arts*, elle vit bientôt qu'une même perfonne ne pouvoit tout faire, & que chaque *art* avoit des relations avec tous les autres, ce qui donna lieu à la divifion des travaux. Cette divifion même fe fit fpontanément, & fans que l'autorité publique y intervînt d'une manière pofitive; car chaque ouvrier s'apperçut d'abord dans le cours de fon travail, qu'il auroit plutôt & mieux fait fon ouvrage s'il abandonnoit à d'autres le foin de faire les outils, de préparer les matières, & de s'occuper de certaines parties qui le détourneroient trop de l'objet principal.

Cette manière de diftribuer le travail devint bientôt une des plus fécondes fources de la perfection des *arts*. Chaque partie fut plus parfaite lorfque l'intelligence d'un feul homme s'y livra entièrement; elle facilita en même temps les découvertes, parce que le même ouvrier ne s'occupant que d'un feul objet, en vit toutes les faces, en calcula les degrés de perfectionnement. Tous ceux qui connoiffent les détails des métiers, des *arts* même libéraux, des beaux *arts*, de la peinture, de la fculpture, favent ce que de temps, de peine & de frais de penfée il faudroit au même individu, pour faire préparer ou difpofer feulement en état de fervice les matières ou les inftrumens qu'il emploie. Ainfi donc la divifion du travail ne contribua pas feulement à la perfection, mais encore à la promptitude des ouvrages.

Il réfulta encore de cette méthode une hiérarchie, une claffification de profeffions, une fubordination d'états indiquée plus par le motif de l'utilité que par toute autre confidération. Cet ordre s'établit par le befoin de l'ordre feul. Il y eut donc des artifans, des artiftes de différens noms, étrangers les uns aux autres, quoique travaillant pour le même objet. Ils eurent des loix, une difcipline, une police à part, & cet enchevêtrement, s'il nuifit quelquefois à l'induftrie privée, approfondit le lit de l'induftrie publique, & donna aux *arts* en profondeur ce qu'elle leur ôtoit peut-être en fuperficie.

La divifion du travail donna naiffance auffi à une manière d'envifager les *arts* qui s'eft confervée, parce qu'elle paroît fondée fur des caufes permanentes. On remarquera que quelques profeffions exigeoient plus de capacité d'efprit, de génie, d'intelligence que d'autres, dont le fuccès dépendoit de la difpofition des forces ou de l'adreffe des mains; de là les *arts* furent divifés, ou plutôt fe trouvèrent divifés en libéraux & méchaniques, mais cette féparation n'eût jamais eu lieu fans la diftribution dont nous avons parlé: car fi le ftatuaire eût été obligé de faire fes outils, de tirer la pierre de la carrière, fi le peintre eût tiffu la toile fur laquelle il travaille, jamais il n'y auroit eu de divifion en *arts* libéraux & méchaniques, parce que tous euffent été, à peu de chofe près, également le fruit de la force, de l'adreffe & de l'intelligence.

Voilà donc comme une différence introduite d'abord dans le travail manuel des hommes, en a amené dans la fociété, lors même que fes progrès dans la civilifation ont fait difparoître toutes les formes d'inftitutions-primitives qui lui ont donné naiffance. Les *arts* tiennent donc encore par ce côté à l'hiftoire de la fociété, & à leur propre forme donc auffi un objet digne de l'attention du philofophe légiflateur.

On pourroit écrire de deux manières l'hiftoire des *arts*, foit en partant d'une fuppofition poffible, d'un hafard qui a donné naiffance à chaque *art*, & fuivant enfuite la marche des tentatives, des découvertes, des opérations qui ont dû néceffairement fe fuccéder & conduire à l'état actuel où il fe trouve; foit en racontant, d'après l'hiftoire, ce que nous favons de pofitif fur fa naiffance, fes progrès & fon état; la première manière feroit l'hiftoire philofophique, la feconde feroit l'hiftoire pofitive des *arts*; c'eft de cette dernière dont nous allons faire ufage, en commençant par les *arts* méchaniques, que nous nommons *métiers*, & terminant cette notice par les *arts* libéraux & les beaux *arts*. Nous croyons d'autant plus raifonnable de commencer par les *arts* méchaniques, que dans l'ordre de l'invention ils ont dû précéder, au moins pour la plupart, les *arts* du génie, & que dans l'ordre de l'utilité ils les précédent peut-être encore; non que les jouiffances de l'imagination, les plaifirs de l'efprit foient également utiles au bonheur lorfqu'on les conçoit; mais parce que les premiers tiennent de plus près à notre conservation, & que l'amour de la vie est le premier mobile de l'homme.

Nous allons donc faire rapidement connoître, 1°. l'histoire des *arts* méchaniques; 2°. leur discipline, lorsqu'ils eurent été formés en corporations, & assujettis à des règles de police; 3°. l'état des *arts* libéraux & des beaux *arts* en Europe, depuis le renouvellement des lettres; leur rapport avec l'état de société actuel, & leur influence sur la police & les mœurs des nations.

Ces connoissances sont tellement liées avec l'objet que nous traitons, elles ont un rapport si sensible avec l'art de gouverner les hommes, de les policer, qu'il y auroit plus que de légéreté à n'en pas présenter ici le tableau raccourci. Quiconque a étudié la société, a dû remarquer qu'elle forme une machine très-compliquée, dont les rouages engrenés les uns dans les autres, s'émeuvent, s'ébranlent réciproquement. Quand on veut en devenir le modérateur ou lui en donner un, il faut long-temps analyser ses ressorts, en connoître la force & la direction: c'est la science du législateur, du philosophe, qui, peu content des idées ordinaires & fugitives de la jurisprudence populaire, cherche la cause du bonheur & de la paix sociale, dans les élémens mêmes de cette société; & l'on a pu voir, par le peu que nous venons de dire, que la hiérarchie des *arts* forment un de ces élémens mêmes. Nous serons courts, parce qu'aux lecteurs attentifs il ne faut que des idées mères, & qu'aux autres il ne leur faut rien du tout.

I°. *Histoire des arts méchaniques.* Nous le répétons, en donnant ici une notice de l'histoire des *arts* méchaniques, nous ne prétendons pas dire qu'ils aient transmigré d'un pays en l'autre, & que nous ne fassions du drap que parce que l'on en faisoit à Rome, ou que l'Europe n'eût jamais cultivé la terre si Triptolème n'en eût enseigné l'art aux Athéniens. Nous avons vu tout-à-l'heure ce qu'on doit penser de cette idée; nous la supposons ici, & l'histoire des *arts* n'est pas une histoire généalogique, mais un tableau de comparaison de leur état chez les différens peuples.

Si quelque chose pouvoit ajouter à la certitude de ce principe, ce seroit la considération de ce qui arrive dans un pays policé lorsqu'une nation barbare en fait la conquête, & que le nombre des vaincus est surpassé de beaucoup par celui des vainqueurs. Ceux-ci dévastent, ravagent, ensevelissent les monumens des *arts*, ils se sèment, & ce n'est que long-temps après, lorsqu'eux-mêmes en ont senti le besoin, qu'ils se livrent à la recherche d'objets dont ils eussent pu d'abord facilement prendre connoissance. Mais les *arts* ne s'entent pas, ils se sèment, & il faut que la terre se prépare long-temps d'avance.

En traitant de l'histoire des *arts* méchaniques,

il seroit trop long & sans doute oiseux, dans un ouvrage de la nature de celui-ci, de parler de chacun en particulier, d'en suivre les progrès, d'en dépeindre les diverses fortunes; il est plus simple, aussi instructif & plus court de ne les envisager qu'en masse, & de renvoyer de plus grands détails aux articles qui les concernent.

Ce seroit une habitude oiseuse & légèrement pédante de commencer toujours par la Grèce, l'histoire des connoissances humaines, si ce pays n'avoit pas acquis une si grande célébrité, si ses lumières & sa civilisation n'avoient point été long-temps l'honneur du genre humain, & si nous ne pouvions retirer aucun fruit de cette considération; mais loin de cela, l'instruction suit cette méthode, l'agrément & l'utilité l'accompagnent. Nous dirons donc un mot de l'état des *arts* méchaniques chez les grecs, à Athènes sur-tout, & nous reviendrons encore à ce peuple aimable, lorsqu'il sera question des *arts* de goût & du génie.

C'est à l'époque du gouvernement de *Périclès* qu'il faut placer l'état brillant des *arts* à Athènes. Les atteliers en étoient nombreux & tous concentrés dans la ville, où ils n'étoient point exposés aux mêmes dangers que lorsqu'ils étoient répandus dans la campagne. Cet usage fut peut-être un mal; il fit hausser le prix de la main-d'œuvre par l'augmentation du prix des vivres. Il y avoit à Athènes une foule si prodigieuse d'artistes & d'ouvriers que ceux qui ne travailloient qu'en ouvrages de menuiserie, tels que les coffres & les cassettes, occupoient un quartier, tandis que les sculpteurs & les statuaires en occupoient un autre Il y existoit encore une communauté si nombreuse d'hommes uniquement employés à façonner le bronze & d'autres métaux, que toute la nation prenoit part à la fête annuelle qu'ils célébroient avec beaucoup de pompe, sous le nom de *chalcia*. Les détails les plus intéressans que l'on nous ait conservés touchant l'état intérieur de ces atteliers sont consignés dans les plaidoyers de *Démosthènes* contre ses tuteurs, qui par leur mauvaise administration ruinèrent deux manufactures que son père laissa à sa mort dans un état très-florissant, & pourvues d'une grande quantité de matières premières, destinées à la fabrication, telles que l'ivoire, l'airain, le fer, le bois & la noix de galle, qui servoit à teindre de certaines pièces de menuiserie, & à leur communiquer la couleur de l'ébène. On y comptoit cinquante-deux esclaves, achetés à prix d'argent, dont les uns forgeoient des lames d'épées, & dont les autres faisoient des formes de lits usités dans les festins & les grands repas des grecs. L'industrie réunie de tous ces artisans rapportoit à la fin de l'année, après la déduction des frais, un avantage réel de quarante-deux mines attiques, ou de 3144 livres tournois.

C'est en suivant des idées absurdes, qu'on a parlé de *Démosthènes*, comme s'il eût été le fils d'un forgeron qui ne subsistoit que du travail de ses mains ; mais c'étoit au contraire un citoyen très-illustre & très-distingué par ses richesses. Il payoit à l'état un tribut aussi considérable que les familles les plus nobles de l'Attique, qui avoient elles-mêmes des fabriques, & exploitoient sur-tout les mines d'argent de la Paralie.

Jamais les Athéniens n'envisagèrent ces occupations que comme une industrie honnête & louable, qui faisoit la force de l'état & la gloire de la république. Ils encourageoient même tant qu'ils pouvoient les étrangers, & leur accordoient toute la liberté imaginable pour établir des métiers à Athènes, comme on le voit par l'exemple de l'orateur *Lysias*, qui étoit originaire de la Sicile, & qui cependant possédoit à Athènes une manufacture très-considérable de boucliers, où l'on occupoit au-delà de cent ouvriers.

Toutes les loix de *Solon* sont remarquables ; mais il y en a une qui l'est extrêmement. *Les étrangers*, y est-il dit, *qui viendront se fixer à Athènes, avec toute leur famille, pour y établir un métier ou une fabrique, pourront, dès cet instant, être élevé à la dignité de citoyen ;* (Le Petit, *de legibus atticis*, liv. I, tit. III.) ce qui étoit infiniment plus honorable alors que d'être aujourd'hui fait prince de l'empire, parce qu'il est plus grand d'être membre d'un peuple libre, qu'esclave titré d'un roi, ou tyran d'une petite province.

Des rois de l'Europe & de l'Asie supplioient souvent la république d'Athènes, de daigner inscrire leurs noms dans le catalogue de ses concitoyens, pour qu'ils pussent se vanter d'appartenir, même par des nœuds si foibles, à la république : tant l'empire des arts & du génie donne de grandeur ! tant la liberté d'un peuple l'élève au-dessus des autres nations ! Et de vils partisans du despotisme osent opposer le prétendu bonheur qu'on trouve dans les monarchies, à la gloire, à la véritable félicité dont jouissent les peuples libres ! Le calme des passions est-il donc préférable aux agitations, aux soins, aux inquiétudes même qui accompagnent la vie la plus heureuse ? S'il est un problème difficile à résoudre, c'est celui de savoir comment l'homme a pu se dégrader au point de défendre son esclavage, d'encenser son tyran.

Il n'est pas moins difficile de comprendre, par quelle raison des nations jalouses de la liberté, tenoient chez elles des hommes à la chaîne, & comment des citoyens éclaircis ne voyoient pas que les *arts* auroient fait des progrès bien plus rapides, s'ils eussent été exercés par des mains libres, qu'ils ne le faisoient par des esclaves. Cet aveuglement fut universel dans l'antiquité ; il régnoit à Athènes, comme ailleurs, & c'est peut-être une des causes qui privèrent cette ville d'une foule de découvertes dans les *arts* dont nous jouissons aujourd'hui.

Il n'y avoit ni vitres, ni cheminées chez eux. Ils ignoroient la chandelle & la bougie. L'imprimerie leur étoit inconnue, les armes à feu, les cartes réduites, les glaces, l'horlogerie, les moulins-à-vent, à eau, &c. On ne peut douter que ces privations n'aient été la suite de l'abus dont nous venons de parler ; il régna à Rome, & produisit des effets à-peu-près semblables sur les *arts* méchaniques.

Ils étoient en effet exercés par des esclaves, sur-tout dans le commencement de la république ; cela fut ainsi établi, plus par la nature des choses, que par un mépris formel pour ces occupations, & l'on ne les méprisa dans la suite, que parce qu'elles furent d'abord le partage des esclaves. Rome peuplée d'hommes guerriers fut bientôt partagé en deux peuples, l'un de conquérant, de vainqueurs, l'autre d'esclaves & de vaincus. Les premiers s'emparèrent des terres, les distribuèrent entr'eux, & le plus pauvre citoyen étoit un propriétaire qui pouvoit vivre du produit de son champ. Ce champ étoit en partie cultivé par des esclaves, & le romain n'avoit sans doute d'autre office, que celui qu'ont encore aujourd'hui nos laboureurs. Cependant quelques esclaves obtinrent leur liberté, & se trouvant dépourvus de tout, ils se donnèrent aux *arts* méchaniques. Ce travail fut depuis regardé comme vil, encore aujourd'hui l'on déroge, c'est-à-dire, l'on se dégrade pour faire un chassis ou une montre, tandis qu'on vit noblement, c'est-à-dire en homme libre, lorsqu'on commande une troupe de soldat, ou qu'on ne fait rien : ce sont les erreurs de Rome sous les premiers rois, & les premiers consuls ; nous les avons conservées : pourquoi n'avons-nous pas conservé aussi leur amour pour la gloire & la liberté ?

Lorsque la république eut conquis de vastes domaines, le luxe amena la perfection des *arts* ; les romains imitèrent les grecs, & poussèrent plus loin qu'eux les commodités de la vie, les plaisirs de la table, la magnificence des habits. Ces mœurs encouragèrent les ouvriers, les enrichirent & portèrent l'industrie à un degré de prospérité remarquable. ils excellèrent sur-tout dans l'art de fondre les métaux, de les polir, de les dorer, dans l'ornement des meubles, le fini des ouvrages, & sur la fin de la république, les étoffes de soie & les linges les plus fins étoient connus & portés à Rome.

Les empereurs avoient des ouvriers qui travailloient pour eux dans leurs palais, & nous avons vu en parlant de l'administration des finances des romains, qu'une des fonctions des officiers du prince, étoit de tenir état des personnes qui travailloient, soit à sa vaisselle, soit à ses habits, ou à ceux de sa famille.

Quels qu'aient été les progrès des *arts* méchaniques chez les anciens, il est sûr que nous les avons de beaucoup surpassés, sinon par la richesse &

la folidité, du moins par l'élégance & la variété des objets. Nous avons des branches d'induftrie entières qui leur étoient inconnues ; mais ces fuccès ont été lents : nous avons été long-temps dans l'ignorance, & la pratique des *arts* ne fut pendant nombre de fiècle, qu'une routine aveugle, qui ne produifoit qu'un travail groffier.

Mais depuis que la richeffe s'eft diftribuée plus également en Europe, depuis que l'efclavage perfonnel a ceffé, que la police s'eft établie dans les villes, on a vu l'induftrie faire de rapides progrès, & les *arts* méchaniques, devenir un des foins principaux de l'adminiftration. C'eft à la découverte de l'Amérique, que commence ce mouvement. Avant, les atteliers concentrés dans les villes, n'avoient qu'un foible aliment dans la confommation locale des ouvrages des manufactures, mais lorfqu'un grand commerce fut tout-à-coup créé par les denrées & l'or de l'Amérique, les artifans devinrent plus riches, & les *arts* méchaniques fe perfectionnèrent.

Ce n'eft pas qu'avant il n'y eût déjà un ordre établi parmi les ouvriers, qui fuppofe des progrès & une activité d'induftrie remarquable. Dès le règne de Charlemagne, on voit une forte de magiftrats nommés *roi des merciers*, chargé de la police des artifans & du gouvernement des corporations de marchands. Les attributions de fa charge étoient confidérables, & ne ceffèrent que lorfque François II le fupprima en 1544. C'étoit le roi des *merciers* qui donnoit les brevets d'apprentiffage & les lettres de maîtrife, en exigeant des droits pour leurs expéditions. Il falloit faire des vifites par fes officiers, examinoit les poids & mefures, & la qualité des marchandifes; & cette jurifdiction n'avoit pas lieu feulement dans la capitale, elle s'étendoit également dans les provinces.

Ces fonctions furent par la fuite attribuées au grand chambrier de la couronne, & Charles, duc d'Orléans, fils de François I, en fut le premier revêtu. Mais après fa mort on rétablit le roi des *merciers*, qui fut encore détrôné par l'édit d'Henri III, en 1581. Alors s'introduifit le droit royal, taxe que devoient payer tous ceux qui vouloient exercer un *art* méchanique érigé en jurande. Enfin ce roi ayant reparu encore un moment, fut tout-à-fait profcrit par Henri IV, qui maintint l'exécution de l'édit de 1581.

Avant 1258, on ne voit pas que les ouvriers aient eu des ftatus ou règlemens ; ce qui peut porter à croire que les loix du roi des merciers étoient arbitraires. Ce fut au retour de la feconde croifade, que St. Louis ayant nommé à la prévôté de Paris, *Etienne Boileau*, entreprit de donner une forme régulière aux compagnies de marchands & artifans de Paris. Il donna des règlemens & ftatuts à chaque confrérie d'ouvriers, qu'il fit approuver dans une affemblée des bourgeois de Paris, ce qui prouve qu'alors encore on croyoit que le peuple feul étoit compétent à prononcer fur les loix qui le regardent, vérité qu'on a méconnue ou méprifée depuis l'établiffement du gouvernement militaire, introduit en France par Charles VII, & fortement foutenu par fes fucceffeurs.

Nous ne voyons pas au refte que cette police à laquelle on affujettit les *arts* méchaniques, en gênât l'effor. Ils fe font toujours avancés vers la perfection, toutes les fois que les circonftances leur ont été favorables, tant que la tyrannie militaire, ou le fanatifme ne les ont pas perfécutés, car dans ces deux cas ils ne s'expatrient pas toujours comme on le croit, ils meurent, ils font perdus pour l'humanité entière.

Il paroît qu'une des grandes caufes de la profpérité des *arts* méchaniques en Angleterre, eft l'éloignement où ils font depuis long-temps, de ces deux fléaux. La puiffance militaire ne ravage point la patrie, & la tolérance établie depuis un fiècle & demi, empêche le fanatifme de produire des malheurs, tels que nous en avons vu en France. Ce qu'il y a de certain, c'eft que depuis que la France eft devenue plus civilifée, plus éclairée, plus philofophe, depuis un fiècle fur-tout les *arts* méchaniques y ont fait auffi de grands progrès. Que l'on compare ce qu'eft aujourd'hui l'ébénifterie, l'horlogerie, la bijouterie, la ferrurerie, la tannerie, la bonneterie, la draperie même, à ce qu'elles étoient fous Louis XIV. L'élégance des formes la légèreté des ouvrages, le fini, la régularité font infiniment perfectionnés. Il n'y a que des efprits chagrins ou faux qui puiffent méconnoître notre fupériorité actuelle à cet égard ; & tout annonce que fi une adminiftration verfatile, une police dédaigneufe, une inconféquence de maximes dans la nation, ne ralentiffent pas ces fuccès, nous parviendrons à une grande perfection. Il eft vrai que les anglois font encore plus avancés que nous, mais nous avons d'autres parties dans lefquelles nous les furpaffons.

Il faut en convenir ici, c'eft aux efforts de Colbert, c'eft aux principes de fageffe qui le guidoient, que nous devons une partie des biens que nous venons de nommer ; il s'étudia à établir l'induftrie, à honorer les *arts* méchaniques, à les foumettre à des règles dont on a pu abufer, mais dont l'inftitution étoit utile. Dans un gouvernement monarchique où la faveur, le menfonge & l'imbécillité peuvent tout, on ne peut point le conduire comme chez un peuple libre. Ce qui feroit nuifible ici, eft néceffaire là. Colbert fe conduifit comme dans une monarchie, il fe conduifit comme avec une nation, peu faite pour porter le fardeau de fon gouvernement & d'une liberté indéfinie. Il ne gouvernoit ni des anglois ni des fuiffes. C'étoit un peuple léger, frivole, & pétri de préjugés à qui il falloit donner des règles de conduite, capables d'affurer leurs pas dans la carrière des *arts*. Colbert l'a fait, & nous devons, loin de blâmer sa retenue, sa prudence & ses principes, admirer son courage, les vues & son patriotisme dans un temps où ce dernier mot étoit encore moins senti qu'aujourd'hui.

Depuis cette révolution, depuis que les corporations d'artisans sont devenues l'objet de quelques soins du gouvernement, les *arts* méchaniques ont cessé d'être aussi avilis qu'autrefois. Des savans les ont étudiés, honorés, & nous avons vu les académies, les hommes de lettres les plus distingués, s'empresser d'apprendre des simples ouvriers, des choses beaucoup au-dessus des idées qu'ils s'en étoient faites.

Cependant ces considérations n'ont pas toujours paru claires à ceux qui ont été chargés de notre administration. M. *Turgot* fut-tout a paru un des plus grands adversaires de la police des *arts* méchaniques, & sans consulter la nation, sans même souffrir la discussion publique sur un sujet aussi important ; de sa certaine science & pleine puissance, les communautés d'*arts* & métiers supprimées dans toutes les villes du royaume, par son édit de 1776.

Nous ne prétendons pas entrer dans les raisons qui auroient pu engager M. *Turgot* à mettre moins de promptitude, de roideur & de hauteur dans cette opération : nous remarquerons seulement deux choses. 1°. Que s'il étoit persuadé de la nécessité de rendre libre la profession des *arts* méchaniques, il devoit avancer pied-à-pied dans cette réforme, désentraver aujourd'hui l'un, demain l'autre ; commencer par ceux qui exigent plus de lumières que fortune, pour ceux convenablement exercés diminuer les frais de maîtrise, de réception, &c., mais laisser à tous leur bureau, leurs fonds, la police de leurs membres, la considération civile qui y étoit attachée : tous moyens de concilier à ces citoyens utiles, une forte de caractère public, de les mettre à même de résister aux adresses ministérielles, aux vexations de la police, aux injustices de la protection ; car c'est ce qu'on se propose toujours dans ces corporations, & ce qu'on obtient quand les membres seuls en ont la discipline & l'administration. 2°. M. *Turgot* eût dû assez estimer le public, pour croire que cet objet méritoit de lui être soumis, pour se préparer sur les réformes qu'il vouloit faire. Il devoit entendre le *pour* & le *contre*, permettre à chacun des intéressés de dire son avis, ne fermer la bouche à personne, & lui, qui prêchoit la liberté, accorder celle de dire publiquement son opinion sur une affaire qui intéressoit le public. Mais loin d'en agir ainsi, il fit comme le pape qui croit ses décisions infaillibles, & prétend qu'après qu'il a prononcé, personne n'a plus droit de rien dire. Par un arrêt du conseil du 22 février 1776, il interdit à tous les corps de communautés, le droit de se faire entendre dans leurs raisons. Il y dit formellement : *qu'il n'a jamais été permis à aucun*

particulier, de discuter l'objet ou la disposition des loix, maxime tyrannique, fausse par le fait, fausse dans le droit, & qui prouve jusqu'à quel point l'esprit de système peut s'égarer, puisque tous les principes qu'invoque M. *Turgot* dans ses ouvrages, démentent formellement ce dictum inquisiteur.

Il résulta de l'inconséquente & convulsive démarche de M. *Turgot*, que personne ne prit d'idée fixe sur la question des jurandes, que chacun resta persuadé de son opinion ; que le public conserva son ignorante indifférence, & que les communautés furent rétablies, peu de temps après leur suppression. Mais dans ce rétablissement, elles perdirent leur liberté, elles furent plus directement soumises aux influences de la police, elles n'eurent qu'une existence précaire ; & la nation fut persuadée que si l'on les rétablissoit, c'étoit bien plus pour s'assurer un impôt sur l'industrie, que pour l'assujettir à des règles utiles, & dont les intéressés seuls eussent eu la direction.

Quoi qu'il en soit de ce mouvement dans la police de l'industrie, il est sûr qu'elle est aujourd'hui sur un meilleur pied qu'autrefois à bien des égards ; les frais de maîtrise sont moins considérables, & pour le même droit, l'ouvrier ou le marchand peuvent exercer plusieurs professions à la fois, qui chacune en particulier exigeoient avant, une contribution plus forte.

C'est à faire connoître cette nouvelle police, que nous allons nous occuper à présent, il seroit inutile d'entrer dans les détails de l'ancienne, cette connoissance ne pourroit apporter aucun éclaircissement à ce que nous avons à dire.

II°. *Police & discipline des arts méchaniques.* Pour mettre quelque ordre dans cette partie de notre travail, nous ferons plusieurs divisions, & nous aurons soin de ne parler que de ce qu'il importe le plus de connoître, renvoyant le lecteur pour de plus grands détails, aux ouvrages faits sur cette matière.

D'abord on doit remarquer que l'édit d'août 1776, qui rétablit les communautés, distingue deux sortes de professions, celles qu'il appelle libres, & celles qui sont en jurande. On doit encore remarquer que celles qui sont libres dans un endroit, ne le sont pas dans un autre, & que les frais qui sont dûs pour les réceptions, varient en raison de l'importance des villes où sont les corporations, car il y a grand nombre de villes & bourgs où ces établissemens n'ont pas lieu.

Le principal objet de l'édit dont nous venons de parler, fut non-seulement de réformer à Paris la discipline des *arts* méchaniques, mais encore de réunir plusieurs professions qui ont des rapports entre elles. On avoit remarqué que la plupart des procès des communautés naissoient, de ce que plusieurs se plaignoient que d'autres empiétoient sur leurs droits, vendoient ou fabriquoient des objets de leur profession. Il en résultoit une éternelle anarchie entre les ouvriers ; le tailleur ne vouloit point que le fripier fît des habits, le miroitier s'opposoit à ce que le tapissier vendît des glaces, &c. Pour couper court à ces querelles inévitables, on réunit la profession, dont les travaux ou les objets de commerce s'attireroient mutuellement par la seule force des choses ; & c'est encore une observation qu'il étoit utile de faire.

Nous ne parlerons que des dispositions générales des règlemens, les frais de maîtrise & de réception, ceux d'apprentissage, & quelques autres objets semblables varient trop, pour que nous en puissions rendre un compte vraiment utile. Nous nous garderons en cela, d'imiter les compilateurs d'ordonnance, qui sans ordre & sans choix, donnent pour l'état actuel des choses, ce qui depuis long-temps n'a plus lieu, ou qui sans netteté, sans explication, entassent des paragraphes de loix, sans se donner au moins la peine de les classer sous des titres intelligibles (1). Nous réduirons donc ce que nous avons à dire, 1°. à l'apprentissage ; 2°. à la réception à la maîtrise ; 3°. aux droits des maîtres ; 4°. à la discipline intérieure des corporations ; 5°. aux droits & fonctions de leurs gardes, syndics & adjoints ; 6°. aux droits publics du corps ; 7°. à leurs impositions ; 8°. à la partie contentieuse & attribution du juge de police relativement à elles. Comme la forme adoptée pour Paris est à-peu-près la même pour tout le royaume, qu'elle ne diffère guères que dans les frais de réception, nous suivrons les dispositions de l'édit d'août 1776. Nous dirons ensuite un mot des maîtrises de l'hôtel du roi & des privilèges attribués à certains corps.

Il y a à Paris six corps de marchands & fabricans, & quarante-quatre communautés d'arts & métiers, dans lesquelles on ne peut être reçu qu'en payant certains droits, & remplissant certaines conditions, & dont on ne peut exercer publiquement la profession, sans y avoir été reçu, en vertu de l'édit d'août 1776 : ceux qui ont été admis à l'exercice de ces professions, sont ce que l'on appelle maîtres.

Il y a six corps de marchands fabricans, qui sont 1°. Les drapiers-merciers ; 2°. les épiciers ; 3°. les bonnetiers, pelletiers, chapeliers ; 4°. les orfèvres, batteurs & tireurs d'or ; 5°. les fabricans d'étoffes, de gazes, tissutiers-rubaniers ; 6°. les marchands de vin.

Les quarante-quatre communautés, sont : 1°. les amidoniers ; 2°. les arquebusiers, fourbisseurs, couteliers ; 3°. les bouchers ; 4°. les boulangers ; 5°. les brasseurs ; 6°. les brodeurs, passementiers, boutoniers ; 7°. les cartiers ; 8°. les chaircutiers ; 9°. les chandeliers ; 10°. les charpentiers ; 11°. les charrons ; 12°.

les chaudronniers, balanciers & potiers d'étain ; 13°. les coffretiers, gainiers ; 14°. les cordoniers ; 15°. les couturières & découpeuses ; 16°. les couvreurs ; plombiers, carreleurs & paveurs ; 17°. les écrivains ; 18°. les faiseuses & marchandes de modes, & les plumassières ; 19°. les fayenciers, vitriers & potiers de terre ; 20°. les férailleurs, cloutiers & épingliers ; 21°. les fondeurs, doreurs & graveurs sur métaux ; 22°. les fruitiers, orangers, grainiers ; 23°. les gantiers, boursiers, ceinturiers. 24°. les horlogers ; 25°. les imprimeurs en taille-douce ; 26°. les lapidaires, depuis réunis aux orfèvres ; 27°. les limonadiers-vinaigriers ; 28°. les lingères ; 29°. les maçons ; 30°. les maîtres-d'armes ; 31°. les maréchaux-ferrans éperoniers ; 32°. les menuisiers ; 33°. les paumiers ; 34°. les peintres, sculpteurs ; 35°. les reliers, papetiers, colleurs en meubles ; 36°. les selliers, bourreliers ; 37°. les serruriers, taillandiers, ferblantiers, maréchaux-grossiers ; 38°. les tabletiers, luthiers, éventaillistes ; 39°. les tanneurs, corroyeurs, peaussiers, mégissiers, parcheminiers ; 40°. les selliers-fripiers d'habits ; 41°. les teinturiers en soie ; les teinturiers du grand & du petit teint, les tondeurs & foulons de draps ; 42°. les tapissiers, fripiers en meubles, & les miroitiers ; 43°. les tonneliers, boisseliers ; 44°. les traiteurs, rotisseurs, pâtissiers.

Ces quarante-quatre communautés ont déjà été réduites à quarante-trois, par la déclaration du 25 avril 1778, qui réunit les horlogers aux bijoutiers, orfèvres, lapidaires ; & cette réduction deviendra sûrement plus considérable de jour en jour. Ce sont des pas de faits vers la liberté de l'industrie, sans l'exposer à l'impolice, & le public à être trompé.

On doit aussi remarquer que ces quarante-quatre communautés & six corps de marchands & fabricans, sont réduits à vingt pour les provinces, en vertu de l'édit d'avril 1777, par la réunion d'un plus grand nombre de profession en une seule communauté qu'à Paris & à Lyon, Voyez COMMUNAUTÉS D'ARTS ET MÉTIERS.

Il y a aussi un certain nombre de professions libres, tant à Paris, à Lyon, que dans les villes ; nous en parlerons, après avoir parlé de la maîtrise.

Une des conditions exigées pour y être admis ; c'est l'apprentissage ; nous en avons parlé. Voyez ce mot. On doit distinguer l'admission de la réception ; la première se fait par les gardes, syndics & adjoints seuls, & par l'enregistrement de la réception sur le livre de la communauté, au lieu que la réception a dû précéder cet acte, & se faire par-devant le procureur du roi au châtelet à Paris, ou le juge de police dans les provinces, en présence des syndics & adjoints. La réception gît dans la prestation du

---

(1) C'est le reproche que nous pouvons hardiment faire à un ouvrage qui a paru en 1788, sous le titre de code du fabricant. C'est une compilation imparfaite, informe & obscure des règlemens sur les arts ; il n'y a ni méthode, ni clarté, & cela au pied de la lettre.

ferment entre les mains du magistrat & l'admission dans l'enregistrement de réception & la délivrance des lettres de maîtrise. Il y a des droits à payer pour cela, nous ne les rapporterons pas, quoiqu'ils soient fixés par la loi. Ceux qu'on paie réellement en différant toujours plus, de manière que ce seroit donner une idée fausse des choses au lecteur, que de lui présenter pour exact, ce qui ne l'est pas pas dans la pratique.

Il faut pour être reçu maître, avoir vingt ans accomplis, & avoir fait quatre ans d'apprentissage. Ceux qui n'ont point cet avantage, doivent travailler pendant un an chez un maître, avant de pouvoir être reçus. Mais l'on obtient des dispenses d'âge, & cette partie du règlement n'est pas rigoureuse. Les enfans de maîtres ou maîtresses, qui ont été inscrits sur le registre de la communauté, peuvent être reçus dès l'age de dix-huit ans, lorsqu'ils ont travaillé avec leurs parens, deux ans au moins. Les veuves doivent se faire recevoir un an au plus tard après la mort de leurs maris, & elles ne paient alors que la moitié des droits. Les enfans qui ont appris leur métier à l'hôpital de la Trinité, ont la même remise sur les frais de réception. Les femmes & filles sont reçues dans les communautés d'hommes, mais ne peuvent être admises aux assemblées. Les étrangers peuvent se faire recevoir, & ils sont alors affranchis du droit d'aubaine pour leurs mobiliers, & leurs immeubles fictifs.

Ceux qui veulent accumuler deux ou plusieurs professions, peuvent le faire en obtenant la permission du juge de police; & alors ils sont assujettis aux statuts des différentes communautés dont ils sont membres. Les maîtres & maîtresses reçues dans les communautés de Paris, ont aux termes de l'édit d'août 1776, le droit d'exercer dans tout le royaume, les commerces ou professions dans lesquelles ils ont été reçus, en se faisant inscrire au bureau du corps ou de la communauté de la ville dans laquelle ils voudroient faire leur résidence. Mais il paroît que ce privilège n'a lieu que dans le ressort du parlement de Paris. Il existe un arrêt du parlement de Normandie, du 30 juillet 1738, qui ordonne qu'aucun marchand ou artisan, ne pourra s'établir en la ville de Rouen qu'il n'y ait fait son apprentissage, en conformité des réglemens de la communauté où il voudroit entrer. Sur l'appel de la sentence du juge de police, arrêt du parlement de Rennes, du 18 Février 1785, qui oblige un maître chapelier de Paris, qui vouloit s'établir à Nantes, de se conformer aux statuts de la communauté des chapeliers.

Les maîtres & maîtresses ne peuvent louer leur maîtrise, ni prêter leurs noms directement ou indirectement à d'autres maîtres ou personnes sans qualité, sous peine d'être destitués, & d'amende envers la communauté; ils peuvent ouvrir boutique par-tout où ils voudront, sans observer de distance entr'elles, mais ils ne peuvent en avoir deux pour la même profession; il leur est également défendu de donner aucun ouvrage à faire en ville à aucun compagnon ou garçon, à moins qu'ils n'y soient autorisés par leurs statuts (1).

Une des choses les mieux imaginées dans la police des communautés d'*arts* & métiers, c'est la forme donnée à leurs assemblées, & l'espèce de démocratie qu'on y a établie, tant pour faciliter l'exécution des réglemens, que pour asseoir la répartition de la capitation, en proportion des facultés de chaque membre. On leur a donné des assemblées générales, composée de tous les membres de la communauté dans les villes où ils sont peu nombreux, & des plus hauts taxés dans les grandes villes, comme Paris & Lyon; elles ont encore chacune des assemblées de députés, élus dans l'assemblée générale, & qui représentent la communauté; enfin des gardes, syndics & adjoints électifs pour gérer les affaires communes & exercer les droits du corps. C'est le modèle d'un gouvernement municipal bien organisé & même de tout bon gouvernement. L'utilité en a paru si sensible, que les professions déclarées libres en ont aussi adopté la forme. Entrons dans quelques détails.

A Paris & à Lyon, en vertu des édits d'août 1776 & janvier 1777, les corps & communautés sont représentés par des députés, au nombre de vingt-quatre, pour les corps & communautés composées de moins de trois cents membres, & de trente-six pour ceux qui sont composés d'un plus grand nombre.

Ces députés composent l'assemblée ordinaire de la communauté, qui se trouve présidée dans les six corps par les gardes, & dans les communautés par les syndics & adjoints. Les délibérations qui y sont prises obligent tous les membres de la communauté, & ne peuvent être exécutées qu'après avoir été homologuées à Paris, par le lieutenant de police, à Lyon par le consulat, à Bordeaux, par les jurats, & en général par le magistrat chargé de la police. On traite, dans l'assemblée ordinaire, de la répartition de la capitation des membres, des dettes & procès de la communauté & de ce qui peut l'intéresser spécialement.

Comme les députés qui la composent sont electifs, il a fallu former d'autres assemblées pour

procéder

procéder à leur élection, c'est l'objet des membres de la communauté. Le magistrat de police les indique à cet effet tous les ans. A Paris, elles sont formées de deux cents membres pour les corps & communautés composés de moins de six cents maîtres, & de quatre cents pour un plus grand nombre : il n'y a que les plus haut taxés à la capitation qui aient droit de s'y trouver. A Lyon, tous y sont successivement appelés par rang d'ancienneté ; mais chaque assemblée ne peut être de plus de trois cents membres, & la proportion graduelle est observée suivant la force de la communauté.

Et pour que les assemblées ne soit pas trop tumultueuses, lorsqu'elles sont de plus de cent membres, le lieutenant de police, à Paris, le consulat, à Lyon, &c. les indiquent divisément & par centaine, partageant ainsi les maîtres, suivant les quartiers à peu près qu'ils habitent, & leur fixant le jour où ils nomment les députés pour leur quartier ; mais ces députés, dans l'assemblée ordinaire, ne sont point distingués des autres, & la différence de quartier n'en met ni dans les fonctions, ni dans les droits, ni dans les devoirs : elle est nulle.

Pour les communautés dont le nombre des membres est peu considérable, & par conséquent pour celles des villes de province, on a un peu modifié cet ordre de police. Il est dit, dans l'édit d'avril 1777, & dans le réglement annexé à la déclaration du premier mai 1782, que les communautés qui ne seront pas composées de plus de vingt maîtres, pourront s'assembler en commun, tant pour la nomination des leurs syndics & adjoints, que pour leurs affaires, sans nommer de députés, l'assemblée générale étant représentative de la communauté. Les communautés plus nombreuses, & au-dessous de celles dont nous avons parlé plus haut, seront représentées par dix députés choisis dans les assemblées générales, convoquées par permission du juge de police qui en indiquera le jour, le lieu & la forme. Ces assemblées, tant générales qu'ordinaires, sont présidées par leurs gardes, syndics & adjoints ; ce qui est commun à toutes les communautés.

Il y a, dans chacun des six corps trois gardes & trois adjoints (1), & dans chaque communauté deux syndics & deux adjoints, à l'exception des professions déclarées libres, où il n'y a qu'un syndic & un adjoint. Ils ont tous également, aux termes de l'édit d'août 1776, la régie & administration des affaires, la manutention des revenus desdits corps & communautés, & sont chargés de veiller à la discipline des membres, & à l'exécution des réglemens.

Ils exercent, pendant deux années consécutives, les fonctions qui leur sont attribuées : la première, en qualité d'adjoints, la seconde, en qualité de gardes ou syndics.

Leur élection se fait au scrutin, par l'assemblée des députés de la communauté, trois jours après que ceux-ci ont été élus, & cela pardevant le procureur du roi au châtelet ou juge de police de la ville, excepté les communautés déclarées libres, dont l'adjoint est nommé par le lieutenant de police, à mesure que le syndic sort de charge : car on doit observer que ce ne sont point les syndics que l'on nomme, mais les adjoints, attendu que ceux-ci deviennent syndics la seconde année, sans élection comme nous l'avons dit. Ils ne peuvent être choisis, au reste, que parmi les maîtres députés les années précédentes. Voyez, SYNDIC, les devoirs & obligations que ces officiers ont à remplir dans leur petite administration.

Les droits des communautés ou plutôt des maîtres, se réduisent, 1°. au pouvoir d'exercer exclusivement à tous autres les professions qui leur sont attribuées ; 2°. d'empêcher ceux qui ne sont point reçus de les exercer, par la saisie ; 3°. de faire des emprunts publics lorsqu'ils y sont autorisés ; 4°. d'exercer une sorte de police sur leurs membres, & d'en exiger l'observation des statuts ainsi que de légères contributions.

C'est ce qui résulte des édits & déclarations donnés sur les arts & métiers. Celui d'août 1776 porte : Que les corps & communautés jouissent, exclusivement à tous autres, du droit d'exercer les commerce & profession qui leur sont attribués, & défenses à toutes personnes sans qualité, d'entreprendre sur les droits des communautés à cet égard, à peine d'amende & confiscation des marchandises & instrumens.

L'exécution de cette seconde partie du réglement est confiée, par le magistrat de police, aux syndics & adjoints des communautés : c'est en vertu de cette concession que ceux-ci ont le pouvoir illimité de saisir les contrevenans aux réglemens de la communauté dont ils sont membres, & la présence de l'officier de police qui représente le magistrat est nécessaire ; c'est pourquoi aucune saisie ne peut être effectuée qu'avec l'aide d'un commissaire, qui fait dresser le procès-verbal en sa présence. On doit remarquer au reste que ce pouvoir de police ne s'étend point jusqu'aux domiciliés ; si ceux-ci faisoient quelque chose de contraire aux réglemens des communautés, ils ne pourroient être saisis qu'en vertu d'une sentence du juge compétent, & par la voie ordinaire & judicielle. Les domiciliés ne sont point sujets aux officiers de police pour ce qui se passe chez eux. Cette loi est quelquefois violée, mais elle n'en est pas moins réelle. Voyez un arrêt du parlement, du 26 mars 1783, qui fait défense aux syndics & adjoints des communautés de se transporter chez les domiciliés, sans une ordonnance spéciale & ad hoc. Voyez aussi DOMICILIÉS.

---

(1) On appelle garde dans les six corps les officiers chargés des mêmes fonctions, ou à peu de chose près que les syndics dans les communautés.

Les communautés s'étoient ruinées par les emprunts qu'elles avoient faits autrefois, soit pour soutenir des procès entr'elles, soit pour d'autres entreprises légèrement consenties par leurs assemblées. Cette facilité leur a été ôtée à la vérité, mais on leur a conservé le droit de faire des emprunts, en s'y faisant autoriser par des lettres-patentes dûment enregistrées. Edit de 1776, de 1777; arrêt du conseil, du 2 avril 1779.

Le dernier des pouvoirs dont nous avons dit que jouissoient les communautés, est la police sur leurs membres, & le droit de visite chez eux. C'est ce qui résulte d'une manière positive du réglement annexé à la déclaration du premier mai 1781.

« Les syndics & adjoints, y est-il dit, seront te-
» nus de faire chaque année quatre visites au moins
» chez tous les maîtres, à l'effet de reconnoître
» s'ils se conforment aux réglemens, & de s'infor-
» mer de la conduite de leurs apprentifs, compa-
» gnons ou garçons de boutique; ils auront soin d'en
» rendre compte à la première assemblée de la com-
» munauté ou de ses députés. Les maîtres qui au-
» ront été trouvés en faute seront cités à l'assemblée
» de la communauté ou de ses députés. En cas de
» récidive, les syndics & adjoints en dresseront pro-
» cès-verbal, qu'ils remettront entre les mains du
» substitut du procureur du roi, pour y être pourvu
» à la requête, si la contravention intéresse l'ordre
» public; autrement les poursuites seront faites à
» la requête des syndic & adjoints, au nom de
» la communauté ».

Il est dû aux syndics & adjoints, pour leurs visites, une certaine rétribution, taxée suivant l'importance des communautés ou des villes où elles sont établies, & les professions libres y sont également assujéties dans les lieux de jurande.

On s'est servi assez heureusement de l'ordre établi dans les corporations d'*arts & métiers*, pour répartir entre leurs membres les impositions royales & la capitation. Comme elles sont à portée de connoître les facultés de chaque maître, & que ceux-ci peuvent discuter avec leurs confrères les objets qui les intéressent, l'égalité de répartition s'est jointe à la facilité du recouvrement. Voici comme on s'y est pris pour cela, au moins pour la ville de Paris, cette forme n'ayant pas lieu pour les autres villes.

L'arrêt du conseil, du 14 mars 1779, divise les communautés de Paris en vingt-quatre classes, dont la première est taxée au plus haut à trois cents liv. de capitation, & la plus basse à trente sous.

Chacune de ces classes est partagée en plusieurs sections, parce que tous les membres d'une même communauté ne sont pas en état de payer autant, quoiqu'exerçant la même profession. Par exemple, les drapiers-merciers qui composent la première classe, sont partagés en vingt sections, depuis trois cents livres jusques & compris celle de neuf livres. Ainsi un maître peut monter ou descendre, c'est-à-dire, ses impositions augmenter ou diminuer, en raison des changemens de sa fortune, qui, étant connus des syndics & adjoints, le font avancer ou reculer d'une ou plusieurs sections; & afin qu'il ne s'y glisse pas d'abus dans cet arrangement, on a fait différens réglemens.

Le nombre des maîtres de chaque section est fixé tous les ans par le lieutenant-général de police, & envoyé aux gardes, syndics & adjoints des communautés, qui les distribuent suivant leurs facultés respectives de ces sections; l'état de distribution est ensuite renvoyé au même magistrat, qui les rend exécutoires (1).

Lorsqu'un membre d'une communauté se croit placé dans une section au-dessus de ses facultés, il peut se pourvoir par-devant le lieutenant-général de police, qui, suivant la justice de leurs représentations, déterminera les classes dans lesquelles ils doivent être compris les années suivantes. Ces réglemens sont également lieu pour les privilégiés de l'hôtel & les professions libres, dont nous dirons un mot tout-à-l'heure. Les gardes, syndics & adjoints, ne peuvent comprendre dans leurs états que ceux qui exercent actuellement la profession; & qui sont par conséquent dans le cas de payer le vingtième d'industrie; à peine d'en répondre personnellement.

Pour rendre l'exécution de ce réglement plus facile, il est prescrit à tous ceux qui voudront quitter ou suspendre l'exercice de leur profession, d'en faire leur déclaration dans huitaine au plus tard au bureau de leur communauté. Ces déclarations sont portées au lieutenant de police qui les communique au prévôt des marchands, afin que ceux qui les ont faites soient couchés sur la classe des simples domiciliés. On doit remarquer que ceux qui ne font que suspendre l'exercice de leur commerce ou profession, ne sont point exemptés des charges de la communauté, & ne le sont pas de celles du roi.

Autrefois les syndics, adjoints, étoient chargés de la collecte des impositions royales des maîtres de communauté; aujourd'hui cette fonction est attribuée au receveur des impositions de Paris, en vertu de l'arrêt du conseil, du 27 octobre 1781.

(1) Nous prions le lecteur de ne point s'impatienter de ces détails extraits des réglemens; ils sont utiles à connoître. C'est d'ailleurs pour lui éviter la peine de chercher ces connoissances dans des recueils sans choix, sans méthode, que nous les rapportons ici. Ce travail fastidieux, & dont on ne fait presque point gré à l'auteur, est un de ceux qui lui coûtent le plus & qui demandent le plus de temps. Il seroit facile de s'en exempter, en rapportant tout simplement les réglemens; mais nous voulons sur-tout instruire.

Difons un mot des rapports du magiftrat de police avec la difcipline des *arts & métiers*. De tous tems elle a fait une des parties confidérables de fes fonctions, & lorfque les corps municipaux exerçoient la police, qui paroît naturellement être de leur compétence, ils en étoient feuls adminiftrateurs ; c'eft ce qui réfulte pofitivement de l'art. 71 de l'ordonnance de Moulins. Mais depuis 1667 que la police a été érigée en jurifdiction particulière à Paris, & en 1696 & 1706, dans les autres villes du royaume, & que les officiers municipaux ne l'ont plus exercée qu'autant qu'ils en ont réuni les offices ; tout ce qui regarde la partie adminiftrative & contentieufe des *arts & métiers* eft de la compétence du juge de police, fauf l'appel aux tribunaux fupérieurs.

L'édit d'octobre 1696 attribue aux lieutenans généraux de police la connoiffance des manufactures, l'élection des gardes, jurés, les brevets d'apprentiffage, les vifites des jurés, & l'exécution des ftatuts & réglemens. L'édit de 1706 confirme ces attributions, enfin celui d'août 1776 porte : Que les conteftations concernant les corps de marchands, *arts & métiers*, & la police générale & particulière des communautés, continueront d'être portées en première inftance au châtelet, fauf l'appel au parlement : à Lyon c'eft le confulat qui eft chargé de cette partie, & dans les autres villes, le juge de police, quand le corps municipal n'en a pas réuni les offices, comme nous venons de dire.

Nous avons remarqué qu'il y avoit des profeffions libres, c'eft-à-dire, qui n'étoient point érigées en jurande, & dont l'exercice étoit ouvert à toutes perfonnes, pourvu qu'elles prévinffent le juge de police de leur intention de faire tel métier ou tel commerce publiquement. Voici celles qui ont été déclarées telles par l'édit d'août 1776. 1. Les bouquetières, 2. les broffiers, 3. les boyaudiers, 4. les cardeurs de laine & de coton, 5. les coïffeufes de femmes, 6. les cordiers, 7. les frippiers-brocanteurs, qui achètent & vendent dans les rues, halles & marchés, & non en place fixe; 8. les faifeurs de fouets, 9. les jardiniers, 10. les linières-filaffières, 11. les maîtres de danfe, 12. les nattiers, 13. les oifeleurs, 14. les pains-d'épiciers, 16. les patenôtriers-bouchonniers, 16. pêcheurs à verges & à enguis, 17. lavatiers, 18. tifferands, 19. vanniers, 20. vuidangeurs. Toutes perfonnes, dit cet édit, pourront exercer ces profeffions, à la charge de faire leur déclaration devant le lieutenant de police : ladite déclaration fera infcrite fur un regiftre à ce deftiné ; elle contiendra les noms & furnoms, âge & demeure de celui qui fe préfentera, & le genre de commerce ou travail qu'il fe propofera d'exercer ; en cas de changement de profeffion ou de demeure, comme auffi en cas de ceffa-

tion, lefdits particuliers feront pareillement tenus d'en faire leur déclaration ; le tout fans aucuns droits ni frais (1). La déclaration du 19 décembre 1776, veut que le certificat de la déclaration à la police, foit rapporté aux fyndic & adjoints de la communauté, & regiftré par eux fur un livre, pour laquelle infcription il leur fera payé trois livres.

Les profeffions libres ont donc, comme on voit, en vertu de cette déclaration, chacune un fyndic & un adjoint ; mais elles n'ont point d'affemblées pour élire ces officiers, comme ces profeffions payantes : c'eft le lieutenant de police qui nomme l'adjoint chaque année, pour remplacer celui qui paffe au grade de fyndic. Le rapport des vifites fe fait par procès-verbal remis au commiffaire du quartier, qui en rend compte à l'audience du lieutenant de police. Les fyndic & adjoints font deux vifites ordinaires annuellement chez les particuliers, pour chacune defquelles il leur eft payé cinq fous par chaque membre. Ils font chargés en même tems de dénoncer ceux qui exerceroient les profeffions libres fans avoir rempli les conditions prefcrites.

Nous avons dit auffi qu'il y avoir une forte de maîtrife que l'on appelloit de l'hôtel du roi : en voici l'origine. Lorfque nos rois fe tranfportoient d'un lieu à un autre, dans leurs voyages ils emmenoient une fuite de marchands, ouvriers & artifans, pour approvifionner la cour des objets néceffaires à fa confommation. La police de toutes ces perfonnes étoit attribuée au prévôt de l'hôtel du roi, & c'étoit par fon agrément qu'elles jouiffoient du droit de vendre, acheter & étaler leurs marchandifes par-tout où fe trouvoit le roi. Depuis l'abolition de cet ufage, le prévôt de l'hôtel du roi eft refté en droit de donner des lettres de privilèges dans prefque tous les corps & communautés des marchands & artifans.

Ces privilégiés jouiffent de tous les avantages, libertés & privilèges des autres maîtres ; ils font foumis à la jurifdiction du grand-prévôt, qui a le droit de connoître de tout ce qui les regarde, fauf l'appel au grand confeil. Tout privilégié qui obtient des lettres du prévôt, doit les faire fignifier aux fyndic & adjoint des maîtres de Paris, dans la communauté femblable à la fienne. Les lettres-patentes du mois de décembre 1776, ont établi un ordre parmi les privilégiés de l'hôtel, à peu près femblable à celui qui exifte dans les autres corps d'artifans.

Prefque tous les hôpitaux de Paris, deftinés à donner un afyle aux pauvres enfans, jouiffent de certains privilèges relatifs à l'exercice des *arts & métiers*. Nous en parlerons fous le mot d'HÔPITAL-GÉNÉRAL ; nous dirons feulement ici que les enfans qui ont appris leur métier dans celui de la Trinité à

---

(1) On ne doit pas croire qu'il n'en coûte rien pour exercer une de ces profeffions : il y a toujours des frais au-deffus de ceux portés par l'ordonnance, & qu'on ne connoît que dans la pratique. Les petits marchands ambulans font à peu près les feuls dont l'état foit libre. Pour les brocanteurs, il faut qu'ils aient une médaille qu'on leur vend cher, comme les crieurs de billets de loterie.

Paris, ne paient que la motié des frais de réception dans la jurande ; que ceux qui ont, dans le même hôpital, enseigné pendant vingt ans une profession aux enfans qui y font ; ont acquis la maîtrise de droit ; & que tout ouvrier qui épouse une des jeunes filles élevées au couvent nommé des *Cent-Filles*, est également reçu maître sans payer les droits ordinaires. Ces privilèges font de nouveau confirmés par l'édit d'août 1776.

Quant aux maîtrises de la galerie du Louvre & des Gobelins, voici en quoi elles consistent. L'édit de décembre 1667, pour l'établissement de la manufacture des Gobelins, porte : Qu'il y fera entretenu soixante enfans aux frais du roi, pour y apprendre les différens *arts & métiers* utiles à ladite manufacture ; & qu'au bout de six ans d'apprentissage & de quatre ans de travail, les enfans auront acquis la maîtrise dans l'art qu'ils auront appris ; qu'il suffira qu'ils se présentent comme tels aux syndics & gardes des communautés de Paris qui les admettront.

Les lettres-patentes du 22 décembre 1602, permettoient aux personnes qui n'étoient point reçues maîtres & qui demeuroient dans la galerie du Louvre, de pouvoir travailler sans être inquiétés ni empêchés par les jurés des communautés ; elles leur accordoient aussi de pouvoir faire des apprentifs, qui eux-mêmes seroient tous les cinq ans maîtres dans les communautés d'*arts & métiers* sans frais par tout le royaume, comme les autres maîtres. Une partie de ces privilèges subsiste, une autre a été changée ou modifiée : c'est peu important à connoître.

Plusieurs seigneurs, tant ecclésiastiques que laïcs, jouissent, dans plusieurs villes, & notamment à Paris, du droit de franchise pour les ouvriers établis chez eux ; tels sont à Paris le fauxbourg Saint-Antoine, Saint-Jean-de-Latran, l'enclos du Temple, une partie de la rue de l'Oursine, fauxbourg Saint-Marceau, l'enclos de Saint-Dens-de-la-Chartre, de Saint-Germain-des-prés, de Saint-Martin-des-champs, &c. Les seigneurs hauts-justiciers de ces lieux ont été maintenus, en grande partie, dans la jouissance de leurs privilèges. Ainsi les ouvriers ou marchands établis dans ces endroits, & dans quelques autres encore, n'ont point besoin d'être reçus maîtres pour tenir boutique ou travailler. Mais cela n'empêche pas que l'édit d'août 1776 veut, pour le maintien de la police, ainsi qu'il y est dit, que les marchands & artisans qui voudroient s'établir dans l'étendue desdites justices, soient tenus de se faire inscrire sur les registres de la police, dans le délai de trois mois. Ils font en conséquence assujettis aux visites des gardes, syndics & adjoints des communautés, lesquelles visites

se font de l'ordre du lieutenant de police, & accompagné d'un commissaire au châtelet.

La déclaration du premier mai 1781 veut que les amendes, encourues pour contravention aux réglemens par les marchands & artisans établis dans les lieux privilégiés, & prononcées par les officiers royaux, soient partagées par moitié entre le roi & les seigneurs haut-justiciers ; semblablement elle règle que lorsqu'un maître ira s'établir dans un lieu privilégié, il sera payé par le préposé à la perception des droits dus au roi pour la maîtrise, au seigneur haut-justicier, la moitié des droits perçus pour le roi ; & cela en compensation, sans doute, des diminutions de pouvoir faites aux mêmes justiciers.

C'est le fauxbourg S. Antoine qui est, de tous les lieux privilégiés, le plus considérable ; aussi a-t-on cherché tous les moyens possibles d'attirer dans les entraves des frais les ouvriers qui l'habitent. Les marchandises des ouvriers de ce fauxbourg font sujettes à la saisie, lorsqu'elles entrent dans la ville pour y être vendues. On auroit pu gêner ou modifier cette liberté de saisie ; on a mieux aimé la laisser subsister, & proposer à ceux qui voudroient s'en affranchir de se faire admettre dans les communautés pour la moitié à peu près de ce qu'il en coûte ordinairement, & cela, à condition qu'ils resteront toujours logés au fauxbourg : car s'ils venoient s'établir dans la ville, ils seroient obligés de payer le reste du droit, ou bien ils peuvent encore payer annuellement le dixième du prix de la maîtrise : alors ils sont agrégés aux communautés (1), & leurs marchandises ne font point exposées à la saisie.

Voilà ce que nous avons cru nécessaire de dire ici sur la police des *arts & métiers* ; police qui fait sentir l'importance de l'industrie & le besoin de la soutenir, quoiqu'on n'y ait pas toujours réussi. Nous aurions pu étendre ces remarques aux pays étrangers, & comparer leurs institutions avec les nôtres à cet égard ; cette discussion auroit bien eu son mérite ; mais pour remplir convenablement cet objet, il auroit fallu donner une étendue forcée à cet article : ne le faire qu'imparfaitement, c'eût été s'exposer à manquer d'exactitude & à ne donner qu'une instruction fautive de la chose.

Remarquons seulement qu'en général les peuples policés ont tous senti les avantages des *arts mécaniques*, s'ils en ont quelquefois méprisé l'exercice. Ce font en effet eux qui suppléent au manque de propriétés & font circuler les richesses des mains du riche dans celles du pauvre industrieux, & cette circulation est plus nécessaire aujourd'hui que jamais. Car, comme dit *Montesquieu*, autrefois un pays dépourvu

---

(1) Les agrégés font les maîtres, qui, n'ayant payé qu'une partie des nouveaux droits, comme ceux dont nous parlons dans le texte, ou qui n'en ayant point payé le tout, comme les maîtres des anciennes communautés, c'est-à-dire, qui existoient avant l'édit d'août 1776, n'assistent point aux assemblées, ne partagent point l'administration & les prérogatives des communautés, quoiqu'assujettis aux visites de syndics & adjoints, & aux charges communes à tous les maîtres.

d'*arts*, pouvoit être très-bien peuplé, mais dans nos états d'aujourd'hui, les fonds de terres font inégalement distribués, & produisent plus de fruits que ceux qui les cultivent n'en peuvent consommer. Si l'on y néglige les *arts*, & qu'on s'attache qu'à la culture, le pays ne peut être peuplé. Ceux qui cultivent ou qui font cultiver, ayant des fruits de reste, rien ne les engageroit à travailler l'année suivante. Les fruits ne seroient point pour les gens oisifs, car les gens oisifs n'auroient pas de quoi les acheter. Il faut donc que les *arts* s'établissent, pour que les fruits soient consommés par les laboureurs & les artisans. En un mot, ces états ont besoin que beaucoup de gens cultivent au-delà de ce qui leur est nécessaire : pour cela il faut leur donner envie d'avoir le superflu ; & il n'y a que les artisans qui le donnent.

Les gouvernemens modernes ont donc intérêt à protéger les villes, à en favoriser l'agrandissement ; car c'est au sein des villes que le goût du superflu, du luxe & des *arts* se développe & s'étend. C'est-là que le propriétaire apprend à mettre un prix aux jouissances délicates, aux plaisirs des sens, à ceux de l'esprit ; qu'il s'habitue à partager ses richesses avec ses frères, & que les artisans de toute espèce offrant à ses desirs de nouveaux objets de parure, de commodité, d'agrément, soutiennent en lui la volonté d'échanger ses productions surabondantes contre les ouvrages de l'industrie. Mais si ce même propriétaire étoit confiné dans son donjon ou sa ferme, ses sens émoussés, ses goûts agrestes, son rustique caractère, le rendroient aussi étranger aux *arts* qu'inutile à la société, qui n'auroit aucun moyen de partager avec lui les fruits du sol qu'il cultiveroit, ou de l'engager à cultiver celui qu'il laisseroit en friche, faute de motif pour le mettre en valeur.

C'est donc une erreur bien grande de vouloir sacrifier l'industrie à l'agriculture. On doit les protéger également ; & plus encore les *arts* qui demandent de longs apprentissages, de pénibles travaux, beaucoup de bras, tandis que l'agriculture est facile, & qu'un seul individu peut faire naître des subsistances pour la nourriture de dix personnes, sans se fatiguer, dans le courant de l'année. Mais on protégera les *arts* & les artisans en protégeant les villes, en y tenant les vivres à bon marché, en y faisant jouir le peuple de la liberté, en le protégeant contre la force militaire & l'insolence des agens du despotisme, & c'est ce qu'une police, dont les magistrats seroient choisis par le peuple lui-même, peut seul constamment & efficacement effectuer. Passons aux *arts* libéraux, qui est le troisième objet que nous nous sommes proposé de traiter ici.

III°. *Des arts libéraux.* On donne ce nom à ceux qui semblent plus particulièrement destinés à l'instruction qu'à tout autre objet. Ce sont en général la grammaire, la rhétorique & la philosophie ; & ceux qui ont fait le cours ordinaire de ces études, dans quelqu'université, sont appelés maîtres-ès-arts, *magistri artium.* Ce titre est nécessaire pour être reçu dans les facultés qui composent l'ordre lettré reconnu par la loi ; ces facultés sont, 1°. celle des *arts* dont nous venons de parler ; 2°. celle de théologie ; 3°. celle de droit ; 4°. celle de médecine.

Nous ne devons entrer ici dans aucun détail sur la discipline & la forme de ces différens corps. Nous remarquerons seulement que loin de mériter le blâme, dont quelques personnes ont voulu les charger mal-à-propos, nous les regardons comme utiles, propres à donner de l'importance à ceux qui cultivent les lettres, & à établir dans la société un principe de civilisation & de mœurs douces. Depuis long-tems déjà, les lumières & les progrès dans les sciences vont se réunir dans les universités, où les jeunes gens peuvent les connoître & les répandre ensuite dans les différens états qu'ils embrassent. Ces espèces de sociétés littéraires ont conservé parmi nous le goût des études sérieuses & des travaux utiles ; & s'ils n'ont pas toujours contribué aux progrès de nos connoissances, si quelques abus ont pu même leur faire tort dans le monde, on doit convenir aussi que leur zèle, leur attention à profiter aujourd'hui des découvertes & des grands principes dans tous les genres, leur font beaucoup d'honneur & méritent que la nation les distingue & les encourage par des établissemens dignes de sa richesse & de sa puissance.

On a blâmé aussi l'usage de faire apprendre aux jeunes gens les *arts* libéraux, le latin, la philosophie. On a prétendu qu'ils pouvoient généralement se passer de ces connoissances, ou employer le tems qu'ils mettent à les acquérir à des objets plus utiles. Mais ces plaintes sont mal fondées, car on doit convenir que la grammaire, les belles-lettres & la philosophie telle qu'on l'enseigne aujourd'hui dans les principaux collèges de Paris, forment la base de toute bonne éducation, & contiennent des instructions d'une utilité générale.

Ce n'est pas, au reste, seulement dans les collèges que l'on peut les étudier ; les citoyens de tous les ordres, de toutes les conditions peuvent en prendre des maîtres, qui, généralement parlant, sont à très-bon marché : car, malgré notre amour pour les sciences, il faut convenir que ceux qui les professent ou s'y adonnent par état, sont pauvres & oubliés. Et tel est l'aveuglement & la sotise à cet égard, qu'un précepteur n'est encore, pour la très grande partie des gens du monde, qu'un homme pris sans choix, payé comme un valet, traité & renvoyé de même. C'est que la plupart des gens ne sont pas foncièrement persuadés de l'utilité de l'éducation ; & ont-ils bien tort, quand ils voient ceux qui ont le plus reçu, vivre dans la pauvreté ? quand les charges, les emplois publics s'achètent, que le mérite de la science n'est point un titre pour les acquérir ; que la cagoterie, l'or, l'intrigue peuvent seuls les faire obtenir ? Mais si les choses changeoient ; si celui qui, par ses connoissances, ses lumières, ses talens, son mérite personnel, a pû se faire une réputation, pouvoit raisonnablement espérer d'être promu aux emplois, étoit persuadé que

ART

le suffrage de ses pairs peut les lui donner, alors, depuis le duc, le président & l'abbé commendataire jusqu'au commis, à l'artisan, au rustique agriculteur, tous chercheroient à s'instruire, à s'étayer de leur savoir, & à s'en servir pour captiver les suffrages de leurs concitoyens. Alors les *arts libéraux* auroient chez nous les distinctions qu'ils ont, par exemple, en Angleterre; le titre de maître-ès-arts n'entraîneroit point de ridicule, & les collèges, les maisons destinées à l'éducation ne seroient pas les derniers objets de l'attention nationale.

Une réflexion. Il faut qu'en France l'ignorance ait été jadis bien singulièrement le partage de la noblesse, puisque tous les anciens & modernes publicistes rangent les professeurs des *arts libéraux*, les jurisconsultes, & tout ce qui est censé savoir quelque chose, tout uniment dans la classe du tiers-état. Ils ont sûrement raison; car nous avons les exemples d'anciens preux, de barons armoriés suivant toutes les règles de la science héraldique, qui n'est souvent pas celle des héros, qui cependant ne savoient pas lire (1).

La police qui se mêle, à Paris, de choses qui ne la regardent pas, pour ne point s'occuper de celles qui sont de son département, est presque parvenue à inspecter les thèses & autres actes publics que les étudians font dans les différentes facultés: & c'est une chose plaisante d'entendre dire à un écrivain, que le magistrat chargé de la police *doit empêcher qu'on n'y soutienne rien qui soit contre la religion & les mœurs.* De pareilles inepties sont des paroles oiseuses, car il est bien clair qu'une thèse étant un sujet de discussion, elle doit être libre, & que des corps éclairés, chez qui la liberté règne, ne finiront point par adopter des erreurs ou des sottises; car ces erreurs ou ces sottises seroient bientôt démasquées & réfutées par d'autres.

L'enseignement des *arts libéraux* est libre; on a cependant voulu y mettre des entraves. Il y a quelques années, qu'on a prétendu défendre à quiconque n'étoit point membre de l'université de s'annoncer publiquement pour professeur dans aucun d'eux; mais l'absurdité de cette défense la fait éluder tous les jours; & comme rien n'est plus libre que la pensée & la parole, rien ne doit être plus franc que l'art d'enseigner à parler & à raisonner.

Bien moins encore doit-on gêner les hommes destinés à enseigner les *arts libéraux* dans les collèges; il faut qu'ils aient eux seuls la police de leurs membres, & que, jouissant de privilèges & de distinctions analogues à leur état, ils ne reçoivent d'ordres que de ceux qui seuls ont droit d'en donner, c'est-à-dire, des représentans de la nation, & non de toute autre espèce de salarié.

L'étude des *arts* libéraux est un des grands moyens de civilisation dans un état policé, c'est le principe de toutes les bonnes habitudes, & le germe de presque toutes les qualités sociales. Ils donnent à l'homme les notions générales de toutes nos connoissances, le disposent à la recherche de la vérité, lui inspirent les premières notions du juste & de l'injuste, offrent des matériaux à sa raison, & développent en lui le sentiment du beau qui le mène à l'étude des sciences & des beaux *arts*.

IV. *Des beaux* arts. Ce n'est point dans un ouvrage de la nature de celui-ci qu'on doit chercher des considérations, des principes, des réflexions sur les *beaux arts* en eux-mêmes. C'est seulement dans leur rapport avec la civilisation & le bonheur public que nous pouvons les considérer, & sous cet aspect, ils nous offrent de riantes perspectives & d'utiles observations.

La culture des *beaux arts* a par-tout suivi les progrès de la raison & des mœurs; je veux dire des mœurs douces, car je crois qu'en dernière analyse, des mœurs douces sont encore préférables à toutes autres, quelque sévères, quelqu'admirables qu'elles soient. Le séjour d'Athènes sera toujours plus séduisant que celui de Sparte, on fut sûrement plus heureux dans la première que dans la seconde; & aujourd'hui, l'habitant de Paris & de Rome peut jouir d'un plus grand nombre de sensations délicieuses & innocentes, & être par conséquent plus positivement heureux que l'habitant d'une bourgade d'arabes ou d'une société de puritains; parce que la rigueur des mœurs, la rigidité des habitudes, est un état de violence qui met également obstacle aux émotions de la sensibilité & aux chefs-d'œuvres de l'imagination; elle peut faire des héros, des guerriers, des saints, mais jamais d'hommes éclairés & humains.

Tant que Rome n'a été que féroce, les *beaux-arts* lui furent inconnus; elle s'adoucit par leur adoption, & l'on appella ce changement corruption, comme si la véritable cause de sa perte n'existoit pas dans le dévouement sanguinaire des cohortes salariées aux chefs qui les commandoient. Je demande si des hommes tels que les Scipions, eussent précipité la ruine de l'état; ils étoient cependant amis & protecteurs des *beaux-arts*? Et comment les tranquilles enfans du génie paroîtroient-ils pouvoir causer la subversion des empires? Dites plutôt qu'au milieu des désordres qu'une vieille civilisation amène nécessairement, ils répan-

(1) On trouve un arrêt rendu par Heribauld, comte du palais, l'an 874, au bas duquel est une croix, & ensuite ces mots: *signum Heribaldi, comitis sacri palatii, qui ibi fui, &propter ignorantiam litterarum signum sanctæ crucis feci.* Aussi pour ne pas davantage faire honte de leur ignorance à ceux qui étoient dans cette incapacité; l'on établit pour règle générale de substituer à la signature de son nom l'impression d'un sceau. Ce fut ainsi que dans la suite les parties intéressées assurèrent leurs conventions, que les témoins en attestèrent la vérité & que les magistrats autorisoient les actes publics. Mabillon, *de re diplom.* liv. II, c. 22. Nous avons déjà remarqué que *du* Guesclin, connétable de France, au quatorzième siècle, ne savoit ni lire, ni écrire; au rapport de *Sainte-Palaye*, dans ses mémoires sur la chevalerie.

dent des fleurs & des agrémens qui en diminuent l'horreur, & font une heureuse distraction aux desirs forcenés des tyrans publics, en tournant leurs regards vers des objets qui les occupent sans crime & sans danger pour l'état ? On attribue donc faussement aux *arts* ce qui n'est que l'effet d'une force inévitable ; on abuse du mot de corruption pour les blâmer de maux dont ils ne sont point l'origine. Si les peuples corrompus cultivent les *arts*, ce n'est point parce que les *arts* les ont corrompus, c'est parce qu'il est naturel que les hommes cherchent les jouissances, & que cet état de corruption n'est souvent qu'une extrême molesse dans les mœurs, une douceur de sentimens peu convenables, à la vérité, à des peuples brigands ou sauvages, mais très-convenables à la multiplication, au bonheur, & à la conservation de notre espèce.

Si l'on considère l'état des *beaux-arts* aux différentes époques de notre histoire, on verra qu'ils ont marché de pair avec la liberté, qu'à mesure que l'esclavage s'est anéanti, ils ont repris l'empire qu'ils avoient eu autrefois chez les peuples policés. Tant qu'à duré chez nous l'anarchie féodale, ou plutôt l'ignorance, la pauvreté, la sottise qu'elle entretenoit, les *arts* furent réduits à quelques notions imparfaites de ce qui les compose. Mais sitôt que la liberté s'est montrée, que l'aurore s'en est fait appercevoir, l'esprit humain s'est mûri, l'ame publique a pris de l'élévation, elle s'est formée promptement & rendu capable de sentir le beau, le grand, de profiter des anciens modèles.

Car, remarquez qu'inutilement l'émigration de quelques grecs, les efforts de quelques princes, l'or de l'Amérique, les découvertes du génie, eussent jetté des masses de goût & de lumières en Europe, si les peuples n'eussent été mûrs pour les *arts* & les lettres. Ces avances que le hasard faisoit à l'humanité eussent passé comme un météore, & l'Europe fût restée dans son engourdissement. Mais la fermentation qui se fit sentir, l'agitation que produisoient dans les esprits une sorte de liberté, le triomphe des peuples, & l'abaissement de la tyrannie entr'autres causes, donnèrent aux ames la trempe qui leur convenoit pour profiter des événemens.

Ainsi les *arts* sont par-tout, & dans tous les tems, enfans de la liberté, de la raison & de la civilisation ; & par une action réciproque ils leur rendent la vie, l'activité, le mouvement qu'ils en ont reçus. Sans eux un peuple est sans caractère, il n'existe pas. La Russie, malgré ses vastes possessions, qu'est-elle ? qu'est l'Espagne, en comparaison de l'Angleterre, moins grande & moins fertile ? Les beaux arts en poliçant la société, en bannissant l'erreur, la sotise, la férocité, fortifient, élèvent, par un accord merveilleux, les peuples qui les cultivent ; ils les honorent & leur donnent une place dans l'ordre des siècles, qu'aucune puissance ne peut leur faire perdre.

Comment, après de pareilles vérités, des peuples modernes ont-ils craint d'établir chez eux l'empire des beaux *arts* ? Comment ont-ils pu les regarder comme des moyens de corruption, comme capables d'y ramener un jour le despotisme & l'anarchie ?

Les artistes seroient-ils donc les satellites de la tyrannie ? Voit-on qu'ils en aient jamais favorisé les complots honteux ? Si quelquefois ils ont pu encenser l'oppresseur de la liberté, si Virgile chanta Auguste, si Louis XIV se vit idolâtré de tout son siècle, malgré sa hauteur, son despotisme, seroit-ce parce que les *arts* de goût sont plus amis du joug que de la liberté, qu'il leur faut un maître, & que par-tout ils s'empressent d'en légitimer les attentats ? Je ne le crois pas.

Il est naturel que lorsque la force a fait taire les loix, qu'elle a donné un maître aux peuples, que les peuples s'y sont soumis, il est naturel, il est peut-être même utile que le tyran soit adouci, captivé, loué par les *arts* du génie : il se voit alors forcé de mettre un terme à son despotisme ; il se laisse enivrer de la louange, & finit par ménager ceux qui lui prodiguent un encens si flatteur. Ce n'est point aux *arts* à briser ce colosse, c'est à la vertu publique, & l'on ne croira sans doute pas qu'ils seront, chez un peuple généreux, moins ardens à l'échauffer, à la seconder, qu'ils ne l'ont été à endormir la tyrannie.

Quand on accuse les beaux *arts* de corrompre les peuples, l'on ne sait pas trop bien ce que l'on veut dire. Si l'on entend par là qu'ils inspirent pour les habitudes guerrières, une aversion que n'éprouve point une nation ignorante, sûrement ce n'est point un mal ; mais plus sûrement encore un peuple éclairé par eux, ne sera ni moins courageux, ni moins habile qu'un autre qui les dédaignera. Si l'on veut dire qu'ils donnent de l'importance à des objets frivoles, & attachent l'homme à des occupations dangereuses, l'on ne se trompera pas moins ; & si j'avois à parler à une nation neuve aujourd'hui, & qui fût dans cette erreur, je lui tiendrois à peu près ce langage (1).

Il est triste, sans doute, d'avouer que c'est à une très-grande inégalité dans la distribution des richesses, que les beaux *arts* doivent leurs époques les plus brillantes. Au temps de *Périclès*, des trésors immenses furent concentrés dans Athènes ; sans qu'ils y trouvassent un emploi préparé : sous le règne d'Auguste, Rome dut aux dépouilles du monde l'acquisition des beaux *arts*, & sous celui des Jules

---

(1) C'est aussi, à peu près, ce que disoit à un membre des Etats Unis, en 1783, un des hommes qui paroissent le mieux avoir connu l'Amérique angloise, M. le marquis *de Châtelux*, qui y a fait un séjour de trois ans, auteur de la *félicité publique*, ouvrage supérieur à bien d'autres, quoique moins connu, ou moins prôné qu'eux.

& de Léon X, le faste & les richesses eccléfiaftiques, pouffés au plus haut degré, enfantèrent les prodiges de cet âge fameux. Mais ces époques célèbres dans l'hiftoire des *arts*, font celles de leur naiffance ou de leur renaiffance & de pareilles conditions ne font point néceffaires aujourd'hui pour les adopter dans l'état floriffant auquel ils font parvenus. Il fuffit de donner des afyles & des encouragemens, de la confidération à ceux qui les profeffent, & vous les verrez fe naturalifer parmi vous, multiplier vos jouiffances & par conféquent votre bonheur.

Une chofe, il eft vrai, néceffaire à leurs progrès, font les grandes villes, il leur faut des capitales: c'eft là qu'ils s'épurent & acquièrent cette perfection qu'ils n'auront jamais chez des peuples diftribués fur un grand territoire; la Grèce dut à cette caufe leurs fuccès étonnans, & c'eft auffi celle qui les empêche de germer dans l'empire des czars, où les hommes féparés par de grands intervalles, ne peuvent ni s'éclairer, ni fe fervir réciproquement de modèles, de critiques & d'admirateurs. Mais les capitales ne doivent point effrayer une nation qui veut fon bonheur, & celui des fiècles futurs. Cette vérité cent fois répétée, ne fauroit trop l'être, parce qu'elle a contre elle un préjugé fondé fur des notions obfcures, & que par erreur on fe fait un mérite de foutenir comme une preuve de fon amour pour la vertu & les mœurs. On s'imagine fauffement que la vie rurale eft celle qui convient le plus aux hommes: il eft vrai qu'elle entretient l'innocence, mais elle eft auffi amie de l'ignorance; & de l'ignorance au fanatifme, à l'efclavage, il n'y a qu'un pas. D'ailleurs on confond affez communément la vie & les mœurs de l'homme de campagne avec celle de l'homme retiré à la campagne. Les vertus, la douce philantropie de celui-ci, & que l'autre ignorera toujours, font des fruits de la ville, les agrémens de la fociété, les charmes du doux repos qu'il goûte, il les doit aux *arts* des cités, aux lumières de ceux qui les habitent. Les capitales ne font donc point dangereufes aux vertus patriotiques (1), & la néceffité de les maintenir, de les protéger pour favorifer les beaux *arts*, n'en eft donc point une de dédaigner ou de craindre ceux-ci.

Mais fi les *arts* du génie femblent à cet égard favorifer le luxe, qui croît & fe nourrit au fein des villes, ils en règlent la marche, en dirigent les pas & en préviennent les erreurs: un des plus fréquens écarts du luxe c'eft fans doute d'introduire une mobilité, un changement de jouiffances, de fantaifies qui conftituent proprement les révolutions de la mode. Or quel plus puiffant moyen de mettre un terme à cette légèreté, qui dans une nation peu riche encore, pourroit peut-être amener, finon la pauvreté publique, du moins la fubverfion des fortunes particulières, quel plus preffant moyen que l'étude des beaux *arts*, la vue des chef-d'œuvres qui fixent le goût & l'attachent invariablement au beau? Ainfi donc le luxe qui protège les beaux *arts* & que les beaux *arts* annobliffent, eft lui-même réglé par eux, & contenu dans de juftes limites.

Mais ne fera-t-il pas à craindre, infifterez-vous, que la féduction, qui marche à la fuite de ces jouiffances de l'efprit, ne détourne l'homme d'occupations plus machinales, à la vérité, mais plus utiles dans un état naiffant, & où la terre demande ces bras & les métiers des artifans. D'abord, il y a une grande réponfe à faire à cela, c'eft qu'il fuffit de ne point repouffer l'étude des beaux *arts* par des outrages, pour qu'ils s'établiffent naturellement dans un état, & ils ne s'y établiront que lorfqu'il y aura une furabondance de fubfiftance, des bras inutiles & des hommes jouiffant d'un grand fuperflu; ce qui eft fur-tout très-prompt, très-hâtif dans une nation agricole, où le travail d'un feul fuffit à la nourriture de dix. Ainfi donc cette féduction ne fe fera fentir que lorfqu'elle fera utile, que lorfque les hommes feront préparés à la fentir, à la connoître. En fecond lieu, eft-il impoffible qu'un peuple allie le goût de l'éloquence, de la poéfie, de la peinture, de la mufique, avec ceux de l'agriculture & du commerce. L'Angleterre, dans nos temps modernes, la Grèce, Rome n'offrent-elles pas des exemples d'une pareille alliance, & fans doute on peut les mettre au rang des premières nations de l'univers?

Enfin les beaux *arts* offrent à la patrie un moyen bien fimple, bien noble d'honorer & récompenfer la vertu, le patriotifme, le courage de ceux qui l'ont fervie. La Grèce étoit pleine des ftatues des grands hommes qui l'avoient illuftrée. Tous les âges fembloient préfens par ce peuple de héros que reproduifoit le cifeau des artiftes. C'étoit un motif d'émulation, le foutien des qualités publiques, & de l'amour de la vraie gloire, que ces honneurs décernés à tous les citoyens qui avoient bien mérité de l'état. Il n'étoit point de facrifices qu'on ne fît pour mériter cette diftinction, & comme tous efpéroient & croyoient déjà la partager, cette penfée entretenoit parmi les peuples le fentiment de l'orgueil national, la plus grande, la plus impofante de toutes les paffions, celle qui fait les héros, les patriotes & les fidèles fujets.

Tout démontre donc, tout affure donc que le règne des beaux *arts* eft le plus favorable, le plus approprié aux progrès de la civilifation, au bonheur de la fociété & aux qualités qu'elle demande de nous, la douceur, l'humanité, le génie, le goût du beau & du grand. Mais quand une fois ils font

---

(1) Il ne faut point affimiler, fous le rapport du patriotifme, toutes les capitales à Paris; le defpotifme politique qui y a régné jufqu'aujourd'hui, & qui y règne encore, y a détruit ce feu facré; mais ce malheur paroît tirer à fa fin, & peut-être verrons-nous enfin les habitans de cette grande ville, libres & citoyens, deux mots fynonimes

naturalisés dans un pays, c'est à la sagesse du gouvernement, aux lumières du souverain à les protéger contre les attaques de l'ignorance, la corruption & la sotise. Les artistes sont des hommes, & la carrière du génie n'est pas toujours le chemin de la fortune. C'est à ceux qui jouissent de ses faveurs à les partager avec eux; à répandre l'or sur ceux qui honorent leur siècle, le tirer de l'oubli & fixent sur lui les regards de la postérité.

Il est trop commun d'entendre vanter, rechercher les arts, & de voir négliger les artistes. Des nations riches & puissantes semblent former à regret des établissemens en leur faveur; une sorte de mesquinerie préside à tous leurs dons; elles regardent souvent comme une grace le foible salaire qu'elles donnent au talent, au génie, & lorsqu'on les a vu se ruiner pour ravager la terre, on est étonné de la modération, de l'esprit de calcul qu'elles mettent à protéger les arts de la paix; comme si ces foibles rétributions n'étoient point toujours l'acquit d'une dette, & comme si quelque partie de la société pouvoit entrer en balance avec ce qui en fait le bonheur & la gloire.

Les nations modernes, celles qui, vu leur grandeur & leur majesté, n'auroient jamais dû mériter ce reproche, n'en sont cependant point exemptes; la France, si souvent épuisée par l'orgueil & l'ambition de ses souverains, a-t-elle fait pour les arts quelque chose de vraiment grand, de vraiment national? Une parcimonie honteuse n'est-elle pas répandue sur-tout ce qui y a trait? & lorsqu'elle entretient à grands frais de stériles armées, que l'or coule perpétuellement pour en alimenter la dangereuse oisiveté, les artistes & les talens oubliés, trouvent-ils auprès de l'état une considération qu'on accorde presque toujours à un satellite du despotisme militaire ou politique, à un ignorant burocrate, à un imbécile patricien? Il faut des efforts de génie pour jouir des biens de la société qu'on honore ou qu'on éclaire, qu'on embellit ou qu'on civilise.

On a dit qu'un moyen d'encourager les arts, surtout ceux qui tiennent au génie du dessin, seroit d'introduire l'usage d'élever des statues aux grands hommes, à ceux qui par leur mérite, leur vertu, leur science se seroient fait un nom; de multiplier parmi nous ces tombeaux qui semblent à jamais conserver ceux qu'ils renferment & les représenter à la douleur de ceux qui les ont fait élever. Ce goût répandu parmi les classes de citoyens éclairés, encouragé, soutenu par les chefs ou plutôt les représentans de l'état, produiroit ce qu'il a produit dans la Grèce, un nombre de grands hommes qui serviroient d'émulation à leur siècle, & de modèles à la postérité.

Je sais que ces idées nous choquent par leur grandeur même; que notre habitude de tout voir en petit, de tout traiter en petit & d'être toujours traités en petit, nous a tellement rétréci le jugement

que nous n'imaginons pas qu'on pût, à Paris comme à Athènes, mériter une statue décernée, non par le ministre, non par le directeur des bâtimens de sa majesté, mais par le vœu public, la volonté nationale, qui n'a rien de commun, sans doute, avec les délibérations du bureau des arts. Londres a approché de ce but, mais il ne l'a pas encore atteint pleinement. Peut-être nous en offrira-t-il l'exemple complet quelque jour, si nous ne le devançons pas.

C'est en conséquence de notre existence petite & servile que toutes les sociétés publiques, établies par les amis des beaux arts, sont soumis chez nous aux ordres de la police, c'est-à-dire, du commis de la police qui a les arts dans son département. Par exemple, je suppose que Platon, Socrate, Phidias, Appeles, revinssent & qu'ils voulussent tenir école de philosophie, de beaux arts, il faudroit qu'ils eussent une permission du bureau, & qu'ils se fissent inscrire sur le livre de la police, sans quoi point d'école. Je suppose aussi que ni Aspasie, ni Laïs, n'y viendroit, à moins qu'elles ne voulussent se faire enlever par ordre de l'inspecteur ayant l'inspection des mauvais lieux.

C'est une chose très-vraie que si Lebrun, Pigalle, &c. Montesquieu, Rousseau, d'Alembert, &c. eussent tenus une assemblée publique d'élèves ou d'auditeurs, ils eussent été mis à l'amende, leur salle fermée, & à eux enjoint d'être plus circonspects.... Rousseau, Montesquieu plus circonspects! & cela de la part de cuistres qui ne savent pas qu'on se conduit différemment avec des hommes qui éclairent le monde ou l'embellissent, qu'on ne fait avec un entrepreneur de bâtiment ou un marchand limonadier. Cette sotise, que je ne fais que remarquer, nuit aux arts à Paris singulièrement. Les musées qui s'y trouvent, n'ont été jusqu'aujourd'hui que de misérables coteries, qu'un commis de la police peut vexer ou faire fermer, s'il ne plaît pas à quelque homme en crédit de s'y opposer.

Quel seroit donc le degré de perfection & de grandeur auquel s'élèveroient les beaux arts par un heureux changement, puisque, malgré tant d'obstacles, ils ont atteint chez nous une grande perfection? Un nouvel ordre de chose se prépare dans la nation; toutes les parties de la société doivent en éprouver la commotion: qu'en résultera-t-il pour les arts? nous n'en savons rien; mais sûrement où la liberté doit y gagner, le génie ne peut pas perdre. Avec une population, des richesses comme celles de la France, on doit tout attendre d'un bon gouvernement; mais, nous le répétons, la nation est changeante, légère, impétueuse; cependant voilà deux ans qu'elle marche vers le même but; si elle s'arrête, elle reculera de cent pas.

ARTOIS, s. m. Province septentrionale de la France, gouvernée par des états composés des trois

Aaa

ordres, suivant l'ancienne organisation imparfaite de ces assemblées. Nous allons faire connoître brièvement en quoi consistent les états d'*Artois*, voyez pour les autres objets, la *jurisprudence* & les *finances*.

La Flandre & l'*Artois* ne formèrent qu'un seul peuple, une seule & même province depuis Baudouin bras-de-Fer, jusqu'en 1180; alors l'*Artois* fut démembré de la Flandre.

A la séparation de l'*Artois* d'avec la Flandre, le corps des états qui n'étoit qu'un, s'est aussi séparé en deux corps, de sorte que depuis 1180 jusqu'à ce jour, il y a toujours eu des états de Flandres & des états d'*Artois*.

C'est sur ce pied que ces deux états ont toujours été convoqués depuis cette séparation, & qu'ils ont régi & administré leurs communautés chacun à part.

Parmi les preuves qui subsistent de cette distinction, on n'en trouve pas une plus décisive, que la convocation faite séparément des états d'*Artois* & des états de Flandres, & leur assistance à la démission des états des Pays-Bas, par l'empereur Charles-Quint, en faveur de Philippe II son fils.

Les états d'*Artois*, lorsqu'ils ne formoient qu'un seul & même corps avec ceux de Flandres & ceux de l'*Artois* en particulier, depuis son démembrement d'avec la Flandre, ont toujours subsisté sans autre interruption, que celle qui est arrivée à l'égard d'Arras pendant quelques années, à l'occasion de la grande guerre de l'an 1635; car il y a toujours eu des états d'*Artois*, qui ont continué leur exercice ordinaire à Saint-Omer depuis 1640, jusqu'en 1677, & ils faisoient leurs assemblées au couvent des dominicains.

La dernière assemblée générale qui a été convoquée à Arras en 1640, a été ouverte le 10 mai; & le travail ayant été renvoyé au 30 juillet, le siège fut mis devant la place par l'armée de Louis XIII, le 16 juin, & Arras retourna à la couronne par la capitulation du 9, ratifiée le 11 août de la même année, de sorte que la réjonction des états ne put se faire au 30 juillet, & il n'y eut plus d'assemblée des états à Arras, pendant la durée de la guerre.

Après la paix des Pyrénées, les trois ordres des états d'*Artois* résidans dans la partie de cette province retournée à la France, supplièrent Louis XIV, le 31 juillet 1660, de leur accorder le rétablissement de leurs assemblées, ce qu'ils obtinrent le 23 janvier 1661.

Le Roi indiqua l'assemblée générale à Arras, au 8 mars de la même année 1661, mais il survint des incidens qui la firent différer jusqu'au 14 du mois, & cette assemblée fut transféré en la ville de Saint-Pol, où l'ouverture s'en fit le même jour.

Ainsi, depuis 1661 jusqu'en 1677, il y eut deux corps & deux assemblées des états, dans la province d'*Artois*, l'un pour l'*Artois* cédé, & l'autre pour l'*Artois* réservé, mais cette distinction cessa par le retour de Saint-Omer à la couronne en 1677, & par le traité de Nimègue en 1678.

Il y a régulièrement tous les ans, comme autrefois, une assemblée générale, convoquée par le Roi à Arras.

Les commissaires pour la tenue des assemblées des états d'*Artois*, furent, sous la domination de l'Espagne, & depuis 1530, le gouverneur-général de la province & le président du conseil provincial d'*Artois* : on dit même qu'en cas d'absence ou autre légitime empêchement du président, le plus ancien des conseillers de ce tribunal fit quelquefois les fonctions de commissaire.

Mais depuis 1661, il y a toujours eu de la part du roi, trois commissaires nommés, savoir : le gouverneur-général de la province, en cas d'absence ou autre légitime empêchement, un autre officier dans les hauts grades militaires, l'intendant de la province, & le premier président au conseil provincial d'*Artois*.

Il s'expédie à ce sujet une lettre de cachet, adressée aux états, & des commissions en forme de lettres-patentes, adressées aux commissaires, & autant de lettres-de-cachet, qu'il y a d'évêques, de chapitres, d'abbayes, de gentilshommes, & de corps de ville, qui ont droit d'entrer aux états.

Nul n'y est reçu par procureur spécial; il faut y venir en personne, muni de sa lettre-de-cachet, sans quoi on seroit exclus de l'assemblée.

On en exclut tous les officiers du conseil d'*Artois* qui sont en actuel exercice de leur office, quand même ils auroient les qualités requises pour y entrer, parce qu'ils n'ont rien de commun avec la province dans laquelle ils font une classe, & pour ainsi dire, un état à part.

Autrefois les états se tenoient dans l'abbaye-royale de Saint-Vaast d'Arras : depuis le commencement de ce siècle, les états ayant acheté un emplacement au milieu de la ville d'Arras, où ils ont fait bâtir un hôtel à leur usage, ils ne se tiennent plus ailleurs.

Au jour indiqué par le roi pour l'ouverture des états, les membres des trois ordres s'assemblent le matin dans cet hôtel dans une grande salle, qui est préparée pour cet objet.

Quand l'assemblée est formée, les trois députés ordinaires partent de l'hôtel des états, pour se rendre chez le premier commissaire du roi, où se trouvent les deux autres commissaires, afin de les avertir que l'assemblée est formée, & qu'elle est dans l'attente de recevoir les ordres de sa majesté, & ils reviennent ensuite à l'assemblée, rendre compte de leur commission.

Les trois commiſſaires la font enſuite avertir du moment où ils s'y rendront, ils partent dans un même caroſſe ; les trois députés ordinaires ſe trouvent à la porte d'entrée de l'hôtel des états pour les y recevoir, & les conduire dans la ſalle d'aſſemblée, où chacun des commiſſaires prend ſa place.

Auſſi-tôt que les commiſſaires ſont entrés, on laiſſe la liberté au peuple, qui entre & qui ſe range debout derrière les bancs des trois ordres.

On commence l'ouverture des états, par la lecture de la lettre du roi, écrite au corps des états, pour faire reconnoître les commiſſaires ; enſuite on lit les lettres-patentes, portant la nomination des commiſſaires, dont le greffier fait peu après l'enregiſtrement.

Outre ces lettres & commiſſion, il y a encore une inſtruction qui eſt commune aux trois commiſſaires, & dont ils ont chacun une expédition, mais elle demeure ſecrette entr'eux.

Le premier commiſſaire fait un petit diſcours pour annoncer le ſujet de leur commiſſion & de l'aſſemblée générale, & il laiſſe à l'intendant l'expoſition plus détaillée des ordres du roi.

L'intendant parle enſuite, & par un autre diſcours il expoſe plus au long les ordres de Sa Majeſté, & il aſſure les états & les peuples de la province, de la protection ſpéciale du roi, & de ſes favorables intentions pour la conſervation des droits & des privilèges de la province.

Le premier des membres du clergé qui ſe trouve au rang dans ce jour, fait un autre diſcours, où il repréſente l'état de la province, ſon zèle pour répondre aux volontés de ſa majeſté, & les motifs qu'elle a d'eſpérer dans ſon affection pour les peuples de l'*Artois* ; après quoi, les commiſſaires ſe lèvent, ils ſe retirent, & les députés ordinaires vont les reconduire juſqu'à la porte d'entrée de l'hôtel où ils les avoient reçus ; on fait ſortir de la ſalle, pendant ce ſecond cérémonial, tous ceux qui ne ſont pas eſſentiellement de l'aſſemblée.

Les députés ordinaires rentrent enſuite dans la ſalle où ils reprennent leurs places.

Les députés à la cour pendant l'année qui a précédé cette aſſemblée, ſe portent au bureau, d'où ils rendent compte des affaires dont ils ont été chargés auprès du roi, & de toutes les opérations qu'ils ont faites pour la province, pendant le tems de leur miſſion ; enſuite on nomme les commiſſaires particuliers des états aux fonds & ceux aux requêtes, & l'on s'ajourne à autre tems.

Anciennement c'étoit à un mois ou à ſix ſemaines au-delà, pour avoir plus de loiſir d'examiner les affaires, ce qui retenoit les commiſſaires du roi, trop long-tems dans la province ; mais depuis un certain nombre d'années, on indique au lendemain,

ou au plus tard au ſurlendemain, la première ſéance du travail ; & ce travail qui ſe fait de ſuite, même ordinairement à dix, douze, quinze jours, & quelquefois trois ſemaines de ſéance, ſelon la nature des affaires à diſcuter.

Le jour de l'ouverture des ſéances de travail, les trois ordres ſe rejoignent dans la ſalle de conférence, & ſe ſéparent l'inſtant d'après pour ſe retirer chacun dans leur chambre particulière, afin d'y prendre leurs délibérations ſéparément ſur les demandes faites par les commiſſaires du roi, ſur les points repréſentés par les députés, & ſur les autres affaires qui peuvent intéreſſer le corps & la communauté des habitans de la province ; c'eſt pourquoi chaque chambre a un greffier particulier qui tient note de la chambre où il ſert.

Les chambres ſe communiquent enſuite leurs avis par des conférences particulières qui ſe font par forme de rapport d'une chambre à l'autre, & c'eſt toujours celle du clergé où les deux autres vont faire ce rapport ; celle du tiers le va faire à la chambre de la nobleſſe, avec le même cérémonial, en ſortant de la chambre du clergé elle forme.

La nobleſſe députe à la chambre du clergé, pour ce rapport, quatre membres de ſon ordre avec ſon greffier, on lit d'abord l'avis du clergé, enſuite le greffier de la nobleſſe lit celui de la chambre de la nobleſſe ; on balotte les affaires s'il y échet, & l'on ſe fait part des réflexions qui ont été faites en chaque chambre.

La chambre du tiers-état envoie un certain nombre de députés à celle du clergé avec ſon greffier, où après avoir entendu la lecture de l'avis du clergé, le greffier du tiers-état lit celui de ſa chambre, l'on ſe conduit auſſi comme on fait à l'égard de l'ordre des nobles.

Les députés du tiers-état vont enſuite avec leur greffier, dans la chambre de la nobleſſe, où il ſe pratique la même choſe qu'à la chambre du clergé, ce qui s'obſerve autant de fois que le cas l'exige.

Quand chaque chambre a formé ſur toutes les matières propoſées, l'avis auquel elle s'arrête, on convient d'un jour où ſe tiendra la ſéance de conférence générale dans la grande ſalle.

Aux jours & heures convenus dans les trois chambres, les trois ordres ſe rendent en cette ſalle de conférence. On y lit d'abord l'avis de la chambre du clergé, enſuite celui de la chambre de la nobleſſe, & en dernier celui de la chambre du tiers-état ; c'eſt là où les délibérations communes ſe forment par l'unanimité des ſuffrages, ou à la pluralité des voix.

Si les trois avis concordent, la délibération demeure arrêtée.

S'il y a deux avis conformes contre un qui ſoit différent, c'eſt la même choſe, à moins qu'il n'y ait opposition formelle de la part de l'ordre, qui est d'opinion contraire aux deux autres, alors on en fait note dans l'acte de délibération.

Quand les trois avis sont différens, on recommence de nouveau les opérations ci-dessus, afin de se concilier s'il est possible, par de nouvelles conférences particulières, avant que de retourner à une générale.

La délibération qui est formée, se rédige sur le champ par le greffier des états, & la lecture s'en fait publiquement ; autrefois on ne la signoit, ni on ne la paraphoit pas, présentement il est pourvu à sa sûreté par une nouvelle résolution du corps entier.

Les députés aux fonds & aux requêtes, n'ont l'exercice de leur commission que pendant la durée de l'assemblée.

Les fonctions des premiers, sont de prendre connoissance des fonds auxquels il faut fournir, tant pour le roi, que pour les charges courantes des états. Ils s'instruisent du service de l'année précédente, & de la position actuelle où sont les caisses, sur quoi ils forment des projets pour fournir au recouvrement des fonds & au paiement des charges, & sur leur rapport, l'assemblée délibère ; elle fixe ensuite un état d'imposition, qui, quand il excède la mesure ordinaire de celles qui ont cours dans la province, ou quand il donne lieu à de nouvelles impositions, doit être nécessairement autorisé par lettres-patentes du roi, enregistrées où besoin est.

Les fonctions des seconds députés des états d'*Artois*, sont d'examiner toutes les requêtes, de dresser leurs avis à ce sujet, & d'en faire le rapport à l'assemblée générale, qui délibère sur ce qui est à répondre sur les demandes qui lui sont faites.

Toutes ces requêtes ne peuvent contenir que des demandes en remises ou décharge, ou à fins de modérations, pour des pertes faites par cas fortuits ; pour des indemnités & autres objets de la même espèce.

On ne doit y présenter aucune requête, contenant demande contre des particuliers, si ce n'est pour obtenir la protection des états, & son autorisation & approbation de plaider, ou enfin son intercession, autrement la requête seroit rejetée, parce que les états n'ont aucun pouvoir, ni exercice de la juridiction contentieuse, ainsi que le porte le règlement du 10 octobre 1724, mais seulement la régie, administration & économie pour le recouvrement des deniers publics, la faculté de prendre, quand ils le veulent bien, inspection de ce qui se passe, & qui peut avoir quelque trait à cet objet d'administration, pourvu que ce soit sans forme ni figure de procès ; la faculté même d'appeller, évoquer & faire venir les parties devant eux, pour les ouir sommairement, & les arranger s'il se peut, comme

d'amiables compositeurs, & les pères de la province ; mais s'ils ne peuvent amener les parties à ce point, ils sont obligés de les renvoyer à se pourvoir en justice réglée, pour leur être fait droit sur leurs contestations ; c'est ce qui est communément appellé dans la province, la *juridiction économique*.

Les demandes de privilèges, d'exemption d'aide, impositions & octrois, ne peuvent être aussi portées à l'assemblée des états d'*Artois*, du moins avec succès, parce que les états n'ignorent pas que nonobstant qu'ils soient assemblés de l'autorité du roi, sa majesté ne leur a pas confié le pouvoir de faire des graces, qui est le propre de l'autorité suprême, & ils savent que c'est au roi seul & à son conseil qu'il faut se pourvoir à ce sujet.

Mais on peut bien, pour parer à des contestations, présenter requête à l'assemblée, en y joignant les titres d'exemptions émanées de l'autorité souveraine, pour obtenir une injonction à leurs fermiers & adjudicataires, de s'y conformer, & de les observer, selon leur forme & teneur, ce qui est la juridiction économique.

Alors l'assemblée sur l'avis des députés aux requêtes, fait l'injonction ci-dessus à ses fermiers, si elle ne trouve pas d'équivoques dans les titres d'exemptions produits, sinon & dans le cas contraire, elle renvoie le demandeur à se pourvoir devant sa majesté.

Mais on ne peut se dispenser d'observer qu'une pareille injonction n'oblige point les fermiers comme si c'étoit une décision souveraine, & qu'elle ne les prive pas de courir les risques d'une contestation formelle en justice, mais elle exige leurs égards par convenance.

Outre les deux espèces de commissions particulières dont on vient de parler, il y en a encore dans les états d'*Artois*, d'autres à temps, d'autres à vie.

Les plus distinguées, sont celles des députés ordinaires, qui ne durent que trois ans ; il y en a un de chaque ordre, & ces députés forment un bureau permanent à Arras, dont l'exercice est néanmoins suspendu pendant la tenue des assemblées générales.

Ce sont à proprement parler, des syndics choisis qui régissent & administrent au nom du corps, sous l'autorité du roi, pendant l'année, & d'une assemblée à l'autre ; & ils sont dans l'usage de prendre le titre de *députés généraux & ordinaires des états d'Artois, commissaires du roi en cette partie.*

Ils ont, sous le bon plaisir des états & du consentement du roi, le même exercice après l'assemblée rompue & jusqu'à la nouvelle assemblée, que le corps entier avoit assemblée tenante, sauf en ce qui concerne la distinction & la nomination des commissaires particuliers, & des officiers ou suppôts des états, auxquels ils ne peuvent pourvoir que provisionnellement, & jusqu'à la prochaine assemblée.

La nomination de ces commissaires particuliers ou députés des états, se fait par l'élection en l'assemblée générale qui précède le jour de leur entrée en exercice; c'est toujours au premier jour du mois d'août qu'ils entrent en exercice.

L'ordre de la noblesse fait son élection, le dixième jour de l'ouverture de l'assemblée générale, en la séance de l'après-midi, & par scrutin.

Les deux autres ordres n'ont ni jour, ni forme déterminés pour leurs élections.

Ces députés doivent résider à Arras, & se rendre tous les jours, matin & soir, au bureau des états, pour entendre & pourvoir aux affaires de la province; ils ont pour leur service, un honoraire très-honnête qui est fixé par année.

Outre les députés ordinaires, il y a des députés à la cour, dont les élections se font comme dessus, par chaque année, & dont les commissions ne durent qu'un an; ils ont un honoraire fort raisonnable, mais il est fixé par jour, c'est pourquoi il ne dure qu'autant qu'ils sont employés à la cour.

Les députés à la cour sont obligés de partir le jour qui leur est désigné par l'assemblée générale ou par le bureau des députés ordinaires; ce bureau n'a cependant pas le pouvoir de les rappeller quand il lui plaît.

Ces députés se rendent à la suite de la cour pour solliciter l'audience du roi, & attendre le moment où sa majesté recevra le cahier des points arrêtés dans l'assemblée générale qui a précédé, & aussi pour solliciter les différentes affaires que les états peuvent avoir.

Avant la nouvelle assemblée des états d'*Artois*, le roi arrête en son conseil les réponses qu'il juge à propos de donner aux points & demandes contenus dans le cahier, & il les fait coucher à la marge de chaque article.

On en délivre ensuite une expédition aux députés, qui la rapportent à l'assemblée générale suivante.

Il est d'usage de faire tous les ans, une assemblée que l'on dit à *la main*: elle est ordinairement composée des membres des trois ordres qui sont le plus à portée d'Arras; son objet est de se faire rendre compte des négociations des députés à la cour, & pour délibérer sous le bon plaisir de l'assemblée générale prochaine, si on continuera ou non leur séjour à la suite de la cour.

Il y a encore outre cela, des commissions de députés ordinaires aux comptes, qui sont élus comme les autres, & qui durent trois ans, ceux-ci ont aussi un honoraire raisonnable, réglé par jour de service;

ils s'assemblent par chacune année en deux temps, le premier environ le mois de janvier, & le second environ le mois de mai; leur travail est la mesure de leur exercice.

Ces députés examinent tous les comptes des receveurs-généraux & particuliers des états; ils règlent toutes les difficultés qui peuvent s'élever à ce sujet, sans autre recours que la voix de représentation à l'assemblée générale prochaine, s'ils sont trop embarrassés pour former leur arrêté, ils s'en rapportent aux députés ordinaires, avec lesquels ils forment leur règlement.

Enfin il y a d'autres commissions à temps, par exemple pour les chemins royaux qui sont à la charge de la province, pour les fourages quand ils sont en régie ou autrement, & les députés nommés à cette occasion ou par l'assemblée à *la main*, ou enfin par les députés ordinaires, sous le bon plaisir de l'assemblée générale, le besoin le requérant, ont leurs honoraires aussi par jour de service.

Il ne nous reste plus à-présent qu'à donner, autant que faire se pourra, la liste des membres de chacun des trois ordres.

Les membres du clergé, selon le rang qu'ils tiennent aux états, sont:

L'évêque d'Arras.
L'évêque de Saint-Omer.

De l'ordre de Saint-Benoît.

L'abbé de Saint-Vaast, d'Arras.
L'abbé de Saint-Bertin, de Saint-Omer.
L'abbé d'Anchin.

De Saint-Augustin.

L'abbé du mont Saint-Eloy.

De Saint-Benoît.

L'abbé de Blagny.
L'abbé de Saint-Jean-au-Mont.
L'abbé d'Auchy-lès-moines.
L'abbé d'Ham.

De Cîteaux.

L'abbé de Clairmarais.

De Saint-Augustin.

L'abbé d'Arroaise.
L'abbé d'Eaucourt.
L'abbé d'Hénin-Liétard.
L'abbé de Choques.
L'abbé de Maraul.
L'abbé de Ruisseauville.

De Prémontré.

L'abbé de Dom-Martin ou Saint-Josse-au-Bois.
L'abbé de Saint-André-au-Bois.
L'abbé de Saint-Augustin-lès-Thérouane.

Il faut être abbé régulier pour avoir entrée aux états.

Le chapitre d'Arras a quatre députés, le prévôt est l'un des députés né , & il est à la tête de la députation de son chapitre. ; il a avec lui trois chanoines ; les chanoines font députés à leur tour, mais ils n'ont qu'une seule voix.

Le chapitre de Saint-Omer a d'ordinaire deux députés , quelquefois trois & quatre, mais il ne font aussi qu'une voix.

Le grand prieur de l'abbaye de Saint-Vaast, siège en cet ordre. C'est le seul religieux non abbé qui ait entrée, séance & voix ; il a rang parmi les chapitres & il se place après les députés du chapitre de Saint-Omer.

Le chapitre de Saint-Pierre d'Aire ; il a un député & quelquefois deux , mais ils ne font qu'une voix.

Le chapitre de Saint-Barthelemy , de Béthune , un ou deux députés , comme dessus.

Le chapitre de Notre-Dame , de Lens , un ou deux députés.

Le chapitre de Saint-Omer , de Lillers , un ou deux députés.

Le chapitre de Sauveur , de Saint-Pol , communément un député.

Le chapitre de Notre-Dame , de Fauquembergue , un député.

Le chapitre de Saint-Martin , d'Hesdin , un député.

Le chapitre de Dourières : ce chapitre n'envoie point son député depuis nombre d'années, mais il n'en a pas moins le droit.

Le chapitre de Saint-Aime , à Douay , qui est de l'Arcois royal , a le même droit ; mais depuis le rétablissement des états , en 1651, on ne voit pas qu'il ait envoyé aucun député.

Second Ordre.

C'est la noblesse qui forme cet ordre ; anciennement il suffisoit d'être noble, & d'avoir une terre à clocher, comme en bien d'autres états des Pays-Bas, pour avoir entrée, séance & voix aux états d'*Artois*.

Depuis le réglement, il faut être noble de quatre générations de cent ans au moins, & être seigneur de paroisse ou d'église succursale, pour avoir entrée aux états.

Tous ceux qui prétendent avoir cette entrée, font obligés de faire la preuve *des deux points de fait* dont on vient de rendre compte, devant les commissaires nommés de l'ordre de la noblesse, assemblée tenante, avant que de pouvoir espérer

d'être admis aux états : la preuve étant reçue , ils peuvent solliciter auprès du roi la lettre de convocation aux états, pourvu qu'il n'y ait point d'autre motif d'exclusion.

Tous ceux qui entrent aux états y datent, sans distinction de grade , ni de qualité , du jour de leur admission & première convocation.

Cependant on est dans l'usage en cet ordre de prendre place à chaque fois , selon que l'on entre en la chambre , & de voter selon la place que l'on y a prise , ce qui n'y a été introduit que pour éviter le cérémonial & les inconvéniens , il n'y a que le député ordinaire qui ait une place distinguée & qui préside à cet ordre. En son absence , ou autre légitime empêchement, c'est le plus ancien de ceux qui ont été députés ordinaires , qui se trouve dans la chambre , qui prend la place du député en exercice.

Les gentilshommes du même nom & famille qui font dans le degré de père ou de frère, n'entrent pas aux états. Celui de l'un ou de l'autre de ces degrés qui y est admis le premier , donne l'exclusion aux autres ; mais au moment où ces empêchemens cessent , les autres , quoique de même nom & famille , peuvent solliciter leur admission , s'ils on une terre à clocher.

L'on n'exige pas que le gentilhomme ait la terre en propriété de son chef, il suffit qu'il en ait la possession du chef de sa femme. En 1747 , il y eut quatre-vingt-dix-huit gentilshommes qui assistèrent aux états.

Troisième ordre.

C'est le tiers-état qui forme cet ordre ; mais il se trouve réglé , depuis plusieurs siècles , que ce tiers-état ne sera représenté que par les députés des échevinages des villes de la province : c'est-à-dire , la ville d'Arras ; tout l'échevinage y assiste en corps , & cependant il ne fait qu'une voix. La ville de Saint-Omer , elle envoie deux , trois ou quatre députés du corps de l'échevinage, qui ne font pareillement qu'une voix : la ville de Béthune ; l'échevinage envoie communément deux députés ; il a la liberté d'en envoyer davantage , mais ils n'ont qu'une voix : la ville d'Aire , deux , trois & quelquefois quatre députés : la ville de Lens , deux députés : la ville de Bapaume , deux & quelquefois trois : la ville d'Hesdin , de même : la cité d'Arras ; tout l'échevinage y assiste comme celui de la ville, & ne porte qu'une voix : la ville de Saint-Pol , un & souvent deux députés : la ville de Pernes, un : la ville de Lillers , un & quelquefois deux.

Tous ces députés des villes font obligés de faire apparoître de leurs commissions avant que d'entrer en séance ; il n'y a que l'échevinage d'Arras & la cité , qui n'y soient pas sujets, parce qu'ils viennent en corps.

ASSEMBLÉE, f. f. C'eſt la réunion de pluſieurs perſonnes dans un même lieu. Conſidérée en matière de police, l'*aſſemblée* différe de l'attroupement, de pluſieurs manières. Premièrement, celui-ci ſe fait ordinairement tout-à-coup, publiquement & ſans ordre ; l'*aſſemblée*, au contraire, met de la prévoyance, de l'enſemble, de la régularité dans ſes mouvemens. En ſecond lieu, l'attroupement agit avec impétuoſité, menace, violence ; il ſe propoſe d'obtenir quelque choſe ; il eſt l'effet d'une réſolution priſe confuſément par chacun de ceux qui en ſont. L'*aſſemblée* ne ſe conduit pas ainſi ; elle propoſe, délibère, prend une forme, & n'agit qu'avec meſure.

Auſſi l'attention à conſerver le pouvoir arbitraire s'eſt-elle principalement tournée du côté des *aſſemblées* ; elles ont été généralement proſcrites, toutes les fois qu'elles n'ont point eu l'attache du prince ou de l'officier qui le repréſente ; elles ont été nommées illicites, & déclarées criminelles par le manque de cette forme, ſans examen, ſans jugement, & par cela ſeul qu'elles ſont contre les intérêts de la volonté du maître ; enfin rien n'eſt ſi abſurde & tyrannique que les diſpoſitions légiſlatives générales contre les *aſſemblées*.

Cette légiſlation maintenue juſqu'aujourd'hui avec la plus ſévère exactitude de la part du prince, & la plus timide circonſpection de la part des ſujets, eſt devenue la cheville ouvrière, l'inſtrument de tous les genres de deſpotiſme. La police s'en eſt ſervi pour détruire la liberté individuelle, & pénétrer dans l'aſyle ſacré du citoyen, ſans reſpect & ſans égard pour un titre auſſi impoſant ; l'enthouſiaſme religieux en a fait uſage pour armer la loi au nom de la religion, & perſécuter les hommes pour la cauſe de Dieu ; enfin la politique en a pouſſé l'abus juſqu'à l'excès, & renverſé avec ſon aide, tout eſpoir de liberté, tout germe de vertu publique.

Pour légitimer ces déſordres, des juriſconſultes bêtes ont avancé que » les hommes ſe réuniſſent plus » ſouvent pour nuire à l'état & à la tranquillité pu- » blique, que pour s'occuper du bonheur général & » de la ſûreté de tous ». Menſonge inſigne, que l'établiſſement & les progrès de la ſociété dévoilent évidemment.

La véritable cauſe du ſoin qu'on a pris dans les états deſpotiques d'empêcher les *aſſemblées*, & de regarder comme illicites toutes celles que le prince n'a point autoriſées, eſt, nous l'avons dit, l'inquiétude du pouvoir, le deſir de l'autorité, & ſur-tout l'injuſte extenſion qu'on lui a donnée. Par-tout où la juſtice & la modération ſont les baſes de l'autorité, là on ne craint ni les délibérations, ni les *aſſemblées*, parce qu'elle n'y craint rien de l'examen de ſes droits.

Et qu'on ne diſe pas que c'eſt-là une allégation d'auteur. Il eſt prouvé par le fait & par l'exemple de l'Angleterre, que le pouvoir légal & bien conſtitué n'a rien à craindre, n'a que des eſpérances même à concevoir, de la liberté laiſſée aux citoyens de s'aſſembler. Rien n'eſt ſi libre que les converſations des *coteries* angloiſes, rien de ſi multiplié que les lieux où elles s'aſſemblent, & cependant le gouvernement n'en éprouve aucun mal. Au contraire, elles ſoutiennent l'eſprit public, lient la nation à l'état, font fermenter les idées heureuſes ; & leur interdiction (choſe impoſſible) ne pourroit que répandre la méfiance, le ſoupçon, la haine contre le pouvoir exécutif, & faire un peuple d'eſclaves & de miſérables, d'un peuple d'hommes libres & puiſſans.

La mauvaiſe légiſlation que nous avons adoptée ſur les *aſſemblées*, vient de la fauſſe idée que nous nous ſommes fait du pouvoir royal : nous avons cru qu'il devoit tout abſorber, & il ne doit exécuter que ce que tous veulent ; ce qui ſuppoſe à tous le droit de délibérer où, comment, & quand il leur plaît.

On ne devroit donc regarder comme illicites que les *aſſemblées* dont l'objet ſeroit vraiment criminel. Mais cette inculpation auroit beſoin d'être prouvée & légalement jugée, avant de porter atteinte au droit qu'ont les citoyens de s'aſſembler ; comme on ne doit punir un homme qu'après qu'il a été duement convaincu : car diſſoudre une *aſſemblée*, lui interdire ſes ſéances, c'eſt la punir de mort ; elle ne devroit donc l'être qu'après un jugement en forme. Enfin le principe ſi ſimple de ne punir les actions que d'après l'énoncé, & le vœu de la loi revient dans ſon entier ici, & y trouve ſon application.

L'on n'en agit point ainſi en France aujourd'hui, & ſur-tout à Paris. Rien n'eſt ſi ridicule, ſi vexatoire, ſi abſurde, que la police des *aſſemblées* : elles ſont toutes illicites, juſques-là qu'un arrêt du parlement de Paris, du 17 juin 1717, porte condamnation contre vingt-ſix particuliers qui avoient préſenté requête à cette cour, uniquement parce que cet acte fut regardé comme celui d'une *aſſemblée* illicite. Vous trouverez une ſentence du châtelet de Paris qui condamne à cinq cens liv. d'amende un cabaretier, pour avoir prêté ſa chambre à une *aſſemblée* de marchands & brocanteurs de tableaux, 23 novembre 1742. Vous trouverez que l'ordonnance de 1724 prononce la peine de galères perpétuelles contre les hommes, & de priſon contre les femmes de la religion proteſtante, qui ſe trouveront réunis en nombre de ſix ou huit en un même lieu ; vous trouverez une déclaration du 27 mars 1610, qui défend les *aſſemblées* illicites aux gentilshommes, ſous peine d'être pourſuivis comme criminelles de léſe majeſté, &c.

Mais ce qu'il y a d'étonnant dans tout cela, c'eſt qu'on n'ait point déterminé clairement ce qu'on entend par une *aſſemblée* illicite, & que ce mot ſoit employé ſuivant les circonſtances & le gré des juges ignorans, ſelon qu'il leur plaît de punir ou de faire grace.

On a voulu donner ce nom à toute réunion de particuliers qui n'avoient point la permiſſion de la faire ; mais il ne doit pas être plus obligatoire aux citoyens d'obtenir la permiſſion de s'aſſembler que de ſe promener ; car ſi le beau tems & la ſaiſon les invitent à la promenade, le beſoin, une circonſtance imprévue, la néceſſité de conférer ſur des intérêts communs, peuvent les porter à s'aſſembler. Si une ſéance ne ſuffit pas, il leur en faudra deux, trois, &c. Comment prouverez-vous qu'ils ſont coupables, pour ne pas avoir obtenu de permiſſion ? Ce n'eſt donc pas parce que des hommes ſe raſſemblent qu'ils ſont coupables, mais parce qu'ils auront commis quelque délit qui aura été la ſuite d'une *aſſemblée*. Alors que la loi puniſſe ceux qui ont forfait ; mais qu'elle ne prétende pas dépoſſeder des citoyens d'un droit qui leur appartient, & pour l'exercice duquel ils n'ont d'ordre à prendre que de leur volonté ; comme on ne doit pas interdire l'uſage de la preſſe, parce que quelques hommes s'en ſont ſervi à calomnier. Il faut punir le cas particulier, & ne point porter d'interdiction générale ; ſans quoi on établit une poſition violente dans la ſociété, capable d'en produire la ſubverſion ou la dégradation.

Ces vérités paroiſſent avoir été méconnues par tous ceux qui ont écrit de la police. Ils ont répété avec une lâche habitude les réglemens vexatoires, les formes tyranniques établies pour la diſcipline des *aſſemblées* ; ils ont cherché des prétextes ridicules pour en légitimer l'horreur ; ils ont fermé les yeux ſur les abus qui en naiſſent, & accoutumé les lecteurs inattentifs à regarder comme l'effet de la prudence & de l'amour de l'ordre, ce qui n'eſt que celui du deſpotiſme & de l'imbécillité. Eſt-ce pareſſe, eſt-ce bêtiſe, eſt-ce crainte, eſt-ce ignorance qui les fait écrire ainſi ? Je n'en ſais rien. Ce qu'il y a de très-vrai, c'eſt que les livres de droit public, de police, ſont pleins d'un tas de platitudes, d'idées exagérées, de craintes frivoles ſur le danger des *aſſemblées*, tandis que nous avons à côté de nous l'exemple de nations riches, puiſſantes, éclairées, où ces entraves n'exiſtent pas, & où la paix, l'ordre & la ſûreté ſont à l'égal de chez nous.

Je voudrois donc que les loix faites ſur la police des *aſſemblées* fuſſent abrogées ; qu'il n'y eût d'illicites, c'eſt-à-dire, de criminelles, que celles qui auroient été atteintes & convaincues d'avoir, dans tel cas, & en vertu de telles délibérations, troublé l'ordre public ; que jugement ne portât que ſur le délit commis & non ſur le droit de s'aſſembler, qui tient à celui de citoyen, & qu'on ne peut pas plus détruire que celui de voter, de jouir de ſa liberté & de ſa propriété perſonnelle.

Je voudrois que la nation ouvrît les yeux là-deſſus & ſentît que ſi le droit de s'aſſembler *ad libitum* lui eſt ôté, la liberté n'eſt qu'apparente ; puiſqu'alors dans le contrat civil, cette clauſe ſeule annulle l'effet de toutes les autres, & qu'il n'y a que de l'eſclavage par-tout où le repréſentant du prince peut

ſuſpendre l'exercice du droit des citoyens en vertu d'un pouvoir arbitraire.

Je voudrois donc que les officiers de police ceſſaſſent d'exercer le miniſtère odieux d'inquiſiteurs, & que tout homme qui vote & contribue dans l'état pût ſe réunir avec les autres citoyens ſans crainte, ſans réſerve, ſans péril ; que l'homme inſtruit pût ouvrir des cours & former chez lui des ſociétés d'artiſtes ſans l'intervention d'un pouvoir étranger au ſien ; enfin que cette liberté fût indéfinie comme celle d'écrire & de penſer.

La ſûreté publique n'en ſouffriroit pas, 1°. parce que s'il y a quelques hommes qui trouvent leur intérêt dans le déſordre, il y en a davantage encore qui le trouvent dans la paix ; 2°. parce que les défenſes d'*aſſemblées* n'empêchent point les brigands de ſe réunir, & en éloignent les bons citoyens, qui par-là ſe trouvent ſans force ; 3°. parce que ſi une *aſſemblée* pouvoit troubler la tranquillité, cent autres auroient intérêt à la connoître & à la dénoncer ; ce qui revient à notre première raiſon, &c.

Il eſt vrai qu'au moyen de ce changement, qu'on regarde comme impoſſible, il n'y auroit plus d'importance à être agent d'un miniſtère inquiſiteur ; des bénéfices honteux ſeroient anéantis : une autorité ténébreuſe ſeroit réprimée ; la liberté publique affermie contre les tyrans du peuple & des grands. Sans doute voilà bien des motifs pour la blâmer, pour la redouter, pour entaſſer des preuves ſans force & ſans vérité contre lui. Mais le beſoin, la juſtice, la liberté le demandent, & il faut croire qu'ils l'emporteront.

Il ſeroit inutile d'alléguer que ce que nos voiſins peuvent être, nous eſt impoſſible à nous. La liberté ne nuit nulle part ; ſur-tout une liberté auſſi eſſentielle, auſſi néceſſaire à la dignité nationale, au bonheur public. Le caractère n'entre pour rien là-dedans ; & s'il y entroit pour quelque choſe, ce ſeroit en notre faveur, puiſque nos mœurs, nos uſages, nous portent à la paix, à la ſoumiſſion, aux vertus qui tiennent à l'eſprit de ſociété. *Voyez*, pour les réglemens ſur les *aſſemblées* illicites la *Juriſprudence*.

Nous n'avons parlé juſqu'ici que des *aſſemblées* libres des citoyens, ou plûtot du droit qu'ils ont de s'aſſembler quand & où bon leur plaît : il nous reſteroit à parler maintenant des différentes *aſſemblées* qui ont lieu dans le royaume, non pas en vertu de ce droit, dont on a dépouillé en très-grande partie le peuple, mais celles qui ſont attachées à la diſcipline de certains corps ou communautés, ſoit eccléſiaſtiques, ſoit civiles, mais cet objet a été traité dans la *Juriſprudence*, & on peut y avoir recours. Remarquons ſeulement que lorſqu'un corps ou une ſociété eſt un établiſſement royal, & purement aſſujeti au pouvoir du prince, comme chef de l'adminiſtration ſuprême, alors il eſt aſſez naturel de croire que cette ſociété

ne

ne doit former d'*assemblées* générales, qu'en se renfermant dans les termes de la concession, & seulement avec le consentement du roi. Encore ne faudroit-il point que ce corps fût moitié national & moitié royal ; parce qu'alors en vertu du privilège de la nation, il auroit le droit de se réunir, non pas comme corps, mais comme composé de citoyens.

Nous aurions encore à parler, si nous voulions épuiser la matière, des diverses *assemblées* de citoyens formées pour la culture des sciences & des arts, &c. sous le nom de *clubs*, de *musées*, &c. Mais nous les réunirons tous au mot COTTERIE, où nous parlerons de celle de Paris, Genève, Londres, &c. Disons simplement que celles qui existent à Paris ont eu besoin de la faveur de la police pour s'établir, & ne se soutiennent que parce qu'il lui plaît de les conserver ; & cette singularité servile n'est pas difficile à concevoir, après ce que nous avons dit sur le pouvoir abusif de la police de Paris.

Il est d'autres *assemblées* dont il importe que nous faisions connoître la nature & les fonctions ; elles sont en partie de concession royale, & en partie une conséquence du droit de citoyen, avoué de fait quelquefois, quoique souvent oublié ou méconnu. Je range dans cette classe,

1°. Les *assemblées* pour l'administration temporelle des paroisses.

2°. Les *assemblées* de charité.

3°. Les *assemblées* de paroisses pour l'élection des membres des municipalités ; elles portent aussi quelquefois dans les villes le nom d'*assemblées* de quartiers.

4°. Les *assemblées* municipales.

5°. Les *assemblées* d'arrondissemens.

6°. Les *assemblées* provinciales.

Entrons dans quelques détails.

Assemblées de paroisses. Elles forment non-seulement une partie essentielle du gouvernement temporel de l'église, mais encore un moyen de police pour tout ce qui tient au local & aux agens qu'elle emploie pour l'aider dans son ministère ; elles sont donc un des objets qu'on doit se proposer dans l'étude de la police de la religion, elles entrent dans notre plan, & nous devons en parler.

Dans les grandes paroisses il y a deux sortes d'*assemblées* ; les *assemblées* de bureau & les *assemblées* générales. Les petites paroisses n'ont que ces dernières. Les *assemblées* de bureau se tiennent à des époques rapprochées, comme tous les huit jours,

tous les mois ; les générales ont lieu au moins deux fois l'an, à certains jours marqués, l'une pour l'élection des marguilliers, & l'autre pour la reddition de leurs comptes. On en tient aussi d'extraordinaires, & les unes & les autres sont requises par le marguillier en charge.

Aux *assemblées* de bureau se trouvent le curé, les marguilliers en charge, & quelques-uns des anciens ; les délibérations qui s'y prennent ne peuvent être faites qu'au nombre de cinq ou de trois au moins. Dans les *assemblées* générales des grandes paroisses, on appelle les personnes de considération, les officiers de judicature, les avocats exerçant la profession, les anciens marguilliers, commissaires des pauvres, & autres notables de la paroisse (1). On n'invite guères les artisans que dans les paroisses où il y en a beaucoup. Dans celles de campagne on observe à peu près la même forme.

Les *assemblées* extraordinaires doivent être annoncées au prône de la messe paroissiale, deux jours au moins avant la tenue, & par billets envoyés à ceux qui ont droit d'y assister ; mais ni celles-ci, ni les autres ne peuvent être tenues pendant les heures du service divin.

Le curé a la première place dans toutes les *assemblées*, mais le premier marguillier préside & recueille les voix qui doivent être données une à une en commençant par le curé. S'il y a partage, la voix du marguillier l'emporte. Aucun autre ecclésiastique que le curé ne peut y assister ; mais si le seigneur haut-justicier veut y venir, il le peut ; alors il préside & prend les suffrages.

Ces *assemblées* ne peuvent se tenir que dans l'église au banc de l'œuvre, & jamais chez un des marguilliers.

Il y a deux choses essentielles à remarquer. 1°. C'est que dans les *assemblées* de paroisses de campagne, les officiers de justice qui y assistent ne peuvent faire aucunes fonctions de juge, comme de régler en cette qualité des contestations, prendre le serment des marguilliers élus, &c. & qu'ils n'y assistent que comme notables habitans ; sauf à connoître dans leur tribunal des contestations qui pourroient naître au sujet desdites *assemblées*, & des délibérations qui y auroient été prises, lorsqu'elles seront portées devant eux. 2°. Ce sont les marguilliers qui proposent le sujet de la délibération, sauf au curé & aux autres personnes de l'*assemblée* qui auroient quelques propositions à faire pour le bien de l'église & de la fabrique, de le faire succinctement pour être mis en délibération par le premier marguillier.

Il est des objets dans l'administration temporelle

(1) Un arrêt de règlement du parlement, pour la paroisse de Nogent-sur-Marne, du 25 février 1763, ne répute nobles habitans que ceux qui sont taxés dans les campagnes à 100 livres de taille & au-dessus ; & un autre, du 7 août 1762, répute notables dans les villes, ceux qui sont taxés à 15 livres de capitation, & au-dessus.

& la police des paroisses qui peuvent être réglés par le bureau, il en est d'autres qui demandent l'*assemblée* générale de la paroisse. Ceux-ci sont : 1°. quand il s'agit de procéder à l'élection de nouveaux marguilliers ; 2°. pour arrêter les comptes des marguilliers comptables ; 3°. pour l'élection des commissaires des pauvres ; 4°. quand il s'agit d'intenter ou de soutenir quelque procès, excepté pour le recouvrement des revenus ordinaires ; 5°. quand il est question de faire quelque dépense extraordinaire au-delà de celles que le bureau ou les marguilliers peuvent faire ; 6°. lorsqu'il s'agit de faire quelqu'emploi ou remploi de deniers appartenans à la fabrique, aux pauvres & aux écoles de charité de la paroisse ; 7°. de faire quelqu'emprunt ; 8°. de taxer le prix des chaises ; cette taxe néanmoins peut aussi être faite par le bureau ordinaire : 9°. de choisir un clerc de l'œuvre ou sacristain, ou de le destituer ; 10°. lorsqu'il s'agit d'une nouvelle réforme, suppression ou reconstruction, en tout ou en partie, des bancs de l'église ; 11°. quand il s'agit d'accepter quelque fondation ; 12°. ou quelqu'aliénation ; 13°. ou acquisition nouvelle ; 14°. ou de vendre de l'argenterie & autres effets appartenans à la fabrique ; 15°. ou d'entreprendre quelque bâtiment considérable, ou de faire quelque construction nouvelle ; 16°. ou de faire quelque règlement dans la paroisse, soit de discipline pour changer la taxe des droits appartenans à la fabrique, soit pour augmenter les gages des officiers, serviteurs de l'église ; 17°. tout ce qui concerne les pauvres & les écoles de charité doit aussi se délibérer dans les *assemblées* générales.

Les choses qui peuvent se décider au bureau ordinaire ou par les marguilliers seuls, dans les paroisses où il n'y a point de bureau, sont, 1°. toute concession de bancs, chapelles, caves, tombes, épitaphes, ou de places propres à en faire construire ; 2°. Toute dépense même extraordinaire, quand elle ne monte qu'à une certaine somme. 3°. Les délibérations pour faire les poursuites nécessaires pour le recouvrement des revenus ordinaires de la fabrique, pour l'exécution des baux & pour faire passer des titres nouvels. 4°. Les adjudications des baux des maisons, des chaises & autres. 5°. La taxe du prix des chaises. 6°. Les réparations & dépenses d'entretiens. 7°. La nomination & destitution des organistes, bedeaux, suisses & autres serviteurs de l'église. 8°. L'approbation du sous-clerc, choisi par le clerc de l'œuvre. 9°. La nomination des prédicateurs du carême, de l'avant & des fêtes de l'année. 10°. La punition des bedeaux, suisses & autres serviteurs de l'église.

Les délibérations qui se tiennent dans les *assemblées* de paroisses doivent être portées sur un registre, tenu exactement & signé de ceux qui y ont assisté ; les feuillets doivent en être cottés par le juge du lieu. Quand les délibérations ont pour objet d'imposer quelque nouveau droit ou quelque nouvelle charge aux habitans, & non d'établir seu-

lement une nouvelle dépense sur les biens & revenus de la fabrique ; comme dans le cas où l'on voudroit augmenter au profit de la fabrique ou du curé les droits des enterremens ou faire quelques impositions semblables : alors l'opposition d'un seul habitant suffit pour empêcher l'effet de la délibération, jusqu'à ce qu'il en ait décidé par la justice. Ce qui est fondé sur cette maxime universelle pour toute espèce d'imposition : *Quod singulos tangit, debet à singulis approbari*. (C. quod sing. tang. de reg. jurif. 16.) Car alors chacun y est pour soi, & se trouve dans le cas de payer de sa personne.

Au reste, il se trouvera plusieurs objets qui pouvoient être autrefois du ressort des *assemblées* dont nous parlons ici, & qui maintenant appartiendront aux municipalités établies dans les villes, les villages & communautés de campagne.

Assemblées de charité. Elles connoissent de tout ce qui regarde l'aumône & l'administration de la charité dans une paroisse, du soulagement des pauvres malades, de l'assistance des enfans au lait & à la farine, de la distribution des aumônes, &c. Ces *assemblées* sont de deux sortes ; savoir, les *assemblées* ordinaires & les *assemblées* générales.

Ces *assemblées* se tiennent ordinairement au presbytère, elles sont présidées par le curé, & les personnes qui y assistent sont invitées par billet : elles sont ordinairement composées du curé, du juge & du procureur-fiscal, lorsqu'ils résident dans le lieu ; des bourgeois qui y ont des maisons de campagne, de la trésorière de charité, & des autres dames qui voudront bien s'y trouver. Tout s'y décide à la pluralité des suffrages, qui sont recueillis par le curé ou le premier marguillier, qui, en cas de partage, ont l'un ou l'autre voix prépondérante.

On commence par la lecture des délibérations de la dernière *assemblée*, on passe ensuite à l'état des pauvres de la paroisse, aux secours dont ils ont besoin ; des enfans à la charge de la paroisse, & de l'éducation qu'on peut leur donner ; en un mot, de tout ce qui regarde la charité paroissiale, qui est en général un objet assez compliqué & assez mal organisé pour remplir le bien qu'il devroit produire & qu'il ne produit pas toujours.

Les délibérations sont portées sur un registre, & signées de tous ceux qui sont présens, ce qui oblige même ceux qui s'y trouvent pas. Dans les grandes paroisses, sur-tout dans les villes, il y a deux sortes d'*assemblées* de charité, une de dames, & l'autre d'hommes. Chacune élit un trésorier ou trésorière, ainsi que nous le dirons au mot PAUVRES, où nous parlerons des moyens généraux & particuliers employés pour leur soulagement : nous y renvoyons donc pour tout ce qui a rapport à la charité des paroisses, qui fait l'objet des *assemblées* dont il est ici question.

† *Assemblées de paroisse pour l'élection des représentans du peuple.* On les appelle aussi *assemblées* de quartiers dans les villes. Ces comices méritent la plus grande attention ; nous en discuterons l'importance au mot ASSEMBLÉES PROVINCIALES, lorsque nous en traiterons dans l'ordre de leur rapport avec les autres *assemblées* ; disons-en seulement un mot ici, considérées absolument.

La convocation des états-généraux en France, a réveillé l'attention sur les moyens d'élire avec facilité, promptitude & liberté les représentans de la nation. On a proposé différentes voies pour y parvenir ; & généralement la forme adoptée paroît être que dans les villes peu considérables tout citoyen majeur de vingt-cinq ans, domicilié & inscrit au rôle des impositions, a droit de se trouver à l'*assemblée* pour élire les députés de la ville aux *assemblées* de baillage où se forme l'élection des représentans aux états-généraux : semblablement dans les paroisses de campagne, tout homme dans le même cas a le même droit ; ainsi l'*assemblée* paroissiale, qui choisit les membres des petites municipalités, comme nous le dirons plus bas, a aussi le droit de voter pour la représentation nationale ; & ce droit, elle le tient non du prince, mais d'elle-même, comme partie constituante de la nation.

Dans les villes plus considérables, on a composé des *assemblées* de quartiers pour élire les membres de l'*assemblée* municipale, afin de composer la hiérarchie des *assemblées* provinciales dont nous parlerons plus bas. Chacune de ces *assemblées* qui sont annuelles, députe un ou plusieurs sujets à l'*assemblée* commune, & voilà la municipalité formée d'une façon légale & populaire, parce que les *assemblées* de quartiers sont composées de tous les habitans capables de jouir du droit de cité. C'est ainsi que les nouvelles municipalités de Versailles, de Meaux, d'Etampes, sont organisées ; c'est ainsi que devroient l'être toutes celles du royaume, en rendant la liberté universelle aux habitans de choisir leurs représentans dans la classe des domiciliés qu'ils jugeroient convenable.

On conçoit que rien n'auroit été plus facile que d'attribuer à ces *assemblées* paroissiales ou sections d'habitans d'une ville par quartier ou paroisse, l'élection des représentans des villes aux *assemblées* de baillage, la forme eût été constitutionnelle, stable, populaire, & de proche en proche la représentation fût descendue de l'*assemblée* nationale à l'*assemblée* matérielle & physique de la nation ; ce qui est le complément de la perfection représentative. Mais on n'a point fait cela, & le règlement du 24 janvier 1789, prétend fixer à des *assemblées* de corporation, dans les villes un peu fortes, le droit d'élire les représentans des villes.

Ce défaut est plus important qu'on ne croit ; il attaque la représentation dans sa source & substitue des corps formés par un simple besoin de police, à des masses de citoyens qui seules forment la nation.

» Les droits politiques n'appartiennent à aucune sorte de corporation ; ils sont attachés à la qualité de citoyen. Il est donc contraire aux loix de la représentation d'avoir assemblé les premiers commettans des villes par corporation ; sans compter qu'avec un tel usage il arriveroit souvent qu'une corporation de deux ou trois personnes auroit la même députation qu'une de deux ou trois cents personnes. Les habitans des villes un peu peuplées auroient dû se réunir par quartier, sans distinction de profession, de rangs, d'ordres, &c. La division locale est la seule qui puisse avoir lieu pour la représentation, par la raison que la nécessité de se faire représenter ne vient point de la diversité des professions, mais des distances & du trop grand nombre de citoyens. Nous ajoutons que les députés des quartiers d'une ville ne doivent point se réunir à l'*assemblée* de ville, pour n'envoyer au baillage que médiatement, ils doivent être traités comme les villages qui députent directement » (1).

J'ajouterai, moi, que les *assemblées* de quartiers sont d'autant plus à préférer à celles des corporations, qu'il seroit très-utile pour la police des villes, la liberté publique, l'instruction des citoyens & la permanence de leurs pouvoirs, que ces *assemblées* fussent périodiques & tenues tous les six mois dans les grandes cités, telles que Paris, Lyon, &c. Ce seroit une sorte de comices populaires où tous les objets d'une utilité générale & particulière seroient discutés, & où le peuple statueroit sur une foule de choses qu'il a droit de connoître, & dont on lui a injustement & abusivement ôté le pouvoir de juger.

De même que les *assemblées* de paroisse pour l'administration temporelle des églises different de celles qui sont destinées à élire les représentans du peuple, aussi faut-il distinguer les *assemblées* de villes des *assemblées* municipales, quoique ces dernières aient beaucoup plus de rapport entr'elles que les premières ; jusques-là que l'on peut dire que les *assemblées* municipales ne different des *assemblées* de villes, qu'en ce que ces dernières ne sont composées, pour la plupart, que d'officiers royaux, qui ont acheté leurs charges, ou n'ont pu être élus que dans une certaine classe d'habitans & par une certaine classe de

(1) Instructions données par S. A. S. Mgr. le duc d'Orléans aux personnes chargées de sa procuration aux assemblées de bailliages, relatives aux états-généraux, p. 19, Voyez aussi l'écrit intitulé : Projet d'assemblées de quartiers pour la ville de Paris, le réquisitoire du procureur du roi de la ville de Paris, janvier 1789, &c.

domiciliés. L'objet est à peu près le même de part & d'autres, si vous en exceptez encore que les *assemblées* de ville exercent la police & une sorte de jurisdiction, au lieu que les *assemblées* municipales n'en jouissent pas. Sans doute que bientôt ces deux sortes d'*assemblées* n'en feront plus qu'une, & que les *assemblées* municipales, créées pour former la hiérarchie des *assemblées* provinciales, depuis l'édit de juin 1787, seront confondues avec les anciennes municipalités, en rendant la liberté à celles-ci.

Distinguons donc les *assemblées* municipales pour le moment des *assemblées* de ville; cela est d'autant plus nécessaire, que l'on trouve les premières établies dans les villages & communautés de campagne, & que les dernières n'ont lieu que dans les villes érigées en communes. *Voyez* MUNICIPALITÉ.

Assemblées de ville. Ce sont celles qui ont lieu pour l'administration des deniers communs des villes; les octrois, les étapes, le service militaire, & la police dans les villes qui en ont le droit. C'est dans l'édit de mai 1765, qu'il faut chercher la forme de ces *assemblées*, la manière d'en élire les membres, & les droits qui leur sont attribués; dispositions sages, du moins à bien des égards, & que l'édit bursal de 1771 a détruites, sous le prétexte menteur que le droit d'élection occasionnoit des brigues, des jalousies, du trouble dans les villes. On a osé avancer & mettre une pareille absurdité dans la bouche du roi : il faut que le besoin d'argent & l'habitude de duper la nation aient été bien grands alors, pour qu'on n'ait pas été retenu par la honte d'imprimer ces sotises.

On distingue dans l'édit de 1765, les *assemblées* du corps de ville des *assemblées* de notables. Les premières, dans les villes & bourgs qui contiennent plus de quatre mille habitans, sont composées d'un maire, de quatre échevins, de six conseillers de ville, d'un syndic-receveur, & d'un secrétaire - greffier, sans que le syndic & le greffier puissent avoir voix délibérative dans l'*assemblée*. Tous ces officiers sont élus dans des *assemblées* de notables, convoquées principalement pour cela. Ces *assemblées* de notables sont composées du maire, échevins, conseillers de ville, & de quatorze notables tirés des différens corps, communautés & corporations; ce qui, comme nous l'avons remarqué, forme un vice de constitution, mais moins dangereux cependant que celui de vendre les offices de représentans de la commune. Au reste, nous avons dit que ce défaut avoit été corrigé dans les *assemblées* municipales établies dans les villes depuis 1787. Voici en deux mots celle de Versailles. Règlement du 18 novembre 1787. 1°. La ville de Versailles est divisée en huit quartiers; 2°. chaque quartier est représenté par huit députés élus par la généralité des habitans payant vingt livres au moins d'impositions. 3°. Tous ceux qui vivent noblement ou qui paient cent livres d'impositions, peuvent être élus. 4°. Chaque *assemblée* est convoquée en

particulier par le bailli dans la salle d'audience, où tous ceux qui ont droit de suffrage déposent un billet contenant les noms des quatre personnes à qui ils donnent leur voix. 5°. Ces quatre députés de chaque quartier avec le gouverneur qui préside & convoque l'*assemblée* municipale, le bailli ou son lieutenant, le procureur du roi, les curés des paroisses & le greffier composent l'*assemblée* municipale. 6°. Cette *assemblée* de représentans élit un comité municipal chargé de la répartition des impositions & de la police de la ville, toutes les fois que des matières importantes n'exigeront point le concours des autres membres.

On voit que cette forme d'*assemblée* municipale diffère à bien des égards de celle qui a lieu dans les villes érigées en communes par d'anciennes chartes : car, outre que les membres en sont élus plus constitutionnellement, il n'y a ni maire, ni échevins, ni conseillers; c'est une *assemblée* de représentans & non de magistrats ou officiers; le mieux seroit qu'ils fussent l'un & l'autre.

Les *assemblées* municipales dans les bourgs & paroisses de campagne, établies par l'édit de juin 1787, sont composées du seigneur & du curé de la paroisse qui en sont toujours membres, & de trois, six ou neuf membres choisis par la communauté, c'est-à-dire, de trois, si la communauté contient moins de cent feux, de six, si elle en contient deux cents, & de neuf, si elle en contient davantage. Elle a en outre un syndic électif qui a voix délibérative. Ces petits corps sont le sénat de l'*assemblée* paroissiale, ils en représentent les membres, ils devroient lui rendre compte, à la fin de chaque année, de leur gestion, en demandant leurs suffrages sur des objets dont la volonté populaire doit seule décider. *Voyez* plus bas ASSEMBLÉES PROVINCIALES & le mot APPEL AU PEUPLE.

Assemblées d'arrondissement. Lorsque l'on veut faire l'élection des membres des *assemblées* de départemens, l'on ne les élit pas dans les paroisses pour les envoyer directement au département, il y en auroit un trop grand nombre; d'un autre côté, toutes les villes & communautés ayant le même droit de représentation, on ne peut attribuer à une plutôt qu'à une autre le pouvoir de l'exercer. On divise donc le département en un certain nombre d'arrondissemens, lesquels contiennent à peu près le même nombre de paroisses. Toutes ces paroisses députent chacune à l'*assemblée* d'arrondissement leur syndic & deux membres de la municipalité choisis par l'*assemblée* paroissiale, auxquels le seigneur & le curé ont droit de se réunir. Les représentans de toutes les paroisses ainsi réunis dans un lieu indiqué par l'*assemblée* de département, élisent le député ou les députés à l'*assemblée* de département. Cette convocation des *assemblées* d'arrondissement a lieu tous les ans pour remplacer le quart des membres des *assemblées* de département, qui fortent chaque année.

Nous ne difons rien de ces dernières ici, elles vont être développées tout-à-l'heure, en parlant de l'organifation des *assemblées* provinciales, après que nous aurons préfenté quelques remarques préliminaires.

ASSEMBLÉE PROVINCIALE, f. f. C'eft en France, la réunion des repréfentans des différens diftricts ou départemens d'une province, à l'effet de gérer les affaires de ladite province, en tout ce qui concerne les pouvoirs qui leur font confiés.

En parlant de l'adminiftration provinciale, nous avons fait fentir la différence qu'on doit mettre entr'elle, & les affemblées dont nous parlons. Celles-ci font deftinées à l'exercice de l'autre, laquelle eft définie par la province de Lorraine, *une participation aux fonctions de l'intendant, à laquelle l'autorité admet les propriétaires dans chaque province, & que leurs repréfentans peuvent exercer fous la fauve-garde du roi.* Procès verb. 1787 p. 42. Telle eft à-peu-près jufqu'àprefent l'étendue des pouvoirs adminiftratifs, confiés aux *affemblées provinciales* ; & cette définition paroît d'autant plus jufte, qu'elle diftingue affez bien ces corps des états provinciaux, qui tiennent leur puiffance de la propre conftitution de la province, & non d'aucune conceffion royale.

Ces affemblées, comme nous l'avons dit ailleurs, & fingulièrement dans notre difcours préliminaire, dont ceci n'eft que le fupplément ou le développement, font deftinés par l'efprit de leur inftitution, à furveiller l'adminiftration économique des provinces, à répartir l'impôt, à diriger les travaux de charité, à encourager l'agriculture, les arts, le commerce, & tout ce qui peut augmenter la fomme du bien public.

Elles font de deux fortes aujourd'hui dans le royaume, non par l'objet de leur établiffement, mais par la forme de leur organifation. Les uns & les autres font fondés fur des arrêts du confeil, lettres-patentes & édits enregiftrés dans les cours. Leur exiftence eft moderne, quoique leur utilité fût connue dès le temps de Charlemagne, comme nous l'allons voir. Cependant quelques provinces ont craint d'y trouver des femences du defpotifme miniftériel ; elles ont craint que l'on ne s'accoutumât à les regarder comme un fupplément légal & conftitutionel aux états provinciaux, & que cette idée n'anéantit enfin & pour jamais, leur plus beau droit, celui de n'accorder les impôts, que du confentement de leurs trois ordres. Elles ont fuppofé auffi que ces affemblées, pourroient dégénérer en *ariftocratie territoriale*, par l'habitude de n'y admettre que des propriétaires ; leurs foupçons fe font étendus, même jufqu'à craindre la cor-

ruption dans les membres par l'influence de la cour, & de voir ainfi une porte ouverte à de nouveaux malheurs pour leurs habitans.

Ces craintes pourroient avoir quelque chofe de réel, fur-tout par rapport aux états-provinciaux, il eft certain qu'on eût été plus difficile fur leur rétabliffement dès-là que d'autres affemblées auroient pu remplir jufqu'à un certain point, les fonctions d'adminiftrations attribuées à ceux-là. Auffi dès qu'il fut queftion d'états-généraux, de liberté publique, dès que quelques provinces eurent obtenu le rétabliffement de leurs anciennes affemblées, plufieurs autres réclamèrent le même droit; & le parlement de Normandie fut un des premiers à rendre publique cette demande, & à réclamer contre la forme d'*affemblées provinciales* établies dans fon reffort. Mais avant d'entrer dans ces détails, nous rapporterons l'hiftoire très-fuccinte de ces établiffemens, en renvoyant à l'article états provinciaux, ce qui les regarde. Remarquons auffi que nous ne traitons de ces objets, que dans leur rapport avec l'ordre public & la police générale du royaume, ne devant point les envifager autrement par l'efprit même de notre travail; & fi quelquefois nous nous éloignons de cette conduite, c'eft feulement par digreffion & parce, que la clarté du fujet le demande.

Les intendans établis par *Richelieu*, dans la forme à-peu-près qu'ils ont aujourd'hui, plutôt pour affermir l'indépendance du monarque, & réunir dans les mains du miniftre, les pouvoirs de tous les genres, que pour veiller au bien réel des peuples & au maintien de l'ordre politique, les intendans s'emparèrent fucceffivement, comme on fait, de toutes les parties de la police civile & économique qui étoient auparavant exercés par les municipalités, les tréforiers de France, les cours & juridictions royales.

Cette nouvelle forme ne détruifit point les abus anciens; en foumettant tout le royaume à la volonté du roi, interprétée, altérée par les intendans, elle en fit naître de plus grands, introduifit des nouveautés ruineufes aux provinces, telles que la corvée; fans rendre les peuples plus riches ou plus heureux, elle accrut l'influence du defpotifme miniftériel, & facilita aux adminiftrateurs infidèles, les moyens de fouler le peuple, & de cacher leurs vexations.

Ces inconvéniens du régime de nos provinces, l'embarras des finances, les foins de l'adminiftration qui s'étoient accrus avec le commerce, la population & les colonies tournèrent les vues du gouvernement vers l'ancienne forme adoptée par *Charlemagne.* » Ce prince, dit l'abbé de *Condil- » lac*, outre les affifes qui avoient lieu dans les » provinces pour l'adminiftration de la juftice entre » les citoyens, voulut que les envoyés royaux, y

» tinſſent tous les ans, des états particuliers (1),
» où les évêques, les abbés, les comtes, les ſei-
» gneurs, les avoués des égliſes, les rachimbourgs,
» (ſoit juges établis dans les villes), étoient obligés
» de ſe trouver en perſonne, ou par leurs députés,
» ſi quelque cauſe légitime les retenoit ailleurs. On
» traitoit dans ces aſſemblées, de toutes les af-
» faires de la province, & les députés en rendoient
» compte au roi & à l'aſſemblée générale. »

Ce fut ſur-tout après les longues guerres, que
l'ambition égarée de Louis XIV fit éprouver à la
France, que les provinces épuiſées d'hommes &
d'argent, firent ſentir le beſoin d'une bonne adminiſtration particulière pour chacune d'elles.
L'exemple des pays d'états où l'adminiſtration économique eſt remiſe dans les mains des députés des
trois ordres, celui des municipalités de Flandres
& des villes de Languedoc, étoient des modèles
que l'on pouvoit imiter en tout ou en partie, pour
donner une forme aux *aſſemblées provinciales*.

Mais les différens projets qui pouvoient y tendre,
& dont nous avons rendu quelque compte dans
notre diſcours préliminaire, ne furent abſolument
qu'une matière de diſcuſſions & de raiſonnemens
purement ſpéculatifs, juſqu'à l'époque du miniſtère
de M. *Necker*. Sans adopter entièrement les vues des
écrivains qui avoient traité ce ſujet ſans ſuivre entièrement le plan propoſé par M. *Turgot*, il ſentit que
des aſſemblées chargées d'une partie de la police économique & de la répartition des impôts dans chaque
province, produiroient des biens réels; 1°. en rendant
le fardeau des charges publiques moins accablant par
une répartition uniforme & équitable; 2°. en éclairant le miniſtère ſur les entrepriſes qui demandent
ſon ſecours pour l'amélioration de la culture, du
commerce & des manufactures; 3°. en s'occupant
du ſoin des pauvres, des abus locaux, des réformes
& des économies propres à chaque diſtrict; 4°. en
diminuant par cela même, les travaux de l'adminiſtration, & lui laiſſant plus de temps pour s'occuper du ſoin général des provinces; 5°. en répandant le goût de l'inſtruction politique, & liant
les ſujets à la choſe commune par un véritable eſprit
de bien public.

Pour remplir ces vues, M. *Necker* ne crût pas
qu'il fut néceſſaire de former des corps politiques
à l'inſtar des états provinciaux; tels que le propoſoit
le duc de Bourgogne; il penſa qu'il ſuffiſoit d'autoriſer un certain nombre de propriétaires de campagne & d'habitans des villes, à ſe réunir pour traiter
entr'eux des objets relatifs au bien de la province,
de la culture & du commerce; non pas qu'il ne
ſentit l'utilité des corps jouiſſans de plus d'autorité &
de conſidération, mais comme nous l'avons re-

marqué dans notre *diſcours préliminaire*, il avoit
des préjugés à vaincre, des craintes à calmer. Il
forma donc des *aſſemblées-provinciales*, purement
économiques, je dis qu'il forma, car c'eſt vraiment
à ce miniſtre, qu'on doit ces premiers établiſſemens,
auxquels il donna tous ſes ſoins, toute ſon attention.
Voyez le diſcours préliminaire.

Le Berry fut la première de nos provinces qui
jouit de cet avantage, & ſes titres ſe trouvent dans
l'arrêt du conſeil du 12 juillet 1778, portant établiſſement d'une adminiſtration provinciale dans le
Berry, & dans les lettres-patentes confirmatives de
cet arrêt des 9 mai & 30 juillet 1779, enregiſtrées
en parlement. L'on peut voir dans notre diſcours
préliminaire, ce que nous avons dit de ces aſſemblées; nous ne pourrions rien y ajouter ſans nous
répéter.

Mais il n'en ſera pas de même de celles qui ont
eu lieu en vertu de l'édit de 1787. Nous en analy-
ſerons la forme & la hiérarchie, & cela, d'autant
plus utilement, que quels que ſoient les pouvoirs
qu'on leur confie, ou plutôt que l'on leur recon-
noiſſe, quels que ſoient les objets dont elles s'occupent par la ſuite, on ne peut guère changer
utilement le fond de leur conſtitution, qui généralement eſt populaire, & a tous les caractères néceſſaires pour établir une démocratie élective dans
les provinces. Ce n'eſt donc point entièrement dans
leur organiſation, que les *aſſemblées provinciales*
actuelles, ſont trop peu nationales, c'eſt dans
l'étendue & la nature des droits dont elles jouiſſent, droits bornés, droits ſoumis au pouvoir
monarcho-miniſtériel, & par-là même foibles &
illuſoires. Ce défaut ſera ſans doute corrigé ſi les
états-généraux leur accordent le pouvoir des états-
provinciaux.

Trois ſortes d'aſſemblées entrent aujourd'hui dans
le gouvernement économique des provinces qui ne
ſont point pays d'états. Les aſſemblées municipales;
celles de département & celles de la province.

Il ne faut pas confondre ces *aſſemblées municipales*
avec les anciennes municipalités, elles en diffèrent
dans pluſieurs points, comme nous l'avons déjà dit.
1°. Elles ſont électives, & l'on ſait que par un abus
intolérable, les anciennes ſont pour la plupart,
compoſées de titulaires qui ont acheté leurs places.
2°. Elles n'ont pour objet que la partie économique
de la communauté, elles n'ont aucune police, aucune
juridiction, aucuns droits politiques; juſqu'à préſent
au moins, & les anciennes, toute dégradées &
avilies qu'elles ſont, en conſervent encore une partie.
3°. Enfin les anciennes n'avoient lieu que dans les
villes, & les nouvelles s'étendent juſqu'aux petites

(1) Le nom d'*état* convient improprement à ces aſſemblées, les états n'ont jamais dû être une matière d'adminiſtration
ni convoqués au bon plaiſir du prince; ils tiennent d'eux-mêmes le droit d'être convoqués à époques déterminées & jouiſſent de pouvoirs politiques. *Voyez* ETATS PROVINCIAUX.

paroiſſes de campagne. Elles ont cependant les unes & les autres, quelque choſe de commun, comme le ſoin des pauvres, les ouvrages propres à la communauté, la direction des atteliers de charité. &c.

Les aſſemblées municipales ſont compoſées du ſeigneur de la paroiſſe, & du curé, qui en font toujours partie, d'un ſyndic choiſi par la communauté, & de trois, ſix ou neuf membres également choiſis par elle, c'eſt-à-dire de trois ſi la communauté contient moins de cent feux, de ſix, ſi elle en contient moins de deux cents, & de neuf ſi elle en contient deux cents & davantage. Lorſqu'il y aura pluſieurs ſeigneurs, ils ſeront tour-à-tour de l'aſſemblée municipale. Le ſyndic eſt chargé de l'exécution des choſes que l'aſſemblée n'aura point exécutées elle-même. Tous les membres, excepté le ſeigneur & le curé, ſont choiſis dans une aſſemblée générale de la paroiſſe, convoquée à cet effet. Cette aſſemblée de paroiſſe eſt compoſée de tous ceux qui payent cinq, neuf ou douze livres d'impoſitions perſonnelles ou foncières, ſuivant la force de la paroiſſe. Elle ſe tient au mois de ſeptembre annuellement, & eſt préſidée par le ſyndic de la municipalité. Ces fonctions ſe bornent à élite d'abord le ſyndic, & enſuite les membres de l'aſſemblé municipale.

Avant de paſſer plus loin, faiſons quelques réflexions ſur cette aſſemblée de la paroiſſe, dont on a borné les pouvoirs à choiſir les membres de l'aſſemblée municipale. C'eſt une injuſtice ſans doute, & une erreur politique. Une injuſtice d'abord, parce que ce ſont les aſſemblées paroiſſiales, qui compoſent & ſont vraiment le corps de la nation, le ſouverain légitime & territorial, celui qui a la terre & conſtitue l'état; les réduire à une ſimple émiſſion de vœu, au droit de choiſir ſes repréſentans, c'eſt entreprendre ſur un pouvoir qui eſt au-deſſus de tous les pouvoirs, car il eſt ſouverainement abſurde & inconſtitutionel que quelques individus d'une nation, diſent à cette nation : vous ne vous aſſemblerez que pour cela ſeulement, & pour rien autre. L'erreur en politique tire ſa ſource de la même mépriſe, puiſqu'on a voulu preſcrire au peuple françois ce qu'il avoit à faire, il falloit au moins renvoyer à l'appel devant lui, une foule d'objets de demandes, de déciſions ſur leſquels la nation eſt ſeule en droit de prononcer. *Voyez* Appel au peuple. Je crois qu'on auroit tout auſſi bien pû diſcuter des intérêts ſociaux dans une aſſemblée de deux cents, ſix cents, mille citoyens, comme dans une aſſemblée de vingt ou trente, ou tout au moins la conſtitution devroit aſſujettir les aſſemblées municipales, lors de l'élection de leurs membres, à rendre compte à l'aſſemblée paroiſſiale, c'eſt-à-dire à l'aſſemblée du peuple, des objets de leur commiſſion, des affaires & des droits de la paroiſſe, de la ville. On paſſe trop légèrement ſur les pouvoirs des aſſemblées paroiſſiales : ce ſont pourtant ceux qu'il eſt important de conſtituer, ſi

l'on veut former une nation libre : autrement tous les corps de repréſentans du peuple, même électifs finiront par devenir des ariſtocraties, plus ou moins prononcées. Je voudrois donc que toute aſſemblée ſupérieure fût tenue de rendre verbalement & par pièces, compte à ſon aſſemblée commettante, de ſa geſtion, & de tout ce qui peut intéreſſer l'ordre & le bonheur public. Ainſi l'aſſemblée nationale rendroit compte à toutes les aſſemblées provinciales, des affaires publiques; les aſſemblées provinciales à celles de départemens, celles-ci aux municipalités, & les municipalités au peuple même; & c'eſt dans ce dernier degré ſeulement, que réſide la force de la conſtitution, la réalité du pouvoir public. Sans cet ordre, je ne vois pas qu'il ſoit beſoin d'établir une hiérarchie organique de pouvoirs; il ſuffiroit, pour l'adminiſtration des provinces & des villes, d'aſſemblées à l'inſtar de celle de haute Guyenne & de celles qu'on nomme *aſſemblées de villes*, qui ne ſont que des aſſemblées de quelques notables bourgeois. Revenons à l'aſſemblée municipale.

Elle n'eſt dans le fond, que le bureau intermédiaire de l'aſſemblée paroiſſiale, & cependant on la regarde comme partie ſupérieure, & qui ne reconnoît rien au-deſſus d'elle, dans la communauté que la ville ou la paroiſſe elle-même gère l'adminiſtration. Toute perſonne âgée de vingt-cinq ans, domiciliée, & payant depuis neuf juſqu'à trente livres d'impoſitions foncières ou perſonnelles, en raiſon de la force de la communauté, peut être élue membre de l'aſſemblée municipale. Chaque année, un tiers des membres ſe retire, & eſt remplacé par un autre, choiſi dans l'aſſemblée paroiſſiale. Une fois ſorti de charge, aucun membre ne peut être reçu qu'après deux ans d'intervalle. Le ſyndic reſte en place trois ans, & peut être continué neuf ans, mais toujours par une nouvelle élection. Le ſeigneur du lieu préſide l'aſſemblée municipale, en ſon abſence c'eſt le ſyndic; le premier peut ſe faire repréſenter par procureur, ainſi que les corps laïcs & communautés religieuſes. Le greffier que l'aſſemblée municipale élit pour ſon ſervice, eſt auſſi pour celui de l'aſſemblée paroiſſiale.

Entre ces aſſemblées, & celles de la province, il y en a d'intermédiaires, nommée des départemens, dont les membres ſont élus dans des aſſemblées faites pour cela momentanément, & qu'on déſigne ſous le nom d'aſſemblées d'arrondiſſement.

Ces aſſemblées d'arrondiſſemens ſont compoſées des députés d'un certain nombre de paroiſſes, ſoumiſes à l'aſſemblée de département, & leur objet ſe borne à en élire les membres.

Pour donner à celle-ci une forme régulière, on a diviſé chaque province en pluſieurs départemens, à la tête de chacun deſquels eſt une aſſemblée conſtante d'adminiſtration. Nul n'en peut être membre s'il ne l'a été d'une aſſemblée municipale dans les villes où il exifte des municipalités. C'eft parmi ces corps, qu'on choifit les députés à l'affemblée de département ; forme vicieufe pour deux raifons : 1°. parce que des représentans d'une ville n'en peuvent pas choifir les représentans ; 2°. parce que prefque tous les hôtels-de-ville font formés de titulaires qui ont acheté leur office. Chaque arrondiffement fournit quatre députés à l'affemblée de département, un du clergé, un de la nobleffe, & deux du tiers-état. Ces membres fe renouvellent tous les quatre ans, un quart fortant chaque année. La préfidence eft dévolue à un membre de la nobleffe & du clergé alternativement, ce qui en exclut le tiers, & ce qui eft une fotife. Les féances entre les paroiffes font déterminées par la proportion de leur contribution aux charges publiques & non pas locales. Les élections fe font par fcrutin, mais les voix fe prennent par têtes, de manière qu'on prend la voix d'un eccléfiaftique, puis d'un feigneur laïc, & enfuite de deux du tiers.

L'affemblée de département a deux procureurs-fyndics, choifis par elle, un entre les membres du clergé & de la nobleffe, & un parmi le tiers. Ils font trois ans en place, & peuvent être continués pendant neuf ans, mais toujours par une nouvelle élection. Il y a de plus un fecrétaire nommé par l'affemblée, & révocable à fa volonté.

Pendant l'intervalle d'une affemblée à l'autre, le département eft adminiftré par un bureau intermédiaire, compofé d'un membre du clergé, d'un de la nobleffe & deux du tiers, indépendamment des deux procureurs-fyndics : difpofition vicieufe & infuffifante ; 1°. en ce qu'elle forme encore des repréfentans choifis par des repréfentans ; 2°. en ce que ce petit nombre de membres ne peut avoir ni l'activité, ni la repréfentation convenable à une étendue de pays qui contient quelquefois, dix mille, vingt mille habitans & plus. A force de fous-divifer la repréfentation, on la réduit à rien.

Enfin l'affemblée provinciale comprend fous elle toutes celles que nous venons de nommer. Elle eft compofée d'un nombre de membres plus ou moins confidérable en raifon de l'importance ou de l'étendue de la province, mais toujours de manière qu'il y a autant de membres du tiers que des deux ordres réunis. Il y a de plus deux procureurs-fyndics & un fecrétaire, à qui on donne le nom de fyndics & fecrétaires-provinciaux, pour les diftinguer de ceux des autres affemblées.

Tous les membres de l'affemblée provinciale, excepté fes procureurs fyndics & fon fecrétaire, doivent être élus par les départemens, & le même fujet

peut être membre de ces deux affemblées à la fois mais les membres du bureau intermédiaire (1) ne peuvent être, de la commiffion intermédiaire provinciale. Un quart des membres doit fortir chaque année & remplacé par les élections faites par les arrondiffemens ; mais on ne peut être reçu qu'après avoir été une année membre du département.

La commiffion intermédiaire eft compofée de membres choifis dans & par l'affemblée provinciale. Ses fonctions font de fuivre les opérations de celle-ci dans l'intervalle de fes tenues, & de lui rendre compte de fa geftion.

Telles font, d'une manière générale, les règlemens qui ont été donnés à ces nouveaux établiffemens, tant pour leur organifation que pour leur police intérieure, en vertu de l'édit de juin 1787. Nous avons dit, au mot ADMINISTRATION, en quoi confiftent les pouvoirs qui leur font attribués, c'eft-à-dire, quel genre d'adminiftration eft le leur, & dans quelle forme elles la fuivent. Nous n'ajouterons ici que quelques réflexions fur le perfonnel des membres, l'extenfion que l'on pourroit donner aux foins des affemblées actuelles, & les défauts les plus fenfibles qu'on peut y reconnoître. Nous renvoyons aux mots ÉTATS - GÉNÉRAUX, ÉTATS - PROVINCIAUX, les détails qui peuvent avoir rapport à l'organifation & aux pouvoirs d'une affemblée nationale.

Pour qu'un homme puiffe remplir efficacement les fonctions de repréfentant & de membre d'une adminiftration, il faut qu'il jouiffe de certaines prérogatives capables de lui affurer la liberté d'agir & de parler, & la fûreté perfonnelle contre les projets de la vengeance, que les vues de bien public ne manquent jamais d'attirer à celui qui les propofent. Il faut auffi que ces privilèges foient tellement modérés & combinés dans leur rapport avec l'ordre public, qu'ils n'en interveriffent pas la marche, & que tout fe feconde fans fe croifer. Il faudroit donc établir ; 1°. qu'aucun membre ne feroit perfonnellement pourfuivi pour dette, pendant la tenue de l'affemblée ; 2°. qu'il ne pourroit être arrêté pour quelque crime que ce foit, fans le confentement de tous les autres membres ; 3°. qu'il feroit libre de propofer & difcuter toute opinion dans l'affemblée, fans pouvoir être inquiété pour raifon de ces mêmes opinions ; 4°. enfin qu'il pourroit fpécialement faire imprimer, fans fa fignature, tel mémoire qu'il lui plairoit, fans avoir befoin d'aucune efpèce de cenfure ; droit qui n'eft pas un privilège, & dont le titre de citoyen devroit inviolablement garantir la poffeffion à quiconque voudroit en faire ufage.

Ces prérogatives dont jouiffent les membres du

---

(1) On donne le nom de bureau intermédiaire aux petits corps fubfiftant entre une affemblée de département & l'autre, celui de commiffion intermédiaire aux membres électifs de l'affemblée provinciale qui la fupplée dans l'intervalle de fes tenues ; on appelle affemblées fecondaires celles qui fervent à l'élection des autres ; elles font cependant les principales & les fondamentales.

parlement d'Angleterre, font fondées en raison & conviennent également à tous membres d'assemblées publiques, sur-tout à des assemblées législatives telles que le sont de droit les états-généraux en France & qu'ils devroient l'être de fait.

D'abord il est certain, qu'indépendamment de l'embarras que causeroit un procès pour dette, à un homme public, qui n'a souvent que quelques momens pour traiter les plus grandes affaires, ceux qui craindroient l'éloquence, la fermeté & le courage patriotique d'un membre, ne manqueroient pas de profiter de tous les moyens possibles pour échauffer les poursuites contre lui, en susciter de nouvelles, afin de le forcer à quitter l'assemblée ; il seroit donc important qu'il ne pût être inquiété sur cet objet, lorsqu'il seroit lui-même présent à l'assemblée & non représenté par procureur. Les créanciers n'auroient rien à craindre, puisqu'ils sauroient où trouver leur débiteur, & que d'ailleurs ils pourroient toujours prendre les sûretés provisoires pendant la tenue de l'assemblée, pourvu qu'ils ne procédassent pas directement contre le député. Quand ce privilège pourroit être la cause de quelque perte individuelle, de quelque léger inconvénient pécuniaire, il est sûr que si la liberté politique & le bien des administrations particulières, le réclamoient, ils devroient l'emporter & le faire adopter. C'est sans doute cette considération qui l'a fait accorder aux membres des assemblées provinciales, qui même en jouissent quinze jours avant & quinze jours après l'assemblée.

La seconde prérogative, c'est-à-dire, celle qui assureroit la liberté individuelle du représentant, soit en le mettant à l'abri de toute détention arbitraire, soit en arrêtant le cours de toute procédure criminelle contre lui, sans le consentement de l'assemblée, n'est pas moins importante. Dans un état où le pouvoir arbitraire a si long-temps & si souvent frappé les premiers magistrats d'exil, d'emprisonnemens illégaux, on a tout à craindre pour la liberté d'un député courageux ; le peuple a donc grand intérêt à le soustraire à cet abus ; & le prince lui-même aussi, parce qu'au moyen de ce privilège, il se mettra dans l'impuissance salutaire d'avilir son pouvoir, en le faisant servir aux caprices des intrigans & des sots. Quant à la suspension de la procédure criminelle, elle est fondée sur l'utilité même qu'on attend d'un représentant ; toujours sous les yeux de la justice & du public, il est facile à retrouver ; il ne peut échapper. Si cependant une crainte étoit de nature à ne pouvoir souffrir de délai dans le jugement & la punition, le coupable pourroit être livré, mais jamais sans le consentement de l'assemblée, afin de mettre obstacle aux accusations fausses des partisans du despotisme, qui ne manqueroient point de trouver des crimes à un ami du bien public.

C'est encore dans le même esprit qu'il doit avoir la franchise de ses opinions, & que dans un moment où l'esprit s'électrise & se livre à son enthousiasme, il seroit dangereux de le comprimer par le

poids d'une servitude craintive. Le député n'aura donc rien à redouter en pareil cas ; & ses confrères mêmes ne seront point gens compétens pour l'asservir en cela : ceux qui l'ont élu, choisi, député, pourroient seuls le punir en le désavouant ; mais c'est alors qu'il faudroit qu'il jouît sans entraves de la quatrième prérogative, c'est-à-dire, du droit de se défendre par des mémoires dont personne n'eût le pouvoir de lui interdire la publication.

Sans les précautions dont nous venons de parler, tout député, national ou provincial, craintif, soupçonneux, intimidé, effrayé par des corps, des préjugés, des grands, des burocrates, abandonnera, sinon la cause commune, du moins sa défense à la moindre menace, au moindre choc. Comme il ne verra rien qui soit capable de le mettre à couvert de l'injustice & du pouvoir arbitraire, ou il trahira la vérité, sa conscience & l'intérêt de ses commettans, ou il gardera le silence à la vue du désordre, & trop foible pour résister au torrent, ou il plaindra sa patrie sans pouvoir la servir.

Disons un mot du salaire des membres des *assemblées provinciales*. Il paroît, dans leur forme actuelle, que ceux des commissions intermédiaires qui en puissent recevoir, leurs honoraires doivent être proportionnés à leurs travaux. Mais on ne doit pas souffrir qu'aucun refuse les appointemens fixés par ses commettans. Si sa fortune lui permet de s'en passer, qu'il en fasse un usage utile, & qu'il regarde alors comme une récompense le moyen qu'on lui donne de faire plus de bien. Le refus pourroit avoir pour principe l'orgueil & la charlatanerie, autant qu'une vraie générosité. Il établiroit, en faveur des riches, une distinction honorable, ce qui est toujours un mal ; il feroit naître un petit motif de les préférer, ce qui en est un autre. Voilà comme ce qui paroît un avantage d'abord, n'est souvent au fond qu'une source d'abus & une cause de corruption.

Ces considérations n'ont point empêché, qu'on n'ait regardé comme une objection contre les établissemens provinciaux, la nécessité de fournir aux frais de bureau, & aux honoraires des membres des assemblées qui en doivent recevoir, tels que les syndics, secrétaires, greffiers, &c. Ces difficultés ont été répétées à l'occasion des états-généraux, & l'on a vu des assemblées proposer que les frais des députations soient au compte du roi, comme si quelque chose étoit au compte du roi, & comme si des commettans ne devoient point défrayer leurs représentans. Venons à l'extension de pouvoir qu'on devroit & pourroit donner aux assemblées tant principales que secondaires & municipales.

Nous avons vu que la première fonction attribuée aux *assemblées provinciales* est la répartition des impôts directs, réels ou personnels. Il faut y ajouter, 1°. la recherche des moyens de convertir les impôts indirects en impôts directs, & l'exécution

C c c

de ces moyens, lorsqu'on aura jugé convenable de le faire; 2°. l'examen des effets de ces mêmes impôts sur la liberté des citoyens, l'agriculture, le commerce, l'industrie, & l'inégalité de répartition qui en résulte pour les particuliers; les districts, & la province elle-même comparée aux autres.

La seconde fonction attribuée aux assemblées est l'administration des travaux publics de la province: une troisième fonction devroit être l'administration générale de tous les biens appartenans à l'état, dans lesquels on comprend ici les biens des communautés; revenus des hôpitaux, des collèges, des fabriques, les domaines royaux, des corporations, enfin des biens ecclésiastiques. Mais il faudroit pour cela que l'indépendance & la liberté des assemblées fussent bien assurées, de crainte de voir le gaspillage ministériel se servir du suffrage des membres séduits ou intimidés, pour en disposer à son gré, comme il auroit pu arriver, & comme il pourroit arriver encore à bien des égards.

Une quatrième fonction devroit encore être l'inspection de tous les bâtimens publics, soit pour le soulagement des pauvres, soit pour l'éducation, soit pour la distribution des fonds destinés à l'encouragement des talens utiles.

En cinquième lieu, le soin des milices nationales, qui seroient sur un pied différent de celle d'aujourd'hui, & qui sans faire violence à la liberté des citoyens, les assujétiroient à la défense commune. Voyez MILICE.

Sixièmement, la surveillance sur la police & tout ce qui en dépend, soit police économique, militaire, civile ou religieuse.

On pourroit encore leur attribuer la recherche des moyens d'éteindre la dette publique, ou de la diminuer, & cela conjointement avec les états-généraux. Elles seroient encore chargées d'examiner ce qu'il pourroit y avoir de vicieux ou de nuisible à la province, au district, à la ville, dans chaque acte de législation ou d'administration, afin de représenter au pouvoir législatif ou exécutif les objections & demandes qu'elles auroient à faire.

Mais il faudroit, pour que ces importans objets fussent du ressort des *assemblées provinciales*, qu'elles fussent exemptes de certains vices qui peuvent nuire à l'activité & à la liberté de leurs opérations. Il faudroit que les pouvoirs des intendans sur elles, fussent absolument détruits; que ces officiers royaux ne pussent y prendre séance qu'en vertu de la permission de l'assemblée, qui pourroit la refuser, à plus forte raison, que l'exécution de leurs délibérations n'ait besoin ni de l'attache de l'intendant, ni du consentement du conseil dans l'étendue des objets de leur compétence; seulement qu'on pût appeller aux tribunaux supérieurs, des griefs dont on pourroit, comme corps ou particuliers, avoir à se plaindre d'elles, & en dernier ressort à l'assemblée nationale.

Il faudroit encore qu'elles s'assemblassent périodiquement en vertu de la loi qui les constitue, & non en vertu d'une convocation arbitraire; ainsi qu'il est actuellement; que le président fût comme les autres membres à la nomination de la province; & que les commissions & bureaux intermédiaires ne fussent pas choisis par les membres des assemblées, mais par leurs commettans mêmes dans le moment de la première élection.

Sur-tout il faudroit, qu'en dernier résultat, on rapportât à l'assemblée du peuple, c'est-à-dire aux assemblées de paroisses, le compte de la gestion des administrateurs & représentans; que ce fût là de fait, comme il l'est de droit, le tribunal suprême, où vinssent aboutir les demandes, les plaintes, les discussions qui ne peuvent être décidées que par le souverain lui-même; ainsi l'appel au peuple seroit en quelque sorte rétabli. Ce changement à faire est important &, facile. Il ne paroît singulier, que parce que tout ce qui peut nous peindre un peuple comme souverain, nous effraye, ou nous semble ridicule. Mais il n'en est pas moins vrai que les assemblées de paroisses dans les campagnes, & celles de quartiers dans les villes, que l'on a formées pour élire les membres des municipalités, sont de vraies assemblées populaires, où tout ce qu'il faut pour établir l'ordre que nous demandons, existe. Si quelque chose peut paroître singulier dans ceci, c'est l'impropriété des termes dont nous nous servons pour exprimer cette idée. En demandant qu'on établisse l'appel au peuple, & la reddition de compte devant lui, nous ferions croire qu'il a été dépossédé légitimement de ce droit, ou qu'il existe un pouvoir au-dessus de lui, capable de le lui conférer. Il n'a qu'à vouloir; qui peut lui en empêcher? Je ne vois que Dieu. Voyez APPEL AU PEUPLE.

Nous ne cesserons de répéter, &, nous le développerons à l'article des états-généraux, que tant qu'une nation ne peut se faire rendre compte devant elle matériellement & physiquement parlant, de la conduite de ses représentans, elle ne jouit point d'une véritable liberté publique. Le corps que vous multipliez, quoiqu'électifs, dégénèrent en aristocratie, d'autant plus odieuses, qu'elles paroissent ne porter que le vœu de la nation. Tous ceux qui ont espérance d'y entrer, en ménagent les privilèges, en défendent le despotisme. Bientôt à la place de ces députés, le peuple ne trouve qu'une cohorte d'hommes hautains, de bureaucrates mystérieux, de législateurs & administrateurs qui le dédaignent, le foulent & le méprisent; lui, le véritable souverain, lui, dont la volonté doit être la loi, comme sa force est le soutien de l'état.

Dans ce cas, il seroit à souhaiter pour le peuple qu'au lieu d'être bridé par des colosses composés de cent membres, il le fût seulement par quelques individus, par des courtisans, par des ministres isolés. Ceux-ci respectent au moins l'opinion publique; n'ayant que leur mérite, & le poids de leur perfonne, pour conferver leur place, ils ont des égards que des corps politiques n'ont pas; ils font plutôt renverfés lorfqu'ils nuifent, & au total dans un mauvais gouvernement, il vaut mieux être foumis à un qu'à plufieurs; car fi le pouvoir exécutif en eft plus vigoureux envers la nation en général, les fujets font moins tiraillés, moins fouvent infultés, moins méprifés. Dans une polycratie, tout ce qui ne peut pas être maître, eft efclave, au lieu que fous le pouvoir d'un feul il y a des nuances intermédiaires & une forte de liberté fictive, mais commune.

Nous finirons ces réflexions par une remarque fur l'ufage de dire la meffe du Saint-Efprit, avant la première féance de l'*affemblée provinciale*, & même de plufieurs autres *affemblées* politiques. Rien fûrement n'eft plus augufte que la religion; c'eft un lien d'union, un motif d'efpérance & de confolation, on doit la reproduire par-tout; mais il faut prendre garde que chacun ayant la fienne, on ne doit pas, dans un moment où des hommes de communions différentes vont fe réunir pour des affaires communes, exiger d'eux l'acte d'un culte qu'ils défavouent. Cette obligation peut exciter des haines, échauffer l'intolérance, caufer des fciffions ou au moins du trouble dans des inftans où tout demande la plus grande union, la paix, la concorde. Je donne donc ma voix pour la fuppreffion de la meffe du Saint-Efprit, perfuadé que l'auteur de toute fcience ne refufera pas la lumière de l'efprit à tout homme public qui a les intentions du cœur dirigées au bien de fa patrie. Je crois encore que fi on réfléchit attentivement à cela, on fe rangera de mon avis, parce que l'avis contraire me paroît entraîner plus d'inconvéniens que d'utilité, quoiqu'il ait bien quelque chofe en fa faveur auffi.

ASSESSEUR, f. m. Dans l'acception la plus générale, ce terme s'emploie pour fignifier un officier qui eft adjoint à un juge principal pour juger conjointement avec lui. Nous ajouterons fur ce mot qui fe trouve dans la *jurifprudence*, ce qui regarde les *affeffeurs* des officiers-municipaux.

Anciennement, tous les confeillers d'un fiège fe nommoient *affeffeurs*, parce qu'ils affiftoient de leurs confeils, le juge ou magiftrat.

Il a été de tous temps reconnu, & par tous les légiflateurs, qu'il étoit important qu'un homme fe fît affifter pour rendre la juftice; qu'il étoit dangereux qu'il la rendît lui-même toujours, & dans tous les cas qu'il falloit admettre des *affeffeurs* dans les tribunaux.

Ce ne fut qu'en 1692 que Louis XIV jugea convenable d'établir dans les hôtels-de-ville des affef-

feurs; l'édit porte que « les *affeffeurs* auront féance » & voix délibérative dans les hôtels-de-ville des » lieux de leur établiffement, & jouiront des mêmes » honneurs, prérogatives, émolument, droits, » fonctions & privilèges dont jouiffent les confeil- » lers de villes & autres officiers municipaux, en- » femble de l'exemption du logement des gens de » guerre.

» Voulons qu'en l'abfence ou autre empêchement » de nos procureurs dans lefdits hôtels-de-ville, le » dernier reçu des *affeffeurs* faffe toutes les requifi- » tions néceffaires, à l'exception néanmoins de l'hô- » tel-de-ville de Paris, où les fubftituts de notre » procureur en font les fonctions en fon abfence » ou empêchement.

» Toutes perfonnes graduées ou non graduées, » foit officiers ou autres, pourront fe faire pour- » voir defdits offices, les tenir & exercer fans in- » compatibilité, & en jouiront héréditairement, » fans qu'avenant leur décès, lefdits offices puiffent » être déclarés vacans, mais feront confervés à » leurs veuves, héritiers & ayant caufes qui en pour- » ront difpofer au profit de telle perfonne capable » qu'ils aviferont ».

L'édit de janvier 1704, veut que les places d'échevins, lorfqu'elles font électives, appartiennent aux *affeffeurs* qui doivent être élus par préférence & à l'exclufion de tous autres (1).

Les offices d'*affeffeurs* ont éprouvé la même variation que les autres offices municipaux, ils ont été fucceffivement créés, anéantis, rétablis, & fe trouvent également régénérés & mis en activité par l'édit du mois de novembre 1771.

Les *affeffeurs* ont, comme les maires, lieutenans de maire & échevins, le droit & la poffeffion de prendre la qualité de confeillers du roi.

Ils font, à l'égard des échevins, ce qu'eft le lieutenant de maire à l'égard du maire; ce font les lieutenans des échevins.

Ils ont auffi, comme les échevins, le droit d'affifter à toutes les audiences, à toutes les affemblées du corps de ville; ils ont, comme les échevins, voix délibérative, la feule différence c'eft qu'ils n'ont rang, ni ne peuvent opiner qu'après les échevins.

Le rang entre les *affeffeurs* fe règle, de même qu'entre les échevins, & tout ce que nous dirons à cet égard, relativement aux échevins, s'applique aux *affeffeurs*.

Les villes font ordinairement divifées par quartier, & l'on attache à chaque quartier un échevin & un *affeffeur*; ils ont tous deux la furveillance fur ce

---

(1) On fent que cette difpofition eft auffi injufte qu'abfurde; une place ceffe d'être élective dès qu'elle eft affectée à quelques perfonnes exclufivement. Tout demande qu'on rende libres & électifs les officiers municipaux de tous noms.

qui fe paffe dans l'exercice de la police du quartier qui leur eft affigné ; mais l'*affeffeur* ne peut rien ordonner que de concert avec l'échevin , & il n'a la plénitude du pouvoir que lorfque l'échevin eft abfent ; il n'eft , en quelque forte , que fon fubftitut plutôt que fon coopérateur.

Les *affeffeurs* partagent avec les échevins les différentes commiffions , & le corps de ville peut indifféremment nommer pour commiffaire un échevin ou un *affeffeur* ; la pluralité des fuffrages eft à cet égard la loi décifive.

Il eft feulement d'ufage pour les députations d'honneur, qu'elles foient compofées du lieutenant de maire, du premier échevin, du premier *affeffeur* & du procureur du roi ; le premier échevin eft d'ordinaire celui qui porte la parole & qui fait le compliment, fur-tout s'il s'agit de préfenter les vins de ville.

ASSUREMENT, f. m. terme de jurifprudence féodale. C'étoit une affurance donnée devant le feigneur fuzerain, par un vaffal à un autre vaffal, de ne le point fe faire la guerre.

« Sous le règne de Louis VIII, dit l'abbé *de Condillac*, s'introduifit un ufage favorable à l'autorité royale. Lorfqu'un feigneur fe croyoit menacé d'une guerre, qu'il ne fe fentoit pas capable de foutenir, ce qui devoit arriver fouvent, il s'adreffoit à fon fuzerain, & citant à fa juftice celui qui lui donnoit des fujets de crainte, il en exigeoit un *affurement*, c'eft-à-dire, affurance qu'il ne lui feroit fait aucun tort ». Si dans la fuite quelque différend furvenoit entr'eux, ils s'en remettoient l'un & l'autre à la juftice du feigneur qui avoit garanti l'acte d'*affurement*. *Hiftoire moderne*, tome II, p. 45.)

Saint-Louis confirma & étendit cette coutume. « Il ordonna, continue le même auteur, que quand il s'élèveroit une guerre entre deux feigneurs, les parens qui craindroient d'y être enveloppés, auroient quarante jours pour fe procurer des *affuremens*, une trève ou une paix ; & que ceux qui les attaqueroient dans cet intervalle, feroient condamnés comme traitres. Il donna même à ceux qui poffédoient des terres en baronnie, le droit d'obliger les parties belligérantes à une trève ou à un *affurement* ».

ATTELIER, f. m. lieu où fe réuniffent des travailleurs, avec leurs outils & équipages, pour faire quelqu'ouvrage. La police des *atteliers*, eft ordinairement attribuée fous la direction du maître à un principal ouvrier. Les différens ftatuts des communautés obligent les ouvriers & compagnons à fuivre à cet égard les volontés de leurs maîtres, à peine d'amende, de privation de falaire ou autres peines.

La police civile ne devroit prendre connoiffance des *atteliers* des artifans que lorfqu'ils peuvent porter préjudice à la fûreté ou la commodité publique, foit par le mauvais air qui peut en exhaler, foit par l'ébranlement que de certains travaux peuvent faire éprouver aux maifons ; mais la police qui ferme les yeux fur ces objets, moyennant finance ou protection, n'eft quelquefois que trop adente à tourmenter mal-à-propos des entrepreneurs actifs & courageux, qui ont monté des *atteliers* confidérables pour les travaux de leur art.

La police des *atteliers* de paveurs eft effentielle, parce que ces hommes travaillant dans la voie publique, pourroient ou gêner les paffans ou en être gênés, fi l'on n'y mettoit de l'ordre. Ce font, dans la généralité de Paris fur-tout, les tréforiers de France qui ont cette police. Leur ordonnance du 2 août 1777, défend aux garçons paveurs de quitter leurs *atteliers* fans la permiffion de l'entrepreneur, à peine de 50 livres d'amende, & à qui que ce foit de déranger leurs travaux & batardeaux, à peine de 300 livres d'amende. *Voyez* PAVEUR. Parlons des *atteliers* de charité.

ATTELIERS DE CHARITÉ. Ce font des lieux deftinés à procurer du travail aux pauvres qui en manquent. *L'homme n'eft pas pauvre parce qu'il n'a rien*, dit Montefquieu, *mais parce qu'il ne travaille pas*. Voilà l'origine & le motif des *atteliers de charité*. Ils fe font multipliés en France, depuis quelques années en raifon du nombre des pauvres, & de leur utilité. On a fenti que cette manière de faire la charité n'avoit rien d'humiliant pour celui qui la reçoit, & qu'elle n'en étoit pas moins avantageufe à celui qui la donne, puifqu'il en réfulte toujours quelque chofe d'utile pour lui. Ainfi, de tous les moyens de détruire la mendicité, ou plutôt, ce qui eft encore mieux, de la prévenir, ce font les *atteliers de charité* qui doivent avoir la préférence, comme ils l'ont en effet. Il eft vrai qu'il refte encore à foulager les pauvres infirmes & vieillards ; mais ceux-là même deviendront moins nombreux, quand on aura eu foin de les garantir d'avance des maux que produit le défaut de travail & de falaire dans la jeuneffe, & la fanté.

Mais, lorfque je parle des *atteliers de charité*, je n'entends point défigner par-là ces prétendus moyens de fubfifter offerts aux pauvres dans les dépôts de mendicité, lieux d'opprobre & de mifère. Ces moyens de remédier à la pauvreté publique, font affreux & dignes d'un peuple de brigands, où le plus fort, fans égards aux loix de la juftice, facrifie le plus foible à fes paffions. Cette honte de notre police, de notre gouvernement, de nos mœurs, perd de fon intenfité depuis quelques années ; puiffent-t-elle s'anéantir ! puiffent les dépôts de mendicité devenir la proie des flammes comme ils font l'objet de la haine publique & de l'horreur des hommes fenfibles ! Cent fois vaudroit-il mieux

ATT

ATT

389

encore alimenter la pareffe publique par des aumônes, à la manière de nos pères, que de violer
toutes les loix de la liberté & de l'humanité, fous
prétexte d'offrir du pain & un afyle à ceux qui
en manquent. *Voyez* Dépôt de mendicité.

Le travail donne l'un & l'autre, & les *atteliers
de charité*, comme l'on doit les entendre, procurent du travail. Ils ne tournent qu'au profit du pauvre & du pauvre laborieux ; ils entretiennent la
fanté & le goût des occupations utiles ; il font,
dans les temps de calamités, un moyen fage & profitable de fecourir le peuple, & du fein même de
la calamité font naître le bien des provinces où on
les a établis.

Ce font fur-tout les *atteliers de charité* deftinés
aux travaux des chemins qui ont tous ces avantages : auffi les a-t-on prodigieufement multipliés,
& depuis la converfion de la corvée en argent, on
en a fait une fource de bonheur & de profpérité
pour les campagnes. C'eft à M. *Turgot* que nous
devons ce genre de biens ; &, comme nous dit un
des hiftoriens de fon miniftère, M. *du Pont*, c'eft
un de ces fervices rendus à l'humanité qui couvriroit
feul les fautes d'une vie entière. Quelle différence
entre ces moyens & les odieux dépôts de mendicité !

Depuis ces établiffemens de M. Turgot (1), le
gouvernement en a formé de femblables dans toutes les provinces du royaume, & y a deftiné une
fomme annuelle. En Champagne, elle eft de
91,200 livres ; en Picardie de 50,000 livres ; en
Haute-Guyenne, de 98,450 livres ; en Hainault,
de 50,000 ; en Berry, de 80,000 livres ; en Lorraine autant : enfin les fonds de la corvée ont
ajouté beaucoup aux moyens de former des *atteliers
de charité*.

Ce font les affemblées provinciales & fecondaires
qui ont le foin & la direction des *atteliers de charité*; elles fe font occupées de les rendre plus avantageux aux pauvres à qui on les deftine. Ces moyens
doivent différer fuivant les lieux, fans doute, mais
il y en a de généraux qui peuvent convenir également par-tout. Si les travaux qui fourniffent aux
atteliers de charité de l'ouvrage étoient exécutés à
la tâche, l'entrepreneur ne prendroit que des hommes forts & robuftes, & l'objet de faire vivre les
pauvres par le travail feroit manqué. Ces travaux doivent donc être payés à la journée. Cette facilité que les
affemblées provinciales ont confervée aux travaux de
charité afin que les pauvres de tous âges & de tous
fexes y puffent participer & fuffent payés, autant en
raifon de leurs befoins que de leurs fervices, les a en
même temps portées à fixer le falaire des travailleurs
un peu au-deffous de celui du courant, afin de ne

point détourner les ouvriers trop légèrement des
autres *atteliers* où ils font employés.

L'attention des affemblées s'eft encore portée à
multiplier les *atteliers*, à les répartir en divers lieux
& par petites portions, afin que toutes les paroiffes
y puffent participer, fans acception de perfonne.
C'eft la raifon qui en a déterminé quelques-unes à
refufer que les *atteliers* fuffent principalement portés dans les paroiffes dont les feigneurs ou gros
propriétaires offriroient d'augmenter les fonds des
travaux de charité ; « car, a-t-on dit, fi l'on n'ac-
» corde des *atteliers de charité* qu'à la demande des
» riches particuliers qui offrent d'en augmenter les
» fonds par une contribution volontaire, on con-
» centre les fecours dans un trop petit nombre de
» communautés, & on en prive, fans jufte motif,
» toutes celles qui ne poffederoient pas un feigneur,
» ou des habitans affez riches pour attirer la pro-
» tection du gouvernement ». *Procès-verbal de
l'affemblée de Champagne. Voyez* Pauvre, Mendicité, Bienfaisance.

ATTROUPEMENT, f. m. On donne généralement ce nom à toute réunion tumultuaire
publique d'hommes armés ou non armés, qui fe
propofent d'exécuter ou empêcher de force quelque
chofe. Cette définition, comme on voit, eft autant
à charge qu'à décharge de l'*attroupement* ; elle fuppofe qu'il n'eft pas toujours criminel, quoiqu'elle
ne dife pas qu'il ne le devienne jamais. Au contraire, fuppofant qu'on fait ufage de la force dans
l'*attroupement*, & la force étant la plus terrible deftructeur de l'ordre focial, on doit en conclure que
l'*attroupement* peut mener à des délits, à des crimes
publics, & qu'il y mène quelquefois.

Dans notre police inquifitoriale, l'*attroupement*
eft toujours un délit *ipfo facto*. On le fuppofe toujours dirigé contre la paix publique, & fans en examiner le motif, tous ceux qui le compofent font
dès là même perturbateurs aux yeux de la loi.

On conçoit tout ce qu'une femblable manière de
voir a de dangereux & de contraire au principe de
liberté dont doivent jouir les citoyens ; on voit en
même temps que les erreurs auxquelles elle peut
donner lieu, doivent faire haïr les loix & crier au
defpotifme ; on y reconnoît le même efprit qui a
traité d'illicite toute affemblée qui n'étoit point formée fous le bon vouloir de l'officier de police. On
diroit qu'on a bien plutôt cherché à affurer le pouvoir arbitraire que la tranquillité publique. Les exemples qui fe préfentent en foule à la mémoire viennent
à l'appui de ces vérités. On fe rappelle des événemens qui prouvent le plus grand mépris du peuple
dans fes chefs, dans ceux qui font faits & payés
pour le protéger. On n'a pas oublié que des affemblées

(1) Il n'étoit encore qu'intendant de Limoges.

publiques d'hommes juſtement irrités contre les mauvaiſes loix ou le deſpotiſme des agens ſubalternes du miniſtre, ont été regardées comme des *attroupemens*, & punis d'une manière auſſi illégale que barbare. Tous ces maux accumulés ſur la tête du peuple, tirent leur force & leur permanence de ſon abjection, de ſon aviliſſement, & ſous ce mot de peuple, je veux entendre ici tout ce que l'éclat de l'or ou la faveur du maître ne met pas à l'abri des vexations de l'autorité ſubalterne. Il eſt vrai que ces abus ont perdu de leur intenſité, & qu'aujourd'hui la nation, ou du moins la partie la plus nombreuſe & la plus utile des membres qui la compoſent, ſont moins qu'autrefois le jouet de la cupidité, de la haine & de l'ambition de quelques ſots qu'on eſt plus ſottement encore convenu d'admirer.

Qu'on ne conclue cependant pas de tout ceci qu'on doive indéfiniment laiſſer impunis toute eſpèce d'*attroupemens*; mais ce n'eſt pas comme *attroupement* qu'il faut les punir, mais bien comme ſe propoſant ou commettant quelque action criminelle ou nuiſible à la tranquillité publique.

On a livré, ſans aucun égard, la claſſe malheureuſe de la ſociété, que l'on déſigne ſous le nom de *gens ſans aveu*, à une juſtice odieuſe, nommée *prévôtale*. Cette conduite a fait de nos pauvres autant de brigands, qui, outragés qu'on n'obſerve envers eux aucune règle de juſtice, qu'on les livre aveuglément à la fureur d'un prévôt de maréchauſſées, s'attroupent quelquefois, & cauſent des malheurs qu'il eſt de la prudence d'empêcher ou de punir. Nos ſoldats ſont quelquefois, & par-tout, des ennemis de l'ordre public; accoutumés à ne voir de reſpectable ſur la terre que l'ordre de leurs chefs: fortifiés dans cette criminelle idée par ceux mêmes qui les commandent, ils ne trouvent plus rien qui les arrête lorſqu'ils ont une fois briſé le joug de cette ſubordination militaire. Déſerteurs, ce ſont des brigands qui forment ſouvent des *attroupemens* d'autant plus dangereux, que pour cacher leurs délits ils ſacrifient tout ce qui pourroit le faire connoître; rendus dans la ſociété après le temps du ſervice fini, ce ſont des tapageurs indomptables, contrebandiers par état & par goût, formant des *attroupemens* meurtriers & qui glacent d'effroi les citoyens. Voilà ſans doute des exemples d'*attroupemens* qu'il faut empêcher & punir.

Je mets dans le même rang tous ceux qu'un monde d'artiſans, de manouvriers groſſiers & abrutis forment pour s'entre-détruire les uns les autres, pour ſatisfaire des vengeances féroces & des caprices dignes de pareilles gens : c'eſt là que les officiers doivent porter l'ordre & la paix; c'eſt-là qu'il faut de la fermeté, de la prudence & de la force.

La déclaration de 1780 a tort de dire qu'on livrera à la juſtice prévôtale tous ceux qui ſeront trouvés attroupés au nombre de cinq avec port d'armes, dans les chemins, dans les bois ou les

campagnes : on ne doit livrer perſonne à la juſtice prévôtale, & l'on voit que ces précautions ne ſont priſes que contre la contrebande.

Elle dit enſuite, que les juges des lieux ſeront tenus d'employer toutes les *voies convenables* pour prévenir & empêcher les *attroupemens* : c'eſt bien, c'eſt agir avec prudence; il vaut mieux prévenir que punir; mais encore faut-il ſavoir le motif de l'*attroupement*, & punir avant, ceux qui par quelque exemple de crime impuni, ont excité la haine publique : on ne doit pas afficher *qu'on repouſſera la force par la force*, comme on l'a fait en France, car c'eſt plonger la ſociété dans l'état de guerre pour ſoutenir les ſottiſes criminelles de quelques officiers corrompus & hautains.

On doit bien encore diſtinguer les *attroupemens* de brigands de ceux qui ont lieu pour les affaires publiques, comme nous en avons vus dans nos provinces; &, même, ce qui eſt incroyable, il n'y a pas long-temps à Paris. Le peuple aigri de la rupture & de la violation du contrat public, de la honte de ſes magiſtrats, s'eſt ouvertement porté à des *attroupemens*, ſans trop démêler ce qu'il lui convenoit de faire. Des délits commis de la manière la plus honteuſe contre lui, le militaire ameuté pour ſoutenir la cauſe des deſpotes, le ſang des citoyens verſé par ceux qui devoient le reſpecter, ont motivé en quelque ſorte des égaremens infiniment moins coupables que l'aſtuce adroite, la fourberie tyrannique qui y ont donné lieu. De tous ces attroupés, au reſte, pas un n'a été puni; il faut rendre cette juſtice à la première cour du royaume, quelquefois malheureuſement trop ſévère, même contre ſes intérêts.

On ne doit jamais employer la force des armes contre les *attroupemens* qui ont lieu pour les affaires publiques. L'iraſcibilité des hommes puiſſans les porte quelquefois à cet excès; c'eſt une ſource de déſordres qu'il faut éviter, & qu'il eſt indigne d'un prince ſage de tolérer. Dans les affaires de ſimple police, il faut employer la douceur & enſuite la force pour empêcher des furieux de s'égorger, ou des brigands de troubler l'ordre public. Mais ce n'eſt pas l'*attroupement* qu'il faut punir préciſément, c'eſt le mal qu'il fait, & ſi l'un eſt inſéparable de l'autre, ne motivez point au moins le jugement par l'*attroupement*, mais par ſes ſuites dangereuſes, & interdiſez l'un en alléguant l'inconvénient des autres. *Voyez* ASSEMBLÉES.

AUBERGE, ſ. f. Lieu où l'on donne à boire & à manger, & où l'on couche les voyageurs ou toute autre perſonne.

Depuis la deſtruction de l'hoſpitalité, les *auberges* ou hôtelleries ſe ſont multipliées à l'avantage de la ſociété, parce qu'elles ont offert des commodités qu'on ne trouvoit point dans les monaſtères ou autres lieux qui recevoient les voyageurs, & parce qu'elles ont contribué à la circulation du numéraire, &

procuré des moyens de vivre à un grand nombre de particuliers qui font leur état de les tenir.

Les hôtels garnis font des espèces d'*auberges*, & les cabarets des lieux également destinés au public : mais quoique tous aient à peu près la même police, ou pour mieux dire, qu'ils foient fujets à des réglemens prefque communs, il y a cependant quelque différence entr'eux. Dans les hôtels garnis on ne trouve point à manger, l'on n'y trouve qu'à loger, fi l'on en excepte un petit nombre ; dans les *auberges* on trouve à loger & à manger, & dans les cabarets on ne loge point. Nous parlerons des deux premiers ici, renvoyant ailleurs ce que nous avons à dire des cabarets.

Avant Charles IX, il étoit permis à tout le monde en France de tenir *auberge*. Ce prince, par une déclaration du 25 mars 1567, aſſujettit tous ceux qui vouloient en établir, à ne pouvoir le faire qu'en vertu de la permiſſion du juge de police du lieu ; celui-ci devant, fuivant la déclaration, n'accorder de permiſſion qu'aux gens bien famés & de bonne conduite. Cette forme s'obſerve encore avec plus ou moins d'exactitude en raiſon de l'importance des lieux ; on en peut dire de même du réglement qui veut qu'aucun hôtelier ne puiſſe, fans de bonnes raiſons, abandonner fon état, & qui autoriſe les juges de police à le forcer de le continuer, fous peine d'amende & de faiſie. La concurrence a rendu cette obligation inutile ; mais elle n'eſt pas formellement abrogée. Ce motif femble être, par l'énoncé de la déclaration, de prévenir les *monopoles*, c'eſt-à-dire, d'empêcher que, pour rendre les frais des voyageurs plus conſidérables, par la rareté des logemens qui en foutient le prix à un haut taux, les aubergiſtes ne s'entendent entr'eux, & que quelques-uns ne ferment leur *auberge* dans cette intention.

L'ordonnance d'Orléans défend aux aubergiſtes de garder chez eux plus d'une nuit les gens inconnus & fans aveu, & leur enjoint de les dénoncer à la juſtice, à peine d'amende. Sans doute que l'ordonnance entend par *gens fans aveu* & *inconnus*, ceux dont l'extérieur n'annonce ni l'état, ni la condition ; car tout voyageur eſt un homme inconnu, & quel aveu peut-il donner dans un lieu où il n'eſt jamais paſſé ? Mais cette loi de police a été faite pour gêner le brigandage, qui étoit beaucoup plus confidérable alors qu'il ne l'eſt aujord'hui. C'étoit furtout pour brider les gens de guerre dans leurs incurfions de province à province, où ils rançonnoient les payfans.

Les aubergiſtes, fur-tout ceux des grandes villes, fur-tout ceux de Paris & Verſailles, de ce dernier principalement, font obligés d'avoir deux regiſtres paraphés du commiſſaire du quartier, fur chacun defquels doivent être inſcrits les noms, qualités, pays, temps d'arrivée, &c. des perſonnes qui logent chez eux. L'un de ces livres eſt remis tous les mois au commiſſaire, qui en fait l'examen ; l'autre eſt

préfenté à l'inſpecteur du quartier, toutes les fois qu'il lui plaît d'aller éveiller le monde dans les *auberges* la nuit, & fe faire rendre compte des perſonnes qui y font. C'eſt l'intention de l'édit de 1740, article 4.

J'ignore fi l'on retire de grands avantages de cette police inquiſitoriale, fi les citoyens doivent être fatisfaits de fe voir, pour ainſi dire, toujours enlacés dans les informations d'une procédure criminelle ; fi les pays où cela n'exiſte pas font moins fûrs que le nôtre, & fi ce moyen n'eſt point éludé par les vrais brigands, qui favent au contraire le tourner à leur avantage, en donnant le change.

Elle eſt encore plus févère & plus odieuſe à Paris, pour les chambres garnies ; le defpotifme à cet égard eſt pouſſé à l'excès. On fait fonner haut cette police ; & l'on prétend que c'eſt de fon exactitude que dépend la fûreté de la ville ; mais c'eſt ce qui n'eſt pas vrai : car quand un piège eſt connu, ce n'en eſt plus un. Les filoux, les voleurs ne fe réfugient point dans les chambres garnies, ils favent qu'on les y trouveroit : cette police n'eſt donc bonne qu'à inſulter la tranquillité & la demeure des honnêtes gens, ou tout au plus à vexer des malheureuſes, à qui il faut du pain & non des châtimens. Mais voyons en quoi elle confiſte, cette merveilleuſe police.

L'article 8 d'un arrêt du parlement, rendu le 29 octobre 1558, veut que les quartiniers, dixainiers, cinquanteniers de la ville de Paris baillent aux commiſſaires du châtelet les noms, qualités des perſonnes qui logent & demeurent en leur quartier ; & que ceux qui tiennent des hôtels garnis donnent auſſi, quand ils en feront requis, les noms, qualités, &c. de ceux qui font chez eux. Un autre arrêt du parlement, de 1634, une ordonnance de police, de 1635, enfin celle du 17 juin 1741, renouvellent les mêmes obligations. Cette dernière veut, 1°. que ceux qui tiendront des chambres garnies, aient deux livres comme les aubergiſtes, & qu'ils portent régulièrement tous les mois au commiſſaire du quartier, celui qui lui eſt deſtiné, contenant les noms & profeſſions des perſonnes qu'ils logent ; 2°. d'avoir un écriteau en gros caractère qui annonce que la maiſon a des chambres garnies ; 3°. oblige ceux qui prennent un logement garni d'inſcrire fur le livre leurs noms & qualités fans déguiſement, à peine de priſon, & à ceux qui leur louent de les avertir de cette obligation fous la même peine.

Dans tout cela on ne voit rien de bien dangereux, de bien contraire à la liberté publique ; & en effet, ce ne font que des précautions qui peuvent avoir peut-être quelque utilité : car fi les perſonnes qui louent en chambre garnie n'étoient pas connues, il pourroit fe faire qu'on abuſât de cette facilité pour cacher les brigands, les coquins. Mais parce qu'on aſſujettit les perſonnes qui logent en hôtel garni à cette obligation, qu'on élude d'ailleurs en donnant de faux noms ou de vrais noms, mais fous lefquels on n'eft pas connu, faut-il les affujettir auffi à effuyer les vifites des officiers de police aux heures qu'il plaît à ceux-ci d'en faire, fur-tout la nuit ? La demeure d'un homme n'eft elle plus refpectable parce que les chaifes & le lit ne font à lui qu'à louage ? La pudeur n'eft-elle pas révoltée, quand on fait qu'il n'eft point de femme, quelque honnête qu'elle foit, qui, fi elle n'eft pas riche, & fi elle demeure dans une petite chambre garnie, ne puiffe être éveillée, forcée à fortir de fon lit & à s'offrir aux yeux des agens de la police ? Ces fcènes fcandaleufes & vexatoires tou nent-elles à la tranquillité publique ? N'eft-ce pas une chofe dérifoire de dire que c'eft pour maintenir le bon ordre qu'on commet ce défordre ?

Je ne vois pas pourquoi l'afyle d'un homme qui demeure dans un *auberge*, dans un hôtel garni, n'eft pas auffi refpectable que celui de l'homme qui eft chez lui. Mais les meubles ne font pas à lui... Belle raifon ! Ce font donc les meubles que l'on confidère & non pas l'homme ?... Mais il n'eft pas domicilié.... A la bonne heure, il n'aura pas les droits des domiciliés; mais il aura ceux de citoyen, ceux qui affurent à tout homme, qui n'a rien à craindre, la fûreté de fon fommeil, la tranquillité pour laquelle il paie un loyer, & qu'on n'a pas plus droit de lui ôter que fa bourfe ou fa liberté. C'eft une chofe auffi contraire à la paix publique, au droit des hommes, à la liberté perfonnelle, de déranger, vifiter, queftionner, examiner un homme ou une femme qui repofe dans la fécurité & à l'ombre des loix de la juftice, que d'arrêter le voyageur fur le chemin, l'effrayer, le détourner, le menacer, le voler. La propriété de quelques meubles, encore une fois, ne doit mettre aucune différence dans cette manière de voir. Que celui qui loge en chambre garnie ne paie point de capitation, qu'il n'affifte point aux affemblées de communautés publiques, qu'il ne refde pas le pain béni, qu'il ne puiffe être caution pour une dette ou autre chofe; cela peut être motivé : mais qu'il n'ait point la fûreté de fa perfonne, de fon fommeil, de fa table, de fon lit; qu'on puiffe le queftionner, & fur une indice frivole, l'enlever, l'emprifonner fans forme de procès, comme fi loger en chambre garnie étoit un délit *ipfo facto*; voilà qui eft abfurde, voilà qui eft monftrueux.

Et voilà cependant la caufe fubfiftante & activement foutenue, dun mille vexations, de mille maux, que la burocratie de Paris fe plaît à faire éprouver aux habitans de cette ville; voilà un abus qu'on tolère avec une patience vraiment exemplaire, ou plutôt une baffeffe fans exemple. C'eft peut-être parce qu'il ne pefe que fur la partie malheureufe

de la fociété, & qu'un grand nombre de ceux qui ont voix au chapitre ont intérêt à le maintenir.

Cet intérêt fe trouve dans les bénéfices confidérables que les agens de la police retirent des *logeurs* pour tolérer chez eux les proftituées. Ce malheur revient par-tout, parce qu'il eft dans cette grande ville un des défordres les plus actifs, les plus généraux, les plus féduifans, les plus lucratifs (1). Quiconque a vu le commerce infâme & dégradant qui fe fait à cet égard doit être vraiment indigné. Eh bien, tout cet artifice ténébreux s'échafaude précifément fur les réglemens de police, qui autorifent les vifites de nuit, les enlèvemens, les emprifonnemens arbitraires des perfonnes logées en chambre garnie. Il ne faut pas être grand clerc, je crois, pour en fentir la raifon, mais il faut être vraiment ami de la juftice & de la fociété pour dénoncer ces excès, & ne pas être effrayé par la maffe de clameurs, de préjugés, de raifonnemens auxquels on s'expofe, & dont les amateurs de ces formes defpotiques fe fervent pour foutenir leur impertinent fyftème.

Si la nation, prête à s'affembler, & dans laquelle nous avons mis toutes nos efpérances, veut bien prendre en confidération ces objets, fi elle ne les croit pas au-deffous des grandes méditations qui doivent l'occuper, fi la haine de l'oppreffion, le defir d'y fouftraire la partie du peuple qui en fouffre le plus font un des caractères de fa conduite, elle s'occupera de ces abus de police; elle les réformera, elle en coupera la racine. Ils pèfent depuis long-temps fur notre tête & femblent lui avoir donné cet air d'efclavage, de crainte fervie, que les étrangers croient remarquer dans le peuple de Paris.

Peut-être conviendroit-il d'ordonner que fous aucun prétexte que ce foit, on ne pourra faire les vifites de police chez les perfonnes logées en chambres garnies; qu'il fuffira que leurs noms foient tenus fur un regiftre *ad hoc*; que les enlèvemens qui fe font en vertu d'ordres arbitraires, ne pourront avoir lieu abfolument envers perfonne; que perfonne ne fera fujet à la police que dans des actions publiquement commifes, & qui peuvent porter un préjudice actuel, certain & évident aux particuliers; que dans ce cas même la caution fera reçue. Ces loix ou d'autres femblables rendroient à la capitale du plus beau royaume de l'Europe l'ame qu'elle a perdue, & cette liberté légale, qui confifte à ne pouvoir jamais être, je ne dirai pas puni, mais même inquiété, que lorfqu'on a fait tort évidemment à un tiers.

AUMONE, f. f. ce que l'on donne au pauvre; on dit faire l'*aumône*, faire la charité. Mais l'idée

---

(1) Suppofez vingt mille proftituées non domiciliées à Paris, que chacune dépenfe, l'une compenfant l'autre, 1500 l. par an, c'eft bien peu; voilà 30 millions, dont les logeurs ont au moins un tiers, & les agens de la police le quart.

d'aumône emporte avec elle celle de don, la charité ne le suppose pas. On peut faire la charité à un pauvre en le retirant chez soi, en le soignant, &c. mais on ne peut lui faire l'aumône qu'en lui donnant quelque chose actuellement, comme de l'argent, du pain. La charité est le genre dont l'aumône n'est qu'une espèce : comme la bienfaisance renferme toutes les deux, & se trouve elle-même comprise sous la vertu générale d'humanité, qui est le desir du bien de tout être sensible, avec la volonté d'y contribuer.

L'aumône a un caractère religieux que n'a pas la bienfaisance. La première est de précepte dans presque toutes les religions, sur-tout dans la musulmane; la seconde tient au desir d'être utile. Dans la première, on ne voit souvent que le précepte divin & le soin de son salut; dans la seconde, on n'est occupé que des maux des autres & des moyens de les soulager. En un mot le caractère de l'aumône est le même que celui de la charité religieuse, qui souffre des exceptions de personnes, qui se livre plus ardemment au bien de ceux qu'un même culte, de mêmes idées lient à elle, que n'éprouver qu'un léger moment de bienveillance envers les autres. Voyez BIENFAISANCE : nous y cherchons la différence qui règne entre la bienfaisance universelle & la charité, sur-tout la charité chrétienne, & nous remarquons que si celle-ci a plus de solidité, de tenue par la fermeté des principes religieux sur lesquels elle se fonde, l'autre est plus universelle, plus active, sur-tout plus impartiale.

On a demandé si les aumônes seroient mieux administrées par des officiers de police ou municipaux que par les ministres de la religion.

Il y a plusieurs remarques à faire là-dessus. D'abord il est sûr que les aumônes religieuses, celles que les fidèles destinent au soulagement des pauvres de leur paroisse, de leur diocèse, de leur communion, doivent par l'esprit même de leur destination être remises dans les mains des prêtres, pour en faire l'emploi convenable à leurs idées & à leurs principes. On sait, il est vrai, que l'esprit sacerdotal, qui n'est pas toujours l'esprit religieux, met dans cette administration je ne sais quel rigorisme, quelle morgue, que l'on n'a point à redouter de la bienfaisance mondaine; mais enfin tout se trouve compensé si celle-ci reçoit dans son sein philantropique les enfans réprouvés que l'autre a rejettés.

Mais il faut que ces aumônes soient détaillées, particulières, car pour celles qui sont de fondation, telles que les distributions de secours fondés, ceux qu'on donne dans les hôpitaux, dans les hospices, je pense que si les lumières & la sagesse des ecclésiastiques peuvent les faire desirer pour coopérer à leur dispensation, ils ne doivent pas être les seuls, & que les officiers de police ou municipaux doivent sur-tout les avoir sous leur direction. Mais encore pour remplir cet objet avec avantage pour le peuple,

faudroit-il que ces officiers fussent tous électifs, choisis d'entre & parmi les bourgeois, ou plutôt que des assemblées de bourgeois administrassent, avec les curés des paroisses, les aumônes constituées, les hôpitaux, &c. mais on ne doit pas s'attendre à cela de sitôt au moins. Voici la maxime de l'Europe. Ce ne sont pas les officiers, les magistrats de tous noms, qui sont faits pour les peuples; ce sont les peuples, eux & ce qu'ils possèdent, qui doivent être assujettis, sacrifiés s'il le faut, aux prétentions, au bien, aux caprices de leurs officiers, princes ou magistrats.

Les vices dans la distribution actuelle de l'aumône, en rendent l'influence presque nulle sur le gros de la société, parce qu'elle admet des acceptions, qu'elle se rend inabordable, qu'elle s'échafaude d'un rigorisme repoussant, qu'elle humilie, & que la morgue sacerdotale en éloigne tout malheureux qui sait mieux souffrir la faim qu'un affront. Il y a un proverbe très-populaire qui dit que rien n'est si insolent que la charité : c'est sans doute à l'abus dont nous parlons qu'est due l'origine de ce dictum qui semble d'abord paradoxal.

AUNE, s. f. bâton quarré de la longueur de trois pieds sept pouces huit lignes, à Paris, depuis que Henri II en fit déterminer l'étalon à cette longueur. L'ordonnance de 1673 porte, en l'article II du titre premier : » que tous négocians & marchands, tant en gros qu'en détail, auront chacun des aunes ferrées par les deux bouts, & étalonnées, avec défenses de se servir d'autres, à peine de faux & de 150 livres d'amende ».

Ce sont les officiers de police qui sont chargés de l'exécution de ce réglement qui est très-mal observé, on ne sait pas trop pourquoi, car tout le monde a intérêt à l'observer, même ceux qui croient gagner en l'éludant, attendu que si le marchand de toile trompe à l'aunage le marchand de drap, celui-ci trompera l'autre à son tour. Voyez la jurisprudence.

AUTEUR, s. m. C'est le nom qu'on donne à celui qui a fait quelque ouvrage, sur-tout un livre.

L'auteur diffère de l'homme de lettres. L'homme de lettres est celui qui cultive les sciences & sa raison pour son bonheur, celui de ses enfans, de ses amis, de sa patrie, soit qu'il ait fait des ouvrages, soit qu'il n'en ait pas fait; l'auteur, au contraire, peut fort bien être un fou, un imbécille, un déraisonnable déraisonneur; l'auteur usurpe assez ordinairement le titre d'homme de lettres, pour flatter sa vanité, & le public ignorant est assez aveugle ou complaisant pour le lui accorder. Un homme de lettres n'est pas toujours auteur, mais il peut l'être, au lieu que l'auteur ne peut pas toujours être homme de lettres; car enfin il ne faut pas croire qu'on le soit pour avoir une bibliothèque & des médailles, & dire, je m'en vais étudier. On se croit aussi, & incontestablement homme de lettres, parce qu'on est d'une académie ; l'erreur est grossière (1). Il y a sûrement des savans & des hommes de lettres dans les corps littéraires, mais il ne s'enfuit pas qu'on le soit pour en être membre.

On a trop décrié la foiblesse pour la qualité d'*auteur* : quel mal fait un écrivain lorsque son livre n'est pas lu ? Quel mal fait la vanité du petit homme qui se voit loué dans un journal ? L'état est-il moins riche, moins puissant quand ces rêveurs ont calculé sa population, son commerce ? Est-on moins heureux quand ce politique, fier de ses talens créateurs, méprise tout ce qu'il voit au-dessous de lui ? C'est une chose insupportable, direz-vous, de voir un auteur insolent traiter le genre humain de sot, & ne plus vouloir descendre de son piédestal quand on a fait deux éditions de son livre. . . . cela est vrai j'en conviens ; mais il faut que tout le monde vive, quoique M. d'*Argenson* disoit qu'il n'en voyoit pas la nécessité. Parlons de ce qu'on appelle le *droit des auteurs*.

Il est de plusieurs espèces, celui des *auteurs* de livres & celui des *auteurs* de pièces de théâtre. Tout *auteur* est propriétaire de son travail, & ne peut sans injustice & sans violence, en être dépossédé, sous quelque prétexte que ce soit. Il peut en transporter le droit à qui bon lui semble, soit en le vendant, soit en le donnant, & dans l'un & l'autre cas, son cessionnaire se trouve à sa place & a le même droit que lui. Mais ces objets nous regardent trop peu, pour que nous entrions dans de plus grands détails à leur égard. Disons seulement que jusqu'ici ce droit d'*auteur* a été réduit à bien peu de chose, par l'habitude où se sont mis les magistrats de condamner supprimer, arrêter un ouvrage, lorsqu'il se trouve contenir une opinion contraire à la leur. Cette mauvaise coutume ne peut durer : il faut espérer que tout écrivain pourra bientôt jouir, en France, du fruit de son travail, sans avoir à redouter les caprices ou les systêmes d'un juge souvent passionné, & qu'il n'aura rien à ménager que la justice & la raison. Parlons du droit des *auteurs* des pièces de théâtre.

Plusieurs réglemens ont prononcé sur l'étendue de ce droit & la manière d'en jouir : nous allons faire connoître l'un & l'autre, en suivant la division des spectacles.

Droit des auteurs *de pièces, à l'opéra.* De ces *auteurs*, les uns font les paroles, les autres la musique : les privilèges des uns & des autres sont à peu près les mêmes. Le réglement de 1784 dit que sitôt qu'un poëme aura été reçu par le comité d'administration de l'opéra, les *auteurs* des paroles & de la musique auront leurs entrées franches. Les *auteurs* peuvent exiger, six mois avant la représentation de la pièce, une représentation, afin qu'ils puissent juger des changemens qu'on peut y faire, & qu'ils aient le temps de les faire. Tout *auteur* de poëme ou de musique doit avoir, conformément à l'article XIX de l'arrêt du conseil du 30 mars 1776, confirmé par le réglement de 1784, pour chacune des vingt premières représentations 200 liv. pour chacune des dix suivantes, 150 liv. & 100 liv. pour chacune des autres, jusques & compris la quarantième, lorsque la pièce remplira à elle seule la durée du spectacle. Passé quarante représentations, il doit être payé une gratification de 500 liv. aux auteurs. Pour les ouvrages en un acte, les honoraires sont fixés à 80 liv. pour chacune des vingt premières représentations ; à 60 liv. pour chacune des dix suivantes, & à 50 liv. pour chacun des autres qui se feront aussi sans interruption. De plus, les *auteurs* jouissent, toute leur vie durant, de 60 liv. à chaque représentation des grandes pièces, & de 20 l. pour celles en un acte ; passé le nombre de représentations que nous venons de dire. L'édition du poëme, pour la première représentation, appartient à l'*auteur*, à condition d'en donner cinq cents *gratis* au comité de l'opéra. Le même réglement confirme aux *auteurs* de trois grands ouvrages une pension annuelle de 1000 livres, lorsque ces ouvrages seront restés au théâtre, laquelle pension augmentera de 500 liv. à toutes les deux pièces que connera l'*auteur*, & de 1000 liv. à la sixième.

Voici comme les *auteurs* jouissent de leurs entrées, qui leur sont offertes & à l'amphithéatre : savoir ; pour un spectacle entier, pendant trois ans ; pour quatre actes pendant cinq ans ; & pour un spectacle entier & deux actes, pendant leur vie. Il est défendu à un *auteur* de donner une pièce sous le nom d'un autre, pour lui procurer des entrées, à peine de perdre la sienne. On fait de plus qu'il y a trois *prix* établis pour les opéras qui seront jugés bons par les gens de lettres nommés à cela : le premier, de 1500 liv. pour la meilleure tragédie lyrique ; le second de 500 liv. pour l'*accessit* du premier ; & le troisième de 600 liv. pour le meilleur opéra-ballet, pastorale ou comédie lyrique.

Droits des auteurs *de pièces à la comédie françoise.* Une pièce ne peut être reçue sans l'approbation de la police ; & lorsqu'elle l'a obtenue, les comédiens peuvent l'inscrire sur le registre des pièces à jouer. Une pièce doit être jouée dans le temps convenu entre l'*auteur* & les comédiens, sous peine

_____

(1) Un mauvais plaisant disoit que les académies font comme les gentilshommes de province, qui donnent le nom de parc à trois ou quatre arbres plantés dans un champ, & qui disent qu'ils ont un parc ; elles donnent le nom de *savant* à qui peut l'attraper, & ils croient avoir des savans.

pour ceux-ci d'une amende de 300 livres; qu'ils ne paient pas. Les auteurs jouissent de leurs entrées du jour où leur pièce a été reçue par les comédiens, & ils ont droit de se placer dans toute la salle, excepté à l'orchestre, aux secondes loges & au parterre. L'auteur de deux pièces en cinq actes; celui de trois pièces en trois actes, celui de quatre pièces en un acte, a ses entrées franches à la comédie pendant toute sa vie; celui d'une pièce en cinq actes pendant trois ans; d'une pièce en trois actes pendant deux ans; & celui d'un pièce en un acte pendant un an seulement.

La part des auteurs est du neuvième du produit net de la recette, pour les pièces en cinq actes, tant tragiques que comiques; d'un douzième pour les pièces en trois actes, & d'un dix-huitième pour celles en un acte. Pendant le temps que les pièces nouvelles se jouent au profit des auteurs, ils ont le droit de donner des billets d'entrée au spectacle; savoir, pour une pièce en cinq actes, six à l'amphithéâtre, quatre pour une pièce en trois actes, & deux pour une pièce en un acte. Si les auteurs demandent un plus grand nombre de billets, ils sont obligés d'en tenir compte: il est défendu au semainier de leur délivrer plus de vingt billets de parterre. Extrait des réglemens faits par les gentilhommes de la chambre, de 1757 & 1766.

Droits des auteurs à la comédie italienne. Les auteurs d'une pièce en trois actes ont leurs entrées pendant trois ans; ceux d'une pièce en deux actes & en un acte, pendant un an seulement. Le droit d'entrée n'est acquis que du jour où la musique a été reçue avec les paroles. Ils jouissent de leur droit d'entrée dans toute la salle, excepté dans les premières loges qui ne sont pas sur l'amphithéâtre; les secondes loges les troisièmes & le parterre.

Les auteurs d'une pièce en trois actes & plus ont un neuvième; ceux d'une pièce en deux actes, un douzième & ceux d'une pièce en un acte, un dix-huitième dans le produit net de la représentation. La moitié de chacune de ces parts appartient à l'auteur des paroles, & l'autre à celui de la musique. Les auteurs n'ont point de part, lorsque la recette est au-dessous de 600 liv. l'été, & de 1000 liv. l'hiver. Ils ont, les jours de représentation de leur pièce le droit d'avoir deux billets à l'amphithéâtre, le même nombre aux troisièmes loges, soit qu'ils aient donné une grande ou petite pièce. Ils ont, en outre, vingt billets de parterre aux trois premières représentations de leurs pièces.

AUTORITÉ, s. f. pouvoir de commander. L'autorité diffère de la puissance, en ce que celle-ci est destinée au soutien de l'autre, en ce que l'autorité suppose l'exercice du pouvoir, & que la puissance n'indique que la possibilité de s'en servir. La puissance usurpée produit une autorité usurpée:

l'une & l'autre ne méritent le nom de droit que lorsqu'elles sont fondées sur la loi.

Deux grandes autorités se font distinguer dans l'ordre moral & dans l'ordre politique; ce sont l'autorité royale & l'autorité paternelle.

Les limites de la première sont tracées comme celles de la seconde par les besoins de ceux qui en sont l'objet; c'est-à-dire, qu'un monarque comme un père n'ont d'autorité que dans les choses qui peuvent assurer le bonheur des individus confiés à leurs soins, passé cela leur pouvoir est tyrannie.

L'autorité royale diffère de l'autorité paternelle, en ce que la première est le résultat d'un contrat, d'un accord réel ou tacite, entre le peuple & le prince, & l'autorité paternelle vient de la nature. Un gouvernement paternel & un gouvernement monarchique sont donc bien différens. L'un dépend de la volonté du commettant, du peuple, qui seul possède & peut donner l'autorité souveraine; l'autre des besoins, des foiblesses de l'enfant, qui venant à disparoître avec l'âge, lui rendent des droits & son indépendance de la tutelle de ses parens. Nous ne parlerons point ici de l'autorité du prince, elle regarde la législation politique: pour l'autre, voyez PARENT, autorité des parens.

AVOINE, s. f. graine farineuse employée principalement à la nourriture des chevaux. Ce sont les magistrats municipaux qui règlent le prix de cette denrée à Paris, sur les ports; la très-grande quantité qui s'en consomme venant par eau. Voyez GRAINS.

AUVENT, s. m. En terme de police de la voierie, on entend par ce mot une saillie en forme de toit, qui sert à garantir des eaux pluviales l'entrée des maisons & les étalages que font les marchands sur la voie publique.

Cette espèce de saillie avoit été défendue par une ordonnance de Charles IX, de décembre 1564; depuis on la permise.

On distingue trois sortes d'auvents; 1°. les auvents cintrés, qui sont de grande voierie, & dont la permission ne peut être accordée que par les trésoriers de France; 2°. les auvents ordinaires ou simples qu'on met au-dessus des portes d'entrées & boutiques des maisons, dont les commissaires de la voierie peuvent accorder la permission; 3°. les petits auvents qui se placent au-dessus des croisées & portes, & ne sont pas sujets aux mêmes droits de voierie que les précédens.

La hauteur des auvents fixée par l'ordonnance du prévôt de Paris, du 22 septembre 1690, à douze pied du rez-de-chaussée, a été réglée par la déclaration du roi, du mois de décembre 1607, & par un arrêt du conseil, du 19 novembre 1666, à dix

D d d 2

pieds, & la largeur des chalis, à deux pieds & demi.

Les *auvents* deftinés particulièrement pour garantir de la pluie, ne doivent point fervir à favorifer la fraude : c'eft pourquoi l'orconnnance du prévôt de Paris, du 22 feptembre 1600, ordonne que toutes les fauffes vues qui fe trouveront faites dans les *auvents* qui font au-devant des boutiques & aux fenêtres des chambres & arrieres-boutiques, foit fur rue ou ailleurs, feront ôtés & abattus.

Pour empêcher que la chûte des *auvents* ne caufe des accidens, il eft défendu d'accrocher des étalages fur le devant ; & deux ordonnances du bureau des finances, des 3 feptembre 1677 & 21 novembre 1721, défendent de les couvrir en plomb, tuiles ou ardoifes, à peine de 50 liv. d'amende.

Le tarif fait par le parlement, en 1735, pour les droits de voierie, regle auffi ceux qui doivent être perçus pour les *auvents*. Art. III : « Pour les *au-*
» *vents*, à l'exception de ceux appellés *cintrées*,
» qui font de la grande voierie, & des petits *au-*
» *vents*, même pour ceux qui feroient pofés fur plu-
» fieurs rues en face de la même maifon, quand
» bien même il n'en feroit conftruit qu'une partie
» dans un temps, & l'autre dans un autre temps,
» pourvu que le total foit conftruit dans la même
» année, à compter du jour de la permiffion, eft
» de 4 liv. après l'année révolue : s'il eft conftruit
» de nouveau quelqu'*auvent* il fera payé pareil droit
» de 4 liv.

« Pour les petits *auvents* & en deffus des croifées
& portes, 2 livres ».

Le droit pour les *auvents* cintrés, a été porté par la déclaration de 1693, à 5 livres. *Voyez* SAILLIE & PERMISSION.

AVORTEMENT, f. m. C'eft la fortie violente & avant terme d'un enfant hors du fein de fa mère.

L'*avortement* peut être produit par des caufes involontaires & accidentelles, ou être l'effet d'un attentat criminel contre la vie de l'enfant. Toutes les légiflations ont cherché à prévenir celui-ci par des fupplices plus ou moins févères prononcés contre ceux qui en feroient les auteurs. *Voyez* la *jurifprudence*.

L'*avortement* volontaire paroît être le fruit de la fociété. Dans l'état de nature, la femme n'a aucun intérêt à fe faire avorter ; au contraire, les maux qui en réfultent pour elle, les dangers auxquels elle s'expofe en le tentant, font des motifs puiffans qui la retiennent. Et d'ailleurs pourquoi fe feroit-elle avorter ? elle n'a aucune raifon de le faire. Les idées de décence, de virginité, de chafteté ne l'obligent point à cacher les fuites d'une action dans laquelle il n'y a rien que de très-naturel en foi. Elle ne craint ni la honte, ni la perfécution des fiens, ni le mépris de fa famille. Mais firôt que les mots d'adultère, de fornication, de concubinage, de bâtard furent connus, alors tous les crimes qui pouvoient cacher les foibleffes du cœur, prévenir ou détruire la conception, furent mis en ufage. Dès qu'une fille put rougir d'être mère fans l'aveu de la loi, dès qu'une femme put être déclarée infâme aux yeux des hommes pour avoir conçu d'un autre que de celui qu'elle tenoit de la fociété, alors, pour prévenir les perfécutions, l'infamie, des châtimens honteux ; la malheureufe fille, la mère féduite & égarée, portèrent des mains homicides fur l'enfant renfermé dans leur fein ; & la fociété, ou plutôt l'abus de fes inftitutions, donna naiffance à l'*avortement*.

C'eft ainfi qu'encore aujourd'hui, ce malheur exifte plus ordinairement dans les claffes de la fociété, où les idées de pureté, de perfection virginale, de chafteté, d'honneur rigide ont le plus d'afcendant. Il eft plus rare, au contraire, parmi celles où une morale relâchée, des opinions fenfuelles, une indépendance de tous préjugés permettent à la fille d'être mère fans crime, & au père que la loi ne reconnoît pas d'élever, fous les yeux de la nature, celui qu'il doit à l'amour. L'état de demi-fociété, c'eft-à-dire, l'état barbare, & celui de fociété exaltée, égarée, outrée dans fes inftitutions, font également puis des erreurs qui mènent à l'*avortement* volontaire, crime infiniment plus rare aujourd'hui qu'il ne l'a jamais été ; enforte qu'à cet égard auffi notre génération vaut mieux que les précédentes. Nous devons ce changement aux heureux-effets de la philofophie qui a répandu des idées plus juftes & plus humaines dans la fociété, qui a fait naître l'efprit de philantropie, & fuggéré tant d'établiffemens charitables, où la maternité peut trouver des fecours. Il lui refte encore bien des chofes à faire à cet égard ; mais l'ouvrage s'avance ; & fi de nouveaux barbares ne viennent pas renouveller les ténèbres qui ont duré fi long-temps, notre poftérité pourra jouir d'un bonheur que nous n'avons jamais connu.

B

BACHOTEUR, f. m. Conducteur de bachot ou petit bateau. *Voyez* BATELIER.

BAGARRE, f. f. C'eft une affemblée tumultueufe de peuple, affez ordinairement occafionnée par une querelle, une batterie, un embarras, ou quelqu'accident plus ou moins confidérable.

Lorfque la *bagarre* eft l'effet de quelque batterie un peu violent, on doit prendre garde que le défaut de police ne donne lieu à des défordres funeftes; qu'une partie des fpectateurs, prenant parti pour l'un des combattans, & l'autre s'y oppofant, il n'en réfulte des meurtres, des accidens graves. En pareil cas, le plus défirable, feroit de faire entendre raifon à ceux qui font les auteurs de ces rixes, mais cela n'eft pas toujours poffible. Des hommes brutaux, féroces, échauffés par la boiffon, ne peuvent rien écouter; on eft obligé de recourir à la force, le feul moyen qui puiffe mettre un terme au défordre.

L'ufage eft à Paris, que la garde s'empare de ceux qui donnent lieu à la *bagarre* : elle les mène devant l'officier de police, & quoiqu'il y ait fouvent de l'arbitraire & de la vexation dans cette conduite, il n'en eft pas moins vrai qu'elle eft quelquefois indifpenfable. Dans les villes de Province, lorfqu'il n'y a point de troupes en garnifon, ce font les habitans eux-mêmes qui veillent à leur fûreté, & en cas d'émeute, les officiers de police fe font prêter mainforte par les huiffiers & fergens, archers de la ville & par la maréchauffée.

On trouve un arrêt de réglement pour la police de Paris, du mois d'août 1750, dont l'objet fe rapporte à celui de cet article. Il y eft dit que les officiers & archers, tant du guet que de robe-courte, & autres, chargés de capture pour contravention à la police pendant le jour, feront tenus, lorfqu'ils arrêteront des contrevenans, de les conduire fur le champ dans la maifon du commiffaire, dans le quartier duquel lefdites captures auront été faites, & de remettre entre fes mains, les pièces fervant à conviction, dont ils feront faifis, à l'effet par lui, d'interroger lefdits contrevenans, d'entendre les témoins, s'il y en a, & de faire toutes les procédures néceffaires pour affurer les preuves de la contravention; pour enfuite, par le commiffaire, ordonner, s'il y échet, & s'il le juge à propos, l'élargiffement de celui ou de ceux qui auront été arrêtés, ou faire conduire lefdits contrevenans dans les prifons, ou d'en donner avis fur le champ au lieutenant-général de police, ou au lieutenant-criminel, fuivant l'exigence des cas; dont & de tout fera dreffé procès-verbal par ledit commiffaire, & ledit procès-verbal & les pièces de conviction remifes au greffe dans les vingt-quatre heures.

Il y auroit peut-être bien des chofes à remarquer fur cette police, & ce droit un peu arbitraire attribué aux commiffaires, d'envoyer en prifon fans autre condition; mais on doit convenir qu'en général, il eft important que les officiers de police aient une force coercitive quelconque, pour arrêter les rixes, les tueries & les *bagarres* qui en font la fuite, fur-tout dans une ville où fe trouvent tant de vagabons, d'hommes infolens & groffiers, qui peuvent troubler la tranquillité publique. Le malheur eft que ce pouvoir eft affez ordinairement mal employé, & que l'abus en eft plus fréquent que le bon ufage; ce qui conduiroit à dire, qu'autant vaudroit-il qu'il n'exiftât pas. Mais, *eft modus in rebus*, le tout eft de le trouver.

BAGNO, f. m. C'eft le nom de certains lieux publics de proftitution à Londres. Voici ce que je trouve dans l'ouvrage de M. *Grofley*, intitulé *Londres*, fur cette matière, p. 96.

» Les filles publiques, département fi important pour la police de toutes les grandes villes, inquiètent fort peu celle de Londres. Cependant elles y font en plus grand nombre qu'à Paris, plus libres & plus hardies qu'à Rome même. A la chûte du jour, elles garniffent les trottoirs de toutes les grandes rues, par troupes de cinq ou fix, la plupart fort honnêtement mifes. Les boutiques où l'on vend la bierre, leur fervent de refuge. Ces boutiques ont ordinairement un arrière cabinet ou boudoir, confacré à cet ufage. Ce métier eft fi peu clandeftin, que l'on débite publiquement la lifte de celles qui le font avec quelque forte de diftinction : cette lifte très-nombreufe indique leur demeure, & offre les détails les plus précis fur leur figure, fur leur taille, leurs autres charmes, & les talens qui les diftinguent. Elle fe renouvelle chaque année, & fe vend dans le portique de Coven-Garden, fous le titre de *nouvelles Athalantes*, avec le nom de l'auteur au frontifpice (1). »

Entre ces courtifanes vulgaires & en boutiques, il y en a comme chez nous, d'une claffe plus diftinguée, & qui font tenues dans de très-jolis appar-

(1) De pareilles liftes avoient cours à Athènes, & fur-tout à Corinthe, fi fameufe par la beauté de fes courifannes. Athénée nous a confervé les noms de plufieurs auteurs qui les faifoient, tels qu'*Ammonius*, *Ariftophane*, *Gorgias*, &c.

temens, par ce qu'on peut appeller des proxenetes de débauche. On y trouve un assortiment complet en beautés de tous âges & de toutes couleurs; ce font ces lieux qu'on nomme proprement *Bagno*. C'est là que les Anglois vont passer les jours de dimanches, chaumés depuis Cromwel, dans toute l'Angleterre, avec la plus scrupuleuse exactitude. Comme on ne peut ni jouer, ni travailler, ni danser ce jour-là, la plupart des célibataires le passent au *Bagno*. Aussi ce jour est-il du plus grand produit pour ce commerce, moins horrible à Londres qu'à Paris, parce qu'une odieuse police ne le soutient pas, ne le rançonne pas tour-à-tour, & n'exerce pas sur celles qui s'y livrent, une tyrannie arbitraire qui ajoute encore à la dégradation de leur existence.

Ce mot de *Bagno* vient sans doute de l'Italien, parce que les bains étoient & sont encore dans l'Italie, un lieu commode pour les rendez-vous & le commerce du libertinage. *Voyez* LONDRES.

BAGUETTE, s. f. Petit bâton que l'on porte à la main. Elle est le signe du pouvoir ou du commandement; elle marque le pouvoir coercitif qu'ont les loix, lorsqu'elle est entre les mains des officiers de la justice. Le grand sénechal, aux procès des pairs, en Angleterre porte une *baguette*, plusieurs juges sont dans le même usage en Espagne & ailleurs; en France, les huissiers, les bedeaux de paroisse, &c. ont une *baguette*. Le bâton du maréchal de France est l'emblème du commandement qui lui est confié.

Depuis la *baguette* ou flèche sur laquelle le Scythe Abaris voyagea, jusqu'à celle de Jacques Aimar qui prétendoit découvrir des mines, des trésors, des sources & des criminels avec la sienne, nous trouvons dans l'histoire une foule de prodiges opérés par cet instrument.

Quelle vertu n'attribuoit-on pas anciennement à la verge de Mercure? tout le pouvoir de ce messager de l'Olympe sembloit résider en elle; il operoit les plus étonnantes merveilles, par la puissance qu'elle renfermoit.

> *Hac animas ille evocat orco*
> *Pallentes, alias sub tristia tartara mittit,*
> *Dat somnos, adimitque, & lumina morte resignat.*
> *Illâ fretus agit ventos & turbida tranat*
> *Nubila.*   VIRGILE, Æneid. lib. 4.

Minerve n'avoit-elle pas aussi son bâton, avec lequel elle faisoit paroître les gens, jeunes ou vieux, selon l'exigence des cas? ainsi que le dit Homere dans son Odyssée. La sorcière Circé suivant le même, faisoit bien plus que cela avec sa *baguette*, puisque d'un seul coup elle transformoit les hommes en bêtes, & les bêtes en hommes. Les magiciens de Pharaon n'avoient-ils pas des *baguettes*? & celle de Moyse, au sentiment du fameux Huet, a été la source de tout ce qu'on nous a dit de celle de

Mercure, & peut-être des autres. Enfin Philostrate rapporte que les Brachmanes, ces maîtres de tant de sublimes chimères, avoient un bâton avec lequel ils prétendoient faire accroire qu'ils faisoient des prodiges.

Ces folies se sont renouvellées dans notre siècle; elles ont eu une vogue, telle qu'à peine on l'auroit pu attendre du sixième siècle. Un Jacques Aimar de la province de Dauphiné, rêva qu'il étoit sorcier, qu'il avoit le don de trouver avec une *baguette*, qu'on nomme divinatoire, les trésors, les sources, les mines dans la terre; & les criminels, les meurtriers, les peres d'enfans bâtards, les femmes infidelles &c. Des fripons adroits crurent qu'on pourroit tirer parti d'un aussi bon rêve. Ce drôle fut donc appelé à Lyon, vers 1692, par des gens superstitieux, amis du merveilleux, & sur-tout par ceux, qui vouloient partager les profits, que ne manqueroit pas de donner une telle découverte.

Les succès de Jacques Aymar furent d'abord rapides, c'est-à-dire, proportionnés à l'imbécille crédulité du public, & aux soins que prenoient les intéressés, à rendre l'illusion complette. Je vois par les mémoires du temps, que cette fourberie fut menée avec une adresse extrême. Les savans, les magistrats, la cour, la ville alloient au-devant du devin, pour trouver, les uns, les auteurs d'un meurtre, les autres, les amans de leurs femmes, ceux-ci, le pere d'un enfant trouvé, ceux-là, les traces d'un accouchement secret.

Le prince de Condé voulut s'assurer de ces prodiges; il fit venir l'hypocrite Aymar chez lui, le questionna, le sépara de la coterie qui le conduisoit, lui fit tenter des expériences qui ne réussirent pas, l'obligea d'avouer son ignorance, lui fit présent de trente louis, & lui dit de s'en retourner dans son village.

» Un tel homme auroit été à Paris, dit *Bayle*, un fonds assuré de gains, & un mine inépuisable pour ceux qui auroient eu part au profit; les personnes soupçonnantes & les personnes soupçonnées l'auroient payé à qui mieux mieux; il eût tiré de l'argent, des maris, des femmes, des galans & des maîtresses; la *baguette* n'auroit pas tourné, ou auroit tourné, selon qu'il eût plus reçu des uns que des autres. Je crois que si l'on pouvoit découvrir tout le mystère de ces prétendus prodiges, on y trouveroit un complot de gens qui cherchent à s'enrichir: les uns se vantent d'un talent extraordinaire, les autres travaillent sous main à établir la persuasion; mais je crois qu'il y a des charlatans qui n'ont pas besoin d'émissaires; la crédulité du public leur prépare suffisamment les voies de l'imposture.

Ce que Bayle dit là, est très vrai, & le public ne se corrige pas de cette sottise. Il y a quelques années qu'un nouveau Jacques Aymar, se produisit à Paris, sous le nom de Bleton. Celui-ci ne découvroit pas encore les meurtriers & les femmes infidéles. Son talent se bornoit aux mines de charbons de terre & aux sources ; il en indiqua plusieurs en effet, parce qu'y ayant de l'eau par-tout, & du charbon de terre à une profondeur plus ou moins forte dans un grand nombre d'endroits, il lui étoit facile d'être devin. Cette bêtise dura quelque temps, elle devint même parmi les savans une cause de dispute : on avoit oublié Jacques Aymar.

Un écrivain s'est donné la malheureuse peine de faire un traité de la *baguette* divinatoire, sous le titre de *physique occulte* ; c'est un livre digne d'Albert le grand, ou d'Albert le petit. L'auteur explique les choses impossibles.

Que des imbécilles se ruinent en fouilles, en recherches de tréfors, sur la parole d'un fripon qui fait l'habile homme, c'est un malheur qu'on ne peut pas empêcher; mais que la justice emploie une pareille voie, pour trouver des accusés, comme elle le fit du temps d'Aymar, c'est une chose monstrueuse, un désordre. On doit s'y opposer d'une manière positive & ferme. La police doit même dénoncer aux tribunaux, l'homme audacieux qui persuaderoit le peuple, qu'il y a des moyens de divination pour découvrir les coupables, & les lieux où se sont commis des crimes.

L'instruction publique, la liberté de la presse, sont les grands instrumens qui peuvent servir dans les mains du gouvernement, à extirper de la société, cette source d'erreurs & de désordres. *Voyez* CHARLATAN.

BAIN, s. m. Immersion totale ou partielle du corps dans l'eau, soit pour raison de santé ou de propreté ; on dit dans ce sens, prendre un *bain*. Le mot *bain* s'étend aussi au lieu même où on le prend ; c'est ordinairement la rivière, & dans ce cas, la police a droit d'y maintenir la sûreté, & d'y prévenir les accidens, par des réglemens convenables.

Dans les pays où la transpiration est abondante, dans ceux principalement où elle porte avec elle un caractère alkalescent, qui lui donne une odeur forte, on conçoit que l'usage du *bain* a dû être très fréquent; parce qu'en effet, il est là un moyen non-seulement de propreté, mais même de santé indispensable. Aussi, les premiers législateurs orientaux, qui paroissent avoir voulu faire de la religion, la base de toutes institutions utiles à la société, ont-ils fait de l'usage du *bain*, un précepte religieux, & lié la santé du corps au salut de l'ame.

Ce ne fut point seulement pour nettoyer les parties massives de la transpiration, & entretenir le corps dans la netteté, que le *bain* fut prescrit aux peuples orientaux, & à tous ceux qui habitent les pays chauds. La chaleur de l'atmosphère, la grande déperdition de substance animale qu'elle produit,

la rigidité des fibres & l'épuisement qui en résulte, ont dû faire regarder cet usage, comme un des plus utiles au bien de la société. Delà, l'obligation de se plonger dans le Gange, & le respect qu'on eut pour ce fleuve bienfaisant, à qui l'on ne pouvoit guères refuser des hommages, lorsqu'il faisoit aux peuples de ses bords un bien vraiment incontestable.

C'est le même principe qui dicta les loix de Moyse, sur la propreté judaïque. Il voulut qu'on se baignât souvent dans un pays où la nécessité de cette pratique étoit démontrée; & comme la police civile ne peut pas régler l'intérieur des maisons; que c'est un lieu sacré, où les officiers publics ne doivent pénétrer qu'avec respect, & seulement pour prévenir de grands crimes ; Moyse, pour s'assurer que les préceptes de propreté qu'il dictoit, y seroient suivis, en fit autant de préceptes religieux, & sanctionna de l'autorité divine, une loi qui ne pouvoit que tourner au bien des peuples qui la recevoient. C'est ainsi que la religion devient le supplément des loix, ou plutôt leur ferme soutien dans les cas où leur exécution est abandonnée à la conscience des hommes.

Le polythéisme ne fit pas du *bain* un précepte religieux, mais en général, nous remarquons chez tous les anciens, un grand usage de ce moyen de santé. Les Romains sur-tout se distinguèrent par les dépenses, le luxe, & les recherches qu'ils mirent à leurs *bains*. Il en reste encore des vestiges, & l'on ne trouvera peut-être pas déplacé ici quelques remarques sur leurs habitudes à cet égard. Les Romains n'eurent d'abord d'autres *bains* que le Tibre, mais bientôt les citoyens aisés en firent établir dans leur maison, & pour la commodité de ceux qui n'en avoient point, on en fit de publics. Ceux-ci se multiplièrent au point, qu'on en comptoit huit cents sous les empereurs; Agrippa seul, sous Auguste, en fit construire une centaine. L'usage étoit d'y aller avant diner. Ils étoient ordinairement distribués en plusieurs appartemens qui fournoient différens *bains*, dont les deux premiers étoient pour le menu peuple ; ce qu'on y payoit par tête, ne revenoit pas à un liard de notre monnoie, & même les jeunes enfans y étoient reçus *gratis* ; pour les autres, le prix en augmentoit de la manière dont on y étoit servi. Il y avoit des gens pour rendre tous les services convenables. On y trouvoit des *bains* chauds, tièdes, & froids, en sorte qu'on pouvoit choisir. Il y avoit des chambres voisines pour s'habiller & se déshabiller. Ces *bains* étoient accompagnés d'étuves, sorte de *bains* vaporeux, & fort en usage aujourd'hui dans le nord. Les auteurs latins remarquent que c'étoit aux *bains*, qu'on débitoit les nouvelles de tout ce qui se passoit dans la ville, & même qu'on y lisoit des ouvrages de littérature & de philosophie.

Dans le premier établissement des *bains* publics, à

Rome, il y en eut pour les hommes & pour les femmes ; mais il leur devint insensiblement commun, avec cette seule différence que les hommes étoient servis par des hommes, & les femmes par des femmes. L'empereur Adrien, au rapport de *Dion Cassius*, voulut que chaque sexe eût des *bains* séparés ; mais cette loi abrogée par Heliogabale, & renouvellée par ses successeurs, fut éludée, ou tout au moins mal observée jusqu'à l'empereur Constantin, où il se fit un changement complet, & peu remarqué cependant, dans l'esprit des hommes.

Quelques écrivains ont demandé, si l'on n'est pas tombé dans un inconvénient plus dangereux pour les mœurs, en éloignant les femmes des *bains*, communs aux hommes, qu'en les y admettant ? Si l'instinct n'est pas exposé par la fréquentation de jeunes gens nuds, à une corruption bien plus honteuse, que ne peut être criminel le libertinage qu'inspire la vue d'un sexe différent ? Si les désordres de l'un ne sont pas bien plus odieux que les déréglemens de l'autre ? Et si enfin dans un état où les *bains* publics sont nombreux, & d'une indispensable nécessité, il ne seroit pas plus convenable, que les deux sexes y allassent, que d'en ordonner la séparation rigoureuse ? Ce qu'il y a de certain, c'est qu'un législateur qui auroit à donner des loix sur ces objets à un peuple neuf, feroit fort bien de permettre ce qu'on vit à Rome, pendant les beaux jours de la république, & même sous les premiers empereurs, c'est-à-dire, la fréquentation des sexes aux *bains*, sauf à prendre les petites précautions de police, que la nécessité d'empêcher quelques abus pourroit commander ; peut-être n'est-ce qu'à cet éloignement des femmes que le désordre de l'instinct fut si grand chez les grecs, qu'il l'a été dans le bas-Empire, & qu'il l'est aujourd'hui chez les turcs ? Du moins quiconque connoît la marche des passions & la force de l'organisation, dira que le scandale est au moins égal à voir des hommes faits se jouant dans un *bain* avec des adolescens à peine hors de l'enfance, & au physique presque semblables à de jeunes femmes, qu'il le seroit ce celles-ci mêmes s'y trouvassent. Le mieux seroit peut-être d'ordonner que chaque individu se baignât seul ; mais

Dans ses écrits un sage italien,
Dit que le mieux est l'ennemi du bien.

Au reste, le nombre prodigieux de *bains*, chez les romains ne servoit pas moins à la commodité qu'à l'embellissement de la ville. Les thermes surtout se distinguoient par leur magnificence & leurs richesses. Ils étoient l'ouvrage des empereurs, & servoient à eux, aux personnes de leur suite & même au public. C'étoient de spacieux & magnifiques édifices, ornés de portiques & de galleries d'une étendue extraordinaire & d'une architecture superbe, qui ne renfermoient pas seulement des *bains*, mais encore tout ce qui pouvoit les rendre agréables. On trouvoit dans quelques-unes des bibliothèques ;

témoin les thermes de *Dioclétien*, où l'on avoit transporté la bibliothèque ulpienne. Il y avoit des endroits destinés aux exercices du corps, à la lutte ; enfin l'on y trouvoit, ainsi que dans les autres *bains*, des nouvellistes, des barbiers & des courtisanes. Les empereurs s'étoient plu à embellir leurs thermes des chef-d'œuvres de la sculpture ; le plus beau marbre étoit employé à former les colonnes qui en soutenoient les hautes voûtes, à revêtir les murs, à former les caves & les réservoirs d'eau. Le bronze, la ciselure rehaussoient la beauté de l'architecture & la majesté des formes ; & par ce qui nous en reste, on voit que les auteurs de ces descriptions, n'ont rien exagéré.

Quel contraste avec notre mesquinerie, notre pauvreté, notre goût gothique ! Est-ce que les romains étoient plus que des hommes, ou sommes-nous moins ? Rien ne peint mieux la grandeur d'un peuple que son architecture ; c'est la mesure de son élévation.

Notre magnificence comparée, à de tels monumens, est celle des bourgeois mise en parallèle avec celle d'un puissant monarque. Nous n'avons rien, en effet, qu'on puisse assimiler aux établissemens romains. Quelques bateaux entretenus par des pêcheurs sur la rivière, couverts de toile & soumis à la police du bureau de la ville ; quelques maisons établies dans les fauxbourgs sous la férule protectrice de la burocratie parisienne, quelques perruquiers-baigneurs-étuvistes ; voilà les thermes de la capitale de la France, & où l'on paie fort cher pour être assez mal. Nous en parlerons au mot PARIS, ainsi que d'un très-joli établissement en ce genre, nouvellement formé sous le titre de *bains orientaux*. Parlons de la police des bains.

Le maintien de la décence & la sûreté des baigneurs en ont dû faire les principaux points de vue. Mais ni l'un ni l'autre de ces objets ne sont remplis : je dis dans les bains sur la rivière ; car dans ceux que l'on prend dans des baignoires, il y a toute sûreté & je crois aussi toute décence. Le véritable motif des réglemens de police pour les *bains*, est le droit qu'on doit payer pour en établir ; après cela le reste n'est plus qu'une affaire de forme. Aussi tous les ans y a-t-il à Paris plusieurs personnes qui périssent, faute d'avoir des secours prompts pour les secourir. Une ville populace ne vaut pas la peine qu'on s'occupe d'elle qu'autant qu'on en peut tirer de l'argent ; & les grands ou gros seigneurs ne vont point dans les bateaux couverts. Quoi qu'il en soit de tout cela, voici les réglemens.

Une sentence du bureau de la ville, du 12 juin 1742, ordonne que les *bains* établi sur la rivière pour les hommes & pour les femmes, soient suffisamment éloignés les uns des autres ; à peine contre les fermiers & loueurs de ces *bains*, de 300 liv. d'amende, & de confiscation de leurs bateaux & équipages.

A

A Paris, cette police est, comme on voit, attribuée au corps de ville, qui a la jurisdiction de la marchandise d'eau & la connoissance de tout ce qui se fait sur la rivière de Seine ; dans les villes de province ce sont les juges de police ordinaires qui ont celle des bains.

Cette sentence défend aussi de se baigner d'une manière indécente, de rester nud sur les bords & graviers de la rivière, à peine de trois mois de prison. Il est également défendu de prendre le bain près des endroits où l'on puise l'eau. Mais tout cela n'est point, ou mal observé : car quant à la défense de se montrer nud sur le rivage, elle est éludée trois mois de l'année par une foule de jeunes polissons ; il n'y a que les vieillards qui l'observent à la lettre. Cette réflexion rappelle une remarque de la Bruyère : « Tout le monde connoît, dit-il, cette » longue levée qui borne & qui resserre le lit de » la Seine du côté où elle entre à Paris avec la » marne qu'elle vient de recevoir, les hommes s'y » baignent au pied pendant les chaleurs de la cani- » cule ; on les voit de fort près se jetter dans » l'eau, on les voit sortir, c'est un amusement. » Quand cette saison n'est pas venue, les femmes » de la ville ne s'y promènent pas encore, & quand » elle est passée, elles ne s'y promènent plus ».

La sûreté des baigneurs est le moindre des soins de la police. On fait sur cet objet des réglemens que personne n'observe, & que personne n'est chargé de faire exécuter. Le meilleur réglement seroit d'avoir bon nombre de bateaux & de garde-bateaux toujours prêts à porter du secours à ceux qui seroient en danger ; mais cela coûteroit de l'argent : on en veut bien prodiguer pour entretenir deux mille espions inutiles ou odieux, & l'on craint d'en donner pour assurer le repos des citoyens, d'une façon régulière & sans vexations.

BAL, s. m. Lieu d'assemblée dont la danse est l'objet ou le prétexte.

Nous ne devons parler ici des bals que dans leur rapport avec les soins utiles ou superflus que la police en prend. On trouvera, dans le dictionnaire de danse, tous les détails historiques & techniques sur les bals, tant nationaux qu'étrangers ; ainsi nous nous renfermerons tout simplement dans notre objet.

On peut distinguer trois sortes de bals, les bals publics, les bals bourgeois & les bals particuliers.

Les bals publics sont ceux où tout le public entre en payant à la porte, & qui ont lieu dans des endroits destinés à cela, comme à Paris, le Panthéon, le Ranelagh, &c.

Les bals particuliers sont ceux que des maîtres de

danse donnent chez eux, & où l'on peut être reçu en achetant le droit d'entrée.

Enfin, les bals bourgeois sont ceux que les familles forment chez elles, en réunissant un certain nombre de parens & d'amis de l'un & l'autre sexe.

La police, qui se mêle de tout, ne se mêle cependant guère des bals bourgeois ; on respecte encore assez l'asyle des citoyens, pour ne les pas forcer à recevoir un espion comme inspecteur & président de leurs amusemens. Les familles peuvent faire danser leurs enfans dans leur sallon, sans l'ordre de M. le lieutenant de police. Ce pouvoir ne s'étend pourtant pas au petit peuple : l'on peut supposer, sans craindre de se tromper, qu'un malheureux ouvrier qui racleroit un mauvais violon, les fêtes & les dimanches, pour faire danser ses enfans & ses parens, seroit bientôt averti par le commissaire, que les voisins du quartier se plaignent ; c'est l'expression d'usage, & qui équivaut à une défense. ―

Les maîtres de danse obtiennent la permission pour donner à danser ; on leur fait payer, mais on ne la leur refuse pas, à condition que les limiers de la police auront leurs entrées franches dans le bal. Une chose plus utile, & qu'on devroit plus rigoureusement observer, ce seroit qu'il y eût toujours deux ou trois gardes à la porte de ces assemblées. Il s'élève quelquefois des disputes, des rixes ; c'est alors qu'il importe qu'une force respectable puisse mettre la paix, afin de prévenir des excès meurtriers. Un soldat ne suffit pas, il en faut au moins quatre ; le maître de danse doit faire entrer cette dépense dans ses frais : il n'y a point là de despotisme, c'est protection & sûreté.

Les maîtres à danser ne peuvent tenir leur bal que pour leurs élèves, & jamais les fêtes & dimanches, aux termes des règlemens ; mais la convenance, le besoin des plaisirs, & cent autres raisons, font passer par-dessus ces prohibitions à Paris, & les bals particuliers sont à peu près publics ; tout cela est affaire d'argent & de protection. Il en est à peu près de même de la défense faite aux traiteurs & aubergistes de prêter leurs salles à d'autres bals que ceux de noces ; cette rigueur est mal observée : & tous les dimanches il y a dans Paris une foule de contrevenans à l'ordonnance tolérés.

Nous allons rapporter une sentence de police de Paris sur cette matière, pour faire connoître l'esprit des règlemens à l'égard des bals particuliers.

« Sur le rapport à nous fait à l'audience de la chambre de police, par Me Pierre Regnard, commissaire au châtelet, &c. contenant que le vingt-cinq mars, jour de l'annonciation de la Vierge (1), il se

---

(1) Remarquez, s'il vous plaît, qu'à Paris l'on ferme, les jours de fêtes consacrés à la Vierge, les spectacles & les bals, qui sont des amusemens paisibles, & qu'on permet le combat du taureau, le plus affreux comme le plus dangereux de tous, par l'impression & le goût du meurtre, qu'il nourrit chez le peuple.

se seroit transporté avec un brigadier du guet à cheval & un exempt de la monnoie, chez un nommé *Froissard*, maître à danser, où il l'a trouvé avec un autre particulier qui jouoit du violon, plusieurs plaques attachées autour de la chambre, dans lesquelles étoient des chandelles allumées; qu'il y avoit des personnes de différens sexes, au nombre de trente, assistant autour de la chambre, tandis que d'autres dansoient; que lui commissaire, représentant qu'il contrevenoit au réglement de police, ledit Froissard auroit répondu que tous ceux & celles qui étoient dans ladite salle de danse étoient ses écoliers & écolières, qu'il n'avoit que ces jours de fêtes & dimanches à leur donner leçon; attendu cette contravention, lui commissaire en a du tout dressé procès-verbal. Ensuite il s'est transporté rue Feydeau, dans une maison occupée par le nommé *Moisel*, vendant bierre, où lui commissaire étant entré dans la boutique & ensuite dans une salle contiguë à la boutique, il a vu quatre particuliers & particulières qui dansoient, & le nommé *Verdun* qui jouoit du violon, que ladite salle étoit illuminée de chandelles, lesquelles étoient tant dans des plaques que dans des chandeliers; qu'ayant demandé où étoit ledit *Moisel*, une femme se seroit présentée à lui, qui lui a dit être sa femme, que lui ayant fait entendre quel étoit le sujet de son transport, lui a dit que c'étoit le nommé *Verdun*, son garçon, qui jouoit du violon, & ne croyoit point qu'il y eût de danger; a observé lui commissaire, qu'à la cheminée de ladite salle, il y avoit attaché un grand écriteau portant ces mots : *Messieurs, après avoir bien dansé, mettez dans la tire-lire, sans exiger*, duquel écriteau ainsi que la tire-lire & du violon, lui commissaire s'est du tout saisi, & attendu la contravention commise par ledit Froissard, maître de danse, & Moisel, vendant bierre, aux arrêts, sentences & réglemens de police, très-souvent réitérés concernant les maîtres de danse, marchands de vin, cabaretiers, traiteurs, taverniers, vendeurs de bierre & eau de vie, & notamment à ceux rendus les 27 octobre 1372, 7 mai 1526, 11 mars & 19 décembre 1727, qui leur font défenses de tenir salles, ni même de les louer, sous quelque prétexte que ce puisse être, lui commissaire a cru qu'il étoit de son devoir de faire assigner lesdits Froissard & Moisel, de son ordonnance, pour répondre chacun en droit soi, sur & aux fins desdits procès-verbaux, à la requête du procureur du roi, comme il a été fait par exploit de Charles Tranchepain, huissier à verge & de police audit châtelet, le 31 mars dernier, à comparoir pardevant nous à la présente audience, pour être statué sur le présent rapport.

» Sur quoi nous, après avoir oui ledit commissaire Régnard le jeune en son rapport, les gens du roi en leurs conclusions, & après avoir entendu lesdits Froissard & Moisel, chacun séparément en leurs défenses : ordonnons que les arrêts du parlement, sentence & réglemens de police concernant la prohi-

bition de la tenue des salles & assemblées de danse, & notamment nos sentences desdits jours 11 mars & 19 décembre 1727, seront exécutés selon leur forme & teneur; en conséquence faisons défenses à tous maîtres à danser & à tous autres, de quelque nature, qualités & condition qu'ils soient, à l'exception néanmoins des traiteurs, lorsqu'ils auront des noces chez eux, de tenir assemblées & sale les jours de dimanches & de fêtes, de recevoir chez eux, dans aucun jour de la semaine, des soldats, domestiques & gens sans aveu; comme aussi leur défendons d'y recevoir aucunes femmes ou filles, sous quelque prétexte que ce soit, le tout à peine de 50 liv. d'amende; & pour la contravention commise par lesdits Froissard & Moisel, les condamnons pour cette fois, par grace & sans tirer à conséquence, chacun en 50 liv. d'amende, leur faisons défenses de récidiver, sous plus grandes peines si le cas y échet : ordonnons que l'argent qui est dans ladite tire-lire, sera confisqué & appliqué au profit des prisonniers du grand châtelet, & néanmoins, sans tirer à conséquence, que le violon sera rendu audit Moisel : mandons aux commissaires, chacun dans l'étendue de son quartier, de tenir la main à l'exécution de la présente sentence, qui sera exécutée nonobstant oppositions ou appellations quelconques, & sans préjudice d'icelles, imprimée, publiée & affichée dans tous les lieux ordinaires & accoutumés de cette ville & fauxbourg, & notamment aux portes desdits Froissard & Moisel ».

Nous avons rapporté cette sentence en entier afin de donner un exemple de la manière dont se font les rapports de police, & du peu d'égards qu'on a pour l'asyle des citoyens; car enfin Froissard, cité dans la sentence, n'avoit-il pas le droit de faire chez lui une chose qui ne faisoit tort à personne, & qui faisoit plaisir à lui & à ses amis. Au reste, c'est que Froissard, ainsi que l'autre, n'avoit point eu soin d'acheter, de l'inspecteur de police, la permission de faire danser chez lui quand & qui bon lui sembleroit.

A considérer la chose sous un point de vue général d'utilité publique, c'est non seulement une contrainte absurde d'empêcher à un particulier que plusieurs personnes viennent chez lui pour danser, mais encore cette défense nuit au bonheur de la société. C'est un agrément, & un très-grand agrément pour les jeunes gens, de pouvoir se réunir avec leurs maîtresses ou leurs femmes dans de petits bals, pour une modique somme. Ils passent ainsi un moment de plaisir dans une ville où le peuple en a bien peu; ils perdent le goût de la débauche, & leurs mœurs sont moins en danger dans ces endroits que dans les guinguettes, où l'on danse, & où l'on dépense beaucoup. Ces remarques échappent à nos faiseurs d'ordonnances, ou si elles les frappent, ils les méprisent & n'en font pas de cas.

Mais la nécessité, plus forte que les réglemens,

BAL

BAL 403

fait les moyens de les éluder, il se tient des bals contre les ordonnances : il faut, à la vérité, soudoyer l'inspecteur, & faire taire, par la même voie, les dogues de la police : un peuple timide & doux aime mieux employer ces moyens que de faire valoir ses droits de liberté & d'indépendance.

Ce que je dis de l'utilité des danses dans les villes, je le dis des paroisses de campagne. Elles n'y font pas plus utiles que dans les villes, parce que les travaux champêtres font une forte d'exercice continuel, qui se fait au grand air & qui par là contribue à la santé, mais elles répandent la sérénité, la joie, le contentement parmi les jeunes gens. Elles rapprochent les garçons des filles, les hommes des femmes, ce qui est un bien & contribue beaucoup à adoucir les mœurs & à répandre l'esprit de société dans les familles. Elles occasionnent des liaisons, des connoissances, qui forment ensuite des alliances d'autant mieux assorties qu'elles se font faites sous les auspices de la douce joie, des plaisirs innocens. C'est donc un très-grand mal quand des pasteurs rigides défendent les bals dans leur paroisse. Ils se concentrent les desirs & donnent lieu à un libertinage caché, qui est une vraie corruption de mœurs ; ils se font haïr, & il est toujours très-dangereux que le chef de la religion soit haï de ceux qui doivent l'écouter ; enfin ils outrepassent leurs pouvoirs qui ne leur donnent d'autorité sur leurs paroissiens que lorsqu'ils sont aux pieds des autels ou au tribunal de la pénitence.

Je voudrois donc que chaque village eût son bal de fondation, comme il y a tant d'autres choses. Il faudroit que le maître d'école en eût la direction & y mît la police, mais qu'il ne se mêlât d'aucun des arrangemens qui peuvent plaire aux danseurs ; qu'ils fussent libres ; un léger fonds suffiroit à cet objet : & je le croirois aussi bien employé qu'à tout autre objet bien moins utile & bien moins agréable. Parlons actuellement des grands bals publics, ou plûtôt des lieux où il s'en donne : c'est dans la ville, c'est dans Paris qu'il faut rentrer.

Ces bals font soumis à la police générale des spectacles & au réglement du 30 décembre 1715, par lequel il est défendu « à toutes personnes de » commettre, soit aux portes, soit dans la salle du » bal, aucune violence, insulte, ou indécence, & » veut sa majesté que les contrevenans à cette or- » donnance, soient punis de prison, & de plus » grande peine, s'il y échet ».

En général, le peuple de Paris n'est point porté à la violence ; mais comme il s'y trouve toujours un grand nombre d'étrangers, il est très-important, dans les lieux destinés à recevoir une jeunesse bouillante & emportée, qu'il y ait une police exacte, que la garde soit nombreuse & respectueuse, qu'elle parle avec égards, & qu'elle se porte avec attention à prévenir les rixes, & contenir, de gré ou de force, l'insolent tapageur qui troubleroit l'assemblée par des brutalités, des injures ou des coups.

C'est sur-tout l'hiver que les bals font fréquens : alors on y va masqué ; & pour mettre le public à couvert des désordres qui pourroient résulter de ce déguisement, voici un réglement de police, du 9 novembre 1720, qui est assez sage, & dont l'exécution doit être scrupuleusement observée.

« Sa majesté, y est-il dit, voulant faire observer & renouveller les défenses ci-devant faites à toutes personnes masquées de porter des épées ou autres armes, & cette attention n'étant pas moins nécessaire, tant pour assurer la tranquillité publique & la décence des assemblées de nuit, plus fréquentes en cette saison qu'en aucune autre ; que pour empêcher les accidens qui pourroient arriver dans ces assemblées, entre des personnes que le masque rend égales en apparence, quoiqu'elles soient de condition bien différente : sa majesté a de nouveau fait très-expresses inhibitions & défenses à toutes personnes masquées, de quelque qualité & condition qu'elles soient, de porter des épées ou autres armes, ou d'en faire porter par leurs valets, à peine de désobéissance contre les maîtres, & de prison contre les domestiques ».

C'est sur-tout le bal de l'opéra à Paris, qu'on a eu vue dans ce réglement : il n'y en a pas où un plus grand nombre de personnes de tous états se trouvé réuni, depuis les ducs & pairs jusqu'aux coëffeurs, & simples garçons de bureau ; il n'y en a pas non plus où la liberté des propos indécens, les actions libertines, les gestes scandaleux soient plus communs & plus de goût. C'est une assemblée de satyres, de bacchantes, un rendez-vous digne du pinceau de Pétrone. Si l'on veut voir jusqu'où la lubricité, la grossière volupté, le déréglement du goût peut aller, il faut voir le bal de l'opéra, bal où personne ne danse, où l'on est poussé, foulé, tiraillé, & où une honnête femme, ou seulement celle qui a le sentiment des plaisirs réels, n'ira jamais, ne fût-ce que pour ne pas se dégoûter des hommes.

BALANCIER, s. m. celui qui fait des instrumens à peser. Voyez ce mot dans la jurisprudence.

BALLADIERE ou BAYADERE, s. f. C'est le nom d'une danseuse & courtisane de l'Inde.

» Les balladières font réunies en troupes, dit l'auteur de l'histoire philosophique, dans des séminaires de volupté. Les sociétés de cette espèce les mieux composées, font consacrées aux pagodes les plus riches & les plus fréquentées. Leur destination est de danser dans les temples, aux grandes solemnités, & de servir aux plaisirs des brames. Ces prêtres qui n'ont point fait le vœu inconsidéré de renoncer aux femmes, aiment mieux avec des femmes qui leur appartiennent, que de corrompre à la fois le célibat & le mariage. Ils n'attentent pas aux droits d'autrui par l'adultère, mais ils sont jaloux des

Eee 2

danfeufes dont ils partagent & le culte & les vœux avec leurs Dieux, jufqu'à ne permettre jamais, fans répugnance, qu'elles aillent amufer les rois & les grands.

» On ignore comment cette inftitution fingulière s'eft formée. Il eft vraifemblable qu'un brame qui avoit fa concubine ou fa femme, s'affocia d'abord avec un autre brame, qui avoit aufli fa concubine ou fa femme; mais qu'à la longue le mélange d'un grand nombre de femmes & de brames, occafionna tant d'infidélités que les femmes devinrent communes entre tous ces prêtres. Réuniffez dans un feul cloître ces célibataires des deux fexes, & vous ne tarderez pas à voir naître la communauté des hommes & des femmes.

» Il eft vraifemblable qu'au moyen de cette communauté d'hommes & de femmes, la jaloufie s'éteignit, & que les femmes virent fans peine le nombre de leurs femblables fe multiplier, & les hommes, le nombre des brames s'accroître : c'était moins une rivalité qu'une conquête nouvelle (1).

» Il eft vraifemblable que pour pallier aux yeux des peuples le fcandale d'une vie fi licencieufe, toutes ces femmes furent confacrées au fervice des autels. Il ne l'eft pas moins que les peuples fe prêtèrent d'autant plus volontiers à cette efpèce de fuperftition, qu'elle renfermoit dans une feule enceinte les defirs effrénés d'une troupe de moines, & mettoit ainfi les femmes & leurs filles à l'abri de la féduction (2).

» Il eft vraifemblable qu'en attachant un caractère facré à ces efpèces de courtifanes, les parens virent fans répugnance leurs plus belles filles entraînées par cette vocation, quitter la maifon, paternelle, pour entrer dans ce féminaire, d'où les femmes furannées pouvoient rentrer fans honte dans la fociété : car il n'y a aucun crime que l'intervention des dieux n'efface, aucune vertu qu'elle n'aviliffe.

» Il ne reftoit plus aux brames qu'un pas à faire, pour porter l'inftitut à fa dernière perfection; c'était de perfuader aux peuples qu'il était agréable aux dieux, honnête & faint d'époufer une *balladière*, de préférence à toute autre femme, & de faire folliciter comme une grace fpéciale le refte de leurs débauches.

» Il eft destroupes moins choifies dans les grandes villes de l'empire du Mogol, pour l'amufement de tous les gens riches. Les maures & les gentils peuvent également fe procurer le fpectacle de ces danfeufes, dans leurs maifons de campagne ou dans leurs affemblées publiques. Il y a même de ces troupes

ambulantes, conduites par de vieilles femmes, qui, d'élèves de ces fortes de féminaires, en deviennent enfuite directrices.

» Par un contrafte bizarre, & dont l'effet eft toujours choquant, ces belles filles traînent à leur fuite un muficien difforme & d'un âge avancé, dont l'emploi eft de battre la mefure avec un inftrument de cuivre, que nous avons depuis emprunté des turcs, pour ajouter à notre mufique militaire, & qui aux Indes fe nomme *tam*. (3) : celui qui le tient répète continuellement ce mot avec une telle vivacité, qu'il arrive par degré à des convulfions affreufes, tandis que les *balladières*, échauffées par le defir de plaire & par les odeurs dont elles font parfumées, finiffent par être hors d'elles-mêmes.

» Les danfes font prefque toutes des pantomimes d'amour : le plan, le deffein, les attitudes, les mefures, les bonds & les cadences de ces ballets, tout refpire cette paffion & en exprime les différentes voluptés.

» Tout confpire aux prodigieux fuccès de ces femmes voluptueufes, l'art & la richeffe de leur parure, l'adreffe qu'elles ont à façonner leur beauté. Leurs longs cheveux noirs épars fur leurs épaules ou relevés en treffes, font chargés de diamans & parfemés de fleurs; des pierres précieufes enrichiffent leurs colliers & leurs bracelets : les bijoux même attachés à leurs narines, cette parure qui choque au premier coup d'œil, eft d'un agrément qui plaît, & relève tous les autres ornemens par le charme de la fymétrie & d'un effet inexplicable, mais fenfible avec le temps.

» Rien n'égale fur-tout leur attention à conferver leur fein, comme un des tréfors les plus précieux de leur beauté. Pour l'empêcher de groffir ou de fe déformer, elles l'enferment dans deux étuis d'un bois très-léger, joints enfemble & bouclés par derrière. Ces étuis font fi polis, fi fouples, qu'ils fe prêtent à tous les mouvemens du corps, fans applatir, fans offenfer le tiffu délicat de la peau. Le dehors de ces étuis eft revêtu d'une feuille d'or parfemée de brillans. C'eft là, fans contredit, la parure la plus recherchée, la plus chère à la beauté. On la quitte, on la reprend avec une légèreté fingulière. Ce voile qui couvre le fein n'en cache pas les palpitations, les foupirs, les molles ondulations, il n'ôte rien à la volupté.

» La plupart de ces danfeufes croient ajouter à l'éclat de leur teint, à l'impreffion de leurs regards, en formant autour de leurs yeux un cercle noir, qu'elles tracent avec une aiguille de tête, teinte

---

(1) Ce raifonnement de M. l'abbé *Raynal* femble propre à répondre à une des objections que l'on oppofe à la poffibilité de la polygamie.

(2) Il auroit été bien à fouhaiter qu'on eût également trouvé moyen de mettre les familles à l'abri de la féduction militaire en Europe, & fur-tout en France, où elle perd les mœurs & les femmes. *Voyez* ACTION.

(3) C'eft la timbale.

d'une poudre d'antimoine. Cette beauté d'emprunt, relevée par tous les poëtes orientaux, après avoir paru bizarre aux Européens, qui n'y étoient pas accoutumés, a fini par leur être agréable.

» Cet art de plaire est toute la vie, toute l'occupation, tout le bonheur des *balladières*. On résiste difficilement à leur séduction. Elles obtiennent même la préférence sur ces belles cachemiriennes qui remplissent les sérails de l'Indostan, comme les géorgiennes & circassiennes peuplent ceux d'Ispahan & de Constantinople. La modestie, ou plutôt la réserve naturelle à de superbes esclaves séquestrées de la société des hommes, ne peut balancer les prestiges de ces courtisannes exercées ».

On aura peine à croire cette dernière assertion de de M. l'abbé Raynal. Une belle femme qui joint à ses charmes naturels l'expression d'une pudeur voluptueuse, qui, sans opposer une résistance positive à nos desirs, semble toujours nous mériter la gloire d'un triomphe, & qui par la modeste retenue de ses discours, paroît nous ménager le plaisir de lui faire connoître des voluptés qu'elle ignore, une pareille femme, dis-je, est faite pour bien plus fortement remuer l'ame que l'effet magique & instantané d'une *balladière*, qui peut bien vaincre & enivrer les sens, mais jamais subjuguer le cœur & le remplir du sentiment d'une véritable jouissance. L'exemple de quelques goûts particuliers ne prouveroit rien, je crois, contre cette vérité, & l'auteur lui-même du passage que nous venons de rapporter, montre trop de délicatesse dans ses peintures voluptueuses, pour croire qu'il fût d'une opinion contraire dans la pratique.

Nous n'ajouterons aucune réflexion à ce tableau d'une partie des mœurs indiennes : il peut servir de terme de comparaison, & marquer la différence que le climat, la religion, des circonstances peu connues, mettent dans les habitudes & les idées des peuples. Tout est relatif, on l'a dit cent fois, & cette vérité est un grand moyen de solution pour résoudre les difficultés sans nombre, qui se présentent journellement à quiconque se livre à l'étude de l'histoire de la civilisation. *Voyez* COURTISANNES & PROSTITUTION.

BALLON, s. m. Sorte de machine ronde & vuide de corps solide en-dedans. C'est des *ballons* aérostatiques que nous parlons ici. Ils ne sont autre chose, comme on sait, qu'une grande capacité faite de peau dite *baudruche*, & remplie de gaz aériforme.

Nous en disons quelques mots, parce que les soins de la police s'en sont occupés, pour prévenir les incendies & les accidens qui en auroient pu résulter. Une ordonnance du 23 avril 1784, défend d'enlever dans Paris & aux environs, aucun *ballon* avec des réchauds d'esprit de vin enflammé, exige que les personnes instruites qui voudront en enlever d'une autre espèce, en avertissent la police, & con-

damne ceux qui contreviendront à ce règlement, à cinq cents liv. d'amende. Nous parlerons encore des *ballons* au mot INCENDIE.

Disons seulement que jamais découverte ne fit tant de tapage; ne fut plus exaltée, & ne produisit moins de bien. Toutes les têtes tournèrent, & la France entière ne révoit plus que *ballon*. Ce fut une folie. L'art typographique, beaucoup plus précieux, n'eut jamais autant d'enthousiastes. Que la découverte devienne utile, qu'elle reste stérile, il n'en est pas moins vrai que la fureur aérostatique qu'elle fit naître, fut un des plus singuliers phénomènes moraux de notre tems. Il en résulta que quelques gens du monde s'adonnèrent à l'étude des connoissances chymiques & physiques qui y ont rapport, & qu'on vendit beaucoup d'acide vitriolique pour ces expériences; & c'est tout l'effet que produisirent ces *ballons*.

BAN, s. m. publication. *Voyez la* jurisprudence.

BANDIT, s. m. homme de mœurs féroces, errant & adonné au brigandage. C'est cependant quelque chose de plus vil, mais de moins dangereux qu'un brigand. *Voyez la* jurisprudence, & BRIGAND.

BANLIEUE, s. f. C'est en général la partie de terrein autour d'une ville qui en dépend.

On l'appelle *banlieue*, parce que cet espace est ordinairement d'une lieue, que la jurisdiction de la municipalité s'étend sur tout le territoire, & qu'on peut y faire le ban, c'est-à-dire, les proclamations de la ville.

Les habitans de la *banlieue* sont assujettis aux mêmes réglemens municipaux & de police que ceux de la ville; ils jouissent aussi des mêmes privilèges, & paient les mêmes contributions.

C'est au juge à qui appartient la police de la *banlieue* de marquer l'instant où les vendanges doivent commencer : après avoir pris l'avis des propriétaires de vignes & des plus renommés vignerons, il fait publier la permission de vendanger : cette permission se nomme *ban de vendanges*, c'est-à-dire, publication des vendanges.

Ce soin a été pris afin d'éviter ou prévenir les surprises des gens qui, sous prétexte que le raisin seroit mûr, iroient vendanger les vignes de leurs voisins dans un moment où personne n'auroit point encore commencé. Le messier ou garde-vignes, ne laisse point vendanger qu'après que le ban a été publié au prône ou ailleurs.

L'édit du mois de novembre 1706 porte : « que » les lieutenans-généraux de police ordonneront les » proclamations qui ont coutume de se faire pour la » récolte des fruits, à l'exclusion de tous autres

» officiers dans les lieux de leur établissement, &
» nommeront les gardes & messiers ».

Nous rapporterons ici quelques détails sur la
banlieue de Paris ; ils peuvent être utiles, & nous
ne voyons pas que personne les ait consignés dans
l'*Encyclopédie*.

La *banlieue* de Paris se divise en *banlieue* civile,
en *banlieue* ecclésiastique : c'est la raison pour laquelle il y a des paroisses voisines de Paris qui sont
de la *banlieue* pour le civil, & qui n'en sont point
pour le gouvernement ecclésiastique.

La *banlieue* ecclésiastique est restreinte aux paroisses qui sont comprises dans les archiprêtrés de
la ville, parce que ces paroisses sont réunies comme
celles des fauxbourgs, avec les paroisses de la ville,
pour ce qui est du gouvernement ecclésiastique.

La *banlieue* civile, telle qu'elle est désignée dans
le registre du châtelet, dit *le grand livre jaune*,
fol. 24 ; & dans le treizième volume des bannières
du châtelet, *fol.* 18, s'étend dans tous les lieux &
endroits que voici :

Vaugirard, Issy, la maison des Chartreux à Issy,
le moulin de la première maison d'Issy, Clamart,
Vanvres, Mont-Rouge, Châtillon, Bagneux, jusqu'au ruisseau du Bourg-la-Reine ; Gentilly, Arcueil
& Cachant, jusqu'à la rue de Lay, dont il y a quatre
à cinq maisons audit village de Lay qui en sont ;
Ville-Juif & la Saussaie, jusqu'au chemin du mou-
lin-à-vent ; Ivry, Vitry, jusqu'à la fontaine & le
pont de Charenton, Saint-Mandé, Conflans, la
Pissotte, jusqu'à la planche du ruisseau ; Montreuil,
jusqu'à la rue première, venant de Paris du côté
de Vincennes ; Charonne, Bagnolet, Romainville,
jusqu'au grand chemin de Noisy-le-sec ; Pantin,
le Pré S. Gervais, Belleville, les Hostes-Saint Merry,
l'hôtel des Seny, dit *l'hôtel Saint-Martin*, la Villette,
la Chapelle S. Denis, Aubervilliers, jusqu'au ruisseau
de la Cour neuve : S. Ouen, S. Denis, jusqu'au quai
ou grille ; la maison de Seine, Montmartre, Choisy-
la-garenne, Vallière, le port de Neuilly, le Ménil ou
Menus-lès-Saint-Cloud ou Boulogne, jusqu'à la
croix du pont ; Auteuil, Passy, Chaillot, la Ville-
l'Evêque.

BANQUEROUTIER, s. m. C'est celui qui
fait banqueroute, c'est-à-dire, qui abandonne les
biens à ses créanciers, en cessant de remplir ses engagemens. *Voyez* la *Jurisprudence*.

On peut distinguer trois sortes de *banqueroutiers*, par rapport aux trois espèces de banqueroutes
que l'on peut faire ; banqueroute nécessaire ou forcée, banqueroute blâmable, & banqueroute frauduleuse. Expliquons ce que nous entendons par ces
trois mots, ensuite nous dirons quelque chose des
peines prononcées contre les *banqueroutiers*, & des
moyens de prévenir les banqueroutes.

Avec la meilleure foi du monde & la plus grande

économie dans son commerce, un marchand, un
banquier, peut être précipité dans une banqueroute
forcée : d'un côté, des variations dans les modes
font tomber le prix des marchandises ; d'un autre,
l'infidélité des correspondans amène des pertes inat-
tendues, qui, épuisant la fortune du négociant,
l'obligent à quitter son commerce, à faire banqueroute. Ce malheur est beaucoup plus digne de
pitié que d'animadversion ; & la loi, loin de sévir
contre celui qui se trouve dans ce cas, doit aller à
son secours, & perdre toute sa rigueur envers lui.
C'est aussi ce qui a lieu. Un *banqueroutier* forcé,
qui peut donner des preuves des causes qui ont
nécessité sa faillite, n'est jamais rigoureusement
poursuivi, mais il n'en perd pas moins sa considération dans le commerce, & le public en général
ne distingue guère un *banqueroutier* malheureux d'un
autre qui l'est par négligence ou par fraude.

Cette mauvaise manière d'envisager les faillites
n'a pas peu contribué à multiplier les *banqueroutiers* frauduleux. Des hommes d'une conscience peu
délicate, se feront crus en droit de manquer de
foi, d'être criminel sur le seul prétexte que leur
réputation n'en seroit pas moins flétrie, s'ils faisoient
quelque sacrifice au bien de leurs créanciers : c'est
ainsi qu'une foule d'injustices du public, deviennent
la cause de perversités particulières.

Nous avons dit qu'après les banqueroutes forcées,
l'on devoit ranger celles qui sont blâmables. Leur
cause est due au luxe inconsidéré, à la dépense
forcée, à l'imprudence, au peu d'ordre du négociant qui la fait. Un trop grand état, des goûts
chers, des fantaisies ruineuses dans un marchand,
le conduisent souvent à sa ruine. Les fonds lui
manquent, absorbés par sa dépense personnelle,
il ne peut plus payer comptant, il faut qu'il reçoive la loi du fabricant, qu'il paie de gros intérêts, & quels soient souvent ensuite ses soins
& sa réserve, il ne peut éviter de manquer à ses
engagemens.

Quelquefois, pour parer à la honte d'une défaite,
il prolonge son existence, il emprunte ; mais ce
moyen, ruineux pour tout le monde, devient un
principe infaillible de perdition pour un négociant,
dont les bénéfices des fonds peuvent seuls soutenir
le commerce.

On peut dire qu'en général l'abus du luxe est la
cause de ces espèces de banqueroutes. Il n'est pas
déraisonnable que des marchands, riches & policés, fassent une sorte de dépense, qu'ils jouissent
des commodités, des agrémens de la société ; que
leurs maisons soient montées sur un pied proportionné
à leur fortune ; mais il est ridicule qu'un marchand
se donne les airs d'un grand seigneur, qu'il se ruine
en porcelaine, en actrices, en papillons, en dîners
à la campagne. Ce luxe est le plus dangereux, bien
plus encore parce qu'il fait perdre le train des affaires
de vue, que parce qu'il entraîne une consommation

d'argent prodigieuse. Ainsi ce n'est point à tort que nous regardons comme blâmable celui qui doit, à de pareilles causes, la perte qu'il fait éprouver à ses créanciers.

Mais les plus coupables de tous sont les *banque-routiers* frauduleux. Ceux-ci sont criminels par réflexion, ce sont des voleurs publics. Il n'est pas rare d'en voir à l'avance calculer les profits d'une banqueroute, capter, pour y mieux réussir, la confiance de leurs correspondans ; garnir leur magasin, & vendre ensuite à vil prix, pour réaliser les marchandises & emporter l'argent.

Ils trouvent des hommes aussi criminels qu'eux qui les secondent, qui simulent des créances, qui récèlent les effets. Ils en trouvent aussi qui se joignent aux autres créanciers, qui affectent une grande indignation, & le tout pour sonder le foible des victimes qu'on veut perdre, & profiter de leurs dépouilles.

Les loix se sont armées contre ce délit destructif de la confiance ; elles ont prononcé des peines rigoureuses contre lui, mais la difficulté de distinguer une faillite due à la fraude, à l'imprudence ou même au malheur, en a rendu l'exécution incertaine. Notre législation a voulu en donner des marques caractéristiques ; la déclaration du 13 juin 1716 exige que tout négociant qui faillite, commence par déposer au greffe de la jurisdiction consulaire, ou s'il n'en existe pas dans le lieu de son domicile, au greffe de l'hôtel-de-ville, un état exact, détaillé & certifié véritable de tous ses effets mobiliers & de ses dettes ; qu'il dépose également ses livres, registres, cotés & paraphés, & que faute de ce, il ne puisse être reçu à passer avec ses créanciers aucun contrat d'attermoiement, aucune transaction, & qu'il soit poursuivi extraordinairement comme *banqueroutier* frauduleux.

Il est sûr que si les négocians observoient exactement les dispositions de cette loi, les banqueroutes forcées seroient faciles à distinguer de celles qu'ont inspirées la fraude & la mauvaise foi ; mais on les néglige, & on n'attache absolument aucune peine à leur infraction. Il faudroit encore qu'un autre article de la même ordonnance fût rigoureusement suivi ; il porte : Que tous les livres des marchands négocians, tant en gros qu'en détail, seront signés, sur le premier & dernier feuillet, par l'un des Consuls, ou par un Echevin (dans les villes où il n'y a point de consuls), sans frais ni droits, & que les feuillets seront cotés & paraphés par l'un des commis préposés.

Si la mauvaise foi, la fourberie des marchands qui font banqueroute ne nuisoient qu'à eux-mêmes, ces petites gênes seroient sans doute peu exigibles. Mais quand on pense qu'un négociant entraîne dans sa déroute quelquefois sept ou huit maisons de commerce, que sa perversité devient la cause d'une foule de désordres & de maux dans le public,

quand on réfléchit que la moitié de la fortune d'un marchand est le bien des autres, on conçoit qu'il est utile de faire des réglemens obligatoires pour assurer la fortune des hommes honnêtes & confians.

L'exécution des réglemens est donc un des premiers moyens d'empêcher les banqueroutes ; il en est d'autres encore, & nous en dirons quelque chose, en renvoyant à la *Jurisprudence* pour la connoissance des peines infligées aux *banqueroutiers*.

La facilité qu'ont les *banqueroutiers* de s'arranger avec leurs créanciers est une cause déterminante d'une foule de banqueroute frauduleuse. Il est bien permis sans doute à ceux-ci de remettre à leur débiteur tout ou partie de ce qui leur est dû ; mais comme cette indulgence devient une source de désordres dans le commerce, peut-être ne seroit-il pas trop sévère d'interdire la profession de négociant à tout *banqueroutier*, à moins qu'il n'ait pris des mesures certaines pour acquitter toutes ses dettes & ne rien faire perdre à ceux qui lui auroient donné leur confiance.

Un autre moyen, qu'on pourroit peut-être employer également pour prévenir les banqueroutes, seroit d'infliger une peine d'opinion à celui qui auroit cessé ses paiemens, jusqu'à ce qu'il ait fait connoître aux magistrats les causes de sa faillite. On pourroit inscrire son nom sur un tableau à l'hôtel-de-ville, qu'on nommeroit le *tableau des* banqueroutiers.

Le troisième seroit d'autoriser le ministère public à poursuivre en son nom un *banqueroutier*, lorsque la banqueroute seroit évidemment frauduleuse, sans que les créanciers pussent arrêter la procédure.

Il faudroit aussi qu'une banqueroute peu importante ne fût pas regardée comme aussi criminelle qu'une plus considérable ; il seroit encore juste que le négociant, qui, appercevant sa fortune personnelle consommée, en auroit fait part à ses créanciers avant d'avoir dissipé leurs fonds, fût récompensé & secouru ; peut-être devroit-on même punir celui qui auroit accumulé infructueusement des dettes, sans certitude d'améliorer ses affaires.

Tous ces moyens, dont quelques-uns ne sont peut-être pas sans quelques difficultés, pourroient diminuer les banqueroutes, sans cependant les éteindre entièrement ; c'est un vice de la cupidité, & souvent une suite de l'esprit mercantile, ou du moins un inconvénient presque inévitablement attaché aux affaires de commerce.

BATARD, s. m., homme né de parens dont le mariage n'a pas été autorisé par la loi.

La législation sur les *bâtards*, est la honte de la société ; elle offre un caractère de partialité révoltante, un abus du pouvoir, & un aveuglement barbare dans le premier de ses intérêts. Ces assertions paroîtront sans doute audacieuses à plus d'un lecteur ; mais pour les justifier, nous allons rapidement comparer les droits de l'homme avec ceux de la société, & faire connoître en quoi les premiers ont été sacrifiés aux seconds, & les maux qui en résultent tous les jours ; nous montrerons qu'une rigueur inspirée par un esprit d'uniformité, a causé plus de désordres, que le vice qu'elle cherchoit à prévenir. Nous remarquerons que l'excès du préjugé contre les *bâtards*, contraire avec la loi divine & naturelle, enfin nous finirons par dire notre pensée sur les moyens de détruire la bâtardise, d'une manière proportionnée à nos mœurs & à nos préjugés. Ces considérations auront sans doute une utilité plus réelle que le rabachage éternel des réglemens vexatoires, des loix absurdes, publiés contre les *bâtards* : si nous les rappellons, ce ne sera que pour en faire sortir l'injustice & la déraison.

Je n'ignore pas que cent clameurs vont s'élever, qu'on criera au scandale, à l'innovation. Mais l'innovation est souvent utile, & jamais il ne peut y avoir de scandale à défendre, sans vue d'intérêt, les droits de l'homme & de la justice.

Les dispositions de nos loix, à l'égard des *bâtards*, sont dictées sans doute par l'erreur ; leur injuste rigueur n'est point excusée par la double manière de les considérer dans le droit naturel, ou dans le droit civil, comme s'il pouvoit y avoir un droit, qui ne fût pas celui de la justice.

Les *bâtards* sont incapables de succéder à leur père & mère. Pourquoi cela ? Est-ce qu'un homme n'est plus tenu de remplir les devoirs de père envers un enfant, dès qu'il l'a produit hors des liens d'une union civile ? Les loix civiles sont-elles donc un moyen de violer impunément celles de la nature ? Nous prouverons ailleurs, qu'un père est obligé de nourrir, d'élever son enfant, de lui laisser de quoi vivre, d'une manière proportionnée à sa naissance, & que sa faute ne peut jamais être celle de son fils.

Or, est-ce la permission civile, le contrat qui fait le titre de père, qui en établit les devoirs, qui en constitue les droits ? S'ils sont indépendans de l'acte civil ou religieux qui unit l'homme & la femme, comment peut-on concevoir qu'on ait pu priver le *bâtard*, des droits de partager les biens du père avec les autres enfans, droits qui découlent de son titre de naissance ?

Mais ce qui achève de rendre cette disposition souverainement absurde & injuste, c'est que non-seulement, l'homme engagé dans les liens d'une union civile, est, par-là, exempté de remplir le plus sacré des devoirs, mais le célibataire même n'y est pas tenu. Aussi, combien voyons-nous d'hommes, qui, étayés du suffrage de la loi, osent braver le cri de la conscience, & repousser l'enfant qu'ils ne leur présente, sous le ridicule prétexte qu'ils ne l'ont eu que d'une concubine. Ce mot indécent forme

leur excuse criminelle, & quand ils ont accordé une foible aumône, sous le titre de pension alimentaire, ils croient avoir satisfait à toutes les obligations que la nature leur avoit imposées. C'est donc ainsi que des loix formées, sans doute, dans l'intention de conserver les mœurs, les ont perverties & multiplié les crimes, car c'en est un que de livrer sans remord à la misère, celui qui tient l'être de nous.

Il faudroit donc que tout au moins, les enfans naturels de l'homme, qui n'est point tenu dans les loix du mariage, héritassent de lui *ab intestat*, sinon des biens collatéraux, du moins des siens propres & dans la même forme que les enfans civils. L'on ne peut en vérité trouver de raison capable de légitimer l'usage de faire passer à des freres, neveux ou cousins, un patrimoine, que la nature, le droit & la raison destinent aux enfans de celui à qui il appartenoit. C'est évidemment la folle cupidité, l'esprit d'intérêt qui ont dicté cette loi.

Remarquez cependant qu'en réclamant le partage des biens du célibataire, entre ses enfans, nous ne prétendons pas dire qu'il soit juste que les enfans naturels nés d'un homme engagé dans les liens du mariage civile, doivent être privés du droit de partager avec leurs frères, nous sommes loin de le penser ; nous n'avons seulement voulu que faire observer l'aveuglement de la société, qui, en soustrayant même le célibataire au devoir de la paternité, commet une injustice pour maintenir un préjugé.

Et qu'on ne dise pas que ce préjugé soutient la pureté des mœurs, la sainteté des unions, la délicatesse des sentimens. L'histoire du monde & de la société démentiroit cette assertion. Le préjugé contre les *bâtards*, n'a fait que des malheureux, & des prétendus coupables qui n'ont commis aucun délit.

Pour que ce préjugé eût quelque fondement, qu'on pût exercer quelque rigueur contre les *bâtards*, il faudroit qu'ils eussent pu s'empêcher de naître, les punir de la faute de leurs parens, est l'acte d'un fanatisme absurde ; & n'être pas ému, convaincu par cette raison, est le témoignage du plus stupide des abrutissemens sociaux. On a beau dire que le bien de la société le demande ; ce n'est qu'une allégation qui manque de preuve. Le bien de la société n'exige que le maintien des loix naturelles, celle contre les *bâtards*, n'est qu'une loi sociale, conventionnelle, que nous avons faite, & que nous pouvons détruire ; le défaut de bâtardise n'est point un délit réel, il n'est que conventionnel, ou plutôt ce n'est point un délit, puisque celui qui en supporte la peine, n'a pu le commettre, qu'il n'existoit pas encore au moment de son exécution.

Mais c'est pour forcer les parens à se soumettre au vœu de la loi, par la crainte de voir leurs enfans flétris. . . . . Et si les parens veulent se soustraire à la loi, s'ils s'y sont soustraits par ignorance, l'enfant doit-il être la victime de leur erreur ou de leur perversité ? Pourquoi faire une loi, dont l'infraction

fraction est punie dans celui qui n'en est pas coupable ? Une pareille loi positive est un monstre, & bien loin de croire qu'elle soit un frein opposé à la perversité des mœurs, on doit bien plutôt être étonné que nous ayons conservé une ombre de justice sous l'influence d'une aussi injuste manière de voir.

C'est pour empêcher le nombre de célibataires... Mais qu'appellez-vous célibataire ? n'y a-t-il que celui qui est dans les liens du mariage civil, qui ne porte pas ce nom, & l'homme, qui, sans cette condition, élève les enfans qu'il a fait naître, ne mérite-il pas mieux de la société, est-il plus blâmable, en un mot, est-il plus célibataire que celui qui dans une union approuvée, passe sa vie sous le joug d'un hymen stérile ? Comment peut-on appeler célibataires, la femme & l'homme courageux qui ont élevé sous leurs yeux, les enfans que l'amour, l'âge, la séduction leur ont donnés, sans avoir consulté les formes ? Le mariage n'est-il pas dans le consentement des conjoints, suivant la maxime de droit ? Comment des enfans sortis d'une pareille union, peuvent-ils être frappés d'une tache infamante ? Et comment se trouve-t-il encore des gens qui attachent une sorte de blâme à rapprocher de soi un enfant, désavoué par le préjugé à la vérité, mais légitimé par la nature & la raison ?

C'est sur-tout dans les provinces, que cette morgue, ce délire existe. C'est là qu'un rigorisme barbare conduit souvent la main d'une mère infortunée dans le sein de celui qu'elle vient de mettre au monde ; c'est là qu'on voit des filles - mères, détestant leur malheureuse fécondité, cacher au plus épais des forêts, leur déplorable situation, & périr elles & leurs enfans, par les suites de ce funeste préjugé. Il n'est point de crime que ce prétendu frein salutaire n'ait fait commettre.

Et l'on appelle cela des mœurs désirables, & l'on blâme quelques grandes villes de n'offrir plus une semblable rigueur ! Qu'est-ce donc que l'habitude de juger sans réfléchir, pour pouvoir égarer à ce point la raison des hommes ?

Il est d'autant plus cruel de refuser au bâtard, élevé par son père ou sa mère, tous les droits de l'enfant légitime, que le premier peut à l'égal de l'autre, avoir toutes les qualités que la société exige de celui qu'elle reçoit dans son sein. Ceci sera mieux saisi, quand nous aurons remarqué quelle a pu être l'origine probable du préjugé que nous combattons ici.

La plupart, & je pourrois même dire tous les peuples connus, ont commencé leur état de société,

par une police guerrière. On exposoit chez eux les enfans contrefaits, ceux que l'on ne vouloit point nourrir & ceux qui naissoient de la prostitution. Ces pauvres enfans, ainsi abandonnés ne périssoient pas tous. Quelques-uns étoient élevés ; & privés des soins de l'éducation, de l'exemple paternel, de l'esprit de famille, on les supposoit dépouillés des qualités, des vertus, des connoissances qu'on présume qu'un enfant puise naturellement chez ses parens. On regarda donc de mauvais œil le bâtard, parce qu'on le crut incapable de remplir les devoirs de la société, ou parce que son éducation ne pouvoit être le garant de cet espoir. De là, tous les préjugés contre les bâtards, & les idées de dégradations que l'on s'en fait.

Or, si telle fut l'origine, comme on peut le soupçonner, des mépris qu'on fait des bâtards, il est clair que celui, qui quoiqu'enfant naturel, a été soigné, éduqué, instruit par ses parens, ou tout ce qui peut les représenter, offre à la société, tout ce qu'elle peut attendre de lui, pour l'admettre au rang de ses autres membres, & le faire jouir du bénéfice de la loi. C'est donc une obstination déplacée, un rigorisme farouche, qui entretient encore aujourd'hui le mépris des bâtards, & l'injustice qu'on leur fait, en les privant du droit dont jouissent les autres citoyens, d'hériter de leurs parens.

Telles sont les réflexions que nous avons cru devoir nous permettre sur l'état des bâtards, elles conduisent naturellement à conclure, qu'on devroit à leur égard, rétablir les loix naturelles, ou, plutôt les ériger en loix positives, proscrire, effacer de la société cette distinction odieuse, qui ne ressemble pas mal à celle qu'on a mise entre le patricien & le plébéien, comme si tous les hommes n'étoient point égaux en droit dès qu'ils sont citoyens. Mais je ne vois pas que les nations qui ont aboli la distinction dans les conditions, l'aient également fait de la bâtardise.

Rapprochons-nous maintenant de l'état actuel de nos mœurs, & voyons comment les bâtards y sont traités. En général, ceux qui sont nés de parens aisés, & qui n'ont pas pour maxime, de croire qu'il n'est pas honteux de donner l'être à un homme, sans l'aveu de la loi, mais qu'il l'est de l'élever, ceux-là jouissent par la douceur de nos mœurs, des mêmes égards dans la société, que ceux qu'on appelle enfans légitimes, à quelques exceptions près dans les transactions civiles, les alliances &c. (1).

Mais le bâtard, né de pauvres parens, n'a en général d'autre ressource que nos hôpitaux. C'est là qu'il ne reçoit qu'une éducation imparfaite, & qu'il est privé des douceurs de l'amour paternel,

(1) C'est moins par toute autre raison, que par la morgue, le désir de se croire plus qu'un autre, que subsiste le préjugé de bâtardise. On aime à se dire : je suis né de légitime mariage, je suis plus, je vaux mieux que mon voisin qui est bâtard : c'est une espèce de noblesse, & qui est encore bien plus que l'autre fondée sur la vanité;

Jurisprudence. Tome IX, Police & Municipalité.   Fff

fur-tout de l'amour-maternel. Il n'a point vu tra-vailler chez lui, ceux qui lui font chers, il n'a point contracté l'habitude d'un travail goûté, les vertus domestiques lui font inconnues ; il a presque les défauts qui ont donné naissance aux injustices que nous commettons envers le *bâtard*.

» C'est delà, qu'avec un physique » foible, ou même » vicié, un moral nécessairement peu développé ou » négligé, une stupide inexpérience, un dégoût du » travail poussé jusqu'à l'horreur, un penchant à » la licence que tout a reprimé, & que rien ne » va plus contenir ; c'est delà que le *bâtard*, juf-» qu'alors mal nourri & mal vêtu par l'état, est » abandonné à lui-même, dans l'âge où ses forces » peuvent lui procurer sa subsistance, en le rendant » utile à la société. Mais malheureusement, cet » âge est celui-là même où les passions naissent » en tumulte, & où elles égarent infailliblement » si l'on manque de guide & d'appui. Que devien-» dra donc le *bâtard*, récemment échappé de » l'hôpital, & jouissant enfin d'une dangereuse in-» dépendance ? Comment se préservera-t-il des vices, » comment résistera-t-il au spectacle du luxe dont » il est entouré, à l'indignation que lui cause » l'ordre même de la société, qui ne semble avoir » tout arrangé, tout distribué, que pour le priver, » que pour l'exclure de tout ? Je dis qu'il est pres-» qu'impossible qu'il résiste à la tentation de troubler » cet ordre.

Le seul moyen de remédier à cet inconvénient, seroit, nous l'avons dit, de rétablir l'adoption. C'est elle, qui en donnant une famille & des ha-bitudes domestiques au *bâtard*, en lui apprenant à regarder le travail comme la source de tout bien, en lui inspirant des sentimens d'amitié, de recon-noissance pour ses parens adoptifs, ses freres &c. calmeroit en lui cette insurrection, cette révolte des pensées contre la société qui le dégrade sans cause, & le prive d'un bien qui lui appartient de droit. *Voyez* ADOPTION.

Mais le plus sûr moyen pour empêcher à la fois, & le malheur des *bâtards*, & leur amoncelement dans les hôpitaux, ce seroit de proscrire à jamais le préjugé infamant qui subsiste contre les filles-mères.

Déja nous nous sommes élevés contre ces mal-heureuses idées, qui subsistent sur-tout dans les campagnes. On les regarde comme la sauve-garde des mœurs, & elles ont été la cause du plus grand de tous les crimes, du plus affreux de tous les outrages faits à l'humanité. N'appellera-t-on jamais bonnes mœurs, que celles qui cadrent avec des idées de perfection conventionnelle, & regar-dera-t-on toujours comme infame, la mère coura-geuse, mais désavouée par la loi, qui nourrira, élèvera, s'honorera de l'enfant qu'une foiblesse ou l'amour lui auront donné, tandis que tous les hon-neurs, les distinctions attachés au mariage, feront

pour celle, qui, marâtre de ses enfans, n'en sera la mère, que parce qu'elle leur aura donné le jour, & ne les verra, que pour leur ordonner de s'éloi-gner d'elle ? Oui, je voudrois qu'une fille-mère acquît tous les droits de celle que la loi reconnoît, si-tôt qu'elle élèveroit son enfant elle-même, qu'elle le préféreroit à ce qu'on veut toujours nommer l'hon-neur, comme si l'honneur ne consistoit qu'à cacher ses fautes aux yeux publics, dût-on y parvenir par un crime.

Citoyens des campagnes, c'est à vous sur-tout que ce discours s'adresse. Vous proscrivez trop souvent l'innocence trompée, vous la privez trop légèrement des droits de l'homme, vous la punissez trop aveuglément pour une faute que la société se plaît à nommer crime, & qui n'en est un aux yeux de la raison, que lorsqu'on cherche à le cacher par un véritable.

De combien de malheurs cette terrible proscrip-tion n'est-elle pas la source ? combien d'enfanticides, d'homicides n'a-t-elle pas fait naître ! est-ce à ce prix que l'on se plaît à maintenir une rigoureuse façon de penser, une dureté de mœurs plus dan-gereuse encore, que le vice qu'elle prétend arrêter.

Bientôt sans doute on reviendra de cette erreur ; bientôt une fille-mère, délaissée par celui qui l'a séduite & abandonnée, n'aura plus à rougir d'em-brasser le fruit de son amour. Bientôt elle ne sera point chassée de la société, pour avoir préféré son devoir à son intérêt ; le cœur maternel plus juste, plus, ne frémira plus à la vue de ces hôpitaux, malheureusement trop utiles, où tant d'innocens gémissent & meurent loin de celles qui les eussent aimés, qui les eussent chéris, qui les eussent élevés avec délices, si des mœurs barbares, un préjugé terrible, des loix aveugles, ne leur eussent com-mandé un criminel abandon. *Voyez* ABANDON, ENFANT-TROUVÉ.

BATELEUR, s. m. On nomme ainsi ceux, qui par des tours de force ou de subtilité, amusent le peuple sur les places. Assez ordinairement, leur objet, est de débiter de certaines drogues, ou des prétendus préservatifs contre les maladies ; d'autres disent la bonne-aventure, enfin plusieurs jouent la comédie.

Le *bateleur* diffère du charlatan : celui-ci se trouve dans tous les états ; c'est ordinairement un intri-guant, un hableur ; il y a des médecins, des avocats, des ministres charlatans. Le *bateleur* n'est qu'un malheureux, plus ou moins bien affublé de l'habit qu'il a acheté chez le frippier, qui n'exerce son pitoyable état, que sur la place publique, & parle un jour entier pour vendre quelques paquets de drogues, ou quelques mauvais livres de prétendue magie. Le charlatan est plus dangereux, & sur-tout plus odieux que le *bateleur*, & le préjudice que le premier peut porter à la société, est bien plus grand que le mal que le second peut faire.

Il arrive tout-à-coup dans une ville, cinq ou six particuliers, qui font des fauts, des tours, tranchent la tête à une poule, la lui remettent, &c. Le peuple court pour voir ce que c'eft; après quelques farces en public, on l'invite à entrer dans une baraque bâtie à la hâte, pour voir des animaux *terribles*, des tours fuprenans, & mille autres chofes femblables, voilà du *batelage*, voilà des *bateleurs*.

Mais, que des favans, ou prétendus tels, armés de titres dans toutes les facultés, que des juriftes, des magiftrats même, annoncent qu'ils font adeptes, qu'ils peuvent guérir des maladies incurables, par le moyen d'un fluide invifible; qu'ils établiffent des fales, faffent payer cher leur prétendus fecrets, exaltent l'efprit du beau monde, & s'enrichiffent à fes dépens, voilà du charlatanifme, voilà des charlatans.

Le magiftrat de police, qui fouvent ne peut fe mêler ni des uns ni des autres, qui quelquefois ne le doit pas, le magiftrat de police, lorfqu'il lui eft ordonné par les réglemens, de mettre le peuple à couvert des artifices de ces deux efpèces d'hommes, doit fans doute de préférence, profcrire cette dernière claffe d'impofteurs. Mais il n'en arrive jamais ainfi : le charlatan audacieux, l'impudent fauffaire eft ménagé, & le *bateleur* ridicule, mais innocent bayard, mais fans danger, eft vexé, & le peuple, qui fouvent s'en amufe, en eft bientôt privé, par cela feul qu'il s'en amufe.

Cependant on doit convenir que ceux-ci ne méritent pas moins la plus grande attention de la part du magiftrat, chargé de pourvoir à tout ce qui peut conferver la fanté, la tranquillité du peuple. Lorfqu'un *bateleur* peut nuire à l'une ou à l'autre, foit par des drogues dangereufes, foit en donnant lieu à des rixes meurtrières, à des bruits, à des rumeurs, il faut adroitement les faire décamper, & fouftraire le public à fa dangereufe influence. Il en eft auffi qui peuvent par des difcours indécens, manquer de refpect pour la religion, & en tourner les miniftres en ridicule devant le peuple; alors il n'y a point à les conferver, leur préfence feroit nuifible au plus grand intérêt de la fociété, il faut les chaffer.

Autrefois les comédiens qui couroient les foires, étoient nommés *bateleurs*; ils jouoient des myftères de la religion, dans des pièces groffières; alors cette ridicule dévotion étoit fans inconvénient, aujourd'hui elle tourneroit au détriment de la religion, qu'il eft de la plus grande conféquence de rendre refpectable, fous peine des plus grands défordres dans l'état.

BATELIER, f. m. C'eft celui qui conduit un bateau. Nous ajouterons quelque chofe à ce que l'on trouve fur cet article dans la *jurifprudence*.

On doit diftinguer à Paris les *bateliers*, des mariniers. Ceux-ci font proprement ceux qui con-duifent les grands bateaux fur les rivières qui tombent dans la Seine, & fur la Seine même. Les *bateliers* font des hommes deftinés à paffer les habitans de Paris, d'un bord de la Seine à l'autre, dans les endroits d'où les ponts font éloignés. Ils font nommés *bateliers*-paffeurs d'eau. Ils exercèrent leur profeffion fur des commiffions des prévôts des marchands & échevins de la ville, jufqu'au mois d'avril 1704, que le befoin d'argent l'a fit ériger en office héréditaire.

Il y a très-anciens réglemens fur ce fujet. On en trouve un de 1297, qui prefcrit à-peu-près les mêmes chofes pour la fureté des habitans de Paris, que ceux d'aujourd'hui. Il eft dans le premier *livre des métiers*, & donné par le prévôt de Paris, Robert Manger.

L'ordonnance de 1672, fur la jurifdiction de l'hôtel-de-ville, porte ce qui fuit fur l'état de *batelier*-paffeur d'eau à Paris, art. VII, ch. 5., ne feront reçus aucuns au métier de paffeur d'eau, qu'ils n'aient fait apprentiffage chez un maître pendant deux ans, & qu'après avoir fait expérience devant les maîtres du métier, ce qui fera par eux attefté au prévôt des marchands & échevins, lors de la réception defdits maîtres paffeurs. Art. VIII. Seront tenus les maîtres paffeurs d'eau, avoir flettes (petits bateaux), garnies de leurs avirons & crocs, en nombre fuffifant aux endroits qui leur feront défignés par les prévôts des marchands & échevins, pour paffer fur la rivière, ceux qui fe préfenteront depuis le foleil levant, jufqu'au couchant; à eux fait défenfes de paffer la nuit, à peine d'amende, pour le payement de laquelle, feront leurfdites flettes, faifies, &, s'il y eft befoin, vendues. Art. IX. Seront lefdits paffeurs d'eau, tenus de paffer, quand il fe trouvera dans leur bateau, le nombre de cinq perfonnes, fans qu'ils puiffent faire attendre les paffagers; à eux fait défenfes de prendre de plus grand falaire, que ceux qui auront été attribués par les prévôts des marchands & échevins, à peine de concuffion, & feront tenues toutes perfonnes reçues, à dénoncer telles exactions & le tiers des amendes adjugés aux dénonciateurs. Art. X. Demeureront lefdits maîtres paffeurs d'eau, refponfables de toutes pertes arrivées en leurs bateaux, conduits par leurs compagnons de rivière, & folidairement tenus avec eux, de la reftitution & amendes, en cas d'exaction au-delà de la taxe, qui fera de fix en fix mois, affichée fur les ports. Ils doivent paffer pour cinq perfonnes.

Outre les *bateliers*-paffeurs d'eau, il exifte encore une autre forte de gens de rivières, à Paris furtout, que l'on nomme *bachoteurs* Ce font en général des hommes, dont le métier eft de voiturer le monde dans de petits bateaux de Paris aux environs. On a fait différens réglemens, pour empêcher qu'il ne réfulte des abus de ce fervice, &

quoique ces réglemens ne regardent que la capitale, nous en rapporterons le principal, parce qu'on en pourra faire l'application aux besoins des autres villes, en y apportant quelques modifications.

Comme les fonctions des bachoteurs intéressent la sûreté commune, la police a fixé les règles de leurs devoirs : ces gens-là doivent être expérimentés dans l'art de la navigation ; il n'y a que ceux qui sont reçus au bureau de la ville, à qui il soit permis de s'immiscer au fait du bachotage, ils ne peuvent pas même commettre à leurs places, des garçons ou gens sans expérience ; leurs bachots doivent être bons, bien conditionnés, & non défectueux, il ne leur est pas permis de mener dans chaque bachot, plus de seize personnes à la fois, & ce réglement est également observé pour les *bateliers-passeurs* d'eau. Pour prévenir les difficultés & les querelles qui pourroient survenir à l'arrivage, de la part des bachoteurs, leurs salaires sont réglés par le prévôt des marchands & les échevins, avec défenses d'exiger de plus forts droits ; de jurer ni de blasphêmer, d'insulter ni d'injurier par paroles ou voies de fait, les bourgeois ou autres, soit sur les ports, soit dans les bachots ; conséquemment les bachoteurs doivent charger par rang ; mais les bourgeois ou habitans ont la liberté de ne le pas suivre, ou de se faire voiturer par tels bachoteurs qu'ils veulent choisir pour les conduire : chaque bachoteurs est encore obligé d'avoir un numéro apparent sur son bachot, pour le reconnoître dans le cas de contravention, sans qu'il lui soit loisible d'en faire servir qui ne seroient pas marqués. Outre cela, il se fait, ou se doit faire une visite de quinzaine en quinzaine sur les ports, par un officier de ville, & de l'ordre du bureau, pour condamner les bachots qui se trouvent hors d'état de servir, & pour les faire déchirer. Enfin, pour le maintien du bon ordre, il est défendu aux femmes & aux enfans des bachoteurs, de se trouver sur les ports.

Ces précautions sont renouvellées de temps-en-temps, par des placards affichés sur les ports de la capitale, mais on n'observe pas toujours rigoureusement ce qu'elles exigent.

Il n'est peut-être pas inutile de rapporter ici que les privilèges exclusifs des coches & diligences par eau, établis sur les rivières de Sène, Marne, Oise, Aine, Yonne, Aube, Loire, Saône, Rhône, canal de Briare, & autres rivières & canaux, ont été supprimés par un arrêt du conseil du 11 décembre 1775. Art I. Les privilèges concédés par les rois prédécesseurs de Sa Majesté, pour les coches d'eau, sur les rivières de Seine, Marne, Oise, Aine, Yonne, Aube, Loire, Saône, Rhône, canal de Briare, & autres rivières & canaux navigables du royaume, seront & demeureront réunis au domaine de sa majesté, & exploits à son profit, ainsi que ceux qui sont dès à présent réunis au domaine, par l'administration des diligences & messageries, à compter du premier mars prochain. Art. VI. Les coches & diligences d'eau, continueront de partir & d'arriver aux jours & heures accoutumés ; les places des voyageurs & les ports des paquets, seront payés d'après des tarifs faits exprès, &c.

BATIMENT, s. m. C'est un édifice construit de pierre, de bois, de marbre ou de toute autre matière, & destiné à loger ou recevoir les hommes, ou adorer Dieu.

Il y a des *bâtimens* publics, tels que les églises, les hôtels-de-ville, les bourses, &c. Il y en a de privés. Ceux-ci sont ou de simples maisons, ou des hôtels, ou des palais.

Notre objet ne doit pas être de faire ici l'histoire philosophique de l'art de bâtir, & l'on la trouvera dans l'*architecture* ainsi que l'histoire positive ; nous nous restreindrons donc à ne parler ici des *bâtimens* que dans leur rapport avec l'ordre public & la partie de soins qui en est attribuée à la police. M. le Clerc du Brillet a donné, à la suite de la Marre, des détails instructifs sur cet objet, dont nous composerons une partie de cet article.

Les plus habiles architectes conviennent que la beauté d'une ville consiste principalement dans la beauté de ses rues ; mais celle des édifices fait l'excellence des rues, c'est-à-dire que les *bâtimens* embellissent les rues, & que la ville en tire son principal ornement ; c'est à ce motif qu'il faut attribuer le goût des anciens pour les *bâtimens*. Il ne faut pas non plus chercher ailleurs l'objet des soins que nous prenons pour la régularité extérieure des édifices ; mais il est bon de remarquer que ces soins s'étendent sur toutes sortes de *bâtimens* qui font face sur les rues & sur les places publiques.

Quoique les François aient passé plusieurs siècles sans connoître la belle architecture, il ne s'ensuit pas qu'ils fissent alors leurs *bâtimens* sans ordre ni symétrie, nous en avons la preuve dans l'office du voyer de Paris, dont l'établissement est si ancien, qu'on n'en peut découvrir l'origine ; mais il est constant que l'une des principales fonctions de cet officier a toujours été de donner les alignemens des maisons ; d'où l'on tire cette conséquence naturelle, qu'il n'étoit permis à personne de bâtir à son choix, même dans son propre fonds, & d'entreprendre sur la voie publique : ainsi dans les tems les plus reculés, il y avoit une police particulière pour les *bâtimens*, qui a toujours eu pour objet la commodité publique.

Les anciens usages & les réglemens font encore preuve que les matériaux propres à bâtir étoient soigneusement examinés avant que d'être mis en vente ; que l'on taxoit le prix de chaque chose, & très-souvent les journées des ouvriers. Du reste, chacun bâtissoit à son goût, préférant la solidité à la délicatesse, sans se mettre en peine d'allier l'un avec l'autre pour l'embellissement des rues. La France ne manquoit pourtant point d'artistes capables d'entreprendre & d'exécuter les meilleures choses, mais leurs connoissances étoient comme ensevelies, parce qu'il n'y avoit pas d'émulation parmi les grands qui auroient pu fournir à ces dépenses. Aussi ne voit-on pas, jusqu'à François I, que l'histoire fasse mention d'autres édifices, que des églises & des maisons, royales, & de quelques ouvrages publics. L'époque de la belle architecture ne va pas au-delà du règne de ce prince; c'est lui qui a donné aux maîtres le nom d'architectes, il est aussi le premier de nos rois qui ait eu un sur-intendant des bâtimens.

Les loix somptuaires des romains & celles de France ont cela de commun entr'elles, que ni les unes ni les autres n'ont jamais réglé la dépense des bâtimens. Les motifs de cette politique ne sont écrits nulle part; mais il est évident que la beauté des édifices fait honneur à la nation; que les bâtimens, sur-tout dans la capitale du royaume, occupent & entretiennent une quantité prodigieuse d'ouvriers, qui y abondent de toutes les provinces; que cette dépense ne peut jamais être préjudiciable à l'état; qu'il ne faut presque rien tirer du pays étranger pour bâtir; que c'est un moyen de faire circuler le numéraire & de donner de l'activité au commerce par la vente des matériaux & la consommation des vivres. Ces avantages sensibles & incontestables du goût pour les bâtimens, doivent de beaucoup balancer ce qu'on pourroit trouver de fastueux dans les dépenses qu'y emploient les particuliers de tous les états.

Ce sont sur-tout les financiers, ceux à qui des opérations hardies, de gros fonds & les circonstances ont procuré des bénéfices considérables, qui se sont distingués par l'élégance & la richesse des bâtimens qu'ils ont fait faire. On peut dire qu'on leur doit d'avoir embelli non-seulement Paris, mais le royaume, où l'on rencontre par-tout des maisons qui sont des palais destinés au luxe & à la délicatesse. La capitale principalement s'est dépouillée de son antique forme pour en prendre une plus gracieuse, plus riche & plus digne d'une grande nation. De nouveaux quais, de superbes édifices se sont élevés de toutes parts, les rues se sont embellies, & ce goût, que nous devons aux financiers, & contre lequel tant de rigoristes déclamateurs ont crié, n'a pas peu contribué à faire ouvrir les yeux sur l'irrégularité de l'intérieur de Paris, & à y faire naître les changemens qu'on y voit.

C'est donc un avantage positif pour la capitale, pour le royaume, que les bénéfices des financiers aient eu un pareil objet, & malgré ce qu'en disent bien des gens, il vaut mieux encore que telle ait été leur destination; que d'avoir servi à établir dix mille maisons de gros marchands de plus dans le royaume. Nous en serions peut-être plus riches,

mais moins civilisés, moins amis des beaux-arts, qui n'auroient pas fait les progrès qu'on leur a vu faire depuis Fouquet en France. Ajoutez qu'une foule de familles d'artistes se sont enrichies par ce moyen, que tous les atteliers du luxe, de l'orfévrerie, de l'ébénisterie, de la menuiserie; que l'architecture, la maçonnerie, la sculpture, ont eu une occupation non interrompue d'un siècle & demi; commerce qui a plus contribué à illustrer la nation & à enrichir les artistes, les artisans & toutes les branches de l'industrie, que bien d'autres qu'on croit plus importans. Au moins n'est-il pas vrai que la fortune & les bénéfices qu'ont faits nos financiers aient été perdus pour la nation; ils lui ont servi, & on leur doit le bien inestimable d'avoir soutenu & même hâté le progrès des arts. Ce sont des vérités qu'on doit reconnoître; & s'il étoit possible d'allier la richesse des provinces, la prompte perception des revenus, &c. avec un pareil ordre de choses, je ne vois pas quelle raison on auroit de crier contre. Mais il faut avouer que ces avantages nous ont coûté cher, & trop cher, quoiqu'ils n'aient point coûté ce que l'exagération se plaît à dire. Revenons à la police des bâtimens.

L'on étoit autrefois si curieux de la solidité des bâtimens, qu'il n'étoit permis de bâtir à pans de bois; par un arrêt du 17 mai 1571, le parlement permit, à la vérité, à Claude Girard, marchand, de construire une maison à pan de bois, au Marché-Palu; mais il est certain que cette commission lui coûta cher: on avoit pris la meilleure partie de son terrein pour former la rue qui conduit au Marché-Neuf, & qui fait face à la rue neuve Notre-Dame. Il n'eut d'autre dédommagement que cette permission; d'ailleurs il lui restoit trop peu de place pour pouvoir y bâtir en pierres de taille. Suivant les termes de l'arrêt, il lui fut permis de faire construire & édifier le devant de sa maison de bois & de craie, du mieux qu'il seroit possible pour l'embellissement de la ville, & sans tirer à conséquence.

On doit toujours observer le niveau, & quelquefois la symétrie; & il n'est permis de faire aucune saillie aux bâtimens, qui puisse nuire à la vue & à la commodité publique: on est encore obligé d'observer une certaine hauteur suivant la largeur des rues; du moins cela s'observe dans les principales villes, & sur-tout à Paris. Voyez ALIGNEMENT.

Il existe un établissement dans cette ville, qui semble réunir plusieurs avantages pour tout ce qui peut intéresser la sûreté publique & l'intérêt particulier dans la construction des bâtimens; c'est la chambre de la maçonnerie. Nous en dirons un mot, en renvoyant au mot MAÇON, dans la Jurisprudence, pour les détails essentiels à connoître.

Les maîtres généraux des bâtimens sont les chefs de cette jurisdiction; chacun d'eux, dans son exercice, reçoit les maçons à la maîtrise après les expériences faites, ce que l'on regarde comme un privilège particulier, n'y ayant que cette communauté dans tous les arts & métiers de Paris, dont les aspirans ne font point reçus au châtelet. Tous les maîtres maçons font fubordonnés aux maîtres généraux, & obligés d'exécuter leurs ordres fur le fait des *bâtimens*. Cette jurifdiction s'étend encore fur les compagnons maçons, les tailleurs de pierre, les carriers, les plâtriers, les terraffiers, & les autres ouvriers qui travaillent aux *bâtimens*, ou qui en préparent les matériaux; ils ne doivent point fe pourvoir ailleurs pour le paiement ou de leur travail ou de la marchandife fournie, que par-devant les maîtres-généraux; ce font eux qui jugent les abus & malfaçons qui fe commettent dans l'art de la maçonnerie; ils prefcrivent la manière d'élever les murs des édifices & les formes des entablemens; ils nomment tous les mois deux jurés experts & fix maîtres maçons pour faire la vifite des attelicrs & des *bâtimens* qui fe font dans Paris, afin de connoître fi les travaux font conduits en conformité ces réglemens; & les contraventions font jugées par les maîtres-généraux. Il eft auffi de leur miniftère de faire exécuter les marchés faits entre les entrepreneurs; d'entretenir le bon ordre parmi les maîtres & les ouvriers; de veiller à la régularité & à la folidité de tous les ouvrages de maçonnerie.

Un autre établiffement très-avantageux au public eft celui des jurés experts, créés en titre d'office par Louis XIV, pour toifer, eftimer & recevoir tous les ouvrages de maçonnerie, charpenterie & couverture; régler les prix & arrêter les mémoires à l'amiable ou à la rigueur. Ces officiers jouiffent de ce droit dans Paris, indépendamment & à l'exclufion des maîtres-généraux de la maçonnerie, dont le pouvoir, en fait de toifé & d'eftimation, ne s'étend pas au-delà des *bâtimens* royaux.

Indépendamment de ces objets, la police des *bâtimens* comprend auffi les précautions contre les périls imminens & les maifons qui font en ruine; elle entre dans le détail des caufes qui peuvent faire craindre des incendies, foit pour corriger les défauts de conftruction, foit pour apporter de prompts fecours quand ces malheurs arrivent. Avant d'entrer dans quelques détails à cet égard, difons quelque chofe des temples, des *bâtimens* royaux & publics en général.

Par-tout les afyles des dieux, les édifices deftinés au culte public, ont fait un des premiers foins du gouvernement, & ce feroit bien mal entendre les droits de l'ordre public, que de négliger un objet auffi important au maintien de la religion, fans laquelle il n'y a fûrement qu'un état de fociété imparfait. Platon, Ariftote, Vitruve vouloient que tous les temples fuffent fupérieurs en magnificence à tous les édifices de la cité; qu'on les bâtît dans les lieux éminens, & qu'il y eût au-devant de chacun une grande place libre, c'eft-à-dire que dans fes places

il ne fût permis d'y faire aucun commerce ou trafic, & que les marchands, les artifans, les laboureurs n'en puffent approcher fans la permiffion du magiftrat. Notre police eft différente à cet égard; la religion chrétienne, en introduifant un efprit de douceur & d'égalité dans le culte public, l'a dépouillé de cet orgueil qu'il avoit chez les peuples anciens. Nous verrons, au mot RELIGION, la police prefcrite pour le refpect dû au temple; refpect trop peu obfervé, & auquel peut-être n'a pas peu contribué le manque de dignité, de repréfentation extérieure du bas-clergé; ajoutez-y une forte de vénalité des fervices religieux, la vente, le trafic des objets les plus faints: abus qu'il eft important de réformer, mais qui n'attaquent point le fond & la doctrine de notre religion confolante & douce.

On doit des obligations aux particuliers, aux grands qui ont fondé des églifes. Nos rois fur-tout fe font diftingués par ce genre de magnificence; c'eft à eux qu'on eft redevable en très-grande partie des fondations religieufes & des inftitutions publiques qui doivent les maintenir. Si un excès de dévotion a pu quelquefois nuire à cet égard, un excès d'indifférence eût été encore pis. Le goût des *bâtimens* religieux a du moins été, aux tems barbares, un aliment quelconque pour les arts, & une des caufes confervatrices de la religion.

C'eft fur un motif auffi impofant qu'eft fondée l'obligation où font tous les habitans d'une paroiffe de contribuer aux dépenfes néceffaires à la reconftruction & entretien des églifes: c'eft un devoir auffi effentiel à la fociété, que celui de fournir aux gages des officiers publics & de l'armée. Venons aux *bâtimens* du roi & royaux.

Il y a, comme on fait, cette différence entre les *bâtimens* du roi & les édifices royaux, que fa majefté ordonne par elle-même tout ce qui regarde les premiers, & qu'elle laiffe le foin des autres à différens tribunaux, qui doivent connoître des réparations qu'on doit y faire pour les entretenir en bon état.

La police des *bâtimens* du roi ou maifons royales n'eft point de la compétence du juge ordinaire: c'eft une adminiftration fupérieure qui a toujours le roi pour chef, ou un fur-intendant que le roi choifit dans les feigneurs de fa cour, digne de fa confiance & capable de remplir fes projets en cette partie.

Nous voyons dans les loix romaines, que fi l'on bâtiffoit trop près ou dans l'enceinte du palais de l'empereur, l'ouvrage devoit être démoli fur le champ: les conftitutions d'Honorius & de Théodofe, en donnent cette raifon, que les affaires de l'empire devant-être traitées dans le fecret, le prince ne doit avoir auprès de lui que les hommes auxquels il a donné fa confiance pour le gouvernement, & les officiers dont il a befoin pour le fervice de fa perfonne; cependant les mêmes loix n'ont exigé que quinze pieds de distance entre les édifices royaux & ceux des particuliers.

Le grand coutumier de France marque en ces termes, que l'ancien usage du royaume étoit le même : » Nul ne soit tant osé, qu'il fasse solier ou monter si » près du jardin ni des ébattemens du prince, que du » moins il n'y ait d'espace quinze pieds, sur peine » de perdre l'ouvrage & l'héritage sur quoi il auroit » fait le solier ou montée «.

Ces défenses ont été renouvellées plusieurs fois, & notamment par deux arrêts du conseil, l'un du mois de novembre 1660, relatif aux bâtimens de Saint-Germain-en-Laye, & l'autre du mois d'avril 1672, relatifs au jardin royal des plantes à Paris.

Si le roi juge à propos que l'on bâtisse aux environs de ses maisons ou châteaux, soit pour en rendre l'aspect plus agréable ou pour la commodité publique, ce doit toujours être en conformité des plans agréés par sa majesté, & sur les alignemens donnés par le sur-intendant des bâtimens, ou par d'autres officiers commis à cet effet ; le tems pour bâtir est quelquefois fixé, & faute par les propriétaires d'y satisfaire ; le roi dispose des places à son gré. C'est ce qui résulte de différens arrêts du conseil, entr'autres du premier juin 1662, du 10 mars 1725, &c.

On doit observer aussi que les matériaux qui doivent être employés aux bâtimens du roi ne sont point sujets à la discipline des communautés des arts & métiers, ni à la jurisdiction de l'hôtel-de-ville. C'est encore ce qui résulte d'une ordonnance du roi, du 22 novembre 1682, rendue à l'occasion des bâtimens de Versailles, & d'un ordre du sur-intendant des bâtimens, du 19 mai 1691, signé Louvois (1).

Semblablement les bois de charpente pour les bâtimens du roi peuvent être pris dans ses forêts, & s'il ne s'y en trouve pas de la qualité requise, on les prendra dans les bois de ses sujets ecclésiastiques & autres, en payant leur juste valeur. Ordonnance des eaux & forêts, août 1669.

Les entrepreneurs des mêmes bâtimens ont aussi quelques privilèges. 1°. Ils ne doivent aucun service à leur communauté durant le cours de leur entreprise. 2°. Les sommes qui leur sont payées par les trésoriers des bâtimens ne peuvent être saisies. 3°. Il est réservé au sur-intendant des bâtimens de pourvoir au paiement de leurs créanciers. Arrêts du conseil, des 9 octobre 1669, 7 mars 1683, &c.

Nous avons parlé d'une autre sorte de bâtimens nommés édifices royaux ; ils sont plutôt destinés au service public, à l'administration de la justice & des autres départemens, qu'au logement du roi ; cependant on leur conserve le nom de royaux, parce que tout se fait au nom du roi, comme chargé du pouvoir exécutif dans l'état, d'ailleurs plusieurs de ces bâtimens ont servi d'asyle aux rois.

Quoi qu'il en soit, sous les titres d'édifices royaux, inclyta palatia, consecrata ædes, les romains comprenoient également les palais que l'empereur avoit coutume d'habiter, & ceux qui lui appartenoient dans les principales villes de l'empire ; il n'étoit pas permis de loger dans ces palais ; les gouverneurs des provinces avoient seuls le droit d'y demeurer, mais ce droit étoit plutôt une sujétion qu'une prérogative de leurs offices. En effet, il ne leur étoit pas permis d'occuper un autre logement, sans encourir une amende de cinquante livres d'or, applicable, suivant la loi, aux réparations du palais ; ils étoient aussi responsables des dégradations qui pouvoient arriver par leur négligence. Nous le voyons établi dans une autre loi des empereurs Arcadius & Honorius de l'an 396, elle ordonnoit que les palais du prince, & ceux où l'on rendoit la justice, les greniers, les écuries & les étables à l'usage public, seroient rétablis aux dépens des gouverneurs qui auroient négligé de les entretenir pendant leur administration, comme ils y étoient obligés. C'étoit donc à ces premiers magistrats que le soin & l'entretien des édifices royaux étoient confiés.

D'ailleurs personne ne pouvoit bâtir plus près de ces édifices que de quinze pieds ; la règle étoit, à cet égard, la même que pour les autres palais dont j'ai parlé précédemment.

Les bâtimens royaux dont il s'agit ici, sont les palais & les auditoires où se rend la justice avec leurs dépendances, les châteaux & les maisons qui appartiennent au roi, & tous les autres édifices qui font partie du domaine de sa majesté dans toute l'étendue du royaume.

Le soin d'entretenir tous ces bâtimens étoit autrefois du ressort des juges ordinaires, conservateurs, pour ainsi dire, nés du domaine de la couronne ; ils ont toujours le soin de les défendre ; mais il ne sont plus chargés, ou du moins rarement, de leur entretien : cette administration est réservée au conseil du roi où se porte toutes les affaires de cette nature (2), sur-tout pour ce qui dépend de la ville de Paris. Les intendans des provinces en connoissent dans leurs départemens : c'est presque toujours pardevant eux, ou aux bureaux des finances, que l'on fait les adjudications de toutes les entreprises ou des réparations qui sont jugées nécessaires ; alors cette

---

(1) Nous ne faisons que rapporter les dispositions des réglemens & les faits, sans prétendre rien approuver ni justifier.

(2) On conçoit bien que les changemens qui se préparent dans la constitution, en amèneront dans toutes les parties de l'administration & qu'une foule de choses attribuées au conseil le seront aux états-généraux & provinciaux, par la suite. Alors il faudra faire connoître ces nouveaux arrangemens, & c'est ce que nous pourrons entreprendre dans le tems.

dépenfe eft prife fur les revenus du roi ou plutôt de l'état.

Mais pour régler l'emploi des fonds & les foins de l'adminiftration dans cette partie , il exifte plufieurs réglemens , entr'autres une ordonnance de Charlemagne , de l'an 800 , une de Charles VI , du mois de mai 1413 , un réglement de Charles VII , du 4 feptembre 1443 , & enfin l'édit de 1561 , de Charles IX , qui fixe & attribue le produit de différens droits domaniaux à cet objet. Aujourd'hui ces bâtimens font encore entretenus des fonds du tréfor royal. Venons maintenant aux édifices publics , en renvoyant au mot OUVRAGE , tout ce qui peut intéreffer la municipalité dans cette partie d'adminiftration.

On a toujours regardé comme un fervice rendu à l'état la conftruction de bâtimens publics , & ceux qui les ont fait exécuter ont été honorés comme des bienfaiteurs publics , foit que ces ouvrages aient été faits pour l'embelliffement des villes , ou la commodité & la fûreté des habitans. L'hiftoire nous a confervé des traits de patriotifme admirable à cet égard ; l'Angleterre en offre fur-tout un grand nombre , & l'on peut remarquer que les fiecles marqués au coin de l'ignorance , font cependant ceux où ce genre de vertu civique a eu le plus d'activité.

En effet , la majeure partie des bâtimens de tous genres , deftinés au culte public , à recevoir les pauvres malades , à fecourir les pauvres , tous les couvens hofpitaliers , &c. datent des fiecles peu éclairés , ou du moins beaucoup moins que le nôtre ; & cela n'eft pas un prodige pour qui réfléchit. Pardeffus toutes les religions , celle de l'évangile a l'efprit de charité , de miféricorde en partage ; elle prêche l'aumône & la compaffion pour nos frères fouffrans. Il n'eft donc pas étonnant que dans les temps d'ailleurs peu éclairés , ce fentiment religieux , ces devoirs de bienfaifance commandés par la religion , aient tenu lieu de tous autres motifs , qu'ils aient multiplié les établiffemens charitables , & fait élever tous ces hofpices qui font encore l'afyle du pauvre & de l'homme chrétien , quoiqu'on les fait fouvent fervir à d'autres fins , & que les biens deftinés à les foutenir aient plus d'une fois fervi d'aliment à la pareffe & à l'ignorance.

Il y a encore une autre raifon : c'eft qu'alors la propriété étoit beaucoup plus inégalement partagée qu'aujourd'hui , que des particuliers jouiffoient à eux feuls d'un revenu immenfe en fubfiftances , en denrées , en fruits. Ce furplus leur permettoit d'autant mieux de faire des fondations , d'élever des bâtimens religieux ou hofpitaliers , que les jouiffances du luxe n'étant point connues , & toute la magnificence fe concentrant dans l'appareil d'un grand nombre de valets , les denrées étant d'ailleurs à bas prix , la main-d'œuvre en proportion , les plaifirs peu difpendieux , tels que la chaffe , la pêche , &c.

il reftoit au propriétaire des fonds fuffifans pour exercer une vertu , dont l'énormité de dépenfes qu'entraîne l'état de fociété actuel interdit forcément l'exercice. Paffons à la police des édifices publics , fur-tout de ceux qui regardent l'ufage général , & font foumis à la jurifdiction des magiftrats des villes ou royaux.

Ces bâtimens ne peuvent pas fervir à l'ufage des particuliers , c'eft pour cela qu'il eft défendu à toutes perfonnes d'y demeurer fans la permiffion du prince. Le tiers des revenus des villes doit être employé à l'entretien des édifices publics ; ce font des deniers confacrés que les magiftrats ne peuvent faire fervir à d'autres ufages ; il n'eft pas même permis d'employer ces fonds à conftruire de nouveaux édifices au préjudice des réparations qui font à faire aux anciens.

Le prince eft le feul qui puiffe permettre d'ériger des monumens publics : publicorum tibi mœniorum jus commiffum eft , difoit S. Ambroife à Théodofe. L'on n'y infcrivoit que le nom des empereurs , nul autre n'y paroiffoit fans leur agrément.

Le pouvoir des gouverneurs fur les édifices publics , confiftoit uniquement dans les entretenir & à exécuter les ordres en cette partie ; ils ne pouvoient changer ou ôter le moindre ornement , fans encourir une amende de trois livres d'or.

La conftruction des grands ouvrages comme les magafins , les murailles des villes , les ponts , les ports , les hôtels-de-ville , les chemins , les églifes font à la charge du public ; la raifon en eft tirée de la loi même quod in communi omnibus profuturum , communi labore curetur. Tout privilège ceffe à cet égard , chacun doit y contribuer fuivant fes facultés ; les eccléfiaftiques n'en font point exempts. Les magiftrats ont bien le pouvoir de contraindre au paiement des taxes , mais ils ne peuvent pas en décharger ; le prince feul peut en exempter qui bon lui femble ; c'eft à fon autorité qu'il faut avoir recours pour convertir à l'ufage particulier les lieux & les édifices publics ; pour obtenir des conceffions authentiques qui ne s'accordent même qu'avec de grandes précautions , c'eft-à-dire , après que par des informations juridiques , il a été établi que telles chofes font de peu de conféquence , & de mille commodités aux villes & au public. Tous dons qui auroient été faits autrement par furprife ou par importunité deviendroient nuls & abufifs , de femblables conceffions doivent être révoquées ; c'eft l'efprit de la loi. Nous voyons enfin qu'il étoit ordonné de laiffer une diftance de cent pieds entre les greniers ou magafins publics & les bâtimens particuliers ; mais pour les autres édifices , le commun ufage étoit qu'il y eût quinze pieds de l'un à l'autre.

Tels font encore aujourd'hui les privilèges des édifices publics ; nos loix n'y ont rien changé : ce

n'eft

n'eft donc que par tolérance, fi la régularité des premiers ufages n'eft point à préfent obfervée dans toutes fes circonftances; mais la dignité de la chofe eft toujours la même, & nos rois n'ont jamais ceffé de comprendre dans les foins du gouvernement celui des édifices publics, comme étant du devoir du prince de veiller à tout ce qui intéreffe la gloire & le bien de l'état : ce fut, en effet dans cette vue que Charlemagne recommanda à fes enfans de faire réparer tous les lieux qui dépendoient des états qu'il leur abandonnoient.

Le droit d'ériger des édifices publics étant un des attributs de la fouveraineté, les corps des villes, les communautés & les particuliers ne peuvent rien entreprendre de cette nature, s'ils ne font autorifés par lettres-patentes revêtues de toutes leurs formalités.

Nous aurions encore à parler de la garantie des ouvrages publics, de la police qu'on fait obferver aux marchands de plâtre, de chaux, de bois propre à bâtir; des périls imminens, &c. fi nous voulions réunir ici tout ce qui regarde la police générale des *bâtimens*; mais on trouvera une grande partie de ces objets traités dans la *jurifprudence*, à l'article *maçon*, & nous en dirons auffi quelque chofe fous leurs mots refpectifs. Nous parlerons ici feulement de la police des ouvriers en général, qui travaillent aux *bâtimens* fous les maîtres.

On ne peut qu'à l'aide d'un long raifonnement faire fentir qu'on pourroit, peut-être, fe paffer des communautés d'arts & métiers, que leur établiffement n'eft point effentiel aux progrès de l'induftrie, que fi la liberté eût été primitivement laiffée pour leur exercice, peut-être n'en feroit-il réfulté que du bien; mais aujourd'hui qu'elles font inftituées, qu'elles ont pour ainfi dire naturalité un ordre de perfonnes & de chofes; aujourd'hui que les communautés font devenues en France, un moyen de police, un lien qui unit les citoyens & les intéreffe à la paix, qui les habitue à refpecter les réglemens & les formes de droit établies, il néceffaire de mettre parmi les membres qui les compofent, & ceux qui y font attachés fubordonnément, une difcipline capable d'affurer le fervice public & les progrès de l'induftrie.

Pour y pourvoir on s'y eft pris de deux manières: d'abord, par les ftatuts de chaque métier; en fecond lieu, par des réglemens qui font particuliers à certaines profeffions.

La première tentative des ouvriers des *bâtimens* fut de ne point s'affujettir aux heures pour commencer & pour finir le travail de la journée, ils fe rendoient chez les maîtres & dans les atteliers quand il leur plaifoit, ils en fortoient de même : cette conduite auffi onéreufe au public qu'aux maîtres fut réformée par une ordonnance de police, dès 1395.

Le magiftrat a parlé de cette manière : « nous, » de notre pouvoir, voulant à ce obvier, & efche- » ver ces dommaiges qui par défault de provifions » s'en povoient enfuir, avons ordené que dores- » en avant toutes manières de gens defdits métiers, » gaignant & ouvrant à journée, aillent en befogne » pour ouvrer d'iceux métiers, dès heure de foleil » levant, jufqu'à heure de foleil couchant, en pre- » nant leurs repas à heures raifonnables, felon les » ordonnances faites fur chacun d'iceux métiers, » fur peine d'eux punir felon l'exigeance de leurs » faultes. »

Cette difcipline a été obfervée dans la fuite; ce qu'on y a ajouté après ne confifte qu'à fixer la différence des heures du travail dans les deux faifons, l'hiver & l'été. L'ordonnance de Charles IX, pour la police générale, du 4 février 1567, s'explique en même tems fur le falaire des ouvriers; les articles 7 & 15 du chapitre 15, porte : » Que chacun an fera » mis taux aux falaires des ouvriers maçons, tail- » leurs de pierres, charpentiers, tuilliers, couvreurs » & manœuvres, appellés autrement *aides*, pour » fervir en été, dès cinq heures du matin jufqu'à fept » heures du foir, & en hiver, depuis fix heures » du matin jufqu'à fix du foir, avec défenfes de » demander ou exiger plus grand prix que deffus, » fur peine de prifon & d'amende arbitraire.

Afin de prévenir les complots contre les maîtres, au fujet des falaires des ouvriers, & pour entretenir dans Paris un nombre fuffifant de compagnons, les ordonnances de police font défenfes aux maçons, charpentiers, couvreurs, tailleurs de pierre, appareilleurs, terraffiers, manœuvres, & avtres fortes de perfonnes travaillant aux *bâtimens*, de faire aucune cabale entr'eux, exiger ou faire payer aucune chofe aux nouveaux venus, &c.

De tous les ouvriers qui travaillent aux *bâtimens*, il n'y en a pas qui aient été plus opiniâtres que les compagnons maçons. Cela paroît dans les fréquentes tentatives qu'ils ont faites pour travailler en chef. Les maîtres fe font toujours oppofés à ces entreprifes, & ont fondé leurs réclamations, principalement fur les malfaçons & l'ignorance des compagnons qui, n'étant point garans de leurs ouvrages, ne s'attachent point à les faire bons, & expofent ainfi le public à être trompé dans un genre d'ouvrages qui intéreffent la fûreté publique. C'eft en confidération de ces raifons fans doute, que nous donnons pour ce qu'elles valent, qu'un arrêt du 15 octobre 1667, défend aux compagnons maçons de faire aucun marché d'ouvrages de maçonnerie à leur compte, à peine de 50 livres d'amende, & même d'emprifonnement, l'amende même exigible des bourgeois qui auroient traité avec eux pour cet objet.

BATTEUR D'OR, f. m. Ouvrier qui réduit en feuilles très-deliées l'or & l'argent. Les *batteurs d'or* font réunis à la communauté des orfèvres. On peut voir dans la *Jurifprudence* ce qui regarde leurs ftatuts & leur difcipline.

BESTIALITÉ, f. f. Ç'eft l'accouplement charnel d'une créature humaine avec une d'une autre efpèce. Ce vice étoit commun autrefois en France, & faifoit l'opprobre des mœurs ; mais nous en avons oublié prefque jufqu'au nom même, depuis que des ufages plus libres, le commerce des femmes, & une forte de manière de penfer ont banni de la fociété ce rigorifme moral qui, fous l'air de la févérité, ne menoit pas moins au crime en exaltant les defirs, & livrant les paffions au choc de leur propre violence. Je ne fais fi une forte de libertinage, blâmable fans doute, mais moins odieux que le crime dont nous parlons, n'a point été dans nos tems modernes, la caufe deftructrice d'une foule de vices honteux, de criminelles habitudes, dont un très-petit nombre d'individus n'offrent plus d'exemple que dans les lieux où l'homme veut encore fe prefcrire des loix, qu'il n'eft pas en état de garder.

Quoi qu'il en foit de cette opinion, nos mœurs ont inconteftablement gagné de ce côté, malgré les déclamations des rigoriftes, & des partifans des ufages févères. Il fuffira de rapporter ce que nous préfente l'hiftoire ; nous choifirons ce qui regarde fur-tout la France, parce que c'eft l'état de la civilifation qu'il nous importe davantage de connoître.

Varillas & d'Aubigné, nous racontent qu'en l'an 1562, le duc de Guife ayant voulu que celui de Nemours commandât au fiège de Lyon, Tavannes fit diffiper l'armée, mécontenta les Italiens, difant ne pouvoir mener à la guerre des gens qui forçoient les enfans & les chèvres, chofe fi connue au pays, que les payfans n'en laiffèrent aucune après leur départ.

On trouve dans les *mémoires d'Artagnan*, que le duc de Nemours paffant d'Italie en France avec des troupes, en 1567, pour venir au fecours de la couronne, mena avec lui deux mille chèvres couvertes de caparaçons de velours vert, avec de gros galons d'or, dont chacune fervoit de maîtreffe aux foldats & officiers.

C'eft à ce défordre qu'un auteur du fiècle de Louis XIV fait allufion, lorfqu'il dit, dans fa préface d'*Anacréon*, au fujet des amours de Bathylde dont il prend la défenfe : *An id potiùs ames quod patrum noftrorum memoriâ vidit in copiis auxiliaribus Gallia ?*

Serica cum dominam ducebant vincla capellam
Cui nitidum cornu multo radiebat ab auro,

Et fegmentatis fplendebant tempora vittis.
Illa rofâ & myrto ferrifque recentibus ibat,
Altum vinclâ caput, dilectæ confcia formæ.

Ces reproches faits aux troupes italiennes, & qui rappellent fi bien le *novimus & qui te* de Virgile, peignent la perverfité des mœurs du tems. Car enfin, fi aujourd'hui un pareil défordre exiftoit parmi des troupes auxiliaires, eft-il aucun général qui voulût les tolérer ?

Il eft vrai qu'on prétend que cette turpitude eft encore de mode parmi les pâtres de la Calabre, du Rouffillon, de la Navarre & des provinces échauffés par les vents du midi, & l'ardeur de l'atmofphère ; mais au moins ce n'eft point avec cet éclat, cette publicité que nous venons de voir (1).

Les magiftrats de police, gardiens des mœurs, n'ont point à craindre ces excès de dégradation dans les villes. Les femmes y font trop répandues, & la proftitution, ce mal néceffaire dans un état de fociété où le manque de propriété interdit à tant d'hommes la liberté d'avoir une femme, la proftitution feule eft une fauve-garde certaine contre ce crime. C'eft ainfi qu'un moindre défordre eft néceffaire pour en empêcher un plus grand, c'eft ainfi que tous les ouvrages des hommes font marqués au coin de l'imperfection. Grand fujet de réflexions pour les légiflateurs & les magiftrats, aveugles qui ne voient qu'un coin de la fociété.

Finiffons ces détails révoltans par l'expofé des raifons que donnent les cafuiftes, pour faire de ce crime un jufte fujet de divorce. C'eft de Sanchez que nous les tirons.

Beftialitas, dit-il, *juftam præbet divortio caufam, cùm verè caro conjugis in aliam dividitur, nempe in carnem beftia cui copulatur, fed non eft jufta divortii caufa concubitus intra vas cùm fémina æt beftia mortuis, quia non eft propriè fornicatio ; fed nec concubitus cum ftatua mulieris, quòd non fit verè divifio carnis in aliam.* Lib. 10, d. 4, n. 14.

On fait que la loi judaïque condamnoit au feu l'homme coupable de *beftialité : qui cum jumento & pecore coierit, morte moriatur, pecus quoque occidite* (Lévitique XX. 15.). Mais le propriétaire de la bête avec qui un homme auroit commis cette turpitude perdroit-il fa vache, fa jument, fans en être dédommagé ? Car la loi ordonne, comme on voit, de faire périr la bête. L'ufage eft de la brûler. On trouve un arrêt du parlement de Paris, du 11 octobre 1741, qui confirme une fentence de la fénéchauffée de Poitiers, laquelle condamnoit un jeune homme à faire amende honorable & à être brûlé avec

_____

(1) Quelques naturaliftes ont demandé ce qu'il naiffoit de ces conjonctions honteufes ; je crois qu'il n'en naît rien, & fi jadis les centaures durent leur naiffance à de femblables amours, c'eft de l'accouplement d'un mâle quadrupède avec une femme, & non pas de celui d'une femelle quadrupède avec un homme, fauf une meilleure opinion.

une vache dont il avoit charnellement abusé. On dit aussi qu'on brûle les pièces du procès, afin qu'il n'en reste plus de vestige ; mais de pareilles horreurs se répandent parmi le public, & sans doute, le plus sage parti est de bannir à perpétuité le criminel, à peu près comme faisoit Dracon, qui vouloit qu'on chassât pour jamais de la ville le chien qui avoit tué un homme.

BIBLIOTHÈQUE, s. f. C'est une collection de livres. Depuis quelques années, les savans ne disent plus ma bibliothèque, ils disent, mon cabinet, & l'on imprime : Catalogue des livres du cabinet de M......

Bien des gens ont des *bibliothèques* comme des tableaux pour le plaisir des yeux. Ils trouvent beau d'avoir bien des livres, & mettent de la vanité à se distinguer par le choix des éditions, la propreté & la richesse de la reliure. Tout cela est fort bon, parce que les libraires, imprimeurs, relieurs, & tous les ouvriers à leurs ordres, sans en excepter les auteurs, y trouvent leur compte. C'est une branche d'industrie inconnue à nos pères ; & je suppose que si les gens riches cessoient d'acheter des livres & de former des *bibliothèques* par ton ou par vanité, deux cents mille individus mourroient de faim dans le royaume.

Il y a des hommes qui ont vraiment la bibliomanie ; ce n'est plus pour eux une affaire de vanité, de mode, c'est une passion, un désir d'avoir des livres comme les avares d'avoir de l'argent. Ils jouissent de la vue de leurs livres comme ceux-ci de celle d'un trésor. Ces gens là ne les prêtent pas, & c'est moins souvent l'utilité ou la bonté d'un livre que sa singularité qui les charme. On les voit courant les rues & déterrant parmi des monceaux de bouquins, quelque Elzévir, quelque Plutarque d'une édition recherchée ; ils empilent le tout & amassent avec l'empressement d'un homme qui a peur de manquer. Ils sont au désespoir s'ils viennent à perdre un livre qu'ils ne liront jamais ou dont ils ont sept ou huit exemplaires : rien n'est si plaisant. Mais ce défaut n'est qu'un travers, & un travers innocent.

Si l'on veut lire quelque chose d'instructif & de curieux sur les *bibliothèques* on peut voir ce qu'il en est dit dans l'*imprimerie* ; cela nous évitera la peine de rappeler ici des faits & des réglemens qu'on y trouve consignés, ainsi que des détails intéressans sur les moyens de faire une *bibliothèque* & sur les plus célèbres du monde. Nous rapporterons seulement un article des réglemens de la librairie qui regarde les *bibliothèques*, article assez inutile que l'on n'observe guère en totalité, & qui n'en est pas moins gênant.

« Avant qu'il soit procédé à la vente des *bibliothèques* ou cabinets de livres qui auroient appartenu à des personnes décédées, les syndics & adjoints des libraires seront appelés pour en faire la visite, & en donneront leur certificat, sur lequel il sera obtenu une permission du lieutenant-général de police pour faire ladite vente : seront tenus lesdits syndic & adjoints, lors de ladite visite, de mettre à part & de faire faire un catalogue des livres défendus ou imprimés sans permission, qu'ils remettront au lieutenant-général de police pour être envoyé à M. le garde des sceaux, duquel catalogue ils laisseront aux parties intéressées un double signé d'eux, & se chargeront lesdites parties desdits livres contenus audit catalogue ; défend à tous libraires de faire l'achat desdites *bibliothèques*, s'il ne leur est apparu de certificat des syndic & adjoints, pour justifier que la visite en aura été par eux faite, à peine de 500 liv. d'amende, & d'interdiction pendant six mois ». Réglement arrêté au conseil le 28 février 1723. *Voyez* la *jurisprudence*.

BIENFAISANCE, s. f. Ce mot, inventé par l'abbé de St. Pierre, désigne l'exercice d'une vertu pratique, qui n'a pour objet que le bien de l'homme ; c'est le sentiment du besoin d'autrui, développé en nous & mis en exercice par le désir de le faire cesser. Il naît du mal-aise que nous font éprouver les peines des autres, & ce mal-aise est le principe générateur, la cause de la pitié, qui elle-même donne naissance à toutes les vertus bienfaisantes, dont celle-ci est en quelque sorte l'ensemble & le résultat.

Mais il n'est point question de faire ici l'histoire philosophique de la *bienfaisance* ; ce que nous nous proposons, c'est de dire un mot du progrès de la *bienfaisance*, de la comparer avec la charité religieuse, enfin de faire quelques réflexions sur son rapport avec le bonheur public.

La sensibilité est la source de toutes les vertus douces, elle s'étend aux animaux, elle gémit de leurs peines, & souffre de leur douleur ; resserrée, limitée aux individus de notre espèce, elle devient humanité, perfectionnée, annoblie par la réflexion, animée par la volonté, c'est la *bienfaisance*, enfin sanctifiée, élevée par la religion, c'est la charité. Voilà comme le développement d'une de nos facultés physiques, devient la base d'un ordre moral, qui lui même est le fondement de la société.

On entend tout de suite qu'un peuple qui recèleroit dans son sein, grand nombre d'individus, animés de ces vertus, seroit sans doute le plus heureux, parce qu'il y auroit chez lui un plus grand nombre d'ouvriers du bonheur public, & l'on conçoit en même temps que le contraire arriveroit si ces mêmes vertus devenoient rares ou avilies.

Chez les peuples anciens, le bonheur n'étoit point le partage de tous les hommes. On avoit imaginé un ordre d'esclaves qui en étoient privés, & la *bienfaisance* n'étoit point encore venue étendre le sentiment de la pitié, de la commisération sur tous les hommes. On étoit insensible aux gémissemens, aux douleurs de l'homme que la guerre ou le malheur avoit plongé dans les fers, la société recéloit dans fon fein, une cause de défordre, de malheur & d'anarchie perpétuels. Aucun fentiment bienfaifant ne pouvoit rapprocher des hommes, que le préjugé éloignoit ; & l'orgueil trouvoit fon compte à maintenir cette injufte façon de penfer.

Nous devons à la religion chrétienne, d'avoir la première élevé fa voix contre l'efclavage, & employé tous les moyens qui font en fa puiffance pour l'anéantir à jamais. Les efforts qu'elle a faits, joints aux progrès de la raifon, aux lumières de la philofophie, l'ont banni de l'Europe, & fans doute qu'il le fera bientôt du monde habité. Par-tout, la *bienfaifance* répand fon influence ; par-tout, les droits des hommes font de plus en plus refpectés, & comme l'antique civilifation fe diftingue par fon héroïfme belliqueux, la nouvelle n'ambitionnera d'autre diftinction, que celle des vertus douces & bienfaifantes.

Déjà notre fiècle s'eft rendu recommandable par des exemples, dont l'antiquité n'offre que peu de modèles ; de toutes parts on a formé des établiffemens en faveur des pauvres ou des malades ; les enfans abandonnés, les mères indigentes ont reçu des fecours ; & ce qui diftingue ce genre de *bienfaifance* de celle de nos ancêtres, c'eft qu'on y a porté l'efprit de tolérance, de générofité fans exception de perfonne, fans égard aux opinions particulières, aux différences de culte & de communion.

Ce qu'on n'avoit point encore vu, des fociétés fe font formées par le feul motif du bien public ; des intérêts des malheureux. Chacun s'eft empreffé d'en être membre, & par un effet remarquable de cet efprit général, on a auffi ardemment défiré de fe diftinguer par fa *bienfaifance*, que par fes talens ou fes lumières.

En général les gens de lettres fe font montrés les plus grands promoteurs de ce fyftème, ils en ont répandu le goût des facrifices, ces récompenfes, il ont proclamé le mérite indigent, & par-tout prêché l'amour des hommes & la *bienfaifance* envers les pauvres.

Cette révolution dans nos mœurs, a fur-tout été fenfible dans la capitale. La générofité a ceffé de porter ce caractère de hauteur, qui fembloit faire acheter chèrement aux malheureux, le bien qu'on leur faifoit. Aux fecours pécuniaires on a joint confeils & protection ; le bienfaiteur ne s'eft plus cru exempt de tous devoirs, par le don d'un foible fecours. Il a penfé aux befoins des hommes dénués

de propriété ; il a cherché à rendre leur état moins malheureux, leur vie moins pénible.

Cet efprit a donné naiffance à la fociété philantropique, à la fociété maternelle, à celle deftinée à foutenir le droit des foibles citoyens, à qui la longueur & les frais de procès interdifent tout efpoir d'obtenir les plus juftes demandes. *Voyez* SOCIÉTÉ PHILANTROPIQUE, &c.

Tandis que cette révolution s'opéroit, la France a eu le rare bonheur d'avoir un miniftre, dont l'ame bienfaifante a puiffamment fecondé les difpofitions publiques. On l'a vu s'occuper des prifons, des hôpitaux, des enfans-trouvés, des nourriciers, du foin des pauvres, malgré les embarras d'un miniftère difficile, au milieu d'une guerre difpendieufe.

Cette attention continuelle a rendu la condition du peuple meilleure ; elle l'a protégé contre la double perfécution des fléaux politiques, & de l'intempérie des faifons. De fauffes fpéculations miniftérielles, l'agitation des efprits, le choc des corps politiques, le combat des ordres nationaux, ont troublé le commerce, ralenti l'effor de l'induftrie, fufpendu les travaux ; ces maux fe font réunis à quelques calamités publiques, au ravage des fruits de la terre, à des froids rigoureux, à la cherté des vivres. Eh bien ! les peuples ont trouvé à Paris, dans cette *bienfaifance* éclairée dont nous parlons, des fecours abondans. Depuis le pontife jufqu'à l'homme de théâtre, depuis le prince jufqu'au commis, tout le monde a fenti le befoin des pauvres, & couru au-devant de leurs demandes. Puiffent-t-ils reconnoître cette conduite, & ne plus regarder comme d'injuftes tyrans, ceux à qui leurs travaux & leurs fervices affurent des jouiffances dont ils font privés (1).

Dans d'autres temps, on a vu la charité religieufe, produire des effets à peu près femblables, mais cette vertu ne peut guères être celle de toute une nation ; elle femble même acquérir en intenfité, ce qu'elle perd en étendue ; concentrée dans un ordre particulier, elle produit des biens qu'elle eût en vain tentés, en fe réuniffant à l'efprit du monde ; elle eft l'ouvrage de la religion & du culte, elle en fuit les lumières & l'infpiration. La *bienfaifance* univerfelle, au contraire, revêt toutes les formes, s'allie avec toutes les vertus, & n'exclut aucune efpèce de bien. Mais, puifque nous en fommes venus à mettre en oppofition la *bienfaifance* & la charité religieufe, on ne fera peut-être pas fâché d'en trouver ici la comparaifon : nous demandons indulgence pour cette digreffion.

_____

(1) J'écris ceci dans un moment où un efprit d'infurrection anime le peuple contre les premiers ordres ; il ne démêle pas fes motifs, oublie les bienfaits, & femble beaucoup plus échauffé qu'éclairé fur des objets où l'on doit toujours placer l'aveu des devoirs à côté de la déclaration des droits.

qui pourra paroître déplacée à quelques lecteurs, dans un ouvrage comme celui-ci, mais qui pourtant peut contenir quelques idées utiles, quelques sujets de réflexion.

Si la charité religieuse & la *bienfaisance* universelle ont également pour but de secourir les hommes, d'adoucir leurs peines, de diminuer leurs misères, il existe, & dans les moyens qu'elles emploient pour y parvenir, & dans les motifs qui dirigent leur activité, une différence essentielle qu'il importe de connoître, si l'on veut assigner à chacune la place qui lui convient dans l'ordre des vertus utiles au bonheur des hommes.

La *bienfaisance* universelle, uniquement fondée sur le sentiment de pitié qui nous unit au malheureux, ne voit dans celui qui souffre, qu'un homme à secourir. Délivrée des entraves que mettent à l'essor de la sensibilité, l'opinion & l'esprit de principes, elle suit toujours dans sa marche, une lumière d'instinct, bien supérieure à toutes nos connoissances factices. Étrangère aux distinctions sociales, elle ne connoît que la nature, elle n'entend que ses cris. Faire le bien, le faire sans acception, sans restriction sur-tout, sans condition : voilà ses vues, voilà son objet.

La charité chrétienne guidée par les principes d'une doctrine sublime & sacrée, inaccessible aux émotions comme aux erreurs de la compassion, cherche avant tout le chrétien dans l'homme, le juste dans le malheureux. Étroitement unie aux préceptes de la morale évangélique, pénétrée de leur grandeur & de leur sagesse, elle ne voudroit exercer sa bienfaisance, qu'envers ceux qui les mettent en pratique.

Pleine de l'idée de la perfection religieuse, elle aime à s'occuper de ceux qui lui en présentent plus ou moins de vestiges. Elle voudroit convertir en soulageant, perfectionner en consolant, sanctifier en secourant. Ces motifs circonscrivent & diminuent la sphère de son activité. L'homme que l'erreur a séduit, que la licence des mœurs a corrompu, que l'incontinence a perdu, qu'un culte différent, des opinions nouvelles ont égaré, un tel homme, osons le dire, se présente aux yeux de la charité chrétienne, sous des couleurs bien différentes de celle qu'y apperçoit la *bienfaisance* universelle.

Celle-ci voit-elle un malheureux, ses entrailles vont s'émouvoir ; les larmes de la nature vont couler de ses yeux, elle va lui prodiguer les trésors de la douce compassion, de l'active sensibilité. Il n'est point de culte, d'opinion, d'erreur, de faute dans l'infortuné qui puisse l'arrêter, ni même la faire hésiter, douter un moment sur le parti qu'elle a à prendre. Tantôt elle épuise auprès de lui les ressources de l'art & de la fortune, tantôt elle y emploie les charmes d'une tendre & persuasive éloquence, pour rappeller la santé, le calme, l'espérance, le bonheur dans son sein. Ce n'est point

en le glaçant par un appareil sévère & coercif, qu'elle lui présente des secours. L'humanité, la sainte humanité n'a jamais fait éprouver cette impression douloureuse que sent le malheureux, à l'aspect d'un secours conditionnel. En même temps que le besoin d'être généreux, le désir de soulager, la tendre inquiétude sont peints dans ses yeux, le sourire du plaisir va paroître sur ses lèvres, si elle le croit utile au bonheur de celui qu'elle secourt.

La charité chrétienne a d'autres obligations à remplir. Sa mâle *bienfaisance* aime en tout temps à placer l'homme à côté des devoirs que lui impose la religion. Occupée de cet objet important, sa généreuse main, inflexible sévérité, ne lui permet pas de se proportionner aux foiblesses humaines. Elle présente le bienfait d'une main, & l'évangile de l'autre. Ce procédé grand & religieux, en même temps qu'il rappelle à l'esprit des objets respectables, fatigue la pensée & pèse douloureusement sur l'ame. Le malheureux s'irrite aisément, s'égare souvent dans ses réflexions, & voit avec peine le double spectacle de ses maux & de ses engagemens religieux. On soutient difficilement le fardeau d'une grande idée, quand la douleur & le chagrin ont établi leur siège dans notre ame.

S'il étoit convenable de joindre à ces considérations importantes, de légers tableaux, je dirois qu'on a plus d'une fois rappellé le calme & la douceur dans le cœur de l'homme souffrant & malheureux, & soulevé le poids des idées religieuses qui l'accabloient, par la peinture touchante des beautés de la nature, des plaisirs innocens qu'elle nous prodigue ; par l'espoir de jouir encore des charmes de la beauté, des agrémens de la société. Ces idées légères & fugitives, mais douces, mais proportionnées à nos foibles conceptions, détendent le ressort de l'esprit, & donnent du ton & du mouvement aux organes de la sensibilité. Aussi la *bienfaisance* universelle ne dédaigne-t-elle pas d'en faire usage, quand elle les croit utiles au soulagement des malheureux. Il en est d'autres encore qu'elle peut employer, & que doit négliger la charité chrétienne, non qu'ils aient rien de criminel ou de dangereux, mais parce qu'une vertu dirigée par des préceptes divins, ne doit connoître de secours, que ceux qu'elle attend des moyens qu'elle s'est prescrits à elle-même.

La société est composée d'une foule d'individus, plus différens, encore par leurs opinions & leur conduite, que par les traits de leur figure. Tous également sujets aux maux, aux peines de la vie, ont besoin d'une vertu active, consolante, indulgente, qui confondant tous les humains sous le nom d'*homme*, ne fasse d'eux qu'une classe de frères, une société de voyageurs sur ce globe de misères & d'ennuis. Considérés sous ce point de vue, ce n'est que de la *bienfaisance* universelle, que les hommes peuvent attendre des secours, des consolations, des remèdes proportionnés à leurs besoins, à leurs erreurs, à leurs foiblesses, tous élémens de notre être que l'on doit modifier, & non détruire.

La *bienfaisance* universelle est sur-tout reconnoissable au caractère ardent & sensible qui la fait agir, à l'indulgence, à l'impartialité qui l'accompagnent, à l'aversion qu'elle montre pour les recherches scrupuleuses sur la conduite des malheureux qu'elle soulage, à cette noble générosité qui l'empêche de donner aux secours qu'elle prodigue, un nom, des épithètes humiliantes pour ceux qui en sont les objets.

La charité chrétienne, inséparable des grands motifs qui la font mouvoir, se distingue par une attention particulière, à répandre plus spécialement ses bienfaits sur l'homme juste, sur l'homme religieux. Elle aime à trouver la religion & la vertu réunies au malheur pour avoir droit de les secourir, & le plus vertueux sera le premier secouru. Les loix qu'elle s'est imposées, la forcent invinciblement à étendre son activité, principalement sur ceux qu'une régularité de conduite, une sagesse de mœurs ont retenus dans les limites des devoirs que prescrivent l'état & la religion.

C'est sur-tout ce dernier trait qui distingue la *bienfaisance* universelle, de la charité chrétienne. Celle-ci, compagne inséparable de la morale évangélique, en conserve toute l'austérité, toute la sainte mais inflexible sévérité. C'est pour la religion, pour ces divines & sublimes intentions, qu'elle conserve l'homme, & veille au soutien de son être. Son zèle ne doit point lui permettre de remédier au mal présent, sans en attaquer la cause intérieure, sans mêler les avis, les remontrances, les menaces de la ferveur aux secours de la charité. Les loix qu'elle a reçues de l'évangile même, lui imposent l'obligation, non-seulement de connoître & de diminuer l'intensité de nos maux, mais encore d'attaquer la source d'où ils émanent, de réprimer les égaremens qui les ont fait naître, les vices qui peuvent les entretenir, les passions qui peuvent les alimenter, les opinions qui peuvent y avoir donné lieu. Tant de soins forcent souvent l'homme à renoncer au remède, plutôt que de faire le sacrifice de penchans qui lui sont chers, d'habitudes auxquelles il attache son bonheur. Il lui faut une vertu plus adoptée à son état de foiblesse & d'erreur; une vertu journalière qui, contente de calmer ses douleurs, laisse à la nature, le soin de guérir le mal dans sa source. Enfin la charité chrétienne est pour l'homme, une mère bonne, mais inflexible; douce; mais exigeante; prudente, mais sévère; & c'est une amie sensible & indulgente, qu'il cherche dans la *bienfaisance* universelle.

Tels sont les caractères distinctifs des deux vertus les plus utiles au bonheur public. Elles ont, comme nous venons de le remarquer, changé entièrement

la face du monde actuel; elles lui ont donné un air de liberté, de douceur, que n'avoit point l'ancien. Les mœurs publiques sont par là même, devenues plus faciles, & depuis le prince jusqu'au berger, le mot d'humanité s'est fait sentir, & n'a plus été vuide de sens. Nous ne voyons plus de ces tyrannies longues & cruelles, des monstres sur le trône, des brigands couronnés.

Le fanatisme seul qui sembloit réserver ses flambeaux pour nous, s'est vu terrassé par l'esprit de *bienfaisance* qui a dominé par-tout. C'est cette vertu qui, rappellant la religion, ou plutôt ses ministres, à leur véritable objet, en a fait un moyen d'union, de secours, de consolation pour le peuple.

La police, cette portion de l'ordre public, destinée à réunir tous les moyens de paix & de plaisir dans la société, & qui trop souvent s'est écartée de cet objet pour se livrer à des projets destructeurs, la police n'a point échappé à l'influence de l'esprit de *bienfaisance* de notre siècle; elle a secondé, favorisé, protégé une foule d'établissemens utiles; elle a surveillé avec un soin qui mérite des éloges, la plupart des entreprises qui ont pour objet le soulagement des pauvres, & si cette conduite eût été la même pour tous les détails soumis à ses soins, nous ne lui aurions pas si souvent fait les reproches qu'on a pu remarquer dans les articles qui la concernent.

Concluons par dire que la *bienfaisance* a caractérisé notre siècle, & pourroit seule le disculper des reproches de corruption qu'on lui fait trop légèrement. *Voyez* PAUVRE, MENDICITÉ.

BIGAMIE, s. f. Etat d'un homme qui a deux femmes, ou d'une femme qui a deux hommes; dans ce dernier cas il faudroit dire *biandrie*, mais l'usage a prévalu. La *bigamie* est absolument un crime de convention, si pourtant c'en est un; & il est si peu contre les loix naturelles, qu'on ne punit point un bigame qui vit avec deux femmes non mariées civilement à lui. Ainsi la loi qui condamne la *bigamie* ne prétend donc pas sévir contre un crime destructif de la société comme le meurtre, le viol, &c. elle ne veut punir que l'infraction des usages ou habitudes sociales, qui ne sont point des loix constitutives de la société. On conçoit, en effet, que cette société ne seroit ni détruire ni attaquée, quand un homme auroit deux ou plusieurs femmes, soit qu'il les ait civilement épousées, soit qu'il ne fût uni à elles que par les chaînes d'un engagement volontaire.

Pourquoi a-t-on donc mis la *bigamie* dans le code criminel, & pourquoi le punissoit-on de mort autrefois? Je serois tenté de croire que cette rigueur naissoit de l'idée qu'on s'étoit faite du mariage, qu'on ne regardoit que comme un sacrement & qu'on assimiloit à l'alliance de Jésus-Christ avec son église: on oublioit que c'est aussi un acte de volonté humaine; & l'infraction des loix civiles étoit regardée comme un mépris formel de la religion , un crime de léze-majesté divine , qu'on ne pouvoit expier que par la peine de mort.

Cette législation barbare a été abrogée par le fait ; mais la *bigamie* est toujours punie d'une peine infamante , & telle est encore la confusion des idées à cet égard qu'on regarderoit comme un écrivain téméraire & scandaleux celui qui oseroit demander l'abolition de cette rigueur , & son changement en une peine purement civile. Cependant voici une regle générale qui peut servir de guide dans cette matiere. Toutes les actions qui ne portent pas atteinte à l'existence politique de l'état ou à celle des individus qui le composent, ne peuvent pas être criminelles absolument : or la *bigamie* est dans ce cas.

Deux femmes peuvent très-bien vivre avec un homme qu'elles aiment , leurs enfans n'en peuvent qu'être mieux élevés , &c. donc la *bigamie* n'est n'est point un crime absolu. Elle n'est donc tout au plus qu'un mépris des loix positives de la société , des réglemens , des usages ; c'est un délit sans doute. Mais comme ces loix positives, ces usages restreignent l'exercice de la liberté naturelle , sans aucune nécessité pour le bien commun de la société, l'homme peut réclamer contre ; & lorsqu'il suit les mouvemens de sa volonté au préjudice des conventions qui l'enchaînent, il n'est coupable d'aucune atteinte portée à l'existence sociale , il ne mérite pas d'être déclaré infame.

On ne voit pas que les peuples chez qui cette législation a lieu , soient plus immoraux , plus subversibles, plus impies que nous. Au reste , *voyez* POLYGAMIE.

Mais parce que je ne crois pas la *bigamie* un crime par elle-même , il ne s'ensuit pas que je regarde comme innocent l'homme qui en fait usage pour duper successivement deux femmes , dont il trompe l'espoir & abuse la tendresse , qui lui fait épouser ce qu'elle ne croit pas épouser, qui se donne pour ce qu'il n'est pas. Un homme de ce genre est un lâche séducteur, un perfide , un criminel autant que celui qui attente à la propriété , à la liberté des autres. Si la *bigamie* pouvoit être moins punissable qu'elle ne l'est , ce seroit lorsqu'elle n'est de la part d'aucun des conjoints une leurre , une duperie , une tromperie, un piège tendu à la bonne foi d'un tiers ; enfin , pour dire la chose comme je la pense , si un peuple pouvoit adopter cet usage , il faudroit toujours que celui qui épouseroit une seconde femme , ne pût le faire que du consentement de la premiere.

Nous n'en dirons pas davantage sur ces matieres délicates , qui font encore dresser des cheveux à la tête de bien des gens , comme si le peuple spécialement choisi de Dieu ne nous offroit pas des exemples qui pourroient appuyer cette opinion. Au surplus, ce n'est point un projet de législation que nous proposons , ce n'est point le desir du changement qui

nous fait parler , c'est un motif plus louable. Nous considérons que toutes les fois qu'un bigame est condamné par les loix , non-seulement la femme qu'il a abusée se trouve privée de l'appui qu'elle avoit , déshonorée dans la société par la peine infligée à son mari , mais les enfans auxquels elle a donné le jour sont déclarés bâtards , & punis sans avoir commis aucun délit, & notés d'une éternelle infamie, quoiqu'innocens. Voilà des malheurs bien faits pour émouvoir les esprits justes , bien faits pour soulever contre la peine infligée aux bigames.

Au moins si dans la législation qu'on a machinalement adoptée sur cette matiere , on eût conservé le droit des enfans, qu'ils ne fussent enfans déclarés bâtards , qu'ils eussent pu hériter des biens de leurs parens ; alors on eût puni le délit dans l'auteur du délit même , alors la punition de la *bigamie* n'eût pas été un mal plus grand , plus positif, plus physiquement réel que le crime même , puisque l'un n'est que conventionnel & que l'autre agit positivement sur le bonheur & la vie de plusieurs enfans.

Cette derniere considération seule doit être sans doute un frein à l'ardente poursuite des officiers de police contre les bigames. Ils doivent ne jamais perdre de vue l'état des malheureux enfans qu'on va plonger dans l'ignominie , qu'on va irriter contre la société sitôt que la faute de leur pere sera connue. La mort d'une des épouses peut apporter un changement qui prévienne le scandale public ; enfin le magistrat de police se montrera encore plus incrédule sur le délit dont nous parlons , lorsque les deux femmes seront éloignées l'une de l'autre , ou qu'il sera possible de faire passer l'une des deux pour une concubine , dont les enfans exigent qu'on ménage l'état & la réputation. Cette conduite n'est-elle pas plus amie de la paix , du bonheur public , que l'intolérantisme légal , toujours prêt à verser l'infamie sur la tête des hommes. Telles sont au moins les idées que l'amour des hommes & de leur bonheur physique , si je peux parler ainsi , m'engage à présenter. On se tromperoit étrangement , je le répète , si l'on vouloit y trouver le moindre vestige de ce délire d'innovation qui semble aujourd'hui caractériser nos écrivains. Il y a long-temps que des hommes sensés ont pensé comme moi. *Voyez* POLYGAMIE.

On ne regarde pas seulement la *bigamie* comme un crime légal , mais encore religieux, comme un cas de conscience , un crime contre la loi de Dieu : il ne sera donc pas inutile de rapporter , d'après les théologiens casuistes , les traits qui le caractérisent : les voici ; mais rapportons les paroles des auteurs, la traduction n'en seroit point tolérable.

Bigamia non incurritur per multiplicem concubitum , deficienti matrimonio de jure , vel de facto inito.

Ad bigamiam contrahendam requiritur copula,

& seminis virilis intra vas immissio ; quidam tamen ad bigamiæ irregularitatem, satis esse penetrationem vasis membro virili probabiliter factam, dicunt : in foro autem externo præsumitur copula perfecta, & per consequens bigamiam perfectam esse.

In copula desiderari semen feminæ ad bigamiam alii, affirmant alii negant.

Contrahens ac consummans matrimonium cum ea, quæ non membro naturali viri cum seminis emissione corrupta est, sed aut instrumento aliquo, aut membro virili, non intromisso semine, minimè efficitur bigamus, aut irregularis : secus dicendum si femina integra manens virile semen ex concubitu arte quâcumque receperit ; efficitur enim femina tum cùm viro illo una caro. Sanchez, lib. VII, d. 83.

BILLARD, s. m. C'est un jeu d'adresse & d'exercice, qui consiste à faire rouler une balle d'ivoire, pour en frapper une autre, & la faire entrer dans des trous appellés *blouses*.

Les salles publiques où l'on joue ce jeu de *billard*, ne peuvent être ouvertes, qu'en vertu d'une permission du magistrat de police, lequel doit veiller à ce que sous cette apparence, il n'y ait point de retraite particulière pour les jeux de hasard.

Par sentence de police du 19 novembre 1740, les *billards* ou salles de *billard* doivent être fermées à sept heures du soir en hiver, & à neuf heures en été, avec défenses à toutes personnes, d'y faire aucunes parties, & aux maîtres, de souffrir qu'il y en soit fait, le tout, sous différentes peines. *Cet article est de M. des Essart.*

BLASPHEME, s. m. Injure prononcée contre la divinité. C'est un des délits commis le plus communément par le bas-peuple. Il met en cela plus d'habitude que d'intention criminelle ; c'est ordinairement l'expression d'une grande colère ; alors on voit qu'il seroit déplacé, je dirai presqu'injuste, de punir le *blasphême*, dans ce cas, suivant la rigueur des ordonnances.

Louis IX, roi de France, placé par ses vertus au rang des saints, *dit Voltaire*, fit d'abord une loi contre les blasphémateurs. Il les condamnoit à un supplice nouveau, en leur perçant la langue avec un fer ardent. C'étoit une espèce de talion ; le membre qui avoit péché, en souffroit la peine ; mais il étoit fort difficile de décider ce qui est un *blasphême*. Il échappe dans la colère ou dans la joie, ou dans la simple conversation des expressions, qui ne sont, à proprement parler, que des explétives, comme le *sela* & le *vah* des hébreux, le *pol* & l'*ædepol* des latins, & comme le *per Deos immortales*, dont on se sevoit à tout propos sans faire réellement un serment par les Dieux immortels.

Ces mots qu'on appelle *juremens*, *blasphêmes*,

sont communément des termes vagues, qu'on interprète arbitrairement : la loi qui les punit semble être prise de celle des Juifs, qui dit : *tu ne prendras pas le nom de Dieu en vain*. Les plus habiles interprètes croient que cette loi défend le parjure ; & ils ont d'autant plus raison, que le mot *sharé*, qu'on a traduit par *en vain*, signifie proprement le *parjure*.

Les juifs juroient par la vie de Dieu, *vivit Dominus*. C'étoit une formule ordinaire. Il n'étoit donc défendu que de mentir au nom de Dieu qu'on attestoit.

Philippe, Auguste en 1181, avoit condamné les nobles de son domaine qui prononceroient les mots qu'on adoucit par *tête-bleue*, *corps-bleu*, à payer une amende, & les roturiers à être noyés. La première partie de cette ordonnance parut puérile, la seconde étoit abominable. C'étoit outrager la nature, que de noyer des citoyens, pour la même faute que les nobles expioient pour deux ou trois sols de ce temps-là. Aussi cette étrange loi resta sans exécution, comme tant d'autres, sur-tout quand le roi fut excommunié, & son royaume mis en *interdit* par le pape Célestin III.

Saint-Louis transporté de zèle, ordonna indifféremment qu'on perçât la langue, ou qu'on coupât la lèvre supérieure, à quiconque auroit prononcé ces termes indécens. Il en coûta la langue à un gros bourgeois de Paris, qui s'en plaignit au pape Innocent IV. Ce pontife remontra fortement au roi que la peine étoit trop forte pour ce délit. Le roi s'abstint désormais de cette sévérité. Il eût été heureux pour la société, que les papes n'eussent jamais affecté d'autre autorité sur les rois.

L'ordonnance de Louis XIV, de l'année 1666, statue que ceux qui seront convaincus d'avoir juré & blasphêmé le saint nom de Dieu, de sa très-sainte mère ou des saints, seront condamnés pour la première fois à une amende, pour la seconde, tierce & quatrième fois, à une amende double ; pour la cinquième fois, au pilori & la lèvre supérieure coupée, & la septième fois, auront la langue coupée tout juste.

Cette loi paroît moins barbare ; elle n'inflige une peine cruelle, qu'après sept rechûtes qui ne sont pas présumables.

Au reste, il est rare de voir aujourd'hui le *blasphême*, puni, soit que l'ardeur religieuse étant passée, les hommes tournent moins leurs pensées vers les choses saintes dans leur colère, & qu'il y ait par-là moins de blasphêmateurs, soit que les magistrats aient cru devoir négliger de poursuivre un délit dont le motif est difficile à connoître, & qui lui-même est difficile à constater. J'aime à croire que ce n'est point par une indifférence condamnable, mais par indulgence & bonté, qu'on en agit ainsi.

BLESSURE,

BLESSURE, f. f. C'eft le dérangement ou la rupture de quelque partie du corps. Les *bleffures* font plus ou moins dangereufes, fuivant l'endroit du corps où elles ont été faites, & l'inftrument ou la chûte qui les a caufées. *Voyez* la CHIRURGIE. Nous ne confidérons les *bleffures* ici, que dans le rapport qu'elles ont avec la police, qui doit empêcher que le public ne foit expofé à en recevoir, & donner des fecours prompts à ceux qui en ont reçues.

L'on peut être bleffé de deux manières, dans une ville, & même par-tout; favoir, par accident & par les fuites d'une rixe.

Rien n'eft fi commun à Paris, que de voir des hommes, des femmes, des enfans, bleffés par accident, & cela, de deux manières, ou par les voitures, & fur-tout les caroffes, ou par la chûte de quelques corps du haut des maifons.

Ce dernier accident eft rare, mais le premier eft journalier. Il n'eft guère poffible de parcourir une après-midi, les rues de Paris, fans rencontrer des gens, qu'un caroffe vient de bleffer dangereufement, & quelquefois mortellement.

L'impunité, prefque toujours affurée à ceux, qui par une impétuofité de courfe, une inattention pour le public, produifent ces malheurs, eft la caufe de leur fréquent retour. On a dit, on a répété cent fois qu'il faudroit punir la rage qu'ont les gens à équipage, de courir au grand trot, au milieu d'une foule de femmes & d'enfans. On a encore fait fentir tout le danger qu'il y a voir, de laiffer conduire des chevaux par des enfans, d'emplir des tomberaux de moëlons, au-delà du comble. &c. Toutes ces plaintes, dont nous nous fommes rendus l'écho au mot *accident*, ne produifent rien. La police, fi ardente dans des chofes bien moins importantes, eft d'une indifférence odieufe à cet égard, & les particuliers qui fouvent bacchanalent, crient, s'attroupent fans objet ou pour des riens, voient avec une ftupide réfignation, ce défordre régner au milieu d'eux.

Nous avons encore remarqué, au mot *accident*, que les foules, les affemblées produites par quelque fête publique, chofe qui n'eft pas commune à Paris, donnent lieu à des *bleffures* dangereufes, des accidens terribles, tel étoit ce fameux feu-d'artifice, pour le mariage du dauphin (Louis XVI), où tant de perfonnes furent bleffées, ou périrent affreufement.

Les *bleffures* qui arrivent à la fuite des rixes, entre les gens du bas-peuple, forment auffi un des foins des officiers de police. Lorfque le combat s'échauffe, que les combattans font féroces ou armés, il eft du devoir de la garde, de fe transporter au lieu de la bataille, de féparer ceux qui s'y trouvent, de les défarmer, & de contraindre par la force, ceux qui ne voudroient pas céder.

Mais la-deffus, il exifte une manière finguliere de fe conduire, de la part de la garde. Elle met une lenteur à prendre fes armes, à fe réunir & à marcher, que les gens qui fe battent, ont le temps de fe bleffer, de fe tuer, avant que la garde ait paru.

J'ajouterai ici qu'il n'y a pas affez de garde à Paris, & qu'il faut l'aller chercher trop loin dans le cas de befoin; elle, ainfi que celle qui fait le fervice des pompes pour les incendies, ne fauroient être trop multipliées.

Nous devons à M. le Noir, un établiffement bien fimple, & auquel pourtant perfonne n'avoit penfé avant lui. Ce magiftrat remarqua, ou l'on lui fit remarquer, que lorfqu'un homme avoit été bleffé, foit par une voiture, foit par une rixe, ou de toute autre manière, on étoit obligé de le porter fur une échelle, une planche, ou autre chofe peu commode, qui le faifoit fouffrir, & rendoit fouvent la *bleffure* plus dangereufe, par la fituation gênante qu'il prenoit. Il imagina de faire mettre dans chaque corps-de-garde des civières matelaffées & commodes, dont l'ufage eft public en cas d'accident. Les malades font par ce moyen, conduits aux hôpitaux, auffi doucement qu'il eft poffible de le faire.

On lui doit auffi l'établiffement d'un appareil, chez chaque commiffaire, pour arrêter fur le champ les hémorragies dangereufes, & produites par des *bleffures*. Les villes de province devroient imiter ces foins, pour la vie des citoyens. De pareilles vues ne font point difpendieufes à exécuter; & c'eft beaucoup pour une nation qui demande toujours: *combien cela coûtera-t-il?*

BOIS, f. m. C'eft la partie dure & compacte des arbres. Le *bois* fert à plufieurs ufages. On l'emploie pour le chauffage & pour les travaux des arts. Chacune de ces efpèces exige les foins de la part de la police, foit pour en affurer l'approvifionnement dans les villes confidérables, foit pour empêcher les accaparemens ou prévenir la fraude que pourroient commettre les vendeurs dans la qualité des marchandifes.

Nous parlerons à l'article CHAUFFAGE, des moyens employés pour faire abonder les provifions qui y font néceffaires, telles que celles de *bois*, de charbon, de tourbe, de charbon de terre. Ce fera fous ce mot que nous réunirons les parties les plus intéreffantes des réglemens, & cela d'autant plus à propos, que ce n'eft que dans leur rapport avec l'emploi qu'on en peut faire pour l'utilité publique, que nous devons envifager les combuftibles; & la réunion des décifions, ufages & coutumes obfervées à cet égard, forme proprement la police du chauffage, police très-importante à la commodité des grandes villes.

Quant aux autres efpèces de *bois* envifagés fous

H h h

le même rapport, nous en parlerons dans l'ordre suivant, 1°. des *bois* de charpente ; 2°. des *bois* de charronage ; 3°. des *bois* de marqueterie ; & ce que nous en dirons se rapportera toujours aux soins que leur approvisionnement exige de la police.

Nous ferons d'avance cette remarque générale, qu'il est important que l'on plante des *bois* à mesure qu'on en détruit, ou plutôt qu'on prenne garde à ce qu'il ne se fasse pas de trop grands défrichemens de forêts, si l'on ne veut pas bientôt voir la disette de *bois* se faire sentir en France, & sur-tout à Paris. *Voyez* le mot BOIS dans la *Jurisprudence*.

1°. Ce que nous dirons des soins qu'on prend à Paris pour faciliter l'achat & l'approvisionnement des *bois* de charpente, pourra s'appliquer aux autres villes dans le cas où elles n'auroient pas encore adopté la même police : ainsi nous n'entrerons dans aucun détail sur cette partie de la police des autres villes du royaume, excepté de celle de Lyon, dont nous rapporterons un des articles à cet égard.

La provision des *bois* de charpente pour la fourniture de Paris, se fait par trois sortes de marchands, les forains domiciliés, les forains qui vendent aussi-tôt après leur arrivée, & les regratiers ayant magasin dans la ville & dans les fauxbourgs, ailleurs cependant que sur les ports. Ces marchands font trois corps séparés, & ne forment point de communauté entr'eux, en général ni en particulier. C'est un commerce libre, uniquement assujéti aux règles de la police générale, dirigé par le lieutenant de police & par le prévôt des marchands ; l'un a la connoissance de la voiture qui se fait par eau & de ce qui passe sur les ports, l'autre connoît de tout ce qui regarde l'ordre qui doit être observé entre les maîtres des métiers, qui achètent les *bois* pour les employer : on voit la compétence de ces deux jurisdictions dans l'édit qui les a réglées.

L'Isle-Louvier est un lieu où l'on reçoit les *bois* de charpente, quoiqu'on y en reçoive d'autres pour le chauffage ; les marchands forains l'y font aborder & jouissent tous du même droit, ainsi que de celui de l'y faire décharger ; chacun prend la place qui lui convient, & paie fort peu de chose ; les marchands doivent seulement prendre garde à n'occuper pas plus de terrein qu'il n'en faut pour leur *bois* ; c'est-à-dire, de ne point multiplier les piles mal à propos, & de les tenir élevées à certaine hauteur, afin qu'il y ait toujours des places libres pour les arrivans ; il est réservé au bureau de la ville de faire garder cet ordre.

Les forains domiciliés tiennent en tout tems leurs chantiers ouverts pour le service des bourgeois & des marchands, presque tous font exploiter les *bois* sur les lieux, & les voiturent à proportion du débit qu'ils ont dans Paris. Ces *bois* ne sont sujets à aucune visite de police ; on ne les toise

ni ne les mesure, comme cela se pratique pour la plupart des autres matériaux qui entrent dans les bâtimens ; s'il arrive des contestations sur ce sujet, elles sont décidées à l'amiable par des experts, que l'on prend toujours parmi les marchands de *bois* & dans les jurés des bâtimens, ou parmi les maîtres du métier, qui se servent du même *bois* qui a occasionné le différend.

Le forain non domicilié est obligé de tenir port pendant trois jours, pour donner tems aux bourgeois & aux marchands de se fournir ; ce tems passé, il peut disposer de sa marchandise à son gré, & la vendre aux regratiers. Cela n'empêche pas que les maîtres charpentiers & les menuisiers n'aient la préférence, tant que le *bois* se trouve sur le port ; ils ont même le privilège de rompre les marchés des regratiers, & de lotir entr'eux les *bois* au même prix ; ce qui n'est guère juste, & ce qui ne se fait que très-rarement.

Le marchand regratier peut faire exploiter des *bois* pour son compte ; mais aussi-tôt qu'ils sont arrivés, il doit les faire voiturer dans ses chantiers ou magasins, il lui est défendu de vendre aucun *bois* sur les ports, soit qu'ils viennent en droiture, soit qu'il l'achète des forains.

On trouve dans les réglemens de la police de Lyon, des dispositions à peu près semblables sur le commerce des *bois* de charpente. Les voici. « Il » est expressément défendu à tous charpentiers & » menuisiers d'arrisquer les *bois* venant sur le » Rhône & d'ailleurs, tant pour la construction des » bâtimens qu'autres ouvrages : ains est enjoint » aux marchands dudit *bois*, en délivrer tant aux » bourgeois qu'habitans, à même prix que les » maîtres, sans les sur-enchérir. A ces fins y sera » par nous fait taux de eux en six mois. Auxquels » marchands est fait défenses de faire vente » à aucuns des maîtres charpentiers & menuisiers » avant l'arrivée du *bois*, & après icelle, le laisser » sur place, sans le pouvoir mettre en des maisons » & cours que quelques-uns desdits maîtres trou- » vent à ce sujet proche le Rhône, & ayant con- » venu avec le marchand, y séjourner quelques » jours, & après font le tout emporter, dont les » pauvres maîtres sont frustrés, & ne peuvent » avoir des matériaux pour travailler, & sont » contraints en acheter à un prix excessif des maîtres » qui les ont arrisqués ; & où il seroit contreve- » nu, tant le vendeur que l'acheteur, condamnés » en l'amende de cinquante livres, & sera le *bois* » loti aux autres charpentiers & menuisiers, afin » que chacun soit également fourni ».

2°. Dans l'approvisionnement des *bois* de charronage à Paris, on suit à peu près les mêmes réglemens que pour ceux de charpente, & les marchands sont assujettis à peu près aux mêmes règles.

On en diftingue de deux efpèces : le *bois* en *grume* & le *bois* de fciage. Le premier eft celui qui n'eft ni équarri, ni débité avec la fcie, mais qui a encore fon écorce, quoiqu'il foit coupé en tronçon & en billes, dans les longueurs convenables aux ouvrages de charronage. Le *bois* de fciage eft celui qui eft débité avec la fcie, & deftiné à faire les lifoirs & les timons des voitures.

Ces *bois* font mis en vente fur les ports, & il eft défendu d'en faire des accaparemens ou de les enharrer, pour en faire hauffer le prix; cette loi eft générale pour toutes les marchandifes dont la confommation eft de première ou de feconde néceffité dans les grandes villes. *Voyez* CHARRON.

3°. La plupart des *bois* qu'on employe dans la marquetterie aujourd'hui, font des *bois* étrangers, tels que le *bois* de rofe, celui d'acajou, de magahoni. Le commerce n'en eft affujetti à aucun des réglemens qu'on fait obferver aux marchands pour ceux de charronage & de charpente, ainfi nous n'en avons rien à dire, & l'on doit avoir recours au mot EBÉNISTE, dans les *arts & métiers*, pour connoître les ufages & les efpèces de *bois* de marquetterie & ébénifterie.

BONNETIER, f. m. Le bonnetier eft proprement l'ouvrier qui fait des bonnets; mais comme le tiffu qui le compofe, eft le même à peu près que celui des bas & autres ouvrages de tricot, on a donné le nom de *bonnetier* à tous ceux qui ont le droit de vendre & fabriquer toutes fortes de marchandifes tiffues de mailles au tricot, ou fur le métier, comme bas, gants, chauffons, camifoles, caleçon, foit en foie, foit en laine, ou autres matières telles que le fil de chanvre, de lin, de coton, de chèvre, &c. Les *bonnetiers* font aujourd'hui, avec les pelletiers & chapeliers, un des fix corps à Paris; depuis l'édit d'août 1776, dont la maîtrife revient, tous frais faits, à 900 livres.

L'édit de janvier 1777, rendu pour Lyon, forme deux communautés, l'une de *bonnetiers* & fabricans de bas en foie, laine & toute autre matière pure ou mélangée fur métier à bas, l'autre de chapeliers, coupeurs de poils, pelletiers & plumafiers. La maîtrife de *bonnetier* y coûte 400 livres avec les frais, & celle de chapelier, 300 livres; & dans les villes du fecond ordre, 300 liv. également l'une & l'autre, dans celle du troifième, 200 livres, avec les frais acceffoires.

Il y avoit autrefois à Paris, deux fortes de *bonnetiers*; les uns appellés *marchands bonnetiers-aumuciers-mitonniers*, ne tenoient de boutique que dans la ville; ils formoient une communauté dont les ftatuts étoient de 1608, fous Henri IV.

L'autre communauté des *bonnetiers* répandus dans le fauxbourg Saint-Marcel, étoit compofée d'ouvriers qui avoient des jurés & des ftatuts donnés par le bailli de St. Marcel, le 26 août 1527, & renouvellé, le 7 janvier 1619, par celui de Sainte-Geneviève; ils fe nommoient *maîtres bonnetiers-apprêteurs-foulonniers-appareilleurs*, parce qu'ils fe mêloient ordinairement d'apprêter, fouler & appareiller toutes fortes d'ouvrages de bonneterie pour les marchands de la ville.

Pour éteindre les difputes qui régnoient entre ces deux communautés, un arrêt du confeil, du 23 février 1716, ordonna leur réunion, qui n'eut lieu qu'en 1718, aux conditions que, conformément à l'édit du mois de décembre 1678, la communauté des *bonnetiers* des fauxbourgs feroit fupprimée; que les maîtres des fauxbourgs reçus avant l'arrêt du parlement de 1714, feroient fenfés & réputés marchands *bonnetiers* de la ville; qu'eux, leurs veuves & leurs enfans jouiroient des mêmes privilèges que ceux de Paris; que les ftatuts de ceux des fauxbourgs, qui étoient du 28 août 1527 feroient abrogés, & que ceux de la ville leur deviendroient communs.

Quant aux bas au métier, la première fabrique fut établie en 1636 dans le château de Madrid, près Paris. Le fuccès de cet établiffement donna lieu à l'érection d'une communauté de maîtres ouvriers en bas au métier, elle fut féparée du corps de la draperie, & on lui donna des ftatuts. Les *bonnetiers* eurent alors un commerce affez étendu & affez confidérable pour entrer dans les fix corps des marchands, à la place des changeurs qui y occupoient le cinquième rang; & qui, depuis leur défunion d'avec le corps des orfèvres, formoient un corps des plus confidérables; mais la pragmatique-fanction, donnée en 1268, ayant interrompu le commerce d'argent avec la cour de Rome, le corps des changeurs s'affoiblit extrêmement, & en moins de foixante ans, s'étant trouvé réduit à cinq ou fix familles feulement, il ceffa d'être du nombre des fix corps.

Les ftatuts des *bonnetiers*, renouvellés & confirmés par arrêt du confeil d'état en forme de réglement, rendu le 17 mai 1701, règlent la qualité & la préparation des foies, le nombre des brins, la quantité des mailles vuides qu'il faut laiffer aux lifières, le nombre des aiguilles fur lefquelles fe doivent faire les entures, & enfin le poids des bas.

Pour être reçu maître parmi les *bonnetiers*, il faut avoir au moins vingt-cinq ans, avoir fervi les *bonnetiers* cinq ans en qualité d'apprentifs & cinq autres années comme garçon : il faut faire montre d'un chef-d'œuvre. Il y a, à la tête du corps, fix maîtres-gardes qui font chargés de faire les vifites chez les maîtres, comme il a été dit à l'article des ARTS ET MÉTIERS. Les trois premiers gardes font appellés *ancien*, & le premier des trois s'appelle le *grand-garde*; les trois autres font nommés *nouveaux gardes*.

Tous les ans, après la Saint-Michel, on fait, dans le bureau des maîtres *bonnetiers*, une assemblée générale de tous les anciens qui ont passé par les charges, & de ceux qui ont six ans d'établissemens, pour l'élection des gardes qui sont trois ans en charge, c'est-à-dire, que tous les ans on en élit deux qui prennent la place des deux plus anciens. Leur patron est Saint Fiacre.

De peur que la bonneterie de Paris ne perdît de son crédit, par les mauvais ouvrages distribués sur son compte, il fut ordonné, en 1712, 1716 & 1721, que toutes les marchandises de bonneterie qu'on porteroit à Paris, seroient visitées à la douane; que dans le cas de la contravention, on les saisiroit; que le lieutenant de police en seroit le juge, & que le tiers des marchandises prises en fraude seroit adjugé aux commis; mais on s'est bien relâché, comme de juste, sur l'exécution de ces réglemens.

Les marchands forains qui apportent de la bonneterie à Paris, sont assujettis à des formalités prescrites dans la sentence de police, du 27 août 1785. 1°. Ils ne peuvent mettre leurs marchandises en vente à la halle plus de quinze jours, à compter du jour qu'ils auront déballé. 2°. Ce qui leur restera de leurs marchandises sera remballé ou remporté ou déposé par eux, pour ne pouvoir être remis en vente qu'à leur prochain retour, qui ne peut être moins qu'un mois après. 3°. Leurs noms & domicile doivent être inscrits sur un livre tenu par le bureau dudit corps. 4°. Ils ne peuvent mettre aucune marchandise restante que par la permission des gardes en charge de la bonneterie. 5°. Ils doivent faire visiter leurs marchandises avant de les déballer & de les mettre en vente, par les mêmes gardes en charge. 6°. Ils ne peuvent mettre en vente que les marchandises qu'ils apportent directement de leur province, & ne peuvent se charger d'aucune commission. 7°. Ils ne peuvent acheter à la halle aucune marchandise de bonneterie, pour la troquer & échanger entre eux. 8°. Aucun marchand du corps de la bonneterie ne peut être reçu à vendre à la halle, sous prétexte que ce seroit des marchandises foraines qu'il voudroit vendre. 9°. Les forains de Bretagne sont reçus à ladite halle (dite halle aux draps) dans la salle qui leur est destinée, pour vendre aux marchands du corps de la bonneterie seulement, depuis le premier mars jusques & compris le premier août de chaque année; après lequel temps ils doivent remballer pour ne mettre en vente qu'au premier mars de l'année suivante.

BORNE, s. f. C'est tout ce qui marque le point de séparation de deux choses : on le dit surtout en parlant des divisions du terrein. La *borne* & la limite diffèrent : c'est par les *bornes* que passent les limites : la *borne* est un point & la limite est la ligne qui la traverse. C'est ainsi, par exemple,

que les limites de Paris sont les lignes qui passent par les points qu'on lui a donnés pour *bornes*.

L'on voit, par cette définition, que les *bornes* peuvent avoir deux usages, celui de déterminer l'étendue du terrein & celui de circonscrire sa forme; ce qui est une conséquence du premier.

Le premier de ces usages est la sauve-garde des propriétés territoriales, & la seconde est sur-tout utile à conserver aux rues des villes leur direction & leur largeur. Disons un mot de l'un & de l'autre.

Au rapport de *Denis d'Halicarnasse*, Numa Pompilius, qui n'avoit rien oublié pour entretenir l'harmonie entre les divers ordres de l'état, avoit prévu qu'il s'élèveroit des contestations entre ces colons trop voisins, & que dans la chaleur des querelles ils pourroient se causer réciproquement du dommage, il ordonna qu'on traceroit une ligne de démarcation pour séparer un champ d'avec un autre; qu'on y enfonceroit des blocs de pierre ou de bois; que si quelqu'un osoit les déplacer ou les enlever, sa tête seroit dévouée au dieu Terme, conservateur & gardien des limites des héritages; enfin que le meurtrier de ce citoyen sacrilège, ne seroit point regardé comme coupable d'un homicide.

Pour inspirer une frayeur religieuse à ceux qui tenteroient d'enlever une *borne*, & la rendre en quelque sorte sacrée, on la posoit avec le plus grand appareil. On faisoit des onctions sur la pierre, on la couvroit d'un voile, & l'on plaçoit au-dessus une couronne de fleurs. Une victime étoit immolée sur la fosse qui devoit recevoir la *borne*, le sang couloit dans ce creux où l'on jettoit en même temps des torches allumées, de l'encens, des fruits, des gâteaux de miel & du vin.

C'est ainsi que les romains surent faire de la religion le plus bel usage, celui de la faire servir au bien & à la paix publics. Chez nous, celui qui arrache une borne est puni : mais nous avons, moins en ceci comme en tant d'autres choses, plus pensé à punir le délit qu'à le prévenir. Il n'y a guère que la religion qui puisse constamment produire ce second effet, parce que la terreur des supplices, la crainte des peines n'est point une habitude de l'ame aussi puissante que la divinité présente, & le sentiment du respect qu'elle inspire. *Voyez* dans la *jurisprudence*, les formes judiciaires sur le bornage & les servitudes qui ont lieu à cet égard entre les propriétaires de champ.

Les *bornes*, nous l'avons dit, servent encore à déterminer la circonscription des villes, la longueur & la direction des rues; elles en assurent les limites. Nous prendrons pour exemple de cet usage la ville de Paris. Plusieurs ordonnances de nos rois ont prescrit le lieu où devoient être plantées les *bornes* qui déterminent l'étendue de la ville & des fauxbourgs.

La déclaration du 18 juillet 1724, est encore suivie aujourd'hui pour la partie dont il est ici question ; & c'est d'elle que nous allons tirer ce que nous croirons utile de dire ici pour l'intelligence du bornage de Paris, en renvoyant au mot LIMITES, de plus grands détails sur cet objet important de la police de la voierie.

L'objet de cette déclaration est de distinguer la ville des fauxbourgs, & de fixer les lieux où doivent être posées les bornes qui assurent les limites de l'une & des autres. « Art I. A commencer du jour de la présente déclaration, l'enceinte de la ville de Paris sera & demeurera bornée à ce qui est renfermé par le rempart planté d'arbres, depuis l'arsenal jusqu'à la porte Saint-honoré, & de là en suivant le fossé jusqu'à la rivière ; & de l'autre côté de la rivière, en suivant l'alignement du rempart, depuis le bord de la rivière, jusqu'à la rue de Vaugirard, & de là en suivant le rempart jusqu'à la rue d'Enfer où il finit ; de là en allant à côté de la rue de la Bourbe, à côté du monastère de Port-Royal, ledit monastère étant hors de l'enceinte, & de là allant aboutir à la rue Saint-Jacques, & ensuite par une petite rue qui est attenant des Capucins, allant gagner le boulevart, qui est derrière le Val-de-Grace, & dudit boulevart en suivant la rue des Bourguignons, la rue de l'Oursine, jusqu'à la rue Mouffetard, & de ladite rue Mouffetard, entrant dans la vieille rue Saint-Jacques, autrement dite la rue Censière, & suivant ladite rue dans toute sa longueur jusqu'à la rue Saint-Victor, autrement nommée la rue du Jardin du Roi, & de là côtoyant ledit jardin royal jusqu'au boulevart qui aboutit à la rivière. Art. VI. Voulons que les maisons qui sont hors de l'enceinte ci-dessus bornée soient censées & réputées fauxbourgs de Paris, & que lesdits fauxbourgs soient & demeurent bornés chacun à la dernière maison qui est construite du côté de la campagne, de proche en proche, & sur les rues ouvertes desdits fauxbourgs. Art. XI. Pour fixer le nombre, l'étendue & la longueur de chaque rue desdits fauxbourgs, conformément à ce qui est réglé par notre déclaration : voulons que par les commissaires qui seront nommés par nous, il soit composé des bornes, au bout & au coin de dernière maison de chaque rue, soit du côté de la ville ou de la campagne & dans les rues de traverse, à la dernière maison actuellement bâtie du côté des marais & autres terres ou places où aboutissent lesdites rues ; lesquelles bornes seront marquées de nos armes du numéro porté au procès-verbal d'apposition, & de l'année où elles auront été posées, afin qu'elles ne puissent pas être méconnues, & il sera remis une expédition du procès-verbal de plantage desdites bornes, tant au greffe de notre conseil, qu'aux greffes de notre cour de Parlement, des bureau des finances & de l'hôtel-de-ville de Paris. Art. XII. Au mois d'avril de chaque année il sera, par les officiers du bureau des finances, & les pré-

vôt des marchands & échevins, procédé à la visite des nouveaux bâtimens, examen & recensement des limites de l'enceinte particulière de la ville, & des bornes apposées pour les limites des fauxbourgs ; à l'effet de voir s'il n'a rien été entrepris au préjudice de la présente déclaration. Art. XIII. Il sera procédé extraordinairement contre ceux qui auront arraché ou effacé les inscriptions poteaux & bornes, de limites ; & ceux qui seront convaincus seront condamnés, pour la première fois, au fouet & au bannissement pour trois années, & en cas de récidive, en cinq ans de galères. Art. XIV. Ceux qui auront contrevenu aux présentes dispositions, pour l'ouverture des rues & la construction des maisons, seront condamnés en 3000 livres d'amende ; & les maîtres maçons & charpentiers condamnés en 1000 livres d'amende chacun, & déchus de la maîtrise. XV. Nous attribuons la connoissance desdits délits & contraventions à notre bureau des finances de Paris, & aux prévôt des marchands & échevins de ladite ville, concurremment & par prévention entre eux. Ceux qui auront fait les premières procédures sur chacune desdites affaires, en connoîtront à l'exclusion des autres ; & dans le cas où les procédures respectives seroient du même jour, la connoissance en appartiendra au bureau des finances.

C'est improprement qu'on donne le nom de bornes aux pierres qui sont plantées contre les murs & édifices pour les garantir du choc des voitures, & empêcher qu'ils ne soient dégradés par les essieux qui en approcheroient de trop près. Celui de chasse-roue, dont il est parlé dans quelques anciennes ordonnances, seroit plus convenable, parce qu'en effet les pierres dont il s'agit, chassent les roues en les écartant des murs.

Ces bornes ou chasses-roues sont de deux espèces, les unes isolées que l'on pose ordinairement au-devant des églises, des hôtels, autour des fontaines & dans les places publiques, & les autres adhérentes aux murs des maisons. Deux ordonnances du bureau des finances, des 22 & 27 février 1737, défendent, sous peine de 50 livres d'amende & de démolition, d'en poser dans la face des pans coupés des maisons, à cause des accidens qu'elles pourroient occasionner.

La saillie des bornes se trouve réglée uniformément à huit pouces, tant par l'édit de décembre 1607, que par l'ordonnance du bureau des finances de Paris, du 26 octobre 1666, confirmée par arrêt du conseil, du 19 novembre suivant, & par les autres ordonnances de ce bureau des 21 juillet 1687, premier avril 1697, & 14 décembre 1725.

Mais ces réglemens utiles sont très-peu observés ; on voit dans Paris des bornes qui saillent de dix-huit à vingt pouces, & qui exposent le public à être roué sous les voitures qui traversent sans cesse les rues de la capitale.

Par le tarif annexé à l'arrêt du 11 mai 1755, le

droit des commissaires de la voirie a été fixé à 4 liv.
Voici les termes de l'article 4 de ce tarif : « Pour
» les *bornes*, quelques formes qu'elles aient, ou en
» quelque nombre qu'elles soient, armées ou non
» de fer ou autres choses, pourvu qu'elles soient
» adossées à la même maison, ayant face sur une
» ou plusieurs rues, posées dans la même année
» du jour & date de la permission, est dû un seul
» droit de 4 livres. Après l'année révolue, s'il est
» posé de nouvelles *bornes*, sera dû un pareil droit
» de 4 livres ».

Quand les *bornes* sont posées, le propriétaire est
obligé de faire réparer aussi-tôt à ses frais, le pavé
qui a été enlevé ou détruit. Dans la ville & fauxbourgs de Paris, l'entrepreneur général du pavé a
le droit exclusif de faire la réparation.

On a remarqué que les *bornes* appuyées contre
les maisons en ébranloient les fondemens & la bâtisse
par le choc des voitures qui les frappent journellement. L'intérêt du propriétaire comme du public,
seroit donc qu'elles en fussent isolées, & qu'il y
eût un chemin pour les gens de pied entre les *bornes* &
la muraille comme dans la rue de Tournon, à Paris.

Indépendamment de ces deux espèces de *bornes*,
c'est-à-dire, de celles qui servent à aligner les limites des rues & des villes, & celles qu'on peut
appeler *chasse-roues*, il y a encore les bornes mi-
liaires : nous en dirons un mot ici. Elles sont nu-
mérotées & partent, pour tout le royaume, du
centre de la capitale : elles désignent chacune une
distance de mille toises, & ont entr'elles d'autres
bornes plus petites, qui indiquent les quarts & les
demi-milles. La première petite *borne* après celle qui
indique le mille, en sortant de Paris, est triangulaire, l'angle posé du côté du pavé ; elle marque le
quart de mille : la seconde petite *borne* est ronde,
& indique le demi-mille : la troisième, de forme
triangulaire, & dont le triangle est du côté opposé
au chemin, désigne le troisième quart de mille :
vient ensuite la seconde *borne* miliaire, & ainsi de
suite.

BOUCHER, s. m. C'est le nom de celui dont
la profession est de tuer, dépecer & vendre les
bestiaux qui nous servent de nourriture, c'est-à-dire
les bœufs, veaux & moutons ; car pour les autres
espèces de viande, telle que celle de porc, le débit
en appartient à d'autres personnes.

On peut considérer les *bouchers*, de deux manières. 1°. Sous leur rapport avec l'ordre public
& la santé des citoyens. 2°. Sous celui de la discipline & police intérieure de leur communauté.
Nous en parlerons de ces deux manières, après que
nous aurons dit quelque chose de leur état chez
les anciens, & de leur établissement chez nous.

C'est du commissaire *La Marre*, que nous-allons

tirer ce qu'on va lire sur l'histoire des *bouchers*,
ou plutôt de la boucherie ; nous en retrancherons
seulement les longueurs & les inutilités.

Il y avoit à Rome, deux corps ou collèges de
citoyens, chargés de fournir la ville, de tous les
bestiaux nécessaires à sa subsistance, de les faire
préparer, & d'en vendre les chairs. Ils élisoient
entr'eux un chef, qui étoit le juge de leurs différends, & cette petite jurisdiction étoit soumise à
celle du magistrat de la police, *præfectus urbis*. Ils
avoient sous eux d'autres particuliers, dont l'emploi
ne consistoit qu'à tuer & habiller les bestiaux, en
couper les chairs, & les mettre en état d'être exposées en vente.

Il y eut d'abord dans Rome, plusieurs lieux pour
la préparation & le débit de la viande de boucherie, situés en différens quartiers de la ville. L'on
y nommoit *laniena*, les lieux où l'on tuoit les
bestiaux, & où l'on en coupoit les chairs, & *masella*,
ceux où l'on en faisoit le débit & la vente, de
même que nous distinguons en France, les tueries
ou échaudoirs, d'avec les étaux ou boutiques de
nos *bouchers*.

Plusieurs de ces étaux romains furent ensuite
réunis & joints ensemble dans une grande place
du quartier *cœli montium*, qui étoit le second de
la ville, où l'on faisoit le commerce des denrées
nécessaires à la vie, à peu près comme chez nous
la halle. Néron fit faire dans cet endroit un superbe
bâtiment, où les *bouchers* tenoient leurs étaux pour
le débit des viandes, & la mémoire de cet établissement fut conservée par une médaille frappée exprès.
L'aggrandissement de Rome obligea de former de
semblables boucheries, & il en fut construit deux
autres, à une grande distance de la première, afin
que tous les quartiers de la ville fussent en état
de se pourvoir.

Ces usages s'établirent dans les Gaules, avec la
domination des romains, & furent conservés par nos
ancêtres ; ce qui donna peut-être lieu aux autres
corporations qui s'y sont formées depuis. La ville
de Paris sur-tout, est une preuve de cette antique
coutume.

Il y avoit de temps immémorial dans cette ville,
de même qu'il y en eut dans l'ancienne Rome,
un certain nombre de familles, chargées du soin
d'acheter les bestiaux, d'en avoir toujours une provision suffisante pour la subsistance de la ville, &
d'en débiter les chairs dans les *boucheries*. Ces familles composoient de même qu'à Rome, une
espèce de corps ou société ; elle n'admettoit avec
elle dans ce commerce, aucun étranger, les enfans
y succédoient à leurs pères, ou les collatéraux à
leurs parens : mais comme les biens qu'elles possédoient en commun, étoient destinés à un emploi
des plus laborieux, les seuls mâles étoient mis en

poſſeſſion, à l'excluſion des filles; d'où il arrivoit que par une eſpèce de ſubſtitution, les familles qui ne laiſſoient aucun héritier en ligne maſculine, n'avoient plus de part à la ſociété, & que leur droit étoit dévolu aux autres.

Ces familles éliſoient entre elles un chef, ſous le titre de maître des *bouchers*. Celui qui en étoit pourvu, en jouiſſoit ſa vie durant, & n'étoit deſtituable, qu'en cas de prévarication. Ce maître ou chef avoit juſtice ſur tous les autres *bouchers*, décidoit toutes les conteſtations qui naiſſoient entre eux, concernant leur profeſſion ou l'adminiſtration de leurs biens communs. Ils éliſoient auſſi un procureur d'office & un greffier, & les appellations de ce petit tribunal étoient relevées devant le prévôt de Paris, & jugées aux audiences de police de ce magiſtrat. Ce privilège leur fut confirmé par Henri II, par lettres-patentes du mois de juin 1550, regiſtrées au parlement le 20 novembre de la même année, & ne leur fut ôtée que par l'édit de la réunion générale de toutes les juſtices au châtelet de Paris, du mois de février 1673, de ſorte que de toutes ces petites juriſdictions, que les chefs des corporations exerçoient ſur leurs membres, il n'eſt reſté que celles des maçons. *Voyez* BATIMENT & MAÇON.

Ces *bouchers*, propriétaires du droit de vendre de la viande, cédèrent à des étaliers ce même droit, moyennant une ſomme. Ceux-ci furent nommés *bouchers* de la petite boucherie, comme les autres de la grande. Mais, n'étant point comme eux, aſſujettis aux viſites & aux examens des maîtres, ils étoient expoſés à recevoir les reproches que les débitans, peu fidèles dans leurs marchandiſes, leur attiroient; c'eſt pourquoi ils demandèrent d'être érigés en maîtriſe, ce qui leur fut accordé par lettres-patentes du mois de février 1587. Les nouveaux maîtres furent incorporés dans la communauté des autres *bouchers*, & il fut défendu aux propriétaires de la grande boucherie, c'eſt-à-dire à ceux qui deſcendoient des familles qui avoient ſeules le droit d'approviſionner la ville, il leur fut, dis-je, défendu de louer leurs étaux, à d'autres qu'à des maîtres *bouchers*.

Après cette courte notice de l'hiſtoire des boucheries, paſſons au rapport qui exiſte entre l'état des *bouchers*, & la ſanté du public. Ce rapport leur impoſe différentes obligations, tant pour l'achat, que pour le débit des viandes, que nous allons ſuccinctement indiquer.

La première démarche que doivent faire les *bouchers* après leur établiſſement, c'eſt l'achat des beſtiaux qui leur ſont néceſſaires, pour remplir les devoirs qu'ils ont contractés envers le public à leur réception, ou lors des adjudications qui leur ſont faites des étaux. Cela étoit tellement recommandé à Rome, que pour faciliter aux *bouchers* romains,

les achats qu'ils étoient obligés d'aller faire dans les provinces, on les diſpenſoit de toutes les charges onéreuſes & publiques de la ville, & de tous les autres emplois qui auroient pu les éloigner de leur commerce. Les magiſtrats ou les juges des lieux avoient ordre de leur accorder toute la protection & tous les ſecours dont ils avoient beſoin. Et lorſqu'ils avoient à craindre quelque vol de beſtiaux ſur les chemins ou aux environs de Rome, il étoit ordonné aux maîtres des poſtes, de leur fournir des chevaux dont ils avoient beſoin pour leur ſûreté, & purger la province des voleurs.

Si nos *bouchers* n'ont pas tant de privilèges, ils ont auſſi bien plus de facilité, que n'avoient ceux qui exerçoient cette profeſſion dans l'ancienne Rome. Il n'y avoit point alors de marchands forains en Italie; les *bouchers* étoient obligés d'aller eux-mêmes ſur les lieux & dans les provinces les plus éloignées, y faire leurs achats : ils étoient même chargés d'y raſſembler les beſtiaux de tribut, en nature ou argent, & d'en faire la conduite juſqu'à la ville. On leur fourniſſoit à la vérité, des chevaux de poſte; mais avec ce ſecours ils devoient ſi bien prendre leurs meſures pour la ſûreté des beſtiaux, que s'il en étoit volé quelques-uns ſur les chemins, lorſqu'ils étoient à cinquante ſtades, c'eſt-à-dire trente-cinq de nos lieues, aux environs de Rome, ils en demeuroient garans en leur propre nom. C'eſt pourquoi cette profeſſion n'étoit point recherchée avec beaucoup d'empreſſement. Il n'étoit pas libre à ceux qui s'y trouvoient engagés par leur naiſſance, à leurs enfans, ou héritiers collatéraux, de l'abandonner; les charges où ils auroient pu parvenir, ne les en diſpenſoient point : leurs biens en étoient reſponſables, & ceux qui en acquéroient quelque portion, étoient dès l'inſtant aggrégés au corps, & tenus d'en remplir les obligations, du moins juſqu'à la concurrence de celle qu'ils avoient acquiſe, s'ils n'aimoient mieux l'abandonner.

Il n'en eſt pas de même de nos *bouchers* : c'eſt un état libre comme celui de toutes les autres profeſſions, & s'ils s'engagent par ſerment envers le public tous les ans, aux approches de la fête de Pâques, leur obligation finit au carême de l'année ſuivante. Rien au ſurplus n'eſt plus commode que leurs achats pendant le cours de l'année. Ils ont toutes les ſemaines dans leurs propres villes ou dans d'autres lieux fort proches, des marchés où les beſtiaux leur ſont amenés par des forains, & ils ont encore la faculté d'aller au-delà d'une certaine étendue, acheter les beſtiaux de la première main chez ceux qui les élèvent ou qui les engraiſſent. Ainſi toute la police à cet égard, conſiſte en ces quatre points.

1°. Quels beſtiaux les *bouchers* doivent acheter pour en débiter les chairs; 2°. En quels lieux ils peuvent faire leurs achats; 3°. comment leurs paiemens doivent être faits : 4°. les précautions qu'ils doivent prendre de conduire leurs bestiaux, sans les trop presser, & le soin qu'ils doivent avoir de les garder dans des étables ou bouveries bien entretenues, pour les conserver sains & en bon état, jusqu'à ce qu'ils en aient besoin pour leurs *boucheries*.

Autrefois les *bouchers* ne débitoient pas seulement de la viande de bœuf, de mouton, de veau, ils vendoient aussi celle de porc, d'agneau, de cochon de lait, & c'étoit chez eux, que les chaircutiers & pâtissiers qui en ont le commerce aujourd'hui, se fournissoient de cette marchandise.

Les *bouchers* doivent prendre garde dans leurs achats, ainsi qu'il est porté par leurs statuts, que les bœufs qu'il acheteront, n'aient le sy, qui est une espèce de ladrerie. Il en est de même des moutons qui ont le claveau ou quelqu'autre maladie. Il leur est enfin ordonné de n'exposer en vente, aucune chair, que d'animaux bien sains, ainsi cette même prohibition, par une conséquence naturelle, s'étend aux achats qu'ils en doivent faire.

Au reste, il ne leur est pas libre de se dispenser d'acheter des bestiaux suffisamment pour les provisions de la ville, chacun d'eux, selon sa force, & selon la situation & l'étendue des étaux qui leur sont adjugés. C'est une obligation qu'ils contractent envers le public tous les ans, en la présence du magistrat, qu'ils sont obligés de remplir pendant le cours de l'année. Ils ont quelquefois manqué d'y satisfaire, & alors on les y a condamnés sous de très-rigoureuses peines; ce qui paroît par une ordonnance de police du 8 avril 1645.

Le desir du gain est l'ame du commerce, de quelque nature qu'il soit, & grand ressort qui fait agir tous ceux qui s'en mêlent. L'on sait que le moyen le plus sûr de parvenir à leurs fins, & qu'ils ne manquent jamais de mettre en usage, du moins autant qu'il leur est possible, est d'acheter en gros à bon marché, & de vendre bien cher en détail. Ils ont donc intérêt dans cette vue, de se dérober pour ainsi-dire à la vigilance du magistrat, & aux yeux du public, pour faire leurs achats; car autrement il ne seroit pas difficile de les réduire à un gain modéré & légitime, par une juste & raisonnable fixation, proportionnée au prix courant de leurs marchandises, & à leurs dépenses. De là viennent toutes ces courses, ces arrhemens anticipés, ces achats clandestins, ces sociétés ou monopoles qui tendent à rendre un certain nombre de négocians, maîtres du commerce, & qui, s'il ne font grand mal dans les temps d'une très-grande abondance & de prospérité publique, produisent les plus terribles désordres, dans ceux de disette & de calamité. *Voyez* ACCAPAREMENT.

C'est pour prévenir ces abus, que l'on a établi, les marchés où l'on a astreint tous ceux qui font le commerce des denrées en gros, d'y transporter leurs marchandises, afin que l'abondance en puisse faire diminuer le prix, & que les officiers de police puissent avoir une inspection facile sur tout ce qui s'y passe pour y faire observer les réglemens.

C'est dans cette intention que sont faits les réglemens des marchés de Seaux & de Poissy. Ce n'est que de 1560, qu'ils ont commencé à être fréquentés : avant, le marché aux bestiaux se tenoit dans la ville ; ce qui devoit y produire un embarras, une gêne pour les citoyens bien capables d'en faire desirer l'établissement au dehors, comme l'incommodité, le désagréable spectacle des tueries, en doit bien faire souhaiter aussi le transport hors de la ville.

Ce furent les droits établis sur les bestiaux, aux entrées de Paris, qui portèrent les forains à s'arrêter à Poissy, qui d'ailleurs est un endroit commode sur la route de Normandie, d'où il vient une grande quantité de bœufs. On trouve dans le dictionnaire du commerce, & dans la *jurisprudence*, des détails suffisans sur la caisse de Poissy, nous en avons parlé aussi au mot APPROVISIONNEMENT, nous allons y ajouter ici quelque chose pour completter ce que nous avons dit, & réunir ce qui a rapport au commerce des *bouchers*.

Les fonds de la caisse de Poissy sont formés par les *bouchers* qui prennent des termes avec le caissier qui leur fait des avances. C'est à cette caisse, que les vendeurs doivent s'adresser pour toucher le prix des bestiaux qu'ils ont vendus, & ils paient un sol pour livre de chaque somme qu'ils reçoivent. Tout marchand qui arrive à la caisse, doit faire enregistrer son nom, sa demeure, & le nombre des bestiaux qu'il a conduits pour vendre. A chaque marché, il est obligé de réitérer cette déclaration qui est remise aux inspecteurs, pour prendre les précautions ordinaires contre les soustractions & les abus qu'on pourroit se permettre dans le commerce des bestiaux.

Le magistrat de police étant instruit par les registres de la caisse, du prix des bestiaux vendus au marché, fait le prix auquel revient la viande aux *bouchers*. Il peut donc la taxer en conséquence; mais comme les variations qui surviennent dans le commerce des bestiaux, peuvent faire varier les prix, il en prend un commun, le fixe pour l'année, & les *bouchers* vendant au-dessus du prix coûtant, lorsque la viande est à bon marché, se dédommagent de la perte qu'ils ont pu faire, lorsqu'ils l'ont vendue moins cher.

Plusieurs sentences de police de Paris, confirmées par arrêts de la cour ont prononcé des amendes contre ceux qui ont manqué à observer les réglemens de cette caisse qu'on peut voir dans le recueil de M. des Essarts.

Pour que les *bouchers* de Paris puissent satisfaire avec exactitude à l'obligation qu'ils contractent envers le le public, il eſt néceſſaire qu'ils aient toujours un grand nombre de beſtiaux, prêts à remplacer ceux qui ſont tués & vendus ; & cela ne peut avoir lieu ſans qu'ils aient des endroits pour les conſerver & les nourrir.

Autrefois cela n'étoit point difficile. La ville de Paris avoit ſon terroir qui lui étoit propre, de même que toutes les autres villes du royaume ; elle étoit environnée de prés, de marais & de bois ; elle avoit des laboureurs au nombre de ſes habitans, & l'on cultivoit encore des terres dans l'enceinte de ſes murs, vers le milieu du treizième ſiècle. Ainſi les prés, après avoir été fauchés, & dans les ſaiſons marquées par les réglemens, les terres en jachères, les marais, les bois étoient autant de lieux deſtinés au pâturage des beſtiaux, & il n'étoit point néceſſaire alors aux *bouchers*, non plus qu'aux autres habitans, d'en aller chercher plus loin.

Tous ces lieux ont été dans la ſuite des temps, couverts de maiſons, & peuplés ; en ſorte que la ville de Paris n'a plus de terroir à cultiver, qui lui ſoit propre, & que de tous côtés ſes limites s'étendent juſqu'aux terroirs des bourgs ou villages qui l'environnent. C'eſt auſſi par cette raiſon, qu'on lui a depuis donné par une eſpèce de fiction, un autre terroir, que l'on nomme la banlieue, qui renferme pluſieurs bourgs ou villages ſur le terroir deſquels, les *bouchers* de cette grande ville ont le pouvoir de faire paître leurs troupeaux.

L'on peut dire qu'en cela les *bouchers* de Paris uſent plutôt du droit commun, que d'aucun privilège qui ſoit particulier. C'eſt uſage dans preſque toutes nos provinces, autoriſé par les coutumes & par les arrêts, que les habitans d'un lieu peuvent mener paître leurs beſtiaux ſur les terroirs voiſins, juſqu'à une certaine étendue, & que cette tolérance réciproque a été jugée néceſſaire pour ne laiſſer aucun lieu ſans ſubſiſtance.

Cependant les habitans des bourgs ou villages voiſins de Paris, ont ſouvent formé des conteſtations pour exclure les *bouchers*, de mener paître leurs beſtiaux ſur leurs terroirs ; d'autres ont voulu les empêcher d'avoir des bergeries hors de Paris ; il y en a quelques-uns, qui, ſous ce prétexte, les ont fait impoſer à la taille, & d'autres enfin qui leur ont fait violence. Il y a eu ſur tout cela, des arrêts qui ont maintenu les *bouchers* de Paris dans ce droit de pâturage, qui les ont déchargés de la taille, & qui ont puni les violences exercées contre eux.

Au reſte, les *bouchers* uſent peu de cette facilité, les beſtiaux qu'ils achètent ne ſont point long-temps ſans être menés à la boucherie ; il n'y a que les moutons qu'ils font paître quelquefois, encore rarement ; l'activité de leur débit les exempte de cette peine.

Nous devrions ſans doute parler ici de tueries, mais

nous renvoyons cet article fort intéreſſant, pour un autre article, d'autant plus que la queſtion propoſée de ſavoir ſi elles reſteront dans Paris, ou ſi on les transportera dehors, n'eſt point encore décidée quant au fait, quoiqu'elle le ſoit quant à la raiſon & à la commodité des citoyens. *Voyez* TUERIE, & parlons de la vente des viandes dans les étaux.

C'eſt le terme où aboutit tout ce que nous avons dit juſqu'ici, concernant le commerce des beſtiaux, & comme cette partie intéreſſe plus encore que les autres, le bien des citoyens, il eſt important que le magiſtrat de police y veille avec le plus de ſoin poſſible.

Tout ce qu'on peut déſirer à cet égard, conſiſte en trois points. 1°. Que la viande ſoit bonne ; 2°. qu'elle ne ſoit vendue qu'à ſon juſte prix ; 3°. que la diſcipline d'un légitime commerce ſoit ſi bien obſervée, qu'il ne puiſſe arriver aucun différend entre le vendeur & l'acheteur ; & voici l'eſprit des réglemens ſur tout cela.

Les beſtiaux dont les chairs ſont expoſées en vente dans les boucheries, doivent être ſains ; il faut qu'ils ſoient tués & non pas morts d'eux-mêmes, ou étouffés ; l'apprêt en doit être fait proprement ; les chairs ne doivent pas être vendues toutes chaudes, & le même jour que les beſtiaux ont été tués, parce qu'elles ſont dures, de mauvais goût, difficiles à digérer, & qu'elles peuvent cauſer des fermentations dangereuſes dans l'eſtomac. Il ne faut pas qu'elles ſoient gardées trop long-temps, & juſqu'à ce qu'elles commencent à ſe corrompre ; il y a ſur cela, pluſieurs ordonnances & pluſieurs réglemens de police.

Un arrêt du parlement, du 4 mai 1540, qui contient pluſieurs réglemens, porte à l'égard de la bonté des viandes, qu'il ſera élu tous les ans quatre jurés, qui ſeront tenus de viſiter les chairs expoſées dans les boucheries, & qu'en cas qu'ils en trouvent de mauvaiſes ou de défectueuſes, ils en feront leur rapport à l'audience de police au châtelet. Ce même arrêt défend à tous *bouchers*, d'expoſer aucune chair en vente, qu'après qu'elle aura été viſitée par les jurés, à peine de punition corporelle.

Par différens arrêts du parlement entr'autres du 4 mai 1540, 29 mars 1551, il eſt ordonné aux *bouchers*, de garnir chaque jour ſuffiſamment leurs étaux, de chairs nettes & non corrompues, & qui ſeront viſitées, conformément aux ſtatuts & aux arrêts de la cour, à peine de punition corporelle contre les contrevenans.

C'eſt encore pour empêcher que le public ne ſoit trompé ſur la qualité des viandes, par les *bouchers*, qu'il leur eſt défendu d'être en même temps, aubergiſtes & cabaretiers, parce que s'ils avoient la liberté de vendre leurs chairs cuites, il ſeroit bien plus difficile d'en reconnoître les vices ; cela leur fut défendu à Paris, par une ordonnance de police du 14

Iii

septembre 1517. On peut prendre pour expert en cette matière, des pelletiers ou mégiffiers, qui, après le dépouillement de l'animal, voient s'il étoit mal-fain.

Malgré ces foins, & tant d'autres encore pris, pour empêcher qu'il ne foit vendu de mauvaife viande, il arrive quelquefois que cette fraude a lieu, mais comme elle ne tombe que fur le peuple, que les grands & les riches font toujours bien fervis, on n'en parle pas, parce que ceux qui pourroient fe plaindre, ne feroient pas écoutés.

On a fait auffi quelques réglemens pour prefcrire aux *bouchers* la conduite qu'ils doivent tenir avec les acheteurs dans le débit de leur viande.

On douta long-temps fi on leur permettroit de vendre au poids & *à la main*, ou feulement au poids. Henri II qui a fait beaucoup de loix de police, voulut aftreindre les *bouchers* à ne vendre qu'au poids & non *à la main*; fur cela nous avons fon édit du mois de juillet 1551. Les petits bourgeois réclamèrent contre l'édit, prétendant que cela leur ôtoit la facilité d'acheter de la viande de baffe boucherie, en raifon de leur fortune; les *bouchers* fe plaignoient auffi; il y eut des affemblées fur cela au châtelet, compofées de notables bourgeois; & fur leur avis, le parlement rendit un arrêt, qui permit aux *bouchers* de vendre, & aux bourgeois, d'acheter la viande au poids & *à la main*, comme avant l'ordonnance.

Une ordonnance de police du 18 août 1677, enjoint aux *bouchers* étaliers, de fermer leurs étaux à boucheries, les lundi, mardi, mercredi & jeudi de chaque femaine à fix heures du foir, & le famedi à neuf heures du foir au plus tard, à peine, contre chacun des contrevenans, de cent livres d'amende. Le motif de ce réglement, eft que la lumière des chandelles fait paroître la viande la plus jaune, fraîche, & que des bouchers mal intentionnés pourroient fort bien en abufer pour tromper le public.

Au refte, tous ces petits moyens de retenir la cupidité, font bien foibles dans une grande ville, où la police n'a d'activité, que pour perfécuter les gens fans défenfe, & abandonne les intérêts de ceux qui ne paient pas; & ceci eft moins la fatyre des perfonnes, que l'énoncé d'un abus inféparable d'une adminiftration vicieufe.

On trouve un arrêt du 4 mai 1540, qui défend à tous *bouchers*, étaliers, d'injurier, maltraiter en aucune manière, ceux qui viendront leur acheter, foit hommes, foit femmes, filles, ferviteurs ou fervantes, à peine de punition exemplaires. Mais à l'occafion de cette ordonnance, on peut dire que l'intérêt des *bouchers*, plus que toutes autres confidérations, leur font obferver cette règle très fcrupuleufement; & en général les étaliers-*bouchers* font auffi policés, à cet égard, que les tueurs font odieux & brutaux, fur-tout dans les rues.

Arrêt du parlement, 31 décembre 1783, qui ordonne que les *bouchers* du bailliage de Meaux, ne pourront tuer que des veaux, au moins de trois femaines, loi qui eft générale, mais qui eft fouvent éludée.

A ces notes, fur l'état des boucheries & la police du commerce des viandes, nous ajouterons un aperçu des ftatuts des *bouchers* de Paris, donnés en 1782. Ils ont feuls le droit de faire le commerce de viande, de bœufs, veaux, moutons; ainfi que de tuer, habiller, préparer les beftiaux, à l'exclufion de tous autres. Il eft en conféquence défendu à toutes perfonnes, regratiers ou autres, d'apporter des viandes dans Paris, pour en vendre fous quelque titre que ce foit. Mais cet article eft éludé tous les jours. Les traiteurs, aubergiftes, cabaretiers ne peuvent faire ufage que des viandes achetées aux boucheries. Les traiteurs peuvent cependant faire venir des moutons de Beauvais, des Ardennes & Prefalé, ainfi que des veaux de rivières, lorfqu'on leur en aura demandé pour des repas. Ils ne peuvent vendre que dans des boucheries fermées, dans leurs étaux, & non fur les places; & en fe conformant aux réglemens de police, ils doivent vendre aux tripières, les iffus de veau & abbatis. *Voyez* ce dernier mot. Pour les étaux, *voyez* l'article au mot ÉTAL.

L'heure à laquelle les *bouchers* pourront fe tranfporter au marché de Paris pour y faire leur achat, fera huit heures du matin dans les mois de juin, juillet & août, & neuf heures dans les autres mois; défenfes leur font faites, ainfi qu'à tous les étaliers & autres, de toucher, ni marchander les veaux, ni même de s'y tranfporter avant les heures fufdites, fous peine de 100 livres d'amende.

Pareilles défenfes font faites aux maîtres *bouchers*, & fous les mêmes peines, de fe faire accompagner au marché d'aucun garçon étalier ou autres, pour marchander féparément des veaux, & fe procurer en même temps de doubles achats.

Ils peuvent faire avec les tanneurs & mégiffiers, tels arrangemens qu'ils jugeront à propos pour l'enlèvement des cuirs & peaux; & quant à la fonte de leurs fuifs, ils font obligés de la faire conformément à l'ordonnance de police, homologuée au parlement le 7 feptembre 1780.

Lorfque les maîtres changent de demeure, ils doivent, dans les huit jours, en inftruire le bureau de leur communauté; & s'y trouver toutes les fois qu'ils y font mandés.

Les députés qui doivent repréfenter la communauté, aux termes des articles XVIII, XIX & XX de l'édit d'août 1776, feront choifis dans l'affemblée générale de la communauté, tenue par le lieutenant de police ou quelqu'un par lui commis; & les députés ne pourront être choifis que parmi les maîtres qui auront au moins dix-huit années de réception.

Les syndic & adjoints tiennent leur assemblée de bureau le premier vendredi de chaque mois pour affaires courantes, les autres ne sont traitées que dans une assemblée de députés qui se tient les premiers mardis de chaque mois. Les syndic & adjoints reçoivent chacun deux jettons de la valeur de quarante sols, à chaque assemblée ordinaire, & chaque député un jetton de même valeur.

Les syndic & adjoints sont obligés de faire des visites chez les maîtres, principalement dans le temps des chaleurs, pour examiner la qualité des viandes.

Les aspirans à la maîtrise ne peuvent être reçus qu'à l'âge de vingt-cinq ans accomplis. Ceux qui ont cependant travaillé pendant trois ans chez les maîtres en qualité d'apprentifs, pourront être reçus à vingt ans ; les fils de maîtres peuvent être reçus dès l'âge de dix-huit.

B O U C H O N, s. m. C'est un fagot de branches d'arbres, ou une seule branche, ordinairement de houx ou de quelque arbre verd, qui sert d'enseigne aux petits cabarets. Il indique aussi un cabaret à bierre, & c'est sur-tout dans les villages qu'il est usité.

Le *bouchon* n'est pas assujetti à un moindre droit de voierie que l'enseigne ; il est fixé, par l'article XXVI du tarif de 1730, en ces termes : « Pour les » bouchons de cabaret, 4 livres ».

B O U E, s. f. ce qui couvre le pavé des rues en temps de pluie. C'est un composé de substances animales, de terres, de débris de vases & de fragmens de pierres. Les *boues* des grandes villes comme Paris, où le pavé est sans cesse frotté par les roues de charrettes & carosses, contiennent une substance noire & ferrugineuse qui en rend les éclaboussures très-tachantes.

Nous ne parlerons ici d'aucun des moyens employés pour enlever les *boues* de Paris : il en sera question au mot NETTOIEMENT ; nous renverrons aussi au mot LANTERNES, ce qui regarde l'illumination des villes, quoique nous eussions peut-être dû traiter des lanternes sous le mot ILLUMINATION. L'on voit aussi que nous différons dans cette distribution, de la méthode de quelques auteurs, qui, parce que le rachat des *boues* & lanternes à Paris forme un seul droit, ont traité des *boues* & lanternes dans le même article.

On a tenté de faire de la tourbe avec les *boues* des rues de Paris ; la grande quantité de substances animales & végétales qu'elles contiennent, pouvoit faire espérer que ce combustible auroit quelque utilité ; mais il ne paroît pas qu'on ait réussi, soit que le feu en soit insuffisant pour les usages ordinaires, soit qu'il produise une vapeur désagréable ; peut-être tous les deux à la fois.

L'on a proposé différens moyens pour empêcher le perpétuel renouvellement des *boues* dans les grandes villes & sur-tout à Paris. Le plus certain seroit d'imiter ce qui se pratique dans quelques pays étrangers, où les locataires des maisons sont obligés de déposer les ordures de la maison dans des paniers, pour les jetter ensuite dans le tombereau des boueurs qui se font entendre par une sonnette attachée à la tête de leurs chevaux, ou une clochette sous le tombereau même.

B O U E U R, s. m. C'est un homme chargé de ramasser les boues, & de les transporter, dans des tombereaux, hors des villes, dans les lieux destinés à les recevoir. Nous ferons connoître au mot NETTOIEMENT, les réglemens que doivent observer les *boueurs* dans leur service.

B O U L A N G E R, s. m., ouvrier qui fait & vend le pain.

La profession de *boulanger* peut-être envisagée de deux manières : 1°. comme intéressant le public par la qualité du pain & la fidélité dans le commerce de cet aliment ; 2°. comme formant un corps de marchands & ouvriers dont la discipline doit être connue du juge de police.

Sous le premier rapport, les *boulangers* ne sont regardés que comme parties accessoires, & tous les réglemens où ils interviennent, n'ont pour objet que d'assurer la bonne qualité & l'abondance du pain dans les villes : ainsi, c'est au mot PAIN qu'il faut chercher tout ce qui regarde les soins de la police à cet égard.

Sous le second rapport, on peut les considérer dans leur état ancien & dans leur état actuel : nous suivrons cette méthode, & nous donnerons une notice courte de l'histoire de la boulangerie & des *boulangers*, & les détails les plus nécessaires de leurs statuts.

Il est encore une partie de l'état de *boulanger* qui intéresse singulièrement la sûreté publique, & qui mérite les soins de la police ; ce sont les fours, qui, faute d'attention, peuvent donner lieu à des incendies, & par-là exigent la plus grande surveillance. Nous en parlerons au mot FOUR.

Le commissaire La Marre a fait différentes recherches sur cette partie de l'industrie, & nous recueillerons ici de lui ce qui regarde l'état ancien des *boulangers*, soit dans l'empire romain, soit en France. Ces connoissances ne peuvent paroître déplacées dans un ouvrage destiné à faire connoître l'histoire de la société & des arts qui la soutiennent ou l'embellissent.

L'art de la boulangerie, qui paroît nécessaire aujourd'hui, étoit inconnu des anciens. Ils mangèrent long-tems le bled en grains, & lorsqu'ils eurent trouvé l'art de le moudre, ils se contentèrent encore long-tems d'en faire de la bouillie.

Iii 2

Mais les arts se perfectionnant avec la société, l'on imagina le pain. Cependant cet aliment ne se prépara pendant long-tems qu'à l'instant du repas, comme les mets qui se servent sur table. C'étoit un soin de cuisine ordinairement abandonné aux mères de famille, même des plus qualifiées, comme on le voit par l'écriture, où Abraham dit à Sara : *Pétrissez vîte trois mesures de farine, & faites cuire des pains sous la cendre.* Pline nous apprend que les dames romaines, & à plus forte raison les femmes du commun, suivirent cette coutume pendant long-tems.

L'usage des grands fours & d'y cuire le pain en grande quantité, s'établit en Orient, & alors les asiatiques & les grecs eurent des gens préposés pour leur rendre ce service. Les cappadociens, selon Athénée, furent les plus estimés & les plus adroits dans cet emploi; & après eux ceux de Phénicie & de Lydie remportent le prix sur tous les autres.

De semblables ouvriers ne passèrent en Europe qu'avec les armées romaines au retour de Macédoine, l'an 583 de la fondation de Rome. Alors les romains les employèrent aussi à faire leur pain. Ils leur firent construire des fours sous les mêmes édifices où étoient leurs moulins à bras ou que des animaux tournoient, & ils donnoient à chacun d'eux l'intendance de l'un de ces lieux destinés pour le service public. A ces étrangers qui vinrent s'établir à Rome, on y joignit des naturels du pays, presque tous choisis du nombre des affranchis, qui embrassèrent volontairement ou par contrainte cet emploi si utile au public. L'on en forma un corps ou, selon l'expression romaine, un collège, auquel ceux qui le composoient étoient nécessairement attachés sans le pouvoir quitter. Leurs enfans n'étoient point libres de s'en séparer pour embrasser une autre profession; & ceux qui épousoient leurs filles étoient contraints de suivre cette même loi.

On leur donna tout ce qu'il falloit pour tenir en bon état les boulangeries; on y attacha des revenus en terre, & des franchises propres à en assurer l'existence.

L'on continua de condamner au service de ces boulangeries, tous ceux qui étoient accusés & convaincus de quelques fautes légères; & afin que le nombre ne manquât pas, les juges d'Afrique devoient envoyer tous les cinq ans à Rome, tous ceux qu'ils avoient condamnés à cette peine, pour être au service de cette capitale.

Il y avoit, dans chaque boulangerie, un premier patron qui avoit l'intendance sur les serviteurs, les esclaves, les animaux, les meules, les fours & les autres ustensiles, pour faire entretenir le tout en bon état & que chacun s'acquitât de son devoir. Il étoit défendu à tous ceux qui

composoient ce corps de *boulangers*, de disposer par vente, donation ou autrement des biens qui leur appartenoient en commun, & qui leur avoient été donnés originairement en formant leur corps, & que l'on nommoit pour cette raison *bien de tous.*

Il étoit défendu aux magistrats de souffrir qu'aucun des *boulangers* quittât cette profession ou qu'il disposât de ses biens inaliénables, quand même il auroit obtenu des lettres du prince qui lui en accordât la permission, & encore que tout le corps y consentît. Il leur étoit même défendu de solliciter cette décharge, à peine d'amende & à tous juges de la prononcer, à peine de deux livres d'or d'amende. Cela doit s'entendre néanmoins des *boulangers* de naissance, ou qui avoient été agrégés au corps : car à l'égard de ceux qui avoient été condamnés pour peine à cet emploi, ils pouvoient en être déchargés par grace du prince, ou, en connoissance de cause, par le magistrat.

Chacun de ces *boulangers* avoit une boutique dans Rome; & pour la commodité du public, ils étoient distribués, par le magistrat de police, dans les quatorze quartiers de la ville. Il leur étoit défendu de changer de boutique sans en avoir obtenu la permission.

Tous les bleds des greniers publics étoient distribués à ces *boulangers*; ils n'en payoient rien d'une certaine quantité qui étoit nécessaire pour faire les pains qu'on distribuoit gratuitement à ceux qui avoient droit de participer à ces largesses. Du reste, ils en payoient le prix qui étoit réglé par le magistrat pour y proportionner celui du pain. Il étoit très-étroitement défendu de vendre ou de délivrer aucuns de ces grains des greniers publics à d'autres personnes qu'aux *boulangers*, pas même pour la maison du prince, hors sa table & sa personne.

Après que ces bleds avoient été livrés aux *boulangers* dans ces greniers publics, ces mêmes *boulangers* les faisoient transporter dans d'autres greniers ou chambres qu'ils avoient en leur particulier, d'où ils les tiroient ensuite pour les faire moudre, les convertir en pains & les vendre. Il étoit défendu à toutes personnes de détourner ces grains de leur destination, à peine d'une forte amende, & les *boulangers* étoient chargés d'en rendre compte au magistrat de police. Il arrivoit quelquefois que les huissiers du préfet de la ville, premier magistrat de police, ou ceux du préfet de l'aumône, pour tirer de l'argent des *boulangers*, leur faisoient livrer des bleds de mauvaise qualité & à fausse mesure, & ne leur en donnoient de meilleurs & à bonne mesure, que moyennant une récompense; mais lorsque ces concussions étoient découvertes, ceux qui les avoient commises étoient livrés eux-mêmes aux boulangeries pour y servir à perpétuité.

Il y avoit des *boulangers* du nombre des affranchis

qui étoient deſtinés ſingulièrement à faire le pain du palais de l'empereur. Quelques-uns de ceux-ci aſpirèrent aux places d'intendans des deniers publics, *comites horreorum*. La liaiſon qu'ils avoient avec les autres *boulangers*, les rendit ſuſpects pour cet emploi, d'où dépendoit la diſtribution des bleds ; cela donna lieu à l'empereur Léon de faire une loi pour les contenir : elle porte que, quiconque de ces *boulangers* du palais obtiendroit par ambition, par grace, par argent ou autrement, l'une de ces places de comte ou intendant des greniers publics, en ſeroit dépouillé, renvoyé à ſon emploi, & condamné en vingt liv. d'or d'amende.

Les livraiſons de bleds étoient faites par les mariniers du Tibre & les meſureurs ; ces profeſſions étoient incompatibles avec celle de *boulangers*, pour éviter les fraudes & abus qui auroient pû ſe commettre. Les *boulangers* avoient un corps de porteurs entretenus par le public, nommés *catabolences*, & employés à tranſporter les bleds des greniers publics chez eux.

Cet uſage d'avoir des corps de *boulangers* deſtinés au ſervice du public paſſa bientôt de Rome dans les Gaules & dans les autres provinces voiſines de l'Italie. La France ſur-tout eut des gens de cette profeſſion dès l'origine de la monarchie ; il en eſt fait mention dans les ordonnances de Dagobert II, de l'an 630. Leur emploi fut d'abord de même que chez les romains, de faire moudre le bled aux moulins qu'ils avoient chez eux, & qu'ils faiſoient tourner à bras ou par des animaux, ou à quelques moulins, qui avoient été conſtruits ſur les rivières. Ils vendoient enſuite la farine toute blutée aux particuliers, ou ils la convertiſſoient en pain pour ceux qui ne vouloient pas avoir la peine de la faire chez eux. De ce premier emploi de faire moudre le bled, ils furent nommés par nos ancêtres, de même que les romains, *piſtores*. Nos premiers rois avoient grand ſoin qu'il y eût des gens de cette profeſſion en nombre ſuffiſant dans tous les lieux de leur état. Par une ordonnance très-expreſſe, de l'an 800, Charlemagne enjoignit aux juges des provinces de tenir la main, chacun dans ſa juriſdiction à ce que ce nombre fût complet, rempli de bons ſujets, & de faire entretenir en bon état les lieux deſtinés à cet emploi.

Les *boulangers* ſont encore déſignés ſous les noms de *talmeliers* & *panetiers* dans les anciens titres. Ce mot de tamelier vient de l'uſage du tamis dont ſont uſage les *boulangers*, & ſur-tout parce que dans les tems où la farine ſe diſtribuoit brute aux bourgeois qui faiſoient leur pain eux-mêmes, ils alloient dans les maiſons bluter ou tamiſer les farines. Quant au mot *boulanger*, il vient, ſuivant Ducange, de la forme qu'on donne au pain, ou plutôt qu'on donnoit alors & qui reſſembloit à une boule, comme ſont encore les fromages de Hollande. *Bolengarii*, boulangers, *videntur piſtores ita appellati quod pa-*

nes in formam globorum quos boules *dicimus conficiant*. Il fortifie cette conjecture de la preuve qu'il a trouvé dans quelques anciens titres, qu'autrefois, au lieu de *boulangers*, on les nommoit *boulens*, ce qui approche encore plus du mot boule. « Quiconque fache pain à vendre ou vent en la » cité, il doit deux ſols l'an ou vingt-huit den- », rées de pain, ou chacune ſemaine une obole » pour le loy de boulens, de la couſtume de » boulens, &c. ». C'eſt l'extrait qu'il nous a donné d'une ancienne chartre de Philippe, comte de Flandres, concernant les droits qu'il levoit ſur les arts & métiers de la ville d'Amiens.

Au reſte, nos *boulangers* ne ſont pas aſſervis & attachés néceſſairement à leur condition, comme l'étoient ceux de l'ancienne Rome. Leur profeſſion eſt libre à cet égard, comme celle de tous les autres arts. Ils peuvent s'y engager & y demeurer autant que bon leur ſemblera, pourvu qu'ils s'y acquittent de leurs devoirs, & rien n'empêche qu'ils ne s'en retirent à leur volonté. Mais ſi nos loix de police ne forcent perſonne de s'appliquer à cette profeſſion, ſou d'y reſter contre ſa volonté, elles ne laiſſent pas la même liberté à ceux qui s'y ſont engagés de les exercer à leur fantaiſie. Ils ſont aſſujettis à une diſcipline, dont partie eſt relative au ſervice public, & partie à la police du corps même des *boulangers*.

Dans la première partie des réglemens de la boulangerie, on peut mettre, 1°. la diſtinction des *boulangers* en quatre claſſes ; ceux qui ont leurs demeures dans la ville, les forains, les privilégiés ; 2°. l'achat des bleds ou farines dont ils ont beſoin pour leur commerce ; 3°. la façon, la qualité, le poids & le prix du pain ; 4°. l'établiſſement & la diſcipline des marchés où le pain doit être expoſé en vente ; 5°. l'incompatibilité de certaines profeſſions avec celle des *boulangers*.

Dans la ſeconde partie, on doit placer les réglemens de diſcipline qui ont lieu pour chacune des claſſes dont nous avons parlé, & c'eſt de cet objet qu'il eſt ici queſtion. Nous renvoyons au mot PAIN, toute la partie de la police des *boulangers* qui y ont quelque rapport avec le moyen d'en fournir de bon, abondamment & à bon marché le public.

Il n'eſt fait aucune mention d'apprentiſſage non plus que de chef-d'œuvre dans les anciens ſtatuts des *boulangers*. Il ſuffiſoit, pour parvenir à la maîtriſe à Paris, de demeurer dans l'enceinte de la ville, & d'acheter le métier du roi. Le nouveau maître étoit enſuite obligé, au bout de quatre ans, par une cérémonie auſſi biſarre qu'inutile, de porter au maître des *boulangers* ou lieutenant du grand-panetier, un pot de terre neuf rempli de noix & de nefles, & en la préſence de cet officier & celle des autres maîtres & gindres, caſſer ce pot contre le mur, & ensuite boire ensemble. Voilà ce qui s'observoit alors.

Cette liberté d'acheter la maîtrise & cette cérémonie furent ensuite supprimées, & le grand-panetier ou son lieutenant accordoit la maîtrise sans aucune formalité. Mais long-tems après, les *boulangers* dressèrent entr'eux un projet de statuts qu'ils firent imprimer, & se soumirent à l'observer. Ces statuts ne furent point respectés par le grand panetier. Il fit des maîtres sans qualité comme il avoit accoutumé, & il établit jurés quelques-uns de ceux-là. Les maîtres de chef-d'œuvre ne voulurent reconnoître les uns ni obéir aux autres. Cela fit naître plusieurs contestations qui furent portées au parlement. Elles furent réglées par un arrêt, du 21 février 1637, confirmé par un autre du 29 mai 1665. Depuis cette époque, les *boulangers* ont éprouvé différens changemens qu'il est peu important de savoir ; & nous croyons devoir nous borner à faire connoître ce qui leur a été prescrit par leurs statuts de 1783.

1°. Les *boulangers* de la ville & fauxbourgs de Paris jouissent seuls du droit d'y faire, vendre & débiter du pain, sous la réserve des droits des forains & de ceux qui sont établis dans les lieux privilégiés, ils peuvent employer le beurre, le sel, les œufs & le lait, pour donner plus de goût à leur pain, sans que les pâtissiers puissent s'y opposer.

2°. Chaque maître est obligé d'avoir un four chez lui ; il ne peut vendre & débiter que le pain qui aura été façonné & cuit dans la maison de son domicile.

3°. Ils ont le droit de vendre, concurremment avec les maîtres fruitiers-grainiers, de la farine, du son & des recoupes.

4°. Il est défendu à toutes personnes de vendre de la farine & son à petites mesures ailleurs que sur le carreau de la halle, & de vendre & colporter du son & recoupes dans les maisons, à peine de saisie & confiscation.

5°. Ils peuvent envoyer du pain aux halles & marchés les jours accoutumés, concurremment avec les forains.

6°. Il est défendu à tous particuliers de colporter, exposer, ni vendre en regrat du pain dans les rues, places, halles & marchés de Paris, ni aux maîtres de la communauté de faire transporter du pain chez aucun de leur confrère, à peine de saisie & confiscation.

7°. Lorsqu'un maître *boulanger* change de domicile, il doit le faire connoître au bureau de sa communauté dans la huitaine ; il leur est pareillement enjoint de se rendre au bureau de la communauté, lorsqu'ils y seront mandés par les syndic & adjoints, à peine de 25 liv. d'amende.

8°. Défenses sont faites aux garçons & apprentifs *boulangers*, lorsqu'ils voudront se faire recevoir maîtres & s'établir, même dans les trois ans qui suivront leur sortie de chez un maître, de prendre à loyer la boutique occupée par le maître chez lequel ils demeureront ou auront demeuré ; comme aussi de s'établir avant l'expiration desdites trois années à la proximité des maisons qu'ils auront quittées, desquelles ils seront tenus de s'éloigner, de manière qu'il y ait toujours au moins quatre boutiques de la profession entre les maisons dans lesquelles ils auront demeuré & celle de leur établissement, à moins que ce ne soit du consentement des maîtres intéressés, ou pour prendre l'établissement d'une veuve ou fille de maîtres qu'ils auront épousée ; le tout sous peine de fermeture de boutique, de dommages & intérêts.

9°. Les formes d'élection des députés, syndics & adjoints se font dans la forme ordinaire pour les autres communautés d'arts & métiers. *Voyez* ART. Les assemblées du bureau des maîtres *boulangers* se tiennent tous les lundis & jeudis de chaque semaine, pour les affaires courantes. Il s'en tient une aussi tous les premiers jeudis de chaque mois pour les affaires qui exigent le concours des députés qui représentent la communauté. Les syndic & adjoints sont chargés de la police de ces assemblées, dont les résolutions engagent tous les membres. Chaque député reçoit à chaque assemblée où il se trouve un jetton, & les syndics & adjoints chacun deux, de la valeur de quarante sous. Les syndic & adjoints ont non-seulement le droit de faire des visites chez les maîtres de Paris, mais encore chez les meûniers de la banlieue, ainsi que chez les brasseurs, voir s'il ne se commet point d'abus dans l'emploi des grains. Ils peuvent se faire représenter les registres sur lesquels sont inscrits les noms des *boulangers* qui leur envoient des grains à moudre, & faire assigner les contrevenans à la chambre de la police pour y être statué ce qu'il appartiendra.

10°. Un des syndics est chargé de la recette des deniers royaux & des revenus de la communauté, desquels deniers les autres syndics & les adjoints sont solidairement responsables & garans, & le journal sur lequel est inscrite ladite recette doit être paraphé par le lieutenant de police. Le receveur est tenu de rendre compte à ses commettans, jour par jour, & lorsqu'ils le requièrent. Il ne peut faire de paiemens que sur le mandat de ses deux collègues au moins.

11°. Personne ne peut être reçu à la maîtrise de *boulanger*, qui coûte 600, qu'il n'ait vingt-cinq ans accompli, si l'on en excepte ceux qui ont travaillé pendant trois ans en qualité d'apprentifs chez un maître, & les fils de maître, qui, dans ce cas, peuvent être reçus à dix-huit ans. Les conditions du brevet sont à peu près les mêmes que dans les autres communautés.

12°. L'aspirant à la maîtrise doit être examiné par les syndic & adjoints, & trois députés, sur la capacité, & il doit donner deux jettons à chaque examinateur pour le droit d'examen.

Les forains ont des réglemens particuliers, & nous allons rapporter les principaux, ainsi que nous l'avons promis.

Les boulangers qui apportent du pain à Paris, de Gonesse, Ville-Juif, Corbeil, &c. sont appelés forains, c'est-à-dire, du dehors; ils jouissent de la faculté d'apporter ou faire apporter aux halles & marchés de Paris, les jours ordinaires de marché, aux places qui leur auront été assignées, du pain de pâte-ferme & de pâte-douce, dans lequel il ne pourra entrer ni lait ni beurre, ou autre mélange, mais composé de farine & d'eau seulement.

Après que leur pain a été exposé au marché, ils peuvent l'envoyer par leurs porteurs ou porteuses, & le distribuer dans les maisons de leurs pratiques ordinaires.

Tous les pains qui sont apportés au marché ne peuvent être de moins que de trois livres pesant; la vente s'en fait jusqu'à six heures de relevée en hiver, & sept heures en été, après lequel tems les marchands ont deux heures de délai pour les vendre au rabais, sans qu'ils puissent, sous aucun prétexte, même sous prétexte de leur consommation, en resserrer, ni emporter aucune portion.

Il leur est fait défense de hausser, dans l'après-midi, le prix auquel leur pain aura été vendu le matin; d'exposer en vente ni débiter du pain dans les rues, de s'y arrêter avec leurs chevaux ou charrettes, pour délivrer leur pain à leurs pratiques avant d'avoir été exposé au marché, de les resserrer, entreposer, ni faire colporter en quelqu'endroit ni de quelque manière que ce puisse être, & ce, sous peine de saisie & confiscation des marchandises, chevaux, charrettes & ustensiles, & de tels dommages-intérêts qu'il appartiendra envers la communauté des boulangers.

Ces réglemens, consignés dans les statuts des boulangers, sont à peu près les mêmes que ceux qui furent donnés sur le même sujet en 1366, après que les boulangers eurent eu de longues discussions avec les forains sur les limites de leurs droits respectifs, en 1567 & 1577.

Disons un mot des boulangers privilégiés suivant la cour. Le premier établissement des marchands & artisans privilégiés suivant la cour, formé par Louis XII, dont la date ne se trouve pas, ni celui que fit François I, en 1543, ne comprirent point les boulangers. Henri IV, augmentant le nombre des privilégiés par des lettres-patentes, du 16 septembre 1601, fut le premier qui ordonna qu'il y auroit dix boulangers. Louis XIII augmenta

tous ces privilégiés de deux dans chaque corps. Ainsi les boulangers du roi ou privilégiés sont au nombre de douze, qui ont tous leurs demeures à Paris. Depuis l'édit d'août 1776, les boulangers privilégiés sont assujétis aux visites & réglemens de police des syndic & adjoints de la communauté des maîtres boulangers, & ne tiennent que leur brevet de maître du prévôt de l'hôtel du roi.

La police des garçons boulangers est un objet non moins important à connoître, & dont nous allons présenter les principaux points. Dès 1579, il fut fait un réglement à leur égard. Alors comme aujourd'hui, le salaire des ouvriers étoit au-dessous de leurs besoins, & ils s'attroupoient souvent pour exiger qu'il leur en fût donné un plus considérable. Les garçons-boulangers étant alors dans ce cas, refusèrent de travailler, désertèrent les boutiques, & les maîtres obtinrent des magistrats, pour les faire revenir, la sentence dont voici l'extrait.

« Sur la plainte à nous faite par le procureur
» du roi, notre sire au châtelet de Paris, pour &
» au nom dudit seigneur, & par les maîtres bou-
» langers de Paris, a été ordonné que défenses
» soient faites à tous compagnons boulangers, de
» vaquer ni demeurer en cette ville sans maître,
» mais leur enjoint de s'employer au service des
» maîtres boulangers, & eux louer auxdits maîtres
» par demi-année, & non pour moindre temps,
» si ce n'est de vouloir & consentement desdits
» maîtres; & si leur sont faites défenses d'eux
» assembler, monopoler, porter épées, dagues &
» autres bâtons offensibles, sur les peines contenues
» aux ordonnances du roi & de police; de ne por-
» ter aussi manteaux, chapeaux & hauts-de-chausses,
» si ce n'est les dimanches & fêtes; le tout sous
» peine de prison & de punition corporelle, con-
» fiscation desdits manteaux, chausses & chapeaux
» dont ils seront trouvés saisis, &c. »

Nous trouvons une autre sentence de police, du 15 janvier janvier 1769, homologuée par un arrêt du parlement de la même année, relative aux compagnons boulangers du fauxbourg Saint-Antoine à Paris, qui ordonne que les compagnons boulangers ne pourront quitter les boulangers du fauxbourg Saint-Antoine & autres lieux privilégiés, ni leurs veuves faisant ladite profession, chez lesquels ils travailleront, sans les avoir avertis quinze jours avant de leur sortie, & pris d'eux un certificat de leur bonne vie & mœurs, portant consentement de servir où bon leur semblera, à peine de 20 livres d'amende; leur fait défenses de s'assembler & cabaler dans les auberges, cabarets, chambres garnies & autres lieux de cette ville & fauxbourg, à peine de prison, & aux boulangers dudit fauxbourg Saint-Antoine & autres lieux privilégiés, aux maîtres de cabarets, auberges, &c. de les recevoir qu'ils n'aient présenté le certificat des boulangers où 'ils ont travaillé ; à l'effet de quoi il eft permis aux jurés de ladite communauté de fe tranfporter dans lefdits lieux , pour s'affurer de l'exécution des réglemens.

Nous n'avons accompagné d'aucune réflexion tout ce que nous venons de dire fur la profeffion de *boulanger*. C'eft une de celle qui a le plus de rapport avec les foins de la police , parce que chargée de veiller à l'abondance des vivres , à leur bon marché ; elle doit empêcher que les manœuvres , la négligence ou les caprices de gens fubalternes ne tournent au détriment public , & ne privent le peuple de fon premier aliment. Auffi dans les temps de troubles, de difette, d'embarras, les magiftrats doivent-ils ne pas perdre de vue les *boulangers*, qui comme les laboureurs , & comme tous ceux qui ne voient que leur intérêt par-tout, profitent des moindres événemens pour hauffer le prix de leurs marchandifes.

Il eft encore d'autres foins que la police doit prendre , relativement aux *boulangers*. Ce font ceux qui regardent les bois néceffaires au chauffage des fours. Il faut , de préférence à toutes autres perfonnes, réferver le bois dans les chantiers pour les *boulangers* , lorfqu'un long hiver , ou le défaut d'approvifionnement ont amené la difette de combuftible : c'eft ce qu'on fit à Paris en 1783. Les chantiers avoient été mal approvifionnés avant les froids, les gelées empêchoient la rivière de porter bateau, tout faifoit craindre que les fours des *boulangers* ne manquaffent ; on ordonna en conféquence à chaque marchand de bois, de réferver pour cet objet une quantité de cordes de bois, proportionnée à l'étendue de fon chantier. Ce moyen fort fimple calma l'inquiétude & affura le fervice de la capitale.

On peut voir, pour de plus grands détails fur cette partie de la police des vivres , les mots FOUR, PAIN, VIVRES.

BOULEVART, f. m. C'eft un lieu planté d'arbres autour d'une ville , & deftiné à la promenade des bourgeois c'eft le terre-plein du rempart. Quelques perfonnes prétendent que c'eft *bouleverd* , comme qui diroit boule fur le verd , parce que c'eft là que les habitans vont jouer à ce jeu.

Quoi qu'il en foit de cette étymologie, il n'en eft pas moins vrai que les *boulevarts* forment , à Paris fur-tout , un des plus charmans coups d'œil & une des plus agréables promenades. On les diftingue en nouveaux & en anciens.

Les nouveaux commencent à la rivière , aux Invalides , & coupant les fauxbourgs Saint-Germain, Saint-Jacques , Saint-Marceau , Saint-Victor , ou plutôt paffant à leur extrémité , vont rejoindre la rivière près de l'hôpital , en formant un arc de cercle dont la rivière eft la corde.

Les anciens commencent à l'arfenal , & forment les limites de la ville en la féparant des fauxbourgs Saint-Martin, Saint-Denis, la chauffée d'Antin, &c. & vont regagner la rivière près de la place de Louis XV. On fait un pont à cet endroit , & lorfqu'il fera fini, on pourra faire le tour de la ville , en ligne ronde dans la plus belle promenade qu'on puiffe defirer.

Ce n'eft pas feulement par leur étendue , leur grandeur, leur belle plantation , que les *boulevarts* plaifent , c'eft parce que , fur-tout fur les anciens , on voit de jolies maifons , de beaux cafés , des fpectacles de toute efpèce , un peuple immenfe qui remplit , qui anime tous ces lieux. C'eft là que le fimple plébéien va de pair avec le grand feigneur , que toutes les conditions fe poliffent en fe confondant (1). Un fuiffe impitoyable n'en chaffe pas la jeune fille en fimple déshabillé , l'ouvrier en vefte , comme aux Tuileries & au Luxembourg ; la liberté règne , & cependant il n'en réfulte aucun défordre. C'eft la demi-liberté qui produit le mal ; quand elle eft jointe au mépris du peuple, elle fait naître des défordres.

On a beaucoup crié contre les fpectacles des *boulevarts* : les gens riches voudroient qu'il n'y eût qu'eux qui s'amufaffent. Nous avons réfuté ailleurs cette ineptie. *Voyez* ACTEUR.

Les nouveaux *boulevarts* font moins vivans que les anciens : c'eft qu'on n'y a pas les mêmes amufemens qu'on trouve dans les autres ; il n'y a point de fpectacles , point de beaux carroffes qui flattent par leur élégance les yeux de la foule , ils font plus loin des quartiers riches de Paris. Quand le nouveau pont ou pont de Louis XVI fera fini, les nouveaux *boulevarts* deviendront plus animés, plus fréquentés. Il y a déja de très-jolies maifons & quelques beaux cafés ou cabarets. La feule falle de fpectacle qui y foit eft fermée : par quelle raifon ? je n'en fais rien.

C'eft le bureau de la ville qui a la police des *boulevarts* pour tout ce qui a rapport à la propreté, aux établiffemens qui s'y font ; le terrein en appartient à la ville , & les loyers des boutiques , places ou échopes qu'on y dreffe font un de fes revenus.

BOULOGNE, f. f. Ville capitale du comté du Boulonnois , port de mer, & célèbre par la pêche du harang & du maquereau.

Le corps municipal de *Boulogne* eft compofé d'un maïeur ou maire , d'un vice-maïeur , de trois

---

(1) On obferve cependant que les gros du marais fe féparent ; ils fe placent du côté gauche , & le peuple du côté droit ; c'eft-à-dire , du côté des fpectacles , guinguettes & cafés à mufique.

échevins, d'un avocat & d'un procureur du roi, d'un argentier ou tréforier & d'un greffier. Ces officiers ont tous le droit de porter la robe longue & la barette. Les maïeur, vice-maïeur & échevins portent une chaîne d'argent doré fur la manche gauche de leur robe. Ils ont quatre fergens ou valets de ville, qui portent des robes à l'antique, mi-partie de couleur violette & tanée, doublées fur le devant & aux manches, qu'ils portent pendantes, de pluche couleur de feu.

Ces officiers du corps de ville font électifs par les bourgeois, tous les deux ans au mois de feptembre, fuivant les lettres-patentes & roi Henri III, du 15 feptembre 1588. Ils ont la juftice criminelle, la police de la haute & baffe ville, & de la banlieue, fauf la connoiffance des cas royaux & privilégiés.

Il y a dans cette ville une milice bourgeoife dont plufieurs compagnies montent la garde aux deux portes de la ville haute, qui font reftées ouvertes, & qu'on appelle l'une *la porte des dunes*, & l'autre *la porte neuve*. Ces troupes bourgeoifes prennent l'ordre du major de la place, qui le reçoit du gouverneur ou du lieutenant de roi ou du commandant. Les bourgois font encore exempts d'un certain droit d'entrée à *Boulogne*, nommé *Minet*, pour la provifion de leurs maifons provenant de leurs terres, comme les bourgeois de Paris.

Le Boulonnois forme un gouvernement général & jouit depuis 1766 d'une adminiftration provinciale qui eft par conféquent la plus ancienne du royaume, parmi celles qui ont été établies par lettres-patentes dans ce fiècle.

Cette adminiftration eft compofée de huit adminiftrateurs électifs, dont quatre font du tiers-état; & la plus grande union règne entre les membres qui la compofent.

C'eft à elle que le *Boulonnois* doit, non feulement les atteliers de charité de filature qui y ont lieu, mais auffi la fuppreffion des corvées, des chemins vicinaux entrepris & pourfuivis, des fonds pour l'entretien des routes, les bureaux de charité pour fupprimer la mendicité, les fecours adminiftrés aux malades dans leurs maifons, les cimetières hors de la ville, un lieu de fépulture pour les proteftans étrangers, des cours pour l'inftruction des fages-femmes, des prix pour celles qui fe diftinguent, &c, tant il eft vrai qu'une adminiftration locale eft toujours plus à portée de faire le bien & le bien utile, qu'une burocratie éloignée.

BOUQUETIERE, f. f. C'eft une marchande de bouquets.

Le commerce des bouquets eft plus confidérable que l'on ne croit, dans une ville comme Paris, ou très-peu de perfonnes ont des jardins, & où le goût des fleurs eft affez généralement répandu. Elles font

l'ornement de la jeuneffe & celui qui convient mieux à la beauté.

De tous temps les fleurs ont été employés dans les fêtes & les cérémonies religieufes. Les anciens en paroit les victimes, les autels & les ftatues des Dieux. On en faifoit même des offrandes, & ce devoit fans doute être le facrifice le plus agréable à la divinité, parce qu'il n'eft pas fouillé du fang des animaux, & ne coûte la vie à aucun être fenfible.

La religion chrétienne n'a point entièrement banni ce genre d'hommage; elle permet aux fidèles de couronner de fleurs les ftatues des faints qu'elle révère; & dans fes pompes les plus folemnelles, les fleurs accompagnent toujours l'encens qu'on offre à la divinité.

Dans la fociété, il n'eft point de fête fans bouquets; ils fervent d'interprète à la penfée & l'on eft affez porté à les regarder comme des preuves beaucoup plus vraies d'amitié, que toutes ces brillantes proteftations qui font de groffiers menfonges auffi ridicules que dangereux. Il femble qu'un bouquet, en rappellant des idées naturelles, rappellent auffi des fentimens plus vrais.

C'eft la fête-Dieu qui, à Paris comme dans toutes les villes catholiques, donnent aux fleurs un prix qu'elles n'ont pas dans un autre temps. Avant ce terme elles font toujours plus chères, fur-tout la rofe, cette reine des fleurs & fymbole de tout ce qui peut rappeller l'image de l'innocence & de la beauté.

L'on peut remarquer qu'il fe fait deux & même trois fortes de commerce de fleurs à Paris; 1°. celui des jardiniers fleuriftes, qui viennent fur le quai vendre des arbres à fleurs, avec leurs racines & dans des pots; ces marchands vendent auffi des arbres à fruit, des arbuftes de toutes efpèces; c'eft peut-être le marché le mieux fourni en plantes propres aux jardins, de tous ceux de l'Europe, fi l'on en excepte peut-être celui d'Amfterdam où le goût des fleurs eft une véritable mode, un objet de luxe; 2°. le commerce des fleurs coupées ou féparées de leurs tiges: il fe fait par des marchandes à la halle, qui vendent en bottes des rofes, des lilas, des jafmins, des œillets, des lys, en un mot tout ce qu'il y a de véritablement capable dans ce genre de flatter l'œil & l'odorat. Ce marché eft très-bien fourni, & ce n'eft pas un des moins agréables à voir; j'y voudrois feulement un plus grand nombre de jeunes femmes ou de jeunes filles occupées d'en acheter; car qu'y a-t-il de plus agréable à voir que des jeunes femmes parmi des fleurs. 3°. Enfin la dernière efpèce de commerce de fleurs eft celui que font les *bouquetières*. Ce font elles qui en joignent enfemble de plufieurs fortes, & forment des bouquets appropriés aux perfonnes, felon les fexes & les états.

Les femmes fe font réfervé ce genre d'induftrie;

K k k

il semble que, par une convention tacite on ait voulu conserver à un sexe doux & voluptueux ce qui devoit servir à parer la beauté, à la rendre plus aimable : c'est ainsi que les marchandes de modes se sont emparés des autres ornemens artificiels des femmes, en quoi elles réussissent fort bien.

Les *bouquetières* formoient à Paris, avant 1776, une communauté ; la maîtrise s'achetoit : aujourd'hui ce commerce est libre, & les femmes doivent ainsi à M. Turgot, d'avoir ôté les entraves qu'on avoit mises à un genre d'industrie qui doit leur être cher. On en devroit peut-être faire autant des marchandes de modes : car, dans ces commerces, comme on n'a rien à craindre pour la santé ou la vie des citoyens, il est fort inutile d'y établir une police sévère.

BOURGEOIS, s. m. C'est un citoyen d'un état résidant dans une ville, & jouissant des priviléges qui lui sont attribués.

Le *bourgeois* differe du citoyen, ou plutôt en est une espèce. Le citoyen est celui qui, dans un état politique, jouit du droit de cité, c'est-à-dire du droit de voter pour la formation des loix & l'élection du magistrat chargé de les faire exécuter. Le *bourgeois* est un citoyen, qui a ce droit commun à tous les sujets de l'état, joint encore la jouissance de priviléges particuliers, qui, sans le faire cesser d'être citoyen, le rendent *bourgeois* d'une telle ou telle ville.

L'habitant differe encore du *bourgeois*. C'est en général celui qui n'a point fait un assez long séjour dans une ville pour y jouir du droit de bourgeoisie. L'habitant peut être étranger ou national ; l'un & l'autre est domicilié ou ne l'est pas. On appelle domicilié l'homme qui vit chez lui, & simplement habitant, celui qui vit chez autrui.

Le droit de bourgeoisie, outre le partage des immunités des villes, donne encore celui de pouvoir remplir les places municipales.

Il s'acquiert de différentes manières, la plus générale est la résidence ; c'est ainsi qu'à Paris un an & un jour de domicile suffisent pour donner le titre de *bourgeois*.

Ce titre étoit beaucoup plus considérable autrefois qu'il ne l'est aujourd'hui en France. Après l'érection des villes, il fut regardé comme une distinction flateuse & honorante : c'étoit en quelque sorte la noblesse plébéienne : c'étoit un ordre de citoyen opposé aux nobles patriciens, si on peut appliquer ces noms, qui rappellent la grandeur romaine, à nos petites institutions modernes.

Aujourd'hui le titre de *bourgeois*, n'est ni important ni recherché, peut-être que la nouvelle constitution que nous paroissons vouloir adopter,

lui redonnera son ancien mérite, ou plutôt en réalisant le titre de citoyen, en lui donnant un objet, ne fera du mot *bourgeois*, qu'une distinction locale, & rendra égales toutes les autres prérogatives pour tous les ordres de citoyens.

Les officiers municipaux des villes ont conservé le droit de conférer le titre de *bourgeois* ; cependant il faut que les étrangers aient été naturalisés, avant de le pouvoir obtenir.

Nous avons donné dans notre discours préliminaire, une notion assez étendue, de l'établissement & du progrès des communes en France. On y a pu voir comment le droit de bourgeoisie s'est formé, développé, affermi, & ensuite anéanti ou réduit à rien par l'énorme puissance des rois & de leurs ministres ; on peut voir encore dans la jurisprudence, quelques détails sur ces objets, ainsi nous ne nous appesantirons pas dessus, mais nous dirons quelque chose. 1°. Des droits ; 2°. des devoirs des *bourgeois*, par rapport aux différentes parties de la police & de la municipalité.

Par rapport à la police, les *bourgeois* ne dépendent point des commandans militaires dans les villes où il y a des troupes, si ce n'est pour délits qui intéressent le service militaire. Le titre 16 de l'ordonnance militaire de 1750, porte : » Que les » commandans militaires s'informeront des *bourgeois* » qui donnent à jouer dans leurs maisons, à des » jeux défendus ; qu'ils les feront arrêter & remettre » aux juges des lieux, pour les juger en conformité » des réglemens. »

L'on voit par l'annoncé de cette loi, l'esprit de domination que le gouvernement a toujours prétendu indéfiniment sur les citoyens : en même temps qu'on reconnoît le droit qu'a tout citoyen, de n'être comptable de sa conduite, qu'à son juge naturel, on y attribue à des commandans militaires, le pouvoir de l'arrêter ; on leur donne la puissance politique, qui ne peut leur convenir. Il faut espérer qu'une aussi grossière erreur de la police sera réformée, & qu'aucun prétendu motif d'ordre, de discipline n'empêchera d'ôter à tout homme militaire, le pouvoir d'agir autrement, qu'en conformité des ordres que lui aura donné le magistrat civil.

Quelques villes jouissent d'un droit de garde-gardienne, c'est celui d'empêcher que le *bourgeois* ne soit traduit devant un autre tribunal que celui de sa jurisdiction, c'est un des priviléges de Paris.

Voici une autre disposition de police militaire fort juste ; elle intéresse les *bourgeois*, & il est très important d'en maintenir l'exécution dans toute sa rigueur.

» Lorsque les officiers ou soldats auront commis » quelque crime ou délit, à l'endroit des habitans » des lieux de garnison, la connoissance desdits

» crimes & délits appartiendra aux juges des lieux, » sans que les officiers desdites troupes, en puissent » connoître en aucune manière, mais seulement de » ceux qui se commetteront de soldat à soldat. Ord. » mil. 25 juillet 1665, art. 43.

Il n'est malheureusement que trop vrai, que cette loi, si propre à mettre les citoyens à l'abri des désordres militaires, n'est observée que dans des crimes absolument énormes, tels que l'assassinat ; encore, trouve-t-on moyen, par adresse, par crédit, & sur-tout par menaces, de faire taire le *bourgeois*, qui supporte avec une patience vraiment déplorable, tous les excès du mépris & de la férocité des troupes.

Un autre droit essentiel du citoyen, & qui s'applique singulièrement aux *bourgeois* des villes, relativement à l'exercice de la police, c'est que ceux qui en sont chargés, sont soumis à des règles prescrites, pour empêcher tout officier public d'abuser de son autorité ; ainsi, quelque légère que soit la peine qu'ils prononcent, la preuve du délit doit être acquise, soit par une enquête sommaire, soit par un procès-verbal, qui en fasse foi ; cette règle doit particulièrement être observée, quand il s'agit d'emprisonner quelqu'un, & hors le cas du flagrant délit, les domiciliés ne peuvent l'être qu'après information préalable, en vertu d'un jugement. Ainsi jugée par arrêt du 28 avril 1664 ; qui condamne à des dommages-intérêts un commissaire, pour avoir fait emprisonner une cabaretière de Paris, contre cette disposition des ordonnances. Autre du 7 janvier 1701, dans la cause d'un autre commissaire, qui avoit fait emprisonner une fille qui menoit une mauvaise conduite, sur la réquisition de sa mère ; l'emprisonnement fut déclaré injuste & tortionnaire, défense aux commissaires d'en faire de pareils. Autres du 16 mai 1711 ; & 9 juin 1712, qui confirment les précédens. *Voyez* DOMICILIÉS.

Les *bourgeois* de quelques villes jouissent d'autres droits, qui ont moins de rapport avec la police proprement dite, & qu'on peut voir dans la *jurisprudence* au mot *bourgeois*. *Voyez* aussi ARRÊT.

Les devoirs des *bourgeois*, par rapport à la police, consistent dans l'observation de tout ce qui peut contribuer à maintenir la paix, la sûreté, la propreté dans la ville. Ils doivent contribuer aux charges, aux dépenses que cela exigent, & de plus, remplir ponctuellement la portion qui leur en est attribuée.

Ainsi, suivant les ordonnances de police, & notamment l'article 18 de l'arrêt du parlement du 30 avril 1663, tous les *bourgeois* & habitans des villes, de quelque qualité & condition qu'ils soient, doivent faire balayer le devant de leur porte, &c. à peine d'amende. Plusieurs sentences de police leur défendent de rien jetter par les fenêtres, qui puisse salir ou blesser les passans, &c. Il leur est semblablement

enjoint de tenir les portes de leur maison fermées, passé dix heures du soir en été, & huit ou neuf heures en hiver. Dans les villes de garnison, après la retraite des *bourgeois* sonnée, ils ne peuvent sortir sans feu, à peine d'être arrêtés & mis au corps de garde.

Enfin, généralement les *bourgeois* doivent se soumettre à tous les réglemens qui sont établis pour le bien commun & la sûreté générale, mais il faudroit que ces réglemens, pour être obligatoires, eussent été délibérés, examinés, consentis par les *bourgeois* mêmes avant d'avoir force d'exécution ; & cela toutes les fois qu'ils sont particuliers, & non le résultat d'une loi générale de la nation.

Mettrai-je au rang des devoirs des *bourgeois* sans restriction, qu'ils sont toujours obligés d'ouvrir leurs maisons aux officiers de justice & de police, quand ils se présentent pour exercer leurs fonctions, & que s'ils refusoient l'entrée, on pourroit l'obtenir par violence ? Ne pourroit-on pas spécifier les cas pour lesquels un *bourgeois* ou citoyen est obligé d'ouvrir sa maison ? doit-on dire cela d'une manière aussi générale, & livrer ainsi l'asyle des petits particuliers à tous les excès de la vexation des officiers de police ? La fracture des portes sur-tout ne devroit-elle pas être fixée immuablement à un certain nombre de cas au-delà desquels elle ne pourroit avoir lieu ? C'est là qu'on ne doit rien laisser à l'arbitraire du pouvoir exécutif.

Les droits municipaux des *bourgeois* forment la seconde division de ceux que nous voulions présenter ; nous y joindrons ensuite les exemptions fiscales, mais ce sera pour dire seulement qu'elles devroient être supprimées, à moins qu'on ne prouve qu'elles représentent une charge dont ne sont point grevés ceux qui ne jouissent pas de ces mêmes exemptions.

Les principaux droits municipaux de *bourgeois*, sont 1°. l'éligibilité pour les magistratures municipales ; 2°. le droit de former & commander une milice bourgeoise.

C'est une maxime de jurisprudence municipale, que tous les *bourgeois* des villes qui ont les conditions requises, sont éligibles pour les places municipales. On peut citer entr'autres l'arrêt intervenu au parlement d'Abbeville, le 26 août 1641, lequel » a maintenu la commune d'Abbeville, dans le » droit de choisir des échevins, des nobles, des magistrats & des *bourgeois* &c.

L'on n'ignore pas que les réglemens royaux ont prescrit l'état qui pouvoit donner l'éligibilité, mais c'est contre le droit & l'esprit même de la municipalité ; & l'on doit croire que de nouvelles loix ne donneront pour limite à ce droit, que la confiance des électeurs.

Les électeurs sont en général choisis dans les corporations, ou parmi les *bourgeois* divifés par quartiers. *Voyez* ASSEMBLÉE DE QUARTIER ET MUNICIPALITÉ.

Les milices bourgeoifes ont été jadis un des plus fermes appuis de la liberté, & le moyen général, dont les peuples fe font fervi pour repouffer l'infolence des gens de guerre. *Voyez* ARMÉE ET MILICE. C'eft encore un des droits des *bourgeois* des villes, de pouvoir fe garder eux-mêmes, il leur eft auffi naturel, que celui, non de porter des armes, mais de s'armer pour fa défenfe, que doit avoir tout citoyen d'un état politique.

Les *bourgeois* des villes ont eu tort de fe laiffer infenfiblement dépouiller de ce droit; les milices bourgeoifes font peu de chofes aujourd'hui, cependant on en pourroit tirer le plus grand parti, foit pour le maintien de la liberté publique, foit pour la garde de l'état contre des invafions extérieures. On ne fait pas affez attention qu'un pays armé, eft impoffible à conquérir, & que rien n'oppofe de réfiftance comme des milices répandues par-tout, & qui font continuellement face à l'ennemi. Sans doute nos repréfentans s'occuperont de cet objet qui mérite bien qu'on y faffe quelqu'attention, autant & plus qu'à quelques réformes beaucoup moins importantes au bien de tous.

Voici les difpofitions de l'ordonnance militaire de 1750, fur les milices bourgeoifes, difpofitions qui s'obfervent encore dans la police des villes de garnifon.

» Les milices bourgeoifes ne pourront s'affembler
» dans les villes, qu'après en avoir obtenu la per-
» miffion du commandant de la place.

Lorfqu'elles feront fous les armes, & employées
» au fervice de la place, elles reconnoîtront l'au-
» torité du commandant & des autres officiers de
» l'état major; elles feront fujettes à la juftice mi-
» litaire, dans tous les cas, & pour tous les délits
» militaires feulement. »

Ces difpofitions comme on voit, font toutes en faveur du pouvoir exécutif, elles renverfent les libertés bourgeoifes, & réduifent les milices des villes à une forte de troupes fecondaires, & aux ordres des commandans royaux; ce qui eft contraire à l'efprit de liberté municipale.

Et cette infraction du droit des *bourgeois*, d'avoir la police & le commandement de leurs milices, eft d'autant plus injufte, qu'elle n'a pas même pour motif, l'utilité du fervice militaire; puifque plufieurs villes, & entr'autres Abbeville, jouiffent non-feulement du gouvernement de leur milice, mais encore, ont dans la perfonne de leur maire & échevins, le commandement des troupes royales, forme qu'Henri IV loue & autorife de nouveau, comme utile au bien du royaume, par fon édit d'avril 1594. *Voyez* COMMANDEMENT MILITAIRE.

Les privilèges fifcaux des *bourgeois*, fe bornent

à des exemptions de tailles, ce font les villes franches; à des franchifes, pour les biens qu'ils font valoir dans une certaine étendue de diftrict, ou enfin au privilège de faire entrer en exemption de droits, les denrées de leurs poffeffions rurales, autant qu'ils en peuvent avoir befoin pour leur propre confommation & celle de leur maifon.

Le privilège d'exemption de tailles pour les villes qui en jouiffent, eft confacré par l'enregiftrement de l'édit du 8 avril 1734, qui porte : à la *charge que les villes & communautés qui font en poffeffion immémoriale, de ne payer la taille, n'y pourront être impofées.* *Voyez* TAILLE dans les *finances* & la *jurifprudence.*

Le même édit porte, art. 23, que les nobles, eccléfiaftiques, les chevaliers de Malthe, les officiers privilégiés, les habitans de Paris, pourront faire valoir par leurs mains & en exemptions de taille, une de leurs terres ou maifons, & celles qui en font adjacentes & contigues. La ville de Lyon jouit également du même privilège pour fes habitans. La déclaration du 6 août 1669, dit expreffément que les véritables *bourgeois* & habitans de la ville de Lyon, jouiffent de la décharge & exemption de taille, pour les maifons de plaifir qu'ils ont dans le plat pays. &c.

Toutes ces exemptions, ainfi que celle dont jouiffent les *bourgeois* de Paris, de faire entrer en franchife de droits, les denrées, provenant de leurs poffeffions rurales, & deftinées à leur confommation, loin d'être regardées par les bons efprits, comme des droits que doivent réclamer des citoyens; font des exceptions qui entraînent des abus, & qu'on doit travailler à fupprimer.

Les *bourgeois* des villes franches ont encore d'autres privilèges fifcaux & qu'il faut au moins connoître aujourd'hui. 1°. Les jours de foires & francs marchés ils ne payent pas le fol pour livre fur le bois, le poiffon & les beftiaux qui entrent dans la ville. Ordonnance des aides 1680. 2°. Ils ne payent ni le fol pour livre, ni l'augmentation pour les beftiaux, & le bois de leur cru, qu'ils font entrer pour leur confommation; comme nous venons déjà de le remarquer. *Idem.* 3°. Ils ne font tenus de fouffrir dans leurs maifons de ville, ni inventaire, ni réglement de leurs boiffons. *Idem.* 4°. Dans leurs maifons des fauxbourgs ou de la campagne, ils ne font pas exempts des inventaires & recolemens; mais pour les boiffons de leur crû, s'ils les font tranfporter à leur domicile à la ville, elles ne font pas fujettes au droit appellé le gros manquant. *Idem.* 5°. Lorfqu'ils ne font ni fabricans, ni commerçans, les commis ne peuvent faire chez eux de vifites en exercice, qu'avec l'affiftance d'un juge, & en vertu de fon ordonnance.

On peut ajouter aux différens privilèges dont jouiffent les *bourgeois*, celui de ne pouvoir être contraint par corps pour lettres de change, lorfqu'ils ne font ni trafic ni banque, ainfi jugé par deux arrêts des 29 janvier & 7 mai 1681, qui font rapportées au fecond tome du *journal des audiences*.

Les devoirs des *bourgeois*, par rapport à la municipalité, font de fupporter les charges & frais néceffaires, tant à l'adminiftration de la ville, qu'aux befoins publics, de ne fe point refufer pour remplir les places qui, fans être lucratives, exigent des foins, de l'affiduité de la part de ceux qui les rempliffent; de loger les gens de guerre, lorfqu'ils font envoyés chez eux, & de réunir toute leur prudence & leur lumière, pour empêcher que ce fléau ne retombe entièrement fur le petit peuple, que fa pauvreté femble priver du titre de *bourgeois*, & à qui pourtant on ne peut ôter les franchifes & libertés de citoyens, fans injuftice & fans danger. *Voyez* fur plufieurs détails que nous omettons, le mot MUNICIPALITÉ.

Finiffons en remarquant que nous n'avons fait que rapporter ici l'état des chofes, fans avoir prétendu l'offrir comme un modèle de bon gouvernement. Le droit de bourgeoifie eft mal prononcé chez nous; il devroit fe confondre avec celui de citoyen, pour tout ce qui regarde la conftitution, la police & l'adminiftration de l'état. Quant à fon acception, par rapport au pouvoir municipal, il devroit confifter 1°. dans le droit de parvenir à toutes les charges de la municipalité; 2°. dans celui de garde de la ville, & du commandement des troupes ou milice *bourgeoife*; 3°. dans celui de prononcer en commun & en dernier appel fur tous les objets qui intéreffent la localité, le bien, la commodité, la liberté de la ville. Mais jufqu'ici on a paru avoir beaucoup plus fait de cas de la bourgeoifie, par rapport aux exemptions fifcales, qu'en vue du bien public & de l'indépendance civile.

BOURSE, f. f. C'eft le lieu où fe raffemblent les négocians & agens de change, pour faire leurs affaires, & négocier des papiers de confiance. Nous n'en parlons ici, que parce que ces établiffemens font toujours foumis, quant à la police, au magiftrat municipal ou civil, qui eft chargé de cette partie de l'adminiftration.

Les *bourfes* font des lieux indifpenfables dans toutes les villes de commerce; elles prouvent la néceffité de la réunion des hommes, pour pouvoir travailler à leur utilité réciproque. L'homme ifolé ne peut rien dans l'état de nature comme dans celui de fociété; il faut qu'il communique avec fes femblables, pour du choc des intérêts, du réfultat des lumières & des opinions, faire faillir le bien commun, & fon avantage particulier, ce qui eft le chef-d'œuvre de l'efprit de fociabilité.

Le commerce qui eft un perpétuel échange, a de bonne heure fenti cette vérité. Il lui a fallu des lieux de rendez-vous, des affemblées publiques & libres, où chacun peut fe trouver, parler, dif-

cuter fous le fceau de la confiance & de la liberté. C'eft peut-être une des raifons qui empêchent le commerce d'être auffi floriffant dans les états defpotiques, que dans ceux où règne la liberté.

Les anciens avoient des lieux de rendez-vous pour les négocians, & parmi les nations modernes la Hollande eft celle qui a mis plus d'importance à cet objet. La *bourfe* d'Amfterdam eft non-feulement un morceau remarquable d'architecture, mais encore la place où fe fait le plus grand commerce de papier de tout l'univers. La *bourfe* de Londres n'eft pas moins célèbre; en France, celle de Lyon n'eft plus ce qu'elle a été; celle de Bordeaux fe foutient, & la grande quantité d'effets royaux, d'actions qui circulent à Paris, rendent la fienne beaucoup plus célèbre par une forte d'agiotage plus ou moins licite, que par des affaires réelles entre des négocians.

L'on fait que cette dernière fut établie par un arrêt du confeil du 24 février 1724. Cet arrêt ordonne que l'entrée en fera ouverte tous les jours, excepté les fêtes & dimanches, depuis dix heures du matin, jufqu'à une heure après midi, à toutes perfonnes domiciliées dans Paris; il n'y a que les femmes qui en foient excluies.

L'on peut négocier entre marchand, les billets à ordre, lettre de change; &c., fans l'entremife des agens de change. Mais ceux-ci font néceffaires pour le commerce des effets royaux & papiers commercables, à peine de fix mille livres d'amende, & de nullité de la négociation. C'eft pourquoi ceux qui veulent vendre ou acheter des papiers commercables, font obligés de remettre avant l'heure de la *bourfe*, leur argent ou effets, aux agens de change, qui leur en donnent reconnoiffance.

Il eft défendu à ceux qui ont fait faillite, qui ont attermoyé, ou obtenu des lettres de répit, de fe préfenter à la *bourfe*. Arrêt du confeil du 21 avril 1766.

Les agens de change fe tiennent dans un lieu féparé à la *bourfe*, en forte qu'on peut les y trouver facilement, & qui eft fûrement commode. Cependant quelques perfonnes regardent cet ufage comme capable de produire des abus de la part des agens de change; & elles préféreroient qu'ils fuffent pêle-mêle avec les autres négocians, comme ils s'étoient avant 1774.

La police des autres *bourfes* du royaume, eft à-peu-près la même que celle de Paris. Ici, c'eft le lieutenant de police qui doit y faire obferver les réglemens, comme à Bordeaux les jurats; à Lyon, le confulat &c.

BOUSBOT, f. m. nom que l'on donne aux vignerons qui habitent aux environs de Befançon. Ces *bousbots* exercent une forte de miniftère public, & rendent la juftice à Befançon. Voici ce que M. l'abbé *Rozier* (*Dictionnaire d'Agriculture*), dit de cette singulière institution : « Il existe dans » cette ville, & depuis sa plus haute antiquité, » un ordre d'administration publique, sous la déno- » mination du *tribunal des quatre*, & de ces quatre » magistrats deux sont toujours choisis parmi les » *bousbots*. Ces vieillards quittent leurs outils pour » aller rendre la justice, & ils sont récompensés » au centuple de leurs peines, par la gloire seule » d'être médiateurs. Il survient des discussions, » mais jamais de procès ; & de leurs sièges sou- » verains, nos vignerons jurisconsultes retournent » à leurs collines pour y jouir sans reproche du » soleil & de la nature ; & semblables aux romains » des premiers tems de la république, après avoir » servi leur patrie ils reprennent leurs travaux.

» Voici un trait, continue le même auteur, que » nous a fait connoître M. le marquis de *Pezay*. » Il y a, dans le pays, un de ces *bousbots* qui » jouit de douze mille livres de rente, & qui aussi » loin de l'avarice que d'une fausse honte, va tous » les jours à la vigne avec ses trois fils. Là il re- » garde le soleil levant pour qu'il le bénisse & mûrisse » ses raisins. Ensuite faisant quatre parts du pain » bien choisi qu'il a apporté ; il jette les quatre » morceaux à égale distance en différentes direc- » tions dans sa vigne ; alors ses trois fils s'arment » chacun de leur marre ou de leur serpe, ils di- » rigent leurs travaux vers le lieu où le repas » frugal les attend ; & y arriver le premier est une » gloire douce, comme une joie pure dont le père » vigoureux ne cède encore rien à ses enfans.

» Oh ! combien, ajoute M. l'abbé *Rozier*, il » seroit avantageux d'établir de pareils tribunaux » dans tout le royaume, de rendre le cultivateur » estimable à ses propres yeux, & de lui faire sentir » ce qu'il vaut, & de quelle utilité il est pour » l'état !...... De l'érection de semblables tribu- » naux, il en résulteroit, il est vrai, la destruc- » tion d'un grand nombre d'offices de procureurs, » de greffiers, d'huissiers, &c. Mais si on considère » qu'un seul de ces individus suffit pour soulever » la moitié d'une communauté contre l'autre, ainsi » que cela arrive tous les jours, on se plaindra » moins de la suppression ».

M. l'abbé Rozier a raison de regarder tout ce qui peut donner de la considération à l'agriculteur, comme très-propre à lui faire aimer son état, & par conséquent comme très-favorable aux progrès de l'agriculture. Mais nous permettra-t-il de lui observer que l'amour d'un art dont il a si bien mérité, lui a fait oublier ici ce qui doit à la convenance & aux besoins de la société. Seroit-ce une chose bien à désirer, qu'il y eût un grand nombre de vigne- rons, laboureurs, dans les tribunaux, même su- balternes ? Dans ces emplois difficiles, la vertu, le bon sens ne suffisent pas ; il faut encore du savoir & une grande habitude des hommes, pour pouvoir composer leurs différens & administrer la

justice. Des hommes moitié magistrats, moitié agri- culteurs sont des êtres impossibles dans un état de société très-compliquée. Ils cesseroient bientôt d'être l'un pour n'être que l'autre.

Un laboureur peut très-bien prononcer sur les intérêts de sa communauté, sur les moyens éco- nomiques d'administrer les secours aux pauvres, de répartir les impôts, d'exercer même une sorte de police dans son canton. Mais la fonction de juge comme individu, ne lui convient pas, & l'exemple des *bousbots* ne prouve rien ; car c'est plutôt pour eux une fonction *ad honores* qu'une véritable magistrature. De plus, ce ne sont que ceux qui sont riches qui parviennent à ce grade, les pauvres sont d'autant plus humiliés, qu'ils sont privés de ces distinctions publiques.

En général, c'est une très-mauvaise chose que de confier au peuple, & sur-tout à celui des cam- pagnes le pouvoir judiciaire individuellement.

Si le peuple peut exercer le pouvoir judiciaire, ce n'est que réuni en masse, sur la place publique, & en matière d'appel à ses décisions ; alors il est une foule d'objets sur lesquels il peut prononcer avec justice, avec sagesse. Mais prenez chacun des membres de l'assemblée populaire pour en faire des juges isolés, qui aient à prononcer sur des intérêts particuliers, qui doivent examiner, analyser une cause ; alors de deux choses l'une ; si ce sont des sots, ils jugeront ; si ce sont des hommes de bon sens, ils refuseront de siéger, & vous diront qu'a- vant d'être juge, il faut en savoir le métier : ce dont un vigneron d'Alsace n'est pas plus en état qu'un soldat ou un matelot. Il faut bien distin- guer le peuple des particuliers, le premier peut être juge indéfiniment, les seconds ne peuvent l'être qu'institués *ad hoc*. On doit aussi remarquer que l'appel au jugement du peuple n'a ordinaire- ment lieu que pour des matières simples & d'un intérêt public ; ce qui est plus aisé à juger que les matières particulières.

BOUTIQUE, s. f. lieu où l'on vend publi- quement. Elle diffère du magasin en ce que, 1°. l'une est toujours au rez-de-chaussée, & l'autre n'y est pas ; 2°. & c'est la distinction caractéristique, en ce que le magasin est le lieu où l'on conserve, & la boutique celui où l'on débite. Il y a cependant des marchands qui vendent en magasin, mais c'est seulement en gros. De plus, le mot de magasin désigne un grand amas, une provision de marchan- dises, ce que ne fait pas celui de boutique.

Depuis quelques années à Paris, quelques pro- fessions se servent de préférence du mot de ma- gasin ; ainsi les marchandes de modes ne mettent plus que magasin de modes, & elles disent, mon magasin, & non ma *boutique*.

La police des arts a établi quelques règles sur l'usage des *boutiques*, qu'il est utile de connoître.

Dans les villes de jurande, on ne peut ouvrir *boutique* d'une profession non libre, si l'on n'est reçu maître; & dans les professions libres, il faut que celui qui ouvre *boutique* se fasse inscrire sur le livre de la police. Cette ouverture est censée un acte public & une preuve de maîtrise, par conséquent on l'interdit à tous ceux qui n'ont point la qualité requise.

Ce n'est pas tout; à Paris, les maîtres ne peuvent tenir qu'une *boutique* ouverte pour la vente de leurs marchandises; c'est ce qui résulte de l'article 36 de l'édit d'août 1776 : « Défendons aux maîtres, y est-il dit, de tenir & d'avoir plus d'une *boutique* ou atelier, à moins qu'ils n'aient obtenus la permission de cumuler deux professions dans plusieurs corps ou communautés. »

Voici un jugement rendu dans cette matière. Le nommé Thouvenot, à Versailles, tient deux *boutiques*, l'une où il travaille, & une échoppe ou baraque sur le marché, dans laquelle il envoie sa fille vendre des souliers tout faits.

La communauté des cordonniers fait saisir dans l'échoppe les souliers qui s'y sont trouvés, prétendant qu'un maître ne pouvoit tenir deux *boutiques*.

Une sentence du lieutenant-général de police à Versailles, avoit déclaré la saisie bonne & valable, prononcé la confiscation des choses saisies, & condamné Thouvenot en l'amende. Il en a interjetté appel.

M. l'avocat-général Séguier, qui a porté la parole dans cette affaire, a pensé que la saisie étoit nulle; il a regardé comme constant qu'un maître pouvoit se servir de ses enfans pour vendre les objets de son commerce; que l'édit de création des corps & communautés pour les villes de province, ne défendoit pas spécialement de tenir deux *boutiques* comme à Paris, où des considérations particulières avoient dû nécessiter cette défense; & sur les conclusions de ce magistrat, arrêt du 5 juin 1782, qui a infirmé la sentence du premier juge, ordonné la restitution des choses saisies, maintenu Thouvenot dans le droit d'avoir deux *boutiques*, & de faire vendre ses marchandises par sa fille dans son échoppe sur le marché, sauf à la communauté à solliciter un réglement, qui défende précisément d'avoir deux *boutiques*; condamne la communauté aux dépens.

Plusieurs sentences de police de Paris, entr'autres celles du 27 septembre 1720, 15 décembre 1730, font défenses de s'établir devant les *boutiques* des marchands pour y vendre des marchandises, excepté dans les marchés & pendant certaines heures, ou même toute la journée suivant l'usage.

L'arrêt de réglement du parlement 1663, pour la propreté de Paris, ordonne à tout bourgeois ou marchand de faire tous les jours balayer devant sa *boutique*, & y jetter de l'eau dans les grandes chaleurs.

BOYAUDIER, s. m. C'est celui qui prépare les cordes dites *à boyau*, qui servent aux instrumens de musique, aux raquettes, &c.

Avant l'édit d'août 1776, les *boyaudiers* formoient un corps de communauté érigé en jurande; ils avoient des statuts; depuis cette époque, ils sont libres.

BRASSEUR, s. m. C'est l'ouvrier qui fait la bierre. On le nomme ainsi, parce que, pour faire cette boisson, il faut la *brasser* ou remuer, du mot *bras*. Le *brasseur* est ouvrier & marchand, il fait & vend la bierre.

Il paroît que la bierre étoit connue des peuples anciens; on croit même qu'elle fut inventée en Egypte : cela paroîtroit d'autant plus probable, que l'usage d'une boisson rafraîchissante a dû généralement être adopté dans un pays où le climat est fort chaud. Quoi qu'il en soit de cette origine, il est sûr qu'elle étoit connue dans la Grèce. Pline, Athénée & Dioscoride en font mention. Polybe nous rapporte aussi que les espagnols s'en servoient, & que les rois même en faisoient quelquefois usage.

Cela paroîtroit sans doute extraordinaire dans un pays où les vins sont communs, si l'on ne faisoit point la réflexion que nous venons d'indiquer, que la chaleur du climat porte les hommes à rechercher l'usage des boissons rafraîchissantes.

Mais l'on peut croire aussi que le défaut d'autres boissons naturelles & un goût particulier, ont mis en vogue la bierre dans les pays où la chaleur du climat ne peut l'avoir fait adopter. C'est pour cela que depuis long-tems nous la trouvons usitée en Flandres, en Angleterre, dans les Gaules même & en Allemagne. Quoique plusieurs de ces pays aient des vignes ou d'autres boissons, telles que le cidre, &c. néanmoins la bierre s'y est maintenue sur les tables & dans les caves, & cela par sa qualité rafraîchissante & nourrissante.

Les anglois & les flamands se sont distingués sur-tout par l'art de la faire; la forte & la petite bierre angloises passent pour les deux meilleures espèces connues. En France, il s'en fait aussi de fort bonne; & depuis une vingtaine d'années on a beaucoup perfectionné les moyens employés pour lui donner le degré de fermentation & de cuisson convenable, en quoi consiste tout le secret de la faire.

C'est pour obtenir cette perfection désirée & empêcher que le public ne soit trompé à cet égard, que les statuts donnés aux *brasseurs* à différentes époques ont été dreſſés. Les premiers que l'on connoiſſe ſont d'Etienne Boileau, prévôt de Paris, ce magiſtrat dont nous avons ſi ſouvent parlé ; ils datent de 1268. En voici quelques paſſages ; nous conſerverons l'ancien idiôme.

« Art. I. Il peult eſtre cervoiſier à Paris qui véult, pourtant qu'il œuvre aux us & coutumes du meſtier, que li prud'hommes du meſtier ont établi & ordené pour bon & pour loyauté, ſe il pleſt au roy, leſquels us & leſquels coutumes ſont tels.

» Art. II. Nul cervoiſier ne peult, ne ne doibt faire cervoiſe fors de yaue & de grain, c'eſt aſſavoir d'orge, de meſteuil & de dragie ; & ſe ils mettent autre choſe pour en faire, c'eſt aſſavoir baye, piment & pois réſine ; & quiconque y mettroit aucune de ces choſes il l'amenderoit au roi de vingt ſols pariſis, toutes les fois qu'il en ſeroit repris ; & ſi ſeroit tous li braſins qui ſeroit fait de tiex choſes donnez pour Dieu.

» Art. III. Li prud'hommes du meſtier dient que telles choſes ne ſont pas bones ne loyaux à mettre en cervoiſe ; car elles ſont enfermées & mauvaiſes au chief & aux corps, & aux malades & aux ſains.

» Art. IV. Nul ne peult ne doibt vendre cervoiſe ailleurs que en l'oſtel ou en la brace. Quoi cil qui ſont regratiers de cervoiſe vendre, ne les vendent pas ſi bone, ne ſi loyaux, comme cil qui les font en leur hoſtiez, ils les vendent aigres & tournez, quar ils ne les ſcevent point mettre à point ; & ils les envoient vendre ou en trois par la ville de Paris : ils ne ſont pas aux vendrés ni leurs fames ; ains les font vendre par leurs garçonets petits, en rues foraines ; ſi vont en tieux lieux & en tieux tavernes, li fol & les folles faire leurs péchiez, pour laquelle choſe li prud'hommes du meſtier ſe ſont aſſenti à ce s'il pleſt au roy : & quiconque fera contre cet établiſſement, il l'amendera au roi de vingt ſols pariſis, toutes les fois qu'il en ſera repris, & ſi ſeroit la cervoiſe qui ſeroit trouvé en tiex hoſtels, donné pour Dieu, &c.

Nous ne rapporterons rien de plus de ce réglement, mais nous remarquerons, à propos du dernier article que nous venons de citer, 1°. que les anciens regratiers ne valoient pas mieux que les modernes, & qu'à cet égard comme à tant d'autres, nos pères n'étoient pas meilleurs que nous ; 2°. que les filles du monde ſe réfugioient dans les cabarets à bierre, alors comme aujourd'hui.

On voit encore, par la ſuite de ces ſtatuts, que l'état de braſſeur étoit libre, & que toute la diſcipline en étoit maintenue par deux hommes qui avoient prêté ſerment entre les mains du prévôt de Paris, & qui pouvoit faire arrêter les bierres ou cervoiſes mal fabriquées.

Aujourd'hui, la profeſſion de braſſeur de bierre eſt formée en jurande. Dès 1589, qu'ils obtinrent de nouveaux ſtatuts, on exigeoit déja ſoixante ſols pariſis pour être reçu maître, & de faire preuve de ſavoir & d'expérience. Ve s 1614, ils renouvellèrent leurs ſtatuts, & ils exigèrent que ceux qui voudroient ſe faire recevoir auroient travaillé au moins trois ans ſous un maître.

En 1626, Louis XIII créa, par ſon édit du 6 mars, des offices de viſiteurs & contrôleurs de bierre, avec attribution de 6 ſols tournois pour viſite de chaque muid, meſure de Paris.

Mais, ſans nous arrêter aux anciens ſtatuts des braſſeurs, nous rendrons tout de ſuite compte de ce que contiennent de plus utile à connoître, ceux qu'ils ont reçu en février 1780.

1°. Les braſſeurs de Paris dont la maîtriſe coûte aujourd'hui neuf cents livres, ont la fabrique excluſive de la bierre, comme auſſi d'en faire la vente en détail concurremment avec les limonadiers vinaigriers. Ils leur eſt expreſſément défendu de nourrir chez eux aucuns, oies, porcs, poules ou canards, ſous peine de confiſcation des beſtiaux & de 100 livres d'amende.

2°. Les marchands de houblons ſont obligés d'apporter leur marchandiſe au bureau de la communauté des braſſeurs, pour y être viſités par les ſyndic & adjoints de la communauté, afin de vérifier s'ils peuvent être employés à la fabrique de la bierre. Les mêmes ſyndic & adjoints perçoivent un droit de 22 ſols 6 deniers ſur chaque quintal de houblons ; ce droit ſert à payer les frais de magaſinage & du bureau où on le reçoit.

3°. Comme les maîtres de la communauté ſont peu nombreux ils s'aſſemblent tous pour former leurs aſſemblées, cependant ils peuvent nommer douze députés choiſis entr'eux, dont les arrêtés obligent tous les autres maîtres, & qui choiſiſſent les ſyndic & adjoints. Ces deux officiers ſont obligés de ſe trouver au bureau de la communauté tous les mardis de chaque ſemaine pour les affaires courantes, & pour celles qui exigent le concours des autres membres, il y a aſſemblée de députés ou maîtres le premier mardi de chaque mois.

4°. Lorſque deux maîtres ſe trouvent aſſociés pour la profeſſion de braſſeur ils ne peuvent être ſyndic & adjoint tout-à-la-fois, & lorſqu'ils ont leur ſuffrage à donner, il ne compte que pour une voix.

5°. Le ſyndic eſt chargé de recevoir les deniers de la communauté, d'en rendre compte aux aſſemblées de la communauté, d'en tenir regiſtre ; les fonds ſont mis dans une caiſſe, & n'en peuvent être tirés qu'en vertu d'une délibération des membres formant l'aſſemblée. De plus, les ſyndic & adjoint ſont obligés de faire quatre viſites par an chez les
maîtres

maîtres & veuves, exerçant la profession, en percevant 15 fols à chaque vifite, pour les indemnifer de leurs frais.

6°. Il faut avoir vingt-cinq ans pour être reçu *braffeur*, à moins d'avoir travaillé trois ans chez les maîtres comme apprentif, ce qui eft juftifié par le brevet, auquel cas on eft reçu à vingt ans : les fils de maîtres font exempts de l'apprentiffage.

7°. Il y a cinq examinateurs ; favoir, les fyndic & adjoints & trois maîtres qui interrogent l'afpirant fur l'art de la braíferie, & il n'eft reçu qu'à la pluralité des voix. Chaque examinateur reçoit de l'afpirant deux jetons d'argent de la valeur de quarante fols chacun. *Voyez* ART.

Remarquons que tous les réglemens faits pour aífurer la bonté de la bierre font prefque impoffibles à faire fuivre ; tout fe paffe dans l'intérieur des braíferies, la meilleure garde, c'eft la crainte de perdre fes pratiques, ou le defir d'en acquérir par de la bonne marchandife ; il n'en eft pas moins vrai que le public eft fouvent trompé, & fur-tout de la part des regratiers. La police devroit y veiller ; mais elle tolère les abus des cabaretiers, qui font de véritables empoifonnemens pour le petit peuple de Paris.

BRICOLIER, f. m. C'eft le nom qu'on donne en général aux porteurs-de-chaifes & aux tireurs de brouettes, à Paris. Ce mot vient de la bricole dont ils fe fervent pour tirer & porter. *Voyez* CHAISE A PORTEUR.

BRIGANDAGE, f. m. Vol & défordre public accompagné de violences.

Le *brigandage* eft le plus grand fléau de la fociété, & tous les réglemens, tous les foins, toutes les inftitutions de la police doivent tendre, non-feulement à le réprimer lorfqu'il exifte, mais encore à l'empêcher de naître lorfqu'il n'exifte pas encore.

Le *brigandage* a plufieurs caufes ; 1°. l'indigence ; 2°. la férocité ; 3°. l'impunité de ceux qui s'y livrent : fi l'on parvient à détruire ces trois fources du *brigandage*, on fera fûr d'en purger la fociété.

L'indigence eft, dans l'état focial, l'origine d'une foule de maux que l'inégale diftribution de la propriété femble devoir éternifer. La fouffrance, le malaife qu'elle produit exalte les paffions, porte à la mélancolie, aux fentimens extrêmes. Quand ces difpofitions de l'ame fe trouvent réunies à un caractère impétueux, ardent, foible, vicieux, alors naît la fraude, le vol & tous les vices qui préparent au *brigandage*.

La vue des jouiffances des riches, leur hauteur, les idées de bonheur que l'on attache à la richeffe, le mépris qu'on fait du pauvre, le peu d'égard qu'on

a pour le mérite indigent ; toutes ces erreurs, tous ces vices de la fociété, enflamment encore les efprits, allument la cupidité & forcent en quelque forte le pauvre à chercher par des voies injuftes à s'approprier des biens dont il défefpère de pouvoir jamais jouir autrement.

Mais de tous ces motifs, le befoin, le befoin urgent, eft le plus général de tous ceux qui conduifent l'homme au *brigandage*. La faim eft une mauvaife confeillère ; elle femble légitimer tout ce qui peut la fatisfaire ; mais dès qu'en la confultant trop, l'homme a porté la main fur un bien qui ne lui appartenoit pas, il fe laiffe aveugler au point de fe croire en droit de vivre aux dépens des autres ; s'il éprouve de la réfiftance, il fe prépare à la vaincre ; & fi la férocité fe joint à cette funefte conduite, bientôt le *brigandage* devient l'habitude de celui qui ofoit à peine defirer une légère partie des biens qui le féduifoient.

Une autre caufe du *brigandage*, c'eft la mauvaife éducation que reçoit le peuple. Des malheureux manquant de lumières, ignorant les loix & les conventions fociales, mal inftruits à connoître toutes les reffources que la fociété offre à l'homme laborieux & honnête, fur-tout peu accoutumés à refpecter les loix par amour pour elles feules, fe livrent à toute la défordres des paffions groffières, & caufent tous les maux qu'on peut craindre de la perverfité réfléchie, réunie aux moyens de deftruction que nous avons imaginés pour défendre & attaquer. Si à cela fe joint le mépris de la religion, & de fa morale douce & bienfaifante, l'efpoir des biens éternels qu'elle promet, fi rien de faint, rien de refpectable ne fe préfente aux yeux du brigand mal élevé, vous avez tout à redouter de lui, & la fociété n'a d'autres voies à employer que la force, les châtimens & la mort.

On tariroit donc deux fources fécondes de *brigandage*, fi l'on parvenoit à rendre la propriété mieux répartie, & l'éducation meilleure.

On peut remarquer qu'en général ces deux objets ont été en quelque forte fucceffivement, quoiqu'imparfaitement remplis depuis deux fiècles, en Europe & fingulièrement en France. On ne voit plus de troupes de brigands qui ravageoient les campagnes, & commettoient des meurtres, & fe jouoient d'une police mal affermie ou mal adminiftrée. Le *brigandage* militaire fur-tout eft réprimé, au moins dans ces excès qui en faifoient non-feulement un fléau moral, tel qu'il exifte encore, mais une calamité politique, une caufe de deftruction publique. Des foldats déferteurs ou mal payés, ne ravagent plus les propriétés territoriales, & fi la plus immorale conduite des troupes eft encore regardée comme une liberté militaire, du moins les délits que commettent ces hommes féroces, font fouvent réprimés avec fermeté.

On n'apperçoit plus le long des routes, ces attroupemens de malheureux, égarés par les vices, abymés de misère, dévoués au crime & à la rapine. S'il en existe encore, c'est plutôt l'effet de la fainéantise, de la paresse d'un petit nombre d'individus, que celui d'un besoin universel & du manque de moyens d'y satisfaire.

Car depuis la découverte de l'Amérique, il s'est fait une prodigieuse révolution dans l'état de la propriété, & tout-à-fait favorable au peuple. Les richesses ont circulé, le numéraire a augmenté, les productions, les denrées sont devenues plus communes, c'est-à-dire plus accessibles à un grand nombre de personnes, quoique plus cher. Le luxe des grands les a obligés à diviser leur immenses richesses; les arts de l'industrie se sont multipliés & perfectionnés, ils ont offert des salaires aux hommes dépourvus de propriété, & l'aisance a été plus générale. Cela cependant n'empêche pas qu'il n'y ait encore un grand nombre de pauvres; mais il y en a moins d'aussi pauvres absolument qu'autrefois, quoique par l'augmentation du luxe & des jouissances, ils le soient autant relativement; car un homme qui étoit vêtu il y a cent ans avec de la toile & des sabots, se croit nud, s'il n'a pas du drap, des souliers aujourd'hui.

Mais comme la propriété tend toujours à se resserrer dans un petit nombre de mains, quoiqu'il fût de l'intérêt de la société, qu'elle se divisât, on ne sauroit douter que l'extrême inégalité des fortunes augmentant le nombre des pauvres, ne doive faire naître de nouveaux désordres produits par l'indigence populaire, jusqu'à ce qu'une nouvelle révolution repartage les richesses, & les rende accessibles à tous les membres de l'état, en proportion de leurs besoins & de leur industrie.

Mais ce n'est pas seulement la plus égale répartition de la propriété, qui a diminué le brigandage, c'est aussi le progrès des lumières & de l'instruction publique. Il reste sûrement encore beaucoup de choses à faire, quoique l'on en ait déjà fait qui ont produit les plus heureux effets. Le peuple est en général moins ignorant, plus accoutumé à respecter les conventions sociales; mais jamais on n'obtiendra le but qu'on se propose à cet égard pour son bien, si l'on ne prend une bonne fois la résolution d'instruire les enfans de tous les ordres de citoyens. 1°. De la religion; 2°. des principes de liberté publique qu'il doit adopter; 3°. des devoirs des sujets envers les magistrats, & des droits qui en sont les corrélatifs; 4°. des loix positives sur la propriété, sur les droits fiscaux, sur les peines & la nature des délits. Il est sûr, qu'instruit de ce qu'il doit, de ce qu'il peut dans la société, chaque sujet l'aimeroit davantage, & seroit moins porté à en troubler le bonheur, en même temps qu'il seroit plus éclairé sur les moyens de tirer parti de ses forces, de son travail & de ses connoissances.

Mais tant que la nation ne se chargera pas de cette tâche, on ne fera que des vœux stériles: l'indigence du peuple l'empêche de pourvoir à son éducation, & son ignorance perpétue sa misère.

Il ne suffit pas encore que le peuple soit à l'aise, & instruit de ses devoirs, pour qu'on puisse regarder le brigandage comme détruit, il faut encore éloigner de lui, tout ce qui peut développer ou alimenter la férocité. Ce sentiment destructeur est le plus dangereux de tous, & je ne puis comprendre par quelle indifférence blâmable on n'a jamais rien fait pour en déraciner le germe. Je ne vois pas même que la religion ait interposé sa médiation faire, d'une manière positive pour l'extirper: C'est plutôt l'esprit de la religion que des commandemens positifs, qui s'oppose aux désordres de la cruauté; ceux de l'impureté, quoique bien moins dangereux, ont été plus directement attaqués, que si qu'avec moins de fruit qu'on en eût pu espérer d'une guerre dirigée contre la férocité.

Tout nourrit ce sentiment dans l'ame du peuple; combat du taureau, excès commis sans aucune utilité contre les foibles animaux, chasse, tueries au sein des villes; jeux barbares où un animal est le but, où s'exerce l'adresse meurtrière d'une jeunesse effrenée. On a vu des pasteurs interdire ces jeux innocens, & encourager ces prétendus exercices propres à former, dit-on, le corps, & à le fortifier; on devroit plutôt dire à rendre lâche & cruel. Voyez ANIMAL ET ABUS.

L'impunité feroit la plus féconde de toutes les causes du brigandage, s'il arrivoit jamais que les loix fussent assez foibles, & la police assez mauvaise pour y donner lieu. On a cependant vu & l'on voit encore quelquefois, une sorte de brigandage impuni parmi les gens de guerre, car je donne le nom de brigandage aux mauvais traitemens, aux injures, aux pilleries, aux désordres dont ils sont les auteurs, soit chez les habitans des campagnes, soit même chez ceux des villes. Nous avons vu au mot ARMÉE, combien ce fléau étoit plus grand, plus actif, plus répandu autrefois qu'à présent.

Le brigandage ne doit donc jamais rester impuni, de quelque nature qu'il soit; la punition est un moyen coërcitif très-puissant. Mais il ne faut pas qu'en même temps qu'on punit le brigandage des petits & de la canaille, on respecte celui des grands & des puissans; il ne faut pas qu'on autorise, ou du moins qu'on tolère d'horribles exactions, qui sont un vrai brigandage; il faut que les loix soient généralement & impartialement exécutées, & que le brigand subalterne, comme le brigand protégé, soit également puni. Mais cette réflexion nous a conduit à reconnoître une autre espèce de brigandage qu'il n'est pas inutile d'observer.

Le brigandage dont nous venons de traiter dans

cet article, eft un compofé d'actions publiques ou cachées, qui caufent des défordres, troublent la fûreté & la tranquillité des citoyens ; la police, la force, foit militaire, foit publique, ont droit de s'y oppofer & de l'attaquer par-tout où elles fe trouvent ; mais l'autre eft en quelque forte étayé du crédit, de la puiffance, d'une autorité mal prononcée. Tel eft le *brigandage* d'une foule d'agens fubalternes de la police, de l'adminiftration fifcale. Ces deux peftes de la fociété, les premiers furtout, femblent être dans un pays de conquête, à voir les exactions, les injuftices, les mauvais traitemens qu'ils font éprouver au peuple : tout refte impuni, tout eft couvert du prétexte de l'ordre public, comme fi un pareil *brigandage* pouvoit jamais être un moyen d'ordre & de paix : règle générale. Il n'y a ni ordre ni paix, là où la volonté de quelques agens obfcurs a force de loix, & peut porter une main rapace fur la fortune, ou une main facrilège fur la perfonne des citoyens.

Je finis par remarquer que les voies qu'une police judicieufe & ferme, peut employer pour arrêter le *brigandage* des hommes féroces & voleurs ; fur-tout dans les campagnes, font, 1°. de prévenir les attroupemens illicites, par tous les moyens qu'indiquent la prudence & l'occafion ; 2°. de faire un grand étalage de force dirigée contre les brigands ; 3°. d'avoir en effet des hommes armés, tels que la maréchauffée, pour les pourfuivre & les livrer aux juges qui doivent en connoître ; 4°. de permettre aux particuliers domiciliés d'avoir des armes chez eux pour fe défendre en cas d'attaque ; 5°. de n'accorder aucune grace à tout acte de *brigandage*, marqué au coin de la férocité. Je fuppofe qu'on a employé avant tous les moyens de prévenir ce fléau, par l'amélioration du fort du peuple & par fon inftruction. Malgré cela, il y aura toujours des brigands, comme des filoux & des banqueroutiers.

BRIGUE, f. f. *Ambitus*, moyen illégal d'obtenir des fuffrages pour parvenir à une place, à une magiftrature. La *brigue* diffère de l'intrigue. Celle-ci n'a pas le caractère répréhenfible, quoiqu'il foit toujours petit de l'employer ; elle ne corrompt d'ailleurs perfonne dans l'exercice de fon droit ; la *brigue* au contraire eft toujours répréhenfible & même criminelle, parce qu'elle attaque directement l'ordre politique, en pervertiffant l'ufage du droit de fouverain qui réfide dans le peuple. On peut intriguer pour faire le bien, mais il eft contradictoire de *briguer* pour le même objet, parce que la *brigue* eft par elle-même un mal d'autant plus pofitif, qu'elle attaque la juftice, en corrompant les fuffrages, en les liant,

en leur ôtant leur caractère de fuffrages, par cela feul qu'ils font vendus.

Ce font ces raifons fans doute, qui firent regarder chez tous les peuples libres, la *brigue*, comme un défordre public, une caufe de fubverfion civile & un moyen de tyrannie. Rome dont nous ne devons jamais détourner les yeux, toutes les fois qu'il eft queftion de liberté, Rome en fentit le danger. Long-temps à la vérité l'honneur, l'amour de la patrie, le fentiment des vertus républicaines, tinrent lieu de loi à cet égard, & maintinrent la conftitution. Mais fitôt que l'inégale diftribution des richeffes eut offert à ceux qui les poffédoient, le moyen de corrompre les citoyens indigens, fitôt qu'on pût les effrayer par l'abus de la force, pour les obliger à donner leurs fuffrages, alors il fallut par des loix pofitives, affurer la conftitution, la liberté des élections contre l'adreffe, la violence & la *brigue*.

Ce qu'il y a d'extraordinaire en ceci, c'eft que la première loi *d'ambitu* qui ait été à Rome, l'ait été pour réprimer les *brigues* des plébéïens nouvellement admis au partage de toutes les magiftratures fouveraines. Mais cette précaution ne regardoit pas moins les patriciens, & la haine de la tyrannie éclairoit affez les efprits, pour qu'on fentît que ce qui pouvoit la favorifer dans un ordre, n'étoit pas moins à craindre dans un autre, & la loi *petilia* fut générale pour tous les citoyens.

Caius Matius propofa au peuple en 654, & lui fit agréer une nouvelle loi fur le même objet ; il fut défendu aux candidats de chercher à découvrir les noms de ceux à qui l'on donnoit fon fuffrage, & d'arrêter ceux qui fe rendoient à l'affemblée pour le donner. *Ne quis infpiciat tabellam, ne roget, ne appellet.*

Dans une république où le fuffrage du peuple donnoit l'empire du monde, il n'étoit pas étonnant que l'ambition particulière eût fouvent befoin d'être rappellée aux règles fondamentales, & qu'on renouvellât auffi fouvent les loix *de ambitu* qu'elles étoient violées ou méprifées. Ce malheur avoit eu lieu pendant les fureurs de Marius ; ce féroce plébéïen qui fit le plus criminel ufage de la force militaire, en l'employant contre fa propre patrie (1). Il fallut que Pompée rappellât au fénat & au peuple, fon antique difcipline : il fut donc décidé fous le confulat de Calpurnius, que tous ceux qui brigueroient les charges, en feroient exclus à jamais, & paieroient une forte amende, c'eft ce qu'on appella la loi *calpuraia*. Enfin Cicéron voyant que cette peine

___

(1) Je répète encore ici que la puiffance militaire dans l'état eft le plus dangereux ennemi de la liberté publique ; elle amène tôt ou tard l'anéantiffement de l'autorité légitime, lorfque les troupes forment un corps féparé des autres citoyens & ayant des intérêts ifolés. C'eft un terrible *monitum* pour tous ceux qui ont quelque defir du bien général. Cependant tout le monde le perd de vue. *Latet anguis in herbâ. Voy.* MILICE.

n'étoit point fuffifante pour conten r les ambitieux, fit déterminer par la loi *julia*, que tous ceux qui feroient convaincus de *brigue* dans les élections, feroient condamnés à un exil de dix années, & déclarés infâmes.

Il paroît qu'un des moyens qu'employoient les ambitieux pour briguer les fuffrages du peuple, étoit des diftributions de bled, & ce qu'on nommoit des largeffes. Ce vice d'un peuple libre fe conferva lorfque Rome n'eut plus fous Augufte, qu'une liberté précaire & dépendante de la volonté d'un maître armé. Les comices ayant été rétablis, le droit de fuffrage rendu au peuple, on vit naître les *brigues* avec d'autant plus de chaleur, que parmi des efclaves, chacun cherche à s'élever au-deffus des autres, à fe faire un pouvoir par tous les moyens poffibles, que le nombre des hommes vertueux eft rare, & que l'ambition n'a plus pour objet que l'intérêt perfonnel ou l'illuftration particulière. Voilà pourquoi Augufte fit ordonner que quiconque chercheroit à parvenir aux charges par des largeffes, en feroit exclus pour cinq années. *Ut qui largitionibus magiftratum fibi parerent quinquennio ab eo arceantur.* Dion. Caff. Lib. 54.

Mais enfin le fénat, devenu fous les empereurs, le confeil du prince, s'étant emparé de tous les droits du peuple, les loix fur les *brigues* devinrent vuides d'objet, & ne furent plus regardées que comme des réglemens propres à maintenir l'ordre & l'équité dans l'élection du magiftrat des villes municipales.

Elles fe font en effet confervées dans prefque toutes nos grandes villes, avec plus ou moins de modifications; elles font devenues par-là, une partie de notre code municipal. Dans le recueil des réglemens pour la ville d'Aix, l'article I défend de *briguer*, ni faire *briguer* par foi ou par perfonne interpofée, les charges de confuls & affeffeurs, celles de confeillers de la maifon de ville & de capitaine de quartier, à peine d'être indigne de pouvoir exercer lefdites charges, & entrer en ladite maifon de ville. L'art. II ordonne que pour ôter tous moyens de pratiquer lefdites *brigues* & menées, les confeillers fe purgeront par ferment, de n'avoir été brigués ni pratiqués, & n'avoir baloté que ceux, qu'en leur confcience ils ont jugé dignes & capables d'exercer lefdites charges de confuls & affeffeurs (1).

La Déclaration du 12 mars 1767, concernant les fonctions des maires & échevins leur donne le droit d'informer des *brigues* qui pourroient avoir lieu dans les affemblées de communautés. Ce réglement eft conforme à l'article 365 de l'ordonnance de Blois,

qui défend les *brigues* dans les élections des officiers municipaux.

De très-grands intérêts doivent aujourd'hui fixer l'attention publique fur les *brigues* & les moyens de les empêcher. Les provinces régies par des affemblées, la nation elle-même gouvernée par des repréfentans électifs ne fauroient trop prendre garde que l'aftuce miniftérielle, le defpotifme militaire, la lâcheté des courtifans, l'avidité des financiers, ne deviennent autant de moyens de *brigue* & de corruption pour mettre à la tête des affaires des hommes ignorans ou partiaux, foibles ou vendus à tous les abus d'une autorité illégitime. Mais il faut dans la nation de l'enfemble, de l'harmonie, des vues, des principes: malheureufement beaucoup plus de gens fe conduifent par efprit de coterie & pour s'illuftrer, que par des intentions cordialement patriotiques.

BROCANTEUR, f. m. celui qui achète, vend, échange des marchandifes de hafard, de diverfes efpèces, les unes contre les autres.

Ce qui caractérife le *brocanteur* & le diftingue du marchand; c'eft qu'ordinairement celui-ci borne fon commerce à une feule efpèce de marchandife, ou du moins à quelques marchandifes qui ont quelque rapport entr'elles, au lieu que le *brocanteur* achète, vend & troque des objets qui n'ont point de rapport & qui font de hafard.

On donne auffi le nom de *brocanteur* à ces efpèces de rapiffiers-frippiers qui vendent des antiques, des tableaux, des ftatues, des meubles finguliers, des bronzes, des porcelaines anciennes, &c.

Nous avons rapporté au mot ACHAT, les réglemens de police, faits pour empêcher que le brocantage ne devienne un moyen de faciliter les vols, foit publics, foit fur-tout domeftiques. C'eft pourquoi les *brocanteurs* font obligés d'avoir deux livres paraphés du commiffaire, un pour cet officier, & l'autre pour l'infpecteur. Ils doivent y infcrire jour par jour, & fans laiffer de blanc, les marchandifes qu'ils achètent, le nom des perfonnes & le prix qu'ils en ont donné. Ils font encore obligés de porter ces livres tous les mois chez l'infpecteur & le commiffaire du quartier, pour y être vifés. Sentence de police, du 12 mars 1734, & édit de création des infpecteurs de police, du mois de mars 1740.

Les *brocanteurs* dans les rues font obligés de porter une médaille de cuivre, pendue à leur habit,

<hr/>

(1) A l'ancien ferment que doivent prêter les Syndics & autres officiers de la république de Genève, les arrêts du confeil des deux-cens de 1626, 1692 & 1674, ont ordonné qu'ils ajouteroient qu'ils n'ont ni brigué, ni fait briguer, & qu'ils n'auront égard à aucunes brigues ou recommandations qui peuvent leur avoir été faites.

La conftitution du Maryland déclare incapables de poffeder aucun emploi pécuniaire ou honorifique, ceux qui auront brigué ou reçu de l'argent dans les élections.

afin d'être reconnus : cette médaille leur coûte 6 liv. & leur est délivrée par la police.

On ne sauroit prendre trop de précautions pour empêcher les vols, & celles que nous venons d'indiquer n'ont rien de répréhensible & de vexatoire. De tous les moyens de police usités à Paris, c'est peut-être le mieux vu & le plus utile ; il n'est cependant pas toujours observé, mais ce n'est pas la faute de ceux qui l'ont institué.

Ce qui est déplacé, c'est la défense qu'on fait aux traiteurs & aubergistes de permettre chez eux des assemblées de *brocanteurs*. On ne voit pas trop la raison de cela : on ne peut défendre qu'aux brigands de s'assembler ; c'est un droit des citoyens que celui de se réunir où il leur plaît, & je ne vois pas qu'on en puisse priver les *brocanteurs*. Ces petites tyrannies de la police, exercées partiellement sur toutes les professions, accoutument la généralité des habitans de cette grande ville, même les plus éclairés, à se regarder comme des gens faits pour obéir sans réflexions, & sur-tout à croire que leur tranquillité, leur bonheur dépendent d'une foule de petites précautions qui venant à être négligées, occasionnent en effet une rumeur, des désordres, de l'inquiétude, parce qu'on y a mis l'importance qui ne leur convenoit pas, & qu'on en a bêtement fait un moyen d'ordre, lorsqu'elles renferment un foyer d'abus qui ne peut, tôt ou tard, que produire une explosion qu'il faut prévenir par des réformes douces, lentes & graduelles. *Voyez* FRIPPIER.

BRODEUR, s. m. *Voyez* PASSEMENTIER.

BROSSIER, s. m. C'est celui qui fait & vend toutes sortes de brosses, vergettes, de soie, de poil de sanglier, des pinceaux, des balais de crin, de jonc, &c.

Avant la révolution de 1776, les *brossiers* formoient une communauté régie par d'anciens statuts de 1483, sous Charles VIII. Depuis 1776, les *brossiers* exercent librement leur métier.

BUANDERIE, s. f. C'est un lieu où l'on blanchit le linge & les étoffes. Il y en a plusieurs établies près Paris, pour le service public de la capitale.

BUREAU, s. m. Lieu où s'expédient les écritures d'un département, place ou office quelconque. Ce nom est également donné à des espèces de jurisdiction, telles que les *bureaux* des finances, le *bureau* de l'hôtel-de-ville, les *bureaux* diocésains, &c. ; mais c'est bien improprement qu'ils portent ce nom, car l'idée qu'on doit y attacher n'y convient nullement. On le donne encore à un lieu de recettes, tels que les *bureaux* des aides, &c. On le dit aussi, au sens physique, d'une table

où on pose des papiers, & autour de laquelle les gens tenant la plume se placent. Enfin on appelle *bureaux*, des sections d'assemblées qui se chargent chacune en particulier d'examiner & discuter certaines matières pour en rendre compte ensuite à l'assemblée générale. C'est à peu près dans le même sens que dans les administrations des hôpitaux & dans les communautés d'arts & métiers ou toutes autres, on a désigné sous le même nom, la portion de personnes destinées à gérer les affaires ordinaires, & obligés d'en rendre compte aux membres qui ont droit d'assister aux assemblées générales.

Nous nous proposons trois objets dans cet article, 1°. Nous donnerons quelques détails sur les *bureaux* des finances ; moins pour en connoître une connoissance complette que pour servir de supplément à ce qu'on en trouve dans la *jurisprudence* ; 2°. nous parlerons du *bureau* de l'hôtel-de-ville ; 3°. Nous ferons quelques réflexions sur l'usage de la meilleure forme de *bureau* dans les assemblées législatives ou d'administration ; 4°. enfin nous développerons les abus de la burocratie, sur-tout de celle qui compose le régime de la police de Paris.

I°. Les *bureaux* des finances ont été établis par édit de Henri III, du mois de juillet 1577, pour que les trésoriers de France généraux des finances, réunis dans chaque généralité, pussent conjointement exercer leurs charges, & décider à la pluralité des voix ; à cet effet, il a été créé par le même édit, en chaque *bureau*, un greffier en chef pour rédiger, & deux huissiers pour mettre à exécution les ordonnance & mandemens des trésoriers de France. Auparavant, les trésoriers de France, en quelque généralité qu'ils résidassent, présidoient en la chambre du trésor, qui avoit été établie par édit d'août 1496, pour le jugement de tous procès & différends concernant le domaine du roi, dans l'étendue de la prévôté de Paris, & des bailliages de Senlis, Melun, Brie-Comte-Robert, Etampes, Dourdan, Mantes, Meulan, Beaumont-sur-Oise & Crépy-en-Valois, où siégeoient plusieurs trésoriers de France, créés spécialement pour le fait de la justice.

L'édit de 1577 fut révoqué au mois de décembre 1583, mais les *bureaux* des finances, les greffiers en chef & les huissiers furent rétablis au mois de janvier 1586.

En conséquence les trésorier-généraux de France, en chaque généralité, continuèrent de faire leur service conjointement jusqu'à l'édit d'avril 1627, par lequel il fut ordonné qu'ils exerceroient leurs charges alternativement, ce qui ne dura que jusqu'au 3 septembre de la même année, que cet édit fut révoqué en ce point.

Au mois de mars 1693, Louis XIV supprima la chambre du trésor & les officiers qui la composoient, unit & incorpora la jurisdiction de cette chambre au corps des tréforiers de France de Paris, augmenta le nombre des officiers, & ordonna qu'il feroit établi deux chambres en ce *bureau*, dans l'une defquelles fe jugeroient les affaires concernant la finance & la voierie, & dans l'autre celles qui regarderoient le domaine, & que ces deux chambres feroient remplies d'un nombre égal de tréforiers de France qui y ferviroient alternativement & par femeftre.

La même chofe fut ordonnée, à l'égard des autres *bureaux* des finances, par l'édit du mois de février 1704.

L'uniformité que l'on a donnée par ce moyen aux *bureaux* des finances, relativement aux femeftres, ne s'eft maintenue que jufqu'à l'édit du mois de juin 1771, par lequel le *bureau* des finances de Paris, a été enveloppé dans les fâcheux événemens du temps; à la vérité la fuppreffion n'a pas eu lieu à l'égard de tous les officiers dont quelques-uns ont été rétablis en même temps, & de la même autorité qui les avoient fupprimés. Mais le fervice fut réuni pour être fait dans une feule chambre, & dans cet état qui fubfifte encore actuellement.

Il exifte en chaque généralité, un *bureau* de finances, compofé d'un nombre plus ou moins confidérable d'officiers.

La généralité de Paris qui, avant l'édit de 1771, étoit compofée de deux préfidens, trente-fix tréforiers de France, un chevalier d'honneur, deux avocats & deux procureurs du roi, & un greffier en chef, ne l'eft plus aujourd'hui que d'un premier & fecond préfident, un préfident-tréforier de France par ancienneté, douze tréforiers de France, un chevalier d'honneur, un avocat, un procureur du roi & un greffier en chef.

Celle de Châlons eft compofé de trente-quatre officiers, vingt-cinq tréforiers de France, un chevalier d'honneur, deux avocats du roi, trois greffiers & un premier huiffier.

Celle d'Amiens, de trente-un officiers, vingt-trois tréforiers de France, un chevalier d'honneur, deux avocats du roi, deux procureurs du roi, deux greffiers & un premier huiffier.

La généralité de Rouen, de trente-un officiers; quatre tréforiers de France ayant qualité de préfidens, qui n'ont point été réunis au corps du *bureau*, vingt-deux autres tréforiers de France, un avocat du roi, un procureur du roi, deux greffiers & un huiffier;

Celle de Caen, à vingt-fix officiers, vingt-deux tréforiers de France, un avocat du roi, un procureur du roi, un greffier en chef & un premier huiffier.

La généralité de Bourges eft compofée de trente-un officiers, un préfident, vingt-trois tréforiers de France, un chevalier d'honneur, deux avocats du roi, deux procureurs du roi, deux greffiers en chef & un premier huiffier.

Celle de Tours, trente-cinq officiers, vingt-quatre tréforiers de France, un chevalier d'honneur, deux avocats du roi, deux procureurs du roi, trois greffiers en chef & un premier huiffier.

Celle de Poitiers eft compofée de trente officiers, vingt-trois tréforiers de France, deux avocats du roi, deux procureurs du roi, deux greffiers en chef & un premier huiffier.

La généralité de Touloufe a trente-fept officiers, vingt-huit tréforiers de France, un chevalier d'honneur, deux avocats du Roi, deux procureurs du roi, trois greffiers en chef & un premier huiffier.

Celle de Montpellier a trente-trois officiers, vingt-cinq tréforiers de France, deux avocats du roi, deux procureurs du roi, trois greffiers en chef & un premier huiffier.

Celle de Lyon eft compofée de trente-quatre officiers, un préfident, vingt-cinq tréforiers de France, un chevalier d'honneur, deux avocats du roi, deux procureurs du roi, deux greffiers & un premier huiffier.

Celle d'Aix a trente-fept officiers, vingt-trois tréforiers de France, un chevalier d'honneur, deux avocats du roi, deux procureurs du roi, deux greffiers & un premier huiffier.

Celle de Dijon a trente-quatre officiers, vingt-cinq tréforiers de France, un chevalier d'honneur, deux avocats du roi, deux procureurs du roi, trois greffiers en chef & un premier huiffier.

Bordeaux, qui avoit été établi à Agen, eft compofé de trente-trois officiers, vingt-cinq tréforiers de France, un chevalier d'honneur, deux avocats du roi, deux greffiers en chef & un premier huiffier.

Riom, qui avoit été établi à Iffoire, a trente officiers, vingt-trois tréforiers de France, deux avocats du roi, deux procureurs du roi, deux greffiers en chef & un premier huiffier.

Ces quinze généralités ont été créées par le roi Henri II, au mois de janvier 1551.

Orléans, trente-quatre officiers, deux préfidens, vingt-quatre tréforiers, un chevalier d'honneur, deux avocats du roi, deux procureurs du roi, deux greffiers & un premier huiffier.

Limoges, trente-deux officiers, vingt-quatre tréforiers de France, un chevalier d'honneur, deux avocats du roi, deux procureurs du roi, deux greffiers en chef & un premier huiffier.

Ces deux généralités créées par le roi Charles IX, au mois de feptembre 1573.

Moulins, trente-deux officiers, vingt-trois tréforiers de France, un chevalier d'honneur, deux avocats du roi, trois greffiers en chef & un premier huiffier.

Cette généralité créée par Henri III au mois de Septembre 1587.

Soissons, trente-deux officiers, vingt-quatre tréso-riers de France, un chevalier d'honneur, deux avo-cats du roi, deux procureurs du roi, deux greffiers en chef & un premier huissier.

Cette généralité créée par Henri IV, au mois de novembre 1595.

Grenoble, trente-six officiers, quatre tréforiers de France, ayant qualité de préfidens, vingt-trois au-tres tréforiers de France, deux avocats du roi, deux procureurs du roi, quatre greffiers en chef & un premier huissier.

Cette généralité fut créée d'abord par édit du mois de Janvier 1551, depuis fupprimée, & enfin érigée par Louis XIII, au mois de décembre 1627.

Montauban, créée par Louis XIII auffi, au mois de janvier 1635, a trente-six officiers, vingt-neuf tréforier de France, un chevalier d'honneur, deux avocats du roi, deux procureurs du roi, trois gref-fiers en chef & un premier huissier.

Alençon, également établie par Louis XIII, en 1636, a trente officiers, vingt-un tréforiers de France, un chevalier d'honneur, deux avocats du roi, deux procureurs du roi, trois greffiers en chef & un premier huissier.

Metz a vingt-cinq officiers, un préfident, dix-sept tréforiers de France, un chevalier d'honneur, deux avocats du roi, deux procureurs du roi, un greffier en chef & un premier huissier. Cette géné-ralité fut établie par Louis XIV, au mois de dé-cembre 1661.

Lille, dix-neuf officiers, deux préfidens, treize tréforiers de France, un chevalier d'honneur, un procureur du roi, un greffier en chef, & un premier huissier. Elle fut créée par le même prince, au mois d'avril 1694.

Auch, treize officiers, un préfident, huit tré-foriers, un avocat du roi, un procureur du roi, un greffier en chef & un premier huissier. Créée au mois d'avril 1716.

La forme de procéder aux *bureaux* des finances dans les matières contentieufes de la voierie, soit que le miniftère public y agiffe, soit que le défaut d'intérêt y rende fes fonctions inutiles ou fuperflues, eft extrêmement fimple, d'abord tout s'y paffe fom-mairement, & fi l'on veut fans frais, fans procédure ni défenfeur. En effet, conformément à l'article VI, de l'ordonnance de 1667, les parties ont la faculté de plaider en perfonne ou de charger des avocats & procureurs ; on fouffre même qu'elles fe faffent re-préfenter par leurs entrepreneurs, maçons ou autres chargés de leur pouvoir.

Les audiences de la voierie au *bureau* des finances de Paris, fe tiennent régulièrement tous les mardis

& vendredis, dix heures du matin, fi ce n'eft qu'il tombe une fête l'un de ces jours, auquel cas l'au-dience eft remife au lendemain du jour indiqué par les affignations, qui ne doivent être données dans la ville, fauxbourgs & banlieue de Paris, que par les huissiers du *bureau*, à peine de nullité. Les parties font entendues à l'audience & jugées définitivement fur le champ, à moins qu'il n'y ait lieu d'ordonner un interlocutoire, comme une vifite, une defcente, un rapport de l'état des lieux, la juftification d'un titre, ou, ce qui eft très-rare, de prononcer un délibéré.

IIº. Du *bureau* de l'hôtel-de-ville de Paris. Nous n'en parlons ici, que pour ne pas donner trop d'éten-due au mot PARIS où nous nous propofons de traiter ce qui a rapport à la police & à la municipalité de cette grande ville. Pour éviter les répéixons, nous renverrons aux différens articles de l'ouvrage où ce qui les concerne a été expliqué.

Le *bureau* de l'hôtel-de-ville eft compofé d'un prévôt des marchands, quatre échevins, un procureur du roi & de la ville, d'un avocat du roi & de la ville, d'un fubftitut, greffier, huissier &c. & d'un receveur.

Sa competence n'eft pas bornée à la connoiffance des matières, concernant le commerce & la navi-gation fur la rivière de Seine, ni à celle du paiement des rentes qui fe fait à l'hôtel-de-ville ; depuis long-temps ce *bureau* eft en poffeffion de connoître des objets les plus importans de la voierie dans la ville & fauxbourgs de Paris.

En effet il en connoît, à l'égard des ponts, quais, ports, abreuvoirs, fontaines, & autres ouvrages de ce genre, que la ville eft chargée d'établir & d'entretenir avec les deniers d'octrois qui lui ont été accordés en différens temps. Voici quelques-unes des difpofitions de l'ordonnance du mois de décembre 1672, rendues fur le fait de la juridiction de l'hôtel-de-ville, qui ont rapport à ces objets.

L'article II du chapitre 23, concernant les fonc-tions des officiers de ville, ordonne pour la vifite des ports, que les prévôts des marchands & échevins s'y tranfporteront tous les lundis de chaque femaine pour y recevoir les plaintes des contravention aux régle-mens, & par chacun des autres jours de la femaine, l'un des échevins fera député pour faire la vifite à mêmes fins fur les ports, avant dix heures du matin, pour venir enfuite faire fon rapport au *bureau*, de ce qu'il aura obfervé, & y être ftatué de ce qu'il appar-tiendra.

L'article XXII du même chapitre, porte : que l'un des échevins, à ce commis par le prévôt des mar-chands, aura l'infpection fur les fontaines publiques, quais, ports, abreuvoirs, & qu'il ne fera expédié aucun mandement pour dépenfes faites pour lefdites fontaines, quais, ports, abreuvoirs, que sur des mémoires visés dudit échevin.

Quelques articles de la compétence du *bureau* de la ville, se trouvent aussi rappellés dans l'édit du mois de juin 1700, portant réglement pour la jurisdiction du lieutenant-général de police, & celle du prévôt des marchands & échevins de Paris, où l'on voit que les prévôts des marchands & échevins connoissent de tout ce qui regarde les conduites des eaux & entretiens des fontaines publiques ; qu'ils prennent connoissance, & ont jurisdiction sur les quais, pour empêcher qu'on n'y mette aucune chose qui puisse causer leur dépérissement, ou retarder la navigation ; qu'ils ont aussi sur le bord dans le lit de la rivière, & dans la place de grève, l'inspection & la police, relativement aux échaffauds, pour les cérémonies, lors des fêtes publiques (qui ne sont pas communes à Paris) ; & enfin qu'ils sont chargés de veiller aux périls des ponts de la ville.

Le *bureau* de la ville a encore la police de la voierie, & donne les permissions & alignemens nécessaires sur les remparts de la ville, en conformité des arrêts du conseil qu'il a obtenu. *Ces détails sur les bureaux des finances & de la ville, sont tirés du dictionnaire de voierie de M. Perrot.*

La plupart des soins attribués au *bureau* de l'hôtel-de-ville à Paris, ainsi que dans presque tous les autres, dégénèrent assez ordinairement en simples formes & perceptions de droit ; cependant le service public est négligé. Cela est inévitable dans des administrations, où la morgue & la hauteur dominent ; dans des administrations, qui, quoique censées formées par les représentans des communes, ne sont que des espèces de burocraties dont les membres titulaires à prix d'argent, ou choisis par quelques officiers dans une seule classe d'hommes, ont assez communément, tout ce qu'il faut pour donner aux affaires municipales cette tournure fiscale, ce génie servile, cette routine aveugle qu'on leur reproche avec assez de fondement. La plupart des officiers-municipaux sont ces manières d'aristocrates aussi étrangers qu'indifférens aux vues, aux intérêts du peuple, si ce n'est peut-être lorsque dans des momens de calamité publique, ils sortent de leur sommeil hautain pour s'occuper du bien commun.

Quelque chose que l'on dise, jamais les affaires communes, jamais l'ordre & la police ne seront sur un bon pied dans une ville, qu'autant qu'une administration de membres électifs, choisis par les habitans seuls, & parmi ceux qui mériteront leur confiance, en surveillera l'ensemble & les détails. Nous avons plusieurs fois indiqué ce vœu, il est celui de la plus saine partie des gens qui pensent ; & l'on ne verra dans la police & l'administration municipale, l'ordre, la justice & la célérité régner, qu'autant qu'elles cesseront d'être un système bisarre de réglemens obscurs, une hiérarchie de personnes & de *bureaux* aussi à charge qu'odieux au public.

III°. Nous avons dit que nous examinerions l'usage de former les assemblées en *bureaux*, pour soumettre à des examens réflechis, les matières des délibérations.

Tous ceux qui connoissent les assemblées où il n'est pas seulement question de voter, mais de délibérer & de prendre une résolution quelconque, savent combien il est souvent difficile de s'entendre & de s'accorder, soit par l'obscurité des matières, soit par la multitude d'objets que l'on a à traiter, & sur lesquels il faut prononcer. Pour éviter cet inconvénient, très-grand en lui-même, & qui pourroit faire avorter les plus sages entreprises, on a généralement adopté l'usage de former des *bureaux* & comités.

Ils sont toujours composés des membres de l'assemblée, soit indiqués par le président, soit élus par le scrutin, ou nommés par acclamation.

Les *bureaux* & les comités diffèrent. Les premiers sont ordinairement destinés à préparer les matières qui doivent être proposées à l'assemblée ; ils simplifient les états, les tableaux de recettes, de dépenses ; ils réunissent les preuves & les documens nécessaires à la discussion. Tous les objets qui doivent occuper les séances, sont ainsi partagés entre plusieurs *bureaux* ; & la fonction de ceux qui les ont examinés, est absolument passive dans l'assemblée ; ils proposent, & l'on délibère ensuite.

Les comités au contraire n'ont point été d'avance occupés de la matière qui doit faire le sujet des discussions ; ils sont nommés, & les membres ordinairement choisis au scrutin, pour examiner une difficulté incidente, concilier les opinions, & offrir un point de réunion aux membres de l'assemblée. C'est ainsi que dans le parlement d'Angleterre, ou pour parler clairement, dans les états-généraux de la Grande Bretagne, comme on ne sait pas les objets qui doivent occuper la session, on ne divise pas en *bureaux*, les matières des délibérations, mais lorsque le besoin le requiert, on nomme un ou plusieurs comités, qui s'occupent avec une sorte d'influence sur les décisions de la chambre, des affaires incidentes qui naissent dans le cours des débats.

Nos assemblées provinciales & états provinciaux partagent, avant même d'avoir entamé les délibérations, leurs différens sujets, en plusieurs *bureaux*, qui chacun font le rapport à l'assemblée, des projets qui leur ont été présentés, des matières qu'ils ont éclaircies, &c. &c., & l'assemblée délibère ensuite.

Par exemple, l'assemblée provinciale pour l'Isle-de-France en 1787, divisa en quatre *bureaux*, les objets de ses délibérations ; premier *bureau*, comptabilité ; second, impôt ; troisième, travaux publics ; quatrième, bien public. Le modèle de ces divisions avoit été donné par les administrations de la Haute Guyenne & de Berri, qui ayant ainsi partagé la matière

de

de leurs travaux, se facilitèrent l'exécution des nombreuses améliorations qu'elles ont faites dans leur province.

On peut demander si l'on doit laisser la nomination des membres de ces *bureaux*, au président, ou si l'on doit les élire par scrutin.

Il n'est pas à douter que la forme du scrutin ne soit la plus convenable, parce qu'encore que les *bureaux* n'aient point le droit de décider, qu'ils ne peuvent qu'en référer à l'assemblée, néanmoins comme la manière de présenter les choses, de poser les faits & les preuves, influe nécessairement sur le jugement d'une assemblée, on doit toujours dans les matières un peu importantes, ou plutôt dans toutes, afin de ne point donner lieu à la méprise, on doit toujours élire au scrutin, les membres des *bureaux*.

On appelle encore *bureau*, en matière d'assemblée provinciale, le choix que l'on fait de plusieurs membres, qui avec les syndics & secrétaire de l'assemblée, composent une sorte d'administration intermédiaire entre la tenue d'une assemblée & d'une autre.

Les membres de ce *bureau* ou commission intermédiaire, sont élus par l'assemblée elle-même d'entre les personnes qui la composent. C'est ainsi au moins qu'en agissent les assemblées & états provinciaux aujourd'hui. Cependant l'on pourroit désirer pour plus grande perfection, que le *bureau* intermédiaire de chaque assemblée provinciale fût choisi par les électeurs même des députés à l'assemblée, & au moment de leurs élections; on en pourroit excepter les syndics & secrétaires que l'assemblée nommeroit elle-même.

On sent la raison de cette forme que nous proposons. 1°. il est bien plus difficile de briguer dans une province, pour être membres du *bureau* ou commission intermédiaire, que dans l'assemblée composée de cinquante, soixante, cent ou cent-cinquante membres; 2°. les membres du *bureau* ainsi choisis, jouiroient d'une plus grande confiance parmi les commettans; 3°. c'est que la commission ou *bureau* intermédiaire, étant lui-même représentant *per interim* de la province, ne peut pas être choisi par des représentans; autrement, la province cesseroit d'être représentée.

Après ces réflexions générales, & que nous avons tâché d'abréger le plus qu'il nous a été possible, passons à une autre matière, dont peu d'auteurs nous paroissent s'être occupés, c'est le quatrième & dernier sujet que le mot de *bureau* nous indique de traiter. Nous en ferons un article séparé, que nous partagerons en deux; savoir la burocratie en général, & la burocratie de la police, & singulièrement de celle de Paris.

Jurisprudence. Tome IX, Police & Municipalité.

BUROCRATIE, s. f. Gouvernement, administration, commandement par bureaux; car ce mot signifie tout cela, & cet abus s'offre tous les jours sous ces différentes formes, à quiconque observe attentivement. Elle est gouvernement, lorsque par un abus aussi bisarre qu'incroyable de bureaux faits pour jouer un rôle subalterne, elle s'érige en magistrat, exempte tel ou tel de la soumission aux loix, ou assujettit les citoyens à des obligations qu'elles désavouent; elle est administration, lorsque des commis stupides ou corrompus s'érigent en ministres, font de la fortune publique, l'objet de leurs spéculations particulières, changent, réforment, altèrent les meilleurs réglemens, suspendent ou arrêtent d'utiles établissemens, &c. Elle est commandement, lorsque sur-tout les agens du pouvoir souverain vont prendre l'ordre d'hommes incompétens pour le donner, soit par rapport aux opérations militaires ou à l'exécution d'ordres arbitraires. Ce dernier genre d'abus règne depuis les premiers bureaux de l'état, jusque dans ceux de la police, qui sont le résumé, & pour ainsi dire, l'ame du système despotique qui nous gouverne depuis si long-temps.

Je ne crois pas en effet qu'il existe un état où l'influence du système *burocratique* soit aussi sensible, aussi absurde, aussi étendue qu'en France.

Il est naturel de regarder des commis, comme des hommes payés pour expédier les dépêches, les états nécessaires aux administrateurs publics. Leurs fonctions paroissent devoir se borner à rendre fidellement le tableau des affaires soumises à leur direction. Rouages utiles de la machine politique, ils ne peuvent pas en être les moteurs. Un bureau n'est pas un conseil, & des copistes ne doivent pas s'ériger en administrateurs, en législateurs. C'est cependant ce que nous voyons tous les jours en France. Pour peu qu'on veuille se donner la peine de suivre la marche des affaires, sans prévention & sans morgue, l'on remarquera facilement l'existence de cet abus. Tout se fait par bureau & dans les bureaux. S'agit-il de former un établissement considérable? c'est un bureau qui est chargé de son administration. Veut-on travailler au bien public par une réforme salutaire? on commence par monter un étalage de bureaux, qui porte le désordre au milieu de la réforme même.

On dira: mais les noms n'y font rien, & nous nommons *bureaux*, faute d'une autre expression, ces réunions d'administrateurs, de chefs, de commis, de copistes, sans qu'il y ait pour cela le moindre abus dans la chose.

Entendons-nous: le nom fait quelque chose quoi qu'on en dise. Mais n'examinons ici que la chose en elle-même, & vous allez voir que la *burocratie* est vraiment une forme d'administration abusive, une espèce de gouvernement, connue seule en France, de la manière qu'elle y existe.

M m m

Si dans la formation des bureaux, l'on se bornoit à faire des commis qui y sont employés, autant d'expéditionnaires, de travailleurs, de rédacteurs, sans doute il n'y auroit là aucun inconvénient. Les agens de ces établissemens répondroient à l'idée qu'on doit se former de leur état. Un commis seroit vraiment alors un homme mis par le supérieur, au rouage de la machine politique, pour en soutenir la marche. Ce seroit un être passif comme il doit l'être : ses occupations seroient imitées, circonscrites, & ses passions particulières n'auroient aucune influence sur la chose commune, son intérêt seroit sans moyen de faire tourner à son avantage personnel, les détails qui lui sont confiés.

Mais il n'en est pas ainsi ; & depuis les commis aux aides jusqu'aux *premiers commis*, il n'est aucun subordonné qui ne soit rapporteur, juge ordonnateur dans sa cause, d'une manière plus ou moins étendue, plus ou moins sensible, suivant l'importance de sa place, son adresse & son crédit. Que résulte-t-il delà ? beaucoup d'inconvéniens. D'abord un esprit général de corruption, qui a donné lieu à ce proverbe, qu'avec de *l'argent on peut tout obtenir*. Si chaque employé de l'administration n'étoit point un despote dans son département, s'il ne réunissoit pas le pouvoir législatif & exécutif, sans doute qu'avec de l'argent, on ne feroit que ce qu'on en peut faire, & qu'on ne parviendroit jamais à lui faire rendre blanc ce qui est noir.

Un autre inconvénient, c'est ce ton de mystère & de *cachoterie* qui règne dans les affaires les plus essentielles au bonheur & à la tranquillité des citoyens. Cette obscurité jetée sans motif sur l'administration d'une grande nation, a je ne sais quoi de déshonorant ; où est le citoyen tant soit peu honnête & vertueux, qui ne soit indigné de voir qu'un valet de bureau sait mieux que lui, si demain on aura la paix ou la guerre, de nouveaux droits à supporter, ou des diminutions à attendre ? Le citoyen n'est rien, le commis gouverne. Autre abus : cette puissance que la *burocratie* donne aux agens de l'administration, en fait autant de vendeurs d'espérance & de protection, de petits despotes, d'insolens roitelets. N'est-il pas honteux que celui que la nation paye pour être l'instrument des affaires, s'érige en dispensateur des faveurs & des graces auprès du souverain, en arbitre de la fortune des citoyens, & même de leur liberté, de leur honneur, comme la *burocratie* de la police en offre l'exemple ?

Si l'on veut que la nation soit gouvernée par des commis, que dans chaque département, un commis un peu en pied, ait à peu près le pouvoir de donner aux affaires le tour qu'il lui plaît ; alors changez

leur nom, & que ces employés de tous les rangs deviennent les députés, les juges nés de ceux qui ont des relations dans leurs départemens. Car en vérité, je ne vois que ce moyen de concilier le nom avec la chose.

En Angleterre, tant de fois citée & si mal imitée ; en Angleterre, où la nation agit, parle & pense à peu près librement, l'on craint peu en général l'avidité, la passion, l'ignorance des commis dans les affaires un peu importantes sur-tout ; & là un copiste n'est qu'un copiste.

Mais chez nous, où jamais le citoyen n'est entendu que par ceux même qui ont intérêt à le faire taire, où il faut passer par les bureaux, avant de pouvoir se plaindre d'eux ; je le demande, la *burocratie* ne doit-elle pas paroître un vrai despotisme ?

C'est la *burocratie* qui a produit en France tous les maux dont on se plaint. C'est elle qui entretient cette séparation injurieuse qui règne entre l'administration & la nation. C'est elle qui alimente aux dépens du public, cette foule de fortunes aussi singulières que monstrueuses, sans que le peuple puisse espérer d'y trouver des remèdes (1). C'est au milieu des entraves, que l'intérêt des burocrates donne à la liberté, à la raison, qu'est née cette ignorance nationale, dans tout ce qui a trait au gouvernement.

Jamais l'on ne s'est cru avili de solliciter chez les magistrats, les ministres, les personnes, qui, par leur savoir & leur mérite, dominent les autres hommes, mais on s'est toujours indigné d'avoir à supporter l'insolent regard, l'air dédaigneux d'un commis bouffi des dépouilles d'une province ou de la fortune publique.

Que de démarches ridicules, que d'absurdités ne met-on pas sur le compte du gouvernement, qui n'ont d'origine que dans l'influence active que l'on donne aux bureaux, ou plutôt à ceux qui les composent ?

Gagnez un commis, un sous-commis, un serre-papier d'un bureau d'administration, & vous êtes plus sûr de réussir dans ce que vous voudrez obtenir, que si vous aviez pour vous toute la raison & la justice réunies.

Ce qui ajoute le comble à la sotise de ces membres de la *burocratie*, c'est l'importance qu'il mettent à leur personne, le ton maniéré avec lequel ils cherchent à persuader qu'ils sont vraiment utiles au public, l'air magistral & pensif qu'il prennent, en parlant à l'honnête homme de génie qui s'adresse

---

(1) Ces plaintes perdront de leur force, il faut l'espérer, à mesure que le roi & les états-généraux s'occuperont de la réforme des abus, & du rétablissement de l'ordre public.

à eux. L'on a voulu jetter du ridicule fur le pédan-tifme des gens de robe ; mais l'on peut croire que les importans de bureaux y prêtent un côté bien plus favorable encore.

Mais de toutes les efpèces de *burocraties* établies en France, il n'en eft pas de plus odieufe, de plus deftructive de tout bien, que celle de la police de Paris. Comme cet objet nous regarde fpécialement, nous prions le lecteur de vouloir bien écouter encore ce que nous en avons à dire. Nous ne tenons à aucun corps, l'efprit de parti & l'intérêt perfonnel ne nous guident point : nous ferons donc hardis à dire la vérité, & duffions-nous armer contre nous, la noire calomnie, la lâcheté, on peut être fûr que nous ne trahirons point notre façon de penfer. Nous pouvons être dans l'erreur, mais nos intentions font droites ; & c'eft à nous éclairer, que nous invitons toutes les perfonnes pour qui les mots de liberté & de bien public, ne font point des mots vuides de fens.

Nous prions auffi le lecteur attentif de ne point confondre les idées, & de vouloir bien faifir notre penfée. C'eft l'abus que nous blâmons & non la chofe. Nous fommes bien loin de regarder la police, prife *in globo*, comme deftructive de tout bien ; nous ne fommes point affez aveuglés fur des matières dont nous avons fait une étude particulière, pour croire qu'on puiffe conduire & adminiftrer une grande ville, un grand peuple fans police, fans agens qui l'exercent. C'eft la forme odieufe qu'on lui a donnée que nous attaquons, c'eft l'abus qu'on en a fait, ce font les attributions dont on l'a enflée, que nous regardons comme des atteintes portées aux droits de tous & à la tranquillité de chacun. Elle a fubftitué le calme de l'efclavage, de la fervitude, de la crainte, à celui qui naît de la confiance dans les loix, de l'habitude de les refpecter, de l'eftime des magiftrats & de la liberté publique. Cette odieufe forme de gouvernement a dreffé le parifien à ne con-noître point de milieu entre une obéiffance aveugle, une crainte fervile, & une révolte, une infurrection dont fa foibleffe, fa douceur le rendent infailliblement la victime.

C'eft la *burocratie* de la police qui alimente ce défordre focial. Il ronge, il mine, il fappe lentement, mais continuellement, la confiance qui unit les ci-toyens, la liberté qui les améliore, l'honneur qui les élève, le repos qui les enrichit. Ils fe regardent comme dans une pofition gênante, ils cherchent quelquefois à fe mettre fur la vraie bafe de leurs droits & de leurs devoirs, la réfiftance qu'ils éprou-vent les fait tomber dans le découragement ; la haine, la méfiance, n'en fubfiftent pas moins, & ces matières combuftibles concentrées, doivent produire tôt ou tard une explofion, que la force des chofes amènera & qu'aucune puiffance ne fera ca-pable d'arrêter.

Régle générale : tout ce qui tend à retenir l'homme au-deffous du niveau de fes droits, tout

ce qui peut l'affujettir à un joug injufte, tout ce qui met obftacle au développement de fes facultés fo-ciales, doit plonger la fociété dans la barbarie, ou, ce qui eft plus conféquent, amener l'agitation des efprits & l'anarchie des pouvoirs, fouvent fi néceffaires au rétabliffement de l'ordre.

Qu'on ne foit point au refte étonné de l'impor-tance que je donne à l'extenfion des pouvoirs dépla-cés de la *burocratie* de la police, qu'on ne regarde pas comme une exagération l'influence que je lui attribue fur l'état & les mœurs de la capitale. Une légère réflexion fur le développement, l'ordre & la marche du corps politique fuffit pour faire fentir la jufteffe & l'importance de nos craintes & de nos reproches.

Ce ne font pas toujours les grandes caufes qui produifent les plus grands événemens ; dans l'ordre moral des peuples, les grands défordres frappant les regards de tout le monde, portent dans leur énormité même le principe d'une deftruction pro-chaine ; mais ceux qui, fous une apparence d'ordre, cachent un vice deftructeur, qui, fans faire éprou-ver de violentes fecouffes à la fociété, en fappent fourdement la bafe, rongent, détruifent dans le filence ces liens d'union & de confiance qui font la force publique ; ceux qui répandent des germes de corruption & vont concentrer, contre l'ordre de la nature, tout le pouvoir d'un côté, pour ne laiffer que la foibleffe de l'autre ; & qui, pour comble de malheur, femblent porter un caractère extérieur d'u-tilité qui en perpétue l'influence ; de pareils défordres, quoique palliés, quoique toujours couverts du voile de la néceffité, caufent une plaie plus grande, plus incurable qu'aucun de ceux qui la menacent & la frappent ouvertement. Telle eft la *bu-rocratie* de la police. *Latet anguis in herba.*

Nous aurions foiblement perfuadé le lecteur, fi nous n'avions fait que lui préfenter ces objets d'une manière auffi générale ; nous ne lui aurions qu'impar-faitement efquiffé le tableau des défordres qu'il eft utile de lui faire connoître, fi nous nous conten-tions de les rapporter en bloc, & fans les particula-rifer ; nos plaintes n'auroient que le poids d'une opinion particulière, au lieu qu'elles doivent ac-quérir, par les détails, la force de la plus jufte réclamation publique.

Les défordres que produit la *burocratie* de la police de Paris, naiffent de plufieurs fources ; 1°. de ce qu'on a furchargé les bureaux deftinés à l'admi-niftration de la police ordinaire, d'une foule d'objets qui ne font point de fa compétence ; 2°. De ce qu'on lui a attribué fur ces mêmes objets une étendue de pouvoir qui ne lui convient pas ; 3°. de ce qu'on a détourné l'établiffement de la police de fon véritable but, en l'employant à une ordre de chofes auffi étranger à fon objet qu'oppofé au fens du mot *po-lice*, qui fignifie gouvernement de la cité, d'une corporation de citoyens, c'eft-à-dire, d'hommes qui

M m m 2

jouiffent de droits facrés, dont notre odieufe *burocra-tie* les dépouille effrontément tous les jours.

Iº. Pour peu qu'on réfléchiffe fur la prodigieufe multitude d'objets qui relèvent de la police, fur l'étendue de foins, de lumières, de juftice qu'ils exigent, on ceffera d'être étonné des abus qui régnent dans cette partie de l'adminiftration ; mais en même temps la furprife augmentera à la vue de cet entaffement monftrueux de foins & de pouvoirs, qui par leur multiplicité peuvent fervir d'excufe aux erreurs, de prétexte aux vexations, & d'aliment à la cupidité de tous ceux qui les partagent.

En effet, les matières les plus difparates & les moins fufceptibles d'arbitraire, celles qui, chacune en particulier, exigent une profondeur de confeil, une impartialité de maximes, une fageffe de vue qu'on ne rencontre que rarement, ces matières font abandonnées aux idées particulières, aux intérêts perfonnels de ceux qui, fous le prétexte du fecret & du maintien de l'ordre, peuvent fe livrer à tous les écarts de la cupidité, de la pareffe & de l'ignorance.

Ainfi une multitude d'affaires qui intéreffent journellement & effentiellement la vie, l'honneur, la liberté, la propriété des citoyens de la première ville, je dirai prefque du premier royaume de l'Europe, car la maligne influence de la *burocratie* parifienne s'étend d'un bout de la France à l'autre, ces affaires n'ont pour juges, pour rapporteurs que des perfonnes à l'abri de toutes pourfuites, des hommes inconnus, qui n'ont ni la confiance publique, ni le fuffrage des particuliers. C'eft en vérité un miracle que les défordres ne foient pas plus grands avec une telle adminiftration ; je reconnois forcément, mais avec plaifir, dans les chefs de la police, une moralité diftinguée pour pouvoir fe tenir dans les termes de la modération, avec des moyens fi dangereux, fi faciles de fatisfaire toutes les paffions de l'orgueil & de la cupidité.

Indépendamment de la confufion, de l'empêchement phyfique que le trop grand nombre d'objets dont s'occupent exclufivement les bureaux de la police, met néceffairement dans les affaires, on doit encore remarquer que la correfpondance qui règne entre tous les agens de cette adminiftration, les met à portée de brouiller, refufer, traîner en longueur les affaires les plus preffées, les plus urgentes, par une foule d'incidens factices dont la réunion de tant de matières leur offre les moyens ; & cet inconvénient, qui ne paroîtra indifférent qu'à ceux qui n'ont jamais été expofés à de pareilles

épreuves, eft un des grands abus de la *burocratie*, abus qui, fe renouvellant tous les jours, devient un véritable défordre public.

Il y a cette différence entre les abus de ce genre d'adminiftration & celui des autres départemens qui font auffi plus ou moins foumis au régime des bureaux, que dans ces autres départemens les affaires tiennent plus à l'intérêt particulier qu'à l'ordre public, à des objets locaux qu'à l'univerfalité des chofes, qu'au bonheur de tous ; c'eft qu'ils font plus rares, c'eft qu'enfin ils n'agiffent pas auffi directement fur la claffe foible, défarmée, pauvre & méprifée de la fociété. Voilà en quoi fur-tout les abus de la police ont de tout temps effrayé le très-petit nombre d'hommes qui ne parlent du peuple qu'avec connoiffance de caufe, qui le voient, & favent diftinguer dans les écarts qu'il fe permet, ceux qui tiennent à fes befoins, aux injuftices qu'on lui fait, de ceux qui n'ont d'autre caufe qu'une infubordination blâmable, une férocité criminelle.

On peut ouvrir l'*Almanach royal*, & voir comment on a fucceffivement accumulé dans les bureaux de la police, tous les genres d'adminiftration qui devoient être, ou laiffés à des tribunaux réguliers, ou abandonnés à des corporations de citoyens ; & ne frémit-on pas quand on voit parmi les objets livrés à la police, l'*ouverture des lettres* ; cette infraction de la confiance & de la foi publique ? Que peut-on penfer quand on fait que la difperfation des ordres arbitraires eft attribuée aux mêmes commis qui ont les maifons de force dans leur département ? L'on a dépouillé les communautés d'arts & métiers de tout veftige de pouvoir, de toute police dans leur corps, pour l'attribuer aux mêmes bureaux, &c. cet antre a tout englouti, & l'excès de fon accroiffement doit infailliblement amener fa ruine.

IIº. Mais fi l'on fe fût au moins contenté de n'attribuer à la police qu'une furveillance paternelle fur ces objets, qu'on l'eût mife dans l'heureufe impuiffance d'abufer de l'étendue de fes pouvoirs, que rien n'eût été abandonné à l'arbitraire, au caprice de quelques agens fubalternes, que des réglemens fages & inviolablement refpectés euffent tracé la ligne qu'ils n'auroient pu franchir fans de rigoureufes peines, alors peut-être le mal eût été moins grand ou tout au moins tolérable.

Mais ceux qui ont voulu en abufer ont en toute impunité ; ils font juges & parties dans leur propre caufe. La crainte retient le citoyen qui voudroit fe plaindre (1). Et à qui d'ailleurs fe plaindroit-il ? à

(1) Je prierai mes lecteurs de vouloir bien encore remarquer que les défordres que produit la *burocratie* de la police, font bien moins fenfibles parmi les gens riches, ou puiffans que chez le peuple. C'eft là que tout l'odieux de ce gouvernement fe fait fentir. C'eft le peuple qui fupporte tout le poids de ce fléau, qui fouffre fans favoir à qui adreffer fes plaintes ; par-tout on le méprife, on l'opprime, on le repouffe. Vraiment ce n'eft pas le moyen de le rendre jufte, de lui infpirer l'amour de fes devoirs & du travail.

ceux qui ont intérêt de le faire taire, à ceux qui vivent de fa mifère, ou qui mettent leur gloire beaucoup plus à l'opprimer qu'à le protéger ?

Il femble par la manière dont on fe conduit dans la plupart de nos gouvernemens, que l'état réfide dans un petit nombre d'individus puiffans, dans ceux qui gouvernent, & que le refte des hommes ne foit que les inftrumens du bonheur & de la fortune de ceux-là. Par-tout on répète le mot de public, & par-tout on le rend l'objet des fantaifies, des caprices de quelques hommes payés pour protéger fes plaifirs & fa tranquillité.

Ce défordre très-fenfible dans la *burocratie* de la police, eft maintenu par l'abfolu pouvoir dont elle jouit ; fa puiffance eft illimitée, &. fous. le prétexte que l'exécution des réglemens ne doit point fouffrir de retard, elle a pouffé l'abus auffi loin qu'il peut aller fous une adminiftration puiffante, compofée de gens qui jouiffent d'un pouvoir politique dont on ne peut pas appeler.

Ce défaut d'appel, cette impoffibilité de dénoncer à un juge fupérieur, tous les manques d'égards, les dénis de juftice, les abus obfcurs, donne à la police, un pouvoir dangereux, & en forme une véritable *burocratie* fouveraine.

Un modérateur eft néceffaire dans le plus petit rouage, pour y entretenir la juftefse, la régularité des mouvemens ; fon défaut peut en caufer la deftruction ; & l'on veut qu'une machine auffi compliquée que celle de la police, puiffe fe gouverner par elle-même, par l'action feule des refforts qui la meuvent, l'on veut que les rouages ne fe dérangent pas, n'accélèrent ou ne retardent pas leur marche confufèment & fans ordre ; l'on fuppofe que l'équilibre, l'uniformité doivent fe trouver au milieu de ce défordre, voilà ce qui n'eft pas poffible ; auffi les effets font-ils connus, & l'on peut juger d'un vice intérieur par les accidens & les maux du dehors, tout annonce que le coloffe de la police eft une monftrueufe méchanique, fans modérateur, & par cela même, capable de tous les excès.

IIIº. Nous ne faifons qu'indiquer des matières, plufieurs fois préfentées & difcurées dans cet ouvrage. Il feroit d'ailleurs inutile de s'appéfantir deffus ; il fuffit de les énoncer pour en faire connoître tous les inconvéniens, il fuffit de nommer de femblables abus pour infpirer de la furprife & de la haine ; dans la manière dont la police fe fait, tout femble porter un caractère de réprobation facile à faifir.

Mais ce qui doit ajouter à la furprife & à l'indignation, c'eft l'ufage vraiment abufif, que le pouvoir arbitraire n'a pas rougi d'en faire, pour fatisfaire des vues particulières, des intérêts de

parti. N'a-t-on pas vu la police érigée en tribunal plus odieux que l'inquifition, établir un efpionage criminel chez tous les citoyens, violer tous les droits de la liberté, la fainteté des afyles, braver les loix & le défefpoir public, pour remplir un miniftère déteftable ? Auroit-on cru qu'une inftitution de paix eût jamais été détournée à un pareil ufage ? & peut-on ne pas être frappé de la plus étrange furprife de voir des gens affez peu éclairés pour croire que ces fureurs font de l'effence de la police, pour oublier que le devoir d'une bonne police feroit au contraire, d'oppofer tout fon pouvoir à de pareilles horreurs ? Il faut avoir une forte dofe d'ignorance, ou bien de l'intérêt à foutenir les abus, pour faire une auffi grande faute de raifonnement.

Les tribunaux, les fociétés particulières, la ville, la province, tout a retenti de plaintes, de réclamations contre l'incompréhenfible abus des ordres arbitraires ; tout a été faifi d'hoireur à la vue d'une volonté particulière élevée au-deffus de la loi ; chacun a vu dans ce chef-d'œuvre de defpotifme, la fubverfion de toutes les règles de juftice, & perfonne ne s'eft élevé contre l'odieufe *burocratie* qui en eft le plus ferme foutien, la plus inébranlable bafe. Tant que nous aurons au milieu de nous un corps puiffant & foutenu, jouiffant d'un pouvoir politique, exerçant une puiffance de tous les momens, & fans être aftreint à l'obfervation d'aucune forme légale ; tant que la propriété, la tranquillité des citoyens de tous les rangs, feront à la merci de cent burocrates, nous n'avons point de liberté publique, de fûreté perfonnelle, de perfectionnement à attendre dans notre police & nos mœurs.

Le defpotifme dégrade & corrompt tout, il réduit l'homme à n'être qu'un efclave ou un révolté, parce qu'il ne connoît d'autre droit que la force & l'aftuce, qu'il infpire le mépris des loix par l'avilifsèment où il les réduit ; qu'il en rend l'exiftence précaire, & que jamais on ne fe peut mettre à couvert fous leur protection : tel eft en général le peuple de Paris. J'oferai dire que le lieutenant de police ou, fes ordres, font, pour lui la loi fuprême, il n'en connoît pas d'autre ; il ne fait plus ce que vous lui dites, quand vous n'employez point les menaces d'un agent de cette adminiftration ; & cette dégradante pofition caufe fes malheurs & fa mifère. Je ne faurois mieux comparer les maux que produit la *burocratie* de la police à Paris, qu'à ceux que les provinces ont éprouvés de la part de leurs adminiftrateurs, entourés de fubalternes avides ; maux qui ont infpiré aux habitans des campagnes, une haine indeftructible contre les intendans, quoique plufieurs aient fait de très grands biens à leurs généralités ; apparamment que le mal eft encore plus grand.

Nous avons dit cent fois, & nous ne cefferons de le répéter, qu'il n'y a d'autre moyen de détruire à jamais les abus de la police à Paris, que d'y faire ce qu'on a fait en province, pour y contenir les défordres, ou les dangereuses suites de l'ignorance des administrateurs.

On a établi des assemblées provinciales, qui bientôt sous le nom, & avec les attributions d'états provinciaux, offrent déjà & offriront mieux encore à chaque particulier, un moyen court, simple & facile de faire entendre ses plaintes, & d'obtenir ses justes demandes.

On a plus fait encore, ou plutôt ces établissemens auroient été inutiles, si des assemblées secondaires, & des municipalités, n'avoient point offert des voies immédiates & prochaines, non-seulement de réformer les abus, mais encore de faire partager à chaque citoyen, les honneurs du gouvernement du lieu de son domicile.

Paris seul, aussi peuplé qu'une province, plus important par ses richesses, par sa qualité de capitale du royaume, par l'activité de son industrie, par ses lumières, la culture des arts & le perfectionnement de toutes les connoissances humaines, Paris seul est privé d'un gouvernement électif. Il est livré, abandonné à la garde, aux soins de quelques stipendiaires que l'on force à faire le mal par l'énormité du fardeau dont on les charge, & la difficulté de ne pas être injuste au milieu d'un monde de prétentions & d'intérêts opposés.

La municipalité de Paris, qui en représente la commune, qu'est-elle? un bureau composé de quelques personnes qui ont acheté leurs places. Est-ce là une administration suffisante? est-ce là le chef qui doit régler les mouvemens de ce grand corps?

Tout fait espérer, tout donne lieu de croire que bientôt l'anarchie actuelle sera détruite; que la police sera rendue au corps municipal, & le corps municipal composé de membres choisis dans des assemblées de bourgeois de chaque quartier, qui elles-mêmes jouiront d'une partie de l'administration politique & municipale dans leur district respectif. Il n'y a que six moyen d'établir à Paris, 1°. le respect des loix; 2°. la sûreté des individus; 3°. la tranquillité, la propreté, la commodité publique; 4°. l'esprit d'union & de bien général; 5°. l'instruction & le goût des affaires nationales; 6°. une juste répartition

des secours à donner aux pauvres, & des impositions publiques. &c. *Voyez* PARIS.

Telles sont les réflexions que nous ont suggéré l'état actuel de la capitale & ses besoins nombreux. Ce que nous en avons dit, peut également s'appliquer à toute autre espèce d'administration qui auroit les mêmes vices que la *burocratie* de Paris. Le pouvoir a par-tout le même génie; par-tout il veut s'aggrandir aux dépens de tous les droits, & ses attentats lui paroissent légitimés lorsqu'il a trouvé moyen d'étouffer les réclamations, ou de punir les plaintes. Par-tout par conséquent, on doit lui opposer la même résistance, c'est-à-dire des réunions d'hommes libres, honorés de la confiance publique & de l'estime de leurs égaux.

Au reste, nous sommes très persuadés que ces remarques seront traitées de chimères, d'exagérations; nos réflexions, d'idées exaltées; nos moyens d'ordre, de projets impraticables; ce langage de la sotise & de l'intérêt ne doit point arrêter un écrivain courageux, pour deux raisons; premièrement parce qu'il faut toujours dire la vérité, quoi qu'en disent les sots; secondement, parce que dans le nombre de ceux qui ont intérêt au désordre, il peut s'en trouver, qui avec de bonnes vues de bien public, sont bien aise de trouver quelqu'un de leur opinion & la matière d'une bonne réforme au moins rapidement indiquée; c'est ce que nous avons tâché de faire, & ce sera toujours le motif qui nous conduira en dépit de l'usage.

BUSTE, s. m. Image de pierre ou de toute autre matière, représentant une figure humaine jusqu'au-dessous des épaules. On se sert quelquefois des *bustes* pour indiquer les professions; on les place alors au-dehors des maisons & aux encoignures, & ils sont dans ce cas, sujets à l'inspection de la voierie.

Le tarif de 1735, porte: » pour les *bustes* aux » maisons ou encoignures, indiquant la profession, » en quelque nombre qu'il y en ait, le tout à une » même maison, ayant face sur une ou plusieurs » rues, pour une & même personne, posés dans » la même année, du jour & date de la permission » un seul droit de quatre livres; après l'année ré- » volue, s'il en est mis un ou plusieurs nouveaux, » pareil droit de quatre livres. *Voyez* SAILLIE.

C

CABALE, f. f. Ce mot a long-temps fignifié une affociation myftique, dont les rabins juifs étoient les chefs & les magiftrats. Cette *cabale* n'avoit pour objet, que des rêveries fur la divinité, fa nature, fes attributs ; fur les anges, les génies bons & mauvais ; fur les noms de Dieu, la vertu des aftres, les propriétés magiques des nombres, & toutes les abfurdités de cerveaux frappés d'objets terribles ou lugubres.

Ces détails ne nous regardent pas ; ce que nous en dirons au mot MAGIE, contiendra tout ce qu'on peut y trouver d'intéreffant pour l'ordre public & le magiftrat de police.

On donne encore le nom de *cabale* par analogie avec la *cabale* judaïque fans doute, à toute affociation fecrete, toute menée, tendante à établir une opinion fur quelqu'un, à opérer un changement quelconque, à captiver des fuffrages, ou empêcher l'exécution d'un projet.

Un auteur moderne a dit que puifque les frippons cabaloient pour faire le mal, il falloit que les honnêtes gens cabalaffent auffi pour tenir la balance égale, & faire le bien. Cette idée qui paroît fingulière, trouve fon application, fur-tout dans les affaires publiques. Il n'eft pas rare alors de voir des intriguans, des hommes fans mérite, captiver, fans qu'on fache comment, le fuffrage de la multitude, de fupplanter l'honnête, mais modefte patriote qui ne fait point cabaler. Si les gens de bien fe tiennent à l'écart, fi, loin de toute *cabale* ils attendent que le peuple, dégoûté des charlatans qui le trompent & le méprifent, fe tourne vers eux, ils manqueront leur deftination, & malgré les vœux des bons citoyens, les affaires publiques refteront toujours aux mains avides ou corrompues.

Les hommes vertueux peuvent donc cabaler, fi le motif juftifie toutes les actions ; il eft vrai que la *cabale* étant par elle-même, un moyen vil, bas, & quelquefois corrupteur, tendant d'ailleurs à former des divifions, des cotteries, des partis dans l'état, il eft dangereux de l'employer ; mais quand il n'eft que le moyen d'écrafer un parti ennemi du bien public, je crois qu'on doit changer le nom, & faire la chofe : alors la *cabale* devient légitime ; ce n'eft plus que l'adreffe de la probité contre les aftuces de la fourberie ; & tout eft dans l'ordre.

La *cabale* prife en général differe du complot. Un complot eft toujours le réfultat fimultané des volontés de plufieurs perfonnes qui agiffent ou veulent agir enfemble : la *cabale* au contraire n'eft fouvent que l'impulfion donnée fecretement & habilement par une feule perfonne, à plufieurs autres, qui n'ont fait entr'elles aucun accord combiné. Le complot femble d'ailleurs indiquer un but criminel ; ce qui n'eft pas vrai à l'égard de la *cabale*, enfin, celle-ci mène quelquefois au complot, & jamais l'on ne complote pour cabaler.

CABARET, f. m. Lieu public où l'on donne à boire & à manger, mais où l'on ne loge pas. *Voy.* AUBERGE.

Les tavernes, *taberna*, différoient autrefois des cabarets, *popina* ; dans ceux-ci l'on donnoit à manger, & dans les autres on ne donnoit qu'à boire. Mais aujourd'hui dans les grandes villes fur-tout les taverniers font tous *cabaretiers*, c'eft-à-dire, qu'ils donnent à boire & à manger.

Le code des aides a confervé la diftinction de tavernier & de *cabaretier* fous les dénominations de *vendeur de vin à pot* & de *vendeur de vin à affiette*, parce que pour donner à manger on fe fert d'affiette.

Si jamais l'influence de la fifcalité s'eft fait appercevoir, c'eft principalement dans ce qui regarde les *cabaretiers*. Je fuis loin de croire tout ce que le rigorifme & l'inexpérience prêchent contre les inconvéniens des *cabarets* ; mais je ne peux m'empêcher d'être indigné de toutes les petites manœuvres que le génie fifcal emploie pour multiplier les *cabarets* & par conféquent le débit du vin & le produit des aides. A peine les officiers de police ofent-ils faire refpecter les heures du fervice divin par les taverniers ; & l'avidité de la ferme eft toujours prête à leur fufciter des défagrémens, à leur faire des procès. C'eft en conféquence de ce défordre fifcal, que les *cabaretiers* ne font point obligés de fe faire infcrire au greffe de la police, dans les lieux où il n'y a pas de jurande, quoiqu'on y affujettiffe des profeffions qui intéreffent bien moins la fûreté, la fanté des citoyens. Mais on auroit peur que cette gêne n'empêchât quelques *cabarets*, quelques bouchons de s'ouvrir, & que par là les droits ne fuffent moins confidérables. En vérité, l'intérêt, l'avidité, la fifcalité font de honteux confeillers.

L'adminiftration, toute puiffante de fait chez nous, fe gardera donc bien de fuivre les plans de quelques écrivains qui voudroient qu'on fît des réglemens de police tendant à diminuer le nombre des *cabarets*. Elle chercheroit bien plutôt à les multiplier. Elle a la fotte penfée de croire qu'il n'y a pas d'impôt plus infenfible que celui qu'on paie au milieu des verres & des pots, qu'il eft volontaire & ne grève point une denrée abfolument effentielle à la vie. On fait le même raifonnement avec non moins d'abfurdité fur les loteries, ce prétendu impôt volontaire, qui alimente l'efprit cupide, détruit le goût du travail, ruine les familles en tendant un piége séduisant à leur ignorance, à leur avidité.

Mais si l'intérêt de la ferme est de multiplier le nombre des tavernes, celui du public est d'arrêter l'abus intolérable que commettent les cabaretiers des grandes villes, & sur-tout de Paris dans la sophistication empoisonnée des boissons qu'ils vendent bien cher au public, sous le nom de vin. Comment! tandis que l'on met des armées entieres de gardes & de commis sur pied pour empêcher des fraudes purement pécuniaires, personne n'imaginera, ne trouvera juste de punir des empoisonneurs publics, qui font un tort véritablement plus grand au public que dix millions de perte annuelle dans le produit des droits? Il seroit pourtant bien temps qu'on y pensât. N'est-ce pas un opprobre national qu'au milieu des plus abondantes récoltes en vin, le citadin qui n'est pas propriétaire, & sur-tout l'habitant de Paris, soit tenu de boire une liqueur factice qu'il paie fort cher, qu'il soit obligé d'enrichir aux dépens de sa santé, des gens dont le commerce fait dans les loix de la bonne-foi seroit encore très-lucratif, que les magistrats & officiers qu'ils paient pour y veiller, soient spectateurs indifférens, on diroit presque intéressés, d'une pareille dépravation, d'un abus aussi criant?

On nous dit qu'à Londres il est de notoriété publique que le vin qu'y boit le peuple, est fait en grande partie avec des fruits qui croissent dans les haies. Cela peut être; mais il y a quelque chose à observer à cet égard. D'abord si l'on fait une sottise à Londres, est-ce une raison pour que nous l'imitions? En second lieu, est-il bien vrai que ce vin factice soit aussi mauvais que le détestable mélange, & tripotage qu'on vend si cher au pauvre peuple de Paris? je ne le crois pas, car l'anglois ne le souffriroit pas. Troisiemement enfin, il se consomme une prodigieuse quantité de bierre à Londres, c'est la boisson ordinaire; & le vin n'est que d'un usage momentané, sur-tout parmi le peuple; ainsi point d'induction par analogie dans ce cas, car ce seroit une mauvaise excuse.

Si tous les officiers créés jusqu'ici n'avoient point été des moyens de finances, déguisés sous le prétexte du bien public, je dirois: établissez un corps d'inspecteurs aux boissons; non pas comme ceux qu'on avoit fixés aux barrieres, mais comme ceux qui, sous le nom d'inspecteurs aux boucheries, avoient commission d'aller visiter les viandes aux étaux des bouchers pour en reconnoître la qualité & punir les contraventions. Que cinquante personnes instruites dans les connoissances chymiques soient autorisées à aller chez tous les marchands de vin visiter leurs marchandises, & déclarent au magistrat les contrevenans, ou plutôt que les maisons de ces espéces d'officiers soient ouvertes à quiconque, la preuve en main, voudra dénoncer la

friponnerie d'un cabaretier. Un autre moyen bien simple encore de détruire le fleau dont nous parlons, dans la capitale, seroit de supprimer la corporation des maîtres marchands de vin? il ne doit y avoir aucun privilége exclusif pour le commerce des denrées, c'est un véritable accaparement.

Le commerce du vin rendu libre, les personnes qui donneroient à boire publiquement pourroient être assujetties aux mêmes réglemens de police que les cabaretiers actuels pour tout ce qui regarde la santé, la sûreté, la tranquillité du public & le respect des heures du service divin; & puisqu'il faut parler toujours de gain, la ferme gagneroit à cet arrangement beaucoup par la grande consommation de vin réel qui se consommeroit: car observez s'il vous plaît, que le vin factice que font les cabaretiers de Paris, avec de l'eau de puits, n'a payé aucun droit.

Je viens aux réglemens de police auxquels je ne vois aucun inconvénient d'assujettir tout vendeur d'une boisson aussi perfide & aussi séduisante que le vin.

L'ordonnance d'Orléans défend, article 25, aux domiciliés du lieu d'aller boire & manger aux cabarets, & inflige la peine d'amende & de prison contre le cabaretier qui les reçoit. Par l'article 361 de l'ordonnance de Blois, les cabaretiers, taverniers ne peuvent faire aucune acquisition pour pain, vin, viande fournis & consommés chez eux, à peine de nullité des actes passés à cet égard.

Les coutumes vont plus loin: celle de Paris porte que les taverniers & cabaretiers n'ont aucune action pour vin ou autre chose par eux vendues en détail par assiette, en leurs maisons, envers les domiciliés. Arrêt du 17 décembre 1584, rapporté par Tronçon, qui a déclaré nulle l'obligation faite par un habitant du lieu pour dépense de bouche faite en une taverne.

L'exécution rigoureuse de ces deux loix pourroit seule diminuer le nombre des cabarets, ou plutôt les désordres qu'ils font naître si l'on y tenoit la main. Mais, bien loin de cela, la foiblesse ou l'indifférence des officiers de police va jusqu'à tolérer un abus qui alimente tous les désordres qu'on reproche aux cabaretiers: le voici.

Lorsqu'un buveur n'a point sur lui de quoi payer, souvent le tavernier le retient en chartre privée, & ne le laisse sortir qu'il n'ait envoyé chercher de l'argent, ou donné quelque nantissement. On a vu des cabaretiers déshabiller leurs débiteurs & les renvoyer en chemise; ou, ce qui est beaucoup plus commun, d'autres se font donner les boucles de souliers, de jarretiere ou de col, lorsqu'elles sont d'argent.

C'est une foiblesse ou une connivence impardonnable dans les officiers de la police, de souffrir de pareils abus; il est contre toute raison que des gens qui

qui n'ont aucune action puisse se rendre eux-mêmes justice, & se faire donner par la force, par la violence, ce qu'ils ne pourroient obtenir judiciairement (1).

Vainement on objecte que les cabaretiers achètent les denrées qu'ils débitent, qu'il est juste & naturel qu'ils cherchent à s'en faire payer, qu'il faut fermer les yeux sur les moyens qu'ils emploient, qu'il suffit de leur refuser toute action judiciaire, qu'autrement ce seroit autoriser le vol & le brigandage, que ce seroit livrer les cabaretiers à la merci du peuple qui s'empresseroit de courir chez eux & ne les paieroit jamais, d'autant que les *cabarets* étant des lieux publics, il n'est pas libre aux cabaretiers d'en refuser l'entrée.

Ces raisons ne satisfont point : le cabaretier peut ne vendre qu'argent comptant, il doit se faire payer sur le champ en livrant sa denrée.

La loi défend en général à toutes personnes de se faire justice elle-même ; cette maxime sacrée ne peut souffrir d'exception en faveur des cabaretiers ; & puisqu'aux yeux de la loi ils n'ont point d'action judiciaire, à plus forte raison s'ensuit-il qu'ils doivent être soumis au frein général, & qu'on ne doit ni souffrir, ni pallier leurs voies de fait.

La sortie du cabaret doit être aussi libre que l'entrée, le cabaretier ne peut, dans aucun cas, user de violence & se faire lui-même justice : cette police est nécessaire pour éviter des abus, des désordres.

Arrêt du parlement, du 10 février 1724, « qui » fait défenses à toutes personnes de fréquenter les » *cabarets* & autres lieux où se vendent vin, eau- » de-vie, café & autres liqueurs pendant la nuit & » autres heures indues & pendant le service divin, » c'est-à-dire, la grand'messe & les vêpres. Fait » pareilles défenses à tous hôtes, cabaretiers, ta- » verniers, limonadiers & autres de les y recevoir » à peine d'une amende qui ne pourra être moindre » la première fois de 50 liv. dans les villes, & de » 10 dans les villages ; & contre ceux qui auroient » fréquenté lesdits cabarets & autres lieux, d'une » amende au moins de 10 livres, & de 5 liv. dans » les bourgs & villages ; & à peine contre les uns » & les autres, de prison pour la seconde fois, & » d'une amende au moins double de celle ci-dessus, » même de punition corporelle s'il y échet & no- » tamment en cas de récidive. Enjoint aux juges » royaux & aux officiers des sieurs hauts-justiciers » d'y tenir la main, à peine d'en répondre en leur » propre & privé nom, & aux officiers des maré- » chaussées de leur prêter main-forte pour l'exé-

» cution du présent arrêt, & d'arrêter ceux qui » seroient en contravention, en cas de récidive ».

Ce réglement, malgré son ton impératif, n'est point suivi à la lettre, & ne peut pas l'être, parce qu'enfin un homme peut avoir besoin de déjeuner, ou prendre quelque chose aux heures interdites par le parlement, & pour cela entrer dans un *cabaret* sans être coupable ; & d'ailleurs cette rigueur est sans objet ; voici qui est plus raisonnable & d'une exécution aisée.

» Défenses sont faites aux taverniers, cabaretiers » & autres vendans vins & boissons, de tenir les » *cabarets* ouverts & d'y donner à boire & à man- » ger, & d'y recevoir aucune personnes après huit » heures du soir en hiver & dix heures en été, à » peine d'être poursuivi suivant la rigueur des or- » donnances ». *Arrêt du conseil, du 4 janvier 1727.*

L'on conçoit encore que ce n'est que dans les bourgs & villages que ces réglemens de police peuvent être suivis, si l'on en excepte la défense de recevoir du monde après dix heures du soir ; car dans les grandes villes une foule de raisons, bonnes ou mauvaises, mettent les cabaretiers à même de s'excuser.

On trouve plusieurs sentences de police qui condamnent des cabaretiers à l'amende, pour avoir donné à boire & à manger pendant les heures du service divin, les jours de fêtes & dimanche, & les autres jours aux heures indues, 30 juin 1739, 12 février 1734, &c.

Il est encore défendu aux cabaretiers de servir à leurs hôtes d'autre pain que celui de boulanger. Arrêt du parlement de Paris, du 21 mars 1670. L'ordonnance du 30 Août 1536, défend aux mêmes de donner à boire aux gens déjà ivres, sous peine de 10 livres d'amende contre le marchand de vin, & de prison au pain & à l'eau contre l'ivrogne.

Une déclaration du roi, du 8 mars 1735, a fait un réglement pour la fabrication des bouteilles & carafons de verre ; nous allons rapporter les deux articles qui intéressent les cabaretiers.

Art. II. « Chaque bouteille ou carafon contiendra à l'avenir pinte, mesure de Paris, & ne pourra être au-dessous du poids de vingt-cinq onces, les demi & quarts à proportion. Art. IV. Voulons que tous marchands de vin, cabaretiers, & autres vendant vin, cidre & bierre en bouteille, même les commissionnaires des provinces, n'envoient aucunes bouteilles qui ne soient du poids & de la contenance portés par l'article ci-dessus, à peine de

---

(1) Je conçois qu'un commissaire de police seroit fort embarrassé à Paris s'il falloit que toutes les fois qu'un cabaretier retient le chapeau d'un buveur ivre, pour son dû, il fît rendre à celui-ci son effet, & blâmât le marchand de vin ; mais les loix doivent être avant tout exécutées, & les cabaretiers une fois bridés par là, mettroient plus de prudence dans leur commerce.

400 liv. d'amende, & confiscation des vins à l'exception des bouteilles qui entreront dans le royaume remplies de vins de liqueur, & liqueurs fortes seulement ».

La communauté des marchands de vin est un des six corps de marchands de Paris ; la maîtrise revient à 900 livres, & les réglemens, depuis 1776, sont les mêmes pour la discipline que ceux des autres communautés. *Voyez* ART. A Lyon la maîtrise de cabaretier réunie à celle de traiteur-patissier coûte 300 livres, ainsi que dans les villes du premier ordres, dans celle du second, elle ne coûte que 200 livres aux plus.

CABRIOLET, s. m. Voiture légère à deux roues, ordinairement attelée d'un cheval.

Les *cabriolets* ont causé tant d'accidens dans Paris qu'ils ont excité contr'eux une plainte universelle. On se souvient du mot de Louis XV, *que s'il étoit lieutenant de police il défendroit les cabriolets* ; il annonce l'ancienneté de l'abus & l'indifférence à y porter remède.

Il n'est pas douteux, en effet, que si l'on eût eu intention d'empêcher les accidens que produisent les *cabriolets*, on y eût pourvu, & cela de deux manières ; 1°. en punissant d'une forte amende celui qui auroit été pris à courir au galop dans les rues où il y a beaucoup de monde ; 2°. en obligeant toute personne d'attacher à la tête du cheval un grelot ou sonnette dont le son aigu puisse servir d'avertissement aux passans pour se ranger.

On dit qu'à Metz il y a une ordonnance de police qui défend d'aller par la ville en *cabriolet*, si le cheval n'est conduit par un homme à pied, ou si la voiture n'est attelée de deux chevaux, sur l'un desquels est un postillon conducteur, à peine de 50 livres d'amende. Peut-être les moyens que nous venons d'indiquer réunis, vaudroient-ils mieux.

C'est une puérilité ridicule de dire que les *cabriolets* sont une des sources les plus ordinaires des banqueroutes que les négocians font chaque jour, en se livrant à la dissipation en mettant leur vanité à parcourir Paris & les environs dans ces voitures légères* ; & c'est une chose pitoyable d'invoquer de pareilles raisons pour faire supprimer les *cabriolets*. Les bons esprits reviennent tous les jours de cette morgue dénigrante, qui outre tout & ne s'épuise jamais en rabâchage contre le luxe. S'il falloit qu'un gouvernement se mêlât d'interdire tout ce qui peut devenir une cause d'abus, il devroit tout interdire, à commencer par la société elle-même, qui au fond n'est peut être qu'un grand abus, où les plus forts font toujours la loi aux plus foibles, mais d'une manière adroite.

Un sage gouvernement n'écoute point le rigorisme déclamateur, il punit celui qui abuse de la chose

au détriment des autres, & prend les moyens préalables, non d'interdire les jouissances, mais d'empêcher qu'elles ne soient une cause de désordre public. C'est ainsi que pour les *cabriolets* il n'est pas nécessaire de les détruire, mais de réprimer l'audace impétueuse d'une foule d'imbécilles qui se croient en droit d'insulter tout le monde, d'éclabousser, renverser tout ce qui n'est pas comme eux porté dans un char verni.

Voici le mot. Celui qui n'est rien, & qui commet quelqu'accident avec son *cabriolet*, est sûr d'être puni ; celui qui est tout, par exemple un commis de la police, un valet de prince, &c. n'a rien à craindre : cela est désespérant, mais cela est vrai. *Voyez* ACCIDENT.

CACHET, s. m. Marque ou empreinte qui sert à sceller les lettres.

Ce mot est fameux dans notre gouvernement, par son association avec celui de lettres. On connoît les délits de toutes espèces, les injustices & les folies qu'on doit aux lettres-de-*cachet*. Nous parlerons ailleurs de cette subversion de toute liberté, nous ne ferons dans ce moment que de très-courtes remarques sur ce qui a pu la maintenir jusqu'aujourd'hui.

On s'est étonné que les lettres-de-cachet aient pu résister à la réclamation universelle, à la haine publique ; il n'y a là rien d'étonnant : premièrement, celui au nom de qui on les délivroit, se croyoit de la meilleure foi du monde au-dessus des loix. Des courtisans bêtes ou intéressés, des hommes de lettres lâches ou avides, répétoient tous les jours cette sottise ; on la célébroient par des statues, des tableaux, les autres par des harangues, par des poëmes. Croit-on qu'au retour de la campagne de 1672, Louis XIV se fut cru obligé d'obéir à des loix ; lui qui ne respecta pas-même sa parole, lorsqu'il s'empara en pleine paix, de Strasbourg, uniquement parce qu'il lui convenoit ? Ce roi, comme tant d'autres, étoit trop aveugle, ou trop plein de lui-même, pour sentir qu'il n'avoit le pouvoir légiflatif, que par mandat, par interim, par commission ; & que cette maxime détestable de *Loysel, si veut le roi, si veut la loi*, n'est qu'un horrible sophisme, enfanté par la bassesse & la lâcheté. La première cause de la longue durée des lettres-de-*cachet*, vient donc de la féroce ignorance des rois, qui ont porté le délire, jusqu'à croire, que, maîtres de l'état, ils pouvoient en subvertir les ressorts, & mettre leur volonté particulière ou celle de leurs ministres, à la place de la volonté générale.

La seconde & puissante cause de cette constante tyrannie, a été & sera peut-être long-temps encore le funeste pouvoir des armes. On est porté à se croire un dieu, à tout oser, lorsqu'on a trois cents mille satellites armés à ses ordres. Les peuples ont trop légèrement abandonné le pouvoir des armées aux rois ; ils ont cru que le pouvoir exécutif, ayant besoin de promptitude dans ses opérations, on ne devoit le gêner en rien ; & pour conserver leur indépendance politique parmi les nations, ils ont perdu toute liberté publique chez eux ; mais il n'est pas vrai que le pouvoir exécutif limité, tournât au détriment de l'empire. C'est encore là une imposture de l'ambition des rois.

Il n'est peut-être qu'un moyen d'anéantir à jamais ce fléau, ce seroit d'établir une milice nationale, où peut-être aussi, en relevant l'éclat du serment, obliger les troupes de le prêter à la nation, dans son chef & dans ses membres. Alors, peut-être, alors nous n'aurions plus le honteux spectacle de soldats ameutés pour violer les loix, & soumettre la nation aux volontés d'un despote en délire.

Citoyens de tous les ordres, françois de tous les états, n'oubliez jamais que trois cents mille bayonnettes sont un terrible obstacle à tout espoir de bien public.

C'est avec de semblables moyens, que s'est maintenu le règne des lettres-de-*cachets* ; toujours des satellites militaires en ont été les porteurs, toujours ils en ont fait exécuter, & les lâches n'ont pas vu qu'en trahissant leurs frères, ils se perdoient eux-mêmes.

Une autre cause de cette honte de notre nation, c'est l'ignorance politique du peuple, c'est l'éducation imbécile, pusillanime, vuide d'objets, qu'ont reçue jusqu'aujourd'hui tout ce qui compose la classe distinguée de la société. Qu'attendre de cœurs égoïstes, d'esprit sans verve, d'ames mortes, sinon bassesse & servitude.

Un homme généreux est une sorte de phénomène ; chacun le regarde avec surprise, on n'ose le suivre, déjà même on le blâme pour se soustraire au péril qui menace toute vertu ; l'orgasme public se monte cependant, mais bientôt l'habitude de l'état passif reprend le dessus, & tout rentre dans le calme des prisons ; ce que les gens à phrases appellent un état de repos & de tranquillité. *Dii meliora piis, errorem que hostibus illum.*

CACHOT, s. m. Lieu ténébreux & souterrein, destiné à renfermer des prisonniers.

Quand on pense que des innocens ont été enfermés dans ces affreuses demeures, quand on pense qu'il y en existe peut-être encore, que ce sont des hommes qui ordonnent ces barbaries, que des usages atroces semblent les autoriser, alors la société paroît une école de malheurs & de crimes, dont les membres perpétuellement en guerre, cherchent à se faire tout le mal possible.

Il n'est pas vrai que les *cachots* soient une juste punition ; il n'est pas dans l'ordre de la plus impassi-

ble justice, qu'on prive de l'air, de la lumière, le plus grand criminel, il l'est encore bien moins que cette affreuse violence faite bien plus à la nature qu'aux hommes, soit le fruit du caprice d'un tyran ou de la haine de son ministre.

Un horrible séjour, un asyle de désespoir, où le bruit des fers & les gémissemens de la douleur se font seuls entendre, s'élève près de Paris, *jadis* palais de rois tyrans, il ne pouvoit qu'être, par la suite, l'instrument de tous les genres de despotisme, subalterne. C'est bicêtre : ce lieu de malheurs, renferme dans son sein d'immenses cloaques, de ténébreux repaires, où la jeunesse, la beauté, oui, disons-le, l'innocence & la justice ont cent fois été plongées. C'est là, qu'enseveli sous le débri de la terre, le jeune homme qu'une faute égara, qu'une passion trompa, pleure & attend la mort dans le silence de la mort même ; là tout ce que la haine du bien, la soif du sang, l'amour de la destruction, ont pu faire d'outrages à l'humanité, se trouvent réunis pour tourmenter la foiblesse & la misère coupables.

Il faut avouer que nos pères, ou plutôt nos anciens tyrans, excelloient dans l'art d'imaginer des tortures ; le plaisir de faire souffrir, étoit de leur goût, aussi quelle fortune n'a point faite la *question* ? il a fallu toutes les forces réunies de la religion & de la philosophie, pour anéantir ce fléau, au grand regret des partisans de la pureté des mœurs antiques.

A bicêtre, à ce séjour de honte, joignons cette citadelle hideuse, dont l'existence doit nous être précieuse jusqu'à ce que l'édifice de notre liberté soit achevé ; au défaut d'autre moyen, elle nous inspirera la haine de la tyrannie, en nous en offrant l'emblème & l'instrument odieux. *Voyez* PRISON.

Nous venons de dire que l'usage des *cachots* est contre toute justice. Il ne faut pas faire une grande dépense de pensée, pour sentir cette vérité: Un homme n'est mis dans les fers, que pour le conserver au glaive de la justice, qui doit punir en lui l'infraction faite aux loix, ou pour le priver d'une liberté dont il abuse, & dont on ne doit plus lui rendre la jouissance. Or, je ne vois pas que dans l'un ou dans l'autre cas, il faille plonger un homme dans un lieu ténébreux, humide, empesté, pour remplir le vœu de la justice. Il n'y a que la scélératesse qui ait pu ajouter aux précautions que nous indiquons, le rafinement d'un supplice long & prolongé. Quelque soit le raisonnement qu'on oppose à cette vérité, le sentiment le dément ; le sentiment dit qu'il suffit que nous soyons à l'abri des mauvais desseins du brigand, pour être satisfaits ; sans que nous y ajoutions une atrocité qui nous assimile à sa criminelle existence.

Si cet ouvrage étoit un écrit purement philosophique, nous pourrions chercher par quel dérangement d'organes, l'homme peut être conduit à aimer les tourmens de son semblable, mais cela nous mèneroit trop loin ; d'ailleurs, *voyez* PEINE.

Quelquefois les géoliers se permettent de mettre au *cachot*, leurs prisonniers, c'est un délit punissable, nous en parlerons à l'article *prison*.

CADAVRE, f. m. On donne ce nom, au corps de tout animal mort ; nous l'entendons ici de l'homme.

La levée des *cadavres* & leur inhumation, font deux choses essentielles dans la police des peuples. Il est important qu'elles se fassent l'une & l'autre, de manière à empêcher que le crime ne soit méconnu, & les coupables impunis ; voilà pourquoi la levée ne peut s'en faire qu'en vertu d'un ordre du juge ; & l'inhumation, que lorsque la justice a rempli tout ce qu'exige la sûreté publique.

C'est sur-tout dans les grandes villes, que la vigilance paternelle des magistrats, doit veiller sur cet objet, & donner à la levée des *cadavres*, rons les soins nécessaires, pour procurer la connoissance de la cause de leur mort, & faciliter aux citoyens les moyens de les reconnoître.

Les loix du royaume, entr'autres les déclarations du 5 septembre 1712, & 9 avril 1736, & plusieurs sentences de la police des grandes villes, ont établi des réglemens sur cet objet.

La première porte : » que les *cadavres* des personnes qui seront trouvées mortes, en quelque lieu public que ce soit, rivières ou autres, dans la ville, fauxbourgs & lieux circonvoisins de Paris, avec des signes ou indices de mort violente, ou autres circonstances qui annonceroient qu'elles ne seroient pas mortes de mort naturelle, ne pourroient être inhumées qu'en conséquence des ordonnances rendues par les juges, sur la conclusion des procureurs du roi, ou des procureurs-fiscaux, & après qu'on auroit fait les procédures, & pris les instructions nécessaires pour constater l'état de ceux qui seroient ainsi décédés ; ce qui seroit inféré dans les procès-verbaux ; lesquels procès-verbaux, ainsi que les ordonnances seroient déposés au greffe, & mentionnés sur les registres de sépulture de la paroisse du lieu où il seroit inhumé ; que les propriétaires des maisons, locataires, aubergistes, meûniers, bateliers, qui ont connoissance de *cadavre* trouvé dans un lieu public, font obligés d'en donner aussi-tôt avis, savoir : dans la ville & fauxbourg de Paris, aux commissaires du quartier, & dans les lieux circonvoisins, aux juges qui en doivent connoître, avec défenses à toutes personnes, de faire inhumer lesdits *cadavres*, avant que les officiers de justice ou police, en aient été avertis, que la visite en ait été faite, & que l'inhumation n'ait été ordonnée par les juges, à peine d'amende contre les contrevenans, même de punition corporelle, comme fauteurs & complices

d'homicide, s'il y échet. Une sentence du châtelet de Paris, du 11 janvier 1742, confirme toutes ces dispositions.

Nous voyons par une sentence du châtelet, qu'il s'étoit répandu un bruit, que toute personne qui reconnoissoit un *cadavre*, pour être celui de quelqu'un de ses parens ou amis, étoit obligée de donner cent écus pour frais du procès-verbal de reconnoissance ; ce qui pouvoit, comme on voit, mener à de grands abus. En conséquence, une sentence du châtelet, des 6 décembre 1736, déclare que le public sera instruit, qu'il n'en a jamais rien coûté & n'en coûte rien, pour reconnoître les *cadavres* qui sont apportés à la basse-géole du châtelet, que les pères, mères, frères, sœurs, parens, amis & voisins qui pourront connoître lesdits *cadavres*, seront tenus d'en faire sur le champ, leur déclaration, au commissaire du châtelet, qui aura levé lesdits *cadavres*, ou au greffier-criminel du châtelet, laquelle déclaration sera reçue gratuitement & sans frais, &c.

Un édit du mois de mars 1707, enjoint aux magistrats & aux directeurs des hôpitaux, de faire fournir des *cadavres* aux professeurs de médecine, pour faire les démonstrations d'anatomie, & pour enseigner les opérations de chirurgie : voilà qui est sûrement utile, & nous devons peut-être en partie à cette loi, les progrès qu'a fait depuis ce temps, l'étude de l'anatomie. Mais ce n'est pas une raison pour tolérer le gaspillage de *cadavres*, l'indécence outrée, la criminelle licence de tant de jeunes polissons, qui, sous prétexte qu'ils étudient l'anatomie, se permettent des abus également contraires à l'ordre, à la délicatesse & à la tranquillité publique. *Voyez* les mots ABUS ET AMPHITHÉÂTRE.

Depuis les découvertes sur les personnes asphyxiées & noyées, on ne doit regarder comme *cadavres*, que les corps sur lesquels on a tenté les moyens indiqués pour les rappeler à la vie. *Voyez* NOYÉS.

CAEN, principale ville de la Normandie.

Le corps de la ville de *Caen* est composé d'un maire, de six échevins, d'un procureur du roi, syndic, d'un receveur & d'un greffier.

Ces officiers prennent, conformément aux lettres-patentes du mois d'avril 1716, la qualité de gouverneur, maire & échevins. Ils connoissent de la police, sauf l'appel au bailliage, & font au même titre, juges conservateurs des foires.

Caen a une milice bourgeoise qui suivit les dispositions de l'édit de 1694. *Voyez* MILICE BOURGEOISE. Elle consiste en dix compagnies, commandées par un colonel, un major, dix capitaines & dix lieutenans, pourvus par brevet du roi (1).

___

(1) On sent tout ce qu'a d'irrégulier cette provision donnée par le Roi. Les chefs de la milice bourgeoise ne devroient tenir leurs titres que des bourgeois mêmes ; c'est non un privilège, mais un droit de ceux-ci. *Voyez* MILICE.

: Ces places sont héréditaires & vénales ; elles ont été vendues originairement ; celle de colonel, mille écus ; celle du major, dix-huit cent liv. ; celles de capitaine, douze cents chacune, & celles de lieu- tenant, sept cents chacune.

Il est inutile de faire remarquer au lecteur, tout ce qu'a d'absurde & d'oppressif, une pareille vénalité. Ces places, encore une fois, devroient être élec- tives & aux suffrages des bourgeois. Il est curieux de voir comment Louis XIV, à qui nous devons ce changement, fait dans cette partie importante de la municipalité, motive la vénalité des officiers des milices bourgeoises, dans son édit de mars 1694.

» Comme jusqu'à présent, dit-il, les officiers des » milices bourgeoises ont été nommés & élus par » les maire & échevins ; d'où il est arrivé que » souvent la faveur & les brigues ont eu plus de » part à ces élections, que la considération qu'on » devoit avoir pour ceux qui méritoient davantage » nous avons, &c.

Ne voilà-t-il pas une grande & sûre manière de ne donner les places qu'au mérite, de les vendre à ceux qui ont le plus d'argent? Ce monarque hautain qui ne voyoit que lui dans le royaume, se jouoit de la raison comme des loix, lorsque son intérêt le demandoit (1). Revenons à Caen.

Il y a aussi dans cette ville, une compagnie de l'oiseau appelé papeguai; ceux dont elle est com- posée, s'exercent au fusil, à l'arc & à l'arbalète; on tire tous les ans à l'oiseau, & lorsqu'il est abbattu au fusil, le prix consiste en une somme de cinquante écus, lorsque c'est à l'arc ou à l'arbalète, le prix n'est que de trente-six livres. Ce prix est payé par l'hôtel-de-ville, qui tient sous son régime toute la milice bourgeoise.

Il y a à Caen une administration provinciale, pour la généralité de son nom. Elle est composée, ainsi que les autres, de trois sortes d'assemblées ; muni- cipales, d'élections ou départemens, & d'une as- semblée provinciale. Cette dernière a lieu dans la ville de Caen même, & jusqu'à présent, se trouve composée de quarante personnes, dont le duc de Coigny est président nommé par le roi. Réglement du 15 juillet 1787.

CAFÉ, s. m. Lieu où l'on donne du café, du thé, des liqueurs, & des rafraîchissemens au public.

Le nom de café est venu de la principale mar- chandise qui s'y vend, c'est-à-dire du café, soit à l'eau simple, soit au lait. Autrefois les personnes qui

tenoient des cafés, se nommoient limonadiers, & la communauté à laquelle est encore attaché ce droit, est nommée la communauté des limonadiers. Voyez LIMONADIERS.

Les réglemens de police auxquels sont assujettis les cafés, sont dans le code de la police, à peu de chose près les mêmes que ceux des cabarets, vendeurs de bierre. Mais dans la pratique, & sur-tout à Paris, dans les beaux quartiers principalement, l'exercice en est prodigieusement modifié aujourd'hui. On sait qu'une société réunie dans un café du palais-royal, mérite des égards, qu'on peut refuser à celle des cabarets des fauxbourgs.

L'ordonnance de police du 29 octobre 1760 veut que les cafés soient fermés en été à dix heures, & en hiver à neuf : mais cela est impossible à Paris, où une foule d'honnêtes gens vont se délasser à ces heures-là, des travaux de la journée, dans des lieux où ils sont certains de trouver de la compagnie. cette ordonnance ne veut point encore que l'on aille au café les fêtes & dimanches, pendant le service divin : je respecte infiniment le motif ; mais dans une ville où le service finit ici à une heure, là, à une autre, le réglement est impossible à observer ; & d'ail- leurs il faut déjeuner, & bien des gens ne déjeunent qu'au café. Quant aux défenses d'y recevoir des filles, c'est l'éternelle pierre d'achopement de la police. Dans les cafés distingués, la défense est inutile, les filles n'y vont point, ou si elles y vont, ce n'est que le matin, & un moment pour déjeuner, encore ne sont-ce que les filles bien mises qui sont dans ce cas. Pour les petits cafés ou cabarets à bierre, tels que ceux du port-au-bled, &c. tout le monde sait que ce ne sont que ces malheureuses qui font tout le bénéfice de ces lieux, & personne ne le sait mieux que les agens subalternes de la police, eux qui, comme les corbeaux, ne vivent que de cor- ruption.

Les cafés distingués, sont des lieux utiles, & dont l'influence sur les habitudes sociales est tout- à-fait à l'avantage des mœurs douces. Ils ont retiré la bourgeoisie du cabaret, l'ont habituée à une sorte de faste, de société ; & le bavardage politique même qu'on regarde comme une impertinence, est préfé- rable à toutes ces sottises bachiques, dont nos an- cêtres faisoient retentir les salles des tavernes.

Les cafés déplaisent, & on le sait, à tous les suppôts du pouvoir arbitraire; c'est là que l'audace des gens en place est souvent démasquée; c'est là qu'on raisonne tant bien que mal sur la conduite des importans en crédit; & que la haine publique contre les petits despotes se sème, pour s'accroître & se

(1) Remarquez bien que je ne prétens pas que ces places aient été à la nomination de la cour, mais que la nomination en appartînt aux citoyens; la vénalité est encore préférable au choix... seroit un jour une résistance aux efforts du despotisme...

développer dans de plus brillans comités. Ce sont des manières de comices, bien infirmes à la vérité, mais au moins les hommes y sont réunis, & c'est un grand épouvantail pour des gens, qui, suspects à tout le monde, soupçonnent tout ce qui les entoure.

Un auteur qui a écrit sur la police, dans ces temps modernes, avec l'adulation, la partialité d'un courtisan, avec l'esprit rigoriste & le défaut de crier à la subversion des mœurs, par-tout où un vestige de liberté se fait remarquer, a prétendu que les cafés étoient des lieux pernicieux, qu'on y lisoit les papiers publics, & qu'on ne devoit y entrer, que pour prendre des liqueurs. Il fait des vœux pour voir la fin d'un pareil désordre, & plaint notre siècle de donner le spectacle d'un semblable renversement de principes.

On n'a rien à répondre à de pareilles raisons; je remarquerai seulement en faveur du lecteur qui cherche la vérité & le bon en tout, que les cafés ne peuvent pas être plus dangereux en France qu'en Angleterre, où sûrement les mœurs ne sont point plus dépravées qu'ailleurs, où le commerce, l'industrie, tous les travaux sont en grande activité, & où cependant on trouve une capitale garnie de toutes parts de cafés pleins d'un peuple immense, qui y boit, parle, raisonne, sans qu'il en résulte l'ombre même d'un abus public.

CAISSE, f. f. Lieu destiné à recevoir des deniers.

Il y a un grand nombre de caisses en France. Les plus considérables, sont celle d'escompte & celle de Sceaux & de Poissy pour la vente des bestiaux. La première n'est absolument pas de notre objet, nous avons parlé de la seconde au mot Approvisionnement et Boucher.

Nous dirons seulement ici, qu'après avoir éprouvé plusieurs suppressions & changemens, la caisse de Poissy a été rétablie par lettres-patentes en 1779.

Cet établissement a deux faces; il peut être considéré comme moyen de finance, ou comme objet de police. Il est sûr que les besoins d'argent y donnèrent lieu d'abord. On sait que la guerre que l'on eut à soutenir en 1689, engagea pour lors Louis XIV à créer soixante offices de jurés-vendeurs de bestiaux, avec le droit de percevoir un sol par livres sur le prix de la vente de chaque bœuf; que ces offices ayant été supprimés, & les bouchers s'étant habitués aux marchés de Sceaux & de Poissy on créa cent conseillers-trésoriers de la bourse de ces marchés, avec le même droit que les premiers. Ils furent supprimés, le commerce rendu libre. Mais en 1743, le besoin d'argent fit rétablir le même ordre, qui subsista jusqu'en 1776, que M. Turgot rendit encore la liberté aux bouchers & aux marchands de bestiaux. De nouveaux motifs portèrent le ministre

des finances, M. Necker, en 1779, dans le temps d'une guerre dispendieuse avec l'Angleterre, à rétablir la caisse de Poissy, avec les mêmes attributions pour la perception du droit, & un intérêt pour les avances que la caisse fait aux bouchers.

Comme objet de police, on peut demander si la caisse de Poissy sert véritablement à l'approvisionnement de la capitale, si elle y porte obstacle, ou si elle y est indifférente. Cette question a été violemment agitée par les économistes. Il est sûr que l'obligation imposée aux forains, d'amener leurs bœufs aux marchés de Sceaux & de Poissy, facilite aux petits-bouchers le moyen d'avoir de bonne marchandise, au même prix que pourroient l'obtenir de plus forts bouchers; parce que ceux-ci allant au-devant des marchands, feroient choix de la plus belle viande, & c'est ce qui est absolument défendu par la police des marchés de Sceaux & de Poissy.

A cela près, on ne voit pas trop comment la capitale seroit exposée à manquer de viande, sans le secours de la caisse; je ne vois pas qu'on se soit plaint de ce malheur dans les temps de sa suspension. Il est vrai qu'elle rend impossible les accaparemens, ou du moins qu'ils sont difficiles par la nécessité où est chaque boucher, de faire connoître le nombre de bœufs, dont il fait emplette.

Au reste, c'est comme nous l'avons remarqué le magistrat de police de Paris, qui a celle de la caisse & des marchés de Sceaux & de Poissy. Ce sont les commissaires au châtelet qui l'exercent, au nom du lieutenant de police, & c'est à l'audience de celui-ci, que les contrevenans sont cités, sur le rapport du commissaire, pour les différentes amendes ou peines qui peuvent être prononcées contre eux.

CALAIS, ville & port de mer sur les côtes de Picardie. Les poids & mesures y sont les mêmes qu'à Paris.

L'hôtel-de-ville de Calais étend sa jurisdiction sur tout ce qui regarde la police & le gouvernement de la ville. Il est composé d'un maire ou mayeur, d'un lieutenant-de-maire, de trois échevins, d'un procureur-syndic & d'un greffier. Ils connoissent de tout ce qui a rapport à la pêche & aux apprêts & salaisons des harengs.

Calais soutint un siège mémorable en 1447, contre Edouard III, roi d'Angleterre, qui la conquit. On sait que pour sauver la ville du pillage, & les citoyens du meurtre ordonnés par Edouard, six citoyens courageux se dévouèrent à la mort; ils étoient Eustache de Saint-Pierre, Jean Daire, Pierre & Jean Vuissant, & deux autres, dont les noms mériteroient bien d'être conservés. La reine d'Angleterre leur sauva la vie, en implorant la clémence du roi.

Cette ville avoit une milice bourgeoise courageuse, & qui ne contribua pas peu à repousser les efforts d'Edouard; passé sous la domination angloise, elle fut dépouillée de ce droit ; retournée à la France en 1538 ; nos rois ont suivi la conduite de l'ennemi ; ils n'ont point rendu aux bourgeois leur milice, mais ils en ont exigé des casernes, ce qui fut regardé par les habitans, comme une faveur, qui les mettoit au moins à l'abri du fléau d'avoir à loger chez soi des troupes, aux ordres de commandans despotes & insolens.

CALOMNIE, s. f. Mensonge débité sur le compte & au désavantage de quelqu'un. On appelle *calomniateur*, celui qui calomnie.

Si les hommes étoient sages, s'ils ne croyoient pas aussi facilement le mal qu'on dit des autres, qu'ils en croyent difficilement le bien, la *calomnie* n'ayant plus d'objet, tomberoit d'elle-même. Mais il n'en est point ainsi ; l'ardeur à croire les mensonges les plus improbables, lorsqu'ils tombent sur les personnes que nous n'aimons pas, l'avidité à saisir tous les sots comptes, les inculpations faites aux autres, forment un des vices de l'homme civilisé.

Ce sont sur-tout les gens en place, qu'un grand mérite ou une fortune considérable, place au-dessus du commun des hommes qui sont le plus exposés aux traits de la *calomnie*. Le seul moyen qu'ils aient de les rendre inefficaces, c'est de montrer une conduite publique, telle que rien ne puisse donner prise à la *calomnie* : mais cela n'est pas toujours aisé.

C'est un mauvais moyen dans un homme public, de faire taire la *calomnie*, que de sévir avec trop de rigueur & d'empressement contre le calomniateur. Le public reste presque toujours persuadé qu'on n'a été si ardent à punir, que parce qu'on a divulgué d'incommodes vérités.

C'est bien pis, lorsque pour empêcher la *calomnie*, on défend aux hommes de parler : le remède est alors plus dangereux que le mal. Agir ainsi, est une autre *calomnie* : c'est dire du genre humain qu'il ne peut faire qu'un mauvais emploi de la première de ses facultés. Que ne lui interdit-on aussi l'usage des bras, sous le prétexte qu'il peut en faire un mauvais usage, fondé en cela sur l'exemple de quelques hommes qui en ont abusé ?

Rien n'est si puérile que la crainte pusillanime, & les *hélas* qu'inspire le mot de *calomnie* à tous les petits despotes ; ou plutôt tout est *calomnie* à leurs yeux. Mais il n'y a là rien d'extraordinaire ; un despote est un sot perverti ; ce qu'il y a de vraiment étonnant, c'est qu'il se trouve des gens qui soient les échos de cette impertinence.

La police de Paris se donne en général beaucoup de peine, pour découvrir les vrais ou prétendus calomniateurs des personnes en place. Cela n'empêche pas que l'on ne calomnie beaucoup dans cette ville. Cependant faites-y attention, & ne regardez pas toujours comme *calomnie*, ce qui n'est souvent

qu'une vérité hardie. Rien n'est si délicat, si timoré que l'honneur d'un homme public, on pourroit même dire que quelquefois, rien n'est si fragile, & que c'est pourquoi l'on veut le garantir des bourades de la *calomnie*.

Au reste, rien n'est si honteux que ce vice ; il peut produire les plus mauvais effets ; mais rien aussi n'est si grand que de le pardonner, & le moyen de détruire la *calomnie*, est souvent de n'y point répondre.

Je ne répéterai pas ce qu'on trouve dans tous les codes de police ; que la *calomnie* doit exciter la vigilance de la police, qu'il faut mettre des espions en course, pour découvrir les calomniateurs ; qu'il faut violer tous les droits publics & privés, pour trouver l'auteur d'un libelle ; que tout cela doit avoir lieu quand il est sur-tout question d'un homme d'importance, comme d'un valet d'administration, &c. &c. Toutes ces inepties font de notre législation, un jeu où tout est d'un côté, rien de l'autre, où les simples fautes sont traduites en délits, les délits en crimes, en proportion du revenu de celui qui réclame la protection de la loi.

Je n'en dirai pas plus sur ce point délicat.

Voltaire.

CALVINISME, s. m. Secte chrétienne de la communion de Calvin.

Dans un ouvrage destiné à faire connoître les biens, les maux de la société, les moyens imaginés pour y remédier, les erreurs du gouvernement & les fautes des ministres, un objet aussi important que l'histoire du *calvinisme* en France ne doit point être oublié.

Déjà nous avons remarqué, dans notre discours préliminaire, l'influence de la réforme sur l'esprit & les lumières des nations de l'Europe. Nous avons fait observer comment le goût des discussions hardies qu'elle fit naître, l'audace qu'elle inspira, les recherches sur les droits des hommes & des princes qu'elle occasionna, furent pour les peuples le signal d'une révolution universelle. De grands abus se démasquèrent, la nécessité de la tolérance fut forcément reconnue par ceux mêmes qui avoient eu le plus d'aversion, le plus de haine pour la liberté de conscience ; la tyrannie échoua souvent dans ses aveugles desseins, & ce ne fut pas un spectacle indifférent pour la philosophie de voir d'un côté le despotisme des princes, masqué sous le zèle religieux, aux prises avec le fanatisme des peuples, qui vouloient servir Dieu à leur manière. Il résulta de ce conflit que ces deux fléaux de l'état social se détruisirent l'un par l'autre, & que nous dûmes à la réforme une partie de notre liberté religieuse comme nous lui devrons peut-être le retour à quelque espèce de liberté civile. Tout dans l'ordre politique s'enchaîne comme dans celui des paffions & des êtres phyfiques. La caufe d'un grand événenement public a peut-être germé un fiècle avant de produire fon effet.

Il eft à croire cependant que la réforme n'eût été qu'un fujet de plus de troubles & de perfécutions pour l'Europe; fi des événemens antérieurs n'en euffent préparé & en quelque forte affuré les heureux effets. La féodalité anéantie, l'Amérique découverte, l'imprimerie trouvée, la jaloufie des puiffances de l'Europe, le morcellement de leurs états, étoient autant d'heureufes conjonctures qui devoient & prévenir la perpétuité, l'univerfalité de l'oppreffion, & faire de la réforme un inftrument de liberté pour les peuples.

Cette communion à je ne fais quel fyftême qui en doit faire la religion d'un peuple libre. Le droit d'examen laiffé à chaque membre de la fociété, en donnant à l'efprit du reffort, lui infpire l'horreur de l'obéiffance paffive, ce principe fi favorable au defpotifme des princes.

C'eft un grand fpectacle que celui de la réforme; fon hiftoire forme donc une des parties effentielles de la police des peuples; elle a un rapport marqué avec les annales de notre monarchie, avec celle de toute l'Europe. Jamais on ne vit plus fenfiblement l'effet de l'opinion fur les hommes, jamais il n'y eut un acharnement plus courageux, plus réfléchi entre des peuples rivaux, & jamais fur-tout on ne négligea moins dans une caufe de religion, les intérêts de la liberté publique. Il femble même que toutes les vues des réformés, que l'objet de leurs entreprifes fe rapportaffent à ce but. On fait que la liberté hollandoife eft due à cette caufe; l'Angleterre s'en reffentit, & la Suiffe fe fortifia des principes d'une doctrine fi favorable à fa conftitution, à fes droits.

C'eft peut-être encore une des caufes de la haine que les rois, les princes defpotes ont eu pour cette communion. L'on n'a point oublié les perfécutions, les fureurs commandées par Louis XIV, par fes prédéceffeurs, contre les proteftans; c'eft un morceau de notre hiftoire trop immédiatement lié à notre fujet pour le paffer fous filence. Nous devons à nos lecteurs un éternel fujet d'inftruction & de réflexion, & nous tirerons en partie de l'auteur du fiècle de Louis XIV ce que nous allons en dire; nous finirons par quelques confidérations fur la tolérance du calvinifme en France depuis l'édit de novembre 1787.

Les anciennes opinions, renouvellées depuis par Luther, par Zwingle, par Calvin, tendoient pour la plupart à détruire l'autorité épifcopale & même la puiffance monarchique. C'eft une des principales caufes fecretes qui firent recevoir ces dogmes dans le nord de l'Allemagne, où l'on craignoit la la grandeur des papes, & où l'on craignoit d'être

afservi par les empereurs. Ces opinions triomphèrent en Suède & en Danemarck, pays où les peuples étoient libres fous des rois.

Les anglois, dans qui la nature a mis l'efprit d'indépendance, les adoptèrent, les mitigèrent & en compoferent une religion pour eux feuls. Elles pénétrèrent en Pologne & y firent beaucoup de progrès dans les feules villes où le peuple n'eft point efclave. La Suiffe n'eut pas de peine à les recevoir, parce qu'elle étoit république. Elles furent fur le point d'être établies à Venife par la même raifon; & elles y euffent pris racine, fi Venife n'eût pas été voifine de Rome, & peut-être fi le gouvernement n'eût pas craint la démocratie, qui étoit le grand but des proteftans. Les Hollandois ne prirent cette religion que quand ils fecouèrent le joug de l'Efpagne. Genève devint un état populaire en devenant calvinifte. Toute la maifon d'Autriche écarta ces fectes de fes états autant qu'il lui fut poffible. Elles n'approchèrent prefque point de l'Efpagne. On ne les vit point, fous les règnes de François premier & de Henri II, princes abfolus, caufer de grands troubles en France. Mais dès que le gouvernement fut foible & partagé, les querelles de religion furent violentes. Les Condé & les Coligni, devenus calviniftes parce que les Guifes étoient catholiques, bouleverfèrent l'état à l'envi. La légèreté & l'impétuofité de la nation, la fureur de la nouveauté & l'enthoufiafme firent pendant quarante ans, du peuple le plus poli, un peuple de barbares.

Henri IV, né dans cette fecte qu'il aimoit fans être entêté d'aucune, ne put, malgré fes victoires & fes vertus, règner fans abandonner le calvinifme: devenu catholique, il ne fut pas affez ingrat pour vouloir détruire un parti naturellement ennemi des rois, mais auquel il devoit la couronne; & s'il avoit voulu diffiper cette faction, il ne l'auroit pas pu. Il la chérit, la protégea & la réprima.

Les huguenots en France faifoient tout au plus alors la douzième partie de la nation. Mais il y avoit parmi eux des feigneurs puiffans; des villes entières étoient proteftantes. Ils avoient fait la guerre aux rois; on avoit été contraint de leur donner des places de fûreté; Henri III leur en avoit accordé quatorze dans le feul Dauphiné; Montauban, Nîmes, dans le Languedoc; Saumur, & fur-tout la Rochelle, qui faifoit une république à part, & que le commerce & la faveur de l'Angleterre pouvoient rendre puiffante. Enfin Henri IV fembla fatisfaire fon goût, fa politique & même fon devoir, en accordant un parti le célèbre édit de Nantes, en 1598. Cet édit n'étoit au fond que la confirmation des privilèges que les proteftans de France avoient obtenu des rois précédens les armes à la main; & que Henri-le-Grand affermi fur le trône leur laiffa par bonne volonté.

Après la mort à jamais effrayante & déplorable de Henri IV, dans la foibleffe d'une minorité & fous

Tous une cour divifée, il étoit bien difficile que l'efprit républicain des réformés ne profitât de fes privilèges, & que la cour, toute foible qu'elle étoit, ne voulût les reftreindre. Ils avoient déjà établi en France des cercles, à l'imitation de l'Allemagne. Les députés de ces cercles étoient fouvent féditieux; & il y avoit dans le parti, des feigneurs pleins d'ambition. Le duc de Bouillon & fur-tout le duc de Rohan, le chef le plus accrédité des calviniftes, précipitèrent bientôt dans la révolte l'efprit remuant des prédicans, & le zèle aveugle des peuples. L'affemblée générale du parti, dès 1615, préfenta à la cour un cayer par lequel, entr'autres articles, elle demandoit qu'on réformât le confeil du roi. Ils prirent les armes en quelques endroits, dès l'an 1616; & l'audace des huguenots fe joignant aux divifions de la cour, à la haine contre les favoris, à l'inquiétude de la nation, tout fut long-temps dans le trouble. C'étoit des féditions, des intrigues, des menaces, des prifes d'armes, des paix faites à la hâte & rompues de même; c'eft ce qui faifoit dire au célèbre cardinal Bentivoglio, alors nonce en France, qu'il n'y avoit vu que des orages.

Dans l'année 1621, les églifes calviniftes de France offrirent à Lefdiguières, cet homme de fortune devenu depuis connétable, le généralat de leurs armées & 100 mille écus par mois. Mais Lefdiguières, aima mieux alors les combattre que d'être à leur tête; & pour réponfe à leurs offres il fe fit catholique. Les huguenots s'adreffèrent enfuite au maréchal duc de Bouillon, qui dit qu'il étoit trop vieux; & enfin ils donnèrent cette place au duc de Rohan; qui, conjointement avec fon frère Soubife, ofa faire la guerre au roi de France.

La même année, le connétable de Luynes mena Louis XIII de province en province. Il foumit plus de cinquante villes, prefque fans réfiftance; mais il échoua devant Montauban; le roi fut obligé de décamper. On affiégea en vain la Rochelle: elle réfiftoit & par elle-même & par les fecours de l'Angleterre; & le duc de Rohan traita de la paix avec fon roi, prefque de couronne à couronne.

Après cette paix, & après la mort du connétable de Luynes, il fallut encore recommencer la guerre & affiéger de nouveau la Rochelle, toujours liguée contre fon fouverain avec l'Anglois & avec les calviniftes du royaume. Une femme (c'étoit la mère du duc de Rohan) défendit cette ville pendant un an, contre l'armée royale, contre l'activité du cardinal de Richelieu & contre l'intrépidité de Louis XIII, qui affronta plus d'une fois la mort à ce fiège. La ville fouffrit toutes les extrémités de la faim, & ne dut la reddition de la place qu'à cette digue de cinq cents pieds de long, que le cardinal de Richelieu fit conftruire, à l'exemple de celle qu'Alexandre fit autrefois élever devant Tyr. Elle dompta la mer & les rochellois. Le maire Guiton, qui vouloit s'enfévelir fous les ruines de la Rochelle, eut l'audace,

après s'être rendu à difcrétion, de paroître avec fes gardes devant le cardinal de Richelieu. Les maires des principales villes des huguenots en avoient. On ôta les fiens à Guiton, & les privilèges à la ville. Le duc de Rohan, chef des calviniftes, continuoit toujours la guerre contre le roi; & abandonné des anglois quoique proteftans, il fe liguoit avec les Efpagnols quoique catholiques; mais la conduite ferme du cardinal de Richelieu força les huguenots, battus de tous côtés, à fe foumettre.

Tous les édirs qu'on leur avoit accordés jufqu'alors, avoient été des traités avec les rois. Richelieu voulut que celui qu'il fit rendre fût appellé l'édit de grace. Le roi y parla en fouverain qui pardonne. On ôta l'exercice de la nouvelle religion à la Rochelle, à l'ifle de Rhé, à Oléron, à Privas, à Pamiers, ils étoient les plus foibles; du refte on laiffa fubfifter l'édit de Nantes, que les calviniftes regardèrent toujours comme leur loi fondamentale.

Richelieu fe propofoit d'écrafer les calviniftes; d'autres foins l'en empêchèrent. Il avoit à combattre à la fois les grands du royaume, la maifon royale, toute la maifon d'Autriche, & fouvent Louis XIII lui-même. Il mourut enfin au milieu de tous ces orages, d'une mort prématurée. Il laiffa tous fes deffeins encore imparfaits, & un nom plus éclatant que cher & vénérable.

Cependant après la prife de la Rochelle & l'édit de grace, les guerres ceffèrent, & il n'y eut plus que des difputes. On imprimoit de part & d'autre de ces gros livres qu'on ne lit plus. Le Clergé & furtout les jéfuites cherchoient à convertir les huguenots. Les miniftres tâchoient d'attirer quelques catholiques à leurs opinions. Le confeil du roi étoit occupé à rendre des arrêts, pour un cimetière que les deux religions fe difputoient dans un village, pour un temple bâti fur un fonds appartenant autrefois à l'églife, pour des écoles, pour des droits de châteaux, pour des enterremens, pour des cloches; & rarement les réformés gagnoient leurs procès. Il n'y eut plus, après tant de dévaftations & de faccagemens, que des petites épines. Les huguenots n'eurent plus de chef, depuis que le duc de Rohan ceffa de l'être, & que la maifon de Bouillon n'eut plus Sédan.

Il ne fut prefque point queftion de religion pendant la vie de Mazarin. Il ne fit nulle difficulté de donner une place de contrôleur-général des finances à un huguenot de race angloife, nommé Hervard. Tous les huguenots entrèrent dans les fermes, dans les fous-fermes, dans toutes les places qui en dépendent.

Colbert, qui ranima l'induftrie de la nation, & qu'on peut regarder comme le fondateur du commerce, employa beaucoup de huguenots dans les arts, dans les manufactures, dans la marine. Tous ces objets utiles qui les occupoient, adoucirent peu à peu dans eux la fureur épidémique de la controverse. Les fêtes magnifiques d'une cour galante jettoient même du ridicule sur le pédantisme des huguenots. A mesure que le bon goût se perfectionnoit, les pseaumes de Marot & de Bèze ne pouvoient plus insensiblement inspirer que du dégoût. Ces pseaumes qui avoient charmé la cour de François II, n'étoient plus faits que pour la populace, sous Louis XIV. La saine philosophie qui commença vers le milieu de ce siècle à percer un peu dans le monde, devoit encore dégoûter à la longue les honnêtes gens, des disputes de controverse.

Louis XIV étoit animé contre les religionaires, par les remontrances continuelles de son clergé, par les insinuations des jésuites, par la cour de Rome, & enfin par le chancelier Le Tellier & Louvois, son fils, tous deux ennemis de Colbert, & qui vouloient perdre les réformés comme rebelles, parce que Colbert les protégoit comme des sujets utiles. Louis XIV nullement instruit d'ailleurs du fond de leur doctrine, les regardoit comme d'anciens révoltés soumis avec peine. Il s'appliqua d'abord à miner par degrés de tous côtés, l'édifice de leur religion : on leur ôtait un temple sur le moindre prétexte : on leur défendit d'épouser des filles catholiques ; & en cela on ne fut pas peut-être assez politique : c'étoit ignorer le pouvoir d'un sexe, que la cour pourtant connoissoit si bien. Les intendans & les évêques tâchoient, par les moyens les plus plausibles, d'enlever aux huguenots leurs enfans. Colbert eut ordre en 1681, de ne plus recevoir aucun homme de cette religion dans les fermes. On les exclut, autant qu'on le put, des communautés des arts & des métiers. Le roi en les tenant ainsi sous le joug, ne l'appesantissoit pas toujours. On défendit par des arrêts, toute violence contre eux. On mêla les insinuations aux sévérités ; & il n'y eut alors de rigueur, qu'avec les formes de la justice.

On employa sur-tout un moyen assez efficace de conversion : ce fut l'argent, mais on ne fit pas assez d'usage de ce ressort. Pélisson fut chargé de ce ministère secret. On tâchoit d'opérer beaucoup de conversion pour peu d'argent. De petites sommes distribuées des indigens, enfloient la liste que Pélisson présentoit au roi tous les trois mois, en lui persuadant que tout cédoit dans le monde à sa puissance ou à ses bienfaits.

Le conseil, encouragé par ces petits succès que le temps eut rendu plus considérables, s'enhardit en 1681, à donner une déclaration, par laquelle les enfans étoient reçus à renoncer à leur religion à l'âge de sept ans ; & à l'appui de cette déclaration absurde, on prit dans les provinces, beaucoup d'enfans pour les faire abjurer, & par un excès atroce, on logea des gens de guerre chez les parens.

Ce fut cette persécution du chancelier Le Tellier & de Louvois son fils, qui fit d'abord déserter en

1681, beaucoup de familles du Poitou, de la Saintonge, & des provinces voisines. Les étrangers se hâtèrent d'en profiter.

Le conseil vit les suites dangereuses de l'usage trop prompt de l'autorité, & crut y remédier par l'autorité même. On sentoit combien nécessaires étoient les artisans dans un pays où le commerce fleurissoit, & les gens de mer dans un temps où l'on établissoit une puissante marine. On ordonna la peine des galères contre ceux de ces professions, qui tenteroient de s'échaper.

On remarqua que plusieurs familles calvinistes, vendoient leurs immeubles. Aussi-tôt parut une déclaration, qui confisqua tous ces immeubles, en cas que les vendeurs sortissent dans un an du royaume. Alors la sévérité redoubla contre les ministres. On interdisoit leurs temples sur la plus légère contravention. Toutes les rentes laissées par testament aux consistoires, furent appliquées aux hôpitaux du royaume.

On défendit aux maîtres d'écoles calvinistes, de recevoir des pensionnaires. On mit les ministres à la taille. On ôta la noblesse aux maîtres protestans. Les officiers de la maison du roi, les sécrétaires du roi qui étoient protestans, eurent ordre de se défaire de leurs charges. On n'admit plus ceux de cette religion, ni parmi les notaires, ni parmi les procureurs & les avocats.

Il étoit enjoint à tout le clergé, de faire des prosélytes ; & il étoit défendu aux ministres d'en faire, sous peine de bannissement perpétuel. Tous ces arrêts étoient publiquement sollicités par le clergé de France.

Pélisson continuoit d'acheter des convertis ; mais Madame Hervard, veuve du contrôleur-général des finances, animée de ce zèle de religion qu'on a remarqué de tout temps dans les femmes, envoyoit autant d'argent, pour empêcher les conversions, que Pélisson pour en faire.

Enfin les huguenots s'assemblèrent dans le Vivarais & dans le Dauphiné, près des lieux où l'on avoit démoli leurs temples. On les attaqua ; ils se défendirent. Ce n'étoit qu'une très-légère étincelle du feu des anciennes guerres civiles. Deux ou trois cents malheureux, sans chef, sans places, & même sans desseins, furent dispersés en un quart-d'heure. Les supplices suivirent leur défaite. L'intendant du Dauphiné fit rouer le petit-fils du ministre Chamier qui avoit dressé l'édit de Nantes. Il est au rang des plus fameux martyrs de la secte ; & ce nom de Chamier a été long-temps en vénération chez les protestans.

L'intendant Bâville, en Languedoc, fit rouer vif le ministre Chomel. On condamna trois autres au même supplice, & dix à être pendus : la fuite qu'ils avoient prife les fauva , & ils ne furent exécutés qu'en effigie.

Tout cela infpiroit la terreur, & en même tems augmentoit l'opiniâtreté. On fait trop que les hommes s'attachent à leur religion , à mefure qu'ils fouffrent pour elle.

Ce fut alors qu'on perfuada au roi, qu'après avoir envoyé des miffionnaires dans toutes les provinces, il falloit y envoyer des dragons. Ces violences parurent faites à contre-temps ; elles étoient les fuites de l'efprit qui régnoit alors à la cour, que tout devoit fléchir au nom de Louis XIV.

Vers la fin de 1684, & au commencement de 1685, tandis que le roi, toujours puiffamment armé, ne craignoit aucun de fes voifins , les troupes furent donc envoyées dans toutes les villes & dans tous les châteaux où il y avoit le plus de proteftans ; & comme les dragons furent ceux qui commirent le plus d'excès, on appella cette exécution, *la dragonade*.

Les frontières étoient auffi foigneufement gardées qu'on le pouvoit, pour prévenir la fuite de ceux qu'on vouloit réunir à l'églife. C'étoit une efpèce de chaffe qu'on faifoit dans une grande enceinte.

Un évêque, un intendant, un fubdélégué, ou un curé, ou quelqu'un d'autorifé, marchoit à la tête des foldats. On affembloit les principales familles calviniftes, fur-tout celles qu'on croyoit les plus faciles. Elles renonçoient à leur religion au nom des autres, & les obftinés étoient livrés aux foldats, qui eurent toute licence, excepté celle de tuer. Il y eut pourtant plufieurs perfonnes fi cruellement maltraitées, qu'elles en moururent. Les enfans des réfugiés dans les pays étrangers, jettent encore des cris fur cette perfécution de leurs pères. Ils la comparèrent aux plus violentes, que fouffrit l'églife dans les premiers temps.

C'étoit un horrible contrafte , que du fein d'une cour voluptueufe où régnoient la douceur des mœurs, les graces, les charmes de la fociété, il parût des ordres fi durs & fi impitoyables. Le marquis de Louvois porta dans cette affaire la férocité de fon caractère ; & on y reconnut le même génie qui avoit voulu enfévelir la Hollande fous les eaux, & qui depuis, mit le Palatinat en cendres. Il y a encore des lettres de fa main de cette année 1685, conçues en ces termes : » fa majefté veut qu'on faffe éprouver » les dernières rigueurs à ceux qui ne voudront pas » fe faire de fa religion ; & ceux qui auront la fotte » gloire de vouloir demeurer les derniers, doivent » être pouffés jufqu'à la dernière extrémité.

Tandis qu'on faifoit ainfi tomber par-tout les temples, & qu'on demandoit dans les provinces des abjurations à main armée, l'édit de Nantes fut enfin caffé au mois d'octobre 1685 ; & on acheva de ruiner l'édifice qui étoit déjà miné de toutes parts.

Mais dans ce célèbre édit qui révoqua celui de Nantes, il paroît qu'on prépara un événement tout contraire au but qu'on s'étoit propofé. On vouloit la réunion des calviniftes à l'églife, dans le royaume. Gourville, homme très-judicieux, confulté par Louvois, lui avoit propofé, comme on fait, de faire enfermer tous les miniftres, & de ne relâcher que ceux qui, gagnés par des penfions fecrettes, abjureroient en public, & ferviroient à la réunion, plus que des miffionnaires & des foldats. Au lieu de fuivre cet avis politique, il fut ordonné par l'édit à tous les miniftres qui ne vouloient pas fe convertir, de fortir du royaume, dans quinze jours. C'étoit s'aveugler, que de penfer qu'en chaffant les pafteurs, une grande partie du troupeau ne fuivroit pas. C'étoit bien préfumer de fa puiffance, & mal connoître les hommes, de croire que tant de cœurs ulcérés, & tant d'imaginations échauffées par l'idée du martyre, fur-tout dans les pays méridionaux de la France, ne s'expoferoient pas à tout, pour aller chez les étrangers, publier leur conftance & la gloire de leur exil, parmi tant de nations envieufes de Louis XIV, qui tendoient les bras à ces troupes fugitives.

Louvois fe trompoit encore, en croyant qu'il fuffiroit d'un ordre de fa main pour garder toutes les frontières & toutes les côtes, contre ceux qui fe faifoient un devoir de la fuite. L'induftrie occupée à tromper la loi, eft toujours plus forte que l'autorité. Il fuffifoit de quelques gardes gagnés, pour favorifer la foule des réfugiés. Près de cinquante mille familles, en trois ans de temps, fortirent du royaume, & furent après fuivies par d'autres. Elles allèrent porter chez les étrangers, les arts, les manufactures, la richeffe. Le fauxbourg entier de Londres fut peuplé d'ouvriers françois, en foie ; d'autres y portèrent l'art de donner la perfection aux criftaux, qui fut alors perdu en France. Ainfi la France perdit environ cinq cents mille habitans , une quantité prodigieufe d'efpèces, & fur-tout des arts, dont les ennemis s'enrichirent.

Ce fut en vain qu'on remplit les prifons & les galères, de ceux qu'on arrêta dans leur fuite. Que faire de malheureux, affermis dans leur créance par les tourmens ? comment laiffer aux galères, des gens de loi, des vieillards infirmes ? on en fit embarquer quelque centaines pour l'Amérique. Enfin le confeil imagina, que quand la fortie du royaume ne feroit plus défendue, les efprits n'étant plus animés par le plaifir fecret de défobéir, il y auroit moins de défertions. On fe trompa encore, & après avoir ouvert les paffages, on les referma inutilement une feconde fois.

Tous les temples détruits, tous les miniftres bannis, il s'agiffait de retenir dans la communion romaine, tous ceux qui avoient changé par perfuafion ou par crainte. Il en reftoit près de quatre cent mille dans le royaume, ils étoient obligés d'aller à la meffe, & de communier. Quelques-uns qui rejettèrent l'hostie après l'avoir reçue, furent condamnés à être brûlés vifs. Les corps de ceux qui ne vouloient pas recevoir les sacremens à la mort, étoient traînés sur la claie, & jettés à la voierie.

Toute persécution fait des prosélytes, quand elle frappe pendant la chaleur de l'enthousiasme. Les calvinistes s'assemblèrent par-tout pour chanter leurs pseaumes, malgré la peine de mort décernée contre ceux qui tiendroient les assemblées. Il y avoit aussi peine de mort contre les ministres qui rentreroient dans le royaume, & cinq mille cinq cent livres de récompense, pour qui les dénonceroit. Il en revint plusieurs, qu'on fit périr par la corde ou par la roue.

La secte subsista en paroissant écrasée. Elle espéra en vain dans la guerre de 1689, que le roi Guillaume, qui avoit détrôné son beau-père catholique, soutiendroit en France le *calvinisme*. Mais dans la guerre de 1701, la rébellion & le fanatisme éclatèrent en Languedoc.

Il y avoit déjà long-temps, que dans les montagnes des Cévennes & du Vivarais, il s'élevoit des inspirés & des prophètes. Un vieil huguenot, nommé *de Serres*, avoit tenu école de prophétie. Il montroit aux enfans les paroles de l'écriture, qui disent : » quand trois ou quatre sont assemblés en mon » nom, mon esprit est parmi eux ; & avec un grain » de foi, on transportera des montagnes. » Ensuite il recevoit l'esprit : il étoit hors de lui-même, il avoit des convulsions, il changeoit de voix, il restoit immobile, égaré, les cheveux hérissés, selon l'ancien usage de toutes les nations, & selon ces règles de démence transmises de siècle en siècle.

Tandis que les Cévennes étoient ainsi l'école de l'enthousiasme, des ministres qu'on appelloit *apôtres*, revenoient en secret prêcher les peuples.

Claude Brousson, d'une famille de Nîmes considérée, homme éloquent & plein de zèle, très estimé chez les étrangers, retourne prêcher dans sa patrie en 1698 : il y est convaincu, non-seulement d'avoir rempli son ministère malgré les édits, mais d'avoir eu dix ans auparavant des intelligences avec les ennemis de l'état. L'intendant Bâville le condamne à la roue, il meurt comme mouroient les premiers martyrs.

Alors les prophètes se multiplient, & l'esprit de fureur redouble. Il arrive malheureusement qu'en 1703, un abbé de la maison du Chaillat, inspecteur des missions, obtient un ordre de la cour, de faire enfermer dans un couvent, deux filles d'un gentilhomme, nouveau converti. Au lieu de les conduire au couvent, il les mène d'abord dans son château. Les calvinistes s'attroupent : on enfonce les portes : on délivre les deux filles, & quelques autres prisonniers. Les séditieux saisissent l'abbé du Chaillat; ils lui offrent la vie, s'il veut être de leur religion ; il la refuse. Un prophète lui crie : *meurs donc*,

l'esprit te condamne, ton péché est contre toi, & il est tué à coups de fusil. Aussi-tôt après ils saisissent les receveurs de la capitation, & les perdent avec leurs rôles au cou. De-là ils se jettent sur les prêtres qu'ils rencontrent, & les massacrent. On les poursuit : ils se retirent au milieu des bois & des rochers, & leur nombre s'accroît.

Le roi envoie d'abord le maréchal de Mont-Revel avec quelques troupes. Il fit la guerre à ces misérables, impitoyablement. On roue, on brûle les prisonniers ; mais aussi les soldats, qui tombent entre les mains des révoltés, périssent par des morts cruelles. Le roi, obligé de soutenir la guerre par-tout, ne pouvoit envoyer contre eux, que peu de troupes. Il étoit difficile de les surprendre dans des rochers presqu'inaccessibles alors, dans des cavernes, dans des bois où ils se rendoient par des chemins non frayés, & dont ils descendoient tout-à-coup comme des bêtes féroces. Ils défirent même dans un combat réglé, le régiment de la marine. On employa contre eux successivement trois maréchaux de France. Au maréchal de Mont-Revel, succéda en 1704, le maréchal de Villars.

Le plus accredité de leurs chefs & le seul qui mérite d'être nommé, étoit *cavalier*. C'étoit un petit homme blond, d'une physionomie douce & agréable. On l'appelloit *David* dans son parti. De garçon boulanger, il étoit devenu chef d'une assez grande multitude, à l'âge de vingt-trois ans, par son courage, & à l'aide d'une prophétesse qui le fit reconnoître sur un ordre exprès du Saint-esprit. On le trouva à la tête de huit mille hommes qu'il enrégimentoit, quand on lui proposa l'amnistie. Il demanda des ôtages : on lui en donna. Il vint suivi d'un des chefs, à Nîmes, où il traita avec le maréchal de Villars.

On acceptoit les conditions qu'il proposoit, quand des émissaires de Hollande vinrent en empêcher l'effet avec de l'argent & des promesses. Ils détachèrent de *cavalier*, les principaux fanatiques. Mais ayant donné sa parole au maréchal de Villars, il la voulut tenir. Il accepta le brevet de colonel, & commença à former son régiment avec cent trente hommes qui lui étoient affectionnés.

Cette négociation singulière se faisoit après la bataille d'Hohstet. Louis XIV, qui avoit proscrit le *calvinisme* avec tant de hauteur, fit la paix, sous le nom d'amnistie, avec un garçon boulanger; & le maréchal de Villars lui présenta le brevet de colonel & celui d'une pension de douze cent livres.

Le maréchal de Villars, rappellé du Languedoc, fut remplacé par le maréchal de Berwick. Les malheurs des armes du roi enhardissoient alors les fanatiques du Languedoc, qui espéroient les secours du ciel, & en recevoient des alliés. On leur faisoit toucher de l'argent par la voie de Genève. Ils attendoient des officiers, qui devoient leur être envoyés d'Hollande & d'Angleterre. Ils avoient des intelligences dans toutes les villes de la province.

On peut mettre au rang des plus grandes conspirations, celles qu'ils formèrent, de saisir dans Nîmes le duc de Barvick & l'intendant Bâville; de faire révolter le Languedoc & le Dauphiné, & d'y introduire les ennemis. Le secret fut gardé par plus de mille conjurés. l'indiscrétion d'un seul fit tout découvrir. Plus de deux cent personnes périrent dans les supplices. Le maréchal de Berwick fit exterminer par le fer & par le feu, tout ce qu'on rencontra de ces malheureux. Les uns moururent les armes à la main; les autres sur les roues ou dans les flammes. Quelques-uns plus adonnés à la prophétie qu'aux armes, trouvèrent moyen d'aller en Hollande. Les réfugiés français les y reçurent comme des envoyés célestes. Ils allèrent au-devant d'eux, chantant les pseaumes & jonchant leur chemin de branches d'arbres. Ces prophètes allèrent ensuite en Angleterre, mais trouvant que l'église épiscopale tenoit trop de l'église romaine, ils voulurent faire dominer la leur. Leur persuasion étoit si pleine, que ne doutant pas qu'avec beaucoup de foi on ne fît beaucoup de miracles, ils offrirent de ressusciter un mort, & même tel mort que l'on voudroit choisir. Par-tout le peuple est peuple; & les presbytériens pouvoient se joindre à ces fanatiques contre le clergé anglican. Le ministère anglais prit le parti qu'on auroit dû toujours prendre avec les hommes à miracles. On leur permit de déterrer un mort dans le cimetière de l'église cathédrale; la place fut entourée de gardes; tout se passa juridiquement; la scène finit par mettre au pilori les prophètes.

Après la mort de Louis XIV, les protestans furent en France moitié persécutés, moitié tolérés. Des édits inquisiteurs, tel que la déclaration de 1724, des intendans zélés, des fanatiques obscurs, furent des fléaux qu'ils eurent encore à supporter.

Mais enfin la philosophie qui fit de grands progrès dans ce siècle, le bon esprit de quelques administrateurs, une ferveur moins incendiaire dans les ministres des autels, & par dessus tout la force des choses, la fatigue que produit la rigueur, ont amené un nouvel ordre en faveur du *calvinisme*.

Il n'a plus comme autrefois des villes, des chefs, des magistrats uniquement consacrés à lui, mais ceux qui le professent jouissent de droits civils, de droits politiques & ont un état reconnu de la loi.

L'édit de novembre 1787 est la base de leurs droits, c'est lui qui a réparé deux siècles d'injures faites à la justice & à l'humanité: quelques dispositions de cette loi, il est vrai, sentent encore l'habitude des vieilles idées, le législateur y paroît retenu par je ne sais quel fantôme; mais les progrès des lumières & de la liberté publique feront le reste. Le plus difficile étoit de commencer: en tout le premier pas coûte toujours à faire. Faisons connoître actuellement l'essentiel de cette loi; & pour le reste, *voyez* TOLÉRANCE.

Les protestans jouissent, en vertu de cet édit, 1°. de tous les biens & droits qui peuvent & pourront leur appartenir à titre de propriété ou à titre successif, & d'exercer leurs commerces, arts, métiers & professions, sans que, sous prétexte de leur religion, ils puissent être troublés.

On excepte pourtant desdites professions, les charges de judicature, les municipalités en titre d'office, & les places qui donnent le droit d'enseignement public.

2°. Leurs mariages contractés dans les formes prescrites par l'édit, sont valables, & ont tous les effets civils de ceux des catholiques.

3°. Ils ne peuvent se regarder comme formant un corps, une société, une communauté particulière dans le royaume, ni en conséquence faire aucune demande en nom collectif, ou charger quelqu'un de la faire par procuration.

4°. Les ministres & pasteurs calvinistes ne peuvent prendre cette qualité dans aucun acte public; ils ne peuvent même délivrer aucuns certificats de mariages, naissances ou décès ce qui est réservé au juge civil.

5°. Ils sont obligés de se conformer aux réglemens de police sur l'observation des dimanches & des fêtes, & en conséquence de fermer boutique, & cesser leurs travaux ces jours là.

6°. Ils sont obligés de contribuer comme les sujets catholiques, aux frais de presbytère, chapelles, églises, logemens de prêtres, &c.

7°. Ils sont obligés de faire publier leurs bans de mariage dans le lieu du domicile actuel de chacune des parties; mais ils ont le choix de le faire par les curés ou vicaires, ou par les juges des lieux.

8°. Les oppositions au mariage ne peuvent être signifiées qu'au greffe de la juridiction du lieu lorsque les bans ont été publiés par le juge; alors dans les certificats de publication, il sera fait mention desdites oppositions.

9°. Les dispenses de bans seront accordées par le premier officier des bailliages & sénéchaussées, en se conformant aux dispositions qui ont lieu pour les sujets catholiques.

10°. Pour faire la déclaration de mariage, les parties contractantes se transporteront, accompagnées de quatre témoins, avec le certificat de publication de bans, le consentement des pères & mères, chez le curé ou vicaire de la paroisse, ou s'ils aiment mieux, chez l'officier de la justice des lieux, & y déclareront qu'elles se sont prises & se prennent en légitime mariage, & qu'elles se promettent fidélité.

11°. Celui qui les aura mariés déclarera qu'elles font unies en légitime & indiffoluble mariage ; & la déclaration fera infcrite fur un double regiftre, qui fera figné de l'officier public ou curé, & des parties.

12°. La naiffance des enfans fera conftatée par l'acte de leur baptême, s'ils y ont été préfentés, ou par la déclaration que feront le juge du lieu le père & deux témoins domiciliés, ou en fon abfence quatre témoins auffi domiciliés, qu'ils font chargés par la mère de déclarer que l'enfant eft né, qu'il a été baptifé & qu'il a reçu nom ; & ladite déclaration fera infcrite fur les doubles regiftres.

13°. Les officiers municipaux des villes, bourgs & villages font obligés de tenir un lieu décent & à l'abri de toute infulte, deftiné à l'inhumation des fujets non catholiques.

14°. La déclaration du décès pourra être faite ou aux curés & vicaires ou aux juges des lieux, & chacun la fera infcrire fur un regiftre.

15°. Encore que les parens ou voifins de la perfonne décédée, qui auront figné l'acte de fépulture, préfèrent de faire la déclaration de décès au curé, ils feront obligés d'en donner avis au juge du lieu, qui affiftera en perfonne ou par commiffaire à l'inhumation, & il en tiendra regiftre.

Telles font à peu près les principales difpofitions de l'édit de tolérance en faveur du *calvinifme*. On a pu remarquer, par leur expofé, qu'il y a bien des reftrictions qui réduifent l'état des non-catholiques à une forte de tolérance affez précaire. Ce n'eft en quelque forte qu'une reconnoiffance de leur exiftence fociale, car on fait qu'avant, par une fiction de droit auffi abfurde qu'inintelligible, on fuppofoit qu'il n'y avoit point de proteftans en France ; & les enfans de la réforme étoient ainfi bâtards aux yeux de la loi, quoique le droit de nature forçât fouvent la jurifprudence à prononcer en leur faveur.

Quelque foible que foit, au refte, cette juftice accordée aux non-catholiques, on ne doit pas oublier qu'il a fallu batailler pour l'obtenir, qu'on s'eft vu au moment de la voir s'échapper, qu'on a trouvé des fanatiques qui ont crié à la fubverfion des mœurs, à l'anarchie, à la corruption du fiècle, lorfqu'ils ont vu qu'enfin la raifon & l'humanité reprenoient leurs droits.

Cette grande queftion avoit été traitée folidement dès le règne précédent : les principes étoient clairs, les objections répondues ; mais l'opinion publique n'avoit point encore affez acquis de force, de lumières & de fageffe. Les raifonnemens des gens de lettres les plus modérés étoient traités de philofophifme, d'exaltation, de fyftême, à peu près comme on fait aujourd'hui, lorfqu'il eft queftion de liberté publique devant ceux qui ont intérêt, ou qui croient avoir intérêt à la fervitude nationale.

Nous finirons cet article en priant nos lecteurs de nous excufer fur l'ufage du mot *tolérance* dont nous nous fommes fervi & dont nous nous fervirons encore faute d'autre. Nous avouons qu'il eft impropre, que c'eft une infulte faite à la raifon & au droit fens que de regarder comme tolérance l'exercice d'un droit qu'on ne peut ravir à perfonne. La liberté religieufe fait partie de la liberté individuelle, on ne peut pas, on ne doit pas plus l'interdire aux membres de l'état, que la liberté de penfer, d'écrire, de s'affembler, de voter les loix, de confentir les impôts, en un mot que toutes les franchifes qui conftituent les droits du citoyen. Ainfi la tolérance feroit un mot injurieux & abfurde fi on l'employoit avec la réferve mentale du fens grammatical qu'il préfente. *Voyez* ce mot.

CANAILLE, f. f. Portion pauvre, ignorante, & féroce du peuple,

Le mot de *canaille* vient de *canis*, chien : c'eft un terme de mépris, & le comble de l'indécence de traiter ainfi des hommes qui vivent fous les mêmes loix que nous, profeffent la même religion, & contribuent autant & fouvent plus que nous, à foutenir les charges publiques ; car la *canaille* travaille toute l'année ; elle ne va pas à la campagne, elle ne dort pas jufqu'à midi, elle ne va pas à l'opéra, & n'en eft pas moins foumife & laborieufe.

Le mot de *canaille* a pris fa fource, je crois, dans les bureaux d'adminiftration, & fur-tout dans ceux de la police. C'eft là qu'on traite indifféremment de *canaille*, tout ce qui ne brille ni par les titres, ni par les richeffes. On y parle d'effrayer la *canaille*, de contenir la *canaille*, de tuer la *canaille*, comme on parleroit d'une partie de chaffe ou d'une battue aux loups.

Ce mot eft devenu la fauve-garde de toutes les horreurs du defpotifme. Quelques réclamations fe font-elles entendre contre des exactions, des défordres révoltans, on répond que ce font des propos de *canaille*, & au lieu de donner fatisfaction, on envoie des ordres rigoureux.

Des foldats féroces ou indifciplinés ont-ils commis des meurtres publics, éclatans, inutiles, on fe retranche, en difant qu'il n'eft que ce moyen de faire taire la *canaille*.

Les vivres font-ils chers, des monopoleurs abufent-ils de leurs richeffes & des fâcheufes circonftances ; le peuple fe plaint-il, demande-t-il juftice, s'affemble-t-il, remue-t-il ? fes mouvemens font traités de féditieux, fes plaintes d'infolences, & fes actions, d'excès de *canaille*.

Enfin, il n'eft rien auquel un valet de bureau ne réponde en France avec le mot de *canaille* ; & ce qui eft le comble de la honte publique, c'eft que ce terme injurieux ait quelquefois échappé de la bouche d'hommes que tout femble rendre refpecta tables, & qui ne doivent jamais oublier qu'aux yeux de la loi, tout est égal, & qu'il n'y a de *canaille*, que pour les sots & les fripons.

La *canaille* est féroce, dit-on ; je le crois, je le sais ; on l'a rendue telle, à force de l'avoir avilie, insultée, maltraitée gratuitement. Mais parce qu'elle est féroce, est-ce une raison pour n'avoir aucune règle de justice envers elle ? Est-ce une raison pour ne lui parler jamais que la bayonnette à la main ? est-on en droit de se plaindre, lorsque, par des excès on lui offre l'exemple de la férocité, de l'imperturbable barbarie ?

La *canaille* est féroce. . . . . ; c'est à la civiliser qu'il faut tendre, & non à la subjuguer. Sans doute ce dernier moyen est plus court ; oui, mais il est aussi plus dangereux ; & je crains bien que le bras qui soumet la *canaille*, ne soumette aussi ceux qui se croient d'un rang au-dessus de ses coups. Je ne sais, mais dans la *canaille* je vois souvent de cordiaux défenseurs de la raison. La *canaille* n'est pas toujours aussi *canaille* qu'on croit.

Au reste, pour faire disparoître ce terme indécent, ce mot de ralliment des vampires & fripons subalternes, il n'est d'autres voies que l'instruction publique, le morcellement de la propriété, l'activité des travaux de l'industrie, l'amour de l'égalité, de la popularité, les égards pour le peuple, la facilité de partager les plaisirs doux, comme les spectacles qu'on veut lui interdire, les amusemens de paix dont on aime à l'éloigner, & sur-tout plus d'aisance & de bonheur ; toutes choses qu'on peut attendre que d'un gouvernement patriotique, & qui n'empêcheront cependant pas qu'il n'y ait toujours des pauvres, des hommes féroces, mais envers qui l'on ne doit pas être libre de commettre tout excès, sous le beau prétexte qu'ils sont de la *canaille*.

CARÊME, s. m. Ce sont les quarante jours d'abstinence qui précèdent la fête de Pâques.

C'est principalement par la défense de manger de la viande pendant ce temps, & par les soins qu'exige de la part du magistrat, l'exécution de cette défense, que le *carême* a rapport à l'exercice de la police.

L'abstinence des viandes pendant un temps plus ou moins considérable de l'année, a été commune à presque tous les peuples civilisés, sur-tout à ceux qui reçurent les principes de leur culte & de leur morale religieuse de législateurs de l'orient.

Il est en effet certain que le midi de cette partie ayant été le berceau de presque toutes les cérémonies religieuses de l'Europe ; & l'usage des chairs y étant aussi contraire à la santé, que la barbare coutume d'égorger les animaux opposée à l'esprit des peuples, l'idée d'établir un *carême*, c'est-à-dire un temps de l'année, ou au moins il ne fût pas loisible de se nourrir de viande, a dû y prendre source ;

& de-là se répandre dans toutes les religions qui en sortirent.

D'autres ont pensé que cette institution avoit pour objet, de prévenir la trop grande destruction d'animaux, & de leur donner le temps de croître & de se reproduire.

Ce qu'il y a de très-vrai, c'est que cet usage que les turcs désignent sous le nom de ramazan, & qu'ils étendent à la privation du commerce des femmes, tient en partie à des idées physiques, & à des idées théologiques ; mais de plus grandes discussions à cet égard, ne sont point de notre objet. Ce qui nous intéresse spécialement, c'est 1°. de connoître les réglemens de police faits pour l'observation du *carême* ; 2°. les modifications qu'y apporte l'état des mœurs & des besoins.

Soit qu'on ait cru plaire à la divinité par les privations, soit qu'on n'ait eu que des motifs temporels dans l'établissement du *carême*, il est certain que l'Europe chrétienne s'est toujours appliquée à en faire observer l'abstinence avec plus ou moins de rigueur, suivant les temps. On trouve une loi de Charlemagne de 787, qui ordonne aux saxons d'observer le *carême*, sous peine de mort, à moins qu'on n'obtienne du prêtre, une dispense expresse. Il étoit également défendu chez les Polonois, d'enfreindre l'abstinence des viandes pendant ce temps, à peine d'avoir toutes les dents arrachées.

Nous ne voyons guère en France d'ordonnance sur l'observation du *carême*, que depuis la réforme prêchée par Calvin. Cet apôtre d'une doctrine qu'il vouloit établir aux dépens de l'église romaine, tourna en ridicule l'usage du *carême*, & prétendit qu'on n'étoit point plus coupable en mangeant une poule qu'un brochet. Cette idée ayant fait fortune parmi les gourmands, qu'elle intéresse spécialement, on crut devoir empêcher qu'ils n'en profitassent. Comme il n'étoit pas possible d'établir une inquisition dans les maisons, pour faire exécuter les réglemens, on tomba sur les bouchers, rôtisseurs, poulaillers, &c. Il leur fut défendu, par un édit du 5 janvier 1549, de mettre en vente aucune viande de boucherie, de volaille, &c. à peine de cinquante livres d'amende, & en cas de récidive, de punition corporelle. Il y eut une dérogation expresse en faveur des malades ou infirmes, & cette dérogation fut la sauvegarde de toutes les infractions faites à cette ordonnance de Henri II, renouvelée depuis par différens rois & par le parlement.

L'hôtel-dieu de Paris avoit seul le privilège de vendre de la viande en *carême*, mais depuis 1774, ce commerce est devenu libre, en vertu d'une déclaration du roi. Cela n'empêche pas que les aubergistes, traiteurs, cabaretiers, ne soient toujours soumis aux ordonnances de police pour la vente des viandes chez eux. Il est vrai qu'il y a une grande tolérance à cet égard, & que rarement voit-on des punitions pour avoir donné du gras en *carême*, on fait qu'on ne vend presque que cela; mais cette condescendance n'est pas l'effet du mépris de la religion, comme les rigoristes déclamateurs se plaisent à le dire; c'est parce que les vivres sont fort chers, & que la viande est l'espèce de nourriture, sinon la plus salubre, du moins celle qui coûte le moins de frais d'apprêts, & qui par-là est toujours à la portée d'un plus grand nombre de personnes. Voilà le vrai motif de ce prétendu genre de perversité, qu'on reproche si mal-à-propos à la capitale, & qu'on pourroit également faire aux villes de provinces.

CARNAVAL, f. m. Temps de divertissemens publics, & je pourrois dire, sujet éternel de déclamations de la part des écrivains rigoristes.

En effet, si l'on veut prêter l'oreille à leurs raisonnemens bisarres, il n'est point de peines qu'on ne dût prononcer contre les facteurs du *carnaval*, point de moyens qu'on ne dût employer pour anéantir à jamais ces fêtes indécentes, point de dépenses qu'on ne dût destiner à réprimer la licence & le débordement qui en suivent les amusemens. Les mêmes plaintes, les mêmes exagérations qu'un curé débite contre les danses des jeunes filles de sa paroisse, les sages de Paris, & sur-tout des provinces, les entassent pour prouver qu'il faut qu'un grand royaume soit gouverné comme un couvent de moines, & une immense capitale, comme une retraite de chartreux.

Ils ne manquent pas à ce sujet de vous prouver que tout est corrompu, perverti; qu'il n'y a plus ni mœurs ni religion; que le *carnaval* est sur-tout une des causes qui entretiennent cette dépravation. Ils vous démontrent que ces réjouissances d'un peuple qui oublie ses maux, sont des désordres que *tous les soins de la police doivent réprimer*; que c'est une foiblesse indigne d'un gouvernement rigoureux, de les soutenir; que le peuple n'est pas fait pour avoir des volontés, & que s'il est prouvé que le *carnaval* soit une perversité condamnable, il n'est point de coutume, d'usage, qui doivent empêcher des magistrats de l'interdire à jamais. C'est ainsi que raisonnent tous ceux qui ne voient les choses qu'à travers le cristal troublé leur organe prévenu.

Mais je vous dirai, moi, sans cependant regarder le *carnaval* comme une chose d'une grande importance; que c'est une de ces institutions qui produisent un bien réel dans une nation. Il faut aux états, comme aux particuliers, des momens d'agitation, de plaisirs convulsifs, & je dirai presque de débauche. Pour que ces momens de réjouissances produisent un effet positif sur le corps politique, il faut qu'il soit général dans la nation; ce n'est point un instant de relâche, d'amusement pour un peuple, qu'à Lyon, à Bordeaux, l'on danse, & qu'à Paris l'on pleure, qu'au village on soit content

dans les liens d'un étroit rigorisme, & qu'à la ville on jouisse d'une bruyante liberté. L'agitation doit être universelle, & c'est l'objet que rempliroit parfaitement l'institution du *carnaval*, si les idées externes ne l'eussent dans quelques villes, & même quelques provinces, réduit à presque rien. Il semble qu'on ait voulu par-tout priver le peuple des choses qui le réjouissent.

Le *carnaval*, il est vrai, donne quelquefois lieu à des abus, à des folies grossières, à des indécences condamnables; mais je ne vois à cela qu'un remède, celui d'employer les moyens de police ordinaire pour en empêcher les excès: & au vrai, tous ces sujets de plaintes se réduisent à bien peu de chose, & ne méritent tout au plus qu'une légère augmentation de surveillance de la part de la police, pour obtenir tout ce qu'on peut souhaiter à cet égard. Je dirai même, & mon témoignage ne sera pas suspect de partialité, que la police de Paris peut servir de modèle aux autres pour cet objet. Je la vois avec plaisir, ne pas s'opposer sottement aux divertissemens publics qui ont lieu dans les temps de *carnaval*, & cependant porter une attention éclairée à tout ce qui pourroit donner lieu à ces accidens. Je voudrois seulement qu'on eût un peu plus d'égards pour cette portion du peuple que par mépris, ou pour justifier une conduite souvent injuste à son égard, on appelle *canaille*.

Quoi qu'il en soit de ces observations, on ne sera peut-être pas fâché de trouver ici quelques faits sur l'usage du *carnaval*, nous en avons déjà dit quelque chose dans notre discours préliminaire, nous l'avons rangé dans la classe des coutumes des peuples, & regardé comme moitié religieuse, moitié civile & politique, au moins quant à son origine & à son objet.

Il paroît que l'origine la plus reculée du *carnaval* remonte aux bacchanales & aux lupercales, instituées chez les romains.

Les bacchanales en l'honneur de Bacchus, se célébroient avec beaucoup de solemnité dans la Grèce, & sur-tout à Athènes. Le soin de ce qui les regardoit appartenoit à l'archonte-roi. Le prêtre de Bacchus avoit la place d'honneur dans les spectacles, & les athéniens comptoient leurs années du jour de ces fêtes. Ceux qui les célébroient vêtus de peaux de mulets, couronnés de lierre & de pampre, armés de thyrses & portant des flûtes ou des cymbales, se partageoient les fonctions de cette religieuse folie. Les uns conduisoient le vieux nourricier de Bacchus, le dieu Pan & les satyres, les autres montés sur des ânes, erroient sur des collines, au milieu des déserts, sautant & répétant d'une voix précipitée, *euoi Bacche*, & faisant toutes les contorsions d'un homme ivre ou transporté de fureur.

Les bacchantes sur-tout se distinguoient par l'état de l'agitation qui les entraînoit: livrées entièrement

au dieu qu'elles célébroient, elles ne voyoient d'autre objet que le plaisir, & s'y livroient avec transport.

Ces plaisirs turbulens passèrent de la Grèce en Italie, & de là à Rome, où ils eurent le plus grand succès. Les fêtes de Bacchus ne furent d'abord célébrées que par des femmes; mais ensuite elles y admirent des hommes qui partagèrent avec elles les honneurs rendus au dieu qu'on fêtoit. Mais les excès en tous genres auxquels les bacchanales donnèrent lieu, les plaintes que les maris firent contre le libertinage de leurs femmes, les désordres de la prostitution des deux sexes, qui s'alimentoit à l'ombre de ces fêtes, engagèrent le sénat & le peuple romain à les supprimer, l'an de Rome 564.

Les lupercales durèrent plus long-temps, & semblent être plus immédiatement le modèle & l'origine de notre carnaval. Les romains les célébroient le 15 février, en l'honneur du dieu Pan, & les prêtres se nommoient luperques. Ils étoient divisés en deux collèges qui avoient mêmes fonctions. Au temps des lupercales, ils couroient comme des fous dans les rues, n'ayant qu'un léger voile pour leur servir de ceinture. Ils avoient avec eux un grand nombre de jeunes gens de qualité qui les suivoient & se livroient à toutes sortes de folies. Un de leur amusement étoit de donner le fouet aux passans & sur-tout aux dames romaines, qui, suivant le pape Gelase, se faisoient ainsi fouetter toutes nues (1), prétendant qu'elles pourroient, par ce moyen, devenir fécondes & accoucher plus heureusement, ou espérant toute autre chose.

On peut d'autant plus raisonnablement croire que les lupercales ont donné naissance au carnaval, qu'elles ont duré jusqu'en 496, sous le pape Gelase qui les proscrivit, quoique plusieurs sénateurs, même parmi les chrétiens, voulussent qu'on les conservât; sans doute parce qu'elles n'avoient pas contre elles les désordres que Juvénal reproche aux bacchanales.

Au reste, ce n'étoit pas seulement les hommes, mais les femmes qui célébroient les lupercales; & Plutarque nous apprend, dans la vie de César, que Marc-Antoine s'y fit porter par de jeunes filles & des dames ainsi que lui, dépouillées de toute espèce de vêtemens.

Après avoir considéré d'anciennes institutions, qui, comme l'on voit, ont du rapport avec celle qui fait l'objet de cet article, on doit naturellement desirer de connoître comment elles se sont conservées jusqu'aujourd'hui. Mais notre histoire ne nous offre rien de positif à cet égard. Les anciens historiens, minutieux à l'excès quand il est question des

rois, jusqu'à rapporter la couleur de leur barbe ou de leurs cheveux, sont très-concis quand il s'agit des mœurs ou usages des peuples. Aussi ne trouve-t-on que difficilement des matériaux pour servir à l'histoire de l'esprit humain, lorsqu'on en a surabondamment pour celle des guerres & des sotises des princes.

On voit cependant que le carnaval a eu lieu dans les temps les plus reculés de notre histoire; il faisoit un des amusemens du peuple. Quelques états le regardèrent comme une institution politique, importante à retenir; & l'on connoît la célébrité de celui de Venise.

Il est en si grande réputation, même aujourd'hui, que ceux qui veulent voir cette république, attendent tout exprès ce moment pour y venir. La ville est alors pleine d'étrangers, ce qui est, comme on peut le croire, très-avantageux au commerce des objets de consommation ordinaire.

On se tromperoit, au reste, si l'on croyoit que l'agrément de ce carnaval consiste principalement dans la magnificence des fréquens spectacles publics, dans les pompeuses mascarades, comme il s'en voit en plusieurs villes d'Italie; ce qui contribue à sa réputation, c'est la liberté que chacun a alors de se déguiser, &, sous ce travestissement, de paroître partout, ce sont les bonnes fortunes auxquelles cette commodité donne lieu dans un pays où les femmes sont surveillées; enfin c'est le concours immense de courtisannes qui y abondent de toutes les parties de l'Allemagne & de l'Italie, qui rend le carnaval de Venise célèbre.

Rien n'est plus singulier que d'y voir, pour ainsi dire, toute la ville en masque; les mères portent à leurs bras leurs enfans déguisés, & les hommes & les femmes vont souvent au marché faire leurs emplettes travestis bizarrement, ou du moins un masque sur le nez.

La longueur du carnaval, qui commence après les fêtes de Noël, est une des choses qui contribuent le plus à le rendre agréable; aussi il seroit impossible d'exprimer quelle est la consternation de toute la ville, lorsque la bizarrerie de quelqu'un des chefs du conseil des dix fait défendre les masques, ou du moins en suspend l'usage jusqu'aux derniers jours du temps du carnaval. Mais cette défense est en général rare, & l'on n'en vient guère à l'exécution, si quelque raison d'état n'oblige ce conseil d'en agir de la sorte.

Les courtisannes se déguisent & s'ajustent très-proprement, elles se font voir ainsi à la place Saint-Marc où elles trouvent tous les jours de nouvelles

___

(1) Apud illos currebant & nobiles matronæ, quas nudato corpore publicè vapulabant. Apud Baronium, tome VI, ad annum 496, n. 38.

habitudes. Mais la plupart font retenues pour tout le *carnaval*, parce qu'on ne passeroit pas pour un homme de goût, si pendant ce temps on n'avoit point avec soi une de ces filles, qui sont en général toutes jolies, & parmi lesquelles on trouve souvent de très-belles femmes.

Les divertissemens du *carnaval* en France, sont moins brillans, moins agréables; on semble les permettre à regret, quoiqu'à ce qu'on dit, la police ait à Paris le bon esprit de foudoyer quelques centaines de masques, qui animent la fête & mettent le peuple en joie. Je ne sais pas pourquoi le françois, que l'on dit si gai, est si peu jaloux d'avoir des fêtes publiques : dès qu'on en parle, on crie misère, corruption, dépravation de mœurs, luxe &c. Il devroit y avoir dans toutes les villes un peu considérables des fêtes établies, sur-tout pour le temps du *carnaval*; & pour empêcher que les troubles & l'indécence n'y fissent naître des accidens, des scandales, on auroit soin de défendre aux mascarades de courir, après la nuit fermée, & l'on mettroit des factionnaires à la porte de tous les bals, non pour vexer le public, mais pour empêcher que des tapageurs ne causent du désordre & du bruit. Il est important aussi d'interdire toute espece de déguisemens aux soldats, suivant le vœu de la déclaration du 22 juillet 1692. *Voyez* BAL, pour quelques réglemens de police relatifs à cette partie.

CARRELEUR, f. m. C'est celui qui entreprend le carrelage : c'est aussi l'ouvrier qui fait les carreaux, briques & autres ouvrages de terre cuite pour les bâtimens.

On peut distinguer deux espèces de carreaux, en terre cuite & en pierre de liais. Ces derniers sont de l'art du *carreleur-marbrier* qui les fabrique & les pose; les premiers appartiennent aux *carreleurs* proprement dits.

Les *carreleurs* en carreaux de terre cuite, forment depuis 1776, une communauté avec les plombiers, couvreurs, paveurs. Nous n'en rapporterons pas les statuts, parce qu'ils sont à peu près les mêmes que ceux des autres communautés, & que leurs réglemens de police ressemblent à ceux que nous avons développés au mot ART, d'une manière générale.

CARRIÈRE, f. f. Excavation souterraine d'où l'on tire des matériaux propres à bâtir

C'est par la nature des substances que l'on tire, que les *carrières* différent des mines : dans les unes, ce font des substances combustibles ou minérales; dans les autres, des pierres, des sables, &c. qui servent à construire nos demeures & paver nos chemins.

La police des *carrières* intéresse tout particulièrement la sûreté publique, & cela de deux manières; 1°. pour empêcher les entrepreneurs de rendre les chemins publics dangereux par la proximité des excavations; 2°. pour mettre les propriétés particulières & la vie des hommes à l'abri des mêmes inconvéniens, par une surveillance attentive & continue. Ces soins s'exercent par l'attention de faire étayer les *carrières* déjà ouvertes, d'assurer les ciels des anciennes, & d'empêcher qu'on n'en ouvre dans des lieux peu fermes, ou sous des bâtimens habités.

C'est sur-tout aux environs des grandes villes, des capitales, que cette police est de la plus grande importance. La cupidité particulière, le desir du gain font aveugles; ils ont besoin d'être contenus, dirigés, toutes les fois que leur active extension peut porter atteinte aux droits de tous, à la sûreté commune. Il y a plus, cette avidité qui ne fait que calculer le bénéfice, se nuit souvent à elle-même, & s'exposeroit à des dangers inévitables, si la puissance publique, protectrice de tous, ne veilloit sur elle.

Ces principes trouvent singulièrement leur application dans la police des *carrières* de la capitale. On a vu cent fois des particuliers ignorans ou avares, s'exposer à des périls évidens, eux & leurs ouvriers, pour ne pas faire quelques dépenses nécessaires à la solidité de ces vastes cavernes prêtes à engloutir ceux qu'elles renferment dans leurs entrailles.

Mais la police s'occupe encore plus essentiellement de la sûreté de tous. Sa vigilance pénètre jusque dans le sein de la terre, pour réprimer l'intérêt particulier, dont l'infatigable ardeur mine continuellement le sol sur lequel nous nous croyons à l'abri des dangers. Tandis que nous reposons tranquillement dans nos maisons, nous serions ensevelis dans des abîmes ouverts par notre industrie, si l'attention du magistrat ne soutenoit d'une main courageuse, ces planchers toujours prêts à s'écrouler sous nos pas.

L'homme ne crée rien; la demeure qu'il se construit n'est qu'un arrangement symétrique des matériaux que lui presente le sein de la terre, comme son vêtement n'est qu'un tissu de matières qu'il n'a point faite, de corps qu'il n'a que placés les uns près des autres. Mais ces dernières substances se reproduisent; la laine, le lin, sont des richesses annuelles; la peau des animaux renaît avec les nouvelles espèces; mais la pierre dont il forme sa demeure, le ciment qui l'unit, la tuile qui couvre l'édifice sont les produits d'un laps de temps considérable, le fruit de plusieurs siècles. La reproduction ne marche pas de pair avec la consommation, & l'énorme quantité de matériaux sortis des entrailles de la terre, y ont formé des abîmes comparables à ceux que les feux ont creusé des volcans.

Quelle étonnante, quelle effrayante idée, de penser qu'un peuple immense habite sur ces voûtes mal assurées & qu'affoiblit lentement l'action des eaux & du temps! Quelle heureuse, quelle prudente protection, que celle qui a mis la capitale à l'abri des périls dont elle étoit inévitablement menacée!

L'immenfité des *carrières* des environs de Paris, la vétufté de celles qui fervirent aux anciens édifices de cette ville ; l'exploitation prodigieufe qui fe fit de matières à bâtir dans le fiècle dernier, dans celui-ci, inquiétoient les efprits clairvoyans fur les malheurs qui en pouvoient naître. On fentit auffi que des abus nuifibles à la propriété étoient encore attachés à la liberté illimitée de l'excavation des *carrières* ; on fit donc plufieurs réglemens & des loix fort fages fur cet objet ; & comme elles nous paroiffent également applicables à toute autre ville qui feroit dans le même cas que Paris, nous en tracerons le réfumé, renvoyant à la *jurifprudence*, pour des détails qui ne doivent point trouver place ici.

Comme l'étendue des *carrières* excavées fous Paris & la banlieue menaçoit d'accidens graves, on a dû commencer par porter fes regards de ce côté. Ce fut l'objet d'une commiffion établie *ad hoc*, par arrêt du confeil, du 4 avril 1777, dont le lieutenant de police de Paris & le directeur des bâtimens du roi furent commiffaires. Ils choifirent des infpecteurs des *carrières*, à qui ils donnèrent pouvoir de fe tranfporter dans tous les lieux fouterreins, de lever tel plan qu'ils jugeroient convenable, de forcer les carriers à étayer les ciels avec des piles de pierres ou autre matière, de dreffer procès-verbal des contraventions commifes contre la police des *carrières*, &c.

Plufieurs réglemens fur le même objet fuivirent cet établiffement. L'arrêt du confeil du 4 juillet 1777, enjoignit aux officiers des capitaineries, lefquels ont le droit de donner des permiffions d'ouvrir des *carrières*, de n'en donner que lorfque la commiffion établie aura jugé que l'ouverture ne peut être nuifible aux opérations néceffaires à la fûreté des lieux.

Les foins pris, depuis 1776 fur-tout, n'empêchèrent pas au mois de juillet 1778, plufieurs perfonnes d'être englouties par l'écroulement d'une *carrière* à plâtre dans les environs de Menil-montant. Cet accident réveilla l'attention, & une déclaration de la même année, prefcrivit de nouvelles précautions à prendre par les carriers, pour éviter les malheurs dont leur négligence ou leur avidité avoient été la fource.

Par cette déclaration il eft dit : 1°. que toutes perfonnes qui, faifant creufer en terre pour bâtir ou autre chofe, aura découvert des ciels de *carrières*, ou quelque chofe qui en indique, le fera favoir à la commiffion, fous peine d'amende ; 2°. que les notaires de Paris ne pafferont aucun acte qui abandonne aux vendeurs le droit de fouiller dans le terrein fous fa fuperficie. Elle attribue au lieutenant de police la connoiffance des conteftations à naître fur cet objet, & défend expreffément à qui ce foit d'ouvrir, dans la banlieue & une lieue au-delà, aucune efpèce de *carrière*, de continuer même à travailler à celles qui font com-

mencées, fans qu'elles n'aient été vifitées, & que ledit lieutenant de police n'en ait donné la permiffion. L'article III de l'arrêt du confeil de feptembre 1778, ajoute que toute *carrière* dont l'état actuel préfentera des dangers auxquels on ne pourra oppofer des précautions fuffifantes, fera interdite & condamnée, fans égard pour les intérêts qu'on en pourroit encore tirer.

Les *carrières* à plâtre ne font pas les moins dangereufes aux environs de Paris ; la conftruction de fours dans leur intérieur même, ajoutent encore aux périls ; il falloit donc remédier à cet abus. L'arrêt que nous venons de citer défend d'en ouvrir aux environs de Paris, à deux & trois lieues à la ronde, fans la permiffion du lieutenant de police, & ordonne l'extinction & démolition des fours qui pourroient être conftruits dedans. Mais pour obvier tout-à-fait à ce dernier inconvénient & à d'autres encore qui naiffent des *carrières* à plâtre par *cavage*, cette méthode d'exploitation a été défendue par la déclaration du 23 janvier 1779. Art. I. Toute exploitation de *carrières* à plâtre par cavage, ceffera d'avoir lieu, & il n'en fera plus permis, qu'à tranchée ouverte. Art. II. Ceux qui exploiteront lefdites *carrières*, feront tenus pour la découverte du fol, de couper les terres en retraite, par banquettes ou avec talus fuffifans, pour empêcher l'éboulement des terres.

Les *carrières* à plâtre ne s'exploitent pas feulement par cavage & à tranchée ouverte, mais encore par des puits. On a obfervé que cette manière eft auffi contraire à la fûreté publique que l'autre ; c'eft pourquoi une nouvelle déclaration du mois de mars 1780, défend, fous peine de 500 livres d'amende, de les exploiter par puits, & en général autrement qu'à tranchée ouverte.

Enfin une ordonnance rendue par le lieutenant de police, du mois de mai 1779, défend à aucun carrier de fermer fa *carrière*, en ôter la roue, ceffer de l'exploiter, qu'elle n'ait été vifitée, & que les infpecteurs des *carrières* n'aient conftaté que l'exploitation a été faite conformément aux réglemens, & fi les vuides font folidement contenus par des hagues & piliers, pour prévenir tout danger.

Ce n'eft point affez que la fermeté du fol foit affurée ; il faut encore, pour la fûreté publique, que les jours ou trous des *carrières* ne puiffent expofer le public à aucun danger. Cette police eft en partie attribuée aux capitaineries. Une ordonnance de la capitainerie de la varenne du Louvre, du 5 août 1776, veut que les carriers couvrent des forts madriers joints enfemble, & fermés par un cadenat, les trous ou ouvertures des *carrières*, & cela toutes les veilles des fêtes ou les famedis au foir, afin qu'il n'arrive point d'accident, & ce fous peine d'amende. Tenu également chaque carrier qui aura démonté fa roue, de boucher l'ouverture de la *carrière* trois mois après, & la vifite préalablement faite comme nous l'avons dit.

C'eſt encore pour la même raiſon-de ſûreté publique que tous carriers & autres, exploitant *carrières* à découvert, ſont tenus de faire des barrières en bois de charpente ou un mur en moëlons, de la hauteur de trois pieds, au pourtour deſdites *carrières*. Ces réglemens ont été confirmés par différentes ordonnances de police, notamment par celle du premier mai 1775.

Différentes loix renouvellées par la déclaration du 17 mars 1780, veulent que l'exploitation des *carrières* à plâtre, pierres & moëlons, ne puiſſent être continuée qu'à la diſtance de huit toiſes des deux extrémités ou côtés de la largeur des chemins de traverſe ou vicinaux, fréquentés ; qu'il n'en puiſſe être ouvert ſur les bords & côtés des grandes routes & chemins, ſinon à la diſtance de trente toiſes du bord deſdits chemins, ſous peine de 300 l. d'amende & confiſcation des matériaux. Cette loi eſt générale pour tout le royaume, & les contraventions qui peuvent y être faites ſont de la compétence des tréſoriers de France.

Finiſſons en remarquant que trois ſortes de perſonnes connoiſſent de la police des *carrières* aux environ de Paris : 1°. les tréſoriers de France en ce qui regarde la conſervation des routes ; 2°. les officiers des capitaineries en ce qui concerne la ſûreté de la plaine ; 3°. le lieutenant de police de Paris, pour tout ce qui a rapport à la ſolidité des *carrières*, & toutes les contraventions aux réglemens faits pour empêcher qu'elles ne cauſent des accidens par l'écroulement des terres.

Dans les provinces, ces fonctions ſont partagées entre les tréſoriers de France, les intendans, les officiers de police & juges des lieux, ſoit qu'ils ſoient municipaux, royaux ou ſeigneuriaux.

CARROSSE, ſ. m. voiture à quatre roues, garnie d'une caiſſe ſuſpendue où ſe place le monde, & d'un ſiège où ſe met le cocher pour conduire les chevaux.

L'uſage des *carroſſes* s'eſt répandu, en raiſon nonſeulement de leur commodité, de leur agrément, mais encore de l'utilité dont ils ſont pour les perſonnes qui ayant de grandes conſres à faire, veulent lire & penſer à leurs travaux. On ne ſauroit douter que cette dernière conſidération ne ſoit d'un grand prix, aux yeux de quiconque connoît le prix du temps. On peut même ajouter que l'homme obſervateur qui parcourt une grande ville qu'il connoît déjà, dans un *carroſſe* à ſon aiſe, ne puiſſe plus facilement combiner ſes idées, & s'occuper plus utilement de ce qui le frappe, que le piéton qui doit inſpecter ſes pas & ſe conduire au milieu des rues ; d'où je conclus que l'uſage des *carroſſes* eſt très-bon, très-ingénieux, quoique je déteſte, avec tous les hommes raiſonnables, l'abus qu'on en fait pour éclabouſſer, inſulter, écraſer les gens à pied : mais

il faut diſtinguer l'abus de la choſe ; on peut conſerver l'une & détruire l'autre.

Tout le monde connoît la différence des chars anciens & de nos *carroſſes* modernes. Tout eſt en faveur de ces derniers ; élégance, ſoupleſſe, propreté. Les chars des romains cependant brilloient par la richeſſe & la beauté des ornemens ; on ſait même que le ſénat fit des loix ſur cet objet, & que tel pouvoit avoir de l'or à ſon char, tel autre de l'argent ; le nombre des chevaux étoit également fixé ſuivant les conditions. Par-tout des loix ſomptuaires ont cherché à contenir l'eſſor de la vanité, & par-tout la vanité en a ſu triompher.

Nos anciens rois étoient plus ſimples ; ils faiſoient traîner leurs chars ou charrettes par des bœufs. Tout le monde ſait ces vers de Boileau ſur les rois que nous appellons *fainéans*, préciſément parce qu'ils n'ont point fait le mal :

> Quatre bœufs attelés, d'un pas tranquille & lent,
> Promenoient dans Paris le monarque indolent.

Les grands, les princes alloient à cheval, ſur des mules & ſur des ânes ; les dames montoient en croupe. Cependant on voit par l'hiſtoire que le goût de ſe faire traîner dans des chariots ſe répandit à Paris quelque temps avant Philippe-le-Bel. Les femmes trouvoient plus agréable, ſans doute, d'être dans des chars à leur aiſe, qu'expoſées à tomber de cheval, & d'ailleurs dans une poſture gênante. Paris étant pavé depuis le règne de Philippe-Auguſte, les voitures pouvoient plus facilement aller par la ville. Mais ſoit mauvaiſe humeur, ſoit préjugé ou toute autre raiſon, Philippe-le-Bel défendit aux bourgeoiſes d'aller en char, c'eſt l'un des articles de ſon ordonnance de 1294, contre les ſuperfluités ; comme ſi un homme pouvoit juger ce qui eſt ſuperflu ou néceſſaire pour les autres, & comme ſi la femme d'un braſſeur ou d'un charbonn'étoit pas autant femme que celle d'un duc & pair, & que les pieds de celle-ci fuſſent plus à ménager que ceux de l'autre.

Mais ce réglement eut le ſort de tant d'autres que la force des choſes & les progrès de la raiſon font tomber en déſuétude. Les *carroſſes*, très-groſſiers à la vérité, furent d'uſage pour tous ceux qui avoient le moyen d'en avoir. Cependant une manie chevalereſque & les boues de Paris ſoutenoient toujours les hommes à cheval ; il n'y avoit que les femmes qui allaſſent en *carroſſe*. A peine y en avoit-il une centaine à Paris, vers le commencement du ſeizième ſiècle. Les *carroſſes* à glaces furent inventés vers 1650 : le prince de Condé en amena un de Bruxelles en 1660, qui fut encore regardé comme une curioſité. Mais ces *carroſſes* avoient le défaut de n'être pas ſuſpendus, ils n'en étoient que très-durement. Ce n'eſt que de ce ſiècle que les reſſorts en C ont été imaginés, & qu'ils ont donné aux *carroſſes* la douceur d'un mouvement de bateau.

A peine l'usage des *carrosses* se fut-il établi à Paris avec quelque succès, que des priviléges exclusifs vinrent mettre des entraves à l'industrie publique.

Un nommé *Sauvage*, homme intelligent, s'a-visa, sous le règne de Louis XIII, d'établir des *carrosses* de louage dans le fauxbourg Saint-Martin, dans une maison nommée *l'hôtel Saint-Fiacre*. Cet établissement eut du succès, & plusieurs particuliers en formèrent de semblable. Jusque là tout étoit dans l'ordre : mais bientôt, en 1657, un M. de Givry obtint de la cour le privilège exclusif d'établir des *carrosses* de place à Paris, que l'on prendroit à l'heure, à la journée ou demi-journée.

Cette concession absurde & contraire à la liberté de l'industrie, sans aucun motif de police publique, en fit naître une autre. Des gens avides obtinrent de la cour, quelque temps après, le privilège d'établir dans Paris des *carrosses* publics à l'instar des coches de la campagne, qui partiroient à des heures fixes d'un quartier pour aller dans un autre, moyennant 5 sols par personne. Nouveau privilège exclusif, en faveur de deux autres personnes, pour établir des calèches de louage. Bientôt il y eut des discussions entre tous ces privilégiés ; mais après différentes transactions & arrangemens entr'eux, le privilège exclusif de tout le roulage de Paris par *carrosses* de place, leur fut assuré par différens arrêts de réglement du parlement, entr'autres du 5 décembre 1668, 12 décembre 1670, 30 décembre 1673, &c. mais le parlement a toujours réservé aux loueurs de *carrosses* le droit d'en louer pour aller par la ville & dans les environs de Paris, spécialement dans l'arrêt d'enregistrement des lettres-patentes qui assurent le privilège aux concessionnaires, du 3 septembre 1666.

Cet esprit de géne, ces concessions en faveur de quelques particuliers au détriment de tous, se sont conservées jusqu'aujourd'hui ; & comme cet abus est un de ceux dont se plaint la capitale, qu'il influe sur les provinces & touche à l'intérêt de tout le royaume, nous en dirons quelque chose, & ensuite nous finirons par exposer les principaux réglemens de la police des *carrosses* de place, qui a lieu à Paris, & qui peut s'appliquer à toute autre ville (1).

Ces priviléges abusifs que Louis XIV avoit accordés à quelques personnes, de sa grace spéciale, pleine puissance & autorité royale, comme il le dit lui-même, ont été renouvellés à différentes époques, ou plutôt confirmés aux héritiers ou ayans cause des premiers concessionnaires, notamment par

des lettres-patentes de 1716, où l'on appelle ces usurpations, *des droits*, comme si l'on pouvoit donner des droits sur des choses qui ne nous appartiennent pas.

Cet ordre ou désordre de choses a subsisté à peu près sur le même pied, jusqu'en 1779. Alors il fut accordé à une compagnie, sous le nom de *Perreau*, le privilège exclusif des *carrosses* de place & des environs de Paris, pendant trente ans, moyennant la somme de cinq millions. On donna pour prétexte de cette concession que le service en seroit mieux fait, que les *carrosses* & les chevaux seroient meilleurs, & que le nombre en seroit plus considérable.

Mais il est facile de voir que ce ne furent que des prétextes, & que la véritable cause d'un pareil marché fut le besoin d'argent.

Ce Perreau, ou sa compagnie, ne fait pas, comme on le pense bien, ce service public ; il vend à d'autres le droit d'avoir un *carrosse* de place, moyennant une certaine somme ; c'est-à-dire, que chaque *carrosse* lui paie 40 sols par jour pour jouir de ce droit. Cette vexation rapporte à Perreau, pour mille fiacres qu'il y a dans Paris, 730,000 liv. de revenu fixe. Il a en outre des *carrosses* qu'il appelle *anglois*, & qu'il loue à 6 liv. par jour à ceux qui les emploient pour le service public.

Ce n'est pas tout, il a obtenu de percevoir un droit de 6 sous par jour sur chaque *carrosse* de remise, dont le nombre de huit cents dans Paris, lui offre un revenu de 87,000 liv. par an. Ainsi les fiacres & les remises produisent à la compagnie privilégiée 817,600 l. par an pour le dédommager d'un prêt de cinq millions, dont l'intérêt n'est que de 1,500,000 livres.

Aujourd'hui les cochers de fiacres & de remise font une demande : ils proposent de supprimer ce privilège, de payer 200 livres de capitation pour chaque *carrosse* de place, 100 liv. pour chaque remise, & 50 liv. pour chaque cabriolet : ces contributions, en supposant deux mille fiacres que l'émulation & la concurrence établiront, autant de remises & cinq cents cabriolets publics, formeront un impôt de 625,000 livres ; ce qui sera beaucoup plus que les cinq millions qui ne représentent qu'un revenu de 250,000 livres, & qui seroit beaucoup à l'avantage des loueurs de *carrosses* ; puisque ceux-ci calculent, qu'en permissions, confiscations, vexations, ils paient à la compagnie un impôt de 1,500000 livres.

Car il faut savoir que dans l'état actuel, non-

(1) Nous épargnons au lecteur les inutiles pièces, arrêts & réglemens, qui ont été faits sur cette police, & que tous les compilateurs ont l'intolérable manie de copier machinalement. A quoi bon remplir des pages, des feuilles entières de dispositifs d'arrêts qui n'ont plus d'objets ? de lettres-patentes en faveur de particuliers dont les noms sont inconnus ? & de réglemens dont le dernier annulle celui qui le précede ? Nous avons fait notre possible pour éviter cet écueil, sans trop oser nous flatter d'avoir réussi, tant la force du mauvais exemple est dangereuse.

feulement les loueurs de *carroffes* paient à Perreau, pour fervir le public habituellement, mais encore que chaque fois qu'ils vont hors de Paris, à de certaines deftinations, ils payent encore, & que fouvent ils font expofés à des vexations, lorfqu'ils ont manqué de fatisfaire à tous ces genres de rapacité.

Cette feconde efpèce de pillerie eft exercée furtout par le privilégié des voitures de la cour. On fait qu'il a obtenu le droit de louer feul des voitures pour aller à Verfailles, & dans tous les endroits où eft la cour, moyennant le fermage de douze mille livres par an.

Au moyen de ce privilège, le fermier empêche les loueurs de *carroffes*, d'aller par-tout où la cour réfide, fous peine de 1500 livres d'amende & de confifcation, à moins qu'il n'ait acheté la permiffion. Pour Verfailles, Saint-Germain, Marly, &c. elle eft de fix livres; pour Saint-Cloud, de trois livres, excepté les fêtes & dimanches. Ces exactions gênent horriblement le public, & donnent lieu à des fcènes défagréables, lorfque par hafard un cocher fe trouve en fraude, & qu'au milieu d'une ville, ou même d'une route, des commis ambulans, qui reffemblent à des vagabonds, viennent arrêter la voiture, vous faire defcendre, & vous empêcher ainfi de faire vos affaires.

C'eft à peu près la même chofe avec le privilégié des meffageries du royaume, fi vous ne lui payez pas cinq fols par lieue pour le *carroffe* de place ou de remife qui vous conduit, vous êtes arrêté par la route, & forcé de prendre une voiture à fon profit.

Voilà comme tous ces privilèges exclufifs, dont on vante l'utilité pour la promptitude & la commodité du fervice public, ne favent qu'à nous gêner. Revenons à la police des *carroffes* de places, & nous finirons par quelques remarques fur ceux de remife.

Deux objets fe préfentent à cet égard, la difcipline parmi les cochers, tant à l'égard du public, qu'entr'eux, & le prix des courfes. Ce dernier objet a beaucoup varié, quoique fouvent réglé par des arrêts du confeil. Cela eft inévitable par les variations dans le prix des denrées & fourages. Ainfi nous ne nous en occuperons pas, nous dirons feulement qu'il eft en général de vingt-quatre à trente fols par courfe, & à peu près autant par heure. Il y a des lieux aux environs de Paris, dont la courfe eft fixée à une certaine fomme.

Quant à la police, elle eft principalement contenue dans l'ordonnance de police du 12 avril 1779, en voici les principales difpofitions.

1°. Les maîtres des *carroffes* à l'heure ne peuvent mettre fur place, que des *carroffes* bons & folides, faits fuivant les ftatuts des bourreliers-carroffiers; ils doivent avoir toujours avec eux des clefs propres à remonter les foupentes. Il leur eft défendu d'avoir

des marches-pieds de fer; 2°. les caiffes doivent avoir trois pieds douze pouces de largeur à la ceinture, fur quatre pieds deux pouces de long, & les portières, s'ouvrir fur les grandes roues; 3°. il leur eft défendu de fe tenir ailleurs, qu'aux places qui leur font deftinées, lorfqu'ils n'attendent pas quelqu'un qui les a loués; défenfe d'être à double rang fur les places; 4°. défendu de refufer les perfonnes qui fe préfentent, & de s'entendre avec qui que ce foit, pour fe dire retenus par d'autres; 5°. défendu aux cochers, à qui les maîtres ont confié leurs *carroffes*, de les abandonner à d'autres pour les faire conduire; 6°. défenfes aux maîtres de *carroffes*, de les confier à des cochers qui n'aient pas l'expérience néceffaire, & dix-huit à vingt ans, à peine de trois cents livres d'amende, & d'être civilement refponfables des torts & accidens qu'ils pourront caufer; 7°. également défendu aux cochers d'en fubftituer d'autres à leur place, à moins qu'ils n'en aient obtenu une permiffion de la police; 8°. tous les *carroffes* de place doivent avoir un numéro apparent, peint en jaune fur le derrière de la voiture. 9°. Il eft enjoint aux cochers, de rendre les hardes, effets, argent, qui feroient reftés dans leur *carroffe*, & de les dépofer dans le bureau de la régie des *carroffes* de place, où les perfonnes qui les auront perdus, pourront les aller réclamer. 10°. Tous les cochers font obligés de donner leur nom au bureau de la régie du privilège, & il leur eft donné par le commiffaire de la police, chargé de la partie des *carroffes* de place, un livret, contenant certificat de l'enregiftrement, &c., & chaque fois qu'un cocher change de numéro, c'eft-à-dire de *carroffe* ou de maître, il doit en faire fa déclaration audit bureau; & lorfqu'il fort de place, fans entrer au fervice d'un autre maître, il faut que dans vingt-quatre heures il en faffe fa déclaration. 11°. Lorfqu'un cocher de fiacre a donné fa demeure au bureau, il ne peut en changer, fans lui en faire part. 12°. Un cocher ne peut quitter fon maître, qu'après l'avoir averti huit jours à l'avance, duquel avertiffement le maître fera tenu de faire mention fur le livret du cocher. 13°. Les maîtres de *carroffes* qui ont befoin de cochers, & les cochers qui ont befoin de maître, peuvent s'adreffer au bureau de la régie, qui fournira les uns & les autres.

Tous ces réglemens de police ne font relatifs qu'aux *carroffes* de fiacre; ceux de remife font un article à part, & ne font point foumis à la même difcipline: nous allons en dire quelque chofe; quoique ces détails ne regardent que Paris, ne devroient pas trouver leur place dans un ouvrage de la nature de celui-ci, dont l'objet eft de confidérer les chofes en général, mais nous les répétons, comme de femblables apperçus on peut tirer des lumières, & s'en fervir d'objet de comparaifon, nous ne croyons pas devoir les négliger.

Les *carroffes* de remifes font en général plus propres que les fiacres. Aujourd'hui l'on en trouve à Paris, qui égalent en élégance & en goût, ceux des plus riches particuliers : on les loue à la journée, à la demi-journée, à la semaine, au mois, à l'année. Il y a des personnes qui préfèrent ce moyen d'avoir un équipage, à l'usage d'entretenir chez soi des chevaux, un cocher, des valets-d'écurie. On est servi aussi exactement que si l'on avoit son carrosse dans sa remise : mais on a quelques petites gênes à éprouver, au-dessus desquelles on se trouve quand on est propriétaire de la voiture & des chevaux.

Originairement les loueurs de *carrosses* de remise & de place, étoient les mêmes, ce n'est que depuis l'établissement du privilège exclusif dont nous avons parlé, que la distinction a lieu. Alors n'étant plus permis aux loueurs, d'envoyer leurs *carrosses* sur la place publique, ils furent obligés de se réduire à louer les *carrosses* sous la remise, à la journée, demi-journée, &c. le parlement les a maintenu dans cette liberté par deux arrêts. L'un du 27 août 1667, qui a vérifié les lettres-patentes du privilège exclusif des *carrosses* à l'heure ; & l'autre du 30 décembre 1673, contradictoire entr'eux & les propriétaires du privilège, ils ordonnent nommément » que les » loueurs de *carrosses* en pourront louer confor- » mément à l'arrêt de vérification. »

C A R T E, s. f. Petit carré de carton fin, sur lequel on peint, on imprime des figures de différentes sortes, & dont l'emploi est de servir à jouer.

Il est des choses, dont la vue seule peut donner une idée : les *cartes* sont de ce nombre, & la définition que nous en venons de donner, paroîtra, & est imparfaite. Mais tout le monde connoît les *cartes*, c'est-à-dire les *cartes* à jouer ; car pour les autres, nous ne nous proposons pas d'en parler : ce n'est point notre objet.

Qui auroit cru, lorsqu'on inventa les *cartes* pour amuser un roi imbécille, vers 1493, qu'elles seroient un jour un objet de revenu de trois millions ? que des loix ordonneroient la peine de faux, contre quiconque en feroit, sans en avoir obtenu la permission d'une régie établie *ad hoc* ? que des pères de familles aient été mis au carcan, & envoyés aux galères pendant neuf ans, pour avoir passé des *cartes* en contrebande ? mais tels sont les jeux des rois, & telle est la sotise des peuples.

Depuis le cardinal Mazarin, le jeu de *cartes*, s'est pour ainsi dire, naturalisé en France. Ce prélat jouoit gros jeu, & gagnoit souvent. De là, les gens avides, les hommes ruinés crurent qu'ils pourroient s'enrichir par ce moyen. Tout ce qui flatte la cupidité, le désir de gagner, réussit dans la société : c'est la cause du succès des loteries ; ce fut aussi celle des *cartes*.

Mais cette habitude du jeu bannit de la société le goût de la lecture & des conversations raison-

nables. On ne vit plus que des joueurs dans toutes les maisons ; la cour profita plus qu'on ne croit, de ce foible de la nation. Des joueurs acharnés ne quittent point leurs *cartes*, pour s'occuper des affaires publiques, dit *Voltaire*. Aussi la cour devint-elle maîtresse, comme chacun sait, & quoiqu'elle ait souvent sévi dans des arrêts contre les académies de jeu, elle ne pensa jamais sérieusement à les interdire par la raison que je viens de dire, & par l'intérêt du fisc.

Aujourd'hui l'on joue moins qu'autrefois : c'est-à-dire qu'il y a moins de personnes qui jouent. L'usage du café a tué le jeu ; ce n'est pas l'intérêt de la ferme, mais c'est l'intérêt de la raison.

Le jeu entretient l'ignorance, asservit l'ame, abrutit toutes les facultés ; c'est l'amusement d'un peuple d'esclave ; les *cartes* ont sur-tout ces défauts au souverain degré.

Paris se déshabituera, sans doute, du jeu avant les provinces. Celles-ci jouent avec un acharnement, une routine machinale d'autant plus grande, que la vie animale est plus grande en province qu'à Paris, & rien n'inspire l'habitude du jeu, comme l'habitude d'une grande chair. On boit plus aussi de vin en province, & cette liqueur n'est point pensante. Le jeu n'exige pas, comme la lecture & la conversation, une mise de pensées & de réflexions nouvelles, c'est toujours la même idée qui se combine & se reproduit perpétuellement, sur-tout aux jeux de *cartes* courus. *Voyez* JEU. Vous trouverez dans les *finances* des détails sur la régie des *cartes*, mais cela ne nous regarde pas.

C A V E, s. f. Lieu souterrein, destiné à mettre le vin & des provisions.

Les *caves* sont des propriétés particulières sur lesquelles la police ne doit avoir par conséquent aucune inspection. Cependant, lorsque par leur extension ou leur mauvaise construction sous la voie publique, ou près des lieux fréquentés, elles peuvent compromettre la sûreté des citoyens, la police doit en prendre connoissance ; & ce sont les trésoriers de France aux bureaux des finances, qui connoissent de ces objets.

De là, la défense prononcée par l'édit de décembre 1607, de faire & creuser aucunes *caves* sous les rues, & réitérée pour Paris, par l'ordonnance des trésoriers de France au Bureau des finances de cette ville, du 4 septembre 1778, à peine de trois cents livres d'amende, tant contre les propriétaires, que contre les entrepreneurs ouvriers.

Cette même ordonnance enjoint, sous de pareilles amendes, aux propriétaires de maisons ou héritages, qui ont des *caves* ou passages sous les rues, voies & places publiques ; (les égouts, conduits d'eau, & voutes construites pour descendre à la rivière, exceptés) de les combler, ou d'en faire leur déclaration au procureur du roi du bureau des finances, pour après la visite, ordonner ce qu'il appartiendra.

Il ne faut pas croire qu'on interdise indistinctement toutes caves sous la rue, lorsqu'elles font solidement voutées. L'arrêt du conseil du 3 août 1685, veut qu'elles foient conservées, après avoir été visitées par deux tréforiers de France. Cette facilité a été accordée en faveur des maisons retranchées, ou qui ont éprouvé les diminutions d'étendue, ordonnées pour l'alignement des rues. On conçoit alors qu'on peut laisser aux propriétaires, la jouissance de leurs caves. Le meilleur & le plus fûr, feroit cependant de leur donner un dédommagement, & d'ordonner de les combler, crainte d'accidens, comme on en a vu quelquefois, & comme il pourroit en arriver.

Nous ferons ici une remarque qui peut trouver fon application dans les grandes villes, & fur-tout à Paris. Il n'est pas rare, ou plutôt il est très-commun de voir des trapes ou portes de caves dans les allées où aboutissent les escaliers des maisons. Ces trapes font fouvent mauvaises, & exposent les locataires qui passent dessus, à être précipités dans la cave. De plus, lorsqu'il y a du monde dans la cave, l'on laisse ces trapes ouvertes; or cela peut donner lieu à mille malheurs. On a vu des femmes, des enfans précipités dans ces trous, par inattention, par précipitation, ou parce que voulant fe ranger d'une voiture, ils font entrés dans une allée, dont la cave étoit ouverte. On fe contente quelquefois de mettre une barre de bois pour avertir, mais cela n'est point suffisant, il faudroit prendre d'autres précautions; & la police fur-tout qui a à cœur la sûreté publique, ne devroit pas perdre de vue cet objet, tout minutieux qu'il paroît.

CÉLIBAT, f. m. État d'un homme qui vit fans femme, ou d'une femme qui vit fans homme, & qui par conféquent font l'un & l'autre perdus pour la propagation de l'espèce.

L'on a pu voir au mot célibat, dans la *jurifprudence*, l'origine de cet abus moral; on y a fait obferver que les charges publiques, le goût du luxe, les embarras de l'état domestique, en ont introduit l'usage chez les laïcs, mais que long-temps avant les peuples de l'Afie & des contrées échauffées de la terre, en avoient fait une espèce de vertu religieuse, & d'autant plus respectée, que le célibat doit être difficile à obferver dans ces lieux. Delà est venu fans doute le respect qu'on a continué de lui porter dans les pays où le climat & l'état de l'atmosphère permettent aux hommes de vivre avec plus de facilité, loin du commerce des femmes. Mais ce qu'on n'a peut-être pas obfervé, c'est que l'on doit regarder cette vénération pour le célibat, chez les nations policées, comme une des caufes qui y ont long-temps foutenu la pédérastie & la prostitution

vénale, deux maux également honteux pour les hommes, & contraires au bonheur focial.

Nous ne reviendrons pas fur ces objets-ci, ce feroit passer les limites que nous nous fommes prescrites, mais nous ferons quelques réflexions fur la fuite du célibat, par rapport à la tranquillité publique, fur les foins que la police peut y apporter, & fur les moyens praticables que l'on peut employer dans l'état actuel de la fociété, pour en arrêter les progrès, & en dégoûter les hommes; tâche difficile, tant que de loix respectées en feront un devoir pour la partie la plus confidérée, & la plus importante de la fociété.

Le célibat, confidéré dans fon rapport avec l'ordre public & les fonctions d'une police attentive, fe préfente fous plufieurs points de vue.

D'abord il est fûr que la vie de célibataire est plus vagabonde que celle de l'homme marié. Ne tenant à rien, n'ayant aucun lien qui l'attache à un domicile, le célibataire est tantôt ici, tantôt là, au gré de fes fantaisies, de fes caprices. Sans motif de vivre chez lui, fans foins qui l'y appellent, il passe fa vie dans les lieux publics, les promenades, les spectacles. Les cafés des grandes villes, comme autrefois les cabarets, font peuplés d'oififs célibataires, qui femblent attendre la fin d'une existence inutile à eux comme au monde, & par cela, dangereufe à tous deux.

Pour mettre quelque diversion à cette uniformité de vie, fouvent ils prennent en goût la passion du jeu, & alors il n'y a point d'excès qu'on n'ait à craindre de leur part: car leur ame n'étant partagée par aucune passion, ne voyant qu'eux, ne connoiffant qu'eux, ils fe livrent avec une fureur impitoyable à cette malheureufe habitude. Heureufement que le fort d'aucun être raifonnable, n'étant lié au leur, le magistrat public doit être moins fenfible aux maux qu'ils fe font, que fi c'étoit un père de famille, & il doit fe conduire en conféquence.

C'est encore la plupart du temps, ces célibataires défœuvrés qui caufent des rixes, des difputes dans la fociété; ce font les éternels promoteurs des duels; & rien n'est fi commun, que d'en voir finir par cette voie, une vie long-temps à charge à tout le monde.

Mais fi le célibat produit des défordres, & peuple le monde d'hommes turbulens dans un certain ordre de la fociété, il produit des bandits, des brigands déterminés dans la malheureufe & fouffrante claffe du peuple. Rien n'est fi féroce, fi porté à tous les excès du crime, qu'un célibataire du peuple dans le befoin; ordinairement ils font lâches, pareffeux, adonnés à la mendicité, à la contrebande; un grand nombre fe vendent à l'espionnage de la police, & ce font alors tout ce qu'il y a de plus méprifable fous le ciel.

Nos rues font peuplées de célibataires de cet ordre, nos chemins, nos cabarets, nos lieux publics. C'est une peste pour la société. Sans domicile, sans femme, sans enfans qui adouciffent l'âpreté de leur caractère, ils font tour à tour les ennemis des mœurs, & les victimes de leurs aveugles dérégle-mens.

Cette pépinière de malheureux naît de l'état militaire. C'est là que le *célibat* est ordonné, préco-nifé, la vie de famille méprifée jufques parmi les officiers mêmes. Cette immoralité produit enfuite cent malheurs dans l'état.

La police ne connoît qu'un remède à cela; c'est d'arrêter ces bandits, & de les conftituer prifonniers dans des maifons de force. Il y auroit fans doute d'autres moyens de rémédier au mal, mais ce n'est point ici le lieu de les indiquer.

Mais le caractère distinctif des célibataires n'est pas feulement le vagabondage, c'est encore le li-bertinage groffier, le goût des plaifirs obfcènes, la crapule & l'habitude de la proftitution.

Ce font eux qui, par ce funeste penchant & par la facilité qu'ils ont de difpofer de leurs perfonnes, féduifent une foule de jeunes filles, qu'ils abufent, qu'ils dégradent, & qu'ils abandonnent enfuite aux triftes reffources de l'incontinence publique. A ce goût dépravateur, ils joignent encore l'habitude de hanter, tous les lieux de proftitution; ils en font les arcs-boutans & à défaut de mifère pour entre-tenir ce commerce, leurs mœurs dépravées fuffiroient pour en alimenter l'efprit chez celles même qui le font.

On voit par ce tableau très-imparfait des dé-fordres, dont le *célibat* est en partie caufe dans la fociété, jufqu'à quel point il intéreffe le magiftrat gardien de la fûreté, de la tranquillité publique; on fentira mieux encore cette vérité, lorfque j'aurai dit les autres maux dont il fut plus directement l'auteur dans tous les temps.

Un de ces maux est l'adultère, mal fréquent, mal dangereux, plus encore à redouter par les fuites terribles qui peuvent le précéder & l'accompagner, que par l'injuftice même, le délit qui le caractérife. Une foule de célibataires, qu'aucun refpect ne lie, qu'aucun égard ne retient, font pour les familles, une pefte qui y fème des germes de corruption & de troubles, dont le terme n'est pas aifé à calculer.

Par un vice qui tient à nos mœurs & à nos infti-tions, ce font fur-tout les militaires qui fe rendent coupables de ces délits; & par une manière de voir bien étrange, les femmes feules fupportent toute la rigueur que femblent exiger des maris l'honneur bleffé, le ferment & la foi conjugale violés.

C'est donc à contenir cette jeuneffe déréglée,

Jurifprudence, Tome IX. Police & Municipalité.

qu'un fage magiftrat de police doit veiller. Son in-flexible fermeté doit être d'autant plus active, qu'il a affaire à un ordre d'hommes, qui ne croient rien refpectable, que les maximes qu'ils fe font faites à eux-mêmes. Au refte, on peut remarquer que l'adultère, produit par cette caufe, est moins com-mun dans les grandes que dans les petites villes.

Dans les premières il exifte des femmes, qui par état, dévouées à l'incontinence publique, offrent au moins aux yeux du légiflateur, indigné de leur dépravation, l'avantage de fervir d'aliment à cette jeuneffe libertine, & de mettre les femmes & les filles des citoyens, à l'abri d'une brutalité, qui rare aujourd'hui par l'exiftence de la proftitution, de-viendroit commune fans doute fi elle n'exiftoit plus.

J'ofe même dire, quoique à regret, que fi toutes les villes de garnifon étoient fuffifamment fournies de femmes publiques; qu'elles y fuffent ménagées, protégées & contenues, les défordres immoraux feroient moins grands parmi les bourgeois, la féduc-tion plus rare, & la paix des familles plus en fûreté.

C'est ainfi qu'en rapprochant les objets, on leur trouve des rapports d'utilité, lors même qu'on ne fauroit s'empêcher d'en blâmer le caractère, d'en reconnoître les abus : & c'est fans doute cette con-fidération, qui depuis tant de fiècles, néceffite aux yeux des plus févères magiftrats, la durée de cette dépravation.

Elle empêche peut-être encore les progrès d'une plus grande, qui attaquant les droits des fexes, & corrompant l'inftinct, ne peut que fatisfaire des goûts brutaux à la vérité, mais égarés, exaltés par une privation trop févère & trop abfolue des femmes. On ne fauroit douter au moins qu'un des grands abus du *célibat*, ne fût cette corruption criminelle, fi toute communication des fexes étoit bannie de la fociété; & fans doute c'est la raifon qui l'a répandue chez les peuples, où les femmes féparées ne vivent point avec les hommes, & où une févérité quelconque dans la police ne permet pas un commerce de libertinage fcandaleux, mais au moins propre à contenir de plus grands excès.

Mais quittons ces détails où nous force la nature du fujet, & voyons s'il est des moyens de détruire le *célibat*; & avant d'en faire la recherche, pro-pofons quelques obfervations générales fur cette importante partie de la police & de la morale des peuples.

D'abord, dans toute efpèce de reforme que l'on veut tenter, il faut toujours fe placer à l'époque de la fociété où l'on est, ne point agir dans un monde idéal, fe mettre au milieu des vices, des vertus, des mœurs & des ufages établis, & là, voir ce qu'on peut efpérer raifonnablement des hommes, fans en attendre des prodiges de courage & de raifon. On doit bien fe garder de fuppofer univer-

Q q q

sellement mauvais, ce qui ne l'est que par relation aux lieux & aux temps. L'oubli de ce principe a fait échouer les meilleures entreprises, parce qu'à force d'exalter les inconvéniens d'une chose, d'en étendre les abus au-delà de leur juste mesure, on donne lieu de soupçonner aux esprits difficiles, que les objets de réforme ne sont pas motivés.

Ce n'est point non plus par des déclamations, qu'on parvient à éclairer les hommes. Elles ne font d'impression sur personne, & si quelquefois elles donnent de la chaleur aux raisons, on doit bien se tenir en deçà des bornes de la modération, pour ne point leur faire perdre ce mérite, qui n'est point sans importance.

Ainsi, crier au scandale, à la dépravation, injurier son siècle, outrager par des épithètes dures, des hommes souvent aveuglés par les préjugés dominans, & tout cela, pour indiquer les moyens de détruire le goût du *célibat*, c'est manquer son objet & prêter au ridicule. Ce n'est pas non plus une conduite plus raisonnable, de provoquer la rigueur des ordonnances contre la prostitution; de sommer la puissance publique d'atterrer par des peines rigoureuses, le sexe fragile que la misère & l'injustice des hommes ont souvent réduit dans cet état; de demander qu'on anéantisse le luxe par des loix somptuaires, comme si une pareille chose pouvoit s'effectuer, & qu'il fût très sûr qu'elle entraînât la destruction de *célibat*.

Mais c'est en encourageant par de bonnes loix les mariages, c'est en levant je ne sais combien d'obstacles qu'on est obligé de franchir quand on veut se marier; c'est en rendant les bâtards à l'état, & n'éloignant pas les hommes d'élever leurs enfans, uniquement parce qu'ils ont eu l'imprudence de les avoir d'une union que la loi ne veut pas reconnoître, qu'on peut attendre ce but; mais cette dernière réflexion nous mène à une autre.

L'on crie contre le *célibat*, & la population augmente tous les jours. Que veut-on dire? le voici. Grand nombre d'hommes ne font que des bâtards, & pourquoi bâtards? Est-ce d'ailleurs qu'un bâtard n'est pas un homme? Il n'est pas un citoyen, je le crois, puisque vous lui en ôtez les droits; mais à qui la faute? on voit donc qu'on ne s'entend pas trop. On regarde comme célibataire un homme qui élève quelquefois deux ou trois enfans naturels. C'est, je crois, une erreur qu'il faut réformer, avant de chercher à inspirer plus de goût pour la multiplication des citoyens. Cette erreur produit des abus contre qui tout réclame. Des pères effrayés du préjugé, éloignent d'eux ces malheureux bâtards, les envoient aux hôpitaux, & restent ainsi véritablement *célibataires*. C'est donc dans le rigorisme même de la loi, que se trouve la cause propagante du *célibat*. La vérité est, que si l'on se rapprochoit davantage du droit naturel à cet égard, il y auroit moins de célibataires, même à prendre ce mot dans

l'exception qu'on lui donne ordinairement, c'est-à-dire, comme désignant un homme qui ne vit point dans l'état d'un mariage civil, & en voici la raison.

Une foiblesse, (car n'oublions jamais qu'il est question d'hommes), engage souvent dans une union que la loi défend, & à laquelle pourtant on ne peut renoncer. Des circonstances ne permettent pas de légitimer cette union; des préjugés de famille, des consentemens, des formalités, cent choses s'y opposent. Cependant il naît un enfant, c'est un bâtard; ce mot effraie; une jeune femme égarée par le préjugé, ne veut pas être mère d'un bâtard; le père connoît encore mieux à combien d'injustices un pareil titre va exposer son enfant; quelques-uns même, & cela est commun, ont l'étrange manie de croire qu'un bâtard ne peut jamais avoir autant de droit à leur tendresse, qu'un enfant légitime, tant les noms sont puissans. Qu'en résulte-t-il? l'enfant est envoyé à l'hôpital; on espère peut-être encore qu'un jour on pourra le retirer; cependant il est absent, on l'oublie. Si cet enfant eût pu être élevé sans choquer les regards publics, il eût entretenu cette union commencée entre les jeunes époux, & cette habitude les eût conduit à légitimer leur mariage naturel. Mais le préjugé qui a fait éloigner leur fruit, a mis une sorte de froideur dans leur passion, ils ne se voient plus avec autant de plaisir, ils se divisent, & voilà un homme & une femme restés célibataires, qui alloient se marier, sans cette disposition de nos usages; & qu'on ne dise pas qu'il n'en est pas ainsi, il suffit d'avoir vu la société, pour en être convaincu.

Mais, dira-t-on peut-être, si la loi n'eût point flétri leur enfant, si elle ne lui eût pas arraché le droit d'hériter de ses père & mère, & si par conséquent elle n'eût point donné lieu à cet éloignement, les parens n'en seroient pas moins restés dans leur état de célibataires, & n'eussent point contracté d'alliance légitime? D'abord, cela n'est pas sûr, par ce que nous venons de dire, & d'un autre côté peut-on sans contradiction, appeler célibataires, des gens qui élèvent & nourrissent leurs enfans, quoique unis seulement par les liens d'un attachement libre? leur union n'est-elle pas un mariage d'autant plus respectable, que l'intérêt ne l'a point fait? que l'ambition d'un nom ou d'une dot considérable n'a point été le motif qui l'a fait naître? Si les hommes ont des préjugés, la loi n'en doit point avoir, & les noms qui ont tant de force sur les esprits, ne doivent être que de vains signes devant elle.

Ces moyens d'anéantir le *célibat*, font les plus puissans, ils font les plus justes. Leur extrême facilité, leur grande utilité militent en leur faveur, & tout dit qu'on doit les préférer à ceux que la rigueur ou l'esprit coercitif pourroit dicter.

En effet, un législateur sage & prudent n'emploieroit qu'avec peine, l'excès des impositions publiques, l'exclufion des charges, l'incapacité pour les emplois, afin d'engager les hommes aux mariages.

Ces moyens ou d'autres femblables, employés chez les romains, devoient y être tout différemment que chez nous. Chez eux le mariage n'étoit point un engagement de toute la vie, & l'idée feule de pouvoir rompre une union mal affortie, ftérile ou déplaifante fuffifoit pour empêcher qu'on ne le regardât comme un éternel efclavage. C'eft l'impoffibilité du divorce, qui a rendu le mariage fi effrayant parmi nous, & qui femble en éloigner tous ceux qui, plus que d'autres, en état de produire des citoyens généreux, craignent la pefanteur d'un joug qu'il ne pourront jamais rompre. Le propre de la fervitude, eft de porter le défordre par-tout.

On pourroit donc renouveller contre les célibataires, les peines prononcées dans les loix romaines, & que tant d'écrivains copient avec admiration, fans examiner fi notre état de mariage eft différent ou femblable au leur, fi l'on rendoit à cet engagement le caractère de liberté, fans lequel il n'eft qu'un efclavage abfurde, puifque fon titre d'indiffoluble va contre l'efprit de fon inftitution, en tenant forcément unies, des perfonnes que l'âge, des infirmités, ou le peu de convenances rendent ftériles, & qu'une autre union eût très-fouvent rendu fécondes. Difons auffi que ce vice du mariage eft une des fources les plus fécondes de l'adultère (1).

Il exifte encore d'autres voies plus douces d'encourager au mariage, & par-là, de rendre le *célibat* moins commun ; c'eft de récompenfer le nombre d'enfans : mais il ne faut pas faire comme le légiflateur de l'édit de novembre 1666, qui ne propofe des récompenfes que pour les prodiges : voici ce qu'on y trouve.

» Voulons que tous nos fujets taillables, qui
» auront été mariés avant ou dans la vingtième
» année de leur âge, foient exempts de toutes
» contributions aux charges publiques, jufqu'à l'âge
» de vingt-cinq ans ; & que ceux qui feront mariés
» dans la vingt-unième, en foient exempts jufqu'à
» vingt-quatre ans. Comme auffi nous plaît que
» tout père de famille qui aura dix enfans nés
» en loyal mariage, non prêtres, religieux ni re-
» ligieufes, foit & demeure exempt de collecte,
» tutèles, logement de gens de guerre &c., & que
» celui qui aura douze enfans, foit en outre exempt
» de taille, taillon, &c. » l'édit accorde mille livres de penfion aux gentilshommes qui auront dix enfans vivans, deux mille lorfqu'ils en auront douze, & aux bourgeois des villes, la moitié de cette penfion.

J'ai dit qu'il ne récompenfoit que des prodiges,

car fi ce n'en eft point un de fe marier à vingt ans, c'en eft un au moins d'avoir dix ou douze enfans vivans, donner de pareilles récompenfes, ce n'eft point en donner. De plus on ne doit point chercher à multiplier les mariages faits en bas âge, fur-tout de la part de l'homme. Un fage légiflateur devroit au contraire faire fon poffible, pour que les garçons ne fe mariaffent pas avant vingt-cinq ans. Si l'on doit laiffer l'homme libre à cet égard, du moins ne doit-on pas limiter les récompenfes à un âge auffi jeune que vingt ans. Ariftote vouloit qu'un homme de trente-fix ans époufât une femme de dix-huit ; il avoit raifon, parce que l'une fe trouvera avoir quarante ans, quand l'autre en aura foixante, & c'eft l'âge où la puiffance générative s'oblitère à peu près dans les deux fexes. Ces précautions font bien plus à prendre encore fous l'empire des loix, où le divorce eft défendu.

Au refte, je voudrois qu'il y eût en faveur des pères & mères qui ont plufieurs enfans (je ne dis pas douze, comme Louis XIV), d'autres diftinctions, que des récompenfes purement pécuniaires ; les romains fur cela étoient fort avifés, & je terminerai cet article par ce qu'on nous dit de leur conduite à cet égard.

Les diftinctions étoient appropriées à l'état des perfonnes. Parmi le peuple, les gens mariés avoient au théâtre, leurs places féparées de celles des foldats. Parmi les magiftrats, ceux qui étoient mariés, ou pères de famille, avoient la préférence fur leurs collègues qui ne l'étoient pas ou qui n'avoient pas d'enfans ; ils jouiffoient du même avantage dans le cas de concurrence pour les charges.

Mais ces moyens, faciles à exécuter dans une république où tous les citoyens étoient infcrits fur les tables des cenfeurs, où l'ufage des comices & la néceffité de connoître les hommes pour les élections, faifoient de tout un peuple, une famille immenfe, une fociété, feroient prefqu'impraticables dans une monarchie fimple, telle qu'eft la France par exemple ; ce qui prouve encore, pour le remarquer en paffant, que l'état de république offre à la légiflation des moyens de perfection, que ne comporte pas toute autre forme de gouvernement.

CENSEUR ROYAL, f. m. Homme de lettres nommé par le chancelier pour examiner & approuver les livres qui doivent être rendus publics par l'impreffion.

C'eft à Charles IX & à la Sorbonne que nous devons ces nouvelles entraves, mifes à la liberté de l'homme.

(1) On a fouvent mis en queftion fi une femme mariée dans l'intention d'avoir des enfans, & fachant qu'elle n'eft ftérile que par le fait de fon mari, peut commettre l'adultère, pour remplir l'objet qu'elle s'eft propofé dans le mariage ? La nature dit oui, les hommes difent non.

Il paroît, en effet, qu'avant le règne de ce prince les écrits n'étoient soumis à aucune censure. Les écrivains avoient le droit de penser & de parler, d'après leurs sens & non d'après celui d'un autre.

Mais les questions théologiques ayant bouleversé l'Europe & mis la France en combustion, l'on voulut mettre un obstacle à l'émission des nouvelles opinions, & il fut défendu d'imprimer aucun livre de morale ou de théologie, sans le consentement & l'approbation de la Sorbonne, d'après lesquels les auteurs obtenoient un arrêt du parlement pour l'impression de leurs ouvrages.

Cependant les idées politiques suivant le torrent des opinions religieuses, tendoient au changement, à la fermentation : il fallut s'y opposer. Les maîtres des requêtes de l'hôtel du roi en furent chargés jusqu'au temps de Henri IV. Ils examinoient, approuvoient ou proscrivoient les livres, suivant qu'ils les trouvoient favorables ou contraires aux idées qu'ils s'étoient faites de ce qui en faisoit le sujet.

C'est vers le milieu du dernier siècle, en 1653, sous le règne de Louis XIV, que l'existence des censeurs fut assurée, & que le nombre en fut augmenté. Ce fut un excellent moyen de servitude entre les mains du monarque absolu qui ne voyoit dans la nation que sa volonté, & qui vouloit que tout le monde pensât comme lui, à peine d'être traité comme un ennemi de l'ordre public.

Aujourd'hui les censeurs sont divisés en sept classes, & le nombre en est assez considérable. La police en entretient deux à ses ordres ; l'un pour le spectacle & les pièces de théâtre, & l'autre pour les petits écrits qui ne passent pas dans les feuilles, & qui ont besoin pour être rendus publics de l'attache du lieutenant de police. (1).

Nous n'entrerons point dans de plus grands détails sur l'historique des *censeurs royaux*, & nous remplirons un but plus utile en présentant à nos lecteurs quelques réflexions sur l'esprit & l'abus de leur institution.

Un auteur qui a écrit sur le gouvernement anglois en homme éclairé, a fort bien remarqué que la liberté seule de la presse, telle qu'elle est actuellement en Angleterre, eût suffit pour conserver à la nation britannique ses droits & ses privilèges, quand ils n'auroient pas été d'ailleurs assurés par une constitution sage & vigoureuse.

C'est, en effet, un excellent moyen de prévenir & d'éclairer les peuples sur ce qui intéresse leur bonheur & leur liberté, que cette facilité de dénoncer au public, sans aucune contrainte, les projets des méchans, les entreprises des hommes dépravés, les atteintes portées à la constitution nationale, & tout ce qui peut en un mot influer sur la prospérité publique.

C'est encore une puissante arme entre les mains des particuliers, qui, à son aide, peuvent repousser & venger publiquement des injures, que l'obscurité de leur état & l'insuffisance de leur fortune auroient peut-être laissé impunies.

Cette arme est d'autant plus naturelle qu'elle ne change de mesure pour personne, & que celui qui se sent frappé par elle, peut également s'en servir pour repousser les coups qu'on lui porte.

Si l'on considère la chose d'une manière plus générale, on verra que la liberté de la presse est un des attributs de la liberté civile & un moyen de communiquer librement avec la société, qu'on ne peut sans injustice interdire à tout citoyen qui veut en faire usage.

Car les progrès de la société ne lui permettant plus de traiter avec chacun des membres qui la composent, il est juste que la liberté de le faire par écrit ne lui soit point ôtée, & qu'il jouisse des avantages que lui offre à cet égard l'invention de l'imprimerie.

Les tribunaux sont, à la vérité, établis pour donner satisfaction aux citoyens qui ont à se plaindre, sans qu'ils aient besoin de recourir à la nation, sans qu'il leur soit nécessaire de parler au public, & de le prendre pour juge de leurs griefs.

Mais les tribunaux n'ont pour objet que l'exécution des loix, & ne veillent point au maintien de la liberté civile, qui n'a d'appui que dans la communication & le conflit des opinions nationales.

La liberté de la presse soumet à la discussion publique ce qui peut influer sur la félicité de l'état, & par cela même elle éclaire le souverain dans la direction de sa justice & de sa bienfaisance.

Elle tient lieu de l'appel au peuple, & peut, sous ce point de vue, mettre des bornes à la tyrannie, aux vexations.

L'appel au peuple, si puissant à Rome, avoit ses troubles, ses orages : les tyrans pouvoient le rendre nul par un appareil menaçant & capable d'effrayer l'assemblée. La liberté de la presse, à l'abri de ces inconvéniens, mûrit, développe, soutient l'opinion publique, & lui fournit une voie sûre de produire son effet.

D'un autre côté, la puissance légitime & souveraine n'a rien à craindre de la liberté de la presse : elle doit plutôt la considérer comme un des principes constitutifs d'un gouvernement sage & éclairé.

---

(1) J'observerai que dans le moment où j'écris (juin 1789), ces petites entraves n'existent plus de fait, & la nation attend de ses représentans un règlement sur la liberté de la presse ; liberté que la seule force des choses amèneroit, & qu'il est plus sage d'autoriser par des loix positives & adaptées aux circonstances.

La liberté de la presse ne peut avoir que les tyrans pour ennemis & les menteurs pour adversaires. Elle fait toujours surnager la justice & la vérité au déluge de persécutions dont ils cherchent à les accabler.

Elle accélère la circulation & le développement des lumières, en leur facilitant le moyen de paroître avec toute la promptitude & l'énergie de la liberté. Elle rend au génie ses ailes, au patriotisme son essor, à l'humanité ses droits, à tous les citoyens leurs sentimens naturels & la phisionomie qui leur est propre.

Car c'est un des malheureux effets de la gêne, de substituer l'hypocrisie à la franchise, la dissimulation à la sincérité, & le mystère ténébreux aux procédés de l'homme libre & généreux.

L'on voit donc par cet imparfait & léger apperçu, combien on a fait de tort à la société, de violence à la vérité, d'injustice à la liberté, en mettant des entraves aux droits qu'ont les hommes de parler publiquement par la voie de l'impression.

C'est cependant l'effet qu'a produit l'établissement des censeurs royaux.

Ces hommes, ministres des volontés de ceux qui les ont adoptés, ne jugent que d'après l'opinion de leurs maîtres, ne trouvent juste & licite que ce qui cadre avec leurs préjugés, leurs opinions particulières. La crainte & l'adulation règlent ordinairement leurs jugemens. Forcés quelquefois de condamner ce qu'ils admirent, de blâmer ce qu'ils respectent : on les voit tour-à-tour approuver aujourd'hui ce qu'ils avoient proscrit hier.

C'est pourtant sous l'approbation de ces êtres singuliers qu'il faut que tout ouvrage paroisse. Ce n'est que sur leur dire qu'un livre voit le jour licitement & légalement.

Que d'abus dans une pareille institution ! Pour qu'elle eût quelque raison plausible, cette institution, il faudroit au moins que ceux qui sont ainsi érigés en juges du génie, du savoir & des intentions même des écrivains, fussent au moins des hommes d'une science & d'une perspicacité souveraines ; mais il n'en est pas ainsi.

La plupart sont des docteurs, un plus grand nombre des gens de lettres, quelques autres des protégés qui ne soupçonnent pas même de quoi il est question, & qui, comme le médecin malgré lui, font tout ce qu'on veut, chirurgien, apothicaire.

Ceci n'est point une satyre. Il est tel mathématicien qui se trouve quelquefois obligé de prononcer sur une dissertation de médecine, & tel avocat qui approuve, sans savoir pourquoi, un ouvrage sur la crystallisation. Tout dépend de la nomination.

N'en sachons pas mauvais gré aux censeurs royaux ; ils n'y peuvent rien de plus, ils font leur besogne, & que veut-on après cela ?

Sans doute ils sont très-innocens des maux attachés à leur établissement ; mais convenons aussi qu'il en est plusieurs qui se croient vraiment utiles, & affectent d'exercer, avec une sorte de despotisme, leur petit & abusif ministère.

Examinons actuellement les défauts incontestables attachés à cet établissement, & voyons ce qu'on pourroit y substituer.

L'on a voulu, dit-on, mettre des bornes à la licence des écrivains en établissant des censeurs royaux, & cette raison est bien suffisante.

D'abord il est faux que l'on ait réussi, & l'intention de faire un petit bien ne doit point encourager à produire un grand mal, sur-tout quand on n'est pas sûr d'obtenir ce peu de bien. Or, c'est ce qui est arrivé dans l'affaire des censeurs. Les livres vraiment répréhensibles par des principes révoltans, des peintures scandaleuses, sont dans les mains de tout le monde, & mille censeurs de plus en France n'en diminueroient point la reproduction d'un seul par an. Cette formalité n'a donc servi qu'à faire mépriser les défenses de la loi, qu'à attirer sur la puissance publique un reproche de négligence de la part de certaines personnes, & des plaisanteries de la part d'autres.

Dans un état bien constitué, l'on ne doit rien prononcer en vain ; une loi est-elle mauvaise ? révoquez-la, mais ne la laissez point tomber en désuétude par l'impossibilité où l'on se trouve de la faire exécuter.

S'il est prouvé, dira-t-on encore, que l'établissement des censeurs royaux n'a point empêché la publication des mauvais ouvrages, du moins a-t-il produit ce bien que les ouvrages estimables sont faciles à connoître.

Je réponds avec tout le public qu'il n'en est point ainsi, & qu'il est plusieurs ouvrages estimables qui ont été imprimés sans approbation de censeurs. Il y a plus : c'est que des ouvrages imprimés avec cette approbation ont été ensuite supprimés comme ne la méritant pas.

Je ne vois donc aucune utilité réelle dans la nécessité d'obtenir cette approbation, puisque les mauvais ouvrages s'en passent, que les bons n'en ont pas besoin, & qu'elle n'est pas même une marque sûre à laquelle on puisse reconnoître un ouvrage à l'abri des censures du gouvernement.

Si l'on réfléchit maintenant sur les gênes que les censeurs imposent aux gens de lettres, si l'on fait attention aux démarches inutiles qu'ils leur occasionnent, si l'on pense au peu de résistance qu'ils opposent à l'émission des ouvrages dangereux, & que l'on compare tout cela avec la haine que leur ministère inspire, & les satyres qu'ils attirent au gouvernement, on reconnoîtra qu'il y auroit très-peu à risquer en les supprimant, & beaucoup à y gagner.

J'ajouterai qu'il est ridicule qu'un certain nombre d'hommes soit établi pour prononcer sur ce que le public doit lire on ne pas lire. Sur ces choses-là, il ne reconnoît d'autre juge que lui-même, & toutes les chaînes réunies ne seroient pas capables de retenir le goût national à cet égard. Depuis long-temps il est prouvé que les esprits doivent être libres, c'est le seul moyen de les enchaîner au bien.

Si l'on pouvoit trouver un moyen de concilier l'inquiétude de l'administration avec le vœu des citoyens dans ce qui regarde la liberté de la presse, ce seroit d'étendre à quiconque voudroit faire imprimer un ouvrage, le droit qu'ont les avocats de l'envoyer à l'imprimerie en le signant.

Tout homme domicilié répondroit par ce moyen des faits qu'il avanceroit, des injures qu'il prodigueroit, des assertions qu'il prononceroit. Cette méthode rempliroit plusieurs objets à la fois. Elle ne lâcheroit pas la bride à la licence, elle délivreroit les gens de lettres de l'esclavage des censeurs, elle permettroit aux citoyens une discussion modérée & telle qu'elle ne pût pas les compromettre, puisqu'elle seroit signée d'eux; enfin elle détruiroit à jamais cette haine universelle que l'on a pour cette inquisition qu'élève la censure contre les talens, le génie & la liberté.

Je crois ce moyen sage & raisonnable, il ajoute une sorte de dignité à l'existence civile de l'homme. Il ne se cacheroit plus au public pour soutenir ses droits & ses opinions. S'il avançoit un principe contraire à l'ordre social, la société elle même seroit là pour le proscrire. Dans ce qui la regarde, personne ne peut mieux qu'elle prononcer une décision motivée.

L'écrivain audacieux qui attaqueroit les mœurs verroit bientôt son nom noté au coin de l'infamie dans tous les papiers nationaux. La discussion s'établiroit dans tous les genres; la nation attentive à ses intérêts seroit toujours prête à se servir de la même arme dont on l'attaqueroit, pour repousser les coups dangereux. Au milieu de ce conflit d'opinions, de raisonnemens, de débats, il n'y auroit que la justice, la vérité, l'utilité publique qui feroient des progrès & remporteroient des triomphes, les erreurs, les illusions de l'amour-propre périroient aussi-tôt qu'elles seroient nées.

Je ne vois aucune objection raisonnable à faire à cela. Si les censeurs royaux ont été établis pour mettre un frein à la licence de certains écrivains, l'obligation de signer son ouvrage est une voie plus sûre pour conduire à cette fin.

Il est vrai que les mauvais ouvrages pourront également être imprimés furtivement; mais cet inconvénient a également lieu sous le régime des censeurs, & de plus, compromet l'autorité: sous la nouvelle forme, il ne compromettroit personne.

Le mieux seroit peut-être de permettre ce qu'on ne peut empêcher, & de laisser jouir entièrement les citoyens d'un droit dont on ne peut guères les déposséder; mais si l'on vouloit établir une forme moins rigoureuse que celle qui existe, & ne pas multiplier inutilement les fautes du gouvernement, ce seroit d'adopter le réglement que je viens de proposer.

CENSURE, s. f. Reprimande, examen sévère, jugement moral prononcé sur la conduite & les mœurs de quelqu'un; il se dit aussi du tribunal, chargé d'exercer la censure.

La censure est pour les mœurs, ce que les jugemens sont pour les crimes. J'entends ici par mœurs, non pas les bonnes ou les mauvaises mœurs, absolument & considérée seulement dans la conduite particulière des individus, mais celles qui blessent ou qui servent l'intérêt public, ou de quelque corps; les mœurs reconnues utiles ou nuisibles, dont la conservation ou la réforme est importante à la tranquillité publique, ou à la constitution.

C'est un droit délicat que celui de la censure; elle déclare ou l'opinion publique, si elle s'exerce dans l'état, ou l'opinion de corps si elle a lieu dans une compagnie particulière. Ainsi la censure porte toujours un caractère tant soit peu arbitraire, puisqu'elle prend sa source dans l'opinion, qui se compose successivement de faits épars. Ce ne sont pas toujours des faits précis qui donnent lieu à la censure, c'est la personne sur qui elle prononce, & le résultat qui touche à la personne, dépend souvent de faits, qui, chacun à part, ne sont pas susceptibles d'un jugement particulier.

Ainsi, le caractère propre à la censure, c'est d'être le prononcé de l'opinion sur la personne: dans les nations où tous les ordres de citoyens sont soumis à la censure, le tribunal censorial, comme dit Rousseau, est le déclarateur de l'opinion publique, dans les corps qui ont une censure particulière sur leurs membres, l'acte de la censure est la déclaration de l'opinion du corps.

Voilà donc la définition de la censure. Voici ce qui la distingue des jugemens. On punit les crimes, on maintient les mœurs; c'est la loi qui fait l'un par les tribunaux, c'est la censure qui fait l'autre par l'opinion.

Pour punir, il faut un crime & une loi; pour corriger, il faut des torts & une opinion. Dans le premier cas, tout est perdu, s'il n'y a pas de preuves juridiques; dans le second tout est perdu si l'on en exige. Il n'y a point de liberté, point de sûreté si le châtiment dépend du magistrat, & n'est point foumis à des formes. Il n'y a ni honneur ni délicateffe, fi dans tous les états il fuffit de n'être pas criminel.

Ainfi, au juge, il faut un fait, des pièces, des témoins, des confrontations. A la *cenfure*, il faut une fuite d'actes répréhenfibles, des torts fuffifamment conftatés, & l'opinion qui en réfulte.

L'on confond quelquefois ce qui eft différent ; à des actes de *cenfure*, on oppofe les loix de la fûreté publique, les formes légales, les règles de l'ordre judiciaire ; on veut une inftruction folemnelle en matière de mœurs & de caractère, comme s'il s'agiffoit d'infliger des châtimens à un coupable ; par là on anéantit la *cenfure* qui n'eft pas fufceptible de ces formes ; on force l'honneur à fe taire ou à n'éclater que contre les crimes ; on laiffe périr les mœurs, l'efprit d'état, les préjugés utiles ; car la loi n'a point d'armes contre ce dépériffement, elle coupe les membres gangrenés, mais elle n'empêche pas les autres de le devenir. Si elle effraie, elle n'encourage pas ; fi elle retient une main prête à frapper, elle ne forcera pas de la rendre au malheureux qui l'implore. La loi réprime les méchans, & ne multiplie pas les gens de bien.

Des peuples diftingués par leur civilifation, ont admis cette magiftrature. Chez les romains la rigueur des formes contre les crimes étoit portée jufqu'à la plus fcrupuleufe exactitude, & le cenfeur jettoit d'un gefte des fénateurs dans l'ordre des chevaliers. *Non voce, non decreto, fed nutu*, difoit *Cicéron* ; & fans ce merveilleux defpotifme des mœurs, ajoute-t-il, cette république qui chancelle, nous ne l'aurions plus ; ce qui prouve la différence confidérable qui fe trouve entre les *jugemens & la cenfure, le magiftrat civil & le cenfeur des mœurs publiques*.

Les fénateurs exclus du fénat, pouvoient crier que cette expulfion étoit une mort civile ; que la main du cenfeur qui les réleguoit dans une claffe inférieure, étoit armée du poignard du defpotifme ; que l'état des citoyens eft fous la protection de la loi. Il ne croient point ; il falloit obéir, & la république étoit tranquille. Tel au moins nous peint-on l'avantage de la *cenfure*. Si toutefois c'en étoit un.

Quelle eft la néceffité de la *cenfure* ? Ceci tient à tant d'idées, & embraffe tant d'objets, qu'il eft impoffible de le traiter ici avec toute l'étendue qui lui convient.

En général, on peut dire avec *Rouffeau*, que là où il y a des mœurs, la *cenfure* eft bonne pour les conferver ; quand elles font perdues, elle ne fert à rien pour la rétablir, & elle ne peut enfanter que des troubles fans fruit. Les mœurs garantiffent l'équité de la *cenfure*, & la *cenfure* prévient le dépériffement des mœurs. Auffi, *voyez Montefquieu* ; il veut dans les républiques qui ont de la vertu, que les cenfeurs

notent la tiédeur, jugent les négligences, & corrigent leurs fautes comme les loix puniffent les crimes. Il veut que ce qui ne choque point les loix, mais les élude, ce qui ne les détruit pas, mais les affoiblit, foit corrigé par les cenfeurs.

Ainfi, dans un état où la corruption générale auroit prévalu, au point de rendre les loix même impuiffantes, la *cenfure* publique appliquée à tous les ordres de l'état, bouleverferoit tout & ne corrigeroit pas ; elle fouleveroit fans être utile. Quand la *cenfure* n'eft bonne à rien, elle eft très-pernicieufe.

Ce raifonnement conduit naturellement à conclure que plus les mœurs font pures, le gouvernement fage, & les hommes libres, & plus la *cenfure* a d'autorité.

Ces vues générales fe particularifent & s'appliquent aux différens corps du même état. Si l'état eft corrompu, allez par de bonnes loix, au-devant de la corruption, lorfqu'elle peut ébranler l'édifice public ; mais point de cenfeurs ; ils exciteroient, ou la révolte s'ils étoient fermes, ou la dérifion s'ils étoient foibles. N'irritez point le méchant contre la vertu, ne lui apprenez pas à fe moquer d'elle. Mais s'il exifte un corps particulier dont les caractères foient tels que la *cenfure* y foit exercée avec fruit, non feulement laiffez-lui fon utile difcipline, mais encouragez l'honneur à proportion qu'il eft plus rare.

Je ne vois pas, au refte, pourquoi Montefquieu loue comme une admirable inftitution celle des romains de ne jamais foumettre *les cenfeurs, même hors de place, à rendre compte de leur conduite*. L'arbitraire de leur pouvoir, les effets terribles qu'il produifoit fur l'état des citoyens, l'obéiffance fcrupuleufe qu'on leur accordoit, tout en eux avoit befoin d'un contrepoids refpectable qui pût tenir en bride leurs paffions ou leurs préventions perfonnelles. Leur volonté ayant force de loi, pourquoi ne feroient-ils pas foumis, comme les premiers magiftrats, à rendre compte du motif qui les déterminoient à dégrader tel citoyen ou à flétrir tel autre ? *Il faut*, ajoute Montefquieu, *donner de la confiance aux cenfeurs, & jamais de découragement*. Mais eft-ce décourager l'homme jufte, le magiftrat impartial, que de l'affujettir à une forme qui ne peut que donner plus de luftre à fes vertus ? Au total le peuple n'eft point injufte, & jamais les romains n'auroient puni un cenfeur pour avoir dégradé un citoyen dont les vices pouvoient troubler la république.

Au refte, quoique la *cenfure* ait eu d'affez heureux effets chez les romains, ou que du moins l'on puiffe lui en attribuer quelques-uns, peut-être ne feroit-elle pas également profitable dans notre état actuel de civilifation. Les mœurs ne font plus auffi étroitement unies à la tranquillité, à la profpérité politique de l'état. La forme du gouvernement en

France, & même dans tous les états policés de l'Europe, ne tire point sa force des mœurs ou de la conduite des particuliers. C'étoit principalement à soutenir les vertus courageuses & guerrières que tendoit la morale publique chez les anciens peuples, & sur-tout à Rome. Il étoit très-important chez eux de nourrir le caractère belliqueux; tout établissement qui pouvoit y contribuer, devenoit par cela même une partie essentielle du gouvernement, & c'est ce que faisoit la *censure*, en déclarant sur-tout la guerre au luxe & à la mollesse. Mais chez nous les progrès de la civilisation, les changemens survenus dans l'art militaire, les prodiges de la tactique ont changé tout cela. Le génie, l'habileté, l'adresse ont pris la place de la force, & quelquefois vaincu le courage même; les royaumes s'attaquant & se défendant avec de l'argent, la mollesse, le luxe ne sont point aujourd'hui des vices qui perdent les états?

Mais s'il est vrai que l'établissement de la *censure* ne présenteroit parmi nous qu'une magistrature sans utilité pour le maintien des vertus guerrières, on peut croire qu'il est des circonstances, où sagement modifiée, elle contribueroit à détruire dans la société des vices, des abus, des déréglemens qui échappent aux loix, & sur lesquelles elles ne peuvent pas prononcer.

Cependant, si l'on y fait bien attention, on verra que sans avoir recours à aucun pouvoir arbitraire, il s'est établi une *censure* générale qui frappe les hommes dont les vices peuvent altérer le bonheur public, *censure* qui est vraiment l'ouvrage de notre civilisation. Ce tribunal qui juge & condamne, flétrit ou récompense est *l'opinion publique*, puissance terrible qui acquiert tous les jours de nouvelles forces, & qui règle la conduite de tous les gouvernemens actuels. Son activité lente agir invisiblement & par-tout. Elle réforme les mœurs & les usages, dicte des sentences dont on ne peut pas appeller; & telle est son autorité, que le despotisme le plus absolu est enfin obligé de s'y soumettre.

On voit donc que si l'on peut regarder en général la *censure* comme un établissement utile pour le maintien des mœurs publiques, il est des temps & des lieux où son intervention seroit superflue. Chez nous, par exemple, l'opinion publique rivale d'abord de la *censure*, la domineroit bientôt, & si les décisions de l'une cessoient d'être celles de l'autre, on verroit un conflit qui tourneroit infailliblement à la perte de la première. La *censure* ne peut être que l'énoncé de l'opinion publique pour être efficace, mais cette opinion qui l'auroit précédée seroit encore plus sûre de ses coups.

Nous pouvons donc regarder l'opinion publique qui paroit prendre tant d'ascendant à présent, comme une *censure* naturelle & impartiale qui flétrit également tous ceux qui portent atteinte, par leur conduite scandaleuse, aux mœurs & à l'honnêteté publique; & si l'on ne peut pas dire qu'elle les dégrade positivement, comme faisoit la *censure* romaine, du moins soyez sûr, & l'expérience le prouve, qu'elle met un obstacle invincible à leur élévation, & leur interdit toute influence personnelle sur le gouvernement, & peut-être toute considération dans l'état. *Voyez* OPINION PUBLIQUE.

Il n'en est pas tout-à-fait de même dans les corps. Quoique l'opinion générale pénètre par-tout, agisse par-tout, & porte ses arrêts sur les corps comme sur les particuliers, peut-être doit-on regarder la *censure* comme un établissement de discipline, qui pourroit y conserver une conduite & une habitude de mœurs propres à leur concilier l'estime & la bienveillance publique. Mais l'esprit de corps & les préjugés d'état sont encore ici des écueils qu'il est difficile d'éviter, & qui peuvent causer bien des désordres parmi les membres d'une compagnie.

En général, tous les établissemens de cette espèce sont sujets à de grands abus; & lorsqu'on les envisage sous toutes les faces, on reste dans une grande incertitude sur leur utilité. Il est si dangereux de commettre aux mains de quelques individus l'honneur des hommes, de faire dépendre le bonheur de ceux-ci, de l'opinion particulière, des idées des autres, qu'en vérité le législateur prudent & sage doit y regarder à deux fois, & ne jamais prononcer légèrement sur des objets d'une aussi grande importance.

Si Rome mit la *censure* au rang de ses institutions civiles, Athènes ne la connut point, & les vices de l'une ne furent pas supérieurs à ceux de l'autre. On croit même voir dans la capitale de la Grèce une douceur de mœurs, une modération de conduite qu'on ne retrouve point à Rome, où les crimes qui tiennent à la corruption étoient portés au plus haut degré, même sous le règne de la liberté.

La nécessité de confier cette délicate magistrature à des hommes susceptibles de haine, de vengeance & d'erreurs comme les autres, donna lieu à ces désordres publics dans l'état. L'histoire nous fait connoître que le dictateur *Mamercus* en ayant réduit la durée à dix-huit mois, fut dégradé par la vengeance des censeurs. Le peuple indigné voulut les punir, *Mamercus* intercéda pour eux. Les censeurs, dit Tite-Live, s'accordoient rarement, & la diversité de leurs avis rendoient leur magistrature moins respectable. Quelquefois ils se dégradoient réciproquement, à peu près comme ces papes de différentes factions, qui s'excommunioient chacun au nom du même pouvoir.

Le censeur *Livius* donna un exemple de vengeance qui prouve combien une magistrature de cette espèce peut causer d'injustices & de troubles; il dégrada trente-quatre des tribus de Rome, & les condamna à l'amende, en disant qu'elles étoient

coupables

coupables de l'avoir condamné, quelques années auparavant, quoiqu'il fût innocent, ou qu'elles l'étoient de l'avoir élu depuis pour conful & pour cenfeur, quoiqu'il fût criminel ; comme fi un magiftrat pouvoit revenir fur le jugement de fon fouverain, & s'ériger en juge & partie.

D'ailleurs il falloit ou que les cenfeurs fuffent impuiffans ou bien partiaux, puifqu'en même temps qu'ils dégradoient un homme pour avoir embraffé publiquement une femme, nous ne voyons pas qu'ils aient flétri les *Marius*, les *Sylla*, les *Catilina*, les *Salluſte*, les *Céſar*, dont la jeuneffe fut des plus dépravées, & les mœurs du plus terrible exemple pour la république. Leur fermeté eut fauvé l'état ; mais cette magiftrature, comme toutes celles du même genre, n'eut d'énergie que contre les foibles, les grands criminels la rendirent impuiffante.

Par ces raifons, & d'autres encore que l'on pourroit apporter pour & contre la *cenfure*, il réfulte que le bien & le mal quelle peut produire font également certains & également importans, & que fi jamais l'on vouloit établir un femblable tribunal, il faudroit, par des loix pofitives, circonfcrire l'étendue de fes pouvoirs. Cette voie qui paroît fujette à de grands détails, eft cependant la plus fûre pour fe mettre à l'abri des écarts de tout pouvoir conftitué.

Ainfi, dans l'établiffement d'un tribunal moral, il faudroit trois chofes ; 1°. que les membres en fuffent élus au fcrutin par ceux qui devroient en reconnoître le pouvoir : 2°. que les objets fur lefquels leur cenfure pourroit s'étendre, fuffent limités, & que leurs fonctions fuffent feulement de déclarer coupable de tel délit moral la perfonne qui leur feroit connue pour tel ; 3°. qu'ils ne puffent pas prononcer d'après une préfomption ou le feul témoignage de leur confcience, mais d'après des preuves articulées & pofitivement énoncées de telle ou telle faute, reffortiffant à leur jurifdiction.

Je crois qu'un tribunal ainfi conftitué pourroit avoir fon utilité, ne fût-ce, & ce feroit fon principal objet, que pour infliger une peine à des délits fur lefquels la loi ne prononce pas, tels que ceux de la mauvaife foi, de la dureté, de l'infenfibilité, de l'infidélité, dont nous avons parlé au mot ACTION, & dont nous parlerons encore à l'article DÉLIT MORAL.

Mais une femblable magiftrature différeroit beaucoup de la *cenfure* romaine ; elle pourroit en avoir les avantages fans être expofé à produire les mêmes abus.

CÉRÉMONIE, f. f. Ordre obfervé dans quelque action publique ou privée, & accompagné de plus ou de moins de pompe & de magnificence.

C'eft des *cérémonies* publiques dont il doit être queftion ici. Elles font aux événemens qui les mo-

tivent ce que la décoration eft à un édifice ; elles n'en font pas l'effentiel, mais elles contribuent à lui donner du relief & de l'apparence.

Les *cérémonies* publiques ont encore un autre genre d'utilité ; fouvent elles font la déclaration tacite de certains droits qu'on ne veut pas avouer ou qu'on a intérêt de taire. Par exemple, la *cérémonie* de la publication de la paix & de la guerre, eft une reconnoiffance du droit qu'a le peuple de connoître de la paix & de la guerre, &c.

Quelquefois une *cérémonie* rappelle des ufages anciens qu'il eft important de conferver, ou du moins qui fervent à faire connoître l'hiftoire de la civilifation & des traditions religieufes.

Cette remarque eft fur-tout vraie à l'égard de l'églife. Les *cérémonies* auguftes qu'elle a confervées font un témoignage vivant de l'ancienneté de fon miniftère, en même temps qu'elles commandent le refpect extérieur & le recueillement à ceux qui en font témoins.

La politique emploie auffi les *cérémonies*, foit dans les procès confidérables, foit dans les événemens importans, comme les facres des rois, les ouvertures des états ou des affemblées fouveraines, &c. Ces ufages quoique fuperficiels & peu utiles par eux-mêmes au fond de la chofe, ne laiffent pas que d'ajouter de la dignité aux perfonnes, & de les préparer à foutenir en public l'idée que la pompe de la *cérémonie* a donnée d'eux.

La difcipline militaire eft pleine de *cérémonies*, & fans elle peut-être qu'elle fe foutiendroit mal, tant les hommes font faciles à fubjuguer par les fens.

Mais fi l'utilité des *cérémonies* eft inconteftable en certain cas, combien de fois dégénèrent-elles auffi en puérilités, en minuties, & abforbent-elles un temps précieux ? Au refte, je remarquerai qu'il y a des nations chez qui elles font plus néceffaires qu'ailleurs ; car celles dont le caractère eft impétueux, léger, a befoin d'être retenu par des longueurs, des inutilités qui lui donnent le temps de la réflexion.

Les *cérémonies* publiques, confidérées par rapport au magiftrat de police, préfentent deux points de vue qu'il eft important de connoître ; d'abord pour en ordonner l'exécution, en fecond lieu pour y mettre l'ordre & la fûreté.

Toutes les loix municipales, & entr'autres l'édit de 1706, attribuent aux officiers municipaux le foin des *cérémonies* publiques, en même temps qu'elles laiffent à ceux de police le foin de pourvoir à la fûreté publique, en prévenant les accidens.

Ces momens exigent, en effet, beaucoup d'attention pour empêcher les défordres qui peuvent naître de l'affluence du peuple qui fe porte en foule vers le lieu de la *cérémonie* : alors on doit placer des gardes chargés d'arrêter la marche des carroffes, & de les diriger en certains fens, d'empêcher le brigandage & les excès des gens mal intentionnés. Il ne feroit pas non plus inutile de tenir prêts les fecours dont pourroient avoir befoin les perfonnes bleffées, en cas qu'il arrivât quelqu'accident. Tout dépend de la fageffe & de l'intelligence des corps chargés de la police. Il n'eft pas mauvais, quand la *cérémonie* en mérite la peine, d'en faire connoître d'avance au public le lieu & le moment & de l'inftruire des endroits par où elle doit paffer, afin de mettre chacun à portée de la voir, ce qui prévient la foule & la confufion.

CHAISE, f. f. Meuble fervant à s'affeoir. La *chaife* differe du fauteuil en ce qu'elle n'a pas de bras & que le dos n'en eft pas fi élevé.

La commodité de ce meuble en a fait placer dans les jardins publics & les églifes : les unes & les autres font affermées, les premières au profit des gouverneurs des châteaux, & les fecondes au profit des fabriques. Quelquefois il fuffit d'une permiffion pour tenir des chaifes au fervice du public ; comme fur les boulevarts à Paris.

Le prix des chaifes eft ordinairement fixé à un fol dans les jardins royaux à Paris, on en paie deux pour celles du Palais-Royal ; & vu la grande quantité de monde qui en fait ufage, il en doit réfulter un produit remarquable.

Le prix des *chaifes* des églifes fe règle dans les bureaux des fabriques, & c'eft là où s'en paffe le bail de fermage. *Voyez* ASSEMBLÉE DE PAROISSE.

Les conceffions de bancs & *chaifes* pour les particuliers, dans les églifes, fe font par les marguilliers réunis en bureau ordinaire de la fabrique. Loyfeau, ch. 11, n°. 65. Elles ne peuvent être faites que pour la vie des perfonnes qui les demandent, & après trois publications. Les veuves jouiffent de la conceffion faite à leurs maris, & de la même manière qu'ils en jouiffoient. Il faut demeurer actuellement fur la paroiffe pour pouvoir fe rendre adjudicataire d'un banc, & lorfque celui qui a joui d'un banc quitte la paroiffe, le banc doit être de nouveau crié. Le prix de vente ou conceffion de bancs appartient à la fabrique : les publications fe font dans l'églife même, à l'iffue de la grand'meffe ou vêpres, & il eft défendu d'en faire pendant le fervice divin. Tout ce que nous difons des bancs doit s'entendre des *chaifes* fixes, & non de celles qui font mobiles & publiques, & qu'on paie au mois, à la femaine, ou tant par office.

Le prix de ces dernières doit être réglé pour les différens offices & inftructions de chaque temps de l'année par délibération du bureau, ou de l'affemblée générale, qui doit être annexée à la minute du bail, & infcrite fur un tableau qui fe met dans l'églife, en un endroit vifible.

Les réglemens fur le loyer des *chaifes* veulent qu'on n'exige aucune rétribution du public pour les meffes, prônes & inftructions des dimanches & fêtes ; mais la rétribution eft exigée de fait, & paffée en ufage, excepté pourtant aux inftructions, où l'on a confervé le droit de ne rien payer, ce qui devroit être de même pour le refte ; car il n'y a rien de fi déplacé & de fi indécent que de faire payer la facilité d'affifter commodément au fervice divin : l'impudence des loueurs de *chaifes* eft même venue à cet excès, dans les grandes églifes, que les jours de cérémonie ou de prédicateurs courus, le peuple qui ne paie pas eft prefque expulfé par eux, de l'églife, ou du moins des endroits où il peut voir & entendre. Cette habitude fcandaleufe devroit être réprimée.

Après avoir parlé des *chaifes* des églifes & de jardins publics, parlons des *chaifes-à-porteurs* & par la même occafion des brouettes dont on fait ufage à Paris.

La *chaife-à-porteur* ou à bras étoit fort en ufage à la fin du feizième fiècle & au commencement du dix-feptième ; c'étoit, pour ainfi dire, la feu e voiture de commodité que l'on eût à Paris & dans nos grandes villes de province. Les carroffes étant pour lors très-rares & en petit nombre, même parmi les grands, on étoit obligé de fe fervir de *chaifes-à-porteurs*, fur-tout dans un temps où la police du nettoiement des rues n'étoit point auffi foignée qu'aujourd'hui, quoique très-imparfaite encore. Cette néceffité fit naître l'idée d'en établir de publiques fur les places & dans les carrefours ; & en même temps donna lieu à un privilège excluffif qu'un M. Petit, capitaine des gardes, n'eut pas honte de folliciter du roi Louis XIII, qui le lui accorda par lettres-patentes du 22 octobre 1617. Ainfi voila encore un courtifan auteur d'un privilège excluffif : tous les genres d'entraves nous viennent donc de la cour. Ce qu'il y a de plaifant, c'eft que dans ces conceffions on allègue toujours des motifs de bien public, quoiqu'il n'y en ait d'autre que l'intérêt des impétrans. L'arrêt d'enregiftrement porte que les particuliers feront libres d'avoir des *chaifes* chez eux, & qu'on ne pourra pas les forcer à ne fe fervir que de celles de louage.

En 1639, ce privilège paffa au capitaine des moufquetaires du cardinal de Richelieu ; qui en obtint la jouiffance pour toutes les villes du royaume. Après différentes révolutions qui le firent paffer dans plufieurs mains ; le marquis de Cavoy, grand maréchal-des-logis, en fut gratifié par Louis XIV, pour lui & fes enfans, cette conceffion fut renouvellée en 1719 pour quarante années.

Dès 1669, un arrêt du confeil a attribué au lieutenant de police l'infpection fur les porteurs de *chaifes*, & le pouvoir d'empêcher que perfonne n'entreprenne de faire ce métier au préjudice de l'intérêt des propriétaires du privilège excluffif. Par cet arrêt,

il eſt défendu à tous porteurs, bricoliers, de s'immiſ-
cer à porter aucune *chaiſe* pour le public, s'ils n'en
ont obtenu la permiſſion des conceſſionnaires, ou
s'ils ne ſont domeſtiques de ceux qui ont des *chaiſes*,
à peine de confiſcation & de 50 livres d'amende (1).
On attribue au lieutenant de police de Paris toute
cour, juriſdiction & connoiſſance de tous les différends qui interviendront pour raiſon du privilège
& de l'uſage public des *chaiſes-à-porteurs*.

Enfin ce privilège des *chaiſes-à-porteurs* a été,
par lettres-patentes de 1767, confirmées par arrêt du
14 février 1770, concédé à la vicomteſſe de Bour-
deilles, pour en jouir, elle, ſes héritiers ou ayant
cauſes dans toute l'étendue du royaume, avec défenſes aux carroſſiers & autres d'en faire porter par
aucun bricolier ou autres perſonnes, avec la réſerve du droit des particuliers d'en avoir chez eux,
qu'ils peuvent faire porter par des domeſtiques, ou
par des hommes aux gages des conceſſionnaires.

L'inconvénient des privilèges excluſifs n'eſt pas ſeulement d'interdire au public l'exercice du droit qui
lui appartient dans un genre d'induſtrie, mais encore d'empêcher toute invention qui auroit quelque
rapport avec elle ; c'eſt ainſi qu'à l'époque de celui
qui avoit pour objet les *chaiſes* dont nous venons
de parler, quelques particuliers ayant imaginé des
brouettes ou petites voitures à caiſſe & à deux roues,
tirées par un ou deux hommes, les conceſſionnaires
qualifièrent ce genre d'induſtrie d'infraction, de contravention à leur privilège, & les brouetteurs furent
interdits ou forcés d'obtenir des privilégiés la permiſſion, à prix d'argent, d'exercer publiquement le
métier de brouetteurs ; & cela, parce que le roi jugea
à propos d'accorder, par brevet du 24 mai 1639,
ce pouvoir excluſivement aux ſieurs marquis de *Cavoy* & de *Montbrun*, bricoliers & brouetteurs privilégiés du roi.

Mais ceux-ci ne jouirent pas de ce don illégal,
ce ne fut qu'en 1671 qu'un M. *Dupin*, autre privilégié, en fit mettre ſur la place. Bientôt par un effet
de notre caractère, ces voitures furent le jouet de
toute la jeuneſſe : on ne pouvoit ſe faire à la ridicule poſture de ces malheureux qui ſe tuent à
traîner dans une niche un homme qui peut fort bien
ſe ſervir de ſes jambes, ſans emprunter celles des
autres. Ces brouettes ou *chaiſes* à bras furent ren-
verſées maintes fois, & les traîneurs & les traînés
jettés dans la boue & réduits au même état. Mais

une ordonnance de police, du 28 avril 1671, mit
fin à cette pétulance : il y eſt défendu d'empêcher
le roulage des brouettes par des huées, des ſar-
caſmes, des injures ou autrement (2).

Après l'expiration du privilège de Dupin, il paſſa,
en 1715, à Bontems, valet de chambre du roi,
& à deux marquis aſſociés, & ſe continue encore
ſous la même forme de régie que celui des *chaiſes-
à-porteurs*.

Il y a un bureau pour recevoir les ſoumiſſions
des particuliers qui ſe préſentent pour travailler.
C'eſt là qu'après les avoir agréés pour porter ou
rouler, on leur délivre des *chaiſes* bien condition-
nées & en état de ſervir le public ; les propriétaires
du privilège ſe chargent de les entretenir, & les
porteurs auſſi bien que les conducteurs ſont tenus
de payer par ſemaine une rétribution convenue au
bureau dont ils dépendent. Toutes les *chaiſes* ſont
marquées, tant pour la ſûreté du droit, que pour
le bon ordre, & les propriétaires du privilège dé-
ſignent à leurs gens les endroits où ils doivent expoſer leurs voitures. Les réglemens de police pour
les porteurs & tireurs de *chaiſes* à bras & roulantes,
ſont à peu près les mêmes. Ils ſe bornent à exiger
des propriétaires qu'ils donneront des *chaiſes* ſolides ;
que les porteurs & tireurs ne prendront pas plus que
la taxe ; que chaque *chaiſe* ſera numérotée, &
chaque numéro porté ſur un regiſtre, avec le nom
des employés ; que les *chaiſes* & brouettes ſe tiennent aux lieux qui leur ſont déſignés ; que les hardes & effets ſeront remis fidèlement à ceux qui en
auroient oublié dans les *chaiſes* : c'eſt ce qui eſt
ſpécialement preſcrit par l'ordonnance de police de
paris, du 30 mai 1782.

Nous finiſſons en remarquant que l'uſage des
chaiſes à bras eſt bien tombé à Paris, ainſi que celui des brouettes ; mais il ſe ſoutient à Verſailles,
ſur-tout celui des premières. C'eſt la raiſon pour
laquelle les gens du bel air, & qui veulent ſe donner le ton d'homme de cour, ne diſent pas *groſſier comme un manant* ou tout autrement, mais *groſſier comme un porteur de chaiſe* : cela ſent ſon langage d'homme qui ne hante que les ſociétés de
Verſailles.

CHAMBRE, ſ. f. Logement d'une ſeule pièce
où il y a cheminée ; quand elle eſt au rez-de-chauſſée

---

(1) Il eſt dit dans cet arrêt que des particuliers s'attrouppent pour exercer librement l'état de porteurs de *chaiſes*. Tout
privilège excluſif a produit des réclamations & des réſiſtances. Ces *attrouppemens* que condamne l'arrêt ſont de juſtes
démarches pour obtenir ce que la juſtice, l'équité, le d oit commun autoriſent, & dont on a voit ſans cauſe légitime,
le public, & ſur-tout le public induſtrieux. C'eſt ainſi qu'on doit ſe méfier des qualifications que l'adminiſtration donne
aux démarches du peuple.

(2) Je le répète, il faut toute la force de l'habitude pour ne pas être ſtupéfié de voir l'humiliante, la fatigante poſture
d'un pauvre brouetteur. On ſait l'hiſtoire d'un provincial, qui voyant cette ſingulière voiture, la ſuivit long-temps des
yeux, s'en approcha enfin, & voyant un bourgeois fort bien portant & fort à l'aiſe dedans, lui dit : Monſieur, oſe-rois-
je vous demander ce qu'a fait ce pauvre homme pour être ainſi réduit à cet état de ſouffrance ? il eſt tout en eau & à l'air
de ne plus pouvoir aller : pourroit-on lui obtenir ſa grace ? l'autre répondit : il eſt forcé de faire la courſe.

elle fe nomme *falle*, & lorfqu'il n'y a point de che-minée, c'eft un cabinet.

Le louage des *chambres* varie fuivant les coutumes locales : à Paris on les loue par quartier, c'eft-à-dire, tous les trois mois.

Les *chambres* qui fe louent vuides pour être ha-bitées par des perfonnes cans leurs meubles, ne font pas du reffort de la police, & fi ceux qui louent vont aux informations c'eft de leur propre volonté & pour connoître fi leurs nouveaux locataires paient bien.

Pour les *chambres* garnies, elles font affujetties aux réglemens de police, & nous avons dit notre façon de penfer à cet égard, au mot AUBERGE, ou plutôt nous n'avons fait qu'énoncer ce que la juf-tice & le bon fens indiquent.

En effet, fi c'eft une précaution utile, je n'en fais rien, d'exiger d'un homme, qu'il déclare fon nom & fa qualité pour pouvoir trouver à loger en *chambre* garnie, au rifque de coucher dans la rue, c'en eft au moins une vexatoire & ridicule d'aller chez lui à telle heure de nuit qu'il plaît au commif-faire & à l'infpecteur de police, le faire lever, l'in-quiéter, le queftionner, l'examiner, homme ou femme, fans égard, fans retenue, fans décence. Je ne vois que des défordres à cela, & ce qu'on prétend nous dire pour nous prouver que c'eft une inftitution admirable, me parêt le difcours d'un fripon ou d'un gueux falarié par le plus vil defpotifme. *Voyez* AUBERGE.

CHAIRCUITIER, f. m. Celui qui cuit & apprête la chair de porc pour en faire différentes efpèces d'apprêts, fous le nom de boudin, cervelats, faucifles, &c.

Les bouchers avoient autrefois le commerce & débit de la viande de porc, mais on crut voir que cet animal étant fujet à une maladie qu'on nomme *ladrerie*, il importoit d'en interdire la vente aux bouchers, & de la confier à une communauté particulière : c'eft ce qui donna lieu à la communauté des *chaircuitiers*, fous le roi Louis XI.

On créa par la fuite, différens officiers, pour examiner la viande des porcs, avant que les *chair-cuitiers* l'employaffent. Tels étoient les langayeurs de porcs, qui examinoient fi ceux que l'on tuoit n'étoient point attaqués de la ladrerie.

Aujourd'hui, foit que cette maladie des cochons n'exifte plus, foit qu'elle ne faffe point de mal à ceux qui mangent de la chair des animaux qui en font attaqués, on ne prend plus tant de précautions, & tout fe vend, tout fe mange, & par-deffus le marché fe paie fort cher.

Les *chaircuitiers* ne tuent point, ne dépècent point eux-mêmes les cochons. Il y a une compagnie

chargée de cela, qui a des échaudoirs dans deux quartiers de Paris. Il en coûte vingt-quatre fols à un *chaircuitier*, pour faire vuider, nétoyer, appro-prier un porc.

Cet établiffement a plufieurs avantages. 1°. Il éloigne du centre de Paris la puanteur, que ne manqueroient pas de produire le fang & les ordures répandus dans les rues; 2°. Il délivre les oreilles des bourgeois, des cris perçans de ces miférables animaux, à qui l'on tire lentement le fang, pour en faire une drogue qu'on appelle *boudin*, & qui eft bien le plus indigne manger qu'on puiffe voir, mais qu'on vend fort cher; 3°. ces échaudoirs éloignés des boutiques de *chaircuitiers*, & non foumis à leur volonté, empêchent, qu'ils ne met-tent autant de faloperies qu'ils feroient dans leurs marchandifes, s'ils avoient fous leurs mains, les débris des cochons; quoiqu'ils en mettent déjà affez.

Suivant l'édit de 1776, les *chaircuitiers* forment à Paris, la quarante-quatrième des communautés d'artifans, & la maîtrife y coûte neuf cents livres.

Dans les autres villes, l'état de *chaircuitier* eft uni à celui de boucher. A Lyon, la maîtrife coûte cent cinquante livres; dans les provinces aux villes du premier ordre, quatre cents livres, & aux villes du fecond ordre, deux cents livres. En général, à Lyon, les maîtrifes des profeffions qui ont pour objet l'apprêt & la vente des comeftibles, font moins cheres qu'ailleurs.

CHAMPIGNON, f. m. Plante fpongieufe, & qu'on emploie pour l'affaifonnement de ce qu'on appelle des ragoûts & des fricaffées.

Ce végétal eft très-dangereux à la fanté : il a caufé des accidens graves, la mort même; parce que dans la claffe des *champignons*, il s'en trouve d'une efpèce malfaifante, quoique parfaitement reffemblant aux autres.

La police, dont l'objet eft de veiller fingulière-ment à tout ce qui peut expofer à des périls, la vie des citoyens, doit porter une attention férieufe fur la vente des *champignons*, afin de mettre le public à l'abri des effets de l'ignorance ou de la cupidité du marchand ou jardinier, qui en pourroient mettre de mauvaife qualité fur le carreau des halles.

C'eft le motif d'une ordonnance fort fage de la police de Paris, du 13 mai 1782; quoiqu'elle foit très-mal exécutée, par cela feul qu'elle n'a pour objet que l'utilité publique, fans être lucrative aux agens de la police, nous en rapporterons néanmoins les principales difpofitions, afin de fervir de modèles aux officiers des autres villes, qui feroient dans le cas d'en rendre de femblables.

D'abord on obferve qu'il fe vend à la halle une efpèce de *champignon*, fous le nom de moufferon, qui n'eft pas le véritable *champignon* ; que ce végétal eft nuifible à la fanté ; que l'on garde auffi des *champignons* ordinaires plus d'un jour, ce qui leur fait contracter une qualité dangereufe, & que ces deux abus étant très-pernicieux au public, ainfi qu'il a été prouvé par l'expérience & les obfervations des médecins, la police doit prendre des précautions pour y remédier. C'eft pourquoi il eft défendu, fous peine d'amende, d'expofer en vente aucuns mousferons ou efpèces de *champignons* dangereux, comme de garder plus d'un jour les *champignons* ordinaires; & pour l'exécution de ce réglement, il eft enjoint aux fyndics des jardiniers, de vifiter exactement tous les *champignons* qui font mis en vente, de faifir tous ceux qui leur paroîtront fufpects, & de faire conftater les contraventions.

On conçoit bien que fi cette ordonnance fort fimple étoit exécutée, nous n'aurions pas fi fouvent des exemples de gens empoifonnés par les *champignons* ; mais le fyndic des jardiniers préférera toujours l'intérêt de fes confrères, à la fanté de gens qu'on ne confidère que fous le point de vue du gain.

CHANDELIER, f. m. Ouvrier qui fait les chandelles.

Cette profeffion, comme toutes celles qui ont pour objet des matières, dont la vente & la fabrique intéreffent le public, doit être furveillée jufqu'à un certain point. La chandelle eft d'une confommation prefqu'indifpenfable ; il faut donc mettre les acheteurs à l'abri des fupercheries, des tromperies que fe permet fouvent la cupidité des marchands & fabricans.

La police, à l'égard des *chandeliers*, comme de ceux qui leur vendent les fuifs, confifte dans ces trois points. 1°. Que le fuif foit de bonne qualité ; 2°. qu'il ne foit pas mélangé de mauvaife graiffe ; 3°. qu'il foit vendu à un prix raifonnable.

C'eft de ces trois conditions, que dépendent le prix & la qualité des chandelles. Autrefois le prix étoit taxé par les officiers de police en vertu de l'édit de Henri III, 21 novembre 1577, qui dit: que chacun an, fera mis prix à la chandelle qui fe vendra à Paris, felon que pour l'abondance des fuifs, les juges de police jugeront être raifonnables.

Aujourd'hui 'a taxe ne fe met point aux chandelles, & il n'y auroit que dans un cas de complot entre tous les *chandeliers*, pour le faire hauffer confidérablement, que les magiftrats en prendroient connoiffance.

Cependant il n'eft pas toujours inutile d'empêcher les écarts de la cupidité, fur des objets d'une confommation indifpenfable ; car le public ne pouvant s'en paffer, les vendeurs lui feroient la loi.

La graiffe de porc mife dans la chandelle, la fait couler, c'eft un défaut de la marchandife, & une contravention : mais les *chandeliers* de Paris la commettent tout à leur aife ; il n'y a que la crainte de perdre leurs pratiques, qui les retient, parce que ne pouvant pas frauder tous en même temps, on quitte l'un, & l'on va à l'autre. C'eft encore pire en province, où il n'y a qu'un petit nombre de vendeurs dans chaque ville ou bourgade.

Les *chandeliers* faifoient autrefois plufieurs commerces. Leurs ftatuts datent du règne de Philippe I, en 1061.

Ils ont éprouvé comme les autres corporations, la révolution de 1776. Aujourd'hui ils ne portent plus ce titre, & ne jouiffent plus du droit de *chandeliershuiliers-moutardiers*, ils ne font que *chandeliers*. Leur forme de difcipline eft à peu près la même que celle des autres communautés, tant pour l'élection de leur fyndic & adjoint, que pour la répartition des impofitions, l'apprentiffage, &c.

La maîtrife coûte à Paris fept cents livres à peu près. Aux termes de l'édit d'avril 1777, les *chandeliers* font en province, épiciers-ciriers-*chandeliers*. La maîtrife coûte dans les villes du premier ordre, quatre cents cinquante livres ; & dans les villes du fecond ordre, deux cents cinquante livres.

CHAPELIER, f. m. C'eft celui qui fait & vend des chapeaux.

Les anciens alloient tête nue, portoient un bonnet, ou fe couvroient la tête du bout de leur manteau. Nos ancêtres gaulois portoient des bonnets de formes différentes, & fur-tout des capuchons, tenant aux habits, à peu près comme nos moines le font encore. Les chapeaux ne font d'ufage, que depuis le quinzième fiècle. Le chapeau avec lequel Charles VII fit fon entrée à Rouen en 1449, eft un des premiers, dont il foit fait mention dans l'hiftoire. Ce fut fous ce prince, que les chapeaux commencèrent à fuccéder aux chaperons & aux capuchons, mais feulement parmi les gens du monde, car le petit peuple conferva long-temps fon ancienne habitude. Aujourd'hui encore, & fur-tout dans les campagnes, bien des ouvriers ne portent que des bonnets : il y a même une claffe de ceux-ci, à qui le bonnet femble particulier; ce font les garçons boulangers. Nous trouvons même une ordonnance du magiftrat de police de Paris, de l'année 1579, qui défend aux garçons boulangers, de porter chapeau, fi ce n'eft les dimanches & fêtes. Ils fuivent encore ce réglement, plus par habitude cependant que par obligation. Revenons aux *chapeliers*.

Dès 1578, ils formoient une communauté, dont les ftatuts furent autorifées par Henri III ; & depuis confirmés, changés & augmentés jufqu'à ce qu'enfin ils fubirent la révolution de 1776.

Par l'édit des métiers de cette année 1776, les

chapeliers furent réunis au corps des bonnetiers-pelletiers. C'est un des six corps.

Pour y être reçu, il faut donner à Paris, neuf cents livres, avoir servi les maîtres en qualité de compagnon, pendant quatre années, & fait un chef-d'œuvre qui consiste en trois chapeaux de différentes espèces. Les fils de maîtres sont exempts de l'un & de l'autre, & l'apprentif qui a épousé une veuve ou fille de maître, est exempt de compagnonnage. *Voyez* BONNETIERS.

Il est ordonné par les statuts, que les chapeliers qui refont les vieux chapeaux, ne pourront travailler & vendre du neuf, & que ceux qui feront le commerce de chapeaux neufs, ne pourront que repasser les chapeaux qu'ils auront vendus à leurs pratiques. Mais ces réglemens sont mal observés. D'ailleurs, leur inobservation ne porte pas grand préjudice. Il est difficile de se méprendre sur un chapeau neuf, & la contravention seroit facile à reconnoître. En général les chapeliers des bonnes boutiques, ne vendent point de vieux repassé.

CHARBON, s. m. Substance combustible & inflammable, que l'on emploie pour le chauffage, la cuisine & les arts.

Le charbon est devenu par les usages auxquels il sert, un objet de première nécessité, sans lui une foule d'artisans ne pourroient point exercer leur art, & les travaux de la société seroient suspendus.

Cette raison seule a porté les magistrats de police, chargés d'entretenir l'abondance dans les villes, à établir des réglemens pour l'approvisionnement du charbon. Ceux de l'hôtel-de-ville de Paris peuvent en cette partie, servir d'objet de comparaison, & même de modèles en certains cas; nous les rapporterons donc brièvement, après avoir dit quelque chose de général sur l'histoire du charbon, tant de bois que de terre.

Ainsi dans cet article, nous dirons donc : 1°. ce qu'on fait de l'origine, de l'usage du charbon, d'abord, de bois, & ensuite de terre; 2°. les réglemens de police, pour l'approvisionnement & la vente de l'un & de l'autre; 3°. ceux publiés sur la braise; 4°. les hommes employés à porter le charbon chez les particuliers, pour leur consommation. Nous éviterons dans tout cela la prolixité & sur-tout la confusion que l'on trouve si communément dans les dictionnaires de police à cet égard.

Il paroît que l'usage du charbon de bois est fort ancien. Nous voyons dans Theophraste, que de son temps, les grecs en consommoient beaucoup. Pline non-seulement en dit autant de l'Italie, mais même nous fait connoître que la manière de le faire, étoit absolument la même que celle d'aujourd'hui. » On » dresse dit-il, un bûcher, où l'on entasse les tron- » çons, que l'on fait de jeune bois, allant toujours » en diminuant, & finissant en pyramide : l'on couvre » ce bûcher avec de l'argile, & après y avoir mis » le feu, l'on perce le haut pour lui donner de l'air » & en faire sortir les vapeurs & la fumée.

Dans les Gaules on se servoit également de charbon pour les usages de la société. Le proconsul Gratien, gouverneur des Gaules, & ensuite empereur, en fut même incommodé. Il dit qu'étant à Paris en 358, & ayant fait allumer du charbon dans un poële, à cause de la rigueur du froid, & pour sécher le lieu où il couchoit, il se trouva tout assoupi, manqua d'être suffoqué, & ne revint que par le secours des médecins qui lui conseillèrent de prendre l'air.

Depuis ces temps, l'usage du charbon s'est toujours conservé, & la consommation en est devenue plus considérable; à mesure que les arts se sont étendus, & qu'ils ont fait des progrès.

Les anciens l'employoient encore à autre chose qu'au chauffage; ils en faisoient des limites pour les champs & les héritages. On faisoit un trou en terre, on y mettoit un boisseau de gros charbon, l'on rebouchoit le trou, & l'on mettoit une grosse pierre dessus. Lorsque par la suite des temps, la pierre venoit à être ôtée, ou que des propriétaires chicaneurs prétendoient qu'elle n'étoit là que par hasard, & non pour servir de bornes, on fouilloit la terre, & le charbon qui, par son caractère incorruptible, ne se pourrit pas, prouvoit évidemment que c'étoit une limite, car le hasard ne pouvoit pas l'avoir produit là.

Ils se servoient encore du charbon, pour affermir les fondemens des ponts, ou des édifices construits sur des terres marécageuses; aujourd'hui on y substitue le mache-fer, qui est une demi vitrification de fer & de charbon de terre.

Ce dernier étoit également connu des anciens; mais il ne paroît pas qu'il en fissent l'usage que nous en faisons aujourd'hui; du moins Theophraste qui en parle, & qui tâche d'en expliquer la nature & la formation, ne nous fait point connoître qu'on s'en servît pour les travaux des arts & de la société. Nous ne voyons pas non plus qu'on en ait fait aucun emploi dans les Gaules; & ce ne fut qu'en 1198, qu'on en fit la découverte en Allemagne, & en 1201 en Flandres. Depuis ce moment il s'est singulièrement répandu, & sur-tout en Angleterre, où il est devenu d'une nécessité indispensable pour le chauffage & les arts, n'y ayant que peu ou point de bois. Une foule de bâtimens sont perpétuellement occupés à le transporter du nord de l'Angleterre à Londres, & ce commerce seul forme une grande quantité de matelots, & est la source d'une industrie incalculable.

Depuis que la disette de bois commence à se faire sentir en France, le charbon de terre y est devenu d'un emploi plus commun, du moins pour les travaux des arts & le chauffage des fours, car on s'en sert encore rarement pour les appartemens. On en a découvert de nouvelles mines que l'on ne connoissoit point, mais en général on le tire de l'Auvergne, du Forez ; on le charge pour Paris, à Saint-Étienne, Saint-Chaumont, Gros-Mesnil, l'Isle & la Roche. Il y a aussi des mines en Languedoc, en Rouergue, en Flandres, & dans presque toutes les provinces.

Après ces remarques sur les deux espèces de charbons, nous allons faire connoître les règles de police & de discipline observées dans la vente & le débit qui s'en fait à Paris, ainsi que nous venons de le promettre.

Observons d'abord, qu'en vertu de sa jurisdiction, l'hôtel-de-ville jouit du droit de police & de réglement sur le charbon qui vient par eau, & que c'est à lui qu'est attribué d'en fixer le prix, & de prononcer les amendes de contravention.

Les charbons étant chargés sur des bateaux pour Paris, il est défendu de les arrêter ou faire séjourner en chemin sans nécessité, & de les vendre ailleurs. Étant arrivés au port, ils doivent être mis à prix par les officiers municipaux. Les préposés, à l'instant de l'arrivée d'un bateau, doivent aller au bureau de l'hôtel-de-ville, pour y recevoir les ordres de la fixation de ce prix. Il est également défendu pour le charbon, ainsi que pour le bois, d'aller au devant pour l'acheter en chemin, ou de l'acheter sur les ports, pour l'y revendre : les marchands de l'un & de l'autre ces marchandises, sont obligés de le vendre eux-mêmes, ou par leurs femmes, leurs enfans ou leurs domestiques.

Tout le bois qui n'a point six pouces de tour, doit être converti en charbon, ou employé en fagots, selon la différence ou la commodité des lieux.

Les marchands doivent vendre leurs charbons dans les bateaux, il leur est défendu de le décharger à terre, ou de le mettre en grenier ou magasin, qu'en cas de nécessité & avec la permission des prévôt des marchands & échevins.

Ceux qui font le commerce de charbon pour la provision de Paris sur les rivières qui affluent à la Seine, & sur la Seine même, sont obligés de se faire inscrire au bureau de la ville ; ils font de plus une soumission de fournir une certaine quantité de charbon ; ceux de la rivière de Seine, la quantité de vingt mille voies ; ceux de l'Yonne, la quantité de cent quarante mille voies ; ceux de la Marne, cinquante mille voies ; ceux de la Loire & des canaux, quarante mille voies, & d'avoir toujours aux gares, au premier janvier de chaque année, chacun en proportion de leur commerce, au moins la moitié des quantités ci-dessus.

L'on mesuroit autrefois le minot de charbon à comble ; ce qui causoit souvent beaucoup d'inégalités tant pour le vendeur, que pour l'acheteur. Le parlement, par un édit du 22 décembre 1670, ordonna qu'il seroit fait une nouvelle mesure de minot à

charbon, qui renfermeroit dans sa capacité, le comble des anciennes mesures.

Mais ce changement n'eut lieu qu'à l'égard du charbon vendu au minot sur les ports ; car celui qui se distribue par les regratiers, au boisseau, demi-boisseau, quart & demi-quart, continua de l'être à comble, & avec les mesures ordonnées pour le bled.

Ce que l'on appelle une voie ou sac de charbon, contient deux minots ou seize boisseaux.

Le commerce que font les regratiers dans la capitale, est utile à une foule de petits ménages & de petits ouvriers qui n'ayant pas le moyen d'avoir une voie de charbon, ou de lieu pour le placer, ne peuvent cependant s'en passer. Ce sont ces considérations qui ont engagé les magistrats à faire des réglemens de police à cet égard.

Une ordonnance du bureau de la ville, du 3 décembre 1666, permet la vente à petite mesure, aux chandeliers, graingtiers, fruitiers, & à toutes autres personnes, excepté aux mesureurs, porteurs & garçons des jurés porteurs, appelés leurs plumets, & les femmes, enfans & familles desdits mesureurs.

Ceux qui font le regrat de charbon, ne peuvent le faire qu'à petite mesure, & tout au plus à deux boisseaux ; & il leur est défendu d'en avoir une plus grande provision que de six mines, y compris le prétexte de la provision de leur maison ou famille ; mais ces réglemens ne sont guère exécutés scrupuleusement que dans des temps de disettes.

Le charbon laisse par le frottement qu'il éprouve, & les fractures des morceaux, une espèce de poussière grossière, que l'on appelle braise. Le commerce s'en fait différemment, & il y a quelques réglemens sur cet objet.

Une sentence du bureau de la ville, du 31 mars 1711, concernant les braises, défend à qui que ce soit de faire venir sur les ports & quais de Paris, aucune braise, sous quelque prétexte que ce soit.

Une autre ordonnance du même bureau, du 16 octobre 1783, pour conserver au pauvre peuple, la facilité d'avoir de cette braise pour se chauffer, a défendu d'en acheter au port plus d'un minot à la fois ; & conformément à l'arrêt de la cour du parlement de 1760, elle défend le débit de la braise de charbon à ceux qui font le regrat de charbon ; ce sont d'autres gens qui en font le commerce en particulier.

Au reste, cette braise est un funeste & mauvais chauffage ; elle porte à la tête, autant & plus que le charbon, & de plus, il s'en élève une poussière charboneuse en la soufflant, qui nuit beaucoup à la poitrine. Le malheureux peuple s'empoisonne ainsi de toute manière.

Celle qui reste après la consommation du bois

pour le chauffage du four des boulangers, est moins malfaisante, mais elle dure moins long-temps.

L'on appelle *plumets*, les hommes qui portent chez les particuliers le *charbon* que l'on achète sur les ports; la grossiéreté de ces gens a obligé de faire des réglemens de police, pour les contenir. L'ordonnance du bureau de la ville, du 27 octobre 1731, enjoint expressément à tous *plumets*, de se comporter modestement, tant sur les ports, que dans les maisons des bourgeois, & les officiers porteurs sont responsables des exactions qu'ils peuvent commettre : mais tout cela est bien modifié dans la pratique, & les plumets se font payer un certain salaire, proportionné à la distance des lieux, & à la générosité des personnes chez qui ils portent le *charbon*.

Indépendamment du *charbon* qui arrive par eau, il en vient aussi par terre, & la police municipale s'est occupée des moyens d'empêcher que ce commerce ne nuisît à l'approvisionnement ordinaire, & ne préjudiciât au public, soit en ce que les carreaux de l'Isle Louvier & la Gare ne se trouveroient point garnis, soit en négligeant la prévision nécessaire pour l'hiver, & pour le temps où les chemins sont impraticables, &c. Il a été ordonné que tous les marchands qui feront venir du *charbon* de bois en charette, seront tenus de les y faire voiturer en bannes seulement, & non en sacs, & de les faire conduire par le chemin le plus court, soit sur le carreau de l'Isle Louvier, & lorsqu'il sera garni, dans la demi-lune de la Gare, établie près la porte Saint-Antoine. Il leur est défendu d'en vendre & distribuer en route, ni de faire séjourner les voitures dans aucuns lieux de la ville, sous quelque prétexte que ce soit. Permis néanmoins aux propriétaires de faire venir les *charbons* de leur crû librement & comme il leur plaît.

Au reste, toutes les formalités qui ne sont point requises pour la perception d'un droit quelconque, sont assez indifféremment observées, si ce n'est dans le temps de disette & d'embarras publics.

Après avoir parlé de la vente & de la police du *charbon* de bois, nous allons dire deux mots de celui de terre; d'abord, nous parlerons de l'exploitation des mines, & ensuite de la vente du *charbon*.

Le dernier réglement que nous avons sur l'exploitation du *charbon* de terre, est du 19 mars 1783. Il y est dit : 1°. que personne ne pourra ouvrir une mine de *charbon* de terre, même sur son propre fonds, sans une permission expresse du roi; 2°. que ceux qui entreprendront l'exploitation des mines, seront tenus d'indemniser les propriétaires des terres qu'ils feront ouvrir, de gré à gré, ou à dire d'experts, qui seront convenus entre les parties, sinon, d'office nommés par les intendans; 3°. pour prévenir tous accidens dans l'exploitation des mines, les concessionnaires seront obligés de

se conformer à une instruction que le roi a fait dresser exprès pour cela, à peine d'amende, & même de révocation de concession, s'il y avoit lieu; 4°. les contestations entre les concessionnaires, propriétaires de terrein, les ouvriers & entrepreneurs seront portés devant les intendans & commissaires départis, sauf l'appel au conseil.

Quant à la vente du *charbon* de terre, le chapitre XXI de l'ordonnance de la ville de 1672, porte ce qui suit. » Le *charbon* de terre, amené, tant d'Amont que d'Aval, l'eau sera conduit aux ports à ce destinés, pour y demeurer, savoir celui qui appartiendra aux marchands forains, jusqu'à ce qu'il ait été entièrement vendu : & seront tous artisans & forgerons, préférés en l'achat de ladite marchandise, aux marchands de Paris qui en font trafic; & à l'égard du *charbon* qui se trouvera appartenir aux marchands de Paris, tiendra port pendant trois jours, pour être pareillement vendu aux artisans & forgerons qui en auront besoin, sans que pendant ledit temps, lesdits marchands de Paris en puissent acheter; & ledit temps passé sera loisible auxdits marchands de Paris, propriétaires dudit *charbon*, de faire conduire ladite marchandise en leurs maisons, sans néanmoins qu'elle puisse y être vendue à plus haut prix que celui de la vente qui s'en fera sur les ports.

» Quand le prix aura été mis au *charbon* de terre à l'ouverture de la vente, le prix ne pourra en être augmenté, sous quelque prétexte que ce soit; & si dans le cours de la distribution, le marchand fait rabais, il sera en ce cas tenu de continuer la vente au dernier & moindre prix, à peine de confiscation desdites marchandises, & d'amendes arbitraires. »

Telles sont les choses les plus utiles à connoître sur les deux espèces de *charbons*, la police de la vente & les soins qu'on croit nécessaires de prendre pour en assurer l'approvisionnement, & empêcher les monopoles.

CHARDON, s. m. C'est en terme de voirie, une grille faite de différentes pièces de fer, aigues & contournées en forme de *chardon*, destinée à séparer une maison d'une autre, ou plutôt à empêcher que les voisins ne passent de l'une dans l'autre par les corniches, balcons, ou autres voies de communication.

L'article XXIX du tarif annexé, à l'arrêt du parlement du 11 mai 1735, fixe les droits de voirie à cet égard, ainsi qu'il suit.

» Pour les *chardons* de fer, ou herses, en quelque nombre qu'ils soient à la même maison, ayant face sur une ou plusieurs rues, posées dans la même année du jour & date de la permission, un seul droit de quatre livres. »

» S'il en est mis de nouveaux à la même maison, après l'année révolue, dans un autre endroit que celui

cu

où étoient les premiers, ou s'il est fait une augmentation d'un quart en sus, ou moins desdits *chardons*, sera payé pareil droit de quatre livres. »

Je remarquerai sur ce mot que des particuliers se sont permis de placer des espèces de *chardons* de fer, sur des barrières, à hauteur d'appui, le long de leurs murs, ou pour garantir des insultes du public des bandes de terre, où il n'y a que du gazon ou du sable. Cette impertinente habitude est aussi ridicule que dangereuse, ou du moins que désagréable pour le public.

N'est-il pas en effet étrange de voir un petit gazon, ou trois ou quatre pots de fleurs gardés par une énorme barrière, surmontée de gros crampons de fer, tous armés de menaçans *chardons*, comme il y en a sur les boulevarts & dans les Champs Élisés à Paris ? N'est-ce pas une sottise digne de toute la morgue patricienne, de séparer ainsi une manière de propriété par des défenses aussi positives, aussi renforcées ?

Mais cette manie ne seroit que méprisable, ne seroit qu'une insulte faite au public, s'il n'en résultoit point un tort réel pour les passans, les promeneurs, & sur-tout les enfans. Non-seulement ils s'y déchirent, lorsque par hasard, ils viennent à être poussés ou jettés sur ces *chardons*; mais encore on a vu le prendre des jeunes enfans dangereusement blessés à la tête, & sur-tout aveuglés par ces inutiles & barbares défenses. Je ne vois pas pourquoi la police n'interdiroit pas cette dangéreuse & inutile coutume. Qu'y a-t-il à prendre dans l'intérieur de ces barrières? pourquoi donc permettre un usage plus nuisible au public que bien d'autres que l'on défend ? Il n'y auroit là aucune violation du droit de propriété, droit qui, d'ailleurs, doit toujours être subordonné au bien du plus grand nombre, dans son extension superflue.

Au reste, ceux qui aiment les *chardons*, pourroient en mettre, mais à condition que leurs barrières seroient assez élevées pour que ni homme ni femmes, ni enfans, ne pussent y déchirer leurs vêtemens, ou s'y blesser, estropier, aveugler, comme nous en avons vu l'exemple. Cette remarque n'est pas particulière à Paris ; la même impertinence a lieu dans les grandes villes de province, singes de la capitale dans ses sotises.

CHARITÉ, s. f. Vertu religieuse & bienfaisante.

L'objet de la *charité*, est de secourir dans des vues religieuses, les pauvres & les malades; elle diffère à cet égard de la bienfaisance, qui fait beaucoup moins d'acception des personnes, & qui n'aide les malheureux, que dans des intentions purement humaines.

La religion chrétienne n'est pas la seule qui prêche l'aumône & la *charité*; c'est le caractère propre de toutes celles dont l'origine se perd dans les institutions théocratiques de l'orient. Nous avons déjà

fait remarquer quelque part, que le règne de l'opinion avoit deux vastes rameaux, l'un qui tient au polythéisme ou la religion des sens, l'autre au théocratisme ou le culte d'un Dieu unique, maître & créateur de l'univers. Les préceptes de la *charité*, des jeûnes, de l'abstinence, des privations du célibat, de la virginité; la magie, les démons, les esprits, les péchés sont des productions de celleci ; l'autre n'a rien eu long-temps que de matériel ; les dieux étoient des hommes déifiés, & comme on leur supposoit les qualités & les défauts des hommes, on ne leur prêtoit point un langage au-dessus de leur nature ; ils n'ordonnoient rien que de conforme aux habitudes temporelles de l'humanité.

Mais ils n'ordonnoient point non plus l'amour des ennemis, la *charité*, & tous les moyens de paix & de bonheur qu'on retrouve sur-tout dans la religion chrétienne. C'est à elle que nous devons tous les secours qu'on trouve aujourd'hui dans cette foule d'établissemens de *charité*, établissemens qui n'ont pas peu contribué à éloigner pour jamais le rappel de l'esclavage, parce qu'ils offrent des secours à l'homme qui, dénué de toute propriété, se seroit cru plus heureux d'être esclave & sûr de vivre, que de traîner une existence désespérée & privée de toute protection. C'est à la *charité* chrétienne que nous devons les hôpitaux, les instructions, les prédications, l'adoucissement des mœurs & l'extinction des fureurs belliqueuses, qui ont fait si long-temps le malheur des hommes. Mais tout est compensé ; & cette même vertu, ou plutôt les moyens religieux employés à la propager, ont accoutumé les peuples au joug des rois, donné un caractère de divinité à ce qui n'étoit qu'humain, & affermi le despotisme politique sur les fondemens mêmes de la religion de l'état.

Mais sans nous arrêter à ces objets éloignés de notre but, rappellons ici les principaux établissemens qu'on doit à la *charité* religieuse, & qui font de la religion un grand moyen de police, de secours & de consolation pour les pauvres.

Ces établissemens se rapportent, 1°. à l'instruction ; 2°. au secours des malades ; 3°. à ceux des pauvres.

Nous n'examinerons pas si les moyens employés pour remplir ces trois objets sont ou défectueux ou seulement insuffisans ; si les personnes chargées de les remplir, ont ou n'ont pas les conditions qu'ils demandent ; nous les considérerons les uns & les autres dans leur état actuel & le plus succintement qu'il nous sera possible.

Il est probable que l'instruction publique du peuple & même de ceux qui ne se croient pas peuple, n'est restée entre les mains des gens d'église, ou du moins soumis en grande partie à leur inspection, que parce que le peu de savoir qui existoit en Europe pendant ces temps barbares, dont nous avons fait le tableau dans notre discours préliminaire, étoit entre les mains des prêtres. Dès cet inftant l'inftruction nationale leur a été acquife de fait, & comme l'habitude change communément le fait en droit, par l'imbécillité des hommes, il en eft réfulté que l'églife s'eft approprié une jurifdiction qui ne lui appartient pas plus que tant d'autres dont elle jouit cependant.

C'eft la raifon qui fait des écoles de *charité* une inftitution religieufe, foumife aux volontés des curés, des vicaires, à l'influence du fyftême monacal, infecté de l'efprit d'obéiffance paffive, de foumiffion à tous les genres de defpotifme : tel enfant en fort imbécille, après avoir paffé quatre ou cinq ans à marmoter des paroles qu'il n'entend pas. Le malheureux n'a appris qu'à être efclave, à fe croire vaffal né de tout ce qui fe dit au-deffus de lui ; les élémens du caractère viril ont été anéantis dans fon cœur par tout ce qui peut dreffer l'homme à la fervitude, à la baffeffe. Voilà une des caufes de la mifère, de l'opprobre, de l'abrutiffement, de la pauvreté du peuple en général, voilà ce qu'il faudroit changer ; mais il n'y a que la nation elle-même qui puiffe opérer ce bien, & tout ce que nous pourrions en dire de plus ici feroit hors d'œuvre. *Voyez* INSTRUCTION PUBLIQUE & le mot ÉCOLE ; nous y ferons connoître le méchanifme, la forme & la police des écoles de *charité*.

Si l'ignorance publique donna le foin d'inftruire le peuple aux prêtres, la *charité* fut caufe de l'influence qu'ils obtinrent & confervent encore dans l'adminiftration des hôpitaux. Comme ils furent tous en partie le fruit du zèle religieux, il fut naturel d'en confier la direction, l'infpection aux miniftres du culte ; & cette néceffité fut affermie par la liaifon intime que l'adminiftration des facremens met entre l'églife & tous les états de l'homme, liaifon qui a donné aux établiffemens civils, à tous les actes fociaux une teinture religieufe & fouvent des chaînes qui en ont arrêté la marche & le perfectionnement.

Ainfi les hôpitaux peuvent être regardés comme des établiffemens publics abandonnés dans leurs adminiftrations à la *charité* religieufe, pour en diriger l'emploi au bien des pauvres malades ; mais ils ne font pas les feuls, & nous devons à la même vertu d'autres inftitutions deftinées au même objet.

De ce genre eft l'inftitution des filles de *charité*. Leur double emploi de confeillères & de médecins des pauvres malades, les rend dignes de l'eftime publique. Mais fi je pouvois employer la voix de la plainte au milieu de tant de motifs de reconnoiffance, je dirois que, foit défaut dans les moyens d'adminiftration, foit amertume ou partialité dans le caractère des perfonnes, foit mépris des pauvres & hauteur déplacée, il règne dans cette partie de la *charité* paroiffiale je ne fais quel défaut, quelle dureté, quelle inégalité de foin, qui la rendent inefficace pour tous & inutile pour un grand nombre

de pauvres malades : ils fe plaignent & il n'en eft pas qui n'ait quelque raifon plaufible de plainte.

Les fecours de *charité* s'adminiftrent mal. Les corps inamovibles, tels que ceux des prêtres des paroiffes, font infuffifans, font inhâbiles pour un pareil foin. Il faut des fociétés de citoyens qu'aucun nom ne caractérife, qu'aucune épithète ne fépare de la multitude ; il faut des citoyens électifs pour écouter, confoler, fecourir les pauvres malades.

Les *charités* faites aux néceffiteux, c'eft-à-dire, à ceux qui font dans la mifère, ne font guère plus efficaces, parce qu'à l'exception d'un infiniment petit nombre de paroiffes, elles ne fe diftribuent, ces *charités*, que d'une manière partiale, baroque ; fur des certificats qu'il faut obtenir de gens fâcheux, hautains, inappliqués & doués d'une forte dofe d'amour-propre & fouvent de fotife. D'ailleurs il y a une claffe de pauvres qu'on appelle *les pauvres de la paroiffe*, lefquels ont prefque exclufivement part aux *charités*, les autres ne font point regardés comme enfans de la maifon, & pour le peu qu'on fache qu'ils ne hantent pas les églifes, ils font abfolument défappointés, dès qu'ils demandent quelques fecours, fuffent-ils dans la plus grande indigence. Du moins telle eft la marche générale des *charités* faites aux paroiffes ; *charités* confidérables à Paris, mais qui, abandonnées à des perfonnes entichées d'un efprit particulier & qui voient tout à travers la lunette de leurs préventions, ne produifent point la moitié des biens qu'elles feroient, fi elles étoient commifes à des affemblées d'hommes élus par tous les habitans de la paroiffe, & jouiffant de la confiance publique.

Au refte, ces *charités* s'y bornent à un peu d'argent, quelques provifions en pain, en graines, en linge, en petits uftenfiles de ce qu'il y a de plus commun.

Tous ces foibles fecours font adminiftrés par des bureaux, des affemblées, des tréforiers, des receveurs, par un enfemble de perfonnes & de chofes beaucoup difproportionnées à l'étendue des objets qui les occupent : c'eft ce que nous devons faire connoître très-rapidement ici ; nous dirons enfuite un mot des moyens employés en Angleterre pour remplir les mêmes vues : cela formera un tableau de comparaifon.

Nous avons déjà parlé des affemblées de *charité* au mot ASSEMBLÉE ; nous ne ferons qu'ajouter quelques détails à ce que nous en avons dit, pour faire d'autant mieux connoître la manière dont la *charité* s'adminiftre dans les paroiffes.

En général, ce font des compagnies qui font chargées de ces foins. Dans quelques paroiffes il y en a de deux fortes, foit pour donner des fecours aux pauvres, foit pour régir ce qu'on appelle *leurs biens* ; l'une d'hommes, & l'autre de dames, & de plus d'un tréforier & d'une tréforière ; mais cela n'a lieu que pour les grandes paroiffes des villes confidérables, comme la paroiffe de Saint-Nicolas-des Champs à Paris.

Dans d'autres paroiffes, le foin & l'adminiftration des pauvres font confiés au curé, à des dames de *charité*, à une tréforière choifie entr'elles & à un tréforier ou procureur de *charité*. Telle eft la paroiffe de Saint-Barthelemi à Paris & de Saint-Chamont.

Dans quelques autres paroiffes moins confidérables, & même dans quelques grandes villes, le foin du gouvernement des pauvres eft confié feulement au curé & à des dames charitables qui fe chargent de cet emploi, & qui reçoivent & diftribuent les *charités* & autres revenus des pauvres de la paroiffe, de l'avis du curé, par l'une d'entr'elles qui eft la tréforière, & fouvent fans faire rendre aucun compte à la tréforière.

Dans d'autres paroiffes, c'eft le curé qui fait les fonctions de tréforier des pauvres, & fouvent fans rendre aucun compte, ce qui eft un double abus.

Il y en a d'autres où le foin des pauvres eft confié à une fupérieure & à des fœurs de *charité*, telle que la paroiffe d'Yères.

Enfin il y a d'autres paroiffes où les biens & revenus des pauvres font régis & adminiftrés par la fabrique & par des perfonnes notables de la paroiffe, qui élifent un tréforier des pauvres, pour toucher les revenus, le diftribuer aux dames de la paroiffe chargées du foin des pauvres & qui doit en rendre compte, comme fur la paroiffe Saint-Joffe à Paris.

Ces perfonnes ainfi conftituées pour adminiftrer les fecours, fuivent certaines règles de conduite dans la diftribution & le partage des *charités*, & c'eft en quoi confifte la marche de cette adminiftration.

Premièrement ce n'eft qu'aux pauvres de la paroiffe feuls que doivent être confacrés les revenus provenans des aumônes, des revenus de *charité* & des quêtes.

2°. On ne doit point donner de fecours à ceux qui font adonnés au vin, à la débauche, & généralement à ceux & à celles qui font de mauvaifes mœurs, ou qui négligent d'envoyer leurs enfans à l'école & aux inftructions ; grands prétextes de refus injuftes, de partialité condamnable.

3°. Les diftributions doivent être faites autant qu'il eft poffible en nature, foit vivres, linge, inftrumens de métier, plutôt qu'en argent : principe utile s'il étoit employé avec lumière & réflexion, mais qui devient fouvent une fource d'abus, par la négligence & la hauteur qu'on met dans l'adminiftration des *charités*.

4°. Les fondations faites pour mettre chaque année en métier des orphelins & autres pauvres enfans, doivent être exécutées fuivant leur deftination, fans que les fommes deftinées à cet effet puiffent être employées à d'autres ufages. La nomination, tant des enfans que des maîtres chez lefquels ils font mis, doit être faite par délibération du bureau ordinaire, dont copie fera annexée à la minute du brevet d'apprentiffage. Les enfans de la paroiffe doivent être préférés à tous autres, & choifis dans le nombre de ceux qui auront été plus affidus aux écoles de *charité* & inftructions qui fe font dans la paroiffe. La fomme qu'il conviendra de payer pour chaque apprentiffage, doit être payée directement par le marguillier comptable en exercice, conformément aux titres des fondations & fuivant qu'il aura été réglé par l'affemblée ordinaire.

Les diftributions de *charités* doivent être faites fur les mandemens des perfonnes prépofées à cet effet & du curé, ou fuivant les délibérations de l'affemblée, ou de l'avis des bienfaiteurs, dans le cas où ils fe font réfervé ce droit.

Ces billets ou mandemens doivent contenir le nom du pauvre qui doit être affifté, & la fomme ou la quantité de viande ou de pain, bled & autre chofe qui doit lui être donnée. Les mandemens en argent doivent être tirés directement fur le tréforier ou procureur de la *charité* ; & à l'égard de ceux qui font pour chofes en nature, ils peuvent être tirés fur le boucher & autres marchands qui ont été choifis par le commiffaire ou par l'affemblée, pour les fournir aux pauvres.

Telles font à peu près les formes & les règles d'adminiftration du bien des pauvres & des *charités* dans les paroiffes ; mais un établiffement plus utile encore eft celui des filles ou fœurs de la *charité*. Non feulement elles fervent les pauvres dans les hôpitaux, mais auffi dans le monde. On fait qu'il y en a dans prefque toutes les paroiffes, que leurs fonctions font de vifiter les pauvres malades, de faire l'école de *charité* aux petites filles, enfin d'être les inftrumens perpétuels de la *charité* chrétienne.

On ne pourroit rien defirer à cet établiffement que nous devons à Vincent-de-Paule, & qui date de 1664, fi les perfonnes qui le compofent étoient en général plus éclairées, plus philantropes, qu'on me paffe les termes, moins affujettis à de petites pratiques, & fi cette belle inftitution tenoit un peu plus de l'humanité. Pourquoi, en effet, une inftitution religieufe pour fecourir les pauvres ? Une congrégation de laïques ne pourroit-elle pas remplir le même objet ? Sans doute. Mais il faut un lien, un motif d'encouragement & de zèle, & la religion donne tout cela. Et puis, nous l'avons dit, la *charité* n'eft point une vertu humaine, c'eft une vertu religieufe. Il n'en eft pas moins vrai que les fœurs de la *charité* rendent de très-grands fervices au peuple ; elles en font devenues les mères, fauf l'efprit monacal qui altère un peu le bien qu'elles font & lui donne un caractère humiliant.

Car il eſt fûr que les bienfaits de la philantropie, de la bienfaifance univerfelle, n'ont point cette teinte qui fait de la *charité* eccléſaſtique un fecours dont le pauvre rougit : c'eſt que l'une ne donne point d'épithètes à ſes bienfaits, ce font des actes d'un fentiment qui honore le donneur & le receveur, un commerce de fecours donnés & reçus ; mais malheureuſement le pauvre regarde la *charité* de fa paroiſſe comme une aumône, & l'on raiſonnera comme l'on voudra, il eſt fûr que l'aumône humilie celui qui la reçoit, quoiqu'elle ne le dût pas fûrement.

Cette idée, ce préjugé, ſi vous voulez, ne peut être détruit que lorfque des citoyens élus par le peuple même, feront adminiſtrateurs des biens communs, & les agens de la *charité* patriotique ; alors un fecours demandé fera un emprunt fait par le pauvre à la fociété, pour le rendre en travail à cette même fociété. Ces agens étant les pairs & les repréſentans de la paroiſſe, eux-mêmes expofés à avoir recours à la bienfaifance publique en cas de malheur (car on n'éliroit fûrement pas toûjours des gens d'une grande fortune) auroient le plus grand intérêt à refpecter le pauvre qu'ils fecoureroient, à le confoler, à le conſidérer. Mais ces apperçus ne font encore que de vains fouhaits qui peut-être ne fe réaliferont jamais. Voyons plûtôt comment les *charités* paroiſſiales s'adminiſtrent en Angleterre : ce nous fera un fujet de réflexions utiles.

Les hôpitaux font nombreux, propres, bien dotés, bien fervis, bien aérés en Angleterre. Ce font des laïcs qui les deſſervent, & jamais vous n'y trouvez deux malheureux enſemble, encore moins quatre ou cinq comme à l'Hôtel-Dieu de Paris (1). Mais cet objet n'eſt point celui que nous nous propofons ici, nous parlerons des maiſons de *charité*.

Elles font de deux fortes ; les unes deſtinées à recevoir & nourrir les pauvres & les gens caducs font à la charge des paroiſſiens, qui s'impofent une taxe pour les foutenir ; les autres font des maiſons léguées, avec des fonds d'entretien, à une certaine quantité de malheureux, par des perſonnes charitables.

Les premières font ordinairement diviſées en deux parties ; toutes propres, aérées, bien tenues. L'humiliation ne couvre point le front de ceux qui y réſident ; un air de tranquillité, de fécurité règne fur toutes ces perſonnes dont les unes font, dans une

partie de la maiſon, occupées de différens travaux, & les autres dans une efpèce d'infirmerie où on leur prodigue les fecours de la douce commifération. Le caractère froid & taciturne de l'anglois eſt trop eſſentiel pour voir ou mettre dans des bienfaits quelque chofe capable de faire rougir celui qui le reçoit.

Non feulement les pauvres de la maiſon y trouvent les fecours dont nous venons de parler, mais même ceux du dehors peuvent venir en demander & ils en obtiennent de l'argent, des vêtemens, des vivres, tout eſt accordé avec autant de tranquillité, de filence, de réflexion qu'il y a de plaintes, de bruit, d'agitation à la porte de nos maiſons de *charité*, lorfqu'on y donne quelques miférables fecours à des mendians affamés.

Pour foutenir cette charge, chaque locataire eſt impofé au marc la livre du prix de la location, à raiſon de l'étendue de la paroiſſe, du nombre & de l'efpèce plus ou moins néceſſiteufe des paroiſſiens, d'où réfulte que dans quelques-unes elle n'eſt pas de plus d'un fchelling, tandis que dans d'autres elle eſt portée jufqu'à trois & quatre.

Cette fomme, au reſte, à payer, eſt déterminée chaque année par les contribuables eux-mêmes, & voici comment. Tout paroiſſien, payant la taxe des pauvres, a droit de fe trouver à l'élection des adminiſtrateurs, & de donner fa voix, ce qui a lieu toutes les années : là les adminiſtrateurs fortant de charge rendent compte au public ou plutôt aux paroiſſiens aſſemblés, de l'emploi des deniers, des charges de la maiſon, & des nouveaux befoins qu'ils prévoient pour l'année prochaine. Ces remarques, jointes aux réflexions, aux connoiſſances particulières des paroiſſiens, forment les motifs de déciſions pour régler la fomme néceſſaire au foutien des pauvres, & la répartition s'en fait enfuite fur l'exhibition des baux ou des quittances de chaque particulier : on fe feroit d'ailleurs un crime de refufer fa contribution, & l'on eſt de très-bonne foi à cet égard.

Tout cela fe fait, au reſte, fans le concours du gouvernement, qui là ne fe croit pas comme ici, feul capable & entendu dans tout. Il fuppofe que les hommes ont le fens commun, & qu'ils mèneront très-bien leurs affaires. En conféquence, chaque paroiſſe, quant à fon régime intérieur, eſt une petite république exactement calquée fur le modèle de la grande, & opérant de même pour l'élection de fes repréſentans dans l'exercice annuel des différens emplois.

Cela n'empêche pas qu'il n'y ait des mendians à

___

(1) Si quelque chofe peut paroître plus furprenant encore que l'habitude de faire coucher enſemble quatre ou cinq malades, ce font les excufes bizarres, mauvaiſes, dédaigneufes que vous donnent d'un pareil abus, ceux qui fe croient utiles à l'adminiſtration ou au régime de cet hôpital.

Londres, & jamais l'on ne s'est même imaginé de les arrêter pour les constituer prisonniers dans ces maisons de *charité*, quoiqu'à tous égards elles soient infiniment au-dessus de nos dépôts de mendicité, ces cimetières, où la cupidité, la sotise & le despotisme ont enseveli des générations entières. Si un pauvre demande à Londres, on ne peut pas l'arrêter; mais s'il se met devant une boutique, qu'il gêne, dérange ou insulte celui à qui elle appartient, on peut appeler des constables qui lui demandent de quelle paroisse il est, s'il veut continuer de mendier, s'il peut faire quelque chose, & dans le cas d'une réponse négative, ils le conduisent à la maison de *charité* de sa paroisse; où tout ce qui peut consoler un pauvre de n'être plus libre de mendier est mis en usage.

Nous n'entrerons pas dans de plus grands détails sur le soin des pauvres. Nous en parlerons plus au long aux mots PAUVRE & MENDICITÉ: Ainsi voyez ces deux mots.

Il nous reste à faire connoître un établissement célèbre, connu sous le nom de *charité de Lyon*, & dont nous avons déjà dit quelque chose au mot ADOPTION. Nous rappellerons ici l'époque de la fondation de cette belle institution, & les principaux objets dont elle s'occupe.

On avoit, en 1531, recueilli des aumônes pour soulager des pauvres étrangers que la famine avoit forcés de se jetter dans la ville de Lyon. Il en resta entre les mains du dépositaire, 396 livres, qui furent les premiers fonds de cet hôpital. La protection des rois & des gouverneurs de la province, les privilèges accordés par différentes lettres-patentes, les libéralités des archevêques, du chapitre de l'église de Lyon, des principaux corps de la ville & d'un grand nombre de citoyens, perpétués d'année en année, ont mis les administrateurs en état de former & de soutenir les différens établissemens que renferme cet hôpital: mais ils ne peuvent subsister qu'avec ces mêmes secours, sur-tout dans le temps où la maison se trouve surchargée par un grand nombre de pauvres auxquels on est obligé de donner retraite, & par l'augmentation de la distribution de pain dans la ville.

Cet établissement embrasse presque toutes les œuvres de *charité*. 1°. On y adopte les pauvres orphelins, de l'un & de l'autre sexe, depuis sept ans jusqu'à quatorze, auxquels les parens refusent ou ne sont point en état de donner l'éducation. Ces enfans sont instruits, nourris, entretenus & mis en apprentissage aux dépens de l'hôpital. Les adminis-

trateurs exercent sur eux tous les droits de la puissance paternelle, & veillent en conséquence à leur conduite, & au recouvrement de leurs biens. 2°. Les enfans exposés passent à l'âge de sept ans, de l'hôtel-Dieu à la *charité*, & on leur fournit jusqu'à vingt-cinq ans les mêmes secours qu'aux enfans adoptifs (1). 3°. On y reçoit les enfans abandonnés par leurs pères & mères à l'âge de sept ans & au-dessus jusqu'à quatorze, & on leur donne l'entretien & l'éducation. 4°. Les vieillards hommes ou femmes, âgés de soixante-dix ans, sans bien, sont reçus dans la maison, nourris, vêtus & entretenus, pourvus qu'ils soient nés dans la ville, ou qu'ils y aient eu pendant long-temps un domicile. 5°. L'hôpital fait distribuer chaque semaine du pain dans les prisons & aux pauvres familles de la ville. Il fait aussi distribuer un peu de linge aux prisonniers.

Mais nous ne saurions approuver les nouveaux moyens employés par cette même *charité* pour détruire la mendicité. Des lettres-patentes l'ont autorisée, en 1760, à faire renfermer dans un dépôt les pauvres qui seroient trouvés à mendier dans les rues. Pour comble de déshonneur, elle a donné à ce lieu le nom de *bicêtre*; nom infame qui rappelle encore plus les crimes du despotisme subalterne, de la tyrannie paternelle, & de la barbarie de nos loix, que ceux du libertinage & de la dépravation. Bicêtre est un mot qui fait affront à la justice, à l'humanité, qui peint d'un trait tous les moyens de perpétuer, de naturaliser les vices honteux & dépravateurs de la société.

Nous ne finirons point cet article sans parler de la compagnie de *charité* de Paris, pour l'assistance des prisonniers & pour la délivrance de ceux qui sont détenus pour mois de nourrice. Cet établissement patriotique a tous les caractères d'une véritable philantropie, & MM. *de Boissy* qui en sont les trésoriers, répondent dans le public de l'idée qu'on doit se former d'hommes dévoués aux malheureux. Impartialité, douceur, raison, justice, le pauvre peuple trouve toutes ces qualités bienfaisantes en eux, comme dans la compagnie des secours sûrs & qui ne coûtent à ceux qui les reçoivent, aucune de ces humiliations qu'on éprouve ailleurs.

On a voulu dire que cette institution habituoit les pères de famille parmi le peuple à la paresse; que comptant sur la compagnie pour payer les mois de nourrice de leurs enfans, ils ne se gênoient point pour les acquitter eux-mêmes, que par conséquent il résultoit un désordre réel de cette *charité*. Mais ces raisons ne sont pas suffisantes; quiconque se laisse mettre en prison pour payer, ne

(1) C'est une grande erreur, ou un grand défaut de morale publique à la *charité* de Lyon de n'avoir pas adopté plutôt les enfans abandonnés, les bâtards, que ces enfans légitimes. Ceux-ci ont un droit de famille que les autres n'ont pas. C'eût été un acte de justice & d'humanité de préférer les bâtards; mais des idées abstraites, des préventions ont dicté la clause du règlement qui ne lui permet d'adopter que des enfans nés de parens mariés suivant les loix écrites.

peut sûrement pas le faire sans beaucoup de peine ; & d'ailleurs le fort du peuple à Paris est si déplorable, sa misère est si grande, que quand on l'aideroit à élever ses enfans, qu'on n'attendroit pas qu'il fût réduit à la plus irrémédiable indigence pour lui donner cette douceur, je ne vois pas qu'il y eût grand mal : c'est même dans cette intention, dans cette vue que la société maternelle s'est établie ; autre institution patriotique dont nous rendrons compte au mot ENFANT-TROUVÉ, parce qu'elle est principalement destinée à empêcher, par des moyens bienfaisans, l'abandon de ces pauvres petites créatures.

CHARIVARI, s. m. Bruit fait ordinairement pendant la nuit avec des poëlons, des casseroles, & autres ustensiles de cuisine, à l'occasion des secondes noces de quelqu'un, ou d'un mariage entre personnes disproportionnées d'âge.

C'est dans les provinces principalement, que cette impertinente habitude subsiste encore ; on y a vu même des juges, ordonner aux mariés, de payer aux polissons, le prix du charivari. Ce prix est ordinairement de l'argent, ou du vin, ou même communèment un bal qu'il fait donner aux voisins, ainsi que l'usage y force encore la petite bourgeoisie & les ouvriers de Lyon, lorsqu'ils se marient de la manière que nous venons de le dire, & quelquefois même dans tous les cas, lorsqu'il en prend fantaisie aux parens ou voisins.

On a senti à Paris, l'impertinence d'une pareille coutume. Elle tient aux antiques & folles idées sur le mariage, aux préjugés sur la virginité, l'honneur des femmes, & aux erreurs de nos ayeux. Ce sont des restes de l'ancienne superstition, de cette superstition qui croyoit aux aiguillettes, aux sorciers, aux influences de la lune & des excommunications.

La police de Paris, qui quelquefois ne manque pas de bon sens, quoiqu'elle manque souvent de justice & de raison, a fort bien fait de sabrer les faiseurs de charivari, & d'assurer la tranquillité des vieillards qui épousent de jeunes femmes, ou des femmes qui ne se soucient pas de rester veuves, par respect pour les préjugés populaires. Sur cela on est libre à Paris, plus que par-tout ailleurs ; ni les clameurs, ni les sarcasmes, ni les charivaris ne vous importunent.

Le dernier exemple de charivari que nous aient conservé les annales de la police, est celui dont les auteurs furent amendés par la sentence de police, du 13 mai 1735 ; elle a en même temps renouvellé les défenses de faire aucune espèce de charivari, sous quelque prétexte que ce soit ; enjoint aux commissaires, d'y tenir la main, & aux gardes de Paris, d'arrêter ceux qui continueroient de pareilles sotises.

Il n'y a point là de vexation, d'abus de pouvoir,

de gêne de la liberté : le charivari est dirigé contre l'homme, comme homme nouveau marié, or ce n'est point là une chose de la compétence du public ; c'est un défaut de raison qui a introduit cet usage contraire à la liberté individuelle ; & en empêcher l'exercice, c'est remplir un devoir social, c'est assurer l'ordre & le repos des individus. Il n'y a donc point de violence & d'abus à proscrire, & défendre le charivari.

CHARLATANISME, s. m. Art de tromper le public, en lui persuadant qu'on a des talens, un mérite, des secrets inconnus aux autres hommes.

Le charlatan, l'empirique, l'imposteur, l'affronteur, ont des traits communs, & d'autres qui les distinguent ; ils ont de commun l'adresse à tromper, à en imposer, à captiver la confiance au moins d'abord, mais chacun par des voies différentes. L'affronteur se tient caché, propose des plans, des projets, des avantages au public ; son but est-il rempli, a-t-il fait sa fortune, obtenu ce qu'il désiroit ? il ne tient plus ses engagemens, effectue mal ou n'effectue pas ce qu'il avoit promis ; il trompe ouvertement. L'imposteur subjugue l'opinion, dit ce qui n'est pas, ment à sa conscience, joue quelque fois l'inspiré, emploie des moyens, prétendus surnaturels, pour parvenir à ses fins, & aveugle les hommes pour les conduire à son but. L'empirique est une espèce de charlatan ; ce nom est affecté au médecin, ou soi disant tel, qui méprisant la route ordinaire des traitemens, veut guérir par des moyens ou des secrets dont il est seul possesseur. Enfin le charlatan est l'audacieux fripon, qui, sans respect pour les hommes & la vérité, cherche à s'illustrer, à s'enrichir par toutes les voies que la sotte crédulité offre à son art imposteur.

Le charlatanisme semble avoir pris naissance avec le monde, & ses nombreux rameaux ont infecté toutes les branches de la société. Son empire est fondé sur la sotise des hommes, sur leur habitude machinale, sur leur ignorance. Sur leur sotise, parce qu'ils sont rarement persuadés, entraînés par la seule force de la raison & de la vérité. Il faut employer le prestige, le merveilleux ; il faut des anges, des nymphes, des oracles, des revelations, & d'autres instrumens du même genre, pour les assujettir aux devoirs qu'exigent d'eux, leurs intérêts & leur bonheur ; delà tant de cultes, tant de religions folles. Sur leur habitude machinale, parce qu'accoutumés à ne voir la vérité que sous les grelots de la folie, à se laisser gouverner par des principes abstruses, des cérémonies bisarres, des coutumes absurdes, il a fallu faire usage des mêmes voies pour les contenir & les civiliser ; & cela, cette foule de noms, de dignités, de magistratures, de titres, d'habits, de chapeaux, de cordons, & tout ce qu'on trouve au palais de la sotise. Delà les armes que le despotisme a su tirer pour affurer fon empire hideux, digne enfant & protecteur de tous les genres d'impoftures. Enfin le *charlatanifme* eft fondé fur l'ignorance des hommes, & cette vérité n'eft que trop prouvée par l'énorme abfurdité des chofes qu'il fait faire, par l'abus de tous les moyens de crédulité qu'il emploie, & par la patience des peuples à admirer les prétendus miracles qu'il opère, dont le moindre n'eft pas l'aveuglement où il tient la multitude, malgré les efforts de la raifon & du bon fens.

Il feroit long d'énumérer tous les genres de *charlatanifme*, qui aviliffent ou dépeuplent la fociété. Nous en verrions dans les cours, dans les tribunaux, dans les fociétés favantes, chez les grands, chez les petits, par-tout. Ici pour en impofer au peuple, on s'élève fur des titres, fur des diftinctions chimériques, on appuie ces prétentions, d'un regard, infolent, d'un air hautain; l'âne public fe profterne, & le charlatan triomphe. Là, faute de fcience, on multiplie les phrafes, les mots, les fimagrées; les fots applaudiffent, & ne foupçonnent pas même la fourberie. Plus loin, des finges de toutes couleurs, grimacent en public, & abufent indignement des égards qu'on leur prodigue pour ramener le règne de l'erreur & de la fotife.

Mais de tous les charlatans, je n'en connois point de plus odieux, que ces ames de boue, qui, fourbes envers Dieu, menteurs à leur confcience, traîtres à la vérité, ofent effrontément abufer les hommes, & fous le charlatanique étalage d'une fauffe doctrine, avec le ton de perfuafion, font fervir la foibleffe & l'imbécillité des peuples, au maintien du defpotifme, à l'accroiffement de la fervitude publique. Affurés de la force des fignes extérieurs de l'habitude, de vains noms, de titres équivoques, leur *charlatanifme* impur féduit les efprits, & nourrit dans la fociété tous les germes de corruption que la lâcheté fait naître.

Leur ton magiftral, leurs formules auliques, leurs adages myftérieux, en même temps qu'ils révoltent l'homme généreux, font les charmes dont ils fe fervent pour ftupéfier les efprits, pour appauvrir les ames & tromper la multitude.

>*Lupi marini videre priores.*
>   VIRG.

La liberté, la vérité font prefque toujours victimes de ce *charlatanifme*, parce qu'elles dédaignent tout ce qui eft petit, tout ce qui eft faux, tout ce qui ne peut qu'infpirer l'erreur, fortifier le menfonge. C'eft aux peuples à s'en défier, c'eft à eux à ne s'en point laiffer impofer par le clinquant des paroles ou des habits; il eft fur le charlatan politique, ce qu'il eft, fur le vendeur d'orviétan, la marque de l'impofture & de la fourberie, avec cette différence que le *charlatanifme* des rues ne produit qu'un mal paffager, au lieu que celui des cours

& des rois, tue la fociété, empoifonne les principes de vie qui la foutiennent.

A ces fauteurs de l'efclavage des peuples, à ces grands charlatans qui fondent fur notre fotife, le fuccès de leurs drogues, joignons ceux qui, dans un rôle fubalterne, nuifent à la fociété par un *charlatanifme* de mœurs, de conduite, de paroles ou d'actions, qui devient dans les arts, les fciences & l'habitude de la vie, une véritable pefte, le fléau du bonheur individuel.

Ce font eux qui accaparent l'opinion publique par une adreffe fourbe, par un *charlatanifme* qui, infenfible à la clameur, marche toujours à fon but, affourdit les hommes & triomphe aux dépens du génie modefte qui fe tait.

Les inftitutions deftinées aux progrès des lettres & de l'efprit humain, n'ont point toujours remédié à ce mal. Elles ont au contraire prêté quelquefois un fecours puiffant & refpectable au *charlatanifme* audacieux, qui à l'abri de ces corps, a opprimé le mérite indigent ou peu prôné. Les académies fourmillent de charlatans à leur manière. Ceux-ci n'ont point acheté leur habit galonné chez le frippier, ils l'ont trouvé fur le banc académique.

Mais en même temps que les fociétés littéraires ont pu favorifer le *charlatanifme* du bel efprit, du petit génie à grandes prétentions, elles ont porté des coups mortels à d'autres efpèces de charlatans fubalternes. Ce font fur-tout les académies des fciences, qui ont produit ce bien. Comme elles font en général, compofées d'efprits géomètres, d'hommes de calculs, & qui ne croient que difficilement au goût du merveilleux, & par conféquent le plus ferme foutien du *charlatanifme* fcientifique.

Et ce n'eft pas un petit fervice rendu à la fociété; car ce genre de défordre eft auffi fléau qu'il n'eft pas toujours donné aux loix de réprimer. Il fe cache, il rampe, il s'avance dans les ténèbres, & l'on ne le connoît, que lorfqu'il a déjà caufé de grands ravages.

Tels font ces guériffeurs impitoyables qui font principalement fur les campagnes l'effet d'une épidémie.

C'eft la néceffité de remédier à ce défordre, qui a donné lieu à plufieurs réglemens de police, contre les empiriques ou charlatans en médecine. Nous trouvons des lettres-patentes de Charles VI, du 20 août 1390, qui enjoignent aux magiftrats de police, de s'informer fi ceux qui vendent des remèdes, & font la médecine, font fuffifamment inftruits; & s'ils ne les trouvent tels, ils doivent leur interdire toute efpèce d'exercice de leur prétendue profeffion.

Un arrêt du parlement de Paris, du 12 feptembre 1598, fait défenfe à tous empiriques, & autres non approuvés de la faculté de médecine, de pratiquer ni exercer l'art de la médecine, à peine d'amende arbitraire, & de plus grande punition s'il y échet; fait auffi défenfes aux épiciers, apothicaires, de donner aucune médecine aux malades, fur autres ordonnances que celles des médecins de la faculté de médecine ou des médécins du roi.

Malgré ces défenfes, & d'autres encore, les charlatans fe font toujours foutenus par la bêtife des peuples. Le nombre en étoit fi grand fous le fiècle de Louis XIV, qu'il fallut établir une commiffion pour cet objet. Il fut ordonné que tous ceux qui prétendroient avoir de prétendus fecrets pour guérir, feroient obligés de les remettre au premier médecin, pour être approuvé ou rejetté, fuivant la circonftance. *Voyez* POISON.

Il fut en conféquence défendu à tous charlatans, de débiter aucune drogue, fans y être autorifé par des brevets, & même d'en faire le débit, malgré ces brevets, fans les repréfenter aux juges de police des lieux où ils feroient leur diftribution, & fans obtenir la permiffion de ces juges.

Cela n'empêche pas que les ravages que font les charlatans dans les campagnes, ne foient journaliers & impunis; les officiers de police n'ont pas fur cet objet, toute la vigilance qu'il mérite: il eft vrai que ces abus font difficiles à prévenir.

A Paris on a établi un infpecteur, qu'on appelle l'*infpecteur* des charlatans. Ses fonctions font de rendre compte au magiftrat de leur état à Paris.

Les charlatans ne peuvent s'établir qu'au moyen d'une permiffion de la police. Ils fe font enregiftrer, comme les filles publiques, fur le livre de l'infpecteur, & c'eft à lui qu'on doit adreffer les plaintes qu'on a à faire contre ces dangereux Efculape, ou directement au lieutenant de police, qui envoie les plaintes à un commiffaire pour les examiner & lui en rendre compte. Quand il eft mécontent d'un charlatan, il l'exile de Paris.

Nous n'avons point dû faire mention de tous les charlatans qui ont brillé depuis vingt ans fur le théâtre de la capitale; l'hiftoire en eût été plaifante, mais fûrement trop longue pour être confignée ici: le magnétifme animal feul eût exigé un article plus long, que n'eft déjà celui-ci. *Voyez* BAGUETTE DIVINATOIRE.

CHARPENTIER, f. m. Ouvrier qui fait les ouvrages en gros bois qui entrent dans la conftruction d'un édifice quelconque.

L'art de la charpenterie eft fûrement le premier & le plus ancien de tous ceux qui concourent à former l'habitation de l'homme. En effet les arbres des forêts ont dû préfenter d'abord les moyens de fe garantir des injures de l'air, en fe faifant des abris & des demeures.

Lorfque les hommes furent réunis en fociété, leur première idée a donc dû naturellement être, de former des toits en croupe, & d'affembler ces branches d'arbres, pour compofer des afyles recouverts de jonc, de chaume ou de gazon. Cet état ruftique & imparfait de l'art, fe voit encore non-feulement dans les habitations des fauvages, mais même dans nos campagnes & les fauxbourgs de nos petites villes: il n'eft pas rare d'y voir de petites cabanes couvertes de paille & formées de morceaux de bois, placés groffièrement les uns près des autres.

Tel fut l'état de l'architecture, dans l'enfance de la fociété; mais à mefure qu'elle fit des progrès, les arts fe perfectionnèrent, & la charpenterie fuivant la même marche, parvint au degré de perfection où nous la voyons aujourd'hui.

Il eft cependant à croire que chez les anciens, elle n'allat pas de pair avec l'architecture, qui fut portée chez les grecs au plus haut degré de goût & de perfection. Il paroît au contraire que de nôtre temps, l'art de la charpenterie a fait des progrès plus marqués, a atteint un point de perfection dont l'architecture n'approche pas. On pourroit citer en preuve, des morceaux de la plus grande hardieffe, foit dans l'architecture navale, foit dans l'architecture civile. Le coupole de la nouvelle halle à Paris, & la couverture du grand baffin à Breft, peuvent être cités comme des chefs-d'œuvres de la plus grande beauté.

Quoique notre objet foit bien plus de développer la police de l'art, que de confidérer l'art en lui-même, cependant aux réflexions que nous venons de faire, nous joindrons encore quelques remarques fur la charpenterie, avant de donner la notice de l'état de fa police & de la difcipline des *charpentiers*.

On peut confidérer l'art de la charpenterie, fous quatre rapports qui ont plus ou moins de rapport avec l'intérêt public.

1°. La connoiffance des bois convenables; 2°. manière de les équarrir; 3°. l'affemblage des pièces de charpente; 4°. l'art de joindre les pièces de bois pour en fabriquer toutes fortes d'ouvrages. Dans tous ces objets, il eft des règles à obferver, pour la fûreté publique & le bien des particuliers.

1°. Il y a un choix à faire dans les bois qui fervent à la charpente. Il en eft qui ne peuvent foutenir l'action de l'air, parce qu'ils font fujets à fe fendre, à fe déjetter, à fe tourmenter, foit par les chaleurs de l'été, foit par le froid de l'hiver, ce qui nuit à la folidité, commune à la durée des ouvrages. Il y a des bois qui fe pourriffent dans l'humidité, d'autres qui ne peuvent durer étant recouverts; il faut donc avoir une connoiffance fuffifante des bois propres à la charpente fuivant l'emploi qu'on en veut faire.

2°.

2°. Quant à l'équarriffage du bois qui confifte à en ôter l'aubier, les furfaces molles, il fe fait, foit à la fcie, foit à la coignée, ou à des moulins propres à débiter le bois. On fent combien il eft dangereux de laiffer des furfaces fujettes à s'amollir, cela peut caufer l'écroulement d'une charpente, il eft donc important d'équarrir jufqu'au vif, les bois qu'on veut employer.

3°. L'affemblage fe fait à *tenons*, à *mortaifes*, ou à *queue d'aronde*. C'eft de lui que dépend la folidité des pièces de charpente, & il eft extrêmement important qu'il n'y ait ni fraude, ni négligence dans cette partie de la charpenterie.

4°. Les ouvrages de charpenterie, font les pans de bois qui compofent les façades d'un bâtiment, les cloifons, les planchers, les efcaliers, les combles, les lucarnes, &c. Les *charpentiers* font auffi les ceintres de bois pour les voûtes & arcades des ponts de pierre, ils conftruifent les ponts de bois, les ponts dormans, les ponts levis, les ponts à couliffe, les ponts tournans, ils en font les pilotis, & l'échafaudage dans l'eau; ils font les ponts de bateaux, les moulins, les bateaux, les vaiffeaux, & généralement les ouvrages dans lefquels il entre de groffes pièces de bois. On voit auffi que non-feulement l'intérêt particulier, mais encore l'intérêt public, demande une grande fidélité à fuivre les règles de l'art, de la part des *charpentiers*, fans quoi on feroit journellement expofé à des accidens fâcheux.

C'eft pour les obliger à cette exactitude, qu'ont été établis les ftatuts & réglemens de la charpenterie, & que la police en a été fucceffivement confiée à différens officiers publics.

Il paroît en effet que dès le temps de Saint Louis cette fonction a été attribuée au premier *charpentier* du roi, qui portoit le titre de général de la charpenterie. Il avoit infpection fur les tonneliers, charrons, couvreurs de maifons, & tous autres ouvriers qui travaillent du *tranchant & en merrein*; il avoit une jurifdiction, il recevoit le ferment des maîtres, jugeoit fur les rapports qu'on lui faifoit, & puniffoit par condamnation d'amende.

Mais en 1303, le roi, par arrêt du parlement, ôta cette jurifdiction à fon maître charpentier, & la rendit aux officiers du châtelet; & par la fuite les métiers qui étoient fous la direction du général de la charpenterie, quoiqu'il n'eût plus la jurifdiction, ceffèrent d'être fous la même règle; ils fe donnèrent des ftatuts, & les charpentiers eux-mêmes reçurent les leurs de Robert d'Eftouteville, le 13 novembre 1454.

Ces premiers ftatuts étant défectueux à bien des égards, ils s'en donnèrent de nouveaux en 1649, qui furent approuvés par le confeil du roi Louis XIV. Depuis ce temps ils en ont reçu d'autres que nous ferons connoître tout à l'heure, & qui

différent peu de ceux de 1649, quant au fond de la difcipline.

Les *charpentiers* avoient autrefois un tréforier receveur, & payeur de leurs deniers communs, érigés en titre d'office; mais en 1705, cette charge fut réunie à la communauté, avec les droits qui y étoient attachés.

On trouve une ordonnance de police de 1735, fur les conftructions en charpente, qui défend à tous maçons, *charpentiers*, compagnons & manœuvres, de faire aucun manteau de cheminée adoffée contre les cloifons & maçonneries de charpente, de placer les âtres fur les folives des planchers, & de mettre du bois dans les cheminées, le tout à peine de mille livres d'amende, de tous dommages & intérêts, & d'être déchus du droit de maîtrife, précaution fort fage pour éviter les incendies.

Nous dirons à cette occafion qu'il a été imaginé depuis peu, de conftruire les planchers des maifons en fer, ce qui eft guère plus cher qu'en bois, eft plus propre, auffi folide, & met à l'abri des accidens du feu. Cet ufage feroit d'autant plus utile à adopter qu'il diminueroit la confommation des bois de charpente, dont la difette fe fait fentir tous les jours, & dont le prix augmente en proportion.

Les nouveaux ftatuts des maîtres *charpentiers* font du 12 feptembre 1785; les lettres-patentes qui en portent homologation, furent enregiftrées au parlement, le 13 décembre de la même année.

1°. Les *charpentiers* peuvent faire exclufivement toute efpèce de conftruction en bois travaillé à la coignée & à la béfaigue; ils peuvent en concurrence avec les menuifiers, faire des ouvrages plus délicats, tels que limons & marches d'efcaliers, poteaux d'huifferie, &c.

2°. Ils peuvent former des entreprifes en *bloc*, c'eft-à-dire, fe charger de tous les détails de la conftruction d'une maifon, & la livrer au propriétaire, la clef à la main, pourvu qu'ils n'emploient dans chaque partie, que des maîtres de la communauté ayant droit de l'exécuter, & cela, nonobftant l'arrêt du parlement du 9 août 1707, qui défend les marchés ou entreprifes en *bloc*.

3°. Pour obvier à la perte des outils, les maîtres *charpentiers* font obligés de les faire marquer à leur nom; & il eft fait défenfe à tous brocanteurs, férailleurs, d'acheter de femblables outils, fans une permiffion fignée de celui dont le nom eft marqué deffus.

4°. Les fyndics & adjoints de la communauté doivent fe tranfporter une fois par femaine au moins dans les bâtimens qui fe conftruifent dans la ville & fauxbourgs de Paris, pour vifiter les conftructions, & voir fi l'on ne contrevient pas aux règles de l'art, & aux réglemens de police. Il eft défendu à qui que ce soit de les empêcher d'entrer. Ils doivent dresser procès-verbal de leurs visites, & marquer les mal façons ou contraventions qu'ils pourront observer.

5°. Les députés qui doivent représenter la communauté, sont élus dans l'assemblée générale, indiquée par le lieutenant-général de police, ou par celui qui est commis par lui, conformément à l'édit d'août 1776. *Voyez* ART.

6°. Les syndics & adjoints sont obligés de se trouver tous les dimanches au bureau de la communauté pour les affaires courantes ; quant à celles qui exigent qu'il en soit délibéré, elles sont rapportées à l'assemblée qui a lieu tous les mois, & qui est présidée par les deux syndics alternativement. Les délibérations ne peuvent lier la communauté, que lorsqu'elles ont été signées par la moitié au moins des représentans. Il est distribué à chaque syndic & adjoint, deux jettons d'argent, & un à chaque député.

7°. Un des syndics est continué receveur des deniers de la communauté, il tient un registre journal de toutes les recettes & dépenses, & rend compte à chaque jour de bureau, des deniers qu'il a reçus, & des dépenses qu'il a faites.

8°. Il faut avoir vingt-cinq ans, pour être reçu maître *charpentier* ; ceux néanmoins qui ont travaillé pendant trois ans chez les maîtres, en qualité d'apprentifs, peuvent être admis à vingt ans, & les fils de maître qui ont fait ce temps chez leurs parens, peuvent parvenir à la maîtrise à dix-huit ans.

Quant aux autres formalités pour la réception, elles sont les mêmes que pour toutes les communautés ; l'essentiel est de payer les droits. Il faut à Paris onze cents livres pour être reçu maître, en différens droits. A Lyon il en coûte cinq cents livres ; dans la province, dans les villes du premier ordre, quatre cents cinquante, & dans celles du second, deux cents cinquante livres.

Par l'article X des statuts des *charpentiers*, il est permis aux garçons & compagnons, d'emporter de chez les maîtres ou bourgeois pour lesquels ils travaillent, des coupeaux, bouts de bois, &c., s'ils en ont reçu la permission expresse ; & la défense faite en 1698, aux particuliers, d'acheter ces coupeaux & bouts de bois des garçons *charpentiers*, est tombée depuis long-temps en désuétude : ainsi c'est mal-à-propos qu'on la retrouve dans les dictionnaires de police, ainsi qu'une foule de vieilleries qui n'ont plus lieu.

On doit remarquer que les bourgeois ont la faculté de faire travailler pour eux, & sous leurs ordres, les garçons & compagnons *charpentiers*, à la charge qu'ils les feront travailler chez eux, qu'ils n'auront point d'attelier dehors, qu'ils fourniront les outils, & que pour peu que l'ouvrage soit considé-

rable ils en feront la déclaration à la communauté, pour laquelle ils paieront un droit à son profit, sous peine de voir les outils & matériaux, saisis par les jurés des *charpentiers*.

CHARRETIER, s. m. Celui qui conduit une charette.

La multitude de charrettes & les accidens qu'elles peuvent causer dans les villes, ont donné lieu à quelques réglemens de police, sur les devoirs & les obligations des *charretiers*. Nous en avons déjà dit quelque chose au mot ACCIDENT, & nous ne répéterons pas ici ce qui s'y trouve, mais nous ajouterons quelques connoissances utiles sur cette matière.

D'abord, on doit remarquer que la profession de *charretier* est libre ; il n'est pas nécessaire pour l'exercer, d'être reçu dans aucune corporation ; mais il faut se conformer aux réglemens de police & de voierie qui ont été publiés sur le roulage. Nous allons rapporter ce qu'il y a de plus essentiel à connoître des uns & des autres ; & comme ce qui peut intéresser la sûreté, la tranquillité publique à cet égard, a été prévu & déterminé par les loix de police de la capitale, nous nous arrêterons à celles-là, sans entrer dans le détail des autres villes, où l'on n'auroit d'ailleurs qu'à répéter les mêmes objets.

Le bureau de l'hôtel-de-ville de Paris, a la police de toutes les charrettes & *charretiers* employés à transporter les provisions & marchandises des ports dans l'intérieur de la ville ; c'est ce qui résulte d'une manière positive de l'ordonnnace de la ville, de 1672. Elle porte : 1°. que les *charretiers* doivent avoir leurs voitures & harnois tous prêts sur les ports, aux heures de vente ; 2°. qu'ils seront tenus de décharger eux-mêmes leurs charrettes ; 3°. qu'ils ne peuvent s'associer & se mettre en rang sur les ports, afin d'exiger une taxe plus forte que celle qui est fixée pour le charrois ; 4°. que la taxe des voitures doit être affichée sur les ports ; 5°. que les *charretiers* ne peuvent entrer dans la rivière pour charger ; 6°. qu'ils sont responsables de la marchandise ; 7°. qu'ils ne doivent charger, si le bourgeois n'est présent ; 8°. qu'ils ne doivent partir, que le paiement de la marchandise n'ait été fait au marchand ; 9°. il est permis aux bourgeois de faire décharger leurs marchandises ou provisions par leurs domestiques, & d'en faire faire la voiture en leurs charriots.

Tels sont à peu près les réglemens que la police municipale fait observer plus ou moins exactement aux *charretiers* qui travaillent sur les ports. On observera que par rapport à la taxe du prix des voitures, on l'augmente ou on la diminue, suivant le prix des fourrages. C'est ainsi qu'en 1719, une ordonnance du bureau de la ville porta à trente sols, les voitures qui n'étoient qu'à vingt, à cause de la cherté des fourrages, & les réduifit par une autre ordonnance de 1721, à l'ancienne taxe, lorfque l'abondance des fourages en eut fait baiffer le prix.

Les *charretiers* qui travaillent fur les ports, font encore obligés de fe faire infcrire au greffe de l'hôtel-de-ville, d'y déclarer le nombre de charrettes qu'ils ont ou prétendent avoir, & de faire appofer auxdites charrettes une plaque de fer-blanc fur laquelle doivent être infcrits le numéro donné par l'hôtel-de-ville, la première lettre du nom du propriétaire, & celui du port où il travaille, le tout à peine de 100 liv. d'amende contre le propriétaire & de prifon pour le *charretier* conducteur, qui fera trouvé conduifant une voiture fans ces formalités. *Ordonnance du 21 avril 1731.*

Par la même ordonnance, il eft encore défendu aux *charretiers* conducteurs de faire trotter leurs chevaux, de monter deffus ou dedans la voiture, fur les ports, à peine de prifon & même d'interdiction du métier.

La police de Paris a rendu d'autres ordonnances pour la fûreté publique, dont les difpofitions doivent être connues. Il eft malheureux qu'elles foient mal exécutées & que leur inexécution donne lieu à des accidens graves dans la ville tous les jours. Mais parmi une multitude de voitures de toute grandeur, de toute forme, qui fe croifent, fe heurtent, il eft bien difficile que les accidens foient plus rares. Quoi qu'il en foit, voici le fupplément de ce que nous avons dit au mot ACCIDENT.

Par l'ordonnance de police, du 20 feptembre 1782, il eft défendu à tous meuniers, boulangers, bouchers, plâtriers, &c. de faire trotter leurs chevaux par les rues; à tous loueurs de chevaux, de carroffes, aubergiftes d'envoyer leurs chevaux à la rivière en plus grand nombre que trois attachés en queue, ni de les faire conduire par des enfans au-deffous de dix-huit ans. Tous les plâtriers, jardiniers & gens qui mènent des fumiers doivent couvrir leurs charrette d'une bande ou grande toile par-deffus, qui empêche ce qui s'y trouve d'être emporté par le vent; oblige les propriétaires des charrettes, haquets, tombereaux d'avoir une plaque de fer-blanc, contenant, en groffes lettres leurs noms & demeure, & le numéro qui leur eft attribué, fous peine d'amende & de confifcation : les maîtres font en tout civilement refponfables des délits civils caufés par les *charretiers* conducteurs à leurs gages.

Quant à ce qui regarde la voierie, les réglemens ont pour objet de conferver les chemins; & comme on a remarqué qu'une des caufes de leur ruine étoit l'énormité des fardeaux mis fur les voitures à deux roues, on a réglé le nombre des chevaux qui pourroient y être mis, afin de régler par ce moyen la quantité de marchandifes qu'elles pourroient porter; en conféquence l'arrêt du confeil, du 14 novembre

1724, ordonne qu'aucun *charretier* ne pourra mettre à fa voiture à deux roues, depuis le premier octobre jufqu'au premier avril, plus de quatre chevaux; & depuis le premier avril jufqu'au premier octobre plus de trois, à peine de confifcation des équipages & de 300 liv. d'amende contre les contrevenans. Permis à ceux qui fe fervent de chariots à quatre roues, d'y mettre autant de chevaux qu'ils voudront en tout temps; permis également à tous vignerons, laboureurs & autres faifant valoir leurs terres, de mettre, même aux charrettes à deux roues, autant de chevaux qu'ils voudront dans les transports feulement à trois lieues de leur domicile.

La connoiffance des délits eft attribuée aux bureaux des finances, en concurrence avec les officiers de police & par prévention; & dans les lieux où il n'y a point de bureau des finances, aux officiers de police. Dans tous les autres lieux, les contraventions doivent être portées devant les juges royaux, & même ceux des feigneurs hauts-jufticiers, avec appel aux juges fupérieurs.

CHARRON, f. m. Ouvrier qui fait & entreprend les ouvrages qui entrent dans les groffes voitures.

Les charrettes, les tombereaux, les traîneaux, les charrues font de l'art du *charron*.

Indépendamment des ftatuts particuliers à la communauté des *charrons*, il eft quelques règles qui leur font prefcrites pour la conftruction des voitures, dont nous allons parler.

L'ordonnance donnée à Compiègne, le 4 mai 1724, veut que les aiffieux des coches, carroffes, chariots & charrettes & autres fans exception, foient de femblable échantillon & de même voie uniforme, & qu'ils aient pour toute longueur cinq pieds fix pouces, dont il y aura cinq pieds & demi entre les deux yeux de l'aiffieu, & le refte pour fervir de rebords, qui eft deux pouces pour chacun des deux bouts; & eft enjoint à tous forgerons, maréchaux & *charrons*, de faire lefdits aiffieux, tant de fer que de bois, de plus grande longueur, à peine de confifcation & de 15 livres d'amende, & à tous rouliers & autres de s'en fervir.

Les *charrons* reçurent leurs premiers ftatuts de Louis XII, qui les érigea en corps de jurande par lettres-patentes du 15 octobre 1498.

La néceffité de diftinguer ce qui étoit de leur reffort & ce qui n'appartenoit qu'aux carroffiers leur en fit donner de nouveaux en 1668, ils prefcrivent à peu près la même chofe pour l'apprentiffage & les réceptions que les ftatuts des autres communautés.

Aucun maître ne peut travailler comme privilégié ou ayant lettres du grand prévôt : la communauté en a de tout temps été exempte.

La maîtrise coûte à Paris près de 1000 francs ; à Lyon, les *charrons* font réunis aux felliers, bourreliers ; ils ont la concurrence avec les ferruriers pour la ferrure des voitures, & avec les maréchaux pour le ferrage & les roues : la maîtrise y coûte 400 liv. Aux autres villes du premier ordre, également 400 l. & dans celle du fecond, 200 livres.

CHAUDRONNIER, f. m., ouvrier qui fait & vend différens inftrumens de cuifine, principalement en cuivre.

Comme l'ufage du cuivre eft dangereux, il eft très-important que les *chaudronniers*-étameurs ne vendent que des uftenfiles bien fabriquées & qui n'expofent pas ceux qui s'en fervent à être empoifonnés, c'eft à quoi doit penfer un magiftrat de police véritablement attentif au bien de fa cité.

Une déclaration du roi, du 4 octobre 1735, règle une partie des devoirs & des obligations des *chaudronniers* ; dans l'extrait que nous en allons donner, l'on trouvera ce qui peut intéreffer la police à cet égard, nous dirons enfuite un mot de la maîtrife.

1°. Il eft défendu aux *chaudronniers* de vendre aucune marchandifes vieilles pour neuves, à peine de 200 liv. d'amende. 2°. Il eft également défendu aux *chaudronniers* du pays d'Auvergne, ou ambulans, d'importer chez eux les ouvrages de chaudronnerie, pour les raccommoder ; ils doivent le faire à la porte des bourgeois. 3°. Les garnitures des coquemars & autres pièces qui vont au feu doivent être de cuivre forgé & non de cuivre fondu, à peine de 30 liv. d'amende pour chaque pièce. 4°. Défendu d'employer la foudure blanche ou d'étain, & obligé d'employer la foudure forte, à peine de 100 liv. d'amende. 5°. Défendu également d'employer le plomb dans aucune efpèce d'ouvrage, même dans les fontaines, pour fouder les robinets & boutons, &c. 6°. à peine de 500 liv. d'amende ; les bords des fontaines, chaudrons, marmites doivent être de fil-de-laiton, & jamais de plomb ou de fer. 7°. Défendu, à peine de 50 liv. d'amende, aux maîtres *chaudronniers* de donner le regrattage des ouvrages à étamer à leurs apprentis, & il leur eft enjoint de n'enlever que le moins de cuivre poffible pour que l'étamage foit bon.

Dès avant le règne de Charles VI, les *chaudronniers* avoient des ftatuts. Sous ce règne, ils en demandèrent & obtinrent la réformation ; il furent encore changés & augmentés fous Charles VIII & Louis XII ; enfin les *chaudronniers* ont été, en 1776, réunis aux balanciers & potiers d'étain, & la maîtrife eft aujourd'hui de 500 liv. à Paris, à Lyon, elle eft de 250, dans les villes du premier ordre, de 200, & dans celles du fecond ordre, de 100 liv.

Une déclaration du 27 juillet 1740, ordonne des amendes très-fortes, l'interdiction même ede l'état, contre les *chaudronniers* qui par des mal-façons ou par négligence, expoferoient le public au danger du verd-de-gris dans l'ufage des inftrumens de cuifine, achetés chez eux.

CHAUFFAGE, f. m., l'action du feu fur les corps qui l'entourent. On doit diftinguer le *chauffage* de la combuftion : celle-ci eft proprement la décompofition des corps par le feu, l'autre n'eft qu'un partage de la chaleur qu'il répand, & qui s'infinue dans les corps. Le mot *chauffage* s'emploie auffi pour défigner les approvifionnemens de combuftibles néceffaires à la confommation des villes.

C'eft un des foins les plus importans & les plus difficiles à remplir de la police des villes ; c'eft en même temps un de ces fujets arides à traiter, & qui n'offrent à l'écrivain prefque aucun moyen d'inftruire le lecteur d'une manière folide, tout fe réduifant à lui préfenter des détails d'ordonnances qui vieilliffent du jour au lendemain, & qui changent avec le befoin de la confommation.

Si l'on ne vouloit offrir aucune application particulière des principes de la police, on pourroit dire que toutes les précautions à prendre pour affurer l'approvifionnement du *chauffage* dans une grande ville, fe bornent 1°. à veiller fur la confervation des forêts ; 2°. à diminuer la confommation du bois en y fubftituant d'autres combuftibles, & en éloignant des villes les manufactures qui demandent de grands feux ; 3°. à faciliter l'apport des bois & charbons, foit par les canaux, rivières ou chemins ; 4°. à empêcher les accaparemens & les fpéculations de la cupidité, dont le public eft toujours la victime dans des objets de première néceffité ; 5°. à régler les approvifionnemens particuliers dans des momens de difette ; 6°. enfin à établir une police régulière parmi les vendeurs & les acheteurs dans les chantiers. Mais ne faire qu'indiquer ainfi les objets d'une manière générale, ce n'eft qu'inftruire à moitié le lecteur, c'eft n'effleurer que la fuperficie des chofes : il faut joindre, pour inftruire, l'exemple au précepte, c'eft le moyen de fixer les idées.

Parmi tous les exemples que nous pouvons choifir des foins qu'exige une ville pour fon *chauffage*, nous ne faurions mieux choifir que Paris.

Cette capitale immenfe confomme par fon luxe, fes manufactures, fes befoins de toutes efpèces, une prodigieufe quantité de bois, & l'on ne voit guère comment il feroit poffible d'y mettre des règles par ce qu'on appelle des *réglemens fomptuaires*, moyens, bons au plus dans un petit état, mais qui ne pourroient qu'apporter le trouble & la gêne dans une ville comme Paris. Tout doit y être réglé par le prix des chofes & les facultés des habitans. Si l'administration a quelque chofe à faire en cela, c'eft d'empêcher les écarts de la cupidité mercantile, & de faciliter ler approvifionnemens; & c'eſt à quoi tendent auſſi les moyens employés par la police municipale de Paris, qui a dans ſon reſſort preſque tout ce qui tient aux approviſionnemens en foin, grains, bois, charbon pour la capitale.

Si nous rapprochons les réglemens relatifs au *chauffage*, des ſix principaux chefs auxquels s'en peut rapporter la police, nous verrons qu'on a porté une attention particulière ſur chacun d'eux; c'eſt ce que nous allons indiquer, en obſervant qu'aux mots CHARBON & APPROVISIONNEMENT on trouvera pluſieurs articles qu'on doit conſulter en liſant celui-ci & auquel nous renvoyons pour abréger.

Iº. Tant que les forêts qui environnoient la capitale purent ſuffire à la conſommation, ou plutôt tant qu'on ne s'apperçut point de la diminution & du dépériſſement des forêts, on s'embarraſſa peu du ſoin de les entretenir. Mais ſitôt que la rareté des bois les rendit chers, que la charpente, la marine, le *chauffage* furent expoſés à une diſette future ſi l'on n'y portoit point une attention ſuivie; on fit des réglemens ſur l'aménagement & la conſervation des forêts, non ſeulement du domaine de la couronne, mais encore des eccléſiaſtiques & des particuliers. C'eſt le motif qui a porté à ordonner que dans les ventes qui ſeront faites des bois, l'on obligera les acheteurs de laiſſer dans chaque arpent, huit ou dix jeunes arbres que l'on nomme *baliveaux*, pour remplacer les anciens; & lorſqu'il eſt permis de faire abattre un certain nombre d'arpens, il eſt toujours ordonné de commencer par les plus anciens arbres ou qui ſont le plus en dégât, ou d'obſerver l'âge des chênes avec telle proportion que le tronc ou racine de ceux qu'on coupera, puiſſent revenir au même état de haute futaie, ce qui eſt ordinairement au bout de quarante ans, & alors ce bois eſt nommé *futaie ſur taillis*.

C'eſt encore par ce motif que les coupes de bois taillis ont été réglées de dix en dix ans, pour donner le temps aux ſouches ou racines de renaître, pour ainſi dire, & reprendre leur accroiſſement. Les romains prenoient ce même ſoin, & apportoient ce même ménagement dans la vente de leurs bois, ainſi que nous l'apprenons de leurs loix.

Il y a un très-grand nombre d'autres diſpoſitions dans les ordonnances, pour la conſervation des bois & forêts, & pour empêcher les dégâts qui s'y peuvent commettre.

Quelques perſonnes ont propoſé de charger les paroiſſes ou petites adminiſtrations municipales riveraines des forêts, de veiller à leur conſervation & à leur repeuplement. Pour les dédommager de ce ſoin, elles auroient les amendes, ſaiſies qui ſeroient prononcées contre les contrevenans aux règlemens que l'on feroit à cet égard. Lorſque l'on feroit des ventes, on leur abandonneroit à très-bon compte

les bois de *rebut* qui ſe trouveroient dans la coupe; ce qui mettroit les habitans des paroiſſes à même de ſe procurer du *chauffage* ſans s'expoſer à des peines par les tranſgreſſions que le beſoin leur fait ſouvent faire des réglemens des eaux & forêts. Cela contribueroit en même temps à l'entretien des forêts, que ces abus détruiſent inſenſiblement, ſans que perſonne prenne un intérêt continu & perſonnel à leur repeuplement. Mais ces objets ſortent de l'objet de notre travail & regardent l'économie publique.

IIº. Ce n'eſt pas aſſez d'avoir pourvu à la conſervation des forêts, à leur repeuplement pour aſſurer le *chauffage* des villes; il faut encore chercher à y diminuer la conſommation de bois, & cela non par des loix ſomptuaires, qui n'étant que des loix coërcitives & de privation ne ſont bonnes qu'à un peuple pauvre ou eſclave; mais de deux manières; 1º. en fourniſſant un combuſtible à meilleur marché que le bois; 2º. en éloignant des villes les manufactures qui exigent des fourneaux, un feu continuel, telles que les manufactures de porcelaines, les verreries, les forges, &c.

Ces précautions ont deux objets en vue; d'abord, d'éloigner des villes les moyens de conſommation conſidérable qui en tout temps entretiendroient la cherté du bois, mais encore d'empêcher que dans un moment où le commerce ne pourroit pas approviſionner la ville, ces manufactures ne fuſſent réduites à l'inaction, ou ne miſſent une concurrence ſi grande au marché, que le prix du bois en augmentât conſidérablement.

Voilà pourquoi l'adminiſtration ayant eu connoiſſance qu'il s'étoit établi, à portée des rivières navigables & des grandes villes, des fours, forges, verreries, dont la conſommation porte un très-grand préjudice au *chauffage* du public, & principalement à l'approviſionnement de Paris, & cela d'une manière d'autant plus ſenſible que les propriétaires de ces établiſſemens ſont dans l'uſage depuis pluſieurs années de convertir en charbon, pour leurs uſines, même les bois qui par leur nature devroient être employés en bois de corde pour le *chauffage*, a, par arrêt du conſeil du 29 mai 1785, ordonné que tous les marchands de bois, adjudicataires & autres exploitant des bois, qui par leur ſituation & leur proximité des rivières & ruiſſeaux navigables & flottables, peuvent ſervir à l'approviſionnement de la ville de Paris, ſeront tenus de convertir en bois de corde, de la longueur preſcrite par l'ordonnance, & de faire parvenir à Paris tous les bois de ſix pouces de tour & au deſſus. Déjà un arrêt du conſeil, du 9 Août 1723, avoit défendu à toutes perſonnes, de quelque qualité & condition qu'elles fuſſent, & à toutes les communautés eccléſiaſtiques & laïques, régulières & ſéculières, économes, adminiſtrateurs, recteurs, principaux de collège, hôpitaux & maladreries, commandeurs & protecteurs de l'ordre de Saint-Jean de Jéruſalem, d'établir aucuns fourneaux, forges, martinets, & verreries, augmentation de feu & de marteau, sinon en vertu de lettres patentes duement enregiſtrées : à peine de 3,000 liv. d'amende & de démolition.

C'eſt pour remplir l'autre objet, de fournir un combuſtible qui diminue la conſommation du bois, la déclaration du 3 août 1784 diminue les droits ſur le charbon de terre, & que le commerce des tourbes a été encouragé & protégé par le gouvernement, ainſi que tout ce qui peut procurer un *chauffage* à bon marché pour le peuple. Nous n'entrerons pas dans tous ces détails qui allongeroient trop notre travail. Paſſons au troiſième objet de la police du *chauffage*.

III°. C'eſt ſur-tout à faciliter l'apport des bois & des combuſtibles à Paris, que la police municipale eſt occupée. Il ſe fait preſque tout par eau, & l'on a pris toutes les précautions néceſſaires pour qu'il n'éprouve aucun retard par des accidens naturels, par la négligence des marchands, ou par les chicannes & les droits des riverains. Ces ſoins forment une des grandes parties de la juriſdiction de l'hôtel-de-ville à Paris, comme des juges & officiers de police dans les autres villes du royaume : ils ſont, au reſte, les mêmes dans l'eſſentiel.

Le bois qui vient pour l'approviſionnement de la capitale eſt ou en bateau, ou floté : c'eſt une heureuſe invention que ce flottage. On la doit à un nommé *Jean Rouvet*, bourgeois de Paris, qui, en 1549, propoſa de jetter dans de petits ruiſſeaux qui confinent les forêts, des bois coupés en bûches, leſquels étant parvenus aux rivières feroient liés en bâtardeaux & de là conduits à Paris. Il en fit l'eſſai dans le Morvant, & René Arnoul donna la perfection à cette découverte en 1566, qu'il obtint de Charles IX des lettres-patentes pour faire uſage librement de cette voie d'approviſionnement, à laquelle les riverains s'oppoſèrent ſous divers prétextes, qu'il n'eſt pas de notre objet de rapporter.

Les anciennes ordonnances portent que les marchands adjudicataires de bois ſeront tenus de les couper & vuider les lieux, ſuivant les clauſes faites entre le vendeur & l'acheteur ; mais François premier, par un édit du mois de mai 1520, a ordonné que ce temps ſeroit limité à deux années, & cette police a été remiſe en vigueur par l'ordonnance de la ville, homologuée au parlement le 9 décembre 1785. Ainſi, à compter du moment de l'adjudication, l'adjudicataire n'a que deux ans pour faire abattre, apprêter & tranſporter les bois : police prudente pour empêcher les grands accaparemens.

La même ordonnance, en confirmant celle de 1672, pour la juriſdiction de l'hôtel-de-ville, porte : que les bois deſtinés pour l'approviſionnement de Paris, ne pourront ſous aucun prétexte, être vendu en route, ou détournés de leur deſtination. Il eſt encore défendu à tous meûniers, maîtres de forge,

de laiſſer entrer les bois flottant dans leur biez ; il leur eſt enjoint d'ouvrir les pelles, à l'approche de chaque flot, à peine de cinq cents livres d'amende. Les bois conduits & arrivés à Paris, doivent être de ſuite empilés dans les chantiers deſtinés à cet effet, & placés en amphithéâtres ſéparés les uns des autres, afin que les différentes qualités de bois puſſent être diſtinguées.

Indépendamment de ces moyens de faciliter le tranſport, l'ordonnance de 1672, porte encore : que les marchands adjudicataires peuvent faire paſſer leurs bois ſur les terres & héritages qui ſe trouvent depuis les forêts, juſqu'aux ports flottables & navigables des rivières & ruiſſeaux ; qu'ils peuvent faire des canaux & prendre l'eau des étangs pour le flotage des bois deſtinés au même approviſionnement, en dédommageant les propriétaires ; qu'ils peuvent jetter leurs bois à *bois perdu*. Les propriétaires des héritages, le long des rivieres, ſont obligés de laiſſer un chemin le long des ruiſſeaux, pour le paſſage des gens qui travaillent au flotage. Les marchands peuvent auſſi faire paſſer leurs bois par les étangs & foſſés, appartenans aux gentilshommes & autres, en les dédommageant à dire d'experts.

Il eſt également accordé aux marchands, de prendre ſur le bord des rivières & ruiſſeaux, des terres pour faire amas de leurs bois, en offrant aux propriétaires, des dédommagemens proportionnés à l'état du terrein. Toutes ces facilités ſont accordées comme on voit, afin de ne point mettre d'obſtacles à l'approviſionnement de Paris, & telles ou ſemblables loix peuvent également être faites pour le beſoin de toute autre grande ville.

IV°. Il ne ſuffiroit pas pour l'approviſionnement du *chauffage*, que les bois ſoient conduits avec promptitude, ſi des marchands ou particuliers quelconques pouvoient les accaparer, les acheter en grande quantité, & les revendre enſuite, lorſque la difficulté des charrois en rendroit l'apport difficile. Il a donc fallu prévenir cet inconvénient, afin que chacun pût profiter de l'abondance & du prix commun de la denrée ; c'eſt ce qu'on a tâché de faire par différens réglemens de police ſur cet objet.

L'arrêt du Parlement de 1715, porte : que les proviſions pour les collèges & communautés ne pourront ſe faire que depuis Pâques juſqu'au premier août, en obtenant la permiſſion des prévôt des marchands & échevins, laquelle doit être délivrée gratuitement, & ne pourra être délivrée que lorſque l'approviſionnement public n'y ſera point intéreſſé, ſans que depuis le premier août juſqu'à Pâques, les proviſions particulières puiſſent être permiſes ni tolérées.

Fait également défenſes à toutes perſonnes, de quelque qualité & condition qu'elles ſoient, de faire décharger en chemin, à quelque diſtance que ce ſoit de Paris, les bois chargés ſur la rivière, pour leur proviſion ou autrement ; leur enjoint de les faire venir ſur les ports de la ville, à peine de confiſcation & d'amende arbitraire (1).

L'ordonnance de la ville porte, chap. 17. art. 34 » pour empêcher le monopole, défenſes aux marchands de bois de Paris, d'acheter aucuns bois à brûler, ou d'ouvrages étant ſur les ports, & aux forains, de les vendre, à peine de confiſcation contre le vendeur, & du prix de l'achat. »

Enfin toutes les loix de police contre les accaparemens, ſont applicables à ce qui peut influer ſur la proviſion du bois de *chauffage*, & doivent être maintenus pour empêcher la diſette ou la cherté des combuſtibles.

V°. Lorſque malgré toutes les précautions, la diſette de bois ſe fait ſentir, alors il eſt de la ſageſſe, de la prudence des officiers municipaux, non-ſeulement de régler ce que chaque particulier peut acheter, mais encore d'ordonner des réſerves pour l'approviſionnement des boulangers, qui ne peuvent ſuſpendre l'activité de leurs travaux, ſans porter le plus grand préjudice à la ſociété.

C'eſt auſſi ce qu'on a vu conſtamment obſerver à Paris, lorſque par la négligence des marchands & le défaut d'eau, les chantiers n'ont pas été convenablement garnis de bois.

Ainſi, l'arrêt du parlement de 1715, défendit de donner plus d'une voie de bois à chaque particulier qui ſe préſenteroit au chantier. La même défenſe fut répétée par les ordonnances de la ville, du 11 mars 1784, & le 4 février 1787, les baſſes eaux, les glaces & les neiges qui vinrent de bonne heure, ayant empêché l'approviſionnement des chantiers. Ces deux ordonnances fixèrent auſſi la quantité de voies de bois qui devoient être conſervées dans chaque chantier, pour la conſommation des boulangers ſeuls, défendant à tous autres maîtres de chantiers de leur en diſtribuer ; & de plus aſſujettiſſant les boulangers à prendre un billet au greffe de l'hôtel-de-ville, pour obtenir la quantité de bois néceſſaire à l'état ordinaire de leurs cuiſſons.

Comme ce défaut de fournitures des chantiers naît ſouvent de la négligence qu'ont les marchands de bois, de vuider les lieux de bonne heure, & d'entreprendre le flottage & le tranſport des bois, conformément aux ordonnances, il eſt quelquefois utile d'informer des cauſes de retards, & de vérifier ſi les réglemens pour l'approviſionnement ont été remplis. C'eſt ce qui eut lieu, à l'occaſion que nous venons d'indiquer. A la requiſition du procureur du roi de la ville, un échevin fut autoriſé à faire

informer des cauſes du retard, & manque d'approviſionnement, cela n'eſt ſouvent qu'une formalité, mais elle annonce le droit & le beſoin de la choſe : dans des cas ſérieux on pourroit en faire uſage à propos.

L'ordonnance de la ville, du premier décembre 1787, veut que les bois deſtinés à être mis à flot, ſoient voiturés le plus tard au premier novembre, & empilés ſur les bords des ruiſſeaux, pour y être jettés & formés en trains, juſqu'au premier mai.

C'eſt encore pour aſſurer la fourniture de Paris, qu'une ordonnance du 13 février 1784, fait défenſes, ſous peine d'amende & de confiſcation, de ſortir aucun bois à brûler de la ville & fauxbourg de Paris. Mais la rigueur de ces ordonnances ceſſe ordinairement avec le beſoin qui n'eſt que momentané.

VI°. Ces précautions, ces ſoins ne ſont point le terme de l'inſpection municipale ſur le *chauffage* public. Il faut encore établir un certain ordre, une certaine police entre les vendeurs & acheteurs ; empêcher la fraude, les débats, les vexations auxquels ne manque jamais de donner lieu, l'activité d'un commerce de première néceſſité.

C'eſt l'objet de différens réglemens. Nous les regarderons ſous trois chefs. 1°. Ceux qui ont rapport à la marchandiſe ; 2°. ceux qui ont rapport aux vendeurs & acheteurs ; 3°. ceux qui regardent les charretiers, gagne deniers, & autres gens de cette claſſe.

Tous les bois fabriqués pour le *chauffage* de Paris, doivent être de trois pieds & demi de long, au terme de l'ordonnance pour la juriſdiction de l'hôtel-de-ville de 1672. Cette même ordonnance diſtingue trois eſpèces de bois ; celui de moule, celui de corde & celui de raillis ; mais la déclaration du roi du 8 juillet 1784, a ſupprimé ces diſtinctions, & déſigne toutes eſpèces de bois ſous celle de bois neuf, de bois flotté & de bois blanc, ſans égard à la groſſeur des bûches. L'article VII de cette déclaration, interdit la faculté ci-devant accordée aux marchands, de mêler un tiers de bois blanc dans chaque voie de bois neuf ou flotté. Chaque voie de bois ne peut être compoſée que d'un bois dur de différentes dimenſions, ſans qu'il ſoit permis aux vendeurs de faire fendre par quartiers, les bûches qui ont moins de dix-huit pouces de circonférence, & d'en mettre à la voie qui en aient moins de ſix.

Les menus bois au-deſſous de ſix pouces, doivent être convertis en charbon.

Pour établir une police ſûre à la vente des bois au chantier, la déclaration de juillet 1784, a ordonné

<hr>

(1) L'arrêt excepte de cette diſpoſition les bourgeois qui font venir du bois de leur crû pour leur conſommation, leſquels bois ſeront déchargés au lieu indiqué ſur la permiſſion d'entrée.

qu'il y eût des inspecteurs & des commis mouleurs, lesquels après ferment préalablement prêté devant les prévôt des marchands & échevins, seront tenus de veiller à ce que les garçons de chantiers, préposés par les marchands, pour placer le bois dans les membrures, procèdent au mesurage avec toute l'exactitude prescrite par les réglemens.

L'arrêt de réglement du parlement de 1715, défend aux marchands de bois, de vendre au-dessus du prix déterminé par la taxe, laquelle taxe est toujours fixée par les prévôt des marchands & échevins, & ils font obligés de vendre en personne ou par leurs gens, & non par leurs commissaires ou courtiers.

Il étoit défendu par les anciens réglemens, & rien n'en a prononcé l'abrogation, de charger du bois sur les ports de Paris, depuis le premier jour de mars, jusqu'au dernier septembre, avant six heures du matin, & après sept heures du soir ; & depuis le premier octobre jusqu'au dernier février, avant sept heures du matin, & après cinq heures du soir, ou plutôt si l'on est surpris de la nuit.

Il est défendu par l'arrêt du parlement de 1715, à toutes personnes, de quelque qualité & condition qu'elles soient, d'envoyer acheter ni enlever le bois sur les ports du chantier, par ceux de leurs domestiques qui portent la livrée.

Quant à la police des hommes de travaux sur les ports & dans les chantiers, on peut en voir une partie au mot CHARRETIER ; pour le reste, l'ordonnance de la ville du 15 juillet 1727, défend à tous gagne-deniers, plumets & autres, de travailler à la décharge & enlèvement des marchandises, s'ils n'en font requis par les marchands ou bourgeois ; d'ôter aux marchands ou bourgeois, la liberté de faire la décharge ou enlèvement de leurs marchandises, ou de se choisir telles personnes qu'ils voudront pour la faire ; d'aller au-devant des acheteurs, & de les contraindre d'acheter d'un marchand plutôt que d'un autre, & d'exiger pour leur travail plus que le prix convenu.

Il y a d'autres réglemens encore pour régler le prix des journées des ouvriers qui travaillent à tirer, porter, empiler les bois des trains ; il y en a pour fixer le prix des voitures, en raison des distances de la ville, mais comme tous ces réglemens ne font point généraux, qu'ils changent avec le temps & les lieux, nous n'imiterons pas quelques compilateurs qui porte la confiance dans la patience du lecteur, jusqu'à lui donner ces longues & inutiles ordonnances publiées & changées presque tous les six mois.

Indépendamment du bois à la voie, il s'en vend encore en coterets, qu'on nomme *falourdes*, tant sur les ports que chez les regrattiers ; c'est pourquoi nous en devons un mot au lecteur, comme faisant une partie de la police du *chauffage*. Pour ce qui regarde le charbon, on peut en voir l'article.

Nous ne devons pas oublier aussi de dire que lorsque les bateaux ou trains de bois arrivent, les marchands doivent en faire leur déclaration au greffe de l'hôtel-de-ville, cette police est générale pour toutes les marchandises d'approvisionnement par eau à Paris.

L'ordonnance pour la jurisdiction de l'hôtel-de-ville de 1672, porte : que les coterets & fagots seront vendus au compte par cent, & seront fournis suivant l'usage, les quatre par-dessus le cent.

Le fagot ordinaire a trois pieds & demi de longueur & vingt-six pouces de grosseur. La falourde a trois pieds & demi de longueur & trente-six pouces de grosseur.

Ce sont les fruitiers qui font le regrat de fagots & falourdes aujourd'hui à Paris, & ce que les réglemens de l'hôtel-de-ville ordonnent, les regardent principalement. Les chandeliers ont aussi le même droit.

Il est défendu aux regrattiers de vendre les fagots & falourdes, à plus haut prix que la taxe qui y aura été mise par les prévôt des marchands & échevins. Il leur est également fait défense d'en exposer en vente de diminués ou altérés, à peine de confiscation & de punition corporelle.

CHASSE, f. f. Poursuite : on l'entend ordinairement de celle que les hommes font aux bêtes des champs & des bois pour leur amusement.

On a cru faire l'éloge de la *chasse*, en disant que c'est l'image de la guerre. On ne voit pas que c'est la plus grande satyre qu'on en ait pu faire, & que tous les princes adonnés par goût à la *chasse*, ont été des hommes stupides & féroces, abrutis par un genre d'occupation qui ne peut tout au plus convenir qu'au sauvage qui a sa nourriture à chercher ou sa vie à défendre par la *chasse*.

C'est une des grandes invasions du pouvoir des rois sur le droit des peuples, que les loix qui ont été faites sur les *chasses*. On a poussé l'abus jusqu'à condamner à mort, celui qui y contrevenoit, & encore aujourd'hui on trouve tout simple d'envoyer aux galères, le père de famille, qui par besoin ou par oubli, a tué un lapin ou une caille.

Le pouvoir despotique a trouvé son compte à interdire sévèrement le pouvoir de *chasser*, à toutes autres personnes qu'aux gentilshommes. Par ce moyen il est parvenu à désarmer le peuple sous tous les points de vue. De plus, c'est un des arts de la tyrannie, de multiplier les occasions d'habiter les hommes à tous les genres de servitude, & de couvrir la terre d'agens vils & audacieux.

On a dit tout ce qu'il est possible de dire contre ces désordres cruels. Les raisonnemens qui tendent à les justifier, ne sont plus écoutés que des fots ou des fripons. Il n'est pas vrai que si la *chasse* étoit libre, le peuple quittât son travail pour s'y adonner ; si elle étoit libre, bientôt tout le gibier seroit détruit, & on ne fait point un métier où l'on ne peut que perdre son temps. Il n'est pas vrai que le droit d'être armé, que supposeroit la liberté de chasser, peut donner lieu à des brigandages ; car les brigands seroient plus en danger quand ils sauroient que tout le monde est armé. Il ne se commet tant d'excès dans les provinces, que parce qu'en général les citoyens désarmés n'ont aucune résistance a opposer au voleur en force qui vient leur faire violence.

Enfin il est extrêmement absurde de prétendre qu'un homme doive souffrir que ses biens soient détruits pour le plaisir d'un tiers ; & c'est une raison que tout le monde a sentie.

Aussi, depuis quelques années, un cri général s'est élevé contre les loix de police des *chasses*, tout le monde a réclamé contre ces restes de la féodalité, & chacun a demandé qu'il soit fait une réforme radicale dans cette partie vicieuse de notre administration. On a présenté que les droits de *chasse* produisoient une foule de maux, sans donner lieu à aucun bien. Ils sont cause que les bois & les forêts, les taillis sur-tout, sont détruits par ce qu'on appelle la *grand bête* ; ce qui est de la plus grande conséquence dans un temps où l'on a plus besoin que jamais de veiller à la conservation & au repeuplement des forêts. Ils sont une éternelle source de dévastation pour les héritages que les propriétaires des *chasses* ne se font aucun scrupule de ravager, lorsqu'ils sont sûrs de l'impunité, comme cela arrive toujours. Ils sont à la honte de nos mœurs, une cause de dépopulation pour les familles, par les condamnations auxquels ils donnent lieu pour de prétendues infractions. Ils alimentent le braconage, qui est une école de brigandage souvent pour ceux qui en ont contracté l'habitude.

Toutes ces raisons sont irrécusables, & quand on se borne à demander que chaque propriétaire ait au moins le droit de chasser chez lui, qu'il soit noble ou roturier, propriétaire de fief, ou simple tenancier, on ne demande rien qui ne soit de la plus rigoureuse justice. Il faut espérer que les intérêts mal entendu de quelques possesseurs de fiefs, céderont à ces grands motifs, & tout annonce cette révolution depuis si long-temps désirée par la classe la moins aisée des propriétaires terriens.

CHAUX, C.f. Pierre calcaire, qui, ayant éprouvé un grand degré de chaleur, acquiert la propriété de fondre dans l'eau & de former du mortier étant mélangé avec du sable,

L'utilité de la *chaux* pour la bâtisse des édifices, a porté l'administration à s'occuper des moyens de police qui peuvent contenir les vendeurs, & as-

surer aux acheteurs l'abondance, le bon marché & la bonne qualité de cette marchandise.

Nous ne ferons connoître que les réglemens relatifs à l'approvisionnement de Paris, les précautions de police prises dans cette ville pourront trouver leur application dans d'autres.

Le soin en est attribué à l'hôtel-de-ville ; c'est lui qui règle le prix & les formes à observer dans le commerce de la *chaux*.

L'on sait que presque toute celle qui se consomme à Paris, vient de Melun, de Boissise, & des environs. Les marchands & propriétaires des fours doivent fournir les ports de Paris sans interruption, & avoir continuellement deux fournées, l'une en vente, & l'autre prête à entrer dans le port. Ils ne peuvent mettre le feu à leurs fourneaux, que par rang & par tour. C'est pour entretenir cet ordre, que tous les fours des environs de Melun doivent être numérotés & compris dans une liste que le bureau de la ville tient, d'après les soumissions & déclarations que chaque propriétaire est obligé de faire, de l'état de ses fours.

Ces marchands ne forment point de communauté ; il n'y a qu'un syndic qui fait sa résidence à Melun, & que le prévôt des marchands nomme pour faire observer les réglemens. Cette discipline particulière sur la façon & la vente de la *chaux*, est particulièrement établie par l'ordonnance du bureau de la ville, du 15 novembre 1728 ; on y trouve :

1°. Que le nombre des fours à *chaux* fut alors fixé à soixante-dix-sept, mais il a été augmenté depuis ; que chaque maître de four ne pourra cuire qu'à son tour, numérotera son four à peine d'interdiction pour les fours qui n'auront pas été numérotés. 2°. Ils seront tenus d'avoir une fournée en vente & une prête à être mise à port, à peine de 500 liv. d'amende, s'ils n'ont averti le syndic des raisons qui peuvent les avoir empêchés. 3°. Chaque propriétaire chauffera, d'après l'avertissement du syndic ; & pour que le port de Paris ne soit jamais dans le péril d'être dégarni, il y aura toujours trois fours suivant le rang désigné par la liste, pourvûs de pierre & de bois, & toujours prêts à être allumés. 4°. Défendu aux marchands de cuire dans des fours moindres de vingt-quatre muids de contenance pour l'amener à Paris. 5°. Quinze jours avant de mettre leurs fours au feu, ils sont obligés de déclarer au syndic la destination de leur fournée, laquelle déclaration doit être communiquée à un des échevins chargé de cette partie.

Celui qui fait les fonctions de syndic jouit, dans le courant de chaque liste, de deux fournées extraordinaires, & de permission, l'une au milieu de la liste, & l'autre à la fin, & ce, à cause des soins qu'il est obligé de prendre pour faire exécuter le réglement,

Pour affurer la fidélité dans les ventes & éloigner les difficultés qui pourroient s'élever entre les marchands & les acheteurs, il a été établi dès avant 1415, des mefureurs de *chaux*, qui ont exercé par commiffion jufqu'en 1641, qu'ils furent érigés en titre d'office, fupprimés en 1715, & rétablis en 1730; mais ils n'en font pas moins foumis à la jurifdiction de l'hôtel-de-ville.

Voici quelles font leurs obligations d'après l'ordonnance de la ville, 1672. « Les mefureurs de » *chaux* feront tenus de faire bonne mefure de la-» dite marchandife, & d'empêcher qu'il n'en foit » expofé en vente qu'elle ne foit bonne, loyale & » marchande, & avant qu'elle ait été mife en vente » par les prévôt des marchands & échevins de la » ville; & à eux enjoint d'avertir les acheteurs de la-» dite taxe & de tenir la main à ce qu'elle foit exécu-» tée, & de dénoncer les contraventions, à peine » d'interdiction: fair défenfes auxdits jurés mefu-» reurs & porteurs de *chaux*, ce faire le commerce » de ladite marchandife, & de fe faire payer plus » grands droits que ceux qui leur font attribués ».

CHEMIN, f. m. Communication établie par terre entre un lieu & un autre.

L'ufage des chemins eft un des grands moyens de commerce, & par conféquent de civilifation entre les hommes. Tous les peuples anciens ont connu cette vérité, & l'expérience en attefte tous les jours la certitude.

Les romains qui ont porté très-loin tous les arts de la guerre, regardoient les *chemins* comme un moyen de la faire avec promptitude & fûreté. Auffi employèrent-ils avec fruit les *chemins* à leur entretien. Ils établirent des officiers qui avoient, en temps de paix, la furveillance des *chemins*, qui en fuivoient l'adminiftration & en maintenoient la police. De là ces belles voies dont la folidité, l'étendue étonnent encore les nations modernes, & atteftent la puiffance de ce peuple, grand par fon courage & la hauteur de fes vues.

L'anéantiffement de la puiffance romaine en Europe, l'établiffement de l'efclavage, l'abrutiffement des peuples, détruifit les communications qu'elle avoit formées entre toutes les parties de l'empire. Les chauffées furent enfevelies fous le limon des fleuves, des friches fe formèrent fur les chemins & toutes voies de rapport furent fermées entre les villes.

Quelques princes portèrent cependant leur attention vers cet objet. L'hiftoire nous apprend que la reine Brunehault, dont on a tant dit de mal, peut-être par erreur, & parce que des écrivains partiaux l'ont d'abord calomniée, s'occupa de faire percer des chemins dont il fubfifte encore des veftiges connus fous le nom de *chauffée de Brunehault*, & j'aime à croire qu'une princeffe qui s'occupoit

d'objets auffi utiles n'étoit point telle qu'on nous l'a peinte.

Nous pouvons préfumer, par le commerce qui fe fit fous la première race de nos rois, qu'il y avoit une certaine facilité dans la communication des peuples, & que l'entretien & la police des *chemins* faifoient un des foins du gouvernement d'alors: car l'activité du commerce eft toujours en raifon des moyens de l'exercer, & l'on fait que les *chemins* font ce qu'il y a de plus propre à parvenir à ce but.

Mais l'on ne fauroit douter que Charlemagne ne s'en foit effentiellement occupé. Ce prince qui eût été un homme en tout eftimable, s'il n'eût pas été infecté d'un fanatifme perfécuteur, protégea tous les genres d'induftrie qui pouvoient concourir au bien du royaume. De plus les voyages des officiers qu'il envoyoit dans les provinces, & les fréquentes affemblées de députés qui s'y formoient annuellement, néceffitoient la fûreté, la commodité des routes. Il fit en conféquence relever quelques routes milliaires des romains, engagea les états provinciaux à faire contribuer les paroiffes pour cet objet, & régla d'une manière générale la police des *chemins*.

Les troubles qui fuivirent ce règne, replongèrent le commerce & le gouvernement de l'état dans le cahos. Les feigneurs établirent des péages, vexèrent les marchands par leurs exactions; les provinces reftèrent fans communication & en quelque forte inconnues les unes aux autres. L'hiftoire nous a confervé des preuves de cet état de barbarie. Au milieu du dixième fiècle, le comte Bouchard voulant fonder un monaftère à Saint-Maur-lès-Foffés, près de Paris, alla trouver un abbé de Clugny en Bourgogne, pour le prier d'y conduire des moines. Le langage qu'il tint à ce religieux eft fingulier. Il lui dit qu'ayant entrepris un fi grand voyage, dont la longueur l'avoit extrêmement fatigué, il efpéroit que fa demande lui feroit accordée, & qu'il ne feroit pas venu inutilement dans un pays fi éloigné. La réponfe de l'abbé eft encore plus extraordinaire: il refufa nettement de le fatisfaire, fous prétexte qu'il feroit trop fatiguant d'aller avec lui dans une région étrangère & inconnue.

Au commencement même du douzième fiècle, les moines de Ferrières, dans le diocèfe de Sens, ne favoient pas encore qu'il y eût en Flandre une ville nommée *Tournay*; & les moines de Saint-Martin de Tournay ignoroient également où étoit Ferrières. Une affaire qui regardoit les deux couvens les obligea d'avoir quelque communication. L'intérêt mutuel de ces deux maifons les mit à la recherche l'une de l'autre. Enfin après de longues enquêtes, la découverte fe fit par hafard.

Le défaut de *chemins*, le peu de commodités qu'on trouvoit fur ceux qui exiftoient, entretenoient cette ignorance, & fervoient en même temps de motif à l'hofpitalité. N'y ayant point de *chemins* praticables, il n'y avoit point d'hôtelleries, & le peu de voyageurs qui s'expofoient fur les routes, n'avoient d'efpérance de trouver à loger que chez les moines ou dans les maifons particulières. C'étoit donc un devoir focial de les recevoir ; ajoutez que le manque de communication empêchant le commerce & accumulant les denrées dans un même endroit faute de débit, devoit les tenir à bon marché, & rendre l'hofpitalité facile.

Par trait de temps cet ordre changea. Les communes en fe formant, communiquèrent entr'elles, & le peuple, en fortant de la fervitude, donna naiffance à une nouvelle fource de profpérité publique. Les *chemins* fe multiplièrent, le commerce reprit de nouvelles forces, & la police des routes fe perfectionna.

Des rois contribuèrent à ce bien public en fervant leur propre intérêt. Louis XI, ce prince dont l'ame dure & tyrannique accumula, fous fon règne, tous les genres de crimes, en établiffant les poftes pour feconder fon defpotifme foupçonneux, hâta les progrès du commerce, & affura la tranquillité des routes.

Mais ces foibles commencemens ne furent rien en comparaifon de l'état où parvinrent dans la fuite les grands *chemins* en France. Ce fut fous le miniftère de Sully qu'on commença à les garnir des deux côtés d'arbres qui donnent de la fraîcheur, & fervent de barrières aux entreprifes des riverains. Bientôt les grandes routes qui conduifent aux principales villes du royaume furent agrandies, garnies d'auberges, & mifes à l'abri des infultes des brigands.

Le règne de Louis XIV ajouta encore aux précédens. Les grands *chemins* furent pavés, des arbres plantés par-tout, les maréchauffées augmentées & la police des routes perfectionnée.

Enfin, fous Louis XV, on porta la magnificence des routes auffi loin qu'elle peut aller ; largeur, fûreté, propreté, tout concourt à les rendre dignes de la grandeur du royaume & du grand commerce qui s'y fait.

Quelques écrivains fe font même récriés contre les dépenfes de luxe que cette partie du fervice public a occafionnée. On a cru y voir trop de terrein perdu, trop de recherche dans l'alignement & pas affez de folidité dans la conftruction. Mais quand ces reproches feroient auffi parfaitement exacts qu'ils font quelquefois exagérés, il n'en feroit pas moins vrai que la France eft aujourd'hui le pays de l'Europe où l'on peut voyager avec le plus de commodité, de promptitude & de facilité, fans en excepter peut-être l'Angleterre.

Deux grands moyens ont été employés pour parvenir à ce but, l'adminiftration des *chemins* & la police qui les concerne. C'eft de l'attention que le gouvernement leur a donnée affez conftamment que font réfultées ces belles routes que nous admirons, & qui font fi avantageufes au commerce & à la circulation dans l'intérieur du royaume.

Mais ces deux objets d'adminiftration ne doivent point nous occuper, ou du moins très-foiblement, parce que la théorie doit s'en trouver dans l'*économie politique*, & que ce qui en regarde la pratique a fa place dans les *ponts & chauffées*.

Nous ferons cependant quelques courtes remarques fur cette partie, avant de paffer à ce qui regarde la police de la fûreté & de la confervation des *chemins*.

Il feroit très-inutile de chercher à démontrer l'utilité des *chemins* dans un état, fur-tout dans un état agricole & marchand, où chaque chofe ne reçoit de valeur qu'autant qu'elle peut être tranfportée au lieu de la confommation. Il n'eft perfonne qui ne les regarde comme d'une néceffité indifpenfable, & comme un bien dont le gouvernement doit faire jouir chaque habitant du royaume ; ce qui fuppofe que chaque citoyen eft obligé de contribuer aux frais de leur conftruction & entretien, puifque le gouvernement n'a & ne doit avoir à fa difpofition que ce que les citoyens lui accordent pour leur avantage national.

Cependant jufqu'ici les moyens de contribuer à cette charge ont été auffi incertains que vexatoires en France, du moins depuis que la corvée y a été introduite, c'eft-à-dire, depuis le commencement de ce fiècle. Mais jamais cette forme dure & infuffifante n'eut ce caractère légitime & national qui convient à toute adminiftration publique. La corvée fut auffitôt attaquée qu'introduite ; jufqu'à ce qu'enfin elle a été entièrement abolie & repréfentée par une preftation en argent.

Mais ce n'étoit point affez d'avoir reconnu la véritable manière de contribuer à la formation & à l'entretien des routes ; il étoit encore important d'établir des règles fur les égards qu'on doit au droit de propriété quand il eft queftion de tracer un nouveau *chemin*, ou d'en redreffer un ancien.

On a fenti que le citoyen ayant verfé dans le tréfor commun fa part de fubfide pour fupporter cette charge, il ne devoit plus y contribuer d'aucune autre manière, & que fi fa propriété étoit abfolument néceffaire au bien public, à la commodité de tous, l'état devoit le dédommager fuivant l'eftimation de la propriété abandonnée par lui à l'ufage commun.

Mais ces dédommagemens ne doivent pas toujours être les mêmes ; celui qui profite beaucoup de la conftruction d'un *chemin* doit en avoir moins à attendre que celui dont la fortune n'eft point améliorée par ce changement ; comme la part de contribution, pour dédommager le propriétaire dont on prend le terrein, doit être propo.tionnée à l'avantage que chaque particulier retire des conftructions que l'on fait près de fes héritages.

La difcuffion de tous ces droits, comme le meilleur emploi des fonds pour la conftruction des routes, ne pouvoient être mieux confiées qu'à des affemblées de citoyens, intéreffés au bien commun, & de plus inftruits des connoiffances locales & des modifications que les ufages & les temps peuvent exiger.

C'eft l'objet que rempliffent parfaitement bien les états provinciaux, & c'eft une des grandes perfections de notre gouvernement actuel d'avoir enfin fenti combien ces corps, étoient pour ces objets, fupérieurs à la manutention capricieufe & arbitraire des agens du miniftère. Auffi l'éc.t portant création des affemblées provinciales attribue-t-il à leurs membres collectivement, le foin de veiller à la conftruction, entretien & réparation des routes, avec la difpofition des atteliers de charité, deftinés principalement à ce genre de travaux.

Déjà les recherches, les expériences des affemblées provinciales ont jetté les plus grandes lumières fur ces matières ; & depuis qu'elles s'en occupent, l'adminiftration des chemins s'eft avancée à pas de géant vers fa perfection, tandis que trois fiècles de travaux miniftériels n'avoient fait que nous conduire à la corvée, fléau inconnu au temps de la plus obfcure barbarie.

Nous avons déjà rapporté, au mot Accotement; quelques vues, quelques principes qui ont rapport aux chemins, nous allons, fuivant notre promeffe, donner quelques détails fur ce qui refte à connoître de cette partie de la police des routes, renvoyant pour le refte, au mot Voierie, où, en parlant de fon attribution, nous ferons encore mention de quelques-uns des foins qu'exige la tenue des chemins.

Il y a deux efpèces principales de chemins ; 1°. les grands chemins qu'on appelle auffi chemins royaux ; 2°. les chemins non royaux.

Selon Loyfeau, les premiers font ceux conduifant d'une bonne ville à une bonne ville. Cependant ils ne font réputés grands chemins ou chemins royaux, dans un mémoire du 13 juin 1738, imprimé par ordre du confeil, qu'autant qu'ils vont d'un pays ou d'une province à une autre, & qu'il y a fur ces chemins des meffageries ou voitures publiques. Dans un arrêt du confeil, rendu pour la province de Normandie & du Perche, & rapporté dans Leclerc du Brillet, il eft dit que tous chemins qui conduifent de la ville capitale de chaque province aux villes où il y a pofte & meffageries royales, doivent être réputés chemins royaux.

Les chemins non royaux font ou publics ou privés. Les chemins publics qu'on nomme auffi chemins de traverfe ou vicinaux font ceux fur lefquels il n'y a ni meffageries, ni voitures publiques, foit qu'ils conduifent d'une ville à une autre & d'un village à un autre, ou foit qu'ils paffent dans l'étendue des juftices royales ou dans celles des feigneurs.

L'arrêt du confeil, du 28 avril 1671, porte que les chemins qui conduifent d'une ville à l'autre ou d'un bourg à l'autre, qui ne font pas de la qualité requife pour les chemins royaux, c'eft-à-dire, où il n'y a ni pofte ni meffageries, feront dits chemins publics & vicinaux, & que ceux qui conduifent d'un village ou hameau à l'autre, & qui feront plus courts pour aller d'une ville à l'autre, feront & pafferont pour chemins de traverfe.

A l'égard des chemins privés, appellés agraires par les romains, on peut en diftinguer de deux fortes ; 1°. ceux fur lefquels a été impofé le droit de fervitude pour aller d'un champ à un autre ; 2°. ceux qui mènent aux champs par lefquels tout le monde peut paffer, où l'on entre en fortant d'un chemin royal ; de manière qu'on arrive enfuite à un petit chemin, qui conduit à une ferme ou maifon de campagne. Mais notre objet n'eft point de parler des chemins particuliers ; nous ne nous occuperons que de ceux qui font publics.

L'arrêt du confeil du 6 février 1776, donné par M. Turgot, fait une divifion claire des chemins publics, & indique des règles d'adminiftration pour leur conftruction & réparation.

Il diftingue quatre claffes de chemins. La première comprend les grandes routes qui traverfent la totalité du royaume, ou qui conduifent de la capitale dans les principales villes, ports ou entrepôts de commerce. La feconde, les routes par lefquelles les provinces & les principales villes du royaume communiquent entr'elles, ou qui conduifent de Paris à des villes confidérables, mais moins importantes que celles-ci-deffus. La troifième, celles qui ont pour objet entre les villes principales d'une même province ou de provinces voifines. Et la quatrième, les chemins deftinés à la communication des petites villes ou bourgs. Chacune a fes dimenfions particulières pour la largeur des routes ; nous en parlerons tout à l'heure.

Les chemins étant deftinés pour le fervice public, n'appartiennent à perfonne, quoique l'ufage en foit à tout le monde ; c'eft pourquoi il n'y a que le fouverain ou celui qui a pouvoir de lui, qui en ait la police, qui puiffe les fupprimer, changer, accroître ou augmenter.

C'eft pourquoi le roi feul a droit de faire des ordonnances pour la police des chemins royaux & publics ; & que les feigneurs ou leurs juges ne peuvent changer les chemins dans l'étendue de leurs justices, ni même en ordonner l'élargissement ou la restitution au public, lorsqu'ils ont été rétrécis ou usurpés.

Les tréforiers de France eux-mêmes ne peuvent en leur qualité de grands voyers, changer ou établir les chemins, à moins qu'ils n'y soient autorisés par des lettres-patentes ou arrêt du confeil. *Lettres-patentes du 24 avril 1599, 15 juin 1639, & juin 1664, rapportées dans Le clerc-du-Brillet, p. 514.*

Il n'y a long-temps eu rien de fixe sur la largeur des chemins; elle varioit suivant l'usage des lieux, & les idées particulières des administrateurs. C'est pour remédier à cette incertitude, que l'arrêt de février dont nous avons parlé, règle ainsi la largeur des chemins, d'après les différentes classes où ils se trouvent.

Il prescrit une largeur de quarante-deux pieds pour ceux du premier ordre ou de la première classe; trente-six pour ceux du second; trente pour ceux du troisième, & vingt-quatre pour les derniers, dans laquelle largeur il ne comprend ni les fossés ni les empatemens des terres ou glacis.

Il conserve la disposition de l'ordonnance des eaux & forêts, qui, pour la sûreté des voyageurs, fixe une ouverture de soixante pieds pour les chemins dirigés à travers les bois & forêts.

Il établit aussi qu'aux abords des grandes villes où la quantité des voitures qui s'y trouvent, peuvent causer des embarras & accidens, les largeurs pourront être plus grandes que celles qui sont ordonnées ci-dessus, d'après le rapport qui en sera fait au confeil.

Dans les pays de montagnes & dans les lieux où la construction des chemins présente de grandes difficultés, la largeur pourra être moindre que celle qui est prescrite, sur le rapport fait au roi, de la difficulté des travaux.

Un des objets de l'administration des chemins qui ont exigé une plus grande attention de la part du gouvernement, est l'indemnité à accorder à ceux dont le terrein a été pris pour former l'alignement d'un chemin. Le droit de propriété doit être respecté, & comme nous l'avons dit, lorsque le citoyen a contribué pour sa part à la construction des routes, tout ce qu'on lui demande de plus doit être payé.

Quatre circonstances peuvent donner lieu à l'indemnité. 1°. La translation des chemins; 2°. le redressement; 3°. l'élargissement; 4°. la formation.

Dans les deux premiers cas, les anciens chemins ou leurs portions contiguës aux héritages sur lesquelles passent les nouveaux chemins, doivent, aux termes de l'arrêt du confeil du 26 mai 1705, être abandonnées aux propriétaires, si ces portions sont assez considérables, pour pouvoir être exploitées séparément; & dans le cas contraire cet abandon

doit être fait à ceux dont les héritages sont contigues, tant aux anciens chemins qu'aux portions d'héritages qui se trouvent coupés par les nouveaux chemins, à la charge par eux, de dédommager jusqu'à la concurrence de la valeur du terrein qui leur est abandonné, ceux sur lesquels les nouveaux chemins sont fermés, & ce en deniers, si le prix n'excède pas deux cents livres, & s'il l'excède par échange d'autres héritages de pareille valeur.

Dans les deux autres circonstances, n'y ayant point de chemin abandonné, l'indemnité ne peut se donner qu'en argent, il importe donc de régler deux choses. 1°. Comment les propriétaires qui ont cédé le terrein doivent être dédommagés; 2°. par qui ce dédommagement doit être accordé.

Quant au premier article, il semble d'abord que le propriétaire auprès des héritages duquel passe le chemin, devant retirer quelqu'avantage de la construction, ne devroit pas être dédommagé au *prorata* de la valeur de sa propriété employée. Mais c'est une erreur, car cet avantage qu'il retire du chemin, lui est commun avec tout le district, & n'est que le prix de sa contribution à la charge publique des chemins. Si cependant par quelques circonstances locales il retire quelques petits avantages interdits aux autres, c'est un pur effet du hasard, & qui peut être détruit du jour au lendemain par cent causes différentes. Ainsi la justice & le bon ordre demandent que le propriétaire soit dédommagé pleinement & entièrement; & cela paroît d'autant plus conforme à la raison, que le terrien n'a pas le droit d'opter, il faut qu'il cède son terrein, de gré ou de force, c'est un droit du souverain de l'y obliger; ainsi cette contrainte doit être amplement dédommagée. Et ces principes du droit naturel sont conformes à ceux énoncés dans l'arrêt du confeil de 1705, qui ordonne, sans distinction, l'indemnité à ceux qui auront été obligés d'abandonner leur terrein pour l'utilité publique, & dans l'édit de M. *Turgot* de 1776, sur les corvées où l'on ordonne sans modification, l'indemnité des propriétaires d'héritage & de bâtimens qu'il sera nécessaire de traverser ou de démolir pour la construction des chemins.

Quant à la question de savoir par qui l'indemnité sera payée, il est clair que ce doit être par ceux qui doivent contribuer à la construction des chemins. Cette charge doit être fondue dans la charge commune, & mise au nombre des frais de construction & formation. Elle doit par conséquent suivre le mode de répartition adopté pour l'impôt des chemins même.

La plupart des assemblées provinciales suivent un principe fort sage à cet égard. Elles ont dit: si un village avoit à faire un chemin dans tel lieu, il se contenteroit d'une médiocre chaussée propre à passer une voiture; si un district, le chemin seroit plus considérable; si une province, plus grand encore, fi enfin le royaume, plus fuperbe & plus magnifique. Donc, dans la répartition de la contribution, l'on doit fuivre la même méthode, & faire contribuer un village, non pas dans la feule proportion de l'avantage qu'il retire d'un *chemin*, mais encore dans celle des frais qu'il auroit faits pour fe procurer fon débouché; ainfi du diftrict, de la province & du royaume; d'où l'on peut conclure qu'un *chemin* qui fert à lier deux paroiffes doit être fupporté par les deux paroiffes, en divifant en deux la fomme qu'eût coûté ce *chemin* fi une des deux l'eût fait; fi deux diftricts, fi deux provinces, de même enfin, lorfque le *chemin* intéreffe tout le royaume, chacune des communautés doit contribuer en proportion des frais qu'elle eût individuellement fupportés, fi elle eût eu à faire un petit *chemin* pour elle feule.

L'on voit par cet apperçu, fur lequel nous n'infiftons pas, parce qu'il n'eft que foiblement de notre objet, qu'il n'y a que les affemblées des provinces, diftricts & paroiffes qui puiffent adminiftrer convenablement les *chemins*, qu'elles feules peuvent juger des dédommagemens & des charges propres à chaque propriétaire riverain, ou autres habitans de la province.

La même indemnité doit avoir lieu pour les propriétaires des terreins fur lefquels on prend des matériaux pour la formation des *chemins*. Le réglement du confeil, du 7 feptembre 1755, porte: « les propriétaires des terreins fur lefquels lefdits matériaux auront été pris, feront pleinement & entiérement dédommagés de tout le préjudice qu'ils auront pu fouffrir, tant par la fouille, l'extraction, que par les dégâts auxquels l'enlèvement aura pu donner lieu ».

Il ne fuffit pas que les *chemins* foient faits, réparés & entretenus, ils doivent encore être fûrs, libres & commodes dans leur ufage, & on doit empêcher tout ce qui peut les détériorer ou endommager. Delà cette foule de réglemens qui prefcrivent tout ce qu'il eft néceffaire, d'obferver pour le pavé, les plantations, foffés & bornes qui font le long des routes; delà, ceux faits auffi pour régler les alignemens, les diftances des carrières, le nombre des chevaux qui peuvent être attachés aux voitures, on les trouvera tous répandus dans cet ouvrage, chacun au mot où ils ont rapport.

L'attention publique pour rendre les *chemins* libres & commodes, eft très-ancienne. Il eft dit dans les capitulaires de Dagobert I, que celui qui mettra quelqu'empêchement à la voie publique, fera tenu de l'ôter, & en outre, fera condamné fi c'eft un grand *chemin*, à douze fols d'amende, fi c'eft un *chemin* de traverfe, à dix fols, & fi c'eft un fentier à fix fols. (On fait qu'une livre de ce temps là, divifée en vingt fols, étoit une livre d'argent pefant.)

Les nouveaux réglemens n'ont fait qu'ajouter aux précautions qui devoient être prifes pour empêcher l'infraction des premières ordonnances; celui du confeil, du 21 juin 1721, qui renferme prefque tous les autres, ordonne que les foffés feront entretenus par les propriétaires des héritages riverains, chacun en droit foi, à peine d'y être contraints, pour l'étendue de la généralité de Paris, à la diligence du procureur du roi du bureau des finances, & dans les autres généralités par les intendans-commiffaires départis, ou leurs fubdélégués. Défenfes à tous particuliers, même à tous feigneurs, fous prétexte du droit de juftice ou de voierie, de combler les foffés, & de faire labourer en dedans la largeur bornée par eux; de mettre fur les *chemins* aucun fumier, décombre ou autres immondices, foit en pleine campagne, & dans les bourgs, villes & villages; d'y faire aucune fouille, ni de planter des arbres ou haies vives, finon à fix pieds de diftance des foffés féparant le *chemin* de leurs héritages, & à cinq toifes du pavé où il ne fe trouvera pas encore de foffés faits, le tout à peine d'amende contre les contrevenans, même de confifcation des fumiers, chevaux & équipages. Ordonne auffi que dans la généralité de Paris, lorfque les tréforiers de France, & dans les provinces, les commiffaires départis feront leurs tournées, ils pourront faire affigner pardevant eux, par le premier huiffier ou fergent de la juftice du lieu ou de la plus prochaine, les contrevenans, & que fur la fimple affignation qu'ils auront fait donner, ils pourront prononcer fur le champ, telle amende qu'ils jugeront jufte & raifonnable, & rendre toutes ordonnances néceffaires qui feront exécutées par provifion, fauf aux condamnés, à l'égard de la généralité de Paris, à fe pourvoir par oppofition, au bureau des finances de ladite généralité, & en cas d'appel, tant des ordonnances des fieurs commiffaires députés, que celles du bureau des finances de la généralité de Paris, à fe pourvoir au confeil; enfin ordonne que les fyndics des paroiffes feront tenus fur la fimple réquifition qui leur en fera faite, de déclarer le nom des contrevenans ou des propriétaires des héritages riverains des grands *chemins*, à peine de répondre du délit en leurs propres & privés noms. *Voyez* ACCOTEMENT.

L'article XII de l'ordonnance du bureau des finances de Paris, 29 mars 1754, enjoint aux maires & échevins des villes, aux fyndics des paroiffes & aux entrepreneurs, d'informer le bureau des finances des contraventions & des noms & domiciles des contrevenans, & autorife tous propriétaires ou tenanciers des maifons & héritages aboutiffans fur les chauffées ou *chemins*, à faire affigner pardevant les tréforiers de France, les contrevenans à l'article VII ci-deffus.

L'article XIII autorife tous lieutenans, brigadiers, officiers des maréchauffées, en faifant leurs tournées, à vérifier les contraventions, & à dénoncer les contrevenans, même à faifir & arrêter les voitures, outils & équipages, & autres chofes, dont la confifcation eft prononcée par les articles de cette ordonnance, à arrêter & emprifonner les délinquans dans les cas y portés, à dreffer les procès-verbaux néceffaires, & à faire affigner qui il appartiendra. *Voyez* MARÉCHAUSSÉE. Nous y expliquerons les foins dont elle eft chargée pour la sûreté des routes. *Voyez* encore CARRIÈRES, ALIGNEMENT, ACCÔTEMENT, PLANTATION, VOIERIE; tous ces articles ont rapport avec celui-ci.

Finiffons en remarquant que le droit public fur les *chemins* ne périclite, ni par le laps de temps, ni par aucune entreprife des particuliers. Il ne peut pas même fe perdre fur un *chemin* qui n'eft plus pratiqué. Ce défaut d'ufage ou la non-jouiffance n'autorife perfonne à bâtir fur fa place, ou à s'en emparer, & le public eft toujours reçu à réclamer quelque ancienne que foit la poffeffion de l'ufurpateur, conformément à l'arrêt du parlement de Paris, du 16 décembre 1491. *Viam publicam populus non utendo omittere non poteft.* Liv. 2. *de viâ publicâ.* Mais un *chemin* fur lequel on a paffé pendant trente ans, devient un *chemin* public. Cependant un arrêt rendu à la table de marbre en 1715, nous apprend qu'un feigneur haut-jufticier peut s'emparer des *chemins* abandonnés dans une paroiffe, lorfqu'ils font oblitérés, qu'il y a par exemple des brouffailles venues naturellement deffus.

L'abbé de St. Pierre propofa au commencement de ce fiècle, un projet pour la conftruction & l'entretien des *chemins*. Il fentit que des compagnies s'acquitteroient mieux de ce foin que des infpecteurs ou autres agens de l'adminiftration. Il imagina donc d'indiquer pour cet objet, des bureaux provinciaux qui en auroient fous eux d'autres, & qui tous feroient foumis à un confeil d'adminiftration réfident à Paris. Ces bureaux auroient été chargés de l'emploi des fonds deftinés aux *chemins*; ils auroient furveillé les travaux, & donné des récompenfes à ceux qui fe feroient diftingués, foit par de bons mémoires, foit par quelqu'invention utile au bien public.

Mais les affemblées provinciales rempliffent bien plus complettement le même objet, & comme elles ont à la fois plufieurs parties d'adminiftration à régir, elles peuvent s'aider de toutes pour travailler à la perfection de chacune.

On doit cependant reconnoître dans le projet de *l'abbé de St. Pierre*, une juſteffe d'idées qui n'étoit point commune en matière d'adminiftration de fon temps; mais il fe trompe, je crois, dangereufement lorfqu'il propofe les troupes pour travailler aux grands *chemins*. On a reconnu l'abus, le danger de cette méthode. 1°. Parce que nos troupes traînent à leur fuite une immoralité, une perverfité de principes moraux & de conduite, qui en font un fléau public par-tout où elles paffent. Il

n'eft point de dépravation, de défordres auxquels on ne dût s'attendre, en répandant des hommes auffi corrompus dans les petites paroiffes de campagne. Les mœurs ne font pas des chofes fi indifférentes qu'on doive en faire la proie d'hommes qu'il n'eft pas poffible de réformer. 2°. Les fommes employées aux travaux des *chemins*, font le patrimoine des pauvres journaliers, elles fervent à répandre l'abondance dans les petits ménages, elles donnent du travail au peuple lorfqu'il en manque, elles font la bafe des ateliers de charité; les donner aux foldats, c'eft une faute d'adminiftration, c'eft reffufciter la mendicité; enfin les paroiffes feules ont droit de régler cet emploi; & de tous les moyens qu'elles peuvent adopter, le plus utile, le meilleur eft fans doute de faire tourner au profit de leurs pauvres directement, les contributions qu'elles fupportent pour la conftruction & l'entretien des grandes routes. On ne doit pas oublier ce qu'ont été, ce que font, & ce que feront toujours des militaires célibataires & libres, en quelque forte, de tous liens, de tous rapports avec le bien commun de l'état, dont le nom n'eft pour eux fouvent, qu'un prétexte de brigandage.

CHEMINÉE, f. f. Endroit pratiqué dans un bâtiment, pour y faire entretenir du feu, & donner iffue à la fumée.

La police des *cheminées* intéreffe fingulièrement la sûreté publique. De leur malfaçon peuvent réfulter des incendies d'autant plus dangereux, qu'ils ont fouvent leur foyer dans des lieux inacceffibles aux premiers fecours, près de matières combuftibles, comme font les meubles & les provifions que contiennent les greniers.

De là, la néceffité des réglemens & l'obligation de les faire fuivre aux conftructeurs de maifon, réglemens auxquels on n'auroit pas befoin d'avoir recours fi les hommes en général confultoient, je ne dirai pas plus, mais feulement autant l'intérêt public, que leur propre dans ce qu'ils font.

Voici ce que preſcrivent les réglemens de juillet 1712, mars 1723, & avril 1719 fur cette matière.

» Tous ceux qui s'occupent de la conftruction des bâtimens, ne peuvent affeoir ni planter aucuns tuyaux de *cheminées* contre les cloifons, des pans de bois, poutres, folives, fablières, entrais, faites, fous faîtes, ni contre aucun bois; comme auffi faire aucuns âtres de *cheminées*, fur poutres, fablières, ou autres bois. Les âtres ou tremies des *cheminées* doivent être plus larges de fix pouces que l'ouverture des manteaux des *cheminées*, enforte que les deux jambages des manteaux des *cheminées* portent moitié de leur épaiffeur fur la tremie, & l'autre moitié des folives d'enchevretures; tous les tuyaux de *cheminée* doivent avoir trois pieds de long, & dix pouces de large dans œuvre; les languettes, trois pieds d'épaiffeur, compris les enduits, liés avec des fantons de deux pieds en deux pieds au moins, & les tuyaux des *cheminées* de cuifine, des hôtels garnis, grandes maifons & communautés; quatre pieds & demi à cinq pieds de long, & dix pouces de large; elles doivent être auffi conftruites de briques avec des fantons de fer: il eft fait défenfe de faire porter aucun bois, comme poutres, folives, pannes, faîtes, chevrons, fablières, & autres bois dans les manteaux & tuyaux de *cheminées*, & de les approcher de plus de fix pouces; en forte qu'il y ait au moins fix pouces de charges: pareillement il eft défendu de mettre aucuns fantons ni manteaux de *cheminées* foient de bois aux tuyaux & manteaux de *cheminée* finon aux *cheminées* de grande cuifine, pour les manteaux feulement.

Plufieurs ordonnances de police de la capitale indiquent des précautions bonnes à prendre partou ailleurs, pour prévenir les incendies occafionnés par les *cheminées*. Celle du 28 mars 1724, défend aux maçons & couvreurs l'ufage qu'ils avoient introduit de mettre fur les *cheminées* des paniers d'ofier enduits de plâtre, pour les empêcher de fumer. L'expérience a prouvé que ces paniers fe deffé-choient, devenoient combuftibles aifément, & que le feu s'y mettoit; qu'étant enfuite portés par le vent dans les greniers à foin, ils donnoient lieu à des incendies, fur-tout dans les grands vents d'hiver: raifon fuffifante pour obliger les conftructeurs à fubftituer à ces paniers d'autres chofes non combuftibles.

Un autre ufage étoit de tirer dans les *cheminées* lorfque le feu s'y trouvoit, avec des fufils chargés à balle, fous le prétexte d'abattre la fuie embrafée; mais il en réfultoit fouvent que la balle crevoit les parois des tuyaux de *cheminée* & donnoit lieu à l'incendie. En conféquence, ordonnance de police, du 20 juin 1726, qui défend de tirer aucun coup de fufil à balle dans les *cheminées*; permet feulement d'en tirer avec du fel, cendrée ou menu plomb, qui s'éparpillant peut effectivement abattre les matières de fuie embrafée.

Enfin les réglemens pour la police des villes, & notamment celui du 22 juin 1774, pour la ville d'Amiens, ordonnent aux officiers municipaux de veiller à ce que les *cheminées* foient ramonnées, favoir celles des particuliers au moins une fois par an, celles des gens de métiers une fois tous les trois mois.

Ceux qui conftruifent les maifons font garans des incendies qui peuvent naître pendant les dix premières années par la mauvaife conftruction de *cheminées*.

Un des foins les plus efficaces pour prévenir les incendies des *cheminées*, c'eft l'établiffement des pompiers & du ramonage.

On a fort bien fait auffi de ne plus faire payer d'amende à ceux qui avoient laiffé prendre le feu

dans leur *cheminée*; car, outre qu'on n'eft pas toujours maître de l'empêcher, il arrivoit que pour ne pas vouloir s'expofer à l'amende, on cherchoit à éteindre le feu foi-même, & fi l'on n'y réuffiffoit pas, il en réfultoit des incendies.

CHEVAL, f. m., quadrupède dont l'homme fe fert pour courir & porter ou traîner des fardeaux.

Le *cheval* a prodigieufement multiplié nos forces, & par cela même contribué aux progrès des arts & de la fociété. Mais ce n'eft pas feulement dans la paix que le *cheval* eft utile à l'homme, il l'eft encore pendant la guerre, & partage avec nous les dangers & la gloire qui l'accompagnent.

C'eft de la confidération de ces fervices que font nés l'attention, les égards que quelques nations, & fingulièrement les anglois ont pour leurs chevaux. On connoît les foins qu'ils prodiguent: ces foins vont, & cela eft très-jufte, jufqu'à leur épargner les douleurs & les peines que nous faifons quelquefois fi mal à propos éprouver aux nôtres. Auffi les *chevaux* anglois, en cela femblables aux hommes que les loix humaines & les bons traitemens améliorent, font-ils plus doux, plus dociles, plus civilifés que les nôtres.

Cette attention des anglois pour leurs *chevaux* eft en partie due à l'emploi qu'ils en font pour les courfes; amufemens nobles, qui foutiennent un grand commerce & offrent à la nation des fpectacles agréables & variés, un luxe national: & cela fait également honneur à ceux qui l'offrent & à ceux qui en font témoins. Chez nous on a voulu établir des courfes; cela n'a pas pris: on a crié au luxe, à la dépravation; & la mifère du peuple, qui eft grande à la vérité, s'eft révoltée contre ces dépenfes, qui cependant alimentent dans la circulation. *Voyez* COURSE.

Les *chevaux* font donc une branche de la richeffe angloife, la bafe d'un des premiers plaifirs de cette nation, & en même temps d'un commerce lucratif. Auffi attachent-ils beaucoup d'importance à conferver les races des bons *chevaux*; leurs noms, leurs exploits, leur mort, font confignés dans les papiers publics; & la famille de chaque *cheval* remarquable par quelque grande qualité jouit des honneurs de la parenté, comme celle d'un lord jouit des prérogatives de la fienne.

Les boutiques des maréchaux ne s'annoncent point en Angleterre par le *travail* deftiné à donner la torture aux *chevaux* difficiles à ferrer; la douceur des *chevaux* anglois ne rend inutile, ni fufpend feulement dans l'intérieur de la boutique ceux qui font difficulté de fe prêter à l'opération.

Les arabes n'ont pas plus qu'eux d'attachement pour ces animaux, & par la manière dont ils traitent leurs *chevaux*, dit M. *Grofley*, il femble qu'ils aient

aient voyagé avec Gulliver au pays des houyhnhyms, & qu'ils en aient rapporté tous les sentimens d'estime & d'affection dont Gulliver demeura pénétré pour ces messieurs. Le docteur Swift n'avoit pas besoin de quitter l'Irlande pour trouver le pays des houyhnhyms, s'il est vrai, ainsi que le rapporte l'auteur des délices de la Grande-Bretagne, que ceux des irlandois qui sont encore dans l'état de pure nature, *ont pour leurs chevaux une telle amitié, que quand on leur en parle, ils veulent toujours qu'on ajoute : Dieu les conserve, ou qu'on crache sur eux s'ils sont présens : autrement ils se figurent qu'ils deviennent malades. Ils s'imaginent aussi leur conserver la vie & la santé, s'ils ne permettent point à leurs voisins de venir prendre du feu chez eux.*

Ce n'est qu'avec des soins continus que les anglois maintiennent la belle race de *chevaux* qu'ils ont ; ce ne peut être que par les mêmes moyens que nous perfectionnerons les nôtres, & que nous les multiplierons. C'est ce qu'on a cherché à se procurer par l'administration des haras, mais l'on n'y a point réussi ; aujourd'hui les assemblées provinciales chargées de cette partie s'en acquitteront mieux. *Voyez* HARAS.

Notre objet n'étant point de nous étendre sur les soins économiques qu'exigent la conservation & la multiplication des *chevaux*, soins dont la connoissance regarde *l'économie publique*, nous nous renfermerons dans l'exposé des réglemens de police qui concernent la vente & les maladies des *chevaux*.

Un *cheval* étant un animal domestique de première utilité pour l'agriculture & le commerce, il est très-important que ceux qui les vendent soient retenus par des loix sages, qui mettent l'acheteur à l'abri d'une fraude, ou du moins lui assurent des dédommagemens dans le cas où ils seroient trompés malicieusement.

Comme Paris est une des villes où il se fait une plus grande consommation, & par conséquent un plus grand commerce de *chevaux* : nous extrairons de la police adoptée dans son marché les articles de réglemens qui peuvent recevoir une application générale pour assurer la fidélité, la tranquillité des ventes dans tout autre endroit.

L'ordonnance du roi, du 3 juillet 1765 a prescrit les formes & les règles de ce marché aux *chevaux* de la manière suivante.

1°. Les marchands doivent exposer leurs *chevaux* en vente au marché, pendant les mois de janvier, février, novembre & décembre depuis deux heures après midi jusqu'à cinq heures ; & pendant les mois de mars, avril, septembre, octobre, depuis deux heures après midi jusqu'à six ; & pendant les mois de mai, juin, juillet & août, depuis trois heures après midi jusqu'à huit heures. 2°. Défenses d'entrer dans le marché avec des carrosses, cabriolet,

&c. 3°. l'essai des *chevaux* de selle sera fait dans un endroit séparé de celui des *chevaux* de trait pour éviter les accidens. 4°. Les vendeurs de *chevaux* sont obligés de se présenter devant le commissaire de police préposé à l'ordre du marché, lorsque les acheteurs le requièrent, à l'effet d'y faire enregistrer leur noms & demeures, pour servir de sûreté à l'acquéreur en cas de fraude de la part des marchands. 5°. Lorsque les *chevaux* ont quelque défaut, les vendeurs doivent en faire la déclaration pardevant l'officier de police, & en prévenir l'acheteur, à peine de restitution du prix. 6°. Lorsque les personnes qui se présentent pour acheter des *chevaux* n'en trouvent pas qui leur conviennent, les marchands peuvent leur en vendre dans leurs écuries, à condition qu'ils déclareront ladite vente au marché suivant, à l'officier de police. 7°. Défenses aux marchands d'attendre dans les rues ou aux environs du marché les *chevaux* que l'on y conduit pour y vendre.

Le lieutenant de police est autorisé à préposer un officier de police pour lui rendre compte de ce qui s'y passe, veiller au bon ordre & empêcher les fraudes qui pourroient s'y commettre.

Un des grands soins de la police relativement aux *chevaux*, est d'empêcher que dans les temps d'épizootie, la contagion ne se propage, & ne fasse éprouver une diminution considérable dans la quantité de *chevaux* nécessaire à l'agriculture, au service de la société & de l'armée.

C'est l'objet d'un arrêt du conseil, du 16 juin 1784, il y est dit : 1°. que toutes personnes qui auront des *chevaux* soupçonnés d'épizootie & notamment de la morve, en feront leur déclaration aux maires, syndics ou échevins des bourgs, villes & villages, pour que la visite en soit faite par des experts vétérinaires ; 2°. les commissaires départis dans les provinces sont autorisés à nommer un certain nombre d'artistes vétérinaires pour cet objet, principalement choisis parmi les élèves de l'école ; 3°. lesdits artistes vétérinaires seront obligés de prêter leur ministère toutes les fois qu'ils en seront requis par les officiers municipaux ou de maréchaussée, & de se transporter dans les marchés, & dans les écuries même qu'on leur indiquera pour cet objet, en y étant autorisés par le juge, & se faisant accompagner par un officier municipal : défenses, en pareil cas, à qui que ce soit d'interdire l'entrée de son écurie ou bergerie auxdits vétérinaires ainsi autorisés & accompagnés ; 4°. défenses à tous bergers ou maréchaux de traiter aucun *cheval* suspect d'épizootie, sans en faire la déclaration aux officiers municipaux de l'endroit, qui feront reléguer l'animal suspect dans un endroit isolé & empêcheront qu'ils n'aillent avec les autres dans la prairie ; 5°. lorsqu'un *cheval* sera attaqué d'une morve incurable, il sera tué en présence des officiers municipaux, & le procès-verbal de la maladie

X x x

& des moyens employés pour le traiter, ainfi que de l'ouverture de fon cadavre, envoyé au commiffaire départi ou à fon fubdélégué; 6°. les animaux tués ainfi feront enterrés dans des foffes de dix pieds de profondeur, les harnois brûlés ou fortement échaudés, & les écuries aérées, purifiées à la chaux avant d'y mettre d'autres animaux; 7°. défenfes aux marchands d'expofer dans les marchés aucun animal atteint de la morve ou autre maladie contagieufe, & aux aubergiftes, hôteliers de les recevoir dans leurs écuries, auquel cas ils feront obligés d'en faire la déclaration ci-deffus.

Enfin l'arrêt attribue la connoiffance des épizooties aux intendans dans les provinces, & au lieutenant de police à Paris, qui eft autorifé à nommer des vétérinaires pour infpecter les *chevaux* foupçonnés au marché, & les faire tuer s'ils font attaqués de morve incurable, en les faifant préalablement féparer des autres.

Nous trouvons une ordonnance du roi, du 10 mai 1782, évidemment contraire aux intérêts du commerce des *chevaux*, nuifible par cela à l'intérêt de ceux qui en emploient, & qui porte tous les caractères de partialité d'une adminiftration avide & peu éclairée. Elle a pour objet de faciliter l'approvifionnement de la cour & de l'armée en *chevaux*. On y dit : 1°. Qu'à l'arrivée des *chevaux* étrangers les marchands doivent en avertir le grand écuyer, pour que par fes gens il faffe choifir les chevaux qui lui plairont; 2°. que les marchands ne pourront mettre en vente leurs *chevaux* que trois jours après l'avertiffement; 3°. que fous peine de confifcation & d'amende, les marchands de *chevaux* feront obligés de faire conduire dans les écuries du roi ceux que les piqueurs auront arrêtés, & que s'ils ne conviennent pas, on leur rendra trois jours après. On ajoute qu'aucun *cheval* venant d'Angleterre ne pourra être vendu, après le débarquement, qu'il n'ait été conduit à Paris & vu, conformément aux difpofitions précédentes; & le lieutenant de police eft chargé de veiller à l'exécution de cette ordonnance.

On ne peut rien voir de plus inepte qu'un femblable réglement. On conçoit bien qu'il eft impoffible qu'on n'y déroge dans la pratique, & qu'il ne fert qu'à gêner le commerce, à donner une importance dangereufe, quoique puérile, aux valets de l'écurie du roi & accoutumer le public à méprifer des ordonnances, dictées le plus fouvent par l'intérêt de quelques particuliers au préjudice de celui de tous.

CHEVALERIE, f. f., confrérie militaire & religieufe.

Nous n'entrerons dans aucuns détails relatifs à la *chevalerie* ancienne. Nous en avons fait connoître l'influence fur les progrès de la civilifation, dans notre difcours préliminaire. Nous avons remarqué qu'une inftitution fondée fur l'honneur, la bravoure, la religion, l'amour des femmes, ne pouvoit que produire des effets falutaires dans la fociété.

Auffi doit-on attribuer à la *chevalerie* l'adouciffement des mœurs féroces de nos anciens pères, la diminution des horreurs belliqueufes & des goûts dépravateurs de la fociété qui les caractérifoient.

Comme la juftice étoit méconnue, qu'il n'exiftoit qu'une force publique, impuiffante pour retenir les brigands hardis qui violoient tous les droits de l'honneur & de l'humanité, la *chevalerie* devenoit un établiffement néceffaire. Ceux qui y étoient enrôlés fe vouant à la défenfe des foibles, des opprimés, étoient par là un frein à la licence & au crime, qu'ils puniffoient quelquefois.

La barbarie des temps, la religion, le goût des entreprifes belliqueufes, & par deffus tout l'amour, furent les caufes de la *chevalerie*.

Elle réuniffoit des principes qui nous femblent oppofés aujourd'hui, parce que nos mœurs ont changé avec notre manière de voir. Tout *chevalier* avoit fa maîtreffe, mariée ou fille; & la galanterie n'étoit pas moins un de fes principaux devoirs que la défenfe des malheureux ou des opprimés.

Mais fi ce que nous appellons *libertinage* aujourd'hui, entroit pour beaucoup dans l'inftitution de la *chevalerie*, la générofité y entroit au moins pour autant, & c'eft par ce côté fur-tout qu'on aime à l'envifager.

Le progrès des lumières, de la police publique, l'accroiffement de l'autorité royale, le changement furvenu dans le fyftème politique de l'Europe, l'établiffement des troupes réglées, ont fucceffivement anéanti la *chevalerie*; & ce que nous appellons aujourd'hui *ordres de chevalerie* ne lui reffemblent pas plus qu'un habitué de Verfailles ne reffemble à Dunois ou à Bradamante.

Les chevaliers de Malthe ont encore un rapport, mais imperceptible, avec l'ancienne *chevalerie*.

Voyez le difcours préliminaire pour tout ce qu'on feroit en droit de chercher ici fur l'influence de la *chevalerie*, & fon rapport avec l'hiftoire de la civilifation.

CHIEN, f. m., animal domeftique que tout le monde connoît.

C'eft à l'hiftoire naturelle à nous faire connoître les mœurs des *chiens*, & fur-tout à nous expliquer d'où peut venir en lui cette habitude de foumiffion, ce goût de l'efclavage, oppofé à l'inftinct moral des autres animaux qui préfèrent la liberté à tout autre bien; inftinct fublime, qui devroit être fans ceffe préfent à l'efprit de l'homme, & lui rappeller qu'il n'eft pas né pour être l'efclave d'un maître &

le jouet de ses caprices (1). Ce vice, déguisé sous le nom de *fidélité* dans le *chien*, & sous celui d'amour de ses rois dans l'homme, comme si les êtres libres n'étoient point en même temps & nécessairement les plus fidèles & les plus aimans : ce vice procède, sans doute d'un défaut d'organisation, d'un manque de tension dans les organes de la pensée, d'une pénurie d'esprits dans les sens ; aussi de tous les hommes, les moins généreux, les plus intéressés, ceux que la peine d'autrui intéresse moins, sont sans contredit les esclaves, de tous les noms, de tous les titres. Ce n'est pas que quelquefois ils ne soient capables d'un grand sacrifice ; mais c'est toujours pour leur maître qu'ils se sacrifient, & jamais pour la vertu & la liberté ; c'est le caractère du *chien*, ou si vous aimez mieux à nos imbécilles qui se font écraser sous la statue du dieu Sommonocodon, pour plaire à leur idole. Mais revenons au *chien*, & considérons-le dans son rapport avec la société.

Considéré comme esclave domestique, le *chien* veille à notre sûreté & sert à nos amusemens, en mettant, si vous le voulez, au nombre de nos amusemens celui de la chasse. Sous ce point de vue, il est notre propriété, ou du moins nous le regardons comme tel, & son caractère soumis & fidèle cadre bien avec cette idée. Nous nous y attachons aisément, parce que tout ce qui nous appartient nous attache, & que le *chien* a de plus le caractère flagorneur, caressant, peu élevé ; cela nous plaît. Il est pour l'homme dénué de famille, de valets, d'inférieurs à qui il puisse commander, une sorte de dédommagement de cette privation. Le pauvre règne sur son *chien* ou sur ses *chiens*, comme un petit despote sur ses sujets, & c'est là la raison qui fait que tel méndiant qui manque de pain, a souvent deux ou trois *chiens* qui font ses sujets ; tous les hommes veulent commander : *amor omnibus idem*.

Mais la police qui aime bien à commander, & qui n'aime pas que les autres commandent, fait quelquefois tuer ces malheureux sujets de tant de monarques en besace.

Le prétexte en est la rage que l'on craint dans ces animaux. C'est une maladie qui semble particulière à leur espèce, & l'on a employé différens moyens d'en prévenir les suites funestes : 1°. Des réglemens de police ; 2°. des instructions sur le traitement de la rage.

1°. La loi de Solon ordonnoit de tuer un *chien*, lorsqu'il étoit enragé. Cette police existe par-tout, & la cruauté va à cet égard, jusqu'à jetter à la rivière, où tuer inconsidérément ces pauvres animaux, dès qu'il paroissent légèrement incommodés.

C'est dans le même esprit, & pour prévenir les accidens de la rage que Henri II qui a fait beaucoup de réglemens de police, ou sous le règne de qui on s'en est beaucoup occupé, ordonna en 1556, de tuer tout *chien* qui vagueroit, ou dont le maître ne seroit point connu.

Ordonnance renouvellée depuis par plusieurs autres, & notamment par celle des 3 avril 1762.

Ce fut même en conséquence de cette dernière, que l'on fut pendant quelques années, désagréablement incommodé, fatigué des cris, des hurlemens des malheureux *chiens*, que d'impitoyables tueurs assommoient dans les rues de Paris pendant la nuit. Sous le prétexte de détruire les *chiens* qui vaguoient, il se commettoit une foule d'abus ; & c'étoit d'ailleurs une chose véritablement horrible, d'entendre pendant le silence & les ténèbres de la nuit, le bruit sourd des massues qui frappoient ces pauvres bêtes & les cris douloureux qu'ils poussoient. Cette démence de police est calmée, & la guerre aux chiens a fait place à une trève qui durera sans doute long-temps.

Le meilleur moyen d'empêcher que ces animaux ne deviennent enragés, dans les temps de grandes sécheresses sur-tout, seroit d'avoir dans les rues, des auges proportionnées à leur hauteur, dans lesquels les voisins, ou quelque homme de police, auroient soin de mettre tous les jours de l'eau fraîche. C'est ce qui s'observe dans les villes de Syrie, autant pour y prévenir les causes de la rage, que par pitié pour des animaux dont nous tirons du service ou de l'amusement.

Le peuple a chez nous l'imbécile habitude d'élever un tas de bêtes, & de les laisser mourir de faim ensuite ; le moyen de remédier à cela, seroit d'exiger un droit quelconque de ceux qui élèvent des *chiens* & de le faire payer exactement ; cela vaudroit mieux pour diminuer leur nombre & leur misère, que de les assommer.

La rage n'est pas la seule incommodité attachée aux *chiens* ; d'autres abus en résultoient autrefois, & en résultent encore dans les grandes villes, & sur-tout à Paris. Les ordonnances se plaignent que des ouvriers, artisans, compagnons, gens de journées, en nourrissent de monstrueux, qu'ils les font battre les uns contre les autres, qu'ils s'en font suivre dans les rues & dans les maisons où ils vont ; que cela donne lieu à une infinité de querelles & de batteries qui sont d'autant plus à craindre, que la plupart de ces *chiens* prenant la défense de ceux qui les conduisent, se ruent avec fureur sur les personnes qu'ils rencontrent & qu'accoutumés qu'ils sont à la chair de cheval ou d'autres animaux, ils se jettent de leur propre mouvement

---

(1) C'est peut-être par allusion au caractère de servitude qu'on remarque dans le *chien*, que les nations libres appellent de son nom les peuples esclaves.

fur les enfans, les femmes, & autres perfonnes qu'ils rencontrent dans les rues; que des enfans ont été dévorés, des perfonnes bleffées, & d'autres accidens caufés par cet ufage abufif, &c. »

En conféquence, l'ordonnance de 1762, rendue par M. de Sartine, défend à tous ouvriers, gagne-deniers, & autres, de mener de gros *chiens* avec eux, fans les faire battre, oblige de les tenir chez eux attachés, ou en leffe en cas qu'ils foient obligés de les emmener; le tout à peine de deux cents livres d'amende, & d'être civilement refponfables des dégâts qu'ils pourront caufer. Un arrêt du parlement de Paris, du 15 juillet 1688, condamne à des dommages-intérêts, le maître d'un *chien* qui avoit mordu & bleffé un homme.

On auroit bien dû, en conformité de ce jugement, condamner à l'amende, celui dont le *chien* renverfa Jean Jacques, & le bleffa dangereufement. C'étoit un de ces gros danois qui courent devant les carroffes. La mode en eft un peu tombée, c'eft la meilleure loi en pareil cas. Ces terribles animaux expofent les femmes & les enfans à être roués fous les carroffes qui les fuivent.

En général, les réglemens de police font mal obfervés à cet égard, ainfi qu'à bien d'autres. S'il étoit queftion de percevoir un droit, on y tiendroit ftrictement la main; il eft queftion de la commodité, de la fûreté du peuple, à moins de grands malheurs, on n'y fait point attention. Heureufement la douceur des mœurs & l'humanité qui femblent gagner tous les jours, remédient un peu à cette inexactitude, à ce mépris pour la vie du pauvre.

II°. Nous avons dit que le fecond objet des foins de la police, relativement aux *chiens*, étoit de répandre les lumières & l'inftruction fur les caufes, les fignes & le traitement de la rage. Nous joindrons donc ici en conféquence, une petite inftruction fur cet objet, envoyée par l'intendant de Paris, dans les paroiffes de la généralité, & dont tout officier de police doit prendre connoiffance.

INSTRUCTION *fur la rage, publiée par les ordres de M. l'intendant de la généralité de Paris, pour être diftribuée dans les différentes paroiffes de cette généralité.*

Le *chien* menacé de la rage eft abattu; il ne mange ni ne boit; il eft comme aveugle, & va fe heurter contre la muraille; il a la queue entre les pattes; il ne reconnoît plus fon maître, n'aboie plus, & il court après les autres animaux; mais fans les mordre; enfin il fort de fa gueule une humeur jaunâtre, en petite quantité.

Le mal étant déclaré, il veut mordre fon maître, il chancelle, tombe & fe relève enfuite: il fait des efforts impuiffans pour aboyer; fa gueule laiffe échapper continuellement une bave vifqueufe & dégoûtante; enfin il entre en furie à l'afpect d'un liquide quelconque.

Dans l'une ou l'autre de ces périodes, la morfure eft dangereufe, & peut communiquer la rage, mais principalement dans le fecond état.

Cette defcription eft d'autant plus effentielle, qu'on a trop fouvent confondu la rage commençante ou confirmée des *chiens*, avec une autre maladie qui les porte auffi à la fureur, & les excite à mordre les hommes, mais fur-tout les petits enfans & les animaux. Dans celle-ci, ils ont fouvent le poil hériffé, les yeux étincelans, ils courent & mordent ce qui fe préfente, ou ils paroiffent du moins avoir le gefte & l'envie de mordre; mais ils ne rejettent pas toujours les alimens qu'on leur offre, ils n'entrent point en fureur à l'afpect des liquides, ils boivent même, & ils ne rendent pas la bave comme dans l'autre (1).

On ne peut cependant difconvenir que la morfure de ces derniers ne puiffe auffi être dangereufe, mais il eft fûr qu'elle ne communiquera pas la rage; & comme il eft poffible que les gens peu inftruits s'y méprennent, il paroît effentiel de s'affurer de tous les *chiens* qui offrent des fignes de l'une ou de l'autre maladie, en cherchant à renfermer ces animaux dans une cour, & en jettant une couverture fur eux, au moment où ils s'y attendent le moins, pour les envelopper de manière qu'ils ne puiffent fe défendre. Auffi-tôt qu'ils feront ainfi contenus, on leur paffera une corde à nœuds coulans autour du cou, & une autre fur le mufeau, pour leur fermer la gueule; alors on les attachera dans un lieu écarté, & on leur y defcendra des alimens & de l'eau par une petite lucarne. S'ils refufent les premiers, & qu'ils entrent en furie en voyant l'eau, il ne faut pas héfiter de les tuer, car ils font réellement enragés, & ils meurent bientôt; fi au contraire ils mangent, qu'ils boivent fans répugnance, & qu'ils n'entrent point en fureur en voyant le liquide, on eft affuré qu'ils ne font point enragés, & ils mourront tranquillement, quelquefois même ils guériront, fi on a le foin de leur donner des boiffons rafraîchiffantes.

Par ce qui vient d'être dit, on jugera aifément fi une perfonne mordue par un *chien*, a des craintes fondées ou non, d'avoir reçu le virus de la rage.

___

(1) Les chiens qui font le plus difpofés à cette maladie, font principalement ceux qui ont perdu leur maître, qui ont été laiffés à la porte de leur maifon pendant la nuit, qui ont été bleffé ou battus, ou hargnés, & par-deffus tout les chiennes à qui on a enlevé les petits.

M. l'intendant de la généralité de Paris, ayant reconnu qu'il arrivoit trop souvent que les *chiens* non enragés jettoient l'alarme dans le peuple, a jugé à propos de donner les ordres les plus précis pour qu'on s'assurât de l'état de ceux qui avoient fait des morsures, en prenant les mesures qui viennent d'être indiquées ; & il s'est flatté que par ce moyen il éviteroit une foule de malheurs qui sont la suite inévitable de la terreur, & des traitemens indiscrets sur des personnes non atteintes de la rage. Il a aussi conçu le juste espoir de diminuer par-là le nombre des victimes de cette maladie, puisqu'aussi-tôt qu'un *chien* sera suspecté, il sera arrêté, & conséquemment dans l'impuissance de faire aucun mal.

Mais il ne s'est pas borné à ce genre de précautions, il a jugé nécessaire de procéder au traitement des pauvres, attaqués ou suspectés de la maladie, en formant un établissement particulier à Saint-Denis, où ses subdélégués ont ordre d'envoyer tous ceux qui, n'étant pas en état de se faire soigner chez eux, restent à la merci des charlatans, qui promettent une guérison prompte, & aggravent ainsi le danger par la perte du temps.

Enfin, jugeant qu'il seroit convenable d'indiquer la méthode que l'expérience a fait reconnoître la plus avantageuse pour préserver de la rage, ou pour guérir celle qui est confirmée, il a ordonné qu'on publiât le traitement qu'on fait dans l'établissement qu'il a formé, afin que les gens aisés qui ne s'y feront pas transporter, se livrent avec confiance aux vrais moyens de guérison, & ne perdent pas de temps, comme cela arrive ordinairement.

Traitement aussi-tôt la morsure faite par un chien enragé, avant les accidens déclarés.

1°. On visitera les plaies faites par la morsure ; on les dilatera avec un bistouri dans toute leur circonférence, & en étoile, afin que l'entrée soit plus large que le fond ; mais dans toutes ces incisions, il faut éviter les gros vaisseaux, les nerfs & les tendons.

Si ces plaies sont cicatrisées, il faut les ouvrir & dilater comme ci-dessus, mais sur-tout prendre garde que l'ouverture soit aussi profonde que les anciennes plaies. On laissera saigner, puis on lavera avec l'eau de savon, & on tamponera de charpie sèche jusqu'au lendemain.

Le lendemain, après avoir levé le premier appareil, on appliquera sur toute la surface de chaque plaie, sur ses bords & même au-delà, en évitant toujours les gros vaisseaux, les nerfs & les tendons, une sonde de bois trempée dans une phiole de beurre d'antimoine tombée en déliquescence : toutes

les parties touchées, deviennent blanches presque sur le champ.

On met par-dessus un large emplâtre vésicatoire qui s'étende bien au-delà de la plaie, & le second pansement est fait : ce caustique est préférable au moxa & au fer ardent, dont l'effet n'est ni aussi sûr, ni aussi profond, ni aussi prompt par la chûte des escarres.

Au troisième pansement, on coupera les vessies, & on appliquera sur la plaie un linge garni de beurre ou d'onguent de la mère. Le pansement sera continué jusqu'à la chûte de l'escarre, qui tombe le six ou le sept ; après cette chûte on mettra dans la plaie un ou plusieurs pois de gentiane, ou d'iris de Florence, & quelques bourdonnets garnis de digestif. Si les chairs repullulent, on les brûlera de nouveau, en appliquant le beurre d'antimoine, & par-dessus l'emplâtre vésicatoire ; enfin on ne laissera cicatriser la plaie, qu'après quarante jours révolus.

2°. Le malade sera saigné, s'il y a quelques symptômes de pléthore, ce qui est fort rare ; & si le temps & les circonstances le permettent, on le purgera le lendemain.

3°. Après le jour de la purgation, qui n'est pas cependant toujours nécessaire, mais qu'on présume devoir être souvent utile, le malade boira chaque jour une pinte d'infusion de fleurs de sureau, dans laquelle on mettra pour les adultes douze gouttes d'alkali volatil fluor.

4°. Le malade prendra en même temps, chaque jour, un bain tiède d'une heure, le matin à jeun.

5°. Tous les jours en se-levant, & le soir, il prendra un lavement d'eau simple, dans lequel on mêlera deux à trois onces d'oximel simple.

6°. Dès le premier jour du bain, on donnera au malade, le soir avant qu'il se couche, une friction avec l'onguent Napolitain double, à la dose d'un gros pour les adultes, & d'un demi-gros pour les enfans, pendant les quatre premiers jours ; & ensuite on augmentera la dose jusqu'à deux gros par gradations, en donnant un gros & demi les quatre jours suivans, & deux gros du neuvième au douzième inclusivement : on observera les gradations de l'âge pour ces doses. On commencera la friction par les pieds, & successivement : chaque jour on frottera toutes les parties du corps, à l'exception du ventre, de la poitrine & de la tête.

Observations.

On observera, 1°. que la salivation ne doit point arrêter les frictions, mais qu'on peut mettre un jour d'intervalle entre chacune, dans le cas où cette salivation seroit trop considérable (1) ; 2°. que ce

---

(1) A moins que la foiblesse des malades ne fût un empêchement absolu, comme cela arrive quelquefois.

traitement doit suffire en général aux personnes dont la peau n'a été qu'effleurée dans une partie éloignée du centre, mais qu'on doit le continuer huit jours de plus au moins, en faisant encore six frictions, ou du moins quatre ; savoir, une de deux jours l'un, dans les cas de larges & profondes blessures, ayant soin d'ailleurs que toute leur surface ait été cautérisée ; 3°. enfin, que dans les morsures faites au visage, il est encore plus essentiel de prolonger le traitement, & d'augmenter le nombre des frictions, mais sur-tout les cautérisations & la suppuration.

7°. On ne permettra au malade pendant tout le traitement, que des alimens légers & doux, tels que du riz & des panades au gras ; des légumes herbacés, cuits avec du beurre, ou au gras ; des œufs frais, &c. La viande, le vin, les liqueurs, & toutes les épices ou ragoûts, lui seront interdits, ainsi que les crudités.

A la fin de ce traitement, & environ quarante ou cinquante jours après la morsure, on a tout lieu d'être tranquille sur l'état du malade ; mais il faut observer qu'il sera toujours prudent de continuer la boisson ci-dessus n°. 3, pendant environ quinze jours de plus, & qu'on s'assurera de la parfaite guérison, en donnant plus ou moins de frictions, & en entretenant le plus long-temps possible la suppuration des plaies.

Au reste, on prévient les malades que les vives affections de l'ame, & sur-tout les grandes émotions & déperditions en tout genre, peuvent donner beaucoup d'intensité au virus de la rage, qui commenceroit à perdre de son énergie par l'effet des moyens ci-dessus.

Traitement de la rage confirmée.

Lorsque par la perte du temps, ou par le défaut de précautions de la part des malades, il surviendra des accidens qui manifesteront la rage, on aura d'abord égard aux plaies, dont la suppuration est nécessaire ; ensuite on commencera, ou l'on continuera de suivre la méthode qui vient d'être indiquée, avec les différences suivantes :

1°. La dose de l'onguent & le nombre des frictions seront augmentées ;

2°. On donnera des bols faits avec deux grains de musc, un grain de camphre & un demi-grain d'*opium* sur chaque dose, qui seront répétées trois fois, & même quatre chaque jour ;

3°. On retirera les malades du bain, s'ils ne peuvent le supporter ;

4°. On leur fera sentir de temps à autre de l'alkali volatil, concret ou liquide ;

5°. On leur fera avaler du dernier à plus grande dose dedans un véhicule convenable, comme la

ptisane indiquée dans le traitement préservatif, si les autres moyens ne suffisent pas ;

6°. On continuera & on multipliera les lavemens ci-dessus, en augmentant la dose de vinaigre ;

7°. Enfin, on appliquera le cautère actuel & le *moxa* aux extrémités inférieures, & des ventouses sur les épaules.

CHIFFON, s. m. C'est le nom qu'on donne aux morceaux de vieux linge dont on se sert pour faire le papier ; mais on comprend aussi sous ce mot, quoiqu'improprement, les vieux morceaux & rognures de peaux, qui servent à faire la colle destinée à une foule de détails & de travaux dans les arts.

Si l'on peut prendre une idée de l'utilité des choses, & du mérite de celles qui paroissent les plus viles, c'est en considérant la matière première du papier, & les lieux où on la trouve communément. Les coins des bornes, les ruisseaux, les tas de boues, sont les mines les plus fécondes de ces utiles matériaux. C'est-là que de misérables citoyens, courbés sous le mannequin qui doit renfermer les *chiffons*, à peine couverts d'habits en lambeaux, hommes & femmes, parcourant les rues des grandes villes & de la capitale, ramassent toutes les guenilles qui échappent aux yeux de tout le monde, & dont personne ne soupçonne l'utilité. Mais toutes ces guenilles réunies, triées, lavées, rangées par ordre de qualité, forment d'immenses amas de matière propre au papier, enrichissent le commerce, & fournissent au besoin des arts.

Ceux que la misère destine à ce métier, qui fournit à peine un salaire incertain à celui qui l'exerce, portent le nom de *chiffonier* ; mais c'est improprement, car les véritables *chiffoniers* sont ceux qui reçoivent de ceux-là les *chiffons* pour les préparer, & les vendre ensuite aux fabricans de papier. Ils sont en général assez aisés, parce qu'un très-petit nombre de personne se livre à cet état. Les fauxbourgs Saint-Marceau & Saint-Antoine sont les lieux où ils résident à Paris, parce qu'il leur faut de grands emplacemens & qu'ils ne peuvent faire de dépenses considérables en loyer, sans risquer de manquer leur état.

Lorsqu'en 1771, sous le règne de notre abbé Terray, de hideuse mémoire, on défendoit l'exportation des *chiffons* à l'étranger, par arrêt du 21 août, pourquoi ne défendoit-on pas aussi aux brigands de la police de Paris d'enlever les pauvres ramasseurs ou ramasseuses de *chiffons*, sous le beau prétexte de leur donner du pain dans l'horrible dépôt de mendicité de Saint-Denis ? comme si l'on ne pouvoit point aider les pauvres par d'autres voies que l'emprisonnement ; comme si tous les fonds employés à ces horribles demeures ne suffisoient pas pour offrir des secours journaliers aux pauvres familles de Paris, & comme si sous aucun prétexte on pouvoit priver un homme de sa liberté lorsqu'il n'a point porté atteinte aux loix de son pays. Mais l'abbé Terray se soucioit fort peu de tout cela, & la police qui gagnoit beaucoup à ces horreurs, s'en soucioit encore moins.

CHIRURGIEN, s. m. Celui qui exerce la chirurgie.

Cet art a des rapports directs avec la police, chargée de veiller à tout ce qui peut intéresser la santé ou la vie des citoyens. C'est à ce titre qu'elle doit mettre le public à l'abri des sotises & de l'ignorance des *chirurgiens*, & c'est pour remplir cet objet qu'il a été fait différens réglemens pour en interdire la profession à ceux qui n'ont point les connoissances qu'elle demande.

Non seulement l'on a cherché par des loix positives à contenir le charlatanisme, & punir l'ignorance audacieuse qui voudroient s'ingérer d'exercer la chirurgie ; mais on a donné par des règlemens particuliers une police, une discipline aux *chirurgiens*, qu'ils sont obligés d'observer entr'eux & qui devient auprès du public le garant de leur savoir & de leur honnêteté.

Ces règlemens sont tous ceux qui ont été donnés sur les droits, les obligations, les études, les devoirs des *chirurgiens* dans leur corps ; ils sont en très-grand nombre, & tendent tous à établir un ordre propre à perfectionner l'art, à exciter l'émulation entre ceux qui le professent, & à n'y admettre que les sujets suffisamment instruits sur toutes les matières qui sont de son ressort.

Ainsi l'on peut considérer les réglemens de la chirurgie sous deux points de vues ou plutôt l'on peut en distinguer de deux espèces ; les uns ont pour but de faire observer aux *chirurgiens* toutes les loix de la police publique, dans ce qui regarde leur profession ; de mettre les malades à l'abri de leur ignorance ou de leur mauvaise foi ; d'empêcher que des charlatans ne s'érigent en maîtres de l'art & de prévenir les abus dont leur état peut être la source dans la société. Cette partie des réglemens renferme encore les droits & prérogatives dont ils jouissent dans la société, comme *chirurgiens* & comme membres d'une corporation utile.

Les autres réglemens ont pour objet l'instruction des élèves, les cours, les réceptions à la maîtrise, les frais, les assemblées du corps, leur police intérieure, leur forme d'administration & tout ce qui les intéresse, comme attaché au corps des *chirurgiens*. Telles seroient les diverses matières que nous aurions à détailler, s'il n'existoit pas dans l'encyclopédie même un ouvrage destiné à faire connoître tout ce qui tient à la jurisprudence de la chirurgie en France. Nous nous bornerons donc seulement à

considérer les devoirs du *chirurgien* envers la société, ce que le maintien de l'ordre exige de lui, les droits du magistrat de police sur ses fonctions & les règles de discipline que les élèves doivent observer pour prévenir des abus publics, & trop souvent dangereux. Ces diverses considérations donneront lieu à quelques remarques utiles, & qu'on a peut-être trop légèrement traitées dans les ouvrages qui ont le même objet que celui-ci.

Les devoirs du *chirurgien* envers la société sont la bonne foi, l'exactitude, l'éloignement du charlatanisme, la douceur pour les malades & toutes les attentions d'une conduite sage & prudente. Il n'y a pas de lois positives qui lui prescrivent, à la vérité, ces obligations, aussi n'est-il que trop commun de voir des *chirurgiens* regarder tout cela comme des accessoires de son état, dont l'objet doit être l'or. C'est un malheur sans doute, & un plus grand malheur encore qu'il n'y ait aucun moyen d'en tirer satisfaction. Mais ce désordre naît sur-tout de l'imbécillité du public, qui, sans examen, donne sa confiance & livre sa vie à des charlatans, des affronteurs, qui n'ont d'autre mérite que beaucoup de morgue & un bavardage éternel. Si le public étoit moins sot, moins prévenu, il seroit moins dupe. Mais cette maladie est innée chez lui, & je ne crois pas que les suppôts de l'art iatrique s'empressent de sitôt de la guérir.

A défaut de loix positives, le magistrat de police doit employer le pouvoir qui lui est confié, pour sévir contre les *chirurgiens* qui, par ignorance, par incurie, par présomption, entreprennent des opérations meurtrières sans sujet, ou pour faire des essais criminels. Il n'est cependant que trop vrai que ces délits restent constamment impunis : ainsi tout ce qu'on pourroit dire à cet égard ne serviroit de rien contre la force de l'habitude soutenue de l'intérêt d'un corps & de la bêtise publique.

Nous avons néanmoins rapporté, au mot ACCOUCHEMENT, l'exemple d'un *chirurgien* ignorant qui fut puni pour avoir tué une femme en l'accouchant ; mais cette sévérité fut jugée contraire aux statuts par l'appel de la sentence, & l'on reconnut que la malheureuse mère avoit été tuée dans les règles.

Cette assertion n'est point une satyre. Pour motiver l'impunité de leurs meurtres, les *chirurgiens* donnent cent belles raisons, & entr'autres, que si l'on punissoit l'ignorance & l'affronterie, les opérateurs n'oseroient plus rien entreprendre ; ce qui peut être vrai jusqu'à un certain point.

Pour parer à tous ces inconvéniens, on a défendu à qui que ce soit d'exercer l'art de la chirurgie, dans quelque lieu que ce soit du royaume, s'il n'a été reçu maître. (*Statuts des chirurgiens, registrés au parlement le 13 août 1730.*) Mais si le lieutenant du premier *chirurgien* du roi, si les membres de la communauté, ou du collège de chirurgie font des imbécilles qui ont reçu un ignorant, un charlatan, il faudra donc que le public foit écorché tout vif par cet intrus, fans pouvoir fe plaindre?

Et puis, il y a tant de moyens d'exercer la chirurgie fans rien favoir. Ne fait-on pas que les *chirurgiens* de la marine, ceux qui ont fervi dans les régimens; (je ne parle pas des *chirurgiens* majors) tous ceux qui tiennent aux hôpitaux par un fervice quelconque, s'arrogent le droit de faire la chirurgie, fans qu'il tombe dans l'efprit de qui que ce foit d'y mettre obftacle? Les ftatuts des *chirurgiens*, de 1768, revêtus de lettres-patentes enregiftrées, fe contentent d'interdire à tous ceux qui exercent la chirurgie fans maîtrife, toute action pour leur falaires, panfemens, médicamens, même en vertu de mémoires arrêtés, & toute validité de leur rapport en juftice. Mais cette peine eft impuiffante, les batteurs de pavé de la capitale, & les charlatans des provinces s'en moquent. Ils favent d'ailleurs que fur tous les objets de bien public, il n'en eft aucun pour lequel les magiftrats de police aient moins pour objet d'attention que pour l'expulfion des charlatans (1).

Indépendamment de la fcience, de la modération, de la prudence qu'exige l'art du *chirurgien*, le fecret doit être mis au rang de fes premiers devoirs. L'intérêt des familles lui eft fouvent confié. Il devient le confident de fautes que perfonne ne doit favoir, de fautes que des préjugés, des haines & furtout l'habitude, cette reine des hommes, mettent au rang des crimes lorfqu'elles font publiques, & qui reftent au nombre des foibleffes lorfqu'elles font cachés.

Si le *chirurgien* eft au-deffus des petites idées, de la morgue, de la dureté fcientifique qui accompagnent prefque toujours les profeffions utiles; il fe fera fur cette matière, une doctrine fage, humaine, & telle qu'elle puiffe toujours le rendre le bienfaiteur des hommes, fans l'expofer à en être jamais le perfécuteur, l'efpion, le honteux dénonciateur. Sur cela, les réglemens ne font point toujours d'accord avec la raifon & l'humanité. *Voyez* ACCOUCHEMENT.

Si l'on pouvoit faire naître les vertus en les prêchant, fi la voix d'un individu pouvoit quelque chofe fur l'action machinale, la routine des ufages communs, je plaiderois pour la douceur, pour l'humanité, pour la fenfibilité du *chirurgien*. Je dirois combien ces qualités rehauffent fon miniftère, combien elles ajoutent à fa gloire, combien elles donnent de vie, d'ame à fes moindres travaux. Jamais la douce compaffion ne doit abandonner

le *chirurgien*; & fi le befoin de fon cœur ne lui dit pas qu'elle doit par-tout l'éclairer, le guider, fon intérêt doit le lui faire entendre.

Le befoin de fecourir eft dans les arts confervateurs, ce qu'eft la haine des préjugés en légiflation, l'amour de la liberté dans la conduite publique du citoyen, le défir de fervir les hommes dans l'écrivain & le goût de la bienfaifance dans le magiftrat. J'ofe dire que les grands hommes, dans toutes ces profeffions de la vie fociale, ont été tourmentés bien plus encore par l'inftinct que je leur attribue, que par le défir de la gloire, quelques foient la force & l'afcendant de celui-ci. Il faut la paffion de fon état pour s'y diftinguer, & toute paffion naît d'un caractère particulier; celui du *chirurgien* doit être la fenfibilité, ou ce n'eft qu'un froid automate dont je redoute plus encore les fecours que les maux dont il prétend me délivrer.

La légiflation n'a point toujours étendu fes vues fi loin, elle s'eft contentée d'exiger des hommes l'habitude de la probité, fentiment qui ne produit rien de grand à la vérité, mais propre à maintenir l'ordre de la fociété, lorfqu'il eft une fois folidement établi. C'eft pour parvenir à ce but, par rapport à l'art de la chirurgie, qu'elle a donné une forte d'autorité au magiftrat de police fur ceux qui l'exercent. Les mêmes ftatuts de la chirurgie, du 13 août 1730, portent : » qu'il fera fait vifite tous les ans par le lieutenant du premier chirurgien du roi, affifté de fon greffier, chez tous les maîtres *chirurgiens* de la ville & des lieux du reffort, pour voir s'il ne fe commet point d'abus, tant par rapport aux apprentifs, qu'autrement, fi leurs inftrumens font en état, & autres chofes néceffaires à la chirurgie, comme auffi pour entendre les plaintes qu'on pourroit rendre contre les contrevenans, & dreffer fon procès-verbal, & enfuite en faire fon rapport aux juges des lieux pour y être par eux pourvu. *articles* 80 & 81.

Les droits du magiftrat de police fur les *chirurgiens*, en ce qui concerne leur art, ne s'étendent point feulement à leur faire obferver tout ce qu'exige la fûreté, la fanté, la vie des citoyens, les ordonnances veulent encore qu'il leur faffe mettre la décence & le refpect convenable dans l'ufage qu'ils font des cadavres. Voici l'article 77 de leurs ftatuts de 1768, » Les démonftrateurs garderont les cadavres, autant de temps qu'il en fera befoin pour les démonftrations, après quoi ils feront exactement remis aux infirmiers des hôpitaux qui les auront fournis, pour être pourvu à leur fépulture, en acquittant par lefdits démonftrateurs, une fomme de dix livres pour faire prier dieu pour le repos de

_____

(1) J'efpère que les maîtres en chirurgie ne me feront pas l'injuftice de croire que je fais le moins du monde allufion à eux : en demandant la punition des charatans, des ignorans, des affronteurs, c'eft la caufe des véritables gens de l'art que je plaide.

l'ame

l'ame de chaque sujet ; enjoignons aux professeurs de n'user des sujets, qu'avec les ménagemens & la décence qui conviennent à l'humanité & à la religion. »

Ce statut est très-mal observé ; rien n'égale le gaspillage, l'indécence, & je dirai même la profanation, que les *chirurgiens*, sur-tout les jeunes élèves, mettent dans l'usage des cadavres à Paris. Nous nous en sommes déjà plaint aux mots ABUS & AMPHITHÉATRE. On peut voir ce que nous en avons dit.

Un autre article des mêmes statuts, veut qu'on ne puisse procéder à l'ouverture d'un cadavre, depuis le premier avril jusqu'au premier octobre, que douze heures après la mort, & depuis ledit jour premier octobre jusqu'au premier avril, qu'après vingt-quatre heures, & que ceux qui mourront subitement, ne puissent être ouverts, qu'après vingt-quatre heures pour le moins ; temps à peine suffisant pour les découvertes qu'on a faites sur les phénomènes de la mort ; découvertes qui prouvent qu'il est une foule de morts apparentes, dont cependant ceux qui en sont frappés, peuvent par des moyens convenables, être rappellés à la vie.

Il est encore ordonné qu'aucun *chirurgien*, ou autre personne, ne peut faire imprimer, afficher ou distribuer dans la ville de Paris, aucunes recettes ou remèdes dépendans de la chirurgie, s'il n'en a obtenu la permission du lieutenant-général de police, sur les certificats de la chambre de la commission, du premier *chirurgien* du roi, de son lieutenant & de quatre prévôts : & ceux qui obtiendront ladite permission, seront tenus d'exprimer dans leurs placards, affiches ou billets, leurs noms & demeures, à peine de cinq cents livres d'amende ; leur défendons sous les mêmes peines, de porter des remèdes en ville, & de faire la chirurgie, sous prétexte desdits remèdes, dont nous leur interdisons l'application.

Tout cela est mal observé ; on viole ces statuts avec la plus grande impunité ; les abus qui résultent de cette violation, restent sans châtimens, parce que le même moyen qu'on a employé pour obtenir la permission d'empoisonner le public, sert à faire taire la loi, en payant celui qui la doit faire exécuter.

Tels sont à peu près les réglemens les plus généraux, dont la connoissance intéresse une police sage & éclairée ; il en est d'autres encore sur les rapports en chirurgie, nous en parlerons ailleurs.

Nous n'ajouterons rien sur la discipline de la chirurgie en général ; on sait qu'elle est soumise à l'inspection du premier *chirurgien* du roi, & à ses lieutenans établis dans toutes les villes & bourgs un peu considérables. Ce sont eux qui président les élections des membres des communautés de *chirurgiens* dans les provinces, & du collège de chirurgie à

Paris. Ils reçoivent aussi les maîtres, & ce que fait le premier *chirurgien* à cet égard, ou ses lieutenans, ressemble assez aux droits qu'ont les magistrats de police ou leurs représentans, dans la réception des maîtres des communautés d'arts & métiers.

Nous finirons par remarquer que la chirurgie a fait de rapides progrès en France depuis cinquante ans ; c'est-à-dire qu'on a simplifié les méthodes d'opérations, perfectionné les instrumens, découvert de nouveaux moyens curatifs ; car pour l'anatomie, elle n'a point fait un pas, malgré la fureur avec laquelle on l'a étudiée & on l'étudie encore. C'est que toutes les connoissances anatomiques d'une utilité réelle ont été développées, présentées avec méthode & clarté par les anatomistes du dernier siècle, & du commencement de celui-ci. C'est une chimère, de prétendre que cette science est inépuisable, que tous les jours on peut y faire de nouvelles découvertes. Ce verbiage prouve seulement l'empire de la mode, & ne justifie pas l'abus de la dissection, contre lequel nous nous sommes si souvent élevés ; abus qui accoutume une jeunesse ignare & vouée au charlatanisme, à faire étalage de la détestable & dangereuse habitude de se jouer des tristes dépouilles de notre être, & d'en semer les fragmens hideux, jusque dans l'asyle des citoyens.

Ce ne fut pas seulement l'anatomie qui partagea pendant quarante ans, les honneurs de la vogue ; la chirurgie proprement dite a été fêtée, préconisée, élevée au-dessus de toutes les connoissances humaines, de pair avec les dissections. Tout le monde étoit *chirurgien*, on vouloit du moins se donner pour habile dans l'art. On lisoit des extraits, des abrégés pour être plutôt en état de se distinguer par la pratique. Que de bras, que de jambes, que d'hommes, & sur-tout que de femmes, cette épidémie a coûté à Paris !

Je crois au reste que cet engouement vint de ce que ce fut un *chirurgien* qui sauva Louis XV. malade à Metz, dans la guerre de 1744. On sait que Voltaire s'est amusé à broder l'histoire de cette maladie, & de la guérison qui la suivit.

» Le danger du roi, dit-il, se répand dans Paris au milieu de la nuit ; on se relève, tout le monde court en tumulte, sans savoir où l'on va. Les églises s'ouvrent en pleine nuit, on ne connoît plus le temps, ni du sommeil, ni de la veille, ni du repos. Paris étoit hors de lui-même ; toutes les maisons des hommes en place étoient assiégées d'une foule continuelle : on s'assembloit dans tous les carrefours. Le peuple s'écrioit : s'il meurt, c'est pour avoir marché à notre secours. Tout le monde s'abordoit, s'interrogeoit. Il y eut plusieurs églises où le prêtre qui prononçoit la prière pour le roi, interrompit le chant par ses pleurs, & le peuple lui répondit par des sanglots & par des cris. Le courier qui apporta la nouvelle de sa convalescence, fut embrassé & presqu'étouffé par le peuple : on baisoit son

Y y y

cheval, on le menoit en triomphe. Toutes les rues retentissoient d'un cri de joie : le roi est guéri. Quand on rendit compte à ce monarque des transports inouis de joie qui avoient succédé à ceux de la désolation, il en fut attendri jusqu'aux larmes, & en se soulevant par un mouvement de sensibilité qui lui rendoit des forces : ah ! s'écria-t-il : qu'il est doux d'être aimé ainsi ! & qu'ai-je fait pour le mériter ?

Louis XV pouvoit avoir raison, mais il n'est sûrement pas vrai que le peuple parisien ait donné lieu à des scènes aussi burlesques ; je ne sais si Voltaire a voulu faire notre satyre, mais la vérité est que, quoique nous soyons susceptibles des plus étranges bisarreries, nous sommes au moins incapables d'une manie aussi caractérisée.

CICISBÉISME, s. m. Coutume italienne, qui consiste dans un commerce de galanterie entre un homme & une femme mariée. On dit un cicisbé, une cicisbée, pour désigner une personne livrée au cicisbéisme.

Un auteur italien prétend que cicisbé est un terme de jargon qui signifie chucheteur. Il observe que les lettres b & c se rencontrent souvent suivies d'un e & d'un i, dans la langue italienne, & que ce concours fréquent de be & de bi, de ce & de ci, est cause que quelqu'un, lorsqu'il parle bas à l'oreille, semble ne faire autre chose que de répéter de pareilles syllabes. De là, chuchoter se dit en italien bisbigliare, on disoit autrefois cicisbéare, & parce que les amans, continue le même raisonneur, se parlent ordinairement bas à l'oreille, le déplaisir que cette chuchoterie cause ordinairement à une compagnie, lui fit donner le nom de cicisbé, c'est-à-dire de chuchoteur, de là cicisbéisme qui revient au mot françois chuchoterie.

Quoi qu'il en soit de cette étymologie, il n'en est pas moins vrai que le cicisbéisme a donné lieu à plusieurs lieux communs contre les mœurs italiennes. Comme le cicisbé est un homme toléré dans une maison, qu'il peut faire sa cour à madame, l'accompagner à la promenade, à la comédie, aux bains, & que cela se fait de l'aveu & du consentement du mari, les raisonneurs ont assez judicieusement cru que la fidélité conjugale ne paroissoit pas aux yeux des italiens, un devoir aussi rigoureux qu'aux yeux des autres nations ; d'où ils en ont conclu la perversité, la corruption des mœurs italiennes : comme si toutes ces idées d'honneur n'étoient point purement conventionelles & sorties de la fabrique des différens peuples.

M. Sharp, anglois, est un de ceux qui ont jugé avec le plus de sévérité le cicisbéisme. Il prétend que c'est un adultère public, toléré, autorisé par les mœurs ; que la nation italienne fait preuve en cela du dernier degré de corruption morale, & qu'on peut tout penser d'un peuple qui affiche un pareil scandale.

Mais ces idées extrêmes perdent bien de leur exactitude à l'examen. Sûrement le cicisbéisme n'est point uniquement fondé sur un amour platonique, un amour de pure contemplation, comme voudroient nous le faire penser quelques auteurs qui ne croient pas à ce qu'ils écrivent ; sûrement il y a beaucoup de corporel dans ce commerce qu'ils voudroient donner comme dégagé de toute liaison avec la matière ; sûrement les amans & leurs dames ne sont pas plus chastes que ne l'étoient ces antiques héroïnes de la chevalerie, objets & récompenses des hauts faits de leurs preux ; mais il ne s'en suit pas que le libertinage soit aussi effréné ; la corruption aussi radicale, le deshonneur aussi positif que M. Sharp le prétend, il ne s'en suit pas non plus que les maris soient des hommes méprisables & dépourvus de toute estime d'eux-mêmes ; il suffit pour cela que l'opinion publique, l'habitude nationale soient à cet égard d'accord avec le goût des femmes & le besoin de plaisir dans un pays, où dit-on, le climat & la sensibilité des organes y portent plus qu'ailleurs.

Mais les partisans du cicisbéisme, je veux dire ceux qui prétendent en faire un commerce absolument spirituel, sont loin d'accorder qu'il puisse y avoir rien de matériel en lui. Ils le regardent comme un hommage qu'un homme de goût rend à la beauté, sans prétendre souiller son culte de rien qui se ressente des foiblesses humaines.

L'auteur des mémoires sur la vie de Pétrarque, veut qu'on envisage ainsi l'amour que ce poëte eut pour la belle Laure. Il prétend même, » que l'amour d'alors n'étoit point ce qu'il est aujourd'hui, un arrangement de convenance ou un commerce de libertinage. C'étoit au contraire une passion honnête qu'on regardoit comme le mobile le plus capable de remuer les cœurs, & le plus propre à porter les hommes à ces grandes actions de vertu & de courage qui caractérisent les héros. » Il ajoute ensuite : » que les hommes dépravés ne pourront pas croire que l'amour ait jamais été un commerce pur de galanterie & de tendresse dont on n'ait point à rougir : cependant rien n'est plus vrai : c'est sous cette forme que nous le voyons représenté dans les ouvrages qui nous restent du siècle de Pétrarque. Le cavalier le plus discret avouoit en public la beauté à qui il osoit adresser ses vœux & l'hommage de son cœur. Le poëte le plus modeste nommoit dans ses vers la nymphe qui lui servoit de muse. La dame la plus honnête ne rougissoit pas d'être l'objet d'une passion épurée, & d'y répondre publiquement. »

Je ne sais si tout cela est bien vrai, & si Pétrarque s'en est toujours tenu au desir ou au commerce de l'amour platonique avec la belle Laure, mais ce qu'il y a de très-certain, c'est que dans tous les romans de chevalerie qui nous peignent les mœurs du temps de Pétrarque, on y voit par-tout les dames accorder à leurs doux amis, la récompense de leur amour & de leur fidélité. Celui de *Tristan Leonois*, par exemple, dont je me rappelle dans ce moment, roman du onzième siècle, ne nous dit-il pas que la belle *Chelinde*, quoique née princesse, quoique reine, fut d'abord séduite par son beau-frère, & qu'après s'être laissé enlever vingt fois, s'être mariée autant, elle finit par épouser son fils ? tous les romanciers antiques ne sont-ils pas les précepteurs éternels de la galanterie libertine, de l'amour très sensuel ? donc il est difficile de croire que le *cicisbéisme* soit aussi platonique qu'on le prétend, si on lui donne pour origine, les mœurs de l'antique chevalerie.

De tout ceci, on peut conclure, je crois, deux choses. 1°. Que le *cicisbéisme* n'est pas toujours aussi dépravant qu'on le croit, parce qu'il peut exister entre des personnes, des mœurs pures, quoique galantes ; 2°. que les idées morales changent suivant les climats & les pays, car chez nous, par exemple, la réalité ne suffit pas, & l'apparence est ce qu'on exige par-dessus tout. Ainsi un *cicisbé* honnête n'en passeroit pas moins pour un adultère, la femme pour une libertine, si on la voyoit à la comédie, au bain, à la messe avec un autre homme que le sien ; que cet homme fût son conseil, son adorateur ; qu'il se donnât pour tel & qu'on le sût, ce qui pourtant cesseroit bientôt de paroître un désordre, si l'usage, ce grand maître, le vouloit ainsi.

CIMETIERE, s. m. Lieu découvert, destiné à la sépulture des morts.

Il est peu de personnes qui n'ait frémi à la vue de ces lieux où l'homme va perpétuellement s'anéantir, & où tant de siècles accumulés n'offrent qu'un monceau de terre, à peine suffisant pour attester que des générations entières y ont déposé leurs tristes dépouilles. Les yeux cherchent avec un empressement mêlé de crainte, à reconnoître dans ces poudreux amas d'os & de fange, quelques traces qui rappellent les traits de ceux qu'ils recèlent, quelques vestiges d'humanité, parmi ces débris informes, minés par l'action du temps & de la corruption. Un sentiment pénible devient le résultat de cette méditation, & le néant qui semble se présenter alors comme le terme de notre existence, plonge l'ame dans l'abattement, & la soulève en quelque sorte contre l'auteur de cet ordre fatal & accablant.

Ces idées mélancholiques & profondes ont pu égarer l'homme en sens contraire, & lui faire regarder d'un œil religieux ce qui n'auroit dû que lui inspirer de la frayeur ? Peut-être aussi a-t-on vaguement cru que la mort n'étoit qu'une mutation d'existence, que les *cimetières* destinés à offrir un asyle à des êtres qui ont tenu à l'humanité, dévoient être respectés, peut-être aussi a-t-on pensé que l'ame restoit fixée au lieu où demeuroit le corps,

& que le lieu du repos de l'un ne pouvoit être troublé sans altérer le bonheur de l'autre ?

Quoi qu'il en soit de ces opinions hasardées, il est sûr que chez tous les peuples on retrouve, à quelques modifications près, le même respect pour les morts & les *cimetières* qui leur servent d'asyle. Ce sentiment est un de ceux que nous conservons sans violence & dans lequel nous nous plaisons, ce qui ne fait penser qu'il ne tient pas à la peur, comme quelqu'un a voulu le donner à penser.

Enfin quand il n'y auroit qu'un motif de pure police dans l'idée que l'on attache à la sainteté des sépultures, je ne la trouve ni moins sage, ni moins respectable.

Ce seroit en effet un des grands, des plus grands désordres publics, que les *cimetières* pussent être impunément insultés, les cadavres exhumés, la sensibilité des familles affligées par ce mépris de ce qu'elles ont eu de plus cher, & qu'elles n'ont abandonné qu'avec la certitude que les loix de police veilleroient dessus, & ne permettroient pas qu'il y soit porté atteinte. Malheureusement & sans autre motif que la turbulente curiosité de quelques jeunes artistes, nous avons vu & nous voyons tous les jours ces loix méprisées publiquement ; triste effet de l'oubli des bons préjugés, des erreurs utiles, si pourtant jamais l'erreur peut être utile, & si c'en est une que l'inquiétude qui nous attache aux dépouilles de ce que nous avons le plus aimé au monde.

Ces réflexions, que le mot de *cimetière* rappellent naturellement, trouveront une application plus juste au mot SÉPULTURE. Ici plus bien plus les loix de police relatives à la localité des *cimetières*, aux soins qu'ils exigent pour que leur emplacement ne nuise pas à la pureté de l'air, aux moyens d'empêcher qu'on n'en fasse un usage indécent, qui doivent nous occuper, que la considération générale des devoirs de la société relativement à la sépulture & aux soins des morts.

Nous considérerons donc deux objets dans les *cimetières* : 1°. ce qu'on doit faire & ce qu'on a fait pour empêcher qu'ils ne deviennent un foyer de corruption au sein des villes ; 2°. ce que les loix prononcent sur la défense de les employer à d'autres usages qu'au repos des morts.

Depuis long-temps on s'étoit apperçu que les vapeurs sorties des *cimetières* produisoient le plus dangereux effet sur ceux qui demeuroient auprès ; & cela principalement dans les grandes villes, où l'amoncellement des cadavres & la quantité de morts qui se succèdent, ne permettent pas d'attendre que les corps soient entièrement détruits pour creuser de nouvelles fosses. Le vaste cimetière des Saints-Innocens de Paris étoit sur-tout dans ce cas. Ces observations jointes à plusieurs accidens déterminèrent enfin le gouvernement à porter ses regards vers cet

Yyy i

objet, & à effectuer une réforme utile dans l'emplacement des *cimetières*.

Déjà, en 1775, M. l'archevêque de Toulouse, avoit rendu une ordonnance qui fut homologuée au parlement, pour interdire l'usage d'ensevelir les morts dans les églises. Ce droit ne fut conservé qu'aux curés, seigneurs haut-justiciers, patrons & fondateurs de chapelles. On étendit bientôt ce réglement aux autres diocèses, & l'on ordonna que pour les communautés religieuses & autres, dont l'usage étoit d'enterrer les morts chez eux, ils cherchetoient un endroit commode dans le cloître pour cet objet, sans qu'ils puissent les porter dans l'église.

Cette même ordonnance, fort bien faite à plus d'un égard, veut que les cimetières ne soient plus placés au milieu des villes, ni dans les villages au centre des habitations ; mais qu'ils en soient éloignés par-tout où il sera jugé nécessaire.

Elle prescrit aux paroisses de faire entourer les nouveaux *cimetières* ou anciens qui pourront être conservés, de murs, de manière qu'ils soient clos & fermés ; ayant soin de choisir les emplacemens pour les cimetières, autant qu'il sera possible, du côté du nord, dans un lieu élevé, parce qu'on a observé que les vapeurs méphytiques, portées par le vent du nord, sont moins dangereuses que lorsqu'elles le sont par tout autre vent.

En 1776, on vit une déclaration du roi sur les mêmes objets, & qui étendoit à tout le royaume ce que l'archevêque de Toulouse avoit ordonné pour son diocèse. On y établit aussi quelques loix sur le droit de sépulture & l'achat des terreins propres à faire des *cimetières*, que l'on exempte du droit d'amortissement.

Il étoit impossible qu'avec de pareilles vues sur les dangers de la sépulture au milieu des grandes villes, les cimetières de Paris, & sur-tout celui des Innocens, restassent long-temps à l'usage des paroisses : ce dernier sur-tout étant un foyer de corruption, fut interdit dès 1776, & les travaux pour en transporter les os ailleurs ayant duré plusieurs années, il fut enfin changé en marché public en 1787. C'est aujourd'hui, par ce moyen, une des belles places de Paris, au centre de laquelle s'élève une fontaine d'assez bon goût, & ornée des beaux bas-reliefs de Jean Goujon. Nous n'oublierons pas de dire que pour équarrir & agrandir la place, on a abattu une église & plusieurs maisons ; mais ces détails qui regardent Paris en particulier, ne doivent trouver leur place qu'à l'article qui le concerne.

Au reste, la législation est uniforme par tout le royaume aujourd'hui sur cet objet ; l'on ne construit plus de *cimetière* dans les villes, & si l'on y en a conservé quelques-uns, c'est dans celle où la population peu nombreuse & l'emplacement vaste & bien situé,

ne donnent lieu à craindre aucun danger de ce côté.

Quant à la police des *cimetières*, c'est-à-dire, aux soins qu'on doit prendre d'en empêcher la profanation, elle appartient en partie à l'église & en partie au magistrat civil.

D'abord il est défendu d'employer un *cimetière* à un autre usage qu'à la sépulture des fidèles, sans la permission de l'évêque ou archevêque diocésain ; c'est l'intention de la déclaration de mars 1776, qui dit que les *cimetières* seront portés hors des villes, en conséquence de leurs ordonnances ; comme un lieu ne peut être érigé en *cimetière* sans la bénédiction préalable du prêtre autorisé à cela.

Plusieurs ordonnances défendent les assemblées, les jeux, les amusemens dans les *cimetières*. On trouve un arrêt du parlement de Dijon, du 3 mars 1560, qui fit défense à un seigneur de permettre aux habitans de danser dans le *cimetière* de la paroisse. Il est aussi défendu d'y entrer avec des armes à feu & des bâtons, pour y commettre du bruit, & d'y faire aucun scandale. Arrêt du parlement de Rennes du 14 juin 1622.

Un arrêt du parlement de Paris, du 4 août 1745, a défendu de mener paître les bestiaux dans les *cimetières*, même sous le prétexte que les herbes ont été achetées au profit de la paroisse.

Un article de l'édit de novembre 1787, veut que les officiers municipaux des villes destinent un lieu décent pour la sépulture de ceux qui meurent en France dans une autre communion que la catholique. C'est vraiment un intolérantisme ridicule que les hommes se poursuivent ainsi jusqu'après leur mort, & qu'un catholique ait la petitesse de croire que sa cendre seroit souillée par l'approche de celle d'un protestant. Les hommes devroient avoir une sépulture commune, puisque la mort ne met point de distinction entr'eux.

Quoi qu'il en soit, il y a à Paris un cimetière *ad hoc* pour les protestans, & dans les autres villes ; l'enterrement s'en fait par le magistrat ordinaire, & les titres mortuaires sont entre ses mains. Les juifs ont aussi leur *cimetière* à part. Les autres sectes n'en ont pas nommément. *Voyez* la *jurisprudence* pour les droits de *cimetière*, relativement aux fabriques & aux curés.

CIRIER, s. m. C'est un marchand fabricant de cire, qui la fait blanchir, qui la travaille, & en forme des cierges, des bougies & autres ouvrages de cire.

Les *ciriers* sont du corps de l'épicerie. Il y a aussi des officiers *ciriers* de la chancellerie, qui furent supprimés en 1561, par Charles IX, & rétablis par Louis XIV, qui avoit besoin d'argent, & qui leur accorda plusieurs privilèges.

L'on devroit chercher à augmenter la quantité

de cire produite dans le royaume : cela diminueroit le prix du fuif qui commence à devenir cher, tant pour les travaux des arts, que pour la fabrique de la chandelle. L'on fait que nous tirons beaucoup de cire de Barbarie, de Smyrne, de Conftantinople, & fur-tout des pays du nord, où les mouches à miel font très multipliées. On eftime la confommation qui fe fait en France, de cire étrangère, à plus d'un million de livres pefant. Or cette cire eft sûrement bien plus chère, que ne feroit celle que nous tirerions de notre propre pays.

M. Feydeau de Brou, intendant de Rouen, a rendu une ordonnance en 1757, qui diminuoit, fupprimoit même, s'il étoit néceffaire, la capitation de quiconque auroit dix ruches garnies de mouches au mois d'avril de chaque année, taxoit outre cela d'office à la taille, les poffeffeurs de vingt-cinq ruches, & déclaroit expreffement que ces diminutions d'impôts ne feroient point rejettées fur d'autres habitans, mais qu'elles pafferoient en charge dans les comptes des receveurs.

La fociété établie à Londres depuis 1753, pour le progrès des arts, &c. a propofé en 1764, des médailles d'or & d'argent, & des récompenfes pécuniaires, proportionnées au nombre des ruches bien garnies de mouches vivantes. Ces récompenfes ont été jufqu'à quatre-vingt livres fterling pour vingt ruches.

Il feroit à fouhaiter qu'on pût s'occuper efficacement du même objet en France, & porter la bougie à un prix tel, qu'on en puiffe faire un ufage plus commun par la raifon que nous avons dite.

CISELEUR, f. m. C'eft l'ouvrier qui enrichit par des deffins en relief, les ouvrages d'or, d'argent & d'acier.

L'état du cifeleur eft libre, mais en général ce font les ouvriers de chaque métier qui font eux-mêmes les travaux en cifelerie fur les ouvrages qui font de leur profeffion. Ainfi l'orfèvre, le fourbiffeur, l'arquebufier, exécutent eux-mêmes ce qui eft de l'art du cifeleur.

Depuis que la mode a changé, depuis qu'on ne met plus autant d'importance aux travaux difficiles, qu'on préfère l'agréable, le fimple à ce qui n'eft que d'une induftrie rare à la vérité, mais fans utilité, fans ajouter à la perfection des ouvrages, depuis ce temps la cifelure eft bien tombée, & l'on ne trouveroit plus auffi communément qu'autrefois, des ouvriers capables de fe diftinguer par des chef-d'œuvres dans cette partie.

CITÉ, f. f. C'eft l'ordre établi parmi un certain nombre d'hommes, qui leur affure la protection des loix qu'ils ont confenties, & la jouiffance des droits de citoyen, c'eft-à-dire de liberté civile, & du concours à la formation des loix & à l'élection des magiftrats.

Tout homme qui trouble cet ordre, ou cherche feulement à le troubler, eft un mauvais citoyen, tout homme qui cherche à l'affermir, eft un bon citoyen.

Par-tout où ce même ordre n'exifte pas, il n'y a pas de cité, c'eft-à-dire qu'il n'y a point d'organifation politique, mais feulement une aggrégation phyfique d'hommes, dont l'enfemble préfente une multitude retenue, liée, mais non un corps homogène & régulier.

Je dis homogène, parce que la cité, quoique pouvant admettre la diftinction des claffes, n'eft compofée que d'un ordre, dont tous les membres font égaux, de citoyens en un mot, dont le dernier n'eft ni plus ni moins que le premier, comme citoyen, ou plutôt parmi lefquels il n'y a ni premier ni dernier, parce que dans les chofes néceffaires, il n'y a ni plus ni moins, & qu'on eft citoyen avec plénitude, ou point du tout.

La réunion de tous ceux qui font partie de la cité, compofent la commune, c'eft proprement la cité fous fa forme concrète, pour me fervir d'un terme de l'école, c'eft-à-dire comme préfentant la puiffance légiflative, la puiffance du peuple agiffante & réunie au corps même des citoyens, pour jouir de l'activité de fes pouvoirs.

C'eft dans ce fens, qu'à la commune appartient feule la connoiffance & la promulgation des loix de police générale & particulière, qui font néceffaires au maintien de la cité, parce qu'elle feule a le plus grand intérêt à ce qu'elles foient juftes & fidélement exécutées.

La cité, dans l'acception que nous lui donnons, peut donc auffi bien repréfenter un grand état qu'une ville ; c'eft pourquoi, de même que la nation feule peut ftatuer fur ce qui la concerne comme nation, comme corps politique, comme diftinguée de toute autre, ainfi chaque ville formée en corps de cité, doit connoitre des loix particulières, des ftatuts qui font de fon reffort, & la touchent immédiatement.

Par cette raifon là même, aucun délégué de la puiffance exécutrice, aucun magiftrat ne peut avoir le droit de faire les loix de police, néceffaires à la confervation de l'ordre public d'une cité ; fa volonté ne peut obliger perfonne ; il n'y a que le corps de ceux qui partagent la cité, il n'y a que l'affemblée commune qui puiffe jouir de cet avantage, parce qu'elle feule eft fouveraine.

Il y a plus ; c'eft que l'exercice même de la police ne peut être abandonné qu'à des membres du fouverain, c'eft-à-dire à des citoyens élus périodiquement par leurs égaux pour cette fin. La raifon en eft fimple, c'eft que la police eft moitié arbitraire & moitié conftituée dans fon exercice ; qu'à celui qui en eft chargé, l'on accorde, non un pouvoir de jurifdiction, mais un pouvoir politique, pouvoir qui le rend arbitraire des loix, juge & légiflateur, & foumet aux modifications de la volonté l'exercice habituel de la liberté civile, la conduite publique des citoyens. Or, il n'y a qu'un membre du fouverain, il n'y a que des affemblées de communes, des corps municipaux électifs, qui puiffent légalement avoir ce droit. Tout autre ordre eft une ufurpation, une violence faite au principe fondamental de toute cité.

Donc, 1°. les loix municipales & de police, ne doivent appartenir pour leur formation, qu'aux hommes conftitués en cité; 2°. l'exécution des loix de police, ou plutôt l'exercice de la police, comme pouvoir politique, ne peut appartenir qu'à des membres du fouverain, c'eft-à-dire, à une affemblée commune de citoyens élus par leurs pairs, avec des pouvoirs *ad hoc*.

CITERNE, f. f. Lieu profond voûté ou muré & deftiné à recevoir les eaux de la pluie & à les conferver.

C'eft dans les lieux arides que l'utilité des *citernes* eft particulièrement fenfible. Nous voyons par l'écriture fainte & les hiftoriens de l'Afie que l'ufage en fut très-répandu dans l'orient autrefois; l'on y en trouve encore, mais moins qu'autrefois, parce que plufieurs des régions habitées autrefois font défertes aujourd'hui, & que les peuples paroiffent, depuis le commencement de l'ère chrétienne, s'être principalement portés vers notre continent.

Dans les villes où l'on peut être expofé à manquer d'eau, c'eft une précaution fage de la part des officiers municipaux, de ceux qui font chargés de veiller à l'utilité commune, de faire conftruire des *citernes*.

Nous en avons plufieurs exemples en France, & nous citerons pour exemple celles que l'on voit à Calais & à Rouen.

Ce fut Louis XIV qui en fit conftruire, en 1691, une à Calais, dont la cavité peut contenir fix mille quatre cents vingt muids d'eau. Mais malheureufement cette *citerne* ne doit fervir que pour la garnifon; & comme il n'y a point de fources à Calais, cet ordre eft affez exactement fuivi. La diftribution s'en fait tous les jours, le matin, fur des billets du major de la place, en préfence d'un fergent & de quatre fufiliers, par un homme prépofé au foin de cette *citerne*, & dont les gages font de 300 livres par an, payés fur les fonds des fortifications.

L'on trouve dans l'hôtel-de-ville de Rouen une belle *citerne* conftruite en 1586, par les ordres de l'amiral de Villars, alors gouverneur de la ville, & capable de contenir quinze cents tonneaux d'eau.

Quant aux foins que les officiers de police doivent prendre, tant pour les *citernes* publiques que celles des particuliers, ils fe réduifent, 1°. à empêcher qu'il n'en réfulte des accidens, & par conféquent à avoir foin de les faire tenir clofes & hors de la voie publique, ou du moins barrées convenablement; 2°. à prendre garde que des gens mal intentionnés, des coquins ne les empoifonnent, ou encore que par négligence ou malpropreté on n'y jette des fubftances capables d'en corrompre l'eau & de nuire à la fanté des citoyens.

On doit avoir foin auffi de les faire nettoyer de temps à autre, & de prendre pour cela un moment où la puanteur & la corruption des boues qui fe trouvent au fond ne puiffe préjudicier à la qualité de l'air. On peut en conféquence choifir le printemps ou l'automne, dans le temps fur-tout où règne un vent du nord. *Voyez* PUITS.

CLAMEURS, f. f., plainte réclamatoire. En terme de police c'eft l'expreffion publique du tort que fait ou de la crainte qu'infpire quelqu'un ou quelque chofe.

La *clameur* publique a fouvent été un prétexte de vexation obfcure, de tyrannie, entre les mains des agens fubalternes de la police. Le pouvoir confié au magiftrat de faire arrêter, à la *clameur* publique, quiconque porte atteinte à la tranquillité, à la paix, à la demeure fociale, eft vague, & par cela feul peut devenir une fource d'abus nombreux; on doit y prendre garce, & féduit par l'amour de l'ordre, ne pas donner lieu à des entreprifes fur la liberté publique, par les violences faites à la liberté individuelle.

La *clameur* publique, pour être un motif fuffifant d'enquête ou de pourfuite juridique quelconque, contre un membre de la fociété, doit être uniforme, conftante, ne point changer d'objet & de ton. Sur-tout elle ne doit être l'effet ni de l'intérêt de quelques individus, dont les voix font *clameur*, mais ne font pas la *clameur* publique, ni celui du fanatifme ou de l'intolérantifme, qui eft une autre efpèce de fanatifme à fa manière.

Lors donc qu'elle porte tous ces caractères de juftice & d'impartialité; la *clameur* publique peut être une raifon fuffifante pour le magiftrat de police de réprimer l'audace infultante, le cinifme corrupteur, la férocité meurtrière. Il peut, fans porter atteinte à la liberté publique, aux égards que doit l'exiftence fociale, informer contre celui que la *clameur* publique indique, même le conftituer prifonnier fi le bien de tous le demande, en prenant toutefois les mefures qu'exigent les loix de la juftice.

C'eft dans ce fens que nos ordonnances l'entendent, quoiqu'elles n'aient pas toujours été faites par des hommes convaincus des principes que nous venons d'établir, & du refpect qu'on doit aux droits de l'homme & du citoyen; elles n'ont jamais pu fuppofer ni prétendu ordonner qu'on arrêtât, vexât, perfécutât des citoyens pauvres & obfcurs, fur la dénonciation de quelques fripons ou de gens prévenus, dont l'intérêt ou la fotife, tiennent lieu de *clameur* publique, abus qui n'exiftent que trop communément dans la police des grandes villes, & fur-tout de Paris ; abus que l'on ignore ou qu'on méprife, parce qu'en général, ils ne pèfent que fur la claffe foible & malheureufe de la fociété, fur des mendians, des femmes publiques, des domeftiques, des enfans trouvés hors des hôpitaux, &c. &c. ; tous hommes qu'il faut éclairer, confoler, confeiller, dreffer au bien & à la juftice, & non livrer à une adminiftration obfcure & corruptrice.

Il réfulte de ce que je viens de dire fur la *clameur* publique, 1°. qu'elle eft difficile à reconnoître, & à diftinguer du cri de la fotife, de l'intérêt ou de l'orgueil ; 2°. qu'on ne doit, par conféquent pas trop légèrement, la prétexter pour agir par des voies de rigueur ; 3°. qu'on en abufe fouvent dans l'exercice de la police ; 4°. que c'eft cependant une des règles de conduite du magiftrat pour le maintien de l'ordre, de la paix & de la décence publique, lorfqu'elle a tous les caractères qui peuvent la légitimer.

CLERGIE, f. f., fcience ; terme de jurifprudence angloife. Le bénéfice de *clergie* défigne un privilège au moyen duquel tout homme *lettré* peut, en certain cas, en appeller à la cour des *dottors commons*, pour être abfous d'un délit fufceptible de cet appel ; tous ne l'étant pas. Par *lettré*, on entend un homme qui fait lire.

Pour fe faire une idée du bénéfice de *clergie*, comme on le nomme, il faut favoir que par le fchifme, l'archevêque de Cantorbéry eft devenu en Angleterre, ce qu'il n'étoit autrefois que de nom, comme dit M. Grofley, *alterius orbis papa*. Avant la réforme, il étoit la feconde perfonne du royaume ; il avoit rang avant les princes du fang, avec droit de patronage fur un évêché, celui de battre monnoie, & de garde-gardienne fur une foule de vaffaux qui relevoient immédiatement de lui ; enfin toutes fes terres étoient exemptes & de la jurifdiction du roi, & de celle de l'ordinaire. Le befoin qu'avoit Henri VIII de l'archevêque de Cantorbéry, lui a fait conferver prefque toutes ces prérogatives après le fchifme, que dans les mêmes vues, les papes lui auroient concédées ou obtenues en fa faveur.

Il a une cour ou tribunal formé de trente docteurs, avec le titre de *dottors commons*. L'origine de ce titre remonte au temps, où fur l'autorité de fauffes décrétales, le privilège clérical avoit paffé en droit *commun*. La diftinction du délit *commun* & du *cas privilégié* de notre procédure criminelle, a fa fource dans la même doctrine que faint Thomas de Cantorbéry voulut bien foutenir au péril de fa vie, & qui depuis a été fi vivement attaquée en France par le fameux Pierre de Cugnières, & par quelques autres écrivains.

Le privilège clérical n'embraffe pas feulement en Angleterre tous les gens engagés dans l'état eccléfiaftique ; il s'étend aux laïcs qui le réclament dans les accufations intentées contre eux pour toutes fortes de crimes, excepté pour le meurtre, ou affaffinat prémédité, pour les banqueroutes frauduleufes, les contraventions à la perception du droit de timbre & la bigamie. Pour être admis à cette réclamation (& toute la difficulté git dans cette admiffion) il faut être en état de lire à livre ouvert, une page dans une bible gothique, & l'épreuve s'en fait en préfence des juges royaux & des *dottors commons* réunis, avec l'appareil & les formes ordinaires de la procédure. Si elle réuffit, ce qui arrive toujours, le délit n'étant plus que délit commun, c'eft-à-dire, de la compétence du tribunal eccléfiaftique, l'accufé eft marqué d'un fer chaud à la main ; renvoyé au juge de l'églife, c'eft-à-dire, abfous au moyen de quelques peines canoniques. L'origine de ce privilège que les anglois nomment *bénéfice de clergie* eft très-ancienne : elle remonte à ces fiècles ténébreux où les clercs abfolument exempts de la jurifdiction féculiere, n'étoient foumis à aucune peine corporelle, quelque crime qu'ils euffent commis.

Cette exemption faifoit partie de ces privilèges exorbitans, que le clergé, alors unique interprète des loix, avoit établi en fa faveur, foit pour maintenir fa fupériorité fur les laïcs, foit pour fon avantage ou fa commodité. Henri VII, prince éclairé, penfa le premier à affujettir cette partie des fujets à la même jurifdiction que les autres. Par une loi de 1489, rendu par le parlement, il fut ordonné que tout clerc convaincu d'un crime capital, feroit marqué à la main, avant que d'être renvoyé au juge de l'églife ; cette loi qui s'exécute encore, fit partie des motifs fur lefquels le fameux duc d'Yorck appuya depuis fa révolte contre Henri VII ; mais elle n'en fubfifte pas moins.

Le bénéfice de *clergie* avoit été préfenté aux laïcs comme un appas pour les engager, en apprenant à lire, à fortir de l'ignorance dans laquelle ils croupiffoient. Quoique fon objet foit nul depuis long-temps, il s'eft maintenu & par amour de l'humanité & pour laiffer aux juges, eu égard au crime du coupable, le moyen de le fouftraire à des loix qui n'admettent ni adouciffement, ni tempérament ; & l'on ne voit point que cet ufage donne lieu à aucun abus, du moins qui puiffe troubler l'ordre de l'adminiftration de la juftice.

CLOCHE, f. f. inftrument de métal, fonore, & deftiné principalement à avertir de l'heure des offices dans les églifes catholiques.

On fe fert auffi des *cloches* dans les paroiffes pour

indiquer des affemblées, des enterremens ou avertir de quelqu'accident, comme d'un incendie, &c.

On fonnoit auffi autrefois les *cloches* pendant l'orage, & l'on croyoit par ce moyen le diffiper, mais on faifoit tout le contraire, on déterminoit la foudre à fe diriger du côté du mouvement & à fe précipiter fur les églifes. C'est ce qu'on vit arriver plufieurs fois, tant à Paris, que dans les provinces. Entr'autres exemples, on obferva, en 1718, que le tonnerre tomba fur vingt-quatre églifes en Baffe-Bretagne, & que ce fut fur celles où l'on fonna les *cloches*; les autres furent épargnées. On a fait encore une autre remarque, on a obfervé qu'en l'efpace de trente-trois ans le tonnerre ayant tombé fur cent quatre-vingt-fix clochers en Allemagne, cent vingt-un fonneurs ont été tués par la foudre.

Si quelque chofe avoit pu détourner les peuples de cette dangereufe habitude de fonner les *cloches* en temps d'orage, c'eût été fans doute les expériences que firent les phyficiens fur la matière de la foudre, fur fon affinité avec l'électricité, fur fes effets & les moyens de s'en garantir. Mais le peuple ne lit point, fur-tout celui des campagnes, & ceux qui devroient l'inftruire d'objets utiles à fa confervation, à fon bonheur, aiment mieux le laiffer dans l'ignorance, ou ne lui donner que des notions abftraites qui ne préfentent ni lumière à fon efprit, ni morale à fon cœur.

Les tribunaux chargés de pourvoir à la police générale du royaume, celui de Paris fur-tout le plus éclairé, parce qu'il eft le plus près des lumières, interdirent le fon des *cloches* pendant l'orage. Un arrêt du parlement, du 29 juillet 1784, « fait défenfes aux marguilliers & bedeaux des paroiffes, » & à tous autres, de fonner ou de faire fonner les » *cloches* dans les temps d'orage, à peine de 10 liv. » d'amende contre les contrevenans, & de 50 liv. » en cas de récidive, même de plus grande peine » s'il y échet ».

Le parlement de Touloufe rendit un femblable arrêt de défenfe, au mois de juillet 1787, d'après les accidens multipliés, arrivés dans fon reffort par l'abus de la fonnerie pendant l'orage.

Le même arrêt du parlement de Paris, dont nous venons de parler, règle encore, fur l'ufage des *cloches*, « qu'elles ne pourront être fonnées que pour » les différens offices de l'églife, meffes & prières » fuivant l'ufage, les rits des diocèfes; qu'il n'en » feroit fonné qu'une pour la tenue des affemblées, » tant de la fabrique que de la communauté des » habitans, & que dans les cas extraordinaires qui » pourront exiger une fonnerie; elle ne fera faite » qu'après en avoir prévenu les curés, & leur en » avoir déclaré le motif, à peine de 20 livres d'a- » mende contre les contrevenans ».

Nous parlerons encore de l'ufage des cloches, au mot TOCSIN; ainfi l'on doit y avoir recours.

CLOUTIER, f. m. Marchand & fabricant de clous. Le *cloutier* eft foumis aux mêmes réglemens de police & de difcipline, que les autres communautés d'arts & métiers.

Les ftatuts de cette communauté font très-anciens; mais depuis l'édit d'août 1776, il s'y eft fait des changemens. La communauté des *cloutiers* eft réunie à celle des épingliers, férailleurs. La maîtrife revient à Paris à deux cents & quelques livres, &c.

CLUB, f. m; on prononce *clob*. C'eft un lieu de rendez-vous, où fe réuniffent fous certaines conditions, différentes perfonnes, pour traiter de leurs affaires, ou parler de celles du gouvernement, ou pour tout autre objet.

Les *clubs* fe font multipliés en France, & furtout à Paris, depuis quelques années. Ils diffèrent des mufées, qui font également venus à la mode, en ce que ceux-ci font particulièrement deftinés à cultiver les fciences, les arts, les belles lettres, à étudier la phyfique & les connoiffances mathématiques. Les *clubs* femblent au contraire n'avoir pour objet que la fociété, la converfation & le goût des nouvelles & des affaires publiques. Je remarque auffi que les femmes ne font point nommément exclues des mufées, elles le font des *clubs*.

Il y a à Paris, un *club* diftingué fous le nom de *fallon des arts*. Il a des règles de difcipline, un confeil, des tréforiers, un fecrétaire, & grand nombre de membres, parmi lefquels on trouve des gens de lettres & des perfonnes de mérite.

Son objet eft fur-tout la connoiffance des nouvelles, & de faciliter aux perfonnes qui le compofent, les moyens de fe procurer les renfeignemens publics fur les perfonnes & les chofes qui peuvent les intéreffer.

Les *clubs* ont reffenti, comme tout ce qui peut réunir, éclairer les hommes, & démafquer les arts de la tyrannie, les effets de la haine du defpotifme. Pendant ces derniers temps d'opprobre & de perfécution civile, qu'un prêtre infenfé & un magiftrat corrompu ont fait éprouver à la nation, les *clubs* ont été fermés, & défenfes très-expreffément faites aux membres, de fe réunir, fans une permiffion de la police.

Nous parlerons plus au long au mot COTERIE, de ces affociations, qui n'ont pas peu contribué à répandre parmi les gens du monde, le goût des affaires publiques.

COCHER, f. m. Celui qui conduit un coche ou carroffe.

Nous avons déjà vu au mot CHARRETIER ET CARROSSE, les précautions prifes par la police, pour empêcher les accidens qui peuvent naître de

la

la négligence, de l'impéritie ou de la brutalité des *cochers*. C'est un des soins auxquels il importe se plus de veiller, parce que faute d'une attention forte & suivie à cet égard, il arrive très-communément des malheurs, d'autant plus fâcheux, qu'ils ne sont pas toujours de nature à être réparés.

C'est avec peine que l'on voit la police fléchir devant la difficulté d'établir un ordre de punition si sévère contre les *cochers*, qu'il ne s'exposent point à occasionner des malheurs, comme nous en voyons tous les jours.

Paris est un théâtre où ces scènes se renouvellent à chaque moment. La multitude de voitures de toute espèce qui s'y trouvent, & le défaut de trotoirs, en sont les causes les plus générales. On doit même être étonné qu'il n'arrive pas de plus grands accidens, quand on voit un *cocher* ivre, brutal ou insolent, pousser ses chevaux sans ménagement, parmi une foule de femmes, d'enfans, & de gens inappliqués à ce qui se passe autour d'eux.

Les réglemens de police, sur la conduite des *cochers*, ne remédient point à ce mal, parce qu'on n'y tient point la main, & qu'il faut un malheur, un accident notable, pour fixer l'attention des officiers de police. Quoi qu'il en soit, voici l'extrait d'un réglement publié en juillet 1787, sur la police des *cochers* de fiacre à Paris, quoiqu'il n'ait guère pour objet de détruire l'abus dont nous venons de parler.

Cette ordonnance porte » : que tous *cochers* & apprentifs *cochers* de place, seront tenus d'aller se faire inscrire au bureau de classement des *cochers* de place ; il leur sera délivré un livret, sur lequel sera ledit enregistrement. Ne pourra aucun *cocher*, sortir de chez son maître, qu'après l'avoir averti trois jours avant sa sortie : aucun loueur ne pourra prendre à son service, aucun *cocher*, qu'il ne se soit fait représenter son livret. Les *cochers* sont tenus de visiter l'intérieur de leurs carrosses, sitôt que ceux qu'ils auront conduits en seront descendus, & dans le cas où ils trouveroient des effets, d'en faire le dépôt au bureau du classement, dans vingt-quatre heures. Ils ne pourront se tenir ailleurs que sur les places désignées, & refuser de marcher, sous quelque prétexte que ce soit. Les *cochers* de remise ne pourront faire aucune course à leur profit, ni se placer pour en faire, aux portes des spectacles & lieux d'assemblées publiques, sous peine de prison. Il est défendu à tous gagne-deniers, de se mêler de procurer des voitures au public, sans en être requis, & il est enjoint à tous loueurs de carrosses, d'entretenir leurs voitures en bon état.

COEFFEUR, s. m. Celui qui coëffe.

On distingue à Paris, les *coëffeurs*, des perruquiers, de deux manières, en ce que l'état de perruquier est une charge qui s'achète & se vend, & au moyen duquel on a le droit de faire la perruque, tenir boutique ouverte, faire la barbe & coëffer les hommes, au lieu que l'état de *coëffeur* est une maîtrise qui s'achète bien, mais ne se vend point, & qui ne donne que le pouvoir de coëffer les femmes. Autrefois cet état étoit libre ; mais depuis 1776, il a été érigé en maîtrise, & l'on n'a conservé la liberté qu'aux femmes, qui peuvent l'exercer, sans avoir besoin de maîtrise à Paris.

Les *coëffeurs* tiennent ordinairement école de coëffure : ils s'étoient mis dans l'habitude d'intituler leur salle, du mot d'*académie* ; on le leur a défendu, pour conserver sans doute la propriété des mots.

On a peine à croire que des hommes très pauvres, mais ayant le goût de la coëffure, aient fait des fortunes brillantes avec l'état de *coëffeur*, non-seulement à Paris, mais à Lyon, où les femmes, même du peuple, sont dans l'usage de se faire friser & poudrer comme des bourgeoises aisées de la capitale. Aujourd'hui le nombre ayant établi la concurrence, & diminué les bénéfices de chacun, leur état est devenu peu lucratif ; celui des femmes est encore au-dessous, non-seulement parce qu'elles sont en grand nombre, mais parce que les hommes leur ont enlevé toutes leurs pratiques.

Les *coëffeurs* sont érigés en communauté, soumise à peu près aux mêmes réglemens de discipline que les autres. A Paris, la maîtrise coûte 500 livres. A Lyon & dans les autres villes, les *coëffeurs* & les coëffeuses exercent librement.

Non-seulement il en devroit être ainsi par-tout, parce que cet état n'intéresse ni la sûreté, ni la tranquillité publique, mais je ne sais s'il ne seroit pas utile de conserver, par quelque moyen praticable, un semblable métier aux femmes, & cela pour deux raisons. 1°. C'est qu'après les hommes de guerre, les *coëffeurs* sont bien la plus corruptrice engeance que l'on connoisse. Ces polissons portent avec leurs mauvaises mœurs, la dépravation physique & morale parmi les femmes & filles, dans les maisons ; & de là, dans la petite bourgeoisie sur-tout, des divisions, & souvent la ruine des ménages ; 2°. parce qu'en abandonnant à des femmes, l'art de coëffer les femmes, non-seulement ce seroit leur abandonner une profession de leur compétence, mais leur offrir un moyen de plus, de gagner leur vie. Il n'est pas étonnant que la prostitution, fille de la misère, encore plus que du libertinage, soit si commune parmi la classe pauvre des femmes, si les hommes se sont emparés de tous les travaux qui sembloient devoir éternellement appartenir à leur sexe.

COLLÈGE, s. m. Lieu où l'on enseigne les lettres & la philosophie, & où l'on acquiert publiquement le droit de maître-ès-arts, lorsqu'on a fini le cours d'étude.

Ce ne sera que par supplément à ce qui se trouve dans le dictionnaire d'éducation, & pour ne point laisser imparfait notre travail, que nous parlerons ici des *collèges*. En conséquence, nous serons brefs, & nous renverrons au mot UNIVERSITÉ, tout ce qui ne doit pas trouver sa place ici.

L'on peut considérer les *collèges*, de trois manières. 1°. Dans leur rapport avec le gouvernement; 2°. dans leur forme d'administration & de police intérieure; 3°. dans leur rapport avec l'éducation & l'instruction de la jeunesse.

Quelle que soit la forme vicieuse ou les abus des *collèges*, tels qu'ils existent aujourd'hui, il n'en est pas moins vrai que le gouvernement les a établis, qu'il leur doit secours & protection; & en cela, c'est se conformer au vœu de la saine politique, qui veut que l'éducation ou du moins l'instruction, soit gratuite & à portée de tout le monde.

Le desir d'anéantir la barbarie, de rappeller les peuples à l'amour de l'ordre & des loix, en répandant les lumières, ont engagé les princes des siècles précédens, à fonder des *collèges*, comme le moyen le plus naturel, de parvenir à leur but.

On ne réfléchit point assez aux heureux effets de ces établissemens en Europe. Dans les onzième, douzième & treizième siècles, temps où la barbarie couvroit encore la terre, les *collèges* commençoient déjà à rappeller le goût des lettres & des discussions philosophiques, ils firent connoître un autre genre de gloire que celui des armes, & offrirent à l'ambition des citoyens, des voies de fortune plus appropriées à l'ordre social, que tout ce qu'avoient offert avant, la féodalité, la chevalerie & le fanatisme réunis.

L'on ne peut donc pas blâmer les princes qui ont fondé des *collèges*, on doit de la reconnoissance aux particuliers riches & puissans, qui en ont fait autant; & si l'administration peut & doit se rendre plus généralement utiles à l'instruction publique, elle ne doit point leur refuser l'attention & les secours que leur importance exige.

Le gouvernement a encore une autre sorte de rapport que celui de protection, avec les *collèges*; c'est l'aide qu'il en peut retirer pour le maintien ou la propagation de certaines opinions, dont il croit utile de conserver la puissance. Il est bien plus facile de diriger à cet égard des corps de la nature des *collèges*, que toute autre espèce d'établissemens destinés à l'instruction. Mais remarquons en même temps, que comme cette conduite peut avoir ses avantages, elle peut être aussi la source de bien des désordres.

Le despotisme, ou du moins l'amour d'un pouvoir illégal, peut employer ce moyen, pour dresser au joug, tout ce que l'état a de plus capable de soutenir les droits de l'homme & de la justice. On peut faire des *collèges*, une pépinière de lâches

partisans du pouvoir arbitraire, d'intéressés ou d'ignorans défenseurs de la sotise des princes.

Mais entre les mains d'une administration nationale, ces craintes disparoissent, & les *collèges* deviennent de grands & utiles instrumens de civilisation.

Ainsi, pour rendre à ces institutions, toute leur utilité, il faudroit que la nation même prît connoissance de leur situation, & établît un ordre de rapport entr'eux & elle, de manière qu'elle pût toujours en favoriser le perfectionnement, en même temps qu'elle les préserveroit de la langueur & de l'inutilité.

Ces deux objets seroient remplis 1°. par l'établissement d'un comité d'administration, dont les membres seroient élus par la province même où seroient les *collèges* soumis à son inspection; ce comité surveilleroit la discipline & le maintien de l'exécution des réglemens; 2°. le second moyen seroit ces mêmes règles de discipline & de police intérieure. Nous n'entrerons dans le détail d'aucun de ces moyens; les lumières publiques recueillies dans des assemblées de citoyens, peuvent seules en discuter l'ensemble & les diverses parties, & d'ailleurs ce ne doit pas être notre objet principal.

On a beaucoup disputé sur la préférence qu'on doit donner à l'éducation publique, sur l'éducation privée; il semble pourtant qu'on n'auroit pas dû se diviser aussi généralement sur cette matière : il est des principes généraux sur cette matière, l'exception seule peut y apporter quelques modifications.

D'abord, le père est l'instituteur naturel de son fils, lui seul peut & doit lui donner l'éducation : mais l'éducation n'est pas l'instruction, & tout homme n'a pas dans l'état de la société actuelle, le temps & les facilités d'y vaquer; il n'est pas même donné à tous, de suppléer par un précepteur, à ce devoir de paternité. Il a donc fallu avoir recours aux maisons publiques d'éducation, aux *collèges*. Ainsi l'on voit que c'est au défaut de l'institution domestique, qu'on doit celle des établissemens publics; & que si la première étoit aussi parfaite qu'elle peut être, les seconds seroient inutiles pour quiconque n'auroit point à prendre des titres d'une capacité reconnue.

Ainsi l'éducation privée vaut mieux absolument parlant, que l'éducation publique; & vu l'impuissance ou la mauvaise volonté des pères, celle des collèges lui a été préférée, tout imparfaite qu'elle soit à plusieurs égards.

Ce n'est pas sans raison, au reste, que l'éducation des *collèges* a pris un aussi grand ascendant; c'est que le but en est très-beau. On prétend y donner, non pas ce qu'il faut précisément qu'un magistrat, qu'un militaire, qu'un prêtre en particulier tache, mais l'inſtruction, les principes communs à toutes les profeſſions. Cette manière de préſenter un corps de ſcience également applicable à tous les états, n'eſt pas le réſultat de l'ignorance, c'eſt ſûrement le fruit d'une grande conception, & c'eſt l'objet qu'on ſe propoſe dans le cours d'étude ordinaire du collège, c'eſt-à-dire des humanités, de la rhétorique & de la philoſophie, ſous laquelle on comprend les mathématiques.

Ainſi, ce n'eſt donc ni dans les matières qu'enſeignent, ni dans le but que ſe propoſent les collèges, que leur plan d'inſtruction peut être vicieux. Je crois que c'eſt 1°. dans la manière dont on l'exécute; 2°. dans le mauvais choix des profeſſeurs; 3°. dans la diſcipline monacale des claſſes, du repos, des récréations, des promenades pour le gros des écoliers, car ceux qui ſont riches ne ſuivent la règle dans aucun corps.

Je trouve encore un défaut dans nos collèges, c'eſt l'obéiſſance paſſive, l'eſpèce d'eſclavage machinale auquel on habitue les enfans: je ſais bien qu'il eſt difficile de faire autrement, mais je ne prétends point faire des plans d'éducation; nous en avons aſſez; je veux ſeulement indiquer les défauts le plus généralement ſuivis.

Nos collèges ont auſſi un peu trop l'air priſon; je n'y entre pas, que je ne déſire d'en être dehors; ces groſſes portes, ces grilles, ces verrouils effraient ou ſubjuguent l'imagination. Qu'étoit-ce donc, lorſque les jeunes gens n'y trouvoient dans ces aſyles de la ſcience, que des pédans éloignés de tout ſentiment naturel, durs par habitude & par principe, & faiſant de l'étude, un véritable fléau du jeune âge? On dit qu'aujourd'hui l'humanité a pénétré dans ces demeures ſi redoutées autrefois, & à ſi juſte titre. Cependant l'amélioration eſt-elle auſſi parfaite qu'on le dit? je n'en ſais rien.

C'eſt une choſe à remarquer, que tous les grands établiſſemens auront toujours des abus. C'eſt que ceux qui les préſident craignent au changement une diminution de fortune, de pouvoir, ou ſeulement une ſuſpenſion de l'habitude machinale qu'ils ont contractée, tant l'homme, & ſur-tout l'homme de corps tient à ſes foibleſſes, à ſes préjugés!

Ce qui donne aux collèges, malgré leur imperfection, une ſupériorité marquée ſur l'éducation des maiſons, penſions académiques, & même ſur la plupart des éducations particulières, c'eſt le bon eſprit qu'ils ont conſervé parmi leurs erreurs, de ne pas prétendre à la ſcience univerſelle, de préférer une étude approfondie des principes généraux, qui ſont la véritable ſcience univerſelle, à des détails faciles à oublier, & qui à force de multiplier les idées individuelles, jettent la confuſion & l'incertitude dans l'eſprit.

Mais, ce en quoi principalement ils ſollicitent une réforme, c'eſt 1°. la continuité du travail après-dîner, les élèves devroient en être exempts; 2°. le choix des profeſſeurs concentré dans les ſeuls membres des univerſités, & qui devroit s'étendre par voie de ſcrutin, à tout homme connu par des ouvrages utiles; 3°. par la longueur des études qui pourroient être abrégées probablement par quelque nouvelle méthode, quoique je n'aie pas grande foi aux méthodes abréviatrices; 4°. Enfin il faudroit que les collèges fuſſent ſoumis à la direction médiate des états provinciaux, & que ceux de Paris euſſent des maiſons de campagne, où les enfans puſſent aller jouer & ſe divertir toutes les après-dîner; le travail du matin en ſeroit plus utile & plus aiſé. Voyez ÉDUCATION, INSTRUCTION PUBLIQUE ET UNIVERSITÉ.

Un moyen général d'améliorer l'éducation & l'inſtruction nationale ne ſeroit pas ſeulement de perfectionner les collèges, mais encore de veiller à ce qu'il ſe pût former dans l'état bon nombre d'hommes capables de cette importante fonction. L'éducation des enfans eſt une choſe pénible & ingrate; elle ne mène point à la fortune celui qui s'y livre. Il faudroit donc s'occuper des moyens d'encourager par des récompenſes ceux qui en embraſſeroient la profeſſion. Ces récompenſes devroient tout uniment conſiſter en de bons appointemens bien payés à tous ceux qui occuperoient des places d'inſtruction publique. Il faudroit encore donner des prix nombreux pour tous les bons ouvrages qui ſeroient faits ſur cette matière, & il faudroit moins y prétendre récompenſer les grands travaux que les vues juſtes, & ſur-tout les idées qui annonceroient dans l'auteur une capacité reconnue pour l'éducation, l'eſprit de la choſe & du bien public, quelles que ſoient d'ailleurs les erreurs de jugement & de théorie dans leſquelles il pourroit donner. Ces indications ſont ſimples, elles ſont faciles à ſaiſir, à développer, nous n'y inſiſterons pas. Peut-être même les trouvera-t-on encore dans le traité encyclopédique d'éducation.

L'abbé de Saint-Pierre avoit une idée mère & profonde ſur l'éducation. Il prétendoit que toutes les connoiſſances acquiſes, toute la ſcience poſſible ne peuvent être que nuiſibles à la ſociété, ſi celui qui les poſſède n'eſt point élevé à pratiquer la juſtice & la bienfaiſance envers tout le monde. Il vouloit donc qu'on habituât les jeunes gens, dans les collèges, à la pratique de ces vertus, en récompenſant & diſtinguant ceux qui avoient le plus de goût & de reſpect pour elles. Ce même principe, il l'étendoit auſſi à ce qu'il appelloit collèges de filles, qu'il compoſoit ſur le modèle de celui de Saint-Cyr; il vouloit qu'on y apprît aux jeunes filles tout ce qu'il faut pour être bonnes mères, bonnes épouſes & fidelles amies; choſe qui ne ſe rencontre pas, dit-il, dans les couvents ou maiſons religieuſes deſtinées à l'éducation des demoiſelles.

Il proposoit , comme bien des personnes l'ont fait depuis & avant lui , de prendre une partie des biens des moines & de leurs maisons pour les consacrer à l'éducation publique , & en former des *collèges*. Ces vues ont été plus ou moins remplies , mais très-imparfaitement ; c'est-à-dire , que dans l'exécution , on a plutôt cherché à former des établissemens nouveaux qu'utiles. Comment d'ailleurs quelques administrateurs, quelques commis, quelques agens intéressés pouvoient-ils donner à ces réformes nationales , toute la perfection dont elles font susceptibles ? On ne peut espérer cela que de la nation représentée par des personnes éclairées par elle , & honorées d'une confiance spéciale pour cet objet.

C'est ce qu'opéreront sans doute les états provinciaux , d'après quelques réglemens généraux faits fur cette matière par la nation assemblée. Tels font au moins les intentions actuelles, & le vœu public à cet égard.

COLPORTEUR, s. m. Celui qui transporte des effets ou marchandises dans les rues , pour les vendre.

L'on donne généralement ce nom à ceux qui font un commerce de brocantage, mais plus spécialement à ceux qui font le trafic d'ouvrages nouveaux, ou mieux encore des arrêts , édits, ordonnances du roi , & des sentences des jugemens criminels. Ces derniers font au nombre de cent-vingt & font nommés *colporteurs de la chambre syndicale*.

L'article LXIX du réglement pour la librairie , du 28 février 1723, porte : « personne ne pourra être reçu *colporteur*, s'il ne sait lire, & écrire, & qu'après avoir été présenté par les syndic & adjoints des libraires & imprimeurs au lieutenant-général de police, & par lui reçu fur les conclusions du procureur du roi.

Une ordonnance du roi, du 29 octobre 1752, fait défenses aux *colporteurs* de crier, vendre & débiter aucuns imprimés, dont la permission soient de plus ancienne date qu'un mois, ni aucuns ouvrages, même aucunes fentences rendues par les juges hors du ressort de la ville, fans la permission du lieutenant-général de police, & de crier fous d'autres titres & dénominations que ceux qui font mis en tête desdits imprimés.

Cette dernière défense est mal observée à Paris, les *colporteurs* fe permettent, dans des momens d'affaires publiques, de crier fous des titres différens de celui que porte l'imprimé qu'ils font autorisés à vendre.

Cet abus a deux inconvéniens ; 1°. il tient le public dans l'ignorance fur l'espèce d'objet que l'on crie ; 2°. il donne fouvent le change & fait naître des bruits déplacés fur l'état des affaires.

Il faudroit aussi que les personnes préposées à cela tinssent la main à ce que les *colporteurs* prononçassent bien ce qu'ils crient, & qu'ils n'écorchassent pas les oreilles, en faisant masculin ce qui est féminin, pluriel ce qui est singulier. Cette négligence est désagréable & honteuse ; elle annonce dans le peuple une ignorance révoltante.

COLONIE, s. f. Établissement formé par une nation pour l'utilité de fon commerce, ou la décharge de fa population. Notre objet n'étant point de traiter ici du gouvernement des états, & des formes de législation qui conviennent à chacun d'eux, nous ne devons entrer dans aucun développement fur l'administration des colonies ; nous ferons seulement quelques remarques fur le vice du régime actuel de nos *colonies*, renvoyant à l'*économie politique* pour les connoissances utiles à acquérir fur cette matière.

L'administration intérieure des *colonies* n'est point dirigée en France à la plus grande prospérité de leurs habitans & à l'augmentation du commerce national, pour lequel elles paroissent naturellement destinées. Elle fe ressent trop, comme presque tous nos établissemens, du génie militaire & de l'influence des ministres qui en font chargés. La naissance de presque toutes nos *colonies* est due aux flibustiers ; d'abord elles ne leur servirent que de retraite, ensuite ils devinrent cultivateurs. Une police militaire pouvoit seule convenir à des hommes féroces, qui n'auroient pas aisément reconnu une autre forme de gouvernement : la loi foible & désarmée eût trop peu d'empire fur eux, & jamais peut-être on ne les eût amenés à un état de civilisation déterminé, fi l'on ne fe fût d'abord fervi de cette voie.

Mais aujourd'hui que les colonies font cultivées, couvertes d'un peuple civilisé, riche, habitué au joug falutaire des loix, à la fidélité des engagemens & des conventions sociales, aujourd'hui qu'il ne reste plus de vestige des mœurs féroces de leurs premiers fondateurs, convient-il de les tenir encore fous la verge d'une discipline militaire ; dont le propre est de deffécher, ou du moins d'étouffer dans le cœur des hommes les femences des vertus civiles & bienfaisantes ? Et qui fait fi cette administration martiale n'est point une des causes qui rendent indifférens à l'esclavage de tant de malheureux, des hommes qui paroissent d'ailleurs avoir toutes les qualités douces qu'inspirent la religion & les loix ?

Quoi qu'il en soit, dit un négociant distingué & dont nous empruntons ici quelques idées (1), la

---

(1) M. *Fouache*, négociant du Havre. Voyez fon ouvrage intitulé : *Réflexions fur le commerce, la navigation & les colonies.* Paris, 1787.

France doit une autre police, un autre gouvernement à ses *colonies*. Elles doivent être soumises à la loi & non à une autorité qui trop souvent dégénère en arbitraire. L'établissement des milices sur le pied où elles sont, conserve trop de pouvoir & de forces aux formes militaires. Tous les colons étant incorporés dans ces milices commandées par des officiers du roi (1), sont nécessairement pour ce service, sous les ordres immédiats du gouverneur & de tous ses préposés militaires. Ainsi le régime des *colonies* ressemble bien plus à une administration militaire, à l'ancien & incohérent système belliqueux de nos ancêtres, qu'au régime civil & municipal qui convient à de grandes provinces, & qui assure la liberté des peuples, en leur conciliant en même temps ce caractère de citoyen, que ne peut jamais donner la police des camps, sur-tout sous un gouvernement monarchique. Tous les colons sont en quelque sorte soldats, & le gouverneur est le général d'armée, sans être cependant à leur nomination.

La division des *colonies* par quartiers & par compagnies, peut faciliter le maintien d'une grande police, en temps de paix & la défense en temps de guerre ; mais des corps municipaux, des assemblées de citoyens, des états élémentaires les uns des autres rempliroient sûrement beaucoup mieux le même objet à tous égards. Un meilleur esprit règneroit parmi les colons. L'élection de leurs officiers & représentans étant déterminée par la considération, les talens & le mérite, on la rechercheroit, & ce seroit une source de patriotisme, une raison d'esprit public, une cause d'union.

Les formes municipales rapellent l'homme à la société, l'attachent à ses foyers, le rendent en un mot citoyen. Tout homme ne s'attache à une chose qu'autant qu'elle lui appartient, & elle ne peut lui appartenir que lorsqu'il en a l'entière disposition. C'est ce que donne l'administration municipale par rapport à la cité dont on est : elle la fait être la nôtre.

Des magistratures & offices municipaux, dont les membres seroient choisis parmi les colons & habitans des isles, y maintiendroient donc l'union, la paix, la police, termineroient les discussions & offriroient à chaque citoyen, un aliment à la plus légitime passion d'une homme civilisé, à l'amour du pouvoir, qui est l'ame de nos actions & le but de nos desirs dans l'état de société. Les colons, soit propriétaires, soit régisseurs, seroient amenés à des vues plus analogues à leurs véritables droits & & fonctions, dont ils ne sont que trop éloignés.

par leurs fausses idées sur le prétendu mérite d'un service militaire.

Un autre inconvénient dans la tenue de nos *colonies* est attaché au ministre même qui les a dans son département. On sait que le même administrateur réunit l'administration de la justice, des finances, de la guerre, de la marine, du commerce des colonies ; or, dans une si grande multitude d'objets, on conçoit que la partie du régime intérieur, de la police & du soin de ces établissemens, ne doit que foiblement attirer l'attention d'un ministère presqu'absolument militaire, du ministère de la marine. Ainsi l'on ne doit donc pas être étonné que ces possessions n'aient point reçu une forme d'administration qui leur convînt spécialement, puisque ceux qui seroient à portée de s'en occuper efficacement, & d'en solliciter la forme auprès du pouvoir législatif, ne semblent voir que secondairement ces objets de première importance (2), & ne s'occuper que des précautions & des soins qu'exige l'état militaire.

COMBAT. *Voyez* SPECTACLE.

COMÉDIEN. *Voyez* ACTEUR.

COMICES, s. m. Assemblée du peuple réuni pour délibérer & agir en commun. *Voyez* la *jurisprudence*.

L'on a donné le nom de *comices* agricoles à des assemblées populaires d'agriculteurs, que l'on doit à M. Berthier, intendant de la généralité de Paris. Leur origine date de 1783. Il y en a vingt-deux dans la généralité de Paris, un dans chaque élection, composée de douze laboureurs qui se rassemblent tous les mois chez le subdélégué, pour répondre aux questions que la société d'agriculture de Paris leur fait proposer, pour délibérer sur les objets utiles à mettre sous ses yeux, les améliorations à entreprendre pour le succès de l'agriculture : il est dressé procès-verbal de toutes les délibérations, pour être adressé à la société d'agriculture. Chacun de ces laboureurs reçoit un jeton de présence ; & tous les ans, lors du département de M. l'intendant, ce magistrat rassembloit les membres de chaque *comice*, s'entretenoit avec eux des encouragemens à donner à l'agriculture : deux commissaires de la société d'agriculure qu'il menoit avec lui, conféroient avec ces honnêtes laboureurs, sur les succès de leurs travaux ou sur les malheurs qu'ils avoient éprouvés, en leur en indiquant les causes & les remèdes. Les députés étoient ensuite admis à la table de M. l'intendant avec la noblesse du pays, & recevoient des médailles &

---

(1) Notez que cela ne les exempte pas de recevoir garnison, & d'avoir un plus ou moins grand nombre de troupes royales : ce qui peut répondre à quelques objections qui ne sont point à mépriser.

(2) Nous espérons qu'on ne nous objectera pas le motif de la conservation des colonies, & de la crainte d'une scission ; car le pouvoir militaire est d'une foible ressource en pareil cas. L'attachement libre à la mère patrie, un partage égal de la puissance publique avec elle : de bonnes loix, voilà les vraies chaînes qui conservent à jamais les *colonies*.

des encouragemens pour prix de leurs travaux. Plufieurs feigneurs de la province fe font empreffés d'avoir chez eux ces efpèces de fêtes céréales.

Ces foins font actuellement devolus à l'affemblée provinciale, & le nombre des *comices* réglé à douze, un par département. De plus, on en a fixé la tenue à quatre par an, favoir en janvier, mars, juin & octobre, afin de ne point occafionner de déplacement aux laboureurs.

C'eft aux *comices* d'octobre, que l'affemblée de département veille à la diftribution des prix & médaille en préfence de deux députés de la fociété d'agriculture. *Extrait du procès-verbal de l'affemblée provinciale de la généralité de Paris, pour 1787.*

Plufieurs autres provinces ont adopté le même établiffement; mais l'on doit prendre garde à ne point répandre trop l'efprit de vanité diftinctive parmi les agriculteurs. En infpirant l'émulation, il faut prendre garde à femer le goût de la gloriole, des médailles, des cordons, d'autres fotifes femblables, qui peuvent amufer ou féduire un courtifan, mais que doit méprifer l'homme effentiel, le cultivateur utile & laborieux.

Le meilleur encouragement pour l'agriculture eft l'égale répartition des impôts, leur adouciffement, le partage des fonctions adminiftratives de la province; fur-tout fi l'agriculteur reçoit un témoignage public de fes travaux, de fon mérite, que ce foit de la main de fes égaux, & non de celle d'ariftocrates hautains, qui voudroient faire regarder leur popularité fardée comme un objet d'émulation & d'encouragement.

COMMANDEMENT, f. m. Pouvoir de maintenir la difcipline, l'ordre & la fubordination dans un corps. C'eft du corps militaire, que nous l'entendons ici, & c'eft du *commandement* militaire que nous allons parler.

Quelques villes, par un privilège fpécial & fingulier, ont cet avantage que leurs officiers municipaux réuniffent le *commandement* civil & militaire: la ville d'Abbeville poffède éminemment ce privilège qui paroît auffi ancien que fon érection en commune, laquelle a pour date l'an 1120.

Ce privilège a fans doute fa fource dans fa fidélité conftante envers fes fouverains; on en trouve les preuves dans la charte de commune accordée par Guillaume de Talvas, comte de Ponthieu, & dans les lettres de confirmation concédées l'an 1184 par Jean II, fon petit-fils.

Lorfque 156 ans après, en l'année 1340, le Ponthieu paffa fous la domination de la France, par confifcation fur Edouard III, roi d'Angleterre, les habitans d'Abbeville vouèrent à nos rois le même attachement qui leur avoit mérité la bienveillance de leurs fouverains particuliers: ce ne

fut qu'avec peine, que par le traité de Bretigny ils retournèrent fous la puiffance du roi d'Angleterre; & fous Charles V, en l'année 1369, ils furent les premiers à fecouer le joug des anglois, & témoignèrent par leur empreffement à fe ranger fous les étendards de la France, combien ils défiroient n'obéir qu'à leur fouverain légitime.

Charles V, pour récompenfer leur zèle & leur fidélité, confirma par fes lettres-patentes des mois de mai & juin 1369, tous leurs anciens privilèges, les maintint dans leurs franchifes & immunités, & réitéra cette confirmation par autres lettres-patentes de l'année 1376.

Charles VI en 1381 & 1411, Charles VII en 1463 & 1476, Charles VIII en 1483, Louis XII en 1498, François I en 1516, François II en 1569, accordèrent les mêmes lettres-patentes.

Tous ces titres ne parlent point nommément du *commandement* de la ville, mais alors toutes les villes fe gardoient elles-mêmes, & ce qui prouve que les maire & échevins avoient à cet égard une poffeffion conftante, c'eft que lorfque la ville d'Abbeville fut donnée en engagement aux ducs de Bourgogne, & que ceux-ci firent conftruire un château, le capitaine du château prêtoit néanmoins ferment de fidélité devant les maire & échevins, & reconnoiffoit leur autorité.

Le premier titre précis que les habitans d'Abbeville puiffent invoquer, font les lettres-patentes en forme d'édit du mois de mai 1591, regiftrées au parlement, le 2 juillet 1593, lefquelles portent que: » dorénavant & à toujours, le gouvernement & » capitainerie de la ville d'Abbeville, fera & demeu- » rera joint, uni & totalement incorporé & annexé » aux charges de maïeur & échevins d'icelle, pour » être gouverné par eux feuls, fans autre, fous l'au- » torité royale, comme elle l'étoit anciennement, » fans qu'il puiffe y être pourvu pour telle caufe & » occafion que ce foit ».

Ces lettres-patentes données par le duc de Mayenne, qui prenoit alors la qualité de lieutenant-général de l'état & couronne de France, ne formeroient qu'un titre infuffifant, fi elles ne fe trouvoient confirmées par Henri IV, dont l'édit au mois d'avril 1694; regiftré au parlement le 11 mai fuivant, s'explique de la manière la plus précife & la plus formelle, fur ce droit de la commune d'Abbeville.

Cet édit a été fucceffivement confirmé par Louis XIII, en décembre 1610, par Louis XIV, en août 1654, & par Louis XV, en janvier 1718; ces lettres de confirmation ont été vérifiées, regiftrées, tant au parlement, qu'en la chambre des comptes.

D'après la lettre de cet édit on voit que le gouvernement de la ville appartient au corps, & non pas feulement au maire; mais comme le *commandement* militaire ne peut être exercé que par un feul, le maire dans l'ufage, a toute la manutention, il ne réfère au corps, que dans les occafions importantes.

Le *commandement* appartenant au corps ; eſt par cette raiſon tranſmiſſible, & paſſe ſucceſſivement dans les cas d'abſence, ou autres légitimes empêchemens du maire au lieutenant-de maire, du lieutenant de maire au premier échevin, &c.

Les corps militaires ont quelquefois ſupporté impatiemment cette tranſmiſſion du *commandement*, mais la queſtion a toujours été décidée à l'avantage de l'hôtel-de-ville, ainſi qu'il réſulte des déciſions intervenues les 20 novembre 1694, 25 février & 6 mars 1698, 23 Décembre 1706, 29 mars & 18 août 1711, 12 mai & 26 juin 1715, & 18 avril 1744.

Parmi ces déciſions, il en eſt une qui mérite une attention particulière, c'eſt celle du 26 juin 1715. Ce n'eſt pas ſeulement une lettre du miniſtre de la guerre comme la plupart des autres, c'eſt un ordre du roi revêtu de toutes ſes formes, ſigné de ſa main, ſcellé de ſon ſceau, portant en termes exprès : » que le premier échevin » & autres après lui, ſont maintenus dans le pri- » vilège de faire les fonctions du gouvernement » de la ville, en l'abſence, maladie, ou autre » empêchement du commandant & du maire ; qu'il » eſt en conſéquence ordonné à tous colonels, » meſtres de camp, capitaines & autres officiers, » de reconnoître, faire reconnoître, & obéir par- » tous ceux étant ſous leur charge ledit premier » échevin ou autre échevin, en cas d'abſence, » maladie ou autre empêchement du commandant » & du maire, dans tout ce qu'ils ordonneront » pour le ſervice de la place & les fonctions du » gouvernement.

Une poſſeſſion d'environ deux cents ans, juſtifie aujourd'hui que ce privilège n'a rien d'abuſif ; que l'avantage dont il eſt pour la ville d'Abbeville & ſes habitans, réſue ſur l'état même, qui n'a point d'état major à payer ; ſur les miniſtres, qui n'ont point à régler ces diſcuſſions qui, dans preſque toutes les autres villes s'élèvent tous les jours entre les officiers municipaux & le lieutenant du roi.

Pluſieurs autres villes de la Picardie & des autres provinces, jouiſſent de privilèges à peu près ſemblables, & le maintien de l'ordre, de la paix, de la liberté publique, demanderoit que pareille choſe eût lieu pour toutes les villes du royaume. On épargneroit encore par-là les frais d'appointemens pour les états majors des places, leſquels états majors ſont parfaitement inutiles.

Le militaire demande en France de grandes réformes, tant dans ſon adminiſtration générale, que dans ſa police. Un des ſûrs moyens de le rendre plus généralement utile & moins dangereux, ce ſeroit de l'aſſujettir autant qu'il ſeroit poſſible au *commandement* municipal de chaque ville où l'on a cru devoir établir des états majors.

Cet arrangement eſt juſte, & conſtitutionelle ; il préviendroit les excès, le libertinage, le mépris, les mauvais traitemens dont la troupe ſe rend généralement coupable envers les bourgeois, lorſqu'elle ſeroit habituée à recevoir les ordres de ſa police, du conſeil même des bourgeois.

Cette forme ne gêneroit point les diſpoſitions du pouvoir exécutif dans l'état, elle ne pourroit donner lieu à aucun abus, elle ſeroit ſimple.

Elle produiroit encore un bien : elle obligeroit les officiers municipaux, à avoir quelques idées de la diſcipline militaire, des loix poſitives rendues ſur la police des troupes, ce qui tourneroit également à l'avantage des villes & des ſoldats.

Mais nous ſuppoſons que les corps des villes ſoient électifs ; qu'ils forment des eſpèces de démocraties municipales, & non des ariſtocraties venales, dont les membres étrangers aux loix, étrangers à la patrie, ne voient ſouvent dans leurs places que les avantages perſonnels ou les exemptions pécuniaires, dont leurs titres municipaux les font jouir.

Ce *commandement* militaire dont nous parlons, ſuppoſe la connoiſſance des principales diſpoſitions des ordonnances, ſur la police des places, nous en allons rapporter les plus eſſentielles à connoître, notre objet ne devant pas être de les détailler toutes.

Les ordonnances militaires de 1568, & les nouveaux réglemens de 1788 forment la loi vivante ſur cette matière. Nous en extrairons donc ce qui peut convenir à notre objet, & nous parlerons 1°. des bans ; 2°. de la milice bourgeoiſe ; 3°. de la police des places.

Nous ne ferons aucune réflexion ſur l'abſurdité, l'injuſtice, ou le deſpotiſme de quelques-unes des diſpoſitions réglementaires que nous tranſcrirons. Tout le monde y pourra reconnoître le génie militaire, ce génie qui a ſi long-temps dominé en France, & qui auroit fini par faire de l'état, un camp, ſi le progrès des lumières n'eût pas amené un meilleur ordre d'idées & de choſes.

Dès qu'une troupe étant arrivée dans le lieu de ſa garniſon, ſe ſera formée en bataille ſur la place d'armes, le commiſſaire des guerres, ou à ſon défaut, celui qui le commandant de la place prépoſera à cet effet, publiera à la tête de la troupe un ban, portant défenſes, ſous les peines portées par les ordonnances à tous ſoldats, cavaliers & dragons, de s'éloigner du lieu de la garniſon audelà des limites qui ſeront indiquées, de mettre l'épée à la main dans la place, & d'y commettre aucun déſordre, de s'établir dans d'autres logemens, que ceux portés par leurs billets, d'entrer dans les jardins & lieux fermés, de rien exiger de leur hôte, qu'un lit garni pour deux, place au feu & à la chandelle.

Les mêmes défenses feront faites aux officiers à peine de concuffion, & d'être refponfables du dommage caufé par leurs foldats en cas de tolérance de leur part.

Le commandant de la place ajoutera les défenfes qu'il croira néceffaires, par rapport aux conjectures, & au fervice particulier de la place.

Il fera fait un autre ban, portant injonction aux habitans, qu'en cas de contravention aux défenfes fufdites, ils aient à le venir déclarer inftamment au commandant de la place, pour en être fait juftice fur le champ, faute de quoi, il en fera dreffé procès-verbal par les officiers de ville, ou les principaux habitans que le premier d'entr'eux, fera tenu d'envoyer tant au fecrétaire d'état, ayant le département de la guerre, qu'à l'intendant.

Il fera fait auffi défenfes aux bourgeois, & autres habitans, de faire crédit aux cavaliers, foldats, dragons, à peine de perdre leur dû.

Avant le départ de la troupe du lieu de fa garnifon, il fera fait un ban, pour favoir s'il y a plainte à porter contre aucun officier ou foldat, & en cas qu'il y en ait, elle fera fur le champ réparée par les foins & l'autorité du commandant de la place.

Les officiers de ville, ou principaux habitans, feront tenus de recevoir les plaintes qui leur feront faites dans les premières vingt-quatre heures après le départ de la troupe, d'en dreffer des procès-verbaux, & de les envoyer pareillement au fecrétaire d'état, ayant le département de la guerre, & à l'intendant......voulant, fa majefté, que ledit terme de vingt-quatre heures étant écoulé fans qu'il y ait eu de plaintes, les magiftrats des villes ne puiffent refufer de donner à la troupe un certificat de bien vivre.

Qui que ce foit ne pourra faire battre des bans dans une place, fans la permiffion du commandant.

On ne pourra de même fans fa permiffion, faire recevoir un officier, un maréchal des logis, un fergent, ni publier aucune lettre de caffe.

2°. Les milices bourgeoifes ne pourront s'affembler dans les villes, qu'après en avoir obtenu la permiffion du commandant de la place.

Lorfqu'elles feront fous les armes, & employées au fervice de la place, elles reconnoîtront l'autorité du commandant & des autres officiers de l'état major, elles feront fujettes à la juftice militaire dans tous les cas, & pour tous les délits militaires feulement. Idem.

3°. Tout bourgeois ou autre habitant qui fera crédit aux foldats, cavaliers ou dragons, perdra

fon dû, s'il ne lui en a été répondu par leur fergent ou maréchal des logis.

Les commandans des places auront attention, à empêcher les officiers & foldats, de jouer aucuns jeux de hafard.

Ils s'informeront des bourgeois & autres habitans qui pourroient donner à jouer dans leur maifon à des jeux défendus, & les feront arrêter, & remettre aux juges des lieux pour les punir en conformité des réglemens.

Il ne pourra être établi aucun fpectacle dans les places, fans que le commandant en foit averti, afin qu'il puiffe prendre les précautions néceffaires pour prévenir le défordre qui pourroit en arriver.

Il en fera de même de toutes affemblées, de toutes publications au fon de la cloche, du tambour, de la trompette qui ne fe feront jamais fans la participation du commandant de la place, lequel cependant ne pourra y former aucun obftacle, à moins que le fervice du roi ne fût intéreffé, auquel cas il en rendra compte fur le champ au fecrétaire d'état ayant le département de la guerre.

Les commandans des places, feront tenus de prêter main-forte pour l'exécution des décrets de juftice toutes les fois qu'ils en feront requis.

Ils feront pareillement obligés de foutenir les employés des fermes dans leurs fonctions & de leur donner un officier major pour les accompagner, lorfqu'ils voudront faire vifite dans les caſernes ou autres logemens des foldats. Ordon. juin 1750.

Les commandans des places ordonneront ce qui eft convenable pour le bien du fervice, tiendront la main à la tranquillité parmi les habitans, à la difcipline des troupes, à l'exactitude dans le fervice, &c.

Les commandans des places ne pourront entreprendre fur les droits de la juftice ordinaire, ni même s'entremettre dans les matières contentieufes, devant fe contenter de prêter main-forte aux juges des lieux, quand ils en font requis, & de préfider aux confeils de guerre.

Les gouverneurs ou commandans de place, tiendront la main à ce que le fervice fe faffe dans les places en temps de paix, avec la même exactitude qu'à la guerre & dans les camps.

Le commandant fe rendra chez l'officier général, s'il réfide dans la ville, pour l'informer de ce qui s'eft paffé dans la nuit, ou le matin à l'ouverture des portes, & pour recevoir fes ordres.

Si l'officier général ne réfide pas dans la place, le commandant lui rendra compte par écrit, le premier jour de chaque mois, de tout ce qui fe fera paffé dans la place, pendant le mois précédent, concernant le fervice, la difcipline & les exercices de la garnifon.

s'il

S'il fe paffe quelques événemens extraordinaires, le commandant de la place en informera fur le champ l'officier général du département.

Les gouverneurs & commandans des places ne pourront s'en abfenter pour plus de quatre jours, fans un congé figné de fa majefté, & contrefigné du fecrétaire d'état ayant le département de la guerre.

Les habitans porteront d'abord leurs plaintes au commandant de la troupe, & enfuite, en cas de de refus de juftice de fa part, au commandant de la place, pour en être fait juftice fur le champ, faute de quoi il fera dreffé, par les officiers municipaux, un procès-verbal, lequel fera envoyé au miniftre de la guerre & à l'intendant de la généralité.

Pour prévenir les conteftations qui pourroient s'élever à l'égard des logemens, entre les troupes & les habitans des places ou quartiers, le commandant & le major de la place, le commiffaire des guerres, le maire ou principal officier municipal de la ville, feront une vifite exacte des maifons fujettes au logement, & feront marquer à la porte, fur un écriteau de fer blanc, le grade de ceux qu'ils auront jugé pouvoir y loger convenablement; & pareillement dans l'intérieur de chaque maifon, les portes des chambres deftinées au logement: les propriétaires ou principaux locataires defdites maifons ne pourront ôter lefdits écriteaux, ni les changer, fous peine de 500 livres d'amende, applicable à l'hôpital du lieu, fur les ordonnances des intendans des provinces, & de plus forte punition en cas de récidive. Les gouverneurs & lieutenans généraux des provinces, & en leur abfence, les commandans dans lefdites provinces, & les intendans en icelles, tiendront la main, chacun en ce qui les concerne, à l'exécution du préfent article.

Les commandans & les majors des places, en affiftant à cette vifite, ne décideront en aucune manière fur les logemens, devant fe borner à examiner fi les logemens qu'on marque à un officier, bas-officier, ou aux foldats, cavaliers ou dragons, font convenables au grade de ceux qui doivent les occuper.

Après cette vifite, il fera dreffé, par le commiffaire des guerres, un état de logement divifé en huit claffes.

Il fera marqué fur cet état le nombre & l'efpèce des chambres deftinées dans chaque maifon au logement des troupes: il en fera fait fix copies, fignées chacune par le commandant, le major de la place, le commiffaire des guerres & le maire ou principal officier municipal de la ville, lefquels en garderont chacun une, pour y avoir recours en cas de plainte, foit de la part de fes troupes, foit de la part des habitans.

Il ne fera jamais employé de fentinelle pour

garder les herbages, des remparts & des ouvrages, & il n'y aura abfolument fur lefdits remparts que le nombre de fentinelles néceffaires pour empêcher la dégradation des ouvrages, & pour obferver pendant la nuit ce qui fe paffera dans les dehors de la place.

On battra la garde à neuf heures du matin en tout temps, & les détachemens qui la compoferont défileront à midi précis de la parade générale, pour fe rendre aux poftes qu'ils devront occuper.

Dans les provinces méridionales du royaume, & pendant les fortes chaleurs feulement, fa majefté autorife les commandans des provinces à permettre aux commandans des places d'icelles, de faire défiler les gardes à dix heures précifes, & l'on battra alors la garde à fept heures du matin, afin que tout ce qui eft prefcrit par le préfent titre puiffe s'exécuter avec la même exactitude.

Les clefs des portes de la place feront entre les mains du commandant de la place.

On donnera l'ordre tous les jours fur la place d'armes, immédiatement après que la garde aura défilé.

Les patrouilles arrêteront toutes perfonnes qui pourroient avoir quelques débats & querelles, & les conduiront chez le major de la place, qui les fera mettre en lieu de fûreté, fi le cas l'exige, jufqu'à ce que le commandant de la place en ait ordonné.

Elles arrêteront pareillement & conduiront au corps de garde de la place tous les cavaliers, dragons ou foldats qui feront du défordre, ou qui, après la retraite battue ou fonnée, fe trouveront dans les rues ou dans les cabarets, fans même y faire du bruit, pour être punis le lendemain.

Les bourgeois qui fe trouveront auffi fans feu, ou faifant du défordre, feront auffi arrêtés par les patrouilles, & conduits au corps de garde de la place d'armes, où ils refteront jufqu'au lendemain matin, qu'il en fera donné avis au commandant de la place; lequel fe conformera à ce qui eft réglé par les art. XIII & XIV du tit. XIX.

Il ne pourra être établi aucun fpectacle dans une place, fans que le commandant en foit averti, afin qu'il puiffe prendre les précautions convenables pour y établir le bon ordre.

Les bourgeois & autres habitans qui troubleront la tranquillité du fpectacle, ou qui ne fe comporteront pas avec décence, feront arrêtés, & remis fur le champ aux juges ordinaires, pour être punis.

Les bourgeois, marchands, cartiers, cabaretiers, & artifans qui feront crédit aux bas-officiers, foldats, cavaliers ou dragons, fans un billet du major du régiment, perdront leur dû.

Les bourgeois & autres habitans qui feront trouvés dans les rues une heure après la retraite fonnée, fans feu ou faifant du défordre, feront conduits au corps de garde de la place d'armes, où ils refteront jufqu'au lendemain matin, que le commandant de la place les renverra, les premiers chez eux, & ceux faifant du défordre, au pouvoir des juges ordinaires, pour être punis fuivant les ordonnances de police.

Si le défordre ou le délit commis par lefdits bourgeois & autres habitans, intéreffe la fûreté de la place ou le fervice de fa majefté, le commandant les retiendra en prifon & en rendra compte au commandant de la province & au fecrétaire d'état ayant le département de la guerre.

Les commandans des places veilleront avec la plus grande attention, à ce que les troupes ne jouent aucun jeu de hafard; ils prendront à cet effet les mefures prefcrites par l'ordonnance.

Ils s'informeront des bourgeois ou autres habitans qui donneront à jouer dans leurs maifons à des jeux défendus, les feront arrêter & remettre aux juges des lieux pour les punir fuivant l'exigence des cas.

Si les contrevenans font des gens notables & qualifiés, les commandans des places les feront avertir la première fois, & en cas de récidive, ils en informeront le fecrétaire d'état ayant le département de la guerre, pour qu'il en foit rendu compte à fa majefté.

Toute femme ou fille débauchée, qui fera furprife avec des foldats, cavaliers ou dragons, fera arrêtée par le premier officier qui en fera inftruit, lequel en informera auffi-tôt le commandant.

Si ces femmes ou filles font domiciliées dans la place, le commandant, fans leur infliger aucune peine, les fera remettre au juge royal du lieu, pour être punies fuivant les réglemens de police.

Si elles font étrangères & fans aveu, le commandant de la place les fera mettre en prifon pendant trois mois, au pain & à l'eau, pour être enfuite enfermées dans la maifon de force la plus voifine, fur les ordres des intendans des provinces (1).

Les commandans des régimens qui compoferont la garnifon d'une place, rendront compte de tous les objets relatifs au fervice, au commandant de la place; le commandant de la place à l'officier général qui commandera dans le département; l'officier général au commandant de la province, & le commandant de la province au fecrétaire d'état ayant le département de la guerre.

Les commandans des troupes d'infanterie, de cavalerie & de dragons étant en garnifon dans les places, ne pourront les affembler, leur faire prendre les armes, ni les faire monter à cheval en tout ou en partie, & pour quelqu'objet que ce foit, fans la permiffion du commandant de la place.

Nul officier de la garnifon ne pourra s'en abfenter, ne fût-ce que pour une nuit, fans la permiffion du commandant de la place, qui ne la donnera que fur la demande du commandant du régiment, quand bien même l'officier feroit de femeftre, ou qu'il auroit obtenu un congé de fa majefté.

Le commandant de la place ne pourra, fous quelque prétexte que ce foit, accorder aux officiers qui n'auront pas obtenu de congé de la cour, la permiffion de s'abfenter de la place pour plus de deux nuits.

Les congés limités qui feront donnés aux bas-officiers, foldats, cavaliers ou dragons de la garnifon d'une place, feront nuls, fi, outre la fignature du commandant de leur compagnie, celles du commandant & du major ou aide-major de leur régiment, ils ne font encore approuvés par le commandant de la place, & vifés par le commiffaire des guerres.

Tous les officiers de la garnifon feront toujours dans l'uniforme le plus exact: ceux qui y contreviendront, feront punis, la première fois, par quinze jours de prifon, & en cas de récidive, privés du premier femeftre qu'ils devront avoir.

Les bas-officiers, foldats, cavaliers, dragons qui fe traveftiront & quitteront, dans aucun cas & fous tel prétexte que ce puiffe être, aucune marque de leur uniforme, feront punis fuivant les ordonnances.

Tous les régimens s'abonneront à la comédie: les commandans des places tiendront la main à ce que cet abonnement foit fait au plus bas prix poffible, & que la retenue en foit faite avec égalité, au prorata de chaque grade.

Les commandans des places veilleront pareillement à ce qu'il y foit obfervé par les officiers la plus grande décence.

Dans toutes les occafions qui concerneront le fervice de fa majefté, le grade fupérieur pourra de même punir tout grade qui lui fera inférieur, de quelque régiment qu'il foit, en en rendant compte fur le champ au commandant du régiment dont fera l'officier, bas-officier, foldat, cavalier ou dragon.

Entend toutefois fa majefté que dans ce cas les officiers ne puiffent être mis qu'aux arrêts; le droit de mettre les officiers en prifon ne devant appartenir qu'aux commandans de province, aux officiers

_____

(1) Il n'eft pas néceffaire de faire remarquer comme toute cette police eft odieufe.

généraux, au commandant de la place & commandans de régimens, dans leur régiment seulement.

Les régimnes étrangers ayant leur justice particulière, tous les bas-officiers & soldats de ces corps qui tomberont en faute, feront arrêtés & renvoyés sur le champ au commandant de leur régiment, en les instruisant des fautes qu'ils auront commises.

Le commandant du régiment rendra compte, lors de la parade, au commandant de la place, des officiers, bas-officiers, soldats, cavaliers ou dragons qui auront été mis en prison, & lui demandera en même temps la permission de faire sortir sortir ceux qu'il jugera assez punis, sans que le commandant de la place puisse se refuser à leur élargissement, à moins de raisons essentielles, dont il rendroit compte sur le champ au commandant de la province.

Tout soldat, cavalier ou dragon seront obligés d'être rendu à leurs casernes ou logemens une demi-heure après la retraite; & tous ceux qui seront arrêtés dans les rues après cette demi-heure, seront conduits au corps-de-garde de la place, & mis le lendemain aux salles de discipline pour huit jours.

Tout officier qui aura contracté des dettes, sera mis en prison jusqu'à ce qu'il ait acquitté lesdites dettes.

Les commandans des régimens demanderont permission, une fois pour tout, au commandant de la place, pour les exercices de détails & de classes qu'ils voudront faire dans l'intérieur de la place, mais jamais les bataillons ou escadrons du régiment ne feront l'exercice en entier dedans ou dehors la place, sans une permission particulière.

Les commandans des places feront tous les mois, & plus souvent s'ils le croient nécessaire, la visite de l'hôpital, pour examiner si tout est en ordre; ils ne pourront rien y ordonner, mais ils en rendront compte au ministre de la guerre des abus qui pourroient s'y commettre.

Les conseils de guerre qui seront assemblés dans les places se tiendront chez les commandans desdites places, & lesdits commandans y présideront.

Les troupes qui ne font que passer peuvent se rendre en droiture à leur quartier, sans être obligées d'aller se mettre en bataille sur la place d'armes.

Tous les habitans qui auront à porter plainte contre des officiers, bas-officiers, soldats, cavaliers ou dragons du régiment, feront obligés de la porter, une heure avant le départ dudit régiment, aux officiers municipaux qui se tiendront, à cet effet, pour la recevoir, à l'hôtel-de-ville ou autres lieux désignés; & le commissaire des guerres s'y trouvera aussi, pour vérifier & constater lesdites plaintes.

Alors, sur les demandes du commissaire des guerres, le commandant du régiment sera obligé de faire faire sur le champ les réparations; & en cas de refus de justice de sa part, le commandant de la place ordonnera qu'elle soit faite sur le champ.

Les bourgeois ou habitans qui seront contrevenus à la défense portée par l'art. IX du tit. IX, de faire crédit aux bas-officiers, soldats, cavaliers ou dragons, ne seront reçus à aucune plainte à ce sujet, qu'ils ne soient porteurs des billets du major du régiment ou des capitaines de la compagnie.

Les officiers contre lesquels il sera porté des plaintes pour dettes, & qui n'y satisferont pas sur le champ, seront mis en prison, & y resteront entièrement jusqu'à ce qu'ils aient acquitté cesdites dettes.

Il en sera de plus rendu compte par le commandant de la place au commandant de la province.

Lorsque des officiers seront laissés en prison pour dettes, le commandant de la place prendra connoissance de la nature desdites dettes; & si dans le nombre il s'en trouve d'usuraires ou de déraisonnables, les créanciers envers lesquels elles auront été contractées seront condamnés sur les ordres de l'intendant de la province, à 300 livres d'amende, applicable à l'hôpital du lieu.

Une demi-heure après le départ du régiment, les habitans ou bourgeois ne pourront plus porter aucune plainte contre ledit régiment, & si pendant ce temps il n'y en a aucune de portée, les magistrats ne pourront refuser un certificat de bien vivre à l'officier major du régiment qui sera resté à cet effet. *Ordonn. de mars 1768. Voyez* MILICE.

COMMERCE, s. m. Echange de marchandises contre d'autres marchandises ou contre de l'argent.

Le commerce peut être envisagé de plusieurs manières, 1°. philosophiquement, comme un des effets de l'état social & du droit de propriété; 2°. historiquement, comme formant une des parties de l'histoire des peuples, des causes de leur puissance & de leurs diverses entreprises; 3°. comme partie soumise au gouvernement économique d'un état; 4°. comme une profession sujette à des règles & à une police qui lui est particulière.

Ce seroit trop nous éloigner de notre objet que d'entrer dans les longues & intéressantes discussions qu'un pareil sujet peut faire naître. Déjà des philosophes distingués ont fait l'histoire philosophique du *commerce*, & considéré ses rapports avec les loix des peuples. Nous avons nous mêmes présenté quelques idées sur les mêmes objets dans notre discours préliminaire, & les détails économiques ne sont point de notre compétence.

A a a a 2

Ce feroit fans doute un travail utile que d'ana-lyfer tous les rapports du *commerce* avec les loix, le gouvernement, la religion, les mœurs & la félicité des peuples ; ce feroit un grand fpectacle que celui du tableau des révolutions qu'il a éprouvées & des caufes qui les ont fait naître ; mais outre qu'un pareil enfemble paroît peu fait pour un ouvrage fimplement élémentaire, il demande pour fon exécution un temps & des recherches au-deffus des forces d'un écrivain ifolé.

Cependant il eft fatisfaifant de connoître le *commerce* fous fes rapports les plus généraux, il eft inftructif d'avoir l'idée de fes progrès & de fon état au milieu des révolutions politiques des peuples les plus connus, il eft utile d'avoir préfent à l'efprit l'hiftoire de fes effets en Europe & fur-tout en France, pour laquelle nous écrivons ; enfin il eft indifpenfable de fe former le tableau de fa police générale, lorfqu'on l'envifage comme une profef-fion foumife à des règles de difcipline, dont nous ne cherchons point toujours à juftifier les difpofi-tions, mais dont nous devons au moins l'expofé à nos lecteurs.

Pour remplir quoiqu'imparfaitement cet objet, nous efquifferons rapidement l'hiftoire univerfelle du *commerce*, & le tableau de fa police générale en France, renvoyant, pour les connoiffances omifes ici, à ce que nous en avons dit dans le difcours qui précède l'ouvrage.

Le *commerce* femble avoir donné naiffance à plu-fieurs arts ; il fut le père de la navigation & un des principaux motifs de l'établiffement des colonies chez les différens peuples. L'hiftoire nous apprend que les phéniciens, fitués fur les bords de la mer, aux confins de l'Afie & de l'Afrique, ne fondèrent des colonies que pour leur *commerce*. A Tyr ils étoient les maîtres de la Méditerranée ; à Carthage, ils jettèrent les fondemens d'une république qui com-merça, par l'Océan, fur les côtes de l'Europe.

Les grecs fuccédèrent aux phéniciens, les romains aux carthaginois & aux grecs ; ils furent les maîtres de la mer comme de la terre : mais ils ne firent d'autre *commerce* que celui d'apporter pour eux en Italie toutes les richeffes du monde conquis par eux. Jamais il ne fut chez eux un objet de la politique, une des fources de la puiffance publique. Il n'étoit deftiné qu'à fournir aux befoins de l'empire & à la confommation des habitans. Quand Rome eut tout envahi, tout perdu, le commerce retourna pour ainfi dire à fa fource, vers l'orient. C'eft là qu'il fe fixa, tandis que les barbares inondoient l'Europe : l'Empire fut divifé ; les armes & la guerre reftèrent dans l'Occident, mais l'Italie conferva du moins une communication avec le Levant, où couloient toujours les tréfors de l'Inde.

Les croifades forment une des grandes époques du *commerce*, par l'influence qu'elles eurent fur fes progrès. Elles rapportèrent en Europe le goût du luxe afiatique, & elle rachetèrent par un germe de *commerce* & d'induftrie, le fang & la population qu'elles avoient coûté. Trois fiècles de voyages & de guerres en Orient, donnèrent à l'Europe une inquiétude dont elle avoit befoin pour ne pas périr de confomption interne ; ils préparèrent cette effer-vefcence de génie & d'activité qui, depuis s'exhala & fe déploya dans la conquête & le *commerce* des Indes orientales & de l'Amérique.

Les portugais tentèrent de doubler l'Afrique, mais, pas à pas, ils s'emparèrent fucceffivement de toutes les pointes, de tous les ports qui devoient les conduire au cap de Bonne-Efpérance. Ils em-ployèrent quatre-vingts ans à fe rendre maître de toute la côte occidentale où finit ce grand cap. Et 1497, Vafco de Gama franchit cette barrière, & remontant la côte occidentale de l'Afrique, il alla par un trajet de douze cents lieues, aboutir à la côte de Malabar, où devoient fondre les tréfors des plus riches pays de l'Afie. Ce fut là le théatre des conquêtes des portugais.

Tandis que cette nation avoit les marchandifes, l'Efpagne s'emparoit de ce qui les achète, des mines d'or & d'argent. Ces métaux devinrent non feule-ment un véhicule, mais encore une matière de *commerce*. Ils attirèrent d'abord tout le refte, & comme figne & comme marchandife. Toutes les nations, en avoient befoin pour faciliter l'é-change de leurs denrées, pour s'approprier les jouif-fances qui leur manquoient. L'épanchement du luxe & de l'argent du midi de l'Europe, changea la face & la direction du *commerce*, en même temps qu'il en étendit les limites.

Cependant les deux nations conquérantes des deux Indes négligèrent les arts & la culture. Penfant que l'or devoit tout leur donner, fans fonger au tra-vail qui feul attire l'or ; elles apprirent un peu tard, mais à leurs dépens, que l'induftrie qu'elles per-doient valoit mieux que les richeffes qu'elles acqué-roient ; & ce fut la Hollande qui leur fit cette dure leçon.

Les efpagnols devinrent ou reftèrent pauvres avec tout l'or du monde, les hollandois furent bien-tôt riches, fans terre & fans mines. C'eft une na-tion au fervice de toutes les autres ; mais qui s'eft loué à très-haut prix. Dès qu'elle fe fut réfugiée au fein de la mer, avec l'induftrie & la liberté qui furent fes dieux tutélaires, elle s'apperçut qu'elle n'avoit pas même affez de terre pour nourrir le fixième de fa population. Alors elle jetta les yeux fur la face du globe, fe dit à elle même : « mon » domaine eft le monde entier ; j'en jouirai par ma » navigation & mon commerce. Toutes les terres » fourniront à ma fubfiftance, & tous les peuples » à mon aifance ». Entre le nord & le midi de l'Europe, elle prit la place de la Flandre dont elle s'étoit détachée pour n'appartenir qu'à elle-même.

Bruges & Anvers avoient attiré l'Italie & l'Allemagne dans leurs ports ; la Hollande devint à son tour l'entrepôt de toutes les puissances riches ou pauvres, mais commerçantes. Non contente d'appeller les autres nations ; elle alla chez elle acheter de l'une ce qui manquoit à l'autre ; apporter au nord les subsistances du midi, vendre aux espagnols des navires pour des cargaisons, échanger sur la Baltique du vin pour du bois. Elle imita les intendans & les fermiers des grandes maisons, qui par le gain & les profits qu'ils y font, se mettent en état de les acheter tôt ou tard. C'est pour ainsi dire aux frais de l'Espagne & du Portugal, que la Hollande vint à bout d'enlever à ces puissances une partie de leurs conquêtes dans les deux Indes, & presque tout le profit de leurs colonies.

Tout favorisa la naissance & les progrès du *commerce* de la république : sa position sur les bords de la mer, à l'embouchure de plusieurs grandes rivières : sa proximité des terres les plus abondantes ou les mieux cultivées de l'Europe : ses liaisons naturelles avec l'Angleterre & l'Allemagne qui la défendoient contre la France : le peu d'étendue & de fertilité de son terrein qui forçoit ses habitans à devenir pêcheurs, navigateurs, courtiers, banquiers, voituriers, commissionnaires ; à vivre en un mot d'industrie à défaut de domaine.

Les causes morales se joignirent à celles du climat & du sol pour établir sa prospérité. La liberté de son gouvernement, qui ouvrit un asyle à tous les étrangers mécontens du leur ; la liberté de sa religion, qui laissoit à toutes les autres un exercice public & tranquille ; en un mot la tolérance, cette religion universelle de toutes les ames justes & éclairées, amies du ciel & de la terre, de Dieu comme leur père, des hommes comme leurs frères. Enfin la république commerçante sut tourner à son profit tous les événemens, & faire concourir à son bonheur les calamités & les vices des autres nations. Les guerres civiles que le fanatisme allumoit chez un peuple ardent, que le patriotisme excitoit chez une nation libre ; l'ignorance & l'indolence que le bigotisme nourrissoit chez deux peuples soumis à l'empire de l'imagination.

Cette industrie de la Hollande, où se mêla beaucoup de cette finesse politique qui sème la jalousie & les différends entre les nations, ouvrit enfin les yeux à d'autres puissances. Cromwel, cet homme prodigieux que les circonstances rendirent tyran, & qui craignant que l'habitude du joug ne rappellât l'Angleterre au royalisme si on la laissoit sans chef, voulut la gouverner lui-même ; Cromwel qui soutint les peuples dans la poursuite de leurs droits, & leur apprit à être juges des rois qu'ils se sont donnés, ce législateur que l'on a si diversement apprécié, dont on a voulu faire un monstre, un saint, fut le premier à prendre ombrage de la puissance hollandoise, & à chercher à la traverser. Il l'entreprit, il y réussit, sur-tout par son fameux acte de navigation. L'Angleterre s'apperçut bientôt qu'on n'avoit pas besoin de l'entremise des Hollandois pour trafiquer. Cette nation chez qui les attentats du despotisme avoient enfanté la liberté, voulut acheter les richesses par le travail qui en est le contre-poison. Ce fut elle qui la première envisagea le *commerce* comme la science & le soutien d'un peuple éclairé, puissant & libre. Elle y vit moins une acquisition de jouissances qu'une augmentation d'industrie, plus d'encouragement & d'activité pour la population, que de luxe & de magnificence pour la représentation. Appelé à commercer par sa situation, ce fut là l'esprit de son gouvernement. Tous ses ressorts tendirent à ce grand objet. Mais dans les autres monarchies c'est le peuple qui fait le commerce ; dans cette heureuse constitution, c'est l'état ou la nation entière : toujours sans doute avec le désir de dominer que renferme celui d'asservir, mais du moins avec des moyens qui font le bonheur du monde avant de le soumettre. Par la guerre, le vainqueur n'est guère plus heureux que le vaincu, puisqu'il ne s'agit entr'eux que de sang & de plaies ; mais par le commerce le peuple conquérant introduit nécessairement l'industrie dans un pays qu'il n'auroit pas conquis si elle y avoit été, ou qu'il ne garderoit pas si elle n'y étoit point entrée avec lui. C'est sur ces principes que l'Angleterre a fondé son *commerce* & sa domination, & qu'elle a réciproquement & tour à tour étendu l'un par l'autre.

Les françois situés sur un sol & sous un ciel également heureux, se sont long-temps flattés d'avoir beaucoup à donner aux autres nations, & presque rien à leur demander. Mais Colbert sentit que dans la fermentation qui se trouvoit de son temps toute l'Europe, il y avoit un gain évident pour la culture & la production d'un pays qui travailleroit sur celle du monde entier. Il ouvrit des manufactures à tous les arts. Les laines, les soies, les teintures, les broderies, les étoffes d'or & d'argent acquirent dans les mains du françois, un rafinement de luxe & de goût, qui les fit rechercher par-tout chez cette noblesse qui possède les plus riches fonds de terre. Pour augmenter le produit des terres, il fallut posséder les matières premières, & le commerce direct pouvoit seul les fournir. Les hasards de la navigation avoient donné des possessions à la France, dans le Nouveau-Monde, comme à tous les brigands qui avoient couru la mer. L'ambition de quelques particuliers y avoit formé des colonies qui s'étoient nourries d'abord, & même aggrandies par le *commerce* des hollandois & des anglois. Une marine nationale devoit rendre à la métropole cette liaison naturelle avec ses colons. Le gouvernement éleva donc ses forces nationales à l'appui de sa nation commerçante. La nation dût faire alors un double profit sur la matière & l'art de ses manufactures. Elle poussa cette branche pré-

caire & momentanée avec une vigueur, une émulation qui devoit laisser long-temps ses rivaux en
arrière, & la France jouit encore de sa supériorité
sur les autres nations dans les arts de luxe & de
décoration qui attirent les richesses de l'industrie.

Une chose à remarquer, & qui est peut-être
propre à la France seule, c'est que le plus grand
éclat de ce royaume dans les arts, se trouve au
moment de son plus grand esclavage, de celui où
toute la nation, courbée lâchement devant l'idole
public, n'avoit pas même le sentiment de sa servitude. Louis XIV anéantit toutes les volontés; cet
homme, sans être né despote, connut parfaitement
tous les instrumens du despotisme, & par-dessus tout
eut le bonheur rare ailleurs, mais commun en France,
de trouver des ministres qui possédoient tout ce qu'il
faut pour tenir une nation sous le joug, pour
user les ressorts de l'énergie nationale, anéantir
toute espèce de vertu publique.

Les progrès dans les arts, ceux de la richesse &
du luxe, des lettres & de la philosophie, ne servirent donc qu'à river la chaîne de l'esclavage de la
nation; & tel étoit l'aveuglement général, la stupeur,
l'avilissement universel qu'on ne regardoit qu'avec
étonnement, un peuple libre, & comme une de ces
choses auxquelles le hasard seul donne naissance.
Les droits des hommes étoient méconnus, & le
clergé répétant toujours cet adage exécrable qu'il
met dans la bouche de Dieu, *per me regnant reges*,
on ne croyoit pas même qu'il fût permis de secouer
le joug; toute insurrection étoit révolte, toute
démarche courageuse, sédition, tout amour de la
liberté, dépravation ou folie.

Semblable à la nation chinoise, les françois s'en-
dormoient dans le sein de la servitude; du pain,
des fêtes, des distinctions, des honneurs monarchiques, étoient les objets de leur vœu, de leur
culte, & la dégradation étoit telle, que lors même
qu'ils combattoient contre l'étranger, c'étoit bien
moins pour défendre l'état, que pour condescendre
aux fantaisies du monarque, ou mériter un regard
de son approbation.

La France, malgré cette servitude, étoit cependant une des plus formidables puissances de l'Europe,
son *commerce* fut immense par sa consommation
intérieure & par ses ventes à l'étranger; ses colonies nombreuses, le soin de Colbert, & le goût
des étrangers pour ses manufactures, lui méritèrent
cet avantage, lorsque la révocation de l'édit de
Nantes, en 1685, ralentit ses succès, & fit passer
à l'étranger une partie de ses capitaux, sur-tout de
son industrie précieuse, dans un instant où le grand
mobile de tous les gouvernemens, de tous les états
de l'Europe, étoit tout ce qui pouvoit alimenter &
soutenir un grand *commerce*.

Cette nouvelle ame du monde moral s'est insinuée
de proche en proche, jusqu'à devenir comme essentielle à l'organisation ou à l'existence des corps
politiques. Le goût du luxe & des commodités a
donné l'amour du travail, qui fait aujourd'hui la
principale force des états. Par cette révolution dans
les mœurs, les maximes générales de la politique
ont changé en Europe. Ce n'est plus un peuple
pauvre qui devient redoutable à une nation riche.
La force est aujourd'hui du côté des richesses, parce
qu'elles ne sont plus le fruit de la conquête, mais
l'ouvrage des travaux assidus, & d'une vie entièrement occupée.

L'or & l'argent ne corrompent que les ames
oisives qui jouissent des délices du luxe, au séjour
des intrigues & des bassesses, qu'on appelle grandeur.
Mais ces métaux occupent les bras & les doigts du
peuple; mais ils excitent la reproduction dans les
campagnes, la navigation dans les villes maritimes,
dans le centre d'un état; ils vivifient l'industrie,
soutiennent les fabriques & répandent le mouvement dans toutes les parties de la société. L'homme
est aux prises avec la nature, sans cesse il la modifie, & sans cesse il en est modifié. Les peuples
sont taillés & façonnés par les arts qu'ils exercent.
Si quelques métiers amolissent & dégradent l'espèce, elle s'endurcit & se répare dans d'autres. S'il
est vrai que l'art la dénature, du moins elle ne
se repeuple pas pour se détruire, comme chez les
nations barbares des temps héroïques. Sans doute,
il est facile, il est beau de peindre les romains
avec le seul art de la guerre subjuguant, tous les
autres arts, toutes les nations oisives ou commerçantes, policées ou féroces; brisant ou méprisant
les vases de Corinthe; plus heureux sous les dieux
d'argile, qu'avec les statues d'or de leurs empereurs
de boue. Mais il est encore plus doux & plus beau
peut-être, de voir toute l'Europe peuplée de nations
laborieuses qui roulent sans cesse autour du globe
pour le défricher & l'approprier à l'homme; agiter
par le soufle vivifiant de l'industrie, tous les germes
reproductifs de la nature; demander aux abîmes
de l'océan, aux entrailles des rochers, ou de nouveaux soutiens ou de nouvelles jouissances; remuer
& soulever la terre avec tous les leviers du génie;
établir entre les deux hémisphères par les progrès
heureux de l'art de naviguer, comme des ponts
volans de communication, qui rejoignent un continent à l'autre; suivre toutes les routes du soleil;
franchir ses barrières annuelles, ou passer des tro-
piques aux poles; ouvrir en un mot toutes les
sources de la population, des richesses & des arts,
pour les verser sur la surface du monde.

Telle est l'image du *commerce*. Admirez ici le
génie du négociant. Le même esprit qu'avoit Newton
pour calculer la marche des astres, il l'emploie à
suivre la marche des peuples commerçans qui fé-
condent la terre. Ces problèmes sont d'autant plus
difficiles à résoudre, que les conditions n'en sont
pas prises dans les règles invariables de la nature,
comme les hypothèses du géomètre, mais dépendent

des caprices des hommes & de l'inftabilité de mille événemens. Cette jufteffe de combinaifon que devoient avoir Cromwel & Richelieu, l'un pour détruire, l'autre pour cimenter le defpotifme des rois, il la poffède, & va plus loin, car il embraffe les deux mondes dans fon coup-d'œil, & dirige fes opérations fur une infinité de rapports qui n'eft donné que rarement à l'homme d'état, ou même au philofophe, de faifir & d'apprécier. Rien ne doit échapper à fa vue; il doit prévoir l'influence des faifons, fur l'abondance, la difette, la qualité des denrées, le retour ou le départ des vaiffeaux; l'influence des affaires politiques fur celles du *commerce*; les révolutions que la guerre ou la paix doivent opérer dans le prix & le cours des marchandifes, dans la maffe & le choix des approvifionnemens, dans la fortune des places & du monde entier, les fuites que peuvent avoir fous la Zône torride, l'alliance de deux nations du nord; les progrès, foit de grandeur ou de décadence des différentes compagnies de *commerce*; le contre-coup que portera fur l'Afrique & fur l'Amérique, la chûte d'une puiffance d'Europe dans l'Inde; les ftagnations que produira dans certains pays, l'engorgement de quelques canaux d'induftrie; la dépendance réciproque entre la plupart des branches de *commerce*, & le fecours qu'elles fe prêtent par les torts paffagers qu'elles femblent fe faire; le moment de commencer & de s'arrêter dans toutes les entreprifes nouvelles; en un mot, l'art de rendre toutes les nations tributaires de la fienne, & de faire fa fortune avec celle de fa patrie, ou plutôt de s'enrichir, en étendant la propriété générale des hommes. Tels font les objets qu'embraffe la profeffion de négociant, c'eft-à-dire du marchand en gros, de celui, qui content de porter en grandes maffes, les productions d'un pays dans un autre, laiffent à des traficans, le foin de détailler les objets, de préfenter les marchandifes à la confommation, & d'en proportionner les quantités aux facultés des confommateurs.

Ces efpèces de marchands, livrés à un *commerce* moins important peut-être, moins brillant que celui qui fe fait en grand, n'en font pas moins les premiers, les principaux, les immédiats agens de la confommation. Ils font au *commerce*, ce qu'eft l'ouvrier aux manufactures, l'inftrument fans lequel rien ne fe feroit; c'eft la pierre angulaire du *commerce*.

Réunis en corporations, ce font eux qui forment ce qu'on appelle les communautés, efpèce de police à laquelle le *commerce* en grand n'eft point affujetti, & qui a plus fouvent encore nui à l'induftrie, qu'elle n'a fervi à protéger le marchand

contre les entreprifes des miniftres & des burocrates de l'adminiftration, quoique ce dernier objet ait été principalement le but de ces fociétés induftrieufes, dont M. *Turgot* a trop légèrement détruit la confiftance politique, puifque par-là il a appris au miniftère à ne rien refpecter, & à exiger des taxes pour ce qui n'en doit point, fans accorder en échange à ceux qui les donnent, ces foibles prérogatives qui fuppléent jufqu'à un certain point au défaut des droits, dont on a privé le citoyen, & leur donne une exiftence quelconque, par leur aggrégation à une corporation quelconque (1).

II°. Le *commerce* tant en gros qu'en détail, ou plutôt ceux qui s'y livrent, font affujettis à des loix d'une police qui leur eft particulière, & que les autres citoyens ne reconnoiffent pas. Les loix, fur-tout celles du *commerce* de détail, font dirigées principalement au maintien de la confiance & de la célérité, fi néceffaires dans les affaires de trafic. Les préfenter en fubftance, c'eft remplir notre objet, puifque c'eft faire connoître une des branches les plus importantes de la police de la fociété, celle qui règle la conduite du grand nombre de citoyens occupés, foit dans les fpéculations, foit dans les détails immenfes des affaires de *commerce*.

Nous diviferons ce que nous avons à dire fur cette matière, en trois articles. 1°. Nous parlerons des perfonnes qui font le *commerce* ou qui y font employés; 2°. des réglemens de *commerce*; 3°. des jurifdictions & officiers deftinés au fervice du *commerce*, & à juger les affaires qui le concernent.

On appelle marchands, tous ceux qui commercent en gros ou en détail, & qui font corps. Ceux qui font *commerce* en gros, & qui ne tiennent à aucun corps, font auffi réputés marchands ou négocians; tels font les marchands de bois, de vin, eaux-de-vie, &c.; tous font foumis à la jurifdiction confulaire, de quelqu'état & condition qu'ils foient. Ainfi un gentilhomme, un eccléfiaftique, un officier du roi ou de judicature qui commerce, eft foumis à la jurifdiction confulaire, & aux réglemens des marchands.

Les revendeurs qui ne font point corps, les artifans, laboureurs, vignerons, fermiers, font dans le corps des marchands, quant à la jurifdiction confulaire, en ce qui concerne leur *commerce*.

On diftingue les marchandes publiques, des marchands, quant à certaines règles de police & certains droits. Telles font les lingères, revendeufes, marchandes de modes, harangères, &c. Elles engagent leurs maris au paiement de leurs dettes, pour le fait

---

(1) Nous prouverons, au mot CONFRÉRIE & ailleurs, que la deftruction de toute fociété, corporation, confrérie, &c. fut dans tous les temps un des arts du defpotifme, & qu'on ne doit pas s'en laiffer impofer, quand ce monftre dit que c'eft pour épargner aux fujets des dépenfes, des procès, &c. qu'il défend les affemblées, les fêtes, &c. Son but eft de défunir, d'ifoler les hommes, d'interdire toute union, toute communication entre les citoyens.

de leur *commerce*, par les mêmes voies que s'ils les avoient eux-mêmes contractées ; elles ne font point tenues à l'acquittement des achats faits par leurs maris, & des lettres de change tirées par eux fur elles, pour raison de *commerce* qu'elles font, fi leurs maris ne font point chargés de leur procuration. Le feul cas où le mari d'une marchande publique n'eft point garant du *commerce* de fa femme, eft lorfqu'il n'y a point de communauté entr'eux, ou qu'il y a féparation de biens ; mais il faut que l'exclufion de communauté ou la féparation de biens, foit publiée, enregiftrée & infcrite fur le tableau de la jurifdiction confulaire, ou autre à défaut. Sans ces formalités, elle ne peut avoir fon effet.

On appelle aussi marchande publique, une femme qui fait un *commerce* féparé de l'état ou profeffion de fon mari. Il s'en fuit de là que la femme d'un officier, d'un bourgeois, d'un gentilhomme qui fait *commerce*, eft dans le cas des marchandes publiques, & fon mari eft garant des engagemens qu'elle prend, par un principe d'équité, puifque le profit qui en réfulte, entre dans la communauté dont il eft le maître.

La femme d'un négociant engage fon mari au paiement des marchandifes qu'elle achette de fon ordre, & des marchandifes qui lui font livrées ; parce qu'on doit la regarder comme un facteur, quand ces marchandifes concernent le *commerce* de fon mari ; cependant il eft des cas où elle peut-être défavouée ; ils dépendent des circonftances.

Le *commerce* fait grand ufage des banquiers. On donne ce nom à un homme qui fait *commerce* d'argent dans différens lieux du monde, felon que fes correfpondances font étendues ; tout le monde peut l'être, il n'y a point de maîtrife.

Les agens de change font encore d'une grande utilité au *commerce*. Ils s'entremettent pour le commerce des lettres & billets de négociables dans les ville où il y a bourfe, & dans celles où il n'y en a point, ce font les courtiers qui en font les fonctions. *Voyez* leur article dans cet ouvrage.

Une autre efpèce d'agens très-utiles dans le *commerce*, ce font les commiffionnaires. On nomme commiffionnaire, un homme choifi par un autre pour faire fes affaires, moyennant une rétribution convenue. Tout le monde peut l'être pour acheter, payer, recevoir ; mais on ne peut vendre par commiffion dans les villes où il y a maîtrife, fans être reçu maître. Le nom de commiffionnaire eft fynonime en bien des lieux, avec celui de courtier & de facteur. Cependant les commiffionnaires ne doivent pas être confondus avec les courtiers.

Un commiffionnaire eft garant des lettres & billets qu'on lui remet, s'il n'en fait point les diligences dans le temps prefcrit par l'ordonnance. Il fert de banquier en ce cas, & eft payé de la commiffion,

fur les fommes dont il procure le paiement. Il en eft de même de deux perfonnes de différentes villes qui reçoivent l'une pour l'autre réciproquement fans rétribution, quand ils ont enfemble un compte courant.

Un commiffionnaire eft obligé de tenir regiftre des achats qu'il fait, & d'y porter le nom des vendeurs, pour y avoir recours en cas de conteftation de la part de fes commettans.

Les courtiers de vins, eaux-de-vie, & de quelque marchandife que ce foit, diffèrent des commiffionnaires, comme nous difions tout à l'heure. Les premiers ne font pas caution des achats qu'ils font, & tout trafic pour leur compte eft interdit. Il n'en eft pas de même des commiffionnaires ; ils font caution de leurs commettans envers ceux de qui ils achetent, & la commiffion n'exclue point en eux un *commerce* particulier.

Nous avons dit que les gentilshommes pouvoient faire le *commerce*. Les édits du mois d'août 1669, & décembre 1701, portent que tous gentilshommes pourront faire le *commerce* en gros, tant au dehors, qu'au dedans du royaume, fans déroger à la nobleffe, & dans les affemblées de négocians & marchands, ils ont le droit de précéder les roturiers ; ils participent auffi aux honneurs du confulat. Le même édit de décembre 1701, permet aux marchands en gros, de pofféder des charges de fecrétaires du roi, & interdit le commerce en gros & en détail à tous officiers de judicature.

On doit remarquer que les mineurs établis marchands, négocians ou banquiers, font réputés majeurs pour le fait de leur *commerce* & banque, fans qu'ils puiffent être reftitués, fous prétexte de minorité. Il en eft de même des marchandes publiques, lorfqu'elles font mineures. Cependant le cautionnement d'un marchand ou d'une marchande mineure n'eft pas valable, ils s'en feroient reftituer.

Un garçon de boutique, commis ou facteur de magafin, a droit de faire affigner un marchand pardevant les juges & confuls, pour le paiement de fa penfion ou gages, mais il ne peut obtenir de contrainte par corps contre lui, il n'a de privilège que fur fes meubles.

Nous aurons peu de chofe à dire des réglemens de *commerce*, après ce que nous en avons dit aux mots VENTES ET ACCAPAREMENS ; nous obferverons feulement ici que tous marchands, & autres, faifant *commerce*, doivent avoir un livre journal, contenant leur négoce, leurs lettres de change, leurs dettes actives & paffives, & les deniers employés à la dépenfe de leur maifon. Ce regiftre doit être figné & paraphé par un conful, ou au défaut, par le maire, ou par un des échevins, & coté par premier & dernier. Mais comme un feul regiftre ne fuffiroit point dans un *commerce* un peu étendu, on a recours à d'autres regiftres ; tels font

les

les extraits, le livre de caisse, le carnet, le livre de chargement, celui des copies de lettres, & autres, que le genre de négoce où l'on se trouve, oblige de tenir. Il n'est pas nécessaire de faire parapher ces livres, ils ne font foi en justice, qu'autant que le rapport en est exact avec le journal.

Quoique le livre journal ne soit pas paraphé, on n'y a pas moins d'égard en justice, lorsqu'il est en bon ordre, c'est-à-dire par date, sans aucun blanc, & que d'ailleurs le marchand est en bonne réputation, même dans le cas où il seroit faillite.

L'ordonnance de 1673, titre 3, article VII, assujettit les marchands à mettre en liasse, les lettres missives qu'ils reçoivent. En exécution de cet article, lorsqu'il y a contestation entre deux marchands, dont l'un demande le rapport de ses lettres, & l'autre dit les avoir perdues, le premier peut rapporter son livre de copies de lettres, auquel on a égard comme s'il les rapportoit en original.

Un autre objet de la police générale de ceux qui font le *commerce*, font les réglemens relatifs aux sociétés entre négocians, gens d'affaires, & autres pour marchandises, banques, entreprises. Ces sociétés doivent être contractées par écrit, soit devant notaire, soit par signature privée, & la preuve par témoins ne peut avoir lieu contre les articles de l'acte de société, quand il ne s'agiroit que d'une somme au-dessous de cent livres.

Il y a deux espèces de sociétés de ce genre, l'une générale, l'autre en commendite. La société générale est celle où tous les associés font également leurs fonctions, sous le nom collectif d'associés.

La société en commendite, est celle où quelqu'un s'intéresse par une somme d'argent, & ne se mêle point de la régie ou du commerce. Un tel associé est à proprement parler, un intéressé ou un actionnaire, à moins qu'il ne paroisse au jour avec les autres co-associés.

L'article II du titre 4 de l'ordonnance rapportée ci-dessus, exige que l'extrait des sociétés, soit enregistré au greffe de la jurisdiction consulaire, s'il y en a une, sinon, à l'hôtel-de-ville, & au défaut, au greffe du juges des lieux, ou de ceux des seigneurs, & inséré dans un tableau exposé en lieu public, à peine de nullité des actes & contrats passés, tant entre les associés, qu'entre leurs créanciers, & ayans cause. Cependant il ne s'en suit pas que des associés pussent se prévaloir d'avoir manqué à ces formalités, pour frustrer des créanciers, ou pour rompre leur société avant le temps. Il suffit que leur *commerce* en société, soit notoire.

Tous associés font obligés solidairement aux dettes de la société, quand l'un d'eux a signé pour lui & sa compagnie. Il en est de même, quand

un associé achète des marchandises à crédit, & que le vendeur l'a porté débiteur sur son livre, comme ayant acheté pour sa compagnie, ou lui ayant livré, ou à son commis ou facteur.

En cas de contestation entre les associés, on doit s'en rapporter à des arbitres, il faut en faire clause dans l'acte de société. Si pourtant elle étoit omise, on n'en doit pas moins exiger l'effet.

On doit faire homologuer les sentences arbitrales en la jurisdiction consulaire, ou autre à défaut. L'appel en est porté à la grande chambre du parlement, mais avant d'appeller, il faut satisfaire aux clauses de l'acte de société, par lesquelles on auroit prévu les cas d'arbitrage, & de l'appel qui pourroit s'en suivre.

Nous n'entrerons pas dans de plus grands détails sur cette matière, elle ne nous regarde que très superficiellement; ainsi, nous passons à l'exposé des jurisdictions destinées uniquement ou principalement au *commerce*, après quoi nous dirons quelque chose de l'administration du *commerce* en France.

Ces jurisdictions sont 1°. la jurisdiction consulaire; 2°. l'amirauté; 3°. la conservation des foires de Lyon.

La jurisdiction consulaire a été établie à Paris sous le règne de Charles IX, en 1563, & depuis successivement dans toutes les meilleures villes du royaume. Elle est composée d'un juge, & de quatre consuls. Les réglemens qui les concernent sont communs dans tout le royaume. Il juge souverainement jusqu'à cinq cents livres, & par provision, à quelque somme que ce soit, sans restriction. Le juge doit avoir quarante ans au moins, & les consuls, vingt-sept, à peine de nullité de leur élection. Ils peuvent juger au nombre de trois, comme s'ils étoient tous assemblés, & les anciens juge & consuls n'ont aucun droit de les accompagner au siège, s'ils n'en font pas requis par eux, suivant l'exigence des cas.

La forme d'élire les juge & consuls dans la ville de Paris, ne peut être la même dans toutes les autres villes. Tel est du corps des marchands à Paris, qui n'en est point en province, & qui par conséquent ne peut être appellé à l'élection, ni fournir de sujets à la jurisdiction consulaire.

Tout ce qui peut y avoir de constant, c'est de tirer le juge d'entre les quatre consuls, sortant d'exercice, & de laisser deux anciens consuls avec deux nouveaux, exercer pendant six mois, afin de les guider. Les six mois expirés, les deux anciens sortent, & font place à deux nouveaux qui ont été élus, pour entrer seulement au bout de ce terme. C'est ainsi qu'il est ordonné pour Paris, par une déclaration du 18 mai 1728; elle déroge à l'édit de Charles IX, qui fixe à un an l'exercice du juge & des quatre consuls.

Bbbb

La connoiffance des conteftations, pour raifon des lettres de change, entre quelque perfonne que ce foit, des billets de change & à ordre, entre négocians feulement, & de tout engagement de *commerce*, fous quelque dénomination que ce puiffe être, eft attribuée aux juge & confuls.

Les billets de change & à ordre, faits par un négociant, au profit d'un particulier, & non par un particulier, au profit d'un négociant, font auffi de leur compétence. Enfin, tous ceux qui tirent, endoffent, garantiffent ou foufcrivent des lettres de change, quels qu'ils foient, font foumis à la jurifdiction confulaire & à la contrainte par corps. *Edit commerce*, tit. 7. art. I.

Nous dirons, au mot *contrainte par corps*, ce que la raifon & la juftice infpirent contre l'ufage de contraindre les débiteurs non marchands, pour fait de lettres de change endoffées ou foufcrites par eux. En général, en matière civile, il femble que la contrainte par corps eft un abus qui ne peut faire que du mal, fans jamais produire de bien.

Les juge & confuls peuvent connoître des ventes de bled, vin, beftiaux, & autres denrées procédant du crû des gens d'églife, gentilshommes, bourgeois, laboureurs & autres, fi elles ont été faites à des marchands, artifans, ou autres qui en font *commerce*. Il eft cependant aux choix des gens d'églife, gentilshommes, &c., d'affigner en ce cas devant le juge ordinaire, ou devant les juge & confuls. La connoiffance des faillites eft encore attribuée aux juge & confuls.

Ils ont pareillement droit de connoître des faifies mobiliaires faites en vertu de leurs jugemens entre les faififfans & le débiteur. Mais fi celui entre les mains duquel la faifie & les arrêts ont été faits, prétend ne rien devoir, ou s'il fe trouve un ou plufieurs tiers oppofans, qui ne foient point créanciers, pour fait de marchandifes, & dont la créance ne foit point de la jurifdiction confulaire, les parties doivent fe pourvoir devant le juge ordinaire. *Arrêt du parlement*, 24 janvier 1733.

C'eft comme tribunal, en matière de *commerce*, que nous confidérons l'amirauté. Elle a droit de connoître de toutes conteftations pour raifon de *commerce* maritime, exclufivement à tous juges, & les appellations fe relèvent au parlement. Voici quelques notions en matière de police commerçante.

Le commandant d'une barque ou d'un vaiffeau marchand qui ne fait que côtoyer, eft appelé *maître* fur l'Océan, & *patron* fur la Méditerranée; & quand le vaiffeau eft un peu confidérable, ou qu'il fait les voyages de long cours, le commandant prend la qualité de capitaine.

L'affurance maritime eft un traité par lequel

on s'oblige, moyennant une fomme qui fe paie d'avance ordinairement, à réparer le vaiffeau de l'affuré des dommages qui peuvent lui arriver par accident, ou à fa cargaifon. Il y a des négocians qui affurent & le vaiffeau & la cargaifon, & qui s'obligent à en payer la valeur, en cas de naufrage, aux propriétaires ou héritiers, moyennant une fomme convenue.

La groffe aventure eft un contrat par lequel un particulier qui paffe au-delà des mers s'oblige de rendre une fomme au prêteur, avec des intérêts qui font ordinairement à un denier fort haut, parce qu'il eft ftipulé que fi le vaiffeau vient à périr, la fomme eft perdue pour le prêteur.

Le fret, fur l'océan, eft la fomme promife pour le loyer d'un vaiffeau; le nolis, fur la Méditerranée, eft la même chofe.

L'avarie eft le dommage arrivé à un vaiffeau ou aux marchandifes dont il eft chargé; c'eft encore la dépenfe extraordinaire faite pendant le voyage par le vaiffeau ou pour les marchandifes, fuivant les cas imprévus.

La propriété d'un vaiffeau ne peut être prefcrite par les maîtres & patrons. Le fret, les gages & loyer des officiers & matelots font prefcrits au bout d'un an.

Tout ceux qui fourniffent pour la conftruction ou équipement d'un vaiffeau, n'ont qu'un an pour faire leur demande, à compter du jour qu'ils ont livré. Les ouvriers n'ont pareillement qu'un an, à compter du jour que leur ouvrage a été reçu. Le maître, d'un navire qui a reçu fon fret fans proteftation, & qui a délivré les marchandifes, n'eft plus reçu à intenter d'action pour avaries ou autres cas fortuits, à moins qu'il n'en ait fait fon rapport au lieutenant de l'amirauté dans les vingt-quatre heures après fon arrivée au port. Le commandant d'un vaiffeau qui a été endommagé par la rencontre d'un autre, qui l'a heurté (ce qu'on appelle *aberdage*), doit faire fa demande dans les vingt-quatre heures contre ceux qui font chargés de la garantie des accidens, fuppofé qu'il foit à portée de le faire, finon il en dreffera fon procès-verbal, en vertu duquel il fe pourvoira devant le juge compétent le plutôt qu'il lui fera poffible.

Le maître n'eft point refponfable de la nourriture des matelots envers les taverniers, fi elle n'a pas été fournie par fon ordre, & le tavernier n'a que l'an & jour pour en faire la demande. Aucun vaiffeau marchand ne peut fortir d'un port fans un congé de l'amirauté du lieu d'où il part.

Telles font à peu près les notions qui fervent de bafe au jugement des amirautés en matière de *commerce* : pour terminer ce que nous avions à dire des différens tribunaux qui connoiffent de la police marchande, nous dirons quelque chofe de la conservation des foires de Lyon. Cette jurifdiction établie pour le fait du *commerce*, pour décider des conteftations entre les marchands & négocians & pour la confervation des privilèges des foires de Lyon, étoit autrefois exercée par un juge appellé *juge confervateur* un lieutenant, un procureur du Roi, &c. Mais en l'année 1665 elle fut réunie au corps confulaire, pour être exercée par le prévôt des marchands & les quatre échevins, avec fix autres juges bourgeois ou marchands.

On pourroit encore regarder comme faifant partie de la police générale du *commerce* en France, tout ce qui regarde la tenue, le régime & les privilèges des corporations, des communautés des arts & métiers; mais nous en avons parlé ailleurs, & nous ne rapporterons pas ici ce que nous avons dit, & l'on peut avoir recours au mot ART.

Il nous refte à faire connoître ce qu'on appelle en France l'adminiftration du *commerce*. L'on entend par là les difpofitions ordonnées par le confeil du roi pour régler le *commerce*, & les foins que donnent différentes chambres de *commerce* à l'exécution de ces difpofitions; c'eft au moins à peu près à quoi s'eft réduit jufqu'ici l'objet de cette adminiftration.

On agita beaucoup à l'affemblée des notables, de 1787, quels moyens l'on pourroit employer pour fimplifier la grande adminiftration du *commerce*, & la rapprocher de celle des finances avec laquelle elle a un fi grand rapport. On décida qu'il feroit formé un confeil fous le nom de *confeil royal des finances & du commerce*, lequel eft compofé du chancelier ou garde des fceaux, du chef du confeil des finances & du *commerce*, de deux confeillers d'état, & du fecrétaire d'état ayant le département de la marine.

Sous le confeil font différens bureaux de commiffaires du *commerce* jouiffant chacun d'un département particulier, & faifant les fonctions d'examinateurs de tout ce qui peut être préfenté au confeil.

Les chambres de *commerce* font ce qu'il y a de mieux en France en fa faveur. Elles font en général compofées de négocians éclairés, de banquiers & de propriétaires inftruits des détails & des befoins du *commerce*. Ce font elles qui follicitent auprès du confeil les réformes & les réglemens néceffaires au *commerce*, dont on confond fouvent mal-à-propos l'intérêt avec celui des commerçans.

Les chambres ont des députés en cour qui les repréfentent & leur font favoir tout ce qui peut intéreffer.

On peut encore regarder les affemblées provinciales, ou états provinciaux, comme d'excellens moyens d'accroître le *commerce* & d'en perfectionner la police dans le royaume. Eclairés fur les productions de la province, fur les manufactures & dans tous les genres d'induftrie qui s'y trouvent, elles pourront prendre les mefures les plus convenables au bien de ceux qui exercent le *commerce* & à l'intérêt du *commerce* même. Ce que les états provinciaux feront, dans l'étendue d'une généralité, les municipalités le feront pour chaque ville. E les pourront établir des caiffes de prêts publics, qui fourniffent, ou de l'argent, ou du bon papier aux négocians & préviendront ces banqueroutes forcées qui entraînent la ruine de tant de familles. Du moins on peut fe livrer à ces efpérances dans un moment où l'efprit public fe tourne à l'intérêt général, & où la nation fortant de fon caractère léger & infouciant paroît defirer la liberté de tous, & le bonheur de chacun en particulier.

Réfumons. J'ai dit, au commencement de cet article, qu'on pouvoit confidérer le *commerce* philofophiquement ou pofitivement, & qu'à cette étude on devoit joindre la connoiffance de fa police générale actuelle, pour en avoir une notion claire & pofitive. Nous avons efquiffé l'un & l'autre de ces objets, & préfenté à nos lecteurs ce qu'ils pouvoient s'attendre feulement à trouver dans un traité de la nature de celui-ci.

COMMISSAIRE, f. m. On nomme ainfi tout homme prépofé fpécialement pour exercer certaines fonctions. C'eft des *commiffaires* de police qu'il eft queftion ici; ils font officiers de robe longue, & nommés à Paris *commiffaires au châtelet*, & encore *commiffaires de quartier*.

Nous n'imiterons pas le *commiffaire* la Mare qui s'eft livré à des recherches minutieufes, & dont les réfultats font incertains, pour trouver l'origine de l'inftitution des *commiffaires*. Il peut fe faire qu'elle foit très-ancienne, mais il eft fûr que les droits, prérogatives, devoirs & fonctions des *commiffaires*, tels qu'ils font conftitués aujourd'hui, eft une difpofition royale, & ne remonte guère au-delà du dernier fiècle.

L'édit de novembre 1699 établit des *commiffaires* de police dans toutes les villes où l'établiffement des lieutenans de police avoit eu lieu en conféquence de l'édit d'octobre de la même année. Leurs fonctions furent réglées en même temps,

A faire exécuter les ordres & mandemens des lieutenans généraux de police;

A faire le rapport de tout ce qui concerne la police, & généralement à faire toutes les autres fonctions que font, en fait de police, les *commiffaires* au châtelet de Paris, fous le lieutenant de police de ladite ville.

L'édit ajoute, jouiront lefdits *commiffaires*, des droits & émolumens qui feront fixés par le tarif arrêté en notre confeil, & d'un quart des amendes qui nous feront adjugées pour fait de police, qu'ils recevront des mains du receveur des amendes, & dont ils feront bourfe commune entre eux.

Voulons que lefdits *commiffaires* jouiffent de l'exemption du logement des gens de guerre, tutelle, curatelle, nomination d'icelles.

Déclarons lefdits offices, compatibles avec tous offices de judicature, & tous autres, de quelque nature qu'ils foient.

L'édit du mois de décembre 1699, difpofe qu'il fuffit d'avoir atteint l'âge de vingt ans, pour pouvoir exercer & remplir les fonctions de *commiffaires* de police.

L'édit du mois d'octobre 1771, portant création d'offices municipaux dans les duchés de Lorraine & de Bar, s'explique, art. XVIII en ces termes : les commiffaires de police exécuteront les ordres & mandemens du lieutenant-général de police de Nanci, & en ce qui eft de ceux qui font le fervice au fiège de police dudit Nanci.

Pour ce qui eft des autres fièges de municipalité, chaque *commiffaire*, dans les quartiers qui leur feront défignés, feront leur rapport aux lieutenans de maire, lieutenans de police, chacun en droit foi, de tout ce qui concerne la police, & ce, conformément au réglement de police, du 7 mars 1731, donné par les quarteniers de la ville de Nanci.

Et jouiront lefdits *commiffaires* de police, du tiers des amendes de police, qui feront prononcées pour fait de police fur leurs procès-verbaux.

Il faut obferver qu'en 1699, la Lorraine n'étoit point fous les loix de la France, qui n'en avoit alors que la fuzeraineté ; c'eft par cette raifon fans doute, que les duchés de Lorraine & de Bar ont leurs réglemens particuliers ; mais toutes les autres provinces ne connoiffent & ne peuvent connoître d'autres réglemens, que l'édit de novembre 1699, d'après lequel il eft inconteftable que les *commiffaires* de police des provinces, ont, en tout ce qui concerne la police, les mêmes droits & les mêmes fonctions que les *commiffaires* du châtelet de Paris.

Ils faut donc examiner ici, quels font les droits, & quelles font les fonctions des *commiffaires* du châtelet de Paris.

1°. Ils répondent nuit & jour au guet, qui eft tenu de leur amener tous les délinquans, foit pour batteries, pour difputes, ou pour accidens.

2°. Ils peuvent arranger amiablement en leur hôtel, les difputes & les querelles, finon ils doivent feulement défendre aux parties de fe médire & méfaire, & d'ailleurs les renvoyer à fe pourvoir.

3°. S'il s'agit de délit, ils peuvent envoyer les délinquans en prifon, fi ceux-ci font gens fans aveu, & fans domicile.

4°. Ils doivent veiller à ce que les rues foient balayées par les habitans, & les immondices enlevées par ceux qui en font chargés.

5°. Ils reçoivent les plaintes des propriétaires ou voifins, contre les filles publiques qui occafionnent du fcandale.

6°. Ils vifent les regiftres de ceux qui tiennent des hôtels, ou des chambres garnies ; ils fe tranfportent de temps en temps dans ces maifons, pour vérifier quelles font les perfonnes qui les occupent, & fi les propriétaires ou principaux locataires font exacts à écrire les noms des perfonnes qu'ils retirent.

7°. Lorfque dans les maifons il fe trouve quelqu'un de fufpect, comme des domeftiques fans condition, & fans certificat de leurs maîtres, des gens fans aveu, des prétendus maris & femmes, les *commiffaires* au châtelet de Paris, font dans le droit & la poffeffion de les faire arrêter & conduire en prifon (1).

8°. Ils fe rendent fur les marchés pour vifiter les denrées, vérifier le poids du pain, & lorfque le pain fe trouve trop léger, ils peuvent le faire couper, & faire affigner le boulanger à la police, pour répondre de fa contravention.

9°. Ils ont le droit de faire des vifites les dimanches & fêtes dans les cabarets, & autres maifons publiques, pour empêcher qu'on ne donne à boire pendant les heures du fervice divin.

10°. Ils reconnoiffent les maifons qui font en péril imminent, & font affigner les propriétaires à la police, pour faire ceffer le danger.

11°. Ils reçoivent en leur hôtel les plaintes, pour faits de vols, viols, injures, violences, & autres crimes.

12°. Dans le cas du flagrant délit & de la clameur publique, ils peuvent en matière grave, faire l'information d'office, faire arrêter l'accufé, & l'envoyer en prifon.

13°. Si dans le cas du flagrant délit, l'accufé eft réfugié dans l'intérieur d'une maifon, les *commiffaires* au châtelet de Paris font dans le droit & la poffeffion d'entrer dans ces maifons, & d'y faire perquifition.

14°. Enfin, ils peuvent d'office, faire l'ouverture des portes d'une maifon, lorfqu'ils ont avis qu'un particulier fe trouve mal dans fa chambre, qu'il eft fans fecours, & ne peut ouvrir, ou qu'il eft mort, ou lorfque le feu prend dans la chambre de quelqu'un qui eft abfent.

---

(1) je rapporte ceci comme fait, & non comme droit : c'eft un abus, un défordre. Voyez ENLÈVEMENT.

Tels font en fait en fait de police, les fonctions des *commissaires* au châtelet de Paris ; ces *commissaires* ont encore d'autres droits & prérogatives, ils font en matière criminelle, les informations fur l'ordonnance du lieutenant-général de police, les interrogatoires des accusés, lorsqu'ils font décretés d'ajournement personnel ; & en matière civile, ils apposent les scellés après décès, faillite & interdiction ; ils reçoivent les comptes de communauté, tutelle, curatelle de gestion & de société, ils font les ordres & la distribution du prix des immeubles vendus par décret. Mais ce font des droits particuliers attachés à leur office, & qui leur appartiennent privativement.

Toutes les autres fonctions que nous venons de décrire, appartiennent incontestablement aux *commissaires* de police des provinces, & dans les villes qui n'ont point de pareils officiers, & dont les hôtels-de-ville ont acquis ou réuni les offices de police, ces fonctions appartiennent aux échevins, qui ont, fans difficulté, droit, chacun dans leur quartier, de les exercer intégralement.

L'oifeau en fon traité des offices, dit : » que le » commandement de la force, qu'on peut appeler » justice militaire, est beaucoup plus libre & plus » avantageux que celui de la justice civile, n'étant » restreint à aucune opposition ou appellation. »

Et plus loin, Loifeau ajoute : » que les actes » que font les échevins, étant actes de gouver- » nement, & non point actes de justice, doivent » être expédiés fommairement & en forme mili- » taire, fans qu'il foit befoin de les verbalifer au » long, & y garder la procédure & formalités de » la justice contentieufe. »

Ces maximes n'ont été que trop adoptées par les hôtels-de-ville, dans lefquels en général tout fe traite militairement ; mais fi ces maximes étoient bonnes du temps de Loifeau, elles ne peuvent valoir aujourd'hui : il est au contraire certain que les officiers de police font affujettis aux règles prefcrites, pour empêcher tout officier public d'abufer de fon autorité ; qu'ainfi, quelque légère que foit la peine qu'ils prononcent, la preuve du délit doit être acquife, foit par une enquête fommaire, foit par un procès-verbal qui faffe foi, que cette règle doit particulièrement être obfervée, quand il s'agit d'emprifonner quelqu'un, & que hors le cas du flagrant délit, les domiciliés ne peuvent l'être, qu'après information préalable & en vertu du jugement.

Il faut bien prendre garde à cette exception, il faut obferver qu'elle feule autorife le mépris des formes ordinaires, parce qu'alors la néceffité d'une

justice prompte devient un motif déterminant, & fait paffer par-deffus toute autre confidération.

Cette exception est au furplus conftante, & fe trouve confacrée par tous les réglemens, par toutes nos ordonnances.

Les arrêts de 1546, 1547, & 16 février 1602, les édits du mois de mai 1583, & octobre 1693, accordent nommément aux *commissaires* du châtelet de Paris, dans le cas du flagrant délit, le droit & la faculté d'informer d'office, d'interroger pour la première fois les accufés, & même de les conftituer prifonniers.

L'ordonnance de 1610, tit. X, art. VIII & IX, permet d'arrêter & conftituer prifonniers, fans information préalable ni jugement en deux cas feulement, favoir 1°. dans le cas du flagrant délit à la clameur publique ; 2°. les domeftiques, fur la dénonciation & réquifition de leur maître (1).

L'ordonnance du mois d'août 1670, dite vulgairement l'ordonnance criminelle, tit. VI, art. IV, difpofe : » que dans le cas du flagrant délit, les » juges peuvent entendre les témoins d'office & » fans affignation. »

Tous nos criminaliftes atteftent : » que dans le » cas du flagrant délit, le juge peut fur le champ, » faire emprifonner l'accufé ; que les archers, les » huiffiers & fergents font obligés d'exécuter fon » fimple ordre verbal ; qu'à refus d'obéir, le juge » peut dreffer procès-verbal contr'eux, & les faire » condamner en des peines proportionnées à la » nature de leur refus & à fes fuites ; qu'il fuffit » enfin que le juge dreffe procès-verbal de tout ce » qui s'eft paffé de fon ordre, & ordonne que » l'accufé fera écroué. »

Ces maximes doivent, à plus forte raifon, avoir lieu en fait de police, mais il faut bien obferver qu'elles ne fouffrent d'application, que dans le cas du flagrant délit, qu'autrement, l'emprifonnement peut donner matière à la prife à partie.

Par arrêt du 28 avril 1664, le *commissaire* de Lefpinai a été condamné en quatre-vingt livres de dommages-intérêts, pour avoir fait emprifonner une cabaretière de Paris, fans plainte & fans information préalable. M. l'avocat-général Bignon, qui portoit la parole, lors de cet arrêt, dit : » que » cet emprifonnement ne pouvoit fe tolérer ; ayant » été fait fans plainte & fans information ; que » cela étoit de conféquence, s'agiffant d'une bour- » geoife ; qu'il étoit à la vérité permis aux *commis*- » *faires*, de conftituer prifonniers, les perfonnes » qu'ils trouvoient en flagrant délit, mais non point » lorfque ce cas ne fe rencontroit pas ; que pour

<hr>

(1) Cette dernière difpofition est atroce, nous la rapportons comme fait. *Voyez* DOMESTIQUE.

» remédier à l'avenir à de pareils abus, il estimoit
» qu'il y avoit lieu de déclarer l'emprisonnement in-
» jurieux, tortionnaire & déraisonnable, le commis-
» saire de Lespinai bien intimé & pris à partie, de
» le condamner en quatre - vingt livres de dom-
à mages-intérêts, & lui faire défenses de ne plus
» user de telle voie. »

Ces conclusions furent pleinement adoptées, elles
motivèrent & décidèrent l'arrêt.

Par autre arrêt rendu en forme de réglement,
le 7 janvier 1701, il a été fait défenses au commissaire Regnault, & à tous autres, de faire arrêter
& constituer prisonniers, les domiciliés, sans information & décret préalable, si ce n'est dans les
cas portés par les ordonnances & réglemens.

Le commissaire Regnault étoit cependant bien favorable, puisqu'il s'agissoit d'une fille qui menoit
une vie dissolue, qu'il avoit fait arrêter sur la réquisition de sa mère.

Un autre arrêt, rendu le 16 mai 1711, sur les
conclusions de M. l'avocat-général Chauvelin, contre
le commissaire le François : a déclaré pareil emprisonnement nul, injurieux, tortionnaire; le commissaire le François bien intimé & pris à partie, a
condamné ce commissaire en cent livres de dommages-intérêts.

Et ce même arrêt faisant droit sur les conclusions
du procureur-général : fait défenses à tous commissaires de police, de faire faire aucun emprisonnement, qu'en vertu de décret donné sur le vu
des charges & informations & conclusions des gens
du roi, si ce n'est dans les cas portés par l'ordonnance.

Enfin, un autre arrêt rendu le 5 juillet 1712, sur
les conclusions de M. l'avocat-général Chauvelin,
contre le commissaire Moncrif, condamne ce commissaire en deux cent livres de dommages-intérêts,
& faisant droit sur les conclusions du procureur-
général, enjoint au commissaire Moncrif, & à tous
autres, de garder & observer les ordonnances,
arrêts & réglemens; & en conséquence, leur fait
défenses de se transporter dans les maisons des
particuliers sans réquisition par écrit, ou ordonnance
de justice, si ce n'est dans les cas du flagrant délit.

Ces arrêts prouvent que les domiciliés sont sous
la protection de la loi, qu'on ne peut les arracher
de leur domicile, ni violer leur asyle qu'au nom
& avec les formalités prescrites par la loi.

Il faut observer néanmoins que ces arrêts ont
été rendus contre de simples commissaires de police,
& qu'on ne peut disconvenir que des échevins ont
nécessairement une autorité supérieure, puisqu'ils

font en même temps juges & magistrats; 1°. en leur
qualité d'échevin; 2°. à raison de la réunion à leur
corps de l'office de lieutenant-général de police, &
autres offices créés par les édits de 1696 (1).

Il résulte en effet, de cette réunion, que chaque
échevin, est en quelque sorte lieutenant-général de
police dans son quartier; qu'il en a réellement tous
les droits, & peut en remplir toutes les fonctions;
il est vrai qu'assez généralement les maires prennent
le titre, & s'attribuent exclusivement les droits de
lieutenant-général de police; mais c'est un abus qui
procède de l'indolence des échevins, ou parce qu'ils
ignorent leurs droits.

Le maire n'est à l'égard des échevins, que primus
inter pares : il ne peut prétendre au-dessus d'eux,
que les prérogatives qui lui sont attribuées par
l'édit du mois de décembre 1706; le maire & les
échevins sont d'ailleurs tous également membres
d'un même corps : il faut donc nécessairement que
les offices réunis à ce corps, profitent à tous les
membres.

Ce n'est point le maire, ce ne sont point les échevins qui ont acquis, réuni l'office de lieutenant-général de police, c'est le corps de ville, & conséquemment c'est le corps même qui en a tous les droits;
mais comme un corps n'existe que par ses membres, il résulte que chaque membre du corps de
ville, partage ces droits, peut & doit les exercer
dans le district confié à sa manutention.

Le maire a sans doute la manutention la plus générale la plus étendue, puisque sa surveillance embrasse
la ville entière; mais chaque échevin devant surveiller son quartier, a nécessairement dans ce quartier,
les mêmes droits que le maire dans toute la ville.

Chaque échevin, dans son quartier, est un commissaire délégué par le corps, avec subrogation
dans tous ses droits; la seule différence entre le
maire & les échevins, c'est que le maire n'est tenu
de rendre compte qu'au corps assemblé, au lieu
que chaque échevin, pour ce qu'il ordonne dans
son quartier, est tenu de prévenir le maire, pour
éviter le conflit de deux ordres différens.

Il suffit sans doute que les échevins préviennent
par une carte ou billet; c'est excès de déférence
quand ils se donnent la peine de se transporter chez
le maire; il faut au surplus consulter les circonstances, & ne jamais perdre de vue que pour tous
les membres du corps de ville, il est également
essentiel de conserver entr'eux, l'harmonie & la
bonne intelligence, c'est le caractère distinctif d'une
bonne administration.

Quelle que soit l'autorité d'un échevin, dans son

quartier, il faut néanmoins tenir qu'il doit fe conformer aux maximes ci-deffus tracées, & que hors le cas du flagrant délit, il ne doit pas fe permettre d'ordonner particulièrement de fa feule autorité, ni aucun emprifonnement, ni même fon tranfport dans la maifon d'aucun particulier.

Cette expreffion, *flagrant délit* embraffe au furplus non-feulement, le tumulte, les rixes dans les rues & places publiques, le tapage dans les cabarets, les cafés, les auberges; mais auffi le tapage dans les maifons particulières, & même la rébellion aux ordres d'un échevin, lorfque ce magiftrat eft dans fes courfes, foit pour faire la vifite des poids & mefures, foit pour la capitation ou le logement des gens de guerre.

Après ces notions fur le droit pofitif de la police des *commiffaires* en général, il nous refte à faire quelques confidérations fur ceux de Paris, & fur quelques réformes qu'on pourroit defirer à leur égard.

On fait que Paris eft divifé en vingt quartiers, conformément à la déclaration du 12 décembre 1701; ces quartiers font furveillés par quarante-huit *commiffaires* qui prennent le titre de *commiffaires-examinateurs-enquêteurs* au châtelet de Paris. Chaque *commiffaire* eft obligé de demeurer dans fon quartier; mais cette diftribution n'empêche pas que les *commiffaires* qui ont des collègues dans un quartier, n'exercent leurs fonctions dans toute l'étendue de leur quartier, fans diftinction de département, avec un pouvoir abfolument égal, & fans dépendre les uns des autres. Les *commiffaires* ont la même concurrence entr'eux dans toute l'étendue de la ville, lorfqu'il s'agit d'événemens imprévus & inftans pour lefquels leur miniftère eft requis. C'eft, dans ce cas, toujours celui qui eft arrivé le premier qui a la préférence pour remplir ces fonctions.

Quoique les quartiers foient diftribués à plufieurs *commiffaires*, fuivant leur étendue & leur population, celui qui a le premier département du quartier a cependant un diftrict plus confidérable pour la police que fes autres collègues. Ce *commiffaire* a la principale correfpondance avec le magiftrat pour ce qui concerne les détails du quartier. Il reçoit les ordres du lieutenant de police & les rapports des infpecteurs. C'eft à lui que le bureau de la police renvoie les mémoires & les placets qui peuvent intéreffer les habitans du quartier ou qui ont été préfentés par eux. Il en fait le rapport au magiftrat qui, après avoir fait faire les recherches & pris les éclairciffemens qu'il juge à propos, décide comme il l'entend.

Les *commiffaires* ont, indépendamment des fonctions qu'exige la police du quartier, des départemens particuliers qui leur font attribués par le lieutenant de police.

Un *commiffaire* eft chargé de l'approvifionnement, c'eft-à-dire, de veiller à ce qu'il ne fe faffe point de monopoles, d'accaparemens, ou d'autres entreprifes qui puiffent abufivement faire hauffer le prix des denrées, & fur-tout des grains.

Mais l'on conçoit combien doit être infuffifant le pouvoir d'un *commiffaire* pour un pareil objet; à combien d'abus il peut donner lieu, & que les lumières, l'intelligence, la capacité d'un feul homme ne peuvent pas atteindre ce but; fur-tout quand c'eft un officier de police furchargé des détails de fa place, & des foins d'une adminiftration fort compliquée.

Un autre *commiffaire* a à Paris le commerce des beftiaux & les boucheries. Le marché de la volaille fait également un troifième département, celui des fourrages un quatrième, les fpectacles un cinquième, & la bourfe un fixième. Le *commiffaire* chargé de ce dernier doit rendre compte tous les jours au miniftre des finances & au magiftrat du prix courant de la place.

Les châteaux où l'on renferme les prifonniers, qu'on appelle *prifonniers d'état*, ont leur *commiffaire*. Des hommes qui ont fait ferment de fuivre & faire obferver les loix de la juftice, n'ont pas honte de fe proftituer à cet odieux miniftère. Un autre *commiffaire* a les maifons de force, autre fource d'abus, de défordres, de tyrannie & d'impiété. C'eft-là qu'un mari fait conftituer prifonnière une femme dont il eft las & qui, fouvent lui a fait fa fortune; c'eft là qu'un père imbécile & barbare fait renfermer fon fils ou fa fille, pour plaire à quelques fots, ou par égard pour les préjugés; c'eft encore là qu'on a vu des fils dénaturés tenir leur mère dans l'efclavage ou la contrainte de toute la vie; & pour commettre tous ces délits, tous ces attentats, il fuffit d'avoir l'amitié du *commiffaire* ayant le département des maifons de force, ou les moyens de l'acheter.

Les prifons de police, l'inhumation des proteftans, les nourrices, les jeux, le Mont-de-Piété, les filles publiques, les pédéraftes, forment autant de départemens attribués chacun à un *commiffaire*, au gré de M. le lieutenant de police. Comme de ces départemens les uns font plus lucratifs que les autres, on s'imagine bien que les *commiffaires* ont foin, pour les obtenir, de faire leur cour au bureau de la police, ou plutôt aux petits monarques qui le compofent & qu'on appelle *premiers commis de la police*. Ce font les arbitres de la capitale.

C'eft, au refte, un véritable abus de donner ces départemens aux *commiffaires*. Il eft évident que ces officiers, faits pour écouter les plaintes du public, porter fecours où leur préfence eft néceffaire, veiller au détails de la police journalière, ne peuvent remplir convenablement les fonctions de leurs charges, en partageant ainfi leur temps & leur attention entre une multitude d'objets & l'affiduité du service de ce département. Au moment où l'on a le plus besoin d'un *commissaire*, c'est précisément l'instant où il est absent pour les affaires de son département : on voit tout de suite à combien d'inconvéniens un pareil ordre de chose donne lieu.

Il produit encore un mauvais effet. Il rend les *commissaires* inappliqués aux demandes & aux besoins du public , parce que ce dernier service étant gratuit, & le département étant payé, ils se portent plus volontiers vers l'un que vers l'autre, & la police se fait indignement mal.

Il existe encore dans l'état de *commissaires* un autre défaut. Ils apposent, lèvent les scellés & font des inventaires. Ces fonctions civiles sont absolument incompatibles avec l'assiduité qu'exige le service public ; les *commissaires* quittent tout, abandonnent tout pour un scellé ; ils vont même à la campagne, & s'absentent ainsi de leur hôtel un tems notable, qui est un vol fait aux soins que demande la bonne manutention de la police.

Tous ces abus naissent de la vénalité & du très-haut prix des charges de *commissaires* ; les acquéreurs cherchent par tous les moyens qui sont en leur pouvoir, à retirer l'intérêt de leur argent, à bénéficier, & s'embarrassent, en général, assez peu de l'objet principal de leur état.

Il conviendroit de supprimer cette vénalité, ou si l'on vouloit conserver des officiers de ce titre, il faudroit laisser aux anciens *commissaires* l'entier exercice des fonctions civiles qu'ils exercent, & créer de nouveaux officiers de police, avec des pouvoirs politiques, dont les places seroient à la nomination des assemblées du corps municipal de Paris, & données au scrutin à des gradués connus par leurs écrits ou leurs lumières.

Ainsi les anciens *commissaires* resteroient des espèces de praticiens, jusqu'à ce que leurs charges leur fussent entièrement remboursées. Il faudroit aussi que le nombre des *commissaires* électifs fût au moins de soixante, un pour chaque district, élu pour deux ans par l'assemblée du district qu'il gouverneroit.

Ces officiers seroient alors de véritables agens du pouvoir politique de la cité, aux ordres de leurs commettans & intéressés au bien de leurs quartiers respectifs & de la ville en général.

Mais il faudroit conserver ce que nous avons appellé département, aux assemblées elles-mêmes, qui délégueroient un de leurs membres pour prendre soin de ceux qu'il seroit utile de conserver ; tous ceux qui ont rapport aux enlèvemens, à l'espionage, &c. &c. devant être à jamais anéantis,

comme des fléaux publics que l'imbécile caractère des parisiens, leur imperturbable apathie ont pu seuls supporter, à la honte de la nation entière.

Les *commissaires* de police ont été singulièrement utiles au despotisme ; ils ont favorisé avec un zèle vraiment admirable les écarts, je veux dire les attentats de ce cyclope monstrueux ; leur soumission, leur agilité, leur activité, la connoissance que leurs places leur procurent de la capitale, étoient autant de moyens d'esclavage & de corruption qu'un ministère abominable employoit pour violer tout ce qu'il y a de respectable parmi les hommes, la liberté, la propriété, la vertu publique.

C'étoit à eux qu'étoient adressés les ordres du roi (on sait ce que c'étoit que ces ordres) (1). Ils se transportoient avec l'officier chargé de faire la *capture*, chez les particuliers dont l'enlèvement étoit ordonné ; ils en dressoient procès-verbal, pour constater l'exécution de l'ordre du roi. Lorsque les circonstances ne permettoient pas que le *commissaire* allât avec l'officier, ce dernier étoit toujours obligé de conduire la personne arrêtée chez un *commissaire*, pour qu'il constatât l'exécution de l'ordre dont l'officier étoit chargé.

Ce sont ces horreurs arbitraires qui ont rendu exécrable la police de Paris, & qui ont fait souhaiter cent fois aux habitans de la capitale d'être délivrés de ces tourmens, dussent-ils être plongés dans le cahos, & livrés aux filous & aux voleurs publics.

Mais ils se trompent, ces bons parisiens, lorsqu'ils croient que la sûreté, la propreté cesseroient d'exister à Paris, si la tyrannie politique qui y règne étoit détruite. C'est un des grands arts du despotisme de tromper ainsi les peuples, & de leur faire regarder ses fureurs comme de légers inconvéniens attachés à une administration bienfaisante.

La vérité est que la tyrannie n'est bonne à rien, que la ville pourroit être plus sûre ; plus propre, mieux éclairée, sans qu'on fût obligé d'entretenir un espionage dispendieux & abominable, sans qu'on eût besoin de souffrir des enlèvemens odieux, des vexations tyranniques de la part d'une foule d'insolens burocrates, étonnés eux-mêmes de l'impunité de leur conduite & du respect profond qu'on a pour leurs volontés. La vérité est que dans les villes où cette inquisition ne règne pas, la vie, l'honneur, la tranquillité publique sont aussi bien assurées, pour ne pas dire infiniment mieux assurées qu'à Paris.

Mais si un *commissaire* de police ne doit point être l'agent obscur & honteux du despotisme, il doit avoir une autorité positive sur le petit peuple :

il faut qu'il jouiffe d'une grande confidération , & que fes ordres foient refpectés.

Pour parvenir à ce but , on doit exiger en lui deux chofes ; 1°. La confiance & l'eftime publique; 2°. la connoiffance des loix & des règlemens pofitifs , dont il ne doit jamais fe départir.

On obtiendra le premier en ne conférant la place de *commiffaire* qu'au fcrutin & dans des affemblées de citoyens ; on aura le fecond en ne faifant tomber le choix que fur des hommes lettrés , ou connus par des ouvrages ou des actions eftimables.

Il eft important auffi d'attacher de bons honoraires à de pareilles places ; une grande ville doit payer magnifiquement fes officiers ; elle y gagne. Il faut auffi que le nombre en foit fuffifant pour les befoins publics , & que leur fervice foit abfolument gratuit.

Je finis en remarquant que l'habitude machinale & la fotife en charge , trouveront ces remarques impertinentes , déplacées , féditieufes , inutiles , dangereufes. Ce langage , quoique depuis long-temps connu pour être celui de l'impofture & du menfonge , ne laiffe pas que d'avoir de l'empire fur les efprits , & c'eft à les éclairer , à les avertir au moins , que nous confacrons notre ouvrage.

COMMISSION , f. f. Pouvoir donné à quelqu'un de faire une chofe au nom d'un autre.

Nous ne parlerons ici que des *commiffions* extraordinaires nommées par le roi , pour examiner certaines difcuffions de droit , ou prononcer quelque jugement. Elles ont été fouvent un grand moyen de tyrannie & une fource féconde d'injuftices.

Les rois , pour éluder des loix dont eux-mêmes avoient prefcrit la rigide obfervation , imaginèrent , non-feulement d'évoquer à leur confeil certaines caufes & par là de fe rendre maîtres des jugemens , mais encore de nommer des *commiffions* pour faire des enquêtes & inftruire des procédures.

Cette voie , en mettant dans leurs mains tout pouvoir de violer les loix impunément , a fouvent fubftitué l'injuftice au droit , l'aftuce , la corruption , la force à la place de la raifon , de la juftice , de la vérité.

Notre hiftoire eft pleine de jugemens fanguinaires , de décifions defpotiques prononcées par des *commiffions*.

Cet abus du pouvoir exécutif peut aller de pair avec les lettres de cachet : celles-ci , comme les *commiffions* , tendent à anéantir toute efpèce de liberté publique ; les unes par la force , la violence ouverte , les autres par une forte de procédé légal en apparence ; mais tyrannique & corrupteur dans le fond.

Et n'eft-ce pas fe jouer d'une nation que de remettre à des *commiffions* royales le foin de pro-

noncer des jugemens fur des matières où elle fe trouve partie d'un côté & le roi de l'autre ? Ignore-t-on que la pluralité des commiffaires fera toujours pour le prince , quels que foient la juftice & le bon droit de la partie adverfe ?

Dans une conftitution fagement organifée , les loix doivent prononcer feules par l'organe des magiftrats ordinaires , & non par des juges poftiches , dont l'opinion future eft énoncée dans leurs lettres ou titres de *commiffion*.

Le pouvoir exécutif doit être réduit à n'avoir aucun moyen de violer les loix , foit en lui ôtant la difpofition de l'armée pour tout autre emploi que la guerre contre l'étranger , foit en lui interdifant toute efpèce de *commiffion* , pour juger un cas prévu par la loi , pour faire exécuter des ordres par d'autres voies que la forme ordinaire de la procédure publique.

Il exifte une *commiffion* qu'on nomme *de grace* : c'eft le roi qui la donne au grand aumônier pour délivrer des prifonniers ou accorder des graces quelconques , à l'occafion de quelqu'heureux événement; comme celle qui fut donnée en 1782 , à M. de Rohan , à propos de la naiffance du dauphin. *Voyez* la *jurifprudence* , & le mot GRACE.

COMMUNAUTÉ , f. f. Affociation de différentes perfonnes exerçant la même profeffion & foumifes aux mêmes réglemens de difcipline.

De toutes les *communautés* , celles d'arts & métiers font les feules qui doivent nous occuper , parce que fe font les feules qui aient un rapport direct avec la police publique , & dont le magiftrat & officiers doivent connoître.

On doit diftinguer dans les communautés d'arts & métiers la corporation & la jurande.

La corporation eft proprement l'affociation de différens membres qui fe réuniffent entr'eux pour leurs intérêts communs , comme pour fe procurer les lumières , les renfeignemens , les ouvriers , les correfpondances dont ils peuvent avoir befoin.

La jurande eft le droit exclufif que s'attribue la corporation d'exercer une profeffion exclufivement à toutes autres perfonnes , moyennant une certaine fomme d'argent , & certaines conditions convenues entre les membres de la *communauté* ; ce droit d'exercer eft ce qu'on nomme la maîtrife.

Nous avons déjà parlé , au mot ART , de la police des arts & métiers , & des différens réglemens auxquels on les a affujetis. Il nous refte encore à indiquer quelques autres difpofitions propres à faire connoître plus parfaitement cette importante partie de la police fociale. Nous les extrairons ces difpofitions , des édits & réglemens publiés fur la police des *communautés* ; nous finirons par quelques confidérations fur les avantages & les abus des *communautés*.

considérées moins dans leur rapport avec l'exercice de l'industrie, qu'avec l'ordre public & la police des villes.

L'édit d'avril 1777, a supprimé les *communautés* anciennes d'arts & métiers dans les villes du ressort du parlement de Paris, & les a rétablies à peu près sur le même pied où elles sont à Paris même.

Cependant, pour la perception des droits, on a distingué les villes, en villes du premier ordre & villes du second ordre. Dans les villes du second ordre, le prix de la maîtrise est moitié de celui des villes du premier ordre, comme celui des premières n'est que moitié de celui de Paris.

Le nombre de ces *communautés* est fixé à vingt par l'édit que nous venons de nommer ; & voici les attributions de chacune, & la réunion qui a été faite de plusieurs en une seule.

1°. Les *fabricans d'étoffe de soie, laine, fil & coton.*

Aux termes de l'édit d'avril 1777, ils ont la faculté de teindre lesdites étoffes, & de faire ce que faisoient les tondeurs, fouleurs, imprimeurs, calendreurs, lustreurs, apprêteurs ; & sous la dénomination de fabricans, ne sont point compris les tisserands des campagnes, ni les ouvriers travaillant pour leur compte particulier dans les villes.

La maîtrise coûte dans les villes du premier ordre, trois cents trente livres ; dans celles du second, cent soixante.

2°. Les *merciers-drapiers.*

L'édit d'avril 1777, n'entre à leur égard, dans aucun détail ; mais l'édit d'août 1776, rendu pour Paris, porte : » que le drapier-mercier pourra tenir & vendre en gros & en détail, toutes sortes de marchandises, en concurrence avec les fabricans & artisans de Paris, même ceux compris dans les six corps ; mais il ne pourra fabriquer ni mettre en œuvre aucunes marchandises, même sous le prétexte de les enjoliver.

L'édit de janvier 1777, rendu pour la ville de Lyon, distingue deux sortes de drapiers, savoir les drapiers, & les drapiers-drapans, matelassiers. A Lyon, la maîtrise de drapier coûte cinq cents trente livres, & celle de drapier-drapant, cent trente. A Paris la maîtrise de drapier-mercier coûte douze cents soixante-dix livres.

3°. Les *épiciers, ciriers, chandeliers.*

L'édit d'avril 1777, n'entre également dans aucun détail à leur égard. L'édit d'août 1776, rendu pour Paris, a formé deux *communautés* des épiciers & des chandeliers. A Lyon, aux termes de l'édit de janvier 1777, les épiciers, ciriers & ciergiers, forment une seule & même *communauté*, dont la

maîtrise coûte deux cents soixante livres. A Paris, la maîtrise d'épicier coûte mille soixante-quatre livres, celle de chandelier, six cents soixante livres.

Dans les provinces, la maîtrise d'épicier, cirier, chandelier, coûte dans les villes du premier ordre, quatre cents cinquante livres, & dans celles du second ordre, deux cents cinquante.

4°. Les *orfèvres, joailliers, lapidaires, horlogers.*

L'édit d'avril n'entre dans aucun détail sur eux. L'édit d'août 1776, rendu pour Paris, réunit les orfèvres, les batteurs d'or & tireurs d'or ; leur accorde la mise en œuvre, en pierres fines seulement, concurremment avec les lapidaires. Une déclaration du 25 avril 1778, y a réuni les horlogers. L'édit de janvier 1777, rendu pour Lyon, réunit les orfèvres, tireurs d'or, écacheurs d'or & d'argent, paillonneurs, lapidaires en pierres fines. La déclaration de 1778, y a également réuni les horlogers.

La déclaration de mai 1777, fixe le nombre des orfèvres, batteurs d'or, réuni à cinq cents, & à Lyon à deux cents cinquante, non compris les privilégiés. La maîtrise d'orfèvre coûte à Paris, 1200 livres pour les fils de maîtres, 1800 livres pour les personnes sans qualité (1). A Lyon six cents livres. Dans les villes du premier ordre, cinq cents livres, & dans celles du second ordre, trois cents.

5°. Les *bonnetiers, chapeliers, pelletiers-fourreurs.*

L'édit d'avril 1777, n'entre dans aucun détail à leur égard. L'édit d'août 1776, rendu pour Paris, réunit seulement les bonnetiers, pelletiers, chapeliers ; il porte : » qu'ils pourront seuls exercer la profession de coupeurs de poils. » L'édit de janvier 1777, rendu pour Lyon, forme deux *communautés* ; l'une de bonnetiers & fabricans de bas en soie, ou de toute autre matière pure ou mélangée, sur métier à bas ; l'autre, de chapeliers, coupeurs de poil, pelletiers & plumassiers.

A Lyon, la maîtrise de plumassier coûte trois cents cinquante livres, celle de chapelier, deux cents cinquante livres. A Paris, la maîtrise de bonnetier coûte neuf cents livres. Dans les villes du premier ordre, trois cents cinquante livres, & dans celles du second ordre, deux cents livres.

6°. Les *tailleurs-frippiers d'habits en neuf & en vieux.*

L'édit d'avril 1777 ne dit rien de plus. L'édit d'août 1776, rendu pour Paris, porte : » que les tailleurs-frippiers d'habits & vêtemens, en boutique & en échoppe, auront la faculté de faire les boutons d'étoffe, en concurrence avec le passementier-boutonnier. Les frippiers-brocanteurs, achetant &

---

(1) Nous avions résolu de ne point indiquer les frais de maîtrise, parce qu'ils varient d'un temps à un autre ; mais différentes considérations nous ont depuis engagé à les rapporter, ne fût-ce que pour servir d'objet de comparaison.

vendant par les rues, resteront libres, en observant les réglemens de police : les frippiers de meubles réunis aux tapissiers. L'édit de janvier 1777, rendu pour Lyon, réunit les tailleurs d'habits, de corps & frippiers d'habits.

A Lyon, la maîtrise de tailleur d'habits, coûte trois cents livres, à Paris, cinq cents cinquante livres. Dans les villes du premier ordre, deux cents cinquante livres, & dans les villes du second ordre, cent cinquante livres.

7°. Les *cordonniers en neuf & en vieux.*

L'édit d'avril 1777, ne dit rien de plus. L'édit d'août 1776, rendu pour Paris, énonce seulement les cordonniers, & porte les *savetiers au nombre* des *professions libres.* L'édit de janvier 1777, rendu pour Lyon, énonce, cordonniers en neuf & en vieux. A Lyon, la maîtrise de cordonnier coûte deux cents cinquante livres, à Paris, trois cents livres. Dans les villes du premier ordre, cent cinquante livres, & dans celles du second, soixante-quinze.

8°. Les *boulangers:*

A Paris, la maîtrise coûte cinq cents cinquante livres, à Lyon, cent cinquante livres ; & l'édit de janvier énonce qu'ils auront la faculté d'employer en concurrence avec les pâtissiers, le beurre, le lait & les œufs, dans leur pâte, & de faire cuire la viande appellée *rôti.*

Dans les villes du premier ordre, cette maîtrise coûte deux cents cinquante livres, & dans celles du second ordre, cent vingt livres.

9°. Les *bouchers, chaircuitiers:*

L'édit de janvier 1777, rendu pour Lyon, porte : » que les bouchers, tripiers, chaircuitiers, auront le commerce & la fonte des graisses, en concurrence avec les chandeliers.

A Lyon, cette maîtrise coûte cent cinquante livres ; à Paris ces deux professions font deux *communautés*, la maîtrise des bouchers coûte mille soixante livres ; celle de chaircuitier, sept cents cinquante livres. Dans les villes du premier ordre, les deux maîtrises réunies, quatre cents cinquante livres, dans celles du second, deux cents vingt livres.

10°. Les *traiteurs, rôtisseurs, pâtissiers.*

L'édit d'avril 1777, porte : » avec faculté de vendre du vin, en concurrence avec les cabaretiers & aubergistes. » L'édit d'août 1776, rendu pour Paris, énonce également, traiteurs, rôtisseurs, pâtissiers. » L'édit de janvier 1777, rendu pour Lyon, énonce : » pâtissiers, traiteurs & cuisiniers, rôtisseurs & poulaillers, gargotiers, hôteliers ou aubergistes, taverniers & cabaretiers. A Lyon cette maîtrise coûte deux cents cinquante livres, à Paris, sept cents soixante livres ; dans les villes du premier

ordre, trois cents livres, dans celles du second, cent cinquante.

11°. Les *cabaretiers, aubergistes, cafetiers, limonadiers.*

A Lyon, les cabaretiers & les aubergistes, comme on a vu ci-dessus, sont réunis aux traiteurs, & les cafetiers, limonadiers, vinaigriers, brasseurs de bière, distillateurs & parfumeurs, forment une *communauté* particulière, dont la maîtrise est de trois cents livres.

A Paris, ces dernières professions forment deux *communautés*, dont l'une de brasseurs ; l'autre de limonadiers, vinaigriers. La première coûte neuf cents livres, & la seconde huit cents livres. Dans les provinces, la maîtrise des cabaretiers, aubergistes, coûte trois cents livres, aux villes du premier ordre, dans celles du second, cent cinquante.

12°. Les *maçons, couvreurs, plombiers, paveurs, tailleurs de pierre, & tous constructeurs en pierre, plâtre ou ciment.*

A Lyon, ces professions forment deux *communautés*, l'une, sous la dénomination de maçons, plâtriers, tailleurs de pierre, marbriers, paveurs, l'autre, sous celle de couvreurs, ferblantiers & plombiers. La maîtrise de la première coûte quatre cents livres, & celle de la seconde, deux cents livres. A Paris, les mêmes professions forment deux *communautés* ; savoir : l'une sous la dénonciation de couvreurs, plombiers, carreleurs, paveurs, l'autre, sous celle de maçons. La maîtrise de la première coûte à Paris six cents livres, celle de la seconde, douze cents livres. Dans les provinces, la maîtrise de maçon & autres professions jointes, coûte quatre cents livres environ, dans les villes du premier ordre, & à peu près la moitié dans celles du second.

13°. Les *charpentiers & autres constructeurs en bois.*

A Lyon, les charpentiers, menuisiers, layetiers sculpteurs en bois, forment la même *communauté*. A Paris, les charpentiers ne sont adjoints à aucune autre profession. Cette maîtrise coûte à Paris, onze cents livres, à Lyon, quatre cents livres ; dans les villes du premier ordre, quatre cents livres, & dans celles du second, la moitié environ, car nous ne prétendons pas donner une estimation très-juste, excepté pour Paris, où nous ne nous éloignons que de très-peu de choses du prix réel.

14°. Les *menuisiers, ébénistes, tourneurs, layetiers, tonneliers, boisseliers, & autres ouvriers en bois.*

A Lyon, les ouvriers en bois sont ainsi réunis, & forment deux *communautés* ; l'une sous le nom de tourneurs, ébénistes, tabletiers, luthiers, éventaillistes, faiseurs de parasols ; l'autre, sous le nom de tonneliers, béniers, boisseliers & vaniers. L'une & l'autre maîtrise coûtent cent cinquante livres.

A Paris, les ouvriers en bois forment quatre

communautés ; favoir : 1°. les peintres fcuplteurs en bois, dont la maîtrife coûte fix cents livres ; 2°. les menuifiers, ébéniftes, tourneurs & layetiers ; dont la maîtrife coûte quatre cents cinquante livres ; 3°. les tabletiers, luthiers, éventailliftes, dont la maîtrife coûte cinq cents cinquante livres ; 4°. les tonneliers, boifleliers, dont la maîtrife coûte quatre cents quatre-vingt-dix livres.

Dans les villes du premier ordre, la maîtrife d'ouvriers en bois coûte trois cents livres, dans celles du fecond, cinquante écus.

15°. Les *couteliers, armuriers, arquebufiers, fourbiffeurs, graveurs & cifeleurs en acier.*

A Lyon, les mêmes profeffions font ainfi réunies, armuriers, arquebufiers, couteliers, fourbiffeurs, graveurs & cifeleurs en acier. La maîtrife coûte cent cinquante livres. A Paris, la même *communauté* ne comprend que les arquebufiers, fourbiffeurs & couteliers. Ils ont la faculté de fabriquer & polir tous les ouvrages d'acier. La maîtrife coûte cinq cents livres (1).

Dans les villes du premier ordre, cette maîtrife coûte deux cents cinquante livres, & dans celles du fecond, cent trente.

16°. Les *maréchaux-ferrans & groffiers, ferruriers, taillandiers, ferblantiers, éperoniers, féraiilleurs, cloutiers, & autres ouvriers en fer.*

A Lyon, les mêmes profeffions forment deux *communautés* ; favoir, ferruriers, dont la maîtrife eft de quatre cents cinquante livres ; maréchaux, éperoniers, forgeurs, taillandiers, cloutiers, épingliers, dont la maîtrife eft de trois cents cinquante livres, & dont la faculté de ferrer les roues, en concurrence avec les felliers, bourreliers & charrons. A Paris, les mêmes profeffions forment trois *communautés* ; favoir, les féraiilleurs, cloutiers & épingliers, lefquels ont le commerce de la petite clincailierie en échoppe ou étalage feulement, & non en boutique & magafin, en concurrence avec le mercier, & dont la maîtrife coûte cent quatre-vingt-douze livres. Les maréchaux-ferrans & éperoniers, dont la maîtrife coûte fept cents foixante livres ; & les ferruriers, taillandiers, ferblantiers & maréchaux groffiers, dont la maîtrife coûte neuf cents cinquante livres.

17°. Les *fondeurs, épingliers, balanciers, chaudronniers, potiers d'étain, & autres ouvriers en cuivre, étain, & autres métaux, excepté l'or & l'argent.*

A Lyon, les mêmes profeffions forment deux

communautés ; favoir les fondeurs & boffeiters, doreurs & graveurs fur métaux ; dont la maîtrife coûte cent livres, les chaudronniers, peiroiliers, balanciers & potiers d'étain, dont la maîtrife coûte deux cents cinquante livres. A Paris on a feulement réuni les fondeurs, doreurs & graveurs fur métaux. La maîtrife coûte cinq cents cinquante livres.

Dans les provinces aux villes du premier ordre, la maîtrife dont il s'agit, coûte deux cents livres, & dans celles du fecond, cent livres.

18°. Les *tapiffiers, vendeurs de meubles en neuf & en vieux, & les miroitiers.* Cette maîtrife coûte dans les villes du premier ordre, trois cents cinquante livres, & dans celles du fecond, cent quatre-vingt. A Lyon on a réuni les tapiffiers, miroitiers, fripiers en meubles, & chafubliers. La maîtrife coûte trois cents cinquante livres. A Paris on a réuni les tapiffiers-fripiers en meubles & uftenfiles, & les miroitiers. La maîtrife coûte cinq cents foixante livres.

19°. Les *felliers, bourreliers, charrons, & autres ouvriers en voitures.*

A Lyon, on a feulement réuni les felliers, bourreliers & charrons ; & l'édit de janvier 1777 leur accorde la concurrence avec les ferruriers, pour la ferrure des voitures, & avec les maréchaux pour le ferrage des roues. La maîtrife eft de trois cents cinquante livres. A Paris on a réuni les felliers & bourreliers ; & l'édit d'août 1776 leur accorde la concurrence avec les ferruriers, pour faire & pofer les ftors & ferrer les portes des voitures. La maîtrife eft de mille cinquante-quatre livres. Dans les provinces, aux villes du premier ordre, la maîtrife dont il s'agit, coûte quatre cents cinquante livres, & dans celles du fecond deux cents trente.

20°. Les *tanneurs, corroyeurs, hongroyeurs, peaufliers, megiffiers, & autres fabricans en cuir & en peau.* Cette maîtrife coûte dans les villes du premier ordre, trois cents cinquante livres, & dans celles du fecond, cent quatre-vingt. A Lyon, on a réuni les corroyeurs, tanneurs, hongroyeurs, megiffiers, peauffiers, gantiers, cinturonniers & parcheminiers. La maîtrife eft de cent cinquante livres. A Paris, on a réuni les tanneurs, hongroyeurs, corroyeurs, peauffiers, megiffiers & parcheminiers. La maîtrife y eft de huit cents livres.

Ces vingt *communautés* font les feules qui aient été établies en province, les autres profeffions font libres. A Paris, le nombre en eft plus étendu. Il y a, comme on peut voir au mot ART, fix corps

---

(1) On doit remarquer que dans le prix des maîtrifes pour Paris, nous comprenons, 1°. le droit royal ; 2°. celui attribué aux *communautés* ; 3°. les nouveaux droits ajoutés par l'édit d'août 1782 ; 4°. enfin les frais de réception. Par exemple pour les arquebufiers, le premier eft de 300 livres ; le fecond de 100 livres ; troifième de 50 ; & le quatrième également de 50 livres ; total 500 livres.

de marchands, & quarante-deux *communautés*, depuis la réunion des horlogers & des lapidaires, au corps des orfèvres: *Voyez* ART.

Un réglement du 28 juin 1781, prescrit différens articles de discipline pour les *communautés* d'artisans & marchands. On y défend expressément à tous membres des *communautés*, à leurs syndics & adjoints, ainsi qu'aux aspirans, d'exiger, de recevoir ni de faire aucuns présens; ni de donner aucuns repas, à l'occasion des assemblées, réceptions, visites, saisies, ou sous prétexte de confrairie, ni pour quelque cause que ce soit, sous peine de concussion.

Les syndic & adjoints ne pourront former aucune demande en justice, à l'exception des demandes en validité des saisies, appeller d'une sentence, ni intervenir en aucune cause, soit principale, soit d'appel, qu'après y avoir été spécialement autorisés par une délibération de la *communauté*, ou de ses représentans, homologuée en la forme ordinaire. Ils ne peuvent faire aucun accommodement, même sur les saisies, que du consentement du substitut du procureur-général du roi, *Voyez* SYNDIC ET ADJOINT.

Les *communautés* d'arts & métiers ne peuvent faire aucuns emprunts, de quelque nature qu'ils soient, sans y être spécialement autorisés par des lettres-patentes dûment enregistrées.

Les marchands en gros ne peuvent être contraints à se faire recevoir dans les *communautés* d'arts & métiers; mais ils doivent se faire inscrire sans frais, au greffe de la jurisdiction consulaire, & au greffe de la police, à peine de déchéance de tous privilèges.

Les marchands merciers, colporteurs & porteballes, qui sont dans l'usage de parcourir les campagnes, ne peuvent vendre, étaler, débiter aucunes marchandises dans les villes où il a été établi des *communautés*, sinon pendant le temps des foires. En ce qui concerne les marchands forains, il leur sera permis d'apporter en tout temps dans lesdites villes, telles marchandises en gros, qu'ils aviseront, sous balle & sous corde, à la charge de les déposer au bureau des *communautés*, pour être vendues & loties en leur présence, entre les maîtres de la *communauté*, sans qu'ils puissent les déposer dans les hôtelleries, cabarets ou autres maisons particulières. Les *communautés* ne peuvent, sous prétexte des privilèges qui leur sont accordés, empêcher les habitans des villages voisins, d'apporter, vendre & débiter aux jours & heures du marché, tous fruits, denrées, & autres comestibles, les filatures, ainsi que les menus ouvrages en bois, en osier, & autres qui se font dans les campagnes; le tout suivant l'usage des lieux & le besoin des habitans.

On trouvera aux différens mots qui ont rapport à la police des arts & métiers, les connoissances que nous n'avons point réunies dans cet article, &

nous nous bornerons à faire quelques réflexions sur les *communautés*.

A ne les considérer que comme de simples corporations, formées de citoyens industrieux, réunis pour leurs intérêts & les progrès de l'industrie, on ne peut révoquer en doute qu'elles ne soient utiles. Dans un état républicain, elles n'auroient qu'un avantage médiocre, ou peut-être nul, mais dans une monarchie arbitraire comme la France l'est de fait depuis Louis XI sur-tout, ces petites corporations sont nécessaires à plus d'un égard. Elles donnent un caractère & des idées publiques, à ceux qui les composent; elles opposent l'intérêt de leur corps, sinon l'intérêt commun, aux brigues & aux insultes ministérielles; & elles sont des obstacles plus ou moins sensibles aux efforts de la fiscalité.

Il est vrai qu'elles ont gêné l'exercice de la liberté individuelle, qui donne à l'homme le droit d'employer ses talens, où & comme il lui plaît, & c'est le grand inconvénient des jurandes.

Sûrement, ce seroit un bien, qu'on pût détruire cet abus, mais il ne faudroit pas que ce fût par un plus grand encore. Tout abus qui ne tend point directement à donner des armes à la tyrannie, n'est point de nature à demander une réforme subite; les jurandes sont de ce nombre. Prétendre comme a fait M. *Turgot*, les supprimer sans égard pour les intéressés, sans écouter les réclamations, les plaintes; c'est agir de hauteur, c'est imiter le despotisme, & en voulant favoriser la liberté industrieuse, c'est donner l'exemple d'une espèce d'attentat à la liberté publique.

Il ne faut point de précipitation en pareil cas; il faut tout entendre, jusqu'aux plus mauvaises objections. C'est une calamité publique, de priver une foule de citoyens de leur état; il faut, lorsqu'elle est nécessaire, apporter tous les tempéramens qui peuvent en diminuer l'intensité.

Au reste, quelques personnes ont cru que la nécessité de trouver un certain fonds pour parvenir à la maîtrise dans une *communauté*, forçoit encore un plus grand nombre d'ouvriers à économiser, à mettre de l'ordre dans leur conduite, à mener une vie réglée, qu'elle n'en privoit du droit d'exercer leurs talens, par impuissance de payer la maîtrise. Cela peut être vrai, mais ce ne seroit pas une raison suffisante d'établir les jurandes, si elles ne l'étoient pas, comme la gêne qu'elles produisent n'en est pas une assez forte pour engager le législateur à les supprimer toutes à la fois.

On pourroit commencer par celles qui ont pour objet la fabrique ou la vente des comestibles, tels que les boulangers, bouchers, traiteurs, &c. Mais il n'en faudroit pas moins les assujettir à se réunir en corporation soumise à des loix de police, très-impérieuses & très-positives la sûreté, la santé, la vie des citoyens l'exigent ainsi.

Car c'est en cela, qu'est utile la forme actuelle des corporations dans les grandes villes : elles facilitent l'inspection & la police des membres de chaque *communauté*. La crainte d'être déchu du droit de maîtrise, retient un certain nombre de maîtres, dans les limites de leurs devoirs, & les empêchent de tromper le public (1). Ce qui seroit, autrement, plus facile encore dans les grandes villes, où personne ne se connoît & ne s'aime.

Ainsi, par rapport à la société en général, les maîtrises peuvent avoir quelqu'avantage, & elles ne sont gênantes, que parce qu'on suppose qu'un grand nombre de citoyens ne sont point en état de les acheter.

Si donc l'on jugeoit à propos de supprimer les droits fiscaux exigés pour être reçu maître, il n'en faudroit pas moins conserver les corporations, & je crois qu'il vaudroit beaucoup mieux suivre cette voie, que d'abandonner la discipline intérieure & le régime du maître, des apprentifs, du compagnon au juge de police, en interdisant aux artisans toutes espèces d'assemblées.

J'aime beaucoup les assemblées ; & quoique je sache aussi bien qu'un autre, que ce n'est point comme artisans ou marchands, que les citoyens doivent se réunir, mais comme citoyens ; cela n'empêche pas que tous les deux pouvant se concilier, je ne vois pas pourquoi l'on interdiroit l'un des deux. Je veux que les artisans se rassemblent pour parler du besoin de leur profession, des moyens de se procurer des ouvriers, & de tout ce qui peut intéresser le corps dont ils sont membres. Ces assemblées leur donnent encore la connoissance de ceux de leurs confrères qui peuvent être dans l'indigence ; ils sont par-là plus à portée de les secourir.

Ces corporations sont encore des moyens simples entre les mains d'un bon gouvernement, de prendre une idée de l'état de l'industrie nationale, en demandant compte aux officiers des *communautés*, de la quantité de membres reçus annuellement dans chaque corps, des banqueroutes & des malheurs arrivés à chaque artisan en particulier.

Les *communautés* peuvent encore servir à simplifier quelques parties de la police des arts, en leur abandonnant tout ce qui peut être de leur compétence. *Voyez* POLICE.

COMMUNE, s. f. Constitution des habitans d'une ville en corps de communauté, avec partage des droits de police & de garde pour chacun des membres de la cité. La *commune* s'entend aussi de la totalité des personnes qui jouissent du droit de *commune* ; c'est en ce dernier sens, qu'on dit, assembler la *commune*, convoquer la *commune*.

La *commune* diffère de la municipalité. Celle-ci est proprement le gouvernement de la *commune*, le pouvoir élu par elle pour gérer ses affaires, veiller à ses intérêts, & lui rendre compte de sa conduite. On confond quelquefois cependant ces deux noms ; mais ils ne sont pas synonimes. Chaque *commune* a ses loix, ses usages, ses formes particulières, & toute municipalité est essentiellement la même. Elle consiste dans l'administration de la cité, de la *commune*. La *commune* constitue & la municipalité est constituée. On peut développer les principes d'une administration ou gouvernement municipal ; dire comment il doit protéger les intérêts de tous, quelles règles, quels moyens d'ordre il peut employer pour cela ; mais on ne peut pas dans son véritable sens prescrire des règles à une *commune* ; elle les reçoit du nombre de ses habitans, de sa localité, de sa volonté ; c'est un pouvoir actif dont la nature gît dans la réunion d'un nombre plus ou moins grand de personnes qui veulent suivre des loix communes de défense, de protection & d'administration.

Telle est au moins l'idée qu'on s'en fait à la vue de ces espèces de républiques qui se formèrent lorsque les peuples, du despotisme des nobles, se réunirent pour repousser en commun la tyrannie.

Elles saisirent avidement le secours que leur offrit la puissance royale pour secouer le joug de la féodalité ; malheureusement après que les rois eurent employé les *communes* contre les grands, que ceux-ci eurent été désarmés, réduits à la soumission ; les villes furent dépouillées de leurs droits & réduites à l'état de simples corporations bourgeoises. C'est une des causes de l'agrandissement du pouvoir monarchique, & des excès dont il s'est rendu si long-temps coupable impunément.

Quelques grands vassaux de la couronne, séduits par l'appât des sommes que leur offroient des villes pour rentrer dans leurs droits, favorisèrent l'érection des *communes* dans leurs domaines, & ne prévirent pas ce qui devoit en résulter. Les *communes* elles-mêmes ne pensoient pas qu'elles seroient un jour la proie du fisc, de la vénalité & des satrapes des provinces.

Plusieurs villes n'obtinrent cette jouissance des prérogatives civiles, qu'après de longs combats, elles cimentèrent en quelque sorte, de leur sang, l'édifice de leur liberté, & forcèrent leurs prétendu

---

(1) J'en excepte les marchands de vin en détail à Paris. Ce sont en général des empoisonneurs publics ; il n'y en a qu'un petit nombre à en excepter ; ils ne sont retenus par rien. Et comment le seroient-ils quand ils voient un public stupide & une police indifférente assurer leur impunité ?

maîtres, à reconnoître leurs droits par des chartres & des titres authentiques.

D'autres enfin ne fuivirent que leur courage & leur haine contre la tyrannie dans la conftitution de leur *commune*. Beauvais fur-tout offrit cet exemple d'énergie républicaine. Sans confulter le prince, fans acquiefcement préliminaire de la part du feigneur, les habitans prirent les armes, fe confédérèrent, & pendant plufieurs années, oppoferent la force à la force.

Ce qui intervertiffoit fouvent cette tendance à la liberté, ce qui en ralentiffoit la marche, & en anéantiffoit l'objet, c'étoit la diftinction qui régnoit entre les ordres dans la ville.

L'efprit de diftinction a de tout temps fait la perte de la liberté publique. Il aime mieux céder à un maître commun, que de reconnoître l'égalité où il s'eft habitué à ne voir que des inférieurs. Un des arts du defpotifme fut toujours de fomenter cette erreur; un des devoirs des peuples doit être, de la profcrire à jamais de leurs affemblées.

C'eft ce qu'ont fenti de nos jours, les ordres de la *commune* de Paris. Ils ont exprimé leurs vœux d'une manière énergique contre la divifion qu'on en fit en trois fortes d'affemblées pour l'élection des repréfentans du fouverain. Les procès-verbaux réclament formellement contre cette interverfion de l'ordre, & cette violation du droit de *commune*.

Ainfi donc tout ce qui jouit du droit de cité, compofe la *commune*: elle ne reconnoît point de diftinction d'ordres, comme *commune*, parce qu'elle ne confidère tous les habitans, que comme citoyens, ou membres de la *commune*. Tel doit être, tel eft le droit public de France à cet égard.

Au droit que nous avons reconnu à la *commune* d'élire fes magiftrats, on doit joindre celui d'avoir une milice deftinée à fa défenfe. L'un eft une conféquence de l'autre; car il ne fuffit pas qu'elle ait des magiftrats électifs, il faut qu'elle en puiffe faire refpecter les décifions, il faut que force demeure à juftice; ce qui, comme l'on voit, donne le droit d'avoir des corps militaires formés fur le vœu & à l'ordre de la *commune*. Elle eft en petit, ce que l'état eft en grand. *Voyez* MILICE.

Nous avons déjà parlé de l'influence qu'ont fur les mœurs, le commerce & les arts, l'inftitution des *communes*. Ces matières intéreffantes ont été développées dans notre difcours préliminaire avec l'étendue qui peut leur convenir, nous ne reviendrons donc pas deffus ici, afin de ne point tomber dans des répétitions inutiles, quoique cela foit prefqu'inévitable dans un ouvrage de la forme de celui-ci, où la plupart des articles ont entr'eux du rapport, & obligent l'auteur à reprendre des matières dites, pour expliquer celles qu'il traite.

L'on donne encore le nom de *communes* ou communaux, à des terres qui fervent de pâturages communs aux paroiffes des campagnes; ces terres n'appartiennent en propre à aucun particulier, elles font à la *commune*, à la paroiffe, à tous ceux qui veulent y envoyer paître leurs beftiaux.

Quelques écrivains ont regardé comme un abus, l'ufage des communaux, & comme une erreur, l'opinion qui tend à les faire conferver comme utiles; ils ont propofé de les partager entre les habitans même des paroiffes, ou de les affermer à leur profit.

Cette idée a été fortement combattue. On a craint de priver les pauvres habitans, des reffources que les communaux leur procurent pour la nourriture de leurs beftiaux. On a foutenu que chaque particulier ne retireroit pas un avantage auffi grand de la petite portion qu'il en obtiendroit, que de la jouiffance de la totalité en commun.

Peut-être, n'y a-t-il que les affemblées des provinces & les municipalités particulières qui puiffent décider cette queftion, d'une manière utile. Telle paroiffe peut fe paffer de communaux, dans telle autre ils peuvent être plus avantageux que fous la forme de propriétés divifées; enfin je ferois porté à croire que les circonftances locales, le genre de culture & les richeffes territoriales des habitans doivent beaucoup influer fur le partage des communaux, qui n'étant point de notre objet, ne doit point être autrement traité ici.

COMPAGNON, f. m. C'eft celui qui après avoir fini fon apprentiffage travaille chez les maîtres, foit à la pièce, foit à la journée.

Nous pourrions également rapporter au mot OUVRIER, ce que nous avons à dire des *compagnons*; cependant nous avons cru devoir en faire un article à part; afin de conferver à chacun les connoiffances qu'on a droit d'y chercher: d'ailleurs les mots *compagnon* & *ouvrier* ne font point fynonimes. Le premier défigne un ouvrier travaillant avec un maître; le fecond un artifan quelconque, maître ou non, quoiqu'on l'entende toujours comme étant au fervice d'un maître, lorfqu'on en parle comparativement; enfin tous les ouvriers n'ont pas fait d'apprentiffage, & ce qui diftingue le *compagnon*, c'eft d'en avoir fait en fuivant les ftatuts de la communauté dont il eft.

L'édit du mois d'avril 1777 contient quelques difpofitions relatives à la police des *compagnons*, qu'il eft important de connoître. 1°. Il leur eft défendu de quitter les manufactures & fabriques où ils font employés, fans en avoir obtenu un congé exprès & par écrit du maître de la manufacture, à peine, contre les *compagnons*, de 300 livres d'amende, au paiement de laquelle ils feront contraints par corps. 2°. Si cependant lefdits *compagnons* étoient ou maltraités, ou mal payés de leurs maîtres, ils pourroient se pourvoir pardevant le juge de police des lieux, pour en obtenir un billet de congé, qui ne pourra cependant leur être délivré en aucun cas, qu'ils n'aient achevé les ouvrages qu'ils auroient commencé chez leur maître, & acquitté les avances qui pourroient leur avoir été faites. 3°. Il est défendu aux *compagnons* de cabaler entr'eux pour se placer les uns les autres chez lesdits maîtres, ou pour en sortir, ni d'empêcher, de quelque manière que ce soit, lesdits maîtres de choisir eux-mêmes leurs ouvriers, soit françois ou étrangers, sous pareille peine de 100 livres d'amende contre les *compagnons*, payable comme ci-dessus. 4°. Il est également fait défenses à tous fabricans & manufacturiers, de prendre à leur service aucuns *compagnons* ayant travaillé chez d'autres maîtres de leur profession, sans qu'il leur soit apporté un congé par écrit des maîtres qu'ils auront quittés, ou des juges de police en certains cas; à peine de 300 livres d'amende pour chaque contravention, & de tous dépends, dommages & intérêts.

Un arrêt du parlement de Paris, du 12 novembre 1778, fait défenses aux *compagnons* & gens de métier de s'associer ni de s'assembler, ni faire entre eux aucunes conventions contraires à l'ordre public, sous quelque dénomination que ce puisse être, à peine, contre les contrevenans d'être poursuivis extraordinairement, suivant la rigueur des ordonnances; fait défenses auxdits artisans, *compagnons*, & gens de métier sous les mêmes peines de s'attrouper, & de porter cannes, bâtons & autres armes; fait pareillement défenses aux maîtres des communautés d'arts & métiers de prendre & recevoir chez eux aucuns garçons, qu'ils n'aient justifié du lieu de leur naissance, de leur province & de la ville la plus voisine, dont il sera tenu registre par lesdits maîtres, qu'ils seront tenus de représenter aux officiers de justice, les lieux, toutes & quantes fois ils en seront requis, le tout à peine d'amende, & de plus grande peine s'il y échoit; fait défenses auxdits *compagnons* de présenter de faux certificats, sous peine d'être punis comme saussaires; fait pareillement défenses aux taverniers, cabaretiers & limonadiers, de recevoir chez eux lesdits *compagnons*, au-dessus du nombre de quatre, sous peine d'amende, même de plus grande peine, si le cas y échet; & auxdits taverniers, cabaretiers & autres, de favoriser les pratiques du prétendu *devoir* desdits *compagnons*, par la tenue du registre ou de telle autre manière que ce puisse être, sous peine de punition exemplaire.

Ce réglement rigoureux n'est point exécuté à la lettre, parce qu'il est impossible que la conduite des *compagnons* soit assez sévèrement inspectée pour y parvenir. Exiger qu'aucun tavernier ne loge chez lui, plus de quatre *compagnons*, est une chose impraticable & vexatoire.

Cette facilité à faire des ordonnances d'une sévérité outrée tient au mépris du peuple, & à l'habitude de l'asservir; & quant à la partie dont nous traitons ici, c'est-à-dire, la police des *compagnons*, il est évident qu'on a beaucoup plus consideré en la réglant, l'intérêt des maîtres, que celui des ouvriers.

On ne doit pas conclure de ceci que nous improuvions les défenses faites aux *compagnons* de s'armer de cannes ou de bâtons, & d'exciter entr'eux des rixes, sous le ridicule prétexte que l'un est d'un parti & l'autre d'un autre; il est important au contraire d'employer tous les moyens possibles, pour détruire ces désordres qui peuvent en amener de plus grands, mais toute la partie inquisitoriale de l'arrêt que nous venons de citer est inutile & insuffisante pour cela, & de plus elle a quelque chose d'odieux.

CONCIERGE, s. m. C'est une personne préposée à la garde & au soin d'une maison.

Ce nom, qui n'étoit originairement donné qu'aux gardiens des châteaux des seigneurs, est passé par trait de temps aux gardiens des prisons, & l'édit de 1670, se sert indifféremment du mot de *concierge* ou de geolier pour désigner ce genre d'officier. *Voy.* la *jurisprudence.*

L'on donne encore le nom de *concierge* à des personnes chargées de la garde des meubles & ustensiles des hôtels-de-villes & maisons communes. Jusqu'à l'édit de 1704, ces charges avoient été à la nomination du corps municipal. A cette époque, on tenta de les ériger en titres d'offices. L'édit porte: « créons & érigeons en titre d'office formé » & héréditaire les *concierges* & gardes des meubles » des hôtels-de-villes & maisons communes, pour » y faire toutes les fonctions que font à présent » ceux qui remplissent ces places par commission, » & jouir des mêmes privileges, gages, droits, » profits & émolumens dont ils jouissent, même » d'un logement que nous voulons leur être assigné dans lesdits hôtels-de-villes & maisons communes.

» Ne pourront, les pourvus desdits offices de » *concierges*, être nommés collecteurs, ni augmentés au-delà de ce à quoi ils se trouvent imposés, sinon au marc la livre de l'augmentation de la taille, & seront pareillement leurs collectes réduites à proportion des diminutions qui seront accordées auxdites villes & communautés, » & ceux qui n'auront point été imposés, lors de l'acquisition desdits offices ne pourront l'être ci-après.

» Jouiront les pourvus desdits offices de l'hérédité à eux accordée, ensemble de l'exemption pour eux & leurs enfans du service de la milice, de tutelle, curatelle, & nomination à icelle; » comme

» comme auffi des gages qui leur feront diftribués » par les rôles des finances defdits offices, en l'exer-» cice defquels ils feront reçus par les maires & » autres officiers des villes où lefdits » concierges feront établis ».

Il ne paroît pas que ces offices de *concierge* aient jamais été levés ; il eft au moins certain, qu'ils ont été éteints & fupprimés par l'édit de juillet 1733, & n'ont pas été recréés depuis, de telle forte qu'ac-tuellement, de même qu'avant 1704, les places de *concierges* des hôtels-de-ville font amovibles à la volonté du corps municipal, & même dans quel-ques hôtels-de-villes, ces fortes de places, à rai-fon des petits bénéfices qu'elles procurent, fe don-nent à l'enchère.

CONCIERGERIE, f. f. C'eft le nom d'une prifon dans l'enceinte du palais à Paris, & où l'on renferme les prifonniers du bailliage du palais, & ceux dont le procès criminel doit être jugé au par-lement. Voici ce que M. *Howard*, rapporte fur la *conciergerie*, dans fon excellent ouvrage fur les prifons.

Elle a une cour aérée, longue de cent cinq pieds, large de cent quatorze. Il y a une belle place, les cachots y font obfcurs & infects. On y a conftruit une nouvelle infirmerie, avec des lits qui ne re-çoivent chacun qu'un malade. Il y avoit une cham-bre de torture qu'on ne retrouve plus.

Les prifonniers y paroiffent tranquilles & calmes. Il y avoit en cette prifon, en 1776, quatre-vingt-dix-neuf hommes & vingt-deux femmes fur la paille ; treize hommes & quatorze femmes dans l'infirme-rie, vingt-cinq hommes dans les cachots (1), & vingt-neuf qui payoient leur chambre ; en tout deux cents deux prifonniers. En mai 1783, il y avoit cent vingt-fix hommes fur la paille, dix-huit à l'infirmerie, feize dans les cachots, vingt-deux dans les chambres qu'on paie ; c'eft en tout cent quatre vingt-deux prifonniers. Il en eft qui paient 45 livres par mois pour leur chambre, d'autres 22 livres, d'autres huit livres.

CONCUBINE, f. f. Femme qui n'eft atta-chée par aucun lien civil à l'homme, avec qui elle vit, fur-tout fi elle n'en porte pas le nom & que cet homme foit marié à un autre femme. *Voyez* les mots FEMMES, POLYGAMIE, COURTISANNE, & *la jurifprudence.*

CONFRÉRIE, f. f. Affociation fous l'invo-cation de Dieu ou de quelque faint, comme patron & protecteur de la *confrérie.*

Ce mot vient de ce que toutes les perfonnes engagées dans la *confrérie*, fe regardent comme frères.

L'on ne doit point confondre toute affociation, avec la *confrérie* ; ce qui caractérife celle-ci, c'eft l'invocation & la protection du faint fous laquelle elle fe range : ainfi la franc-maçonnerie n'eft point une *confrérie*, c'eft une affociation fimple, une efpèce de coterie ; les différentes compagnies bien-faifantes qui fe font établies depuis quelques années, ne font point des *confrèries* non plus, par la même raifon que nous venons de donner.

Il y a différentes efpèces de *confréries* ; le com-miffaire *La Marre* en diftingue neuf efpèces ; 1°. celles qui ont pour objet la dévotion ; 2°. celles qui ont pour objet des œuvres de charité ; 3°. celles qui ont pour objet des actes de pénitence ; 4°. celles qui ont pour objet les pélerinages ; 5°. celles qui ont pour objet le commerce ; 6°. celles qui ont pour objet la repréfentation des myftères ; 7°. celles des officiers de juftice ; 8°. celles des arts & métiers ; 9°. enfin celles qu'il appelle des factieux.

Les *confréries* de dévotion ont été très-nombreufes & le font encore, quoiqu'infiniment moins qu'au-trefois. Une des plus célèbres, fur celle appellée la *confrérie* de Notre-Dame, établie en 1168, com-pofée d'eccléfiaftiques, de laïcs & de femmes ; telles font encore les *confréries* du faint-nom de Jefus, de la croix, du facré cœur de Jefus, & autres momeries religieufes, forties autant du defir de fe fingularifer, de fe faire remarquer, de fe diftin-guer, que d'un véritable fentiment de dévotion.

Les *confréries* de pénitens ont été très-célèbres & le font encore dans les villes méridionales de la France, & notamment dans celles de la Provence. On les a quelquefois nommés flagellans, à caufe des difciplines publiques qu'ils fe donnoient dans leurs proceffions générales : ils y paroiffoient vêtus d'une tunique de toile blanche, rouge ou bleue, avec un capuchon qui leur couvroit le vifage. Delà, ils ont été nommés pénitens bleus ou rouges, fuivant la couleur de leurs habits.

L'hiftoire nous apprend que Henri III, ce prince foible & corrompu, qui périt par un crime, après avoir vêcu comme un débauché, s'enrôla dans ces efpèces de *confrérie*, qu'il en inftitua même : *Mezerai* que je cite comme le moins plat des hiftoriens françois, comme celui qui a le moins encenfé la fotife & le defpotifme des rois, quoiqu'il les ait cependant beaucoup trop encenfés, Mezerai rap-porte qu'en 1583, Henri III érigea une *confrérie* de pénitens, qu'il nomma *les pénitens de l'annon-ciation*, parce qu'il la commença ce jour-là. Ils marchoient deux à deux en trois bandes, de bleus, de noirs & de blancs, couverts d'un fac de ces

_____

(1) Nous avons fait voir, au mot CACHOT, que c'eft une cruauté gratuite, une punition inutile de mettre un homme au cachot. La prifon eft faite pour tenir le criminel fous la main de la juftice, & non pour le punir.

couleurs, & ayant un masque sur le visage, & un fouet à la ceinture. Le cardinal de Guise y portoit la croix, tous les grands de la cour, même le chancelier & le garde des sceaux en étoient, mais pas un du parlement, de peur, dit Mezerai, d'autoriser cette étrange nouveauté

Au sortir de ces confréries, Henri alloit coucher avec ses mignons, & leur sacrifioit les trésors de la France.

Les confréries formées à l'occasion des pélerinages, n'ont pas été moins nombreuses que les autres. Elles ont été détruites en partie par la déclaration de janvier 1686, & celle de 1738, qui défendent les pélerinages hors du royaume, sans une permission expresse d'un secrétaire d'état, sur l'approbation d'un évêque diocésain; comme si ce n'étoit point un des attributs de la liberté civile, de pouvoir aller, venir, comme & où on l'entend, sans qu'il soit besoin de l'attache de qui que ce soit; mais le mot de liberté civile, étoit en 1686, un cri de révolte en France; on punissoit celui qui le prononçoit en public, comme un audacieux, un seditieux.

Les confréries érigées à l'occasion des pélerinages à Paris, ont été celles du saint sépulchre aux cordeliers; de Saint Jacques en son église, rue Saint-Denis, de Saint Michel, en sa chapelle dans la cour du palais, pour ceux qui ont fait les pélerinages de Jérusalem, de Compostelle, ou du Mont Saint-Michel.

Voici ce que le commissaire La Marre rapporte sur les confréries de commerce.

» La cinquième espèce de confréries, dit-il, renferme celles qui ont été établies par les négocians, pour attirer la bénédiction de Dieu sur leur commerce. Telle fut celle qu'une compagnie des plus riches bourgeois de Paris établit l'an 1170, sous le titre de confrérie des marchands de l'eau: voici quelle en fut l'occasion. Tant que Paris fut renfermé dans ses bornes étroites, ses habitans tiroient de son propre territoire & de ses provinces voisines, tous les secours dont ils avoient besoin, & alors il ne s'y faisoit par la rivière, d'autre commerce, que pour leurs provisions de sel & de salines. L'accroissement des bourgs qui environnoient la ville, & qui furent depuis renfermés dans son enceinte, augmenta ses besoins. Cela fit penser aux plus riches citoyens à former cette compagnie: ils achetèrent des abbesse & religieuses de Haute-Bruyère, une place hors de la ville, pour faire un port, & ils fondèrent leur confrérie dans l'église de ce monastère. Par le contrat de fondation, ils donnèrent une demi-mine de sel & un cent de harengs de chaque bateau, qu'ils feroient venir, chargé de l'un ou de l'autre de ces marchandises. Cette place avoit été originairement à Jean Popin, bourgeois de Paris; Odeline sa veuve, & leur fille, héritière de son père, l'avoient donné au couvent de Haute-Bruyère. Ce

nouveau port en retint le nom de port-Popin. C'est aujourd'hui un abreuvoir, que l'on nomme par corruption, l'abreuvoir-Pepin.

On peut encore comprendre dans cette même classe, les confréries des six corps des marchands, & toutes celles des négocians établis dans les autres villes du royaume.

Nous venons de parler de certaines confréries, établies pour représenter les mystères de la passion. Il s'en forma une de ce genre à Paris en 1402, sous le titre de confrérie de la passion. Elle avoit pour objet de représenter en public sur le théâtre, le mystère de notre rédemption, les actes des martyrs, & d'autres actions de piété. Cette confrérie, ou plutôt association de bateleurs, obtint des lettres-patentes de Charles VI, & continua de donner des pièces plus ou moins analogues à son institution, jusques vers 1592, que d'autres troupes lui succédèrent.

Les confréries des artisans ont été considérables autrefois. Il y en avoit autant que d'arts & métiers. Aujourd'hui elles sont réduites à une existence nominale; & les festins, les assemblées auxquelles elles donnoient lieu, ont été proscrits, on ne sait pas trop pourquoi. Nous tâcherons de le deviner tout à l'heure.

Les officiers de justice ont eu aussi leurs confréries. Il y a à Paris celle des notaires établie en la chapelle du châtelet, au mois d'octobre 1300, de la compagnie du lieutenant de robe courte, en l'église de Saint Denis de la Chartre; de la compagnie du guet, en l'église de Saint-Michel; des huissiers à cheval, & des sergens à verge, en l'église de Sainte-Croix de la Bretonnerie.

Enfin, la dernière espèce de confrérie renferme celles que le commissaire La Mare nomme confréries de factieux, & c'est sans doute la crainte de voir celles-ci se multiplier, qui a fait proscrire les autres. Il cite plusieurs exemples de ces confréries, & notamment celle de 1357, établie à Paris, sous l'invocation de Notre-Dame, & dont le fameux Prévôt Marcel étoit le chef. Il nomme encore celle des pénitens bleus, sous le titre de Saint-Jérôme, pendant le temps de la ligue. Le parlement assura dans son arrêt de 1601, qui supprime cette confrérie, » que ses statuts contenoient entr'autres, une » protestation de continuelle désobéissance au roi; » de ne reconnoître jamais celui qui se trouvoit alors » l'héritier présomptif de la couronne, & de n'é- » pargner père, mère, parens ni amis, qui ne vou- » droient se joindre à eux, & faire un pareil » serment.

Il est sûr que tous ces confrères étoient des fanatiques.

On peut envisager deux choses dans les confréries, leur rapport avec la discipline religieuse, & leur rapport avec la police temporelle.

Quant à la discipline religieuse, c'est-à-dire au maintien de l'ordre & de la subordination qui doivent exister entre toutes les parties de l'église, les conciles ont jugé les *confréries* dangereuses, & les ont proscrites autant qu'il a été en leur pouvoir. Voici comme s'exprime celui de Sens en 1524.

» Les *confréries* ne semblent avoir été établies, que pour favoriser les monopoles & les crapules de la débauche ; les confrères, au lieu d'employer les fêtes des patrons qu'ils ont choisis, à l'assistance du service divin, les passent dans l'excès de leurs repas, & emploient à cet usage profane & criminel, les deniers destinés aux œuvres de piété. Sur ces considérations, le concile fait de très-expresses défenses d'établir aucunes nouvelles *confréries*, sans la permission de l'évêque, & à toutes celles qui se trouveroient nouvellement établies, de faire aucuns repas ni festins, principalement les jours de fêtes, & d'y employer leurs deniers, à peine d'excommunication. »

La police temporelle a envisagé les *confréries* sous un autre point de vue ; elle les a regardées comme des occasions de débauches, de dissipation, de dépenses ruineuses ; le despotisme soupçonneux a vu en elles des points de ralliement, des unions quelconques entre les hommes, & l'on sait que c'est ce que craint davantage le despotisme, & qu'un de ses arts, est de diviser, isoler autant qu'il est possible, les citoyens.

Le parlement, chargé de la grande police de l'état en l'absence des états-généraux, & faute d'autres moyens plus constitutionnels, défendit en 1535, aux maîtres des métiers, jurés & non jurés, d'avoir des *confréries* dans Paris & les villes du ressort. François I suivant les mêmes idées, abolit par l'édit de 1539, toutes les *confréries* des gens de métier & artisans.

Quelques-unes se rétablirent, au moyen d'exemption & de faveur particulières, mais elles furent de nouveau proscrites par Charles IX en 1561. Le même despote défendit aux compagnons des arts & métiers, d'en former par son ordonnance du 4 février 1567. Un arrêt du parlement de décembre 1660, fait défenses à toutes personnes, de quelque qualité & condition qu'elles soient, de faire aucunes assemblées, congrégations, *confréries* ni communautés, sans l'expresse permission du roi, & lettres-patentes enregistrées dans les cours.

Ces dispositions coercitives ont été singulièrement étendues aux communautés d'arts & métiers, par l'édit d'août 1776, & d'avril 1777. L'article XXVI de celui-ci, supprime toutes *confréries*, congrégations, associations formées par les maîtres, compagnons & apprentis des communautés d'arts & métiers, & défend de les renouveller ou d'en rétablir de nouvelles, sous quelque prétexte que ce soit.

C'est ici qu'on ne peut méconnoître la crainte qu'inspire toujours à une administration tortueuse, toute espèce d'assemblées.

On a pris, je le sais, le prétexte des dépenses que les *confréries* d'arts & métiers occasionnent à leurs membres, pour les supprimer. Mais comme ces dépenses sont volontaires, c'est une chose ridicule, d'en vouloir faire une raison, pour supprimer l'établissement même.

C'est d'ailleurs, aux membres de ces petites associations, à établir entr'eux la police qui leur convient le mieux ; s'il font des folies, cela les regarde, & le gouvernement ne doit se mêler des citoyens assemblés, que lorsqu'ils lui demandent protection pour telle ou telle chose ; & parce que deux ou trois individus se seront plaints des petits désagrémens qu'ils auront éprouvés dans une association quelconque, ce n'est pas à dire que le magistrat politique aura le droit de la supprimer.

En général, nous l'avons déjà dit, le gouvernement a le droit de réprimer les abus de toutes assemblées, *confréries*, associations qui peuvent troubler le public, mais il ne peut pas ôter aux citoyens, le droit de s'assembler sous la forme qui leur convient ; c'est un des attributs de la liberté civile, & par-tout où on peut y porter atteinte, la société y est violentée.

Ce n'est pas au reste que nous regardions les *confréries* comme quelque chose de bien utile : nous sommes persuadés qu'elles ont pu donner lieu à quelques abus locaux, mais nous n'en reconnoissons pas moins l'incapacité, l'impuissance où sont le prince & ses agens, de les interdire aux citoyens. Il n'y auroit que la nation seule qui pourroit s'interdire volontairement cette jouissance caractéristique de la liberté civile.

L'histoire d'Espagne nous offre l'exemple d'une *confrérie* célèbre, connue sous le nom de *sainte confrérie*, dont l'institution d'abord très-utile devint dans la suite un moyen de despotisme entre les mains des princes, & de brigandage pour ceux qui en sont les agens. Nous dirons un mot de cette institution parce qu'elle fait connoître les mœurs & l'histoire de la civilisation.

Ferdinand avoit déjà élevé son pouvoir sur les débris de la féodalité, & les nobles seuls lui disputoient un pouvoir dont il ne vouloit faire usage que pour mieux asservir la nation ; mais les peuples souffroient & le roi leur faisoit espérer quelqu'adoucissement ; c'est le moyen qu'emploie le despotisme pour arriver à son but.

Ferdinand mit habilement en usage ce penchant des peuples, pour miner un pouvoir qu'il ne pouvoit détruire de force. L'état des choses & le caractère de sa nation lui en fournirent l'occasion.

Les ravages continuels des maures, le défaut de

discipline parmi les troupes qu'on oppofoit à ces peuples, les divifions meurtrières qui fe renouvelloient fans ceffe entre le prince & les nobles, & la fureur aveugle avec laquelle les barons fe faifoient la guerre les uns aux autres, rempliffoient de troubles & de confufion toutes les provinces d'Efpagne ; le pillage, les infultes, les meurtres devinrent fi communs que dans cet état de défordre, non feulement tout commerce fut interrompu, mais qu'il refta à peine quelque communication ouverte & fûre d'un lieu à un autre. Ainfi la fûreté & la protection que les hommes ont cherché à fe procurer en formant des fociétés furent prefque anéanties. Tant que les inftitutions féodales reftèrent en vigueur, on porta fi peu d'attention au maintien de l'ordre & de la police ; on mit tant de négligence & de foibleffe dans l'adminiftration de la juftice, qu'on auroit vainement follicité l'exécution des loix établies, ou l'intervention des juges ordinaires. Mais le mal devint intolérable, fur-tout aux habitans des villes, qui étoient les principales victimes de cet état d'anarchie, & l'intérêt de leur propre confervation, les porta à avoir recours à un remède extraordinaire. Vers le milieu du meizième fiècle les villes d'Aragon, & à leur exemple celles de Caftille fe réunirent & formèrent une affociation, qui prit le nom de *fainte confrérie*. Chacune des villes affociées fournit une certaine contribution. On leva un corps confidérable de troupes, deftiné à protéger les voyageurs & à arrêter les criminels. On nomma des juges qui ouvrirent leurs tribunaux en différentes parties du royaume. Quiconque étoit convaincu de meurtre, de vol, ou de quelque délit qui troubloit la paix publique, s'il tomboit entre les mains des troupes de la fainte *confrérie*, étoit amené devant les juges, qui, fans avoir égard à la jurifdiction exclufive & fouveraine que pouvoit réclamer le feigneur du lieu, jugeoient & condamnoient le coupable. Cet établiffement rendit bientôt à l'adminiftration de la juftice la vigueur & l'activité ; & dès-lors l'ordre & la tranquillité intérieure commencèrent à renaître. Les nobles feuls murmurèrent & fe plaignirent de cette innovation, comme d'une ufurpation ouverte fur un de leurs principaux privilèges. Ils firent des remontrances très-vives contre cette inftitution falutaire, & en quelques occafions ils refusèrent des fubfides, à moins qu'elle ne fût abolie. Ferdinand qui fentoit que la fainte *confrérie* étoit non feulement très-utile au maintien de la police dans fes royaumes ; mais qu'elle tendoit en même temps à affoiblir & à détruire enfin la jurifdiction territoriale des barons, la protégea dans toutes les occafions, & employa pour la défendre, toute la force de l'autorité royale.

Depuis ce temps, la fainte-Hermandad ou confrérie s'eft maintenue en Efpagne, & fi elle fit un bien inconteftable dans l'origine, elle eft devenue depuis un moyen de tyrannie digne de rivalifer

avec l'inquifition qui tient l'Efpagne fous le joug. *Voyez* MADRID.

La France vit dans le douzième fiècle, ou au commencement du treizième, une confédération à peu près femblable, & pour le même objet, fous le nom de *confrérie de Dieu*. C'étoit l'effet du malheur des peuples qui cherchoient tous les moyens de fe fouftraire à la tyrannie féodale & aux défordres qui l'accompagnoient.

Un charpentier de la Guienne publia, que Jéfus-Chrift, accompagné de la fainte Vierge, lui étoit apparu, & lui avoit commandé d'exhorter les hommes à la paix, & que pour preuve de fa miffion, Jéfus-Chrift lui avoit remis une image de la vierge tenant fon fils entre fes bras, avec cette infcription : *agneau de Dieu, qui effacez les péchés du monde, donnez-nous la paix*. Ce fanatique obfcur s'adreffoit à des hommes ignorans, difpofés à croire tout ce qui tenoit du merveilleux, & qui le reçurent comme un envoyé de Dieu. Un certain nombre de prélats & de barons s'adreffèrent au roi, & jurèrent, non feulement d'oublier leurs propres injures ; mais encore d'attaquer tous ceux qui refuferoient de mettre bas les armes, & qui ne voudroient pas fe réconcilier avec leurs ennemis. Ils formèrent pour cet objet une affociation qui prit le titre de *confrérie de Dieu*.

CONGRÈS, f. m. Epreuve judiciaire, dont l'objet étoit de conftater l'impuiffance génératrice de l'homme.

On croira fans doute avec peine que des femmes aient pu fe foumettre à une pareille épreuve, que des hommes y aient confenti : cela eft cependant très-vrai ; & l'hiftoire des tribunaux en a confervé plufieurs exemples.

La première réflexion qui fe préfente à l'efprit, en penfant au *congrès*, c'eft qu'il faut un grand fonds d'effronterie impudente ou de philofophie pour confentir à s'y foumettre.

C'étoit cependant une pratique ufitée chez nos pères, & dont nous nous fommes défaits. Les rigoriftes, qui affurent que le fiècle eft horriblement dépravé, devroient cependant nous tenir compte de cette petite réforme, mais ils prétendent au contraire que c'eft par un rafinement de corruption que nous trouvons honteufe l'épreuve du *congrès*.

Quoi qu'il en foit, pour mettre le lecteur à même de fe former une idée fur cette matière, nous allons rapporter les formalités & les procédés qu'on fuivoit jadis dans l'épreuve du *congrès*.

La femme commençoit par rendre plainte contre l'impuiffance de fon mari, & l'acte qui en réfultoit demeuroit au greffe pour fervir au procès.

Enfuite elle étoit interrogée fur les différens objets de fa demande ; & fur cela on fait un plaifant tonte. On dit qu'un avocat embarrassa étrangement une jeune femme qui se plaignoit que son mari étoit impuissant.

Il lui demanda, en présence de plusieurs personnes, si son mari l'avoit caressée, baisée, embrassée : elle dit que oui : & qui vous a dit cela ne suffit pas, lui demanda-t-il ? Où avez-vous appris le reste ? Si vous avez votre pucelage comme vous le prétendez, vous ne devez pas savoir que votre mari est impuissant ? Et si vous le savez c'est un signe que vous avez éprouvé ce que d'autres hommes peuvent faire.

Le barreau offroit jadis des scènes de cette espèce : c'étoit une assez bonne école pour la jeunesse.

Il faut encore que les personnes qu'on veut soumettre au congrès souffre la visite des parties les plus secrettes ; les autres preuves sont trop foibles, c'est pourquoi les juges ont recours à celles-là & ordonnent l'inspection des pièces. On fait visiter la femme par des experts pour savoir si elle a été déflorée.

Il y eut un avocat au parlement de Paris, au commencement du règne de Louis XIII, qui écrivit fortement contre ces visites, & qui se servit de deux argumens pour les proscrire ; l'un qu'elles sont honteuses, l'autre qu'elles sont incertaines. « C'est » aujourd'hui, dit-il, la première chose que l'on » ordonne en ces procès, si après la visitation, la » femme est rapportée vierge & non corrompue, » on en tire la preuve de l'impuissance de l'homme & » le fondement de sa condamnation. Telle visitation » est déshonnête & contre la pudeur, qui doit être » au sexe féminin, partant odieuse & à éviter ; » n'y ayant rien de plus recommandable en la » femme que cette pudeur, de sorte que celle qui » se plaint de l'impuissance de son mari, & permet » pour parvenir à la séparation, que des hommes » la découvrent, voient & manient les parties que » nature veut qu'elle cache, doit être estimée im- » pudente & sans honte.

» Il ne se trouve pas aussi que les romains se » soient servi de ce moyen pour convaincre les » vestales suspectes & accusées, combien qu'ils fus- » sent fort sévères en la recherche & punition de » ce crime.... Dont se peut colliger que les romains, » en ces doutes, ne faisoient pas visiter les femmes » pour s'en éclaircir & tirer preuve de leur virgi- » nité, ou corruption comme l'on fait aujourd'hui ; » soit qu'ils estimassent telle preuve trop incer- » taine (1), & non suffisante pour y asseoir un

« jugement, soit qu'ils la rejettassent pour être » déshonnête & contraire aux mœurs, à la pudeur » féminine, qui leur étoit en telle recommanda- » tion que Spurius Carvilius répudiant sa femme » parce qu'elle étoit stérile, ils ne voulurent pas » permettre qu'on la visitât, ni qu'on la touchât ».

Après la visite il falloit se résoudre au congrès, & voici comme on s'y prenoit. Après que les parties avoient prêté serment qu'elles tâcheront de bonne-foi & sans dissimulation d'accomplir l'œuvre du mariage, sans y apporter empêchement de part ni d'autre, après aussi que les experts avoient juré qu'ils feront bon & fidèle rapport de ce qui se passera au congrès, les uns & les autres se retiroient dans une chambre préparée pour cela, où l'homme & la femme étoient visités de nouveau ; l'homme, afin de voir s'il n'avoit point de mal, & la femme, pour considérer, comme dit l'avocat déjà cité, l'état de sa partie honteuse, & par ce moyen cognoître la différence de son ouverture avant & après la dilatation, & si l'intromission y aura été faite ou non. Les parties honteuses de l'homme sont lavées en eau tiède, & la femme prend un demi-bain.

« Après cela, c'est toujours le même auteur qui parle, l'homme & la femme se couchent en plein jour au lit, les experts présens, qui demeurent en la chambre ou se retirent, si les parties le requièrent, en quelque garde-robe ou gallerie prochaine, l'huis entr'ouvert toutefois ; & quant aux matrônes, elles se tiennent proche du lict ; & les rideaux étant tirés, c'est à l'homme à faire le premier preuve de sa puissance habitant charnellement avec sa partie & faisant intromission ; où souvent adviennent des altercations ridicules ; l'homme se plaignant que sa partie ne veut le laisser faire & empêche l'intromission : elle le niant & disant qu'il y veut mettre le doigt & la dilater & ouvrir par ce moyen ; encore ne l'auroit-il, quelqu'érection qu'il fasse, si sa partie veut l'empêcher, si on ne lui tenoit les mains & les genoux.

» Enfin les parties ayant été quelque temps au lict, comme une heure ou deux, les experts appellés, ou de leur propre mouvement s'approchent, ouvrent les rideaux, s'informent de ce qui s'est passé entr'elles, & visitent la femme derechef pour savoir si elle est plus ouverte & dilatée que lorsqu'elle s'est mise au lict, & si l'intromission a été faite, aussi an facta sit emissio, ubi, quid & quale emissum. Ce qui ne se fait pas sans bougie & lunettes à gens qui s'en servent pour leur vieil âge, ni sans des recherches fort sales & odieuses : & font leur procès-verbal de ce qui s'est passé au congrès, qu'ils baillent au juge estant au même logis en une

(1) Il est en effet sûr qu'une femme peut être efflorée, avoir des apparences de cohabitation virile, & cependant être vraiment fille. Il suffit pour cela des pratiques d'un libertinage assez commun, parmi les filles qui ont du tempérament & qu'on retient dans la retraite.

salle ou chambre à part avec les procureurs & praticiens en cour d'église attendent la fin de cet acte ».

C'eſt ainſi que pour avoir voulu détruire la loi du divorce, cette loi ſage & conſervatrice des mœurs conjugales & publiques, on a été obligé d'avoir recours à des procédures licencieuſes, qui ont dû être dans le temps, des écoles de lubricité & de ſujets éternels de ſcandale dans la ſociété. Cependant tout abſurde, tout ſcandaleux que paroiſſe le *congrès*, c'étoit le ſeul moyen qu'eût une femme de ſe ſouſtraire au deſpotiſme bête d'un mari, qui, n'en ayant que le titre, prétendoit une propriété excluſive ſur un bien dont il ne pouvoit pas jouir. D'ailleurs un grand nombre de femmes, je dirai preſque toutes ſont bien aiſes d'avoir des enfans, avantage & plaiſir dont les prive l'impuiſſance d'un mari. L'indécence d'un acte auſſi révoltant ne devoit pas les retenir toutes, parce qu'enfin le bonheur de leur vie dépendoit des moyens de ſe ſéparer de ces deſpotes invalides.

Ainſi, c'eſt bien moins aux femmes qu'il faut s'en prendre qu'aux mœurs anciennes & à l'imbécille légiſlation de nos pères, qui ont détruit la loi du divorce, ſi le *congrès* a déparé notre civiliſation moderne. Il eſt vrai qu'on l'a détruit; mais l'on n'a point rétabli le divorce, l'on n'a offert à la femme ou à l'homme qui a une femme ſtérile, aucun moyen légal de jouir des prérogatives de leur ſexe reſpectif, & nos juriſconſultes nous diſent bêtement que c'eſt pour éviter des déſordres, qu'on lie ainſi par des chaînes éternelles la ſtérilité à la fécondité, ou des êtres qui ont des raiſons de ſe fuir. *Voyez* DIVORCE.

CONJURATION, ſ. f. Entrepriſe ſecrete, dangereuſe & conſidérable, dirigée par un grand nombre de perſonnes, de manière à opérer à main armée, une révolution dans l'état.

Cette définition diſtingue paſſablement la conjuration du complot & des autres menées qui peuvent avoir pour objet, la fortune ou l'état de quelques particuliers, Elle diſtingue auſſi la *conjuration* de la conſpiration. Celle-ci ſemble avoir pour objet les perſonnes, l'autre, les choſes. On conſpire contre la vie de quelqu'un, ou contre des corps puiſſans, & l'on conjure contre la tyrannie, le deſpotiſme. De plus, la conſpiration n'exige pas un auſſi grand enſemble, autant de moyens actifs que la *conjuration*, & ſemble porter un caractère de trahiſon que la *conjuration* n'a pas toujours.

On a remarqué qu'en général les *conjurés* étoient des hommes d'une trempe fière & courageuſe, que les chefs ſur-tout n'étoient point des ames communes; & cela, je crois, parce que les *conjurations* ne ſont dirigées que contre la tyrannie, & qu'il faut une certaine grandeur dans le caractère, pour

s'expoſer à la braver, lorſqu'elle eſt de entrourée tous les moyens de puiſſance qui peuvent leur aſſurer l'impunité.

Le goût des *conjurations* s'éteint chez un peuple long-temps avili par le deſpotiſme. On y trouve des complots, des conſpirations particulières, mais jamais une réunion d'efforts contre la tyrannie. C'eſt ce que je voulois dire quelque part, quand j'aſſurois que certains peuples n'avoient pas-même les crimes de la vertu; parce qu'il faut de la vertu pour être conjuré, & que l'on n'en trouve pas chez des eſclaves aſſervis.

Les *conjurations* ſont des fléaux publics; elles ſont auſſi quelquefois des moyens d'effrayer le deſpotiſme, mais lorſqu'il en triomphe, elles accroiſſent ſa puiſſance; & c'eſt un des arts du machiavéliſme, de faire naître des *conjurations*, dont il eſt ſûr de punir les auteurs.

L'art de conduire une *conjuration* eſt extrêmement difficile: il faut du ſecret, de l'activité, une grande haine de la tyrannie; & le moyen de tromper l'ennemi attentif, c'eſt de laiſſer ignorer aux conjurés, le moment où les forces doivent agir, juſqu'au moment même où l'on doit les employer. C'eſt un des arts que le deſpotiſme met en uſage pour s'aſſurer l'obéiſſance aveugle de ſes ſatellites, & ſe mettre à l'abri des obſtacles qu'il pourroit éprouver, lorſqu'il veut frapper ce qu'il appelle des coups d'état.

Monteſquieu a remarqué qu'il y avoit un certain droit des gens, une opinion établie autrefois dans toute la république de Grèce & d'Italie, qui faiſoit regarder comme un homme vertueux, l'aſſaſſin de celui qui avoit uſurpé la ſouveraine puiſſance. A Rome ſurtout, depuis l'expulſion des rois, la loi étoit préciſe, les exemples reçus; la république armoit le bras de chaque citoyen, le faiſoit magiſtrat pour le moment, & l'avouoit pour ſa défenſe. »

» Brutus, continue Monteſquieu, oſe bien dire à ſes amis, que quand ſon père (Céſar) reviendroit ſur la terre, il le tueroit tout de même; & quoique par la continuation de la tyrannie, cet eſprit de liberté ſe perdît peu à peu, les *conjurations* au commencement du règne d'Auguſte, renaiſſoient toujours.

C'étoit un amour dominant pour la patrie, qui, ſortant des règles ordinaires des crimes & des vertus, n'écoutoit que lui ſeul, & ne voyoit ni citoyen, ni ami, ni bienfaiteur, ni père: la vertu ſembloit s'oublier pour ſe ſurpaſſer elle-même; & l'action qu'on ne pouvoit d'abord approuver, parce qu'elle étoit atroce, elle la faiſoit admirer comme divine.

» En effet, le crime de Céſar, qui vivoit dans un gouvernement libre, n'étoit-il pas hors d'état d'être puni autrement que par un affaffinat ? Et demander pourquoi on ne l'avoit pas pourfuivi par la force ouverte, ou par les loix, n'étoit-ce pas demander raifon de fes crimes ? »

Les *conjurations* font rares & difficiles à préfent. Premièrement, parce que le defpotifme du prince, tout abfolu qu'il eft, eft moins tyrannique qu'autrefois ; parce que les peuples font plus ifolés, féparés, divifés ; parce que les troupes à la difpofition du maître, font réparties dans tous les points de l'empire, parce que le joug de l'efclavage féodal, qui a long-temps pefé fur les peuples, les a habitués à porter des chaînes, fans murmurer.

En fecond lieu, il y a une caufe religieufe qui entretient les peuples dans la foumiffion, & leur infpire l'horreur de toute entreprife hardie. L'évangile eft le code de la douceur, il a tout ce qu'il faut pour faire des hommes, des frères, des citoyens paifibles, mais il prêche la réfignation, la foumiffion aux puiffances, & ces fentimens font très-loin de la révolte, des penfées, qui mènent aux *conjurations*.

Nous ne joindrons pas à ces grandes caufes, l'active corruption de la police, parce que quelque foit fa maligne influence, pour énerver les facultés, il refteroit encore affez de force dans les ames, fi une éducation généreufe montroit aux citoyens, la patrie avant tout, & les moyens de fauver la liberté en danger, comme autant de devoirs qu'infpire le titre d'homme, à tout membre de la fociété.

CONSEILLER, f. m. Officier deftiné à éclairer le juge dans l'application de la loi. C'eft des *confeillers* de police, dont il eft feulement queftion ici.

Les lieutenans-généraux de police furent à peine créés dans les provinces, que le légiflateur reconnut qu'ils ne pouvoient juger feuls, les matières dont la connoiffance leur étoit attribuée, qu'il étoit indifpenfable de leur donner des coopérateurs.

Par un arrêt du confeil du 21 décembre 1700, il fut ordonné que, pour les procès des mendians & vagabonds, les officiers des préfidiaux & des bailliages feroient tenus d'affifter le lieutenant-général de police, & même qu'à leur défaut, ce magiftrat pourroit appeller des gradués au nombre requis par les ordonnances.

Cet arrêt du confeil fut fuivi d'une déclaration, en date du 6 Août 1701, par laquelle il eft dit : » que les lieutenans-généraux de police ne pourront rendre aucuns jugemens en fait de police, qu'ils ne foient affiftés de deux *confeillers* des bailliages, fénéchauffées, & autres fièges royaux, lefquels feront nommés par le lieutenant-général du bailliage, & ferviront en la chambre de police, mois par mois, fuivant l'ordre du tableau ».

Le 10 décembre de la même année, eft intervenu arrêt du confeil, lequel : » en cas d'abfence, ou à défaut des deux *confeillers* des bailliages, ou faute par eux de fe trouver aux audiences, autorife le lieutenant-général de police, à appeller deux gradués, & veut même qu'en ce cas, l'appel des jugemens foit porté au parlement ».

C'eft dans ces circonftances, qu'eft intervenu l'édit du mois de novembre 1706, dont l'art. I difpofe : » Créons & érigons en titre d'offices, formés héréditaires, deux nos *confeillers* en chacun des bailliages, fénéchauffées & autres fièges, dans lefquels nous avons créé des lieutenans-généraux de police.... pour, à l'exclufion des autres *confeillers* efdits fièges, affifter les lieutenans-généraux de police, tant aux audiences qu'ils tiennent, qu'aux jugemens qu'ils rendront en la chambre du confeil ».

L'art. II. » Faifons défenfes aux *confeillers* efdits fièges, autres que ceux créés par le préfent édit, de s'immifcer à l'avenir dans les fonctions de police, & de prétendre affifter aux audiences, ni en la chambre du confeil, pour quelque caufe, & fous quelque prétexte que ce foit, fi ce n'eft en l'abfence defdits *confeillers* de police, ou l'un d'eux ».

L'art. III. » Voulons que les pourvus defdits offices aient entrée, rang, féance, voix délibérative aux audiences & à la chambre du confeil defdits bailliages, fénéchauffées & autres fièges du jour de leur réception, & jouiffent des mêmes privilèges & exemptions que les autres *confeillers*, fans aucune différence, même de l'exemption de la taille & autres impofitions, lorfque leur finance fera de quatre mille livres & au-deffus, à la charge néanmoins qu'ils n'auront aucune part aux épices, ni à la diftribution des procès efdits fièges ».

L'art. IV. Voulons qu'en cas d'abfence, ou autre légitime empêchement des lieutenans-généraux de police, hors des villes de leur réfidence, le plus ancien des deux *confeillers* de police connoiffe de tout ce qui concerne la police, tienne les audiences & la chambre du confeil, de même & ainfi que pourroient faire lefdits lieutenans-généraux de police, auquel effet nous avons dérogé & dérogeons à cet égard à notre édit du mois de novembre 1699, portant création de nos procureurs pour la police ».

L'art. V. » Ordonnons que dans les villes dans lefquelles l'office de lieutenant-général de police n'a point été levé, les fonctions en feront faites, en attendant la vente dudit office, par l'ancien defdits *confeillers* de police ; & feront les *confeillers* des bailliages & fénéchauffées, tenus de l'affifter, pour rendre les jugemens de police, finon, lui permettons de prendre des gradués ».

» Et à l'égard des villes dans lefquelles l'office de lieutenant-général de police a été réuni au corps des officiers des bailliages ou féréchauffées, lefdits *confeillers* de police affifteront aux jugemens de police, immédiatement après celui qui préfidera, & avant tous les autres officiers defdits bailliages ou fénéchauffées ».

» Il en fera ufé de la même manière dans les villes dans lefquelles l'office de lieutenant-général de police a été réuni au corps de ville ».

L'art. VI. » Jouiront lefdits officiers de police, des gages qui feront fixés par les rôles que nous ferons arrêter en notre confeil, dont ils feront payés en entier fans aucun retranchement, & dont le fonds fera fait dans les états & recette générale de nos finances ».

L'art. VII. » Voulons que nos *confeillers* de police paraphent alternativement de mois en mois, & privativement à tous autres juges, les regiftres en blanc, dont le paraphe a été ordonné par notre ordonnance du mois de mars 1673, & ceux de tous les officiers qui font bourfe commune, & autres qui doivent faire foi en juftice, & leur attribuons, pour ledit paraphé, les droits ci-après réglés.

L'art. X. « Attribuons aufdits confeillers de police, pour le paraphe des regiftres qui n'excéderont pas trente feuillets, un fol par chacun feuillet, & fix déniers par chacun feuillet excédent le nombre de trente, lefquels droits leur feront payés lors du paraphe defdits regiftres.

L'art. XII. « Ne pourront à l'avenir aucuns regiftres faire foi en juftice, s'ils ne font paraphés par les officiers créés par le préfent édit, & feront les particuliers auxquels il fera fait des demandes par aucuns négocians, marchands, artifans & tous autres, en vertu de regiftres non paraphés, déchargés des demandes fur leur affirmation.

L'art. XIV. « Pourront les officiers créés par le préfent édit, être poffédés & exercés par toutes perfonnes graduées & non graduées, à la charge toutefois que ceux des confeillers de police, qui ne feront pas gradués, ne pourront avoir voix délibérative aux audiences & chambre du confeil des bailliages & fénéchauffées, tant au civil qu'au criminel.

Enfin l'art. XV. » Pourront tous les officiers créés par le préfent édit, être réunis par les officiers des bailliages ou fénéchauffées, en corps ou en particulier, auquel cas de réunion, les acquéreurs ne feront tenus de nous prendre aucunes lettres de provifion, & jouiront defdits offices, gages, droits & fonctions y attribués en vertu des fimples quittances des tréforiers de nos revenus cafuels ».

Ces offices de confeillers de police n'ont point été levés, pour la plus grande partie, & leurs fonctions

appartiennent inconteftablement aux échevins, dans les villes où le corps de ville a réuni les offices de police.

Il faut feulement obferver que le paraphe ordonné par cet édit de novembre 1706, n'a jamais eu lieu : il en a été de cette difpofition, comme celle de l'art. III du tit. III de l'ordonnance du mois de mars 1673, vulgairement appellé l'ordonnance du commerce, fur lequel art. M. Jouffe s'explique en ces termes : « ce paraphe des livres & regiftres avoit » été établi pour éviter les falfifications & doubles » regiftres dont il eft arrivé plufieurs fois des » exemples ; mais aujourd'hui cette difpofition » n'eft plus guères obfervée dans l'ufage, on n'y » tient pas même la main dans les jurifdictions » confulaires ; & ce défaut d'obfervation de la loi » a même été autorifé par des arrêts ».

Une queftion que nous avons vu quelquefois agiter, eft celle de favoir fi lorfque les jugemens en fait de police, font rendus par le maire, & deux échevins qui fe trouvent gradués, l'appel de ces jugemens doit fe porter directement au parlement, conformément à l'arrêt du confeil du 10 octobre 1701 ?

D'un côté, on fait valoir que cet arrêt du confeil eft précis, & difpofe littéralement, que des jugemens en fait de police rendus à l'affiftance de deux gradués, l'appel ne pourra en être porté qu'au parlement & autres cours fupérieures.

On obferve, que les hôtels-de-ville qui ont acquis les offices de police ont réellement tous les droits attachés à ces offices, que des gradués qui fe trouvent échevins ne peuvent avoir moins de privilège qu'ils n'en auroient des gradués étrangers ; qu'au contraire, par la circonftance même qu'ils font membres du corps & de la jurifdiction, l'arrêt du confeil doit à plus forte raifon avoir fa pleine & entière exécution.

D'un autre côté, on répond qu'un fimple arrêt du confeil, non revêtu de lettres-patentes, ne peut changer l'ordre des jurifdictions ; qu'on ne voit point que cet arrêt du 10 octobre 1701 ait jamais eu d'exécution ; que fa difpofition n'eft point rappellée ni répétée dans l'édit de novembre 1706, contenant création des confeillers de police ; que le filence du légiflateur fur cet objet, eft une preuve démonftrative ; qu'il a reconnu lui-même que cet arrêt de fon confeil, du 10 octobre 1701, ne devoit pas avoir d'exécution.

On ajoute, que les hôtels-de-ville qui ont acquis les offices de police, ont moins acquis un nouveau droit qu'obtenu d'être maintenus dans leur ancienne poffeffion. Qu'aucune loi, aucune ordonnance ne diftinguent fi les échevins font gradués ou non, & n'accordent des droits particuliers à ceux qui font gradués, qu'il n'eft pas poffible dans aucun cas d'empêcher les bailliages ou fénéchauffées d'être juges

d'appels

d'appels des hôtels-de-ville lorfque lefdits bailliages & fénéchauffées ont à cet égard titre & poffeffion.

Quoi qu'on puiffe dire, ce dernier fentiment paroît préférable ; & fi la queftion étoit traitée judiciairement, il paroît difficile qu'elle puiffe recevoir une autre décifion.

CONSUL, f. m. En terme de droit municipal, c'eft le nom que porte dans quelques villes & bourgs, les officiers municipaux choifis par les bourgeois pour l'adminiftration des affaires communes. L'origine de cette dénomination remonte au titre de conful porté par les premiers magiftrats de Rome.

En effet, la dignité de maire, ou premier échevin, fut fous les empereurs romains dans les différentes villes jouiffant du droit municipal, décorée du nom de conful. C'eft ce que prouve ces vers d'Aufone.

Diligo Burdigalam, Romam colo : civis in illa
Conful in ambabus : cunæ hic, ibi fella curulis.
       De claris urbibus Num, 14.

Quoique quelques favans, entr'autres M. de Valois, aient contredit cette opinion. Tant que dura la république, le nom de prêteur, d'édile, de décemvir, de dictateur, fut donné au magiftrat municipal, mais celui de conful paroît avoir été réfervé pour Rome feule, qui étoit le centre & le chef des autres petites républiques nommées *municipia*, municipalités. Sous les empereurs, la place de conful étant fans pouvoir & dépouillée de la grande confidération qui y étoit attachée auparavant, elle fut avilie ; enforte que les décemvirs des villes municipales & des colonies fe décorèrent du nom de *confuls*, fans que perfonne s'y oppofât, & c'eft ce que prouvent différentes infcriptions anciennes. *Voyez un mémoire de M. de Bonamy, dans ceux de l'Académie des Infcriptions, année* 1743.

Ces *confuls* ou maires des villes municipales avoient coutume de dater les monumens ou actes publics relatifs à leurs charges, de la première, feconde, troifième, &c. année de leur confulat ; comme on le voit par des infcriptions, entr'autres une trouvée à Barcelonne, où il eft fait mention du premier, fecond, troifième confulat d'un certain *Lucius Licinius Sura*, fextumvir d'Augufte. Scaliger même remarque que les villes municipales comptoient ainfi par le nombre des confulats annuels, à peu près comme on faifoit à Rome.

Les officiers municipaux de Paris & des autres villes du royaume, fuivent à peu près l'ufage des *confuls* dont nous venons de parler. Ils datent de la première, feconde ou troifième, &c. année de la mairie ou prévôté de tel maire ou de tel prévôt des marchands. Ainfi donc, l'échevinage, c'eft-à-dire, le gouvernement populaire d'une cité par des officiers librement élus par les habitans étoit proprement la magiftrature des *confuls* des villes municipales fous les empereurs romains. Le nom de maire,

Jurifprudence. Tome IX, Police & Municipalité.

maieur, ou major, défigne le premier échevin, & par conféquent fa dignité répond à celle du confulat municipal. *Voyez* MUNICIPALITÉ, MAIRE & ÉCHEVINS.

CONSUL, f. m. En terme de jurifprudence commerçante, c'eft un officier nommé par le roi pour veiller aux intérêts du commerce national dans les ports étrangers.

Quoiqu'il ne foit pas de notre objet de parler de ces *confuls*, on ne fera peut-être pas fâché de trouver ici les difpofitions de l'ordonnance du 3 mars 1781, concernant leurs droits & leurs fonctions.

Cette ordonnance établit des *confuls* généraux, des *confuls*, des vice-*confuls* & des élèves *confuls*. Les *confuls* généraux doivent être pris parmi les *confuls*, les *confuls* parmi les vice-*confuls*, & les vice-*confuls* parmi les élèves-*confuls*. Perfonne ne peut fe dire *conful* ou vice-*conful* s'il n'a obtenu des provifions ou un brevet du Roi.

A l'arrivée d'un *conful* dans une échelle ou port étranger, l'ancien *conful*, ou à fon défaut le chargé des affaires du confulat, convoquera l'affemblée générale de la nation, c'eft-à-dire, réunira tout ce qu'il y a de françois dans la ville, pour y faire la publication des provifions du nouveau *conful*, lefquelles feront enregiftrées dans la chancellerie du confulat.

Les *confuls* exercent, dans leur département, la juftice fommairement & fans frais, y ordonnent la police, & rempliffent les fonctions qui leur font attribués par leurs provifions, & par les édits, déclarations, lettres-patentes, ordonnances & réglemens du roi.

Les *confuls* font enregiftrer dans la chancellerie de leur confulat, les ordonnances & décifions de fa majefté, qui leur font tranfmifes par le fecrétaire d'état ayant le département de la marine & fe doivent conformer aux ordres qu'ils en reçoivent. Ils font obligés d'envoyer tous les trois mois au fecrétaire d'état ayant le département de la marine, l'état du commerce, & des révolutions qu'il peut avoir éprouvé dans leur département, ainfi que des vaiffeaux françois qui feront entrés dans les ports ou qui en feront fortis, Ils rendront également compte au même fecrétaire d'état de la conduite des officiers qui leur font foumis ou fur qui ils ont infpection.

Il eft défendu aux *confuls* d'accepter aucun titre de *conful* de la part de puiffance étrangère ; il leur eft également défendu de percevoir aucun droit, fous quelque dénomination que ce puiffe être : l'état leur ayant affuré des appointemens proportionnés à leurs places. Ils ne peuvent faire aucun commerce, fous peine de révocation ; ni fe marier fans le confentement du roi, ni s'abfenter fans en avoir obtenu la permiffion. En cas d'abfence, il doit appeler à fa place le vice-*conful* de fon département qu'il jugera le plus convenable, pour venir remplir fes fonctions,

E e e e

& il enverra l'élève vice-*conful* fervant près de lui, faire le fervice du vice-*conful* appelé. Dans le cas où le *conful* qui s'abfentera n'aura d'autre vice-*conful* dans fon département que l'élève qui fervira auprès de lui, celui-ci remplira les fonctions confulaires.

Tout vice-*conful* employé dans le département d'un *conful* fera fubordonné audit *conful*. Il rendra compte des affaires de fon échelle, au fecrétaire ayant le département de la marine & au *conful* du département. Il demandera les ordres du conful, dans toutes les affaires importantes. Aucun vice-*conful* ne pourra être nommé *conful*, qu'il n'ait été employé pendant trois ans en cette qualité.

Les élèves vice-*confuls* qui auront fervi pendant fix ans auprès des *confuls* généraux pourront être nommés confuls fans avoir paffé par le grade de vice-*conful*. En cas d'abfence ou de mort d'un vice-*conful*, il fera remplacé par l'élève vice-*conful* qui fervira auprès du confeil du département.

On ne peut obtenir de brevet d'élève vice-*conful* que depuis l'âge de vingt ans jufqu'à celui de vingt-cinq. Ils font choifis de préférence parmi les fils & les neveux des *confuls* (1).

Dès qu'un fera nommé, il fe rendra par la première occafion auprès du *conful*, fous les ordres duquel il devra fervir. Les élèves vice-*confuls* feront logés chez les *confuls* & nourris à leur table. Ils affifteront à toutes les fonctions confulaires à côté des *confuls*, mais il n'en pourront exercer aucune que par ordre exprès defdits *confuls*, ou en leur abfence. Ils doivent s'occuper à acquérir toutes les connoiffances relatives à l'adminiftration des confulats, & prendront toutes les inftructions qui leur feront indiquées par les *confuls*.

Les *confuls* doivent faire examiner chaque année les élèves, par les drogmans ou interprètes, dans les échelles du levant, fur les affaires & fur la langue turque, & le miniftres ayant le département de la marine enverra chaque année un fujet, fur lequel les élèves feront obligées de lui envoyer un mémoire. Mais cela eft mal, ou pour mieux dire, point du tout obfervé.

Un élève ne peut être reçu vice-*conful* qu'après avoir fervi au moins pendant deux ans, en qualité d'élève, & il ne peut fe marier fans la permiffion du roi.

Tels font à peu près les réglemens concernant les réfidans dans les échelles du levant, où le com-merce a d'autant plus befoin de ces agens que les peuples barbares, ennemis des chrétiens & parlant une langue difficile, y expoferoient les marchands à mille maux s'ils n'étoient point protégés.

L'on a fans doute cru faire une belle chofe en donnant une uniforme aux *confuls* & vice-*confuls* (2). Je trouve, moi, cette attache déplacée. Qu'ont befoin des officiers civils de cette bigarure de bleu & de galon, bonne au plus pour reconnoître les foldats du prince & non à diftinguer les agens du commerce d'une grande nation? Les uniformes ont quelque chofe de repouffant, de militaire, qui éloigne la confiance. On ne voit que difficilement dans celui qui le porte un citoyen, paifible, qui fouvent a la fotife de vouloir fe diftinguer par des manières & un appareil auffi ridicule que puérile. Après cette remarque, difons un mot des penfions de retraite, accordées aux *confuls* : en voici le tarif.

Il fera accordé pour retraite, favoir :

Aux confuls généraux.

Après quinze ans de fervice en Levant ou en Barbarie, ... 2500 l. de penfion.
Après vingt ans, ... 3500
Après vingt-cinq ans, ... 4500
Après trente ans, ... 6000

Aux confuls.

Après quinze ans de fervice, 1500
Après vingt ans, ... 2000
Après vingt-cinq ans, ... 3500
Après trente ans, ... 5000

Aux vice-confuls.

Après quinze ans de fervice, . 900
Après vingt ans, ... 1500
Après vingt-cinq ans, ... 2000
Après trente ans, ... 3000

Ce n'eft fûrement pas trop pour une grande nation qui fait un commerce immenfe. Mais la France qui dépenfe un revenu de 500 millions, n'a jamais que méfquinement payé tous les fervices publics.

CONSTRUCTION, f. f., ce que l'on fait faire en bâtiment ou en charpente.

Il ne fuffit pas qu'un architecte ou entrepreneur

---

(1) Cette difpofition de l'ordonnance eft une fotife : elle remplit les places d'hommes ignorans, empâtés de préjugés & pleins de morgue & de pétteffe.

(2) Cette platitude d'uniforme s'eft gliffée par-tout. Les rues font pavées d'hommes bleus, rouges, bariolés, bordés, de toutes façons, & fur toutes les faces. Dans les régimens, dans les hôpitaux militaires, jufqu'aux apôthicaires portent l'uniforme; enfin nous avons vu un bon citoyen, qui confacre une partie de fon bien à élever des enfans, avoir la foibleffe de les mettre en uniforme; dans les penfions académiques uniformes, &c. &c.

de bâtimens fache les règles de fon art , pour élever un édifice, une maifon ou faire une *construction*
quelconque , il faut encore qu'il connoiffe les réglemens de la voierie fur les alignemens , fymmétrie
& autres circonftances qui peuvent intéreffer le public dans la conftruction des bâtimens. On peut
réduire ces connoiffances à peu d'objets.

1°. Il n'eft pas permis de conftruire en tous lieux ;
& en d'autres où il pourroit être permis de le faire,
on doit obferver des diftances , des proportions &
même des fymmétries. *Voyez* fur cela BATIMENT,
FAUXBOURGS , LIMITE , PLACE PUBLIQUE & REM-
PART.

2°. On doit fe pourvoir de permiffions ou alignemens , foit pour élever fur la voie publique , con-
forter ou réparer les bâtimens, foit pour y pratiquer des faillies. *Voyez* ALIGNEMENT & PERMIS-
SION.

3°. Et l'on doit acquitter les droits de la voierie.
Voyez DROITS UTILES.

En s'attachant à ces principes dont on trouvera
le développement dans les mots ci-deffus indiqués,
on pourra fe mettre à l'abri des amendes auxquelles
s'expofent ceux qui s'engagent fans attention dans
des travaux qui indépendamment des connoiffances
de l'art exigent celle des loix de la voierie.

CONTAGION, f. f., maladie mortelle ou
dangereufe qui fe communique d'un individu à l'autre,
& fe répand dans tout un pays. Ce nom fe
donne plus particulièrement à la pefte. Mais comme
il défigne auffi toute autre efpèce de *contagion*,
nous rangerons fous ce mot générique , les foins,
les attentions, les défenfes & les précautions à obferver en temps de *contagion* pour la faire ceffer où
elle règne , & l'empêcher de s'étendre où elle n'eft
pas.

Ce font là les deux objets, que doit fe propofer
la police dans les momens de *contagion* publique ,
& c'eft à les remplir que les magiftrats & officiers
de tous les rangs doivent donner toute leur attention.

Pour parvenir plus fûrement à ce but, on a dans
divers temps, prefcrit ce qui devoit être obfervé,
tant par ceux qui font frappés de *contagion*, que
par ceux qui les foignent ou qui fe trouvent expofés aux dangers de la maladie.

Ce font ces réglemens que nous devons faire connoître , en nous attachant beaucoup plus à l'efprit
& au droit qui les ont dictés, qu'aux circonftances
accidentelles ou locales qui leur font particulières.

Un des premiers foins des magiftrats doit être de
faire reconnoître les maifons où il y a des peftiférés , foit pour les empêcher de fortir & de répandre
la *contagion* , foit pour leur porter fecours. Un
arrêt du parlement , du 13 feptembre 1533 , temps

où la ville de Paris étoit affligée de la *contagion*,
ordonne pour cet effet que les maifons des peftiférés
feront défignées par une croix de bois aux fenêtres
ou autres lieux des plus apparens , & une au-deffus
de la porte.

Le même arrêt ordonne encore à ceux qui connoîtront des perfonnes frappées de la *contagion* , de
les déclarer aux dixainiers, cinquanteffiers, quarteniers ; & à ceux-ci d'en faire part au commiffaire
du quartier.

Par les mêmes motifs de précautions , on défend
aux logeurs, cabaretiers , aubergiftes , de loger perfonne pendant le temps prefcrit par le règlement ,
lorfqu'une fois ils auront eu chez eux quelqu'un
attaqué de la pefte ; c'eft le vœu de l'arrêt du parlement , de 1553.

Il fuffit d'une perfonne dans une maifon pour y
répandre la *contagion* , & expofer la vie de tous
ceux qui y demeurent. Cette confidération a dû déterminer les magiftrats à prendre des mefures pour
éviter les dangers qui pourroient réfulter de quelque négligence à cet égard. C'eft ainfi que les réglemens pour Paris, de 1619, où il régnoit la même
maladie, obligèrent les perfonnes qui n'occupoient
point une maifon entière à elles, de fe faire panfer
dans les hôpitaux qu'on y avoit établis pour traiter
les peftiférés.

L'on voit encore par ce qui fut obfervé à Paris,
en 1596, qu'il eft utile que le magiftrat ordinaire
fe faffe aider par des perfonnes choifies exprès pour
le temps de *contagion*. Par exemple , à l'époque
que nous venons de citer , le magiftrat de Paris fe
choifit trois prévôts de fanté , qui avoient chacun
fous eux trois aides , lefquels alloient chez les commiffaires , les quarteniers , les dixainiers , s'informer du nombre & du lieu des malades, & veilloient
conjointement avec les marguilliers des paroiffes à
faire enlever les morts par les archers des prévôts
de la fanté.

Non feulement on prend des précautions pour que
ceux qui font employés au fervice des malades reftés
en leur maifon, ne communiquent avec perfonne,
mais on a foin auffi que les miniftres de la religion
occupés de porter les fecours aux peftiférés , n'adminiftrent pas ceux qui ne font point malades. Un
arrêt du parlement, du 13 juillet 1561 , porte : « que
» les curés , vicaires & autres fupérieurs ayant
» charge d'ame en la ville de Paris , commettront
» à leurs dépens un prêtre & un clerc pour por-
» ter le faint-facrement aux malades de la *conta-
» gion* ; que ceux qui feront choifis pour ce mini-
» ftère , ne converferont aucunement avec les per-
» fonnes faines ». C'eft dans les mêmes vues qu'on
ordonne aux médecins qui voient les peftiférés de ne
point aller chez les perfonnes faines , ainfi qu'il eft
porté par le règlement général du parlement, du 13
feptembre 1533 ; & l'on nomme des médecins &

588 CON

CON

chirurgiens pour chaque quartier, chargés du foin des contagieux feulement : l'on oblige les uns & les autres à s'abſtenir d'exercer publiquement leur profeſſion quarante jours après la contagion ceſſée.

Après que le magiſtrat a porté ſon attention ſur le foin des malades, il doit penſer à corriger les défauts de l'air & détruire ainſi l'intenſité de la *contagion* ; c'eſt ce qu'il peut effectuer de deux manières : 1°. par la propreté intérieure des maiſons ; 2°. par le nettoiement des rues.

La propreté intérieure des maiſons réfulte de toute l'attention à empêcher qu'on n'y amaſſe des eaux croupies, des fumiers & matières putrides des animaux dont la fiente vicie l'air ; enfin à obliger que les particuliers aient des latrines & lavent leur maiſon d'eau & de vinaigre. *Voyez* AIR. Ce que nous y avons dit trouve en grande partie ſon application ici.

Le nettoiement des rues conſiſte à faire enlever les immondices, à arroſer, à balayer tous les jours le devant des maiſons. L'arrêt de réglement, de 1533, ordonne encore d'autres précautions qui ſont fort ſages. Il veut « que dans les temps de *conta-* » *gion*, il ſoit défendu aux chirurgiens de jetter » dans la rivière, ni en aucuns autres lieux de la » ville & fauxbourgs, le ſang des perſonnes ma- » lades, de quelque maladie que ce ſoit, qu'ils » auront ſaignées, ou qui auront été ſaignées par » d'autres ; il leur enjoint de l'envoyer jetter dans » la rivière, au-deſſous de la ville & dans un lieu » éloigné, à peine de priſon & d'amende arbi- » traire ». Le même arrêt défend aux tanneurs, corroyeurs, mégiſſiers, ainſi qu'à tous autres dont les travaux peuvent vicier l'air, d'exercer leurs métiers dans la ville & fauxbourgs, mais de ſe retirer dehors durant le temps de la *contagion*.

Les mêmes réglemens & pluſieurs ordonnances de police défendent de vendre, pendant la *contagion*, aucuns meubles, hardes, vêtemens, uſtenſiles, excepté ceux de fer, de plomb ou autre métal. On interdit auſſi, pendant le même temps, l'uſage de tendre les égliſes & portes des maiſons de drap noir, à la mort des perſonnes de la ville, de crainte que la *contagion* ne ſe concentre dans ces draps & ne la reproduiſe, lorſque l'on voudroit s'en ſervir. Il eſt auſſi défendu de mettre en vente les lits, chaiſes, meubles qui ont ſervi aux malades, de quelque maladie qu'ils ce ſoit.

On a remarqué que la famine amenoit ordinairement la peſte, & que le grand nombre de pauvres indigens réunis dans une ville, pouvoit augmenter l'intenſité de ce fléau. On a également obſervé que

pendant les temps de calamité publique, les miſérables des provinces ſe portent dans les villes capitales, & ſur-tout dans la capitale, ſoit parce qu'on y eſt plus charitable, ſoit parce qu'il y a moins de ſecours dans les provinces ; que ces amas de perſonnes indigentes & malpropres étoient des foyers de *contagion* ; en conſéquence on a pris différens moyens de les éloigner. Le parlement de Paris n'imagina rien de plus efficace, en 1596, que de faire pendre ceux qui ne s'en retourneroient pas dans les vingt-quatre heures chez eux. Mais le parlement de Rouen ordonna plus ſagement aux villes & bourgs de ſon reſſort, en 1622, de garder leurs pauvres & de les nourrir. C'eſt toujours ce que l'on devroit faire, & cela d'autant plus ſévèrement, que les villes & bourgs de province ſont bien aiſes de ſe défaire de leurs pauvres, & de les envoyer courir le pays & vivre aux dépens des charités de la capitale : comme ſi, proportion gardée, les paroiſſes & villes de provinces n'avoient pas de moyens plus faciles & moins diſpendieux de ſecourir les pauvres, qu'on n'en a à Paris.

C'eſt encore une ſage précaution contre la *contagion* de faire des feux dans les rues & dans les cours des maiſons. Ce moyen indiqué autrefois par Hypocrate, a été mis en pratique depuis ; & les ordonnances de police le preſcrivent expreſſément. Un arrêt du parlement de Toulouſe, du 7 ſeptembre 1529, en fait un des articles de réglement qu'il publia pour la *contagion*.

Une ordonnance de police du châtelet de Paris, du 18 juillet 1596, enjoint à tous bourgeois, chefs d'hôtel, de fournir des bois deux fois la ſemaine, le dimanche & le jendi, en leur dixaine, pour faire du feu matin & ſoir chaque jour, pour purifier l'air.

Cette même ordonnance porte : « que les malades étant venus à convaleſcence, ſeront tenus de faire des feux, tant dans la cour, que dans les chambres de leur maiſon, pendant l'eſpace de quarante jours, pour y purger le mauvais air, & qu'ils ſeront auſſi tenus d'en éventer les hardes & les meubles. Que ſi les gens de la maiſon ſont décédés, & qu'elle ſoit abandonnée, les prévôts de la ſanté ſeront tenus d'y mettre des gens pour y faire des feux, éventer & nettoyer la maiſon aux dépens des propriétaires (1) ».

Tout ce que l'on vient de rapporter, regarde les lieux affligés de la *contagion* ; il s'agit maintenant d'examiner quelles précautions la police emploie pour préferver les endroits qui n'en ſont pas encore frappés.

_____

(1) Dans la *contagion* de 1533, on avoit nommé dans chaque quartier quatre ſergens à verge, pour faire enterrer les morts, aérer les maiſons, les marquer avec une croix de bois, le tout ſous l'inſpection des prévôts de la ſanté ou de leurs aides.

L'ufage en France eft que, fitôt que la *contagion* paroît en quelque lieu, le principal magiftrat en donne avis au procureur général du parlement du reffort. L'arrêt qui intervient porte ordinairement : « qu'il fera établi un confeil de fanté en chaque ville ou autre lieu de la province, pour régler & ordonner tout ce qui fera néceffaire, foit dans les lieux infectés pour en chaffer la maladie, foit dans les lieux fains pour empêcher qu'elle n'en approche.

» Ces confeils de fanté doivent enfuite de concert établir une efpèce de blocus par des gardes fur les avenues & grands chemins aux extrémités des lieux infectés, pour empêcher que perfonne n'en puiffe fortir, ou de paffer dans les lieux fains avant que de s'être fait parfumer & d'avoir fait quarantaine ; & pour maintenir cette difcipline, il fera fait défenfes à toutes perfonnes d'y contrevenir, fous peine de la vie.

» Il y aura des lieux en grand air aux extrémités du terroir le plus proche des lieux infectés pour faire paffer, par des parfums, & pour y faire cette quarantaine : le confeil de fanté du lieu fain le plus proche, ordonnera une garde ou fentinelle à cent pas des huttes où fe feront les quarantaines, aux dépens de ceux qui voudront la faire. Cette garde obfervera que ceux qui font la quarantaine, n'aient aucune communication avec d'autres perfonnes fufpectes, & qu'il ne leur foit apporté aucun meuble ou vivre de la ville infectée, le tout leur devant être fourni des lieux non fufpects.

» Les perfonnes qui feront quarantaine feront parfumées avant que de la commencer, & leur loge auffi ; elles feront tenues de fe faire voir tous les jours à leur garde ; & à celui qui aura charge du confeil de fanté, que s'il furvient quelque maladie, ils feront vifités par les médecins & chirurgiens du confeil de fanté, & s'il ne leur arrive aucun accident de mal contagieux, la liberté leur fera donnée, après la quarantaine, d'aller où bon leur femblera ».

L'on empêche auffi qu'il ne forte aucune marchandife de la ville infectée, foit par eau, foit par terre ; & pour maintenir cet ordre, l'on interdit tout commerce avec cette ville, ou quelquefois, felon que le danger eft plus ou moins grand, on règle & borne ce commerce à certaines efpèces de marchandifes moins fufceptibles de mauvais air, & après qu'elles auront paffé par l'évent & les parfums en la préfence de celui qui doit y tenir la main. La tenue des foires eft par cette raifon interdite ou furfife jufqu'à ce que l'on connoiffe que le danger eft paffé.

Dans tous les lieux voifins de la ville infectée, à dix lieues à la ronde, il eft néceffaire d'établir cet ordre, que tous ceux qui tomberont malades foient vifités par les médecins & chirurgiens, pour connoître quelle eft leur maladie, & s'il y paroît

quelque foupçon de mal contagieux, ils en doivent avertir le premier magiftrat, qui eft toujours chef du confeil de fanté, pour y être promptement pourvu ; & il fera fait défenfes à toutes perfonnes, fous de très-groffes peines, même de la vie, de receler aucun malade.

Le magiftrat ou le confeil de fanté des lieux fains, éloignés de dix ou douze lieues du lieu peftiféré, ou plus loin, felon la grandeur du mal, donnera des billets de fanté à ceux qui en partiront pour aller ailleurs.

Perfonne ne pourra paffer que par les grands chemins, & par les portes des grandes avenues des villes, bourgs & villages ; l'on fera bouchier tous les petits fentiers & les petites avenues ; l'on ne laiffera d'entrée que le moins que l'on pourra, & on les fera garder par les gens du lieu : fi quelqu'un eft furpris allant par des fentiers à travers les champs il fera puni rigoureufement.

Les gardes ne donneront aucune liberté de paffer qu'à ceux qui auront un billet ou certificat de magiftrat au confeil de fanté du lieu d'où ils feront partis, contenant le nom, la qualité & demeure de celui qui prendra le billet, la date du jour de fon départ, & l'état de la fanté de la ville, bourg ou village.

Celui qui a un certificat de fanté prendra certificat au bas, de tous les lieux où il aura dîné ou couché, & la même chofe fera obfervée à fon retour.

L'on marque des routes nouvelles aux poftes & aux meffagers, pour les détourner des lieux peftiférés, & les en éloigner le plus qu'il eft poffible.

Que fi la ville ou autre lieu peftiféré manque de vivres, on pourra lui en envoyer ; on les pofera à trois cens pas de la ville fans autre communication, & l'argent qui aura été laiffé à la place fera lavé dans du vinaigre ou de l'eau bouillante.

Il eft quelquefois néceffaire de recevoir des nouvelles de la ville où règne la *contagion* ; alors les lettres font apportées à cent pas de la ville, dans un endroit dont on eft convenu. Le meffager ou poftillon prend, avec un crochet de fer qui eft au bout d'une longue perche, les lettres qui font dans un paquet lie d'une ficelle, & les apporte à un évent où on les fait paffer par la fumée de la poudre à canon, dont le meffager prend certificat de l'officier-commis pour cet évent ; & lorfque le meffager ou poftillon eft arrivé au lieu où les lettres doivent être rendues, il s'arrête à une diftance de la ville, où il attend que l'officier qui eft chargé de ce foin vienne examiner fon certificat ; & quand il eft trouvé en bonne forme, il a la liberté de diftribuer ces lettres à leur adreffe.

La plus grande partie de ces fages précautions furent prifes, pour Paris, dans les *contagions* de

1664, 1665, 1666, 1668 & 1669, dont quelques provinces ou villes, tant dedans que dehors le royaume, furent affligées; & comme rien ne perfuade tant que l'exemple, nous avons jugé utile de les tirer des différentes loix & ordonnances qui furent faites fur cette matière, pendant ces différentes époques.

Ces foins ne font pas ordinairement les feuls que l'on prenne, lorfque la *contagion* a une grande intenfité & fait de grands ravages : alors l'on emploie pour couper les communications, les troupes & une forte de difcipline militaire, toujours odieufe & féroce, mais qui femble alors tolérable, parce qu'il eft für qu'elle facilite l'application des fecours & l'exactitude du fervice. Voici ce que je trouve dans une inftruction rendue publique, fur les foins à prendre par les commandans des provinces en temps de *contagion*.

« Dans l'inftant que les commandans font avertis qu'il y a quelques lieux attaqués de la *contagion*, il faut, fans perdre un moment, les faire invefir à une demi-lieue de diftance ou environ, afin de leur laiffer une partie de leur terroir dont ils puiffent tirer les fecours les plus néceffaires à leur fubfiftance, y barraquer les troupes qui font le blocus, & mettre s'il fe peut les poftes fi pres, qu'ils puiffe voir ou fe communiquer par des fentinelles fort aifément, faire des patrouilles continuelles pendant la nuit, & faire choix d'officiers entendus, fermes, vigilans & fans complaifance, pour avoir foin du blocus.

« Si le mal fe répand dans des maifons écartées, qu'il ne foit pas poffible de comprendre dans le blocus, il dépendra de la prudence & de la difcrétion du commandant, après qu'il aura donné ordre de tranfporter les malades defdites maifons dans les infirmeries les plus proches, & fait conduire ceux qui font encore fains dans les maifons de quarantaine, d'ordonner feulement que les portes & fenêtres defdites maifons, foient murées, ou même de les faire brûler s'il le juge néceffaire.

» Comme il y a peu d'endroits, qui fe fentant bloqués, ne tâchent par force de faire des ouvertures pour avoir leur liberté, il eft à propos de faire publier & faire afficher des ordonnances, portant défenfes, fous peine de la vie, de fortir des lieux bloqués; & fi malgré ces défenfes, il fe faifoit quelques mouvemens pour forcer le blocus, l'officier qui commande ne doit pas balancer un moment à marcher avec la troupe la plus lefte, la bayonnette au bout du fufil, en vue du lieu bloqué, menaçant les habitans de les brûler & de les paffer au fil de l'épée, s'ils s'avifoient de faire une

autre fois pareille manœuvre, fans cependant tirer fur eux que bien à propos & en cas de néceffité.

» Si par hafard quelques habitans échappoient à la vigilance des poftes, il faut, en quelqu'endroit qu'ils aillent, les faire arrêter avec précaution, pour ne point communiquer, les ramener dans leur terroir, & leur caffer la tête devant leur compatriotes : exemple abfolument néceffaire pour les contenir.

» On doit faire tuer tous les chiens, tous les chats, tant au dedans qu'au dehors du blocus, à une lieue au moins, attendu les exemples par lefquels on a reconnu que quoique ces animaux ne prennent pas le mal, ils le communiquent.

» Les commandans feront défenfes, fous peine de la vie, aux troupes qui forment le blocus, d'avancer de dix pas dans le terroir du côté du lieu qui eft bloqué, & ordonneront aux poftes de tirer fur leurs camarades, s'ils tomboient dans ce cas. C'eft une précaution abfolument néceffaire pour empêcher la communication des foldats avec les lieux infectés.

» Il feroit fort important qu'à cinq ou fix lieues à la ronde des endroits attaqués, toutes les villes, villages & bourgs, puffent être fermés, quand ce ne feroit que d'un foffé, & qu'on n'y pût entrer que par un feul paffage, où l'on mît une barrière avec une bonne garde pour vifiter les paffans, leurs hardes ou marchandifes, & voir les billets de fanté dont ils doivent être porteurs; il faut faire, fur la clôture des villes & villages, tout ce qui ne fera pas abfolument impoffible.

» Les commandans enjoindront aux confuls & autres officiers municipaux de ne délivrer des billets de fanté, fur-tout quand ce fera pour découcher, qu'à des perfonnes dont ils feront bien fürs, & ils auront attention de faire configner ceux qui feront fufpects de contrebande; & fi quelqu'un de ceux qui auront été confignés vient à s'échapper, ils lui feront caffer la tête (1).

» Ils auront foin d'envoyer aux officiers qui feront aux barrières du blocus, un mémoire du prix courant de chaque forte de denrées, avec ordre de les faire délivrer fur ce pied là, pour éviter les exactions auxquelles font expofés les habitans des lieux bloqués. Mais cet article doit être exécuté avec beaucoup de prudence & de circonfpection, pour ne pas détourner les voifins de porter leurs denrées aux barrières, parce qu'il vaut encore mieux laiffer acheter les denrées un peu plus cher aux lieux qui font enfermés, que de les expofer à en manquer.

_____

(1) On conçoit que toutes ces rigueurs ne font tolérables que lorfque la *contagion* eft extrême & qu'elle caufe de grands ravages.

» Au dedans des lieux attaqués de la *contagion*, le premier devoir du commandant & des officiers municipaux, doit être de faire établir une ou plusieurs infirmeries, selon les forces & le besoin du lieu infecté. On doit choisir autant qu'il est possible pour cet usage, des maisons séparées du lieu, & voir même si l'on ne pourroit pas disposer des baraques, pour recevoir les malades; ce que bien des gens croient être beaucoup meilleur.

» Il faut, outre cela, avoir d'autres maisons, dont les unes soient destinées à mettre les convalescens, à mesure qu'ils sont en état d'y être conduits, les autres à faire faire quarantaine à ceux qui ont communiqué avec les malades ou qui demeureroient avec eux.

Il est très-important de faire brûler toutes les hardes, lits, matelats qui ont servi aux pestiférés. On a pratiqué avec succès en Provence, pour parvenir à ce but, de faire rembourser aux particuliers le pris des hardes qu'ils rapportoient ou qu'ils déclaroient aux curés des lieux, sans quoi il est presqu'impossible d'arrêter le progrès de la *contagion*, parce qu'il en reste toujours entre les mains de quelques malheureux, qui en ramassent au plus pour un écu chacun, & les revendent à d'autres. La dépense de ce rachat est peu considérable, & produit un très-grand bien.

» MM. les évêques seront priés d'ordonner que le service divin ne se fasse pas dans les églises, à cause du danger de la communication, & qu'il se fasse dans des places aérées ou dans la campagne. On ne doit souffrir aussi aucune assemblée, de quelque nature qu'elle puisse être, pendant la durée de la *contagion* & long-temps après sa fin.

» On destinera aussi, de concert avec les évêques & les curés, des lieux convenables pour y enterrer les corps de ceux qui seront morts de la peste, dans des fosses profondes au moins de douze pieds, & on aura soin de faire provision de chaux, pour en mettre dans ces fosses, en assez grande quantité pour consumer les corps.

» Les boutiques des marchands de soieries, draperies, & autres marchandises, susceptibles de *contagion*, doivent demeurer toujours fermées pendant qu'elle dure, & jusqu'à ce qu'on ait suffisamment pourvu dans la suite à leur entière désinfection; mais il faut laisser ouvertes les boutiques de ceux qui vendent des denrées nécessaires à la vie, & dont les maisons ne deviennent pas suspectes.

» Comme les médecins & chirurgiens se sauvent souvent, ou ne veulent point servir les malades, si l'on ne peut les rappeler à leur devoir par les sentimens de la religion & de l'honneur, ou par la promesse d'une honnête récompense, il faudra les y contraindre en cas de nécessité, par la crainte d'une mort plus sûre & plus prompte que celle qu'ils veulent éviter.

» Ceux qui commandent au-dedans des lieux attaqués, doivent avoir sur-tout une grande attention à leur procurer tous les secours nécessaires pour leur subsistance; & si ces lieux manquent d'argent pour les acheter, ils en avertiront le commandant en chef, ou l'intendant de la province, lesquels pourront obliger les communautés voisines & qui sont aisées, de leur faire des avances dont elles seront remboursées dans la suite; & comme souvent les communautés dans ce temps, ne sont pas en état d'acheter ce qu'il faut pour meubler leurs infirmeries, il faut obliger en ce cas les particuliers aisés des lieux, de leur fournir ce qui leur est nécessaire, suivant la taxe qui en sera faite par les officiers municipaux, lesquels promettront au nom des communautés, de dédommager ces particuliers.

On ne doit pas attendre, pour établir & garnir les infirmeries, que les lieux soient actuellement attaqués du mal contagieux, & il faut obliger les lieux voisins de ceux qui sont infectés, à avoir leurs infirmeries toutes prêtes en cas d'accident; & pour cela, exiger des habitans, la quantité de paillasses, matelats & draps que chacun peut fournir, en leur permettant d'y mettre leur marque, afin que chacun puisse retirer ce qu'il aura fourni, si le mal ne s'introduit pas dans le lieu, ou qu'il en soit dédommagé par la communauté, si le mal s'y répand, & s'il faut brûler dans la suite ce qu'il aura prêté pour l'usage des infirmeries.

Ceux qui seront guéris de la peste, n'auront la liberté de communiquer avec les autres habitans du lieu, qu'après avoir fait deux quarantaines, après qu'on les aura plus d'une fois fait passer par le parfum, & qu'on aura brûlé généralement tout ce qu'ils avoient sur le corps.

Les amendes qu'il faut ordonner souvent pour les contraventions qui ne méritent pas la mort, seront appliquées aux pauvres du lieu, & le meilleur usage qu'on en puisse faire, est de les employer à leur acheter des habits, au lieu de ceux qui auront été brûlés.

Nous avons cru devoir rapporter ces instructions sur les moyens qu'on doit employer dans les temps de *contagion*, pour la détruire où elle se trouve, & en garantir les lieux sains, parce que c'est un des devoirs des magistrats de police, de s'en occuper, & que dans l'instant du trouble & de la confusion que cause un pareil événement, il n'est pas toujours facile d'établir l'ordre nécessaire, si l'on n'a point d'avance un plan auquel on puisse rapporter ses idées & ses moyens.

CONTRAINTE, s. f. Gêne, privation de la liberté de faire ou de ne pas faire quelque chose. C'est de la *contrainte* par corps que nous l'entendons ici.

On donne ce nom à l'emprisonnement d'un débiteur, pour le forcer à payer. Ce que nous allons en dire., ne tendra qu'à faire fentir tout ce qu'il y a d'irrégulier, d'injufte même, dans cette partie de notre jurifprudence civile.

La *contrainte* par corps pour dette, peut fe confidérer dans fon rapport avec les particuliers, & dans fon rapport avec le bien public.

Dans fon rapport avec les particuliers, elle eft un moyen de ruine pour les uns, & fouvent d'ufure pour les autres.

Ce qui la rend un moyen de ruine pour une foule de particuliers, c'eft que la fûreté de pouvoir contraindre par corps l'emprunteur, engage le prêteur à confier fes fonds avec une plus grande facilité qu'il ne le feroit, s'il n'avoit point en main ce moyen coërcif. Or, cette même facilité devient pour le prodigue, le joueur, un piège où il fe prend; il trouve de l'argent, & lorfqu'il faut le rendre, il eft obligé, pour éviter la *contrainte*, de vendre à vil prix fes biens, de faire ce que l'on appelle des affaires, ou d'emprunter à gros intérêts.

Si l'on aboliffoit la *contrainte*, il feroit beaucoup plus difficile de trouver de l'argent, & par conféquent beaucoup plus difficile de fe ruiner.

Par la même raifon, l'ufure auroit un moyen de moins d'exercer fon art funefte; car, comme nous venons de le remarquer, la crainte d'une *contrainte* qui prive un homme de l'exercice de fon état, qui le fouftrait à fa famille, qui met au grand jour fon inconduite ou fes malheurs, après avoir été une des caufes facilitantes de cette inconduite ou de ces malheurs, eft pour lui une raifon fuffifante d'emprunter aux plus gros intérêts, pour parer à tous ces inconvéniens.

Indépendamment de cette voie, l'ufure trouve encore d'autres moyens de faire tourner la *contrainte* par corps en fa faveur, fur-tout lorfque le prêt eft déguifé fous la forme de lettre-de-change, dont, comme l'on fait, le payement eft dans tous les cas exigible par corps,

Et à propos de la lettre-de-change; je remarquerai que quelques écrivains, en lui confervant entre marchands fa qualité d'être fufceptible de *contrainte* par corps, ont demandé qu'elle perdît cette propriété, quand le foufcripteur ou l'endoffeur ne feroit point marchand.

Cette façon de penfer, rentre en partie dans la notre, mais fuppofé que la *contrainte* entre marchands, a des avantages qui la doivent faire conferver. Je fais que bien des perfonnes font dans cette opinion, mais fi l'on y regarde de plus près, on verra que c'eft peut-être entre marchands, que la *contrainte* par corps eft plus inutile que dans tout autre état.

Car, de tous les hommes qui tiennent à leur réputation, ou dont la fortune dépend de la fidélité dans les engagemens, ce font fans doute les marchands. Or, pour affurer le paiement d'une lettre-de-change, par une peine quelconque, il fuffiroit de faire connoître à la bourfe & par-tout, le manque de foi d'un débiteur marchand, lorfque les voies de conciliation auroient été vainement tentées. Cela rempliroit le même objet que la *contrainte*, n'empêcheroit pas le débiteur de vaquer à fes affaires, & par-là, de manquer à fes autres engagemens.

Ainfi, la *contrainte* par corps pour dettes paroît également injufte, inutile & déplacée entre les marchands, comme entre tous les autres fujets d'un même état, & je crois que fon abolition n'entraîneroit aucun inconvénient pour la fûreté des engagemens & des tranfactions de commerce, & cela, par les raifons que nous venons d'apporter.

Si l'on confidère la *contrainte* par corps dans fon rapport avec l'ordre public, on verra qu'elle eft contraire aux loix qui doivent l'affurer.

Et en effet nous venons de prouver que la *contrainte* par corps facilitoit les emprunts; & l'expérience apprend affez qu'ils ouvrent fous les pieds de l'emprunteur, des abymes où vont fe perdre, patrimoine, charges & fortune. Ils font donc nuifibles au repos des familles, à leur bonheur, par conféquent contraires à la profpérité publique, qui n'eft & ne peut être que le réfultat des propriétés particulières.

>> On a remarqué que dans les temps & pays où la *contrainte* par corps avoit lieu, il en réfultoit plus de maux que de biens; & cela n'eft pas étonnant fi l'on confidère qu'un homme enlevé à la fociété en eft retranché en quelque forte pendant le cours de fa détention & communique fon état de mort à fes affaires & à fa famille.... Le légiflateur doit confidérer la nature du gouvernement, pour déterminer le cas où l'on doit ufer de cette contrainte.... Dans les états où les loix feules règnent, on doit être difficile à l'admettre, à raifon des reffources que la propriété y procure, & de la confidération que l'on doit faire d'un citoyen >>.

La *contrainte* par corps eft ignorée des turcs. >> Le payfan, au moins, dit M. de Volney, eft >> libre en Syrie, car les turcs ne connoiffent point >> l'art de faire emprifonner pour dettes l'homme >> qui n'a plus rien >>.

L'on connoît tous les maux qu'attirèrent à Rome l'ufage affreux de la *contrainte* & les commotions qu'il donna à la république. Ceux qui s'occupèrent de diminuer l'intenfité de ce fléau, furent regardés comme les dieux tutélaires de la patrie, tant la *contrainte* paroiffoit oppofée à fon bonheur.

Enfin nous avons remarqué que la *contrainte* par corps étoit une des caufes productrices de l'ufure, qui eft un des plus horribles fléaux civils que l'on

puiffe

puisse imaginer. Et ce qui rend encore la *contrainte* par corps plus odieuse sous ce point de vue, c'est qu'après que le desir d'éviter l'emprisonnement a fait recourir à des emprunts usuraires, la *contrainte* vient forcer le débiteur à les payer, & le moyen qu'il employoit pour éviter la perte de sa liberté l'y conduit inévitablement.

C'est donc une chose odieuse & absurde que l'usage de la *contrainte* par corps pour dettes civiles. Cette damnable coutume vient du plus grand prix que les législateurs ont mis à la propriété des sujets qu'à leur liberté. Ils n'auroient pas dû autoriser un délire aussi grand que celui de donner pour caution de quelques deniers, une liberté qui rien ne peut compenser, & qui appartient plus encore à la patrie qu'à celui qui en dispose, au moins de cette manière.

Telle est notre opinion sur cette matière : nous n'en porterons pas plus loin la discussion, parce qu'elle semble plus appartenir à un traité de législation que de police ; néanmoins ce que nous venons d'en dire, pourra servir aux magistrats à régler ou modérer leur conduite sur cet objet.

CONTREFAÇON, s. f. C'est le nom qu'on donne à l'édition furtive, je dirois presque, fautive d'un ouvrage.

Les *contrefaçons* sont la perte de la librairie, & un grand découragement pour les gens de lettres.

Lorsqu'un libraire a fait de très-grandes avances pour l'impression d'un ouvrage ; qu'il a payé des frais de copie ; qu'il a donné des soins & doublé les dépenses, pour donner à l'exécution typographique toute la perfection dont elle est susceptible, il est ruineux pour lui qu'un autre libraire établisse une concurrence toute à son avantage. C'est une injustice publique & une des causes qui s'opposent aux entreprises considérables.

Il est étonnant aussi que le public favorise, par son indifférence pour la perfection typographique, des procédés aussi contraires aux progrès des lettres. S'il connoissoit bien ses intérêts, il ne regarderoit pas comme un avantage, la légère diminution qu'il obtient sur les ouvrages par les *contrefaçons*, lorsque la plupart des livres ainsi imprimés sont ordinairement tronqués, falsifiés ; où les dates, les poids, les mesures, les calculs de toutes espèces sont fautifs, & où souvent le discours est inintelligible, par la multiplicité des phrases altérées qu'on y trouve.

Les gens de lettres perdent beaucoup encore à cela, parce qu'ils trouvent plus difficilement des libraires qui veulent, je ne dirai pas payer leurs travaux, mais faire des avances nécessaires pour que le public les paient ; ce qui, comme l'on voit, doit infiniment multiplier le nombre des ouvrages

futiles ou mauvais, & diminuer celui des bons ; les auteurs de ceux-ci ayant besoin d'aide, de soins, de secours, de beaucoup de temps pour les mûrir & les travailler avant de les rendre publics. Or si une *contrefaçon* vient enlever à l'auteur & au libraire le fruit de leurs entreprises, il est sûr qu'ils ne s'y hasarderont pas.

C'est ici où l'activité d'une administration éclairée doit se faire connoître ; c'est une propriété qu'elle doit conserver & aux libraires & au royaume ; car on ne sauroit douter que les *contrefaçons* étrangères ne soient autant de pertes pour l'état, par l'argent qu'elles en font sortir ou qu'elles empêchent d'y entrer.

Ce genre de contrebande n'est pas un des moins odieux ; & comme en l'attaquant on ne fait enchérir aucune denrée de première nécessité, qu'on accroît le commerce & l'industrie de tout le royaume ; je crois qu'il est très-important d'y porter la plus grande attention, tant pour l'arrêter aux frontières, que pour l'empêcher au-dedans.

CONTREVENTS, s. m. Ce sont des volets qui s'ouvrent en dehors. On en met aux maisons, tant pour garantir les vîtres des vents & de la grêle, que pour les fermer, & défendre la maison des voleurs. Ils ne sont sujets qu'à un seul & même droit de voïerie avec ces châssis à verre & jalousies ouvrant en dehors. *Voyez* FERMETURE.

CORDIER, s. m. C'est l'ouvrier qui fait & vend des cordes.

Les cordiers faisoient autrefois à Paris une communauté dont les statuts sont du 17 janvier 1394, du règne de Charles VI, augmentés & confirmés par Charles VIII, le 2 août 1484, par François premier, en 1519, par Henri II, en 1547, par Henri IV, en 1601, par Louis XIII, en 1624.

C'est sous Louis XI que les jurés furent donnés à cette communauté, & si Louis XIV y a ajouté quelques articles, ils regardent moins la police du corps, que l'augmentation des droits d'apprentissage, de maîtrise, &c.

Par l'édit d'Août 1776, la communauté des *cordiers* a été supprimée, & comprise dans le nombre des professions qui s'exercent librement.

On doit remarquer que la crainte des incendies a obligé de défendre aux *cordiers* de travailler la nuit dans leurs atteliers fermés.

CORDONNIER, s. m. C'est l'ouvrier qui fait & vend des souliers, tant pour hommes que pour femmes.

La police de la communauté des *cordonniers* est la même que celle des autres corps de métiers. Elle est régie par deux syndics & deux adjoints. Les frais de maîtrise se montent à 300 livres, à Paris. *Voy.* COMMUNAUTÉ.

Une ordonnance de police, du 2 septembre 1777, règle la conduite que doivent tenir respectivement entr'eux les maîtres & garçons *cordonniers*, à Paris. Elle porte : 1°. que tout garçon, arrivant à Paris ou y travaillant, est obligé de se faire inscrire sur le registre de la communauté ; 2°. il doit avoir un livret sur lequel soit porté ledit enrégistrement & leurs sorties & entrées en boutique successivement ; 3°. il ne peut quitter son maître sans l'en avoir averti ; savoir, trois semaines avant chacune des quatre fêtes annuelles, & huit jours dans les temps ordinaires ; 4°. toute contestation entre le maître & le compagnon *cordonnier*, sera portée devant les syndics & adjoints pour les concilier, sinon devant le commissaire de quartier ou le lieutenant de police ; 5°. un maître ne pourra prendre un ouvrier qu'il ne lui apparoisse, par son livret, de son enrégistrement au bureau ; 6°. le compagnon déposera son livret entre les mains du maître chez lequel il entrera, pour le lui rendre à sa sortie ; 7°. les maîtres qui ont besoin de compagnons, & les compagnons qui ont besoin de boutique pourront s'adresser au bureau pour en trouver ; 8°. les maîtres ne peuvent être forcés à accepter, dans la même semaine, plus de la moitié des congés des garçons qui sont chez eux, afin d'empêcher les cabales entre les ouvriers.

CORNICHE, s. f. Saillie en pierre ou en maçonnerie qui se pratique au haut des maisons, pour tenir lieu d'auvent.

Ce n'est que depuis peu de temps qu'on en a introduit l'usage. Ce genre de construction susceptible de beaucoup d'inconvéniens résultans du peu de solidité en plâtre, aient néanmoins quelques avantages sur les auvents en bois, dont la forme & la saillie effraient la vue, interceptent l'air & obscurcissent le jour des boutiques, a été autorisé par une ordonnance du bureau des finances de Paris, du 29 mars 1776, qui prescrit les précautions avec lesquelles on doit construire les *corniches* pour en assurer la solidité ; précautions d'autant plus importantes à prendre, qu'il est quelquefois arrivé que la chûte de ces saillies a causé la mort de ceux qui se trouvoient dessous.

Voici les dispositions de l'ordonnance dont nous venons de parler ; 1°. il ne peut être construit aucune *corniche* sans une permission expresse du bureau des finances, à peine de 50 liv. d'amende & de démolition (1) ; 2°. que les *corniches* seront bâties en pierres de taille saillantes, incorporées dans le mur de face même ; 3°. qu'aux maisons où

l'on a construit des *corniches*, il ne pourra être fait aucune sorte d'auvents en bois ; 4°. le droit pour la construction d'une *corniche* est fixé à 4 livres pour chacune ; en outre dix sols par toise de longueur desdites *corniches*, au-dessus de la première toise, & seulement quarante sous pour tous droits lorsqu'il ne sera question que de réparation ou de changemens.

CORROYEUR, s. m. Ouvrier qui donne aux cuirs en sortant des mains du tanneur, des façons qui les rendent plus souples & plus lisses, & qui les dispose à différens emplois.

L'art du *corroyeur* peut devenir un objet des soins d'une police attentive. On sait que l'entassement des cuirs, l'odeur qu'ils répandent ainsi que les matières grasses nécessaires à leur préparation peuvent être nuisibles à la santé des citoyens. Ainsi l'on ne doit donc pas indifféremment permettre l'établissement des atteliers de *corroyeurs* dans tous les lieux ; & sur la demande d'un certain nombre d'habitans, on peut les forcer à se placer au-delà des murs de la ville.

Les statuts des *corroyeurs* de Paris sont de 1345 ; ils faisoient, avant 1776, une communauté à part, mais depuis cette époque ils ont été réunis aux tanneurs, peaussiers, mégissiers & parcheminiers. Le prix de la maîtrise est de 800 liv. *Voyez* COMMUNAUTÉ.

CORPORATION, s. m. Réunion de plusieurs personnes sous des loix communes de police pour un but commun.

Il y a plusieurs espèces de *corporations* ; les municipales ; les *corporations* de marchands, & celles des artisans que l'on nomme communautés d'arts & métiers. *Voyez* ce mot.

Les *corporations* municipales se formèrent d'abord en Italie, & bientôt leur exemple se multiplia le nombre en France. Ce sont proprement les municipalités, les villes qui se donnèrent ou obtinrent de nos rois des hôtels-de-ville & des droits municipaux, sous le nom de *communes* & de *bonnes villes*.

On leur donna le nom de *corporations* parce qu'elles durent leur existence à des *corporations* de citoyens, qui dans chaque ville se réunirent sous des loix de police commune, pour le salut commun & la liberté de tous.

Nous avons parlé de l'origine, du progrès & des effets des *corporations* municipales dans notre *discours préliminaire* : nous en avons rappellé quelque

---

(1) Quelques personnes ont regardé comme ridicule cette disposition ; elles n'y ont vu qu'un moyen de percevoir des droits, & elles ont dit que si les *corniches* sont dangereuses, la permission du bureau ne devoit point rassurer le public, puisqu'elle n'ôte pas le danger. La disposition suivante donne en partie la solution de cette objection.

chofe au mot COMMUNE, & ce que nous pourrions dire ici ne feroit qu'une répétition de ce qui précède, ainfi l'on peut avoir recours aux mots que nous venons d'indiquer.

Quant aux *corporations* des marchands & artifans, l'on fait qu'elles dûrent leur origine aux befoins qu'ont les perfonnes d'une même profeffion établies dans la même ville, de fe connoître, de fe communiquer leurs idées, de s'aider, de fe protéger. Telle fut au moins le motif des *corporations* dans les grandes villes, & celui qui engagea Etienne Boileau, prévôt de Paris, à établir la difcipline des corps de métier fur le pied à peu près où ils font, à la jurande près.

Car fi l'on peut croire que les frais de la *corporation* exigèrent que chacun des membres qui y feroient admis payât une certaine fomme à la communauté, ce n'étoit point pour acheter le droit de travailler, mais feulement pour contribuer au foutien de l'union, de la correfpondance de fecours & de protection établie entre tous les membres.

Mais bientôt cet ufage dégénéra en jurande, c'eft-à-dire, qu'il ne fut plus permis d'exercer fon induftrie fans être agrégé à une *corporation*, & fans payer de gros droits à la communauté. Alors on perdit en partie de vue le véritable objet, quoiqu'on le remplît toujours, moins par intention que par la marche ordinaire des chofes.

L'on peut voir, au mot ART, à ceux de COM-MUNAUTÉ, de SYNDIC, ADJOINT, APPRENTIF, COMPAGNON, ce qui regarde la police actuelle & la difcipline des *corporations* en jurande & de celles qui font libres.

CORRUPTION, f. f. Etat phyfique ou moral d'une chofe dont les principes d'harmonie & de perfection naturelle font plus ou moins près de la deftruction. C'eft de la *corruption* morale que nous entendons parler ici.

Cette matière a été de tout temps l'objet de la déclamation des moraliftes contemporains; de tous temps on a voulu déprimer les mœurs régnantes au profit des anciennes, on a prétendu que les vertus antiques étoient feules dignes de quelques hommages, & que tout ce qu'offroit la génération vivante n'étoit qu'erreur & *corruption*, que vertige & folie.

Et pour particularifer nos idées & les rapprocher du but que nous nous propofons ici, ç'a été une manie particulière à grand nombre de nos écrivains de crier à la *corruption* des mœurs, à la deftruction de la morale, à la fubverfion de toutes les vertus, de tous les principes d'ordre & de perfection fociale.

Il y en a qui ont eu le courage d'entreprendre de prouver que depuis les grecs jufqu'à nous, tous les élémens de la morale, des mœurs & du goût étoient dégénérés, & que nous n'étions plus qu'un amas d'hommes ignorans & corrompus.

Mais cette *corruption* eft-elle bien réelle? & nos déclamateurs rigoriftes ne prennent-ils pas les écarts de leur efprit chagrin pour le tableau de la fociété, leurs rêves pour l'état des chofes, & leurs caprices particuliers pour la règle des mœurs & de la raifon commune?

Je foutiens, moi, que la fociété n'eft point plus corrompue aujourd'hui qu'autrefois, qu'elle l'eft moins; c'eft-à-dire, qu'à défauts égaux, qu'à vices communs avec nos ancêtres, nous avons des vertus qu'ils ne pratiquèrent pas, ou qu'ils pratiquèrent moins communément que nous.

Pour mieux faire fentir cette vérité, il faut d'abord définir le mot de *corruption* de mœurs, lui donner un fens clair & raifonnable, ne point le refferer à un trop petit nombre d'objets, ne point l'étendre à un trop grand.

J'appelle *corruption* de mœurs cet état de la fociété, où les loix de l'humanité, de la décence, de la vertu publique font ouvertement & impunément violées, où le vice, mafqué fous les apparences de la vertu, répand fa maligne influence & s'érige en tyrans des hommes; où une perfécution fourde, & corruptrice entretient la haine, la divifion, l'efclavage dans la fociété; où la religion n'eft que fuperftition, la morale qu'intolérantifme, l'autorité fouveraine que tyrannie; enfin où les hommes font plus féroces, plus ignorans, plus fanatiques, plus attachés à leurs habitudes dépravantes qu'aux fentimens de juftice & de bienfaifance qui doivent les guider.

Je fais qu'on ne donne pas autant d'extenfion à l'idée de *corruption* de mœurs, je fais qu'on réferve cette qualification odieufe à la feule inconduite entre les fexes & à l'abus du luxe, & que lorfque l'on a cru prouver que ces deux faits fe rencontrent réunis chez un peuple, on l'accufe d'une horrible dépravation, quelque vertu, quelque caractère eftimable qu'il ait d'ailleurs; mais je n'ai pas cru devoir adopter une pareille circonfcription, j'ai penfé que, d'après la définition du mot *corruption*, on pouvoit donner ce nom à tout ce qui pouvoit détruire par des voies morales l'ordre & le bonheur individuel des hommes; que par conféquent la férocité, le fanatifme, l'intolérantifme dans les mœurs, n'étoient pas moins des preuves de *corruption*, ou plutôt autant d'effets de la *corruption*, que le libertinage des fexes & l'abus du luxe.

Or, d'après cet énoncé qui éclaircit & fixe l'idée de *corruption* de mœurs, & qui lui donne un caractère abfolu & diftinctif, il eft aifé de prouver que non feulement nous ne fommes pas plus corrompus que nos ancêtres, mais encore que nous valons mieux qu'eux.

Je dis que cette définition donne à l'idée de *corruption* des mœurs un caractère absolu, c'est-à-dire, qu'elle lui ôte ce sens relatif, qui fait que ce qu'on appelle *corruption* morale ici ne l'est pas là, & réciproquement.

Et en effet, on ne sauroit disconvenir que la superstition, l'intolérantisme, l'usure, le mépris des devoirs sociaux, de l'humanité, l'oubli de la bienfaisance, ne présentent l'idée d'une immoralité bien plus universelle que le goût des femmes, du luxe, de certains plaisirs que nous blâmons ici, que l'on approuve ailleurs, & qui par conséquent ne peuvent passer que pour des signes d'une *corruption* relative.

Il ne nous sera pas difficile, d'après cela, de prouver que nous valons mieux que nos ancêtres, que notre morale est plus douce, plus bienfaisante aujourd'hui que jamais, & que par conséquent il y a moins de *corruption*, ou une *corruption* moins odieuse, moins destructive, ce qui revient au même.

Pour s'en convaincre, jettons les yeux sur ces temps de barbarie, de férocité dont nous avons déjà parlé.

De tous côtés l'on n'y voit que brigandage, violence, mépris des loix & de la société. La religion dégénérée en superstition grossière, des laïcs, des femmes même possédant des abbayes, des fêtes ridicules, indécentes, l'ignorance du clergé, tous les vices d'un libertinage scandaleux, caché sous l'apparence des devoirs religieux.

Nos anciennes chroniques sont pleines de ces excès, par-tout on y voit l'ignorance abusant le peuple, & érigeant les usages les plus absurdes en droits positifs. Des nobles insolens, regardant les autres hommes comme des espèces dévouées à leurs plaisirs, imaginèrent des privilèges également oppressifs & injurieux au peuple. Tout le monde connoît jusqu'à quel point leur brutale luxure trouva moyen de se satisfaire par l'établissement du droit de culage. Par lui, tout seigneur propriétaire pouvoit jouir de la femme de son vassal, sans que le mari pût s'y opposer. L'impuissance de percevoir le droit, de la part des vieux seigneurs ou des jeunes déjà usés, fit imaginer de le changer en une rétribution en denrées; autre insulte faite aux mœurs & à la justice, puisqu'on ne peut pas convertir en redevance quelconque une vexation aussi dégradante que celle-là.

Il n'en est pas moins vrai que des ecclésiastiques mêmes en jouirent, & qu'en 1409 encore un arrêt du parlement ôta à l'évêque d'Amiens la jouissance d'une semblable contribution.

Mais sans prétendre faire l'histoire de nos mœurs pour comparer celles des temps anciens avec nos habitudes actuelles, que l'on envisage seulement l'anarchie, les désordres, les violences qui ont

régné dans le royaume par la *corruption* des nobles & l'abrutissement des peuples, & l'on verra si nos mœurs ne sont pas plus généreuses, plus douces, plus pacifiques & par conséquent moins corrompues qu'alors?

Un des grands fléaux de la morale de ces temps fut encore l'usure: elle s'exerçoit à un taux excessif; & quiconque a lu l'histoire & les réclamations des villes adressées aux états généraux, peut comparer la corruption ancienne à cet égard avec celle de nos jours. *Voyez* USURE.

Sans se reporter à ces temps d'ignorance grossière, où l'erreur & la superstition coloroient ou plutôt autorisoient cent désordres, dont l'existence même nous paroît impossible aujourd'hui, que l'on compare les mœurs dépravées des règnes de François premier, Henri II, Charles IX, Henri III, avec les nôtres, & l'on verra quelle différence prodigieuse il y règne à notre avantage.

Brantôme seul, qui a écrit avec le ton des mœurs de son siècle, nous en fait une peinture vraiment odieuse. L'adultère étoit la galanterie à la mode; il ne paroît pas même que ceux qui le pratiquoient, le regardassent comme autre chose que comme un bon tour que l'on jouoit aux maris. La cour, la ville étoient infectées de ce vice corrupteur, & l'on trouvoit bien plus naturel de violer les loix de l'union conjugale, que de vivre dans les liens d'un engagement libre, usage peut-être trop commun de nos jours, quoique moins odieux, moins corrupteur que l'autre, malgré les déclamations outrées de nos rigoristes aveugles.

Brantôme peint, dans une anecdote du duc d'Orléans, les habitudes dissolues du siècle, quoique l'événement soit antérieur au sien. « Ce prince étoit, » dit-il, un grand débaucheur des dames de la cour, » & des plus grandes: un matin, en ayant une » couchée avec lui, dont le mari par hasard » pour lui donner le bon jour, il cacha la tête de » cette dame, & lui en découvrit tout le corps, la » faisant voir & toucher nue à ce mari, à son » bel aise, avec défense, sous peine de la vie, » d'ôter le linge du visage.... & le bon fut que » le mari étant, la nuit d'après, couché avec sa » femme, lui dit que M. le duc d'Orléans lui avoit » fait voir la plus belle femme nue qu'il eût jamais » vue, mais quant au visage qu'il n'en savoit pas » dire, ayant toujours été caché sous le linge »: Brantôme ajoute: que de ce petit commerce naquit le bâtard d'Orléans, le comte Dunois.

Ses mémoires sont plein de traits de ce genre qui, annonçant une grande *corruption* morale dans les chefs de la nation, supposent une grande immoralité dans le reste. Et ce ne sont pas seulement des exemples d'un libertinage licite que Brantôme nous offre; tous les désordres de la prostitution des deux sexes y sont énoncés comme les passe-temps des grands seigneurs ; jusque-là que cette dépravation fut un des défauts principaux du malheureux Henri III.

Comment peut-on , après de pareilles peintures, dire que notre siècle est plus corrompu que le précédent ? que les vertus s'éteignent pour être remplacées par des vices ? que le libertinage est effréné & la licence outrée ? toutes ces plaintes ainsi alléguées en général peuvent bien avoir un air de sévérité qui séduit , parce qu'en général on aime tout ce qui est extrême ; mais lorsqu'on les compare aux excès des siècles précédens , elles perdent le mérite de la vérité , & rentrent dans la classe des déclamations oratoires.

Nous avons vu aux mots AIGUILLETTE , BESTIALITÉ , nous verrons à celui de PROSTITUTION des traits qui font connoître le libertinage grossier , la luxure brutale de nos ancêtres. Ils avoient sur-tout un défaut outrageant pour l'humanité & dont la douceur de nos mœurs nous préserve aujourd'hui , c'est qu'ils étoient les bourreaux des instrumens & des objets de leurs plaisirs , de leur luxure ; ils se croyoient en droit d'injurier par des institutions bêtes , par des peines infamantes les malheureuses victimes de leur incontinence. Rien n'étoit si opprimé , si injustement persécuté que les femmes , dans ces temps de perversité grossière. Ces hommes brutaux & débauchés se croyoient sotement autorisés à livrer à tous les genres d'opprobres celles qu'ils avoient séduites , débauchées, corrompues ; cette horreur morale règne encore en province où elle commence à s'éteindre. L'excès de la *corruption* est de sauver le corrupteur , & de faire retomber sur sa victime le châtiment du crime.

Si nous ne valons pas mieux que nos aïeux, sous quelque rapport ; nous avons du moins qu'eux cette hypocrisie de mœurs qui consiste à se parer d'une vertu qu'on n'a pas , pour accabler de la honte publique les êtres que nous sacrifions en secret à nos désordres ou à nos plaisirs. Il y a un excès de bassesse dans le vice qui est plus odieux que lui encore ; il y a , au contraire , une sorte de conduite franche , qui en le rendant personnel à celui qui le commet , semble lui ôter un des attributs méprisables qui le caractérisent.

Nous avons fait connoître au mot ARMÉE un genre de *corruption* qui a perdu de son intensité de nos jours , quoiqu'il en conserve encore trop ; enfin si nous avions à parler du clergé , nous ferions aisément voir qu'il est aujourd'hui de beaucoup supérieur en mœurs , en décence , en vertus philantropiques , à l'ancien clergé , malgré ce que nos déclamateurs puérils nous content du défaut de résidence , de sa noblesse & du luxe qu'on aime à lui reprocher ; comme si un prince de l'église devoit vivre comme un bedeau de paroisse , & que la mieux entendue de toutes les charités n'étoit point de verser son revenu dans les atteliers des arts , en y alimen-

tant tous les travaux qui peuvent assurer un salaire aux ouvriers & l'espérance d'une fortune aisée aux agens de la culture & de l'industrie.

Quelque chose que l'on dise, je sais qu'il sera néanmoins difficile de persuader à ceux que l'habitude & les sens conduisent , qu'il est plus utile à l'état , qu'un évêque ait un carosse , & fasse bâtir une maison décorée , que de nourrir cent ou deux cents fainéans dans son diocèse ; je sais qu'on regardera comme une chose monstrueuse , qu'on n'emploie pas les revenus de l'église , à soudoyer l'armée , & à bâtir des dépôts de mendicité ; je sais qu'on criera toujours que le luxe est une chose affreuse , un vampire , un gouffre , un monstre , & autres sotises qui ne prouvent rien.

Mais moi, qui sais qu'une des causes du bonheur public , est l'activité des travaux, la circulation du numéraire , la richesse des petites familles plébéiennes , la facilité des consommations qui alimentent la culture , & que de toutes les habitudes sociales , le goût du luxe est celle qui produit plus sûrement ces effets, par la grande dépense qu'il entraîne , par la multitude de bras qu'il met en mouvement , & la valeur qu'il donne à des objets qui n'en auroient pas ; je ne crois pas devoir répondre à ces objections, le fait y répond pour moi , & d'ailleurs *Voyez* LUXE.

Mais ce n'est pas seulement du côté des habitudes libertines , que nous avons gagné sur nos ancêtres, en nous dépouillant de cette grossière & brutale luxure , qui est plutôt un péché qu'une foiblesse , un crime qu'un vice de l'humanité. Nous avons plus qu'eux , des qualités sociables & pacifiques qui ont répandu dans la société , une douceur & des charmes qu'ils ne connoissoient pas , & auxquels , à l'exception peut-être d'un petit nombre, ils auroient été insensibles.

D'abord , je vois la tolérance , cet effroi des fanatiques , & cet espoir de la philosophie , contre laquelle les sots déclament par habitude , comme les chiens aboient contre la lune , par impuissance ou par haine. Nous devons aux lumières de la raison , à la douceur de nos mœurs , à l'esprit de justice qui s'est fait connoître dans ce siècle , cette heureuse révolution. Si l'on croit encore qu'on peut obliger le citoyen à ne pratiquer d'autre culte extérieur que celui de l'état , du moins on ne violente plus ses idées ; on ne scrute plus dans son cœur , & l'on le laisse libre à adorer Dieu , chez lui comme il lui plaît , & d'en penser ce que chez lui lui dicte sa raison.

Cela ne veut pas dire qu'il n'y a plus de religion, comme les ames foibles ou fausses voudroient le faire accroire ; cela veut dire qu'elle est rappellée à son véritable esprit , à l'esprit de douceur , de tolérance pour tous les hommes qui sont également les enfans du même Dieu & les habitans du même globe.

La religion est plus grande, plus sainte aujourd'hui que jamais, si je peux me servir de cette expression. Elle n'est plus infectée d'une foule de superstitions, de petitesses, fruits de l'ignorance & de l'aveuglement de nos pères. Aujourd'hui la foi est éclairée, & par cela seul que son objet est connu, on doit la regarder comme la base de l'empire & le fondement du bonheur particulier. *Voyez* RELIGION.

A la tolérance religieuse, nous avons joint celle de nos mœurs; c'est-à-dire que nous avons su distinguer les fautes purement morales des crimes réfléchis, les foiblesses du cœur, des trahisons, des complots formés contre la justice ou la société. C'est cette sagesse de discernement, qui nous rapproche tous les jours des sentimens de pitié, de protection, d'équité qu'on doit avoir pour les bâtards, les filles-mères, & qui nous conduira enfin à rendre aux uns & aux autres, les droits que le rigorisme antique, & de vieilles erreurs leur ont ôtés.

Le despotisme paternel est moins scandaleux aujourd'hui que dans ce temps d'erreur, où un père se croyoit le maître de ses enfans, comme de son château ou de sa chaumière. Les attentats commis par ce despotisme, sont plus rares, les haines, les soupçons, les vengeances qu'il faisoit naître, moins communs, la société plus heureuse & par conséquent les mœurs domestiques moins dépravées, malgré les prétentions contraires des esprits chagrins, qui veulent absolument qu'il n'y ait plus de vertu dans les familles, depuis que les pères ne sont plus les tyrans nés de leurs enfans; comme si la vertu pouvoit s'allier avec l'esclavage, & qu'un esclave volontaire ne soit pas toujours un imbécille ou un fripon.

Le génie duelliste s'est perdu, on ne se bat plus contre ses frères que dans des cas très-rares; encore regarde-t-on cette nécessité bien plus comme un malheur que l'on déplore, que comme une action dont on ait à se glorifier. Il ne s'ensuit pas de là que la pusillanimité soit le caractère de notre siècle: je ne citerai des événemens récens; l'on pourra facilement se convaincre que les françois d'aujourd'hui & même tous les peuples policés de l'Europe, quoique moins féroces sont plus réellement courageux que nos antiques chevaliers hardés de fer, & combattant pour l'honneur des dames.

Sur-tout la philantropie a donné à nos mœurs cette douce sensibilité, ce penchant à tous les genres de bienfaisance, cette générosité spontanée qui ne connoît point de distinction, & tend à secourir l'homme malheureux de quelque rang, condition, secte ou religion qu'il soit. Elle est une production de notre siècle & les progrès qu'elle a faits depuis cinquante ans, surpasse tout ce qu'on nous rapporte de la bienfaisance de nos ancêtres. C'est elle qui, secondant le véritable esprit de la religion, a inspiré la haine de l'esclavage & le desir

d'en affranchir ce peuple malheureux que nous transportons d'Afrique pour cultiver nos colonies; c'est encore elle qui a multiplié ces nombreux monumens élevés à l'humanité souffrante, ou persécutée.

Tous les écrivains philosophes ont, avec raison, regardé la diminution de population, sans causes physiques ou politiques, comme une preuve de la détérioration morale des hommes, comme une marque de l'aversion pour le mariage, pour l'éducation des enfans & les sentimens paternels, enfin comme le signe d'une *corruption* de mœurs plus ou moins active. Si cette observation est juste, comme on ne sauroit en douter, il faut conclure que nos mœurs sont moins corrompues qu'autrefois, car on ne peut révoquer en doute qu'il n'y ait en France une augmentation sensible dans la population depuis un siècle, que cette augmentation ne croisse tous les jours, & que la mortalité des enfans ne soit moins grande par les soins que les parens en prennent dans les villes, surtout dans Paris, dont nos déclamateurs veulent faire le foyer de *corruption* de la France.

Car c'est encore une remarque qu'on doit faire en faveur des mœurs actuelles, que l'éducation, soit physique, soit morale des enfans est devenue, chez le peuple même, un des premiers soins, des occupations des parens. Les mères ont pour eux plus d'égards, des soins plus tendres, plus éclairés; ces petites créatures ne sont plus, autant qu'autrefois, livrées à une foule de châtimens, de punitions, effets de la mauvaise humeur & de la dureté de leurs parens. Les mœurs domestiques se sont adoucies, & les enfans ont été les premiers à s'en sentir; nouvelle preuve d'une amélioration sensible dans les mœurs, & qu'on ne doit pas rejeter avec dédain, sous prétexte qu'elles ne portent pas les caractères d'une réforme sévère & fanatique.

Des mœurs fanatiques sont dangereuses, même lorsqu'elles sont vertueuses, parce que l'esprit de l'homme facile à s'égarer, porté à changer, peut donner à son fanatisme un autre objet, se croire vertueux lorsqu'il ne seroit qu'intolérant, par lorsqu'il ne seroit que sévère, éclairé lorsqu'il ne seroit qu'exalté, & plonger ainsi la société entière dans un état de gêne & de contrainte odieuse. C'est ce qui s'est vu sous Cromwel, c'est ce qu'offrit d'abord la réforme dans quelques villes protestantes. Mais cette position violente ne pouvant subsister, parce que la société n'a de durée que par la paix, la douceur, la bienfaisance; cette rigueur outrée s'est anéantie pour faire place à des vertus douces, à une morale humaine & généreuse. Il en est de même chez nous: aux atrocités des guerres civiles, des troubles de religion, ont succédé des habitudes paisibles, l'étude des arts, des manufactures, & un genre de vie très-favorable au progrès des lumières, du bonheur & de la population.

Il est vrai qu'au milieu de ces vertus bienfaisantes

& des mœurs qui diſtinguent notre ſiècle, on re-trouve des défauts qui en terniſſent l'éclat. Une grande avidité de s'enrichir, l'eſprit d'intérêt & les petiteſſes qui l'accompagnent. Le peuple conſerve encore une teinte de barbarie, un levain de féro-cité, qui le ſépare des claſſes éclairées de la ſociété & en fait quelquefois le fléau & le deſtructeur de l'ordre public.

Mais ces vices de l'état ſocial exiſtoient de même autrefois, ils avoient peut-être une intenſité, une activité qu'ils n'ont pas aujourd'hui, quoiqu'ils ſe reproduiſent ſouvent ſous les formes les plus hideu-ſes & les plus déplorables.

Mais c'eſt au défaut de jugement du gouverne-ment qu'on doit ce reſte de barbarie, cette féro-cité monſtrueuſe dans le peuple. Je l'ai dit cent fois, on ſemble s'être bien plutôt occupé de reprendre en lui des défauts de mœurs, des écarts de libertinage, on a plus ſévi contre ce manque de conduite, que contre les paſſions féroces qui lui plaiſent & qu'on alimente encore par cent inſtitutions cruelles & ſanguinaires.

La perfection de la morale eſt la douceur, la tolérance, l'humanité : c'eſt à inſpirer toutes ces vertus au peuple même par les moyens les plus méchaniques, parce qu'ils ſont ſouvent les plus ſûrs, qu'on doit tendre ; & non à exalter en lui le goût du ſang & de l'inſenſibilité naturelle.

On parviendroit facilement à ce but en accordant au peuple ce qu'on veut lui refuſer, des ſpectacles, des théatres, où la généroſité, la douceur, la bonté ſeroient miſes en ſcène, & non des combats barbares, où la vie des animaux prodiguée & cruelle-ment ſacrifiée à des amuſemens révoltans ſont, pour la multitude, des écoles de crimes & de meurtres (1).

Le moyen d'arrêter la *corruption* des mœurs ſe-roit donc d'abord de chercher à les adoucir. Nous avons indiqué quelques moyens plus ou moins ſûrs de l'effectuer. Il en eſt un d'une efficacité reconnue : c'eſt la religion, comme ſource de paix, de vertu, de bienfaiſance ; elle peut produire des prodiges, & ce ſeroit un grand malheur que les adminiſtra-teurs ſuprêmes des états s'ôtaſſent, par une mépriſe quelconque, ce grand principe d'ordre, cette co-lonne de l'ordre ſocial.

Je regarde la religion comme la morale naturelle de tous les hommes, comme la magiſtrature du peuple, & les miniſtres qui ſont chargés de la faire reſpecter, aimer & chérir, doivent être regardés comme de grands ennemis du bien public, lorſqu'en la défigurant par des ſuperſtitions, des attributs ri-

dicules, ils la rendent vile aux yeux des hommes, ou la font paſſer pour une inſtitution purement à l'avantage du ſacerdoce.

L'éducation eſt encore un grand moyen de régler les mœurs, ou plutôt d'habituer les hommes à n'en avoir que de douces, de bienfaiſantes, de pacifi-ques. Mais cette éducation doit être autant morale qu'il eſt poſſible, elle doit dreſſer l'homme à trem-bler devant la loi, & à ne voir rien au-deſſus d'elle. Ces grandes idées éloignent naturellement de la baſſeſſe, de la turpitude des ames accoutumées de bonne heure au langage de la vertu. Je n'adopterois donc pas toujours le projet d'un écrivain qui vou-lant former le peuple, c'eſt-à-dire, comme il l'en-tend, la partie pauvre de la ſociété, propoſe uni-quement de lui donner une forte conſtitution phy-ſique ſans trop s'embarraſſer de dreſſer ſon cœur aux ſentimens doux & pacifiques qu'exigent les habi-tudes ſociales.

Un autre moyen de perfection morale ſeroit la diminution de l'extrême inégalité des fortunes ; mais ce bien ne ſauroit s'opérer ni par des loix ſomp-tuaires, ni par des voies de rigueur. Il n'y a que l'action lente & continue des travaux, de l'induſ-trie, des révolutions de la propriété qui puiſſe opérer cela ; il n'y a qu'une adminiſtration ſage, éclairée toujours attentive à l'égale répartition des charges publiques qui puiſſe en venir à bout ; encore n'eſt-ce que lentement & dans une progreſſion inſenſible.

L'admiſſion des citoyens de tous les ordres au partage des fonctions politiques peut encore, en élevant les eſprits, en les formant aux vues de bien commun, épurer les mœurs & leur donner une tendance plus marquée vers la perfection ſo-ciale. Mais auſſi ce moyen donne quelquefois à la morale publique une roideur, une ſévérité qui, dans les commencemens d'une révolution, font de tous les citoyens autant de rigoriſtes, je dirai preſque de fanatiques, extrêmes dans leurs deſirs & tyranniques dans leur conduite.

L'étude des lettres, le goût des arts, la culture des talens ſont autant d'heureux reſſorts qui perfec-tionnent les mœurs, les adouciſſent, leur donnent toutes les qualités qui peuvent les rendre favorables aux progrès de la raiſon, de la juſtice & du bon-heur.

De tous les moyens qu'un légiſlateur peut mettre en pratique pour civiliſer, c'eſt-à-dire adoucir les mœurs d'un peuple qu'une féroce *corruption* dé-grade, les établiſſemens en faveur des lettres, des ſavans, des artiſtes ; ceux qui peuvent répandre

---

(1) J'inſiſte ſur cét objet de police, parce qu'il eſt infiniment plus eſſentiel qu'on ne croit, & que les ſcènes de mal-heurs & de ſang dont nous avons été témoins, ſont ſouvent plus l'effet de l'organiſation montée au meurtre, que de toute autre cauſe rationelle.

l'instruction dans toutes les classes de la société, font les plus généralement sûrs dans leur exécution si l'on en excepte cependant les principes de la morale religieuse, ce trésor inépuisable de paix & de bonheur public.

Après ces légères réflexions sur la *corruption* des mœurs & les moyens de la détruire ou de la prévenir, dans une grande nation, nous dirons deux mots de l'influence de cette même *corruption* sur la police sociale, & des effets d'une morale pure & bienfaisante sur la puissance politique & le bien général.

Lorsque par le mépris des mœurs & des principes qui en font la base, les ames se sont habituées aux vices, à la dépravation dans tous les genres, alors les liens de l'ordre se relâchent, les loix perdent de leur majesté aux yeux du peuple, les agens du pouvoir souverain, infectés eux-mêmes de la contagion universelle, substituent l'autorité de leur crédit, de leur personne, à celle qu'ils tiennent de leur magistrature, & une tyrannie incohérente prend la place de la justice & de l'équité. On détourne la vue des choses pour ne les fixer que sur les hommes; la société semble alors être dans une guerre intestine avec chacun des membres qui la composent. Cette lutte, cette anarchie d'idées, font de la police un gouvernement arbitraire, une machine ingénieusement combinée pour assurer les intérêts d'un petit nombre contre le bien de tous, & l'ordre public ne se trouve fondé que sur des bases incertaines, vacillantes, qui une fois renversés, ouvrent la porte à des scènes de malheur & d'oppression. Tels sont les effets des mœurs féroces & corrompues sur la société & sur les loix de police qui doivent la gouverner.

Une morale pure & bienfaisante produit des effets contraires. J'entends par une morale pure, celle qui ne respire que la douceur, & par bienfaisante celle qui n'a pour objet que le bonheur de tous les membres de la société. Sous son règne, si les ames n'ont pas toujours cette trempe robuste qui les porte aux grandes actions, elles ont le goût de toutes les vertus qui mènent au bien; si elles marquent une tendance générale à la volupté, aux plaisirs, du moins ces inclinations ne portent aucun caractère de destruction, elles n'ôtent rien de leur respect aux loix, de sa force à l'ordre public. Tous les arts qui embellissent la vie, toutes les habitudes qui l'honorent, sont les fruits de cette morale; & comme la paix, la tranquillité, la bienfaisance la caractérisent sur-tout, elle réunit tout ce qu'il faut pour assurer l'édifice social & le bien général. Son influence n'est pas moindre dans les familles, sur les qualités domestiques & l'honneur qu'exige le commerce habituel de la vie.

C'est donc à rendre les mœurs douces & bienfaisantes qu'on doit tendre, c'est le seul moyen d'en détruire la *corruption*, je dis la *corruption* réelle

& absolue; les loix somptuaires, les règlemens coercitifs, l'intolérantisme ne peuvent qu'irriter les ames, les rendre fausses & pleines d'un fanatisme féroce, le pis de tous les fléaux publics.

CORTÈS, s. m. pluriel. On nomme ainsi l'assemblée des états de Castille & de l'Arragon.

L'autorité législative réside dans les *cortès* comme assemblée nationale. Ils ont toujours été composés des nobles, des ecclésiastiques en dignité & des représentans des villes.

Cette assemblée, qui depuis long-temps n'a pas été convoquée, est très-ancienne, & son origine remonte à l'établissement de la constitution même. Les membres des trois différens ordres qui ont droit de suffrage s'assembloient en un endroit, délibéroient en corps collectif, & leurs décisions étoient formées par l'avis du plus grand nombre. Le droit de lever des impôts, de faire des loix, & de réformer les abus appartenoit à ces assemblées, & afin de s'assurer du consentement royal, pour donner force de loi aux statuts & règlemens qu'on jugeoit nécessaires ou utiles au royaume, les *cortès* avoient coutume de ne délibérer sur les subsides demandés par le prince, qu'après avoir terminé toutes les affaires qui intéressoient le public.

Il paroît que les représentans des villes ont eu place de très-bonne heure dans les états de Castille, & qu'ils ont acquis promptement un degré d'autorité & de crédit très-extraordinaire dans un temps où la puissance & le faste de la noblesse avoient éclipsé ou asservi toutes les autres classes de citoyens. Le nombre des députés des villes ou des communes, étoit si considérable, en proportion de celui des autres ordres, qu'ils ne pouvoient manquer d'avoir beaucoup d'influence dans les états.

Par les lettres adressées aux villes pour la convocation des *cortès*, en 1390, on voit que quarante-huit villes y envoyèrent des députés, & que leur nombre montoit à cent vingt-cinq. Cependant en 1505, aux états convoqués par Ferdinand, après la mort d'Isabelle, pour s'assurer la couronne de Castille, on voit qu'il n'y eut que dix-huit députés des villes.

Il n'est pas aisé de connoître la raison de cette différence, si ce n'est peut-être qu'en Castille, comme en France, il n'y avoit rien de constitutionnellement décidé sur la forme de l'assemblée des états, & le droit d'y assister.

Si jamais l'Espagne cherche à sortir de l'état de stupeur & de pauvreté où elle est, sans doute qu'elle s'occupera de la formation d'une assemblée organisée sur des bases solides. Ce grand royaume, composé d'une foule d'autres petits, a besoin de cette régénération, & la France qui lui en offre le modèle dans ce moment, pourra lui donner des lumières qui

qui

qui abrégeront l'ouvrage de fa conftitution, lorf-qu'elle voudra s'en donner une.

COTERIE, f. f. Affemblée dont l'objet eft l'inftruction ou l'amufement de ceux qui la compofent.

Les *coteries* diffèrent de toutes autres affemblées où l'on fe propofe quelqu'objet déterminé à traiter, ou une adminiftration quelconque à furveiller : l'on peut ajouter que les frais en font fupportés & payés par les membres même, au lieu qu'en général dans les affemblées, ce font ceux pour les affaires de qui l'on s'affemble, qui paient ces mêmes frais ; en un mot la *coterie* n'a pour objet que ceux qui la compofent, & l'affemblée a prefque toujours pour but des intérêts qui lui font étrangers où du moins communs avec ceux du public.

Depuis quelques années, le nombre des *coteries* s'eft prodigieufemeut accru en France, & fur-tout à Paris ; fous le nom de *club* on les a vu prendre de la confiftance, & former des corps affez confidérables. Ce goût nous eft venu principalement des anglois ; c'eft à leur imitation que la capitale ou plutôt une certaine claffe de citoyens ont donné naiffance à ces établiffemens. Le befoin de parler, d'apprendre des nouvelles, d'en dire, d'avoir un centre de ralliement pour être au courant des lumières & des affaires, en ont été le motif, & ce nouveau genre de vie a influé fenfiblement fur le caractère parifien : c'eft ce que nous examinerons après avoir dit un mot des *coteries* angloifes & genevoifes ; nous ferons auffi quelques remarques fur les rapports qui font entre ces affemblées & les foins du magiftrat de police.

L'établiffement des clubs ou *coteries* angloifes tient au caractère national, qui en garantit la perpétuité. Elles fe tiennent entre amis, qui s'étant connu de bonne heure & s'étant éprouvés, font unis par la conformité de goûts, de vue & de manière de penfer. Ces *coteries* leur rempliffent tout le befoin qu'a l'homme de la fociété de fes femblables.

Les affaires d'intérêts & de religion entrent pour beaucoup dans ces liaifons concentrées : c'eft une efpèce de franc-maçonnerie. On y obferve pour ftatuts fondamentaux, les devoirs les plus exacts de l'amitié. Cette fraternité réunit fouvent différentes religions, mais jamais des factions oppofées fur les affaires publiques : tant il eft vrai, fuivant la penfée d'un de nos plus grands moraliftes, » qu'il » y a peu de nos amitiés qui ne tiennent quelque » chofe de la cabale ». (*Nicole, Penfées diverfes* (1)).

Il y a des *coteries* fixes à Londres, qui fe tiennent dans les cafés & dans les tavernes à heures & jours déterminés : la bière, le thé, le café, des pipes & du tabac aident à y tuer le temps. On ne paie pas à chaque fois : le maître du café ou de la taverne tient regiftre des féances & de la dépenfe.

Il en eft d'autres entre gens aifés : elles s'affemblent chez ceux qui les compofent, s'ils font célibataires, ou fi étant mariés, ils font fûrs que leurs femmes le trouveront bon, & qu'elles voudront bien les laiffer libres. Celui qui tient l'affemblée donne les rafraîchiffemens.

La plupart de ces *coteries* ont un préfident au choix duquel on procède par acclamation ou par fcrutin pour un temps déterminé, à l'expiration duquel on fait une nouvelle élection. La place du préfident eft au haut bout de la table, fur un fiège dont le doffier, plus haut que celui des autres, eft orné de quelques reliefs dorés, le plus fouvent relatifs aux objets dont la *coterie* s'occupe de préférence.

On eft rangé autour d'une table ronde, chargée de vins de différentes efpèces, de thé, de café, & de tout le fervice néceffaire pour ces différentes boiffons ; chacun en ufe à fa fantaifie & autant qu'il lui plaît : l'attention du maître de la maifon fe borne à faire renouveller les boiffons qui viennent à manquer.

La converfation roule au hafard fur différens fujets, dont chacun occupe le tapis tant que quelqu'un de la compagnie a quelque chofe à en dire ; celui qui tient la parole parlant autant que la matière lui fournit, fans crainte d'être interrompu par ceux qui fortent ni par ceux qui furviennent. Un furvenant prend en filence la première place qu'il trouve à remplir, fur-tout auprès de celui qui parle, ou il s'arrange derrière le cercle, après avoir falué l'affemblée d'un léger coup de tête que lui rendent ceux à la portée defquels il fe rencontre : les gens qui fortent s'épargnent, & à leurs voifins, même le cou de tête.

Le fujet que l'on traite n'amène pas toujours celui qui fuit ; ils font fouvent féparés par un intervalle de filence plus ou moins long, tous les affiftans fe regardant alors & réfléchiffant, le menton communément appuyé fur la pomme de la canne, à laquelle la main fert de couffinet. Ce filence fe rompt, ou par la continuation du même propos, ou par quelque chofe qui y a de l'affinité, & très-fouvent par l'ouverture d'un nouveau abfolument difparate & auquel on paffe fans tranfition.

---

(1) C'eft qu'en effet l'amitié ne peut être, entre perfonnes d'un même fexe, qu'un également de l'inftinct, ou un intérêt déguifé, ou un effet machinal, mais très-impérieux, de l'habitude de fe donner & recevoir des fecours. Dans tous ces cas, excepté le premier, ce n'eft point la perfonne qu'on aime d'amitié, mais ce qu'on en reçoit ou ce qu'on en attend. Il n'y a que l'amour qui uniffe les perfonnes ; de là les défordres de l'amitié focratique.

Entre favans, artiftes, miniftres, les affaires publiques fourniffent le plus communément la matière de la converfation : chaque anglois en eft au moins auffi occupé que les miniftres d'état ; & cela dans le peuple & chez le payfan même, qui s'y intéreffe autant que tous ceux qui y ont l'intérêt le plus direct. Les propos joyeux n'ont guère lieu dans ces fociétés : l'anglois femble ne fe délaffer de l'attention qu'en réfléchiffant ; il ne connoît en général que ce moyen de détendre les organes de la penfée, le jeu même eft pour lui une matière à réfléchir & ne l'amufe que par cela.

Dans les *coteries* où le choix eft décidé par goût pour le jeu, la réflexion n'abandonne pas ceux même qui perdent le plus, ces pertes altèrent à peine la phyfionomie des joueurs.

Les anglois profonds, violens dans toutes leurs paffions, portent celle du jeu à l'extrême. Il n'eft pas rare de voir des feigneurs très-riches qui s'y font ruinés ; d'autres prennent fur leurs affaires, fur leur repos & fur leur fanté le temps qu'ils y donnent.

Le plus bas peuple a auffi fes *coteries*. Elles font compofées d'ouvriers, de charpentiers, de maçons, à la tête defquels eft un préfident qui diftribue affez ordinairement le temps avec une fablière. Chaque membre a pour parler un certain temps, paffé lequel il doit fe taire ; ce que le préfident indique par un coup de marteau qu'il frappe fur le bras de la chaife qui lui fert de fiege. Ces *coteries* populaires font femi-publiques. Toute perfonne y eft admife tant qu'il y a place, moyennant une certaine fomme, comme un demi-cheling, pour lequel on vous fert une pinte de bière.

Les affaires publiques, celles même de religion, partagent les attentions & les réflexions de ces *coteries*, où s'agitent fouvent de nouveau les objets les plus controverfés au parlement. Il s'y dit quelquefois de fort bonnes chofes ; fur-tout les mines y font admirables.

Les femmes n'ont point entrée dans toutes ces *coteries* : elles s'en dédommagent par des *coteries* entr'elles, où, dit-on, elles traitent auffi des affaires d'état : fur quoi on rapporte une anecdote du lord Tyrconnel, affez plaifante.

Ce feigneur, élevé en France, étoit venu pour la première fois en Angleterre, à l'âge de trente ans. Avec une pleine connoiffance de l'anglois, il vit & entendit les anglois chez eux & dans leurs *coteries*. Las de n'avoir entendu parler que politique dans toutes les maifons & dans toutes les affemblées qu'il

avoit vues pendant deux mois, il avoit fait arranger un fouper de *filles* dans un bagno ; mais à peine étoit-on à table que la converfation fut mife, par ces filles elles-mêmes, fur un objet dont la difcuffion, très-intéreffante pour la nation, partageoit alors le parlement. Les filles fe partagèrent auffi. L'amphytrion qui leur donnoit à fouper fit de vains efforts pour les ramener à des objets amufans ; elles n'en démparèrent pas : excédé, il quitta fa patrie & reprit la route de la France (1).

J. Jacques Rouffeau regardoit les *coteries* comme des moyens propres à entretenir les bonnes mœurs & l'efprit patriotique. Le grand fens de cet illuftre écrivain mérite confidération, & l'on ne peut pas légèrement juger une matière qui a mérité fon fuffrage ; ainfi l'on nous faura gré, fans doute, de rapporter ce qu'il dit à ce fujet dans fa lettre à M. d'Alembert.

« Il y a, dit-il, des *coteries* établies à Genève fous le nom de *cercles*. Cet ufage eft ancien parmi nous, quoique fon nom ne le foit pas. Les *coteries* exiftoient dans mon enfance fous le nom de *fociétés* ; mais la forme en étoit moins bonne & moins régulière. L'exercice des armes qui nous raffemble tous les printemps, les divers prix qu'on tire une partie de l'année, les fêtes militaires que ces prix occafionnent, le goût de la chaffe commun à tous les genevois, réuniffant fréquemment les hommes, leur donnoient occafion de former entr'eux des fociétés de table, des parties de campagne & enfin des liaifons d'amitié ; mais ces affemblées n'ayant pour objet que le plaifir & la joie ne fe formoient guère qu'au cabaret. Nos difcordes civiles, où la néceffité des affaires obligeoit de s'affembler & de délibérer de fang-froid, firent changer ces fociétés tumultueufes en des rendez-vous plus honnêtes. Ces rendez-vous prirent le nom de *cercles* ; & d'une fort trifte caufe font fortis de très-bons effets ».

» Ces cercles font des fociétés de douze ou quinze perfonnes qui louent un appartement commode qu'on pourvoit, à frais communs, de meubles & de provifions néceffaires. C'eft dans cet appartement que fe rendent, tous les après-midi, ceux des affociés que leurs affaires ou leurs plaifirs ne retiennent point ailleurs. On s'y raffemble, & là chacun fe livrant fans gêne aux amufemens de fon goût, on joue, on caufe, on lit, on fume. Quelquefois on y foupe, mais rarement ; parce que le genevois eft rangé, & fe plaît à vivre avec fa famille. Souvent auffi l'on va fe promener enfemble, & les amufemens qu'on fe donne font propres à rendre & maintenir le corps robufte.

(1) Le lord Tyrconnel n'eût pas été plus heureux chez nous dans ce moment ; l'intérêt qu'infpire à tout le monde l'état de la nation, entretien dans nos bagnos, auffi bien que dans ceux de Londres, la loquacité politique, &, quelquefois des rixes auxquelles ces dames prennent, comme les angloifes, beaucoup de part.

» Les femmes & les filles de leur côté se rassemblent par sociétés, tantôt chez l'une, tantôt chez l'autre. L'objet de cette réunion est un petit jeu de commerce, un goûter, & comme on peut bien croire, un intarissable babil. Les hommes, sans être fort sévèrement exclus de ces sociétés, s'y mêlent assez rarement ; & je penserois plus mal encore de ceux qu'on y voit toujours, que de ceux qu'on n'y voit jamais ».

Après avoir présenté les *coteries* d'hommes & de femmes de cette manière, Rousseau les justifie contre les plaisanteries qu'on pourroit en faire, ou les abus & inconvéniens qu'on pourroit y trouver; écoutons-le.

Il divise son éloquent plaidoyer en trois parties; 1°. il motive la séparation des sexes dans les états *coteries* genevoises; 2°. il fait sentir le but moral de celles des femmes seules; 3°. il répond aux objections contre les cercles d'hommes.

» Suivons les indications de la nature, consultons le bien de la société ; nous trouverons que les deux sexes doivent se rassembler quelquefois, & vivre ordinairement séparés. Je l'ai dit tantôt par rapport aux femmes, je le dis maintenant par rapport aux hommes. Ils se sentent autant & plus qu'elles de leur trop intime commerce ; elles n'y perdent que leurs mœurs, & nous y perdons à la fois nos mœurs & notre constitution ; car ce sexe plus foible, hors d'état de prendre notre manière de vivre trop pénible pour lui, nous force de prendre la sienne trop molle pour nous, & ne voulant point souffrir de séparation, faute de pouvoir se rendre hommes, les femmes nous rendent femmes.

» Cet inconvénient qui dégrade l'homme est très-grand par-tout ; mais c'est sur-tout dans les états comme le nôtre qu'il importe de le prévenir. Qu'un monarque gouverne des hommes ou des femmes, cela lui doit être assez indifférent pourvu qu'il soit obéi ; mais dans une république, il faut des hommes.

» Les anciens passoient presque leur vie en plein air, ou vacant à leurs affaires, ou réglant celles de l'état sur la place publique, ou se promenant à la campagne, dans les jardins, au bord de la mer, à la pluie, au soleil, & presque toujours tête nue. A tout cela, point de femmes ; mais on savoit bien les trouver au besoin, & nous ne voyons point par leurs écrits & par les échantillons de leur conversations qui nous restent, que l'esprit, ni le goût, ni l'amour même, perdissent rien à cette réserve. Pour nous, nous avons pris les manières toutes contraires : lâchement dévoués aux volontés du sexe que nous devrions protéger & non servir, nous avons appris à le mépriser en lui obéissant, à l'outrager par nos soins railleurs ; & chaque femme de Paris rassemble dans son appartement un sérail d'hommes plus femmes qu'elle, qui savent rendre à la beauté toutes sortes d'hommages, hors celui du cœur dont elle est digne. Mais voyez ces hommes mêmes toujours contraints dans ces prisons volontaires, se lever, se ras-

seoir, aller & venir sans cesse à la cheminée, à la fenêtre, prendre & poser cent fois un écran, feuilleter des livres, parcourir des tableaux, tourner, pirouetter par la chambre, tandis que l'idole étendue sans mouvement dans sa chaise longue, n'a d'actif que la langue & les yeux. D'où vient cette différence, si ce n'est que la nature qui impose aux femmes cette vie sédentaire & casanière, en prescrit aux hommes une toute opposée, & que cette inquiétude indique en eux un vrai besoin ? Si les orientaux que la chaleur du climat fait assez transpirer, font peu d'exercice & ne se promènent point, au moins ils vont s'asseoir en plein air & respirer à leur aise ; au-lieu qu'ici les femmes ont grand soin d'étouffer leurs amis dans de bonnes chambres bien fermées.

» Si ce soin de contrarier la nature est nuisible aux corps, il l'est encore plus à l'esprit. Imaginez quelle peut être la trempe de l'ame d'un homme uniquement occupé de l'importante affaire d'amuser les femmes, & qui passe sa vie entière à faire pour elles ce qu'elles devroient faire pour nous, quand épuisés de travaux dont elles sont incapables, nos esprits ont besoin de délassemens. Livrés à ces puériles habitudes, à quoi pourrions-nous jamais nous élever de grand ? Nos talens, nos écrits se sentent de nos frivoles occupations : agréables, si l'on veut, mais petits & froids comme nos sentimens, ils ont pour tout mérite ce tour facile qu'on n'a pas grand peine à donner à des riens. Ces foules d'ouvrages éphémères qui naissent journellement n'étant faits que pour amuser des femmes, & n'ayant ni force ni profondeur, volent tous de la toilette au comptoir. C'est le moyen de récrire incessamment les mêmes, & de les rendre toujours nouveaux. On m'en citera deux ou trois qui serviront d'exceptions ; mais moi j'en citerai cent mille qui confirmeront la règle. C'est pour cela que la plûpart des productions de notre âge passeront avec lui, & la postérité croira qu'on fit bien peu de livres, dans ce même siècle où l'on en fait tant.

» Il ne seroit pas difficile de montrer qu'au lieu de gagner à ces usages, les femmes y perdent. On les flatte sans les aimer, on les sert sans les honorer ; elles sont entourées d'agréables, mais elles n'ont plus d'amans ; & le pis est que les premiers, sans avoir les sentimens des autres, n'en usurpent pas moins tous les droits. La société des deux sexes, devenue trop facile, a produit ces deux effets ; & c'est ainsi que l'esprit général de la galanterie étouffe à la fois le génie & l'amour.

» Nos cercles conservent encore parmi nous quelque image des mœurs antiques. Les hommes entr'eux, dispensés de rabaisser leurs idées à la portée des femmes & d'habiller galamment la raison, peuvent se livrer à des discours graves & sérieux sans crainte du ridicule. On ose parler de patrie & de vertu sans passer pour rabâcheur, on ose être soi-même sans s'asservir aux maximes d'une caillette. Si le tour de la conversation devient moins poli,

les raifons prennent plus de poids ; on ne fe paie
point de plaifanterie, ni de gentilleffe. On ne fe
ménage point dans la difpute : chacun fe fentant
attaqué de toutes les forces de fon adverfaire, eft
obligé d'employer toutes les fiennes pour fe défendre ; voilà comment l'efprit acquiert de la jufteffe
& de la vigueur. S'il fe mêle à tout cela quelque
propos licencieux, il ne faut point s'en effaroucher :
les moins groffiers ne font pas toujours les plus
honnêtes, & ce langage un peu rustaut eft préférable encore à ce ftyle plus recherché dans lequel les
deux fexes fe féduifent mutuellement & fe famili a-
rifent décemment avec le vice. La manière de vivre,
plus conforme aux inclinations de l'homme, eft auffi
mieux affortie à fon tempérament. On ne refte point
toute la journée établi fur une chaife. On fe livre à
des jeux d'exercice, on va, on vient, plufieurs
cercles fe tiennent à la campagne, d'autres s'y rendent. On a des jardins pour la promenade, des cours
fpacieufes pour s'exercer, un grand lac pour nager,
tout le pays ouvert pour la chaffe ; & il ne faut pas
croire que cette chaffe fe faffe auffi commodément
qu'aux environs de Paris où l'on trouve le gibier
fous fes pieds & où l'on tire à cheval. Enfin ces
honnêtes & innocentes inftitutions raffemblent tout
ce qui peut contribuer à former dans les mêmes
hommes des amis, des citoyens, des foldats, &
par conféquent tout ce qui convient le mieux à un
peuple libre.

» On accufe d'un défaut les fociétés des femmes,
c'eft de les rendre médifantes & fatyriques ; & l'on
peut bien comprendre, en effet, que les anecdotes
d'une petite ville n'échappent pas à ces comités
féminins ; on penfe bien auffi que les maris abfens
y font peu ménagés, & que toute femme jolie &
fêtée n'a pas beau jeu dans le cercle de fa voifine.
Mais peut-être y a-t-il dans cet inconvénient plus de
bien que de mal, & toujours eft-il inconteftablement
moindre que ceux dont il tient la place : car lequel
vaut mieux qu'une femme dife avec fes amies du
mal de fon mari, ou que, tête à tête avec un homme,
elle lui en faffe ; qu'elle critique le défordre de fa
voifine, ou qu'elle l'imite ? Quoique les genevoifes
difent affez librement ce qu'elles favent, & quelquefois ce qu'elles conjecturent, elles ont une véritable horreur de la calomnie, & l'on ne leur entendra jamais intenter contre autrui des accufations
qu'elles croient fauffes ; tandis qu'en d'autres pays,
les femmes, également coupables par leur filence &
par leurs difcours, cachent de peur de repréfailles le
mal qu'elle favent, & publient par vengeance celui
qu'elles ont inventé.

» Qu'on ne s'alarme donc point tant du caquet
des fociétés des femmes. Qu'elles médifent tant
qu'elles voudront, pourvu qu'elles médifent entre
elles. Des femmes véritablement corrompues ne
fauroient fupporter long-temps cette manière de
vivre, & quelque chère que leur pût être la médifance, elles voudroient médire avec des hommes.

Quoi qu'on m'ait pu dire à cet égard, je n'ai jamais
vu aucune de ces fociétés, fans un fecret mouvement d'eftime & de refpect pour celles qui la compofoient. Telle eft, me difois-je, la deftination de
la nature, qui donne différens goûts aux deux
fexes, afin qu'ils vivent féparés, & chacun à fa
manière. Ces aimables perfonnes paffent ainfi leurs
jours, livrées aux occupations qui leur conviennent,
ou à des amufemens innocens & fimples, très-propres à toucher un cœur honnête & à donner bonne
opinion d'elles. Je ne fais ce qu'elles ont dit, mais
elles ont vécu enfemble ; elles ont pu parler des
hommes, mais elles fe font paffées d'eux ; & tandis
qu'elles critiquoient fi févèrement la conduite des
autres, au moins la leur étoit irréprochable.

» Les cercles d'hommes ont auffi leurs inconvéniens, fans doute ; quoi d'humain n'a pas les
fiens ? on joue, on boit, on s'enivre, on paffe
les nuits ; tout cela peut être vrai, tout cela peut
être exagéré. Il y a par-tout mélange de bien & de
mal, mais à diverfes mefures. On abufe de tout :
axiôme trivial, fur lequel on ne doit ni tout rejetter ni tout admettre. La règle pour choifir eft fimple.
Quand le bien furpaffe le mal, la chofe doit être
admife malgré fes inconvéniens ; quand le mal furpaffe le bien, il faut rejetter même avec fes avantages. Quand la chofe eft bonne en elle-même &
n'eft mauvaife que dans fes abus, quand les abus
peuvent être prévenus fans beaucoup de peine, ou
tolérés fans grand préjudice ; ils peuvent fervir de
prétexte & non de raifon pour abolir un ufage
utile ; mais ce qui eft mauvais en foi fera toujours
mauvais, quoi qu'on faffe pour en tirer un bon
ufage. Telle eft la différence effentielle des cercles
aux fpectacles.

» Les citoyens d'un même état, les habitans
d'une même ville ne font point des anachorètes,
ils ne fauroient vivre toujours feuls & féparés ;
quand ils le pourroient, il ne faudroit pas les y
contraindre. Il n'y a que le plus farouche defpotifme qui s'alarme à la vue de fept ou huit hommes
affemblés craignant toujours que leurs entretiens
ne roulent fur leurs miferes.

» Or, de toutes les fortes de liaifons qui peuvent
raffembler les particuliers dans une ville comme la
nôtre, les cercles forment, fans contredit, la plus
raifonnable, la plus honnête & la moins dangereufe,
parce qu'elle ne veut ni ne peut fe cacher, qu'elle eft
publique, permife, & que l'ordre & la règle y règnent. Il eft même facile à démontrer que les abus qui
peuvent en réfulter naîtroient également de toutes les
autres, ou qu'elles en produiroient de plus grands
encore. Avant de fonger à détruire un ufage établi,
on doit avoir bien péfé ceux qui s'introduiront à fa
place. Quiconque en pourra propofer un qui foit
praticable, & duquel ne réfulte aucun abus, qu'il
le propofe, & qu'enfuite les cercles foient abolis,
à la bonne heure. En attendant, laiffons, s'il le

faut , paſſer la nuit à boire à ceux qui , ſans cela , la paſſeroient peut-être à faire pis.

Toute intempérance eſt vicieuſe , & ſur - tout celle qui nous ôte la plus noble de nos facultés. L'excès du vin dégrade l'homme , aliéne au moins ſa raiſon pour un temps & l'abrutit à la longue. Mais enfin , le goût du vin n'eſt pas un crime , il en fait rarement commettre , il rend l'homme ſtupide & non pas méchant. Pour une querelle paſſagère qu'il cauſe , il forme cent attachemens durables. Généralement parlant , les buveurs ont de la cordialité , de la franchiſe ; ils ſont preſque tous bons, droits , juſtes , fidèles , braves & honnêtes gens , à leur défaut près. En oſera-t-on dire autant des vices qu'on ſubſtitue à celui-là , ou bien prétend-on faire de toute une ville un peuple d'hommes ſans défauts , & retenus en toute choſe ? Combien de vertus apparentes cachent ſouvent des vices réels ! Le ſage eſt ſobre par tempérance , le fourbe l'eſt par fauſſeté. Dans les pays de mauvaiſes mœurs, d'intrigues , de trahiſons , d'adultères , on redoute un état d'indiſcrétion où le cœur ſe montre ſans qu'on y ſonge. Par-tout les gens qui abhorrent le plus l'ivreſſe ſont ceux qui ont le plus d'intérêt à s'en garantir. En Suiſſe elle eſt preſque en eſtime ; à Naples elle eſt en horreur ; mais au fond laquelle eſt plus à craindre , de l'intempérance du Suiſſe ou de la réſerve de l'italien ?

» De la paſſion du jeu naît un plus dangereux abus , mais qu'on prévient ou réprime aiſément. C'eſt une affaire de police , dont l'inſpection devient plus facile & mieux ſéante dans les cercles que dans les maiſons particulières. L'opinion peut beaucoup encore en ce point ; & ſitôt qu'on voudra mettre en honneur les jeux d'exercice & d'adreſſe , les cartes , les dés , les jeux de haſard tomberont infailliblement. Je ne crois pas même , quoi qu'on en diſe , que ces moyens oiſifs & trompeurs de remplir ſa bourſe , prennent jamais crédit chez un peuple raiſonneur & laborieux , qui connoît trop le prix du temps & de l'argent pour aimer à les perdre enſemble.

Conſervons donc les cercles , même avec leurs défauts , car les défauts ne ſont pas dans les cercles , mais dans les hommes qui les compoſent ; & il n'y a point dans la vie ſociale de forme imaginable ſous laquelle ces mêmes défauts ne produiſent de plus nuiſibles effets. Encore un coup , ne cherchons point la chimère de la perfection ; mais le mieux poſſible , ſelon la nature de l'homme & de la conſtitution de la ſociété. Il y a tel peuple à qui je dirois : détruiſez cercles & coteries , ôtez toute barrière de bienſéance entre les ſexes , remontez , s'il eſt poſſible , juſqu'à n'être que corrompus ; mais vous , genevois , évitez de le devenir , s'il eſt temps encore. Craignez le premier pas qu'on ne fait jamais ſeul , & ſongez qu'il eſt plus aiſé de garder de bonnes mœurs que de mettre un terme aux mauvaiſes.

Telles ſont les raiſons du philoſophe genevois pour conſerver ces aſſemblées , qui au maintien des mœurs & des bonnes habitudes , joignent l'avantage d'entretenir chez les citoyens le goût de la liberté & une ſorte d'eſprit public & de bienfaiſance.

C'eſt du moins l'effet qu'elles ont en partie , produit dans la capitale & les grandes villes de France. Comme depuis un demi ſiècle la douceur & la bienfaiſance ont fait le caractère diſtinctif des mœurs françoiſes , ces vertus miſes en activité par ces ſociétés ont donné à la morale publique une phyſionomie , des traits , qu'elle n'avoit point avant.

L'on a vu les nombres des coteries , des clubs , des aſſociations du même genre , étendre leurs vues ſur tous les beſoins du peuple , & ſeconder en cela les intentions du gouvernement , dans des momens de trouble ou de malheurs publics.

Elles ont , ces coteries , répandu le goût des connoiſſances politiques parmi les claſſes diſtinguées du public , & fomenté par-là la deſtruction , des abus ou des erreurs favorables à l'anarchie deſpotique de quelques hommes puiſſans & égarés.

Les clubs ont donc ſervi à former les eſprits , à les fortifier , à les réunir dans des points de fraternité & de patriotiſme ; & ſi ces grandes vues n'ont point toujours été le mobile de tous leurs membres , ſi le bavardage , le fanatiſme , l'illuſion , le philoſophiſme abſurde ont préſidé à des conciliabules formés par eux , ſi quelques folies ou l'eſprit de réforme exagérée , le goût des projets vagues ont pu caractériſer quelques individus , ces corporations ſe ſont en général comportées d'une manière décente & courageuſe , elles ont ſervi la liberté publique & l'intérêt commun.

Ce ſeroit donc à tort qu'on chercheroit à les décrier , ce ſeroit à tort qu'on allégueroit ; pour les rendre odieux , qu'ils éloignent les chefs de famille de leurs maiſons , qu'ils fomentent le goût du célibat & de l'indépendance, qu'ils excitent les peuples à l'inſurrection. Ces torts ſont des chimères , & l'expérience a prouvé qu'ils produiſent un très-grand bien pour quelques foibles inconvéniens , qui tiennent bien plus au caractère des individus qui s'y trouvent , qu'à l'eſprit de l'établiſſement même.

Les magiſtrats de police , les repréſentans des villes , les aſſemblées ſouveraines , les adminiſtrations de tous les ordres , n'ont donc rien à voir à regret dans les coteries , dans les clubs , que le goût national comporte & autoriſe. Ils ne ſont au fond que l'exercice du droit qu'ont les citoyens de s'aſſembler & ſe réunir par des voies connues , régulières & conformes à la règle des états policés. *Voyez* ASSEMBLÉE & PARIS.

COURSE, ſ. f. l'action de parcourir en

courant, un espace déterminé, soit à cheval ou dans un char.

La Grece mit au nombre des jeux solemnels qui s'y célébroient, les *courses* dans les chars & à cheval. cette institution, consacrée par la religion & partout ce qui peut flatter l'homme, étoit un des grands moyens de splendeur pour l'état, d'encouragement pour tous les arts qui tiennent au génie & à l'exercice des facultés corporelles.

Le vainqueur remportoit chez lui une gloire immortelle que toute la Grèce assemblée lui décernoit.

Nous avons déjà parlé de ces jeux au mot ACADÉMIE, où nous avons fait un tableau rapide du progrès des connoissances humaines, & des moyens employés pour en encourager la culture. Ici nous ne rappellons les jeux de la Grèce que par égard aux *courses* de chevaux qui s'y faisoient, le seul objet que nous ayons maintenant en vue.

Ce que les grecs firent avec tant de succès, de gloire & de célébrité, quelques nations le font aujourd'hui, mais d'une manière proportionnée à leur caractère & à l'état des arts chez eux, c'est-à-dire, avec moins d'éclat & de magnificence.

De toutes les nations modernes qui ont mis du soin & de l'importance aux *courses* de chevaux, ou plutôt qui ont senti que ce genre d'amusement étoit favorable aux talens utiles & à la prospérité publique, les anglois méritent à juste titre d'être distingués.

Ce peuple essentiel a depuis long-temps connu qu'un des grands moyens d'entretenir cette belle race de chevaux qu'on trouve chez lui étoit de les rendre utiles à quelque institution, quelque goût, quelque usage national, qui les fît rechercher & en rendît l'éducation précieuse. C'est ce que remplissent à merveille les *courses* qui se font tous les ans dans les provinces & dans les environs de Londres.

De plus ces amusemens qui n'ont rien de féroce, font une occasion de fête, de dépense, d'un luxe raisonnable, qui font circuler l'argent, mettent en activité plusieurs branches de l'industrie, & donnent des spectacles au peuple qu'il partage avec les grands sans distinction & sans dépense.

Ces *courses* ne se font point, comme celles des barbes à Rome, dont nous dirons un mot tout à l'heure, chaque coureur est monté par un piqueur : c'est le plus souvent un simple palefrenier, qui n'a aucune part à l'honneur de la victoire. Cet honneur se partage entre le cheval & le maître à qui il appartient. Cependant ils sont aussi quelquefois, quoique rarement, montés dans les *courses* par des seigneurs qui veulent bien en courir les risques.

La vîtesse de ces chevaux est prodigieuse ; elle va jusqu'à quarante-cinq à cinquante pieds par seconde.

Avant que les chevaux anglois entrent en lice,

l'écuyer, la selle, tout l'équipage du cheval est pesé sous les yeux des juges, & tout s'arrange de manière que la charge soit égale entre les chevaux admis à la *course*.

La victoire est due souvent à la connoissance qu'a l'écuyer de son cheval, & à la direction qu'il lui donne, en le poussant ou le dirigeant à propos.

Dans la *course* le cheval est allongé, de sorte que dans le lointain il paroît comme un cheval de bois qui dans tout l'allongement possible, auroit été fixé sur le plan d'une grande roue horizontale mue sur son pivot avec toute la rapidité imaginable. Les monumens antiques représentent ainsi les chevaux courant dans le cirque. Une médaille consulaire qui porte le nom de *Lucius Piso Frugi*, offre un coureur dans cette attitude ; le coureur antique portoit, ainsi que ceux d'Angleterre, un cavalier entièrement penché & portant la main droite en avant.

Ce qui rend plus intéressantes encore ces *courses* de chevaux, ce sont les paris immenses qui se font à leur occasion. Non-seulement le prix de la victoire est toujours considérable, (il ne peut pas être au-dessous de la valeur du cheval), mais aussi les spectateurs parient entr'eux pour tel ou tel, ensorte que le terme de la *course* est pour une foule de monde une loterie qui enrichit l'un & appauvrit l'autre.

Ces jeux sont aussi usités en Italie, quoique moins qu'en Angleterre. A Rome sur-tout on y fait des *courses* de chevaux, appellés *barbes*, qui y attirent un grand concours de monde, répandent la joie & le mouvement dans la ville.

Ce sont ordinairement des princes & grands seigneurs qui entretiennent des chevaux pour les faire courir, non comme en Angleterre montés par un cavalier, mais seuls en pleine liberté, livrés à leur ardeur naturelle, & à cette espèce d'émulation que le concours semble exciter entr'eux. Huit ou dix chevaux barbes, pour l'ordinaire de petite taille & de peu d'apparence, retenus sur une même ligne par une corde tendue à la hauteur de leur poitrail, partent à l'instant qu'on laisse tomber cette corde. Dans les *courses* du carnaval, qui sont les plus solemnelles, la carrière est ordinairement dans la grande rue de Rome, à laquelle cet exercice a fait donner le nom de *rue du cours* ou *de la course* (*il corso*). On a soin alors de la sabler.

Ces *courses* attirent à Rome une quantité prodigieuse de monde, & sont des spectacles pour les italiens comme celles de Londres en sont pour les anglois. En général, tout ce qui a l'air de fête, d'amusement public, est utile dans une nation ; cela lui donne une habitude animée, un maintien satisfait, que n'ont pas les peuples qui en sont privés.

Le goût des *courses* de chevaux avoit fait quelque fortune à Paris. Quelques princes, & singulièrement M. le duc d'Orléans en avoient introduit l'usage. Plusieurs belles plaines & sites favorables aux environs de la ville, sembloient devoir en augmenter le nombre; mais nous ne voyons pas qu'elles se soient beaucoup multipliées; peut-être parce qu'il n'y a que des gens très-aisés qui puissent se livrer à ces amusemens, peut-être parce que des exercices de ce genre ne sont point de l'humeur des parisiens.

Quelques personnes aussi ont prétendu que c'étoit un excès de luxe monstrueux, qui ne pouvoit que déplaire au peuple, & faire crier contre les riches.

Mais cette allégation, qui a eu quelques partisans, manque de vérité : d'abord le peuple se plaît à tout ce qui peut l'amuser, & en second lieu les dépenses qu'occasionnoient les *courses* tournoient au profit du peuple même, comme toutes les dépenses, & même celle du plus grand luxe.

Les *courses* auroient encore produit le bon effet d'encourager l'éducation des beaux chevaux en France, par la certitude qu'auroient eu les marchands d'en trouver le débit.

Il faut espérer que le goût en reviendra qu'elles se multiplieront dans les provinces & aux environs de la capitale : elles ne peuvent porter aucun préjudice à l'ordre public & peuvent devenir un sujet louable d'émulation & de magnificence.

Tout ce qu'elles exigent c'est une attention plus marquée de la part des magistrats & officiers de police, pour prévenir les accidens auxquels elles pourroient donner lieu, mais ce soin est très-peu de chose, & ne mérite pas que nous insistions dessus. *Voyez* ACCIDENT.

COURTISANNE, s. f. On appelle de ce nom, dit l'auteur du *Tableau de Paris*, celle qui couverte de diamans, met ses faveurs à la plus haute enchère, sans avoir quelquefois plus de beauté que l'indigente qui se vend à bas prix. Mais le caprice, le sort, le manège, un peu d'art ou d'esprit mettent une énorme distance entre des femmes qui n'ont que le même but ».

» On peut placer les *courtisannes*, continue le même auteur, entre les femmes décemment entretenues & les filles publiques. On les prendroit pour les femelles des courtisans; elle ont effectivement tous les mêmes vices, emploient les mêmes ruses & les mêmes moyens, font un métier aussi désagréable, ont autant de fatigues, sont aussi insatiables; en un mot, leur ressemblent beaucoup plus que les femelles de certaines espèces ne ressemblent à leurs mâles ».

Cette description que nous rapportons d'après M. Mercier, indique assez bien le caractère distinctif de cette espèce de femmes, sur-tout dans la capitale.

Et en effet la *courtisanne* n'est, dans nos mœurs, ni ce qu'on nomme une femme entretenue, ni une maîtresse, ni une concubine, ni une prostituée vulgivague, à peine au-dessus de l'indigence & dévouée à toutes les horreurs d'un commerce honteux & dépravé.

On doit cependant remarquer que toutes les *courtisannes*, n'ont point le caractère insolent & avide que la définition leur attribue. Il en est qui, semblables à celles d'Athènes, couvrent par tous les extérieurs d'une urbanité, d'une politesse dans le monde & d'un goût délicat dans les arts, ce que leur conduite peut avoir de reprochable aux yeux de la décence & de la raison; il en est dont la société, le commerce & les habitudes font regretter que plus de respect pour la morale n'accompagne pas tant de qualités sociables, tant de moyens de plaire & de séduire.

Mais c'est le petit nombre seulement qui jouit de cette prérogative; le ton, les manières des *courtisannes* répondent en général à leur état; elles sont hautes, fières dans la bonne fortune; humbles, basses, dans la mauvaise, & suppliant, flatrant ceux & sur-tout celles qu'elles avoient dédaignées; je dis celles qu'elles avoient dédaignées, parce que c'est sur-tout sur les personnes de leur sexe que les *courtisannes* font tomber leur mépris, lorsqu'elles sont dans l'opulence.

Les mœurs de la *courtisanne* n'ont point de caractère prononcé. Tantôt elles sont réservées, maniérées, tantôt bruyantes, scandaleuses; c'est l'humeur de l'homme dont elle reçoit l'argent qui règle sa conduite, quand toutefois elle ne le mène pas lui-même, comme cela arrive le plus souvent.

Car on peut observer que le mauvais goût, des idées de faux plaisirs, ont égaré à ce point nos jeunes gens, & plus encore nos vieillards, de regarder comme du bon ton d'afficher une soumission aveugle aux caprices de la *courtisanne* qu'ils fréquentent, & de se rendre publiquement complices de ses impertinences.

Les *courtisannes*, même les plus désordonnées, ont je ne sais quel air de réflexion, de conduite, lorsqu'elles se trouvent avec des personnes qui ne les connoissent pas & dont elles ne desirent pas de se faire connoître. De plus, l'habitude qu'elles ont du cœur humain, leur donne une facilité singulière à manier les esprits, à les consoler, à les exciter, à les mener au gré de leurs desirs Cet art les établit facilement auprès de ceux qu'elles veulent gagner, & bientôt elles ont, sans beaucoup de peine, la confiance des personnes qui leur étoient entièrement inconnues.

Le luxe est un des attributs des *courtisannes*;

elles font elles-mêmes un objet de luxe, & l'on en trouvera difficilement dans les états pauvres ou livrés à une morale dure, & par conféquent peu favorable au progrès des arts & de la civilifation.

Une vérité qui ne doit point échapper au légiflateur, c'eft la liaifon qui fe trouve entre cet ordre de citoyennes & l'état d'un peuple. De tout temps les *courtifannes* ont eu une influence plus ou moins fenfible fur les mœurs & les habitudes de la fociété, & l'on peut croire, par la confidération où elles furent chez le peuple le plus éclairé & le plus aimable de l'antiquité, que cette influence ne fût point au détriment des arts & des habitudes généreufes.

C'eft ce qu'il nous fera facile de confirmer par l'expofé de quelques raifonnemens & de quelques faits, d'autant plus néceffaires pour étayer cette opinion, qu'on ne manquera pas de la regarder comme un paradoxe obfcène, une doctrine fcandaleufe & deftructive de toute morale.

Mais nous avons déjà fait remarquer que tout ce qui peut adoucir les mœurs, embellir le chemin de la vie, hâter les progrès de la civilifation, encourager les arts, devoit être mis au rang des moyens de bonheur public, qu'il mérite par conféquent l'attention des légiflateurs. Or nous croyons, & l'expérience le prouve, que les *courtifannes* produifent plus ou moins ces effets, & que fi d'un côté elles font une fource de dépenfe, de perte de temps, d'inquiétudes & de molleffe pour les particuliers, d'un autre, elles poliffent les mœurs, encouragent les arts, ôtent aux hommes ou les fréquentent cette férocité, ce goût du fang, ce mépris pour les charmes de la paix & de la fociété, fans lefquels il n'eft point de bonheur réel.

Mais pour mieux faire fentir nos idées, pour mieux apprécier ce fujet & tenir en bride les clameurs de la précipitation contre ce que nous avançons ici, nous diviferons en deux chefs nos réflexions fur les *courtifannes*; d'abord nous parlerons de leur état à Athènes & dans la Grèce, enfuite nous dirons ce que nous penfons de leur influence actuelle fur nos ufages & notre civilifation.

L'on a donné différentes raifons de l'extrême honneur qu'on rendoit aux *courtifannes* dans la Grèce; l'on a cherché dans le goût de fes habitans pour le plaifir, dans leur fenfibilité, dans le peu de beauté des femmes grecques, la caufe de cette efpèce d'approbation, d'eftime même pour un genre de vie que nous méprifons, quoique nos ufages l'autorifent contre notre févérité.

Il eft poffible qu'une de ces caufes foit la véritable, ou plutôt que toutes aient concouru à établir l'empire des *courtifannes* d'Athènes & de Corinthe; il eft poffible encore qu'une morale, une religion, des principes différens des nôtres, aient opéré cette efpèce de prodige & préfenté fous des points de

vue agréables; des objets qui nous paroiffent immoraux aujourd'hui.

Tout le monde connoît dans quelle confidération étoient les femmes de plaifirs en Grèce. Leurs maifons étoient le rendez-vous de tout ce qu'il y avoit de gens d'efprit, d'hommes connus par leur favoir ou l'élévation de leur rang. Une morale farouche n'accabloit point de mépris celles qui embelliffoient la ville, y attiroit l'argent des étrangers & fourniffoient aux Apelles, aux Zeuxis, des modèles de perfection pour repréfenter les Dieux ou la beauté.

Il eft vrai, comme nous l'avons déjà dit, que ces femmes fi célèbres différoient de nos *courtifannes* à bien des égards, mais c'eft peut-être parce qu'elles n'étoient point expofées au mépris dont nous accablons les nôtres, qu'elles fe montroient dignes des égards & de la confidération d'un peuple de héros & de fages.

L'on peut encore foupçonner que toutes ne jouiffoient pas de la même confidération, qu'outre celles que leurs graces & leurs talens diftinguoient, il s'en trouvoit de dévouées à une honteufe proftitution, & réduites à l'état de celles qui peuplent nos villes aujourd'hui; mais ce nombre devoit être peu confidérable, & leur pofition fâcheufe tenoit bien plus à leur inconduite perfonnelle qu'à quelque vice de police ou d'habitudes nationales.

Mais quel que fût l'état & la pofition de ces dernières, l'opinion publique étoit la même fur le caractère des *courtifannes*, & la Grèce regardoit celles qu'elle poffédoit comme des objets précieux, comme des fleurs qui embelliffoient leur climat.

On leur rendoit des honneurs prefque divins après leur mort, & pendant leur vie elles jouiffoient des diftinctions les plus flatteufes.

L'on fait les égards qu'Athènes eut pour Afpafie, combien cette femme célèbre s'attira d'hommages, quelle fut l'idolâtrie de la multitude pour elle. Il falloit que l'empire de fa beauté fût bien puiffant, il falloit que fon caractère de *courtifanne* n'eût rien de cet odieux qu'on y trouve aujourd'hui, puifqu'un des plus grands hommes qu'ait eu la Grèce, puifque Périclès fe déclara publiquement le père d'un enfant d'Afpafie, le fit reconnoître citoyen d'Athènes & jouir de toutes les grandes diftinctions attachées à ce titre.

Pythionice, fi célèbre par fa douceur, par les graces répandues fur toute fa perfonne, après avoir été aimée, chérie de toutes les villes policées de la Grèce, fut pleurée publiquement après fa mort. Les peuples lui élevèrent un des plus beaux manfolées qui aient jamais exifté, entre Athènes & Elcufis.

A Corinthe, cette ville à jamais célèbre par les chef-d'œuvres des arts qui l'embelliffoient, les *courtifannes* étoient le premier objet qui flattoit

les

les yeux dans les fêtes publiques, on les couronnoit alors de fleurs, & leur préfence dans les temples donnoit quelque chofe d'aimable à ces fauffes divinités, auxquelles les peuples attachoient leur gloire & leur bonheur.

C'étoit encore le nombre de ces belles courtifannes, toutes forties de l'Afie mineure, qui permettoit aux fculpteurs d'exercer leur cifeau fur des formes raviffantes. Il falloit être frappé de pareils objets pour rendre la nature comme l'ont fait les grecs, pour faire palpiter le marbre & tenir l'ame fufpendue fur des beautés, dont l'ordonnance voluptueufe fait reffortir toutes les graces.

Jamais une morale helvétique n'eût produit cette Vénus de Cnide, qui excita une paffion réelle, & dont la courtifanne Phriné offrit le modèle à Praxitèle, ni celle d'Appelles qui fut adorée à Cos, & qui n'étoit que la copie de Laïs nue & préfente à l'imagination de l'artifte, ni enfin cette autre nommée Callypige, où les charmes de la beauté font préfentés fous l'afpect le plus gracieux. Tous ces chef-d'œuvres font dus à l'empire des courtifannes chez les grecs, & à l'efpèce d'enthoufiafme qu'elles leur infpiroient.

Ce n'eft point, au refte, de ces courtifannes illuftres qu'on rapporte quelques traits de proftitution vénale qui femble choquer la délicateffe, quoiqu'ils ne choquent peut-être que l'habitude (1). Jamais Afpafie, Phriné, Laïs, Phytionice n'affichèrent leurs faveurs, & celles qui adoptoient cet ufage n'étoient que des proftituées, comme nous en avons chez nous, avec cette différence, qu'elles n'étoient ni auffi abruties, ni auffi pauvres, ni auffi perfécutées, parce qu'une police imbécille & groffière ne les toléroit & profcrivoit point tour-à-tour.

Mais fi les Athéniens ne vexoient point leurs courtifannes, nous voyons par quelques traits de l'hiftoire grecque, & notamment par la harangue d'Efchine contre Timarque, qu'ils leur faifoient fupporter un impôt perfonnel connu fous le nom de Parnicon telos; & cela parce qu'étant toutes aifées, il paroiffoit naturel de leur faire payer une contribution proportionnée à leurs richeffes, du moins dans les principes de l'adminiftration économique de la Grèce. Cet impôt étoit mis à ferme tous les ans ainfi que les autres revenus de la république.

M. Thomas, dans fon Effai fur les femmes, fe demande comme il put fe faire que les courtifannes obtinrent dans la Grèce, & fur-tout à Athènes, ce degré de gloire & de confidération dont nous venons de voir qu'elles jouiffoient. Comme la raifon qu'il en donne confirme notre opinion, & fait mieux

fentir encore l'influence de cet ordre de femmes fur la civilifation des grecs, nous rapporterons ici quelques paffages de fon écrit, perfuadé que le lecteur nous en faura gré.

» D'abord les courtifannes étoient jufqu'à un certain point, dit-il, mêlées à la religion. La déeffe de la beauté qui avoit des autels, fembloit protéger leur état, qui étoit pour elle une efpèce de culte. Elles invoquoient Vénus dans les dangers, & après les batailles; l'on croyoit ou l'on faifoit femblant de croire que Miltiade & Thémiftocle avoient été de grands hommes, parce que les Laïs & les Glycères avoient chanté des hymnes à leur déeffe.

» Les courtifannes tenoient encore à la religion par les arts. Elles offroient des modèles pour former des Vénus qui étoient enfuite adorées dans les temples.

» Elles tenoient comme on voit aux ftatuaires & aux peintres dont elles embelliffoient les ouvrages. La plupart étoient muficiennes, & cet art puis puiffant dans la Grèce qu'il ne l'a été par-tout ailleurs, étoit pour elles un charme de plus.

» On fait combien ce peuple étoit enthoufiafte de la beauté, il l'adoroit dans les temples, l'admiroit dans les chef-d'œuvres des arts, dans les exercices, dans les jeux & lui propofoit des prix dans les fêtes publiques. Mais dans les femmes mariées la beauté folitaire étoit le plus fouvent obfcure & retirée: celle des courtifannes s'offrant par-tout, attiroit par-tout des hommages.

» La fociété feule peut développer les charmes de l'efprit, & les autres femmes en étoient exclues. Les courtifannes vivant publiquement dans Athènes, où fans ceffe elles entendoient parler de philofophie, de politique & de vers, prenoient peu à peu tous ces goûts. Leur efprit devoit donc être plus orné, leur converfation plus brillante. Alors leurs maifons devenoient des écoles d'agrément: les poëtes venoient y puifer des connoiffances légères de ridicule & de grace, & les philofophes des idées qui fouvent leur euffent échappé à eux-mêmes. Socrates & Périclès fe rencontroient chez Afpafie, comme Saint-Evremond & Condé chez Ninon. On acquéroit chez elles de la fineffe & du goût, on leur rendoit en échange de la réputation.

» La Grèce étoit gouvernée par les hommes éloquens, & les courtifannes célèbres ayant du pouvoir fur les orateurs, devoient avoir de l'influence fur les affaires. Il n'y avoit pas jufqu'à ce Démofthène fi terrible aux tyrans, qui ne fût fubjugué; & l'on difoit de lui: ce qu'il a médité un an, une

---

(1) Symphonion donne, dans la vie d'Apollonius, un tarif des faveurs d'une courtifanne d'Athènes, affiché à fa porte; le voici: « quiconque voudra avoir les prémices de Tarfia, donnera une demi livre d'or; elle fera enfuite » pour tout le monde, au prix d'un fol d'or ». *Quicumque Tarfiam defloraverit mediam libram dabit, poftea populo paribit ad fingulos folidos.*

femme le renverse en un jour. Cette influence augmentoit leur confidération, leur efprit & leur talent de plaire ».

L'influence des *courtifannes* fut moins grande dans la république romaine, non qu'elle n'en eût un grand nombre, mais parce que l'ame de fer des romains n'étoit fenfible qu'à la gloire des armes, & ne voyoit dans les femmes que des inftrumens de population ou d'un plaifir paſſager. Le charme de la beauté ne les féduifoit point comme les grecs, & ils ne trouvoient point dans la régularité des formes, dans l'enfemble des parties, ce beau que ceux-ci y admiroient.

On voit cependant par l'exemple de la célèbre *Flora*, de *Prefcia*, de *Chilidonis* & autres, que les *courtifannes* jouirent à Rome de quelque confidération, fur la fin de la république. Les honneurs qu'on rendit à *Flora*, fes immenfes richeffes, fa réputation, tout annonce que le gouvernement regardoit avec plaifir l'empire de ces femmes, & le croyoit un moyen propre à adoucir la férocité martiale des hommes.

Nous verrons, au mot PROSTITUTION, quelques règlemens de police fait par les romains fur les proftituées; mais, comme nous l'avons dit, l'exactitude veut que l'on diftingue ces malheureufes des *courtifannes* proprement dites, & il eft à croire qu'en effet Flora, maîtreffe de Pompée, n'étoit point affujettie aux ordonnances des édiles. Mais nulle part on n'enleva les femmes par qu'il leur plaifoit de fe livrer à ce métier fcandaleux.

Après ces efquiffes hiftoriques, qui doivent bien moins nous occuper que la confidération du rapport qui exifte entre la tolérance des *courtifannes* & l'état des mœurs d'une nation, nous parlerons de ce rapport confidéré fur-tout relativement à notre civilifation actuelle.

Si nous voulions ne traiter cette matière que par des argumens de fait, nous dirions tout uniment que la Grèce, qu'Athènes, que Corinthe, célèbres par l'héroïfme de leurs citoyens, par la perfection des arts & les chef-d'œuvres du génie, ayant été, pendant les jours de leur gloire, l'afyle des plus célèbres *courtifannes*, devant même à leur beauté ces grands artiftes, à leurs mœurs ces talens que nous admirons, à leur fociété cette urbanité, cette douceur, cette fineffe d'efprit qui nous féduifent encore après trente fiecles, confidérant que cette difpofition des efprits n'ôta jamais rien au patriotifme, au defir de la gloire, au courage national, nous n'héfiterions pas à prononcer, que dans un état riche, commerçant, où l'ame a de l'énergie, les fens de l'exaltation, l'exiftence des *courtifannes* eft un moyen de civilifation, d'encouragement pour les arts.

Mais dans une matiere auffi importante & où tant de préjugés militent en faveur de l'opinion contraire, une fimple induction ne fuffiroit pas. La morgue du rigorifme, l'hypocrifie de principes, l'habitude de profcrire ce qui choque nos préfcriptions, fur-tout le goût ftérile & ridicule, de l'auftérité morale, trouveroient bientôt des différences entre les grecs & nous, on parviendroit à prouver par des diftinctions fugitives & captieufes que ce qui convenoit ne nous convient pas, que les *courtifannes* caufèrent le malheur de cette partie du monde & qu'enfin l'efprit des républiques exige une autre police que celle des états defpotiques.

Et c'eft précifément parce que les plus célèbres républiques, celles où la vertu nationale étoit plus commune, ont protégé, diftingué leurs *courtifannes*, que je conclus que leur influence ne détruit ni le goût des mœurs publiques, ni celui de la bienfaifance, ni celui des arts, ni celui de la gloire, ni aucun des élans de l'ame qui caractérifent les grands hommes de tous les temps.

L'état focial fe foutient par deux grands moyens, par la paix intérieure & la fécurité au dehors. L'un & l'autre de ces moyens réfultent du bonheur de chaque individu, qui fe plaît dans fa patrie, y trouve tout ce qui peut flatter fes fens, fatisfaire fes befoins & répandre fur fa vie les douceurs qui doivent en rendre le fardeau plus léger à porter. Le citoyen fe trouve étroitement uni à cet ordre de chofe, il l'aime, le défend & ne le quitte jamais volontairement.

Or, cet ordre de chofe, cet état qui lie les hommes à leurs foyers, qui les engage à cultiver les arts, à embellir la fociété, qui les porte à tout facrifier pour en conferver la jouiffance à eux & à leurs enfans, ne réfulte pas toujours comme on le croit, d'une police martiale, d'une barbarie de mœurs qui éloigne de la fociété tout ce qui porte la teinte des graces ou de la volupté.

La volupté n'eft pas l'ennemi du courage, elle ne détruit pas l'énergie de l'ame, & je pourrois appeller à l'appui de cette vérité tous les grands hommes, & dans la guerre & dans la paix. Je prouverois qu'il eft même phyfiquement impoffible qu'un homme de ce genre ne foit pas voluptueux; je prouverois que la nobleffe françoife, dans les temps où elle étoit plus réellement voluptueufe, qu'aujourd'hui, n'en étoit ni moins brave ni moins courageufe; je prouverois que les conjurations, les révolutions politiques les plus étonnantes ont été le fruit d'hommes à qui fouvent l'on n'avoit que trop à reprocher le goût du plaifir.

La volupté n'affoiblit donc pas l'ame, elle donne au contraire à celui qui n'eft pas privé de fes douceurs, la férénité, le calme d'un fens fûr & paifible. Je ne vois donc pas que des femmes qui en font les premiers objets & les inftrumens doivent être profcrites & regardés comme des fléaux publics.

A cette confidération en faveur des *courtifannes*, fur-tout de celle que des habitudes diftinguées, une vie décente, des talens agréables font rechercher, on peut ajouter qu'elle font chez nous & néceffairement par-tout, des centres d'une fociété douce, amies des arts, de la paix, de tout ce qui peut rendre la vie fupportable, infpirer le goût de la bienfaifance, de la fenfibilité. Eternelle ennemie de l'intolérance & du fanatifme, jamais une *courtifanne* ne confeillera la perfécution; & la feule qui, à ma connoiffance, ait ofé publiquement écrire au chef de la juftice en France, contre une des horribles difpofitions de l'édit de Henri II, eft précifément une de ces femmes fi bêtement injuriées par les fanatiques moraux, qui plus criminels que les autres dans leur conduire, croient fe juftifier aux yeux de la vertu, en affichant un rigorifme que leur front dément.

J'ai déjà remarqué que la honte du libertinage confifte peut-être moins à s'y livrer, qu'à fe cacher pour déclamer lâchement contre ceux qui plus ouverts dans leur conduite, font infailliblement moins corrompus dans leurs mœurs.

Les *courtifannes* nuifent à la population : cela n'eft pas vrai. La phyfiologie enfeigne qu'une des caufes d'avortement, de ftérilité même eft quelquefois ce qu'on croit devoir être un moyen de propagation. La nature a fes bornes pour la fécondité; le plaifir n'en connoît point. D'ailleurs ce font généralement parlant des célibataires qui fréquentent les *courtifannes*; & je ne prétens dire que ceux qui partagent leur fociété habituelle partagent également leur lit. Ce font quelquefois moins les faveurs d'une *courtifanne* célèbre que l'on recherche, que les agrémens de fa converfation ou de fes amis.

Ce genre de vie donne lieu à la diffipation, à la perte du temps..... Mais il n'eft rien qui ne produife le même effet, & l'homme ne pouvant pas être toujours feul, c'eft un moyen agréable d'adoucir fes mœurs que de lui faire fréquenter des femmes dont le caractère eft la douceur & le plaifir.

Je dis même que cette fociété forme plus promptement l'homme, adoucit fes mœurs, développe fes talens plus fûrement, parce qu'il a un motif certain, un encouragement pour plaire, celui d'une jouiffance plus ou moins facile, & qu'il ne s'expofe ni à violer les droits d'un tiers, ni à encourir le jufte reproche des loix, en fatisfaifant fes defirs.

Oui, qu'on ne s'y trompe pas; le jeune homme qui jouit des faveurs d'une belle *courtifanne*, qui lui confacre quelques momens, eft moins coupable, plus fenfé, plus raifonnable, que l'audacieux libertin qui érige l'adultère en plaifanterie, & expofe la femme qui répond à fes plaifirs à devenir la victime d'un mari injuftement trompé, quel-

quefois d'autant plus porté à la vengeance, que fon titre conjugal ne le met ni à l'abri d'un libertinage fcandaleux, ni à couvert des effets de l'invalidité phyfique de fa perfonne, toujours fubfiftante malgré le nœud indiffoluble qui le lie.

Ceux qui crient contre la corruption des mœurs ne favent fouvent ce qu'ils difent. Ils donnent ce nom à tout ce qui détruit la férocité, la dureté, la barbarie que l'égoïfme & l'efprit de vengeance infpirent aux hommes; à tout ce qui ne tend pas à tenir la fociété dans cet état de contrainte & de privation, bon tout au plus pour la police d'un camp. Ils rendroient la religion odieufe, la morale fanguinaire & la vie civile un fardeau, fi l'on pouvoit fe laiffer féduire par leurs raifonnemens & leur ton dédaigneux.

La preuve que la fociété ne peut pas exifter dans cet état violent, c'eft que tous les peuples policés ont laiffé aux mœurs une certaine latitude de principes pour fe diriger, & que tant que l'efprit hoftile & de deftruction ne s'eft point emparé des peuples, quel qu'ait été leur goût pour le plaifir & la volupté, nous ne voyons point qu'ils aient produit de malheurs publics, de ces cataftrophes qui entraînent la ruine des empires. Paris peut nous fervir d'objet de comparaifon. Cette ville a eu & a encore un très-grand nombre de *courtifannes*, telles que nous les fuppofons; c'eft-à-dire, des femmes comme Marion de Lorme, Ninon, Louife Labbé, &c. Auffi la civilifation, les arts, le goût, la politeffe, ont-ils acquis un grand degré de perfection depuis long-temps à Paris. La morgue des préjugés, la fotte vanité de la petite magiftrature, la férocité guerrière, la brutalité provinciale, tous ces défauts ennemis de la douceur fociale difparoiffent au milieu de ces habitudes que l'on nomme efféminées, vicieufes, corrompues, & auxquelles on donne cent épithètes auffi vides de fens qu'inintelligibles.

L'on criera tant que l'on voudra : il eft plus agréable, plus flatteur, plus honorant pour un peuple, de voir fes promenades, fes fpectacles garnis d'un monde élégant & policé, d'y rencontrer de belles femmes, de riches *courtifannes*, qui entretiennent la douceur & le goût des arts, qu'une troupe de moraliftes farouches, de fanatiques fe haïffant pieufement, d'intolérans qui croient une nation au bord du précipice parce qu'elle fait ufage de caroffes & de dorure. Ce rigorifme eft la ruine du bonheur public, tend à concentrer la propriété dans un petit nombre de mains, à établir des diftinctions outrageantes à l'humanité, & à faire d'une grande ville un confeil de cenfeurs toujours prêts à fe perfécuter les uns les autres.

Tout fe tient, tout réagit l'un fur l'autre dans une grande fociété. Attaquez une des bafes de la liberté, de l'induftrie ou de l'harmonie publique, par quelque moyen que ce soit, vous allez ébranler tout l'édifice, plonger une foule d'individus dans la découragement, dans la dépravation, dans la misère.

L'ordre que les mœurs, la marche des choses, la pente des esprits, établissent, doit être respecté, c'est-à-dire, qu'on ne doit point employer de moyens violens pour le détruire.

Ainsi quoique je ne conseillasse pas d'encourager par des prix & des couronnes les *courtisannes* distinguées par leurs graces & leurs talens, comme le faisoient les corinthiens; je blâmerois le législateur rigoureux, le magistrat fanatique qui autoriseroit des vexations, ou souffriroit l'esprit d'intolérance & de persécution contre ces femmes; parce que ce seroit favoriser la sotise altière, la brutalité féroce, l'ignorance à s'opposer aux plaisirs, aux goûts, aux volontés des autres dans des cas où l'intérêt de tous ne se trouve point aux prises avec l'intérêt particulier; je veux dire dans des cas où l'homme peut rester libre & maître de ses actions, sans que la république en reçoive le moindre détriment.

Car il faut bien distinguer dans le citoyen, les actions dont lui seul doit rester juge, de celles où l'état a droit seul de prononcer. Or le goût & l'amour des *courtisannes* sont de ce genre, quand il ne seroit pas prouvé qu'elles sont nécessaires pour empêcher des désordres véritablement affligeans pour les mœurs & dangereux pour la société.

Nous verrons, au mot PROSTITUTION, que ce malheur est inévitable pour en empêcher de plus grands; que comme il faut qu'il y ait des bras pour faire des fonctions viles, il faut qu'il y ait des femmes moins délicates, pour établir entre les hommes, au moins imparfaitement, des jouissances dont l'inégale distribution de la propriété, priveroit une partie des hommes pour donner tout à l'autre. Mais cette remarque convient également à toutes les femmes publiques, & nous ne voulons parler ici que de celles qu'on désigne sous le nom de *courtisannes*.

On a cru que celles-ci étoient, dans une certaine classe de monde, un contrepoids utile à la négligence conjugale. Il est sûr que la crainte de voir un mari s'enrôler sous les drapeaux d'une *courtisanne* & grossir sa cour, a forcé plus d'une femme à être plus douce, plus gracieuse, plus complaisante dans son ménage. Cette opinion n'est donc pas sans fondement; mais je ne la crois pas aussi certaine que l'on pense, & si ce n'étoit que de ce côté que les *courtisannes* contribuassent à l'harmonie générale, elles ne seroient sûrement pas aussi nombreuses.

Il n'est pas difficile de concevoir en quoi les *courtisannes* contribuent à l'harmonie sociale. A mesure que la société croît en étendue, que les mœurs se compliquent, de nouveaux besoins naissent, de nouveaux desirs, & ces besoins, ces desirs semblent créer de nouveaux droits de jouissances pour ceux qui les ressentent, parce qu'à cet égard l'homme rentre dans l'état de nature, & que dans cet état tout besoin est le principe d'un droit. La *courtisanne* qui offre l'exercice de ce droit ou le moyen de satisfaire ce besoin, contribue, & contribue pour beaucoup, à l'ordre universel, indépendamment de son influence morale sur les qualités sociables que nous lui avons observée.

Après ces réflexions générales, je viens à des objets plus près de nous, & je rentre dans un cercle de choses plus connues.

Il est des professions qui semblent invinciblement entraîner dans l'état de *courtisanne*, celles qui n'en ont pas d'autre: telle est celle d'actrice.

C'est une vérité généralement reconnue qu'une actrice, & sur-tout celles de l'opéra de Paris, que nous avons principalement en vue, sont toutes *courtisannes*, & même quelques-unes moins que cela, pour suivre la division proposée.

Ce n'est pas un bien qu'une actrice soit *courtisanne*, parce que cela la détourne de ses travaux, de ses occupations théatrales. Le mal est encore plus grand si c'est le besoin qui la contraint à cela, comme il arrive aux actrices de l'opéra de Paris.

Au mot ACTEUR, nous avons dit notre opinion là-dessus, nous avons fait observer que si l'on vouloit empêcher que notre théatre ne devînt un foyer de prostitution vénale, il falloit augmenter nécessairement les appointemens des actrices, dut-on retrancher sur des objets moins essentiels, ou n'avoir point d'opéra. *Voyez* ACTEUR.

Ce que je dis de l'opéra, doit à plus forte raison s'entendre des petits spectacles, dont les théatres sont peuplés de jeunes filles réduites au plus étroit nécessaire, & obligées de se prostituer pour fournir à leur entretien. *Voyez* PROSTITUTION.

On n'ignore pas l'étymologie du mot *courtisanne*. Il indique que les femmes de cour sont plus que toutes autres dévouées aux arts de la volupté. Mais depuis que par les soins d'Anne d'Autriche, la cour de France ne reçoit plus que des dames, le plus grand secret est gardé sur les penchans, les liaisons & les habitudes des femmes qui composent le cortège de la maison de nos rois (1).

---

(1) Tout le monde connoît le sonnet de l'avorton, fait sur une demoiselle d'honneur de la cour d'Anne d'Autriche.

Toi que l'amour fit par un crime,
Et que l'honneur détruit par un crime à son tour,
De l'honneur funeste victime,
Funeste ouvrage de l'amour, &c.

Il résulte de ce que nous venons de dire, 1°. que les *courtisannes* ont de tout temps existé chez les peuples les plus policés ; 2°. que leur influence sur la morale publique n'est point destructive des mœurs & des habitudes courageuses, nobles & patriotiques ; 3°. qu'elles contribuent au contraire à encourager les arts de la paix, à policer la société, à l'embellir ; 4°. qu'elles ne sont point un obstacle à la population & aux vertus domestiques ; 5°. qu'elles ne doivent par conséquent point être persécutées comme *courtisannes*, par le magistrat politique, qui doit leur laisser, ainsi qu'à ceux qui les fréquentent, l'exercice de leur liberté individuelle, sans y interposer aucune espèce d'autorité coercitive. *Voyez* FEMME, PROSTITUTION, PÉDÉRASTIE.

COURTIER, f. m. Espèce d'agent de commerce, dont l'objet est de faciliter la vente ou l'échange des marchandises. Il y a aussi des hommes de ce nom qui suivent la bourse ; leurs fonctions sont d'aider les agens-de-change. *Voyez* le dictionnaire de commerce, & le mot AGENT-DE-CHANGE dans celui-ci.

COUTELIER, f. m. Ouvrier qui fait & vend des couteaux, ciseaux, rasoirs, canifs & autres instrumens, tant de chirurgie que des arts.

Autrefois les couteliers formoient une communauté à part ; ils avoient des statuts qui remontoient à 1505 ; mais en 1776, ils furent réunis aux fourbisseurs & arquebusiers, & les frais de maîtrise ont été fixés à 500 livres pour Paris. *Voyez* COMMUNAUTÉ.

Il y a une ordonnance de police du mois d'août 1781, concernant les apprentifs & compagnons arquebusiers, *couteliers*, fourbisseurs. Ce qu'elle porte sur la réception, la sortie, la conduite des compagnons, la nécessité de se faire inscrire au bureau & d'avoir un livret pour tenir note des dates de leur entrée & sortie de chez les maîtres, est absolument conforme aux règles de discipline & de police sur les apprentifs & compagnons en général. *Voy.* ces deux mots.

COUTRE f. m. Instrument d'agriculture attaché à la charrue & fait à peu près en forme de couteau.

Nous ne parlons de cet instrument ici que pour rappeller aux officiers de police les soins qu'exigent d'eux la sûreté publique. Tout ce qui peut offrir aux brigands une arme ou un instrument propre à forcer les portes, doit être soigneusement rapporté dans les maisons le soir, & l'on ne doit point permettre qu'il reste la nuit dans les rues ; car on conçoit que la sûreté des citoyens seroit exposée, puisque ces outils pourroient servir à briser les fermetures des maisons & par-là commettre des désordres, sans qu'on pût y pourvoir à temps.

C'est sur-tout ce qui auroit lieu si les laboureurs laissoient les *coutres* de charrue dans les rues ou par les chemins. Cet instrument de fer, qui est de la longueur d'une demi aune, à peu près pointu & applati par le bout, seroit un moyen de violence & de meurtre entre les mains des brigands, la nuit. Aussi une ordonnance du roi, du 22 mars 1777, a enjoint à tous les laboureurs, fermiers & cultivateurs, ayant des charrues, d'en retirer le soir les *coutres*, & de les enfermer chez eux, sous peine d'amende arbitraire. Il leur est enjoint, par la même ordonnance, de faire mettre leurs noms sur leurs *coutres*, afin qu'on en puisse reconnoître les propriétaires. *Voyez* ACCIDENT.

COUTURIÈRE, f. f. Femme qui fait les habits de femmes.

La *couturière* & la marchande de modes font quelques choses en concurrence ; mais celle-ci s'occupe plutôt de ce qui regarde l'ornement de la tête & du cou que du reste. La *couturière* fait les robes, jupons, & tous ces jolis vêtemens qui donne tant de graces & de légèreté aux femmes. Le tailleur costumier entre pour beaucoup dans l'ornement des femmes. C'est lui qui fait ces corsets délicats & élégans, qui, sans gêner le corps, soutiennent la taille, donnent de l'élévation & de la fermeté à la gorge, & rendent le maintien des femmes plus noble & plus agréable.

Nous ferions l'énumération de tous les arts, si nous voulions présenter tous ceux qui servent à la parure des femmes. Elle est un des plus grands encouragemens qu'on puisse donner aux manufactures ; & le changement que le goût des modes y introduit, semble créer un nouveau peuple tous les trois mois.

L'aveugle rigoriste crie contre cette variété, ce mouvement perpétuel de modes & de parure ; mais celui qui raisonne mieux, n'y voit que l'effet nécessaire de la plus innocente comme de la plus douce des passions, l'envie de plaire & par conséquent de faire naître en nous des désirs sans lesquels la vie ne seroit qu'un triste séjour d'ambition, de fanatisme, un passage fâcheux où l'on ne connoîtroit que les moyens réciproques de se dominer ou de se détruire.

C'est l'empire des femmes, c'est la douce influence des moyens qu'elles emploient pour nous plaire qui substituent à ces sentimens destructeurs, le goût de la paix, de la société & de tout ce qui peut la rendre flatteuse & attachante.

L'on ne doit donc pas crier contre les modes, contre ceux & sur-tout contre celles qui savent se parer avec beauté, la jeunesse. On dira, on écrira même tout ce que l'on voudra : le spectacle d'une foule de jeunes femmes, de femmes même de tous âges, agréablement parées, est plus touchant plus flatteur que celui d'une troupe d'habitantes des bourgs de la Finlande ou du Groenland.

La parure couvre les défauts de la beauté, en fait ressortir les graces, plaît, séduit par l'espoir des jouissances qu'elle recele, donne à la femme un maintien voluptueux & délicat qui ajoute encore à son prix infini.

Remarquez cependant que quand je parle de la parure, je n'entends pas dire cet amoncèlement d'ornemens, de colifichets, sans ordre & sans goût. Une gaze légere, une mousseline éclatante, quelques rubans, voilà les atours de la beauté. Cette vaine recherche d'habillemens surchargés de matieres précieuses, d'étoffes d'un grand prix, loin d'adoucir les graces naturelles des femmes, ne pouvoient qu'y donner un air gauche & maussade.

Il faut en convenir, les femmes ont aujourd'hui perfectionné l'art de la toilette & sur-tout de l'habillement à un degré étonnant. La magie de la coëffure, le prestige de ces jolies robes découvertes, de ces riens qui donnent du mouvement & de l'harmonie à tout le reste, produit un effet prodigieux sur nos sens : les femmes ont doublé leurs charmes.

Ce n'est point sans raison que j'attribue un grand mérite à ce soin de la parure. Dans la Grece, à Athènes, cette ville à jamais célèbre par son goût, ses arts & ses héros, il existoit un tribunal chargé d'inspecter la parure des femmes, non pour leur défendre de s'y livrer, mais pour condamner à des amendes celles qui auroient négligé la propreté, l'ornement, l'embellissement de leur personne. *Voy.* GYNECOCOSME : voyez aussi les *Recherches philosophiques sur les grecs*, par M. de Paw, tome II.

Les athéniens, chez qui l'on trouvoit des hommes que la nature avoit enrichis des formes les plus gracieuses, en qui l'élégance des proportions, la régularité des traits, le coloris des chairs se trouvoient joints à la souplesse, à la grace des mouvemens & aux talens des arts, les athéniens n'avoient de belles femmes que ces courtisannes célèbres sorties de l'Asie mineure, & qui enchaînoient toute la Grece sur leurs pas. Les femmes grecques étoient, en général, d'une carnation pâle, leurs formes manquoient de fermeté, de rondeur & de cette action de la vie qui donne du ton aux organes, & les agite à l'approche du plaisir.

De-là cette erreur d'instinct, cette dépravation, qui leur faisoit chercher dans un sexe des plaisirs & des sensations que vainement les grecs voudroient nous persuader qu'il partageoit. De là ce soin que prenoit le tribunal de la parure d'ordonner aux femmes d'employer tous les artifices possibles pour cacher leurs défauts, & faire ressortir les graces & les agrémens de leur personne. De là encore cette tolérance des courtisannes, ou plutôt le prix inestimables qu'ils en faisoient; tolérance cependant qui pouvoit préjudicier aux autres femmes, comme nous l'avons remarqué ailleurs, les premieres ayant de la beauté & des talens que les dames grecques n'avoient pas toujours. *Voyez* COURTISANNES. Mais revenons aux *couturieres* dont cette digression nous a trop éloignés.

Ce n'est qu'à Paris qu'elles sont établies en corps de communauté; & il est étonnant qu'on ait donné cette entrave à l'industrie d'un sexe si dépourvu de moyens de gagner de l'argent, & par cela même exposé à tous les inconvéniens qui peuvent en résulter.

Cette communauté fut établie en 1675; elle fut supprimée & recréée en 1776, par l'édit d'août.

Les *couturieres* ont seules le droit d'entreprendre, tailler, coudre, garnir & vendre toutes sortes de robes & d'habillemens neufs de femmes, filles & enfans. Elles partagent avec la communauté des tailleurs frippiers, le droit de raccommoder les vieilles robes, mais elles ne peuvent en faire commerce; elles partagent encore avec cette communauté le privilege de faire & de vendre des dominos pour les bals, tant pour les hommes que pour les femmes, & de faire pareillement des corps, corsets & paniers baleinés ainsi que des robes de chambres d'hommes.

Les *couturieres* jouissent du droit, concurremment avec les marchandes de modes, d'appliquer toutes sortes de garnitures, & de faire tout ce qui concerne l'état de découpeur.

Il est défendu aux *couturieres* d'avoir dans leurs magasins aucunes étoffes en pieces, & d'en faire le commerce. Elles portent le nom de *couturieres-découpeuses*.

La communauté des *couturieres* a reçu des statuts enregistrés au parlement le 5 février 1782. Ils portent en substance, 1°. ce que nous venons de dire sur l'objet de leur profession; 2°. que la communauté des *couturieres* sera régie par des députées choisies dans une assemblée générale, à peu près comme les autres corps de métiers; lesdites députées ne pouvant être élues que parmi les maîtresses qui ont au moins dix années de maîtrise; 3°. qu'elle sera administrée par trois syndiques & trois adjointes, élues de la maniere indiquée par l'édit de 1776. *Voyez* ARTS. 4°. Les syndiques & adjointes sont obligées de se trouver les mardis de chaque semaine au bureau de la communauté pour les affaires courantes; quant à celles qui exigeront qu'il en soit délibéré, elles seront portées à l'assemblée des députées, qui se tiendra le premier jeudi de chaque mois. On pourra cependant convoquer les assemblées extraordinaires dont on rendra compte au magistrat de police. 5°. Les délibérations prises dans lesdites assemblées ne seront valables qu'autant qu'elles auront été signées au moins par la moitié des représentantes. 6°. Il doit être distribué pour honoraires & droit d'assistance aux assemblées ordinaires, à chaque syndique & adjointe deux jettons d'argent de la valeur de 40 fols, & à chaque députée un jetton de pareille valeur. 7°. Lorfque les maîtreffes changent de domicile, elles en doivent inftruire le bureau de la communauté. 8°. Les fyndiques & adjointes font tenues de faire, chaque année, trois vifites chez les maîtreffes de la communauté, pour voir fi les ftatuts font obfervés; elles font autorifées à percevoir un droit de 10 fols par chaque vifite. En cas de contravention aux réglemens de la communauté, les maîtreffes couturières font affignées à la chambre de la police, pour y ftatuer ce qu'il convient. 9°. Les fyndiques & adjointes font également chargées de la perception des revenus de la communauté & des impofitions royales.

Pour être reçue à la communauté, il faut que l'afpirante ait vingt deux ans, à moins qu'elle n'ait travaillé pendant deux ans chez une maîtreffe de Paris, auquel cas elle pourra être reçue dès l'âge de feize ans.

Le brevet ou acte d'apprentiffage doit être enregiftré au bureau de la communauté pour lequel il doit être payé 3 livres; le prix de la maîtrife eft de 200 livres.

La communauté des couturières a une confrérie fous l'invocation de faint Louis, établie en l'églife de Saint-Gervais & Saint-Protais, dont les réglemens furent autorifés & approuvés par l'archevêque de Paris.

L'objet de cette confrérie eft, au terme du réglement, de fecourir les fœurs qui venant à être dénuées de bien, feroient obligées d'avoir recours à la bienfaifance des autres. Malheureufement ces inftitutions, qui comme l'on voit font l'idée de M. de Chamouffet fous une autre forme, non feulement ne font point encouragées, mais même font décriées par l'adminiftration de la police; en quoi l'on a tort. Voyez CONFRÉRIE.

COUVREUR, f. m. Celui qui couvre de tuile, d'ardoife ou de toute matière, les toits ou couvertures des maifons.

L'art du couvreur eft un des plus utiles & des plus périlleux pour celui qui l'exerce. On eft étonné de voir des hommes qui, pour un modique falaire, s'expofent au plus éminent danger; mais l'on admire en même temps l'effet de l'habitude qui les forme à fe tenir & agir avec fécurité fur les toîts élevés des édifices.

Cela n'empêche néanmoins pas qu'il ne leur arrive quelquefois des accidens qui leur font perdre la vie. On en a vu tomber du haut des couvertures, fe précipiter fur le pavé & expirer ainfi.

Ce malheur eft fur-tout terrible dans les grandes villes, où les maifons font hautes, & où le pavé rend la chûte terrible & mortelle.

Il peut arriver auffi, & cela s'eft vu, que la chûte du couvreur occafionne la mort de celui fur qui par hafard il eft tombé; ce qui n'empêche pas toujours la mort du premier.

Pour remédier à ces accidens, ainfi que pour préferver les paffans de la chûte des pierres & fragmens de tuile ou ardoife qui bleffent & tuent même par leur chûte, nous avons propofé au mot ACCIDENT, de tendre un filet fait de fortes cordes, qui feroit attaché de manière à retenir tout ce qui pourroit tomber du toît tant que les couvreurs y feroient.

Après ces obfervations, qui intéreffent la fûreté publique & la vie des couvreurs; nous allons dire un mot de leur communauté.

Elle a des ftatuts fort anciens & fans date, qui ont été renouvellés par lettres patentes de Charles IX, au mois de juillet 1576. En 1776, la communauté fut réunie à celle des plombiers, carreleurs-paveurs à Paris, & le prix de la maîtrife fixé à 600 liv. Voyez COMMUNAUTÉ.

Un article de leurs ftatuts porte, que l'apprentif gagne, la première année 20 fols par jour, & les années fuivantes 22 fols auffi par jour, jufqu'à la fixième qu'il gagne 30 fols fans être logé ni nourri.

Il y a une inftitution eftimable parmi les couvreurs, du moins elle exiftoit autrefois; elle tenoit à l'efprit de confrérie, auquel on a tant fait la guerre: la voici. Toutes les amendes encourues & adjugées aux jurés & à la confrérie, font particulièrement employées à foulager & nourrir les pauvres ouvriers du métier, fur-tout ceux qui font hors d'état de gagner leur vie par des chûtes ou autres accidens trop ordinaires dans leur travail.

CRI, f. m. Son de voix fort & élevé, dont l'objet eft de faire connoître quelque chofe.

Il y a différentes efpèces de cris, les cris des gens vendant dans les rues, les cris pour la publication des placards & autres objets dont le public doit être inftruit, enfin les cris qui réclament aide, fecours dans des momens d'attaque ou d'incendie.

Les réglemens de police ont prefcrit quelques règles que les crieurs dans les rues doivent obferver. Sans être à comparer aux habitans de Sybaris, on pourroit être incommodé des cris d'une foule de petits vendeurs, acheteurs, raccommodeurs, &c. Si l'on permettoit de crier à des heures indues, le repos public en feroit troublé & par cela même l'ordre du travail.

Ainfi les corps de police doivent donc fixer à cet égard une heure après laquelle il ne foit plus permis à tous ces petits agens de l'induftrie ou du commerce ambulant de crier dans les rues, à peine d'amende.

Il eft important auffi de prefcrire la même régle-

aux officiers , foit des hôtels-de-ville, foit des corps de marchands qui annoncent ou des placards ou des affemblées , ou des ventes. Ils ne doivent le faire qu'à des heures telles que le repos des citoyens n'en foit point incommodé ; & cela doit être principalement obfervé quand on emploie le tambour pour avertir le public d'écouter.

Il y a une efpèce de cri tout à fait différent de de ceux-ci , ce font ceux qui annoncent la violence que l'on fait à quelqu'un ou la détreffe où il fe trouve.

Dans ce cas, les agens du pouvoir militaire doivent fe tranfporter incontinent au lieu d'où viennent les cris , à peine d'être déclarés coupables, fi l'on a des preuves qu'ils ne s'y foient pas tranfportés après avoir eu la connoiffance ou l'audition fûre des cris.

Ils ne doivent pas même toujours attendre la préfence du magiftrat ou de l'officier civil pour fe tranfporter dans les maifons, lorfque les cris font tellement preffans qu'ils prouvent que ceux qui les font font évidemment en danger de leur vie.

Le cris qui annoncent le feu font de la même efpèce : les gardes-pompes, la maréchauffée, le guet, tout ce qui peut donner fecours eft autorifé à entrer, même de force, dans les maifons, pour éteindre le feu, ou empêcher qu'il ne s'étende à d'autres maifons. Voyez INCENDIE.

Il y avoit autrefois un cri d'arme ; c'étoit une proclamation faite de l'ordre du roi, pour obliger tous ceux qui devoient porter les armes fous lui, de fe trouver au rendez-vous qu'il leur indiquoit. On appelle encore cri d'armes celui dont fe fervent des troupes pour fe rallier ou fe reconnoître.

CUIVRE, f. m. Métal d'une couleur rougeâtre, éclatante, & qui produit une rouille verte nommée vert-de-gris.

Le vert-de-gris eft un poifon violent, & s'il ne donne pas toujours la mort, lorfqu'il eft pris en petite quantité, il altère la fanté & abrège la vie des hommes.

Cet inconvénient n'a pas empêché que l'on n'ait employé le cuivre dans la fabrication des inftrumens de cuifine. On a cru pouvoir fe mettre à couvert des effets du vert-de-gris en étamant l'intérieur des cafferoles, poëlons & autres uftenfiles propres à faire cuire ou conferver les alimens.

Mais cette précaution n'a pas toujours rempli fon objet. L'étamage eft fi mince qu'il permet quelquefois au vert-de-gris de fe manifefter à travers, & de

caufer des accidens graves, comme on en a eu des exemples malheureux.

Ce font fans doute ces confidérations qui ont engagé le collège de fanté de Suède à profcrire le cuivre des cuifines, & qu'il a été défendu à Stockolm de l'employer à des uftenfiles, & à des vaiffeaux deftinés à contenir ou à préparer des alimens, quoique ce métal faffe une des principales richeffes de la Suède, où il eft très-abondant.

C'eft par le même motif que l'on a défendu aux laitières de Paris, l'ufage des vaiffeaux de cuivre. On fait qu'elles diftribuoient le vert-de-gris avec le lait, & que ce poifon caufoit des ravages horribles dans la population de Paris. C'eft à M. le Noir que nous devons cette réforme, qui peu importante en apparence, eft infiniment plus utile que toutes celles qui n'ont pour objet que l'accroiffement de l'efpionage de la police.

Peut-être feroit-ce un bien que le gouvernement allât plus loin, & qu'après avoir confulté les académies, les villes & tous ceux qui ont des lumières fur cet objet, on profcrivît abfolument l'ufage des vaiffeaux, fontaines & inftrumens de cuifine en cuivre. On pourroit y fubftituer le fer, & fi cette réforme faifoit tomber une branche d'induftrie, elle en feroit naître une autre. Voyez ACCIDENT.

CUL-DE-SAC, f. m. Rue fermée par une de fes extrémités.

On a voulu fubftituer le nom d'impas à celui de cul-de-fac, mais la première dénomination n'a pas pris, parce qu'elle ne fait point figure comme la feconde, rien ne peignant mieux une rue bouchée à fon extrémité par un mur ou une maifon, que le mot cul-de-fac, ainfi il reftera. Le mot impas eft vague, il peut également convenir à tout autre lieu par où l'on ne peut pas paffer qu'à un cul-de-fac.

Les cul-de-fac font dangereux dans les grandes villes : comme on n'y paffe pas, les gens mal intentionnés peuvent s'y réfugier & de là commettre pendant la nuit leur brigandage. Il faudroit qu'ils fuffent tous fermés : on en a déjà fait clore à Paris un grand nombre, il en refte encore trop, fans doute qu'on y penfera.

CUTWAL, f. m. C'eft un officier de police indien, chargé dans toutes les villes de punir les voleurs, de veiller fur ceux qui vendent des liqueurs enivrantes ou qui tiennent des lieux de proftitution. Le cutwal prend connoiffance de toutes les matières qui ne font pas affez importantes pour être portées devant le fowzdar, chef fuprême de juftice & de police chez les indiens. Voyez FOWZDAR.

Fin du neuvieme Tome.